ज्योतिष–रत्नाकर

स्व. देवकीनन्दन सिंह

ज्योतिष–रत्नाकर

देवकीनन्दन सिंह

मोतीलाल बनारसीदास पब्लिकेशन्स

मोतीलाल बनारसीदास
पब्लिकेशन्स
4741/23, अंसारी रोड, दरियागंज, नई दिल्ली - 110002 (भारत)
ईमेल: *mlbd@mlbd.com* | *sales@mlbd.com* | *exports@mlbd.com*
वेबसाइट: *www.mlbd.com*

ज्योतिष–रत्नाकर
द्वारा
देवकीनन्दन सिंह

नवम् पुनर्मुद्रण : 2022
प्रथम संस्करण : 1934

मोतीलाल बनारसीदास पब्लिकेशन्स द्वारा भारत मे प्रकाशित

ISBN : 978-93-91759-89-6 (PB)

मुद्रित और बाध्य भारत में

भूमिका

प्राचीन विद्वानों ने ज्योतिष को साधारणतः दो भागों में बांटा है : सिद्धान्त-ज्योतिष और फलित-ज्योतिष। जिस भाग के द्वारा ग्रह, नक्षत्र आदि की गति एवं संस्थान आदि प्रकृति का निश्चय किया जाता है उसे सिद्धान्त-ज्योतिष कहते हैं। जिस भाग के द्वारा ग्रह, नक्षत्र आदि की गति को देखकर प्राणियों की अवस्था और शुभ अशुभ का निर्णय किया जाता है उसे फलित-ज्योतिष कहते हैं।

प्रस्तुत ग्रन्थ में सिद्धान्त और फलित दोनों का समावेश मिलता है। ग्रन्थ के दो भाग हैं जो कि पाठक की सुविधा के लिये एक ही जिल्द में रखे गये हैं। प्रथम भाग में जन्म पत्र का पूरा प्रावधान है; द्वितीय भाग में कुण्डलियों के उदाहरण से फल दर्शाया गया है। सिद्धान्त और फलित का समन्वय करके दोनों भाग इतरेतर पूरक हो जाते हैं।

ज्योतिष एक महत्त्वपूर्ण उपयोगी विषय है। वेद के छः अंगों में ज्योतिष चतुर्थ अंग है जिसे नेत्र कहा गया है; अन्य अंगों में शिक्षा नासिका है, व्याकरण मुख है, निरुक्त कान है, कल्प हाथ है, छन्द चरण है। यह विद्या भारत में प्राचीन काल से चली आ रही है। लोकमान्य बालगंगाधर तिलक की कृति वेदाङ्गज्योतिष से इसकी प्राचीनता का पर्याप्त परिचय मिलता है। वैदिक कालीन महर्षियों को तारामण्डल की गतिविधियों का पूर्ण ज्ञान था इसमें सन्देह नहीं है।

ब्राह्मण ग्रन्थों में ज्योतिष सम्बन्धी प्रसङ्ग बिखरे पड़े हैं। साम ब्राह्मण के छान्दोग्य-भाग (प्रपाठक ७, खण्ड १ प्रवाक् २) में नारद-सनत्कुमार संवाद है जिसमें चौदह विद्याओं का उल्लेख है। इनमें १३वीं नक्षत्र विद्या है।

सूर्य-सिद्धान्त सिद्धान्तज्योतिष का आर्ष ग्रन्थ है। इसमें सिद्धान्त-ज्योतिष की प्रायः सभी बातें पाई जाती हैं। तैत्तिरीय ब्राह्मण (३.४.६) में सूर्य, पृथ्वी, दिन तथा रात्रि के सम्बन्ध में जो चर्चा मिलती है उससे ज्ञात होता है कि प्राचीन काल में भी भारत-वासी ग्रहों और ताराओं के भेद को भली-भांति जानते थे।

फलित-ज्योतिष में विश्वास न रखने वाले कतिपय विद्वान् सिद्धान्त-ज्योतिष की अपेक्षा फलित-ज्योतिष को अर्वाचीन एवं मिथ्या कहते हैं, किन्तु रामायण एवं महाभारत के परिशीलन से हमें विदित होता है कि उस सुदूर काल में भी फलित ज्योतिष का बहुत प्रचार था। महाभारत (अनुशासन पर्व अध्याय ६४) में समस्त नक्षत्रों की सूची दी गई है और बतलाया गया है कि भिन्न-भिन्न नक्षत्र पर दान देने से भिन्न-भिन्न प्रकार का

पुण्य होता है। भीष्म पर्व में उत्तरायण और दक्षिणायन में मृत्यु हो जाने के फल कहे हैं। वहीं २७ नक्षत्रों के २७ भिन्न-भिन्न देवताओं का वर्णन है और देवताओं के स्वभावानुसार नक्षत्रों के गुण-अवगुण का निरूपण किया गया है। महाभारत के उद्योग पर्व (अध्याय १४६) में ग्रहों और नक्षत्रों के अशुभ योग विस्तारपूर्वक कहे हैं। वहीं जब श्रीकृष्ण ने कर्ण से भेंट की तब कर्ण ने ग्रहस्थिति का इस प्रकार वर्णन किया है "उग्र ग्रह शनैश्चर रोहिणी नक्षत्र में मंगल को पीड़ा दे रहा है। ज्येष्ठा नक्षत्र से मंगल वक्र होकर अनुराधा नक्षत्र से मिलना चाहता है। महापात संज्ञक ग्रह चित्रा नक्षत्र को पीड़ा दे रहा है। चन्द्र के चिह्न बदल गये हैं और राहु सूर्य को ग्रसना चाहते हैं।"

भीष्म पर्व में पुनः हम अनिष्टकारी ग्रह-स्थिति देखते हैं: "१४, १५ और १६ दिनों के पक्ष होते हैं किन्तु १३ दिनों का पक्ष इसी समय आया है। इससे भी अधिक विपरीत बात यह है कि एक ही मास में चन्द्रग्रहण और सूर्यग्रहण का योग है। वह भी त्रयोदशी के दिन। महाभारत के इन तथा अन्य प्रसंगों से ज्ञात होता है कि नाना प्रकार के उत्थान (दुर्भिक्ष आदि) ग्रहों की चाल पर अवलम्बित माने जाते थे। लोगों का विश्वास था कि व्यक्ति के सुख-दुख जन्म-मरण आदि भी ग्रहों तथा नक्षत्रों की गति से सम्बद्ध हैं।

आधुनिक वैज्ञानिक तारागण के प्रभाव से परिचित हैं। समुद्र में ज्वार-भाटा का कारण चन्द्रमा का प्रभाव है। जिस प्रकार चन्द्रमा समुद्र के जल में उथल-पुथल कर देता है उसी प्रकार वह शरीर के रुधिर प्रभाव में भी अपना प्रभाव डालकर दुर्बल मनुष्य को रोगी बना देता है।

सूर्य और चन्द्रमा का प्रभाव मानव तक ही सीमित नहीं अपितु वनस्पतियों पर भी पड़ता है। पुष्प प्रातः खिलते हैं, सायं सिमिट जाते हैं। श्वेत कुमुद रात को खिलता है, दिन में सिमिट जाता है। रक्त कुमुद दिन में खिलते हैं, रात को सिमिट जाते हैं। तारागणों का प्रभाव पशुओं पर भी पड़ता है। बिल्ली की नेत्र-पुतली चन्द्रकला के अनुसार घटती बढ़ती रहती है। कुत्ते की कामवासना आश्विन-कार्त्तिक मासों में बढ़ती है। बहुतेरे पशु-पक्षी, कुत्तों, बिल्लियों, सियारों, कौओं के मन एवं शरीर पर तारागण का कुछ ऐसा प्रभाव पड़ता है कि वे अपनी नाना प्रकार की बोलियों से मनुष्य को पूर्व ही सूचित कर देते हैं कि अमुक अमुक घटनायें होने को हैं।

ज्योतिष के अठारह प्रवर्तक माने गये हैं— (१) सूर्य, (२) ब्रह्मा, (३) व्यास, (४) वसिष्ठ, (५) अत्रि, (६) पराशर, (७) कश्यप, (८) नारद, (९) गर्ग, (१०) मरीचि, (११) मुनि, (१२) अङ्गिरस्, (१३) लोमश, (१४) पौलिश, (१५) च्यवन, (१६) यवन, (१७) मनु, (१८) शौनक। इनमें एक यवन नाम है। यवनों में इस विद्या का विशेष प्रचार होने से कतिपय विद्वान् समझ बैठे हैं कि यह विद्या भारत में विदेश से आई है किन्तु तथ्य इसके विपरीत है। कतिपय विदेशी शब्दों के प्रयोग से कोई

विद्या विदेश की नहीं हो जाती। अरबी भाषा के साहित्य से ज्ञात होता है कि कई भारतीय ज्योतिर्विद् बगदाद की राजसभा में आये थे और उन्होने अरब देश में ज्योतिष का प्रचार किया था। इसी प्रकार अन्य देशों में भी ज्योतिषशास्त्रियों का आवागमन होता रहा होगा। इन प्रवासियों के कारण यदि कुछ विदेशी शब्द हमारी भाषा में जुड़ गये तो इससे हमारी विचार-पद्धति पर विदेशी प्रभाव का होना सिद्ध नहीं होता है।

प्रस्तुत ग्रन्थ भारत देशान्तर्गत बिहार प्रदेश निवासी श्री देवकीनन्दन सिंह की कृति है। यह ग्रन्थ ज्योतिष शास्त्र के मुख्य मुख्य आचार्यों के मतों को लेकर आधुनिक ढंग से लिखा गया है। सम्पूर्ण पुस्तक की व्याख्या हिन्दी भाषा में सरल रीति से की गई है। होरा शास्त्र से सम्बन्धित यह ग्रन्थ पाठक के लिये अवश्य ही उपयोगी सिद्ध होगा—हमारा विश्वास है।

विषय-अनुक्रमणिका

प्रथम भाग

प्रथम प्रवाह

(गणित प्रवाह)

द्वितीय प्रवाह

(ज्योतिष-रहस्य प्रवाह)

जीवन की प्रथम तरंग

जीवन की षष्ठ तरंग

अध्याय २०

जीवन की सप्तम तरंग

अध्याय २१

चक्रसूची

द्वितीय भाग

तृतीय प्रवाह

(व्यावहारिक प्रवाह)

चक्र सूची

परिशिष्ट

श्रीगणेशाय नमः

ज्योतिष रत्नाकर

ॐ विश्वानिदेव सवितर्दुरितानि परासुव
यद्भद्रन्तन्न आसुव (यजुः ३० अ० मं ३)

येनेदम्भूतम्भवनम्भविष्य्यत्परिगृहीतम् मृतेन सर्व्वम् ।
येन यज्ञस्तायते सप्प्तहोता तन्मेमनः
शिव संङ्कल्प्यमस्तु ॥ (यजुः ३४ अ०: मं ४)

जिनके वाम पास में शोभित कल्याणी शंकरी ललाम ।
गोद मोद बरसावें हर्षित बालरूप गणपति अभिराम ॥
परम पूज्य उस इष्ट देव को करता मैं कर जोरि प्रणाम ।
शूलपाणि शंकर औढर हर वन्दनीय गुण-गौरव-धाम ॥
जिसके जटाजूट से निःसृत पतितपावनी निर्मल गङ्ग ।
कर की डमरू-ध्वनि से निर्गित पाणिनीय व्याकरण तरंग ॥
धवल अचल कैलाश शिखर पर निर्मल शुभ्र शिला आसीन ।
अंग भुजंग बाल शशि शेखर तीन लोक जिनके आधीन ॥

वही त्रिलोकीनाथ करेंगे आशा पूरित देकर ज्ञान।
करता हूँ आरम्भ ग्रन्थ यह उनके चरणों का धर ध्यान।।
मंगलमय गणनाथ करेंगे मेरी तुच्छ बुद्धि बल दान।
उनकी कृपा लेखनी में भी भर आवेगी नूतन जान।।
जिनके चारों ओर ग्रहादिक करें भ्रमण नक्षत्र निदान।
वही करेंगे मंगल प्रतिपल ग्रहगण भी देंगे वरदान।।
ज्योतिष शास्त्र अगाध सिन्धु की नौका हो यह ग्रन्थ प्रधान।
पावेगा सम्मान जगत् में अपनावेंगे वर विद्वान।।

मैं अपने इष्टदेव साक्षात् कल्याण-स्वरूप, जिनके वामाङ्ग में अर्द्धांगिनी हिमाचलसुता अपनी गोद में बैठाए हुए मंगलमय प्रथम पूजनीय श्री गणेशजी की बालक्रीड़ा से प्रसन्न हो रही हैं, एवं अपने स्वामी के प्रति आह्लाद से प्रेम प्रदर्शित कर रही हैं, तथा च धवल शिखर कैलास पर्वत पर विराजमान हैं, जिस महाप्रभु शङ्कर की जटा से सहस्र धाराविभक्त पतितपावनी गंगा निःसृत होकर सांसारिक जीवों का उद्धार करती हुई रत्नाकर समुद्र को शोभित कर रही हैं, एवं जिस महाप्रभु शंकर की डमरूध्वनि से पाणिनीय व्याकरण तथा चतुर्दशविद्या आविर्भूत हुई, उसी महाप्रभु के चारों ओर समस्त नक्षत्र एवं ग्रहादिगण रात्रिदिवा भ्रमण करते हुए मानो परिक्रमा कर रहे हैं, ऐसे समस्त वाञ्छित फल देनेवाले शंकर को पुनः पुनः नतमस्तक होता हुआ मैं इस ग्रंथ को आरम्भ करता हूँ। मुझे पूर्ण आशा है कि श्री गणेशजी मेरी बुद्धि में तीव्रता, लेखनी में सफलता और ग्रंथ में सरलता प्रदान करेंगे और डूबते हुए महान् ज्योतिष-शास्त्र के लिए, इस छोटी-सी पुस्तक को नौका रूप बनावेंगे। नवग्रहादिकों की कृपा तो मुझ पर अवश्य होगी ही, क्योंकि ज्योतिष-शास्त्र तो मानो उनके शासन की गाथा मात्र है।

सूर्याद्भवन्ति भूतानि सूर्येण पालितानि तु।
सूर्ये लयं प्राप्नुवन्ति यः सूर्यः सोऽमेवच।।

(सूर्योपनिषद्)

प्रथम प्रवाह

इस प्रवाह में ज्योतिष शास्त्र की प्रारम्भिक बातें एवं साधारण परन्तु उपयोगी गणित, जिसकी आवश्यकता फलित ज्योतिष के लिये अनिवार्य्य है, बर्णित हैं।

अध्याय १

धा—१ प्रिय पाठकगण ! ज्योतिष के मुख्य दो विभाग हैं। एक गणित और दूसरा फलित। गणित और फलित में परस्पर वही सम्बन्ध है जो भाषा और व्याकरण का। अतएव फलित ज्योतिष में सुबोध होने के लिये गणित विभाग का भी ज्ञान होना अत्यावश्यक है। यह इतना विस्तार, इतना गूढ़ और इतना महत्वपूर्ण है कि इस पर पूर्णरूपेण लिखना इस छोटी-सी पुस्तक में कठिन ही नहीं बल्कि असम्भव है। सुतरां इस प्रथम प्रवाह में गणित विभाग के उन्हीं साधारण विषयों को सरल रूप में लिखा गया है जो फलित विभाग के जानने के लिए परमावश्यक है। तथा इस भाग के लिखने में सर्वदा यही लक्ष्य रहेगा कि यदि पाठकगण, गणित के त्रयराशिक तक के जानने वाले होंगे तो इस प्रवाह के गणित को समझने में तनिक भी कठिनाई न होगी।

हमारे भारतवर्ष के प्राचीन महर्षिगण वल्कल वस्त्र पहन, कन्दमूलादि खा, जंगल और पहाड़ की गुफाओं में निवास कर, आनन्दपूर्वक रात्रिदिवा ईश्वरप्रेम में मग्न हो, सदा आत्मोन्नति में सांसारिक सुखों को तृणवत् समझते हुए, अपना समय व्यतीत किया करते थे। वे महर्षिगण निःस्वार्थ होकर सार्वजनिक उन्नति और उपकारार्थ सांख्य, मीमांसा, ज्योतिष आदि विषयों पर कभी-कभी अपना विचार प्रगट किया करते थे। यदि ध्यान देकर देखेंगे तो यह स्पष्ट प्रतीत होगा कि उन महर्षियों ने अपनी दिव्यदृष्टि द्वारा सूक्ष्म से सूक्ष्म समय का अनुमान किया था और उसी दैव-बल से भूत, भविष्य एवं वर्त्तमान समय के विराट रूप का भी उन्हें ज्ञान था।

भारतवर्ष में समय का ज्ञान

धा—२ लिखा है कि कोमलातिकोमल कमल दल में एक तीक्ष्ण सुई के भेदन में जितना समय लगता है, उसका नाम त्रुटि' है। ऐसे १०० एक सौ त्रुटियों का एक 'लव' और ३० तीस 'लव' का एक 'निमेष' होता है। २७ सत्ताइस निमेष का एक 'गुरु अक्षर', १० दश गुर्वक्षर का एक 'प्राण' और छः प्राण की एक 'विघटिका' होती है। ६० साठ

विघटिका की एक 'घटिका' अर्थात् 'दण्ड' और ६० साठ दंड का एक 'दिनरात'। तात्पर्य यह कि एक रातदिन में १७४९६००००००० 'त्रुटियाँ' होती हैं। अंग्रेजी हिसाब के अनुसार ८६४०० सेकेण्ड एक दिनरात में होते हैं।

दूसरी रीति से समय का अनुमान, महर्षियों ने यों भी किया है :—

६० तत्परस	=	१ परस
६० परस	=	१ बिलिप्ता
६० बिलिप्ता	=	१ लिप्ता
६० लिप्ता	=	१ विघटिका
६० विघटिका	=	१ घटिका वा दंड
६० घटिका	=	१ दिनरात

अर्थात् एक दिनरात्रि में ४६६५६००००००० तत्परस होते हैं। इस कारण १ सेकेंड में ५४०००० तत्परस हुए।

यह तो समय के सूक्ष्म से सूक्ष्म भाग का अनुमान हुआ। अब महर्षियों के काल सम्बन्धी ज्ञान का विशाल रूप नीचे दिग्दर्शित किया जाता है जिसे देखकर मनुष्य की साधारण वुद्धि अवश्य ही चकरा जाती है।

सतयुग	४३२०००×४	=	१७२८००० वर्ष का
त्रेता युग	४३२०००×३	=	१२९६००० ,, ,,
द्वापर युग	४३२०००×२	=	८६४००० वर्ष का
कलि युग	४३२०००×१	=	४३२००० ,, ,,
इस प्रकार महायुग		=	४३२०००० वर्ष
७१ ,,		=	४३२००००×७१
मन्वन्तर		=	३०६७२०००० वर्ष
१४ मन्वन्तर		=	४२९४०८०००० वर्ष

सतयुग के वर्ष प्रमाण तक पृथ्वी, जल अन्तर्गत प्रति मन्वन्तर के पूर्व और पर रहती है। इस कारण १४ मन्वन्तर में :—

१७२८०००×१५	=	२५९२००००
कल्प	=	४३२००००००० वर्ष
ब्रह्मा का एक दिनरात	=	४३२००००(महायुग)×१०००
	=	४३२००००००० वर्ष

चूंकि ब्रह्मा की आयु अपने वर्ष से १०० वर्ष है, इस कारण ब्रह्मा की आयु सौ वर्ष में = ४३२००००००० × ३६० × १००
= १५५५२०००००००००००० वर्ष

प्रिय पाठक गण ! आप लोग समझ लें कि कन्दराओं में निवास करनेवाले उन निःस्वार्थ तपस्वियों ने क्या कोई गप की बातें बतलायी थीं ? या अपनी दिव्यदृष्टि से छनी छनाई बातें लोकोपकारार्थ प्रकाशित की हैं।

प्रायः सभी भारतीय हिन्दुओं के यहाँ यज्ञादि धर्म कार्य के आरम्भ में संकल्प करने की प्रणाली है। संकल्प का साधारण अभिप्राय यही है कि अमुक यज्ञादि करने की प्रतिज्ञा, अमुक मनुष्य अमुक समय में करता है।

संकल्प में समय-पठन की रीति यह है :—ॐ तत्सत् ब्रह्मणो द्वितीये परार्द्धे, श्री श्वेत वाराहकल्पे, वैवस्वत् मन्वन्तरे, ऽष्या—विंशति तमे युगे, कलियुगे, कलिप्रथम चरणे इत्यादि। अर्थात् मैं अमुक शुभ कार्य का कर्त्ता सत्ब्रह्म के दूसरे पहर में, श्वेत वाराह नामक कल्प में, वैवस्वत् मन्वन्तर के अट्ठाईसवें युग में, कलि के पहले चरण में इत्यादि इत्यादि, अपने कार्यारम्भ का संकल्प करता हूँ।

चौदह मन्वन्तर होते हैं, जिनमें वैवस्वत् नामक मन्वन्तर सातवाँ मन्वन्तर बीत रहा है। इसलिये छः मन्वन्तर बीत चुके और एक मन्वन्तर ७१ महायुग का होता है, जिनमें से २७ महायुग बीत चुके। २८ वें महायुग के तीन युग अर्थात् सतयुग, द्वापर और त्रेता के बीत जाने पर कलियुग के प्रथम चरण में संकल्प करता हूँ।

उपर्युक्त बातों से संकल्प का वर्ष, कल्प के आरम्भ से इस प्रकार मालूम हो जायगा :—

बिना प्रलयकाल के मन्वन्तर का प्रमाण ऊपर लिखा जा चुका है। ३०६७२०००० वर्ष

(१) इसको ६ से गुणा करने पर मन्वन्तर (क्योंकि श्वेतवाराह कल्प के ६ मन्वन्तर बीत कर सातवाँ वैवस्वत नामक मन्वन्तर बीत रहा है)। = १८४०३२०००० वर्ष

(२) प्रलय-काल १७२८००० वर्ष का होता है। ६ कल्प बीत कर ७ वें कल्प के आरम्भ के पूर्व, सात प्रलय बीत चुके। इस हेतु १७२८०००×७ = १२०९६००० वर्ष

जोड़ = १८५२४१६०००

इसलिए १८५२४१६००० वर्ष के पश्चात् वैवस्वत् मन्वन्तर आरंभ हुआ।

(३) एक मन्वन्तर ७१ महायुग का होता है। जिसके २७ महायुग बीत चुके हैं। एक महायुग ४३२०००० वर्ष का होता है। २७ महायुग बीत चुका है; इस कारण २७ से गुणा करने से = ११६६४०००० वर्ष

योगफल १९६९०५६००० वर्ष

इतने वर्ष अट्ठाईसवें महायुग के प्रारम्भ के पूर्व बीत चुके हैं।

(४) अब २८ वें युग के कलियुग का समय यह है।

सतयुग का मान १७२८०००

त्रेता का मान १२९६०००

द्वापर का मान ८६४०००

ये तीनों युग बीत चुके, इस कारण इन तीनों का योग। = ३८८८००० वर्ष

(५) भाद्रपद कृष्ण १३ रविवार को अश्लेषा नक्षत्र के व्यतिपाद योग में अर्द्धरात्रि समय कलियुग की उत्पत्ति हुई थी। सम्वत् १९८७ तथा शकाब्द १८५२ तदनुसार ईस्वी सन् १९३० तक कलिगत वर्ष :— = ५०३१ वर्ष

सबों का योग फल = १९७२९४९०३१ वर्ष।

यही कल्प के आरम्भ से गतवर्ष निकला और ब्रह्म दिन हुआ।

धा—३ इसी रीति के गणित के इन युक्तियों से भारतवर्ष के महर्षियों ने सृष्टि के आदि से विक्रमाब्द सम्वत् १९८७ के पूर्व तक पृथ्वी की आयु १९५५८८५०३१ वर्ष की बतलायी है। प्रिय पाठकगण, आजकल के भूगर्भ-विद्यादि के जाननेवाले, पृथ्वी की आयु केवल अनुमान से लगभग इतने ही वर्ष बतलाते हैं। २२ मार्च १९२० को पटना में श्रीयुत् प्रोफेसर सत्याचरण चटर्जी एम० ए० ने अपने व्याख्यान में पृथ्वी की आयु १५००,०००,००० वर्ष बतलाया था। २ दिसम्बर १९३० के अमृत-बाजार पत्रिका में, सर जे० जेन्स (Sir J. Jeans) ने जो व्याख्यान केम्ब्रिज (Cambridge) में

"आश्चर्यजनक सृष्टि" (Mysterious Universe) पर दिया था, उसका साराश प्रकाशित हुआ था। उनका कथन है कि पृथ्वी की उत्पत्ति को २०००,०००,००० वर्ष बीते हैं। (This led Sir James Jeans to a picture of the birth of the Solar system. This rare event of a collision took place some 2000,000,000 years ago.) क्या इस पर भी अन्य देशवासी इस देश के महर्षियों के मुँह पर आ सकते हैं? सूर्य-सिद्धान्त आदि ग्रन्थों में अहरगण के गणित पर, सूर्य्यादि ग्रहों के स्पष्ट बनाने की रीति कैसी विलक्षण है! किस रीति और किस अनुमान से कोई गणितज्ञ, भारतीय महर्षियों पर आक्षेप कर सकता है? अन्य देशवासी विद्वानों के प्रशंसा-पत्र की मुझे आवश्यकता नहीं, क्योंकि वर्त्तमान समय में लोग पाश्चात्य विद्वानों के प्रशंसा-पत्र से ही अपने पूर्वजों के गौरव पर विश्वास करने को तैयार होते हैं। इसलिये "डाक्टर केरु" के विचार का उल्लेख करनाउ चित समझा।

Dr. Keru observes :—"The trust worth in ess of the scientific Hindu Astronomers may, now a days, be considered to be above suspicion. The trustworthiness of the Ujjain list is not only exemplified by the fact that others of its dates admit of verifications but also in a striking manner by the information we get from Alburuni. This Arabian Astronomer gives precisely the same dates as **Dr.** Hunter's list eight centuries afterwards."

अभिप्राय इसका यह है कि उज्जैन में जितने लेख पाये गये हैं उन लेखों की शुद्धि, अरब देश के अलबेरुनी नामक गणित-सिद्धान्तज्ञ ने भी भारतीय-गणित-सिद्धान्त को ही शुद्ध बतलाया है। और अलबेरुनी के ८०० वर्ष पश्चात् डा० हन्टर साहब ने भी वही बात बतलाई। अतएव डा० केरु का लिखना है कि हिन्दू गणितज्ञ वैज्ञानिक रीति से गणित करते थे। बड़े शोक की बात है कि जिस भारतवर्ष की सभ्यता का सूर्य हजारों वर्ष पूर्व से ही देदीप्यमान था उस भारत के रहनेवाले हम लोग अभी अभाग्यवश और आलस्य में पड़ कर पाश्चात्य सभ्यता के पीछे बगटुट दौड़े चले जा रहे हैं। कहने का अभिप्राय यह है कि यद्यपि हमारी असंख्य पुस्तकें तथा विद्या-भण्डार जल गये और जो बच गये थे, उन्हें भी, दंभियों के हाथ में पड़ जाने के कारण, उनकी अयोग्य सन्तानों ने कीड़ों से चटवा डाला। और जो फिर भी शेष रह गये वे संस्कृत विद्या के लोप हो जाने से साधारण विद्वानों के समझ में ही नहीं आते। इस प्रकार हमारी विद्यायें नष्ट-भ्रष्ट हो गयीं। इस पुस्तक के वक्तव्य में इस भारतीय प्राचीन विद्या की रक्षार्थ अपील की जा चुकी है; अतएव यहाँ विशेष लिखने की आवश्यकता नहीं।

सम्वतसर आदि के विषय में

धा—४ ईस्वी साल महापुरुष क्राइस्ट के जन्म से माना जाता है जिसका १९३० वाँ वर्ष व्यतीत हो रहा है। क्राइस्ट के जन्म के पूर्व कलि के ३१०१ वर्ष बीत चुके थे। कलियुग का आरम्भ क्राइस्ट के जन्म के पूर्व ३१०२ वर्ष १८ वीं फरवरी (18th February 3102 B. C.) की अर्द्ध-रात्रि समय माना गया है। उस समय सातों ग्रह मेष राशि ही में थे। ग्रहों की इस प्रकार की स्थिति की सम्भावना आगे चल कर परिशिष्ट में श्रीकृष्ण भगवान की कुंडली से बतलाया जायगा।

कलि के आरम्भ से बहुत समय के बाद और क्राइस्ट के जन्म से ५७ वर्ष पूर्व उज्जैन (मालव्य देश) में विक्रमादित्य नामक एक बहुत बड़ा पराक्रमी राजा हुआ। स्कन्द-पुराण में लिखा है कि कलियुग के ३००० वर्ष बीत जाने पर विक्रमादित्य नाम का एक बहुत प्रतापी राजा हुआ था। कहा जाता है कि इन्होंने अपने अतुल पराक्रम से विदेशी शकों को भारत से खदेड़ दिया। इसी विजयोपलक्ष में इन्होंने अपना प्रसिद्ध विक्रम सम्वत् चलाया। ईस्वी साल में ५७ जोड़ने से विक्रम-सम्वत् बन जाता है। जैसे ई० १९३० में ५७ जोड़ने से १९८७ विक्रम सम्वत् हुआ। उत्तर भारत में प्रायः विक्रम सम्वत् का ही विशेष प्रयोग किया जाता है।

क्राइस्ट के जन्म से ७८ वर्ष बाद एक शालिवाहन नामक राजा बड़ा पराक्रमी हुआ। उसके समय से शालिवाहन-शकाब्द आरम्भ हुआ जिसको साधारण भाषा में शका भी कहते हैं। इसका प्रचार दक्षिण भारत में विशेष है। ईस्वी साल से ७८ घटाने पर शकाब्द निकल आता है। जैसे ई० १९३० से ७८ घटा देने पर शेष १८५२ शकाब्द हुआ।

वार-क्रम

धा—५ इस बात को सभी जानते हैं कि अहोरात्रि दिनरात को कहते हैं और दिन सात होते हैं। पन्द्रह दिन का एक पक्ष और एक मास में दो पक्ष होते हैं। एक कृष्ण (बदि) दूसरा शुक्ल (सुदि)। बारह मास का एक वर्ष होता है। परन्तु यह जानने योग्य बात है कि वारों (दिनों) का क्रम रविवार के बाद सोमवार तथा सोमवार के बाद मङ्गलवार, (भौमवार) बुधवार आदि क्यों है। तात्पर्य यह कि रविवार के बाद सोम-वार ही क्यों हुआ, दूसरा कोई वार क्यों न हुआ? हठात् यह लिखना पड़ता है कि इस बात के बतलाने का गौरव भारतवासियों को ही है और यह भी भली भाँति पुष्ट होता है कि सभ्यता के सूर्य का उदय तथा बुद्धि और ज्ञान का विकास सबसे प्रथम भारत ही में हुआ था। यूरपनिवासी भी सन्डे (Sunday) इत्यादि वारों का नाम इसी क्रम से बोलते

हैं। परन्तु उन लोगों ने यह नहीं बतलाया कि इस क्रम से सप्तग्रहों के नाम पर सात दिन क्यों माने गये।

सबसे दूरस्थ ग्रह शनि है। उसकी दूरी ८८ करोड़ मील से कुछ ऊपर है। अतएव शनि की एक परिक्रमा १०७५९ दिनों में अर्थात् ३० वर्ष में होती है। शनि से कम दूरस्थ बृहस्पति, यह ४८ करोड़ मील से कुछ और दूर है। इस कारण यह एक परिक्रमा ४३३२ दिनों में अर्थात् १२ बारह वर्ष में करता है। बृहस्पति से कम दूरी मंगल की है। इसकी दूरी १४ क्रोड़ मील से कुछ अधिक है। इसलिये मंगल को एक परिक्रमा करने में ६८६ दिन लगते हैं। मंगल से कम दूरी पृथ्वी की है, यह लगभग ९ करोड़ मील पर है। पर पृथ्वी को चलायमान नहीं मान कर सूर्य को चलायमान मानते हुए, यही स्थान सूर्य को दिया गया है। (ऐसा क्यों किया गया, इसका उल्लेख इस छोटी-सी पुस्तक में नहीं किया जा सकता। अतः उपरोक्त सिद्धान्त ही मान लिया गया)। इससे कम दूर पर शुक्र है। इसकी दूरी ६ क्रोड़ मील से अधिक है। इस कारण शुक्र एक परिक्रमा २२४ दिन में करता है। शुक्र से भी कम दूरस्थ बुध है। यह ३॥ साढ़े तीन करोड़ मील पर है, जिससे इसकी परिक्रमा ८७ दिन में होती है। सबसे निकटस्थ चन्द्रमा है। यह २॥ ढाई लाख मील से कम वा कुछ अधिक है। अतः चन्द्रमा २७ दिन में अपनी परिक्रमा समाप्त करता है।

यदि इन ग्रहों को उनके दूरवर्त्ती क्रम से लिखें तो वे इस क्रम से पड़ेंगे। शनि, बृहस्पति, मंगल, सूर्य, शुक्र, बुध, चन्द्रमा। अहोरात्रि एक दिनरात को कहते हैं। अहो शब्द के 'हो' और रात्रि के 'रा' को मिलाने से साङ्केतिक नाम 'होरा' पड़ा। एक अहोरात्रि के चौबीसवाँ भाग को होरा कहते हैं (मालूम होता है कि अंग्रेजी "आवर" Hour शब्द की उत्पत्ति इसी होरा शब्द से हुई है)। सुतरां १ रातदिन में २४ होरा होते हैं। प्रलय के अन्त में सूर्य का उदय होता है और उसी के प्रकाश से पृथ्वी और समस्त तारागण में उज्ज्वलता आती है। इस कारण जब सूर्य का उदय हुआ तो ऋषियों ने पहिला होरा सूर्य का माना और उसके बाद दूसरा होरा शुक्र का जो उससे समीपवर्त्ती ग्रह है। उसके बाद बुध का, क्योंकि शुक्र से बुध निकटस्थ है। इसी प्रकार चौथा होरा चन्द्रमा का, पाँचवाँ शनि का, छठा बृहस्पति का, सातवाँ मंगल का। पुनः आठवाँ रवि का, नवाँ शुक्र का, दसवाँ बुध का, ग्यारहवाँ चन्द्रमा का, बारहवाँ शनि का, तेरहवाँ बृहस्पति का, चौदहवाँ मंगल का, पन्द्रहवाँ सूर्य का, सोलहवाँ शुक्र का, सत्तरहवाँ बुध का, अट्ठारहवाँ चन्द्रमा का, उन्नीसवाँ शनि का, बीसवाँ बृहस्पति का, इक्कीसवाँ मंगल का, बाईसवाँ सूर्य का, तेईसवाँ शुक्र का और चौबीसवाँ या अन्तिम होरा बुध का हुआ। उसके बाद जब सूर्योदय हुआ तो प्रथम होरा चन्द्रमा का हुआ। इस कारण ऋषियों ने सूर्यवार

के बाद चन्द्रवार (सोमवार) नाम रक्खा। पुनः आप इसी क्रम से पहिला चं० से आरम्भ करें तो :—

१चं०	२श०	३बृ०	४मं०
५र०	६शु०	७बु०	८चं०
९श०	१०बृ०	११मं०	१२र०
१३शु०	१४बु०	१५चं०	१६श०
१७बृ०	१८मं०	१९र०	२०शु०
२१बु०	२२चं०	२३श०	२४बृ०

और अब इसी चौबीसवाँ होरा पर सोमवार समाप्त हुआ। अतएव जब मंगल का होरा उसके बाद पड़ा तो उस वार का नाम मंगलवार पड़ा। यदि आप इसी रीति से गिनते जायँगे तो मालूम होगा कि मंगल से पहिला होरा प्रारम्भ करने पर चौबीसवाँ होरा शुक्र का होता है। इस कारण मंगल के बाद का दिन बुधवार हुआ क्योंकि शुक्र के बाद चक्र में बुध का स्थान है।

अतएव उपरोक्त बातों के देखने से स्पष्ट होता है कि भारतवासियों की कोई भी बात कपोल-कल्पित नहीं थी।

चक्र १ में ग्रहों की स्थिति दूरवर्त्ती कक्षानुसार दी गयी है। सबसे भीतर वाले वृत्त में ग्रहों की स्थिति, शनि से आरम्भ कर दी हुई है। उस वृत्त में मंगल तक २४ वाँ होरा होता है। अतः उसके बाद २५ वाँ होरा सूर्य का, जो दूसरे दिवस का प्रथम होरा होता है, तिरछी लकीर से ऊपर की ओर दूसरे वृत्त के आरम्भ में दिया है। पुनः उसी क्रम से दूसरे वृत्त का अन्तिम या २४वाँ होरा बुध का होता है। तत्पश्चात् २५ वाँ होरा चन्द्रमा का, तिरछी रेखा द्वारा तीसरे वृत्त के आरम्भ में पड़ता है। इसी प्रकार ग्रहों की स्थिति कक्षानुसार क्रमसे इस चक्र में एक के बाद दूसरा, सात वृत्तों में दी गयी है। सबसे छोटे (भीतर वाले) वृत्त के किसी ग्रह से उसके सीध वाले ग्रहों को देखने से यह स्पष्ट हो जायगा कि वार क्रम सर्वदा एक ही होता है।

चक्र १

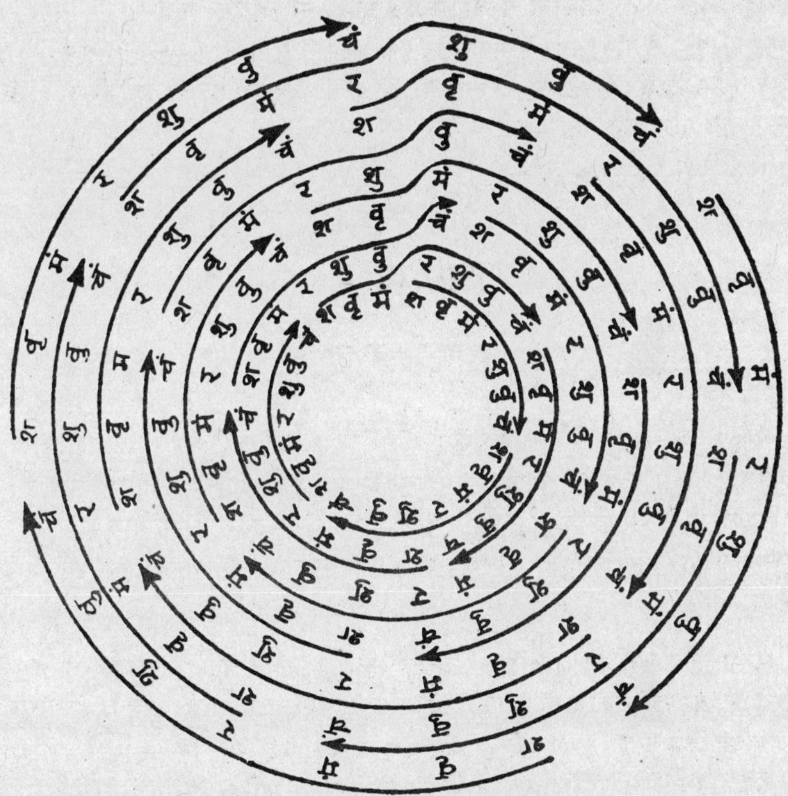

मासादि के नाम

धा–६ शुक्लपक्ष तथा शुक्लदिवस उजियाले पक्ष को कहते हैं। शुक्ल का 'शु' और दिवस का 'दि' से 'शुदि' शब्द बना। कृष्णपक्ष तथा बाहुल्य दिवस अन्धियाले पक्ष का नाम है। बाहुल्य का 'ब' और दिवस का 'दि' इससे 'बदि' शब्द बना जिससे कृष्णपक्ष का बोध होता है।

मास बारह होते हैं यह सभी जानते हैं और उनके नाम से भी परिचित हैं। एक बात यहाँ भी जानने योग्य है कि चैत्रादि नाम इन मासों का किस तरह पड़ा। विचारना यह है कि ये नाम सार्थक हैं अथवा निरर्थक।

देखने से यह ज्ञात होता है कि जिस मास की पूर्णिमा को चित्रा नक्षत्र पड़ा उसका नाम चैत्र हुआ और जिस मास की पूर्णिमा को विशाखा पड़ा उसका नाम वैशाख पड़ा। इसी रीति से ज्येष्ठा के पड़ने से ज्येष्ठ, पूर्वाषाढ़ के पड़ने से आषाढ़, श्रवणा से श्रावण, पूर्वाभाद्र से भाद्रपद (भादो), अश्विनी से आश्विन, कृत्तिका से कार्त्तिक, मृगशिरा से मार्गशीर्ष (अगहन), पुष्य से पौष, मघा से माघ और पूर्व-फाल्गुणी से फाल्गुण हुआ। (इस नियम में अब युग परिवर्त्तन के कारण तथा नक्षत्रों की गति परिवर्त्तन से यदा-कदा किसी-किसी मास में कुछ परिवर्त्तन नज़र आता है)।

अध्याय २

खगोल वर्णन

धा–७ इस अध्याय में आकाश के नक्षत्र, राशि और ग्रहों की स्थिति एवं भ्रमण के विषय में लिखा गया है। परन्तु स्मरण रहे कि यह बहुत बड़ा और पेचीला विषय है। तथापि लघुरूप से इस विषय को इस तरह से लिखने का उद्योग किया गया है कि जो इसको पूर्व से न भी जानते हों, उनके ध्यान में भी सुगमता से कामचलाऊ आवश्यक बातें आ जायँ।

किसी रात्रि को जब आकाश-मण्डल घटा से आच्छादित नहीं रहता है, तो आप देखते हैं कि समस्त आकाश में करोड़ों छोटे-बड़े रंग-बिरंगे तारे चमक रहे हैं। अब प्रश्न यह उठता है कि ये तारे केवल रात्रि को ही आकाश में रहते हैं या दिन को भी ? सच्ची बात यह है कि दिन को भी आकाश-मण्डल में तारागण रहते हैं, परन्तु सूर्य की प्रबल ज्योति के कारण वे दीख नहीं पड़ते। यह विषय केवल कहने पर ही मानने को नहीं, बल्कि इसके अनेकानेक प्रमाण भी हैं। स्थानाभाव के कारण केवल इतना ही लिखा जाता है कि सन् १८९७ ई० में जब भारतवर्ष में एक सर्वग्रास सूर्यग्रहण हुआ था और सूर्य के पूर्ण रूप से आच्छादित होने पर जब पृथ्वी में बहुत अन्धकार फैल गया तो पशुपक्षी आदि संध्या-भ्रम में पड़कर अपने-अपने वासस्थान में भागने लग गये थे। उस समय सूर्य से निकट-वर्त्ती बुध तारा दीखने लग गया जिसे भारतवर्ष के करोड़ों मनुष्यों ने देखा था। इसके पूर्व यह तारा सूर्य से समीपवर्त्ती होने के कारण कभी न देखा गया था। इससे सिद्ध होता है कि दिन को भी आकाश-मण्डल में तारागण रहते हैं परन्तु सूर्य की प्रखर ज्योति के कारण वे दिखाई नहीं देते। सुतरां यह सिद्ध हुआ कि इस पृथ्वी के चारों ओर तारागण हैं।

नक्षत्र क्या है

धा–८ उपरोक्त तारागण में से ही कतिपय को वृद्धों ने नक्षत्र नाम से पुकारा है।

यदि हमें एक जगह से दूसरी जगह जाना पड़े और उस स्थान तक पहुँचने के लिये सड़क भी हो, तो जब तक उस सड़क का विभाग किसी रीति से, जैसे कोस या मील द्वारा, न किया जाय तब तक यह कहना कि अमुक घटना उस सड़क पर चलते हुए किस स्थान में हुई थी, बड़ा ही कठिन होगा। इसलिये सड़कों को माइलों में विभक्त करने की प्रणाली है और प्रति माइल को भी चार भागों में बाँटकर $\frac{1}{2}$, $\frac{1}{4}$ इत्यादि चिह्न दे दिया जाता है। इन चिह्नों के द्वारा किसी घटना के स्थान को बड़ी सरलता से बतलाया जा सकता है। जैसे अमुक घटना नव माइल तय करने पर दसवें माइल के चतुर्थांश अथवा अर्द्धांश पर हुई।

अतएव महर्षियों ने आकाश-मण्डल के तारों को पूर्व-पश्चिम गति से सत्ताईस भागों में विभक्त किया है; तथा प्रति भाग का नाम नक्षत्र रक्खा है। इसलिये यदि आप ध्यान देकर देखेंगे तो यह प्रतीत होगा कि इन सत्ताईस नक्षत्रों की एक माला पृथ्वी के चारों ओर पूर्वापर (पूरब से पश्चिम, उत्तर दक्षिण नहीं) पड़ी हुई है।

कई तारों के समुदाय को ही नक्षत्र कहते हैं। उन तारों को एक दूसरे से युक्ति-पूर्वक रेखा द्वारा मिला देने से कहीं अश्व, कहीं शिर, कहीं गाड़ी और कहीं सर्पादि का चित्र बन जाता है। इन नक्षत्रादि के नामकरण पर विशेष लिखने की यहाँ आवश्यकता नहीं। तात्पर्य यही है कि इस भूमण्डल के चारों ओर जो तारागण हैं, जिन्हें महर्षियों ने सत्ताईस नक्षत्रों के नाम से पुकारा है, उनके द्वारा आकाश-मण्डल में ग्रहों की स्थिति का ठीक-ठीक बोध होता है। जैसे सड़क के पथिक को मील चिह्न से यह कहना सुगम होता है कि अमुक दूरी पर पहुँच गया, उसी तरह गणितज्ञों को यह कहना सरल होगा कि अमुक ग्रह, अमुक समय में, अमुक नक्षत्र में था या है।

नक्षत्रों के विभाग

धा–९ प्रत्येक नक्षत्र चार भागों में विभाजित हैं और उनमें हर एक को चरण कहते हैं। इस प्रकार भाग करने से यह हुआ कि ग्रह की स्थिति केवल इतना ही

कहकर समाप्त न की जायगी कि अमुक ग्रह अमुक नक्षत्र में था या है बल्कि यह भी कहा जा सकता है कि वह ग्रह उस नक्षत्र के किस चरण में है। अब प्रश्न यह उठ सकता है कि किस ग्रह की स्थिति किस समय किस नक्षत्र के किस चरण में थी, है या होगी, इसके जानने की विधि क्या है? यह विषय बहुत ही महत्त्वपूर्ण है और इस पर सूर्य सिद्धान्त, ग्रहलाघव, आर्यसिद्धान्त आदि बहुत-सी पुस्तकें हैं। पर उन पुस्तकों की सहायता बिना सब बातें किसी शुद्ध पंचांग में भी मिल जाती हैं। किसी पंचाङ्ग को यदि आप उठाकर देखेंगे तो आपको यह पता चल जायगा कि अमुक ग्रह अमुक समय में अमुक नक्षत्र के अमुक चरण में है। पंचाङ्ग देखने की रीति जहाँ बतलायी गयी है वहाँ इन बातों को दृष्टान्त देकर पूर्ण रीति से समझा देने का यत्न किया गया है। इस स्थान में अब इतना ही लिखना आवश्यक है कि पृथ्वी के चारों ओर तथा पूरब से पश्चिम जाती हुई मालाकार सत्ताईस नक्षत्र हैं। प्रत्येक नक्षत्र के चार चरण हैं। अतएव मालाकार नक्षत्रों में कुल १०८ (२७×४) चरण हैं।

इस सम्बन्ध में एक बात और स्मरण रखने की है कि महर्षियों ने इस मालारूपी तारों (नक्षत्रों) को बारह राशियों में विभक्त किया है। पहिले लिखा जा चुका है कि इस माला में एक सौ आठ चरण हैं। यदि इसकी बारह राशियाँ बनायी जायँ अर्थात् इसको बारह जगहों में बाँटें, तो नौ नौ चरणों की या यों कहें कि २$\frac{1}{4}$ सवा दो नक्षत्रों की एक राशि हुई। अब यदि हमको यह मालूम हो कि अमुक ग्रह अमुक समय में अमुक नक्षत्र के अमुक चरण में था, तो इतना जानने के पश्चात् बड़ी सुगमता से यह जाना जा सकता है कि वह ग्रह किस राशि में था।

नक्षत्र एवं राशियों के नाम

धा–१० इस विषय को सुगमता से समझने के लिये एक चक्र दिया जाता है जिसके अवलोकन मात्र से पूर्व लिखी हुई बातें हस्तामलक हो जायँगी।

चक्र पर ध्यान दिलाने के पूर्व यह अच्छा होगा कि पहले २७ नक्षत्रों तथा बारह राशियों के नाम लिख दिये जायँ। चक्र २ के सबसे ऊपरवाले कोष्ठ में राशियों के नाम, उसके नीचे नक्षत्रों के चरण और तत्पश्चात् नक्षत्रों के नाम हैं। नक्षत्रों के प्रत्येक चरण को ज्योतिष शास्त्र में वर्णमाला के एकैक अक्षर से विख्यात किया है। तात्पर्य यह कि

चक्र २

नक्षत्र उनके चरणों के अक्षर और राशि

मेष		वृष			मिथुन		कर्क	
चू चे चो ला	ली लू ले लो	अ इ उ ए	ओ वा वी वु	वे वो का की	कु घ ङ छ	के को हा ही	हु हे हो डा	डी डू डे डो
१ अश्विनी	२ भरणी	३ कृत्तिका	४ रोहिणी	५ मृगशिरा	६ आर्द्रा	७ पुनर्वसु	८ पुष्य	९ आश्लेषा

सिंह		कन्या			तुला		वृश्चिक	
मा मी मू मे	मो टा टी टू	टे टो पा पी	पू ष ण ठ	पे पो रा री	रू रे रो ता	ती तू ते तो	ना नी नू ने	नो या यि यू
१० मघा	११ पूर्वा	१२ उत्तरा	१३ हस्ता	१४ चित्रा	१५ स्वाती	१६ विशाखा	१७ अनुराधा	१८ ज्येष्ठा

धन		मकर			कुम्भ		मीन	
ये यो भा भी	भू धा फा ढा	भे भो जा जी	खी खू खे खो	गा गी गू गे	गो सा सी सू	से सो दा दी	दू थ झ ञ	दे दो चा ची
१९ मूला	२० पूर्वाषाढ़	२१ उत्तराषाढ़	२२ श्रवणा	२३ धनिष्ठा	२४ शतभिषा	२५ पूर्वभाद्र	२६ उत्तरभाद्र	२७ रेवती

प्रति चरण का एक सौ आठ नाम नहीं देकर केवल अक्षरों से ही उनका वोध कराया गया है।

नक्षत्रों का आरम्भ अश्विनी से होता है। अश्विनी का प्रथम चरण 'चु', द्वितीय 'चे', तृतीय 'चो' और चतुर्थ 'ला'। भरणी का प्रथम चरण 'ली', द्वितीय 'लु', तृतीय 'ले' और चतुर्थ 'लो'। कृत्तिका का प्रथम चरण 'अ', द्वितीय 'इ', तृतीय 'उ' एवं चतुर्थ 'ए' है। इसी प्रकार २७ नक्षत्र के प्रत्येक चरण को वर्णमाला का एक अक्षर अकार इकारादि युक्त दिया गया है। इन सब बातों को चक्र २ में सुगमता से ध्यान में आ जाने के हेतु, दिखलाता हुआ यह विषय समाप्त किया जाता है।

चक्र के देखने से यह बोध होता है कि किस नक्षत्र के किस चरण का कौन अक्षर होता है। ज्योतिष में इसका प्रयोग इस प्रकार होता है। जैसे किसी व्यक्ति का जन्म उत्तरा नक्षत्र के तृतीय चरण में हो तो उसका (राशि) नाम ऐसा रक्खा जाता है जिसका प्रथम अक्षर 'प' अथवा 'पा' हो। (ह्रस्व दीर्घ में भेद नहीं माना जाता है)। जैसे पद्मराग मिश्र अथवा पार्वतीदेवी इत्यादि। इसी रीति से यदि यह मालूम हो कि अमुक व्यक्ति का राशिनाम नर्मदेश्वर शर्मा है तो चक्र में देखने से तुरत बोध हो जायगा कि उस व्यक्ति का जन्म अनुराधा के प्रथम चरण में है। इसी प्रकार और सब भी जानना होगा।

नक्षत्र-भ्रमण अर्थात् राशिमाला और उनके विभाग

धारा–११ ऊपर लिखा जा चुका है कि आकाश-मण्डल मेष, वृष, मिथुन, कर्कट, सिंह, कन्या, तुला, वृश्चिक, धन, मकर, कुम्भ और मीन इन बारह राशियों में विभक्त है।

प्रत्येक राशि में तीस अंश डिग्री (degree) होते हैं और एक अंश साठ कला का होता है। पुनः साठ विकला का एक कला होता है। (कला और विकला को अंग्रेजी में मिनट और सेकेंड कहते हैं पर ध्यान रहे कि यह घड़ीवाला मिनट सेकेंड नहीं है)। चूंकि एक राशि में तीस अंश होता है इसलिये बारह राशियों में (३०×१२) ३६० अंश हुए और ये तीन सौ साठ अंश एक परिधि वा गोलाकार के अन्दर होते हैं। इस कारण जब राशिमाला एक गोलाकार में बारह राशियाँ मानी गयी हैं तो प्रत्येक राशि में तीस-तीस अंश अवश्य ही रहते हैं। अब इस स्थान पर चक्र संख्या २ (क) दिया जाता है, जिसके अवलोकन मात्र से यह मालूम हो जायगा कि नक्षत्र और राशिमाला की स्थिति आकाश में किस विधि से अनुमान किया जा सकता है।

इस चक्र को हाथ में लेकर यदि आप दक्षिण मुख होकर बैठें और चक्र को अपने सामने खड़ा कर उर्ध्वभाग ऊपर और अधोभाग को नीचे रखकर देखेंगे तो पूर्वी भाग

चक्र २(क)

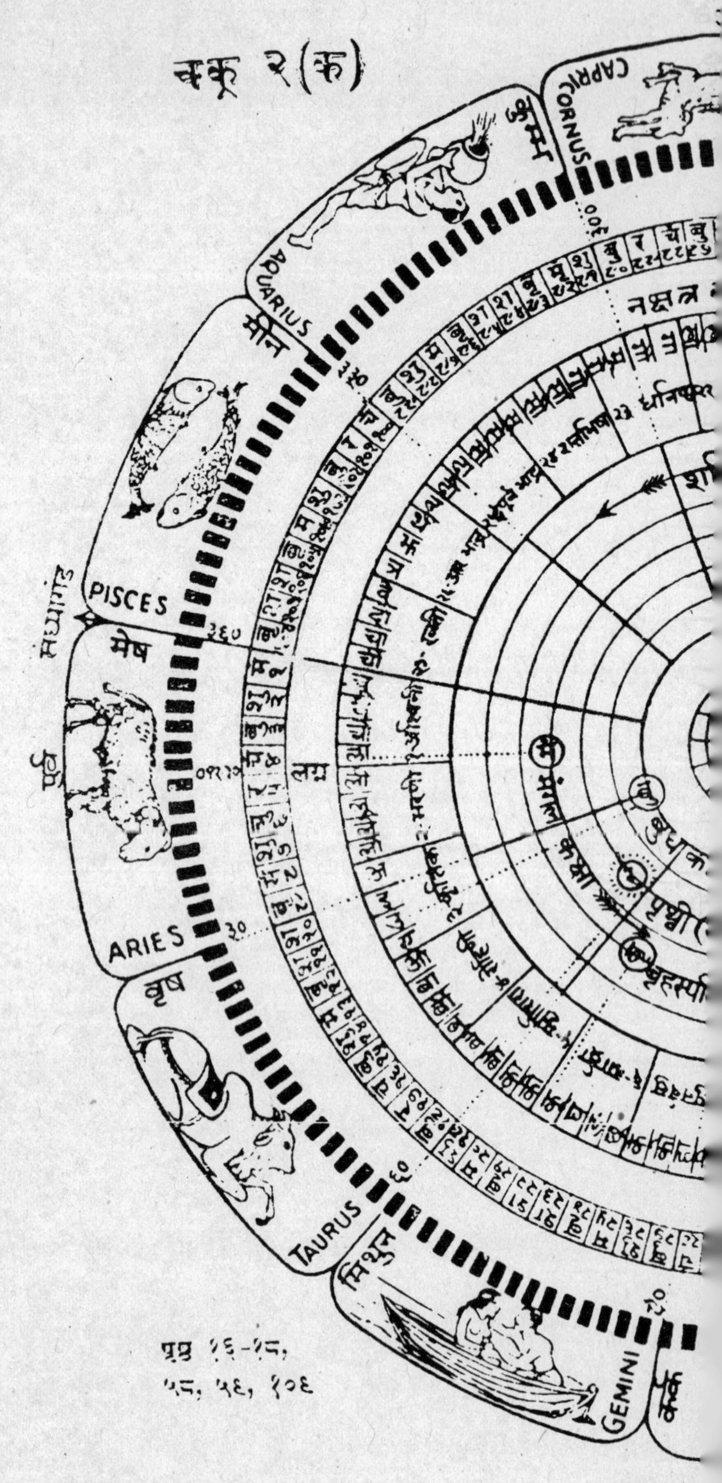

पृष्ठ १६-१८,
५८, ५६, १०६

के उदय होने के पश्चात् वृष का उदय होगा और उ
में और भी बहुत-सी बातें दिखलाई गयी हैं जिनक
बातों के बतलाने के बाद कराया जायगा। एक
है कि इस चक्र में एक जगह रेवती और अश्विन
और मेष के आदि पर, संध्या-गण्ड भी लिखा हुअ
में अर्थात् कर्कट के अन्त और सिंह के आदि में, र
ज्येष्ठा और मूल के मध्य में अर्थात् वृश्चिक के अ
गण्ड है। इन सब गण्ड-योगों का दोष और गुण
पर केवल इतना ही लिखना है कि इस चक्र पर दृष्टि
मेष का अन्त और वृष का आरम्भ कृत्तिका के प्र
प्रकार वृष का अन्त और मिथुन का आरम्भ मृगशिर
का अन्त और कर्कट का आरम्भ पुनर्वसु के चतुर्थ
कर्कट का अन्त और सिंह का आरम्भ अश्लेषा के अ
निष्कर्ष यह निकला कि जहाँ राशि का अन्त और
किसी नक्षत्र का भी अन्त और दूसरे का आरम्भ
दैवज्ञों ने गण्ड माना है। इसी प्रकार यदि आप चक्र
सिंह का अन्त और कन्या का आरम्भ, उत्तरा नक्षत्र
नहीं। वैसे ही कन्या का अन्त और तुला का आदि,
का अन्त और वृश्चिक का आदि, विशाखा के तृतीय
वृश्चिक का अन्त और धन का आरम्भ, ज्येष्ठा के अन्
तात्पर्य यह कि द्वितीय बार इस चक्र में एक राशि का
है और उसके बाद राशि का आरम्भ, दूसरे नक्षत्र के
यह जोड़ गंड कहा जाता है और इसका नाम दिवाग
मकर का आरम्भ, मकर का अन्त कुम्भ का आरम्
आरम्भ नक्षत्र के किसी चरण से ही हुआ; जोड़ पर से
बार एक गण्ड और होता है। जैसे मीन का अन्त, रेवती
अश्विनी के आदि से होता है। इस हेतु इसको भी ज
इसका नाम सन्ध्या-गण्ड है।

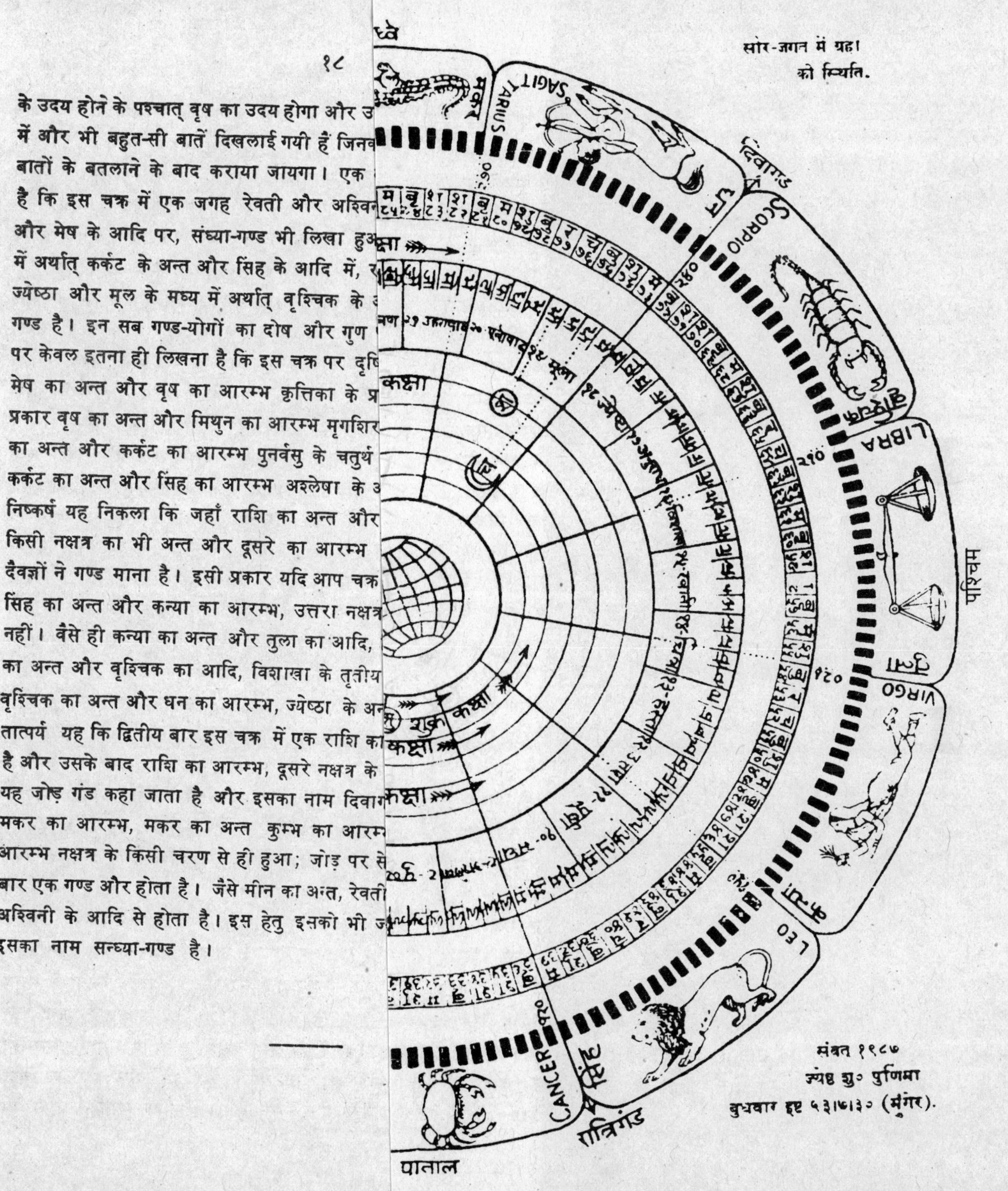

श्चिमी भाग पश्चिम दिशा की ओर पड़ जायगा। अनुमान के लिये यदि आप उस चक्र के केन्द्र में बैठे हुए हैं तो इस चक्र में देखेंगे कि अश्विनी क्षितिज के नीचे पड़ता है। उसके बाद क्रमशः भरणी, कृत्तिका, रोहिणी वामक्रम से (अर्थात् घड़ी के काँटे के विपरीत) पड़ता हुआ उर्ध्वभाग को पूरब दिशा के क्षितिज में अन्तिम नक्षत्र रेवती आ जाती है। तात्पर्य यह है कि यदि आप अपने को इस चक्र २ (क) के केन्द्र में बैठा हुआ तो अपने को एक नक्षत्रमाला से घिरा पावेंगे। इस चक्र में यह भी आप त्येक नक्षत्र के चरणों को छोटी-छोटी रेखाओं से (नक्षत्र मंडल के ऊपरी कित कर दिया गया है। (जैसे घड़ी में घण्टा बोध करानेवाले अंकों के बीच रेखाएँ रहती हैं)। नक्षत्र-मंडल के ऊपरी भाग में प्रत्येक नक्षत्र के चार-बतलाये गये हैं जो प्रत्येक चरण का वर्णमाला अक्षर (चक्र २ के अनुसार) या गया है। इस नक्षत्र मण्डल के ऊपर नवांश-मण्डल है। नवांश क्या गे लिखा जायगा। उसके बाद वाले मंडल में जो काली-काली और उजली-एँ हैं, उनसे प्रत्येक राशि के तीस तीस अंश दिखलाये गये हैं। तत्पश्चात् न अंकों में ३६० अंशों के, मेष के प्रथम अंश से आरम्भ कर, अंक दिये गये ह भी लिखा जा चुका है कि नौ चरणों की एक राशि होती है। अश्विनी । एवं मेष से राशियों का आरम्भ होता है। इस कारण इस चक्र में आप श्विनी से आरम्भ कर अश्विनी के चार, भरणी के चार और कृत्तिका के को लेने से नौ चरण हो जाते हैं। अर्थात् अश्विनी के प्रथम चरण से मेष भ होकर कृत्तिका के प्रथम चरण के अन्त पर समाप्त हुई। इस चक्र के भाग में मेष का रूप एक टेढ़ी सी लकीर (ब्रैकेट) से दिखला दिया गया ट चक्र का सबसे बाहरी रेखा है। प्रत्येक ब्रैकेट के भीतर भिन्न-भिन्न स्वरूप अर्थात् भेंड़ा, वृषभ इत्यादि, शीर्षोदय और पृष्टोदय गति बतलाते हैं। अब आगे बढ़कर देखिये कि कृत्तिका के द्वितीय चरण के आरम्भ से ा आरम्भ हुआ और यह नौ चरण पर अर्थात् कृत्तिका के तीन, रोहिणी र मृगशिरा के द्वितीय चरणान्त में समाप्त हुई। इसी प्रकार मिथुन राशि द्वितीय चरण के आरम्भ से चलकर पुनर्वसु के तृतीय चरण पर समाप्त भी नौ चरण हुए (मृगशिरा के दो, आर्द्रा के चार और पुनर्वसु के तीन)। (पुनर्वसु के चतुर्थ चरण से) कर्कट का आरम्भ हुआ और अश्लेषा के चतुर्थ माप्त हुई। इसी रीति से यदि इस चक्र की चारों दिशाओं पर दृष्टि डालें जायगा कि अमुक नक्षत्रचरण की अमुक राशि होती है। यह राशिमाला र्व से पश्चिम ओर घूमती है। अतः इस भ-चक्र की चाल तीर के चिह्न ow mark) से दिखलायी गयी है। ऐसे भ्रमण के कारण पूर्व क्षितिज में मेष

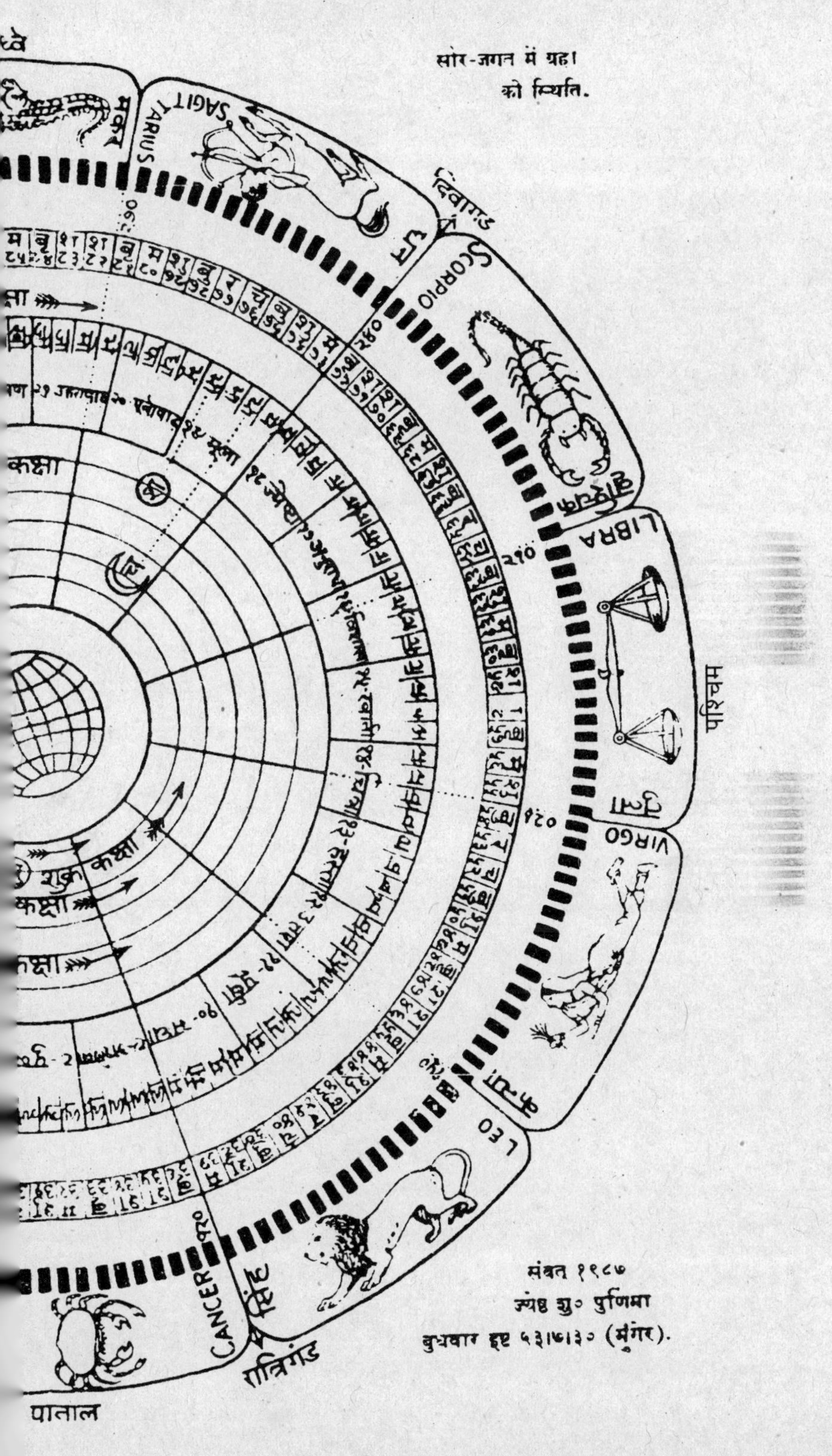
सौर-जगत में ग्रहों
की स्थिति.
SAGITTARIUS
दिवागंड
SCORPIO
LIBRA
तुला
पश्चिम
VIRGO
कन्या
LEO
सिंह
CANCER
रात्रिगंड
पाताल
संवत १९८७
ज्येष्ठ शु० पुणिमा
बुधवार इष्ट ५३।७।३० (मुंगेर).

पूरब और पश्चिमी भाग पश्चिम दिशा की ओर पड़ जायगा। अनुमान के लिये यदि मान लें कि आप उस चक्र के केन्द्र में बैठे हुए हैं तो इस चक्र में देखेंगे कि अश्विनी पूर्व भाग में क्षितिज के नीचे पड़ता है। उसके बाद क्रमशः भरणी, कृत्तिका, रोहिणी आदि नक्षत्र वामक्रम से (अर्थात् घड़ी के काँटे के विपरीत) पड़ता हुआ उर्ध्वभाग को समाप्त कर पूरब दिशा के क्षितिज में अन्तिम नक्षत्र रेवती आ जाती है। तात्पर्य लिखने का यह है कि यदि आप अपने को इस चक्र २ (क) के केन्द्र में बैठा हुआ अनुमान करें तो अपने को एक नक्षत्रमाला से घिरा पावेंगे। इस चक्र में यह भी आप देखेंगे कि प्रत्येक नक्षत्र के चरणों को छोटी-छोटी रेखाओं से (नक्षत्र मंडल के ऊपरी भाग में) अंकित कर दिया गया है। (जैसे घड़ी में घण्टा बोध करानेवाले अंकों के बीच छोटी-छोटी रेखाएँ रहती हैं)। नक्षत्र-मंडल के ऊपरी भाग में प्रत्येक नक्षत्र के चार-चार चरण बतलाये गये हैं जो प्रत्येक चरण का वर्णमाला अक्षर (चक्र २ के अनुसार) भी लिख दिया गया है। इस नक्षत्र मण्डल के ऊपर नवांश-मण्डल है। नवांश क्या पदार्थ है, आगे लिखा जायगा। उसके बाद वाले मंडल में जो काली-काली और उजली-उजली रेखाएँ हैं, उनसे प्रत्येक राशि के तीस तीस अंश दिखलाये गये हैं। तत्पश्चात् अत्यन्त महीन अंकों में ३६० अंशों के, मेष के प्रथम अंश से आरम्भ कर, अंक दिये गये हैं। ऊपर यह भी लिखा जा चुका है कि नौ चरणों की एक राशि होती है। अश्विनी से नक्षत्रों का एवं मेष से राशियों का आरम्भ होता है। इस कारण इस चक्र में आप देखेंगे कि अश्विनी से आरम्भ कर अश्विनी के चार, भरणी के चार और कृत्तिका के एक चरण को लेने से नौ चरण हो जाते हैं। अर्थात् अश्विनी के प्रथम चरण से मेष राशि आरम्भ होकर कृत्तिका के प्रथम चरण के अन्त पर समाप्त हुई। इस चक्र के सबसे बाहरी भाग में मेष का रूप एक टेढ़ी सी लकीर (ब्रैकेट) से दिखला दिया गया है। यह ब्रैकेट चक्र का सबसे बाहरी रेखा है। प्रत्येक ब्रैकेट के भीतर भिन्न-भिन्न राशियों के स्वरूप अर्थात् भेंड़ा, वृषभ इत्यादि, शीर्षोदय और पृष्टोदय गति बतलाते हुए दिये गये हैं। अब आगे बढ़कर देखिये कि कृत्तिका के द्वितीय चरण के आरम्भ से वृष राशि का आरम्भ हुआ और यह नौ चरण पर अर्थात् कृत्तिका के तीन, रोहिणी के चार और मृगशिरा के द्वितीय चरणान्त में समाप्त हुई। इसी प्रकार मिथुन राशि मृगशिरा के द्वितीय चरण के आरम्भ से चलकर पुनर्वसु के तृतीय चरण पर समाप्त हुई। इसमें भी नौ चरण हुए (मृगशिरा के दो, आर्द्रा के चार और पुनर्वसु के तीन)। पुनः यहाँ से (पुनर्वसु के चतुर्थ चरण से) कर्कट का आरम्भ हुआ और अश्लेषा के चतुर्थ चरण पर समाप्त हुई। इसी रीति से यदि इस चक्र की चारों दिशाओं पर दृष्टि डालें तो स्पष्ट हो जायगा कि अमुक नक्षत्रचरण की अमुक राशि होती है। यह राशिमाला (भचक्र) पूर्व से पश्चिम ओर घूमती है। अतः इस भ-चक्र की चाल तीर के चिह्न (—→arrow mark) से दिखलायी गयी है। ऐसे भ्रमण के कारण पूर्व क्षितिज में मेष

के उदय होने के पश्चात् वृष का उदय होगा और उसके बाद मिथुन इत्यादि का। इस चक्र में और भी बहुत-सी बातें दिखलाई गयी हैं जिनका दिग्दर्शन आगे चलकर और भी कई बातों के बतलाने के बाद कराया जायगा। एक बात और वहीं पर लिख देना उचित है कि इस चक्र में एक जगह रेवती और अश्विनी के मध्य में अर्थात् मीन के अन्त और मेष के आदि पर, संध्या-गण्ड भी लिखा हुआ है एवं अश्लेषा और मघा के मध्य में अर्थात् कर्कट के अन्त और सिंह के आदि में, रात्रिगण्ड लिखा हुआ है। इसी प्रकार ज्येष्ठा और मूल के मध्य में अर्थात् वृश्चिक के अन्त और धन के आरम्भ में, दिवा-गण्ड है। इन सब गण्ड-योगों का दोष और गुण फलित-खण्ड में लिखा जायगा। यहाँ पर केवल इतना ही लिखना है कि इस चक्र पर दृष्टिपात करने से यह बोध होता है कि मेष का अन्त और वृष का आरम्भ कृत्तिका के प्रथम चरण के अन्त में हुआ। उसी प्रकार वृष का अन्त और मिथुन का आरम्भ मृगशिरा के मध्य में हुआ। फिर भी मिथुन का अन्त और कर्कट का आरम्भ पुनर्वसु के चतुर्थ चरण के आरम्भ से हुआ। परन्तु कर्कट का अन्त और सिंह का आरम्भ अश्लेषा के अन्त और मघा के आरम्भ से हुआ। निष्कर्ष यह निकला कि जहाँ राशि का अन्त और आरम्भ होता है, उसी जगह यदि किसी नक्षत्र का भी अन्त और दूसरे का आरम्भ होता हो, तो इसी जोड़ स्थान को दैवज्ञों ने गण्ड माना है। इसी प्रकार यदि आप चक्र में आगे भी दृष्टि दौड़ाते जायँ तो सिंह का अन्त और कन्या का आरम्भ, उत्तरा नक्षत्र के बीच ही से हुआ, जोड़ पर से नहीं। वैसे ही कन्या का अन्त और तुला का आदि, चित्रा के मध्य से हुआ। पुनः तुला का अन्त और वृश्चिक का आदि, विशाखा के तृतीय चरण के आरम्भ से हुआ; परन्तु वृश्चिक का अन्त और धन का आरम्भ, ज्येष्ठा के अन्त और मूला के आदि से होता है। तात्पर्य यह कि द्वितीय बार इस चक्र में एक राशि का अन्त, एक नक्षत्र के अन्त में होता है और उसके बाद राशि का आरम्भ, दूसरे नक्षत्र के आरम्भ से शुरू होता है। इसलिये यह जोड़ गंड कहा जाता है और इसका नाम दिवागण्ड है। इसके बाद धन का अन्त मकर का आरम्भ, मकर का अन्त कुम्भ का आरम्भ और कुम्भ का अन्त मीन का आरम्भ नक्षत्र के किसी चरण से ही हुआ; जोड़ पर से नहीं। परन्तु इस चक्र में तृतीय बार एक गण्ड और होता है। जैसे मीन का अन्त, रेवती के अन्त में और मेष का आरम्भ अश्विनी के आदि से होता है। इस हेतु इसको भी ज्योतिषियों ने गण्ड माना है और इसका नाम सन्ध्या-गण्ड है।

अध्याय ३

ग्रह और उनका भ्रमण-क्रम

धा०–१२ ग्रह केवल सात हैं सूर्य्य, चन्द्रमा, मंगल, बुध, बृहस्पति, शुक्र और शनि। राहु और केतु कोई ग्रह नहीं हैं। ये दोनों केवल छाया-ग्रह हैं। आधुनिक विज्ञान-शास्त्र तथा एस्ट्रोनोमी (Astronomy) के बल पर योरप निवासी ज्योतिषीगण, दो ग्रह और भी, यूरेनस और नेपच्यून मानते हैं। उन ज्योतिषियों ने आधुनिक विज्ञान विद्यादि का विकास, विशेष रूप से इन दो ग्रहों के ही फलाफल पर निर्भर किया है। परन्तु भारतवर्ष के प्राचीन ग्रन्थों में यूरेनस और नेपच्यून का कोई उल्लेख नहीं है। अतएव इस पुस्तक में इन ग्रहों के विषय में कुछ विचार नहीं किया गया। उपरोक्त ग्रह-गण रात्रिदिवा पृथ्वी के चारो ओर भ्रमण करते हैं। इनमें से शनि सबसे दूरस्थ ग्रह है। इस कारण पृथ्वी की एक परिक्रमा या यों कहिये कि बारह राशियों का भ्रमण, शनि दस हजार सात सौ उनसठ १०७५९ दिनों में करता है जो लगभग ३० तीस वर्ष होता है। शनि से निकटवर्त्ती ग्रह बृहस्पतिहै; अतः बृहस्पति को उपरोक्त एक भ्रमण में ४३३२ चार हजार तीन सौ बत्तीस दिन लगते हैं जो लगभग बारह वर्ष होता है। बृहस्पति से समीपस्थ मंगल है; इसको बारह राशियों के एक भ्रमण में लगभग ६८७ दिन लगते हैं। मंगल से समीपवर्त्ती पृथ्वी है जो ३६५ तीन सौ पैंसठ दिनों में बारह राशियों की परिक्रमा करती है। इसी एक भ्रमण का नाम वर्ष है। इससे समीपवर्त्ती शुक्र है जिसका एक भ्रमण लगभग २२५ दिन में होता है। उसके बाद बुध का स्थान है जिसको भ्रमण करने में लगभग ८८ दिन लगते हैं और सबसे समीपवर्त्ती चन्द्रमा है जो सम्पूर्ण राशिमाला को २७ दिन ८¾ घंटों में भ्रमण कर जाता है।

पृथ्वी अथवा सूर्य चलायमान है ?

धा०–१३ अब एक कठिन समस्या यहाँ उपस्थित होती है कि पृथ्वी चलती है या सूर्य्य चलता है। इस बात को पूर्णरीति से समझाने के लिये एक अलग ही पुस्तक तैयार हो सकती है परन्तु उन पाठकों के मनोरञ्जनार्थ जो इस विषय में बिलकुल कोरे हैं, थोड़ा लिख देना आवश्यक प्रतीत होता है।

इस महत्वपूर्ण बात को सरलता से बतलाने के लिये एक उपमा की आवश्यकता होगी।

प्रायः अनुभव से ऐसा देखा जाता है कि जब हम रेलवे स्टेशन की किसी गाड़ी पर बैठे हैं और एक दूसरी गाड़ी भी दूसरी लाईन पर है तो अपनी गाड़ी के चलायमान होने पर ऐसा भ्रम होता है कि वह दूसरी गाड़ी ही चलने लगी। परन्तु जब कई प्रकार से निश्चय किया जाता है तो यह भ्रम दूर होकर प्रतीत हो जाता है कि दूसरी गाड़ी नहीं बल्कि अपनी ही गाड़ी चल रही है। इसी तरह जहाज नौका इत्यादि पर भी भ्रम होता है। लिखने का तात्पर्य यह है कि इसी प्रकार यद्यपि सूर्य्य स्थिर है पर भ्रम से पृथ्वी स्थिर और सूर्य्य चलायमान मालूम पड़ता है।

इस झगड़े में नहीं पड़ कर इतना ही लिखा जाता है कि सूर्य्य चलता हो या पृथ्वी चलती हो, किसी को चलायमान मानने से गणित में अन्तर न पड़ेगा। आप मान लें कि एक स्टेशन से रेलगाड़ी खुलकर दूसरे स्टेशन की ओर जा रही है तो देखने में मालूम होता है कि जिस स्टेशन से गाड़ी खुली, वही स्टेशन चलायमान है। तत्पश्चात् मार्ग के वृक्ष, तार के खम्भे इत्यादि सभी चलते नज़र आते हैं। थोड़ी देरके बाद अपनी गाड़ी चलती चलती दूसरे स्टेशन पर पहुँच जाती है। हमें मालूम है कि एक स्टेशन से दूसरे स्टेशन की दूरी दस मील है और यह भी मालूम है कि वह गाड़ी दस मील की दूरी बीस मिनट में समाप्त करती है। यहाँ प्रत्यक्ष है कि गाड़ी ही चली, न कि वृक्षादि वा स्टेशन। अब मान लें कि आपकी गाड़ी स्टेशन पर ही खड़ी है और किसी यन्त्रादि द्वारा (वह यंत्र जिसमें ऐसी शक्ति हो कि पृथ्वीतल को चलायमान बना सके और उस पृथ्वीतल की चाल भी दो मिनट में एक मील रहे) उन दोनों स्टेशनों के बीच की भूमि को चलायमान बना देने से आप देखेंगे कि आप की गाड़ी अपने स्टेशन में खड़ी रहने पर भी उसी बीस मिनट में वह दूसरा स्टेशन आपके सामने उपस्थित हो जायगा और आपको वहीं सब दृश्य देखने में आवेगा जो गाड़ी के चलने से मालूम होता था। इसलिये यह ठीक होता है कि यदि दो में से किसी एक को स्थिर और दूसरे को चलायमान मान लें तो परिणाम एक ही होगा। इसी कारण ज्योतिष के गणित-विभाग में सूर्य्य ही को गतिमान मान कर गणित किया जाता है। यहाँ पर एक बात कह देना अत्यावश्यक है कि सूर्य्य भी किञ्चित-मात्र चलायमान पाया जाता है जिसका नाम अयनांश है। अंग्रेजी में इसे प्रीसेशन (Precession) कहते हैं और यह गति लगभग ६१$\frac{१}{४}$ वर्ष में एक अंश है। चक्र ३ में इस अयनांश को कई वर्षों की चाल, लग्न बनाने की उपयोगिता के लिये दी जाती है। (अयनांश में बहुत मतान्तर है। इन्डियन क्रोनोलाजी (Indian Chronology) के अनुसार काम चलाऊ अयनांश इस चक्र में दिये गये हैं)।

चक्र ३

ईस्वी सन्	संवत्	अयनांश	ईस्वी सन्	संवत्	अयनांश
१८५०	१९०७	२१।४३।३५	१८८५	१९४२	२२।१७।२२
१८५१	१९०८	२१।४४।३३	१८८६	१९४३	२२।१८।२०
१८५२	१९०९	२१।४५।३१	१८८७	१९४४	२२।१९।१८
१८५३	१९१०	२१।४६।२९	१८८८	१९४५	२२।२०।१६
१८५४	१९११	२१।४७।२७	१८८९	१९४६	२२।२१।१४
१८५५	१९१२	२१।४८।२५	१८९०	१९४७	२२।२२।१२
१८५६	१९१३	२१।४९।२३	१८९१	१९४८	२२।२३।१०
१८५७	१९१४	२१।५०।२१	१८९२	१९४९	२२।२४।८
१८५८	१९१५	२१।५१।१९	१८९३	१९५०	२२।२५।६
१८५९	१९१६	२१।५२।१७	१८९४	१९५१	२२।२६।५
१८६०	१९१७	२१।५३।१५	१८९५	१९५२	२२।२७।४
१८६१	१९१८	२१।५४।१३	१८९६	१९५३	२२।२८।३
१८६२	१९१९	२१।५५।११	१८९७	१९५४	२२।२९।२
१८६३	१९२०	२१।५६।९	१८९८	१९५५	२२।३०।०
१८६४	१९२१	२१।५७।७	१८९९	१९५६	२२।३०।५९
१८६५	१९२२	२१।५८।५	१९००	१९५७	२३।३१।५६
१८६६	१९२३	२१।५९।३	१९०१	१९५८	२२।३२।५४
१८६७	१९२४	२२।०।०	१९०२	१९५९	२२।३३।५२
१८६८	१९२५	२२।०।५९	१९०३	१९६०	२२।३४।५०
१८६९	१९२६	२२।१।५७	१९०४	१९६१	२२।३५।४८
१८७०	१९२७	२२।२।५५	१९०५	१९६२	२२।३६।४६
१८७१	१९२८	२२।३।५३	१९०६	१९६३	२२।३७।४४
१८७२	१९२९	२२।४।५१	१९०७	१९६४	२२।३८।४२
१८७३	१९३०	२२।५।४८	१९०८	१९६५	२२।३९।४०
१८७४	१९३१	२२।६।४६	१९०९	१९६६	२२।४०।३८
१८७५	१९३२	२२।७।४४	१९१०	१९६७	२२।४१।३६
१८७६	१९३३	२२।८।४२	१९११	१९६८	२२।४२।३४
१८७७	१९३४	२२।९।३९	१९१२	१९६९	२२।४३।३२
१८७८	१९३५	२२।१०।३७	१९१३	१९७०	२२।४४।३०
१८७९	१९३६	२२।११।३५	१९१४	१९७१	२२।४५।२८
१८८०	१९३७	२२।१२।३२	१९१५	१९७२	२२।४६।२६
१८८१	१९३८	२२।१३।३०	१९१६	१९७३	२२।४७।२४
१८८२	१९३९	२२।१४।२८	१९१७	१९७४	२२।४८।२२
१८८३	१९४०	२२।१५।२६	१९१८	१९७५	२२।४९।२०
१८८४	१९४१	२२।१६।२४	१९१९	१९७६	२२।५०।१८

ईस्वी सन्	संवत्	अयनांश	ईस्वी सन्	संवत्	अयनांश
१९२०	१९७७	२२।५१।१६	१९४९	२००६	२३।१९।१८
१९२१	१९७८	२२।५२।१४	१९५०	२००७	२३।२०।१६
१९२२	१९७९	२२।५३।१२	१९५१	२००८	२३।२१।१४
१९२३	१९८०	२२।५४।१०	१९५२	२००९	२३।२२।१२
१९२४	१९८१	२२।५५।८	१९५३	२०१०	२३।२३।१०
१९२५	१९८२	२२।५६।६	१९५४	२०११	२३।२४।८
१९२६	१९८३	२२।५७।४	१९५५	२०१२	२३।२५।६
१९२७	१९८४	२२।५८।२	१९५६	२०१३	२३।२६।५
१९२८	१९८५	२२।५९।०	१९५७	२०१४	२३।२७।४
१९२९	१९८६	२३।०।०	१९५८	२०१५	२३।२८।३
१९३०	१९८७	२३।०।५८	१९५९	२०१६	२३।२९।२
१९३१	१९८८	२३।१।५६	१९६०	२०१७	२३।३०।०
१९३२	१९८९	२३।२।५४	१९६१	२०१८	२३।३१।०
१९३३	१९९०	२३।३।५२	१९६२	२०१९	२३।३२।५८
१९३४	१९९१	२३।४।५०	१९६३	२०२०	२३।३३।५६
१९३५	१९९२	२३।४।४८	१९६४	२०२१	२३।३४।५४
१९३६	१९९३	२३।६।४६	१९६५	२०२२	२३।३५।५२
१९३७	१९९४	२३।७।४४	१९६६	२०२३	२३।३६।५०
१९३८	१९९५	२३।८।४२	१९६७	२०२४	२३।३७।४८
१९३९	१९९६	२३।९।४०	१९६८	२०२५	२३।३८।४६
१९४०	१९९७	२३।१०।३८	१९६९	२०२६	२३।३९।४४
१९४१	१९९८	२३।११।३६	१९७०	२०२७	२३।४०।४२
१९४२	१९९९	२३।१२।३४	१९७१	२०२८	२३।४१।४०
१९४३	२०००	२३।१३।३२	१९७२	२०२९	२३।४२।३८
१९४४	२००१	२३।१४।३०	१९७३	२०३०	२३।४३।३६
१९४५	२००२	२३।१५।२८	१९७४	२०३१	२३।४४।३४
१९४६	२००३	२३।१६।२४	१९७५	२०३२	२३।४५।३२
१९४७	२००४	२३।१७।२२	१९७६	२०३३	२३।४६।३०
१९४८	२००५	२३।१८।२०	१९७७	२०३४	२३।४७।२८

धा—१४ फलितभाग में इन सात ग्रहों को बारह राशियों का स्वामी माना गया है। स्वामी होने का अभिप्राय यह है कि जो ग्रह जिस राशि का स्वामी कहा जाता है, उसका उस राशि पर अधिकार रहना कहा गया है। उदाहरणार्थ, जैसे ग्रामाधिपति को अपने ग्राम से प्रेम रहता है और उस ग्रामवाले का भी अपने स्वामी से एक विशेष सम्बन्ध होता है और जब ग्रामाधिपति अपने स्थान में रहता है तो वह विशेप रूप से पराक्रमी एवं संतुष्ट रहता है। ज्योतिप शास्त्र में ग्रहाधिपतित्व से वैसा ही अनुमान करना बतलाया गया है।

मेष राशि का स्वामी मंगल, वृष का शुक्र, मिथुन का बुध, कर्क का चन्द्रमा, सिंह का सूर्य्य, कन्या का बुध, तुला का शुक्र, वृश्चिक का मंगल, धन का बृहस्पति, मकर एवं कुम्भ का शनि और मीन का बृहस्पति होता है। उपरोक्त लेख से मालूम होता है कि सूर्य्य और चन्द्रमा केवल एक-एक राशि के ही स्वामी होते हैं। (कर्क का चं. और सिंह का सू.।)

स्वामी	सूर्य्य	चन्द्रमा	मंगल		बुध		बृहस्पति		शुक्र		शनि	
राशि	५ सिंह	४ कर्क	१ मेष	८ वृश्चिक	३ मिथुन	६ कन्या	९ धन	१२ मीन	२ वृष	७ तुला	१० मकर	११ कुम्भ

ग्रहों में सूर्य्य सबसे प्रचण्ड है और यह विदित है कि राशियों का नाम मनुष्य पशु आदि के नाम पर है जिसमें सिंह सबसे बली है; इस कारण राशियों में सिंह राशि ही सबसे बलवती हुई। अतः सिंह का स्वामी सूर्य्य है। सूर्य्य के बाद चन्द्रमा दिव्य ग्रह है और इसको जल से सम्बन्ध है; इस कारण चं. को सिंह के पूर्व वाली राशि अर्थात् कर्कट का स्वामी माना गया है। (इसका कोई विशेष कारण भी हो सकता है पर लेखक को मालूम नहीं)। मेष से चतुर्थ राशि कर्क और पंचम सिंह है। चतुर्थ राशि का स्वामी चं. और पंचम का सूर्य्य हुआ। पञ्चम राशि के बाद षष्ठ और चतुर्थ के पूर्व तृतीय, इन दोनों अर्थात् तृतीय और षष्ठ राशियों (मिथुन और कन्या) के स्वामी बुध हैं। इसी प्रकार षष्ठ के बाद सप्तम और तृतीय के पूर्व द्वितीय अर्थात् द्वितीय और सप्तम राशियों (वृप और तुला) के स्वामी शुक्र हैं। पुनः सप्तम के बाद अष्टम और द्वितीय के पूर्व प्रथम राशि हुई। इन दोनों अर्थात् प्रथम और अष्टम राशियों (मेष और वृश्चिक) के स्वामी मंगल हुए। फिर अष्टम के बाद नवम और प्रथम के पूर्व द्वादश (क्योंकि राशियाँ बारह ही हैं) राशियों अर्थात् नवम और द्वादश (धन और मीन) के स्वामी बृहस्पति हैं। नवम राशि के बाद दशम और द्वादश राशि के पूर्व एकादश, इन दोनों अर्थात् दशम और एकादश (मकर और कुम्भ) राशियों के स्वामी शनि हैं।

दूसरी रीति समझने की यह भी हो सकती है कि चौथी राशि चं. का चार और पंचम राशि सू. का पाँच एक स्थान में लिखे जायँ तो बारह राशियों में दो निकल जाने पर शेष दश रह जायँगे। अब यदि ५ के आगे पाँच राशियाँ अर्थात् षष्ठ, सप्तम, अष्टम नवम और दशम और ४ के पूर्व शेष पाँच राशियाँ तृतीय, द्वितीय, प्रथम, द्वादश और एकादश लिखी जायँ (देखिये चक्र ४) तो देखने से यह ज्ञात होता है कि मध्यगत चतुर्थ और पंचम

राशि के समीपवर्ती दो राशियों अर्थात् मिथुन और कन्या के स्वामी बुध हैं। इसी प्रकार मिथुन और कन्या के समीपवर्ती वृष एवं तुला के स्वामी शुक्र, वृष और तुला के समीपवर्ती मेष और वृश्चिक के स्वामी मंगल, मेष और वृश्चिक के समीपवर्ती मीन और धन के स्वामी बृहस्पति तथा मीन और धन के समीपवर्ती कुम्भ और मकर के स्वामी शनि होते हैं।

चक्र ४ में ये सब बातें तीर-चिन्ह द्वारा दिखलाई गयी हैं। अब प्रश्न यह उठता है कि सू. और चं. के निकटवर्ती राशियों का स्वामी बुध ही क्यों हुआ? क्या ऋषियों ने इन सब बातों को मनमाना ठान लिया है या इसमें कुछ रहस्य है ? उत्तर में लिखना है कि 'सूर्य्य जातक' में लिखा है :—

अहं राजा शशी राज्ञी नेता भूमिसुतः खगः ।
सौम्यः कुमारो मन्त्री च गुरुस्तद्वल्लभा भृगुः ॥
प्रेष्यास्तथैव संप्रोक्तः सर्वदा तनुजो मम ।

अर्थात् सूर्य्य राजा और चन्द्रमा रानी है। बुध युवराज, मंगल नायक, वृहस्पति देवमंत्री, शुक्र दैत्यमंत्री और शनि दास है। ऊपर के श्लोक में "तद्वल्लभाभृगुः" का अर्थ होता है, बृहस्पति की प्रियतमा शुक्र। परन्तु यह भाव न तो पुराणोक्त ही है और न कहीं ज्योतिषशास्त्र ही में पाया जाता है। लेखक इस बात के समझने में बिलकुल असमर्थ है कि 'सूर्य्य-जातक' में ऐसा उल्लेख कैसे आया। यह बात सर्व-स्वीकृत है कि बृहस्पति और शुक्र में बराबर स्पर्द्धा रहती है क्योंकि एक देवगुरु हैं और दूसरे दैत्यगुरु। अतः ऐसा होना स्वाभाविक ही है। मालूम होता है कि उक्त श्लोक में छापे की या अन्य किसी प्रकार की कुछ भूल अवश्य है। खैर जो हो! ग्रहों की इस प्रकार की परिस्थिति में भी अब देखना है कि उन ग्रहों के राश्यधिपतित्व में क्या विलक्षणता है।

आगे लिखा जायगा कि कुंडली के लग्न, सूर्य्य और चन्द्रमा इन तीन स्थानों से फल का विचार किया जाता है। द्वितीय स्थान से नेत्र (ज्योति) जिसे फारसी में 'नूरे-चश्म' या बेटा कहते हैं, कुटुम्ब एवं विद्या का विचार होता है। तृतीय स्थान से कंठस्वर, वस्त्र एवं कान के भूषण, चतुर्थ से वाहन, भूसम्पत्ति, जमींदारी आदि, पञ्चम से ईश्वर-प्रेम, विद्या एवं मंत्रादि और षष्ठ से भृत्य, रोग एवं व्यसनादि का विचार किया जाता है। अब यदि चक्र ४ की ओर ध्यान दिया जाय तो मालूम होगा कि सूर्य्य के स्थान से द्वितीय स्थान में कन्या है और उस स्थान से कुटुम्ब एवं विद्यादि का विचार होता है। इस कारण बुध युवराज (कुटुम्ब) को वह स्थान मिला। पुनः सूर्य्य से तृतीय स्थान में तुला पड़ता है। इस स्थान से कंठ-स्वर और वस्त्रादि का विचार होता है अर्थात् यह सांसारिक सुखों का स्थान है। अतः यह स्थान दैत्यगुरु को जो सांसारिक सुखों के अधिष्ठाता माने गये हैं, मिला। सूर्य्य से चतुर्थ स्थान वृश्चिक से वाहन, भूसम्पत्ति आदि का विचार होता है। इस कारण यह स्थान सेनापति भूपुत्र मंगल को जिसके अधीन वाहनादि रहता है, मिला।

सूर्य्य से पञ्चम धन है। इस स्थान से ईश्वर-प्रेम विद्यादि का विचार होने के कारण इसका अधिपतित्त्व देवगुरु बृहस्पति को जो विद्या एवं ईश्वर-प्रेमादि के दाता हैं, मिला। अन्त में सूर्य्य से षष्ठ स्थान में मकर पड़ता है। इस कारण इस राशि का अधिपतित्त्व शनि को, जो रोग-दुःखादि के कारण हैं, मिला।

पुनः यदि चन्द्र से विपरीत गति से अर्थात् कर्क से द्वितीय मिथुन, तृतीय वृष आदि गिना जाय तो ऊपर लिखे हुए कारणों से उन सब राशियों के भी अधिपतित्त्व का कारण पूर्ववत् ही पाया जायगा।

इसी अधिपतित्त्व विषय को यदि दूसरी रीति से विचार करें तो यह प्रतीत होता है कि राजा रानी के समीपवर्ती राशियों का अधिपतित्त्व युवराज बुध को और इसके बाद दोनों ओर की राशियों का अधिपतित्त्व सेनापति मंगल को मिला। यह भाव भी टपकता है कि दैत्यगुरु, युवराज एवं सेनापति से सम्पुटित कर सुरक्षित अर्थात् कब्जे में रखे गये हैं। उसके बाद दोनों ओर की दो राशियों का अधिपतित्त्व सर्वप्रकार से सुरक्षित रखने के हेतु देवगुरु बृहस्पति को और अन्त में सेवकोचित स्थान दास शनि को मिला।

इन सब बातों से प्रतीत होता है कि ऋषियों की सभी बातों में कुछ न कुछ रहस्य अवश्य है।

चक्र ४

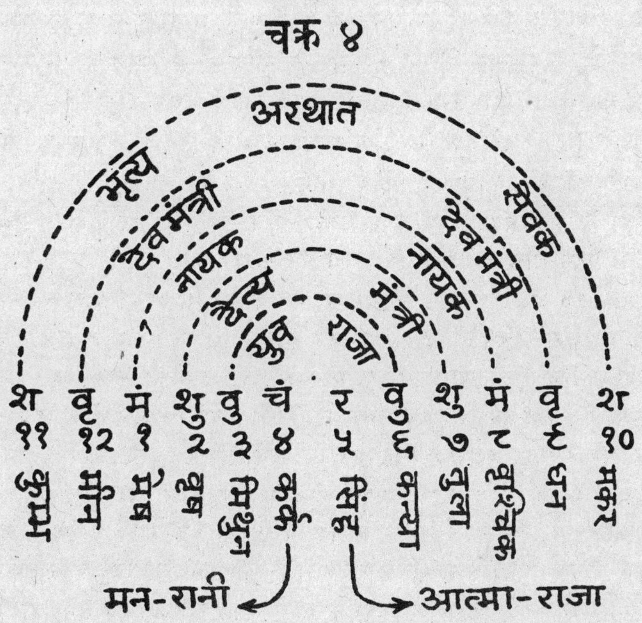

इस चक्र से ऊपर लिखी हुई बातें पूर्णतया झलक जायँगी कि किस राशि का कौन ग्रह क्यों स्वामी है और इसके स्मरण रखने में भी सहायता मिलेगी।

ग्रहों का उच्च नीच होना।

धा--१५ ऊपर लिखा जा चुका है कि किस राशि का स्वामी कौन ग्रह है। अब दूसरी बात महर्षियों ने अपनी दिव्यदृष्टि से यह भी कहा है कि अमुक ग्रह अमुक राशि में उच्च और नीच होता है। तात्पर्य्य यह है कि जो ग्रह जिस राशि में उच्च कहा जाता है, उस राशि में उस ग्रह के रहने से ग्रह को फल देने में बहुत बल मिलता है। इसको यों अनुमान करें कि कोई व्यक्ति मुंगेर का रहनेवाला है। वहाँ उस व्यक्ति को अपना घर रहने के कारण अनेक प्रकार का अधिकार और आनन्द प्राप्त होता है। फिर भी वही व्यक्ति यदि पटना में जज की उच्च पदवी रखनेवाला हो, तो यद्यपि वह वहाँ का निवासी नहीं है तथापि वहाँ का एक बड़ा उच्चपदाधिकारी होने के कारण बहुत प्रभावशाली व्यक्ति है।

सूर्य्य मेष में उच्च होता है और चन्द्रमा वृष में, मंगल मकर में, बुध कन्या में, वृहस्पति कर्क में, शुक्र मीन में और शनि तुला में। इसी प्रकार इस उच्च घर वा उच्च-राशि से सप्तम राशि में, जो ठीक-ठीक उल्टे भाग में पड़ता है, उस ग्रह का नीच स्थान तथा वह ग्रह उस राशि में नीच कहा जाता है। अभिप्राय यह है कि सूर्य्य मेष राशि में रहने से उच्च और तुला में जो मेष से सप्तम है, नीच हो जाता है या वह उसकी नीच राशि है। इसी तरह चं. वृश्चिक में, मं. कर्क में, बु. मीन में, बृ. मकर में, शु. कन्या में और श. मेष में नीच होता है। उच्च का दूसरा नाम तुंग है। एक बात स्मरण रखने की यह है कि मेष के (१०) दशअंश पर सूर्य्य परमोच्च होता है। चं. वृष के ३, मं. मकर के २८, बु. कन्या के १५, बृ. कर्क के ५, शु. मीन के २७ और श. तुला के २० अंश पर पर-मोच्च होता है, इसी प्रकार जब अपने उच्च स्थान से सप्तम राशि में इन सब अंशों पर जाता है तो परम नीच कहलाता है। जैसे मेष के १० अंश पर सू. परम उच्च होता है और तुला के १० अंश पर परम नीच। चं. वृष के ३ अंश पर परम उच्च और वृश्चिक के ३ अंश पर परम नीच होता है। मं. मकर के २८ अंश पर परम उच्च और कर्क के २८ अंश पर परम नीच है। उसी प्रकार बु. मीन के १५, बृ. मकर के ५, शु. कन्या के २७, शनि मेष के २० अंश पर, राहु वृश्चिक में और केतु वृष में परम नीच होता है। उत्तर भारत के एक महान् विद्वान ज्योतिपाचार्य्य, ज्योतिषतीर्थ, विद्याभूषण, काशी हिन्दू-विश्वविद्यालय के प्रधान ज्योतिषाध्यापक श्री राम यत्न ओझा जो फलितज्योतिष के भी अद्वितीय पण्डित हैं "फलित विकास' नामक पुस्तक में बड़े ज़ोरों के साथ लिखा है कि "वास्तविक में उच्च ग्रहों के मन्दोच्च का नाम है, नीच भी मन्दोच्च के सातवें स्थान को कहते हैं"। लेखक इस समस्या की पूर्ती करने में अपने को असमर्थ समझता है। परन्तु 'फलित विकास' के मत से सहमत तो अवश्य है। जबतक ऐसी २ बातों को विद्वान-मण्डली निष्कपट रूप से निश्चय न कर लें तबतक फलित-ज्योतिष का पुनरोत्थान असम्भव है।

ग्रहों के मूलत्रिकोण।

धा—१६ प्रति ग्रह को एक एक राशि में मूलत्रिकोण की संज्ञा है। उच्च ग्रह से मूलत्रिकोण प्रभाव में कम कहा गया है। परन्तु स्वक्षेत्री से मूलत्रिकोण बली होता है। ऊपर लिखा जा चुका है कि सू. सिंह में स्वक्षेत्री है या यों मानिये कि सिंह का स्वामी सू. है। परन्तु सिंह के १ अंश से २० अंश पर्य्यन्त सू. का मूलत्रिकोण और २१ अंश से ३० अंश तक स्वक्षेत्र कहलाता है। जैसे किसी का जन्मकालीन सूर्य्य सिंह के आठवें अंश पर है तो कहा जायगा कि सू. अपने मूलत्रिकोण में है। पुनः यदि सू. सिंह के २२ अंश में है तो वहाँ स्वक्षेत्री हुआ क्योंकि २१ से ३० अंश तक उसका स्वक्षेत्र है। चं. वृष के ३ अंश तक उच्च है और ४ से ३० अंश तक वृष चं. का मूलत्रिकोण है। उदाहरणार्थ मान लें कि किसी का चन्द्रमा, वृष के १, २ या ३ अंश पर हो, तो वह उच्च का कहा जायगा। परन्तु वही चं. वृष के ४, ५ या ६ से ३० अंश पर्य्यन्त किसी अंश में रहने से अपने मूलत्रिकोण का कहा जायगा। मं. का मेष में १८ अंश तक मूलत्रिकोण और उसके आगे स्वक्षेत्र होता है। मान लें कि किसी का मं. मेष के १४ अंश पर है तो वह मं. मूलत्रिकोण में कहा जायगा। परन्तु वही मं. मेष में १९, २० इत्यादि अंशों पर रहने से केवल स्वक्षेत्री होगा। बुध में एक विचित्रता यह है कि कन्या में यह ग्रह स्वक्षेत्री, उच्च और मूलत्रिकोणी भी होता है। अब जानने की बात यह रही कि कितने अंशों तक उच्च, कितने तक मूलत्रिकोणी और कितने तक बुध स्वक्षेत्री होता है। इसका विवरण यों है कि बु. कन्या के शून्य अंश से १५ अंश तक (जैसा ऊपर लिखा जा चुका है) उच्च, १६ से २० अंश तक मूलत्रिकोणी और २१ से ३० अंश पर्य्यन्त स्वक्षेत्री होता है। जैसे, मान लें कि बृ. कन्या के ८ अंश पर है तो उच्च हुआ, १७ अंश पर है तो मूलत्रिकोण में हुआ और २१, २२ इत्यादि अंशों में है तो स्वगृही हुआ। इसी प्रकार बृ. धनराशि का स्वामी है; परन्तु १३ अंश तक बृ. मूलत्रिकोणस्थ और उसके वाद १४ से ३० तक स्वगृही है। जैसे बृ. धन के १० अंश में है तो मूलत्रिकोणस्थ और १४, १५ इत्यादि अंशों में रहने से स्वक्षेत्री वा स्वगृही हुआ। पुनः शु. के लिये तुला का १० अंश तक मूलत्रिकोण तथा ११ से ३० अंश पर्य्यन्त स्वक्षेत्र है। श. का कुम्भ में २० अंश तक मूलत्रिकोण और २१ से ३० अंश पर्य्यन्त स्वक्षेत्र है। राहु वृष में उच्च, मेष में स्वगृही और कर्कट में मूलत्रिकोणवर्ती कहा जाता है। उसी प्रकार केतु वश्चिक में उच्च, तुला में स्वगृही और मकर में मूलत्रिकोणस्थ होता है। मतान्तर से राहु मिथुन में उच्च और कन्या में स्वगृही है और केतु ठीक इसके विपरीत। यह स्मरण रखने की वात है कि राहु और केतु के लिये अंश का बन्धन नहीं है। किसी भी पुस्तक में ऐसा लेख नहीं मिलता कि कर्क या मेष में अमुक अंश तक ही यह मूलत्रिकोणी कहलाता है। इस कारण कर्कट के किसी अंश में रहने से राहु मूलत्रिकोणवर्ती कहा जायगा और इसी प्रकार मकर और तुला के किमी अंश में रहने से केतु मूलत्रिकोणस्थ होगा। यद्यपि इन सब बातों के जानने और स्मरण रखने में कठिनाई अवश्य है, पर एक वार ध्यान-पूर्वक देखने से कोई

विशेष कठिनाई प्रतीत न होगी। ग्रहों के मित्रामित्र प्रकरण में मूलत्रिकोण का एक अनूठा शास्त्रोक्त प्रयोग बतलाया गया है। (धा० २४)

ग्रहों के शुभत्व और पापत्व।

धा--१७ ग्रहों को पाप और शुभ भी कहा करते हैं। इससे पाठक यह न समझ लें कि वे ग्रह जो पापी कहे जाते हैं सचमुच कोई पाप कर्म किया करते हैं। ज्योतिष में पाप और शुभ संज्ञा से अभिप्राय यह है कि जिन ग्रहों का पाप नाम दिया गया है, वे ग्रह स्वाभाविक रूप से अनिष्ट और अशुभ फल देते हैं। इसी प्रकार जिनको शुभ कहा है वे स्वभावतः उपकारी और शुभ फल देनेवाले होते हैं। परन्तु ये कभी-कभी इसके विपरीत फल भी देते हैं। ऐसा देखा गया है कि कभी-कभी दुर्जन भी समय, संगति आदि के शुभ प्रभाव में पड़कर अच्छा काम करता है और कभी-कभी अच्छे सज्जन भी कुसंगति और किसी विशेष प्रभाव के कुचक्र में पड़कर दुष्ट का काम भी कर बैठते हैं। इसी प्रकार ग्रहों को भी जानिये। फलित-प्रकरण में ऐसे बहुत से दृष्टान्त मिलेंगे। इस खण्ड में इतना ही लिखा जाता है कि सू. मं. श. रा. और केतु पाप ग्रह हैं तथा बृ. और शु. शुभग्रह। बु. भी शुभग्रह है पर इस पर संगति का प्रभाव पड़ता है। यदि यह शुभग्रह के साथ रहे या शुभग्रह के क्षेत्र में हो पर किसी पापग्रह के साथ नहीं हो, तो शुभ होता है। उसी प्रकार पापग्रह के साथ या पापग्रह के क्षेत्र में रहेगा तो अशुभ होगा। यदि बु. अकेला हो तो शुभ ही कहा जाता है। अब रह गया चंद्रमा। यह ग्रह जब अपनी पूर्ण ज्योति में रहता है तो शुभ है पर क्षीण-चन्द्र अशुभ होता है। इस कारण वृद्धों ने कहा है कि एकादशी शुक्ल पक्ष से पंचमी कृष्ण पक्ष तक चंद्रमा तेजवान रहने के कारण शुभ और षष्ठी कृष्ण पक्ष से दशमी शुक्ल पक्ष तक क्षीण होने के कारण अशुभ है। बहुमत से यही प्रतीत होता है। यदा कदा मतान्तर भी है। स्कन्ध होरा में लिखा है:—इन्दुः कृष्ण चतुर्दश्यां क्षीणो भवति नान्यदा। अथ यावत्कुहूस्तावत्समे क्षीणतरो मतः॥ अर्थात् अमावस्या और चतुर्दशी को ही चन्द्रमा क्षीण होता है, अन्यथा नहीं। 'जातक पारिजात' एवं यवनेश्वर का मत है:—मासेतु शुक्ल प्रतिपत्प्रवृत्ते राद्ये शशी मध्यबलो दशाहे। श्रेष्ठो द्वितीयेऽल्पबलस्तृतीये सौम्यैस्तु दृष्टो बलवान् सदैव॥ अर्थात् परिवा से दशमी पर्य्यन्त चन्द्रमा दुर्वल, एकादशी से बीस (शुक्ल एकादशी से कृष्ण पंचमी) पर्य्यन्त सबल एवं इक्कीस से तीस (अमावस्या) पर्य्यन्त निर्बल होता है। पूर्वलिखित बहुमत का भी यही भावार्थ है। परन्तु एक बात यह भी कहा गया है कि शुभदृष्ट चन्द्रमा सदा शुभ होता है।

कालपुरुष और ग्रह।

धा--१८ कालपुरुष का सूर्य्य आत्मा माना गया है। चन्द्रमा मन, मंगल पराक्रम तथा धैर्य्य, बुध वाणी, बृहस्पति ज्ञान और सुख, शुक्र काम और शनि को दुःख बतलाया है।

ग्रहों का रंग

धा—१९ ग्रहों से रंग का अनुमान इस प्रकार किया गया है। सूर्य्य से लाल तथा लाली गोराई, चन्द्रमा से श्वेत, मंगल से अतिलाल (रक्त-गौर), राहु और बुध से हरा तथा श्याम वर्ण, बृहस्पति से पीत तथा काञ्चन वर्ण, शुक्र से चित्र (रंग विरंग) तथा श्याम-गौर एव शनि, राहु और केतु से कृष्ण वर्ण बतलाया है। मनुष्य के रंग बतलाने में ये सब बहुत उपयोगी होंगे।

ग्रह-दिशा

धा—२० ग्रहों को भिन्न-भिन्न दिशा का स्वामी भी माना है। जैसे पूर्व दिशा का स्वामी सूर्य्य, अग्निकोण (दक्षिण-पूर्व) का शुक्र, दक्षिण का मंगल, नैर्ऋत्य-कोण (पश्चिम-दक्षिण) का राहु, पश्चिम का शनि, बायव्य कोण (पश्चिमोत्तर) का चन्द्रमा, उत्तर का वुध और ईशान कोण (पूर्वोत्तर) का स्वामी बृहस्पति है।

ग्रहों का स्त्री-पुरुष भेद

धा—२१ ग्रहों को पुरुष वा स्त्री भी कहा गया है। सूर्य्य, मंगल और वृहस्पति पुरुष ग्रह हैं तथा चन्द्रमा और शुक्र स्त्री ग्रह माने गये हैं। वुध और शनि को नपुंसक कहते हैं।

ग्रहों का तत्त्व

धा—२२ पंचभूत में से मंगल अग्नि-तत्त्व, वुध पृथ्वी-तत्त्व, बृहस्पति आकाश-तत्त्व, शुक्र जल-तत्त्व और शनि वायु-तत्त्व का सूचक है।

ग्रहों का धातु

धा—२३ रोगादि प्रकरण के लिये यह जानना बहुत उपयोगी है कि सूर्य्य अस्थि का स्वामी तथा पित्तकारक है। चन्द्रमा रक्त का स्वामी और वातश्लेष्मा-कारक है। मंगल मज्जा (हड्डी के अन्दर की गूद्दी) का स्वामी और पित्तकारक है। वुध चर्म (चमड़ा) का स्वामी एवं वात-पित्त-कफ (त्रिदोष) कारक है। बृहस्पति चर्वी का स्वामी और कफ-कारक है। शुक्र वीर्य्य का स्वामी और कफ-कारक है। शनि स्नायु (सिरा, नश इत्यादि) का स्वामी और वातश्लेष्मा-कारक है। राहु और केतु वायु-कारक है।

उपरोक्त बातें एक चक्र द्वारा दिखलायी जाती हैं। इस चक्र के देखने से शीघ्रता-पूर्वक ऊपर लिखी हुई बातें समझने, मनन करने और व्यवहार करने में सुविधा होगी।

चक्र

इस चक्र में ग्रहों के भेद जिनका उल्लेख

ग्रह	राशि-स्वामी	उच्चस्थान	परमोच्च अंश	नीच स्थान	परम नीच अंश	मूलत्रिकोण
सूर्य्य (र)	सिंह (५)	मेष	मेष १०	तुला	तुला १०	सिंह १-२० अंश
चन्द्रमा (च)	कर्क (४)	वृष	वृष ३	वृश्चिक	वृश्चिक ३	वृष ४-३० अंश
मङ्गल (मं)	मेष (१) वृश्चिक (८)	मकर	मकर २८	कर्क	कर्क २८	मेष १-१८ अंश
बुध (बु)	मिथुन (३) कन्या (६)	कन्या	कन्या १५	मीन	मीन १५	कन्या १६-२० अंश
वृहस्पति (बृ)	धन (९) मीन (१२)	कर्क	कर्क ५	मकर	मकर ५	धन १-१३ अंश
शुक्र (शु)	वृष (२) तुला (७)	मीन	मीन २७	कन्या	कन्या २७	तुला १-१० अंश
शनि (श)	मकर (१०) कुम्भ (११)	तुला	तुला २०	मेष	मेष २०	कुम्भ १-२० अंश
राहु (रा)	कन्या (६) मेष (१)	वृष मिथुन		वृश्चिक धन		कर्क
केतु (के)	तुला (७)	वृश्चिक धन		वृष मिथुन		मकर

५

ऊपर हो चुका है दिखलाए जाते हैं।

पाप	शुभ	कालात्मादि	रङ्ग	दिशा	पुरुष-वा स्त्री	तत्त्व	धातु
पाप		आत्मा	लाल (लाली गोराई)	पूर्व	पुरुष	अग्नि	अस्थि पित्त
क्षीण ६ कृष्ण से १० शुक्ल	पूर्ण शुक्ल ११ से कृष्ण ५ तक	मन	श्वेत	वायव्य (पश्चिमोत्तर)	स्त्री	जल	वातश्लेष्मा, रक्त
पाप		पराक्रम धैर्य्य	अतिलाल (रक्तगौर)	दक्षिण	पुरुष	अग्नि	पित्त मज्जा
पाप के साथ	शुभ के साथ	वाणी	हरा (श्यामवर्ण)	उत्तर	नपुंसक	पृथ्वी	चर्म, वात पित्त, कफ (त्रिदोष)
	शुभ	सुख तथा ज्ञान	पीत (काञ्चनवर्ण)	ईशान (पूर्वोत्तर)	पुरुष	आकाश	चर्बी तथा कफ
	शुभ	काम	चित्र (रङ्ग विरङ्ग श्यामगौर)	अग्नि (दक्षिण-पूर्व)	स्त्री	जल	वीर्य्य, कफ, वात
पाप		दुःख	कृष्ण	पश्चिम	नपुंसक	वायु	स्नायु, वात श्लेष्मा
पाप			कृष्ण	नैर्ऋत्य (पश्चिम दक्षिण)			वायु
पाप			कृष्ण				

ग्रहों की नैसर्गिक मैत्री

धा–२४ ग्रहों को आपस में मित्रता, शत्रुता आदि भी होना, महर्षियों ने कहा है। परन्तु इससे पाठक यह न समझ लें कि उन ग्रहों को आपस में झगड़ा तकरार अथव मित्रता करने का सचमुच कोई अवकाश मिला करता है। महर्षियों ने दिव्यदृष्टि द्वारा यह मालूम किया है कि एक ग्रह की किरणों से दूसरे ग्रह की किरणों को कभी सहायता पहुँचती है, कभी विरोध पड़ता है और कभी न विरोध न सहायता अर्थात् समभाव में रहता है। सत्याचार्य्यजी ने ग्रहों के मित्रादि का विचार एक बहुत रहस्यपूर्ण श्लोक में यो कहा है :—

५ १२ २
सुहृदस्त्रिकोण भवनाद्गृस्य सुतभे व्ययेऽथ धनभवने ।
४ ८ ९
स्वजने निधने धर्मे स्वोच्चे च भवन्ति नो शेषाः ॥

अर्थात् ग्रहगण अपने मूलत्रिकोण से २, ४, ५, ८, ९ और १२ घरों के तथा अपने उच्च स्थान के स्वामी को मित्र बनाते हैं, अन्यथा नहीं। सत्याचार्य्यजी के इस भाव को पल्लवित करने पर इस प्रकार कहा जा सकता है कि ग्रह अपने मूलत्रिकोण-स्थान से द्वितीय एवं द्वादश, पंचम एवं नवम तथा चतुर्थ एवं अष्टम स्थान के स्वामियों को मानो निमंत्रित करते हैं। (यहाँ निमंत्रण का भाव यह है कि उक्त स्थानों के स्वामियों की किरणों से उस मूलत्रिकोणवाले ग्रह की किरणों को सहायता मिलती है)। यदि उक्त निमंत्रित ग्रह को दो बार निमंत्रण पड़ जाता है तो वह उस मूलत्रिकोण वाले ग्रह का स्वाभाविक मित्र हो जाता है और एक बार निमंत्रण पड़ने से स्वभावतः सम होता है। इसी प्रकार अनिमंत्रित ग्रह शत्रु होता है। परन्तु इसमें विशेषता यह है कि सूर्य्य और चन्द्र (जो राजा और रानी हैं) एक ही बार निमंत्रित होने पर मित्र हो जाते हैं। नीचे चक्र ६ दिया जाता है जिसमें ग्रहों को अपने-अपने मूलत्रिकोण में स्थापित किया है।

मूलत्रिकोण चक्र ६

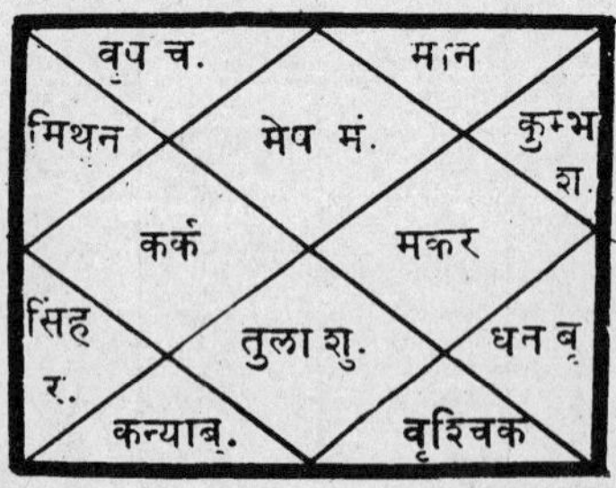

सूर्य्य का सिंह मूलत्रिकोण है। उससे २य स्थान का स्वामी बु., ४.र्थ का मं., ५म का बृ. ८ म का वृ. ९ म का. मं. और १२ स्थान का स्वामी चं. है। सूर्य्य मेष में उच्च है और उसका स्वामी मं. होता है। अब देखने में यह आता है कि मं. एवं बृ. दो बार निमंत्रित हुए। अतः ये दोनों और चं. (एक ही बार निमंत्रित होने से) सूर्य्य के मित्र हुए। बु. को केवल एक ही बार निमंत्रण है इस कारण यह सम, और शु. एवं श. अनिमंत्रित रहने के कारण शत्रु हुए। पुनः चन्द्रमा का वृष मूलत्रिकोण है। इससे २ स्थान का स्वामी बु., ४ का सू.,५ का बु., ८ का बृ., ९ का श., १२ का मं. और उच्चस्थान का शु. है। अतः बु. और सू. मित्र, बृ., श., मं. और शु. सम और शत्रु कोई नहीं। इसी प्रकार और सब ग्रहों का भी जानना होगा।

ऊपर लिखी हुई विधि से ग्रहों की शत्रुता या मित्रता का जो परिणाम निकलता है उसी को बराहमिहिरादि दैवज्ञों ने भी स्वीकार किया है और निम्नाङ्कित चक्र ६ (क) से उसके पूर्ण विवरण का पता चल जायगा। केवल यवनेश्वर जी इस मत का विरोध करते हैं पर उनके मतावलम्वी बहुत नहीं हैं। राहु और केतु के मित्रतादि सम्बन्ध में सर्वार्थ चिन्तामणि नामक ग्रंथ में यों लिखा पाया जाता है:—

'राहोस्तु मित्राणि कवीज्यमंदाः केतोस्तथैव वदन्ति तज्ज्ञाः।'
अर्थात् राहु और केतु के मित्र बृ. शु. और श. हैं।

चक्र ६ (क)

ग्रह	सू.	चं	मं.	बु.	बृ.	शु.	श.
मित्र	चं. मं. बृ.	र. बु.	र. चं. बृ.	र. शु.	चं. मं. र.	बु. श.	शु. बु.
सम	बु.	मं. बृ. शु. श.	शु. श.	मं. बृ. श.	श.	मं. बृ.	बृ.
शत्रु	शु. श.		बु.	चं.	शु. बु.	र. चं.	र. चं. मं.

प्रकृति में ऐसा देखा जाता है कि एक मनुष्य दूसरे का मित्र रहने पर भी तात्कालिक किसी कारणवश उससे विरोध या समता भाव दिखलाता है। इसी प्रकार ऐसा भी देखा गया है कि आपस में शत्रुता रखने वाले भी किसी (तात्कालिक) कार्य्यवश होकर एक दूसरे से मित्रता का भाव दिखलाते हैं। इसी प्रकार ग्रहों में भी आपस में तात्कालिक मित्रता या शत्रुता होती है। उसका नियम यह है कि यदि एक ग्रह से कोई अन्य ग्रह २, ३, ४, १०. ११ अथवा १२ स्थान में हो तो जितने ग्रह इन स्थानों में होंगे वे सब उस

ग्रह के तात्कालिक मित्र हैं। पुनः यदि एक ग्रह के साथ कोई दूसरा ग्रह हो अथवा उससे ५, ६, ७, ८ या ९ स्थान में हो तो ये सब उस ग्रह के तात्कालिक शत्रु होंगे। इसको पूर्ण रीति से समझने के लिये एक उदाहरण दिया जाता है।

नीचे एक कुण्डली भी दी गयी है (जो उदाहरण-कुण्डली कही जायगी)। इस कुण्डली में यह विचार करना है कि सू. का कौन-कौन ग्रह तात्कालिक मित्र और कौन-कौन ग्रह तात्कालिक शत्रु हैं। ऊपर लिखे हुए नियम से यह मालूम होता है कि सू. जिस स्थान में है, वहाँ से गिनने पर द्वितीय स्थान वृश्चिक में कोई ग्रह नहीं है। तृतीय स्थान में शनि है; इस कारण सू. का श. तात्कालिक मित्र हुआ। सू. से चतुर्थ स्थान में भी कोई ग्रह नहीं है और तुला से (जहाँ सू. की स्थिति है) दशम स्थान अर्थात् कर्क में भी कोई ग्रह नहीं है। परन्तु एकादश स्थान सिंह में मं है, इस कारण मं. भी सू. का मित्र है। पुनः द्वादश स्थान कन्या में भी कोई ग्रह नहीं है। अभिप्राय यह निकला कि श. और मं. सूर्य्य के तात्कालिक मित्र हैं। अब यदि शत्रु देखना है तो ऊपर लिखे नियम से जो ग्रह सू. के साथ हैं, वे शत्रु होंगे। उदाहरण-कुण्डली में सू. के साथ बु. और शु. हैं अतः ये दोनों सू. के तात्कालिक शत्रु हैं। पुनः इसी नियमानुसार सू. से पंचम, षष्ठ, सप्तम, अष्टम और नवम स्थान में जो ग्रह होंगे वे सभी शत्रु हैं। कुण्डली में देखने से पता लगता है कि सू. से षष्ठ चं. और नवम बृ. है। अतएव बृ. और चं. सू. के तात्कालिक शत्रु हुए। अभिप्राय यह निकला कि सूर्य्य के बु., शु., चं. और बृ. शत्रु और श. एवं मं. मित्र हैं।

उपरोक्त तात्कालिक-शत्रु-मित्र के नियम को सुगमता से समझने के लिये यों लिखा जा सकता है कि किसी ग्रह की तीन राशि आगे और तीन राशि पीछे जितने ग्रह होंगे वे उसके मित्र और अन्य सब शत्रु हैं।

इस नियम से उदाहरण-कुण्डली चक्र ७ (क) में सब ग्रहों के शत्रु मित्र का विचार करके चक्र ८ तात्कालिक-मैत्री-चक्र के नाम से दिया है। अतएव अभ्यासार्थ पाठकगण उक्त कुंडली के सभी ग्रहों के मित्र शत्रु की विवेचना स्वयं कर लेंगे और उसकी शुद्धि वा अशुद्धि का ज्ञान इस चक्र से हो जायगा।

चक्र ७

मित्र—२, ३, ४, १०, ११, १२ स्थानस्थ ग्रहगण।
शत्रु—१, ५, ६, ७, ८, ९ स्थानस्थ ग्रहगण।

चक्र ७ (क)

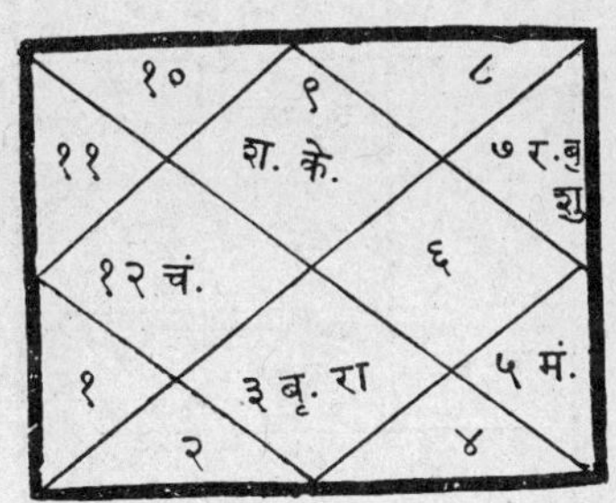

तात्कालिक मैत्री चक्र ८

ग्रह	मित्र	शत्रु
रवि	श. मं.	बु. शु. चं. बृ.
चन्द्र.	श. बृ.	र. बु. शु. मं.
मंगल	र.बु.शु.बृ.	श. चं.
बुध	श. मं.	र.शु.च.बृ.
गुरु	मं. चं.	र. बु. शु. श.
शुक्र	श. मं.	र. बु. चं. बृ.
शनि	र.बु.शु.चं.	बृ. मं.

आप देख चुके हैं कि ग्रहों को आपस में नैसर्गिक तथा तात्कालिक मित्रता शत्रुता वा समता होती है। अब प्रश्न यह उठता है कि कौन ग्रह, किस ग्रह का नैसर्गिक भाव में मित्र परन्तु तात्कालिक शत्रु है, या नैसर्गिक शत्रु पर तात्कालिक मित्र है तथा इसका परिणाम क्या होता है। वृद्धों ने मित्रामित्र के अन्तिम परिणाम को पंचधा-मैत्री कहा है, क्योंकि इसका परिणाम पाँच प्रकार का हो सकता है। यथा (१) दोनों रीति से मित्र (२) एक रीति से मित्र और दूसरी रीति से सम, (३) एक रीति से मित्र और दूसरी से शत्रु, (४) एक रीति से सम तथा दूसरी से शत्रु और (५) दोनों रीति से शत्रु। यदि दोनों रीति से मित्र हो तो बुद्धि कहती है कि उसका परिणाम अति घनिष्ट मित्रता होगा। यदि एक से मित्र और दूसरी से सम है तो उसका परिणाम मित्रता है। पुनः एक रीति से मित्र और दूसरी से शत्रु रहने पर मित्रता और शत्रुता का परिणाम समता होता है, जो दोनों के मध्य की बात है। एक रीति से सम और दूसरी से शत्रु हो तो परिणाम शत्रुता ही होगा। इसी प्रकार यदि दोनों रीति से शत्रु हो तो परिणाम अति शत्रुता होगा।

मित्र + मित्र = अतिमित्र। मित्र + सम = मित्र। मित्र + शत्रु = सम।
सम + शत्रु = शत्रु। शत्रु + शत्रु — अतिशत्रु।

इसके नीचे उक्त कुण्डली का तात्कालिक मैत्री-चक्र (चक्र ८) और नैसर्गिक-मैत्री-चक्र (चक्र ६ क) के आधार पर, पंचधा-मैत्री-चक्र (चक्र ९) दिया जाता है जिसमें पाठकगण उपरोक्त नियमानुसार पंचधा-मैत्री-चक्र बना कर देख सकें।

पंचधा मैत्री चक्र ९

ग्रह	अतिमित्र	मित्र	सम	शत्रु	अतिशत्रु
रवि	मं.		बृ. श. चं.	बु.	शु.
चन्द्रमा		श. बृ.	र. बु.	शु· मं.	
मंगल	र. बृ.	शु.	बु. चं.	श.	
बुध	श.	मं.	र. शु.	बृ.	चं.
बृहस्पति	मं. चं.		र.	श.	बु. शु.
शुक्र	श.	मं.	बु.	बृ.	र. चं.
शनि	बु. शु.		र. चं.	बृ.	मं.

ग्रह-दृष्टि

धा–२५ ग्रहों को दृष्टि भी होती है। प्रति ग्रह अपनी स्थिति के स्थान से किसी अन्य राशि या राशियों पर अथवा उस राशि-स्थित ग्रहों पर दृष्टि डालता है। अभिप्राय इसका यह है कि प्रत्येक ग्रह का बिम्ब अर्थात् ज्योति राशि-चक्र के किसी न किसी खंड पर अवश्य पड़ती है, जिसे दृष्टि कहते हैं। इस कारण यह बतलाया है कि सू., चं., बु., शु., मं., बृ. और श., इन सब ग्रहों की अपनी स्थित-राशि से सप्तम राशि पर पूर्ण दृष्टि होती है। पर मंगल में विशेषता यह है कि इसको सप्तम-दृष्टि के अतिरिक्त चतुर्थ और अष्टम राशियों पर भी पूर्ण दृष्टि है। इसी प्रकार बृहस्पति को सप्तम-दृष्टि के अतिरिक्त नवम और पंचम राशियों पर भी पूर्ण दृष्टि है एवं शनि की सप्तम के अतिरिक्त तृतीय और दशम राशि पर पूर्ण दृष्टि है। परिणाम यह निकला कि सू., चं., बु. और शु. की अपनी स्थित-राशि से केवल सप्तम-राशि में ही पूर्ण दृष्टि है, मं. की चतुर्थ, सप्तम और अष्टम राशियों पर, बृ. की पंचम, सप्तम और नवम पर, एवं शनि की तृतीय, सप्तम

और दशम पर पूर्ण दृष्टि है। अब पुनः प्रश्न यह उठता है कि क्या इन ग्रहों की इसके सिवा अन्य राशियों पर भी दृष्टि है या नहीं। इसका निर्णय इस प्रकार किया गया है कि मंगल को छोड़कर शेष ६ ग्रहों को चतुर्थ और अष्टम राशियों पर तीन पाद ($\frac{3}{4}$) दृष्टि है (जिसे ठेठ बोली में १२ आना कहते हैं)। मंगल की चतुर्थ और अष्टम पर पूर्ण दृष्टि है जैसा कि ऊपर लिखा जा चुका है। इसलिये मंगल को तीन पाद ($\frac{3}{4}$) दृष्टि नहीं है। फिर भी लिखा है कि बृहस्पति के अतिरिक्त शेष ६ ग्रहों को नवम और पंचम राशि में द्विपाद अर्थात् आठ आना दृष्टि है। स्मरण रहे कि बृहस्पति को नवीं और पाँचवीं पर पूर्ण दृष्टि है। अतएव बृ. की द्विपाद ($\frac{1}{2}$) दृष्टि किसी राशि पर नहीं है। अन्त में कहा है कि शनि के अतिरिक्त अन्य सब ग्रहों को तृतीय और दशम राशि पर एकपाद ($\frac{1}{4}$) अर्थात् चार आना दृष्टि है। यहाँ भी शनि को तृतीय और दशम राशि में एकपाद दृष्टि नहीं कहा है क्योंकि इन पर इसकी पूर्ण दृष्टि है।

ऊपर लिखा जा चुका है कि अमुक ग्रह की अमुक राशि पर पूर्ण दृष्टि, त्रिपाद दृष्टि ($\frac{3}{4}$), द्विपाद दृष्टि ($\frac{1}{2}$) अथवा एकपाद दृष्टि ($\frac{1}{4}$) है। यदि उन राशियों में ग्रह भी रहें तो उन ग्रहों पर भी दृष्टि होती है।

उदाहरण-कुण्डली में यदि आप देखना चाहें कि सूर्य्य की दृष्टि किन-किन राशियों और ग्रहों पर है, तो पूर्वलिखित नियमानुसार सूर्य्य से गिनने पर तृतीय स्थान में धन राशि पड़ती है। अतएव सूर्य्य की एकपाद दृष्टि धनराशि पर हुई। पुनः यह भी दीख पड़ता है कि धन राशि में शनि और केतु बैठे हैं; अतः सूर्य्य की एकपाद दृष्टि शनि और केतु पर भी पड़ती है। सूर्य्य से पंचम कुम्भराशि है। परन्तु यहाँ कोई ग्रह नहीं है, इस कारण इतना ही कहा जायगा कि कुम्भराशि पर द्विपाद ($\frac{1}{2}$) दृष्टि है। सूर्य्य से चतुर्थ मकर राशि है। इसमें भी कोई ग्रह नहीं है, अतः इस पर द्विपाद दृष्टि हुई। सूर्य्य से सप्तम मेष है और इसमें भी कोई ग्रह नहीं है। अतएव यह कहा जायगा कि सूर्य्य की पूर्ण दृष्टि मेष पर है। पुनः सूर्य्य से अष्टम वृष राशि है, इस कारण इस पर द्विपाद दृष्टि है। चूंकि इसमें कोई ग्रह नहीं है, इसलिये किसी ग्रह पर दृष्टि न हुई। सूर्य्य से नवम मिथुन राशि पड़ती है और इसमें बृहस्पति और राहु भी बैठे हैं। इस हेतु सूर्य्य की दृष्टि मिथुन राशि एवं बृहस्पति और केतु पर द्विपाद ($\frac{1}{2}$) हुई। सूर्य्य से दशम कर्क राशि है, इस कारण इस पर एकपाद दृष्टि हुई। कर्क में कोई ग्रह नहीं रहने के कारण किसी ग्रह पर सूर्य्य की दृष्टि

न हुई। इसी कुण्डली में शनि से बृहस्पति और बृहस्पति से शनि सप्तम राशि में है। अतः बृहस्पति और शनि की अन्योन्य दृष्टि हुई। इसी प्रकार और सबों की दृष्टि देखी जाती है। नीचे दृष्टि-चक्र दिये जाते हैं।

दृष्टि चक्र १०

ग्रह	पूर्ण दृष्टि	त्रिपाद दृष्टि	द्विपाद दृष्टि	एकपाद दृष्टि
रवि	७	४, ८	९, ५	१०, ३
चन्द्रमा	७	४, ८	९, ५	१०, ३
बुध	७	४, ८	९, ५	१०, ३
शुक्र	७	४, ८	९, ५	१०, ३
मंगल	७, ४, ८		९, ५	१०, ३
बृहस्पति	७, ९, ५,	४, ८		१०, ३
शनि	७, १०, ३	४, ८	९, ५	
राहु	७,५,९,१२	२, १०	३, ६, ४, ८	
केतु	७,५,९,१२	२, १०	३, ६, ४, ८	
गुलिक	२, ७, १२			

टिप्पणी:—२,६ और ११ राशि पर सात ग्रहों में से किसी ग्रह की दृष्टि नहीं होती है। जिस राशि में ग्रह स्थित रहता है उस राशि पर उसकी दृष्टि नहीं हो सकती क्योंकि वहाँ तो ग्रह बैठा ही है।

दृष्टि चक्र १० (क)

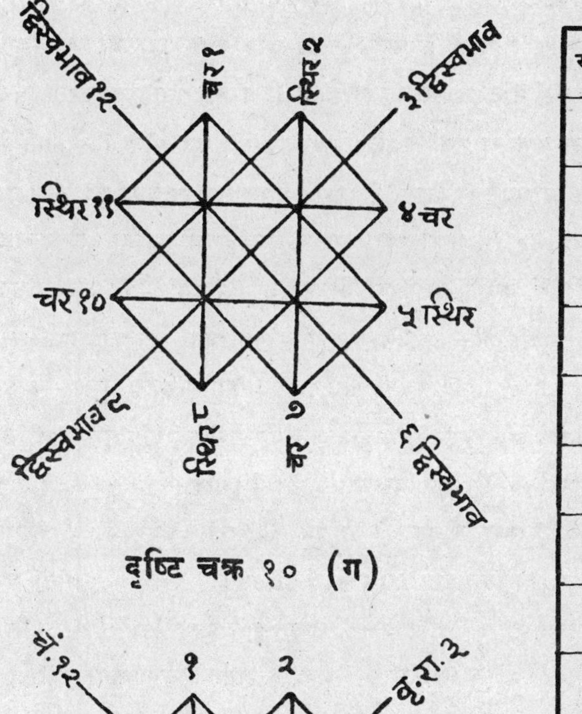

दृष्टि चक्र १० (ग)

मं. १२
१
२
बृ.रा. ३
११
४
१०
५
श.के. ९
८
७ र.बु.शु.
६

दृष्टि-चक्र १० (ख)

राशि	स्थान
१	५, ८, ११
२	४, ७, १०
३	६, ९, १२
४	२, ११, ८
५	१, १०, ७
६	९, १२, ३
७	११, २, ५
८	१०, १, ४
९	१२, ३, ६
१०	२, ५, ८
११	१, ४, ७
१२	३, ६, ९

महर्षि पराशर और जैमिनि ने दृष्टि-विषय में एक विलक्षण विधि बतलायी है और जब कभी "वृहत् पाराशर" और 'जैमिनि सूत्र' अनुसार किसी योगायोग में दृष्टि बतलायी है, तो वैसे स्थान में पराशर और जैमिनि के अनुसार दृष्टि विचार करना होता है। इन महर्षियों का कथन है कि ये राशियाँ अर्थात् मेष, कर्क, तुला और मकर अपनी पंचम,

अष्टम और एकादश राशियों को देखती हैं। अर्थात् चर-राशि की दृष्टि स्थिर राशि पर होती है, पर अपने से निकटतम स्थिर राशि पर नहीं। इसी प्रकार स्थिर राशियाँ अर्थात् वृष, सिंह, वृश्चिक और कुम्भ अपने से षष्ठ, तृतीय और नवम राशियों को देखती हैं। अर्थात् स्थिर-राशि की दृष्टि चर-राशि पर होती है परन्तु सबसे निकटवर्ती चर-राशि को छोड़कर। द्विस्वभाव राशियाँ अर्थात् मिथुन, कन्या, धन और मीन अपने से चतुर्थ सप्तम और दशम राशियों को देखती हैं, अर्थात् द्विस्वभाव राशियाँ आपस में एक दूसरी को देखती हैं। चक्र १० (क) और १० (ख) से ऊपर लिखी हुई बातें ठीक समझ में आ जायँगी। एक राशि की दूसरी राशि पर दृष्टि का अभिप्राय यह है कि उन राशियों में ग्रह के रहने से ग्रहों की भी दृष्टि उसी के अनुसार होगी। जैसे, मेष की दृष्टि सिंह, वृश्चिक और कुम्भ पर पड़ती है। यदि मेष में कोई ग्रह बैठा हो तो कहा जायगा कि उस ग्रह की दृष्टि सिंह, वृश्चिक और कुम्भ तथा इन राशियों में स्थित ग्रहों पर पड़ती है। उदाहरण कुण्डली को चक्र १० (ग) में दिखलाया गया है। यदि किसी कुंडली के ग्रहों की दृष्टि 'जैमिनि-सूत्र के अनुसार जानना हो तो चक्र १० (क) को बनाकर कुण्डली के ग्रहों को लिख डालें। यदि कोई ग्रह मीन राशि में हो तो उसको १२ अंक के सामने, धन में हो तो ९ अंक के सामने, मेष में हो तो १ अंक के सामने इसी प्रकार सभी ग्रहों को लिख देना चाहिये। अर्थात् चक्र १० (क) में जो १, २, ३, ४ इत्यादि संख्यायें दी गयी हैं, वे मेष, वृष, मिथुन इत्यादि हैं। इस प्रकार कुण्डली के ग्रहों को लिख देने से दृष्टि का अनुभव सुगमता से होता है। चक्र १० (क) के देखने से तुरत बोध हो जायगा कि मेष की दृष्टि ५, ८, ११ पर ही क्यों हुई और वृष की दृष्टि, ४, ७, १० ही पर क्यों हुई इत्यादि इत्यादि।

राशि-परिचय

धा—२६ राशियों को चर, स्थिर एवं द्विस्वभाव भी कहा है। मेष, कर्क, तुला और मकर चर-राशि कही जाती हैं। वृष, सिंह, वृश्चिक और कुम्भ को स्थिर-राशि तथा मिथुन, कन्या, धन और मीन को द्विस्वभाव-राशि कहते हैं।

स्त्री पुरुष एवं सौम्य क्रूर भेद

धा—२७ राशियों की क्रूर वा सौम्य एवं पुरुष वा स्त्री की भी संज्ञा है। फुट (विषम) राशियों को (मेष, मिथुन, सिंह, तुला, धन और कुम्भ) क्रूर तथा पुरुष कहा है। इसी प्रकार युग्म राशियों को (वृष, कन्या, वृश्चिक, मकर और मीन) सौम्य और स्त्री राशि कहा है।

राशि-तत्त्व-ज्ञान

धा—२८ राशियों में चार तत्त्वों की भी कल्पना की गयी है और वे ये हैं,—अग्नि, पृथ्वी, वायु और जल। मेष, सिंह और धन अग्नि-तत्त्व है। वृष, कन्या और मकर पृथ्वी-तत्त्व कहा गया है। मिथुन, तुला एवं कुम्भ को वायु-तत्त्व तथा कर्क, वृश्चिक और मीन को जल-तत्त्व कहा है। सरल शब्दों में यह इस प्रकार कहा जा सकता है, मेप अग्नि, वृष पृथ्वी, मिथुन वायु और कर्क जल-तत्त्व है। पुनः शेष आठ राशियों की तत्त्व-कल्पना उपरोक्त विधि अनुसार ही संख्यावार होगी।

राशि-दिशा

धा—२९ राशियों को दिगीश भी माना है। मेष, सिंह और धन पूर्व दिशा के स्वामी हैं। वृष, कन्या और मकर दक्षिण के; मिथुन, तुला और कुम्भ पश्चिम के तथा कर्कट, वृश्चिक और मीन उत्तर दिशा के स्वामी हैं। अथवा यों मानिये कि मेप पूर्व, वृष दक्षिण, मिथुन पश्चिम और कर्क उत्तर। पुनः सिंह पूर्व, कन्या दक्षिण, तुला पश्चिम, वृश्चिक उत्तर और धन पूर्व, मकर दक्षिण, कुम्भ पश्चिम और मीन उत्तर के स्वामी होते हैं।

काल-पुरुष-अङ्ग

धा—३० राशियों को काल-पुरुष का अंग इस प्रकार माना है। मेष काल-पुरुष का शिर और वृष उसका मुख है। मियुन उसका गला (बाहु), कर्क वक्षस्थल, सिंह हृदय और कन्या उदर है। तुला नाभी के नीचे (कमर), वृश्चिक जननेन्द्री एवं गुदा, धन पैरों की संधि तथा जंघा, मकर पैरों की गाँठ (ठेहुना), कुम्भ फिल्लियाँ, (घुटने से एड़ी तक) और मीन चरण (सुपती, ऊँगली इत्यादि) है।

काल-पुरुष चक्र ११

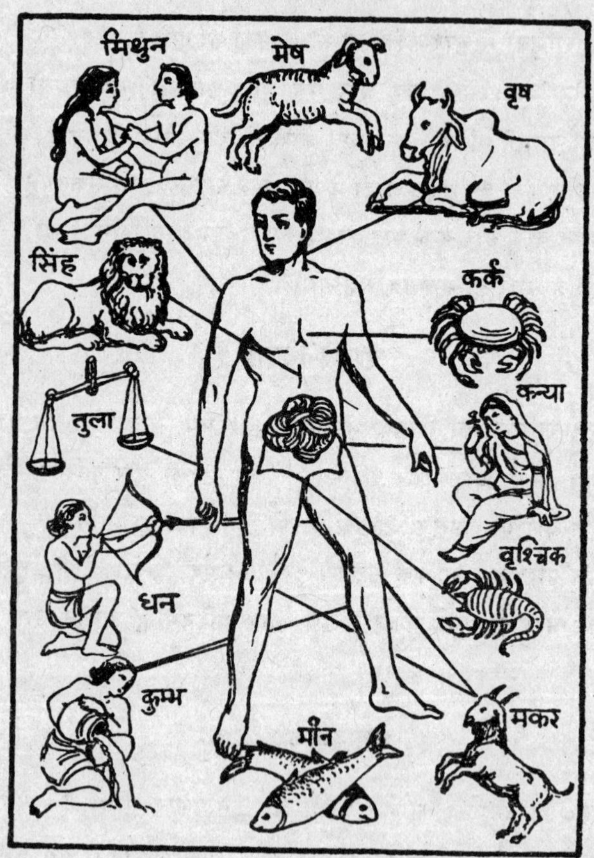

राशिका शोर्षोदय इत्यादि नाम

धा—३१ राशियों के नाम पशु, मनुष्य आदि के नामों पर हैं। भचक्र में उदय होते समय किसी राशि का शिर से और किसी का पीठ से उदय होता है। एक राशि का शिर और पैर दोनों से उदय होता है। इस कारण मेष और वृष को पृष्ठोदय, मिथुन को शीर्षोदय, कर्कटको पृष्ठोदय, सिंह, कन्या, तुला और वृश्चिक को शीर्षोदय धन और मकर को पृष्ठोदय, कुम्भ को शीर्षोदय और मीन को उभयोदय कहते हैं। मीन राशि का स्वरूप दो मछलियों की-सी बतलायी गयी है, एककी पूंछ दूसरे के मुख के समीप और दूसरी की पूंछ पहिले के मुख के समीप। उदय के समय एक की पूंछ और दूसरे के मुख का उदय होता है इस कारण इसको उभयोदय कहा है। [देखो चक्र २ (क)]

आशा की जाती है कि ऊपर लिखी हुई बातों को पाठक शान्तिपूर्वक मनन और स्मरण रखने का यत्न करेंगे। यद्यपि आरम्भ में कुछ झंझट सा प्रतीत होगा परन्तु अभ्यास हो जाने पर बहुत ही शीघ्र समझ में आ जायँगी।

राशि-परिचय-चक्र ११ (क)

राशि अंक	राशि	चर स्थिर वा द्विस्वभाव	क्रूर वा सौम्य	पुरुष वा स्त्री	तत्त्व	दिगीश	अंग स्वामी	उदय
१	मेष	चर	क्रूर	पुरुष	अग्नि	पूर्व	शिर	पृष्टोदय
२	वृष	स्थिर	सौम्य	स्त्री	पृथ्वी	दक्षिण	गला (मुख)	पृष्टोदय
३	मिथुन	द्विस्वभाव	क्रूर	पुरुष	वायु	पश्चिम	गला बाहु	शीर्षोदय
४	कर्क	चर	सौम्य	स्त्री	जल	उत्तर	वक्षस्थल	पृष्टोदय
५	सिंह	स्थिर	क्रूर	पुरुष	अग्नि	पूर्व	हृदय	शीर्षोदय
६	कन्या	द्विस्वभाव	सौम्य	स्त्री	पृथ्वी	दक्षिण	पेट	शीर्षोदय
७	तुला	चर	क्रूर	पुरुष	वायु	पश्चिम	गुर्दा, कमर	शीर्षोदय
८	वृश्चिक	स्थिर	सौम्य	स्त्री	जल	उत्तर	लिङ्ग, गुदा	शीर्षोदय
९	धन	द्विस्वभाव	क्रूर	पुरुष	अग्नि	पूर्व	पैरों की सन्धि	पृष्टोदय
१०	मकर	चर	सौम्य	स्त्री	पृथ्वी	दक्षिण	पैरों के गाँठ, ठेहुना, घुटना	पृष्टोदय
११	कुम्भ	स्थिर	क्रूर	पुरुष	वायु	पश्चिम	फिलिलयाँ घुटने से एड़ीतक	शीर्षोदय
१२	मीन	द्विस्वभाव	सौम्य	स्त्री	जल	उत्तर	पैर, सुपती	उभयोदय

राशियों के वर्ग

धा--३२ महर्षि पराशरने अपने 'वृहत्पाराशर' में राशियों का षोड़श वर्ग लिखा है। परन्तु इस छोटे से ग्रन्थ में उन षोड़श वर्गों का उल्लेख न करके केवल षड्वर्ग का ही जो मुख्य छः वर्ग हैं और जिनका प्रयोग फल-भाग में प्रायः आवश्यक है, किया जाता है। (१) लग्न, (२) होरा, (३) द्रेष्काण, (४) नवांश, (५) द्वादशांश, (६) त्रिशांश, इन्हीं छः वर्गों का यहाँ सविस्तर उल्लेख करने का प्रयत्न किया गया है। इनमें से लग्न आगामी अध्याय में लिखा जायगा और अन्य पाँच वर्गों का अभी इस स्थान पर उल्लेख करना अभीष्ट है।

होरा

ऊपर लिखा जा चुका है कि प्रति राशि में ३० अंश होते हैं तथा प्रत्येक राशि में दो होरा होते हैं। एक होरा चन्द्रमा का और दूसरा सूर्य्य का है। प्रत्येक होरा १५ पन्द्रह अंश का होता है। इसे इस प्रकार समझना चाहिये कि प्रत्येक राशि में १५ अंश का होरा सूर्य्य का और १५ अंश का चन्द्रमा का होता है। अब इसमें एक बात स्थिर करने की रही कि पहिले सूर्य्य का होरा होता है या चन्द्रमा का। इसका नियम यह है कि विजोड़ अर्थात् फुट (अयुग्म) जैसे मेष, मिथुन, सिंह, तुला, धन और कुम्भ राशियों में १५ अंश का पहिला होरा सूर्य्य का होता है और शेष १५ अंश चन्द्रमा का होरा कहलाता है। इसी के विपरीत जोड़ यानी युग्म, जैसे वृष, कर्क, कन्या, वृश्चिक, मकर और मीन राशियों में पहिला १५ अंश तक चन्द्रमा का और शेष १५ अंश तक सूर्य्य का होरा होता है। इस नियम को समझने के लिये उदाहरणार्थ मान लें कि किसी का शनि, मिथुन के १४ चौदह अंश पर है तो कहा जायगा कि शनि सूर्य्य के होरा में है। पुनः यदि वही शनि, कर्क के ७ अंश में रहे तो कहा जायगा कि शनि चन्द्रमा के होरा में है। कारण कि मिथुन में (विजोड़ राशि होने से) पहिला होरा सूर्य्य का और कर्क में (जोड़ या युग्म राशि होने से) पहिला होरा चन्द्रमा का होता है। परन्तु वही शनि मिथुन के १६ अंश में रहता तो चन्द्रमा का और कर्क के १६ अंश में होता तो सूर्य्य का होरा कहा जाता। होरा-चक्र (चक्र १२) नीचे दिया जाता है। फलित-विकास में इस होरा को आर्ष नहीं कहा है। (देखो 'फलित विकास' पृष्ठ १५।)

होरा-चक्र १२

अंश	मेष	वृष	मिथुन	कर्क	सिंह	कन्या	तुला	वृश्चिक	धन	मकर	कुम्भ	मीन
१ से १५	रवि. ५.	चन्द्र. ४.	रवि. ५.	चन्द्र. ४.	रवि. ५.	चन्द्र. ४.	रवि. ५.	चन्द्र. ४.	रवि. ५.	चन्द्र. ४.	रवि. ५.	चन्द्र ४.
१६ से ३०	चन्द्र. ४.	रवि. ५.	चन्द्र. ४.	रवि. ५.	चन्द्र. ४.	रवि. ५.	चन्द्र. ४.	रवि. ५.	चन्द्र. ४.	रवि. ५.	चन्द्र. ४.	रवि. ५.

टिप्पणी :—४ कर्क और ५ सिंह राशी।

द्रेष्काण

धा—३३ होरा में प्रति राशि का दो और द्रेष्काण में तीन भाग किया जाता है इस कारण प्रत्येक द्रेष्काण १० अंश का हुआ। अब यह देखना रहा कि कौन द्रेष्काण किस राशि का होता है। इसका नियम यह है कि जिस राशि का द्रेष्काण देखना होगा, पहिला द्रेष्काण उसी राशि का होगा। उस राशि से पंचम राशि जो होगी, उसका दूसरा द्रेष्काण होगा और तीसरा द्रेष्काण नवम राशि जो होगी, उसीका होता है। उदाहरण रूप से मान लें कि यदि मेष राशि के द्रेष्काणों का ज्ञान करना है तो प्रथम द्रेष्काण उसी राशि का अर्थात् मेष का हुआ। द्वितीय द्रेष्काण मेष से पंचम राशि अर्थात् सिंह का और तृतीय द्रेष्काण मेष से नवम राशि धन का होगा। पुनः यदि कन्या राशि का द्रेष्काण देखना हो तो पहिला द्रेष्काण कन्या ही का, दूसरा कन्या से पंचम मकर का और तीसरा कन्या से नवम वृष राशि का होगा। स्मरण रहे कि द्रेष्काण का स्वामी वही होता है जो उस द्रेष्काण का राशि-स्वामी होगा। जैसे, मेष राशि का पहिला द्रेष्काण मेष है, उसका स्वामी मंगल हुआ। दूसरा द्रेष्काण सिंह का है, उसका स्वामी सूर्य्य हुआ और तीसरा द्रेष्काण धन का है, अतः उसका स्वामी बृहस्पति हुआ। इसी रीति से सब द्रेष्काणों का तथा उनके स्वामी का विचार होता है। परन्तु श्री पं० रामयत्न ओझा जी का स्पष्ट कथन है कि यह द्रेष्काण विधि यवनों की है। ऋषी-प्रणीत चक्र १३ (क) है।

द्रेष्काण-चक्र १३

अंश प्रमाण	मेष	वृष	मिथुन	कर्क	सिंह	कन्या	तुला	वृश्चिक	धन	मकर	कुम्भ	मीन
प्रथम-द्रेष्काण १ से १०	१	२	३	४	५+	६	७	८*	९	१०+	११	१२
द्वितीय-द्रेष्काण ११ से २०	५	६	७	८*	९	१०	११	१२×	१	२	३	४
तृतीय-द्रेष्काण २१ से ३०	९	१०	११	१२	१	२	३	४	५	६	७	८*

टिप्पणी :—१ मेष, २ वृष इत्यादि। *सर्प वा पाश, ×निगड, +पक्षी

प्राचीन द्रेष्काण-चक्र १३.(क)

मेष सिंह धन	वृष कन्या मकर	मिथुन तुला कुम्भ	कर्क वृश्चिक मीन	अंश
मेष	कर्क	तुला	मकर	१० तक
वृष	सिंह	वृश्चिक	कुम्भ	२० तक
मिथुन	कन्या	धन	मीन	३० तक

नवांश

धा—३४ इस वर्ग का फलित ज्योतिष में बहुत प्रयोग होता है। नवांश-कुण्डली बनाने की एक भिन्न ही प्रणाली है और वह फल कहने में बहुत उपयोगी होता है। इङ्गलैण्ड

आदि देश के विद्वान् ज्योतिषियों ने अपने अंग्रेजी ज्योतिष-शास्त्र में नवांश का कुछ उल्लेख किया है। आशा है कि पाठक तथा विद्यार्थीगण उस पर पूर्ण ध्यान देंगे। नवांश, जैसा कि शब्द से ही बोध होता है एक राशि के नवम अंश को कहते हैं। एक राशि ३० अंश की होती है, इस कारण एक नवांश (३० ÷ ९) ३$\frac{1}{3}$ अंश का हुआ। अब बात यह जानने की रही कि ये नौ नवांश प्रति राशि में किन-किन राशियों के होते हैं। इसका नियम यह है कि मेष का पहिला नवांश मेष ही होता है । दूसरा वृष, तीसरा मिथुन, चौथा कर्क, पाँचवाँ सिंह, छठा कन्या, सातवाँ तुला, आठवाँ वृश्चिक और नवाँ धन का होता है। यहाँ मेष राशि की समाप्ति और वृष का आरम्भ होता है। अब जानना यह है कि वृष का पहिला नवांश कौन होगा। इसके जानने की सुगम रीति यह है कि मेष के अन्तिम नवांश वाली राशि के बाद की राशि वृष का प्रथम नवांश होगा। इस प्रकार वृष का पहिला नवांश मकर, दूसरा कुम्भ, तीसरा मीन, चौथा मेष, पाँचवाँ वृष, छठा मिथुन, सातवाँ कर्क, आठवाँ सिंह और नवाँ कन्या का होगा। अब यहाँ पर वृष समाप्त हुआ, इस कारण मिथुन का पहिला नवांश तुला, दूसरा वृश्चिक, तीसरा धन आदि का होगा। इसी नियम को इस प्रकार भी समझ सकते हैं कि प्रति राशि के नौ-नौ भाग किये गये हैं, जिसका नाम नवांश है; अतः समस्त राशि-मंडल अर्थात् बारह राशियों में (९×१२) १०८ नवांश हुए। और फिर १०८ नवांशों के स्वामी मेष से आरम्भ कर बारहों राशियों की नौ आवृत्ति होगी अर्थात् मेष से मीन पर्य्यन्त नौ बार जब ये नवांश के नाम से घूम जायँगे तो वे ही क्रमशः बारह राशियों के नवांश होंगे। तीसरी रीति समझने की यह भी है कि नक्षत्र के नौ चरणों की एक राशि होती है और एक राशि में नौ नवांश होते हैं। इस हेतु एक नवांश, नक्षत्र के ठीक एक चरण का होता है। नवांश का स्वामी नवांश की राशि का अधिपति होता है। जैसे मेष का छठा नवांश कन्या का है। इसलिये उसका स्वामी बुध है। इसी प्रकार सिंह का दूसरा नवांश वृष का होता है तो उसका स्वामी शुक्र हुआ। इत्यादि २।

ऊपर लिखा जा चुका है कि नवांश बहुत उपयोगी विषय है, इसलिये इसके बनाने का दो एक उदाहरण दिया जाता है। जैसे, किसी का सूर्य्य, सिंह के सातवें अंश में है, तो नवांश-चक्र को देखने से मालूम होगा कि सातवाँ अंश, तीसरे नवांश में पड़ता है कारण कि तीन अंश बीस कला का पहिला और छः अंश चालीस कला तक दूसरा नवांश जायगा [३$\frac{1}{3}$ + ३$\frac{1}{3}$ = ६ अंश ४० कला] क्योंकि सातवाँ अंश चालीस कला के बाद होता है;

इसलिये सूर्य्य सिंह के तृतीय नवांश में हुआ जो मिथुन है और उसका स्वामी बुध है। दूसरा उदाहरण लीजिये, यदि किसी का लग्न धन के १७ अंश १० कला पर है तो उसका नवांश जानने के लिये पहिली बात यह देखनी होगी कि १७ अंश १० कला कौन नवांश होगा। जोड़ने से पता लगता है कि ३।२० का पहिला, ६।४० तक दूसरा, १० तक तीसरा, १३।२० तक चौथा और १६।४० तक पाँचवाँ नवांश है परन्तु लग्न की स्थिति १७।१० अंश पर है, इसलिये लग्न धन के षष्ठ नवांश में पड़ा। चक्र को देखने से बोध होगा कि धन का छठा नवांश कन्या होता है जिसका स्वामी बुध है।

नवांश जानने की सुगम विधि

धा—३५ बिना चक्र के नवांश जानने की सुगम-से-सुगम रीति इस प्रकार है। मान लें कि किसी का जन्म धन के १७ अंश १० कला पर है। इससे यह प्रतीत हुआ कि वृश्चिक राशिगत हो गयी और धन के १७ अंश १० कला पर जन्म है। वृश्चिक, मेष से आठवीं राशि है, तो आठ राशियों के गत होने में नौ नौ नवांश की रीति से (९ × ८) ७२ नवांश गत हो चुके और धन का १७ अंश १० कला बीत चुका है जो छठा नवांश पड़ता है। इसलिये जन्म ७२ + ६ = ७८ वें नवांश में हुआ। ७८ को यदि १२ से भाग दें (क्योंकि राशियाँ १२ हैं) तो शेष ६ बचता है और यही नवांश हुआ। मेष से छठा कन्या होता है और चक्र में देखने से भी मालूम होगा कि नवांश कन्या ही है।

एक उदाहरण और लीजिये। मान लें कि किसी का चन्द्रमा मीन के चौदहवें अंश पर है। यहाँ कुम्भ समस्त व्यतीत हो गया। मेष से कुम्भ की संख्या ११ है। प्रति राशि में नौ-नौ नवांश बीते, इस कारण (११ × ९) ९९ नवांश बीत चुके। अब देखना है कि मीन के कितने नवांश बीते। देखा जाता है, ३।२० का पहिला, ६।४० तक दूसरा, १० तक तीसरा और १३।२० तक चौथा नवांश है। परन्तु चन्द्रमा की स्थिति १४ अंश पर है, इसलिये मीन का पाँचवाँ नवांश हुआ। कुम्भ तक ९९ नवांश बीत चुके थे और मीन के पाँचवें नवांश में चन्द्रमा है। अतः कुल ९९ + ५ = १०४ नवांश पर चन्द्रमा है। यदि इसको १२ से भाग दें (१०४ ÷ १२) तो शेष ८ रहा और मेष से आठवाँ वृश्चिक होता है; इसलिये वृश्चिक के नवांश में चन्द्रमा पाया जाता है जिसका स्वामी मंगल है। चक्र में भी देखने से यही स्पष्ट होता है।

नवमांश चक्र १४

नवमांश संख्या	अंग-कला प्रमाण	मेष ०	वृष १	मिथुन २	कर्क ३	सिंह ४	कन्या ५	तुला ६	वृश्चिक ७	धनु ८	मकर ९	कुंभ १०	मीन ११
पहिला	३।२०	मं. १*	श. १०	शु. ७	चं. ४*	मं. १	श. १०	शु. ७*	चं. ४	मं. १	श. १०*	शु. ७	चं. ४
दूसरा	६।४०	शु. २	श. ११	मं. ८	र. ५	शु. २	श. ११	मं. ८	र. ५	शु. २	श. ११	मं. ८	र. ५
तीसरा	१०।०	बु. ३	बृ. १२	ब. ९	बु. ६	बु. ३	वृ. १२	बृ. ९	बु. ६	ब. ३	बृ. १२	बृ. ९	बु. ६
चौथा	१३।२०	चं. ४	मं. १	श. १०	शु. ७	चं. ४	मं. १	श. १०	शु. ७	चं. ४	मं. १	श. १०	शु. ७
पाँचवाँ	१६।४०	र. ५	शु. २*	श. ११	मं. ८	र. ५*	शु. २	श. ११	मं. ८*	र. ५	शु. २	श ११*	मं. ८
छठा	२०।०	बु. ६	बु. ३	बृ. १२	बृ. ९	बु. ६	बु. ३	बृ. १२	बृ. ९	बु. ६	बु. ३	बृ. १२	बृ. ९
सातवाँ	२३।२०	शु. ७	चं. ४	मं. १	श. १०	शु. ७	चं. ४	मं. १	श. १०	शु. ७	चं. ४	मं. १	श. १०
आठवाँ	२६।४०	मं. ८	र. ५	शु. २	श. ११	मं. ८	र. ५	शु. २	श. ११	मं. ८	र. ५	शु. २	श. ११
नवाँ	३०।०	बृ. ९	बु. ६	बु. ३*	बृ. १२	बृ. ९	बु. ६*	बु. ३	बृ. १२	ब. ९*	बु. ६	बु. ३	बृ. १२*

नवांश जानने की रीति एक और भी है। पंचांग में यह लिखा रहता है कि कौन ग्रह, किस नक्षत्र के किस चरण में किस समय प्रवेश करता है। अतः नक्षत्र का चरण जानने से भी नवांश का बोध हो सकता है। जैसे, पंचांग देखने से यह बोध हुआ कि शनि मूल नक्षत्र के चतुर्थ चरण में है। अश्विनी से गिनने पर ज्येष्ठा १८ वाँ नक्षत्र है। प्रति नक्षत्र के चार चरण होते हैं, इस कारण ज्येष्ठा के अन्त तक (१८×४) ७२ चरण शनि चल चुका है। परन्तु ज्येष्ठा के बाद का नक्षत्र मूल के चतुर्थ चरण में शनि है। इसलिये ज्येष्ठा तक ७२ चरण में मूल का ४ चरण जोड़ दिया तो योग ७६ चरण हुआ। ऊपर लिखा जा चुका है कि चरण और नवांश एक ही है, इस कारण ७६ को १२ से भाग देने पर शेष ४ रहा। ४थी राशि कर्क है, इसलिये यही शनि का नवांश हुआ। चक्र २ (क) को भी देखने से सभी बातें शीघ्रता-पूर्वक समझ में आ जायेंगी। अस्तु, दोनों नियमों से एक ही परिणाम होता है।

चर-राशि का पहिला नवांश, स्थिरराशि का पंचम और द्विस्वभाव राशि का अन्तिम नवांश वर्गोत्तम-नवांश कहलाता है। इसको दूसरी रीति से इस प्रकार समझना चाहिये कि जिस राशि का नवांश देखना है और यदि कोई ग्रह वा लग्न उस राशि के नवांश में हो (जैसे, मेष राशि के मेष ही के नवांश में, वृष राशि के वृष ही के नवांश में, इत्यादि) तो उन सब ग्रहों का वर्गोत्तम-नवांश में रहना कहा जाता है। यदि चक्र १४ को ध्यान देकर देखेंगे तो यह बात अच्छी तरह समझ में आ जायगी। चक्र १४ में वर्गोत्तम नवांश को तारा (*) के चिह्न से दिखलाया गया है।

द्वादशांश

धा—३६ द्वादशांश, जैसा कि शब्द से ही बोध होता है, एक राशि के बारहवें अंश को कहते हैं। एक द्वादशांश (३० ÷ १२) = २½ अंश का होता है। द्वादशांश-क्रम इस रीति से माना गया है कि मेप राशि में मेप से आरम्भ कर मीन पर्य्यन्त १२ द्वादशांश होते हैं। मिथुन में मिथुन से आरम्भ कर वृप पर्य्यन्त १२ द्वादशांश हैं। इसी प्रकार कर्क में कर्क, सिंह में सिंह, कन्या में कन्या, तुला में तुला, वृश्चिक में वृश्चिक, धन में धन, मकर में मकर, कुम्भ में कुम्भ और मीन में मीन ही से द्वादशांश का आरम्भ और बारहवें राशि में अन्त होता है। चक्र १५ से द्वादशांश का बोध होगा।

द्वादशांश चक्र १५

अंश—कला		मेष	वृष	मिथुन	कर्क	सिंह	कन्या	तुला	वृश्चिक	धन	मकर	कुम्भ	मीन
२	३०	मं. १	शु. २	बु. ३	चं. ४	र. ५	बु. ६	शु. ७	मं. ८	बृ. ९	श. १०	श. ११	बृ. १२
५	०	शु. २	बु. ३	चं. ४	र. ५	बु. ६	शु. ७	मं. ८	बृ. ९	श. १०	श. ११	बृ. १२	मं. १
७	३०	ब. ३	चं. ४	र. ५	बु. ६	शु. ७	मं. ८	बृ. ९	श. १०	श. ११	बृ. १२	मं. १	शु. २
१०	०	चं. ४	र. ५	बु. ६	शु. ७	मं. ८	बृ. ९	श. १०	श. ११	बृ. १२	मं. १	शु. २	बु. ३
१२	३०	र. ५	बु. ६	शु. ७	मं. ८	बृ. ९	श. १०	श. ११	बृ. १२	मं. १	शु. २	बु. ३	चं. ४
१५	०	बु. ६	शु. ७	मं. ८	बृ. ९	श. १०	श. ११	बृ. १२	मं. १	शु. २	बु. ३	चं. ४	र. ५
१७	३०	शु. ७	मं. ८	बृ. ९	श. १०	श. ११	बृ. १२	मं. १	शु. २	बु. ३	चं. ४	र. ५	बु. ६
२०	०	मं. ८	बृ. ९	श. १०	श. ११	बृ. १२	मं. १	शु. २	बु. ३	चं. ४	र. ५	बु. ६	शु. ७
२२	३०	बृ. ९	श. १०	श. ११	बृ. १२	मं. १	शु. २	बु. ३	चं. ४	र. ५	बु. ६	शु. ७	मं. ८
२५	०	श. १०	श. ११	बृ. १२	मं. १	श. २	बु. ३	चं. ४	र. ५	बु. ६	शु. ७	मं. ८	बृ. ९
२७	३०	श. ११	बृ. १२	मं. १	शु. २	बु. ३	चं. ४	र. ५	बु. ६	शु. ७	मं. ८	बृ. ९	श. १०
३०	०	बृ. १२	मं. १	शु. २	बु. ३	चं. ४	र. ५	बु. ६	शु. ७	मं. ८	बृ. ९	श. १०	श. ११

त्रिशांश

धा०-३७ त्रिशांश शब्द से बोध होता है एक राशि का तीसवाँ अंश। परन्तु इसमें भेद यह है कि विजोड़ (विषम) राशि में पहिला ५ अंश मंगल का, दूसरा ५ अंश शनि का, तीसरा ८ अंश बृहस्पति का, चौथा ७ अंश बुध का, पाँचवाँ ५ अंश शुक्र का त्रिशांश होता है। यों समझिये कि विजोड़ घर में यदि कोई ग्रह एक अंश से पाँच अंश पर्य्यन्त रहे तो मंगल के त्रिशांश में कहा जायगा। यदि छठे से दसवें अंश तक रहे तो शनि, ११ से १८ वें अंश तक बृहस्पति, १९ से २५ वें अंश तक बुध और २६ से ३० अंश तक में रहे तो शुक्र के त्रिशांश में वह ग्रह कहा जायगा। परन्तु जोड़ घर में रहने से इसके विपरीत होता है। यथा, पहिला ५ अंश तक शुक्र का, दूसरा ७ अंश तक बुध का, तीसरा ८ अंश तक बृहस्पति का, चौथा ५ अंश तक शनि का और पाँचवाँ ५ अंश तक मंगल का त्रिशांश कहाता है। उपरोक्त नियमानुसार जोड़ घर में १ से ५ अंश तक शुक्र, ६ से १२ अंश तक बुध, १३ से २० अंश तक बृहस्पति, २१ से २५ अंश तक शनि और २५ से ३० अंश तक मंगल का त्रिशांश होता है। चक्र १६ के अतिरिक्त ऊपर लिखी हुई बातों को निम्नलिखित रीति से भी समझ सकते हैं।

फुट (अयुग्म अर्थात् १, ३, ५, ७, ९ और ११) राशियों का त्रिशांश यों होता है।

म. श. बृ. बु. शु.
५ + ५ + ८ + ७ + ५ = ३० अंश।

जोड़ (युग्म अर्थात् २, ४, ६, ८, १० और १२) राशियों का त्रिशांश इस प्रकार है।

शु. बु. बृ. श. मं.
५ + ७ + ८ + ५ + ५ = ३० अंश।

त्रिशांश चक्र १६

विषम राशि, १, ३, ५, ७, ९, ११ का

अंश—प्रमाण	स्वामी राशि
१ से ५	मं. १
६ से १०	श. ११
११ से १८	वृ. ९
१९ से २५	बु. ३
२६ से ३०	शु. ७

त्रिशांश चक्र १६ (क)

सम राशि २, ४, ६, ८, १०, १२ का

अंश—प्रमाण	स्वामी राशि
१ से ५	शु. २
६ से १२	बु. ६
१३ से २०	बृ. १२
२१ से २५	श. १०
२६ से ३०	मं. ८

समुदाय-षड्वर्ग

धा—३८ यहाँ पर एक चक्र १६ (ख) दिया जाता है। इसको देखने से बिना विशेष परिश्रम के ही षड्वर्ग का बोध हो जायगा। चक्र देखने की विधि यह है:—ग्रह तथा राशि का स्पष्ट जानने के बाद इस चक्र के सबसे बाँई ओर के कोष्ठ में देखें कि उस (स्पष्ट) राश्यादि के पूर्व की कौन राशि आदि उस प्रथम कोष्ठ में है। उसके सामने जो राशि, होरा, द्रेष्काण, नवांश, द्वादशांश और त्रिशांश है, वही षड्वर्ग होगा। जैसे, देखना है कि जब रवि १।२७।३० का है तो उसका षड्वर्ग क्या होगा। चक्र का पहिला कोष्ठ देखने से मालूम होता है कि चक्र में १।२७।३० है। उसके ऊपर वाले अंक अर्थात् १।२६।४० के सामने जो षड्वर्ग है, वही १।२७।३० तक का होगा। अर्थात् राशि–२ (वृष), होरा–५ (सूर्य्य), द्रेष्काण–१० (मकर), नवमांश–६ (कन्या), द्वादशांश–१२ (मीन), त्रिशांश–८ (वृश्चिक) का होगा। पुनः यदि मान लें कि रवि १।२७।२५ का है तौ भी ऊपर ही वाला कोष्ठ तथा १।२६।४० के सामने वाला षड्वर्ग होगा। पुनः यदि सूर्य्य १।२७।३५ का है तो ऐसी अवस्था में १।२७।३५ से कम वाली संख्या १।२७।३० है, इसलिये ऐसे स्थान में १।२७।३० के सामने वाला जो षड्वर्ग है, वही उसका षड्वर्ग होगा। अर्थात् चक्र के बाँयें कोष्ठ में दिये हुए स्पष्ट के सामने जो षड्वर्ग है वही षड्वर्ग उस स्पष्ट के बाद से आरम्भ कर उसके नीचे वाले स्पष्ट के पूर्व तक का (षड्वर्ग) होगा।

समुदाय षड्वर्ग चक्र १६ (ख)

उपरान्त रा. अं. क.	राशि	होरा	द्रेष्काण	नवमांश	द्वादशांश	त्रिंशांश
०।०।०	१	५	१	१	१	१
०।२।३०	१	५	१	१	२	१
०।३।२०	१	५	१	२	२	१
०।५।०	१	५	१	२	३	११
०।६।४०	१	५	१	३	३	११
०।७।३०	१	५	१	३	४	११
०।१०।०	१	५	५	४	५	९
०।१२।३०	१	५	५	४	६	९
०।१३।२०	१	५	५	५	६	९
०।१५।०	१	४	५	५	७	९
०।१६।४०	१	४	५	६	७	९
०।१७।३०	१	४	५	६	८	९
०।१८।०	१	४	५	६	८	३
०।२०।०	१	४	९	७	९	३
०।२२।३०	१	४	९	७	१०	३
०।२३।२०	१	४	९	८	१०	३
०।२५।०	१	४	९	८	११	७
०।२६।४०	१	४	९	९	११	७
०।२७।३०	१	४	९	९	१२	७
१।०।०	२	४	२	१०	२	२
१।२।३०	२	४	२	१०	३	२
१।३।२०	२	४	२	११	३	२
१।५।०	२	४	२	११	४	६
१।६।४०	२	४	२	१२	४	६
१।७।३०	२	४	२	१२	५	६
१।१०।०	२	४	६	१	६	६
१।१२।०	२	४	६	१	६	१२
१।१२।३०	२	४	६	१	७	१२
१।१३।२०	२	४	६	२	७	१२
१।१५।०	२	५	६	२	८	१२

उपरान्त रा. अं. क.	राशि	होरा	द्रेष्काण	नवमांश	द्वादशांश	त्रिंशांश
१।१६।४०	२	५	६	३	८	१२
१।१७।३०	२	५	६	३	९	१२
१।२०।०	२	५	१०	४	१०	१०
१।२२।३०	२	५	१०	४	११	१०
१।२३।२०	२	५	१०	५	११	१०
१।२५।०	२	५	१०	५	१२	८
१।२६।४०	२	५	१०	६	१२	८
१।२७।३०	२	५	१०	६	१	८
२।०।०	३	५	३	७	३	१
२।२।३०	३	५	३	७	४	१
२।३।२०	३	५	३	८	४	१
२।५।०	३	५	३	८	५	११
२।६।४०	३	५	३	९	५	११
२।७।३०	३	५	३	९	६	११
२।१०।०	३	५	७	१०	७	९
२।१२।३०	३	५	७	१०	८	९
२।१३।२०	३	५	७	११	८	९
२।१५।०	३	४	७	११	९	९
२।१६।४०	३	४	७	१२	९	९
२।१७।३०	३	४	७	१२	१०	९
२।१८।०	३	४	७	१२	१०	३
२।२०।०	३	४	११	१	११	३
२।२२।३०	३	४	११	१	१२	३
२।२३।२०	३	४	११	२	१२	३
२।२५।०	३	४	११	२	१	७
२।२६।४०	३	४	११	३	१	७
२।२७।३०	३	४	११	३	२	७
३।०।०	४	४	४	४	४	२
३।२।३०	४	४	४	४	५	२

उपरान्त रा. अं. क.	राशि	होरा	द्रेष्काण	नवमांश	द्वादशांश	त्रिंशांश
३।३।३०	४	४	४	५	५	२
३।५।०	४	४	४	५	६	६
३।६।४०	४	४	४	६	६	६
३।७।३०	४	४	४	६	७	६
३।१०।०	४	४	८	७	८	६
३।१२।०	४	४	८	७	८	१२
३।१२।३०	४	४	८	७	९	१२
३।१३।२०	४	४	८	८	९	१२
३।१५।०	४	५	८	८	१०	१२
३।१६।४०	४	५	८	९	१०	१२
३।१७।३०	४	५	८	९	११	१२
३।२०।०	४	५	१२	१०	१२	१०
३।२२।३०	४	५	१२	१०	१	१०
३।२३।२०	४	५	१२	११	१	१०
३।२५।०	४	५	१२	११	२	८
३।२६।४०	४	५	१२	१२	२	८
३।२७।३०	४	५	१२	१२	३	८
४।०।०	५	५	५	१	५	१
४।२।३०	५	५	५	१	६	१
४।३।२०	५	५	५	२	६	१
४।५।०	५	५	५	२	७	११
४।६।४०	५	५	५	३	७	११
४।७।३०	५	५	५	३	८	११
४।१०।०	५	५	९	४	९	९
४।१२।३०	५	५	९	४	१०	९
४।१३।२०	५	५	९	५	१०	९
४।१५।०	५	४	९	५	११	९
४।१६।४०	५	४	९	६	११	९
४।१७।३०	५	४	९	६	१२	९
४।१८।०	५	४	९	६	१२	३
४।२०।०	५	४	१	७	१	३
४।२२।३०	५	४	१	७	२	३
४।२३।२०	५	४	१	८	२	३

उपरान्त रा. अं. क.	राशि	होरा	द्रेष्काण	नवमांश	द्वादशांश	त्रिंशांश
४।२५।०	५	४	१	८	३	७
४।२६।४०	५	४	१	९	३	७
४।२७।३०	५	४	१	९	४	७
५।०।०	६	४	६	१०	६	२
५।२।३०	६	४	६	१०	७	२
५।३।२०	६	४	६	११	७	२
५।५।०	६	४	६	११	८	६
५।६।४०	६	४	६	१२	८	६
५।७।३०	६	४	६	१२	९	६
५।१०।०	६	४	१०	१	१०	६
५।१२।०	६	४	१०	१	१०	१२
५।१२।३०	६	४	१०	१	११	१२
५।१३।२०	६	४	१०	२	११	१२
५।१५।०	६	५	१०	२	१२	१२
५।१६।४०	६	५	१०	३	१२	१२
५।१७।३०	६	५	१०	३	१	१२
५।२०।०	६	५	२	४	२	१०
५।२२।३०	६	५	२	४	३	१०
५।२३।२०	६	५	२	५	३	१०
५।२५।०	६	५	२	५	४	८
५।२६।४०	६	५	२	६	४	८
५।२७।३०	६	५	२	६	५	८
६।०।०	७	५	७	७	७	१
६।२।३०	७	५	७	७	८	१
६।३।२०	७	५	७	८	८	१
६।५।०	७	५	७	८	९	११
६।६।४०	७	५	७	९	९	११
६।७।३०	७	५	७	९	१०	११
६।१०।०	७	५	११	१०	११	९
६।१२।३०	७	५	११	१०	१२	९
६।१३।२०	७	५	११	११	१२	९
६।१५।०	७	४	११	११	१	९
६।१६।४०	७	४	११	१२	१	९

उपरान्त रा. अं. क.	राशि	होरा	द्रेष्काण	नवमांश	द्वादशांश	त्रिंशांश
६।१७।३०	७	४	११	१२	२	९
६।१८।०	७	४	११	१२	२	३
६।२०।०	७	४	३	१	३	३
६।२२।३०	७	४	३	१	४	३
६।२३।२०	७	४	३	२	४	३
६।२५।०	७	४	३	२	५	७
६।२६।४०	७	४	३	३	५	७
६।२७।३०	७	४	३	३	६	७
७।०।०	८	४	८	४	८	२
७।२।३०	८	४	८	४	९	२
७।३।२०	८	४	८	५	९	२
७।५।०	८	४	८	५	१०	६
७।६।४०	८	४	८	६	१०	६
७।७।३०	८	४	८	६	११	६
७।१०।०	८	४	१२	७	१२	६
७।१२।०	८	४	१२	७	१२	१२
७।१२।३०	८	४	१२	७	१	१२
७।१३।२०	८	४	१२	८	१	१२
७।१५।०	८	५	१२	८	२	१२
७।१६।४०	८	५	१२	९	२	१२
७।१७।३०	८	५	१२	९	३	१२
७।२०।०	८	५	४	१०	४	१०
७।२२।३०	८	५	४	१०	५	१०
७।२३।२०	८	५	४	११	५	१०
७।२५।०	८	५	४	११	६	८
७।२६।४०	८	५	४	१२	६	८
७।२७।३०	८	५	४	१२	७	८
८।०।०	९	५	९	१	९	१
८।२।३०	९	५	९	१	१०	१
८।३।२०	९	५	९	२	१०	१
८।५।०	९	५	९	२	११	११
८।६।४०	९	५	९	३	११	११
८।७।३०	९	५	९	३	१२	११

उपरान्त रा. अं. क.	राशि	होरा	द्रेष्काण	नवमांश	द्वादशांश	त्रिंशांश
८।१०।०	९	५	१	४	१	९
८।१२।३०	९	५	१	४	२	९
८।१३।२०	९	५	१	५	२	९
८।१५।०	९	४	१	५	३	९
८।१६।४०	९	४	१	६	३	९
८।१७।३०	९	४	१	६	४	९
८।१८।०	९	४	१	६	४	३
८।२०।०	९	४	५	७	५	३
८।२२।३०	९	४	५	७	६	३
८।२३।२०	९	४	५	८	६	३
८।२५।०	९	४	५	८	७	७
८।२६।४०	९	४	५	९	७	७
८।२७।३०	९	४	५	९	८	७
९।०।०	१०	४	१०	१०	१०	२
९।२।३०	१०	४	१०	१०	११	२
९।३।२०	१०	४	१०	११	११	२
९।५।०	१०	४	१०	११	१२	६
९।६।४०	१०	४	१०	१२	१२	६
९।७।३०	१०	४	१०	१२	१	६
६।१०।०	१०	४	२	१	२	६
९।१२।०	१०	४	२	१	२	१२
९।१२।३०	१०	४	२	१	३	१२
९।१३।२०	१०	४	२	२	३	१२
९।१५।०	१०	५	२	२	४	१२
९।१६।४०	१०	५	२	३	४	१२
९।१७।३०	१०	५	२	३	५	१२
९।२०।०	१०	५	६	४	६	१०
९।२२।३०	१०	५	६	४	७	१०
९।२३।२०	१०	५	६	५	७	१०
९।२५।०	१०	५	६	५	८	८
९।२६।४०	१०	५	६	६	८	८
९।२७।३०	१०	५	६	६	९	८
१०।०।०	११	५	११	७	११	१
१०।२।३०	११	५	११	७	१२	१

उपरान्त रा. अं. क.	राशि	होरा	द्रेष्काण	नवमांश	द्वादशांश	त्रिंशांश	उपरान्त रा. अं. क.	राशि	होरा	द्रेष्काण	नवमांश	द्वादशांश	त्रिंशांश
१०।३।२०	११	५	११	८	१२	१	११।३।२०	१२	४	१२	५	१	२
१०।५।०	११	५	११	८	१	११	११।५।०	१२	४	१२	५	२	६
१०।६।४०	११	५	११	९	१	११	११।६।४०	१२	४	१२	६	२	६
१०।७।३०	११	५	११	९	२	११	११।७।३०	१२	४	१२	६	३	६
१०।१०।०	११	५	३	१०	३	९	११।१०।०	१२	४	४	७	४	६
१०।१२।३०	११	५	३	१०	४	९	११।१२।०	१२	४	४	७	४	१२
१०।१३।२०	११	५	३	११	४	९	११।१२।३०	१२	४	४	७	५	१२
१०।१५।०	११	४	३	११	५	९	११।१३।२०	१२	४	४	८	५	१२
१०।१६।४०	११	४	३	१२	५	९	११।१५।०	१२	५	४	८	६	१२
१०।१७।३०	११	४	३	१२	६	९							
१०।१८।०	११	४	३	१२	६	〃							
१०।२०।०	११	४	७	१	७	〃	११।१६।४०	१२	५	४	९	६	१२
१०।२२।३०	११	४	७	१	८	〃	११।१७।३०	१२	५	४	९	७	१२
१०।२३।२०	११	४	७	२	८	३	११।२०।०	१२	५	८	१०	८	१०
१०।२५।०	११	४	७	२	९	〃	११।२२।३०	१२	५	८	१०	९	१०
१०।२६।४०	११	४	७	३	९	〃	११।२३।२०	१२	५	८	११	९	१०
१०।२७।३०	११	४	७	३	१०	७	११।२५।०	१२	५	८	११	१०	८
११।०।०	१२	४	१२	४	१२	〃	११।२६।४०	१२	५	८	११	१०	८
११।२।३०	१२	४	१२	४	२	〃	११।२७।३०	१२	५	८	१०	११	८

अध्याय ५

लग्नादि बनाने की रीति

धा-२९ यह अवश्य है कि सूक्ष्म रीति से लग्न बनाने में कठिनाइयाँ अधिक हैं। परन्तु यहाँ सुगमता पूर्वक लग्न बनाने की विधि बतलाने की चेष्टा की जायगी। लग्न बनाने की विधि बतलाने के पूर्व, साधारणतया पंचांग देखने की रीति बतला देना आवश्यक होगा। यहाँ काशी विश्व-पञ्चांग के संवत् १९८७ ज्येष्ठ शुक्ल पक्ष का एक पृष्ठ उद्धृत किया गया है।

ज्येष्ठ शुक्ल पक्ष संवत् १९८७

पंचांग की पहिली पंक्ति दिन मान की है, और वह दण्ड पला में दिया हुआ है। दूसरी पंक्ति तिथि की है, तीसरी वार या दिन की है, चौथी पाँती में तिथि घड़ी पला में लिखी हुई है। इसका भाव यह है कि अमुक तिथि उस दिन इतने दंडादि तक थी। पाँचवीं पाँती में घड़ी वाला घंटा मिनट है जो रेलवे की प्रणाली के अनुसार लिखा गया है। जैसे २२।२५ जहाँ लिखा हुआ है। उसका अभिप्राय है कि अमुक तिथि १० बज कर २५ मिनट रात तक है। जहाँ १।१ है उसका अर्थ है १ बज कर १ मिनट रात और इसी प्रकार जहाँ १०।१८ है, उसका अभिप्राय है १० बज कर १८ मिनट दिन। छठी पाँती में नक्षत्र का पहिला अक्षर लिखा है। सातवीं में उस नक्षत्र का मान दण्ड पला में और आठवीं में उसी नक्षत्र का मान घंटा मिनट द्वारा बतलाया हुआ है। नौवीं में योगों का नाम, दसवीं में उसका दंड पला मान, और ग्यारहवीं में उसी का घंटा मिनट है। एक एक तिथि में दो दो करण होते हैं इस कारण बारहवीं में करणों का नाम और तेरहवीं एवं चौदहवीं में उसका दंड पला और घंटा मिनट है। पन्द्रहवीं में द्वितीय करण का नाम, १६ और १७ में उसी का घड़ी पला और घंटा मिनट, १८ में उस दिन का योग, १९ अंग्रेजी तारीख, २० फारसी तारीख, २१ बंगला तारीख, २२ फसली तारीख, २३ चन्द्रमा की राशि और उसका दंड पला, २४ चन्द्रमा का घंटा मिनट, २५ सूर्य्योदय, २६ सूर्य्यास्त, २७ सूर्य का उस दिन का स्पष्ट अर्थात् राशि, अंश, कला, विकला, तत्पश्चात् अमुक अमुक ग्रहों का अमुक अमुक नक्षत्रों के चरण में प्रवेश का समय और बहुत से उपयोगी पदार्थ यात्रा इत्यादि देखने के लिये दिये जाते हैं। परन्तु यहाँ इन सब विषयों को छोड़ दिया गया है। पंचांग के नीचे एकैक पक्ष के दो दो दिन के ग्रह-स्पष्ट और कुंडलियाँ दी हुई हैं। विश्वपंचांग तथा और भी कई उत्तम पंचांगों में दैनिक सारिणी भी दी जाती है। स्थानाभाव के कारण ग्रहों का नक्षत्र में प्रवेश का समय ग्रह स्पष्ट के दाहिनी ओर तिथ्यानुसार दिया गया है।

चक्र २(क) का विशेष विवरण

धा–४० इसके आगे कुछ लिखने के पूर्व पाठकों का ध्यान पुनः एक बार चक्र २ (क) की ओर आकर्षित किया जाता है। उस चक्र में तीर के चिह्न से नक्षत्र-कक्षा की भ्रमण-रीति दिखलाई गयी है। अश्विनी आदि नक्षत्र और मेषादि राशियों का भ्रमण-क्रम पूर्व से पश्चिम है। तात्पर्य्य यह है कि यदि अश्विनी पूर्व क्षितिज में है तो पहिले अश्विनी का उदय होगा। तत्पश्चात् भरणी का और उसके बाद कृत्तिका के एक चरण के उदय होने पर सम्पूर्ण मेषराशि पूर्व-क्षितिज के ऊपर आ जायगी। इसी प्रकार कृत्तिका के तीन, रोहिणी के चार और मृगशिरा के दो चरणों के उदय होने पर वृष का सम्पूर्ण उदय पूर्व-क्षितिज में हो जाता है और मिथुन का आरम्भ होने लगता है। इसी प्रकार और सब

नक्षत्रों तथा राशियों का अनुमान कर लेना होगा। इसी रीति से घूमते घूमते अश्विनी का प्रथम चरण तथा मेष का आरम्भ पूर्व-क्षितिज में पुनः आ जाने पर दूसरे दिन का आरम्भ हो जाता है। अभिप्राय यह है कि बारह राशियों के एकवार भचक्र में घूम जाने का नाम एक दिन है।

दूसरी आवश्यक बात यह है कि राशि की चाल के विपरीत ग्रहों की चाल है। अर्थात् ग्रहगण की चाल पश्चिम से पूर्व है जो तीर-चिह्न से ग्रहकक्षा के नाम से चक्र में दिखलायी गयी है।

लग्न अनुमान

धा–४१ आप मान लें कि किसी दिन सूर्य्य मेष के आरम्भ ही में अर्थात् पहिले अंश में है तो उस दिन उदय होने के समय सूर्य्य पूर्वक्षितिज में मेष के पहिले अंश में रहेगा और धीरे धीरे मेष राशि का उदय होता जायगा। मध्याह्न (दोपहर) में मेष का ही सूर्य्य शिर पर और संध्या समय पश्चिम क्षितिज में अस्त होता मालूम होगा। वही मेष का सूर्य्य अर्द्धरात्रि को अधोभाग अर्थात् पाताल में चला जाकर, दूसरे दिन पूर्वक्षितिज में पुनः उदय होता हुआ दिखाई देगा। परन्तु लिखा जा चुका है कि ग्रहों की चाल पश्चिम से पूर्व है और सूर्य्य ३६५ दिनों में बारह राशियों की एक परिक्रमा करता है, इस कारण एक दिन में एक अंश के लगभग सूर्य्य की चाल है। अतः यदि सूर्य्य पहिले दिन मेष के एक अंश में है तो दूसरे दिन द्वितीय अंश में अर्थात् थोड़ा पश्चिम हटकर उदय होगा। परिणाम यह हुआ कि दूसरे दिन मेष का एक अंश पूर्व क्षितिज में निकल जाने के बाद सूर्य्योदय होगा, क्योंकि सूर्य्य उस दिन मेष के दूसरे अंश में चला जायगा। इसी प्रकार सूर्य्य प्रतिदिन (लगभग) एक अंश पश्चिम बढ़ता चला जाता है। इस कारण पाँचवें दिन सूर्य्य मेष के पाँचवें अंश में चला जायगा और उस दिन मेष के चार अंश उदय हो जाने के बाद सूर्य्योदय होगा। इसी प्रकार अनुमान कर लें कि जब सूर्य्य मेष के तीसवें अंश में जायगा तो पूर्वक्षितिज में मेष का २९ अंश उदय हो जाने के बाद सूर्य्योदय होगा। इसी प्रकार ३५ वें दिन वृष के पाँचवें अंश पर सूर्य्य आ जायगा और उस दिन सम्पूर्ण मेष राशि सूर्य्योदय के पहिले ही पूर्व-क्षितिज के ऊपर निकल आयगी। तत्पश्चात् वृष के भी चार अंश उदय हो जाने के बाद सूर्य्य का उदय होगा। अब यदि अनुमान किया जाय तो यह मालूम होगा कि ३६५ वें दिन (सूर्य्य की चाल प्रतिदिन एक अंश से कुछ कम रहने के कारण) सूर्य्य पुनः मेष के प्रथम अंश में पहुँच जायगा। इन सब बातों के लिखने का सारांश यह है कि यदि हमें यह मालूम करना है कि अमुक तिथि में सूर्य्योदय के समय, पूर्व क्षितिज में सूर्य्य किस राशि के किस अंश में था, तो यह जानने के लिये प्रथम इस बात के जानने की आवश्यकता होगी कि मेष के आरम्भ से सूर्य्य चलता चलता उस तिथि को किस राशि के कितने अंश पर आ चुका है। अर्थात उस दिन सूर्य्य की स्थिति किस राशि के किस अंश, कला, विकला पर है।

यदि पंचांग द्वारा या अन्य किसी प्रकार से यह मालूम हो कि अमुक तिथि को प्रातः समय सूर्य्य अमुक राशि के अमुक अंश कला आदि में है और इतना जानने पर यदि यह मालूम करना हो कि उस दिन इतना दिन उठने के बाद या इतनी रात्रि बीतने पर किस राशि के किस अंश कला आदि में सूर्य्य रहेगा तो यह बात बड़ी सुगमता के साथ मालूम हो सकती है और इसी को तात्कालिक-स्पष्ट वा तात्कालिक-सूर्य्यस्फुट कहते हैं। यद्यपि पुनरुक्त-दोष लग सकता है परन्तु विषय गम्भीर और उपयोगी होने के कारण पाठकों को याद दिलायी जाती है कि हर राशि में ३० अंश होते हैं और १२ राशियों का भचक्र होता है (अर्थात् पृथ्वी के चारो ओर फिरती हुई राशिमाला)। इस कारण ३६० अंश का भचक्र हुआ और यह लगभग ६० दंड या २४ घंटे में पृथ्वी के चारो और घूम जाती है। इससे भाव यह निकला कि यदि कुल राशियाँ आपस में बराबर हों तो प्रत्येक राशि एक दंड में छः अंश पूर्वक्षितिज में ऊपर उठती है। (चूँकि ६० दंड में ३६० अंश चलता है, इसलिए १ दंड में कितने अंश चलेगा ? ३६० में ६० से भाग देने पर फल ६ अंश निकला)।

उसी तरह जब १२ राशियाँ ६० दंड में एक भ्रमण समाप्त करती हैं तो १ राशि के उदय होने में ५ दंड लगेगा। अब यदि यह जानना हो कि एक दंड सूर्य्योदय के बाद का लग्न क्या होगा (चूँकि एक मिनट में लगभग ६ अंश क्षितिज में उठते हैं) तो रवि-स्फुट में ६ अंश जोड़ देने से पूर्व क्षितिज की राशि अंशादि निकल आवेगा और वही उस दिन एक दंड सूर्य्योदय के बाद का लग्न होगा। उदाहरणार्थ, किसी दिन का लग्न बनाना है और उस दिन सूर्य्य मिथुन के नौवें अंश में है। (इसके लिखने की प्रणाली २।९ है। २, गत दो राशियाँ (मेष और वृष) और ९ तीसरी राशि मिथुन का अंश है)। मान लें कि उस दिन किसी का जन्म सूर्य्योदय के एक दंड बाद है। ऊपर लिखा जा चुका है कि भ-चक्र की गति ६० दंड में ३६० अंश के हिसाब से एक दंड में ६ अंश होता है; इसलिए ६ अंश को २।९ में जोड़ देने से (२।९ + ०।६) २।१५ हुआ। एक दंड दिन उठने पर मिथुन का १५ अंश होगा। इसी प्रकार यदि उसी दिन किसी का जन्म ११ दंड सूर्य्योदय के बाद हुआ, तो उसका लग्न यों होगा। उपरोक्त हिसाब के अनुसार प्रति दंड में छः अंश की चाल से ११ दंड में ६६ अंश चलेगा जो दो राशियाँ और छः अंश के बराबर है। (क्योंकि एक राशि में ३० अंश होते हैं)। अब मालूम हुआ कि ११ दंड दिन निकलने पर, सूर्य्य जिस राशि अंश में था, उसके बाद दो राशियाँ और छः अंश और निकल गये। इसलिये २।९ + २।६ = ४।१५ यही पूर्वक्षितिज की राशि और अंश अर्थात् लग्न हुआ। इसको यों समझिये कि कर्क राशि बीत कर सिंह का १५ वाँ अंश पूर्व क्षितिज में ११ दंड दिन उठने पर था। फिर यदि किसी का जन्म उसी दिन, सूर्य्योदय के बाद ३५ दंड पर रात्रि में हुआ हो तो क्या लग्न होगा ? पुनः उपरोक्त त्रयराशिक नियम से परिणाम निकलेगा। $\frac{३५ \times ३६०}{६०} = २१०$ अंश। इसमें ३० से भाग देने से राशियाँ बन जायँगी। अर्थात् ७ पूरी राशियाँ सूर्य्योदय के

बाद पूर्व-क्षितिज में निकल आयीं। अब इसको २१९ में जोड़ने से (२१९ + ७१० =) ९१९ हुआ अर्थात् ९ राशि (धन) बीतकर दसवीं राशि (मकर) के नौवें अंश पर जन्म हुआ। बस, अब यह सिद्ध हुआ कि इसी प्रकार किसी दिवस का तात्कालिक-सूर्य्य मालूम होने से उस दिन के किसी समय का लग्न बनाना बड़ा ही सुगम है। परन्तु स्मरण रहे कि यह गणित तभी शुद्ध होगा जब बारहों राशियों का समय बराबर बराबर हो। पर यदि राशिमान किसी कारण से बराबर न हों तो उसमें कठिनाइयाँ उपस्थित होंगी। बात भी यही है। यद्यपि बारह राशियाँ तीसरा तीसरा अंश की ही होती हैं, तथापि देशान्तर भेद द्वारादीर्घ और लघु अथवा छोटी या बड़ी हो जाती है। ऊपर जो उदाहरण दिये गये हैं वे केवल इस विषय को समझाने के लिये थे कि लग्न क्या पदार्थ है और लग्न किसको कहते हैं।

राशिमान छोटा बड़ा क्यों ?

धा-४२ अब राशियों के ह्रस्व वा दीर्घ (छोटी बड़ी) होने का कारण दिखलाता हुआ, सुगमता से लग्न बनाने की विधि बतलायी जाती है। यदि पाठक ऊपर लिखी हुई बातों को अच्छी तरह समझ गये होंगे तो लग्न बनाने में विशेष कठिनाई प्रतीत न होगी।

प्रति राशि का अंशमान ३० अंश ही रहते हुए वह ह्रस्व वा दीर्घ क्यों होती है, इसका पूर्ण उल्लेख इस छोटे से ग्रंथ में नहीं किया जा सकता। एक छोटा-सा उदाहरण देकर इस बात को समझाने की कोशिश की जाती है। यदि इससे पाठकगण को पूर्ण रीति से ये बातें समझ में न आवें, तो लेखक क्षमाप्रार्थी है।

एक सरल रेखा पर यदि दूसरी सरल रेखा सीधी खड़ी रहे तो वह कोण ९० अंश का होता है। एक राशि में ३० अंश होने के कारण, उस कोण में तीन राशियों का स्थान हुआ। तीनों कोण तीस २ अंश के हुए। यदि एक रेखा से कोई मनुष्य दूसरी रेखा तक चले तो इन तीनों कोणों में चाल के अनुसार रास्ते की विभिन्नता हो सकती है।

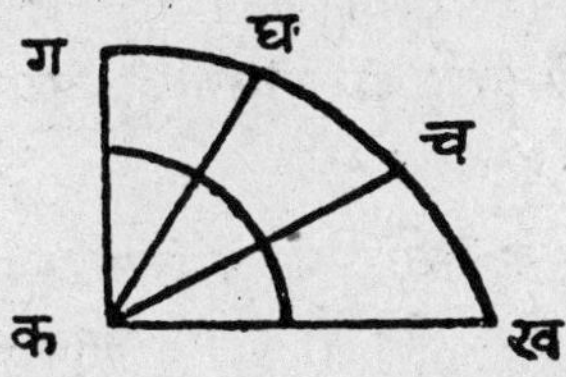

क, ख एक सरल रेखा पर क, ग दूसरी सरल रेखा सीधी खड़ी है। (कोण) ∠ग क ख ९० अंश का है, इसको ३० अंश से विभक्त करने पर (कोण) ∠ग क घ, (कोण) ∠घ क च और (कोण) ∠च क ख तीस तीस अंश का एक-एक कोण हुआ।

और उतनी ही एक राशि भी होती है। यदि कोई मनुष्य 'ग' से 'घ' तक आवे, दूसरा 'घ' से 'च' तक और तीसरा 'च' से 'ख' तक आवे, जैसा कि चक्र में दिखलाया गया है तो तीनों की चाल अंश-प्रमाण में तीस तीस ही होगी पर समय तीनों में बराबर न लगेगा। कारण, चक्र के देखने से मालूम होगा कि 'ग' से 'घ' की दूरी सबसे छोटी, 'घ' से 'च' मँझोली और 'च' से 'ख' सबसे बड़ी है। क्योंकि भचक्र होकर जो पृथ्वी की कक्षा है, वह एक दम गोल न होकर अंडाकार है, जिसका एक चतुर्थांश ऊपर चक्र में दिखलाया गया है। नीचे पृथ्वीकक्षा अंडाकार बनायी गयी है। इस चक्र १८ के देखने से राशियों का ह्रस्व दीर्घ होना, विश्वास हो जायगा।

चक्र १८

(भू-कक्षा)

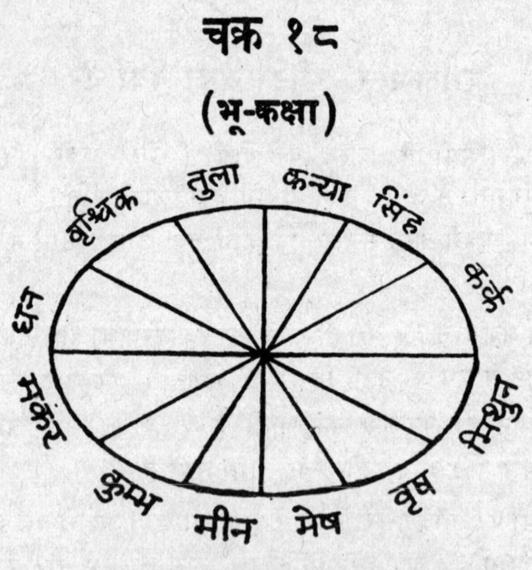

देशान्तर भेद से राशिमान

धा–४३ पृथ्वी के सबसे उत्तरीय और दक्षिणीय अंशों (North pole and South pole) के मध्य की पूर्वापर (कल्पित) रेखा को भूमध्य अथवा विपुवत्‌रेखा (Equator) कहते हैं। इससे उत्तर और दक्षिण की रेखाओं को अक्षांश वा विश्वा-रेखान्तर (Latitude) कहते हैं।

जिस प्रकार किसी सड़क के किनारे पर के किसी स्थान को जानने के लिये मील इत्यादि का जानना आवश्यक है, (जैसे अमुक ग्राम अमुक सड़क पर इतने मील पर है) उसी तरह भूतल-स्थित किसी गाँव, शहर इत्यादि का स्थान निश्चित करने के लिये अक्षांश (Latitude) का जानना अत्यावश्यक है। यदि यह मालूम हो कि किस ग्राम का क्या अक्षांश (Latitude) है अर्थात् उक्त स्थान भूमध्य रेखा की कितनी दूर उत्तर वा

दक्षिण है तो बहुत उपयोगी होगा। इससे यह मालूम हो जायगा कि अमुक ग्राम भूमध्य-रेखा (Equator) से कितने अंश की दूरी पर उत्तर वा दक्षिण है। पाठकों की सुविधा के लिये भारतवर्ष के कतिपय मुख्य मुख्य नगरों का अक्षांश (Latitude) नीचे चक्र में दिया जाता है।

देशांतर-अक्षांश चक्र १६

भारतवर्ष विषुवत् रेखा से उत्तर है

नगर —	अक्षांश	नगर —	अक्षांश	नगर —	अक्षांश
अजमेर	२६।१५	इन्दौर	२२।५५	कुरुक्षेत्र	३०।०
अञ्जार	२६।२४	इटावा	२६।५२	कुमिल्ला	२३।१२
अनाम	१७।०	उज्जैन	२३।९	कोचीन	९।५८
अनूपशहर	२८।२१	उदयपुर (सरगुजा)	२२।३१	कोटा	२५।२५
अटक	३३।५३	उदयपुर	२४।३६	कोलम्बो	६।५६
अमरपुर (बर्मा)	२१।५५	उटकमण्ड	११।१५	कोल्हापुर	१६।४५
अमरावती	२०।५६	उड़ीसा	२१।०		
अमावाँ (राज्य)	२५।५९			खैरपुर	२७।२५
अमृतसर	३१।३७	कच्छ (माण्डवी)	२२।५०		
अमेठी	२६।७	कर्नाल	२९।४१	गढ़वाल	३०।०
अयोध्या	२६।४८	कर्नाटक	१२।०	गया	२४।४५
अलवर	२७।३४	कटक	२०।३०	गाजीपुर	२५।३५
अलमोड़ा	२९।३५	कपुरथला	३१।२३	गिद्धौर (राज्य)	२४।५०
अलीगञ्ज	२६।१२	करांची	२४।५२	गोदावरी	१६।३०
(हथुआ)		कलकत्ता	२२।३०	गोरखपुर	२६।५०
अलीगढ़	२७।५५	कलचर	६।३७	गुजरानवाला	३१।१२
अहमदनगर	१९।६	काकरोली	२५।०	गोलकुण्डा	१७।४३
अहमदाबाद	२३।१	काञ्ची	९।२९	ग्वालपारा	२६।९
आगरा	२७।०	कानपुर	२६।०	ग्वालियर	२६।१५
आजमगढ़	२६।०	काल्पी	३६।८		
आरा	२५।३२	काश्मीर	३४।०	चम्बा	३२।३४
आबू	२४।२५	किशुनगढ़	२६।३५	चतुरपुर	२४।५२
आसाम	२६।३०	कुदरा	२५।५६	चित्तौड़	२४।५०
		(जहाँनाबाद)		चित्रकूट	२५।१२

नगर —	अक्षांश
चिनाव	३१।०
चुनारगढ़	२५।१०
छपरा	२५।४५
जगन्नाथपुरी	१९।४५
जफराबाद	२०।४०
जब्बलपुर	२३।१४
जम्बु	३२।४४
जयपुर	२६।५०
जयपुर (झाड़ी)	१८।५७
जलन्धर	३१।१८
जलालपुर	३२।४०
जैसलमेर	२६।४६
जामनगर	२२।२७
जिन्द	२९।१९
जूनागढ़	२१।३०
जोधपुर	२६।१०
जौनपुर	२५।४२
झालरापटन	२३।४२
झाँनी	२५।३०
टेकारी	२४।५८
टोंक	२६।११
डुमराँव	२५।३२
डुमरिया स्टेट (चम्पारन)	२७।८
ढाका	२३।४०
तंजौर	१०।४८
त्रिचनापल्ली	१०।५०
त्रिवेन्द्रुम	८।२९
दरभङ्गा	२६।६

नगर —	अक्षांश
दानापुर	२५।४२
दारजिलिङ्ग	२७।५
द्वारका	२२।१४
द्वाव	३५।३५
दिनाजपुर	२५।४०
दिलावरपुर	३८।४२
देवास	२२।५८
देहरादून	३०।२०
देहली	२८।३०
धवलपुर	२६।४२
धवलागिर	२९।०
धारा	२२।३४
नजीराबाद	२६।१८
नदिया	२३।२४
नर्मदा	२१।५०
नसीराबाद	२४।४०
नागपुर (सी०पी०)	२१।०
नागपुर	२०।०
नागोदरीवाँ	२३।५०
नागोर	२७।१५
नाथद्वारा	२४।५२
नाभा	३०।२३
नारनौल	२८।५
नासिक	१९।५८
नैनीताल	२९।३२
नैपाल	२७।०
नीमच	२४।२७
पञ्चनद	२९।०
पटना	२५।३६
पटना (उड़ीसा)	२०।२४
पटियाला	३०।२०

नगर —	अक्षांश
पण्ढापुर	१७।४०
पलासी	२५।३२
प्रतापगढ़ (राजपुताना)	२४।२
प्रयाग	२५।२२
पानीपत	२९।१८
पाण्डीचेरी	११।५५
पालनपुर	२४।१२
पीलीभीत	२८।४०
पूर्णिया	२५।४६
पुष्कर	२६।२८
पूना	१८।३०
पेशावर	३४।२
पोरबन्दर	२१।५०
फतेपुर	२६।०
फरीदकोट	३०।४०
फरूखाबाद	२७।४५
फिरोजपुर	३०।५६
फिरोजाबाद	१७।१५
फैजाबाद	२६।९
बक्सर	२५।२७
बगहा	२६।४२
बंगलोर	१२।५८
बनारस	२५।१८
बड़ौदा	२२।०
बम्बई	१८।५५
बर्दवान	२३।१७
बरेली	१८।२२
बरोंच (भरोंच)	२१।४५
बलरामपुर	२७।२७
बलिया	२५।३०
बहराईच	२७।३४

नगर —	अक्षांश	नगर —	अक्षांश	नगर —	अक्षांश
बांदा	२५।१८	मालदह	२५।२	लोहरदग्गा	२७।२०
बालेश्वर	२१।३०	मालवा	२३।३०		
बांसवड़ा	२३।३०	मिर्जापुर	२५।९	वजीराबाद	३२।२८
बिकानेर	२८।२	मुंगेर	२५।२३	वटेश्वर	२६।४८
बिलासपुर (सी.पी.)	२२।२	मुलतान	३०।१२	विजयनगर	१८।७
बिलासपुर	३१।१०	मुजफ़्फरपुर	२६।०		
(सिमला)		मेदनीपुर	२२।२९	शाहजहांपुर	२७।५२
बिहार	२५।२५	मैसूर	१२।१८	शिकारपुर	२७।५७
बन्दी	२५।२५	मोतिहारी	२६।४०	शिमला	३१।६
बुरहानपुर	२१।२०			श्रीरङ्गपट्टन्	१२।५६
बेतिया	२६।३८	रङ्गून	१६।५५		
बैजनाथपुर	२४।४६	रङ्गपुर	२५।४७	सतारा	१७।५२
बैद्यनाथपुर	२४।३०	रतलाम	२३।२९	सपाटू	३०।५८
		रतनागिरी	१७।१८	सहसराम	२५।०
भभुआ	२५।५	राजकोट	२२।१९	सागर	२३।५०
भरतपुर	२७।०	राजमहल	२५।२	सिरोज	२४।६
भागलपुर	२५।१५	राँची	२३।१२	सिहोरा	२३।१२
भावनगर	२१।४६	रानीगञ्ज	२३।४१	सीतापुर	२७।३०
भूटान	२७।०	रामेश्वर	९।१८	सूरत	२१।५२
भूपाल	२३।०	रायपुर	२१।१५	सेहड़ा	२५।२८
		रायबरेली	२६।१५	सोलापुर	१७।४०
मकसुदाबाद	२४।११	रावलपिन्डी	२३।३७		
मंगलोर	१२।५२	रीवाँ	२४।३१	हर्दी	२२।२१
मथुरा	२७।३०	रोहतक	२७।५६	हरिद्वार	२९।५८
मदुरा	९।५०			हाजीपुर	२५।७
मद्रास	१३।४	लक्खीसराय	२५।१०	हैदराबाद	१७।१५
मन्सूरी	३०।२७	लखनऊ	२६।५५	(दक्षिणी)	
मीनचोक	२६।७	लाहौर	३१।३५	हैदराबाद (सिंध)	२५।१५
मराडी	३१।४०	लुधियाना	३२।५५		

भूमध्य-रेखा (Equator) के समीपस्थ नगरों का राशिमान लगभग बराबर होता है। वहाँ से उत्तर वा दक्षिण स्थित देशों के राशिमान में, ज्यों ज्यों उत्तर वा दक्षिण बढ़ता जाता है त्यों ज्यों परिवर्त्तन होता जाता है। जैसे, लण्डन का अक्षांश ५१।३१ है,

वहाँ मेष और मीन राशियों का मान इतना कम हो जाता है कि कुंडली के एकैक भाव में कभी कभी एक राशि स अधिक का भी एक भाव बन जाता है।

भूमध्य-रेखा के समीप का राशि-मान यों होता है :—

चक्र २०

राशि	असु	राशि
मेष, कन्या	१६७४	तुला, मीन
वृष, सिंह	१७९५	वृश्चिक, कुम्भ
मिथुन, कर्क	१९३१	धन, मकर

इसका विस्तार रूप इस प्रकार होगा

चक्र २१

राशि		असु		दं. प.
१ मेष	=	१६७४	=	४।३९
२ वृष	=	१७९५	=	४।५९$\frac{1}{6}$
३ मिथुन	=	१९३१	=	५।२१$\frac{5}{6}$
४ कर्क	=	१९३१	=	५।२१$\frac{5}{6}$
५ सिंह	=	१७९५	=	४।५९$\frac{1}{6}$
६ कन्या	=	१६७४	=	४।३९
७ तुला	=	१६७४	=	४।३९
८ वृश्चिक	=	१७९५	=	४।५९$\frac{1}{6}$
९ धन	=	१९३१	=	५।२१$\frac{5}{6}$
१० मकर	=	१९३१	=	५।२१$\frac{5}{6}$
११ कुम्भ	=	१७९५	=	४।५९$\frac{1}{6}$
१२ मीन	=	१६७४	=	४।३९
		२१६००	=	६० दंड

यहाँ देखने की बात यह है कि एक-एक मान की चार चार राशियाँ होती हैं। १,६,७ और १२ बराबर हैं। २, ५, ८ और ११ बराबर हैं। ३, ४, ९ और १० बराबर हैं। चक्र १८ को देखने से भी ऐसा ही बोध होता है।

तात्पर्य यह है कि मेष, कन्या, तुला और मीन का राशिमान भूमध्य रेखा पर १६७४ असु होता है। वृष, सिंह, वृश्चिक और कुम्भ का राशिमान १७९५ असु होता है। इसी प्रकार मिथुन, कर्क, धन और मकर का राशिमान १९३१ असु है।

६ असु का एक पला या विघटिका होती है और ६० विघटिका अर्थात् पला का एक दंड वा घटिका होती है। अब नीचे एक चक्र दिया जाता है जिसे चरखण्ड चक्र कहते हैं। भारतवर्ष का सबसे दक्षिणी भाग सीलोन का डन्ड्राहेड लगभग ६ अक्षांश पर और सबसे उत्तरीय भाग हिन्दूकुश पहाड़ ३६ अक्षांश पर है। इस कारण इस चक्र में ६ से लेकर ३६ अक्षांश तक के चरखण्ड दिये जाते हैं।

चरखण्ड चक्र २२

अक्षांश	असु १	असु २	असु ३	अक्षांश	असु १	असु २	असु ३
अं. कला				अं. कला			
६।०	७४.	५९.	२४.	१०।०	१२३.	१००.	४१.
६।१५	७७.	६१.	२५.	१०।१५	१२९.	१०२.	४२.
६।३०	८०.	६४.	२६.	१०।३०	१३०.	१०४.	४३.
६।४५	८३.	६६.	२७.	१०।४५	१३३.	१०७.	४४.
७।०	८७.	६८.	२९.	११।०	१३६.	११०.	४५.
७।१५	८९.	७१.	३०.	११।१५	१३९.	११३.	४६.
७।३०	९२.	७५.	३०.	११।३०	१४२.	११६.	४७.
७।४५	९५.	७७.	३१.	११।४५	१४५.	११८.	४८.
८।०	९८.	८०.	३२.	१२।०	१४९.	१२०.	४९.
८।१५	१०१.	८२.	३३.	१२।१५	१५२.	१२२.	५०.
८।३०	१०५.	८४.	३४.	१२।३०	१५५.	१२६.	५१.
८।४५	१०८.	८६.	३६.	१२।४५	१५८.	१२८.	५२.
९।०	१११.	८९.	३७.	१३।०	१६२.	१३०.	५३.
९।१५	११४.	९२.	३७.	१३।१५	१६५.	१३३.	५४.
९।३०	११७.	९५.	३८.	१३।३०	१६८.	१३६.	५५.
९।४५	१२०.	९८.	४०.	१३।४५	१७१.	१३९.	५६.

अक्षांश अं. कला	असु १	असु २	असु ३
१४।०	१७५.	१४१.	५७.
१४।१५	१७८.	१४४.	५८.
१४।३०	१८१.	१४७.	५९.
१४।४५	१८४.	१५०.	६१.
१५।०	१८८.	१५२.	६२.
१५।१५	१९१.	१५५.	६३.
१५।३०	१९४.	१५७.	६५.
१५।४५	१९७.	१६०.	६६.
१६।०	२०१.	१६२.	६७.
१६।१५	२०४.	१६५.	६८.
१६।३०	२०७.	१६८.	६८.
१६।४५	२१०.	१७१.	७०.
१७।०	२१४.	१७३.	७१.
१७।१५	२१८.	१७६.	७२.
१७।३०	२२१.	१७९.	७३.
१७।४५	२२५.	१८१.	७४.
१८।०	२२८.	१८४.	७५.
१८।१५	२३१.	१८७.	७६.
१८।३०	२३४.	१९०.	७८.
१९।४५	२३८.	१९३.	७९.
१९।०	२४१.	१९६	८०.
१९।१५	२४५.	१९९.	८२.
१९।३०	२४८.	२०१.	८३.
१९।४५	२५१.	२०४.	८४.
२०।०	२५५.	२०७.	८५.
२०।१५	२५८.	२१०.	८६.
२०।३०	२६२.	२१२.	८७.
२०।४५	२६५.	२१५.	८८.
२१।०	२६९.	२१८.	८९.
२१।१५	२७२.	२२१.	९१.
२१।३०	२७६.	२२४.	९२.
२१।४५	२८०.	२२७.	९३.
२२।०	२८३.	२३०.	९४.
२२।१५	२८७.	२३४.	९५.

अक्षांश अं. कला	असु १	असु २	असु ३
२२।३०	२९०.	२३७.	९५.
२२।४५	२९४.	२४०.	९७.
२३।०	२९७.	२४२.	९९.
२३।१५	३००.	२४५.	१०१.
२३।३०	३०४.	२४८.	१०२.
२३।४५	३०८.	२५१.	१०३.
२४।०	३१२.	२५४.	१०४.
२४।१५	३१५.	२५७.	१०६.
२४।३०	३१९.	२६०.	१०७.
२४।४५	३२२.	२६४.	१०८.
२५।०	३२६.	२६७.	१०८.
२५।१५	३३०.	२७०.	११०.
२५।३०	३३४.	३७३.	१११.
२५।४५	३३८.	२७५.	११३.
२६।०	३४२.	२७८.	११४.
२६।१५	३४५.	२८१.	११६.
२६।३०	३४९.	२८५.	११७.
२६।४५	३५३.	२८८.	११९.
२७।०	३५७.	२९१.	१२०.
२७।१५	३६१.	२९५.	१२१.
२७।३०	३६५.	२९८.	१२२.
२७।४५	३६९.	३०१.	१२४.
२८।०	३७३.	३०४.	१२५.
२८।१५	३७७.	३०७.	१२७.
२८।३०	३८१.	३१०.	१२८.
२८।४५	३८५.	३१३.	१३०.
२९।०	३८९.	३१७.	१३१.
२९।१५	३९३.	३२०.	१३२.
२९।३०	३९७.	३२४.	१३३.
२९।४५	४०१.	३२७.	१३५.
३०।०	४०६.	३३०.	१३६.
३०।१५	४०९.	३३४.	१३८.
३०।३०	४१३.	३३८.	१३९.
३०।४५	४१७.	३४१.	२४१.

अक्षांश अं. कला	असु १	असु २	असु ३	अक्षांश अं. कला	असु १	असु २	असु ३
३१।०	४२१.	३४५.	१४३.	३३।४५	४६९.	३८५.	१५९.
३१।१५	४२५.	३४९.	१४४.				
३१।३०	४३०.	३५२.	१४५.	३४।०	४७३.	३८९.	१६१.
३१।४५	४३४.	३५६.	१४७.	३४।१५	४७७.	३९४.	१६३.
				३४।३०	४८२.	३९७.	१६४.
३२।०	४३८.	३६०.	१४८.	३४।४५	४८६.	४०१.	१६६.
३२।१५	४४२.	३६३.	१५०.	३५।०	४९१.	४०५.	१६८.
३२।३०	४४७.	३६६.	१५२.	३५।१५	४९५.	४०९.	१७०.
३२।४५	४५१.	३७१.	१५३.	३५।३०	५००.	४१३.	१७१.
३३।०	४५५.	३७५.	१५४.	३५।४५	५०५.	४१७.	१७३.
३३।१५	४६०.	३७८.	१५६.	३६।०	५१०.	४२१.	१७४.
३३।३०	४६५.	३८१.	१५७.				

टिप्पणी:—मतान्तर से असुमान में किञ्चित् मात्र अन्तर हो सकता है। परन्तु लग्नमान एवं लग्न में कोई विशेष भूल नहीं होगी।

पहिले कोष्ठ में अक्षांश और शेष तीन कोष्ठों में तीन असु हैं। जिस अक्षांश के सामने जो तीनों कोष्ठों में असु लिखे हुए हैं, उन्हीं असुओं को भूमध्य-असु में क्रमशः जोड़ने और घटाने से, उस अक्षांश तथा उस देश का राशिमान बनता है। इन तीन कोष्ठों में जो असु दिये हुए हैं वे क्रमशः पहले कोष्ठ के असु मेष के भूमध्य से दूसरे कोष्ठ के असु वृष के भूमध्य से और तीसरे कोष्ठ के असु मिथुन राशि के भूमध्य से घटाये जाते हैं। पुनः इसी तीसरे कोष्ठ का असु कर्क के भूमध्य असु में और दूसरे कोष्ठ का असु सिंह के भूमध्य असु में और प्रथम कोष्ठ का असु कन्या के भूमध्य असु में जोड़ा जाता है। फिर इसी प्रथम कोष्ठ का असु तुला के भूमध्य असु में और द्वितीय कोष्ठ का असु वृश्चिक के भूमध्य असु में जोड़ा जाता है। तृतीय कोष्ठ का असु धन के भूमध्य असु में जोड़ा जाता है। पुनः इसी तृतीय कोष्ठ का असु मकर के भूमध्य असु से घटाया जाता है और द्वितीय कोष्ठ का असु कुम्भ के भूमध्य असु से घटाया जाता है। अन्त में प्रथम कोष्ठ का असु मीन के भूमध्य असु में घटाया जाता है। इसी प्रकार जोड़ने और घटाने से जो फल आवेगा, वह उस अक्षांश का मेष से मीन पर्य्यन्त राशियों का असुमान होगा। भूतल पर भारतवर्ष का स्थान भूमध्य रेखा के उत्तर ६ से ३६ अंश तक है। इसी कारण इस चरखण्ड में ६ अंश से ३६ अंश तक का असुमान दिया गया है। नीचे चक्र २३ दिया जाता है जिसमें यह बतलाई गयी है कि यदि मध्य-रेखा-असु के सामने चरखण्ड-असु को लिख दें, तो मध्य-रेखा-असु के सामने जो चरखण्ड-असु पड़ेगा, वही असु मेषादि राशियों में घटाया या जोड़ा जायगा।

किस राशि में जोड़ा जाता है और किस राशि से घटाया जाता है इसके बोध के लिये राशियों के समीप घटाने का चिह्न (−) और जोड़ने का चिह्न (+) दे दिया गया है। इस चक्र का अभिप्राय केवल इतना ही है कि यदि इस चक्र के चरखण्ड-कोष्ठ में क्रमशः असु लिख दिये जायँ तो राशिमान बनाने में पाठक भूल नहीं करेंगे। राशिमान बनाने की विधि अच्छी तरह समझ में आ जाने के अभिप्राय से, भारतवर्ष के तीन स्थानों के राशिमान उदाहरण रूप से बना दिये गये हैं।

चक्र २३

राशि जिसमें चर-खंड		भू-मध्य रेखा असु	चरखंड मुंगेर	राशि जिसमें चर-खंड	
घटेगा	जोड़ा जायगा			जोड़ा जायगा	घटेगा
१. मेष−	६. कन्या+	१६७४	३३४.	७. तुला+	१२. मीन−
२. वृष−	५. सिंह +	१७९५	२७३.	८. वृश्चिक+	११. कुम्भ−
३. मिथुन−	४. कर्क +	१९३१	१११.	९. धन+	१०. मकर−

चक्र २३ (क)

१	मेष	=	१६७४	−	प्रथम	चरखण्ड कोष्ठ अंक
२	वृष	=	१७९५	−	द्वितीय ,,	,,
३	मिथुन	=	१९३१	−	तृतीय ,,	,,
४	कर्क	=	१९३१	+	,, ,,	,,
५	सिंह	=	१७९५	+	द्वितीय ,,	,,
६	कन्या	=	१६७४	+	प्रथम ,,	,,
७	तुला	=	१६७४	+	,, ,,	,,
८	वृश्चिक	=	१७९५	+	द्वितीय ,,	,,
९	धन	=	१९३१	+	तृतीय ,,	,,
१०	मकर	=	१९३१	−	,, ,,	,,
११	कुम्भ	=	१७९५	−	द्वितीय ,,	,,
१२	मीन	=	१६७४	−	प्रथम ,,	,,

मुंगेर का राशि मान

धारा—४४ यदि मुंगेर का राशि-मान बनाना हो तो पहिले यह जानना आवश्यक है कि वहाँ का अक्षांश क्या है। चक्र १९ से पता चलता है कि मुंगेर का अक्षांश २५ अंश २३ कला है। परन्तु चरखण्ड-चक्र २२ में असु २५ अंश १५ कला का और २५ अंश ३० कला का भी दिया हुआ है। मुंगेर का अक्षांश २५ अंश २३ कला होने के कारण (वहाँ का अक्षांश) २५ अंश ३० कला के समीपवर्ती पाया जाता है। अतएव २५ अंश ३० कला के असुमान से मुंगेर का राशिमान बनाना उपयोगी होगा। चक्र २२ से यह बोध होता है कि मुंगेर का चरखण्ड-असु ३३४, २७३ और १११ हैं और यदि इन तीनों असुओं को क्रमशः चक्र २३ चरखण्ड-कोष्ठ में पहिला असु ३३४ को १६७६ के सामने, दूसरा असु २७३ को १७९५ असु के सामने और तीसरा असु १११ को १९३१ के सामने लिखा जाय, तो चक्र २३ अथवा चक्र २३ (क) से यह प्रतीत हो जायगा कि मेषराशि का मान १६७४–३३४, वृष का १७९५–२७३, मिथुन का १९३१–१११, कर्क का १९३१+१११, सिंह का १७९५+२७३, कन्या का १६७४+३३४, तुला का १६७४+३३४, वृश्चिक का १७९५+२७३, धन का १९३१+१११, मकर का १९३१–१११, कुम्भ का १७९५–२७३ और मीन का १६७४–३३४ है। अर्थात् पहिले की तीन राशियों में और अन्त की तीन राशियों में घटायी जाती है और मध्य की छः राशियों में (कर्क से धन पर्य्यन्त) जोड़ी जाती है। ऊपर लिखी हुई बातें नीचे चक्र २४ में दिखलायी जाती हैं।

चक्र २४

राशि	अ०		अ०		अ०		दं० प० अ०
१ मेष ...	१६७४	–	३३४	=	१३४०	=	३. ४३. २
२ वृष ...	१७९५	–	२७३	=	१५२२	=	४. १३. ४
३ मिथुन...	१९३१	–	१११	=	१८२०	=	५. ३. २
४ कर्क ...	१९३१	+	१११	=	२०४२	=	५. ४०. २
५ सिंह ...	१७९५	+	२७३	=	२०६८	=	५. ४४. ४
६ कन्या...	१६७४	+	३३४	=	२००८	=	५. ३४. ४
७ तुला ...	१६७४	+	३३४	=	२००८	=	५. ३४. ४
८ वृश्चिक...	१७९५	+	२७३	=	२०६८	=	५. ४४. ४
९ धन ...	१९३१	+	१११	=	२०४२	=	५. ४०. २
१० मकर...	१९३१	–	१११	=	१८२०	=	५. ३. २
११ कुम्भ ...	१७९५	–	२७३	=	१५२२	=	४. १३. २
१२ मीन ...	१६७४	–	३३४	=	१३४०	=	३. ४३. २
							६०. ०. ०

पटना का राशि मान

धा—४५ यदि पटना का राशिमान बनाना है तो चक्र १९ के देखने से मालूम होता है कि पटना (विहार) का अक्षांश २५ अंश ३६ कला है जो २५।३० के समीपवर्ती है। इस कारण पटना का राशिमान २५ अंश ३० अक्षांश से बनेगा। ऐसे अक्षांश पर मुंगेर का राशिमान बनाया जा चुका है। अभिप्राय यह है कि जो राशिमान मुंगेर का है वही पटना का भी जानना उचित होगा। (दोनों में अन्तर बहुत ही कम है)।

गया का राशि मान

धा--४६ यदि गया का राशिमान निकालना हो तो चक्र १९ से ज्ञात होता है कि वहाँ का अक्षांश २४।४५ है। चक्र २२ में २४।४५ ही अक्षांश का असुमान ३२२, २६४, १०८ दिया है। पूर्वोक्त रीति से राशिमान निम्नलिखित चक्र में दिया गया है।

चक्र २५

गया

राशि		असु		असु (गया)		असु		दं०	प०	अ०
मेष	=	१६७४	−	३२२	=	१३५२	=	३.	४५.	२
वृष	=	१७९५	−	२६४	=	१५३१	=	४.	१५.	२
मिथुन	=	१९३१	−	१०८	=	१८२३	=	३.	३.	५
कर्क	=	१९३१	+	१०८	=	२०३९	=	५.	३९.	५
सिंह	=	१७९५	+	२६४	=	२०५९	=	५.	४३.	१
कन्या	=	१६७४	+	३२२	=	१९९६	=	५.	३२.	४
तुला	=	१६७४	+	३२२	=	१९९६	=	५.	३२.	४
वृश्चिक	=	१७९५	+	२६४	=	२०५९	=	५.	४३.	१
धन	=	१९३१	+	१०८	=	२०३९	=	५.	३९.	५
मकर	=	१९३१	−	१०८	=	१८२३	=	३.	३.	५
कुम्भ	=	१७९५	−	२६४	=	१५३१	=	४.	१५.	१
मीन	=	१६७४	−	३२२	=	१३५२	=	३.	४५.	२

दरभंगा और मुजफ्फरपुर का राशि मान

धा—४७ यदि दरभंगा का राशिमान बनाना है तो चक्र १९ के देखने से वहाँ का अक्षांश २६ अंश कला ज्ञात होता है। चक्र २२ में २६ अंश और २६ अंश १५ कला का असु है। दरभंगा २६ अंश ही के समीपवर्त्ती होने के कारण वहाँ का चरखंड असुमान ३४२, २७८, ११४ है। ऊपर लिखी हुई रीति के अनुसार चक्र २५ (क) में दरभंगा का राशिमान बनाया गया है।

चक्र २५ (क)

(दरभंगा तथा मुजफ्फरपुर)

राशि	असु		असु (दरभंगा)		असु		द० प० अ०
१	१६७४	−	३४२	=	१३३२	=	३. ४२. ०
२	१७९५	−	२७८	=	१५१७	=	४. १२. ५
३	१९३१	−	११४	=	१८१७	=	५. २. ५
४	१९३१	+	११४	=	२०४५	=	५. ४०. ५
५	१७९५	+	२७८	=	२०७३	=	४. ४५. ३
६	१६७४	+	३४२	=	२०१६	=	५. ३६. ०
७	१६७४	+	३४२	=	२०१६	=	५. ३६. ०
८	१७९५	+	२७८	=	२०७३	=	५. ४५. ३
९	१९३१	+	११४	=	२०४५	=	५. ४०. ५
१०	१९३१	−	११४	=	१८१७	=	५. २. ५
११	१७९५	−	२७८	=	१५१७	=	४. १२. ५
१२	१६७४	−	३४२	=	१३३२	=	३. ४२. ०

स्मरण रहे कि मुजफ्फरपुर का भी राशिमान यही होगा क्योंकि वहाँ का अक्षांश चक्र १९ के अनुसार २६ अंश ७ कला है।

लग्न-साधन-विधि

धा—४८ इसी प्रकार जिस ग्राम वा शहर का राशिमान निकालना हो, वहाँ के समीपवर्त्ती किसी एक स्थान का अक्षांश जो चक्र १९ में दिया गया है, निकालकर बड़ी सुविधा से राशिमान बनाया जा सकता है। पहिले लिखा जा चुका है कि यदि

सब राशियाँ आपस में बराबर होतीं तो लग्न केवल एक त्रयराशिक से ही बन जाता। परन्तु जब मुख्य मुख्य स्थानों का लग्नमान मालूम हो सकता है तो वहाँ का भी लग्न बनाने में विशेष कठिनाई न प्रतीत होगी। जैसे, मान लिया जाय कि मुंगेर का लग्न बनाना है। चक्र २४ से बोध होता है कि पूर्व-क्षितिज में मेष राशि का पूर्ण उदय या उसका एक अंश से तीस अंश तक ३ दंड ४३$\frac{1}{3}$ पला में होगा। उसी प्रकार समूची वृषराशि का उदय ४ दंड १३$\frac{2}{3}$ पला में होगा और समस्त मिथुन राशि के उदय होने में ५ दंड ३$\frac{1}{3}$ पला लगेगा। इसी तरह बारहों राशियों का उदय अपने-अपने मान के अनुसार होता है।

अब यदि किसी राशि के किसी अंश का उदय जानना है, जैसे मेष के १० अंश का उदय कितने समय में होगा, तो यह केवल साधारण त्रयराशिक से ही हो जायगा। जैसे, मेष के ३० अंश का उदय ३।४३ पला में होता है तो १० अंश का उदय कितने दंड पला में होगा? उत्तर १ दंड १४$\frac{1}{3}$ पला में होगा। इस कारण यदि यह मालूम हो कि मुंगेर में किसी व्यक्ति का जन्म सूर्य्योदय के एक दंड १४ पला पर हुआ और उस दिन सूर्य्य मेष के प्रथम अंश में था, तो ऐसी दशा में लग्न मालूम करने में बड़ी सुविधा होगी। इस रीति से कि उक्त दिवस में, मेष के पहिले अंश में सूर्य्य रहने के कारण सूर्य्योदय के समय, सूर्य्य पूर्व-क्षितिज में मेष राशि के आरम्भ में था। यह मालूम है कि मुंगेर के मेष का मान ३।४३ पला है तो सीधी त्रयराशिक से यह हुआ। यदि ३।४३ पला में मेष का ३० अंश उदय होता है, तो १ दंड १४ पला में जो जन्म समय है, कितने अंश का उदय होगा? इसका उत्तर १० अंश आवेगा। अतः उस व्यक्ति का जन्म मेष के १० अंश पर हुआ। परन्तु अब यहाँ पर सूर्य्य के सायन और निरयण का भी एक बखेड़ा है।

इष्ट-दंड बनाने की विधि

ध:—४९ सायन और निरयण लग्न के विषय में लिखना उचित है या नहीं, बड़ी कठिन समस्या है। पर इतना लिखना उचित होगा, जैसा पूर्व लिखा जा चुका है कि सूर्य्य को भी किञ्चित् मात्र अपनी चाल है। इसकी चाल ६१ वर्ष ३ महीना में केवल १ अंश की है तथा एक वर्ष में ५९ विकला।

लग्न बनाने के पूर्व, इष्टदंड और सूर्य्यस्पष्ट, इन दो बातों का जानना अत्यावश्यक है।

इष्टदंड किसे कहते हैं और किस प्रकार शुद्ध इष्टदंड बनाया जा सकता है, इस पर भी कुछ लिखना आवश्यक है। जिस समय का लग्न बनाना हो उस समय के मान को इष्टदंड कहते हैं। यदि घड़ी से, जिसका प्रचार भारतवर्ष में खूब हो गया है, इष्टदंड बनाया जाय तथा समय निकाला जाय तो बड़ी सुविधा होगी। परन्तु प्रायः देखने में आता है कि आज कल की सस्ती घड़ियाँ एक दूसरे से भाग्यवश ही कभी मिलान खाती हैं और उस पर कठिनाई यह कि प्रायः अधिकांश घड़ियाँ रेलवेटाइम जिसको "स्टैंडर्ड टाइम"

(Standard time) कहते हैं, दिखलाती हैं और वह समय देशान्तर भेद के कारण, अगर घड़ी शुद्ध भी है, तथापि हर देश के लिये ठीक नहीं होगा। यदि घड़ी ठीक समय देती हो और देशान्तर भेद भी मालूम हो तो उस घड़ी से साधारण गणित के अनुसार हर मनुष्य पता लगा सकता है कि सूर्य्योदय के बाद कितने घंटे मिनट पर जन्म-समय है अथवा सूर्य्योदय के कितने दंड पलादि पर जन्म हुआ। यदि घड़ी विश्वसनीय नहीं हो, तौभी उसके सहारे पर इष्टदंड बनाया जा सकता है। जैसे, मान लें कि किसी जगह एक बालक का जन्म ३½ बजे रात्रि को हुआ। पर यह घड़ी विश्वसनीय नहीं है। यदि उस घड़ी से जन्म के बाद का सूर्य्योदय देख लिया जाय तो यह प्रतीत हो जायगा कि सूर्य्योदय के कितना पूर्व उस बालक का जन्म हुआ और यदि इसका समय ६० दंड से जो दिन रात्रि का मान है, घटा दें तो वही शुद्ध इष्टदंड हो जायगा। मान लें कि जिस दिन ३½ बजे रात को बालक का जन्म हुआ था उस दिन उस घड़ी से सूर्य्योदय ५ बज कर ३६ मिनट पर हुआ। अब ५ घंटा ३६ मिनट से ३ घंटा ३० मिनट घटा दिया जाय तो फल २ घंटा ६ मिनट होगा। अर्थात् जन्म के बाद २ घंटा ६ मिनट पर सूर्य्योदय हुआ। अब रातदिन २४ घंटे का होता है और २४ घंटे से यदि २ घंटा ६ मिनट घटा लिया जाय तो २१ घं० ५४ मि० इष्टदंड हुआ। इसका दंड पलादि बना देने से ५४ दं० ४५ प० होगा। अथवा २ घं० ६ मि० को ही दंड पला बना लिया जाय तो ५ दं० १५ प० हुआ और उसको ६० दंड से घटा दिया तो इष्टदंड ५४ दं० ४५ प० हुआ। इसी प्रकार यदि किसी का जन्म दिन में १० बज कर १० मिनट पर है और उस घड़ी से उस दिन का सूर्य्योदय देखा जा चुका हो तो उस सूर्य्योदय के घंटा मिनट को १० घं० १० मि० में घटा देने से इष्टदंड बड़ी सुगमता से निकल आवेगा। यदि उस घड़ी से उस दिन का सूर्य्योदय न देखा गया हो तो सूर्य्यास्त का समय देखने से भी इष्टदंड बन जायगा। परन्तु यहाँ एक बखेड़ा हो सकता है। वह यह है कि यदि उस स्थान का दिनमान मालूम हो तब तो इष्टदंड में कोई भूल न होगी। परन्तु दिनमान भी मालूम न रहे तो जन्म के आगामी दिन का उसी घड़ी से सूर्य्योदय देख लेना चाहिये क्योंकि एक दिन में सूर्य्योदय का अन्तर बहुत ही कम होता है। इससे भी इष्टदंड बनाया जा सकता है। जैसे, मान लिया जाय कि जिस दिन १० बज कर १० मिनट पर किसी बालक का जन्म हुआ उसके दूसरे दिन उसी घड़ी से सूर्य्योदय ५ बज कर ३६ मिनट पर हुआ। इस ५ घं० ३६ मि० को १० घं० १० मि० से घटा दें तो ४ घं० ३४ मि० इष्टदंड निकल आयगा और इसका दंड पला बना देने से ११ दं० २५ प० इष्टदंडादि होगा। परन्तु यदि वह घड़ी इतनी निकम्मी हो कि एक ही दिन में कुछ मिनटों से तेज या सुस्त हो जाती तो अवश्य इष्टदंड में कुछ अन्तर पड़ जायगा। पर लेखक का तो विश्वास है कि इष्टदंड बनाने में खराब से खराब घड़ी से काम लेकर शुद्ध इष्टदंड बनाया जा सकता है। उस घड़ी के तेज या सुस्त जानने का अन्दाज किसी एक अच्छी घड़ी से एक दिन का अन्तर मिलाकर इष्टदंड

में उसी अन्तर को जोड़ या घटा कर, शुद्ध इष्टदंड बन सकता है। तात्पर्य्य लिखने का यह है कि ज्योतिषप्रेमी इष्टदंड के साधन में बुद्धि और चतुराई से काम लिया करें। इष्टदंड ही के शुद्ध होने पर लग्न की शुद्धि निर्भर है।

लग्न बनाने की विधि

धा—५० जन्म समय का सूर्य्य-स्पष्ट जानने की विधि यों है। प्रायः अच्छे पंचांगों में समय समय का सूर्य्य-स्पष्ट दिया रहता है और पक्ष में दो बार सूर्य्य एवं अन्य-ग्रहों के भी स्पष्ट दिये रहते हैं तथा ग्रहों की दैनिकचाल भी रहती है।

संवत् १९८७ ज्येष्ठ के पंचांग में जो इस पुस्तक में दिया गया है प्रति दिन का सूर्य्य-स्पष्ट दिया हुआ है। विचार इतना ही करना है कि यदि दिन का जन्म हो तो पूर्व दिन का सूर्य्यस्पष्ट, जो कोष्ठ ग्यारह में दिया है, स्थूल कार्य्य के लिये उपयोगी होगा और यदि रात्रि का जन्म हो तो उसी दिन का सूर्य्य-स्पष्ट काम में लाना चाहिये। (यह साधारणतः सूर्य्यस्पष्ट जानने की रीति हुई। तात्कालिक सूर्य्य-स्पष्ट-विधि आगे दी गई है) देखो धा-७२।

सूर्य्यस्पष्ट जानने के बाद उस वर्ष के अयनांश को सूर्य्यस्पष्ट में जोड़ देने से (मोटा-मोटी) सायनसूर्य्य होगा। इसी सायन-सूर्य्य-स्पष्ट को विलायत आदि जगहों के ज्योतिषी मानते हैं। (यही सायन-स्पष्ट, नोटीकल एलमनक के नाम से अंग्रेजी पंचांग में पाया जाता है)। अब इस सायन-सूर्य्य से किसी राशि के अंशादि का बोध होगा। इसके बाद विचारना यह है कि यदि तीस अंश "अमुक राशिमान" में उदय लेता है तो सायन-सूर्य्य का जो अंशादि आया है, उसके उदय होने में कितना समय लगा था। इसका जो उत्तर दण्डादि होगा उससे बोध यह होगा कि उक्त राशि का उतना दण्ड पलादि, उस राशिमान में से भुक्त हो चुका, और यदि इसको राशिमान में घटा लेंगे तो शेष जो रहेगा, उस राशि का शेष दण्डादि होगा। यदि इष्टदंडादि इस शेष से विशेष है, तो इष्टदंड से इसको घटा देंगे और यदि फिर भी शेष रह जाय तो उससे आगामी राशिमान अगर घट सके तो घटा देंगे। इसी तरह क्रमशः आगामी राशि को घटाते घटाते एक वह अवस्था आवेगी कि इष्टदंड किसी एक राशि में शेष हो जायगी। जिस राशि में इष्टदंड शेष होगा, वही लग्नराशि होगी। परन्तु जब इष्टदंड उस राशि के अन्तर्गत ही शेष हो जाय तो पुनः त्रयराशि से यह निकाल लिया जा सकता है कि उस राशि के कितने अंशकलादि पर इष्ट-दंड का शेष हुआ और यही सायन-लग्न का स्पष्ट होगा। यूरोपीय ज्योतिषी विद्वान् इसी को लग्न मानते हैं। परन्तु भारतवर्ष के महर्षियों ने निरयण लग्न, अर्थात् इससे अयनांश को घटा कर लग्न माना है। इस कारण जो अयनांश पूर्व में जोड़ा गया था उसको पुनः सायन लग्न से घटा लेने से लग्न-स्पष्ट होगा।

लग्न बनाने का उदाहरण

धा—५१ उपरोक्त बातों को अच्छी तरह समझ में आ जाने के लिये नीचे तीन उदाहरण दिये जाते हैं।

उदाहरण १]

किसी व्यक्ति का जन्म संवत् १९८७ ज्येष्ठ शुक्लपूर्णिमा बुधवार (तदुपरि परिवा) को रात्रि समय ५३ दंड ७ पला ३० विकला पर मुंगेर में हुआ, तो उसका लग्न क्या होगा ? (इस पुस्तक का लिखना भी इसी मुहूर्त्त में आरम्भ हुआ है, अतएव यही लग्न इस पुस्तक का भी होगा)। यहाँ इष्टदंड ५३।८ है। पंचांग (चक्र १७) में देखने से मालूम होगा कि उस दिन का सूर्य्य स्पष्ट १।२७।९।४२ है। तात्पर्य्य यह कि मेष बीत कर वृष में उस दिन सूर्य्य (लगभग) २७ अंश १० कला पर था। (यह तात्कालिक सूर्य्य नहीं है, काम चलाऊ लिया गया है)। इसमें संवत् १९८७ का अयनांश जो २३ अंश है, जोड़ देने से (१।२७।१० + ०।२३।०) = २।२०।१० होता है और यह सायन-सूर्य्य-स्पष्ट हुआ अर्थात् मिथुन के २०$\frac{१}{६}$ अंश पर सायनसूर्य्य था। अब चक्र २४ से बोध होता है कि मिथुन राशि का मुंगेर का मान ५ दंड ३ पला है। यहाँ पर त्रयराशिक से यह विचार करना है कि मुंगेर में यदि मिथुन के ३० अंश उदय होने में ५ दं० ३ प० लगता है, तो २०$\frac{१}{६}$ अंश के उदय होने में कितना समय लगेगा ?

$$\because \text{ ३० अंश के उदय में ३०३ पला}$$

$$\therefore \frac{१२१}{६} \text{ ,, ,, ,, } = \frac{१२१ \times ३०३}{६ \times ३०}$$

$$= \frac{१२२२१}{६०} = २०३\frac{४१}{६०} \text{ पला।}$$

$$\text{उत्तर} = \text{३ दंड } २३\frac{४१}{६०} \text{ पला।}$$

अब ५ दंड ३ पला से जो मिथुन का मान है, ३ दंड २३ पला बीत चुका। इस हेतु मिथुन का १ दंड ४० पला व्यतीत होने को बाकी है। इसमें यदि कर्क का मान ५।४०$\frac{१}{६}$ जोड़ दिया जाय तो ७।२०$\frac{१}{३}$, पला होगा। फिर इसमें सिंह का मान ५।४४$\frac{२}{३}$ पला जोड़ा तो १३।५ पला हुआ, कन्या का राशिमान ५।३४$\frac{२}{३}$ जोड़ने से १८।३९$\frac{२}{३}$, तुला का ५।३४$\frac{२}{३}$ जोड़ने से २४।१४$\frac{१}{३}$, वृश्चिक का ५।४४$\frac{२}{३}$ जोड़ने से २९।५९, धन का ५।४०$\frac{१}{३}$ जोड़ने से ३५।३९$\frac{१}{३}$, मकर का ५।३$\frac{१}{३}$ जोड़ने से ४०।४२$\frac{२}{३}$ कुम्भ का ४।१३$\frac{२}{३}$ जोड़ने से ४४।५६$\frac{१}{३}$ और मीन राशि का मान ३।४३$\frac{१}{३}$ जोड़ने से ४८।३९$\frac{२}{३}$ हुआ। पुनः इसमें मेष का ३।४३$\frac{१}{३}$ जोड़ा तो ५२।२३ हुआ।

इष्टदंड ५३।८ पला है। इस कारण कर्क से मेष पर्य्यन्त जोड़ते चले आने पर ५२।२३ पला हुआ। अब इसमें वृष का ४।१३$\frac{२}{३}$ जोड़ने से ५३।७$\frac{१}{२}$ से विशेष हो जायगा। इसलिये सिद्ध हुआ कि वृष राशि का लग्न है। परन्तु वृष राशि के किस अंश कला में हुआ, वह इस रीति से बनाया जायगा। इष्टदंड ५३।७$\frac{१}{२}$ पला है। मेष ५२।२३ पला तक गया, तो अब ५३।८ से ५२।२३ घटाने पर शेष ४५ पला रहा। (इस उदाहरण का इष्ट ५३।७$\frac{१}{२}$ पला है पर गणित के उलझावे से बचने के लिये ८ पला पूरा ले लिया गया क्योंकि उदाहरण का लक्ष्य गणित की विधि को दिखलाना है)। तात्पर्य्य यह निकला कि वृष के ४५ पला के गत होने पर जन्म हुआ। पुनः त्रयराशिक का प्रयोग इस प्रकार किया जायगा कि वृष राशि ४।१३ पला में ३० अंश भोग कर जाती है, तो ४५ पला में कितने अंश भोग की?

∵ २५३ पला में ३० अंश भोग करता है।

∴ ४५ ,, $=\frac{४५ \times ३०}{२५३} = ५\frac{८५}{२५३}$

उपरोक्त उत्तर ५ अंश २० कला ९ विकला के बराबर है। अर्थात् १।५।२० सायन-लग्न हुआ। यूरप आदि देश के लोग इसी को लग्न-स्पष्ट मानते हैं। परन्तु भारतवर्ष में निरयण लग्न माना जाता है। इस कारण अयनांश का २३ अंश घटा देने से ०।१२।२०।९ लग्न स्पष्ट हुआ। अर्थात् मेष का १२ अंश २० कला ९ विकला लग्न स्पष्ट हुआ।

गणित विधि अच्छी तरह समझ में आ जाने के हेतु, उसी को पुनः नीचे लिखा जाता है।

इष्टदण्डादि	...	५३।८
सूर्य्य	...	१।२७।१०
संवत् १९८७ का अयनांश	...	०।२३।०
		२।२०।१० (मिथुन राशि)

मिथुन का ३० अंश यदि मुंगेर में ५ दंड ३ पला में उदय होता है, तो २०$\frac{१}{६}$ (२०।१०) अंश के उदय में कितना समय लगा था? उत्तर ३ दंड २३ पला होगा।

		दं० प०
मुंगेर का मिथुनमान	=	५।३
बीत चुका		− ३।२३
इस कारण मिथुन का शेष	=	१।४०
कर्कमान	=	५।४०$\frac{१}{३}$
		७।२०$\frac{१}{३}$
सिंहमान		५।४४$\frac{२}{३}$

		दं० प०
		१।३।५
कन्यामान	=	५।३४$\frac{2}{3}$
		१८।३९$\frac{2}{3}$
तुलामान	=	५।३४$\frac{2}{3}$
		२४।१४$\frac{1}{3}$
वृश्चिकमान	=	५।४४$\frac{2}{3}$
		२९।५९
धनमान	=	५।४०$\frac{1}{3}$
		३५।३९$\frac{1}{3}$
मकरमान	=	५।३$\frac{1}{3}$
		४०।४२$\frac{2}{3}$
कुम्भमान	=	४।१३$\frac{1}{3}$
		४४।५६$\frac{1}{3}$
मीनमान	=	३।४३$\frac{1}{3}$
		४८।३९$\frac{2}{3}$
मेषमान		३।४३$\frac{1}{3}$
जोड़	=	५२।२३

यदि इसमें वृष का मान जोड़ा जाय तो योगफल इष्टदंड ५३।८ से बढ़ जायगा।

इष्टदंडादि	५३।८
मेष लग्न गत	५२।२३

इस कारण वृष में दंडादि ०।४५ बीता।

यदि वृष ४।१३ पला में ३० अंश भोगता है तो ०।४५ पला में कितना? उत्तर ५।२०।९ वृष का गत हुआ। अर्थात् १।५।२०।९ सायन-लग्न-स्पष्ट हुआ।

	१।५।२०।९
संवत् १९८७ का अयनांश	०।२३।०।०
लग्न-स्पष्ट	०।१२।२०।९

मेष लग्न के १२ अंश २० कला ९ विकला पर जन्म हुआ।

लग्न बनाने का २रा उदाहरण

धा—५२ किसी बालक का जन्म मुंगेर में संवत् १९८७ ज्येष्ठ शुक्ल द्वितीया शुक्रवार को दिन में १० दंड ५८ पला पर हुआ तो उसका क्या लग्न होगा ?

इष्टदंड	१०।५८
सूर्य्य (गतबार का)	१।१४।४६
अयनांश	०।२३।०।०
सायन सूर्य्य	२।७।४६

यदि मुंगेर का मिथुनमान ३० अंश के उदय होने में ५।३ अर्थात् ३०३ पला लगता है, तो ७।४६ अंशादि के उदय होने में कितना समय लगेगा ? त्रयराशिक नियम से इसका उत्तर १।१८ पला आता है।

मिथुन मान	=	५।३
गत दंडादि	=	१।१८
(घटाने से) मिथुन का शेष	=	३।४५
कर्क का मान	=	५।४०$\frac{1}{3}$
जोड़	=	९।२५$\frac{1}{3}$

इष्टदंड १०।५८ होने के कारण सिंह लग्न में ही जन्म हुआ।

इष्टदंड	=	१०।५८
कर्क तक भुक्तदंड	=	९।२५
शेष	=	१।३३

अर्थात् १।३३ पला सिंह के बीतने पर जन्म हुआ।

चूंकि सिंह के (३० अंश) उदय होने में ५।४४ पला लगता है, इसलिये १।३३ पला में ८ अंश ६ कला ३७ विकला का उदय होगा। अर्थात् सायन-लग्न सिंह के ८ अंश ६ कला ३७ विकला पर हुआ।

सायनलग्न	४।८।६।३७
अयनांश	−०।२३।०।०
शेष	३।१५।६।३७ यही लग्न हुआ।

लग्न बनाने का ३रा उदाहरण

धा—५३ दूसरे उदाहरण ही के समय पर अर्थात् संवत् १९८७ शुक्ल द्वितीया शुक्रवार को १०।५८ पला पर यदि गया में किसी का जन्म हो, तो क्या लग्न होगा ?

गया का राशिमान चक्र २५ में दिया हुआ है।

पूर्व दिन का सूर्य्य	१।१४।४६।
अयनांश	०।२३।०।०
सायन-सूर्य्य	२।७।४६

यदि मिथुन का ३० अंश उदय होने में, चक्र २५ के अनुसार ५।३ पला अर्थात् ३०३ पला लगता है तो ७।४६ अर्थात् ४६६ कला के उदय में कितना समय लगेगा? उत्तर, १ दंड १८ पला।

गया का मिथुन राशिमान		५।३
गत दण्ड		१।१८
शेष		३।४५
गया का कर्क राशिमान	=	५।३९
जोड़	=	९।२४

परन्तु इष्टदंड ९।२१ से अधिक है इस कारण आगामी राशि अर्थात् सिंह लग्न हुआ।

इष्टदंड	१०।५८
गत	९।२४
शेष	१।३४

यदि गया का सिंह-मान ५।३९ पला में ३० अंश का उदय होता है तो १ दंड ३४ पला में कितने अंश का उदय होगा? साधारण त्रयराशिक से इसका उत्तर आता है ८ अंश १९ कला १७ विकला। इस हेतु सायन-लग्न ४।८।१९।७ हुआ और अयनांश घटा देने से ३।१५।९।७ हुआ।

मुंगेर और गया के अक्षांशों में बहुत ही कम का अन्तर होने के कारण यह देखा गया है कि मुंगेर का उसी समय का लग्न ३।१५।६।२७ है तो गया का ३।१५।९।७ हुआ। अक्षांश के कम होने के कारण केवल कला विकला में कुछ अन्तर पड़ा। इसीलिये बिहार और यू० पी० के लोग प्रायः काशी की लग्नसारणी से साधारणतः लग्न बना लेते हैं।

सारणी द्वारा लग्न निर्माण

धा—५४ सारणी द्वारा भी लग्न बनाने की प्रथा है। परन्तु स्मरण रहे कि अक्षांश एवं अयनांश के घटबढ़ के कारण सारणी द्वारा सभी स्थानों एवं सभी वर्षों का लग्न बनाने से अंश में कुछ भेद हो जायगा।

यहाँ जो सारणी संवत १९८७ की दी गयी है उससे कई पूर्व एवं कई आगामी वर्षों का लग्न साधारणतः बनाया जा सकता है।

लग्न सारणी चक्र २६।

		०	१	२	३	४	५	६	७	८	९	१०	११	१२	१३	१४	१५	१६	१७	१८	१९	२०	२१	२२	२३	२४	२५	२६	२७	२८	२९
		२	२	३	३	३	३	३	३	३	३	४	४	४	४	४	४	४	५	५	५	५	५	५	५	६	६	६	६	६	६
मेष	०	१०	१७	५	१३	२०	२८	३६	४२	५२	५९	७	१५	२३	३१	३९	४७	५५	४	१२	२०	२९	३७	४५	५७	२	११	१९	२८	३७	४६
		९	४७	२५	५	५८	३२	१८	६	०	४८	४२	३९	४७	३९	४१	४९	५७	९	२३	३९	१	२१	५८	३५	४६	२०	५८	३८	२२	९
		६	७	७	७	७	७	७	७	८	८	८	८	८	८	९	९	९	९	९	९	१०	१०	१०	१०	१०	१०	११	११	११	११
वृष	१	१४	३	१२	२१	३०	३९	४९	५८	७	१७	२६	३५	४५	५४	४	१४	२४	३३	४३	५३	३	१३	२३	३४	४४	५४	४	१५	२५	३६
		१९	५२	४९	४७	५२	५९	११	२४	४०	[illegible]	२५	५३	२४	५९	३७	१९	४	५३	४६	४२	४३	४५	५१	०	१४	३०	४९	१३	३९	९
		११	११	१२	१२	१२	१२	१२	१३	१३	१३	१३	१३	१३	१४	१४	१४	१४	१४	१५	१५	१५	१५	१५	१६	१६	१६	१६	१६	१६	१७
मिथुन	२	५६	५७	७	१८	२९	४०	५१	१	१२	२३	३४	४५	५६	८	१९	३०	४१	५२	४	१५	२६	३८	४९	०	१२	२३	३५	४६	५८	९
		५१	१६	५५	३७	२२	९	१९	५१	५७	४५	४५	४८	५२	०	९	२०	३२	४९	५	२४	४४	६	२९	५३	१७	४५	१३	४२	११	४१
		१७	१७	१७	१७	१८	१८	१८	१८	१८	१९	१९	१९	१९	१९	२०	२०	२०	२०	२०	२१	२१	२१	२१	२१	२१	२२	२२	२२	२२	२२
कर्क	३	२१	३२	४४	५५	७	१८	३०	४२	५३	५	१६	२८	३९	५१	२	१४	२६	३७	४९	०	१२	२३	३५	४६	५८	९	२०	३२	४३	५५
		१३	४४	१६	४९	२२	५६	२९	३	३८	११	४४	२०	५२	२५	५८	३०	३	३७	६	३७	८	३७	१७	३५	४	३०	५६	२२	४७	११
		२३	२३	२३	२३	२३	२४	२४	२४	२४	२४	२४	२५	२५	२५	२५	२५	२६	२६	२६	२६	२६	२७	२७	२७	२७	२७	२७	२८	२८	२८
सिंह	४	६	१७	२९	४०	५१	३	१४	२५	३७	४८	५९	१०	२२	३३	४४	५५	७	१८	२९	४०	५०	२	१३	२४	३६	४७	५८	९	२०	३१
		३४	५७	२७	३९	५९	१९	३९	५४	१२	२८	४४	५८	१२	२५	३८	४९	०	१०	२५	३४	४९	४१	५३	५९	६	१२	१७	१२	२७	[illegible]
		२८	२८	२९	२९	२९	२९	२९	३०	३०	३०	३०	३०	३०	३१	३१	३१	३१	३१	३२	३२	३२	३२	३२	३२	३३	३३	३३	३३	३३	३४
कन्या	५	४२	५३	४	१५	२६	३७	४८	०	११	२२	३३	४४	५५	६	१७	२८	३९	५०	१	१२	२३	३५	४६	५७	९	१९	३०	४१	५२	४
		३६	४०	५६	४७	५०	५९	५७	०	५३	१	८	१३	४	२०	२४	२८	३३	३७	४३	४८	५४	०	७	१९	१०	२६	३५	४९	५९	११

		०	१	२	३	४	५	६	७	८	९	१०	११	१२	१३	१४	१५	१६	१७	१८	१९	२०	२१	२२	२३	२४	२५	२६	२७	२८	२९
तुला	६	३४ १५ २२	३४ २६ ३४	३४ ३७ ४८	३४ ४९ २	३४ ० १६	३५ ११ ३१	३५ २२ ४६	३५ ३४ ५	३५ ४५ २१	३५ ५६ ४१	३६ ८ ६	३६ १९ २०	३६ ३० ३३	३६ ४२ ३	३६ ५३ २५	३७ ४ ४९	३७ १६ १३	३७ २७ ३८	३७ ३९ ३	३७ ५० ३०	३८ १ ५६	३८ १३ २५	३८ २४ ५३	३८ ३६ २३	३८ ४७ ५२	३८ ५९ २३	३९ १० ५४	३९ २२ २५	३९ ३३ ५७	३९ ४५ २३
वृश्चिक	७	३९ ५७ २	४० ८ ३५	४० २० ८	४० ३१ ४०	४० ४३ १६	४० ५४ ४९	४१ ६ २२	४१ १७ ५६	४१ २९ ३१	४१ ४१ ४	४१ ५२ ३८	४२ ४ ११	४२ १५ ४३	४२ २७ १६	४२ ३८ ४७	४२ ५० १८	४३ १ ४९	४३ १३ १८	४३ २४ ४७	४३ ३६ १५	४३ ४७ ४३	४३ ५९ ७	४४ १० ३१	४४ २१ ५४	४४ ३३ १६	४४ ४४ ३६	४४ ५५ ५४	४५ ७ १३	४५ १८ ३६	४५ २९ ३९
धन	८	४५ ४० ५१	४५ ५२ ०	४६ ३ ७	४६ १४ २	४६ २५ १५	४६ ३६ १५	४६ ४७ १३	४६ ५८ ८	४७ ९ ६	४७ १९ ५१	४७ ३० १८	४७ ४१ २३	४७ ५२ ४	४८ २ ४४	४८ १३ १९	४८ २३ ५१	४८ ३४ २१	४८ ४४ ४७	४८ ५५ १०	४९ ५ २९	४९ १५ ४६	४९ २५ ५९	४९ ३६ ९	४९ ४६ १५	४९ ५६ १७	५० ६ १८	५० १६ १४	५० २६ ६	५० ३५ ५५	५० ४५ ४१
मकर	९	५० १५ २२	५१ ५ १	५१ १४ ३६	५१ २४ १७	५१ ३३ ३५	५१ ४२ ५९	५१ ५२ १९	५२ १ ३६	५२ १० ४९	५२ २० १	५२ २९ ८	५२ ३८ १३	५२ ४७ ११	५२ ५६ ८	५३ ५ १	५३ १३ ५१	५३ २२ ३८	५३ ३१ २२	५३ ४० २	५३ ४८ ३९	५३ ५७ १४	५४ ५ ४५	५४ १४ २	५४ २२ ३८	५४ ३० ५९	५४ ३९ २०	५४ ४७ ३७	५४ ५५ ५१	५५ ४ ३	५५ १२ ५१
कुम्भ	१०	५५ २० १७	५५ २८ २१	५५ ३६ १३	५५ ४४ २१	५५ ५२ १८	५६ ० १२	५६ ७ ५३	५६ १५ ५४	५६ २३ ४२	५६ ३१ २८	५६ ३९ १२	५६ ४६ ५४	५६ ५४ ३४	५७ २ १३	५७ ९ ५०	५७ १७ १७	५७ २४ ५९	५७ ३२ ३२	५७ ३९ ५८	५७ ४८ ८	५७ ५५ ४९	५८ २ ३२	५८ ९ ५४	५८ १७ १९	५८ २४ ४४	५८ ३२ ७	५८ ३९ २४	५८ ४६ ५१	५८ ५४ १२	५९ १ ३२
मीन	११	५९ ८ ५२	५९ १६ ११	५९ २३ ७	५९ ३० ४८	५९ ३८ ६	५९ ४५ १९	५९ ५२ ४२	० ० ०	० ७ १८	० १४ ४०	० २१ ५४	० २९ १२	० ३६ ४३	० ४३ ४९	० ५१ १८	० ५८ २८	१ ५ ५८	१ १३ ९	१ २० ३१	१ २७ ५३	१ ३५ १६	१ ४२ ४०	१ ५० ५	१ ५७ २७	२ ४ ११	२ १२ ३२	२ २० २	२ २७ २८	३ ३५ ०	२ ४२ ३४

इसी सारणी चक्र २६ द्वारा लग्न बनाने की रीति यों है।

रीति।

जिस दिन का जन्म हो, उस दिन के सूर्य्य की राशि और अंश देख लें। इस चक्र में राशि का कोष्ठ बायीं ओर, और अंश का कोष्ठ ऊपरी भाग में है। राशि और अंश के सामने वाले कोष्ठ में जो अंश मिले, उसमें इष्टदंड जोड़ दें और योगफल को इसी चक्र में खोजें। जिस कोष्ठ में वह फल वा उसके लगभग का अंक मिले, उसी की दाहिनी ओर वाले कोष्ठ में राशि और ऊपरी भाग वाले कोष्ठ में लग्न का अंश होगा। प्रथम उदाहरण में सूर्य्य की स्थिति वृष राशि के २७ अंश पर है। चक्र २६ में देखने से वृष के सामने और २७ के नीचे ११।१५।१३ अंश मिलता है। इसमें इष्टदंड ५३।८।० को जोड़ देने से योगफल ६४।२३।१३। होता है। दंड के स्थान में ६४ है, इसलिये ६० को छोड़ कर ४।२३।१३। हुआ। अब इसको चक्र २६ में खोजने पर ४।२३।१३ तो नहीं परन्तु ४।२३।४७ मिलता है। इसकी बायीं ओर मेष और ऊपरी कोष्ठ में १२ अंश पाते हैं। तात्पर्य्य यह निकला कि मेष लग्न के १२ अंश पर जन्म है और उदाहरण एक में लग्न-स्पष्ट मेष का १२ अंश २७ कला और १६ विकला मिला था। इससे विश्वास होता है कि सारणी-चक्र द्वारा लग्न बनाने में बहुत सुविधा होती है परन्तु लग्न कुछ स्थूल होता है।

पुनः उदाहरण २ का सूर्य्य वृष के १५ वें अंश पर है। चक्र २६ में वृष के सामने और १५ के नीचे ९।१४।१९ अंश मिलता है। यदि इसमें १०।५८ जोड़ दिया जाय तो फल २०।१२।१९ होता है। २०।१२।१९ को चक्र २६ में खोजने से एक कोष्ठ में २०।१४।३० और उसके पूर्व के कोष्ठ में २०।२।५८ मिलता है। परन्तु २०।१४।३० का समीपवर्त्ती २०।१२।१९ होता है। इस कारण इसी को प्रयोग में लाने से मालूम हुआ कि बायीं तरफ कर्क राशि है और सबसे ऊपर कोष्ठ में १५ अंश है। तात्पर्य्य यह निकला कि लग्न कर्क के १५ अंश पर हुआ। उदाहरण २ में भी लग्न-स्पष्ट कर्क का १५ अंश ९ कला ७ विकला मिला था। इससे भी सिद्ध हुआ कि सारणी से साधारणतः लग्न ठीक आता है।

कुण्डली का आकार।

धा—५५ भारतवर्ष में कुण्डली-चक्र लिखने को भिन्न-भिन्न प्रथा है। विहार, यू. पी., मध्यप्रदेश एवं बम्बई पर्य्यन्त कुण्डली लिखने की प्रथा चक्र २७ जैसा है और कहीं-कहीं

चक्र २७ (क) के ऐसा भी लिखा जाता है। जिस लग्न में जन्म होता है उसी राशि का अंक लग्न के कोष्ठ में लिख दिया जाता है। जैसे, कर्क लग्न में जन्म होने से लग्न में ४ अंक देते, कन्या में जन्म हो तो लग्न में ६ अंक देते और यदि धन में जन्म होता तो ९ अंक देते। द्वितीय में उसके बाद वाला अर्थात् लग्न के बाद वाला अंक और तृतीय में उसके बाद वाला देते। इसी प्रकार आगामी भावों में भी अंक देते हैं। वंगदेश में चक्र २७ (ख) के जैसा बनाते हैं। सबसे ऊपरी कोष्ठ से मेषादि-राशिगतग्रहों को लिखते और जो लग्न रहता है उस घर में 'लग्न' अथवा 'ल' लिख देते हैं और ग्रह के समीप, जिस नक्षत्र में ग्रह रहता है, उस नक्षत्र के अंक को भी लिखने की रीति है। जैसे, जन्मकालीन शनि यदि मूला नक्षत्र में हो तो श. के समीप १९ (अश्विनी से मूला १९ वाँ नक्षत्र होने के कारण) लिखते हैं। इसी प्रकार सभी ग्रहों का नक्षत्रांक लिखने की विधि है। मद्रास आदि दक्षिण प्रान्तों में २७ (ग) के जैसा लिखते हैं। परन्तु बिहार के तिर्हुत प्रान्त में तथा बिहार और बंगाल की सीमा के समीपस्थ जगहों में चक्र २७ का भी प्रयोग होता है। केवल इस भेद से कि ऊपरी कोष्ठ में मेष मानते और जहाँ लग्न होता है उसमें 'ल' लिख देते तथा चक्र २७ (ख) का भी प्रयोग किया जाता है। इंगलैण्ड, अमेरिका आदि देशों में २७ (घ) के जैसा कुण्डलीचक्र लिखने की परिपाटी है।

उदाहरण कुण्डलियाँ निम्नलिखित पाँच तरह से लिखी जा सकती हैं।

चक्र २७ (उदाहरण कुण्डली)

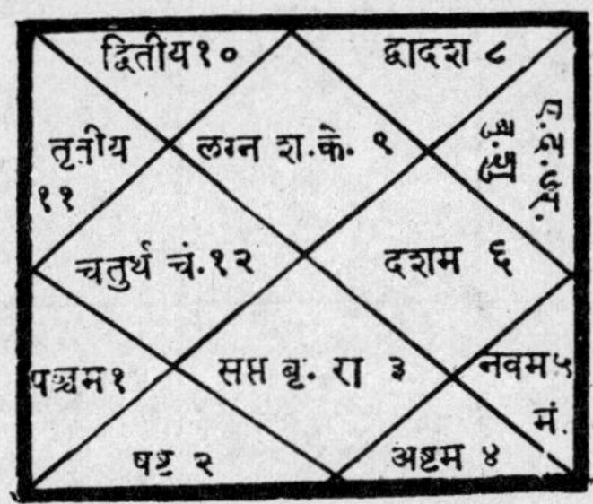

चक्र २७ [क]

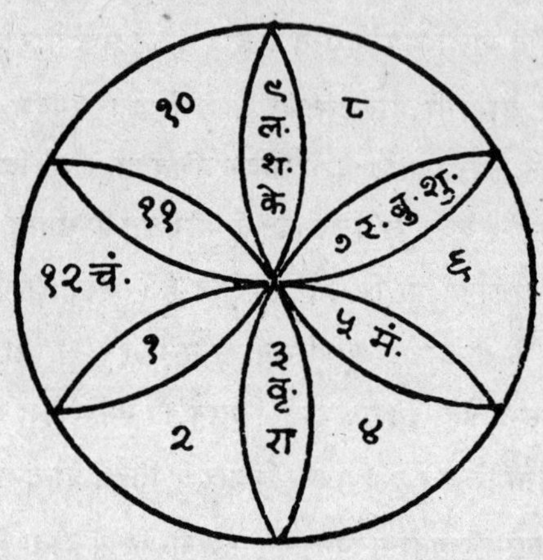

चक्र २७ [ख]

वृष

वृ. रा.
मिथुन

मेष

मीन
चं.

कुम्भ

कर्क

मकर

सिंह
मं.

कन्या

तुला
र. बु. शु.

वृश्चिक

धन
श. के.
ल.

चक्र २७ [ग]

मीन चं.	मेप	वृष	मिथुन बृ. रा.
कुम्भ			कर्क
मकर			सिंह मं.
धन श. के. ल.	वृश्चिक	तुला र. बु. शु.	कन्या

चक्र २७ [घ]

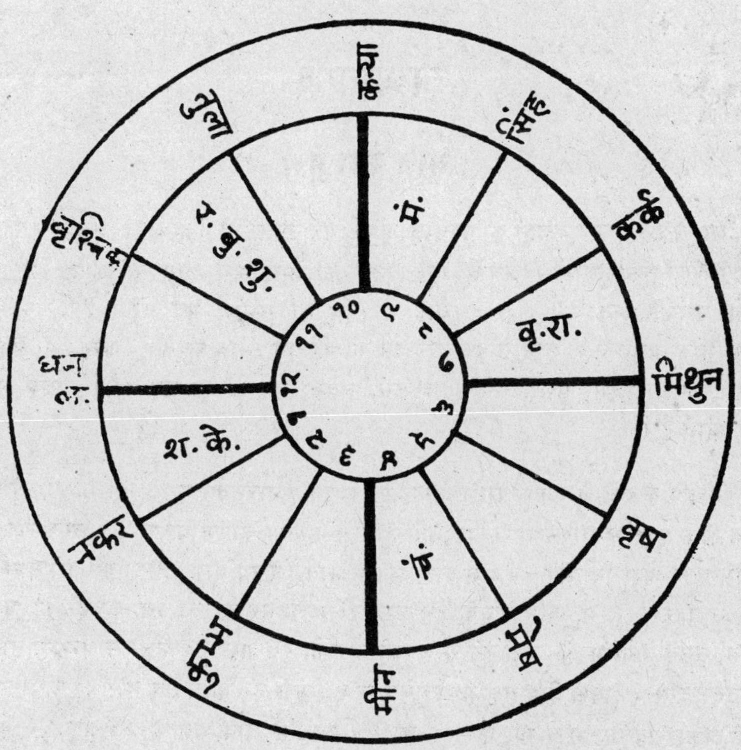

केन्द्रादि संज्ञा

धा--५६ कुण्डली में लग्न को और लग्न से चौथे, सप्तम और दशम स्थान (भाव तथा राशि) को केन्द्र कहते हैं। लग्न को, लग्न से पंचम तथा नवम स्थान को त्रिकोण कहते हैं। इस तरह लग्न के दो नाम हो गये। एक केन्द्र और दूसरा त्रिकोण। परन्तु लग्न को केन्द्र ही मानते हैं, त्रिकोण नहीं। केन्द्र के आगामी भावों तथा राशियों को, जैसे लग्न से दूसरे, पाँचवें, आठवें और ग्यारहवें घरों तथा भावों को पणकर कहते हैं। लग्न से तीसरे, छठे, नौवें और द्वादश भावों को आपोक्लिम कहते हैं। लग्न से तीसरे, छठे, दशमें और ग्यारहवें भावों को उपचय कहते हैं। गर्गऋषि का कथन है कि उपचय में से किसी पर यदि पाप ग्रह या शत्रु ग्रह की दृष्टि हो तो उसकी उपचय संज्ञा नहीं रहती है। यवनेश्वर एवं बराहमिहिर इसको नहीं मानते। अतएव जो पूर्व लिखा गया है वही प्रचलित रूप से उपचय कहा जाता है। ("होरा-रत्न" में लिखा है:—"एतेन केन्द्रादि संज्ञा भावानामेव न राशीनामिति" अर्थात् केन्द्रादि संज्ञा भावों की है, राशियों की नहीं)।

अध्याय ६

भाव क्या है ?

धा—५७ लग्न बनाने के पश्चात् प्रश्न यह उठता है कि लग्न अमुक राशि में कहाँ से कहाँ तक होता है। अर्थात् यदि किसी का जन्म मेष लग्न के बारह अंश पर है तो उसका लग्न १२ अंश के बाद या पूर्व या सम्पूर्ण मेष होगा ? लग्न को प्रथम भाव कहते हैं। लग्न से दूसरी राशि को द्वितीय भाव कहते हैं और इसी प्रकार तृतीय, चतुर्थ पंचम, षष्ट, सप्तम, अष्टम, नवम, दशम, एकादश और द्वादश भाव कहे जाते हैं।

यद्यपि कुंडली में एकैक राशि का एकैक स्थान (भारतवर्ष में) होता है, परन्तु एक भाव ठीक एकही राशि का सर्वदा नहीं होता। इसका कारण यह है कि लग्न-स्पष्ट से लगभग १५ अंश पूर्व और १५ अंश बाद का एक भाव (प्रथम भाव) होता है। यों समझिये कि उदाहरण १ में जन्म मेष के १२ अंश २० कला पर था तो उस कुंडली का प्रथम भाव, उसके लगभग १५ अंश पूर्व से अर्थात् मीन के २७ अंश २० कला से आरम्भ होकर लग्नस्पष्ट से १५ अंश बाद तक अर्थात् मेष के २७ अंश २० कला तक हुआ। साधारणतः इसी प्रकार द्वितीय भाव मेष के २७ अंश २० कला के बाद, वृष के २७ अंश २० कला

पर्य्यन्त हुआ। इसी प्रकार और सब भावों को भी जानना होगा। इससे बोध होता है कि यद्यपि अन्य स्थानों में भी प्रत्यक्ष रूप से लग्न की एक ही राशि मालूम होती है, तथापि उस भाव के विचारते समय दूसरी राशि का भी सम्बन्ध हो जाना सम्भव है। इस कारण उस दूसरी राशि में बैठे हुए ग्रहों का भी सम्बन्ध हो सकता है। अतएव फलित-ज्योतिष में भाव का साधन तथा भाव-कुंडली का प्रयोग समय समय पर अत्यावश्यक हो जाता है।

अब भाव-कुंडली बनाने की विधि बतलायी जाती है।

दशम भाव साधन विधि

धा—५८ भाव-कुंडली बनाने के पूर्व दशम-भाव का स्पष्ट जानना अत्यन्त आवश्यक हो जाता है।

लग्न द्वारा बतलाये हुए पूर्व-क्षितिज की राश्यादि में छः राशियाँ जोड़ने से सप्तम भाव अर्थात् अस्तभाव (पश्चिम क्षितिज) की राश्यादि होती है। उदाहरण १ में लग्न का स्पष्ट ०।१२।२०।९ है। इसमें ६ राशियाँ जोड़ने से ६।१२।२०।९ सप्तम भाव का स्पष्ट अर्थात् पश्चिम क्षितिज की राश्यादि हुई।

साधारण अनुमान से दशम भाव का स्पष्ट अर्थात् वे राश्यादि जो जन्म के समय ठीक शिर के ऊपर हों (जिसे उर्द्ध-बिन्दु वा मध्याह्न रेखा भी कहते हैं) लग्न और सप्तम का मध्य भाग होना चाहता था। अथवा यों समझिये कि सप्तम स्थान की राश्यादि में तीन राशियाँ जोड़ने से वा लग्न की राश्यादि से तीन राशियाँ घटाने से दशमस्थान होना चाहिये था। जैसे, उदाहरण १ में लग्न स्पष्ट से तीन राशियाँ घटाने से अथवा सप्तम स्पष्ट में तीन राशियाँ जोड़ने से दशम का स्पष्ट ९।१२।२०।९ होता और इसी दशम-स्पष्ट में छः राशियाँ जोड़ने से चतुर्थ स्थान वा पाताल राशि का स्पष्ट होना चाहिये था। श्री रामयत्न ओझा का भी यही सिद्धान्त है कि लग्न स्पष्ट से तीन राशियाँ घटा कर जो फल आवे वही ऋषि प्रणीत शुद्ध दशम-लग्न होता है। दशमलग्न साधन-विधि जो आगे लिखी गयी है, वह यवनों के मतानुसार है। परन्तु प्रचलित साधन-विधि ही अनेक कारणों से विद्वान् लोग कार्य्य में ला रहे हैं। अतएव इस विषय में भी कुछ लिखना उचित है।

दशमलग्न बनाने की विधि बतलाने के पूर्व निम्नाङ्कित चक्र २८ द्वारा दशम-साधन का इष्टदंड निकालने की विधि बतलाई जाती है। (शास्त्रकारों ने इसे चार प्रकार के 'नत' के नाम से पुकारा है)।

इस चक्र को सूर्य्य-कक्षा मान लें और पूरब से पश्चिम जो रेखा गयी है, उसका ऊपरी भाग (जन्म रात का हो वा दिन का) दृश्य-चक्रार्द्ध हुआ। उसी पूर्वापर रेखा का पाताल भाग (नीचे का भाग) अदृश्य-चक्रार्द्ध हुआ। दृश्य और अदृश्य, इन दोनों चक्रार्द्धों को दो बरावर बराबर भागों में बाँटने से, सरल रेखा उर्द्ध-बिन्दु वा दशम स्थान से पाताल बिन्दु अर्थात् चतुर्थ स्थान तक जायगी। तात्पर्य्य यह कि सूर्य्य कक्षा चार बराबर भागों में बँट जायगी।

चक्र २८

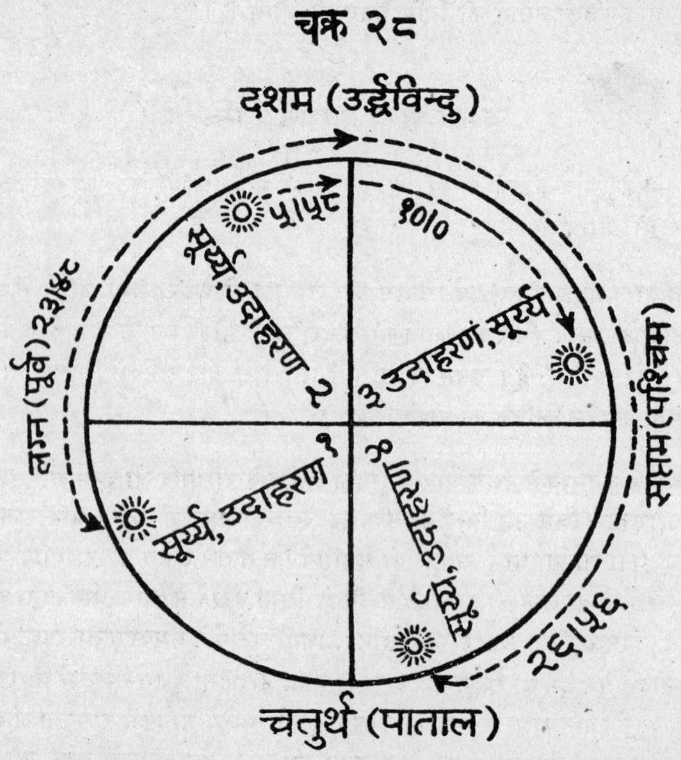

जन्म समय सूर्य्य इन चार भागों में से किसी में अवश्य रहेगा। यदि सूर्य्य ठीक पाताल रेखा पर है तो अर्द्धरात्रि हुई। पूर्व-क्षितिज में है तो प्रातःकाल होगा। इसी प्रकार आकाश बिन्दु में रहने से मध्याह्न और पश्चिम क्षितिज में रहने से संध्या होगी। चक्र के देखने से भी बोध होगा कि पाताल के बाद सूर्य्य उर्द्धगामी होता हुआ पूर्व क्षितिज में आया और वहाँ से उर्द्ध जाते जाते आकाश बिन्दु में जाकर मध्याह्न को प्राप्त हुआ। इससे प्रतीत होता है कि आधीरात के बाद से मध्यान्ह काल तक सूर्य्य उर्द्धगामी रहता है। तत्पश्चात् सूर्य्य झुकने लगता है (जो साधारण बोली में भी कहा जाता है कि अमुक बात

सूर्य्य के झुकने पर हुई)। और वही सूर्य्य झुकते झुकते जब पश्चिम-क्षितिज में आ जाता है तो संध्या हो जाती है। उसके बाद रात्रिगत होते होते मध्य रात्रि को सूर्य्य पाताल पहुँच जाता है। इसके बाद सूर्य्य पुनः उर्द्धगामी हो जाता है।

भचक्र तथा राशिमाला का सबसे ऊपरी भाग जिसे शिरोबिन्दु भी कहते हैं, सर्वदा किसी न किसी राशि के अंश कलादि पर रहता है। उसी को दशम-लग्न कहते हैं और जन्म समय तक जितना दंडादि सूर्य्य, उदय काल के पश्चात् चलता है, उसी को इष्टदंड कहते हैं।

सूर्य्य और मध्याह्न रेखा में कितने दंड पलादि का अन्तर है, वह समय इष्टदंड और दिनमान के अर्द्धभाग से मिल जायगा। ये अन्तर दो प्रकार के होंगे :—(क) सूर्य्य से मध्याह्न और (ख) मध्याह्न से सूर्य्य। (देखो चक्र २८)। इसी कारण जब किसी लग्न का दशमस्पष्ट बनाना होता है तो सब से पहिले यह देखना होगा कि जन्म समय के इष्टदंड से क्या बोध होता है, सूर्य्य उर्द्धगामी है या अधोगामी ? अथवा यों समझिये कि जन्म का समय (इष्टदंड) अर्द्धरात्रि के बाद और मध्याह्न के पूर्व है वा मध्याह्न के बाद और अर्द्धरात्रि के पूर्व। इस विवेचना के पश्चात् पंचांग के प्रथम कोष्ठ से यह देखना होगा कि उक्त दिन (जन्म दिन) का दिनमान क्या है और उसका अर्द्ध करने से जो दंड पलादि होगा, उससे यह बोध होगा कि उतने समय में सूर्य्य पूर्व क्षितिज से चलकर आकाश-बिन्दु पर पहुँचता है या आकाशबिन्दु पर पहुँच कर उतने ही समय में पश्चिम क्षितिज में पहुँचता है। तत्पश्चात् दूसरी आवश्यक बात यह जानना है कि सूर्य्य को मध्याह्न रेखा तक पहुँचने के लिये कितना दंडादि बाकी है अथवा मध्याह्न से सूर्य्य कितना दूर ढल चुका है।

लिखा जा चुका है कि जन्म समय चार खण्ड में से किसी एक खण्ड का होगा। (प्रथम) अर्द्धरात्रि के बाद और सूर्य्योदय के पूर्व, (द्वितीय) सूर्य्योदय के बाद और मध्याह्न के पूर्व, (तृतीय) मध्याह्न के बाद और सूर्य्यास्त के पूर्व और (चतुर्थ) सूर्य्यास्त के बाद और अर्द्धरात्रि के पूर्व। इसी को चक्र २८ में १, २, ३, ४ खंडों में सूर्य्य को इस चिह्न (*) से दिखलाया गया है। पहिला चढ़ते हुए सूर्य्य के दो उदाहरण और दूसरा ढलते हुए सूर्य्य के दो उदाहरण हैं।

नियम

(क) यदि प्रथम खंड में जन्म हो तो सूर्य्य और मध्याह्न रेखा तक का अन्तर दंडादिमान में जानने की विधि इस प्रकार है। दिनार्द्ध में सूर्य्योदय के पूर्व का दंडादि जोड़ कर जो फल आवेगा, वही सूर्य्य और मध्याह्न रेखा तक का दंडादिमान (जिसको सुविधा के लिये दशम-इष्ट-दंड कहेंगे) होगा। उदाहरणार्थ मान लिया जाय कि इष्टदंडादि ५३।८

है और दिनार्द्ध १६।५६ है। ६० दंड से इष्टदंडादि को घटाने से (६०–५३।८) ६ दंड ५२ पला रात्रि शेष आया। उसमें दिनार्द्ध १६।५६ जोड़ने से २३।४८ दशम-इष्ट-दंड हुआ। चक्र २८ के प्रथम खंड में :०:चिह्न से बिन्दु द्वारा २३।४८ यही दिखलाया गया है।

(ख) यदि द्वितीय खंड में जन्म हो तो दिनार्द्ध में इष्टदंड घटा देने से दशम-इष्ट-दंड निकल आयगा। जैसे, मान लिया जाय कि इष्टदंडादि १०।५८ पला है। दिनार्द्ध १६।५६ में से १०।५८ घटाने पर शेष ५।५८ दशम-इष्ट-दंडादि हुआ। यह चक्र के द्वितीय खंड में दिखलाया गया है। यह चढ़ते हुए सूर्य्य का उदाहरण हुआ।

(ग) यदि जन्म तृतीय खंड का हो तो दशम-इष्ट जानने की विधि यों होगी। तृतीय खंड में जन्म से अभिप्राय है कि मध्याह्न के बाद का जन्म है। इस कारण इष्टदंडादि से दिनार्द्ध घटा लेने पर निकल आयगा कि सूर्य्य मध्याह्न की रेखा से कितना ढल चुका है और वहीं दशम-लग्न-इष्ट होगा। उदाहरण के लिये मान लें कि इष्ट-दंडादि २६।५६ है तो इससे दिनार्द्ध १६।५६ घटाने से शेष दंदाडि १०।० दशम-इष्ट-दंडादि होगा। इसको भी चक्र के तीसरे खंड में दिखलाया गया है।

(घ) यदि जन्म चतुर्थ खंड का हो (सूर्य्यास्त के बाद और अर्द्धरात्रि के पूर्व) तो दिनार्द्ध को इष्टदंड से घटा लेने से पता चल जायगा कि मध्याह्न रेखा से सूर्य्य कितना दंडादि मान झुक चुका है, और वही दशम-इष्टदंड होगा। यदि इष्टदंड ४३।५२ हो तो उससे दिनार्द्ध घटाने से शेष २६।५६ दशम-इष्ट-दंडादि होगा। (यह ढलते हुए सूर्य्य का उदाहरण है)। चक्र में यह २६।५६ बिन्दु द्वारा दिखलाया गया है।

(ङ) यदि किसी कुंडली के चतुर्थ और लग्न से दशम की ओर दृष्टि डाली जाय तो मालूम होगा कि राशि का क्रम उलटा पड़ता है अर्थात् मेष के बाद मीन, मीन के बाद कुम्भ इत्यादि।

(च) यदि चतुर्थ और सप्तम से दशम की ओर दृष्टि डाली जाय तो राशिक्रम ठीक सव्य पड़ेगा अर्थात् मेष के बाद वृष, वृष के बाद मिथुन इत्यादि।

(छ) दशम-इष्ट-दंडादि जान लेने के उपरान्त उसको भूमध्य-लग्नमान में परिवर्तन करना होगा। अर्थात् यह जानना होगा कि अमुक दंडादि भूमध्य राशिमान की कितनी राश्यादि के बराबर है।

(ज) उपरोक्त राश्यादिमान को तात्कालिक सूर्य्य से घटा देने पर (जब चढ़ता हुआ सूर्य्य हो) दशमलग्न हो जायगा।

(झ) जब ढलता हुआ सूर्य्य हो तो तात्कालिक सूर्य्य में राश्यादि मान को जोड़ने से दशम लग्न होगा।

घटाने और जोड़ने का क़ारण ऊपर लिखा जा चुका है।

दशमलग्न बनाने के चार उदाहरण

धा—५९ नीचे चार प्रकार के उदाहरणों से दशम लग्न बनाने की विधि एवं कारण दोनों झलक जायँगे।

उदाहरण १ में इष्टदंडादि ५३।८, तात्कालिक सूर्य्य १।२७।१० सायन सूर्य्य २।२०।१० दिनमान ३३।५२ पला माना गया है। चक्र २८ के देखने से यह उदाहरण चढ़ते हुए सूर्य्य का होता है। नियम (क) के अनुसार इष्टदंड ५३।८ को ६० दंड से घटाया तो शेष ६।५२ रहा और इसमें दिनार्द्ध १६।५६ को जोड़ दिया तो २३।४८ दशम-इष्ट-दंड हुआ। नियम (छ) के अनुसार अब दंडादि २३।४८ को भूमध्य लग्नमान चक्र २१ के अनुसार राश्यादि में परिवर्तन करना है अर्थात् यह बताना है कि यदि सायनसूर्य्य मिथुन के २०।१० कला पर है, तो भूमध्यराशिमान के अनुसार २३।४८ कितने राशि-अंशादि के बराबर होगा। मिथुन का २०।१० कला का भोग हो चुका है। इस कारण यदि ३० अंश में मिथुन ५।२१$\frac{५}{६}$ पला लेता है, तो २० अंश १० कला में कितना समय लेगा? अर्थात् $\frac{१९३१ \times १२१}{६ \times ६ \times ३०}$ = $\frac{२३३६५१}{१०८०}$ = ३।३६$\frac{१}{३}$, या यों कहें कि मिथुन का २०।१० कला ३।३६$\frac{१}{३}$ पला के बराबर है। नियम (ङ) के अनुसार अपसव्य क्रम से वृष मेषादि का भूमध्य लग्नमान लेना होगा। वृष का ४।५९$\frac{१}{६}$, मेष का ४।३९, मीन का ४।३९, कुम्भ का ४।५९$\frac{१}{६}$ और मिथुन का ३।३६$\frac{१}{३}$ है। सबों का योगफल २२।५२$\frac{२}{३}$ हुआ और इष्टदंड २३।४८ था। इस कारण इष्टदंड का ५५$\frac{१}{६}$ पला मकर राशिमान में जायगा। मकर का राशिमान ५।२१$\frac{५}{६}$ है। अब यदि इतने समय में ३० अंश चलता है, तो ५५$\frac{१}{३}$ पला में कितने अंश चलेगा? अर्थात् (लगभग) ५ अंश ९ कला और मकर में जायगा। इसी गणित को सुबोध के लिये नीचे लिखा जाता है।

मिथुन	का	सायन	सूर्य्य	२०।१०	=	३।३६$\frac{१}{३}$
वृष	चक्र	२१	अनुसार	३०।०	=	४।५९$\frac{५}{६}$
मेष	,,	,,	,,	३०।०	=	४।३९
मीन	,,	,,	,,	३०।०	=	४।३९
कुम्भ	,,	,,	,,	३०।०	=	४।५९$\frac{१}{६}$
मकर	,,	,,	,,	५।९	=	०।५५$\frac{१}{३}$
				४।२५।१९	=	२३।४८

अर्थात् २३।४८ पला जो दशम-इष्ट-दंडादि था वह बराबर राश्यादि ४।२५।१९ के होता है। इस कारण नियम (ज) के अनुसार तात्कालिक र. १।२७।१० से ४।२५।१९ को घटा दिया जाय तो ९।१।५१ अर्थात् मकर का १।५१ कला दशम-स्पष्ट हुआ।

द्वितीय उदाहरण

इस उदाहरण में केवल इष्टदंड १०।५८ पला माना गया है और सब गणित के उलझाने से बचने के लिये, उदाहरण १ का ही मान लिया गया है। अब नियम (ख) के अनुसार दिनार्द्ध १६।५६ में १०।५८ घटा दिया तो शेष ५।५८ दशम-दण्डादि हुआ। उदाहरण १ में पाया जा चुका है कि मिथुन का २०।१० कला=३।३६$\frac{१}{३}$ पला है। दशम इष्ट केवल ५।५८ है। इस कारण वृष से आगे नहीं बढ़ेगा। ५।५८ में ३।३६$\frac{१}{३}$ घटा दिया तो शेष २।२१$\frac{२}{३}$ रहा। वृष ४।५९$\frac{१}{६}$ बराबर है ३० अंश के ; इसलिये २।२१$\frac{२}{३}$= १४।१२ कला के। अर्थात्:—

मिथुन का सायन सूर्य्य	२०।१०	=	३।३६$\frac{१}{३}$
वृष का	१४।१२	=	२।२१$\frac{२}{३}$
	१।१४।२२	=	५।५८

अर्थात् ५।५८=१।३।५४ राश्यादि हुई। अब सूर्य्य-स्पष्ट १।२७।१० से १।४।२२ घटा दिया तो शेष ०।२२।४८ दशमलग्न हुआ।

तृतीय उदाहरण

इस उदाहरण में भी सब बातें उदाहरण १ की ही मान ली गयी हैं। केवल इष्टदंड २६।५६ पला माना गया। यह ढलते हुए सूर्य्य का उदाहरण है (देखो चक्र २८)। नियम (ग) के अनुसार यदि २६।५६ से दिनार्द्ध १६।५६ घटा दिया जाय तो शेष १० दंड दशम-इष्टदंड हुआ।

इस उदाहरण में नियम (च) के अनुसार सूर्य्य से मध्याह्न रेखा की ओर जाने में राशि अपनी क्रमानुसार होगी। अतएव मिथुन के बाद कर्क और कर्क के बाद सिंह इत्यादि। इस कारण ढलता हुआ सूर्य्य होने पर सायन-सूर्य्य का अंशादि भुक्त होगा और दशम लग्न बनाने में (कर्क के समीपवर्त्ती अंशादि) भोग्य अंशादि लेना होगा (चढ़ते हुए सूर्य्य के विपरीत)। सायन सूर्य्य २।२०।१० है, इसलिये मिथुन का शेष अंशादि ९।५० होगा। यदि मिथुनमान ५।२१$\frac{५}{६}$=३० अंश है, तो ९ अंश ५० कला=१ दंड ४५$\frac{१}{२}$ कला होगा। इसमें उदाहरण १ और २ के जैसा वृष नहीं लेकर कर्क लेना है। राशिक्रम अपसव्य नहीं है। कर्क का मान ५।२१ है। इसमें १।४५$\frac{१}{२}$ जोड़ने से ७।७^{१} हुआ। दशम-इष्टदंडादि १० है, इसलिये सिंह में समाप्त होगा। १० दंड से ७।७$\frac{१}{३}$ घटा दिया तो २।५२$\frac{२}{३}$ शेष रहा। अब दंडादि ४।५९$\frac{१}{६}$ यदि ३० अंश के बराबर है तो २।५२$\frac{२}{३}$ बराबर हुआ १७ अंश १९ पला के।

मिथुन का शेष		९।५०	=	१।४५$\frac{१}{२}$
कर्क	...	३०।०	=	५।२१$\frac{५}{६}$
सिंह	...	१७।१९	=	२।५२$\frac{२}{३}$
		१।२७।१९	=	१०।०

अर्थात् १० दंड बराबर होता है राश्यादि १।२७।९ के। सूर्य्य से मध्याह्न रेखा राशिक्रम में है, इस कारण नियम (झ) के अनुसार (उदाहरण १ और २ के जैसा घटा कर नहीं) सूर्य्यस्पष्ट १।२७।१० को १।२७।९ में जोड़ने से ३।२४।१९ दशमलग्न हुआ।

चतुर्थ उदाहरण

इस उदाहरण में इष्टदंड ४३।५२ माना गया है और सब पूर्ववत् है। नियम (घ) के अनुसार दिनार्द्ध १६।५६ को इष्टदंड ४३।५२ से घटा लिया जाय तो २६।५६ दशम इष्टदंड हुआ। इस उदाहरण में भी उदाहरण ३ के जैसा राशिक्रम सव्य है। सायनसूर्य्य मिथुन का २०।१० गत हो चुका, इस कारण शेष ९।५० कला रहा। मिथुनमान ५।२१ ५/६= ३० अंश है तो ९।५०=१।४५ १/२ पला (लगभग) हुआ। कर्कमान ५।२१ ५/६, सिंह ४।५९ १/६, कन्या ४।३९, तुला ४।३९, वृश्चिक ४।५९ १/६ और मिथुन १।४५ १/२ का योग २६।२३ २/३ होता है। दशम इष्टदंड २६।५६ है। इस कारण इससे २६।२३ २/३ घटाने पर शेष ३२ १/३ पला रहा, जो धन के ३ अंश के बराबर है। अर्थात् दशम इष्टदंड २६।५६= ५।१२।५० कला। अब सूर्य्यस्पष्ट १।२७।१० में ५।१२।५० जोड़ देने से ७।१० हुआ अर्थात् दशमलग्न वृश्चिक के दश अंश पर हुआ है।

प्रिय पाठकगण ! दशमलग्न साधन में प्रत्यक्ष कुछ उलझावा है। इस कारण चारो प्रकार के उदाहरणों द्वारा इसे सुगम बनाने का यत्न किया गया। आशा है, इस उलझावे को देखकर पाठक घबड़ा न उठेंगे। थोड़ा सा परिश्रम से ही कठिनाई दूर हो जायगी। परन्तु जो विशेष परिश्रम करना न चाहें, वे दसमसारणीचक्र से काम चला सकते हैं। अच्छे-अच्छे पंचांगों में दशम सारणी चक्र प्रायः दिया रहता है।

धा—६० लग्न बनाने की एक सारणी चक्र २६ दिया जा चुका है। उसी प्रकार और उतना ही उपयोगी एक दशमलग्न सारणी चक्र २९ दिया जाता है।

चक्र २९ द्वारा दशमलग्न बनाने की विधि यों है। प्रथम चक्र २६ में देखना होगा कि जन्मकालीन सूर्य्य की राशि एवं अंश-कोष्ठ के सामने कौन अंक मिलता है। उस अंक में जन्मसमय का इष्ट दंडादि जोड़ कर जो फल दंडादि आवे, उसमें १५ दंड घटाने के उपरान्त जो शेष रहे, उस दंडादि अंक को चक्र २९ में खोजना होगा। यदि वह अंक ठीक ठीक न मिले तो उसके सबसे समीपवर्ती अंक को ग्रहण करना होगा। उस ग्रहण किये हुए अंक-कोष्ठ की बायीं ओर के राशि-कोष्ठ में जो राशि होगी, वही दशमलग्न की राशि होगी और उक्त ग्रहण किये हुए अंक-कोष्ठ के सामने चक्र २९ के ऊपरीभाग में जो अंक मिलेगा वही दशमलग्न की राशि का अंश होगा। उदाहरणार्थ, उदाहरण १ का दशम-लग्न चक्र २९ द्वारा बना कर यह दिखलाया जाता है कि इस चक्र द्वारा दशमलग्न (मोटामोटी) अत्यन्त सुगमता से बनाया जा सकता है।

दशमलग्न सारणी चक्र २६

अंशाः		०	१	२	३	४	५	६	७	८	९	१०	११	१२	१३	१४	१५	१६	१७	१८	१९	२०	२१	२२	२३	२४	२५	२६	२७	२८	२९
		३	३	३	४	४	४	४	४	४	४	५	५	५	५	५	५	६	६	६	६	६	६	७	७	७	७	७	७	८	८
मेष	०	३२	४२	५१	१	१०	२०	२९	३९	४८	५८	७	१७	२७	३८	४६	५६	६	१५	२५	३५	४५	५५	५	१५	२५	३५	४५	५५	५	१५
		४६	११	३६	४	३२	२	३३	५	४२	१४	५१	२९	१०	३१	३४	१९	५	५३	४३	३५	३०	२२	२०	१९	१९	२१	२६	३१	३९	४९
		८	८	८	८	९	९	९	९	९	९	१०	१०	१०	१०	१०	११	११	११	११	११	११	१२	१२	१२	१२	१२	१३	१३	१३	१३
वृष	१	२६	३६	४६	५६	७	१७	२७	३८	४८	५९	९	२०	३०	४१	५१	२	१२	२०	३४	४४	५५	६	१७	२७	३८	४९	०	११	२२	३२
		०	१३	२९	४३	४	२४	४७	१०	३५	२	३१	२	३४	७	४२	१९	५७	३६	१६	५८	४३	२६	११	५७	४५	३३	२२	१२	३	५४
		१३	१३	१४	१४	१४	१४	१४	१५	१५	१५	१५	१५	१५	१६	१६	१६	१६	१६	१६	१७	१७	१७	१७	१७	१८	१८	१८	१८	१८	१८
मिथुन	२	४३	५४	५	१६	२७	३८	४९	०	१०	२१	३२	४३	५४	५	१६	२७	३७	४८	५९	१०	२१	३२	४२	५३	४	१५	२५	३६	४७	५७
		४६	३८	३१	२५	१८	१२	६	०	५४	४८	४१	३५	२८	२२	१४	६	५५	४८	३८	२७	१५	३	४९	३४	१७	२	४३	२४	३	४१
		१९	१९	१९	१९	१९	२०	२०	२०	२०	२०	२०	२१	२१	२१	२१	२१	२१	२२	२२	२२	२२	२२	२२	२३	२३	२३	२३	२३	२३	२४
कर्क	३	८	१८	२९	३९	५०	०	११	२१	३२	४२	५२	३	१३	२३	३३	४४	५४	४	१४	२४	३४	४४	५४	४	१४	२४	३४	४४	५३	३
		१८	५३	२६	५८	२९	५७	२४	४९	१३	३६	५६	१९	३१	४६	५८	११	२१	२८	३५	३८	४१	४१	३९	३९	२९	२५	१७	७	५५	४१
		२४	२४	२४	२४	२४	२५	२५	२५	२५	२५	२५	२५	२६	२६	२६	२६	२६	२६	२७	२७	२७	२७	२७	२८	२८	२८	२८	२८	२८	२८
सिंह	४	१३	२३	३२	४९	५२	१	११	२०	३०	३९	४९	५८	८	१७	२७	३६	४५	५५	४	१४	२३	३२	४१	५१	०	९	१८	२८	३७	४९
		२६	९	५०	३१	९	४६	१६	५५	२९	५८	२८	५६	२३	४९	१४	३९	५९	२१	४१	१	१९	३७	५४	१०	२५	३९	५३	७	१९	३२
		२८	२९	२९	२९	२९	२९	२९	३०	३०	३०	३०	३०	३०	३०	३१	३१	३१	३१	३१	३१	३१	३२	३२	३२	३२	३२	३२	३३	३३	३३
कन्या	५	५५	४	१४	२३	३२	४१	५०	०	९	१८	२७	३६	४५	५५	४	१३	२२	३१	४१	५०	५९	८	१८	२७	३६	४५	५५	४	१४	२३
		४४	५५	७	१९	२८	३९	४९	०	१०	२१	३२	४२	५३	४	१६	२०	४०	५३	७	२१	३४	१०	६	२३	४१	५९	१८	३९	०	२२

अंशाः		०	१	२	३	४	५	६	७	८	९	१०	११	१२	१३	१४	१५	१६	१७	१८	१९	२०	२१	२२	२३	२४	२५	२६	२७	२८	२९
तुला	६	३३	३३	३३	३४	३४	३४	३४	३४	३४	३४	३५	३५	३५	३५	३५	३५	३६	३६	३६	३६	३६	३६	३७	३७	३७	३७	३७	३७	३८	३८
		३२	४२	११	१	१०	२०	२९	३९	४८	५८	७	१७	२७	३६	४६	५६	६	१५	२५	३५	४५	५५	५	१५	२५	३५	४५	५५	५	१५
		४६	११	३६	४	३२	२	३३	५	४४	१४	५१	२९	१०	५१	३४	५९	५	५३	४३	३५	३०	२३	२०	१९	१९	२१	२६	१	३९	४९
वृश्चिक	७	३८	३८	३८	३८	३९	३९	३९	३९	३९	३९	४०	४०	४०	४०	४०	४१	४१	४१	४१	४१	४१	४२	४२	४२	४२	४२	४३	४३	४३	४३
		२६	३६	४६	५६	७	१७	२७	३८	४८	५९	९	२०	३०	४१	५१	२	१२	२३	३४	४४	५५	६	१७	२७	३८	४९	०	११	२२	३२
		०	१३	२८	४३	४	२४	४७	१०	३५	२	३१	२०	३४	७	४१	१९	५७	३६	१६	५८	२३	२६	११	५७	४५	४३	२२	१४	३	५४
धन	८	४३	४३	४४	४४	४४	४४	४४	४५	४५	४५	४५	४५	४५	४६	४६	४६	४६	४६	४६	४७	४७	४७	४७	४७	४८	४८	४८	४८	४८	४८
		४३	५४	५	१६	२७	३८	४९	०	१०	२२	३२	४३	५४	५	१६	२७	३७	४८	५९	१०	११	३२	४२	५३	८	१५	२५	३६	४७	५७
		४६	३८	३१	२५	१८	१२	६	०	५९	५८	४१	३५	१८	२२	१४	६	५९	४८	३८	२९	१५	३	४९	३४	१९	२	४३	२४	३	४१
मकर	९	४९	४९	४९	४९	४९	५०	५०	५०	५०	५०	५०	५१	५१	५१	५१	५१	५१	५२	५२	५२	५२	५२	५२	५३	५३	५३	५३	५३	५३	५४
		८	१८	२९	३९	५०	७	११	२१	३२	४२	५२	३	१३	२३	३३	४४	५४	४	१४	२४	३४	४४	५४	४	१४	२४	३४	४४	५३	३
		१८	१३	२६	५८	२९	५७	२४	४९	१३	३६	५६	१७	१	४६	५९	११	२०	२८	३४	३८	४१	४१	३९	३७	२९	२५	१९	७	५५	४१
कुम्भ	१०	५४	५४	५४	५४	५४	५५	५५	५५	५५	५५	५५	५५	५६	५६	५६	५६	५६	५६	५७	५७	५७	५७	५७	५७	५८	५८	५८	५८	५८	५८
		१३	२३	३२	४२	५२	१	११	२०	३०	३९	४९	५८	८	१७	२७	३६	४५	५५	४	१४	२३	३२	४१	५१	०	९	१८	२८	३७	४६
		२६	९	५०	३०	९	१६	१६	५५	२७	५८	२८	५६	२३	४९	२४	३७	५९	२१	४१	१	१९	३७	५४	१०	२५	३९	५३	६	१९	३२
मीन	११	५८	५९	५९	५९	५९	५९	५९	०	०	०	०	०	०	०	१	१	१	१	१	१	१	२	२	२	२	२	२	३	६	६
		५५	४	१४	२३	३२	४१	५०	०	९	१८	२७	३६	४५	५५	४	१३	२२	३१	४१	५०	५९	८	१८	२७	३६	४५	५५	४	१४	२६
		४४	१५	०	१७	२८	३९	४९	०	१०	२१	३२	४२	५३	४	१६	२८	४०	५३	२७	२१	३५	५	६	२३	४१	५९	१८	३९	०	२२

प्रथम उदाहरण का सूर्य्य वृष के २७ अंश पर है। चक्र २६ में वृष के कोष्ठ में २७ के नीचे ११।१५।१३ अंक मिलता है। उसमें ईष्टदंड ५३।८ जोड़ने से ६४।२३।१३ होता है, जिससे १५ दंड घटा देने से ४९।२३ हुआ। दशमसारणी चक्र २९ में देखने से एक कोष्ठ में ४९।२९।२६ मिलता है जो ४९।२३ से कुछ ही अधिक है। अतएव ४९।२९।२६ ग्राह्य हुआ। अब इस कोष्ठ की बायीं ओर चक्र २९ में मकर राशि पायी जाती है अर्थात् दशमलग्न मकर राशि हुई। पुनः इसी चक्र में उस ग्रहण किये हुए अंक के सबसे ऊपर वाले कोष्ठ में २ अंक है। इस कारण दशमलग्न मकर के दो अंश पर अर्थात् ९।२ हुआ। पूर्व जो दशमलग्न का साधन लिखा जा चुका है, वह मकर के १ अंश ५१ कला पर हुआ था जो साधारणतः ठीक ही हुआ। पुनः द्वितीय उदाहरण का इष्टदंड १०।५८ है और वृष का सूर्य्य २७ अंश पर है। लग्नसारणी चक्र २६ में वृष के कोष्ठ में २७ अंश के नीचे ११।१५।१३ अंश मिलता है जिसमें १० दंड ५८ पला जोड़ने से २२।१३।१३ होता है। इसमें १५ दंड घटा देने पर शेष ७।१३।१३ बचा और लग्नसारणी चक्र २९ में देखने पर ७।१५।१९ मिलता है जो ७।१३।१३ से कुछ ही अधिक है। चक्र २९ के अनुसार मेष का २३ अंश (०।२३), और गणित द्वारा ०।२२।४८ होता है। अर्थात् साधारणतया २३ अंश ठीक हुआ।

तीसरे उदाहरण में लग्नसारणी चक्र द्वारा दंडादि ३८।११।१३ आता है। १५ दंड घटाने से २३।११।१३ हुआ और चक्र २९ में २३।१४।२९ मिलता है जिससे दशमलग्न ३।२४ होता है और गणितद्वारा भी ३।२४।१९ हुआ था। चतुर्थ उदाहरण में चक्र २६ द्वारा ५५।७।१३ होता है जिससे १५ घटाने के उपरान्त ४०।७।१३ मिला और चक्र २९ में ४०।९।३१ मिलता है जिससे दशमलग्न ७।१० होता है। गणितद्वारा भी इसका दशमलग्न ७।१० हुआ था। अतएव दशमलग्न-सारणी द्वारा दशमलग्न शीघ्रता पूर्वक बनाया जा सकता है जो करीब २ ठीक ही आता है।

भाव-स्फुट बनाने का विधि।

धा—६१ लग्नस्फुट में छः राशियां जोड़ने से सप्तम भाव का स्फुट होता है। उदाहरण १ के लग्नस्फुट में ६ जोड़ने से सप्तमभाव का स्फुट ६।१२।२० होता है। इसी प्रकार दशम-स्फुट में ६ राशियां जोड़ने से चतुर्थभाव का स्फुट वन जाता है। इस कारण उदाहरण १ के चतुर्थभाव का स्फुट (९।१।५१ + ६।०।०) ३।१।५१ हुआ।

बारह भावों में से चार के स्फुट मिल चुके, शेष आठ भाव रहे उन भावों का स्फुट बनाने की सुगम रीति यह है कि दशमस्फुट और लग्नस्फुट का अन्तर निकाल कर अर्थात् लग्न से दशम को घटाकर उसको तीन से भाग दें और उस तृतीयांश को दशम में जोड़ देने से वह योग फल एकादश भाव का स्फुट होगा। एकादश भाव के स्फुट में पुनः वही तृतीयांश जोड़ दें तो वह द्वादश भाव का स्फुट बन जायगा। पुनः एकादश भाव के स्फुट में ६ राशियां जोड़ देने से पंचम भाव का स्फुट होता है एवं द्वादश भाव के स्फुट में ६ राशियां जोड़ने से षष्ट भाव का स्फुट निकल आयगा। उसी प्रकार चतुर्थ भाव के स्फुट से लग्नस्फुट घटाने के उपरान्त जो फल आवे, उसको तीन से भाग देकर, उस तृतीयांश को लग्नस्फुट में जोड़ देने से द्वितीय भाव का स्फुट हो जायगा। पुनः इस द्वितीय भाव के स्फुट में उसी तृतीयांश को जोड़ देने से तृतीय भाव का स्फुट हो जायगा। द्वितीय भाव के स्फुट में छः राशियां जोड़ने से अष्टमभाव का स्फुट होगा एवं तृतीय भाव के स्फुट में छः राशियां जोड़ने से नवमभाव का स्फुट बन जायगा। बारहभावों के स्फुट इसी रीति से बनाये जाते हैं। उदाहरण १ के कुल भावों के स्फुट इसी रीति से बना कर चक्र ३० और ३० (क) में पाठकों के मनोरञ्जनार्थ लिख दिये गये हैं।

भावस्फुट चक्र ३०

भाव	१	२	३	४	५	६	७	८	९	१०	११	१२
राशि	०	१	२	३	४	५	६	७	८	९	१०	११
अंश	१२	८	५	१	५	८	१२	८	५	१	५	८
कला	२०	५०	२१	५१	२१	५०	२०	५०	२१	५१	२१	५०
सन्धि	सं १-२	सं २-३	सं ३-४	सं ४-५	सं ५-६	सं ६-७	सं ७-८	सं ८-९	सं ९-१०	सं १०-११	सं ११-१२	सं १२-१
राशि	०	१	२	३	४	५	६	७	८	९	१०	११
अंश	२५	२२	१८	१८	२२	२५	२५	२२	१८	१८	२२	२५
कला	३५	५	३६	३६	५	३५	३५	५	३६	३६	५	३५

भावस्फुट चक्र ३० (क)

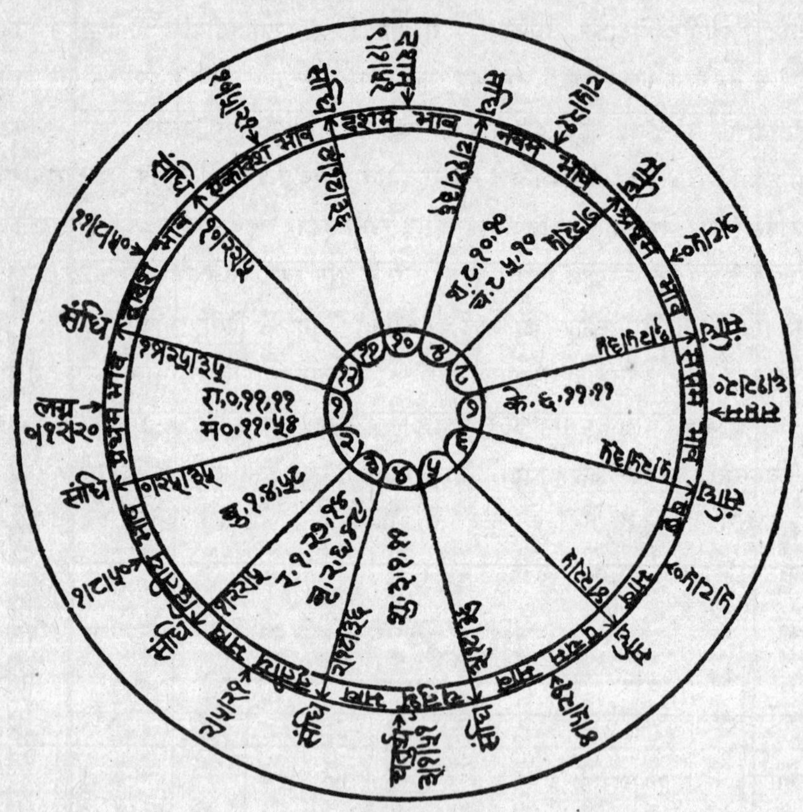

भाव-कुण्डली

वा-६२ यूरोपीय ज्योतिषीगण सायनलग्न मानते और स्फुट को लग्न का आरम्भ कहते हैं। परन्तु भारतवर्ष के गणितज्ञ महर्षियों ने लग्नस्फुट को प्रथम भाव का मध्य माना है और युक्ति से भी यही प्रतीत होता है। इसी प्रकार द्वितीयभाव, तृतीयभाव, चतुर्थभाव जो ऊपर लिखे गये हैं वे उन भावों के मध्य-स्थान हैं। तात्पर्य्य यह है कि प्रत्येक भाव अपने भावस्फुट से लगभग १५ अंश पूर्व और १५ अंश पश्चात् तक का होता है और जहाँ से एक भाव का अन्त और दूसरे का आरम्भ होता है, उसे संधि कहते हैं। संधि से तात्पर्य्य है दो भावों का योगस्थान और यही शब्दार्थ से भी बोध होता है। अब भावों की संधि मालूम करना बड़ा सुगम है। किसी भाव के स्फुट को उसके आगामी भावस्फुट में जोड़कर उसका अर्द्ध कर देने से उन

दोनों भावों की संधिस्फुट हो जायगी। जैसे, उपर्युक्त कुण्डली में लग्न स्फुट ०।१२।२० और द्वितीय भावस्फुट १।८।५० है। इन दोनों का योग १।२१।१० जिसका आधा ०।२५।३५ हुआ और यही प्रथम और द्वितीय भावों की संधि हुई। इसी प्रकार द्वितीय भावस्फुट १।८।५० और तृतीय भावस्फुट २।५।२१ है। दोनों का योग ३।१४।११ जिसका आधा १।२२।५ हुआ। यह द्वितीय और तृतीय भावों की संधि हुई। इसी रीति से चक्र ३० और ३० (क) में क्रमशः बारह राशियों की संधि लिख दी गयी है। चक्र देखने से (विशेषकर चक्र ३० (क) बोध होगा कि प्रथम भाव मीनराशि के २५ अंश ३५ कला से आरम्भ होकर मेषराशि के २५ अंश ३५ कला पर समाप्त होता है। इस कारण यदि कोई ग्रह मीनराशि में २५ अंश ३५ कला के बाद है, तो यद्यपि प्रत्यक्षरूप से मीनराशि में होने के कारण द्वादश भाव में प्रतीत होगा परन्तु मीन के २५ अंश ३५ कला के बाद रहने के कारण उस ग्रह को लग्न तथा प्रथमभाव में रहने का फल होगा। इसी प्रकार द्वितीय भाव मेष के २५ अंश ३५ कला से वृष के २२ अंश ५ कला पर्य्यंन्त चला गया है। यदि कोई ग्रह मेष के २६ अथवा २७ अंशों में रहे तो यह प्रत्यक्ष रूप से लग्न में मालूम होगा पर वह द्वितीय भाव का फल देगा।

भावस्फुट और संधि की प्रचलित रीति चक्र ३० है। परन्तु लेखक की क्षुद्रबुद्धि अनुसार उस चक्र से संधि का अभिप्राय पूर्णरूपेण बोध नहीं होता है। अतएव चक्र ३० (क) में स्फुट और संधि को इस रीति से दिखलाया गया है कि यदि हरएक ग्रह इस चक्र में अपने २ स्फुट अनुसार लिख दिया जाय तो चक्र पर दृष्टिपात करते ही प्रतीत हो जायगा कि भाव कुण्डली के अनुसार कौन ग्रह किस भाव में पड़ता है।

ऊपर जो दशमलग्नसाधन-विधि बतलाई गयी है, उसे भी श्री रामयत्न ओझा जी ने अनेक तर्क एवं प्रमाण द्वारा ऋषिप्रणीत न होना सिद्ध किया है और बड़ी चमत्कारी से यह बतलाया है कि लग्न के अंश में १५ अंश जोड़ने से लग्न की संधि होती है और उसमें एकैक राशि जोड़ने से बारह भावों की संधि बन जाती है। इस रीति से भी यदि चक्र ३० (क) निर्माण किया जाय तो भाव-कुंडली सुगमता से बन जा सकती है :

अध्याय ७

ग्रहस्फुट बनाने की विधि।

धा–६३ ग्रहस्फुट जानने की रीति बतलाने के पूर्व यह लिखना आवश्यक है कि इस विषय पर संस्कृत की अनेकानेक पुस्तकें सूर्य्यसिद्धान्त, ग्रहलाघव, मकरन्द सारणी आदि हैं। पुनः इसी विषय पर 'इन्डियन क्रोनोलॉजी' (**Indian Chronology By Dewan Bahadur L. D. Swamikannui Pillai, M.H. B. L. (Madras L. L. B. (London)**; 'हिन्दू एस्ट्रोलॉजीकल केलकुलेशन' (**Hindu Astr-**

ological Calculation (Made easy) By M. Vejayaragnavulu B. A., M. B. & C. M.) आदि अंग्रेजी के ग्रंथ हैं। इस 'हिन्दु एस्ट्रोलोजीकल केलकुलेशन' में सबसे अपूर्व बात यह बतलायी गयी है कि कालक्षेप और अयनांश के भेद, इन दो कारणों से ग्रहों की स्थिति जानने में, बहुत भूल होती है, जिसका सुधार अत्यावश्यक है। परन्तु इस छोटी सी पुस्तक में गणित के इस झंझट में पाठकों को डालना, लेखक उचित नहीं समझता है। इस कारण साधारण रीति से शुद्धस्फुट जानने की विधि बतलायी जाती है।

पंचांग द्वारा ग्रहस्फुट सुगमता से मालूम किया जा सकता है। परन्तु ध्यान रहे कि सर्वसाधारण पंचांगों में शुद्धाशुद्ध पर विशेष ध्यान न दिया जाता है। अतएव काशी के 'विश्व पंचांग' तथा 'काशीराज पंचांग' मिथिलादेशीय तिथिपत्रम्' और भी कई मुख्य पंचांगों पर जो काशी, दरभङ्गा, कलकत्ता, मद्रास आदि स्थानों से निकलते हैं, पाठकगण ग्रहस्फुट जानने के लिये विश्वास कर सकते हैं। चक्र १७, संवत् १९८७ ज्येष्ठ मास का पंचांग 'काशी विश्वपंचांग से उद्धृत किया गया है और इसी चक्र १७ के आधार पर ग्रहस्फुट जानने की विधि बतलायी जाती है।

चन्द्रस्फुट।

धा–६४ चन्द्रमा का स्फुट जानने में कुछ विशेष उलझन है। चन्द्रस्फुट जानने के लिये पहली आवश्यक बात यह जानना है कि किस नक्षत्र में जन्म हुआ है तथा उस नक्षत्र का कितना दंडादि प्रमाण है। तत्पश्चात् यह जानना होगा कि उसका कितना दंडादि भुक्त हो चुका है। इन सब बातों के जानने के लिये चक्र २ की सहायता से ग्रहस्फुट साधारण त्रयराशिक नियम द्वारा निकाल लिया जा सकता है। उपर्युक्त बातों के अनुसार उदाहरण १ का चन्द्रस्फुट निम्नरीति से बनाया जायगा। उदाहरण १ संवत् १९८७ ज्येष्ठ शुक्ल पूर्णिमा (तदुपरि परिवा) बुधवार का ५३ दंड ८ पला इष्ट दंड है। चक्र १७ के देखने से बोध होता है कि उक्त पूर्णिमा बुधवार को ज्येष्ठा नक्षत्र २९ दंड २८ पला तक था। पर इष्टदंड ५३ दंड ८ पला है। इससे बोध हुआ कि जन्मसमय में मूल नक्षत्र बीत रहा था। अब यह जानना है कि मूल नक्षत्र का क्या मान है जिसे सर्वर्क्ष भी कहते हैं। बुधवार को ज्येष्ठा २९ दंड २८ पला तक था। उसके बाद मूला का आरम्भ हुआ। यदि ६० दंड (दिनरात का मान) से २९ दंड २८ पला घटा दें तो शेष ३० दंड ३२ पला बुधवार को मूल नक्षत्र का भोग मालूम हुआ। आगामी वृहस्पति को भी वही मूल नक्षत्र ३० दंड ३० पला तक था (जो पंचाँग में दिया हुआ है:०:)। अब बुधवार के ३० दंड ३२ पला में गुरुवार का ३०

:०: ब्लौक ३० (क) के बन जाने के उपरान्त यह पता चला कि भूल से ३३। ३० के बदले ३०।३० लिखा गया है। लक्ष्य गणित-विधि है। अतएव ३०।३० ही पर गणित रक्खा गया।

दंड ३० पला जोड़ दिया जाय तो मूल नक्षत्र का मान ६१ दंड २ पला अर्थात् सर्वर्क्ष दंडादि ६१।२ हुआ।

अब दूसरी बात जानने की यह है कि (जन्मसमय) ५३ दंड ८ पला तक मूल नक्षत्र का कितना गत हो चुका था। बुधवार को ज्येष्ठा २९ दंड २८ पला तक था और जन्म ५३ दंड ८ पला पर है। यदि ५३ दंड ८ पला से २९ दंड २८ पला घटा दिया जाय तो शेष २३ दंड ४० पला मूला के गत होने पर जन्म हुआ। इसको गतर्क्ष कहते हैं। गतर्क्ष और सर्वर्क्ष का प्रयोजन दशावर्षादि निकालने में भी पड़ेगा।

लिखा जा चका है कि नक्षत्र के चार चरण होते हैं। इस कारण यदि ६१ दंड २ पला (सर्वर्क्ष) को ४ से भाग किया जाय तो १५ दंड १५$\frac{१}{२}$ पला एक एक चरण का प्रमाण हुआ। अब यह देखना है कि मूल नक्षत्र के कितने चरण व्यतीत होने पर किस चरण का कितना बीता।

मूला का गतर्क्ष २३ दंड ४० पला है। इससे विदित हुआ कि एक चरण बीत कर दूसरे चरण में जन्म है।

यदि गतर्क्ष २३ दंड ४० पला से प्रथम चरण का दंडादि १५।१५$\frac{१}{२}$ घटा दिया जाय तो शेष ८ दंड २४$\frac{१}{२}$ पला रहा। इसका तात्पर्य्य यह निकला कि मूल नक्षत्र के द्वितीय चरण के ८।२४$\frac{१}{२}$ पर जन्म हुआ। पहिले लिखा जा चुका है कि एक चरण ३$\frac{१}{३}$ अंश का होता है (क्योंकि ९ चरण की एक राशि और एक राशि में ३० अंश, इस लिये एक चरण $\frac{३०}{९}$=३$\frac{१}{३}$ अंश)। इस कारण त्रयराशिक से यह बनाना है कि यदि एक चरण अर्थात् १५।१५$\frac{१}{२}$ बराबर है ३$\frac{१}{३}$ अंश के तो ८।२४$\frac{१}{२}$ कितने अंश के बराबर होगा।

$$\frac{८।२४\frac{१}{२} \times ३\frac{१}{३}}{१५।१५\frac{१}{२}} = १।५०।१२$$

चक्र २ (क) के देखने से मालूम होगा कि ज्येष्ठा के अन्त में वृश्चिक राशि की समाप्ति हुई। इस लिये मूल का एक चरण ३$\frac{१}{३}$ अर्थात् ३ अंश २० विकला और दूसरे चरण का चरण का १ अंश ५० कला १२ विकला।

राशि गत ...	... ८।०।०।०
मूला प्रथम चरण	... ०।३।२०।०
मूला द्वितीय चरण	... ०।१।५०।१२
	८।५।१०।१२

यही चन्द्र स्फुट हुआ। इसके निकालने की एक रीति और भी हो सकती है। एक नक्षत्र में चार चरण होने के कारण एक राशि १३$\frac{१}{३}$ अंश के बराबर होती है। अर्थात् यदि सर्वक्ष ६१ दंड २ पला के बराबर होता है १३$\frac{१}{३}$ अंश के तो गतर्क्ष २३।४० कितने अंश के बराबर रहेगा।

$$\frac{२३।४० \times १३\frac{१}{३}}{६१।२} = \frac{२८४००}{५४९३} = ५।१०।१२$$

दोनों गणित से एकही उत्तर आता है। परन्तु स्मरण रहे कि संयोगवश मूल में चन्द्रमा है और इसके पूर्व ज्येष्ठा के अन्त में वृश्चिक का भी अन्त होता है। इस कारण पूरी ८ राशियां गत होकर ९वीं अर्थात् धन राशि के ५।१०।१२ अंशादि में चन्द्रमा की स्थिति हुई और यही चन्द्रमा का स्फुट तथा स्पष्ट ८।५।१०।१२ हुआ। यदि पूर्व वाली नक्षत्र में राशि भी समाप्त न होती तो चक्र २ (क) के देखने से शीघ्र बोध हो जायगा कि कौन नक्षत्र किस राशि के किस चरण तक होता है। उदाहरणार्थ मान लें कि ज्येष्ठा नक्षत्र में जन्म है और अनुराधा उसके पूर्व का नक्षत्र है तो ज्येष्ठा का सर्वर्क्ष और गतर्क्ष इष्टदंडादि अनुसार बना कर उपरोक्त रीति अनुसार बनाना होगा। चक्र २ (क) से यह मालूम होता है कि अनुराधा के अन्त तक वृश्चिक का ५वाँ चरण बीतता है। इसलिये तुला तक की ७ राशियाँ और अनुराधा के चार चरण में जो $(४ \times ३\frac{१}{३})$ १३ अंश २० कला के बराबर है अर्थात् ७।१३।२० में ज्येष्ठा के अंशादि को जोड़ देने से चन्द्रमा का स्पष्ट हो जायगा।

अन्य ग्रहों के स्फुट।

धा-६५ शेष ग्रहों के ग्रहस्फुट बनाने की रीति पंचाँग द्वारा बतायी जाती है। चक्र १७ में ज्येष्ठ शुक्ल रविवार पंचमी ४८ दंड ५ पला पर एवं रविवार द्वादशी ४८ दंड ७पला पर ग्रह स्पष्ट बनाया हुआ है।

अब देखना यह है कि जिस दिन का ग्रह स्फुट बनाना है उसदिन से इन दो तिथियों में कौन ज्यादा समीप पड़ती है। जन्मतिथि पूर्णिमा परिवा है अतः द्वादशी रविवार अधिक समीप पड़ती है। इतना निश्चय हो जाने के उपरान्त यह जानना चाहिये कि द्वादशी रविवार ४८ दंड ७ पला के बाद कितने दिन और कितने दंड पला पर इष्टदंड पड़ता है। रविवार का ४८ दंड ७ पला पर ग्रहस्फुट पंचाँग में है। इसको यदि ६० से घटा दें तो शेष ११ दंड ५३ पला रहा। तो अभिप्राय यह हुआ कि रविवार को ११ दंड ५३ पला मिला, सोमवार और मंगलवार ये दो दिन और मिले और बुध को ५३ दंड ८ पला पर जन्म है, इस लिए सबों का योग :—

		दि०	दं०	प०
रविवार	...	०	११	५३
सोम तथा मंगलवार	...	२	०	०
बुधवार	...	०	५३	८
		३	५	१

अर्थात् ३ दिन ५ दंड १ पला हुआ। तात्पर्य्य यह कि रविवार को ४८ दंड ७ पला पर जितने अंशादि कला पर जो ग्रहगण थे वे जन्म समय अर्थात् ३दिन ५दंड १ पला तक और आगे बढ़ चुके थे। पंचाँग में प्रति ग्रह की एक दिन की चाल दी हुई है। उसी चाल को ३ दिन ५ दंड १ पला से गुणाकर गुणनफल को द्वादशी के ग्रहस्फुट में (जो पंचाँग में दिया हुआ है) जोड़ने से जन्म समय का ग्रहस्फुट हो जायगा। उदाहरण १ का ग्रहस्फुट पाठकों के उपकारार्थ नीचे बना दिया जाता है।

उदाहरण (मंगल)।

वा-६६ मंगल ग्रह की चाल ४३ कला २८ विकला प्रति दिवस है (पंचाँग में मं ग्रह-स्पष्ट के नीचे पाया जायगा)। इसलिये ३ दिन ५ दंड १ पला में वह कितना चला, यह नीचे लिखा जाता है।

३दि. ५दं. १प. × ४८क. २८ वि. = ०।२।१४।२

द्वादशी रविवार मंगल	... ०। ९।४०।४६
३।५।१ की गति	... ०। २।१४। २
मंगल का स्फुट	... ०।११।५४।४८

उदारहण (बुध)।

वा-६७ बुध की चाल एक दिन में ५१ कला ५८ विकला है, इसलिए ३ दि. ५दं. १प. में बुध की चाल यों होगी।

३दि. ५ दं. १ प. × ५१ क. ५८ वि. ०।२।४०।१४ बुध की चाल।

द्वादशी रविवार बुध	... १।२।१८।३१
३।५।१ की गति	... ०।२।४०।१४
बुध का स्पष्ट	... १।४।५८।४५

उदाहरण (वृहस्पति)।

वा.६८. वृहस्पति की चाल प्रतिदिन १३ कला १५ विकला है; इसलिये ३ दिन ५ दं. १ प. में वृहस्पति की चाल

= ३ दि. ५ दं. १ प. × १३ क. १५ वि. = ०।०।४०।५१

द्वादशी रविवार को वृ.	..२।६; ८।१४
३।५।१ की गति	...०।०।४०।५१
वृ. का स्फुट	...२।६।४९।५

उदाहरण (शुक्र)

धा.६९. शुक्र की चाल ७० कला ४८ विकला प्रति दिन है। इसलिये ३।५।१ पला में = ३।५।१ × ७०।४८ = राश्यादि ०।३।३८।१९।

द्वादशी रविवार का शुक्र	... २।२७।३२।४१
३।५।१ की गति	... ०। ३।३८।१९
शुक्र का स्पष्ट	... ३। १।११। ०

उदाहरण (शनि)।

धा.७०. शनि की चाल ४ कला ५७ विकला प्रति दिन के हिसाब से ३।५।१ पला में ३।५।१ × ४।५७ ०।०।१५।१६

द्वादशी रविवार का शनि	... ८।१०।२६। ६
३।५।१ वक्र गति	...०। ०।१५।१६
शनि स्फुट ...	... ८।१०।१०।५०

नोट :—शनि वक्री है, इसकारण घटाना पड़ा।

यहाँ एक विशेष बात यह है कि ४।५७ के नीचे 'ब' लिखा हुआ है। सूर्य्य और चन्द्रमा को छोड़ कर सब ग्रह अपने नियम के विरुद्ध कई कारणों से (जिसका उल्लेख यहाँ नहीं किया जा सकता) पीछे हटते हुए प्रतीत होते हैं। जबतक वह ग्रह पीछे हटता है तबतक उसे 'वक्री' कहते हैं और इसके चिन्ह के लिये 'व' लिखा जाता है। जब इसकी वक्रगति समाप्त हो जाती है और पुनः आगे बढ़नें लगता है तो उस समय 'मार्गी' कहलाता है। मार्गी के स्थान पर 'म' लिखा जाता है। चक्र १७ में देखने से मालूम होता है कि कृष्णपक्ष षष्ठी रविवार को बुध वक्री था और इसी लिये 'व' अक्षर का प्रयोग किया गया है। पुनः द्वादशी रविवार को भी बुध वक्री ही था। परन्तु शुक्ल पंचमी रविवार को बुध स्फुट के नीचे 'म' लिखा है क्योंकि उस दिन से बुध मार्गी ही गया। उसी चक्र १७ के अन्तिम कोष्ठ में लिखा हुआ पाते हैं, "मार्गी बुध ४२।५५"। इसका अभिप्राय यह है कि पंचमी रविवार को ४२ दंड ५ पला पर बुध की वक्रगति समाप्त हुई और मार्गी होना आरम्भ हुआ।

शनि वक्री है, इस हेतु ३ दिन ५ दंड १ पला तक चलने के बाद वह आगे नहीं चलकर पीछे हटा। अतएव शनि-गति को द्वादशी रवि के स्पष्ट (८।१०।२६।६) से घटा दिया।

उदाहरण (राहु और केतु)।

धा.७१. स्मरण रहे कि राहु और केतु सर्वदा वक्री होते हैं। ये कभी मार्गी नहीं होते। इसके भी कारण हैं पर उन सबों का उल्लेख इस छोटी सी पुस्तक में नहीं हो सकता।

राहु की गति प्रतिदिन ३।११ है इसलिये ३।५।१ में = ३।११ × ३।५।१ = ०।०।९।४९

द्वादशी रविवार का राहु	०।११।२०।४९
३।५।१ की गति	०। ०। ९।४९
राहु-स्पष्ट	०।११।११। ०

राहुस्पष्ट में सिर्फ छः राशियाँ जोड़ देने से केतु का स्पष्ट बन जायगा। इसलिये ०।११।११।०+६।०।०।०=६।११।११।० केतु का स्पष्ट हुआ।

उदाहरण (सूर्य्य)।

धा.७२. सूर्य्य का स्फुट निकालने में यदि प्रति दिन का रविस्फुट पंचाँग में दिया रहे, जैसा कि चक्र १७ में विश्वपंचाँग से उद्धृत किया गया है तो गणित की आवश्यकता न होगी। जिस समय का सूर्य्य स्पष्ट दिया हो, उससे और इष्टदंड से जितने का अन्तर हो, उतने समय की सूर्य्य की गति निकाल लेने से सूर्य्य स्पष्ट (स्फुट) बना हुआ न हो तो उपर्युक्त रीति से ही जैसे मंगल आदि ग्रहों का स्पष्ट बनाया गया है रवि स्पष्ट बनाया जायगा।

सूर्य्य की गति प्रतिदिन ५७।३ है। ३।५।१ में उसकी गति

=५७।३ × ३।५।१ = ०।२।५५।५५

द्वादशी रविवार का रवि	१।२४।१८।३५
३।५।१ की गति	०। २।५५।५५
	१।२७।१४।३०

टिप्पणी :—चक्र १७ में अर्द्धरात्रि का स्फुट १।२७।९।४२ है और इष्ट अर्द्ध-रात्रि के बाद है। इस कारण लगभग ५ कला का अन्तर हुआ।

ग्रहस्फुट एवं भाव कुंडली लिखने की रीति।

धा.७३. इन ग्रहों का स्पष्ट-चक्र लिखने की प्रणाली इस प्रकार है। उदाहरण १ का ग्रह स्पष्ट नीचे चक्र में दिया जाता है।

ग्रहस्फुट अथवा ग्रहस्पष्ट ।

	रवि	चन्द्र	मंगल	बुध	गुरु	शुक्र	शनि	राहु	केतु
राशि	१	८	०	१	२	३	८	०	६
अंश	२७	५	११	४	६	१	१०	११	११
कला	१४	१०	५४	५८	४९	११	१०	११	११
विकला	३०	१२	४८	४५	५	०	५०	०	०

उदाहरण १ की कुण्डली भाव कुण्डली

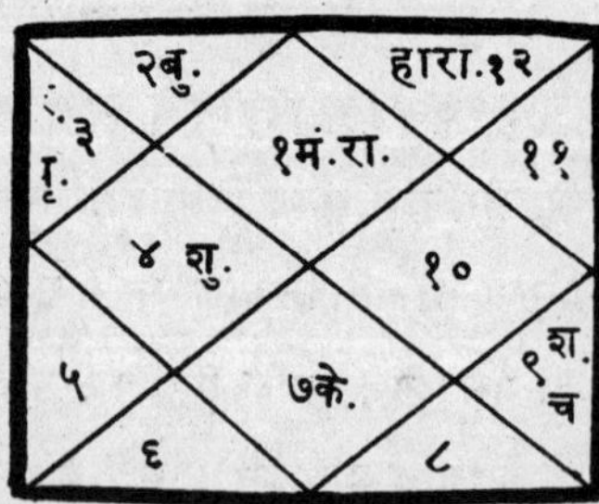

भावस्पष्ट, संधि और ग्रह-स्पष्ट निकालने के उपरान्त इस बात की जानकारी के लिये कि कौन ग्रह किस भाव में पड़ता है, इन ग्रहों को यदि चक्र (३० क) में लिख दिया जाय तो भाव-कुंडली के असल अभिप्राय का बोध शीघ्र और पूर्णरूप से हो जायगा । इस हेतु चक्र ३० (क) में उदाहरण १ के ग्रह, स्फुट अनुसार ही लिख दिये गये हैं और आशा की जाती है कि उक्त चक्र पर दृष्टिपात करते ही यह पता चल जायगा कि कौन ग्रह किस भाव में पड़ता है ।

ऊपर दी हुई भावकुंडली और जन्म कुंडली के देखने से मालूम होगा कि वृष राशि का सूर्य्य जन्म-कुंडली में द्वितीय स्थान में है परन्तु भाव-कुंडली में तृतीय भाव में है । देखो चक्र ३० (क).

धारा ५१ में लिखा जा चुका है कि उदाहरण १ का जन्म-समय संवत् १९८७ ज्येष्ठ शुक्ल पुर्णिमा (तदुपरि परिवा) बुधवार को रात्रि समय ५३।७।३० पर मुंगेर में होना

कहा गया है। चक्र ३० (क) उसी की भावकुंडली है। 'सौर-जगत में ग्रहों की स्थिति" नामक चक्र २ (क) में भी इसी जन्म समय के ग्रहों की स्थिति को कक्षा-क्रमानुसार अंकित कर दिया गया है। इस चक्र २ (क) में शनि, बृहस्पति, मंगल, सूर्य्य, शुक्र एवं बुध को अपनी २ दूरवर्ती कक्षानुसार बिन्दु द्वारा दिखलाया है तथा तीर-चिन्ह द्वारा गति-क्रम भी बतलायी गयी है। सभी ग्रहों को आकाशमंडल में अपनी अपनी स्थिति अनुसार अर्थात् अंशानुसार बड़ी विलक्षणता से दिखाया गया है। श. के धनराशिगत होने के कारण शनि से मूला के अन्तिम चरण तक एक पतली लकीर खींच कर दिखलायी गयी है। इसी प्रकार बृहस्पति जो आद्रा के प्रथम चरण में है, मंगल जो अश्विनी के चतुर्थ चरण में है, सूर्य्य जो मृगशिरा के प्रथम चरण में है, शुक्र जो पुष्य के प्रथम चरण में है और बुध जो कृत्तिका के तृतीय चरण में है, इन सब ग्रहों की आकाशमंडल में स्थिति को पतली पतली लकीरों द्वारा अपने अपने नक्षत्र एवं चरण तक खींच कर बतलाया है। चन्द्रमा पृथ्वी की परिक्रमा (जो सूर्य्यकक्षा के नाम से चक्र में दिया गया है) करता हुआ पृथ्वी की कक्षानुसार ही (Spiral form में) चलता रहता है। पूर्णमासी तिथि रहने के कारण सूर्य्य से चन्द्रमा लगभग सन्मुख स्थान पर था। इस कारण चन्द्रमा को सूर्य्य की कक्षा पर ही दिखला कर उससे मूला के द्वितीय चरण तक पतली रेखा खींची गयी है। इस चक्र से यह स्पप्ट बोध होता है कि उक्त समय सौर-जगत-ग्रहगण की स्थिति किस प्रकार थी एवं कुंडली किसे कहते हैं। बिचारने की बात होगी कि लग्न मेष के बारह अंश पर है और इसी कारण सप्तम स्थान अर्थात् अस्त स्थान तुला के बारह अंश पर है। अतः सप्तम स्थान से लग्न पर्य्यन्त दृश्य-चक्रार्द्ध और लग्न से सप्तम पर्य्यन्त अदृश्य-चक्रार्द्ध हुआ जो चक्र में रंग द्वारा प्रतीत कराया गया है।

अध्याय ८

नवांश-कुण्डली बनाने की विधि

धा.७४ लग्न स्पष्ट जिस नवांश में पाया जाय वही नवांशकुंडली का लग्न माना जाता है और ग्रहस्पष्ट द्वारा ग्रहों के नवांश को जान कर जिस नवांश का जो ग्रह हो, उस ग्रह को उस राशि में स्थापना करने से जो कुंडली बन जायगी, वही नवाँश-कुंडली कही जाती है।

उदाहरण १ का लग्न स्पष्ट ०।१२।२० है। चक्र १४ के देखने से ०।१२।२० कर्क का नवांश पड़ता है इसलिये एक चक्र खींच कर लग्न में ४ अंक दिया। चार से कर्क का बोध होता है क्योंकि मेष से कर्क चतुर्थ राशि है। द्वितीय स्थान सिंह का अंक ५ और तृतीय

स्थान कन्या का ६ अंक दिया। इसी प्रकार द्वादश भावों को राशि का अंक देकर चक्र में दिखलाया है।

तत्पश्चात् सूर्य्य स्पष्ट १।२७ इत्यादि हैं। चक्र १४ से मालूम होता है कि कन्या का नवांश है। इस हेतु उक्त चक्र की कन्या राशि में जो लग्न से तीसरे स्थान में है, सूर्य्य की स्थापना की। चन्द्रस्पष्ट ८।५।१० है जो सिंह का नवांश हुआ। इसलिये चन्द्रमा को सिंह राशि में जो नवांश कुंडली में द्वितीय पड़ता है, स्थापना की। मंगल का स्पष्ट ०।११।५४ है। यह कर्क का नवांश है। इस कारण मंगल कर्क अर्थात् लग्न में स्थापित किया गया। बुध का स्पष्ट १।४।५८ कुम्भ का नवांश होता है। अतः बुध की स्थापना कुम्भ में की, जो ऊपर की कुण्डली में अष्टम स्थान होता है। बृहस्पति का स्पष्ट २।६।४९ धन का नवांश है। अतएव इसको षष्ट स्थान धन में स्थापित किया। शुक्र का स्पष्ट ३।१।११ है। यह कर्क का नवांश हुआ। इस कारण शुक्र को लग्न में रक्खा। (शुक्र वर्गोत्तम-नवांश का हुआ)। शनि का स्पष्ट ८।१०।१० है। यह भी कर्क ही के नवाँश में पड़ा अतः इसे भी लग्न में स्थान दिया। राहु का स्पष्ट ०।११।११ है। इसका स्थान भी, कर्क का नवांश होने के कारण, लग्न में ही हुआ। केतु राहु से सर्वदा सप्तम घर में रहता है। इसका स्पष्ट ६।११।११ है। वह मकर के नवांश में पड़ा जो राहु से सप्तम है। यही नवांश-कुंडली हुई।

फलभाग में नवांशकुण्डली से उसी रीति से विचार किया जाता है जैसे जन्म कुण्डली से। स्मरण रहे कि मंगल कर्क के नवांश में होने के कारण नीच का नवांश है। बृहस्पति धन-राशि में रहने के कारण स्वगृही नवांश में है। शुक्र जन्म कुण्डली में कर्क राशि में था और नवांश में भी कर्क ही में होने के कारण वर्गोत्तम-नवांश में है। चक्र १४ में वर्गोत्तम-नवांश पर तारा-चिह्न दिया गया है।

इसी प्रकार द्रेष्काण, द्वादशांश आदि कुण्डलियाँ भी बनायी जाती हैं। लग्नस्पष्ट जिस द्रेष्काण या द्वादशांश का होगा, वही लग्न माना जाता है और ग्रहगण जिस द्रेष्काण या द्वादशांश इत्यादि के होते हैं, उसी उसी राशि में उनकी स्थापना की जाती है।

होरा लग्न

धा.७५ अब होरा लग्न बनाने की विधि बतलायी जाती है। ऊपर लिखा गया है कि ढ़ाई दंड (२।३०) का एक होरा होता है। जिस कुण्डली का होरा लग्न बनाना हो उसके इष्टदंड को २$\frac{1}{2}$ से भाग देकर जो फल आवे, वह राश्यादि होगी। यदि लग्न युग्म राशि हो तो उपर्युक्त रीति से प्राप्त की हुई उस राश्यादि को लग्नस्फुट में जोड़ देने से जो राशि अंशादि हो, वही होरा लग्न का स्फुट होगा। पर यदि जन्मलग्न फुट राशि अर्थात् अयुग्म राशि हो जिसे क्रूरराशि भी कहते हैं, तो उस फल को लग्नस्फुट में न जोड़कर सूर्य्यस्फुट में जोड़ देने से जो राशि अंशादि आवे, वही होरालग्न का स्फुट होगा।

उदाहरण

उदाहरण १ का इष्टदंड ५३।८ है। इसको २$\frac{1}{2}$ से भाग करने पर २१ राशि ७ अंश ३६ कला हुआ। २१ राशि १२ से अधिक होने के कारण, इसमें से १२ घटाने पर ९।७।३६ हुआ।

गणित विधिः—$\frac{५३।८}{२।३०} = \frac{३१८८}{१५०}$ राश्यादि = २१ राशि ७ अंश ३६ कला अर्थात् ९।७।३६।

अब देखना है कि जन्म-लग्न युग्म राशि है या अयुग्म। उदाहरण १ का जन्म मेष लग्न अयुग्म में है। अतः लग्न में न जोड़ कर सूर्य्यस्पष्ट में जोड़ना होगा।

९। ७।३६
१।२७।१४
———————
११। ४।५०

यही होरा लग्न का स्पष्ट हुआ अर्थात् होरा लग्न मीनका हुआ। इस कारण उदाहरण १ की कुण्डली में 'होरा' लिख दिया गया है।

पुनः उदाहरण २ में इष्टदंड १०।५८ पला है। इसको २$\frac{1}{2}$ से भाग करने पर ४।११।३६ हुआ। पर यहाँ लग्न कर्क है जो युग्म राशि है। इस कारण इस में सूर्य्य स्पष्ट नहीं जोड़ कर लग्नस्पष्ट जोड़ना होगा।

४।११।३६
३।१५।६।३७
———————
७।२६।४२।३७

यही होरा लग्न का स्पष्ट हुआ। उदाहरण २ की कुंडली में वृश्चिक राशि होरा लग्न पड़ा।

गुलिक बनाने की विधि।

धा-७६ गुलिक कोई ग्रह नहीं है। एक छाया-ग्रह के तुल्य इसकी कल्पना की जाती है। गुलिक जानने की विधि इस प्रकार है। पंचांग में प्रतिदिन का दिनमान दिया रहता है। इस दिनमान को आठ भाग करके प्रत्येक भाग में एकैक अधिपति की कल्पना की जाती है और जिस भाग में शनि की कल्पना होती है उस भाग को अर्थात् शनि के खंड को गुलिक कहते हैं। प्रति खंड के अधिपति की कल्पना की रीति यह है कि जिसदिन का गुलिक बनाना हो (और यदि दिन का जन्म है) तो उस वाराधिपति से क्रमशः गणना की जाती है। जैसे, रविवार के दिन के समय का गुलिक बनाना है तो पहिले खंड का अधिपति सूर्य्य, दूसरे का चन्द्रमा, तीसरे का मंगल, चौथे का बुध, पांचवें का बृहस्पति, छठे का शुक्र और सातवें का शनि। परन्तु स्मरण रहे कि अष्टम खंड का कोई अधिपति नहीं होता। इस दिन सप्तम खंड गुलिकखंड हुआ। पुनः यदि बुधवार के दिन के समय का गुलिक निकालना हो तो प्रथम खंड का अधिपति बुध ही होगा। द्वितीय का बृहस्पति, तृतीय का शुक्र, चतुर्थ का शनि, पंचम का रवि, षष्ट का चन्द्र, सप्तम का मंगल और अष्टम का तो अधिपति होता ही नहीं। बुधवार को दिन के समय में शनि चतुर्थ खंड का अधिपति होनेके कारण चतुर्थखंड का स्वामी गुलिक हुआ। इसी प्रकार और सब वारों का भी शनि तथा गुलिक-खंड जाना जायगा। परन्तु रात्रि का गुलिक जानने में कुछ भेद है। रात्रि में जन्म होने से रात्रिमान का आठ भाग कर वाराधिपति से पंचम ग्रह प्रथम खंड का अधिपति होता है। इसी तरह क्रमशः गणना करने से जिस खंड का अधिपति शनि होगा वही खंड उस रात्रि का गुलिक होगा। रविवार की रात्रि को गुलिक जानने के लिये रात्रिमान को आठ खंड करने पर प्रथम खंड का स्वामी रवि नहीं होकर रवि से पंचम बृहस्पति होगा। इसी प्रकार दूसरे का शुक्र, तीसरें का शनि, चौथे का रवि, पाँचवें का चन्द्र, छठे का मंगल और सातवें का बुध अधिपति होगा। आठवें खंड का अधिपति रात्रि में भी नहीं होता। इस कारण रविवार की रात्रि का गुलिक रात्रिमान के तृतीय खंड में हुआ। इसी प्रकार यदि मंगल की रात्रि का गुलिक जानना हो तो मंगल से पंचम वाराधिपति अर्थात् शनि प्रथम खंड का अधिपति होगा। द्वितीय का रवि, तृतीय का चन्द्र, चतुर्थ का मंगल, पंचम का बुध, षष्ट का बृहस्पति और सप्तम का शुक्र अधिपति हुआ। अष्टम का अधिपति तो होता ही नहीं। इससे मालूम हुआ कि मंगलवार की रात्रि का प्रथम खंड ही गुलिक खंड होता है।

चक्र ३१

वार	दिन-खंड का अधिपति							रात्रि खंड का अविपति						
	१	२	३	४	५	६	७	१	२	३	४	५	६	७
र.	र.	चं.	मं.	बु.	बृ.	शु.	श.●	बृ.	शु.	श.●	र.	चं.	मं.	बु.
चं.	चं.	मं.	बु.	बु.	शु.	शं.●	र	शु.	श.●	र.	चं.	मं.	बु.	बृ.
मं.	मं.	बु.	बृ.	शु.	श.●	र.	चं.	श.●	र.	चं.	मं.	बु.	बृ.	शु.
बु.	बु.	बृ.	शु.	श.●	र.	चं.	मं.	र.	चं.	मं.	बु.	बृ.	शु.	श.●
बृ.	बृ.	शु.	श.●	र.	चं.	मं.	बु.	चं.	मं.	बु.	बृ.	शु.	श.●	र.
शु.	शु.	श.●	र.	चं.	मं.	बु.	बृ.	मं.	बु.	बृ.	शु.	श.●	र.	चं.
श.	श.●	र.	चं.	मं.	बु.	बृ.	शु.	बु.	बृ.	शु.	श.●	र.	चं.	मं.

गुलिक-ध्रुवाङ्क चक्र ३१ (क)

रवि.	चन्द्रमा.	मंगल.	बुध.	बृहस्पति.	शुक्र.	शनि.	ग्रह.
७	६	५	४	३	२	१	दिवा
३	२	१	७	६	५	४	रात्रि

शनि का खण्ड	मान्दि
बृहस्पति का खण्ड	यमकण्टक
मंगल का खण्ड	धूम (मृत्युयोग संज्ञक)
सूर्य्य का खण्ड	कालयोग
बुध का खण्ड	अर्द्धप्रहर
शुक्र का खण्ड	कोदण्ड, इन्द्रचाप वा कार्मुक

चक्र ३१ में यह दिखलाया गया है कि दिन के किस खण्ड का स्वामी कौन होगा और शनिखंड पर विशेष ध्यान आकर्षित होने के लिए ऐसा :०: चिन्ह दिया है। अर्थात् किस वार में रात्रि वा दिन का गुलिक-खण्ड कौन होता है। चक्र ३१ (क) में गुलिक का ध्रुवांक दिया है। गुलिक लग्न बनाने की रीति यह है कि जिस खण्ड का अधिपति शनि है, उसकी जो संख्या अर्थात् ध्रुवांक हो उसी संख्या से दिन अथवा रात्रि के अष्टम भाग को गुणा करने पर जो दंडादि आवे, उसी इन्ट पर लग्न साधन करने से जो राश्यादि होगी,

वही गुलिक का स्पष्ट होगा। स्मरण रहे कि यदि दिन का जन्म हो तो अष्टम भाग से गुणा करने पर जो दंडादि आवेगा वही गुलिक का इष्टदंड होगा। परन्तु यदि रात्रि का जन्म हो तो उक्त विधि से पाये हुए अंक में दिनमान जोड़ने के उपरान्त जो इष्ट दंडादि आवेगा वही गुलिक का इष्टदंड होगा और उसी इष्ट पर गुलिक-लग्न बनाना होगा।

उदाहरण १

उदाहरण १ का दिनमान ३३दंड, ५२पला है और जन्म समय रात्रि है। इस हेतु ६० दंड से यदि ३३दंड ५२ पला घटा दिया जाय तो रात्रिमान २६ दंड ८ पला हुआ। अब इस २६।८ को ८ से भाग करने से ३।१६ प्रत्येक खण्ड का मान हुआ। इस उदाहरण का जन्म बुधवार की रात्रि को है। चक्र ३१ अथवा ३१(क) में देखने से बोध होता है कि बुधवार को रात्रि को शनि सप्तमखण्डकास्वामी है। अतः बुधवार की रात्रि का ध्रुवांक ७ हुआ। अब एक खंड अर्थात् ३।१६ को ७ से गुणा करने से २२।५२ हुआ और इसमें दिनमान ३३।५२ को जोड़ देने से ५६।४४ गुलिक का इष्टदंड हुआ। (रात्रि का जन्म होने के कारण दिनमान जोड़ा गया, पर दिन का जन्म होने से जोड़नेकी आवश्यकता न होती।) अब जिस रीतिसे लग्न बनाया जाता है उस रीति से अथवा लग्न-सारणी चक्र २६ से यदि ५६।४४ पर लग्न बनाया जाय तो गुलिक लग्न १।८ होगा अर्थात् वृष राशि के आठवें अंश पर हुआ।

उदाहरण २

यदि द्वितीय उदाहरण का गुलिक लग्न बनाया जाय तो चक्र १७ के देखने से यह मालूम होता है कि उस दिन का दिनमान ३३।३७ है और जन्मसमय दिन होने के कारण इसको ८ से भाग देने से ४।१२$\frac{१}{८}$ एक खंड का मान हुआ। पुनः जन्मदिन शुक्रवार होने के कारण चक्र ३१ अथवा ३१ (क) देखने से मालूम होता है कि उस दिन का ध्रुवांक २ है। इस कारण ४।१२$\frac{१}{८}$ को २ से गुणा करने पर ८।२४$\frac{१}{४}$ गुलिक का इष्टदंड हुआ। इसी इष्टदंड पर यदि सारणी से लग्न बनाया जाय तो कर्क के १ अंश पर गुलिक की स्थापना होगी। चक्र ३१ (क) के देखने से बोध होगा कि बृहस्पति के खण्ड को यमकंटक कहते हैं।

बी० सूर्य्य नारायण राव, ज्योतिष के एक साम्प्रतिक महान विद्वान ने 'सवार्थचिन्ता-मणि' नामक ग्रंथ का अंग्रेजी भाषा में टीका किया है। उन्होंने अपने अनुवाद में गुलिक बनाने की एक दूसरी विधि बतलाई है। उनके कथनानुसार शनिवार से आरम्भ कर दिन संख्या मानना होता है। अर्थात् यदि शनिवार का जन्म होतो १, रविवार का २, सोमवार का ३ इत्यादि २। इस वारसंख्या को ४ से गुणा करे और गुणनफल से २ घटा कर जो शेष रहे वही गुलिक का इष्टदंड होता है। और उस इष्टदंड पर लग्न साधन करने से जो लग्न होगा, वही गुलिक लग्न होगा। उदाहरण १ का जन्मदिन बुधवार है। शनिवार से आरम्भ करने से बुधवार ५ वाँ होता है। अतः ५ को ४ से गुणा किया तो २० हुआ।

और उससे २ घटाया तो १८ रहा। इस १८ को इष्टदंड मानकर लग्नसारिणी चक्र २७ के अनुसार लग्न ५।३ होता है। (यह विधि किस प्राचीन ग्रंथ का मत है, लेखक को मालूम नहीं)।

मान्दि।

ध:–७७ किसी किसी का मत है कि गुलिक एवं मान्दि एक ही है। पर 'सवार्थचिन्तामणि' नामक ग्रंथानुसार एवं अन्य पुस्तकों के अवलोकन से और दोनों की साधनविधि अलग अलग होने से गुलिक और मान्दि दो वस्तु प्रतीत होती हैं।

लिखा है :–शनेसुतस्थाद्गुलिकोथ मांदि यमऽत्मजऽप्राण हरोतिपापी ॥ अर्थात् शनि के पुत्र को गुलिक और शनिसुत कहते हैं और मान्दि को यमऽत्मज, प्राणहर और अतिपापी। जैसे गुलिक छायाग्रह है उसी प्रकार मान्दि भी एक छायाग्रह माना जाता है। उसके जानने की विधि यह है कि रवि का ध्रुवांक २६, चन्द्र का २२, मंगल का १८, बुध का १४, बृहस्पति का १०, शुक्र का ६ और शनि का २ माना गया है (रवि से अन्य ग्रह का ध्रुवांक क्रमशः ४ घटता गया है) और जिस दिन का मान्दि बनाना हो उस दिन के दिनमान को उस दिन के ध्रुवांक से गुणा कर ३० से भाग देने से जो दंडादि आवेगा, वही मान्दि का इष्टदंड होगा और इसी इष्टदंड पर जो राश्यादि आवेगी वही मान्दी का स्पष्ट होगा। सर्वार्थचिन्तामणि में इतना लिखा है। परन्तु 'फलदीपिका' में लिखा है कि रात्रि-समय के मान्दि का ध्रुवांक जन्मदिन के पंचमवार से आरम्भ करने के कारण बदल जायगा अर्थात् १०,६,२, इत्यादि। "चैरमरुद्रदास्यम् घटम् नित्यतानं खनिर्मान्दिनाड्य, क्रमोंनर्कं वारात्। अहर्मानं वृद्धिक्षयौ तत्र कार्यौ निशायो तु वारेश्वरात्पञ्च मायाः"। इस श्लोक में कटप यादि विधि से चरं से २६, रुद्र से २२, दास्य से १८, घटं से १४, नित्य से १०, नानं से ६ और ख से २ का अर्थ होता है।

मान्दि–ध्रुवांक चक्र ३१ (ख)

वार	र.	चं.	मं.	बु.	बृ.	शु.	श.
दिन	२६	२२	१८	१४	१०	६	२
रात्रि	१०	६	२	२६	२२	१८	१४

उदाहरण १ में जन्मदिन बुधवार है। इसका ध्रुवांक १४ और दिनमान ३३।५२ है। 'सर्वार्थचिन्तामणि' के अनुसार दिनमान को १४ से गुणा करने से गुणनफल ४७४।८ हुआ और इसको ३० से भाग करने पर १५।४८ मान्दि का इष्टदंड हुआ। इस इष्टदंड पर उस दिन का लग्न बनाने से ४।२१ मान्दिलग्न होगा। 'फलदीपिका' के अनुसार रात्रि

का जन्म होने के कारण बुधवार के रात्रि -ध्रुवांक २६ से रात्रिमान को गुणाकर ३० से भाग देना होगा।

प्राणपद।

धा–७८ महर्षि पराशर ने प्राणपद साधन के लिए नियम बतलाये हैं और उसकी उपयोगिता पर लग्न के शुद्धाशुद्ध जानने में बड़ा जोर दिया है।

१५ पला, समय का नाम प्राण है। अतः एक दंड में चार प्राण होते हैं। यदि सूर्य्य चरराशि मे बैठा है तो उसीसे, पर यदि चरराशि में न रहे तो उससे पंचम या नवम राशि जो चर हो, उसी राशि से एक राशि में एक एक प्राण होगा। इस कारण जिस समय जन्म हो उसी समय अर्थात् इष्टदंड को प्राण में परिणत करना होगा। ऐसा करने के बाद सूर्य्य जिस राशि में रहे और यदि वह चर हो तो उसी से, पर यदि चर न हो तो उससे जो कोणस्थ चरराशि है, उससे एक राशि में एकैक प्राण गिनते हुए देखना होगा कि किस राशि के कितने अंश में प्राण पड़ा और तत्पश्चात् रवि के अंशादि का भोग करने से प्राणपद होगा। प्राण पद स्थिर करने के सरल नियम और उदाहरण नीचे दिये जाते हैं।

१५ पला का एक प्राण होता है। इस हेतु एक दंड में ४, और ३ दंड में १२ प्राण हुए। एक प्राण एक राशि का होता है, इसलिये ३ दंड में प्राण बारह राशियों में एक बार भ्रमण कर जाता है। अतः गणितज्ञों ने यह बतलाया है कि यदि इष्ट, जिसका प्राणपद निकालना है, ३ दंड से विशेष हो तो दंड को ३ से भाग करने पर प्राण का व्यतीत चक्र निकल आयगा। जैसे, उदाहरण १ का इष्ट ५३।७$\frac{1}{2}$ पला है तो ५३ दंड को ३ से भाग करने पर फल १७ और २ दंड ७$\frac{1}{2}$ पला शेष रहा। तात्पर्य्य यह निकला कि जहाँ कहीं से प्राण आरम्भ हुआ हो, वह १७ बार राशियों में भ्रमण कर चुका और शेष २।७$\frac{1}{2}$ भ्रमण करने को रह गया। यह मालूम है कि एक दंड में चार प्राण होते हैं और ७$\frac{1}{2}$ पला १५ पला से कम है। इस कारण यह प्राण का एक अंग है। इससे यह ज्ञात हुआ कि २ दंड के ८प्राण हुए और शेष ७$\frac{1}{2}$ पला रहा। अब १५ पला का एक प्राण अर्थात् ३० अंश (एक राशि) होता है तो ७$\frac{1}{2}$ पला का कितना अंश होगा। प्राण से अंश दो गुणा है (अर्थात् १ पला =$\frac{30}{15}$ अंश के) इसी कारण यह नियम माना गया है कि पला को दो गुणा कर देने से अंश हो जाता है। इसलिये ७$\frac{1}{2}$ पला १५ अंश के बराबर हुआ। फल यह निकला कि ५३।७$\frac{1}{2}$ इष्ट का प्राणपद, सूर्य्य के अंश से आगे ८ प्राण अर्थात् ८ राशि और १५ अंश पर पड़ा। यदि सूर्य्य चरराशि में है तो सूर्य्यस्पष्ट में ८।१५ को जोड़ देने से प्राणपद मिल जायगा। यदि सूर्य्य चरराशि में नहीं है तो सूर्य्यराशि से पंचम वा नवम जो चर हो, उसी में जोड़ा जायगा।

उदाहरण १ में सूर्य्य वृष के २७ अंश में है और वृष चर नहीं है। वृष से नवम मकर राशि चर है। अतः मकर से प्राण का गिना जाना ठीक हुआ। परन्तु प्रश्न यह

उपस्थित होता है कि मकर के किस अंश से प्राण गिना जायगा। इसके गिनने का नियम यह है कि सूर्य्य जिस अंश में हो उसी में चर राशि से आरम्भ होगा। इस कारण मकर के २७ अंश से गिना जायगा।

प्राण ८।१५

चरराशि अंशादि ९।२७

१८।१२ अर्थात् ६।१२।

अतएव तुलाराशि के १२ वें अंश में प्राण हुआ।

"वृहत्पाराशरहोरा" में लिखा है :–घटी चतुर्गुण कार्या तिथ्याप्तैश्च पलैर्युता। दिन करेणापहृतं शेषं प्राणपदं स्मृतम्॥ शेषात्पलांता द्विगुणी विधाय राश्यंशसूर्यर्क्षनियोतिताय। तत्रापि तद्राशिचरान् क्रमेण लग्नांशप्राणांश पदैक्यता स्यात्॥ अर्थात् दंड को (पला को नहीं) चार से गुणा कर देने से प्राण होगा। यदि पला १५ से विशेष हो तो उसे १५ से भाग करने पर जो भागफल हो वह भी प्राण होगा और शेष पलादि को अलग सुरक्षित रख दो। इसके उपरान्त दोनों प्राणों को जोड़ दो और योगफल को १२ से भाग करने पर जो शेष आवे वही प्राण होगा और वह शेष पलादि को जिसे सुरक्षित रक्खा था दो से गुणा कर देने पर अंश हो जायगा।

दोनों गणितरीति से परिणाम एक ही होता है। ध्यान देकर देखने से इसका रहस्य प्रतीत होगा और वहुत आनन्द मिलेगा। इसलिये इस रीति से भी उदाहरण १ का प्राणमान निकाल कर दिया जाता है। इसका ५३।७।३० पला इष्टदंड है। ५३ दंड को ४से गुणा करने पर २१२ प्राण हुआ। यहाँ पला ७½ ही है जो १५ से कम है। इस हेतु पला में कोई प्राण नहीं मिला। अव २१२ प्राण को १२ से भाग देने से शेष ८ प्राण रहा और इष्टदंड का ७½ भी शेष है उसे २ से गुणा किया तो १५ अंश हुआ। इसलिये परिणाम ८ प्राण (राशि) और १५ अंश हुआ। यही फल प्रथम रीति से भी आया था। इसके आगे की विधि दोनों रीतियों से एक ही है। प्राणपद की उपयोगिता धा० १०१ में विस्तारपूर्वक लिखी गयी है।

पदलग्न या लग्नारुढ़।

धा–७९ पदलग्न बनाने की रीति 'सर्वार्थचिन्तामणि' में इस प्रकार लिखा है :–"लग्नाधिपति यावत्तावत्पदम्"। अभिप्राय यह है कि जिस कुण्डली का पदलग्न बनाना हो उसके लग्नाधिपति को देखें कि किस स्थान में है। लग्न से जिस स्थान में लग्नाधिपति रहे, उस स्थान से उतने ही स्थान पर पदलग्न होगा। यदि लग्नाधिपति लग्न से अष्टम स्थान में है तो अष्टम स्थान से अष्टम पदलग्न होगा। यदि किसी का लग्नाधिपति लग्न से सप्तम स्थान में है तो उस सप्तम स्थानसे जो सप्तम होगा वही अर्थात् लग्न ही पदलग्न

होगा। पुनः यदि किसी का लग्नाधिपति लग्न ही में है तो उसका पदलग्न लग्न ही में होगा। जैसे, उदाहरण-कुंडली चक्र ८ (क) का लग्नाधिपति बृहस्पति लग्न से सप्तम स्थान में है। अतः सप्तम स्थान से सप्तम अर्थात् जो लग्न है वही पदलग्न भी हुआ। जैमिनि ने भी पदलग्न का प्रयोग किया है और उसको लग्नारूढ़ कहा है।

नोट :–इस पुस्तक में उदाहरण-कुंडली से चक्र ८ (क) अथवा कुं०सं०९६ ही समझा जायगा।

यामार्द्ध और यामार्द्ध दंड।

बा–८० दिनमान और रात्रिमान के एकैक आठवें भाग को 'यामार्द्ध और एक यामार्द्ध के प्रति चतुर्थ भाग को 'दंड' कहते हैं। दिन में जन्म होने से दिनमान को ८ से भाग देकर दिनयामार्द्ध और दिनयामार्द्ध का चार भाग कर एकैक भाग 'दिन-दण्ड' होगा। रात्रि समय जन्म होने से रात्रिमान को आठ भाग करने से निशायामार्द्ध और निशायामार्द्ध को चार भाग करने से "निशादण्ड" होता है। तत्पश्चात् यह देखना होगा कि जातक का जन्मकाल किस यामार्द्ध के किस दंड में पड़ता है। यह स्थिर करने के उपरान्त यामार्द्ध का अधिपति निश्चय करना होगा। जन्म समय दिन होने से उस दिन का अधिपति प्रथम यामार्द्ध का अधिपति होगा। रवि आदि गणना से छः छः की गिनती करते जाने से जो ग्रह पाये जाते हैं, वे ही क्रमशः दूसरे, तीसरे और चौथे यामार्द्ध के अधिपति होते हैं। इसी प्रकार रात्रि में जन्म होने से जिस वार में जन्म होगा वही वाराधिपति प्रथम यामार्द्ध का अधिपति होता है और उससे पाँच २ की गिनती करते जाने से जो ग्रह मिलें, वे क्रमशः दूसरे, तीसरे और चौथे यामार्द्ध के अधिपति होते हैं। जैसे, किसी का जन्म बुध दिन हुआ तो दिन का प्रथम यामार्द्धाधिपति बुध होगा। बुधवार से षष्ठ चन्द्रवार होता है, अतः चन्द्रमा द्वितीय यामार्द्ध का अधिपति होगा। चन्द्र से षष्ठ शनि तृतीय का और शनि से षष्ठ बृहस्पति चतुर्थ का, बृहस्पति से षष्ठ मंगल पंचम का, मंगल से षष्ठ रवि षष्ठ का, रवि से षष्ठ शुक्र सप्तम का और शुक्र से षष्ठ बुध अष्टम यामार्द्ध का अधिपति होगा। इसी तरह और सब दिवायामार्द्ध जानना चाहिये।

यदि जन्म बुधवार की रात्रि में है तो प्रथम यामार्द्ध का अधिपति बुध और द्वितीय यामार्द्ध का अधिपति बुध से पंचम रवि होगा। रवि से पंचम, बृहस्पति तृतीय का, बृहस्पति से पंचम चन्द्र चतुर्थ का, चन्द्र से पंचम शुक्र पंचम का, शुक्र से पंचम मंगल षष्ठ का, मंगल से पंचम शनि सप्तम का और शनि से पंचम बुध अष्टमखंड का अधिपति होगा। इसी प्रकार और सबों का जानना होगा। यही बात विस्तार-पूर्वक चक्र ३२ और ३३ में दिखलायी गयी है।

दिनयामार्ध चक्र ३२

दिन	१. खण्ड	२. खण्ड	३. खण्ड	४. खण्ड	५. खण्ड	६. खण्ड	७. खण्ड	८. खण्ड
र. वार	र.	शु.	बु.	चं.	श.	बृ.	मं.	र.
चं. वार	चं.	श.	बृ.	मं.	र.	शु.	बु.	चं.
मं. वार	मं.	र.	शु.	बु.	चं.	श.	बृ.	मं.
बु. वार	बु.	चं.	श.	बृ.	मं.	र.	शु.	बु.
बृ. वार	बृ.	मं.	र.	शु.	बु.	चं.	श.	बृ.
शु. वार	शु.	बु.	चं.	श.	बृ.	मं.	र.	शु.
श. वार	श.	बृ.	मं.	र.	शु.	बु.	चं.	श.

दिन दण्डाधिपति चक्र ३२ (क)

दिन	१	२	३	४
रवि	र.	रा.	बु.	चं.
चन्द्र	चं.	र.	रा.	बु.
मंगल	मं.	र.	रा.	बु.
बुध	बु.	चं.	र.	रा.
गुरु	बृ.	चं.	र.	रा.
शुक्र	शु.	मं.	र.	रा.
शनि	श.	मं.	र.	रा.

रात्रि यामार्ध चक्र ३३

दिन	१. खण्ड	२. खण्ड	३. खण्ड	४. खण्ड	५. खण्ड	६. खण्ड	७. खण्ड	८. खण्ड
र. वार	र.	बृ.	चं.	शु.	मं.	श.	बु.	र.
चं. वार	चं.	शु.	मं.	श.	बु.	र.	वृ.	चं.
मं. वार	मं.	श.	बु.	र.	बृ.	चं.	शु.	मं.
बु. वार	बु.	र.	वृ.	चं.	शु.	मं.	श.	वु.
बृ. वार	वृ.	चं.	शु.	मं.	श.	बु.	र.	बृ.
शु. वार	शु.	मं.	श.	बु.	र.	बृ.	चं.	शु.
श. वार	श.	बु.	र.	बृ.	चं.	शु.	मं.	श.

रात्रि दण्डाधिपति चक्र ३३ (क)

दिन	१	२	३	४
रवि	र.	शु.	बु.	चं.
चन्द्र	चं.	श.	बृ.	मं.
मंगल	मं.	र.	शु.	बु
बुध	बु.	चं.	श.	बृ.
गुरु	बृ.	मं.	र.	शु.
शुक्र	शु.	बु.	चं.	श.
शनि	श.	वृ.	मं.	र.

ऊपर लिखा गया है कि एकैक यामार्द्ध के चार २ खंड होते हैं। सुतरां, प्रत्येक यामार्द्ध में क्रमानुसार चार दंडाधिपति होते हैं।

दिन में रवि के यामार्द्ध में सूर्य्य, राहु, बुध और चन्द्र क्रमानुसार दंडाधिपति होते हैं। चन्द्रमा के यामार्द्ध में चं. सू. रा. और बु. होते हैं। मंगल के यामार्द्ध में मं. र. रा. और

बु.। बुध के यामार्द्ध में बु.चं.र. और रा.। बृहस्पति के यामार्द्ध में बृ. चं. र. और रा.। शुक्र के यामार्द्ध में शु. मं. र. और रा. और शनि के यामार्द्ध में श. मं. र. और रा.। इसको चक्र ३२ (क) में दिखलाया गया है।

रात्रि में रवि के यामार्द्ध में र. शु. बु. और चं.। चन्द्रमा के यामार्द्ध में चं. श. बृ. और मं.। मंगल के यामार्द्ध में मं. र. शु. और बु.। बुध के यामार्द्ध में बु. चं. श. और बृ.। बृहस्पति के यामार्द्ध में बृ. मं. र. और शु.। शुक्र के यामार्द्ध में शु. बु. चं. और श. और शनि के यामार्द्ध में श. बृ. मं. और र.। उत्तरोत्तर दंडाधिपति होते हैं। इसको चक्र ३३ (क) में दिखलाया गया है। इसी तरह किस ग्रह के यामार्द्ध के किस ग्रह के दण्ड में जन्म हुआ है, स्थिर करना होता है।

उदाहरण १ (उदाहरण कुंडली नहीं) का जन्म-समय रात्रि है। दिनमान ३३।५२ पला को ६० दंड से घटाने पर शेष २६।८ रात्रिमान हुआ। रात्रि समय जन्म होने से रात्रि-मान २६।८ को ८ से भाग दिया, तो प्रतिखंड ३।१६ पला का हुआ।

जन्म-समय अर्थात् इष्टदंड ५३।८ है और दिनमान ३३।५२ पला है। ५३।८ पला से दिनमान ३३।५२ पला घटा दिया तो शेष १९।१६ पला रात्रि गत होने पर जन्म हुआ। एक खंड ३।१६ पला का हुआ था तो अब देखना है कि कितने खंड बीतने पर जन्म हुआ। ३।१६ पला की पाँच आवृत्ति होने से अर्थात् ५ खंड बीतने से १६।२० होगा। पर जन्म १९।१६ पला रात्रि गत होने पर है। इस कारण १९।१६ से १६।२० घटा दिया जाय तो शेष २।५६ पला रहा जो ३।१६ या एक खंड से कम है। इससे बोध हुआ कि जन्म ५ खंड बीतने के बाद छठे खंड में है। चक्र ३३ से बोध होगा कि बुधवार की रात्रि में जन्म होने के कारण पंचम खंड शुक्र का बीत कर छठा मंगल का है। अतः यह निश्चय हुआ कि जन्म मंगल के रात्रियामार्द्ध में है।

अब यह जानना है कि जन्म किस दंड में हुआ। एक खंड ३।१६ का हुआ और प्रति-खंड में चार दंड होते हैं; इसलिये ३।१६ को ४ से भाग करने पर ४९ पला हुआ या यों कहें कि ४९ पला का एक 'दंड' हुआ। परन्तु षष्ठ खंड का २।५६ पला जन्म-समय तक बीत चुका था, इस हेतु साधारण गणित से यह मालूम होता है कि तीन 'दंड' बीतने पर चौथे 'दंड' में जन्म है क्योंकि ४९ पला का १ 'दंड' होता है तो ३ दंड में १४७ पला बीता। १४७ पला अर्थात् २।२७ को २।५६ से घटा देने पर २९ पला शेष रहेगा। अतः सिद्ध हुआ कि मंगल के चौथे ,दंड में जन्म हुआ जो चक्र ३३ (क) में देखने से मालूम होगा कि रात्रि यामार्द्ध में मंगल का चौथा 'दंड' बुध का है। फलतः यों कहा जायगा कि उदाहरण १ का जन्म मंगल के रात्रियामार्द्ध में और बुध के रात्रिदंड में हुआ है।

उदाहरण २ का इष्टदंड १०।५८ पला और जन्म-दिन शुक्रवार है। दिन में जन्म होने के कारण उस दिन के दिनमान ३३।३७ पला को ८ से भाग दिया तो फल ४।१२$\frac{1}{8}$ का

एक खंड हुआ। इष्टदंड १०।५८ पला है, जिसमें ४।१२ १/७ दो बार गत होने से ८।२४ २/७ गत हुआ और तीसरे खंड का २।३३ ५/७ पला पर जन्म हुआ। (१०।५८ से ८।२४ २/७ घटा दिया) तो यह बोध हुआ कि दिनयामार्द्ध में शुक्रवार के तृतीय खंड में जन्म हुआ। चक्र ३२ के अनुसार वह चन्द्रमा का खंड है।

अब किस 'दंड' में जन्म हुआ यह निकालना है। ४।१२ १/७ पला का एक खंड है जिसको ४ से विभाजित करने पर १।३ पला का एक भाग हुआ। ऊपर लिखा जा चुका है कि तीसरे खंड का २।३३ ५/७ रह गया था। इससे यह पता चलता है कि तीसरे खंड का जन्म है या यों समझिये कि जन्म चन्द्रमा के दिनयामार्द्ध में तथा चन्द्रमा के तीसरे 'दंड' में है। चक्र ३२ (क) से बोध होगा कि चन्द्रमा का तीसरा 'दंड' राहु का होता है। फलतः उदाहरण २ का जन्म चन्द्रमा के दिवायामार्द्ध में तथा राहु के दिवादंड में हुआ।

सप्तशलाका चक्र ३४

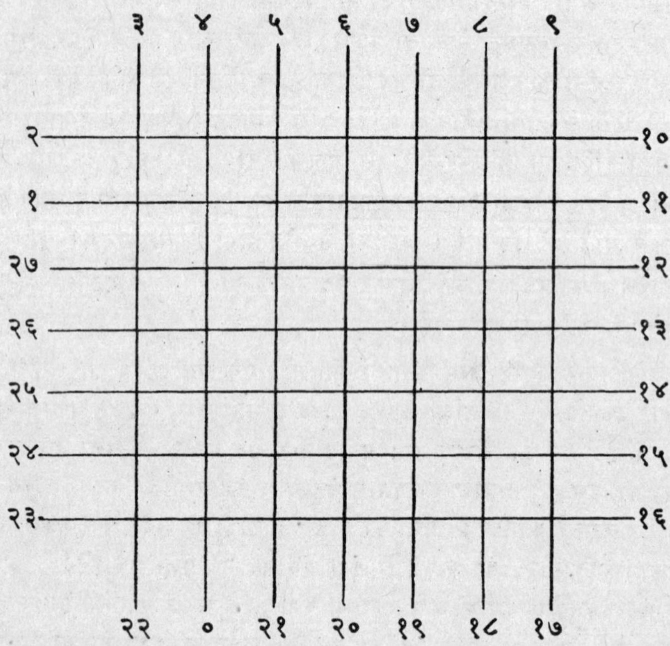

धा–८१ ऊपर सप्तशलाका चक्र अंकित है। इस चक्र से यह बोध होता है कि किस ग्रह को किस ग्रह से बेध होता है। इसके देखने की विधि इस प्रकार है। जैसे, मान लें कि शनि के साथ किसी का वेध है या नहीं देखना है, तो पहिले इस बात को देखना होगा कि

शनि किस नक्षत्र में हैं। मानलें कि शनि मूला और शु. पुनर्वसु में है। चक्र २ (क) के देखने तथा अश्विनी से गणना करने से ज्ञात होता है कि पुनर्वसु सातवाँ और मूला उन्नीसवाँ नक्षत्र है। अब चक्र ३४ के देखने से मालूम होता है कि १९ और ७ एक सीध में हैं। इसी को बेध कहते हैं अर्थात् शु. और श. में बेध होता है।

अध्याय ६

दशा-अन्तर-दशा जानने की विधि

धा–८२ लिखा जा चुका है कि गतर्क्ष और सर्वर्क्ष क्या पदार्थ है (धा-६४)। पुनः इतना लिख देना आवश्यक है कि जिस नक्षत्र में किसी का जन्म हो उसके पूरे दंडादिमान को सर्वर्क्ष और उस नक्षत्र के जितने दंडादि पला के गत होने पर जन्म हो, उसे गतर्क्ष कहते हैं। इसको क्रमशः भभोग्य और भजात भी कहते हैं।

दशा के बहुत से भेद हैं। परन्तु अष्टोत्तरी और विंशोत्तरी दशा का प्रचार विशेष रूप से है। वंगवासी पंडितगण प्रायः अष्टोत्तरी को व्यवहार में लाते हैं परन्तु जहाँ तक लेखक को मालूम है विंशोत्तरी दशा का प्रयोग भारतवर्ष के अनेक स्थानों में होता है। सुतरां, यहाँ विंशोत्तरी दशा का ही प्रयोग किया जाता है।

यूरोपीय देशों में दशा-अन्तर-दशा की रीति से फलाफल कहने की प्रणाली नहीं है। वहाँ के लोग प्रायः गोचर ही मानते हैं। यद्यपि उस विषय पर लिखना ध्येय नहीं है परन्तु पाठकों के मनोरञ्जनार्थ इतना लिख दिया जाता है कि वे लोग फलाफल किस रीति से कहते हैं। जैसे, यदि किसी के जन्म-समय में सूर्य्य वृष के २७ अंश में है तो एक दिन गत होने पर वह लगभग २८वें अंश में चला जायगा और २८ वें अंश में जाने से यदि सूर्य्य की दृष्टि, (उन लोगों की दृष्टि गणनानुसार) किसी ग्रह पर पूर्णरूपेण पड़ गयी तो ऐसी दृष्टि का शुभाशुभ फल प्रथम वर्ष में ही हो जायगा। पाश्चात्य ज्योतिषियों का फल-समय निर्माण करने की मार्मिक विधि अति संक्षिप्त रूप से ऐसी ही है।

दशा-क्रम एवं दशा-वर्ष

धा–८३ भारतवर्ष में मनुष्य की परमायु, कलियुग में १२० वर्ष की मानी गयी है। कहा जाता है कि द्वापर में (१२० × ५) ६०० वर्ष, त्रेता में (१२० × ३०) ३६०० वर्ष और सतयुग में (१२० × १२०) १४४०० वर्ष की आयु मानी जाती थी।

इस १२० वर्ष में नवग्रह जन्मकुण्डली के अनुसार अपना २ शुभाशुभ फल देते हैं।

परन्तु सबों का वर्षमान सम नहीं होता और इसी को ग्रहों की महादशा कहते हैं। सूर्य्य की महादशा ६ वर्ष, चन्द्रमा की महादशा १० वर्ष,मंगल की महादशा ७ वर्ष, राहु की महादशा १८ वर्ष, बृहस्पति की महादशा, १६ वर्ष, शनि की महादशा १९ वर्ष, बुध की महादशा १७ वर्ष, केतु की महादशा ७ वर्ष, और शुक्र की महादशा २० वर्ष की होती है। और यह भी निश्चित है कि पहिले सूर्य्य तब चन्द्रमा और तत्पश्चात् क्रमशः मंगल, राहु, बृहस्पति, शनि, बुध, केतु और शुक्र की महादशा होती है। "सूचंमंरा, बृशबुकेशु" इसके स्मरण रखने से दशा-क्रम स्मरण रखने में सुविधा होगी। (सू. से सूर्य्य, चं. से चन्द्रमा मं. से से मंगल इत्यादि)।

किस नक्षत्र में जन्म होने से किसकी महादशा होती है

धा–८४ कृत्तिका, उत्तरा और उत्तराषाढ़ नक्षत्र में जन्म होने से सूर्य्य की महादशा होती है। रोहिणी, हस्ता और श्रवणा में जन्म होने से चन्द्रमा की महादशा होती है। इसी प्रकार मृगशिरा, चित्रा और धनिष्ठा में मंगल की, आद्रा, स्वाती और शतभिषा में राहु; पुनर्वसु, विशाखा और पूर्वभाद्र में बृहस्पति; पुष्य, अनुराधा और उत्तराभाद्र में शनि, अश्लेषा, ज्येष्ठा और रेवती में बुध ; मघा, मूला और अश्विनी में केतु और पूर्वा, पूर्वाषाढ़ और भरणी में जन्म होने से शुक्र की महादशा होती है। नीचे चक्र ३५ म यही बातें दिखलायी गयी हैं।

चक्र ३५

महादशा ग्रह-क्रम	वर्ष	नक्षत्रों के नाम और संख्या					
सूर्य्य	६	कृ.	३	उत्तरा	१२	उ. षा.	२१
चन्द्रमा	१०	रो.	४	हस्ता	१३	श्रवणा	२२
मंगल	७	मृ.	५	चित्रा	१४	धनिष्ठा	२३
राहु	१८	आ.	६	स्वा.	१५	शत.	२४
बृहस्पति	१६	पु.	७	विशाषा	१६	पू. भाद्र	२५
शनि	१९	पुष्य	८	अनुराधा	१७	उ. भा.	२६
बुध	१७	अश्ले.	९	ज्येष्ठा	१८	रेवती	२७
केतु	७	मघा	१०	मूला	१९	अश्विनी	१
शुक्र	२०	पूर्वा	११	पूर्वाषाढ़	२०	भरणी	२

चक्र की सहायता बिना जन्म दशा जानने की सुगम विधि इस प्रकार है। जिस नक्षत्र में जन्म हो उसे अश्विनी से गिनने पर जो संख्या आवे, उससे २ घटा कर शेष को ९ से भाग देने पर यदि शेष १ रहे तो सूर्य्य की महादशा, २ रहे तो चन्द्रमा की, इसी तरह दशा-क्रमानुसार दशा होगी और शेष नहीं रहने से ९वीं दशा शुक्र की होगी। पर यदि ९ से भाग न लग सके तो २ घटाने पर जो अंक बच जाय उसी के अनुसार दशा होगी।

मान लें कि किसी का जन्म श्रवणा नक्षत्र में है। अश्विनी से गिनने पर श्रवणा २२वाँ नक्षत्र होता है। २२ से २ घटा दिया तो शेष २० रहा। २० को ९ से भाग देने पर शेष २ रहता है। अतः उपरोक्त नियमानुसार २ शेष रहने पर चन्द्रमा की महादशा हुई। इसी तरह यदि किसी का जन्म पुष्य नक्षत्र में है तो अश्विनी से गिनने पर यह ८वाँ नक्षत्र होता है। ८ से २ घटा दिया तो शेष ६ रहा। ६ अंक ९ से कम होने के कारण इसमें ९ से भाग न होगा। अतः ६ से मालूम हुआ कि छठवीं महादशा में जन्म है और यह शनि की दशा होती है। इसलिये पुष्य में जन्म होने से शनि की दशा होती है। चक्र में भी देखने से फल एकही आता है। उदाहरण १ का जन्म-नक्षत्र मूला है। अश्विनी से गिनने पर मूला १९वाँ नक्षत्र है। १९ से २ घटा दिया तो शेष १७ रहा। इसमें ९ से भाग दिया तो शेष ८ रहा। सूर्य्य से ८ वीं दशा केतु की होती है। अतः केतु की महादशा का जन्म है।

जन्मदशा की समय-निर्माण-विधि।

धा–८५ (१) ऊपर लिखा जा चुका है कि कृत्तिका में जन्म होने से सूर्य्य की दशा होती है। परन्तु जन्म समय तक यदि कृत्तिका आधी बीत चुकी हो तो जन्म के बाद सूर्य्य का तीन ही बर्ष मिलेगा। इसी तरह यदि कृत्तिका का एक चतुर्थांश बीत गया हो तो सूर्य्य के छः वर्ष का एक चतुर्थांश जन्म समय के पूर्व ही गत माना जायगा। इस कारण यदि कृत्तिका का कुल भोगदंड अथात् सर्वर्क्ष और जन्म-समय का भुक्तदंड अर्थात् गतर्क्ष मालूम हो तो त्रयराशिक से यह मालूम हो जायगा कि यदि भोगदंड में ६ वर्ष है तो भुक्त-दंड में कितने वर्ष होंगे। जो उत्तर आवेगा वही भुक्त वर्ष होगा और उसे महादशा-बर्षमान से घटा देने पर सूर्य्य का भोग्य वर्ष निकल आयगा।

उदाहरण १ का मूला सर्वर्क्ष ६१।२ और गतर्क्ष २३।४० है (देखो धा. ६४)। अब

केतु का मान ७ वर्ष है तो यदि ६१।२ में ७ वर्ष होता है ; इसलिये २३।४० में कितने वर्ष होंगे।

उत्तर २ वर्ष ८ महीना १७ दिन, भुक्तवर्षादि हुए। यही केतु के महादशा-वर्षमान ७ से घटाने पर भोग्य वर्षदिमान होगा।

(२) चन्द्रस्पष्ट से भी, किस महादशा का जन्म है तथा उसका कितना वर्ष हुआ, मालूम हो सकता है। उसकी विधि यह है कि चन्द्रस्पष्ट की राशि और अंशकला इत्यादि को कला में परिवर्तन कर ८०० आठ सौ से भाग दिया जाय। भागफल से १ घटा कर शेष-फल को ९ से भाग दें (यदि ९ वा ९ से कम हो तो भाग देने की आवश्यकता नहीं)। यदि १ शेष हो तो सूर्य्य की दशा होगी। इसी तरह २ शेष होने से चं.; ३ से मंगल; ४ से राहु ; ५ से बृहस्पति ; ६ से शनि; ७ से बुध ; ८ से केतु और ९ से शेष होने से शुक्र की दशा होती है। पुनः कला को ८०० आठ सौ से भाग देने पर जो शेष बचा था उसको उस ग्रह के महादशामान से गुणा कर, गुणनफल में ८०० आठ सौ से भाग दें। भागफल महादशा के गतवर्ष होंगे और पुनः शेष को १२ से गुणा कर ८०० आठ सौ से भाग देने पर जो फल आवेगा वह दशा का गत मास होगा। पुनः शेष को ३० से गुणा कर ८०० आठ सौ से भाग देने पर जो भागफल होगा वह दशा का गतदिन होगा। शेष को ६० से गुणा ८०० आठ सौ से भाग देने से गतदंड होगा, इत्यादि।

उदाहरण १ का चन्द्रस्पष्ट ८।५।१०।१२ है। इन सबों के कला में परिवर्त्तन करने से १४७१० कला और १२ विकला हुआ। इसको ८०० आठ सौ से भाग देने पर १८ भागफल हुआ और ३१०।१२ शेष रहा। भागफल से १ घटाया शेष १७ रहा। इसमें ९ से भाग देने पर शेष ८ रहा। आठवीं दशा केतु की होती है। शेष बचे हुए ३१०।१२ को केतु के महादशामान ७ से गुणा किया तो २१७१।२४ आया। इसमें ८०० से भाग करने पर भागफल २ आया जो केतु महादशा का गतवर्ष हुआ। शेष ५७१।२४ जो रहा उसको १२ से गुणा कर ८०० से भाग दिया तो भागफल ८ गतमास हुआ। पुनः शेष ४५६।४८ को ३० से गुणा कर ८०० से भाग दिया तो भागफल १७ दिन आया। फलतः केतु की महादशा में २ वर्ष ८ महीना १७ दिन गत होने पर उदाहरण १ का जन्म है और यही फल प्रथम रीति से भी आया था।

अन्तरदशा

धा–८६ प्रति दशा में इन ९ दशाओं की अन्तरदशा होती है। जैसे, मंगल की महादशा में पहिली अन्तरदशा मंगल की, दूसरी राहु की, तीसरी बृहस्पति की, चौथी शनि की, पाँचवीं बुध की, छठी केतु की, सातवीं शुक्र की, आठवीं सूर्य्य की और नवीं चन्द्र की अन्तर-दशा होने पर मंगल की महादशा समाप्त होती है। इसी प्रकार केतु की महादशा में पहिली अन्तरदशा केतु की, दूसरी शुक्र की, तीसरी सूर्य्य की, चौथी चन्द्रमा की, पाँचवीं मंगल की, छठी राहु की, सातवीं बृहस्पति की, आठवीं शनि की और नवीं बुध की अन्तर-दशा होती है। इसी तरह और सब महादशाओं की अन्तरदशा जानना चाहिये। स्मरण रखने की बात यही है कि जिसकी महादशा होती है उसी की पहली अन्तरदशा भी होती है और इसके बाद महादशा के क्रमानुसार अन्तरदशा का क्रम होता है।

१२० वर्ष की परमायु में प्रत्येक ग्रह का दशामान होता है। उसी रीति से प्रति ग्रह के दशामान में उसकी अन्तरदशा के ग्रहों का भी मान है। जैसे, १२० वर्ष में सूर्य्य का भाग ६ वर्ष है तो सूर्य्य की महादशा में सूर्य्य की अन्तरदशा मान त्रयराशिक से निकाल लिया जायगा। परन्तु बिना त्रयराशिक के अन्तरदशा निकालने की रीति इस प्रकार है। जैसे, यदि सूर्य्य की महादशा में सूर्य्य की अन्तरदशा जानना है तो सूर्य्य के दशा-वर्ष को सूर्य्य के ही दशा-वर्ष से गुणा कर दिया जाय। जैसे ६ × ६ = ३६। इस ३६ में इकाई के स्थान को छोड़कर शेष ३ रहा, वह मास हुआ और इकाई के स्थान में जो ६ है उसको ३ से गुणा करने से १८ दिन हुए। तात्पर्य्य यह कि ३ मास १८ दिन सूर्य्य की महादशा में सूर्य्य की अन्तरदशा हुई। यही फल त्रयराशिक करने से भी आयगा।

पुनः यदि मालूम करना है कि सूर्य्य की महादशा में चन्द्रमा की अन्तरदशा कितनी होगी तो इसके बनाने की विधि यह है। सूर्य्य की महादशा के वर्ष को चन्द्र के महा दशावर्ष से गुणा कर दिया तो ६ × १० = ६० हुआ। एकाई की जगह शून्य है, इस कारण ६ मास उत्तर आया। फलतः सूर्य्य की महादशा में चन्द्रमा की अन्तर-दशा ६ मास तक रहती है।

पुनः यदि यह जानना हो कि सूर्य्य की महादशा में मंगल की अन्तर-दशा कितनी होगी तो सूर्य्य के ६ अंक को मंगल के अंक ७ से गुणा करने पर ४२ हुआ। एकाई के स्थान को ३ से गुणा किया तो ६ हुआ अतः ४ महीना ६ दिन मंगल की अन्तर-दशा सूर्य्य की महा-

दशा में हुई। इसी रीति से राहु की अन्दर-दशा निकाली जायगी। सूर्य्य का वर्ष ६ राहु का वर्ष १८=१०८। एकाई की जगह ८ को ३ से गुणा किया तो २४ हुआ। उत्तर १० महीना २४ दिन निकला। सूर्य्य की महादशा बृहस्पति की अन्तरदशा इस प्रकार है। सूर्य्य का ६, बृहस्पति का १६। ६× १६=९६। एकाई अंक ६ को ३ से गुणा किया तो १८ हुआ। अतः ९ मास १८ दिन बृहस्पति की अन्तरदशा निकली।

राहु की महादशा में राहु का अन्तर यों होगा। राहु का अंक १८×१८ (क्योंकि राहु ही का अन्तर जानना है)=३२४। एकाई के अंक ४ को ३ से गुणा किया तो १२ आया। अतएव ३२ महीना १२ दिन अर्थात् २ वर्ष ८ महीना १२ दिन हुआ। इसी प्रकार राहु की महा दशा में बृहस्पति की अन्तरदशा इस प्रकार निकाली जायगी। राहु का १८× (बृहस्पति का) १६=२८८। एकाई वाले अंक ८ को ३ से गुणा करने पर २४ हुआ। अतः २८ महीना २४ दिन अर्थात् २ वर्ष ४ महीना २४ दिन उत्तर आया।

नियम केवल यही है कि महादशा के वर्ष को अन्तरदशा वाले ग्रह के महादशावर्ष से गुणा करने पर जो उत्तर आवे, उसके एकाई स्थान के अंक को ३ से गुणा करने पर दिन निकल आयगा और एकाई स्थान को छोड़कर जो शेष अंक रहेगा वह मास होगा। यह रीति इतनी सुगम है कि बिना चक्रादि के सहारे अन्तरदशा बनायी जा सकती है। नीचे चक्र ३६ में अन्तरदशायें लिख दी गयी हैं।

अन्तर-दशा चक्र ३६

महादशेश	अन्तरदशेश	दिन	मासादि	महादशेश	अन्तरदशेश	दिन	मासादि
रवि ६ वर्ष = २१६० दिन	रवि	१०८	३.१८	चन्द्रमा १० वर्ष = ३६०० दिन	चन्द्रमा	३००	१०.०
	चन्द्रमा	१८०	६.०		मंगल	२१०	७.०
	मंगल	१२६	४.६		राहु	५४०	१८.०
	राहु	३२४	१०.२४		बृहस्पति	४८०	१६.०
	बृहस्पति	२८८	९.१८		शनि	५७०	१९.०
	शनि	३४२	११.१२		बुध	५१०	१७.०
	बुध	३०६	१०.६		केतु	२१०	७.०
	केतु	१२६	४.६		शुक्र	६००	२०.०
	शुक्र	३६०	१२.०		रवि	१८०	६.०

महादशेश	अन्तरदशेश	दिन	मासादि	महादशेश	अन्तरदशेश	दिन	मासादि
मंगल ७ वर्ष=२५२० दिन	मंगल	१४७	४.२७	राहु १८ वर्ष=६४८० दिन	राहु	९७२	३२.१२
	राहु	३७८	१२.१८		बृहस्पति	८६४	२८.२४
	बृहस्पति	३३६	११.६		शनि	१०२६	३४.६
	शनि	३९९	१३.९		बुध	९१८	३०.१८
	बुध	३५७	११.२७		केतु	३७८	१२.१८
	केतु	१४७	४.२७		शुक्र	१०८०	३६.०
	शुक्र	४२०	१४.०		रवि	३२४	१०.२४
	रवि	१२६	४.६		चन्द्रमा	५४०	१८.०
	चन्द्रमा	२१०	७.०		मंगल	३७८	१२.१८
बृहस्पति १६ वर्ष=५७६० दिन	बृहस्पति	७६८	२५.१८	शनि १९ वर्ष=६८४० दिन	शनि	१०८३	३६.३
	शनि	९१२	३०.१२		बुध	९६९	३२.९
	बुध	८१६	२७.६		केतु	३९९	१३.९
	केतु	३३६	११.६		शुक्र	११४०	३८.०
	शुक्र	९६०	३२.०		रवि	३४२	११.१२
	रवि	२८८	९.१८		चन्द्रमा	५७०	१९.०
	चन्द्रमा	४८०	१६.०		मंगल	३९९	१३.९
	मंगल	३३६	११.६		राहु	१०२६	३.४६
	राहु	८६४	२८.२४		बृहस्पति	९१२	३०.१२
बुध १७ वर्ष=६१२० दिन	बुध	८६७	२८.२७	केतु ७ वर्ष=२५२० दिन	केतु	१४७	४.२७
	केतु	३५७	११.२७		शुक्र	४२०	१४.०
	शुक्र	१०२०	३४.०		रवि	१२६	४.६
	रवि	३०६	१०.६		चन्द्रमा	२१०	७.०
	चन्द्रमा	५१०	१७.०		मंगल	१४७	४.२७
	मंगल	३५७	११.२७		राहु	३७८	१२.१८
	राहु	९१८	३०.१८		बृहस्पति	३३६	११.६
	बृहस्पति	८१६	२७.६		शनि	३९९	१३.९
	शनि	९६९	३२.९		बुध	३५७	११.२७

महादशा	अन्तरदशा	दिन	मासादि
शुक्र २०वर्ष=७२०० दिन	शुक्र	१२००	४०.०
	रवि	३६०	१२.०
	चन्द्रमा	६००	२०.०
	मंगल	४२०	१४.०
	राहु	१०८०	३६.०
	वृहस्पति	९६०	३२.०
	शनि	११४०	३८.०
	बुध	१०२०	३४.०
	केतु	४२०	१४.०

प्रति-अन्तर-दशा।

धा-८७ ग्रहों फी प्रति-अन्तर-दशा भी होती है। ऊपर लिखा गया है कि सूर्य्य की महादशा में सूर्य्य की अन्तरदशा ३ मास १८ दिन है। इस ३ मास और १८ दिन में सब ग्रहों का उसी क्रम और परिमाणानुसार प्रत्यन्तर भी होता है। पुनः प्रत्यन्तरदशा में फिर उसी क्रम और भाग से सब ग्रहों की दशा बीतती है जिसे सूक्ष्मदशा कहतेहैं। इस छोटी सी पुस्तक में प्रत्यन्तर और सूक्ष्मदशा का चक्र देना उचित न समझा गया। परन्तु प्रत्यन्तर बनाने की सुगमरीति नीचे दी जाती है।

मान लें कि शुक्र की महादशा में बृहस्पति का अन्तर है और बृहस्पति में शनि का प्रत्यन्तर जानना है तो शुक्र का २०, बृहस्पति का १६ और शनि का १९ तीनों की आपस में गुणा कर उसमें ४० से भाग देने पर जो उत्तर आवेगा उतना ही दिन शुक्र की महादशा में बृहस्पति के अन्तर में शनि का प्रत्यन्तर होगा। जैसे. $\frac{२० \times १६ \times १९}{४०} = १५२$ दिन अर्थात् ५ मास २ दिन।

दूसरा उदाहरण लीजिये। सूर्य्यं की महादशा में मंगल का अन्तर है और उसमें राहु का प्रत्यन्तर जानना है तो (सूर्य्यं का) ६ × (मंगल का) ७ × (राहु का) १८ ÷ ४० =१८ दिन ५[illegible] [illegible]।

नियम यह हुआ कि महादशा के वर्ष को अन्तर-दशा के वर्ष से और उसको पुनः प्रत्यन्तर के वर्ष से गुणा कर ४० से भाग देने पर दिन आयेगा। वही उस प्रत्यन्तरदशा का दिन होगा।

महर्षि पराशर ने तो लगभग ४२ प्रकार के दशा-विधि बतलायी है। परन्तु साधारण कार्यवाही के लिये और सबसे उपयोगी विंशोत्तरी नक्षत्रदशा है।

१२० वर्ष सौरवर्ष या नक्षत्र वर्ष ?

धा.८८. भारतवर्ष में वर्षमान कई प्रकार के होते हैं। जैसे सौरवर्ष, नक्षत्रवर्ष, चान्द्र-वर्ष इत्यादि। सौरवर्ष का मान ३६५ दिन १५ घटी और ३१ विघटी और नक्षत्र वर्ष का मान ३६० दिन होता है। अब प्रश्न यह उठता है कि १२० वर्ष की परमायु जो विंशोत्तरी दशाक्रम में मानी गयी है, वह कौन वर्ष है? प्रायः लोग उसे सौरवर्ष मान कर ही दशा बनाते हैं पर कतिपय विद्वानों का कथन है कि ऐसा करना भूल है। इसीलिये फल कहने में प्रायः भूल हुआ करती है। 'दैवज्ञ-विलास' में लिखा है :–

सौरेण रात्रि दिवयोः प्रमाणं स्कंन्ति काला षड़शीतयश्च।
श्रुतिस्मृति प्रोक्तविधं विवाहं यात्रादिसर्वं कयन्तियान्द्रं॥
स्त्रीगर्भ शुध्यागम सूतकादि कालावबोधः खलुसावनेन्।
नाक्षत्रभानेन तु मेघगर्भान्विनिर्दिशेदायुरपि प्रजानम्॥

अर्थात् बादल का बनना और मनुष्य की आयु का विचार नक्षत्रमान वर्ष से होना चाहिये। मैसूर के एक विद्वान एच. एन. सूबाराव ने अपनी पुस्तक "सिनोपसिस ऑफ होरोस-कोपी" (Synopsis of Horoscopy) में लिखा है कि स्मृतिरत्नकोष, ज्योतिषनरा-ध्याय, ज्योतिषार्णव और ज्योतिषरत्नाकर आदि ग्रन्थों का भी यही मत है। इस कारण १२० वर्ष को नक्षत्र वर्ष मानने से मनुष्य की आयु ११८ वर्ष २ मास २९ दिन की होगी।

सौर वर्ष में ग्रहों की दशा एवं अन्तर दशा चक्र ३६ (क)

महादशा → / अन्तर-दशा ↓	रवि ५ १० २८ २७ वर्ष मा. दि. दं.	चन्द्रमा ९ १० ७ २५ वर्ष मा. दि. दं.	मगल ६ १० २३ १२ वर्ष मा. दि. दं.	राहु १७ ८ २५ २१ वर्ष मा. दि दं.	बृहस्पति १५ ९ ५ ५२ वर्ष मा. दि. दं.	शनि १८ ८ २० ६ वर्ष मा. दि. दं.	बुध १६ ९ ० ३६ वर्ष मा. दि. दं.	केतु ६ १० २३ १२ वर्ष मा. दि. दं.	शुक्र १९ ८ १४ ५० वर्ष मा. दि. दं.
सूर्य	० ३ १६ २६	० ५ २७ २३	० ४ ४ १०	० १० १९ १६	० ९ १३ ४८	० ११ ७ ०	० १० १ ३१	० ४ ४ १०	० ११ २४ ४५
चन्द्रमा	० ५ २७ २३	० ९ २५ ३७	० ६ २६ ५६	१ ५ २२ ७	१ ३ २२ ५९	१ ६ २१ ४०	१ ४ २२ ३३	० ६ २६ ५६	१ ७ २१ १४
मंगल	० ४ ४ १०	० ६ २६ ५६	० ४ २४ ५१	१ ० १२ २८	० ११ १ ५	१ १ ३ १०	० ११ २१ ४८	० ४ २४ ५१	१ १ २३ ५२
राहु	० १० १९ १६	१ ५ २२ ७	१ ० १२ २९	२ ७ २७ ४८	२ ४ ११ २३	२ ९ २१ २	२ ६ ४ ३५	१ ० १२ २९	२ ११ १४ १४
बृहस्पति	० ९ १३ ४८	१ ३ २२ ५९	० ११ १ ५	२ ४ ११ २३	२ १ ६ ४७	२ ५ २८ ४१	२ २ २४ ५	० ११ १ ५	२ ७ १५ ५९
शनि	० ११ ७ ०	१ ६ २१ ४०	१ १ ३ १०	२ ९ २१ २	२ ५ २८ ४१	२ ११ १७ ११	२ ७ २४ ५१	१ १ ३ १०	३ १ १३ २१
बुध	० १० १ २९	१ ४ २२ ३३	० ११ २१ ४८	२ ६ ४ ३५	२ २ २४ ५	२ ७ २४ ५१	२ ४ १४ २१	० ११ २१ ४८	२ ९ १५ ६
केतु	० ४ ४ १०	० ६ २६ ५६	० ४ २४ ५१	१ ० १२ २८	० ११ १ ५	१ १ ३ १०	० ११ २१ ४८	० ४ २४ ५१	१ १ २३ ५२
शुक्र	० ११ २४ ४५	१ ७ २१ १४	१ १ २३ ५२	२ ११ १४ १४	२ ७ १५ ५९	३ १ ३ २१	२ ९ १५ ६	१ १ २३ ५२	३ ३ १२ २७
जोड़	५ १० २८ २७	९ १० ७ २५	६ १० २३ १२	१७ ८ २५ २१	१५ ९ ५ ५२	१८ ८ २० ६	१६ ९ ० ३६	६ १० २३ १२	१९ ८ १४ ५०

ग्रहों का अस्त होना।

धा.८९ यह सर्वस्वीकृत मत तथा प्रत्यक्ष भी है कि सबसे देदीप्यमान ग्रह सूर्य्य है। अन्य सभी ग्रह सूर्य्य के ही प्रकाश से प्रकाशमान होते हैं। साधारण विज्ञान से भी यह सिद्ध है कि कम ज्योति वाली पदार्थ ज्यों २ विशेष ज्योति के समीप जाती है, उसकी ज्योति क्रमशः घटती जाती है अर्थात् उसकी ज्योति कम मालूम पड़ती है और अन्त में एक ऐसे स्थान पर आ जाती है जहाँ उसकी ज्योति इतनी निर्बल हो जाती है कि वह वस्तु बिलकुल अदृश्य अर्थात् 'अस्त' हो जाती है। इसी प्रकार सूर्य्य के समीप जब कोई ग्रह आ जाता है तो उसकी ज्योति विलीन हो जाती है अर्थात् वह ग्रह अस्त हो जाता है। शास्त्रकारों ने लिखा है कि चं. जब सूर्य्य के १२ अंश के भीतर आता है तो वह अस्त होता है। इसी तरह जब मं. १७, बु. १४, बुध वक्री १२, बृ. ११, शु. १०, शु.वक्री ८, और श. १५ अंश के भीतर आ जाते हैं, तो वे अस्त हो जाते हैं।

ॐ शान्तिः ! शान्तिः !! शान्तिः !!!

श्रीगणेशाय नमः ।

ज्योतिष रत्नाकर

बट सूर्यं श्रवसामहा ँ असि सत्रादेवमहा ँ असि ॥
मन्नहा देवानाम सूर्य्यं ÷ पुरोहितोऽविभुज्ज्योतिरदाभ्यम् ॥
यं शैवाः समुपासते शिव इति ब्रह्मनेति वेदान्तिनो ।
वोद्धाः वुद्ध इतिप्रमान पटवः कर्त्तेतिनैयायिकाः ॥
अर्हन्नित्यथ जैनशासनरताः कर्मेति मीमांसकाः ।
सोयंनो विदधातु वाञ्छित फलं त्रैलोकनाथो हरिः ॥

द्वितिय प्रवाह ।

ज्योतिष-रहस्य प्रवाह ।

अध्याय १०

बा.९० प्रथम प्रवाह में उपयोगी गणित एवं प्रारम्भिक बातें सरलातिसरल रीति से लिखी जा चुकी हैं। अब इस प्रवाह में फलित-ज्योतिष पर कुछ लिखने का प्रयत्न किया जाता है।

फलित-ज्योतिष को दो प्रवाहों में विभक्त किया है। एक ज्योतिष-रहस्य-प्रवाह और दूसरा व्यावहारिक-प्रवाह।

प्राचीन ग्रन्थों में विशेषतः योगादि का प्रयोग पाया जाता है। किसी २ स्थान में फल कहने का रहस्य भी अवश्य है। परन्तु वह ऐसा मिश्रित है कि साधारण बुद्धि वाले विद्यार्थियों को उसे विलग करने में बड़ी कठिनाई होती है। अतः यहाँ पाठकों की सुविधा के लिये इनको एक दूसरे से पृथक कर तथा एक को दूसरे के सहारे पर बतलाने का यत्न किया गया है।

केवल योगादि से फल कहने में बहुत कठिनाइयाँ हैं। भिन्न २ पुस्तकों में प्रायः भिन्न भिन्न प्रकार योग पाये जाते हैं। किसी कुंडली के योगादि को खोजने में जब तक बहुत से ग्रंथों का अवलोकन न किया जाय तबतक न तो चित्त को शान्ति होती है और न फल ही पूर्णरीति से कहा जा सकता है। अतः इस बात के बतलाने की कोशिश की गयी है कि भाव, राशि और ग्रह की स्थिति से तथा योगादि के गुप्त रहस्य के सहारे पर प्रत्येक कुंडलो का फलाफल, कारकादि पर ध्यान देते हुए किस प्रकार कहा जा सकता है। आशा है कि इस प्रवाह में लिखी हुई बातों को यदि पाठकगण पूर्णरीति से ध्यान देकर पढ़ेंगे और अभ्यास करेंगे तो केवल साधारणतया फल कहने ही मे समर्थ न होंगे किन्तु ज्योतिष-शास्त्र के रहस्य को समझ सकेंगे तथा उन्हे इस शास्त्र के सत्यासत्य का भी पूर्ण विवेक हो जायेगा।

जन्म-कुण्डली क्या है?

धा.९१ ज्योतिषशास्त्र के कतिपय नियमों का उल्लेख करने के पूर्व जन्मकुंडली क्या पदार्थ है, इसका वर्णन करना उचित है।

भारतवर्ष के हिन्दूमात्र का यह विश्वास है कि सञ्चित एवं प्रारब्ध कर्मों का ही फल मनुष्य अपनी जीवन-नौका मे बैठ कर क्रियमाण रूपी पतवार के द्वारा हेर फेर करते हुए उपभोग करता है। यह विश्वास अब अन्य देशवासियों में भी स्थान कर रहा है। यद्यपि लेखक का ध्येय यह नहीं है कि इस पुस्तक में उपर्युक्त विश्वास को सिद्ध करें, परन्तु कुछ लिखे विना भी नहीं रह जा सकता। यदि संसार पर दृष्टि डाली जाय तो दीख पड़ता है कि कुछ मनुष्य द्रव्यादि से इतना परिपूर्ण हैं कि उन्हे द्रव्य नहीं रहने के दुःख का किञ्चित मात्र भी अनुभव नहीं। और साथ ही यह भी दीख पड़ता है कि कुछ मनुष्यों को एक समय के भोजन का भी प्रबन्ध नहीं है। कोई तो शरीर से हृष्ट पुष्ट है और कोई रोगग्रस्त ही कष्ट से जीवन व्यतीत कर रहा है। किसी का नेत्र अति सुन्दर और कोई नेत्र-विहीन भटकता फिरता है। क्या इस विचित्र लीला को देखने के बाद यह प्रश्न नहीं उठता है कि एक मनुष्य क्यों राजा और दूसरा क्यों रंक? एक शरीर से क्यों सुखी दूसरा क्यों दुःखी एक नेत्र वाला दूसरा नेत्रविहीन क्या? यह सर्वस्वीकृत है कि ईश्वर न्यायकारी है। यदि ईश्वर का यह गुण ठीक है तो फिर संसार में सुख दुख की ऐसी विभिन्नता क्यों?

तात्पर्य लिखने का यह है कि यह बात स्वयंसिद्ध हो जाती है कि मनुष्य अपने पूर्वजन्म के पापपुण्य-फल का भोक्ता है।

जन्मकुण्डली मनुष्य के पूर्वजन्म के कर्मों का मूर्तिमान स्वरूप है। पूर्वजन्म के कर्मों के जानने की कुंजी है। विस्तृत वस्तु केवल संकेतों में व्यक्त है। गागर में सागर भरा है। जिस तरह समूल विशाल वटवृक्ष का समावेश उसके बीज में है उसी तरह मनुष्य के पूर्वजन्म-जन्मान्तर का कृतकर्म जन्म-कुण्डली में अंकित है। ज्योतिर्विदों के लिये कुंडली पूर्व -जन्म-कृत-कर्मोंकी मूर्ति वा गाथा है ; पूर्वजन्म की रहस्यमयी घटनाओं की सांकेतिक अभिव्यक्ति है ; सूचनात्मक चिन्ह-विशेष है। विद्वानों ने दिव्यदृष्टि द्वारा ज्योतिष शास्त्र के अनुसार मनुष्य के इस जन्म के भोग्याभोग्य को बतलाया है। अंग्रेजी भाषा में इसकी व्याख्या यों है, "Horoscope is only a chart of the past actions symbollically expressed"

अध्याय ११

धा -९२ ज्योतिष शास्त्र की कतिपय आवश्यकीय और स्मरणीय बातें पहिले लिखी जाती हैं।

मुख्य ग्रह सात हैं,—सूर्य्य, चन्द्रमा, मंगल, बुध, बृहस्पति, शुक्र और शनि। राहु और केतु छाया ग्रह हैं। इन नवों ग्रहों का वर्णन अलग २ किया जाता है।

(१) **सूर्य्य**-यह सिंह राशि का स्वामी,मेषराशि में उच्च और तुला में नीच कहलाता है। मेष के १० अंश में परमोच्च और इसी कारण तुला के १० अंश में परम नीच होता है। सिंह का २० अंश तक इसका मूलत्रिकोण और शेष में यह स्वगृही कहलाता है। इसको पापग्रह कहते हैं। कालपुरुष का यह आत्मा है। इससे लाली गोराई का बोध होता है। यह पूर्व दिशा का स्वामी और पुरुष ग्रह कहलाता है। प्रकृति में पित्त का बोध कराता है। सूर्य्य आत्मा, स्वभाव,आरोग्यता, राज्य, और और देवालय का सूचक तथा पितृकारक है। जातक के पितृविषयक बातों के जानने में सूर्य्य से विचार किया जाता है। नेत्र, कलेजा, मेरुदंड और स्नायु आदि अवयवों पर सूर्य्य का प्रभाव होता है। यह शुष्क ग्रह है। लग्न से दशम स्थान में बली होता है और मकर से ६ राशि पर्य्यन्त इसे चेष्टाबल होता है। ७वें स्थान पर इसकी पूर्णदृष्टि होती है। रेफल आदि (Raphal and others) अंग्रेज ज्योतिषियों का कथन है कि पुरुष कुंडली में सूर्य्य से दाहिने नेत्र एवं स्त्री कुंडली में बाम नेत्र का विचार होता है।

(२) **चन्द्रमा**-यह कर्कराशि का स्वामी ,वृष में उच्च और वृश्चिक में नीच कहलाता है। बृष के ३ अंश पर परमोच्च तथा वृश्चिक के ३ अंश पर परम नीच है। वृषराशि

में ३ अंश के बाद ३० अंश पर्य्यन्त चन्द्रमा का मूल त्रिकोण है। षष्टी कृष्ण पक्ष से दशमी शुक्ल तक क्षीणज्योति रहने के कारण पापग्रह और एकादशी शुक्ल से पंचमी कृष्ण तक पूर्ण ज्योति रहने के कारण शुभग्रह कहलाता है। काल-पुरुष का चन्द्रमा मन है तथा इससे जातक के मन का विचार किया जाता है। यह रंग में स्वेत तथा पश्चिमोंत्तर दिशा का स्वामी है। यह स्त्रीग्रह है तथा जलग्रह भी कहलाता है। बातश्लेपमा इसका धातु है और यह रक्त (लहू) का स्वामी है। यह ग्रह माता,चित्तवृत्ति, शारीरिक पुष्टि राजानुग्रह ,सम्पत्ति और चतुर्थ स्थान का कारक है। चन्द्रमा सूर्य्य के साथ निष्फल होता हैं। मातृविपयक बातें, राजानुग्रह और मनुष्य के मेधावी आदि होने का विचार चन्द्रमा से होता है। सातवें स्थान पर इसकी पूर्ण दृष्टि होती है। यह जड़ ग्रह है। चतुर्थ स्थान में बली होता है। मकर से ६ राशि में इसे चेष्टा बल होता है। जातक के नेत्र, मस्तिष्क, उदर और मूत्रस्थली का भी विचार चन्द्रमा से किया जाता है। योरोपीय विद्वानों का मत है कि स्त्री कुंडली में इससे दाहिना नेत्र का विचार किया जाता है।

(३) **मंगल**–यह मेष और वृश्चिक राशियों का स्वामी है। मकर में उच्च और कर्क में नीच कहलाता है। किसी के अनुसार मेष में १८ अंश तक इसका मूलत्रिकोण (देखो चक्र ५) परन्तु जातक पारिजात, साराबली इत्यादि के अनुसार १२ अंश तक, और बाद में ३० अंश तक स्वक्षेत्र है। मकर के २८ अंश पर परमोक्ष और कर्कट के २८ अंश पर परमनीच होता है। स्वभावतः पापग्रह है तथा धैर्य और पराक्रम का स्वामी है। रंग में अति लाल होता है। मनुष्य मंगल के प्रभाव से रक्तगौर होता है। यह दक्षिण दिशा का स्वामी तथा पुरुष ग्रह कहलाता है। पञ्चभूत में अग्नि का बोध कराता हैं। यह पित्त प्रकृति का होता है तथा शरीर में मज्जा का स्वामी है। शक्ति, भूसम्पत्ति, कृषि, धैर्य, रोग, भ्राता,(अनुज) पराक्रम, अग्नि, सेनापति तथा राजशत्रु का कारक है। तीसरे एवं छठे स्थान का कारक है। यह द्वितीय स्थान में निष्फल होता है। जातक के शरीर के पठ्ठा की पुष्टता और निर्बलता इस ग्रह पर बहुत निर्भर करती है। यह शुष्क ग्रह है तथा दशम स्थान में दिग्वली होता है। बक्री अथवा ग्रहयुद्ध में पराजय करने पर अथवा चन्द्रमा के साथ रहने पर इसे चेष्टा बल होता है। अपने स्थान से मंगल चौथे, सातवें एवं आठवें स्थान पर पूर्णदृष्टि डालता है। यह लंका से उत्तर कृष्णा नदी पर्य्यन्त देशों का स्वामी है।

(४) **बुध**–मिथुन और कन्या का स्वामी है। कन्या में उच्च तथा मीन में नीच होता है। कन्या के १५ अंश पर परमोक्ष और मीन के १५ अंश पर परमनीच होता है। किसी के अनुसार कन्या में १६ से २० अंश तक इसका मुलत्रिकोण (देखो चक्र ५) परन्तु जातकपारिजात एवं शम्भुहोरा प्रकाश के अनुसार १६–२५ अंश तक मूलत्रिकोण और २६ से ३० अंश तक स्वक्षेत्र होता है। बुध स्वाभावतः न पाप है न शुभ है। पापग्रह अथवा क्षीण चन्द्रमा के साथ पापग्रह हो जाता है और इसके अतिरिक्त शुभ होता है। लग्न में

रहने से बली होता है। वक्री अथवा चन्द्रमा के साथ रहने से चेष्टाबल होता है। सूर्य्य से २९ अंश पर रहने से वुध को ज्योति रहती है और यह वाणी का स्वामी है। इसका रंग हरा हैं। वुध के प्रभाव से जातक का रंग श्यामवर्ण होता है। यह उत्तर दिशा का स्वामी है। यह नपुंसक ग्रह है और पंचभूत में पृथ्वी है। बात-पित्त-कफ (त्रिदोप) धातु-कारक है। ज्योतिपविद्या, चिकित्सा शास्त्र, मामू, राजकुमार, वाचाशक्ति, गणितविद्या, लेखन कलादि-शास्त्र, शिल्प, वकालत (कानून), वाणिज्य आदि तथा चतुर्थ एवं दशम स्थान का कारक है। परन्तु चतुर्थ स्थान में यह निष्फल होता है। मानव के जिह्वा और उच्चारण के अवयवों का वुध से विचार होता है। यह शुभ्कग्रह है तथा अपने स्थान से सप्तम स्थान को पूर्णदृष्टि से देखता है। यह विन्ध्या पर्वत से उत्तर गंगा नदी पर्य्यन्त देशों का स्वामी है।

(५) **बृहस्पति** —धन और मीन राशि का स्वामी, कर्क में उच्च तथा मकर में नीच होता है। कर्क के ५ अंश पर अति उच्च और मकर के ५ अंश पर अति नीच है। किसी के अनुसार धन का १३ अंश तक वृहस्पति का मूल-त्रिकोण होता है। जो चक्र ५ में दिखलाया गया है। परन्तु जातकपारिजात, शम्भूहोराप्रकाश के अनुसार १-२० अंश तक। स्वभावतः यह शुभग्रह है तथा सुख तथा ज्ञान का सूचक है। इसका रंग पीत और जातक का रंग कांचनवर्ण बनाता है। पूर्वोत्तर दिशा का स्वामी तथा पुरुष-ग्रह है। पंचभूत में आकाश सूचक है। लग्न में बली तथा वक्री वा चन्द्रमा के साथ रहने से चेप्टाबली होता है। यह ग्रह चर्बी तथा कफ धातु की वृद्धि करनेवाला है। धर्म, कर्म, देव, ब्राह्मण ,गृह, पुत्र, बन्धु, पौत्र, पितामह, सत्वगुण, मित्र, मंत्री, धनागार, विद्या, उदर, तथा देश का कारक है। ५ वें स्थान में निप्फल होता है। ५,९,१० एवं ११ स्थानों का कारक हैं। यह पुरुपग्रह हैं तथा पंचम, सप्तम और नवम स्थानों को पूर्णदृष्टि से देखता देखता हैं। गौतमिका नदी से विन्ध्यगिरि पर्य्यन्त देशों का स्वामी है।

(६) **शुक्र**–वृप और तुला का स्वामी, मीन में उच्च और कन्या में नीच होता है। मीन के २७ अंश पर परमोच्च और कन्या के २७ अंश पर परमनीच होता है। किसी के अनुसार तुला के १० अंश तक यह मूल त्रिकोणस्थ और शेष में स्वगृही कहलाता है। (चक्र५) परतु जातकपारिजात में २० अंश तक और शम्भुहोरा प्रकाश में १५ अंश तक मूलत्रिकोण होना लिखा है। स्वभावतः शुभग्रह है। काल पुरुष की काम चेष्टा का सूचक है। यह अनेक तरह के रंग का बोध कराता है। इस ग्रह के प्रभाव से जातक का रंग श्याम-गौर होता है दक्षिण-पूर्वा दिशा का स्वामी है। छठे स्थान में निष्फल तथा सातवें स्थान में अनिप्टकर होता है। वक्री होने से वा चन्द्रमा के साथ रहने पर चेप्टाबली होता हैं। यह स्त्रीग्रह और पंचभूत में जल सूचक है। अतः इसको जलग्रह भी कहते हैं। यह कफ और वीर्य्य, धातु का कारक है। कलत्र, कामसम्बन्धी कार्यकलाप, सुख, गानविद्या,काव्य, पुप्प, आभरण, नेत्र, वाहन, शय्या, विभव, कविता, राज्ययोग और स्त्री आदि का कारक

है। दिन में जन्म होने से कभी २ शुक्र से माता का भी विचार होता है। सांसारिक सुख का विचार इसी ग्रह से किया जाता है। यह सप्तम स्थान का कारक तथा अपने स्थान से सप्तम पर इसकी पूर्ण दृष्टि है। कृष्णा और गौतमी नदियों के बीच के देशों का स्वामी है।

(७) **शनि** –मकर और कुम्भ का स्वामी है। तुला में उच्च और मेष में नीच होता है। तुला के २० अंश पर परमोच्च और मेष के २० अंश पर परम नीच है। कुम्भ का २० अंश तक उसका मूलत्रिकोण और उसके बाद स्वगृह है। स्वभावतः पापग्रह और दुःख-सूचक है। इसका वर्ण कृष्ण है तथा पश्चिम दिशा का स्वामी है। सप्तम स्थान में बली और वक्री वा चन्द्रमा के साथ रहने से चेष्टा बली होता है। यह नपुंसक ग्रह कहलाता है तथा पंचभूत में वायु, सूचक और वातश्लेष्मिक धातुकारक है। इसका प्रभाव स्नायु पर पड़ता है। म्लेक्षजाति, शल्य, शूल, रोग, दासदासी, दुःख, आयु, मृत्यु, विपद और अंग्रेजी विद्या का कारक है। जिस जातक का जन्म-समय रात्रि है उसके लिये शनि मातृ और पितृ-कारक भी होता है। यह शुष्क ग्रह है तथा सप्तम स्थान में निष्फल होता है। यह अष्टम और द्वादश भाव-कारक है। तीसरे,दशवें तथा सातवें स्थानों को शनि पूर्ण दृष्टि से देखता है। गंगानदी से उत्तर हिमालय पर्य्यन्त देशों का अधिपति है।

(८) **राहु** –यह वृष में उच्च और वृश्चिक में नीच होता है। कर्क इसका मूलत्रिकोण है। यह स्वभावतः पापग्रह है। इसका रंग कृष्ण है। पश्चिम दक्षिण दिशा का स्वामी है। यह वायुधातु, सर्प, निद्रा, मुख, पितामह एवं मोक्ष का कारक है। मतान्तर से कन्या राशि का स्वामी है। राहु मिथुन में उच्च कहा जाता है।

(९) **केतु**–यह वृश्चिक में उच्च और वृष में नीच होता है। मकर और तुला इसका मूलत्रिकोण है। यह स्वभावतः पापग्रह है। इसका रंग कृष्ण है तथा यह चर्मरोग, मातामह हस्त, पाद, नीचजाति, क्षुधाजनित कष्ट और मोक्ष का कारक है। मतान्तर से मीन का स्वामी और धन में उच्च होता है। मिथुन में केतु का नीच होना भी कहा जाता है।

(१०) बृहस्पति और शुक्र दोनों शुभ ग्रह ही हैं पर शुक्र से सांसारिक और व्यवहारिक सुखों का तथा बृहस्पति से पारलौकिक एवं आध्यात्मिक सुखों का विचार किया जाता है। शुक्रजनित अधिकार से आत्मोन्नति नहीं होकर मनुष्य की अन्यान्य सांसारिक उन्नति होती है। परन्तु बृहस्पति सम्पूर्ण आत्म-उन्नति का कारक और पारलौकिक बुद्धि की उत्तजना देनेवाला है। शुक्र के प्रभाव से मनुष्य स्वार्थी और बृहस्पति के प्रभाव से परमार्थी होता है।

शनि और मंगल दोनों पाप-ग्रह हैं। पर दोनों में अन्तर यही है कि शनि यद्यपि बहुत क्रूर ग्रह कहा जाता है तथापि उसका अन्तिम परिणाम सुखद होता है। जैसे अग्नि स्वर्ण को जला कर स्वच्छ कर देता है उसी प्रकार शनि मनुष्य को दुर्भाग्य और दुःख यन्त्रणा में

पेड़ कर शुद्ध बना देता है। परन्तु मंगल उत्तेजना देनेवाला, उमंग और तृष्णा से परिपूर्ण कर देने के कारण सर्वदा दुःखदायक होता है।

(११) फलित ज्योतिष में ग्रहों के बलाबल पर फल निर्णय पूर्णरीति से किया जाता हैं। परन्तु बलावल साधन, विधि अत्यन्त उलझावे का है और इस पुस्तक में गणित के ऐसे विषय को लिखना अनुचित समझ कर केवल थोड़ी सी आवश्यक बातें लिख दी जाती हैं। ग्रहों के बल का छः प्रकार से निर्णय किया जाता है। (१) स्थानबल–जो ग्रह उच्च, स्वगृही, मित्रगृही, मूलत्रिकोणस्थ, स्वनवांशस्थ, अथवा द्रेष्काणस्थ है या जिस ग्रह को अष्टवर्ग विधि से चार शुभ रेखायें से अधिक मिलती है, उसे स्थानबल मिलता है। (२) दिग्बल–बु. एवं बृ. लग्न में रहने से ; शु. एवं चं. चतुर्थ में रहने से ; श. सप्तम में सू. एवं मं. दशम स्थान में रहने से दिग्बली होता है। (३) कालबल–चं.श. मं. को रात्रि में; सू. बु. शु. को दिन में एवं बु. को सर्वदा कालबल होता है। (४)नैसर्गिक बल–श.मं. बु. बृ. शु. चं. और सू. ये सब शनि से आरम्भ कर उत्तरोत्तर बली होते हैं। (५) चेष्टाबल–मकर से मिथुन पर्य्यन्त किसी राशि में रहने से सू. और चं. को चेष्टावल होता है। तथा मं. बु. बृ. शु. श. को चन्द्रमा के साथ रहने से चेष्टाबल होता है। (६)दृग्बल–शुभदृष्टग्रह दृग्बली होता है। अत्यन्त संक्षिप्तरूप से काम-चलाऊ बातें ये ही हैं।

महर्षि जैमिनि के मतानुसार बलाबल जानने में गणित का उलझावा नहीं है। उनके कथनानुसार साधारणतया इसकी विधि यों है। आत्मकारक ग्रह के साथ अथवा उससे चतुर्थ, सप्तम वा दशम स्थान में जो ग्रह हो वह पूर्ण वली होता है। उससे द्वितीय, पंचम, अष्टमवा एकादश स्थान में रहने से अर्द्धबली होता है। इसी प्रकार तृतीय, षष्ठ, नवम वा द्वादशस्थान में जो ग्रह हो, वह दुर्बल होता है। राशियों का बलावल बतलाते हुए उनका कथन है कि ग्रहरहित राशि से ग्रहसहित वाली राशि बलवती है। यदि दोनों में ग्रह हों तो अधिक-संख्यक ग्रह वाली राशि बलवती होगी और यदि संख्या भी बराबर हो तो जिसमें उच्च, स्वगृहो या मित्रगृही ग्रह हो वही राशि बलवती होती है। इत्यादि २।

राशि।

धा. ९२ (१) मेष—यह चर, क्रूर, पुरुष, अग्नितत्व, पूर्व दिशा का स्वामी, मस्तक का बोध करानेवाला पृष्ठोदय, उग्रप्रकृति, रक्तवर्ण, एवं पादजलराशि कहलाता है। यह पित्त-प्रकृति कारक है तथा इसका स्वामी मंगल है। सूर्य्य इसमें उच्च और शनि इसमें नीच होता है। इस राशि का प्राकृतिक स्वभाव साहसी, अभिमानी और मित्रों पर कृपा रखने वाला है। पहिले नवांश में अर्थात् १ अंश ३$\frac{१}{३}$ तक अपने प्राकृतिक स्वभाव को विशेषरूप से प्रकट करता है। पाटलदेश (वर्त्तमानकालीन कौन देश है पता नहीं) का स्वामी है।

(२) **वृष**–स्थिर, सौम्य, स्त्री, पृथ्वीतत्व, दक्षिण दिशा का स्वामी, पृष्ठोदय, श्वेतवर्ण, शरीर का मुख, वायु-प्रकृति-कारक और अर्द्धजल-राशि कहलाता है। इसका स्वामी शुक्र है। चन्द्रमा इसमें उच्च होता है तथा ४ से ३० अंश तक चन्द्रमा मूल-त्रिकोण में कहा जाता है। राहु इसमें उच्च और केतु नीच होता है। इसका प्राकृतिक स्वभाव स्वार्थी, समझ बूझ कर काम करने वाला, परिश्रमी और सांसारिक कार्य में दक्ष होना है। पंचम नवमांश अर्थात् १३$\frac{१}{३}$ से १६$\frac{२}{३}$ अंश तक अपने स्वभाव को पूर्णरूप से दिखलाता है। करनाटक (मैसूर) आदि देशों का स्वामी है।

(३) **मिथुन**–द्विस्वभाव, क्रूर, पुरुष, वायुतत्व, पश्चिमदिशा, शरीर का अंग, बाहु (अंग्रेजज्योतिपियों के अनुसार कंधा और बाहु), शीर्पोदय, कफ–वायु-पित्त (त्रिदोष) विशिष्ट और दुर्वारंग कारक है। इसको निर्जल राशि कहते हैं। बुध इसका स्वामी है। इसका प्राकृतिक स्वभाव विद्याध्ययनी और शिल्पी है। अपने नवम अंश अर्थात् २६$\frac{२}{३}$ से ३० अंश तक अपने प्राकृतिक स्वभाव को पूर्णरूप से दिखलाता है और चेरा (वर्त्तमान कौन देश मालूम नहीं) देश का स्वामी है।

(४) **कर्कट**–चर, सौम्य, स्त्री जलतत्व, उत्तरदिशा, अंग में वक्षस्थल, पृष्ठोदय और लाली गोराई का कारक कहलाता है। यह पूर्णजलराशि कही जाती है। इसका स्वामी चन्द्रमा है। मंगल इसमें नीच होता है। यह राहु का मूलत्रिकोण है। प्राकृतिक स्वभाव से सांसारिक उन्नति में प्रवृत्तिवान, लज्जावान, कार्य करने में स्थिरता और समयानुयायी का सूचक है। यह पहिले नवांश तथा १से ३$\frac{१}{३}$ अंश तक प्राकृतिक स्वभाव को पूर्णरूप से प्रगट करता है। यह चोला देश का स्वामी कहा जाता है।

(५) **सिंह**—स्थिर, क्रूर, पुरुष, अग्नित्त्व, पूर्वदिशा शरीर में हृदय शीर्पोदय, पीतवर्ण, पित्तप्रकृति, परिभ्रमणप्रिय कारक कहलाता है। यह निर्जल राशि है तथा सूर्य्य इसका स्वामी है। १ से २० अंश तक सूर्य्य का मूलत्रिकोण और शेष स्वगृह कहलाता है। प्राकृतिक स्वभाव मेष के ऐसा है परन्तु स्वतन्त्रता का प्रेमी और चित्त की उदारता का लक्षण रखता है। यह पाँचवें नवांश में अर्थात् १३$\frac{१}{३}$ से १६$\frac{२}{३}$ अंश तक अपने प्राकृतिक स्वभाव को पूर्णरूप से दिखलाता है। और पांड्यदेश (वर्त्तमान त्रिचनापली, मदुरा, तंजोर, भिजगापटम आदि प्रदेश) का स्वामी है।

(६) **कन्या**–द्विस्वभाव, सौम्य, स्त्री पृथ्वीतत्व, दक्षिण दिशा, अंग में पेट, शीर्षोदय पाण्डुवर्ण और वायु-प्रकृति कारक है। यह निर्जल राशि है। बुध इसका स्वामी है। बुध इसमें १५ अंश तक उच्च, १६ से २५ अंश तक मूलत्रिकोणस्थ और शेष में स्वगृही होता है। इसका प्राकृतिक स्वभाव मिथुन के जैसा है। परन्तु अपनी उन्नति और मान पर पूर्णध्यान रखने के अभिलाषी का सूचक है। यह नवें नवमांश अर्थात् २६$\frac{२}{३}$ से ३०

अंश पर्य्यन्त प्राकृतिक स्वभाव को पूर्णरूप से प्रगट करता है। यह केरल देश (ट्रावनकोर) का स्वामी है।

(७) **तुला**—चर, क्रूर, पुरुष, वायुतत्व, पश्चिम दिशा, शरीर में नाभी के नीचे का स्थान, शीर्षोदय, त्रिदोष और श्यामवर्ण कारक है। यह पादजल राशि है और इसका स्वामी शुक्र है। सूर्य्य इसमें नीच तथा शनि उच्च होता है। इसमें २० अंश तक शुक्र का मूलत्रिकोण और शेष स्वगृह होता है। केतु की मित्रराशि है। इस का प्राकृतिक स्वभाव विचारशील, ज्ञानप्रिय, कार्य्य-सम्पन्न और राजनीतिज्ञ है। यह पहिले नवांश में अर्थात् १ से ३$\frac{१}{३}$ अंश तक पूर्णरीति से अपने स्वभाव को प्रगट करता है। यह कोल्लास देश का स्वामी है।

(८) **वृश्चिक**—स्थिर, सौम्य, स्त्री, जलतत्व, उत्तरदिशा, शरीर का जननेन्द्रिय (लिंगादि) शीर्षोदय, श्वेतवर्ण, कांचनवर्ण और कफ प्रकृति कारक कहलाता है। इसे अर्द्धजल राशि कहते हैं। मंगल इसका स्वामी और चन्द्रमा का यह नीच स्थान है। केतु का इस राशि में उच्च होना भी कहा जाता है और राहु नीच होता है। प्राकृतिक स्वभाव से यह दम्भी, हठी, दृढ़प्रतिज्ञ, स्पष्टवादी और निर्मलचित्त का होता है। पंचम नवांश में अर्थात् १३$\frac{१}{३}$ से १६$\frac{२}{३}$ अंश तक प्राकृतिक स्वभाव को पूर्णरूप से दिखलाता है। मलय देश (त्रिचनापल्ली और कोयम्बटूर) का स्वामी है।

(९) **धन**—द्विस्वभाव, क्रूर, पुरुष ,अग्नितत्व, पूर्वदिशा, शरीर के पैरों की संधि तथा जंघा, पृष्ठोदय, काञ्चनवर्ण और पित्त प्रकृति कारक कहलाता है। यह अर्द्धजल राशि कही जाती है। बृहस्पति इसका स्वामी है। २० अंश तक इसमें बृहस्पति का मूलत्रिकोण और शेष स्वक्षेत्र होता है। प्राकृतिक स्वभाव से अधिकारप्रिय, करुणामय, और मर्य्यादा का इच्छुक होता है। नवें नवांश अर्थात् २६$\frac{२}{३}$ से ३० अंश पर्य्यन्त अपने प्राकृतिक स्वभाव को पूर्णरूप से प्रगट करता है। यह सैंधब (सिंध) देश का स्वामी है।

(१०) **मकर**—चर, सौम्य, स्त्री, पृथ्वीतत्व, दक्षिणदिशा, शरीर के पैरों की गाँठ तथा घुटना, पृष्ठोदय, वायु प्रकृति और पिंगलवर्ण कारक है। यह पूर्णजलराशि कही जाती है। शनि इसका स्वामी, बृहस्पति इसमें नीच और केतु मूलत्रिकोण में होता है। स्वभावतः उच्चपदाभिलाषी होता है। यह पहिले नवांश में प्राकृतिक स्वभाव को पूर्ण रूप से दिखलाता है। यह उत्तर पांचाल (युक्त प्रदेश का मध्यभाग) देश का स्वामी है।

(११) **कुम्भ**—स्थिर, क्रूर, पुरुष वायुतत्व पश्चिम दिशा, शरीर की फिल्ली, शीर्षोदय, विचित्रवर्ण, जलराशि तथा त्रिदोष कारक है। यह अर्द्धजलराशि है। शनि इसका स्वामी है। इसमें २० अंश तक शनि का मूलत्रिकोण और शेष स्वक्षेत्र होता है।

प्राकृतिक स्वभाव से विचारशील, शान्त चित्त से नयी बातें पैदा करने वाला और धर्म रूढ़ होता है। पाँचवें नवांश अर्थात् १३$\frac{१}{३}$ से १८$\frac{२}{३}$ अंश तक अपने प्राकृतिक स्वभाव को पूर्णरूपेण दिखलाता है। यह यवन देश (काश्मीर से काबुल तक) का स्वामी है।

(१२) **मीन**—द्विस्वभाव, सौम्य, स्त्री, जलतत्व, उत्तरदिशा, शरीर के अंग का पैर और सुपती, उभयोदय, कफ प्रकृति और पिंगलवर्ण कारक है। यह पूर्णजलराशि कही जाती है। बृहस्पति इसका स्वामी तथा बुध इसमें नीच होता है। प्राकृतिक स्वभाव से उत्तम स्वभाव वाला, दानी और कोमलचित्त का होता है। नवम नवांश अर्थात् २६$\frac{२}{३}$ से ३० अंश तक अपने स्वभाव को पूर्णरूप से दिखलाता है। कोशल देश का स्वामी है। प्राचीन काल में संयुक्त प्रदेश के पूर्व भाग को कोशल देश कहा जाता था जिसकी राजधानी अयोध्या थी।

भाव

धा. ९४ भावसाधन-विधि प्रथम प्रवाह में लिखी जा चुकी है। भाव और राशि में अन्तर होता है। जिस राशि में जन्म होता है उसे अर्थात् लग्न को प्रथम भाव कहते हैं। उसके बाद द्वितीय, तृतीय और इसी रीति से द्वादश भाव होते हैं। स्मरण रहे कि यह निश्चय नहीं है कि एक भाव में एक ही राशि रहे। किसी राशि के ठीक मध्य में जन्म होने से प्रायः एक राशि का एक भाव हो सकता है। इस कारण प्रायः एक भाव दो राशियों के अंशादि के योग से बनता है। परन्तु जिस राशि में मध्य भाव पड़ता है, उस राशि का स्वामी उस भाव का अधिपति होता है। गणित से यह प्रतीत होता है कि भूगोल के बहुत उत्तरीय तथा दक्षिणीय खंड में एक भाव में कभी-कभी तीन राशियाँ भी पड़ जाती हैं।

किस भाव से क्या विचार किया जाता है

१ प्रथम भाव— शरीर, वर्ण, आकृति, गुण, यश, स्थान, सुख, दुःख, प्रवास, दुर्बलता वा सबलता, रूप, लक्षण और तेज का विचार किया जाता है। इस भाव का कारक सूर्य्य है।

२ द्वितीय भाव—इसको धनभाव कहते हैं। इससे धन, नेत्र, विशेषतः दाहिना नेत्र, मुख, कुटुम्ब, वाक्य, मौसी, मातुल (मामा), मित्रता, खाने के पदार्थ, द्रव्य, शरीर का दक्षिण अंग, साधारण विद्या और क्रय विक्रय आदि का विचार किया जाता है। इसका कारक बृहस्पति है और मंगल इस भाव में निष्फल होता है।

३ तृतीय भाव—इसको सहजभाव भी कहते हैं। भ्राता, विशेषतः कनिष्ठ भगिनी वा भ्राता, पराक्रम, साहस, धैर्य्य, वीर्य्य, अस्थि, गला, कर्ण, वस्त्र, दासदासी, फलमूलादि से सुख, एवं औषधि का विचार होता है। मंगल इसका कारक है।

४ **चतुर्थ भाव**—इसको सुखभाव तथा सुहृदभाव भी कहते हैं। इससे विद्या, माता, भू-सम्पत्ति, वाहन सुख, बन्धु, गौ, मानसिक बातें, राजानुग्रह, गृह, पिता की सम्पत्ति, सुगन्धि, सदाचार तथा धर्माचार और हृदय के साहस आदि विषयों का विचार किया जाता है। चन्द्रमा और बुध इसके कारक हैं तथा बुध इस भाव में निष्फल होता है।

५ **पंचम भाव**—इसको पुत्रभाव भी कहते हैं। इस भाव से देव-भक्ति, पुत्र (मतान्तर से पिता), बुद्धि, पुण्यकर्म, गुप्तमंत्रणा, राजानुग्रह, बुद्धि की तीक्ष्णता, आत्म-विद्या, हृदय, उदर-प्रदेश और विवेचना शक्ति का विचार किया जाता है। बृहस्पति इस भाव का कारक है। परन्तु इसमें निष्फल होता है।

६ **षष्ठ भाव**—इसको रिपुस्थान भी कहते हैं। इस भाव से शत्रु, क्षति, क्लेश, विघ्न, कर्जा, रोग, चोर, घाव, मामा (माता का भाई) मौसा और (मौसी माता की बहिन), मधुर आदि षटरस भोजन, स्वाद, नाभी अथवा उदरभाग का विचार होता है। शनि और मंगल इस भाव के कारक हैं और शुक्र इस स्थान में निष्फल होता है।

७ **सप्तम भाव**—इसको जाया भाव कहते हैं। इससे स्त्री, पति, विवाह, भ्राता-पुत्र (भतीजा), प्रस्थान (सफर), नष्टधन-प्राप्ति, माता, ज्ञान, पदप्राप्ति, वाणिज्य, मूत्राशय, दुग्धदधि इत्यादि का विचार होता है। शुक्र इसका कारक है। शनि सप्तम भाव में निष्फल होता है।

८ **अष्टम भाव**—इसको निधनभाव भी कहते हैं। आयु, जीवन, मरन, मरनहेतु, (अर्थात् किस कारण से मृत्यु होगी), मृत्यु-स्थान, खाद्य-सुख (भोजन का सुख), उच्च-पद-पतन, जयपराजय, ज्येष्ठ-भगिनि-पुत्र, जननेन्द्रिय तथा इन्द्रिय इत्यादि का विचार इस भाव से किया जाता है। शनि इसका कारक है।

९ **नवम भाव**—इसको धर्मभाव भी कहते हैं। धर्मानुष्ठान, तपस्या, गुरु-अनुग्रह, तीर्थयात्रा, भाग्य, पित्तविशेष वात रोग, पोता पोती, कानून, सम्पत्ति, नेतृत्व और जंघा का विचार किया जाता है। इसके कारक सूर्य्य और बृहस्पति हैं।

१० **दशम भाव**—इसको कर्म भाव कहते हैं। प्रभुत्व, सम्मान, व्यवसाय, कृषि, पदवी (Titles), देशान्तर-यात्रा, वेदशास्त्रोक्त-कर्म, सन्यास, विज्ञान, विद्या-जनित-यश, विद्या-म-परीक्षोत्तीर्ण, उच्चपदप्राप्ति, वसन-भूषण, निद्रा और घुटना का विचार इस भाव से किया जाता है। बृहस्पति, सूर्य्य, बुध और शनि इसके कारक हैं।

११ **एकादश भाव**—इसको आय-भाव कहते हैं। इसके द्वारा सर्व वस्तुओं का लाभ, हाथी, घोड़ा इत्यादि, बड़ा भाई और बहन, छोटे भाई का बेटा, मित्र, कान (बायां) और कानों के भूषण, फिल्ली इत्यादि का विचार होता है। बृहस्पति इसका कारक है।

१२ द्वादश भाव--इसका दूसरा नाम व्ययभाव है। भ्रमण, दानशीलता, खर्च, नर्क में पतन, अंगहीन होना, बायाँ नेत्र, शयनादि सुख, राजदंड, कारागार निवास, कनिष्ठ बहिन का पुत्र और पतन इत्यादि का विचार इस भाव से होता है। इसका कारक शनि है।

भाव से कुटुम्ब का विचार

धा-९५ जन्मकुंडली से जातक के सभी कुटुम्बादि का विचार किया जा सकता है और उसकी विधि इस प्रकार है। जैसे स्त्री के भाई और बहन अर्थात् साला और साली के विषय में विचारना हो तो जन्म कुण्डली में सप्तम स्थान को (जो स्त्री का स्थान है) लग्न मान कर उस कुण्डली की ग्रहस्थिति द्वारा उस जातक की स्त्री का सुख दुःख, रूप सौन्दर्य इत्यादि का विचार होता है; और उस सातवें स्थान से तीसरे और एकादश स्थान से (जिससे भाई बहनों का विचार होता है) जो जातक का नवम और पंचम स्थान होगा, जातक की स्त्री के भाई और बहन अर्थात् साला और साली का विचार किया जाता है। इसी प्रकार यदि जातक के श्वसुर के विषय में विचारना हो तो सप्तम स्थान से जो नवम स्थान हो, उसी से अर्थात् लग्न के तीसरे स्थान से विचार किया जाता है। सास का विचार सप्तम स्थान से चतुर्थ स्थान जो स्त्री की माता का स्थान हुआ, उसीसे अर्थात् लग्न के दशम स्थान से होता है। तृतीय स्थान भाई का है, इसलिये तृतीय से पंचम स्थान तथा लग्न से षष्ठ स्थान से भ्रातृपुत्र का विचार किया जाता है। इसी रीति से अन्यान्य कुटुम्बियों का भी विचार होता है। किसी कुटुम्ब के विषय में विचार करते समय उस भाव को लग्न मान कर सभी बातों का विचार किया जा सकता है।

भावाधिपति तथा उसके शुभत्व और पापत्व

धा-९६ ऊपर लिखा जा चुका है कि सूर्य्य, मंगल, शनि और क्षीण चन्द्रमा स्वभावतः पाप और बृहस्पति, शुक्र और पूर्णचन्द्र शुभ ग्रह हैं। बुध स्वभावतः शुभ के साथ शुभ और पाप के साथ पाप ग्रह होता है। परन्तु भावाधिपतित्व से ग्रहों के पापत्व और शुभत्व में परिवर्तन हो जाता है। अभिप्राय यह है कि यदि पाप ग्रह को किसी भावाधिपति के होने के कारण उसमें शुभत्व आ जाय तो स्वभावतः पाप ग्रह होने पर भी शुभ फल देने का अधिकारी होता है। इसके नियम ये हैं:—

पूर्व में लिखा गया है कि १,४,७,१० भावों को केन्द्र और १, ५, ९ को त्रिकोण कहते हैं, परन्तु विशेषतः ५ और ९ ही त्रिकोण कहलाता है। ३, ६, १०, ११ भावों को उपचय कहते हैं।

(१) केन्द्र (१,४,७,१०) का स्वामी यदि कोई पाप ग्रह हो तो वह शुभ फल देने में समर्थ हो जाता है। पुनः इसी का विपरीत यदि केन्द्र (१,४,७,१०) का स्वामी कोई शुभ ग्रह हो तो वह बुरा फल देने वाला होता है।

(२) त्रिकोण (९,५) का स्वामी शुभ अथवा पाप ग्रह हो सर्वदा शुभ फल ही देता है।

(३) स्मरण रखने की बात यह है कि पहिला केन्द्र अर्थात् लग्न से, दूसरा केन्द्र अर्थात् चतुर्थ, और चतुर्थ से सप्तम, तथा सप्तम से दशम (केन्द्र) उत्तरोत्तर बली होता है। अतः यदि पाप ग्रह लग्न और चतुर्थ का स्वामी हो तो चतुर्थ का स्वामी शुभ फल देने में लग्न के स्वामी से विशेष पराक्रमी होगा। इसी रीति से उत्तरोत्तर पराक्रमी होता हुआ दशम का स्वामी यदि कोई पाप ग्रह हो तो वह सबसे विशेष उत्तम फल देने में समर्थ होगा। इसी तरह यदि लग्न और चतुर्थ का स्वामी कोई शुभ ग्रह हो तो चतुर्थ का स्वामी पाप फल देने में लग्न के स्वामी से अधिक समर्थ होगा। लिखा जा चुका है कि लग्न से चतुर्थ, चतुर्थ से सप्तम और सप्तम से दशम बली होता है ; अतः दशम का स्वामी यदि शुभ ग्रह हो तो वह सबसे अधिक अनिष्टकारी होगा और दशम से सप्तम का स्वामी कम तथा सप्तम से चतुर्थ का कम और चतुर्थ से लग्न का स्वामी कम अनिष्टकारी होगा।

(४) पंचम से नवम का स्वामी फल देने में बली होता है। ऊपर लिखा जा चुका है कि पंचम तथा नवम का स्वामी चाहे पाप हो या शुभ सर्वदा शुभ फल देने वाला होता है। परन्तु भेद इतना ही है कि नवमेश पंचमेश से बली होता है। १,४,७,१०,५ और ९ इन छः भावों के विषय में लिखा जा चुका है। अब शेष छः भाव रह गये। इनमें से द्वितीय और द्वादश भाव के स्वामियों को अपना कोई विशेष गुण दोष नहीं रहता। उनके गुण दोष विचारने के नियम ये हैं—(क) पहिले देखना होगा कि ये किस भाव में पड़े हैं, (ख) ये किस ग्रह के साथ हैं और (ग) अन्त में देखना होगा कि जिस भाव में द्वितीय अथवा द्वादश के स्वामी पड़े हों उस भाव का अधिपति किस भाव में पड़ता है। इन्हीं तीन रीतियों से द्वितीयेश और द्वादशेश के गुण दोषों का विचार करना होता है।

(५) अष्टम भाव का स्वामी सदा अनिष्टकारी होता है। परन्तु उसमें विशेषता यह है कि यदि चन्द्रमा अथवा सूर्य्य अष्टम स्थान का स्वामी हो तो वह अनिष्टकारी नहीं होता। दूसरी बात यह है कि यदि अष्टमेश लग्नेश भी हो तो भी अष्टमेश होने का दोष नहीं रहता है। यह योग दो ही अवस्था में सम्भव है। पहिला, यदि लग्न मेष हो तो अष्टम स्थान वृश्चिक होगा और मेष और वृश्चिक दोनों का स्वामी मंगल है। दूसरा, यदि लग्न तुला हो तो अष्टम स्थान वृष होगा। वृष और तुला दोनों का स्वामी शुक्र है।

जातकचन्द्रिका में यह भी लिखा है कि यदि अष्टमेश शुभ ग्रह के साथ हो जाय तो शुभ फलदायक होता है।

(६) अब शेष रह गये ३, ६ और ११। इन भावों के स्वामी पाप फलदायी होते हैं। पापत्व में तीसरे से छठा और छठे से एकादश स्थान बढ़ा हुआ होता है।

(७) किसी विद्वान का कथन है कि केन्द्राधिपति के शुभ फल का परिणाम परिश्रम के बाद होता है। परन्तु १,५,९ (त्रिकोण) के स्वामी का शुभ फल बिना परिश्रम ही होता है। इसके समझने के लिये उपयोगी उदाहरण यह होगा कि केन्द्र के स्वामी का शुभ फल वैसा ही होता है जैसा किसी मनुष्य को अपने हाथ से लगाये हुए वृक्ष के फलास्वादन का सौभाग्य परिश्रम के बाद प्राप्त होता है। परन्तु त्रिकोणाधिपति के शुभ फल का परिणाम वैसा नहीं होकर इस प्रकार होता है, जैसे, वृक्ष की सेवा किसी दूसरे ने की परन्तु उसके मधुर फल के आस्वादन का सौभाग्य उसको बिना परिश्रम प्राप्त हो। इसी कारण ग्रंथकारों ने यह भी कहा है कि पंचमेश, नवमेश और लग्नेश को शुभ योगादि होने पर जातक को प्रायः आकस्मिक-धन जैसे लौटरी इत्यादि से, प्राप्त होता है। इन बातों पर पाठक पूर्ण ध्यान देंगे।

(८) ज्योतिष शास्त्र का एक सरल नियम यह भी है कि ६, ८ अथवा १२ भाव का स्वामी जिस भाव में पड़ता है, उस भाव के फल का ह्रास हो जाता है। और यह भी है कि जिस किसी भाव का स्वामी ६, ८ अथवा १२ भाव में पड़ता है तो उस भाव के फल का भी, जिसका स्वामी ६, ८ अथवा १२ भाव में पड़ता है, ह्रास हो जाता है। जैसे, यदि द्वादश भाव का स्वामी पुत्रस्थान में पड़ जाय तो पुत्र भाव का ह्रास होगा। उसी रीति से यदि पुत्रभाव का स्वामी ६,८,१२ में से किसी में पड़ जाय तो पुत्रभाव के फल में ह्रास होगा।

दृष्टि

धा-९७ (१) प्रथम खंड में दृष्टि के विषय में लिखा जा चुका है। परन्तु पाठकों के हितार्थ वह पुनः लिखा जाता है।

दृष्टि पर पूर्ण ध्यान देना आवश्यक है। प्रति ग्रह की दृष्टि होती है। जैसे, सूर्य्य की अपने स्थान के सप्तम स्थान पर और सप्तम स्थानस्थ ग्रह पर पूर्ण दृष्टि होती है। चन्द्रमा एवं बुध की भी सप्तम स्थान तथा सप्तमस्थानस्थ ग्रह पर पूर्ण दृष्टि है। मंगल की सप्तम के अतिरिक्त चतुर्थ और अष्टम स्थानों पर तथा उन स्थानस्थ ग्रहों पर पूर्ण दृष्टि होती है। शनि की तीसरे, सातवें और दसवें स्थान पर तथा उन स्थानों में जो ग्रह

हों, उन पर भी पूर्ण दृष्टि है। बृहस्पति की सातवें, पाँचवें और नवमें स्थान पर तथा उन स्थानों में जो ग्रह हों, उन पर पूर्ण दृष्टि होती है। परन्तु इसमें एक रहस्य यह है कि जिस राशि में ग्रह है वह उस राशि से सप्तम राशि पर भलेही नियमानुसार दृष्टि डाल सकता है, पर यह कोई आवश्यक बात नहीं कि उस सप्तमस्थ ग्रह पर भी उसकी दृष्टि पड़ेगी हो। इस बात को समझने के लिये नीचे लिखे दृष्टान्त पर ध्यान दें। मान लें कि किसी रात को आपके घर के समीपवर्त्ती वृक्ष पर से खड़खड़ाहट की आवाज आयी। आपने शीघ्र ही अपनी विजलीबत्ती या टॉर्चलाइट की ज्योति उस वृक्ष पर डाली। यदि आपकी वह बत्ती पूर्ण ज्योति वाली है तो लगभग समूचे वृक्ष को आप देख सके और यदि वह बत्ती छोटी है तो उस वृक्ष के केवल किसी एक अंग को ही देख सके। ठीक यही बात ग्रहों की दृष्टि में भी है। एक ग्रह नियमानुसार ७,३ या अन्य किसी भाव पर दृष्टि डालता है। परन्तु यह आवश्यक नहीं कि उस राशि में जो ग्रह हो उस पर भी पूर्ण दृष्टि अवश्य ही पड़े। जैसे, मान लिया जाय कि मंगल मेष के ३ अंश पर और शनि तुला के २७ अंश पर है। साधारण नियम से यह हुआ कि मंगल शनि को पूर्ण दृष्टि से देखता है। परन्तु विवेचना से यह प्रतीत होता है कि मेष के ३ अंश से तुला के ३ अंश तक ठीक सप्तम स्थान हुआ। परन्तु तुला में शनि २७ अंश पर होने के कारण उस स्थान से अर्थात् तीसरे अंश से २४ अंश आगे बढ़ा हुआ है। इस हेतु मंगल की पूर्ण दृष्टि शनि पर न होगी। जैसे टॉर्चलाइट की ज्योति पूर्ण वृक्ष पर नहीं पड़ी उसी तरह मंगल ग्रह की ज्योति जिसे फल-भाग में दृष्टि कहते हैं, तुला के तीसरे अंश पर ही पूर्णरूप से पड़ी और मंगल की ज्योति के ठीक प्रकाश में नहीं रहने के कारण, शनि पर उसकी दृष्टि का फल केवल छाया मात्र ही हुआ। इसी प्रकार यदि मान लें कि कर्क राशि में चन्द्रमा २५ अंश पर है तो साधारणतया उपर्युक्त मंगल की दृष्टि जो मेष के ३ अंश पर है, चतुर्थ होने के कारण कर्क पर पड़ती तो अवश्य है पर विचार से मंगल की पूर्ण दृष्टि कर्क के ३ अंश पर हुई और चन्द्रमा कर्क के २५ अंश पर होने के कारण दृष्टिस्थान से २२ अंश बढ़ा हुआ है। इसी कारण मंगल की पूर्ण ज्योति या दृष्टि चन्द्रमा पर न पड़ी। इन्हीं सब कारणों से फल में कमी बेशी और फल कहने में कभी कभी भूल भी होती है।

(२) दृष्टि विषयक बातों को पूर्ण रीति से मनन करने के हेतु दो बातों का लिखना आवश्यक है। प्रथम तो यह कि ग्रहों के दीप्तांश होते हैं। जैसे बिजलीबत्ती में उसकी बैटरी के बल अनुसार तथा अन्य कई कारणों से प्रति बैटरी का अलग-अलग किरण-चक्र होता है, उसी तरह ग्रह का भी दीप्तांश होता है। दीप्तांश का अभिप्राय यह है कि अमुक ग्रह की अमुक तृज्या की ज्योति उसके चारो ओर होती है। साधारण शब्द में ग्रहों की ज्योति के चतुर्दिश घेरे का नाम दीप्तांश है। सूर्य्य के अंशादि से सूर्य्य का दीप्तांश १० अंश आगे और १० अंश पीछे, चन्द्रमा का ५ अंश, मंगल का ४, बुध का ३½, वृहस्पति

का ४½, शुक्र का ३, और शनि का ४½ अंश आगे और पीछे दीप्तांश होता है। जब किसी ग्रह के दीप्तांश के अन्दर किसी ग्रह की दृष्टि वा स्थिति पड़ जाय तो पूर्ण दृष्टि वा योग का पूर्ण फल होता है।

(३) तीसरी राशि की दृष्टि में ६० अंश का अन्तर होता है। चतुर्थ में ९०, पंचम में १२०, सप्तम में १८०, अष्टम में २१०, नवम में २४० और दशम में २७० अंश का अन्तर है। सुतरां, यदि किसी ग्रह के विषय में यह जानना हो कि उसकी दृष्टि किस राशि पर और किस ग्रह पर पड़ेगी और यदि उस ग्रह को तीसरी दृष्टि है तो उस ग्रह के स्फुट में २ राशियाँ जोड़ देने से जो राशि अंश कलादि आवेगा, उतने ही पर अर्थात् उतने ही अंश कला के लगभग में उक्त ग्रह की पूर्ण तृतीय दृष्टि पड़ेगी। जैसे, शनि को तृतीय स्थान पर पूर्ण दृष्टि है। मान लें कि शनि का स्पष्ट ८।१० है तो इसमें दो राशियाँ जोड़ने से १०।१० हुआ। अभिप्राय यह हुआ कि कुम्भ के १० अंश पर शनि की पूर्ण दृष्टि हुई और यदि कुम्भ राशि में कोई ग्रह १० अंश के लगभग में रहा अर्थात् दीप्तांश के भीतर, तो उस ग्रह पर भी शनि की पूर्ण दृष्टि हुई। इसी प्रकार यदि चतुर्थ स्थान की दृष्टि जानना है तो उस ग्रह के स्फुट में तीन राशियाँ जोड़नी होगी और सप्तम दृष्टि जानने में ग्रह स्फुट में छः राशियाँ जोड़ देनी चाहिये। अष्टम दृष्टि जानने में सात और नवम दृष्टि जानने में आठ राशियाँ जोड़नी चाहिये। इस प्रकार विचार करने पर यदि दृष्टि पड़ती हो तो फल पूर्ण रूप से होता है।

चक्र ३७

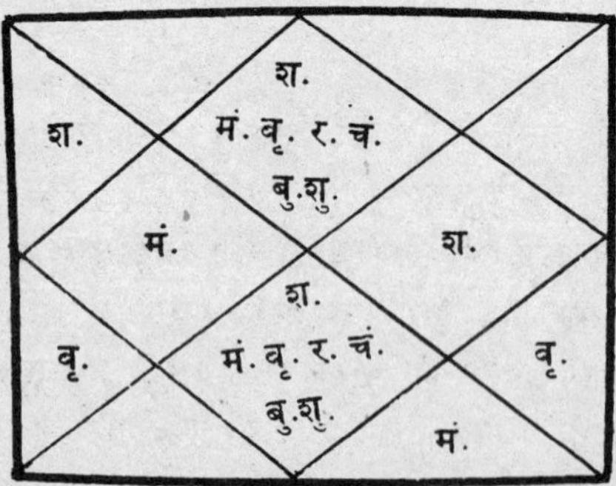

अध्याय १२

भावेश विषयक नियम

धा-९८ (क) यदि छठे, आठवें और बारहवें स्थान के स्वामियों को छोड़कर अन्य किसी भाव का स्वामी लग्न से केन्द्र (१,४,७,१०) तथा त्रिकोण (९,५) में पड़े तो उस भाव के लिये शुभ फलप्रद होता है। ऊपर वर्णन किया जा चुका है कि छठें, आठवें और द्वादश स्थान का स्वामी जिस भाव में पड़ता है उस भाव के फल को नष्ट कर देता है। उदाहरण १ में द्वितीयेश लग्न से चतुर्थ स्थान केन्द्र में है ; इस कारण द्वितीय स्थान का फल अच्छा हुआ। पुनः उसी कुंडली में छठे स्थान का स्वामी बुध द्वितीय स्थान में है ; अतः द्वितीय स्थान का फल अनिष्ट हुआ।

(ख) यदि किसी भाव का स्वामी अपने उस भाव से किसी केन्द्र अथवा किसी त्रिकोण में पड़े तो उस भाव का फल शुभ होता है। जैसे, उदाहरण १ में नवमेश बृहस्पति नवम भाव से केन्द्र अर्थात् नवम भाव से सप्तम स्थान में है ; इस कारण नवम भाव का फल अच्छा हुआ। इसी रीति से उदाहरण १ का पंचमेश सूर्य्य, उस पंचम स्थान से दशम स्थान वृष में है जो पंचम स्थान से केन्द्र होता है। अतएव पंचम स्थान का फल भी अच्छा हुआ।

(ग) यदि किसी भाव का स्वामी स्वगृही हो तो उस स्थान का फल शुभ होता है। उदाहरण १ में मेष लग्न है और उसका स्वामी मंगल मेष में स्वगृही है; इसलिये लग्न का फल शुभ हुआ। उक्त उदाहरण में यदि मंगल वृश्चिक में होता जो उसका दूसरा स्वक्षेत्र है, तो भी लग्न का शुभ फल ही होता।

(घ) एकादश स्थान में सभी ग्रह प्रायः शुभ दायक हैं।

(ङ) किसी गृह का स्वामी यदि पापग्रह हो और लग्न से तृतीय स्थान में पड़ जाय तो फल अच्छा देता है। परन्तु यदि शुभग्रह है तो तृतीय स्थान में पड़ने से फल मध्यम होता है। उदाहरण १ में नवम स्थान का स्वामी बृहस्पति लग्न से तृतीय स्थान मिथुन में बैठा है और बृहस्पति शुभ ग्रह है; अतः बृहस्पति का फल मध्यम होगा। (देखो 'ख' का उदाहरण)।

(च) सत्याचार्य्य के मतानुसार जिस भाव में शुभ ग्रह रहता है उस भाव का फल उत्तम और जिस भाव में पाप ग्रह पड़ता है उस भाव के फल का ह्रास होता है। परन्तु

उनका कथन है कि ६,८,१२ में ठीक इसके विपरीत फल होता है। अर्थात् यदि इन स्थानों में शुभ ग्रह पड़े तो फल में ह्रास होता है। तात्पर्य्य यह कि छठे स्थान में जो रिपुस्थान है, किसी शुभ ग्रह के पड़ने से रिपु का क्षय होता है। इसी प्रकार यदि अष्टम में कोई शुभ ग्रह पड़ जाय तो उस मनुष्य की आयु के लिये शुभदायक होता है। पुनः अष्टम में यदि कोई पापग्रह पड़ जाय तो अशुभ फल देता है। सत्याचार्य्य जी का यह भी कथन है कि यदि द्वादश स्थान में कोई शुभ ग्रह पड़ जाय तो धन व्यय नहीं होता किन्तु उसकी रक्षा होती है। परन्तु बहुत से प्राचीन ग्रंथों में इसके विपरीत लेख हैं। बहुमत से कहा जाता है कि ६,८,१२ में शुभ ग्रह पड़ने से उन भावों का फल अनिष्ट होगा और अन्य ग्रह रहने से उत्तम फल होता है। अनुभव से भी यही ठीक मालूम पड़ता है। श्रीरामचन्द्र जी की कुंडली ३ में छठे स्थान में राहु है और छठे स्थान पर शनि की पूर्ण दृष्टि है। किसी शुभ ग्रह की दृष्टि छठे स्थान पर नहीं है। पुनः रावण की कुंडली २ में छठे स्थान में उच्च शुक्र, बुध के साथ बैठा है और बुध भी शुभ ग्रह है यद्यपि नीच है। छठे पर उच्च बृहस्पति की पूर्ण दृष्टि है और पाप ग्रह से छठे स्थान को कोई सम्बन्ध नहीं है। इसलिये श्री रामचन्द्र जी का रावण पर विजय और सर्वदा रिपुओं का दमन करना सिद्ध करता है कि सत्याचार्य्य जी का मत ठीक नहीं है।

(छ) यवनाचार्य्य के मत से षष्ठेश का षष्ठ में, अष्टमेश का अष्टम में और द्वादशेश का दशम में रहना शुभ फलप्रद होता है। परन्तु इस मत के विरोधी भी हैं। अनुभव से यवनाचार्य्य जी के मत का ही पालन करना ठीक है। देखो धा. १५९ (१३)।

ग्रहस्थिति-अनुसार भाव फल

धा.-९९ (१) १,४,५,७,९ और १० स्थानों में शुभ ग्रह का रहना बहुत ही शुभदायक है (पर यदि केन्द्रेश न हो)।

(२) यदि उक्त स्थानों में शुभ और पाप ग्रह मिश्रित हों तो मिश्रित फल होता है।

(३) ३,६ और ११ भावों में पाप ग्रह का रहना शुभदायक है।

(४) किसी भाव के द्वादश और द्वितीय भाव में यदि पाप ग्रह हों अर्थात् यों समझिये कि यदि कोई भाव पाप ग्रह से घिरा हुआ हो तो उस भाव का फल नष्ट होता है। पुनः यदि द्वितीय और द्वादश दोनों ही में शुभ ग्रह हों अर्थात् शुभ ग्रहों से वह भाव घिरा हुआ हो तो उस भाव के फल में वृद्धि होती है।

(५) यदि किसी भाव के द्वितीय और द्वादश में से किसी एक भाव में पाप ग्रह और अन्य में शुभ ग्रह हो तो उस भाव के फल में न तो वृद्धि और न ह्रास हो होगा।

(६) यदि सभी ग्रह राहु और केतु से घिरे हुए हों या यों समझिये कि जिस स्थान में राहु वा केतु हो, उस स्थान से जहाँ पर केतु वा राहु हो उसी स्थान के अन्तर्गत सप्तग्रह हों तो उसे कालसर्प योग कहते हैं। इसका फल जातक के धन की क्षति या जातक का दरिद्र होना अथवा दीर्घजीवी न होना होता है। देखो धा. १५९ (११)।

(७) जो भाव अपने अधिपति शुक्र, बुध अथवा बृहस्पति द्वारा युक्त वा दृष्ट हो और किसी अन्य ग्रह से युक्त वा दृष्ट न हो तो वह शुभ फल देता है।

(८) जिस भाव का स्वामी शुभ ग्रह से युक्त अथवा दृष्ट हो अथवा जिस भाव में शुभ ग्रह बैठा हो या जिस भाव को शुभ ग्रह देखता हो, उस भाव का फल शुभ होता है।

(९) जिस भाव का स्वामी पाप ग्रह से युक्त अथवा दृष्ट हो, या जिस भाव में पाप ग्रह बैठा हो अथवा जिस भाव में पाप ग्रह की दृष्टि हो, उस भाव के फल का ह्रास होता है।

(१०) शुक्रादि शुभ ग्रह वा सूर्य्यादि अशुभ ग्रह यदि नीचस्थ अथवा शत्रु-गृह-गत होकर किसी भाव में बैठा हो तो उस भाव की हानि होती है।

(११) किन्तु उक्त ग्रह यदि मूलत्रिकोणगत, स्वक्षेत्रगत, मित्रगृही वा उच्च हो तो उस भाव का फल शुभ होता है।

(१२) भावाधिपति अस्तगत वा नीचस्थ हो तो केन्द्र और त्रिकोण में रहने पर भी शुभ फल विशेष रूप से प्रदान नहीं कर सकता है किन्तु झंझट और कष्ट के बाद फल-प्राप्ति होती है।

(१३) 'बृहत्पाराशर' का मत है कि चतुर्थ और दशम विशेषतः सुखदायक और पंचम और नवम विशेषतः धनदायक होता है।

(१४) भावाधिपति जिस राशि में रहे उस राशि का अधिपति ६,८,१२ भावगत होने से उस भाव को किञ्चित दुर्बल बना देता है। परन्तु उच्चक्षेत्र, मित्रक्षेत्र और स्वक्षेत्र-गत होने से वह भाव किञ्चित बलवान हो जाता है।

(१५) किसी भाव में शुभ ग्रह हो परन्तु भावाधिपति किसी कारण से दुर्बल हो तो ऐसे स्थान में फल के शुभाशुभ का अनुमान इस तरह होता है। प्रश्न उठता है कि भावाधिपति की दुर्बलता का या उस भाव में शुभ ग्रह के रहने का इनमें से विशेष प्रभाव किसका होगा ?

भावाधिपति के अनिष्टकारक होने पर भावस्थित ग्रह उतना उपकारी नहीं होता है। भावाधिपति उस भाव का स्वामी है और भावस्थित ग्रह मानो किरायादार है। भाव में

बैठा हुआ शुभ ग्रह उस भाव को कुछ बाह्य चमक अवश्य देता है परन्तु भावाधिपति के खराब होने से उस भावजनित सच्चे सुख की प्राप्ति कठिन हो जाती है।

(१६) किसी भाव के फल कहने में एक आवश्यक बात यह देखनी होगी कि उस भाव का स्वामी किस भाव में बैठा है और किस भाव के स्वामी का किस भाव में बैठे रहने से क्या फल होता है। साधारण फल जैसा कि पुस्तकों में लिखा है, 'व्यावहारिक प्रवाह' में लिखा गया है (धा.२६६–२७७)। इस स्थान में उसके गूढ़ रहस्य को बतलाने का यत्न किया जाता है। इसका सर्वोपरि नियम यह है कि उपर्युक्त नियमों पर ध्यान देते हुए यह विवेचना करना होगा कि उन भावों में परस्पर क्या सम्बन्ध है; उसी सम्बन्धानुसार फल की विवेचना करनी होगी। नीचे के उदाहरण से इसका मतलब स्पष्ट हो जायगा। जैसे, मान लें कि पंचमाधिपति सप्तम भाव में बैठा है तो ऐसे स्थान में फल का अनुमान किस रीति से होगा? पंचम बुद्धिस्थान और सप्तम जायास्थान है; अतः कहना होगा कि बद्धि जाया-गत होगी। अर्थात् जातक स्त्री के वचनों को विशेषतः स्वीकार करेगा। पुनः पंचम स्थान से राजानुग्रह का विचार और सप्तम से उच्चपद-प्राप्ति का अनुमान भी होता है। इससे फल यों कहा जायगा कि राजानुग्रह से उच्च पद की प्राप्ति होगी। पुनः मान लिया जाय कि सप्तमाधिपति एकादश स्थान में पड़ा है। सप्तम स्थान से व्यवसाय, तिजारत आदि का अनुमान होता है और एकादश आय स्थान है। इस कारण अनुमान करना होगा कि व्यवसाय द्वारा धन की प्राप्ति सम्भव है परन्तु स्मरण रहे कि फल की सिद्धि और उसकी कमी बेशी ग्रह एवं भाव के बलाबल के तारतम्यानुसार ही देखना होगा।

(१७) उपर्युक्त नियमों पर विचार करते हुए एक अन्तिम बात यह देखनी होगी कि ग्रह की स्थिति भाव के मध्य, आदि या अन्त में है। क्योंकि भाव के आरम्भ में ग्रह को फल देनें की जितनी शक्ति रहती है, उसके उस फल में वृद्धि होते-होते जब वह ग्रह भाव के मध्य में आता है तो पूर्ण फल देने में समर्थ हो जाता है। पुनः उस मध्य स्थान से ज्यों-ज्यों वह ग्रह आगे बढ़ता है, त्यों-त्यों फल में दुर्बलता आती है और अन्त तक पहुँचने पर फल देने में असमर्थ हो जाता है। उदाहरण १ का चक्र ३० (क) को देखने से मालूम होगा कि लग्न का आरम्भ मीन के २५ अंश ३५ कला पर हुआ और प्रथम भाव का मध्य, अंशादि १२।२० पर, तथा अन्त, मेष के २५।३५ कला पर हुआ। अब प्रथम भाव में यदि कोई ग्रह मीन के २६ अंश पर हो तो उक्त ग्रह को फल देने की शक्ति का मानो आरम्भ होता है। और जब मध्य लग्न अर्थात् मेष के १२।२० पर हो तो फल देने में पूरा समर्थ होगा। तत्पश्चात् ज्यों-ज्यों ग्रह की स्थिति आगे की होगी त्यों-त्यों उसका फल ह्रास होते-होते जब वह ०।२५।३५ में पड़ जायगा तो उसकी समस्त दातव्य-शक्ति नष्ट हो जायगी। संधि से

भाव-मध्य तक के ग्रह को आरोह-ग्रह और उसके बाद से आगामी संधि तक वाले ग्रह को अवरोह-ग्रह कहते हैं। उसी चक्र ३० (क) के लग्न में मंगल मेष के लगभग १२ अंश में है अर्थात् ठीक मध्यभाग में पहुँचने को है; इस कारण मंगल फल देने में पूर्ण सामर्थ्य रखता है। फल को त्रयराशिक से निकालने की भी प्रथा है। पुनः उसी कुंडली में शनि नवम भाव में है। नवम भाव का मध्य, धन का ५।२१ है और उस भाव का अन्त १८।४१ है। शनि धन के शून्य अंश पर है। लगभग ५ अंश पीछे रहने से शनि पूर्ण रूप से फल देने में समर्थ हो रहा है। उसी भाव में चन्द्रमा धन के ५।१० पर है और भाव का मध्य ५।२१ है। इसलिये चन्द्रमा पूर्ण फल देने में समर्थ है।

(१८) देश, काल और पात्र पर ध्यान देते हुए फल बतलाना चाहिये, यह भी फलित-ज्योतिष का एक बहुत बड़ा रहस्य है। इससे पाठक यह न समझ लें कि ज्योतिष केवल एक ढकोसला है। लिखने का अभिप्राय है कि यह सभी जानते हैं कि काबुल आदि देशके लोगों के शरीर का गठन, समयके हेर फेर से और जलवायु इत्यादि के कारण, साधारणतया भारतवर्ष के वर्त्तमान निवासियों के गठन से बहुत ही उत्तम है। इसी प्रकार भारतवासियों की साधारण सुख-समृद्धि अन्य देश वासियों से निकृष्ट रूप की हो रही है एवं इस परतन्त्र भारत में अन्नादि खाद्य पदार्थों के निकृष्ट हो जाने के कारण साधारणतया यहाँ के निवासियों का स्वास्थ्य भी अच्छा नहीं है। परन्तु यह सब भी ग्रहों के हेर फेर से ही होता है। सुतरां, जब एक ही योग किसी काबुली और भारतवासी को भी हो तो शरीर के गठनादि में अन्तर अवश्य होगा। पुनः यदि कोई सुख योग किसी यूरोपीय और किसी हिन्दुस्तानी को भी हो तो उन दोनों के भोग फल में भी अवश्य कुछ-न-कुछ अन्तर पड़ेगा। यूरप, अफ्रीका और हिन्दुस्तान के निवासियों के रूप रंग में भी जलवायु के कारण बहुत अन्तर है। किसी योग के कारण किसी हिन्दुस्तानी का रंग यदि श्याम हो तो उसी योग के कारण किसी इंगलैंड आदि शीत देश के रहने वाले का रंग श्याम नहीं होकर, उस देश के साधारण गौर रंग से कुछ मलिन होगा। पर उस हिन्दुस्तानी से बहुत ही गोरा होगा। पुनः अफ्रीका देश के किसी निवासी का रंग उसी योग में अतिश्याम अर्थात् काला होगा। इससे प्रतीत होता है कि ऋषियों का यह उपदेश कि देश, कालऔर पात्र पर ध्यान देकर फल बताना चाहिये, बड़ा रहस्यपूर्ण है।

आशा है कि पाठक उपर्युक्त विषयों पर पूर्ण ध्यान देंगे एवं बहुत सी कुंडलियाँ जो इस पुस्तक में दी गयी हैं और अपने स्वजनों की कुंडलियाँ सामने रख कर इन नियमों को हस्तामलक करेंगे। इसी से ज्योतिष शास्त्र की सत्यता का प्रभाव चित्त पर पड़ेगी और लेखक का परिश्रम भी तभी सफल होगा।

अध्याय १३

लग्न के शुद्धाशुद्ध का विचार

धा-१०० जिस तरह किसी मकान की दृढ़ता उसकी नींव की दृढ़ता पर निर्भर करती है, उसी तरह फलाफल की सफलता लग्न पर निर्भर है। यदि लग्न ही अशुद्ध है तो उस पर विचार ही क्या? गणित का स्थान सबसे उच्च है क्योंकि गणित के अतिरिक्त और कोई विद्या ठीक और सत्य देखने में नहीं आती। परन्तु लग्न की शुद्धि में केवल गणित द्वारा ही लग्न बना लेना, क्या काम करेगा; जबकि लग्न इष्टदंड के आधार पर बनाया जाता है। इष्टदंड का शुद्ध होना समय-निर्णय पर निर्भर है। दिहातों में तो अब भी घड़ी इत्यादि यंत्रों का अभाव ही रहता है और जहाँ है भी तो उसकी शुद्धि का कोई प्रमाण नहीं। यदि कहीं-कहीं पर शुद्ध घड़ी मिल भी गयी तो ऐसा देखने में आता है कि सन्तान के भूमिष्ठ होने तथा जन्म के बहुत देर बाद बाहर के लोगों को खबर मिलती है। कभी-कभी प्रसव में इतना समय लग जाता है कि जन्म समय का निर्णय बड़ा ही कठिन हो जाता है। पञ्जिकाओं को भी लोगों ने अपनी जीविकोपार्जन का एक साधन बना लिया है; अतः उसकी शुद्धि पर भी पूर्ण रूप से विश्वास नहीं किया जा सकता क्योंकि उस ओर लोग बहुत कम ध्यान देते हैं। परिणाम यह होता है कि एक पञ्जिका दूसरी से मिलती ही नहीं। भारतीय शासक भी शताब्दियों से अन्य धर्मावलम्बी होते आ रहे हैं; उन्हे भला भारतीय ज्योतिष आदि विद्याओं से क्यों प्रेम हो? खेद का विषय तो यह है कि भारतीय प्रजा भी पराधीनता के पाश में बद्ध होकर अपनी विद्याओं से विमुख हो गयी है। अतः ज्योतिष-शास्त्र रूपी बूटी भी अगर सिञ्चन बिना उदासीनता से मुर्झा गयी, तो इसमें आश्चर्य्य ही क्या? भारतवर्ष में ऐसी कोई सभा सोसाइटी भी नहीं जो अयनांशादि मतभेद का निश्चय करे और एक निर्णय पर पहुँचे। इस कारण यह अत्यावश्यक है कि फल कहने के पूर्व गणित से अथवा अन्य नियमों से लग्न निश्चय कर लेना चाहिये। आवश्यक विचारणीय विषय यह होगा कि कुंडली का लग्न ठीक है या नहीं? ग्रहों की स्थिति कुंडली में ठीक ठीक लिखी गयी है या नहीं?

विद्वानों ने लग्न के शुद्धाशुद्ध का एवं ऐसे स्थान में जब लग्न किसी एक राशि के अन्त और दूसरे के आदि में पड़कर संदेहजनक हो जाता है, विचार करने के लिये अनेकानेक उपाय बतलाया है। परन्तु साधारण बुद्धि द्वारा यह प्रतीत होता है कि एक ही उपाय सभी स्थानों पर लागू नहीं हो सकता। इस कारण लेखक का अनुरोध है कि निम्नलिखित नियमानुसार लग्न निश्चय करके जो लग्न विशेष प्रकार से प्रतिपादित हो उसी को ग्रहण करना उचित है। परन्तु स्मरण रहे कि रोगी ही को औषधि दी जाती है निरोग मनुष्य

को औषधि उपकार के बदले अपकार करती है। इसलिये जब लग्न की स्थिति में संदेह हो तभी इन नियमों के अनुसार शुद्धाशुद्ध का विचार एवं निश्चय किया जाय कि कौन लग्न ग्राह्य है। जिस तरह एक रोग के लिये अनेकानेक ओषधियाँ हैं और उनमें से कोई किसी रोगी के लिये अहितकर अर्थात् उपयोगी न हो और दूसरे को वही औषधि पूर्णरूप से फायदा पहुँचाती है,उसी तरह इन नियमों में से सब नियम सब लग्न में लागू नहीं होता है। अतः लेखक की अनुमति है कि इन नियमों के अनुसार जो लग्न विशेष रूप से शुद्ध प्रतीत हो वही ग्रहण करना उचित होगा और यदि लग्न की शुद्धि में सन्देह न हो तो इनके अवलम्बन से चित्त में शान्ति के बदले अशान्ति आ जायगी।

नियमों को चार प्रकारों में विभाजित किया जाता है। प्रथम प्रकार में प्राणपद साधन अनुसार एवं अन्य कतिपय नियमों के अनुसार इष्टदंड के शुद्धाशुद्ध का अनुमान एवं गणित द्वारा लाया गया लग्न ठीक है या नहीं, देखना है। द्वितीय में, शास्त्रकारों ने जो यह बतलाया है कि इष्टदंड एवं सूर्यस्थित नक्षत्र, जन्म-कालीन-चन्द्रमा, मान्दि, गुलिक, स्त्री-पुरुष-जन्मयोग इत्यादि द्वारा कौन लग्न संभव हो सकता है, लिखा है। तीसरे में, प्रसूतिका-गृहद्वार-निर्माण द्वारा लग्न का अनुमान किस प्रकार किया जाता है, बतलाया है। चौथे में, जातक के शरीरगठनादि द्वारा एवं जन्म-लग्न और अनेक फल द्वारा लग्न का निश्चय करना बतलाया गया है। आगामी कई धाराओं में इन्हीं चार प्रकारों का विवरण लिखा गया है।

प्राणपदादि द्वारा इष्टदंड एवं लग्न की शुद्धि

धा–१०१ (१) महर्षि पराशर ने लिखा है कि यदि प्राणपद, जन्म-चन्द्रमा एवं गुलिक द्वारा लग्न की शुद्धि न देख ली जाय तो समस्त परिश्रम को व्यर्थ ही समझना चाहिये। जन्म चन्द्रमा, अर्थात् जन्मराशि एवं मान्दि द्वारा लग्नशुद्धि-विधि आगामी धारा में बतलायी गयी है। इस स्थान पर केवल प्राणपद द्वारा लग्न-शुद्धि-विधि लिखी जाती है।

प्राणपद बनाने की विधि प्रथम प्रवाह के धारा ७८ में विस्तार रूप से लिखी जा चुकी है। महर्षि पराशर एवं अन्य ऋषियों के कथन का भाव यह प्रतीत होता है कि समस्त जीवधारियों का जन्म इस संसार में उसी समय होता है, जब काल-चक्र में समय-समय पर प्राण देने की शक्ति आती है। वह प्राण-शक्ति अन्य कई कारणों से सम्मिलित होकर कभी मनुष्य, कभी पशु, कभी पक्षी और कभी कीट सर्पादि उत्पादित करता है। कब किस जीव का जन्म होता है, यह जानने के लिये उक्त महर्षियों ने प्राणपद-साधन-विधि बतलायी है। इस कारण उन महर्षियों के कथनानुसार उनके बतलाये हुए नियमों पर यदि लग्न साधन उपरान्त यह प्रतीत हो कि उक्त लग्न में मनुष्य का जन्म होना सम्भव है अर्थात् पशु, पक्षी, कीटादि का नहीं, तो समझना होगा कि लग्न शुद्ध है।

पराशर-मतानुसार प्राणपद साधनोपरान्त दो बातें देखी जा सकती हैं। पहली तो यह कि अमुक इष्टदंड से जो अमुक लग्न साधन किया गया, वह गणित द्वारा ठीक है या नहीं। दूसरी बात यह बतलायी है कि उस प्राणपद से किस जीव का जन्म बोध होता है।

गणित द्वारा लग्न की शुद्धि प्राणपद की कसौटी पर खींच कर देखने की विधि यों है। प्राणपद साधनोपरान्त प्राणपद की प्राणराशि एवं प्राणांश होता है। जैसे, धा. ७८ में उदाहरण १ की प्राणपदराशि ६ और प्राणांश १२ है। अर्थात् तुला के बारह अंश पर प्राणांश है। अब उदाहरण १ का लग्नांश देखना है। धा. ५१ के देखने से मालूम होता है कि उदाहरण १ का लग्न मेष के १२ अंश २० कला ९ विकला पर है अर्थात् लग्नांश १२ है। ऊपर लिखा जा चुका है कि प्राणांश भी १२ है। अतएव प्राणांश एवं लग्नांश की ऐक्यता हुई अर्थात् प्राणांश जितने अंश पर है उतने ही अंश पर लग्नांश भी। महर्षि पराशर का कथन है कि यदि लग्न के अंश की और प्राण के अंश की संख्या बराबर हो तो समझना होगा कि लग्न शुद्ध रीति से बनाया गया है अर्थात् गणित में कोई भूल नहीं है। स्मरण रहे कि लग्नराशि एवं लग्न-विकला आदि और प्राणराशि एवं प्राण-विकला आदि की ऐक्यता आवश्यक नहीं है। परन्तु दोनों की अंश-संख्या बराबर होनी चाहिये। यदि दोनों के अंशों में ऐक्यता न हो तो इष्टदंड के पला में किञ्चित न्यूनाधिक कर इष्टदंड को शुद्ध करना होता है। उदाहरणार्थ मान लें कि उदाहरण १ का इष्टदंडादि ५३।८ है (और इसी ५३।८ पर गणित के विशेष बढ़ जाने के कारण लग्न साधन किया भी गया है)। यदि इससे प्राणपद बनाया जाय तो ५३ को ४ से गुणा करने के उपरान्त २१२ प्राण हुआ; और पला ८ है जिसमें १५ से भाग नहीं पड़ सकता है; इस कारण ८ को २से गुणा करने पर १६ प्राणांश हुआ। अब २१२ को १२ से भाग देने के उपरान्त शेष ८ रहा, तो प्राणराशि ८ और अंश १६ लब्धि हुआ। सूर्य्य वृष के २७ अंश पर है। वृष स्थिर राशि है,उसमें त्रिकोण मकर राशि चर है। इस कारण मकर राशि के २७ अंश पर से प्राण आरम्भ हुआ। ९।२७ को ८।१६ में जोड़ दिया तो योगफल ६।१३ हुआ अर्थात् प्राणांश १३ हुआ और लिखा जा चुका है कि लग्नांश १२ है; इसलिये दोनों में ऐक्यता न हुई। ऐसे स्थान में बतलाया गया है कि यदि ऐक्यता न हो तो इष्टदंड के पलामान में कुछ परिवर्तन करने से यदि ऐक्यता हो जाय और इस परिवर्तन से लग्नांश में कोई परिवर्तन न हो तो ऐसा परिवर्तन करना चाहिये। जैसे, उपर्युक्त उदाहरण में प्राणांश लग्नांश से एक अंश से अधिक होता है और एक अंश ३० विपला के बराबर है (१५ पला = १प्राण = १राशि = ३० अंश)। अतः ८ पलासे ३० विपला घटा कर यदि इष्ट माना जाय (अर्थात् यदि इष्टदंड ५३।७½ हो) तो प्राणांश और लग्नांश में ऐक्यता हो जाती है। (उदाहरण धा. ७८)। अब इसके अनन्तर दूसरी बात प्राणपदानुसार मनुष्यादि जन्म

के अनुमान की विधि बतलायी जाती है। पराशर का कथन है कि प्राणपद, जन्मकालीन चन्द्रमा अथवा गुलिक द्वारा लग्न की शुद्धि देखनी चाहिये। पर एक बहुत बड़ी रहस्यपूर्ण बात यह है कि प्राणपद, चन्द्रमा एवं गुलिक में जो बली हो उसी के अनुसार लग्न की शुद्धि देखनी होगी प्राणपद के बली होने से प्रधानता उसी को होगी। प्रतीत होता है कि महर्षि पराशर के बचन का यह अभिप्राय कदापि नहीं है कि प्राणपद बली हो वा न हो पर लग्न को इस शुद्धि का विचार सर्वदा प्राणपद के अनुसार ही करना होगा। नियम यह बतलाया गया है कि यदि प्राणपद के स्थान में अथवा उसके त्रिकोण में अथवा प्राणपद से सप्तम स्थान वा उस सप्तम स्थान से त्रिकोण में लग्न पड़ता हो तो मनुष्य का जन्म समझना चाहिये। यदि प्राणपद से द्वितीय वा द्वितीय से त्रिकोण (प्राणपद से २,६,१०) में लग्न हो तो पशु-जन्म और प्राणपद से तृतीय अथवा तृतीय से त्रिकोण (प्राणपद से ३,७,११) में लग्न हो तो विहङ्ग-जन्म और यदि प्राणपद से चतुर्थ अथवा चतुर्थ से त्रिकोण (प्राणपद से ४,८, १२) में लग्न हो तो कीट सर्पादि का जन्म बोध होता है। यदि पराशर का यह मत होता कि प्राणपद निर्बल हो या सबल, सभी अवस्थाओं में उपर्युक्त नियम लागू होगा तो फिर आगे चल कर वह ऐसा न लिखते कि प्राणपद के द्वादश भावों में पड़ने से मनुष्य को अमुक-अमुक फल होते हैं। यदि मनुष्य का जन्म प्राणपद के त्रिकोण ही में पड़ने से होता तो 'बृहत्पाराशर होरा' के षष्ठाध्यायगत "प्राणपद फल" असंगत होता है। अतएव यही भाव लागू होता है कि प्राणपद के बली होने से ही प्राणपद के अनुसार मनुष्यादि का जन्म अनुमान किया जा सकता है।

(२) ग्रंथान्तर में इष्ट दंड शुद्धि का बोध यामार्द्ध एवं दंडाधिपति द्वारा करने को बतलाया गया है। यामार्द्ध एवं दण्डाधिपति जानने की विधि धा० ८० एवं चक्र ३२, ३२ (क) ३३ और ३३ (क) में पूर्ण रीति से बतलायी गयी है। उदाहरण १ का जन्म मंगल के रात्रि-यामार्द्ध बुध के दंडाधिपतित्व में होना उदाहरण रूप से बतलाया गया है। अब देखना यह है कि धा० ८० के अनुसार जो दंडाधिपति होता है, वह ठीक है या नहीं। 'खना' नामक एक महान ज्योतिषज्ञ का बतलाया हुआ एक प्रसिद्ध नियम यह है कि जन्म-नक्षत्र की संख्या (अश्विनी से प्रारम्भ कर, देखो चक्र २) को उसी संख्या से गुणा कर, यदि दिन में जन्म हो तो ८ से और रात में जन्म हो तो ७ से भाग करने पर, शेष १ रहने से दंडाधिपति सूर्य्य, २ से चन्द्र, ३ से मंगल, ४ से बुध, ५ से बृहस्पति, ६ से शुक्र, ७ से शनि, शून्य से दिन समय जन्म होने से राहु और रात्रि समय जन्म होने से केतु दंडाधिपति होगा। इस रीति से दंडाधिपति जानने के उपरान्त यदि दोनों रीतियों से अर्थात् धा० ८० और 'खना' के अनुसार एक ही दंडाधिपति आवे तो समझना होगा कि इष्टदंड ठीक है। परन्तु कभी कभी एक दंडाधिपति का अन्तर हो जाता है अर्थात् यदि इस दूसरी विधि से दंडाधिपति बुध आवे तो बुध के पूर्व का अर्थात् मंगल या बाद का बृहस्पति भी दंडाधिपति हो सकता है।

तात्पर्य्य यह [illegible] 'खना' के अनुसार दंडाधिपति इन तीनों में से कोई भी धा० ८० द्वारा दंडाधिपति ह[illegible]ो समझना होगा कि इष्टदंड ठीक है। उदाहरण १ (उदाहरण कुंडली नहीं) का जन्म-नक्षत्र मूला है। अश्विनी से गणना करने पर मूला की संख्या १९ है। १९ को १९ से गुणा करने पर ३६१ हुआ। जन्मसमय रात्रि होने के कारण ३६१ को ७ से भाग देने पर शेष ४ रहता है। ४ शेष रहने से बुध दंडाधिपति हुआ। बुध, बुध के पूर्व वाला मंगल और बुध के बाद वाला बृहस्पति, इन तीन में से यदि कोई भी दंडाधिपति धा० ८० के द्वारा हो तो इष्टदंड ठीक समझा जायगा। धा० ८० द्वारा दंडाधिपति बुध था जो "खना" मतानुसार भी होता है। अतः उक्त उदाहरण में शुद्धि पायी जाती है। किसी विद्वान का कथन है कि सर्वदा तो नहीं परन्तु विशेष स्थानों में यह नियम उपयोगी पाया जाता है।

(३) दंडाधिपति द्वारा इष्टदंड के शुद्धाशुद्ध का विचार ग्रंथान्तर में इस तरह से भी पाया जाता है। जन्म-नक्षत्र को द्विगुणा कर सौर मास की (मेषराशि से आरम्भ कर) संख्या उसमें जोड़ दे; और पुनः उसमें १३ का योग देकर ४से भाग देन पर यदि शेष १ रहे तो यामार्द्ध का प्रथम दंड होगा। २ से द्वितीय, ३ से तृतीय और ४ से चतुर्थ दंड होगा। परन्तु स्मरण रहे कि इस रीति से भी १ का अन्तर हो सकता है। अर्थात् यदि किसी का इस संकेत द्वारा चतुर्थ दंड का जन्म होना पाया जाता है तो हो सकता है कि धा० ८० द्वारा तृतीय दंड एवं इस यामार्द्ध के आगामी यामार्द्ध का प्रथमदंड का भी जन्म हो। उदाहरण १ के जन्म-नक्षत्र १९ को द्विगुण करने से ३८ हुआ। जन्म मास वृष संक्रान्ति का है। अतः ३८ में २ जोड़ने से ४० हुआ। पुनः इसमें १३ का योग दिया; दिया; योग फल ५३ को ४ से भाग देने पर शेष१ रहता है। अर्थात् इस संकेत द्वारा जन्म यामार्द्ध के प्रथम दंड अथवा उसी यामार्द्ध के द्वितीय दंड अथवा पूर्व यामार्द्ध के चतुर्थ दंड में हो सकता है। धा० ८० में बतलाया गया है कि उदाहरण १ का जन्म चतुर्थ दंड का है। अतएव इस रीति से भी इष्टदंड शुद्ध पाया गया।

(४) भारत के दक्षिणी विद्वानों ने इष्टदंड को शुद्ध करने की विधि एक दूसरे संकेत द्वारा बतलायी है। इष्टदंड को ४ से गुणा कर गुणनफल को ९ से भाग देने पर जो शेष रह जाय, उतना ही नक्षत्र अश्विनी, मघा वा मूला से गिनने पर जो मिल जाय, वही जन्म-नक्षत्र होगा। उसी खंड के पहिले नक्षत्र से गिनना होगा जिस खंड में जन्म नक्षत्र है। (देखो चक्र ३८)। यदि दिये हुए इष्टदंड से जन्म-नक्षत्र न मिले तो इष्टदंड में ऐसा परिवर्तन किया जाय जिसमें जन्म नक्षत्र आ जाय। जैसे, किसी कन्या का जन्म अनुराधा नक्षत्र में है और उसका इष्टदंड ३१ है। ३१ को ४ से गुणा किया तो १२४ हुआ; इसको ९ से भाग करने पर शेष ७ रहता है। इस कन्या का जन्म नक्षत्र अनुराधा है; अतः अश्विनी या मूला से नहीं गिनना होगा क्योंकि अनुराधा मघा के खंड

में (चक्र ३८) पड़ता है। मघा से गिनने पर ७ वाँ नक्षत्र विशाखा है; इसलिए यह इष्टदंड शुद्ध नहीं हुआ। यदि ३१½ इष्ट माना जाय और उसे ४ से गुणा देकर ९ से भाग दिया जाय तो शेष ९ बचता है। मघा से ९ वाँ नक्षत्र ज्येष्ठा हो जाता है; अतः यह भी शुद्ध इष्टदंड नहीं हुआ क्योंकि जन्म नक्षत्र अनुराधा है। देखा गया कि ३१ दंड इष्ट मानने से विशाखा और ३१½ मानने से ज्येष्ठा होता है और अनुराधा इन दोनों के बीच का नक्षत्र छूट जाता है। इस कारण ३१ और ३१½ के अन्तर्गत इष्ट होगा। अतः ३१¼ इष्ट मान कर यदि ४ से गुणा करें तो १२५ हुआ और इसमें ९ से भाग देने पर शेष ८ रहा। मघा से ८वाँ नक्षत्र अनुराधा पड़ता है जो जन्म नक्षत्र है। इसलिए ३१¼ वा ३१ दंड १५ पला शुद्ध इष्ट दंड हुआ।

चक्र ३८

प्रथम खण्ड		द्वितीय खण्ड		तृतीय खण्ड	
१	अश्विनी	१०	मघा	१९	मूला
२	भरणी	११	पूर्वा	२०	पूर्वाषाढ़
३	कृत्तिका	१२	उत्तरा	२१	उत्तराषाढ़
४	रोहिणी	१३	हस्ता	२२	श्रवणा
५	मृगशिरा	१४	चित्रा	२३	धनिष्ठा
६	आर्द्रा	१५	स्वाती	२४	शतभिषा
७	पुनर्वसु	१६	विशाखा	२५	पूर्वभाद्र
८	पुष्य	१७	अनुराधा	२६	उत्तरभाद्र
९	आश्लेषा	१८	ज्येष्ठा	२७	रेवती

मुंगेर के बड़े धनी मानी मोख्तार मुंशी अमीरलाल का जन्म सम्वत् १९१९ शाके १७८४ चैत्र कृष्ण प्रतिपदा शुक्रवार, उत्तरफाल्गुणी नक्षत्र, इष्ट २९।५९ पर हुआ। साधारण गणित से उनका जन्म सिंह लग्न में दिया हुआ था। पर वहाँ सिंह का अन्त होता था, इस कारण लग्न में भ्रम हुआ। इसलिये इनके इष्ट की शुद्धि देखी जाती है। इष्ट २९।५९ है; पर १ पला पर ध्यान न देकर यदि इष्ट ३० माना जाय तो इसे ४ से गुणा करने

पर १२० हुआ। इसमें ९ का भाग दिया तो शेष ३ रहा। उनका जन्म नक्षत्र उत्तर-फाल्गुनी है; यह भी मघा खंड में पड़ता है। मघा से तीसरा नक्षत्र उत्तर-फाल्गुनी है जो जन्म नक्षत्र है। इससे प्रतीत हुआ कि यही इष्ट दंड ठीक है। स्मरण रहे कि इस रीति से इष्ट दंड साधन में १५ पला के अम्यन्तर का इष्टदंड होगा। इस कारण मुंशी अमीर लाल का इष्टदंड २९।४५ पल। से लेकर ३० दंड तक वही उत्तर आवेगा; अतः उनके जन्म-पत्र में जो २९।५९ दिया हुआ है, वह ठीक है।

द्वितीय प्रकार से लग्न के शुद्धाशुद्ध का अनुमान

धा. १०२ (१) इष्टदंड को २ से भाग दें। भागफल में, सूर्य्य जिस नक्षत्र में हो उसकी संख्या को जोड़ दें। योगफल में, २७ से भाग देने पर जो शेष रहे उसी संख्या के नक्षत्र की राशि जन्म-लग्न होगा। यदि २७ से भाग न पड़े तो उसी संख्या वाला नक्षत्र जिस राशि का होगा, वही लग्न होता है। नक्षत्र की संख्या से अभिप्राय अश्विनी का १, भरणी का २ इत्यादि इत्यादि है (देखो चक्र २)।

मुंशी अमीर लाल का इष्टदंड २९।५९ है। इसको २ से भाग देने से भागफल १४।५९$\frac{१}{२}$ होता है। उनके जन्म समय का सूर्य्य पूर्व भाद्र में है जिसका अंक चक्र २ के अनुसार २५ है। २५ को १४।५९$\frac{१}{२}$ में जोड़ने से फल ३९।५९$\frac{१}{२}$ है। इसमें २७ से भाग देने पर १२।५९$\frac{१}{२}$ शेष रहा तो १३ वाँ नक्षत्र हस्ता है। चक्र २ के अनुसार हस्ता नक्षत्र कन्या राशि का है। इस कारण सिंह लग्न नहीं मान कर कन्या लग्न ही ग्राह्य है।

(२) (किसी-किसी कुंडली में रात्रि में जन्म होने के कारण सूर्य्यास्त के बाद का इष्टदंड देते हैं। इसलिये दिनमान जोड़ देने से सूर्य्योदय के बाद का इष्टदंड हो जायगा। इस नियम में और प्रथम नियम में भी सूर्य्योदय के बाद का ही इष्टदंड ग्राह्य है)। इष्ट-दंड को ६ से गुणा कर उसमें सौर तिथि जोड़ दें। योगफल में ३० से भाग दें। सूर्य्य-स्थित राशि को छोड़कर भागफल के अंक पर्य्यन्त गिन जायँ। जिस राशि में वह संख्या समाप्त होगी वही लग्न होगा। यदि ३० से भाग न पड़े तो उसकी लब्धि १ मानी जायगी और वैसे स्थान में सूर्य्यस्थितराशि से दूसरी राशि जन्म-लग्न होगा।

मुंशी अमीर लाल का इष्टदंड २९।५९ है। उसको ६ से गुणा करने पर १७९।५३ हुआ। उनका जन्म कुम्भ के संक्रान्ति के २५ अंश पर है। उसमें २५ जोड़ दिया तो २०४।५३ हुआ। इसको ३० से भाग देने पर ६ फल आया और शेष भी रहा है। इस-लिये सप्तम आवृत्ति हुई। सूर्य्य कुम्भ में है; कुम्भ को छोड़ कर ७ गिनने से कन्या राशि आती है। अतः कन्या लग्न ठीक मालूम होता है।

(३) यदि दिन के प्रथमयामार्द्ध में जन्म हो तो जन्म कालीन रविगत नक्षत्र से सातवें नक्षत्र की जो राशि होगी, उसी राशि में लग्न होगा और यदि दिन के शेषार्द्ध में जन्म हो तो रविगत नक्षत्र से बारहवें नक्षत्र की जो राशि हो, उसी में लग्न होगा।

रात्रि के पूर्वार्द्ध में जन्म होने से १७ वें नक्षत्र की राशि में लग्न होगा और रात्रि के शेषार्द्ध में होने से २४ वें नक्षत्र की राशि में लग्न होगा। परन्तु ठीक उदय और अस्त काल में जन्म होने से यह नियम लागू न होगा।

उदाहरण

मान लिया जाय कि किसी का जन्म दिवा के प्रथम यामार्द्ध में है और सूर्य्य कृत्तिका अर्थात् तीसरे नक्षत्र में है। तीसरे से सातवें नक्षत्र अर्थात् ९ वें नक्षत्र में लग्न होगा। चक्र २ (क) के देखने से मालूम होता है कि ९ वें नक्षत्र में कर्क राशि होती है। पुनः यदि रात्रि के पूर्वार्द्ध में जन्म हो और सूर्य्य तीसरे नक्षत्र में हो तो ३ से १७ वें नक्षत्र अर्थात् १९ वें नक्षत्र में लग्न होगा। १९ नक्षत्र में धन लग्न होता है। पुनः मान लें कि सूर्य्य भरणी नक्षत्र में है और रात्रि के शेषार्द्ध में जन्म है तो दूसरे नक्षत्र (भरणी) से २४ वें अर्थात् २५ नक्षत्र में लग्न होगा। चक्र २ (क) के देखने से मालूम होगा कि २५ नक्षत्र में कुम्भ और मीन राशि होती है। इस कारण लग्न कुम्भ में हो या मीन में। इस रीति से यदि मुंशी अमीर लाल का जन्म-लग्न स्थिर करना हो तो देखा जाता है कि उनका जन्म-समय सन्ध्या के बाद है। इस हेतु रात्रि के पूवार्द्ध में जन्म हुआ। सूर्य्य पूर्वभाद्र नक्षत्र का है। अतः २५ से १७ वाँ नक्षत्र अर्थात् १४ नक्षत्र में कन्या तथा तुला राशि होती है। सन्देह यह था कि जन्म लग्न सिंह है या कन्या। अतएव तुला लग्न त्याज्य हुआ और कन्या ही में लग्न होना स्थिर होता है। ध्यान देने की बात यह है कि १४ वें नक्षत्र अर्थात् चित्रा नक्षत्र में तुला और कन्या राशि दोनों होती हैं। उक्त कुंडली में सन्देह यह था कि जन्म सिंह का है या कन्या का। अतः तुला को त्याग कर कन्या को ग्रहण करना होगा।

(४) प्राचीन पुस्तकों में लग्न स्थिर करने की रीति यों भी है। जिस कुंडली का लग्न शुद्ध करना हो उसमें दो बातें देखनी होंगी। प्रथम यह कि चन्द्रमा किस राशि में है; और दूसरी यह कि मान्दि और गुलिक किस राशि में है। (मान्दि और गुलिक बनाने का नियम प्रथम प्रवाह में दिया जा चुका है)।

नियम

(क) चन्द्रमा से पंचम या नवम स्थान में लग्न होना सम्भव है। (ख) मान्दि से भी पंचम या नवम स्थान में लग्न होना सम्भव है। (ग) मान्दि के नवांश (राशि) से

नवम और पंचम में भी लग्न हो सकता है। (घ) चन्द्रमा के नवांश से सप्तम स्थान से नवम, पंचम लग्न हो सकता है। (ङ) मान्दि के नवांश से सप्तम स्थान जो हो उससे नवम, पंचम भी लग्न हो सकता है। (बहुत सी अन्य पुस्तकों में यों भी लिखा है)। (च) चन्द्रमा जिस घर में हो उसका स्वामी जिस स्थान में हो, उस स्थान से नवम, पंचम लग्न होता है।(छ) चन्द्रमा के घर का स्वामी जिस स्थान में हो, उससे सप्तम स्थान में भी लग्न हो सकता है। (ज) उस सप्तम स्थान से नवम वा पंचम स्थान में भी जन्म लग्न होता है। (झ) यह भी कहा जाता है कि जिस स्थान में चन्द्रमा हो वह लग्न हो सकता है। (ञ) चन्द्रमा जिस राशि में हो उसका स्वामी जिस स्थान में हो, उससे फुट (अयुग्म) स्थान में भी लग्न होना सम्भव है। (ट) पराशर का मत है कि गुलिक (देखो धा. ७६) के स्थान से और उसके सप्तम स्थान से त्रिकोण में भी लग्न हो सकता है। (ठ) गुलिक जिस नवमांश में हो, उससे त्रिकोण में भी लग्न होता है और (ड) गुलिक नवांश से सप्तम स्थान के त्रिकोण में भी लग्न हो सकता है।

मुंशी अमीर लाल की कुंडली में चन्द्रमा कन्या राशि का और मान्दि वृष में है। इसका स्पष्ट १।७।४० और मीन नवांश का है। गुलिक वृष के ३० अंश में और कन्या नवांश में है।

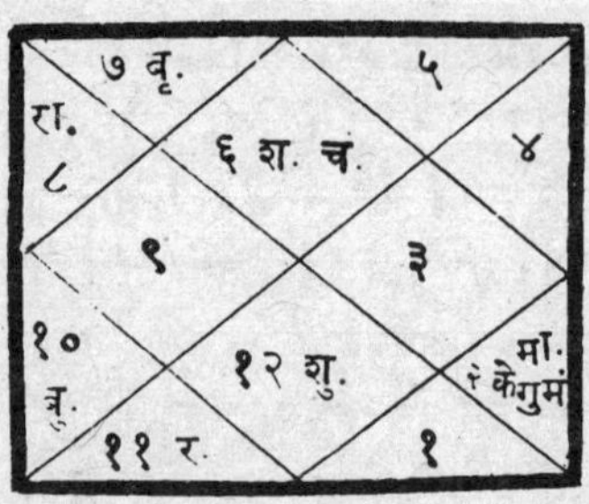

(क) चन्द्रमा से नवम पंचम मकर और वृष होता है। यह पूर्ण त्याज्य है क्योंकि सन्देह सिंह और कन्या में है।

(ख) मान्दि से पंचम कन्या है; वह लग्न हो सकता है। मान्दि से नवम मकर है जो लग्न नहीं हो सकता है।

(ग) मान्दि का नवमांश मीन है; मीन से पंचम कर्क और नवम वृश्चिक है। अतः यह भी त्याज्य हैं।

(घ) चन्द्रमा कुम्भ के नवमांश में है। कुम्भ से सप्तम सिंह और सिंह से ५ एवं ९ धन और मेष होते हैं। ये दोनों भी त्याज्य हैं।

(ङ) मान्दि मीन के नवमांश में है। मीन से सप्तम कन्या और उससे नवम पंचम मकर और वृष है। ये भी त्याज्य हैं।

(च) चन्द्रराशि का स्वामी बुध मकर में है। मकर से पंचम वृष त्याज्य है। परन्तु मकर से नवम कन्या है; यह लग्न हो सकता है।

(छ) चन्द्रराशि का स्वामी बुध मकरराशि गत है। मकर से सप्तम कर्क भी त्याज्य है।

(ज) चन्द्रराशि का स्वामी बुध मकर गत है। उससे सप्तम कर्क और कर्क से पंचम वृश्चिक और नवम मीन भी त्याज्य है।

(झ) कन्या में चन्द्रमा रहने के कारण भी कन्या लग्न हो सकता है।

(ञ) चन्द्रस्थित राशि का स्वामी बुध मकरराशिगत है। मकर से अयुग्म मीन, वृष, कर्क, कन्या एवं वृश्चिक होता है। अतः कन्या लग्न हो सकता है।

(ट) गुलिक से एवं उसके सप्तम से त्रिकोण वृष, कन्या एवं मकर और वृश्चिक मीन एवं कर्क होता है। इसलिये कन्या लग्न होना सम्भव है।

(ठ) गुलिक कन्या के नवांश में है। कन्या से त्रिकोण कन्या, वृष और मकर है।

(ड) गुलिक नवांश से सप्तम मीन होता है और उससे त्रिकोण मीन, कर्क और वृश्चिक होता है।

मुंशी अमीर लाल की कुंडली का उपर्युक्त नियमानुसार फल

नियम	लग्न राशि-संख्या	नियम	लग्न राशि-संख्या
(क)	१०,२.	(ज)	८,१२.
(ख)	६,१०.	(झ)	६.
(ग)	४,८.	(ञ)	१२,२,४,६,८.
(घ)	९,१.	(ट)	२,६,१०,८,१२,४.
(ङ)	१०,२.	(ठ)	२,६,१०.
(च)	२,६.	(ड)	१२,४,८.
(छ)	४.		

ऊपर के फलों को चक्र में लिखने से यह मालूम होता है कि किसी प्रकार से सिंह लग्न नहीं हो सकता है। ६ प्रकार से कन्या लग्न होता है। अतएव कन्या लग्न ही सिद्ध हुआ।

(५) यदि यह मालूम हो कि कुंडली स्त्री की है या पुरुष की, तो इससे भी लग्न की शुद्धि का अनुमान करना सम्भव है। इस बात के जानने के लिये कि कुंडली स्त्री की है या पुरुष की, शास्त्रोक्त नियम लिखा जाता है। परन्तु स्मरण रहे कि यह नियम दिन में जन्म होने से ही लागू होगा। रात्रि में जन्म होने से यह नियम लागू नहीं होगा। पुस्तकों में यह बात जानने के लिये अनेकानेक विधियाँ बतलायी गयी हैं परन्तु समस्त फल प्रायः ग्रहों के बलाबल पर निर्भर करता है। पूर्ण रीति से बल जानने के लिये गणित का बड़ा उलझावा है। अतः इस पुस्तक में उन बातों को स्थान न दिया गया।

ज्योतिष-विज्ञान के जानने वालों ने यह निश्चय कर रखा है कि पुरुष का जन्म प्रायः रविवार के सूर्य्योदय से २ दंड पर, सोमवार को ६ दंड पर, मंगलवार को १० दंड पर, बुधवार को १४ दंड पर, बृहस्पतिवार को १८ दंड पर, शुक्रवार को २२ दंड पर और शनिवार को २६ दंड पर होता है।

वार	रवि	सोम	मंगल	बुध	बृहस्पति	शुक्र	शनि
दंड	२	६	१०	१४	१८	२२	२६

(उपर्युक्त नियम को स्मरण रखने के लिये यह समझना होगा कि रवि से प्रतिवार में उत्तरोत्तर ४ दंड की बृद्धि होती जाती है)। अब देखना यह होगा कि जन्मदिन में सूर्य्य कितने अंश पर है अर्थात् सौर्य्य मास की कौन तिथि है। पुनः यह देखना होगा कि जन्मस्थान के सूर्य्य-स्थित-राशि का राशिमान क्या है। पंचांग द्वारा यह भी देखना होगा कि सौर्य्य मास कितने दिनों का है। तदनन्तर त्रयराशिक से यह शीघ्र विचार कर लिया जा सकता है कि जिस राशि में सूर्य्य स्थित है, उस राशि का मान यदि अमुक दिन में सूर्य्य समाप्त करता है तो जन्मदिन की सौर तिथि तक उसका कितना दंडादि समाप्त कर चुका है। यह 'उदय-लग्न-भुक्ति' होगी और इस 'उदय-लग्न-भुक्ति' को राशिमान से घटा लेने से 'उदय-लग्न-शेष' होगा। जब यह पता चल गया कि 'उदय-लग्न-शेष' क्या है तो इसमें सूर्य्य की आगामी राशियों का राशिमान जोड़ते-

जोड़ते यह भी मालूम हो जायगा कि जिस दिन का जन्म है, उस दिन 'पुरुष' लग्न किस राशि का होगा और उस राशि को पुरुष-लग्न मानते हुए उसके बाद की राशि को स्त्री-राशि माननी होगी। इसी तरह पुरुष के बाद स्त्री और स्त्री के बाद पुरुष राशि गिनना होगा। गिनते गिनते यह बोध हो जायगा कि जन्म-लग्न स्त्री-राशि है या पुरुष-राशि। यदि जातक पुरुष है और गिनने से वह राशि भी पुरुष राशि ही होती है तो समझना चाहिये कि जन्मलग्न ठीक है और यदि विपरीत हुआ तो उस राशि से आगे या पीछे वाले लग्न से (सन्देहानुसार) लग्न निश्चय करना होगा। इस नियम को स्पष्टतया समझने के हेतु नीचे एक उदाहरण दिया जाता है।

उदाहरणः—किसी कन्या का जन्म सम्वत् १९७० वैसाख शुक्ल पूर्णिमा तदुपरि परिवा मंगलवार को हुआ था। सूर्य्यस्फुट १।६।२० है। इस कन्या के जन्मलग्न में सन्देह यह है कि तुला है या वृश्चिक।

उदय लग्न अर्थात् सूर्य्य वृष राशि में है जिसमें ६ अंश बीत चुका है। तात्पर्य्य यह कि सौर तिथि ६ है। पंचांग के देखने से मालूम होता है कि वृष सौर मास ३१ दिन का था और मुंगेर के आस पास में जन्म होने के कारण वृष का लग्नमान४।१३।४ है (देखो चक्र २४)। अब सीधी बात जानने को यह रही कि यदि ३१ दिन में वृष का सूर्य्य दंडादि ४।१३ चलता है तो ६ दिन में कितना चला $\frac{६ \times ४।१३}{३१} = ४९$ पला लगभग। यह उदयलग्न भुक्त हुआ। इसको ४।१३ से घटा देने पर ३।२४ उदय-लग्न शेष हुआ। तात्पर्य्य यह कि वृष में सूर्य्य को ३ दंड २४ पला भोगने को और शेष है। अब इसमें वृष की आगामी मिथुनराशि का मान ५।३ जोड़ दिया तो ८।२७ हुआ और यदि इसमें मिथुन की आगामी कर्कराशि का मान ५।३ जोड़ दिया तो १३।३० पला हुआ। (राशिमान चक्र २४ से लिया गया है)। जन्म दिन मंगल है, उस दिन १० दंड पर पुरुष का जन्म होता है और उस दिन कर्क लग्न उपर्युक्त गणित से ८।२७ पला के बाद १३।३० पला के भीतर होता है। इस कारण यह सिद्ध हुआ कि कर्क उस दिन पुरुषराशि है। कर्क जब पुरुष है तो सिंह स्त्री और कन्या पुरुष, तुला स्त्री और वृश्चिक पुरुष राशि होगी। सन्देह यह था कि लग्न तुला है या वृश्चिक। जन्म कुंडली कन्या की है; अतः तुला स्त्री राशि में ही जन्म होना सिद्ध होता है। इसलिये तुला ही लग्न हुआ।

मुंशी अमीर लाल की कुंडली उदाहरणार्थ न ली गयी क्योंकि उनका जन्म सूर्य्यास्त के बाद है। ऊपर लिखा जा चुका है कि केवल दिन के समय में जन्म होने से यह नियम लागू है।

(६) राहु, रवि और लग्न जिस जिस राशि में रहे, उन तीनों राशि-संख्याओं को जोड़

कर उसे ७ से भाग दे और यदि शेष संख्या सम हो (Even number) तो स्त्री का जन्म सम्भव है और अवशिष्ट संख्या फुट हो (Odd number) तो पुरुष का जन्म होना सम्भव है। ऊपर जो राशि-संख्या लिखी गयी है, उसका अभिप्राय है मेष राशि का १, वृष का २, मिथुन का ३, कर्क का ४ इत्यादि।

मुंशी अमीर लाल की कुंडली में रा. का ८ और र. ११ और लग्न ६, इन तीनों का योग २५ होता है। इसको ७ से भाग देने पर शेष ४ बचा जो सम अंक है। इस कारण इस रीति से कन्या लग्न नहीं होगा।

टिप्पणी :—लेखक का अनुभव है कि सर्वदा यह नियम लागू नहीं होता है क्योंकि ग्रहों की स्थिति के कारण स्त्री लग्न में कभी-कभी पुरुष का और पुरुष लग्न में कभी-कभी स्त्री का जन्म होता है। इस कारण इस नियम का भी प्रयोग सन्देह होने पर ही करना चाहिये।

सूतिका-गृह-द्वार से लग्न शुद्धि का विचार

धा-१०३ यदि जातक का जन्म कई वर्ष पूर्व हो चुका हो तो ऐसी अवस्था में यह ठीक-ठीक मालूम होना कि जन्मगृह का द्वार किस दिशा की ओर था, कठिन हो जाता है। परन्तु जब कोई ऐसी कुंडली देखनी हो जिसके प्रसव-गृह का विवरण मालूम हो तो निम्नलिखित रीति द्वारा भी लग्न की शुद्धि का अनुमान किया जा सकता है।

यदि लग्न अथवा लग्न नवांश कर्कट, मेष, वृश्चिक, तुला वा कुम्भ का हो तो प्रसव-गृह का द्वार पूर्व मुख का होगा। सिंह वा मकर राशि के होने से दक्षिण, वृष से पश्चिम एवं कन्या, धन, मीन वा मिथुन राशि में लग्न होने से प्रसव-गृह का द्वार उत्तर दिशा की ओर होगा। यदि एक ही दिशा लग्न और लग्ननवांश से आती हो तो ठीक वही मुख प्रसव-गृह का होगा। पर यदि दोनों में भिन्नता हो तो लग्न और नवांश में जो बली होगा, उसी के अनुसार सूतिका गृह-द्वार होगा। किसी-किसी का मत है कि यदि लग्न प्रथम द्रेष्काण में है तो नवम स्थान का स्वामी जिस राशि में हो, उस राशि की जो दिशा हो वही प्रसव-गृह के द्वार की दिशा होगी। यदि द्वितीय द्रेष्काण में जन्म हो तो लग्न से द्वादश राशि का स्वामी जिस राशि में रहे, उसी राशि की दिशा में जातक के जन्मगृह का द्वार होगा। इसी प्रकार तृतीय द्रेष्काण में जन्म होने से लग्न से पंचम स्थान का स्वामी जिस राशि में रहेगा, उसी राशि की दिशा में सूतिकागृह का द्वार होगा। बृहज्जातक में इस बात के जानने की विधि यों लिखी है कि केन्द्रगत ग्रह की दिशानुसार सूतिकागृह होगा और केन्द्र में यदि कई ग्रह हों तो उनमें से बलिष्ठ ग्रह के दिशानुसार

प्रसवगृह का अनुमान करना होगा। और यदि केन्द्र में कोई भी ग्रह न हो तो लग्न (वा बली केन्द्र) की दिशानुसार सूतिका-गृह-द्वार होगा।

प्रिय पाठकगण, लेखक की क्षुद्रबुद्धि के अनुसार ये सब अनुमान सर्वदा ठीक नहीं पाये जाते। प्राचीन ग्रंथकारों का क्या भाव था, क्या अनुभव था, लेखक की बुद्धि से परे है। आशा है कि विद्वान लोग अनुभव से इन नियमों के लागू होने पर विचार करेंगे।

फल द्वारा लग्न-शुद्धि का अनुमान

(जातक के गठनादि के विषय में)

धा-१०४ (१) भारतवर्ष में प्राचीन समय से यह विश्वास है कि मनुष्य का शरीर पाँच महातत्त्वों से बना है और रूपान्तर में आजकल के वैज्ञानिक भी इस से सहमत हैं। पृथ्वी, जल, अग्नि, वायु और आकाश इन्हीं पंचमहातत्त्वों से शरीर की रचना हुई है। गोस्वामी तुलसीदास जी ने भी कहा है—"क्षिति जल पावक गगन समीरा, पंच रचित यह अधम शरीरा"। पृथ्वी तत्त्व से अस्थि आदि की बनावट कही जाती है। जलतत्त्व का अंश डाक्टरी या वैद्यक पुस्तकों के अनुसार शरीर में विशेष होता है। इसी कारण दृढ़ शरीर वाले मनुष्यों की अस्थियाँ मजबूत होती हैं और असाधारण मोटे लोगों के शरीर में जल का अंश बहुत विशेष होता है। इन सब बातों पर ध्यान देते हुए यदि ज्योतिष-शास्त्र के रहस्य की ओर ध्यान दिया जाय तो कुंडली मात्र के देखने से एवं केवल थोड़े से अभ्यास के बाद जातक के शरीर के गठन इत्यादि का पूर्ण बोध हो सकता है।

(२) बुध ग्रह को पृथ्वीतत्त्व माना जाता है और शुक्र एवं चन्द्रमा को जलतत्त्व सूर्य्य और मंगल को अग्नितत्त्व, शनि को वायुतत्त्व और बृहस्पति को आकाश या तेजतत्त्व। चन्द्रमा, बुध, शुक्र और बृहस्पति को जलग्रह की संज्ञा है। सूर्य्य, मंगल, और शनि को शुष्क या रूखा ग्रह कहते हैं। यदि इन दोनों संज्ञाओं को एकत्रित किया जाय तो यों होगा:—

सूर्य्य	शुष्कग्रह	अग्नितत्त्व
चन्द्र	जलग्रह	जलतत्त्व
मंगल	शुष्कग्रह	अग्नितत्त्व
बुध	जलग्रह	पृथ्वीतत्त्व
बृहस्पति	जलग्रह	आकाश या तेजतत्त्व
शुक्र	जलग्रह	जलतत्त्व
शनि	शुष्कग्रह	वायुतत्त्व

ऊपर लिखी हुई संज्ञाओं के अनुसार जातक के शरीर के गठनादि का अनुमान पूर्ण-रूप से किया जा सकता है ।

(३) परन्तु केवल ग्रहों पर ही नहीं, राशियों पर भी ध्यान देना उचित है । वृष, कन्या और मकर को पृथ्वीराशि कहते हैं । कर्क, वृश्चिक और मीन को जलराशि, मेष, सिंह और धन को अग्निराशि एवं मिथुन, तुला और कुम्भ को वायुराशि कहते हैं । पुनः राशियों का दूसरा विभाग इस प्रकार भी है । कर्क, मकर और मीन को पूर्ण जलराशि कहते हैं । वृष, धन और कुम्भ को अर्द्धजलराशि, मेष, तुला और वृश्चिक को पादजलराशि एवं मिथुन, सिंह और कन्या को निर्जलराशि कहते हैं । यदि इन संज्ञाओं को एकत्रित किया जाय तो इस प्रकार होगा:—

मेष	अग्नि	पादजल	($\frac{1}{4}$)
वृष	पृथ्वी	अर्द्धजल	($\frac{1}{2}$)
मिथुन	वायु	निर्जल	(०)
कर्क	जल	पूर्णजल	(१)
सिंह	अग्नि	निर्जल	(०)
कन्या	पृथ्वी	निर्जल	(०)
तुला	वायु	पादजल	($\frac{1}{4}$)
वृश्चिक	जल	पादजल	($\frac{1}{4}$)
धन	अग्नि	अर्द्धजल	($\frac{1}{2}$)
मकर	पृथ्वी	पूर्णजल	(१)
कुम्भ	वायु	अर्द्धजल	($\frac{1}{2}$)
मीन	जल	पूर्णजल	(१)

ऊपर लिखा जा चुका है कि कर्क, वृश्चिक और मीन जलराशि हैं । परन्तु पूर्णजल और अर्द्धजल इत्यादि विभेद से तथा उपर्युक्त चक्र देखने से यह सिद्ध होता है कि कर्क और मीन जलराशियों में बली जलराशि हैं । वृश्चिक के बल में किञ्चित न्यूनता है । कारण यह है कि वह पूर्णजल राशि नहीं होकर पादजलराशि है । इसी प्रकार पृथ्वीराशि मकर, वृष और कन्या तीनों ही हैं परन्तु मकर पृथ्वीराशि भी है और पूर्णजलराशि भी । इस कारण मकर को शरीर में स्थूलता और दृढ़ता दोनों प्रदान करने की शक्ति है एवं वृष को मकर से, अर्द्धजलराशि होने के कारण स्थूलता में कमी है । कन्या केवल पृथ्वीराशि है और जल शून्य है । अतः यह राशि दृढ़ता तो अवश्य प्रदान करती है पर स्थूलता कुछ नहीं । पुनः अग्नि राशियों में धन अर्द्धजल, मेष एकपादजल, और सिंह निर्जल

होने के कारण शरीर में स्थूलता प्रदान करने की शक्ति में धन से मेष और मेष से सिंह कम है। वायुराशियों में कुम्भ अर्द्धजल, तुला पादजल और मिथुन निर्जल होने के कारण स्थूलता प्रदान करने में एक दूसरे से निर्बल है।

ऊपर लिखी हुई संज्ञाओं से शरीर के गठनादि विषय में पूर्ण सहायता मिलेगी। नाम से ही जान पड़ता है कि जलराशि और जलग्रह के आधिपत्य से मनुष्य के शरीर में जल भाग की अधिकता अर्थात् मोटेपन की सम्भावना होगी। वायुराशि, अग्निराशि और शुष्कग्रह के आधिपत्य में मनुष्य के शरीर में कृशता तथा दूर्बलता की उत्पत्ति होती है और पृथ्वीराशि और पृथ्वीग्रह के आधिपत्य में मनुष्य दृढ़काय होता है।

(४) कतिपय नियम :—(क) यदि लग्न जलराशि हो और उसमें जलग्रह की स्थिति भी हो तो जातक का शरीर अवश्य मोटा होता है।

(ख) लग्न और लग्नाधिपति जलराशिगत होने से शरीर खूब स्थूल होता है।

(ग) यदि लग्न अग्निराशि हो और अग्नि ग्रह उसमें स्थित भी हो तो मनुष्य बली अवश्य होगा परन्तु शरीर की पुष्टि तथा मोटाई नहीं होगी।

(घ) इसी प्रकार यदि अग्नि वा वायु राशि में लग्न हो और लग्नपति पृथ्वीराशि गत हो तो उसकी हड्डियाँ साधारणतः दृढ़ और पुष्ट होती हैं।

(ङ) अग्नि वा वायु राशि में लग्न होने से भी मोटी हड्डी नहीं होती है पर शरीर ठोस होता है।

(च) यदि अग्नि वा वायु राशि लग्न होकर लग्नाधिपति जलराशि गत हो तो शरीर स्थूल तथा मोटा होता है।

(छ) लग्न यदि वायु राशि का हो और उसमें वायु ग्रह भी स्थित हो अर्थात् शनि लग्न में हो तो जातक शरीर से दुबला परन्तु तीक्ष्ण बुद्धि वाला होता है।

(ज) यदि लग्न पृथ्वीराशि हो और पृथ्वी ग्रह की उसमें स्थिति हो तो मनुष्य प्रायः नाटा परन्तु दृढ़कायी होता है।

(झ) यदि पृथ्वीराशि लग्न हो और लग्नाधिपति पृथ्वीराशिगत हो तो उसकी हड्डी असाधारण रूप से दृढ़ और स्थूल होती है।

(ञ) पृथ्वीराशि लग्न हो और उसका अधिपति जलराशिगत हो तो हड्डी दृढ़ और शरीर की स्थूलता मध्य अवस्था की होती है।

(ट) पृथ्वीराशि लग्न हो और लग्नाधिपति अग्नि वा वायु राशि गत हो तो उस मनुष्य को आन्तरिक बल होगा और अस्थि दृढ़ होगी पर शरीर स्थूल न होगा।

(५) स्मरण रखने की बात यह है कि लग्न और लग्नगत-ग्रह यदि भिन्न प्रकृति के हों तो फल में भी भिन्नता अनुमान करना होगा । इस हेतु ज्योतिष शास्त्र के ज्ञान के लिये अनुमान शक्ति बहुत ही आवश्यक है । अतः सुगमता पूर्व्वक अनुमान करने से लिये निम्नलिखित नियमों पर ध्यान देना अच्छा होगा ।

नियम

१–पहिली बात यह देखनी है कि लग्नराशि कैसी है ।

२–लग्न में यदि ग्रह है तो वह कैसा है ।

३–लग्नेश कैसा ग्रह है और किस राशि में है ।

४–लग्नेश के साथ कैसे ग्रह हैं ।

५–लग्न पर किसकी दृष्टि है ।

६–लग्नेश अष्टम वा द्वादशगत तो नहीं है ।

७–बृहस्पति लग्न में है अथवा लग्न को देखता है और कैसी राशि में बृहस्पति की स्थिति है ।

इन सात नियमों पर ध्यान-पूर्वक विचार करने से यह पता चल जा सकता है कि जल, पृथ्वी, अग्नि और वायु तत्त्वों में किसकी विशेषता है और अन्त में अन्तिम निर्णय के लिये, इसी धारा के चतुर्थ भाग पर, यदि उनमें से कोई नियम लागू हो तो, ध्यान देना होगा। इसी के अनुसार शरीर के गठनादि का ठीक-ठीक अनुमान किया जा सकता है। लग्न निश्चय करने की यह एक बड़ी ही उपयोगी एवं प्रधान परीक्षा है। पर इस विधि में एक दोष यह है कि इससे एकदम बाल्यावस्था के गठनादि का शुद्ध-शुद्ध अनुमान नहीं किया जा सकता है। इसके उदाहरणार्थ भारतवर्ष के कई प्रसिद्ध मनुष्यों की कुंडलियाँ विचारार्थ दी गयी हैं। वे कुंडलियाँ प्रायः उन्हीं लोगों की है जिसका फोटो इत्यादि जन-साधारण में खूब प्रचलित है।

उदाहरण

लोकमान्य तिलक

स्वर्गीय लोकमान्य बाल गंगाधर तिलक की कुंडली (कुंडली संख्या २६) देखने से उपर्युक्त नियमानुसार फल यों होता है । प्रथम नियमानुसार कर्क लग्न जल राशि एवं पूर्णजलराशि है। दूसरे नियमानुसार लग्न में दो ग्रह बैठे हैं। एक सूर्य्य जो शुष्क

ग्रह है और जिसका तत्त्व अग्नि है। दूसरा शुक्र जो जलग्रह है और जिसका तत्त्व भी जल है। परन्तु शुक्र शत्रु गृह में है। तीसरे नियमानुसार लग्नेश चन्द्रमा जलग्रह एवं जलतत्त्व का है और मीन राशि में जो पूर्णजलराशि है बैठा है। चौथे नियमानुसार लग्नेश चं. के साथ बृहस्पति जलग्रह एवं तेज तत्त्व का है। पञ्चम नियमानुसार बृहस्पति की पूर्ण दृष्टि लग्न पर है और बृहस्पति जलग्रह है। छठे नियमानुसार लग्नेश दुःस्थान गत नहीं है। सप्तम नियमानुसार बृहस्पति की पूर्ण दृष्टि लग्न पर है और बृहस्पति पूर्ण-जलराशि गत नहीं है। इन सब बातों पर ध्यान देने से शरीर में जलतत्व की अधिकता विशेष रूप से प्रतीत होती है और इसी धारा का ४ (क) योग भी लागू होता है। अतएव कहना होगा कि ये शरीर से मोटे थे और बहुत ही मोटे होते परन्तु सूर्य्य का लग्न में रहने के कारण असाधारण मोटाई न होकर साधारण मोटाई का बोध होता है। यथार्थतः आप थे भी ऐसे ही।

देशबन्धु सी. आर. दास

स्वर्गीय देशबन्धु चितरञ्जन दास (सी. आर. दास) की कुंडली (कुं. ४०) देखने से प्रथम नियमानुसार लग्न तुलाराशि, वायु तत्त्व एवं पाद-जल-राशि है। द्वितीय नियमानुसार तिलक जी के ऐसा सूर्य्य और शुक्र लग्न में है परन्तु उसके साथ बुध भी है। सूर्य्य शुष्क एवं अग्नितत्व और शुक्र जलग्रह एवं जलतत्व तथा स्वगृही होने के कारण अत्यन्त बली है। (तिलक जी की कुंडली में शुक्र शत्रुगृही था)। बुध जलग्रह एवं पृथ्वी त व है। तृतीय नियमानुसार लग्नेश शुक्र जलग्रह एवं जलतत्व, वायु राशि एवं पादजलराशि में (स्वगृही) है। चतुर्थ नियमानुसार लग्नेश (शुक्र) के साथ सूर्य्य जो शुष्क ग्रह और पृथ्वी तत्व है तथा बुध जो जलग्रह एवं पृथ्वी तत्व है, बैठा है। पंचम नियमानुसार लग्न पर बृहस्पति की पूर्ण दृष्टि है। षष्ठ नियमानुसार लग्नेश दुःस्थान गत नहीं है। सप्तम नियमानुसार लग्न पर बृहस्पति की दृष्टि है परन्तु बृहस्पति वायु एवं निर्जल राशि में बैठा है। इस धारा के नियम ४ (ङ) के अनुसार शरीर का ठोस होना प्रतीत होता है। उपर्युक्त विवरण से जल की अधिकता होती है जिससे अनुमान होता है कि इनका गठन ठोस एवं स्थूल बहुत ही होता परन्तु लग्न में सूर्य्य के रहने के कारण असाधारण स्थूलता प्रदान करने में बाधा पड़ी। देशबन्धु जी थे भी ऐसे ही।

महात्मा गान्धी

महात्मा मोहन दास करमचन्द गांधी जी की कुंडली (कुं. ३९) में प्रथम नियमानुसार लग्न कन्या राशि, पृथ्वी तत्व एवं निर्जल है। दूसरे नियमानुसार लग्न में सूर्य्य शुष्क

एवं अग्नि तत्त्व है। तीसरे नियमानुसार लग्नेश बुध जलग्रह और पृथ्वी तत्त्व है और वायुराशि एवं पादजल राशि गत है। चतुर्थ नियमानुसार लग्नेश के साथ शुक्र है जो जलग्रह एवं जलतत्त्व है। परन्तु उसके साथ मंगल शुष्क एवं अग्नितत्त्व भी है। पंचम नियमानुसार लग्न पर किसी ग्रह की दृष्टि नहीं है। षष्ठ नियमानुसार लग्नेश दुःस्थान गत नहीं है। सप्तम नियमानुसार बृहस्पति न तो लग्न में है और न लग्न को देखता ही है। उपर्युक्त विवरण का तारतम्य इस प्रकार होता है। तीन प्रकार से निर्जल और तीन प्रकार से जल, दो प्रकार से अग्नितत्त्व और दो प्रकार से पृथ्वीतत्त्व अर्थात् जल और निर्जल की समता और उस पर अग्नि तत्व की विशेषता का फल शरीर में मोटाई लेश-मात्र भी न होगा। परन्तु पृथ्वी तत्त्व दो है जिससे काया की कुछ दृढ़ता का अनुमान होता है। पुनः इस धारा का ४ (ट) के अनुसार लग्न पृथ्वीतत्त्व है और लग्नाधिपति बुध वायु राशि गत है। इस कारण आन्तरिक बल होना प्रतीत होता है। अस्थियों की दृढ़ता का भी अनुमान होता है परन्तु देह की स्थूलता का नहीं। स्थूलता का अभाव सब तरह से मालूम होता है। अतः महात्मा जी शरीर से दुबले परन्तु दृढ़ हड्डी वाले हैं। इनके आन्तरिक बल का यहाँ परिचय देना सूर्य्य को दीपक दिखाना होगा। इनका जन्म सुदामा-पुरी में है और रूप में भी श्री कृष्ण-प्रेमी सुदामा जी के जैसे हैं। आगामी धारा १०५ में कतिपय पुस्तकों से उद्धृत नियमों को भी देखने से सहायता मिलेगी।

प्राचीन पुस्तक द्वारा प्राप्त योग

धा-१०५ सर्वार्थचिन्तामणि आदि ज्योतिषशास्त्र के ग्रंथों में लिखा है:—

(१) यदि शुष्क ग्रह (सू.श.मं.) लग्न में हो तो शरीर कृश तथा दुर्बल होगा।

(२) यदि लग्न निर्जल राशि में हो तो शरीर कृश होगा।

(३) यदि लग्नेश शुष्क ग्रह के साथ हो अथवा निर्जल राशि में हो तो जातक का शरीर दुबला होगा।

(४) यदि लग्नेश अष्टम वा द्वादश भाव गत हो तो शरीर दुबला-पतला होगा।

(५) यदि लग्नेश का नवांशेश शुष्क ग्रह के साथ रहे तो शरीर दुबला होगा।

(६) यदि लग्न निर्जलराशि में रहे और उसमें पाप ग्रह बैठा हो तो शरीर दुबला होगा।

(७) यदि लग्न जलराशि हो और उसमें शुभ ग्रह स्थित हो तो शरीर स्थूल होगा।

(८) यदि लग्नेश जलग्रह हो (और बली हो) और शुभग्रह के साथ हो तो शरीर पुष्ट होता है।

(९) यदि लग्नेश जलराशि में हो और शुभग्रह अथवा जलग्रह के साथ हो तथा उस पर जलग्रह की दृष्टि हो तो शरीर पुष्ट होता है।

(१०) लग्न का स्वामी जिस नवांश में हो और उस नवांश का स्वामी यदि जलराशि में हो तथा लग्न शुभराशि में हो तो शरीर स्थूल होता है।

(११) लग्न में बृहस्पति हो, अथवा लग्न पर जलराशिगत बृहस्पति की दृष्टि हो, अथवा लग्न जलराशि हो, अथवा लग्न पर शुभग्रह की दृष्टि अथवा संयोग हो तो शरीर असाधारण रूप से स्थूल होता है।

(१२) लग्नाधिपति शुष्कग्रह होने से ,शुष्कग्रह के साथ रहने से, शुष्कग्रह के क्षेत्र में स्थित होने से अथवा शुष्क राशि तथा वायु और अग्नि राशि में स्थित होने से, अथवा लग्नाधिपति का अष्टम या द्वादश भाव में पड़ने से जातक शुष्कदेह तथा दुर्बल होता है।

(१३) यदि लग्न शुष्क राशि हो और उसमें पाप ग्रह हो (स्मरण रहे कि सू.मं. और श. पाप एवं शुष्क ग्रह हैं) तो जातक का शरीर दुबला होगा।

(१४) लग्नाधिपति जलराशिगत हो अथवा जलग्रह से युक्त हो तो शरीर स्थूल होता है।

(१५) इसी प्रकार यदि लग्नाधिपति जलग्रह बलवान हो और अन्य जलग्रह के साथ हो तो जातक स्थूल शरीर वाला होता है।

(१६) लग्न में बृहस्पति के रहने से ,जो जल ग्रह है और आकाश या तेज तत्वों का स्वामी है, अथवा लग्न पर बृहस्पति की पूर्ण दृष्टि होने से और यदि लग्न जलराशि भी हो तो शरीर असाधारण (अत्यन्त) मोटा होगा।

उदाहरणार्थ स्व० राय बहादुर वाल्मीकि प्र० सिंह जी की कुंडली(कु. ७१) पर पाठकों का ध्यान आकर्षित किया जाता है। उनकी कुंडली में धा. १०४(५) के नियम (१)के अनुसार जन्मलग्न कन्या पृथ्वीतत्व और निर्जलराशि है। (२) लग्नस्थ बुध जलग्रह एवं पृथ्वीतत्व है। (३)लग्नेश बुध जलग्रह एवं पृथ्वी तत्व, कन्या में बैठा है जो पृथ्वी तत्व और निर्जलराशि है। (४) और (५) लागू नहीं है। (६) लग्नेश दुःस्थान गत नहीं है। (७) लागू नहीं है। पुनः धा १०४ (४) के (झ) अनुसार शरीर की हड्डियों की अधिक दृढ़ता एवं स्थूलता होती है और (ज) के अनुसार दृढ़कायी (परन्तु किञ्चित नाटा) होना प्रतीत होता है। स्मरण रहे कि बुध प्रमोच्च है और धा. १०५

नियम (१०) के अनुसार लग्नेश बुध, शुक्र के नवांश में है और शुक्र कर्क जलराशिगत है और लग्न शुभ राशि है। इससे शरीर की स्थूलता होती है। पुनः (११) के परार्द्ध के अनुसार लग्न में शुभग्रह बुध जो जलग्रह तथो पृथ्वी तत्व है, परमोच्च है। उसके रहने से असाधारण स्थूलता होती है। (५) के अनुसार लग्नेश का नवांशेश शुक्र, मंगल के साथ है परन्तु मंगल के बिम्ब से बाहर है। इस कारण नियम (१०) पूर्णतया लागू है। अब देखना है कि केवल लग्न ही निर्जल राशि है और अन्य सभी प्रकार से स्थूलता बल्कि असाधारण स्थूलता एवं अस्थियों की मोटाई सिद्ध होती है। इस कारण उक्त रायबहादुर एक विशाल मूर्ति एवं देखने में असाधारण मोटे पुरुष थे। (देखो इनका चित्र परिशिष्ट में)।

नवमांशादि द्वारा मनुष्य की आकृति

(गठन)

धा-१०६ (१) ज्योतिष शास्त्र में लिखा है कि लग्न के नवमांशाधिपति से, अथवा जो ग्रह सबसे बलवान् हो, उससे जातक के शरीर की आकृति, गठन इत्यादि बातों का निर्णय किया जाता है।

रवि यदि लग्न का नवांशपति हो अर्थात् रवि के नवमांश में जन्म होने से अथवा रवि के बलवान होने से जातक मोटा-सोटा और चिपटा गठन का होगा।

चन्द्रमा के नवमांस में जन्म होने वा चन्द्रमा के बली रहने से जातक उन्नत-देह, सुन्दर नेत्र, कृष्ण-वर्ण और कुछ कुछ घुंघरीला बाल वाला होता है।

मंगल के नवांश में जन्म होने से किञ्चित नाटा, नेत्र पिंगल-वर्ण और दृढ़ शरीर अर्थात मजबूत गठन का होता है।

बुध के नवांश में जन्म होने से कद मझोला परन्तु देखने में लमछड़, आँख का कोना लाल और शरीर की नसें निकली हुई प्रतीत होती है।

बृहस्पति के नवांश में जन्म होने से आँख किञ्चित पिंगल-वर्ण, आवाज खूब गम्भीर, वक्षस्थल तथा छाती खूब चौड़ी और ऊँची परन्तु देखने मे खूब ऊँचा नहीं होता है अर्थात् मंझोला कद होता है।

शुक्र के नवांश में जन्म होने से भुजा लम्बी, मुख और गंड-देश स्थूल, विलास-प्रिय, चंचल और सुन्दर नेत्र और पार्श्ववर्ती स्थान अर्थात् कंधा के नीचे का भाग और पंजरा इत्यादि स्थूल होता है।

शनि के नवांश में जन्म होने से आँख का निम्न भाग धँसा हुआ, शरीर दुबला, आकृति में लम्बा और नस तथा नख स्थूल होते हैं। कमर से नीचे का भाग प्रायः **कृश** होता है।

लग्न में यदि कोई ग्रह हो अथवा किसी ग्रह की पूर्ण दृष्टि हो तो उपर्युक्त फलों में कुछ भेद पड़ जाता है।' अर्थात् नवांशपति के अनुसार लग्न रहने पर भी लग्न में जो ग्रह बैठा हो, अथवा लग्न को जो देखता हो, उस ग्रह के प्रभाव का भी कुछ आभास पड़ जाता है।

इसी प्रकार कुंडली के किसी ग्रह का उच्च तथा बलवान होने के कारण उस ग्रह का भी प्रभाव पड़ जाता है। परन्तु यदि कोई बली ग्रह लग्न में पड़ता हो, अथवा लग्न पर उसकी पूर्ण दृष्टि हो तो उस ग्रह का लक्षण विशेष रूप से जातक के गठनादि में प्रतीत होता है।

(रंग)

(२) मनुष्य के शरीर का रंग **चन्द्रमा** के नवांश के अनुसार होता है। लग्ननवांश के अनुसार शरीर की आकृति आदि होती है और चन्द्रमा जिस नवांश में होता है, उसके अधिपति के अनुसार जातक का रंग होता है। यह भी माना गया है कि जो ग्रह ठीक लग्नस्फुट के समीपवर्ती होता है, उसके अनुसार भी रंग में भेदाभेद होता है।

चन्द्रमा यदि **सूर्य्य** के नवांश में हो तो जातक का रंग श्यामवर्ण होगा पर च्. यदि **चन्द्रमा** के नवांश में हो तो गोरवर्ण होगा । चन्द्रमा यदि **मंगल** के नवांश में हो तो जातक रक्त-गौर-वर्ण जिसे लाली गोराई कहते हैं, होगा। चन्द्रमा यदि **बुध** के नवांश में हो तो श्यामवर्ण होगा । चन्द्रमा यदि **बृहस्पति** के नवांश में हो तो जातक तप्तकाञ्चन वर्ण होगा। चन्द्रमा यदि **शुक्र** के नवांश में हो तो जातक का रंग श्यामवर्ण परन्तु चित्ताकर्षक होगा। चन्द्रमा यदि **शनि** के नवांश में हो तो जातक का रंग काला होगा।

रवि लग्न में हो तो जातक ताम्रवर्ण होगा। **चन्द्रमा लग्न** में रहने से गौरवर्ण होगा। **मंगल लग्न** में हो तो रक्त-गौर-वर्ण होगा। **बुध लग्न** में हो तो साफ श्यामवर्ण होगा अर्थात् काला नहीं होगा। **बृहस्पति लग्न** में हो तो जातक का रंग काञ्चनवर्ण और अत्यन्त चित्ताकर्षक होगा। **शुक्र लग्न** में हो तो रंग गोरा न होगा पर चित्त को आकर्षित करने वाला होगा। **शनि लग्न** में हो तो काला वर्ण होगा।

यहाँ पर शास्त्रकारों का कहना है कि चन्द्रमा के नवमांशपति और लग्न स्फुट के समीपवर्त्ती यदि कोई ग्रह हो तो दोनों के मिश्रित रंग का अनुमान करना होगा।

उदाहरण

महात्मा गांधीजी की कुंडली (३९) में चन्द्रमा बृहस्पति के नवमांश में है और रवि लग्न में है। अतः इनका रंग ताम्र वर्ण और तप्त-काञ्चन-वर्ण का मिश्रित वर्ण होना चाहिये। पुनः तिलक जी की कुंडली (२६) में चन्द्रमा मंगल के नवांश में है और लग्न में रवि एवं शुक्र बैठा है। इस कारण लाली गोराई, ताम्रवर्ण मिश्रित एवं चित्ताकर्षक रूप था।

शरीर के अंगों का ह्रस्व दीर्घ होना

(३) ईश्वरीय लीला अद्‌भुत और विचित्र है। सच कहा गया है,–("वह है तो अकेला पर क्या क्या खेल खेला है")। इस संसार मे मनुष्यों के शरीर के अंगों में बहुत विभिन्नता प्रतीत होती है। कभी कभी मनुष्य का शिर अत्यन्त ही छोटा और कभी कभी किसी का असाधारण रूप से बड़ा होता है। किसी किसी का सब अंग पुष्ट रहा पर कोई एक अंग अत्यन्त ही छोटा या बड़ा हो जाता है। इसी प्रकार अंगों की विभिन्नता समय समय पर विशेष रूप से दीख पड़ती है। इन सब बातों के अनुमान करने के लिये प्राचीन महर्षियों ने विधि बतलाई है। उन पर ध्यान देने से यह बात समझ में आ जायगी कि इस विभिन्नता का कारण क्या है।

प्रथम प्रवाह के चक्र ११ में दिखलाया गया है कि काल पुरुष का मस्तक अर्थात् शिर मेप, मुख वृष और छाती मिथुना राशि है, इत्यादि। उसी प्रकार ज्योतिष-शास्त्र में लिखा है कि लग्न-स्थान-गत-राशि जातक का शिर, द्वितीय स्थान-गतराशि मुख और गला, तृतीय वक्षस्थल, फेफड़ा इत्यादि, चतुर्थ हृदय और छाती, पंचम कोखा और पीठ, षष्ठ करिहाँव (कमर) तथा अंतड़ी इत्यादि, सप्तम वस्ती अर्थात् नाभी और लिंग के बीच का स्थान, अष्टम लिंग गुह्यादि, नवम उरु, जंघा, दशम ठेहुना, एकादश पैर की फिलियाँ (ठीहुना से नीचे फिल्ली तक) और द्वादश स्थानगतराशि पैरों की सुप्तियाँ इत्यादि होती हैं। तात्पर्य यह है कि यदि मस्तक के विषय में विचार करना हो तो लग्नराशि से विचार करना होगा और यदि मुख और गला के विपय में विचारना है तो द्वितीय स्थान-गत राशि से विचार करना होगा।

ऊपर लिखे हुए नियमों से यह पता चल जायगा कि जातक के किस अंग का स्वामी कौन राशि होगी। इतना जानने के बाद दूसरी बात जानने की यह होगी कि

कौन राशि दीर्घ, सम और ह्रस्व है। जो अंग दीर्घ-राशि में पड़ता है, वह साधारण रूप से कुछ विशेष दीर्घ होगा और जो अंग सम-राशि में पड़ता है, वह साधारण प्रकार का अंग होगा और जो अंग ह्रस्व-राशि में पड़ता है, वह साधारण अंग-प्रमाण से छोटा होगा ।

आचार्य्य 'बराह मिहिर', 'सत्य' एवं जातक-पारिजात के लेखक ने राशियों की दीर्घता आदि जानने के हेतु प्रत्येक का मान यों बतलाया है।

मेष	वृष	मिथुन	कर्क	सिंह	कन्या	तुला	वृश्चिक	धन	मकर	कुम्भ	मीन
२०	२४	२८	३२	३६	४०	४०	३६	३२	२८	२४	२०
ह्रस्व		सम		दोघ				सम		ह्रस्व	

उन्होंने यह भी बतलाया है कि कौन कौन राशि ह्रस्व, दीर्घ और सम है। सारावली का मत है कि मेष, वृष, कुम्भ और मीन ह्रस्व राशि हैं। मिथुन, कर्क, धन और मकर सम तथा सिंह, कन्या, तुला और वृश्चिक दीर्घ राशि हैं। यह मत बराहमिहिर आचार्य्य के ऊपर लिखे हुए चक्र से भी पुष्ट होता है। सभी का जोड़ ३६० (अंश) होता है। ग्रहों में र.बु.शु. सम, मं. ह्रस्व और चं. श. दीर्घ कहे गये हैं।

अब देखने की बात यह है कि किस अंग का स्वामी कौन राशि होती है और वह राशि दीर्घ, ह्रस्व व सम है। फिर दूसरी बात यह देखनी होगी कि उस अंग का तथा राशि का स्वामी दीर्घ, सम वा ह्रस्व, इन तीनों में से किस राशि में पड़ा है। तो तीसरी बात विचारने की यह होगी कि यदि उस अंग में अर्थात् राशि में कोई ग्रह है, तो वह ह्रस्व, दीर्घ वा सम, इन तीनों में से किस राशि का स्वामी है। और चौथी बात यह कि यदि उस राशि में कोई ग्रह है तो वह कैसा है।

जो अंग-विभाग सम-देह-राशि में पड़ेगा अथवा जिस अंग में सम-देह-राशि का अधिपति पड़ेगा, अथवा जिस अंग-राशि का अधिपति समदेह राशि में पड़ेगा, वह अंग सामान्य रूप का होगा। इसी प्रकार जो अंग विभाग दीर्घ राशि मे पड़ेगा, अथवा दीर्घ राशि का अधिपति जिस अंग-निर्दिष्ट राशि में पड़ेगा, अथवा जिस अंग निर्दिष्ट-राशि का अधिपति दीर्घ राशि में पड़ेगा, वह अंग दीर्घ तथा स्थूल होगा। पुनः जो अंग-विभाग ह्रस्व राशि में पड़ेगा अथवा जिस अंग-निर्दिष्टराशि में ह्रस्वराशि का अधिपति पड़ेगा, अथवा जिस अंग-निर्दिष्ट-राशि का अधिपति ह्रस्व राशि में पड़ेगा, वह अंग ह्रस्व होगा अर्थात् और सब अंगों के साधारण प्रमाण से छोटा होगा ।

यदि दो या दो से अधिक ग्रह किसी अंग-निर्दिष्ट-राशि में पड़े तो सर्वापेक्षा बलवान ग्रह का ही फल लक्षित होगा। अंग-निर्दिष्ट राशि में यदि कोई ग्रह बैठा हो तो सर्वापेक्षा उसी का फल विशेष होता है। यदि कोई ग्रह अंग-निर्दिष्ट-राशि में न रहे तो उसका अधिपति जैसी राशि में पड़ा उसी का फल ग्राह्य होगा।

यदि अधिपति जलग्रह से युक्त हो तो स्थूलता विशेष रूप से होती है। इसी प्रकार शुष्कग्रह द्वारा युक्त वा दृष्ट होने से कृशता तथा दुर्बलता होती है।

ऊपर लिखी हुई बातें इस प्रकार नियमबद्ध की जा सकती हैं:–

(१) अंग-निर्दिष्ट-राशि किस प्रकार की है।

(२) यदि अंग-निर्दिष्ट राशि में ग्रह है, तो वह कैसा है।

(३) अंग-निर्दिष्ट राशि का स्वामी किस प्रकार की राशि में पड़ा है।

(४) अंग-निर्दिष्ट-राशि में यदि कोई ग्रह है तो वह किस प्रकार की राशि का स्वामी है और यदि एक से अधिक हो तो जो सबसे बलवान है उसी पर ध्यान देना होगा।

(५) अंग-निर्दिष्ट-राशि को अथवा उसके स्वामी को किसी जलग्रह से योग होता है या नहीं।

उपर्युक्त नियमों के अनुसार विचारने पर अंग की विलक्षणता का बोध हो जा सकेगा।

यदि किसी बौने मनुष्य की कुंडली मिल जाती तो वह सबसे बढ़िया उदाहरण होता। विख्यात मनुष्यों में से कोई ऐसे नहीं हैं, जिनकी कुंडली यहाँ पर उपयोगी हो सके। परन्तु महात्मा गांधी के मस्तक का बड़ा होना निर्विवाद प्रतीत होता है। प्रथम नियमानुसार कन्या राशि में लग्न है और यह दीर्घ राशि है। द्वितीय नियमानुसार सम-ग्रह (र.) लग्न में है। अतः मस्तक का दीर्घ होना और मस्तक में विशेष स्थूलता नहीं रहना प्रतीत होता है। तृतीय नियमानुसार लग्नाधिपति बुध तुला राशिगत है; तुला भी दीर्घ राशि है। चतुर्थ नियमानुसार लग्नस्थित सूर्य्य सिंह राशि का स्वामी है और सिंह भी दीर्घ राशि है। पंचम नियमानुसार लग्नाधिपति जल ग्रह शुक्र के साथ है परन्तु उसके साथ मंगल अष्टमेश ग्रह है।

अंग के व्रण, तिल, मसा इत्यादि का विचार

धा-१०७ (१) इस विषय के ज्ञानार्थ मनुष्य का शरीर जन्म द्रेष्काणानुसार तीन खंडों में विभाजित किया गया है। (क) प्रथम खंड शिर से मुख पर्य्यन्त

के बारह अंग। (ख) द्वितीय खंड, गले से नाभी पर्य्यन्त के (बारह अंग)। एवं (ग) तृतीय खंड वस्ति से चरण पर्य्यन्त (के बारह अंग) का होता है।

प्रथम द्रेष्काण में जन्म होने से चक्र ३९, द्वितीय द्रेष्काण में जन्म होने से चक्र ३९ (क) और तृतीय द्रेष्काण में जन्म होने से चक्र ३९ (ख) के अनुसार अंगों का न्यास करना होता है (धन लग्न मानकर)।

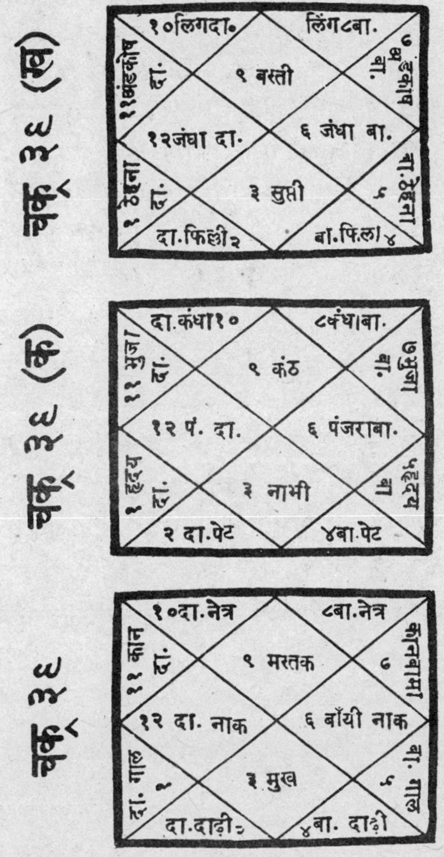

(२) वृहज्जातक के पंचम अध्यायश्लोक २४, २५, २६ में इस विषय का वर्णन पाया जाता है। जातकपारिजात नामक पुस्तक में भी तृतीय अध्याय के श्लोक ७७, ७८, ७९ में इन्हीं तीनों श्लोकों को उद्धृत किया हुआ पाया जाता है। किसी किसी पुस्तक में 'स्थिरसंयुते च सहजः' किसी में 'स्थिर संयुते तु सहजः' और किसी में 'स्थिर संयुतेपु सहजः' पाठान्तर भेद है। वृहज्जातक और शम्भुहोराप्रकाश के (जिसमें

नवीन श्लोक हैं) हिन्दी एवं अंग्रेजी टीकाकारों के मतानुसार इन श्लोकों का भावार्थ इस प्रकार होता है कि यदि जातक का जन्म किसी राशि के प्रथम द्रेष्काण में हो तो उसके प्रथम खंड के अंगों में, ग्रहस्थिति अनुसार व्रणादि का विचार किया जाता है। इसी प्रकार द्वितीय द्रेष्काण में जन्म होने से द्वितीय खंड के अंगों के और तृतीय द्रेष्काण में जन्म होने से तृतीय खंड के अंगों के व्रणादि का विचार होता है। ऐसी टीका से अनुमान होता है कि यदि जन्म प्रथम द्रेष्काण में हो तो जातक के द्वितीय एवं तृतीय खंड के अंगों में व्रणादि का अनुमान नहीं किया जा सकता। इसी प्रकार द्वितीय द्रेष्काण में जन्म होने से प्रथम तथा तृतीय खंड और तृतीय द्रेष्काण में जन्म होने से प्रथम एवं द्वितीय खंड के अंगों के व्रणादि का विचार न हो सकता है। परन्तु लेखक के मतानुसार यह भाव ठीक नहीं प्रतीत होता है। वी.सूब्रह्मण्य शास्त्री बी. ए. भूतपूर्व असिस्टेंट सेक्रेटरी मैसूर स्टेट (V. Subrahmanya Shastri B.A., Retd. Asst. Secretary to the Gevernment of Mysore) ने वृहज्जात एवं जातकपारिजात पुस्तकों की अपनी अंग्रेजी टीका में वृहज्जातक श्लोक (२४) और जातकपारिजात श्लोक ७७ का अर्थ इस प्रकार किया है जिसका भाव यों है कि लग्न एवं अन्य भावों के (राशियों के नहीं) तीन तीन द्रेष्काणों में अंगों का न्यास करना होगा।

(३) उनके लिखने का भाव यह है कि प्रथम द्रेष्काण में जन्म होने से प्रथम अंग-खंड के बाद द्वितीय अंग-खंड और उसके बाद तृतीय अंग-खंड, द्वितीय द्रेष्काण में जन्म होने से पहिले, द्वितीय अंग खंड उसके बाद तृतीय अंग खंड और तत्पश्चात् प्रथम अंग-खंड; और तृतीय द्रेष्काण में जन्म होने से पहिले, तृतीय अंग-खंड, तब प्रथम अंग-खंड, और अन्त में द्वितीय अंग-खंड का न्यास-क्रम होता है।

इस भाव को पल्लवित करने के पूर्व एक त्रिभुज द्वारा उपरोक्त न्यास-क्रम को स्पष्ट किया जाता है।

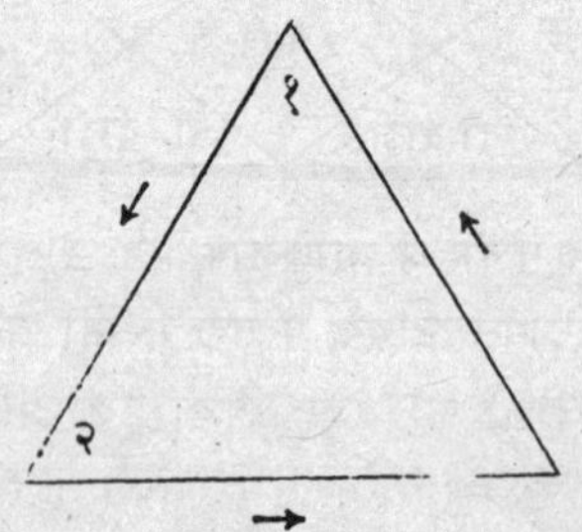

इस त्रिभुज में तीर-चिह्न द्वारा न्यास-भ्रमण-क्रम दिखलाया गया है। ऊपर के लेख के पढ़ते समय इस त्रिभुज पर ध्यान देने से न्याय-क्रम पूर्णतया हृदयांकित हो जायगा।

इतने से सन्तुष्ट न रह कर इसकी विस्तृत व्याख्या यों होगी :—यदि जन्म प्रथम द्रेष्काण में हो तो प्रत्येक भाव के प्रथम द्रेष्काण में, प्रथमखंड के अंगों का क्रमशः (जन्म द्रेष्काण से आरम्भ कर), एवं लग्न के द्वितीय द्रेष्काण से आरम्भ कर प्रत्येक भाव के द्वितीय द्रेष्काण में द्वितीय खंड के अंगों का क्रमशः एवं लग्न के तृतीय द्रेष्काण में तृतीय खंड के अंगों का क्रमशः न्यास करना होता है।

परन्तु यदि लग्न जन्म द्वितीय द्रेष्काण में हो तो प्रथम भाव के द्वितीय द्रेष्काण से आरम्भ कर क्रमशः सभी भावों के द्वितीय द्रेष्काण में द्वितीय खंड के अंगों का; पुनः लग्न के द्वितीय द्रेष्काण से आरम्भ कर क्रमशः सभी भावों के द्वितीय द्रेष्काण में तृतीय खंड के अंगों का; और तत्पश्चात् प्रत्येक भाव के तृतीय द्रेष्काण में प्रथम खंड के अंगों का उसी प्रकार न्यास करना होता है।

पुनः यदि तृतीय द्रेष्काण में जन्म हो तो लग्न के एवं अन्य भावों के प्रथम द्रेष्काण में तृतीय खंड के अंगों का क्रमशः ; और लग्न से आरम्भ कर लग्नादि भावों के द्वितीय द्रेष्काण में प्रथम खंड के अंगों का क्रमशः ; और अन्त में प्रत्येक तृतीय द्रेष्काण में द्वितीय खंड के अंगों का क्रमशः न्यास करना होगा।

साधारण बुद्धि वालों के लिये, कुछ उलझावे की बात होने के कारण लेखक ने बड़े परिश्रम पूर्वक चक्र ३९ (ग) बनाकर आगे दिया है।

प्रत्येक भाव में तीन तीन द्रेष्काण होने के कारण १२ भावों में कुल ३६ द्रेष्काण होते हैं। चक्र ३९ (ग) में तीन परिधि (गाड़ी की पहिया की ऐसी) दी हुई हैं। सबसे भीतर वाली परिधि में प्रथम द्रेष्काण में जन्म होने से, उसकी ऊपर वाली परिधि में द्वितीय द्रेष्काण में जन्म होने से और सबसे बड़ी परिधि में तृतीय द्रेष्काण में जन्म होने से जिस जिस द्रेष्काण में जौन जौन अंग का न्यास होगा, लिख दिया गया है। प्रत्येक परिधि में प्रथम भाव के द्रेष्काण के आरम्भ स्थान पर एक तीर का चिह्न दिया गया है। उस स्थान से बामक्रमगति से (घड़ी के काँटों के विपरीत) प्रथम कोष्ठ, लग्न का प्रथम द्रेष्काण; द्वितीय कोष्ठ, लग्न का द्वितीय द्रेष्काण; तृतीय कोष्ठ लग्न का तृतीय द्रेष्काण; चतुर्थ कोष्ठ, द्वितीय भाव का प्रथम द्रेष्काण; पंचम कोष्ठ, द्वितीय भाव का द्वितीय द्रेष्काण; षष्ठ कोष्ठ, द्वितीय भाव का तृतीय द्रेष्काण इत्यादि इत्यादि, इसी क्रम से छत्तीस द्रेष्काण दिये गये हैं। यही क्रम अन्य दो परिधियों में भी रखा गया है। प्रत्येक परिधि के खंडों में उपर्युक्त नियम के अनुसार प्रत्येक अंग का नाम लिख दिया गया है। इस चक्र से सुग-

चक्र ३९ (ग)

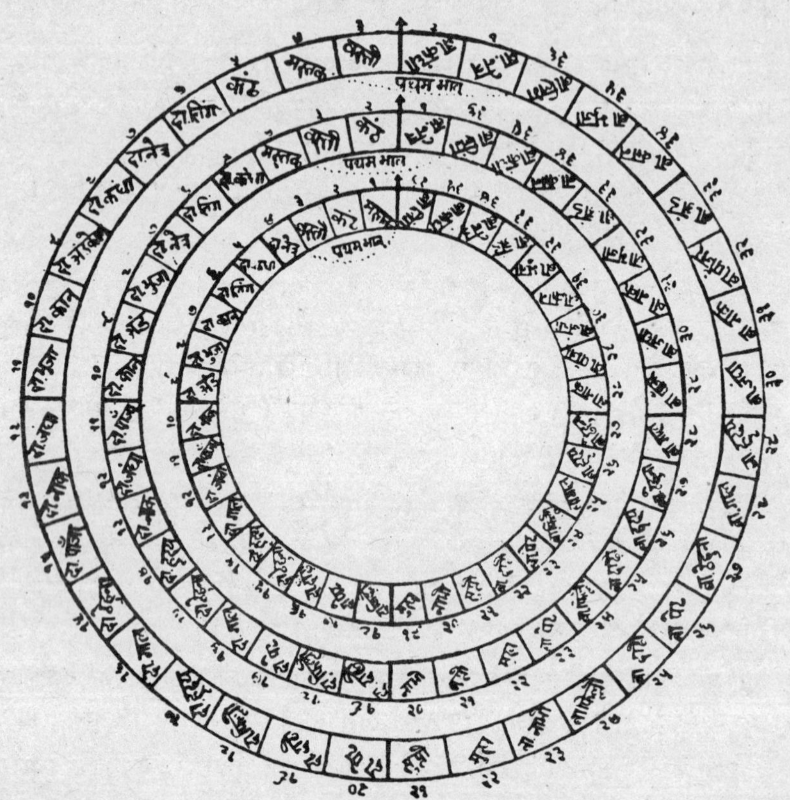

मता यह होगी कि यदि किसी का जन्म प्रथम द्रेष्काण में है तो सबसे भीतर वाली परिधि से जातक के अंगों का विवरण तुरत मिल जायगा कि किनमें ग्रहस्थिति अनुसार व्रण तिल मसादि का होना सम्भव है। इसी प्रकार द्वितीय और तृतीय द्रेष्काण में जन्म होने से क्रमशः बीच वाली और सबसे बड़ी परिधि से अंगों का नाम झलक जायगा। केवल जन्म द्रेष्काण जानने के बाद पाठक चक्र २९ (ग) की सहायता से यह बात जान सकेंगे कि किस किस अंग में व्रण तिल मसादि का होना सम्भव है।

(४) उसके उपरान्त यह निश्चय करना होगा कि उपस्थित-कुंडली का कौन द्रेष्काण किस राशि के कितने अंश पर्य्यन्त होगा और किस द्रेष्काण में कौन ग्रह पड़ता है। तत्पश्चात् ग्रहों की स्थिति आदि से उस अंग में घाव, मसा, तिल इत्यादि का होना कहा जाता है।

जिस द्रेष्काण में पाप ग्रह बैठा हो (अथवा उस पर पाप ग्रह की दृष्टि हो) तो उस द्रेष्काण-अंग में घाव, व्रण इत्यादि का होना अनुमान करना चाहिये। पर यदि उस द्रेष्काण पर शुभ ग्रह की दृष्टि हो अथवा उसमें शुभ ग्रह बैठा हो तो उस अंग में तिल मसा इत्यादि होता है। यदि वह ग्रह स्वगृही हो, वा (भट्टोत्पलमतानुसार) स्थिर-राशि-गत अथवा स्थिर नवांश में हो और कतिपय विद्वानों के अनुसार (जो "स्थिर संयुते पाठ" मानते हैं) यदि श. उस ग्रह के साथ हो तो वह चिह्न जन्म से होगा (शम्भूहोराप्रकाश में "स्थिरे स्वभांशे" पाठ मिलता है)। परन्तु यदि उक्त ग्रह स्वगृही इत्यादि, जैसा की ऊपर लिखा गया है, न हो तो ऐसी अवस्था में घाव, व्रण इत्यादि जन्म के बाद उस ग्रह के दशान्तर वा दशा-समय में होगा।

(५) अब यह विचार करना है कि घाव इत्यादि का होना किस कारण से सम्भव है।

रवि यदि व्रणादि का कारक हो (या उस द्रेष्काण पर रवि की दृष्टि पड़ती हो), तो काष्ट का चोट लगने से अथवा किसी चतुष्पाद जीव के आघात से घाव की उत्पत्ति होगी।

चन्द्रमा यदि व्रणादि-कारक क्षीण हो (या उस द्रेष्काण पर क्षीण चन्द्रमा को दृष्टि पड़ती हो) तो वह घाव किसी जल-जन्तु के आघात से, सींग वाले जन्तु के आघात से होगा वा किसी तरल पदार्थ (तेजाब) से होगा।

मंगल यदि व्रणकारी ग्रह हो (अथवा उस पर मंगल की दृष्टि हो) तो घाव अग्नि, विप (सर्पादि) अथवा हथियार से पैदा होगा।

बुध यदि व्रणकारी ग्रह हो (अथवा उस द्रेष्काण पर बुध की दृष्टि हो) तो भूमि पर गिरने अथवा ढेला इत्यादि की चोट से घाव की उत्पत्ति होगी।

बृ.श. पूर्णचन्द्रमा वा शुभ-बुध (जिस बु. के साथ पाप ग्रह नहीं हो (जिस द्रेष्काण में बैठा हो (वा उसको देखता हो) तो उस द्रेष्काण-अंग में कोई चिह्न नहीं होगा (शुक्र शुभ का अपवाद नीचे है)।

शनि यदि व्रणकारी ग्रह हो (अथवा उस पर शनि की दृष्टि पड़ती हो) तो घाव पत्थर की चोट से अथवा किसी जलविकार से अथवा वात रोग से पैदा होगा।

रवि और **चंद्र** जिस द्रेष्काण में हो उसमें भी व्रणादि होते हैं और शत्रुगृही या पाप **ग्रह** से भी व्रण होता है। शुभ दृष्ट होने से तिलादि होते हैं।

यदि किसी द्रेष्काण में तीन ग्रह, शुभ अथवा पाप बैठे हों और उनके साथ चौथा बुध भी हो तो उस अंग में निश्चय ही घाव इत्यादि होगा।

(षष्ठ) यदि लग्न से षष्ठ स्थान में कोई पाप ग्रह बैठा हो तो उस अंगमें भी जो छठे भाव की राशि से न्यास होता है, घाव होगा। परन्तु उस षष्ठ स्थान में बैठे हुए पाप ग्रह पर यदि किसी शुभ ग्रह की दृष्टि हो तो केवल तिल मसा इत्यादि होगा। यदि उस षष्ठ स्थान में पाप के साथ शुभ ग्रह बैठा हो तो उस अंग में केवल केशों की अधिकता होगी। ऊपर का अर्थ लागू तभी होता है, जब "व्रणकृदशुभः षष्ठे लग्नस्तनोभसमाश्रिते" पाठ हो। परन्तु विशेषतः "व्रणकृदशुभः षष्ठो देहे तनोर्भसमाश्रिते" का ही पाठ मिलता है। इस स्थान में षष्ठ से अर्थ छट्ठाग्रह अर्थात् शुक्र किया गया है और वैसे स्थान में भाव यह होगा कि यदि शुक्र अशुभ होकर किसी द्रेष्काण में बैठा हो तो उस अंग में व्रण इत्यादि होता है। परन्तु यदि वैसे शुक्र पर शुभ ग्रह की दृष्टि हो तो केवल तिल मसा इत्यादि होता है और यदि वैसे शुक्र के साथ कोई शुभ ग्रह बैठा हो तो जातक को उस अंग में कोई शुभ-सूचक चिह्न होता है। शुक्र, रवि से ५ अंश के अभ्यन्तर रहने से, अशुभ नवमांश-गत होने से, शत्रु-गृही होने से अथवा नीचस्थ होने से अशुभ कहा जाता है।

आशा की जाती है कि ज्योतिष के विद्वान अपने शुभ विचार द्वारा इस उपयोगी विषय को सरल और सुबोध बनाने का यत्न करेंगे।

अध्याय १४

मनुष्य का जीवन आठ तरंगों में विभाजित कर ज्योतिष शास्त्रानुसार उन पर विचार।

धा-१०८ हिन्दू धर्म्मशास्त्र का यह सिद्धान्त है कि मनुष्य अपनी पूर्व संचित सम्पत्ति और प्रारब्ध को लेकर इस भवसागर को पार करने के लिये अपनी साधन-भूत जीवन-नौका तथा क्रियमाण रूपी कर्णधार के साथ जन्म लेता है। क्योंकि—

(१) कुछ जन्मते ही अथवा कुछ दिनों तक जन्म-यातनाओं को भोग चल बसते हैं। और—

(२) कुछ बाल्यावस्था में अपने माता-पिता के लालन-पालन जन्य सुख एवं भाई-बहन आदि कुटुम्बियों से प्रेमादृत होकर अपने इस जीवन-अंश को व्यतीत करते हैं। इनमें से कुछ इन सुखों से भी वञ्चित ही रह जाते हैं। तथा—

(३) बहुत अपनी पहिली ही अवस्था में विद्याध्ययन रूपी गहनी द्वारा अपनी जीवन-नौका को सुदृढ़ बना, शुभ गुणरूपी पतवार लगा, अपनी जीवन-यात्रा करते हैं।

इनमें जो उपर्युक्त गुणों से वञ्चित रहते हैं, उनकी जीवन-नौका मूर्खता एवं अज्ञान रूपी भ्रमर में पड़ कर मृत्यु रूपी चट्टान से टकरा कर टूट-फूट जाती है। तत्पश्चात–

(४) कुछ ऐसे हैं जो (यदि भाग्य साथ देता है तो) सृष्टि विस्तार के लिये एवं पितृ-ऋण से मुक्त होने के लिये विवाह संस्कार करते हैं। उस अवस्था में सहधर्मिणी के अनुकूल अथवा प्रतिकूल सौभाग्य से अथवा दुर्भाग्य से चित्त शान्ति अथवा उद्विग्नता प्राप्त करते हैं। तदनन्तर–

(५) कतिपय मनुष्य सन्तान-सुखोपभोग करते और कुछ निस्सन्तान रह कर ही आत्म-सन्ताप सहते हैं। एवं–

(६) कुछ क्रियमाण कर्म के सहारे अपने प्रारब्ध और पूर्व संचित सम्पत्ति की धाराओं में बहते हैं तथा धन, समृद्धि आदि संचय कर सुख की गोद में क्रीड़ा करते हैं। उनमें से कुछ दुःख और दरिद्रता के सागर में गोते खाते हुए दृष्टिगोचर होते हैं। बहुधा ऐसा भी देखा जाता है कि कुछ मनुष्य सांसारिक चमक-दमक से प्रभावित होकर अपनी जीवन-नौका को पार ले जाने में असमर्थ हो मध्य सागर ही में भूल भुला कर रह जाते हैं। और–

(७) कुछ आध्यात्मिक-तत्त्व और ईश्वर-प्रेम तथा दैवी-सम्पत्ति रूपी गुणों से अपनी जीवन-नौका को सुगमतापूर्वक पार उतार ले जाते हैं। तदनन्तर–

(८) कतिपय भाग्यवान इस नश्वरशरीर को त्याग कर जीवन के अन्तिम ध्येय अर्थात् परब्रह्मप्राप्ति रूप मोक्ष प्राप्त करते हैं, कुछ अपने मोहवश मृत्यु के बाद पुनः संसार-सागर के यात्री बन जाते हैं।

पाठकगण! उपर्युक्त जीवन की इन आठ तरंगों को इस द्वितीय प्रवाह के आठ अध्यायों में, ज्योतिष शास्त्रानुकूल वर्णन करने का यत्न किया गया है।

अध्याय १५

जीवन की प्रथम तरङ्ग।

वालारिष्ट

धा-१०९ मनुष्य गणना एवं डाक्टरों और वैद्यों के मतानुसार मनुष्यों की विशेष मृत्यु-संख्या बाल्यावस्था में ही होती है, और ज्योतिष शास्त्र भी इसका प्रतिपादन करता है। अतएव अनेकों प्रकार के वालारिष्ट, ग्रहारिष्ट, योग द्वारा आयु प्रमाण, अरिष्ट भङ्ग योग एवं पताकी-अरिष्ट के विषयों का इस तरङ्ग में वर्णन किया गया है।

आयु।

(१) महर्षि पराशर ने कहा है कि २४ वर्ष तक मनुष्य की आयु गणित द्वारा स्थिर नहीं की जा सकती है। इतने समय तक की आयु ग्रह-योगादि द्वारा निश्चय करना बतलाया है। इतने समय तक, जप, होम, शान्ति और चिकित्सादि द्वारा बालक की रक्षा करनी चाहिए। परन्तु वृद्ध पराशर के बहुत काल के बाद जिन महर्षियों ने आयु-विषय पर ध्यान दिया, उन्होंने कहा है कि आठ ही वर्ष तक की आयु-गणना उचित नहीं है। इसका कारण यह ज्ञात होता है कि ग्रहों के हेर फेर से और भारतवर्ष की परिस्थिति में अन्तर पड़ जाने से दैवज्ञों ने आठ ही वर्ष तक गणित द्वारा आयु गणना निषेध बतलाया। वर्तमान काल की तो बातही अलग है। जिस भारतवर्ष में प्राचीन काल में अन्न और गोरस इत्यादि खाद्य पदार्थों की पुष्कलता थी, उसी भारत के निवासियों को इस समय गोघृत के बदले विदेशी वानस्पतिक घृत मिलता है। सुन्दर अन्नादि पौष्टिक खाद्य पदार्थ भारत से खींच विदेश भेज दी जाती हैं। बेचारे भारतीयों को उदर-ज्वाला शमन के लिये कुत्सित अन्न भी नहीं रह जाता, कोई भी खाद्य पदार्थ स्वच्छ नहीं मिलते। यहाँ के निवासी जिन्हें उद्यमी होने का गौरव था, आलसी बन गये। जिन्हें पराक्रमी होने का सच्चा अभिमान था, कायर कहलाने लगे। जिनके गौरव की पताका सारे भूमण्डल पर लहराती थी आज वे गुलामी की जंजीरों में कसे नजर आते हैं। सुतरां, भारतवासियों की आयु ईश्वराधीन ही कही जा सकती है। परन्तु इस ग्रंथ का यह उद्देश्य नहीं कि देश-पतन पर रोदन किया जाय। लिखने का अभिप्राय यह है कि यदि वर्तमान काल में भारत-वासी ग्रहों के प्रभाव से जीते भी हैं तो मुर्दे से जरा भी अन्तर उनमें नहीं रहता है।

(२) आयु विभाग इस प्रकार किया गया है (क) आठ वर्ष तक बालारिष्ट, (ख) १२ वर्ष पर्य्यन्त योगारिष्ट, (ग) ३२ वर्ष तक अल्पायु, (घ) ७० वर्ष तक मध्यायु, (ङ) १०० वर्ष तक पूर्णायु और (च) उसके बाद १२० वर्ष तक उत्तमायु और तत्पश्चात् अपरिमितायु कहलाती है।

वालारिष्ट के विभाग।

धा-११० वालारिष्ट को विद्वानों ने तीन प्रकार का बतलाया है। (१) गण्ड-अरिष्टादि (२) ग्रहारिष्ट और (३) पताकी-अरिष्ट।

गण्ड-अरिष्टादि।

(१) गण्डान्त तारा (क) गण्डान्त नक्षत्र को पूर्ण रीति से समझने के लिये

चक्र २ और २ (क) पर ध्यान देना आवश्यक है। धारा ११ के देखने से मालूम हो जायगा कि गण्ड किसे कहते हैं। आश्लेषा के अन्त और मघा के आदि का जो दोष-युक्त-काल है, उसको रात्रिगण्ड एवं ज्येष्ठा और मूला के दोषयुक्त-काल को दिवा-गण्ड कहते हैं। इसी को अभुक्त भी कहते हैं। रेवती और अश्विनी के गण्ड को "संध्या गण्ड" कहते हैं। चक्र २ (क) में यह दिखलाया गया है। (ख) आश्लेषा, ज्येष्ठा और रेवती का अन्तिम (चार दण्ड) आधा पहर और मघामूला, और अश्विनी के आदि का (चार दण्ड) आधा पहर के अभ्यन्तर यदि बालक का जन्म हो तो विशेष रूप से अनिष्टकारी माना जाता है। इन चार अनिष्टकारी दण्डों में से पहिला माता के लिये, दूसरा पिता के लिये, तीसरा बालक के लिये और चौथा भाई के लिये अनिष्टकारी है। जातक-पारिजात में तो इस विषय में और भी बहुत भेदाभेद बतलाया है परन्तु स्थानाभाव से यहाँ सबों का उल्लेख करना असम्भव है। ज्योतिष-ग्रन्थकारों ने जेष्ठा, और मूला नक्षत्र में उत्पन्न हुए सन्ततियों के लिये बहुत लिखा है जिसका तात्पर्य यह है कि इन नक्षत्रों के किसी भी अंश में जन्म होने से प्रायः अनिष्ट होता है। ज्येष्ठा का अन्तिम एक घटी, और मूला के आदि का दो घटी, जिसको अभुक्त मूला कहते हैं इतना बुरा कहा है कि 'नारद' 'शौनक' का कथन है कि यदि बालक त्यागा न जा सके, तो उसका मुख शान्ति आदि के उपरान्त ९ वें वर्ष में पिता को देखना उचित है। लिखा है कि अभुक्त मूल में जन्म लेने वाले बालक के पिता की मृत्यु उसी क्षण होती है। यदि ऐसा बालक जीवित रहता है तो अपने कुल की अवस्था को बड़ा उज्जवल बनाता है और कभी कभी बड़े नायक का पदाधिकारी होता है। **अश्विनी** का गण्ड दोष रहने से १६ वर्ष, **मघा** का ८ वर्ष, **मूला** का ४ वर्ष, **आश्लेषा** का २ वर्ष, **ज्येष्ठा** १ वर्ष और **रेवती** का १ वर्ष पर्य्यन्त अनिष्ट फल का भय रहता है।

(ग) यदि प्रातः काल अथवा संध्या के संधि समय में जन्म हो और संध्या-गण्ड दोष हो तो उस बालक को अरिष्ट होता है। रात्रि काल में जन्म हो तो रात्रि गण्ड-दोष से जातक की माता को अरिष्ट होता है। दिवागण्ड में, दिन में जन्म होने से बालक के पिता को अरिष्ट होता है। दिन में जन्म होने से रात्रिगण्ड और रात में जन्म होने से दिवागण्ड अरिष्टकारी नहीं होता है। दिवागण्ड में कन्या का और रात्रिगण्ड में पुरुष का जन्म होने से गण्ड दोष नहीं लगता है।

(घ) जातकपारिजात नामक ग्रंथ में लिखा है कि बैशाख, श्रावण, और फाल्गुन में गण्डदोष आकाश निवासियों को लगता है। आषाढ़, पौष, मार्गशीर्ष और ज्येष्ठ में गण्डदोष मनुष्य को तथा चैत्र, भाद्रपद, आश्विन और कार्त्तिक में गण्डदोष पाताल वासियों को लगता है। माघ में गण्डदोष मृत्युकारक है। इस कारक आकाश

और पाताल वाले गण्डमासों में गण्डदोष लगने से (मानव) जातक को दोष नहीं होता है। सुतरां जातकपारिजात के अनुसार यदि आषाढ़, पौष, मार्गशीर्ष, ज्येष्ठ, और माघ में गण्डदोष हो तो (मानव) जातक को गण्डदोष होगा।

(२) (क) चित्रा के आदि के दो चरण जो कन्या राशि हैं, पुष्य के चारो चरण जो कर्क राशि हैं (मतान्तर से द्वितीय चरण) और पूर्वाषाढ़ के चारो चरण जो धन राशि हैं (मतान्तर से द्वितीय चरण), इनमें जन्म होने से क्रमशः माता, पिता और मामू के लिये अनिष्ट होता है। हस्ता और मघा के तीसरे चरण में माता-पिता के लिये भयदायक होता है। उत्तरभाद्रपद, उत्तराषाढ़ तथा उत्तरफाल्गुनी का प्रथम चरण जातक के लिये दुःखदायी होता है। पूर्वाषाढ़ और पुष्य के प्रथम चरण में जन्म होने से पिता वा चाचा को अनिष्ट होता है; चित्रा, विशाखा और हस्ता में जन्म होने से माता पिता के लिये मृत्युदायी होता तथा मृगशिरा के मध्य में अर्थात् २५ से ३५ दण्ड तक में जन्म होने से माता के लिये भयदायक है। (ख) यह लिखा जा चुका है कि प्रत्येक नक्षत्र के चार चरण होते हैं तथा एक चरण लगभग १५ दण्ड का होता है। निम्नलिखित पाँच नक्षत्रों के चरणों को विषघटिका संज्ञा कही जाती है। पुष्य, पूर्वाषाढ़, हस्ता, मूला और आश्लषा इन पाँच नक्षत्रों के प्रत्येक चरण को जातक के लिये अशुभ फलदायी बतलाया है। यदि जातक का जन्म पुष्य के प्रथम चरण में हो तो जातक के पिता के लिये अरिष्ट होता है, द्वितीय चरण में जन्म होने से माता के लिये; तृतीय चरण में जातक के लिये चतुर्थ चरण में होने से मामा अर्थात् मामू के लिये अरिष्ट होता है। पूर्वाषाढ़ के प्रथम चरण में माता, द्वितीय में चाचा, तृतीय में जातक और चतुर्थ चरण में जन्म होने से पिता को अरिष्ट होता है। हस्ता के प्रथम चरण में, जातश्च द्वितीय में चाचा, तृतीय में माता, और चतुर्थ चरण में जन्म होने से पिता को अरिष्ट होता है। मूला नक्षत्र के प्रथम चरण में पि ा, द्वितीय में माता और तृतीय में जन्म होने से परिवार मात्र के लिये अरिष्टकारी होता है। परन्तु चतुर्थ चरण में जन्म होने से उन्नति-दाता होता है। आश्लेषा का प्रथम चरण शुभदायी है। द्वितीय चरण परिवार को नाश करता है। तृतीय चरण में माता और चतुर्थ चरण में पिता के लिये अरिष्टकारी है। इस विषघटिका का अशुभ फल, लग्न मे किसी बली शुभ ग्रह, के रहने से नाश हो जाता है। (ग) जिस नक्षत्र में जातक का जन्म होता है वह **जन्मर्क्ष** कहलाता है और उस नक्षत्र से दशवें नक्षत्र का नाम कर्मर्क्ष है। जन्म नक्षत्र से १६ वाँ नक्षत्र साँघातिका, १८ वाँ समुदाय, १९ वाँ आधान, २३ वाँ वैनाशिक, २५ वाँ जाति, २६ वाँ देश और २७ वाँ अभिषेक कहलाता है। ऋषियों का मत है कि जन्मर्क्षादि ऊपर लिखे हुए नक्षत्रों में यदि जन्म-समय पाप ग्रह की स्थिति हो तो जातक की सद्यः मृत्यु होगी। परन्तु शुभ ग्रह रहने से शुभदायी होता है।

अरिष्टकारी चन्द्रमा।

(३) यदि जन्म-समय मेष राशि में चन्द्रमा २३ अंश पर हो और अष्टम स्थान में पड़ा हो तो २३ वर्ष के अन्दर ही जातक की मृत्यु होती है। इसी प्रकार वृष के २१ अंश पर, मिथुन के २२ अंश पर, कर्क के २२ अंश पर, सिंह के २१ अंश पर, कन्या के १ अंश पर, तुला के ४ अंश पर, वृश्चिक के २१ अंश पर, धन के १८ अंश पर, मकर के २० अंश पर, कुम्भ के २० अंश पर, और मीन के १० अंश पर यदि जन्य-समय का चन्द्रमा हो तो अरिष्टकारी होता है और बालक की मृत्यु उतने ही वर्षों के अन्दर हो जाती है। स्मरण रहे कि चन्द्रमा का अष्टम गत होना केवल मेष राशिके ही चन्द्रमा के लिये कहा गया है अर्थात् वृष, मिथुन आदि राशि-गत चन्द्रमा का अष्टम में रहना आवश्यक नहीं है परन्तु इसमें मतान्तर भी है जो नीचे लिखा गया है।

राशि	१	२	३	४	५	६	७	८	९	१०	११	१२
सर्वार्थ चिन्तामणि	२३	२१	२२	२२	२१	१	४	२१	१८	२०	२०	१०
जातकपारिजात	८	२५	२२	२२	२१	१	४	२३	१८	२०	२०	१०
वृहत्प्रजापत्य और फलदीपिका	२६	१२	१३	२५	२४	११	२६	१४	१३	२५	२५	१२

अनिष्टकारी तिथि

(४) दोनों पक्षों की पंचमी, दशमी, पूर्णिमा और अमावश्या के अन्तिम दंड में जन्म होना अरिष्टकारी माना गया है। यह भी कहा गया है कि बैशाख शुक्ल षष्ठी, ज्येष्ठ कृष्ण चतुर्थी, अषाढ़ शुक्ल अष्टमी, श्रावण कृष्णषष्ठी, भाद्र शुक्ल दशमी, आश्विन कृष्णाष्टमी, कार्त्तिक शुक्ल द्वादशी, अग्रहण कृष्ण दशमी, पौष शुक्ल द्वितीया, माघ कृष्ण द्वादशी, फाल्गुन शुक्ल चतुर्थी तथा चैत्र कृष्ण द्वितीया, इन तिथियों में जन्म होने से मृत्यु होती है। कृष्ण पक्ष की चतुर्दशी को किसी भी अंश में जन्म होने से कोई न कोई अनिष्ट अवश्य होता है।

जन्म-लग्न-दोष।

(५) कर्कट, मीन और वृश्चिक के अन्तिम नवांश में और मेष, सिंह और धन के प्रथम नवांश में जन्म होने से जातक के लिये अनिष्टकारी होता है। चक्र २ (क) को देखने से ज्ञात होगा कि ये सब लग्न गंडान्त हैं।

ज्योतिषशास्त्र में लिखा है कि इन सब दोषों का प्रतिकार भिन्न भिन्न शान्ति द्वारा किया जा सकता है। शान्ति की सत्यता के विषय में इस पुस्तक के वक्तव्य में लिखा गया है। ज्योतिषशास्त्रज्ञों ने यह भी लिखा है कि यदि दैववश गंडान्त-दोष वाला जातक वच जाय तो वह संसार में मर्य्यादा, गौरव और धनादि प्राप्त कर विख्यात पुरुष होता है।

ग्रहारिष्ट।

धा-१११ (१) प्रायः देखने में आता है और विद्वानों का भी यही मत है कि यदि चन्द्रमा निर्बल हो, पापदृष्ट हो, शुभ ग्रह युक्त न हो, दुःस्थानगत हो तो बालक के लिये अरिष्टकर होता है और बालक कम से कम रुग्न अवश्य ही रहता है।

चन्द्रमा के कारण अरिष्ट योग।

(२) यदि चार केन्द्रों में एकैक ग्रह चं. मं. श. और र. बैठा हो तो ऐसा जातक शीघ्र मरता है।

(३) यदि लग्न में चन्द्रमा, बारहवें स्थान में शनि, नवम में सूर्य और अष्टम में मंगल हो तो ऐसे जातक को अरिष्ट होता है। पर यदि बृहस्पति बली होकर देखता हो तो अरिष्ट को भंग करता है। शारावली मतानुसार उपर्युक्त योग में शनि नवमस्थ एवं सूर्य्य के द्वादशस्थ रहने पर वही फल होता है। एक दूसरे प्राचीन ग्रंथ में शनि का अष्टम होना, सूर्य्य का लग्न में होना, चन्द्रमा का नवम में होना और मंगल का द्वादश स्थान में होना बतलाया है।

(४) यदि चन्द्रमा किसी भाव में पाप ग्रह के साथ बैठा हो और उस पर किसी शुभ ग्रह की दृष्टि न हो परन्तु लग्न में एक पाप ग्रह बैठा हो तो ऐसे बालक की शीघ्र मृत्यु होती है। (किसी का मत है कि चं. के साथ मं. का होना अत्यन्त बुरा है)

(५) क्षीण चन्द्रमा (कृष्णपक्ष की षष्ठी से शुक्ल पक्ष की दशमी तिथि तक) यदि १२ वें स्थान में हो और लग्न तथा अष्टम स्थान में पापग्रह बैठा हो तथा केन्द्र में कोई भी शुभग्रह न हो तो ऐसा बालक शीघ्र ही मर जाता है।

(६) क्षीण-चन्द्र यदि लग्न में बैठा हो और अष्टम तथा केन्द्र में पापग्रह बैठे हों तो ऐसे बालक की शीघ्र ही मृत्यु हो जाती है।

(७) यदि क्षीण-चन्द्रमा पर पापग्रह तथा राहु की दृष्टि हो तो ऐसा जातक कुछ दिनों के अन्दर ही मर जाता है।

(८) यदि चन्द्रमा आठवें, चौथे अथवा सातवें स्थान में से किसी स्थान में हो और यदि पापग्रहों से घिरा हुआ हो अर्थात् जैसे, चौथे स्थान में चं. हो और तृतीय तथा पंचम में कोई पापग्रह हो और मतान्तर से चन्द्रस्थित अंश से पाँच अंश के भीतर कोई पापग्रह, चं. के आगे और पीछे हो, तो ऐसा योग रहने से बालक की शीघ्र ही मृत्यु होती है।

(९) यदि क्षीण-चन्द्रमा द्वादस स्थान में हो, लग्न और अष्टम स्थान में पाप-ग्रह हो और केन्द्र में शुभ ग्रह न हो तो जातक की मृत्यु शीघ्र ही होती है।

(१०) चन्द्रमा का पापग्रह के साथ होकर लग्न पाँच, सात, आठ, नौ अथवा बारह स्थान में रहना बहुत ही अशुभ कहा गया है। यदि इसको कोई शुभ ग्रह न देखता हो तो किसी केन्द्र में कोई शुभग्रह न हो तो बालक शीघ्र ही मरजाता है। यदि चं के साथ मं. हो तो बली अरिष्ट होता हैमतान्तर से चं. का क्षीण होना भी आवश्यक है। किसी का कथन है कि चं. के साथ एक से अधिक पापग्रह होने से ही उपर्युक्त योग लागू होगा।

(११) यदि चन्द्रमा ६,८,१२ स्थान में हो और उसपर राहु की दृष्टि हो ऐसे बालक की मृत्यु होती है। बृहस्पति के लग्नगत रहने पर भी यह अरिष्ट भंग नहीं होता है।

(१२) बच्चों के लिये जन्मकालीन चन्द्रमा का सुरक्षित रहना अत्यावश्यक है। यह बात सर्वस्वीकृत है कि जन्मलग्न से षष्ठ अथवा अष्टम स्थान में चन्द्रमा रहने से ही अरिष्ट बोध होता है। इसकारण विद्वानों का कथन है कि यदि लग्न से चन्द्रमा छठे अथवा आठवें स्थान में हो और उसपर केवल पापग्रहों की दृष्टि हो तो जातक को मृत्यु शीघ्र हो जाती है। यदि छठे वा आठवें स्थान में चन्द्रमा के साथ शुभग्रह बैठा हो परन्तु उस पर किसी बली पापग्रह की दृष्टि हो तो जातक एक मास तक जीता है। यदि तीन पाप ग्रह की दृष्टि हो और एक शुभ ग्रह की भी दृष्टि हो तो एक वर्ष में मृत्यु होती है। यदि तीन पाप ग्रह की दृष्टि हो और दो शुभ ग्रह की दृष्टि हो तो दो वर्ष में मृत्यु होती है : और यदि शुभ-ग्रह एवं पाप ग्रह की संख्या बराबर हो तो चार वर्ष की आयु होती है। यदि दो पाप ग्रह और तीन शुभग्रह की दृष्टि हो तो ५ वर्ष की आयु होती है। यदि एक पाप ग्रह एवं तीन शुभ ग्रह को दृष्टि हो तो ७ वर्ष की आयु होती है। यदि चन्द्रमा (छठे अथवा आठवें स्थानगत) पर किसी पाप ग्रह की दृष्टि न हो और किसी एक भी शुभ ग्रह की दृष्टि हो तो बालक की आयु ८ वर्ष की होती है। अतः इससे भाव यह निकला कि षष्ठ अथवा अष्टम स्थान-गत-चन्द्रमा सर्वदा अनिष्टकारी है। परन्तु नीचे तीन योग दिये जाते

हैं जिनमें से किसी योग के लागू होने से उपर्युक्त अरिष्ट का नाश हो जाता है। (१) षष्ठ अथवा अष्टम स्थानगत चन्द्रमा किसी ग्रह से दृष्ट न हो। (२) चन्द्रमा यदि छठे अथवा आठवें स्थान में हो परन्तु शुभराशिगत हो अर्थात् चन्द्रमा-गत-राशि का का स्वामी शुभ ग्रह हो अथवा यदि पाप ग्रह की राशि में भी हो पर चन्द्रमा के साथ कोई शुभ ग्रह भी बैठा हो तथा। (३) यदि बालक का जन्म कृष्ण पक्ष में दिन के समय अथवा शुक्ल पक्ष की रात्रि के समय हो तो ऐसी अवस्था में चन्द्रमा छठे अथवा आठवें स्थान में शुभ या पाप ग्रह से दृष्ट रहने पर भी जातक बालारिष्ट दोष से मुक्त हो जाता है। स्मरण रहे कि चन्द्रमा को छोड़ कर शेष छः ग्रहों में से र. श. और मं. पाप तथा बृ. शु. सर्वदा शुभ होते हैं। बु. शुभ के साथ शुभ और पाप के साथ पाप होता है। इस कारण अधिक से अधिक चार पाप ग्रह हो सकते हैं। तब शुभ ग्रह दो ही होंगे। शुभ ग्रह अधिक से अधिक तीन ही होंगे। एसी अवस्था में पाप तीन ही रहेगा इसी तारतम्यानुसार उपर्युक्त फल कहे गये हैं।

मतान्तर से ऐसा भी लेख मिलता है कि यदि लग्नेश शुभ ग्रह हो और किसी पाप ग्रह के साथ सप्तम स्थान में बैठा हो और यदि वैसा लग्नेश तीन अन्य पाप ग्रहों से दृष्ट हो तो बालक की मृत्यु एक मास में होती है।

(१३) यदि जन्म-समय सन्ध्या हो और लग्न चन्द्रमा के होरा का हो तथा लग्न के अन्तिम नवमाँश में पापग्रह हो तो जातक की मृत्यु होती है। स्मरण रहे कि सूर्य्योदय के दो दण्ड अर्थात् ४८ मिनट पूर्व से सूर्य्योदय तक प्रातः-संध्या होती है और सूर्य्यास्त के समय से दो दंड बाद तक सायं-संध्या कहलाती है।

(१४) यदि चन्द्रमा कर्क, अथवा मीन राशि का हो और राशि के अन्तिम नवाँश में स्थित हो तथा उसे शुभग्रह न देखता हो और पाँचवें स्थान में पाप ग्रह हो तो ऐसा बालक शीघ्र ही मर जाता है।

(१५) यदि लग्न में चन्द्रमा हो सातवें स्थान में तीन पाप ग्रह हों तो ऐसा बालक शीघ्र मर जाता है।

(१६) यदि चन्द्रमा अष्टम, नवम अथवा दशम स्थान में हो और वृहस्पति केन्द्रगत न हो तो ऐसे बालक को अरिष्ट होता है।

(१७) यदि चन्द्रमा पर शनि की तृतीय दृष्टि हो अर्थात् शनि से चन्द्रमा तृतीय स्थान में हो तो बालक को एक कठोर अरिष्ट होता है।

(१८) यदि लग्न तथा अष्टम स्थान में पापग्रह हो और चन्द्रमा नीच हो अथवा शत्रुगृही हो और बृहस्पति केन्द्रवर्त्ती न हो तो बालक को अरिष्ट होता है।

(१९) लग्न,चन्द्रस्थितराशि और सप्तम, इन तीनों स्थान में यदि पाप ग्रह बैठा हो और चन्द्रमा पर शुभग्रह की दृष्टि न हो तो जातक की मृत्यु शीघ्र हो जाती है।

(२०) यदि चन्द्रमा से पंचम अथवा नवम स्थान में सूर्य्य बैठा हो तो बालक के लिये अरिष्टकारी होता है और यह अरिष्ट तीन सप्ताह के अन्दर ही प्रायः हुआ करता है। परन्तु लग्न पर शुभ ग्रह की दृष्टि से अरिष्ट का निवारण होता है।

(२१) यदि चन्द्रमा लग्न में हो और सप्तम स्थान के प्रथम द्रेष्काण में कोई पापग्रह हो तो जातक शीघ्र ही मर जाता है।

चन्द्रमा के अतिरिक्त अन्य ग्रहों की स्थिति अनुसार अरिष्ट योग।

(२२) यदि जातक का जन्म कर्क अथवा वृश्चिक लग्न में हो और कुंडली के पूर्वार्द्ध में सब पाप ग्रह और परार्द्धमें शुभग्रह बैठे हों तो ऐसे योग में जातक शीघ्र ही मर जाता है।

(२३) यदि जन्म वृश्चिक लग्न का और मतान्तर से वृश्चिक अथवा कर्क का हो और पूर्वार्द्ध में कुल पाप एवं परार्द्ध में कुल शुभ ग्रह हों तो जातक की मृत्यु शीघ्र होती है। पूर्वार्द्ध उस भाग को कहते हैं जो जन्म समय पूरव की ओर रहता है और परार्द्ध जो पश्चिम की ओर रहता है। जैसे, किसी का जन्म धन लग्न के २० अंश पर हो तो दशम स्थान कन्या के २० अंश पर होगा। अतः कन्या का २० अंश से तुला, वृश्चिक धन, मकर, कुम्भ एवं मीन का १९ अंश तक पूर्वार्द्ध कहलाता है। और मीन के २० अंश से मेष, वृष, इत्यादि कन्या का १९ अंश तक परार्द्ध कहलाता है। शशारावली में पूर्वार्द्ध के बदले "दर्शनभाग" शब्द का प्रयोग किया गया है। दर्शनभाग से दृश्य-चक्रार्द्ध का अभिप्राय होता है, अर्थात् सप्तम भाव के स्फुट से अष्टम, नवम, दशम, एकादश एवं लग्न स्फुट तक दृश्य-चक्रार्द्ध कहलाता है और शेष अदृश्य-चक्रार्द्ध। अन्यदेशी विद्वानों का भी यही मत है।

(२४) चन्द्रमा यदि कर्क राशिगत हो और वृश्चिक एवं मीन राशि में पाप-ग्रह हो तो जातक बालारिष्ट होता है।

(२५) यदि सूर्य्य लग्न में स्थित हो और पाप ग्रह पांच, नव और आठ स्थान में हो तथा कोई बली शुभ ग्रह सूर्य्य को न देखता हो और न साथ हो तो ऐसा जातक शीघ्र ही मर जाता है।

नोट :–यदि सूर्य्य के स्थान पर ऐसे योग में चन्द्रमा हो तो भी यही फल होता है।

(२६) यदि लग्न का स्वामी सप्तम स्थान में हो और उसके साथ पाप ग्रह बैठा हो अथवा पाप ग्रह की दृष्टि हो अथवा ग्रह-युद्ध में उस सप्तमस्थ ग्रह को किसी ग्रह ने जीत लिया हो तो जातक की मृत्यु एक महीने ही में हो जाती है।

(२७) यदि शं, मं, और सू. षष्ठ अथवा अष्टम स्थान में हो और उस पर न तो शुभ ग्रह की दृष्टि हो और न शुभ ग्रह उसके साथ हो तो ऐसा जातक शीघ्र ही मर जाता है।

(२८) यदि लग्नेश नीच अथवा अष्टम में हो और शनि सप्तमस्थ हो तो जातक शीघ्र ही मर जाता है।

(२९) यदि मंगल लग्न में हो और सूर्य्य और शनि एक साथ होकर अथवा अलग अलग रहकर द्वितीय, तृतीय अथवा सप्तम स्थान में बैठा हो तो जातक की मृत्यु एक मास में ही हो जाती है।

(३०) यदि मंगल लग्न में शुभ ग्रह की दृष्टि से वंचित होकर बैठा हो और शनि षष्ठ अथवा अष्टम स्थान में हो तो जातक शीघ्र ही मर जाता है। यदि शनि और मंगल साथ होकर सप्तम स्थान में हो और उन पर शुभ ग्रह की दृष्टि भी न हो तो जातक की मृत्यु शीघ्र होती है।

(३१) यदि मंगल २,३,९ स्थानों में से किसी में हो और शनि और सूर्य्य एकत्रित हों तो जातक की मृत्यु दश दिन के पूर्व ही होती है।

(३२) यदि सब ग्रह आपोक्लिम अर्थात् ३,६,९ एवं १२ स्थानों में हों तो बालक २ अथवा ६ मास तक जीता है।

(३३) यदि लग्नेश नीच हो और सूर्य्य के साथ हो अथवा लग्नेश और सूर्य्य अष्टमगत हो तो ऐसा बालक शीघ्र ही मर जाता है और जितना दिन जीवित रहता है, रोगग्रस्त होने के कारण मृतवत् रहता है।

(३४) यदि किसी का जन्म कर्कराशि के अन्त में अथवा सिंहराशि के आदि में, वृश्चिक के अन्त और धन के आदि में अथवा मीन के अन्त और मेष के आदि में हो तो जातक को अरिष्ट होता है। एक का अन्त और दूसरे का आदि का क्या प्रमाण होगा, ग्रन्थान्तर से यों मिलता है। जैसे, यदि किसी का जन्म कर्क के अन्तिम अथवा सिंह के प्रथम नवांश में हो तो एक राशि का अन्त और दूसरे का आदि कहा जाता है।

(३५) यदि लग्नेश निर्बल हो और पाप ग्रह लग्न में बैठा हो और चन्द्र-ग्रहण अथवा सूर्य्यग्रहण के समय का जन्म हो तो जातक की मृत्यु दो वा तीन मास में होती है।

(३६) यदि बृहस्पति अष्टमगत न हो और लग्नेश पाप ग्रह के साथ हो तथा उस पर शनि की दृष्टि हो और तृतीय स्थान में भी कोई पाप ग्रह हो तो जातक की मृत्यु होती है।

(३७) यदि लग्नेश लग्न में हो और सभी पाप ग्रहों पर शुभ ग्रहों की दृष्टि न हो तो जातक चार ही मास जीवित रहता है।

(३८) यदि जातक का जन्म पिता के जन्म लग्न में हो और लग्नेश दो पाप ग्रहों से घिरा हुआ हो तथा शुभ ग्रह के साथ रहने पर भी जातक की मृत्यु शीघ्र होती है।

(३९) यदि बृहस्पति वृश्चिक राशिगत हो और केतु पर सू., चं., मं. और श. की दृष्टि हो तथा इन पर शु. की दृष्टि न पड़ती हो तो जातक मृतक पैदा होता है।

(४०) यदि राहु, मेष और वृष के अतिरिक्त अन्य कोई राशिगत होकर लग्न में बठा हो और पापग्रह द्वितीय, द्वादश, सप्तम अथवा अष्टम स्थान में बैठा हो तो जातक की मृत्यु शीघ्र होती है।

(४१) यदि मंगल चन्द्रमा के नवांश में होकर सप्तम स्थान में बैठा हो और उस पर शुभ ग्रह की दृष्टि न हो तो जन्म-नक्षत्र से ७७ वें नक्षत्र पर जब गोचर का चन्द्रमा आता है तो बालक की मृत्यु हो जाती है।

अभिप्राय यह है कि जन्म-नक्षत्र से गिनते गिनते दो आवृत्ति के बाद १३ नक्षत्र और गिनने पर जो नक्षत्र आवेगा वह सतहत्तरवाँ नक्षत्र होगा। और शास्त्र-कारों का अभिप्राय यह मालूम पड़ता है कि लगभग ७७ वें दिन के आगे पीछे जब चं. ७७ वें नक्षत्र में जायगा तब मृत्यु-भय होगा।

(४२) यदि श., मं., और सू. पंचम स्थान में हो तो ऐसे जातक की भी मृत्यु ७७ वें नक्षत्र में चं. के जाने से होती है।

(४३) यदि शनि सप्तमस्थ अथवा लग्नस्थ हो और लग्न चर-राशि हो तथा चन्द्रमा लग्न अथवा वृश्चिक राशिगत हो और शुभ ग्रह केन्द्र में हो तो भी बालक की मृत्यु शीघ्र होती है।

(४४) यदि बृहस्पति वृश्चिक अथवा मेष का हो अथवा नीच हो और जन्म-समय संध्या हो अथवा ठीक सूर्य्योदय अथवा सूर्य्यास्त के समय अथवा मध्याह्न हो तो बालक की मृत्यु एक मास में होती है।

(४५) यदि शनि द्वादशस्थ, सूर्य्य नवमस्थ, चन्द्रमा लग्नस्थ और मंगल अष्टमस्थ हो और बली बृहस्पति की दृष्टि उन पर न पड़ती हो तो जातक की मृत्यु शीघ्र होती है।

(४६) यदि चन्द्रमा लग्न में बैठा हो और पाप ग्रहों से घिरा हो अर्थात् द्वादश और द्वितीय दोनों में पाप ग्रह हो और उक्त चन्द्रमा पर किसी अति बली शुभ ग्रह की दृष्टि न पड़ती हो और इसी प्रकार यदि सातवें अथवा आठवें स्थान में पाप ग्रहों से घिरा हुआ चन्द्रमा बैठा हो और किसी अति-बली शुभ ग्रह से दृष्ट न हो तो जातक और उसकी माता, दोनों ही की मृत्यु होती है। परन्तु ऐसे योग में यदि चन्द्रमा पर किसी बलवान शुभ ग्रह की दृष्टि हो तो केवल बालक की मृत्यु होती है, माता की नहीं।

(४७) यदि चन्द्रमा और लग्न पर शुभ ग्रह की दृष्टि न हो और लग्न तथा चन्द्रमा पाप ग्रहों से घिरा हो तो गर्भवती स्त्री बालक सहित मर जाती है अथवा प्रसव के बाद ही माता सहित बालक की मृत्यु होती है।

(४८) यदि चन्द्रमा, शनि और राहु के साथ किसी स्थान में बैठा हो और लग्न से आठवें स्थान में मंगल हो तो बालक और उसकी माता, दोनों की मृत्यु होती है। पर यदि ऊपर वाला योग हो, लग्न में सूर्य्य हो तो मृत्यु का कारण चीर-फाड़ (Operation) होता है।

(४९) यदि चन्द्रमा के साथ शनि हो और सूर्य्य द्वादश स्थान में और मंगल चतुर्थ में हो तो माता सहित बालक की मृत्यु होती है।

(५०) यदि ग्रहण के समय जन्म हो और चन्द्रमा के साथ शनि लग्न में बैठा हो और मंगल अष्टम स्थान में हो तो जातक और उसकी माता की मृत्यु शस्त्र से होती है।

(५१) यदि चन्द्रमा से सप्तम, अष्टम और नवम स्थान में पाप ग्रह बैठा हो तो जातक और उसकी माता दोनों के लिये कष्टकर होता है।

(५२) यदि षष्ठ, अष्टम एवं द्वादश स्थान में पापग्रह हों और उनके साथ शुभ ग्रह न हों और शुक्र अथवा बृहस्पति पाप ग्रह से घिरा हो तो प्रसूता एवं बालक दोनों की मृत्यु होती है।

(५३) यदि सूर्य्य अत्यन्त बली होकर शुक्र से तृतीय स्थान में बैठा हो तो सूर्य्य के साथ शनि भी हो अथवा सूर्य्य शनि से दृष्ट हो और चन्द्रमा क्षीण हो अथवा पापग्रह के साथ हो तो बालक और प्रसूता दोनों की मृत्यु होती है।

(५४) यदि सू. मं. चं. और के. साथ होकर लग्न में बैठे हों तो बालक एवं उसकी मातादि सभी को अनिष्ट होता है ।

(५५) यदि सू. चं. श. और मं. साथ होकर पंचम स्थान में बैठे हों तो बालक और उसके माता-पिता एवं भाई सभी को अनिष्ट सम्भव होता है । परन्तु यदि शुभ ग्रह से दृष्ट हो तो ऐसा दोष नहीं होता है। यदि सू. श. एवं मं. अष्टम स्थान में बैठे हों तो बालक एवं उसके पिता और भाई को अनिष्ट होता है। ऐसे योग में शस्त्रादि से मृत्यु होने का भय होता है ।

(५६) यदि षष्ठ, अष्टम अथवा नवम स्थान में पाप ग्रह हो तो बालक एवं उसके पिता को अरिष्ट भय होता है ।

(५७) यदि चन्द्रग्रहण के समय जन्म हो और शनि चन्द्रमा के साथ हो तथा मंगल लग्न से अष्टम स्थान में हो तो माता सहित बालक की मृत्यु होती है । (देखो ५०)

(५८) यदि श. बु. और रा. के साथ होकर सू. लग्न में बैठा हो और मंगल आठवें स्थान में हो तो ऐसा जातक अपनी माता सहित किसी हथियार से मारा जाता है ।

(५९) यदि ६, ८, १२ में पाप ग्रह हों और वे सब शुभ-ग्रह-युक्त न हों तथा यदि शुक्र अथवा बृहस्पति, पाप ग्रहों से घिरा हो तो माता सहित जातक की मृत्यु होती है।

(६०) यदि सू. श. और मं. द्वादशस्थ हों और उन पर शुभ ग्रह की दृष्टि न हो तो जातक और उसकी माता दोनों की मृत्यु होती है।

प्रिय पाठकगण ! बालारिष्ट अनेकानेक हैं जिनमें से थोड़े यहाँ संगृहीत किये गये हैं। ऊपर लिखे हुए योगों में बहुतों में समय-निर्माण नहीं किया गया है। इस विषय में महर्षियों का कहना है कि निम्नलिखित रीति से **समय का अनुमान** करना होगा ।

(१) अरिष्टकारी ग्रहों में सबसे बली ग्रह जिस राशि में हों, उस राशि में जब जन्म के बाद गोचर का चन्द्रमा जाता है तो उस समय अरिष्ट होता है ।

(२) जन्म समय का चन्द्रमा जिस राशि में हो, उस राशि में जब गोचर का चन्द्रमा जाता है तो उस समय अरिष्ट होता है ।

(३) जन्म के बाद जब गोचर का चन्द्रमा जन्म-लग्न-राशि में जाता है तो अरिष्ट का समय होता है ।

स्मरण रखने की बात है कि गोचर का चन्द्रमा एक राशि पर लगभग तेरह बार एक वर्ष के अभ्यन्तर जाता है। ऊपर के तीन योगों में अर्थात् सबसे बलिष्ठ-ग्रह-गत-राशि में, चन्द्र-लग्न में और जन्मलग्न में चन्द्रमा के जाने से अरिष्ट बतलाया है। इस कारण अधिक से अधिक (१३×३) ३९ बार एक वर्ष में अरिष्ट-योग आ सकता है। परन्तु इस ३९ बार में किस बार अरिष्ट योग होगा, इसके जानने के लिये यह बतलाया गया है कि जब चन्द्रमा मृत्युकारी होने में बलवान हो और उस पर (सभी) पाप ग्रहों की दृष्टि हो तो उस समय अरिष्ट होगा। चन्द्रमा तीन अवस्थाओं में मृत्यु के लिये बलवान हो सकता है। जैसे, जब क्षीण हो, जब षष्ठेश हो अथवा जब अष्टमेश हो। इन तीन भेदाभेदों से ऊपर लिखे हुए उनचालीस बार अरिष्टकारी न होकर केवल तेरह ही बार अरिष्टकारी हो सकता है। पुनः इसमें दूसरा कठिन नियम यह है कि वैसा चन्द्रमा पापदृष्ट भी हो। इन्हीं सब कारणों से एक वर्ष के भीतर केवल एक ही बार अरिष्टकर होना सम्भव होता है। अतः उपर्युक्त बातों पर ध्यान देकर अरिष्ट-समय का अनुमान करना होगा।

ग्रहयोगानुसार द्वादश वर्ष तक की आयु

धारा-११२ विद्वानों का कथन है कि आठ वर्ष तक आयु का विचार करना अनावश्यक है और मतान्तर से १२ वर्ष के पूर्व आयु का विचार नहीं करना चाहिये। अतः इस स्थान पर थोड़े से योग दिये जाते हैं जिनसे बालक की मृत्यु बारह वर्ष के अभ्यन्तर बतलायी गयी है। इससे दीर्घ जीवियों की योगायु अष्टम तरंग में लिखी गई है।

१ वर्ष :–(क) यदि चन्द्रमा लग्न में और पाप ग्रह केन्द्र में हो तथा शुभ ग्रह के साथ न हो। (ख) यदि बृहस्पति लग्न में, शुक्र और बुध मिथुन अथवा तुला में हो मतान्तर से बृ. लग्न में, शु. मिथुन में, बु. तुला में और अष्टमस्थ पापग्रह से दृष्ट हो तो १ वा ८ वर्ष की आयु होती है। (ग) यदि लग्न में बली चन्द्रमा अथवा बली सूर्य्य हो और केन्द्र अथवा त्रिकोण अथवा अष्टम में पाप ग्रह हो और यदि सूर्य्य चन्द्रमा और शुक्र किसी राशि में एक साथ हो तो जातक की मृत्यु एक वर्ष के अभ्यन्तर होती है। (घ) यदि शनि लग्न में हो और उसके साथ न पाप हो और न वह पाप से दृष्ट हो तो भय होता है परन्तु यदि ऐसा शनि तुला, मकर वा कुम्भ का हो तो अरिष्ट नहीं होता है।

२ वर्ष :–(क) यदि शनि वक्री होकर मंगल के गृह में, केन्द्र में, शत्रु-गृह में अथवा अष्टमस्थ हो और उस पर बली मंगल की पूर्ण दृष्टि हो तो बालक की आयु दो वर्ष की होती है। (ख) यदि वक्री शनि मेष अथवा वृश्चिक राशिगत हो और

मंगल केन्द्र, षष्ठ अथवा अष्टम में हो और मंगल पर शुभ ग्रह की दृष्टि न हो तो जातक दो वर्ष तक जीता है। (ग) यदि षष्ठेश और अष्टमेश केन्द्र में और वक्री शनि मेष अथवा वृश्चिक राशि गत हो और शनि पर बली मंगल की दृष्टि हो तो जातक दो वर्ष तक जीता है।

३ वर्ष :– (क) यदि बृहस्पति द्वादश स्थान में हो और लग्नेश किसी पाप ग्रह के साथ केन्द्र में अथवा तृतीय स्थान में अथवा षष्ठ स्थान में अथवा नवम स्थान में हो तो जातक तीन वर्ष तक जीता है।

(ख) यदि बृहस्पति वृश्चिक अथवा मेष राशिगत होकर अष्टम स्थान में हो और उस पर र. चं. मं. और श. की दृष्टि हो तो जातक की मृत्यु तीन वर्ष के अभ्यन्तर होती है। मतान्तर से यह भी पाया जाता है कि बृ. शुक्र से दृष्ट न हो।

(ग) यदि वक्री शनि केन्द्र में मेष अथवा वृश्चिक राशिगत हो अथवा यदि वक्री शनि अष्टम अथवा षष्ठ स्थान में हो और उस पर बली मंगल की दृष्टि पड़ती हो तो बालक की मृत्यु तीन वर्ष में होती है।

(घ) यदि बृहस्पति केन्द्र अथवा द्वादश स्थान में और लग्नेश पाप ग्रह के साथ होकर नवम, षष्ठ अथवा तृतीय स्थान में हो तो जातक की आयु तीन वर्ष की होती है।

(ङ) यदि लग्न में मंगल कर्क राशि का हो और चन्द्रमा उसके साथ हो तथा केन्द्र एवं अष्टम स्थान ग्रहरहित हो तो तीन वर्ष की आयु होती है।

(च) रवि शुक्र, की दृष्टि से हीन और बृ. चं. मं. और श. से दृष्ट, यदि मंगल के क्षेत्र में अष्टमस्थ हो तो तीन वर्ष की आयु होती है।

(छ) यदि सूर्य्य और चं. तृतीय स्थान में पाप-दृष्ट हो और तृतीय स्थान क्रूर-राशि-गत हो तो तीन वर्ष की आयु होती है।

४ वर्ष :– (क) यदि मंगल अस्त होकर केन्द्र में बैठा हो और उसके साथ शनि हो अथवा उस पर शनि की दृष्टि हो तो जातक की मृत्यु चार वर्ष में होती है।

(ख) यदि षष्ठ अथवा अष्टम स्थान में बुध हो और उस पर पापग्रह की दृष्टि हो तो बालक की आयु चार वर्ष की होती है।

(ग) यदि निर्बल चं. ६, ८, १२ में हो, अथवा निर्बल न भी हो परन्तु पापग्रह के साथ होकर दुःस्थानगत हो और उस पर शुभ ग्रह और पाप ग्रह की दृष्ट हो तो ४ वर्ष, और यदि केवल शुभ ग्रह की दृष्टि हो तो ८ वर्ष और केवल पापग्रह की दृष्टि हो तो बालक की कुछ भी आयु नहीं होती है।

(घ) यदि कर्क का बुध षष्ठ, अष्टम अथवा द्वादश स्थान में हो और चन्द्रमा की उस पर दृष्टि हो तो बालक की आयु चार वर्ष की होती है।

५ वर्ष :– (क) यदि सू. चं. मं. बृ. साथ होकर किसी एक घर में हो अथवा सू. चं. मं. श. एक घर में हो अथवा श. चं. मं. बृ. एक घर में हो तो ऐसे योग में जातक की आयु पाँच वर्ष की होती है।

(ख) यदि अष्टमेश लग्न में और लग्नेश अष्टम में हो तो पाँच वर्ष की आयु होती है।

(ग) यदि राहु लग्न में हो और उसके साथ कोई पाप ग्रह हो अथवा उस पर पापग्रह की दृष्टि हो और कुल शुभ ग्रह दृश्य-चक्रार्द्ध में हों तो ऐसे जातक की मृत्यु पाँचवें वर्ष में होती है। और मतान्तर से यह भी पाया जाता है कि पाप ग्रहों को अदृश्य-चक्रार्द्ध में होना चाहिये।

६ वर्ष :– (क) यदि लग्नेश में हो और उसके साथ पाप ग्रह हो और उस पर शनि की दृष्टि पड़ती हो तथा बृहस्पति अष्टमगत न हो और जन्मलग्न सन्धि में पड़ता हो तो जातक ६, ८ अथवा १२ वर्ष तक जीता है।

(ख) यदि शुक्र सिंह अथवा कर्क राशिगत होकर षष्ठ, अष्टम अथवा द्वादस स्थान में बैठा हो और उस पर पाप तथा शुभ दोनों ग्रहों की दृष्टि हो तो बालक की आयु छः वर्ष की होती है।

(ग) यदि शनि चन्द्रमा के नवांश में हो और उस पर चन्द्रमा की दृष्टि हो और लग्नेश पर भी चं. की दृष्टि हो तो जातक की आयु छः वर्ष की होती है।

७ वर्ष :–(क) यदि र. मं. और श. लग्न में हों और निर्बल चन्द्रमा वृष अथवा तुला राशि का, सप्तम स्थान में हो और उस पर बृहस्पति की दृष्टि न पड़ती हो तो बालक की मृत्यु ७ वा ८ वर्ष में होती है। सारावली में "सप्तभिरब्दैर्विनाशति" लिखा पाया जाता है। उपर्युक्त योग में वृष का चन्द्रमा उच्च होता है, इस कारण निर्बल का अर्थ क्षीण चन्द्रमा है। (चन्द्रमा का सप्तम स्थान में रहना मतान्तर से पाया गया है) परन्तु एक दूसरे पुस्तक में र., मं., श., लग्न में हो, बु. सप्तम में हो और क्षीण चं., बृ. से नहीं देखा जाता हो, ऐसा योग पाया जाता है।

(ख) यदि लग्न और सप्तम भाव में पापग्रह हो तथा लग्न में चन्द्रमा भी हो और लग्नाधिपति पर पापग्रह की दृष्टि हो तो जातक की आयु सात वर्ष की होती है। यदि लग्न का द्रेष्काण निगड़, अहि, विहङ्ग अथवा पाश हो और पापग्रह से दृष्ट हो और द्रेष्काण-पति से दृष्ट न हो तो सात वर्ष की आयु होती है (देखो द्रेष्काण चक्र १३)।

८ वर्ष :–(क) यदि चन्द्रमा निर्बल हो और अष्टम स्थान में पापग्रह हो तो जातक की आयु आठ वर्ष की होती है।

(ख) यदि पंचम तथा नवम भाव में पापग्रह स्थित हो और षष्ठ और अष्टम स्थान में शुभग्रह हो और पंचम तथा नवम भाव पर शुभग्रह की दृष्टि न हो तो बालक की मृत्यु आठवें वर्ष में होती है।

९ वर्ष :–(क) यदि सू. चं. और मं. पंचम स्थान में हो और उसके साथ कोई शुभग्रह न हो और न उस पर शुभग्रह की दृष्टि पड़ती हो तो बालक की मृत्यु नौ वर्ष में होती है। (ख) लग्नेश जिस स्थान में बैठा हो, यदि उस स्थान से अष्टम स्थान में निर्बल चन्द्रमा हो और उस पर सब पापग्रहों की दृष्टि हो तो बालक नौ वर्ष के पूर्व ही मर जाता है। (ग) यदि लग्नेश पापग्रह हो और चन्द्रमा के स्थान से द्वादश स्थान में बैठा हो और उस पर (लग्नेश के अतिरिक्त) किसी अन्य पापग्रह की दृष्टि हो और इसी प्रकार यदि लग्नेश पापगृह होकर चन्द्रमा से द्वादशस्थ हो और लग्नेश चन्द्रमा के नवांश में हो तो ऐसे योगों में जातक की आयु नौ वर्ष की होती है। ("लग्नेश के अतिरिक्त" मतान्तर से)। (घ) यदि लग्नाधिपति और चन्द्रराश्याधिपति अस्त होकर ६, ८, १२ स्थान में बैठे हों तो जिस राशि पर लग्नाधिपति और राश्यधिपति बैठा हो, उसी की संख्या वाले वर्ष में मृत्यु होगी। (ङ) यदि चन्द्रमा मिथुन अथवा कन्या गत हो और साथ में सू. और मं. बैठे हों और शुभग्रह की दृष्टि से वंचित हों अर्थात् यदि सू. च. और मं. तीनों ग्रह मिथुन अथवाक न्या राशि गत हो और शुभग्रह की दृष्टि उन पर न पड़ती हो तो जातक की मृत्यु नौवें वर्ष में होती है। (च) यदि लग्नेश सूर्य्य हो और उसके साथ शनि भी हो और चं. से दृष्ट हो तो नौ वर्ष की आयु होती है। यदि चं. र. और श. अष्टम स्थान में हों तो ९ वर्ष के अभ्यन्तर ही मृत्यु होती है।

१० :–वर्ष यदि राहु सप्तम स्थान में हो और उसपर सू. और चं. की दृष्टि पड़ती हो और शुभग्रह की दृष्टि न पड़ती हो तो बालक की मृत्यु दशवें या बारहवें वर्ष में होती है। यदि शनि मकर के नवांश में हो और उसपर बुध की दृष्टि हो तो ऐसे बालक की आयु दश वर्ष की होती है और जन्म से ही लोग उससे शत्रुता करते हैं। पापदृष्टि राहु के केन्द्रवर्ती होने से १० वर्ष अथवा १६ वर्ष में जातक को अरिष्ट होता है।

११ वर्ष :—यदि सू. और बु. एक साथ हों और उन पर किसी शुभग्रह की दृष्टि हो तो जातक की आयु ग्यारह वर्ष की होती है।

१२ वर्ष :– यदि सप्तम स्थान में राहु हो और उस पर शनि, सूर्य्य आदि ग्रहों की दृष्टि हो तो जातक बारह वर्ष तक जीता है। यदि चन्द्रमा सिंह राशि में

हो और सूर्य्य शनि के साथ अष्टम स्थान में हो और उस पर शुक्र की दृष्टि हो तो बालक बारह वर्ष तक जीवित रहता है। मतान्तर से शुक्र के बदले शुभग्रह की दृष्टि होना लिखा है। यदि लग्नेश और चन्द्रलग्नेश (उस स्थान का स्वामी जहाँ जन्म का चन्द्रमा हो) लग्न से ६, ८ अथवा १२ स्थान में बैठा हो और सूर्य्य के साथ हो तथा शुभग्रह से दृष्ट अथवा युक्त न हो तो बालक की मृत्यु बारहवें वर्ष मेंहो ती है। यदि शनि वृश्चिक के नवांश में हो और उस पर केवल सूर्य्य की दृष्टि पड़ती हो तो बालक की मृत्यु बारह वर्ष में होती है और पिता का प्रेम भाव उस बालक पर नहीं रहता है।

अरिष्ट भंग योग

धा–११३ (१) चार वर्ष की, अवस्था तक बालक माता के पाप से मरता है। चार से आठ वर्ष तक पितृ-पाप से तथा आठ से बारह वर्ष पर्य्यन्त अपने पूर्वाजित पाप के कारण बालक की मृत्यु होती है।

ज्योतिषशास्त्रज्ञों का मत है कि बहुत से ऐसे भी योग हैं जिनके रहने से अरिष्ट भंग होता है। उनमें से कुछ योगों का उल्लेख आगे किया जाता है।

(२) पूर्ण चन्द्रमा (पूर्णमासी के लगभग) हो अथवा स्वगृही हो अथवा स्वनवांशस्थ हो और यदि उस पर शुभग्रह की दृष्टि हो। (३) यदि पूर्ण चन्द्रमा उच्च वा स्वगृही हो और उस पर शुभग्रह की पूर्ण दृष्टि हो तथा पाप अथवा शत्रु-ग्रह की दृष्टि वा योग न हो। (४) यदि बृ. शु. अथवा बु. बली होकर केन्द्रस्थ हो और चन्द्रमा पाप ग्रहों की दृष्टि वा योग से रहित हो। (५) बलवान बृहस्पति उच्च होकर यदि केन्द्र में हो। (६) यदि लग्नेश बली होकर केन्द्र अथवा त्रिकोण में हो। (७) यदि जन्म-समय कई ग्रह उच्च हों और शेष स्वगृही हो। (८) यदि राहु त्रितीय, षष्ठ अथवा एकादश स्थान में बैठा हो और उस पर शुभग्रहों की दृष्टि पड़ती हो। (९) यदि मेष अथवा कर्क राशिगत राहु लग्न में बैठा हो। (१०) यदि चन्द्रमा शुभग्रहों के वर्ग में हो और उस पर शुभग्रहों की दृष्टि हो और चन्द्रमा में पूर्ण तेज हो अथवा वह पूर्णमासी के लगभग का हो। (११) यदि चन्द्रराशि का स्वामी लग्नगत हो और उस पर शुभग्रह की दृष्टि हो। (१२) यदि चन्द्रमा उच्च हो और उस पर शुक्र की दृष्टि हो। (१३) यदि लग्नेश पूर्ण बली होकर केन्द्र में बैठा हो और उस पर शुभग्रह की दृष्टि हो और पापग्रह की दृष्टि न हो। (१४) यदि तुलाराशि का सूर्य्य द्वादश स्थान में हो। (१५) यदि बृहस्पति मंगल के साथ हो अथवा मंगल पर उसकी दृष्टि हो। (१६) चतुर्थ और दशम स्थान में स्थित

यदि पापग्रह शुभग्रहों से घिरा हो तथा केन्द्र और त्रिकोण में शुभग्रह हो। (१७) यदि लग्न से चतुर्थ स्थान में पापग्रह बैठा हो और बृहस्पति केन्द्र अथवा त्रिकोण में हो। (१८) यदि षष्ठ अथवा अष्टमगत चन्द्रमा बृ. बु. अथवा शु. के द्रेष्काण में हो। (१९) पूर्णचन्द्र की दोनों ओर शुभग्रह रहने से। (२०) यदि समस्त ग्रह शीर्षोदय राशि में हो। (२१) पूर्णचन्द्र पर केन्द्रस्थित बृहस्पति की पूर्ण दृष्टि हो। (२२) यदि लग्नेश केन्द्रगत हो और उस पर शुभग्रह की दृष्टि हो तथा पापग्रह की दृष्टि न हो। (२३) यदि पूर्णचन्द्र पर सभी ग्रहों की दृष्टि हो तो इनमें से किसी एक योग के रहने से अरिष्ट भंग होता है।

पताकी-अरिष्ट

धा–११४ पताकी-अरिष्ट का विचार करते समय, पहिले प्रथम खंड में जो यामार्द्धपति तथा दण्डाधिपति जानने के नियम बतलाये गये हैं, उन नियमों के अनुसार यामार्द्धपति और दण्डाधिपति का निर्णय कर लेना होगा।
(चक्र ३२, ३२ (क), ३३ (क)।

चक्र ४०

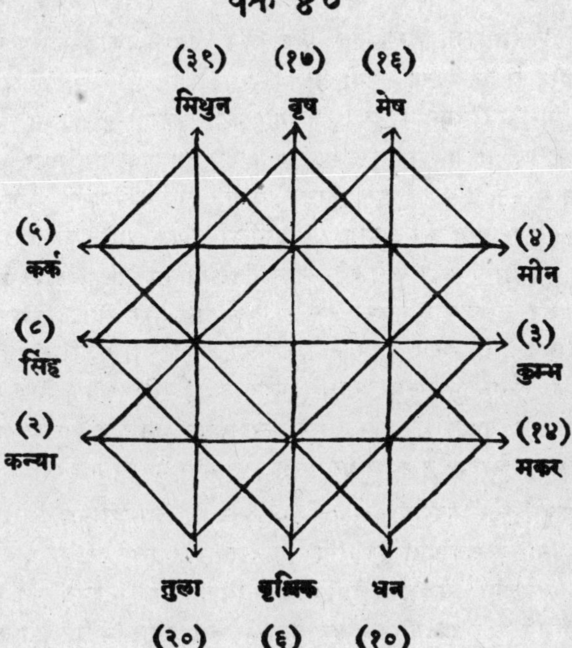

ऊपर एक पताकी चक्र बना दिया गया है। इसम प्रत्येक रेखा के आगे एकैक राशि अंकित है और प्रत्येक राशि के समीप भिन्न भिन्न संख्या लिखी हुई है। स्मरण

रहे कि किस रेखा के सामने कौन राशि और किस राशि के समीप कौन संख्या लिखी जाती है, सब उपर्युक्त चक्र में लिख दिया गया है।

किसी जातक का जन्मपत्र विचारते समय उपर्युक्त चक्र में हेर-फेर न होगा। मेष में कन्या, धन और मीन की संख्याओं का योगफल (२+१०+४=१६) लिखने की प्रथा है। वृष में सिंह, वृश्चिक और कुम्भ की संख्याओं का योग (८+६+३=१७) लिखा जाता है। मिथुन में कर्कट, तुला और मकर का योग (५+२०+१४)=३९ लिखने की प्रणाली है। कर्कट का अंक सर्वदा ५, सिंह का ८, कन्या का २, तुला का२०, वृश्चिक का ६, धन का १०, मकर का १४, कुम्भ का ३, मीन का ४ होता है और उपर्युक्त रीति के अनुसार मेष का १६, वृष का १७ और मिथुन का ३९ अंक होता है। वास्तव में मेष की संख्या १०, वृष की ६ और मिथुन की २० है। इन सबों का योग १०८ होता है।

उपर्युक्त पताकी चक्र में प्रत्येक राशि को सरलरेखा द्वारा अन्य तीन राशियों के साथ सम्बन्ध होता है। उदाहरण रूप से यदि वृष में देखा जाय तो मालूम होगा कि सरल रेखा सिंह तक गयी है, दूसरी वृश्चिक तक और पुनः वृष ही से तीसरी रेखा कुम्भ तक गयी है। इसी प्रकार कर्कट से सरल रेखा धन, मीन और मिथुन तक गयी है। इसी रीति से जिस राशि में लग्न हो. उस राशि का वेधस्थान वे ही राशियाँ कही जाती हैं जिन राशियों पर सरल रेखा जाती हैं। परन्तु अपवाद यह है कि मेष, वृष तथा मिथुन किसी भी वेधस्थान में नहीं है। इस कारण कर्कट का वेध-स्थान मिथुन नहीं होगा पर मिथुन का वेध-स्थान कर्कट होगा। इसलिये प्रत्येक राशि को तीन २ वेधस्थान हैं। मेष का वेधस्थान कन्या, धन और मीन है। वृष का सिंह, वृश्चिक और कुम्भ मिथुन का कर्कट, तुला और मकर, कर्क का कर्क, धन और मीन (मिथुन नहीं), सिंह का सिंह, वृश्चिक और कुम्भ (वृष नहीं),कन्या का कन्या, तुला और मकर (मेष नहीं), तुला का कन्या, तुला तथा मीन, (मिथुन नहीं) वृश्चिक का सिंह, वृश्चिक और कुम्भ, धन का धन, मकर और कर्कट, मकर का कन्या, धन तथा मकर, कुम्भ का सिंह, वृश्चिक और कुम्भ और मीन का कर्कट, तुला तथा मीन वेधस्थान होता है।

नियम यह है कि उपर्युक्त चक्र में जातक का जो जो ग्रह जिस राशि में है, उस राशि के सामने उन ग्रहों को अंकित कर दें और जिस राशि में लग्न है, वहाँ 'ल' लिख दें। बतलाया जा चुका है कि दण्डाधिपति का निश्चय पूर्व ही कर लेना चाहिये; इसलिये यदि दण्डाधिपति-ग्रह लग्न के वेध स्थान में पड़े तो कहा जाता है कि पताकी-वेध हुआ। वेधस्थान की राशियों में जो अंक है, उतना ही दिन , मास अथवा वर्ष में अथवा उनमें से दो वा तीन अंकों के योग-फल की जो संख्या होगी,

वेध-चक्र ४० (क)

राशिको	इन राशियों से वेध होता है		
१	६	९	१२
२	८	५	११
३	४	७	१०
४	४	९	१२
५	५	८	११
६	६	७	१०
७	७	६	१२
८	८	५	११
९	९	१०	४
१०	१०	६	९
११	११	५	८
१२	१२	४	७

उतने दिन अथवा मास अथवा वर्ष में बालक को अरिष्ट होने की सम्भावना होती है। बहुत से प्राचीन विद्वानों का मत है कि चन्द्रलग्न से भी दण्डाधिपति ग्रह का वेध होने से पताकी-अरिष्ट का विचार करना चाहिये। उदाहरणार्थ एक पता की-अरिष्ट-वेध दिखलाया जाता है।

सम्बत् १९८१ शाका १८४६, भादों पूर्णिमा तदुपरि प्रतिपदा, शनिवार उत्तर-भाद्रनक्षत्र में दिनमान ३०।३७, इष्टदंड ५१।३० पर लेखक के ग्राम निवासी बाबू उमा प्रसाद जी, एक कायस्थ जमींदार के पुत्र का जन्म कर्क लग्न में हुआ। उस बालक का राशि-चक्र नीचे दिया जाता है।

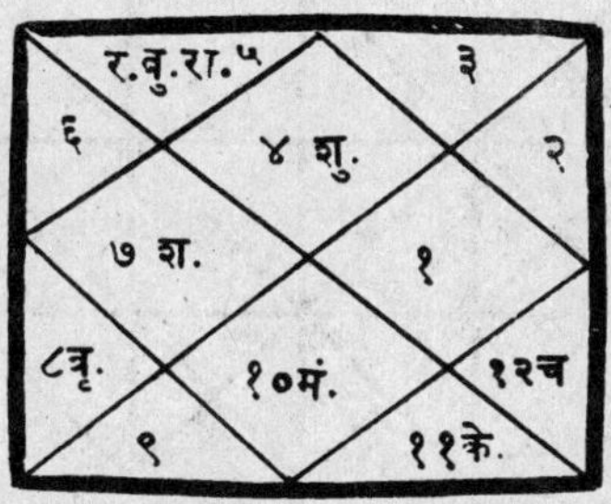

जन्म रात्रि समय है और दिनमान ३०।३७ है। अतः रात्रिमान (६० दंड से ३०।३७ घटाने पर) २९।२३ हुआ। इसको आठ से भाग देने से प्रति यामार्द्ध का मान ३।४०$\frac{7}{8}$ हुआ। इष्टदंड सूर्य्योदयसे ५१।३० है। इससे दिनमान ३०।३७ घटाने पर शेष २०।५३ रात्रिगत जन्म समय हुआ।

अब देखना यह है कि २०।५३ पला में ३।४० ३/८ यामार्द्ध-मान कितना बार बीता। यदि ३।४० ३/८ को ५ से गुणा किया तो १८।२१ ७/८ हुआ। अब इसे २०।५३ रात्रिगत से घटाया तो शेष २।३१ १/८ रहा। इससे यह ज्ञात हुआ कि ५ यामार्द्ध बीत-कर छठे यामार्द्ध का जन्म है।

अब दंडाधिपति निकालना होगा। एक यामार्द्ध का मान ३।४० ३/८ है तो इसका चतुर्थांश ५५ पला हुआ। छठे यामार्द्ध का शेष २।३१ था। ५५ पला को २ से गुणा करने पर १।५० हुआ। इसको २।३१ १/८ में घटा दिया तो शेष ४१ पला रहा। इससे यह बोध हुआ कि दो दंडाधिपति बीत जाने पर तीसरे दंडाधिपति का जन्म है।

जन्म शनिवार की रात्रि में है। इस हेतु रात्रियामार्द्ध-चक्र ३३ में शनि का छठायामार्द्ध शुक्र है और रात्रि-यामार्द्ध-पति चक्र ३३ (क) के अनुसार शुक्र का तीसरा दंडाधिपति चन्द्रमा है। इसलिये यह निश्चय हुआ कि जातक का दंदाधिपति चन्द्रमा है। इस जातक का पताकी-चक्र नीचे दिया जाता है तथा उसमें प्रति राशि का अंक भी लिख दिया गया है।

चक्र ४० (ख)

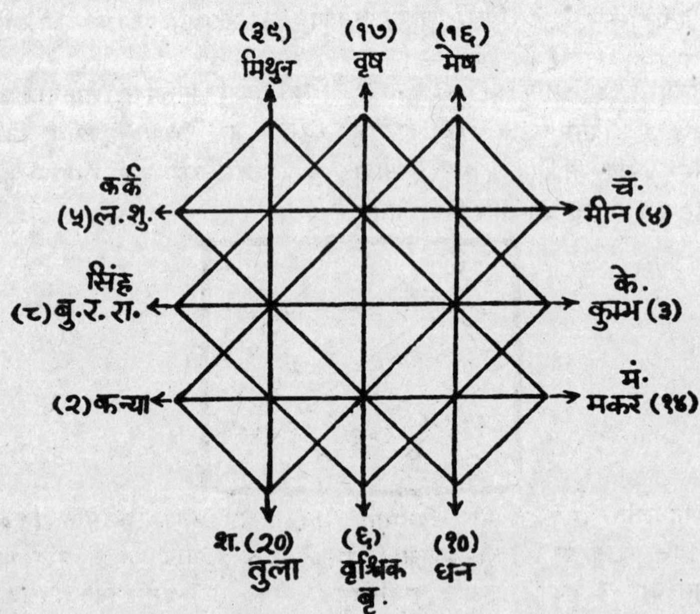

कर्कट लग्न है और उसमें शुक्र है, इसलिये कर्कट के समीप 'ल' और शु. लिखा। सिंह में र. बु. और रा. है, अतः इन ग्रहों को भी सिंह के समीप अंकित किया। इसी प्रकार तुला से समीप श.,वृश्चिक से समीप वृ., मकर से समीप मं., कुम्भ से समीप के.,और मीन से समीप चं. लिखा गया। अब उपर्युक्त चक्र देखने से मालूम होता है कि कर्क लग्न को बेध धन और मीन से होता है और मीन में दंडाधिपति चन्द्रमा है। इससे सिद्ध हुआ कि पताकी वेध होता है। और चन्द्र लग्न से भी वेध होना कहा जा सकता है।

कर्कट का अंक ५, धन का १० और मीन का ४ है। ऊपर लिखा जा चुका है कि ये अंक या इनमें से दो या तीन का योगफल अरिष्टकारी होगा। अतः परिणाम (५+१०) १५,(५+४)९,(१०+४)१४,(५+१०+४)१९होता है। अतएव५,१०,४,१५ ९, १८,१९, दिन, मास अथवा वर्ष इस बालक के लिये अरिष्टकारी होगा। अब दिन, मास या वर्ष का निश्चय किस प्रकार होगा, नीचे बतलाया जाता है।

सबल पाप ग्रह अरिष्टकारी होने से उपर्युक्त पाया हुआ अंक दिन की संख्या बतलाता है। मध्यबल होने से मास और दुर्बल होने से वर्ष का ज्ञात होता है। परन्तु शुभग्रह के अनिष्टकारी होने से ठीक इसके विपरीत होता है। तात्पर्य यह कि यदि शुभग्रह अनिष्टकारी हों और वह बली हो तो संख्या वर्ष का ज्ञात कराती है। मध्यबली होने से मास और क्षीण बली होने से तत्संख्यक दिन में अरिष्ट होता है। विद्वानों नें यह भी लिखा है कि लग्न पाप ग्रह से युक्त वा दृष्ट होने से अथवा शत्रुराशिगत पापग्रह के लग्न में रहने से उतने संख्यक दिन में अरिष्ट होता है। लग्न शुभ दृष्ट वा युक्त होने से यदि उस पर लग्नेश की दृष्टि रहे तो वर्ष परिणाम में मृत्यु होती है। इन्हीं बातों को चक्र ४० (ग) में दिखलाया गया है।

चक्र ४० (ग)

दिन	मास	वर्ष
१ वली पाप ग्रह। २ निर्बल शुभ ग्रह। ३ लग्न पाप युक्त। ४ लग्न पाप दृष्ट। ५ लग्न-गत-पाप ग्रह यदि शत्रु राशि में हो।	१ मध्य वली पाप ग्रह। २ मध्य वली शुभ ग्रह।	१ निर्बल पाप ग्रह। २ वली शुभ ग्रह। ३ शुभ-दृष्ट-लग्न। ४ शुभ युक्त लग्न अपने स्वामी से दृष्ट।

वेध फल का विचार करते समय निम्नलिखित नियमों पर पूर्ण ध्यान देना आवश्यक है। (१) शुभ ग्रह के दंड में जन्म हो और पताकी-वेध हो तथा लग्न यदि किसी प्रकार पापविद्ध न हो तो बालक को अरिष्ट नहीं होता है। ज्योतिषार्थदीपिका नामक ग्रंथ का भी यह मत है। (२) यदि अशुभग्रह के दंड में जन्म हो और पताकी-वेध हो तथा लग्न शुभ विद्ध न हो तो जातक की मृत्यु होती है। ऐसे योग में शुभग्रह का वेध होने से, विशेषतः लग्न के वेध स्थान में गुरु अथवा शुक्र रहने से अनेक स्थानों में देवानुष्ठान तथा उत्तम चिकित्सा द्वारा बालक की रक्षा हो जाती है। और किसी के मत से (३) एक विशेष नियम यह भी है कि लग्नाधिपति तथा दंडाधिपति एकही ग्रह के होने से पताकी अरिष्ट नहीं होताहै। परन्तु यह नियम ज्योतिषार्थ दीपिका में नहीं पाया जाता है (४) यह भी लिखा है कि बुध के दंड में यदि लग्न बुध द्वारा विद्ध हो तो अरिष्ट अनिवार्य्य होता है। उपर्युक्त पताकी अरिष्ट में चं. शुभ है और लग्न पाप-विद्ध नहीं है। परन्तु लग्न श. और मंगल में पापदृष्ट है। जिस जातक को नियम (१) लागू होता हुआ भी अनिष्ट हुआ क्योंकि चं. लग्न से भी वेध होता है और चन्द्र लग्न पाप श. से बिद्ध है इस कारण (१) चन्द्र लग्न से लागू नहीं हुआ।

फल का विचार करते समय देखा जाता है कि अंकों के योगादि द्वारा जो समय का बोध होता है, वह सर्वदा ठीक नहीं मिलता। अनुभवी ज्योतिषियों का कहना है कि प्रायः उस समय के कुछ पूर्व या पश्चात् मृत्यु होती है। पताकी-अरिष्ट वाला बालक प्रायः दीर्घजीवि नहीं होता और अधिकांश स्थल में तीनों वेधस्थानों के संलग्न अंक के योगफल की अपेक्षा बालक विशेष नहीं जीता है। यह भी कहा जाता है कि पताकी-अरिष्ट प्रवल होने से यदि अरिष्ट-भंग-योग भी हो,तो भी पताकी-अरिष्ट प्रवल होता है। उदाहरण वाले बालककी मृत्यु पाँच वर्ष बीतने पर छठे वर्ष में २१ जून १९३० ई० को ज्वर-प्रकोप से हो गयी। लग्न पर बली मं.एवं श. की दृष्टि रहने के कारण अरिष्टकारी दिन ही होना चाहिये था, परन्तु चन्द्र-लग्न भी विद्ध है और वह अपने स्वामी बृ. शुभ-ग्रह से दृष्ट है।ऊपर लिखा जा चुका है कि चन्द्र-लग्न ही के विद्ध होने से अरिष्ट हुआ, इस कारण वर्ष-मान लागू हुआ। पुनः देखो कुं. ९४।

अध्याय १६

जीवन का द्वितीय तरंग।

धा.—११५ वाल्यावस्था में माता-पिता, भाई, वहन, सखा, एवं परिजनों के द्वारा लालन पालन से सुख होता है। मानव-जीवन की यह दूसरी अवस्था है। अतः इस

द्वितीय तरंग में माता-पिता-सुख, माता और पुत्र का पारस्परिक प्रेम, मातृ-मृत्यु, पितृ-सुख, भ्रातृ-सुख, भ्रातृ-जन्म, भ्रातृ-संख्या, भ्रातृ-प्रेम, भ्रातृ-उन्नति, भ्रातृ-मृत्यु एवं अन्य कुटुम्बियों के विषय में वर्णन किया गया है।

माता।

(१) माता का विचार चतुर्थ स्थान से, चतुर्थ स्थान के स्वामी से और चन्द्रमा से होता है। यदि जातक का जन्म-समय दिन हो तो शुक्र से और रात्रि हो तो चन्द्रमा से भी माता का विचार किया जाता है।

यदि जन्म-समय दिन हो तो:

रवि..........पिता...............फुटराशि................सुख
चन्द्रमा......मामी...............समराशि..............सुखी
शुक्र.........माता...............समराशि..............सुखी
शनि.........चाचा...............फुटराशि...............सुखी

इसके विपरीत दुखी।

यदि जन्म समय रात्रि हो तो:—

रवि.........चाचा.............फुटराशि..............सुखी
चन्द्रमा.....माता.............समराशि..............सुखी
शुक्र........मामी.............समराशि..............सुखी
शनि..........पिता.............फुटराशि..............सुखी

इसके विपरीत दुःखी।

(२) यदि चतुर्थस्थान में शुभग्रह हो, चतुर्थाधिपति उच्च-राशि-गत हो और मातृ-कारक ग्रह बलवान हो तो माता दीर्घायु होती है। (३) यदि चतुर्थस्थान में शुभग्रह हो अथवा मातृ-कारक ग्रह शुभग्रह के साथ हो और चतुर्थाधिपति बली हो तो माता दीर्घायु होती है। (४) यदि चन्द्रमा अथवा शुक्र अच्छे नवांश में हो और उस पर शुभग्रह की दृष्टि हो अथवा केन्द्रगत हो और चतुर्थ स्थान में शुभग्रह हो या शुभग्रह की दृष्टि हो तो माता दीर्घायु होती है। (५) यदि चन्द्रमा दो पाप ग्रहों के मध्य में हो और उसके साथ पाप ग्रह हो तो माता दीर्घजीवी नहीं होती और प्रायः शीघ्र ही मृत्यु को प्राप्त होती है। दो पाप अथवा शुभ ग्रहों के मध्य में होने का रहस्य

यह है कि किसी ग्रह से तीस अंश पूर्व और तीस अंश पश्चात् के अन्तर में पापग्रह अथवा शुभग्रह हों। जैसे किसी का चन्द्रमा मेष के ५ अंश पर हो तो इस ५ अंश के पूर्व अर्थात् मीन के ५ अंश के बाद से मेष के ४ अंशतक तथा मेष के ५ अंश के बाद से वृष के ५ अंश तक के अन्तर में यदि दोनों तरफ केवल पाप ग्रह ही हो तो वह चन्द्रमा पापमध्यगत अथवा पाप से घिरा हुआ कहा जाता है। इसी प्रकार यदि दोनों तरफ शुभग्रह ही हों तो शुभग्रहों से घिरा कहा जाता है। देखो कुं. ४४ स्वामी रामतीर्थ जी की। चं. दो पापग्रह र. एवं के. और बु. से घिरा हुआ है, पाप ग्रह के साथ भी है तथा पापदृष्टि भी है। इनकी माता इनको ९ मास का बालक छोड़ कर चल बसी थीं। (६) यदि शनि पाप राशि में हों और उस पर पापग्रह की दृष्टि भी हो तो माता की मृत्यु शीघ्र होती है। (७) यदि शनि के साथ पाप ग्रह हो तो भी माता की मृत्यु शीघ्र होती है परन्तु उस पर यदि शुभग्रह की दृष्टि हो तो कुछ दिनों तक माता की रक्षा हो जाती है। (८) यदि अमावस्या का चन्द्रमा हो अथवा सूर्य्य से १० अंश के अन्तर पर हो और वह चन्द्रमा नीच हो अथवा नीच नवांश में हो तो माता की मृत्यु शीघ्र होती है।

बाल्य-काल में माता की मृत्यु।

धा.११६ (१)यदि चन्द्रमा से चतुर्थ स्थान में पाप ग्रह हो और उसके साथ शुभग्रह न हो अथवा शुभग्रह से दृष्ट न हो तो माता की मृत्यु होती है। देखो कुंडली ४४ स्वामी रामतीर्थ जी की। चन्द्रमा से चतुर्थ शनि है और वह किसी शुभग्रह से दृष्ट अथवा युक्त नहीं है। इनकी माता इनको नौ मास की अवस्था में ही त्यागकर चल बसी थी।

(२) यदि सूर्य्य और चन्द्रमा चतुर्थ स्थान में और शनि सप्तम स्थान में हो और दोनों के साथ पाप ग्रह हो अथवा दोनों पापग्रह से दृष्ट हों अथवा चतुर्थेश के साथ हों तो माता की मृत्यु होती है।

(३) यदि लग्न से चतुर्थ में बली पाप ग्रह हो और केन्द्र में अन्यग्रह हो तो माता की मृत्यु होती है।

(४) यदि चन्द्रमा से दशम स्थान में सूर्य्य अन्य पाप ग्रहों के साथ होकर बैठा हो तो माता की मृत्यु होती है।

(५) यदि सूर्य्य अथवा मंगल अष्टम स्थान में हो और चन्द्रमा क्षीण हो और उस पर पाप ग्रह की दृष्टि हो और शुभग्रह से दृष्ट न हो तो माता की मृत्यु होती है। देखो कुंडली ४४ स्वामी रामतीर्थ जी की। सूर्य्य अष्टम में है, प्रतिपदा का क्षीणचन्द्र उसी स्थान में है और शनि से दृष्ट है पर किसी शुभग्रह से नहीं।

(६) चन्द्रमा यदि सूर्य्य, मंगल अथवा शनि के साथ होकर छठे स्थान में बैठा हो तो माता की मृत्यु होती है।

(७) यदि सूर्य्य, मंगल अथवा शनि सप्तम स्थान में हो तो माता को भय होता है। देखो कुंडली ५६ बाबू गया प्रसाद जी की। मंगल सप्तमस्थ है और शनि से दृष्ट है। इनको तीन मास की अवस्था ही में मातृ-वियोग हुआ था।

(८) यदि क्षीण चन्द्रमा राहु अथवा केतु के साथ होकर सप्तमस्थान में बैठा हो तो माता को दुःख होता है।

(९) यदि चन्द्रमा, सूर्य्य अथवा शुक्र चतुर्थस्थान में और मंगल सप्तम स्थान में हो तो माता की मृत्यु लगभग एक सप्ताह में होती है।

(१०) यदि शनि और मंगल चन्द्रमा से सप्तम स्थान में हो तो माता की मृत्यु सात या आठ मास के अभ्यन्तर हो जाती है।

(११) यदि बृहस्पति लग्न में हो, चन्द्रमा छठे स्थान में हो और बृहस्पति अथवा चन्द्रमा पर शनि की दृष्टि हो तो माता की मृत्यु लगभग तीन सप्ताह में होती है।

(१२) यदि दिन के समय का जन्म हो और मंगल शुक्र से पंचम अथवा नवम में बैठा हो और चन्द्रमा निर्बल हो और पापग्रह से दृष्ट हो तथा उस पर शुभग्रह की दृष्टि न पड़ती हो तो माता की मृत्यु होती है।

(१३) यदि रात्रि के समय का जन्म हो और चन्द्रमा से शनि पंचम अथवा नवम स्थान में हो और चन्द्रमा निर्बल और पापग्रह से दृष्ट हो तथा उस पर शुभग्रह की दृष्टि न पड़ती हो तो माता की मृत्यु होती है।

(१४) यदि मंगल अथवा शनि चतुर्थ स्थान में हो और पापग्रह से दृष्ट हो तो माता की मृत्यु होती है।

(१५) यदि शनि चन्द्रमा से सप्तम स्थान में और बृहस्पति अष्टम स्थान में हो तो माता की मृत्यु होती है।

(१६) यदि चन्द्रमा पापग्रहों से घिरा हुआ अथवा दृष्ट हो अथवा शुक्र पापग्रहों से घिरा वा दृष्ट अथवा युक्त हो तो माता की मृत्यु होती है। देखो कुंडली ५६ बाबू गया प्रसाद जी की। चन्द्रमा और शुक्र दोनों पापग्रह से दृष्ट हैं। इस कारण इनकी माता जब ये तीन मास के थे, तब ही मर गयी थीं।

(१७) यदि लग्न और चन्द्रमा पापग्रहों से दृष्ट हो और शुभग्रहों से न दृष्ट हों न युक्त हों तथा बृहस्पति केन्द्रगत न हो तो माता की मृत्यु होती है।

(१८) यदि चन्द्रमा पर पापग्रहोंकी तृतीय दृष्टि पड़ती हो और शुभदृष्टि से वञ्चित हो तो माता की मृत्यु होती है।

(१९) यदि चन्द्रमा से त्रिकोण (५,९) में शनि हो और जन्म रात्रि में हो तो माता की मृत्यु होती है ।

(२०) यदि दिन में जन्म हो और शुक्र एवं मंगल पापयुक्त हो तो माता की मृत्यु होती है ।

(२१) यदि चतुर्थ एवं सप्तम भावों में पापग्रह हों और उनमें से किसी के साथ चन्द्रमा भी हो तो माता की मृत्यु होती है। देखो कुंडली ५६ बाबू गया प्रसाद जी की मंगल सप्तमस्थ है और चन्द्रमा भी उसके साथ है।

(२२) यदि चन्द्रमा से सात, आठ, नौ स्थान में सभी पाप ग्रह बैठे हों तो मातापिता सहित बालक की मृत्यु होती है ।

(२३) यदि पापग्रह, लग्न सप्तम और अष्टम स्थान में हों तो माता जीवित नहीं रहती।

(२४) यदि पापग्रह, से चन्द्रमा किसी पापग्रह के साथ होकर सप्तम वा अष्टम स्थान में बैठा हो एवं बली पापग्रह से दृष्ट हो तो माता की मृत्यु होती है।

(२५) चन्द्रमा से चतुर्थ स्थान में यदि पापग्रह अपने शत्रु के गृह में हो और केन्द्र में कोई शुभग्रह न हो तो मातृ-मृत्यु होती है ।

(२६) यदि लग्न, सप्तम एवं द्वादश स्थान में क्रूरग्रह हों और द्वितीय स्थान में शुभग्रह हो तो माता की कौन बात, परिवार का ही क्षय होता है।

(२७) लग्न में बृहस्पति, द्वितीयस्थान में शनि एवं तृतीय स्थान में राहु हो तो माता नहीं बचती ।

(२८) क्षीण चन्द्रमा से त्रिकोण में पापग्रह हो और शुभग्रह न हों तो छः मास में ही माता मर जाती है ।

(२९) यदि शनि और मंगल एक ही नवांश में हो कर किसी स्थान में हों और चन्द्रमा केन्द्र में हो तो ऐसे बालक को यदि दो माता भी हो तो न बचती हैं ।

(३०) चन्द्रमा से अष्टम स्थान में यदि शत्रुगृही वा शुभदृष्ट मंगल बैठा हो तो माता की मृत्यु होती है ।

(३१) यदि कोई कन्या अपनी माता के जन्म-नक्षत्र में जन्म ले तो माता की मृत्यु होती है ।

मातृ-मृत्यु-समय ।

धा-११७ (१) ऊपर कहा जा चुका है कि चतुर्थ स्थान, चतुर्थेश और चन्द्रमा से माता का विचार होता है। अब पहिले यह देखना होगा कि इन तीनों में कौन सबसे बली है अर्थात् चतुर्थ स्थान बली है या चतुर्थेश या चन्द्रमा। तत्पश्चात् यह देखना होगा कि

जो सबसे बली है वह किस के नवांश में है। (यदि चतुर्थस्थान बली है तो देखना होगा कि चतुर्थस्थान का स्पष्ट किस नवांश में है। यदि चतुर्थेश अथवा चन्द्रमा बली है तो उस ग्रह के स्पष्ट से देखना होगा कि किस नवांश में है) जिस नवांश में हो वही अंक लेना होगा अर्थात् यदि मेष का नवांश हो तो एक वर्ष, वृष का हो तो दो वर्ष और इसी रीति से यदि मीन का हो तो द्वादश वर्ष लेना होगा । अभिप्राय यह है कि यदि बली ग्रह मीन के नवांश में होगा तो जातक की माता उस बालक के जन्म से १२ वर्ष के लगभग में मरती है या मरणतुल्य क्लेश पाती है। इसी प्रकार मेष के नवांश में होने से एक वर्ष, वृष के नवाँश में होने से दो वर्ष, मिथुन में तीन वर्ष, इत्यादि। परन्तु एक विशेष नियम यह है कि यदि नवांश का स्वामी वक्री ग्रह हो अथवा वर्गोत्तम हो तो उस वर्ष को तिगुना करना होगा। यदि उस वक्रीग्रह पर शुभ ग्रह की दृष्टि हो अथवा वह उच्च हो या मूलत्रिकोणस्थ हो तो चौगुणा करना होगा। स्मरण रहे कि सूर्य्य और चन्द्रमा वक्री नहीं होते ।

(२) जातक परिजात नामक पुस्तक में एक दूसरी विधि माता का अरिष्ट जानने के लिये यों लिखी है कि सूर्य्यस्पष्ट से चन्द्रस्पष्ट को घटा देने पर जो शेष रहे, उससे किसी राशि का बोध होगा। जब गोचर का शनि और बृहस्पति उस राशि या नवांश में अथवा उस राशि के त्रिकोण में पहुँच जाय तो माता की मृत्यु की सम्भावना होती है। देखो कुंडली ३७ सर गणेशदत्त जी की। रविस्पष्ट से चन्द्रस्पष्ट घटाने पर शेष ४।८।३६ रहता है। सिंह राशि हुई और उससे त्रिकोण धन और मेष हुआ और जो शेष ४।८।३६ रहा था, उसका नवांश मिथुन हुआ। इस कारण गोचर का शनि और बृहस्पति सिंह, धन, मेष, वा मिथुन में जाने से माता के लिये अनिष्ट होगा। ई० १९३० के नवम्बर मास के अन्त में शनि धन में था और बृहस्पति किसी पंचांग के अनुसार मिथुन में और किसी के अनुसार कर्क में था। फलतः उसी समय इनकी माता की मृत्यु हुई ।

(३) चन्द्रमा से अष्टमस्थान के स्वामी के स्पष्ट से यम-कंटक का स्पष्ट घटा देने से जो शेष रहे वह कोई राशि होगी। जब गोचर का शनि उस राशि में और गोचर का सूर्य्य उस राशि के नवांश में आता है तो माता को प्राणान्तक कष्ट होता है।

(४) लग्नेश, चतुर्थेश और नवमेश, ये तीनों ग्रह यदि केन्द्र वा त्रिकोणगत हों तो इन ग्रहों की दशान्तर दशा में पिता और तत्पश्चात् माता की मृत्यु होती है ।

(५) यदि लग्नेश और चतुर्थेश लग्न से और चतुर्थ से त्रिकोण में हो और कोई त्रिकोणेश लग्न में हो तो माता की मृत्यु होती है ।

(६) यदि सूर्य्य नवम और चन्द्रमा चतुर्थ स्थान में हो तो पिता की मृत्यु के बाद ही माता की मृत्यु होती है और यदि सूर्य्य जिस स्थान में हो, उसके साथ नवमेश और चतुर्थेश हों अथवा उस स्थान पर नवमेश और चतुर्थेश की दृष्टि हो तो भी वैसा ही फल होता है ।

(७) चतुर्थाधिपति, चन्द्रमा, चतुर्थाधिपति तथा चन्द्रमा के साथ वाली ग्रह, चतुर्थस्थग्रह, चतुर्थदर्शी ग्रह, इन सबों के बीच में जो सबसे अनिष्टकारी ग्रह हो, उसी ग्रह की दशा अथवा अन्तरदशा में माता की मृत्यु की सम्भावना होती है।

(८) चन्द्रराशि और चन्द्रनवांश में जो बली हो, उस राशि में में जब गोचर का सूर्य्य जाता है तो उसीसे माता की मृत्यु के मास का ज्ञान होता है। सर गणेशदत्त सिंह जी की कुंडली ३७में, (७) के अनुसार चतुर्थेश शनि है। चतुर्थाधिपति के साथ कोई ग्रह नहीं है। चन्द्रमा के साथ राहु है। चतुर्थस्थ बृहस्पति और शुक्र है। चतुर्थदर्शी चन्द्रमा है। इस कारण चं. श. बृ. बु. ओर रा. अरिष्टकारी ग्रह है। इसी कारण इनकी माता की मृत्यु जब शनि की दशा में शनि का अन्तर था, तो हुई थी। चन्द्रमा सिंह राशि में और वृश्चिक के नवांश में है। वृश्चिक में रवि आया तो इनकी माता का देहान्त हुआ।

(९) पहिले सूर्य्य का नवांश जानना होगा। तत्पश्चात् देखना होगा कि उस नवांश का स्वामी किस नवांश में है। जब उस नवांश में गोचर का चन्द्रमा जाता है तो उस समय से माता के मृत्युदिवस का ज्ञान होता है। अर्थात् जब माता को मारकेश लगा हुआ हो तो, जब चन्द्रमा उस नवांश राशि में आवेगा, तो सवा दो दिन (लगभग) माता के लिये अरिष्ट होगा।

(१०) यदि चतुर्थेश के साथ अष्टमेश हो अथवा चतुर्थेश पर अष्टमेश की दृष्टि हो तो चतुर्थेश की दशा में माता की मृत्यु होती है। इस तरह यदि नवमेश पर अष्टमेश की दृष्टि तथा योग हो तो नवमेश की दशा में पिता की मृत्यु सम्भव होती हैं। स्त्री की मृत्यु का विचार सप्तम स्थान से किया जाता है अर्थात् यदि सप्तमेश के साथ अष्टमेश हो अथवा सप्तमेश पर अष्टमेश की दृष्टि हो तो स्त्री की मृत्यु की सम्भावना होती है। इसी प्रकार तृतीयेश से वैसा ही योग होने पर भाई की मृत्यु सम्भव है।

(११) यदि पंचमेश बली हो और लग्नेश, चतुर्थेश और चन्द्रमा निर्बल हो तो उस जातक की माता दूसरे प्रसव के समय मरती है।

मातृ-प्रेम

धा-११८ यदि लग्नेश और चतुर्थेश को आपस में मित्रता हो। और उस पर शुभग्रह की दृष्टि हो अथवा शुभग्रह के साथ हो तो माता और पुत्र में प्रेमभाव रहता है। इसी प्रकार यदि चतुर्थेश केन्द्र में हो और उस पर लग्नेश की दृष्टि हो और शुभग्रह के साथ हो अथवा शुभग्रह से दृष्ट हो तो भी माता और पुत्र में प्रेम रहता है। परन्तु यदि जन्म मिथुन लग्न का हो और बुध पर पापग्रह की दृष्टि हो अथवा बुध पापग्रह के साथ हो तो माता और

पुत्र में अनबन रहता है। देखो कुंडली ७ जगद्गुरु शंकराचार्य्य जी की। लग्नेश चन्द्रमा और चतुर्थेश शुक्र में पंचधामैत्री द्वारा मित्रता है। परन्तु शुभदृष्ट नहीं बल्कि पाप दृष्टि है। अनुमान करना होगा कि माता का प्रेम विशेष रहते हुए भी शंकर ने जल में डूबते समय दीक्षा की (हठात?) आज्ञा ली और माता का त्याग किया।

पिता

धा-११९ (१) पिता का विचार नवमस्थान, नवमेश और सूर्य्य से होता है। यदि रात्रि का जन्म हो तो मतान्तर से शनि से भी पिता का विचार किया जाता है। माता-प्रकरण में इसका उल्लेख किया जा चुका है। (देखो धा. ११५)

(२) लिखा जा चुका है कि सूर्य्य पितृ-कारक है। इस कारण यदि सूर्य्य षष्ट-स्थान मे हो तो, शुभ तो अवश्य होता है परन्तु जातिवर्ग अर्थात् पितृ-वंशोद्भवों को विशेष कष्ट होता है।

(३) नवम से द्वितीय में अर्थात् कर्मस्थान (दशम) में यदि मंगल रहे और भाग्याधिपति नीचराशिगत हो तो पिता निर्धन होता है।

(४) नवम-भावाधिपति और सूर्य्य पापदृष्ट, पापयुक्त अथवा पापग्रहों के मध्य में हो तो पिता को दुःख होता है।

(५) यदि नवमाधिपति शुभग्रह हो और सूर्य्य शुभ-संयुक्त हो अथवा नवम भाव शुभयुक्त हो तो पिता सुखी होता है।

(६) यदि नवमभावाधिपति शुभग्रहों के मध्य में हो तथा बृहस्पति और शुक्र में से किसी की भी उस पर दृष्टि हो और द्वितीय स्थान से भी संयुक्त हो तो पिता सुखी होता है।

(७) यदि पुत्र का लग्न पिता की अष्टम-स्थान-गत-राशि में हो (अर्थात् पिता के अष्टम स्थान की जो राशि हो, वही राशि यदि पुत्र का लग्न स्थान हो) अथवा अष्टमेश पुत्र के लग्न में हो तो पिता को अशुभ होता है।

(८) नवमाधिपति यदि लग्नाधिपति से बली हो और सूर्य्य पर जो पितृ कारक ग्रह है, शुभग्रह की दृष्टि हो तो जातक पिता से प्रेम करने वाला और आज्ञाकारी होता है।

(९) पिता की दशम-स्थान-गत-राशि यदि पुत्र के लग्न में हो तो पुत्र पिता के तुल्य होता है।

(१०) यदि पिता और पुत्र का लग्न एकही राशि हो अथवा पिता की तृतीय-स्थान-गत-राशि में पुत्र का जन्म हो तो पुत्र पैत्रिक-धन अवश्य प्राप्त करता है। यह भी कहा

गया है कि यदि पितृ-कारक-ग्रह सूर्य्य दशम स्थान में हो तो भी जातक पैतृक-धन प्राप्त करता है।

(११) बहुधा देखने में आता है कि यदि जातक का जन्म-लग्न पिता का षष्ठस्थ अथवा अष्टमस्थ राशि होती है तो वह जातक पिता पर दोषारोपण करता है अथवा पिता का छिद्रान्वेषी होता है। (देखो ७)

(१२) जब जातक का लग्न पिता की द्वितीय, तृतीय, नवम अथवा एकादश स्थान-गत-राशि में हो तो जातक पिता का आज्ञाकारी और सेवक होता है।

(१३) यदि पुत्र का जन्म मक्षत्र पिता के जन्म-नक्षत्र से अष्टम, नवम अथवा दशम नक्षत्र में हो तो वह पुत्र अपने पिता की सेवा स्वयं और उसका पुत्र भी (पुत्र और पौत्र) अपने हाथों से करता है। इससे यह भी अभिप्राय होता है कि उस जातक के पिता को पुत्र और पौत्र को भी देखने का सौभाग्य प्राप्त होगा और प्रायः दीर्घजीवी भी होगा।

(१४) यदि पुत्र का जन्म पिता के जन्म-नक्षत्र में हो अथवा पिता के जन्म-नक्षत्र से एक नक्षत्र आगे अथवा एक नक्षत्र पीछे हो तो वह पुत्र परदेशवासी होता है और पिता पुत्र-वियोग से दुःखी रहता है।

(१५) यदि लग्नेश, नवमेश और पितृकारक सूर्य्य पर किसी शुभ ग्रह की दृष्टि हो तो पुत्र पिता का पूर्ण आज्ञाकारी होता है।

(१६) रात्रि में जन्म होने से यदि शनि विजोड़ अर्थात् फुटराशि में हो (जैसे, मेष, मिथुन,सिंह इत्यादि) और दिन में जन्म होने से यदि सूर्य्य विजोड़ राशि में हो तो पिता के लिये शुभ होता है। (देखो मातृ-प्रकरण धा. ११५)।

(१७) यदि चतुर्थेश और षष्ठेश नवम भाव में हों तो पिता भोगी तथा विलासी होता है। इसी प्रकार यदि चतुर्थेश और नवमेश चतुर्थस्थान में हों तो भी पिता भोगी विलासी होता है।

बाल्य-काल में पिता की मृत्यु

धा. १२० (१)यदि पंचम अथवा नवम भाव की राशि क्रूर राशि हो और उसमें सूर्य्य बैठा हो तो पिता की मृत्यु होती है। पर यदि चन्द्रमा बैठा हो तो माता की मंगल हो तो भाई की, बुध हो तो मामा (माता का भाई) की, बृहस्पति हो तो नानी की, शुक्र हो तो नाना की और शनि बैठा होतो स्वयं बालक की मृत्यु होती है।

(२) यदि र. चं. मं. अथवा श. पंचममस्थ हो अथवा पंचम पर दृष्टि डालता हो अथवा पंचमेश के साथ हो तो ऐसा योग रहने पर बालक के भाई, माता-पिता एवं कुल के

लोगों को कोई विशेष भय होता है। परन्तु बृहस्पति और शुक्र यदि शुभ राशि गत हो कर पंचमेश पर दृष्टि डालते हों तो कोई अशुभ फल नहीं होता है। उदाहरणार्थ जगद्-गुरु शंकराचार्य्य जी की कुंडली ७ पर ध्यान आकर्षित किया जाता है। उक्त कुंडली में चं. पंचम स्थान को देखता है, बृ. एवं शु. से दृष्ट नहीं है स्मरण रहे चं. पाप है। चं. की महादशा में पिता की मृत्यु हुई थी।

(३) यदि सू. और श. द्वादशस्थान में हों और क्षीण चन्द्रमा सप्तमस्थ हो तो पिता की मृत्यु शीघ्र ही होती है। परन्तु यदि चं. शुभ-दृष्ट हो तो मृत्यु तीन वर्ष के अभ्यन्तर होती है।

(४) यदि श. और रा. द्वादशस्थ और क्षीणचन्द्रमा सप्तमस्थ हो अथवा शुभग्रह से दृष्ट वा युक्त न हो तो पिता की मृत्यु होती है।

(५) यदि मंगल और सू. साथ हो और उन पर श. की दृष्टि पड़ती हो तो पिता की मृत्यु एक वर्ष के भीतर होती है।

(६) यदि रा. नवमस्थ हो और उसपर सू. मं. अथवा श. की दृष्टि पड़ती हो तो बालक के जन्म से एक सप्ताह के भीतर पिता को कोई विशेष अरिष्ट होता है। देखो कुंडली ९५ बाबू राम प्रसाद सिंहजी के पौत्र की। इस कुंडली में राहु नवमस्थ है और उस पर सूर्य्य की पूर्ण दृष्टि है। इस बालक के पिता की मृत्यु जन्म के १८ दिन बाद टायफडबुखार से हो गयी।

(७) यदि श. और मं. सूर्य्य से अष्टम स्थान में हों और उन पर शुभग्रह की दृष्टि न हो तो पिता की मृत्यु होती है।

(८) यदि नवमेश से अष्टम स्थान में सू. और रा हों और उनके साथ कोई शुभ-ग्रह न हो अथवा वे शुभग्रह से दृष्ट न हों तो पिता की मृत्यु होती है।

(९) यदि लग्न से नवम स्थान में सूर्य्य पापग्रह के साथ बैठा हो और सूर्य्य की जन्मदशा हो अर्थात् कृत्तिका, उत्तरा अथवा उत्तराषाढ़ नक्षत्र में जन्म हो तो पिता की मृत्यु होती है।

(१०) यदि नवमेश राहु के साथ नवमस्थान में बैठा हो और जन्म-दशा राहु की हो (आर्द्रा, स्वाती अथवा शतभिषा) तो पिता की मृत्यु होती है।

(११) यदि लग्न से नवम स्थान में रा. अथवा के. हो और जन्म रा. अथवा के. की दशा में अर्थात् आर्द्रा, स्वाती वा शतभिषा नक्षत्र में अथवा अश्विनी, मघा वा मूला में हो तो पिता की मृत्यु होती है। देखो कुंडली ९५ बाबू रामप्रसाद सिंह जी के पौत्र की। जन्म-लग्न से नवम स्थान में राहु है और मघा नक्षत्र के प्रथम चरण में जन्म है। इस बालक

का पिता जन्म के कुछ ही दिनों के बाद मर गया। देखो कुंडली २४ स्वर्गीय काशी नरेश की। नवम स्थान में राहु है और जन्म भी राहु की महादशा में है बाल्य-काल ही में इनको पितृ-वियोग-दुःख हुआ था। पुनः देखो कुण्डली ८७ ठाकुर प्रसाद की। इसमें राहु नवमस्थ है और जन्मनक्षत्र स्वाती है। अतः इनके पिता की मृत्यु जब ये ढ़ाई बर्ष के थे, तभी हुई थी।

(१२) यदि राहु नवमस्थ हो और उसके साथ कोई उच्चग्रह बैठा हो और उसी उच्च ग्रह की महादशा में जन्म हो तो पिता की मृत्यु होती है।

(१३) यदि नवमेश और राहु एक दूसरे से षष्ठ अथवा अष्टम स्थान में बैठा हो और जन्म राहु की दशा में हो अथवा नवमेश की दशा में हो तो पिता की मृत्यु होती है। देखो कुंडली २९ महाराजाधिराज सर रामेश्वर सिंह जी की। नवमेश-शनि से राहु षष्ठस्थ है और राहु से शनि अष्टमस्थ है तथा जन्म स्वातीनक्षत्र में रहने के कारण जन्म दशा राहु की ही है। अतः इस योग से इनके पिता की मृत्यु इनकी बाल्यावस्था में ही हुई थी।

(१४) यदि रवि पंचम स्थान में हो और वह स्वगृही अथवा उच्च न हो अथवा सिंह वा मेष राशिगत न हो तो पिता को कोई विशेष कष्ट होता है। देखो कुण्डली २७ महाराज लक्ष्मेश्वर सिंह जी की। सूर्य्य पंचम भाव में कन्याराशिगत है (और शनि से भी दृष्ट है)।

(१५) यदि रवि से दशम स्थान में पापग्रह हो और लग्न से दशमेश पीड़ित अथवा पापयुक्त वा दृष्ट हो तो पिता को महान कष्ट वा उनकी मृत्यु होती है। देखो कुंडली ५० राजा बहादुर अमावाँ की। सू. से दशम स्थान में रा. है और लग्न से दशमेश बृ. नीच-राशि-गत है और क्षीणचन्द्र एवं राहु से दृष्ट है। जब ये चार मास के थे, तभी इनके पिता का देहान्त हुआ था।

(१६) सू. यदि पाप-दृष्ट वा पाप-मध्य-गत हो तो पिता को अरिष्ट होता है। पुनः पराशर ने यह भी लिखा है कि यदि ऊपर वाले योग में सू. से सप्तम कोई पापग्रह बैठा हो तो मृत्यु होती है। देखो कुंडली ५० राजा बहादुर अमावाँ की। सू. अपने पुत्र एवं परमशत्रु श. से युक्त है। अन्य योगों के कारण पिता की मृत्यु हुई। इसी प्रकार स्व० महाराजाधिराज लक्ष्मेश्वर सिंह जी की कुण्डली २७ में भी सू. पापग्रह केतु एन्वं बुध से युक्त तथा शनि से दृष्ट है। उसी प्रकार उनके कनिष्ट भ्राता स्व० महाराजाधिराज सर रामेश्वर सिंह जी की कुण्डली में २९ में सू. राहु से युक्त एवं मंगल से दृष्ट है। कुंडली ३७ र. पाप श. से दृष्ट है। इस जातक को भी बाल्यकाल ही मे पितृशोक हुआ था।

(१७) सूर्य्य से षष्ठ और अष्टम स्थान में अथवा चतुर्थ एवं अष्टम में यदि कोई पाप ग्रह बिना किसी शुभग्रह के बैठा हो तो पिता को अरिष्ट होता है।

(१८) यदि लग्न में श., सप्तम स्थान में मं. और षष्टम स्थान में चं. हो तो पिता नहीं बचता। (वृहत्पाराशर-होरा-शास्त्र में इसी भाव के दो बचन आये हैं)।

(१९) यदि पापग्रह चतुर्थ, दशम और द्वादश स्थान में हो तो बालक के पिता एवं माता की मृत्यु होती है और बालक देशान्तर भ्रमण करता है।

(२०) यदि सू. सप्तम में, मं. दशम में और रा. द्वादश स्थान में हो तो बालक के पिता का जीवित रहना कठिन हो जाता है।

(२१) दशमस्थान में यदि मं. शत्रुराशि-गत हो तो पिता की मृत्यु शीघ्र होती है।

(२२) यदि केतु चतुर्थ, पंचम अथवा नवम स्थान में हो तो पिता को भय होता है। (योग बहुत साधारण है; अतः भय शब्द का अर्थ केवल शारीरिक-कष्ट ही होता है)। परन्तु प्रतीत होता है कि वैसे केतु के पाप-दृष्ट वा युक्त रहने से रोग के पश्चात् मृत्यु भी हो जा सकती है। देखो कुण्डली ८ श्रीरामनुजाचार्य्य की। चतुर्थस्थ केतु, पापग्रह श. मं. एवं सू. से दृष्ट है परन्तु बृ. से भी शुभ-दृष्ट है। कहा जा सकता है कि इसी शुभदृष्टि के कारण इनको पितृशोक सोलहवें वर्ष में हुई। कुण्डली ५० में भी केतु नवमस्थ है परन्तु पापदृष्ट वा युक्त नहीं है। अन्य योगों के कारण मृत्यु ही परिणाम हुआ। देखा नियम (१५) (१६)। देखो **कुण्डली २७**। पंचमस्थ के., श., से दृष्ट है। देखो नियम (१४)।

(२३) यदि सूर्य्य ६, ८ वा १२, स्थान में हो और जन्म-लग्न सिंह अथवा मीन के द्वादशांश में हो तो ऐसा बालक पिता की मृत्यु के बाद जन्म लेता है जिसे इस प्रान्त में गर्भान्ध (Posthumous) कहते हैं। बाबू मदन प्रसाद की कुण्डली ९१ में सूर्य षष्ठ स्थान में और लग्न कुम्भ राशि के १७ अंश पर है। इस कारण लग्न सिंह के द्वादशांश में हुआ। अतएव योग पूर्णरीति से लागू है। इस बालक का जन्म पिता की मृत्यु के एक सप्ताह बाद हुआ था।

(२४) यदि सूर्य्य मंगल के नवांश में हो और शनि से दृष्ट हो तो ऐसे बालक के जन्म से पूर्व ही पिता की मृत्यु होती है। देखो **कुण्डली ९१**। सूर्य्य, वृश्चिक अर्थात् मंगल के नवांश में है और शनि से दृष्ट भी है। ऊपर लिखा जा चुका है कि इस बालक का जन्म पिता की मृत्यु के बाद हुआ था।

(२५) यदि र. श. और मं. एक साथ होकर किसी स्थान में बैठे हों तो जातक के जन्म के पूर्व ही पिता की मृत्यु होती है।

(२६) यदि दिन के समय जन्म हो और सू. मंगल से दृष्ट हो और यदि रात का जन्म हो और शु. मंगल से दृष्ट हो तो पिता को व्यतीत (मरा हुआ) जानना चाहिये।

(२८) यदि जन्मकालीन सू. और शु. चर-राशि-गत हो और मं. से दृष्ट वा युक्त हो तो बालक के पिता की मृत्यु (जन्म के पूर्व ही) परदेश में हो गयी होगी, ऐसा समझा जायगा।

(२८) जन्म-समय रात्रि हो और श. एवं मं. साथ हो कर चर-रशि-गत हो तो ऐसे योग में भी बालक के पिता की मृत्यु परदेश में हो गयी होगी, ऐसा समझना चाहिये। इस स्थान पर पुनः **कुण्डली ९१** पर ध्यान आकर्षित किया जाता है। इस बालक का जन्म-समय रात्रि है; श. और मं. साथ हैं पर चर-राशि-गत नहीं होकर स्थिर-राशि-गत हैं। जहाँ तक लेखक को मालूम है, बालक का पिता मृत्यु-समय घर में ही थे।

(२९) यदि जातक का जन्म लग्न एवं जन्म-नक्षत्र-नवांश वही हो जो पिता का था तो ऐसे बालक के पिता की मृत्यु बालक के जन्म दिन में ही होती है।

(३०) धन स्थान में यदि रा. शु. श. और र. बैठे हों तो बालक के जन्म के पूर्व ही पिता की मृत्यु होती है और तत्पश्चात माता की भी मृत्यु हो जाती है।

पिता की मृत्यु का समय

पा.–१२१ लग्न से एकादशस्थ अथवा नवमस्थ शनि, मंगल और राहु अपनी दशान्तरदशा में पिता के लिये मारक होता है।

(२) शनि तथा मंगल सप्तमस्थ अथवा अष्टमस्थ होने से बालक को अनिष्ट होता है। दशमस्थ और पंचमस्थ मंगल मातुल के लिये, दशमस्थ और पंचमस्थ रवि पिता के लिये, शनि बालक के लिये और बुध माता के लिये नाश कारक है।

(३) प्रथम-प्रवाह में सप्तशलाका चक्र ३४ के विषय में लिखा जा चुका है नवमभाव से षष्ठाधिवति अर्थात् द्वितीयेश और नवम से अष्टमाधिपति अर्थात् चतुर्थेश शनि द्वारा सप्तशलाका चक्र में विद्ध क्रूर-ग्रह अपनी दशा अन्तरदशा में पिता का मारक होता है।

(४) रवि जिस राशि अथवा नवमांश में रहे, उस में से बलवान राशि के त्रिकोण में गोचर का रवि जाने से पिता के मृत्यु-मास का ज्ञान होता है।

(५) सूर्य्य का नवमांश जानने के बाद देखना होगा कि वह नवमांशपति किस द्वादशांश में है। जब गोचर का चन्द्रमा उस राशि में जाता है तो पिता की मृत्यु का दिन बोध होता है अर्थात् यदि पिता को मारकेश लगा हुआ हो तो उस स्थान में देखना होगा कि चन्द्रमा कब उस द्वादशांश की राशि में आता है और वह सवा दो दिन का समय पिता के लिये अरिष्ट-कारक होता है।

(६) ग्रंथान्तर में लिखा है कि गुलिक-स्पष्ट से सूर्य्य-स्पष्ट घटा कर जो राशि अंशादि आवे, उस राशि से त्रिकोण में जब गोचर का शनि आता है तो पिता रोगग्रस्त होता है। परन्तु जब गोचर का बृहस्पति उस अंश में आता है, जो गुलिक से सूर्य्य के घटाने के बाद निकला था, तो उस समय पिता की मृत्यु की सम्भावना होती है।

(७) यमकंटक का स्पष्ट सूर्य्य-स्पष्ट में जोड़ कर कोई राशि और किसी राशि का नवांश होगा। जब गोचर का बृहस्पति उस राशि में अथवा उस राशि से त्रिकोण में आता है तो पिता रोगग्रस्त होता है और जब गोचर का बृहस्पति ऊपर लिखे हुए नवांश में आता है तो पिता के लिये मृत्युकारी होता है। गुलिक और यम-कंटक बनाने की विधि प्रथम-प्रवाह में लिखी जा चुकी है। दीर्घजीवि मनुष्य के जीवन में ऐसा गोचर कई बार सम्भव हो सकता है परन्तु मृत्यु अरिष्ट योगों के रहने से ही होती है।

(८) यदि नवमेश के साथ अष्टमेश हो अथवा अष्टमेश की नवमेश पर दृष्टि हो तो नवमेश की दशा में पिता की मृत्यु हो सकती है पर रोग तो अवश्य होता है। इसी प्रकार और सब भावों का भी विचार किया जाता है। जैसे, यदि सप्तमेश के साथ अष्टमेश हो अथवा सप्तमेश पर अष्टमेश की दृष्टि हो तो सप्तमेश की दशा अन्तरदशा में स्त्री के लिये अनिष्ट होता है। इसी प्रकार यदि पंचमेश के साथ अष्टमेश हो अथवा पंचमेश पर अष्टमेश की दृष्टि हो तो वैसे पंचमेश की दशा अन्तरदशा में पुत्र को अनिष्ट होता है। (दृष्टि से पूर्णदृष्टि का अभिप्राय है) महात्माजी की कुंडली ३९ में राहु एकादशस्थ है। इस कारण प्रथम नियमानुसार राहु पिता के लिये अनिष्टकारी है। एवं अष्टम नियमानुसार नवमेश शुक्र, अष्टमेश मंगल के साथ द्वितीय स्थान में बैठा है। इस कारण नवमेश शुक्र पिता के लिये अनिष्टकारी है। शुक्र की महादशा में राहु का अन्तर १६ वर्ष २६ दिन का अवस्था से आरम्भ हुआ था। इस कारण यह निश्चय होता है कि महात्माजी के पूज्य स्वर्गीय पिता के लिये महात्मा जी का सोलहवा वर्ष सब प्रकार से मृत्युदायी था और महात्मा जी ने अपनी आत्मकथा नामक पुस्तक में लिखा भी है कि उनके १६ वें वर्ष में उनके पूज्य-पाद-पिता इस संसार से चल बसे थे।

(९) लग्न से नवमस्थ और एकादशस्थ शनि, मंगल और राहु अपनी२ दशा अन्तरदशा में पितृमृत्यु-कारक होता है।

(१०) रवि जिस राशि अथवा नवांशमें रहे, उस में से बलीराशि के त्रिकोण में गोचर का र. आने से पिता की मृत्यु होती है जिससे मृत्यु के मास का ज्ञान होता है।

(११) सूर्य्य जिस २ पापग्रह का मध्यवर्त्ती हो अर्थात् जौन २ पापग्रह सूर्य्य से द्वितीय और द्वादश में हो और जिस २ पापग्रह के साथ सूर्य्य हो अथवा जिस २

पापग्रह से रवि सप्तमस्थ हो, वही २ ग्रह पिता के लिये अपनी दशा अन्तरदशा में दुःखदायी अथवा मृत्यु-कारक होता है।

(१२) यदि लग्न में बृ. और द्वितीय में र. श. मं. और बु. हो तो बालक के विवाह के समय उसके पिता की मृत्यु होतीं है।

(१३) यदि लग्न वा चतुर्थ में राहु और शत्रु-राशि-गत बृहस्पति हो तो पिता की मृत्यु जातक के २३वें वर्ष में होती है।

(१४) यदि रवि अथवा चन्द्रमा केन्द्रस्थ चर-राशि-गत हो तो ऐसा जातक अपने माता-पिता का अन्तिम दाह संस्कार आदि नहीं कर सकता है। अर्थात् अपनी अनुपस्थिति या किसी अन्य कारण से पुत्र, पिता की अन्तिम-क्रिया में सम्मिलित न हो सकता है।

भाई-बहन

धा.–१२२ तृतीय स्थान से भाई और बहन का विचार होता है। परन्तु एकादश स्थान से बड़ भाई और बड़ी वहन का विचार किया जाता है। मंगल भ्रातृ-कारक ग्रह है। भातृ शव्द से ज्योतिषानुसार भाई और बहन दोनों का बोध होता है। तृतीयेश भ्रातृ सम्बन्धी बातों के विचारने में उपयोगी होता है। तृतीय-स्थान-गत ग्रहों से भी भ्राता का विचार होता है (क) तृतीय स्थान में शुभग्रह के रहने से अथवा (ख) तृतीय भाव पर शुभग्रह की दृष्टि रहने से अथवा (ग) तृतीयेश के बली होने से, अथवा (घ) तृतीय भाव को, दोनों ओर शुभग्रह के रहने से, अथवा (ङ) तृतीयेश के उच्च होने से, अथवा (च) तृतीयेश पर शुभग्रह की दृष्टि रहने से, अथवा (छ) तृतीयेश के साथ शुभग्रह के रहने से भ्रातृसुख होता है।

(२) यदि तृतीय स्थान में शुभग्रह हो और उस पर शुभग्रह की दष्टि भी हो और तृतीययेश अच्छे स्थान में हो तो जातक को बहुत से भाइयों का सुख होता है और उसके भाई सुखी भी रहते हैं। इसी प्रकार यदि तृतीयेश और मंगल केन्द्र अथवा त्रिकोण में शुभ के साथ हों अथवा तृतीयेश उच्च हो तो भी जातक को कई भाई होते हैं।

(३) यदि तृतीयेश अथवा मंगल युग्म-राशि में हो तो उस जातक को कई बहनों के होने की सम्भावना होती है।

(४) यदि तृतीयेश और मंगल द्वादश-गत हों और उन पर पापग्रह की दृष्टि हो; अथवा यदि मंगल तृतीय स्थान में हो और उस पर पापग्रह की दृष्टि

हो; अथवा पापग्रह तृतीयस्थान में बैठा हो और उस पर पापग्रह की दृष्टि भी हो; अथवा यदि तृतीयेश के आगे पीछे पापग्रह हों अथवा यदि तृतीय-स्थान के दोनों तरफ पापग्रह हों और तृतीय स्थान में भी पापग्रह हो और उस पर पापग्रह की दृष्टि भी हो तथा शुभग्रह की दृष्टि न हो तो ऐसे योगों में भाई-बहन की अवश्य मृत्यु होती है।

(५) यदि तृतीयेश नीचराशिगत हो अथवा तृतीय-स्थान में शनि हो अथवा तृतीय-स्थान पर पापग्रह की दृष्टि हो अथवा तृतीय-स्थान और तृतीयेश दोनों पापग्रहों से घिरे हों और उन पर शुभग्रह की दृष्टि न हो तो भाइयों की मृत्यु होती है।

(६) यदि तृतीयेश अथवा मंगल तृतीय भाव, षष्ठभाव अथवा द्वादशभाव में हो और शुभग्रह से दृष्ट न हो तो उस जातक को भाई का सुख होगा ही नहीं।

(७) यदि तृतीयेश राहु अथवा केतु के साथ ६, ८, १२ भाव में बैठा हो तो जातक के भाई की मृत्यु वाल्यावस्था ही में होना सम्भव है।

(८) यदि एकादशस्थान में शुभग्रह हो और एकादशेश भी ६, ८, १२ में न हो तो उस जातक को ज्येष्ठ भ्राता का सुख होता है और वे लोग सुखी भी होते हैं। स्मरण रहे कि भाई और बहन का विवरण तृतीयेश और तृतीयस्थराशि के स्त्री-वाचक या पुरुष-वाचक होने पर निर्भर है।

(९) तृतीयेश यदि पापयुक्त हो तो भ्राता की मृत्यु का भय होता है। यदि रवि तृतीयगत हो तो अग्रज का, शनि तृतीयगत होने से पृष्ठज का और मंगल तृतीयगत होने से अग्रज और पृष्ठज दोनों का नाश होता है। यदि उक्तस्थान में रवि, शनि अथवा मंगल पर पापग्रह की दृष्टि हो तो उक्त फल अवश्य ही होता है। देखो **कुंडली ८२** बाबू राधेश्याम जी की। तृतीय स्थान में मंगल बैठा है और उस पर शनि की पूर्ण दृष्टि है। इनके कई अग्रज और पृष्ठज भाई बहनों की मृत्यु हुई है। देखो **कुंडली ७५**। तृतीयस्थ शनि, मंगल से दृष्ट है। यद्यपि यह शुभ-दृष्ट भी है तथापि इनकी छोटी बहन आठ वर्ष की उम्र में मर गयी। पुनः देखो **कुंडली ३७** सर गणेशदत्त जी की। तृतीयस्थ रवि शनि से दृष्ट है। इनके कोई भी अग्रज जीवित नहीं रहे।

(१०) यदि तृतीयस्थान से केन्द्र वा त्रिकोण में (अर्थात् लग्न से ६, ७, ९, ११, और १२,) कोई पापग्रह हो तो जातक के पृष्ठज का नाश होता है। परन्तु तृतीय स्थान से केन्द्र वा त्रिकोण में शुभग्रह हो तो छोटे भाइयों की वृद्धि होती है और तृतीय से केन्द्र वा त्रिकोण में पाप और शुभ दोनों रहने से मिश्रित फल होता है।

(११) यदि तृतीयेश और भ्रातृकारक ग्रह मंगल, दोनों पर शनि की दृष्टि पड़े तो भ्राता का नाश होता है। इसी प्रकार यदि चं. पर शुभग्रह की दृष्टि न पड़े और तीन पापग्रहों की दृष्टि हो तो भ्राता का नाश होता है।

(१२) ज्योतिषशास्त्र में तृतीयस्थान में पापग्रह का रहना अच्छा कहा जाता है। परन्तु स्मरण रहे कि पापग्रह का तृतीय में रहना भ्राता के लिये अशुभ है। तृतीय-स्थान में यदि चन्द्रमा के साथ केतु रहे तो लक्ष्मी इत्यादि के लिये जातक को शुभ होता है। परन्तु तृतीय स्थान में केवल राहु रहे तो भाई के लिये अशुभ है।

(१३) ऊपर लिखा गया है कि मंगल भ्रातृ-कारक है। इसलिये तृतीयेश के साथ यदि मंगल हो अथवा मंगल ६, ८, १२ स्थान म हो वा पाप-योगादिदोषयुक्त हो तो भी भ्राता का नाश होता है।

(१४) यदि मंगल, तृतीयेश और तृतीयगत राशि सबों का नवांश युग्मराशि हो तो जातक को कई बहनें होती हैं। देखो **कुंडली** ५० राजा बहादुर अमावाँ की। मंगल वृष के नवांश में है, तृतीयेश शुक्र, मकर के नवांश में है और तृतीय राशि (लग्न ११।२९) स्पष्ट,वृष का अन्तिम नवांश है, इस कारण कन्या का नवांश हुआ। अतएव तीनों ही नवांश युग्म राशि के हैं और उक्त राजा बहादुर को एक सौतेली और छः सहोद्र बहनें थीं।

(१५) यदि तृतीयेश सप्तमगत हो वा किसी पापग्रह के साथ अदृश्य चक्रार्द्ध में अर्थात् लग्न से सप्तम भावों के किसी भाव में, पापग्रह के साथ हो तो उस जातक को केवल एक छोटा भाई होता है।

(१६) यदि तृतीयेश, पुरुष वर्ग का होता हुआ अदृश्यचक्रार्द्ध में हो और उसके साथ कोई पापग्रह हो तो जातक को एक ही छोटा भाई होगा।

(१७) यदि तृतीयस्थान चन्द्रमा का होरा हो अथवा तृतीय स्थान में कोई स्त्री ग्रह बैठा हो तो उस जातक को छोटी बहन होगी। उदाहरण **कुंडली ९६** का तृतीयस्थान चन्द्रमा का होरा है। अतः उस जातक को एक छोटी बहन थी।

(१८) यदि तृतीयेश, लग्न में अथवा लग्नेश के साथ हो तो जातक के बाद जन्म लेने वाले भाई और बहन जीवित रहेगी। यदि तृतीयेश तृतीयस्थ हो तो भी यही फल होता है। **उदाहरण कुंडली** वाले जातक को पूर्व नियम के अनुसार एक बहन थी और तृतीयेश के लग्न में रहने के कारण वह बहुत काल तक जीवित रहकर विवाहादि के पश्चात् मरी।

(१९) यदि तृतीय स्थान का होरा सूर्य्य का हो अथवा तृतीय स्थान में पुरुषग्रह बैठा हो तो जातक को पृष्ठज भाई होगा।

(२०) यदि तृतीयेश और चतुर्थेश मंगल के साथ हो तो जातक को छोटे भाई का योग होता है।

(२१) ज्योतिषशास्त्र में यह भी लिखा है कि यदि सिंह राशि का सूर्य्य नवम स्थान में हो तो भ्राता का नाश होता है और दैवात् यदि कोई बच जाय तो वह बड़ा विख्यात पुरुष होता है। देखो **कुंडली ५५**। इनको कोई सहोदर भाई न था।

(२२) यदि द्वितीयेश बहुत बली होकर अष्टम-गत हो और भ्रातृ कारक मंगल पापग्रह के साथ हो और उसके साथ षष्ठेश भी हो तो उस जातक को सौतेले भाई का योग होता है। देखो **कुंडली ५५**। द्वितीयेश शनि अष्टमगत है और उसके साथ भ्रातृ-कारक मंगल और षष्ठेश शुक्र भी है। उक्त बाबू साहेब को सौतेले भाई भी थे।

(२३) ऊपर लिखी हुई बातों का सारांश यह है कि यदि सब प्रकार से तृतीय स्थान अशुभ हो तो बाल अवस्था ही में भाइयों का नाश होता जाय और यदि मिश्रित हो अर्थात् तृतीय स्थान में शुभ और अशुभ दोनों योग हो तो भ्राता दीर्घायु होता है। परन्तु जातक को भ्रातृ-शोक भी अवश्य होता है और इसी प्रकार भ्रातृ-कारक मंगल के बलवान होने से भी भ्राता अल्पायु होता है।

(२४) लग्न से द्वादश राशि का लग्नारूढ़ अर्थात् पदलग्न जो होता है उसी को उपपद कहते हैं। जैसे, उदाहरण कुंडली में द्वादश स्थान का स्वामी मंगल है और वह द्वादश स्थान से दशम स्थान पर अर्थात् लग्न से नवमस्थ है। इसी कारण उस स्थान से अर्थात् नवम स्थान से दशम स्थान अर्थात् लग्न से षष्ठ स्थान जो वृष राशि का है, वही उदाहरण-कुंडली का उपपद हुआ। उस उपपद से और उपपद के स्वामी के स्थान से जो तृतीय स्थान हो, उससे छोटे भाई का विचार होता है। और उन दोनों स्थानों से जो एकादश स्थान हो, उससे बड़े भाई का विचार होता है। यदि इन दोनों स्थानों में से किसी में शनि और राहु एक साथ होकर बैठे हों तो भ्राता का नाश होता है। परन्तु स्मरण रहे कि यदि शनि और राहु उपर्युक्त एकादश स्थान में हो तो बड़े भाई का, और यदि तृतीयस्थान गत हो तो छोटे भाई का नाश होता है।

उदाहरण-कुंडली में लग्न से षष्ठ स्थान में उपपद होता है और ऊपर लिखे हुए नियम के अनुसार उपपद से तृतीय स्थान अर्थात् कर्क राशि जो लग्न से अष्टम होता है, छोटे भाई का स्थान है। इसी प्रकार यदि उपपद से एकादश स्थान मीन राशि, जो लग्न से चतुर्थभाव होता है, बड़े भाई का सूचक है। पुनः उपर्युक्त नियमानुसार उपपद का स्वामी शुक्र तुलाराशिगत लग्न से एकादशस्थ है और वहाँ से तृतीय स्थान अर्थात् लग्न, जो धनराशि है, उससे छोटे भाई का विचार होगा और पुनः उस तुलाराशि से एकादश सिंहराशि, लग्न से नवम होता है जिससे बड़े भाई का विचार किया जायगा। फलतः उदाहरण-कुंडली में यदि कर्क और धन राशि में शनि और राहु साथ होकर रहते तो ऐसे स्थान में छोटे भाई के लिये अनिष्ट होता। उसी प्रकार यदि मीन

अथवा सिंह राशि में शनि और राहु एकत्रित होकर बैठे होते तो बड़े भाई के लिये अनिष्ट होता। अतः जिस कुंडली का विचार करना हो, उसमें पहिले यह देखना चाहिये कि शनि और राहु एक साथ हैं कि नहीं। यदि ये दोनों एक साथ न हों तो आगे विचार करना निरर्थक होगा।

(२५) यदि उपपद और उपपद के स्वामी से तृतीय अथवा एकादश स्थान को शनि और मंगल दोनों देखते हों तो छोटे अथवा बड़े भाई के लिये अनिष्ट होता है। परन्तु यदि शनि और मंगल की दृष्टि तृतीय और एकादश दोनों पर पड़ती हो तो बड़े और छोटे भाई दोनों के लिये अनिष्टकारी होगा। इस स्थान पर जैमिनिसूत्र के अनुसार दृष्टि लागू होगी। (देखो चक्र १० (क) (ग))।

उदाहरण-कुंडली में श. की दृष्टि मीनराशि पर पड़ती है जो उपपद से एकादश स्थान है और पुनः उक्त चक्र के अनुसार मंगल, उपपद के स्वामी से एकादश स्थान में पड़ता है। फल यह निकला कि दोनों उपपद और उपपद के स्वामी से एकादश स्थान में अर्थात् बड़े भाई के भाव में श. और मं. की दृष्टि पड़ती है। अतः बड़े भाई के लिये अनिष्ट है। और यथार्थतः है भी ऐसा ही। उक्त कुंडली के जातक को कोई बड़ा भाई वा बड़ी बहन नहीं है।

(२६) यदि उपपद और उपपद के स्वामी से तृतीय अथवा एकादश स्थान में केवल शनि की दृष्टि हो तो जातक अकेला ही रह जाता है और कुल भाइयों की मृत्यु हो जाती है। उदाहरण कुंडली में शनि की दृष्टि मीन पर पड़ती है परन्तु मीन राशि पर मिथुनस्थ वृ. और रा. तथा धनराशिगत केतु की भी दृष्टि है। इस कारण इस जातक को छोटे भाई हैं परन्तु तीन छोटे भाइयों की प्रौढ़ावस्था के बाद मृत्यु हुई है।

(२७) उपपद और उपपद के स्वामी से तृतीय वा एकादश स्थान में यदि केवल केतु बैठा हो तो बहन की संख्या अधिक होती है। तृतीय स्थान में रहने से छोटी बहन और एकादश स्थान में रहने से बड़ी बहन की संख्या अधिक होती है।

(२८) यदि उपपद और उपपद के स्वामी से तृतीय अथवा एकादश स्थान में शुक्र बैठा हो तो माता के पूर्व और पर गर्भ का नाश होता है।

(२९) यह भी लिखा है कि यदि जन्म लग्न अथवा जन्मलग्न से अष्टम स्थान पर शुक्र की दृष्टि हो (जैमिनि-दृष्टि) तो भी माता के पूर्व और पर गर्भ का नाश होता है।

(३०) उपपद और उपपद के स्वामी से तृतीय अथवा एकादश स्थान में मंगल, चन्द्रमा और बृहस्पति यदि साथ होकर बैठे हों तो जातक को बहुत से भाइयों का सुख होता है।

भ्राता के जन्म समय का अनुमान

धा-१२३ (१) तृतीयेश, द्वितीयेश, नवमेश, और सप्तमेश की दशा अन्तर-दशा में भ्राता के जन्म की सम्भावना होती। परन्तु इस विचार के समय यह स्मरण रखना आवश्यक होगा कि जातक के माता-पिता जीवित हैं या नहीं और उनकी अवस्था क्या है।

(२) तृतीयेश, तृतीय स्थग्रह और तृतीय स्थान का स्वामी जिस जिस राशि में हो उनके स्वामियों में से जो बलीग्रह होगा, इन सबों की दशा में भ्रातृ-जन्म सम्भव होता है।

(३) लग्नस्फुट में दशमस्थान के स्फुट को जोड़ने से जो राशि आदि आवे, उस राशि पर जब गोचर का बृहस्पति आता है तो उस समय भाई वा बहन का जन्म होना सम्भव है।

भ्रातृ-संख्या

धा-१२४ (१) द्वितीय तथा तृतीय स्थान में जितने ग्रह रहें उतने अनुज और एकादश तथा द्वादश में जितने ग्रह रहें उतने ज्येष्ठभ्राता का उत्पन्न होना साधारण रूप से बोला जाता है। यदि उन सब स्थानों में ग्रह न हों तो उन स्थानों पर जितने ग्रहों की दृष्टि हो उतने ही अग्रज और पृष्ठज का अनुमान करना होगा। परन्तु स्वक्षेत्री ग्रहों के रहने से अथवा उन भावों पर अपने स्वामी की दृष्टि पड़ने से भ्रातृ-संख्या में वृद्धि होती है। स्मरण रहे कि यह एक गौण रीति है।

(२) अनुजों की संख्या जानने की विधि यह भी है कि जितने ग्रह तृतीयेश के साथ हों, मंगल के साथ हों, तृतीयेश पर दृष्टि डालने वाले हों और तृतीयस्थ हों, उतनी ही भ्रातृ संख्या माननी होगी, पर निर्बल ग्रहों को छोड़ देना पड़ेगा। यदि ऊपर लिखे हुए चार प्रकार से बतलाये हुए ग्रह नीच, अस्त अथवा शत्रुगृही हों तो उतने भ्राता जन्म के बाद ही मृत्यु ग्रस्त होंगे पर बली और मित्रगृही रहने से पृष्ठज दीर्घायु होते हैं।

(३) (१) मंगल (२) तृतीयेश, (३) तृतीय स्थान को देखने वाले ग्रह और (४) तृतीयस्थ ग्रह इन सबों के नवांश से भी अनुज का विचार होता है। यदि इन सब नवांशेश में से कोई ग्रह नीच के नवांश में हो, अथवा शत्रु के नवांश में हो अथवा अस्त हो तो उन सबों को त्याग कर, देखना होगा कि शेष नवांशेष में कोई उच्च वा स्वक्षेत्री है या नहीं। यदि उच्चादि हो तो ऐसे ग्रहों की द्विगुण संख्या अनुज की होगी।

अभिप्राय यह है कि उन चार प्रकार से लाये हुए ग्रहों में से मानलिया जाय कि यदि एक ग्रह नीचादि के नवांश में है और बाकी तीन ग्रह स्वक्षेत्र अथवा उच्च नवांश में है तो जातक को छः अनुजों का सौभाग्य प्राप्त होगा परन्तु इस से ऐसा न समझना होगा कि यदि कोई भी उच्च वा स्वक्षेत्री न हो तो जातक को अनुज होगा ही नहीं।

(४) (१) तृतीय भाव जिस नवांश में हो, (२) अथवा तृतीयेश जिस नवांश में हो, (३) अथवा मंगल जिस नवांश में हो, (४) अथवा तृतीयस्थ ग्रह जिस नवांश में हो, (५) अथवा तृतीवस्थ ग्रह के नवांश का स्वामी जिस नवांश में हो, (६) अथवा मंगल के साथ का ग्रह जिस नवांश में हो, (७) अथवा तृतीयेश के साथ का ग्रह जिस नवांश में हो, उसी नवांश-संख्या के बराबर भाई और बहन की संख्या होती है। परन्तु ग्रहों के अस्त अथवा पापयुक्त होने से माता दीर्घजीवि नहीं होती है।

ऊपर लिखी हुई बातें कुछ टेढ़ी-मेढ़ी सी मालूम पड़ती है। अतः उन्हें पूर्णतया समझाने का यत्न किया जाता है। स्मरण रहे कि भ्राता का विचार निम्नलिखित रीति से करना कहा है। (१) तृतीय स्थान से (२) तृतीयेश से (३) भ्रातृ-कारक-मंगल से, (४) तृतीयस्थ ग्रह से, (५) तृतीयस्थ के नवमांश-पति से (६) भ्रातृ-कारक मंगल के साथ रहने वाले ग्रह से और (७) तृतीयेश के साथ वाले ग्रह से।

जब किसी कुण्डली के भ्रातृ-स्थान का विचार करना हो तो पहिले यह देखना होगा कि भ्रातृ-स्थान में कोई ग्रह है कि नहीं। यदि है तो, नियम (४) के अनुसार तृतीयस्थ-ग्रह का नवांश देखना होगा, नियम (५) के अनुसार तृतीयस्थ ग्रह जिस नवांश में हो उसके स्वामी का नवांश देखना होगा। यदि कोई ग्रह नहीं है तो उपर्युक्त ७ नियमों में से दो निकल जायँगे, शेष ५ पर विचार करना होगा। नियम (१) (२) (३) (६) (७)

अब दूसरी बात विचारने योग्य यह है कि नवांश-संख्या से क्या अभिप्राय होता है। यदि मानलिया जाय कि किसी का तृतीय-भाव-स्पष्ट ५।२४ है अर्थात् कन्या के २४ अंश पर तृतीय भाव का स्पष्ट है, तो नवांश-चक्र १४ को देखने से तथा साधारण गणित से जिसका उल्लेख प्रथम प्रवाह में हो चुका है, कन्या का २४ अंश सिंह का नवांश होता है। सिंह का नवांश, कन्या राशि का अष्टम नवांश होता है। अब यहाँ यह प्रश्न उठता है कि इस उदाहरण में संख्या ८ ली जायगी या सिंह की संख्या ५। अनुभव से तथा कई दैवज्ञों की सम्मति पर यही कहना होगा कि संख्या, राशिसंख्या होगी अर्थात् मेष से गिन कर मीन तक जो संख्या हो। अतः इस उदाहरण में ५ ही लिया जायगा न कि ८। इसी रीति से यदि किसी की मीन राशि का चतुर्थ नवांश जो तुला होता है, तृतीय भाव में पड़े तो नवांश-संख्या तुला की ७ ली जायगी, न कि ४।

अब दूसरी बात जानने की यह रही कि तृतीय स्थान का नवांश किस रीति से जाना जा सकता है। यदि भाव-कुण्डली बनी हुई हो तो तृतीय भाव का जो स्पष्ट होगा (द्वितीय और तृतीय की सन्धि, तृतीय और चतुर्थ की सन्धि नहीं) उसी का नवांश निकालना होगा। चक्र ३० अथवा ३० (क) में तृतीय-स्पष्ट २।५।२१ है, न कि १।२२।५ या २।१८।३६। अब २।५।२१ का नवांश, चक्र १४ को देखने से, वृश्चिक का नवांश होता है जो मिथुन राशि का दूसरा नवांश है। इस कारण २ नहीं लेकर ८ संख्या लेनी होगी यथा चक्र ३० (क) में तृतीय स्थान में बृहस्पति है और बृहस्पति का स्फुट २।२६।४९ है। चक्र १४ के अनुसार वृश्चिक का नवांश होता है।

यदि भाव स्पष्ट बना हुआ न हो तो किसी भाव का नवांश जानने की शुद्ध एवं उत्तम विधि यह होगी कि उस भाव-संख्या से एक घटाकर शेष को ९ से गुणा करें। गुणन फल में एक जोड़ कर जो फल आवे तत् संख्यक नवांश, लग्न-नवांश से गिनने के उपरान्त जो आवे वही उस भाव का नवांश होगा। जैसे यदि अष्टम भाव का नवांश जानना हो तो ८ में से १ घटा दें। शेष ७ को ९ से गुणा करें। गुणन फल ६३ में १ जोड़ने से ६४ हुआ अर्थात् लग्न नवांश से ६४वाँ नवांश जो होगा वही अष्टमभाव का नवांश होगा। इसी प्रकार यदि तृतीयभाव का नवांश जानना है तो तीन में से १ घटाने से २ शेष रहा और २ को ९ से गुणा किया तो १८ हुआ। उसमें १ जोड़ने से १९, अर्थात् लग्न नवांश से १९ वाँ नवांश जो होगा। वही तृतीयभाव का नवांश होगा। श्री रामयत्न जी ने प्राचीन ग्रन्थों के अनुसार इसको "ऋषि सम्मत" बतलाया है। (देखो धा: ५८) यदि यह बात ठीक न होती तो लग्न से २२ वाँ द्रेष्काण एवं चन्द्रमा से ६४ वाँ नवांश अष्टमभाव का द्रेष्काण एवं नवांश क्रमशः नहीं होता। लग्न से अष्टम भाव के द्रेष्काण को और चं. से ६४ वें नवमांश को 'खर' बतलाये हुए 'जातक पारिजात' में लिखा है:–

विलग्नजन्मद्रेक्काणाद्यस्तु द्वाविंशतिः खरः।
सुधाकरोपगांशर्क्षात् चतुःषष्टयंशको भवेत्।।५६।।

(५) कालिदास ने अपने ग्रन्थ 'उत्तरकालामृत' में अग्रज और अनुज की संख्या जानने की विधि इस प्रकार लिखी है कि तृतीय स्थान के नवांश से अनुज अर्थात् छोटे भाई और बहनों का विचार किया जाता है। अर्थात् तृतीय भाव के नवांश में जितना नवांश शेष रह गया हो उतनी ही संख्या भाई बहनों की होगी। यथा तृतीय स्थान मिथुन में वृश्चिक का नवांश है जो मिथुन राशि का द्वितीय नवांश होता है और मिथुन राशि का शष ७ नवांश बच जाता है। इस कारण कहना होगा कि उस जातक को ७ अनुज अर्थात् छोटे भाई और बहन का होना सम्भव है। इसी प्रकार

एकादश स्थान के गतनवांश से ज्येष्ठ भ्राता अर्थात् बड़े भाई और बहनों की संख्या जानी जाती है। जैसे यदि एकादश स्थान का स्पष्ट १०।१।२३ हो तो पहिला नवांश कुम्भ का होगा। इस कारण इस स्थान पर गत नवांश कुम्भ राशि में कुछ नहीं मिला क्योंकि (तुला नवांश) कुम्भ राशि का प्रथम नवांश होता है। इसलिए कहना होगा कि ज्येष्ठ भ्राता की संख्या शून्य होगी।

यदि नवांशपति पाप ग्रह हो, अस्त ग्रह हो या नवांश-कुंडली में उन नवाँशों पर पाप ग्रह की दृष्टि हो तो भाई और बहनों की मृत्यु, माता का गर्भ नाश इत्यादि होता है।

स्मरण रहे कि अनुज और अग्रज की संख्या विचारने के पूर्व यह बात अवश्य देखनी होगी कि जातक को भ्रातृ-योग पूर्वलिखित तृतीयेश, तृतीयस्थ ग्रह, भ्रातृकारक मंगल इत्यादि शुभ और अशुभ लक्षणों के कारण है या नहीं जैसा कि भ्रातृप्रकरण के आदि में लिखा गया है। यदि भ्रातृ-योग है ही नहीं तो उसकी संख्या कहाँ से होगी ?

भ्रातृ-प्रेम

धा-१२५ यह एक जानने योग्य बात है कि भाई और बहनों में पारस्परिक प्रेम होगा या नहीं। भाई बहनों के रहने का सुख मनुष्य को तभी अनुभव होता है जब परस्पर प्रेम रहता है। अन्यथा दुःख का ही मूल होता है और मनुष्य का जीवन भाई भाई के विरोध से दुख का पुंज और विभव के नाश का कारण प्रतीत होता है।

(१) 'सर्वार्थचिन्तामणि' में लिखा है कि लग्नेश और तृतीयेश परस्पर मित्र हों तो भाई बहनों में प्रेम रहता है और यदि वे आपस में शत्रु हों तो भाइयों में शत्रुता होती है।

इस स्थान पर लग्नेश और तृतीयेश की पारस्परिक मित्रता और शत्रुता पंचधामैत्री (चक्र ९) से ही देखना होगा क्योंकि नैसर्गिक मैत्री में तो लग्नेश और तृतीयेश में परस्पर मित्रता होती ही नहीं। यह बड़ी रहस्यपूर्ण बात है, इस कारण पाठकों के मनोरञ्जनार्थ विस्तार पूर्वक लिखी जाती है।

मानलें कि किसी का जन्म मेषलग्न में है तो उसका लग्नेश मंगल तृतीयेश मिथुन के स्वामी बुध का सम है और मंगल का बुध शत्रु है। (चक्र ६ (क)।

यदि जातक का वृष लग्न हो तो लग्नेश शुक्र और तृतीयेश चन्द्रमा होगा। चन्द्रमा का शुक्र सम और शुक्र का चन्द्रमा शत्रु है।

यदि जन्मलग्न मिथुन हो तो लग्नेश बुध और तृतीयेश सूर्य्य होगा। सूर्य्य का बुध सम और बुध का सूर्य्य मित्र है।

यदि कर्कलग्न हो तो लग्नेश चन्द्रमा और तृतीयेश बुध होगा। चन्द्रमा का बुध मित्र और बुध का चन्द्रमा शत्रु है।

यदि सिंह लग्न का जन्म हो तो लग्नेश सूर्य्य और तृतीयेश शुक्र हुआ। सूर्य्य का शुक्र और शुक्र का सूर्य्य शत्रु है।

यदि कन्या लग्न का जन्म हो तो लग्नेश बुध और तृतीयेश मंगल होता है। बुध का मंगल सम और मंगल का बुध शत्रु है।

यदि तुलालग्न का जन्म हो तो लग्नेश शुक्र और तृतीयेश बृहस्पति है। शुक्र का बृहस्पति सम और बृहस्पति का शुक्र शत्रु है।

यदि वृश्चिक लग्न का जन्म हो तो लग्नेश मंगल और तृतीयेश शनि है। मंगल का शनि सम और शनि का मंगल शत्रु है।

यदि धन लग्न का जन्म हो तो लग्नेश बृहस्पति और तृतीयेश शनि होता है। बृहस्पति का शनि शत्रु और शनि का बृहस्पति सम है।

यदि मकर लग्न का जन्म हो तो लग्नेश शनि और तृतीयेश बृहस्पति है। शनि का बृहस्पति शत्रु और बृहस्पति का शनि सम है।

यदि कुम्भ लग्न का जन्म हो तो लग्नेश शनि और तृतीयेश मंगल होगा। शनि का मंगल शत्रु और मंगल का शनि सम है।

यदि मीन लग्न का जन्म हो तो लग्नेश बृहस्पति और तृतीयेश शुक्र होगा। बृहस्पति का शुक्र शत्रु और शुक्र का बृहस्पति सम है।

ऊपर लिखी हुई बातों से स्पष्ट है कि लग्नेश और तृतीयेश में परस्पर नैसर्गिक मैत्री हो ही नहीं सकती। क्या यही कारण तो नहीं है जिससे प्रायः भाई भाई में साधारणतः प्रेम का अभाव ही दीख पड़ता है?

लिखने का अभिप्राय यह है कि यदि लग्नेश, तृतीयेश का अतिमित्र, मित्र, सम, शत्रु अथवा अतिशत्रु होगा और यदि तृतीयेश लग्नेश का अतिमित्र, मित्र, सम शत्रु, अथवा अतिशत्रु होगा तो जातक का भाई उसका अतिमित्र मित्र इत्यादि होगा।

(२) यदि लग्नेश और तृतीयेश परस्पर शुभभावगत हो अर्थात् लग्नेश से तृतीयेश अथवा तृतीयेश से लग्नेश आपस में केन्द्रवर्त्ती अथवा त्रिकोणवर्त्ती हो अर्थात् जहाँ पर तृतीयेश अथवा लग्नेश हो, वहाँ से लग्नेश अथवा तृतीयेश केन्द्र में हो अथवा त्रिकोण में हो तो भाई भाई में मेल रहता है। और इसी के विपरीत यदि ६, ८, १२

स्थान में पड़े अर्थात् एक से दूसरा षष्ठ स्थान में पड़ता हो, अष्टम स्थान में पड़ता हो या द्वादशस्थान में पड़ता हो तो परस्पर विरोध रहता है। देखो कुंडली १४ राजा कुर्ग की। इस कुंडली में लग्नेश बुध तृतीयेश मंगल से द्वादशस्थ है और दोनों के साथ पापग्रह बैठा है। इस कारण कुर्ग के राजा साहब को अपने भाई और बहन से तनिक भी प्रीति न थी बल्कि इतिहास में तो यहाँ तक लिखा है कि उन्होंने अपने भाई वहनों को मरवा डाला था।

(३) यदि तृतीय भाव का आरूढ़ लग्न जिसका दूसरा नाम पदलग्न भी है, लग्नारूढ़ से केन्द्र, त्रिकोण अथवा ३, ११ में पड़े तो भी भाई भाई में प्रीति रहती है। परन्तु यदि लग्नारूढ़ से भातृ-पदलग्न ६, ८, १२ स्थान में पड़े तो जातक को भाई भाई में विरोध होगा। पदलग्न बनाने की विधि प्रथम-प्रवाह में दी जा चुकी है। उसी तरह से भ्रातृभाव का भी पदलग्न बनाया जाता है। अर्थात् तृतीयेश, तृतीय स्थान से जितनी राशि पर बैठा हो, उस स्थान से उतनी ही राशि पर तृतीय का पदलग्न अथवा तृतीय-आरूढ़ लग्न होगा। चक्र ८ (क) (जो उदाहरण-कुंडली कही जाती है) की कुंडली में तृतीय स्थान का स्वामी शनि तृतीय स्थान से एकादश स्थान में बैठा है; इसलिये उस एकादश स्थान से एकादश स्थान अर्थात् तुलाराशि में तृतीय का पदलग्न हुआ। उक्त कुंडली में लग्नारूढ़ लग्न में ही है क्योंकि लग्नेश बृहस्पति सप्तमस्थ है। इस कारण सप्तम से सप्तम पुनः लग्न ही होगा। तृतीय का पदलग्न एकादश स्थान में पड़ा है इसलिये लग्नारूढ़ से तृतीय-आरूढ़ एकादशस्थ हुआ। ऊपर लिखा जा चुका है, यदि लग्नारूढ़ से तृतीयारूढ़ तीसरे, ग्यारहवें अथवा केन्द्र, त्रिकोण में हो तो भाई २ में प्रेम होगा। इस कारण इस कुंडली के जातक को भाई २ में प्रेम होना चाहिये। परन्तु उस कुंडली में, पंचधामैत्री चक्र ९ को देखने से मालूम होगा कि लग्नेश बृहस्पति और तृतीयेश शनि परस्पर शत्रु है। पुनः लग्नेश और तृतीयेश परस्पर केन्द्रवर्ती है। नियम (२) के अनुसार भाई २ में प्रीति होना चाहिये। अर्थात् एक प्रकार से (नियम १ से) भाई २ में शत्रुता और दो प्रकार से भाई २ में मित्रता प्रतीत होती है। यथार्थतः इस जातक के जीवन में ऐसा ही प्रतीत हो रहा है।

(४) स्मरण रहे कि इसी रीति से स्त्री-पुरुष का प्रेम लग्नारूढ़ और सप्तमारूढ़ से देखा जाता है। एवं पिता-पुत्र का प्रेम लग्नारूढ़ और पंचमारूढ़ से देखा जाता है। परन्तु एक ही प्रकार से विचारना उचित नहीं होगा। इस संसार में प्रेम और शत्रुता की तारतम्यता विलक्षण है।

(५) प्रथम-प्रवाह के चक्र ११ (क) में मेषादि राशियों का तत्त्व बतलाया गया है। अर्थात् मेष का अग्नि, वृष का पृथ्वी, मिथुन का वायु और कर्कट का जल तत्त्व है।

इसी प्रकार अन्य राशियों में भी इन्हीं चार तत्त्वों की आवृत्ति है जो उक्त चक्र से ज्ञात होगा। साधारण बुद्धि से ऐसा प्रतीत होता है कि जल से आग बुझ जाती है, अतः जल अग्नि का शत्रु है। अग्नि, पृथ्वी को दग्ध कर देती है परन्तु वायु अग्नि का सहायक और अग्नि को प्रज्ज्वलित करने वाली है। पृथ्वी जल से सिञ्चित होकर हरी भरी हो जाती है। अतः ज्ञात होता है कि पृथ्वीतत्त्व और जलतत्त्व में और वायु तथा अग्नि तत्त्व में परस्पर मित्रता है। परन्तु वायु और अग्नि का शत्रु पृथ्वी और जल है। उपर्युक्त बातों से यह शीघ्र बोध हो जायगा कि कौन राशि किस राशि का शत्रु अथवा मित्र है। जैसे, मेष अग्नि तत्त्व और मिथुन वायु तत्त्व है। अग्नि और वायु में मैत्री रहने के कारण मेष और मिथुन राशि में मित्रता का सम्बन्ध होता है। लिखने का अभिप्राय यह है कि भाई २, स्त्री-पुरुष, पितापुत्र इत्यादि के आपस में प्रेम होगा कि नहीं, यह जानने की विधि ज्योतिषशास्त्रानुसार यह भी है। अर्थात् यदि जातक की लग्नराशि और भाई की लग्नराशि को आपस में तत्त्व-मैत्री हो और विरोध-तत्त्व न हो तो जातक को अपने उस भाई से मित्र-तत्त्व होने के कारण (बाह्य) प्रेम तो अवश्य होता है।

लग्न से शारीरिक विचार होता है और चन्द्रमा मन का कारक है। इसलिये यदि दो भाइयों को जन्म कुंडली में चन्द्रमा मित्र-भावाक्रान्त-राशिगत हो अर्थात् दोनों की जन्मराशियां मित्रतत्त्व की हों तो मानसिक प्रकृति अधिकांश में एक तरह की होती है। इसी प्रकार यदि दोनों का लग्न मित्र-भावाक्रान्त-राशि-गत हो और जन्मराशि उसके विपरीत हो तो दोनों भाइयों का मानसिक विचार एक न होकर अथवा हार्दिक प्रेम न होकर केवल बाह्य प्रेम होता है। पुनः यदि दोनों की जन्मराशियाँ मित्र-भावाक्रान्त-राशिगत हों और दोनों का लग्न वैसा न हो तो आपस में प्रेम होगा परन्तु बाहरी कारणों से उलझ कर भिन्नता होगी।

पाठकों के मनोरञ्जन के लिये पुरुषोत्तम श्री रामचन्द्र और उनके प्रिय भ्राता भरतजी की कुंडलियाँ उदाहरणार्थ दी जाती है। श्री वाल्मीकीय रामायण बालकाण्ड, १८ सर्ग के ८ वें, ९ वें और १५ वें श्लोक में उन दोनों भाइयों की कुंडलियाँ दी हुई हैं। (अन्य विद्वान ज्योतिषियों के मत से केवल बुध और राहु अंकित किया गया है)। (देखो कुंडली ३ और ४) चन्द्रमा दोनों भाइयों का कर्क ही में है। इस कारण दोनों भाइयों के अन्तः करण में भेद न हो सका। पुनः रामचन्द्र का लग्न कर्क, जलतत्त्व है और भरतजी का लग्न भी मीन जलतत्त्व ही है। अतः दोनों भाइयों का लग्न एक ही तत्त्व का था। इसीलिये तो भरतजी ने रामचन्द्र से विरोध करानेवाली माता के मंत्र का उल्लंघन कर राज्यलोलुप्ता को विषवत् त्याग दिया और पूज्य भाई के चरण-पादुका की सेवा कर संसार को भ्रातृ-प्रेम के उच्चादर्श का पाठ सिखलाया।

(६) पितृ-प्रकरण धा. ११९ (७) में लिखा जा चुका है कि यदि पुत्र का लग्न पिता के अष्टम-स्थानगतराशि में हो तो पिता को अशुभ होता है। इसी प्रकार यदि एक भाई का जन्म से दूसरे भाई का जन्मलग्न अष्टम अथवा षष्टगत हो तो लग्न परस्पर शत्रुता रहती है और द्वादशराशिगत होने से भी अशुभ होता है। इस पुस्तक में भी ऐसा उदाहरण है पर कई कारणों से दिखलाया नहीं गया।

(७) यदि तृतीयेश लग्नेश के साथ हो तो भाई २ में प्रेम रहता है और यह भी लिखा है कि यदि लग्नेश और तृतीयेश आपस में मित्र और बली हों और लग्नगत हों अथवा तृतीय गत हों तो आजन्म भाई २ में बाँटवखेड़ा नहीं होता है।

(८) इसी प्रकार यदि लग्नेश और तृतीयेश निर्बल और परस्पर शत्रुग्रह हों अथवा तृतीयभाव-गत-ग्रह और मंगल निर्बल हों तथा मंगल ६, ८, १२ स्थान में हो तो उन ग्रहों की महादशा के समय भाई के विरोध से सम्पत्ति की हानि मामला-मुकदमा इत्यादि २ दुर्घटनायें होती हैं।

भाइयों का भाग्योदय

धा-१२६ (१) यदि तृतीय भाव के लग्नारूढ़ पर शुभ-ग्रह की दृष्टि हो तो भाई सुखी होता है। उदाहरण-कुंडली ९६ में तृतीयारूढ़ तुला होता है, बृहस्पति से दृष्ट है। अतः इनके भाई भी सुखी हैं।

(२) लग्नाधिपति, तृतीयाधिपति, और भ्रातृ-कारक मंगल के उच्च, स्वगृही, मूलत्रिकोणस्थ, मित्रगृही अथवा शुभ रहने से भाई सुखी होते हैं, अन्यथा नहीं।

(३) लग्न-स्फुट, तृतीयभावस्फुट, दशमेश-स्फुट और मंगल-स्फुट को जोड़ने पर राश्यादि फल आवेगा। तदनन्तर यह देखना होगा कि उस राश्यादि से किस नक्षत्र का बोध होता है। इसके ज्ञानार्थ चक्र २ और २ (क) उपयोगी होंगे। उस नक्षत्र का जो दशेश होगा (देखो चक्र ३५) उस दशा के भोग्य में जातक के छोटे भाइयों की उन्नति और उनको सुख प्राप्ति होगी।

भ्रातृ-मृत्यु-समय

धा-१२७ (१) लग्नेश के स्फुट से तृतीयेश के स्फुट को घटा देने से जो शेष होगा, वह किसी नक्षत्र का समय होगा। जब उस नक्षत्र में गोचर का शनि जाता हो तो भाई या बहन की मृत्यु होती है। मान लिया जाय कि जन्म लग्नेश के स्फुट से तृतीयेश का स्फुट घटाने पर शेष २।८।१७ रहा। अब देखना होगा कि

उससे किस नक्षत्र का बोध होता है। २।८।१७ का अभिप्राय यह होता है कि वृष बीत कर मिथुन का ८ अंश १७ कला बीता है अथात् मिथुनका तृतीय नवांश है। एक नवांश राशि का एक चरण होता है जो पूर्व लिखा जा चुका है। अब चक्र २ अथवा २ (क) को देखने से मालूम होगा कि मिथुन का चौथा नवांश आर्द्रा नक्षत्र पड़ता है। इस कारण जब गोचर का शनि आर्द्रा नक्षत्र में आवेगा तो जातक के भाई बहनों के लिये अनिष्ट-कारक होगा।

(२) पुनः लिखा है कि लग्नेश-स्फुट से तृतीयेश-स्फुट को घटाने से जो शेष रहेगा उससे दशामेश और मंगल का स्फुट घटा दिया जाय और इस घटानें के बाद जो शेष रहे, उस राशि में जब गोचर का श. जाता है तो उस समय भी जातक के भाई या बहन को अरिष्ट होता है।

(३) यह भी लिखा है कि लग्नेशस्फुट, तृतीयेशस्फुट, मंगल-स्फुट और दशमेश-स्फुट को जोड़ कर जो राश्यादि आवे, उसके नवांश में जब गोचर का शनि जायगा तो भी भाई या बहन के लिये अरिष्ट होगा।

(४) लग्नेश-स्फुट, तृतीयेश-स्फुट, दशमेश-स्फुट और मंगल-स्फुट को जोड़ कर जो फल आवे' उसका द्रेष्काण (चक्र १३ से) देख लेना होगा। उस द्रेष्काण-राशि में जब गोचर का बृहस्पति आवेगा तो जातक के भाई अथवा बहन की मृत्यु होना सम्भव होगा। जातकपारिजात में "चतुस्फुटा क्रान्त दृगाणराशि" इत्यादि बचन आये हैं। इसका भाव यह भी हो सकता है कि तृतीयेश, तृतीयस्थ, तृतीयभाव पर दृष्टि डालने वाले ग्रह के स्फुट और मंगल-स्फुट को जोड़ना होगा। और यह भी कहा गया है कि इन चार स्फुटों को जोड़कर जिस नक्षत्र का बोध हो, उस नक्षत्र की महादशा में जातक के अनुजों को संपत्ति एवं सुख होता है।

(५) मंगल-स्फुट से राहु-स्फुट को घटाने पर जो शेष राश्यादि हो, उसके त्रिकोण में जब गोचर का बृहस्पति आता है तो जातक के छोटे भाई वा बहन के लिये अरिष्ट होता है। उदाहरण रूप से मान लिया जाय कि मंगल-स्फुट से राहु-स्फुट घटाने पर शेष ७।३ रहा। इस अंक से वृश्चिकराशि का बोध होता है जब वृश्चिक से त्रिकोण में अर्थात् मीन वा कर्क राशि में गोचर का बृहस्पति जायगा तो उस समय छोटे भाई वा बहन को अरिष्ट होगा।

(६) यदि मंगल-स्फुट, राहुस्फुट से घटा दिया जाय (उपर्युक्त विधि के विपरीत) तो जो शेष रहेगा उस राशि में अथवा उस शेष-राशि के नवांश में जब गोचर का बृहस्पति जाता है तो बड़े भाई अथवा बहन को अरिष्ट होता है। मानलें कि मंगल को राहु से घटाने के बाद ३।६ शेष रहा। इससे कर्क राशि का बोध होता है।

और ३।६ (देखो चक्र १४) सिंह नवांश होता है । इसलिये जब गोचर का बृहस्पति कर्क राशि अथवा सिंह राशिगत होगा तो वही समय बड़े भाई और बहन के लिये अरिष्टकारक होगा ।

(७) भ्रातृभाव से केन्द्रस्थ और त्रिकोणस्थ पापग्रह की दशा अन्तरदशा में भ्राता को पीड़ा होती है और यदि उक्त स्थानों में शुभग्रह हो तो शुभ फल होता है।

(८) लग्नाधिपति और तृतीयाधिपति के परस्पर शत्रु होने से (पंचधा मैत्री) तथा तृतीयस्थग्रह के दुर्बल होने से और मंगल के षष्ठ, अष्टम वा द्वादशगत होने से, इन सबकी दशाअन्तरदशा में भ्रातृ-नाश, भ्रातृ-कलह, धन-नाश इत्यादि अशुभ फल उत्पन्न होता है।

(९) तृतीयस्थ ग्रह, तृतीयाधिपति तथा नीचस्थ मङ्गल, शत्रुगृह-गत, दुःस्थान गत (६, ८, १२) होने से इन ग्रहों की दशा अन्तरदशा में भ्रातृ-विनाश होता है।

(१०) यदि तृतीयेश और मङ्गल अष्टम गत हो तो भाई बहनों की मृत्यु होती है । यदि तृतीयेश और मंगल पापराशिगत हो अथवा पापग्रह के साथ हो तो जातक को भाई अथवा बहन पैदा होगी पर उसकी मृत्यु होती जायगी।

(११) यदि तृतीयेश और मंगल दोनों नीच हों अथवा नीच नवाँश के हों अथवा पापग्रह के साथ हों तो भाई बहन का जन्म तो अवश्य होगा पर वाल्य-काल ही में मृत्यु होती जायगी। देखो **उदाहरण-कुंडली** ९६ । तृतीयेश शनि और मंगल दोनों ही नीच नवाँश में हैं। इस जातक के एक भाई और एक बहन की मृत्यु तो वाल्यकाल ही में हुई थी और तीन भाई और एक बहन की मृत्यु प्रौढ़ अवस्था प्राप्त करने पर होती गयी। अनुमान होता है कि शनि बृहस्पति से दृष्ट और मंगल त्रिकोण में परम मित्र के क्षेत्र में है। इन्हीं सब कारणों से ऐसा फल हुआ ।

(१२) यति तृतीय स्थान में पापग्रह हो और पापग्रह से दृष्ट भी हो तो भाई शीघ्र ही मर जाता है। देखो धा० १२२ (९)।

(१३) यदि तृतीयेश और मंगल द्वादशगत हों और उन पर पाप ग्रह की दृष्टि भी हो, अथवा तृतीयस्थ पापग्रह को दूसरा पापग्रह देखता हो, अथवा तृतीयेश पापग्रहों से घिरा हो, अथवा तृतीय-स्थान पाप ग्रहों से घिरा हो और उसमें पापग्रहों का योग भी हो शुभग्रह की दृष्टि से वंचित हो तो इन सब योगों में भाई की मृत्यु होती है।

(१४) यति तृतीयेश राहु अथवा केतु के साथ होकर ६, ८, १२ स्थान में पड़ता हो तो बाल्य-काल ही में भाइयों का नाश होता है।

जातक के अन्य कुटुम्बियों का विचार

धा-१२८ ज्योतिषशास्त्र का यह एक गूढ़ रहस्य है कि किसी की कुंडली से उसके समस्त परिवार और कुटुम्बियों का विचार किया जा सकता है। जैसे, चतुर्थ स्थान से माता का और चतुर्थ से तृतीय अर्थात् षष्ठ से माता के भाई बहनों का विचार होता है। सप्तम से स्त्री का और सप्तम से षष्ठ अर्थात् लग्न से द्वादश भाव से स्त्री की सौतीन (जातक की द्वितीय स्त्री) का विचार होता है। द्वादश से षष्ठ अर्थात् पंचम से तृतीय स्त्री का विचार किया जाता है। सप्तम के तृतीय से साला-साली का, सप्तम से चतुर्थ अर्थात् दशम से सास का और सप्तम से नवम अर्थात् तृतीय से श्वसुर का विचार होता है। ऊपर कहा गया है कि तृतीय स्थान से भ्राता का विचार होता है; इसलिये तृतीय से सप्तम अर्थात् नवम से भ्रातृ-जाया अर्थात् भाभी का विचार होता है और तृतीय से पंचम अर्थात् सप्तम स्थान से भ्रातृ-पुत्र अर्थात् भतीजा भतीजी आदि का विचार किया जाता है। इसी रीति से अन्य कुटुम्बियों का भी विचार होता है। आगे चलकर इनके कई उदाहरण भी दिये गये हैं।

अध्याय १७

तृतीय-तरङ्ग

धा-१२९ इस तरंग में जातक की विद्या, कला, कौशल इत्यादि के विषय में लिखा गया है। प्राचीन समय में बालक इस अवस्था में विद्याध्ययन के लिये गुरु-आश्रम में भेज दिये जाते थे। तत्पश्चात् समावर्तन क्रिया के बाद विवाह आदि कर गृहस्थाश्रम में प्रवेश करते थे। परन्तु शोक की बात है कि अब तो दुनियाँ ही पलटा खा गयी, तथापि विद्याध्ययन की कुछ शैली बची-बचायी रह गयी है।

(१) चतुर्थ स्नान से विद्या का विचार किया जाता है और पंचम से बुद्धि का। विद्या और बुद्धि में घनिष्ट सम्बन्ध है। दशम से विद्या-जनितयश का विचार किया जाता है। इस हेतु विद्याभ्यास पर विश्वविद्यालय (Unversity) परिक्षाओं में उत्तीर्ण होने अथवा न होने का विचार दशम स्थान से और बुद्धिमत्ता इत्यादि का पंचम स्थान से होता है। विद्या कई प्रकार की होती है, जैसे साहित्य (Literature) व्याकरण (Grammar) गणित (Mathematics) कानून (Law) ज्योतिष (Astrology) अध्यात्मविद्या (Spirional science) वेदान्त (Philosophy) काव्य (Poetry) इत्यादि इत्यादि।

बृहस्पति से वेद, वेदान्त, व्याकरण और ज्योतिष विद्या का विचार होता है। बुध से वैद्यक, शुक्र से गानविद्या, प्रभावशाली व्याख्यान शक्ति एवं साहित्य और मंगल से न्याय एवं गणित विद्या का विचार किया जाता है। इसी प्रकार रवि से वेदान्त, चन्द्रमा से वैद्यक एवं राहु और शनि से अन्यदेशीयविद्या का विचार होता है।

(२) कुंडली में बुध तथा शुक्र की स्थिति से विद्वत्ता तथा पांडित्य और उहापोह तथा कल्पना-शक्ति का और बृहस्पति से विद्या-विकास का विचार होता है। पुनः द्वितीयभाव, चतुर्थभाव और नवम् भाव से भी इन्हीं सब बातों का अनुमान किया जाता है क्योंकि द्वितीय भाव से विद्या में निपुणता, प्रवीणता इत्यादि का विचार होता है। बुधग्रह से विद्याध्ययन और विद्याग्रहण की शक्ति, तथा नवम स्थान और चन्द्रमा से काव्य-कुशलता और धार्मिक-विचार तथा अध्यात्म-विद्या आदि का विचार किया जाता है। शनि नवम और द्वादश भाव से ज्ञान का विचार होता है। शनि से अँग्रेजी तथा विदेशी भाषा का भी विचार किया जाता है। स्मरण रहे कि बृहस्पति से (भी), द्वितीय स्थान, तृतीय स्थान, चतुर्थ स्थान, नवम स्थान को यदिबुध से सम्बन्ध हो तो विद्या की उत्कृष्टता होती है। चन्द्र लग्न एवं जन्म लग्न से पंचम स्थान का स्वामी बु., बृ., शु., के साथ यदि केन्द्र त्रिकोण एकादश में बैठे हों तो मनुष्य बड़ा विद्वान होता है। देखो **कुण्डली ७** जगद्‌गुरू की। ऊपर लिखा जा चुका है कि द्वितीय भाव से विद्या की निपुणता इत्यादि का विचार होता है। इस कुंडली में द्वितीयेश उच्च रवि रवि केन्द्र अर्थात् दशमस्थान में बैठा है। पुनः लिखा है कि चतुर्थ और नवम भाव से भी विद्या का विचार होता है। चतुर्थेश शुक्र जो पांडित्य कल्पना शक्ति तथा उहापोह का दाता है, वह भी दशम स्थान में है और र. के साथ है। पुनः नवमेश जिससे विद्या, विशेषतः अध्यात्मविद्या का विचार होता है, उच्च और केन्द्रस्थ है एवं नवम एवं पंचम भावपर पूर्णदृष्टि डालता है। बुद्धि का दाता बुध भी शुक्र और सूर्य्य के साथ दसमस्थान में है और बृहस्पति के लग्न में रहने से पुनः वही सब योग लागू होता है। इसी प्रकार, चं. से पञ्चमेश बु., केन्द्र में में शु. के साथ है, बृहस्पतति भी उच्चका लग्न में है। और लग्न से पंचमेश मं. चन्द्रमा से केन्द्र में है। अतः इन्हीं सब कारणों से अनुमान किया जाता है कि शंकराचार्य्य जी महान एवं अपने समय के अद्वितीय विद्वान हुए।

इन्हीं सब नियमों के अनुसार यदि बी. सूर्य्यनारायण राव की **कुंडली २५** पर ध्यान दिया जाय तो मालूम होगा कि उक्त कुण्डली में चतुर्थ स्थान (विद्या) का स्वामी पंचम स्थान (बुद्धि) के स्वामी के साथ होकर दशम अर्थात् विद्या जनित-यश स्थान में बैठा है। पुनः

बुध पंचमेश एवं द्वितीयेश भी है। बुध विद्या कारक और बुद्धिस्थान एवं द्वितीय स्थान वाचाशक्ति कारक है और नियम २ के अनुसार पाँडित्य, उहापोह एवं कल्पना-शक्ति कारक होता हुआ दशम स्थान में वृहस्पति के साथ है। और चन्द्रमा से पञ्चमेश र. और लग्न से पञ्चमेश बुध दोनों वृ. के साथ केन्द्र में बैठे हैं। अतः प्रतीत होता है कि इन्हीं सब सुन्दर योगोंके कारण समस्त भारत में ही नहीं बल्कि अन्यान्य देशोंमें भी ये एक महान विद्वान माने जाते हैं। इनकी विद्याकीर्ति का थोड़ा दिग्दर्शन इनकी कुण्डली के नीचे कराया गया है।

पुनः पाठकों का ध्यान सर आशुतोष जी की **कुंडली ३४** पर आकर्षित किया जाता है। इस कुंडली में पंचमेश बुध लग्न में, चतुर्थेश और लग्नेश द्वितीयभाव में और द्वितीयेश लग्न में है तथा द्वितीय भाव का स्वामी बुध है। नवम और दशम भाव के स्वामी शनि, अंग्रेजी विद्या कारक पंचम स्थान में है और चतुर्थेश पर वृहस्पति की दृष्टि है। अतः इनमें विद्वत्ता, विद्या-प्रवीणता एवं विद्या की उत्कृष्टता थी और ये वंगदेश के एक महान विद्वान और विद्या-केन्द्र के प्रधान थे जो इनकी संक्षिप्त जीवनी से मालूम होगा।

देखो **कुंडली ४८** लेखक के कनिष्ठ भ्राता विहार-केशर बाबु श्री कृष्णसिंहजी की। बुध मिथुन (स्वगृही) नवाँश का द्वितीय स्थान में है और उसके साथ चतुर्थेश बृहस्पति धन (स्वगृही) नवाँश का भी है, लग्नसे पंचमेश श. एकादश में और चन्द्र-लग्न से पंचमेश वृ. द्वितीय स्थान में बु. के साथ है। इन योगों के प्रभाव से इनकी धारणा शक्ति और पांडित्य से सूबे-बिहार के लोग खूब ही परिचित हैं। जब बिहार कौंसिल में इनकी व्याख्या न किसी राजनैतिक विषय पर होती थी तो ये अनेकानेक अन्य देशीय विद्वानों के निश्चित सिद्धान्तों का अपने मत की पुष्टि में धारा बहा देते थे।

देखो कुण्डली ४७ (क) बाबू अघोर नाथ बनर्जी की। इस कुंडली में द्वितीय, चतुर्थ नवम भाव एवं बुध और वृहस्पति की स्थिति से इनका अत्यन्त ही उत्तम-भाषी होना प्रतीत होता है। पुनः लग्न से पञ्चमेश मं. और चन्द्र लग्न से पञ्चमेश, वृ. दशम एवं चतुर्थ, स्थान में बैठे हैं। इन्हीं कारणों से वकालत में इनकी विलक्षण युक्ति और जजी में इनका गम्भीर-विचार विद्या एवं बुद्धि की कसौटी पर खिचा रहता है।

'सर्वार्थचिन्तामणि' नामक ग्रंथ में लिखा है कि यदि विद्या-कारक वृहस्पति और बुद्धि कारक बुध दोनों एकत्रित हों (अथवा अन्योन्य दृष्ट) जैसा उपर्युक्त कुण्डली २५, ४७, ४८(क) में है तो जातक राजद्वार एवं जनता में बहुत सम्मान पाता है। साधारण बुद्धि से भी यही प्रतीत होता है कि विद्या और बुद्धि की उत्कृष्टता जातक को अवश्य माननीय बनाता है। यदि ये दो ग्रह नवांशादि में भी अच्छे हों तो उसी के तारतम्यानुसार फल होता है। परन्तु केवल योगमात्र से ही जातक की बुद्धि में तीक्ष्णता अवश्य होती है

इन उपर्युक्त नियमों के अनुसार यदि चतुर्थ स्थान का स्वामी लग्न में हो अथवा लग्न का स्वामी चतुर्थभाव में हो अथवा बुध लग्नगत हो और चतुर्थ स्थान बली हो और उसपर पापग्रह की दृष्टि न हों तो जातक विद्या-यशस्वी होता है। यदि चतुर्थेश चतुर्थस्थ और लग्नेश लग्नस्थ हो तो भी जातक विद्या यशस्वी होता है।

देखो कुण्डली २० स्वर्गीय केशव चन्द्र सेन जी की। चतुर्थेश शनि लग्न में है और बुध भी लग्न ही में है। पुनः बुध और शुक्र लग्न में रहने से विचार शक्ति प्रदान करता है। नवमेश द्वितीय स्थान में है। अतः ये बड़े विद्यायशस्वी और अपने विचारानुसार एक धार्मिक संस्था के संस्थापक और बड़े विलक्षण पुरुष थे।

राय वहादुर सूर्य्या प्रसाद जी वकील भागलपुर जो बहुत दिन तक सरकारी वकील भी थे और आजकल काशी सेवन कर रहे हैं, इनकी कुण्डली ३५ में चतुर्थेश वृहस्पति स्वगृही होकर लग्न में बैठा है और उसपर अंग्रेजी विद्या के स्वामी, उच्च शनि की पूर्ण दृष्टि है। सूर्य्य, बुध और चन्द्रमा आध्यात्मिक ज्ञान के दाता द्वादश तथा परलोक स्थान में बैठे हैं। ये बी. ए., बी. एल. हैं और अपने समय के भागलपुर में अद्वितीय वकील थे। इसी प्रकार सर गणेश दत्त सिंह, मिनिष्टर लोकल सेल्फ गवर्नमेंन्ट, विहार, भूतपूर्व वकील कलकत्ता और पटना हाईकोर्ट की कुण्डली ३७ में चतुर्थेश शनि, अन्य-देशीय विद्या का स्वामी लग्न में मकर के नवाँश में बैठा है और वृहस्पति द्वितीयेश और पंचमेश शुक्र के साथ चतुर्थ स्थान में बैठा है।

देखो कुण्डली २२ श्री शिव कुमारि शास्त्री जी की। लग्नेश वृहस्पति चतुर्थस्थ और चतुर्थेश बुध लग्नेस्थ है। केवल एकही योग रहने से विद्या यशस्वी होता है पर इनमें दोनों हो है। स्मरण रहे कि वृहस्पति (वक्री) विद्या को स्वामी और वुध, वुद्धि के स्वामी मे ऐसा विचित्र सम्बन्ध है कि एक दूसरे के गृह में बैठा है। बुध को लग्न में रहने से ही विद्यायश होता है। बुध यद्यपि नीच है पर इसे नीच-भंग-राज- योग है। फिर भी देखा विद्या-यश होता है। बुध यद्यपि नीच है पर इसे नीच-भंग-राज- योग है। फिर भी देखा जाता है कि लग्नस्थ बुध पाप दृष्टि भी नहीं है। पुनः पन्चमेश चन्द्रमा केन्द्र में वृ. से दृष्ट भी है। अतः इन योगों के प्रभाव से शास्त्री जी अपने समय के एक अद्वितीय विद्वान एवं विद्या-यशस्वी थे।

पुनः पाठकों का ध्यान वल्लभाचार्य्य जी की कुण्डली ९ पर आकर्षित किया जाता है। इस नियम में लिखा जा चुका है कि वुध, शुक्र, द्वितीय, चतुर्थ, नवम एवं वृहस्पति से विद्या का विचार होता है। इस कुण्डली में वुध बुद्धि के स्थान में बैठा है, शुक्र, नवमेश-चन्द्रमा के साथ चतुर्थ स्थान में है और उच्च वृहस्पति नवम स्थान में लग्नेश के साथ बैठा है। पुनः लग्न से पंचमेश वृ. चन्द्रमा से पंचमेश बु. दोनों त्रिकोण में है ऐसी

सुन्दर ग्रहस्थिति के कारण ये एक महान विद्वान हुए। नवमस्थ उच्च वृहस्पति ने विद्या-विकाश की प्रखरता को धार्मिक-विचार की ओर डाल दिया। शुक्र एवं नवमेश चन्द्रमा चतुर्थ स्थान में बैठकर कल्पना और काव्य कुशलता, उपन्यास नहीं बल्कि धार्मिक विचार की ओर इनकी प्रवृत्ति को झुकाया जिससे ये चौबीस धार्मिक ग्रंथ बनाये। बुध और मंगल नीच है। बहुत काल पूर्व जन्म होने के कारन यह कहना असम्भव है कि ये दोनों ग्रह उच्चादिनवांश में है या नहीं। पर मंगल को नीच-भंग-राज-योग है। देखो कुण्डली ३६ विद्यासागर जी की। नियम (१) के अनुसार देखा जाता है कि चतुर्थेश बृहस्पति की पूर्ण दृष्टि पञ्चमेश मंगल पर है और दशमेश दशमस्थ है और वह स्वयं बुध है।

(३) यदि चतुर्थ स्थान में चतुर्थेश हो अथवा शुभग्रह की उस पर दृष्टि हो या वहाँ शुभग्रह बैठा हो तो जातक विद्या-विनयी होता है। यदि बुधग्रह बलिष्ट हो तो भी वैसा ही फल होता है। इस स्थान पर देशभक्त पंडित जवाहरलाल नेहरूजी की **कुण्डली ४९** पर पाठकों का ध्यान आकर्षित किया जाता है। इनकी कुण्डली में चतुर्थेश शुक्र चतुर्थस्थ है। लग्नेश चन्द्रमा लग्नस्थ और बुध अपने मित्र शुक्र के साथ चतुर्थस्थान में है और मित्र-गृही भी है। अंग्रेजी विद्या का स्वामी शनि द्वितीय स्थान में बैठकर चतुर्थ स्थान पर पूर्ण दृष्टि डालता है और शनि पर स्वगृही वृहस्पति की पूर्णदृष्टि है। इनकी जीवनी में लिखा है कि केम्ब्रिज यूनीवरसिटी के प्रोफेसरों को आपकी असाधारण योग्यता पर आश्चर्य होता था। इसलिये उन लोगों ने आपको बिना परीक्षा दिये ही (M. A.) एम. ए. औनर्स की डिग्री प्रदान कर दी। पुनः सुविख्यात बाबू भगवानदासजी की बनारस की **कुण्डली ३८** में स्वगृही बृहस्पति चतुर्थस्थ है जो लग्न का स्वामी भी है। बुध और चन्द्रमा द्वितीय स्थान में है और सूर्य्य उसके साथ है। अतः इस योग (बुध, चन्द्रमा और सूर्य्य के द्वितीय स्थान में रहने के प्रभाव से सर्वदा आध्यात्मिक चिन्तन में निमग्न रहते हैं। देखो कुण्डली ३२ स्वामी विवेकानन्द जी की। नियम (१) और (२) के अनुसार इनका बुध और शुक्र लग्न (केन्द्र) में, द्वितीय भाव का स्वामी त्रिकोण में, चतुर्थभाव का स्वामी चतुर्थस्थ और नवम एवं दशम भाव का स्वामी लग्न में है। अर्थात् इन सब योगों से विद्याध्यन, कल्पना शक्ति आदि की प्रबलता हुई। नियम (३) के अनुसार चतुर्थेश चतुर्थस्थ है और उसपर विद्या-कारक बृहस्पति की पूर्ण दृष्टि है। अतः ये विद्या-विनयी भी हुए। धन लग्न होने से आगामी (४) के अनुसार चतुर्थेश बृहस्पति पर मंगल की पूर्णदृष्टि है। अतएव धन लग्न ठीक नहीं है क्योंकि बृहस्पति अपने शत्रुगृह में पड़ता है।

(४) यदि चतुर्थेश ६,८,१२ स्थान में हो, अथवा पापग्रह के साथ हो, अथवा पाप-दृष्ट हो, अथवा चतुर्थेश पापराशिगत हो तो जातक विद्या-विहीन होता है अथवा उसके विद्याध्ययन में बाधा होती है। चतुर्थेश, बृहस्पति अथवा बुध के तृतीय वा ६,८,१२ में पड़ने से वा शत्रुगृहगत होने से विद्या के लिये अनिष्ट होता है। देखो **कुण्डली ४४** स्वामी

रामतीर्थ जी की। चतुर्थेश बुध अष्टमस्थ और बृहस्पति षष्ठस्थ है। परन्तु बृहस्पति अतिमित्रगृही और स्वनवांशस्थ है, बुध सूर्य्य से अस्त न है और बुद्धि-स्थान का स्वामी चन्द्रमा भी अष्टमस्थ है। इन्हीं सब कारणों से ये विद्या-विहीन तो न हुए परन्तु इनके विद्याध्ययन में बड़ी २ बाधाएँ होती रहीं। इनकी जीवनी में लिखा है कि इनकी आर्थिक दशा ऐसी खराब थी कि विद्यार्थीजीवन में इन्हें कई दिनों तक दो पैसे की रोटी पर ही रह जाना पड़ा था और साथ २ ऐसी दु:खद अवस्था में इन्हें अपनी स्त्री का भी भरण-पोषण करना पड़ता था। विद्याध्ययन की पिपासा, जठराग्नि की ज्वाला, अपनी विवाहिता युवती का भरण-पोषण और संग का असह्य उपद्रव इन्हें चारो तरफ से सताता रहा। पुन: देखो **कुंडली २०**, इसमें चतुर्थेश शनि पापग्रह सूर्य्य के साथ एकही नक्षत्र में है और दशमस्थ मंगल की पूर्ण दृष्टि चतुर्थेश शनि एवं चतुर्थ स्थान पर भी है। इन्हीं सब कारणों से इनको विद्याध्ययन में अनेकानेक विघ्न बाधाएँ होती गयीं। इसी प्रकार **कुंडली १६** को देखने से मालूम होता है कि चतुर्थेश बृ. शनि के साथ है और श. की पूर्ण दृष्टि पंचम पर है। इनको भी विद्याध्ययन में बड़ी २ कठिनाइयों का समना करना पड़ा था। देखो **कुंडली १२** हैदर अली की। विद्यास्थान अत्यन्त ही विचित्र है। चतुर्थेश, पंचमेश, नवमेश, द्वितीयेश, बुध और बृहस्पति सबके सब विद्यादाता ग्रह द्वितीय स्थान अर्थात् वाचाशक्ति एवं कल्पना-शक्ति के स्थान में हैं। लग्नेश शुक्र चतुर्थ स्थान में है (धा. १२९ (२) के अनुसार) पुन: (धा १२९ (४) के अनुसार) चतुर्थेश शनि, पापग्रह सूर्य्य, मंगल, बुध और चन्द्रमा के साथ है और चतुर्थेश पापराशिगत भी है और लग्न एवं चन्द्र लग्न पंचमेश में से कोई भी केन्द्र में नहीं हैं। इन विपरीत योगों का फल यह हुआ कि हैदरअली को साधारण सिपाही का पुत्र होने के कारण विद्याध्ययन का तो अवकाश ही न मिला अर्थात् विद्याध्ययन में बाधा पड़ी। परन्तु इतिहासकारों ने लिखा है कि वह पाँच भाषायें अच्छी तरह बोल सकता था और राज्य का सारा काम उसी की सलाह से होता था। हर एक मामले को वह स्वयं देखता था। अर्थात् साक्षर न होता हुआ भी विद्वान् था।

(५) बुध स्वगृही अथवा उच्च, लग्न से केन्द्र अथवा त्रिकोण में रहे तो विद्या, वाहन और सम्पत्ति की विभूति होती है। श्री शिवकुमार शास्त्री जी की **कुंडली २२** में बुध लग्नस्थ है पर स्वगृही और उच्च न है। परन्तु बुध को नीच-भंग-राज-योग है। अत: बुध के प्रभाव से इन्हें विद्या एवं धन की विभूति प्राप्त हुई। पुन: सर प्रभुनारायण सिंह जी की **कुंडली २४** में, उपर्युक्त नियमों पर ध्यान देते हुए देखा जाता है कि चतुर्थस्थान, विद्या एवं नवमस्थान के स्वामी मंगल और बुद्धि स्थान अर्थात् पंचम स्थान के स्वामी बृहस्पति को, केन्द्रस्थित होते हुए आपस में अन्योन्य सम्बन्ध है। द्वितीयेश एवं चतुर्थेश पर भी बृहस्पति की पूर्ण दृष्टि है। इससे स्पष्ट होता कि उक्त महाराजा साहब ने धनी होते हुए भी केवल विद्याध्ययन ही नहीं किया बल्कि कुशलता एवं पुस्तक आदि लिखने की शक्ति भी प्राप्त की।

(६) नवमस्थ बृहस्पति पर बुध और शुक्र की दृष्टि हो तो जातक पूर्ण विद्वान् होता है।

(७) यदि बुध, बृहस्पति और शुक्र नवमस्थान में हों तो जातक प्रसिद्ध विद्वान् होता है। यदि बु. और बृहस्पति के साथ शनि नवम स्थान में हो तो जातक विद्वान् और वाग्मी होता है।

बुद्धि

धा-१२० (१) (क) यदि पंचम स्थान का स्वामी बुध हो और वह किसी शुभग्रह के साथ हो अथवा उसपर शुभग्रह की दृष्टि हो, (ख) यदि पंचमेश शुभग्रहों से घिरा हो, (ग) यदि बुध उच्च हो, (घ) यदि बुध पंचमस्थ हो, (ङ) पंचमेश जिस नवांश में हो उसका स्वामी केन्द्रगत हो और शुभग्रह से दृष्ट हो तो इन उपर्युक्त योगों में से किसी के रहने से जातक समझदार, होशियार और बुद्धिमान् (Intelligent) होता है। स्वामी विवेकानन्दजी की **कुंडली ३२** में भी पंचमेश शुक्र केवल केन्द्र ही में नहीं बल्कि मीन अर्थात् उच्च के नवांश में है और मीन का स्वामी बृहस्पति केन्द्र में है। परन्तु किसी शुभग्रह से दृष्ट नहीं है वरन् चतुर्थेश मंगल से दृष्ट है।

(२) पंचमेश जिस स्थान में हो, उस स्थान के स्वामी पर यदि शुभग्रह की दृष्टि हो अथवा दोनों तरफ शुभग्रह बैठे हों तो उसकी बुद्धि बड़ी तीव्र और सूक्ष्म होती है। देखो **कुंडली २६** स्वर्गवासी लोकमान्य बालगंगाधर तिलक जी की। पंचमेश मंगल चतुर्थस्थ है और उसका स्वामी शुक्र लग्नगत है और उसपर स्वगृही बृहस्पति की पूर्णदृष्टि है। देखो **कुंडली २५** बी. सूर्य्यनारायण राव की। पंचमेश कुम्भराशिगत है और कुम्भ के स्वामी शनि पर शुक्र एवं बृहस्पति की पूर्णदृष्टि है। देखो **कुंडली ३४** सर आशुतोष जी की। पंचमेश बुध लग्न में है। लग्नेश शुक्र द्वितीयस्थान में और बृहस्पति से दृष्ट है। इसी कारण ये देश के एक अपूर्व बुद्धिमान् पुरुष थे। पुनः देखो **कुंडली ५०** राजा बहादुर हरिहर प्रसाद नारायण सिंह अमावाँ-टिकारी नरेश (बिहार) की। इस कुंडली मे पंचमेश पंचमस्थ है और उस पर बृहस्पति की पूर्णदृष्टि है। ये बहुत ही असाधारण बुद्धि के राजा हैं।

(३) यदि पंचमस्थान दो शुभग्रह के बीच में हो और बृहस्पति पंचमस्थित हो तथा बुध दोषरहित हो तो जातक तीक्ष्णबुद्धि वाला होता है।

(४) यदि लग्नाधिपति नीच हो अथवा पापयुक्त हो तो उसकी बुद्धि अच्छी नहीं होती है।

(५) यदि पंचमेश, बु. बृ. वा. शु. दुःस्थानगत हो वा अस्त हो तो भी जातक की बुद्धि मलिन होती है।

स्मरण-शक्ति

धा-१३१ यदि पंचम स्थान में शनि और राहु हो और शुभग्रह की पंचम स्थान पर दृष्टि न हो तथा पंचमेश पर पापग्रह की दृष्टि हो और बुध द्वादशस्थ हो तो स्मरण-शक्ति खराब होती है। इसी तरह पंचमेश के शुभदृष्ट वा युक्त रहने से अथवा पंचम स्थान के शुभदृष्ट वा युक्त रहने से वा बृ. से पंचमस्थान के स्वामी के केन्द्र वा त्रिकोण में रहने से स्मरण-शक्ति अच्छी होती है। देखो **कुंडली २२** श्री शिवकुमार शास्त्री जी की। पंचमेश चन्द्रमा पर बृहस्पति की पूर्णदृष्टि है। इसी योग के प्रभाव से इनको शास्त्रार्थ के समय अनेकानेक धर्मशास्त्रों के प्रमाण की कमी न होती थी। पुनः श्री वल्लभाचार्य्य जी की **कुंडली ९** में बृहस्पति उच्च है और पंचमस्थान उच्च बृहस्पति से दृष्ट भी है। बृहस्पति मंगल के साथ और शनि से दृष्ट है। बृ. से पंचमेश मं. त्रिकोण में है। धा. १२९ (२) के अनुसार शनि से ज्ञान का भी विचार होता है। कुंडली ७ में पंचम स्थान पर लग्नस्थ परमोच्च बृहस्पति एवं उच्च चन्द्रमा की पूर्णदृष्टि है। अतः इनकी बहुत विलक्षण स्मरणशक्ति थी जिसका उदाहरण परिशिष्ट में पाया जायगा।

व्याकरण-विद्या

धारा–१३२. (१) बृहस्पति और द्वितीयेश के बली होने से और उन पर सूर्य्य तथा शुक्र की दृष्टि रहने से जातक व्याकरणी होता है। देखो **कुंडली १६** विद्यासागर-जी की। वक्री बृहस्पति और द्वितीयेश शनि मूल त्रिकोणस्थ होता हुआ तृतीयस्थान में एक साथ हैं और पंचमस्थान पर शनि की पूर्ण दृष्टि है।

(२) स्मरण रहे कि जातक का व्याकरण-विद्या-योग जानने के लिये द्वितीय और पंचम पर ध्यान देना होगा। यदि बलवान गुरु द्वितीयेश हो और सूर्य्य के साथ हो तो जातक व्याकरण में निपुण होता है। देखो **कुंडली २२** श्री शिवकुमार शास्त्रीजी की। द्वितीयेश मंगल से पंचमेश चन्द्रमा दृष्ट है और पुनः बृहस्पति से भी दृष्ट है। अतः ये एक बहुत बड़े वैयाकरण थे। देखो **कुंडली ९** श्री वल्लभाचार्य्यजी की। बृहस्पति द्वितीयेश एवं पंचमेश है और उच्चगत होता हुआ नवमस्थ है।

(३) यदि द्वितीयेश बृहस्पति बलवान हो तथा रवि और शुक्र द्वारा दृष्ट हो तो जातक शब्द-शास्त्र का ज्ञाता होता है।

गणित-विद्या

धारा–१३३ (१) गणित के लिये बृहस्पति का केन्द्र में होना आवश्यक है और यदि साथ२ बुध द्वितीयभाव का स्वामी हो, अथवा शुक्र उच्च या स्वगृही हो तो जातक को

गणित-शास्त्र में प्रेम होता है। बी. सूर्य्यनारायण राव की **कुंडली २५** में बृ. केन्द्रगत और द्वितीयेश बु. उसके साथ है। उदाहरण **कुंडली ९६** में बृ. केन्द्र में और शु. स्वगृही है। इसी कारण इस जातक को गणित से विशेष प्रेम है।

(२) यदि मंगल द्वितीयभाव गत हो और शुभग्रह के साथ और बुध से दृष्ट हो अथवा बुध केन्द्र में हो तो जातक गणितज्ञ होता है। देखो **कुंडली ३८**। सर गणेशदत्तजी की : द्वितीय स्थान में मं. और बु. साथ हीं हैं। इनको गणित-शास्त्र से बड़ा ही प्रेम है। देखो (३)

(३) यदि बृहस्पति केन्द्र वा त्रिकोणगत हो अथवा शुक्र उच्च हो किम्बा बुध वा मंगल धनभावगत हो अथवा यदि किसी केन्द्र में बुध द्वारा दृष्ट हो तो जातक गणित मंगल शास्त्रज्ञ होता है। लोकमान्य तिलक जी की **कुंडली २६** में स्वगृही बृहस्पति त्रिकोणस्थ है। और शु. तुला के नवाँश में है, उच्च का नहीं। पुनः आदि गुरु शंकराचार्य्य जी की **कुंडली ७** में बृहस्पति केन्द्र में मंगल द्वितीय स्थान में और बुध केन्द्र में है।

(४) यदि द्वितीयस्थान में चन्द्रमा, मंगल के साथ हो और उस पर बुध की दृष्टि हो अथवा बुध केन्द्रगत हो अथवा द्वितीयभाव का स्वामी बुध उच्चगत हो और लग्न में बृहस्पति हो तथा शनि-अष्टम-गत हो तो जातक गणितज्ञ होता है। हैदरअली की कुंडली १२ में, नियम (१) के अनुसार स्वगृही मंगल द्वितीयस्थान में है और उसके साथ बृहस्पति एवं बुध भी है। नियम (२) के अनुसार चन्द्रमा मंगल और बुध साथ होकर द्वितीय स्थान में है। इन्हीं सब कारणों से हैदयअली अनपढ़ होता हुआ भी बड़ा २ हिसाब जबानी लगा लेता था, जैसा कि इतिहाँसकारों ने लिखा है। वह पेचीले से पेचीले मामले को भी शीघ्र समझ जाता था। देखो **कुंडली ४४** स्वामी रामतीर्थ जी की। द्वितीयेश मंगल केन्द्र में है और बृहस्पति की मंगल एवं द्वितीय स्थान पर पूर्णदृष्टि है। पुनः नीच शुक्र केन्द्र में है परन्तु नवांश में उच्च है। द्वितीय स्थान पर चन्द्रमा और बुध दोनों की दृष्टि है। इन्हीं सब योगों के प्रभाव से स्वामी जी को गणित से केवल प्रेम ही न था बल्कि इस विषय पर उन्होंने पुस्तकें भी लिखी हैं।

(५) यदि चन्द्रमा और बुध केन्द्रगत हों अथवा तृतीयेश बुध के साथ केन्द्र में हो तो जातक गणितज्ञ होता है।

(६) यदि शनि से बुध षष्ठ स्थान में हो और बृहस्पति लग्न से द्वितीयस्थ हो तो जातक फलित-ज्योतिष का ज्ञाता होता है।

शास्त्र-योग

धारा–१३४. (१) यदि बृहस्पति और शुक्र केन्द्र में हों और द्वितीयेश, सिंहांश वा गोपुरांश का हो और बुधजन्म-नवांश में हो तो जातक षट्शास्त्री होता है। स्वामी विवेका-

नन्द जी की **कुंडली ३२** में बृ. एवं शु. केन्द्रस्थ हैं और द्वितीयेश श. वक्री एवं मकर के द्रेष्काण और कुम्भ के द्वादशांश में है। जन्मनवाँश मकर है और बुध मकरगत है।

(२) बृहस्पति और शुक्र सिंहांश अथवा गोपुराँश के होते हुए यदि केन्द्रगत हों और बुध द्वितीय स्थान के नवांश में हो तो जातक षट्शास्त्री होता है।

(३) यदि बृहस्पति केन्द्र वा त्रिकोणगत हो और उस पर शुक्र अथवा बुध की दृष्टि हो और शनि परवतांश का हो तो जातक वेदान्ती होता है।

(४) यदि बृहस्पति बलवान होकर द्वितीयस्थान गत हो और द्वितीय स्थान के स्वामी का नवांश-पति केन्द्र अथवा त्रिकोणगत हो अथवा उस पर शुभग्रह की दृष्टि हो तो जातक वेदान्ती और शास्त्र-परायण होता है।

(५) यदि चन्द्रमा और शुक्र साथ होकर लग्न से केन्द्र में हो और चन्द्रमा देवलोकाँश में हो तो जातक वेदान्ती होता है। पुनः यदि शुक्र उत्तमांश होकर लग्न में हो तौ भी जातक वेदान्ती होता है। स्वामी विवेकानन्द जी की **कुंडली ३२** में शुक्र उच्च नवांश में होकर लग्न अर्थात् केन्द्र में है।

(६) यदि लग्नेश द्वितीय स्थान में हो अथवा कोई उच्च शुभग्रह केन्द्र में हो अथवा लग्नेश परवतांश में हो और शुक्र द्वादशस्थान में हो जातक वेदान्ती होता है। शुक्र का द्वादशभाव में रहना तीनों योगों में आवश्यक है।

(७) यदि द्वितीयेश, सूर्य्य अथवा मंगल हो और उस पर बृहस्पति अथवा शुक्र की दृष्टि हो तो जातक शास्त्रज्ञ होता है। तिलक महराज की **कुंडली २६** में द्वितीयेश रवि पर बृहस्पति की पूर्णदृष्टि है एवं शुक्र रवि के साथ है। स्वामी रामतीर्थ जी की **कुंडली ४४** में द्वितीयेश मंगल पर बृहस्पति की पूर्णदृष्टि है। इस कारण से शास्त्रज्ञ हुए। **कुंडली ७** में द्वितीयेश र. उच्च शु. के साथ दशमस्थ है।

(८) यदि द्वितीय, चतुर्थ, पंचम और दशमस्थ ग्रह एवं लग्नेश, नवमेश और दशमेश बली हो तो मनुष्य षट्शास्त्री होता है।

(९) लग्नाधिपति जिस नवांश में हो, उसका स्वामी जिस राशि में हो और पुनः उस राशि का स्वामी जिस नवांश में हो, उस नवांश का स्वामी यदि उच्च हो अथवा वेशिपांश का हो और द्वितीयेश हो तो जातक राजा होता है अथवा बृहस्पति के समान होता है। देखो **कुंडली ७** शंकराचार्य्य जी की। लग्नाधिपति चन्द्रमा मेष के नवांश में है। मेप का स्वामी मंगल सिंह राशि में है। सिंह का स्वामी सूर्य्य कर्क नवांश में है। उसका स्वामी चन्द्रमा उच्च है (परन्तु द्वितीयेश नहीं है)। अत आदिगुरु गुण में बृहस्पति के समान हुए। पुनः रामानुजाचार्य्य जी की **कुंडली ८** में लग्नेश चन्द्रमा कर्क नवांश में है। उसका

स्वामी चन्द्रमा वृष में है। वृष का स्वामी शुक्र कुम्भ के नवांश में है और कुम्भ का स्वामी शनि स्वगृही एवं स्वद्रेष्काणस्थ है। इस कारण योग पूर्णरीति से लागू नहीं है।

(१०) यदि बृहस्पति, चन्द्रमा और लग्न (तीनों) शनि से दृष्ट हों और नवम स्थान में वृहस्पति हो और कुंडली में कोई राज-योग भी हो तो ऐसा जातक कणाद, वराह मिहिर आदि के ऐसा शास्त्र बनाने वाला होता है। श्री वल्लभाचार्य्य जी की **कुंडली ९** में शनि की पूर्णदृष्टि बृहस्पति, लग्न और चन्द्रमा पर है और बृहस्पति नवमस्थ भी है। उक्त कुंडली में निम्नलिखित राज-योग भी है (१) पंचमेश बृहस्पति, केन्द्रेश-मंगल के साथ भाग्यस्थान में है। (२) केन्द्रश शनि, त्रिकोणेश बृहस्पति को देखता है। (३) त्रिकोणेश चन्द्रमा केन्द्रेश, मंगल से दृष्ट है। (४) त्रिकोणेश चन्द्रमा, केन्द्रेश श. से दृष्ट है। (५) त्रिकोणेश चन्द्रमा और केन्द्रेश शुक्र साथ है। (६) केन्द्रेश मंगल, त्रिकोण में और त्रिकोणेश, चन्द्रमा केन्द्र में है। (७) राहु केन्द्रस्थ है और उसके साथ त्रिकोणेश चन्द्रमा भी है देखो धा. १५९ (४)। इस कारण यह एक बड़े शास्त्रकार हुए।

(११) यदि बृहस्पति नवमस्थ हो और शनि से, लग्न, चन्द्रमा और बृहस्पति दृष्ट हो तो जातक तीर्थकृत अर्थात् शास्त्रकर्त्ता और राजा के समान होता है। (देखो नियम १०)।

(१२) यदि बृहस्पति केन्द्र अथवा त्रिकोण में हो तो जातक वेदान्त परिशील होता है। **कुंडली ७ और ८** में यह योग लागू होना कहा गया है।

(१३) शु. से पंचम स्थान का स्वामी, शुभयुक्त केन्द्र वा त्रिकोण में हो तो जातक पुस्तकों का अर्थ लगाने में बड़ा चतुर होता है। कुं. ७ में शु. से पंचमेश र. शुभ ग्रह के साथ केन्द्र में है। देखो नियम (७)। कुं. ९ में शु. से पंचमेश बु. त्रिकोण बृ. से दृष्ट है।

वाचा-शक्ति-योग।

धा. १३५ (१) यदि द्वितीयेश द्वितीयस्थ हो और उसके साथ बृहस्पति बैठा हो और पापग्रह की कोई दृष्टि न हो तो जातक बहुत ही वाग्मी होता है तथा अपने मन्तव्य को दृढ़तापूर्वक अपने व्याख्यान में उपयोग कर सकता है।

(२) यदि बृहस्पति और बुध द्वितीयस्थ हों और पापग्रह से दृष्ट न हों तो जातक का व्याख्यान मनोहर तथा अपूर्व होता है तथा धैर्यपूर्वक अपने वक्तव्य को प्रकाशित कर सकता है। विहार-कौंसिल में स्वराज्य-पार्टी के भूतपूर्व लीडर बाबू श्री कृष्ण सिंह जी एम. ए., बी. एल. की **कुंडली ४८** में बुध और बृहस्पति द्वितीयस्थ हैं। बुध मिथुन के नवांश में और बृहस्पति धन के नवांश में अर्थात् दोनों ग्रह स्वगृही-नवांश में हैं। वे क़िसी पापग्रह से दृष्ट नहीं हैं। बुध और बृहस्पति के साथ केवल र. है। पाठक यदि उनके कौंसिल में

दिये हुए व्याख्यान को पढ़ें तो ज्योतिष की सत्यता प्रत्यक्ष हो जायगी। विहार प्रान्त के सभी लोग जानते हैं कि वे एक अपूर्व प्रभावशाली तथा जोशीला वक्ता हैं। पुन : स्वामी रामतीर्थ जी की **कुंडली ४४** में द्वितीय स्थान पर बुध एवं बृहस्पति को पूर्णदृष्टि है। परन्तु सूर्य्य और चन्द्रमा की भी दृष्टि है। ये अपने व्याख्यान में अपने मन्तव्य को खूब धीरता से प्रकाशित करते थे, यहाँ तक कि श्रोतागण अश्रुधारा में बहने लग जाते। परन्तु इनके योग से बोध होता है कि इनकी वक्तृता उथल-पुथल मचा देने वाली नहीं होती होगी।

(३) यदि द्वितीयभाव शुभवर्ग का हो तो जातक अवश्य ही व्याख्यान में कुशल होगा। यदि द्वितीयेश, त्रिकोण अथवा केन्द्र में हो और शुभ से सम्बन्ध रखता हो तौ भी वाचा-शक्ति अच्छी होगी। श्री युत राजेन्द्रनाथ घोष ने अपनी पुस्तक "आचार्य शंकर और रामानुज" में लिखा है कि यदि द्वितीयेश शुभ ग्रह से दृष्ट वा युक्त हो अथवा केन्द्र वा त्रिकोण में हो अथवा उच्च हो तो जातक युक्तिशाली एवं वाग्मी होता है। **कुंडली ४८** में द्वितीय स्थान तुला के प्रथम अंश में रहने के कारण द्रेष्काण, सप्तमाँश, नवमाँश एवं द्वादशांश सबके सब तुला अर्थात् शुभवर्ग के हैं। (देखो चक्र १६ ख.) अतः यह एक बहुत अच्छे व्याख्यानदाता हैं। पुनः स्वामी विवेकानन्द जी की **कुंडली ३२** में द्वितीयभाव तुला नवांश का अर्थात् शुभवर्ग का होता है और द्वितीयेश शनि, धर्मस्थान अर्थात् त्रिकोण में शुभ चन्द्रमा के साथ बैठा है। ये भी वाचा-शक्ति में अत्यन्त ही कुशल थे। उदाहरण **कुंडली ९६** में द्वितीयेश शनि लग्न (केन्द्र) में है और उस पर बृहस्पति की पूर्णदृष्टि है। इस कारण इस जातक की भी वाचाशक्ति अच्छी है।

(४) यदि द्वितीयेश अष्टमगत हो और बृहस्पति उसके साथ हो तो उसकी वाचा-शक्ति बहुत ही खराब होती है।

(५) यदि बृहस्पति द्वितीयेश के साथ हो अथवा द्वितीयेश पर बुध वा शुक्र की दृष्टि हो तो जातक का व्याख्यान प्रभावशाली होता है तथा वह कुल का पोषक होता है और उसके अनुयायी बहुत लोग होते हैं। **कुंडली ७** में द्वितीयेश-रवि के साथ बुध और शुक्र है। इस कारण ये अपने प्रभावशाली शास्त्रार्थ द्वारा बौद्धधर्म का जड़ भारत से उखाड़ कर, पुनः सनातन धर्म की संस्थापना की और लोगों को वेदानुयायी बनाया। ये संन्यासी होने पर भी प्रायः प्रतिवर्ष अपनी माता के दर्शन के लिये जाते थे। महात्मा गाँधी की **कुंडली ३९** को देखने से मालूम होता है कि उनका शुक्र, द्वितीयस्थ स्वगृही है, बु. उसके साथ है और द्वितीयेश पर बृहस्पति की पूर्णदृष्टि है। (देखो नियम १)। यह बात किसी से छिपी नहीं है कि यद्यपि वे एक अच्छे व्याख्याता तो नहीं कहे जा सकते पर उनके व्याख्यान में एक ऐसी विलक्षण प्रभावोत्पादक शक्ति है कि जनता उनके पीछे दौड़ पड़ती है। स्मरण रहे कि द्वितीय स्थान में मंगल भी है पर ज्योतिषशास्त्र में लिखा है कि द्वितीयस्थ मंगल निष्फल होता है। पुनः स्मरण रहे कि महात्मा जी की कुंडली में बृहस्पति द्वितीयेश के

साथ नहीं है पर द्वितीयेश पर बृहस्पति की पूर्ण दृष्टि है और द्वितीयेश शुक्र पर बुध की दृष्टि नहीं है पर बुध साथ है। अतः योग लागू है। ज्योतिष शास्त्र का यह एक बहुत बड़ा रहस्य है कि भावस्थित ग्रह सबसे अधिक शक्तिशाली होता है। उससे न्यून भावदर्शी ग्रह होता है। देखो **कुंडली २५** श्री. सूर्य्यनारायण राव की। द्वितीयेश बुध बृहस्पति के साथ है। लेखक को इनका व्याख्यान सुनने का मौका मिला है। ये बहुत ही प्रभावशाली व्याख्याता हैं।

(६) धनस्थान में शुभग्रह की दृष्टि वा योग रहने से जातक मिष्टभाषी और सत्य-भाषी (सदालापी) होता है पर पापग्रह का योग वा दृष्टि रहने से दुर्मुख होता है। महात्मा जी की **कुंडली ३९** में अनेक प्रकार से बली शुक्र धनस्थान में बैठा है और बृहस्पति से दृष्ट है तथा उसके साथ बुध और पाप मंगल भी है। मंगल द्वितीय स्थान में निष्फल है। इसी कारण महात्मा जी सत्य के एक देदीप्यमान मूर्ति हैं। कहा जा सकता है कि मंगल ने इनको कठोर-सत्य-भाषी बनाया। आत्मकथा' इसका साक्षी है। **कुंडली ७** में भी द्वितीय स्थान में मंगल और राहु दो पापग्रह हैं। क्या इसी योग के कारण शंकर ने वेदव्यास से शास्त्रार्थ करते समय काशी में उनको एक चपत लगादी थी? और मंडन मिश्र से शास्त्रार्थ करते समय कठोर शब्दों का प्रयोग किया था? स्वामी विवेकानन्द जी की **कुंडली ३२** मे द्वितीय स्थान पर बृहस्पति की पूर्णदृष्टि है और किसी पापग्रह की दृष्टि नहीं है। इस कारण ये अत्यन्त मिष्टभाषी एवं सदालापी थे। पुनः देखो **कुंडली ४८**। बुध और बृहस्पति अपने २ नवांश में रहते हुए द्वितीय स्थान में है। इस कारण मिष्टभाषी और सदालापी होना तो इनका स्वाभाविक गुण है। परन्तु रवि भी तुला में है और १५ अंश से भी कुछ दूर पर है। इस कारण राजनैतिक आन्दोलन के एक मुख्य-कार्यकर्त्ता होने के कारण कभी२ इन्हें कठोर सत्य भी कहना पड़ता है। स्वामी रामतीर्थ जी की **कुंडली ४४** में भी द्वितीय स्थान पर बृहस्पति की पूर्णदृष्टि है। बृहस्पति परममित्रगृही एवं नवांश में स्वगृही है। इस कारण ये मिष्टभाषी और सदालापी तो अवश्य थे परन्तु अष्टमस्थ पापग्रहों की दृष्टि भी द्वितीय स्थान में रहने के कारण ये कठोर-सत्य-भाषी भी हों तो आश्चर्य्य नहीं, पर लेखक को मालूम नहीं।

(७) धन स्थान में चन्द्रमा के रहने से जातक की बोली ठहर-ठहरकर होती है परन्तु धनराशि का चन्द्रमा होने से जातक व्याख्याता, विद्वान एवं स्पष्टभाषी होता है। देखो **कुंडली २०** श्री केशवचन्द्रसेन की। मालूम होता है कि इनकी वाचा-शक्ति केवल धनगत-चन्द्रमा की ही दी हुई थी। धनस्थान में शनियुक्त चन्द्रमा होने से तुतली बोली होती है।

(८) यदि तृतीय भाव सबल हो और उसमें बुध और बृहस्पति बैठे हों अथवा उसको देखते हों, अथवा बृहस्पति और बुध, तृतीय स्थान से केन्द्र में हो अर्थात् लग्न से षष्ठ, नवम और द्वादश में हों तो उस जातक का स्वर अत्यन्त मधुर और चारु होता है।

अन्यान्य विद्या-योग

धा. १३६ यदि बृहस्पति नवम भाव में हो और उस पर चन्द्रमा और शनि की दृष्टि हो तो जातक विदेश में रहकर कानून का काम करने वाला होता है।

(२) यदि नवम स्थान में शुक्र के साथ मंगल बैठा हो तौ भी जातक विदेश में कानून का काम करने वाला होता है।

(३) चन्द्रमा और बुध के नवमगत रहने से जातक कलाकुशल होता है और उसकी वाचा-शक्ति भी अच्छी होती है।

(४) यदि बुध केन्द्रगत हो और द्वितीयेश बली हो, अथवा शुक्र द्वितीय स्थान में हो और कोई अन्य शुभग्रह तृतीय स्थान में हो, अथवा द्वितीय स्थान में शुक्र उच्च हो और द्वितीयेश बली हो तो जातक ज्योतिष शास्त्र का जानने वाला होता है।

(५) यदि बुध केन्द्र में हो, द्वितीयेश बली हो और शुक्र पंचमस्थ हो तो जातक उत्तम विद्या तथा ज्योतिषशास्त्र का जानने वाला होता है।

(६) यदि रवि वा मंगल धनाधिपति हो और बृहस्पति अथवा शुक्र से दृष्ट हो तो जातक तार्किक होता है। लोकमान्य तिलक जी की **कुंडली २६** में द्वितीयेश रवि पर बृहस्पति की पूर्णदृष्टि है। इस कारण ये बड़े अच्छे तार्किक थे। पुनः शंकराचार्य्य जी की **कुंडली ७** में द्वितीयेश सूर्य्य उच्च है और शुक्र के साथ है। पुनः बुद्धिस्थान (५) का स्वामी द्वितीय में है। ये भी गम्भीर तार्किक थे। हेतुपूर्ण युक्ति वा दलील को तर्क कहते हैं। यह बुद्धि की प्रबलता से ही सम्भव है। बुधग्रह, बुद्धि का कारक है। पंचम स्थान भी बुद्धि का स्थान है। अतएव बुध जिस स्थान में हो उससे पंचमेश यदि शुभयुक्त केन्द्र त्रिकोणादि शुभस्थान में हो तो मनुष्य उत्तम तार्किक होता है। देखो **कुंडली ७** बुध से पंचमेश उच्च र., बु. और शु. के साथ है। देखो धा. १३४ (१३)। ध्यान पूर्वक देखने से विलक्षण योग होता है। तिलक महराज की **कुंडली २६** में केन्द्रस्थ शु., बृ. से दृष्ट है।

(७) यदि तृतीय स्थान बली हो और वह बुध एवं बृहस्पति से दृष्ट अथवा युक्त हो अथवा बुध और बृहस्पति तृतीय स्थान से केन्द्र में हो तो उसका कण्ठस्वर अत्यन्त सुन्दर होता है।

(८) यदि शु. उच्च नवांश में हो और दशमेश चतुर्थस्थ हो तो जातक के गृह में संगीत की कुल सामग्रियाँ रहती है।

(९) यदि नवमेश और दशमेश, चतुर्थस्थ हों और कोई केन्द्रेश कोणगत हो तो जातक के गृह में चारो प्रकार के संगीत का सामान रहता है।

(१०) यदि लग्नेश उपचय में हो और दशमेश चन्द्रमा एवं एक और किसी पापग्रह के साथ होकर किसी केन्द्र में हो तो जातक का गृह संगीत सामग्री से भरा रहता है।

(११) 'जैमिनी-सूत्र' में लिखा है कि सब ग्रहों का स्फुट जानने के बाद देखना चाहिये कि किस ग्रह का अंशादि (राशि नहीं) सबसे विशेष है। जिसका सबसे विशेष अंशादि हो वही आत्म-कारक-ग्रह कहलाता है। परन्तु राहु की चाल वक्र है, इस कारण यदि राहु का अंशादि सबसे कम हो तो वही आत्म-कारक-ग्रह होगा। लिखा है कि यह आत्म-कारक-ग्रह जिस नवांश में हो उस नवांश में, अथवा उस नवाश से पंचम राशि में यदि चन्द्रमा हो तो जातक गायक होता है अर्थात् संगीत-विद्या में निपुण होता है। देखो **कुंडली ५२** मनहर बरवे की। इनका जन्म आश्लेषा नक्षत्र के शेष लगभग ९ दंड में है। अतः कर्क के अन्तिम नवांश में होने के कारण चन्द्रमा मीन के नवाँश में है औरच न्द्रमा आत्म-कारक-ग्रह अन्तिम नवांश में होने के कारण चन्द्रमा मीन के नवांश में है और चन्द्रमा आत्म-कारक-ग्रह भी है। मीन से पाचवें स्थान में चन्द्रमा स्वगृही है। इसी योग के प्रभाव से ये संगीत विद्या में निपुण है।

(१२) यदि आत्म-कारक के नवांश में अथवा उससे पंचम राशि में रवि बैठा हो तो जातक संगीतज्ञ होता है। (संगीत के दो भेद हैं।) एक वह जो यन्त्र द्वारा हो दूसरा जो गत से गाया जाय : यहाँ संगीत से अभिप्राय दोनों प्रकार का संगीत है।

(१३) उपर्युक्त योगों के अतिरिक्त ज्योतिषशास्त्र में यह भी लिखा पाया जाता है कि यदि सूर्य्य वृपराशिगत हो अथवा, मंगल, मिथुन वा कन्या राशिगत हो तो जातक संगीत-कुशल होता है। पुनः यदि चन्द्रमा बुध के नवाँश में हो और उस पर शुक्र की दुष्टि हो अथवा बुध और बृहस्पति के साथ हो तो जातक गानविद्या का जानने वाला होता है। यदि चन्द्रमा बुध के नवाँश में हो और शुक्र से दृष्ट हो तौ भी जातक गानविद्या का ज्ञाता होता है। इसी प्रकार शनि और मंगल अथवा बुध और शुक्र के साथ रहने से जातक गायक होता है। मकर-गत चन्द्रमा होने से गान-विद्या में रुचि होती है। फाल्गुन मास में जन्म होने से भी वैसा ही फल होता है। यदि मंगल के साथ कोई बली ग्रह हो तो जातक संगीत श्रवण का प्रेमी होता है। एका-दशस्थ शुक्र कभी २ गानविद्या द्वारा धन प्रदान करता है। वालकी-योग अर्थात् एकैक एकैक ग्रह एकैक राशि में रहने से जातक संगीत प्रेमी होता है। बाबू गोपीकृष्णजी की **कुंडली ७२** में चन्द्रमा मकराँराशि का है और नियम (७) के अनुसार बुध तृतीय-स्थान से केन्द्र में है। इन का गान सुनने के उपरान्त प्रायः लोग विह्वल हो जाते थे।

(१४) यदि सूर्य्य और बुध द्वितीयस्थ हो और बृहस्पति वा शुक्र से दृष्ट हो अथवा रवि वा मंगल पर्वतांश का हो तो जातक तर्कपरायण होता है। यह योग श्री शंकराचार्य्य और श्री रामानुजाचार्य्य की कुंडलियों में लागू होना कहा जाता है।

विद्या-परीक्षा

धारा–१३७. (१) पूर्व लिखा जा चुका है कि दशमस्थान एवं द्वितीयस्थान से विद्या-यश एवं परीक्षा का अनुमान किया जाता है। बुध और बृहस्पति के शुभ फल से भी परीक्षोत्तीर्ण होने में मदद मिलती है। देखो **कुंडली ७।** श्री शंकराचार्य्य के समय में वर्त्तमान परीक्षा-प्रणाली की जैसी कोई परीक्षा न थी। उस समय विद्वान पुरुष अपने-अपने मत के प्रतिपादन के हेतु देश-देशान्तर में भ्रमण कर अन्य विद्वानों से शास्त्रार्थ किया करते थे । इस शास्त्रार्थ में जिनकी विजय होती थी वही मानो शास्त्रार्थ-परीक्षोत्तीर्ण होते थे। 'शंकर-दिग्विजय' में लिखा है कि आदिगुरु ने भारत के कोने २ में भ्रमण कर शास्त्रार्थ में दिग्विजय प्राप्त किया था। केवल मंडन मिश्र की पंडिता पत्नी उभयभारती से, जिनका नाम पहिले सरस्वती था, काम-शास्त्र में प्रश्नोत्तर करते समय एक वर्ष का उन्हें अवकाश लेना पड़ा था। अपनी आत्मा को अमरु राजा के मृतक शरीर में प्रवेश कर कामशास्त्र का ज्ञान प्राप्त किया और तत्पश्चात् उभयभारती को परास्त किया। इनकी कुंडली में द्वितीयेश उच्च और दशमस्थ है और दशमेश द्वितीयस्थ और मित्रगृह में है। द्वितीय और चतुर्थ से अन्योन्य सम्बन्ध है तथा दशमस्थान में शुक्र और बुध भी है। सब तरह से उत्तमोत्तम योग है परन्तु चतुर्थस्थ उच्च शनि दशम स्थान को देखता है। विश्वास होता है कि इसी शनि ने इनको उभयभारती से एकवर्ष का समय मँगवाया था। देखो **कुंडली ३४** सर आशुतोषजी की । दशमेश जो नवमेश भी है पंचम स्थान में बैठ कर विद्या के स्वामी रवि पर जो द्वितीयस्थान में बैठा है, पूर्ण दृष्टि डालता है और बृहस्पति से भी दृष्ट है। द्वितीयेश और लग्नेश को अन्योन्य सम्बन्ध भी है। इन्हीं सब कारणों से ये प्रायः सभी परीक्षाओं में उच्च कक्षा में उत्तीर्ण हुए। (२) यदि द्वितीय अथवा दशम में शनि बैठा हो और शुभग्रह की दृष्टि से वंचित हो तो जातक के विद्याध्ययन वा परीक्षा के फलमें विघ्न बाधायें हुआ करती हैं। (३) द्वितीश और दशमेश के ६, ८, १२ में पड़ने से, पापाक्रान्त होने से, पाप मध्यगत होने से जातक के विद्याध्ययन में अनेक बाधाएँ उपस्थित होती हैं। देखो **कुंडली ४४** स्वामी रामतीर्थजी की । द्वितीयेश दशम स्थान (केन्द्र) में है और उस पर बृहस्पति की पूर्ण दृष्टि है । दशमेश बृहस्पति अतिमित्र ही एवं अपने नवांश का होता हुआ दशमस्थान अपने गृह को पूर्ण दृष्टि से देखता है। इस कारण ये सर्वदा उच्च कक्षा में पास करते गये और बराबर छात्र वृत्ति भी पाते गये । परन्तु दशमेश बृहस्पति के षष्ठस्थ होने केकारण और पापग्रह मं. के दशमस्थ होने के कारण विद्या-अध्ययन-काल में अनेकानक असुविधायें और बी. ए.

की परीक्षा में एक बार अनुत्तीर्ण होने की भी लाञ्छना सहनी पड़ी। पुनः शिवशंकर बाबू की **कुंडली ८९** में विद्यास्थान का स्वामी अर्थात् चतुर्थेश में, केवल नीच ही नहीं (यद्यपि नवाँश में स्वगृही है) वरन दशम-स्थान पर पूर्णदृष्टि डालता है, दशमेश यद्यपि स्वगृही एवं अपने नवाँश में है परन्तु सूर्य्य के साथ अस्त है। और द्वितीयस्थान श. एवं मं. से दृष्ट है अथार्त द्वितीय एवं दशम दोनों ही पाप दृष्ट हैं। वह परीक्षा की कठिनाई झेल रहा है। **कुंडली ९०** में द्वितीयेश षष्ठस्थान गत और दशमेश द्वादशगत है, तथा पापग्रह से दोनों दृष्ट वा युक्त है। यह बालक अव्यवस्थित एवं विक्षिप्त विचार के कारण एक स्कूल से दूसरे स्कूल एवं एक विद्याकेन्द्र से दूसरे विद्याकेन्द्र में दौड़ते-दौड़ते अभी तक किसी भी विद्या-परीक्षा का सावकाश तक न प्राप्त कर सका है, उत्तीर्ण होना तो अलग रहा। चतुर्थेश बृहस्पति स्वगृही केन्द्र में है। इस कारण विद्यायोग अवश्य है। बुद्धिस्थान का स्वामी मंगल, केवल स्वगृही नहीं बल्कि वर्गोत्तम नवाँश में भी है। परन्तु द्वादशस्थ रहने के कारण बुद्धि विक्षिप्त है। कुशाग्रबुद्धि वाला होता हुआ भी उपयोग-भ्रष्ट है।

(४) यदि विद्या देने वाले ग्रह की दशा वा अन्तरदशा बाल्यकाल (विद्यार्थी जीवन) में न पड़ती हो तो जातक को उत्तम विद्या-योग रहते हुए भी विद्या-प्राप्ति में बाधायें होती हैं और यदि उनकी दशाअन्तरदशा पड़ती हो तो उनके शुभाशुभ अनुसार विद्या प्राप्ति होती है।

अध्याय १८

चतुर्थ-तरंग

विवाह-संस्कारादि

धारा–१३८. (१) मानव जीवन का चतुर्थ-तरंग विद्याध्ययन के पश्चात् विवाहादि संस्कार से आरम्भ होता है। प्राचीन समय में भारतवर्ष के लोग विद्याध्ययन के बाद ही विवाह करते थे परन्तु आज कल तो प्रायः कुल बातों ही में उल्टी नदी बह चली है।

हिन्दूशास्त्रानुसार विवाह एक धार्मिक-सम्बन्ध है। अन्य जाति वालों ने जो इसे एक साधारण सम्बन्ध समझ रक्खा है, ठीक नहीं है, क्योंकि एक दूसरे घर की कन्या एक अपरिचित वर के साथ सम्बन्धित होकर आजन्म सुःख-दुःख की सङ्गिनी बनती है। आजकल के नवयुवकों की जो यह धारणा है कि जो कन्या

पसन्द हो जाय वही ठीक है, बड़ी भूल की बात है। जबतक वर-वधू का मानसिक तत्त्व, शारीरिकतत्त्व, बुद्धिभेद, धार्मिकभेद, इत्यादि का परस्पर मेल न हो तबतक केवल मन-बन्ध का सम्बन्ध अति दुःखदायी और उपद्रवी हो जा सकता है। जहाँतक साध्य हो सके प्रति मनुष्य को उचित है कि विवाह के पूर्व ऋषि-प्रणीत ज्योतिषशास्त्र के अनुकूल पूर्ण विचार के बाद पुत्र और कन्या का विवाह करे।

प्रथमखंड में लिखा जा चुका है कि भिन्न २ राशियों के भिन्न-भिन्न तत्त्व होते हैं। अतः यदि अग्नितत्त्व वाले का विवाह जलत व वाले से कर दिया जाय तो परिणाम यह होगा कि एक दूसरे का आजन्म शत्रु बना रहेगा। पराशर, वशिष्ठ, जैमिनि, अत्रि आदि भारतवर्ष के प्राचीन ऋषियों ने अपनी दिव्यदृष्टि से, अनुभव से तथा अनेक प्रकार से जाँच विचार कर निस्वार्थ हो, मनुष्यों के हितार्थ बहुत सी रीतियाँ बना कर रख छोड़ी है। जान बूझ कर उन सब शिक्षाओं और रीतियों का उल्लंघन करना मानो अपनी पुत्र-पुत्री को काँटे की शय्या पर सुलाना है। बहुत लोग ऐसा विवाद करते हैं कि कुंडली मिलान करने से विवाह में बहुत कुछ असुविधायें उपस्थित हो जाती हैं। परन्तु दुःख की बात है कि जब किसी को एक कोट तैयार करना होता है तो एक दूक न से दूसरी दूकान, यहाँ तक कि कभी २ एक शहर से दूसरे शहर की भी खाक छान डालते हैं और इसी तरह की असुविधाओं को मनुष्य सानन्द सहन कर लेता है। परन्तु जब उसी मनुष्य को किसी के विवाह के लिये वर खोज़-ढूँढ़ करना पड़ता है, उसके लिये कुंडली मिलाना होता है तो चित्त कातर और अधीर हो उठता है। यह स्मरण नहीं रहता कि किसी के जीवन भर के साथी की खोज हो रही है। जनता से अनुरोध है कि ऐसे कष्टों की परवाह न कर विवाह के पूर्व ही निम्न लिखित नियमों पर या किसी अन्य पुस्तक में लिखे हुए इस प्रकार के नियमों को खूब छानबीन और स्वयं देख-भाल, कर विवाह निश्चय करें।

विवाह के पूर्व की बातें।

धा–११९ कुंडली मिलान की साधारण रीति को न ही लिख कर कुछ अपूर्व बातें, जो अत्यावश्यक हैं, नीचे लिखी जाती हैं।

वर कन्या का चुनाव।

(१) वर के सप्तम स्थान का स्वामी जिस राशि में हो, यदि वह राशि कन्या की भी हो तो विवाह उत्तम होता है।

(२) यदि कन्या की राशि, वर के सप्तमेश का उच्च स्थान हो तो विवाह अच्छा होता है।

(३) वर के सप्तमेश का नीच स्थान यदि कन्या की राशि हो तो भी अच्छा होता है।

(४) वर का शुक्र जिस राशि में हो वही राशि यदि कन्या की हो तो वह भी अच्छा होता है।

(५) वर की सप्तमस्थ राशि यदि कन्या की राशि हो तो वह विवाह अच्छा होता है।

(६) वर का लग्नेश जिस राशि में हो वही राशि यदि कन्या की भी हो तो विवाह सुखदायी होता है।

(७) वर के चन्द्र-लग्न से सप्तमस्थान में जो राशि पड़े वही राशि यदि कन्या का जन्म-लग्न हो तो विवाह बहुत शुभ है।

(८) वर की चन्द्रराशि से सप्तम स्थान पर जिन २ ग्रहों की दृष्टि हो, वे ग्रह जिन २ रिाशियों में बैठे हों उन राशियों में से किसी राशि में यदि कन्या का जन्म हो तो वह विवाह भी उत्तम होता है। उपर्युक्त दो नियमों का विचार कन्या की कुंडली से भी होता है।

ऊपर आठ नियम दिये गये हैं। उनके अच्छी तरह समझने के लिये **कुंडली** ९६ को उदाहरण रूप से लिया जाता है। प्रथम नियमानुसार, इस कुडली का सप्तमेश बुध तुला में बैठा है। इसलिये यदि कन्या तुला राशि की हो तो विवाह अच्छा होगा। द्वितीय नियमानुसार, सप्तमेश बुध का उच्चस्थान कन्या राशि है। अर्थात् यदि कन्या का चन्द्रमा कन्याराशि का हो तो विवाह उत्तम होगा। तृतीय नियमानुसार, सप्तमेश बुध, मीन में नीच होता है। इस कारण यदि कन्या मीन राशि की हो तो विवाह-योग बढ़िया होगा। (इस जातक की स्त्री मीनराशि की है)। चतुर्थ नियमानुसार, इस उदाहरण-कुंडली में शुक्र तुला का है। इस कारण यदि कन्या की तुलाराशि हो तो उस कन्या के साथ विवाह उत्तम होगा। पंचम नियमानुसार, उक्त कुंडली में सप्तम स्थान मिथुन का है। यदि कन्या की मिथुन राशि हो तो भी विवाह उत्तम होगा। षष्ठ नियमानुसार, लग्नेश बृहस्पति मिथुन में बैठा है। अतः यदि कन्या भी मिथुनराशि की हो तो विवाह शुभ होगा। सप्तम नियमानुसार, इस कुंडली में चन्द्रमा मीनराशि में है, उस के सप्तम कन्या राशि हुई। अतएव यदि कन्या का जन्म-लग्न कन्या राशि हो तो विवाह सुखदायी होगा। अन्त में अष्टम नियमानुसार, चन्द्रमा से सप्तम, कन्याराशि पर केवल शनि की दृष्टि है और शनि धन राशि में है। इस कारण यदि धन लग्न में कन्या का जन्म हो तो भी विवाह शुभदायक होगा।

लिखने का अभिप्राय यह है कि यदि वर कन्या की कुंडली में उपर्युक्त आठ

नियमों में से एक भी लागू हो तो विवाह शुभ होगा और यदि एक से अधिक हो तो सोना में सुगंध होगा। उत्तम रीति यह होगी कि पिता अपने पुत्र की कुंडली को इस रीति से विचार कर देख ले कि इस वर के लिये किस किस राशि वा लग्न की कन्या शुभ होगी। जैसे **उदाहरण कुंडली ९६** वाले जातक के लिये—

१	नियमानुसार	तुलाराशि	शुभदायक
२	,,	कन्याराशि	,,
३	,,	मीनराशि	,,
४	,,	तुलाराशि	,,
५	,,	मिथुनराशि	,,
६	,,	मिथुनराशि	,,
७	,,	कन्यालग्न	,,
८	,,	धन लग्न	,,

उपर्युक्त लेख से स्पष्ट होता है कि इस जातक का विवाह तुला, और मिथुन-राशि वाली कन्या से दो २ प्रकार से शुभ होता है। यदि तुलाराशि या मिथुनराशि वाली कन्या से विवाह होता तो अत्युत्तम; नहीं तो मीन और कन्या राशि एवं कन्या और धन लग्न वाली कन्या से विवाह होना भी शुभ ही होगा।

(९) 'कलत्र-राशि' तीन होती हैं। पुरुष कुंडली का सप्तमेश जिस नवाँश में हो उस के स्वामी की राशि वा राशियों को कलत्रराशि कहते हैं। सप्तमाधिपति जिस राशि में उच्च होता है, वह भी कलत्रराशि होती है। तथा सप्तमभाव का नवाँश भी कलत्रराशि होती है। ज्योतिपशास्त्र का मत है कि स्त्री की जन्म-राशि पुरुष के उपर्युक्त कई कलत्रराशियों में से किसी राशि में होना चाहिये अथवा उनकी त्रिकोणस्थ जो राशि हों उन में से किसी में स्त्री की जन्मराशि होना अच्छा है। यदि स्त्री की जन्मराशि उपर्युक्त राशियों में से किसी राशि में न पड़ती हो तो उस स्त्री से सन्तान नहीं होता है। 'जातक पारिजात' में उपर्युक्त कलत्र-राशि के सिवा सप्तमेश जिस राशि में हो वा उसके त्रिकोण-राशियों में से किसी में स्त्री का जन्म राशि होना शुभ बतलाया है।

(१०) जिस कन्या की जन्मराशि वृष, सिंह, कन्या अथवा वृश्चिक की होती है, उस को सन्तान कम होते हैं। परन्तु यदि उसमें शुभग्रह हो तो वह कन्या बहु-गुणवान-सन्तानों की माता होती है।

(११) वर के सप्तमेश और लग्नेश स्फुटों को जोड़ देने से उस योगफल से किसी राशि और नवाँश का बोध होगा। यदि कन्या की जन्मराशि उसी राशि

की हो तो वैसा विवाह भी शुभ होगा क्योंकि ऐसे स्थान में स्त्री और पुरूष में परस्पर घनिष्ठ प्रेम रहता है।

(१२) वर की चन्द्रराशि से सप्तम स्थान पर जो ग्रह हो या जिस ग्रह की उस सप्तम स्थान पर पूर्ण दृष्टि हो तो जिस-जिस राशि में वे ग्रह स्थित हों, उन में से किसी राशि में यदि कन्या का जन्म-लग्न हो तो ऐसा विवाह भी शुभदायी होता है। कन्या के लिये ऐसा विवाह भाग्योदयकारी होता है। तथा वर-वधु में पारस्परिक प्रेम रहता है। इसी प्रकार यदि कन्या की जन्मराशि के सप्तम स्थान में स्थित ग्रह अथवा देखने वाले ग्रह की राशि में यदि पुरुष का जन्मलग्न हो तो वैसा ही शुभदायक होता है। (देखो नियम ८)

(१३) विवाह के समय लोग प्रायः कुजदोष (जिस बिहार प्रान्त में मंगलवर्त्ता कहते हैं) पर विचार किया करते हैं पर शनि दोष को नहीं देखते। वर अथवा कन्या की कुंडली में यदि मंगल २, ४, ७, ८, १२ स्थानों में हो तो कुज-दोष होता है अर्थात् कन्या की कुंडली में रहने से वैधव्य-योग और वर की कुंडली में स्त्री-हन्ता योग होता है। इस प्रकार यदि कन्या की कुंडली में लग्न से अष्टम भाव में शनि या अन्य कोई पापग्रह बैठा हो और विशेष कर नीच हो अथवा शत्रुगृही हो अथवा नीचवर्ग का हो तौ भी भर्त्ता के लिये अनिष्टकारी होता है। यदि वर की कुंडली में द्वितीय और सप्तम स्थानों में पापग्रह हों तौ भी स्त्रीहन्ता-योग होता है। अभिप्राय यह है कि यदि कन्या की कुंडली में कुज-दोष अथवा शनि-दोष हो तो उस का विवाह कुज-दोष या शनि-दोष वाले वर के साथ (यदि और सब वर्ग इत्यादि ठीक हों) किया जा सकता है। डाक्टर हेनीमन (Dr. Hahneman) का कथन (like cures like) "विषस्य विषमौषधम्" ऐसे स्थान पर लागू होता है। 'जातक पारिजात' अध्याय १४, श्लोक ३६ में लिखा है:—

"तादृशयोगजदारयुतश्चेज्जीवति पुत्रधनादियुतश्च ।"

महारानी साहिबा मैसूर की कुंडली ३६ में मंगल का चतुर्थस्थ होना के कारण कुजदोष है। मंगल पर शनि की पूर्णदृष्टि और सप्तम स्थान पर मंगल और शनि दोनों की पूर्ण दृष्टि है। अतः वैधव्ययोग पाया जाता है। सप्तमस्थान भी अच्छा नहीं है। सप्तमेश चन्द्रमा, केतु के साथ है। सप्तमस्थ बुध और शुक्र यद्यपि शुभग्रह हैं परन्तु चन्द्रमा अपने अतिशत्रु के गृह में स्थित है। इस कारण वैधव्य-योग के निवारण में असमर्थ हुए। बृहस्पति की दृष्टि सप्तमस्थान पर है पर बृहस्पति नीच का है। इसलिये बृहस्पति से भी विशेष उपकार न हो सका। इन्हीं सब कारणों से उक्त महारानी साहिबा लगभग २८ अट्ठाइस वर्ष की अवस्था में वैधव्य के असह्य दुःख के भाजन बनीं।

(१४) यदि-कन्या की जन्मराशि वर के सप्तमस्थितराशि की न हो, अथवा सप्तमेश जिस राशि में हो उसके त्रिकोण वाली राशि की भी न हो तो ऐसे वर कन्या के विवाह से पुत्रभाव क्लेशित होता है। देखो नियम (५) (९)

(१५) भ्रातृ-प्रकरण धा. १२५ (५) में लिखा जा चुका है कि राशियों को अग्नि, पृथ्वी और जल तत्त्व की संज्ञा है तथा उनके पारस्परिक मेल और विरोध के विषय में भी लिखा जा चुका है। इसी नियम के अनुसार विवाह के पूर्व ही यह देखना उचित है कि वर और कन्या के लग्नों के तत्त्वों में आपस में विरोध है या नहीं तथा दोनों के जन्म समय की चन्द्रराशि में परस्पर तत्त्वविरोध है या नहीं।

उदाहरण-कुंडली में जन्मलग्न धन है जो अग्नितत्त्व है। यदि मान लिया जाय कि स्त्री का लग्न वृश्चिक हो जो जलतत्त्व है तो ऐसे विवाह से स्त्रीपुरुष में परस्पर खट-पट रहने की सम्भावना रहेगी। पुनः उदाहरण-कुंडली में चन्द्रमा मीन राशि में है। मीन का जल तत्त्व है। यदि इस जातक का विवाह उस कन्या से हो जिसकी जन्मराशि जल तत्त्व की हो तो स्त्रीपुरुष में परस्पर मानसिक सम्बन्ध अवश्य ही अच्छा होगा। इसी प्रकार अन्य अन्य तत्त्वों की मैत्री और बैर से विचार करना होगा। देखो **कुण्डली ३३ और ३६।** दोनों पति-पत्नी की कुंडली है। दोनों कुंडलियों में लग्न पृथ्वी-तत्त्वका है परन्तु पुरुष की कुंडली में जन्म-चन्द्रमा अग्नि तत्त्व का और स्त्री की कुंडली में जलतत्त्व का है। अग्नि एवं जल में बैर है। फलतः बाहरी बातों में मेल-जोल, पर आन्तरिक खटपट रहना सम्भव है। लेखक को इस विषय में कुछ विशेष ज्ञान नहीं है पर वी सूर्य्यनारायण राव ने अपनी "रोआयल होरोस्कोप" नामक पुस्तक में लिखा है कि महारानी साहिबा महाराज के जीवित समय में उतना प्रसन्न न थीं। (During the time of her husband she does not seem to have been very happy.)

(१५) यदि पुरुष की कुंडली की षष्ठ अथवा अष्टमगत-राशि में कन्या का जन्म हो तौ भी परस्पर मैत्री नहीं होती पर द्वादशगतराशि होने से विशेष अनिष्ट नहीं होता है।

(१६) लग्नारूढ़ अथवा पदलग्न का उल्लेख प्रथमप्रवाह, धा ७९ में हो चुका है। पुनः पाठकों को याद दिलाने के लिये इतना लिखा जाता है कि जिस स्थान का पदलग्न बनाना हो उस स्थान का स्वामी उस स्थान से जितने स्थान पर हो, उतने ही स्थान पर, उस स्थान का पदलग्न होता है। सप्तम स्थान का पदलग्न यदि लग्नारूढ़ से अर्थात् लग्न के पदलग्न से १, ३, ४, ५, ७, ९, १०, ११ स्थान में पड़े तो (जैमिनीय-सूत्र के अनुसार) स्त्री-पुरुष में परस्पर प्रेम रहता है। परन्तु यदि लग्ना-रूढ़ स्थान से सप्तमारूढ़ ६, ८, १२ स्थान में पड़े तो उस जातक को स्त्री से बैर रहता

है। उदाहरण-कुंडली में लग्न धन राशि है जिसका स्वामी बृहस्पति लग्न से सप्तम स्थान पर है। इस कारण सप्तम स्थान से सप्तम अर्थात् लग्न ही में लग्नारूढ़ होगा। अब सप्तम स्थान का लग्नारूढ़ बनाना है। सप्तम स्थान का स्वामी बुध सप्तम स्थान से पाँचवीं राशि अर्थात् तुला में है। तुला से पंचम स्थान कुम्भ होगा अतः सप्तमारूढ़ कुम्भ में पड़ा और इस उदाहरण-कुंडली में लग्नारूढ़ धन से सप्तमारूढ़ कुम्भ, तृतीय पड़ता है। ऊपर लिखा जा चुका है कि तृतीय, स्त्री-पुरुष में प्रेम उत्पादन करता है और यथार्थतः ऐसा ही है।

स्त्री सम्बन्धी बातें।

धा-१४० (१) स्त्री का विचार सप्तमस्थान से और उसकी सौतिन का विचार सप्तम से षष्ठ अर्थात् द्वादश स्थान से किया जाता है। यदि तीसरी स्त्री का विचार करना हो तो द्वादश से षष्ठ अर्थात् पंचम स्थान से विचार होता है इसी प्रकार यदि उससे भी अधिक स्त्री हो तो क्रमशः उससे षष्ठ स्थान से विचार होगा। शुक्र, स्त्री कारकग्रह होता है। अतः शुक्र से भी स्त्री का विचार होता है कभी-कभी धनस्थान से भी स्त्री सम्बन्धी बातों का विचार किया जाता है। महर्षि जैमिनि ने तो उपपद अर्थात् द्वादश के पदलग्न के द्वितीय स्थान से स्त्रीविषयक बहुत बातों का विचार बतलाया है।

(२) स्त्री के रंगरूप इत्यादि का विचार सप्तमेश, सप्तमस्थान और शुक्र से किया जाता है। इनमें से जो सबसे बलीग्रह हो उससे स्त्री के रंग, गुण इत्यादि का अनुमान होता है। जैसे, किसी का जन्म धनलग्न में हो तो उसका सप्तम स्थान मिथुन हुआ, सप्तमेश बुध और स्त्रीकारक शुक्र है। इन तीनों में से जो बली होगा उसी ग्रह की आकृति अनुसार उस जातक की स्त्री की आकृति आदि होगी। (परन्तु स्मरण रहे कि ज्योतिष शास्त्र में अनुमान शक्ति की बड़ी प्रबलता रहनी चाहिये।) इससे पाठक यह न समझलें कि स्त्री का रंग केवल नौ तरह का ही होता है। यहाँ पर स्थान, दृष्टि, नवांशादि के भेद से अनेकानेक विभिन्न रंग-रूप की आकृति होती है और यही देखने में भी आता है कि एक मनुष्य की आकृति दूसरे से नहीं मिलती। अतः ज्योतिष अनुसार फल कहने में बड़ी सावधानी एवं अनुमान की आवश्यकता है।

(३) धा. १०६ में लिखा जा चुका है कि जातक का रंगरूप, गठन इत्यादि का विचार लग्न नवांशादि से किस तरह किया जाता है। उसी प्रकार सप्तमभाव से और सप्तमस्थग्रह आदि से प्रथम स्त्री के रंगरूप इत्यादि का विचार होता है। यदि दूसरी स्त्री हो तो जातक के सप्तम स्थान से षष्ठ अर्थात् द्वादशस्थित राशि आदि से

देखा जायगा। धा. १०४ में मेषादि राशियों और ग्रहों के तत्त्व-विषय में वृहद्रूप से लिखा जा चुका है। जिस रीति से वहाँ जातक के गठनादि का विचार हुआ है, ठीक उसी रीति से सप्तमभावादि से स्त्री के गठनादि का विचार किया जायगा। इस स्थान में यदि जलतत्त्व की अधिकता होगी तो स्त्री के मोटेपन की सम्भावना होगी। वायु-राशि अग्निराशि और शुष्कग्रह की अधिकता से स्त्री का शरीर कृश तथा दुबला होता है तथा पृथ्वी राशि और पृथ्वीग्रह के अधिकता से स्त्री दृढ़ कायावाली होती है। यदि स्त्री-भाव जलराशि का हो, उस में जलग्रह की स्थिति भी हो तथा दृष्टि भी हो तो जाया का शरीर अवश्य मोटा होता है। यदि जायाभाव अग्निराशि हो और अग्नि-ग्रह की उस में स्थिति भी हो तो जाया बलवती अवश्य होगी पर शरीर की पुष्टि तथा मोटाई न होगी। यदि जायाभाव पृथ्वीराशि हो और पृथ्वींग्रह की उसमें स्थिति भी हो तो स्त्री प्रायः नाटी पर दृढ़ कायावाली होती है। जायाभाव यदि वायुराशि हो और उस में वायुग्रह भी स्थित हो अर्थात् जायास्थान में शनि हो तो स्त्री शरीर से दुर्बल पर तीक्ष्ण बुद्धि वाली होती है। इसी प्रकार जो जो नियम उक्त स्थान पर लिखे गये हैं उन्हीं नियमों के आधार पर जाया को लग्न मान कर विचार करना होगा। **उदाहरण कुण्डली ९६** में यदि स्त्री का विचार किया जाय तो मालूम होगा कि उस कुंडली का सप्तमस्थान मिथुनगत है। वही प्रथमजाया लग्न है। उसमें राहु और बृस्पति बैठे हैं; मिथुन वायुतत्त्व और निर्जल ग्रह है तथा बृहस्पति आकाश तथा तेजतत्त्व का है और जलग्रह भी है। शुष्क शनि की पूर्ण दृष्टि है। इस कारण ऊपर लिखे हुए नियमों के अनुसार प्रथम भार्य्या कृष होगी पर वृहस्पति के रहने से अति कृष न होगी और तेजतत्त्व के सम्मिलन से उसकी कान्ति एवं बुद्धि अच्छी होगी। यथार्थतः वह ऐसी ही थी। पुनः यदि दूसरी स्त्री का विचार किया जाय तो सप्तम स्थान मिथुन लग्न से षष्ठ अर्थात् द्वादश से जो उक्त कुंडली में वृश्चिक राशि है, विचार किया जायगा। वृश्चिक जलराशि है और पादजल भी है तथा उस पर शुष्कग्रह मंगल की दृष्टि है। इस कारण इस जातक की द्वितीय भार्य्या बहुत मोटी तो नहीं पर मोटी अवश्य है। इस स्थान में वृश्चिक राशि पर अपने स्वामी मंगल की पूर्ण दृष्टि रहने से वृश्चिक लग्न को दृढ़ता और बल प्राप्त होता है। जायाभाव का विचार उपर्युक्त रीति से किया जाता है। [देखो धा. १०४ (५)]

(४) जाया की आकृति आदि का विचार उसी तरह से किया जाता है जैसे जातक की आकृति का लग्न के नवाँशादि से होता है। अर्थात् जाया की आकृति का विचार जायास्थान के नवाँश से होता है। **उदाहरण कुंडली** में सप्तम का स्फुट २।१९ है तो सप्तम स्थान का नवाँश मीन हुआ। अतः बृहस्पति का नवाँश होने के कारण नेत्र किंचित पिंगलवर्ण, आवाज गम्भीर, वक्षस्थल चौड़ी और ऊँची और कद मझोला होगा।

इस स्थान पर उदाहरण रूप से महात्मा गाँधीजी की कुंडली देना विशेष उपयोगी होगा क्योंकि उनकी धर्मपत्नी श्रीमती कस्तुरी बाईजी को सभी जानते हैं। **कुंडली ३९** में सप्तम स्थान में मीन राशि है। मीन राशि धा. १०४ (५) के प्रथम नियमानुसार जलतत्त्व एवं पूर्ण जलराशि है। दूसरा नियम लागू नहीं है। तीसरे नियम के अनुसार बृहस्पति जलग्रह एवं तेजतत्त्व का है और मेषराशि में अर्थात् अग्नितत्त्व और पाद-जल-राशि में बैठा है। चौथा नियम लागू नहीं है। पाँचवें नियमानुसार लग्न पर सूर्य्य की दृष्टि है जो शुष्कग्रह है और अग्नि-तत्त्व का है। षष्ठ नियम लागू नहीं है। सातवें नियमानुसार जायालग्न बृहस्पति से दृष्ट नहीं है। और ऊपर लिखा जा चुका है कि बृहस्पति अग्नि-तत्त्व एवं पादजल-राशि-गत है। अब ऊपर लिखी हुई बातों से शारीरिक स्थूलता का अनुमान विशेष रूप से होता है। परन्तु स्थूलता का ह्रास सूर्य्य की दृष्टि एवं बृहस्पति की स्थिति से किंचित मात्र होता है। इससे अनुमान करना होगा कि श्रीमती कस्तूरी बाई विशेष मोटी तो नहीं परन्तु साधारण रूप से मोटी होंगी और जिन लोगों ने उनको देखा है अथवा उनके चित्र को देखा है उन्हें ऐसा ही प्रतीत होता है।

(५) जाया के भाई का विचार जाया स्थान के तृतीय स्थान से होता है। यथा पहिली स्त्री के भाई का विचार सप्तम स्थान से तृतीयस्थान अर्थात् नवें स्थान से होता है। द्वितीय भार्य्या की भाई-बहन का विचार द्वादश स्थान से तृतीय स्थान अर्थात् जातक के लग्न से द्वितीय स्थान से किया जाता है, । इसी प्रकार जाया स्थान के तृतीय से साला साली का और सप्तम से साढ़ और सरहज का विचार होता है। जाया स्थान के चतुर्थ से सास का और नवम से श्वसुर का विचार होता है।

विवाह योग ।

धारा–१४१. (१) यदि सप्तमाधिपति शुभ युक्त न होकर षष्ठ, अष्टम तथा द्वादश भावगत हो और नीच का हो अथवा अस्त हो तो जाया-सुख नहीं होता है।

(२) यदि षष्ठेश, अष्टमेश अथवा द्वादशेश सप्तमगत हो और उसमें शुभग्रह की दृष्टि वा योग न हो अथवा सप्तमाधिपति ६, ८, १२ का भी स्वामी हो तो स्त्री-सुख में बाधा होती है।

(३) यदि सप्तमेश द्वादशगत हो और लग्नेश और चन्द्र-लग्नेश (जन्मराशि का स्वामी) सप्तमस्थ हो तौ भी जातक का विवाह सम्भव नहीं होता है।

(४) यदि शुक्र और चन्द्रमा साथ होकर किसी भाव में बैठे हों और शनि और कुज उनसे सप्तमभाव में हों तो भी जातक का विवाह नहीं होता है।

(५) यदि लग्न में, सप्तम में और द्वादशभाव में पापग्रह बैठे हों और पंचमस्थ चन्द्रमा निर्बल हो तो उस जातक का विवाह नहीं होता और यदि अन्य योग से विवाह हो भी तो स्त्री बंध्या होगी।

(६) किसी का मत ऐसा भी है कि द्वादश और सप्तम में दो दो या इससे अधिक पापग्रह बैठे हों और यदि पंचम में चन्द्रमा हो तो जातक स्त्री-पुत्र-विहीन होता है।

(७) शनि और चन्द्रमा के सप्तमस्थ होने से प्रायः जातक का विवाह नहीं होता और यदि विवाह हो भी तो स्त्री बंध्या होती है।

(८) सप्तमभाव में पापग्रह रहने से मनुष्य को स्त्री-सुख में बाधा होती है।

(९) शुक्र बुध के साथ सप्तम में रहने से जातक कलत्रहीन होता है। परन्तु यदि शुभग्रह की दृष्टि हो तो अधिक अवस्था में स्त्री मिलती है।

(१०) यदि लग्न से सप्तमभाव अथवा चन्द्र से सप्तमभाव में शुभग्रह हों अथवा शुभग्रह की दृष्टि पड़ती हो अथवा अपने स्वामी की दृष्टि पड़ती हो तो विवाह-सुख होता है।

(११) सूर्य्य स्पष्ट में चार राशि तेरह अंश और बीस कला (४।१३।२०) जोड़कर जो राश्यादि आवे वह 'धूम' होता है। यदि वही सप्तम स्थान का स्पष्ट हो तो ऐसे जातक का विवाह नहीं होता है। 'फलदीपिका' में "धूमो वेदगृहैस्त्रयोदशभिरप्यशैः समेते रवौ" जैसा लिखा है।

(१२) यदि शुक्र और मंगल सप्तमभाव में हों तो जातक स्त्री-रहित होता है। शुक्र और मंगल के नवम एवं पंचमभाव में रहने से भी वैसा ही फल होता है। देखो (७)

(१३) यदि शुक्र किसी पापग्रह के साथ होकर पंचम, सप्तम अथवा नवम भाव में बैठा हो तो जातक का विवाह नहीं होता वा स्त्री-वियोग से पीड़ित रहता है।

(१४) यदि शु., बु., एवं श. सब के सब नीच वा शत्रु नवमांश में हो तो जातक स्त्री-पुत्र-विहीन होता है। (और दुःखमय जीवन व्यतीत करता है।)

स्त्री-संख्या विचार।

धारा–१४२. (१) सप्तम में बृहस्पति और बुध के रहने से एक स्त्री होती है।

(२) सप्तम स्थान में मंगल तथा रवि रहें तो प्रायः एक स्त्री होती है।

(३) लग्नाधिपति तथा सप्तमाधिपति इन दोनों ही के लग्न में अथवा सप्तम में रहने से दो स्त्रियाँ होती हैं। यदि द्वितीयेश और सप्तमेश दोनों स्वगृही हों तो जातक का एक विवाह होता है।

(४) यदि सप्तमेश और द्वितीयेश शुक्र के साथ अथवा पापग्रह के साथ होकर ६, ८, १२ स्थान में हो तो एक स्त्री की मृत्यु के बाद दूसरी स्त्री होती जायगी और संख्या का विचार उतना ही होगा जितना ग्रह सप्तमेश और द्वितीयेश के साथ होंगे। परन्तु यदि द्वितीयेश और सप्तमेश उच्च हों अथवा अच्छे वर्ग के हों तो केवल एक ही विवाह होगा। यदि द्वितीयेश और सप्तमेश स्वगृही हों तो एक विवाह होता है। देखो **कुंडली २६** तिलक महाराज की। इनकी जीवनी में श्रीअवध उपाध्याय ने लिखा है कि "लोकमान्य की कुंडली के अनुसार इनका दो विवाह होना चाहिये था, परन्तु उनकी कुंडली की यह बात गलत निकली।" उपाध्याय जी का यह लिखना ठीक नहीं है। इनकी कुंडली पर पूर्ण ध्यान देने से दो विवाह नहीं वल्कि एक ही विवाह बोध होता है। द्वितीयेश सूर्य्य छः शुभ वर्गों का है और सप्तमेश शनि भी छः शुभ वर्गों का है देखो षड्वर्ग चक्र (१६)। बाबू गोपी कृष्णजी की **कुंडली ७२** में द्वितीयेश च. (क्षीण) और सप्तमेश बृ. (नीच) साथ होकर अष्टम स्थान में है। द्वितीयस्थ गुलिक से दृष्ट है। इस कारण प्रथम स्त्री की मृत्यु के बाद इनका दूसरा विवाह हुआ था। बलदेव बाबू मोखतार की **कुंडली ५७** (क) में भी सप्तमेश वृ. और द्वितीयेश शु. (जो स्वयं शुक्र है) साथ होकर षष्ठ स्थान में पाप के साथ बैठा है। इनके तीन विवाह हुए थे।

(५) यदि सप्तम अथवा अष्टम स्थान में पापग्रह और मंगल द्वादश भाव में हो तथा द्वादशेश अदृश्य-चक्रार्द्ध में हो तो जातक का द्वितीय विवाह अवश्य होगा।

(६) यदि लग्न, सप्तम स्थान और चन्द्रलग्न, ये तीनों द्विस्वभाव राशि हों तो जातक को दो स्त्रियाँ होंगी। इसी प्रकार लग्नेश, सप्तमेश, चन्द्रलग्नेश तथा शुक्र द्विस्वभाव राशि में हों तौ भी जातक को दो स्त्रियाँ होंगी।

(७) यदि लग्नेश द्वादशगत और द्वितीयेश पापग्रह के साथ तथा सप्तम स्थान में पापग्रह बैठा हो तो जातक को दो स्त्रियाँ होंगी।

(८) यदि सप्तमेश शुभग्रहों के साथ होकर ६, ८, १२ स्थान में बैठा हो और सप्तम में पापग्रह हो तो जातक के दो विवाह होंगे।

(९) लग्नाधिपति उच्च, वक्री मूलत्रिकोणस्थ अथवा अच्छे वर्ग का हो और यदि लग्न में बैठा हो तो उस जातक को बहुत स्त्रियाँ होंगी। परन्तु यदि लग्नेश अष्टम वा द्वादश गत हो तो उसके दो विवाह होंगे। हसन इमाम साहेब की **कुंडली ४१** में लग्नेश मूलत्रिकोण का लग्न में है। देखो इसी धारा का नियम (११)।

(१०) यदि सप्तम स्थान क्रूर राशि हो और सप्तमेश नीच राशिगत हो तथा सप्तम स्थान में पापग्रह हो तो जातक के दो विवाह होंगे। देखो **कुंडली ६५** बाबू यमुना प्रसादजी की। सप्तम स्थान क्रूर राशि है, सप्तमेश मंगल नीच है तथा सप्तम स्थान में पापग्रह केतु बैठा है। इस कारण इनके दो विवाह हुए।

(११) यदि शुक्र पापग्रह के साथ हो अथवा नीच हो अथवा नीचनवांश का का हो और पापग्रह की दृष्टि हो तो जातक के दो विवाह होंगे। देखो **कुंडली ४१** सैयद हसन इमाम जी की। शुक्र नीच और श. से दृष्ट है। (देखो इसी धारा का नियम ९) हरबंश बाबू की **कुंडली ६४** में भी शुक्र पापग्रह के साथ है और शनि से दृष्ट है। इस कारण इनके दो विवाह हुए।

(१२) यदि सप्तम स्थान अथवा द्वितीय स्थान में पापग्रह हो या पापग्रह की दृष्टि हो और सप्तमेश निर्बल हो अथवा द्वितीयेश निर्बल हो तो भी दूसरा विवाह होता है। गोपी बाबू की **कुंडली ७२** में द्वितीयेश एवं सप्तमेश दोनों ही निर्बल हैं। द्वितीय में गुलिक और सप्तम में केतु बैठा है। इस योगानुसार इनके दो विवाह हुए। देखो **कुंडली ६४** हरिबंश बाबू की। सप्तम स्थान पर तीन पापग्रह, शनि, मंगल एवं चन्द्रमा की दृष्टि है और द्वितीयेश बुध अस्त है। इस कारण इनके भी दो विवाह हुए।

(१३) यदि मंगल सप्तमस्थानगत हो अथवा अष्टमस्थ हो अथवा द्वादशस्थ हो और सप्तमेश की दृष्टि न हो तो जातक का दूसरा विवाह होता है।

(१४) यदि बहुत से पापग्रह द्वितीय अथवा सप्तम स्थान में हों अथवा द्वितीयेश और सप्तमेश पर पापग्रह की दृष्टि हो तो जातक के तीन विवाह होंगे। बाबू राधेश्यामजी की **कुंडली ८२** में द्वितीयेश और सप्तमेश शुक्र द्विस्वभाव राशिगत होता हुआ शनि से दृष्ट और मंगल से युक्त है। इनके तीन विवाह हो चुके। देखो **कुंडली ५४** रायसाहेब की। द्वितीयेश एवं सप्तमेश पर शनि, मंगल एवं रा. की पूर्ण दृष्टि है। इनके तीन ही नहीं बल्कि चार विवाह हुए। पुनः बाबू यमुना प्रसाद जी की **कुंडली ६५** सप्तमेश और द्वितीयेश एवं सप्तमेश मंगल नीच है और शनि से दृष्ट है परन्तु मंगल के साथ उच्च बृहस्पति बैठा है। मंगल, बुध (शुभ) से भी दृष्ट है। कहा जा सकता है कि इसी कारण इनके दो ही विवाह हुए।

(१५) यदि लग्न में अथवा द्वितीय में अथवा सप्तम में कोईएक पापग्रह बैठा हो और सप्तमेश नीच हो अथवा अस्त हो तो जातक को तीन स्त्रियाँ होंगी।

(१६) यदि सप्तमेश और एकादशेश एक साथ हों अथवा उन दोनों में अन्योन्य दृष्टि हो और बली त्रिशांश में हो तो जातक को एक से अधिक स्त्रियाँ होंगी देखो

कुंडली ८२ बाबू राधेश्यामजी की। सप्तमेश और एकादशेश शनि को परस्पर अन्योन्य दृष्टि सम्बन्ध है। बाबू भुवनेश्वरी प्रसादजी की **कुंडली ६६** में भी द्वितीयेश बुध और सप्तमेश शनि में अन्योन्य दृष्टि सम्बन्ध है। इस कारण इनके दो विवाह हुए। देखो **कुंडली ५४** राय साहिब की। सप्तमेश और एकादशेश एक साथ हैं और शुक्र, वृष के त्रिशांश में है परन्तु, बु., मीन के त्रिशांश में है।

(१७) यदि नवमेश सप्तमगत हो और सप्तमेश चतुर्थगत हो अथवा सप्तमेश **और एकादशेश** केन्द्रगत हो तो इन दोनों योगों से भी बहुजाया योग होता है। देखो कुंडली ५६ बाबू गया प्रसाद जी की। सप्तमेश और एकादशेश दोनों ही केन्द्र में हैं। थोड़े समय तक इनकी दोनों स्त्रियाँ जीवित थीं। देखो नियम (११) नीचस्थ-शुक्र मं. से दृष्ट है।

(१८) चन्द्रमा और शुक्र के सप्तम में रहने से वहुपत्नी वा बहुवल्लभायोग होता है।

(१९) यदि बृहस्पति अपने मित्र नवांश का हो तो एक ही विवाह होता है। यदि बृहस्पति अपने नवांश अर्थात् धन या मीन नवांश का हो तो दो अथवा तीन स्त्री का योग होता है। इसी प्रकार यदि बृहस्पति अपने उच्च नवांश का हो तो जातक को बहु-स्त्री-योग होता है। देखो **कुंडली २६** तिलक महाराज की। गीतारहस्य में बृ॰ का स्पष्ट ११।१७।५२ है। इस कारण धन का नवांश हुआ और धन का नवांश होने से इस योग के अनुसार दो विवाह होना सम्भव होता है और प्रतीत होता है कि विद्वानों ने इसी ग्रह-स्पष्टानुसार उनके दो विवाह बतलाये थे जैसा कि इनकी जीवनी में लिखा गया है। लेखक ने इस भ्रम के निवारणार्थ "इण्डियन क्रोनोलौजी" द्वारा वृहस्पति-स्फुट को जाँचने के उपरान्त यह पाया है कि उस दिन का बृहस्पति-स्फुट ११।१५।४८ होता है अर्थात् किसी प्रकार भी धन का नवांश नहीं होता है। नवांश वृश्चिक का होता है। मंगल और शनि में नैसर्गिक मैत्री है पर तात्कालिक में समभाव होता है। अतः दो विवाह बतलाना अशुद्ध था। देखो **कुंडली ५४** राय साहिब रासधारी सिंहजी की। बृहस्पति कर्क अर्थात् उच्च नवांश में है। इस कारण इनके चार विवाह हुए।

(२०) दशम स्थान का स्वामी और दशम स्थान के स्वामी का नवांशेश, ये दोनों यदि शनि के साथ हों और उसके साथ यदि षष्ठेश भी हो अथवा उन सब पर षष्ठेश की दृष्टि हो तो इसको बहु-दारा-योग लिखा है।

(२१) यदि लग्नेश, सप्तमेश, चन्द्रलग्नेश अथवा शुक्र उच्च के हों तो जातक को बहु-स्त्री योग होता है। गौण रीति से सप्तम स्थान में अथवा शुक्र के साथ अथवा

सप्तमेश के साथ अथवा द्वितीयेश के साथ जितने ग्रह हों उतनी ही संख्या कही जाती है। परन्तु यदि सप्तम स्थान में अथवा शुक्र के साथ कोई स्वगृही अथवा उच्च ग्रह हो तो स्त्री-संख्या में उस ग्रह की संख्या नहीं लेनी होती है। यदि मेष लग्न का जन्म हो और शुक्र द्वितीयस्थ हो तो वैसे स्थान में शुक्र के साथ जितने ग्रह होंगे उतनी स्त्रियाँ होंगी और यह भी सम्भव है कि उसकी स्त्री की संख्या उतनी ही होगी जितने ग्रह शुक्र के साथ हों और सप्तमस्थ हों। देखो **कुंडली ५४** राय साहेब बाबू रासधारी सिंहजी की। सप्तमेश और शुक्र उच्च हैं।

(२२) यदि सप्तमेश बलवान अथवा उच्च अथवा वक्री होकर लग्नगत हो तौ भी जातक को बहु-स्त्री-योग होता है। देखो **कुंडली २९** महाराजाधिराज दरभंगा की। सप्तमेश बृहस्पति वक्री होकर लग्नगत है। आपके दो विवाह हुए थे।

(२३) यदि बली बुध लग्नेश से दशमस्थ हो और चन्द्रमा लग्न से तृतीय अथवा सप्तमस्थ हो तो जातक स्त्री-समूह से घिरा रहेगा।

(२४) यदि द्वितीयेश एवं द्वादशेश तृतीयस्थ हों और पापदृष्ट हों अथवा नवमेश से दृष्ट हों तो बहु-जाया-योग अनुमान करना होगा।

(२५) यदि सप्तमेश केन्द्र वा त्रिकोण में हो और उच्चवर्ग का हो अथवा स्वगृही अथवा मित्रगृही अथवा दशमेश के साथ हो तौ भी बहु-स्त्री-योग जानना चाहिये। यदि नवमेश सप्तमगत हो, सप्तमेश चतुर्थगत हो और लग्नेश अथवा एकादशेश केन्द्रगत हो तो जातक का कई विवाह होना सम्भव होता है। देखो **कुंडली ५४** राय साहेब की। सप्तमेश त्रिकोणस्थ तथा उच्च है। इससे भी बहु विवाह प्रतीत होता है।

(२६) लग्न से द्वादश स्थान के पदलग्न को उपपद कहते हैं। यदि उपपद से द्वितीय स्थान में उच्चग्रह स्थित हो, अथवा वह स्थान उच्च नवांश का हो तो उस मनुष्य को बहुत स्त्रियाँ होती हैं। इसी प्रकार उपपद से द्वितीय स्थान में मिथुन राशि रहने से भी एक से अधिक स्त्रियाँ होती हैं। **उदाहरण—कुंडली ९६** में द्वादश वृश्चिक राशि है जिसका स्वामी मंगल नौवें स्थान अर्थात् द्वादश से दशम स्थान में है। मंगल से दशम स्थान जो लग्न से षष्ठ होगा वही उपपद हुआ। इस उपपद से द्वितीय स्थान मिथुन राशि है। इसी कारण उदाहरण-कुंडली वाले जातक के दो विवाह हुए। उपपद से द्वितीय स्थान मिथुन में यदि स्वगृही ग्रह बैठा हो (जैसे उदाहरण कुंडली में उपपद से द्वितीय स्थान मिथुन है और यदि उस स्थान का स्वामी बुध स्वगृही होकर मिथुन में बैठा होता) तो ऐसे योग के होने से जातक की स्त्री उसकी वृद्धावस्था में मरती है अर्थात् ऐसे जातक को रंडवा-योग प्रौढ़ावस्था के बाद होता है।

(२७) यदि सप्तमेश दशमगत हो और दशमेश सप्तमगत हो तथा द्वितीयेश सप्तमस्थ अथवा दशमस्थ हो तो ऐसे जातक की स्त्री-संख्या का प्रमाण कठिन होगा।

(२८) यदि लग्नेश दशमस्थ हो और उसके साथ बली बुध बैठा हो तथा सप्तमेश चन्द्रमा के साथ तृतीय भावगत हो तो ऐसा मनुष्य स्त्रियों का शिकार बन कर ही जीवन व्यतीत करता है।

(२९) साधारण, परन्तु लागू रहस्य यह है कि शुक्र यदि द्विस्वभाव राशिगत हो तो प्रायः एक से अधिक विवाह होता है। यदि सप्तमस्थान वा शुक्र अन्य किसी प्रकार से पीड़ित भी हो तो अवश्य ही एक से अधिक विवाह होता है। देखो **कुंडली ८२** बाबू राधेश्याम जी की। शुक्र द्विस्वभाव राशिगत है (सप्तमेश) भी है) और पापयुक्त तथा दृष्ट भी है। बाबू गोपाल नारायण की **कुंडली ७७** में शुक्र-द्विस्वभाव राशिगत है और शनि से दृष्ट है। (देखो नियम ११, १२ १६) । बाबू गया प्रसाद जी की **कुंडली ५६** में भी नीच का शुक्र द्विस्वभाव राशिगत है। सप्तम स्थान, मंगल एवं शनि से पीड़ित है पर बृहस्पति एवं चन्द्रमा से सुरक्षित भी है इस कारण बोध होता है कि इनका दूसरा विवाह प्रथम जाया की मृत्यु के बाद न होकर उनकी जीवितावस्था ही में हुआ। देखो **कुंडली ५४** राय साहेबजी की। शुक्र द्विस्वभाव राशिगत है और उस पर शनि, मंगल एवं राहु की पूर्ण दृष्टि है जैसा कि ऊपर लिखा जा चुका है और सप्तमस्थान पापग्रहों से घिरा हुआ है। इस कारण इनके चार विवाह हुए।

(३०) यदि सप्तम स्थान में कोई क्लीब ग्रह हो और एकादश स्थान में दो ग्रह बैठे हों तो ऐसे जातक को एक स्त्री के जीवन काल ही में दूसरी स्त्री भी होती है।

(३१) यदि सप्तमेश और शुक्र द्विस्वभाव राशिगत हो अथवा द्विस्वभाव अंश में हो तो ऐसे जातक को भी दो स्त्रियाँ होती हैं। 'फलदीपिका' में 'जाया द्वयम् स्यात्' लिखा है। देखो कुंडली ५६ बाबू गया प्रसाद सिंह जी की। शुक्र द्विस्वभाव राशि में है और शनि द्विस्वभाव नवांश में है। पहिली स्त्री की जीवितावस्था ही में इनका दूसरा विवाह हुआ था।

स्त्री-कुल का ज्ञान।

धा–१४३ (१) यदि सप्तमेश बली हो तो उसका विवाह श्रेष्ठ धनी कुल में होता है और कन्या रूपवती होती है। यदि सप्तमेश निर्बल हो तो इसके विपरीत फल होता होता है।

(२) यदि लग्नेश से सप्तमेश बली हो और सप्तमेश शुभ नवांश में हो अथवा

उस पर शुभग्रह की दृष्टि वा योग हो अथवा उच्च हो तो उसकी भार्य्या श्रेष्ठ जाति और श्रेष्ठ-कुल-मर्यादा की कन्या होती है।

(३) यदि लग्नेश सप्तमेश से बली हो और उच्चस्थ वा शुभग्रह के साथ हो और केन्द्र बली त्रिकोण में हो तो वह अपनी भार्य्या से उच्च कुल का होगा।

(४) यदि सप्तमेश लग्नेश से कम बल रखता हो और यदि सप्तमेश अस्त हो अथवा मित्र गृह में हो अथवा नवांश में नीच राशि का हो तो उस जातक का विवाह अपने से नीच कुल की कन्या से होता है।

(५) यदि लग्नेश सप्तमेश से निर्बल हो और यदि लग्नेश पापग्रह के साथ हो या नीच नवाश का हो या अष्टमस्थ हो तो जातक अपनी स्त्री से नीच कुल और नीच व्यवहार का होगा।

(६) उपपद से द्वितीय स्थान का स्वामी यदि उच्च राशि में स्थित हो तो उच्च कुल की स्त्री मिलती है और यदि नीच राशि में स्थित हो तो नीच कुल की स्त्री होती है।

विवाह-समय।

धा–१४४ (१) लग्नेश और सप्तमेश के स्फुट को जोड़ देने से कोई राश्यादि आवेगी। उस राश्यादि में जब गोचर का बृहस्पति आ जायगा तो उसी समय जातक का विवाह सम्भव होगा। परन्तु स्मरण रहे कि ऐसा योग अनेक बार आवेगा। अतः देश, काल और समाज की बातों पर ध्यान देकर विचार करना होगा।

(२) जन्म समय का चन्द्रमा जिस राशि में हो उसके स्वामी के स्फुट को अष्टमेश के स्फुट में जोड़ दिया जाय और उस योगफल वाली राश्यादि में जब गोचर का बृहस्पति आता है तो उस समय विवाह होना सम्भव है।

(३) सप्तमेश जिस राशि और नवांश में हो, उन दोनों के स्वामी में से जो बली हो उसके दशा-काल में जब गोचर का बृहस्पति, सप्तमेश-स्थित-राशि के त्रिकोण में जाता है तो विवाह सम्भव होता है। तात्पर्य यह है कि पहिले सप्तमेश जानना होगा। तब यह देखना होगा कि सप्तमेश किस राशि में बैठा है और उसका स्वामी कौन है। दूसरी बात यह देखनी होगी कि सप्तमेश ग्रह किस नवांश में है और उसका स्वामी कौन है। जब ये दो ग्रह मिल जायँ तो देखना होगा कि उनमें से कौन बली है। उसी बलीग्रह की दशा में विवाह होना सम्भव होता है। यदि उपर्युक्त नियम में दोनों ग्रह एक ही हो जायँ तो बलाबल का झंझट मिट जायगा। गोचर के

बृहस्पति को यों देखना होगा कि सप्तमेश जिस राशि का हो उस राशि से त्रिकोण में (अथवा सप्तमेश जिस नवांश का हो उस नवांश से त्रिकोण में) जब बृहस्पति जाता है और वह समय यदि ऊपर लिखी हुई दशा के अन्तर में पड़ता हो तो विवाह सम्भव होता है।

(४) एक विधि यह भी है कि शुक्र और चन्द्रमा में जो बली हो उस वली ग्रह की महादशा में जब बृहस्पति का उपर्युक्त गोचर होता है तो वह समय भी विवाह का होता है।

(५) (फलदीपिका) के अनुसार (१) जब लग्नेश गोचरानुसार सप्तमस्थ-राशि में जाता है (२) जब गोचर का शु. वा सप्तमेश लग्नेश की राशि वा लग्नेश के नवांश से त्रिकोण में जाता है (३) अथवा सप्तमस्थ ग्रह वा सप्तम पर दृष्टि डालने वाले ग्रह की दशा में विवाह सम्भव होता है।

(६) यदि सप्तमेश शुक्र के साथ बैठा हो तो सप्तमेश की दशा वा अन्तरदशा में विवाह सम्भव होता है। यदिवह किसी कारण से असम्भव पड़ता हो तो द्वितीयेश जिस राशि में बैठा हो उस राशि के स्वामी की दशा वा अन्तरदशा में विवाह सम्भव कहना चाहिये। यदि यह भी किसी कारण से असम्भव पड़ता हो तो दशमेश और नव-मेश की दशा वा अन्तरदशा में भी विवाह होना सम्भव कहना चाहिये। यदि यह भी किसी कारण से असम्भव हो तो सप्तमेश के साथ जो ग्रह बैठा हो या सप्तमस्थान में जो ग्रह बैठा हो उन ग्रहों की दशाअन्तरदशा में भी विवाह होना चाहिये। देखो उदाहरण कुंडली ९६। सप्तमेश बुध, शुक्र के साथ है इस कारण बुध; द्वितीयेश धनराशि में है इस कारण बृहस्पति; नवमेश रवि और दशमेश बुध है इस कारण रवि और बुध; सप्तमेश के साथ रवि और शुक्र है अतः रवि और शुक्र; पुनः सप्तमस्थान में राहु और बृहस्पति है इस कारण राहु और वृहस्पति की दशाअन्तरदशा में विवाह सम्भव होता है। अर्थात् बु., बृ., र., शु. और रा., की दशाअन्तरदशा में विवाह होना कहा जा सकता है। इस जातक का प्रथम विवाह बुध की महादशान्तर्गत राहु की दशा में और दूसरा विवाह शुक्र की महादशान्तर्गत राहु की दशा में हुआ था।

महात्मा जी की कुंडली ३९ में प्रथम नियम लागू नहीं है। द्वितीय नियमानुसार द्वितीयेश शुक्र तुला में बैठा है। अतः उसके स्वामी शुक्र की दशा वा अन्तरदशा में विवाह होना सम्भव होता है। 'आत्मकथा' में लिखा है कि उनका व्याह तेरह वर्ष की अवस्था में हुआ था। वह समय शुक्र की महादशा में पड़ता था। उक्त पुस्तक में विवाह की तिथि नहीं दी हुई है। देखो कुंडली २६ तिलक महाराज की। उपर्युक्त नियमों के अनुसार इनका विवाह चन्द्रमा, बृहस्पति, मंगल वा बुध की दशा वा अन्तर-

दशा में सम्भव होता है। श्रीअवध उपाध्याय लिखित इनकी जीवनी में लिखा है कि इनका विवाह पन्द्रह वर्ष की अवस्था में सन् १८७३ ई० के बैशाख में हुआ था। इस लेख में कुछ भूल मालूम होती है क्योंकि यदि १५ वर्ष की अवस्था में विवाह हुआ तो ईस्वी सन् १८७१ होगा और यदि १८७३ में विवाह हुआ तो वह १७ वाँ वर्ष होगा। खैर, जो हो, १७ वर्ष कई एक महीने तक उनको बुध की महादशा बीतती थी और उसी समय विवाह सम्भव है। पुनः देखो कुंडली ४९ पण्डित जवाहरलाल नेहरू की। उपर्युक्त नियमानुसार इनका विवाह मंगल वा बृहस्पति की दशा वा अन्तरदशा में सम्भव होता है। इनकी जीवनी में लिखा है कि २७ वें वर्ष में इनका विवाह हुआ था। उनकी कुंडली से मालूम होता है कि शुक्र की महादशा में मंगल की अन्तरदशा २५ वर्ष ९ महीने की अवस्था से २६ वर्ष ११ महीना की अवस्था तक थी। इस कारण ठीक होता है कि इनका विवाह मंगल की अन्तरदशा में हआ।

(७) शुक्र, चन्द्रमा और लग्न से सप्तमाधिपति की दशा में भी विवाह होना सम्भव होता है। उदाहरण-कुण्डली में सप्तमेश बुध है। इस जातक का विवाह बुध की महादशा में हुआ था।

(८) विवाह का समय निश्चित करने में बड़ी सावधानी की आवश्यकता है। उपर्युक्त कई नियमों से यदि मान लिया जाय कि किसी नियम के अनुसार विवाह उस समय पड़ता हो जब जाति, कुल और देश के नियम से विवाह करना मूर्खता का परिचय दे तो वैसे स्थान में दूसरी रीति का अनुसरण करना होगा। मान लिया जाय कि किसी जातक का विवाह-समय उस अवस्था में पड़ता हो जब जातक पलने पर झूल रहा हो और यदि वह जातक ऐसी कुल और जाति का नहीं है जिसमें दुर्भाग्यवश उस अवस्था में विवाह होना सम्भव है तो ज्योतिषी को ध्यान देना होगा कि ऐसे स्थान में क्या विचारना उचित है। इसी प्रकार यदि मान लिया जाय कि एक मनुष्य जिसकी अवस्था ५५ वर्ष की हो गयी है परन्तु वह पुत्रार्थी हो कर विवाह करना चाहता है तो देखना होगा कि उपर्युक्त नियमों से उस मनुष्य को कोई योग उस अवस्था में होता है या नहीं और यदि होता है तो कब ? यह सर्वस्वीकृत सिद्धान्त है कि ज्योतिष विशेषतः अनुमान शास्त्र है। इसमें बुद्धि पर बल देकर विचार करना होता है। यदि औंधे-मौंधे फल कहने का यत्न किया जाय तो इस शास्त्र को छूना ही उचित नहीं।

(९) इस स्थान में विचारना है कि उपर्युक्त दशा इत्यादि में विवाह का का होना दशा के आदि, अन्त वा मध्य में सम्भव हो।।। इसका नियम यह है कि यदि दशेश (अर्थात् उस ग्रह की दशा जिसमें विवाह होना सम्भव है) शुभग्रह हो, शुभ राशिगत हो तो दशा के आरम्भ ही में विवाह होना कहना चाहिये। यदि दशेश शुभग्रह हो परन्तु पाप-राशि-गत हो तो विवाह दशा के मध्य में कहना चाहिये और यदि दशेश पापग्रह हो

और पाप-राशि-गत हो तो विवाह दशा के अन्त में कहना चाहिये। यदि दशेश पापग्रह हो परन्तु शुभराशि युक्त हो और उसके साथ शुभग्रह भी बैठा हो तो ऐसे स्थान में उस दशेश के किसीं समय में विवाह होना कहना चाहिये।

(१०) किसी आचार्य्य का यह भी मत है कि लग्नेश जिस नवांश में हो उसका अधिपति जिस राशि में हो उस राशि से द्वितीय स्थान में जब गोचर का चन्द्रमा और बृहस्पति आता है तो विवाह होना सम्भव होता है। जैसे, मान लिया जाय कि लग्नेश, बृहस्पति हो और उसका स्पष्ट २।४।५ है तो बृहस्पति, वृश्चिक के नवांश का हुआ और वृश्चिक का स्वामी मंगल हुआ। यदि मंगल, सिंह राशिगत हो तो उससे द्वितीय कन्या राशि होगी। उपर्युक्त नियमानुसार जब गोचर का बृहस्पति और चन्द्रमा, कन्याराशि में जायंगे तो उस समय विवाह होना सम्भव होता है। इसी प्रकार गोचर का बृहस्पति जब दशमेश अथवा शुक्र जिस राशि में हो उस राशि में जाता है तो विवाह सम्भव होता है। विवाह का तीसरा समय तब होता है जब बृहस्पति और चन्द्रमा जातक के केन्द्र में आ जाते हैं। जैसे, किसी का धन लग्न का जन्म है तो जब जब गोचर के बृहस्पति और चन्द्रमा, मीन, मिथुन, कन्या और धन राशि में जायँगे तब तब विवाह काल सम्भव होगा।

(११) मेष से गिनने के उपरान्त सप्तमस्थ राशि की संख्या जो हो (जैसे, कर्क ४, मीन १२, मेष १ इत्यादि) उस संख्या में यदि ८ जोड़ दिया जाय तो तत्संख्यक वर्ष में विवाह होना सम्भव है। जैसे उदाहरण कुण्डली में सप्तमस्थ मिथुन है जिसकी संख्या ३ हुई। ऐसे स्थान में कहा जायगा कि उस जातक का ग्यारहवाँ वर्ष में विवाह सम्भव है। यथार्थ में इस जातक का प्रथम विवाह ११ वर्ष की अवस्था में हुआ था।

(१२) यदि सप्तमेश और लग्नेश समीपवर्ती हो तो विवाह प्रायः कम अवस्था में ही हो जाता है। इसो प्रकार यदि लग्न के समीप अथवा सप्तमभाव के समीप कोई शुभग्रह हो तौ भी विवाह कम अवस्था ही में होता है।

(१३) यदि लग्न में, द्वितीय अथवा सप्तम स्थान में कोई शुभग्रह हो और वह शुभवर्ग का हो तथा यदि लग्नेश, द्वितीयेश, सप्तमेश, शुभग्रह के साथ हो तो विवाह कम उम्र में ही होगा। उदाहरण-कुण्डली में सप्तमस्थ बृहस्पति है। सप्तमेश बुध, शुभग्रह शुक्र स्वगृही के साथ एकादशस्थ है और उस पर बृहस्पति की पूर्णदृष्टि है। अतः इस जातक का विवाह ११ वर्ष की ही अवस्था में हुआ। देखो कुण्डली ३९। द्वितीयेश शुक्र स्वगृही और शुभ वर्ग का है। लग्नेश शुभ शुक्र के साथ है और बृहस्पति से दृष्ट भी है। इसी कारण महात्मा जी का विवाह कम उम्र में हुआ जिसका इनको पश्चात्ताप है।

(१४) यदि लग्न, द्वितीय और सप्तम में शुभग्रह बैठा हो अथवा शुभग्रह की दृष्टि हो तो कम उम्र में विवाह होता है।

(१५) यदि सप्तमाधिपति बलवान होकर केन्द्र वा त्रिकोणगत हो तो बाल्य-काल में ही विवाह होता है।

(१६) यदि सप्तमेश पाप ग्रह के साथ होकर त्रिकोणगत हो और शुक्र भी पापग्रह के साथ हो तथा द्वितीयेश दशमगत हो तो विवाह अधिक उम्र में होता है। सारांश यह है कि लग्न, द्वितीय, सप्तम और शुक्र के पीड़ित होने से विवाह विलम्ब से होता है और शुभ-युक्त वा दृष्ट होने से कम उम्र में होता है।

(१७) इस विषय को निश्चित रीति एवं भली-भांति जानने के लिये लेखक का मत है कि सर्वप्रथम यह देखना होगा कि जातक विवाह योग है या नहीं। (धा. १४१) यदि विवाह योग है तो देखना होगा कि कितने विवाह सम्भव हैं। (धा.१४२) तत्पश्चात् इस धारे के अनुसार यह देखना होगा कि विवाह कम उम्र में या अधिक उम्र में होने वाला है। अन्त में इसी धारे के अनुसार यह देखना होगा कि विवाह का समय कौन-सा होगा।

किस दिशा में विवाह सम्भव है ?

धा–१४५ (१) शुक्र से सप्तमेश की जो दिशा हो उसी दिशा में प्रायः कन्या का घर होता है।

(२) यदि सप्तम स्थान में ग्रह हो तो उस स्थान की राशि की जो दिशा हो अथवा सप्तम स्थान पर जिन ग्रहों की दृष्टि पड़ती हो उन ग्रहों की राशिस्थ-दिशाओं में कन्या का घर होता है। यदि स्थिर राशि हो तो कन्या का घर वर के घर से विशेष दूर न होगा और यदि चर राशि हो तो वर के घर से कन्या का घर दूर होगा।

स्त्री-गुणादोषादि का विवरण।

धा–१४६ यह नीति की बात है और सत्य भी है कि जिसकी स्त्री शुभगुणसम्पन्ना होती है उसे गृहस्थाश्रम ही में स्वर्ग-सुख प्राप्त होता है। अतएव पाठकगण इस विषय को ध्यान पूर्वक मनन करें।

(१) लग्न से सप्तम स्थान एवं चन्द्र लग्न से सप्तम स्थान से स्त्रीकामातुरता, स्त्री-सम्भोग-शक्ति का बोध होता है। लग्न से सप्तमेश, चन्द्रमा से सप्तमेश और शुक्र से भी इन सब विषयों का विचार होता है। इस कारण देखना होगा कि कुण्डली में लग्न से सप्तमस्थान, चन्द्रलग्न से सप्तम स्थान और उन दोनों के स्वामियों और शुक्र की क्या स्थिति है। अर्थात् इन सब पर पापग्रह की या शुभग्रह की दृष्टि है, अथवा ये सबके सब या इनमें से कोई पापमध्यगत तो नहीं है। इनमें से सब या किसी के साथ शुभग्रह है या पापग्रह। लेखक का अनुभव है यदि विस्तार पूर्वक इन सब शुभ और अशुभ लक्षणों का विवरण करके एक चक्र (Chart) बनाया जाय तो उस चक्र के अनुसार फल कहने में सुविधा होगी।

(२) इन्हीं सब नियमों और अन्य नियमों के अनुसार विद्वानों ने ग्रंथान्तर में कतिपय योग बतलाया है जिसका यहाँ उल्लेख किया जाता है। यदि शुक्र चर राशि गत हो, बृहस्पति सप्तमस्थ हो और लग्नेश बली हो तो उस जातक की स्त्री पतिव्रता, सुन्दरी और प्रेम करने वाली होनी है।

उदाहरण कुंडली ९६ में तुला का शुक्र, चर राशि में है, बृहस्पति सप्तमस्थ है और लग्नेश भी वही है। इस जातक की स्त्री उपर्युक्त गुणसम्पन्ना है। परन्तु स्मरण रहे कि कुछ पापग्रहों का भी आक्रमण है। इस कारण यद्यपि आदर्श स्त्री नहीं है तौ भी सराहने योग्य है।

(३) यदि सप्तमेश, बृहस्पति के साथ हो अथवा बृहस्पति से दृष्ट हो अथवा शुक्र, बृहस्पति के साथ हो अथवा शुक्र पर बृहस्पति की पूर्ण दृष्टि पड़ती हो तो स्त्री उपर्युक्त गुणसम्पन्ना होती हुई वह अपने पति के सुख दुःख पर सर्वदा ध्यान देती रहेगी। **उदाहरण कुंडली** में सप्तमेश बुध पर बृहस्पति की पूर्णदृष्टि है और सप्तमेश स्त्री कारक शुक्र के साथ है तथा उस पर बृहस्पति की पूर्ण दृष्टि है। महात्मा जी की **कुंडली ३९** में शुक्र पर बृहस्पति की पूर्ण दृष्टि है। इस कारण श्रीमती कस्तूरीबाई ऊपर लिखे हुए गुणों से सम्पन्ना हैं जो सभी जानते हैं। पुनः पंडित जवाहिर लाल जी की **कुंडली ४९** में सप्तमेश शनि पर बृहस्पति की पूर्ण दृष्टि है। इस कारण इनकी स्त्री सर्वगुणसम्पन्ना हैं।

(४) यदि सप्तमेश बृहस्पति हो और उस पर शुक्र और बुध की दृष्टि हो, अथवा बृहस्पति सप्तमस्थ हो और वह पापग्रह की दृष्टि वा योग से वर्जित हो तो उसकी स्त्री भी पतिव्रता, सुन्दरी और चित्त को आकर्षित करने वाली होती है। देखो महात्मा जी की **कुंडली ३९।** सप्तमेश बृहस्पति है और उस पर शुक्र (बली) एवं बुध की पूर्ण दृष्टि है। मंगल की भी दृष्टि है परन्तु द्वितीयस्थ मंगल निष्फल है। इसी कारण श्रीमती कस्तूरीबाई महात्माजी की बीभत्स खुली समालोचनाओं पर भी कठिन से कठिन परिस्थिति में अखंड पातिव्रत धर्म की परीक्षाओं में सदा उत्तीर्ण होती रही हैं।

(५) यदि सप्तमेश केन्द्र में बैठा हो और उस के साथ शुभग्रह हो, अथवा वह केन्द्र-वर्ती सप्तमेश शुभनवांश वा शुभ राशिगत हो तो स्त्री पतिव्रता होती है। देखो **कुंडली ५०** राजा बहादुर अमावाँ की। सप्तमेश बुध, उच्च, केन्द्रस्थ और अपने नवांश का है। श्रीमती रानी साहिबा एक आदर्श एवं अति सराहनीया पतिव्रता स्त्री हैं।

(६) यदि सप्तमेश शुभग्रह के साथ हो अथवा उस पर शुभग्रह की दृष्टि हो तो जातक का स्वभाव विनीत और नम्र होगा, वह धनी और अधिकारी होगा और राजकीय पद में उसकी अच्छी स्थिति होगी तथा उसकी स्त्री प्रेम करने वाली और चित्त को आकर्षित करने वाली होगी। देखो **कुंडली ३९, ४९, ५० और ९६।**

(७) यदि सप्तम स्थान पर बृहस्पति की पूर्ण दृष्टि हो तो उस की स्त्री दयालु, सुन्दरी और सुचरित्रवती होती है। यदि सप्तम स्थान पर पापग्रह की पूर्ण दृष्टि हो तो उसकी

स्त्री झगड़ालू और दुःख देने वाली होती है। यदि एक ही कुंडली में कई तरह के योग पाये जायें तो पाठक सावधानी पूर्वक अपनी बुद्धि की तराजू पर तौल कर अनुमान करेंगी। **उदाहरण कूंडली** में सप्तम स्थान पर शनि की पूर्ण दृष्टि है (और बृ. भी सप्तमस्थ है); इस कारण इस जातक की स्त्री में किंचित झगड़ालू होने का दोष अवश्य है। देखो **कुंडली** ८ श्रीरामानुजाचार्य्य की। शनि सप्तमस्थ है और किसी शुभ ग्रह से दृष्ट वा युक्त नहीं है। इनकी स्त्री झगड़ालू भी थी और पतिदेव को बराबर अप्रसन्न रखती थी पर दुष्टा न थी क्योंकि शनि स्वगृही है।

(८) यदि लग्नाधिपति सप्तम में अथवा सप्तमाधिपति पंचम में रहे तो जातक अपनी स्त्री के मतानुसार चलने वाला होता है अर्थात् स्त्री का आज्ञानुयायी होता है।

(९) लग्न में राहु, केतु के रहने से स्त्री स्वामी के वशीभूत रहती है।

(१०) यदि सप्तमेश शुभ ग्रह के साथ हो तो स्त्री अच्छी मिलती है। इसी प्रकार यदि सप्तमेश उच्चस्थ, स्वगृही, मित्रगृही, हो तौ भी उसकी स्त्री सुशीला होती है। यदि सप्तमेश अथवा शुक्र पर बृहस्पति और बुध की दृष्टि पड़ती हो तो स्त्री पतिव्रता होती है तथा बृहस्पति के भी सप्तम स्थान में रहने से स्त्री गुणवती होती है। यदि सप्तमेश केन्द्र में हो और उस पर शुभग्रह की दृष्टि हो, शुभराशिगत हो, अथवा शुभनवंश का हो तो स्त्री पतिव्रता होती है।

(११) यदि शुक्र, उच्च या अच्छे नवांश का हो, अथवा सप्तमेश बृहस्पति के साथ हो, अथवा बृहस्पति की सप्तमेश पर दृष्टि पड़ती हो तो स्त्री पतिव्रता और प्रेम करने वाली होती है। देखो **कुंडली ३९**। शुक्र अति उत्तम वर्ग का है।

(१२) यदि सप्तम भाव का स्वामी **सूर्य्य** हो और उसके साथ कोई शुभ ग्रह हो, अथवा उस पर किसी शुभग्रह की दृष्टि हो, अथवा वह सूर्य्य शुभराशिगत हो अथवा शुभ नवांश का हो परन्तु वह लग्नेश का मित्र हो तो ऐसे स्थान में उसकी स्त्री आज्ञाकारिणी और सेवा करने वाली होती है।

(१३) यदि सप्तम भाव का स्वामी **चन्द्रमा** हो और उसके साथ पाप ग्रह बैठा हो अथवा उस पर पापग्रह की दृष्टि हो, अथवा वह पापराशिगत हो, अथवा पाप नवांश में हो तो उसकी स्त्री टेढ़े स्वभाव की और चित्त से कठोर होती है। यदि वही चन्द्रमा, शुक्र के साथ होकर शुभ-राशिगत हो शुभनवांश का हो, मित्र-गृही हो, स्वगृही अथवा उच्च हो तो स्त्री दानशीला और मर्यादित रहती है।

(१४) यदि सप्तम स्थान का स्वामी **मंगल** हो और वह नीच, शत्रुगृही, अस्तगत अथवा शत्रु-द्रेष्काण का हो तो उसकी स्त्री कुल्टा और कुचरित्रा होती है। परन्तु यदि वैसा मंगल मित्रगृही, उच्च, शुभग्रह के साथ अथवा शुभ दृष्ट हो तो यद्यपि उसकी स्त्री निर्दयी होगी तथापि अपने पुरुष की आज्ञाकारिणी और प्रेम करने वाली होगी।

(१५) यदि सप्तमेश **बुध** हो और पाप ग्रह के साथ हो, अथवा नीचस्थ हो, अथवा शत्रुगृही हो, अथवा अस्त हो और अष्टम या द्वादश स्थानगत हो और पाप ग्रहों से घिरा हो, अथवा उस पर पाप ग्रह की दृष्टि पड़ती हो तो उस जातक की स्त्री अपने पुरुष की जान लेने वाली होती है और इसके विपरीत रहने से विपरीत फल होता है।

(१६) यदि **गुरु** सप्तमेश और बली हो, अथवा मित्रगृही हो, अथवा उच्चस्थ हो, अथवा स्वगृही हो और गोपुरांश में हो तो जातक की स्त्री की सन्तान उत्तम होती हैं और स्त्री स्वयं अच्छे आचरण की एवं दानशीला होती है तथा धार्मिक विचारों से वार्ता करने वाली होती है।

(१७) यदि **शुक्र,** सप्तमेश हो और पाप ग्रह के साथ हो, अथवा पापदृष्ट हो, अथवा वह शुक्र, नीच वा शत्रुनवांश का हो, अथवा पाप षष्ठांश में हो तो उसकी स्त्री कठोर चित्त वाली, कुमार्गिणी और कुल्टा होती है।

(१८) यदि शुक्र सप्तमेश हो और शुभ ग्रह के साथ हो, अथवा शुभ ग्रह के नवांश में हो, मित्रगृही हो तो उसकी पत्नी पुत्रवती, वाचाल और शुभचरित्रा होती है।

(१९) यदि शनि सप्तमेश हो, वह पाप ग्रह के साथ हो और नीच नवांश में हो, अथवा नीच राशिगत हो, अथवा पापग्रह के साथ शत्रुनवांश में हो और पाप ग्रह से दृष्ट हो तो उसकी स्त्री क्रूरा और कुल्टा होती है।

(२०) यदि सप्तमेश शनि बलवान हो और उस पर शुभग्रह की दृष्टि हो तो उसकी स्त्री विनीत, सहायता करने वालीं और उत्तम प्रकृति की होती है। यदि उस शनि पर बृहस्पति की दृष्टि हो तो उसकी स्त्री ईश्वर-प्रेमी ब्राह्मण-सेवा मे निरत रहने वाली और ज्ञानवती होती है। देखो **कुंडली ८** श्री रामानुजाचार्य्य जी की। शनि, सप्तमेश है पर स्वगृही और कुम्भ के नवांश का है और बृहस्पति की दृष्टिविम्ब के भीतर है। इस कारण इनकी स्त्री झगड़ालू एवं पतिदेव की परम अनुयायी न थी पर ईश्वर-प्रेमी और ब्राह्मण सेवा में निरत रहती थी।

(२१) यदि राहु अथवा केतु, सप्तमगत हो और उसके साथ पापग्रह हो, अथवा उस पर पापग्रह की दृष्टि हो तो उस जातक की स्त्री छोटे (ओछे) ख्याल की होती है। यदि वह राहु वा केतु, क्रूरनवांश का हो तो उसकी स्त्री अपने स्वामी पर विषप्रयोग करने वाली होती है और अपने को अपयश का भाजन बनाती तथा स्वयं दुःखी रहती है।

(२२) यदि सप्तमेश किसी पापग्रह के साथ हो और सप्तम स्थान में कोई पापग्रह बैठा हो और सप्तमेश, पापनवांश में हो तो उसकी स्त्री निकम्मी एवं अभागिनी होती है।

(२३) यदि सप्तमेश ६,८,१२ में बैठा हो, शुक्र निर्बल हो तो उसकी स्त्री अच्छी

नहीं होती है। एवं यदि सप्तमेश और शुक्र नीचस्थ हो और शुभदृष्टि से वर्जित हो तो उस जातक की स्त्री निकम्मी होती है।

(२४) यदि सप्तमेश के साथ कोई शुभग्रह हो और सप्तमस्थान में भी शुभग्रह हो और सप्तम स्थान पर तथा सप्तमेश पर शुभग्रह की दृष्टि हो तो स्त्री सुशीला होती है।

(२५) इसी प्रकार यदि (१) सप्तमेश, दशमेश और शुक्र, शुभ नवांश का हो अथवा बली हो, (२) यदि शुक्र उच्च का हो अथवा शुभनवांश का हो, (३) अथवा यदि सप्तमेश बृहस्पति के साथ हो अथवा बृहस्पति की उस पर दृष्टि पड़ती हो अथवा (४) सप्तमेश पर शुक्र और सूर्य्य की दृष्टि पड़ती हो और बृहस्पति सप्तमस्थ हो तो ऐसे योग वाले जातक की स्त्री प्रिय पतिव्रता और सुलक्षणा होती है और उसके गृह में स्वर्ग का सा सुख प्राप्त होता है।

(२६) यदि उपपद से द्वितीय स्थान शुभग्रह के षड़्वर्ग का हो अर्थात् उस स्थान का स्पष्ट शुभ नवांश आदि में हो अथवा उपपद से द्वितीय स्थान पर शुभग्रह की दृष्टि हो अथवा शुभग्रह बैठा हो तो जातक की स्त्री रूपवती होती है।

(२७) यह विषय ऐसा है कि अन्य कुंडलियों का प्रमाण देना उचित नहीं। फल विचरने के समय केवल इसी स्थान में नहीं किन्तु प्रत्येक भाव के विचार में. प्रत्येक बात के विचार में, ग्रहों की उत्कर्षता आदि पर विचार करके फल की उत्कर्षता कहनी होती है। इस विषय को समुचित स्थान में विशेष रूप से लिखा जायगा और वही नियम सर्वदा लागू होगा। अतः वह नियम स्मरण रखने योग्य है।

स्त्री-रोगादि का विचार

धारा–१४७. (१) उपपद के द्वितीय स्थान (२) उपपद के सप्तम स्थान से द्वितीय राशि, (३) उपपद से सप्तम भाव का स्वामी जिस राशि में हो उससे द्वितीय राशि (४) उपपद से सप्तम भाव की नवांश-राशि से द्वितीय राशि और (५) उपपद से सप्तमस्थ नवांश का स्वामी जिस राशि में हो उससे द्वितीय राशि से स्त्री के रोगादि का विचार किया जाता है।

निम्नलिखित नियमों में जहाँ यह लिखा गया है कि उपपद से द्वितीय स्थान में अमुक अमुक ग्रहों के रहने से अमुक अमुक रोग से ग्रसित स्त्री होगी, वहाँ पाठक यह समझलें कि उपपद से द्वितीय ही का केवल अभिप्राय नहीं है बल्कि (१) उपपद के सप्तम-स्थान से द्वितीय, (२) उपपद से सप्तमेश की स्थितराशि से द्वितीय राशि, (३) उपपद से सप्तम भाव की नवाँश राशि से द्वितीय राशि और (४) उपपद से सप्तम स्थान के नवांश का स्वामी जिस राशि में गत हो उससे द्वितीय राशि में उन्हीं रोगों के होने से वही सब रोग होंगे।

(क) उपपद से द्वितीय स्थान में यदि शुक्र और केतु दोनों ग्रह बैठे हों तो जातक की स्त्री को रक्तप्रदर रोग होता है। (ख) उपपद से द्वितीय स्थान में यदि बुध और केतु दोनों पाप-ग्रह हों तो अस्थिश्राव अर्थात् कठिन प्रदर रोग होता है। (ग) उपपद से द्वितीय स्थान में शनि, सूर्य्य और राहु बैठे हों तो स्त्री को अस्थि-ज्वर होता है, (घ) उपपद से द्वितीय स्थान में बुध और केतु, ये दोनों बैठे हों तो स्त्री स्थूल शरीर की होती है। (ङ) उपपद से द्वितीय स्थान में यदि मिथुन या कन्या राशि हो और उसमें शनि और मंगल दोनों ग्रह बैठे हों तो उसकी स्त्री को नासिका रोग होता है। (च) उपपद से द्वितीय स्थान में मेष या वृश्चिक राशि हो और उसमें शनि और मंगल दोनों ग्रह बैठे हों तौ भी स्त्री को नासिका रोग होता है। (छ) उपपद से द्वितीय स्थान में मिथुन, कन्या, भेष अथवा वृश्चिक राशि हो और उसमें बृहस्पति और शनि बैठे हों तो कर्ण रोग, नाड़ी का निसारण रोग वाली स्त्री होती है। (ज) उपपद से द्वितीय स्थान में मिथुन, कन्या, वृश्चिक अथवा मेष राशि और बृहस्पति और राहु हों तो स्त्री को दांत का रोग होता है। **उदाहरण कुंडली** का उपपद, लग्न से षष्ट होता है और उपपद से द्वितीय स्थान मिथुन का है तथा उसमें राहु और बृहस्पति भी हैं। इस कारण इस जातक की स्त्री को दंतरोग है। इनके दांत में प्रायः बराबर वेदना रहती है। (झ) उपपद से द्वितीय स्थान में कन्या अथवा तुला राशि हो और उसमें शनि और राहु दोनों हों तो उसकी स्त्री पङ्गुली (लुल्ही) अथवा बात रोग वाली होती है।

उपर्युक्त योगों में यदि उन ग्रहों पर शुभग्रह की दृष्टि (जैमिनी-दृष्टि अनुसार चक्र १० (क) (ख)) हो अथवा उन ग्रहों के अतिरिक्त कोई शुभग्रह उनके साथ हो तो वैसे योग में स्त्री को रोग नहीं होता है। इस स्थान पर भी जैसा कि ऊपर लिखा जा चुका है, स्मरण रखना चाहिये कि ये योग केवल उपपद से द्वितीय स्थान ही में नहीं किन्तु अन्य स्थानों में भी जिनका विवरण इस धारा के आरम्भ में किया गया है, होता है। पाठकों के सुविधा के लिये, सुगमता से देखने की विधि बतलायी जाती है। जिस कुंडली का विचार करना हो, प्रथम उसमें यह देखें कि शुक्र और केतु एक साथ हैं कि नहीं। इस प्रकार बुध और केतु, शनि और मंगल, बृहस्पति और शनि, बृहस्पति और राहु, अथवा शनि और राहु एक साथ हैं कि नहीं। यदि इन योगों में से कोई योग न हो तो इसके पीछे समय नष्ट करना व्यर्थ है और यदि इनमें से एक या एक से अधिक योग हो और यदि वे ग्रह उन राशियों में हों जिनका उल्लेख ऊपर हो चुका है तो उपर्युक्त नियमानुसार विचार करें।

(२) यदि शनि, मंगल और सूर्य्य, शुक्र से चतुर्थ और षष्ठ स्थानगत हो तो पुरुष की आँखों के सामने उसकी स्त्री जल कर मर जाती है।

(३) यदि द्वादश स्थान और षष्ठ स्थानों में से एक में सूर्य्य और दूसरे में चन्द्रमा बैठे हों तो स्त्री और पुरुष दोनों काने (एकाक्ष) होते हैं।

(४) यदि नवम अथवा पंचम स्थान में सूर्य्य और शु. बैठा हो तो कभी २ उसकी स्त्री किसी अंग से हीन होती है। देखो कुंडली ६८ इसमें रवि और शु. नवमस्थ है। इनकी स्त्री वात रोग से इतनी पीड़ीति थीं कि चल फिर भी नहीं सकती थीं। अनुभव से देखने में आता है कि केवल इसी योग से स्त्री सर्वदा हीनाङ्गी नहीं होती।

स्त्री की मृत्यु।

धा–१४८ (१) उपपद से द्वितीय स्थान यदि पापराशिगत हो और उसमें पापग्रह बैठा हो तो जातक की स्त्री की मृत्यु होती है, अथवा जातक संन्यास ग्रहण करता है। परन्तु स्मरण रहे कि इस योग में सिंह राशि पाप नहीं है और सूर्य्य इस योग के लिये पापग्रह नहीं कहा जा सकता है और यह भी स्मरण रहे कि उपर्युक्त योग में यदि शुभग्रह की दृष्टि होगी तो योग का भंग होगा अर्थात् न तो स्त्री मरेगी और न जातक संन्यासी होगा।

(२) उपपद से द्वितीय स्थान में राहु और शनि दोनों के रहने से जातक लोकनिन्दा के कारण अपनी स्त्री को त्याग देता है अथवा उसकी स्त्री मर जाती है।

(३) निम्नलिखित योगों के रहने से जातक की जीवितावस्था ही में उसकी स्त्री मर जाती है। (१) यदि कोई पापग्रह सप्तम स्थान में हो और उस पर पापग्रह की दृष्टि भी हो (२) यदि कोई निर्बल पापग्रह, सप्तम स्थान में हो (३) यदि पंचमेश, सप्तमस्थानगत हो, (४) अथवा अष्टमेश, सप्तम स्थानगत हो, (५) अथवा नीच का बृहस्पति, सप्तमगत हो, (६) अथवा शुक्र पापग्रह के साथ होकर सप्तमस्थ हो और इन सब स्थानों पर शुभग्रह की न योग हो और न दृष्टि हो।

(४) स्त्री के जन्म-नक्षत्र से पुरुष का जन्म-नक्षत्र तक गिन जाने पर जो संख्या आवे उसको ७ से गुणा कर गुणनफल में २८ से भाग देने पर जो शेष रहे उस अंक को एक जगह सुरक्षित रखें। उसका नाम संख्या (क) रख लिया जाय। पुनः पुरुष के जन्मनक्षत्र से स्त्री के जन्म-नक्षत्र तक गिन कर उस संख्या को ७ से गुणा करें। गुणनफल में २८ से भाग देने पर जो शेष रहे उसका नाम संख्या (प) रखें। अब यदि (प) संख्या (क) संख्या से विशेष हो तो स्त्री की मृत्यु पहिले होगी और यदि (क) संख्या (प) से विशेष हो तो स्त्री से पूर्व पुरुष की मृत्यु होगी। यदि (क) और (प) एकही संख्या आजाय तो स्त्री और पुरुष की मृत्यु थोड़े ही समय के अन्तर में होगी। उदाहरण रूप से यदि मान लिया जाय कि स्त्री का जन्म अश्लेषा नक्षत्र में है और पुरुष का जन्म भरणी नक्षत्र में तो अश्लेषा से भरणी तक गिनने पर २१ (इक्कीस) हुआ। इसको ७ से गुणा करने पर १४७ होता है। पुनः इसमें २८ का भाग देने से ७ शेष रहा, जो (क) संख्या हुई। इसी प्रकार भरणी से अश्लेषा तक गिना जाय तो ८ होगा। इसको ७ से गुणा करने पर ५६ हुआ और इस गुणन-

फल में २८ का भाग दिया, शेष शून्य रहा, जो (प) संख्या हुई। अब (क) संख्या (प) से विशेष है इस कारण पुरुष की मृत्यु पहिले कही जायगी।

(५) यदि मंगल सप्तम स्थान में हो और शुक्र के नवांश में हो और यदि सप्तमेश, पंचमगत हो तो जातक को स्त्री-मृत्यु का दुःख भोगना पाता है।

(६) इसी प्रकार यदि द्वितीयेश और सप्तमेश साथ होकर दुःस्थान (६,८,१२) में हो, अथवा तृतीयभाव में हो तो उस जातक को तीन स्त्री-मृत्यु का दुःख भोगना पड़ता है। परन्तु यदि द्वितीयेश और सप्तमेश बलवान हो तो स्त्री सुरक्षित रहेगी। देखो कुंडली ५७ (क) बाबू बलदेव सहाय मोख्तार, मुंगेर की। द्वितीयेश शुक्र सप्तमेश बृहस्पति के साथ होकर षष्ठगत है और फल भी ऐसा ही हुआ कि इनकी तीनों स्त्रियाँ थोड़े ही दिनों के बाद मरती गयीं।

(७) (क) लग्न स्पष्ट को सप्तमेश के स्पष्ट से घटाने पर जो शेष रहे उससे किसी राशि का बोध होगा। जब गोचर का बृहस्पति उस राशि में अथवा उसके त्रिकोण में जाता है तो स्त्री की मृत्यु होती है। (ख) यदि सप्तमेश के स्पष्ट को लग्न के स्पष्ट से घटा दिया जाय तो उस शेष राशि में अथवा उसके नवाँश में जब गोचर का बृहस्पति जाता है तो उस समय भी स्त्री की मृत्यु की सम्भावना होती है।

(८) निम्नलिखित सात ग्रहों को छिद्र ग्रह कहते हैं। (पहला) अष्टमेश, (दूसरा) अष्टमगतग्रह, (तीसरा) अष्टमभाव पर दृष्टि डालने वाले ग्रह, (चौथा) लग्न से बाइसवें द्रेष्काण का स्वामी (जिसको खर कहते हैं), (पाँचवाँ) अष्टमेश के साथ वाला ग्रह, (छठा) जन्म का नक्षत्र जिस नवाँश में हो उस नवाँश से चौंसठवें नवांश का स्वामी और (सातवाँ) अष्टमेश का अतिशत्रु ग्रह। इन छिद्रग्रहों में से जो बली हो उसकी दशा में जातक को स्त्री-मृत्यु-भय होता है। इसी प्रकार सप्तम का जो छिद्र होगा उन ग्रहों की दशा-अन्तरदशा में जातक की स्त्री को मृत्यु-भय होता है।

(९) यदि सप्तमेश और स्त्री कारक शुक्र, शुभग्रह और सप्तमस्थ हो और यदि सप्तम स्थान बली हो तथा उस पर अर्थात् सप्तम स्थान पर पाप ग्रह की दृष्टि अथवा योग न पड़ता हो तो स्त्री पुरुष की एक साथ मृत्यु होती है। ऐसे योग में सप्तम स्थान का जो छिद्र ग्रह होगा उसी की दशा में मृत्यु सम्भव होती है।

(१०) यदि कन्या-लग्न का जन्म हो और उसमें सूर्य्य हो तथा सप्तम स्थान में मीन का शनि हो तो शनि की दशा में स्त्री की मृत्यु होती है।

(११) यदि कन्या लग्न हो और रवि, कन्या राशिगत हो और मंगल सप्तमस्थ हो तो ऐसे योग में जातक अपनी मृत्यु के समय रंडवा रहता है एक से अधिक विवाह भी क्यों न हो।

(१२) यदि नीच का शुक्र अथवा चन्द्रमा, चतुर्थ स्थान में हो तो स्त्री की मृत्यु होती है और इसी योग में यदि सप्तमेश पाश अथवा सर्प द्रेष्काण का हो तो उसकी स्त्री की मृत्यु फाँसी लगा कर होती है।

(१३) यदि सप्तमेश का नवांशाधिपति नीचस्थ हो अथवा अस्त हो अथवा शत्रु के नवांश में हो अथवा पापग्रहों से घिरा हो और पापग्रह की दृष्टि हो तो इन सब योगों में भी मृत्यु होती है।

(१४) यदि षष्ठ में मंगल, सप्तम में राहु, और अष्टम में शनि रहे तो भार्य्या जीवित नहीं रहती है।

(१५) लग्न, चतुर्थ, सप्तम, अष्टम वा द्वादश में मंगल रहने से दामाद दीर्घजीवि नहीं होता है और जातक की स्त्री भी दीर्घजीवि नहीं होती है।

(१६) ज्योतिषशास्त्र का यह एक बहुत बड़ा रहस्य है कि यदि शुक्र, द्विस्वभाव राशिगत हो और सप्तम स्थान पीड़ित हो अर्थात् सप्तम स्थान पर पापग्रह की दृष्टि हो अथवा पापग्रह बैठा हो तो वैसे स्थान में यह अवश्य पाया गया है कि जातक को स्त्री की मृत्यु का शोक अवश्य भोगना पड़ा है। **कुंडली ७२** में शुक्र द्विस्वभाव में और सप्तम, केतुयुक्त है। इस कारण इनके विवाह दो हुए। **कुंडली ५६** में शुक्र द्विस्वभाव में है और सप्तम, मंगल एवं शनि से पीड़ित है। बृहस्पति और चन्द्रमा का प्रभाव यह हुआ कि बहुत काल के बाद इनको दो स्त्रियों में से एक की मृत्यु का शोक हुआ। **कुंडली ६३** में शुक्र द्विस्वभाव में और सप्तम पर र., बु. और मं. पापग्रहों की दृष्टि है। इनकी स्त्री किसी विषधर जन्तु के काटने से मर गयीं। **कुंडली ५८** में शुक्र द्विस्वभावगत और सप्तम में शनि है। **कुंडली ५४** में शुक्र द्विस्वभाव में और सप्तम पापग्रहों से घिरा हुआ है तथा चन्द्रमा भी पाप ही है। इन सबों को स्त्री-शोक भोगना पड़ा है। **कुंडली ६५,७७** केतु से युक्त वा दृष्ट और ८२ राहु से दृष्ट है। सप्तम स्थान पर बली शुभग्रह की दृष्टि वा योग रहने से कभी२ द्वितीय विवाह नहीं होता है। देखो **कुंडली ७६** इसमें शुक्र द्विस्वभाव-राशिगत है पर सप्तम पीड़ित नहीं है।

अध्याय १६

पंचम–तरंग

पुत्र सम्बन्धी बातें।

धा–१४९ भारतवर्ष में विवाह का प्रथम उद्देश्य सन्तानोत्पादन है। हिन्दूशास्त्रानुसार यह विश्वास है कि जिस मनुष्य को पुत्र नहीं रहता उसकी मुक्ति नहीं होती है।

पुत्र शब्द का अक्षरार्थ भी ऐसा ही होता है। इन्ही सब कारणों से पुत्र सम्बन्धी अनेकानेक योगादि ज्योतिष-शास्त्रों में भी लिखा है और इस विषय को पूर्णतया जानने के लिये अनेकानेक नियम हैं जिनमें से कतिपय नियमों और योगों का उल्लेख यहाँ किया जाता है।

पुत्र–कारक

(१) पुत्र का विचार लग्न से पंचमस्थान और जन्मस्थ चन्द्रमा से पंचमस्थान से होता है और पुत्र कारक ग्रह, बृहस्पति है। 'जैमिनि-सूत्र' अनुसार, (१) उपपद से सप्तम स्थान से पंचम स्थान (२) उपपद की नवांशराशि से पंचम स्थान (३) उपपद के सप्तमस्थान का स्वामी जिस राशि में हो उससे पंचम स्थान और (४) उपपद से सप्तम स्थान के नवांश का स्वामी जिस स्थान में हो उससे पंचम स्थान से पुत्र का विचार बतलाया है। इनके अतिरिक्त और भी कई रीतियाँ हैं। परन्तु उलझन के कारण इस स्थान में उल्लेख नहीं किया गया है।

(२) पुत्र के सुख दुःखादि का विचार सप्तमेश, नवमेश, पंचमेश तथा गुरु से बतलाया है। ज्ञात होता है कि लग्न से सप्तम जाया स्थान है। पुत्र का गुणादि जाया के गुणादि से बहुत सम्बन्ध रखता है। इस कारण पुत्र के गुणादि के विचार में सप्तमेश पर दृष्टि रखना बतलाया गया है। नवमस्थान जातक का भाग्य स्थान है और पंचम, पुत्र-स्थान से पाँचवाँ स्थान नवम होता है। इस कारण भी नवमेश पर दृष्टि रखना बतलाया गया है। बृहस्पति, पुत्र-कारक है। अतएव बृहस्पति पर दृष्टि रखना अत्यावश्यक है।

वीर्य्यबल अर्थात् सन्तानोत्पत्ति-शक्ति के विषय में 'फलदीपिका' नामक पुस्तक में लिखा हैं कि यदि स्त्री की कुंडली से विचार करना हो तो उस जातिका के जन्म समय का बृहस्पति, चन्द्रमा एवं मंगल के स्फुटों को जोड़कर जो योगफल आवे (यदि १२ से अधिक राशि हो तो १२ से भाग देकर जो शेष बचेगा वही राशि होगा और अंशादि पूर्ववत् रहेगा) यदि वह सम राशि हो और नवांश विषम राशि का हो तो कहना होगा कि सन्तानोत्पत्ति-शक्ति उस स्त्री की अच्छी है। परन्तु यदि इसका उल्टा हो अर्थात् राशि विषम और नवांश सम हो अथवा राशि सम हो और नवांश विषम हो तो ऐसी स्त्री की जनन-शक्ति दूषित मानना होगा अर्थात् उपचार एवं औषधादि प्रयोग उपरान्त सन्तान होंगे। पुनः यदि पुरुष की कुंडली हो तो सूर्य्य, शुक्र एवं बृहस्पति के स्फुट को जोड़ कर जो योगफल आवे यदि वह विषम राशि हो और विषम नवांश का भी हो तो ऐसे जातक की पुत्रोत्पादन-शक्ति बहुत अच्छी होती है। परन्तु इसके विपरीत होने से फल उत्तम नही होता है।

पुत्र-योग

धारा–१५० (१) पुत्रस्थान अर्थात् पंचम भाव, पंचमाधिपति अथवा बृहस्पति, शुभग्रह द्वारा, दृष्ट अथवा युक्त रहने से पुत्र-प्राप्ति होती है।

(२) लग्नाधिपति पुत्र भावगत हो और यदि बृहस्पति बलवान हो तो निश्चय ही पुत्र होता है।

(३) बलवान बृहस्पति, लग्नाधिपति, द्वारा दृष्ट होकर पंचम स्थान में रहने से निश्चय ही पुत्र होता है।

(४) केन्द्रत्रिकोणाधिपति यदि शुभ ग्रह हो और पंचमस्थ हो तथा पंचमाधिपति की दुर्बलता न हो अथवा ६,८,१२मे न पड़ता हो, पाप-युक्त न हो, अस्तगत न हो, नीच का न हो, शत्रु राशिगत न हो तो भी पुत्र सुख होता है।

(५) यदि लग्न से पंचम स्थान वृष, कर्क अथवा तुला राशि हो और उस स्थान में शुक्र अथवा चन्द्रमा बैठा हो अथवा शुक्र या चन्द्रमा की दृष्टि हो और पाप ग्रह की दृष्टि वा योग न हो तो बहु-पुत्र-योग होता है। परन्तु पंचम स्थान में शनि तथा मंगल की दृष्टि रहने से अनिष्टकारी होता है।

(६) यदि लग्न से अथवा चन्द्रमा से पंचम स्थान पर शुभ ग्रह बैठा हो अथवा शुभ-ग्रह की दृष्टि हो अथवा अपने स्वामी से दृष्ट हो तो सन्तान योग होता है।

(७) यदि पंचम से सप्तम स्थान अर्थात् लग्न से एकादश स्थान में शुभ ग्रह की राशि हो अथवा एकादश स्थान के स्वामी के साथ शुभ ग्रह अथवा उस पर शुभ ग्रह की दृष्टि हो और केन्द्र वा त्रिकोणगत हो तो जातक को पौत्र-सुख होता है।

(८) यदि पंचमस्थान अथवा पंचमेश दोनों शुभग्रह के साथ हो अथवा शुभ ग्रह की दृष्टि दोनों पर पड़ती है तो कई सन्तान होती हैं। यदि बृहस्पति भी बलवान हो तो सन्तान की संख्या बहुत विशेष होती है।

(९) यदि लग्नेश और पंचमेश एक साथ हों, अथवा इन दोनों की परस्पर दृष्टि हो, अथवा वे दोनों स्वगृही, मित्रगृही अथवा उच्च के हों तो सन्तान-योग अवश्य होता है।

(१०) यदि लग्नेश और पंचमेश, शुभ ग्रह के साथ होकर केन्द्रगत हों और द्वितीयेश बली हो तो सन्तान-योग होता है।

(११) यदि लग्नेश और नवमेश दोनों सप्तमस्थ हों, अथवा द्वितीयेश, लग्नस्थ हो तो सन्तान योग होता है।

(१२) उपपद से सप्तमस्थान जो हो उससे पंचम स्थान, अथवा उपपद से सप्तम

स्थान का स्वामी जिस राशि में हो उससे पंचम राशि, अथवा उपपद से सप्तम स्थान का जो नवांश हो उस नवाँश राशि से पंचम राशि, अथवा उपपद से सप्तम स्थान का स्वाँमी नवांशपति जिस राशि में हो उससे पंचम राशि। इन चार स्थान गत राशियों में से यदि किसी राशि में र., बृ., रा. तीनों एकत्रित हों तो जातक बहुसन्तानवाला होता है। (इन चार स्थानों के जानने की विधि पूर्व लिखी गयी है और आगे भी लिखी जायगी)। आगामी धारा १५१ के नियम १९ में सन्तानहीन योग लिखा गया है। यदि दोनों योग पाये जाय तो कहना होगा कि सन्तान विलम्ब से होगी। इसी प्रकार यदि उपर्युक्त चार स्थानों में विषम राशि)मं.,मि.,सिंह इत्यादि) हो तो बहु-पुत्र वाला होता है। यदि सम राशि हो तो जातक को अल्पपुत्रयोग होता है। और यदि मिश्रित हो तो मिश्रित फल होता है।

(१३) निम्नलिखित चार योगों में से किसी के रहने पर जातक की स्त्री को सन्तान नहीं होती है। प्रथम तीन योगों में यदि गर्भाधान हो तो नष्ट हो जाता है और चतुर्थ में गर्भवती भी नहीं होती। (१) यदि सूर्य्य, लग्न में और शनि, सप्तम भाव में हो, (२) यदि सूर्य्य और शनि,सप्तमभाव में हो और चन्द्रमा दशमभाव में हो तथा बृहस्पति से अदृष्ट हो, (३) यदि षष्टेश, रवि और शनि, ये तीनों षष्ट स्थान में हो और चन्द्रमा, सप्तम स्थान में हो और बुध से दृष्ट हो, (४) यदि शनि मंगल, षष्ट और चतुर्थ स्थान में हो।

(१४) यदि पंचम स्थान में शुभग्रह हो, अथवा शुभग्रह से दृष्ट हो, अथवा उस स्थान का स्वामी शुभग्रह हो तो ऐसे जातक को द्वादश प्रकार के पुत्र में से किसी प्रकार का पुत्र अवश्य होता है।

(१५) लग्न एवं चन्द्रमा में जो बली हो उस स्थान से पंचम स्थान यदि बृहस्पति के वर्ग का हो और शुभराशि भी हो, अथवा शुभदृष्टि हो तो जातक को पुत्र अवश्य होता है।

(१६) यदि पंचम भाव, शनि वर्ग का हो, बुध से दृष्ट हो, परन्तु बृहस्पति, मंगल अथवा सूर्य्य से दृष्ट न हो तो जातक को क्षेत्रज पुत्र अर्थात् देवर आदि के वीर्य्य से पैदा किया हुआ सन्तान होता है।

(१७) यदि पंचम स्थान बुध वर्ग का हो और शनि से दृष्ट परन्तु बृहस्पति, मंगल अथवा सूर्य्य से दृष्ट न हो तौ भी क्षेत्रज पुत्र होता है।

(१८) यदि पंचम स्थान शनि वर्ग का हो, अथवा पंचम स्थान में सूर्य्य बैठा हो और मंगल से दृष्ट हो तो जातक को अधमप्रभव अर्थात् शूद्री द्वारा (अपने से नीच जाति की स्त्री से) पुत्र होता है।

(१९) यदि चन्द्रमा, मंगल के नवांश का होता हुआ पंचम स्थान में बैठा हो और शनि से दृष्ट हो परन्तु अन्य किसी ग्रह से दृष्ट न हो तो जातक गुढ़ोत्पन्न अर्थात् उसकी स्त्री को किसी अन्य पुरुष के सम्भोग द्वारा पुत्र होता है।

(२०) यदि चन्द्रमा, शनि वर्ग का होता हुआ शनि के साथ होकर पंचम स्थान में बैठा हो और उस पर सूर्य्य एवं शुक्र की दृष्टि भी हो तो जातक को पौनर्भव अर्थात् किसी विधवा स्त्री से सन्तान होता है।

(२१) यदि पंचमभाव, सूर्य्य के षोड़शांश का हो और पंचम स्थान में सूर्य्य बैठा हो अर्थात् पंचम स्थान, सूर्य्य से दृष्ट हो तो जातक को कानिन अर्थात् अविवाहिता स्त्री से सन्तान होता है।

(२२) यदि पंचम भाव सूर्य्य के वर्ग का हो और चन्द्रमा से दृष्ट हो अथवा पंचमभाव चन्द्रमा के वर्ग का हो और सूर्य्य से दृष्ट हो और शुक्र की भी दृष्टि पंचमभाव पर पड़ती हो तो जातक को सहोदर पुत्र अर्थात् वैसी स्त्री से पुत्र होता है जो विवाहसमय हीगुर्भिणी हो।

(२३) यदि पंचमभाव शुक्र के नवांश का हो और शुक्र से दृष्ट भी हो तो ऐसे जातक को किसी दासी से सन्तान होता है।

(२४) यदि पंचमभाव चन्द्रमा के नवांश में हो और चन्द्रमा से दृष्ट भी हो तो जातक को दासी से सन्तान उत्पन्न होता है।

सन्तान–प्रतिबंधक–योग।

धा–१५१ (१) यदि ६,८,१२ का स्वामी पंचमगत हो, अथवा पंचमाधिपति ६, ८, १२ में हो अथवा पंचमस्थान का स्वामी ६,८,१२ का भी स्वामी हो, अथवा पंचमाधिपति नीच अथवा अस्त हो, अथवा पंचमस्थग्रह नीच वा अस्त हो तो इन योगों में सन्तान के लिये अनिष्ट होता है। देखो **कुंडली २७** महाराजा लक्ष्मेश्वर सिंह जी की। पंचमेश एवं पंचमस्थ बुध अस्त है। (देखा नियम २०)

(२) मकर, मीन, कर्क तथा धन राशि का बृहस्पति यदि पंचम स्थान में हो तौ भी पुत्र के लिये अनिष्ट होता है। यद्यपि बृहस्पति पुत्रकारक है परन्तु इसका पंचमस्थान में रहना अनिष्ट होता है। इसी कारण केवल बृहस्पति के पंचमगत होने से पुत्र की संख्या में कमी हो जाती है। स्मरण रखने की बात है कि मकर का बृहस्पति (नीचस्थ), मीन तथा धन का बृहस्पति (स्वगृही) और कर्कट का बृहस्पति (उच्च) यदि पंचमस्थ हो तो पुत्र के लिये बहुत ही अनिष्टकारी होता है। मीन का बृहस्पति रहनेसे बहुत कम सन्तान होते हैं। धन का बृहस्पति रहने से बहुत चिन्ता के बाद सन्तान होता है। कर्क और कुम्भका बृहस्पति रहने से प्रायः सन्तान होते ही नहीं और यदि पंचमस्थ बृहस्पति शुभदृष्ट भी न हो तो पुत्र का अभाव ही होता है।

(३) तृतीयाधिपति, तृतीय में, लग्न में, पंचम में अथवा धन स्थान में रहने से यदि और कोई शुभ योग न हो तो सन्तान-योग में बाधा होती है। और प्रायः सन्तान की मृत्यु होती है।

(४) यदि पंचमेश और द्वितीयेश निर्बल हो और पंचमस्थान पर पापग्रह की दृष्ट हो तो जातक को अनेक स्त्री रहने पर भी पुत्र का सौभाग्य नहीं होता। देखो **कुंडली २७** महाराजालक्ष्मेश्वर सिंह जी की। पंचमेश और द्वितीयेश ,दोनों ही बुध है और सूर्य्य से अस्त और शनि से दृष्ट है।

(५) यदि लग्नेश, सप्तमेश, पंचमेश और बृहस्पति सब के सब दुर्बल हों तौ भी जातक सन्तान हीन होता है।

(६) यदि पंचम स्थान में पापग्रह हो और पंचमेश नीच हो और उस पर शुभग्रह की दृष्टि न हो तो जातक सन्तान-हीन होता है।

(७) यदि बृहस्पति से पंचम स्थान और लग्न से पंचम स्थान तथा जन्म के चन्द्रमा से पंचम स्थान में पापग्रह बैठें हों और उस पर शुभग्रह की दृष्टि वा योग न हो तो जातक निःसन्तान होता है।

(८) यदि पंचम स्थान में पापग्रह बैठा हो और पंचमेश पापमध्यगत हो अर्थात् पाप से घिरा हुआ हो और शुभग्रह की दृष्टि वा योग न हो तो मनुष्य सन्तान हीन होता है।

(९) यदि बृहस्पति दो पापग्रहों से घिरा हो और पंचमेश निर्बल हो और शुभग्रह की दृष्टि वा योग से वर्जित हो तो जातक निस्सन्तान होता है।

(१०) पंचमाधिपति जिस राशि में रहे उससे षष्ट, अष्टम अथवा द्वादश स्थान में पापग्रह के रहने से पुत्र के लिये अति अनिष्टकर है। यहाँ तक की यदि इन तीनों स्थानों में पाप ग्रह रहें तो जातक को प्रायः मृत सन्तान होता है और कभीकभी तो जातक सन्तान रहित होता है। इसी प्रकार पंचम स्थान से ६,८,१२ में पापग्रहों के रहने से पुत्र के लिये अशुभ होता है और एक विद्वान का मत है कि इसको कुलक्षय-योग कहते हैं। देखो **कुंडली ३१** महारानी इन्दौर की। इस धारा के नियम (१) अनुसार पंचमाधिपति शनि द्वादश भाव में है। नियम (३) के अनुसार तृतीयाधिपति लग्नगत है। पुनः नियम (९) के अनुसार बृहस्पति दो पाप ग्रहों से घिरा हुआ है और पंचमेश, द्वादशगत है तथा शुभ युक्त वा दृष्ट भी नहीं है। नियम (१०) के अनुसार पंचमेश के स्थान से आठवें स्थान में और पंचम से भी अष्टम स्थान में अर्थात् दोनों स्थानों में पाप ग्रह हैं। इस कारण महारानी साहिबा को तीन बार गर्भपात हुआ। यह खवर रोआयल हारोस्कोप (Royal Horoscope) नामक पुस्तक से मिला है। देखो **कुंडली ६६**, भुवनेश्वरी बाबू की। पंचमेश वृहस्पति, द्वितीयस्थ है। द्वितीय स्थान से षष्ट स्थान में केतु एवं द्वादश स्थान में रा. मंगल हैं। द्वितीय से अष्टम स्थान में कोई पापग्रह नहीं है। इसी कारण प्रतीत होता है कि इन को अभी तक कोई सन्तान नहीं हुआ है।

(११) यदि चन्द्रमा, दशम भाव गत हो और शुक्र, सप्तम भाव गत हो तथा एक से

अधिक पापग्रह, चतुर्थ में हों तो जातक के सभी सन्तति की मृत्यु जातक की जीवितावस्था ही में होती है।

(१२) यदि दशम स्थान में चन्द्रमा, सप्तमस्थान में राहु और चतुर्थ स्थान में पापग्रह हो और लग्नेश, बुध के साथ हो तो जातक की वंश वृद्धि नहीं होती है।

(१३) यदि पंचम, अष्टम एवं द्वादश, इन तीनों ही में पाप ग्रह बैठे हों तो वंश वृद्धि नहीं होती।

(१४) यदि बुध और शुक्र सप्तमस्थ हों, बृहस्पति पंचमस्थ हो और चतुर्थ-स्थान में पाप ग्रह हो और चन्द्रमा से अष्टम स्थान में पाप ग्रह हो तो जातक का कुल ध्वंस होता है।

(१५) यदि लग्न सप्तम और द्वादश भावों में पाप ग्रह बैठे हों और शत्रु के वर्ग में हों तो इसे वंश-विच्छेद-योग कहते हैं

(१६) यदि चन्द्रमा और बृहस्पति लग्न में हों और मंगल एवं शनि की उन पर पूर्ण दृष्टि हो तो भी वंश-विच्छेद योग होता है।

(१७) यदि कुल पाप ग्रह चतुर्थस्थान में बैठे हों तो भी जातक सन्तान विहीन होता है।

(१८) यदि चन्द्रमा पंचम स्थान में हो और कुल पाप ग्रह १,७,१२ स्थानों में हो तो न स्त्री होगी न सन्तान।

(१९) (१) उपपद से द्वितीय स्थान,(२)अथवा उपपद से सप्तमस्थान से द्वितीय अर्थात् उपपद से अष्टम (३) अथवा उपपद से सप्तमेश जिस राशि में हो उससे द्वितीय स्थान, (४) अथवा उपपद से सप्तमभाव का नवांश की राशि से द्वितीय स्थान, (५) अथवा उपपद से सप्तम स्थान के नवांश का पति जिस राशि में हो उससे द्वितीय स्थान में बु.,शु., श.एक साथ होकर बैठे हों तो वह जातक सन्तान रहित होता है। इस योग को अच्छी तरह समझ में आ जाने के हेतु **उदाहरण कुंडली** के उपर्युक्त पाँच स्थानों को दिखलाया जाता है। इस कुंडली में द्वादशेश मंगल नवमस्थ है अर्थात् द्वादश से दस घर पर है। इस कारण उपपद मंगल से दशमस्थान में अर्थात् लग्न से षष्ट, वृष राशि में होता है। वृष से द्वितीय मिथुन। यही पहला स्थान हुआ। उपपद से सप्तम स्थान इस कुंडली का द्वादश स्थान हुआ। उससे द्वितीय स्थान लग्न अर्थात् धन राशि। यह द्वितीय स्थान हुआ। पुनः उपपद से सप्तमेश मंगल,सिंह राशि गत है, सिंह से कन्या द्वितीय स्थान हुआ। यह तीसरा स्थान हुआ। पुनः उपपद से सप्तम वृश्चिक राशि है जो द्वादश स्थान है। यदि द्वादश का स्पष्ट ७।१९ है तो उसका नवांश चक्र १४ के अनुसार धन नवांश हुआ। उससे द्वितीय मकर (द्वितीय भाव) हुआ। यह चौथा स्थान हुआ। इसी प्रकार उपपद से सप्तम,वृश्चिक

राशि अर्थात् द्वादशस्थ राशि जिसका स्पष्ट यदि ७।१९ है और जो धन का नवांश होता है उसका स्वामी बृहस्पति, मिथुन में अर्थात् सप्तमस्थ है। इससे द्वितीय कर्क राशि है और यही पंचम स्थान हुआ। अब देखना यह होगा कि यदि उपर्युक्त स्थानों में से अर्थात् (१) मियुन, (२) धन, (३) कन्या, (४) मकर और (५) कर्क, किसी राशि में बु., शु. और श. तीनों बैठे रहते तो (जो **उदाहरण कुंडली** में नहीं है)) कहना होता कि जातक सन्तान विहीन होगा। पूर्व लिखा जा चुका है और पुनः लिखा जाता है कि स्थानों के विचारने के पूर्व ही यह देखना आवश्यक है कि बु., शु. और श. प्राप्त कुण्डली में एकत्रित हैं या नहीं। यदि हैं तो ऐसे स्थान में उन पाँच स्थानों का विवरण देखना होगा और बु., शु. ओर श. एकत्रित न हों तो परिश्रम निरर्थक होगा।

(२०) यदि पंचमेश नीच गत हो, शत्रुगृही हो, अस्त हो अथवा ६, ८ वा १२ स्थान में हो तो जातक को सन्तान नहीं होता और इसी प्रकार यदि पंचमस्थ ग्रह नीचस्थ, शत्रु गृही, अस्तगत अथवा ६,८ वा १२ स्थान का स्वामी हो तो सन्तान का अभाव होता है।

(२१) चतुर्थी, षष्ठी, अष्टमी, नवमी, द्वादशी और चतुर्दशी को छिद्र तिथि कहते हैं। करण ग्यारह होते हैं जो सभी पंचांगों में दिये रहते हैं। इन में से (१) शकुनि (२) चतुष्पद (३) किंतुघ्न और (४) नाग, स्थिर-करण कहलाते हैं। इनके अतिरिक्त एक विष्टि करण भी पुत्र के लिये अशुभ कहा जाता है। लिखा है कि सूर्य्य-स्फुट और चन्द्र-स्फुट को पाँच-पाँच से गुणा कर चन्द्र-स्फुट के गुणनफल को सूर्य्य-स्फुट के गुणनफल से घटा देने पर जो शेष रहेगा वही तिथि होगी। इस स्थान में एक प्रश्न यह उठता है कि चन्द्र-स्फुट को ५ से गुणा करके पाँच गुणा सूर्य्य-स्फुट से घटाने के उपरान्त जो शेष आयगा वह राशि अंश, कलादि होगा तो इसका तिथि अनुमान किस प्रकार किया जायगा? उसकी विधि यह है कि ऊपर लिखी हुई क्रिया के बाद राश्यादि १२ से अधिक रहने पर उसमें १२ का भाग देने से जो शेष रहेगा वही राश्यादि लेनी होंगी। यह विदित है कि चन्द्रमा एक दिन में लगभग एक नक्षत्र अर्थात् लगभग १३ अंश चलता है और इसी कारण लगभग २८ दिन में (२७ दिन ३१ दंड १० पला) इसकी एक आवृत्ति होती है। जब तक चन्द्रमा एक आवृत्ति करता है तब तक सूर्य्य लगभग २७ अंश आगे बढ़ जाता है अथवा यों समझा जाय कि चन्द्रमा एक दिन में लगभग १३ अंश और उतने ही समय में सूर्य्य लगभग १ अंश चलता है। अर्थात् चन्द्रमा प्रतिदिन १२ अंश आगे निकलता जाता है। अमावस्या से पूर्णिमा अथवा पूर्णिमा से अमावस्या १८० अंश होता है। बतलाया जा चुका है कि चन्द्रमा प्रतिदिन १२ अंश आगे बढ़ता जाता है, इस कारण १८० को यदि १२ से भाग दें तो फल १५ आता है। अर्थात् इसी १५ दिन का एक पक्ष होता है। इसी गणित विधि से तिथि का अनुमान किया जा सकता है। उदाहरणार्थ मान लिया जाय कि चं. को सू. से घटाने पर २० राशि १३ अंश १५ कला आया। राशि २० है इस कारण इसमें १२ से भाग दिया

तो शेष ८ रहा। इस क्रिया के बाद ८।१३।१५ राश्यादि मिली। ८ राशि को अंश बनाया तो २४० हुआ और उसमें १३ जोड़ दिया तो कुल २५३ अंश १५ कला हुआ। अब २५३ को १२ से भाग दिया तो लब्धि २१ आया और शेष १।१५ (कला भी) रहा। अतएव २१ वीं तिथि के उपरान्त २२ वीं तिथि हुई अर्थात् शुक्ल पक्ष की सप्तमी तिथि हुई। गौण रीति से तिथि जानने की यही विधि उपयोगी होगी। यदि शुक्ल पक्ष की शुभ (छिद्र नहीं) तिथि आवे तो सन्तान योग होगा और यदि कृष्ण की तिथि आवे तो सन्तान का अभाव कहना होगा। यदि आमवस्या तिथि अथवा कृष्ण पक्ष की छिद्र तिथि आवे और स्थिरकरण हो अथवा विष्टि करण में जन्म हो तो सन्तान का अभाव होता है। 'कालप्रकाशिका' नामक पुस्तक में ऐसे सन्तान-अभाव-योग की शान्ति वृहद् रूप से दी गयी है।

(२२) यदि पंचमभाव पापराशिगत हो और उसमे तीन या अधिक पाप ग्रह हों और शुभदृष्टि न हो तो जातक को सन्तानाभाव होता है। देखो कुण्डली २७ महाराजा लक्ष्मेश्वर सिंह बहादुर जी की। इस कुंडली में पंचम भाव कन्या है। कन्या का स्वामी बुध, पाप के साथ रहने से पाप ग्रह और पंचम स्थान में तीन पाप ग्रह बैठे हैं और शुभदृष्टि नहीं है बल्कि शनि से दृष्ट है।

(२३) निम्नाङ्कित चार प्रकार में से किसी योग के रहने से वंश क्षय होता है। (१) यदि चतुर्थ स्थान में कोई पाप ग्रह हो, सप्तम स्थान में शुक्र हो और दशम स्थान में चन्द्रमा हो, (२) यदि लग्न, पंचम, अष्टम और द्वादश भाव में पाप ग्रह हो, (३) यदि शुक्र और बुध, सप्तम में हों और चतुर्थ में पाप ग्रह हो और (४) यदि चन्द्रमा पंचम स्थान में हो और लग्न, अष्टम और द्वादश सभी में पाप ग्रह हो।

(२४) लग्न बृहस्पति और चन्द्रमा से पंचमस्थान अर्थात् तीनों स्थान पाप ग्रहों से घिरे हों अथवा उन तीनों स्थानों के स्वामी ६,८,१२ स्थान गत हो तो ऐसे योगों में जातक सन्तानहीन होता है। (देखो नियम ७)

दत्तक या पोष्य-पुत्र-योग।

धा–१५२ (१) पूर्व लिखित उपपद से चार स्थानों में से किसी में (जिसका विवरण धा० १५० (१२) में हो चुका है) यदि मंगल और शनि एक साथ पड़ता हो तो जातक को दत्तक-पुत्र होता है। स्मरण रहे कि जब किसी कुंडली में मंगल और शनि का योग पाया जाय तभी इस रीति से विचार का प्रयोग किया जायगा।

(२) यदि पंचमस्थान शनि वा बुध का स्थान हो अर्थात् मकर, कुम्भ, मिथुन, कन्या, सप्तमस्थ राशि हों और उस स्थान पर शनि की पूर्णदृष्टि हो अथवा मान्दि की दृष्टि हो अथवा शनि वा मान्दि वहाँ बैठा हो तो दत्तक-पुत्र सम्भव होता है। यह भी लिखा है कि

यदि पंचमेश निर्बल होकर लग्नेश एवं सप्तमेश से कोई सम्बन्ध रखता हो तो जातक को दत्तक-पुत्र योग होता है।

(३) यदि चन्द्रमा, पापग्रह के क्षेत्र में और पंचमेश, नवमभावगत हो तथा लग्नेश पंचमाधिपति से त्रिकोण में हो तो दत्तक-पुत्र-योग होता है।

(४) यदि पंचमाधिपति चतुर्थ में शनि के नवाँश में रहे, अथवा पंचमाधिपति, मिथुन राशिगत होकर शनि के नवाँश में रहे तौ भी दत्तक-पुत्र का योग होता है।

(५) मिथुन अथवा शनि के नवाँश में यदि पंचमाधिपति स्थित हो और उसके साथ सूर्य्य एवं बुध भी बैठे हों तो जातक को पोष्य-पुत्र-योग होता है।

(६) यदि लग्नेश पंचमस्थ और पंचमेश लग्नस्थ हों अर्थात् पंचम का स्वामी लग्न में और लग्न का स्वामी पंचम में ,ये दोनों योग रहे तो उस जातक को पोष्य-पुत्र लेना पड़ता है। यह योग 'जातकपारिजात' नामक पुस्तक से उद्धृत किया गया है। इस योग में संस्कृत शब्द का जो प्रयोग किया गया है। उसका अर्थ यही होता है कि ऐसा योग रहने से जातक स्वयं दत्तक पुत्र लिया जाता है। देखो **कुंडली ३३** महाराजा मैसूर को। लग्नेश बुध पंचमस्थान में है और पंचमेश शनि लग्न में है। इसी कारण से उक्त महाराज यद्यपि एक साधारण-कुल में जन्म लिये थे पर "मैसूर के महाराज कृष्णराज" उदैयार न० ४ ने उन्हें गोद लिया और ये मैसूर की राजगद्दी के अधिकारी हुए। रोआयल हारोस्कोप से पता चलता है कि इनके पुत्र इनके राज्याधिकारी हुए अर्थात् इनको पुत्र था और दत्तक-पुत्र इन्हें न लेना पड़ा।

(७) यदि स्वगृही शनि पंचमस्थान में हो और उसपर चन्द्रमा की दृष्टि पड़ती हो तो जातक को दत्तक-पुत्र होता है।

(८) यदि पंचम स्थान में शनि की राशि हो और उसमे बुध बैठा हो और चन्द्रमा से दृष्ट हो तो क्रीत-पुत्र होता है। क्रीत पुत्र उसे कहते हैं जो बालक के पिता को द्रव्य देकर बालक को अपने पुत्र के समान पालता हो।

(९) यदि शनि, पंचमस्थान में और मंगल के सप्तमाँश में हो तथा किसी ग्रह से दृष्ट न हो तो जातक कृत्रिम-पत्र अर्थात् किसी जवान लड़के को उसके माता पिता की आज्ञा बिना अपना पुत्र बनाता है। पाठान्तर में "सप्तभागे कीजे" के स्थान पर "सप्तमभावे कौजे" भी पाया जाता है और ऐसा होने से योग इस प्रकार होगा कि यदि सप्तमभाव में मंगल की राशि और पंचम भाव में शनि बैठा हो तो कृत्रिम-पुत्र होता है। ऐसा योग केवल तुलालग्न में होने से लागू होगा।

(१०) यदि मंगल, पंचमस्थान में हो और पंचमस्थान शनि वर्ग का हो और मंगल

सूर्य्य से दृष्ट भी हो तो जातक वैसे बालक को पोष्य-पुत्र लेता है जिसको माता अथवा पिता अथवा माता-पिता दोनों त्याग देते हैं जिसको अपविद्ध कहते हैं।

(११) यदि पंचमस्थान में कोई ग्रह हो और वह पूर्ण बली हो तथा पंचमेश पर उस ग्रह की दृष्टि न हो तो दत्तक-पुत्र होता है अथवा अन्य किसी को पुत्रवत् मानता है। देखो **कुंडली ५७** रायबहादुर द्वारिकानाथ की। शुक्र के बली होने पर योग लागू है। आपने दत्तक-पुत्र लिया है।

(१२) यदि लग्न युग्म राशि हो और पंचमेश, चतुर्थस्थ हो अथवा पंचमेश, शनि के नवाँश में हो तो दत्तक-पुत्र होता है। परन्तु 'रणवीर ज्योतिर्महानिवन्ध' के टीकाकार ने इस योग को यों लिखा है कि यदि "जन्म लग्न युग्म राशि हो और पंचमेश लग्न में बैठा हो अथवा पंचमेश चतुर्थस्थान में हो और पंचमेश यदि शनि के नवाँश में हो तो दत्तक-पुत्र होता है"। देखो **कुंडली ३३**। जन्म लग्न युग्म राशि है, पंचमेश लग्न में है और वह शनि के नवाँश (कुम्भ) में भी है। ये दत्तक पुत्र स्वयं हुए थे।

(१३) यदि पंचमेश, सूर्य्य और बुध के साथ हो और पंचमेश जिस नवांश में हो वह युग्म नवांश हो अथवा पंचमेश शनि के नवांश में हो तो दत्तक-पुत्र होता है।

(१४) यदि शुक्लपक्ष में जन्म हो और उस पक्ष का बली ग्रह शनि के नवांश में हो और बृहस्पति पंचमस्थ हो तो ऐसे योग में दत्तक-पुत्र द्वारा ही वंश वृद्धि होती है। 'रणवीर ज्योतिप' में पाठान्तर "गुरु यदि सुतस्थाने" के स्थान में ("गुरु यदि सुखस्थाने" पाया जाता है।

(१५) पंचमस्थान यदि शनि के नवांश में हो और चन्द्रमा पंचमस्थान में हो तो दत्तकपुत्र होता है।

(१६) पंचमस्थान यदि शनि के नवांश में हो और शनि पंचमस्थान में हो और चन्द्रमा से दृष्ट हो तो दत्तक पुत्र होता है। इस योग में और इसके ऊपर वाले योग में कभी कभी किसी विधवा स्त्री से भी सन्तान की उत्पत्ति होती है।

(१७) पंचमस्थान यदि शनि के नवांश में हो और पंचम स्थान में शनि, चन्द्रमा एवं बुध के साथ हो कर बैठा हो और मतान्तर से केवल शनि, बुध और चन्द्रमा पंचमस्थ हों तो दत्तकपुत्र होता है।

(१८) निर्बल चन्द्रमा अथवा निर्बल बुध के पंचमस्थान में रहने से दत्तक-पुत्र-योग होता है।

(१९) यदि लग्नेश और पंचमेश ६.८.अथवा १२. में हो और उन पर शुभग्रह की दृष्टि भी हो तो जातक को पुत्र और दत्तक-पुत्र भी होता है।

(२०) यदि पंचमेश, शनि के नवांश में हो, बृहस्पति और शुक्र स्वगृही हों तो जातक को दत्तक पुत्र लेने के उपरान्त अपना सन्तान भी होता है।

(२१) यदि गुलिक पर चन्द्रमा की दृष्टि हो और शनि उस गुलिक के साथ हो अथवा शनि की उस गुलिक पर दृष्टि हो तो वह जातक किसी दूसरे से दत्तक-पुत्र जैसा गोद लिया जाता है। देखो कुण्डली २४ सर प्रभुनारायण जी की। गुलिक मिथुन में है अर्थात् गुलिक, चन्द्रमा और शनि के साथ है। इसी योग के प्रभाव से महाराजा ईश्वरी प्रसाद नारायण सिंह जी (इनके चाचा) ने इन्हें ९ वर्ष की अवस्था में गोद लिया था।

(२२) यदि सप्तम अथवा पंचम स्थान में शनि और मंगल हों और उन पर किसी ग्रह की दृष्टि न पड़ती हो तो वह जातक भी दत्तक पुत्र होकर किसी से गोद लिया जाता है।

(२३) यदि लग्न (राशि) में कोई ग्रह न हो परन्तु कोई ग्रह उसका अभिलाषी हो अर्थात् शीघ्र उस राशि में प्रवेश करने वाला हो तो ऐसे जातक को कोई गोद लेता है। देखो कुंडली ९३ कुमार देवनारायण सिंह जी की। इस बालक का जन्म मीन लग्न के आरम्भ में है और मीन राशि में कोई ग्रह नहीं है। परन्तु कुम्भ के अन्तिम नवांश में चन्द्रमा बैठा है अर्थात् शीघ्र ही मीन राशि में प्रवेश करने को है। यह बालक माल्हा ग्राम निवासी गया जिला के रायबहादुर द्वारिकानाथ सिंह जी का दत्तक-पुत्र है। उक्त रायबहादुर के साले का यह लड़का है। परन्तु रायबहादुर की कुंडली ५७ के देखने से इस धारा का कोई भी योग नियम ११ के अतिरिक्त, पूर्णरूप से लागू नहीं होता है। पंचमेश मंगल पर शुक्र की दृष्टि नहीं पड़ती है। और पंचम स्थान में शुक्र बैठा है। (यदि शुक्र बली हो)। एक योग आगामी धा. नियम (३) में भी दत्तक-पुत्र का है।

सन्तान संख्या।

धा. १५३ (१) बहुतेरे आचार्य्यों का मत है कि जिस तरह तृतीय स्थान के नवांश से भ्रातृ-संख्या का विचार होता है (धारा १२४ नियम ४,५,) उसी प्रकार पंचम भाव के गत नवांश से पुत्र की संख्या का विचार किया जाता है। यह भी लिखा है कि सप्तमभाव के नवांश से स्त्री की और चतुर्थभाव के नवांश से दासियों की संख्या का विचार होता है द्वितीय के नवांश से दास और मित्रादि की संख्या जानी जाती है। पंचम भाव का जितना नवांश भुक्त हुआ हो उतनी ही सन्तान होती है। विशेषता यह है कि यदि उस पर शुभ ग्रह की दृष्टि हो तो संख्या को दुगुण करना होगा। पुरुष ग्रह की दृष्टि से पुत्र और स्त्री ग्रह की दृष्टि से पुत्री उत्पन्न होती है।

(२) पंचम में जितने ग्रह हों और जितने ग्रहों की पंचम पर दृष्टि पड़े उतने सन्तान-संख्या का अनुमान करना होगा, पर विशेषता यह है कि पुरुष ग्रह के योग और दृष्टि से पुत्र पैदा होगा। शु. अथवा चं. की दृष्टि से कन्या उत्पन्न होगी और श. और मं. की दृष्टि से गर्भपात तथा सन्तान-नाश होता है।

(३) यदि पंचमेश पुरुष ग्रह हो अर्थात् पंचम स्थान का स्वामी सू. मं. वा बृ. हो और बली होकर फुट राशिमें बैठा हो तथा उस पर शुभग्रह की दृष्टि हो तो जातक को पुत्र की संख्या विशेष होती है। इसी प्रकार बृहस्पति (पंचमेश हो वा नहीं) बली होकर फुटराशि में हो और उस पर शुभग्रह की दृष्टि हो तो भी पुत्र संख्या विशेष होती है। परन्तु यदि पंचमेश स्त्रीग्रह हो अर्थात् चन्द्रमा और शुक्र हो और बली होकर ओज राशिमें बैठा हो और उस पर शुभग्रह की दृष्टि हो तो ऐसे स्थान में कन्या की संख्या विशेष होती है। परन्तु यदि बृहस्पति बली हो और पंचम स्थान पर शनि वा बुध की दृष्टि हो, जिन ग्रहों को नपुंसक की संज्ञा है, तो जातक को केवल दत्तक-पुत्र होता है।

(४) यदि पंचम भाव, शुक्र अथवा चन्द्रमा के वर्ग का हो और उस पर चन्द्रमा अथवा शुक्र की दृष्टि भी हो अथवा युक्त हो तो ऐसे जातक को कन्या सन्तान विशेष होता है। यदि पंचमभावका वर्ग युग्म राशि हो तो भी कन्या सन्तान होता है; अन्यथा पुत्र होते हैं।

(५) यदि पंचमेश अथवा नवमेश सप्तम स्थान में हो, अथवा युग्म-राशि में हो और वह चन्द्रमा अथवा शुक्र से दृष्टि वा युक्त हो तो कन्या सन्तान बहुत होता है।

(६) यदि पंचमेश अथवा नवमेश पुरुष वर्ग का हो और पुरुष ग्रह से दृष्ट वा युक्त हो तो पुत्र की संख्या विशेष होती है।

(७) यदि पंचम भाव अथवा पंचमेश पुरुष राशिगत हो, अथवा पुरुष नवांश का हो अथवा पुरुष ग्रह से दृष्ट वा युक्त हो तो पुत्र होता है। परन्तु यदि स्त्री राशि, स्त्री नवांश आदि का हो और स्त्री ग्रह से दृष्ट वा युक्त हो तो कन्या होती है।

(८) (लग्न से) पंचमाधिपति जितने नवांश म रहे वही संख्या संतान की भी होतीहै।

(९) बृहस्पति, चन्द्रमा और सूर्य्य के स्फुटों को जोड़ कर जो राश्यादि हो और उसका जो नवाँश हो वही संख्या संतान की होगी।

(१०) पंचमेश, नवमेश और चतुर्थेश के स्फुट जोड़ कर जो राश्यादि हो और उसका जो नवाँश हो वही संख्या सन्तान की होगी।

(११) यदि पंचमस्थ, नवमस्थ और चतुर्थस्थ ग्रहों के स्फुट को जोड़ दिया जाय तो उसकी जो नवांश संख्या होगी वही संतान संख्या भी होगी। नवांश-संख्या से अभिप्राय

है, (जितने नवांश उस राशि के गत हो चुके हों) जैसे वृष का चौथा नवांश हो तो चार संख्या होगी।

(१२) पंचमभाव की राश्यादि में जितना नवांश बीत चुका है वही संतान की संख्या होती है और जितना पापग्रह का नवांश बीता है उतना संतान नाश होता है। यदि पंचम स्थान पर शुभ की दृष्टि रहती है तो संतान की संख्या दुगुनी होती है। और पाप की दृष्टि रहने से नाश होने वाली सन्तान की संख्या दुगुनी होती है। जैसे किसी के पंचमभाव का स्पष्ट०।२८ है अर्थात् मेष के २८ अंश का है तो मेष का८ नवांश बीत चुका और नवम नवांश बीत रहा था तो कहना होगा कि आठ संतान-योग है। यह उदाहरण-कुंडली का पंचमस्फुट है और इस जातक को कुल आठ संतान योग हुआ भी था। दो संतानों की मृत्यु हुई और एक गर्भपात हुआ था और पाँच वर्तमान है। इस कुंडली में पंचम स्थान पर शुभ और पाप दोनों की दृष्टि रहने के कारण फल ज्यों का त्यों रहा अर्थात् आठ का आठ ही रहा। मेष से वृश्चिक नवांश में, मेष, वृश्चिक और सिंह, तीन क्रूर नवाँश था। इस कारण तीन की मृत्यु हुई। लेखक का अनुभव है कि सन्तान-संख्या सर्वदा ठीक ठीक कई कारणों से नहीं मिलती है।

(१३) एक प्रचलित विधि यह है कि पुत्र की संख्या पंचम स्थान से, भाई की तृतीय स्थान से,स्त्री की सप्तमस्थान से, दासी की चतुर्थस्थान से और मित्र एवं नौकरों की संख्या द्वितीयस्थान से स्थिर किया जाता है। जिस भाव-जनित संख्या का विचार करना हो उस भाव के भुक्त नवांश को अंश में ले आवें (जैसे ३ नवांश बीत चुका हो तो उसका अंश३ × ३$\frac{१}{३}$=१०होगा)और उस अंश को शुभ-दृष्टि-रूपा से गुणा कर गुणनफल को२०० से भाग देने पर जो फल आवे वह संख्या उस भाव के कारक अर्थात् पुत्रादि होगा। ग्रहों की दृष्टि-विचार में शुभग्रह-रूपा होता है। २०० से भाग देने का कारण यह है कि २०० कला का एक नवांश होता है।

(१४) उपपद से द्वितीय आदि स्थानों से (जैसा कि ऊपर लिखा जा चुका है) पंचम स्थान में यदि चन्द्रमा स्थित हो तो जातक एक पुत्र वाला होता है।

(१५) यदि पंचमेश स्वक्षेत्री हो तो जातक को बहुत संतान नहीं होता है।) जैसा कि ऊपर लिखा जा चुका है।)

(१६) यदि लग्न, पंचमस्थान अथवा चन्द्रराशि वृष, सिंह, कन्या अथवा वृश्चिक हो तो संतान कम होता है।

(१७) गौणरीति से ऐसा भी देखा जाता है कि यदि पंचमेश केन्द्रगत हो तो प्रायः संतान थोड़ी ही उम्र में होता है।

(१८) पंचमेश का नवांशाधिपति यदि अपने नवांश का हो तो भी जातक को एक ही पुत्र होता है।

संतान की संख्या प्रायः ठीक ठीक नहीं मिलती। इसका कारण यह है कि सन्तान की उत्पत्ति स्त्री और पुरुष दोनों के पूर्वाजित पाप-पुण्य पर निर्भर करता है। अतः सन्तान संख्या को केवल पुरुष या स्त्री की कुंडली पर निर्भर करना असंगत भी प्रतीत होता है। कहा जाता है कि अष्टवर्ग द्वारा प्रायः फल विशेष मिलता है।

(१९) अब इस स्थान पर एक गणित का चमत्कार लिखा जाता है परन्तु स्मरण रहे कि इसको ज्योतिष शास्त्र से सम्बन्ध नहीं है। यह गणित का एक चमत्कार मात्र है। इस गणित द्वारा मनुष्य के जीवित पुत्र और कन्या की संख्या एवं मृतसंतान की संख्या कहने की एक विचित्र विधि है। जिस मनुष्य के विषय में यह जानना हो तो उससे कहो कि तुम अपने मन में जीवित संतान संख्या में दो जोड़ दो और फिर उससे कहो कि जो योगफल आवे उसको दो से गुणा करके १ जोड़ दो और उस फल को ५ से गुणा करके गुणनफल में जीवित कन्या संख्या को जोड़ दो। उसको दस से गुणा कर गुणनफल में मृतक पुत्र और कन्या की संख्या को जोड़ दो और तब उससे पूछो कि क्या फल हुआ। प्रश्नकर्ता जो फल कहे उससे २५० घटा कर जो शेष रहे उसमे इकाई के स्थान में जो अंक आवेगा वह मृतक-पुत्र-कन्या की संख्या होगी और दहाई के स्थान में जो अंक होगा वह कन्या-संख्या होगी तथा सैकड़े के स्थान वाली संख्या पुत्र-संख्या होगी। उदाहरणार्थ मान लिया जाय कि प्रश्न-कर्ता को ४ पुत्र, ५कन्या है और ८ सन्तानों की मृत्यु हो चुकी है। जब उसको अपने जीवित पुत्र संख्या में २ जोड़ देने के लिये कहेंगे तो उसके मन में वह संख्या ६ होगी जिसे वह गुप्त रखेगा। तदनन्तर उससे कहा जायगा कि वह उस गुप्त संख्या को २से गुणा कर१जोड़ दो। वह गुप्त रीति से गुणा और जोड़कर मन में १३ लावेगा। फिर उस संख्या को ५ से गुणा कर कन्या की संख्या उसमें जोड़ देने के लिये कहा जाय। इस पर उसके मन में ७० होगा जिसे वह अत्यन्त गुप्त रखेगा। तदनन्तर उस गुप्त संख्या को १०से गुणा करे, यह गुणनफल ७०० होगा। इसके बाद उसमें मृतक सन्तान की संख्या जोड़ देने के लिये कहा जायगा और तब वह संख्या उससे जान लें कि कितना हुआ। यह संख्या ७०८ होगी। इस क्रिया के बाद ७०८ में २५० घटा दिया जाय तो शेष ४५८ रहेगा। फलतः इकाई के स्थान वाला ८ मृतसन्तान संख्या, दहाई वाला ५ जीवित कन्या और सैकड़े के स्थान वाला ४ जीवित-पुत्र संख्या होगा। यह विधि तथा गणित विलक्षण है, यद्यपि इसे फलित-ज्योतिष से तनिक भी सम्बन्ध नहीं है। इस विधि को बीजगणित की रीति पर स्मरण के लिये रखा जाय तो इस प्रकार लिखा जायगा। पु—जीवित पुत्र संख्या, क—जीवित कन्या संख्या और मृ—मृतक संतान संख्या।

$$\left\{ [(\text{पु} + २ \times २ + १) \times ५] + \text{क} (\times १० + \text{मृ} । \right\}$$

जो फल आवे उसे प्रश्नकर्ता से सुन कर उसमें से २५० घटा देने पर पु,क,मृ उत्तर होगा।

सन्तानोत्पत्ति का समय।

धा.१५४ (१) लग्नेश और पंचमेश के स्फुट को जोड़ कर जो राश्यादि अथवा नवाँश आवे, राशि और नवांश में अथवा उस राशि और नवांश के त्रिकोण में जब गोचर का बृहस्पति जाता है तो सन्तान की उत्पत्ति सम्भव होता है।

(२) च.,ल. और वृ. इन तीनों से जो पंचम या नवाँ स्थान हो उन सब का नाम पुत्र-प्रद अर्थात् सन्तानोत्पत्ति का भाव कहा है। इस कारण इन भावों के स्वामियों की दशा अथवा अन्तरदशा में भी पुत्र-सौभाग्य सम्भव होता है।

(३) पंचमेश–स्फुट और सप्तमेश-स्फुट को जोड़ कर जो राश्यादि आवे, उसको देखना होगा कि कौन नक्षत्र पड़ता है। उस नक्षत्र की जो दशा होगी उस दशा में भी सन्तान की उत्पत्ति सम्भव होता है और पुत्र होता है।

(४) लग्नेश, सप्तमेश और पंचमेश के स्फुटों को जोड़ देने पर कुछ राश्यादि होगी। उस राश्यादि से जिस नक्षत्र का बोध हो उस नक्षत्र की महादशा में जब पंचमस्थ ग्रह, पंचमस्थान पर दृष्टि डालने वाला ग्रह अथवा पंचमेश की अन्तरदशा में पुत्र-जन्म का सुख प्राप्त होता है।

उदाहरण कुण्डली का लग्नेश स्फुट २।१।५६, सप्तमेश-स्फुट ६।७।५१ और पंचमेश स्फुट ४।११।३४ है। इन सबों का योग १२।२१।२१ अर्थात् ०।२१।२१ होता है। चक्र २(क) के देखने से ०।२१।२१ भरणी नक्षत्र होता है जिसकी महादशा शुक्र है। इस कुंडली में पंचम स्थान पर सू.,बु.,शु. की पूर्ण दृष्टि है और पंचमेश मंगल है। इस योगानुसार सू.,बु.,शु. एवं मं. की अन्तरदशा (शुक्र की महादशा में) पुत्र-जन्म सम्भव होगा। फलतः इस जातक के कनिष्ट पुत्र का जन्म शुक्र की महादशान्तरर्गत, बुध की अन्तर दशा में. ता० १४ दिसम्बर १९१२ ई. को हुआ था।

(५) लग्नेश जब गोचर में (१) पंचमेश के साथ हो जाता है (२) जब अपनी उच्चा राशि में आ जाता है (३) जब अपने गृह में आ जाता है (४) जब पंचम स्थान में आ जाता है अथवा (५) जब पंचमेश जिस राशि में हो, उस राशि में आ जाता है तो इन सब में से किसी समय पुत्र-जन्म सम्भव होता है।

उदाहरण कुण्डली वाले जातक की एक ज्येष्ठ कन्या जब लग्नेश बृहस्पति, उच्चस्थ

होकर कर्क में था, तब जन्म हुआ था। पुनः कनिष्ट पुत्र का जन्म लग्नेश बृहस्पति (अपने गृह) धन राशि में गोचर का था तब हुआ था।

(६) सन्तानोत्पत्ति निम्नलिखित ६ ग्रहों में से किसी की दशान्तरदशा में सम्भव होता है। (१) लग्नेश, (२) सप्तमेश, (३) पंचमेश, (४) बृहस्पति (५) जिन ग्रहों से पंचमस्थान दृष्ट हो अथवा (६) पंचमस्थ ग्रहों की दशान्तरदशा में संतानोत्पत्ति सम्भव होता है।

(७) पंचमेश जिस राशि में बैठा हो अथवा पंचमेश जिस नवांश में हो, इन राशियों में अथवा यमकण्टक स्थान में जब गोचर का बृहस्पति जाता है तो सन्तानोत्पत्ति सम्भव होता है।

(८) पंचमेश और सप्तमेश के साथ जो ग्रह बैठा हो अथवा उस पर जिस ग्रह की दृष्टि पड़ती हो, उन ग्रहों की दशाअन्तरदशा में जातक को संतानोत्पत्ति का सौभाग्य प्राप्त होता है। **उदाहरण कुण्डली** में पंचमेश मंगल, नवमस्थ है और मंगल के साथ न कोई ग्रह है और न उस पर किसी की दृष्टि है। परन्तु सप्तमेश बुध..शु. और र. के साथ है और उस पर बृ. की पूर्ण दृष्टि है। अतः उपर्युक्त नियमानुसार र., शु. और बृ. की दशाअन्तरदशा में संतान होना चाहिये। उक्त जातक को शु., और र. की दशा में दो पुत्र और एक कन्या का सौभाग्य प्राप्त हुआ है।

(९) निम्नलिखित चार स्फुटों को जोड़ देना चाहिये। (१) पंचमेश का स्फुट (२) पुत्र कारक बृ. का स्फुट, (३) पंचमस्थ ग्रह का स्फुट और (४) जिस ग्रह की दृष्टि पंचमस्थान पर पड़ती हो उसका स्फुट। इनके योग से जो राश्यादि आवे उस राशि और नवाँश पर जब गोचर का बृहस्पति जाय तो सन्तानोत्पत्ति सम्भव होगा। परन्तु यदि गोचर का शनि उपर्युक्त राशि या नवांश में जाय तो सन्तान की मृत्यु अथवा क्लेश का समय जानना चाहिये।

(१०) यदि निम्नांकित चार ग्रह (१) पञ्चमेश, (२) बृहस्पति, (३) पञ्चमस्थान पर जिस ग्रह की दृष्टि पड़ती हो और (४) पञ्चमस्थग्रह, बली हों, शुभ हों तो इन सब की दशाअन्तरदशा एवं प्रत्यन्तरदशा काल में जातक को सन्तान सुख होता है एवं जातक को सन्तान को सुख होता है तथा जातक को बड़ों से सम्मान प्राप्त होता है। परन्तु यदि ये ग्रह ६, ८, वा १२ के स्वामी हों, निर्बल हों अथवा ६, ८, वा १२ स्थानों में बैठे हों तो फल विपरीत होता है अर्थात् सन्तान की मृत्यु होती है।

(११) यदि पंचमाधिपति शुभग्रह के क्षेत्र में, केन्द्र में अथवा त्रिकोण-गत होकर शुभयुक्त हो तो बाल्यावस्था ही में जातक पुत्रवान होता है। **कुण्डली ८६** का पंचमाधिपति श. शुभक्षेत्र (मीनराशि) एवं केन्द्र में बैठा है। उस पर बृ. की पूर्णदृष्टि है।

इस जातक को १९ वर्ष की ही अवस्था में सन्तान सौभाग्य प्राप्त हुआ है। यह भी कहा गया है कि लग्न में शुभग्रह के रहने से भी कम उम्र में पुत्र प्राप्त होता है। दशम में शुभग्रह के रहने से युवावस्था में और चतुथ में शुभग्रह रहने से स्त्री के यौवनान्त में पुत्र उत्पन्न होता है। चतुर्थ में अशुभग्रह रहने से वृद्धावस्था में पुत्र प्राप्त होता है।

केवल ग्रह की स्थिति मात्र से निश्चित रूप से फल कह देना उचित न होगा। ज्योतिष का यह भी एक रहस्य है कि यदि ग्रह की स्थिति से किसी फल की सम्भावना कही गयी हो तो देखना होगा कि ग्रह की क्या अवस्था है। जैसे, ऊपर लिखा गया है कि लग्न में शुभ ग्रह के रहने से वाल्यकाल ही में पुत्र प्राप्त होता है। यदि मान लें कि किसी का जन्म कर्क लग्न में है और उसमें बृहस्पति है तो इस स्थान में देखना होगा कि बृ. उच्च का लग्न में है और वह निरा शुभग्रह ही नहीं है किन्तु पुत्र-कारक भी है एवं साथ ही साथ षष्ठेश और नवमेश भी है तो ऐसे स्थान में फल उत्कृष्ट होगा अर्थात् बहुत ही कम उम्र में सन्तान होगा और बालक दीर्घजीवि भी होगा। इसी प्रकार यदि किसी का लग्न मीन हो और उसमें शुक्र बैठा हो तो ऐसी अवस्था में भी फल उत्कृष्ट ही होता है। परन्तु शुक्र पुत्र कारक ग्रह नहीं है तथा यह अष्टमेश भी है अतः इसी स्थान पर कर्क लग्न में बृ. की स्थिति वाली कुंडली से मीन लग्न में शुक्र की स्थिति वाली कुंडली में फल की विभिन्नता होगी। पुनः मान लिया जाय कि मीन लग्न हो और उसमें बुध बैठा है। यहाँ बुध शुभग्रह तो अवश्य ही है परन्तु नीच है और केन्द्राधिपति दोष भी है क्योंकि शुभ-ग्रह होकर चतुर्थ और सप्तम का स्वामी है। इस कारण इस स्थान में यद्यपि बुध शुभग्रह लग्न में है, परन्तु फल में उत्कृष्टता कदापि न होगी। इसलिये पाठक तथा विद्यार्थी गण जब तक इन सब रहस्यों पर पूर्णध्यान न देंगे तब तक फल कहने में सफलता न होगी।

(१२) यदि लग्न में मंगल हो और सूर्य्य अष्टमस्थ वा चतुर्थस्थ हो और इस पर शुभग्रह की दृष्टि पड़ती हो तो सन्तान विलब से होता है अर्थात् अधिक अवस्था बीतने पर होता है। यदि शनि लग्न में, बृ. अष्टम स्थान में और मंगल द्वादशस्थ हो तथा पंचम भाव बली न हो तो जातक को कालान्तर में एक पुत्र का सौभाग्य प्राप्त होता है।

(१३) वृष, सिंह, कन्या और वृश्चिक राशियोंको (फलदीपिका) के लेखक 'मन्त्रेश्वर' ने **अल्पसुतर्क्ष** कहा है अर्थात् ये राशियाँ कम सन्तान प्रदान करती हैं। अतः यदि (१) र. किसी अल्पसुतर्क्ष में बैठा हो और श. अष्टमस्थ हो तथा मं. लग्नस्थान हो, अथवा (२) यदि श. लग्नस्थ, बृ. अष्टमस्थ और मं. द्वादशस्थ हो तथा पंचमस्थान में अल्पसुतर्क्षराशि हो, अथवा (३) यदि चं. ऐकादशस्थ और बृ. जिस राशि में हो उससे पंचम स्थान में कोई पाप ग्रह हो और लग्न में कई पाप ग्रह हों तो जातक को यत्न करने से कालान्तर में एक पुत्र होता है। स्त्री-जातक में (जो इस पुस्तक की इस संस्करण में

कई कारणों से छोड़ दिया गया है) लिखा है कि यदि स्त्री का जन्म लग्न अल्पसुतर्क्ष राशि में हो और चं. पंचमस्थ हो अथवा यदि चं. अल्पसुतर्क्ष राशि में हो तो उसे सन्तानसुख कम होता है। उदाहरणार्थ कुण्डली ६६ में प्रथम नियमानुसार र. अल्पसुतर्क्ष वृश्चिक में और मं. लग्न में है। श. अष्टमस्थ नहीं है पर अष्टम स्थान पर शनि की पूर्णदृष्टि है। (एकादशस्थ शनि से पंचम एवं अष्टम दोनों दृष्ट होते हैं।) इस जातक की अवस्था अभी ४८ वर्ष की है। इनका दो विवाह हो चुका है पर किसी स्त्री से भी सन्तानसुख अभी तक नहीं हुआ है। नियम १२ के अनुसार चतुर्थस्थ र., पाप ग्रह मं. (लग्नस्थ) से दृष्ट है। इस योग से भी सन्तानसुख में कठिनाई होनी चाहिये क्योंकि र. शुभ दृष्ट नहीं है।

(१४) निम्नलिखित छः ग्रहों में से जो बली ग्रह होता है उसकी दशाअन्तरदशा में सन्तान होता है। (१) पंचमेश, (२) बृहस्पति, (३) पंचमेश जिस स्थान में बैठा हो उस राशि का स्वामी (४) पंचमेश को नवांश का स्वामी, (५) बृ. जिस राशि में हो उसका स्वामी और (६) बृ. का नवांशेश।

(१५) बृहस्पति से पंचम स्थान का स्वामी जिस राशि अथवा नवांश में हो उस राशि अथवा नवांश से जब गोचर का बृ., त्रिकोण में जाता है तो उस समय जातक को सन्तान-सुख सम्भव होता है।

(१६) जन्मकालीन चन्द्रमा जिस राशि में हो उसका स्वामी और उस चन्द्रमा से पंचम स्थान का स्वामी, इन दोनों के स्फुट को जोड़ कर जो राशि आवे उसमें अथवा उसके त्रिकोण में जब गोचर का बृ. जाता है तो जातक को पुत्र प्राप्त होना सम्भव होता है।

(१७) गौणरूप से ऐसा देखने में आता है कि यदि पंचमेश केन्द्रगत हो तो जातक को सन्तान का सौभाग्य कम अवस्था ही में प्राप्त होता है। इसी प्रकार यदि पंचमेश पणफर में हो अर्थात् २, ५, ८, वा ११ स्थान में हो तो जातक को सन्तान-सुख युवावस्था में होता है। यदि पंचमेश आपोक्लिम स्थान में अर्थात् ३, ६, ९, वा १२ स्थान में हो तो बुढ़ापे में सन्तान प्राप्त होता है। यदि पंचमेश लग्न के समीपवर्त्ती हो अथवा पंचमस्थान के समीपवर्त्ती हो तो कम अवस्था में, कुछ दूरस्थ हो तो मध्यावस्था में और अति दूरस्थ हो तो वृद्धावस्था में सन्तान सौभाग्य होता है। ऊपर्युक्त नियमों को बहुत तौल तौल कर फल का अनुमान न करना उचित है। यह केवल गौण रीति है।

सन्तान की मृत्यु।

धा. १५९ (१), यदि (१) पंचमेश, अथवा (२) बृहस्पति, अथवा (३) पंचमभाव को देखने वाला ग्रह, अथवा (४) पंचमस्थग्रह ६, ८, वा १२ भाव का स्वामी

हो, अथवा निर्बल हो, अथवा ६, ८, वा १२ में बैठा हो तो ऐसे स्थान में उस ग्रह की दशा-अन्तरदशा में सन्तान को क्लेश वा मृत्यु होती है। देखो **कुण्डली ७३** कृष्णबलदेवजी की। द्वादशेश बुध, पंचम स्थान में बैठा है और सूर्य्य से अस्त भी है । इस कारण इनको रवि की महादशा और बुध की अन्तरदशा में सन्तानशोक भोगना पड़ा ।

(२) यदि पंचमेश राहु के साथ हो तो पंचमेश की दशा में जिस सन्तान का जन्म हो उसकी आयु क्षीण होती है। परन्तु राहु की दशा में जन्म होनेवाला सन्तान दीर्घायु होता है।

(३) यदि पंचम स्थान और पंचमेश पापमध्यगत हो और बृहस्पति पाप ग्रह के साथ हो तो उस जातक की सन्तान की मृत्यु होती है । यदि नवमेश, पंचमेश और सप्तमेश का नवांशपति पापग्रह के साथ हो तो उसकी सन्तान मृत्युग्रस्त होता है। यदि पंचमेश, तृतीय षष्ट वा द्वादश गत हो और उस पर पापग्रह की दृष्टि हो तौभी वैसा ही फल होता है

(४) यदि लग्न कन्या हो और उसमें सूर्य्य बैठा हो तथा मंगल पंचमस्थ हो तो उसकी कुल सन्तान एक के बाद दूसरा मर जाता है।

(५) यदि नवमेश, द्वादश भाव गत हो और लग्नेश और चन्द्र-लग्नेश अर्थात् राशीश पर शुभग्रहों की दृष्टि अथवा योग न हो तो स्त्री तथा सन्तान सभी की मृत्यु होती है ।

(६) यदि नवमेश द्वादश भाव गत हो और लग्नेश और राशीश सूर्य के साथ अस्त हो तो उस जातक की स्त्री तथा सन्तान सभी की मृत्यु हो जाती है।

(७) यदि पंचमेश अष्टमगत हो तो जातक की किसी सन्तान की मृत्यु अवश्य होती है। देखो (१)

(८) यदि पंचमस्थान में दो अथवा दो से अधिक पापग्रह बैठे हों और पंचम स्थान पर शत्रु ग्रह की दृष्टि पड़ती हो तो ऐसे जातक को यदि सन्तान हो तो सब की मृत्यु उसके जीवन काल ही में हो जाती है। देखो **कुण्डली २३** में र., श. (पिता पुत्र) और चं. पाप पंचम स्थान में है। किसी ग्रह से दृष्ट तो नहीं पर शुक्र जो पंचधामैत्री से किसी का मित्र नहीं है, उसके साथ है। इनके कई सुयोग्य पुत्रों की मृत्यु होती गयी है।

(९) श. और मं. अष्टम वा सप्तम स्थान में हो तो सन्तान की मृत्यु होती है।

(१०) यदि मंगल दशम स्थान में हो तो मामा (मामू) के पक्ष में अनिष्टकारी होता है दशमस्थ सूर्य्य पिता के लिये, दशमस्थ शनि सन्तान के लिये और दशमस्थ चन्द्रमा माता के लिये अनिष्टकारी होता है।

(११) यदि राहु पंचमस्थान और पंचमेश ६, ८ वा १२ भाव में हो तो सन्तान की मृत्यु होती है।

(१२) यदि सूर्य्य पंचम में स्वक्षेत्रगत हो अर्थात् स्वगृही हो तो पहला पुत्र नष्ट होता है और उसके बाद का सन्तान जीवित रहता है। देखो **कुण्डली ८२** बाबू राधेश्याम जी की। सूर्य्य पंचमस्थान में स्वगृही है इनके प्रथम ही नहीं बल्कि प्रथम तीन सन्तान की मृत्यु हुई। वर्त्तमान समय में एक सन्तान है।

(१३) यदि पंचमस्थ रवि स्वक्षेत्री न हो तो गर्भपात होता है।

(१४) मंगल पंचम स्थान में हो तो पुत्र अल्पजीवि होता है परन्तु मेष या वृश्चिक का मंगल पंचमस्थानगत होने से एक सन्तान अल्पायु और शेष दीर्घायु होते हैं।

(१५) यदि पञ्चमस्थान पर पापग्रह की दृष्टि हो और बृहस्पति पञ्चमस्थ हो और पञ्चमेश पापग्रह के साथ हो तो सन्तान की मृत्यु होती है।

(१६) यदि पंचमेश नीच, अस्त, पापग्रह के नवांश में, पापग्रह से दृष्ट अथवा ६, ८, १२ स्थानगत हो तो जातक को सन्तान-मृत्यु का शोक होता है। देखो **कुंडली ३१** महारानी इन्दौर की। पंचमेश श. कुम्भ के नवांश अर्थात् पापग्रह के नवांश में है और द्वादश स्थानगत है। महारानी साहिबा की गर्भ ही पात हुआ।

(१७) यदि पंचमेश दुःस्थान अर्थात् ६, ८, १२ में हो, अथवा क्रूरषष्ठांश में हो, अथवा पापग्रह की दृष्टि हो तो जातक को सन्तान-शोक होता है।

(१८) यदि जन्म लग्न कन्या हो और मंगल मकर राशिगत हो तो ऐसे जातक के कई सन्तानों की मृत्यु होती है। पंचमस्थ मंगल पुत्र के लिये सर्वदा हानि कारक है। लिखा है कि यदि मंगल पंचम स्थान के प्रथम तृतीयांश में हो तो प्रथम पुत्र को, द्वितीय तृतीयांश में हो तो मध्य पुत्र की, अन्तिम तृतीयांश में हो तो सब से छोटे पुत्र की मृत्यु होती है। ऐसी मृत्यु प्रायः जन्म से तीन वर्ष के भीतर ही होती है।

(१९) यदि पंचमेश नीच, शत्रुगृही, अस्त हो अथवा षष्ठेश, अष्टमेश वा द्वादशेश से युक्त हो तो ऐसे जातक को संतान-शोक होता है। रायबहादुर द्वारिकानाथ जी की **कुंडली ५७** में अष्टमेश मंगल परम नीच और नीच नवांश का है। उक्त जातक का विवाहित इकलौता पुत्र मर गया और इसी के पश्चात् दत्तक पुत्र लेना पड़ा। पुनः कृष्णबलदेवजी की **कुंडली ७३** में पंचमेश मंगल नीच नहीं वरण उच्च है परन्तु उसके साथ षष्ठेश बृहस्पति नीच है। इस कारण इन्हें एक कन्या और दो पुत्र की मृत्यु का शोक सहना पड़ा है।

(२०) यदि पंचमेश पंचमस्थ हो और शुभदृष्ट न हो तो ऐसे जातक को भी सन्तान-शोक होता है। स्वगृही बृहस्पति पंचमस्थान में पुत्र के लिये अत्यन्त अनिष्टकारी होता है। देखो **कुंडली ५४** रायसाहिब राशधारी सिंह जी की। नियम (१५) के अनुसार पंचमस्थान पर श. और मं. दोनों की दृष्टि है और बृ. (स्वगृही दोष युक्त) पञ्चमस्थ है। पुनः नियम (१७) के अनुसार पंचमेश बृ. पर दो पाप ग्रहों की दृष्टि है। नियम (२०) के अनुसार पंचमेश पंचमस्थ है तथा श. एवं मं. पाप से दृष्ट भी है। इन्हीं योगों के प्रभाव से इनके छः पुत्रों में से केवल दो जीवित हैं। इनमें कई पुत्रों ने युवावस्था प्राप्त कर उक्त रायसाहिब को पुत्र शोक दिया। ध्यान रहे कि इस कुंडली में एक विलक्षणता यह है कि शुक्र उच्च, बृहस्पति स्वगृही और बुध नीच-भंगराजयोग रखते हुए पंचमस्थान में है। बुद्धि विवेकादि की गम्भीरता एक ओर और पुत्रशोक का बारम्बार चोट दूसरी ओर, विवेचना करने योग्य है। पुनः स्मरण रहे कि बृ. नवांश में भी उच्च है।

(२१) पुस्तकों में अनेकानेक योग लिखे गये हैं पर उन सबों का इस स्थान पर उद्धृत करना असम्भव है। अतः ज्योतिष शास्त्रानुरागियों से निवेदन है कि यदि इस शास्त्र के रहस्य पर वे लोग ध्यान देंगे तो सफलता अवश्य होगी। कई स्थानों में लिखा जा चुका है कि जिस विषय का विचार करना हो उस विषय का जो भाव, जो स्थान हो, जैसे पुत्र के विचार में पंचम इत्यादि इत्यादि, उस भाव का स्वामी, उस भाव का नवांश, **उस भावेशकानवांश** ओर उसका कारक, (जैसे पुत्र कारक बृहस्पति) यदि पापयुत, पापदृष्ट, पापमध्यगत, पापराशिगत, ६, ८, १२ भावगत अथवा ६, ८, १२ के स्वामी से युत, वा पीड़ित हो तो इन सब योगों में से एक या दो या अनेक योगों के रहने के अनुसार अशुभफल में न्यूनाधिक्य का अनुमान करना होगा। इन्हीं सब बातों पर ध्यान देने से पूर्वलिखित योगों का रहस्य प्रतीत होगा।

पिता पुत्र का पारस्परिक सम्बन्ध।

धा. १५६ (१) पिता के लग्न से दशम राशि में यदि पुत्र का जन्मलग्न हो तो पुत्र पिता-तुल्य गुणवान होता है। यदि पिता के द्वितीय तृतीय, नवम वा एकादश भावस्थ राशि में पुत्र का जन्म लग्न हो तो पुत्र पिता के आधीन रहता है। यदि पिता की षष्ट वा अष्टम भाव में जो राशि हो, वही पुत्र का जन्म लग्न हो तो पुत्र, पिता का शत्रु होता है। और यदि पिता के द्वादश भाव गतराशि में पुत्र का जन्म हो तो भी पिता-पुत्र में उत्तम स्नेह नहीं रहता है। यदि पिता की कुंडली का षष्ठेश अथवा अष्टमेश पुत्र की कुंडली के लग्न में बैठा हो तो पिता से पुत्र विशेष गुणान्वित होता है। देखो धा. ११९ (७)

(२) जिस प्रकार स्त्री और पुरुष की पारस्परिक मित्रता के विषय में लिखा गया है। उसी प्रकार पदलग्न से पुत्र और पिता का भी विचार किया जाता है। लग्नारूढ़ स्थान से अर्थात् पदलग्न से केन्द्र अथवा त्रिकोण में अथवाउपचय (१,३,४,५,६,७,९,१०, ११) में यदि पञ्चमारूढ़ राशि पड़ता हो तो पिता पुत्र में परस्पर मित्रता होती है। **उदाहरण कुंडली** का लग्नारूढ़ लग्न ही में है और उसका पंचमारूढ़ भी लग्न ही पड़ता है, क्योंकि पंचम स्थान का स्वामी मंगल पंचम स्थान से पाँचवें स्थान पर अर्थात् नवम स्थान में है इस कारण पञ्चमारूढ़ लग्न ही हुआ और लग्नारूढ़ से पञ्चमारूढ़ केन्द्र में पड़ा। ऐसी अवस्था में पिता पुत्र में प्रेम भाव कहना चाहिये। परन्तु यदि लग्नारूढ़ से पञ्चमारूढ़ ६, ८, १२ स्थान में पड़े तो पिता पुत्र में बैर होगा। द्वितीय में रहने से क्या फल होगा, इसका लेख नहीं मिलता है, अनुमान से सम होगा।

(३) यदि लग्नेश की दृष्टि पञ्चमेश पर पड़ती हो और पञ्चमेश की दृष्टि लग्नेश पर पड़ती हो, अथवा लग्नेश पञ्चमेश के गृह में हो और पञ्चमेश नवमेश के गृह में हो, अथवा पञ्चमेश नवमेश के नवांश में हो और नवमेश पंचमेश के नवांश में हो तो पुत्र आज्ञाकारी और सेवक होता है।

(४) यदि पंचमस्थान में लग्नाधिपति और त्रिकोणाधिपति साथ होकर बैठे हों और उन पर शुभग्रह की दृष्टि भी पड़ती हो तो जातक के लिये केवल राज्ययोग ही नहीं होता वरण उसके पुत्रादि सुशील, सुखी, उन्नतिशील और पिता को सुखी रखने वाला होता है। परन्तु यदि षष्ठेश, अष्टमेश अथवा द्वादशेश पापग्रह और दुर्बल होकर पंचम स्थान में बैठे हों तो ऐसे स्थानों में जातक अपने सन्तान के रोगग्रसित रहने के कारण, उससे शत्रुता के कारण, सन्तान के असभ्य व्यवहार के कारण अथवा सन्तान-मृत्यु के कारण पीड़ित रहता है।

(५) यदि पंचमेश पंचमगत हो अथवा लग्न पर दृष्टि रखता हो, अथवा लग्नेश पंचमस्थ हो तो पुत्र आज्ञाकारी और प्रिय होता है। स्मरण रहे कि जितना ही पंचम स्थान को लग्न से शुभ सम्बन्ध होगा उतना ही पिता-पुत्र का सम्बन्ध उत्तम और घनिष्ठ होगा और उपर्युक्त योग इसी रहस्य का उदाहरण है।

(६) यदि पंचमेश ६, ८, वा १२ स्थान में हो और उस पर लग्नेश की दृष्टि न पड़ती हो एवं मं. और रा. की भी दृष्टि न पड़ती हो तो पिता-पुत्र का सम्बन्ध उत्तम होता है।

(७) यदि पञ्चमेश ६, ८ वा १२ स्थानगत हो और उस पर लग्नेश, मंगल और राहु की दृष्टि भी पड़ती हो तो पुत्र पिता से घृणा करेगा और पिता को गाली गलौज तक करने में बाज न आयगा।

(८) यदि बु., बृ. और शु. पंचमस्थ हों अथवा पंचमस्थराशि वृष, तुला, मिथुन, कन्या, धन वा मीन हो तो सन्तान सदा पिता के साथ रहेगा और उस सन्तानोपार्जित धन से सभी सुखी रहेंगे। देखो **कुंडली** ५४। इस में यह योग लागू है। इनके ज्येष्ठ पुत्र ने सब-रजिष्टार हो कर धन उपार्जन किया। अभी वर्त्तमान समय में भी एक पुत्र इस पदपर है।

अध्याय–२०

जीवन का षष्ठ तरंग।

उद्यम तथा द्रव्यादि उपार्जन।

प्राचीन एवं आर्वाचीन व्यवसाय भेद।

धा. १५७ इस तरंग में निम्नलिखित विषयों पर विस्तारपूर्वक लिखा गया है। धन सम्बन्धी बातों का विचार किन किन भावों से किया जाता है। तथा राज-योग और वाहनादि सुख का विचार कैसे होता है। भू-सम्पत्ति आदि की वृद्धि एवं प्राप्ति और भुजार्जित धन कब होता है तथा सन्तान से किस धन की प्राप्ति होती है। इसी प्रकार स्त्री, भ्राता, ज्ञातिवर्ग, माता और शत्रुद्वारा किसे धन मिलता एवं अकस्मात धन किसे प्राप्त होता है। व्यवसाय से कौन धनी होता है, किस देश में भाग्योन्नति होती है तथा इसका समय कब होता है। भाग्यहीन कौन होता है, किस व्यवसाय से मनुष्य की आर्थिक उन्नति सम्भव है एवं किन किन भावों से व्यवसाय निर्माणित करना सम्भव होगा तथा इसके जानने की क्या विधि होगी। अतः यह अत्यन्त ही उपयोगी और कठिन तरंग है।

यदि इस संसार पर सूक्ष्मरूप से दृष्टि डाली जाय तो प्रतीत होगा कि मनुष्य-मात्र सर्वदा एक ही पदार्थ के लिये व्यस्त रहते हैं। वह है, सुख की आकांक्षा। इसी सुख-प्राप्ति के लिये मनुष्य-मात्र रात्रि-दिवा चिन्तित रहते हैं। सुख दो प्रकार का होता है। एक आध्यात्मिक सुख, जिस में मनुष्य आत्मचिन्ता में निमग्न रह कर सर्वदा के लिये परमात्मा में लीन हो जाना चाहता है। दूसरा सांसारिक सुख, जिस के बहुत से अंग हैं और जिस की प्राप्ति के लिये मनुष्य चिन्तित रहा करता है। प्रायः अधिकांश मनुष्य इसी सांसारिक सुख के लिये आकांक्षी होते हैं। इस स्थान पर इसी सुख के विषय में लिखा जाता है।

मनुष्य के जीवन काल में इस सुख के अनुभव के लिये अनेकानेक रीतियाँ देखने में आती हैं। कोई मनुष्य प्रजाशासन द्वारा सम्राट्, महाराजा, राज वा जमीन्दार आदि कहलाता है। कितने मनुष्य व्यापार-आदि में प्रवीण होकर कई देशों का वाणिज्य-सूत्र अपने हाथ में लेकर असंख्य धन प्राप्त करते हैं और लक्ष्मी देवी की गोद में मानो क्रीड़ा करते हैं। इसी प्रकार अनेक मनुष्य सरस्वती देवी की आराधना कर तथा अनेकानेक विद्याओं का भण्डार बन इस संसार में कीर्ति और मान प्राप्त करते हैं। परन्तु यह भी देखने में आता है कि बहुत से मनुष्य राजवंश तथा धनवान घराने में जन्म लेकर भी पूर्व-जन्म-कर्मानुसार भिक्षाटन द्वारा जीविका निर्वाह करते हैं। पुनः ठीक इसके विपरीत भी देखा जाता है कि एक दरिद्र का बालक जिस को एक रोटी के टुकड़े का भी ठिकाना न था एकाएक राजसिंहासन पर बैठ कर हजारों, लाखों मनुष्य पर शासन करता है। इन्हीं सब कारणों से मनुष्य मात्र की यह एक लालसा रहती है कि अपना और अपनी सन्तान का भविष्य जाने। इसके जानने की अनेकानेक रीतियां पूर्वजों ने ज्योतिषशास्त्र में लिख दी है। परन्तु यह सर्वस्वीकृत बात है कि द्रव्योपार्जन की रीति समयानुसार हुआ करता है और समय के हेर-फेर से यह भी बदलती रहती है। प्राचीन काल में गो-धन एक बहुत बड़ी सम्पत्ति समझी जाती थी पर आज कल तो सम्पत्ति में इसकी गिनती ही नहीं। प्राचीन समय में मणि का भारतवर्ष मानों पुञ्ज था, पर अब तो किसी राजा महाराज के ताज में ही सिर्फ नजर आता है। भारत एक कृषि-प्रधान-स्थान था जो अब भी कुछ है, परन्तु व्यापार की शैली तो एक दम पलट गयी। तात्पर्य यह है कि प्राचीन ग्रंथों में धनप्राप्ति के विषय में जो जो बातें लिखी गयी हैं उससे विभिन्न आज कल की जीविकोपार्जन है। प्राचीन समय में मंत्री आदि के पद होते थे। आजकलमंत्री के बदले मिनिष्टर (Minister) होने लगे हैं। उदाहरणार्थ जैसे मान लिया जाय कि ज्योतिष शास्त्र में किसी योग के प्रभाव से, दो मनुष्यों के बीच दूत-वृत्ति करने वाला अनुमान करना बतलाया है। इतना कहने से आज कल की प्रथा अनुसार तरह तरह के रोजगारों का इससे बोध हो सकता है। अतएव गम्भीर अनुमान की आवश्यकता है।

किन भावों से द्रव्यादि का विचार होता है।

धा. १५८ (१) **लग्नसे** मनुष्य के सौभाग्य का विचार होता है। लग्न की ही सबलता अथवा निर्बलता पर भाग्य की उन्नति अथवा अवनति निर्भर है। लग्नेश का द्रव्य सम्बन्धी भावों से सम्बन्ध रहने पर भाग्य का सूर्य्य सर्वदा चमकता रहता है।

द्वितीय स्थान का ही नाम धनभाव है। इससे वित्त, सुख और भोजन इत्यादि का विचार होता है।

चतुर्थ भाव से सुख, पैतृक धन, भूमि और वाहनादि का विचार किया जाता है।

पंचम भाव से राजानुग्रह और अकस्मात् धन जैसे लौटरी (Lottery) इत्यादि से धन का प्राप्त होना बोध होता है।

सप्तम भाव से वाणिज्य, गमनागमन (Travels) इत्यादि का विचार किया जाता है।

नवम भाव से भाग्य के प्रभाव का विचार होता है। इस भाव को भाग्य स्थान कहते हैं।

दशम भाव से सम्मान, रोजगार इत्यादि का विचार किया जाता है। इसको ज्योतिष शास्त्र में कर्म स्थान भी कहा है। कर्म-योग का ज्ञान इसी भाव से अनुभव होता है।

एकादशस्थान को लाभ स्थान कहते हैं। इस भाव से धन संग्रह इत्यादि का अनुमान किया जाता है।

शुक्र से सांसारिक सुखों की प्रबलता और **बृहस्पति** से द्रव्यसंचय इत्यादि का विचार होता है।

यदि सावधानतापूर्वक उपर्युक्त सब भावों पर, उनके अधिपतियों पर और विशेषत: शुक्र एवं बृहस्पति पर ध्यान दिया जाय तो मनुष्य-जीवन के धन सम्बन्धी कुल बातों का ज्ञान पूर्णरीति से हो सकता है।

(२) **धनस्थान** से धन का परिमाण समझा जाता है। **एकादश स्थान** से धन-लाभ-विधि का विचार होता है। यदि लाभाधिपति दुर्बल और दुःस्थान गत हो अर्थात् किसी प्रकार से दोष युक्त हो तो धनस्थान का फल शुभ होने पर भी लाभ कष्ट-साध्य होता है। अभिप्राय यह है कि द्वितीयस्थान और लाभस्थान में से यदि द्वितीय स्थान अर्थात् धनस्थान अच्छा हो और एकादश अर्थात् लाभस्थान दुर्बल हो तो ऐसे स्थान में धन का संग्रह होगा, परन्तु धन प्राप्त करने में अनेकानेक कष्ट होंगे। इसी प्रकार यदि एकादश स्थान उत्तम और द्वितीय स्थान निर्बल हो तो धन के लाभ में सुगमता होगी अर्थात् धनोपार्जन में बहुत सफलता मिलती है, परन्तु धनसंग्रह का सौभाग्य प्राप्त न होगा। यदि द्वितीय और एकादश दोनों अच्छे हों तो लाभ भी सुगमता से हो और धन-संग्रह भी होता जाय। परन्तु इस स्थान पर देखना होगा कि लाभ की मात्रा क्या होगी। इसका अनुमान ग्रहों के उच्च, स्वगृही, मूलत्रिकोण आदि के अनुसार किया जायगा। क्योंकि ऐसा देखा जाता है कि संसार में किसी की आय दश, पांच रुपये मासिक, तो किसी

की हजार रुपये मासिक है। इनका निर्णय उन स्थानों पर शुभग्रह की दृष्टि और उसकी सबलता और निर्बलता इत्यादि से किया जाता है। ऐसा हो सकता है कि एक ही है योग में एक आदमी की आय सौ रुपये और दूसरे की हजार रुपये मासिक हो। ऐसे स्थान पर आय में इस प्रकार का अन्तर ग्रहों की सबलता और निर्बलता इत्यादि के कारण होता है।

(३) यह पहले लिखा भी जा चुका है और यहाँ पुनः लिखा जाता है कि फल अनुमान करने में एक अनिवार्य और प्रशस्त नियम यह है कि जिस भाव का विचार करना हो उस भाव के स्वामी के शुभाशुभ फल की प्रबलता अधिक होती है। तत्पश्चात् भावस्थित ग्रह का फल और सबसे कम भाव-दर्शी ग्रह के फल की प्रबलता होती है। देखो धा. ९९ (१५)।

स्मरण रखने की बात है कि धनस्थान में मंगल ज्योतिष शास्त्र में निष्फल लिखा है। इसी प्रकार चतुर्थ में बुध, पंचम में बृहस्पति, षष्ठ में शुक्र और सप्तम में शनि निष्फल होता है। ज्योतिष शास्त्र का यह भी एक रहस्य है कि यदि चन्द्रमा (१) सूर्य्य के साथ हो, (२) मंगल के साथ द्वितीय स्थान में हो, (३) बुध के साथ चतुर्थ स्थान में हो, (४) बृहस्पति के साथ पंचमस्थान में हो, (५) शुक्र के साथ षष्ठ स्थान में हो, अथवा (६) शनि के साथ सप्तमस्थान में हो तो निष्फल होता है। तात्पर्य यह है कि यदि धन देने वाला मंगल द्वितीय में, धन देने वाला बुध चतुर्थ में और धन देने वाला ग्रह शनि सप्तमस्थान में हो तो फल प्रायः निष्फल हो जाता है। इसी प्रकार चन्द्रमा यदि धनदायी हो तो उक्त अवस्थाओं में निष्फल होता है। प्रतीत होता है कि इसी कारण चतुर्थस्थान गत बुध जातक को पैतृक सम्पत्ति में अनेकानेक बाधा डालता है।

(४) ज्योतिष-शास्त्र में लिखा है कि यदि द्वितीयेश एकादशस्थ और एकादशेश द्वितीयस्थ हो, अथवा एकादशेश एकादशस्थ हो, अथवा द्वितीयेश और एकादशेश लग्न से केन्द्रवर्ती हो तो जातक धनवान और संसार में विख्यात होता है। यदि द्वितीयेश द्वादशस्थ अथवा षष्ठस्थ हो, अथवा यदि द्वादशेश द्वितीयस्थ हो और एकादशेश ६, ८, १२ स्थान में हो तो धन का नाश होता है।

लग्न, द्वितीयेश और बृहस्पति।

(५) यदि बृहस्पति द्वादशस्थ और द्वितीयेश निर्बल हो और लग्न पर शुभग्रह की दृष्टि न हो तो धन का नाश होता है।

(६) यदि लग्नेश द्वितीयस्थ और द्वितीयेश एकादशस्थ अथवा एकादशेश द्वितीयस्थ हो तो जातक धन-समृद्धिवान होता है।

(७) द्वितीयेश, एकादशेश और लग्नेश यदि तीनों स्वगृही हों तो जातक धनी होता है। लग्नाधिपति के धन स्थान में रहने से स्वउपार्जित धन होता है। पर यदि लग्नाधिपति निर्बल, पाप युक्त अथवा पाप दृष्ट हो तो धन उपार्जन में बाधा और क्लेश होता है।

(८) ऊपर लिखा जा चुका है कि बृहस्पति धन कारक है। अतएव बृहस्पति को द्वितीयभाव से सम्बन्ध रहने से धन का आगमन अवश्य ही होता है। परन्तु कितना धन होगा, यह बृहस्पति के शुभाशुभ, दुर्बलता और सबलता इत्यादि पर निर्भर करता है। इसी प्रकार लग्नेश, एकादशेश, द्वितीयेश और नवमेश उच्च नवमांश में हो तो जातक क्रोड़ाधिपति होता है।

(९) जब द्वितीयेश, सूर्य्य के साथ अस्त हो जाता है। और नीचस्थ भी रहता है तो जातक ऋण-ग्रस्त हो जाता है।

(१०) धनाधिपति और द्वादशेश, द्वितीयस्थ होने से, अथवा एकादशेश ६, ८, १२ भाव में पड़ने से, अथवा बृहस्पति द्वादशस्थ और द्वितीयेश के निर्बल होने से और लग्न पर शुभग्रह की दृष्टि न रहने से धन का नाश होता है। स्मरण रहे कि जिन २ भावों से धन का विचार ऊपर लिखा गया है उन २ भावों के शुभाशुभ होने पर सम्पत्ति का होना और न होना निर्भर करता है।

चतुर्थ एवं बृहस्पति और शुक्र।

(११) चतुर्थ स्थान एवं बृहस्पति के बलाबल तथा ग्रह की दृष्टि और योग के अनुसार सुख दुःख का विचार होता है।

(१२) चतुर्थ स्थान में जो ग्रह बैठा हो यदि वह अपने शत्रु की राशि में हो अथवा लग्न से ६, ८, १२ का स्वामी हो और लग्नेश का शत्रु हो तो ऐसे स्थान में शारीरिक सुख में हानि होती है। परन्तु स्मरण रहे कि चन्द्र और सूर्य्य को अष्टमेश-दोष नहीं है। इसी प्रकार चतुर्थस्थग्रह पर दृष्टि डालनें वालाग्रह और चन्द्रमा जो चतुर्थभाव कारक होता है, यदि बली हों तो शारीरिक सुख होता है।

(१३) शुक्र, सांसारिक विलास-कारक है और चतुर्थ भाव को भी सुख से सम्बन्ध है। इसी कारण भूषण, वसन, वाहन, विलास सामग्रियों का होना और न होना विशेषतः इन्हीं दोनों पर निर्भर करता है। इसी कारण यदि नवमाधिपति चतुर्थ स्थान में शुक्र के साथ हो तो जातक चिर काल तक भोगी और सुखी रहता है। यदि नवमाधिपति ६, ८, १२ भावगत हो और शुभग्रह के साथ हो तो कुछ ही दिनों तक सुख-सम्पत्ति का सौभाग्य होता है। यदि चतुर्थेश शुभ राशि गत हो और उस पर शुक्र की दृष्टि हो अथवा वह शुक्र के साथ

हो पर पापग्रह अथवा शत्रुग्रह अथवा नीचस्थग्रह की दृष्टि से वर्जित हो तो जातक को सुगन्धादि और अनेक पुष्पादि का सुख होता है।

(१४) आचार्य्यों ने यह भी कहा है कि चन्द्रमा के वली रहने से उत्तम वस्त्रों का सुख होता है। चन्द्रमा के राहु तथा केतु के साथ रहने से जातक जीर्ण वस्त्रधारी होता है पुनः यदि वही चन्द्रमा बृहस्पति के साथ रहे तो रेशमीवस्त्र धारण का सौभाग्य प्राप्त होता है। चन्द्रमा शुक्रके साथ रहे तो रत्नादि जटित वस्त्र और शनि साथ रहे तो काला वस्त्र धारण का सौभाग्य होता है। स्मरण रखने की बात है कि ग्रहों के उच्चनीचादि तारतम्यानुसार फल में भी न्यूनाधिकता समझनी होगी।

नवमादि।

(१५) नवमाधिपति, बृहस्पति और शुक्र पापयुक्त हो कर ६,८,१२ भाव में बैठा हो तो जातक भाग्यहीन और केन्द्र वा त्रिकोणगत होने से भाग्य शाली होता है। भाग्यस्थान में पापग्रह स्वक्षेत्री और शुभ दृष्ट हो तो जातक राजा के समान और सौभाग्यशाली होता है। नवम स्थान में सब ग्रहों का योग अथवा सब ग्रहों की दृष्टि रहने से जातक धनी, सौभाग्यवान और राजा तुल्य होता है। पुनः यदि भाग्य स्थान पर शुभग्रह की दृष्टि न हो, अथवा अस्त वा शत्रु गृहीग्रह नवम स्थान में बैठा हो तो मनुष्य भाग्यहीन होता है।

(१६) लग्न, पंचम और द्वितीय में बलवान ग्रह के रहन से जातक विशेष भाग्यशाली होता है। नवमाधिपति यदि केन्द्रमें बैठा हो और नवम स्थान में शुभग्रह हो अथवा शुभग्रह की दृष्टि पड़ती हो, अथवा नवमेश की दृष्टि पड़ती हो तो जातक के लिये भाग्यदायक होता है। नवमेश जिस स्थान में बैठा हो उस स्थान का स्वामी भाग्य का कर्त्ता होता है और नवमेश भाग्य की पुष्टि करने वाला ग्रह होता है, नवम से पंचम स्थान का स्वामी अर्थात् लग्नेश, भाग्य को बताने वाला ग्रह होता है। इसी कारण, तीनों ग्रहों के बलावल पर भाग्य का बलाबल निर्भर करता है। अर्थात् यदि ये ग्रह स्वक्षेत्री, उच्च, मूलत्रिकोण आदि के हों तो जातक चिर काल तक भाग्योदय का सुख-भोग करता है।

(१७) यदि द्वितीयेश, द्वितीयस्थ अथवा दशमस्थ हो तो जातक दरिद्रघर में जन्म लेने पर भी बड़ा भाग्यशाली होता है। उदाहरणार्थ पाठकों का ध्यान इस पुस्तक में के परिणिष्ट के ओर आर्कषित किया जाता है। इन में से ५२ कुण्डलीयाँ बड़े २ एवं विख्यात पुरुषों की हैं और शेष ४४ साधारण लोगों की। अब देखने में आता है कि ५२ कुण्डलियों में से १४ (१,७,८, १२,१४,१७,२३,२५,२८,३६,३९,४४,५०,५२,) में यह योग लागू होता है। शेष ४४ में से केवल २ कुण्डलियों में (कुंडली ६५ अमावां राज के मैनेजर की और कु. ७५ लेखक के ज्येष्ठ पुत्र की) यह योग लागू है परन्तु इतना लिखना सत्य होगा कि कु. सं ७५ को जातक अभी तक भाग्य-शाली देखने में नहीं आता।

(१८) यदि चतुर्थेश और नवमेश द्वितीय स्थान में बैठा हो तो जातक आजन्म सुखी और धनी होता है। पुनः देखने की बात है कि इन सैकड़ों कुण्डलियों में से किसी में भी यह योग ठीक उपर लिखे जैसा लागू नहीं है। कुंडली १७ में नवमेश और चतुर्थेश शुक्र ही है और वह उच्च होकर द्वितीय में बैठा है योग लागू है। यह सुख दुःख को समान जानते थे। कुंडली ३४ में चतुर्थेश रवि द्वितीय में नवमेश शनि से दृष्ट है। महात्मा गांधीजो की कुंडली ३९ में नवमेश शुक्र द्वितीयस्थ है और चतुर्थेश बृहस्पति से दृप्ट है अर्थात् दोनों में सम्बन्ध है। महात्माजी को धनी एवं सुखी कहेंगे कि नहीं ? वे तो सुख दुख के समभाव से देखने वालों में से आदर्श पुरुप हैं। अपने मन का राजा होने के कारण द्रव्य का ल भ तो उन्हें छू तक न गया है परन्तु जब कभी किसी परोपकारार्थ धनकांक्षी होते हैं तो सर्वदा उनपर धन की वृष्टि ही होती है।

(१९) यदि शुक्र अथवा बृहस्पति द्वितीय स्थान में बैठा हो तो मनुष्य धनाढ्य होता है। (देखो **कुंडली** मुंशी अमीर लाल की धा. १०२)। यदि द्वितीय और एकादश में शुभग्रह बठा हो तौ भी जातक धनाढ्य होता है।

(२०)यदि द्वितीयेश और पंचमेश चतुर्य स्थान में वैठा हो तो मनुष्य आजन्म सुखी और धनाढ्य होता है। **देखो कुंडली ३७**।

(२१) यदि द्वितीयेश और नवमेश केन्द्रगत हो और उस पर शुभग्रह की दृष्टि हो तो जातक बहुत धनाढ्य होता है। देखो कुण्डली ३८।

(२२) यदि नवमेश केन्द्र अथवा त्रिकोणगत हो और लग्नाधिपति उच्च राशि में हो तो जातक मरणपर्यन्त सुख-समृद्धि से युक्त रहता है।

(२३) यदि द्वितीयेश, नवमेश अथवा एकादशेश लग्न से केन्द्रगत हो और यदि बृ. एकादशेश हो तो ऐसा जातक किसी उत्तम राज्य का राजा होता है। परन्तु स्मरण रहे कि एकादशेश बृ. केवल वृष और कुम्भ लग्न वाले ही जातक को होगा। वृष लग्न में द्वितीयेश बुध पंचमेश भी होता है। नवमेश शनि दशमेश भी होता है। कुम्भ लग्न होने से द्वितीयेश बृहस्पति एकादशेश भी होता है। नवमेश शुक्र चतुर्थेश भी होता है और इनमें से किसी का केन्द्र में रहना उत्तम होता है। बोध होता है कि इन्हीं कारणों से ऐसा नियम कहा गया है और इसका रहस्य यही है।

(२४) यदि लग्न अथवा चन्द्रमा से तृतीय, षष्ठ, दशम और एकादश स्थान (अर्थात् उपचय) में बृ., शु. और बु. तीन ग्रह बैठे हों अर्थात् इन्हीं चार भावों में से किसी तीन भाव में अथवा दो ही अथवा एकही भाव में तीनों ग्रह एकत्रित होकर अथवा विलग विलग होकर बैठे हों तो जातक बहुत ही धनाढ्य होता है। ऐसा भी देखा गया है कि इन तीन ग्रहों में से यदि दो ही ग्रह लग्न अथवा चन्द्रमा से उपचय में हों तौ भी जातक धनवान होता है।

यदि उपचय में एक ग्रह भी हो तों जातक धनी और सुखी अवश्य होता है। परन्तु स्मरण रहे कि धन की न्यूनाधिक्यता ग्रहों के नीच उच्चादि गुणों पर निर्भर होगी। देखो उदाहरण कुण्डली ९६ । एकादश में शु. और बु. हैं। कुण्डली ४६ में लग्न से दशम और एकादश में तीनों ग्रह हैं और चन्द्रमा से एकादश में दो ग्रह हैं। इस जातक ने खूब धनोपार्जन किया।

(२५) यदि लग्नेश और नवमेश चतुर्थ स्थान में हो, अथवा चतुर्थेश और नवमेश एकादश स्थान में हों तो जातक बहुत ही धनवान होता है।

(२६) यदि द्वितीयेश एकादश स्थान में और एकादशेश नवम स्थान में हो और नवमेश पंचम स्थान में हो तो ऐसा जातक बहुत ही धनाढ्य होता है।

(२७) जैमिनि ऋषि का मत है कि यदि लग्नारुढ़ से सप्तमभाव का आरूढ़लग्न अर्थात् सप्तम भाव का पदलग्न (आरूढ़ लग्न अर्थात् पद लग्न की व्याख्या पूर्व में वहुत हो चुकी है) आरूढ़ लग्न से केन्द्र अथवा त्रिकोण में हो तो जातक लक्ष्मीवान होता है । यह भी लिखा है कि यदि लग्नारूढ़से सप्तमारूढ़ षष्ठ, अष्टम अथवा द्वादश स्थान में पड़े तो जातक दरिद्र होता है । इस स्थान में विचारने की बात यह होती है कि लग्नारूढ़ से प्रथम, चतुर्थ, पंचम, सप्तम, नवम और दशम स्थान अर्थात् इन छः स्थानों में से किसी स्थान में सप्तमारूढ़ पड़े तो धनकी वृद्धि होती है और ६,८ वा १२ स्थान में पड़े तो दरिद्रता का आगमन होता है। इस प्रकार नव भावों का फल तो "जैमिनि महाराज" ने बतलाया पर शेष तीन (२,३,११) के विषय में धन-विषयक कुछ बातें न बतलायी। (आगामी सूत्र में तृतीय और एकादश स्थानमें सप्तमारूढ़ पड़ने का फल बतलाया है। जिसका उल्लेख पहले हो चुका है) परन्तु साधारण बुद्धि और अनुभव से यह प्रतीत होता है कि २,३,११ स्थान में यदि सप्तमारूढ़ पड़े तो जातक न तो दरिद्र ही होगा और न बहुत धनाढ्य ही अर्थात् धन का विचार इन भावों से न होगा। **कुंडली** ३७ द्वारा इस नियम पर विचार किया जाता है। इसमें लग्नेश मंगल द्वितीयस्थ है। इस कारण लग्नारूढ़ तृतीय स्थान में पड़ा। इसी स्थान से सप्तम, नवम स्थान कर्क हुआ जिसका स्वामी चन्द्रमा अपने स्थान से द्वितीय स्थान में है। अतः सप्तमारूढ़ लग्न से एकादश स्थान हुआ जो लग्नारूढ़ से (नवम) त्रिकोण स्थान हुआ। अतएव उपर्युक्त योग लागू होता है। इसी प्रकार **कुण्डली** ४९ में लग्नारूढ़-लग्न ही होता है ओर सप्तमारूढ़ नवम में होता है। अतएव लग्नारूढ़ से सप्तमारूढ़ त्रिकोण में पड़ा।

राज एवं सुख योग के कतिपय लागू नियम।

धा. १५९ (१) ज्योतिष शास्त्र में अनेकानेक राज-योग लिखे गये हैं जिनमें से प्रसिद्ध योगों का उल्लेख तृतीय प्रवाह में विस्तारपूर्वक किया गया है। इस स्थान पर

केवल थोड़ी सी नियमों का जो बहु-रूप लागू हैं, लिखना आवश्यक है। यदि केन्द्र और त्रिकोण के स्वामियों में परस्पर सम्बन्ध हो तो यह एक बहुत ही लागू राज-योग होता है। परन्तु स्मरण रहे कि राज-योग से अभिप्राय राज की उपाधि का नहीं है। राज-योग से अभिप्राय यह है कि मनुष्य अपने जीवनयात्रा में सांसारिक सुख अर्थात् द्रव्यादि के विषय में सफलता प्राप्त करेगा। सफलता की न्यूनाधिक्यता राज-योग देने वाले ग्रहों के बलाबल पर निर्भर रहता है।

उपर लिखा गया है कि केन्द्राधिपति और त्रिकोणाधिपति में सम्बन्ध होने से राज-योग होता है। पहली बात जानने की यह है कि सम्बन्ध से क्या अभिप्राय है। सम्बन्ध चार प्रकार के होते हैं।

(१) **अन्योन्य राशिस्थित** सम्बन्ध जिसे क्षेत्र-सम्बन्ध भी कहते हैं। इसका अभिप्राय यह है कि एक राशि का स्वामी किसी दूसरी राशि में बैठा हो और उस राशि का स्वामी उस प्रथम राशि में बैठा हो, अथवा त्रिकोणेश केन्द्र में और केन्द्रेश त्रिकोण में हो। जैसे वृष का स्वामी शुक्र, कर्क राशि में और कर्क का स्वामी चन्द्रमा, वृष राशि में बैठा हो, अथवा धन का स्वामी बृहस्पति, मेष में और मेष का स्वामी मंगल, धन राशि में बैठा हो। उसी प्रकार मिथुन का स्वामी बुध, सिंह में और सिंह का स्वामी सूर्य्य मिथुन में बैठा हो ? इत्यादि इत्यादि। ऐसे योग को अन्योन्य-राशिस्थित-सम्बन्ध कहते हैं और चार सम्बन्धों में से यह सबसे बली अर्थात् उत्तम सम्बन्ध कहा जाता है।

(२) **परस्पर-दृष्टि-सम्बन्ध** अर्थात् एक ग्रह दूसरे ग्रह को पूर्ण दृष्टि से देखता हो और वह दूसरा ग्रह भी इस प्रथम ग्रह को पूर्णदृष्टि से देखता हो। जैसे **उदाहरण-कुण्डली** में शनि लग्न में और बृहस्पति सप्तम में है। शनि की हस्बृपति पर और बृहस्पति की शनि पर पूर्ण दृष्टि है। इस सम्बन्ध को परस्पर-दृष्टि-सम्बन्ध कहते हैं और अन्योन्य-सम्बन्ध से इसका फल कुछ न्यून होता है।

(३) तृतीय सम्बन्ध **अन्यतर-दृष्टि-सम्बंध** को कहते हैं। एक ग्रह एक की राशि में हो और दूसरे को देखता हो। जैसे **उदाहरण-कुण्डली** में बृ. मिथुन में है और उसके स्वामी बुध पर बृ की दृष्टि है। और किसी का कथन है कि एक ग्रह दूसरे ग्रह पर पूर्ण दृष्टि डालता हो परन्तु उस दूसरे की दृष्टि पहिले ग्रह पर न पड़ती हो। जैसे **उदाहरण-कुण्डली** में बृ. की पूर्णदृष्टि सू., बु. और शु. पर जो बृ. से पंचमस्थ हैं, पड़ती हैं। परन्तु सू., बु. और शु. की दृष्टि बृ. पर न है। इस कारण बृहस्पति का सू., बु.और शु. से अनन्तर-दृष्टि-सम्बन्ध हुआ और ऐसे सम्बन्ध का फल परस्पर-दृष्टि-सम्बन्ध से भी कम होता है अर्थात् सम्बन्धों में इसका तृतीय स्थान है।

(४) **सहावस्थान-संबंध** का अभिप्राय यह है कि किसी एक स्थान में दो भावों

के स्वामी मिल कर बैठे हों, अथवा दोनों एक वर्ग के हों। जैसे **उदाहरण-कुण्डली** में नवमेश सूर्य्य और दशमेश बुध दोनों एक साथ अर्थात् तुलाराशि में बैठे हैं। अतः सूर्य्य और बुध में सहावस्थान-सम्बन्ध हुआ और इसको अन्य तीन सम्बन्धों से कम बल होता है। इसको यो समझिये कि उपर्युक्त चार सम्बन्धों में सबसे बली अन्योन्य-राशिस्थित-सम्बन्ध और उसके बाद क्रमशः परस्पर-दृष्टि-सम्बन्ध,अन्यतर-दृष्टि-सम्बन्ध और सहावस्थान-सम्बन्ध है।

यदि त्रिकोणेश और केन्द्रेश को आपस में उपर्युक्त चार सम्बन्धों में से कोई हो तो राज-योग होता है। स्मरण रहे कि राज-योग का बलाबल, सम्बन्ध के बलाबल पर निर्भर करता है। दूसरा नियम यह है कि लग्न का स्वामी साधारण राज-योग का दाता होता है। चतुर्थेश उससे बली, उसके बाद सप्तमेश बली होता है और दशमेश सबसे बली होता है। इसी प्रकार नवमेश पंचमेश से अधिक बलवान होता है। परिणाम यह निकलता है कि यदि नवमेश और दशमेश को प्रथम-सम्बन्ध हो तो सबसे बली राज-योग होगा। यदि द्वितीय-सम्बन्ध हो तो फल में कुछ न्यूनता होगी। इसी प्रकार तृतीय और चतुर्थ सम्बन्ध होने से फल में क्रमशः न्यूनता होती जायगी। इसी तरह राज-योग के बलाबल के तार-तम्य का अनुमान करना होगा।

यदि नवमेश और दशमेश के **सम्बन्ध के** साथ पंचमेश का भी सम्बन्ध हो तो सोना में सुगन्ध हो जाता है। परन्तु केन्द्रेश और त्रिकोणेश में सम्बन्ध रहते हुए यदि तृतीयेश, षष्ठेश, अष्टमेश, एकादशेश अथवा द्वादशेश का सम्बन्ध हो तो फल में न्यूनता हो जाती है। अर्थात् इन पाँच भावों में से किसी भाव के स्वामी का केन्द्रेश और त्रिकोणेश के सम्बन्ध से यदि सम्बन्ध न हो तो फल उत्कृष्ट होता है अर्थात् राज-योग-कर्ता, केन्द्रेश और त्रिकोणेश के साथ यदि तृतीयेश, षष्ठेश, अष्टमेश, एकादशेश अथवा द्वादशेश का भी सम्बन्ध हो तो राज-योग के फल में ह्रास हो जाता है।

कई स्थानों में केन्द्रेश और त्रिकोणेश एक ही ग्रह होता है। जैसे यदि किसी जातक का वृष लग्न में जन्म हो तो नवमेश और दशमेश शनि होता है। ऐसे स्थान में शनि राज-योग-दाता है। देखो **कुण्डली ३४** सर आशुतोष जी की। यदि किसी का जन्म तुला लग्न में हो तो चतुर्थेश और पंचमेश शनि होता है। इसी प्रकार मकर लग्न में दशमेश और पंचमेश शुक्र होता है। देखो **कुण्डली ३६** महारानी मैसूर की। पुनः कर्क लग्न में दशमेश और पंचमेश मंगल होता है। देखो **कुण्डली २६** तिलक जी की। स्मरण रहे कि यदि एक ही ग्रह केन्द्रेश और त्रिकोणेश हो और उसको किसी दूसरे केन्द्रेश और त्रिकोणेश से सम्बन्ध हो तो अति उत्कृष्ट फल होता है। इन सब योगों में एक बात और अवश्य देखनी होगी कि केन्द्रेश और त्रिकोणेश यदि सम्बन्ध रखते हों तो वे सब ग्रह किस भाव में पड़े हैं और नीच, मूलत्रिकोणादि में पड़े हैं या कैसे हैं। देखो **कुण्डली ९** श्री वल्लभाचार्य्य जी की।

(१) पंचमेश बृ. केन्द्रेश मं. के साथ भाग्य स्थान में है। (२) केन्द्रेश श., त्रिकोणेश बृ. को देखता है। (३) त्रिकोणेश चं.,केन्द्रेश मं. से दृष्ट है। (४) त्रिकोणेश चं., केन्द्रेश शनि से दृष्ट है। (५) त्रिकोणेश चं. और केन्द्रेश शु. साथ है। (६) केन्द्रेश मं. त्रिकोण में, और त्रिकोणेश चन्द्रमा केन्द्र में बैठा है। (७) केन्द्र में रा. बैठा है और उसके साथ त्रिकोणेश चं. भी बैठा है। (देखो आगामी धारा) । इसी कारण यह एक बड़े शास्त्रकार हुए अर्थात् धार्मिक-विभाग के राजा (अधिकारी) थे।

देखो **कुण्डली ३४** सर आशुतोष जी की (१) श. नवमेश और दशमेश होकर बुद्धि स्थान में बैठा है। (२) नवमेश श. की पूर्ण दृष्टि प्रथम केन्द्र (लग्न) के स्वामी शु. पर पड़ने के कारण तृतीय सम्बन्ध होता है (३) नवमेश शनि की पूर्ण दृष्टि द्वितीय केन्द्र (चतुर्थ) के स्वामी र. पर होने के कारण तृतीय सम्बन्ध होता है(४)पुनः नवमेश श. की पूर्ण दृष्टि तृतीय केन्द्र (सप्तम) के स्वामी मंगल पर और मंगल की पूर्ण दृष्टि शनि पर होने के कारण द्वितीय सम्बन्ध होता है। अर्थात् चारो केन्द्रेश से नवमेश को किसी न किसी प्रकार का सम्बन्ध होता है। इसी कारण से ये बड़े विख्यात पुरुष हुए और अनेकानेक पदवियाँ प्राप्त की। पुनः देखो **कुण्डली ३६** महारानी मैसूर की। (१) शुक्र केन्द्रेश (दशमेश) और त्रिकोणेश (पंचमेश) हो कर सप्तमस्थान (स्वामीभाव) में बैठाहै। (२) पंचमेश शुक्र पर केन्द्रेश मंगल की पूर्ण दृष्टि है। (३) पंचमेश शुक्र पर केन्द्रेश शनि की पूर्ण दृष्टि है। अर्थात् तीन प्रकार से राजयोग होता है और राजयोग पति के स्थान में पड़ता है। इस कारण उक्त महारानी साहिबा महाराज की मृत्यु के बाद कई वर्षों तक राज्य करती रहीं। देखो **कुण्डली ३३** स्व० महाराज मैसूर की। पंचमेश शनि लग्न में है और लग्नेश बुध पंचम स्थान में है अर्थात् प्रथम सम्बन्ध होता है। त्रिकोणेश शुक्र केन्द्र में और केन्द्रेश बुध त्रिकोण में है। अरविन्द जी की **कुण्डली ४३** में नवमेश और दशमेश पंचम स्थान में है और पंचमेश दशम में और दशमेश पंचम में है। मंगल द्वितीयेश भी है ओर इसे नीच-भंग-राज-योग है। (देखो नियम ९) देखो **कुण्डली २४** कैलासवासी महाराजाधिराज बनारस की (१) मंगल चतुर्थेश और नवमेश होता हुआ लग्न में बैठा है। (२) पंचमेश बृ.और चतुर्थेश मं. को अन्योन्य-दृष्टि-सम्बन्ध है। (३) नवमेश मं. को केन्द्रेश सू. पर पूर्ण दृष्टि है और सू.मंगल के गृह में और मं. सूर्य्य के गृह में है (४) पंचमेश बृ. सप्तमस्थान में और सप्तमेश श. एकादश स्थान में है। शनि पर बृ. की पूर्ण दृष्टि है। अर्थात् त्रिकोणेश बृ. को केन्द्रेश श. से तृतीय सम्बन्ध है। उक्त महाराजा साहेब का जन्म एक प्राचीन उज्ज्वल एवं कीर्तिवान कुल में हुआ था और उस पर ऐसे उत्तम चार राज योगों के रहने के कारण बृटिश राज्य से अपने राज्य को स्वतन्त्र बना लिया। महाराजा साहेब के नीच-भंग-राज-योग का उल्लेख इसी धारा के नियम ९ में किया गया है। देखो **कुण्डली १२** हैदरअली की। इस कुंडली में दोनों त्रिकोण के स्वामी एवं चारो

केन्द्र के स्वामी एक साथ होकर धनभाव में बैठे हुए है। दशमेश चं. केवल नीच का है। परन्तु उसमें नीच-भंग-राज-योग लागू है। देखो **कुण्डली १६** विद्यासागर जी की। (१) नवमेश और दशमेश साथ होकर दशम में बैठे हैं तथा दशमेश उच्च है। (२) त्रिकोणेश मं. केन्द्रेश बृ. से दृष्ट है। इसी योग के प्रभाव से एक दरिद्र घर में जन्म लेकर भी इन्होंने खूब धन एवं यश उपार्जन किया।

अभिप्राय यह है कि यदि त्रिकोणेश और केन्द्रेश को सम्बन्ध हो तो जातक के सौभाग्य का अनुमान उपर्युक्त नियमों के अनुशीलन से स्थिरता पूर्वक अवश्य किया जा सकता है। यद्यपि ज्योतिषशास्त्र में बहुत से राज-योग हैं पर यह एक बहुत ही लागू विचार पाया जाता है।

यदि **उदाहरण कुण्डली ९६** पर दृष्टि डाली जाय तो देखा जाता है कि नवमेश सू. और दशमेश बु. एकादश स्थान में जो आय स्थान कहलाता है, बैठा है। परन्तु इसको चतुर्थ सम्बन्ध है। पुनः वही बुध सप्तमेश भी है। इससे अभिप्राय यह निकला कि सप्तमेश और दशमेश का स्वामी पंचमेश सूर्य्य के साथ सम्बन्ध रखता है। पुनः देखा जाता है कि लग्नेश और चतुर्थेश बृ. की पूर्ण दृष्टि नवमेश सू. पर है अर्थात् तृतीय सम्बन्ध है। फल यह निकला कि चारो केन्द्रों के स्वामियों को नवमेश से एक न एक सम्बन्ध है। अब दूसरी बात देखने में यह आती है कि नवमेश सूर्य्य, तुला अर्थात् नीच में है। परन्तु मेष का नवांश होने से उच्च नवांश में है। अतः फल उच्च ही देगा। सू. और बु. (देखो चक्र ९) परस्पर मित्र नहीं हैं। सूर्य्य का बुध शत्रु है। इस कारण यह फल का ह्रास करता है। फल का ह्रास करने वाला एक योग और है। षष्ठेश शु. सूर्य्य एवं बुध के साथ है परन्तु इस दोष का शुक्र के स्वगृही रहने के कारण, बहुत निवारण होता है। क्योंकि, स्वग्रही होने से शुक्र बली है और एकादशेश एकादशस्थ होने से धन दाता है और योग कारक सूर्य्य और बुध भी एकादशस्थ है। इन सब बातों पर दृष्टि डालने से अनुमान यह होता है कि जातक बहुत कारणों से भाग्यशाली प्रतीत होता है और सच्ची बात भी यही है। यह जातक अपने जीवन में कई वर्षों से एक हजार रूपये से कुछ अधिक ही मासिक उपार्जन कर रहाहै।

देखो **कुण्डली २५** बी. सूर्य्यनारायण राउ को। पंचमेश (बुद्धि स्थान का स्वामी) और चतुर्थेश (विद्यास्थान का स्वामी) साथ होकर विश्वास दिलाता है कि जातक को विद्या एवं बुद्धि द्वारा भाग्य का पूर्ण विकाश होगा। पंचमेश एवं चतुर्थेश का दशमस्थान में बृ. के साथ रहना राज-योग को उत्तमता दिखलाता है। बृ. यदि अष्टमेश न होता तो और भी उत्तम योग होता। पुनः शनि नवमेश एवं दशमेश होता हुआ धन भाव में बैठा है। यद्यपि शनि पाप ग्रह है परन्तु राज-योग-कारक है और उस पर धनदायी ग्रह बृ. की पूर्ण-दृष्टि भी है इन्हीं सब कारणों से इन्होने अपनी लेखनी के बल से बहुत धन एवं मान प्राप्त किया है। इनकी कीर्ति-पताका केवल इसी देश में नहीं वरण अन्य देशों में भी फहरा रही

है। इस कुंडली में श. और शु. को द्वितीय-सम्बन्ध है। ऊपर लिखा जा चुका है कि श. त्रिकोणेश एवं केन्द्रेश है और शुक्र केन्द्रेश है। इस प्रकार भी राज-योग होता है।

पुनः देखो **कुंडली ३७** सर गणेशदत्त जी की। पंचमेश बृ. केन्द्रेश शु. के साथ चतुर्थ स्थान में बैठा है और बृ. एवं शु. स्वगृही नवांश में हैं। नवमेश चन्द्रमा पर चतुर्थेश श. की पूर्ण दृष्टि है। इस कुंडली के बहुत योग अन्य उचित स्थानों पर दिये गये हैं।

देखो **कुंडली ४७** (क) बाबू अघोर नाथ बनर्जी की। (१) मं. केन्द्रेश और त्रिकोणेश भी है और स्वगृही होता हुआ दशम स्थान म बैठा है। (२) मं. दशमेश और बृ. नवमेश को द्वितीय सम्बन्ध है। (३) सप्तमेश (केन्द्रेश) श. पर त्रिकोणश बृ. की पूर्ण दृष्टि है। देखो **कुंडली ४८** (क) डा. बनर्जी की। नवमेश और दशमेश साथ होकर धन स्थान में बैठे हैं। देखो **कुंडली ४१** मिस्टर सैयद हसन इमाम साहेब की। नवमेश एव दशमेश साथ होकर लग्न में हैं। दशमेश मूलत्रिकोण में और नवमेश नींच है परन्तु नवाँश में स्वगृही है और शुक्र को नीच-भंग-राज-योग भी है। शुक्र द्वितीयेश और बुध लग्नेश भी है, अतः यह योग अत्यन्त उत्कृष्ट फल देने वाला है। पुनः पंचमेश श. और केन्द्रेश बृ. में अन्योन्य-दृष्टि-सम्बन्ध है। इन्हीं सब राज-योगों के कारण उक्त महाशय ने विहार प्रान्त के एक आदर्श बैरिस्टर होकर रुपयों का ढेर लगा दिया। स्मरण रहे कि इस कुंडली में सू. ,बृ.और चं. वर्गोत्तम के और बुध उच्च है।

देखो **कुंडली ३०** पण्डित मदन मोहन मालवीय जी की। इस कुंडली में दोनों त्रिकोणेश का चारो केन्द्रों से किसी न किसी प्रकार का सम्बन्ध है (१) मंगल त्रिकोणेश एवं केन्द्रेश होकर सुख स्थान में बैठा है। (२) पंचमेश मंगल का चतुर्थेश शुक्र से द्वितीय सम्बन्ध है। (३) शनि सप्तमेश (केन्द्रेश), नवमेश (त्रिकोणेश) बृहस्पति के साथ बैठा है (४) नवमेश और लग्नेश (केन्द्रेश) भी होकर साथ बैठे हैं। इन्हीं सब सुन्दर राज-योगों के कारण मालवीय जी के लिये धन प्राप्त करना (परोपकारार्थ) बाये हाथ का खेल है।

देखो **कुंडली २३** बाबू श्यामा चरण जी की। नवमेश, केन्द्रेश (सू.,शु. और श.) के साथ होकर पंचम स्थान में है। ये बड़े नामी डिप्टी मैजिस्ट्रेट हुए और कुछ दिनों तक मुंगेर के कलेक्टर भी थे।

(२) इसी प्रकार यदि नवमेश दशमस्थ और दशमेश नवमस्थ हो अथवा नवमेश और दशमेश दोनों नवम वा दशम स्थान में बैठे हों तो राज-योग होता है। यदि नवमेश और दशमेश में से एक भी स्वगृही हो तो धनदायी -योग होता है। यदि कोई केन्द्रेश किसी त्रिकोणेश में और कोई त्रिकोणेश किसी केन्द्र में बैठा हो तो उत्तम राज-योग होता है। देखो **कुंडली ३३** महाराजा मैसूर की। नवमेश (त्रिकोणेश) शु. केन्द्र में उच्च है और

और दशमेश बु. पंचम (त्रिकोण) में है। देखो **कुंडली ७९** (क) केदार बाबू, ज्वायंट मैनेजर अमावाँ और टिकारी राज की। नवमेश मंगल केन्द्र में और केन्द्रेश सू. पंचम में है। पुनः पंचमेश बृ. केन्द्र (लग्न) में और लग्नेश त्रिकोण (पंचम) में है। केन्द्रेश श. और त्रिकोणेश मं. का अन्योन्य-दृष्टि-सम्बन्ध है। तथा पूर्व नियमानुसार मं. केन्द्रेश और त्रिकोणेश होने के कारण स्वयं ही राज-योग कारक है। इसी प्रकार केन्द्रेश सूर्य्य त्रिकोणेश मं. से दृष्ट है अतएव इस कुंडली में पाँच प्रकार से राज-योग पाये जाते हैं। इसी लिये तो ये कम अवस्था ही में एक बड़े राज्य के कर्ताधर्ता बन गये। देखो **कुंडली १९** बंकिम बाबू की। (१) नवमेश एवं दशमेश दोनों ही स्वगृही हैं। (२) शु. पंचमेश एवं दशमेश भी है तथा स्वगृही भी है। (३) पंचमेश शु. चतुर्थेश मं. के साथ पंचमस्थ है। (४) लग्नेश (एवं द्वितीयेश) श. एकादशस्थ है और इसका त्रिकोणेश शु. के साथ सम्बन्ध है। इन्हीं चार प्रकार के योगों ने भारत के कोने २ में इनकी ख्याति फैलायी और राय बहादुर एवं सी. आई. ई. (C. I. E.) की उपाधियाँ दिलवायीं।

(३) यदि नवमेश अष्टम स्थान का भी स्वामी हो अर्थात् जो नवमेश हो वही अष्टमेश भी हो,जैसे मिथुन लग्न होने से नवमेश शनि अष्टमेशभी होता है, तो ऐसा नवमेश राज-योग को नाश करता है। इसी प्रकार यदि दशमेश एकादशेश भी हो, जैसा कि मेषलग्न होने से शनि दशमेश ओर एकादशेश दोनों होता है, तो ऐसा शनि भी राज-योग को नाश करता है। अर्थात् यदि ऐसा नवमेश वा दशमेश के साथ केन्द्र वा त्रिकोणेश को सम्बन्ध हो तो राज-योग नहीं होता है।

(४) राहु एवं केतु यदि केन्द्र में बैठा हो और उसमें से किसी के साथ त्रिकोण का स्वामी भी बैठा हो, जैसे **कुंडली ३७** में राहु और केतु केन्द्र में हैं और राहु के साथ नवमेश चन्द्रमा बैठा है, तो ऐसे स्थानों में भी धनसम्बन्धी उत्तम-योग होता है। इसी प्रकार यदि राहु अथवा केतु त्रिकोण में हों और त्रिकोणस्थ राहु अथवा केतु के साथ कोई केन्द्रेश भी हो तो वह भी उतम-धन-योग होता है। देखो **कुंडली ११** महाराज क्षत्रसाल की। नवाँश कुंडली में केतु पंचमस्थ है और उस पर केन्द्रेश शनि की **पूर्ण** दृष्टि है। देखो **कुंडली ९** श्री वल्लभाचार्य्य जी की। राहु केन्द्र में है और उसके साथ त्रिकोणेश चन्द्रमा बैठा है। देखो **कुंडली १६** विद्यासागर जी की। दशमस्थ केतु के साथ नवमेश रवि बैठा।

(५) इस प्रकरण में केन्द्रेश और त्रिकोणेश के सम्बन्ध-विषय में वितपन्न रीति से लिखने का यत्न किया गया है। आशा है कि पाठक इससे लाभ उठावेंगे। राज-योग अनेकानेक हैं जिनमें से कतिपय योगों का उल्लेख व्यवहारिक प्रवाह में किया गया है। परन्तु इस स्थान पर केवल थोड़े से और लागू योगों को ही लिखा जाता है।

(६) यदि दिन के समय का जन्म हो और लग्न पुरुष राशि का हो (अर्थात् फुट

राशियाँ मेष, मिथुन, सिंह इत्यादि) और सूर्य्य और चन्द्रमा भी पुरुष -राशि-गत हों, तो ऐसे योग में बालक विख्यात, उन्नतिशील, दीर्घजीवी और सुचरित्र होता है। पुनः यदि रात का जन्म हो और लग्न युग्म-राशि गत हो (अर्थात् वृष, कर्क, कन्या इत्यादि) और र. एवं चं. भी युग्म-राशि में हों तो उसका भी फल जातक के लिये वैसा ही होता है। **कुं. १०**। यदि जन्म ठीक सूर्य्यास्त के पूर्व का है और **कुं. ३२** में जन्म ठीक सूर्य्योदय के पूर्व है। इस कारण **कुं. १०** का दिन में, **३२** का रात्रि में जन्म होके कारण योग लागू है। पर दीर्घजीवी न हुए ।

(७) लग्नेश के उच्च वा स्वक्षेत्री होने से दैवज्ञों ने बारह भावों के आधीन बारह योग लिखा है। ये सब योग भी लागू पाये जाते हैं।

(क) यदि लग्नेश उच्च अथवा स्वक्षेत्री होकर ६,८,और १२ को छोड़कर किसी अन्य भाव में बैठा हो और यदि कोई शुभग्रह लग्न में हो, अथवा किसी शुभग्रह की लग्न पर पूर्णदृष्टि हो, तो इस योग में पैदा होने वाला जातक बहुत ही सुचरित्र, मनुष्यों का अधिपति, उन्नतिशील और प्रतिदिन विभव-उन्नति पाने वाला होता है। (ख) यदि लग्नेश उच्च अथवा स्वक्षेत्री होकर ६,८,और १२ के अतिरिक्त अन्य किसी भाव में बैठा हो और कोई शुभग्रह द्वितीय स्थान में हो अथवा द्वितीय स्थान पर पूणदृष्टि डालता हो तो इस योग में जन्म लेने वाला बालक को अन्न, स्वर्ण इत्यादि की स्मृद्धि रहती है।तथा विद्वान होता हुआ सुख और आनन्द का भोगने वाला होता है। ऐसे जातक की परिवार भी बड़ी होती है। (ग) यदि लग्नेश उच्च अथवा स्वक्षेत्री होकर ६,८,१२ भावों के अतिरिक्त किसी अन्य भाव में हो और **तृतीय** भाव में कोई शुभग्रह हो, अथवा उसपर शुभग्रह की दृष्टि हो तो ऐसे योग में जन्मा हुआ बालक पर इसके प्रतापी भाइयों का बहुत ही अनुग्रह रहता है। ऐसा जातक बहुत ही योग्य और चतुर मनुष्य होता है तथा राज दरबार में कोई उच्च पदाधिकारी होता है। देखो **कूं.४८**(क), योग लागू है, पर तृतीय में मं. भी बैठा है। (घ) यदि लग्नेश उच्च अथवा स्वक्षेत्री होकर ६,८,१२ भावों के अतिरिक्त किसी भाव में बैठा हो और चतुर्थ भाव में कोई शुभग्रह हो अथवा उस पर किसी शुभग्रह की दृष्टि हो तो ऐसे जातक का गृह बहुत सुन्दर और सुसज्जित एवं वाहनादि, गौ-महिष्यादि तथा अन्नादि से परिपूर्ण रहता है। उसके घर की स्त्रियाँ बहुत सुशीला होती हैं और वह सुखमय जीवन व्यतीत करता है। ऐसा जातक धर्मपरायण और दान आदि के लिये कोई व्यवस्था नियत करता है। देखो **कुंडली ४९** पंडित जवाहरलाल नेहरू जी की। इनकी कुंडली में योग लागू है और फल भी पूर्णरीति से लागू है। देखो **कुंडली ४१** लग्नेश बुध उच्च का लग्नस्थ है और चतुर्थ स्थान पर बृ. की पूर्णदृष्टि भी है (पर चतुर्थ में श. भी है) इनको पटने में तथा अन्य स्थानों में भी बहुत से सुसज्जित मकान हैं और अन्य बातें भी पायी जाती हैं। (च) यदि लग्नेश उच्च अथवा स्वक्षेत्री होकर ६,८,१२ भावों को छोड़कर अन्य किसी

भाव में बैठा हो और पंचम भाव में कोई शुभग्रह हो ,अथवा उस पर किसी शुभग्रह की दृष्टि हो तो ऐसे जातक को योग्य-सन्तान होता है। जातक धनी एवं सुखी होता है। और अत्यन्त मधुर भाषी तथा राज-मंत्री होता है। देखो **कुं.४८** (क) डा. बनर्जी साहेब की। योग लागू है। (छ) यदि लग्नेश उच्च अथवा स्वक्षेत्री हो कर ६,८,१२ के अतिरिक्त किसी भाव में बैठा हो और षष्ठ भाव में कोई शुभग्रह हो अथवा उस पर शुभग्रह की दृष्टि हो तो जातक शत्रु-हन्ता, चित्त का कठोर, कठोर कार्य करने वाला, झगड़ा में पिल जाने वाला और शरीर से बली होता है। (ज) यदि लग्नेश उच्च अथवा स्वक्षेत्री होकर ६,८,१२ के अतिरिक्त किसी भाव में बैठा हो और **सप्तम** भाव में कोई शुभग्रह हो अथवा उस पर किसी शुभग्रह की दृष्टि हो, तो जातक धार्मिक और उन्नतिशील होता है। उसकी स्त्री सुशीला और सन्तान उत्तम होता है। (झ) यदि लग्नेश उच्च अथवा स्वक्षेत्री होकर ६,८,१२ भावों के अतिरिक्त अन्य किसी भाव में हो और **अष्टम** भाव में कोई शुभग्रह हो वा शुभग्रह से दृष्ट हो, तो जातक पिशुन, स्वार्थी, नीच कर्म करने वाला, दुःखी और अपने किये का बुरा फल भोगने वाला होता है। (ट) यदि लग्नेश उच्च अथवा स्वक्षेत्री होकर ६, ८, १२ के अतिरिक्त किसी भाव में बठा हो और नवम भाव में कोई शुभग्रह हो वा वह शुभग्रह से दृष्ट, हो तो जातक धर्मिष्ठ, कार्य्य में सफलता पाने वाला और धर्मज्ञ होता है। उसका विवाह किसी उत्तम कुल में होता है। वह वाहन और भृत्यादि से सुख पाने वाला होता है। देखो **कुंडली ३५** । (ठ) यदि लग्नेश उच्च अथवा स्वक्षेत्री हो कर ६, ८, १२ के अतिरिक्त किसी दूसरे भाव में हो और कोई शुभग्रह **दशम** स्थान में हो वा दशम स्थान पर किसी शुभग्रह की दृष्टि हो, तो ऐसा जातक बहु-धन-सम्पन्न, राजा तुल्य और उत्तम स्त्री-पुत्र वाला होता है। वह धार्मिक पुरुषों का उपकार करने वाला और सर्व-जन-प्रिय होता है। (ड) यदि लग्नेश उच्च अथवा स्वक्षेत्री होकर ६, ८, १२ के अतिरिक्त अन्य किसी भाव में हो और **एकादश** स्थान में कोई शुभग्रह हो वा शुभग्रह से दृष्ट हो, तो जातक अखण्ड सुख भोगने वाला होता है। वह एक विस्तृत परिवार का पोषण करने वाला होता है और उसकी बुद्धि तीक्ष्ण होती है। वह भाग्यवान और बहुधन उपार्जन करने वाला होता है। (ढ) यदि लग्नेश उच्च अथवा स्वक्षेत्री होकर ६, ८, १२ के अतिरिक्त किसी भाव में हो और द्वादश भाव में कोई शुभग्रह हो अथवा उस पर किसी शुभग्रह की दृष्टि हो, तो जातक बहुत क्लेश से उपार्जित धन का भोगने वाला होता है। वह उद्धत प्रकृति वाला और अग्रशोची नहीं होता है। वह मुँह-फट और दूसरों की बातों में बिना विचारे पड़ जाने वाला होता है तथा उसकी सुख-सम्पत्ति सर्वदा न्यूनाधिक हुआ करती है।

उपर्युक्त योगों में पहले यह देखना होगा कि लग्नेश उच्च अथवा स्वक्षेत्री है

या नहीं। यदि है तो यह देखना होगा कि लग्नेश ६, ८, १२ में तो नहीं है। यदि इन भावों में है तो इन बारह योगों में से कोई लागू न होगा।

(८) शास्त्रकारों ने गजकेसरी-योग का बहुत ही फल बतलाया है। इस योग के बहुमत पर दृष्टि डालते हुए लिखा जा सकता है कि जब जन्म-राशिस्थ चन्द्रमा से बृ. केन्द्र में बैठा हो तो 'गजकेसरी-योग' होता है। यह भी लिखा है कि यदि चं. बली अर्थात् पूर्ण हो, शुभ-अंशादि का हो, पापदृष्टि वा योग से वर्जित हो, उच्च इत्यादि का हो और ऐसा चं. लग्न के अतिरिक्त किसी केन्द्र में हो और उस पर बृ. की दृष्टि हो तो गज-केसरी योग होता है। यदि शु., बृ., और बु. इन तीनों की पूर्णदृष्टि चं. पर पड़ती हो तो भी 'गजकेसरी-योग' होता है।

स्मरण रहे कि बु. और शु. को केवल सप्तम दृष्टि है और बृ. की नवम, पंचम और सप्तम स्थानों पर दृष्टि है। इससे अभिप्राय यह निकला कि यदि चं. से सप्तम शु., बु., और बृ. बैठे हों तो गज-केसरी-योग होगा। पुनः चं. से बु. और शु. सप्तम में बैठे हों. और बृ., चं. से नवम अथवा पञ्चम में बैठा हो तो भी गज-केसरी-योग होता है। इसका फल यों लिखा है कि ऐसा जातक धनवान होता है और उसके गृह में अन्नादि की समृद्धि रहती है। मेधावी मनुष्य होता है। वह सर्वगुणसम्पन्न और राजकार्य्य करने में तत्पर होता है। इस योग का पूर्ण विवरण व्यावहारिक-प्रवाह में किया गया है। लेखक का अनुमान है कि यदि चं. से बृ. सप्तम में हो प्रायः जातक धनवान, प्रतिष्ठित एवं दयालु अवश्य होता है। साधारणतः सभी योगों में और इस योग में भी यदि चं., बु., बृ. और शु. पापग्रहों की दृष्टि से वर्जित हो, ६, ८, १२ भाव-गत न हो, उच्च, मूलत्रिकोणस्थ, स्वगृही इत्यादि शुभ लक्षणों से युक्त हो तो फल उत्कृष्ट होता है। देखो **कुंडली ३७ और ५० इत्यादि**। **कुंडली ५०** में चं. कर्क राशि का है और बृ. उससे सप्तम मकर में है। चं. स्वगृही है परन्तु बृ. नीच है। बृ. को नीच-भंग-राज-योग लगा हुआ है। नीच-भंग-राज-योग का उल्लेख आगे किया जाता है।

(९) नीच-भंग-राज-योग दो प्रकार का होता है। (प्रथम) यदि कोई ग्रह जन्म-समय नीच का हो तो उस स्थान का स्वामी, अथवा वह नीच ग्रह जिस राशि में उच्च होता है, उस राशि का स्वामी, यदि लग्न से अथवा चं. से केन्द्र में बैठा हो तो नीच-भंग-राज-योग होता है। किसी किसी का विश्वास है कि इस योग में दोनों ग्रहों को लग्न एवं च 'लग्न' दोनों ही से केन्द्र में होने पर योग लागू होता है। परन्तु 'जातका-भरण' एवं 'फलदीपिका' इस भ्रम को दूर करता है। 'फलदीपिका' में लिखा है. **"यद्येको नीचगतस्तद्राश्यधिपस्तदुच्चपः केन्द्रे।** यस्य स तु चक्रवर्ती समस्तभूपालवन्द्याङ्घ्रिः॥ **नीचे तिष्ठति यस्तदाश्रितगृहाधीशो** विलग्नाद्यदा, चन्द्राद्वा यदि नीचगस्य तिद्गृहो-

च्चर्क्षनाथोऽथवा। केन्द्रे तिष्ठति चेत्प्रपूर्णविभवः स्याच्चक्रवर्ती नृपो, धर्मिष्ठोऽन्यमहीशवन्दितपदस्तेजो यशो भाग्यवान्॥ नीचे यस्तस्य नीचोच्च भेशौ द्वावेक एव वा। केन्द्रस्थश्चेच्चक्रवर्ती भूपः स्याद्भूः पवन्दितः॥ अर्थात् ऐसा जातक यदि साधारण मनुष्य भी हो तोअपने जीवन में अनेकानेक धन एवं कीर्त्ति सम्बन्धी उन्नति करता है। वह धार्मिक भी होता है। लिखा है कि ऐसा जातक राजा एवं धार्मिक चक्रवर्त्ती-राजा होता है। मान लिया जाय कि सूर्य्य नीच का तुला में है, तो तुला का स्वामी शु. लग्न से अथवा चन्द्रमा से केन्द्र में होना चाहिये । अथवा सू. के उच्च स्थान (मेष) का स्वामी मं. लग्न अथवा चं. से केन्द्र में होना चाहिए। इसी प्रकार यदि चं. नीच का हो, तो वृश्चिक का स्वामी मंगल, अथवा चन्द्रमा के उच्च स्थान (वृष) का स्वामी शनि, लग्न से अथवा चं. से केन्द्र में होना चाहिये। पुनः यदि बुध नीच का हो तो मीन का स्वामी बृ. अथवा कन्या का (जिसमें बुध का उच्च होता है) स्वामी बुध, चन्द्रमा से अथवा लग्न से केन्द्र में हो तो नीच-भंग-राज-योग होता है। इसी तरह यदि बृ. नीच का मकर में हो तो मकर राशि का स्वामी श. और चं. जो कर्क का स्वामी है, (जिसमें बृ. उच्च होता है) इनमें से कोई यदि चं. से अथवा लग्न से केन्द्र में हो तो नीच-भंग-राज-योग होता है। यदि शु. नीच का हो तो कन्या का स्वामी बुध अथवा मीन (शुक्र का उच्चस्थान) का स्वामी बृहस्पति लग्न से वा चन्द्रमा से केन्द्र में होने से नीच-भंग-राज-योग होता है। शनि यदि मेष का हो तो मेष का स्वामी मंगल अथवा तुला (शनि का उच्च स्थान) का स्वामी शुक्र, लग्न वा चन्द्रमा से केन्द्र में रहने से नीच-भंग-राज-योग होता है। देखो **कुंडली २४** स्व. महाराजाधिराज बनारस की। शुक्र कन्या में नीचस्थ है। यह मीन में उच्च होता है। मीन का स्वामी बृ. लग्न से केन्द्र में है। अतः नीच-भंग-राज-योग पूर्ण रीति से लागू है। लिखा है कि ऐसा जातक बड़ा धार्म्मिक राजा होता है। यथार्थतः उक्त महाराजा इस गुण से सम्पन्न थे। देखो कुंडली २२ श्री शिवकुमार शास्त्री जी की। बुध नीच का है मीन में नीच होता है। मीन का स्वामी बृ. लग्न एवं चं. दोनों ही से केन्द्र में है। पुनः बुध का उच्चस्थान कन्या है।—कन्या का स्वामी, बुध लग्न एवं चन्द्रमा दोनों ही से केन्द्र में है। इसी योग ने उक्त शास्त्री जी को बड़ा ही उच्चपद प्रदान किया था। यद्यपि वे राजा न थे पर पण्डितों में सम्राट ही गिने जाते थे। अत्यन्त धार्म्मिक होने के कारण वे राजा, महाराज, सेठ-साहुकार एवं सर्व विद्वानों से सर्वदा पूजित रहे। इन्हें धन की कमी न रही। देखो **कूंडली ९** श्रीवल्लभाचार्य्य जी की। बुध एवं चन्द्रमा दोनों नीच के है। बुध को तो नहीं पर मंगल को नीच-भंग-राज-योग है। कर्क का स्वामी चं. एवं मकर (मं. का उच्चस्थान) का स्वामी श. दोनों ही लग्न और चं. दोनों ही से केन्द्रवर्ती है। प्रतीत होता है कि इसी कारण ये राजा तो न हुए परन्तु धार्म्मिक संस्था

के एक बड़े महान पुरुष थे। देखो **कुंडली १२** हैदर अली की। द्वितीय स्थान में चन्द्रमा, कर्म स्थान का स्वामी नीच होकर बैठा है। परन्तु वृश्चिक का स्वामी मंगल स्वगृही होकर चं. के साथ है अर्थात् चन्द्रमा से केन्द्र में है। पुनः चन्द्रमा का उच्च स्थान वृष होता है। उसका स्वामी शुक्र, लग्न से केन्द्र (सुख स्थान) में बैठा है। इसी नीच-भंग-राज-योग के कारण और अन्य प्रकार के राज-योग रहने के कारण हैदर अली बाल्य काल में बेकपैया नामक ब्राह्मण का चरवाहा था, परन्तु १८ वीं शताब्दि के प्रतिभाशाली मनुष्यों में गिना जाने लगा और ३० करोड़ भूमि-कर (खेंराज) का अधिकारी बन बैठा। उसका राज्य दक्षिण भारत में बंगाल की खाड़ी से लेकर अरब-समुद्र तक और कृष्णा से लेकर रामेश्वर पर्य्यन्त फैला था। उसने वेकपैया ब्राह्मण को अपने राज्य का प्रधान बनाया था। नीच-भंग-राज-योग में धार्म्मिक होना भी लिखा है। इतिहासकारों ने लिखा है कि 'उसके राज्य का प्रबन्ध ब्राह्मण करते थे और उनका वह विश्वास करता था पक्षपात उसे छू तक नहीं गया था। हिन्दू मुसलमानों में वह भेद नहीं करता था। वह सच्चा वीर और ईमान्दार पुरुष था, देखो **कुंडली ४१** सैयद हसन इमाम साहेब की। श. नीच है परन्तु बु. और बृ. दोनों लग्न से केन्द्र में है। देखो **कुंडली ५१** बाबू चंडी प्रसाद मिश्र जी की। वृ. नीच का है। मकर का स्वामी श. केन्द्र में है और आप यद्यपि केवल ओवरसियर थे परन्तु इसी नीच-भंग-राज-योग ने इनको इंजिनियर बना दिया। देखो **कुंडली ४३** अरविन्द जी की। मं. नीच है परन्तु कर्क का स्वामी चन्द्रमा लग्न से केन्द्र और (मंगल का उच्च स्थान) मकर का स्वामी श. भी लग्न से केन्द्र में है। इस कारण नीच-भंग-राज-योग लागू है।

द्वितीय नीच-भंग-राज-योग को शास्त्रकारों ने यों बतलाया है कि यदि नीच ग्रह का नवांशेश, लग्न से केन्द्र अथवा त्रिकोण मे हो और जन्मलग्न चर-राशिगत हो तो ऐसा जातक राजा होता है अथवा बहुत ही प्रभावाशाली मनुष्य होता है। यह भी लिखा है कि यदि लग्न चरराशि न होकर स्थिर या द्विस्वभाव राशिगत हो, परन्तु लग्न का नवांशेश चर-राशि-गत हो और नीचस्थ ग्रह का नवांशेश केन्द्र वा त्रिकोण में हो, तौ भी नीच-भंग-राज-योग होता है। अर्थात् जातक राजा अथवा बड़ा पदाधिकारी होता है। देखो **कुंडली ५०** बृहस्पति नीच है। बृहस्पति का स्फुट ९।१२।२५ है। इस कारण बृहस्पति मेष के नवांश में है। उसका स्वामी मंगल दशम स्थान में है। लग्नचर राशि नहीं है परन्तु मीन राशि के अन्तिम नवांश में जन्म होने के कारण उसका स्वामी बृहस्पति है। बृहस्पति चर-राशि-गत है। इस कारण उपर्युक्त योग पूर्ण रूप से पाया जाता है। ऊपर लिखा जा चुका है कि इस जातक ने केवल राज-पद ही प्राप्त नहीं किया परन्तु इनकी जमीन्दारी वृहत्‌रूप से विस्तृत हो गयी और सोलह आना टिकारी राज पर अधिकार प्राप्त किया। पुनः यदि **उदाहरण-कुंडली** पर दृष्टि डाली जाय तो मालूम

होगा कि उक्त कुंडली में सूर्य (तुला राशि गत) नीच है परन्तु मेष के नवांश में है और नवांशेश मंगल नवम स्थान में अर्थात् त्रिकोण में है। परन्तु लग्न चरराशि नहीं होकर द्विस्वभाव राशि अर्थात् धन में है। परन्तु लग्न का नवांश कन्या है। कन्या का स्वामी बुध तुला में अर्थात् चरराशि में है। इस कारण द्वितीय नीच-भंग-राज-योग के अन्तिम भाग के अनुसार नीच-भंग-राज-योग होता है। यद्यपि यह जातक राजा नहीं है परन्तु अपने समाज और प्रान्त में बहुत ही उत्तम कक्षा की मर्य्यादा प्राप्त किये हुये है और धन भी खूब प्राप्त किया। देखो **कुंडली ६५** भूतपूर्व टेकारी-राज-मैनेजर की। नीचस्थ मं. धन के नवांश में है, उसका स्वामी बृ. केन्द्र में है और लग्न चर राशि है अतएव नीच-भंग-राज-योग लागू है, प्रतीत होता है कि इसी योग ने इनको अपने साधारण जीवन-कक्षा से एक बड़े राज्य के मैनेजर के पद पर पहुँचा दिया।

(१०) यदि चं. से मंगल सप्तमस्थ हो तो यह योग भी बहुत उत्तम होता है। इस योग के प्रभाव से जातक सुखमय और प्रतिष्ठित जीवन व्यतीत करते हुए धार्मिक यज्ञों को भी करने का सौभाग्य पाता है। कहीं कहीं ऐसा भी लेख मिलता है और अनुभव से देखा भी गया है कि चं. और मंगल साथ हों तौ भी उत्तम फल होता है। **कुंडली २९** स्व. दरभंगा महाराजाधिराज की। चं. और मं. साथ है। (देखो धारा १६३)

(११) यदि राहु और केतु से शेष सातो ग्रह घिरे रहें तो ऐसे योग को काल-सर्प-योग कहते हैं। यह विदित है कि राहु से केतु सर्वदा सप्तम रहता है और यदि सभी ग्रह अर्थात् सातो ग्रह राहु के बाद और केतु के पूर्व अथवा केतु के बाद और राहु के पूर्व बैठे हों तो ऐसे योग को काल-सर्प-योग कहते हैं। यह योग रहने से जातक प्रायः दरिद्र अथवा अल्पजीवि होता है। यदि किसी कुंडली में तीन चार ग्रह उच्च के हों और राज-योग भी हो और साथ साथ काल-सर्प-योग भी रहे तो काल-सर्प-योग का फल लेश मात्र रह जाता है। यदि द्वितीयेश, चतुर्थेश, नवमेश और दशमेश में से दो अथवा तीन, केन्द्र वा त्रिकोण-गत हों परन्तु नीचराशि गत न हों, पाप दृष्ट और पाप से घिरे न हों अथवा उच्च वा स्वगृही के हों तो काल-सर्प-योग का अनिष्ट फल अत्यन्त निर्बल हो जाता है। देखो **कुंडली ८०** रामेश्वर बाबू, परशरमा की। इनकी जमींदारी कई कारणों से नष्ट ही होने को थी, परन्तु भाग्यवश बड़ी कठिनाई से इनका दुःख, कुछ दिनों तक कष्ट भोगने पर निवारण हो सका। देखो **कुंडली ४९** त्याग-मूर्ति पंडित जवाहिर लालजी की। रा. के बाद चं. श. मं. बु. शु. और र. है। केवल वृ. केतु के साथ है। यदि बृ. केतु के अंश के पूर्व हो तो योग लागू होगा और यदि केतु के बाद वृ. हो तो योग लागू न होगा। क्योंकि ऐसी अवस्था में सभी ग्रह राहु और केतु के अन्तर्गत न होंगे। इंडियन क्रोनोलौजी (Indian Chronology) के अनुसार केतु धन राशि के सतरहवें

अंश पर है और बृ. केतु के पूर्व ही है। अतएव सातो ग्रह राहु के बाद और केतु के पूर्व हो जाने के कारण काल-सर्प-योग लागू होता है। सभी जानते हैं कि इनका जन्म कितने बड़े धनाढ्य घर में हुआ और किस लाड़दुलार से इनका पालन हुआ, पर देश प्रेम में निमग्न होकर इनके पूज्य पिता स्व. पंडित मोतीलालजी ने अपने समस्त सुख और समृद्धि को मातृभूमि पर न्योछावर कर इनके काल-सर्प-योग को सच्चा कर दिया। पंडित जवाहरलाल जी के जैसा होनहार पुरुष एवं भारत का उज्जवल तारा सुख-चैन के गोद में न रहकर देश सेवा एवं परोपकार के लिय जेल यातनाओं को सहन कर, मानो काल-सर्प-योग के फल को सत्य सिद्ध कर रहे हैं। परन्तु स्मरण रहे कि इनकी कुंडली में तीन ग्रह चं. बृ. एवं शु. स्वगृही हैं। चतुर्थेश और नवमेश स्वगृही हैं, परन्तु चतुर्थेश पापग्रहों से घिरा हुआ है। इस कारण यह काल-सर्प-योग के कराल-गाल में पिस न गये।

देखो **कुंडली १४** वीरराज कुर्ग की। इस कुण्डली में काल-सर्प-योग पूर्ण रीति से लागू हुआ है। राहु के उपरान्त एवं केतु के पूर्व सातो ग्रहों की स्थिति है। यह बात इतिहास-प्रसिद्ध है कि १८३४ ई० में लार्ड बेन्टिंग ने इनकी राज्य छीन ली। इस योग का प्रभाव पूर्ण रूप से पड़ा। देखो **कुंडली ३५** रायबहादुर सूर्य्याप्रसाद जी की। काल-सर्प-योग पूर्ण रीति से लागू है। परन्तु इसमें शनि उच्च है। बृ., शु. एवं मं. स्वगृही हैं और श. द्वितीयेश उच्च है। बृ. चतुर्थेश स्वगृही है एवं नवमेश, दशमेश और सप्तमेश के योग होने से राज-योग भी हैं। अतः ये काल-सर्प-योग का भाजन न बने पर जितना रुपया इन्होंने कमाया उतना जमा न कर सके। देखो **कुंडली ६४** हरवंश बाबू की। काल-सर्प-योग रहने के कारण जन्म से थोड़े ही दिन बाद, इनकी बहुत बड़ी पैतृक सम्पत्ति विनष्ट हो गयी।

(१२) किसी आचार्य्य का मत है कि धन का प्रमाण निम्नलिखित रीति से जाना जा सकता है। जैसे, अमुक जातक सहस्राधिपति होगा अथवा क्रोड़ाधिपति। परन्तु स्मरण रहे कि यदि किसी की कुंडली में नियम लागू न हो तो उसका यह अभिप्राय न होगा कि वह जातक दरिद्र होगा अथवा सहस्राधिपति इत्यदि न होगा। किन्तु यदि नियम लागू हो तो जातक निश्चय ही सहस्राधिपति इत्यादि होगा। इस विचार के लिये सातो ग्रहों को निम्नलिखित कलायें कही गयी हैं।

ग्रह	सूर्य्य	चन्द्रमा	मंगल	बुध	गुरु	शुक्र	शनि.
कला	३०	१६	६	८	१०	१२	१

जिस कुंडली का विचार करना हो उसके जन्म-लग्न एवं चन्द्र-लग्न से नवमाधिपतियों का कला जान लेना होगा। इन दोनों कला अंकों को जोड़ एवं १२ से भाग

देने के उपरान्त जो शेष रहे उतनी ही राशि चं. के स्थान से गिनने पर देखें कि किस राशि पर उतना अंक समाप्त होता है। यदि उस राशि में केवल कोई शुभग्रह हो अर्थात् बृ. अथवा शु. हो अथवा बुध हो (पाप के साथ रहने से बुध पाप हो जाता है) तो ऐसे स्थान में जानना होगा कि जातक क्रोड़ाधिपति होगा। पुनः यदि उस स्थान में कोई उच्च पाप ग्रह बैठा हो तो भी जातक क्रोड़ाधिपति होता है। यदि उस स्थान में पाप और शुभ दोनों बैठे हों तो जातक लक्षाधिपति होता है। यदि उक्त स्थान में केवल पाप ग्रह हो तो जातक सहस्राधिपति होता है। यदि कला-मान जोड़ने पर १२ से कम आवे तो वैसे स्थान में वही शेष माना जायगा। यदि दोनों के योग को १२ से भाग देने पर शेष कुछ न बचे तो वैसे स्थान में शेष १२ माना जायगा। इस रीति को अच्छी तरह समझने के लिये नीचे उदाहरण दिये जाते हैं। देखो **कुंडली २९** स्व. दरभंगा महाराजधिराज की। लग्न से नवमाधिपति शनि का अंश मान १ होता है और चन्द्र-लग्न से नवमाधिपति बुध का अंशमान ८ है। दोनों का योग ९ हुआ। १२ से भाग न पड़ने के कारण ९ ही लेना होगा। चन्द्रमा से नवम स्थान में बृहस्पति शुभ ग्रह बैठा है। इस कारण इस कुंडली में क्रोड़ाधिपति योग लागू है। फल-सत्यता किसी से छिपी नहीं है। देखो कुंडली ५० लग्न से नवमेश, मंगल है। मंगल का कला ६ हुआ। चन्द्रमा से नवमेश बृहस्पति है। उसका कला १० है। ६ और १० का योग १६ होता है। १२ से भाग देने पर शेष ४रहता है। चन्द्रमा कर्क राशि में है, वहाँ से चार गिनने पर तुला होता है जिसमें शुक्र स्वगृही है। कोई पापग्रह उसके साथ नहीं है। इस कारण इस जातक को अपने जीवन में क्रोड़ाधिपति होना चाहिये। बिहार प्रान्त के प्रायः सभी मनुष्य जानते हैं कि ये अपने जीवन में तीस लाख की आमदनी के अधिकारी बने।

देखो **कुंडली ४७** विहार-रत्न श्रीयुत बाबू राजेन्द्र प्रसादजी की। स्वतंत्रता-संग्राम में सम्मिलित होने से पूर्व हाईकोर्ट के एक बहुत अच्छ और होनहार वकील थे। इनकी कुंडली में लग्न से नवम स्थान का स्वामी सूर्य्य है जिसका ३० कला है। चन्द्रमा से नवम स्थान का स्वामी शनि है। इसका १ कला होता है। दोनों के योग ३१ में १२ से भाग करने पर शेष ७ रहा। चन्द्रमा वृष में है। इससे सप्तम स्थान वृश्चिक हुआ जिसमें सूर्य्य बैठा है। सूर्य्य पापग्रह है। अतः इनका उपार्जन हजारों हजार होना चाहिये। जैसा होता भी था।

देखो **उदाहरण कुंडली**। नवमेश सूर्य्य है जिसका कला-मान ३० है। चन्द्रमा से नवमेश मंगल है जिसका कलामान ६ है। दोनों का योग ३६ हुआ। इसमें १२ से भाग देने पर शेष कुछ न रहा। अतः इसका शेष १२ मानना होगा। उदाहरण-कुंडली में चन्द्रमा मीन का है। इससे १२ गिनने पर कुम्भ होता है। कुम्भ राशि में कोई ग्रह

नहीं है। अतः यह योग इस कुंडली में लागू नहीं होता है। परन्तु इसका यह भाव नहीं हुआ कि इस कुंडली वाले जातक की आय कुछ न होगी। ऊपर लिखा जा चुका है कि इस जातक की मासिक आय एक हजार रुपये से कुछ अधिक ही बहुत काल से है।

(१३) षष्ठ, अष्टम एवं द्वादश स्थानों का नाम दुःस्थान है। ज्योतिषशास्त्र में ये तीनों स्थान और इसके स्वामी सर्वदा अनिष्टकारी ही माने गये हैं। यह भी सर्व-स्वीकृत बात है कि इन तीन स्थानों के स्वामी अन्य किसी स्थान में पड़ने से उस स्थान के फल को नाश करता है। परन्तु कालीदास ने अपनी 'कालामृत' पुस्तक में इन्हीं दुःस्थान पतियों द्वारा एक विलक्षण एवं अत्यन्त ही लागू योग बतलाया है। परन्तु इस योग को बहुत ही सावधानी से मनन करना होगा। उनका कथन है कि यदि (१) अष्टमेश, षष्ठस्थ वा द्वादशस्थ हो, अथवा, (२) द्वादशेश, षष्ठस्थ अथवा अष्टमस्थ हो, अथवा (३) षष्टेश, अष्टमस्थ वा द्वादशस्थ हो अर्थात् इन तीन स्थानों के स्वामी इन्हीं तीन स्थानों में बैठे हों। अपने अपने गृह में हों वा किसी प्रकार से बैठे हों, परन्तु ६, ८, १२ से बाहर न हों। सभी एकत्रित हो वा विलग विलग, परन्तु इन्हीं तीन (६, ८, १२) स्थानों में हों। परन्तु इन षष्ठेश, अष्टमेश एवं द्वादशेश के साथ न तो कोई अन्य ग्रह हो और न किसी अन्य ग्रह की उनमें से किसी पर दृष्टि हो। ऐसे योग्य में पैदा हुआ जातक राजाओं का राजा, बड़ा पराक्रमी, अधिकारी स्वच्छन्द एवं अनेकानेक प्रक़ार से राज-सुख-सम्पन्न होता है। स्मरण रहे कि यदि इन तीन स्थानों के स्वामियों के साथ कोई दूसरा ग्रह बैठा हो अथवा उन पर किसी दूसरे ग्रह की दृष्टि हो, तो योग लागू न होगा।

देखो **कुंडली ५०** राजाबहादुर हरिहर प्र० नारायण सिंह 'अमावांटिकारी' नरेश की। उपर्युक्त योग विलक्षणतापूर्वक लागू पाया जाता है। षष्टेश सूर्य्य षष्ठस्थ, अष्टमेश शुक्र अष्टमस्थ और द्वादशेश शनि सूर्य्य के साथ षष्ठस्थ है। इन ग्रहों की स्थिति इस विलक्षणता के साथ है कि सू. श. और शु. पर न तो किसी अन्य ग्रह की पूर्णदृष्टि है और न कोई अन्य ग्रह उनके साथ है। शुक्र पर अगर किसी की पूर्णदृष्टि है भी तो शनि की, जो स्वयं द्वादशेश है। प्रतीत होता है कि इस योग ने उक्त राजा-बहादुर को पैतृक पाँच लाख की आमदनी का अधिकारी बनाते हुए थोड़े ही काल में तीस लाख की आमदनी प्रदान की। एक प्रसिद्ध एवं प्राचीन टिकारी-किला का अधि-पति बनाया। इस योग का रहस्य यह है कि बारहो भावों में से अनिष्टकारी भाव ६, ८, और १२ हैं। इन तीनों के स्वामी यदि इन तीनों स्थानों ही में बैठ जाय तो साधा-रण नियमानुसार इनका अनिष्ट-फल नाश हो जाता है। अर्थात् अनिष्ट-प्रभाव के नाश का अर्थ सर्व-सुख है कि जिसका दूसरा नाम राज-योग है।

(१४) (१) लग्न का स्वामी जिस राशि में हो, यदि उस राशि का स्वामी उच्चराशि-गत हो, अथवा (२) लग्न का स्वामी जिस राशि में हो उसका स्वामी यदि चन्द्रमा से केन्द्र में हो तो ऐसे योग में जन्म लेने वाला मनुष्य बहुत समय तक अत्यन्त सुखी जीवन व्यतीत करता है।

देखो **कुंडली ११** महाराजा छत्रसाल की। इनकी नवमांश-कुंडली में लग्नेश सूर्य्य, कुम्भ राशिगत है जिसका स्वामी शनि, तुला राशिगत अर्थात् उच्च है। इस कारण ऊपर लिखे हुए दो योगों में से प्रथम योग लागू है। इस कुंडली में और भी कई उत्तमोत्तम योग हैं। जिनका विवरण समुचित स्थानों पर किया गया है और किया जायगा। स्मरण रहे कि फलविचार में लग्न-कुंडली, चन्द्र-कुंडली एवं नवांश-कुंडली से विचार करना होता है। यह कुंडली नवांश-कुंडली द्वारा फल-विचार का एक उत्तम उदाहरण है।

(१५) यदि मेप, सिंह अथवा धन राशि का मंगल लग्न में बैठा हो और किसी मित्र-ग्रह से दृष्ट हो तो ऐसा जातक निज-बल से प्राप्त किये हुए राज्य का भोगने वाला होता है। देखो **कुंडली २४** महाराज सर प्रभुनारायण सिंह जी की। सिंह लग्न में मं. बैठा है और उस पर बृहस्पति नैसर्गिक मित्र एवं तात्कालिक सम की दृष्टि है। पुनः शनि नैसर्गिक सम और तात्कालिक मित्र से भी दृष्ट है।

(१६) यदि जन्म समय में सू., चं. एवं बृ. तृतीय, नवम एवं पंचम स्थान में (क्रमशः) हों तो कहा गया है कि ऐसा जातक कुबेर तुल्य धनवान होता है अर्थात् अत्यन्त धनी होता है। इस योग की लेखन-शैली से यह प्रतीत होता है कि तीनों ग्रह क्रमशः तीनों स्थानों में हों।

(१७) यदि आरुढ़ लग्न अर्थात् पदलग्न (धा. ७९) में एक शुभग्रह रहे तो जातक धनी होता है। यदि दो रहे तो भू-सम्पत्ति का स्वामी वा किसी उच्च अदालती न्यायालय सम्बन्धी (Judicial), राज्य-नियम-प्रवर्त्तक (Executive), धर्मशास्त्रानुसार कार्य्य-कर्त्ता होता है अथवा शासक होता है। यदि तीन शुभग्रह हों तो अति धनी, जमींदार, राजा वा महाराजा होता है। इसी प्रकार यदि आरुढ़ लग्न की दोनों ओर शुभग्रह बैठे हों तो जातक बड़ा-आदमी होता है। देखो **कुंडली ४१**। लग्नेश बुध, के लग्न गत होने से लग्नारूढ़ लग्न ही में हुआ। लग्न में दो शुभ, बुध और शुक्र बैठे हैं। इसी योग के कारण ये कुछ समय तक कलकत्ता हाईकोर्ट के जज हुए थे।

(१८) यदि चं. से पष्ठ, सप्तम और अष्टम, इन तीनों स्थानों में एक-एक अथवा किसी दो ही स्थानों में, अथवा किसी एक ही स्थान में बु. बृ. और शु. तीनों बैठे हों तो ऐसा जातक राजा अथवा बड़ा जमीन्दार होता है इस योग में चं. से षष्ठ सप्तम

और अष्टम स्थानों पर ध्यान देना होगा। यदि षष्ठ ही में तीनों ग्रह हों, अथवा सप्तम ही में तीनों ग्रहों (गज-केसरी-योग भी हो जाता है), अथवा अष्टम ही में तीनों हों, अथवा तीनों ही स्थानों में एक-एक ग्रह हो, अथवा इन तीन स्थानों में से एक स्थान में दो ग्रह और तृतीय ग्रह शेष दो स्थानों में से किसी स्थान में हो और एक स्थान बिना ग्रह के हो, तौ भी (अधि) योग होता है। अब विशेषत्व इसमें यही है कि यदि इन तीनों भावों को किसी पाप-ग्रह से सम्बन्ध न हो तो फल बहुत ही उत्कृष्ट होता है। यदि पाप से सम्बन्ध हो तो वैसा उत्कृष्ट फल न होकर जातक राज-मन्त्री अथवा राज-द्वार में उच्च पद पर नियुक्त होता है। किसी ग्रन्थकार ने यह भी लिखा है कि यदि चं. से ६,७,८ स्थान में केवल पापग्रह ही बैठे हों तो ऐसा जातक भी भाग्यवान होता है। वह प्रायः सैनिक विभाग अथवा पुलिस इत्यादि की नौकरी से धन की उन्नति करता है। इन सब बातों को पाठकों के हस्तामलकवत् ही जाने के हेतु कुछ उदाहरण दिये जाते हैं। मानलिया जाय कि किसी जातक का जन्म-चन्द्रमा धन राशि में है और वृष राशि में शुक्र, मिथुन में बुध और कर्क में बृहस्पति है। ऐसे स्थान में ऊपर लिखा हुआ अधि-योग उत्तम प्रकार का होता है। चं. से षष्ठ स्वगृही शुक्र, सप्तम स्थान में स्वगृही बुध और अष्टम स्थान में उच्च बृहस्पति है। अधियोग तो केवल चन्द्रमा से ६, ७, ८ स्थानों में शु. बु. और बृ. के पड़ने ही से हो जाता है। परन्तु यहाँ तीनों ग्रह बलवान हो गये हैं। इसलिये ऐसे स्थान में कहना होगा कि फल बहुत ही उत्कृष्ट होगा। पुनः यदि ये तीनों ग्रह लग्न से भी शुभस्थान में पड़ते हों तो और भी उत्तम फल होगा।

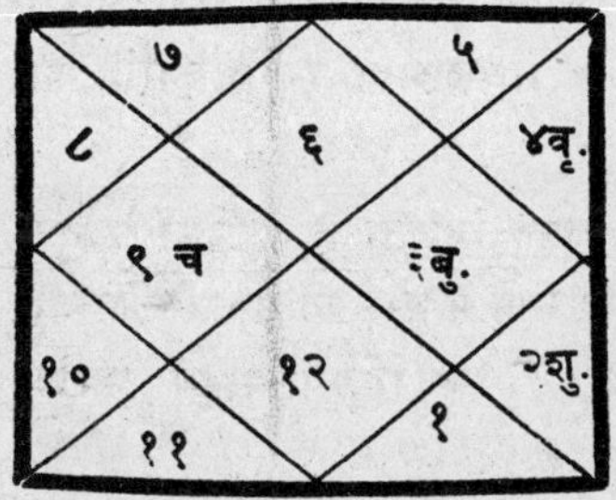

जैसा कि बगल वाली (कल्पित) कुण्डली में। यदि लग्न कन्या का मानलिया जाय तो शुक्र भाग्य स्थान में, बुध कर्म स्थान में और बृहस्पति आय-स्थान में पड़ जाता है। ऐसा जातक बहुत ही धनाढ्य और महाराजाधिराज होगा। क्योंकि अधियोग बहुत ही उत्कृष्टफलदाता हुआ। नवमेश नवमस्थ और दशमेश दशमस्थ यह एक दूसरा राज-योग हुआ, जैसा कि पहले लिखा जा चुका है। आयस्थान में उच्च बृ. (बृ. धन कारक है) बैठा है। परन्तु यदि ऐसा योग वाले का जन्म-लग्न धन हो तो फल में न्यूनता सम्भव होता है। कारण कि चन्द्र-लग्न से शु. षष्ठ और बृ. अष्टम स्थान में पड़ जाता है। यद्यपि चं. से अधि-योग होता है। परन्तु लग्न से दो ग्रहों के षष्ठ और अष्टम में पड़ जाने से फल में न्यूनता अधिक होगी। लिखने का अभिप्राय यह है कि फल कहने में देखना होगा कि योग-कारक ग्रहों की क्या अवस्था है और लग्न से किन किन भावों में पड़ते हैं। अतः फल कहने में सफलता तभी होगी जब पाठक तथा विद्यार्थीगण, सब बातों पर

दृष्टि डाल कर अपनी बुद्धि की तराजू पर फलों को उत्तमरीति से तौलेंगे और तभी इस ज्योतिष शास्त्र के गूढ़ रहस्य को प्रमाणित कर सकेंगे। देखो **कुंडली ८८** विश्वेश्वरा नन्द जी की। इस कुंडली में चं. से सप्तम बृ. (गज-केसरी) और अष्टम में बु. और शु. है। अर्थात् शुभ अधियोग पूर्णरीति से लागू है। चं. उच्च है। बृ. धन के नवांश में और शु. वृष के नवांश में है। इस कारण योग उत्कृष्ट है परन्तु बु., बृ. और शु. इन तीनों पर मंगल की दृष्टि है। यह अभी तक एक धनाढ्य स्थल के पदाधिकारी हैं। देखो **कुंडली ४८** (क) डा० बनर्जी की। चं. से षष्ठ बृ. सप्तम बु. **और अष्टम** शु. है। चं. और बृ. दोनों स्वगृही हैं। परन्तु बु. और शु. के साथ पापग्रह भी बैठे हैं। अतः यह एक बड़े भाग्यशाली डाक्टर हैं। और मेडिकल कालेज पटना (Medical College Patna) के प्रिंसिपल भी हुए।

वाहनादि-सुख।

धा-१६० इस प्रकरण में वाहनादि सुख के विषय में कुछ लिखा जाता है। क्योंकि हाथी, घोड़ा आदि जितने वाहन हैं, प्रायः सभी सम्पत्ति के सौन्दर्य को बढ़ाने वाली वस्तु हैं। यद्यपि यह भी ठीक है कि हाथीवान, कोचवान और मोटर हाँकने वाला इन सबों को भी वाहन योग ही होता है पर अन्तर यह है कि ये लोग वाहन के अधिपति नहीं होते।

(१) लिखा है कि वाहनेश अर्थात् चतुर्थाधिपति के बलवान होने से तथा चतुर्थ भाव में शुभग्रह का योग वा दृष्टि रहने से वाहन का सुख होता है। शु. वाहन कारक ग्रह है। अतएव शु., और शु. से चतुर्थस्थान के शुभाशुभत्व पर वाहनादि का सुखादि विशेष रूप से निर्भर करता है।

(२) चतुर्थाधिपति शुक्र-युक्त होने से नर वाहन मिलता है। इसी प्रकार चतुर्थाधिपति, लग्नेश तथा चन्द्रमा के एक साथ लग्न में रहने से घोड़े की सवारी मिलती है। चतुर्थाधिपति बृ. के साथ होकर लग्न में बैठा हो तो चतुरङ्गिनी-वाहन अर्थात् हाथी, घोड़ा, रथ और पालकी इत्यादि का योग होता है।

(३) धनाधिपति के लग्नगत होने से, दशमाधिपति के धन गत होने से, वा चतुर्थ में उच्च ग्रह के रहन से जातक को उत्तम वाहन मिलता है।

(४) लग्नेश, चतुर्थेश तथा नवमेश के परस्पर केन्द्र में रहने से जातक को वाहन का सुख होता है। देखो **कुंडली ४१** सैय्यद हसन इमाम साहिब की। यह योग लागू है। बु. शु. और बृ. एक दूसरे से परस्पर केन्द्रवर्त्ती हैं।

(५) लग्न, चतुर्थ अथवा नवम में यदि चतुर्थेश, लग्नेश के साथ बैठा हो तो इन्हीं ग्रहों की दशा अन्तरदशा में वाहन लाभ होता है।

(६) स्मरण रखने की बात है कि चतुर्थाधिपति को वाहनादि विषय से बहुत सम्बन्ध है। जैसे, यदि चतुर्थाधिपति पंचमस्थ हो और पंचमाधिपति चतुर्थस्थ हो तो जातक को घोड़ा, गाड़ी, मोटर, इत्यादि रखने का सौभाग्य होता है।

(७) यदि चतुर्थाधिपति एकादशस्थ हो और एकादशेष चतुर्थस्थ हो। (देखो **कुंडली २८** जगद्गुरु नरसिंह भारतीजी की, यह योग लागू है)

(८) चतुर्थाधिपति दशमस्थ हो और दशमाधिपति चतुर्थस्थ हो।

(९) चतुर्थाधिपति नवमस्थ हो और नवमाधिपति चतुर्थस्थ हो।

(१०) चतुर्थाधिपति द्वितीयस्थ हो और द्वितीयाधिपति चतुर्थस्थ हो।

(११) चतुर्थाधिपति दशमस्थ हो और दशमाधिपति लग्नस्थ हो, तो इन सब पाँच योगों में गाड़ी, मोटर इत्यादि का योग होता है। देखो **कुंडली ४१** हसन इमाम साहिब की यह योग लागू है।

(१२) यदि शुक्र से चन्द्रमा सप्तमस्थ हो अथवा चतुर्थेश शुक्र के साथ जन्म-लग्न में हो, अथवा चतुर्थेश शुक्र के साथ चतुर्थस्थान में हो तो घोड़ा, गाड़ी, मोटर इत्यादि का योग होता है। देखो **कुंडली ३७** सर गणेशदत्तजी की। यह योग लागू है। शु. से चं. सप्तमस्थ है।

(१३) यदि किसी कुंडली में एक से अधिक वाहन-योग पाया जाय तो समझना होगा कि जातक को कई वाहन होंगे।

(१४) यदि चतुर्थ स्थान में शुभग्रह हो, अथवा चतुर्थ स्थान पर शुभग्रह की दृष्टि हो, अथवा शुक्र की दृष्टि चन्द्रमा पर पड़ती हो, अथवा चन्द्रमा से तृतीय स्थान में शुक्र बैठा हो, अथवा शुक्र से तृतीय स्थान में चन्द्रमा बैठा हो तौ भी घोड़ा, गाड़ी, मोटर इत्यादि का योग होता है।

(१५) यदि चतुर्थेश किसी केन्द्र में हो और उस केन्द्र का स्वामी लग्न में हो अथवा यदि दशमेश ११ में हो और एकादशेश दशम में हो तो वाहन सुख होता है। पाठान्तर में 'कर्मेश्वरे लाभगते'—के बदले कर्मेश्वरे लग्नगते' पाया जाता है।

(१६) लिखा है कि यदि चतुर्थेश चतुर्थ स्थान में शुभ का होता हुआ बुध के साथ बैठा हो और उस पर शुभग्रह की दृष्टि हो तो उत्तम वाहन-योग होता है। देखो **कुंडली ४९** देश भक्त पण्डित जवाहर लालजी की। शुक्र स्वगृही चतुर्थस्थ धन (शुभ) नवांश मे है और शुक्र एकादशेश भी है और उसके साथ बुध भी बैठा है। परन्तु उसपर किसी शुभग्रह की दृष्टि न होकर पापग्रह, शनि की दृष्टि है। चतुर्थ स्थान, मंगल, और सू.,पापग्रहों से घिरा हुआ है। वाहन योग उत्तम है पर यह

बात सभी जानते हैं कि इनकी मोटर पर बारम्बार गवर्नमेंट की नज़र पड़ती रहती है अथवा यों कहा जाय कि ये बारम्बार विरथी होते हैं।

(१७) यदि चन्द्रमा लग्न में चतुर्थेश के साथ हो, अथवा चन्द्रमा शुभग्रह के साथ होकर द्वितीयस्थ वा चतुर्थस्थ हों, अथवा चतुर्थेश लग्नेश के साथ होकर द्वितीयस्थ वा चतुर्थेश हो अथवा चतुर्थेश लग्नेश के साथ लग्न गत हो और उसके चन्द्रमा भी हो, तो जातक की सवारी में घोड़ा रहता है।

(१८) यदि चतुर्थेश लग्न में शुक्र के साथ बैठा हो तो जातक को गजवाहन होता है।

(१९) यदि केन्द्र अथवा त्रिकोण में शुक्र और पूर्ण-चन्द्रमा हो तो जातक को पालकी की सवारी होती है।

(२०) यदि बृहस्पति नवम स्थान में बैठा हो और उस पर सूर्य्य एवं चन्द्रमा की पूर्ण दृष्टि हो, तो जातक को घोड़ा, हाथी, गो आदि जन्तु रखने का सौभाग्य प्राप्त होता है।

(२१) यदि लग्नेश, शुक्र, चन्द्रमा और चतुर्थेश सम्बन्ध रखता हो तो जातक को घोड़ा, पालकी इत्यादि रखने का सौभाग्य होता है।

(२२) यदि बृहस्पति, चतुर्थेश, चन्द्रमा और शुक्र साथ होकर केन्द्र अथवा त्रिकोण में हो तो जातक को बहुत से वाहनादि होते हैं।

(२३) यदि चतुर्थेश बृहस्पति के साथ हो तो जातक की सवारी विचित्र होती है। यदि चतुर्थेश दशमस्थ हो और शुभग्रह के साथ हो तो ऐसे जातक को वाहन के साथ चँवर-छत्र इत्यादि रहते हैं।

(२४) यदि चतुर्थेश ६, ८, १२ भाव में बैठा हो अथवा नीच हो, शत्रुगृही और उस पर नवमेश की दृष्टि पड़ती हो तो जातक के वाहन में स्थिरता न होती है अर्थात् विगड़ जाता या खराब होते रहता है।

(२५) यदि चतुर्थेश और नवमेश एकादशस्थ हो, अथवा इन दोनों की दृष्टि चतुर्थस्थान पर पड़ती हो तो जातक को अनेकानेक वाहनों का सुख होता है।

(२६) यदि चतुर्थेश, श., बृ. और शु. के साथ नवमस्थानगत हो और नवमेश चतुर्थस्थ हो अथवा किसी केन्द्र वा त्रिकोण में हो तो जातक को बहुयान-योग होता है।

(२७) यदि नवमेश एकादशस्थ हो और लग्नेश और चतुर्थेश नवमस्थ हो और जिस स्थान में चतुर्थेश हो, वह शुक्र के साथ हो तो जातक को बहु-यानयोग होता है।

(२८) यदि चतुर्थेश मेष अथवा वृश्चिक राशि गत हो, अथवा बुध, लग्न गत

हो और नवम स्थान में शुभग्रह हो तो जातक को वाहन का सुख होता है और प्रतिष्ठित एवं धनी होता है।

(२९) यदि लग्नेश चतुर्थस्थ, नवमस्थ अथवा एकादशस्थ हो तो जातक को बहु-यानयोग होता है तथा जातक विख्यात पुरुष होता है। देखो **कुंडली ५०** अमांवां-टिकारी नरेश की।

(३०) यदि चतुर्थेश किसी केन्द्र में बैठा हो और उस केन्द्र का स्वामी एकादशस्थ हो तो भी वैसा ही योग होता है। देखो **उदाहरण कुंडली** चतुर्थेश बृहस्पति केन्द्र में है और उसका स्वामी बुध एकादश में है। इस जातक को अपना घोड़ा कुछ दिनों तक था, पर इसे मोटर, हाथी, फिटन इत्यादि का सर्वदा सुख होता रहा है और अपने केन्द्र का एक विख्यात पुरुषों में से तो अ श्य है।

स्मरण रखने की बात यह है कि घोड़ा गाड़ी में से एक सधारण टमटम से लेकर उत्तमोत्तम फिटन और लैंडो का भी बोध हो सकता है तथा एक साधारण सस्ती मोटर से लेकर बहु मूल्य मोटर भी होता है। इसका अनुमान ग्रहों के उच्च, स्वगृही इत्यादि स्थिति पर निर्भर है। इन्हीं सब बातों पर पूर्ण दृष्टि डालते हुए बाहन-विषय के विचार में पाठक गण पूर्णतयाध्यान देंगे।

परन्तु इससे ऐसा न समझा जाय कि यदि उपर्युक्त योगों में से कोई योग किसी की कुण्डली में न पाया जाय तो उसे वाहन होगा ही नहीं। सत्य तो यह है कि ज्योतिषशास्त्र इतना गम्भीर और अपार है कि सभी बातों का उल्लेख इस छोटी सी पुस्तक में करना असम्भव है।

भू-सम्पत्ति।

धा.–१६१ ऊपर लिखा जा चुका है कि चतुर्थ स्थान से गृहादि का भी विचार होता है और भूमि-पुत्र मंगल इसका कारक है। इस कारण–:–

(१) यदि चतुर्थाधिपति उच्च, स्वगृही, मूलत्रिकोणस्थ शुभस्थानस्थ अथवा शुभयुक्त हो, तो जातक भूमि अर्थात् खेत जमीन्दारी इत्यादि भू-सम्पत्ति प्राप्त करता है। देखो **कुंडली ४१** सैयद हसन इमाम साहेब की। चतुर्थाधिपति उच्चाभिलाषी होता हुआ दशमस्थ है।

(२) यदि चतुर्थाधिपति दशम में और दशमाधिपति चतुर्थ में हो और मंगल बलवान हो अथवा मंगल की दृष्टि उनपर हो तो जातक बहु-क्षेत्र-शाली होता है।

(३) यदि दशमाधिपति और चतुर्थाधिपति चन्द्रमा बलवान हो तथा परस्पर मित्र हों तो जातक बहु-क्षेत्रशाली होता है।

(४) यदि चतुर्थाधिपति अथवा मंगल नीचस्थ, पाप युक्त, पाप दृष्ट और पापमध्यगत हो तो भूमि को नाश करता है। देखो **कुंडली ५५**। यह कुंडली मुंगेर जिलान्तर्गत मंझौल ग्राम निवासी बाबू त्रिवेणी प्र० की है। इसमें नीचस्थ मंगल अष्टम में है और मंगल के साथ शनि बैठा है तथा राहु से भी दृष्ट है। पुनः दो पापमध्यगत है क्योंकि श. कर्क के ४ अंश पर है और उसके बाद मं. १५ अंश पर है। उससे आगे र. सिंह में है। ऋणस्थान का स्वामी शु. भी साथ ही है। विचारने योग्य बात है कि मं. नवांश में स्वगृही है। प्रत्यक्ष देखने में यह आया है कि उक्त बाबू साहब की बहुत बड़ी जमीन्दारी, कुछ काल तक उत्तम प्रकार के भोग विलासादि से उपरान्त ऋणग्रस्थ होने के कारण हाथ से निकल गयी। इस कुंडली में स्वगृही बुध दशम-स्थान में, देख कर सन्देह हो सकता है कि दशम स्थान बली है। परन्तु बुध नवांश में मीनराशिगत अर्थात् नीच है और षष्ठांश में गरलांश है।

(५) यदि चतुर्थाधिपति नीच, शत्रुगृही अथवा पाप युक्त हो और धनस्थ भी रहे तो क्षेत्रनाश होता है।

(६) यदि चतुर्थाधिपति चतुर्थस्थान में हो और उस पर शुभग्रह की दृष्टि हो अथवा उसके साथ शुभ ग्रह हो तो जातक को भू-सम्पत्ति और भवन इत्यादि का सुख विशेषरूप से होता है।

(७) यदि चतुर्थेश और नवमेश एकादशस्थान में हों और शुभदृष्ट हों तथा वे पापदृष्ट न हों एवं इसी प्रकार यदि चतुर्थेश किसी केन्द्र में बृ. के साथ हो तो इन योगों में जातक बहु-क्षेत्रशाली और अनकानेक गृहों का अधिपति होता है।

(८) यदि चतुर्थेश और लग्नेश एक साथ हो कर दुःस्थान गत न हों, अथवा केन्द्र वा त्रिकोण गत हो कर शुभग्रह से दृष्ट हों, अथवा नवमेश केन्द्रगत हो, चतुर्थेश उच्च हो अथ वा किसी बुरे भाव में न बैठा हो, अथवा बुध तृतीय गत हो वा चतुर्थेश दुःस्थान गत न हो, अथवा चतुर्थेश और दशमेश एक साथ हों और शनि केन्द्र में हो, तो जातक अत्यन्त सुसज्जित गृह का स्वामी होता है। देखो **कुंडली ४१** सैय्यद हसन इमाम साहेब की। नवमेश केन्द्र में है और चतुर्थेश उच्च तो नहीं परन्तु उच्चाभिलाषी है (एक अंश चालीश कला के बाद उच्च होता है) तथा बुरे भाव में न पड़ कर केन्द्र (दशम) में है।

(९) यदि चतुर्थ-स्थान-गत-राशि चरराशि हो और उसका स्वामी भी चर ही राशि में हो तो ऐसे जातक को प्रायः कई ग्राम, शहर इत्यादि में गृहपति होने

का सौभाग्य होता है। देखो **कुंडली ४९**। चतुर्थस्थ तुलाराशि चर है और उसका स्वामी भी चर ही में है।

(१०) यदि चतुर्थेश द्वितीय अथवा एकादशभावगत हो तो जातक को पृथ्वी प्राप्त करने का सौभाग्य होता है।

(११) यदि लग्नेश, तृतीयेश, चतुर्थेश, षष्ठेश, सप्तमेश, नवमेश और द्वादशेश के साथ पंचमेश हो तो एसे जातक की जमीन्दारी में बहुत से खान (mines) पाये जाते हैं।

(१२) यदि लग्नेश द्वितीयस्थ और द्वितीयेश एकादशस्थ हो और एकादशेश लग्नस्थ हो तो जातक को पृथ्वी में गड़ी हुई सम्पत्ति प्राप्त होती है। परन्तु धन का प्रमाण ग्रहों की स्थिति अनुसार विचार किया जाता है।

(१३) यदि (क) एकादशेश चतुर्थस्थ और चतुर्थेश एकादशस्थ हो, अथवा (ख) चतुर्थेश और नवमेश एकादशभाव में हों और द्वितीयेश दशमभाव में हो तो जातक आकस्मिक-सम्पत्ति अवश्य प्राप्त करता है।

धनप्राप्ति के कारण का अनुमान।

धा.–१६२ प्रायः ऐसा देखा जाता है कि किसी किसी मनुष्य को धन का आगमन अपने उपार्जन से होता है और किसी को पुत्रादि से, किसी को स्त्री से, किसी को भाइयों से तथा किसी को कभी-कभी शत्रुद्वारा भी होता है। अतएव इस स्थान में पाठक के मनोरञ्जनार्थ कुछ ऐसे नियम इत्यादि लिखे जाते हैं जिससे धन प्राप्तिकारण का अनुमान हो सके। अस्तु।

बहु स्वीकृत यह है कि जिस भाव का स्वामी लग्न में स्थित हो वा लग्न से **सम्बन्ध रखता** हो और उस ग्रह को धनदायी ग्रह से सम्बन्ध हो, तो जातक को उसी भाव-कारक द्वारा सम्पत्ति मिलती है। अर्थात् यदि तृतीयेश लग्नगत और द्वितीय, एकादश, नवम, दशम अथवा चतुर्थ के स्वामी से तृतीयेशको सम्वन्ध हो तो भाई से धन प्राप्त होता है। इसी प्रकार यदि जाया स्थान का स्वामी लग्न में हो और उपर्युक्त नियम लागू हो तो स्त्री से, यदि पंचमेश लग्न में बैठा हो और उपर्युक्त नियम लागू हो तो पुत्र से एवं यदि रिपु-स्थान का स्वामी बली हो कर लग्न में बैठा हो और उपर्युक्त नियम लागू हो तो रिपु से अथवा ज्ञाति से धन की प्राप्ति होती है।

भुजार्जित धन।

धा.–१६३ लग्न और लग्नेश से जातक के अपने शरीर का बोध होता

है। ऊपर लिखा जा चुका है कि एकादश स्थान से धनोपार्जन और द्वितीय स्थान से धन-स्मृद्धि का विचार किया जाता है। इस कारण ज्योतिष का यह एक रहस्य है कि (१) यदि लग्न और एकादश में परस्पर कोई शुभ सम्बन्ध हो तो वैसे स्थान में जातक को अपनी भुजा से अर्जित धन होता है।

(२) यदि लग्नेश का नवांश-पति द्वितीयेश से युक्त होकर केन्द्र अथवा त्रिकोण में हो तो जातक को भुजार्जित धन विशेष होता है।

(३) यदि लग्नेश, द्वितीयेश और एकादशेश एक साथ होकर केन्द्र अथवा त्रिकोण-वर्ती हों और उन पर शुभग्रह की दृष्टि भी हो तो जातक अपनी भुजा से बहुत धन संचय करता है।

(४) यदि लग्नेश द्वितीयेश को देखता हो और केन्द्रवर्ती हो तो जातक अपने परिश्रम से धन उपार्जन करता है। देखो **उदाहरण कुंडली**। लग्नेश बृ. सप्तमस्थ और द्वितीयेश श. लग्नस्थ है। दोनों में परस्पर दृष्टि है और दोनों केन्द्रवर्ती हैं। इस जातक ने अपनी भुजा से खूब धन कमाया है। देखो **कुंडली ४१**। द्वितीयेश, लग्न में लग्नेश के साथ है।

(५) यदि बली लग्नेश और चतुर्थेश को अन्योन्य सम्बन्ध (अर्थात् प्रथम सम्बन्ध) हो, लग्नेश चतुर्थस्थ और चतुर्थेश लग्नस्थ हो (ऊपर लिखा जा चुका है कि चतुर्थ स्थान से भूमि का विचार होता है) तो ऐसे योग के प्रभाव से जातक अपनी भुजा से जमीन्दारी इत्यादि प्राप्त करता है। पुनः यदि शुभग्रह की दृष्टि अथवा योग हो तो फल अवश्य ही उत्कृष्ट होता है। देखो **कुंडली ५०**। यद्यपि इसमें उपर्युक्त योग उस रीति से नहीं है परन्तु विशेषता यह है कि जायाभाव में चतुर्थेश बुध उच्च बैठा है और लग्नेश बृहस्पति, एकादश भाव में नीच-भंग-राज-योग-कारक बनकर बैठा है। स्मरण रहे कि एकादश लाभ स्थान है और बृहस्पति की पूर्णदृष्टि बुध पर पड़ती है अर्थात् लग्नेश को चतुर्थेश से तृतीय सम्बन्ध है। इस कारण फल देखने में यह आता है कि उक्त जातक को स्त्री पक्ष से (चतुर्थेश सप्तमस्थ है) सात लाख की आमदनी प्राप्त हुई है।

(६) लग्नेश और द्वितीयेश के योग से अथवा उन दोनों में सम्बन्ध रहने से भुजार्जित धन होता है। देखो **कुंडली ४१** सैय्यद हसन इमाम साहेब की: लग्नेश और द्वितीयेश लग्न में है और पुनः बुध एवं शुक्र राज-योग कारक है। देखो **कुंडली ३४** सर आशुतोष जी की। लग्नेश द्वितीय में और द्वितीयेश लग्न में है। **कुंडली ३५** में भी सम्बन्ध है। **कुंडली ४७** में लग्नेश और द्वितीयेश को सम्बन्ध है। **कुंडली ५८,६२ और ६४** में यह योग लागू है तथा **कुंडली ७४, ८२** में यह योग है। परन्तु अब तक केवल जमीन्दार ही हैं, भुजार्जित धन न हुआ है। **कुंडली ८०** में योग लागू है। ये बराबर धनोपार्जन में लगे रहते हैं।

ऊपर कई बार लिखा जा चुका है कि ज्योतिष, अनुमान शास्त्र है। अतः यदि महर्षियों के बचनों को मनन करते हुए बुद्धि से काम लिया जाय तो फल कहने में अवश्य ही निपुणता प्राप्त हो सकती है।

पुत्र द्वारा धन एवं सुख-प्राप्ति।

धा.१६४ (१) ऊपर लिखा जा चुका है कि पंचम स्थान और बृहस्पति पुत्र कारक है। अतः जब द्वितीयेश, नवमेश इत्यादि ग्रहों को पंचमस्थान, पंचमेश, पुत्रकारक बृहस्पति इत्यादि से सम्बन्ध होता है, तो पुत्रद्वारा भाग्योदय का बोध होता है तथा लग्नेश का उत्तम होना आवश्यक है क्योंकि यदि यह उत्तम न हो तो जातक भाग्योदय का अधिकारी नहीं होता है।

(२) यदि द्वितीयेश बली हो और पंचमेश के साथ बैठा हो, अथवा द्वितीयेश और पंचमेश को चार सम्बन्धों में से कोई सम्बन्ध हो और लग्नेश बली हो तो जातक का भाग्योदय पुत्र द्वारा होता है।

(३) यदि पंचमेश नवमस्थ हो और नवमेश भी उसके साथ हो अथवा नवमेश पर उसकी दृष्टि हो तो पुत्र द्वारा धन प्राप्त होता है।

(४) यदि पुत्र कारक बृहस्पति पंचम स्थान में हो और उस पर नवमेश की दृष्टि हो अथवा नवमेश उसके साथ हो तो जातक को पुत्र द्वारा धन की प्राप्ति होती है।

(५) ऐसा भी पाया जाता है कि जब द्वितीयेश पंचमेश के साथ हो और बृहस्पति पर लग्नेश की दृष्टि हो तो पुत्र द्वारा भाग्योदय होता है।

(६) यदि पुत्राधिपति बृहस्पति अथवा पंचमेश नवमस्थ होकर, नवमेश से युक्त होकर अथवा नवमेश पंचमस्थ हो तो पुत्र से भाग्य की उन्नति होती है। देखो **कुंडली ७३** बाबू कृष्णबलदेव जी की। नियम (१) के अनुसार द्वितीयाधिपति रवि एवं नवमेश बृहस्पति को पंचम अथवा पंचमेश से सम्बन्ध होना चाहिये। द्वितीयेश रवि पंचम स्थान में है। पंचमेश मंगल सप्तम स्थान (जाया-स्थान) में बैठकर द्वितीय भाव को देखता है। पुनः नवमेश बृहस्पति, पंचमेश मंगल के साथ होकर सप्तमस्थान में है। 'मिताक्षरा धर्मशास्त्रानुसार' इनके पुत्र को चार हजार की आमदनी मिली है। देखो **कुंडली ७४** बाबू लाल नारायण जी की। यह बाबू कृष्णबलदेव जी के अनुज हैं। इनकी कुंडली में द्वितीयेश और लग्नेश को अन्योन्य सम्बन्ध है और द्वितीयेश बुध पर बृहस्पति की, जो पुत्र कारक और पुत्र स्थान का स्वामी है और नवम स्थान में बैठा है, दृष्टि है। पुनः पुत्रकारक बृहस्पति पर नवमेश मंगल की पूर्ण दृष्टि है। इन्हीं सब सुन्दर योगों के कारण इनके पुत्र को भी नानिहाली सम्पत्ति लगभग चार हजार आमदनी की मिली है।

देखो **कुंडली ८९** बाबू शिवशंकर जी की। नियम (२) के अनुसार द्वितीयेश शनि स्वगृही नवांश में होता हुआ पंचमेश शुक्र के साथ होकर जो नवांश में भी तुला का है, पंचम स्थान में बैठा है। बुध भी जो भाग्य स्थान का स्वामी है, पंचमस्थान में है। शुक्र दशमेश भी है एवं पुत्र कारक बृहस्पति की पूर्णदृष्टि पंचमस्थान पर है। इस कारण पुत्र द्वारा भाग्योन्नति का झलक मालूम होता है। इस जातक का विवाह ऐसी कन्या से हुआ है जिसे कुछ सम्पत्ति मिलने की आशा है। स्मरण रहे कि पुत्र के विद्वान, परिश्रमी एवं धन उपार्जन करने वाला होने पर अथवा पुत्र को मातृपक्ष वा अन्य किसी प्रकार से धन की प्राप्ति होने पर भी पिता को सुख हो सकता है।

देखो **कुंडली ८६**। यह लेखक के द्वितीय पुत्र की कुंडली है। इसमें नवमेश अर्थात् भाग्याधिपति पंचमस्थ है और उस पर पुत्र कारक बृहस्पति की पूर्णदृष्टि है तथा भाग्येश शुक्र द्वितीयेश भी है अर्थात् धनाधिपति और भाग्याधिपति दोनों पंचमस्थ हैं। बृहस्पति जो पुत्रकारक और धन कारक भी होता है, जायास्थान तथा चतुर्थस्थान का स्वामी है, वह लग्न में बैठ कर पुत्रस्थान, जायास्थान और भाग्यस्थान पर पूर्ण दृष्टि डालता है। इस जातक को लगभग चालीस या पच्चास हजार मूल्य की भू-सम्पत्ति पुत्र द्वारा अर्थात् स्त्री पक्ष से मिली है। देखो **कुंडली ८७** बाबू ठाकुर प्रसाद जी की। नियम (६) के अनुसार पुत्राधिपति बृहस्पति नवमस्थ तो न है पर नवमस्थान को देखता है और नवमेश मंगल पुत्रस्थान में है। इनकी स्त्री को बहुमूल्य पतृक सम्पत्ति मिली है जो धर्मशास्त्रानुसार इनके पुत्र की होगी। एक बात देखने की यह भी है कि भाग्यस्थान का स्वामी पुत्रस्थान में है और पुत्रस्थान का स्वामी भाग्यस्थान को देखता है।

स्त्री द्वारा धन प्राप्ति योग।

धा.१६५ (१) सप्तम स्थान जाया स्थान है और शुक्र स्त्री कारक ग्रह है। अतः यदि इन सबों को भाग्यस्थान या धन स्थान से सम्बन्ध हो तो जाया द्वारा भाग्योदय की सूचना होती है। देखो **कुंडली ७३** बाबू कृष्णबलदेव जी की। नवमेश बृहस्पति और द्वितीयेश रवि है। द्वितीयेश रवि पुत्रस्थानस्थ है और उसके साथ जायाकारक शुक्र भी है। पुनः पुत्रेश मंगल उच्च होकर जाया स्थान में भाग्येश बृहस्पति के साथ है और जाया स्थान का स्वामी शनि लग्नेश के साथ धनभाव में है। उक्त जातक को स्त्री-धन अपने पुत्र द्वारा मिताक्षरानुसार लगभग चार हजार की आमदनी मिली है। देखो **कुंडली ७४** बाबू लाल नारायण जी की। सप्तमेश शनि धनस्थान में बैठा है और धनस्थान एवं लग्न को अन्योन्य सम्बन्ध है। पुनः जायाकारक शुक्र को नवमेश मं. से अन्योन्य दृष्टि सम्बन्ध है। इन्हें स्त्री द्वारा अच्छी आमदनी मिली है। यह कृष्णबलदेव बाबू के साढ़ू भी हैं।

देखो **कुंडली ८९** शिवशंकर बाबू की। स्त्री कारक शुक्र के साथ द्वितीयस्थान का स्वामी शनि और भाग्यस्थान का स्वामी बुध साथ होकर पुत्र स्थान में है (परन्तु सप्तमेश को सम्बन्ध नहीं है) और यह बात भी देखने योग्य है कि सप्तमेश चतुर्थस्थ और चतुर्थेश सप्तमस्थ है। परन्तु नीचस्थ मंगल सप्तमस्थान में बैठा है। (इस कुंडली में विलक्षणता अवश्य है)।

देखो **कुंडली ८७** ठाकुर बाबू की। सप्तमेश (परन्तु नीच) नवमस्थ है, नवमेश पंचमस्थ है और पंचमेश बृहस्पति की पूर्णदृष्टि सप्तम एवं नवम पर है। इनकी स्त्री को पैतृक सम्पत्ति मिली है।

(२) यदि सप्तमेश और नवमेश को अन्योन्य सम्बन्ध हो, अथवा चार सम्बन्धों में से कोई भी हो और जाया कारक शुक्र के साथ हो, तो स्त्री द्वारा धन की प्राप्ति होती है। देखो **कुंडली २३** बाबू श्यामाचरण जी की। सप्तमेश शुक्र और नवमेश चन्द्रमा दोनों साथ होकर (चतुर्थ सम्बन्ध) पुत्रस्थान में हैं और सप्तमेश शनि जाया कारक भी है। इनको दायभाग अनुसार ससुराल से जमीन्दारी एवं कलकत्ते के मकानात मिले हैं।

कुंडली ८६ में सप्तमेश बृहस्पति की नवमेश शुक्र पर, जो पंचम-स्थान में बैठा है और जाया-कारक ग्रह भी है, पूर्ण-दृष्टि है। इसी रीति से नवमेश और सप्तमेश में तृतीय सम्बन्ध भी होता है। पुनः लग्नस्थ बृहस्पति की पूर्ण-दृष्टि पंचम, सप्तम एवं नवम भावों पर भी पड़ती है। इस जातक की स्त्री को अपने पिता की इकलौती पुत्री होने के कारण पैतृक सम्पत्ति मिली है।

(३) यदि सप्तमेश और द्वितीयेश एक साथ हो और शुक्र की पूर्णदृष्टि हो तो यह स्त्री द्वारा भाग्योदय का सूचक होता है।

(४) यदि चतुर्थेश सप्तमस्थ हो और शुक्र चतुर्थस्थ हो और उन दोनों में परस्पर मैत्री हो तो स्त्री द्वारा भू-सम्पत्ति प्राप्त होती है।

(५) शास्त्रकारों ने लिखा है कि यदि शुक्र सप्तमस्थ हो अथवा उपचय (३,६, १०,११) में हो और द्वितीयेश से युक्त हो और लग्नेश शुभग्रह से युक्त हो तो जातक का भाग्योदय विवाह के पश्चात् होता है।

(६) यदि शुक्र, सप्तमेश, द्वितीयेश वा लग्नेश दुःस्थान गत, नीच राशि गत, शत्रु-राशिगत, अस्त अथवा पापदृष्ट हो तो जातक की सम्पत्ति विवाह के बाद नष्ट होती है।

(७) यदि शुक्र और सप्तमेश क्रूर षष्ठांश में हो परन्तु उनपर शुभग्रहों का दृष्टि हो तो यद्यपि ऐसे जातक की सम्पति विवाह के बाद नष्ट हो जाती है परन्तु कुछ दिनों के पश्चात् पुनः लौट आती है।

भ्राता से धन एवं सुख-प्राप्ति

धा-१६६ (१) तृतीय एवं एकादश स्थान से भाई का विचार किया जाता है और मंगल भ्रातृ कारक ग्रह है। यदि धनस्थान, भाग्यस्थान और चतुर्थस्थान को उपर्युक्त स्थानों से सम्बन्ध हो तो भाई-बहनों से सम्पत्तिवृद्धि की सूचना मिलती है। देखो कुंडली ३९ महाराजाधिराज रामेश्वरसिंह जी की। द्वितीयेश चन्द्रमा मंगल के साथ होकर पंचमस्थ है। मगल एकादशेश भी है। पुनः मंगल की पूर्णदृष्टि तृतीयेश रवि पर है। पंचमस्थान से आकस्मिक धन का अनुमान किया जाता है (धा. १५८)। एक अपूर्व बात यह है कि भाग्येश शनि भ्रातृभाव में बैठा है और वहाँ से द्वितीयेश चन्द्रमा और भ्रातृ-कारक एव एकादशेश मंगल को पूर्णदृष्टि से देखता है। बृहस्पति धन कारक ग्रह लग्न को शोभित करता हुआ भाग्यस्थान और पंचमस्थ मंगल और चन्द्रमा को (जो भ्रातृ से धन देनेवाला योग है) देखता है।

(२) यदि तृतीयेश बृहस्पति के साथ द्वितीयस्थान में बैठा हो और उसके साथ लग्नेश भी हो अथवा लग्नेश की दृष्टि हो तो भाई से धन का आगमन होता है।

(३) यदि द्वितीयेश, तृतीयेश के साथ हो अथवा द्वितीयेश मंगल के साथ हो, अथवा द्वितीयेश पर मंगल की दृष्टि पड़ती हो तो जातक को भ्रातृद्वारा धन लाभ होता है।

(४) यदि लग्नेश और द्वितीयेश तृतीयस्थ हो और उन पर शुभग्रह की पूर्णदृष्टि हो और तृतीयेश के साथ अथवा तृतीयेश से दृष्ट हो तो जातक को भाई तथा बहनों से धन प्राप्त होता है।

(५) यदि चतुर्थस्थान में मंगल हो, अथवा चतुर्थेश मंगल के साथ हो, अथवां चतुर्थ स्थान पर तृतीयेश की दृष्टि हो तो भाई और बहनों द्वारा भूम्यादि का लाभ होता है।

(६) यदि चतुर्थेश का नवांश-पति कर्मस्थान अर्थात् दशमस्थान मे बैठा हो अथवा किसी केन्द्र में हो और उस पर मंगल की दृष्टि हो अथवा मंगल उसके साथ हो तो भाई बहन द्वारा धन और भूमि का लाभ होता है।

(७) यदि नवमाधिपति शुभदृष्ट वा शुभयुक्त हो कर तृतीयस्थान के अधिपति के साथ बैठा हो तो भाई से भाग्योन्नति होती है। देखो कुंडली २९ स्व० दरभंगा महाराजाधिराज की। नवमेश शनि शुभग्रह शुक्र (भाग्य-स्थान-ग्रह) से दृष्ट है। योग में तृतीयेश के साथ होना लिखा है। परन्तु इस कुंडली में भ्रातृ कारक एवं एकादशेश (बड़े भाई) मंगल पर शनि की पूर्णदृष्टि है। योग का भाव यही है कि शुभदृष्ट नवमाधिपति को भ्रातृ-स्थान वा भ्रातृकारक से सम्बन्ध होना चाहिये।

(८) यदि नवमेश तृतीयेश के साथ हो और उस पर शुभग्रह की दृष्टि हो अथवा

शुभग्रह उसके साथ हो और नवमेश अच्छे नवांश में हो तो जातक को भाई द्वारा सम्पत्ति मिलती है।

(९) यदि लग्नेश, द्वितीयेश औ रतृतीयेश एक साथ होकर बैठे हों और उन पर पुरुष ग्रह की दृष्टि हो, अथवा तृतीयेश द्वितीयस्थान में मंगल के साथ हो तो भाई द्वारा धन प्राप्त होता है।

(१०) इसी प्रकार यदि द्वितीयेश लग्नगत हो और उसको तृतीयेश से सम्बन्ध हो तौ भी जातक को भ्राता की सम्पत्ति मिलती है।

ज्ञाति वर्ग अर्थात् चचेरे भाई आदि द्वारा सुख-दुःख

धा-१६७ षष्ठ स्थान और बुध से चचेरे भाई का विचार होता है। अतः षष्ठ स्थान का स्वामी यदि नवमभाव में और नवम का स्वामी षष्ठ भाव में पड़े और उसके साथ ज्ञाति-कारक बुध भी बैठा हो तो जातक को चचेरे भाई द्वारा धन प्राप्त होता है।

(२) यदि लग्नेश बली हो और षष्ठ स्थान में चन्द्रमा अथवा अन्य कोई शुभग्रह हो और बृहस्पति केन्द्र वा त्रिकोण-गत हो तो जातक अपने चचेरे भाई के द्वारा जीविका निर्वाह करता है।

(३) यदि लग्नेश, बृहस्पति और शुक्र षष्ठेश के साथ हो और श., मं.तथा रा. से दृष्ट हो तो जातक चचेरे भाइयों से अति क्लेशित होता है।

(४) यदि लग्नेश षष्ठ स्थान में हो और षष्ठेश से दृष्ट हो तो जातक चचेरे भाइयों के षड़यन्त्र से क्लेशित होता है।

(५) इसी प्रकार यदि लग्नेश एवं षष्ठेश साथ होकर लग्न में बैठे हों तो वैसा ही फल होता है।

माता से धन एवं सुख

धा-१६८ (१) चतुर्थ स्थान एवं चन्द्रमा से माता का विचार होता है। अतः यदि द्वितीय स्थान को इनसे सम्बन्ध होता है तो मातृद्वारा धन की प्राप्ति होती हैं।

(२) यदि द्वितीयेश चतुर्थेश के साथ हो, अथवा चतुर्थेश की दृष्टि द्वितीयेश पर पड़ती हो, अथवा द्वितीयेश लग्नभाव में चतुर्थेश के साथ हो तो माता से धन प्राप्त होता है।

शत्रु द्वारा धन एवं सुख

धा-१६९ (१) षष्ठस्थान और मंगल से शत्रु का विचार होता है। यदि षष्ठेश अथवा मंगल, बली द्वितीयेश पर दृष्टि डालता हो और लग्नेश बलवाँन हो तो शत्रु से धन प्राप्त होता है।

(२) यदि षष्ठेश, नवमेश का शत्रु हो और नवमस्थ हो तौ भी शत्रु द्वारा धन की प्राप्ति होती है।

(३) यदि षष्ठेश द्वितीयेश के साथ होकर केन्द्र अथवा त्रिकोण में बैठा हो और वह शुभदृष्ट हो तो शत्रु द्वारा धन मिलता है।

आकस्मिक धन-प्राप्ति।

धा.१७० (१) इस विषय में कुछ पूर्व ही लिखा जा चुका है (देखो धा. १५८-१) आकस्मिक धन, जैसे पृथ्वी में गड़ी हुई, जुआ, लौट्री इत्यादि से धन मिल जाने का विचार पंचमस्थान से होता है। अतएव यदि पंचमस्थान में चन्द्रमा बैठा हो और उस पर शुक्र की दृष्टि हो, तो जातक को प्रायः लौट्री इत्यादि से अकस्मात् धन मिल जाता है।

(२) यदि द्वितीयेश और चतुर्थेश शुभग्रह के साथ नवम भाव में शुभ-राशिगत होकर बैठे हों तो जातक को भूमि में गड़ी हुई सम्पति मिलती है।

(३) इसी प्रकार यदि एकादशेश और द्वितीयेश चतुर्थगत हों, चतुर्थेश शुभग्रह के साथ हो और शुभराशिगत हो तौ भी जातक को भूमि में गड़ी हुई सम्पत्ति मिलती है।

(४) पुनः यदि एकादशेश चतुर्थस्थान में हो और शुभग्रह युत हो तौ भी वैसा ही फल होता है। स्मरण रहे कि चतुर्थ स्थान को पाताल स्थान कहते हैं अर्थात् भूमि में गड़ी हुई वस्तुओं का बोध कराता है। उपर्युक्त तीन योगों में चतुर्थेश को धनस्थान और भाग्यस्थान अथवा आयस्थान से सम्बन्ध दिखलाया गया है। अतः यह रहस्य स्मरण रखने योग्य है।

(५) यदि लग्नेश द्वितीयस्थ और द्वितीयेश एकादस्स्थ हो तथा एकादशेश लग्नस्थ हो तो भूगर्भ की सम्पत्ति प्राप्त होती है। पाठकों का ध्यान इस योग पर आकर्षित किया जाता है कि लग्नेश, द्वितीयेश और एकादशेश को परस्पर कैसा सुन्दर सम्बन्ध होता है। (यह योग ऊपर भी लिखा जा चुका है।)

उदाहरण-कुंडली में पंचमेश नवमस्थ है और नवमेश तथा दशमेश एकादशस्थ हैं एवं एकादशेश भी एकादशस्थ है। इस विचित्र योग का परिणाम अभी तक जातक के जीवन में फलीभूत नहीं हुआ है।

वाणिज्य विचार ।

धा १७१ बुध वाणिज्य कारक ग्रह है तथा सप्तमभाव से भी वाणिज्य का विचार होता है। अतएव सप्तमभाव और बुध, दोनों का बल विचार कर और द्वितीयेश का शुभत्व आदि देखकर वाणिज्य-कुशलता और उससे उन्नति इत्यादि का फल कहा जाता है। विशेषता यह है कि धनभाव से विक्रय-वाणिज्य का और सप्तमभाव से क्रय-वाणिज्य का विचार होता है। देखो **कुंडली २९** महाराजाधिराज दरभंगा की । बुध सप्तमस्थ है और सप्तमेश बृहस्पति, बुध के गृह में रहता हुआ लग्न से सप्तम एवं बुध को पूर्णरूप से देखता है। द्वितीयेश चन्द्रमा पर भी बृहस्पति की पूर्णदृष्टि है। इन्हीं कारणों से उक्त महाराजा साहेब अनेक बैंकादि से सम्बन्ध रखते थे।

भाग्योदय सम्बन्धी देश और विदेश यात्रा अनुमान ।

धा.१७२ (१) शुक्र, चन्द्रमा और बुध शीघ्रगामी ग्रह हैं। इसलिये इनको चर ग्रह कहा है तथा अन्य ग्रह स्थिर कहलाते हैं। राशियों की चर, स्थिर एवं द्विस्वभाव संज्ञाओं को पाठक जान चुके हैं। यदि जातक का लग्न चरराशि हो और लग्नेश चरराशि-गत हो कर चर ग्रह से दृष्ट हो तो जातक प्रायः विदेश में भाग्यवान होता है। इसी प्रकार यदि लग्न और लग्नेश स्थिर राशिगत हों और उन पर स्थिर-ग्रह की दृष्टि भी पड़ती हो तो जातक अपने देश में ही भाग्यवान होता है। देखने में आता है कि एकादशेश जिस राशि में हो अथवा एकादशस्थ राशि की जो दिशा हो, उसीदिशा में प्रायः जातक की भाग्योन्नति होती है। अभिप्राय यह है कि यदि किसी की कुंडली में केवल चर ग्रहों का ही योग पाया जाय, जैसा कि ऊपर लिखा गया है, तो यह अवश्य अनुमान करना होगा कि जातक की उन्नति विदेश ही में होगी।

(२) द्वादशेश पापयुक्त होने से और व्ययस्थान में पापग्रह का योग वा दृष्टि रहने से जातक देशाटन करता है। व्ययस्थान के स्वामी तथा शनि द्वारा दूर भ्रमण का विचार किया जाता है। इस कारण द्वादश में चर ग्रह रहने से, द्वादश-राशि चर संज्ञक होने से, अथवा द्वादश स्थान में षष्ठेश और अष्टमेश के रहने से और उसमें शनि का योग वा दृष्टि रहने से जातक अनेकानेक देशों में भ्रमण करता है। देखो **कुंडली ९०** कात्यायनी शंकर सिंह की। इस कुंडली में द्वादशेश मंगल, सू. एवं बु. पापग्रह के साथ है और द्वादशभाव में सब पापग्रह बैठे भी हैं। उस पर शनि पापग्रह की पूर्ण दृष्टि भी है। शनि देर देश का भ्रमण बोध कराता है और द्वादश में एक चर ग्रह बुध भी है। परन्तु द्वादश-स्थराशि वृश्चिक चर संज्ञक नहीं है। द्वादश स्थान पर षष्ठेश एवं अष्टमेश की दष्टि भी

नहीं है; परन्तु शनि की पूर्णदृष्टि है। इन सब योगों से विश्वास होता है कि यह बालक भ्रमणशील होगा। वस्तुतः यह जातक बराबर अपने प्रान्त से बाहर ही रहा करता है।

देखो कुंडली ५० राजाबहादुर अमांवाँ की। द्वादशेश शनि पापग्रह सूर्य्य के साथ षष्ठस्थ है और वहाँ से द्वादशस्थान को पूर्णदृष्टि से देखता है। अर्थात् द्वादशेश पापयुक्त है और व्ययस्थान पर पापग्रह की पूर्णदृष्टि है। यह विदित है कि आप बराबर सफर ही में रहते हैं।

(३) स्मरण रहे कि विदेश यात्रा के सम्बन्ध में शास्त्रकारों ने तृतीय, सप्तम, नवम और द्वादश, इन चार स्थानों से भी विचार करना बतलाया है। उसमें विशेषता यह है कि तृतीयस्थान की यात्रा निकटवर्ती-देशों में होती है। सप्तमस्थान से उससे कुछ दूर नवमस्थान से उससे भी अधिक दूर और द्वादश स्थान से अन्यत्त ही दूर -देश की यात्रा की सूचना मिलती है। सप्तमस्थान से वाणिज्य का भी विचार होता है। सप्तमस्थान की यात्रा प्रायः कार्य्यवश ही होती है। नवम स्थान धर्म स्थान है; इस कारण इस यात्रा तीर्थादि से बहुतांश में सम्बन्ध रखता है।

(४) लग्नेश जिस स्थान में हो उस स्थान से द्वादश स्थान का पति यदि लग्नेश का शत्रु हो, नीच हो या दुर्बल हो तो जातक विदेश यात्रा करता है। देखो कुंडली ५० लग्नाधिपति बृ.मकर में है और मकर से द्वादश का स्वामी बृ. नीच है। इस कारण उक्त जातक विदेश यात्रा करने में कुशल है। पुनः देखो कुंडली ९ श्री १०८ वल्लभाचार्य्य जी की। नियम (२) के अनुसार द्वादशपति शुक्र पापग्रह राहु के साथ है और व्ययस्थान पापग्रह सूर्य्य एवं मंगल से दृष्ट है। द्वादशस्थान चरराशि गत है और द्वादशेश शुक्र चरग्रह है। अतः अनेकानेक देशों में भ्रमण करना सिद्ध होता हैं। नियम (४) के अनुसार लग्नेश मंगल नवमस्थान अर्थात् धर्म स्थान में बैठा है। उस स्थान का द्वादशधिपति अर्थात् मिथुन का स्वामी बुध लग्नेश मंगल का परम शत्रु है और बुध नीच भी है। इससे भी धार्मिक विदेश यात्रा सिद्ध होती है। नियम (३) के अनुसार लग्नाधिपति चरराशिगत है और नवम स्थान में है जिससे अत्यन्त दूर तीर्थयात्रा की सूचना होती है। ग्रहों की ऐसी स्थिति में श्री वल्लभाचार्य्य जी की भारतवर्ष की तीन परिक्रमा का अनुमान ज्योतिषशास्त्र द्वारा सिद्ध किया जा सकता है।

यदि उक्त योग में व्ययस्थान पर मित्रग्रह शुक्र की दृष्टि पड़ती हो तो जातक विदेश में निवास ही कर लेता है।

(५) लग्नेश जिस स्थान में हो उस स्थान से द्वादश स्थान का स्वामी यदि लग्न से केन्द्र अथवा त्रिकोण में हो और अपने गृह में ,अथवा मित्रगृह में, अथवा उच्च हो ,अथवा शुभग्रहों से घिरा हुआ हो और शुभग्रह हो तो वह जातक किसी अति रमणीक स्थान में बास करने वाला होता है।

(६) लग्नेश जिस स्थान में हो उस स्थान से द्वादश स्थान पर यदि बृ. अथवा चं. अथवा शु. की दृष्टि पड़ती हो तो भी जातक को किसी सुन्दर स्थान में जाकर रहने का का सौभाग्य होता है।

भाग्योदय का समय

धा. १७३. (१) भाग्याधिपति के केन्द्र में रहने से प्रथम ही अवस्था में भाग्य की उन्नति होती है और त्रिकोणगत अथवा उच्चगत रहने से मध्य अवस्था में जातक भाग्यवान होता है। केन्द्र और त्रिकोण को छोड़कर अन्य स्थानों में स्वक्षेत्रगत अथवा मित्रगृही होने से शे ा वयस अर्थात् वृद्धावस्था में भाग्योदय होता है। परन्तु स्मरण रहे कि यह एक साधारण विधि है।

(२) इसी प्रकार एक स्थूल रीति से यों भी विचार किया जाता है कि यदि द्वादश-राशि को तीन खण्डों में बाँटाजाय तो चार २ राशियों का एकैक खंड हुआ। लग्न, द्वितीय, तृतीय और चतुर्थ का प्रथम खंड; पंचम, षष्ठ, सप्तम और अष्टम का द्वितीय खंड तथा नवम, दशम, एकादश और द्वादश का तृतीय खंड हुआ।

यह पूर्व लिखा जा चुका है कि बृ. और शु. सर्वदा शुभग्रह हैं और बु. भी शुभ है परन्तु पापयुक्त रहने से शुभ नहीं कहलाता। क्षीण चन्द्रमा के अतिरिक्त चन्द्रमा भी शुभ है। अब देखना यह होगा कि प्राप्त-कुंडली के किस खंड में शुभग्रह की विशेषता है या सभी खंडों में शुभग्रह बराबर हैं। जिस खंड में शुभग्रह की विशेपता होगी वह जीवन-खंड उस जातक का विशेष सुखमय होगा और यदि तीनों खंडों में शुभग्रह बराबर है तो जातक आजन्म एक भाव से रहेगा। **उदाहरण कुंडली** में प्रथमखंड धन से मीन पर्य्यन्त है। मीन में चन्द्रमा शुभग्रह है। द्वितीय खंड मेंष से कर्क पर्य्यन्त है। उसमें एक शुभग्रह है। तृतीय खंड सिंह से वृश्चिक तक है। उसमें भी एक शुभग्रह शुक्र है। बुध भी उसी खंड में है परन्तु सूर्य्य के साथ रहने से पाप हो गया है। परिणाम यह निकला कि इस जातक का जीवन साधारणतः जन्म से मृत्यु पर्य्यन्त एक प्रकार से सुखमय होगा। साधारणतः ऐसा ही देखा भी जाता है।

(३) यदि लग्न शुभराशि का हो और उस पर शुभग्रह की दृष्टि भी हो परन्तु लग्न में कोई पापग्रह न हो तो जातक बाल्यकाल ही से सुखी होता है। यदि लग्न में एक से अधिक पापग्रह हों तो जातक आजन्म दुःखी रहता है।

(४) यदि लग्नेश शुभराशिगत हो और उस पर शुभग्रह की दृष्टि हो, अथवा यदि लग्नेश नवम स्थान में हो, अथवा नवमेश पंचम स्थान में हो तो जातक सोलह वर्ष के बाद सुखी होता है।

(५) यदि लग्नेश का नवांशेश अर्थात् लग्न का स्वामी जिस नवांश में हो उस नवांश का पति यदि लग्न में अथवा त्रिकोण अथवा एकादशभाव में बली होकर हो अथवा उच्च हो तो जातक तीस वर्ष की अवस्था के उपरान्त भाग्य-शाली होता है।

(६) यदि (क) लग्नेश द्वितीय स्थानगत हो, (ख) लग्नेश जिस नवांश में हो उसका स्वामी द्वितीय स्थान में हो और (ग) यदि एकादशेश द्वितीय स्थान में हो तो इन तीन योगों में से किसी के रहने से जातक बीस वर्ष की अवस्था के बाद सुखी होती है।

(७) भाग्याधिपति अर्थात् नवमेश जिस राशि में रहता है उस राशि के स्वामी को 'भाग्य-कर्ता' कहते हैं। जैसे, **उदाहरण-कुंडली** में नवमेश सूर्य तुला राशि में है और तुलाका स्वामी शुक्र है। अतः इस जातक का भाग्य-कर्ता शुक्र हुआ। लिखा है कि यदि सूर्य्य 'भाग्य-कर्ता' ग्रह हो तो उस जातक की उन्नति २२ वर्ष के पूर्व विशेष रूप से नहीं होती। यदि **चन्द्रमा** 'भाग्य-कर्ता' हो तो २४ वर्ष, **मंगल** होने से २८ वर्ष, **बुध से** ३२ वर्ष, **बृहस्पति** १६ वर्ष, **शुक्र** २५ वर्ष और **शनि** के भाग्य-कर्ता होने से ३६ वर्ष के पूर्व भाग्योन्नति नहीं होती है। अर्थात् भाग्य-कर्ता ग्रह के नियमित समय के बाद से उन्नति होती है। यहाँ तक देखा गया है कि यदि इसके पूर्व दशा अन्तरदशा इत्यादि के अनुसार यदि शुभफल होता भी हो तो उत्कृष्ट फल उपर्युक्त समय के बाद ही होता है। **उदाहरण कुंडली** का भाग्य-कर्ता शुक्र है। इस कारण उक्त जातक की भाग्योन्नति २५ वर्ष के बाद सूचित होती है। यथार्थ में इस जातक की उन्नति २८ वें वर्ष से हुई थी।

भाग्य हीन-योग

धा.१७४ (१) अब थोड़ा विचार मनुष्यों की भाग्यहीनता पर भी होना आवश्यक है। यद्यपि कोई मनुष्य अपनी भाग्यहीनता का योग जानने के लिये उत्सुक नहीं रहता, परन्तु यह मानी हुई बात है कि पूर्व जन्म कर्मानुसार मनुष्य को ऐसे फलों को भी अवश्य ही भोगना पड़ता है। भाग्यशाली योगों में भाग्येश, द्वितीयेश, लग्नेश आदि का उच्चस्थ और शुभभावगत होना आवश्यक दिखलाया जा चुका है। उसी के प्रतिकूल यदि नवमेश नीचस्थ अथवा ६,८,१२ भावगत हो और पापयुक्त अथवा दृष्ट हो तो जातक भाग्य हीन होता है।

(२) यदि नवमभाव में शनि हो और लग्नेश एवं चन्द्रमा नीच हो तो जातक भिक्षा-जीवी होता है।

(३) चन्द्रमा और रवि यदि नीच हो, अथवा निचाभिमुखी हो तो भाग्य-योग को नष्ट करता है।

(४) यदि अष्टम में मंगल, त्रिकोण में सूर्य्य और दशम में चन्द्रमा हो तो जातक भिक्षुक होता है।

(५) यदि चतुर्थेश (१) नीच हो, (२) अस्त हो, (३) पापग्रहों से घिरा हो, (४) पापग्रह के साथ हो, (५) पापदृष्ट हो, (६) शत्रुगृही हो और (७) दुःस्थान गत हो तो इन योगों में किसी एक के भी रहने से जातक की भू-सम्पत्ति नाश होती है और यदि एक से अधिक हों तो अधिकाँश नाश होता है।

(६) यदि चतुर्थभाव पापग्रहों से घिरा हुआ हो अर्थात् तृतीय और पंचम स्थान में पापग्रह हों, अथवा चतुर्थ स्थान पर पापग्रह की दृष्टि हो, अथवा चतुर्थ भाव में पापग्रह हो, अथवा चतुर्थभाव पापराशिगत हो, अथवा चतुर्थभाव का नवाँश पाप राशि का हो तौ भी जातक की भू-सम्पत्ति नष्ट होती है। **उदाहरण कुंडली** में चतुर्थ स्थान पर पापग्रह मंगल की दृष्टि है। परन्तु स्मरण रहे कि मंगल को शुभत्व के भी कई लक्षण हैं। पुनः चतुर्थेश बृ. राहु के साथ शनि से दृष्ट है। इस कारण जातक की बाल-अवस्था में कुछ भू-सम्पत्ति बिक गयी थी। देखो **कुंडली ६६** बाबू भुवनेश्वरी प्रसाद सिंह जी की। प्रथम चतुर्थेश पर ध्यान देना होगा। चतुर्थेश मंगल पापग्रह राहु के साथ है और पाप शनि से दृष्ट है। पुनः यदि चतुर्थस्थान को देखा जाय तो मालूम होता है कि वह मंगल पापग्रह से दृष्ट है। (परन्तु स्मरण रहे कि मंगल की दृष्टि अपने क्षेत्र पर पड़ती है।) चतुर्थ भाव पापराशिगत भी है। इसी कारण इनकी लाखों रुपये की जमीन्दारी नष्टभ्रष्ट हो गयी।

(७) यदि चतुर्थेश स्वगृही भी हो पर पापयुक्त हो और ६,८,१२ भाव गत हो तो भू-सम्पत्ति नाश होती है।

(८) यदि चतुर्थेश नीच होकर द्वितीयस्थ हो और उसके साथ पाप ग्रह बैठा हो तो भू-सम्पत्ति नाश होती है।

(९) यह भी देखा जाता है कि यदि चतुर्थेश उच्च भी हो और उसके साथ पापग्रह बैठा हो तो जातक को किसी कारण वश भू-सम्पत्ति बेचने की आवश्यकता पड़ जाती है।

ऊपर लिखी हुई बातों में ध्यान देने की बात यह है कि भू-सम्पत्ति की रक्षा के लिये चतुर्थेश और चतुर्थ भाव का सुरक्षित रहना अत्यावश्यक है। पाप ग्रह अथवा पाप-भाव से सम्बन्ध होने से ही भू-सम्पत्ति में गड़बड़ी अवश्य पैदा होगी। व्यवहरिक प्रवाह में इस विषय को विस्तृत रूप से लिखा गया है।

दुःखदायी योग

धा. १७५ शास्त्रकारों ने अनेकानेक दुःखदायी योग बतलाया है और देखने में भी

आता है कि दरिद्रों की संख्या धनिकों से बहुत ही अधिक है। इस स्थान पर सभी योगों का लिखना असम्भव है। लिखने का अभिप्राय इतना ही है कि पाठक मुख्य मुख्य ज्योतिष-शास्त्र के रहस्यों को मनन कर इसके सत्यासत्य पर विचार कर और इस प्राचीन शास्त्र की उन्नति में हाथ बढ़ावें। ये बातें व्यवहारिक प्रवाह में सविस्तर लिखी गयी हैं। यहाँ पर संक्षेप से साधारण किन्तु प्रकरणानुकूल लागू बातों को लिख कर यह विषय समाप्त किया जाता है।

निम्नलिखित अवस्थाओं में जातक प्रायः लक्ष्मी-बिहीन पाया जाता है। (१) यदि सूर्य्य मेष का भी हो पर नवमांश में तुला का हो, (२) यदि सूर्य्य परम नीच हो, (३) यदि सूर्य्य और चन्द्रमा सप्तमस्थ हो और शनि से दृष्ट हो, (४) यदि शुक्र कन्याराशिगत हो कर कन्या ही के नवमांश का हो, (५) यदि चन्द्रमा और मंगल मेष राशि में हो और सूर्य्य से पूर्णदृष्ट हो, (६) यदि शनि केन्द्र में, चन्द्रमा लग्न में और बृहस्पति द्वादशस्थान हो और (७) यदि दशम स्थान में पापग्रह हो और उस पर शुभग्रह की दृष्टि न पड़ती हो। इत्यादि इत्यादि बहुत से ऐसे योग हैं।

व्यवसाय-विचार

धा. १७६ इस विषय का विचार अत्यन्त गम्भीर ही नहीं बल्कि जटिल भी है क्योंकि ग्रह केवल ९ हैं और रोजगार अनेक। प्राचीन समय में जिस समय महर्षियों ने ज्योतिष-शास्त्र पर सविस्तर विचार किया था, संसार में व्यवसाय की प्रणाली कुछ और-ही थी परन्तु समय के हेर-फेर से अब कुछ और ही नजर आती है। उस समय के न्यायालय और आजकल के न्यायालय में बहुत अन्तर है। उस समय न हाईकोर्ट था न जज थे। सदराला, मुंशिफ, डिप्टी, एडवोकेट, वकील, मुख्तार आदि का नाम भी न था। न्याय-विधि उच्च, पर रूपान्तर में थी। इस कारण ज्योतिषशास्त्र में इन सब रोजगारों का और अनेकानेक अन्य रोजगारों का उल्लेख नहीं मिलता है। चाणक्य प्रणीत 'कौटिल्य शास्त्र' के अध्ययन से अब विद्वानों ने सिद्ध किया है कि वर्त्तमानकालीन शासन प्रणाली और व्यापार आदि के कुछ विभाग प्राचीन काल में भी थे। प्राचीन महर्षियों ने इन व्यवसायों का उल्लेख इस गम्भीरता के साथ संस्कृत भाषा में किया गया है कि जिससे सभी व्यवसायों का अनुमान किया जा सकता है। लेखक ने अपनी बुद्धि अनुसार और विद्वानों के कथन पर निर्भर करता हुआ इस स्थान पर कुछ लिखने का प्रयत्न किया है। परन्तु यदि भारतवर्ष के अनेकानेक विद्वान इस पर ध्यान देंगे तो आशा की जाती है कि ज्योतिष-शास्त्र को उचित सफलता प्राप्त हो सकती है। अन्य देशीय ज्योतिषशास्त्रवेत्ता सच्चे प्रेम के साथ इस शास्त्र की उन्नति में कटिबद्ध प्रतीत होते हैं। परन्तु खेद की बात है कि भारतीय विद्वान, जहाँ इस शास्त्र का जन्मस्थान है, इसे भूल ही नहीं गये बल्कि इसके पतन में सम्मिलित हो रहे हैं।

व्यवसाय-विचार-विधि

धा. १७७ (१) दशमस्थान को कर्म स्थान कहते हैं। कर्म शब्द का अर्थ क्रिया, कार्य्य, भाग्य, व्यापार इत्यादि इत्यादि है। मनुष्य अपने जीवन के कार्य्य-क्षेत्र में जब कभी उतरता है तो इसी दशम भाव से उसके कर्म का विचार होता है। अर्थात् जातक को किस कर्म से अथवा किस क्रिया द्वारा अथवा किस व्यापार या उद्योग द्वारा सफलता प्राप्त होगी इन सब का विचार दशम भाव से ही होता है।

(२) अब दूसरी बात देखने की यह है कि किस स्थान से दशमभाव लेना होगा। 'जातकशिरोमणि' में लिखा है:—"विलग्नं शरीरं मनः शीतरश्मिर्विवस्वानथात्मा त्रयाणामथैक्ये"। अर्थात् लग्न से जातक का शरीर, चन्द्रमा से मन और सूर्य्य से आत्मा प्रतिपादित होता है। लग्नस्थान को मूर्तिस्थान भी कहा है। अर्थात् लग्न स्थान से दशमस्थान मनुष्य के शारीरिक परिश्रम द्वारा कार्य्य सम्पन्नता बोध कराता है। चन्द्रमा से दशमस्थान द्वारा मनुष्य की मानसिक वृत्ति अनुसार कार्य्य-सम्पन्नता का बोध होता है। सूर्य्य से आत्मा की प्रबलता का ज्ञान होता है। अतः सूर्य्य से दशमस्थान आत्म-प्रबलता द्वारा कार्य्योन्नति का बोध कराता है।

इन्हीं सब कारणों से महर्षि गर्ग, वराहमिहिरादि ज्योतिषाचार्य्यों का मत है कि लग्न और चन्द्रमा में जो बली हो, उससे दशमभाव द्वारा कर्म और मनुष्य की वृत्ति का विचार किया जाता है। गर्गाचार्य्य का मत है कि केवल कर्मस्थानस्थ ग्रह ही सफलता देता है। उन्होंने यह भी कह डाला है कि यदि दशम स्थान में कोई ग्रह न रहे अथवा उस पर किसी ग्रह की दृष्टि भी न रहे तो जातक अभाग्यता के भँवर में पड़ जाता है।

ज्योतिष शास्त्र का यह एक गूढ़ रहस्य है कि यदि लग्न से दशम स्थान में कोई ग्रह रहे तो जातक अपने कुल में अवश्य ही उन्नतिशील होता है। यह अवश्य है कि उन्नति का प्रमाण ग्रह की अवस्था पर निर्भर करता है। यदि कोई ग्रह दशमस्थ उच्च हो तो जातक एकाएक ऐसी उन्नति करता है कि जो जातक को प्रायः स्वप्न में भी वैसी आशा न हुई होगी। यदि कोई दशमस्थ नीच ग्रह होता है तो वैसा जातक भी अपने कुल की अवस्था से कुछ विशेष उन्नति अवश्य करता है। परन्तु वह उन्नति डवाँडोल रीति की होती है। यदि दशमस्थ ग्रहों में से कोई उच्च और कोई नीच भी हो तो वसे जातक के जीवन में विचित्रता यह होती है कि उन्नति होने पर भी कभी २ भी मानहानि, द्रव्यहानि इत्यादि हो ही जाती है। देखो **कुंडली १५** महाराजा रामवर्मा ट्रावनकोर की। इनके राज्य का क्षेत्रफल सात हजार वर्गमील था और लगभग डेढ़ करोड़ रुपये की आमदनी थी। **इनकी कुंडली में लग्न से दशमस्थ उच्च मंगल है और चन्द्रमा से दशमस्थ उच्च बृहस्पति है तथा**

रवि से भी दशमस्थ उच्च मंगल ही है। इस जातक के केन्द्रगत तीन ग्रह अर्थात् सू.,बृ. और मं. (उच्च) हैं और शु. भी उच्च है। क्या इस कुंडली के देखने मात्र से ही विश्वास नहीं होता कि जातक कोई बड़ा पराक्रमी राजा था और क्या इस पर भी कोई यह कह सकता है कि ज्योतिष शास्त्र केवल पोपलीला है?

(३) यदि चन्द्रमा और लग्न इन दोनों में से दशम स्थान में कोई ग्रह न हो तो सूर्य्य से दशम स्थान स्थित ग्रह से रोजगार का विचार किया जाता है और यदि लग्न से चन्द्रमा से और सूर्य्य से, दशमस्थान में कोई ग्रह न हो तो ऐसे स्थान में दशमस्थान के स्वामी के नवांशपति से रोजगार का विचार होता है।

तात्पर्य्य यह है कि प्रथम यह देखना होगा कि लग्न और चन्द्रमा में कौन बली है। यदि लग्न बली है तो उससे दशमस्थ कौन ग्रह है और यदि चन्द्रलग्न बली है तो उससे दशमस्थान में कोई ग्रह न हो तो ऐसे स्थान में दूसरी क्रिया यह होगी कि सूर्य्य से भी दशम स्थान में कोई ग्रह है या नहीं देखना होगा। यदि सूर्य्य से भी दशम स्थान में कोई ग्रह न हो तो ऐसी अवस्था में यह विचार करना होगा कि लग्न, चन्द्रलग्न (जिस स्थान में जन्म कालीन चन्द्रमा हो) और सूर्य्य लग्न (जिस स्थान में जन्म कालीन सूर्य्य हो) इन तीनों में से कौन बली है। इसके बाद देखना होगा कि उस बलवान भाव से दशम स्थान का स्वामी कौन है तथा वह दशमेश किस नवाँश में है और उस नवाँश का कौन स्वामी है। उसी स्वामी-ग्रह के अनुसार जातक का रोजगार होगा।

(४) इस स्थान में एक बात पर ध्यान देना आवश्यक है कि कभी२ मनुष्य एक से अधिक व्यवसाय से जीविका निर्वाह करता है। इसी कारण अनेक ऋषियों का मत है कि उपर्युक्त तीनों स्थानों से विचार करना उत्तम होगा। उन तीन स्थानों में से जो बली हो उसके दशम-स्थान-स्थित-ग्रह से अथवा उसके दशमेश के नवाँशपति के अनुसार जातक की मुख्य जीविका होती है। अन्य ग्रह द्वारा सहायक-जीविका का अनुमान करना उचित होगा। अब किस ग्रह से किस प्रकार की जीविका का बोध होता है, आगे लिखा जाता है।

(५) स्मरण रहे कि पहले यह निश्चय करना होगा कि कौन ग्रह मुख्य जीविका का कारक है और यदि लग्न चन्द्रलग्न और सूर्य्य लग्न से (जो इन में से बली हो) दशमस्थ कोई ग्रह हो तो उसका फल निम्नलिखित नियमानुसार होता है।—

सूर्य्य यदि दशमस्थ हो तो जातक को पैतृक-सम्पत्ति अथवा पित्रकुल के लोगों से धन मिलता है। यदि सूर्य्य उच्च हो और उसपर शुभग्रह की दृष्टि हो तो ऐसे स्थान में पैतृक सम्पत्ति इत्यादि बड़ी सुगमता से प्राप्त होती है। ऐसा जातक अपने पराक्रम से धन उपार्जन करने वाला होता है। सूर्य्य दशमस्थ प्रायः उसी का होता है जिसका जन्म दोपहर के समय

होता है। इसी कारण कहा जाता है कि यदि दिवार्द्ध (वा निषार्द्ध) के सामय ढ़ाई दंड के बीच किसी बालक का जन्म हो तो वह प्रायः राजा अथवा धनी होता है।

चन्द्रमा यदि दशमस्थ हो तो माता द्वारा धन प्राप्त होता है।

मंगल यदि दशमस्थ हो तो शत्रु द्वारा अर्थात् शत्रु पर विजयी होने से धन की प्राप्ति होती है।

बुध यदि दशमस्थ हो तो मित्र द्वारा धन मिलता है।

बृहस्पति यदि दशमस्थ हो तो अपने भाई अथवा चचेरे भाई से धन लाभ होता है।

शुक्र यदि दशमस्थ हो तो किसी स्त्री द्वारा अर्थात् किसी धनाढ़्य स्त्री से अनुग्रहीत होने पर धन का आगमन होता है।

शनि यदि दशमस्थ हो तो सेवकादि द्वारा धन प्राप्त होता है।

(६) ऊपर लिखा जा चुका है कि यदि दशमस्थान में कोई ग्रह न हो तो दशमेश के नवांशेश से विचार होता है। ऐसे स्थान में व्यवसाय का अनुमान महर्षियों तथा आधुनिक विद्वानों ने निम्नलिखित रीति से बतलाया है:—

सूर्य्य यदि दशमेश का नवांशेश हों अथवा दशमस्थ हो तो जातक नीचे लिखे हुए व्यवसाय से धन उपार्जन करता हैं। जैसे, सुगन्धादि वस्तुओं का क्रय विक्रय करना, स्वर्णवाणिज्य अथवा स्वर्ण के खान में काम करना, ऊनी वस्त्रों का क्रय विक्रय करना, औषधि सम्बन्धी व्यवसाय अर्थात् डाक्टरी हकीमी, वैद्यक, कम्पाउण्डरी, औषधि का बेचनेवाला (Medical shop-keeper), जहाज इत्यादि में काम करना, जौहरी का काम करना, राजा का मन्त्री होना, मैनेजरी करना, राज्य का शासन करना, युद्ध विभाग का मुख्य अधिकारी होना, मुसाहिबी, दिवानी अदालत की हाकिमी, राजा से अनुगृहीत काम करना, ठीकेदारी (Contractorship) इत्यादि २। ऐसा जातक प्रायः स्वतंत्र व्यवसाय करता है अथवा उसे गवर्नमेंट की नौकरी मिलती है।

चन्द्रमा यदि दशमेश का नवांशेश हो अथवा दशमस्थ हो तो जातक को खेती से, जलज पदार्थों के क्रय-विक्रय से, जैसे मोती मूंगा इत्यादि, वस्त्रादि की दूकानदारी से किसी प्रदर्शनी से, किसी धनी स्त्री के संसर्ग से तथा उससे अनुग्रहीत होने के कारण धन की प्राप्ति होती है।

मंगल यदि दशमेश का नवांशेश हो अथवा दशमस्थ हो तो जातक निम्नलिखित व्यवसाय से धन उपार्जन करता है। जैसे, धातुओं का क्रय-विक्रय, अस्त्र-शस्त्र, कल-पुर्जे इत्यादि का बनाना, ऐसा व्यवसाय जिसमें अग्नि-क्रिया की आवश्यकाता हो (आतश-

बाजी), इन्जीनियर, ओवरसियर आदि होना, युद्ध विभाग अर्थात् मिलिटरी इत्यादि में नौकरी करना, पुलिस विभाग की नौकरी ऐसा व्यवसाय जिसमें साहस की आवश्यकता हो, सरकस आदि का तमाशा करना, फौजदारी अदालत की बैरिष्ट्री, वकालत, मुख्तारी करना, पराये धन को सहसा लूटना इत्यादि। साधारण मनुष्य के धन को सहसा लूटने-वाला डाकू कहलाता है और राजा किसी अन्य राजधानी पर सहसा आक्रमण कर विजयी होता है तो उसे पराक्रमी राजा कहते हैं। विचार करने की बात है कि एक अविहित और दूसरा विहित है।

बुध यदि दशमेश का नवांशेश हो अथवा दशमस्थ हो तो जातक निम्नलिखित व्यवसाय से धन प्राप्त करता है। लेखक, कवि, गणितज्ञ, ज्योतिषी, वेदशास्त्रानुसार पुरोहिती का व्यवसाय और धर्मादि विषय में व्याख्यान देना, चित्रकारी और शिल्पकारी इत्यादि।

बृहस्पति यदि दशमेश का नवांशेश हो अथवा दशमस्थ हो तो जातक निम्नलिखित व्यवसाय से धन उपार्जन करता है। जैसे इतिहास और पुराणादि का पठन पाठन, धर्मोपदेश, किसी धार्मिक संस्था का निरीक्षण अथवा सम्पादन, हाईकोर्ट अथवा जज का काम करना अथवा सदराला मुंसिफ आदि का काम करना इत्यादि।

शुक्र यदि दशमेश का नवांशेश हो अथवा दशमस्थ हो तो जातक निम्नलिखित व्यवसाय करता है। जैसे जौहरी का काम, गौ-महिषादि का रोजगार, दूध मक्खन इत्यादि का क्रय-विक्रय—डेयरी फार्म इत्यादि, हाथी, घोड़ा वाहनादि का क्रय-विक्रय, भोजनादि का प्रबन्धकर्ता–होटल इत्यादि का काम, फल-पुष्प का क्रय-विक्रय तथा किसी धनी-स्त्री से संसर्ग, इत्यादि।

शनि यदि दशमेश का नवांशेश हो अथवा दशमस्थ हो तो जातक निम्नलिखित रोजगार से धन लाभ करता है। जैसे काष्ठादि का क्रय-विक्रय, मजदूरी अथवा मजदूरों की सरदारी तथा सिपाही इत्यादि का काम अर्थात् शारीरिक परिश्रम से सम्बन्ध रखने वाला काम ,फौजदारी अदालत की डिप्टीगीरी, वकालत, मोख्तारी का काम तथा मनुष्यों के बीच झगड़ा लगा कर वा झगड़ा द्वारा अपना स्वार्थ सिद्ध करना और उत्तरदायित्व वाला काम इत्यादि।

उपर्युक्त बातों से मनुष्य के रोजगार का पूरा अनुमान किया जा सकता है। परन्तु ग्रहों की स्थिति पर, उसके उच्च नीच आदि गुण-दोष पर तथा उन ग्रहों पर शुभाशुभ दृष्टि का अच्छी तरह विचार करना होगा।

(७) सबसे पहिली बात यह देखनी होगी कि निर्दिष्ट कुण्डली में धनयोग कैसा है, क्योंकि उसी के अनुसार व्यवसाय का भी अनुमान करना होगा। जैसे, यदि किसी

कुण्डली में दरिद्र-योग लगा हुआ है और उसमें दशमस्थ अथवा रोजगार कारक नवांशपति शनि है, तो ऐसे स्थान में अनुमान करना होगा कि जातक शनि के अनुसार मजदूरी इत्यादि नीच कक्षा की वृत्ति करने वाला होगा। पुनः यदि निर्दिष्ट कुण्डल" में धनयोग उत्तम है और शनि रोजगार कारक है तो अनुमान करना होगा कि जातक डिप्टी, बैरिष्टर, वकील, मुख्तार आदि होगा। परन्तु इसमें भी बुद्धि से काम लेना होगा। यदि उस कुण्डली में ऐसा कोई योग पाया जाय जिससे यह अनुमान हो कि जातक राजा की नौकरी करने वाला होगा, तो कहना होगा कि जातक प्रायः डिप्टी मजिष्ट्रेट इत्यादि होगा। परन्तु यदि कोई ऐसा योग हो जिससे यह अनुमान होता हो कि जातक स्वतंत्र कार्य्य करने वाला होगा, तो बैरिष्टर, वकील, मोख्तार आदि होने का योग सम्भव होगा।

विषय अत्यन्त गम्भीर है। अतः ध्यान पूर्वक बहुत सी कुण्डलियों का विचार करने पर आशा की जाती है कि बुद्धि का विकाश होगा। जैसे हाकिम, वादी और प्रतिवादी दोनों ओर के गवाहों का बयान सुन कर, खूब सावधानी से उसके इजहारों पर विचार कर, एक पक्ष को विजयी बनाता है और दूसरे को हरा देता है; और ऐसा भी दखा जाता है कि जब उसी मुकदमें की अपील की जाती है तो अपील वाला हाकिम उन्हीं गवाहों के इजहारों पर कभी२ एक भिन्न ही फैसला लिख देता है। इस तरह का फैसले में उलट फेर होना हाकिमों की बुद्धि विवेक पर निर्भर करता है। परन्तु दुःख की बात है कि जब कभी किसी ज्योतिषी से इस प्रकार की भूल हो गयी तो साधारण मनुष्य ज्योतिषशास्त्र पर ही मुंह आने लगते तथा इस शास्त्र को मिथ्या करने पर उद्यत हो जाते हैं। सुतरां जबतक पाठक बहुत सी जानी हुई कुण्डलियों को अभ्यासार्थ उन पर विवेचना न करलेंगे तब तक फल कहने में पूरी सफलता सम्भव न होगी।

फुटकर बातें

धा १७८ अब इस स्थान पर थोड़ी सी फुटकर बातें लिखी जाती हैं जिससे व्यवसाय के निश्चय करने में सहायता अवश्य मिलेगी।

(१) पहले लिखा जा चुका है कि राशियाँ चर, स्थिर और द्विस्वभाव होती हैं। अतः यह निश्चय कर लेना होगा कि कुंडली की चरराशिगत कितने ग्रह हैं, स्थिरराशिगत कितने हैं और द्विस्वभाव राशिगत कितने ग्रह हैं।

(क) यदि **चर राशिगत ग्रहों** की संख्या विशेप हो तो जातक किसी स्वतंत्र व्यवसाय का करने वाला होता है। वह ऐसा व्यवसाय होता है जिसमें चतुराई, युक्ति, निपुणता, मेलजोल करने का ढंग, व्यवहार इत्यादि का प्रयोग किया जाय। ऐसा जातक जिस किसी व्यवसाय में हो अपने को सर्वदा उच्च शिखर पर पहुँचाने का यत्न करता है।

(ख) यदि **स्थिर राशिगत ग्रहों** की संख्या विशेष हो तो जातक की उन्नति वैसे व्यवसाय में होगी जिसमें धैर्य्य, शान्ति, सहनशीलता तथा दृढ़ता की आवश्यकता रहती है। ऐसे जातक को सरकारी नौकरी भी सफलता देने वाली होती है। वह प्राचीन संस्था में सफलीभूत होता है और प्रायः डाक्टरी इत्यादि द्वारा धन उपार्जन करता है।

(ग) यदि **द्विस्वभावराशिगन ग्रहों** की संख्या विशेष हो तो जातक अध्यापक, प्रोफेसर मास्टर आदि का काम करता है तथा किरानीगिरी, नौकरी, आँढ़तिया, गुमास्ता आदि के कामों में भी उसे सफलता मिलती है। कभी कभी किसी कम्पनी इत्यादि के कार्य्य से वह धन प्राप्त करता है।

(घ) यदि चर, स्थिर और द्विस्वभाव में से **दो में बराबर २ ग्रह हों** और तीसरे में कम तो उन दोनों के बलाबल पर निर्णय करना होगा अथवा दोनों तरह के व्यवसायों की सम्भावना होगी। (राहु और केतु की गणना इस विषय में नहीं की जातीहै)।

(२) राशियों और ग्रहों का तत्त्व विभाग प्रथम प्रवाह में किया जा चुका है। देखो चक्र ५ और ११ क) अतः निर्दिष्ट कुंडली का जो सबसे प्रबल ग्रह हो उसके विषय में देखना होगा कि वह ग्रह किस तत्त्व का है और किस तत्त्व की राशि में बैठा है। लग्न और लग्न से दशम का क्या तत्त्व है। अर्थात् (१) बली ग्रह, (२) बली ग्रह की राशि (३) लग्न और (४) दशम राशि, इन चारों की स्थिति अनुसार विशेषता किस तत्त्व की है। यदि **अग्नि तत्व** की विशेषता हो तो ऐसे स्थान में जातक की उन्नति उस व्यवसाय से होगी जिसमें बुद्धि और मानसिक क्रियाओं का चमत्कार दिखलाना होता है। यदि **पथ्वी तत्व** की विशेषता हो तो शारीरिक परिश्रम के व्यवसाय से सफलता होगी। यदि **जल तत्व** की विशेषता हो तो जातक अपने व्यवसाय में स्थिर नहीं होगा अर्थात् अपना व्यवसाय सर्वदा बदलता रहेगा।

व्यवसाय के कुछ योग।

(स्वतंत्र-व्यवसाय)

धा.१७१ (१) यदि चन्द्रमा से केन्द्र में बु., बृ. और शु. में से कोई अथवा सभी ग्रह हों, (२) यदि बृ.,शु. और चं. एक दूसरे से द्वितीयस्थ वा द्वादशस्थ हों, (३) यदि चं. से बृ. और शु. तृतीयस्थ और एकादशस्थ हों तो इन योगों में जातक स्वतंत्र-व्यवसाय वाला होता है।

(राज सम्बन्धी-व्यवसाय)

(१) यदि लग्नेश अथवा सप्तमेश से बृ., शु. अथवा चं. पंचम भाव में बैठा हो तो जातक के लिये राज सम्बन्धी व्यवसाय हितकर होता है।

(२) यदि लग्न से दशमस्थ सूर्य्य हो और उस पर मं. की पूर्ण दृष्टि हो अथवा मं. के साथ हो तो जातक राज सम्बन्धी काम करने वाला होता है।

(३) यदि कुंडली में शूल योग हो अर्थात् सभी ग्रह तीन ही घरों में हों तो जातक योद्धा, युद्ध में मार-काट करने वाला, मनुष्य का रुधिर बहाने वाला और संग्राम में चोट खाने वाला होता है।

(४) यदि लग्नेश अथवा सप्तमेश से, तृतीय अथवा षष्ठभाव में पापग्रह हो तो सेनापतियोग होता है।

(५) यदि (क) द्वितीयेश लग्न में, दशमेश पंचमभाव में और कोई उच्च ग्रह चतुर्थ में हो, (ख) यदि लग्नेश, चतुर्थेश और नवमेश आपस में केन्द्रवर्ती हों अर्थात् इन तीनों घरों के स्वामी परस्पर-स्थित राशि से केन्द्र में हों और (ग) यदि दशम स्थान में उच्च ग्रह हो और उस पर लग्नेश अथवा नवमेश की दृष्टि पड़ती हो तो ऐसे योगों में जातक बहुत बड़ी अश्वारोही सेना का अधिपति होता है। देखो **कुंडली १५** महाराजाधिराज रामवर्मा, ट्रावनकोर की। लग्नेश मं., चतुर्थेश चं. और नवमेश बृ. एक दूसरे के केन्द्र में है। दशम स्थान में मं. जो लग्नेश भी है, उच्च होकर बैठा है और उच्चस्थ नवमेश बृ. से दृष्ट है। यह बड़े प्रतापी और बड़ी सेना वाले राजा थे।

(६) यदि सभी ग्रह चतुर्थ, पंचम और षष्ठ स्थान में हो तो जातक कारागार का नौकर (जेलर, वार्डर) फाँसी देनेवाला वा शस्त्र बनाने वाला होता है। इसी प्रकार यदि सभी ग्रह ४,५,६,७,८,९,१० स्थानों में लगातार हों तो जेल का निरीक्षक इत्यादि होता है और प्रायः बहुत पल्ले दर्जे का मिथ्यावादी होता है।

(७) यदि सभी ग्रह लगातार सात घरों में (नियम ६ के अतिरिक्त) हों तो जातक राज-मन्त्री अथवा राजा की कार्याध्यक्ष होता है।

(८) यदि श. दशमस्थ हो अथवा दशमस्थान पर श. की पूर्ण दृष्टि हो तो जातक वसा व्यवसाय करता है जिसमें उसे बहुतों पर अधिकार रहता है। अथवा जातक ऐसा काम करता है जिसमें उसपर दूसरे लोग विश्वास करते हों या जातक पर उत्तरदायित्व या जावाबदेही हो। श. यद्यपि पाप ग्रह है परन्तु दशमस्थ अथवा दशम भाव पर दृष्टि डालने से प्रायः ऊपर लिखा हुआ फल सत्य होता है। बहुतेरे बैरिष्टर, वकील, मोख्तार आदि की कुण्डलियों में ऐसा योग पाया जाता है। देखो **उदाहरण-कुंडली** ९६, कुं० ३७ सर गणेश दत्त सिंह जी की। कुं० ४१ सैय्यद हसन इमाम साहेब की, कुं० ४८ (क) बनर्जी साहेब की, कुं० ७९ (क) केदार बाबू की और कुं० ६४ बाबू हरवंश नारायण सिंह की। पाठक ऐसा न समझ लें कि केवल शनिकृत ऐसा योग होने से ही जातक वकील मोख्तार आदि हो

जायगा। परन्तु वह जातक किसी न किसी रूप से उत्तरदायित्व वाला होगा अथवा दूसरों पर अधिकार वाला होगा।

(९) यदि चं. किसी केन्द्र में हो और उस पर बृ. अथवा शु. की पूर्ण दृष्टि पड़ती हो तो ऐसी अवस्था में मुद्राधिकार-योग होता है। ऐसा योग वाला जातक हाईकोर्ट का जज, जिला जज, मैजिस्ट्रेट, कलेक्टर, मिनिष्टर और किसी बड़े राज्य का मैनेजर आदि होता है अर्थात् वैसे पद जिसमें गवर्मेंट अथवा राज्य के प्रतिनिधि का काम करना होता है। देखो कुं० ३७ सर गणेश दत्त सिंह जी की। चं. दशमस्थ है और उसपर बृ. तथा शु. की पूर्ण दृष्टि है। देखो कुं०१० एवं२२। योग लागू है परन्तु ये दोनों धर्म के मुद्राधिकारी हुए।

(१०) यदि शनि वा रा. दशमस्थ हो और उस पर नवमेश की पूर्ण दृष्टि हो और लग्नेश के साथ पापग्रह हो तो जातक मुद्राधिकारी होता है। देखो कुं० ३७ सर गणेशदत्त सिंह जी की। रा. दशमस्थ है और नवमेश चं. उसके साथ है (दृष्टि नहीं) तथा लग्नेश मं. के साथ बु. पापग्रह बैठा है।

(११) यदि दशमस्थान में पाप ग्रह हो और उस पर शुभग्रह की दृष्टि हो तो जातक डाक्टर, हकीम, वैद्य आदि अथवा धर्मोपदेशक (हाकिम?) होता है। भाव यह है कि या तो चिकित्सा द्वारा शारीरिक अथवा धार्मिक उपदेश द्वारा मानसिक व्यथा (वा झगड़ा) का नाश करने वाला होता है। देखो कुं० ९ श्री वल्लभाचार्य्य की। दशम में के. बैठा है और उस पर शुभ की दृष्टि भी है। सभी जानते हैं कि ये बहुत बड़े धर्मोपदेशक थे। कुं० ४४ के दशम स्थान में पाप ग्रह है और बृ. से दृष्ट भी है। ये बहुत बड़े धर्मोपदेशक थे। कुं० ४६ में दशमस्थ र और बु. पापग्रह है। वे शुभदृष्ट तो नहीं परन्तु शुभयुक्त हैं। ये अत्यन्त गम्भीर और चतुर डाक्टर थे। यह योग कुं० १५ में भी लागू है। इतिहास से पता सेपता चलता है कि इनका रचना किया हुआ संस्कृत में बहुत से ललित पद ह जो दक्षिण भारत के गवैये लोग अभी भी गाते हैं। अनुमान होता है कि धर्म की ओर रुचि थी। उपदेशक थे वा नहीं, मालूम नहीं। देखो कुं० ४७ (क) र., बु.,मं. दशमस्थ हैं और बृ. से दृष्ट हैं। न्यायाधीश (जज होकर धर्मोपदशक तो नहीं परन्तु धर्मशास्त्रानुसार (अर्थात् उचित कानून के आधार पर) फसला लिखते हैं। देखो कुं० ४८ (क) दशम स्थान पर श. और मं की पूर्ण दृष्टि है और मं. के साथ शु. और श. के साथ पूर्ण चं. (शु.,चं.,शुभ) बैठे हैं। ऐसे ऐसे योग में ध्यान देना होगा कि कुंडली में किस व्यवसाय की सम्भावना है।

(वाणिज्य इत्यादि)

(१२) यदि द्वितीयेश एकादशस्थ और एकादशेश द्वितीयस्थ हो तो जातक बहुत बड़ा वाणिज्य करने वाला होता है।

(१३) इसी प्रकार जब बुध को दशमभाव से सम्बन्ध होता है तो वह वाणिज्य की ओर रुचि दिलाता है। पर ध्यान देने की बात यह है कि यदि दशम स्थान में पापग्रह हो तो आलसी रीति से वाणिज्य में प्रवृत्ति होती है और यदि पांप और शुभ दोनों हों तो मिश्रित फल होता है।

(१४) यदि कुल ग्रह आपस में त्रिकोणस्थ हों और लग्न में कोई ग्रह न हो तो जातक कृषि द्वारा जीविकोपार्जन करता है। इसे हलयोग कहते हैं। स्मरण रहे कि इस योग में यह आवश्यकता नहीं कि नवम, पंचमस्थान ही में सब ग्रह हों। अभिप्राय यह है कि सातो ग्रह ऐसे तीन भाव में हों जिससे एक दूसरे से त्रिकोण में पड़ता हो। जैसे, कुछ तृतीय में, कुछ सप्तम में और कुछ एकादश स्थान में हों और इन्हीं तीन अथवा दो भावों में सातो ग्रहों की स्थिति हो। ततीय से सप्तम, सप्तम से एकादश और एकादश से तृतीय त्रिकोण होता है।

(१५) यदि सातो ग्रह चार ही भावों में बैठे हों तो जातक सानन्द कृषि द्वारा जीविका निर्वाह करता है। इसको केदार-योग कहते हैं। एसा मनुष्य अपने पराये पर सहानुभूति रखता है। देखो **कुंडली ५७ (क)** बलदेव सहाय मोख्तार की। इनकी उन्नति कृषि से अच्छी हुई है और ये अपने लोगों पर सदा अनुग्रहीत रहते हैं। इनके घर में कई आश्रित व्यक्ति रहते हैं। देखो **कुंडली ७९**। इनकी भी वृहद रूप से खेती होती है।

(१६) यदि मं. और चतुर्थेश किसी एक केन्द्र में अथवा किसी एक त्रिकोण में हों, अथवा एकादशस्थ हों और दशमेश के साथ शु. तथा चं. हों, अथवा शु. और चं. की उन पर दृष्टि हो तो जातक कृषि से धन प्राप्त करता है और उसके पास गौ-महिषादि अधिक रहते हैं।

(१७) लिखा है कि यदि श., बु. और शु. नवमस्थ हों तौ भी जातक कृषि द्वारा धनाढ्य् होता है। चं.,बु. और बृ. के नवमस्थ रहने से जातक आचार्य, प्रोफेसर अथवा मास्टर इत्यादि होता है।

(१८) यदि सातो ग्रह लग्न और सप्तम में बैठ हों तो जातक को शकट-योग होता है। अर्थात् ऐसा जातक लौरी सर्विस, गाड़ीवानी इत्यादि से जीविका निर्वाह करता है और काष्ठ की बनी हुई चीजों का व्यवसाय करता है।

(१९) यदि पापग्रह केन्द्र में हो और शुभग्रह की दृष्टि उस पर न हो तथा बृ. अष्टमगत हो तो जातक माँस मछली इत्यादि के क्रय-विक्रय से जीविका निर्वाह करता है।

लग्न से दशमस्थ एक से अधिक ग्रह का साधारण फल।

धा.१८० र.,चं. यदि लग्न से दशमस्थ हों तो जातक शत्रु को पराजय करने वाला, सेनापति, दयारहित परन्तु शरीर से सुन्दर और राजसी स्वभाव वाला होता है।

र., मं. यदि दशमस्थ हों तो जातक नौकरी करने वाला राजा के यहाँ प्रधान अथवा सेवक का कर्य्य करने वाला परन्तु विकल और उद्विग्न चित्त होता है।

र.,बु. यदि दशमस्थ हों तो जातक पृथ्वी का मालिक, हाथी, घोड़ा वाला वा विख्यात पुरुष होता है। यदि इनमें से कोई ग्रह नीच हो तो फल में बड़ी कमी होती है।

र.,बृ. यदि दशमस्थ हो तो जातक साधारण कुल में भी जन्म लेकर सुख, सम्पत्ति, कीर्ति एवं सम्मान का पात्र होता है।

र.,शु. यदि दशमस्थ हों तो जातक राजनीतिज्ञ, शास्त्रज्ञ और वाहनादि से सम्पन्न होता है।

र.,श. यदि दशमस्थ हों तो जातक परदेशगामी एवं नौकरी करने वाला होता है। उसका धन चोरी से नष्ट होता है।

चं.,मं. यदि दशमस्थ हों तो जातक हाथी, घोड़ा और द्रव्य से युक्त होता है तथा बुद्धिमान और पराक्रमी भी होता है। (चन्द्र-मंगल योग)

चं.,बु. यदि दशमस्थ हों तो जातक माननीय, विख्यात और धनी अथवा राजा का मंत्री होता है। परन्तु जीवन के अन्तिम भाग में दुःखी और स्वजनों से हीन होता है।

चं.,बृ. यदि दशमस्थ हों तो जातक सर्वमाननीय, विद्वान, दानी, कीर्तिवान और धनी होता है।

चं.,शु. यदि दशमस्थ हों तो जातक क्षमायुक्त, राजातुल्य अथवा राज-मंत्री और धन-विभव-सम्पन्न होता है।

चं.,श. यदि दशमस्थ हों तो जातक विख्यात, शत्रुओं को पराजय करने वाला, धनी और दो स्त्री वाला होता है।

मं.,बु. यदि दशमस्थ हों तो जातक बुद्धिमान्, तेजस्वी, बीर, राजदरबार में सत्कार पाने वाला, सेनापति तथा कठोर-चित्त होता है।

मं., बृ. यदि दशमस्थ हों तो जातक धनाढ़्य और बहुत परिश्रमी, कीर्तिवान् और कार्य्य-सम्पन्न करने वाला होता है।

मं.,शु. यदि दशमस्थ हों तो जातक शस्त्रविद्या का ज्ञाता, विद्वान, बुद्धिमान् और राजा का मंत्री, तथा कोमल शरीर वाला होता है।

मं.,श. यदि दशमस्थ हों तो जातक राजदंड से पीडित और विभव हीन होता है। ऐसे जातक को राज-द्वार से धन प्राप्ति की सम्भावना नहीं रहती है।

बु.,बृ. यदि दशमस्थ हों तो जातक धनाढ़्य, मन्त्री, विनीत, विख्यात और माननीय होता है। वह पुत्र से पीड़ा पाता है।

बु.,शु. यदि दशमस्थ हो तो जातक धनाढ़य् ,राजा से प्रयोजन रखने वाला, नीतिशास्त्रज्ञ एवं सब कार्य्य में साधन-सफलता पाने वाला होता है ।

बु.,श. यदि दशमस्थ हों तो जातक नौकरी करने वाला, असत्यभाषी, मलिनचित्त, और मुर्ख परन्तु परोपकारी होता है ।

बु.,शु. यदि दशमस्थ हों तो जातक धनवान्, मानी, बहुत नौकर वाला, सुन्दर तथा शीलयुक्त होता है ।

शु.,श. यदि दशमस्थ हों तो जातक उत्तम कार्य्य करनें वाला, विख्यात, साँसारिक झंझट से रहित और राजमंत्री होता है ।

टिप्पणी—यदि **दो से अधिक** ग्रह दशमस्थान में हों तो द्विग्रह-योग जो ऊपर लिखा गया है, उसी के अनुसार फल कहना होगा । जैसे र.,बु.,मं. हो तो र.,बु.र.,मं.-बु., मं. के फलानुसार फल का अनुमान करना होता है।

(१) चन्द्रमा से दशमस्थ एक ग्रह का साधारण फल ।

धा.१८१ र. यदि चन्द्रमा से दशमस्थ हो तो जातक धनी और सात्विक गुणयुक्त होता है। ऐसा जातक जिस काम में हाथ डालता है, उसमें सफलता प्राप्त करता है।

मं. यदि दशमस्थ हो तो जातक साहसी, क्रूर-बुद्धि वाला बुराआचरण वाला, म्लेक्ष देशवासी और क्रूर बुद्धि से धन उपार्जन करने वाला होता है ।

बु. यदि दशमस्थ हो तो जातक विद्या-कला से धन उपार्जन करने वाला कारीगर, धनी, पंडित, विख्यात, धार्मिक और पुत्रवान होता है।

बृ. यदि दशमस्थ हो तो जातक राजतुल्य अथवा राजमंत्री ,शुभाचरण वाला, धर्मात्मा और सु-सम्पत्तिवाला होता है ।

शु. यदि दशमस्थ हो तो जातक धनी, राजा से माननीय अपने कार्य्य में सफलता पाने वाला तथा भोगी एवं सुखी होता है ।

श. यदि दशमस्थ हो तो जातक दुःखी, निर्धन और कार्य में उद्विग्न रहने वाला होता है ।

(२) चन्द्रमा से दशमस्थ दो ग्रहों का साधारण फल

र.,मं.,यदि दशमस्थ हो तो जातक मद-मैथुन-प्रिय, वस्त्रादि भूषण से युक्त, वाणिज्य करने वाला, बीर, और हिंसक होता है। र.,बु. यदि दशमस्थ हों तो जातक खगोलादि विद्या का जानने वाला अथवा प्रेमी होता है। वस्त्र, वाहन, भूषण इत्यादि से युक्त,

वाणिज्य करने वाला और जल के पदार्थों से जीविका करने वाला होता है।

र.,बृ. यदि दशमस्थ हों तो जातक सब कार्य में सफलता प्राप्त करने वाला, राजा से सत्कार पाने वाला, विख्यात और बीर होता है।

र.,शु. यदि दशमस्थ हों तो जातक राजद्वार में सम्मान पाता है और स्त्री के आश्रय में रहकर धन प्राप्त करने में समर्थ होता है। वह धनवान तथा राजप्रिय होता है।

र.,श. यदि दशमस्थ हों तो जातक को धन कमाने में अनेकानेक बाधायें होती हैं। वह नौकरी करने वाला परदेश वासी, कृपण तथा चोर भी होता है। उसे बन्धन (जेल) का भी भय रहता है।

मं.,बु. यदि दशमस्थ हों तो जातक विज्ञान शास्त्र (Science) द्वारा जीविका निर्वाह करने वाला और दीर्घायु परन्तु राजा से शत्रुता करने वाला होता है।

मं.,बृ. यदि दशमस्थ हों तो जातक साधारण लोगों का नायक होता है। यदि दोनों ग्रह बली हों तो जातक अपने मित्रों से अथवा उनके आधीन रह कर जीविकोपार्जन करता है।

मं.,शु. यदि दशमस्थ हों तो जातक विदेश में वाणिक का काम करने वाला होता है और सोना मोती इत्यादि वस्तुओं से युक्त रहता है। वह क्षत्रियों के आश्रय में रह कर जीविका उपार्जन करता है।

मं.,श. यदि दशमस्थ हों तो जातक साहसिक क्रिया से धन प्राप्त करता है परन्तु मिथ्यावादी होता है।

बु., बृ. यदि दशमस्थ हों तो जातक बहुत ख्याति और राजद्वार में मर्यादा पाता है। वह धनी और शास्त्रज्ञ भी होता है। लिखने पढ़ने का काम भी करता है।

बु., शु. यदि दशमस्थ हों तो जातक विद्वान, मन्त्री अथवा भूम्याधिपति, धर्मिष्ठ तथा सुखी होता है।

बु.,श. यदि दशमस्थ हों तो जातक पुस्तक लिखने वाला, मिट्टी का बर्त्तन बनाने वाला, चित्रकार, विद्वान और विख्यात होता है।

बृ.,शु. यदि दशमस्थ हों तो जातक विद्वान, राजद्वार में माननीय, राजा की नौकरी करने वाला और ब्राह्मणों की रक्षा करने वाला होता है।

बृ.,श. यदि दशमस्थ हों तो जातक अपने मन्तव्य के पालन में बड़ा दृढ़ होता है। वह विख्यात परन्तु लोगों को दुःख देने में बड़ा चतुर होता है।

श.,शु. यदि चन्द्रमा से दशमस्थ हों तो जातक तेल की तिजारत से लाभ उठाता है और गन्धादि द्रव्यों के बेचने से, सोना चांदी के क्रय-विक्रय से, चित्रकारी से और नाचगानादि से जीविका निर्वाह करता है।

(३) चन्द्रमा से दशमस्थ दो से अधिक ग्रहों का फल।

र.,मं.,बु. यदि चन्द्रमा से दशमस्थ हों तो जातक सर्वपूज्य धनवान्, राजा के लोगों से अनुग्रहीत और उत्तम पुरुष होता है।

र.,मं.,बृ. यदि दशमस्थ हों तो जातक स्मृद्धिवान्, ऐश्वर्य्यवान् और अपने शत्रुओं को पराजय करनेवाला होता है।

र.,मं.,शु. यदि दशमस्थ हों तो जातक क्रूर, साहसी और परधन हरण करने वाला होता है।

र.,मं.,श. यदि दशमस्थ हों तो जातक दुराचारी, क्रूरकर्मी और छिपकर पाप करने वाला होता है।

र.,बु., बृ. यदि दशमस्थ हों तो जातक विद्वान, रूपवान, ऐश्वर्य्यवान और धार्मिक होता है।

र.,बु.,शु. यदि दशमस्थ हों तो जातक यशस्वी, धर्मातमा, सौभाग्यवान्, समृद्धिशाली और शत्रुओं पर सदा विजयी होता है।

र.,बु.,श. यदि दशमस्थ हों तो जातक शीलहीन, क्रुर और चपल होता है। उसके शरीर में अग्नि अथवा शस्त्र का चिह्न रहता है।

र.,बृ.शु. यदि दशमस्थ हों तो जातक विद्या से धन प्राप्त करता है। वह ऐश्वर्य्यवान् ,धार्मिक, सुन्दर और योगी होता है।

र.,बृ.,श. यदि दशमस्थ हों तो जातक रोगी, अतिचपल एवं जनों से हीन होता है।

मं.,बु.,बृ. यदि दशमस्थ हों तो जातक धर्मातमा, धनी और परिवार वाला होता है।

मं.,बु.,शु. यदि दशमस्थ हों तो जातक स्वर्ण और पुष्पादि का व्यवसाय करने वाला अथवा कारीगरी से धन उपार्जन करने वाला होता है।

मं.,बु.,श. यदि दशमस्थ हों तो जातक धार्मिक, सरलस्वभाव, सत्यभापी और आलसी होता है।

मं.,बृ.,शु. यदि दशमस्थ हों तो जातक धनी, धार्मिक एवं नीतिज्ञ शास्त्रज्ञ होता है।

मं.,बृ.,श. यदि दशमस्थ हों तो जातक असत्यभाषी, झगड़ालू, हिंसक तथा बन्धन में पड़ने वाला होता है।

बु.,बृ.,शु. यदि दशमस्थ हों तो जातक इष्टमित्र वाला, धनी, सुखी, धर्मात्मा और सात्विक गुणयुक्त होता है। (स्मरण रहे कि इसमें गज-केसरी योग भी होता है)।

बु.,वृ.,श. यदि दशमस्थ हों तो जातक धनी, धार्मिक, दयालु तथा सत्यभाषी होता है।

वृ.,शु.,श. यदि दशमस्थ हों तो जातक सुन्दर शरीर वाला, दानी और सत्कार्य्य करने वाला परन्तु क्रूर होता है।

र.,मं.,बु. शु. यदि दशमस्थ हों तो जातक लिखने पढ़ने का काम करने वाला, चित्रकार और कार्य्य कुशल होता है।

र.,मं.,बु.,श. यदि दशमस्थ हों तो जातक धार्मिक कार्य्य करने वाला परन्तु नीच-रत रहता है।

र.,मं ,वृ.,श. यदि दशमस्थ हों तो जातक कृषि का काम करने वाला, उद्यमी, धनधान्य सम्पन्न और धर्मात्मा होता है।

र.,मं. वृ ,श यदि दशमस्थ हों तो जातक दूसरे का धन हरण करने में प्रवीण और क्रूरकर्मी होता है।

र ,मं.,शु.,श. यदि दशमस्थ हों तो जातक चतुर, आचारवान्, समर्थ और विख्यात होता है।

र.,बु ,वृ ,शु यदि दशमस्थ हों तो जातक खेती करने वाला, पहलवान और मधुर-भाषी होता है।

र.,बु ,वृ.,श यदि दशमस्थ हों तो जातक पराये बचना में आसक्त, चतुर और क्रूर-कर्मी होता है।

र ,बु ,शु ,श. यदि दशमस्थ हों तो जातक खेती करने वाला, मधुरभाषी, चतुर और कठिन स्वभाव वाला होता है।

र ,बु ,शु.,श. यदि दशमस्थ हों तो जातक परदेशवासी और अनेक काम करने वाला होता है।

मं.,बु.,वृ.,शु. यदि दशमस्थ हों तो जातक सग्रांम में वीरता दिखाने वाला, पण्डित और चतुर होता है।

मं ,बु , वृ श. यदि दशमस्थ हों तो जातक संग्राम के लिये उत्सुक, शूर, बैरियों को पराजय करने वाला और कठिन स्वभाव वाला होता है।

मं ,.बु,शु ,श. यदि दशमस्थ हों तो जातक विद्वान, वीर और विशाल शरीर वाला होता है।

मं.,.बृ,शु.,श, यदि दशमस्थ हों तो जातक बहु कुटुम्बवाला, धनी और धीर होता है।

बु ,बृ.,शु.,श. यदि चन्द्रमा से दशमस्थ हों तो जातक बुद्धिमान्, शान्तस्वभाव और लोक विख्यात होता है।

दशमस्थान की राशि का फल।

(दशम-लग्न साधन द्वारा जो राशि आवे)

धा. १८२ मेष यदि लग्न से दशमस्थ हो तो जातक निन्दित कर्म करने वाला होता है।

वृष यदि लग्न से दशमस्थ हो तो जातक ऐसा काम करने वाला होता है जिसमें बहुत खर्च पड़ता है।

मिथुन यदि दशमस्थ हो तो जातक प्रधानतः कृषि का काम करता है।

कर्क यदि दशमस्थ हो तो जातक बगीचा, वृक्ष, तालाव, बावली, घाट, कुआं और नाव इत्यादि का काम करने वाला होता है।

सिंह यदि दशमस्थ हो तो जातक अधर्म और पापयुक्त भयङ्कर काम करने वाला होता है। पुरुषार्थी मनुष्यों का विनाश करने वाला और कारागार का काम करने वाला होता है।

कन्या यदि दशमस्थ हो तो जातक किसी स्त्री के राज्य में काम करने वाला होता है। वह बलवान होकर मनुष्यों के विरुद्ध काम करता है।

तुला यदि दशमस्थ हो तो जातक वाणिज्य, धर्म और नीतियुक्त काम तथा अन्य मनुष्य की इच्छानुसार अथवा दूसरों की सम्मति अनुसार (हाकिमी, वकालत मोख्तारी इत्यादि) काम करने वाला होता है।

वृश्चिक यदि दशमस्थ हो तो जातक नीतिविरुद्ध, लोकनिन्दित, दुष्टता और दयाहीनता का काम करता है।

धन यदि दशमस्थ हो तो जातक राज्य-सम्बन्धी कार्य्य करने वाला, मनुष्यों की सेवा सम्बन्धी परोपकार करने वाला और भोजनादि सम्बन्धी काम करने वाला होता है।

मकर यदि दशमस्थ हो तो जातक परिजनों को सन्ताप पहुँचाने वाला और दयारहित काम करने वाला होता है।

कुम्भ यदि दशमस्थ हो तो जातक कुल में उचित कार्य्य करने वाला और कीर्तिवान होता है।

मीन यदि लग्न से दशम राशि हो तो जातक पाखण्ड-धर्म-युत और लोभी होकर जन विरुद्ध काम करता है।

नवमस्थान से व्यवसाय का अनुमान।

धा. १८३ (१) विद्वानों का कथन है कि यदि **सूर्य्य** उच्च, मूलत्रिकोणस्थ, मित्र-राशिस्थ अथवा अतिमित्रराशिस्थ होकर नवमस्थ हो अथवा उच्चवर्गादि का हो तो जातक निम्नलिखित व्यवसाय से लाभ उठाता है। जैसे, शृङ्ग और राजचिन्ह के पदार्थ (चँवर इत्यादि) का क्रय-विक्रय, कृषि, नौकरी, दुर्जन-कर्म, लिखने पढ़ने का काम, कोषाध्यक्षता, डाक्टरी वैद्यक, चिकित्सक इत्यादि, रुपया-पैसा बाँटने का काम, जगह२ घूम कर माल बेचना विवाद, प्रेतकार्य्य, भाई २ का झगड़ा, लड़का, विवाह, इत्यादि से।

(२) यदि **चन्द्रमा** उच्चादि राशि अथवा वर्ग का हो तो निम्नलिखित व्यवसाय से जातक लाभ उठाता है। जैसे, शंख इत्यादि के क्रय-विक्रय से, मैथुन से, किसी स्त्री के प्रेम से, किसी राजा की मित्रता द्वारा धनलाभ से, कृषि से, कपड़े की तिजारत से, ब्राह्मणों के विरोध से और स्वदेश-द्रव्य हानि इत्यादि से।

(३) यदि **मंगल** उच्चादिराशि अथवा वर्ग का होकर नवमस्थ हो तो निम्नलिखित फलों का बोध होता है:—स्वर्णसिद्धि, जय, वस्त्रलाभ, मित्रसमागम, बन्धु-विवाद, शत्रु-कर्म, स्त्री पर बुरी दृष्टि, स्त्रीलाभ, दासलाभ, सर्वइच्छा, वलक्षय, बल से धन प्राप्ति। यदि मं. मूलत्रिकोण में हो तो कृषि अथवा राजा से धनलाभ, यदि मं. स्वगृही हो तो स्वर्ण, वस्त्र इत्यादि का लाभ, यदि मं. मित्र गृही हो तो अन्न की प्राप्ति इत्यादि। यदि मं. अति शत्रु गृही हो तो जातक को अग्नि, कुष्ट, संग्रहणी, गुल्म इत्यादि रोगों से भय होता है और धन का नाश होता है। जातक क्रूरवृत्ति का करने वाला होता है।

(४) यदि **बुध** उच्च होकर नवम स्थान में हो तो विद्या पढ़ाने से अर्थात मास्टर, पंडित इत्यादि होने से धनोन्नति करता है। यदि बु. शत्रुगृही होकर बैठा हो तो किसी स्त्री से, वादविवाद से और मामला मोकद्दमा से धन मिलता है। यदि बु. मित्र राशि गत हो तो खेती, जमीन्दारी, इत्यादि से लाभ होता है। यदि बु. नीच राशिगत हो तो बन्धु विरोध, मामला मोकद्दमा इत्यादि से धननाश होता है। यदि बु. उच्च हो तो बुद्धि, धन यश, स्वर्ण भूमि, राजा से लाभ होता है। यदि बु. स्वगृही हो तो लिखने पढ़ने के काम से, शिल्पकारी से, राजस्त्री के अनुग्रह से और वस्त्र, स्वर्णादि के क्रयविक्रय से धन प्राप्त होता है। यदि सप्तमभाव में बु. बैठा हो तो शारीरिक परिश्रम से धन मिलता

है। यदि बु. अतिशत्रु राशि में हो तो विद्याध्ययन में क्षति, व्यापार में हानि, कुष्टरोग इत्यादि, अश्मरी अर्थात् पथरी रोग (मूत्रस्थली का एक विशेष रोग) होता है । यदि बु. अपने षोड़शांश का हो तो बन्धु विवाद से, देशान्तर फिरने से क्षेत्रादि लाभ होता है। खेती से धन धान्यादि की वृद्धि होती है नौकरी सेवा में कुशलता होती है। विद्या पढ़ाने में जातक कुशल होता है।

(५) यदि **बृहस्पति** नवमस्थ हो तो जातक धनी, गुणी, सुखी, प्रतापी सर्वसम्पत्ति सम्पन्न और किसी संस्था का प्रधान होता है। यदि बृ. शत्रुराशिगत हो तो द्रव्य और भूमि इत्यादि का नाश होता है। झगड़े में पराजय होता है और यदि मित्रराशिगत हो तो विद्या पढ़ाने वाला और नौकरी करने वाला होता है। यदि बृ. अतिमित्र गृही हो तो स्त्री, पुत्र, मित्र आदि से धन ऐश्वर्य्य की प्राप्ति होता है अथवा विवाहादि सम्बन्ध से धन मिलता है।

(६) यदि **शुक्र** उच्चादि हो कर भाग्यस्थान में बैठा हो तो जातक राज्य कार्य करने वाला, सेनापति, मन्त्री, शिक्षाविभाग में काम करने वाला, अध्यापक, यज्ञ का काम करने वाला, स्त्री, पुत्र, भाइयों से सुखी होता है। यदि शु. अतिशत्रु राशिगत हो तो जातक स्त्री के लिये लालायित, पातकी, बुद्धिहीन और दरिद्र होता है और यदि स्वक्षेत्रगत हो तो नौकरी करने वाला, सेनाधिकारी, कृषक, विद्या से धन उपार्जन करने वाला और वापी, कूप, तालाब आदि से सम्पत्तिवान होता है।

(७) **शनि** का फल मंगल वत् होता है।

एकादशेश से व्यवसाय-विचार

धा-१८४ यदि एकादश स्थान का स्वामी **सूर्य** वा **चन्द्रमा** हो तो जातक राजा अथवा राजा-तुल्य पुरुष के यहाँ नौकरी कर लाभ उठाता है। यदि एकादशेश **मंगल** हो तो जातक राज-मंत्री पद से, भाई से अथवा कृषि से लाभ उठाता है। यदि **बुध** एकादशेश हो तो विद्या से अथवा पुत्र, कुटुम्बादि से धन मिलता है। यदि **बृहस्पति** एकादशेश हो तो धार्मिक कार्य द्वारा धन प्राप्त होता है। यदि **शुक्र** एकादशेश हो तो स्त्री द्वारा अथवा रत्नादि से अथवा हाथी, घोडा आदि चदुष्पदों से और यदि **शनि** एकादशेश हो तो कुवृत्ति से धन प्राप्त होता है।

(क) व्यवसाय निश्चित करने की विधि

धा-१८५ उपर्युक्त बातें लिखने के बाद अब व्यवसाय निश्चित करने की सरल विधि नीचे लिखी जाती है। अतः इन नियमों के अनुसार यदि सावधानता

पूर्वक बुद्धि और विवेक से काम लियाजाय तो व्यवसाय का निश्चय करना सुलभ हो जायगा ।

(१) पहली बात यह देखनी होगी कि प्राप्त-कुंडली में धन योग है या नहीं। यदि है तो उत्तम, मध्यम वा निकृष्ट है ? (इन बातों का विचार धा. १५७–१७५ के अनुसार करना होगा) ।

(२) तत्पश्चात् धा. १६३ के अनुसार देखना होगा कि भुजार्जित धन का योग है वा नहीं एवं धा. १७१ के अनुसार वाणिज्य से विभव सूचित होता है या नहीं। क्योंकि व्यवसाय का उत्तम होना उपर लिखित बातों पर ही निर्भर करता है ।

(३) इसके बाद धा. १७७ के अनुसार थह निश्चय करना होगा कि जातक के व्यवसाय-कारक ग्रह कौन २ हैं और उसमें किस ग्रह की प्रधानता है और साथ २ यह भी देखना होगा कि उन ग्रहों से किस प्रकार का व्यवसाय सूचित होता है।

(४) तदनन्तर देखना होगा कि धा. १७८ के अनुसार किस प्रकार के व्यवसाय की सूचना मिलती है ।

(५) इसी प्रकार धा. १७९ के अनुसार देखना होगा कि जातक को कोई विशेष प्रकार का व्यवसाय-योग लागू है वा नहीं।

(६) पुनः यह देखना होगा कि धा. १८०, १८१, १८२ १८३ और १८४ से किस प्रकार के व्यवसाय की सूचना मिलती है ।

(७) अन्त में यह मालूम करना होगा कि धन-योगानुसार सबसे कौन व्यवसाय प्रबल रीति से लागू होता है। ऐसा भी देखा जाता है कि एकही व्यक्ति को एक से अधिक भी व्यवसाय होते हैं।

विषय गहन अवश्य है । परिश्रम एवंविवेचना शक्ति की आवश्यकता विशेष है । परन्तु विषय अत्यन्त उपयोगी और बहुमूल्य है। सभी जानते हैं कि कोयले का मूल्य हीरे के मूल्य के सामने कुछ नहीं है क्योंकि कोयले की प्राप्ति में उतना परिश्रम नहीं है जितना हीरा में। अतएव ज्योतिष के विद्वानों से लेखक का नम्र निवेदन है कि यदि वे लोग इस विषय को प्राचीन ऋषि-प्रणीत वचनानुसार एवं तर्क द्वारा कुछ विशेष पल्लवित करें तो अवश्य ही सुगमतापूर्वक यह जटिल समस्या, कि किस व्यक्ति को कौन व्यवसाय विशेष रूप से फलदायी होगा, सुलझायी जा सकती है और विश्वास किया जाता है कि यदि इस रूप से व्यवसाय निश्चित किया जाय तो मनुष्य डामाडोल के भँवर से निकल सकता है और तभी इस शास्त्र की ओर सभी का चित्त आर्कर्षित होगा। इस शास्त्र को सर्वोपयोगी बनाने का यत्न सवश्रेय है।

(ख) वेतनादि-अनुमान

किसी आचार्य का मत है कि मनुष्य की आमदनी अथवा वेतनादि का भी अनुमान मोटामोटी रूप से किया जा सकता है। उसकी विधि इस प्रकार है :—

(१) पहले देखना होगा कि दशमेश, दशमस्थ, और दशम-लग्न के समीपवर्ती कौन२ ग्रह हैं। इनमें से जो बली हो उसी ग्रह के अनुसार आयप्रमाण का अनुमान बतलाया है। स्मरण रहे कि दशम स्थान में यदि कोई ग्रह न रहे एवं दशम लग्न के निकटवर्ती भी कोई ग्रह न रहे तो ऐसे स्थान में केवल दशमेश से ही विचार करना होगा।

(२) पिण्डायुर्दाय (जिसकी विधि इस पुस्तक में नहीं दी गई है) बनाने की विधि में लिखा है कि प्रत्येक ग्रह को परमोच्च रहने पर अमुक २ वर्षप्रमाण में आयु दायित्व होता है। जैसे, यदि सूर्य परमोच्च स्थान में हो तो १९ वर्ष की आयु देता है। इसी प्रकार चन्द्रमा परमोच्च हो तो २५, मंगल १५, बुध २२, बृहस्पति १५, शुक्र २१ और शनि २० वर्ष की आयु देता है। यदि ये ग्रह परम-नीच-स्थान में हों तो आयु-दायित्व में आधा हो जाता है। अर्थात् यदि सूर्य्य परमनीच हो तो ९½ वर्ष की आयु देता है इत्यादि २। इससे यह सिद्ध हुआ कि जब कोई ग्रह परमोच्च होता है तो अपने दायित्व का पूर्ण-वर्ष-माण देता है और परमोच्च से ज्यों २ आगे बढ़ता है अर्थात् नीच की ओर जाता है तो क्रमशः आयु का दायित्व घटते २ परमनीच पर पहुँचने से आधा हो जाता है : इस कारण परमोच्च स्थान से १८० अंश चलने के उपरान्त यदि आधा हो जाता है तो अमुक अंश चलने के बाद आयु में कितना ह्रास होगा, यह साधारण त्रैराशिक से निकाल लिया जा सकता है। इसी प्रकार यदि परमनीच से परमोच्च जाने पर अर्द्धदायित्व पूर्ण हो जाता है तो परमनीच से अमुक अंश बढ़ने के उपरान्त आयु में कितनी वृद्धि होगी, सुगमता से जाना जा सकता है।

(३) उपर्युक्त नियम के अनुसार दशमेश, दशमस्थ और दशमभाव निकटस्थ में से जो बली होगा, उसी ग्रह के स्फुट से देखना होगा कि वह नीचाभिलाषी है अथवा उच्चा-भिलाषी। अर्थात् परमोच्च पर है, परमोच्च से नीच की ओर जा रहा है, अथवा परमनीच से परमोच्च की ओर जा रहा है। तत्पश्चात् नियम (२) के अनुसार आयु प्रमाण निकालना होता है।

(४) उपर्युक्त विधि के अनुसार जो आयु-संख्या आवे उसको द्रव्य-संख्या मानना पड़ता है। जिस देश की प्रचलित जो सिक्का (Coin) हो, वही, जैसे हिन्दुस्तान का का रुपया, इंगलैंड का पाउण्ड इत्यादि मानना होगा। अर्थात् सूर्य्य परमोच्च हो तो भारत-वर्ष के लिये १९ रुपया, इंगलैंड के लिये १९ पाउण्ड अनुमान करना होगा। इसी तरह चन्द्रमा से २५ रु. इत्यादि इत्यादि।

(५) इस द्रव्यसंख्या को १०,१००,१०००, इत्यादि से गुणा करने की विधि है। पर प्रश्न यह उठता है कि कब १० से कब १०० से और कब १००० इत्यादि से गुणा किया जाता है। इस स्थान पर अनुमान से काम लेना होता है परन्तु मनमाना अनुमान नहीं। पूर्व धाराओं के अनुसार एवं अन्य शुभाशुभ योगानुसार विवेचना करना होगा कि जातक की कुंडली से दरिद्रता प्रतीत होती है, अथवा धनयोग साधारण है या राज-योगादि रहने के कारण असाधारण। बस, इसी तारतम्यानुसार १०,१०० या १००० इत्यादि से गुणा करना बतलाया है। नीचे एक उदाहरण दिया जाता है जिससे पाठकों को बात अच्छी तरह समझ में आ जायगी।—

उदाहरण कुण्डली ९६ का दशमेश बु. है। दशम स्थान में कोई ग्रह नहीं है। दशम-भाव का समीपवर्ती ग्रह भी बुध ही है। इन सब कारणों से बु. ही से विचार करना होगा। बु. कन्या के १५ अंश पर परमोच्च होता है और बु. तुला के ७ अंश पर है (६।७–५।१५ =०।२२) बु. २२ अंश परमोच्च से गिर चुका है। यदि १८० अंश में बुध, ६ वर्ष खोता है तो २२ अंश में ($\frac{२२\times६}{१८०}$) $\frac{११}{१५}$ वर्ष इस कारण (१२—$\frac{११}{१५}$) ११$\frac{४}{१५}$ वा. ११$\frac{१}{४}$ रुपया इस जातक की आमदनी (मासिक ?) होगी। अब देखना है कि इस जातक की कुण्डली कैसी है।

यदि अत्यन्त साधारण कुंडली हो तो उसके आमदनी का अनुमान उतना ही होगा, नहीं तो कुंडली के शुभत्व के अनुसार १०,१००, १०००,इत्यादि से गुणा करना होगा। उदाहरण कुण्डली में धनयोग बहुत ही उत्तम रहने के कारण जातक की मासिक आमदनी लगभग हजार, ग्यारह सौ का होता है और यह ठीक भी है। लेखक को इस योग का पूरा अनुभव नहीं है। पर विश्वास है कि यह एक लागू अनुमान-विधि हो सकती है।

अध्याय २१

जीवन का सप्तमतरङ्ग।

धार्मिक जीवन तथा प्रव्रज्या योग।

धर्म के विभाग।

धा. १८६ गत षष्ठतरङ्ग में धनादि और उसके उपार्जन के विषय में लिखा गया है। परन्तु धन उपार्जन अथवा उसकी प्राप्ति मनुष्य के जीवन का अन्तिम ध्येय नहीं हो सकता और न है। यद्यपि यह बात सत्य है कि धन से धर्मादि क्रिया भी हो सकती है परन्तु देखा

जाता है कि प्रायः धन, सांसारिक भोग विलास और व्यसनादि ही में अधिकतर खर्च किया जाता है। इस कारण धन पारलौकिक सुख और दुख दोनों का कारण हो सकता है। यह ठीक कहा गया है कि 'धनानि भूमौ पशवश्च गोष्ठे, भार्या गृहद्वार जनाः श्मशाने, देहश्चितायाँ परलोक मार्गे धर्मानुगो गच्छति जीव एकः'। लिखने का भाव यह है कि संसार के समस्त अर्जित धन इत्यादि मनुष्य की मृत्यु के समय यहीं पृथ्वी पर रह जाते हैं। यह शरीर भी चिता में जला वा गाड़ दिया जाता है परन्तु आत्मा के साथ परलोक तक केवल धर्म ही जाता है। सुतराँ, यदि मनुष्य धार्मिक जीवन सौभाग्यवश व्यतीत कर सके तो जीवनयात्रा को सफल मानना चाहिये। धर्म शब्द बहुत गूढ़ है। इस स्थान पर धर्म को दो मुख्य विभागों में बाँटना है। एक परहित अर्थात् परोपकार और दूसरा ईश्वर प्रेम। परहित के बहुत से अंग प्रत्यंग हैं। जैसे, उचित दानादि, दूसरों के लिये अपना त्याग। (देशभक्ति, समाज सेवा इत्यादि), धार्मिक संस्था अर्थात् देव मन्दिर, विद्या-मन्दिर, धर्मशाला, कूप, तड़ाग इत्यादि बनवाना। इस खंड में इन्हीं सब विषयों पर कुंडली द्वारा विचार करने की रीति बतलायी गयी है। अर्थात् देखना यह होगा कि जातक का धार्मिक जीवन कैसा होगा।

परोपकार सौभाग्य।

धा.१८७ (१) इस विषय का विचार द्वितीय, चतुर्थ, नवम, दशम भाव और लग्न से किया जाता।

(२) यदि लग्नाधिपति और द्वितीयाधिपति उच्च हों और उन पर शुभग्रह की दृष्टि पड़ती हो तो जातक परोपकारी और मनुष्यों की रक्षा करने वाला होता है।

(३) यदि बृ. द्वितीयेश और द्वितीयस्थ हो अर्थात् बृ. द्वितीय स्थान में स्वगृही हो, अथवा द्वितीय स्थान का स्वामी बु. वा शु. हो और उच्च, मित्रगृही अथवा चतुर्थ भाव में बैठा हो तो जातक जन के समूह की रक्षा करने वाला और परोपकारी होता है। देखो **कुं.३९** माहात्मा गांधी जी की। द्वितीयेश शु. स्वगृही द्वितीयस्थ है। शु. नवांश में वृष का है अर्थात् नवांश में भी स्वगृही है। (और उस पर बृ. की पूर्णदृष्टि है देखो आगामी नियम)। इस कारण इनका परोपकारी होना और जन समुदाय के लिये अपना सर्वस्व त्याग करना ज्योतिष द्वारा सिद्ध होता है।

(४) यदि द्वितीयेश पर बृ. की दृष्टि पड़ती हो और द्वितीयेश तृतीय भाव गत हो और उच्च सूर्य चतुर्थस्थ हो तो भी जातक जनसमुदाय का रक्षा करने वाला होता है।

देखो **कुं. २४** सर प्रभु नारायण सिंह जी की। द्वितीयेश तृतीयस्थ है और बृ. से

पूर्ण दृष्ट है। लग्नेश सू. चतुर्थस्थ (परन्तु उच्च नहीं) है। यह बात सर्व विदित है कि ये कैसे दानी और परोपकारी थे।

(५) यदि द्वितीयेश उच्च हो, अथवा ५,९ वा ११ स्थानगत हो और उसके साथ बली लग्नेश भी हो और द्वितीयेश जिस स्थान में बैठा हो उस स्थान का स्वामी केन्द्रवर्ती हो तो जातक बहुतों का सहायक होता है।

(६) यदि द्वितीयेश उच्च हो और उसके साथ बृ. हो अथवा उस पर बृ. की पूर्ण-दृष्टि हो तो जातक परोपकारी होता है। देखो कुं. ३९ द्वितीयेश उच्च नहीं पर स्वगृही एवं शुभ वर्ग का है।

(७) यदि द्वितीय स्थान में कोई उच्चादि ग्रह हो और उस पर बृ. की पूर्ण दृष्टि हो अथवा बृ. उसके साथ हो तो ऐसा जातक हजारों हजार मनुष्यों का नेता और संरक्षक होता है। यह योग महात्मा गांधी जी की कुं. ३९ में पाया जाता है। द्वितीयेश शु. स्वगृही एवं स्वगृहीनवांश का है। यद्यपि शु. उच्च नहीं है परन्तु स्मरण रहे कि यह गो-पुरांश का है। देखो कुं. ४९ पं. जवाहिर लाल नेहरू जी की। शनि द्वितीय स्थान में वर्गोत्तम नवांश का है और मकर अर्थात् अपने द्वादशांश में है और उस पर बृ. की पूर्ण दृष्टि है। देखो कुं. ४८ बाबू श्री कृष्ण सिंह जी की। द्वितीय स्थान में बु. मिथुन के द्रेष्काण अर्थात् स्वगृही द्रेष्काण में, मिथुन के नवांश अर्थात् स्वगृही नवांश में और कन्या के द्वादशांश अर्थात् स्वगृही द्वादशांश में है और उसके साथ वृ. अपने नवाँश में बैठा है। देखो कुं १७ रामकृष्ण परमहंस जी की। द्वितीय स्थान में उच्च शु. स्वगृही वृ. के साथ है। इस कुंडली में ग्रहों की स्थिति अति सुन्दर है। इसी प्रताप से मृत्यु के बाद भी इनके नाम से अनेक मंडलियाँ उपकारार्थ मौजूद हैं।

(८) शास्त्रकारों ने यह भी लिखा है कि यदि दशमेश अर्थात् कीर्ति भाव का पति द्वितीयस्थ हो तो केवल इस योग से ही जातक परोपकारी कीर्तिवान होता है। देखो कुं. ४८ बाबू श्री कृष्ण सिंह जी की।

(९) यदि दशमेश द्वितीयस्थ होकर उच्च हो अथवा किसी उत्तम वर्ग का हो तो जातक बहुत ही विशेष कीर्तिवान होता है। महात्मा जी की कुं. ३९ में दशमेश द्वितीयस्थ है और अपने मित्र के नवांश, द्रेष्काण और द्वादशांश में है और स्वगृही शुक्र के साथ है। देखो कुं. ४८ बिहार केशरी बाबू श्री कृष्ण सिंह जी की। दशमेश बु. उत्तम वर्ग का (जैसा पूर्व लिखा जा चुका है) द्वितीय स्थान में वृ. के साथ है। देखो कुं. २८ सर प्रभुनारायण सिंह जी की। दशमेश शुक्र द्वितीयस्थ है। यद्यपि शु. नीच है परन्तु इसे नीच-भंग-राज-योग लगा हुआ है। इस कारण उक्त महाराजा साहेब बड़े ही कीर्तिवान हुए। देखो आगामी धारा)।

(१०) यह भी लिखा है कि यदि दशमेश बु. हो और उस पर शुभग्रह की दृष्टि पड़ती हो तो जातक वहु-माननीय होता है। महात्माजी की कुंडली ३९ में दशमेश बु. है और उस पर बृ. की पूर्ण दृष्टि है। देखो उदाहण–कुंडली ९६ बु. दशमेश है और उस पर बृ. की पूर्ण दृष्टि है। यह जातक सचमुच अपने स्थान में बहुत प्रतिष्ठित है। दखो कुं ४८ बाबू श्री कृष्ण सिंह जी की। दशमेश बु. है और बृ. के साथ द्वितीय स्थान में है। फलतः बिहार प्रान्त की जनता इनकी कीर्ति पर मुग्ध है।

(११) यदि द्वितीयेश उच्च, मित्रगृही अथवा स्वगृही हो और द्वितीयेश जिस स्थान में बैठा हो उस स्थान के स्वामी को पाँच वर्गों का बल हो और उस पर बृ. की पूर्ण दृष्टि हो तो ऐसा जातक बहुत से मनुष्यों का (पुस्तक में लिखा है तीन सौ मनुष्यों का परन्तु यह संख्या बहु-सूचक है) नायक होता है। यह योग भी महात्मा जी की कुण्डली सें लागू है। स्वगृही द्वितीयेश गोपुराँश में है (पारावतांश में नहीं) और उस पर बृ. की पूर्ण दृष्टि है। तात्पर्य यह है कि द्वितीयेश के बली होने से और शुभग्रह की दृष्टि से उत्तम फल होता है। ज्योतिष शास्त्रानुसार महात्मा गान्धी जी की कीर्ति एवं अखिल नायकत्व पूर्णरूपेण सिद्ध होती है।

(१२) यदि नवमेश उच्चस्थ हो और उस पर शुभग्रह की दृष्टि हो और नवमस्थान में शुभग्रह बैठा हो तो जातक दानशील और परोपकारी होता है।

(१३) यदि नवमेश पूर्णबली हो और उस पर बृ. की पूर्ण दृष्टि हो और लग्नेश पर भी बृ. की पूर्णदृष्टि हो तो जातक धर्मात्मा और उपकारी होता है। देखो कुंडली ३९। नवमेश बली होकर लग्नेश के साथ है तथा बृ. से दृष्ट भी है। ग्रहगण उच्चस्वर से महात्मा जी के इन गुणों का गान कर रहे हैं।

(१४) यदि लग्नेश पर अथवा लग्न पर नवमेश की पूर्ण दृष्टि हो और नवमेश केन्द्र अथवा त्रिकोणगत हो तो भी जातक दानशील होता है देशबन्धु जी की कुंडली ४० में लग्नेश लग्नस्थित है और नवमेश उसके साथ है (नवमेश की दृष्टि अर्थात् तृतीय सम्बन्ध नहीं होकर इनकी कुंडली में चतुर्थ सम्बन्ध है) और नवमेश केन्द्रगत है। इनकी उदारता से सभी परिचित हैं।

(१५) यदि नवमेश सिंहांश का हो उस पर लग्नेश अथवा दशमेश की दृष्टि हो तो जातक पूर्ण रूप से उदार एवं दानशील होता है। महात्मा गाँधी जी की कुण्डली में नवमेश शु. केवल स्वगृही ही नहीं बल्कि सप्तमांश में मीन (उच्च' नवांश में वृष (स्वगृही) और त्रिशांश में तुला (स्वगृही) का है, और यद्यपि लग्नेश बु. को शु. से दृष्टि-सम्बन्ध नहीं है पर योग-सम्बन्ध है और दशमेश भी बु. ही है। इस कारण योग पूणरूप से लागू है। अतः फल भी लागू ही है। देखो कुंडली ४० देश बन्धु जी की। नवमेश बु.

लग्नेश शु. के साथ है। अतः योग मध्यम रूप से लागू है। **उदाहरण** कुंडली में नवमेश र. पर लग्नेश बृ. की पूर्ण दृष्टि है और उस पर दशमश की दृष्टि तो नहीं पर दशमेश बु. उसके साथ है। यह जातक अत्यन्त ही उदार चित्त है।

(१६) यदि (क) नवमेश चतुर्थस्थ हो और दशमेश केन्द्रवर्ती हो और द्वादशेश बृ. के साथ हो या (ख) बु. उच्च हो और नवमेश से पूर्णदृष्ट हो तथा एकादशेश केन्द्र गत हो तो जातक दानशील और उपकारी होता है।

(१७) यदि नवमेश बृ. के साथ हो और षड्वर्गों में बली हो वा लग्नेशपर बृ. की पूर्णदृष्टि हो तो जातक महादानी होता है। देखो कुंडली ३९ और ४८ योग लागू है।

(१८) ऊपर लिखी हुई बातों से यह सिद्ध होता है कि दानशील अर्थात् परोपकारी होने के लिये द्वितीय, चतुर्थ, नवम, दशम, बु.,बृ.,और शु. का शुभ योग होना आवश्यक है। देखो कुं. ३७ सर गणेश दत्त सिंह जी की। द्वितीयेश चतुर्थस्थ है और वही बृ. पंचमेश अर्थात् विद्यास्थान का स्वामी भी है और बृ. के साथ दानशीलता का कारक और शुभग्रह शु. भी बैठा है और उस पर नवमेश चन्द्रमा कीर्ति स्थान (दशमस्थान) में बैठ कर बृ. और शु. पर पूर्ण दृष्टि डालता है। इसका प्रत्यक्ष फल देखने में यह आता है कि उक्त मिनिस्टर साहेब बहुत काल से विद्यार्थियों को विद्याध्ययन में सहायता दे रहे हैं और उनकी दृढ़ प्रतिज्ञा है कि अपने चार हजार मासिक वेतनमें से केवल आठ सौ ही अपने निजी कार्य के लिये व्यय करें और गवर्नमेंट टैक्स इत्यादि देने के बाद शेष द्रव्य कुल उपकारार्थ व्यय करें। इन्होंने अपनी प्रतिज्ञा को कार्य रूप में परिणत कर डेढ़ लाख रुपया टेकनीकल लाइन अर्थात् किसी विशेष-विद्या-उपार्जी विद्यार्थियों के लिये पटना विश्वविद्यालय को दिया है और पटने में इन्होंने एक अनाथालय भी खोला है। इन्होंने लगभग तीनं लाख रुपये को उपकारार्थ छोड़ रक्खा है।

(१९) यदि (१) नवमेश बली होकर केन्द्र अथवा त्रिकोण में बैठा हो और लग्नेश की दृष्टि लग्न पर पड़ती हो, अथवा (२) यदि दशमेश बृ. के नवांश, त्रिशांश अथवा द्रेष्काण का हो तो ऐसे जातक को धनागमन तो अवश्य होता है पर वह सांसारिक सुखों को त्याग कर तपस्वी के जैसा जीवन व्यतीत करता है। महात्मा गान्धी जी की कुंडली ३९ में दशमेश बुध तुला के १० अंश पर है। इस कारण धन के नवांश अर्थात् बृ. के नवांश में है और किसी गणित से तुलाके १०।६ कलापर है। यदि यही गणित ठीक माना जाय तो बृ. के त्रिशाँश का होता है (देखो चक्र १६ ख)। बोध होता है कि इसी योग ने महात्मा जी को अर्द्धनग्न-फकीर (Half-Naked Fakir) की उपाधि दिलवायी। सच है तपस्वी हो तो ऐसा हो। इस धारणा से कि देश दरिद्र है, अपने भोजन के सुख को त्यागा। ऐसा देखकर कि वस्त्र के लिये विदेश के आधीन होना पड़ता है, लंगोटी धारण किया है।

यह सभी जानते हैं कि इनको धन की कमी नहीं। दशमेश द्वितीयस्थ है अर्थात् धन-गृह में ही बैठा है ; परन्तु दशमेश बुध ,बृ. के नवांश अथवा त्रिशांश में पड़ कर महात्मा जी को साँसारिक भोगविलासादि त्याग कराकर एक अलौकिक एवं आदर्श मूर्ति इस विलाश जगत में खड़ा कर दिया है। देखो कुंडली ४९ पंडित जवाहिर लाल नेहरू जी की। दशमेश मंगल, मींन के नवांश में है (और बृ. के द्वादशांश में भी है) इसी कारण प्रतीत होता है कि पंडित जो ने आनन्द भवन जैसे प्रासाद, रत्नजटित आभूषणों, अत्यन्त वहुमूल्य वस्त्रों एवं उत्तमोंत्तम भोजनों को त्याग, निःस्वार्थ एवं निष्कपट रूप से बन्दी-खाने को जवाहिर-भवन बना साधारण भोजन और मोटा वस्त्र अत्यन्त प्रिय खादी धारण कर जीवन व्यतीत करना अपना ध्येय बना रखा है। देखो कुंडली ४७ देशपूज्य बाबू राजेन्द्र प्रसाद जी की। दशमेश बु. धन अर्थात् बृ. के द्रेष्काण में है और उस पर बृ. की पूर्ण दृष्टि भी है। इसी कारण इन्होंने अपनी कई हजार की वकालत की मासिक आमदनी को तृणवत् त्याग अभी देश सेवा के लिये मानो भिक्षुक से बने हुए हैं और स्वदेशोन्नति एवं भारत को गौरवान्वित करने के हेतु महान् तपस्या कर रहे हैं।

क्या इन उदाहरणों के बाद भी ज्योतिप शास्त्र पर कपोल कल्पित एवं सार रहित होने की लांछना लग सकती है? यह भले ही संभव है कि मैं या अन्य बहुतेरे, ज्योतिष के रहस्य को न जानते हों पर जो इस शास्त्र का ज्ञाता है वह अवश्य ही इस विद्या की सच्चाई को अक्षराक्षर बतला सकता है।

यज्ञादि-क्रिया-सौभाग्य।

धा.१८८ (१) यदि बृहस्पति, बु. अथवा मं. के साथ हो तो जातक को प्रायः मन्दिर धर्मशाला, विद्यालय इत्यादि वनाने का सौभाग्य प्राप्त होता है।

(२) यदि दशमेश दशमस्थ हो, अथवा दशमेश चार शुभ वर्गों का हो अर्थात् गोपुरांश में हो, अथवा दशमेश केन्द्र वा त्रिकोण में हो, अथवा दशमेश बु. हो और बृ. बलवान हो, अथवा चन्द्रमा तृतीय भावगत हो तो जातक मन्दिर, तालाव, धर्मशाला विद्यालय,कुआँ इत्यादि वनवाता है अथवा मरम्मत करवाता है और धार्मिक यज्ञोंका अनुष्ठान करने वाला होता है। देखो कुंडली २८ भारती जी की। दशमेश चतुर्थस्थ है और वृप अर्थात् उच्च नवांश में है तथा चार शुभ वर्गों में भी है (चतुर्थेश दशमस्थ है)। इस कारण इन्होंने चार लाख रुपया खर्च कर श्री शारदा एवं शंकर की संस्थापना की थी जिसमें लगभग तीस हजार विद्वान ब्राह्मण उपस्थित थे। देखो कुंडली ३० मालवीय जी। दशमेश एवं विद्या-स्थानेश, मं. छः शुभवर्गों में है और केन्द्र (चतुर्थेश, मकान इत्यादि का कारक) में भी बैठा है। इन छःशभवर्गों में से तीन वर्ग वुध का पड़ता है। बुध सर्वदा विद्या का कारक

है। अतएव दशमेश चार शुभवर्गों से अधिक में होकर चतुर्थस्थ है। इसी योग ने मालवीय जी को काशी विश्वविद्यालय जैसे महान विद्या-केन्द्र का जन्मदाता एवं कर्ता-धर्ता बनाया। उक्त विश्व-विद्यालय इनके जीवन का एक मुख्य कर्मक्षेत्र है।

(३) यदि बृहस्पतिके साथ होकर बुध दशम स्थान में हो तो जातक मन्दिर अथवा धर्मशाला इत्यादि बनवाता है। यदि दशमेश के साथ बुध दशमस्थ हो तो जातक जीर्ण मन्दिरादि का पुनरुद्धार करता है।

(४) यदि (क) दशमेश शुभग्रह होकर चन्द्रमा के साथ हो और राहु अथवा केतु से बिलग हो, अथवा (ख) बुध उच्चस्थ वा नवमस्थ हो, पर राहु, केतु से विलग हो और दशमेश नवमस्थ हो, अथवा (ग) दशमेश उच्चस्थ हो और बुध के साथ हो, अथवा (घ) लग्नेश दशमस्थ हो और दशमेश हो और दशमेव नवमस्थ हो पर पापग्रह न हो और पापग्रह की दृष्टि से वंचित और शुभग्रहकी दृष्टि से युक्त हो तो जातक यज्ञादि क्रिया करने वाला होता है। परन्तु यदि दशमेश षष्ठ, अष्टम वा द्वादशगत हो अथवा बुध से राहु दशमस्थ हो और दशमभावगत हो तो यज्ञादि योग को हानि पहुँचती है।

(५) यदि दशमेश और लग्नेश एक साथ हो, अथवा यदि दशम और लग्न का एकही स्वामी हो (ऐसा योग कन्या एवं मीन लग्न म होगा) तो जातक स्वार्जित धन से यज्ञादि करता है। यदि दशमेश शनि के साथ हो तो शुद्रों से धन लेकर, यदि दशमेश राहु अथवा केतु के साथ हो तो शिष्यों से द्रव्य लेकर, यदि दशमेश बृहस्पति के साथ हो तो राजा से धन प्राप्त कर यज्ञादि क्रिया करता है। यदि दशमेश सूर्य्य, शुक्र, चन्द्रमा मंगल अथवा बुध के साथ हो तो इन ग्रहों की कारकर्तानुसार मनुष्यों से सहायता लेकर यज्ञ करता है अर्थात् सूर्य्य के साथ होने से पिता, चन्द्रमा से माता, मंगल से भ्राता और बुध से चचेरे भाई आदि की सहायता से यज्ञ करता है।

ईश्वर-प्रेम एवं प्रव्रज्या-योग सौभाग्य।

धा.१८९ (१) पंचमभाव से ईश्वरप्रेम और नवमभाव से धर्म विषयक अनुष्ठानादि का विचार होता है। जब नवम और पंचम दोनों शुभलक्षण युक्त होते हैं तभी अनुष्ठानादि क्रिया भक्ति के साथ होती है क्योंकि पंचम स्थान से ही भक्ति की प्रगाढ़ता का विचार होता है। अतः जब नवमेश और पंचमेश इन दोनों का परस्पर सम्बन्ध रहता है तो भक्ति और अनुष्ठान दोनों के एकत्रित होने से जातक उच्च श्रेणी का साधक बनता है और फल की उत्कृष्टता उन दो भावेशों के बलाबल और शुभगुणादि के तारतम्यानसार होती है। दशमस्थान को कर्मस्थान कहते हैं और दशमस्थान से हो प्रव्रज्या योग का

भी विचार होता है। इस कारण यदि पंचमेश और नवमेश को दशम अथवा दशमेश से भी सम्बन्ध हो तो फल में विशेष उत्कृष्टता होती है।

(२) यदि पंचम स्थान में पुरुष ग्रह बैठा हो अथवा पुरुष ग्रह की दृष्टि पड़ती हो तो जातक पुरुष देवता की उपासना करता है। यदि पंचमभाव समराशि हो और उसमे चं. वा शु. बैठा हो अथवा इन दोनों मे से किसी की दृष्टि पड़ती हो तोजातक किसी स्त्री-देवता की उपासना करनेवाला होता है। यदि सूर्य्य पंचमस्थ हो अथवा पंचम पर सूर्य्य की दृष्टि पड़ती हो तो जातक मुख्यतः सूर्य्य देवता का उपासक होता है। यदि चं. वा मू. पंचमस्थ हो अथवा पंचमभाव पर दिष्ट डाँलता हो तो जातक शंकर-अर्द्धाङ्गिणी श्री-गौरी महारानी का भक्त होता है। इसी प्रकार मंगल का योग वा दृष्टि रहने से कुमार कार्तिकेय और नवमस्थ होने से श्री शंकरभगवान और बुध का योग वा दृष्टि रहने से श्री विष्णुभगवान एवं बृहस्पति का योग वा दृष्टि होने से भी श्री शंकरभगवान का भक्त होता है। यदि शनि अथवा राहु और केतु की दृष्टि वा सम्बन्ध पंचमस्थान से हो तो जातक अन्य देवता को इप्ट देव माननेवाला होता है।

इस स्थान पर जानने की विशेष बात यह है कि शनि अवश्य ही कठोर पापग्रह है परन्तु यह मनुष्य को अपनी यन्त्रणा में पेड़कर—जैसे आगमें जलने पर सोना शुद्ध होता है—उसके विचार को शुद्ध कर देता है। इसी कारण जब शनि प्रव्रज्या कारक होता है और शनि को पंचम और विशेपतः नवम से सम्बन्ध होता है तो जातक कठोर तपस्वी अथवा पाखण्ड-व्रत निरत अर्थात् नास्तिक अथवा वेद पुराणादि के जातिविभेद, स्पर्शदोषादि का नहीं माननेवाला होता है। और प्रचलित धार्मिक संस्था में हेरफेर का विश्वास करनेवाला होता है यह सर्वविदित है कि शनि म्लेच्छ ग्रह कहा जाता है। अतः जब ऐसे ग्रह का धर्म भाव से सम्बन्ध हो तो जातक प्रायः (धर्मशास्त्रोक्त) आचार-विचार का विरोधी होता है परन्तु शुभग्रह की दृष्टि अथवा योग होने से प्रत्यच्छ म्लेच्छवत् नहीं होता। किसी आचार्य ने तो लिखा है कि "नवमस्थाने सौरो यदि स्थित.सर्र दर्शन विमुक्तः। नरनाथ योगजातो नृपोऽपि दीक्षान्वितो भवति"। अर्थात् शनि के नवमस्थ होने से जातक सर्व-दर्शन विमुक्त होता है यदि और जातक को राज योग हो दो जातक राजा होन पर भी दीक्षा ग्रहण करता है। इसी कारण धर्म सम्बन्धी बातों के विचार में जब कभी शनि को नवम पंचम अथवा नवमेश वा पंचमेश से सम्बन्ध होता है तो कुछ न कुछ धर्म सम्बन्धी विलक्षणता अवश्य होती है।

देखो उदाहरण कुंडली भक्ति स्थान का स्वामी (पंचमेश) मंगल नवम अर्थात् धर्मा-नुष्ठानभाव में बैठा है,और अनुष्ठान भाव का स्वामी अर्थात् नवमेश कर्मभाव के स्वामी के साथ होकर शुक्र के साथ एकादशस्थ है। इन तीनों की पूर्ण दृष्टि भक्ति अर्थात् पंचम-

स्थान पर है। नवमेश और दशमेश पर शुभग्रह बृहस्पति की पूर्ण दृष्टि है और शनि को पंचमस्थान, नवमस्थान, पंचमेश वा नवमेश से कोई सम्बन्ध नहीं है। इस कारण जातक पूर्णरीति से धर्मिष्ठ और सनातन धर्मावलम्बी है। यह जातक बहुत दिनों से श्रीशंकर-भगवान का पूर्णअनुरागी है, पडङ्गरूद्री से शंकरभगवान का नित्य स्नान कराता है देखो कुं. ३५ रायबहादुर सूर्य्य प्रसाद ,वकील, भागलपुर की। ये वकालत छोड़ कर काशीबास कर रहे हैं। इस कुंडली में पंचमेश, नवमेश और दशमेश तीनों एकत्रित होकर द्वादश स्थान में बैठे हैं, और स्वगृही बृहस्पति लग्नस्थ होकर पंचम और नवम पर पूर्ण दृष्टि डालता है। भक्ति स्थान और अनुष्ठान स्थान दोनों ही बहुत सुन्दर है। परन्तु शनि एकादशस्थ होकर पंचमपर पूर्ण दृष्टि डालता है। इस कारण यद्यपि ये पक्के सनातन धर्मी हैं परन्तु किसी किसी विषय में आधुनिक समाज के अनुसार कुछ ढीला पड़ जाते हैं। लग्नस्थ बृहस्पति की पंचम एवं नवम पर दृष्टि होने से बहुत रक्षा हुई। देखो कुंडली १७ स्व० रामकृष्ण परमहंश जी की। पंचमेश बुध शनि के क्षेत्र में लग्नगत और लग्नेश शनि बुध के क्षेत्र अर्थात् कन्या में है। भाव यह है कि पंचमाधिपति को शनि से सम्दन्ध होता है और नवमाधिपति शु. उच्च होकर स्वगृही बृहस्पति के साथ द्वितीयस्थ है और शुक्र और शनि को परस्पर पूर्ण दृष्टि है। शनि की पूर्ण दृष्टि प्रव्रज्यायोग-कारक-स्थान अर्थात् दशमस्थान पर है। शनि की पूर्ण दृष्टि पंचम स्थान पर भी है। अर्थात् शनि लग्नाधिपति होता हुआ पंचमेश' नवमेश, दशम और पंचम स्थान से सम्बन्ध रखता है। इन्हीं सब कारणों से शनि ने इन्हें कठोर तपस्वी बनाया। परन्तु नवमेश के उच्चस्थ होने और उसके साथ स्वगृही बृहस्पति रहने के कारण और ऐसे शु. और बृ. शनि पर पूर्ण दृष्टि रहने के कारण अर्थात् शुभग्रहों के सम्बन्ध द्वारा ये परमहंस रहने पर भी भवित -भाव में बड़ी उदारता दिखलाते थे और लोकाचार के भी कठोर विरोधी नहीं थे। देखो कुंडली १८ देवघर निवासी स्व० पंचानन भट्टाचार्य्य जी की। पंचमेश बृहस्पति स्वक्षेत्री हो कर पंचमस्थ है, नवमेश लग्नगत है और उस नवमेश पर बृ. की पूर्ण दृष्टि है अर्थात् पंचमेश और नवमेश को तृतीय सम्बन्ध है। कर्म स्थान का स्वामी शुक्र पंचमस्थ बृहस्पति के साथ है। पंचम, पंचमेश, नवम वा नवमेश किसी को भी शनि से सम्बन्ध नहीं है। परन्तु शनि दशमस्थ है, इस कारण ये उच्चाधिकारी हुए और धर्मभाव और भक्तिभाव सुन्दर रहने के कारण ज्ञान और भक्ति की मानो साक्षात् मूर्ति थे। ये लोकाचार के विरोधी कुछ भी नहीं थे। देखो कुं. १० चैतन्यमहाप्रभु (गौरांगमहाप्रभु) की। पंचमेश बृ. पंचमस्थ है एवं नवम स्थान को देखता है और नवमेश मं. बृहस्पतिके साथ पंचमस्थहै। पंचम और नवम को शनि से सम्बन्ध नहीं है। अतः भक्ति का प्रवाह इनके चित्त में बहुत हुआ और ईश्वर-प्रेम में निमग्न रह कर बंगाल प्रान्त वरण सम्पूर्ण भारत में भक्तिभाव के वहुत ही उच्च शिखर पर ले जाकर इन्होंने ईश्वर प्रेममें बहुतों को निमग्न कर दिया। इस कुंडली

में और भी बहुत से शुभ लक्षण हैं जिनका उल्लेख अन्य समुचित स्थान पर किया गया है। देखो कुं. २८ जगद्गुरु श्री १०८ नरसिंह भारती जी की। नवमेश (अनुष्ठानेश) बुध पंचमस्थान (ईश्वरप्रेम) में बैठा है और पंचमेश दशमस्थान में है। पुनः पंचमेश शनि ईश्वर-प्रेम कारक दशमस्थान प्रव्रज्या कारक चं. (दशमेश) से अन्योन्य सम्बन्ध रखता है। चन्द्रमा और शनि एक दूसरे के गृह में हैं और चन्द्रमा पर शनि की दृष्टि है। तात्पर्य यह निकला कि ईश्वर, अनुष्ठान क्रिया एवं प्रव्रज्या स्थान इन तीनों में विलक्षण सम्बन्ध है। अतः उक्त जगद्गुरु जी एक बड़े उच्च कक्षा के भजनानन्द, तपस्वी, योगी एवं धार्मिक संस्था के संरक्षक हुए। देखो कुंडली २४ महाराजाधिराज सर प्रभु नारायण सिंह जी की। पंचमेश बृ. एवं नवमेश मं. को अन्योन्य दृष्टि-सम्बन्ध है। इस कारण इनका धार्मिक विचार अत्यन्त ही सुन्दर था। शनि की दृष्टि पंचमस्थान एवं नवमेश पर भी है परन्तु नवमेश बृ. से श. दृष्ट है। देखो कुं. २६ लोकमान्य बाल गंगाधर तिलक जी की। इनके पंचमेश और नवमेश को परस्पर कोई सम्बस्ध नहीं है। परन्तु नवमस्थान में स्वगृही बृहस्पति है और पंचमस्थान पर पूर्णदृष्टि डालता है। इस कारण ये धार्मिक विचार के थे। परन्तु स्मरण रहे कि शनि की पूर्ण दृष्टि नवमस्थान पर है; अतः शनि और बृहस्पति ने इनसे इस बात को कहलाया—जो इनकी जीवनी में लिखा है कि "जो लोग समाज का सुधार करना चाहते हैं उन्हें सबसे पहले अपने चरित्र को सुधारना चाहिये"। उनका विचार था कि "हमारे समाज में प्राचीन और नवीन भावों का उचित समावेश हो"। वे न तो प्राचीनता के अन्धविश्वासी थे और न नवीनता के उपासक। वृद्धावस्था में इन्होंने समुद्र यात्रा को शास्त्रानुकूल बतलाया था और उचित समझने पर प्रायश्चित्त करना भी स्वीकार किया था। इस स्थान पर शनि और बृहस्पति के फल को जरा गंभीरतापूर्वक देखेंगे। देखो **कुंडली** ६ मुसलमानों के पैगम्बर मोहम्मद साहेब की। पंचमेश शुक्र उच्च है तथा नवमेश बुध (नीच) के साथ एकत्रित होकर तृतीय स्थान में बैठा है। शु. एवं बु. की पूर्ण दृष्टि नवम स्थान पर और श. एवं बृ. की पूर्ण दृष्टि पंचम स्थान पर पड़ती है। भक्ति स्थान सुन्दर होने के कारण ये ईश्वर प्रेमी बहुत हुए और इन्होंने अपने मति अनुकूल धर्म की संस्थापना भी की। परन्तु शनि की पूर्ण दृष्टि पंचमस्थान पर पड़ने से और नवमेश बुध के नीचस्थ होने के कारण आचार के कट्टर विरोधी और मुसलमान धर्म के मुख्य संस्थापक हुए (बृ. शनि के साथ है)। इस कुंडली पर ध्यान देने से इस जातक के जीवन-रहस्य का बहुत कुछ परिचय मिल जायगा। विशेष लिखने की यहाँ आवश्यकता नहीं। देखो **कुंडली** ३९ महात्मा गांधी जी की। पंचमेश शनि है और यह तृतीय स्थानस्थ है तथा इसकी पूर्ण दृष्टि पंचम तथा नवम स्थान पर पड़ती है। नवमेश शुक्र स्वगृही होकर द्वितीयस्थ है (और ऊपर लिखा जा चुका है कि शु. बहुत बली है) परन्तु शुक्र को पंचम और पंचमेश से कोई सम्बन्ध न रहने के कारण धार्मिक विचार स्वच्छ रहने पर भी अनुष्ठानादि क्रिया

में ये विश्वास नहीं रखते। बोध होता है कि शनि के पंचमेश होने, शनि की पूर्ण दृष्टि पंचम एवं नवम स्थान पर होने तथा शनि पर किसी शुभ ग्रह की दृष्टि न होने के कारण ही महात्मा जी केवल छूआछूत के कट्टर विरोधी ही नहीं हुए, किन्तु अछूतोद्धार का डंका और स्पर्शादि दोष के विरोध की दुदुंभी सारे भारत में बजवा रहे हैं। परन्तु नवमेश शुभग्रह एवं बली होने और उस पर बृ. की पूर्ण दृष्टि रहने के कारण ये नास्तिक न होकर ईश्वर प्रेमी हुए। शनि ने प्रचलित धार्मिक विचार, लोकाचार और वर्णादि भेद से इनको हठात् विवर्जित कर दिया।

देखो **कुंडली ३०** पंडित मदन मोहन मालवीय जी की। पंचमेश अर्थात् ईश्वर-प्रेम-कारक ग्रह मंगल चतुर्थस्थ है। धर्मस्थान का स्वामी बृहस्पति तृतीयस्थ होता हुआ धर्मस्थान पर पूर्ण दृष्टि डालता है। पुनः पंचमेश जिस राशि में बैठा है उस राशि के स्वामी शुक्र पर भी बृहस्पति की पूर्ण दृष्टि है। स्मरण रहे कि मंगल दशम स्थान का भी स्वामी है। इन कारणों से धर्मस्थान सुन्दर एवं सराहनीय है। अतः पंडित जी अंग्रेजी विद्या की उच्च शिक्षा पाने पर भी पक्के सनातनधर्मी हैं। परन्तु पंचमेश और नवमेश में कोई सम्बन्ध न रहने के कारण ये अनुष्ठानिक नहीं हुए। विचारने की बात है कि जैसे महात्मा जी की कुंडली में तृतीय स्थान में शनि बैठा है उसी प्रकार इनकी कुंडली में भी शनि तृतीयस्थ है। दोनों में अन्तर यह है कि महात्मा जी की कुंडली में शनि को किसी शुभ ग्रह से लेशमात्र भी सम्बन्ध नहीं है, परन्तु इनकी कुंडली में नवमेश बृहस्पति शनि के साथ है। पुनः लग्नेश चन्द्रमा (कृष्णपक्ष की अष्टमी को जन्म होने के कारण) शुभ होकर शनि के साथ है। अतः बृहस्पति एवं चन्द्रमा ने शनि को अछूतोद्धार की ओर टूट पड़ने से रोक दिया। अर्थात् लोकाचार इत्यादि का बन्धन रखते हुए मालवीय जी अछूतोद्धार करने पर तत्पर हुए। अछूतोद्धार की ओर इनकी जैसी विवेचना है सभी जानते हैं। बुद्धि बतलाती है कि इन दोनों के दोष स्पर्शादि विचार में यदि कुछ अन्तर है तो इसका कारण, श. के साथ दो शुभ ग्रहों (बृ.चं.) का रहना ही है।

देखो **कुंडली २७** महाराजाधिराज श्री लक्ष्मेश्वर सिंह जी की। पंचमेश बुध उच्च, पंचम स्थान अर्थात् ईश्वर-प्रेम के स्थान में बैठा है। पुनः नवमेश शनि बुध के नवमांश का होता हुआ तृतीय स्थान में रहकर अपने स्थान मकर और पंचमेश बुध को देखता है अर्थात् पंचमेश एवं नवमेश को द्वितीय सम्बन्ध (एक प्रकार से) है। परन्तु पंचम एवं नवम पर शनि की पूर्ण दृष्टि का प्रभाव आपके जीवन में अवश्य ही कुछ पड़ा होगा।

देखो **कुंडली २१** अयोध्यावासी श्री १०८ सीताराम भगवान दास रूपकला जी की। ये वर्त्तमान कालीन महात्मा एक बहुत ही विख्यात धर्मानुरागी साधु थे। उक्त महात्मा जी अपने प्रारम्भिक जीवन में विहार शिक्षा-विभाग के डिप्टी इन्सपेक्टर आफ स्कूल्स थे।

थोड़ी ही अवस्था में भक्ति-प्रेम में निमग्न हो इन्होंने आजन्म श्री अयोध्या जी में निवास किया और अपने ईश्वर-प्रेम के प्रवाह में लाखों मनुष्यों को बहा दिया। इनकी कुंडली में पंचमेश बुध और नवमेश शुक्र दोनों शुभग्रह साथ होकर सप्तम स्थान में बैठे हैं और उन पर कर्म-स्थान-पति मंगल की पूर्ण दृष्टि है अर्थात् शु. और बु. को मं. से अन्योन्य सम्बन्ध है। तृतीयस्थ शुभग्रह बृहस्पति की भी धर्मस्थान पर पूर्ण दृष्टि है। ग्रहों की इस सुन्दर स्थिति के ही कारण ये उच्च कक्षा के ईश्वर-प्रेमानुरागी हुए।

देखो **कुंडली २९** स्व० महाराजाधिराज सर रामेश्वर सिंह जी की। पंचम स्थान का स्वामी शुक्र नवम स्थान में और नवम स्थान का स्वामी तृतीय स्थान में है। श. और और शु. में अन्योन्य दृष्टि-सम्बन्ध रहने के कारण, इस धा. के नियम (१) के अनुसार ये उच्च श्रेणी के साधक हुए हैं। कर्मस्थान का स्वामी बृहस्पति लग्नस्थित होकर पचम एवं नवम दोनों पर पूर्ण दृष्टि डालता है और स्मरण रहे कि पंचम पर शनि की भी पूर्ण दृष्टि है। शुभग्रह की दृष्टि होने के कारण एवं सुन्दर-साधक-योग के रहने से शनि ने इनको एक कठोर अनुष्ठानिक बनाया। जो इस विहार प्रान्त के सभी लोग जानते हैं। यहाँ पर एक बात विचारने योग्य है कि महात्मा गांधी जी की कुंडली में शनि से तृतीयस्थ होकर उनसे अछूतोद्धार का डंका बजवाया परन्तु महाराजाधिराज को कट्टर सनातनी बनाया। इसका कारण यह है कि महाराजाधिराज की कुंडली में श. और बृ. दोनों ही की दृष्टि नवम पंचम पर है; अतः ये ईश्वर-प्रेमी एवं अनुष्टानिक हुए। परन्तु महात्मा गांधी जी की कुंडली में शनि ने पंचमस्थ मकर राशि अर्थात् ईश्वर-प्रेम को तो पुष्ट किया पर नवम पर दृष्टि डाल कर उन्हें प्रचलित-धर्म का प्रत्यक्ष विरोधी बनाया, क्योंकि न तो शनि पर और न नवम, पंचम पर ही किसी शुभग्रह की दृष्टि है। इसी प्रकार विद्यासागर जी की **कुंडली १६** में श. यद्यपि तृतीयस्थान में बृहस्पति के साथ है पर श. मूलत्रिकोणस्थ होने के कारण बृहस्पति से बली है और पंचधा-मैत्री अनुसार बृ. एवं श. में शत्रुता है। सभी जानता है कि आपने सनातन-धर्म विरुद्ध विधवा विवाह का खूब प्रचार किया। उपर्युक्त जिन २ महानुभावों की कुडली में श. तृतीयस्थ है, उस श. के शुभदृष्ट वा युक्त होने इत्यादि बातों पर विचार करने से उन लोगों की धार्म्मिक धारणाओं का पूरा पता चल जायगा।

देखो **कुंडली ३६** महारानी मैसूर की। पंचमेश शुक्र और नवमेश बुध एक साथ होकर सप्तम स्थान में बैठे हैं और शुक्र दशमेश भी है। इस कारण ईश्वर-प्रेम का अच्छा योग है। परन्तु स्मरण रहे कि बु. और शु. अपने परम शत्रु चं. के गृह में है और उन पर नीच बृ. की दृष्टि पड़ती है। अतः उक्त महारानी साहिबा एक विशेष ईश्वर-प्रेमी तो न हुईं पर रायल हारोस्कोप (Royal Horoscope) नामक पुस्तक से पता चलता है कि ये अपनी शेष अवस्था में धार्मिक ग्रंथों का अवलोकन एवं वेदान्त अध्ययन करती थीं।

देखो **कुंडली ३७** सर गणेशदत्त सिह जी की। नवमेश एवं पंचमेश की परस्पर

दृष्टि रहने के कारण इनका धार्मिक-विचार अत्यन्त ही सुन्दर है। इनकी कोठरी अनेकानेक देवमूर्तियों से सजी रहती है और ये नित्य एक घंटा के लगभग भगवान का गुणानुवाद एक गायक से सुनते हैं। परन्तु नवमेश पर शनि की दृष्टि रहने के कारण किसी किसी बात में स्वतन्त्र-विचार (Liberal Views) के भी हैं। बृ. एवं शु. की दृष्टि नवमेश चं. पर न होती तो यह जाति-भेदादि-विचार-शून्य हो जाते।

देखो **कुंडली ४३** अरविन्द जी की। नवमेश मंगल (परन्तु नीचगत) पंचम में और पंचमेश चं. दशम में है। दशमेश, उच्च बृहस्पति पंचम में मंगल के साथ बैठा है परन्तु नवमेश और पंचमेश को कोई सम्बन्ध नहीं है। ईश्वर-प्रेम में शनि ने इनको योगशास्त्र का कठोर अनुयायी बनाया है। धा .१९२ में इनके योगी होने का योग बतलाया गया है।

देखो **कुंडली ९** श्री वल्लभाचार्य्य जी की। पंचमेश और लग्नेश साथ होकर धर्म-स्थान में बैठा है। मंगल यद्यपि नीच है पर उसे नीच-भंग-राज-योग लागू है और बृहस्पति तो उच्च है ही। बृहस्पति की पूर्ण दृष्टि लग्न एवं पंचम पर भी है। पंचम स्थान बृहस्पति का क्षेत्र है। इन्हीं कारणों से ये उच्च कोटि के ईश्वर-प्रेमी एवं ज्ञान-भक्ति सम्पन्न, भक्तों के राजा (नीच-भंग-राज-योग के कारण) हुए। पुनः देखने की बात है कि शनि की पूर्ण दृष्टि नवम स्थान पर है परन्तु तो भी ये धार्मिक संस्था के विरोधी न हुए। इसका कारण यह है कि बहुत ही उच्च बृहस्पति नवम स्थान में बैठा है और एक विशेषता यह है कि शनि ने ही इनको कणाद आदि के सदृश बनाया। देखो धा. १३४ (१०)।

देखो **कुंडली ८** श्रीरामानुजाचार्य्य जी की। ईश्वर-प्रेम-कारक पंचमेश मंगल कर्म (दशम) स्थान का भी स्वामी होता हुआ नवम स्थान (भाव-कुंडली में दशम) में बैठा हुआ है और उच्चाभिलाषी नवमेश बृहस्पति (भाव-कुंडली में लग्नस्थ) उसको पूर्ण दृष्टि से देखता है (अर्थात् उससे सम्बन्ध रखता है)। इस धारा के प्रथम नियमानुसार इस कुंडली में पंचमेश, नवमेश और दशमेश को किसी न किसी प्रकार का सम्बन्ध रहने के कारण यह एक अद्वितीय ईश्वर-प्रेमानुरागी हुए और इन्होंने वैष्णव मत को समस्त भारत में प्रतिपादित किया। इस कुंडली में सप्तमस्थ शनि की दशमेश और पंचमेश मंगल पर पूर्ण दृष्टि है। इस कारण यदि कोई नीच जाति का मनुष्य भी हरिभक्त होता था तो उससे ये घृणा नहीं करते थे। इसी कारण इन्होंने अपनी स्त्री 'तजम्बा' को जो अछूतों से घृणा करती थी, त्याग कर त्रिदण्ड ग्रहण किया और उस दिन से "यतिराज" कहलाने लगे।

देखो **कुंडली ३२** स्वामी विवेकानन्द जी की। पंचमेश शुक्र लग्न में शनि के स्थान और उच्च नवांश में है और नवमेश बुध शुक्र के साथ लग्नस्थ है और दशमेश भी शुक्र ही है। अर्थात् पंचमेश, नवमेश एवं दशमेश एकत्रित होकर एक साथ लग्न में हैं। इसी कारण इनका धार्मिक विचार अत्यन्त ही उत्तम हुआ। परन्तु स्मरण रहे कि शनि नवमस्थ है

और पंचमेश, नवमेश और दशमेश सभी शनि के गृह में हैं। अतः ये कठोर तपस्वी भी हुए। देखने की बात है कि लग्न एवं नवम में कैसा सुन्दर सम्बन्ध है अर्थात् नवम का स्वामी लग्न में और लग्न का स्वामी नवम में है। इनके नवमस्थ शनि के विषय में देखो धा. १९० (ख) ७।

देखो **कुंडली ३४** सर आशुतोष जी की। पंचमेश न किसी ग्रह से दृष्ट है न युक्त और नवमेश से भी कोई सम्बन्ध नहीं रखता है। नवमेश एवं दशमेश शनि पंचम स्थान में है और किसी भी शुभग्रह से न दृष्ट है न युक्त। बल्कि मंगल से दृष्ट है। इसी शनि ने सर आशुतोष जी को अपनी कन्या के वैधव्य-प्राप्ति पर विह्वल बना कर विधवा विवाह का पक्षपाती बनाया।

देखो **कुंडली ५३** श्री हरिहर प्रसाद सिंह जी की। धर्मस्थान का स्वामी बुध (वक्री) केन्द्र में और कर्मस्थान का स्वामी धर्मस्थान में बैठा है। शनि को धर्मस्थान एवं कर्मस्थान वा उनके स्वामियों से कुछ सम्बन्ध नहीं है। परन्तु ईश्वर-प्रेम (पंचम) का स्वामी शनि है। और वही शनि जिस स्थान में नवमेश बैठा है उसका भी स्वामी है। अतः इन्होंने मृत्यु के पूर्व १८ वर्ष तक प्रतिदिन सवालाख शिवनाम का जप किया। (त्रिकोणेश केन्द्र में और केन्द्रेश त्रिकोण में है)।

देखो **कुंडली ८८** श्री विश्वेश्वरानन्द जी की। आपका धर्म भाव उत्तम है। नवमेश एवं पंचमेश को अन्योन्य दृष्टि सम्बन्ध है। पंचमेश लग्नस्थ हो पंचम एवं नवम स्थान एवं नवमेश चन्द्रमा को भी देखता है तथा लग्नेश मंगल पर भी इसकी दृष्टि है।

प्रव्रज्या अर्थात् सन्यास योग।

[क]

ग्रह-कृत-सन्यास-भेद

धा.१९० यदि जन्म-समय चार, पाँच, छः या सातों ग्रह एकत्रित होकर किसी स्थान में बैठे हों तो ऐसा जातक प्रायः सन्यासी होता है। परन्तु केवल चार या चार से अधिक ग्रहों के एकत्रित हो जाने से ही संन्यास योग नहीं होता है। उन ग्रहों में यदि कोई ग्रह बली न हो तो योग लागू नहीं होता है। तात्पर्य्य यह है कि उनमें से एक ग्रह का बली भी होना आवश्यक है। पुनः यदि वह बली ग्रह अस्त हो तो भी ऐसा जातक संन्यासी नहीं होता है। वह केवल किसी विरक्त या संन्यासी का अनुयायी होता है। इसी प्रकार यदि प्रव्रज्या-कारक बली ग्रह किसी ग्रह-युद्ध में हारा हुआ हो या अन्य ग्रहों की उस पर दृष्टि हो तो ऐसा जातक प्रव्रज्या ग्रहण करने का उत्साही होता है परन्तु उसे दिक्षा नहीं मिलती। पुनः

यदि प्रव्रज्या देने वाला ग्रह ग्रह-युद्ध में हार गया हो परन्तु उस पर किसी ग्रह की दृष्टि न पड़ती हो तो ऐसा जातक संन्यास ग्रहण करने पर उसे छोड़ देता है। और ऐसा भी लेख मिलता है कि उन ग्रहों में से किसी एक का दशमाधिपति होने पर प्रव्रज्या योग होता है।

अतएव निम्नलिखित बातों पर ध्यान आकर्षित किया जाता है।

(१) चार या चार से अधिक ग्रहों का एकत्रित होना।
(२) उनमें से किसी का बली होना।
(३) बली ग्रह, अस्त न हो।
(४) बली ग्रह, ग्रह-युद्ध में पराजित न हुआ हो।
(५) हारे हुए बली ग्रह पर अन्य ग्रह की दृष्टि न पड़ती हो।
(६) उन ग्रहों में से कोई दशमाधिपति हो।

अब इस स्थान पर यह विचार करना है कि जातक को यदि प्रव्रज्या योग है तो वह किस प्रव्रज्या का अनुयायी होगा।

यदि एक बली ग्रह हो तो प्रव्रज्या योग होता है। जैसे, यदि **मंगल** बली हो तो जातक लाल-वस्त्र-धारी संन्यासी होता है। पुनः यदि दो ग्रह बली हों तो उन ग्रहों के अनुसार उक्त दो प्रकार के संन्यासी होते हैं। यदि तीन ग्रह बली हों तो तीनों ग्रह के अनुसार संन्यास योग होता है। लिखने का अभिप्राय यह है कि एक से अधिक ग्रहों के बली होने से उन ग्रहों का मिश्रित फल होता है।

इसी स्थान पर ग्रहों के विषय में भी कुछ लिखना आवश्यक है। लिखा है कि (क) **सूर्य्य** के प्रव्रज्याकारक होने से जातक वन्याशन अर्थात् वानप्रस्थ, अग्निसेवी, पर्वत या नदी तीर निवासी, सूर्य्य, गणेश, वा शक्ति का उपासक और ब्रह्मचारी होता है। किसी का यह भी मत है कि ऐसा संन्यासी साधारण जीवन व्यतीत करता हुआ परमातमा के चिन्तन में लगा रहता है। (ख) **चन्द्रमा** के प्रव्रज्या कारक होने से गुरु-संन्यासी, नग्न, कपालधारी शैवव्रतावलंबी होता है। ऐसे संन्यासी को वृद्ध कहा करते हैं। (ग) **मंगल** के प्रव्रज्या कारक होने से शाक्य (बौद्धधर्मावलम्बी,) गेरुआ वस्त्र धारी, जितेन्द्रीय, भिक्षा वृत्तिवाला संन्यासी होता है। (घ) **बुध** के प्रव्रज्या कारक होने से जीवक (सँपेरा—साँप का तमाशा दिखाने वाला) गप्पी, कपटी, तान्त्रिक संन्यासी होता है। किसी का मत है कि विष्णु-भक्त होता है। (ङ) **बृहस्पति** के प्रवज्या कारक होने से भिक्षुक, एका दण्डधारी तपस्वी, धर्मशास्त्रों के रहस्य को खोजने वाला और यज्ञादि सत्कर्मों का करने वाला, ब्रह्मचारी और सांख्य शास्त्र का अनुयायी होता है। (च) **शुक्र** के प्रव्रज्या कारक होने से चरक (बहु देश भ्रमण करने वाला) **वैष्णव** धर्मपरायण और व्रतादि करने वाला संन्यासी होता है। **शुक्र ऐश्वर्य्यादि का कारक है। अतः भक्ति स्थान में बैठने से अर्थात् पंचम, नवम वा**

दशम से सम्बन्ध रखने से जातक भक्ति द्वारा विभूति का चाहने वाला होता है एवं लक्ष्मी और अर्थसाधना उसका ध्येय स्होता है। (छ) **शनि** के प्रव्रज्या कारक होने से जातक विवस्त्र (नग्न रहनेवाला फकीर,) दिगम्बर आदि निर्ग्रन्थ, कठोर तपस्वी और पाखण्डव्रत का धारण करने वाला होता है।

[ख]

दीक्षा-योग।

तत्पश्चात् विचारने की बात यह है कि यदि चार या चार से अधिक ग्रह एकत्रित न हों तो क्या सन्यास-योग होगा या नहीं।

ग्रन्थान्तर के अवलोकन और अनुभव से यह पता चलता है कि चार ग्रहों के एकत्रित नहीं रहने पर भी बहुत से सन्यासी होते हैं। यह बात मालूम है कि लग्न एवं चन्द्रमा से मनुष्य के शरीर एवं मन का विचार होता है। अतएव जब शरीर या मन को शनि से (जिसके विपय में धा. १८९ (२) में लिखा जा चुका है) कोई विशेष सम्बन्ध हो तो मनुष्य दीक्षा ग्रहण करता है। परन्तु वह दीक्षा लेगा या नहीं, इसकी विवेचना दीक्षा-योग देने वाले ग्रह की स्थिति पर निर्भर है। जैसे, यदि दीक्षा देने वाला ग्रह सूर्य्य से अस्त हो तो मनुष्य दीक्षा ग्रहण न कर केवल धार्मिक मनुष्यों की ओर अर्थात् साधु सन्तों में प्रीति करने वाला होता है। इसी प्रकार यदि दीक्षा देने वाला ग्रह, ग्रह-युद्ध में हारा हुआ हो तो ऐसा मनुष्य दीक्षा ग्रहण करने की केवल अभिलाषा ही करता रह जाता है। अतः इस स्थान पर कतिपय दीक्षा ग्रहण के नियम दिये जाते हैं।

(१) यदि लग्नाधिपति पर अन्य किसी ग्रह की दृप्टि न हो परन्तु उसकी (लग्नाधिपति) दृप्टि शनि पर हो तो सन्यास योग होता है। देखा **कुं.** ४४ स्वामी रामतीर्थ जी की। यदि बृहस्पति कन्या राशि गत माना जाय (जो लेखक ने माना है) तो योग पूर्णरूप से लागृ है।

(२) यदि शनि पर किसी ग्रह की दृप्टि न हो और शनि की दृप्टि लग्नाधिपति पर पड़ती हो तो सन्यास योग होता है। (इस नियम और (१) में क्या अन्तर है, मनन करने योग्य है) देखो **उदाहरण कुंडली** लग्नाधिपति बृहस्पति सप्तमस्थ है और लग्नस्थ शनि पर उसकी पूर्ण दृप्टि है। परन्तु बृ. और श. एक दूसरे से सप्तमस्थ होने के कारण दोनों में अन्योन्य-दृप्टि-सम्बन्ध है। अर्थात् लग्नेश बृहस्पति की शनि पर और शनि की बृहस्पति पर दृप्टि है। परन्तु नियम है कि लग्नेश पर अन्य किसी ग्रह की दृप्टि न हो। अतः योग लागू नहीं होता है। **प्रथम नियमानुसार लग्नेश पर शनि की सप्तम दृष्टि होने**

के कारण नियम भंग होता है। इस कारण कहना होगा कि इस योग में शनि की तृतीय और दशम दृष्टि का ही प्रयोग करना होगा। पुनः द्वितीय नियमानुसार भी उदाहरण-कुंडली में शनि की दृष्टि लग्नाधिपति पर है। परन्तु शनि पर भी लग्नाधिपति की दृष्टि है। इस जातक को बहुत दिनों से ऐसी इच्छा हो रही है कि गृह-कार्य्य से छुटकारा पाकर तीर्थवास करें। परन्तु बोध होता है कि शु. और बृ. की अन्योन्य दृष्टि ही नियम (१) और (२) के लागू होने में बाधा दे रही है।

देखो कुं. ३५ राय बहादुर सूर्य्या प्रसाद जी वकील, भागलपुर की। लग्नेश बृहस्पति पर शनि की पूर्ण दृष्टि है। बृहस्पति स्वगृही लग्न में और उच्चस्थ शनि एकादश स्थान में है। शनि पर किसी ग्रह की दृष्टि नहीं है। इसी योग के प्रभाव से उक्त महाशय अपनी चलती हुई वकालत त्याग कर अभी काशी सेवन कर रहे हैं। साधारण सन्यासियों के ऐसा इन्होंने दीक्षा न ली है और न रूप बनाया है क्योंकि शनि के साथ शुक्र स्वगृही है।

(३) यदि शनि की दृष्टि निर्बल लग्न पर पड़ती हो तो सन्यास-योग होता है।

(४) जन्मकालीन चन्द्रमा जिस राशि में हो उसका स्वामी अर्थात् जन्म-राश्याधिपति पर यदि किसी ग्रह की दृष्टि न हो परन्तु जन्म-राश्याधिपति की दृष्टि शनि पर पड़ती हो तो ऐसे जातक को शनि अथवा जन्माराशीश, उनमें से जो बली हो, उसकी दशान्तर-दशा में सन्यास योग होता है अर्थात् उस समय वह दीक्षा ग्रहण करता है।

देखो **उदाहरण-कुंडली**। जन्म-चन्द्रमा मीन राशि में है और उस के स्वामी बृहस्पति की शनि पर पूर्ण दृष्टि है। पर इस नियमानुसार बृहस्पति अर्थात् जन्माराशीश पर अन्य ग्रह की दृष्टि का अभाव होना चाहिये था। ऐसा नहीं होकर उस पर शनि की दृष्टि पड़ती है। अतः यह चतुर्थ नियम भी पूर्णतया लागू नहीं होता है। पूर्व लिखा जा चुका है कि यद्यपि इस जातक की इच्छा होती है परन्तु अभी तक विघ्न वाधायें पड़ती जा रही हैं।

(५) जन्म राशीश यदि निर्बल हो और उस पर (बली) शनि की दृष्टि हो तो सन्यास-योग होता है। देखो नियम (३)। किसी आचार्य्य का मत है कि जन्मराशीश पर यदि शनि की दृष्टि हो और अन्य किसी ग्रह से दृष्ट न हो तो भी सन्यास-योग होता है। देखो कुं. ६१ स्वामी विन्देश्वरानन्द जी की। जन्मराशीश शुक्र नीच और शनि से दृष्ट है और शुक्र अन्य किसी ग्रह से दृष्ट नहीं है। देखो **उदाहरण कुंडली**। यह योग इस कुंडली में लागू है। जन्मराशीश बृहस्पति, राहु (पापग्रह) के साथ है और अपने अति-शत्रु बुध के गृह में है। अतः बृहस्पति निर्बल प्रतीत होता है। ऐसे बृहस्पति अर्थात् राशीश पर शनि की पूर्ण दृष्टि है (देखो इस नियम का मतान्तर)।

(६) यदि चन्द्रमा किसी राशि में हो कर मंगल या शनि के द्रेष्काण में हो और उस चन्द्रमा पर अन्य किसी ग्रह की दृष्टि न होकर शनि की दृष्टि हो तो सन्यास-योग

होता है। 'जातकपारिजात' 'गुणाकर', 'शारावली' और 'सर्वार्थचिन्तामणि' नामक ग्रन्थों में इसे दो खंडों में बतलाया है। अर्थात् (१) यदि चन्द्रमा शनि के द्रेष्काण में हो और उस पर शनि की दृष्टि हो तो सन्यास-योग होता है। (२) चं.,शनि अथवा मंगल के नवांश में हो और उस पर शनि की दृष्टि हो तो भी सन्यास-योग होता है। (इन दोनों योगों में यह नहीं कहा है कि चं. पर अन्य किसी ग्रह की दृष्टि न हो) और किसी का मत है कि चन्द्रमा शनि के द्रेष्काण में और मंगल अथवा शनि के नवाँश में भी हो और ऐसे चन्द्रमा पर शनि की पूर्ण दृष्टि हो तो सन्यास- योग होता है। देखो कुंडली ४४ स्वामी रामतीर्थ जी की। चं. शनि के द्रेष्काण में है और उस पर शनि की पूर्ण दृष्टि है। इस कारण आप ने सन्यास ग्रहण किया था।

(७) यदि शनि नवम स्थान में हो और उस पर किसी ग्रह की दृष्टि न हो तो ऐसा जातक यदि राजा भी हो तो भी सन्यासी हो जाता है। और कभी२ सन्यासी होने पर भी राजा तुल्य हो जाता है। किसी आचार्य्य का मत है कि जातक सर्वदर्शन-विमुक्त हो जाता है। (नियम (७) और नियम (८) का उदाहरण) देखो कुंडली ३२ स्वामी विवेकानन्द जी की। नियम (७) के अनुसार नवमस्थान में शनि बठा है और उस पर किसी ग्रह की पूर्ण दृष्टि नहीं है परन्तु चं. उसके साथ है। नियम (८) के अनुसार चं. नवमस्थ हो और किसी ग्रह से दृष्ट न हो तो प्रव्रज्या योग होता है। इस कुंडली में दोनों प्रकार से प्रव्रज्या योग लागू है और चं. के साथ श. का रहना और श. के साथ चं. के रहने का दोष भी निवारण होता है। इन दोनों योगों में शास्त्रकारों ने लिखा है कि नवमस्थ ग्रह किसी अन्य ग्रह से दृष्ट हो तो योग भंग होगा । इस कुंडली में श. एवं चं. दोनों ही प्रव्रज्या योग कारक हैं। इस कारण इस कुंडली में दोनों प्रकार से प्रव्रज्या योग हुआ। इसी स्थान परपंडित रामावतार शर्मा जी की कु. ४५ पर ध्यान आकर्षित किया जाता है। नवम स्थान में शनि शुक्र के साथ बैठा है और उस पर किसी ग्रह की दृष्टि नहीं है। परन्तु शुक्र के साथ रहने से प्रव्रज्या योग भंग हुआ (दृष्टि से साथ रहने का फल अधिक) और वह केवल सर्वदर्शनविमुक्त ही होकर रह गये । आप पंचम वेद और सप्तम शास्त्र लिखने का अपने को अधिकारी समझते थे।

(८) यदि चन्द्रमा नवम स्थान में हो और किसी भी ग्रह से दृष्ट न हो तो राज-योगादि रहते हुए भी सन्यासियों में राजा होता है। (देखो कु.३२ एवं नियम ७)।

(९) यदि शनि अथवा लग्नेश की दृष्टि चन्द्रराशीश पर पड़ती हो तो भी जातक सन्यासी होता है अर्थात् दीक्षाग्रहण करता है। देखो कु. ७ आदि गुरु शंकराचार्य जी की। चन्द्रराशीश शुक्र पर शनि की पूर्ण दृष्टि है। देखो कुं ली ८८ विश्वेश्वरनन्द जी की। लग्नेश मं. की पूर्ण दृष्टि चन्द्रराशीश शुक्र पर पड़ती है। देखो कुंडली६९ विन्देश्वरानन्द जी की। चन्द्र-राशीश शुक्र पर शनि की पूर्ण दृष्टि है।

(१०) यदि चन्द्रमा उसी राशि में हो जिसमें मंगल बैठा हो अर्थात चन्द्रमा और मंगल एक साथ हो और चन्द्रमा, शनि के द्रेष्काण में हो और उस चन्द्रमा पर शनि की दृष्टि पड़ती हो तो जातक संन्यासी होता है।

(११) यदि लग्न का स्वामी बृ., मं. अथवा श. हो और उस लग्न के स्वामी पर शनि की दृष्टि हो और बृहस्पति नवमस्थ हो तो जातक तीर्थनाम का संन्यासी होता है। देखो कुं. ९। लग्न का स्वामी मंगल है और शनि से दृष्ट है तथा बृहस्पति नवमस्थ भी है।

(१२) यदि लग्नेश पर कई ग्रहों की दृष्टि हो और दृष्टि डालनेवाले ग्रह किसी एक राशि में हो तो संन्यास योग होता है।

(१३) यदि दशमेश अन्य चार ग्रहों के साथ होकर केन्द्र वा त्रिकोण में हो तो जातक को जीवन-मुक्ति होती है।

(१४) यदि नवमेश बली होकर नवम अथवा पंचम स्थान में हो और उस पर बृ. और शु. की दृष्टि पड़ती हो अथवा वृ. एवं शु. उसके साथ हों तो जातक उच्च कक्षा का योगी और भक्ति परायण होता है। **कुंडली १० और ४३** देखने योग्य है।

(१५) यदि दशम स्थान में तीन बली ग्रह हों और सब उच्च, स्वगृही अथवा शुभ-वर्ग के हों और दशमेश भी बली हो तो जातक संन्यासी अथवा संन्यासी के जैसा होता है। परन्तु यदि दशमेश बली न हो और सप्तम स्थान में हो तो जातक दुराचारी संन्यासी होता है। पुनः यदि द्वितीयेश और सप्तमेश सन्यास देने वाले तीन ग्रहों से घिरे हों तो कामी-संन्यासी होता है।

(१६) यदि संन्यास योग देने वाले ग्रह के साथ सू.,श. और मं. हों तो जातक धनहीन, पुत्रहीन और जायाहीन होने के कारण संन्यासी होता है।

(१७) यदि सूर्य्य शुभग्रह के नवांश में होकर संन्यास योग देने वाले ग्रहों पर दृष्टि डालता हो और परमोच्च हो तो बाल्यकाल ही में जातक संन्यासी होता है। देखो **कुंडली ७ जगद्गुरु की**। इस कुंडली में नियम (९) के अनुसार संन्यास योग होता है और योग-कारी उच्च शनि पर चन्द्र नवांशस्थ उच्च रवि की पूर्ण दृष्टि रहने के कारण इस जातक ने आठ ही वर्ष (दो दिन कम ही) में दीक्षा ग्रहण की थी।

(१८) यदि लग्नेश निर्बल हो और उस पर शु. एवं चं. की दृष्टि हो और यदि कोई उच्च अथवा उच्च नवांशस्थ ग्रह चन्द्रमा को देखता हो तो जातक दरिद्र संन्यासी होता है।

(१९) यदि दुर्बल चन्द्रराशि का स्वामी केन्द्रस्थित बली शनि को देखता हो तो जातक अभागा संन्यासी होता है।

आध्यात्मिक एवं धार्मिक जीवन।

धा. १९१ (१) यदि दशम स्थान में मीन राशि गत बृ. अथवा मं. बैठा हो तो ऐसे जातक को मुक्ति होती है। देखो **कुंडली** ८ श्री रामानुजाचार्य की। भाव-कुंडली में मं. और बृ. दोनों मीन राशिगत होता हुआ दशम में हैं। इसी योग से ये मुक्ति के अधिकारी हुए।

(२) यदि दशमाधिपति नवम में हो और बलवान नवमाधिपति बृ.और शु. से दृष्ट अथवा युत हो तो जातक जप ध्यानादि परायण होता है।

(३) यदि नवमाधिपति बली शुभग्रह हो तथा उस पर बृ. अथवा शु. की दृष्टि हो अथवा बृ. वा शु. के साथ हो तो ऐसे जातक जप, ध्यान, समाधि परायण होता है। देखो **कुंडली** २१ रूपकला जी की। नवमेश शु. (शुभग्रह) पर बृ. की पूर्ण दृष्टि है (शुक्र बली है या नहीं पर वह स्वयं शु. है) और पंचमेश बुध साथ है। देखो **उदाहरण कुंडली**। नवमाधिपति सूर्य्य यद्यपि तुला में है पर मेष के नवांश में है अर्थात् उच्च नवांश मे है। और स्वगृही शुक्र सूर्य्य के साथ है तथा बृहस्पति से दृष्ट है। यदि नवमेश शुभग्रह होता तो योग पूर्ण रीति से लागू और फल उत्कृष्ट होता। यह जातक ईश्वर अनुरागी अवश्य है। देखो **कुंडली** ३९ महात्मा गांधी जी की। इनका नवमेश शुक्र स्वगृही और बली होकर द्वितीय स्थान में है और उस पर बृ. की पूर्ण दृष्टि है। इसी कारण महात्मा जी को भगवान में अटल प्रेम है। इनकी प्रार्थना तो जगद्विख्यात है।

(४) यदि पूर्ण बली चन्द्रमा केन्द्र में हो और उस पर बृ. अथवा शु. की दृष्टि पड़ती हो तो जातक की कीर्ति उज्ज्वल होती है। ऐसे ही योग से मुद्राधिकार योग भी होता है। देखो **कुंडली** १० चैतन्य महाप्रभु जी की। पूर्णिमा का चन्द्रमा केन्द्र में है और उस पर शु. एवं बृ. की पूर्ण दृष्टि है। सर गणेशदत्त जी की **कुंडली** ३७ में भी योग लागू है, यथार्थ में ये बड़े उज्ज्वल कीर्ति के मनुष्य हैं।

(५) यदि (क) दशमेश शुभग्रह हो, अथवा (ख) दशमेश दो शुभ ग्रहों से घिरा हो, अथवा (ग) दशमेश शुभग्रह के नवांश में हो तो जातक की कीर्ति उज्ज्वल होती है। दखो **कुंडली** ३९ महात्मा गांधी जी की। दशमेश शुभ ग्रह बुध, स्वगृही शु. के साथ और धन के नवांश में है। (बुध के स्फुट में मतान्तर है) देखो **कुंडली** ३० मालवीय जी की। दशमेश मंगल, बुध (मित्र) के नवांश, द्रेष्काण एवं द्वादशांश में है। अतः इन दोनों की कीर्ति भी उज्ज्वल है। यह योग कुंडली ४,६,८,१८,२२,२९,३२,४४,४७ ४८, और ४९ में लागू है। अन्त के छः कुंडलियों में दशमेश शुभग्रह के नवांश में है।

(६) यदि दशमेश शुभग्रह हो और उच्च स्वगृही अथवा मित्रगृही हो तो जातक

की निष्कलंक कीर्ति होती है। अर्थात् जातक उत्तम और उज्ज्वल कीर्तिवान होता है। देखो **कुंडली ४४** स्वामी रामतीर्थ जी की। दशमेश बृ परम मित्र के गृह में और स्वगृही नवांश में है। अतः इनकी कीर्ति दोष रहित हुई।

(७) यदि दशमेश पांच शुभ वर्गों का हो जिसे "सिंहासनांश" कहते हैं, अथवा सात उत्तम वर्गों का हो जिसे "देवलोकांश" कहते हैं, और लग्नेश बली हो तो जातक दोषरहित और उज्ज्वल कीर्तिवान होता है।

(८) यदि लग्नेश दशमस्थान में और दशमेश नवम स्थान में हो और दशमेश पर पापग्रह की दृष्टि न हो पर शुभग्रह की दृष्टि हो और दशमेश शुभग्रह के नवाँश में हो पर पापग्रह न हो तो जातक यज्ञादि क्रिया का करने वाला होता है।

योगी महात्मा आदि।

धा.१९२ (१) यदि कुंडली में चं. और बृ. के अन्तर्गत अन्य सभी ग्रहों की स्थिति हो तो जातक दीर्घ जीवि योगी होता है। देखो **कुंडली ५७** रायबहादुर द्वारिका नाथजी की। सभी ग्रह बृ. और चं. के अन्तर्गत हैं। यह योगाभ्यास के अत्यन्त प्रेमी हैं। देखो **कुंडली** ८८ विश्वेश्वरानन्द जी की। बृ. के बाद सभी ग्रह बैठे हैं और अन्त में चं. और मं. है। इन दोनों में कला का अन्तर है। मंगल से चन्द्रमा तीन कला आगे बढ़ चुका है। अर्थात् सभी ग्रह बृ. और चं. के अन्तर्गत हैं। (परन्तु स्मरण रहे कि कला की शुद्धि पर लेखक को विश्वास नहीं है)। देखो **कुंडली ४९** पंडित जावहिर लाल नेहरू जी की। चन्द्रमा के बाद और बृहस्पति के अन्तर्गत सभी ग्रह हैं। अतः प्रतीत होता है कि भविष्य में किसी समय आप इस योग को सच्चा कर देंगेतो कोई आश्चर्य नहीं। यों तो इस समय भी योगी ही हैं। आप का "देशसेवा-व्रत" ईश्वर का सबसे प्रिय मंत्र 'परोपकार' का ही साधन है। अर्थात् आप कर्मयोगी हैं। महात्मा गाँधीजी की **कुंडली ३६** में योग लागू है। यह भी कर्मयोगी हैं।

(२) यदि सभी ग्रह शनि और मंगल के अन्तर्गत हों तो जातक योगी होता है। देखो **कुंडली ७** आदिगुरु की। शनि और मंगल से सभी ग्रह सम्पुटित हैं। इनका दीक्षा-योग भी पूर्व लिखा जा चुका है। देखो धा. १९०(ख) १७।

पुनः देखो **कुंडली** २८ नरसिंह भारती जी की। सभी ग्रह मंगल एवं शनि के अन्तर्गत है। देखो **कुंडली** ३२ स्वामी विवेकानन्द जी की। शनि और मंगल के अन्तर्गत सभी ग्रह हैं। इसी कारण ये योगी हुए। उन्हें दीक्षा-योग भी था।

देखो कुंडली ४३ अरविन्द घोष जी की। **कुल ग्रह मंगल** और शनि के अन्तर्गत हैं।

चं. पूर्वाषाढ़ नक्षत्र के प्रथम चरण में, शनि तृतीय चरण में, मंगल कर्क के सातवें अंश में, और बृहस्पति कर्क के इक्कीसवें अंश पर है। इस कारण मं. के बाद बृ.,र.,शु. और चं. पड़ जाते हैं और अन्त में श. पड़ता है। अतः कुल ग्रह मंगल और श. के अन्तर्गत हुए। उक्त महाशय आजकल योगाभ्यास कर रहे हैं। देखो **कुंडली ३८** भगवान दास जी, बनारस की। सभी ग्रह श. और मं. के अन्तर्गत हैं। आप बराबर एकान्त वास कर धार्मिक विचार में निमग्न रहते हैं। देखो **कुंडली १७** राम कृष्ण परमहंस जी की। कुल ग्रह श. और मं. के अन्तर्गत हैं। देखो **कुंडली ५३** श्रीहरिहर प्रसाद जी की। मं. मिथुन के दो अंश पर है। उसके बाद चन्द्रमा है। अन्य सभी ग्रह उसके बाद हैं और अन्त में शनि पड़ता है। ये योगी (योगाभ्यासी) तो नहीं थे परन्तु १८ वर्ष तक ये नित्य एक भाव से सवा लाख शिव नाम जप किया करते थे अर्थात् भक्त-योगी थे।

(३) यदि जन्म मकर राशि का हो और कुल ग्रह सू. और मं. के अन्तर्गत हों तो जातक महात्मा होता है।

उपर्युक्त इन तीनों योग में दो ग्रहों के अन्तर्गत अन्य सभी ग्रहों का रहना बतलाया है। इसका अभिप्राय यह है कि प्रथम योग में यदि चं. से आरम्भ किया जाय तो सभी ग्रह, चन्द्रमा जिस राशि और अंश में हो उस राश्यादि से आगे की राश्यादि में हों और बृहस्पति सबसे अन्त में हो। जैसे **उदाहरण-कुंडली** में बृहस्पति मिथुन राशि का है। उसके आगे सिंह में मंगल है, उसके आगे तुला में सू.,बु. और शु. है। तत्पश्चात धन में शनि और मीन में चन्द्रमा है। इस लिये उदाहरण कुंडली में बृ. और चं. के अन्तर्गत सभी ग्रह हैं। परन्तु योग (१) में लिखा है कि चं. और बृ. के अन्तर्गत सभी ग्रह हों। इन योगों के लेख से यह पता नहीं चलता कि केवल चं. और बृ.,श. और मं. तथा सू. और मं. के ही अन्तर्गत सभी ग्रह होने से योग लागू होगा। अथवा बृ. और चं., मं. और श. तथा मं. और सू. के अन्तर्गत होने से भी योग लागू होगा या नहीं, जैसे उदाहरण कुंडली में बृ. और चं. के अन्तर्गत कुल ग्रहों की स्थिति है।

टिप्पणी—यदि भाग्यवश किसी विद्वान के हाथ में यह पुस्तक पड़े तो लेखक का उनसे विनीत प्रार्थना है कि वे लेखक को इस बात की सूचना दें कि उपर्युक्त तीनों योगों में संपुट करने वाले ग्रह अपसव्य हों तो योग लागू होगा या नहीं? परन्तु नरसिंह भारती जी और और श्रीयुत अरविन्द जी की कुंडलियों को देखने से लेखक को प्रतीत होता है कि मंगल के बाद और शनि के पूर्व सभी ग्रहों के रहने के कारण ही ये दोनों महानुभाव योग-निरत पाये जाते हैं।

(४) यदि शनि और बृहस्पति साथ होकर नवमस्थ अथवा दशमस्थ हों और एकही नवांश में हों तो जातक चिरायु होता हुआ बहुत बड़ा संत और मुनि होता है।

(५) यदि कर्कलग्न का जन्म हो और धन के नवांश में लग्न हो तथा बृहस्पति लग्न में हो और केन्द्र में तीन या चार ग्रह बैठे हों तो जातक ब्रह्मपद को प्राप्त करता है। देखो कुंडली ७। पंडित राजेन्द्र नाथ घोष ने शंकर के लग्न निर्माण में लिखा है कि राहु लग्न को अष्टम स्थान में रहना आवश्यक जान कर कर्क के चौदह या पन्द्रह अंश पर जन्म-लग्न माना है। परन्तु लेखक का मत है कि यदि जन्म-लग्न कर्क के १६ अंश ४० कला के बाद अर्थात् १७ अंश पर माना जाय तो भी राहु अष्टम स्थान ही में रह जाता है। पुनः यदि ज्योतिषाचार्य पंडित श्री रामयत्न ओझा जी के अनुभव एवं कथन पर विश्वास किया जाय (जिनमें लेखक का पूर्ण विश्वास है) तो अष्टम भाव का स्पष्ट १०।१७ होगा और राहुका स्पष्ट १०।२९ है। इस कारण पूर्वजों के नियमानुसार जिसका समर्थन श्री रामयत्न ओझा जी करते हैं, राहु अष्टम स्थान ही में पड़ जाता है। इस कारण श्री शंकराचार्य जी का जन्म कर्क लग्न का है और लग्न ३।१७ होने से धन का नवांश पड़ता है। बृहस्पति लग्न में बैठा है और केन्द्र में पाँच ग्रह हैं जिनमें तीन उच्च हैं। अतः इनको ब्रह्मपद-प्राप्ति-योग पूर्णरूप से लागू है।

(६) यदि धनराशि में जन्म लग्न हो, बृहस्पति लग्न में हो, लग्न मेष नवांश का हो, शुक्र सप्तम-स्थान में हो (अर्थात् मिथुन में हो) और चन्द्रमा कन्याराशि गत हो तो जातक परम-पद प्राप्त करता है।

(७) यदि कर्क से आरम्भ कर कर्क, सिंह, कन्या, तुला, वृश्चिक और धन, इन छः राशियों में सातों ग्रह बैठे हों परन्तु इन में से कोई राशि ग्रह-शून्य न हो तो जातक दीर्घायु योगी होता है।

(८) यदि कर्क लग्न हो और बृहस्पति उसमें बैठा हो, शनि सिंह राशि गत हो, चं. वृषराशिगत हो, शुक्र मिथुन राशिगत हो और सू. एवं बु. स्थिरराशि गत हो तो जातक महान् मुनि होता है।

(९) यदि मेष के अन्तिम नवाँश का जन्म हो (अर्थात् जन्म-लग्न मेष और जन्म-लग्न का नवांश धन हो) और लग्न में बृ. अथवा शु. हो, चन्द्रमा द्वितीय स्थान में हो, मंगल सिंहासनांश का अथवा धन राशि के पंचम नवांश का हो तो ऐसा जातक कोई बड़ा महात्मा होता है।

(१०) यदि चन्द्रमा देव लोकांश का, मंगल पारावतांश और सूर्य्य सिंहसनांश का हो तो जातक महर्षि होता है।

यहाँ पर पाठकों को पुनः स्मरण दिलाया जाता है कि इन योगों में और इसी प्रकार अन्य योगों में ग्रहों के बलाबल तारतम्यानुसार एवं अन्य प्रकार से भी योगों को पुष्टि मिलने पर फल शुद्धरूप से अनुमान किया जा सकता है। इस धारा में एकही योग के कारण

कोई तो बहुत ही बड़ा योगी हुआ और कोई साधारण और कोई तो योग की बिभूति ही में रह गया। लेखक का मत है कि 'योग' शब्द परिभाषिक अर्थ में लेना सर्वदा उपयोगी न होगा। चित्त की वृत्तियों को रोकने के उपाय का नाम योग है। किसी का कथन है कि योग वह उपाय है जिसके द्वारा जीवात्मा, परमात्मा से जा मिलता है। कोई योग को तीन विभाग में बाँटते हैं, यथा, कर्मयोग. भक्तियोग और ज्ञानयोग। इन्हीं सब कारणों से यदि किसी कुंडली में उपर्युक्त योगी होने का योग पाया जाय तो यह न समझ लेना चाहिये कि जातक पतन्जलि कथित ही योगाम्यासी हो जायगा। अर्थात् कोई ज्ञान-योगी, कोई भक्तियोगी, कोई कर्म-योगी और कोई तुलसीदास कथित कलि-योगी "जाके नख शिख जटा विशाला सो योगी कलि काल कराला" हो सकता है। विंचारने की बात है कि जिस मनुष्य ने सांसारिक सुखों को त्याग कर परोपकार, देशोन्नति आदि कामों में अपने जीवन को उत्सर्ग कर दिया है क्या वह योगी न कहा जायगा? क्या देश सेवा के लिये सब कुछ त्याग कर नाना प्रकार के कठिनाइयों को सहते हुए जीवन व्यतीत करने वाले मनुष्य योगी न कहलायेंगे जिसे पोलिटीकल सन्यासी (Political Sanyasi) कहते ह? अतएव लेखक का मत है कि इस धारा के प्रथम, द्वितीय और तृतीय नियम लागू होने से जातक देश-सेवक योगी भी हो सकता है।

अध्याय २२

मानव जीवन का अष्टम तरंग

[आयु]

धा-१९३ यह प्रकरण बहुत ही जटिल एवं दुर्गम है। अतः दैवज्ञों ने अनेकानेक प्रकार से आयु-साधन-विधि बतलायी है। सचमुच आयु का निश्चय करना बहुत ही कठिन काम है। महर्षि पराशर ने 'वृहत् होरा शास्त्र' के द्वितीय खंड में आयु गणना बतलाने के पूर्व लिखा है,—'आयुश्चलोक यात्राश्च, शास्त्रेऽस्मिंस्तत् प्रयोजनम्। निश्चेतुं तन्न शक्नोति वसिष्ठो वा बृहस्पतिः। किं पुनर्मनुजास्तत्र विशेषात्तुकलौयुगे'। भाव यह है कि आयु गणना और जीवन संग्राम में घटने वाली घटनाओं को बृहस्पति देवाचार्य्य और वसिष्ठ जैसे देवर्षि तक ठीक ठीक निश्चय नहीं कर सकते तो मनुष्यों की विशेषतः कलियुगी मनुष्यों की तो बात ही क्या!

महर्षि पराशर के ऐसे कथन के पश्चात् लेखक के इस विषय पर कुछ विचार प्रकट करना मानो छोटे मुँह बड़ी बात होगी।

आशा की जाती है कि ऐसे महत्वपूर्ण विषय पर यदि इस समय के विद्वान लोग अपना अपना विचार एवं अनुभव लेख द्वारा प्रगट करें तो इसका समुदाय फल आयु निश्चित करने में वेचारे अवश्य ही उपयोगी होगा। लिखा है:–

ये धर्मकर्मनिरता द्विजदेवभक्ता, ये पथ्यभोजन रता विजितेन्द्रियाश्च।
ये मानवा दधति सत्कुलशीलसीमास्तेपांमिदं कथितमायुरुदारधीमिः॥

ये पापलुब्धाश्चौरा ये देवब्राह्मणनिन्दकाः।
बह्वाशिनश्च ये तेषामकालमरणं नृणाम्॥

धर्मे विकल्पबुद्धिनां दुःशीलानां च विद्विषाम्।
ब्राह्मणानां च देवानां परद्रव्यापहारिणाम्॥

भयंकराणां सर्वेपां मूर्खाणां पिशुनस्य च।
स्वधर्माचारहीनानां पापकर्मोप जीविनाम्॥

शास्त्रेष्वनियतानां च मूढ़ानामुपमृत्यवः।
अन्येषामुत्तमायुः स्यादिति शास्त्रविदो विदुः॥

पुनः भगवान मनु ने भृगु जी के यह प्रश्न पूछने पर कि द्विजातियों को अपने समय से पहले ही मृत्यु क्यों ग्रस लेती है, निम्नलिखित श्लोक में यों उत्तर दिया।

अनभ्यासेन वेदानामाचारस्य च वर्जनात्।
आलस्यादन्नदोष्तच्च मृत्युर्विप्राञ्जि घांसति॥

इसका अभिप्राय यह है कि जो मनुष्य ईश्वर-प्रेमी होता है, धार्मिक कार्यों में अर्थात् परोपकार, सत्य, दया, क्षमा, न्याय इत्यादि में निरत रहता है, एवं ईर्प्या, परधनलिप्सा, इत्यादि कुकर्मों से बचा रहता है, अपनी इन्द्रियों को अपने वश में रखता है, भोजनादि का प्रबन्ध अच्छा रखता है अर्थात् खाद्य अखाद्य वस्तु पर दृप्टि रखते हुए मिताहारी होता है और पौष्टिक पदार्थ का सेवन करता है, अपने देश और कुल की मर्य्यादा का पालन करता है, स्वधर्मानुयायी होता है तथा रुग्न होने पर उचित औषधि एवं स्वास्थ्यविधि का पालन करता है वह ग्रहद्वारा दी हुई निश्चित् आयु का पूर्णरूप से भोग करता है तथा वह मनुष्य भी अपनी पूर्णायु तक सुखोपभोग करता है जो वेदाभ्यासी है और आलसी नहीं है।

प्रिय पाठक गण ! आप ऐसा न समझ लें कि लेखक को रोदन करने की बिमारी हो गई है। क्या ये बातें सत्य नहीं हैं कि भारतवर्ष के निवासी अपने प्राचीन गौरवान्वित एवं आदर्श जीवन-प्रणाली को छोड़ कर पाश्चात्य सभ्यता और उसके आडम्बर के चका-

चौंध में पड़ कर उसके पीछे वगटुट दौड़े जा रहे हैं ? लिखने का अभिप्राय यह नहीं है कि पाश्चात्य सभी बातें बुरी हैं। धारणा यह है कि उनके गुणों का ग्रहण करना और उनकी कुरीतियों का विषवत् त्याग करना भारतवासियों का परम धर्म्म है। यद्यपि इस विषय पर निबन्ध नहीं लिखा जाता है, तथापि स्वदेश का पतन देख कर इतना कहे बिना भी नहीं रहा जाता कि सत्ययुगादि युगों की बातों को यदि एक ओर अलग छोड़ दिया जाय और कलियुग के आरम्भ पर ही यदि दृष्टिपात की जाय तो विचारनेत्रों की भिति पर अनेकानेक त्यागी परोपकारी, धैर्य्यवान्, एवं कला कौशल के ज्ञाताओं के अनेकानेक चित्र खिंच जायँगे।

मेगास्थनीज में जो इस्वी सन् के ३०० वर्ष पूर्व अर्थात् कलियुग के २८०० वर्ष बीतने पर भारतवर्ष में आया था तदानीन्तनीयभारत की बहुत प्रशंसा की थी। उसने लिखा है कि उस समय तक भारतवासियों को परधन-लोलुपता ने ग्रसित नहीं किया था। परस्त्रीगामी तो पाये ही नहीं जाते थे। भारतवासियों में परस्पर प्रेम का प्रवाह भी बहुत देखा जाता था। अर्थात् "मातृवत परदारेषु, परद्रव्येषु लोष्ट्रवत्" की लोकोक्ति (कहावत) बहुत उत्तम रीति से चरितार्थ हो रही थी।

यदि वर्तमान भारतवासियों का चरित्र लिखने का साहस किया जाय तो दुश्चरित्रता की एक घृणित गाथा ही बन जायगी। यदि यह बात ठीक है तो क्या भारतवासियों की आयु निश्चय करना कठिन न होगा ? अल्पायु होना जिसका प्रतिपादन मनुष्य गणना (अर्थात् सेनसस रिपोर्ट) भी करती है, मानों भारतवासियों की पैतृक सम्पत्ति हो गई है। लेखक की बुद्धि अनुसार आयु ठीक करने में मुख्य बाधा ऊपर लिखी हुई बातें ही हैं।

आयु-विचार के सम्बन्ध में नाना प्रकार के मत प्रचलित हैं। प्राचीन ग्रंथों के अनुसार बत्तीस प्रकार से आयु विचार किया जा सकता है। इनमें से (१) अंशायु (२) पिण्डायु (३) नैसर्गआयु (४) जीवशर्मायु और (५) अष्टवर्गायु प्राचीन एवं प्रचलित और प्रधान रीतियाँ हैं। परन्तु इन सब रीतियों का विवरण इस छोटे से ग्रंथ में केवल कठिन ही नहीं बल्कि असम्भव है। विश्वास है कि इन पाँच में से प्रथम चाररीतियों से आयु-गणना ठीक और उपयोगी तभी होगी जब हमारे भारतवर्ष के गणितज्ञ, राजा, महाराजा, सेठ, साहुकार एवं अन्यान्य धनी लोगों की सहानुभूति से ज्योतिष के गणित विभाग का पुनरुत्थान होगा। अयनांश का मतान्तर इतना वड़ा झंझट है कि ग्रह-स्फुट की अनुयायिक शुद्धि असम्भव सी प्रतीत होती है जो आयु निश्चय करने में लेखक के मतानुसार दूसरी बाधा है।

इन सब बातों पर ध्यान देते हुए इस 'तरंग' में योगानुसार आयुप्रमाण; महर्षि जैमिनि और पराशर मतानुसार आयु-निर्णय; ग्रहस्थिति द्वारा अल्प, मध्य और दीर्घायु का निर्णय;

मारकेश इत्यादि का विचार; अरिष्टकारी दशान्तर दशाओं का वर्णन; गोचर द्वारा अरिष्ट-समय का ज्ञान, अरिष्ट-मास दिन एवं लग्न एवं मृत्यु-स्थान जानने की विधि लिखी गयी है। तत्पश्चात्, रोग का मृत्यु से घनिष्ठ सम्बन्ध रहने के कारण, रोग के विषय में पहिली बात यह दिखलायी गयी है कि ग्रह, राशि एवं भावादि द्वारा मनुष्य के अंग प्रत्यंग में भिन्न-भिन्न धातु-विकारों से रोग का होना सम्भव होता है। तदनन्तर मृत्युदायी रोगों का योग, अष्टम-स्थानस्थिति ग्रह द्वारा, अष्टम स्थान पर दृष्टि डालने वाले ग्रह द्वारा, लग्न-नवांश द्वारा एवं मान्दि अनुसार मृत्युकारी रोगों का योग लिखा गया है और अन्त में अष्टवर्गी आयु का उल्लेख किया गया है।

अभयं मित्रादभयममित्रादभयं ज्ञातादभयं परोक्षात्, अभयं नक्तमभयं दिवानः सर्वा आशा मम मित्रं भवन्तु। (अथर्ववेद)

ग्रह-स्थिति-कृत-अल्पायु योग।

धा-१९४ बत्तीस वर्ष तक बहुमत से अल्पायु योग का प्रमाण कहा गया है जिनमें से १२ वर्ष तक के बहुत से योगों का उल्लेख धा.११२ में किया जा चुका है। अब इस स्थान पर १३ से ३२ वर्ष तक की आयु का योग अर्थात् मध्यायु योग लिखा जाता है।

१३ वर्ष

(१) यदि शनि तुला के नवांश में हो और उस पर केवल बृहस्पति की दृष्टि हो तो ऐसा बालक पिता के अनुग्रह से वंचित होकर तेरह वर्ष तक जीता है। (२) यदि शनि वक्री हो और राहु के साथ हो कर द्वादश स्थान में हो तो जातक की आयु तेरह वर्ष की होती है।

१४ वर्ष

(१) यदि शनि कन्या के नवांश में हो और बुध से दृष्ट हो तो यह चिड़चिड़ा स्वभाव का जातक १४ वर्ष तक जीता है। (२) यदि राहु, सूर्य्य, मंगल, बुध और शनि अष्टम स्थान में हों तो जातक की आयु १४ वर्ष की होती है।

१५ वर्ष

(१) यदि शनि सिंह के नवाँश में हो और राहु से दृष्ट हो तो ऐसे जातक को शस्त्र-पीड़ा होती है और वह १५ वर्ष तक जीता है। (२) यदि चं. चतुर्थस्थसूर्य्य षष्ठगत और केन्द्र ग्रह-शून्य हो तो जातक की आयु १५ वर्ष की होती है।

१६ वर्ष

(१) यदि शनि कर्क के नवांश में हो और केतु से दृष्ट हो तो ऐसा जातक सर्प के काटने से १६वें वर्ष में मरता है। (२) यदि षष्ठ और अष्टम स्थान में पापग्रह हों और शुभग्रह की दृष्टि से वंचित हों और लग्नेश तृतीय, षष्ठनवम अथवा द्वादश स्थान में हो तो भी १६ वर्ष की आयु होती है।

१७ वर्ष

(१) यदि लग्न सिंह, वृश्चिक अथवा कुम्भराशि का हो और उसमें पापदृष्ट राहु बैठा हो तथा बृहस्पति से दृष्ट वा युक्त न हो, (२) यदि शनि मिथुन के नवांश में हो और उस पर लग्नेश की दृष्टि हो तो ऐसा जातक शूर और महाभोगी होता हुआ १७वें वर्ष की आयु में मरता है। (३) यदि सूर्य्य वृश्चिक अथवा कुम्भ राशि में, शनि मेष राशि में और बृहस्पति मकर राशि में हो तो जातक विशूचिका (हैजा) की बीमारी से १७वें वर्ष में मरता है। ऊपरी योगों में १७ वर्ष की आयु होती है।

१८ वर्ष

(१) यदि लग्नेश अष्टम में और अष्टमेश लग्न में हों तथा वे शुभग्रह न हों और मतान्तर से यदि लग्नेश अष्टम में और अष्टमेश लग्नेश की राशि में हो और दोनों पापग्रह हों तो १८ वर्ष की आयु होती है। पुनः मतान्तर से ऐसा भी पाया जाता है कि लग्नेश अष्टमस्थ और अष्टमेश लग्नस्थ हो और उन सबों के साथ शुभग्रह न हों अथवा लग्नेश और अष्टमेश द्वादशस्थ वा षष्टस्थ हों और उसके साथ बृहस्पति न हो तो भी १८ वर्ष की आयु होती है। (२) यदि लग्नेश और अष्टमेश साथ होकर छठे अथवा द्वादशस्थान में हों और उसके साथ वृ. न हो तो जातक की आयु १८ वर्ष की होती है। (३) यदि लग्नेश और अष्टमेश शुभग्रह न हों और छठे अथवा द्वादश स्थान में वृ. न हो तो १८ वर्ष की आयु होती है। (४) यदि लग्नेश अष्टम में और अष्टमेश लग्न में हो और उनके साथ कोई अन्य ग्रह न हो, अथवा लग्नेश और षष्ठेश षष्ठ वा द्वादश स्थान में हों पर वृ. से युक्त न हों तो १८ वर्ष की आयु होती है।

१९ वर्ष

(१) यदि षष्ठस्थान में सूर्य्य और शनि एवं चन्द्रमा एकत्रित हों तो १९ वर्ष की आयु होती है। पाठान्तर से सूर्य्य का अष्टम स्थान में और चं. और श. का किसी स्थान में एकत्रित रहना पाया जाता है। (२) यदि शु. बु. और श. अस्तगत हों और नीच मंगल उनके साथ हो और सूर्य्य मकर का हो तो जातक की आयु १९ वर्ष की होती

है। (३) यदि शनि, बृहस्पति के नवांश में हो और उस पर राहु की दृष्टि हो और लग्नेश पर शुभ ग्रह की दृष्टि न हो तो बालक शीघ्र ही मर जाता है। पर यदि लग्नेश उच्च हो तो १९ वर्ष की आयु होती है।

२० वर्ष

(१) चन्द्रमा षष्ठ, (अष्टम) वा द्वादश स्थान में हो और चन्द्रमा की तथा शुभग्रहों की दृष्टि केन्द्रगत पापग्रहों पर न पड़ती हो (२) यदि शुभग्रह के साथ होकर लग्नेश लग्नस्थ हो और उस पर किसी ग्रह की दृष्टि न पड़ती हो तथा अष्टमेश अष्टमगत, हो (३) यदि क्षीण चन्द्रमा क्रूरग्रह के साथ अष्टम स्थान में बैठा हो और अष्टमेश केन्द्र में हो तथा लग्नेश निर्बल हो, (४) यदि शुभग्रह आपोक्लिम में हों और शनि चन्द्रमा के साथ षष्ठ अथवा अष्टम स्थान में हो (मतान्तर से शनि तथा राहु अष्टमस्थान में हो), (५) यदि रवि, और शनि केन्द्र में और मंगल लग्न में हो। (६) यदि लग्नेश अथवा चन्द्रलग्न पर शुभग्रह की दृष्टि न हो और लग्नेश के साथ सूर्य्य हो और केन्द्र में पाप हो, (७) यदि लग्न चरराशिगत हो और उसमें सूर्य्य और मंगल बैठे हों, बृहस्पति दशमस्थ हो तथा चन्द्रमा त्रिकोणस्थ हो, (८) यदि लग्नेश शुभग्रह के साथ लग्न में हो तथा किसी अन्य ग्रह से दृष्ट न हो एवं अष्टमेश अष्टम स्थान में हो, (९) यदि सभी शुभग्रह पापग्रह की राशि और नवांश में हों, (१०) यदि क्षीण चन्द्रमा और पापग्रह अष्टम स्थान में हों, अष्टमेश केन्द्र में हो तथा लग्नेश बलहीन हो, (११) यदि दो पापग्रह द्वितीय, अष्टम अथवा द्वादश स्थान में हों पर ये दोनों राहु और चन्द्रमा न हों (१२) यदि केन्द्र में सू. और श. हों और लग्न में मं. हो तो इन योगों में २० वर्ष की आयु होती है।

२२ वर्ष

(१) यदि बृ. और सू. लग्न में वृश्चिक राशि का हो और अष्टमेश केन्द्रगत हो। (२) यदि चं. राहु के साथ सप्तम अथवा अष्टम स्थान में हो और बृहस्पति लग्नगत हो। (३) यदि लग्नेश और अष्टमेश से चं. घिरा हो अर्थात् चं. की एक ओर लग्नेश और दूसरी ओर अष्टमेश हो तथा बृहस्पति द्वादशस्थ हो। (४)यदि पापग्रह के साथ बृहस्पति लग्न में हो और चन्द्रमा से दृष्ट हो तथा अष्टम स्थान ग्रहशून्य हो । (५) यदि जन्म-लग्न में बृहस्पति के साथ पापग्रह हो और बृहस्पति पर चं. की दृष्टि हो तथा अष्टम स्थान में कोई भी ग्रह हो तो इन योगों में २२ वर्ष की आयु होती है।

२४ वर्ष

(१) यदि अष्टमेश, द्वितीयेश और नवमेश एक साथ हों, लग्नेश अष्टमगत हो और

उसके (लग्नेश के) साथ कोई पापग्रह हो अथवा लग्नेश पर पापग्रह की दृष्टि हो और शुभग्रह की दृष्टि न पड़ती हो। (२) यदि अष्टमेश नवमस्थान में और लग्नेश पापग्रह के साथ अष्टम स्थान में हो तो २४ वर्ष की आयु होती है।

२५ वर्ष

यदि शनि द्विस्वभाव राशिगत होकर लग्न में हो और द्वादशेश तथा अष्टमेश निर्बल हो तो २५ वर्ष की आयु होती है।

२६ वर्ष

यदि शनि शत्रुगृही होकर लग्न में हो और शुभग्रह आपोक्लिम में हो तो २६ वा २७ वर्ष की आयु होती है।

२७ वर्ष

(१) यदि लग्नेश और अष्टमेश अष्टमगत हों और उनके साथ पापग्रह भी हों पर शुभग्रह न हों (मतान्तर से शुभग्रह का न रहना नहीं पाया जाता है) तो २७ वर्ष की आयु होती है। (२) यदि बृहस्पति स्वगृही हो और अपने द्रेष्काण में हो तो भी २७ वर्ष की आयु होती है। यह जातकाभरण का मत है पर किसी का मत है कि बृ. के स्वद्रेष्काणस्थ होने से ही योग लागू होता है। (३) यदि अष्टमेश एवं चन्द्र लग्नेश (राशीश) से चं. घिरा हुआ हो और बृ. द्वादशस्थ हो तो २७ वा ३० वर्ष की आयु होती है।

२८ वर्ष

(१) यदि पापग्रह लग्न, द्वितीय एवं अष्टम मे हो और शुभग्रह पणफर और आपोक्लिम में हो (२) यदि अष्टमेश पापग्रह हो और वह बृ. एवं किसी पापग्रह से दृष्ट हो और राशीश, लग्न से अष्टमगत हो (मतान्तर से लग्नेश का अष्टमगत होना पाया जाता है (३) यदि अष्टमेश, लग्न वा चं. से द्वादशस्थ हो वा केन्द्र में हो। कहीं ऐसा भी लेख मिलता है कि लग्न अथवा चन्द्र-लग्न से अष्टमेश के द्वादश भाव में रहने से योग लागू होता है। (४) यदि लग्न में निर्बल सू., चं. और राहु बैठा हो तो इन योगों में २८ वर्ष की आयु होती है।

२९ वर्ष

(१) यदि सू., चं. एवं श. अष्टम स्थान में हों तो २९ वर्ष की आयु होती है।

३० वर्ष

(१) यदि अष्टमेश केन्द्र में हो और लग्नेश बलहीन हो तो ३० वा ३२ वर्ष की आयु

होती है। देखो कुंडली ७ आदिगुरु की। अष्टमेश श. केन्द्र में है और लग्नेश च. यद्यपि उच्च है परन्तु अति क्षीण और एकादशस्थ होने के कारण उसको स्थान बल भी नहीं है। आदिगुरु शंकर की आयु ३२ वर्ष की थी। (२) यदि लग्नेश और अष्टमेश में से कोई एक अष्टमस्थ हो और दूसरा निर्बल हो तो ३० वा ३२ वर्ष की आयु होती है । (३) यदि श. अष्टमभाव की नवांश राशि में बैठा हो और कोई बली पापग्रह लग्न में हो और शुभग्रह पणफर और आपोक्लिम में हो तो ३० वा ३२ वर्ष की आयु होती है। (४) यदि पापग्रह के साथ हो कर क्षीण वा निर्बल चं. द्वादश स्थान में हो और लग्नेश पापग्रह के दृष्ट हो तो ३० वा ३२ वर्ष की आयु होती है। (५) यदि पंचमस्थ चं. निर्बल शुभग्रह से दृष्ट और अष्टमेश केन्द्र में हो तो ३० वर्श की आयु होती है। (६) यदि चं. एवं लग्नेश आपोक्लिम में हो और दुर्बल अष्टमेश पापदृष्ट हो तो ३० वा ३२ वर्ष की आयु होती है। (७) यदि बु. अत्यन्त बली होकर केन्द्रवर्ती हो और अष्टमस्थान ग्रह-शून्य हो, (८) यदि बलहीन लग्नेश एवं अष्टमेश केन्द्रवर्ती हो (९) यदि केन्द्र में कोई शुभग्रह न हो और अष्टमस्थान में शुभग्रह हो (१०) यदि द्वितीय एवं द्वादशस्थानों में पापग्रह बैठे हों अर्थात् लग्न पाप ग्रहों से घिरा हुआ हो और सप्तम स्थान में राहु और वृ. हों (११) यदि बली शुभग्रह केन्द्र में हो और अष्टमस्थान में कोई शुभग्रह न हो। देखो उपर्युक्त नियम (७) ; (१२) यदि केन्द्र में कोई शुभग्रह न हो परन्तु अष्टम स्थान में कोई ग्रह हो तो इन योगों में ३० वर्ष की आयु होती है।

३१ वर्ष

क्रूर ग्रहों से घिरा हुआ यदि सू. लग्नस्थ हो तो ३१ वर्ष की आयु होती है।

३२ वर्ष

(१) यदि लग्नेश और अष्टमेश केन्द्रवर्ती हो पर किसी केन्द्र में कोई शुभग्रह न हो और अष्टमस्थान में कोई भी ग्रह हो (२) यदि निर्बल लग्नेश और अष्टमेश केन्द्रवर्ती हो (३) यदि सू. एवं चं. साथ होकर केन्द्र में हों और अष्टमेश भी किसी केन्द्र में हो पुनः अष्टमस्थान में पापग्रह और लग्न में कोई ग्रह न हो (४) यदि अष्टमेश लग्न में और लग्नेश निर्बल हो । (५) यदि चं. और लग्नेश पापग्रह से दृष्ट आपोक्लिम (३,६,९,१२) में हों और यदि ये दोनों ग्रह निर्बल हों (६) यदि अष्टमेश केन्द्रवर्ती हो अथवा अष्टम स्थान में पापग्रह हो और चं. क्षीण एवं लग्न भी दुर्बल हो और लग्न में भी पापग्रह हो तो ३२ वर्ष की आयु होती है। देखो **कुंडली** ७ जगद्गुरु की। अष्टमेश केन्द्रवर्ती है पुनः अष्टम स्थान में पापग्रह भी बैठा है, चं. क्षीण है। लग्न में पापग्रह नहीं है परन्तु पापग्रह श. से दृष्ट है। और लग्नेश क्षीण है (लग्न दुर्बल भी हो सकता है।) इनकी आयु ३२

वर्ष की थी। **देखो कुंडली ४४** स्वामी रामतीर्थ जी की अष्टमेश केन्द्रवर्ती है, अष्टमस्थान में चार पापग्रह बैठे हैं, लग्न दुर्बल सा प्रतीत होता है, लग्न पर श. एवं मं. दो पापग्रहों की दृष्टि है और लग्नेश छठे स्थान में है। प्रतीत होता है कि इसी योग के कारण ये अल्पायु हुए अर्थात् ३२ वर्ष ११ महीना २५ दिन की इनकी आयु थी।

मध्यायु-योग।

३२ वर्ष से उर्द्ध ७० पर्य्यन्त मध्यायु होता है।

३३ वर्ष

धा, १६५ (१) यदि लग्न मेष अथवा वृश्चिक हो और उसमें चं. बैठा हो परन्तु केन्द्र ग्रह-रहित हो (२) यदि पाप अष्टमेश, चं. के साथ केन्द्र वा त्रिकोण में हो और वह दशमस्थ-पापग्रह से दृष्ट हो तो ३३ वर्ष की आयु होती है। 'शंकर वो रामानुज पुस्तक में लिखा है कि यह योग कुंडली ७ में लागू है। परन्तु लेखक को ऐसा प्रतीत नहीं होता है (३) यदि लग्न में श. और चं. हों एवं मं. कुम्भ राशि, गत् हो तो ३२ वर्ष की आयु होती है।

३६ वर्ष

(१) यदि बृ. और शु. केन्द्रवर्ती हों और लग्नेश किसी पापग्रह के साथ आपोक्लिम में हो पर जन्म संध्या समय का हो तो ३६ वर्ष की आयु होती है। संध्या का जन्म मतान्तर से पाया जाता है। (संध्या, सूर्य्यास्त और सूर्य्योदय के ४८ मिनट पूर्व और पर तक को कहते हैं।) (२) यदि निर्बल एवं शत्रुगृही सूर्य्य लग्नस्थ हो और द्वितीय एवं द्वादश में पापग्रह हों और सूर्य्य शुभदृष्ट न हो। (३) यदि चं.,मं.एवं मान्दि लग्न में हों और केन्द्र एवं अष्टम में शुभग्रह न हों तो इन योगों में ३६ वर्ष की आयु होती है।

३७ वर्ष

(१) यदि र. लग्न में पाप ग्रहों से घिरा हो और बृ. मिथुन राशि गत अष्टमस्थान में हो तो ३७ वर्ष की आयु होती है। (वृश्चिक लग्न होने से योग लागू होगा)।

४० वर्ष

(१) यदि अष्टमेश, स्थिर राशि गत होता हुआ केन्द्रवर्ती हो और अष्टम स्थान पापदृष्ट हो (२) यदि पूर्ण बली बु. केन्द्रवर्ती हो और अष्टम स्थान ग्रह-शून्य हो परन्तु **शुभ दृष्ट हो (देखो ३० वर्ष नियम ७)। (३) यदि अष्टमस्थान का स्वामी लग्न-**

वर्ती हो और अष्टम स्थान में कोई शुभग्रह न हो। (४) यदि स्वक्षेत्री शुभग्रह की दृष्टि अष्टम स्थान पर पड़ती हो तो १० वर्ष किम्बा ४० वर्ष की आयु होती है। (५) शुभ-ग्रह केन्द्र में हो और अष्टम स्थान में कोई शुभग्रह न हो एवं केन्द्रस्थ-ग्रह-शुभदृष्ट हो तो इन योगों में ४० वर्ष की आयु होती है।

४२ वर्ष

यदि अष्टमेश लग्न में मं. के साथ हो अथवा अष्टमेश स्थिर राशिगत हो कर अष्टम अथवा द्वादश स्थान में हो और अष्टमेश लग्न में हो तो इन दो भिन्न योगों में ४२ वर्ष की आयु होती है।

४४ वर्ष

(१) यदि लग्न द्विस्वभाव राशि हो और बृ. केन्द्र और श. दशम में हो (२) यदि श. और सू. मकर राशि गत होकर तृतीय वा षष्ठ स्थान में हो और अष्टमेश केन्द्र में हो तो ४४ वर्ष की आयु होती है।

४५ वर्ष

(१) यदि जन्म राशीश अष्टमस्थान में किसी पापग्रह के साथ हो और लग्नेश किसी पापग्रह के साथ षष्ठ स्थान में हो और ये दोनों ग्रह सबल हो पर शुभग्रह से दृष्ट न हों (२) यदि लग्नेश षष्ठ वा अष्टम में पापग्रह के साथ हो और शुभग्रह से दृष्ट न हो तो इन दो योग में ४५ वर्ष की आयु होती है। (इन दो योगों की ग्रह-स्थिति ध्यान देने योग्य है।)

४७ वर्ष

यदि सभी पापग्रह केन्द्र में हों और चं. किसी पापग्रह के साथ हो तो ४७ वर्ष आयु होती है।

४८ वर्ष

(१) यदि मकर लग्न हो और उसमें मं. हो और दशमस्थान में श. और बृ. तुला में हो तो जातक धनी एवं विद्वान् होता हुआ ४८ वें वर्ष में मृत्यु-ग्रस्त होता है। (२) यदि जन्म लग्न मेष हो और शुभ दृष्ट पूर्ण चं. उसमें बैठा हो तो ऐसे योग में जातक धनाढय किम्वा राजा होता है। परन्तु यदि चं. पाप दृष्ट हो तो ४८ पर्ष की आयु होती है।

५० वर्ष

(१) बुद्ध, चतुर्थ वा दशम स्थान में हो और चं., लग्न, अष्टम वा द्वादश में हो

और बृ. और शु. एकत्रित हो (किसी स्थान में)। (२) शुभग्रह दशम वा चतुर्थ स्थान में., चं. द्वादश वा अष्टम स्थान में और लग्न में शुक्र एवं बृ. हो। (३) लग्नश श. के नवांश में बैठा हो तो केवल इतना ही से इस योग में और ऊपरी योगों में ५० वर्ष की आयु होती है।

५१ वर्ष

यदि लग्न, द्वितीय एवं चतुर्थ, तीनों ही में शुभग्रह हों तो ५१ वर्ष की आयु होती है।

५२ वर्ष

(१) यदि श. अन्य ग्रहों के साथ लग्न में बैठा हो और चं. द्वादश अथवा अष्टम स्थान में हो तो जातक धर्मज्ञ एवं वेदान्ती होता है और उसकी आयु ५२ वर्ष की होती है। (२) यदि श. लग्न में, चं. अष्टम वा द्वादश में हो और अन्य ग्रह एकादश में हों तो ५२ वर्ष की आयु होती है।

५५ वर्ष

(१) यदि जन्म लग्न मीन हो एवं शु. और बृ. उच्च हों। (२) यदि कर्क लग्न में सू., चं. दशम स्थान में पाप युक्त और बृ. केन्द्र में हों। (चं. के साथ पाप ग्रह का रहना मतान्तर से आवश्यक नहीं है।) (३) द्वादशेश वा अष्टमेश यदि बलहीन हो तो ऐसे योगों में ५५ वर्ष की आयु होती है।

५७ वर्ष

यदि धन लग्न हो और उसमें बृ. बैठा हो एवं राहु और मं. अष्टमस्थ हों तो ५७ वर्ष की आयु होती है।

५८ वर्ष

(१) यदि अष्टमेश सप्तम स्थान में हो और चं. पापग्रह के साथ हो (२) यदि लग्नेश श. के नवांश में और लग्नेश के साथ चं. षष्ठ, अष्टम वा द्वादश भावगत हो तो इन योगों में ५८ वर्ष की आयु होती है।

६० वर्ष

(१) यदि तृतीयेश बृ. के साथ लग्न में हो और किसी एक केन्द्र में पापग्रह कुम्भ राशिगत हो तो जातक ब्रह्मज्ञानी अथवा योगी होता है और सानन्द ६० वर्ष तक जीता है, (२) यदि अष्टम स्थान में कोई पापग्रह हो, अष्टमेश लग्न में हो और लग्नेश द्वादश

में हो तो जातक नीच प्रकृति का अपने परिवार में अपयश का भाजन होता हुआ ६० वर्ष तक जीता है। (३) यदि लग्न में श. चतुर्थ में चं., सप्तम में मं. और दशम में र. हो एवं शु. ,बृ. अथवा बु. इन केन्द्रों में से किसी में हो तो जातक राजा वा राजा तुल्य होता है। (४) यदि र. अपने शत्रु के साथ एवं मंगल के साथ होकर लग्न में हो। (५) यदि शु. लग्न में, बु., और श. केन्द्र में और शेषग्रह तृतीय एवं एकादश में हों तो जातक धनी होता है। (६) यदि चतुर्थ स्थान में कोई ग्रह हो और बृ. एवं शुक्र किसी केन्द्र अथवा लग्न में हों तो जातक उत्तम प्रकृति का मनुष्य होता है। (७) यदि लग्नेश से ६,८,१२ में पाप ग्रह हो और अष्टमस्थान में कोई शुभग्रह न हो। (८) यदि बलवान लग्नेश केन्द्रवर्ती हो और शुभ दृष्ट हो । अथवा बु., बृ., शु. स्वगृही हो, चं. उच्च हो और बली लग्नेश लग्नगत हो। (९) यदि चं. स्वगृही हो अथवा लग्नवर्ती हो और सातवें स्थान में शुभग्रह हो। (१०) यदि वृष राशि का चं. लग्न में हो और अन्य शुभग्रह स्वगृही हों। (११) यदि लग्नेश पापग्रह के साथ ६,८,१२ में हो और अष्टम स्थान में कोई शुभग्रह न हो। (१२) यदि चन्द्र राशीश र. के साथ अष्टमस्थान में लग्नेश के साथ हो और बृ. केन्द्र में न हो, (१३) यदि लग्न कुम्भ हो, बृ. अष्टमस्थ और पाप ग्रह केन्द्र में हो तो जातक विद्वान, दानी एवं शुद्ध आचरण का होता है। (१४)यदि दशमस्थ शु.,बु., बृ. और चं. से दृष्ट हो। ग्रन्थान्तर में बृ. का अष्टमस्थ होना भी लिखा पाया जाता है। (१५) यदि बली चं. लग्न में, मूलत्रिकोणस्थ अथवा शुभराशिगत हो। (१६) यदि बली लग्नेश लग्न में और चं. उच्च वा स्वक्षेत्री हो । (१७) यदि अष्टमस्थान शुभग्रह रहित हो और लग्नेश पाप ग्रह के साथ ६, अथवा १२ स्थान में हो। (१८) यदि जन्म राशीश एवं लग्नेश, र, के साथ हो और बृ. अष्टम स्थान में हो और केन्द्र में न हो। (१९) यदि सभी ग्रह पंचमस्थ हों तो इन उपर्युक्त योगों में से किसी योग के होने से ६० वर्ष की आयु होती है।

६४ वर्ष

(१) शुभवर्ग का चं. अष्टम स्थान गत हो तो ६४ वर्ष की आयु होती है। (२) जन्मसमय दिन हो, चं. से अष्टम पापग्रह हो और श.द्विस्वभाव राशिगत में लग्न हो तो६४ वर्ष की आयु होती है। इस योग में मध्यायु होना कहा गया है। इस कारण ७० वर्ष की आयु भी हो सकती है।

६५ वर्ष

(१) यदि नीच श. केन्द्र वा त्रिकोण में हो और शुभग्रह केन्द्र में हो अथवा र. शुभ ग्रह के साथ केन्द्र में हों तो जातक बुद्धिमान होता है। (२) यदि जन्म राशीश, लग्नेश एवं अष्टमेश केन्द्र में हो और वृ. लग्न वा केन्द्र में से किसी में न हो। (३) यदि कर्क

राशि का चं. लग्न में, श. अष्टम में और सूर्य्य सप्तम में हो तो इन योगों में ६५ वर्ष की आयु होती है।

६६ वर्ष

(१) यदि बृ.,सू. और बु. के साथ लग्न में, श. मीन राशि में और चं. दशम स्थान में हो तो ऐसा जातक शास्त्रज्ञ एवं धनी होता है। (२)यदि उच्च चं. लग्नवर्ती हो, श. नीच और र. सप्तमस्थ हो। (३) यदि केन्द्र-राशीश एवं लग्नेश अष्टमस्थ हों और बली अष्टमेश केन्द्र में हों तो ऐसा जातक धनी मानी एवं मनुष्यों का नायक होता हुआ ६६ वर्ष तक जीता है।

६८ वर्ष

लग्नेश सूर्य्य के साथ दशमस्थ, श. लग्नस्थ और बृ. चतुर्थस्थ हो तो ६८ वर्ष की आयु होती है।

७० वर्ष

(१) यदि मं. पंचमस्थ, र. सप्तमस्थ और श. नीचस्थ हो (२) यदि र., मं., श., और षष्ठेश केन्द्रवर्ती हों और बृ. एवं चन्द्रमा षष्ठस्थ वा द्वादशस्थ न हों तो ऐसा विद्वान् ज्ञानी. चतुर और दानशील जातक ७० वर्ष तक जीता है। (३) यदि कोई बली शुभग्रह केन्द्र में लग्नेश से दृष्ट हो और अष्टम स्थान में कोई शुभग्रह न हो (४)यदि उच्च, स्वक्षेत्री अथवा मित्रगृही शुक्र केन्द्रवर्ती हो। (५) वृ. लग्न में, अन्य कोई शुभग्रह केन्द्र में हो और दशमस्थ पापग्रह की दष्टि अष्टम भाव पर न हो (किसी का कथन है कि चन्द्र लग्न से भी यह योग लागू होता है)। (६) यदि बृ. बिना किसी क्रूरग्रह के लग्न में हो और चं. पापयुक्त न हो एवं केन्द्र में शुभग्रह और अष्टमस्थान ग्रह-रहित हो (७) चं. पंचम वा द्वादश स्थान में और बृ. बलहीन हो (८) यदि चं., लग्नस्थ अथवा स्वनवांशस्थ अथवा मीन वा कर्क राशिगत हो और अष्टमस्थान पाप ग्रह रहित और बृ. केन्द्रवर्ती हो (९) यदि नीच श. केन्द्र वा त्रिकोण में हो और किसी केन्द्र में केवल बु. अथवा सू. के साथ बैठा हो तो ऐसा जातक दानशील एवं विद्वान होता है। (१०) शुभग्रह केन्द्रवर्ती हो पर अष्टमस्थान उससे दृष्ट न हो और लग्नेश पाप दृष्ट हो (११) लग्न, नवम अथवा केन्द्र में बृ. हो और अष्टम स्थान ग्रह शून्य हो, पुनः लग्न और चं. पाप दृष्ट हो (१२) लग्न वा चं. से शुभग्रह केन्द्र में हो और वृ. लग्न में पापग्रह से दृष्ट वा युक्त न हो (१३) बृ. बलहीन हो और चं. द्वादश किम्बा पंचम स्थान में हो और र. एवं मं. किसी शत्रु के साथ होकर लग्न में बैठा हो (१४) लग्न में वृ., अष्टम स्थान ग्रह-शून्य, कुल शुभ ग्रह केन्द्रवर्ती हों और तीसरे

छठे एवं ग्यारह स्थानों में पापग्रह बैठे हों और पापदृष्ट न हों तो इन उपर्युक्त योगों में ७० वर्ष की आयु होती है।

पूर्णायु-योग

७३ वर्ष

बा. १६६ यदि लग्नेश पापदृष्ट हो और चं. शुभग्रह के नवांश में, किसी स्थान में बैठा हो एवं शुभग्रह बलवान हो तो ७३ वर्ष की आयु होती है।

८० वर्ष

(१) यदि सभी शुभग्रह वलयुक्त-लग्न से षष्ठ पर्य्यन्त और सभी पापग्रह शेष स्थानों में हों तो जातक शुद्ध वृत्ति वाला सानन्द जीवन व्यतीत करता हुआ ८८ वर्ष तक जीता है। (२) यदि चं. और बृ. केन्द्रवर्ती हों और शुभ हों और चं. और बृ. के अतिरिक्त कोई ग्रह स्वक्षेत्री न हो। (३) यदि शुभग्रह मूलत्रिकोण में, लग्नेश बली और बृ. उच्च हो तो ८० वर्ष की आयु होती है। परन्तु जातकाभरण में उच्च बृ. का लग्न में होना लिखा है। (४) लग्नस्थ बृ. उच्च हो और शुभग्रह त्रिकोण में हो (५) यदि बृ. उच्च, लग्नेश परम बली और शुभग्रह मूलत्रिकोण में हो।(६) यदि सभी ग्रह पाप-नवांश-गत होकर केन्द्रवर्ती हों तो इन योगों में ८० वर्ष की आयु होती है।

८५ वर्ष

यदि सूर्य्य, मं. और श.,बृ. के नवांश में रहते हुए केन्द्रवर्ती हों, बृ. लग्नस्थ और अष्टमस्थान ग्रह शून्य हो और शेप ग्रह-अन्यत्र बैठे हों तो ८५ वर्ष की आयु होती है।

८६ वर्ष

यदि शुभग्रह केन्द्र में, चं. षष्ठ में और अष्टम स्थान पाप-रहित हो तो ८६ वर्ष की आयु होती है।

८७ वर्ष

लग्न में बुध, किसी त्रिकोण में च. और नवम में श. हो तो ८७ वर्ष की आयु होती है।

१०० वर्ष

(१) यदि पंचम, नवम केन्द्र अथवा अष्टम में तोन ग्रह हों; अथवा यदि केन्द्र में पाँच ग्रह हों तो जातक धनी एवं सुचरित्र होता हुआ १०० वर्ष जीता है। (२) लग्नेश वृ., केन्द्रवर्ती हो और केन्द्र एवं त्रिकोण पाप-ग्रह रहित हों तो जातक सुखमय जीवन

व्यतीत करता हुआ १०० वर्ष तक जीता है। (३) बृ. केन्द्रवर्ती, सू. और मं. लग्न में अथवा अष्टम में हों तो जातक मनुष्यों पर अधिकार रखता हुआ १०० वर्ष तक जीता है। (४) यदि मीन का शुक्र लग्नस्थ हो और अष्टमस्थ चं. शुभदृष्ट हो और बृ. केन्द्र में हो। (५) लग्नेश अष्टम में, चं. दशम में और अन्य सब ग्रह नवम में हों एव बली हों (६) यदि पापग्रह चतुर्थ और नवमस्थान में पूर्ण चं. लग्न में शुभग्रह द्वितीय एव द्वादश स्थान में हों और शुभग्रह बृ. के नवांश में अथवा समराशि के नवांश में हों तो सुखमयी १०० वर्ष की आयु होती है। (७) यदि मिथुन लग्न हो और मं., मिथुन राशि में १५ अंश के पूर्व हो एवं बृ. और बु. मिथुन के १५ अंश के बाद हों पुनः शुक्र केन्द्रवर्ती हो तो जातक की सुखमयी आयु १०० वर्ष की होती है (८) यदि लग्न मकर के १५ अंश के बाद हो और मं. मकर में १६ अंश के पूर्व किसी अंश में हो, चं. लग्नस्थ हो एवं वृ. केन्द्रवर्ती हो तो १०० वर्ष से अधिक आयु होती है। (९) यदि लग्न सिंह हो और चार ग्रह त्रिकोण में बैठे हों (१०) उच्च बृ. लग्नस्थ और शुक्र केन्द्रवर्ती हो (११) लग्न एवं अष्टम ग्रह-शून्य हों और चं. तृतीयस्थ एवं बृ. स्वगृही हो और शेष ग्रह (सू., बु., शु., श. और मं.,) नवमस्थ हों (१२) केन्द्र त्रिकोण एवं अष्टम स्थान पापग्रह-शुन्य हो और लनेश एवं बृ. केन्द्र में हों तो जातक स्वस्थ एवं सुखी होता है। (१३) यदि केन्द्र., त्रिकोण एवं अष्टम में कोई पापग्रह न हो और जन्म लग्न धन अथवा मीन हो, केन्द्र में शु. अथवा वृ. हो और नवम एवं दशमस्थान शुभदृष्टहो (१४) अष्टम स्थान में शुभग्रह हो और शुभदृष्ट भी हो एवं चं. अनिष्ट स्थान में हो (१५) श., नवम अथवा लग्न में और चं. द्वादश अथवा नवम में हो (१६) चं. वृष राशि में हो, पंचम, अष्टम, नवम और केन्द्र में पापग्रह हो, शुक्र और वृ., लग्न., केन्द्र और नवम में न हों पुनः नवम एवं अष्टम स्थान शुभदृष्ट हों (१७) लग्नेश अष्टमस्थ और चं. दशमस्थ हो (१८) नवमस्थान में सम्पूर्ण ग्रह बैठे हों और बृ. बली हो (१९) लग्न कर्क हो, चं. और बृ. तृतीय, षष्ठ अथवा एकादश स्थान में हों और शुक्र और बुध केन्द्र-वर्ती हों (२०) यदि स्वगृही क्रूरग्रह चं. के साथ हो कर लग्न, छठे वा अष्टम में बैठा हो और दशमस्थान में दो बली ग्रह बैठ हों तो इन योगों में १०० वर्ष को आयु होती है।

१०६ वर्ष

यदि लग्न वृष वा कर्क हो और लग्न में बृ. हो और तीन ग्रह उच्च हों तो जातक १०६ वर्ष तक जीता है।

१०८ वर्ष

(१) यदि जन्म मीन राशि के अन्तिम नवांश में हो (अर्थात् लग्न मीन हो और लग्न का नवांश भी मीन हो) और केन्द्र में चार ग्रह बैठे हों; अथवा लग्न सिंह हो और पंचम एवं नवम स्थान में चार ग्रह बैठे हों तो इन दो योगों में से किसी में जन्म होने से १०८ वर्ष की

आयु होती है। (२) यदि बृष लग्न हो, तीन ग्रह उच्च हों और वृष कर्क में हो, अथवा मं. मकर में हो और बृष कर्क में हो एवं अन्य सब ग्रह केन्द्र में हों तो १०८ वर्ष की आयु होती है।

१२० वर्ष

(१) यदि जन्म लग्न मीन के अन्तिम नवांश का हो, चं. वृष के पंचम त्रिशांश में. हों और अन्य सब ग्रह उच्च हों तो १२० वर्ष ५ दिन की आयु होती है। (२) यदि लग्न और चं. से अष्टम स्थान में कोई ग्रह न हो और वृ. एवं शुक्र बलवान हो।(३) यदि धन लग्न के द्वितीय होरा में जन्म हो और बुध वृष राशि के२४ अंश में हो और अन्य ग्रह उच्चस्थ हों तो १२० वर्ष की आयु होती है।

'श्रीरणवीर ज्योतिष महा निबन्ध' नांमक ग्रन्थ में १२० वर्ष की आयुयोग बहुत दिये हुए हैं। पुस्तकाकृति बढ़ने के भय से हवालाही देकर समाप्त किया जाता है। विद्वानों-का कथन है कि योग-जनित-आयु वैसे ही मनुष्य के जीवन में ठीक घटित होता है जो धार्मिक एवं पवित्र आचार-विचार आहार आदि पर ध्यान देता हुआ जीवन व्यतीत करता है।

अपरमितायु योग।

धा. १९७ (१) यदि कुम्भ लग्न हो और उसमें सूर्य बैठा हो और बृ. द्वितीय वा द्वादश स्थान में हों तो ऐसा जातक उत्तम श्रेणी का योगी होता है और योगाभ्यास अथवा रसायन विद्या के बल से १००० वर्ष तक जीता है। (२) यदि सिंह लग्न हो, बृ. कर्क में, बुध कन्या में और पापग्रह ३,४,५,६ और ११ स्थान में हों तो जातक १००० वर्ष तक जीता है। (३) यदि लग्न सिंह हो और उसमें बृ. बैठा हो और शुक्र कर्क राशिगत हो अथवा अष्टमस्थान में हो और बुध कन्या राशिगत हो अर्थात् द्वितीय स्थान में हो और अन्य पापग्रह ३,६,११ में हो तो १००० वर्ष की आयु होती है। (४) यदि लग्न सिंह हो और मंगल एवं रवि चतुर्थ स्थान में, राहु द्वादश में, और शेष ग्रह द्वितीय स्थान में हों तो ऐसा जातक १०००वर्ष तक जीता है।(इस योग में राहु का द्वादशस्थ होनालिखा गया है अतएव केतु द्वितीयस्थान में न रहेगा) 'सर्वार्थचिन्तामणि' में भी यही योग पाया जाता है। परन्तु सिंह लग्न होना उस पुस्तक में नही लिखा है। (५) यदि लग्न मेष हो और उसमें र. एक शुभग्रह के साथ बैठा हो, बृ. दशमस्थ, मं. सप्तमस्थ और बली चं. (पाठान्तर में पूर्ण चं .पाया जाता है परन्तु सूर्य्य से द्वादशस्थ चं क्षीण ही होगा) द्वादशस्थ हो तो जातक रसायन विद्या के बल से २००० वर्ष तक जीता है। (६) यदि लग्न मेष हो, कर्क में सूर्य्य, मकर में श. तुला में मं., और मीन में बली चं. हो तो २००० वर्ष की आयु होती है। (७) यदि लग्न कर्क हो और उसमें बृ. एवं चं. बैठे हों, शुक्र एवं बुध केन्द्रवर्ती हों और अन्य ग्रह ३, ६,११ में हों तो ऐसे जातक को चिरायु कहते हैं। विद्वानों का कथन है कि ऐसे योग में आयु गणना की आवश्यकता नहीं। (८) यदि शुक्ल पक्ष

के दिन के समय का जन्म हो और कर्क लग्न में बृ., सप्तम में मं. और चतुर्थ में श. हो तो १०००० वर्ष की आयु होती है। देखो कुंडली ३ श्री १०८ रामचन्द्र जी की। (९) यदि लग्न से आरम्भ करने पर कुंडली में पहला ग्रह शनि हो और अन्तिम ग्रह मं. हो तो जातक अमर होता है। देखो धारा १९२ (२) इन दोनों नियमों के अन्तर पर ध्यान आकर्षित किया जाता है। (१०) यदि मीन लग्न में शु. एवं बृ. हों, वृष के बिचले नवांश में (अर्थात् वृष नवाँश में) चं. हो (वर्गोत्तम) अथवा मं., सिंह नवाँश में हो तो जातक अपरिमितायु होता है।

महर्षियों ने दिव्य दृष्टि एवं विद्या-बल से बहुत सी ऐसी बाते बतलायी हैं जो हम लोग ऐसे साधारण बुद्धिवालों को असम्भव सा प्रतीत होता है। भारत की प्राचीन ग्रन्थों में अनेकानेक प्रमाण हजारो हजार वर्ष जीने का मिलता है। परन्तु बहुतेरे वर्त्तमानकालीन सज्जनों को यह केवल अत्युक्ति वा गल्प सा प्रतीत होता है। परन्तु यह धारणा ठीक नहीं। इस समय भी समाचार पत्र द्वारा ऐसे बहुतेरे लोगों का पता चलता है कि जो १०० वर्ष से उर्ध्व और ३०० वर्ष के लगभग जीवित रहे हैं।

१८वीं मई १९३२ के लीडर समाचार पत्र में छपा है कि चीन देश के एक संगयुआँ ग्राममें ,जो वानसेन से उत्तर दिशा में है, एक मनुष्य जिसका नाम लिचिङ्गयुङ्ग है उसकी अवस्था २५५ वर्ष की है। उसकी शारीरिक शक्ति एवं नेत्रज्योति अच्छी है । यह ७०५००० गज अर्थात् ४० मील से कुछ उर्ध्व चल सकता है। इनके १४ विवाह हुए और उनसे १८० संतान हुए। उस प्रान्त के लोग इस वृद्ध से दीर्घायु होने का रहस्य पूछते हैं तो यह चार बातें बतलाया करते हैं। (प्रथम) चित्त को शान्ति रखना (द्वितीय) कछुआ सा बैठना, जिससे उनका अभिप्राय शान्तिमय ईश्वर-ध्यान से है (तृतीय) कबूतर के ऐसा सीना तान कर चलना, (चतुर्थ) कुत्ते सा सोना।

'जीवनी संग्रह' नामक पुस्तक में तैलङ्ग स्वामी की जीवनी भी लिखी गयी है। इनका चित्र (फोटो) बहुतेरों ने देखा होगा । इनको समाधि लिये लगभग ८० वर्ष हुए । उस पुस्तक में लिखा है कि मद्रास प्रान्त के भिजियानां के आसपास होलिया ग्राम में तैलङ्ग स्वामी का जन्म संबत् १५२९ के पौष मास में हुआ था और पौष शुक्र एकादशी संवत् १८०१ को संध्या समय में इन्होंने समाधि ली अर्थात् लगभग २८० वर्ष तक जीते रहे । भारत-वर्ष के सभी लोग जानते हैं कि ये एक उच्च कक्षा के योगी थे। समाधि के एक मास पूर्व इन्होंने समाधि समय निर्वाचित किया था । जन्मतिथि नहीं मालूम रहने के कारण इनकी कुंडली न बन सकी।

मूंगेर में एक साधु खाकी बाबा के नाम से प्रसिद्ध हैं। वह अपना जन्म भादों अष्टमी शुक्रवार १२०७ फसली का बतलाते हैं। खाकी बाबा अभी भी दो-चार मील पैंदल चल सकते हैं और, कभीकभी पैंदल ही आकर लेखक को अनुगृहीत किया करते थे।

जैमिनि एवं पराशर अनुसार आयु अनुमान।

कक्षा निर्णय

धा.१६८ महर्षि पराशर एवं जैमिनि आदि ग्रन्थकारों न आयु को तीन खंडों में विभा- किया है। ३२ वर्ष की पर्य्यन्त अल्पायु, ३२ से उर्ध्व ६४ वर्ष (मतान्तर से ७०) मध्यायु और उसके बाद दीर्घायु माना है। प्रत्येक खंड को कक्षा कहते हैं। ग्रहों की स्थिति अनुसार कक्षा वृद्धि और कक्षा ह्रास भी होता है। जैमिनीय सूत्र अनुसार ३२,६४ एवं ९६ वर्ष की तीन कक्षा होती हैं।।सर्वार्थचिन्तामणि' के अनुसार ३२,७० एवं १०० की तीन कक्षा होती हैं। परन्तु इस स्थान में जैमिनी मत ही ग्राह्य होगा।

अल्प, मध्य, एवं दीर्घायु निश्चय करने की विधि।

(१) लग्न और चन्द्रमा, (२) लग्नाधिपति और अष्टमाधिपति, (३) जन्मलग्न और होरा-लग्न द्वारा आयु का निर्णय होता है।

प्रथम खंड में लिखा जा चुका है कि मेष, कर्क, तुला एवं मकर चर राशि हैं, वृष, सिंह, वृश्चिक और कुम्भ स्थिर और शेष राशियाँ द्विस्वभाव कहलाती हैं। नीचे चक्र ४१ दिया जाता है जिसका यह भाव है कि यदि लग्न चर राशि हो और चं. भी चर राशि में हो तो जातक दीर्घायु होता है। पुनः यदि लग्न स्थिर राशि में हो और चं. द्विस्वभाव में हो तौ भी दीर्घायु होता है। यदि लग्न द्विस्वभाव राशि में हो और चं. स्थिर में हो तौ भी दीर्घायु होता है। इसी प्रकार यदि लग्न चर हो और चं. स्थिर हो तो मध्यायु ; इत्यादि २ प्रकार की आयु का बोध चक्रानुसार होगा। लग्नेश एवं अष्टमेश, पुनः लग्न एवं होरा लग्न द्वारा भी अल्प, मध्य एवं दीर्घायु का विचार इसी चक्र से पूर्वलिखित नियमानुसार ही होता है।

चक्र ४१

दीर्घायु		मध्यायु		अल्पायु	
चर चर	१ १	चर स्थिर	१ २	चर द्विस्वभाव	१ ३
स्थिर द्विस्वभाव	२ ३	स्थिर चर	२ १	स्थिर स्थिर	२ २
द्विस्भाव स्थिर	३ २	द्विस्वभाव द्विस्वभाव	३ ३	द्विस्वभाव चर	३ १

इस चक्र में चर संख्या १, स्थिर २ का और द्विस्वभाव का ३, चरादि संख्या के अनुसार ही रक्खा गया है ।

बिना इस चक्र के आयु-कक्षा जानने की सुगम विधि यह है कि जिस राशि में लग्न हो, उस राशि का अंक अर्थात् मेष का १, वृष का २, मिथुन का ३, कर्क का ४ इत्यादि २, पुनः जिस राशि में चं. हो उस राशि का अंक, इन दोनों को जोड़ कर तीन से भाग देने पर यदि १ शेष रहे तो अल्पाय, २ रहे तो दीर्घायु और यदि शून्य रहे तो मध्यायु होगा। इसी प्रकार लग्नेश के राशि-अंक और अष्टमेश के राशि-अंक के जोड़ को ३ से भाग देने पर यदि १ शेष रहे तो अल्पायु, २ रहे तो दीर्घायु और शून्य रहे तो मध्यायु होगा। इसी रीति से लग्न एवं होरा लग्न के राशि-अंकों को जोड़ कर तीन से भाग देकर शेष १ रहे तो अल्पायु २ रहे तो दीर्घायु और शून्य रहे तो मध्यायु होगा। यह नियम अत्यन्त सुगम और एवं बिना चक्र के कक्षा निर्णय करने में अत्यन्त ही सुगम होगा।

उपर्युक्त नियमानुसार प्रथम यह देखना होगा कि लग्न एवं चं. किन-किन राशियों में है और उसके अनुसार आयु कक्षा क्या होती है। पुनः यह देखना होगा कि लग्नाधिपति और अष्टमाधिपति किन-किन राशियों में है और उसके अनुसार आयु कक्षा क्या होती है। पुनः तीसरी बार यह देखना होगा कि लग्न एवं होरा लग्न के राशि अनुसार आयु कक्षा क्या होती है। इन तीन भिन्न-भिन्न प्रकारों से आयु कक्षा जानने के उपरान्त यदि तीनों ही से एक प्रकार की आयु आ जाय तो कोई झगड़ा ही नहीं। वही आयु लेना होगा। परन्तु यदि दो प्रकार से एक आयु आती हो और तीसरे प्रकार से दूसरी आयु आती हो, जैसे दो प्रकार से अल्पायु और एक प्रकार से मध्यायु होता हो, तो दो प्रकार से आये हुए आयु का ग्रहण करना होगा। यदि तीनों प्रकार से तीन आयु आ जाय, जैसे लग्न और चन्द्र लग्न से मध्यायु, लग्नेश और अष्टमेश से अल्पायु और लग्न और होरा लग्न से दीर्घायु, हो ऐसे स्थानों में लग्न और होरा लग्न की आयु-कक्षा लेनी होगी। अर्थात् ऊपरी दृष्टांत में दीर्घायु-कक्षा होगी। 'जैमिनीय सूत्र' में लिखा है कि जातक की कुंडली में यदि चन्द्रमा सप्तमस्थ या लग्नस्थ हो तो ऐसी अवस्था में, तीन प्रकार की भिन्न-भिन्न आयु-कक्षा मिलने पर, जन्म लग्न और चं. से जो आयु-कक्षा आवे उसी को ग्रहण करना होगा। ऊपर लिखा जा चुका है कि प्रथम खंड ३२ वर्ष का, द्वितीय ६४ वर्ष और तृतीय ९६ वर्ष का होता है। यदि जातक ऊपर लिखे हुए नियमानुसार दीर्घायु हो तो उसका आशय यह हुआ कि मध्यायु तो अवश्य है परन्तु देखना यह होगा कि मध्यायु के बाद और दीर्घायु के अन्त तक ३२ वर्ष का जो खंड है उस में से उस जातक को कितनी आयु मिलती है। इसी प्रकार यदि कोई मध्यायु है तो अल्पायु का ३२ वर्ष तो जातक को अवश्य मिला, परन्तु देखना यह होगा कि ३२ वर्ष के उर्द्ध और ६४ वर्ष पर्य्यन्त जो मध्यायु की कक्षा है उस कक्षा में से उस जातक को कितने

वर्ष की आयु मिलती है। एवं, किसी जातक की आयु, अल्पायु हो तो देखना यह होगा कि उस ३२ वर्ष में से कितनी आयु उस जातक की होगी। सुतरां, इन तीनों आयुर्बलों के स्पष्ट करने की विधि वृद्धों ने यह बतलाया है कि अष्टमेश के स्फुट पर ध्यान देना होगा और उस स्फुट अनुसार ग्रह-दत्त-आयु होगी। तात्पर्य्य यह है कि यदि अष्टमेश ३० अंश चलते चलते ३२ वर्ष की आयु देता है तो जितने अंशादि पर वह ग्रह है उतने अंशादि पर कितनी आयु देगा। साधारण त्रैराशिक से गणित करना होगा। इसी प्रकार लग्नेश के स्फुट से भी गणित करना होगा। लग्नेश और अष्टमेश की दी हुई जितनी जितनी आयु आवे उनको जोड़ कर आधा कर देने पर जो परिणाम होगा वह आयु होगी। आधा करने का तात्पर्य्य यह है कि लग्नेश और अष्टमेश दोनों मिलकर ३२ वर्ष की आयु देते हैं। परन्तु गणित में प्रत्येक का ३२ वर्ष आयु मान कर गणित किया है। अतएव आधा करने से स्पष्ट आयु निकल जायगा। इस आयु में उसके पूर्व कक्षा की आयु जोड़ देने से आयु प्रमाण निकल आयगा। जैसे जातक दीर्घायु है तो ऊपर लिखे हुए नियम से जो आयु आयगी उसमें ६४ वर्ष जोड़ देने से, और यदि मध्यायु हो तो उसमें केवल ३२ वर्ष जोड़ने से ,और यदि अल्पायु हो तो बिना किसी जोड़ के आयु होगी। इसी प्रकार लग्न तथा चं. के स्पष्ट से और जन्म-लग्न और होरा-लग्न से भी स्पष्ट-आयु बनाई जाती है।

कक्षा वृद्धि एवं ह्रास के नियम।

धा. १९९ (१) कई एक आचार्य्यों का मत है कि यदि श. आयु योग-कारक हो अर्थात् यदि अष्टमेश वा लग्नेश श. हो तो कक्षा-ह्रास होता है। अतः यदि दीर्घायु योग हो तो मध्यायु मानना होगा और यदि मध्यायु हो तो अल्पायु और यदि अल्पायु हो तो आयु की एकदम ह्रास होती है, अर्थात् बाल्यावस्था ही में मृत्यु होती है। बहुत आचार्य्यों का मत है कि श. के आयु-योग -कारक होने से न ह्रास और न वृद्धि होती है। परन्तु महर्षि जैमिनि ने इसका निर्णय इस तरह से किया है कि यदि श. स्वगृही वा उच्च हो तो ऐसे स्थान में कक्षा ह्रास नहीं होता है। यह भी लिखा है कि यदि श. पापग्रह से दृष्ट और युक्त हो परन्तु श. किसी शुभग्रह से दृष्ट और युक्त न हो तो भी कक्षा ह्रास नहीं होता है। अभिप्राय यह है कि श. के शुभयुक्त अथवा शुभदृष्ट होने से कक्षा ह्रास होती है।

(२) दूसरा नियम यह है कि यदि वृ., लग्न वा सप्तम भावगत हो अथवा बृ. किसी पापग्रह से दृष्ट वा युक्त न हो परन्तु बृ. शुभग्रह से दृष्ट और युक्त हो तो कक्षा वृद्धि होती है।

(३) वृ. किसी राशि में हो, किन्तु यदि उस पर शुभग्रह की दृष्टि हो अथवा शुभ ग्रह के साथ हो और पाप-युक्त वा पाप-दृष्ट न हो तो भी कक्षा वृद्धि होती है। अर्थात् अल्पायु हो तो मध्यायु, मध्यायु हो तो दीर्घायु और दीर्घायु हो तो ९६ वर्ष से भी ऊपर की की आयु होती है।

(४) अन्तिम नियम यह है कि अष्टमाधिपति के उच्च होने से ९ वर्ष की आयु-वृद्धि होती है पुनः यदि अष्टमाधिपति नीच हो तो आयु में ९ वर्ष की कमी हो जाती है। उसी प्रकार अष्टमाधिपति के किसी उच्चस्थ ग्रह के साथ होने से ९ वर्ष आयु-वृद्धि और किसी नीचस्थ ग्रह के साथ होने से ९ वर्ष की आयु में कमी होती है।

आयु साधन की दूसरी रीति।

धा. २०० इस नियम के लिखने के पूर्व एक आवश्यक जानने की बात यह है कि जैमिनीय सूत्रानुसार जन्मकालीन ग्रहों की स्फुट अर्थात् अंश-संख्या (अंशकलादि) जिस ग्रह की सब ग्रहों से अधिक हो वहउस जातक का आत्मकारक ग्रह होता है। परन्तु राहु के सम्बन्ध में विपरीत नियम है। विदित है कि राहु एवं केतु की सर्वदा वक्र गति है। अभिप्राय यह है कि यदि किसी समय राहु किसी राशि के १४ अंश पर हो तो कुछ समय के बाद राहु पीछे हटता हटता, १४ अंश के बाद १३,१२ इत्यादि गति से १ अंश पर चला जाता है। इस कारण राहु जितना ही कम अंश पर होगा उतना ही शीघ्र अपने वर्त्तमान राशि को छोडेगा। उदाहरण रूप से यदि मान लिया जाय कि श. किसी कुण्डली में सब ग्रहों की अपेक्षा अधिक अंशादि पर, जैसे २७ अंश पर है परन्तु उस जातक का राहु २ अंश पर है तो ऐसी दशा में उस जातक का आत्म-कारक-ग्रह राहु होगा न कि शुक्र। कारण कि शुक्र २७ अंश पर रहने के वजह से उस राशि के तीन अंश और आगे चलने के बाद उस राशि को त्याग करेगा, परन्तु राहु २ अंश पर रहने के कारण एक ही अंश के बाद अपनी राशि को त्यागेगा। अतः राहु आत्म-कारक हुआ न कि शुक्र।

नियम यह है कि आत्म-कारक ग्रह से अष्टम स्थान का स्वामी और आत्मकारक के सप्तम स्थान से अष्टम स्थान का स्वामी, अर्थात् आत्म-कारक से अष्टमेश और द्वितीयेश इन दोनों स्वामियों में जो बली हो, यदि वह बली ग्रह, केन्द्र (१,४,७,१०) में बैठा हो तो जातक दीर्घायु होता है। यदि पणफर (पणपर) (२,५,८,११) में बैठा हो तो मध्यायु और यदि आपोक्लिम (३,६,९,१२) में बैठा हो तो अल्पायु होता है। यह आत्मकारक की स्थिति अनुसार आयु-कक्षा जानने की विधि हुई। इसमें विशेषता यह है कि आत्म-कारक यदि तृतीय में हो अथवा आत्म-कारक ही अष्टमेश वा द्वितीयेश हो अथवा आत्म-कारक अष्टमेश वा द्वितीयेश के साथ हो तो दीर्घायु योग होने से हीनायु, मध्यम आयु-योग होने से मध्यायु और हीन आयु होने से दीर्घायु होता है। 'पराशर' का मत यह भी है कि आत्म-कारक के लग्न में भी रहने से कक्षा ह्रास होती है।

लग्न से भी इसी प्रकार आयुकक्षा जाननी चाहिये। अर्थात् लग्न से अष्टम स्थान के स्वामी और लग्न के सप्तम स्थान से अष्टम स्थान का स्वामी (अर्थात् अष्टमेश और

द्वितीयेश) इन दो में से जो बली हो उसके केन्द्रवर्ती होने से दीर्घायु, पणफर रहने से मध्यायु और आपोक्लिम में रहने से अल्पायु-योग होता है। इस स्थान पर एक बात स्मरण रखने की यह है कि यदि आत्मकारक वा लग्न विषम राशि में हो तो द्वितीयेश और अष्टमेश की गिनती साधारण नियमानुसार होगी। पर यदि सम राशि हो तो गिनती अपसव्य विधि से करनी होगी। मानलें कि किसी का आत्म-कारक कर्क (सम) राशि में है तो उससे द्वितीय और अष्टम मिथुन और धन होगा (न कि सिंह और कुम्भ) और पणफर ३,१२, ९ और ६ राशि एवं आपोक्लिम २,११,८ और ५ राशि होगा।

यदि दोनों ही (आत्म-कारक एवं लग्न) रीति से एकही प्रकार की आयु आ जाय तो प्रायः यह नियम असत्य नहीं होता। ग्रहों के बलाबल जैमिनीय मतानुसार ही देखना ठीक होगा।

पूर्वनियमोपरान्त कक्षा ह्रास

धा-२०१ (१) यदि लग्न से अष्टमेश अथवा द्वितीयेश वही ग्रह हो जो आत्म-कारक है, अथवा यदि अष्टमेश वा द्वितीयेश आत्म-कारक के साथ हो तो दीर्घायु मध्यायु हो जाता है।

(२) यदि लग्न और सप्तम पापग्रहों के मध्यगत हों अर्थात् लग्न के द्वादश एवं द्वितीय स्थान में पापग्रह हों और लग्न से सप्तम के दोनों ओर पापग्रह हों अर्थात् अष्टम और षष्ठ दोनों ही में पापग्रह हों तौ भी कक्षा-ह्रास होता है अर्थात् दीर्घ का मध्य, मध्य का अल्प इत्यादि (३) बृ. और बृ. से सप्तम स्थान के पापमध्यगत होने से (४) आत्म-कारक और आत्म-कारक से सप्तम यदि पाप मध्यगत हों (५) बृ. से त्रिकोण में पापग्रह रहने से भी (६) लग्न, सप्तम, नवम और पंचम इन सब स्थानों में यदि पापग्रह बैठे हों (७) यदि आत्म-कारक, आत्म-कारक से सप्तम, नवम और पंचम में पापग्रह बैठे हों (८) यदि बृ. नीचस्थ हो तो कक्षा ह्रास होता है (९) आत्म-कारक नीच हो और स्वयं पाप हो (१०) यदि आत्म-कारक पापग्रह हो पर उच्च और पापग्रह से युक्त हो तो इन सब में कक्षा-ह्रास होता है।

पूर्व नियमोपरान्त कक्षा वृद्धि।

धा-२०२ (१) बृ. और बृ. से सप्तम स्थान शुभ-मध्यगत होने से (२) बृ. से त्रिकोण में शुभग्रह रहने से (३) बृ. के उच्च वा शुभयुक्त होने से (४) आत्म-कारक और आत्म-कारक से सप्तम स्थान के शुभ-मध्य-गत होने से (५) आत्मकारक से त्रिकोण में शुभग्रह रहने से (६) आत्म-कारक के उच्च और शुभयुक्त होने से (७) लग्न, आत्म-

कारक अथवा बृ. इन तीन में से किसी के शुभयुक्त होने से एवं ऊपरी योग के रहने से कक्षा-वृद्धि होती है।

शुभ योग में कक्षा-वृद्धि और पाप-योग में कक्षा-ह्रास होता है, परन्तु शुभ एवं पाप मिश्रित रहने से न वृद्धि और न ह्रास होता है। परन्तु इस विशेषता के साथ कि यदि पूर्ण चं. वा शु. शुभ-योग कर्ता हो तो कक्षा वृद्धि नहीं होती केवल ९ वर्ष की वृद्धि होती है। और इसी प्रकार श. के योग से कक्षा-ह्रास नहीं होता, केवल ९ वर्ष का ह्रास होता है।

ग्रहस्थिति अनुसार अल्पायु।

धा-२०३ (१) यदि लग्नेश अष्टम में और अष्टमेश लग्न में हो और शुभदृष्ट न हो (२) लग्नेश एवं अष्टमेश के षष्ठस्थ वा द्वादशस्थ होने से एवं शुभ दृष्ट वा शुभयुक्त न होने से (३) लग्नेश वा अष्टमेश यदि सू. के साथ हो (४) यदि लग्नेश वा लग्न शुभ-दृष्ट न हो और लग्नेश वा लग्न से द्वितीय और द्वादश में पापग्रह बैठे हों। (५) लग्नेश से अष्टमेश के सप्तम स्थान में रहने से (६) यदि लग्नेश पापग्रह होता हुआ अष्टमस्थ हो और अष्टमेश पाप दृष्ट हो। (७) यदि अष्टमेश एवं लग्नेश साथ होकर षष्ठस्थ हों (८) लग्नेश और द्वादशेश एक साथ हों और तृतीय स्थान, अथवा तृतीयेश, वा अष्टम स्थान अथवा अष्टमेश पाप दृष्ट हो। (९) अष्टमेश के केन्द्रवर्ती और लग्नेश के निर्बल होने से अल्पायु होता है, (१०) यदि बृ. द्वादशस्थ हो और चं., लग्नेश एवं अष्टमेश से घिरा हुआ हो। (११) यदि चं. ६,८,१२ स्थान में हो और द्वादश एवं अष्टम में पापग्रह हो। (१२) क्षीण चं. पाप-युक्त हो और लग्न भी पाप-युक्त वा पापदृष्ट हो। (१३) यदि लग्नेश एवं अष्टमेश दोनों ही स्थिर राशि में हों किम्बा एक चर राशि में और दूसरा द्वि-स्वभाव राशि में हो। (१४) यदि चं. एवं और बृ. साथ होकर ६,८, वा १२ में हो तो अल्पायु होता है। देखो **कुंडली ७२** बाबू गोपीकृष्ण की। इनकी मृत्यु २७ वर्ष ४ मास की अवस्था में हुई थी। (१५) यदि चतुर्थेश और पंचमेश पापग्रह के साथ होकर दशम स्थान में हो (१६) यदि अष्टमेश नीच हो और श. निर्बल हो और लग्न में पापग्रह हो एवं यदि अष्टमेश केतु के साथ हो कर लग्न में बैठा हो। (१७) यदि श. सप्तमस्थ हो और उसकी दृष्टि च. पर पड़ती हो अथवा चं., श. के साथ सप्तमस्थ हो (१८) सूर्य्य अष्टमस्थ हो और श. एवं चं. साथ होकर किसी स्थान में हो (१९) यदि बु., बृ. और शु. षष्ठ, अष्टम और द्वादश में हो (२०) यदि सू. एवं चं. लग्न में हों और अष्टम वा द्वादश में पापग्रह हो (२१) यदि अष्टमेश और सप्तमेश साथ होकर पंचम स्थान में हों और राहु से दृष्ट हों (२२) अष्टमेश नीच हो, लग्नेश निर्बल हो और अष्टम स्थान में पापग्रह हो। (२३) यदि अष्टमेश किसी पापग्रह के साथ होकर षष्ठ वा द्वादश स्थान में हो। (२४) शु.

एवं वृ. लग्न में हों और सू. पापग्रह के साथ होकर पंचम में हो। (२५) लग्नेश सू. के साथ लग्न में हो और उन पर शुभ ग्रह एवं पापग्रह की दृष्टि हो अथवा वे शुभ एवं पापयुक्त हों तो इन सब योगों में से किसी के रहने से जातक अल्पायु होता है।

ग्रह स्थिति अनुसार मध्यायु।

धा-२०४ (१) यदि तृतीयेश एवं षष्ठेश केन्द्रवर्ती हों। (२) यदि बृ., शु. अथवा लग्नेश केन्द्र में हों। (३) यदि चतुर्थ स्थान में शुभग्रह हो और लग्नेश शुभग्रह के साथ बृ. से दृष्ट हो। (४) यदि चं. मेष में हो और बली लग्नेश शुभदृष्ट हो। यदि लग्नेश नवमस्थ हो और पंचमेश लग्नस्थ हो। (५) यदि लग्नेश वृ. के साथ हो अथवा केन्द्र वा त्रिकोण में हो। (६) यदि केन्द्र एवं त्रिकोण में शुभग्रह हों, श. बली हो और षष्ठ एवं अष्टम में पापग्रह हों। (७) यदि बृ. किसी केन्द्र वा त्रिकोण में हो और निर्बल लग्नेश उसके साथ हो। देखो **कुंडली २६** तिलक महराज की। चं. नीच नवांश में है (८) अष्टमेश, लग्नेश और दशमेश इन तीन में से यदि कोई दो ग्रह बली हों। (९) यदि लग्नेश चं. के साथ हो और शुभ दृष्ट हो।(१०) यदि बु., बृ. और शु., द्वितीय, तृतीय और एकादश स्थान में हों। (११) मेष में श., मकर में सू. और लग्न में चं. हो। (१२) चौथे में बृ., दशम में सू. एवं चं. और लग्न में राहु हो। (१३) यदि अष्टमेश अष्टमस्थ और उससे केन्द्र में शुभग्रह हों। (१४) नवमेश एवं लग्नेश साथ हों अथवा नवमेश लग्नेश से दृष्ट हो और पापग्रह के दृष्टि वा योग से रहित हो। देखो **कुंडली २६** तिलक महराज की।(रा.?) (१५) यदि नवम में बली वृ., पंचम में चं. और लग्न में केतु हो (१६) अष्टमेश केन्द्रवर्ती हो और चं. पापग्रह से दृष्ट वा युक्त न हो। (१७) राहु मेष, वृष, कर्क, कन्या अथवा मकर राशि में हो और वह शुभग्रह से दृष्ट वा युक्त हो। (१८) चतुर्थ अथवा लग्न में बृ. और शु. हो, षष्ठ में चं. और दशम में श. हो। (१९) यदि अष्टमेश अष्टमस्थ और शुभग्रह केन्द्र में हो पुनः यदि राहु अष्टम स्थान में और बृ. केन्द्र में हो (२०) यदि अष्टमेश उच्च, मूलत्रिकोण अथवा केन्द्रगत हो और वह बृ. एवं शु. से दृष्ट वा युक्त हो (२१) यदि चं. बृ. के साथ हो और लग्नेश से दृष्ट वा युक्त है। देखो **कुंडली२६**तिलक महराज की। ऊपर लिखे हुए योगों में से किसी योग के लागू होने से मध्यायु होता है। और यह भी लिखा पाया जाता है कि पुनर्वसु नक्षत्र में जन्म लने वाले मनुष्य को बालारिष्ट नहीं होता और वह अल्पायु वा दीर्घायु नहीं होता बल्कि प्रायः मध्यायु होता है।

ग्रहस्थिति-अनुसार दीर्घायु।

धा. २०५ (१) यदि अष्टमेश स्वगृही हो और अष्टमेश के स्थान से केन्द्र वा त्रिकोण

में कोई शुभग्रह हो (२) अष्टमेश जिस स्थान में हो उस स्थान का स्वामी और लग्नेश यदि दोनों केन्द्रवर्ती हों। (३) यदि अष्टमेश अष्टम वा द्वादश स्थान में हो और अष्टमेश जिस स्थान में हो उसका स्वामी लग्न से अष्टमस्थ हो (४)यदि लग्नेश केन्द्रवर्ती हो और वह बृ. अथवा शु. से दृष्ट वा युक्त हो। (५) यदि लग्नेश, अष्टमेश और दशमेश लग्न से केन्द्र और त्रिकोण में हों और लग्न से छठे, आठवें अथवा ११वें स्थान में श. बैठा हो। यदि बली लग्नेश, अष्टमेश और दशमेश, केन्द्र वा त्रिकोण में हो तो ऐसे योगों में दीर्घायु योग होता है। परन्तु श. को इन तीन ग्रहों में से किसी से सम्बन्ध नहीं होना चाहिये। पुनः यदि इन तीन में से एक निर्बल हो तो मध्यायु, दो हो तो अल्पायु और यदि तीनों निर्बल हों तो जातक अल्पजीवी होता है। (६) यदि चं. उच्च, मित्रगृही अथवा मूल-त्रिकोणस्थ हो और बृ. अथवा शु. से दृष्ट हो। (७) यदि लग्न फुट राशि में हो और उसमें पूर्ण चं. बैठा हो और सब अन्य ग्रह भी फुट राशि में हों। (८) यदि लग्न में बृ., चतुर्थ में शु. और दशम में श. एवं चं. अन्य पाप ग्रहों से वर्जित होकर बैठे हों तो जातक असीम विद्वान् होता है। (९) यदि श.. लग्नेश वा अष्टमेश हो और उसके साथ एक वा अधिक शुभग्रह हों। यदि लग्न मकर हो और लग्नस्फुट १५ अंश के बाद हो और मं. मकर के १५ अंश के पूर्व हो और बृ. लग्न अथवा किसी केन्द्र में हो। (१०) यदि धन लग्न १५ अंश के बाद हो और बृ. धनराशि के १५ अंश अथवा १५ अंश से पूर्व हो और चं. एवं शु., श. से केन्द्र में हो। (११) यदि बृ.,बु. और शु. केन्द्र और त्रिकोण में हों (इस योग में तीनों का साथ रहना आवश्यक नहीं किसी आचार्य का कथन है कि ये ग्रह पापदृष्ट वा युक्त न हों) (१२) यदि जन्मलग्न कन्या राशि के १५ अंश के बाद का हो और बु. कन्या के १५ अथवा १५ अंश के पूर्व हो और कुण्डली में तीन वा चार ग्रह उच्च हों (१३) बुध, बृ., एवं शुक्र केन्द्र में पापग्रह के योग वा दृष्टि से वर्जित हों (१४) यदि तीन ग्रह उच्च हों और उनमें किसी के साथ लग्नेश एवं अष्टमेश हों और पापदृष्ट वा युक्त न हों। (१५) यदि श. अथवा अष्टमेश किसी उच्च ग्रह के साथ वा दृष्ट हो। (१६) यदि बृ. वा शु. में से कोई भी केन्द्रवर्ती हो और श. पंचम, षष्ठ अष्टम अथवा एकादश स्थान में हो। (१७) यदि बृ. वा शुक्र दोनों केन्द्रवर्ती हों। (१८) यदि श. अष्टमेश से युक्त वा दृष्ट हो और तीसरे छठे एवं एकादश में सभी पापग्रह हों और सभी शुभग्रह केन्द्र और त्रिकोण में हों और लग्नेश बली हो। (१९) यदि पापग्रह ३,६, ११ में, श. लग्न में, बृ. अथवा शु. केन्द्र में और बु. जन्म लग्न के अन्तिम अंश में हो। (२०) यदि शु.,मं.,श. और राहु ३,६,११ स्थानों में हों और उन पर शुभग्रह की दृष्टि हो। (२१) यदि लग्नेश केन्द्र में, पापग्रह ६,१२ में और अष्टम स्थान में पापग्रह हों अथवा दशमेश उच्च हो। (२२) यदि लग्न द्विस्वभाव राशि हो और लग्नेश केन्द्र अथवा त्रिकोणवर्ती हो अथवा उच्च वा मूल त्रिकोणगत हो। (२३) यदि लग्न द्विस्वा-

भाव राशि हो और लग्नेश जिस स्थान में हो उससे केन्द्र में दो पापग्रह हों। (२४) यदि बृ. एवं चं. कर्क में हों, बुध एवं शुक्र केन्द्रवर्ती हों और अन्य ग्रह ३,६,११ में हों। (२५) यदि स्वगृही बृहस्पति लग्न में, शुक्र केन्द्रवर्ती हो एवं मिथुन राशि में कोई ग्रह न हो तो जातक इन्द्रलोकाधिकारी और रसायन के प्रयोग से दीर्घजीवी होता है। (२६) यदि पंचम एवं नवम स्थान में पापग्रह न हो और किसी केन्द्र में भी शुभग्रह न हो पुनः अष्टम स्थान में पापग्रह न हो तो जातक देव तुल्य होता है हुआ दीर्घजीवी होता है। (२७) यदि बु.,बृ.,शु., पंचम एवं नवम में हों, श. उच्च हो और पाप दृष्ट वा युक्त न हो। (२८) यदि पाँच ग्रह एकत्रित होकर पंचम अथवा नवम स्थान में हों और उनमें से कोई ग्रह अष्टमेश न हो। (२९) यदि वृष का शु. लग्न में हो, बृ. केन्द्र में एवं अन्य ग्रह ३,६,११ में हों तो जातक रसायन एवं मन्त्र प्रयोग से दीर्घजीवी होता है और इन्द्र-पद प्राप्त करता है। (३०) यदि कर्क लग्न हो, तुला में श., मकर में वृ., वृष में चं. हो तो रसायन एवं मन्त्र प्रयोग से दीर्घजीवी होता है। इस योग में कर्कलग्न का नवांश भी कर्क ही होना लिखा है। अर्थात् कर्क के प्रथम नवांश में जन्म हो। (३१) बृ. केन्द्र-वर्ती, मंगल सप्तमस्थ और शु. सिंह के नवांश में हो तो जातक रसायन. विद्या के प्रभाव से अपरमितायु होता है। (३२) यदि कर्क लग्न हो और लग्न का नवांश धन हो, वृ. कर्क अर्थात् लग्न में हो और केन्द्र में तीन वा चार ग्रह हों तो जातक दीर्घजीवी होता है और ब्रह्मपद पाता है। देखो **कुण्डली** ७ आदि-गुरु की। लग्न कर्क है, लग्न-नवांश धन है और केन्द्र में पांच ग्रह हैं। ब्रह्मपदाधिकारी तो अवश्य ही थे परन्तु दीर्घजीवी न हुए क्या केन्द्र में चार से अधिक ग्रह रहने का ऐसा फल हुआ? (३३) यदि सू.,मं. और श. साथ होकर ३,६ अथवा ११ स्थान में हों और पापग्रह से दृष्ट वा युक्त न हों (३४) यदि लग्न मेष हो, मकर में श. तुला में मं० और कुंभ में चं. हो। यदि अष्टमेश स्वगृही हो और द्वितीयेश चरराशि गत हो एवं चं.,र. से दृष्ट हो। (३६) प्रत्येक कुंडली के लग्न से चतुर्थ स्थान तक को प्रथम-मण्डल, पंचम से अष्टम पर्य्यन्त तक को द्वितीय और नवम से द्वादश तक को तृतीय मण्डल कहते हैं। यदि प्रथम मंडल से किसी एक भाव में चार ग्रह एकत्रित होकर बैठे हों तो जातक दीर्घायु होता है। इसी प्रकार द्वितीय मण्डल में चार ग्रहों के रहने से मध्यायु एवं तृतीय-मण्डल में रहने से अल्पायु होता है। (परन्तु यह गौण रीति है) (३७) यदि कर्क लग्न में वृ. और चं. हों., शु. और बु. केन्द्र-वर्ती, एवं ३,६,११ स्थानों में पापग्रह बैठे हों। (३८) यदि तुला लग्न में शुक्र बैठा हो, बृ. और मं. उच्च हों तथा जन्म अश्विनी नक्षत्र का हो। (३९) कर्क लग्न में बृ. एवं चं. अथवा केन्द्र में शुक्र एवं बृ. और शेष ग्रह ३,६,११ में बैठे हों। (४०) यदि अष्टम स्थान ग्रह-शून्य हो, कर्क लग्न में बृ. और चं. और शुक्र केन्द्र में हों अथवा र.,बु.,एवं बृ. मेष में और धन के नवाँश में हों। (४१) यदि कर्क लग्न में चं. हो और शेष ग्रह शुभ-

ग्रह के राशि में बैठे हों। (४२) बृ. लग्नवर्ती हो और चं. शुक्र एवं मंगल तीनों ही परमोच्च हों। (४३) धन लग्न के १५ अंश के बाद जन्म हो और सब ग्रह उच्च हों पर बुध वृषराशि के २४ अंश में हों। (४४) यदि सभी ग्रह तीसरे और अष्टम स्थानों में हो तो ऊपर लिखे हुए किसी योग के रहने से जातक दीर्घायु होता है।

मारकेश-दशा-विचार

धा. २०६ (१) अभी तक इतना ही बतलाया गया है कि जातक को यदि बालारिष्ट नहीं है तो वह अल्पायु, मध्यायु वा दीर्घायु है वा क्या ? अब इस स्थान में यह दिखलाया जाता है कि नक्षत्र दशा के अनुसार मनुष्य की मृत्यु का समय तथा मारकेश कैसे जाना जा सकता है।

विंशोत्तरी-दशा जानने की विधि प्रथम खंड में दिखलायी जा चुकी है। अब इस स्थान में केवल यह दिखलाया जाता है कि कौन ग्रह अथवा किस स्थान का स्वामी जातक के लिये मृत्युकारी अथवा मारकेश होता है।

अष्टम स्थान से आयु का विचार किया जाता है और उस अष्टम स्थान से जो अष्टम स्थान हो अर्थात् लग्न से तृतीयस्थान भी आयु-स्थान होता है। अभिप्राय यह निकला कि प्रत्येक कुंडली में लग्न से अष्टम स्थान और लग्न से तृतीय स्थान यही दो आयु स्थान होते हैं। व्यय स्थान का अभिप्राय है कि किसी पदार्थ का खर्च का स्थान। इस कारण आयु स्थानों का व्यय स्थान, मृत्यु-स्थान अथवा मारक स्थान कहा जायगा। सुतरां, अष्टम स्थान का व्यय-स्थान सप्तम स्थान हुआ और तृतीय स्थान का व्यय स्थान द्वितीय स्थान हुआ। अतएव फलस्वरूप द्वितीय स्थान और सप्तम स्थान मारक स्थान हुए। अब विचारने की बात यह है कि द्वितीय एवं सप्तम से मारक का विचार किस प्रकार किया जाता है।

(२) विंशोत्तरी दशा के विचार के लिये शुभग्रह अर्थात् बृ.,शु.,बु. (बिना पापयुक्त) और पूर्ण चं. यदि केन्द्रधिपति हो तो पाप-प्रद हो जाता है। इसी प्रकार पापग्रह अर्थात् र.,श.,मं.,पापयुक्त बु. और क्षीण चं. केन्द्राधिपति होने से शुभप्रद होता है। परन्तु कोई ग्रह यदि त्रिकोणाधिपति हो तो वह सर्वदा शुभ ही होता है। द्वितीय, षष्ठ और एकादशाधिपति पाप ही होता है।

त्रिकोणेश में से, पंचमाधिपति नवमाधिपति से बलवान होता है। केन्द्रेश में से, लग्नेश से चतुर्थेश, चतुर्थेश से सप्तमेश, और सप्तमेश से दशमेश उत्तरोत्तर बलवान होता है। इस प्रकार तृतीयेश षष्ठेश से और षष्ठेश से एकादशेश बलवान होता है। अष्टमाधिपति पाप होता है। परन्तु इस अपवाद के साथ कि सू. और चं को अष्टमेश दोष नहीं होता। कोई ग्रह अष्टमेश होता हुआ लग्नेश भी हो तो वह भी पापग्रह नहीं

होता है। (मेष और तुला लग्न होने से अष्टमेश लग्नेश भी होता है)। भावाधिपति के सम्बन्ध में ये सब बातें देखी जाती हैं। ग्रहों के विषय में स्मरण रखने की बात यह है कि बृ. वा शु. केन्द्राधिपति हो तो प्रवल मारक होता है। और श. को तो मारक से सम्बन्ध मात्र होने से ही मारकत्त्व में प्रवलता होती है। बृ. एवं शुक्र से बुध को कम, और चं. को उससे भी कम प्रबलता होती है।

(३) प्रधानता के कर्मानुसार मारकेश कौन होगा उसका नियम यह है (१) द्वितीयेश के साथ वाले पापग्रह को मारकत्त्व की प्रबल-प्रधानता होती है (२) सप्तम के साथ वाले ग्रह को उससे कम। (३) द्वितीयस्थ पापग्रह को उससे भी कम। (४) सप्तमस्थ पापग्रह को उससे कम (५) द्वितीयेश को उससे भी कम। (६) सप्तमेश को उसके बाद। (७) उसके बाद द्वादशश को (८) उसके बाद द्वादशेश के साथ वाले पापग्रह को (९) तत्पश्चात् तृतीयेश एवं अष्टमेश को (अपवाद पर ध्यान देते हुए)। (१०) तदन्तर षष्ठेश एवं एकादशेश। (११) और अन्त में ग्रहों के पापत्व (श., बृ., शु. इत्यादि नियम (२) के अनुसार) को देखते हुए मारकेश की प्रधानता स्थिर करनी होती है। उपर्युक्त नियमों से अनेक ग्रहों को मारकत्व होना सम्भव होता है। अतएव प्रश्न यह उठता है कि मृत्यु किस के दशा में होगी ?

पहले यह देखना होगा कि बालारिष्ट है वा नहीं। अल्पायु, मध्यायु वा दीर्घायु है। इतना निश्चय करने के बाद यह देखना होगा कि उस आयु-प्रमाण के समय विंशोत्तरी दशानुसार, किस ग्रह की दशा अन्तरदशा पड़ती है। उस आयु के अनुकूल यदि ऊपर लिखे हुए मारकेशों में से किसी की दशा अन्तरदशा आजायगी तो उसी में मृत्यु वा मृत्युवत् क्लेश होगा। उदाहरण रूप से मान लिया जाय कि जातक मध्यायु है परन्तु जन्म के पाँच हीं वर्ष बाद द्वितीयेश के साथ वाले पापग्रह की दशा आती है तो ऐसे स्थान में उस ग्रह की दशा में उस जातक की मृत्यु नहीं होगी, केवल कुछ कष्ट होकर रह जायगा। इसी प्रकार यदि मान लिया जाय कि किसी बालक को बालरिष्ट योग नहीं है परन्तु जन्म समय ही में मारकेश की दशा है, तो ऐसे स्थान में वह मारकेश ग्रह अनिष्टकारी तो अवश्य होगा परन्तु मृत्यु नही होगी। इसी प्रकार यदि कोई जातक दीर्घायु है और ६४ वर्ष के पूर्व कई मारकेश की दशा अन्तरदशा की समय आ जाती है तो उन मारकेश की दशा अन्तर-दशामें मृत्यु न होकर केवल कष्ट ही होगा। परन्तु ६४ (७०) वर्ष के बाद ऊपर लिखे हुए मारकेश दशा अन्तरदशा में मृत्यु की सम्भावना होगी। इस स्थान पर पर इतना देखना होगा कि उस मृत्यु-खण्ड अर्थात् ६४ से ९६ वर्ष पर्य्यन्त जितने ग्रहों की महा दशा आती है उनमें से पूर्व लिखित नियमानुसार सबसे बली मारकत्व किस ग्रह को है, उसी महादशा में मृत्यु होगी। पुनः अन्तरदशा का भी विचार उपर्युक्त नियमानुसार ही मारकत्व के वलावल पर स्थिर करना होगा। परन्तु मृत्यु का ठीक-समय-ज्ञान बहुत

ही कठिन एवं दुस्तर है। लेखक आशा करता है कि विद्वद्जन या तो कोई ऐसी पुस्तक प्रकाशित करें जिससे मृत्यु का ठीक समय अनुमान किया जा सके, अथवा कृपाकर लेखक को इस गहन विषय पर पत्र द्वारा सूचित करें तो उनके उस लेख को इस पुस्तक में उपकारार्थ महानुभावों के नाम के साथ स्थान दिया जाय।

कतिपय दशान्तर जिनमें मृत्यु अथवा मृत्युवत् कष्ट होता है।

धा. २०७ आयु स्थान और मारकेश कौन २ हैं, किस समय किस ग्रह को मारकत्व होता है धा. २०६ में कहा गया है । इस धारा में, पूर्व धारानुसार मारकत्व नहीं रहने पर भी किस ग्रह को अपनी २ दशा अन्तरदशा में मृत्युवत् क्लेश वा मृत्यु-दायी शक्ति होती है, लिखा जाता है।

(१) किसी एक मण्डल [देखो धा. २०५ (३६)] में चार ग्रहों में से यदि कोई दुर्बल पाप ग्रह हो तो उस ग्रह की दशा के अन्त में जातक को क्लेश वा मृत्यु का भय होताहै। 'जातक पारिजात' ग्रन्थानुसार उस पापग्रह के साथ कोई शुभग्रह न होना चाहिये। और एक मण्डल में चारों ग्रहों का एकत्रित वा अलग२ रहना बतलाया है और मण्डल का ब्योरा कुछ नहीं दिया है। 'जातका देश' ग्रन्थानुसार की जिसमें मण्डल का व्योरा भी दिया है। चारों ग्रहों का एकत्रित होना बतलाया है। अतएव ठीक यही है कि 'जातक पारिजात' का मत अनुकरणीय नहीं है। अन्य विद्वानों का भी यही मत है।

(२) कर्क ,वृश्चिक और मीन के अन्तिम भाग को ऋक्ष संन्धि कहते हैं। यदि कोई ग्रह ऋक्ष-संधि में पड़ता हो तो उसकी दशा में जातक अवश्य रोगी होता है। परन्तु ऋक्ष संन्धि के अन्तिम अंश में अर्थात् कर्क, वृश्चिक अथवा मीन के तीसवां अंश पर यदि वह ग्रह हो तो ऐसी हालत में उसकी दशा मृत्युकारी होती है।

(३) यदि षष्ठेश वा अष्टमेश पापग्रह हो और वह शत्रुग्रह-दृष्ट हो तो ऐसे स्थान में षष्ठेश वा अष्टमेश की अन्तरदशा जब किसी ग्रह-युद्ध में हारे हुए ग्रह की दशा में आती है तो मृत्यु होती है। उस कुण्डली में किसी पराजित ग्रह का रहना आवश्यक है।

(४) यदि जन्म मघा, मूला अथवा अश्विनी नक्षत्र में हो अर्थात् केतु की महादशा में जन्म हो तो ऐसे जातक के लिये मंगल की दशा अनिष्टकारी वा मृत्युकारी होती है।

(५) यदि जन्म पूर्वाफाल्गुनी, पूर्वाषाढ़, अथवा भरणी नक्षत्र में हो अर्थात् शु. की महादशा में जन्म हो तो बृ. की महादशा अनिष्ट वा मृत्युकारी होती है।

(६) यदि मृगशिरा, चित्रा अथवा धनिष्टा में जन्म हो अर्थात् मं. की महादशा में जन्म हो तो श. की महादशा अनिष्ट अथवा मृत्युकारी होती है।

(७) यदि अश्लेषा, ज्येष्ठा अथवा रेवती में अर्थात् बु. की महादशा में जन्म हो तो राहु की महादशा अनिष्टकारी अथवा मृत्युकारी होती है।

चक्र ४२

जन्म नक्षत्र	जन्म महादशा	अरिष्टकारी दशा
मघा, मूला, अश्विनी	केतु	मंगल
पूर्वफाल्गुनी, भरणी, पूर्वाषाढ़	शुक्र	बृहस्पति
मृगशिरा, चित्रा, धनिष्ठा	मंगल	शनि
अश्लेषा, ज्येष्ठा, रेवती	बुध	राहु

(८) जिस महादशा में जन्म हो उस महादशा से तृतीय, पंचम अथवा सप्तम महादशा यदि नीच, शत्रु-राशिगत वा अस्तग्रह की महादशा हो तो उस महादशा में मृत्यु होती है। यदि उस अरिष्टकारी महादशेश के साथ कोई पापग्रह बैठा हो तो विशेष रूप से मृत्युभय होता है। पाठान्तर से शत्रु राशि गत के बदले षष्ठ स्थान-गत ग्रह भी पाया जाता है । देखो कुंडली ७० र. ६ अंश पर है शु. ७ अंश पर। अतएव शु. अस्त है। जन्म शुक्र के महादशा का है। शु. से पंचम महादशा राहु की होती है। राहु, शुक्र के साथ रहने से शुक्रवत् फल देने में स्मर्थ हुआ । और शुक्र के साथ पापग्रह भी है इस कारण राहु की महादशा में जब शुक्र की अन्तरदशा आयी तो इनकी मृत्यु हुई। शुक्र द्वितीयेश भी है।

(९) द्वादशेश की महादशा में जब द्वितीयेश की अन्तरदशा आती है अथवा द्वितीयेश की महादशा में जब द्वादशेश की अन्तरदशा आती है तो ऐसे समय में प्रायः कष्ट हुआ करता है और कभी २ मृत्यु भी होती है।

(१०) अष्टमेश की महादशा में षष्ठेश अथवा षष्ठेश की महादशा में जब अष्टमेश की अन्तरदशा आती है तो उस समय भी प्रायः कष्ट हुआ करता है और कभी २ मृत्यु भी होती है। कुंडली ६५ बाबू यमुना प्रसाद जी की । बृ. षष्ठेंश है और शुक्र अष्टमेश है

राहु तुला में है, इस कारण शुक्रवत् फल देता है। १९३१ में जब बृ. की महादशा में राहु की अन्तरदशा आयी तब इनकी मृत्यु हुई।

(११) क्षिद्र-ग्रहसात (७)होते हैं (१) अष्टमेश, (२) अष्टमस्थ ग्रह (३) अष्टम-दर्शी-ग्रह, (४) लग्न द्रेष्काण से २२ वाँ द्रेष्काण, अर्थात् अष्टम स्थान का द्रेष्काण जिसे 'खर' भी कहते हैं उस द्रेष्काण का स्वामी (५) अष्टमेश के साथ वाला ग्रह (६) 'खर' भी कहते हैं उस द्रेष्काण का स्लामी (५) अष्टमेश के साथ वाला ग्रह (६) चन्द्र नवांश से ६४वाँ नवांशपति, (७) अष्टमेश का अतिशत्रु। इन सात में से सबसे बली ग्रह की महादशा कष्ट अथवा मृत्युदायी होती है। देखो **कुंडली २६** तिलक महराज की। इनके क्षिद्र-ग्रह (१) शनि, (२) (३) (४) बुध, (५) बुध, (६) शनि, (७) मंगल। षड्बल अनुसार बुध सबसे बली, उसके बाद मं., और श. सबसे कम बली अतएव बुध की दशा कष्टकर हुई। जन्म शनि दशा की है। उसके बाद लगभग १८ वर्ष तक बुध की महादशा रही। पूर्व लिखा जा चुका है कि ये कई प्रकार से मध्यायु थे। अतएव उस समय बुध की कुछ न बनी, परन्तु जब मंगल की महादशा में बुध की अन्दरदशा आयी तो इनकी मृत्यु हुई।

(१२) यदि अष्टमेश षष्ठ, अष्टम वा द्वादश भाव में हों तो मृत्यु निम्नलिखित तीन समय में से किसी में हो सकती है (१) अष्टमेश की दशा अन्तरदशा में,(२)शनि जिस राशि में हो उस राशि के स्वामी की महादशा में जब अष्टमेश की अन्तरदशा आती है, (३) अष्टमेश की महादशा में जब उस दशेश के बादवाले ग्रह की अन्तरदशा आती है, जैसे अष्टमेश चं. है तो दशाक्रमानुसार चं. के बाद मं. की दशा होती है। अतएव जब चं. की महादशा में मं.का अन्तर हो तो अरिष्ट सूचित होता है। इन तीन दशेश में से जो सबसे बली ग्रह होता है वह विशेष अरिष्टकर होता है। देखो **कुंडली ६५** बाबू यमुनाप्रसाद जी की। अष्टमेश षष्ठस्थ है। तीनों प्रकार से शुक्र अरिष्टकर होता है। इनका जन्म चं. के महादशा में था। अतएव शुक्र की महादशा असम्भव सा मानना होगा। देखो इसी धारा का नियम (१०)। देखो **कुंडली २६**। नियम (१) के अनसार श., (२) के अनुसार श. में बु. और (३) के अनुसार श. में बु. अरिष्टकर होता है। बु. सबसे बली है। जन्म श. दशा की थी, वह कुछ न कर सका मध्यायु में बु. की दशा मृत्युकर हुई।

(१३) यदि लग्नेश षष्ठ, अष्टम वा द्वादश में हो और उसके साथ राहु वा केतु भी हो तो ऐसे जातक का अरिष्ट(१) लग्नेश के साथ वाले ग्रह की महादशा में,(२) अष्टमेश के साथवाले ग्रह की महादशा में, (३) यदि लग्नेश और अष्टमेश के साथ कोई ग्रह न हो तो लग्नेश की महादशा में (४) अष्टमेश की महादशा में जब राहु की अन्तरदशा आती है तो अरिष्ट वा मृत्यु होती है। (परन्तु जब दशा-क्रमानुसार राहु की दशा प्रथम आती हो) इस योग में लिखा है कि लग्नेश के साथ राहु अथवा केतु का रहना आवश्यक है,

आगे चलकर (३) (४) में अष्टमेश एवं लग्नेश के साथ किसी ग्रह के नहीं रहने पर लग्नेश वा अष्टमेश के स्वामी की दशा में अरिष्ट बतलाया है। इसका अभिप्राय यह होता है कि राहु वा केतु के अतिरिक्त यदि और कोई ग्रह लग्नेश एवं अष्टमेश के साथ न हो तो तृतीय एवं चतुर्थ का अनुसरण करना होगा। यदि कोई ग्रह रा. वा. के अतिरिक्त साथ हो तो (१) वा (२) के अनुकूल फल होगा।

(१४) दशमेश, अष्टमेश, लग्नेश और श. इन चारों में से जो निर्बल हों और वह यदि राहु के साथ बैठा हो तो उस निर्बल ग्रह की दशा अन्तरदशा में अथवा उस निर्बल ग्रह को देखनेवाले ग्रह की दशा अन्तरदशा में अथवा उस निर्बल ग्रह के साथवाले ग्रह की दशा अन्तरदशा में अरिष्ट होता है।

(१५) यदि अष्टमेश अष्टम में हो तो अष्टमेश की दशा अन्तरदशा में जातक रुग्ण होता है। यदि लग्न में लग्नेश बैठा हो तो लग्नेश की दशा अन्तरदशा में जातक रुग्ण होता है। परन्तु यदि अष्टमेश बली हो तो लग्नेश की दशा में मृत्य होती है।

(१६) यदि जन्म-लग्न शीर्षोदय राशि (३,५,६,७,८,११) में हो और यदि लग्न चर राशि हो तो द्वितीयेश की दशा अन्तरदशा में और यदि लग्न स्थिर राशि हो तो लग्नेश की दशा अन्तरदशा में और यदि लग्न द्विस्वभाव राशि में हो तो राहु की दशा अन्तर-दशा में अरिष्ट होता है। यदि लग्न पृष्टोदय(१,२,४,९,१०) राशि हो और यदि लग्न चर हो तो लग्न-द्रेष्काणेश की दशा अन्तरदशा में, यदि लग्न स्थिर हो तो लग्न-द्रेष्काणेश की दृष्टि जिस ग्रह पर पड़ती हो उस ग्रह की दशा अन्तरदशा में और यदि लग्न द्विस्वभाव राशि हो तो लग्न-द्रेष्काणेश के साथ जो ग्रह हो उसकी दशा अन्तरदशा में अरिष्ट होता है। देखो कुंडली २६ तिलक महराज की। लग्न-पृष्टोदय और चर-लग्न-द्रेष्काणेश (लग्न ३।१९।२१) मंगल है। मंगल की महादशा में इनकी मृत्यु हुई थी।

अरिष्ट-कर गोचर।

धा.२०८ (१) लग्न स्फुट को ५ से गुणा कर उसमें मान्दिस्फुट जोड़कर जो फल हो उसको प्राणस्फुट कहते हैं। चन्द्र-स्फुट को ८ से गुणा कर उसमें मान्दि-स्फुट जोड़-कर जो फल होता है उसको देह-स्फुट कहते हैं। मान्दिस्फुट को ७ से गुणा कर उसमें सूर्य्यस्फुट जोड़कर जो फल होता है उसको मृत्युस्फुट कहते हैं।

प्राण-स्फुट और देह-स्फुट का जोड़ यदि मत्यु-स्फुट से विशेष हो तो मनुष्य दीर्घजीवी होता है। प्राण-स्फुट, देह-स्फुट और मृत्यु-स्फुट को जोड़कर जो राश्यादि आवे उस राश्यादि पर जब गोचर शनि जाता है तो धन का क्षय होता है। परन्तु उस राश्यादि

के त्रिकोण में अथवा उस राश्यादि के नवांश में जब शनि जाता है तो अरिष्ट होता है।

यह विधि 'जातकपारिजात' पुस्तकानुसार है। श्लोक के प्रथम चरण में 'मान्दि' शब्द और तृतीय चरण में 'गुलिक' शब्द है। इससे बोध होता है कि मान्दि और गुलिक में कोई अन्तर नहीं और अन्य कई विद्वानों का भी यही मत है। इस कारण लेखक का अनुरोध है कि इस योग के विचार में धारा ७६ के अनुसार गुलिक का गणित करना उचित होगा।

(२) लग्न-स्फुट, सूर्य्य-स्फुट और गुलिक-स्फुट को जोड़कर जो राशि आवे उस राशि का स्वामी कुंडली के जिस राशि में हो उस राशि में अथवा उसके त्रिकोण राशि में जब गोचर का वृ. आता है तो जातक को अरिष्ट होता है।

(३) लग्न-स्फुट से यम-कण्टक (देखो धारा ७६ चक्र ३१ (क) स्फुट को घटा कर जो राश्यादि आवे उसके नवांश-राशि में जब गोचर का वृ. जाता है तो अरिष्ट होता है।

(४) गुलिकस्फुट से शनिस्फुट को घटाकर जो राश्यादि हो उसके नवांश वा त्रिकोण में जब गोचर का शनि जाता है तो जातक को अरिष्ट होता है। देखो कुंडली २६ भारत केशरी बाल गंगाधर तिलक जी की। गुलिकस्फुट ७।१।३१ है। उससे शनि स्फुट २।१७।१८ को घटाकर ४।१४।१३ बचता है जो सिंह राशि का सिंह नवांश होता है। जब १९२० इस्वी में शनि सिंह राशि में था तब यह भारत का तिलक संसार से मिट गया।

(५) धूम, अर्द्धप्रहर, यमकण्टक, कोदण्ड और गुलिक, धूमादि ग्रह कहलाते हैं। (धारा ७६, चक्र ३१) (क)।

चार राशि तेरह अंश २० कला (४।१३।२०) सूर्य्यस्फुट में जोड़ने से धूम होता है। और धूम से ६ राशि घटाने से कोदण्ड-स्फुट होता है।

ऊपर लिखे पाँचों धूमादि स्फुटों को जोड़कर जो राश्यादि आवे उसका द्रेष्काण (चक्र संख्या १३) निकालना होगा। जब गोचर का शनि उस द्रेष्काण राशि में जाता है तो अरिष्ट होता है।

(६) गुलिक-स्फुट का नवांश, द्वादशांश एवं द्रेष्काण जानने के उपरान्त लग्न-स्फुट, चन्द्र-स्फुट और गुलिक-स्फुट इन तीनों को जोड़कर नवांश निकालना होता है।

जब गोचर का शनि गुलिक के द्वादशांश में जाता है तो जातक को अरिष्ट सूचना होती है। यह सभी जानते हैं कि शनि लगभग ढ़ाई वर्ष एक राशि में रहता है। इस कारण उसी ढ़ाई वर्ष के अभ्यन्तर यदि गोचर का वृ. गुलिक के नवांश में आ जाय तो अरिष्ट सूचना की पुष्टि होती है। अर्थात् गोचर के शनि और वृ जितने दिन तक समकालीन होकर वैसी अवस्था में रहेंगे वह विशेष अरिष्टकर होगा। पुनः गोचर का सूर्य्य, जो एक राशि

में लगभग एक मास रहता है, यदि गुलिक के द्रेष्काण से त्रिकोण में उपर्युक्त समकालीन-अरिष्टकर-समय के अभ्यन्तर ही में आजाय तो मृत्यु मास होगा। मृत्यु के समय का लग्न वही होगा जो लग्न-स्फुट,चन्द्र-स्फुट और गुलिक-स्फुट के योग का जो नवाँश होता है।

एक उदाहरण से बात विशेष स्पष्ट हो जायगी। स्वर्गीय तिलक महाराज की कुंडली २६ का गुलिकस्फुट ७।१।३१ है। इस कारण नवांश कर्क, द्वादशांश वृश्चिक एवं द्रेष्काण भी वृश्चिक होता है। अतएव गोचर का श. वृश्चिक में, वृ. कर्क में और सू. वृश्चिक, मीन अथवा कर्क में अरिष्टकर होता है। उनकी मृत्यु ३१ जुलाई १९२० ई. में हुई थी। उस समय वृ. कर्क में और सूर्य्य भी कर्क ही में था परन्तु श. वृश्चिक में नहीं था श. सिंह में था जो नियम ४ के अनुसार मृत्युकारी था। लग्न-स्फुट ३।१९।२१ चन्द्र-स्फुट ३।१८।१९ और मान्दि स्फुट ७।१।३१, इन सबों का योगफल २।९।११ होता है जिसका नवांश धन होता है। अतएव जातक की मृत्यु धन लग्न के उदय होने के समय होनी चाहिये। (मृत्युकाल ज्ञात नहीं)

स्मरण रहे कि दैवज्ञों का कदापि यह अभिप्राय नहीं है कि आयु निश्चय किये बिना ही केवल गोचर से मृत्यु निश्चय हो सकती है।

(७) गुलिक-स्फुट और शनि-स्फुट के जोड़ को ९ से गुणा करने के उपरान्त गुणन-फल के नवांश-राशि में जब गोचर का शनि जाता है तो जातक को अरिष्ट होता है।

(८) श. स्फुट, बृ. स्फुट और गुलिक स्फुट के योगफल को १८ से गुणा करने उपरान्त जो राशि एवं नवांश होगा उस राशि एवं नवांश अर्थात् उस राशि के उस नवांश पर जब गोचर का बृ. जाता है तब अरिष्ट होता है।

(९) षष्ठेश, अष्टमेश और द्वादशेश के स्फुटों को जोड़कर जो राशि आवे उस राशि में अथवा उसकी त्रिकोणराशि में जब गोचर का शनि जाता है तो जातक को अरिष्ट होता है।

(१०) अष्टमस्थान का द्रेष्काण-राशि जो लग्न द्रेष्काण से २२वाँ द्रेष्काण होता है उस राशि में जब गोचर का शनि जाता है तो जातक को अरिष्ट होता है।

(११) अष्टमस्थान के द्रेष्काण का स्वामी जन्म समय जिस राशि में हो उस राशि का स्वामी जिस नवांश में हो उस नवांश राशि में गोचर का शनि जाने से जातक को अरिष्ट होता है।

(१२) शनि, मान्दि, राहु, गुलिक और अष्टमेश के नवांशपति जातक के लिये प्रायः मारक ग्रह होते हैं। इस कारण इनमें से किसी की महादशा के समय यदि गोचर का शनि, जन्म-चन्द्रमा से अष्टम स्थान में जाता है तो अरिष्ट होता है। स्मरण रहे कि

इस योग में ऊपर लिखे पाँच ग्रहों के नवांशेश की महादशा के समय ही गोचर का शनि जन्म-राशि से अष्टम में जाना आवश्यक है।

(१३) यदि जातक का जन्म दिन का हो तो सूर्य्य-स्फुट और शनि-स्फुट को जोड़ कर जो राश्यादि आवे उसको चक्र २ (क) के अनुसार अथवा अन्य साधारण गणित से देखना होगा कि वह राश्यादि किस नक्षत्र के कितने दण्ड पलादि के बराबर होता है। तत्पश्चात् यह देखना होगा कि उस नक्षत्र का महादशेश (चक्र ३५ के अनुसार) कौन होता है। उस नक्षत्र के गत दण्ड पलादि के अनुसार यह निकालना होगा कि उस महादशा का समय कितना बीत चुका है और कितना शेष है। जब जातक को उस महादेशा का समय आता है तो उस महादशा के उतने ही समय बीतने पर जातक को अरिष्ट होता है।

इसमे किंचित उलझावा अवश्य है। सुगमविधि यह होगी कि सूर्य्य-स्फुट और शनि-स्फुठ को जोड़ कर जो राश्यादि आवे उसको चन्द्रमा की राश्यादि मान कर धारा ८५(२) के अनुसार महादशा का गताब्द निकाल लिया जाय। जब जातक को उस महादशांश का उतना ही गताब्द समय आवेगा तो वह अरिष्टकर होगा। **तिलक महराज** का जन्म दिन में था। सूर्य्य स्फुट ३।९।२०, शनिस्फुट २।१७।१८ को जोड़ ५।२६।३८ होता है। धारा ८५ (२) के अनुसार ऊपर लिखी राश्यादि अर्थात् ५।२६।३८ मंगल की महादशा का १ वर्ष २ मास १५ दिन भुक्त होता है। जन्म समय में शनि की महादशा का १० मास ९ दिन भोग्य था। इस कारण बुध १७, केतु ७, शु. २०, र. ६, चं. १० एवं मं. का १ वर्ष २ महीना १५ दिन का योगफल ६२ वर्ष ० मास २४ दिन होता है। इनका जन्म १८५६ ई. की २३वीं जुलाई का था। इस कारण उसमें ६२ वर्ष २४ दिन जोड़ने से १७ अगस्त १९१८ ई० होता है अर्थात् १९१८ ई० के अगस्त महीने में उनको अरिष्ट था। उनकी जीवनी देखने से मालूम होता है कि वह १९१८ ई० के अगस्त में विलायत गये थे। और वहाँ उनका स्वास्थ्य बहुत ही बिगड़ गया था। ठीक समय मालूम नहीं। पाठकगण ऐसा न समझ लें कि सभी योग सभी को लागू होगा। लेखक का विचार यह है कि यदि कई प्रकार से किसी एक समय में अरिष्ट प्रतीत हो तो और आयुकक्षा से भी वही समय आता हो तो मृत्यु कहना होगा। अन्यथा केवल क्लेश होता है।

(१४) यदि जन्म रात्रि का हो तो सूर्य्य-स्फुट और शनि-स्फुट के बदले (जो नियम १३ में है) चन्द्र-स्फुट और राहु-स्फुट को जोड़ना होता है और दूसरी सब विधि नियम १३ के अनुसार ही होता है।

अरिष्ट मास।

धा.२०९ (१) लग्न स्फुट और मान्दि-स्फुट को जोड़ कर जो राशि एवं नवांश

हो उस राशि के उसी नवांश पर जब गोचर का सूर्य्य जाता है तब जातक की मृत्यु होती है। अर्थात् उसी सौर मास के उस समय में मृत्यु होती है।

यदि मान लिया जाय कि लग्नस्फुट ८।१९ और मान्दि-स्फुट ७।० है तो उसका जोड़ १५।१९ हुआ, अर्थात् ३।१९। कर्क का १९वां अंश ६ठां नवाँश हुआ। इस कारण जब सूर्य्य कक के छठे नवाश में जायगा अर्थात् सौर मास श्रावण के उस समय में जातक को अरिष्ट होगा।

(२) मान्दि-स्फुट और सूर्य्य-स्फुट के योगफल को १८ से गुणा कर, गुणनफल में शनि-स्फुट को ९ से गुणा कर जोड़ देने पर जो राश्यादि आवे उस राशि के उसी नवांश में जब गोचर का सूर्य्य जाता है तो उस सौर मास के उस समय में जातक को अरिष्ट होता है।

(३) पंचमेश के साथ जितने ग्रह बैठे हों उन ग्रहों की महादशा-वर्ष को जोड़ कर १२ से भाग देने पर जो शेष रहे उसी सौर मास में जातक को अरिष्ट होता है।

(४) लग्नेश के साथ जितने ग्रह हों उन ग्रहों की महादशा वर्ष को जोड़ कर १२ से भाग दे कर जो शेष बचे उसी संख्या नुसार के सौर मास में अरिष्ट होता है।

उदाहरण

आयु गणना कितना कठिन है इसको तिलक महराज की कुंडली २६ द्वारा दिखलाया जाता है।

(१) धारा १९८ के अनुसार लग्नचर और चं. द्विस्वभाव राशि में है इस कारण अल्पायु। लग्नेश द्विस्वभाव और अष्टमेश भी द्विस्वभाव में है इस कारण मध्यायु। पुनः लग्न चर और होरा लग्न स्थिर में है इस कारण मध्यायु। अर्थात् बहुमत से मध्यायु होता है।

(२) बुध आत्म-कारक है। बुध से अष्टमेश श. और द्वितीयेश चं. है। जैमिनि अनुसार चं बली है इस कारण चं के आपोक्लिम में रहने से अल्पायु योग होता है। पुनः लग्न सम राशि है इस कारण लग्न से द्वितीयेश (अपसव्य) बुध और अष्टमेश बृ. होता है। बुध से बृ. बली है और अपसव्य विधि से बृ पंचम अर्थात् पणफर में है इस कारण मध्यायु। बुध आत्म-कारक ग्रह है और द्वितीयेश भी है इस कारण कक्षा ह्रास होता है, पर मध्यायु में परिवर्तन नहीं होता है।

(३) धारा २०४. (७), (१४), के अनुसार मध्यायु।

(४) धारा २०६. के अनुसार मं. को किसी प्रकार से मारकत्व नहीं होता है। परन्तु मं. की महादशा में जब बुध की अन्तरदशा आयी तब इनकी मृत्यु हुई थी। बुध को अन्य तीन प्रकार से मारकत्व होता है।

(५) धारा २०७. (११) (१२) (१६) के अनुसार मं. और बु. को मारकत्व होता है।

(६) धारा २०८. (४), के अनुसार १९२० ई० में सिंह राशि गत गोचर का शनि मृत्यु बतलाता है। पुनः उसी धारा के नियम ६ के अनुसार मृत्यु का साल और मास का पता चलता है। नियम १३ भी देखने योग्य है।

(७) ऊपर लिखी हुई बातों पर ध्यान देने से यह ठीक होता है कि लोकमान्य तिलक कई प्रकार से मध्यायु थे। पुनः यह भी पता चलता है कि ६४ वां वर्ष बीतते-बीतते मं की महादशा, जिसको मारकत्व था, वह भी आगयी थी। और इसी प्रकार यह भी देखनें में आता है कि उसी ६४वें वर्ष का अन्त होते २ गोचर का शनि.,बृ. एवं सूर्य्य अनिष्टकारी एवं मृत्युदायी हो गये थे। अतएवं यह झलक जाता है कि बाल गंगाधर तिलक जी की मृत्यु ६४ वर्ष आठ दिन (लगभग) के उमर में क्यों हुई। परन्तु स्मरण रहे कि उनकी मृत्यु के समय का ज्ञान रहने के कारण मृत्युकारी योगों के खोजने में अत्यन्त ही सुविधा हुई। परन्तु जहाँ किसी जीवित मनुष्य का मृत्यु समथ बतलाना होगा वहाँ कठिनाइयाँ एवं झंझट असीम एवं दुष्कर होंगे। लेखक का विश्वास है कि यह विषय बहुत ही गहन एवं उलझावे का है और इसमें सफलता तभी हो सकती है जब अनेकानेक योगादि एवं विधियों पर बड़ी सावधानी और परिश्रम पूर्वक ध्यान दिया जाय। आशा की जाती है कि विद्वज्जन इस कठिन समस्या पूर्ति का पूर्ण उद्योग करगे, और इस प्राचीन विद्या की ललाठ को उज्ज्वलकर दिखलायेंगे। न कि मनुष्यों को भ्रम में डाल कर उसे कलङ्कित करेंगे।

अरिष्ट दिन।

धा-२१० (१) मान्दिस्फुट और चन्द्रस्फुट को जोड़ कर १८ से गुणा करने के उपरान्त उसमें शनिस्फुट को ९ से गुणा कर जोड़ दें। जब गोचर का चं. उस राशि के उस नवांश में जाता है तो उसी दिन अरिष्ट होता है।

(२) मान्दिस्फुट और चन्द्रस्फुट के योगफल का जो राशि हो उस राशि में जब गोचर का चं. जाता है उस दिन अरिष्ट होता है।

मृत्यु-समय के लग्न का ज्ञान।

धा-२११ लग्न-स्फुट, मान्दि-स्फुट और चन्द्र-स्फुट को जोड़ देने से जो राशि आवे उसी राशि के उदय होने पर जातक की मृत्यु होती है। इतना लिखने पर प्रश्न यह उठता है कि दशाक्रमानुसार और गोचरानुसार जैसा कि धा. २०६, २०७ और २०८ में

लिखा गया है, एक मनुष्य के जीवन में बहुत से अरिष्ट-समय का सम्भव होगा और इसी प्रकार धा. २०९-२११ अरिष्ट मास, दिन और लग्न तो अनेक बार पड़ता रहेगा तो ऐसे स्थान में मृत्यु-समय का निश्चय करना प्रायः असम्भव-सा प्रतीत होगा यथार्थ में शंका बहुत ही उचित है। परन्तु सच्ची बात तो यह है कि मृत्यु-समय का निश्चय करना सबसे कठिन समस्या है। डाक्टर, वैद्य, हकीम आदि रोगी की शय्या के निकट रात्रि-दिवा बैठे रहने पर, रोगी और रोग दोंनो के समक्ष रहने पर तथा उनके पास अनेकानेक रोगादि-परीक्षा-यन्त्र रहने पर भी, रोगी मरेगा या जीवित रहेगा, इस विषय को निश्चय नहीं कर सकता तो फिर अब ज्योतिषियों की बात क्या कही जाय। विचार करते समय न तो जातक को कोई रोग है न उसके शरीर पर मृत्यु का कोई चिह्न। केवल ग्रहों की स्थिति अनुसार सभी बातों का अनुमान करना है। परन्तु ज्योतिष-शास्त्र के पंडितों ने ऐसी विधि बतलायी है कि यदि कोई विद्वान परिश्रम पूर्वक मृत्यु-समय का निर्माण करने को तत्पर हो तो अवश्य ही मनुष्य की बुद्धि को चकित कर दे सकता है। लेखक की धारणा है कि यदि कोई विद्वान शान्तचित्त हो परिश्रम पूर्वक महर्षियों के बतलाये नियमों का पालन करता हुआ विचार करेगा तो कुल शंकाओं का समाधान अवश्य ही हो जायगा।

मृत्यु-काल-निर्णय विधि।

धा-२१२ निम्नलिखित नियमों पर ध्यान देना आवश्यक प्रतीत होता है।

(१) प्रथम देखना होगा कि जातक को बालारिष्ट है या नहीं जैसा कि धा. ११० से ११४ में लिखा गया है। यदि है तो उसका भंग-योग (जैसा कि धा. ११३ में लिखा है) है या नहीं।

(२) यदि बालारिष्ट योग नहीं है तो यह निश्चय करना होगा कि धा. १९४ से १९७ तक के अनुसार ग्रह योगों से जातक की आयु निश्चित होती है या नहीं।

(३) यदि ग्रह योग से आयु निश्चित न हो तो देखना होगा कि जातक अल्पायु, मध्यायु अथवा दीर्घायु में से (धा. १९८ से २०५ पर्य्यन्त के अनुसार) किस आयु का होता है

(४) जब नियम (३) के अनुसार अल्प, मध्य, वा दीर्घ निश्चय हो जाय तो उसके पश्चात् निम्नलिखित बातों पर ध्यान देना होगा। (क) जिस खंड के आयु होती है उसमें दशा-क्रमानुसार मारकेश दशा (देखो धा. २०६) कब होती है। (ख) धा. २०७ के अनुसार उस खंड में कोई अरिष्ट दशा पड़ती है या नहीं। (ग) धा. २०८ के अनुसार उस खंड में कोई गोचर-अरिष्ट कब पड़ता है। (घ) सबसे अन्त में बहु-प्रकार से जिस समय अरिष्ट होता हो उस समय के मास, दिन और लग्न इत्यादि का निश्चय (देखो धा. २०९,२१० और २११) करना होगा।

आशा की जाती है कि इन नियमों के पालन करने से ज्योतिषशास्त्र का रहस्य पाठको को पूर्णतया समझ में आ जायगा।

मृत्यु-स्थान का ज्ञान।

धा-२१३ (१) साधारण नियम यह है कि यदि अष्टम भाव चर राशि हो तो जन्मस्थान से बिलग किसी अन्य देश में मृत्यु होती है। यदि स्थिर राशि हो तो जातक की मृत्यु घर पर होती है। यदि द्विस्वभाव राशि हो तो पथ में अथवा ऐसे स्थान में जहाँ जातक का घर न हो (स्थिर रूप से प्रदेश भी नहीं) मृत्यु होती है।

(२) यदि अष्टमेश पापग्रह हो और लग्न में बैठा हो और उस पर लग्नेश की दृष्टि हो तो जातक की मृत्यु अकस्मात् अपने घर में होती है। पुनः यदि अष्टमेश पर पापग्रह की दृष्टि भी हो तो जातक की मृत्यु के समय उसके स्वजन लोग उस स्थान पर नहीं रहते।

(३) यदि नवमेश बृहस्पति हो और अष्टम स्थान में बैठा हो तो जातक की मृत्यु शान्तिपूर्वक घर में होती है।

(४) यदि अष्टमाधिपति पापग्रह हो और सप्तम स्थान में बैठा हो तो जातक की मृत्यु रास्ते में होती है।

(५) यदि मंगल नवम भाव में हो तो भी मार्ग में मृत्यु होती है।

(६) यदि नवमेश नवमस्थ हो तो तीर्थ में या गंगा के समीप मरण होता है।

(७) यदि नवमेश की दृष्टि नवम भाव पर हो और लग्नेश की दृष्टि लग्न पर हो और अष्टमेश अष्टमस्थान को देखता हो तो शुभतीर्थ में मृत्यु होती है।

(८) यदि अष्टमेश शुभग्रह हो और अष्टम स्थाम पर शुभग्रहों की दृष्टि हो तो तीर्थ में मृत्यु होती है।

(९) यदि अष्टमेश नवमस्थान में बैठा हो और उस पर बृ.,शु.,बु. अथवा चं. की दृष्टि पड़ती हो तो ऐसे जातक की मृत्यु द्वारिका तीर्थ में होती है।

(१०) यदि लग्न से २२वें द्रेष्काण का स्वामी अथवा अष्टम स्थान का स्वामी मंगल हो और नवमस्थान में बैठा हो तो परदेश में मृत्यु होती है।

(११) यदि अष्टमेश अथवा लग्न से २२वें द्रेष्काण का स्वामी बु. अथवा शु. हो और नवमस्थान में हो तो द्वारिका तीर्थ में मृत्यु होती है।

(१२) लग्न से २२वें द्रेष्काण का स्वामी अथवा अष्टम स्थान का स्वामी यदि वृहस्पति हो और नवम स्थान में बैठा हो तो प्रयाग तीर्थ में मृत्यु होतीं है।

(१३) यदि लग्न से २२वें द्रेष्काण का स्वामी या अष्टम स्थान का स्वामी चं. हो और वह नवम स्थान में बैठा हो तो काशीतीर्थ में मृत्यु होती है।

(१४) यदि नवम स्थान का स्वामी चं. अष्टम स्थान में बैठा हो तो किसी विष्णु-तीर्थ में मृत्यु होती है।

(१५) यदि नवम स्थान का स्वामी शु. हो और वह अष्टमस्थान में बैठा हो तो उसकी मृत्यु काशी तीर्थ में होती ।

(१६) यदि नवम स्थान का स्वामी शुभग्रह हो और वह अष्टम स्थान में बैठा हो और वह शुभदृष्ट वा शुभयुक्त हो तो काशी तीर्थ में मृत्यु होती है।

(१७) यदि तीन ग्रह एक राशि में बैठा हो परन्तु वह जन्म राशि न हो, अर्थात् चं. उसके साथ न हो तो ऐसा जातक सहस्त्रों पाप से मुक्त होकर गंगा के समीप शरीर त्यागता है।

(१८) यदि अष्टम स्थान का स्वामी शुभग्रह होकर केन्द्र में हो तो जातक किसी सुन्दर तीर्थ में जाकर भगवान का यश गाते हुए शरीर त्यागताहै। देखो **कुं.२१** रूपकला जी की। योग लागू है। इनकी मृत्यु श्री अवध में हुई थी। देखो **कुं. २४** स्वर्गीय काशी नरेश की। अष्टमेश बृहस्पति केन्द्र में है। मृत्यु के पूर्व ही आप रामनगर किला छोड़ कर काशी धाम चले आये थे। देखो **कुं. ४४** स्वामी रामतीर्थ जी की। अष्टमेश शुक्र केन्द्र में है। योग लागू है। इनकी मृत्यु भृगु-गङ्गा (तीर्थ) में हुई थी। परिशिष्ट में इनकी मृत्यु समय का पूर्ण विवरण दिया गया है।

(१९) यदि श. लग्न में, मं. द्वादश स्थान में तथा र., चं. और बु. सप्तम स्थान में हो तो जातक की मृत्यु विदेश में, मन्दिर अथवा बाग में होती है।

(२०) यदि र. और मं. दोनों ही द्वादश स्थान में हों और रा. और चं. सप्तम में और बृ. किसी केन्द्र में हो तो ऐसे जातक की मृत्यु किसी अच्छे स्थान, देवमन्दिर अथवा बगीचे में होती है।

(२१) यदि अष्टमेश स्वक्षेत्री हो तो तीर्थ में मृत्यु होती है। देखो **कुंडली ७** आदि-गुरु की। अष्टमेश उच्च है। इनकी मृत्यु केदारनाथ में हुई थी।

(२२) यदि लग्नेश, बृ. वा शु. के साथ हो तो तीर्थ में मृत्यु होती है। देखो **कुंडली ९** श्री वल्लभाचार्य्य जी की। लग्नेश मं., बृहस्पति के साथ नवम स्थान में है। इनकी मृत्यु काशी में हुई थी।

जातक के रोग के विषय में।

धा.२१४ (१) राशि एवं ग्रहों से रोग का अनुमान करना, ज्योतिषशास्त्र में फुटकर रीति से अनेकानेक स्थानों में पाये जाते हैं। चक्र ५ में दिखलाया जा चुका है कि सूर्य्य पित्तधातु का कारक है एवं चन्द्रमा वातश्लेष्मिक, मंगल पित्त, बुध वात, पित्त, कफ अर्थात् त्रिदोष, बृहस्पति कफ, शुक्र कफ एवं वायु, शनि वातश्लेष्मिक तथा राहु और केतु वायु-प्रधान धातुओं के कारक हैं। यदि सूर्य्य पीड़ा-कारक होता है तो जातक को पित्त से उत्पन्न हुई पीड़ा होती है। चन्द्रमा के पीड़ा-कारक होने से वातश्लेष्मिक पीड़ा होती है। इसी

प्रकार मंगल से पित्तज पीड़ा, बुध से त्रिदोष जनित पीड़ा, बृहस्पति से कफ जनित पीड़ा, शुक्र से कफ एवं वायु जनित पीड़ा, शनि से वातश्लेष्मिक पीड़ा एवं राहु और केतु से वायु-प्रधान विकार से उत्पन्न पीड़ा होती है। इसके अनन्तर जानने की दूसरी बात यह है कि प्रधान सातों ग्रह का किस किस अंगों पर विशेष अधिकार है। किस ग्रह में किस धातु की प्रधानता है एवं अस्थि, रुधिर इत्यादि इत्यादि शारीरिक पदार्थों पर किस ग्रह का आधिपत्य है। अन्तिम बात यह भी विचारने की है कि इन ग्रहों की शक्ति प्रधानता मनुष्य के शरीर में किस प्रकार की है। इन बातों की सुविधा के लिये नीचे एक चक्र दिया जाता है।

चक्र ४३

संख्या	ग्रह	अवयव (शरीर)	तत्त्व	शारीरिक सप्तधातु	शारीरिक शक्ति	धातु
१	सूर्य्य	शिर	अग्नि	अस्थि (हड्डी)	प्राणधार एवं मर्म स्थानीय शक्ति	पित्त
२	चन्द्रमा	मुख	जल	रूधिर (खून)	पालन शक्ति पौष्टिकत्त्व	वातश्लेष्मा
३	मंगल	कान	अग्नि	नसादि	सोथ एवं जलन	पित्त
४	बुध	पेट	पृथ्वी	चर्म	शारीरिक नसों की शक्ति	पित्त,कफ वायु अर्थात् त्रिदोष
५	बृहस्पति	गुरदा	आकाश शब्द	माँस एवं चर्वी	रक्ताधिक्य एवं स्थूलता	कफ
६	शुक्र	नेत्र	जल	वीर्य्य	पंछा एवं नसों के अन्तर्गतरस	एवं ायु वायु
७	शनि	पैर	वायु	मज्जा	प्रगाढ़ता	वायु

(२) अब इसके अनन्तर यह लिखा जाता है कि ग्रहों के अनुकूल एवं प्रतिकूल भेदानुसार शरीर के स्वास्थ्य पर क्या प्रभाव पड़ता है। (क) यदि **सूर्य्य** बली हो तो मनुष्य की हड्डी पुष्ट और मजबूत होती है अन्यथा सूर्य्य की दुर्बलता अनुसार हड्डी भी

दुर्बल होती है। सूर्य्य के निर्बल होने से जातक के मस्तिष्क में भी दुर्बलता आती है। सूर्य्य के पीड़ित रहने से राजकोप एवं ईश्वर-अकृपा से शिर-व्यथा पित्तज-ज्वर, मृगी, क्षयरोग, उदर एवं कलेजे की बिमारी, नेत्ररोग, चर्मरोग, अस्थिरोग और शूलरोग से जातक पीड़ित होता है। (ख) **चन्द्रमा** के बली होने से शरीर में रुधिर का प्रवाह अच्छा होने के कारण मनुष्य स्वथ्य होता है। परन्तु यदि चन्द्रमा पाप हो तो मनुष्य मूत्र-कृच्छ रोग नासिका रोग, कफ-जनित ज्वर एवं कफादिक पीड़ा, पीनस रोग, पाण्ड रोग, स्त्री-प्रसग एवं व्यभिचार जनित रोग, अतिसार, मन्दाग्नि एवं रुधिर विकार जनित रोग से जातक पीड़ित होता है। (ग) **मंगल** के बली होने से मनुष्य की हड्डियाँ मजबूत होती हैं। परन्तु मंगल के दोषी रहने से अण्डकोष वृद्धि (आवनजूल), कफ, फोड़े फुंसी, आदि रुधिर-प्रकोप जनित पीड़ायें, पित्तज-ज्वर, वायु जनित पीड़ा, कुष्ट एवं शस्त्रादि से भय होता है। ऐसे मनुष्य को प्रायः उर्द्ध भाग में पीड़ा होती है। यह भी लिखा है कि दरिद्रता के कारण जिन रोगों की उत्पत्ति होती है, उन रोगों से ऐसा जातक पीड़ित रहता है। (घ) **बुध** के शुभ होने से मनुष्य के शरीर का चमड़ा सुन्दर एवं रोग रहित होता है। परन्तु बुध के अनिष्टकारी होने से उदर एवं गुह्य स्थान में वायु प्रकोप से रोगों की उत्पत्ति होती है तथा त्रिदोष विकार से ज्वर, मन्दाग्नि, शूल ग्रहणी, कुष्ठ, चर्मरोग, कमलाक्ष, पाँडु रोग, गला एवं नासिका रोग होता है। (ङ) **बृहस्पति** यदि उच्च अथवा शुभदायी हो तो मस्तिष्क की शक्ति अच्छी होती है। परन्तु क्लेशित रहने से प्लीहा, ज्वर, कफ जनित रोग, मस्तिष्क विकार से रोग, बेहोशी, कर्णरोग एवं मानसिक दुःख का मनुष्य भाजन बनता है। (च) **शुक्र** यदि शुभ हो तो वीर्य्य की पुष्टि और काम-शक्ति में उत्तेजना होती है। यदि **शुक्र** पाप हो तो स्त्री-सहवास-जनित पीड़ा, मादक द्रव्य के सेवन से दुःख जनेन्द्रिय रोग, पांडु-रोग, बहुमूत्र रोग, कफ वायु जनित रोग, नेत्र रोग एवं क्षयरोग होता है। (छ) **शनि** यदि शुभ हो तो स्नायु-जनित अंग दृढ़ और मजबूत होते हैं और शनि के अशुभ रहने से वायु एवं कफ प्रकोप से, गठिया इत्यादि रोग, उदर रोग, पक्षाघात, लकवा, अंगभंग इत्यादि क्लेश एवं द्ररिद्रता से उत्पन्न हुए रोग होते हैं। (ज) **राहु के** विपरीत होने से मृगी, चेचक, कुप्ट, कृमिरोग, पैरों में पीड़ा एवं सर्प से भय होता है और कभी कभी यह ग्रह अपने प्रभाव द्वारा आतम-हत्या-संकल्प-बुद्धि को उत्तेजित करता है। (झ) **केतु** के विकार से कण्डु, चेचक आदि रोग होते हैं।

(३) शुभग्रहादि भी केन्द्राधिपति होने से अनिष्टकारी होते हैं और यदि पापग्रह केन्द्राधिपति हो तो इसके विपरीत अर्थात् शुभदायी होता है। त्रिकोणाधिपति सर्वदा अच्छे होते हैं। षष्ठेश, अष्टमेश और द्वादशेश सदा अशुभ फल देनेवाले होते हैं। उच्चादि ग्रह शुभ और नीचादि अशुभ होते हैं। इन बातों का उल्लेख पहिले भी हो चुका है।

(४) अब राशियों के विषय में कुछ लिखा जाता है। चक्र ११ में दिखलाया जा चुका है मेष सिंह और धन अग्नितत्त्व हैं। इस स्थान पर विशेष लिखना यह है कि इन राशियों से मनुष्य की जीवन-शक्ति का विचार होता है। इसी प्रकार वृष, कन्या और मकर जो पृथ्वी तत्त्व हैं, इनसे मनुष्य की हड्डी एवं मांसादि का विचार किया जाता है। वायुतत्त्व राशि, मिथुन, तुला, और कुम्भ से मनुष्य के श्वासादि क्रिया और जलतत्त्व वाली राशि, कर्क, वृश्चिक, और मीन से रुधिर का विचार होता है। पुनः जिस प्रकार ग्रहों के धातु होते हैं उसी प्रकार राशियों के भी धातु माने गये हैं। जैसे मेष का धातु पित्त, वृष का वायु, मिथुन का श्लेष्मा, कर्क का पित्त, सिंह का वायु कन्या का श्लेष्मा, तुला का पित्त, वृश्चिक का वायु, धन का श्लेष्मा, मकर का पित्त, कुम्भ का वायु और मीन का श्लेष्मा है। पहिले यह लिखा जा चुका है कि काल-पुरुष के अंगों का बोध राश्यादि से किस प्रकार होता है। यह भी लिखा जा चुका है कि लग्नाधिपति द्वादश भावों से मनुष्य के अवयव का किस प्रकार अनुमान होता है। इन बातों की सुविधा के लिये नीचे चक्र दिया गया है।

चक्र ४४

राशि	भाव	अवयव		तत्त्व	अधिकार	धातु
		बाहरी	भीतरी			
मेष	प्रथम भाव (लग्न)	सिर	मस्तिष्क, भेजा	अग्नि	जीवनी शक्ति	पित्त
वृष	द्वितीय ,,	मुख	नेत्र, यन्त्र, (कण्ठ नली)	पृथ्वी	हड्डी एवं मांस	वात एवं वायु
मिथुन	तृतीय ,,	(भुजा) गला	सांस लेने का रास्ता (रुधिर स्वाँस क्रिया)	वायु	श्वास क्रिया	श्लेष्मा
कर्क	चतुर्थ ,,	वक्षस्थल	फेफड़ा	जल	रुधिर	पित्त
सिंह	पंचम ,,	(पीठ, मेरुदंड) हृदय	अँतड़ी, आमाशय, कलेजा	अग्नि	जीवनी शक्ति	वात एवं वायु
कन्या	षष्ठम ,,	पेट का ऊपरी भाग	अँतड़ियाँ	पृथ्वी	हड्डी एवं मांस	श्लेष्मा
तुला	सप्तम ,,	कमर	गुर्दा	वायु	श्वास क्रिया	पित्त
वृश्चिक	अष्टम ,,	जननेन्द्रिय, गुर्दा	जननेन्द्रिय एवं गुदा के अन्तरीय भाग	जल	रुधिर	वात एवं वायु
धन	नवम ,,	चूतड़ जांघ	चूतड़ एवं जाँघ की नसें	अग्नि	जीवनी शक्ति	श्लेष्मा
मकर	दशम ,,	ठेहुना	ठेहुने की जोड़ की हड्डियाँ	पृथ्वी	हड्डी एवं मांस	पित्त
कुम्भ	एकादश ,,	छावा और घुटना	छावा और घुटने की हड्डी और नस	वायु	श्वास क्रिया	वात एवं वायु
मीन	द्वादश ,,	चरण, सुपती, एवं पैर की अंगुलियाँ	सुपती और पैर की अँगुलियों के नसों की जोड़	जल	रुधिर	श्लेष्मा

टिप्पणी—कौन राशि किस अंग का स्वामी है, इस विषय में एतद्देशीय प्राचीन दैवज्ञों और पाश्चात्य दैवज्ञों के शरीर के ऊपरी भाग के सम्बन्ध में कुछ मतान्तर है। चक्र में बहुमत स्वीकृत बात दी गयी हैं और कई स्थानों में पाश्चात्य मत को ब्राईकेट में दे दिया गया है।

(५) ऊपर लिखी गयी बातों पर ध्यान देने से पीड़ित अंग एवं उसमें पीड़ा के कारण का अनुमान किया जा सकता है। अब इस स्थान पर ज्योतिष-शास्त्रानुसार कतिपय विलक्षण नियम दिये जाते हैं।

षष्ठ स्थान से रोगादि, अष्टम से मृत्यु और द्वादश से लय (नाश) का विचार होता है। ऊपर लिखा जा चुका है कि षष्ठ स्थान पेट, यकृत (Liver) आदि का कारक है और पुन: यह भी लिखा गया है कि षष्ठ स्थान से रोग का विचार होता है, और साधारण बुद्धि एवं चिकित्सा शास्त्र द्वारा यह सिद्ध है कि साधारण रूप से संसार के विशेष बल्कि समस्त रोगों की उत्पत्ति पेट ही के बिगड़ने से होती है इसी कारण चिकित्सा शास्त्र के जानने वाले स्वास्थ्य अच्छा रखने के लिये पहली बात यही बतलाते हैं कि भोजनादि के अच्छी तरह परिपक्व होने से ही रोग से छुटकारा मिलता है। यह बात सर्वविदित है कि सूर्य्य जब कन्या राशि गत होता है अर्थात् कालपुरुष के षष्ठ अर्थात् रोगस्थान में जाता है तो सारे संसार में रोगादि का प्रकोप विशेषरूप से होता है। कन्या का संक्रान्त लगभग १६ या १७ सेप्टेम्बर को होता है और वह प्राय: आश्विन मास रहता है। इस लिये उस समय अर्थात् सूर्य्य के कन्यागत होने पर आश्विन महीने में संसार में मनुष्य प्राय: अस्वस्थ हो जाते हैं। तुला राशि में जब सूर्य्य जिसे प्राणाधार एवं मर्मस्थानीय ग्रह कहते हैं, नीच हो जाता है—जो प्राय: कार्तिक मास में होता है, तो उस समय रोग की उत्पत्ति होती है, क्योंकि प्राणाधार ग्रह के नीचगत होने से रोग का उत्पन्न होना स्वाभाविक ही है। ज्ञात होता है कि इन्हीं सब कारणों से आश्विन एवं कार्तिक मास के लिये चिकित्सा शास्त्र में भोजन सम्बन्धी बहुत से नियम बतलाये गये हैं। बिहार प्रान्त में तो यह एक प्रसिद्ध कहावत है कि वैद्य प्राय: आश्विन और कार्तिक के भरोसे ऋण लेते हैं। सुतरां यह सिद्ध होता है कि षष्ठ स्थान एवं षष्ठराशि (कन्या) को रोग से घनिष्ठ सम्बन्ध है। इस बात के जानने के लिये कि अमुक कुंडली में किस तत्त्व की अधिकता है, साधारण नियम यह है कि प्रथम यह देखना होगा कि अमुक कुंडली में भिन्न२ तत्त्वों में कितने कितने ग्रह हैं। इन ग्रहों के अतिरिक्त यह भी देखना होगा कि लग्न किस तत्त्व की राशि में है। इतना जानने के बाद यह पता चल जायगा कि किस तत्त्व की राशि में ग्रहों की अधिकता है अर्थात् अग्नि तत्त्व में विशेष संख्यक ग्रह हैं या अन्य किसी तत्त्व में। जिस राशि तत्त्व में अधिक ग्रहों का समावेश होता है उसी तत्त्व के प्रकोप से प्राय: जातक, रोगग्रस्त होता है।

पाठकों की सुविधा के लिये **उदाहरण-कुंडली** द्वारा इस विषय को समझाने का यत्न किया जाता है। इस कुंडली में अग्नितत्त्वराशिस्थ शनि और मंगल हैं। पृथ्वीतत्त्व राशि में कोई ग्रह नहीं है। वायुतत्त्वराशि में बृहस्पति, सूर्य्य, बुध एवं शुक्र चार ग्रह हैं। जल तत्त्व राशि में केवल चन्द्रमा है। और लग्न अग्नि तत्त्व-राशि में है। परिणाम यह निकला कि वायुतत्त्व-राशि में चार, अग्नि में दो, जल में एक और पृथ्वी में शून्य ग्रह हैं। अतः यह निश्चय होता है कि यह जातक प्रायः वायु-प्रकोप से पीड़ित रहेगा और उष्णता से भी रुग्ण होना सम्भव होता है। यथार्थ में यह जातक वायु-प्रकोप से सर्वदा पीड़ित रहता है।

(६) दोषी तत्त्वों को जानने की दूसरी विधि इस प्रकार भी है। (क) सूर्य्य-स्थित राशि (ख) लग्नस्थित राशि (ग) षष्ठस्थान की राशि (घ) षष्ठस्थ ग्रह और (ङ) षष्ठ स्थान पर पूर्ण दृष्टि डालने वाला ग्रह, इन पाँचों में विशेषता जिस तत्त्व की होगी उसी तत्त्व-विकार से रोगोत्पन्न की सम्भावना होगी। यदि इन दोनों विचारों से एक ही परिणाम हो तो फल भी निश्चय है। पर यदि परिणाम में विभिन्नता हो तो इस नियम (६) के अनुसार फल की प्रध नता होगी। अतः इस निमय के अनुसार यदि **उदाहरण-कुण्डली** पर ध्यान दिया जाय तो (क) सूर्य्य वायुराशिगत (ख) लग्न अग्निराशिगत (ग) षष्ठ स्थान पृथ्वी तत्त्व की राशि (घ) षष्ठस्थान ग्रहशून्य और (ङ) षष्ठस्थान पर किसी ग्रह की पूर्ण दृष्टि नहीं है। परिणाम यह निकला कि वायु, अग्नि एवं पृथ्वीतत्त्व को समान बल है और प्रथम नियम से वायुतत्त्व की प्रधानता थी। अतएव वायुतत्त्व ही विशेष अनिष्टकारी सिद्ध होता है।

(७) पीड़ा कारक ग्रह के पृथ्वी तथा जल राशि में रहने से श्लेष्मा विकृत कारण रोग होता है; और अग्नि तथा वायुराशि में पीड़ाकारक ग्रह के रहने से पित्त तथा वायु-जनित रोग होता है और कभी२ किसी अवयव से रक्ताधिक्यता के कारण पीड़ा होती है।

पीड़ित अंगों का अनुमान।

धा. २१५ (१) षष्ठ, अष्टम अथवा द्वादश का स्वामी जिस भाव में पड़ता हो उस निर्दिष्ट अंग में पीड़ा होती है।

(२) जिस जिस भाव का स्वामी ६,८ वा १२ में पड़ता है उन उन निर्दिष्ट अंगों में पीड़ा होती है। अर्थात् जैसे किसी कुंडली का चतुर्थेश यदि अष्टमस्थान में हो तो चतुर्थस्थानजनित अंग अर्थात् वक्षस्थल में पीड़ा की सूचना मिलती है। इसी प्रकार यदि किसी का लग्नेश ६,८वा १२ में बैठा हो तो लग्नजनित अंग अर्थात् शिर की पीड़ा सूचित होती है।

(३) ६,८ अथवा १२ का स्वामी जिस स्थान में हो और उस भाव का स्वामी यदि

६,८, वा १२ में हो तो उस निर्दिष्ट अंग में अवश्य ही पीड़ा होती है। जैसे, किसी का अष्टमेश चतुर्थभाव में बैठा हो और चतुर्थेश ६,८ वा १२ भाव में हो तो चतुर्थस्थानजनित अंग अर्थात् वक्षःस्थल, फेफड़ा आदि में अवश्य ही पीड़ा होती है।

(४) षष्ठस्थ, अष्टमस्थ अथवा द्वादशस्थ ग्रह यदि स्वगृही हो अर्थात् किसी स्थान का स्वामी यदि षष्ठ, अष्टम अथवा द्वादश स्थान में हो और स्वगृही हो तो पीड़ा नहीं होगी।

(५) यदि ६,८वा १२ का स्वामी ६,८ या १२ में न हो परन्तु स्वगृही हो तौ भी रोग की सूचना नहीं होती है। जैसे, किसी का अष्टमेश बुध ६,८वा १२ में न होकर मिथुन में अर्थात् स्वगृही हो तो कष्टदायी नहीं होता है। अभिप्राय यह है कि दुःस्थान के स्वामी स्वक्षेत्रगत होने से ही दोष रहित हो जाते हैं।

(६) यदि ६,८वा १२ का स्वामी ६,८वा १२ में न पड़कर (जैसा कि नियम ४ में लिखा है) किसी अन्य राशि में हो और स्वक्षेत्री भी न हो (जैसा कि नियम ५ में लिखा है) परन्तु जिस स्थान में षष्ठ, अष्टम वा द्वादश का स्वामी बैठा हो, उस स्थान का स्वामी यदि स्वक्षेत्रगत हो तौ भी स्थायी पीड़ा की सूचना नहीं होती है। परन्तु कभी कभी कुछ समय के लिये उस अंग में कष्ट होता है। जसे, किसी का धन लग्न हो और उस छठे स्थान का स्वामी शुक्र ६,८वा १२ में न होकर मिथुनराशिगत हो। मिथुनराशिगत होने से शुक्र स्वगृही न होगा, जैसा कि नियम (५) में था। परन्तु इस पर भी यदि मिथुन का स्वामी बुध मिथुन में अथवा कन्या में हो, अर्थात् स्वगृही हो तो सप्तमस्थाननिर्दिष्ट-अंग में, जिस स्थान में षष्ठेश शुक्र बैठा है, पीड़ा सम्भव न होगी। केवल कुछ समय तक कमर में कुछ पीड़ा हो सकती है।

(७) यदि ६, ८ वा १२ का स्वामी ६, ८ वा १२ में न होकर अन्य किसी राशि में बैठा हो और उस राशि का स्वामी स्वगृही भी न हो जैसा कि नियम (६) में था, परन्तु उस राशि का स्वामी ६, ८, वा १२ में न पड़कर अपनी राशि पर दृष्टि डालता हो तौ भी स्थायी पीड़ा न होती है। जैसे धन लग्न वाला षष्ठेश शुक्र सप्तम स्थान अर्थात् मिथुन राशिगत हो और उस सप्तमेश का स्वामी बुध मिथुन वा कन्या में न हो (जैसा नियम ६ में था) पर वह बुध लग्नस्थ हो (जिस स्थान में रहने से बुध की दृष्टि अपने क्षेत्र, मिथुन पर पूर्ण पड़ती है) तो ऐसे स्थान में भी स्थायी पीड़ा नहीं होती है।

(८) उपर्युक्त नियमों के अतिरिक्त एक साधारण नियम यह भी है कि जिस राशि का स्वामी अस्त हो अथवा विशेष दुर्बल हो तो उस राशि के निदृष्ट-अंग में भी पीड़ा होती है। देखो **कुंडली १९** बंकिम बाबू की। प्रथम नियमानुसार षष्ठेश

षष्ठ में, अष्टमेश षष्ठ में और द्वादशेश के अष्टम में रहने के कारण षष्ठ एवं अष्टम में पीड़ा की सूचना मिलती है। द्वितीय नियमानुसार नवमेश और षष्ठेश के षष्ठ में, सप्तमेश के अष्टम में और द्वादशेश तथा तृतीयेश के अष्टम में रहने के कारण नवम, षष्ठ, सप्तम, द्वादश और तृतीयस्थान-जनित अंगों में पीड़ा की सूचना मिलती है। तृतीय नियमानुसार अष्टमेश षष्ठ में है और षष्ठेश षष्ठ में है। इस कारण षष्ठस्थान जनित अंग में पीड़ा सूचित होती है। इन तीनों नियमों से ६, ८, ९, ७, १२ और ३ भावों में पीड़ा सूचित होती है। अब आगामी नियम के अनुसार जो एक प्रकार से अपवाद (Exception. मुशतसना) है, देखा जाता है कि ९ एवं ६ का स्वामी स्वगृही है। इस कारण नियम (४) के अनुसार ९ एवं ६ में रोग न होगा। १२ एवं ३ का स्वामी बृहस्पति, अष्टमस्थ है परन्तु द्वादशभाव को पूर्ण दृष्टि से देखता है। नियम (७) के अनुसार १२ में भी पीड़ा नहीं होगी (अनुमान होता है कि ३ की भी रक्षा इसी से होती है)। इस कारण क्लेश की सूचना केवल ८ और ७ ही में रह जाती है और अष्टम को रोग की परवलता होती है। नियम (५) और (६) लागू नहीं है। सप्तमस्थान से कमर एवं गुरदा और अष्टमस्थान से जननेन्द्रिय एवं जननेन्द्रिय के अन्तरीय भाग में पीड़ा होना सम्भव है। सप्तमेश चं. जल एवं रुधिर विकार से उत्पन्न मूत्रकृच्छ्ररोग होना बतलाता है। बृहस्पति मांस एवं चर्बी बोध कराता है। अर्थात् बंकिम बाबू को कोई ऐसा रोग सम्भव होता है जो गुरदा एवं जननेन्द्रिय स्थान में जल एवं रुधिर विकार से उत्पन्न हो। इनकी जीवनी में लिखा भी है कि मधुप्रमेह (मूत्रकृच्छ) रोग से बहुत दिनों तक ये पीड़ित रहे थे। मृत्यु के पूर्व इस रोग का बहुत ही प्रकोप हुआ था और इनके जननेन्द्रिय के अन्तरीय भागमें दो एक फोड़े हुए थे। (देखो चं. एवं बृ. पर मंगल एवं शनि की पूर्ण दृष्टि है) और इसी रोग से बंकिम बाबू की मृत्यु हुई। धा. ३०८ (११) के अनुसार मधुप्रमेह रोग का योग भी है। पुनः धारा २१७ (१०८) से चीर-फाड़ की सूचना होती है। **देखो कुं. १७** रामकृष्ण परमहंस जी की। प्रथम-नियमानुसार लग्न में षष्ठेश और अष्टमेश दोनों बैठे हैं और द्वादशेश अष्टम में है। इस कारण १ और १२ में पीड़ित हुआ। द्वितीय नियमानुसार लग्नेश शनि अष्टमगत है। अतः लग्न पीड़ित हुआ। तृतीय नियमानुसार षष्ठ एवं अष्टम का स्वामी लग्न में है और लग्न का स्वामी अष्टम में है। इस कारण १ का पीड़ा अनिवार्य्य होता है और नियम (५), (६) वा (७) लागू नहीं है। इसी ग्रहस्थिति से सिर (मुख) प्रदेश में रोग होना बोध होता है। देखो धा-२१६ का नियम १६ इससे व्रण सम्भव होता है। धा-३०४ (८) से बोध होता है कि बु. जिह्वा का कारक है और इस कुण्डली में बुध जलराशि एवं शत्रुराशि में अस्त है। चन्द्रमा से

बुध दृष्ट नहीं है परन्तु बुध के साथी है। प्रतीत होता है कि इन्हीं सब कारणों से उनकी जिह्वा में फोड़ा हुआ था।

देखो कुंडली ६५ यमुना बाबू की। षष्ठ का स्वामी दशम में, अष्टम का स्वामी षष्ठ में और द्वादश का स्वामी चतुर्थ में है। इस कारण नियम (१) के अनुसार १०, ६, ४ में रोग की सूचना मिलती है। नियम (२) के अनुसार १ और ८ का स्वामी षष्ठ में है और ५ का स्वामी अष्टम में। इस कारण १, ८, ४ और ५ में भी रोग की सूचना मिलती है। नियम (३) के अनुसार ६ का स्वामी दशम में और १० का स्वामी द्वादश में है। अतः १० में भी रोग सूचित होता है। अर्थात् इन तीन नियमों से बोध होता है कि ६, ४, १, ८, ५ और १० भाव जनित अंगों में रोग होगा। नियम (४) के अनुसार षष्ठ में १ और ८ का स्वामी उच्च है, अतः १ और ८ भाव जनित पीड़ा कट जा सकती है। इसी प्रकार षष्ठेश भी उच्च है; इस कारण १० भाव जनित पीड़ा भी कट जा सकती है (स्मरण रहे कि नियम में स्वगृही होना लिखा है)। नियम (७) के अनुसार बृहस्पति की पूर्ण दृष्टि षष्ठ पर पड़ती है। अतः षष्ठभाव जनित रोग भी चिरस्थायी न होगा। फलतः इनके जीवन में देखा गया कि कुछ काल तक ये उदर रोग (षष्ठस्थान) से पीड़ित रहे और कुछ दिन तक मधुप्रमेह (अष्टम स्थान) से भी पीड़ित थे। पर अन्त में इनकी मृत्यु क्षयरोग (चतुर्थ एवं पंचम) से हुई। देखने की बात यह भी है कि दशमस्थान से ठेहुना का बोध होता है और दशम राशि कर्क है, जिससे काल पुरुष का फेफड़ा बोध होता है जो क्षय रोग का स्थान है।

लग्नेश एवं षष्ठेश द्वारा रोग अनुमान।

धा-२१६ लिखा जा चुका है कि लग्न से जातक के शरीर का और षष्ठ से रोग का विचार होता है। इस कारण यदि लग्नेश और षष्ठेश जब कभी एकत्रित हो जाय तो रोगी होने की चेतावनी मिलती है लिखा है कि (१) यदि लग्नेश और षष्ठेश साथ हो और उनके साथ सूर्य्य भी हो तो जातक को ज्वर-रोग से भय होता है। (२) यदि लग्नेश और षष्ठेश एकत्रित हो और उसके साथ चन्द्रमा भी हो तो जातक को केवल जल से ही भय नहीं होता परन्तु हैजा, जलन्धर (जलोदर), सर्दी इत्यादि रोगों से भी भय होता है। (३) यदि लग्नेश और षष्ठेश एकत्रित हो और उसके साथ मंगल भी हो तो स्फोटक अर्थात्, चेचक, घाव, फोड़ा इत्यादि रोग से क्लेश होता है, अथवा जातक किसी युद्ध में शारीरिक क्लेश पाता है। (४) यदि लग्नेश और षष्ठेश के साथ बुध हो तो पित्त जनित रोग, अरुचि, वमन, डकार वायुमयउदर और दुर्बलता से भय होता है। (५) यदि लग्नेश और षष्ठेश के साथ

बृहस्पति हो तो (प्रायः) मनुष्य रोग रहित होता है। (६) यदि लग्नेश और षष्ठेश, शुक्र के साथ हो तो जातक की स्त्री रोगिणी तथा दुर्बल रहती है। (७) यदि लग्नेश और षष्ठेश के साथ शनि हो तो जातक को वात रोग अर्थात् वायु प्रकोप, पेट में गड़गड़ाहट, अनपच और दस्त साफ नहीं होने से पीड़ा होती है। (८) यदि लग्नेश और षष्ठेश, राहु अथवा केतु के साथ हो तो मनुष्य को सिर व्यथा और वायु-प्रकोप से पीड़ा होती है और चोर तथा अग्नि से भी भय होता है तथा केन्द्रगत होने से कारागार भोगना पड़ता है। (९) यदि षष्ठेश बुध के साथ होकर लग्न में बैठा हो तो जननेन्द्रिय रोग होता है। (१०) यदि षष्ठेश शनि के साथ होकर लग्नस्थ हो तो जननेन्द्रिय में किसी कठिन व्याधि के कारण चीरफाड़ होती है। कभी-कभी काट डाला जाना भी सम्भव होता है। (११) यदि षष्ठेश मंगल के साथ लग्न में हो तो फोड़ा फुंसी और चेचक का भय होता है। (१२) यदि षष्ठस्थान को मंगल से कुछ सम्बन्ध हो तो जातक किसी आकस्मिक घटना या व्रणादि के चीर-फाड़ से पीड़ित होता है। (१३) यदि षष्ठस्थान को बृहस्पति के साथ कुछ सम्बन्ध हो तो रोगादि से जल्द मुक्त होता है। (१४) यदि षष्ठ स्थान को शुक्र से कोई सम्बन्ध हो तो आहार-व्यवहार की अविवेकिता से रोग उत्पन्न होता है। (१५) यदि षष्ठस्थान को शनि से कुछ सम्बन्ध हो तो जातक पेट के दर्द और अपच से पीड़ित रहता है। (१६) यदि षष्ठेश किसी पापग्रह के साथ लग्नस्थ हो तो जातक को व्रण से पीड़ा होती है और यदि पंचमस्थान में बैठा हो तो पुत्र को अथवा जातक को स्वयं व्रण होता है। इसी प्रकार चतुर्थ में रहने से माता को; सप्तम में रहने से स्त्री को; नवम में रहने से मामा को; तृतीय में रहने से अनुज को, एकादश में रहने से बड़े भाई को और अष्टम में रहने से (जातक को स्वयं) गुदा में व्रण होता है। देखो **कुंडली १७** रामकृष्ण परमहंस जी की। षष्ठस्थान का स्वामी, पापग्रह रवि एवं बुध के साथ होकर लग्नस्थ है। इनका जीवन-चरित्र पढ़ने से ज्ञात होता है कि मृत्यु के समय इनकी जिह्वा में घाव हो गया था। जिस कारण इनको सर्वदा के लिये समाधि लेनी पड़ी। देखो **कुंडली ७**। षष्ठेश बृहस्पति लग्न में शनि से दृष्ट है (युक्त नहीं)। इनकी मृत्यु भगन्दर रोग से हुई थी। (१७) यदि शनि और मंगल एक दूसरे से त्रिकोणगत हो तो जातक वायु-पीड़ित रहता है। **उदाहरण-कुंडली** में श. से नवम मं. और मं. से पंचम श. है। इस कारण जातक को वायु-प्रकोप अधिक है। देखो **कुंडली ५०** यह भी वायु से पीड़ित रहते हैं। (१८) यदि शनि चतुर्थस्थ हो कर पापदृष्ट हो तो अग्निभय और आघात इत्यादि से अशुभ फल होता है। **देखो कुण्डली ६३** प्रसिद्ध सिंह जी की। शनि चतुर्थस्थ है और लग्नस्थ मंगल से दृष्ट है। जन्म के कई दिन बाद ही इनके एक पैर की चार अँगुलियाँ प्रसव-गृह की आग से जलकर एकदम

समाप्त हो गयीं। (१९) यदि शुक्र और सप्तमेश षष्ठस्थ हों तो जातक की स्त्री नपुंसक होती है। (२०) यदि लग्नेश, रवि के साथ होकर ६, ८ वा १२ भाव (दुःस्थान) में हो तो तापगंड रोग होता है। (२१) यदि लग्नेश, चन्द्रमा के साथ होकर दुःस्थानगत हो तो जल विकार से गंड रोग होता है। (२२) यदि लग्नेश, मंगल के साथ होकर दुःस्थानगत हो तो गठिया, व्रण वा शस्त्र से पीड़ित होता है। इसी प्रगार बुध के साथ होने पर पित्त, बृहस्पति से युक्त रहने पर आँव, शुक्र से क्षय रोग और शनि, राहु वा केतु से युक्त हो तो चोर चाण्डालादि से जातक पीड़ित होता है।

ग्रह-योगानुसार मृत्यु-कारण।

धा–२१७ (१) यदि मं. चतुर्थस्थ, चं द्वितीयस्थ और सू. दशमस्थ हो तो हाथी अथवा घोड़े की सवारी से जातक की मृत्यु होती है।

(२) यदि कर्क अथवा सिंह राशिगत होकर चन्द्रमा सप्तम वा अष्टम स्थान में बैठा हो और राहु से युक्त हो तो किसी पशु द्वारा मृत्यु होती है।

(३) यदि रवि दशमस्थान में हो, मं. चतुर्थस्थान में हो और मं. के साथ कोई शुभग्रह न हो तथा बु. लग्न में हो तो जातक की मृत्यु किसी पशु से (सिंह से) अथवा बर्छा इत्यादि से होती है।

(४) यदि दशमस्थान में सूर्य्य और चतुर्थस्थान में मंगल हो तो किसी सवारी पर से गिरने से मृत्यु होती है। (सवारी की किसम चतुर्थभाव के अनुसार होगा।)

(५) यदि चं. राहु के साथ होकर सिंह अथवा कर्क राशिगत होता हुआ, सप्तम अथवा अष्टम स्थान में बैठा हो तो जातक की मृत्यु पशु द्वारा होती है।

(६) दशमस्थान में सू. और चतुर्थ में मं. बैठा हो तो वाहन से टकरा कर मृत्यु होती है।

(७) यदि वृष अथवा तुला राशि का सूर्य्य नवमस्थ हो और उसके साथ चन्द्रमा भी हो अथवा उस पर चन्द्रमा की दृष्टि हो तो सर्प से मृत्यु होती है।

(८) यदि राहु अष्टमस्थान में हो और उस पर पापग्रह की दृष्टि हो तो फोड़ा इत्यादि या सर्प से मृत्यु होती है।

(९) शुभग्रह शत्रु राशिगत होता हुआ ६, ८ वा १२ स्थान में बैठा हो और मंगल, शत्रुराशिगत होता हुआ शत्रुग्रह के साथ हो तो साँप के काटने से मृत्यु होती है। देखो **कुंडली ६३**, प्रसिद्ध सिंह की। इस कुण्डली से यदि जातक की स्त्री का

विचार किया जाय तो स्त्री का लग्न कर्क मानना होगा। शुभग्रह, शु. कर्क से छठे स्थान में शत्रु के गृह में बैठा है। इसी प्रकार बृ., कर्क लग्न से द्वादशस्थान में अपने परम शत्रु के गृह में बैठा है और म. परम शत्रु बुध के साथ है और अपने शत्रु शनि के गृह में है (पञ्चधा, सम) इस जातक की स्त्री साँप के काटने से मरी है।

(१०) यदि र. एवं चं. कन्या राशि का हो और पापग्रह से दृष्ट हो तो स्वजन द्वारा मृत्यु होती है।

(११) यदि मीन लग्न का जन्म हो, और उसमें सू. और चं. किसी अन्य पापग्रह के साथ हों और अष्टमस्थान में भी पापग्रह हो तो किसी स्त्री के हाथ से मृत्यु होती है।

(१२) यदि सप्तमस्थान में कन्याराशिगत चन्द्रमा हो तथा शुक्र, मेष में और रवि लग्न में हो तो जातक की मृत्यु किसी स्त्री द्वारा होती है।

(१३) यदि लग्नेश केतु के साथ हो और उसके दोनों तरफ पापग्रह हों तथा अष्टम स्थान में भी पापग्रह हो तो माता के कोप से मृत्यु होती है।

(१४) यदि पापग्रह के साथ चन्द्रमा सप्तमस्थान में हो, मीन राशि का सूर्य्य लग्न में हो और शुक्र मेष राशि में हो तो स्त्री के कारण मन्दिर में मृत्यु होती है।

(१५) लग्नेश, अष्टमेश और सप्तमेश के एकत्र होने से जातक की मृत्यु स्त्री के साथ होती है।

(१६) यदि चं. पापग्रह के साथ होकर सप्तमस्थान में हो और जन्म मीन लग्न में हो तथा लग्न में सू. और मेष में शु. बैठा हो तो स्त्री के निमित्त गृह में मृत्यु होती है।

(१७) यदि दशम एवं चतुर्थस्थानों में पापग्रह हों और क्षीण चन्द्रमा षष्ठ वा अष्टम स्थान में हो तो शत्रु के षड़यंत्र से तीर्थ में मृत्यु होती है।

(१८) यदि शनि शग्न में, मंगल द्वादश में और र., चं. एवं बु. सप्तमस्थान में हों तो परदेश में किसी मन्दिर के बागीचा में मृत्यु होती है। र. और मं. के द्वादशस्थ, रा. एवं चं. के सप्तमस्थ और बृ. के केन्द्रस्थ होने से भी ऐसा ही फल होता है।

(१९) यदि सूर्य्य लग्न में हो, चन्द्रमा कन्या का हो और चं. पर पापग्रह की दृष्टि पड़ती हो तो किसी झगड़े में या जल में मृत्यु होती है।

(२०) लग्न में सू. और चं. हों और अन्य सब ग्रह द्विस्वभाव राशिगत और पाप दृष्ट हों तो जलाशय के जन्तुओं से मृत्यु होती है 'होरा सार' में लिखा है कि यदि र. एवं चं. द्विस्वभाव लग्न में हों और दो पापग्रह से दृष्ट हों तो जल में मृत्यु होती है।

(२१) यदि र. और चं. (कन्या अथवा) द्विस्वभाव राशिगत हों और उन पर पापग्रह की दृष्टि भी हो तो जल में डूबने से मृत्यु होती है। किसी किसी का मत है कि पापग्रह की दृष्टि न रहने पर भी जल में डूबने से मृत्यु होती है।

(२२) यदि श. और चं. ६, ८ वा १२ भाव में अथवा चतुर्थ भाव में हों तथा अष्टमेश, अष्टम में दो पापग्रहों से घिरा हो तो जातक की मृत्यु नदी वा समुद्र में होती है।

(२३) यदि अष्टमेश, कुम्भ, मीन, कर्क, मकर, वृश्चिक अथवा तुला राशि गत होकर चतुर्थ, षष्ठ अथवा द्वादशस्थान में हो तो जातक की मृत्यु सर्प, सिंह वा मृग से होती है अथवा कुएँ में गिरने से वा घर में मृत्यु होती है।

(२४) यदि शनि चतुर्थस्थ, चन्द्रमा सप्तमस्थ और मंगल दशमस्थ हो तो कुआँ में गिरने से मृत्यु होती है।

(२५) यदि शनि कर्क और चन्द्रमा मकर राशिगत हो तो जल में अथवा जलोदर रोग से मृत्यु होती है।

(२६) यदि कोई ग्रह नीच अथवा अस्त होकर चतुर्थस्थ हो तो जातक कूप अथवा किसी जलाशय में डूबकर मरता है। किसी का कथन है कि यदि चतुर्थस्थान में नीच अथवा ग्रह-युद्ध में हारा हुआ ग्रह हो और षष्ठ स्थान में जलराशि पड़ती हो तो जल में डूबने से मृत्यु होती है।

(२७) यदि चतुर्थेश निर्बल हो और चतुर्थस्थान में नीच रवि के साथ (चतुर्थेश) बैठा हो, अथवा किसी पापग्रह के साथ होकर चतुर्थस्थ हो और चतुर्थेश दुर्बल होकर किसी जलग्रह के साथ हो तो जातक जल में डूबकर मरता है।

(२८) यदि चतुर्थेश और लग्नेश साथ होकर चतुर्थस्थान में बैठा हो और दशमेश से दृष्ट हो तो जातक जल में डूबकर मरता है।

(२९) चतुर्थेश जिस राशि में हो, उस राशि के स्वामी पर यदि चतुर्थेश की दृष्टि पड़ती हो अथवा वह चतुर्थेश के साथ हो तो जातक की मृत्यु जल में डूबने से होती है।

देखो कुंडली १० चैतन्य महाप्रभु जी की। चतुर्थेश मं. धन राशिगत है, धन का स्वामी बृ. चतुर्थेश मं. के साथ है। इसी कारण उनकी मृत्यु जल में डूबने से हुई थी।

देखो कुंडली ४४ परमहंस रामतीर्थ जी की। चतुर्थेश बुध तुला में है, उसके स्वामी, शुक्र पर न तो चतुर्थेश की दृष्टि है और न चतुर्थेश के साथ है। परन्तु एक

विशेष योग यह है कि चतुर्थेश बुध एवं शुक्र में अन्योन्य भावगत सम्बन्ध है। बुध शुक्र के घर में और शुक्र बुध के घर में है। अर्थात् स्थान-सम्बन्ध है जो सबसे बली सम्बन्ध होता है। इस कारण इनकी मृत्यु भृगु गंगा में डूबने से हुई।

(३०) यदि क्षीण चं. अष्टम स्थान में हो तथा उसके साथ मं., रा. अथवा श. बैठा हो तो ऐसे स्थान में जल, अग्नि वा पिशाचादि दोष से मृत्यु होती है।

(३१) जातक का जन्म विषघटिका में होने ही से उसकी मृत्यु विष, अग्नि अथवा क्रूरजीव से होती है।

टिप्पणी:—प्रति नक्षत्र का भोग ६० दण्ड से अधिक अथवा कम हुआ करता है। यदि ६० ही दण्ड का भोग माना जाय तो अश्विनी नक्षत्र का ५१वाँ, ५२वाँ, ५३वाँ और ५४वाँ दण्ड विषघटिका होती है। इसी प्रकार भरणी का २५वाँ से २८वाँ दण्ड विषघटिका कहलाती है। एवं सभी नक्षत्रों में भी इसी प्रकार चार चार विषघटिकायें होती हैं।

(१)	अश्विनी	५१ से ५४ तक	(२)	भरणी	२५ से २८ तक
(३)	कृत्तिका	३१ ,, ३४ ,,	(४)	रोहिणी	४१ ,, ४४ ,,
(५)	मृगशिरा	१५ ,, १८ ,,	(६)	आर्द्रा	२२ ,, २५ ,,
(७)	पुनर्वसु	३१ ,, ३४ ,,	(८)	पुष्य	२१ ,, २४ ,,
(९)	अश्लेषा	३३ ,, ३६ ,,	(१०)	मघा	३१ ,, ३४ ,,
(११)	पूर्वफाल्गुनी	२१ ,, २४ ,,	(१२)	उत्तरफाल्गुनी	१९ ,, २२ ,,
(१३)	हस्ता	२२ ,, २५ ,,	(१४)	चित्रा	२१ ,, २४ ,,
(१५)	स्वाती	१५ ,, १८ ,,	(१६)	विशाखा	१५ ,, १८ ,,
(१७)	अनुराधा	११ ,, १४ ,,	(१८)	ज्येष्ठा	१५ ,, १८ ,,
(१९)	मूला	५७ ,, ६० ,,	(२०)	पूर्वाषाढ़	२५ ,, २८ ,,
(२१)	उत्तराषाढ़	२१ ,, २४ ,,	(२२)	श्रवणा	११ ,, १४ ,,
(२३)	धनिष्ठा	११ ,, १४ ,,	(२४)	शतभिषा	१९ ,, २२ ,,
(२५)	पूर्वभाद्र	१७ ,, २० ,,	(२६)	उत्तरभाद्र	२५ ,, २८ ,,
(२७)	रेवती	३१ ,, ३४ ,,			

पहले निश्चित करना होगा कि जन्म-दिन का नक्षत्र-मान कितना है अर्थात् सर्वर्क्ष क्या है। त्रैराशिक से यह निकालना होगा कि यदि ६० दण्ड में विषघटिका का आरम्भ अश्विनी में ५० दण्ड के बाद होता है तो आये हुए अमुक सर्वर्क्ष में कितने दण्ड के बाद से आरम्भ होगा। जो फल आवेगा उसी स्थान से विषघटिका का आरम्भ

होगा। इसमें एक अपवाद यह है कि यदि बली चं. लग्न, केन्द्र वा त्रिकोण में हो अथवा लग्नेश शुभयुक्त केन्द्र में हो तो विषघटिका का दोष नहीं होता।

(३२) यदि श. कर्क में और चन्द्रमा मकर में हो तो जल में डूबने से मृत्यु होती है। यदि सू. और चन्द्रमा कन्या में हों और पापदृष्ट हों तो जल में डूबने से अथवा सम्बन्धी द्वारा मृत्यु होती है।

(३३) यदि चं. मकर अथवा कुम्भ राशि का हो और पापग्रह के नवांश में हो तो अग्नि से शस्त्र से अथवा गिरने से मृत्यु होती है।

देखो **कुंडली ७१** राय बहादुर वाल्मीकि प्र. सिंह जी की। चं. मकर राशिगत है और कुम्भ के नवांश में है। इस कारण इनके पैर में एक व्रण हुआ था। ये मधुप्रमेह से भी पीड़ित थे। कलकत्ते के डाक्टरों ने बहुत निवारण करने पर भी, व्रण को बुरी तरह चीर-फाड किया और उनकी मृत्यु उसके कई दिन उपरान्त ही इसी चीर-फाड़ के दोष से होना कहा जाता है।

(३४) यदि चं. पापग्रह की राशि में बैठा हुआ पापग्रहों से घिरा हुआ हो तो शस्त्र अथवा अग्नि से मरण होती है। 'जातकपारिजात' में चं. का मेष अथवा वृश्चिक में रहना कहा गया है।

(३५) यदि चं. मेष, वृश्चिक, मकर अथवा कुम्भ का हो और उस पर पापग्रह की दृष्टि हो तया दो पापग्रहों से घिरा हो तो जातक की मृत्यु अग्नि, शस्त्र अथवा बन्दूक से होती है।

देखो **कुंडली १३** टीपू सुलतान की। चं. मेष का है, के. से दृष्ट है तथा चं. के एक ओर मं. है और दूसरी ओर के. और वृ. है। यदि के., वृ. के पूर्व हो तो यह योग लागू होता है। ये युद्ध में मारे गये थे।

(३६) यदि क्षीण चं. दशम स्थान में हो, मं. नवमस्थान में हो और श. लग्न में हो तो धूएँ से अकुला कर, अग्नि से, बंधन से अथवा चोट से मृत्यु होती है।

(३७) यदि चन्द्रमा, मेष अथवा वृश्चिक राशि में पापग्रह के साथ हो तो अग्नि वा शस्त्र द्वारा मृत्यु होती है।

(३८) यदि चतुर्थ स्थान में मं., सप्तम स्थान में रवि और दशम स्थान में शनि हो तो राजा के कोप से तथा शस्त्र की अग्नि से मरण होती है।

(३९) यदि मंगल, सूर्य्य के गृह में और सूर्य्य, मंगल के गृह में हो और अष्टमेश से सूर्य्य एवं मंगल केन्द्रवर्त्ती हों तो राजा के कोप से (फाँसी इत्यादि) ऐसे जातक की

मृत्यु होती है। परन्तु "होरासार" में "भौमार्कजौ यदि परस्पर भाग संस्थौ क्षेत्रेऽथवा निधन भेशंयुते च केन्द्रे" पाया जाता है।

(४०) यदि मंगल के नवांश अथवा राशि में शनि हो और शनि के नवांश अथवा राशि में मंगल हो और अष्टमेश केन्द्र में हो तो जातक की मृत्यु राजकोप (फाँसी इत्यादि) से होती है।

(४१) यदि क्षीण चं. षष्ठ वा द्वादश स्थान में मं., रा. अथवा श. के साथ बैठा हो अथवा चं. अष्टम स्थान में मं., श. वा रा. के साथ बैठा हो तो भयानक अपस्मार रोग से मृत्यु होती है। देखो **कुंडली ७९ (ख)** क्षीण चन्द्रमा षष्ठ स्थान में मं. से दृष्ट (युक्त नहीं) है और केतु से भी दृष्ट है। यह जातक भयानक अपस्मार रोग से कई वर्षों से पीड़ित है और आज कल महीने में तीन-चार बार बेहोश हुआ करता है।

(४२) यदि कन्या राशि का चन्द्रमा हो और पापग्रहों से घिरा हुआ हो तो रक्त-विकार वा धनुष्टंकार, (Tetanus or Shortage of blood) से मृत्यु होती है।

(४३) यदि लग्नेश और बृहस्पति साथ होकर षष्ठस्थानगत हो तो जातक की मृत्यु अजीर्ण रोग से होती है।

(४४) यदि लग्नेश और चतुर्थेश बृहस्पति के साथ हो तो भी अजीर्ण रोग से मृत्यु होती है।

(४५) यदि अष्टमेश, चतुर्थेश और द्वितीयेश एक साथ होकर अष्टमगत हों तो भी जातक की मृत्यु अजीर्ण-रोग से होती है।

(४६) यदि लग्नेश, चतुर्थेश और द्वितीयेश एक साथ हों तो जातक की मृत्यु अजीर्ण रोग से होती है। देखो **कुंडली ५५** बाबू त्रिवेणी प्रसाद जी की। लग्नेश और चतुर्थेश बृहस्पति है और उस पर द्वितीयेश शनि की पूर्ण दृष्टि है, अर्थात् इन दोनों में चतुर्थ सम्बन्ध नहीं रह कर तृतीय सम्बन्ध है। अतः इनकी मृत्यु अतिसार रोग से हुई थी।

(४७) यदि सप्तमेश, द्वितीयेश और चतुर्थेश एक साथ हों तो जातक की मृत्यु अजीर्ण-रोग से होती है। यह 'जातकपारिजातक' का मत है परन्तु 'सर्वार्थचिन्तामणि' में 'दारेश्वरे' के बदले 'देहेश्वरे' पाया जाता है। देखो ४६.

(४८) यदि चन्द्रमा, मेष, वृश्चिक, मकर अथवा कन्या राशि का हो, दो पापग्रहों से घिरा हुआ हो और उसके साथ कोई शुभग्रह न हो तो जातक की मृत्यु सन्निपातज्वर अथवा अग्नि से होती है। देखो ४२

(४९) यदि अष्टम स्थान में निर्बल सूर्य्य अथवा निर्बल मंगल बैठा हो और द्वितीय स्थान में पापग्रह हो तो पित्त-विकार से मृत्यु होती है।

(५०) यदि बुध सिंहराशिगत हो और पापदृष्ट हो तो जातक की मृत्यु त्रिदोष अथवा ज्वर से होती है।

(५१) यदि अष्टम स्थान में राहु अथवा केतु हो तो जातक की मृत्यु चातुर्थिक ज्वर से होती है।

(५२) यदि अष्टमेश केतु अथवा राहु के साथ हो और अष्टम स्थान क्रूर षष्ठांश का हो तो चातुर्थिक ज्वर से अवश्य ही मृत्यु होती है।

(५३) यदि अष्टमस्थ राहु पापग्रह से दृष्ट हो तो जातक की मृत्यु पित्त-प्रकोप अथवा चेचक से होती है। 'फलदीपिका' में 'माङ्गल्य रन्ध्र मलिनाधि पराभवायुः' लिखा है।

(५४) यदि दुर्बल चन्द्रमा मंगल के साथ हो और ६, ८ अथवा १२ स्थान में श. अथवा रा. हो तो ऐसे जातक की मृत्यु उन्माद अथवा विषूचिका इत्यादि से होती है।

(५५) श. और चन्द्रमा, कर्क में हों और शुभदृष्ट न हों तो जातक लँगड़ा हो कर मरता है।

(५६) यदि चं. कन्या में हो और पाप-मध्य-गत हो तो रक्तशोफ-रोग से मृत्यु होती है। देखो ४२

(५७) द्वितीय में शनि, चतुर्थ में चं. और दशम में मं. हो तो मुख में कृमि रोग होने से मृत्यु होती है।

(५८) यदि चं. लग्न में, सूर्य्य निर्बल होकर अष्टमस्थान में, बृ. द्वादशस्थान में और पापग्रह चतुर्थस्थान में हो तो जातक की मृत्यु रात्रि के समय किसी नीच जाति के शस्त्र से अथवा सोने के स्थान से गिरकर होती है। परन्तु 'होरासार' में द्वादश में भी पापग्रह का होना लिखा पाया जाता है।

(५९) यदि लग्नेश और अष्टमेश किसी पापग्रह के साथ होकर षष्ठस्थान में हो तो जातक युद्ध में मारा जाता है। अथवा किसी शस्त्र से उसकी मृत्यु होती है।

(६०) यदि शुभग्रह दशम, चतुर्थ, अष्टम अथवा लग्न में हो और पापग्रह से दृष्ट हो तो जातक की मृत्यु बर्छी के मार से होती है।

(६१) यदि चन्द्रमा वृष अथवा तुला राशि में हो और शनि भी वृष अथवा तुला राशि में हो (परन्तु यह आवश्यक नहीं कि एक ही साथ हो) तो ऐसे जातक की मृत्यु अट्ठाइसवें वर्ष में तलवार से होती है।

(६२) यदि मंगल नवमस्थ और श., सू. एवं रा. एकत्र हों और शुभदृष्ट न हों तो जातक की मृत्यु बाण से होती है।

(६३) यदि चं., मकर अथवा कुम्भ में हो और पापग्रह के नवांश में हो तो शस्त्र अथवा अग्नि द्वारा मृत्यु होती है।

(६४) मं. चतुर्थ में, र. सप्तम में और श. दशम में हो तो शस्त्र द्वारा अथवा राज-कोप से मृत्यु होती है।

(६५) यदि अष्टमेश और लग्नेश निर्बल हो और षष्ठेश मं. के साथ हो तो जातक की मृत्यु युद्ध में किसी हथियार से होती है। ऐसा 'जातकपारिजात' में पाया जाता है।

(६६) यदि चं. लग्न में, शनि चतुर्थ में और मंगल दशमस्थान में हो तो जातक की मृत्यु झगड़े में होती है।

(६७) यदि कन्या का चं. चतुर्थस्थान में हो तथा उस पर पापग्रह की दृष्टि हो और चं. दोनों तरफ पापग्रहों से घिरा हो तो बन्दूक से मृत्यु होती है।

(६८) यदि पापग्रह अष्टमस्थान में बैठा हो और जातक का जन्म विष-घटिका का हो तो जातक की मृत्यु विष अथवा बन्दूक इत्यादि से होती है। ऐसा बचन 'जातक-पारिजात' में पाया जाता है।

(६९) यदि लग्ननवांश से दशमनवांश का स्वामी शनि के साथ हो अथवा वह ग्रह ६,८,१२ में हो तो जातक की मृत्यु विष खाने से होती है।

(७०) यदि द्वितीयेश और षष्ठेश, शनि के साथ होकर ६,८ वा १२ भाव में हों तो जातक की मृत्यु विष खाने से होती है।

(७१) यदि लग्न में चन्द्रमा हो, निर्बल रवि अष्टमस्थान में हो और द्वितीय एवं चतुर्थस्थान में पापग्रह हों तो ऐसा जातक हाथ और नेत्रों से हीन होकर मरता है अथवा बड़े कष्ट के साथ विष से मृत्यु होती है।

(७२) यदि मंगल चतुर्थस्थ अथवा र. सप्तमस्थ हो और श. एवं चन्द्रमा अष्टमस्थ हों तो जातक की मृत्यु किसी एक विशेष प्रकार के भोजन के खाने से होती है।

(७३) यदि षष्ठेश और अष्टमेश राहु के साथ षष्ठस्थान में बैठा हो और श. केतु के साथ हो तो जातक की मृत्यु चोर अथवा शस्त्र से होती है।

(७४) यदि बुध और मंगल साथ होकर छठे वा आठवेंस्थान में हों तो जातक का हाथ और पैर चोर द्वारा नष्ट किया जाता है।

(७५) यदि चतुर्थ अथवा दशमस्थान में मं. के साथ क्षीण चं. बैठा हो और श. की उस पर दृष्टि हो तो लाठी इत्यादि की मार से मृत्यु होती है।

(७६) यदि क्षीण चं. अष्टमस्थान में, श. लग्न में, र. चतुर्थ में, मं. दशम में हो तो लाठी की मार से मृत्यु होती है।

(७७) भट्टोत्पल के अनुसार लग्न में शनि, पंचम में रवि, नवम में मंगल और दशम में क्षीण चन्द्रमा होने से ऊपर लिखा हुआ फल होता है। परन्तु इस ग्रह-क्रम को मानने से चन्द्रमा क्षीण नहीं होता। अतएव यही ठीक है कि यदि उक्त ग्रह उन स्थानों से (किसी क्रम से) सम्बन्ध रखते हों तो योग लागू होगा। 'सारावली' का भी यही मत है। (देखो २२)।

(७८) यदि षष्ठेश शुक्र के साथ हो और शनि वा सूर्य्य राहु के साथ तथा पाप नवांश में हों तो जातक का शिर काटा जाता है।

(७९) यदि श नवमस्थ और बृ. तृतीयस्थ हो अथवा ये दोनों अष्टमस्थ वा द्वादशस्थ हों तो जातक का हाथ काटा जाता है।

(८०) यदि राहु, शनि और बुध दशमस्थ हों तो जातक के हाथ में लम्बा सा चीर फाड़ होता है।

(८१) यदि शनि लग्न में हो और क्षीण चन्द्रमा राहु के साथ सप्तमस्थ हो और पुनः शुक्र कन्याराशि में हो तो जातक के हाथ और पैर दोनों काटे जाते हैं।

(८२) यदि षष्ठेश शु. के साथ हो और श. अथवा सू. राहु के साथ होकर पाप राशि में हों तो जातक का सिर काटा जाता है। यदि सू., अष्टमेश होता हुआ शु. से दृष्ट हो, अथवा श. क्रूर षष्ठांश का होता हुआ राहु के साथ हो तो जातक का सिर काटा जाता है। परन्तु 'सर्वार्थचिन्तामणि' में "शुक्रेज्येदृष्टे दिवसाधिनाथे सारे शनौ वा फणिनाथ युक्ते" पाया जाता है। देखो कुंडली १३ टीपूसुल्तान की। षष्ठेश स्वयं शुक्र है, शनि और सू. वृश्चिक राशि में पड़ता हुआ राहु के साथ है और द्वादश स्थान में बैठा है। बोध होता है कि ऐसी ग्रहस्थिति के कारण टीपू सुल्तान की मृत्यु युद्ध में हुई। इतिहास से ठीक पता नहीं चलता कि वह तलवार या बन्दूक से मारा गया।

(८३) यदि राहु, कर्क में हो और चं. सिंह में हो अथवा अष्टमस्थान में चं. और राहु हों तो जातक का सिर काटा जाता है।

(८४) यदि पापग्रह नवम एवं पंचमस्थान में हो और उस पर शुभग्रह की दृष्टि न हो तो बन्धन (जेल) से मृत्यु होती है।

(८५) यदि राहु व केतु के साथ होकर रवि सप्तमस्थ हो और शु. अष्टमस्थान में बैठा हो और लग्न में पापग्रह हो तो जातक की मृत्यु बन्धन से होती है।

(८६) यदि चं. से अथवा लग्न से नवम, पंचम में पापग्रह हो और मं. अष्टमस्थ हो तो जातक की मृत्यु उद्वेग अथवा बन्धनादि से होती है।

(८७) यदि अष्टमभाव का द्रेष्काण सर्प, पाश वा निगड़ द्रेष्काण हो तो जातक की मृत्यु जेलखाने में होती है।

(८८) यदि (सारावाली मतानुसार) पापग्रह लग्न एवं त्रिकोण में हो (जातक पारिजात अनुसार) र.,श. एवं मं. (पाप) लग्न एवं त्रिकोण में हों और उनमेंसे किसीके साथ क्षीण चन्द्रमा भी हो तो जातक की मृत्यु सूली से होती है। प्राचीन काल में सूली एक मृत्यु-कारक यंत्र था। अभिप्राय यह है कि बेवसी में शरीर पर आघात होने से मृत्यु होती है। शुभ्रमन्यशास्त्री का कथन है कि इसका अर्थ आकस्मिक घटना द्वारा (Byaccident) मृत्यु भी है। देखो कुंडली ८४ (क)। इसमें सूर्य के साथ क्षीण चन्द्रमा लग्न में है और उस पर शनि की पूर्ण दृष्टि है। पुनः पंचमस्थान पर श. और मं. की पूर्ण दृष्टि है और नवम स्थान पर भी मंगल की पूर्ण दृष्टि है। अर्थात् लग्न और दोनों त्रिकोण श., र. एवं मं. से पीड़ित है। (यद्यपि युक्त नहीं) और क्षीण चं., र. के साथ है और र. इन्हीं तीन पापग्रहों में से एक है। प्रतीत होता है कि इसी योग से गत १५ जनवरी १९३४ के प्रलयकारी भूकम्प के समय मकान के अन्दर ईट इत्यादि के आघात से बेबसी में इनकी मृत्यु हुई।

(८९) यदि चतुर्थ में मंगल सप्तम में रवि और दशम में शनि हो तो हथियार, अग्नि वा राजकोप से मृत्यु होती है।

(९०) यदि सू. चतुर्थ में हो और दशमस्थ मं. शनि से दृष्ट हो और बृ. क्षीण चन्द्रमा से युक्त वा दृष्ट हो तो जातक की मृत्यु काठ से टकरा कर होती है।

(९१) यदि रवि चतुर्थस्थ और मंगल दशमस्थ हो और क्षीण चन्द्रमा की उस पर दृष्टि हो तो जेल में फाँसी होती है।

(९२) यदि चतुर्थस्थान में मंगल और दशमस्थान में रवि (अथवा मतान्तर से शनि) हो तो सूली अथवा पहाड़ से गिरने पर मृत्यु होती है। 'सारावली' का मत है कि र. और मं. एक साथ वा विलग विलग चतुर्थ वा दशम में रहने से योग लागू होता है।

(९३) यदि क्षीण चन्द्रमा पापग्रह के साथ नवम, पंचम वा एकादशस्थान में बैठा हो तो सूली से मृत्यु होती है:।

(९४) यदि चतुर्थस्थान में मंगल अथवा सूर्य बैठा हो और क्षीण चन्द्रमा के साथ शनि बैठा हो, त्रिकोण और लग्न में पापग्रह हो तो सूली से मृत्यु होती है।

(९५) चन्द्र-लग्न से नवम अथवा पंचम राशि पापयुक्त वा दृष्ट हो, और लग्न से २२वाँ द्रेष्काण, सर्प, निगड़ अथवा पाश द्रेष्काण हो तो जातक फाँसी लगाकर आत्महत्या करता है (देखो द्रेष्काण चक्र १३)

(९६) यदि पापग्रह चतुर्थ और दशमस्थानों में अथवा पंचम और नवम स्थानों में हों और अष्टमेश मंगल के साथ लग्न में बैठा हो तो जातक फाँसी लगाकर आत्म-हत्या करता है।

(९७) यदि द्वितीयेश एवं अष्टमेश, राहु अथवा केतु के साथ होकर ६, ८ वा १२ स्थान में हो तो जातक फाँसी लगाकर आत्महत्या करता है।

(९८) यदि चन्द्रमा, शनि और मान्दि, राहु के साथ होकर षष्ठ, अष्टम वा द्वादश-स्थान में हों और उन पर लग्नेश की दृष्टि हो तो जातक की मृत्यु बड़े बुरे प्रकार से (दुर्मरणम्) होती है।

(९९) चतुर्थस्थान में मंगल और दशम में शनि हो तो सूली द्वारा मृत्यु होती है।

(१००) क्षीण चं. पापग्रह के साथ होकर नवम, पंचम अथवा एकादशस्थान में बैठा हो तो सूली से मृत्यु होती है।

(१०१) चतुर्थस्थान में मं. अथवा शनि बैठा हो और दशमस्थान में श. क्षीण चं. के साथ हो और त्रिकोण में पापग्रह बैठा हो तो सूली से मृत्यु होती है।

(१०२) मेष, वृष, और मिथुन राशि में (सव?) ग्रह हों तो जातक सूली से मरता है।

(१०३) यदि चन्द्रमा, नवम अथवा पंचम स्थान में हो और शुभदृष्ट नहीं हो तो बन्धन से मृत्यु होती है।

(१०४) यदि अष्टमस्थान के द्रेष्काण का स्वामी पापग्रह हो और चं. से अष्टमस्थान में बैठा हो तो बन्धन से मृत्यु होती है।

(१०५) यदि लग्न नवांश से दशम का स्वामी राहु वा केतु के साथ हो तो जातक की मृत्यु होती है।

(१०६) यदि द्वितीयेश और षष्ठेश राहु अथवा केतु के साथ होकर ६,८,१२ भाव में पड़े तौ भी जातक की मृत्यु फाँसी से होती है।

(१०७) यदि शनि द्वितीयस्थान में, चन्द्रमा चतुर्थस्थान में और मंगल दशमस्थान में हो तो कीड़ाकृतघाव, चीर-फाड़ इत्यादि से शरीर का नाश होता है।

(१०८) यदि क्षीण चन्द्रमा अष्टमस्थान में हो और उस पर बली शनि की दृष्टि हो तो चीर-फाड़ से अथवा नेत्र-रोग या भगन्दर से मृत्यु होती है। देखो कुंडली १९ः क्षीण चन्द्रमा अष्टमस्थ है और शनि से दृष्ट भी है। इनके जननेन्द्रीय में फोड़ा हुआ था और पता चलता है कि वह चीर-फाड़ भी किया गया था। यदि सप्तम में मंगल; और लग्न में र., चं. और श. हो तो किसी कलपुर्जे के समीप वा चीर-फाड़ से मृत्यु होती है।

(१०९) यदि क्षीण चन्द्रमा, बली मंगल से दृष्ट हो और शनि अष्टमस्थ हो तो बवासीर, भगन्दर, आँतरोग, कृमिरोग, शस्त्र वा किसी दाहज पदार्थ (तेजाब Caustic) इत्यादि से मृत्यु होती है।

(११०) यदि लग्नेश अथवा लग्न नवांशेश, मंगल हो और लग्न में सूर्य्य बैठा हो और क्षीण चन्द्रमा राहु के साथ हो तथा बुध सिंह राशि का हो तो जातक की मृत्यु पेट फट जाने से होती है।

(१११) यदि शनि लग्न में हो और उस पर शुभग्रह की दृष्टि न हो और क्षीण चन्द्रमा राहु और सूर्य के साथ हो तो एसे जातक की नाभी से ऊपरी भाग में शस्त्र की आघात से मृत्यु होती है।

(११२) यदि शनि अष्टम में, निर्बल चन्द्रमा दशम में और सूर्य्य चतुर्थस्थान में हो तो जातक की मृत्यु अकस्मात् किसी काष्ठ के गिरने से होती है।

(११३) यदि क्षीण चन्द्रमा अष्टम वा चतुर्थस्थान में हो, शनि सप्तमस्थान में हो और मंगल द्वितीयस्थान में हो तो जातक की मृत्यु काष्ठ-प्रहार से होती है।

(११४) यदि रवि चतुर्थस्थान में, मंगल दशमस्थान में हो और उस पर शनि की दृष्टि पड़ती हो तो जातक की मृत्यु किसी काठ इत्यादि में टकराने से होती है।

(११५) चतुर्थस्थान में सू. हो दशमस्थान में मं. ,क्षीण चं. के साथ हो और श. से दृष्ट हो तो गिरने से अथवा काष्ठप्रहार से मृत्यु होती है।

(११६) यदि शनि द्वितीय में, चं. चतुर्थ में और मंगल दशमस्थान में हो तो जातक की मृत्यु घाव से होती है।

(११७) यदि क्षीण चन्द्रमा पर बली मंगल की दृष्टि हो तो कृमि, घाव, गुदारोग, बवासीर, भगन्दर रोग शस्त्र अथवा अग्नि से जातक की मृत्यु होती है। किसी पुस्तक में भौमदृष्ट के बदले सूर्यदृष्ट मिलता है। पर यह भूल है क्योंकि सूर्य की पूर्ण दृष्टि रहने से चन्द्रमा क्षीण नहीं हो सकता है।

(११८) यदि सू., मं.,श. और चं. सभी अष्टमस्थान में हों, अथवा लग्न से त्रिकोण में हों तो वज्रपात, से, दीवार के गिरने से अथवा पहाड़ी तूफान से जातक की मृत्यु होती है।

(११९) यदि सूर्य्य लग्नस्थ, शनि पंचमस्थ, चन्द्रमा अष्टमस्थ और मंगल नवमस्थ हो तो जातक की मृत्यु वज्रपात से अथवा वृक्षादि के गिरने से होती है।

(१२०) यदि रवि लग्न में मंगल पंचम में, शनि अष्टम में और चन्द्रमा नवम में हो तो जातक की मृत्यु वज्रपात से अथवा दीवार के गिरने से होती है (यह 'सारावली'

का मत है)। अन्यत्र, लग्न में रवि, पंचम में शनि, अष्टम में मंगल और नवम में चन्द्रमा का होना पाया जाता है।

(१२१) दशम और चतुर्थस्थान में र. और मं. बैठा हो तो पर्वत से गिर कर मृत्यु होती है।

(१२२) यदि सू. लग्न में, श. पंचम में, मं. अष्टम में और चं. नवम में हो तो वज्रपात से अथवा पर्वतादि से ठोकर खाकर मृत्यु होती है।

(१२३) यदि लग्न में सू. और श., पंचम वा अष्टम में मं. और नवम में चन्द्रमा हो तो जातक की मृत्यु वज्र, वृक्ष के पतन, पर्वत के शिखर से गिरने अथवा हल की फार की चोट लगने से होती है।

(१२४) यदि शुक्र अष्टमस्थान में हो और उस पर पापग्रह की दृष्टि हो तो ऐसे जातक की मृत्यु प्रमेह, वात अथवा क्षयरोग से होती है।

(१२५) यदि बृहस्पति अथवा चन्द्रमा जलराशिगत होकर अष्टमस्थान में हो और उस पर पापग्रह की दृष्टि भी पड़ती हो तो जातक की मृत्यु क्षयरोग से होती है। देखो कु. ७२ गोपीकृष्ण बाबू की। बृ. और चं. गुलिक से दृष्ट है।

(१२६) यदि राहु अथवा केतु अष्टमस्थान में और मान्दि केन्द्र में हो और लग्नेश अष्टमगत हो तो क्षयरोग होता है।

(१२७) यदि मंगल और शनि षष्ठस्थान में हो और उस पर सूर्य्य और राहु की दृष्टि हो तो जातक को क्षयरोग होता है।

(१२८) यदि राहु और बृहस्पति सप्तमस्थ अथवा अष्टमस्थ हो और साथ सूर्य्य भी हो तो क्षयरोग होता है।

(१२९) यदि बु. और मं. साथ होकर षष्ठगत हो और उन पर शु. और चं. की दृष्टि हो तो क्षयरोग होता है।

इस योग में शु. की पूर्ण दृष्टि बुध पर असम्भव है क्योंकि बु. और शु. वर्त्तमान ग्रहस्थिति के अनुसार एक दूसरे से सप्तमस्थ हो ही नहीं सकता। अतः केवल पाद-दृष्टि सम्भव है।

(१३०) यदि केतु षष्ठेश के साथ हो अथवा उस पर दृष्टि डालता हो या यदि केतु सप्तमेश के साथ हो अथवा सप्तमेश पर दृष्टि डालता तो भी क्षयरोग होता है। देखो कु. ४२ पण्डित रमावल्लभ जी की। षष्ठेश शु. पर केतु की पूर्ण दृष्टि है। इनकी मृत्यु क्षय रोग से हुई थी।

(१३१) यदि षष्ठ अथवा अष्टम स्थान जलराशि हो और क्षीण चं. किसी पापग्रह के साथ उस स्थान में हो तो क्षयरोग होता है।

(१३२) यदि रवि और चन्द्रमा परस्पर एक दूसरे के गृह में हो अर्थात् कर्क में रवि और सिंह में चन्द्रमा हो तो क्षयरोग होता है।

(१३३) यदि चन्द्रमा, सूर्य्य के नवांश में हो और सूर्य्य, चन्द्रमा के नवांश में हो तौ भी क्षयरोग होता है।

(१३४) यदि रवि और चन्द्रमा दोनों ही सिंह राशि अथवा कर्क राशि में हों तो जातक दुर्बल शरीर वाला होता है और कभी कभी क्षयरोग से पीड़ित होता है।

(१३५) यदि चं. कर्क में और सूर्य्य में हो तो रक्तपित्त का प्रकोप होता है।

(१३६) यदि अष्टमस्थान में कोई पापग्रह हो और अष्टमेश, द्वादशस्थ अथवा केन्द्र में हो और लग्नेश निर्बल हो तो जातक की मृत्यु उसके कुमार्गी होने के कारण होती है।

(१३७) यदि दशमस्थान में मकर वा कुम्भ राशिगत होता हुआ क्षीण चन्द्रमा बैठा हो और सूर्य्य, मेष अथवा वृश्चिक राशिगत हो तो जातक की मृत्यु विष्ठा के मध्य में होती है।

(१३८) यदि क्षीण चन्द्रमा दशमस्थान में, सूर्य्य सप्तम में और मंगल चतुर्थ में हो जातक की मृत्यु मल-मुत्रादि में होती है। 'सारावली' में "गलितेन्द्वर्कभू पुत्रैर्गतैर्व्योमाष्टबन्धुषु" लिखा है।

(१३९) यदि मंगल तुला में, सूर्य्य वृष में और चन्द्रमा मकर वा कुम्भ में हो तो जातक की मृत्यु विष्ठा इत्यादि में होती है। परन्तु 'सारावली" में "कुजर्क्षेभास्करे स्थिते" लिखा है।

(१४०) यदि मंगल तुला में, शनि मेष में और चन्द्रमा मकर वा कुम्भ में हो तो जातक की मृत्यु विष्ठा में होती है।

(१४१) यदि लग्नेश और अष्टमेश साथ हों और उनके साथ अन्यग्रह भी हो तो जातक की मृत्यु बहुत आदमियों के साथ होती है। 'होरासार' आदि का मत है कि यदि अष्टमेश बहुत ग्रहों के साथ हो अथवा अष्टमस्थान में बहुत ग्रह हों तो बहुत से लोगों के साथ जातक की मृत्यु होती है। अर्थात् रेल, जहाज, खान इत्यादि स्थानों में जब किसी घटना के कारण बहुत से लोगों की मृत्यु होती है।

(१४२) शनि और राहु यदि लग्न में हों और शत्रु ग्रह से दृष्टि हों तो पापकर्म से मृत्यु होती है।

(१४३) क्षीण चं. दशमस्थान में, श. लग्न में, सूर्य्य पंचमस्थान में और मं.

नवमस्थान में हो तो मृत्यु धूमाग्नि से होती है। (सू. के पंचमस्थ और चं. के दशमस्थ होने से च. क्षीण नहीं होगा। प्रत्यक्ष भूल मालूम होती है।)

(१४४) सप्तम किम्बा दशमस्थान में मं. हो, और सप्तम किम्बा चतुर्थस्थान में बुध हो तो किसी यन्त्र द्वारा पीड़ित हो कर मरता है।

(१४५) यदि रवि और मंगल सप्तमस्थ हों, शनि अष्टमस्थ हो और क्षीण चन्द्रमा चतुर्थस्थ हो तो पक्षी से मृत्यु होती है।

(१४६) यदि शुक्रस्थित-राशि से चौथे तथा आठवें स्थान में र., मं. और श. बैठे हों तो उसकी स्त्री अग्नि में जल कर मरती है।

(१४७) यदि शु. दो पाप-ग्रह के मध्यगत हो तो जातक की स्त्री ऊँचे से गिर कर मरती है। यदि वैसे शु. पर किसी शुभग्रह की दृष्टि न हो तो उसकी स्त्री स्वयं फाँसी लगा कर मरती है।

अष्टमस्थ-ग्रहों से मृत्युकारी रोगों का अनुमान।

धा-२१८ (१) साधारण नियम यह है कि यदि अष्टमस्थान में कोई शुभग्रह बैठा हो तो जातक की मृत्यु क्लेश कर नहीं होकर सुखमयी होती है। पुनः यदि अष्टमस्थान में पापग्रह बैठा हो तो मृत्यु पीड़ा के साथ होती है। जो ग्रह अष्टमस्थान में बैठा रहता है उसी के धातु प्रकोपादि से अथवा उन ग्रहों की जाति-अनुसार-मनुष्य के आघात से मृत्यु होती है।

(२) दूसरा साधारण नियम यह है कि यदि अष्टमस्थान में र. बैठा हो तो अग्नि एवं ज्वरादिसे, यदि च. बैठा हो तो जल, दस्त की बीमारी एवं रुधिर विकार रोग से, यदि मं. बैठा हो तो अकस्मात मृत्यु, हैजा, प्लेगादि से, यदि बु. बैठा हो तो ज्वर, चेचकादि से, और यदि वृ. बैठा हो तो ऐसे रोग से जिसका निदान कठिन हो, और शु. बैठा हो तो प्यास और श. बैठा हो तो क्षुधा एवं अधिक भोजन द्वारा मृत्यु होती है। परन्तु ज्योतिषशास्त्र में यवनाचार्य्य ने विस्तार पूर्वक इसका विवरण दिया है कि यदि सूर्य्यादि ग्रह उच्च, नीच, उच्च नवांश, मित्रगृही, शत्रु नवाँश, मित्र नवांश, स्वगृही, बर्गोत्तम शुभषड़वर्ग, क्रूरषड़वर्ग में हो किन किन रोगों से मृत्यु सम्भव होगी। ये सब बातें आगामी चक्र में दी जाती हैं।

चक्र ४५

अष्टमस्थ ग्रह	उच्चराशि	नीचराशि	उच्चनवांश	नीचनवांश	मित्रराशि	शत्रु राशि	मित्र नवांश	शत्रु नवांश	स्वगृही	वर्गोत्तम	शुभषड़वर्ग	क्रूर षड़ वर्ग
र. अग्नि	भक्ति-पूर्वक अग्निप्रवेश*	दावाग्नि से	जनता से लज्जित होकर	दम्भ से	विष खाने से	रक्त प्रकोप से	बन्धन से	क्षय, कास रोग से	घाम तथा गर्मी से	लोहे से	असावधानी तथा प्रमाद से	जलन से
चं. जल	जल में पड़ने से	स्त्री के हाथ से	हाथ के चोट से	पित्त, कफ से	पेट के रोग से	गुप्त रोग से	गुदा के रोग से	पशु के श्रृंग से	क्षय रोग से	पशुओंके पैर के चोट से	तलवारसे	सन्निपात रोग से
मं. शस्त्र	संग्राम में	शत्रु से	गोरक्षा करने में	ब्राह्मण के फरसे से	काठ के चोट से	गुप्त रोग से	कुँआ में गिरने से	विष खाने से	चोर के मार से	दिवालके गिरनेसे	अपने हाथ से	पत्थर के चोट से
बु. ज्वर	ज्वर में	घाव से	कफ विकारसे	महारोग से	मुखरोग से	बन्धन से	नेत्र रोगसे	पेट की बिमारी से	पाँवमें घाव होने से	वात रोग से	वात रोग से	प्रेमी के वियोग में
वृ. कठिन निदान	अनेक रोगों में	स्वजन से	शूल रोगसे	हैजे के रोग से	स्वजन के मरने से	स्वामी से	रक्त प्रकोप	राजा के कोप से	बहुत भोजन करने से	घोड़े से	कान की विमारी से	अतिसार रोग से
शु. प्यास	तृष्णातथा लालच से	त्रिदोप सन्निपातसे	मुख के रोग से	हैजे से	सर्प से	विष-कण्ठ से	विष खाने से	स्त्री के भागने के प्रकोप से	बहुत दु:ख से	मकरी अर्थात् मकरे के घाव से	दन्त रोगसे	जंगली जीव से
श. भूख	भूख से	वन्धु वर्गसे	उपवास से	शत्रु के हाथ से	महादद्रु रोग से	घोड़े के लताड़ से	पक्षी द्वारा	हाथी से	गधे से	घाव के प्रकोप से	अनशनव्रत अर्थात् अन्न त्याग से	क्षयरोगसे मृत्यु होती है

* ज्ञात होता है कि कुमारिल भट्ट एवं आर्य समाज के एक बड़े योग्यविद्वान् स्वामी पूर्णानन्द जी सरस्वती को यही योग रहा होगा इसी कारण गुजरांवाले में स्वामीजी अग्निकुन्ड में जल मरे ।

अष्टमस्थान को देखने वाले ग्रहों के अनुसार मृत्युकारी रोग-अनुमान

धा-२१९ सबसे बली ग्रह जिस की दृष्टि अष्टमस्थान पर पड़ती है, उसी ग्रह के धातु के प्रकोप से मृत्यु का अनुमान करना चाहिये और उसका फल लगभग अष्टमस्थानस्थितग्रह के अनुसार ही होता है। जैसे यदि अष्टम स्थान पर सूर्य्य की दृष्टि पड़ती हो तो अग्नि से तथा पित्त प्रकोप से, और चं. की दृष्टि पड़ती हो तो जल तथा कफ से, यदि मं, की दृष्टि हो तो हथियार से अथवा गर्मी से, यदि बुध की दष्टि हो तो ज्वर से वा त्रिदोष से, यदि वृ. की दृष्टि पड़ती हो तो अज्ञात रोग से जिसका निदान कठिन हो वा कफ से, और यदि शु. को दृष्टि पड़ती हो तो प्यास, कफ वा वायु से, और यदि श. की दृष्टि पड़ती हो तो भूख वा वायु से मृत्यु जानना चाहिये। अष्टमस्थानस्थि राशि से काल पुरुष का जिस अङ्ग-विभाग का ज्ञान हो उसी अङ्ग पर रोग का आक्रमण होता है। जैसे यदि अष्टमस्थान में कर्क राशिहो और उस पर चं. की दुष्टि पड़ती हो तो ऐसे स्थान में विचारना होगा कि कर्क से काल पुरुष का हृदय बोध होता है, और चं. की दृष्टि जल तथा कफ धातु का प्रकोप बतलाता है। इस कारण अनुमान करना होगा कि हृदय और उसके आस पास के स्थानों में सर्दी और कफ-जनित रोगों से जातक को क्लेश होगा। इसी रीति से अन्य स्थानों में भी अनुमान करना होता है।

बुद्धि पर बल देने से और अनुमान के सहारे तथा वैद्यक शास्त्र का कुछ अनुभव रखने से रोग प्रायः ठीक अनुमान हो सकता है।

लग्न से २२वें द्रेष्काण के अनुसार मृत्युकारी-रोग

धा-२२० यदि धारा २१७ लागू न हो तब धारा २१८ के अनुसार मृत्यु-हेतु ढूंढ़ना होगा। यदि धा. २१८ भी लागू न हो तो धा. २१९ के अनुसार देखना होगा, पर यदि वह भी लागू न हो तो इस धारा का अवलम्ब लेना होगा। लग्न से २२ वें द्रेष्काण से दैवज्ञों ने मृत्युकारी-रोग का विचार बतलाया है। देखना यह होगा कि लग्न से २२वाँ द्रेष्काण कौन राशि में पड़ता है। और उस २२वें द्रेष्काण का स्वामी तथा अष्टमेश कौन ग्रह है। इन ग्रहों में से जो बली होगा उसी ग्रह के धातु-जनित-विकार आदि के प्रकोप से उस जातक की मृत्यु होती है। मान लिया जाय कि किसी जातक का जन्म धन लग्न के द्वितीय द्रेष्काण में है। तो उस धन के द्वितीय द्रेष्काण से २२वाँ द्रेष्काण मीन-द्रेष्टकाण अर्थात् कर्क का तृतीय द्रेष्काण मीन होगा। इस कारण कर्क (जो अप्टमस्थ राशि है) का स्वामी चं. और कर्क के तृतीय द्रेष्काण अर्थात् लग्न से २२वां द्रेष्काण

का स्वामी वृ., इन दो ग्रहों में जो बली होगा उसी ग्रह के धातुप्रकोप आदि दोषों से उस जातक को मृत्यु-दायी-रोग उत्पन्न होगा।

बादरायण ऋषि का कथन है कि लग्न से २२वाँ द्रेष्काण मेषादि राशियों के प्रथम, द्वितीय और तृतीय द्रेष्काण के होने से भिन्न भिन्न मृत्यु का कारण होता है, जिसको सरलता पूर्वक ज्ञानार्थ निम्न चक्र में दिखलाया जाता है। इस चक्र का अभिप्राय यह है कि यदि लग्न से २२वाँ द्रेष्काण मेषराशि का प्रथम द्रेष्काण हो और यदि उस पर अर्थात् अष्टमभाव पर पापग्रह की दृष्टि हो और शुभग्रह की दृष्टि न हो तो अमुक-अमुक रीति से मृत्यु होती है।

चक्र ४६

लग्नसे २२वाँ द्रेष्काण		यदि पापग्रह से दष्ट हो और शुभग्रह से दृष्ट न हो तो उसका फल।
मेष	१	बिच्छू सर्पादि और द्विपद जीव अथवा पित्त जनित रोग से।
	२	जल से तथा जल जन्तुओं से।
	३	बावली, तालाब आदि में डूबने से।
वृष	१	घोड़ा, ऊँट, गदहा आदि जन्तुओं से।
	२	पित्त जनित रोग, अग्नि, चोर तथा बकरी, भेंड़ आदि पशुओं से।
	३	सवारी आदि से गिरने से अथवा लड़ाई में।
मिथुन	१	बुरी बीमारी से, अथवा स्वाँस खाँसी से।
	२	बैल, भैंसा, आदि जानवरों से अथवा गिरने से।
	३	बनमें चौपाये से, अथवा गिरने से।
कर्क	१	कण्ठ के रोग से अथवा मन्दाग्नि से अथवा अस्त्र-शस्त्र के आघात से।
	२	लाठी आदि के चोट से, अथवा मुक्का आदि अर्थात् मुष्टिप्रहार से।
	३	अजीर्णरोग, अतिसाररोग, प्लीहा, वात, गुल्म, प्रमेह, मूर्छा आदि से।
सिंह	१	विष, जल अथवा अनेक रोगों से अथवा बहुत खानेवाले पशुओं से।
	२	जल जीव, हृदय रोग से।
	३	गुदा रोग, विष अथवा शस्त्र से।
कन्या	१	चोर, अग्नि, पक्षी अथवा सिर के रोग से।
	२	प्यास, सर्प, डंसनेवाले जीवों से अथवा घोड़ों से।
	३	ऊँट, गदहा आदि पशुओं से, जल, शस्त्र अथवा किसी स्त्री के हाथ का अन्न खाने से।

तुला	१	स्त्री द्वारा, चौपाया अथवा गिरने से ।
	२	पेट के रोग से ।
	३	तुम्बी आदि के ऊपर गिरने से ।
वृश्चि.	१	शस्त्र, विष अथवा किसी स्त्री के हाथ के भोजन से ।
	२	कुत्ता आदि पशुओं से ।
	३	हाथी , ऊँट, हरिण इत्यादि पशुओं की चोट से ।
धन	१	वात प्रकोप से ।
	२	विष वा अग्नि से अथवा मल-मूत्रादि से ।
	३	पेट के रोग-जल जीवों से ।
मकर	१	सूअर आदि अथवा राजा से ।
	२	जल जीवों अथवा कोड़ा इत्यादि के चोट से ।
	३	चोर के मारने अथवा शस्त्र से अथवा गिरने से ।
कुम्भ	१	जलचर जीवों से, स्त्री से अथवा विष से ।
	२	गुदा रोग अथवा कामान्ध होने से ।
	३	चौपाये अथवा मुंह की बीमारी से ।
मीन	१	संग्रहणी रोग से ।
	२	प्रमेह रोग अथवा गुल्म रोग से ।
	३	जल बवासीर रोग मूत्रकृच्छरोग से अथवा केहुनी, घुटना आदि अङ्गों के रोग से मृत्यु होती है।

अष्टम भाव की राशि और अष्टम भाव के नवांश से मृत्युकारी रोग का ज्ञान।

धा–२२१ यदि अष्टम राशि अथवा उसका नवांश (१) मेष हो तो ज्वर अथवा विष अथवा पेट के अग्नि से अथवा पित्त प्रकोप से (२) **वृष** हो तो त्रिदोष अथवा दाह (जलन अथवा शोक) से। (३) **मिथुन** हो तो श्वाँसकास अथवा शूलादि रोगों से। (४) **कर्क** हो तो मन्दाग्नि अथवा अरुचि से। (५) **सिंह** हो तो फोड़ा फुन्सी अथवा शस्त्र अथवा ज्वरादि से। (६) **कन्या** हो तो जठराग्नि अथवा गुह्यस्थान के रोग से अथवा झगड़े अथवा गिरने से। (७) **तुला** हो तो मूर्खता से, ज्वर अथवा सन्निपात से। (८) **वृश्चिक** हो तो पाण्डु रोग अथवा संग्रहणी से। (९) **धन** हो तो वृक्ष से, जल से, शस्त्र से अथवा काष्ठ से। (१०) **मकर** हो तो अरुचि से, बुद्धिभ्रान्ति

से और यदि उसमें पापग्रह बैठा हो तो सर्प, व्याघ्र इत्यादि जन्तुओं से। (११) **कुम्भ** हो तो सर्प, व्याघ्र इत्यादि जन्तुओं से, अस्त्र-शस्त्र अथवा ज्वर, श्वाँस वा क्षय से। (१२) **मीन** हो तो रास्ते में सर्प के काटने से अथवा जल जीवों से अथवा मेघ के प्रकोप से मृत्यु होती है।

लग्नेश के नवांश से मृत्यु-रोग-अनुमान।

धा–२२२ ज्योतिषशास्त्र के प्राचीन विद्वानों का कथन है कि लग्नेश जिस नवांश का हो उस नवांशजनित धातु प्रकोप से मृत्युकारी रोगों का अनुमान निम्नलिखित विधि से किया जाता है। अर्थात यदि लग्नेश का नवांश (१) **मेष** नवांश हो तो ज्वर ताप से अथवा अन्य इसी प्रकार के रोग से वा जठराग्नि एवं पित्त दोष से। (२) **वृष** नवांश हो तो दम्मा अथवा शूल एवं रेयाह से, और किसी मत से त्रिदोषादि से। (३) **मिथुन** नवांश हो तो सिर की वेदना से वा कासश्वाँस से। (४) **कर्क** नवांश हो तो वात रोग अथवा उन्माद से। (५) **सिंह** नवांश हो तो विष्फोटकादि घाव से वा विष, शस्त्र, ज्वर से। (६) **कन्या** नवांश हो तो गुह्य रोग से अथवा जठराग्नि विकार से (७) **तुला** नवांश हो तो शोक, बुद्धि दोष, चतुष्पद से अथवा ज्वर से। (८) **वृश्चिक** नवांश हो तो पत्थर अथवा शस्त्र आदि के चोट से वा पाण्डु, ग्रहणी रोग से। (९) **धन** नवांश हो तो दुःखदायी गठिया रोग से वा विष, शस्त्रादि से। (१०) **मकर** नवांश हो तो व्याघ्र इत्यादि पशुओं अथवा शूल (colic) अरुचि आदि से। (११) **कुम्भ** नवांश हो तो किसी स्त्री से अथवा श्वास, ज्वर से। (१२) **मीन** नवांश हो तो जल से अथवा संग्रहणी रोग से मृत्यु होती है।

गुलिक से मृत्युकारी-रोग-अनुमान।

धा–२२३ गुलिक-नवांश से सप्तम यदि कोई बली शुभग्रह हो तो वैसे जातक की मृत्यु सुख पूर्वक होती है। गुलिक-स्फुट से नवांश का बोध करना होगा। मान लिया जाय कि किसी के गुलिक का स्फुट ७।०।१२ है तो इसका नवांश कर्क हुआ और कर्क से सप्तम मकर राशि होती है। ऐसे स्थान में यदि मकर में कोई **शुभग्रह** हो तो जातक की मृत्यु सुख पूर्वक होती है। इसी प्रकार यदि उस नवांश से सप्तम स्थान में **मं.** हो तो जातक की मृत्यु लड़ाई में होती है। यदि उक्त स्थान में **श.** हो तो जातक की मृत्यु चोर, दानव, सर्पादि से होती है। यदि **सू** उक्त स्थान में हो तो राजा के कोप से अथवा जलचर जीवों से मृत्यु होती है।

अध्याय २३

अष्टकवर्ग

अष्टकवर्ग क्या है ? उदाहरण के साथ अष्टकवर्ग की शुभ रेखायें ।

धा–२२४ (१) भारतवर्ष एवं अन्य देशों में भी फल कहने की तीन विधियाँ हैं। जन्म **लग्न** से ग्रहों की स्थिति अनुसार फल कहने की पहली विधि है। जन्म-कालीन चन्द्रमा जिसको **चन्द्रलग्न** भी कहते हैं, उस स्थान से ग्रहों की स्थिति अनुसार फल कहने की दूसरी विधि है। एवं **नवांश कुंडली** के अनुसार फल कहने की तीसरी यवधि है। लग्न से शरीर का विचार होता है और चन्द्रमा से मन का। समस्त कार्य्य मन ही पर निर्भर करता है। मन ही से सुख एवं दुःख का अनुभव होता है। मन की ही शान्ति अथवा अशान्ति के कारण मनुष्य सुकर्म एवं कुकर्म का भाजन होता है। मन ही की सबलता एवं निर्बलता के अनुसारपारलौकिक एवं सांसारिक यात्रा में सफलता अथवा निष्फलता होती है। इन सब कारणों से ही महर्षियों ने चन्द्र-लग्न से अनेक प्रकार का विचार बतलाया है।

जन्म समय जिस राशि में चन्द्रमा रहता है वह राशि प्रत्येक मनुष्य के जीवन का एक प्रबलस्थान होता है। अर्थात् उस स्थान से जातक के जीवन की अनेकानेक बातों का विचार हो सकता है। इस कारण भारतवर्ष के विद्वानों का मत है कि प्रत्येक मनुष्य के जन्म के बाद जन्मकालीन चन्द्रमा के स्थान से जिन-जिन राशि में ग्रह-गण भ्रमण करते हुए जाते हैं, वैसावैसा फल उस उस समय में जातक के जीवन में होता है। इसी को गोचर फल कहते हैं। गोचर अनुसार फल एक गौण-फल-विधि है। गोचर उल्लेख पूर्ण रीति से व्यवहारिक प्रवाह में किया जायगा। इसको "गौण-फल" इस कारण कहा जाता है कि संसार भर के मनुष्य मात्र के चन्द्रमा इन्हीं द्वादश राशियों में से किसी में रहता है। अतएव साधारण गोचरफल अनुसार केवल बारह ही प्रकार के फल होंगे, परन्तु ऐसा होता नहीं और होना भी नहीं चाहिये। इस कारण महर्षिगण इस बात में सहमत हैं कि जन्म कालीन ग्रहस्थिति से अर्थात् जन्म समय में जिस-जिस राशि में सात ग्रह स्थित हो और लग्न जिस राशि में स्थित हो, इन आठ स्थानों से (अर्थात् सात ग्रह और एक लग्न) गोचर का फल यदि विचार किया जाय तो वह विचार विश्वसनीय होगा। इसी विचार-विधि को अष्टक-वर्ग विधि कहते ह।

कहा गया है कि स्वयं श्रीशंकर भगवान ने प्रथमतः यामल में अष्टक-वर्ग के विषय में बतलाया था। तत्पश्चात् पराशर, मणित्थ, वादरायण, यवनेश्वर आदि ने उनका ही अनुकरण किया।

(२) प्रत्येक ग्रह जन्म समय की स्थिति-राशि पर अपना अपना शुभाशभ प्रभाव डालता है और इसी प्रकार जन्म-लग्न का भी अपना शुभाशुभ फल होता है। अर्थात् प्रत्येक जन्मकुण्डली में सातग्रह और एक लग्न अर्थात् इन आठ स्थानों में कुछ विशेषता हो जाती है। और इस विशेषता के ज्ञानार्थ यह विधि बतलायी गयी है कि आठ स्थानों में से सातोग्रह एवं लग्न किसी न किसी स्थान में शुभ फल देनेवाले होते हैं। ग्रन्थकारों ने इसका विवरण वृहदरूप से बतलाया है कि प्रत्येक ग्रह एवं लग्न को, सूर्य्य-कुंडली (जिसको सूर्य्य अष्टक-वर्ग कहते हैं) में अपने अपने स्थान से किसी-किसी स्थान में बल होता है और चन्द्र-कुंडली (जिसको चन्द्र अष्टकवर्ग कहते हैं) मङ्गल-कुण्डली (जिसको मङ्गल अष्टक-वर्ग कहते हैं) बुध-कुण्डली (जिसको बुध अष्टक-वर्ग कहते हैं) बृहस्पति-कुण्डली (जिसको बृहस्पति अष्टक-वर्ग कहते हैं) शुक्र-कुण्डली (जिसको शुक्र अष्टक-वर्ग कहते हैं) शनि-कुण्डली (जिसको शनि अष्टकवर्ग कहते हैं) एवं लग्नकुण्डली (जिसको लग्न अष्टक वर्ग कहते हैं) में प्रत्येक ग्रह अपने अपने स्थान से जिन जिन स्थानों में बल प्रदान करता है इस शुभ-फल-दायित्त्व को रेखा वा बिन्दु द्वारा दिखलाने का संकेत है। किसी ग्रन्थकार ने बिन्दु द्वारा शुभ फल माना और किसी ने रेखा द्वारा। बिन्दु और रेखा में कोई विशेषता नहीं। इस कारण पाठक यदि किसी एक पुस्तक में शुभ-फल का चिन्ह विन्दु देखें और किसी दूसरे पुस्तक में शुभ फल का चिन्ह रेखा देखें तो इससे विस्मित न हो जायँ। जिन जिन स्थानों में शुभ फल होते हैं उन-उन स्थानों में एक रेखा (वा विन्दु) देने की विधि चली आती है। जैसे सूर्य्य अष्टक-वर्ग में जन्म-कालीन-सूर्य्य जिस स्थान में बैठा रहता है उस स्थान में और उस स्थान से, द्वितीय, चतुर्थ, सप्तम, अष्टम, नवम, दशम, तथा एकादश स्थानों में शुभ फल होता है। इस शुभ फल के बोध के लिये अर्थात् जिस स्थान में सूर्य्य बैठा है उस स्थान में और उस स्थान से द्वितीय, चतुर्थ, सप्तम, अष्टम, नवम, दशम, एवं एकादश स्थानों में एक रेखा देने की विधि प्रचलित है। परन्तु कई कारणों से इस ग्रन्थ में रेखा वा विन्दु का प्रयोग न करके उसके बदले उसी ग्रह को उस स्थान में लिख देना अच्छा समझा गया जिसका बोध, पूर्ण रूप से आगामी उदाहरणों से हो जायगा।

इस स्थान पर पहले अष्टकवर्गों के चक्र दिये जाते हैं। प्रति अष्टकवर्ग में प्रति ग्रह एवं लग्न के सामने वह ग्रह जिन-जिन स्थानों में बल प्रदान करता है उस स्थान की संख्या दी गई है। जैसे सूर्य्याष्टिक वर्ग में शुक्र जिस स्थान में बैठा हो उस स्थान से षष्ठ-स्थान एवं सप्तम और द्वादश में शुभ फल देता है इस कारण चक्र में शु. के सामने ६, ७, १२ लिखा है। इसी प्रकार चन्द्र अष्टक-वर्ग में वही शुक्र अपने स्थान से ३, ४, ५, ७. ९, १० एवं ११ स्थान में शुभ फल देता है इत्यादि इत्यादि। इसी शुभ-फल-दायित्व को आचार्यों ने रेखा वा विन्दु चिन्ह से बतलाया है।

सूर्य्याष्टक वर्ग

र.	चं.	मं.	बु.	वृ.	शु.	श.	ल.
१	३	१	३	५	६	१	३
२	६	२	५	६	७	२	४
४	१०	४	६	९	१२	४	६
७	११	७	९	११		७	१०
८		८	१०			८	११
९		९	११			९	१२
१०		१०	१२			१०	
११		११				११	

चन्द्राष्टक वर्ग

र.	चं.	मं.	बु.	वृ.	शु.	श.	ल.
३	१	२	१	१	३	३	३
६	३	३	३	४	४	५	६
७	६	५	४	७	५	६	१०
८	७	६	५	८	७	११	११
१०	१०	९	७	१०	९		
११	११	१०	८	११	१०		
		११	१०	१२	११		
			११				

भौमाष्टक वर्ग

र.	चं.	मं.	बु.	बृ.	शु.	श.	ल.
३	३	१	३	६	६	१	१
५	६	२	५	१०	८	४	३
६	११	४	६	११	११	७	६
१०		७	११	१२	१२	८	१०
११		८				९	११
		१०				१०	
		११				११	

बुधाष्टक वर्ग

र.	चं.	मं.	बु.	बृ.	शु.	श.	ल.
५	२	१	१	६	१	१	१
६	४	२	३	८	२	२	२
९	६	४	५	११	३	४	४
११	८	७	६	१२	४	७	६
१२	१०	८	९		५	८	८
	११	९	१०		८	९	१०
		१०	११		९	१०	११
		११	१२		११	११	

गुरोरष्टक वर्ग

र.	चं.	मं.	बु.	बृ.	शु.	श.	ल.
१	२	१	१	१	२	३	१
२	५	२	२	२	५	५	२
३	७	४	४	३	६	६	४
४	९	७	५	४	९	१२	५
७	११	८	६	७	१०		६
८		१०	९	८	११		७
९		११	१०	१०			९
१०			११	११			१०
११							११

शुक्राष्टक वर्ग

र.	चं.	मं.	बु.	बृ.	शु.	श.	ल.
८	१	३	३	५	१	३	१
११	२	५	५	८	२	४	२
१२	३	६	६	९	३	५	३
	४	९	९	१०	४	८	४
	५	११	११	११	५	९	५
	८	१२			८	१०	८
	९				९	११	९
	११				१०		११
	१२				११		

शन्यष्टक वर्ग

र.	चं.	मं.	बु.	बृ.	शु.	श.	ल.
१	३	३	६	५	६	३	१
२	६	'५	८	६	११	५	३
४	११	६	९	११	१२	६	४
७		१०	१०	१२		११	६
८		११	११				१०
१०		१२	१२				११
११							

लग्नाष्टक वर्ग

र.	चं.	मं.	बु.	बृ.	शु.	श.	ल.
३	३	१	१	१	१	१	३
४	६	३	२	२	२	३	६
६	१०	६	४	४	३	४	१०
१०	११	१०	६	५	४	६	११
११	१२	११	८	६	५	१०	
१२			१०	७	८	११	
			११	९	९		
				१०			
				११			

(३) पूर्व के चक्र में दिखलाया गया है कि किस अष्टक-वर्ग में कौन ग्रह किन किन स्थानों में रेखा (शुभ) देता है। अब उदाहरणार्थ **उदाहरण-कुण्डली** का अष्टक-वर्ग नीचे (चक्र ४८) दिया जाता है, कि जिससे रेखा देने की विधि स्पष्ट रूप से समझ में आ जाय। रेखा न देकर रेखा देने वाले ग्रह को ही लिखा है। जन्म-कालीन ग्रहों को ऊपरी कोष्ट में दिया है। प्रथम सूर्य्य-अष्टक वर्ग है। चक्र ४७ के देखने से मालूम होता है कि सूर्य्य जिस राशि में बैठा रहता है उस राशि में रेखा देता है। **उदाहरण-कुण्डली** में सूर्य्य, तुला में है। इस कारण तुला राशि में र. (रवि) अंकित किया। पुनः सूर्य्य अपने स्थान से द्वितीय स्थान में भी रेखा देता है। इस कारण तुला से द्वितीय, वृश्चिक में र. अङ्कित किया। पुनः चतुर्थस्थान में रेखा देता है इस कारण तुला से चतुर्थ मकर में र. अङ्कित किया। पुनः सप्तमस्थान में रेखा देता है इस कारण तुला से सप्तम मेष में र. अङ्कित किया। पुनः अष्टम में रेखा देता है, इस कारण तुला से अष्टम. वृष में र. अङ्कित किया। नवम में भी रेखा देता है, इस कारण तुला से नवम, मिथुन में र. अङ्कित किया। दशम में भी रेखा देता है, इस कारण तुला से दशम, कर्क में र. अङ्कित किया। अन्तिम रेखा एकादशस्थान में देता है, इस कारण तुला से एकादश, सिंह में र. अङ्कित किया। यह सूर्य्य अष्टक वर्ग में सूर्य्य की दी हुई रेखायें हुईं। तदन्तर चन्द्रमा का रेखा (इसी सूर्य्य, अष्टक-वर्ग में) देना होगा। सूर्य्याष्टक वर्ग में, चन्द्रमा अपने स्थान से तृतीयस्थान में, रेखा देता है, इस कारण जिस स्थान में चन्द्रमा बैठा है अर्थात् मीन से तृतीयस्थान में चन्द्रमा अङ्कित किया। पुनः छठे स्थान में रेखा देता है, इस कारण मीन से छठे स्थान में चं. अङ्कित किया। पुनः दशमस्थान में रेखा देता है, इस कारण मीन से दशमस्थान, धन में चं. अङ्कित किया। अन्तिम रेखा एकादशस्थान में देता

है, इस कारण मीन से एकादशास्थान में चं. अङ्कित किया। रेखा भरने की यही रीति है। स्मरण रखने की बात है कि जिस ग्रह का अष्टक वर्ग का रेखा चक्र हो उसी चक्र से उस ग्रह का रेखा लेना होगा और जिस ग्रह का रेखा अङ्कित करना हो उसका आरम्भ उसी ग्रह से किया जाता है। रेखा न देकर ग्रहों को ही अङ्कित करने का एक मुख्य कारण यह है कि जाँच करने में शुद्धाशुद्ध का विचार शीघ्र हो जायगा और रेखा देने से यह पता नहीं चलता कि किस राशि में किस ग्रह का दिया हुआ रेखा है और आगे चलकर इसकी उपयोगिता प्रतीत होगी। आठो चक्रों में रेखा भरने में बहुत समय लगता है। किसी किसी को लगभग २ घण्टे का समय लग जाता है। और उस पर अशुद्ध होने का भय लगा रहता है। लेखक ने एक यन्त्र ऐसा बनाया है कि जिसके द्वारा किसी कुण्डली का पूरा अष्टक-वर्ग रेखाओं का शुद्ध-शुद्ध-बोध अधिक से अधिक १० वा १५ मिनट में होगा, यह यन्त्र अत्यन्त उपयोगी और सुलभ होगा। यन्त्र तैयार हो जाने पर सूचना दी जायगी।

चक्र ४८

उदाहरण कुण्डली (९६) का अष्टवर्ग चक्र।
(१) सूर्य ४८ रेखा।

राश्यादि	७	८	९	१०	११	१२	१	२	३	४	५	६
ग्रह	र. बु. शु.		श. के.			चं.			वृ. रा.		मं.	
र.	र.	र.		र.			र.	र.	र.	र.	र.	
चं.			चं.	चं.				चं.			चं.	
मं.		मं.			मं.	मं.	मं.	मं.	मं.		मं.	मं.
बु.			बु.		बु.	बु.			बु.	बु.	बु.	बु.
वृ.	वृ.	वृ.			वृ.		वृ.					
शु.						शु.	शु.					शु.
श.	श.		श.	श.		श.			श.	श.	श.	श.
ल.	ल.	ल.			ल.	ल.		ल.				ल.
जोड़	४	४	३	३	४	५	४	४	४	३	५	५

(२) चन्द्रमा ४९ रेखा।

राश्यादि	१२	१	२	३	४	५	६	७	८	९	१०	११
ग्रह	चं.			वृ. रा.		मं.		र. बु. शु.		श. के.		
र. चं. मं. बु. वृ. शु. श. ल.	र. चं. वृ.	र. मं. बु. वृ. शु. श.	र. चं. मं. बु. वृ. श. ल.	मं. वृ. शु.	र. बु. शु.	र. चं. बु. शु.	चं. मं. वृ. ल.	मं. बु. श. ल.		र. चं. मं. बु. वृ. शु.	चं. मं. बु. वृ. शु.	बु. शु. श. ल.
जोड़	३	६	७	३	३	४	४	४	०	६	५	४

(३) मंगल ३९ रेखा।

राश्यादि	५	६	७	८	९	१०	११	१२	१	२	३	४
ग्रह	मं.		र. बु. शु.		श. के.			चं.				वृ. रा.
र. चं. मं. बु. वृ. शु. श. ल.	र. चं. मं. बु. शु. श.	मं. शु. श. ल.	श. ल.	मं. वृ.	र. बु. श. ल.	चं.	र. मं. बु. ल.	र. मं. बु. वृ. शु. श.	वृ.	चं. मं. वृ. शु. ल.	मं. श.	र. श.
जोड़	६	४	२	२	४	१	४	६	१	५	२	२

(४) बुध ५४ रेखा ।

राश्यादि	७	८	९	१०	११	१२	१	२	३	४	५	६
ग्रह	र. बु. शु.		श. के.			चं.			वृ. रा.			
र.					र.	र.			र.		र.	र.
चं.	चं.		चं.	चं.			चं.		चं.		चं.	
मं.		मं.			मं.	मं.	मं.	मं.	मं.		मं.	मं.
बु.	ब.		बु.		बु.	बु.			बु.	बु.	बु.	बु.
वृ.		वृ.		वृ.			वृ.	वृ.				
शु.	शु.	शु.	शु.	शु.	शु.			शु.	शु.		शु.	
श.	श.		श.	श.		श.			श.	श.	श.	श.
ल.	ल.		ल.	ल.		ल.		ल.		ल.		ल.
जोड़	५	३	५	५	४	५	३	४	६	३	६	५

(५) बृहस्पति ५६ रेखा ।

राश्यादि	३	४	५	६	७	८	९	१०	११	१२	१	२
ग्रह	वृ. रा.		मं.		र. बु. शु.		श. के.			च.		
र.	र.	र.	र.		र	र.	र.	र.			र	र.
च.		च.		चं.		चं.		चं.			चं.	
मं.	मं.		मं.	मं.		मं.			मं.	मं.		मं.
बु.	बु.	बु.	बु.		बु.	बु.		बु.	बु.	बु.		
वृ.	वृ.	वृ.	वृ.	वृ.			वृ.	वृ.		वृ.	वृ.	
शु.	शु.	शु.	शु.			शु.			शु.	शु.		
श.						श.			श.		श.	श.
ल.	ल.		ल.	ल.	ल.		ल.	ल.		ल.	ल.	ल.
जोड़	६	५	६	४	३	६	३	५	४	५	५	४

(६) शुक्र. ५२ रेखा।

राश्यादि	७	८	९	१०	११	१२	१	२	३	४	५	६
ग्रह	र. बु. शु.		श. के.			चं.			वृ. रा.		मं.	
र.								र.			र.	र.
चं.	चं.	चं.		चं.	चं.	चं.	चं.	चं.	चं.	चं.		
मं.	मं.		मं.	मं.			मं.		मं.	मं.		
बु.			बु.		बु.	बु.			बु.		बु.	
वृ.	वृ.			वृ.	वृ.	वृ.	वृ.					
शु.	शु.	शु.	शु.	शु.	शु.			शु.	शु.	शु.	शु.	
श.	श.				श.	श.	श.			श.	श.	श.
ल.	ल.		ल.	ल.	ल.	ल.	ल.			ल.	ल.	
जोड़	६	२	४	५	६	५	५	३	४	५	५	२

(७) शनि. ३९ रेखा।

राश्यादि	९	१०	११	१२	१	२	३	४	५	६	७	८
ग्रह	श. के.			चं.			वृ. रा.		मं.		र. बु. शु.	
र.		र.			र.	र.		र.	र.		र.	र.
चं.		चं.				चं.			चं.			
मं.	मं.	मं.				मं.	मं.	मं.			मं.	
बु.				बु.		बु.	बु.	बु.	बु.	बु.		
वृ.					वृ.	वृ.					वृ.	वृ.
शु.				शु.					शु.	शु.	शु.	
श.			श.		श.	श.					श.	
ल.	ल.		ल.	ल.		ल.				ल.	ल.	
जोड़	२	३	२	३	३	७	२	३	४	३	५	२

(८) लग्न ४९ रेखा।

राश्यादि	९	१०	११	१२	१	२	३	४	५	६	७	८
ग्रह	श. के.			चं.			वृ. श.		मं.		र. बु. शु.	
र. चं. मं. बु. वृ. शु. श. ल.	र. चं. वृ. शु. श.	र. चं. मं. बु. शु.	चं. वृ. शु. श. ल.	र. बु. वृ. श.	वृ.	चं. मं. बु. शु. श. ल.	मं. वृ. शु.	र. बु. वृ.	र. चं. मं. बु.	र. वृ. श. ल.	मं. बु. वृ. शु. श. ल.	बु. वृ. शु.
जोड़	५	५	५	४	१	६	३	३	४	४	६	३

अष्टक वर्ग की उपयोगिता एवं आयु साधन में मतान्तर।

धा–२२५ अष्टकवर्ग-विधि अनुसार चार (४) प्रकार से ज्योतिष-शास्त्र में फल वर्णन की विधि बतलायी गयी है।

(१) पहली विधि मनुष्य के आयु साधन की है। (२) दूसरी, भिन्न-भिन्न अष्टक-वर्गों में रेखाओं द्वारा अनेक प्रकार के फल बतलाने की विधि है। (३) तीसरी, त्रिकोण एवं एकाधिपत्य शोधनादि के पश्चात् फलाफल जानने की विधि है (४) चौथी, अष्टक-वर्ग की रेखाओं द्वारा गोचर-फल कहने की विधि है।

इस स्थान में प्रकर्णानुसार अष्टकवर्ग द्वारा आयु निश्चित करने की विधि लिखी जाती है और अन्य तीन प्रकारों का उल्लेख व्यवहारिक-प्रवाह में किया गया है।

अष्टक-वर्ग के प्रतिवर्ग द्वारा जो आयु निश्चय किया जाता है उसे भिन्नाष्टक-वर्ग-आयु कहते हैं। पुनः भिन्न-भिन्न अष्टकवर्ग जनित रेखाओं को एकत्रित करने के पश्चात् जो आयु निर्णय किया जाता है, उसे समुदाय-अष्टकवर्ग-आयु कहते हैं। परन्तु यहाँ एक प्रश्न उपस्थित होता है कि आयु गणना केवल सात ग्रहों के अष्टकवर्ग से की जायगी अथवा सात ग्रहों के अतिरिक्त लग्न अष्टक-वर्ग द्वारा भी आयु गणना विहित है वा नहीं? खेद से लिखना पड़ता है कि इस विषय में भी मतान्तर है।

दक्षिण भारत के प्रायः सभी विद्वानों की सम्मति यह प्रतीत होती है कि केवल ७ ग्रहों ही के अष्टक-वर्ग द्वारा आयु निश्चित करना ठीक है । परन्तु उत्तर-भारतीय विद्वानों का मत एवं पराशर आदि प्राचीन दैवज्ञों का मत इससे विपरीत है—अर्थात् ७ ग्रह एवं लग्न अष्टकवर्ग के द्वारा आयु निश्चय करने का विधान है :—जातक पारिजात नामक ग्रन्थ में लिखा है कि :—

"रविमुख्यनभोगदत्तसंख्याः, परमायुः शरदस्तु मानवानाम्।
सविलग्नसमाश्च केचिदाहुर्गुरुमूलात् समुपैतितुल्यमायुः" ।।

अर्थात् ज्योतिष-शास्त्रज्ञ प्राचीन महर्षियों का मत है कि शुद्धायु गणना तभी हो सकती है जब ७ ग्रहों द्वारा आयु-प्राप्ति में लग्न-अष्टकवर्ग द्वारा आयु को जोड़ दिया जाय, इन सब कारणों से दोनों प्रकारसे आयु गणना विधि इस पुस्तक में बतलाने का यत्न किया जाता है।

आयु-गणना-विधि की आरम्भिक बातें ।

धा—२२६ अष्टक-वर्ग चक्र ४८ द्वारा पहली बात यह देखनी होगी कि प्रत्येक अष्टक-वर्ग के प्रत्येक राशि में कितनी कितनी रेखायें पड़ती हैं। जैसे उदाहरण कुण्डली के सूर्य्याष्टक-वर्ग द्वारा, मेष में ४ रेखायें, वृष में ४, मिथुन में ४, कर्क में ३, सिंह में ५, कन्या में ५, तुला में ४, वृश्चिक में ४, धन में ३, मकर में ३, कुम्भ में ४ एवं मीन में ५ रेखायें पड़ती हैं। इसी प्रकार अन्य अष्टक-वर्ग अर्थात् चन्द्रमा, मंगल, बुध, बृहस्पति, शुक्र, शनि एवं लग्न की रेखाओं की गणना करनी होती है जो चक्र ४९ में दिखलाये गये हैं। इस चक्र के अन्तर्गत र.,चं., इत्यादि के अलग-अलग चक्र हैं । ऊपरी कोष्ट में उदाहरण कुण्डली के ग्रह हैं, उसके नीचे वाली कोष्ट में बारहो राशियों के अङ्क, उसके नीचे प्रत्येक राशि की योग रेखा उसके नीचे क्रमशः त्रिकोण-शोधनोपरान्त-फल, एकाधिपत्य-शोधनोपरान्त फल, राशि-गुणाकर-फल और ग्रहगुणाकर-फल है।

चक्र ४६

(१) रवि। प्रत्येक अष्टक-वर्ग के प्रत्येक राशि में शुभ रेखाओं का जोड़ फल इत्यादि इत्यादि।

जन्म कालीन ग्रहा:			वृ.रा.		मं.		र.बु.शु.		श.के.			चं.	जोड़	
राशय:	१	२	३	४	५	६	७	८	९	१०	११	१२		
रेखाया:	४	४	४	३	५	५	४	४	३	३	४	५	४८	
त्रिकोण शोधन	१	१	०	०	२	२	०	१	०	०	०	२	९	
एकाधिपत्य (पराशर)	०	०	०	०	२	०	०	०	०	०	०	२	४	
राशि गुणाकार					२०							२४	४४	राशिपिण्ड
ग्रह गुणाकार					१६							१०	२६	ग्रहपिण्ड ७० योगपिण्ड
	मतान्तर													
एकाधिपत्य	०	१	०	०	२	२	०	०	०	०	०	२	७	
राशि गुणाकार		१०			२०	१०						२४	६४	राशिपिण्ड
ग्रह गुणाकार					१६							१०	२६	ग्रहपिड ९० योगपिड

(२) चन्द्रमा

जन्म कालीन ग्रहा:			बृ. रा.		मं.		र. बु. शू.		श. के.			चं	जोड़	
राशय:	१	२	३	४	५	६	७	८	९	१०	११	१२		
रेखाया:	६	७	३	३	४	४	४	०	६	५	४	३	४९	
त्रिकोण शोधन	२	३	०	३	०	०	१	०	२	१	१	३	१६	
एकाधिपत्य पराशर	०	२	०	३	०	०	१	०	२	०	०	३	११	
राशि गुणाकार		२०		१२			७		१८			३६	९३	राशिपिण्ड
ग्रह गुणाकार							५+५+७ = १७		१०			१५	४२	ग्रहपिण्ड = १३५ योगपिण्ड
							मतान्तर							
एकाधिपत्य	२	१	०	३	०	०	१	०	२	०	०	३	१२	
राशि गुणाकार	१४	१०		१२			७		१८			३६	९७	राशिपिण्ड
ग्रह गुणाकार							५+५+७ = १७		१०			१५	४२	ग्रहपिण्ड १४१ योगपिण्ड

(३) मंगल

जन्म कालीन ग्रहाः			त्र. रा.		मं.		र. बु. शु.		श. के.			चं.	जोड़	
राशयाः	१	२	३	४	५	६	७	८	९	१०	११	१२		
रेखायः	१	५	२	२	६	४	२	२	४	१	४	६	३९	
त्रिकोण शोधन	०	४	०	०	५	३	०	०	३	०	२	४	२१	
एकाधिपत्य (पराशर)	०	०	०	०	५	०	०	०	३	०	०	४	१२	
राशि गुणाकार					५०				२७			४८	१२५	राशिपिण्ड
ग्रह गुणाकार					४०				१५			२०	७५	ग्रहपिण्ड = २०० योगपिण्ड
							मतान्तर							
एकाधिपत्य	०	४	०	०	५	३	०	०	३	०	२	४	२१	
राशि गुणाकार		४०			५०	१५			२७		१२	४८	२०२	राशिपिण्ड
ग्रह गुणाकार					४०				१५			२०	७५	ग्रहपिण्ड = २७७ योगपिण्ड

(४) बुध

जन्म कालीन ग्रहाः			वृ.रा.		मं.		र. बु. श.		श.के.			चं.	जोड़	
राशयः	१	२	३	४	५	६	७	८	९	१०	११	१२		
रेखायाः	३	४	६	३	६	५	५	३	५	५	४	५	५४	
त्रिकोण शोधन	०	०	२	०	३	१	१	०	२	१	०	२	१२	
एकाधिपत्य (पराशर)	०	०	२	०	३	०	०	०	२	०	०	२	९	
राशि गुणाकार			१६		३०				१८			२४	८८	राशिपिण्ड
ग्रह गुणाकार			२०		२४				१०			१०	६४	ग्रहपिण्ड = १५२ योगपिण्ड
	मतान्तर													
एकाधिपत्य	०	०	२	०	३	०	१	०	२	१	०	२	११	
राशि गुणाकार			१६		३०		७		१८	५		२४	१००	राशि पिण्ड
ग्रह गुणाकार			२०		२४		५+५+७ =१७		१०			१०	८१	ग्रहपिण्ड १८१ योगपिण्ड

(५) वृहस्पति

जन्म कालिन ग्रहा:			वृ. रा.		मं.		र.बु.शु.		श.के.			चं.	जोड़	
राशय:	१	२	३	४	५	६	७	८	९	१०	११	१२		
रेखाया:	५	४	६	५	६	४	३	६	३	५	४	५	५६	
त्रिकोण शोधन	२	०	३	०	३	०	०	१	०	१	१	०	११	
एकाधिपत्य (पराशर)	१	०	०	०	३	०	०	१	०	०	०	०	५	
राशि गुणाकार	७				३०			८					४५	राशिपिण्ड } योग पिंण्ड ६९
ग्रह गुणाकार					२४								२४	ग्रहपिण्ड
							मतान्तर							
एकाधिपत्य	१	०	३	०	३	०	०	१	०	०	०	०	८	
राशिगुणाकार	७		२४		३०			८					९६	राशिपिण्ड
ग्रह गुणाकार			३०		२४								५४	ग्रहपिण्ड १२३ योगपिण्ड

(६) शुक्र

जन्म कालीन ग्रहाः			वृ. रा		मं.		र. बु. शु.		श. के			चं.	जोड़	
राशयः	१	२	३	४	५	६	७	८	९	१०	११	१२		
रेखायाः	५	३	४	५	५	२	६	२	४	५	६	५	५२	
त्रिकोण शोधन	१	१	०	३	१	०	२	०	०	३	२	३	१६	
एकाधिपत्य (पराशर)	०	०	०	३	१	०	२	०	०	१	२	०	९	
राशि गुणाकार				१२	१०		१४			५	२२		६३	राशिपिण्ड } योग-पिण्ड १०५
ग्रह गुणाकार					८		१०+१० +१४=३४						४२	ग्रहपिण्ड
							मतान्तर							
एकाधिपत्य	१	०	०	२	२	०	२	०	०	२	२	३	१४	
राशि गुणाकार	१४			८	२०		१४			१०	२२	२४	११२	राशिपिण्ड } योग-पिण्ड १७२
ग्रह गुणाकार					१६		१०+१०+ १४=३४					१०	६०	ग्रहपिण्ड

(७) शनि।

जन्मकालीन ग्रहाः			बु. रा.		मं.		र. बु. शु.		श. के			चं.	जोड़	
राशयः	१	२	३	४	५	६	७	८	९	१०	११	१२		
रेखायाः	३	७	२	३	४	३	५	२	२	३	२	३	३९	
त्रिकोण शोधन	१	४	०	१	२	०	३	०	०	०	०	१	१२	
एकाधिपत्य (पराशर)	०	१	०	१	२	०	३	०	०	०	०	०	७	
राशिगुणाकार		१०		४	२०		२१						५५	राशिपिंड } योग-पिंड १२२
ग्रह गुणाकार					१६		१५+१५+२१=५१						६७	ग्रहपिण्ड
	मतान्तर													
एकाधिपत्य	१	३	०	१	२	०	३	०	०	०	०	१	११	
राशि गुणाकार	७	३०		४	२०		२१					१२	९४	राशिपिण्ड
ग्रह गुणाकार					१६		१५+१५+२१=५१					५	७२	ग्रहपिण्ड १६६ योगपिण्ड

(८) लग्न।

जन्मकालीन ग्रहाः			वृ. रा.		मं.		र. बु. शु.		श. के.			चं.	जोड़	
राशयः	१	२	३	४	५	६	७	८	९	१०	११	१२		
रेखायाः	१	६	३	३	४	४	६	३	५	५	५	४	४९	
त्रिकोण शोधन	०	२	०	०	३	०	३	०	४	१	२	१	१६	
एकाधिपत्य (पराशर)	०	०	०	०	३	०	३	०	४	१	१	१	१३	
राशि गुणाकार					३०		२१		३६	५	११	१२	११५	राशिपिंड } योग-पिण्ड २१५
ग्रह गुणाकार					२४		१५+१५+२१=५१		२०			५	१००	ग्रहपिण्ड
							मतान्तर							
एकाधिपत्य	०	०	०	०	३	०	३	०	४	१	१	१	१३	
राशिगुणाकार					३०		२१		३६	५	११	१२	११५	राशिपिण्ड
ग्रह गुणाकार					२४		१५+१५+२१=५१		२०			५	१००	ग्रहपिण्ड २१५ योगपिण्ड

त्रिकोण-शोधन-विधि।

धा–२२७ प्रत्येक अष्टक-वर्ग की रेखाओं को दो प्रकार से शोधन करने की विधि है। पहली विधि को त्रिकोण शोधन और दूसरी विधि को एकाधिपत्य शोधन कहते हैं।

राशि मण्डल चार त्रिकोण में विभाजित किया जाता है। मेष, सिंह और धन का एक त्रिकोण। वृष, कन्या और मकर का दूसरा त्रिकोण एवं मिथुन, तुला और कुम्भ का तीसरा त्रिकोण तथा कर्क, वृश्चिक एवं मीन का चौथा त्रिकोण, यही चार त्रिकोण-खण्ड होते हैं।

प्रत्येक त्रिकोण के रेखोओं को शोधन करने की विधि है। महर्षि पराशर ने लिखा है कि :–

त्रिकोणेषु च यन्न्यूनं, तत्तुल्यंत्रिषुशोधयेत्।
एकस्मिन् भवने शून्ये, तत्त्रिकोणं न शोधयेत्॥
समत्वे सर्वगेहेषु, सर्वं संशोधयेत्तदा।

अर्थात् (१) त्रिकोण की तीन राशियों में यदि किसी राशि की रेखायें कम हों तो, उस कम रेखा वाली संख्या को तीनों स्थानों की संख्याओं से घटा दें। (२) यदि त्रिकोण के किसी एक राशि में शून्य रेखा हो तो, ज्यों का त्यों छोड़ दें। (३) एवं यदि त्रिकोण की तीनों राशियों में बराबर रेखायें हों तो तीनों स्थानों में शून्य फल होगा। इसका अभिप्राय यही है कि सब से कम रेखा को तीनों राशि की रेखाओं से घटाना होता है। अर्थात् जब तीनों स्थानों में से एक में कम हो, तो जिस स्थान में कम रेखा है, उस स्थान में उसी संख्या से घटाने पर शून्य आवेगा, और शेष दो स्थानोंमें घटाने से जो शेष अङ्क बचेगा उसीको उन उन स्थानों में स्थापन करना होगा। यह प्रथम नियम है। पुनः यदि तीन स्थानों में से किसी में शून्य है तो वही शून्य स्थान सबसे कम हुआ। और शून्य के घटाने से फल में कोई परिवर्तन न होगा। इस कारण द्वितीय नियम में कहा गया है कि यदि किसी स्थान में शून्य हो तो त्रिकोण शोधन नहीं किया जाता, इसी प्रकार यदि तीनों स्थानों में बराबर रेखायें हों तो उस अङ्क को यदि तीनों स्थानों में घटाया जाय तो तीनों ही स्थानों में शून्य आयगा। इस कारण तृतीय नियम में लिखा गया है कि बराबर-बराबर रेखाएँ रहने पर तीनों स्थानों में शून्य ही फल होगा। पराशर का वचनः–'त्रिकोणेषु च यन्न्यूनं. तत्तुल्यं-त्रिषुशोधयेत् का अनुवाद सरल भाषा में यही होता है कि यदि त्रिकोण की राशियों में से किसी एक राशि में सबसे कम रेखायें हों तो उस संख्या को अलग-अलग तीनों संख्याओं से घटा दो। परन्तु होरा रत्न के लेखक वलभद्र एवं जातक-पारिजात के लेखक का मत है–'त्रिकोणभावेषु, यदल्प विन्दु कस्तदीय बिन्दु भवतस्तु तावुभौ' अन्य दो स्थानों की जिनमें अधिक रेखायें हों, उन दोनों को भी कम रेखा के बराबर कर दो। अर्थात् छोटे

के समान तीनों को कर दो। परन्तु अनेक विद्वानों के लेखानुसार यह प्रतीत होता है कि दक्षिण भारत एवं उत्तर भारत के सभी विद्वानों ने 'वलभद्र' के मत को अस्वीकार ही किया है। इस कारण पाठकों से मेरा अनुरोध है कि पराशर के नियम ही को ग्राह्य समझें।

चक्र ४९ के सूर्य्य-अष्टक-वर्ग चक्र में उदाहरण कुण्डली के मेष में ४ सिंह में ५, और धन में ३ रेखायें है। सबसे कम तीन हुआ। अतः पराशर नियम अनुसार मेष की चार में से तीन घटाने पर मेष राशि में एक स्थापना करनी होगी। सिंह की ५ रेखाओं में से ३ घटाने पर सिंह राशि में २ स्थापना करनी होगी। इसी प्रकार धन की तीन में से ३ घटाने पर धन राशि में शून्य रहेगा। अर्थात् त्रिकोण शोधन के बाद मेष में १, सिंह में २, एवं धन में शून्य फल आया। चक्र ४९ (१) में ऐसा ही त्रिकोण शोधन कोष्ट के सामने लिखा भी गया है। इसी प्रकार चक्र ४९ (२) के कर्क में ३ वृश्चिक में ० और मीन में ३ रेखायें हैं। तो द्वितीय नियमानुसार कोई शोधन न करके फल ज्योंका त्यों रहेगा, अर्थात् कर्क में ३, वृश्चिक में ० और मीन में ३ रहेगा। यह द्वितीय नियम का उदाहरण है। चक्र ४९ (१) के मिथुन, तुला एवं मकर में चार चार अर्थात् तीनों स्थानों में बराबर बराबर रेखायें हैं तो, तीनों स्थानों में फल शून्य ही होगा। यह तृतीय नियम का उदाहरण हुआ।

इन्हीं नियमों के अनुसार प्रत्येक अष्टक-वर्ग अर्थात् सूर्य्यादि सातग्रह एवं लग्न के अष्टक वर्ग का त्रिकोण शोधन करना होता है, उदाहरण कुंडली के आठों अष्टकवर्गों का त्रिकोण शोधन फल चक्र ४९ में लिख दिया गया है। यदि पाठक स्वयं त्रिकोण शोधन उक्त कुण्डली का करें और फल को इस चक्र से मिलावें तो शीघ्र त्रिकोण शोधन विधि का अभ्यास हो जायेगा।

एकाधिपत्य-शोधन-विधि

धा-२२८ त्रिकोण शोधन विधि के बाद जो फल आवे, उस फल में एकाधिपत्य शोधन करना होता है।

(१) सूर्य्य एवं चन्द्रमा को छोड़कर अन्य ५ ग्रह दो-दो स्थानों के स्वामी होते हैं, अर्थात् मेष और वृश्चिक के स्वामी मंगल, वृष और तुला के स्वामी शुक्र, मिथुन और कन्या के स्वामी बुध, धन और मीन के स्वामी बृहस्पति, एवं मकर और कुम्भ के स्वामी शनि होते हैं। चन्द्रमा एक राशि अर्थात कर्क का स्वामी होता है एवं सूर्य्य एक ही सिंह का स्वामी होता है। इस कारण इन दोनों राशियों के फल में शोधन नहीं होता। फल ज्यों का त्यों रह जाता है। परन्तु अन्य दस राशियों अर्थात् मेष वृश्चिक, वृष तुला, मिथुन कन्या, धन मीन एवं मकर कुम्भ इन पाँच जोड़े राशियों का एकाधिपत्य शोधन अलग अलग किया जाता है।

(२) खेद से लिखना पड़ता है कि इस विधि में दक्षिण-भारतीय विद्वानों के कतिपय नियमों में, उत्तर भारतीय एवं पराशरीय नियमों से भिन्न मत है। इस कारण दोनों मतों के अनुसार इस पुस्तक में एकाधिपत्य-शोधन-विधि बतलाने की चेष्टा की जाती है। आशा है कि ज्योतिषशास्त्र की विद्वान मण्डली इस उभयमत को अध्ययन करके नीर-क्षीर-विवेक-बुद्धि द्वारा तथ्य को ग्रहण करेगी और इस विषय में कोई एक सर्वसम्मत-विचार उपस्थित करेगी तथा यह आशा की जाती है कि लेखक को इस सम्बन्ध में विद्वान लोग सूचना देंगे जिससे वह उस विचार को ग्रन्थ के द्वितीयावृत्ति के सौभाग्य प्राप्त होने पर समावेश कर सके।

भिन्न मतों का विवरण

वृहत्पाराशर होरा शास्त्र।

'शंभु होरा प्रकाश' में पाराशर होरा शास्त्र के श्लोक पाये जाते हैं।

के अनुसार

(१) क्षीणेन सह चान्यस्मिन्, शोधयेत् ग्रह वर्जितम्।

अर्थात् यदि दोनों स्थानों (राशियों) में से किसी में कोई ग्रह न हो और एक राशि में दूसरे राशि से अधिक संख्या हो (त्रिकोण शोधन के बाद) तो अधिक अङ्क से कम अङ्क को घटा कर शेष को उस राशि में फलस्वरूप लिखें और कम अंक को अपने स्थान में ज्यों का त्यों छोड़ दें। उदाहरण-रूप से यदि मेष में, त्रिकोणशोधन के बाद ३ अंक आता

जातकपारिजात।

'हैंडबुक औफ एस्ट्रोलोजी' (hand Book of Astrology By C. Vencatasubbaramiah B. A, B. L. High Court Vakil.

हिन्दू एस्ट्रोलोजिकल कैलकुलेशन (Hindu Astrological Calculations-Modernised) 'जातकपारिजात का अनुमोदन करते हैं।

के अनुसार

(१) विखेट राशिद्वय विन्दवो ये न्यूनाधिका न्यूनसमाविधेयाः।

अर्थात् यदि दो राशियों में से किसी में ग्रह न हो और (त्रिकोण शोधन उपरान्त) यदि किसी एक राशि में दूसरे से छोटा अङ्क हो तो ऐसे स्थान में छोटे अंक को दोनों स्थानों में फलस्वरूप मानना होगा। उदाहरणरूप से त्रिकोण शोधन के बाद यदि मेष में ३ अंक आता हो और वृश्चिक में २ तो ऐसे स्थान में छोटे अंक २ को दोनों स्थानों में फलस्वरूप मानना

हो और वृश्चिक में दो, तो तीन से दो घटाने पर शेष १ को मेष का फल मानना होगा और वृश्चिक में दो का दो ही रहेगा।

(२) ग्रहयुक्ते फले हीने, ग्रहाभावे फलाधिके।
अनेन सह चान्यस्मिञ्छोधयेद्ग्रह वर्जिते॥

अर्थात् त्रिकोण शोधन के उपरान्त यदि एक राशि में ग्रह हो और दूसरी ग्रह रहित हो और जिस राशि में ग्रह हो, उसमें ग्रह रहित राशि से छोटी संख्या हो तो ऐसे स्थान में छोटी संख्या ज्यों-की-त्यों रह जाती है और बड़ी संख्या के स्थान में छोटी संख्या को बड़ी संख्या से घटाने के बाद जो शेष बचेगा उसी की स्थापना करनी होगी। उदाहरण-रूप से यदि मेष ग्रहयुक्त हो और वृश्चिक ग्रह रहित हो, और त्रिकोण-शोधन के पश्चात् यदि मेष में ३ अङ्क आता हो और वृश्चिक में ३ से अधिक जैसे ४ अङ्क आता हो तो मेष में ३ ही रखना होगा, और वृश्चिक में ४ से ३ घटाने के बाद जो शेष एक संख्या रहेगी उसी की स्थापना करनी होगी।

(३) फलाधिके ग्रहैर्युक्ते, चान्यस्मिन्सर्वं मुत्सृजेत।

अर्थात् ग्रहयुक्तराशि में त्रिकोण शोधनोपरान्त जो फलरूप से संख्या आयी हो, वह ग्रहरहित राशि की संख्या से अधिक हो तो ऐसे स्थान में ग्रह रहित राशि संख्या को एकदम त्याग देनी होती है।

होगा अर्थात् मेष में २, वृश्चिक में भी २।

(२) खेटोपयाते लघुविन्दु राशौ तत्तुल्यमायान्ति तदन्यसंख्या।

अर्थात् जिस राशि में ग्रह हो, उस राशि में त्रिकोण शोधन के उपरान्त कम संख्या आती हो, और जो राशि ग्रह-रहित है उसमें बड़ी संख्या हो तो ऐसे स्थान में दोनों राशियों में छोटी संख्या की स्थापना करनी होगी। अर्थात् उदाहरणरूप से यदि मेष में ग्रह हो और उसकी संख्या त्रिकोण शोधन के पश्चात् ३ आती हो, और ग्रह रहित वृश्चिक में त्रिकोण शोधन के बाद ४ आती हो, (तीन से अधिक हो) तो दोनों ही स्थानों में छोटी संख्या अर्थात् ३ ही रखनी होगी। मेष में ३ और वृश्चिक में भी, ३।

(३) फलाधिके खेटयुते परं त्यजेत्।

पाराशर के नियम तीन में और इसमें कोई अन्तर नहीं है।

उदाहरणरूप से यदि मेष ग्रहयुक्त राशि में ३ अङ्क हो और वृश्चिक ग्रह रहित राशि में ३ से कम, जैसे २ अङ्क हो तो मेष में ३ ही रहेगा, और वृश्चिक में शून्य होगा।

(४) उभयोर्ग्रहसंयुक्ते न संशोध्यः कदाचन।

अर्थात् यदि दोनों ही राशि ग्रहयुक्त हों तो त्रिकोण शोधन के उपरान्त जो फल प्राप्त हुआ हो उसको ज्यों-का-त्यों छोड़ देना होगा उदाहरणरूप से यदि मेष और वृश्चिक दोनों ही राशियाँ ग्रह युक्त हों और यदि मेष में ३ अङ्क आता हो और वृष में ३ से कम, ३ से विशेष अथवा ३ ही अङ्क आता हो तो दोनों स्थानों में ज्यों-का-त्यों छोड़ देना होगा।

(४) राशिद्वयं सद्युचरं न शोधयेत्। इसमें भी मतभेद नहीं है।

(५) उभयोर्ग्रह हीनाभ्यां समत्वे सकलं त्यजेत्।

अर्थात् दोनों राशियाँ यदि ग्रह वर्जित हों, और त्रिकोण शोधनोपरान्त दोनों राशियों के फल में भी समता हो तो दोनों स्थानो में शून्य फल होगा। उदाहरणरूप से यदि मेष और वृश्चिक दोनों ही ग्रह रहित हों और त्रिकोण शोधनोपरान्त दोनों ही एक-एक अथवा दो-दो अर्थात् सम फल हों तो दोनों ही स्थानों में एकाधिपत्य-शोधन-फल शून्य होगा।

(५) फलाधिके.........) तुल्या नभोगद्वितयं परित्यजेत्।

इस नियम में भी कोई अन्तर नहीं है।

(६) सग्रहाग्रह तुल्यत्वात्सर्वं, संशोध्यमग्रहात्।

अर्थात् यदि एक राशि ग्रह रहित हो और दूसरी ग्रहयुक्त हो, एवं दोनों

(६) सखेचरा खेचर बिन्दु साम्य, विशोधयेद ग्रह विन्दु संख्याम्।

इस नियम में भी कोई अन्तर नहीं है।

म त्रिकोण शोधनोपरान्त समता हो तो ऐसे स्थान में, ,ग्रह वर्जित राशि फल को शून्य कर देना होगा। उदाहरण-रूप से यदि मेष ग्रहयुक्त हो और वृश्चिक ग्रहरहित हो एवं दोनों में त्रिकोण शोधनो-परान्त-फल में समता हो जैसे कि दोनों में ही, दो ही हो तो ग्रह रहित राशि में शून्य रखना होगा, और ग्रहयुक्त राशि में दो का दो ही. रहेगा।

(७) एकत्रनास्ति चेत् सर्वहानि-रन्यत्रकीर्तिता।

अर्थात् दो राशियों में से दोनों ग्रह-युक्त हों, अथवा दोनों ग्रह रहित हों, या एक ग्रहयुक्त और दूसरा ग्रह रहित हो, परन्तु त्रिकोण शोधनोपरान्त किसी एक में शून्य फल हो तो दोनों ही में एका-धिपत्य-फल शून्य होगा। उदाहरणरूप से यदि मेष में त्रिकोण शोधनोपरान्त फल ३ हो और वृश्चिक में शून्य हो तो एकाधिपत्य शोधन फल मेष में भी शून्य, वृश्चिक में भी शून्य ही होगा।

(७) एकं द्वयोः शून्यभमप्य शोधयेत्।

अर्थात् दो राशियों में से किसी में ग्रह हो वा न हो परन्तु यदि त्रिकोण शोधनोपरान्त एक में शून्य फल हो तो ऐसे स्थान में एकाधिपत्य-शोधन-फल ज्यों-का-त्यों रहेगा। उदाहरणरूप से यदि मेष में त्रिकोण-शोधनोपरान्त-फल तीन है, और वृश्चिक में शून्य है तो एका-धिपत्य शोधन न करना होगा। अर्थात मेष में ३ और वृश्चिक में ०।

त्रिकोणशोधन एवं एकाधिपत्य शोधन के भिन्न नियमों के उल्लेख के पश्चात् उन नियमों के अनुसार उदाहरण कुंडली का त्रिकोण-शोधन एवं एकाधिपत्य-शोधन उपरान्त फल चक्र ४९ में दिखला दिया गया है। इस स्थान में कई एक उदाहरण दे देना उपयोगी होगा। उदाहरण कुंडली के सूर्य्याष्टक वर्ग में मेष, सिंह और धन (जो आपस में त्रिकोण हैं) देखना होगा कि इन सबमें कितनी-कितनी रेखायें हैं। सूर्य्याष्टक वर्ग के मेष में चार, सिंह में ५, और धन में ३ रेखायें हैं। सबसे कम तीन है इस कारण तीन सबसे घटाते जायँ तो मेष के नीचे १ रेखा सिंह के नीचे २ रेखा और धन के नीचे ०। इसी प्रकार दूसरा त्रिकोण, वृष, कन्या और मकर का है। वृष में ४, कन्या में ५, और मकर में ३ रेखायें हैं। सबसे कम ३ है। इस कारण वृष के नीचे १, कन्या के नीचे २ और मकर के नीचे ०। इसी रीति से अन्य त्रिकोणों का भी शोधन किया जाता है जैसा कि त्रिकोण शोधन के कोष्ट में लिखा गया है।

त्रिकोण-शोधन के उपरान्त त्रिकोण-शोधित-फल का एकाधिपत्य शोधन किया जाता है।

एकाधिपत्य शोधन की दो विधि है। इस कारण प्रथम नियम अनुसार ऊपर वाले कोष्ट में फल लिखा गया है और द्वितीय नियमानुसार फल 'मतान्तर' कोष्ट में लिखा गया है।

एकाधिपत्य शोधन में किंचित सावधानी की आवश्यकता है। इस कारण यदि निम्नलिखित नियम का प्रयोग किया जाय तो कुछ सुविधा अवश्य होगी।

मेष और वृश्चिक के एक स्वामी, वृष और तुला के एक स्वामी, मिथुन और कन्या के एक स्वामी, धन और मीन के एक स्वामी और मकर एवं कुम्भ के एक स्वामी होते हैं। इस कारण नीचे के चक्र ५० में मेष के नीचे वृश्चिक, वृष के नीचे तुला इत्यादि क्रम से लिख लें, और जिस जिस राशि में ग्रह हो उस-उस राशि पर तारे (*) का चिन्ह देते जायें ताकि नियम लागू देखने के समय पुनः पुनः कुंडली न देखना हो और इसके उपरान्त मेष के सामने त्रिकोण शोधन उपरान्त जो फल आया हो उसको लिखें, वृश्चिक के सामने जो फल आया हो उसको लिखें। इसी प्रकार सब राशियों के सामने त्रिकोण-शोधन-उपरान्त फल को लिखें। इसी रीति से आठों अष्टक वर्ग को लिख डालें। इसके उपरान्त प्रथम नियम अनुसार और द्वितीय नियमानुसार फल लिखने में कुछ सुविधा अवश्य होगी और भूल होने का भय कम रहेगा।

चक्र ५०

एकाधिपत्य-शोधन-विधि

(इस चक्र में विस्तार-भय से केवल दो ही अष्टक वर्गों की एकाधिपत्य शोधन की गई है। इसी फल को पूर्व चक्र ४९ के जिस राशि में जो फल आवे लिखा जाता है।)

राशि	र. अष्टक-वर्ग			मं. अष्टक-वर्ग		
	त्रिकोण शोधनोपरान्त फल,	पराशर एकाधिपत्य शोधित-फल,	अन्य एकाधिपत्य शोधित फल,	त्रिकोण शोधनोपरान्त फल,	पराशर एकाधिपत्य शोधित फल,	अन्य एकाधिपत्य शोधित फल,
मेष.	१	०	०	०	०	०
वृश्चिक.	१	०	०	०	०	०
वृष.	१	०	१	४	०	४
*तुला.	०	०	०	०	०	०
*मिथुन.	०	०	०	०	०	०
कन्या.	२	०	२	३	०	३
*धन.	०	०	०	३	३	३
*मीन.	२	२	२	४	४	४
मकर.	०	०	०	०	०	०
कुम्भ.	०	०	०	२	०	२
कर्क.	०	०	०	४	४	४
सिंह.	२	२	२	०	०	०

राशि-गुणक।

धा–२२९ (१) ऊपर लिखा जा चुका है कि त्रिकोण शोधन-उपरान्त जो फल आवे उसी का एकाधिपत्य शोधन करना होता है। एकाधिपत्य शोधन के उपरान्त जो फल आवे उसमें दो क्रियायें और की जाती हैं। ऋषियों ने यह लिख रक्खा है कि प्रत्येक राशि को भिन्न भिन्न बल प्राप्त है जिसको राशिगुणक नाम से लिखा है। लिखा है कि मेष को ७, वृष को १०, मिथुन को ८, कर्क को ४, सिंह को १०, कन्या को ५, तुला को ७, वृश्चिक को ८ धन को ९, मकर को ५, कुम्भ को ११, और मीन को १२ राशि गुणक हैं। अभिप्राय इसका यह है कि मेष में एकाधिपत्य शोधन उपरान्त जितना अंक आवे उसको मेष के राशि गुणक ७ से गुणा करके मेष के राशि-गुणाकार-कोष्ठ मेष के सामने लिखना होगा। इसी प्रकार वृष में एकाधिपत्य शोधनोपरान्त जो अंक आवे उसको दस से गुणा करना होगा, मिथुन के फल को ८ से, कर्क के फल को ४ से गुणा करना होगा, इत्यादि-इत्यादि।

चक्र ४९ में सूर्य्याष्टक वर्ग के एकाधिपत्य शोधन करने के उपरान्त ,पराशर मतानुसार मेष में शून्य आया है। इस कारण ७ से गुणा करने पर शून्य आया। वृष में भी शून्य आया है। इस कारण शून्य को दस से गुणा करने पर शून्य ही रहा, परन्तु मतान्तर से वृष में एकाधिपत्य शोधन उपरान्त १ आया है। इस कारण १ को १० से गुणा किया तो फल दश आया जिसको चक्र ४९ (१) 'मतान्तर' राशि-गुणाकार कोष्ठ में, वृष के नीचे अङ्कित किया। पुनः उसी अष्टकवर्ग में दोनों मति अनुसार एकाधिपत्य शोधन-उपरान्त, सिंह में दो-दो आता है। इस कारण २ को सिंह गुणक से अर्थात् १० से गुणा करने पर २० आया और यह अङ्क दोनों मति के राशि-गुणाकार के सामने सिंह के नीचे अङ्कित किया गया। इसी प्रकार सभी राशियों के राशि-गुणाकार-फल को लिखना होता है और अन्त में सभी राशिगुणाकार के फल को जोड़कर अन्तिम कोष्ठ में लिखने की विधि है। इसको राशि-पिण्ड कहते हैं। जैसे पराशर मतानुसार-कोष्ठ में २०+२४=४४ राशि-पिण्ड अन्तिम कोष्ठ में लिखा गया। पुनः मतान्तर से १०+२०+१०+२४=६४राशिपिण्ड उस राशि-गुणाकार के अन्तिम कोष्ठ में लिखा गया है।

ग्रह गुणक।

ऋषियों ने यह भी निश्चय कर रक्खा है कि प्रत्येक ग्रह को भी विलग-विलग बल है जिसका नाम ग्रह-गुणक है, अर्थात् सूर्य्य को ५, चं. को ५, मङ्गल को ८, बुध को ५, बृहस्पति को १०, शुक्र को ७ एवं शनि को ५ गुणक हैं। इसका अभिप्राय यह है कि जिस राशि में ग्रह बैठा हो उस राशि के एकाधिपत्य-शोधन-फल को ग्रह-गुणक से गुणक करके जो फल

आवे वह अंक गुणाकार कोष्ठ के सामने उस राशि के नीचे लिखा जाता है। यदि किसी राशि में एक से अधिक ग्रह हों तो उस राशि के एकाधिपत्य-उपरान्त-फल को प्रत्येक ग्रह के ग्रह-गुणक से गुणा कर जो उन सब का योग-फल होगा उसी को ग्रह-गुणाकार कोष्ठ के सामने उस राशि के नीचे लिखना होगा। जैसे चक्र ४९ (२) में, चन्द्र-अष्टक-वर्ग की तुला राशि में एकाधिपत्य शोधन उपरान्त एक फल आया है और तुला राशि में र. बु. शु. तीन ग्रह बैठे हैं तो तीनों ग्रहों के ग्रह-गुणक को १ से गुणा करना होगा। अर्थात् सूर्य्य गुणक ५ से १ को गुणा किया तो ५ आया, बुध का गुणक भी ५ ही है, इस कारण १ को ५ से गुणा किया तो ५ आया, शुक्र का गुणक ७ है; इस कारण १ को ७ से गुणा किया तो ७ आया। अब ५ + ५ + ७ = १७ ग्रहपिण्ड चन्द्राष्टक-वर्ग में ग्रह-गुणाकार कोष्ठ के सामने तुला के नीचे अंकित किया। इसी प्रकार सभी अष्टक-वर्ग में इसी विधि से राशिगुणाकार एवं ग्रहगुणाकार का फल लाना पड़ता है और ग्रह-गुणाकार कोष्ठ में जितना फल आवे उसको जोड़कर अन्तिम कोष्ठ में लिखने की विधि है और इसको ग्रह-पिण्ड कहते हैं। जैसे सूर्य्याष्टिक-वर्ग में ग्रहगुणाकार १६ + १० = २६ ग्रह-पिण्ड होता है। इसी प्रकार सभी अष्टक-वर्ग को राशिपिण्ड और ग्रहपिण्ड बनाना होता है। चक्र ४९ में अष्टक-वर्ग को राशि-पिण्ड एवं ग्रहपिण्ड दिये गये हैं। इन सब क्रियाओं के उपरान्त आयु बनायी जाती है।

आयु-गणना के प्रकार।

धा—२३० आयु बनाने के दो मुख्य भेद हैं। एक भिन्नाष्टक-वर्ग आयु दूसरा समुदायाष्टक-वर्ग आयु। भिन्नाष्टक-वर्ग आयु उसे कहते हैं जो भिन्न-भिन्न अष्टक-वर्ग द्वारा भिन्न-भिन्न ग्रहों एवं लग्न द्वारा आयु साधन करके उसका जोड़ होता है। वही जातक की परमायु होती है। भिन्न-भिन्न अष्टक-वर्ग के मेष, वृष, मिथुन इत्यादि में जितनी रेखायें हैं अर्थात् बारहों राशि में भिन्न-भिन्न अष्टक-वर्ग द्वारा जो रेखायें आती हैं उनके प्रत्येक राशि की रेखाओं के जोड़ का त्रिकोण-शोधन, एकाधिपत्य-शोधन, राशिगुणक, ग्रह-गुणक क्रियाओं के उपरान्त जो आयु साधन किया जाता है उसी को समुदायाष्टक-वर्गज आयु कहते हैं।

भिन्नाष्टक और समुदायाष्टकवर्ग-आयु लागू होने के नियम।

धा—२३१ पूर्व इसके कि दोनों प्रकारों से आयु शोधन विधि बतलाई जाय, इस स्थान पर यह लिखना आवश्यक है कि जन्म-कुण्डली के ग्रहों की कैसी स्थिति पर किस प्रकार की आयु-शोधन-विधि लागू होगी। लिखा है कि ग्रहों की स्थिति यदि

निम्न लिखित प्रकारों में से कोई भी पायी जाय तो वैसे स्थान में भिन्नाष्टक-वर्ग आयु गणना लागू होगी ।

(१) यदि कोई ग्रह शत्रु-नवमांश में हो । (२) यदि बुध बली होकर लग्न में हो। (३) यदि कोई शत्रु-गृही-ग्रह लग्न में हो। (४) यदि कोई ग्रह षष्ठस्थानगत हो। (५) यदि कुण्डली में मं. बली हो। (६) यदि कुण्डली में वापी, पाश, शर, पद्म, अथवा समुद्र योग पाये जाते हों और वृ. बली हो। (७) यदि किसी कुण्डली में केदार योग लागू हो और वृ. बली हो (८) यदि बली चन्द्रमा केन्द्र में न हो। (अर्थात् केन्द्र से बाहर हो) और अन्य केन्द्रस्थित-ग्रह बलवान् हो । (९) यदि चन्द्रमा किसी ग्रह के साथ होकर केन्द्र के बाहर बैठा हो। (१०) यदि दशम स्थान में शुभग्रह और पापग्रह दोनों बैठे हों, तो भिन्नाष्टक-वर्ग आयु लागू होती है ।

यदि निम्नलिखित योगों में से कोई भी योग पाया जाय तो वैसे स्थान में समुदायाष्टक-वर्ग आयु-गणना लागू होगी।

(१) यदि कोई ग्रह नीच नवांश में हो । (२) यदि बली मङ्गल लग्न में हो। (३) यदि कोई अति-शत्रुगृही ग्रह लग्न में हो। (४) यदि कोई ग्रह अष्टमस्थान में हो। (५) यदि शनि बलवान हो। (६) यदि कुण्डली में शूल योग पाया जाता हो और शुक्र बली हो। (७) यदि कुण्डली में शर योग पाया जाता हो। (८) यदि कुण्डली में भिन्नाष्टकवर्ग के अन्तिम तीन नियमों में से (अर्थात् नियम ८, ९, १०) कोई भी न पाये जाते हों।

भिन्नाष्टक-वर्ग-आयु-विधि ।

धा–२३२ दक्षिण भारत के कुछ विद्वानों का मत है कि केवल सात ही अष्टकवर्ग से आयु बनाना ठीक है। परन्तु पाराशरहोराशास्त्र, फलदीपिका, शम्भूहोराप्रकाश, होरारत्न, जातकपारिजात आदि ग्रन्थों में लग्न अष्टक-वर्ग-दत्त आयु को भी जोड़ने में सहमत हैं।

प्रत्येक अष्टक-वर्ग, अर्थात् आठों अष्टक-वर्ग के राशि-पिण्ड और ग्रहपिण्ड को अलग-अलग जोड़कर जो योगपिण्ड आवे अर्थात् सूर्य्य अष्टक-वर्ग के राशि-पिण्ड एवं ग्रह-पिण्ड को जोड़कर जो योग-पिण्ड आवे, इसी प्रकार चन्द्राष्टक वर्ग के राशि-पिण्ड को जोड़कर जो योगपिण्ड आवे इस प्रत्येक अष्टक-वर्ग के योग-पिण्ड को ७ से गुणा और २७ से भाग देकर जो फल आवे वही उस ग्रह का वर्षादि होगा। परन्तु बृहद्पाराशरहोराशास्त्र में तो इतना ही लिखा पाया जाता है कि योग पिण्ड को ३० से भाग देने से ही आयु निकल आती है। उदाहरण-कुण्डली के सूर्य्याष्टक-वर्ग के राशि-

पिण्ड ४४ को ग्रहपिण्ड २६ में जोड़कर, ७० योग पिण्ड होता है। ७० को ७ से गुणा कर २७ से भाग देने के उपरान्त लब्धि १८ वर्ष और शेष ४ रहा । ४ को १२ से गुणा कर २७ से भाग देने पर १ महीना हुआ और २१ शेष रहा। २१ को ३० से गुणा कर २७ से भाग देने के उपरान्त २३ दिन हुआ शेष ९ रहा, ९ को ६० से गुणा कर और २७ से भाग देने पर २० दण्ड हुआ। इसी प्रकार पला इत्यादि भी बनाया जाता है। फल यह हुआ कि सूर्य्य अष्टक-वर्ग का आयु-मान १८ वर्ष १ महीना २७ दिन २० दण्ड हुआ। इसी प्रकार सूर्य्य, चन्द्रमा, मङ्गल, बु. बृ. शु. श. और लग्न का आयु वर्ष निकालना होता है।

(२) मण्डल ह्रास

इस आयु-वर्ष में, मण्डल-ह्रास होता है। खेद के साथ लिखना पड़ता है कि पद-पद में मतान्तर है। 'फलदीपिका' एवं 'होरारत्न' का मत है कि यदि कोई ग्रह-दत्त-आयु २७ से ऊर्ध्व हो तो उससे २७ जितनी बार घट सके उतनी बार घटाकर जो शेष बचेगा वही ग्रहदत्त-आयु होगी। परन्तु शम्भूहोराप्रकाश का मत है कि यदि २७ से कम हो तो वही ग्रह-दत्त-आयु होगी। यदि २७ से ऊर्ध्व ५४ तक हो तो ५४ से उस आयु को घटा देना होगा। यदि ५४ से ऊर्ध्व ८१ पर्य्यन्त हो तो ग्रहदत्त-आयु से ५४ घटा देना होगा। यदि ८१ से ऊर्ध्व १०८ पर्य्यन्त हो तो १०८ से ग्रह-दत्त-आयु घटाकर जो शेष बचेगा वही आयु लेनी होगी। लेखक, शम्भुहोराप्रकाश के मत को ग्रहण करने का इच्छुक है।

उदाहरण-कुण्डली की सूर्य्य-दत्त-आयु १८ वर्ष कई मासकी होती है, इस कारण दोनों मतानुसार उसमें मण्डल-ह्रास न होगा अर्थात यही रहेगा। पुनः मं. का आयु-मान ५१ वर्ष कई महीना होता है। प्रथम मतानसार ५१ वर्ष १० महीना ६ दिन ४० दण्ड से २७ घटाकर २४ वर्ष १० महीना ६ दिन ४० दण्ड आयु होगी। परन्तु शम्भु-होरा के मत से ६४ में ५१ वर्षादि को घटाकर शेष २–१–२३-२० दण्ड यही मंगल-दत्त-आयु लेनी होगी। इसी प्रकार सभी ग्रह-दत्त-आयु में मण्डल शोधन करना होता है।

हरण-विधि ।

धा–२३३ जो श्लोक 'फलदीपिका' एवं 'होरारत्न' में है वही श्लोक इस विषय पर 'शम्भुहोराप्रकाश' में भी पाया जाता है। केवल एक स्थान में कुछ पाठान्तर है। टीकाकारों ने तो अवश्य ही कुछ टाना-टानी कर दिया है । परन्तु सर्वं-स्वीकृत हरण-विधि लिखी जाती है।

(१) यदि एक ग्रह के साथ एक या एक से अधिक ग्रह और भी हों तो प्रत्यक ग्रह की आयु में आधा हरण होता है। (२) यदि कोई ग्रह नीच अथवा अस्त हो तो उस ग्रह-दत्त-आयु का भी आधा हो जाता है। (३) यदि कोई ग्रह शत्रुगृही अथवा दृश्य-चक्रार्ध में हो तो उस ग्रह-दत्त-आयु में एक तिहाई ($\frac{1}{3}$) का ह्रास होता है। सप्तम भाव के अंश से अष्टम, नवम, दशम, एकादश द्वादश और लग्न के अंश पर्यन्त का दृश्य-चक्रार्द्ध होता है। (४) यदि जन्म कालीन सूर्य्य ग्रहण के समय का हो तो उस ग्रह की आयु में एक तिहाई ($\frac{1}{3}$) ह्रास होता है। (५) यदि कोई ग्रह ग्रह-युद्ध में हारा हुआ हो तो उस ग्रह-दत्त-आयु में एक तिहाई ($\frac{1}{3}$) ह्रास होता है। (यह नियम पाठान्तर में पाया जाता है और बुद्धि के अनुकूल भी होता है। ऊपर लिखे हुए लगभग सभी नियमों में दोषित ग्रहों की ही आयु ह्रास होती है) (६) यदि एक ग्रह का कई प्रकार से आयु-ह्रास-योग पड़ता हो तो केवल एक ही प्रकार से ह्रास किया जायगा। परन्तु उसी ह्रास का प्रयोग करना होगा जिससे विशेष आयु ह्रास होता हो। जैसे उदाहरण-कुण्डली में दृश्य चक्रार्द्ध में सूर्य्य, बुध और शुक्र तुला राशिगत एकादशस्थान में हैं। एक स्थान में तीन ग्रह के रहने से प्रत्येक ग्रह-दत्त-आयु का आधा हो जायगा और पुनः सूर्य्य के नीचे होने के कारण सूर्य्य की आयु आधी हो जायगी। और पुनः दृश्य चक्रार्द्ध होने के कारण सूर्य्य-दत्त-आयु में एक तिहाई का ह्रास होगा। इस स्थान में सूर्य्य की आयु की हरण-विधि तीन प्रकार से आती है। दो प्रकार से आधी आधी हरण और एक प्रकार से तिहाई ($\frac{1}{3}$) एक तिहाई से आधा विशेष होता है। इस कारण सूर्य्य-दत्त-आयु की पुनः पुनः हरण न करके केवल एक ही बार आधी हरण कर देनी होगी।

इसी प्रकार सभी ग्रहों का यथोचित हरण करने के उपरान्त जो आयु शेष रहे उन्हीं सबको जोड़कर जो वर्ष, मास आदि आवेगा वह चान्द्र वर्ष होगा। उसको सौ वर्ष बनाने की विधि यह है कि उस वर्ष मासादि को ३२४ से गुणा करके (इस कारण कि चान्द्र, वर्ष लगभग ३२४ दिन का होता है) ३६५ से भाग दे, (क्योंकि सौर वर्ष लगभग ३६५ दिन का होता है)। ३६५ से भाग देकर जो वर्ष, मासादि आवे वही जातक की आयु होगी। पुस्तकों में यही विधि है। परन्तु ३२४ से क्यों गुणा किया यह ठीक समझ में नहीं आता। चान्द्र मास ३५४ दिन से कुछ ऊपर ही का होता है। नक्षत्र २७, मास १२, इस कारण (२७ × १२) ३२४ अत्यन्त गौण विधि प्रतीत होती है।

इस आयु की दशा-क्रम निकालने की भी विधि है। परन्तु पुस्तक का आकार बहुत बढ़ा जा रहा है और यह इतना आवश्यक भी नहीं समझा जाता है। इस कारण इसके लिखने का साहस नहीं किया गया।

भिन्नाष्टक-वर्ग-आयु साधन का द्वितीय प्रकार।

धा–२३४ 'जातकपारिजात' नामक ग्रन्थ में लिखा है कि सातो ग्रह एवं लग्न की रेखाओं का त्रिकोण शोधन, एकाधिपत्य शोधन राशि-गुणक, ग्रह-गुणक इत्यादि क्रिया के उपरान्त जो प्रत्येक अष्टक-वर्ग का योग-पिण्ड हो (स्मरण रहे कि इस स्थान में जो फल मतान्तर अनुसार चक्र संख्या ४९ में दिया हुआ है) उसी योग पिण्ड को प्रयोग में लाना उत्तम होगा इस कारण कि उसमें एकाधिपत्य शोधन 'जातकपारिजात' के मतानुसार है। जिसके मतानुसार शोधन किया गया उसीके अनुसार आयु लाना भी उपयोगी एवं बुद्धि अनुकूल होगा। उस योग-पिण्ड को ३० से भाग देने से वर्षादि फलहोगा और यदि आयुवर्ष १२ से अधिक आता हो तो उसको १२ से भाग देने के उपरान्त जो शेष रहेगा उतनी ही आयु उस अष्टक-वर्ग की लेनी होगी। उदाहरण-कुण्डली के सूर्याष्टक-वर्ग के देखने से मतान्तर कोष्ठके राशिपिण्ड ६४ को ग्रहपिण्ड २६ में जोड़ने से योग-पिण्ड ९० होता है। ९० को ३० से भाग दिया तो केवल तीन वर्ष आया। यह बारह से कम है। इस कारण तीन ही वर्ष रहा। इसी प्रकार से सब ग्रहों की ग्रह-दत्त-आयु निकालनी होगी।

विशेष-क्रिया।

धा–२३५ 'जातकपारिजात' का मत है कि (१) यदि ग्रह उच्च हो तो उस ग्रह के आयुफल को दुगुणा कर दो (२) यदि ग्रह नीच अथवा अस्त हो तो उस ग्रह-दत्त-आयु को आधा कर दो। (३) यदि मङ्गल वक्री हो तो मङ्गल की आयु को दुगुणा कर दो। (४) यदि कोई ग्रह मूलत्रिकोणस्थ स्वक्षेत्री, मित्र गृही, उच्चवर्ग का, शुभदृष्ट अथवा शुभयुक्त हो तो उस ग्रह के आयु को दुगुणा कर दो। (५) यदि कोई ग्रह पाप-वर्ग अथवा शत्रुवर्ग का हो तो उस ग्रह की आयु को आधी कर दो। (६) यदि कोई ग्रह न उच्च हो न नीच हो परन्तु उसके अन्तर्गत हो तो उसकी आयु अनुपात द्वारा ठीक करनी होगी। इस प्रकार प्रत्येक ग्रह-दत्त-आयु को शोधन करके जो फल आवेगा उसी का योगफल जातक की आयु होगी।

स्मरण रहे कि 'जातकपारिजात' में यह नहीं लिखा है कि इस प्रकार का आयु फल चान्द्र वर्ष होगा अथवा सौर। परन्तु अनुमान से प्रतीत होता है कि इस विधि में ३० से भाग दिया जाता है इस कारण यह सौर वर्ष हुआ। इसी लिये 'जातकपारिजात' में इस विषय पर कुछ नहीं लिखा है। पराशर ने भी तो केवल तीस ही से भाग देना बतलाया है और १२ से भाग देने की विधि नहीं लिखी है।

सामुदायाष्टकवर्ग-आयु-गणना-विधि।

धा–२३६ (१) सूर्य्य, चन्द्रमा, मंगल, बुध, बृहस्पति, शुक्र, शनि एवं लग्न, अष्टकवर्ग की मेष राशि में जितनी रेखायें हों इन सबको जोड़ना होता है। इसी तरह सब अष्टकवर्ग के वृष, मिथुन इत्यादि की रेखाओं को अलग-अलग जोड़ना होता है। इस प्रकार जोड़ने के उपरान्त सभी राशियों में कुछ न कुछ रेखायें आवेंगी। इन राशिगत-रेखाओं की पूर्ववत् त्रिकोण एवं एकाधिपत्य शोधन क्रियाओं के उपरान्त किसी राशि में १२ हो अथवा १२ से कम हो तो उसको वैसे ही रहने देना होगा। यदि बारह से अधिक हो तो बारह से भाग देकर जो शेष रहे उसी शेष को उस राशि के लिये ग्रहण करना होता है। इस प्रकार से सब राशियों की रेखाओं को शोधन करने के उपरान्त उसमें राशि-गुणक एवं ग्रह-गुणक क्रिया के उपरान्त (पूर्ववत) जो योग-पिण्ड आवे उसको ७ से गुणा कर २७ से भाग कर वर्षादि फल आता है। और यदि भागफल सौ वर्ष से अधिक आवे तो, उसमें से १०० घटा कर जो शेष वर्ष रहेगा उसी को ग्रहण करना होगा।

(२) 'होरारत्न' और 'जातकपारिजात' का यही मत है। परन्तु 'शम्भुहोराप्रकाश' में 'होरारत्न' का श्लोक का पद उलट-पलट किया हुआ पाया जाता है। 'होरारत्न' का बचन है कि:–

अष्टकवर्ग समुद्धृत्य ग्रहाणां राशि मण्डले।
प्राग्वत्रिकोणं संशोध्य पश्चादेकाधिपत्यताम् ॥१॥
एकस्मिन् मण्डलाधिक्यं, शोधयेच्चक्र मण्डलम्।
द्वादशैव तु गृह्णीयादेवं सर्वेषु राशिषु॥२॥

शम्भुहोराप्रकाश में ऊपरवाले प्रथम श्लोक का प्रथम चरण के बाद द्वितीय श्लोक का प्रथम चरण लिख दिया है, और द्वितीय श्लोक के द्वितीय चरण को प्रथम श्लोक के द्वितीय चरण को लिखा है, जिस कारण अर्थ में अन्तर पड़ जता है। 'जातक-पारिजात' 'होरारत्न' का अनुकरण करता हुआ लिखता है—एकाधिपत्यं सहकोण-भावैः संशोध्य सन्त्यज्य दिनेशमानैः। यद्यर्कसंख्या न हरेदशेषं मेषादि सर्वाष्टकशोधितं स्यात्।

('पाराशरहोराशास्त्र' का तो कथन ही विलक्षण प्रतीत होता है। उस पुस्तक में तो केवल इतना ही लिखा है कि त्रिकोणादि शोधन एवं राशि गुणादि क्रिया के उपरान्त योग-पिण्ड को २७ से भाग देने पर वर्षादि आता है।)

ऊपर लिखी हुई किया द्वारा नक्षत्रायु वर्ष होता है।. उस कारण आयु पिण्ड को ३२४ से गुणा करके ३६५ से भाग देकर सौर वर्ष बनाया जाता है।

(३) 'जातकपारिजात' के लेखक का कहना है कि इस प्रकार से जो आयु बतलायी जाती है, वह अन्य प्रकार की लायी हुई आयु से प्रायः मेल खाती है। परन्तु यदि लग्नपर शुभग्रह की दृष्टि हो तो २७ अथवा २७ गुणाकार ५४, ८१ इत्यादि वर्ष जोड़ना होता है। अन्यथा २७ अथवा २७ के गुणाकार वर्ष का ह्रास होता है।

अष्टक-वर्गानुसार आयु गणनाविधि को शास्त्रों में इसी प्रकार लिखा है। इस प्रकरण को समाप्त करने के पूर्व यह लिखना आवश्यक है कि पराशर आदि महान् विद्वानों का कथन है कि अष्टक-वर्ग द्वारा आयु गणना एवं फल का विचार जो किया जाता है वह सब विधियों में से उत्तमोत्तम विधि है। परन्तु बड़े खेद की बात है और बड़े दुःख के साथ लिखना पड़ता है कि अष्टक-वर्ग गणना में कोई ऐसी क्रिया नहीं कि जिसमें मतान्तर अथवा मतभेद न हो और हमारे देशीय विद्वान्, जिन लोगों ने इस ज्योतिषशास्त्र के महान्ज्ञाता होने के कारण भारतवर्ष में उज्ज्वल कीर्त्ति एवं इस विद्या को पूर्ण रूप से अर्थकरी सिद्ध कर दी है, उनकी दृष्टि इन मतान्तरों की ओर तो अवश गई होगी और विश्वास है कि उन लोगों ने अपनी अगाध विद्या एवं अनुभव द्वा इसमें कुछ निश्चय भी कर लिया होगा। परन्तु जहाँ तक लेखक को मालूम है कि लोगोंने इस अपने स्वच्छ विचार को न तो किसी पुस्तक द्वारा और न किसी अन्य प्रकार से ही प्रकट किया है। मन्त्र शास्त्र को भले ही भारतवर्ष के प्राचीन ऋषियों ने गुप्त रखने को आज्ञा दी हो परन्तु यह आज्ञा ज्योतिष शास्त्र के लिये कदापि लागू नहीं हो सकती। विद्वानों से लेखक की सविनय प्रार्थना है कि ज्योतिषी इस विषय में तथा अन्य मतान्तरों पर यदि कोई अलग पुस्तक लिखने की कृपा न करें तो कम से कम इस विनीत को यदि पत्र ही द्वारा अपने उच्च विचार से कृतार्थ करें, तो इस बात की प्रतिज्ञा की जात है कि यदि लेखक को इस पुस्तक की द्वितीय आवृत्ति छपवाने का सौभाग्य प्राप्त हुउ तो उन विद्वानों के लेख को इस पुस्तक में उचित स्थान दिया जायगा।

ॐ शान्तिः ! शान्तिः !! शान्तिः !!!

द्वितीय भाग

श्री गणेशाय नमः।

ज्योतिष-रत्नाकर

आकृष्णेन रजसावर्त्तमानो निवेशयन्न मृतम्मर्त्यञ्च ।
हिरण्ययेन सवितारथेना देवोयाति भुवनानि पश्यन् ॥
जड़ता पशुना कलङ्किता कुटिलचरत्वं चनास्ति मयिदेव ।
अस्ति यदि राजमौले ! भवदाभरणस्य नास्मि किं पात्रम् ॥

तृतीय प्रवाह ।

अर्थात् व्यावहारिक प्रवाह।

अध्याय २४

प्रिय पाठकगण ! श्री शंकर की कृपा से और सूर्य्यादि नवग्रहों की सहायता से प्रथम गणितादि प्रवाह एवं द्वितीय ज्योतिष रहस्य प्रवाह लोक के उपकारार्थ लिखने का साहस किया जा चुका है । पुनः इस तृतीय व्यावहारिक प्रवाह में कतिपय व्यावहारिक एवं उपयोगी बातें लिखी जाती हैं । इतना अवश्य लिखने का साहस किया जा सकता है कि ये सब बातें भी रहस्य-शून्य नहीं हैं। आशा करता हूं कि ज्योतिष प्रेमी गण इससे लाभ

उठायेंगे और ज्योतिष के विद्वान लोग इन सब विषयों पर शान्ति-पूर्वक आलोचना करके इस डूबती हुई ज्योतिष रूपी नौका को अविश्वास रूपी भँवर से बचाने का प्रयत्न करेंगे।

ज्योतिष शास्त्र के अनुसार जब मनुष्य अपने शुभ एवं अशुभ फलोंको जान लेता है अथवा किसी विद्वान द्वारा सुन लेता है तो स्वभावतः हर मनुष्य को इस बात के जानने की उत्कण्ठा पैदा होती है कि वे सब शुभाशुभ फल उस मनुष्य के जीवन में कब और किस वर्ष में होने को हैं। ऐसी बातों के जानने के लिये और बहुत से अन्य प्रकार के शुभाशुभ फलों को बतलाने के लिये भारतवर्ष के महर्षियों ने अनेक प्रकार से दशा-क्रम आदि निकालने की विधियां बतलायी हैं। इस व्यावहारिक तरङ्ग में बहुतेरी उपयोगी बातें लिखी जायंगी जिसमें कोई साधारण मनुष्य भी कुण्डली का मोटामोटी फल जानने में समर्थ हो सकेगा।

अष्टक वर्गानुसार फल।

धा-२३७ धारा २२५ के आदि में लिखा गया है कि अष्टकवर्ग द्वारा चार प्रकार से फल कहने की विधियां हैं। पहली विधि आयु गणना की है जो द्वितीय प्रवाह के — (धारा २२६-२३६) लिखा जाचुका है। इस प्रवाह में शेष अन्य तीन प्रकार की विधियां बतलायी जाती हैं। अर्थात् भिन्न-अष्टक-वर्गों में रेखाओं द्वारा फल, त्रिकोण एवं एकाधिपत्य-शोधन के पश्चात् फल एवं रेखाओं द्वारा गोचरफल।

भिन्न भिन्न अष्टक-वर्गों की रेखा के अनुसार फल।

१—द्वादशराशि-गत भावों के विषय में यह कहा जाता है कि अष्टकवर्गीय चक्र में यदि मषादि राशियों में एक से तीन रेखायें पड़ती हों तो उस राशिगत भाव का फल शुभ नहीं होता, और यदि चार रेखायें हों तो मिश्रित फल होता है। यदि ५ से ७ रेखायें तक हों तो अति उत्तम फल होता है, यदि ८ रेखायें हों तो उत्तमोत्तम पुष्टि एवं बल वृद्धिकारी होती है और जिस स्थान में कोई भी रेखा न हो तो रोग, अपवाद एवं भयदायी होता है।

२—इसी प्रकार प्रत्येक अष्टक-वर्ग चक्र में जिस राशि में एक रेखा पड़ती है तो वह ग्रह उस राशि में नाना प्रकार के रोग, दुःख, भय एवं परिभ्रमण अर्थात् देशाटन कराता है। यदि दो रेखायें पड़ती हों तो मनमें ताप, राजा द्वारा पीड़ा एवं चोरादि द्वारा वस्तुओं का नाश कराता है। यदि तीन रेखायें पड़ती हों तो मानसिक विकलता और देशाटन से शारीरिक कष्ट प्रदान करता है। यदि चार रेखायें पड़ती हों तो सुख-दुःख, धन का लाभ और व्यय होता है। यदि पांच रेखायें पड़ती हों तो वस्त्रादि की प्राप्ति, सन्तान के लाड़ दुलार का सुख, सज्जनों से प्रेम, धनागम एवं विद्या होती है। छः रेखायों के रहने से सुशीलता, कान्ति, यश, धन, वाहन, बल एवं युद्ध में विजय मिलती है। यदि सात रेखायें पड़ती हों तो सवारी तथा घोड़ों के रखने का सौभाग्य एवं धन और उपाधि आदि का लाभ होता है। यदि आठ रेखायें पड़ती हों (जिस से अधिक हो नहीं सकती) तो राज्य-सामग्रीकी शोभा मिलती है।

उपर्युक्त फल गोचर द्वारा ही होता है। उदाहरण रूप से यदि मान लिया जाय कि किसी की कुण्डली में सूर्य्य-अष्टक वर्ग के वृश्चिक राशि में केवल एक अथवा तीन रेखायें पड़ी हों तो ऐसी अवस्था में जब गोचर का सूर्य्य वृश्चिक राशि में जायगा, जातक को वृश्चिक राशिगत भाव का फल अच्छा नहीं होगा। यदि वह ग्रह गोचर के नुसार उस राशि में जाता है जिसमें ५, ६ अथवा ७ रेखायें हों तो उत्तम एवं पदायी फल होता है। इसी प्रकार ८ रेखाओं वाली राशि में सूर्य्य के जाने से उत्तमोत्तम फल होता है। शून्य रेखा, जिस राशि में हो तो गोचर का सूर्य्य जब उस राशि में जाता है, रोग, भय और अपवादादि होते हैं। इसी प्रकार चन्द्र-अष्टक-वर्ग द्वारा चन्द्रमा के गोचर फल का अनुमान होता है। एवं मंगल-अष्टक-वर्ग द्वारा मंगल के गोचर फल का अनुमान होता है। इत्यादि इत्यादि।

यह भी लिखा है कि यदि ग्रह, गोचर के समय में उच्च स्थानगत क्यों न हो, मित्रगृही क्यों न हो, केन्द्र अथवा त्रिकोण गत क्यों न हो, परन्तु यदि उस राशि में उचित संख्या में रेखायें न हों (उचित संख्या का अनुमान ऊपर लिखा जा चुका है) तो फल अच्छा नहीं होता। पुनः यदि कोई ग्रह गोचर में नीच राशिगत क्यों न हो जाय, शत्रु राशिगत क्यों न हो जाय,

दुःस्थानगत क्यों न हो जाय, परन्तु यदि उस राशि में रेखायें ४ से अधिक हों अर्थात् उचित संख्यामें हों तो उत्तम ही फल देती हैं। इसी प्रकार यदि गोचर का शनि उस राशि में जाता है जो रेखा रहित हो तो रोग एवं शत्रु–भय होता है।

क्र॰-२३८ सूर्य्य-अष्टक-वर्ग से पिता का विचार होता है। जिस राशि में सूर्य्य बैठा हो उस राशि को पितृ-गृह कहते हैं।

(१) यदि जन्म समय में सूर्य्य लग्न-गत हो, वह लग्न-गत सूर्य्य नीच हो, अथवा शत्रुगृही हो, उस स्थान में केवल दो या तीन ही रेखायें सूर्य्य अष्टक वर्ग में पड़ती हों तो जातक रोगी होता है। परन्तु यदि लग्नस्थ सूर्य्य उच्च अथवा स्वगृही हो और उस राशि में यदि ५ अथवा पांच से अधिक रेखायें पड़ती हों तो जातक राजा, राजा-तुल्य और दीर्घायु होता है।

(२) यदि सूर्य्य केन्द्र अथवा त्रिकोण-गत हो और उस सूर्य्य-स्थित राशि पर ५ रेखायें पड़ती हों तो जातक अथवा उसके पिता की मृत्यु पैंतीसवें वर्ष में होती है। यदि सूर्य्य-स्थित राशि में ६ रेखायें पड़ती हों, जातक अथवा जातक के पिता की मृत्यु २२ वें वर्ष में होती है। यदि उपर्युक्त सूर्य्य-स्थित राशि में ७ रेखायें पड़ती हों तो जातक अथवा जातक के पिता की मृत्यु ३०वें वर्ष में होती है। यदि उपर्युक्त सूर्य्य-स्थित राशि में ८ रेखायें पड़ती हों तो जातक अथवा जातक की पिता की मृत्यु ३६ वें वर्ष में होती है। ऐसे योगों में मृत्यु, अग्नि, जल, पर्वत अथवा श्मशान द्वारा होती है।

(३) किसी विद्वान् का मत है कि यदि सूर्य्य पञ्चमस्थ अथवा नवमस्थ हो, सूर्य्य-अष्टक-वर्ग द्वारा उस सूर्य्य-स्थित राशि में जितनी रेखायें पड़ती हों तो उसी संख्या की अवस्था में जातक के पिता की मृत्यु होती है। अर्थात् उदाहरण रूप से यदि मानलें कि किसी जातक की कुण्डली में सूर्य्य पंचमस्थ है और उस जातक के सूर्य्य-अष्टक वर्ग में पञ्चम स्थान पर केवल एक रेखा पड़ती हो तो कहना होगा कि जातक की एक वर्ष की आयु के आभ्यन्तर ही जातक के पिता की मृत्यु की सूचना होती है। इसी प्रकार दो रेखा पड़ने से दो वर्ष की अवस्था के आभ्यन्तर, तीन रेखाओं के पड़ने से तीन वर्ष के आभ्यन्तर इत्यादि।

(४) यदि सूर्य्य केन्द्र-गत होकर मित्र-गृही हो और यदि सूर्य्य अष्टक वर्ग में सूर्य्य-स्थित राशि पर केवल तीन, चार, अथवा पांच रेखायें पड़ती हों तो जातक के सत्रहवें वर्ष में जातक के पिता को अत्यन्त क्लेश होता है तथा कभी कभी मृत्यु भी होजाया करती है।

(५) यदि सूर्य्य पञ्चम-स्थान में हो और अष्टक वर्ग में सूर्य्य-स्थित राशि पर ८ रेखायें पड़ती हों, पुनः यदि लग्न से राहु नवमस्थ हो तो जातक के पिता की मृत्यु जातक के ५ वर्ष की अवस्था होते ही हो जाती है।

(६) यदि सूर्य्य, लग्न से तृतीय स्थान में हो और सूर्य्यस्थ राशिपर सूर्य्य-अष्टक वर्ग द्वारा तीन अथवा चार रेखायें पड़ती हों, पुनः यदि लग्न से नवम स्थान में कोई पापग्रह बैठा हो तो जातक के २० वें वर्ष के पूर्व ही उस के पिता की मृत्यु होती है।

(७) यदि सूर्य्य केन्द्रस्थ हो अथवा सूर्य्य धन वा मीन राशि में बैठा हो और बृहस्पति सूर्य्य के साथ हो परन्तु यदि सूर्य्य जिस राशि में बैठा हो उस राशि के मध्य द्रेष्काण में हो और उस सूर्य्य-स्थित राशि पर सूर्य्य-अष्टक-वर्ग के अनुसार ३, ४, ५, ६ अथवा ७ रेखायें पड़ती हों तो ऐसा जातक १०० योजन पृथ्वी का अधिपति होता है।

(८) यदि र. केन्द्र में बैठा हो और श., बु. और चं. एक साथ हों और सूर्य्याष्टक वर्ग में र. के स्थान में ५ रेखायें पड़ती हों तो जातक के पिता को जातक के १० वर्ष आयु के बाद राज्य, लक्ष्मी प्राप्त होती है अथवा बड़ा जमीन्दार वा राजा होता है।

(९) रवि अष्टक वर्ग में, जो राशि रेखा-शून्य हो उस राशि में जब सूर्य्य जाता है अर्थात् उस सौर मास में जातक को कोई शुभ कार्य का आरम्भ एवं विवाहादि मंगल कार्य्य वर्जित मानना चाहिए।

चन्द्राष्टक-वर्गानुसार फल।

का-२३१ चन्द्रमा के चतुर्थस्थान से माता, मकान, ग्रामादि का विचार होता है।

(१) यदि जन्म काल का चन्द्रमा लग्न में हो और चन्द्राष्टक-वर्गानुसार चन्द्र-स्थित राशि में यदि १, २, अथवा ३ रेखायें पड़ती हों तो जातक रोगी एवं निर्बल होता है। कोई कोई क्षय रोग से भी पीड़ित होता है।

(२) चन्द्रमा लग्न में हो और चन्द्रमा के साथ यदि दो अथवा तीन ग्रह भी बैठे हों तथा उस चन्द्रस्थित राशि पर दो अथवा तीन रेखायें चन्द्राष्टक-वर्ग द्वारा पड़ती हों तो जातक की मृत्यु ३७ वें वर्ष में होती है।

(३) यदि जन्म कालिक चन्द्रमा केन्द्र, त्रिकोण अथवा एकादशभाव गत नीच हो अथवा शत्रुगृही एवं क्षीण भी हो और चन्द्राष्टक-वर्ग द्वारा दो या तीन रेखायें पड़ती हों तो चन्द्रस्थित भाव का विनाश होता है। अर्थात् यदि पञ्चम स्थान में चन्द्रमा हो तो पुत्र के लिये हानिकारक होगा यदि एकादश स्थान में चन्द्रमा हो तो आय स्थान खराब होगा इत्यादि इत्यादि। पुनः यदि ऊपर वाले योग में चन्द्रमा क्षीण न हो और ४ अथवा ४ से अधिक रेखायें पड़ती हों तो चन्द्रस्थित भाव का फल उत्तम होता है।

(४) यदि क्षीण चन्द्रमा लग्न में बैठा हो और चन्द्राष्टक वर्ग द्वारा चन्द्रस्थित राशि में तीन अथवा तीन से कम रेखायें पड़ती हों तो जातक को दमा की बीमारी होती है।

(५) यदि चन्द्रमा केन्द्रस्थित हो और उस पर चन्द्राष्टक वर्ग द्वारा ८ रेखायें पड़ती हों तो जातक को ख्याति होती है। वह विद्वान्, धनी, माननीय, बली एवं नृप-तुल्य होता है।

(६) जन्म कालिक चन्द्रमा यदि सप्तम, अष्टम अथवा द्वादशस्थान में हो, और चन्द्राष्टक-वर्ग द्वारा चन्द्रस्थित राशि पर तीन अथवा तीन से कम रेखायें पड़ती हों तो जातक की बाल्यावस्था में ही माता की मृत्यु होती है अथवा उसकी माता आजन्म रोगिणी होती है।

(७) यदि जन्म-कालिक चन्द्रमा केन्द्रस्थित हो, अथवा द्वादशस्थ हो और चन्द्राष्टक वर्ग द्वारा चन्द्र-स्थित राशिपर ३ अथवा ३ से कम रेखायें पड़ती हों तो जातक की माता की मृत्यु जातक के छठे वर्ष में होती है।

(८) जातक के चन्द्राष्टक-वर्ग के अनुसार जिस किसी राशि में सब से अधिक रेखायें पड़ती हों यदि किसी अन्य पुरुष का उसी राशि में जन्म का चन्द्रमा हो तो उस अन्य पुरुष से जातक की मित्रता एवं किसी प्रकार का सम्बन्ध करने से अत्यन्त शुभदायी होता है एवं जातक यदि ऐसे पुरुष के साथ होकर व्यवसाय आदि करे तो विशेषलाभ उठाता है ।

मंगलाष्टक-वर्गानुसार फल ।

का-२४० मंगल जिस स्थान में हो उस से तीसरा स्थान भ्रातृ स्थान होता है ।

(१) यदि मंगल अपने अष्टकवर्ग में, जिस राशि में बैठा हो उस राशि में ८ रेखायें पड़ती हों, तो जातक जमीन्दार होता है । यदि मंगल, लग्न, द्वितीय अथवा दशमस्थान में हो और उस स्थान में आठ रेखायें पड़ती हों तो जातक राजा होता है । यदि जातक का जन्म किसी राजवंश में हो तो अवश्य ही राजा होता है । इसी प्रकार यदि मंगल उच्च अथवा स्वगृही होकर लग्न, चतुर्थ, नवम, अथवा दशम स्थान में हो और उस राशि पर ८ रेखायें पड़ती हों तो जातक यदि लक्षाधीश न भी हो तो बहुत ही धनाढ्य एवं राजा होता है ।

(२) यदि मं. केन्द्र में बैठा हो, और धन, मेष, सिंह, मकर अथवा वृश्चिक राशि का हो तथा मं. पर ४ रेखाओं से अधिक रेखायें पड़ती हों तो जातक अति धनी होता है ।

(३) यदि मं. दशम अथवा लग्न में बैठा हो और मं. पर ८ रेखायें पड़ती हों तो जातक धनो होता है । यदि जातक राजाकुल का हो तो अवश्य राजा होता है । पुनः यदि मं. उच्च वा स्वक्षेत्र हो तो महाराज होता है ।

(४) यदि जन्मलग्न कर्क, सिंह, धन अथवा मकर हो, यदि मंगल, लग्न में बैठा हो तथा उस मंगल पर चार रेखायें पड़ती हों तो जातक राजा तुल्य होता है ।

(५) यदि मंगल द्वितीयेश होकर षष्ठ स्थान में हो और मंगल जिस

राशि में बैठा हो, उस राशि में ६ रेखायें पड़ती हों तो जातक को शत्रु अधिक संख्या में होते हैं तथा ऐसा जातक अपनी कम अवस्था से ही व्यभिचार में लीन रहता है।

(६) यदि मंगल षष्ठ, अष्टम अथवा द्वादश स्थान में नीच वा अस्तगत हो और उस के साथ चन्द्रमा भी बैठा हो तथा मंगल जिस राशि में बैठा हो एवं उसमें छः रेखायें पड़ती हों तो जातक को भाई नहीं होता।

(७) इसी प्रकार नीच राशिगत मंगल अथवा अस्तंगत मंगल, षष्ठ, अष्टम अथवा द्वादश स्थानगत हो और मंगल पर ६ रेखायें पड़ती हों, पुनः चन्द्रमा जन्म लग्न से केन्द्र में हो तथा चन्द्रमा पर भी मंगलाष्टक वर्गीय में ६ रेखायें पड़ती हों तौ भी जातक को भाई नहीं होता है।

(८) मंगल यदि लग्न से केन्द्र में हो अथवा पञ्चम स्थान में हो और मंगल जिस राशि में हो उस राशि में चार रेखायें पड़ती हों तो जातक को भाई नहीं होता।

(९) यदि मंगल लग्न से तृतीय स्थान में हो और जिस राशि में मंगल बैठा हो, उस राशि में चार अथवा चार से अधिक रेखायें पड़ती हों, और मंगल पर शुभग्रह की दृष्टि भी पड़ती हो तो जातक को कई भाई बहने होती हैं।

(१०) यदि मंगल के साथ शनि भी बैठा हो और मंगलगत राशि पर तीन अथवा तीन से कम रेखायें पड़ती हों तो जातक के भाइयों की मृत्यु होती है।

(११) यदि मंगल पर अथवा मंगल स्थित राशि से पञ्चम और नवम पर शुभग्रह की दृष्टि पड़ती हो और मंगल स्थित राशि अथवा त्रिकोणस्थ राशि (नवम, पञ्चम) पर जितनी रेखायें पड़ती हों तो उतनी ही संख्याएं जातक के भाई अथवा बहन की होती है। देखो उदाहरण कुण्डली, इस कुण्डली में सिंह राशि में मंगल बैठा है और सिंह से पञ्चम राशि धन और नवम राशि मेष हुआ, सिंह पर किसी शुभ ग्रह की पूर्ण दृष्टि नहीं है परन्तु धन पर बृहस्पति की पूर्ण दृष्टि है तथा मेष पर शुक्र की पूर्ण दृष्टि है। मंगल-अष्टक-वर्ग में धन पर ४ रेखायें हैं और मेष राशि पर एक रेखा है, अर्थात्

कुल ५ रेखायें हैं। अतः इस जातक को सचमुच में ४ भाई थे और एक बहन भी थी। (अन्य भाई बहनों की बाल्यावस्था ही में मृत्यु हुई थी)।

(१२) मंगल, यदि नीच वा शत्रुगृही न हो पर मेष, धन अथवा मकर राशि गत हो और मंगल पर ४ अथवा ४ से अधिक रेखायें पड़ती हों तो जातक राज-सुख भोग करता है।

(१३) इसी प्रकार मंगल, यदि शनि से दृष्ट अथवा युत हो और मंगल स्थित-राशि पर चार या चार से अधिक रेखायें पड़ती हों तो जातक कई ग्रामों का अधिपति एवं दण्ड देने का अधिकारी होता है।

(१४) यदि मंगल, बुध के साथ होकर अथवा चन्द्र से दृष्ट होकर लग्न से किसी भाव में बैठा हो और यदि जिस राशि में मंगल बैठा हो उस राशि में ३ अथवा ३ से कम रेखायें पड़ती हों तो जातक आजन्म धनहीन रहता है।

(१५) यदि मंगल चन्द्रमा से दृष्ट अथवा युत होकर किसी भाव में बैठा हो तथा मंगल जिस राशि में हो, उस राशि पर ४ अथवा ४ से अधिक रेखायें पड़ती हों तो जातक बहुत से ग्रामों का मालिक होता है।

(१६) यदि मंगल स्वगृही होकर दशम स्थान गत हो अथवा मंगल चतुर्थेश हो और मंगल पर ४ अथवा ४ से अधिक रेखायें पड़ती हों तो ऐसा जातक राज्य अथवा किला एवं दुर्ग पर अधिकार रखता हुआ सेनाधिपति होता है तथा वह सुख-मय जीवन व्यतीत करता है।

टिप्पणीः—उपर्युक्त फल-विवरण में यह नहीं लिखा गया है कि रेखायें किस अष्टक-वर्ग की होंगी जिस प्रकार सूर्य्य-अष्टक-वर्ग और चन्द्र-अष्टक वर्ग एवं सभी योगों में लिखा गया है कि रेखायें सूर्य्य-अष्टक-वर्ग द्वारा अथवा चन्द्र-अष्टक-वर्ग द्वारा होनी चाहिये क्योंकि पाठक गण इस बात को समझ गये होंगे कि जिस ग्रह द्वारा फल कहा जाता है उसी ग्रह की अष्टक वर्ग रेखा से विचार करना होगा। अतएव मंगल ग्रह के अनुसार फल कहने में मंगल के अष्टक-वर्ग की रेखाओं को समझना होगा। इसी प्रकार बुध आदि ग्रहों में भी समझना होगा।

बुधाष्टक-वर्ग फल ।

का-२४१ बुधाष्टक-वर्ग में, बुध के चौथे भाव से धन, पुत्रादि, कुटुम्ब, मामा (मामू) इत्यादि का विचार होता है और इस प्रकार बुध अष्टक-वर्ग में बुध से पञ्चम भाव से मंत्र, विद्या, लेखन शक्ति, एवं बुद्धि आदि का विचार होता है ।

(१) यदि बुध, लग्न से केन्द्र अथवा त्रिकोण में हो और उसपर ८ रेखायें पड़ती हों तो जातक अपने जातीय व्यवसाय में ख्याति पाता है और भाग्यशाली होता है ।

(२) यदि बुध उच्च हो अथवा स्वगृही हो, परन्तु उस भाव में एक, दो अथवा तीन ही रेखायें पड़ती हों तो बुध-स्थित भाव के फल की वृद्धि होती है ।

(३) बुध-अष्टक-वर्ग में जिस राशि में सब से अधिक रेखायें पड़ती हों, उस राशि के सौर मास में विद्या आरम्भ करने से, विद्या में पूर्ण सफलता प्राप्त होती है, अर्थात् उस मास में विद्या सम्बन्धी कार्यों के आरम्भ करने से उसमें सफलता होती है ।

(४) बुध-अष्टक-वर्ग में जिस राशि में कोई रेखा नहीं पड़ती हो तो उस राशि में जब गोचर का शनि जाता है तब जातक के किसो बन्धु अथवा ज्ञाति की मृत्यु होती है और किसी प्रकार का सुख जो उस समय तक जातक भोग करता हो उसका नाश होता है ।

(५) बुध जिस स्थान में बैठा हो उस स्थान से द्वितीय स्थान में यदि कोई रेखा न पड़ती हो तो जातक गूंगा होता है । पुनः यदि उक्त द्वितीय स्थान में ३ अथवा ३ से कम रेखायें पड़ती हों तो जातक सारहोन वक्ता होता है । यदि बुध से द्वितीय स्थान में ४ रेखायें पड़ती हों तो जातक साधारण वक्ता होता है । यदि ५ अथवा ६ रेखायें पड़ती हों तो जातक उत्तम वक्ता होता है और अपने विषय का पूर्ण रीति से समर्थन कर सकता है तथा यदि ७ रेखायें हों तो जातक बातचीत करने में कुशल और प्रिय, एवं उत्तम कोटि का वक्ता होता है ।

(६) यदि बुध से द्वितीय स्थान में पापग्रह की रेखा पड़ती हो तो जातक कठोर एवं व्यंग वचन बोलने वाला होता है। यदि बुध से द्वितीय में सूर्य्य की रेखा पड़ती हो तो बुद्धिमानो की बातें एवं विचार पूर्वक बातों का बोलने वाला होता है। यदि उक्त स्थान में शनि की रेखा पड़ती हो तो जातक की बातें उद्विग्न करने वाली होती हैं और जातक मिथ्याभाषी होता है। यदि मंगल की रेखा पड़ती हो तो जातक की बातें झगड़ा पैदा करने वाली होती हैं। यदि बुध से द्वितीय स्थान में वृ. की रेखा पड़ती हो तो जातक तार्किक एवं युक्ति-युक्त तथा बहस करने में कुशल होता है। यदि बुध से द्वितीय स्थान में शुक्र की रेखा पड़ती हो तो जातक मनोहर भाषी होता है, और अपने भाषण में प्रमाणों एवं कहावतों की झड़ी लगा देने वाला होता है। इसी प्रकार यदि जातक की कुण्डली में जन्म समय का चन्द्रमा नीच हो, अथवा शत्रुगृही हो और ऐसा चन्द्रमा बुध-अष्टक वर्ग में, यदि बुध से द्वितीय स्थान में कोई रेखा देता हो तो जातक बात करने में लज्जा मानने वाला होता है तथा बोलने में व्यवस्था-रहित होता है। यदि लग्न से द्वितीय स्थान में बुध की रेखा पड़ती हो और शुभ राशि हो तो जातक प्रायः आनन्द देने वाली बातों का बोलने वाला होता है।

(७) यदि बुध, षष्ठ, अष्टम अथवा द्वादश भाव में बैठा हो और उसपर तीन या तीन से कम रेखायें पड़ती हों एवं बुध पर किसी शुभग्रह की दृष्टि न हो तो जातक आलसी एवं जुआड़ी होता है।

(८) यदि बुध, शुक्र के साथ होकर षष्ठ, अष्टम अथवा द्वादश भाव में हो और यदि बुध पर तीन या तीन से कम रेखायें पड़ती हों तो जातक विद्या रहित होता है।

बृहस्पति-अष्टक-वर्ग फल।

धा-२५२ बृहस्पति के अष्टक-वर्ग से संतान का विचार होता है, और वृहस्पति के पञ्चम स्थान से ज्ञान, धर्म्म, धन, एवं पुत्र का विचार होता है।

(१) वृहस्पति के अष्टक वर्ग की जिस राशि में सब से विशेष रेखायें पड़ती हों, उस राशि गत लग्न में गर्भाधान होने से पुत्र की उत्पत्ति होती

है। तथा जिस दिशा का सूचक वह राशि हो उस दिशा में खजाना, गोशाला, अस्तबल, हथसार, मोटर रखने का स्थान (गैरेज), भण्डार इत्यादि बनाने से उस स्थान में सब प्रकार की वृद्धि होती है। जैसे उदाहरण कुण्डली के बृहस्पति के अष्टक वर्ग की मिथुन में ६ रेखायें, सिंह में ६ रेखायें, और वृश्चिक में भी ६ रेखायें पड़ती हैं। मिथुन से पश्चिम, सिंह से पूर्व और वृश्चिक से उत्तर अर्थात् उदाहरण कुण्डली वाले के लिये उपर्युक्त तीन दिशायें शुभ होंगी। इस का कारण यह है इन तीनों राशियों में सब से विशेष रेखायें हैं और बराबर बराबर हैं।

(२) बृहस्पति के अष्टक-वर्ग के जिस स्थान में सब से कम रेखायें पड़ती हों तो उस राशि में जब गोचर का र. जाता है तो उस मास में उस जातक को कार्य्यों में निष्फलता होती है।

(३) यदि बृहस्पति, लग्न से षष्ठ, अष्टम अथवा द्वादश भाव गत हो और बृहस्पति जिस राशि में हो उस में ५ अथवा ५ से अधिक रेखायें पड़ती हों तो जातक दीर्घायु, धनी, एवं शत्रुओं पर विजयी होता है।

(४) बृहस्पति कर्क, धन, मीन-राशि-गत, केन्द्र-गत, नवमस्थ अथवा किसी राशि में हो परन्तु नीच न हो, अथवा शत्रुगृही न हो और अस्त नहीं हो तो उपर्युक्त ६ योगों में से किसी एक के रहने से बृहस्पति जिस राशि में बैठा हो उस पर यदि ८ रेखायें पड़ती हों तो जातक अपने स्वकीय यश से पृथ्वी का स्वामी, धनी, अथवा राजा-तुल्य होता है। तथा उसकी बुद्धि-मानी एवं अन्य शुभ गुणों की बहुत ही ख्याति होती है। पुनः उपर्युक्त योग में बृहस्पति के साथ चं. भी हो और केवल ७ ही रेखायें पड़ती हों तो जातक को धन, स्त्री, एवं बहु सन्तान का सुख होता है। यदि ६ ही रेखायें पड़ती हों तो जातक, धनी, वाहनादि का सुख भोगने वाले, और संतान वाला होता है केवल ५ रेखायें पड़ती हों तो जातक जयशील एवं शीलवान होता है

(५) श्री रणवीर ज्योतिष महा निबन्ध नामक ग्रन्थ का मत है कि (क) पर यदि ७ या ८ रेखायें पड़ती हों तो जातक स्त्री एवं धन से चिरकाल सुखी रहता है, ६ रेखाओं के पड़ने से उसे धन एवं वाहनादि का सुख होता है। तथा ५ रेखाओं के रहने से जातक श्रेष्ठ स्वभाव का होता है।

(६) यदि चं. बृहस्पति से षष्ठ अथवा अष्टमस्थान में हो और बृहस्पति के अष्टक वर्ग में चन्द्र-स्थित राशि पर तीन या तीन से कम रेखायें पड़ती हों तो जातक को राज-योग रहने पर भी सर्वदा ऋण-ग्रस्त रहने का दुर्भाग्य होता है।

(७) स्वक्षेत्री बृहस्पति त्रिकोणस्थ हो और उसपर तीन अथवा तीन से कम रेखायें पड़ती हों तो जातक के सन्तानों की मृत्यु होती है।

(८) बृहस्पति जिस राशि में बैठा हो उस राशि का स्वामी यदि उच्च हो, और बृहस्पति के अष्टक-वर्ग में उस उच्च ग्रह पर ५ रेखायें पड़ती हों तो जातक राजा वा महाराजा होता है।

(९) यदि लग्न से बृहस्पति षष्ठ अथवा अष्टम स्थान में हो और लग्नेश बृहस्पति के साथ हो तथा बृहस्पति पर तीन अथवा तीन से कम रेखायें पड़ती हों तो जातक आजन्म भाग्य-हीन होता है।

(१०) यदि बृहस्पति षष्ठ, अष्टम अथवा द्वादश-भाव-गत हो तो बृहस्पति से तृतीय एवं पञ्चम स्थान में बृहस्पति के अष्टक-वर्ग द्वारा जितनी रेखायें पड़ती हों, उतनी ही संतान-संख्या होती है।

(११) यदि लग्न से पञ्चमस्थान का स्वामी बृहस्पति के साथ हो अथवा बृहस्पति से दृष्ट हो और यदि पञ्चमेश पर ४ अथवा ४ से अधिक रेखायें पड़ती हों तो जातक का कोई एक सन्तान जातक के कुल की वृद्धि एवं ख्याति करनेवाला होता है।

(१२) लग्न से पञ्चमस्थान का स्वामी जिस राशि में बैठा हो उस राशिका स्वामी यदि बृहस्पति के साथ हो अथवा बृहस्पति से दृष्ट हो परन्तु उस ग्रह पर (अर्थात् पञ्चमेश जिस राशि में बैठा हो उस स्थान का स्वामी) तीन या तीन से कम रेखायें पड़ती हों तो इस जातक का कोई एक सन्तान जातक के प्रति दुर्व्यवहार करने वाला होता है।

(१३) लग्न से और बृहस्पति के स्थान से पञ्चम स्थानों में तीन अथवा तीन से कम रेखायें पड़ती हों तो जातक को बहुत कम सन्तान होती है।

(१४) बृहस्पति से पञ्चमराशि में जितनी रेखायें पड़ती हों उतनी ही संतान-संख्या होती है। परन्तु यदि उस पञ्चम स्थान में नीच वा शत्रुगृही ग्रह हों तो फल ठीक नहीं होता।

(१५) बृहस्पति और लग्न से नवमेश, उच्च अथवा स्वगृही हों तथा वह केन्द्रवर्त्ती हों एवं उन पर ४ से अधिक रेखायें पड़ती हों तो जातक को दण्ड देने का अधिकार होता है।

(१६) बृहस्पति-अष्टक-वर्ग में जब गोचर का शनि उस राशि में जाता है, जिस राशि में सब से कम रेखायें पड़ती हों तो उस समय में जातक को मृत्यु-भय होता है।

शुक्राष्टक-वर्ग-फल।

धा-२४३ शुक्र के अष्टक वर्ग से स्त्री का विचार होता है।

(१) शुक्राष्टक वर्ग के जिस स्थान में सब से कम रेखायें पड़ती हों यदि उस राशि की दिशा में जातक अपनी स्त्री का शयनगृह बनावे तो वह स्त्री जातक के वशीभूत रहती है।

नोटः—एक पुस्तक के मत से शुक्राष्टक वर्ग की जिस राशि में सब से अधिक रेखायें पड़ती हों उसी राशि की दिशा में गृह-निर्माण कहा है।

(२) केन्द्र अथवा त्रिकोण-गत शुक्र पर यदि आठ रेखायें पड़ती हों तो जातक सेनाधिपति और वाहनाधिपति होता है। यदि सात रेखायें पड़ती हों तो जातक धनाढ्य, रत्नादि-सम्पन्न एवं आजन्म सुखी होता है। यदि ५ अथवा ६ रेखायें पड़ती हों तो ऐसे जातक का दाम्पत्य जीवन सुखमय होता है। यदि शुक्र नीच हो अथवा सप्तम, अष्टम या द्वादश-गत हो और जातक को यदि कोई राजयोग भी हो तो वह राजयोग नष्ट हो जाता है।

(३) यदि शुक्र, मेष अथवा वृश्चिक राशि-गत हो और शुभग्रह से युत या दृष्ट हो तथा ४ से अधिक रेखायें पड़ती हों तो जातक अत्यन्त धनी होता है और उसे बहुत वाहनादि होते हैं।

(४) यदि शुक्र, केन्द्र अथवा त्रिकोणगत हो और मंगल से दृष्ट न हो तथा शुक्र पर ४ से अधिक रेखायें पड़ती हों तो जातक का विवाह कम अवस्था में होता है और यदि मंगल से दृष्ट हो तो जातक के विवाह में विघ्न बाधायें होती हैं ।

(५) यदि शुक्र मकर अथवा कुम्भ राशिगत हो और मंगल से दृष्ट हो तथा तीन या तीन से कम रेखायें पड़ती हों तो जातक की स्त्री कुलटा होती है ।

शन्यष्टक-वर्ग-फल ।

धा-२५४ शनि के अष्टक-वर्ग से आयु का विचार होता है । शनि जिस स्थान में हो उस से अष्टमस्थान मृत्यु स्थान कहलाता है ।

(१) लग्न से शनि पर्यन्त की जितनी रेखायें शनि के अष्टक-वर्ग में हों उतने वर्ष में जातक को रोग अथवा झगड़ा होता है । अर्थात् लग्न में जितनी रेखायें हों उसको और उसके बाद के राशियों की रेखायें और श. के राशि में जितनी रेखायें हों सभी को जोड़ कर जितना आवे उतनी वर्ष संख्या में रोगादि होते हैं । इसी प्रकार शनि से लग्न पर्यन्त जितनी रेखायें हों उतने वर्ष में रोग, मृत्यु, धनक्षय अथवा प्रदेश गमन होता है । लग्न से शनि पर्यन्त, और शनि से लग्न पर्यन्त की रेखाओं को जोड़ कर जो फल आवे उतने वर्ष में मृत्यु भय होता है । शनि अष्टक-वर्ग में कुल ३९ रेखायें होती हैं उसमें शनिस्थित राशि एवं लग्नस्थित राशि रेखाओं के जोड़ने से ठीक फल आजायगा । इसी प्रकार लग्न से शनि पर्यन्त अर्थात् लग्न से शनिस्थितराशि पर्यन्त जितनी रेखायें हों, उनको ७ से गुणा कर के और २७ से भाग देकर जो शेष रहे उस संख्यक नक्षत्र में जब गोचर का शनि जाता है तो सुख एवं धन की हानि होती है । उदाहरण कुण्डली में शनि लग्नस्थ है, इस कारण लग्न में जितनी रेखायें हों अर्थात् २ उस को ७ से गुणा कर के १४ हुआ, २७ से भाग नहीं पड़ेगा इस कारण चौदहवां नक्षत्र अर्थात् चित्रा नक्षत्र में जब गोचर का शनि जायगा तो उदाहरण कुण्डली

वाले जातक को सुख एवं धन की हानि का समय होना चाहिये। उस जातक के जीवन में चित्रा नक्षत्र में शनि दो वार आचुका, विशेष रूप से तो नहीं परन्तु किञ्चित मात्र फल अनिष्ट ही हुआ।

(२) शनि के अष्टक वर्ग में जिस राशि में कोई रेखा नहीं पड़ती हो, उस राशि में कोई गोचर का शनि आने से जातक की मृत्यु होती है अथवा धन की हानि होती है।

(३) यदि जन्म समय में शनि केन्द्रवर्त्ती हो, किसी केन्द्र-स्थान में तुला राशि पड़ती हो, परन्तु शनि, तुला राशि में न हो, तथा ऐसे शनि पर ४ अथवा ४ से कम रेखायें पड़ती हों तो जातक अल्पायु होता है। देखो उदाहरण कुण्डली। इसमें शनि केन्द्रवर्ती है, परन्तु केन्द्र में तुला राशि नहीं पड़ती है। यद्यपि शनि पर दो ही रेखायें पड़ती हैं तौ भी अल्पायु योग नहीं हुआ।

(४) यदि बली शनि लग्न में हो और उस पर ५ या ६ रेखायें पड़ती हों तो जातक जन्म समय ही से दुःख भोगता है एवं उसके धन की हानि होती है।

(५) यदि शनि लग्न में हो और रेखा से रहित हो तो जातक अल्पायु होता है।

(६) यदि चं. शुभ वर्ग और शनि नीच अथवा शत्रु-गृही हो, ऐसे शनि पर ५ अथवा ६ रेखायें पड़ती हों तो जातक दीर्घायु होता है।

(७) शनि नीच अथवा शत्रु गृह में हो और शुभ ग्रह से दृष्ट हो तथा शनि पर ४ रेखायें से अधिक पड़ती हों तो जातक दीर्घायु होता है।

(८) शनि यदि लग्न अथवा पञ्चमस्थान में हो, अस्त हो, नीच हो, अथवा शत्रु के गृह में हो और शनि पर ४ अथवा ५ रेखायें पड़ती हों तो जातक को दासियां बहुत होती हैं, वह ऊँटों का मालिक और धनी होता है

(९) यदि श. लग्न वा पांचवे स्थान में और शनि पर ७ रेखायें पड़ती हों तो जातक बहुत ही धनी होता है। पुनः यदि ८ रेखायें पड़ती हों तो जातक ग्राम, शहर इत्यादि का अधिपति होता है। यह भी लिखा है कि यदि ऐसे

शनि पर ७ अथवा ८ रेखायें पड़ती हों तो जातक व्यापार में प्रवृत्त होने से लक्षाधीश हो सकता है

(१०) यदि श., मं. एक साथ हों और श. पर ४ वा ५ रेखायें पड़ती हों तो जातक पुर, ग्रामादि का स्वामी होता है तथा तंत्र-मंत्र का जानने वाला होता है।

(११) शनि, यदि नवमेश और दशमेश हो, तृतीय, षष्ठ, अथवा एकादश स्थान में हो और शनि पर तीन रेखायें पड़ती हों तो जातक राजा के सदृश होता है।

(१२) शनि चन्द्रमा के साथ होकर यदि लग्न में बैठा हो और शनि पर ४ से अधिक रेखायें पड़ती हों तो जातक ऋणग्रस्त होता है। परन्तु यदि शनि और चन्द्रमा साथ होकर ४,७,१० स्थान में हों और ४ रेखायें पड़ती हों तो यह एक राज-योग होता है।

(१३) शनि किसी स्थान में बैठा हो और उस पर तीन या तीन से कम रेखायें पड़ती हों तो जातक की मृत्यु परदेश में होती है।

(१४) शनि द्वितीयस्थ हो और चतुर्थेश के साथ हो अथवा चतुर्थेश से दृष्ट हो तथा शनि पर दो या तीन रेखायें पड़ती हों तो जातक तीर्थाटन करता है।

(१५) शनि यदि दशमस्थ हो, दशमेश भी उसके साथ हो और उस पर तीन रेखायें पड़ती हों तो जातक अपने जीवन के विशेष अंश में परदेशवासी रहता है।

(१६) शनि के अष्टकवर्ग में जो स्थान रेखा-शून्य हो उस राशि में जब श. गोचर का जाता है उस समय उस राशि में र. और चं. भी गोचर का जब जाय, तब वह समय जातक के लिये बहुत ही अनिष्टकारी होता है। यदि उस समय खराब दशा हो तो मृत्यु भी हो सकती है।

(१७) पराशर ने यह भी लिखा है कि शनि के अष्टक-वर्ग में जो जो राशि रेखा-शून्य हो, उस उस स्थान में सुर्य्य या शनि अथवा दोनों जब जाते हैं तो जातक को रोग-पीड़ा इत्यादि होती है।

सर्वाष्टक-वर्ग फल।

धारा-२४५ (१) सात ग्रहों के पृथक् पृथक् अष्टक वर्ग रेखाओं का विवरण एवं चक्र लिखा जा चुका है। उन्हीं सातों अष्टक वर्ग चक्रों में, मेष राशि में जितनी रेखायें पड़ी हों एवं वृषराशि में जितनी रेखायें पड़ी हों, इत्यादि इत्यादि, उन्हीं सब रेखाओं को प्रत्येक राशि में जोड़ कर बारहों राशियों की रेखाओं को अलग अलग अङ्कित करके और जन्म कुण्डली के अनुसार जिसकी जन्म कुण्डली का अष्टकवर्ग बनाया गया हो, ग्रहों को स्थापित करके जो चक्र होगा उसी को सर्वाष्टक-वर्ग-चक्र कहते हैं।

उदाहरण कुण्डली का अष्टक वर्ग चक्र संख्या ४८ एवं ४९ में लिखा गया है। इस स्थान में एक चक्र सर्वाष्टक वर्ग का (जो चक्र ५१ है) नीचे लिखा जाता है।

उदाहरण कुण्डली का सर्वाष्टक-वर्ग चक्र (५१)।

	मेष	वृष	मिथुन	कर्क	सिंह	कन्या	तुला	वृश्चिक	धन	मकर	कुम्भ	मीन	जोड़
ग्रह उ.कु.			वृ. रा.		मं.		र. बु. शु.		बृ. के. ल.			चं.	
र अ.वर्ग	४	४	४	३	५	२	४	४	३	३	४	५	४८
चं. ,,	६	७	३	३	४	४	४	०	६	५	४	३	४९
मं. ,,	१	५	२	२	६	४	२	२	४	१	४	६	३९
बु. ,,	३	४	६	३	६	५	५	३	५	५	४	५	५४
बृ. ,,	५	४	६	५	६	४	३	६	३	५	४	५	५६
शु. ,,	५	३	४	५	५	२	६	२	४	५	६	५	५२
श ..	३	७	२	३	४	३	५	२	२	३	२	३	३९
जोड़	२७	३४	२७	२४	३६	२७	२९	१९	२७	२७	२८	३२	३३७
लग्न. अ. वर्ग	१	६	३	३	४	४	६	३	५	५	५	४	४९
जोड़	२८	४०	३०	२७	४०	३१	३५	२[illegible]	३२	३२	३३	३६	३८६

इस चक्र में ऊपर वाले कोष्ठ (१) में राशियों का स्थान है। उस से नीचे वाले कोष्ठ (२) में उदाहरण कुण्डली के जन्मकालीन ग्रहों की स्थिति जिन जिन राशियों में है, लिखा गया है। जन्म-लग्न धन राशि है इस कारण धन राशि में लग्न बोध होने के लिये 'ल' लिखा गया है। तदनन्तर कोष्ठ (३) में रवि-अष्टक वर्ग के अनुसार जिस राशि में जितनी रेखायें हैं अर्थात् मेष में ४, वृष में ४, मिथुन में ४, कर्क में ३, सिंह में ५, कन्या में ५, तुला में ५, वृश्चिक में ४, धन में ३, मकर में ३, कुम्भ में ४, और मीन में ५ रेखायें लिखी गयी हैं। इसी प्रकार चौथे कोष्ठ में चन्द्राष्टक-वर्ग के अनुसार मेषादि राशियों में जितनी रेखायें पड़ी हैं, लिखी गयी हैं। एवं कोष्ठ ५ में मंगलाष्टक वर्ग, ६ में बुधाष्टक-वर्ग, ७ में बृहस्पत्यष्टक वर्ग, ८ में शुक्राष्टक वर्ग, ९ में शन्यष्टक वर्ग के अनुसार मेषादि राशियों की रेखायें लिखी गयी हैं। स्मरण रहे कि सर्वाष्टक वर्ग में लग्न-अष्टक वर्ग की रेखाओं की लिखने की विधि दक्षिण भारत में नहीं है। अन्तिम कोष्ठ में मेष राशि में भिन्न भिन्न अष्टक वर्ग के अनुसार जितनी रेखायें पड़ती हैं उनका जोड़ है। इसी प्रकार अन्य राशियों का भी जोड़ अन्तिमकोष्ठ में है। अतः अन्तिमकोष्ठ से यह परिणाम आया कि उदाहरण-कुण्डली के जातक को लग्न में अर्थात् धन राशि में दक्षिण मतानुसार २७ रेखायें पड़ती हैं। द्वितीय भाव अर्थात् धन भाव में (मकर राशि) २७ रेखायें पड़ती हैं। तृतीय भाव में (कुम्भ राशि) २८ रेखायें हैं। चतुर्थ में (मीन राशि में) ३२, पञ्चम में (मेष) २७, षष्ठ में (वृष) ३४, सप्तम में (मिथुन) २७, अष्टम में (कर्क) २४, नवम में (सिंह) ३६, दशम में (कन्या) २७, एकादश (तुला) में २९ और द्वादश (वृश्चिक) में १९ रेखायें पड़ती हैं। यदि इन्हीं सब रेखाओं को कुण्डली के चक्र में लिख दी जाय, जिसमें केन्द्रादि का बोध सुगमता से हो तो निम्नलिखित चक्रानुसार होगा। इस चक्र में सभी बातें कुण्डली लिखने की प्रणाली के अनुसार हैं। केवल रेखा संख्या ब्राइकेट से घेर दी गई हैं।

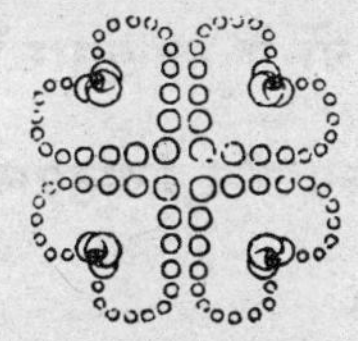

सर्वाष्टक वर्ग चक्र (५२)।

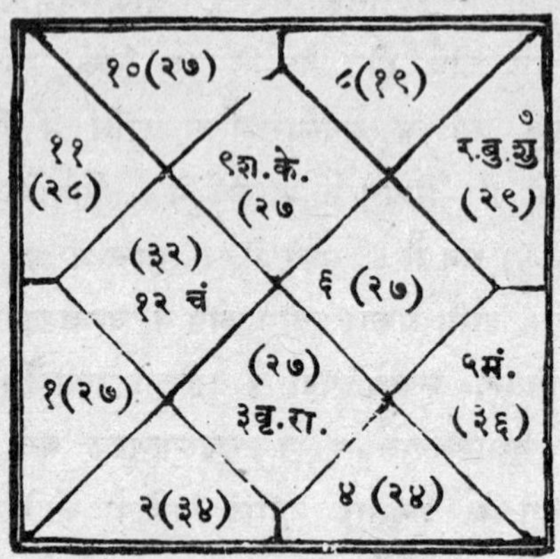

इस उपर्युक्त चक्र को यथार्थ में सर्वाष्टक-चक्र कहेंगे। इस चक्र के अनुसार फल कहने की विधि लिखी जाती है।

(२) महर्षि पराशर एवं अन्य उत्तर भारतीय विद्वानों का मत है कि सर्वाष्टक-वर्ग में लग्नाष्टक-वर्ग की रेखाओं को भी सम्मिलित करना आवश्यक है। किन्तु ज्योतिर्महानिबन्ध में सातही को माना है, अतएव सर्वाष्टक विधि चक्र ५१ में दशम कोष्ठ के बाद लग्नाष्टक वर्ग की रेखाओं को लिखा है और उसके नीचे सभी रेखाओं का जोड़ लिख दिया गया है। अर्थात् मेष में अट्ठाइस रेखायें, वृष में चालीस, मिथुन में तीस, कर्क में २७ इत्यादि।

स्मरण रहे कि दो मत होने के कारण उन फलों को जो दक्षिण भारतीय विद्वानों के मतानुसार है अर्थात् जिन लोगों ने केवल सात ही ग्रहों की रेखा के अनुसार फल कहा है, उन्हें पृथक करने के लिये उन उन फलों के आरम्भ में एक तारा (*Star) का चिन्ह अङ्कित किया गया है जिससे पाठकों को बोध हो जाय कि वे सब फल दक्षिण विद्वानों के मतानुसार हैं।

इस स्थान में उत्तर भारतीय मतानुसार सर्वाष्टक चक्र ५२ (क) लिखा जाता है।

चक्र ५२(क)

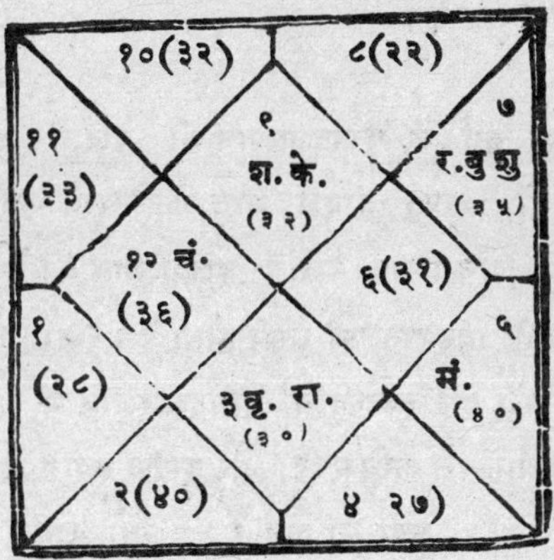

(३) सर्वाष्टक वर्ग में २४ अथवा २४ से कम रेखायें, जिस भाव में पड़ती हों, उस भाव के फल में कुछ भी तीव्रता नहीं रहती है अर्थात् साधारण से कम फल होता है।

२५ से ३० पर्यन्त रेखायें जिस भाव में पड़ती हों उस भाव का फल साधारण होता है। तीस से अधिक रेखायें जिस भाव में पड़ते हों उस के भाव जनित फलों में उग्रता होती है अर्थात् कीर्ति, आनन्द एवं धन आदि की प्राप्ति बिशेष रूप से होती है। इस में दोनों सहमत हैं।

(४)* जन्म कुण्डली के ग्रहगण उच्च हों, स्वगृही हों, मित्रगृही हों, बली अर्थात् उत्तम वर्ग के भी हों परन्तु उस भाव में ऐसे ग्रहों के रहने पर भी यदि प्रमाणित रेखायें न हों (जैसा कि ऊपर लिखा गया है) तो फल उत्तम नहीं होते, अपितु अनिष्ट ही होते हैं।

(५)* ज्योतिष शास्त्र के अनुसार निम्नलिखित तीन बातें मानी हुई हैं।
१—षष्ठ, अष्टम, द्वादश अथवा सप्तमस्थानस्थित ग्रहें प्रायः अनिष्ट-कारी होती हैं।
२—नीचे नवमांशादि-गत ग्रह, शत्रु नवमांशदि-गत ग्रह, अथवा शत्रु-राशि-गत-ग्रह

अनिष्ट फलदायक होते हैं । ३—मान्दि-गत-राशि का स्वामी जिस ग्रह के साथ हो वह भी अनिष्टकर माना जाता है। परन्तु ऐसे ग्रहों की स्थिति-राशि में यदि सर्वाष्टक-वर्ग रेखायें अधिक हों तो अशुभ फलों का निवारण होता है और शुभफल प्रदान करता है।

(६) * सर्वाष्टक वर्ग में, एकादशस्थान की रेखायें यदि दशम स्थान की रेखाओं से विशेष हों, परन्तु द्वादश भाव की रेखायें एकादश की रेखाओं से कम हों और पुनः लग्न-स्थित रेखायें द्वादश भाव की रेखाओं से विशेष हों तो जातक बली, धनी, विख्यात एवं सुखी होता है। देखो उदाहरण कुण्डली का सर्वाष्टक वर्ग चक्र ५२। इस कुण्डली में एकादश स्थान में २९ रेखायें हैं जो दशमस्थान की २७ रेखायें से अधिक हैं, और द्वादश स्थान में १९ रेखायें हैं, जो एकादश स्थान की २९ रेखा से कम हैं। पुनः लग्न की २७ रेखायें द्वादश के १९ रेखाओं से अधिक हैं। इस कारण उपर्युक्त योग पूर्ण रीति से लागू है। फल भी ऐसाही है, जिस का अनेक स्थानों में उल्लेख हो चुका है।

(७) * सर्वाष्टक-वर्ग में एक 'खण्डत्रय' विधि है। अर्थात् किसी कुण्डलीकी बारह राशियों को तीन खण्डों में विभाजित करना पड़ता है। इस विधि में कुछ मतान्तर है। किसी का कथन है कि कुण्डली से द्वादश स्थान से आरम्भ करके, द्वादश, लग्न, द्वितीयस्थान एवं तृतीयस्थान का प्रथमखण्ड होता है। इसी प्रकार कुण्डली का चतुर्थ, पंचम, षष्ठ एवं सप्तम स्थानों का तृतीय खण्ड होता है। उसी प्रकार अष्टम, नवम, दशम एवं एकादश स्थान का द्वितीय खण्ड होता है।

दूसरे मतानुसार मीन राशि से आरम्भ करके अर्थात् मीन, मेष, वृष और मिथुन राशियों का प्रथम खण्ड, कर्क, सिंह, कन्या और तुला राशियों का द्वितीय खण्ड एवं वृश्चिक, धन, मकर और कुम्भ राशियों का तृतीय खण्ड माना है। इस विधि को उत्तर एवं दक्षिण भारत के विद्वानों ने सहमत होकर स्वीकृत कर लिया है। ऊपर जो द्वादशस्थान से आरम्भ करके खण्ड

निर्माण करने की विधि लिखी गई है, वह केवल दक्षिण भारतीय दैवज्ञों की पुस्तकों में पायी जाती है।

लिखा है कि सर्वाष्टक वर्ग के प्रथम खण्ड में जितनी रेखायें पड़ती हों, द्वितीय खण्ड में जितनी रेखायें पड़तो हों तथा तृतीय खण्डमें जितनी रेखायें पड़ती हों इन तीन खण्डों की रेखाओं को अलग २ जोड़ के तारतम्यानुसार जातक के जीवन के प्रथम खण्ड अर्थात् बाल्यावस्था, द्वितीय खण्ड अर्थात् युवास्था और तृतीय खण्ड अर्थात् अन्तिम अवस्था के सुख-दुःख का अनुमान बोध होता है अर्थात् यदि तीनों खण्ड में बराबर रेखायें पड़ती हों तो मानना होता है कि जातक का जीवन एक रीति से सर्वदा रहेगा और यदि किसी खण्ड में कम रेखायें हों तो जातक का वह जीवन-खण्ड अन्य खण्डों से न्यून सुखदायी होता है। यदि किसी खण्ड में बहुत ही कम रेखायें पड़ती हों तो जीवन के उस खण्ड में रोग, सन्ताप इत्यादि से जातक को पीड़ा होती है। जिस खण्ड में बहुत ही अधिक रेखायें पड़ती हों, जीवन का वह खण्ड बहुत उन्नतिकारी एवं सुखदायी होता है। उदाहरण रूप से यदि उदाहरण कुण्डली की रेखाओं को द्वादश स्थान से आरम्भ करने वाली रीति के अनुसार गणना की जाय तो द्वादश स्थान की १९ रेखायें, लग्न की २७, द्वितीय की २७, तृतीय की २८, कुल जोड़ १०१ रेखायें होती हैं। द्वितीय खण्ड में चतुर्थ स्थान की ३२, पञ्चम की २७, षष्ठ की ३४, और सप्तम की २७ रेखायें कुल जोड़ १२० रेखायें होती हैं। इसी प्रकार तृतीय खण्ड में अष्टम की २४, नवम की ३६, दशम की २७ और एकादश की २९ रेखाओं का जोड़ ११६ रेखायें होती हैं। अर्थात् प्रथम खण्ड में १०१, द्वितीय खण्ड में १२० और तृतीय खण्ड में ११६ रेखायें होती हैं। इससे अनुमान यह करना होगा कि जातक के जीवन के प्रथम खण्ड की अपेक्षा द्वितीय और तृतीय खण्ड कुछ अच्छा ही है। अन्तिम दो खण्ड लगभग एक प्रकार के होंगे। मीन से आरम्भ करने की जो गणना-विधि है, उस में भी इसी रीति से गणना करना होता है। अर्थात् उदाहरण कुण्डली में इस विधि अनुसार प्रथम खण्ड में १२० रेखायें, द्वितीय खण्ड में ११६ रेखायें और तृतीय खण्ड में १०१ रेखायें होती हैं। इसी प्रकार चक्र ५२ (क) के अनुसार मीन राशि से आरम्भ करके प्रथम खण्ड में १३४, द्वितीय खण्ड में १३३ और तृतीय में ११९ रेखायें होती हैं।

इन खण्डों में यह भी देखना होगा कि जिस खण्ड में पाप ग्रह और शुभग्रह दोनों ही पड़ते हों तो फल मिश्रित होगा। यदि किसी खण्ड में केवल शुभग्रह ही पड़ते हों तो जीवन का वह खण्ड सुखमय होगा। यदि किसी खण्ड में केवल पापग्रह ही बैठा हो तो वह खण्ड दुःखमय होता है।

बहुत से दैवज्ञों का यह भी कथन है कि "खण्डत्रय" गणना में सर्वाष्टक वर्ग चक्र के अष्टमस्थान एवं द्वादशस्थान की रेखाओं को मण्डल संख्या से निकाल देना चाहिये। जैसे उदाहरणकुण्डली में प्रथम रीति के अनुसार द्वादशभाव गत १९ रेखाओं को छोड़ कर लग्न की २७ रेखायें द्वितीय की २७, और तृतीय की २८ अर्थात् प्रथमखण्ड में केवल ८२ रेखायें होंगी, द्वितीयखण्ड पूर्ववत् रहेगी और तृतीय खण्ड में अष्टमस्थान की २४ रेखायें को नहीं जोड़ने के कारण (११६—२४) ९२ रेखायें होंगी परन्तु लेखक के मतानुसार अष्टम और द्वादश के रेखाओं का त्याग, प्रथम रीति में लागू होना असंगत सा प्रतीत होता है। क्योंकि प्रथम रीति में प्रथम-खण्ड द्वादश से आरम्भ होता है और तृतीयखण्ड अष्टम ही से आरम्भ होता है। अतएव प्रथमखण्ड और तृतीयखण्ड में साधारणतः सभी कुण्डलियों में रेखाओं का ह्रास होगा। लेखक का मत है कि अष्टम और द्वादश ह्रास विधि द्वितीय "खण्डत्रय" रीति में लागू हो सकती है।

(८) यदि किसी कुण्डली के अन्यान्य योग से जातक की उन्नति प्रतीत होतो सर्वाष्टकवर्ग के लग्न में जितनी रेखायें पड़ती हों, उस संख्या की अवस्था के बाद भाग्योन्नति होती है, जैसे उदाहरणकुण्डली में सर्वाष्टक चक्र ९२ के अनुसार २७ रेखायें और चक्र ९२ (क) अनुसार ३२ रेखायें पड़ती हैं। इससे यह अनुमान करना होगा कि जातक की उन्नति का समय २७ अथवा ३२ वर्ष के उर्द्ध से हुआ होगा। इस जातक ने २८ वर्ष की अवस्था में व्यवसाय आरम्भ किया था और तीन-चार वर्ष में इसने विशेष उन्नति कर लिया था।

(९) * यदि एकादशस्थान एवं लग्न में बराबर रेखायें पड़ती हों तो रेखा-तुल्य वर्ष बीतने के अन्तर जातक को राजा से मान, धन और विद्या की प्राप्ति होती है। अर्थात् जैसे लग्न में २७ रेखायें हों और

एकादश में भी २७ ही रेखायें हों, तो जातक २७ वर्ष की उम्र के बाद धनादि की प्राप्ति कर सकेगा। (यह ज्योतिर्महानिबन्ध का कथन है)

(१०) * यदि लग्न मकर अथवा कुम्भ राशिगत हो, द्वादशेश लग्न-गत हो, लग्नेश और अष्टमेश निर्बल हो तो ऐसे योग के रहने से उस जातक की आयु उतने ही वर्ष की होगी, जितनी रेखायें सर्वाष्टकवर्ग के अनुसार लग्न में पड़ती हों।

(११) यदि चतुर्थेश लग्न में, लग्नेश चतुर्थस्थान में,लग्न में ३३ रेखायें और चतुर्थ में ३३ रेखायें हों तो जातक राजा एवं मनुष्यों पर अधिकार रखने वाला होता है।

(१२) * यदि उपर्युक्त योग में लग्न एवं चतुर्थ में ३०,३० रेखायें हों तो जातक धनी एवं जमीन्दार होता है।

(१३) * यदि लग्न, चतुर्थ एवं एकादश स्थानों में तीस तीस रेखाओं से अधिक रेखायें पड़ती हों तो जातक ४०वें वर्ष के बाद बहुउन्नति एवं अनेक अधिकार प्राप्त करता है।

(१४) * यदि चतुर्थस्थान एवं नवमस्थान में २५ से ऊर्द्ध, ३० रेखायें तक हों तो जातक की उन्नति २८वें में अथवा २८ वें वर्ष के बाद होती है और उस उन्नति के समय में धन का आगमन पूर्ण रूप से होता है।

(१५) * इस योग में ग्रन्थकारों ने २० से २५ रेखा तक का जो प्रमाण दिया है उसका क्या रहस्य है, यह ठीक पता नहीं चलता, क्योंकि ३० से ऊर्द्ध रेखाओं के रहने से क्या यह योग लागू नहीं होगा? उदाहरणकुण्डली में चतुर्थस्थान में ३२ रेखायें हैं और नवमस्थान में ३६ रेखायें हैं। फल ऐसा हुआ कि वह जातक अपने २८ वें वर्ष में, उस व्यवसाय में जिससे उसकी आर्थिक उन्नति खूब हुई है, लग गया था।

(१६) * यदि लग्न मेष राशिगत हो, उस में सूर्य्य बैठा हो, चतुर्थस्थान में उच्च बृहस्पति हो अर्थात् कर्क राशि में हो और कर्क राशि पर ४० रेखायें पड़ती हों तो जातक बड़ा राजा होता है तथा अनेकानेक घोड़ों का स्वामी होता है।

(१७) * यदि बृहस्पति धन-राशिगत हो, शुक्र मीन-राशिगत हो, मंगल मकर-राशिगत हो और शनि कुम्भ-राशिगत हो तथा लग्न में ४० रेखायें पड़ती हों तो जातक महाराजा एवं नाना सुख-सम्पन्न होता है।

(१८) यह बतलाया जा चुका है कि मेष, सिंह और धन पूर्व के, वृष, कन्या एवं मकर दक्षिण के, मिथुन, तुला और कुम्भ पश्चिम के एवं कर्क, वृश्चिक और मीन उत्तर के स्वामी हैं। सर्वाष्टकवर्ग-चक्र में इन चारों दिशाओं की राशियों की रेखाओं की गणना करने के अनन्तर जिस दिशा में रेखा संख्या विशेष आवे उसी दिशा में जातक की उन्नति एवं विभव होता है। उदाहरण कुण्डली में पूर्व के स्वामी मेष-सिंह एवं धन में ९० रेखायें होती हैं। इसी प्रकार पश्चिम के स्वामी मिथुन, तुला और कुम्भ में ८४ रेखायें होती हैं। उत्तर के स्वामी कर्क, वृश्चिक और मीन में ७५ रेखायें होती हैं। दक्षिण के स्वामी वृष, कन्या और मकर में ८८ रेखायें होती हैं। इन सब रेखाओं के देखने से यह बोध होता है कि पूर्व की ९० रेखायें अधिक और उसके बाद दक्षिण की ८८ रेखायें पड़ती हैं। उसके बाद पश्चिम की तरफ ८४ रेखायें पड़ती हैं और सबसे कम उत्तर तरफ ७५ रेखायें पड़ती हैं। यथार्थ में इस जातक के जीवन में अपने ग्राम से पूर्व दिशा में ही उन्नति हुई, और वर्तमान समय यह जातक अपने ग्राम से दक्षिण पश्चिम दिशा में धन की प्राप्ति कर रहा है, जो उपर्युक्त गणना से ठीक होता है। सर्वाष्टक-चक्र ५२ (क) के अनुसार पूर्व में १००, दक्षिण में १०३, पश्चिम में ९८ और उत्तर में ८५ रेखायें होती हैं।

(१९) सर्वाष्टकवर्ग में लग्न से शनि पर्य्यन्त जितनी रेखायें हों अर्थात् लग्न में जितनी रेखायें हों उस स्थान की रेखाओं को शनि पर्य्यन्त अर्थात् जिस राशि में शनि बैठा हो, उस राशि तक की रेखाओं को जोड़कर जितनी रेखायें हों, इन समस्त रेखाओं को ७ से गुणा करके और २७ से भाग देकर जो शेष बचे उस संख्या वाले नक्षत्र में जब गोचर का सूर्य्य एव अन्य पापग्रह जाते हैं; अथवा उस नक्षत्र के त्रिकोण में जब सूर्य्य एवं अन्य पापग्रह जाते हैं, तो जातक रोगादि पीड़ा से बहुप्रकार दुःखी होता है। बात कुछ टेढ़ी-मेढ़ी

होने के कारण एक उदाहरण द्वारा स्पष्ट करने का यत्न किया जाता है। मान लिया जाय कि किसी कुण्डली में लग्न से शनि तृतीयस्थ है, और लग्न में २७ रेखायें हैं, द्वितीय स्थान में ३० और तृतीय स्थान में जहां शनि बैठा है २४ रेखायें है तो कुल जोड़ ८१ रेखायें हुईं । ८१ को ७ से गुणा करने पर ५६७ हुआ। २७ से भाग देने पर शेष कुछ नहीं रहा। इस कारण ऐसे स्थान में शेष २७ मानना होगा। २७वां नक्षत्र रेवती है । रेवती से त्रिकोण नक्षत्र अश्लेषा और ज्येष्ठा होती है (नक्षत्र २७ होते हैं और उसका तीन खण्ड करने से ९ नक्षत्र का एक खण्ड होता है। इस कारण किसी नक्षत्र से दशवां नक्षत्र पहिला त्रिकोण होगा और उससे दसवां दूसरा त्रिकोण होगा) । तो जब गोचर का सूर्य्य अन्य किसी पापग्रह के साथ होकर रेवती, अश्लेषा अथवा ज्येष्ठा में जायगा तो जातक को रोगादि का भय होगा। उदाहरण कुण्डली में शनि लग्न ही में है । ऐसे स्थान में किस रीति से विचार किया जायगा इसका कुछ लेख नहीं मिलता । परन्तु बुद्धि यही कहती है कि केवल लग्नगत रेखा संख्या ही को ७ से गुणा करके २७ से भाग देना होगा, अर्थात् उदाहरण कुण्डली में लग्न में २७ रेखायें हैं उनको ७से गुणा करने से १८९ होगा और २७ से भाग देने से शेष २७ रहता है। २७ वां नक्षत्र रेवती होता है । उससे त्रिकोण, अश्लेषा एवं ज्येष्ठा है। इस कारण इन तीन नक्षत्रों में से किसी में जब गोचर का सूर्य्य अन्य पापग्रह के साथ जायगा तो जातक के लिये रोग द्वारा अनिष्ट सम्भव होगा। उदाहरण कुण्डली वाले जातक का रोग विवरण ज्ञात नहीं रहने के कारण विशेष कुछ नहीं लिखा जा सका। लग्न से शनि पर्य्यन्त की रेखाओं को जोड़ कर ७ से गुणा देकर और २७ से भाग करके शेष से भी उपर्युक्त फल का विचार होता है। इसी प्रकार लग्न से मंगल पर्य्यन्त की रेखाओं द्वारा एवं मंगल से लग्न पर्य्यन्त की रेखाओं द्वारा भी विचार होता है।

(२८) यदि लग्न नवम, दशम एवं एकादश स्थानों में तीस रेखाओं से अधिक हों तो जातक सुखी एवं भाग्यवान् होता है । यदि लग्न में ३० से कम रेखायें हों और तृतीय स्थान में ३० से अधिक रेखायें हों तो जातक बड़ा उच्चाधिकारी होता है।

त्रिकोणादि शोधनानन्तर फल विधि।

धा-२४६ धारा २२७ में त्रिकोण शोधन विधि, २२८ में एकाधिपत्य शोधन विधि, २२९ में राशिगुणाकार एवं २३० में ग्रहगुणाकार-विधि बतलायी जा चुकी है। राशि गुणाकार फल को और इसी प्रकार प्रत्येक अष्टक वर्ग के ग्रह गुणाकार फल को जोड़ कर जो फल होता है उसे पिण्ड कहते हैं। जैसे उदाहरण कुण्डली के चन्द्राष्टक वर्ग में राशिगुणाकार फल का पिण्ड ९३ होता है, एवं ग्रहगुणाकार फल का जोड़ ४२ पिण्ड होता है। इन राशि-पिण्ड और ग्रह-पिण्ड को जोड़ने से जो फल आता है उसे योग-पिण्ड कहते हैं। जैसे चन्द्राष्टक वर्ग में राशि-पिण्ड ९३ को ग्रह-पिण्ड ४२ के साथ जोड़ने से १३५ योग-पिण्ड हुआ। इसी प्रकार आठों ही अष्टकवर्गों के योगपिण्ड को अलग अलग स्थापन करना होता है। प्रत्येक अष्टकवर्ग के भिन्न स्थानों की रेखाओं से अपने अपने योगपिण्ड से गुणा करने के बाद २७ से भाग देकर जो शेष रहता है, उस संख्या के अनुसार नक्षत्र एवं उस नक्षत्र से त्रिकोणस्थ नक्षत्रों में जब गोचर का शनि जाता है उस समय में मनुष्य को नाना प्रकार का फल भोगना होता है। उक्त विधि के अनुसार प्रत्येक अष्टक वर्ग का फल नीचे लिखा जाता है।

सूर्य्याष्टक वर्ग।

(क)

(१) ऊपर लिखा जाचुका है कि सूर्य्यस्थित राशि की नवम राशि से पिता का विचार होता है। इस कारण सूर्य्याष्टक वर्ग के योग-पिण्ड को सूर्य्य से नवमस्थ राशि की रेखाओं से गुणा करके और उस गुणन फल को २७ से भाग देकर जो शेष अङ्क रह जाय, उस अङ्क जनित नक्षत्र अथवा उस नक्षत्र के त्रिकोण नक्षत्रों में जब गोचर का शनि जाता है तो जातक के पिता को कष्ट होता है। जैसे उदाहरण कुण्डली में राशि गुणाकार अङ्क ४४ को ग्रह गुणाकार अङ्क २६ में जोड़ कर ७० योगपिण्ड हुआ। उदाहरण कुण्डली में सूर्य्य, तुला राशि

में है। उससे नवमस्थान मिथुन हुआ। सूर्य्याष्टक वर्ग की मिथुन राशि में ४ रेखायें पड़ी हैं। योग-पिण्ड ७० को ४ से गुणा करने पर २८० हुआ। इस २८० को २७ से भाग देने पर शेष १० रहा। दशवां नक्षत्र मघा हुआ (देखो चक्र २) मघा से त्रिकोणस्थ नक्षत्र मूला (१९वां) एवं अश्विनी (पहला) हुआ। अतएव जब शनि गोचर का मघा, मूला एवं अश्विनी नक्षत्र में जायगा तो जातक के पिता को कष्टकर होगा।

(२) दूसरी विधि यह है कि सूर्य्याष्टक वर्ग में जो उपर्युक्त रीति के अनुसार पिता का स्थान हो उस स्थान से अष्टम स्थान की रेखाओं से सूर्य्याष्टक वर्ग के योग-पिण्ड को गुणाकर और उसके गुणन फल को १२ से भाग देकर जो शेष हो उस अङ्क के अनुसार राशि अथवा उसके त्रिकोण में जब गोचर का शनि जाता है तो पिता को कष्ट होता है और यदि पिता जीवित न हो तो पिता तुल्य अन्य किसी सम्बन्धी को कष्ट होता है। जैसे उदाहरण कुण्डली में सूर्य्य से नवम राशि मिथुन है जिससे पिता का विचार करना लिखा है। उस मिथुन राशि से अष्टमस्थान मकर राशि, पिता का मृत्यु-स्थान हुआ। उस मकर राशि(सूर्य्याष्टक वर्ग)में तीन रेखायें हैं। इस कारण सूर्य्याष्टक वर्ग के योग पिण्ड ७० को ३ से गुणा करने पर २१० हुआ, इस २१० को १२ से भाग देने के उपरान्त शेष ६ रहा। ६ से कन्या राशि बोध होता है। कन्या से त्रिकोण राशि मकर एवं वृष होता है। इस कारण गोचर का शनि वृष, कन्या अथवा मकर में जब जायगा तो पिता को कष्ट होगा अथवा पिता के समान किसी कुटुम्ब को कष्ट होगा।

(३) सूर्य्याष्टकवर्ग में लग्न से अष्टमस्थान की रेखाओं को सूर्य्याष्टक योग पिण्ड से गुणा कर और गुणन फल को १२ से भाग देकर जो शेष रहे उस मास में अथवा उससे त्रिकोण मास में जातक की मृत्यु, गतायु होने पर, होती है। जैसे उदाहरण कुण्डली में लग्न से अष्टमस्थान कर्क राशि में सूर्य्याष्टकवर्गानुसार उसमें तीन रेखायें हैं। ३ को ७० से गुणा कर और १२ से भाग देकर शेष ६ रहता है अर्थात् जब सौर मास कन्या, वृष एवं धन का होगा तो इन्हीं मासों में मृत्यु सम्भव होगा।

चन्द्राष्टक वर्ग ।

(ख)

(१) चन्द्रमास्थित राशि की चतुर्थस्थराशि से माता का विचार होता है। माता के कष्ट का विचार इस प्रकार होता है कि मातृस्थान में चन्द्राष्टकवर्ग द्वारा जितनी रेखायें हों उसको चन्द्राष्टकवर्ग के योगपिण्ड से गुणा कर गुणनफल को २७ से भाग देकर जो शेष हो उस अङ्क-जनित नक्षत्र अथवा उसके त्रिकोण वाले नक्षत्रों में जब गोचर का शनि जाता है तो माता को क्लेश होता है। उदाहरण कुण्डली में चन्द्रमा मीन राशि में है। चन्द्रमा से चतुर्थ मिथुन राशि हुई। इस मिथुन से माता का विचार होगा। मिथुन राशि में चन्द्राष्टक वर्ग द्वारा तीन रेखायें होती हैं। चन्द्राष्टक योग पिण्ड (९३ + ४२) १३५ होता है। इसको ३से गुणा करने पर ४०५ होता है। और २७ से भाग देने पर २७ शेष रहता है। सत्ताइसवां नक्षत्र रेवती है उससे त्रिकोण नक्षत्र अश्लेषा एवं ज्येष्ठा होता है। इन नक्षत्रों में गोचर का शनि जाने से मातृ-कष्ट की सूचना मिलती है।

(२) इसी प्रकार योगपिण्ड को मातृ-स्थान से अष्टमस्थानगत रेखाओं से गुणा कर और १२ से भाग देकर जो शेष बचे उस राशि अथवा उस राशियों के त्रिकोणगत राशियों में जब गोचर का शनि जाता है तो माता को कष्ट होता है। उदाहरण कुण्डली में चन्द्रमा से चतुर्थ मिथुन राशि और मिथुन से अष्टम मकर राशि होती है। मकर में ५ रेखायें हैं। १३५ को ५ से गुणा करने पर और १२ से भाग देने पर ३ शेष रहता है, जिससे मिथुन राशि बोध होता है। मिथुन से त्रिकोण राशि तुला और कुम्भ होता है। इस कारण गोचर का शनि मिथुन, तुला एवं कुम्भ में जाने से माता के कष्ट की सूचना होती है। यदि उसी समय के अभ्यन्तर चन्द्रमा-स्थित राशि से अथवा लग्न से चतुर्थस्थान में मंगल अथवा शनि गोचर का पड़ता हो अथवा मंगल वा शनि की चन्द्रमा वा लग्न से चतुर्थ स्थान पर दृष्टि पड़ती हो तो माता की मृत्यु होती है। यदि जातक की माता न बचती हो तो ऐसे स्थान में स्वयं जातक को मृत्यु भय होता है, अथवा देशान्तर में गमन करने पर वहीं मृत्यु होती है।

मंगल अष्टक वर्ग

(ग)

(१) मंगल के अष्टक वर्ग से भाई, पराक्रम और धैर्य्य का विचार होता है। मंगल जिस राशि में बैठा हो उस राशि के तीसरेस्थान से भाई का विचार होता है।

इस तीसरे स्थान से एवं इस तीसरे स्थान के अष्टम स्थान से भाई के कष्ट का विचार, पूर्व विधि के अनुसार किया जाता है, अर्थात् मंगलाष्टकवर्ग के योगपिण्ड को मंगल से तृतीय स्थान की रेखाओं से गुणा करके, २७ से भाग देने के बाद जो शेष रहे उस संख्यक-नक्षत्र एवं उसके त्रिकोण नक्षत्रों में जब गोचर का शनि जाता है तो भाई को कष्ट होता है। इसी प्रकार उस भ्रातृस्थान से अष्टमस्थान की रेखाओं को योगपिण्ड से गुणा करने के बाद १२ से भाग देने पर जो शेष बचे उस राशि अथवा उस के त्रिकोण में शनि जाने से भ्राता को कष्ट होता है।

(२) त्रिकोण शोधन के अनन्तर जिस स्थान में विशेष रेखायें हों उस स्थान से पृथ्वी, मकान, स्त्री एवं परिवार की वृद्धि होती है।

बुधाष्टक वर्ग।

(घ)

(१) बुध के चौथेस्थान से पुत्र, कुटुम्ब, धन और मामा (मामू) का विचार होता है। बुध के पंचम स्थान से विद्या, बुद्धि, लिखने की शक्ति और मंत्र-विद्या का विचार होता है। बुधाष्टकवर्ग योगपिण्ड को बुध की चतुर्थस्थानगत रेखाओं से गुणा करके और २७ से भाग देकर जो शेष रहे उस संख्यक नक्षत्र अथवा उसके त्रिकोण नक्षत्रों में जब गोचर का शनि जाता है तो बन्धु, मित्र आदि को क्लेश होता है। इसी प्रकार रन्ध्र की रेखाओं से भी विचार होता है। अर्थात् सभी ग्रहों के अष्टकवर्ग में एक हो रीति से विचार किया जाता है। केवल भिन्नता इतनी ही है कि प्रति ग्रह के अष्टक वर्ग में देखना यह होगा कि किन किन बातों का विचार, किन किन ग्रहों के किन किन स्थानों से होता है।

(२) बुध के पञ्चम स्थान से विद्यादि का विचार होता है। इस कारण बुध के योगपिण्ड को बुध से पञ्चमस्थ रेखाओं से गुणा करके और २७ से भाग देने पर जो शेष रहे उसी संख्यक नक्षत्र एवं उसके त्रिकोण में जब गोचर का शनि जाता है तो बुद्धि आदि सम्बन्धी विषयों से कष्ट होता है।

बृहस्पत्यष्टक वर्ग।

(ङ)

बृहस्पति के पञ्चमस्थान की रेखाओं से एवं पञ्चम से अष्टमस्थान की रेखओं से पुत्र, धन इत्यादि का पूर्व रीति के अनुसार विचार होता है। पुनः पुनः एक ही विषय का लिखना आवश्यक नहीं। अतएव इतना ही लिख कर छोड़ दिया जाता है।

शुक्राष्टक वर्ग।

(च)

शुक्रस्थित-राशि से सप्तमस्थान द्वारा स्त्री का विचार होता है इसी सप्तमस्थान एवं सप्तम से अष्टमस्थान के रेखाओं द्वारा स्त्री के कष्ट का विचार पूर्व लिखित नियमानुसार होता है।

शन्यष्टक वर्ग।

(छ)

शनि जिस स्थान में बैठा हो उस के अष्टम स्थान से मृत्यु का विचार होता है।

शनि जिस राशि में बैठा हो उसके अष्टम स्थान की फल संख्या को शनि योग-पिण्ड से गुणा करके २७ से भाग देने के बाद जो शेष रहे उस संख्या के नक्षत्र एवं उस के त्रिकोणगत नक्षत्रों में जब गोचर का शनि जाता है, तब जातक को सुख एवं धन की हानि होती है। (विधि पूर्ववत् है।)

लग्नाष्टक वर्ग।

धा-२४७ (१) लग्नाष्टक-कुण्डली से सभी भावों के फल कहने की विधि इस प्रकार है कि जिस भाव का फल विचार करना हो उस भाव-गत लग्नाष्टक वर्ग रेखा को लग्नाष्टक वर्ग-योग-पिण्ड से गुणा करके और २७ से भाग देकर शेष-संख्यक नक्षत्र एवं उस त्रिकोण के नक्षत्रों पर जब गोचर का शनि जाता है तो निम्नलिखित विवरण के अनुसार फल होता है। अर्थात् (१) यदि निर्दिष्ट भाव में कोई ग्रह न हो तो उस भाव का फल साधारण मात्र क्लेशित होता है। (२) यदि उस निर्दिष्ट भाव में कोई शुभग्रह हो तो उस भाव के फल में कोई अनिष्ट सम्भव नहीं होता है (३) यदि उस निर्दिष्ट भाव में कोई पापग्रह बैठा हो तो उस भाव के फल को क्लेशित करता है। (४) यदि उस निर्दिष्ट भाव में पापग्रह और शुभग्रह दोनों ही बैठे हों तो उस भाव का फल मिश्रित होता है।

उदाहरण रूप से उदाहरण कुण्डली के लग्नाष्टकवर्ग द्वारा पाठकों के मनोरंजनार्थ उस का फल लिखा जाता है।

(१) तनभावः—लग्नाष्टकवर्ग के लग्न में ५ रेखायें हैं और लग्नाष्टकवर्ग का योगपिण्ड २१५ है। ५ को २१५ से गुणा करने पर १०७५ हुआ, उसको २७ से भाग देने से २२ शेष रहता है। २२ वां नक्षत्र श्रवणा और त्रिकोण रोहिणी एवं हस्ता होता है। लग्न में शनि और केतु दोनों पापग्रह है इस कारण गोचर का शनि जब जब श्रवणा, रोहिणी एवं हस्ता में जायगा तो जातक को शारीरिक कष्ट की सूचना देगा।

(२) धन भावः - लग्नाष्टकवर्ग के द्वितीय भाव में पांच रेखायें हैं। लग्न में भी ५ ही थीं। इस कारण नक्षत्र एक ही होगा अर्थात्, श्रवणा, रोहिणी और हस्ता अर्थात् उन नक्षत्रों में जब शनि जायगा तो धन सम्बन्धी बातों में किञ्चित मात्र चिन्ता होगी। क्योंकि धन स्थान में कोई ग्रह नहीं बैठा है।

(३) भ्रातृ भावः—तृतीय स्थान में भी ५ ही रेखायें हैं। इस कारण उक्त नियमानुसार २२ ही शेष रहेगा। तृतीय स्थान में भी कोई ग्रह के नहीं रहने के कारण गोचर का शनि जब श्रवणा, रोहिणी एवं हस्ता में जायगा तो भ्राता आदिकों के लिये केवल लेश मात्र ही अनिष्ट होगा।

(४) सुख एवं मातृस्थानः—चतुर्थस्थान में ४ रेखायें हैं इसको २१५ से गुणा करने पर ८६० हुआ इसको २७ से भाग देने पर २३ शेष रहा। २३ वां नक्षत्र धनिष्ठा होता है और मृगशिरा एवं चित्रा त्रिकोण के नक्षत्र हैं। चतुर्थस्थान में चन्द्रमा शुभग्रह बैठा है, इस कारण गोचर का शनि जब जब धनिष्ठा, मृगशिरा एवं चित्रा में जायगा तो सुख, भू-सम्पत्ति एवं माता इत्यादि विषयक कोई अनिष्ट की सूचना न होगी।

(५) पुत्र स्थानः—पञ्चम स्थान में १ रेखा है। २१५ को १ से गुणा करने पर २१५ हुआ इसको २७ से भाग देने से २६ शेष रहा। २६ वां नक्षत्र उत्तरभाद्र होता है और उसका त्रिकोण पुष्य और अनुराधा है। पंचम स्थान में कोई पापग्रह नहीं रहने के कारण जब जब शनि उन नक्षत्रों में जायगा, सन्तान भावकी विशेष हानि सम्भव नहीं है।

(६) रिपु स्थानः—छठे स्थान में ६ रेखायें हैं। २१५ को ६ से गुणा करने पर १२९० हुआ और २७ से भाग देने पर २१ शेष रहा। २१ वां नक्षत्र उत्तराषाढ़ है। उससे त्रिकोण नक्षत्र कृत्तिका और उत्तरफाल्गुनी होता है। षष्ठस्थान में कोई ग्रह नहीं रहने के कारण गोचर का शनि जब जब उत्तराषाढ़, कृत्तिका एवं उत्तरफाल्गुनी में जायगा, रोग एवं शत्रु द्वारा लेश मात्र ही कष्ट होगा।

(७) जाया स्थानः—सप्तमस्थान में ३ रेखायें है। इसको २१५ से गुणा करके २७ से भाग देने पर शेष २४ रहता है। २४वां नक्षत्र शतभिषा है और उसका त्रिकोण आर्द्रा एवं स्वाती होता है। सप्तमस्थान में शुभग्रह और पापग्रह दोनों हैं इस कारण जब जब गोचर का शनि शतभिषा आर्द्रा एवं स्वाती में जायगा तब तब स्त्री एवं व्यापार आदि में मिश्रित फल होगा।

(८) मृत्युस्थानः—अष्टमस्थान में तीन रेखायें हैं। इस कारण उक्त क्रिया के अनन्तर २४ शेष रहने के कारण (सप्तमस्थान में भी तीन ही रेखायें थीं) और अष्टम स्थान में कोई ग्रह नहीं रहने के कारण जब २ गोचर

का शनि शतभिषा, आर्द्रा एवं स्वाती में जायगा तब तब कोई विशेष अनिष्ट नहीं होगा।

(९) धर्मस्थान एवं भाग्यस्थानः—नवमस्थान में ४ रेखायें हैं (चतुर्थ स्थान में ४ ही रेखायें थीं अतः उक्त क्रिया भी पुनः करने की जरूरत नहीं, शेष २३ होता है अर्थात् धनिष्ठा, मृगशिरा एवं चित्रा में जब जब गोचर का शनि जायगा तो भाग्य एवं धर्म्म के विषय में अनिष्ट होगा, क्योंकि धर्म्म-स्थान में पापग्रह मंगल बैठा है।

(१०) व्यवसाय एवं कर्म्मस्थानः—दशमस्थान में भी ४ रेखायें हैं और दशमस्थान में कोई पापग्रह या शुभग्रह नहीं है। इस कारण धनिष्ठा, मघा एवं चित्रा में जब जब गोचर का शनि जायगा, व्यवसाय आदि में कोई विशेष विघ्न बाधाओं की सूचना नहीं होगी।

(११) आयस्थानः—एकादशस्थान में ६ रेखायें हैं। छठे स्थान में भी ६ रेखायें थीं। इस कारण यहां भी २१ शेष रहा। आयस्थान में शुभग्रह और पापग्रह के रहने के कारण जब जब शनि उत्तराषाढ़, कृत्तिका एवं उत्तर फाल्गुनी में जायगा तब तब जातक की आय के विषय में मिश्रित फल होगा।

(१२) व्ययभावः—द्वादशस्थान में तीन रेखायें हैं। सप्तम और अष्टम स्थानों में भी तीन तीन ही थीं। इस कारण शेष २४ ही रहेगा, द्वादश स्थान में कोई ग्रह नहीं रहने के कारण गोचर का शनि शतभिषा, आर्द्रा एवं स्वाती में जाने के बाद जातक को खर्च का विशेष रूप से झंझट नहीं रहेगा।

इस रीति से बारहों भावों के फलों को यदि निम्न चक्रानुसार लिखा जाय तो यह सुविधा से पता चल जायगा कि किन किन नक्षत्रों में गोचर-शनि के जाने से किन किन भाव जनित फलों में क्या क्या होना सम्भव होगा।

वे स्थान जिन में समान रेखायें हैं	वे नक्षत्र जिनमें गोचर-शनि फल देगा	समुदाय-फल।
लग्न, द्वितीय, तृतीय	श्रवणा, रोहिणी हस्ता.	शारीरिक कष्ट, धन सम्बन्धी बातों में किञ्चित चिन्ता और भाइयों को केवल लेशमात्र ही अनिष्ट।
चतुर्थ, नवम, दशम	धनिष्ठा, मृगशिरा, चित्रा	सुख, भू-सम्पत्ति एवं मातृ सुख, परन्तु भाग्य एवं धर्म्म के लिये अनिष्ट। आमदनी और व्यवसाय में विशेष विघ्न बाधायें।
पंचम	उ. भाद्र पुष्य, अनुराधा	पुत्रादि को कोई अनिष्ट नहीं।
षष्ठ, एकादश	उ. अषाढ़, कृत्तिका, उ. फा.	रोग एवं शत्रु द्वारा लेशमात्र कष्ट तथा आमदनी में कुछ अच्छा-बुरा फल।
सप्तम, अष्टम, द्वादश,	शतभिषा, आर्द्रा, स्वाती.	स्त्री को कुछ सुख-दुख, मृत्यु आदि दुःख से रहित तथा किसी प्रकार के विशेष खर्च का भी भय नहीं।

(२) शास्त्रकारों ने यह भी बतलाया है कि अष्ट-वर्गीय योगपिण्ड को जिस भाव का फल विचारना हो, उस भावगत रेखाओं से गुणा कर बारह से भाग देकर जो शेष रहे उस संख्यक राशि अथवा उसके त्रिकोण राशियों में जब गोचर का शनि जाता है तब तब पूर्वलिखित नियमानुसार अर्थात्, उस भाव में कोई ग्रह नहीं रहने पर लेश मात्र अनिष्ट, शुभग्रह के रहने पर अनिष्ट-रहित, पापग्रह के रहने पर पूर्ण अनिष्ट एवं शुभ और पाप के रहने पर मिश्रित फल होता है। तात्पर्य्य यह है कि सब बिधि, पूर्ववत है, केवल भेद इतना ही है कि पूर्व नियम के अनुसार २७ से भाग देना पड़ता है और फल नक्षत्र आता है। इस नियम में विशेषता यह है कि १२ से भाग दिया जाता है और फल राशि आती है। इस कारण बिस्तार पूर्वक नहीं लिखा जाता है।

(३) अष्टमस्थान का स्वामी जिस राशि में बैठा हो उस राशि के त्रिकोण शोधित फल को अष्टमस्थान की रेखाओं से गुणा करके और उसको १२ से भाग देकर जो शेष रहे उस राशि में अथवा उसके त्रिकोण में जब गोचर का सूर्य्य जाता है तो उन सौर मासों में जातक को अरिष्ट होता है। उदाहरण कुण्डली में अष्टमेश चन्द्रमा मीन राशिगत है और मीन राशि में त्रिकोण शोधन के बाद फल १ आता है, अष्टमस्थान में अर्थात् कर्क में ३ रेखायें हैं। ३ को १ से गुणा करने पर ३ ही रहा। १२ से ३ का भाग नहीं होगा इस कारण तीसरी, सातवीं एवं ग्यारहवीं राशि अर्थात् मिथुन, तुला और कुम्भ में गोचर का सूर्य्य जाने से वे सब सौर मास जातक के लिये अनिष्टकारी हैं।

(४) शनि के स्थान से आरम्भ करके अष्टमेश जिस स्थान में हो वहां तक की रेखाओं को जोड़ कर अष्टमस्थान के रेखाङ्क से गुणा करने के बाद बारह से भाग देकर जो शेष आवे उस राशि में अथवा उसकी त्रिकोण गत राशियों में जब गोचर का सूर्य्य जाता है तो उन सौर मासोंमें जातक को अरिष्ट होता है। उदाहरण कुण्डली में अष्टमेश चन्द्रमा मीन राशि में है और शनि, लग्न में। शनि से आरम्भ करके अष्टमेश (मीन राशि) तक की रेखा-संख्या १९ होती है। अर्थात् धन राशि की ५ (जहां शनि बैठा है) मकर की ५, कुम्भ की ५, ओर मीन की ४, कुल जोड़ १९ रेखाएं होती हैं। (मीन गत रेखा को जिसमें अष्टमेश बैठा है, त्याग देने की भी अनुमति पाई जाती है। इस १९ को अष्टम-स्थान गत ३ रेखा से गुणा करने पर ५७ हुआ और उसे १२ से भाग देने पर शेष ९ बचा। अर्थात् धन, मेष और सिंह के सौर मास जातक के लिये अरिष्टकर होंगे।

अष्टकवर्गानुसार गोचर फल का अनुमान।

धा-२४८ अनेक पुस्तकों में एवं लगभग सभी पञ्चाङ्गों में साधारण गोचर-फल लिखा पाया जाता है। इस पुस्तक के अध्याय ३१ में भी साधारण गोचर फल लिखा गया है परन्तु महान विद्वानों का कथन है कि वह फल केवल गौण रूप से कहा गया है। उन लोगों का विचार है कि जब

गोचर का शनि जन्मस्थित चन्द्रमा से तृतीय, षष्ठ एवं एकादश में जाता है तो शुभ फल देता है। परन्तु उसके न्यूनाधिक शुभफल को कई प्रकार से अनुमान करने की विधि बतलायी गई है। स्मरण रहे कि गोचर-फल चन्द्र राशि से अन्य किसी राशि में जाने के अनुसार होता है, न कि भावके अनुसार।

अब इस स्थान में इस बात के दिखलाने का प्रयत्न किया जायगा कि गोचर फल न्यूनाधिक का अनुमान किस प्रकार से किया जाता है।

(१) पहले लिखा जा चुका है कि सात ग्रह एवं लग्न द्वारा रेखायें अथवा विन्दु देने की प्रणाली है। इस कारण किसी राशि में ८ से अधिक रेखा अथवा विन्दु हो ही नहीं सकता अर्थात् यदि किसी राशि में ८ रेखायें (शुभ) पड़ती हों तो उस का अभिप्राय यह होगा कि विन्दु (अशुभ) शून्य है और इसी प्रकार यदि किसी राशि में सात रेखायें पड़ती हों तो उसका तात्पर्य्य यह हुआ कि उस राशि में (१) शून्य पड़ता है अर्थात् एक अशुभ एक शुभ को नाश करता है। इस कारण शुभ का प्रमाण ६ रेखाओं से प्रतीत होता है। पूर्णबल ८ है परन्तु उस राशि में केवल ६ ही मिलता है। अर्थात् उस राशि का बल $\frac{६}{८}=\frac{३}{४}$ हुआ ($\frac{७-१}{८}=\frac{६}{८}=\frac{३}{४}$) इससे यह फल निकला कि यदि किसी राशि में ७ रेखायें पड़ती हों तो उस राशि में जब वह ग्रह जिसका अष्टकवर्ग है, गोचर के साथ जायगा तो उस के फलमें ($\frac{१}{४}$) एक चौथाई ह्रास होता है। इसी प्रकार यदि किसी राशि में ६ रेखायें पड़ती हों तो दो विन्दु अवश्य होंगे। ६ से दो घटा दिया, शेष ४ रहा। पूर्णफल ८ है इस कारण $\frac{४}{८}$ अर्थात् $\frac{१}{२}$ यानी आधा फल होगा। इसी प्रकार यदि किसी राशि में ५ रेखायें पड़ती हों तो $\frac{५-३}{८}$ $\frac{१}{४}$ अर्थात् एक चौथाई फल की प्राप्ति होगी। इसी प्रकार यदि केवल चार ही रेखायें हों तो $\frac{४-४}{८}$ ० अर्थात् शून्य फल होगा। इसी प्रकार यदि किसी राशि में केवल तीन ही रेखायें हों तो $\frac{३-५}{८}=-\frac{१}{४}$ अर्थात् शुभ फल का नाश करके $\frac{१}{४}$ अशुभ फल की प्रबलता होगी।

(२) दूसरी विधि यह है कि यदि जन्म कालीन लग्न अथवा चन्द्रमा से, गोचर का ग्रह उपचय स्थान में (तीसरा, छठा, दशवां अथवा ग्यारहवां

स्थान में) हों अथवा मित्र-ग्रह में हों, अथवा अपने उच्च राशि में हों अथवा स्वगृही हो, और उस राशि में शुभ रेखायें ४ से अधिक हों तो शुभफल में और भी अधिकता होती है। यदि उस राशि में शुभ रेखाओं की अधिकता भी हो परन्तु गोचर का जन्म कालीन लग्न अथवा चन्द्रमा से उपचय स्थान में हो (३,६, १०, ११ स्थान को छोड़ कर बाकी स्थान को उपचय कहते हैं) अथवा अपने नीच-राशि- गत हो अथवा शत्रु-राशि-गत हो तो शुभफल की अधिक न्यूनता होती है। पुनः यदि शुभ रेखाओं की कमी हो तब तो अनिष्ट फल की प्रबलता अधिक हो जाती है। स्मरण रहे कि निर्दिष्ट गोचर ग्रह का उपचय अथवा उपचय जन्म कालीन लग्न अथवा चन्द्रमा से ही देखना होगा न कि गोचर कालीन ग्रहों की स्थिति से। परन्तु गोचर का चन्द्रमा यदि उपचय आदि में हो और शुभ रेखाओं की अधिकता भी हो, परन्तु यदि निर्बल हो, तो अशुभ ही फल देता है।

(४) उक्त तीनों नियमों के अनुसार गोचर के बलाबल का अनुमान करने के बाद एक विधि यह बतलाई जाती है कि प्रत्येक ग्रह अपनी गति के अनुसार एक एक राशि में भ्रमण करता है। प्रत्येक राशि तीस अंश की होती है इस स्थान में यह बतलाया जाता है कि गोचर का कोई ग्रह तीस अंश भ्रमण करने के समय किस किस अंश में अथवा कितने कितने अंश में शुभफल देता है और कितने अंश में भ्रमण करते समय अशुभ फल देता है। जातक पारिजात नामक पुस्तक में एक प्रस्ताराष्टक वर्ग चक्र बनाने की विधि बतलाई गई है अर्थात एक चक्र ९६ कोष्ट का बनाना होता है (१२ कोष्ट बायें से दहिने और ८ कोष्ट ऊपरसे नीचे) इस प्रकार का एक कोष्ट नीचे दिया जाता है। इस कोष्ट के बायीं ओर ग्रहों के लिखने की यह प्रणाली है कि सब से प्रथम शनि तत्पश्चात् बृहस्पति, मंगल, सूर्य्य, शुक्र, बुध, चन्द्रमा और आठवें में लग्न। (कोष्ट लिखते समय ग्रहों का क्रम यही रहना चाहिये) यह क्रम ग्रहों के कक्षानुसार है। (देखो धारा ९)

प्रस्ताराष्टक वर्ग चक्र ५३ ।

	मेष.	वृष	मिथुन बृ. रा.	कर्क	सिंह मं.	कन्या	तुला सू.बु. शु.	वृश्चिक	धन ल. श. के.	मकर	कुम्भ	मीन चं.
शनि	श	श.					श.				श.	
बृहस्पति	बृ.	बृ.					बृ.	बृ.				
मंगल		मं.	मं	मं.			मं.		मं.	मं.		
सूर्य्य	र.	र.		र.	र.		र.	र.		र.		
शुक्र					शु.	शु.						शु.
बुध		बु	बु.	बु.	बु.	बु						बु.
चन्द्रमा		चं.			चं.					चं.		
लग्न		ल.				ल.	ल.		ल.		ल.	ल.

उदाहरणार्थ उदाहरण कुण्डली की शनि अष्टक वर्ग की रेखायें (शुभ) भर दी गई हैं। यथार्थ में यह शन्यष्टक वर्ग चक्र है । चक्र ८४ (७) को देखने से मालूम होता है कि मेष मे तीन रेखायें हैं, एक श. की, दूसरी बृ, की और तीसरी र. की। इसी कारण इस चक्र ५३ में मेष के सामने श., बृ. और र. है। इसी प्रकार वृष में सभी ग्रह सिवा शु. के रेखा प्रदान करते हैं। उसी तरह इस चक्र में भी रेखायों के बदले ग्रह है। स्मरण रहे कि प्रथम कोष्ट में ग्रह कक्षा के अनुसार, अर्थात् श. के बाद बृ. उस के बाद मं. उस के अनन्तर र. इत्यादि सर्वदा लिखना होगा।

यह बात लिखी जाचुकी है कि प्रत्येक ग्रह के गोचर का विचार उस ग्रह के अष्टक वर्ग के रेखानुसार होता है अर्थात् ऊपर लिखे हुए चक्र से उदाहरणकुण्डली वाले जातक के गोचर शनि का विचार होगा।

वर्तमान साल अर्थात् १९८९ सम्बत में शनि मकर का है । अब यह देखा जाय कि मकर का शनि कितने कितने अंश पर शुभ और कितने कितने अंश पर अशुभ है । उसकी विधि यों है । ऊपर वाले चक्र के अनुसार

मकर में केवल तीन ही रेखायें आती है । (१) मंगल कृत, (२) सूर्य्य-कृत और (३) चन्द्रमा कृत । राशि में तीस अंश होते हैं । और ८ प्रकार से रेखायें आती हैं। इस कारण प्रतिग्रह का भाग $\frac{३०}{८}$ अर्थात् $३\frac{३}{४}$ अंश हुआ। ऊपर के चक्र में शनि ने मकर में कोई रेखा नहीं दी इस कारण $३\frac{३}{४}$ अंश तक शनि के कुम्भ में प्रवेश के अनन्तर फल अशुभ होगा । पुनः द्वितीय कोष्ट वृहस्पति ने भी कोई रेखा न दी उस कारग $(३\frac{३}{४} + ३\frac{३}{४}) + ७\frac{१}{२}$ अंश पर्यन्त शनि का फल अशुभ ही रहा। पुनः तृतीय कोष्ट में मंगल शुभफल देता है इस कारण $(७\frac{१}{२} + ३\frac{३}{४} =)$ $११\frac{१}{४}$ अंश तक शुभफल हुआ। उसी प्रकार चतुर्थ कोष्ट में भी सूर्य्य शुभरेखा देता है । इस कारण $(११\frac{१}{४} + ३\frac{३}{४} =)$१५ अंशतक शनि शुभ फल देता है। अर्थात् $७\frac{१}{२}$ अंश से १५ अंश पर्य्यन्त शनि शुभ फल देगा। तत्पश्चात् पञ्चम एवं छठे कोष्ट में अर्थात् १५ अंश के बाद $२२\frac{१}{२}$ अंश पर्य्यन्त अशुभ फल हुआ। पुनः सप्तम कोष्ट में शुभ रेखा है इस कारण $२२\frac{१}{२}$ अंश से $२६\frac{१}{४}$ अंश पर्य्यन्त शुभफल देगा और $२६\frac{१}{४}$ से ३० अंश तक अष्टम कोष्ट में कोई रेखा नहीं रहने के कारण अशुभ फल देगा। इसी प्रकार कुम्भ, मीन, मेष और वृष इत्यदि में जाने का गोचर शनि का शुभाशुभ फल विचारा जाता है। उसी प्रकार अन्य ग्रहों का प्रस्ताराष्टक के वर्ग चक्र बना कर उन उन ग्रहों का भी गोचर फल विचारा जाता है। और ग्रहों की अंशादि गति के अनुसार समय का अर्थात् तारीख का निश्चय पंचाङ्गादि द्वारा किया जा सकता है। लेखक जो अष्टक वर्ग यन्त्र बना रहा है उस के द्वारा प्रास्ताराष्टक वर्ग भी सुगमता से बन जा सकेगा।

(३) गोचर के फल में न्यूनाधिक देखने का तीसरा प्रकार यह है कि जिस समय के गोचर फल का विचार करना होता है उस समय की ग्रह स्थिति के अनुसार यह देखना होता है कि जिस ग्रह का गोचरफल देखना है वह ग्रह-किसी ग्रह से वेध तो नहीं होता है । इस कारण इस बात का जानना कि वेध किसे कहते हैं, अति आवश्यक है। सभी उत्तम पञ्चांगों में वेध संख्या दी रहती है। मूहूर्त्त चिन्तामणि में भी वेध के विषय में बहुत कुछ दिया है। परन्तु काल-प्रकाशिका में कुछ और भी विशेष है। अर्थात् किसी किसी स्थान में कुछ मत भेद पाया जाता है। नीचे एक चक्र काल-प्रकाशिका के आधार पर दिया जाता है।

वेध-चक्र ५४

	जन्मकालीन चं. से गोचर के ग्रह का स्थान ।											
	१	२	३	४	५	६	७	८	९	१०	११	१२
सूर्य्य	१	२	९*	३	६	१२*	७	८	१०	४*	५*	११
चन्द्रमा	५	१	९*	३	६	१२*	२*	७	१०	४*	८*	११
मंगल	१	२	१२*	३	४	९*	६	७	८	१०	५*	११
बुध	२	५*	४	३*	७	९*	६	१*	८*	१०	१२*	११
बृहस्पति	१	१२*	२	५*	४*	६	३*	७	१०*	९	८*	११
शुक्र	८*	७*	१*	१०*	९*	१२	२	५*	११*	४	३*	६*
शनि	.	.	१२*	.	.	९*	.	.	.	.	५*	.
रा. कंतु	.	.	१२*	.	.	५*	.	.	.	.	९*	.

प्रति ग्रह के सामने वाले अङ्कों से उस ग्रह का बधस्थान का बोध होगा ।

* वहु स्वोकृत मत का चिन्ह है ।

चक्र देखने की विधि यह है कि यदि जन्मकालीन चन्द्रमा से गोचर का सूर्य्य चन्द्रमा के साथ हो अर्थात ऊपर वाले कोष्ट के एक में हो और यदि सूर्य्य के साथ और कोई ग्रह हो तो सूर्य्य का वेध होगा। इसी प्रकार यदि जन्मकालीन चन्द्रमा से सूर्य्य, द्वितीयस्थान में हो तथा और कोई ग्रह जन्म कालीनचन्द्रमा द्वितीयस्थान में हो अर्थात् उसके साथ हो तौ भी सूर्य्य का वेध होता है । यदि जन्मकालीन चन्द्रमा से सूर्य्य तृतीयस्थान में हो और यदि कोई ग्रह जन्मकालीन चन्द्रमा से नवमस्थान में हो तो सूर्य्य का वेध होता है । यदि जन्मकालीन चन्द्रमा से सूर्य्य, चतुर्थस्थान में हो और यदि जन्मकालीन चन्द्रमा से तृतीयस्थान में कोई ग्रह हो तो सूर्य्य का वेध होता है, इत्यादि । इसी प्रकार यदि गोचरकालीन बुध का वेध देखना हो तो इस प्रकार देखना होगा कि यदि जन्मकालीन चन्द्रमा से बुध प्रथमस्थान में हो अर्थात् चन्द्रमा के साथ हो और यदि जन्मकालीन चन्द्रमा से द्वितीयस्थान में कोई ग्रह हो तो बुध का वेध होता है। यदि जन्म-

कालीन चन्द्रमा से बुध द्वितीयस्थान में हो और कोई जन्मकालीन ग्रह चन्द्रमा से पञ्चम स्थान में हों तो बुध का वेध होता है। यदि जन्मकालीन चन्द्रमा से बुध तृतीयस्थान में हो और यदि कोई ग्रह जन्म कालीन चन्द्रमा से चतुर्थस्थान में हो तो बुध का वेध होता है, इत्यादि इत्यादि। इसी प्रकार सब ग्रहों का वेध उक्त चक्रानुसार देखा जाता है। जिस अङ्क के शिर पर तारे (*) का चिन्ह दिया है वह बहुमत से स्वीकृत वेध है। स्मरण रहे कि पिता पुत्र में वेध नहीं होता अर्थात् चन्द्रमा से बुध और बुध से चन्द्रमा को, इसी प्रकार सूर्य्य और शनि को आपस में वेध नहीं होता है।

वेध से अभिप्राय यह है कि यदि किसी गोचर-ग्रह का फल शुभ हो परन्तु उस ग्रह का किसी ग्रह से वेध न होता हो तो वह ग्रह, फल देने में पूर्ण रूप से समर्थ होता है। परन्तु वेध होने से उस के फल में केवल ह्रास ही नहीं होता वरन् बली होने से प्रतिकूल फल भी होता है।

अध्याय २५

द्वादश लग्न में जन्म का फल।

क०-२४१ इस अध्याय में बारहो राशियों के लग्नगत होने पर जातक के गुण-दोषादि का उल्लेख करने का विचार है। अर्थात् यह लिखा जायगा कि यदि जातक का जन्म मेषादि लग्न का हो तो साधारणतः क्या क्या फल होगा।

यह बात मानी हुई है कि केवल लग्न ही से ठीक ठीक फल नहीं मिल सकता। यदि ग्रन्थान्तरों के सहारे पर यह लिखा जाय कि मेषादि राशियों में जन्म होने से अमुक अमुक फल होंगे, तो ग्रन्थान्तरों के सहारे जो फल इस पुस्तक में लिखने का साहस किया गया है वह बहुधा ठीक मिलेगा। परन्तु स्मरण रहे कि लग्नेश की स्थिति के अनुसार, लग्नेश पर ग्रहों की दृष्टि के अनुसार, लग्नेश के उच्च नीचादि होने के अनुसार और भी अनेकानेक कारणों से फल में कुछ अवश्य परिवर्तन होगा। यदि लग्न बली हो अर्थात् लग्न में शुभग्रह की स्थिति हो, दृष्टि हो, लग्नेश

शुभस्थ हो, अथवा लग्नेश पर शुभग्रह की दृष्टि हो तो निम्नलिखित फल विशेष रूप से जातक के गुण दोष से मिलता हुआ पाया जायगा। परन्तु यदि इसके विपरीत, लग्न में पापग्रह की स्थिति हो, दृष्टि हो, लग्नेश दुःस्थान गत हो, पाप-ग्रह के साथ हो अथवा पाप-ग्रह से दृष्ट हो तो ऐसे स्थान में फल साधारण रूप से ठीक पाया जायगा, परन्तु पूर्ण अंश में ठीक नहीं मिलेगा। पाठकगण ऐसा न समझ लें कि यह फल अक्षराक्षर ठीक ही होगा। पाश्चात्य अर्थात् इङ्गलैण्ड, अमेरिका आदि के ज्योतिषियों के अनुसार मेषादि लग्न में जन्म का फल पुस्तक के शेष में लिखा जायगा। विश्वास होता है कि लग्न के फल कहने में पाश्चात्य विद्वानों ने बहुत ही परिश्रम किया है। परन्तु उसमें एक कठिनाई यह है कि अयनांश भेद से उनका लग्न-स्फुट और एतद्देशीय लग्न-स्फुट में अन्तर पड़ जाता है क्योंकि वे लोग सायन-लग्न मानते हैं। तथापि उन लोगों का फलानुमान बहुत अंशों में ठीक पाया जाता है।

(१)

मेष-लग्न।

जिसका जन्म मेष-लग्न में होता है वह प्रायः दुर्बल होता है। उसकी गर्दन लम्बी होती है। उसके बाल प्रायः घुंघरीले और कड़े होते हैं। आँखें गोल और ठेहुने दुर्बल होते हैं। स्वभाव का कड़ा, झगड़ालू, कुछ अंश में दम्भी, स्पष्ट-वक्ता, साहसी, वीर, उद्यमी और सतत किसी न किसी कार्य्य में संलग्न रहने वाला होता है। वह मेधावी भी होता है। कभी कभी उद्धत चित्त का होता है। उसे बाल्यकाल में अनेक हानियों का सामना करना पड़ता है। स्वतन्त्रता-प्रिय और उदार प्रकृति का होता है और ऐसा विश्वास हो जाने पर कि किसी मनुष्य को सहायता की आवश्यकता सचमुच में है तो उसको सहायता देने में प्राणपण से लग जाता है। वह कार्य्य सम्पन्न करने में निर्भय एवं निःसंकोच होता है। उच्च-पदाभिलाषी तथा सद्गुण विशिष्टहोता है। उसकी सम्पत्ति स्थिर नहीं रहती। यात्रा-प्रिय होता है और प्रायः अल्पहारी होता है। उसके शरीर के किसी स्थान में व्रणादि के चिन्ह भी होते हैं।

यदि किसी कन्या का जन्म मेष लग्न का हो तो निम्नलिखित विशेष फल कहा गया है। अर्थात् सच बोलने वाली साफ सुथरा रहना पसन्द करनेवाली, कठोरचित्त, बदला लेने में तत्पर, कभी कभी कठोर शब्दों का प्रयोग करने वाली, बात की बात में क्रोध करने वाली, कफ प्रकृति और अपने स्वजनों से प्रीति रखने वाली होती है।

मेष-लग्न में जिसका जन्म होता है उसके लिये सूर्य्य सबसे सुखदायी ग्रह है। वृ. भी सुखदायी है, परन्तु सूर्य्य से कम। साधारण नियमानुसार नवमेश वृ. और दशमेश शनि को आपस में किसी प्रकार का सम्बन्ध (देखो धारा १५९) होने से राज-योग होता है। परन्तु मेष लग्न वाले के लिये वृ. और श. का सम्बन्ध रहने पर भी राज-योग नहीं होता है। क्योंकि पराशर का मत है कि यदि दशमेश और एकादशेश एकही ग्रह हो तो राज-योग का भङ्ग होता है। अतएव मेष लग्न वाले के लिये वृ. और श. का एक स्थान में रहना किञ्चित् अनिष्टकर ही माना गया है। वृ. का दशमस्थ होना भी इस लग्न वाले के लिये अशुभ ही है। कारण, वृ. दशम स्थान में नीच होता है। परन्तु यदि नीच-भङ्ग-राज-योग हो (देखो धारा १५९ (९)) तो सुखदायी हो सकता है। श., बु. और शु. मेष लग्न वाले के लिये पाप होते हैं। श. और बुध प्रायः मारकेश होते हैं। शु. यद्यपि द्वितीयेश एवं सप्तमेश होता है, इस कारण मारकेश कहा जा सकता है, परन्तु प्रायः मृत्युदायक नहीं होता। चं. और वृ., मंगल और र., तथा र. और शु. को, यदि सम्बन्ध हो और उसके साथ दूसरे किसी ग्रह का सम्बन्ध न हो तो राज-योग होता है। मेष लग्न वाले के लिये मंगल अष्टमेश होने पर भी अनिष्ट-कारी नहीं होता। लिखा है कि मेष लग्न यदि प्रथम नवांश में हो तो अपने प्राकृतिक स्वभाव को विशेष रूप से प्रकट करता है।

चेतावनी।

ऐसे जातक को रुचि के अनुसार सोने में कमी नहीं करना चाहिये। अर्थात शारीरिक और मानसिक विश्राम पर पूर्ण ध्यान देना अनिवार्य्य है। ऐसे जातक को मस्तिष्क की रक्षा हर प्रकार से करनी चाहिये। साधारण व्यायाम और स्वच्छ वायु का सेवन ऐसे जातक के लिये आवश्यक है।

(२)

वृष-लग्न।

जातक का मुंह गोल, गर्दन छोटी परन्तु मोटी और जङ्घा पुष्ट होती है। वह प्रायः दुबला हुआ करता है। उसके कन्धे बलिष्ठ तथा उन्नत और उनके बाहु छोटे तथा गठीले होते हैं। उसके चेहरे से प्रतिष्ठा तथा सद्वेश के लक्षण प्रकट होते हैं। वह सङ्गीत, आभरण, मनोहर वस्तु और भ्रमण का प्रेमी होता है। उसके व्यवहार तथा अभ्यास निश्चित प्रकार के होते हैं। वह अधिकार-प्रिय, चिड़चिड़े स्वभाव का, शान्ति-प्रिय, धीर, सहिष्णु, दुःख में धैर्य्य धारण करने वाला, धूर्त्त और कुटुम्बियों से डाह करने वाला होता है। ऐसा जातक प्रत्येक बात को अपने विचारानुसार करता है। वह दूसरे के परामर्श पर चलना ही नहीं चाहता। वह दयालु, सदाशय, विद्या-विवाद में चतुर, भाग्यवान् और कामी होता है। वह सर्वदा आनन्द तथा सुख के अन्वेषण में रहता है। वह चित्त का बड़ा गम्भीर, गाढ़ा और दूसरे को अपना विचार ज्ञात नहीं होने देता है। वह विचारशील और शान्त प्रकृति का होता है। उतावलेपन से किसी काम को नहीं करता। उसका जीवन शान्तिमय होता है। उसके बहुत से मित्र होते हैं। वह धनी, मिष्ट-भाषी, प्रिय तथा दयालु होता है। मध्य-जीवन और अन्त जीवन विशेष सुखमय होता है भाग्योदय प्रायः एकाएक होता है, द्रव्य सम्पत्ति अथवा पृथ्वी सम्पत्ति की प्राप्ति होती है। वह बहुत से चौपाये, गौ इत्यादि का मालिक होता है और गुरुजनों का आदर करने में तत्पर रहता है। वृष लग्न वाले के लिये एक विलक्षणता यह है कि आरम्भिक जीवन में वह अनेक यन्त्रणाओं से पीड़ित रहता है। परन्तु जीवन के शेषभाग में विजयी होकर सुख-सम्पत्ति से आनन्दित हो जाता है।

कन्या होने से कुछ विशेष गुण-दोषः वह बुद्धिमती, विदुषी, सुशीला, विश्वसनीय और कलाकौशल की जानने वाली तथा अपने पुरुष की आज्ञाकारिणी होकर पुरुष पर अपना अधिकार जमाने वाली होती है।

वृष लग्न वाले जातक के लिये शनि बहुत उत्तम होता है। शनि नवमेश एवं दशमेश होने से स्वयं राज-योग देने वाला होता है। इसी प्रकार

रवि भी शुभफल देने वाला होता है। शु., चं. और बृ. ऐसे जातक के लिये अच्छे नहीं होते। यदि रवि को बुध अथवा शनि को बुध से सम्बन्ध हो तो सुखदायी योग होता है। ऐसे जातक के लिये बृ. प्रायः मारकेश होता है। चं. और शु. का मारकेश निर्बल होता है। १३ $\frac{1}{3}$ से १६ $\frac{2}{3}$ अंश अर्थात पञ्चम नवांश में लग्न के रहने से प्राकृतिक स्वभाव विशेष रूप से प्रकट होता है।

चेतावनी।

ऐसे जातक को छाती और कण्ठ जनित रोगों का प्रायः भय होता है। गर्म तथा रौगनदार भोजन हानिकारक होता है। भोजन के परिमाण पर विशेष ध्यान देना उचित है। उत्तेजना देने वाले तथा जल्दीवाजी के कामों से सर्वदा सचेत रहना होगा। ऐसे जातक के लिये समयानुसार अपने कार्य्य को निर्भयता रूप से करना सर्वदा उपयोगी होता है और व्यायाम उसके लिये अनिवार्य्य है।

(३)

मिथुन लग्न।

जातक के हाथ-पैर लम्बे और दुबले, नेत्र सुन्दर और नाक खड़े होते हैं। चेहरे से तीक्ष्णता और प्रसन्नता टपकती है। वह कुशाग्रबुद्धि, उत्तम वक्ता, अत्यन्त उद्यमी, वार्तालाप में कुशल, बात का छानबीन करने वाला, सुगमता से समझने वाला, बातों का तत्त्व जानने वाला, कला-कौशल का प्रेमी इन्द्रियों के वशीभूत रहने वाला, बहस करने में प्रभावोत्पादक और तर्क-पूर्ण होता है। वह सदा परिवर्तनशील अर्थात् किसी कार्य्य में विशेष समय तक दृढ़ तथा चिर-स्थिर नहीं रहता है। किसी विषय का वर्णन विशद रूप से और प्रभाव-पूर्ण कर सकता है। कठिन विषयों की व्याख्या सुगमता पूर्वक और स्पष्ट रूप से कर सकता है। उसमें किसी विषय को साङ्गोपाङ्ग सोचने की दूर-दर्शिता होती है। उसका लेख तथा वाद-विवाद, प्रभावशाली तथा योग्यतापूर्ण होता है। वह बुद्धिमान्, तीक्ष्ण-बुद्धि, दक्ष विवेचक, चतुर कार्य्य कुशल, परन्तु क्रोधी और अपने चरित्र तथा मेधाबल से प्रभाव तथा उन्नति प्राप्त करने वाला होता है। कला तथा

विज्ञान के प्रति विशेष रुचि रहती है। असंयमी तथा अधीर होने के कारण अस्वस्थ रहता है। उसके सम्बन्धी उसके सहायक होते है। उसे मानसिक शक्ति नहीं रहती है।

कन्या होने से कुछ विशेष गुण-दोषः --कठोर बात करने वाली, स्वभाव की कड़ी, अतिव्ययी अर्थात् खर्चीली स्वभाव वाली और वायु तथा कफ प्रकृति की होती है।

मिथुन लग्न वाले के लिये शु. सबसे उत्तम ग्रह होता है। चं., र. और मंगल अनिष्ट-कारी होते हैं। शु. और बुध के योग से भाग्य की उन्नति होती है। श. और बृ. का सम्बन्ध शुभदायी न होकर प्रायः अनिष्ट-कारी होता है। मं., र. और चं. प्रायः मारकेश होते हैं। केतु के द्वितीय, सप्तम अथवा द्वादश में चं. के साथ रहने से केतु की दशान्तर दशा में मारकेश होता है। यदि रा., बृ. के साथ होकर द्वितीय स्थान में हो तो राहु की महादशा में जब बृ. का अन्तर आता है तो अनिष्ट होता है। र. और बुध यदि तृतीयस्थान में बैठा हो तो बुध की दशान्तरदशा में शुभ फल होता है। ऐसे योग में जातक कार्य्य-निपुण होता है। यदि चं. द्वितीय स्थान में हो तो शु. की दशा में भाग्योन्नति होती है। राहु की दशा में रोग और बन्धनादि का भय होता है। परन्तु राहु मृत्युकारक नहीं होता है। नवम नवांश अर्थात् २६$\frac{२}{३}$ से ३० अंश तक लग्न के होने से प्राकृतिक स्वभाव को पूर्णरूप से प्रकट करता है।

चेतावनी।

ऐसे जातक को फेफड़े और तन्तु-जनित (Nervous System) रोग प्रायः हुआ करते हैं। इस कारण स्वच्छ वायु और उत्तेजना देनेवाली क्रियाओंसे बचे रहना अति आवश्यक है। वीर्यरक्षा और गर्म वस्त्रों का प्रयोग तथा मिताहारी होना भी आवश्यक है।

(४)

कर्क लग्न।

कर्क लग्नोत्पन्न जातक, न लम्बा न नाटा अर्थात् मझोला कद (ऊँचाई) का होता है। उसकी गर्दन मोटी, मुख गोल और शरीर स्थूल अर्थात् मोटा

होता है। वह स्वभाव का मिलनसार, आनन्द और विलास -प्रिय, सुन्दर वस्तुओं का चाहने वाला, साफ सुथरा रहने वाला, सत्य-प्रिय, उत्तम भोजन का चाहने वाला, भूषणादि में प्रेम रखनेवाला, मधुर स्वर का, भ्रमण-शील, प्रायः प्रभाव शाली, तथा यशस्वी, होता है। उसका रहन सहन आडम्बर युक्त अर्थात ठाट-बाट का होता है। वह कर्त्तव्य परायण, श्रेष्ठ जन अर्थात् गुरु तथा धार्मिक पुरुषों के प्रति भक्तिमान् होता है। धार्मिक होते हुए भी कपटी होने की रुचि रखता है और सिद्धान्त रहित पुरुष होता है। स्त्री सहवास में समर्थ तथा मिष्टान्न-प्रिय होता है। उसको अपने सगे सम्बन्धियों के प्रति सद्भाव होता है। परन्तु ऐसे जातक का प्रेम और विरोध की धारणा उद्धत प्रकार की होती है। ऐसा जातक जिसको चाहता है, उसी की बात को स्वीकर करता है और मानता है। जिसकी बात उसको नहीं भाती है उसकी बात का अनुसरण नहीं करता है और उसके परामर्श को घृणा की दृष्टि से देखता है, उसपर अविश्वास करता है। केवल इतनाही नहीं किन्तु उसकी संगति का भी परित्याग करता है। ऐसा जातक हर विषय की उपयोगिता और मोल का अनुमान उचित रीति से कर सकता है और उसको सफलता पूर्वक व्यवहार करने का प्रायः ढङ्ग भी जानता है। ऐसा जातक प्रायः प्रवासी रहता है, परन्तु गृह में रहने का इच्छुक होता है।

कन्या होने से कुछ विशेष गुण दोषः—सुन्दरी, शीलवती, विश्वसनीय, शान्तिमयी, प्रभावशालिनी, अपने स्वजनों से प्रेम करने वाली और सुखमयी तथा बहु सन्तान वाली होती है।

ऐसे जातक के लिये मंगल सब से उत्तम फल देने वाला ग्रह होता है। मंगल, दशमेश और पञ्चमेश होने के कारण यदि पञ्चमस्थ अथवा दशमस्थ हो तो बहुत हो उत्तम फल देने वाला तथा राज-योग कारक होता है। मंगल के बाद बृ. उत्तम फल देने वाला होता है। बृ. का लग्नस्थ अथवा नवमस्थ होना बहुत ही सुखदायी है। बृ. और मंगल में सम्बन्ध होने से उत्तम राज-योग देता है। शु., श. और बुध ऐसे जातक के लिये अनिष्टकारी होते हैं। र. मारक स्थान का स्वामी होता हुआ भी प्रायः मृत्युकारी नहीं होता है।

बुध, शुक्र और शनि के मारकत्व प्राप्त होने पर मारकेश का बल होता है। चं. लग्नेश होने के कारण प्रायः शुभ होता है। वृ. और चं. का लग्न में रहना शुभ-प्रद है। प्रथम नवांश अर्थात् एक अंश से ३$\frac{1}{3}$ अंश तक का लग्न होने से प्राकृतिक स्वभाव को पूर्णरूप से दिखाता है।

चेतावनी।

ऐसे जातक को औषधि का सेवन बहुत कम और सोच विचार कर करना चाहिये। ठंढक और सर्दी से अपने को सर्वदा बचाना चाहिये। भोजन शुद्ध और खूब सिद्ध अन्न खाना चाहिए। ऐसे जातक को पेट का रोग अर्थात् पाकस्थली के बिगड़ने से प्रायः रोग-भय होता है। इस कारण गुरु पदार्थों के भोजन से सर्वदा बचना चाहिये। चित्त की शान्ति रखने से भी पाचन-शक्ति की रक्षा होती है। रोगी होने पर स्थान का परिवर्तन और समुद्र-निकटवर्त्ती स्थान शुभ-दायी होता है। ऐसा जातक किञ्चित् मात्र रोगी होने पर अथवा बिना रोग ही के प्रायः अपने को रोग-ग्रस्त समझता है।

(५)

सिंह लग्न।

यदि जातक का जन्म सिंह में हो तो उसके मुख की आकृति चौड़ी और हड्डी पुष्ट होती है। उसकी आंखें सुन्दर और भावप्रगट करने वाली होती हैं। ऐसा जातक आनन्द से जीवन व्यतीत करता है। रिपुओं और विरोधियों पर विजयी रहता है। स्पष्टवादी होता हुआ ऐसा जातक निष्कपट और मनसा, वाचा पवित्रता पालन करने वाला होता है। नीच कर्म से घृणा करता है। धैर्य्यवान् और उदार होता है। जिस कार्य्य को करता है उसको ईमानदारी तथा निपुणता के साथ करता है। वह अपने गुणों तथा साहस से विघ्न बाधाओं का शीघ्र निपटारा कर सकता है। नीच कर्म से लाभ की सम्भावना होने पर भी वह उससे घृणा करता है। अपनी मर्य्यादा के पालन में सर्वदा तत्पर रहता है। उसके रहन सहन से बड़प्पन प्रतीत होता है। मित्रता में अटल तथा विश्वास पात्र होता है। ऐसा जातक केवल दयालु ही नहीं होता, वल्कि सत्पात्र की रक्षा में भी तत्पर रहता है। दुःख के समय में अपनी सूझ बूझ-को काम में लाकर

दुःख के निवारण में समर्थ होता है। शत्रुओं से झगड़ा नहीं करके धैर्य्य से काम लेता है। शान्ति पूर्वक व्यवहार करता है। उसकी रुचि, आलसी मनुष्यों के प्रति, तथा ऐसे लोग जो उद्यम द्वारा अपनी अवस्था की उन्नति नहीं करते हैं, अच्छी नहीं होती है। ऐसे जातक को अपने उद्यम और परिश्रम का फल पूर्ण रूप से नहीं होता है। लोगों पर ऐसे जातक के गुणों का प्रभाव विशेष रूप से पड़ता है। वह अपनी आज्ञा तथा रुचि के अनुसार अन्य मनुष्यों को चलाने में कुशल होता है। जीवन के शेष भाग में प्रायः विशेष सुखी और धनी होता है। ऐसा जातक कभी कभी प्रवासी होता है और उसे कम सन्तान होते हैं।

कन्या होने से कुछ विशेष गुण दोषः—दुबली, पतली, कफ प्रकृति की, रोगिणी और चिड़चिड़ाही तथा झगड़ालू होती है। परन्तु दानशीला होती है।

सिंह लग्न वाले के लिये मंगल उत्तम फल-दायक होता है। मंगल और वृ. का परस्पर सम्बन्ध होने से राजयोग होता है। वृ. और शुक्र के योग से उतना उत्तम फल नहीं होता है। शनि, शुक्र और बुध ऐसे जातक को निकृष्ट फल देने वाले होते हैं। चं. का साधारण फल होता है। शनि उतना बली मारकेश नहीं होता है। परन्तु बुध मारकेश में बली होता है। सूर्य्य और बुध के एकत्रित रहने से ऐसा जातक कार्य्य-कुशल होता है। परन्तु उसकी सम्पत्ति थोड़ी और आय साधारण होती है। मंगल और श. के द्वादशस्थ होने से शनि की दशान्तरदशा में जातक के विभव की उन्नति होती है। राहु और केतु के मारकस्थान में रहने से मृत्यु-दायी होता है। वृ. और शु. एकत्रित होने से राज-योग नहीं होता है। पांचवें नवांश में लग्न के रहने से प्राकृतिक स्वभाव का पूर्ण विकास होता है।

चेतावनी।

ऐसे जातक को गर्म पदार्थ तथा मादक वस्तुओं का सेवन निषिद्ध है। उत्तेजना और जल्दीबाजी के कामों से बचना उचित है। शरीर के रुधिर की रक्षा सर्वदा उपयोगी है। ज्वर होने पर उसकी उचित औषधि शीघ्रता पूर्वक होनी चाहिये।

(६)

कन्या लग्न ।

जिसका कन्या लग्न होता है, उसके मुख की कान्ति से स्त्रीवर्गीय स्वभाव का झलक टपकता है। उसके बाहु और कन्धे छोटे-छोटे होते हैं। किस कार्य्य को कब करना चाहिये, उसको, ऐसा जातक विशेष रूप से जानता है। जातक सत्यवादी तथा न्यायप्रिय, दयालु, धैर्यवान् और स्नेही होता है। उसकी बुद्धि सुन्दर होती है। परन्तु व्यवहार में किसी दूसरे के सुख दुःख की उपेक्षा नहीं करता है। दूसरे से काम लेने में जरा भी हिचकिचाहट नहीं रखता। कार्य्य करने में बड़ा सावधान और चौकस होता है। बिना विचारे कुछ भी नहीं करता। उसको दूसरे के कामों में छिद्रान्वेषण करने की बड़ी रूचि रहती है। बातों को गुप्त रखने वाला और अपने भाव को दूसरों पर प्रकट नहीं करने वाला तथा वाणिज्य व्यवसाय में बड़ा निपुण होता है। कार्य्य करने में विचारवान् और तरीका वाला होता है। वह मितव्ययी, सहनशील और बड़ा ही दयालु होता है। वह काम करने में दक्ष, धीर और साहसी होता है। ऐसे जातक पर उससे अच्छे लोगों की सहायता और संरक्षता होती है। ऐसा जातक अन्य लोगों के पदार्थ और धन का भोगने वाला होता है। परन्तु ऐसा जातक कभी कभी स्त्री-विलास-रसिक और इन्द्रिय-लोलुप और विद्वान् लोगों से प्रेम करने वाला होता है।

कन्या होने से कुछ विशेष गुण दोषः—बुद्धिमती, सुशीला, मिलनसार, उदार, धार्मिक और दानशीला होती है।

कन्या लग्न वाले के लिये शु. और बु. शुभदायी होते हैं। शुभदायित्व में बु. से शु. ही उत्तम होता है। बु. और शु. में सम्बन्ध रहने से उत्तम राज-योग होता है। शनि थोड़े अंश में शुभ-फल देता है। चं. केतु के साथ होकर लग्नगत होने से उत्तम फल देता है। परन्तु मारकेश होता है। सूर्य्य को स्वयं मारकत्व नहीं होता है। परन्तु बृ., चं., मंगल उत्तम फल नहीं देते। मंगल, चं. और बृ. सहायक (कारक) होते हैं, शु. भी कभी कभी मारकेश हो जाता है। नवमं नवांश में लग्न के रहने से प्राकृतिक स्वभाव का पूर्ण बिकास होता है।

चेतावनी ।

ऐसे जातक को अपनी मानसिक अवस्थाओं पर पूर्ण ध्यान रखना उचित है। पेट जनित रोग प्रायः दुःखदायी होते हैं। अतएव भोजनादि

का प्रबन्ध उत्तम होना चाहिये, सांसारिक बातों में उपद्रव होने से ऐसे जातक के स्वास्थ्य पर प्रायः बुरा परिणाम होता है।

(७)

तुला लग्न ।

तुला लग्न वाला जातक, आकृति का लम्बा, मुख सुन्दर और लम्बाई लिये हुए, ललित नेत्र का होता है और उसके दाँत विरल होते हैं तथा वह प्रायः दुबला हुआ करता है। परन्तु शुक्र के लग्न में रहने से शरीर से स्थूल भी होता है। विचार में जातक अव्यवस्थित-चित्त तथा अनिश्चित विचार का होता है। उसका चरित्र अव्यवस्थित होता है। वह अपरिमितव्ययी अर्थात् खर्चीले स्वभाव का, उदार प्रकृति, स्वच्छ–अन्तष्करण-वाला, मिलनसार सदा दूसरे की सहायता करने में तत्पर, मित्र बनाने में कुशल, सङ्गति प्रिय, चतुर, धार्मिक, और मेधावी होता है। सफाई से रहना और घर-द्वार को साफ रखना ऐसे जातक का स्वाभाविक गुण होता है। न्याय प्रिय, सत्यवादी, शान्त और प्रफुल्लित चित्त का होता है। वह प्रत्येक काम न्याय तथा दया के विचार से करता है। यद्यपि उसकी क्रोधाग्नि जल्द प्रज्ज्वलित होती है परन्तु उसी शीघ्रता से शान्त भी हो जाती है। उसके मित्र और संरक्षक बहुत उच्चकक्षा के प्रतिष्ठित व्यक्ति होते हैं। राज-पूज्य, विद्वान् परन्तु भीरु अर्थात् डरपोक होता है। कभी वाणिज्य प्रिय और कभी कभी न्यायकर्त्ता तथा पंचायती इत्यादि का करने वाला होता है और ऐसे जातक के कभी कभी दो नाम हुआ करते हैं।

कन्या होने से कुछ विशेष गुण दोषः—अहङ्कारी, क्रोधी, लालची, बदनाम और कृपण होती है।

ऐसे जातक के लिये शनि और बुध उत्तम फल देने वाले होते हैं। शनि सभी ग्रहों की अपेक्षा तुला लग्न वाले के लिये केवल उत्तम ही फल नहीं देता किन्तु राज-योग देता है। यदि च. और बुध तथा श. और बुध को आपस में सम्बन्ध हो तो राज-योग होता है। मंगल र. और बृ. शुभफल नहीं देते। मंगल और शनि तथा मंगल और बुध का योग विभव-सूचक होता है। सूर्य्य मंगल और बृ. को मारकत्व होता है। परन्तु मंगल

मारकेश के लिये बली नहीं होता है। पहला नवांश में लग्न के रहने से प्राकृतिक स्वभाव का पूर्ण बिकास होता है।

चेतावनी।

कमर, गुर्दा, मूत्रस्थली ऐसे जातकों का प्रायः रोगाक्रान्त हुआ करता है। इन सब स्थानों को शीत से बचाना बहुत ही उचित होगा। शुद्ध जल का व्यवहार और स्वच्छ वायु ऐसे जातक के लिये विशेष रूप से उपयोगी है।

(८)

वृश्चिक।

वृश्चिक लग्न वाला जातक रूप का सुन्दर और उसकी जङ्घा तथा पैर गोल आकृति के होते हैं। जातक सतर्क तथा झगड़ालू होता है। विवाद में वह पक्ष,-विपक्ष की बात तथा अपनी हानि का भी विचार नहीं कर दृढ़ता तथा संलग्नता पूर्वक झगड़े में लग जाता है। ऐसा जातक बिगड़े-दिल स्वभाव का और बहुत ही शीघ्र उसे क्रोध हो जाता है। झगड़ा में उसकी तत्परता रहती है। काने को काना कह कर पुकारने में भी उसको तनिक हिचकिचाहट नहीं होती। कारण, वह सच्ची बात को स्पष्टरूप से कहने वाला होता है। ऐसे जातक को बदला चुकाये बिना रहना कठिन होता है। अपने उचित अथवा अनुचित ध्येय के लिये अथक परिश्रम करता है। अपने कुटुम्ब तथा मित्रों से बिना विशेष कारण के झगड़ जाता है और गुरुजनों से भी हठ कर बैठता है। कुसंयम तथा बुरे आचारों से अपने स्वास्थ्य को खो डालता है। कभी उच्च पद पर नियुक्त होने से अथवा अन्य किसी कारणों से जातक प्रायः उच्च कक्षा को व्यक्ति होता है और ऐसे जातक का बर्ताव तथा व्यवहार भयावह होता है। ऐसे जातक के विरुद्ध यदि कोई अपना विचार प्रकट करता हो तो वह उस का शत्रु बन जाता है। वह जातक बड़ा रूखा, उद्धत और जोशीला होता है। उसके कतिपय परिचित ही शत्रु होते हैं। ऐसे जातक का सन्तान विद्वान होता है। ऐसा जातक अत्यन्त स्त्री-प्रिय होता है।

कन्या होने से कुछ विशेष गुण दोषः—सुन्दर, आज्ञाकारिणी, भाग्यवती, सुशीला, सच्ची, आनन्दप्रिया और अच्छे चाल चलन की होती है।

ऐसे जातक के लिये र. और चं. सुभ फल देने वाले होते हैं। उन दोनों का सम्बन्ध होने से उत्तम राज-योग होता है। वृ. और बुध के एकत्रित रहने से अथवा अन्योन्य-दृष्टि से धन का आगमन विशेषरूप से होता है। वृ. भी शुभफल देने वाला होता है। बुध, शुक्र और शनि अच्छे फल नहीं देते हैं। वृ. को स्वयं मारकत्व नहीं होता, श. और बुध को मारकत्व से सम्बन्ध होने से मृत्युकारी-योग होता है। पांचवे नवांश में लग्न के रहने से प्राकृतिक स्वभाव का पूर्ण विकाश होता है।

चेतावनी !

ऐसे जातक को कण्ठ और कलेजों को सुरक्षित रखना उचित है। मल-मूत्रादि की सफाई पर पूर्ण ध्यान रहना चाहिये। छूत छात की बीमारी से बचनेका पूरा प्रबन्ध रखना चाहिये और नशीले पदार्थों का प्रयोग भूल कर भी होना उचित नहीं।

(९)

धन लग्न।

धन लग्न में जन्म होने से जातक का गला लम्बा, नाक खड़ी और कान बड़े-बड़े होते हैं। मुख की आकृति किञ्चित चौड़ी होती है। जातक सादा और स्पष्ट विचार का होता है। न्याय और सत्य के लिये खूब परिश्रम करता है। उसका आशय महान् होता है। वह निष्काम कर्म करता है। किसी विषय को बहुत आसानी से और बहुत जल्द समझ सकता है। बुद्धिमान् तथा कई भाषाओं का जानने वाला होता है। अपनी मेधा तथा गुण द्वारा ऐसा जातक शीघ्र ही उन्नति करता है। जातक उदार प्रकृति का होता है। उसकी दृष्टि में सम्पत्ति और आर्थिक उन्नति असत्य प्रतीत होती है। धार्मिक तथा ज्ञान के विषयों में उसकी बड़ी अभिरुचि रहती है। बिना किसी प्रकार के आडम्बर तथा दिखलावटी बातों के वह शान्तिमय जीवन व्यतीत करता है। मनुष्य जाति की सेवा में वह अपना जीवन समर्पित

किये रहता है, यहां तक कि दूसरे के लिये वह अपने सुख को भी तिलाञ्जलि देने को उद्यत रहता है। अपने नौकरों तथा आश्रितों पर ऐसे जातक की बड़ी दया रहती है। वह बुद्धिमानों का बड़ा पक्षपाती होता है। बात करने में दिल्लगीवाजी और चुभती हुई बातों के कहने की उसकी अभिरुचि होती है तथा व्यङ्ग बचन बोलने वाला होता है। ऐसा जातक बुद्धिमान्, योग्य और अपने कुल वंश तथा जाति में ख्याति प्राप्त करता है और अपने कुलादि का आदर्श पुरुष होता है। ऐसे जातक को बड़े-बड़े अधिकारी एवं उच्च कक्षा के लोगों से मित्रता और सम्पर्क रहता है। उसके अनेक भृत्य तथा आश्रित होते हैं।

कन्या होने से कुछ विशेष गुण दोषः दयालुता में अभिरुचि तथा करुणामय चित्त वाली होती है।

धन लग्न वाले को सूर्य्य और मंगल बहुत ही शुभफल देने वाले होते हैं। मंगल से र. का फल उत्तम होता है। सूर्य्य और बुध का परस्पर सम्बन्ध होने से राज-योग होता है। ऐसे जातक के लिये शुक्र अनिष्टकारी होता है। वृ. साधारण फल देता है और कभी-कभी बुरा भी होता है। परन्तु मारकेश नहीं होता है। श. को स्वयं मारकत्व नहीं होता है। श. के एकादशस्थ होने से उत्तम फल होता है। चं. अष्टमेश होने पर भी अच्छा ही फल देता है। कारण, कि चं. को अष्टमेश-दोष नहीं लगता और लग्नेश वृ. का चं. मित्र है।

नवम नवांश में लग्न के रहने से प्राकृतिक स्वभाव का पूर्ण विकास होता है।

चेतावनी।

ऐसे जातक को बहुत परिश्रम से बचना उचित है। परिमित व्यायाम से सर्वदा लाभ उठाता है। व्यायाम, घूमने फिरने से स्वास्थ्य के लिये बहुत ही हितकर होता है। ऐसे जातक को दुर्घटना (Accidents), शरीर में किसी प्रकार से चोट आदि के लगने से और विशेष कर घोड़ों से बचने का ध्यान रखनी चाहिये। रुधिर विकार पर पूर्ण ध्यान देना चाहिये।

(१०)

मकर लग्न।

मकर लग्न वाले जातक के शरीर का निचला अर्द्ध भाग दुबला, पतला तथा निर्बल होता है। लम्बा और शरीर का गठन कठिन रूप का होता है, कफ-वात प्रकृति से पीड़ित होता है। जातक बड़ा उत्साही तथा परिश्रमी होता है। जो कोई उसका बिगाड़ता है उससे बदला लेने में ऐसा जातक सर्वदा तत्पर रहता है। वह खुले-तौर से अपना विचार प्रकट करता है, चाहे उससे किसी के दिल पर चोट क्यों न पहुंचे। ऐसा जातक मिज़ाज का शकी, प्रकृति का नीच और कलेजे का डरपोक तथा अहंकारी होता है। वह प्रत्येक काम साव-धानी से तथा विचारपूर्वक करता है। पुण्य कर्म में तत्पर और धार्मिक तथा ईश्वर का डर रखता है। वह अपने आश्रितों से काम लेने में निपुण होता है। वह अपने काम का यार होता है। दूसरों को ठगने में उसकी रुचि रहती है। उसकी सतत ऐसी इच्छा रहती है, कि वह अपनी मित्र मण्डली में प्रमुख और सम्मानित हो तथा अपनी ख्याति के लिये सदा प्रयत्न-शील रहता है। स्त्री पक्ष से ऐसा जातक सर्वदा दुःखी रहता है और प्रायः दुःख भोगता है। किसी-किसी अवसर में दानशील भी होता है।

कन्या होने से विशेष गुण दोषः—धार्मिक, सत्यप्रिया, विचारशीला और मितव्ययी होती है। शत्रु-रहिता, सुविख्यात और बहु-पुत्र वाली होती है।

ऐसे जातक के लिये शुक्र और बुध उत्तम फल देने वाले ग्रह होते हैं। इन दो में से शुक्र सबसे उत्तम फल देने वाला होता है। पञ्चमेश एवं दशमेश होने के कारण शुक्र स्वयं राज-योग देता है। शुक्र और बुध के योग से भी राज-योग होता है। मंगल वृ. और चं. शुभ—फल नहीं देते। इन सबों को मारकत्व भी होता है। शनि को भी मारकत्व होता है। परन्तु वह स्वयं मारकेश नहीं होता है। सूर्य को भी मारकत्व नहीं होता है। सूर्य को अष्टमेश होने का भी दोष नहीं लगने के कारण, साधारण फल देता है। यदि मकर राशि में मंगल बैठा हो और कर्क में चं. बैठा हो अर्थात् लग्न में मंगल और सप्तम में चं. बैठा हो तो मकर लग्न वाले के लिये राज-योग होता है। परन्तु यदि बुध अष्टमस्थान में हो वृ. लग्न में हो, और उस पर शु. की दृष्टि हो तो जातक का

स्वास्थ्य अच्छा होता है परन्तु वह दरिद्र होता है। पहिले नवांश में लग्न के रहने से प्राकृतिक स्वभाव का पूर्ण विकास होता है।

चेतावनी।

ऐसे जातक को चमरोग प्रायः दुःखी करता है। इस कारण, कोष्ट-बद्धता से सर्वदा बचने का प्रयत्न करना उत्तम होता है। ठंढक और सर्दी से शरीर को बचाये रहना मुख्य कर्त्तव्य होगा। कभी-कभी ठेहुने की भी बीमारी आ सताती है। उसे चित्त-विक्षिप्त-रोग (मिलेनकोलिया) (Melancholia) से का सर्वदा प्रयत्न रखना उचित है।

(११)

कुम्भ लग्न।

जिस जातक का जन्म कुम्भ लग्न में होता है। उसका शरीर तथा हृदय सुन्दर होता है। जातक दयालु प्रकृति और परोपकार-परायण होता है। वह दूसरों की भावना, विचार और मन की बातों को जानने का सर्वदा यत्न करता है। दूसरे के दुःख को देख कर ऐसे जातक को रहा नहीं जाता है। ऐसा जातक सुख और आनन्द से जीवन व्यतीत करता है। ईश्वर, धर्म, तथा ज्ञान में ऐसे जातक की प्रवृत्ति होती है। पाप और दुराचार से ऐसा जातक दूर रहना चाहता है। यशस्वी, धनी, मिलनसार, महान्, सुगमता पूर्वक कार्य्य करने में निपुण, सर्व-जन-प्रिय, मित्रों से प्रीति रखने वाला, और सबका सम्मान करने वाला परन्तु दम्भी होता है। अत्यन्त कामी और कभी-कभी पर-स्त्री गमन का इच्छुक होता है। बड़े-बड़े लोगों से उसे मित्रता होती है। लोगों में ऐसे जातक की मान मर्य्यादा विशेष होतीहै। वाताधिक प्रकृति वाला और प्रायः उसे शिर दर्द, पेट दर्द, अपच, कोष्ट बद्धता तथा पेटकी अन्य बीमारियां होती हैं। यह जल के सेवन में उत्साह रखने वाला होता है। सत्याचार्य्य का कथन है कि कुम्भलग्न शुभ नहीं होता है और बहुत से विद्वानों का कथन है कि ऐसे जातक को आयु के अन्तिम भाग में किसी न किसी रूप का अपयश तथा लाञ्छना हो ही जाती है, अथवा कोई एक बड़ी हानि हो जाती है।

कन्या होने पर कुछ विशेष गुण दोषः—ऐसी जातिका अपने पुत्रों की अपेक्षा कन्याओं पर अधिक प्रेम करनेवाली होती है। आनन्दमय जीवन तथा शुभ सङ्गीत में जीवन व्यतीत करना ऐसी जातिका का स्वाभाविक गुण होता है। विचार की अच्छी, धार्मिका, जनों से प्रेम करनेवाली और कृतज्ञा होती है। रुधिर सम्बन्धी रोगों से पीड़ित होती है।

शुक्र सबसे उत्तम फल देनेवाला होता है। और उसके बाद मङ्गल भी होता है। मंगल और शुक्र में सम्बन्ध होने से सोना में सुगन्ध होता है। बुध और शनि साधारण फल देते हैं। बृ. मंगल और चं. मारक ग्रह होते हैं। बृ. स्वयं मारकेश नहीं होता। र. और बुध के पञ्चमस्थान में रहने से जातक के लिये उन्नति कारक योग होता है। यदि र. और शु. लग्न में हो, राहु दशमस्थ हो तो ऐसे स्थान में बृ. और रा. की दशा में उत्तम फल होता है। पांचवें नवांश में लग्न के रहने से प्राकृतिक स्वभाव का पूर्ण विकास होता है।

चेतावनी।

ऐसे जातक का रोग कुछ देर तक रहता है, अथवा आजन्म रोगी रहता है। ऐसे जातक को रुधिर पर पूरा ध्यान रखना उचित है। ज्योंही किसी रुधिर सम्बन्धी रोग की सम्भावना हो तुरत सावधानता पूर्वक औषधि प्रयोग करना उचित है। स्वच्छ वायु का सेवन और खुले स्थान का व्यायाम सर्वदा उपयोगी होता है। मानसिक व्यथा से सर्वदा बचना उत्तम है। भोजन सादा, सुथरा, रुधिर को स्वच्छ रखनेवाला होना चाहिये। आँखों पर पूरा ध्यान होना चाहिये। कारण, ऐसे जातक को नेत्र रोग बहुधा हुआ करता है।

(१२)

मीन लग्न।

मीन लग्न वाले जातक का शरीर सुन्दर और सुडौल होता है। ऐसा जातक पित्ताधिक होता है और उसको जल से अधिक प्रेम रहता है तथा कभी-कभी अधिक जल पीता भी है। वह बड़ा विलासी होता है। सुख, शान्तिमय और भोग-विलास मय जीवन व्यतीत करना ही उसके जीवन का सिद्धान्त रहता है। इस कारण, वह आँख मूंदकर पानी की तरह रुपया खर्च करता है। वह कुशल-कवि और

लेखक होता है तथा इसमें उसको आनन्द प्राप्ति होती है। वह कभी भी समय नष्ट नहीं करता और ऐसा जातक सर्वदा किसी न किसी काम में लगा हुआ तथा व्यस्त प्रतीत होता है। यद्यपि सचमुच में कार्य्य-व्यस्त न भी हो (ऐसे जातक के लिये अंग्रेजी में एक कहावत Busily idle बहुत समुचित होता है)। वह बहुत सी बातों का जानने वाला होता है और सभी बातों का खबर रखता है। ऐसा जातक बहुत सी बातों में अन्ध-विश्वासी होता है। कीर्त्ति-सम्पन्न, दक्ष, अल्पाहारी, चपल, धूर्त्त और धन समृद्धि वाला होता है। ऐसे जातक को बचपन एवं युवावस्था के प्रारम्भ में अनेक दुर्घटनायें उपस्थित होती हैं पर उन से वह बच जाता है। इसके धनकी हानि, शत्रुद्वारा और पारस्परिक राग-द्वेष से होती है। ऐसा जातक समय समय पर साहस से काम लेता है और कभी-कभी भीरु भी हो जाता है। अनिश्चित विचार और अदृढ़ संकल्प अथवा संकल्प-विकल्प में पड़ कर बहुत सा अच्छा समय जातक के हाथ से निकल जाता है। उसे नाटक, सङ्गीत, चित्र, नाच तथा अन्य सुललित कलाओं में अभिरुचि और प्रेम होता है। ऐसा जातक मेधावी, बहुत ही उत्तम स्मरण-शक्ति वाला और बहुत सी कन्या वाला तथा स्त्री से प्रेम रखने वाला होता है। उसके मित्र प्रसिद्ध तथा कीर्तिशाली व्यक्ति होते हैं।

कन्या होने से कुछ विशेष गुण दोषः- ऐसी जातिका रूपवती होती है। उसके नेत्र और बाल सुन्दर होते हैं। आज्ञाकारिणी, पति से प्रेम रखने वाली, करुणा रखनेवाली और पूजा-पाठ में प्रेम रखने वाली होती है तथा पुत्र-पौत्रादि वाली होती है।

बृ. और मंगल के योग से राज-योग होता है। मंगल और चं. के योग से उत्तम फल होता है। वृ. साधारण फल देता है। श. सबसे प्रबल मारक होता है। उसके बाद शुक्र को मारकत्व होता है। मंगल स्वयं मारक नहीं होता। चं. और मं. उत्तम फल देने वाले होते हैं। श., शु., र. और बुध अच्छे फल नहीं देते हैं। श. के द्वादशस्थ होने से फल अच्छा होता है। चं. के द्वादशस्थ होने से जातक को बहुत सी कन्याएं होती हैं और कभी-कभी एक पुत्र भी होता है। नवें नवांश में लग्न के रहने से प्राकृतिक स्वभाव का पूर्ण विकास होता है।

चेतावनी।

ऐसे जातक को प्रायः स्वास्थ्य की ओर से असावधानी रहती है। छूत छात की बीमारी से ऐसे जातक को बचना अति आवश्यक है। जिस किसी प्रान्त में ऐसी बीमारी फैली हो वहां से उसको संसर्ग रखना उचित नहीं। प्रायः ऐसे जातक के पैर में ठंढ लगने से भी रोग की उत्पत्ति होती है। मादक तथा नशीली पदार्थों से सदा बचे रहना उपयोगी होता है। मात्रा से अधिक जल पीना भी हानिकारक है। चिन्ता और व्यस्त के झंझटों से अपने को बचाये रखना उसका कर्त्तव्य होगा।

ग्रहों की भावस्थिति के अनुसार फल।

सूर्य्य।

धा-२५० (१) यदि लग्न में हो तो जातक प्रायः रूप में विचित्र, आंखों से रोगी; लाल अथवा गुलाबी नेत्र वाला, कण्ठ वा गुदा में व्रण अथवा तिलयुक्त शूर-वीर, क्षमा--शील, घृणा-रहित, कुशाग्रबुद्धि, उदार-प्रकृति, साहसी, आत्मसम्मानी, परन्तु निर्दयी, क्रोधी और सनकी होता है। वात-पित्त प्रकोप से पीडित, आकार में लम्बा, कर्कस, गर्म शरीर वाला तथा थोड़े केश वाला होता है। ऐसे जातक को अपनी बाल्यावस्था में अनेक पीड़ायें भोगनी पड़ती है और शिर में चोट लगने की सम्भावना रहती है। १८ वर्ष की अवस्था में अंग में पीड़ा और तीसरे वर्ष में ज्वर अवश्य होता है। यदि र. के साथ पापग्रह हो, र. नीच हो अथवा शत्रुगृही हो तो ये अनिष्ट-फल होते हैं। शुभग्रह की दृष्टि से दुष्टफल नहीं होते।

मेष राशि में र. के रहने से जातक नेत्र-रोगी परन्तु धनवान् और कीर्ति-वान् होता है। परन्तु ऐसा र. यदि बलवानग्रह से दृष्ट हो तो जातक विद्वान होता है। तुला में र. के रहने से नेत्र में फूली अथवा तिल और वह निर्धन तथा मान रहित होता है। परन्तु शुभदृष्ट रहने से अनिष्ट फल नहीं होता। मकर अथवा सिंह में रहने से रतौंधी एवं हृदय रोग से पीड़ित होता है। सिंह अथवा

सिंह के नवांश में रहने से जातक किसी स्थान का मालिक होता है और शुभदृष्ट अथवा युत रहने से निरोग होता है। कर्क राशि में रहने से नेत्र में फूली तथा शरीर में रोग परन्तु ज्ञानी होता है।

(२) द्वितीय भाव में रहने से जातक बुद्धि रहित, मित्र विरोधी, वाहन रहित, विषय में असुखी और पुत्रवान् होता है, उसे राजदण्ड जनित कष्ट, मुख में रोग, नेत्र में विकार और शरीर में रोग होता है। उसकी शिक्षा में रुकावट होती है तथा वह हठी एवं चिड़्डे स्वभाव का होता है।

यदि र., शनि से दृष्ट न हो तो जातक प्रायः धनवान् होता है। शनि से दृष्ट रहने पर, यदि और किसी ग्रह से दृष्ट न हो तो वह निर्धन होता है। साधारण रूप से ऐसे जातक का धन चोर और राज-कोप से नष्ट होता है। १७ वें और २५ वें वर्ष में धनहानी सम्भव होती है तथा जातक प्रवासी होता है।

(३) तृतीय भाव में रहने से कुशाग्र-बुद्धि, पराक्रमी, बली, प्रिय-भाषी, स्वच्छ-चित्त, वाहन और नौकरों से सुशोभित, अनुचर-विशिष्ट, तेजस्वी एवं नैतिक-साहस-युक्त होता है। उसके भाई की संख्या कम होती है। तृतीयस्थान में र. के रहने से अग्रज का नास, सहोदर भाई की अल्पता और चचेरे भाई बहु संख्यक होते हैं। यदि र. अपनी राशि का न हो तो भाई, कुटुम्ब से अल्प सुख और यदि सूर्य्य पापग्रह से दृष्ट हो तो विष, अग्नि, चर्म रोग, हड्डी के टूटने का भय रहता है। यदि सूर्य्य पापग्रह के साथ हो अथवा पापग्रह से दृष्ट हो तो जातक के किसी भाई अथवा बहन की मृत्यु अथवा उसका भाई पुत्ररहित अथवा बहन विधवा होती है। कभी कभी जातक के किसी भाई की विष अथवा शस्त्र से मृत्यु होती है और उस के भाई तथा बहन सन्तान के लिये दुःखी होते हैं।

ऐसा जातक धनवान और द्रव्य विशिष्ट होता है। उसे ९ वें वर्ष में पशु से भय और २० वें वर्ष अर्थ की प्राप्ति होती है।

(४) चतुर्थभावगत रहने से जातक दुबला, विकृत-अवयव एवं अङ्गहीन होता है। मानसिक-चिन्ता-युक्त, अकारण विवाद-प्रिय, आत्मीय

जनों से घृणा करने वाला, घमण्डी, कपटी, संग्राम में निश्चल, बहुस्त्री वाला, प्रतिष्ठित, विख्यात, तथा सुख, धन, यान आदि रहित, पिता के धन को खर्च करने वाला, अथवा पितृ धनापहारी तथा भ्रमणशील होता है। उस के बन्धु बान्धव और वाहनादि के नाश का भी भय होता है। १४ वें वर्ष में विरोध और २२ वें वर्ष में विशेष उन्नति होती है। ३२ वर्ष में जातक सर्व-कार्य योग्य होता है।

चतुर्थस्थान के स्वामी, बली ग्रहों से युक्त अथवा केन्द्र वा त्रिकोण-गत हो अथवा सूर्य्य स्वगृही (सिंह राशि का) हो तो जातक को वाहनादि का सुख होता है। यदि चतुर्थस्थान में पापग्रह की दृष्टि हो, तो नीच प्रकार के वाहन की प्राप्ति होती है।

(५) पञ्चमभावगत रहने से जातक सत्क्रिया-शील, उद्भ्रान्त-चित्त, बुद्धिमान् अल्पसन्तान्वाला, शरीर का मोटा, शिव, शक्ति और दुर्गा आदि देवी-देवताओं का पूजन करने वाला, श्रेष्ठ काम से विमुख तथा सुत एवं धन से रहित होता है। उसे वातस्थल में पीड़ा और पिता से भय होता है।

सूर्य्य यदि स्थिर राशिगत हो तो पहिले सन्तान की मृत्यु होती है। यदि चरराशिगत हो तो सन्तान का नाश नहीं होता। द्विस्वभाव राशि-गत होने से सूर्य्य सन्तान का नाश करता है। और स्वक्षेत्र गत होने से भी पहला पुत्र नष्ट होता है। ऐसे जातक की स्त्री का कभी कभी गर्भपात भी होता है।

पञ्चमस्थान का स्वामी, बलवान् ग्रहों के साथ हो तो पुत्र का सुख होता है। यदि पापग्रह के साथ अथवा पाप-ग्रह-दृष्ट हो तो कन्या सन्तान की वृद्धि होती है। पञ्चमस्थ सूर्य्य पर यदि शुभग्रह की दृष्टि हो अथवा शुभग्रह से युत हो तो पुत्र-सुख होता है। ऐसे जातक को सप्तम वर्ष में पिता को भय और नवम वर्ष में पिता को शारीरिक कष्ट होता है।

(६) षष्ठभाव-गत रहने से जातक विख्यात, गुणवान्, बलवान्, शत्रु-विजयी, सतोगुणी, राजा के समान अथवा राजा का मंत्री, दण्ड देने का

अधिकार रखने वाला, सुन्दर वाहनों से युक्त, सुख विशिष्ट, तेजस्वी, बुद्धिमान्, निष्पाप और शत्रुओं को भय देने वाला होता है। जातक के धन-धान्य की वृद्धि होती है। परन्तु उसे शत्रु भी रहते हैं और उसकी भूख अच्छी होती है।

सूर्य्य पर शुभग्रह की दृष्टि हो अथवा शुभग्रह से युत हो तो नेत्र का रोग नहीं होता है। अन्यथा २०वें वर्ष में नेत्र में फूली इत्यादि रोग से पीड़ा होती है।

यदि छठे स्थान का स्वामी शुभग्रह के साथ हो तो नीरोग होता है। यदि छठे स्थान का स्वामी बलहीन हो तो शत्रु का नाश और पिता निर्बल होता है।

छठे स्थान में सूर्य्य के रहने से जातक के पिता को सातवें वर्ष में भय होता है।

(७) सप्तम भावगत रहने से, जातक शरीर का दुबला, मझोले कद का, भूरेरंग के केश और नेत्र से युक्त, शील रहित, चञ्चल, पापी, भय-युत, स्त्री सहवास तथा सुख भोगने में आसक्त, स्त्रियों से विरोध करने वाला तथा स्त्रियों से अनादर पाने वाला, परस्त्री प्रेमी एवं परगृह भोजी होता है। ऐसे जातक को प्रायः दो स्त्रियां होती है। विवाह में विलम्ब होता है। जातक धनहीन, राज कोप से दुःखी तथा कदन्न भोजी होता है। चौदहवें अथवा चौतीसवें वर्ष में स्त्री का नाश और २९ वें वर्ष में परदेश यात्रा होती है।

यदि सिंह राशि गत सूर्य्य बली हो तो एक स्त्री होती है। यदि सूर्य्य पर शत्रुग्रह की दृष्टि हो अथवा सूर्य शत्रुग्रह के साथ अथवा पापग्रह से युत हो तो जातक को बहुत सी स्त्रियां होती है।

(८) अष्टमभावगत रहने से जातक शरीर से दुबला, क्षुद्र अर्थात् छोटे छोटे नेत्रों का और रूग्ण होता है। निर्बुद्धि, क्रोधी, कार्य्य-समय बुद्धि-विवेचनाहीन, अल्प सन्तान वाला, नेत्र-रोग परन्तु उदार प्रकृति का और दीर्घजीवि होता है। उसे धन की कमी रहती है और उसे गौ-भैंस आदि पशु का नाश हो जाता है। उसे शत्रु बहुत होते हैं। दशमवर्ष में शिर में व्रणादि होते हैं और चौदहवें अथवा ३४ वें वर्ष में स्त्री का नाश होता है। सूर्य्य के साथ यदि शुभग्रह हो तो शिर में व्रण नहीं होता है।

यदि अष्टमस्थान का स्वामी बलीग्रह के साथ हो तो इच्छा के अनुसार उसे खेती की प्राप्ति होती है। यदि सूर्य्य उच्च अथवा स्वगृही हो तो दीर्घ जीवि होता है।

(९) नवमभावगत रहने से जातक धर्म-कर्म में निरत, श्रेष्ठ-बुद्धि, मातृकुल का विरोधी, पुत्रवान्, सुखी, और पुत्र तथा मित्र से सुखी होता है। सूर्य्य और शिव आदि देवताओं का पूजन करने वाला तथा पिता से विरोध करने वाला होता है। उत्कृष्ट-विषय और सूर्य्य मण्डल की अद्भुत घटनावली से प्रेम, उदार, साधारण सम्पत्ति, अच्छी सूझ-समझ, पैतृक सम्पत्ति का त्याग, निज उपार्जित वित्त, कलही, गिल्टी की बीमारी और कृषि-विद्या में कुशलता की प्राप्ति होती है।

पहले और दसवें वर्ष में तीर्थ यात्रा का सौभाग्य होता है। सिंह राशिगत सूर्य्य होने से जातक का भाई नहीं जीता है। यदि एक कोई बच भी जाय तो वह बड़ा भाग्यवान् होता है। मित्र क्षेत्रगत होने से जातक सात्त्विक, अनुष्ठान शील और धार्मिक होता है।

सूर्य्य उच्च अथवा स्वगृही होने से जातक का पिता दीर्घायु होता है। जातक धनवान् और ईश्वर का भजन करने वाला, गुरु तथा देवता में प्रेम रखने वाला होता है। नीच राशि गत सूर्य्य के होने से भाग्य एवं धर्मानुष्ठान दोनों के लिये अनिष्टकर होता है और चिन्ता तथा विरक्ति प्रदान करता है। यदि सूर्य्य पाप के साथ वा पाप से दृष्ट हो अथवा पाप राशि में हो अथवा शत्रुगृही हो तो पिता के लिये अनिष्ट होता है। परन्तु यदि सूर्य्य शुभग्रह से दृष्ट अथवा युक्त हो तो पिता दीर्घायु होता है।

(१०) दशमभावगत रहने से जातक स्वस्थ, शूर-वीर, कार्यारूढ़ श्रेष्ठ-बुद्धिवाला, राजानुगृहीत, साधुजनों से प्रीति रखने वाला, प्रसिद्ध, बुद्धिमान्, धन उपार्जन करने में चतुर, अति साहसी, संगीतप्रिय और नयाशहर का स्थापक होता है। ऐसा जातक पुत्रवान्, भूषण और वाहन युक्त तथा मणि एवं भूषण प्रभृति से द्रव्यवान् होता है। १८ वें वर्ष में विद्या के प्रताप से प्रसिद्ध और १९ वें वर्ष में जातक को किसी से वियोग होता है।

यदि सूर्य्य पर तीन ग्रह की दृष्टि पड़ती हो तो जातक राजा का प्रिय, अच्छा काम करने में कुशल, पराक्रमी और प्रसिद्ध होता है। सूर्य्य यदि उच्च अथवा स्वगृही हो तो जातक बली, यशस्वी और प्रसिद्ध होता है। बावली, मकान और देवता की प्रतिष्ठा कराने के कारण प्रसिद्ध होता है। परन्तु यदि सूर्य्य पापग्रह युक्त अथवा दृष्ट हो तो उसे कार्य्य में विघ्न-बाधा होती है। जातक, नीच एवं भ्रष्ट आचरण वाला, पापी और दुष्ट कार्य्य करने वाला होता है।

(११) एकादशभावगत रहने से जातक रूपवान्, निरोगी, ज्ञानी, विनीत, गान-विद्या में अभिरुचि रखने वाला, कीर्त्तिमान् यशस्वी सत्कर्मी, राजानुग्रहीत, स्थिर, प्रसिद्ध, वाहन युत, और बहु शत्रु वाला होता है। ऐसा जातक धन-धान्य से युत, राजद्वार से नित्य प्रति धन प्राप्त करने वाला, एवं सेवक जनों पर प्रेम रखने वाला होता है। ऐसे जातक को २० अथवा २४ वर्ष में पुत्र प्राप्ति का सुख होता है और २५ वें वर्ष में सवारी की प्राप्ति होती है।

यदि सूर्य्य स्वगृही अथवा उच्च हो तो राजा, चोर, कलह और चतुष्पद से बहु वित्तवान् तथा सदुपाय से धन प्राप्त करने वाला होता है। वह अत्यन्त बल वान् होता है, यदि सूर्य्य के साथ चतुर्थेश बैठा हो तो अनेक पदार्थों एवं धनों पर उसका अधिकार होता है। परन्तु अल्प-भाग्य वाला होता है।

(१२) द्वादश भाव गत रहने से जातक प्रलम्ब-अंग-विशिष्ट, बहु व्ययी, (खर्राच) पिता से विरोध करने वाला अर्थात् पिता से मनोमालिन्य रखने वाला, विरुद्ध-बुद्धि, पापी, पतित एवं चोर होता है। धनकी हानि करने वाला, प्रदेश में रहने वाला, पर स्त्री गामी, नेत्र-रोगी, एवं दरिद्र और लोक विरोधी होता है। ऐसे जातक के छत्तीसवें वर्ष में गुल्म रोग और ३८ वें वर्ष में अर्थ की हानि होती है।

यदि द्वादशस्थान का स्वामी बलवान् ग्रह से युक्त हो तो देवताओं की सिद्धि प्राप्त करने वाला और पलंग आदि का उसे सुख होता है। यदि सूर्य्य के साथ पापग्रह बैठा हो तो दुष्टस्थान में खर्च करने वाला होता है। उसे शय्या अच्छी नहीं होती है। यदि सूर्य्य के साथ षष्ठस्थान का स्वामी बैठा हो तो कुष्टरोग का भय होता है। परन्तु सूर्य्य शुभग्रह से दृष्ट अथवा युक्त हो तो कुष्ट भय नहीं होता है।

चन्द्रमा ।

धा-२५१ (१) लग्न में चन्द्रमा के रहने से शरीर कोमल सुन्दर और स्वभाव चञ्चल होता है। साधारण रूप से लग्न स्थित चन्द्रमा गौर-वर्ण प्रदान करता है। जातक वात-रोगी, शिरोव्यथा, स्वासकास से तथा गुप्तेन्द्रिय रोग से पोड़ित, सनकी, जिद्दी, एवं बासी भोजन पालन करने वाला होता है। ऐसे जातक को प्रायः घोड़ा से गिरने का और जल का भय होता है। १९ वें वर्ष में बहुत यात्रा करता है और २७ वें वर्ष में रोग होता है। यदि चन्द्रमा, मेष, वृष और कर्क इन में से किसी राशि में हो तो शास्त्रों का जानने वाला, रूपवान्, धनी, दयावान्, भोगी, गुणवान्, तेजस्वी और बहु सन्तान वाला होता है। यदि चन्द्रमा पूर्ण हो तो जातक सुन्दर, आकर्षक, उदार, सहानु-भूतिपूर्ण, विद्वान् तथा स्वस्थ होता है। अन्यथा दरिद्र, व्याधि, गूँगा, नेत्र रोगी, नीचता, बधिरता और उन्माद अर्थात् बावलापन प्रदान करता है।

यदि चन्द्रमा पर शुभग्रह की दृष्टि हो तो जातक बली, शरीर से नीरोग एवं धनी होता है। परन्तु उसकी बातें कपट भरी होती हैं। यदि लग्नेश बल रहित हो तो जातक रोगी होता है। परन्तु लग्नेश के शुभदृष्ट होने से निरोग होता है।

(२) द्वितीयभाव-गत रहने से जातक विनीत, तेजस्वी, शासक द्वारा सम्मानित, हठी, धनी, सोना, चाँदी इत्यादि धन से पूर्ण, बहु कुटुम्ब वाला और उदार होता है। परन्तु सन्तोष की मात्रा उसमें कम होती है। ऐसे जातक की बहन तथा कन्या का धन नाश होता है।

यदि पूर्ण चन्द्रमा हो तो जातक सर्वदा सुखी, पुत्रवान्, धनी और अनेक विद्याओं का जानने वाला होता है। यदि क्षीण चं. हो तो रुक-रुक कर बोलने वाला (तुतलाहा), धनहीन, अल्प बुद्धिवाला और रूखी बातों का व्यवहार करने वाला होता है। शास्त्रकारों ने लिखा है कि चन्द्रमा की पूर्णता और क्षीणता के तारतम्यानुसार उपर्युक्त शुभ एवं अशुभ फलों की कमी वेशी का अनुमान करना होता है।

द्वितीय में चन्द्रमा के रहने से जातक अठारहवें वर्ष में राजद्वार में सेना विभाग अथवा अन्य उसी प्रकार के किसी अधिकार को प्राप्त करता है और २७ वें वर्ष में द्रव्य प्राप्ति होती है।

चन्द्रमा यदि मंगल के साथ हो तो चर्मरोग और दरिद्रता होती है। (चन्द्रमा के साथ मंगल रहने से चन्द्रमाङ्गल्य योगहोता है जिसको विद्वानों ने सर्वदा अच्छा ही कहा है। इस कारण लेखक इस बात से सहमत नहीं है कि चन्द्रमा के साथ मंगल रहने से दरिद्रता होती है। यह भी शास्त्रोक्त है कि द्वितीयस्थान में मं. निष्फल होता है। चन्द्रमा मन का कारक है, मंगल विकलता प्रदान करता है इस कारण ऐसा अनुभव अवश्य है कि चन्द्रमा और मंगल के साथ रहने से मानसिक व्यथा अवश्य होती है) अन्य किसी अशुभग्रह के रहने से जातक प्रतिहत, शिक्षित, सद्वेश, सुन्दर, मिष्टभाषी एवं तिरछी नजर वाला होता है। पुनः यदि क्षीण चन्द्रमा पर बुध की दृष्टि पड़ती हो तो पूर्वार्जित धन का नाश होता है और अन्य प्रकार के धन का भी अभाव होता है। यदि चन्द्रमा के साथ शुभग्रह बैठा हो तो विद्वान् और धनाढ्य होता है।

(३) तृतीयभावगत रहने से जातक दुबला-पतला, विद्वान्, साहसी, निरोग, अल्प-बुद्धि वाला हिंसा करने वाला, कृपण, भाइयों के अधीन रहने वाला, एवं बन्धुगणों का आश्रय दाता होता है।

ऐसे जातक के भाई सुखी तथा नीरोगी होते हैं। कभी-कभी उसे दो भाई और बहने होती हैं। ऐसे जातक को माता के दुग्ध पान करने का अवसर कम मिलता है और वायु एवं बवासीर से पीड़ित होता है। तीसरे या पांचवें वर्ष में धनलाभ होता है। और चौबीसवें वर्ष में किसी अपराध वश राजदण्ड से धन नाश होता है। ऐसे जातक को गौ, महिषादि पशुओं से और भाईयों के नष्ट हो जाने के कारण कम सुख होता है। यदि चन्द्रमा के साथ केतु हो तो जातक लक्ष्मीवान् होता है।

(४) चतुर्थभाव-गत रहने से जातक विद्वान्, मिलनसार, स्त्री, नौकर और सवारी से सम्पन्न होता है। जातक को सम्पदा और मन्दिर इत्यादि भी होते हैं। ब्राह्मण एवं देवताओं में भक्ति, अनेक लोगों को पालने की क्षमता होती है। घोड़ा, सुगन्धित द्रव्य, वस्त्र और धन-धान्य आदि से युक्त, दुग्धादि से

सुखी, स्वभाव का नम्र, जलज वस्तुओं की प्राप्ति एवं कृषि से सुखी, मिष्टान्न से पूर्ण, बाल्यावस्था में अन्य स्त्रियों का दूध पीने वाला होता है। बाइसवें वर्ष में सन्तान होती है। यदि कर्क का चन्द्रमा क्षीण न हो तो उसकी माता दीर्घायु होती है। पुनः यदि चन्द्रमा क्षीण एवं पापग्रह से युक्त हो तो माता दीर्घजीविनी नहीं होती, वाहन से सुख भी नहीं होता है। यदि चन्द्रमा बलवान् ग्रहों से युक्त हो तो सवारी का सुख होता है। इसी प्रकार यदि चतुर्थेश उच्च हो तो अनेक घोड़ों की सवारी प्राप्त होती है।

(५) पञ्चम भाव गत रहने से जातक जितेन्द्रिय, सत्यवादी शीलवान्, प्रसन्न चित्त, चञ्चल, धूर्त्त, तान्त्रिक, आडम्बर वाला, प्रतिहतशिक्षा वाला, परिश्रमी, स्त्री और देवताओं को वश में रखने वाला, चतुष्पद जीवों से सुखी, प्रेमी प्रसन्न मूर्त्ति और अनेक वस्तु का संग्रह करने वाला होता है। ऐसे जातक को स्त्री सुन्दरी होती है। कभी कभी दो स्त्रियां होती है। किसी किसी की स्त्री क्रोधवती और स्त्री के स्तन पर चिन्ह होता है। ऐसे जातक को कन्या विशेष होती है।

पूर्ण चन्द्रमा पञ्चमस्थान में रहने से जातक बलवान् होता है और अन्नादिदान करने में कुशल होता है। अनेक विद्वानों के अशीर्वाद से ऐश्वर्य्य-युक्त, सुकर्मी, भाग्यवान्, ज्ञानी तथा राज योग वाला होता है। यदि चन्द्रमा क्षीण हो तो जातक की कन्यायें चञ्चला होती हैं। यदि चन्द्रमा शुभग्रह से युत अथवा दृष्ट हो तो अत्यन्त दयावान् होता है। परन्तु यदि पापग्रह से दृष्ट वा युक्त हो तो दुष्ट स्वभाव का होता है। पञ्चम स्थान में चन्द्रमा रहने से जातक को छठे वर्ष में अग्नि-भय होता है।

(६) षष्ठभाव गत रहने से जातक का शरीर कोमल और दुबला होता है। वह मन्दाग्नि आदि से पीडित होता है। ऐसा जातक आलसी क्रूर, निठुर, दुष्ट-स्वभावी, क्रोधी, उग्र स्वभाव, अकारण लोक में घृणित, कामाग्नि से पीड़ित, शीघ्र मैथुन करने वाला, आलस तथा क्रोधाग्नि के कारण शत्रु विशिष्ट, चचेरे भाई तथा शत्रु से सन्तप्तचित, परन्तु बुद्धिमान होता है। छठे अथवा उंइसवें वर्ष में जातक को अरिष्ट सम्भव होता है। छत्तीसवें वर्ष में जातक विधवेच्छुक होता है (ऐसे समय में उसे सावधान रहना चाहिये)।

चन्द्रमा के साथ यदि पापग्रह बैठा हो तो जातक नीच अथवा पापकर्म का करने वाला होता है। चन्द्रमा के साथ यदि राहु अथवा केतु हो तो जातक धन रहित और उसे भयंकर शत्रु से झगड़ा होता है। उसे भाई नहीं होते और वह मन्दाग्नि और जल-गण्ड रोग से पीड़ित होता है। वह बावली और कूआँ आदि का स्वामी होता है और शुभग्रह से दृष्ट रहने से जातक निरोग एवं बलवान् होता है।

(७) सप्तमभाव-गत रहने से जातक का शरीर सुन्दर परन्तु कृश, वाणी मधुर होती है। ऐसे जातक की स्त्री सुन्दरी और चञ्चल होती है तथा जातक स्त्री-प्रिय होता है। जातक को स्त्री के कारण शस्त्र से भय होता है। वह कामातुर, अभिमानी, धर्म और नम्रता से विहीन तथा राजा की प्रसन्नता से लाभ करने वाला एवं सद्वेष वाला होता है।

चन्द्रमा यदि क्षीण अथवा पापदृष्ट हो तो जातक सुख-विहीन और उसकी स्त्री रोगिणी होती है। यदि चन्द्रमा पूर्ण अथवा बलीग्रह के साथ अथवा वृष राशि गत हो तो जातक को एक स्त्री होती है। यदि सप्तमस्थान का स्वामी बलवान् ग्रहों से युक्त हो तो जातक को दो स्त्रियां होती हैं। चन्द्रमा सम राशि (वृष, कर्क, कन्या इत्यादि इत्यादि) गत हो तो जातक की स्त्री का स्वभाव स्त्रीवत् होता है। परन्तु चन्द्रमाके विषम राशि (मेष, मिथुन और सिंह इत्यादि इत्यादि) गत होने से जातक की स्त्री का स्वभाव पुरुषवत् होता है।

सप्तमस्थान में चन्द्रमा के रहने से जातक के कमर में दर्द, पन्द्रहवें वें वर्ष में अत्यन्त दुःख और ३२ वें वर्ष में स्त्री से सुख होता है।

(८) अष्टमभावगत रहने से जातक रोगी होने के कारण दुबला, पित्त प्रकृति एवं नेत्र रोगी और मूत्राशय जनित रोग से पीड़ित और उसे तालाब तथा कूआं इत्यादि में डूबने का भय रहता है। वह स्त्री के कारण अपने बन्धुजनों को त्यागने वाला होता है। ऐसा जातक निर्धन और चोर, शत्रु एवं राजा से सन्तप्त, चित्त के उद्वेग से व्याकुल, अल्प अपत्यवान् तथा भ्रातृकुल से घृणित होता है।

यदि चन्द्रमा शुभग्रह से युत अथवा कर्क वा वृष राशि का हो तो जातक दीर्घजीवि होता है और यदि पापग्रह से युत हो तो कम उम्र में ही अकाल मृत्यु का भय होता है। यदि चन्द्रमा क्षीण हो तो कोई कोई मध्यायु होता है और किसी स्थान में बाल्यारिष्ट होता है। ऐसे जातक को त्रिदोषज्वर का भय रहता है। यदि जल राशि गत चं. बृहस्पती के साथ और पापदृष्ट हो तो क्षयरोग का भय होता है। अष्टमस्थान में चन्द्रमा के रहने से छठे अथवा आठवें वर्ष में अरिष्ट होता है।

(९) नवम भाव गत रहने से जातक भाग्यवान् धनी, स्त्रीवान् सुसंतति विशिष्ट, अन्यथा द्रव्य विशिष्ट, सुखी, श्रेष्ठ क्रिया करने वाला, पुराणादि श्रवण करने वाला, तीर्थाटन करने वाला, सत्कर्म शील, सुशिक्षित, बुद्धिमान् और कूआँ, तालाब, किला एवं विलास स्थान का निर्माण करने वाला, ब्राह्मण, पुरोहितादि द्वारा आदरणीय एवं योद्धा होता है।

पूर्ण चन्द्रमा होने से सामान्य भाग्यवान् साधारण विचार का और यज्ञादि क्रिया का करने वाला होता है। यदि पूर्ण चन्द्रमा बली ग्रहों से युक्त हो तो बड़ा भाग्यशाली तथा उसका पिता दीर्घायु होता है।

यदि चन्द्रमा अशुभग्रह से युक्त हो तो अकाल मृत्यु का भय और भाग्यहीन होता है तथा माता पिता के लिये अनिष्ट होता है। यदि शुभग्रह से युत हो तो शुभफल और दीर्घायु होता है।

क्षीण चन्द्रमा के होने से भाग्य हीन होता है। नवम स्थान में चन्द्रमा के रहने से चौदहवें अथवा २० वें वर्ष में पिता को अरिष्ट होता है।

(१०) दशम भाव गत रहने से शूर वीर, पराक्रमी, कीर्त्तिमान्, शीलवान् बुद्धिमान्, सम्मानी, उग्रप्रेमी, लक्ष्मीवान्, महत्त्वाकांक्षी, सज्जनों का आज्ञाकारी, चतुर, पवित्र कार्य्य में तत्पर और राजा से बहुधन प्राप्ति करने वाला होता है।

ऐसा जातक सन्तोषी, यशस्वी दीर्घजीवि, सौम्यमूर्त्ति और तालाब तथा मन्दिर आदि का स्वामी होता है।

यदि चन्द्रमा के साथ पापग्रह बैठा हो तो पाप-कर्म-निरत और सत्ताइसवें वर्ष में किसी विधवा स्त्री के साथ व्यभिचार करने के कारण समाज का बैरी हो जाता है। यदि दशमस्थान का स्वामी बली ग्रहों से युक्त हो तो बहुत से पवित्र कर्मों का करने वाला होता है।

दशमस्थान में चन्द्रमा के रहने से २७वें अथवा ४३वें वर्ष में अर्थ लाभ होता है।

(११) एकादशभाव गत रहने से जातक गौरवर्ण, माननीय, यशस्वी, गुणवान्, विख्यात, सत्कीर्त्तिमान्, सुशिक्षित, दानी, भोगी, सन्तति वाला, पृथ्वी आदि का स्वामी, अच्छे गुणों का ग्राहक, सर्वदा प्रसन्न चित्त, मनुष्यों पर प्रेम करने वाला और सदुपाय से धन का उपार्जन करने वाला होता है। ऐसा जातक प्रायः पड़ा हुआ धन पाता है। ऐसा जातक शास्त्र पुराणादि के सुनने में प्रेम करता है।

एकादशस्थान में चन्द्रमा के रहने से २०वें, २४ वें अथवा ४५ वें वर्ष में बगीचा आदि का सुख और प्रायः ५० वर्ष के उम्र में पुत्र उत्पन्न होता है।

यदि चन्द्रमा स्वगृही हो तो जलाशय, हाथी, घोड़ा और स्त्री की वृद्धि होती है। परन्तु क्षीण होने से विपरीत फल होता है। एकादशस्थान का स्वामी यदि निर्बल हो तो जातक अत्यन्त खर्चीले स्वभाव का होता है। चन्द्रमा यदि बली ग्रहों से युक्त हो तो बहुधन की प्राप्ति होती है। चन्द्रमा के साथ शुक्र बैठा हो तो पालकी इत्यादि सवारी की प्राप्ति होती है एवं नाना प्रकार की विद्याओं का अध्ययन करता है। यह बहुत से मनुष्यों की रक्षा करने वाला और भाग्यशाली होता है।

(१२) द्वादशभाव गत रहने से जातक नीच स्वभाव, कृपण परन्तु बुरे कामों में खर्च करने वाला, क्रोध के कारण झगड़ा करने वाला, अविश्वास पात्र, दुर्व्यसनी, अन्नहीन, मित्रहीन, नेत्ररोगी, सद्बन्धु रहित और शत्रु विशिष्ट होता

है। ऐसे जातक की स्त्री रोगिणी होती है। उसके अनेक चचेरे भाई होते हैं जिनमें से कोई अङ्ग रहित अथवा कोई अङ्ग से विकृत होते हैं।

यदि चन्द्रमा के साथ शुभग्रह हो तो जातक विद्वान्, पण्डित और दयालु होता है यदि पापग्रह अथवा शत्रुग्रह के साथ हो तो नरकगामी होता है। शुभग्रह एवं मित्रग्रह के साथ रहने से जातक स्वर्गाधिकारी होता है।

मंगल।

धा-२५२ (१) लग्न गत मंगल रहने से जातक साहसी उग्र, सफर करणे वाला, मतिभ्रम, चोरप्रकृतिवाला, रक्त वर्ण और बड़ी नाभि वाला होता है। ऐसा जातक तेजस्वी, बली, क्रोधी, मूर्ख, चञ्चल और धनवान् होता है। जातक के पिता की मृत्यु असामयिक होती है और उसे राजा से मृत्यु की आशङ्का होती है। ऐसे जातक के शरीर में व्रणादि रोग, विशेष कर शिर, कण्ठ, गुदा आदि में होते हैं तथा शिर में व्रणादि के चिन्ह हो जाते हैं। उसे कण्डू, खुजली और गुदा आदि के रोग होते हैं। शरीर में लोहा और पत्थर इत्यादि से चोट लगती है। बचपन में रक्त-पीड़ा तथा वातरक्तसे पीड़ित होता है।

ऐसे जातक को ९ वें वर्ष में अरिष्ट होता है। यदि मंगल मकर, मेष अथवा वृश्चिक का हो तो जातक निरोग, शरीर से पुष्ट, राजा से सम्मानित, यशस्वी और दीर्घायु होता है। यदि मंगल के साथ पाप अथवा शत्रुग्रह बैठा हो तो अल्पायु होता है और उसे कम सन्तान होती है। वह दुर्मुख एवं वात-शुलादि से पीड़ित होता है। मकर राशि गत मंगल होने से जातक विद्वान् होता है। यदि मंगल के साथ पापग्रह हो अथवा मंगल पापग्रह से दृष्ट हो तो नेत्र-रोगी होता है।

(२) द्वितीयभाव-गत रहने से जातक दयाहीन, निर्धन, बुद्धिहीन, सबसे विरोध करने वाला, कटुभाषी, अपव्ययी, व्यभिचारी, क्रोधी और अर्द्ध-शिक्षित होता है। परन्तु उसे धनका लाभ होता है।' ऐसा जातक, स्त्री और बन्धु जनों से कलह करने वाला, खेती तथा वाणिज्य करने वाला, परदेश में

वास करने वाला, निन्दित पदार्थों का भोजन करने वाला एवं जुआड़ी होता है। ऐसे जातक को शारिरिक एवं नेत्र पोड़ा का भय होता है।

मंगल द्वितीय स्थान में निष्फल कहा गया है। इस कारण द्वितीयस्थ मंगल यदि राज योग कारक भी हो तो भी विशेष धनशाली नहीं होता है। इस कारण ऐसे जातक को धन का विशेष सुख नहीं होता परन्तु ऐसे जातक को पैतृक धन तथा आभूषण का वाहुल्य होता है।

बारहवें वर्ष में द्रव्य नाश होता है। यदि मंगल के साथ छठे स्थान का स्वामी हो तो नेत्र में फूली आदि रोग होते हैं। इसी प्रकार यदि मंगल के साथ पापग्रह बैठा हो अथवा मंगल पापग्रह से दृष्ट हो अथवा पापग्रह के घर में हो तो भी नेत्ररोग होता है।

यदि मंगल को शुभग्रह देखता हो तो नेत्ररोग नहीं होता है। यदि मंगल मकर, मेष अथवा वृश्चिक राशि-गत हो तो जातक विद्वान् होता है और उसके नेत्र अच्छे होते हैं।

(३) तृतीयभावगत रहने से जातक, राजानुग्रहीत, सुखी, उदार, पराक्रमी और बुद्धिमान् होता है। ऐसे जातक को भ्रातृसुख कम होता है। पापदृष्ट होने से उसके अग्रज और पृष्ठज दोंनों की मृत्यु होती है।

यदि मंगल शुभग्रह से दृष्ट न हो तो उसकी स्त्री कुल्टा होती है। मंगल पर वृहस्पति अथवा चन्द्रमा की दृष्टि हो तो ऐसे जातक को एक भाई और दो बहने सुखो होती हैं।

यदि मंगल पापग्रह से दृष्ट अथवा युत हो तो जातक के भाई, बहनों की मृत्यु होती है और उसे विष, अग्नि, चर्मरोग तथा हड्डी टूटने का भय रहता है। यदि मंगल मित्र के घर में हो तो जातक धैर्य्यवान् होता है।

यदि मंगल मकर, मेष वा वृश्चिक राशिगत हो अथवा शुभग्रह से युत हो तो उसका भाई दीर्घायु गम्भीर एवं प्रतापी होता है। यदि मंगल राहु के साथ हो तो वेश्यागामी होता है।

तृतीयस्थ मंगल होने से १२ वें अथवा १३ वें वर्ष में भाई (बहन) का सुख होता है।

(४) चतुर्थभावगत रहने से जातक परदेश वासी, शरीर से निर्बल, रोगी, बन्धुहीन, सुख रहित, पीड़ित और वाहन से कष्ट पाने वाला होता है। जातक के पिता को भय और माता रुग्ण होती है। वह पृथ्वी से जीविका निर्वाह करने वाला और उसके घर में कलह होता है। यदि मंगल शुभग्रह से युत हो तो जातक रोग रहित, दूसरे घर में रहने वाला और पुराने घर में वास करने वाला होता है। भाई तथा कुटुम्बियों से उसे वैर होता है और स्वदेश का त्याग करता है। उसे स्त्रीहन्ता योग होता है।

चतुर्थस्थ मंगल रहने से आठवें वर्ष में पिता को अरिष्ट, माता को रोग और भाई की हानि होती है।

(५) पञ्चम भावगत रहने से जातक चञ्चल, उग्र बुद्धि, बदमाश, कपटी, स्त्री, पुत्र और मित्र आदि से सुखहीन, राजा से क्लेशित एवं धन-रहित होता है। कफ और वायु से पीड़ित रहता है तथा उसकी स्त्री का कभी-कभी गर्भपात भी होता है। मंगल यदि मकर, मेष अथवा वृश्चिक राशिगत हो तो उसे पुत्रसुख होता है और वह चतुर, राज्य में अधिकार रखनेवाला एवं अन्न दान करने वाला होता है।

यदि मंगल के साथ पापग्रह बैठा हो अथवा मङ्गल पापग्रह के घर में हो तो पुत्र का नाश होता है और बुद्धि भ्रष्ट होने से रोगी होता है।

यदि अष्टमस्थान का स्वामी मङ्गल के साथ हो तो जातक पापी परन्तु वीर होता है और जातक को पोष्यपुत्र योग होता है।

मङ्गल के पञ्चमस्थ रहने से ५ वें वर्ष में बन्धु की हानि और छठे वर्ष में शस्त्र भय होता है।

(६) षष्ठभावगत रहने से जातक क्रोधी, कामातुर, शत्रु विजयी, कार्य्य तत्पर, बली मनुष्यों में प्रधान, बन्धुबान्धवों पर विजयी, भूसम्पत्ति-विशिष्ट, बहु-स्त्री युक्त और चचेरे भाई तथा शत्रुओं से झंझट करने वाला होता है। उसकी जठराग्नि तेज होती है।

मंगल यदि पापग्रह की राशि में, पापग्रह से दृष्ट वा युत हो तो पूर्ण रीति से अपना फल देता है। वह जातक वात शूलादि रोग से पीड़ित होता है।

यदि मंगल मिथुन अथवा कन्या राशि में हो और उस पर शुभ ग्रह की दृष्टि न पड़ती हो तो जातक को कुष्ट रोग का भय होता है। २१ वें अथवा ३७ वें वर्ष में कलह अथवा शत्रु भय होता है। उसके २७ वें वर्ष में कन्या का जन्म और घोड़ा आदि सवारी का योग होता है।

(७) सप्तम भाव गत रहने से जातक दुबला सक्लेशवान् निर्धन, रोगी, व्यर्थ चिन्तित, स्त्री पक्ष से चिन्तित, शत्रु से पीड़ित और स्त्री से अनादर पाने वाला होता है।

यदि मंगल पापग्रह की राशि में हो तो जातक की स्त्री का नाश होता है। यदि मंगल शुभग्रह के साथ हो तो जातक के जीवित रहते ही स्त्री की मृत्यु होती है। यदि मंगल के साथ शनि बैठा हो तो जातक निन्दित कर्म करने वाला और यदि केतु बैठा हो तो रजस्वला स्त्री से भोग करने वाला होता है। यदि मंगल के साथ कोई शत्रुग्रह बैठा हो तो जातक की कई स्त्रियां मर जाती है। परन्तु यदि शुभग्रह से दृष्ट हो तो ऐसा फल नहीं होता । मंगल यदि उच्च अथवा स्वगृही हो तो उसकी स्त्री चपला अथवा सुन्दरी अथवा दुष्ट चित्ता और जातक को एक स्त्री होती है। यदि पापग्रह से युक्त हो तो दो स्त्रियां और जातक के कमर में दर्द होता है। मङ्गल के सप्तमस्थ होने से ३७ वें वर्ष में स्त्री का नाश होता है।

(८) अष्टमभावगत रहने से जातक, नेत्र रोगी, रक्त पीड़ित, दुर्बल, पित्त प्रकृति, मूत्राशय और वात शूलादि रोग से पीड़ित रहता है, एवं शस्त्र और अग्नि से उसे भय होता है।

ऐसा जातक नीच कर्म करने वाला, व्याकुल चित्त का, निन्दक, दुर्बुद्धि, सज्जनों की निन्दा करने वाला, कुल से घृणित होता है और अल्प सन्तान वाला होता है। यदि मङ्गल शुभग्रह से युत हो तो रोगरहित और दीर्घजीवि होता है। यदि पापग्रह से युत हो तो वात, क्षय और मलमूत्रादिरोगों से अधिक पीड़ित होता है। अष्टमस्थान का स्वामी शुभग्रहों से युक्त हो तो आयु अच्छी होती है। अष्टमस्थान में मङ्गल के रहने से २९वें वर्ष में मृत्यु का भय होता है।

(९) नवमभावगत रहने से जातक हिंसा-प्रवृत्ति, राजा से उच्च अधिकार पाने वाला, सुशिक्षित, बुद्धिमान् और कूआँ तालाब, किला तथा विलास स्थान का निर्माणित करने वाला, भाग्यहीन, धनहीन, सन्तति विशिष्ट, एवं ब्राह्मण आदि द्वारा आदरणीय होता है। पर किसी मत से वह अन्न तथा द्रव्य विशिष्ट होता है। और ऐसा जातक शैव-व्रतावलम्बी अर्थात् महादेव का भक्त होता है।

यदि मङ्गल किसी दुर्बल अथवा अशुभग्रह के साथ हो तो जातक दीर्घ-जीवि होता है, और इसी प्रकार यदि मङ्गल उच्च हो तो जातक गुरु-पत्नी से व्यभिचार करने वाला होता है (?) मंगल के नवमस्थ होने से १९वें वर्ष अथवा २९वें वर्ष में पिता को अरिष्ट होता है।

(१०) दशम भावगत रहने से जातक, प्रतापी, उद्योगी, शूरवीर परा-क्रमी, सन्तोषी, साहसी, परोपकारी, उग्र प्रेमी दृढ़-संकल्प, महात्त्वा,कांक्षी धार्मिक, मन्दिर और तालाब आदि का स्वामी एवं सज्जनों की आज्ञा मानने वाला होता है। ऐसा जातक शत्रु से अपराजित, राजातुल्य सुखी, धन सञ्चय करने वाला, भूषणादि से युक्त धनवान् तथा पुत्रवान् होता है।

दशमस्थान का स्वामी यदि बलीग्रहों के साथ हो तो जातक का भाई दीर्घायु और जातक भाग्य शाली, परमात्मा में ध्यान करने वाला एवं गुरु की सेवा करने वाला होता है। यदि मंगल शुभग्रह से युत अथवा शुभग्रह की राशि में हो तो जातक को कार्य्य में सफलता होती है। वह कीर्त्तिमान् और प्रतिष्ठित होता है। उस के १८वें वर्ष में धन संग्रह करने का सौभाग्य होता है और वह शरीर से पुष्ट होता है।

मंगल यदि पापग्रह से युत अथवा पापग्रह की राशि में हो तो जातक के कार्य में विघ्न-बाधायें उपस्थित होती हैं।

मंगल के साथ यदि बृहस्पति बैठा हो तो जातक बड़ा भाग्यशाली और उसकी सवारी में हाथी होता है। मङ्गल के दशमस्थ होने से ५४वें वर्ष में शस्त्र से अथवा शत्रु से उसे भय होता है।

(११) एकादशभावगत होने से जातक सत्यवक्ता, दृढ़ प्रतिज्ञ, पराक्रमी, शूर, यशस्वी, प्रिय भाषी, सुशिक्षित, धनी मानी, राजानुग्रहीत, गान विद्याका प्रेमी, सोना और मूंगा इत्यादि पदार्थों से सुशोभित तथा अश्वादि वाहनोंसे सुखी होता है। ऐसे जातक को सन्तति सुख, विस्तृत कृषि कार्य्य एवं उत्तम भूमि आदि का सुख होता है। ऐसे जातक के धन की हानि चोर और अग्नि द्वारा होती है।

मङ्गल यदि एकादशस्थान में एकादशेश के साथ हो तो राज-योग होता है यदि मंगल के साथ दो शुभग्रह बैठे हों तो महाराज का योग होता है और जातक का भाई धनवान् होता है। मंगल के एकादशस्थ होने से जातक को ४५वें वर्ष में धन, सन्तान और उससे अतुल सुख होता है।

(१२) द्वादश भावगत होने से जातक शरीर का विमल, क्रोधी, कामी, अङ्गहीन, बन्धु वर्गों से वैर करने वाला, धर्म-दूषित क्रियाओं का करने वाला, पतित, मित्र द्रोही और खर्चीला स्वभाव वाला होता है। ऐसे जातक को वायु जनित विकार से पीड़ा होती है। वह नेत्र रोगी होता है और उसे बन्धन से भय होता है।

यदि मंगल के साथ पापग्रह बैठा हो तो पाषण्डी होता है। यदि केतु के साथ हो तो जातक का घर अग्नि से जल जाता है और स्त्री की भी मृत्यु होती है। पर यदि शुभग्रह से युत हो तो स्त्री बच जाती है।

यदि मंगल द्वादशस्थ हो तो ४५वें वर्ष में जातक की स्त्री को पीड़ा होती है।

बुध।

धा-२५३ लग्नगत बुध रहने से जातक के शरीर में मस्सा, तिल और शरीर पीड़ा अर्थात् फोड़ा फुन्सी आदि से दुःख तथा गुल्मरोग होता है। वह अल्प भोगी, विनीत, उदार, शान्त प्रकृति, विद्वान, धीर, श्रेष्ठ आचरण में तत्पर, सदाचार परायण, और बहू अपत्यवान् होता है। वह प्रेत-बाधा-निवारण में कुशल, ज्योतिषशास्त्र का प्रेमी, अनेक शास्त्रों का

जानने वाला, काव्य और गणित का पण्डित, मधुर-भाषी, प्रतिष्ठित तथा राजा से सम्मानित होता है। ऐसे जातक का विवाह मध्य जीवन में होना सम्भव होता है।

यदि बुध पापरहित हो तो जातक चतुर, शान्त, मेधावी, प्रिय-भाषी, दयालु और विद्वान् होता है। बुध के साथ यदि पापग्रह बैठा हो अथवा बुध पापराशिगत हो तो जातक पित्त एवं पाण्डु रोग से पीड़ित और क्षुद्र देवता का उपासक होता है। उसे पलंग आदि का सुख नहीं होता है। परन्तु यदि शुभग्रह से युक्त अथवा शुभग्रह की राशि में हो तो जातक नीरोग और उस के शरीर की कान्ति स्वर्णवत् होती है। वह ज्योतिष-शास्त्र का प्रेमी धन-धान्य से सम्पन्न, धार्मिक और गणित तथा तर्क शास्त्र का जानने वाला होता है, परन्तु अङ्ग-हीन, नेत्र रोगी एवं कपटी होता है। बुध उच्च अथवा स्वगृही हो तो उसे भ्रातृ-सुख होता है। यदि बुध के साथ शनि बैठा हो तो बायें नेत्र में हानि होती है। पर, यदि बुध के साथ बृहस्पति अथवा षष्ठेश हो तो ऐसा फल नहीं होता है।

लग्नस्थ बुध के होने से दशम वर्ष में कान्ति-वृद्धि, सत्रहवें वर्ष में भाइयों के आपस में लड़ाई झगड़ा एवं २७वें वर्ष में तीर्थ-यात्रा, लाभ और विद्याध्ययन का सौभाग्य होता है।

(२) द्वितीयस्थान गत रहने से जातक विद्वान्, वेदज्ञ, विज्ञान-कुशल, दृढ़-संकल्प, मिष्टभाषी, वक्ता, उत्तम शील-स्वभाव का सुखी, पुत्रवान्, गुरु-वत्सल और राजासे सत्कार पाने वाला होता है। ऐसे जातक को बहुत प्रकार से धन मिलता है। धन नष्ट होने पर पुनः धन की प्राप्ति भी होती है। उसे स्वार्जित धन होता है। विद्या द्वारा धन के उपार्जन में कुशल, उन्नति-शील और उच्च–पदाधिकारी होता है।

बुध पर यदि चन्द्रमा की दृष्टि पड़ती हो तो जातक का धन नष्ट हो जाता है और वह चर्म-रोग से पीड़ित रहता है। यदि बुध पापग्रह की राशि में हो, शत्रु राशि गत हो पापग्रह से युक्त हो अथवा नीच हो तो विद्या-रहित, दुष्ट स्वभाव और वायु-प्रकोप से रोगी होता है। यदि बुध शुभ-ग्रह से दृष्ट वा युक्त हो तो विद्वान् एवं धनी होता है। बुध यदि बृहस्पति के साथ वा दृष्ट

हो तो जातक गणितज्ञ होता है। द्वितीयस्थ बुध होने से पन्द्रह वर्ष की उम्र में अनेक विद्याओं की प्राप्ति होती है और २९वें वर्ष में विशेपरूप से द्रव्य खर्च हो जाता है।

(३) तृतीयस्थान गत रहने से जातक हठी, चित्त-शुद्धि-रहित, सुख विहीन, साहसी, मनमाना कार्य्य करने वाला, अपने इच्छानुसार शुभ-कार्यों का करने वाला, प्रकृति का उग्र तथा बाल अवस्था में रोगी होता है। ऐसे जातक को भाइयों का सुख होता है।

यदि बुध पर पापग्रह की दृष्टि हो तो किसी भाई अथवा बहन को मृत्यु होती है। यदि बुध पर मंगल की दृष्टि हो अथवा मंगल, बुध के साथ हो तो जातक की तीन बहनें विधवा होती हैं। यदि तृतीयस्थान का स्वामी बलवान ग्रहों से युत हो तो जातक गम्भीर और दीर्घायु होता है। यदि तृतीयस्थान का स्वामी निर्बल हो तो जातक डरपोक होता है और उसके भाइयों को पीड़ा होती है। यदि बुध बलीग्रहों से युक्त हो तो उस का भाई दीर्घायु होता है। तृतीयस्थ बुध होने से १५वें वर्ष में धन और पृथ्वी की प्राप्ति तथा पुत्र सुख होता है। वह गुण प्राप्त करता है, एवं २७वें वर्ष में पुत्र से उसे दुःख होता है।

(४) चतुर्थ भावगत रहने से जातक विशालाक्ष, माता-पिता के सुख से युक्त, धन-धान्य और वाहनादि से सुखी, गान तथा नृत्य का प्रेमी, उत्कृष्ट विद्या-विभूषित एवं उत्तम गृह और भूषणादि का स्वामी होता है। ऐसे जातक को जादुगिरी और कृषि-विद्या से विशेप प्रेम होता है। चतुर्थ स्थान में बुध निष्फल कहा जाता है। चतुर्थ स्थान को पैत्रिक धन से सम्बन्ध है। इस कारण बुध के चतुर्थस्थान में रहने से पैतृक धन की प्राप्ति में नाना प्रकार की बाधायें सम्भव होती हैं। किसी किसी को तो पैत्रिक सम्पत्ति का अभाव ही हो जाता है।

यदि बुध के साथ कोई पापग्रह न हो तो जातक के अनेक मित्र होते हैं। वह विलास-प्रिय और धनी होता है। यदि बुध के साथ बृहस्पति, शुक्र और शनि बैठें हों तो उसे वाहन और यानादि विशेष होते हैं। यदि चतुर्थ स्थान का स्वामी बली अथवा बली ग्रहों से युक्त हो तो पालकी की सवारी मिलती है। पुनः यदि बुध के साथ राहु अथवा केतु और शनि बैठे हों तो

सुख और वाहनादि से हीन एवं अपने कुलके लोगों से द्वेषी एवं स्वभाव का कपटी होता है।

चतुर्थ-स्थान में बुध के रहने से १६वें वर्ष में किसी के धन का हरण करने से अधिक लाभ होता है। और २२वें वर्ष में पुत्र एवं धन की प्राप्ति होती है।

(५) पञ्चम भाव गत रहने से जातक के मामा (मातृ-भ्राता) को गण्ड रोग होता है। माता से सुखी, पुत्रवान्, मित्रवान्, बुद्धिमान् मधुरभाषी, सुशील, कार्य्य में प्रवीण, विद्वान्, सुबुद्धि और आडम्बर युक्त परन्तु झगड़ालू स्वभाव का होता है। ऐसा जातक मन्त्र विद्या में प्रेम रखता है, यदि बुध अस्त अथवा शत्रु ग्रह से दृष्ट हो तो जातक को पुत्र-शोक होता है। पञ्चम स्थान का स्वामी निर्बल अथवा पापग्रहों से युत हो तो पुत्र-शोक होने के कारण पोष्य-पुत्र का अवलम्बन लेना पड़ता है और जातक पाप-कर्म-निरत, तथा मन्त्र-विधि जानने वाला होता है। पञ्चमस्थ बुध रहने से २९वें वर्ष में माता को पीड़ा होती है।

(६) षष्ठस्थान-गत रहने से जातक धूर्त्त, कलह करने में प्रवीण, चित्त का निठुर, आलसी, अर्ध-शिक्षित, कटुभाषी और व्याधि से पीड़ित होता है। उसे हाथ पैर में बीमारी होती है। उसे अनेक शत्रु होते हैं, परन्तु जातक राज-द्वार में सम्मानित और पत्र आदि लिखने में चतुर होता है।

यदि बुध वक्री अथवा शुभ हो तो पीड़ा-कर होता है। बुध यदि मंगल की राशि में हो तो नील-कुष्ट रोग होता है। बुध के साथ शनि और राहु अथवा केतु हो तो शत्रु से लड़ने-झगड़ने में तत्पर तथा वात-शूलादि रोग से पीड़ित होता है। यदि षष्ठेश बली ग्रहों से युक्त हो तो अपनी ज्ञातियों में प्रबल होता है।

यदि बुध नीच राशिगत अथवा शत्रुराशिगत हो तो ज्ञातियों का नाश होता है। षष्ठस्थ बुध होने से २१वें अथवा ३७वें वर्षमें कलह और शत्रु से पीड़ा होती है।

(७) सप्तमस्थानगत रहने से जातक सुन्दर-स्वभाव, सत्यवादी ऐश्वर्य्यवान्, माता-पिता से सुखी, धर्म्मज्ञ, शीलवान्, न्यायकारी, स्वस्थ, स्त्री-पुत्र और धनादि से सुखी, विभव-युक्त, तथा चञ्चल परन्तु निर्मल-बुद्धि, राजा से पूज्य और कीर्तिमान् होता है । ऐसा जातक स्त्री के अनुकूल बुद्धि वाला होता है और नहीं भक्षण करने योग्य वस्तुओं का खाने वाला होता, है । परन्तु ऐसे जातकको पर-स्त्रीगमन में रुचि रहती है, जिससे जातक को सचेत रहना उचित है ।

बुध के साथ यदि शुभग्रह हो तो २४ वर्ष में पालकी की सवारी प्राप्त होती है । सप्तमस्थान का स्वामी बलीग्रह से युक्त हो तो एक स्त्री होती है । यदि सप्तमस्थान का स्वामी निर्बल, पापग्रह से युत अथवा पापग्रह की राशि में हो तो स्त्री का नाश होता है । यदि स्त्री की कुण्डली में ऐसा योग हो तो पति का नाश, कुष्ट रोग का भय एवं वह कुरूपा होती है ।

(८) अष्टमस्थान-गत रहने से जातक प्रसिद्ध, गुणी, अहङ्कारी, दीर्घजीवी, बहुतों का विरोधी, धनी, यशस्वी, और पर-धना पहारी होता है । ऐसे जातक को सन्तान कम होते हैं और वह जङ्घा तथा पेट के रोग से पीड़ित रहता है । अष्टम स्थान का स्वामी यदि बली ग्रहां से युक्त अथवा बुध, उच्च अथवा स्वगृही हो अथवा शुभग्रह से युत हो तो पूर्णायु होता है । पुनः यदि अष्टमेश, नीच, शत्र गृही अथवा पाप युक्त हो तो जातक अल्पायु होता है ।

अष्टमस्थ बुध होने से जातक को २५वें वर्ष में नाना प्रकार की प्रतिष्ठा होती है और वह यश से विख्यात होता है तथा चौदहवें वर्ष में उसके द्रव्य की हानि होती है ।

(९) नवमस्थान गत रहने से जातक, उपकारी, सन्तान और भृत्यादि-सुख-विशिष्ट, विद्वान्, दानशील, यशस्वी, सत्कर्मनिष्ठ संगीत प्रेमी, नृत्या गान-प्रिय,एवं धनादि प्राप्त करने का इच्छुक होता है । ऐसे जातक धर्म्मज्ञ, शास्त्रज्ञ, और सभा में सत्कार पाने वाला होता है तथा उसका पिता दीर्घायु होता है । वह मुक्ति का इच्छुक और भगवत्प्रेमी होता है । परन्तु यदि बुध पापयुक्त हो

तो जातक मन्द-भाग्य और बौद्ध-मत का प्रेमी होता है। यदि शुभ-युक्त हो तो भाग्यवान् और धर्मात्मा होता है। बुध के नवमस्थ होने से छब्बीसवें वर्ष में माता को अरिष्ट होता है।

(१०) दशम भावगत रहने से जातक ज्ञानवान्, श्रेष्ठकर्म्मनिरत, बुद्धिमान्, सात्विक-विचारशील, धार्मिक, दृढ़संकल्प, बोलने और द्रव्योपार्जन में चतुर, धन एवं आभूषण से युक्त, बली, सुखी एवं राजा से माननीय होता है और नाना प्रकार के वाग्-विलासादि में निरत रहता है। परन्तु वह नेत्ररोगी रहता है।

बुध यदि उच्च अथवा स्वगृही हो अथवा बृहस्पति-युक्त हो तो अग्निष्टोम इत्यादि क्रिया का करने वाला होता है। बुध यदि शत्रु-गृही अथवा पापग्रह के साथ हो तो जातक मूर्ख, नीच कर्म्म करने वाला एवं आचरण का भ्रष्ट होता है। दशमस्थ बुध रहने से सत्रहवें वर्ष में द्रव्य-लाभ और २८वें वर्ष में नेत्ररोग होता है।

(११) एकादशभाव गत रहने से जातक नम्र, धनी, आनन्दित, श्रेष्ठ-स्वभाव, मंगल-कार्य्य में निरत, अतिगुणी, बुद्धिमान्, विनीत, प्रसन्न-चित्त, शीलवान्, सुशील, स्त्री, प्रिय, भूसम्पति-विशिष्ट। मित्रों से प्रेम करने वाला, अनेक विद्याओं में अभ्यास करने वाला एवं विद्वान् होता है। पर ऐसे जातक की जठराग्नि मन्द होती है।

बुध यदि पापग्रह की राशि में अथवा पापग्रह से युत हो तो नीच कर्म द्वारा धन का नाश होता है। यदि उच्च अथवा स्वगृही हो तो शुभ कार्य्य द्वारा धन की प्राप्ति होती है। एकादशस्थ बुध होने से बारहवें अथवा १६वें वर्ष में अर्थ की प्राप्ति होती है और १९वें वर्ष के बाद पुत्र, धन एवं पृथ्वी की प्राप्ति होती है।

(१२) द्वादश-भाव-गत रहने से जातक कार्य्य में दक्ष, अपने पक्ष में विजय प्राप्त करने वाला, स्वकार्य्य-निपुण, बन्धु जनों से विरोधी, आत्मीय और स्वजन द्वारा परित्यक्त, धूर्त्त, क्रूर एवं मलिन-चित्त होता है। परन्तु उसकी वेदान्त की ओर रुचि रहती है और वह राज कोप से पीड़ित रहता है।

बुध यदि सूर्य्य के साथ हो तो जातक सहायक, दयावान् और जोशीला परन्तु सनकी होता है। ऐसे जातक को कम सन्तान होती है। यदि बुध के साथ पापग्रह हो तो चित्त का चञ्चल और राजा तथा मनुष्यों से वैर करने वाला होता है। यदि बुध के साथ शुभग्रह बैठे हों तो धर्म-कार्य्य में धन का व्यय होता है। द्वादशस्थ बुध के होने से ४८ वें वर्ष में स्त्री को पीड़ा होती है।

बृहस्पति।

क्रा-२५४ (१) लग्न गत होने से जातक विद्वान्, चतुर, कृतज्ञ, उदार, दानी, देवभक्ति रत, प्राज्ञ, राजा से आदरणीय, राजा को प्रसन्न रखने वाला, कविता, कला और व्याकरण जानने वाला तथा सुख से सम्पन्न होता है। जातक का शरीर सुन्दर, प्रायः गौरवर्ण और वात तथा कफ-जनित रोग से दुःखी होता है।

यदि बृहस्पति क्रूर ग्रह से दृष्ट हो तो किञ्चित् शारीरिक व्यथा होती है। परन्तु ऐसे जातक की कुल विघ्न बाधायें शीघ्र दूर हो जाती हैं। यदि बृहस्पति शत्रु गृही, पापगृही, अथवा नीच हो तो नीच कर्म करने वाला, पुत्र के लिये लालायित, कुटुम्बियों से बिछुड़ने वाला, बहुतों से वैर करने वाला, दम्भी, दुःखी और मध्यायु होता है। यदि स्वगृही हो तो जातक विद्वान, व्याकरण जानने वाला, बहुपुत्रशाली, सुखी, सम्मानित और दीर्घजीवि होता है। बृहस्पति यदि उच्च हो तो सभी उत्तम फलोंका पूर्ण रीति से विकास होता है और सोलहवें वर्ष में उसे महाराज-योग होता है। लग्नस्थित बृ. रहने से ८वें वर्ष में सुबुद्धि का उदय होता है।

(२) द्वितीयस्थानगत रहने से जातक विद्वान् गुण और यश से सम्पन्न, धनी, बुद्धिमान्, सबसे आदरणीय, उत्साही, कीर्तिमान् सर्वप्रिय गम्भीर, सुशील, वैभव-त्यागी, यशस्वी शत्रु-शून्य, स्पष्ट-वक्ता परन्तु मधुर भाषी, रूपवान् अपने सम्बन्धियों में प्रमुख तथा संग्रहीत धन का पाने वाला होता है।

यदि बृहस्पति पर बुध की दृष्टि हो तो जातक निर्धन होता है। यदि बृहस्पति उच्च अथवा स्वगृही हो तो महाधनी होता है। यदि बृहस्पति पापग्रह युक्त हो तो उसके विद्याध्ययन में विघ्न होता है। वह मिथ्या-वादी, क्रूर-भाषी और ठगने वाला होता है। यदि बृहस्पति नीच राशिगत और पाप युक्त हो तो मद्यपान करने वाला, भ्रष्ट, पर स्त्री गामी, पुत्र रहित एवं कुटुम्बों का नाशक होता है।

द्वितीयस्थान में यदि बृहस्पति हो तो सोलहवें वर्ष में धन-धान्य और प्रताप की वृद्धि होती है तथा तीसवें वर्ष में लाभ होता है।

(३) तृतीय भावगत रहने से जातक कृपण, कृतघ्न, स्त्री, पुत्र से प्रेम रहित, लोभी कंजूस और अनेक लोगों को आश्रय देने वाला और मन्दाग्नि से पीड़ित, ऐसे जातक को भाई-बहनों का सुख होता है और वे उत्तम प्रकृति के होते हैं। अनेक छोटे भाई होते हैं। प्रायः ऐसा जातक कृषक होता है।

यदि बृहस्पति पापग्रह से दृष्ट हो तो जातक के किसी भाई की मृत्यु भी होती है। और वह असन्तोषी एवं धनहीन होता है। यदि पाप और शुभ-ग्रह दोनों से दृष्ट हो तो भ्रातृसुख में कमी होती है। यदि तृतीयस्थान का स्वामी बलीग्रहों से युत हो तो भाई दीर्घायु होता है।

तृतीयस्थ बृहस्पति होने से २० वें वर्ष में राजा से सुख प्राप्त होता है।

(४) बृहस्पति के चतुर्थ भाव गत रहने से जातक सम्मानी, धनी, राजानु-गृहीत, वाहनादि-सम्पन्न, बुद्धिमान्, परिवारपोषक, गृहाधिपति, बालकों से प्रेम रखने वाला, उत्तम उत्तम वस्त्रों से अलंकृत, मित्रभाव का बर्त्तने वाला होता है। तथा उसे दूध की प्रचुरता होती है।

चतुर्थस्थान का स्वामी यदि बलवान् ग्रहों से युक्त वा शुक्र, चन्द्रमा से युक्त हो अथवा शुभग्रह के वर्ग में हो तो उसे वाहनादि (अर्थात् पालकी, घोड़ा इत्यादि) का सुख होता है और उसका मकान बड़ा होता है। यदि चतुर्थस्थान का स्वामी पापग्रह के साथ हो तो जातक पापी होता है। यदि चतुर्थेश पापदृष्ट हो तो घर और वाहन से रहित, तथा अन्य घर में वास करने वाला होता है। वह भाइयों से कपट करता है और माता के लिये अनिष्टकारी होता है।

चतुर्थस्थ बृहस्पति के रहने से बारहवें अथवा २०वें वर्ष में बन्धु सुख होता है।

(५) पञ्चम स्थानगत रहने से जातक चतुर, तेजस्वी, बुद्धिमान्, व्यवहार-कुशल, अपने पिता से भी उच्चतरस्थान पाने वाला, दानी, भोगी, गुणी, मिष्टभाषी, बात करने में चतुर, नाना प्रकार के धन और वाहनों से युत, सद्बुद्धिमान्, कुटुम्ब प्रिय होता है। पञ्चमस्थान का बृहस्पति निष्फल कहा जाता है। वह विशेष कर सन्तान भाव को खराब करता है। ऐसे जातक को अल्प संख्यक पुत्र का सुख होता है और उसकी आँखें बड़ी बड़ी होती हैं।

यदि पञ्चमस्थान का स्वामी पापग्रह की राशि में हो वा शत्रुगृही अथवा नीचराशिगत हो तो पुत्र का नाश होता है और उसे केवल एक ही पुत्र होता है, परन्तु धनी होता है। राजसम्बन्धी कारणों से उसका धन व्यय होता है।

पञ्चमेश राहु अथवा केतु के साथ रहने से पुत्रशोक होता है। परन्तु यदि शुभग्रह की दृष्टि हो तो पुत्र सुख होता है। वक्री अथवा शत्रु क्षेत्रगत बृहस्पति होने से वह पीड़ादायक होता है।

पञ्चमस्थ बृहस्पति होने से सातवें वर्ष में माता को पीड़ा होती है।

(६) षष्ठगत रहने से जातक आलसी, दुर्बल, कीर्त्ति का इच्छुक, शत्रुओं पर विजय करने वाला फलतः शत्रु रहित हास्यप्रिय, (मसखरा) पौत्र जन्म का सुख देखने वाला, अनेक चचेरे भाइयों से युक्त, अजीर्ण रोग से पीड़ित और प्रारब्ध पर भरोसा करने वाला होता है। उस के शरीर में व्रण के चिन्ह होते हैं। परन्तु यदि बृहस्पति के साथ कोई शुभग्रह हो तो रोग नहीं होता है। यदि बृहस्पति पापग्रह से युक्त अथवा पापग्रह की राशि में हो तो वात और शीत रोग से पीड़ित होता है। यदि बृहस्पति शनि के स्थान में हो (मकर-कुम्भ) और उसमें राहु भी बैठा हो तो जातक किसी भयंकर रोग से पीड़ित होता है।

छठेस्थान में बृहस्पति के रहने से ४०वें वर्ष में शत्रु से भय होता है।

(७) सप्तमभावगत रहने से जातक विद्वान्, शास्त्र-ज्ञाता, शास्त्रानुशीलक, काव्य करने वाला, गौरवपूर्ण, उच्च वंशी, अमृत रूपी वचन बोलने वाला, विनयी, मन्त्रणाकुशल, राजातुल्य सुख भोगने वाला, राजा का मंत्री, विख्यात, विषय में अत्यन्त सुखी, मर्य्यादा इत्यदि में पिता से अधिक, व्यापार में उन्नतिशील, धनी और तीर्थाटन करने वाला होता है। उसकी स्त्री पतिव्रता और धार्मिक होती है। परन्तु ऐसे जातक को बहुत चिन्ता रहतो है।

यदि सप्तमस्थान का स्वामी निर्बल हो वा राहु अथवा केतु, शनि और मंगल के साथ बैठे हों और पापग्रह की दृष्टि हो तो अन्य स्त्री से भोग करने वाला होता है। यदि सप्तमस्थान के स्वामी के साथ शुभग्रह हो अथवा सप्तमेश उच्च हो अथवा स्वगृही हो तो जातक को एक ही स्त्री होता है। उसे स्त्री द्वारा बहुत धन की प्राप्ति होती है और वह स्त्री से सुखी होता है।

बारहवें या बाईसवें वर्ष में उसका विवाह सम्भव होता है एवं चौंतीसवें वर्ष में प्रतिष्ठा प्राप्त होती है।

(८) अष्टमस्थानगत रहने से जातक कृश शरीर, नीच और क्रूर कर्म करने वाला, मलिन, दीन, विवेकहीन, उद्धत स्वभाव, नीच, पतित एवं अप्रतिष्ठित होता है। ऐसा जातक वायुशूल से पीड़ित, विधवा से सम्बन्ध रखने वाला और भृत्यों का स्वामी होता है।

बृहस्पति के साथ यदि पापग्रह हो तो जातक भ्रष्ट होता है। यदि अष्टमस्थान का स्वामी बलहीन हो तो जातक अल्पायु होता है। यदि अष्टमेश के साथ पापग्रह हो तो सत्रहवें वर्ष के बाद विधवा से सङ्ग होता है। यदि बृहस्पति उच्च अथवा स्वगृही हो तो जातक निर्बल रहते हुए भी निरोग, दीर्घायु, उद्योगी, एवं विद्वान् और वेदशास्त्र का जानने वाला होता है। ऐसे जातक की मृत्यु ज्ञान पूर्वक अच्छे स्थान में होती है। अन्य राशिगत होने पर कठिनाई से मृत्यु होती है। अष्टमस्थ बृहस्पति होने से एकतीसवें वर्ष में रोग होता है।

(९) नवमभावगत रहने से जातक धर्मात्मा, यज्ञ करने वाला, शास्त्रों का प्रेमी, व्रतावलम्बी, तपस्वी, धनी, गुणी, परमार्थी कीर्त्तिमान्, ईश्वर प्रेमी, ब्रह्मज्ञान-परायण, सत्कर्मशील, सनातनी, उदार, प्रतिष्ठित और जनता तथा मन्दिर का रक्षक होता है। उसका पिता दीर्घजीवी होता है।

नवमस्थ बृहस्पति से पन्द्रहवें वर्ष में पिता को अरिष्ट होता है और पैंतीसवें वर्ष में यज्ञादि क्रिया का करना सम्भव होता है।

(१०) दशम भावगत रहने से जातक, मित्र, पुत्र और धन से सुखी, धर्मात्मा, शुभ कार्य्य करने वाला, यशस्वी, कीर्त्तिमान्, सत्यवादी, संपत्तिशाली, चतुर, कार्य्य में सफलता प्राप्त करने वाला, राज्याधिकारी, संग्रहीत धन

का प्राप्त करने वाला, राज चिन्होंसे शोभित, उत्तमोत्तम वाहनादि से सुशोभित और दृढ़संकल्प होता है।

दशमस्थान का स्वामी यदि बलवान् ग्रहों से युक्त हो तो यज्ञ करने वाला और यदि पापग्रह के साथ हो तो कार्य्य में विघ्न करने वाला तथा दुष्कर्म्मी होता है।

दशमस्थ बृहस्पति होने से नौवें, बारहवें अथवा १९वें वर्ष में द्रव्य लाभ होता है।

(११) एकादशस्थानगत रहने से जातक विद्वान्, अनेक शास्त्रों का जानने वाला, प्रतिष्ठित, धनलाभ करने में समर्थ, हाथी और घोड़ा आदि वाहनों से युक्त, दृढ़-पराक्रमी, क्षमाशील, रोग रहित, राजानुगृहीत एवं प्रतिष्ठित होता है। ऐसे जातक को किसी एकत्रित सम्पत्ति के लाभ की सम्भावना होती है और वह अपने ज्येष्ठ भाई का सहायक होता है।

यदि बृहस्पति के साथ शुभग्रह और पापग्रह दोनों बैठे हों तो जातक हाथी का रखने वाला होता है। यदि बृहस्पति के साथ चन्द्रमा हो तो जातक भाग्यशाली होता है और कोई पड़ा हुआ धन उसे मिल जाता है। एकादशस्थ बृहस्पति के रहने से जातक को चौथे वर्ष में धन की प्राप्ति होती है।

(१२) द्वादशस्थान गत रहने से आलसी, उद्विग्नचित्त, क्रोधी, निर्लज्ज, बुद्धिहीन, मानहीन, पापी, निर्धन, अल्पसंतान वाला, दरिद्र और गिल्टी तथा व्रणादि से पीड़ित होता है। परन्तु ऐसा जातक शुभ कार्य्य में द्रव्य व्यय करने वाला, उत्तम शय्या और सुख सामग्री से सम्पन्न, पढ़ा-लिखा एवं गणितशास्त्र का जानने वाला होता है। यदि बृहस्पति शुभग्रह युत हो अथवा उच्च या स्वगृही हो तो जातक स्वर्गगामी और यदि पापयुक्त हो तो दुर्व्यसनी एवं नरकगामी होता है।

द्वादशस्थ बृहस्पति होने से पाँचवें वर्ष में हानि सम्भव होता है

शुक्र।

क्र-२५५ (१) लग्नस्थ शुक्र रहने से जातक गौरवर्ण और सुन्दर शरीर का होता है। उसकी कमर, कांख, पेट, और गुह्य अङ्गों में वर्ण

अथवा तिक्त होता है। तथा वह वात-पित्त से दुःखी होता है। ऐसा जातक अनेक कला का जानने वाला, विद्वान्, काव्य-शास्त्र प्रेमी, वार्त्ता में कुशल, गणितज्ञ विनय-सम्पन्न, धर्मात्मा, धनी और अपनी स्त्री से प्रेम करने वाला तथा राजा से अनुगृहीत होता है। उसे मधुर सुगन्धित द्रव्य अर्थात् पुष्पादि से प्रेम होता है।

शुक्र के साथ शुभग्रह हो तो स्वर्ण तुल्य सुन्दर शरीर और अनेक वस्त्राभूषण से अलङ्कृत होता है। यदि शुक्र पापग्रह से दृष्ट हो, पापग्रह के साथ हो अथवा शुक्र अस्त हो तो जातक वातश्लेष्मा आदि के विकार से पीड़ित रहता है। यदि लग्न का स्वामी राहु के साथ हो तो जातक आबनजूल (अण्डवृद्धि) से पीड़ित होता है। चतुर्थस्थान में यदि शुभग्रह हो तो जातक अत्यन्त प्रतापी और हाथी का रखने वाला होता है। यदि शुक्र स्वगृही हो तो राज-योग होता है। शुक्र यदि षष्ठ अष्टम अथवा द्वादशस्थान का स्वामी अथवा बलहीन हो तो जातक को दो स्त्री का योग होता है। उस के भाग्य में घटती बढ़ती होती रहती है और उस की बुद्धि उत्तम नहीं होती है। लग्नस्थ शुक्र होने से जातक को सत्रहवें वर्ष में पर-स्त्री गमन का संयोग होता है।

द्वितीयस्थान गत रहने से जातक विद्वान् विचित्र विद्याओं का जानने वाला, मनोहरभाषी, सभा में चतुर, धनी और विद्या धन प्राप्त करने वाला होता है तथा उसे स्त्री द्वारा भी धन की प्राप्ति होती है। ऐसे जातक को सुस्वादु और उत्तमोत्तम भोजन मिलते हैं तथा वह उत्तम प्रकार के वस्त्र एवं भूषणादि से अलंकृत होता है। उसकी परिवार बृहत होती है। उसे वाहनादि का सुख होता है और उस की स्त्री अच्छी परन्तु स्त्री के प्रति प्रेम का अभाव होता है तथा आँखें सुन्दर एवं विशाल होती हैं।

द्वितीयस्थान का स्वामी यदि बलहीन और दुष्टस्थान गत हो तो जातक के नेत्र में फूला अथवा अन्य किसी प्रकार का रोग होता है।

शुक्र के साथ यदि चं. हो तो जातक रात्रि में अन्धा अथवा नेत्ररोगी, कुटुम्ब रहित और धन को नष्ट करने वाला होता है। शुक्र यदि चन्द्रमा से दृष्ट हो तो धन की प्राप्ति नहीं होती है। किन्तु शुक्र शुभग्रह के क्षेत्र में और

शुभ-दृष्ट हो तो धन की प्राप्ति होती है, पुनः यदि शुक्र शुभग्रह से दृष्ट वा युक्त हो तो राजा अथवा चोर द्वारा धनहानि होती है। ऐसे जातक को मार्ग में प्रायः सर्वदा आपत्ति झेलनी पड़ती है। द्वितीयस्थ शुक्र होने से छठे वर्ष में लाभ का योग होता है, और बत्तीसवें वर्ष में सुन्दर स्त्री की प्राप्ति होती है।

(३) तृतीयस्थानगत रहने से जातक दुष्ट, उत्तम जनों से विरोध करने वाला, खोटा, दुरात्मा, कृपण, निर्धन और काम सन्तप्त होता है। ऐसे जातक को बहुत से भाई होते हैं परन्तु अन्त में कई भाइयों की मृत्यु हो जाती हैं। उसके भाइ स्वस्थ और सज्जन होते हैं। बहन की संख्या भी अधिक होती है। परन्तु यदि शुक्र पापग्रहों से दृष्ट अथवा युक्त हो तो जातक को सौतेले भाई होते हैं, जिनमें से कुछ की मृत्यु हो जाती है और कुछ जीवित रह जाते हैं।

यदि तृतीयस्थान का स्वामी बलवान् ग्रहों से दृष्ट वा युक्त हो अथवा शुक्र उच्च वा स्वगृही हो तो भाइयों की संख्या विशेष होती है। परन्तु द्वितीयेश के पापग्रह युक्त और दुष्टस्थानगत होने से भाइयों का नाश होता है। तृतीयस्थ शुक्र रहने से दशम वर्ष में जातक को तीर्थयात्रा का सौभाग्य होता है।

(४) चतुर्थस्थान गत रहने से जातक रूपवान्, बुद्धिमान्, पराक्रमी, तेजस्वी, विद्वान्, सुखी और क्षेत्र ग्राम, एवं वाहनादि से सम्पन्न होता है। ऐसे जातक को दूध की प्रचुरता रहती है, और भोजनादि अच्छे अच्छे मिलते हैं। वह अपने कुटुम्बजनों का प्रिय और मित्रों से युक्त होता है। उसे अच्छी स्त्री, भोग-शक्ति और धन की अच्छी प्राप्ति होती है। ऐसा जातक देवभक्त, ईश्वराराधन में प्रेम रखने वाला और राजा से पूज्य होता है।

यदि चतुर्थेश बली ग्रहों से युक्त हो तो रथादि वाहन का सुख होता है। यदि शु. के साथ पापग्रह हो, शुक्र पाप-ग्रह के घर में हो, नीच हो, शुत्रु गृही हो तो शत्रु पर विजयी होता है। षष्ठस्थ शुक्र प्रायः निष्फल कहा जाता है। षष्ठ स्थान में शुक्र के रहने से मामा के लिये दुःख है, कभी कभी मातृ कुल का विनाश और २० वें अथवा ४१ वें वर्ष में स्वयं भय होता है।

(७) सप्तमस्थान गत रहने से जातक सुन्दर शरीर, कामातुर, स्त्रियों से अधिक प्रेम करने वाला रति-पण्डित, पर स्त्री प्रेमी और वेश्या मित्र होता है। उसे जननेन्द्रियोंकी चूमने की बुरी आदत होती है। उस की स्त्री कुलीन और वह धन-पुत्रादि से सुखी, जल क्रीड़ा में निपुण तथा भाई कुटुम्बादि से युक्त होता है। यदि शुक्र, शनि युत हो तो उसकी स्त्री व्यभिचारिणी और स्त्री का नाश (अर्थात् दो विवाह) होता है। यदि शुक्र के साथ एक से अधिक ग्रह हों तो अधिक विवाह होता है, और जातक पुत्रहीन होता है। यदि शुक्र स्वगृही अथवा उच्च हो तो स्त्री के देश से धन की प्राप्ति होती है, तथा स्त्री के प्रताप से वह अत्यन्त तेजस्वी होता है। तथा स्त्रियों से, घिरा रहता है। सप्तमस्थ शुक्र रहने से चौदहवें वर्ष में स्त्री-सुख होता है।

(८) अष्टमस्थानगत रहने से जातक प्रसन्न मूर्त्ति, निःशङ्क बोलने वाला नीच कर्म करने वाला, अहङ्कारी, शठ पापाचारी, परन्तु आडम्बरी, धार्मिक होता है। ऐसे जातक की माता को चौथे वर्ष में गण्डमाला रोग होता है और अपनी सुखी माता को भय देने वाला होता है। उसकी स्त्री हितैषिणी होती है। परन्तु जातक कदाचित् स्त्री और पुत्र से उद्विग्न (स्त्री-पुत्र की चिन्ता में सर्वदा निमग्न) रहता है। वह राजा से सम्मानित और उसका पिता ऋण रहित होता है। तथा जातक की मृत्यु तीर्थस्थान में होती है। शु. के साथ पापग्रह रहने से जातक अल्पायु होता है। अष्टमस्थ शुक्र होने से दशम वर्ष में जातक को दुःख के बाद सुख की प्राप्ति होती है।

(९) नवमस्थान गत रहने से सौम्यमूर्त्ति, उत्साही, गुणी, क्रोध रहित, भाग्यवान्, स्वार्थी और स्त्री, पुत्र, धन तथा वाहनादि से सुखी, देवता, गुरु आदि की पूजा में निरत, तपस्वी, यज्ञ-परायण, तीर्थ एवं धार्मिक कार्यों में व्यय करने वाला, अपनी भुजाओं से धनोपार्जन करने वाला और पैदल सेना (पक्षति) का सेनापति होता है। यदि शुक्र कृत्तिका, स्वाती अथवा पुष्य नक्षत्र का हो तो ऐसा शुक्र विशेष भाग्य-प्रद होता है। यदि शुक्र के साथ पापग्रह बैठा हो तो पिता के लिये अनिष्टकर होता है। यदि शुक्र पापग्रह से युत हो, पापराशि में हो, शत्रुराशिगत हो अथवा कन्या राशिगत हो तो ऐसे जातक

की सम्पत्ति खराब हो जाती है, और शुभग्रह युत हो तो भाग्यवर्द्धक एवं राज-योग-कारक होता है। यदि शुक्र चतुर्थ अथवा सप्तमस्थान के स्वामी के साथ हो तो जातक बड़ा भाग्यशाली और सर्वदा घोड़ा तथा पालकी इत्यादि सवारी से सुखी एवं वस्त्र भूषणादि से अलंकृत रहता है।

नवमस्थ शुक्र रहने से पन्द्रहवें वर्ष में लाभ का योग होता है।

(१०) दशमस्थ रहने से जातक भाग्यवान्, कीर्तिमान्, तेजस्वी, बुद्धिमान्, विख्यात, पूजा-ध्यानादि-परायण, सौभाग्यवान्, धनवान्, अर्धशिक्षित, स्त्री और पुत्रों से अधिक प्रेम रखनेवाला तथा देवता एवं पितृ क्रिया में श्रद्धावान् होता है। उसे वाद विवाद से धन और मर्य्यादा की प्राप्ति तथा स्त्री, पुत्र का सुख होता है, ऐसे जातक को एक बड़ा भाई और एक बहन होती है। यदि शुक्र बृहस्पति बुध अथवा चन्द्रमा के साथ हो तो जातक यज्ञादि का करने वाला अत्यन्त यशस्वी, बहुत भाग्यशाली और बोलने में बड़ा चतुर होता है।

(११) एकादशस्थान गत रहने से जातक स्वस्थ, शोक हीन, सत्कर्म शील, विद्वान्, प्रचुरधनी, लाभ करने वाला, विस्तृत भू-सम्पत्ति तथा वाहनादि से सुखी, वेद एवं धर्म्म-कर्म में चित्त लगाने वाला (अर्थात् धर्म परायण) दयालु, सुन्दर स्त्री वाला और उत्तम गान विद्या का आदर करने वाला परन्तु चिन्तित तथा विशेषतः यात्रा विषयिणी, चिन्ता से सर्वदा चिन्तित रहता है। शुक्र के साथ शुभग्रह हो तो अनेक वाहनादि का सुख होता है। यदि पापग्रह हो तो पापकर्म से और शुभग्रह हो तो शुभ कार्य्य से धन मिलता है। यदि शुक्र नीच हो अथवा अष्टमेश के साथ हो तो धन की प्राप्ति नहीं होती है। शुक्र के एकादशस्थ होने से चौथे वर्ष में धन की प्राप्ति होती है।

(१२) द्वादशभावगत रहने से जातक स्थूलशरीर, रोगी, कामातुर, इन्द्रिय लोलुप, मानसिक चिंता से व्यस्त, श्रद्धाहीन, सत्य और दयाहीन, उत्तम कार्य्य का विरोधी, कंजूस, न्यून नेत्र ज्योति का तथा धनहीन होता है। परन्तु शुक्र के साथ शुभग्रह के रहने से जातक धनी होता है। उसे पलंग

आदि का सुख विशेष होता है और स्वर्गलोक का अधिकारी होता है, परन्तु यदि पापग्रह युक्त हो तो नरक-गामी होता है।

शुक्र द्वादशस्थ होने से पञ्चम वर्ष में अर्थ लाभ होता है।

शनि।

(१) लग्नगत शनि रहने से जातक साधारणतः किञ्चित दुबला, व्रण, चर्मरोग (खुजली) और वातरोग से पीड़ित, कफ प्रकृति, बाल्यावस्था में प्रायः रुग्ण, सर्वदा चिन्तित, कामी, मूर्ख, दरिद्र, मलिन, स्पष्टवक्ता तथा राजा से पीड़ित होता है।

यदि शनि धन, मीन, मकर अथवा तुला राशि का हो तो जातक अङ्ग का सुडौल, विद्वान्, ग्रामाधिपति और राजा के सदृश होता है। स्वगृही अथवा उच्च होने से उपर्युक्त फलों के अतिरिक्त दृढ़जानु, उच्च विचार वाला, राजा, नगरों का शासक और पिता के धर्म को भोगने वाला होता है। यदि शनि चतुर्थेश अथवा दशमेश हो तो बड़ा भाग्यवान् होता है, और उसे प्रवल राज-योग होता है। शनि यदि चं. से दृष्ट हो तो जातक भिक्षुक होता है। पर यदि शुभग्रह से दृष्ट हो तो जातक भिक्षुक नहीं होता, लग्नस्थ शनि होने से पञ्चम वर्ष में जातक को दुःख भोगना पड़ता है।

(२) द्वितीयस्थ शनि होने से जातक प्रायः दुःखी, धनहीन, निठुर, कुकर्मी अतएव भाइयों से त्यक्त मुख के किसी रोग से पीड़ित और पराये के घर में रहने वाला होता है। पर लोहा और काष्ठादि से उसे धनकी प्राप्ति का योग होता है। राजा के कोप से धन का नाश होता है परन्तु देशान्तर में राजा मे किसी सवारी इत्यादि के कारण मान पाता है। ऐसे जातक की शिक्षा अधूरी रहती है। यदि पापग्रह से दृष्ट वा युत हो तो वह निश्चय अर्धशिक्षित स्त्रियों को ठगने वाला और नेत्र-रोगी होता है। यदि शनि के साथ शुभग्रह हो अथवा शुभग्रह से दृष्ट हो तो जातक धार्मिक सत्यप्रिय और दयावान् होता है। यदि पापग्रह से दृष्ट वा युत हो तो ऐसे जातक की बहन इत्यादि का गर्भ-पात होता है अथवा उन्हें मृत सन्तान होते हैं। ऐसा भी देखने में आता है कि कभी कभी ऐसे जातक के पड़ोस में भी ऐसी आपत्तियां हो जाया करती हैं।

शनि यदि बुध द्वारा दृष्ट हो तो जातक असत्य कर्म द्वारा महाधनी, व्यसनी अन्त में बन्धु-बान्धवों द्वारा परित्यक्त, निकृष्ट-विद्या में रत और मानसिक दुःख से पीड़ित होता है। द्वितीयस्थ शनि के होने से १२ वें वर्ष में द्रव्य का नाश होता है।

(३) तृतीयभावगत रहने से जातक पराक्रमी, बुद्धिमान् , ग्रामाधिपति बहुत मनुष्यों का पालने वाला, अनेक दास दासियों का शासन करने वाला, विक्रमी अर्थात् साहसी, कृषक और राजा से सम्मानित होता है। तृतीयस्थ शनि रहने से पृष्टज का नाश और भ्रातृ सुखमें कमी होता है। परन्तु यदि शनि उच्च अथवा स्वगृही हो तो भाइयों की वृद्धि होती है।

शनि के साथ पापग्रह रहने से भाइयों में झगड़ा होता है। यदि शनि पर राहु की दृष्टि हो तो जातक के दाहिने हाथ में चोट लगती है। तृतीयस्थ शनि यदि शुभ-दृष्ट न हो तो जातक सनातन धर्म से प्रतिकूल रहता है। तृतीयस्थ शनि रहने से बारहवें अथवा तेरहवें वर्ष में भाई का सुख सम्भव होता है।

(४) चतुर्थभावगत रहने से जातक स्वभाव का खोटा, आलसी, कलही, मलिन प्रकृति, कंजूस, शासक द्वारा पीड़ित और पूर्वार्जित जमीन्दारी की हानि करने वाला होता है। ऐसे जातक की माता को विपत्ति की आशङ्का होती है और कभी-कभी दो मातायें होती हैं। यदि शनि उच्च अथवा स्वगृही हो तो उपर्युक्त दोष नहीं होता अर्थात जातक धनी, सुखी और वाहनादि से युक्त होता है। इसी प्रकार यदि शनि लग्नेश होकर चतुर्थस्थ हो तो उसकी माता दीर्घायु होती है और जातक सुखी होता है। यदि अष्टमेश शनि के साथ हो तो माता को अरिष्ट और जातक को शारीरिक कष्ट होता है। चतुर्थस्थ शनि रहने से जातक वात-पित्त प्रकोप से दुर्बल रहता है। उसे काले अन्न (तिल इत्यादि) से बड़ा प्रेम और आठवें वर्ष में उसके भाई की हानि का योग होता है।

(५) पञ्चमभावगत रहने से जातक नीच वृत्ति-अनुशीलक, कुटिल, काम चेष्टा से रहित, निर्धन, पुत्र रहित अथवा पुत्र शोक से पीड़ित और रोग के कारण शरीर से क्षीण होता है। यदि शनि शत्रुराशिगत हो तो पुत्रों का नाश होता है। यदि उच्च हो तो एक पुत्र होता है। यदि पञ्चम गृह एकाधिक गृह

सम्बन्ध सूचक हो तो जातक किसी का दत्तक पुत्र होता है अथवा वह किसी को दत्तक पुत्र बनाता है ।

शनि यदि स्वगृही अथवा बलवान् ग्रह युक्त हो तो एक स्त्री होती है और शनि को यदि बृहस्पति देखता हो तो उसे दो स्त्रियां होती हैं। पहली सन्तान रहित और दूसरी पुत्रवती होतो है ।

पन्चमस्थ शनि होने से ९ वें वर्ष में बन्धु की हानि होती है ।

(६) षष्ठस्थानगत रहने से जातक हठी, गुणग्राही, बहु मनुष्यों का पालन करने वाला, श्रेष्ठ कर्मों का जानने वाला, शूर-वीर, शरीर से पुष्ट, अच्छी जठराग्नि वाला, धन-धान्य से सम्पन्न, पुत्र की बातों को मानने वाला और शत्रुओं पर विजय करने वाला होता है । तथा उसे कई चचेरे भाई होते हैं ।

शनि के नीचस्थ नहीं रहने से शत्रु अनायास पराजित होता है और यदि नीचस्थ हो तो निकृष्ट जाति के लोगों से शत्रुता होती है। यदि शनि उच्च हो तो मनस्कामना परिपूर्ण होती है। यदि अन्यराशि गत हो तो जातक शत्रु नाशक होता है। यदि शनि मंगल के साथ हो तो देशान्तर में घूमने वाला होता है और उसे किञ्चित् राज योग भी होता है। यदि शनि अष्टमस्थान का स्वामी हो तो वातशूल और व्रणादि रोगों से क्लेश होता है। षष्ठस्थ शनि होने से इक्कीसवें और सैंतीसवें वर्ष में शत्रुभय होता है ।

(७) सप्तमभावगत रहने से जातक कपटी, अंगहीन अथवा रोग से दुर्बल, नीच कार्य्य में जी लगाने वाला, ठग और कर्ण रोगी होता है। ऐसे जातक को मनुष्यों से कम मिलाप रहता है और वह स्त्रियों से आदर नहीं पाता है। स्त्री एवं घर के झन्झट से चिन्तित रहता है। कभी कभी वेश्या-गामी भी होता है। इसकी स्त्री की मृत्यु होती है और दो विवाह का योग होता है। यदि शनि, शुक्र के साथ हो तो स्त्री व्यभिचारिणी होती है। शनि स्वगृही अथवा उच्च हो तो स्त्री से भोग करने वाला होता है। यदि मंगल के साथ हो तो पुरुष-जननेन्द्रिय का चुम्बन करने वाला होता है। यदि शनि शुक्र के साथ हो तो स्त्री-जननेन्द्रिय का चुम्बन करने वाली होती है और पुरुष परस्त्रीगामी होता है।

सप्तमस्थ शनि होने से ३७ वें वर्ष में।

(८) अष्टमभावगत रहने से जातक नीच-वृत्ति (नौकरी) असन्तुष्ट, आलसी, दुर्बल, रुधिर विकारी अतः चर्म रोग से पीड़ित, धनहीन, थोड़ी सन्तान वाला और शूद्रा गामी होता है तथा उसे हृदय रोग, खांसी एवं हैजा आदि का भय रहता है। ऐसे जातक की मृत्यु प्रायः विदेश में होती है। यदि शनि के साथ शुक्र हो तो जातक व्यभिचारी और भ्रमणशील होता है। यदि शनि के साथ मंगल हो तो रोगी सम्भव तथा गुप्त रोग से पीड़ित होता है। यदि राहु के साथ शनि हो तो अस्त्र, अग्नि, विष, लकड़ी और पत्थर आदि से भय होता है। यदि शनि के साथ राहु और सूर्य्य हो तो सतत निराश चित्त, अपत्यवान्, प्रेम विहीन, पितृ-पीड़क, भ्रातृ-हीन, पत्नी और उसके सम्बन्धी की मानहानि करने वाला, असदुपाय से धनोपार्जन करने वाला, कुपुत्रवान्, कंजूस तथा बवासीर, क्षय अथवा दमा आदि रोग से पीड़ित होता है। यदि शनि उच्च अथवा स्वगृही हो तो जातक दीर्घायु होता है और प्रायः ७९ वर्ष की आयु होती है। (यह सर्वदा ठीक ही नहीं मानना होगा)। अष्टमस्थान का स्वामी यदि नीच अथवा शत्रु राशिगत हो तो अल्पायु होता है। अष्टमस्थ शनि होने से २९ वें वर्ष में अरिष्ट होता है।

(९) नवमभावगत रहने से जातक कपटी, भाग्यहीन, कंजूस, जीर्णवस्त्र पहरने वाला, स्मारक अथवा किसी संग्रहालय आदि का बनाने वाला, देवता-पितर आदि से प्रेम रहित, एवं आत्मीय द्वारा दुःखित होता है। परन्तु धनवान् और सुखी होता है और मनमानी कार्य्य करनेवाला होता है। यदि उच्च हो तो ऐसा जातक बैकुण्ठ से आया हो अथवा बैकुण्ठ जाने वाला हो। और प्राचीन धर्म का खण्डन करने वाला होता है। स्वक्षेत्र गत होने से महाशिव यज्ञकारी एवं राज-चिन्ह युक्त होता है और उसका पिता दीर्घायु होता है। परन्तु शनि पापग्रह युक्त हो अथवा बलहीन हो तो पिता को अरिष्ट होता है। नवमस्थ शनि रहने से १९ वें या २९ वें वर्ष में पिता को अरिष्ट होता है और २९ वें वर्ष में घाट, गौशाला आदि का निर्माण करता है।

(१०) दशमभाव गत रहने से जातक नीतिज्ञ, नम्र, चतुर, धनी, विद्वान्, शूरवीर, प्रिय वक्ता, विनीत, चतुर, कंजूस, कृषक एवं परदेश वासी होता

है। ऐसा जातक ग्रामादि का नायक, राज मन्त्री, एवं दण्डाधिकारी अथवा न्यायाधीश होता है। परन्तु संग्राम से अनभिज्ञ होता है।

यदि नीचस्थ हो अथवा शत्रु गृही हो तो जातक क्रूर, कृपण, पक्षियों का मारने वाला, सेवा से धन एकत्रित करने वाला होता है और उसकी जङ्घा में कुछ रोग होता है। मीन राशिगत शनि होने से सन्यास योग होता है। शनि पाप ग्रह युक्त होने से उसके कार्य्यों में विघ्न-बाधायें होती हैं और शुभ-ग्रह युक्त होने से कार्य्य में सफलता होती है। दशमस्थ शनि होने से चौअनवें वर्ष में शत्रु एवं शस्त्र से भय होता है। और २९वें वर्ष में उसे गङ्गा स्नान का सौभाग्य होता है।

(११) एकादशस्थानगत रहने से जातक स्थिर चित्त का और स्थिर वित्त का होता है। पृथ्वी आदि से धन की प्राप्ति होती है। और जमीन्दार एवं सुखी होता है। ऐसे जातक को काले पदार्थों की प्राप्ति, काला घोड़ा, हाथी, उनी वस्त्र, नील रत्न आदि की प्राप्ति होती है, और राज द्वार से सम्मानित होता है। यदि शनि उच्च हो अथवा स्वगृही हो तो जातक विद्वान्, भाग्यवान् एवं अत्यन्त धनवान् होता है, और उसे वाहनादि के सुख होते है।

(१२) द्वादशभावगत रहने से जातक दयाहीन, धनहीन, आलसी, कुसङ्गी, नीच कर्म्म निरत और खर्चीला स्वभाव का होता है, और अमित व्ययी एवं नीच अनुचर विशिष्ट और प्रवास प्रिय होता है। कभी कभी अङ्गहीन भी होता है। शनि यदि शुभग्रह युत हो तो जातक किसी आकस्मिक घटना से अथवा राजकोप से नेत्र हीन होता है। व्यापार से हानि उठाता है और नाना प्रकार के कार्य्यों में निरत रहता है। और यदि शुभग्रह के साथ शनि हो तो नेत्र अच्छा होता है। परन्तु दुष्ट कार्य्यों में व्यय अधिक और धन हीन होता है। द्वादश शनि होने से पैंतालीसवें वर्ष में स्त्री को पीड़ा होती है।

राहु।

(१) लग्न गत राहु से जातक साहसी, चतुर, रोगी, अधर्मी, मित्र विरोधी, विवाद में विजयी, स्वजनवञ्चक और सन्तान हीन

होता है। इसकी स्त्री का गर्भपात भी होता है तथा उसके सिर में वेदना होती है। यदि राहु, मेष; वृष, मिथुन, कर्क, सिंह, कन्या अथवा मकरराशिगत हो तो नौकरी से विभववान्, भोगी, विलासी और सहानुभूतिपूर्ण होता है। मेष, सिंह और कर्क राशि गत होने से जातक को स्वर्ण लाभ विशेष होता है। यदि राहु शुभदृष्ट हो तो जातक के मुख में कुछ चिन्ह होता है। लग्नस्थ राहु के होने से पञ्चम वर्ष में दुःख होता है।

(२) द्वितीयभाव में रहने से जातक-निन्दित वचन बोलने वाला, भ्रमण शील, पुत्र चिन्ता-निमग्न, धनहीन, कठोर और मछली, मांस, चर्म तथा नख आदि के क्रय-विक्रय द्वारा जीविका निर्वाह करने वाला होता है। चोरी द्वारा भी उसे धन प्राप्त होता है। यदि राहु के साथ पापग्रह हो तो ओष्ठ के नीचे कुछ चिन्ह होता है। द्वितीय में रा. होने से बारहवें वर्ष में द्रव्य का नाश होता है।

(३) तृतीय भावगत रहने से जातक यशस्वी, पराक्रमी, ऐश्वर्य्य-वान् सुख-विलासादि-सम्पन्न, साहसी, शत्रु-विजयी, परन्तु बहु शत्रु विशिष्ट और व्रण तथा कर्ण रोगी होता है। जातक के भाई एवं पशुओं की मृत्यु होती है। प्रायः भ्रातृ सुख से वह वञ्चित रहता है और उसे अल्प संतान होते हैं ऐसे जातक को तिल, मूंग और कोद्रव, (कोदो) इत्यदि अन्नों की प्राप्ति होती है। शुभग्रह के साथ रहने से कण्ठ में कोई चिन्ह होता है। तथा तृतीयस्थ राहु रहने से द्वादश अथवा त्रयोदश वर्ष में भ्रातृ-सुख होता है।

(४) चतुर्थ भावगत रहने से जातक भ्रमण शील, मित्र, पुत्र एवं स्वजनादि सुख बिहीन (अर्थात् आत्मीय पुरुषों से रहित) होता है। कभी कभी उसे दो स्त्री और मातायें होती हैं और उसे आभूषण तथा भृत्यादि भी रहते हैं। यदि राहु मेष, वृष अथवा कर्कगत हो तो बन्धुओं का सुख होता है। अन्यथा बन्धु पीड़ित होती है। यदि राहु के साथ पापग्रह हो तो माता को अवश्य दुःख होता है। परन्तु यदि शुभ-युक्त अथवा शुभ-दृष्ट हो तो वैसा फल नहीं होता है। चतुर्थस्थ राहु होने से ८वें वर्ष में भाई की हानि होती है।

(५) पञ्चमभावगत रहने से जातक कुमार्गी, क्रोधी, प्रायः निःसन्तान,

मित्र रहित, कुटिल और भ्रान्तचित्त होता है। ऐसा जातक वायु रोग से एवं उदर शूल से पीड़ित होता है तथा शासक की अप्रसन्नता एवं अत्याचार का भाजन बनता है। उसे नागदेव अथवा विष्णु-पूजा द्वारा पुत्र-प्राप्ति सम्भव होता है। यदि राहु, कर्क राशिगत हो तो सन्तान सुख सम्भव होता है। अन्यथा दीन और मलिन पुत्रों का उत्पादक होता है। सिंह राशिगत होने से पुत्र-सुख कभी-कभी होता है। पञ्चमस्थ राहु रहने से पांचवें वर्ष में बन्धु-हानि होती है।

(६) षष्ठभावगत रहने से जातक गम्भीर, सुखी, ऐश्वर्य्यवान्, विद्वान् बली, म्लेच्छ के समागम से प्रभुता-शाली, राजा के समान प्रतिष्ठित, शत्रुओं पर अनायास विजय पाने वाला, धनप्राप्त करने में समर्थ और स्त्रीहीन होता है। जातक के पशुओं का भय होता है। उसके कमर में पीड़ा होती है। एवं उसे बहुत से चचेरे अथवा फुफेरे भाई होते हैं। यदि राहु के साथ चन्द्रमा बैठा हो तो राजा की स्त्री से भोग करने वाला, चोर और धनहीन होता है। षष्ठस्थ राहु होने से इक्कीसवें या ३७वें वर्ष में कलह अथवा शत्रुभय होता है।

(७) सप्तमभावगत रहने से जातक को जननेन्द्रिय रोग अथवा प्रमेह आदि रोग होता है, और उसे विधवा से सम्बन्ध होना सम्भव होता है। ऐसे जातक को दो विवाह होता है। पहली स्त्री रक्त जनित रोग (अर्थात् जिसमें रक्त आता हो) से पीड़ित होती है और दूसरी स्त्री को यकृत रोग होता है अर्थात् रुग्ण होती है। ऐसे जातक की स्त्री कलहप्रिया, कोप-युक्ता, विवाद-शीला, प्रचण्ड-रूपा और खर्चीली स्वभाव की होती है। उसे कभी कभी स्त्री से मत-भेद भी हो जाया करता है। यदि राहु के साथ पापग्रह हो तो स्त्री कुटिला, पापिनी, दुःशीला और गण्डमाला रोग-युक्ता होती है। परन्तु शुभग्रह युक्त रहने से उपर्युक्त दोष का निवारण होता है। और दो स्त्री का योग भी कम सम्भव होता है। जातकके सैंतीसवें वर्ष में उसकी स्त्री को कष्ट होता है।

(८) अष्टमभावगत रहने से जातक झगड़ालू, पापी और गुदा, प्रमेह, अण्डवृद्धि अथवा, बवासीर आदि रोग से पीड़ित होता है। ऐसे जातक के

बत्तीसवें वर्षमें जीवन की आशङ्का होती है और शुभग्रह-युत रहने से २५वें वर्ष में आशङ्का होती है। यदि अष्टमेश बलवान् ग्रहों से युत हो तो ६०वें वर्ष में मृत्यु भय होता है।

(९) नवमभावगत रहने से जातक नीच-धर्मानुरागी, शौचादि क्रिया से हीन अर्थात् धर्म्म-कर्म्म-विहीन, मन्द-बुद्धि, अल्प-सुख-भोगी, भ्रमण-शील एवं दरिद्र और बन्धु जनों से हीन होता है। ऐसे जातक की स्त्री निस्सन्तान एवं अधार्मिका और अनुदार होती है। नवमस्थ राहु रहने से उन्नीसवें अथवा २९वें वर्ष में पिता को अरिष्ट होता है।

(१०) दशमभावगत रहने से जातक विद्वान्, शूर, धनवान, रोगी, बात व्याधि से पीड़ित, शत्रुओं का नाश करने वाला, मन्त्री अथवा दण्डाधिकारी, पुर और ग्राम इत्यादि जन समूहों का नायक, काव्य, नाटक तथा छन्द शास्त्र का ज्ञाता, अत्यन्त भ्रमणशील, पिता के सुख से रहित, एवं वस्त्रादि बनाने वाला होता है। मीन राशिगत होने से उसे गृहादि का सुख होता है। यदि शुभग्रह के साथ हो तो सुन्दर ग्राम में निवास करने वाला और काव्य शास्त्र का ज्ञाता होता है। दशमस्थ राहु रहने से चौअनवें वर्ष में शत्रु और शस्त्र का भय होता है।

(११) एकादशभाव गत रहने से जातक धन-धान्य-सुख-सम्पन्न, राजद्वार से धन एवं प्रतिष्ठा प्राप्त करने वाला, वस्त्र, स्वर्ण और अन्नादि का स्वामी, चतुष्पद और वाहनादि से युक्त, लड़ाई में विजय पाने वाला, सन्तानवान् तथा मुसलमान शासक द्वारा सम्मानित होता है। एकादशस्थ राहु के रहने से ४५वें वर्ष में जातक को पुत्र और धनका अतुल सुख होता है।

(१२) द्वादशभाव गत रहने से जातक नीच-कर्म्म-निरत, प्रपंची, कपटी, कुलघ्न, दम्भी, कंजूस, नेत्र रोगी, चर्मरोगी और प्रवासी होता है। ऐसे जातक के पैर में चोट लगने से पीड़ा होती है और जातक की स्त्री-चिन्ता तथा थोड़ी सन्तान होती है। द्वादशस्थ राहु रहनें से ४५ वेंवर्ष में स्त्री को पीड़ा होती है।

केतु ।

धा-२५८ (१) लग्नगत रहने से जातक शरीर से दुबला कमर की बीमारी (वात व्याधि) से पीड़ित, उद्विग्न चित्त, स्त्री चिन्ता निमग्न, मिथ्याभाषी, चञ्चल और शत्रुयुक्त होता है। ऐसे जातक की हाथों से पसीना आता है। यदि केतु पर शुभग्रह अथवा पापग्रह की दृष्टि हो तो जातक के मुंह में कुछ चिन्ह होता है। लग्नस्थ केतु रहने से पञ्चम वर्ष में दुःख होता है।

(२) द्वितीयभाव गत रहने से जातक दुष्टात्मा, कुटुम्बविरोधी, मुख-रोग से पीड़ित, नीचों की सङ्गति करने वाला, आत्मीयों का विरोधी और स्पष्ट-वक्ता होना है। तथा सभी उसे घृणा की दृष्टि से देखते हैं। ऐसे जातक की धन-धान्यादि की क्षति राजा द्वारा होती है। यदि राहु स्वगृही अथवा शुभग्रह की राशि में हो तो जातक सुखी होता है। द्वितीयस्थ केतु रहने से बारहवें वर्ष में द्रव्य का नाश होता है।

(३) तृतीयभावगत रहने से जातक तेजस्वी, भोगी, ऐश्वर्य्यवान्, बल-वान् और सर्वप्रिय परन्तु मानसिक-चिन्ता से युक्त होता है। ऐसे जातक को भ्रातृ सुख का प्रायः अभाव होता है। और उसके बाहों में पीड़ा होती है। उच्च अथवा स्वगृही होने से सुख होता है। परन्तु संस्था किञ्चित् उदासीनता प्रदान करता है। यदि शुभग्रह युक्त हो तो कण्ठ में कोई चिन्ह होता है। तृतीयस्थ केतु रहने से बारहवें अथवा १३ वें वर्ष में भाई का सुख होता है।

(४) चतुर्थभावगत रहने से जातक मातृ सुखविहीन, मित्र-विहीन अथवा मित्र से दुःखी, पिता को क्लेशकर, भातृ रहित, झगड़ालू और विष से पीड़ित होता है। उसका भ्राता रुग्ण तथा दुर्बल होता है। परन्तु यदि केतु वृश्चिक अथवा सिंह-राशि-गत हो तो उसे माता-पिता और मित्र आदि से-सुख होता है, परन्तु चिरकाल तक नहीं। धन-राशिगत केतु रहने से मिश्रित फल होता है। यदि केतु के साथ पापग्रह हो तो माता को दुःख होता है। परन्तु शुभ-युक्त वा दृष्ट रहने से ऐसा फल नहीं होता है। चतुर्थस्थ केतु रहने से ८ वें वर्ष में भाई की हानि होती है।

(५) पञ्चमभावगत रहने से जातक विदेश-गामी, सुखी, बली, बन्धु-जनों से प्रीति करने वाला और वीर होता हुआ भी दास होता है। उसे सन्तान कम होते हैं और सन्तानों में सबसे बड़ी कन्या होती है। ऐसा जातक विद्या और ज्ञान से रहित होता है। गिरने अथवा किसी पदार्थ के आघात से पेट में पीड़ा होती है। यदि केतु के साथ पापग्रह हो तो माता को निश्चय दुःख होता है। परन्तु शुभदृष्ट वा युक्त होने से ऐसा फल नहीं होता है। पञ्चमस्थ केतु के रहने से पञ्चम वर्ष में बन्धु की हानि होती है।

(६) षष्ठभावगत रहने से जातक स्वस्थ अर्थात् व्याधि-रहित होता है। चतुष्पदादि से सुखी, धनवान्, जाति में मुखिया, वाचाल, स्त्री-प्रिय और शत्रुओं का नाश करने वाला होता है। ऐसे जातक का मातृपक्ष (नानिहाल) से अप-मान होता है। यदि केतु के साथ चन्द्रमा हो तो राजा की स्त्री से सम्भोग करने वाला, धन-हीन और चोर वृत्ति होता है। षष्ठस्थ केतु के रहने से इक्कीसवें वा ३७ वें वर्ष में कलह अथवा शत्रु-भय होता है।

(७) सप्तमभाव गत रहने से शत्रुओं से धन-नाश, स्त्री को पीड़ा और नीच, विधवा अथवा क्रोधी स्त्री से सम्बन्ध, जलभय, गुप्तरुप से पाप करने वाला तथा भ्रमणशाली होता है। वृश्चिक राशिगत होने से लाभ होता है। परन्तु स्त्री- चिन्ता और चित्त व्यग्र रहती है। ऐसे जातक को दो स्त्रियां होती है। पहली स्त्री की मृत्यु के बाद दूसरी स्त्री को गुल्म रोग का भय होता है। पापग्रह युक्त हो तो गन्डमाला रोग का भय होता है। शुभग्रह युक्त होने पर ये दोष नहीं होते है, और प्रायः एक ही स्त्री होती है। सप्तमस्थ केतु के रहने से ३७ वें वर्ष में स्त्री को अरिष्ट होता है।

(८) अष्टमभावगत रहने से जातक गुदा और नेत्ररोग से पीड़ित होता है। वाहन-भय और अर्थनाश होता है। लोग अकारण उससे घृणा करते और उसकी स्त्री तथा सन्तान रोगी होता है। यदि वृश्चिक, कन्या, मिथुन, मेष अथवा वृष राशि-गत केतु हेा तो जातक द्रव्य प्राप्त करता है। यदि केतु के साथ शुभग्रह हो तो २५वां वर्ष अनिष्टकारी होता है। यदि अष्टमस्थान का स्वामी उच्च अथवा बली ग्रहों से युक्त हो तो ६० वर्ष की आयु होती है।

(९) नवमभावगत रहने से बाल्यावस्था में पिता को कष्टप्रद, समाज से उपहास और दानादि शुभ क्रिया से हीन, धर्मभ्रष्ट पुत्र-भ्रातृ-चिन्ता-युक्त

और बाहु रोग से पीड़ित पर क्लेश रहित और अच्छे मस्तिष्क वाला होता है। तथा उसके भाग्य की वृद्धि म्लेच्छ द्वारा होती है। नवमस्थ केतु रहने से उन्नीसवें अथवा उन्तीसवें वर्ष में पिता को अरिष्ट होता है।

(१०) दशम-भावगत रहने से जातक परस्त्री गामी, म्लेक्ष-कर्म-युक्त, दुष्ट, सुख रहित, कफ- प्रकृति, वायुविकार से पीड़ित, वाहनों से असुखी, और शत्रुपर विजयी होता है। उसके गुदा में रोग और उसके पिता को सुखका अभाव होता है। यदि कन्यागत केतु हो तो कष्ट अधिक होता है। पर किसी मत से सुख-दुःख दोनों होती है। पिता के दुःख एवं दुर्भाग्य कारक होता है। यदि केतु, मेष, वृष अथवा वृश्चिक राशि गत हो तो जातक के शत्रुओं का नाश, उसकी आशायें पूर्ण होती है। वह सुखी और ईश्वर-परायण होता है। यदि केतु के साथ शुभ-ग्रह हो तो उसका निवास किसी सुन्दर गाँव में और काव्य में रुचि होती है। दशमस्थ केतु रहने से चौअनवें वर्ष में शस्त्र वा शत्रु से भय होताहै।

(११) एकादशभावगत रहने से जातक मधुर भाषी, विद्वान, दर्शनीय अर्थात् रूपवान्, भोगी, तेजस्वी, उत्तमवस्त्रों का धारण करने वाला और धन-धान्य सम्पन्न होता है। परन्तु पुत्रसुख रहित, बुरे कुटुम्ब वाला और गुदा रोग से पीड़ित होता है। एकादशस्थ केतु के रहने से ४९वें वर्ष में उसे पुत्र और धन का अतुल सुख होता है।

(१२) द्वादशभावगत रहने से जातक अति खर्चीले स्वभाव का, चिन्ता युक्त, सनकी, परदेशवासी, शत्रुओं पर विजय करने वाला, पैर, नेत्र, वस्ती तथा गुदा रोग से पीड़ित होता है। एवं मोक्षाधिकारी होता है। द्वादशस्थ केतु रहने से ४९वें वर्ष में स्त्री को पोड़ा होती है।

स्मरण रहे कि ऊपर लिखे हुए द्वादशभावगत ग्रहों का फल, ग्रहों पर दृष्टि और भावाधिपति के तारतम्यानुसार देखना होगा। स्थूलरूपसे ये सब फल प्रायः ठीक होंगे। परन्तु किसी किसी कुण्डली में थोड़ा हेर फेर भी अवश्य देखने में प्रतीत होगा।

—— :o: ——

भिन्न-भिन्न राशिगत ग्रहों का फल ।

सूर्य्य ।

धा-२५१ (१) मेषराशि गत सूर्य्य रहने से जातक साहसी, प्रसिद्ध, चतुर, बुद्धिमान्, भ्रमणशील, अल्पधनी, अस्त्र-शस्त्रधारण करने वाला, पृथ्वी का मालिक (जमीन्दार अथवा अच्छा गृहस्थ) और रुधिर एवं पित्त विकार जनित रोग से पीड़ित होता है। यदि सूर्य्य परम उच्च हो तो जातक बहुधनी और उसे उत्तमोत्तम फल होता है ।

(२) वृषराशि गत होने से जातक वस्त्र और उत्तम सुगन्ध (पुष्पादि) का धारण करने वाला, अच्छी शय्या से सुखी, चतुष्पद जीवों से सुख पाने वाला, योग्य कार्य्य का करने वाला ऐसे जातक को जल भय होता है। वस्त्र और सुगन्धित द्रव्यादि बिकने वाली चीजों के क्रय-विक्रय से जीविका करने वाला तथा गानविद्या का प्रेमी होता है। और उसे स्त्रियों से शत्रुता रहती है ।

(३) मिथुन राशिगत रहने से जातक विद्वान्, गणितज्ञ, धनी, विख्यात, कीर्त्ति, नीति-युक्त, विनयी, शीलवान्, अद्‌भुत वाणी बोलनेवाला और धन एवं विद्या के उपार्जन में निमग्न रहता है ।

(४) कर्कराशिगत रहने से जातक क्रूर, तीक्ष्ण स्वभाव, दरिद्र, पराये का कार्य्य करने वाला, खेद युक्त, मोसाफिर और पिता की आज्ञा का उल्लङ्घन करने वाला होता है ।

(५) सिंह राशिगत रहने से जातक चतुर, कला-कुशल, पराक्रमी, स्थिर बुद्धि, परोपकारी, समर्थ होने के कारण बड़ी कीर्ति प्राप्त करने वाला और वन एवं पर्वतादि से प्रेम रखने वाला होता है ।

(६) कन्याराशिगत रहने से जातक चित्रकारी, काव्य, गणित और लिखने-पढ़ने में कुशल, मृदुभाषी, गान प्रिय, राजा से धन प्राप्त करने वाला तथा धन के उपार्जन में निमग्न रहने वाला होता है। इसकी आकृति किसी मात्रा में स्त्री के सदृश होती है ।

(७) तुलाराशिगत रहने से जातक साहसी, परन्तु राजा से पीड़ित, विरोधी, पाप कर्म निरत, कलह प्रवीण, पराये का कार्य्य करने वाला, धन हीन, कभी-कभी मद्य पोने वाला, मद्य बनाने वाला अथवा स्वर्णकार और मार्ग चलने वाला होता है। परन्तु उच्च नवांश में रहने से फल विपरीत होता है।

(८) वृश्चिकराशिगत रहने से जातक आदरणीय परन्तु कलह प्रिय, कृपण, क्रोधी, माता और पिता का विरोधी, साहसो, क्रूर, धनोपार्जन करने वाला और अस्त्र-शस्त्र के तत्त्व को जानने वाला होता है। उसे विष, शस्त्र अथवा अग्नि से भय और विष आदि के क्रय-विक्रय द्वारा धन प्राप्त होती है।

(९) धनराशिगत रहने से जातक अति बुद्धिमान्, धनवान्, सन्तोषी, तीक्ष्ण-स्वभाव, मित्रों का हित करने वाला, सज्जनों से पूजित, शिल्पी और साधारण वणिक् होता है।

(१०) मकरराशिगत रहने से जातक क्रिया कुशल, भ्रमणशील, उत्सव-रहित, नीच-कर्म्म-रत, निन्दित, अल्पधनी, कुटुम्बियों से विरोध करने वाला और बनियें का व्यवसाय करने वाला होता है। उसका भाग्य दूसरे के अधीन रहता है।

(११) कुम्भ-राशिगत रहने से जातक पुत्र-पौत्रादि के लिये लालायित, दया रहित, नीच कर्म्म निरत, शठ और मलिनवेषी होता है।

(१२) मीनराशिगत रहने से जातक कृषि और व्यापार से धनोपार्जन और उन्नति करने वाला होता है। वह स्वजनों से दुःख पाता है और पुत्र, भाग्य तथा धन से रहित होता है। ऐसे जातक को जल से उत्पन्न हुए वस्तुओं के क्रय-विक्रय से कभी धन की प्राप्ति होतो है।

जन्मकालीन चन्द्रमा के भिन्न भिन्न राशिगत-फल।

धा-२६० ज्योतिष शास्त्रानुसार लग्न एवं जन्म-राशि (जन्म कालिक चं. जिस राशि में रहता है उस को जन्म-राशि कहते हैं) द्वारा भारतवर्ष ही में नहीं वरन् अन्य देशों में भी विशेष फल की विवेचना की जाती है। स्मरण रखने की बात है कि जब चन्द्र-राशि का स्वामी और चन्द्रमा बली

होते हैं, तो नीचे लिखे हुए जन्म-राशि-फल भी ठीक ठीक मिलता है। बल-हीन होने पर पूर्ण फल नहीं मिलते। इस कारण चन्द्रमा के बल के तारम्यानुसार फलमें न्युनाधिक होगा, परन्तु साधारण रूप से बहुत से फल ठीक पाये जायेंगे।

मेष।

(१) मेष राशि-गत चन्द्रमा होने से धनवान्, पुत्रवान्, तेजस्वी, परोपकारी, उत्तम कार्य्यासक्त, सुशील, राज प्रिय, गुण-वान्, देव-गुरु भक्त, गर्म भोजन का चाहने वाला, अल्पहारी, भृत्य प्रिय, भीरु, चपल, कार्य्यारम्भ-प्रलापी, विदेश वासी, कृश शरीर, शीघ्रगामी, मानी, कठोर चित, शुभ कार्य्य में व्यय करने वाला, जल से भय करने वाला, कार्य्य से घबड़ाने वाला, चंचल-धन युक्त अर्थात् कभी धनी कभी निर्धन, स्वोपार्जित कीर्तिमान् और कभी कभी चिड़ चिड़े स्वभाव का होता है। ऐसे जातक को कुत्सितनख और शिर में व्रण होता है। उसका जल से मृत्यु तथा उच्चस्थान से पतन, अच्छा स्वास्थ्य एवं नेत्र ताम्र वर्ण होता है। वह वात की अधिक्यता से पीड़ित होता है। ऐसे जातक को दो स्त्रियां रहती हैं और उन्हें अजीर्ण एवं उदर रोग से भय होता है। जातक स्त्री के वशीभूत और पुत्रादि-सुखसम्पन्न होता है। उसकी माता सुखरहित अथवा पुत्र पर निर्दयी होती है। वह किसी कार्य्य निबटाव में प्रधान, युद्ध विभाग अथवा कोई स्वतन्त्र व्यवसाय में उन्नति करने वाला और अनेक मनुष्यों पर अधिकार रखने वाला व्यवसायियों में उत्तम होता है। तात्पर्य यह है कि उसकी उन्नति प्रायः व्यवसाय द्वारा होती है। उसे कर्क, सिंह, वृश्चिक, धन और मीन राशि वाले मनुष्यों के साथ व्यवसाय करने से शुभदायी होता है।

प्रतिपदा, षष्ठी, और एकादशी तिथियां जातक के लिये अनिष्टदायी होती हैं। तीसरा, छठां, आठवां, बारहवां, चौदहवां और पन्द्रहवां वर्ष, महीना अथवा दिन जातक के जीवन में अनिष्टकारी होता है। प्रथम, सप्तम, अष्टम एवं त्रयोदश वर्ष में ज्वर पीड़ा, सोलहवें और सतरहवें वर्ष में विषूचिका, तीसरे और बारहवें वर्ष में जलभय, २९ वें वर्ष में सन्तानोत्पत्ति एवं रतौंधी तथा ३२ बत्तीसवें वर्ष में शस्त्र-भय होता है। ऐसे जातक के लिये किसी भी कार्य्यारम्भ में मङ्गलवार अच्छा होता है। बुधवार सर्वदा अनिष्टकारी होता है। द्वितोया के

चन्द्र दर्शन के अनन्तर किसी लाल वस्तु को देखने से वह मास उसके लिये सुखदायी होता है।

यदि चन्द्रमा, शुभ दृष्ट हो तो जातक ९० वर्ष तक जी सकता है। कार्तिक मास, कृष्णपक्ष, नवमी तिथि, बुधवार और अर्द्धरात्रि ऐसे जातक के लिये अरिष्टकारी होता है।

वृष।

(२) वृष राशिगत चन्द्रमा रहने से जातक अल्प तेजस्वी, आलसी, श्रेष्ठ कर्म्म त्यागी, सत्यवादी, धनी, आयुष्मान्, परोपकारी, माता-पिता और गुरु का भक्त, राज प्रिय, सभाचतुर, सन्तोषी, शान्तचित्त, वीर, सहनशील, बुद्धिमान्, सुशील, उत्तम वस्त्र और भोजन सम्पन्न, अपने कार्य्य में दृढ़, परन्तु समय समय पर कार्य्य में उद्विग्नचित्त, प्राचीन संस्थाओं का अनुशीलक, मित्र-सम्पन्न, उदार, स्वजनों से दूर रहने वाला, कुशल, देखने में सुन्दर, क्लेश सहने वाला, दृढ़ शरीर, नेत्र रोगी, शीत एवं अजीर्ण आदि रोग से दुःखी, न्यायालय में दोषी ठहराया जाने वाला, पशुओं से डरने वाला, अधिक कफ प्रकृति, स्त्री-आज्ञाकारी एवं कामी होता है। कभी कभी ऐसे जातक की दो वा तीन स्त्रियों से सम्बन्ध होता है और बहुधा उसे कन्याओं की संख्या अधिक होती है। उस के लिये चित्रकारी और संगीत लाभकारी होता है। उसे अकस्मात धन प्राप्ति का योग होता है। और जातक सुखमय एवं अधिकार पूर्ण जीवन व्यतीत करता है। वह धन, गृह और भूमि आदि की प्राप्ति में समर्थ, बाल्यावस्था में दुःखी तथा मध्य, वृद्धावस्था में सुखी होता है।

पहला, सोलहवां और पचपनवां वर्ष, मास अथवा दिन उस के लिये अशुभ होता है। प्रथम वर्ष में पीड़ा, तीसरे वर्ष में अग्नि-भय, सातवें वर्ष में विसूचिका, नवें वर्ष में व्यथा, दशम वर्ष में रुधिर प्रकोप, बारहवें वर्षमें वृक्ष अथवा उच्च स्थान से पतन, सोलहवें वर्ष में सर्प भय, उन्नीसवें वर्ष में पीड़ा, २९ वें वर्ष में जलभय और तीसवें अथवा ३२वें वर्ष में कफ प्रकोप एवं पीड़ा होती है।

यदि चन्द्रमा शुभदृष्ट हो तो किसी मत से ७८ और किसी मत से ९६ वर्ष की आयु हो सकती है। ऐसे जातक के लिये वृष, मिथुन, कन्या, मकर अथवा कुम्भराशि वाले मनुष्य व्यवहार एवं मित्रता के लिये अच्छे होते हैं। कर्क एवं

सिंह राशिवाले मनुष्य से शत्रुता सम्भव होती है। माघ मास, शुक्लपक्ष, नवमी तिथि, शुक्रवार, रोहिणी नक्षत्र अनिष्टकारी होते हैं।

मिथुन।

(३) मिथुनराशि गत चन्द्रमा हो तो जातक ग्रामीण स्त्रियों के लिये चतुर, विद्वान् , दृढ़-मित्र, मिष्टान्नप्रेमी, सुशील, अल्प बोलने वाला, कुटुम्ब-पालक, कौतुकप्रेमी, रतिप्रिय, गुणी, भोगी दानी, सत्धर्म-परायण, विषया-सक्त, नृत्य, गानादि प्रेमी, चतुर, शास्त्र जानने वाला, मिष्टभाषी, शान्तचित्त परन्तु मिश्रित स्वभाव बुद्धिमान्, चतुर, कुशाग्रबुद्धि, पुस्तकप्रेमी, मानसिक एवं शारिरिक कार्य्य में तत्पर, विचक्षण, यात्रा-प्रिय अर्थात् भ्रमणशील, कभी कभी दृढ़ प्रतिज्ञ, सर्व प्रिय सर्व प्रेमी, गौरव युक्त, दूत कर्म करने वाला, हास्य और जूआ का जानने वाला, अधिक भोजन करने वाला, दृढ़काय, रूपवान् और हास्यशील होता है, उस के नाक खड़े और बाल घुंघरूले, आंखें गुलाबी रंगकी और शरीरमें तिल अथवा लहसन आदि के चिन्ह होते हैं। वह काम शास्त्र में निपुण अतएव स्त्री-सुखी, स्त्री का इच्छुक होता है। उस की कभी कभी दो विवाहें होती हैं। और उसे कम सन्तान होते हैं। ऐसा जातक भाग्यवान् होता है और कदापि ही धनहीन होता है। उसे अकस्मात् किसी अपरिचित स्थान से धन मिलना सम्भव होता है और ऐसे जातक को एक से अधिक व्यवसाय होते है अथवा व्यवसाय में परिवर्त्तन होता रहता है।

आठवें, दशवें, अठ्ठाइसवें, बावनवें एवं चौअनवें वर्ष, मास अथवा दिन उसके लिये अशुभ होते हैं। पांचवें वर्ष में वृक्ष, सोलहवें वर्ष में शत्रु, अठारह-वें वर्ष में कर्ण पीड़ा, २०वें वर्ष में अत्यन्त पीड़ा और अड़तीसवें वर्ष में मृत्युवत् कष्ट से भय होता है। ऐसा जातक बाल्यावस्था में अति सुखी, मध्यावस्था में अल्प सुखी और वृद्धावस्था में अति दुःखी होता है। चन्द्रमा की शुभदृष्टि रहने से अस्सी वर्ष तक जी सकता है।

प्रतिपदा, सप्तमी और द्वादशी तिथी ऐसे जातक के लिये अनिष्टकर होते हैं। वृष, सिंह, कन्या एवं तुला राशि वालों से जातक का उपकार होता है। कर्क राशि वाले से शत्रुता होती है। ऐसे जातक के लिये रत्नों में पन्ना शुभ-दायी होता है। वैशाख मास, शुक्ल पक्ष, द्वादशी तिथी, बुध वार, हस्त नक्षत्र एवं मध्याह्न समय अरिष्टकारी होता है।

कर्क।

(४) कर्क राशि गत चन्द्रमा हो तो जातक परोपकारी, वस्तुओं के संग्रह में कुशल, गुणी, मातापिता और साधुओं का भक्त, शास्त्र-कुशल, सुगन्धादि द्रव्य विशिष्ट, जल क्रीड़ा प्रेमी, शीघ्रगामी, कुटिल, सुमित्रवान् , प्रीति-वशीभूत, मित्रों का प्यारा, वाटिका प्रेमी, दयालु, कुटुम्ब तथा मित्र से परित्यक्त, मिलनसार, प्रेमी, एवं अधिकारी होता है। ऐसे जातक के बायें अङ्ग में अग्नि भय और मस्तक पीड़ा से व्यथा होती है। ऊंचे स्थान से उस का गिरना सम्भव होता है एवं उसे अग्नि, जल और किसी न्यायालय से दोषी निश्चय किया जाने का भय रहता है। वह कद का मंझोला और उसके गाल पुष्ट होते हैं। वह सुन्दर तथा कफ प्रकृति और स्त्री से वशीभूत होता है। उसकी स्त्री पति-व्रता होती है और अपने पति से बहुत प्रेम करती है। कभी कभी स्त्री एवं वान्धवों की संख्या जातक को विशेष होते हैं। उसे कई सन्तान होते हैं परन्तु उन में से कोई एक ही योग्य होता है। ऐसा जातक अपनी इच्छा के विरुद्ध किसी अन्य पुरुष की स्त्री से सम्भोग करता है। और ऐसी क्रिया से उसे भय की संभावना होती है। ऐसा जातक अपने पुरुषार्थ द्वारा स्ववंश की मानो-न्नति करने में समर्थ होता है। किसी व्यवसाय द्वारा उसकी उन्नति होती है। ऐसे जातक को सर्व सम्मति से कार्य्य करना लाभप्रद होता है। जातक का धन चन्द्रकला के समान कभी घटता और कभी बढ़ता रहता है। जमींदारी और गृहादि से सम्पन्न, चित्रकारी, कविता एवं गानादि का प्रिय होता है। वह जला-शय के समीप का निवासी अथवा जल यात्रा प्रेमी, तरल पदार्थ का व्यापारी और गणित एवं ज्योतिष का प्रेमी होता है।

बारहवां, इक्कीसवां, एकतीसवां, एकतालीसवां, एकावनवां और एक-सठवां वर्ष, मास अथवा दिन अनिष्टकारी होता है। प्रथम वर्ष में रोगी, तीसरे वर्ष में लिंगस्थान में पीड़ा, ३१वें वर्ष में सर्प भय तथा ३२वें वर्ष में रोग का भय अधिक होता है। शुभ-योग रहने से पचासी, मतान्तर से अठासी अथवा छीआनबे वर्ष तक वह जी सकता है।

द्वितीय, सप्तमी एवं द्वादशी तिथि जातक के लिये अशुभ होता है। सिंह, मिथुन और कन्या राशि का मनुष्य उत्तम तथा मेष, वृष, तुला, वृश्चिक, धन,

मकर, कुम्भ एवं मीन राशि के मनुष्य साधारण मित्र होते हैं। माघ मास, शुक्ल पक्ष, नोमी तिथी, रोहिणी नक्षत्र एवं शुक्रवार अनिष्टकर होता है।

सिंह।

(५) सिंह राशिगत चन्द्रमा हो तो जातक धन-धान्य से युक्त, लक्ष्मीवान्, विद्वान्, सर्व कला विशिष्ट, अहंकारी, निठुर, सुशील, कृपण, सत्यवादी, विदेश-यात्रा-प्रिय, संग्राम-प्रिय, शत्रु-विजयी, वन-पर्वतादि में भ्रमण-प्रेमी, तीक्ष्ण-स्वभाव, दाता, पराक्रमी, स्थिरबुद्धि, अभिमानी, बेमतलब बहुत समय तक क्रोध करने वाला, वाग्मी, उदार, मानी, मांसप्रिय, मानसिक दुख से पीड़ित, बुद्धिमान्, निष्कपट, मातृ-प्रेमी, वस्त्र, सुगंधादि में अभिरुचि रखने वाला, कला-प्रेमी, गान और चित्र आदि कलाओं में प्रेम रखने वाला तथा सर्वदा उच्च पद-प्राप्ति के लिये यत्नवान् होता है। अपनी बाल्यावस्था में वह दो स्त्रियों के स्तन से दुग्धपान करता है।

शरीर से पुष्ट, रुपवान्, विशाल और पीले नेत्र वाला मोटी ढोंढ़ी और हंस-मुख, पीठ पर तिल अथवा मास आदि के चिन्ह से युक्त पेट के वाम भाग में वातरोग, शिर, दन्त, गला एवं उदर-रोग से पीड़ित और भूख-प्यास तथा मानसिक व्यथा से चिन्तित होता है। उसे स्त्रियों से शत्रुता अथवा अनवन रहती है। और जातक को सन्तान कम होते हैं। चोर द्वारा दो बार उसकी हानि होने की सम्भावना रहती है। और उसे अग्नि भय भी होता है।

पांचवें, बीसवें और तीसवें वर्ष, मास अथवा दिन जातक के लिये अशुभ होता है। प्रथम वर्ष में प्रेत-पिशाचादि-बाधा, पांचवें वर्ष में अग्नि भय, सातवें वर्ष में ज्वर-पीड़ा एवं विसूचिका रोग, २०वें वर्ष में सर्प भय, २१ वें वर्ष में पीड़ा, २८वें में अपवाद और ३२वें वर्ष में पीड़ा होती है। यदि अन्य प्रकार का दोष न हो तो जातक ७८ वर्ष तक जी सकता है और उसकी मृत्यु किसी अच्छे स्थान में होती है। और मतान्तर से १०० वर्ष भी जी सकता है।

तृतीया, अष्टमी और त्रयोदशी तिथी जातक के लिये अशुभ होता है। रविवार को कार्य्यारम्भ करने से शुभ होता है। मेष, कर्क, वृश्चिक, धन, मिथुन, कन्या एवं मीन राशि के मनुष्य, जातक के लिए अच्छे होते हैं। वृश्चिक, तुला, मकर और कुम्भ राशि वाले शत्रु होते हैं। फाल्गुन मास, कृष्ण पक्ष, पञ्चमी

तिथि, मंगलवार और मध्याह्न समय जातक के लिये अरिष्ट कर है। ऐसे जातक को जल से भी मृत्यु भय होता है।

कन्या।

(६) कन्या राशिगत चन्द्रमा हो तो जातक कुटुम्ब और मित्र को आनन्द देने वाला, बहु सेवक-विशिष्ट, प्रदेश-वासी, धनी, अनेक कला- कुशल, गुरु-जन-भक्त, प्रियभाषी, देव-ब्राह्मण भक्त, धर्म-कर्म परायण शीलवान्, लज्जावान्, सत्य-वादी, शास्त्रज्ञ, बुद्धिमान्, मेधावि, विद्याध्ययन में कुशल. अनेक शत्रु युक्त, उन्नत शरीर, कुछ गौरवर्ण, गला, बाहु, पीठ अथवा लिङ्ग स्थान में तिल आदि के चिन्ह से युक्त, कफ प्रकृति और उदर रोगी होता है। वह कामी होने के कारण स्त्री के सङ्ग में केलि विलास निरत रहता है। पर उसकी स्त्री, अच्छे स्वभाव की नहीं होती। ऐसे जातक को पुत्र से कन्याओं की संख्या अधिक होती है। उसे मित्र बहुत होते है और भृत्यों से वह आनन्द पाता है। ऐसे जातक को औषधि एवं भोजन के पदार्थ का व्यवसाय लाभ-प्रद होता है। शिक्षक एवं प्रोफेसर आदि होना भी सम्भव होता है। वह पराई सम्पत्ति का भोगने वाला एवं अपने अधीन मनुष्यों से भाग्यशाली होता है।

दूसरा, बारहवां, बाइसवां और बयालीसवां वर्ष, मास अथवा दिन अनिष्ट-कारी होता है। तीसरे वर्ष में अग्नि भय, पांचवें वर्ष में नेत्र पीड़ा, नवमें अथवा तेरहवें वर्ष में किसी पदार्थ एवं दरवाजा आदि के गिरने से भय, पन्द्रहवें वर्ष में सर्प भय, इकीसवें वर्ष में वृक्ष अथवा दीवाल आदि से पतन और तीसवें वर्ष में वाण अथवा शस्त्र से भय होता है। पर चन्द्रमा को शुभग्रह यदि देखता हो और ऊपर लिखी हुई घटनाओं से जातक जीवित रह जाय तो उनासी अथवा अस्सी वर्ष तक वह जी सकता है।

ऐसे जातक के लिये चतुर्थी, नवमी एवं द्वादशी तिथि (कृष्ण पक्ष की तृतीय) अशुभ होता है। बुधवार शुभ और मङ्गलवार अशुभ होता है। चैत्र मास, कृष्ण पक्ष, त्रयोदशी तिथि और रविवार अनिष्टकारी होते हैं।

तुला।

(७) तुलाराशिगत चन्द्रमा हो तो जातक सर्वमाननीय, भोगी, धार्मिक, चतुर, बुद्धिमान्, कला-कुशल, राज-प्रिय, मिष्टान्न-प्रेमी, पितृ सेवी, देवता एवं

गुरुजन की पूजा करने वाला, वस्तुओं का संग्रह करने वाला विद्वान् , धनी, अत्यन्त बोलने वाला, मित्र युक्त, सङ्गीत, कविता और युद्ध का प्रेमी, कृपालु परन्तु कार्य्य प्रवन्ध में बड़ा कड़ा, सभा-सोसाइटी और कंपनी इत्यादि में रूचि रखने वाला, अपने जीवन के प्रत्येक कार्य्य में अन्य किसी पर भरोसा रखने वाला, एवं अन्य-प्रभावाश्रित होता है। ऐसा जातक लम्बा, कृश-शरीर, परन्तु बलवान्, उन्नत नासिका वाला, अङ्गहीन और वायु प्रकृति होता है। ऐसे जातक के शिर और उदर एवं चर्म में रोग सम्भव होता है और इसे जल-भय भी होता है। ऐसा जातक स्त्री के अधीन, बहु स्त्री-भोगी अर्थात् दो विवाह करने वाला होता है। ऐसे जातक को अल्प संतान होते हैं और वह बन्धुओं से त्यक्त होता है। वह कृषि करने में चतुर, क्रय-विक्रय द्वारा लाभवान् और अन्य मनुष्यों से साझे के काम द्वारा विशेष सफलता प्राप्त करने वाला होता है।

छठा, सोलहवां, २६वां, ३६वां, ४६वां, ५६वां वर्ष, मास एवं दिन जातक के स्वास्थ्य के लिये अशुभ होता है। प्रथम वर्ष में ज्वर, तृतीय वर्ष में अग्नि भय, ५वें वर्ष में ज्वर पीड़ा, १५वें वर्ष में समान्य पीड़ा और २५वें वर्ष में अधिक पीड़ा होती है। चन्द्रमा को यदि शुभग्रह देखता हो और अन्य दोषों से वर्जित हो तथा उपर्युक्त कष्टकर समय को काटले तो ८५ वर्ष तक जातक जी सकता है। मतान्तर से ६५ वर्ष ११ महीना जी सकता है और ऐसे जातक की ख्याति मृत्यु के बाद विशेष रूप से होती है।

चतुर्थी, नवमी एवं चतुर्दशी तिथि जातक के लिये अनिष्टकर होता है। मिथुन, कन्या, मकर और कुम्भ राशि वाले मनुष्य जातक के हितकर होते हैं। कर्क एवं सिंह वाले मनुष्य शत्रुता करते है। मेष, वृश्चिक, धन और मीन राशिवाले समभाव के होते है। द्वितीय चन्द्रमा के दर्शन के बाद ऐसे जातक के लिये श्वेत वस्त्र का अवलोकन अशुभ फल निवारक है। रत्नों में हीरा ऐसे जातक के लिये शुभदायी होता है। वैशाख मास, शुक्ल पक्ष, अष्टमी तिथि, शुक्रवार, आश्लेषा नक्षत्र और दिन का प्रथम पहर जातक के लिये अनिष्टकारी होता है।

वृश्चिक।

(८) वृश्चिक राशिगत चन्द्रमा हो तो जातक क्रोधी, वैर निरत, कलही विश्वासघाती मित्र द्रोही, पति द्रोही, सन्तोष हीन, दूसरों के कार्य्य

में विघ्नकर्त्ता, पापी, क्रूर, पराक्रमी, चतुर शत्रुओं को दलित करने वाला, बहु भृत्यों से सेवित, पिता और गुरुजन से रहित, राजानुगृहीत, श्वेत वस्त्र का अभिलाषी, मादक पदार्थ में रुचि रखने वाला, स्वावलम्बी एवं परिश्रमी होता है। ऐसे जातक को छाती और नेत्र बड़े होते हैं, जङ्घा एवं पिंडलियां गोल होती हैं। उसके मुख पर तिलादि के कोई चिन्ह होते हैं। उसकी मृत्यु किसी दीर्घकालीन रोग से होती है। ऐसे जातक की स्त्री पतिव्रता और जातक कामासक्त होता है। वह एक पुत्र और एक कन्या से सुखी होता है। कतिपय जातकों को दो स्त्रियां एवं चार भाई भी होते हैं। व्यापार ऐसे जातक के लिये लाभदायी होता है।

दूसरा, बारहवां, बाइसवां, बत्तीसवां और बावनवां वर्ष कष्टदायी होता है। प्रथम वर्ष में ज्वर, तृतीय वर्ष में अग्नि भय, पांचवें वर्ष में ज्वर भय, पन्द्रहवें वर्ष में सामान्य पीड़ा और २५वें वर्ष में अधिक पीड़ा होती है। यदि चन्द्रमा शुभदृष्ट हो, अन्य किसी प्रकार का दोष न हो और यदि ऊपर लिखे हुए कष्टकर समय को जातक काट ले तो नब्बे वर्ष तथा मतान्तर से ८७ वर्ष की आयु होती है।

प्रतिपदा, षष्ठी एवं एकादशी तिथि ऐसे जातक के लिये अशुभ है। दूज चन्द्रमा के दर्शन के अनन्तर पुत्र मुखावलोकन एवं लाल पदार्थों के देखने से मास का फल शुभ होता है। मेष, कर्क, सिंह, धन और मीन राशि वाले मनुष्य, जातक के लिये अच्छे होते हैं। इसी प्रकार, मिथुन और कन्या राशि वाले शत्रुता करने वाले होते हैं। ज्येष्ठ मास, शुक्ल पक्ष, दशमी तिथि, बुधवार, हस्त नक्षत्र एवं अर्द्धरात्रि जातक के लिये अरिष्टकर होता है।

(९) धन राशिगत चन्द्रमा हो तो जातक विद्वान्, धार्मिक, राजसम्मानित, जनप्रिय, देव भक्त, सभा में व्याख्यान देने वाला, श्रेष्ठ, पवित्र, काव्य कुशल, ढीठ, कुल दीपक, दानी, भाग्यवान्, सच्चा मित्र, साहसी, निष्कपट, विनीत, दयावान्, स्पष्टवक्ता, क्लेश सहन करने वाला, शान्त स्वभाव, तपस्वी, अल्प भोजी, बली, निर्मल बुद्धि, कोमल भाषी, मितव्ययी, धनी, कार्य्य तत्पर, प्रीति से वशीभूत होने वाला, फुर्तीला और भविष्य-वक्ता होता है। वह बल प्रयोग से किसी के वश में नहीं जासकता है। ऐसे जातक के ग्रीवा, मुख और कान बड़े ओष्ट मोटे, नाक मोटी एवं दाँते बड़ी होती हैं। किसी अङ्ग में

तिलादि के चिन्ह होते हैं और इसके पैर के तलवे छोटे होते हैं । ऐसे जातक के तीन विवाह सम्भव होते हैं और सन्तान कम होते हैं। वह अनेक कारीगरी और कलाओं में प्रवीण तथा कई प्रकार के व्यवसायों में हाथ डालने वाला होता है। नौकरी से जातक उन्नति नहीं कर सकता है । बृहस्पतिवार में क्रय-विक्रय करने से अधिक लाभ संभव होता है। बाल्यावस्था में अधिक धनवान होता है। आठवां, अठारहवां, अट्ठाइसवां और अड़तालीसवां वर्ष, मास अथवा दिन जातक के लिये अनिष्टकारी होता है। प्रथम वर्ष में शरीर पीड़ा और तेरहवें वर्ष में महा-दुःख होता है। यदि चन्द्रमा को सभी शुभग्रह देखते हों और पूर्व -लिखित अनिष्टकारी समय टल गये हों तो जातक सौ वर्ष तक जी सकता है। अन्यथा अड़सठ अथवा पचहत्तर वर्ष और मतान्तर से ८६ वर्ष जी सकता है।

तृतीया, अष्टमी और त्रयोदशी तिथि जातक के लिये अनिष्टकर होता है। सोमवार बड़ा ही अनिष्टकर होता है। दूज के चन्द्रमा का दर्शन जातक के लिये शुभ है। मेष, कर्क, सिंह और वृश्चिक राशि वाले मनुष्य जातक के लिये अच्छे होते हैं। परन्तु, वृष, मिथुन, कन्या एवं तुलाराशि वाले मनुष्य शत्रुता करने वाले होते हैं। आषाढ़ मास, कृष्ण पक्ष, पञ्चमी तिथि, गुरुवार, हस्त नक्षत्र एवं रात्रि का समय अरिष्टकर होता है।

(१०) मकर-राशिगत चन्द्रमा हो तो जातक धीर, विद्वान्, राजा का प्रिय, दयावान्, सत्यवक्ता, दानी, आलसी, गान विद्यानिपुण, क्रोधी, दंभी, एक ही वार कहने से सभी बातों को याद रखने वाला अर्थात श्रुतिधर, भाग्यवान्, काव्यकुशल, लोभी, आलसी, दयालु, दृढ़ प्रतिज्ञ, दूसरों के मानसिक भाव पर निःस्पृहा करने वाला, प्रभाव शाली और निश्चय ख्यातिमान् परन्तु, कोई सुविख्यात और कोई कुविख्यात होता है। यदि कुण्डली में और कोई अच्छे योग हों तो मकर राशि वाले जातक की बड़ी ख्याति होती है अथवा कोई उच्च पदाधिकारी होता है। ऐसा जातक अपने व्यवहार द्वारा शत्रु उत्पन्न करता है जिससे जातक की बड़ी हानि की सम्भावना हो सकती है । उसका सुन्दर रूप, मोटा शरीर, कमर भाग पतला, उसकी आंखें सुन्दर और केश काले होते हैं। गर्दन में तिलादि के चिन्ह होते हैं और जातक को जल-भय होता है । जातक की स्त्री रूपवती और पुत्रवती होती है। वह अपनी स्त्री एवं लड़कों को प्यार करता है । परन्तु ऐसे जातक की स्त्री हीनवर्ग की और उमर की बड़ी होती है अथवा जातक

ऐसे स्त्रियों के साथ सम्भोग करने वाला तथा अपने कुल में उत्तमवृत्ति का करने वाला होता है।

तीसरे, तेरहवें और २३वें वर्ष, मास अथवा दिन जातक के लिए अनिष्ट होता है। ५ वर्ष में पीड़ा, ७ वर्ष में जल-भय, १० वर्ष में वृक्ष अथवा ऊंचे स्थान से पतन, बारहवें वर्ष में शस्त्रभय, २० वर्ष में ज्वर से बाधा, २५ वर्ष में हाथ और पैरों में पीड़ा तथा ३५ वर्ष में बायें अङ्ग में अग्नि से भय होता है।

यदि चन्द्रमा शुभदृष्ट हो और अन्य किसी प्रकार की बाधा न हो तथा ऊपर लिखे अनिष्टकर समय को जातक काट ले तो ९० वर्ष और मतान्तर से ९३ वर्ष जी सकता है। चतुर्थी, नवमी एवं पूर्णमासी तिथि जातक के लिये अनिष्ट होता है। शनिवार सर्वदा शुभफल-दायक होता है। वृष, मिथुन, कन्या, तुला और कुम्भ राशि वाले मनुष्य मित्रता करते हैं। मेष, कर्क, सिंह तथा वृश्चिक राशि वाले मनुष्य शत्रुता करते हैं।

(११) कुम्भ राशि-गत चन्द्रमा हो तो जातक दयालु, दानी, मिष्टान्न भोजी, धर्मकार्य्य में जल्दी करने वाला, प्रियभाषी, आलसी, प्रसन्नचित, विचक्षण बुद्धि, मित्रप्रिय, शत्रु-विजयी, पर-स्त्री, पर-धन और पाप निरत्, मार्ग चलने में समर्थ, यात्रा प्रिय, सुगन्ध प्रिय, अत्यन्त कामी एवं सभा-सोसाइटी में प्रेम रखने वाला तथा निर्धन होता है। ऐसा जातक दुर्बल और उसका गला लम्बा पैर तथा पैर के जोड़, पीठ एवं फिली लम्बे और मोटे, पेट भारी, मुख चौड़ा, शरीर में नस भरे हुए तथा बाल रूखे होते हैं। ऐसे जातक का किसी ऊंचे स्थान से पतन एवं जल से भय होता है। कांख, पैर और मुख में तिल के चिन्ह तथा कफादि रोग से पीड़ा सम्भव होती है। अपनी स्त्री के सङ्ग उसका अच्छा व्यवहार नहीं होता है। जातक को दो स्त्रियों का योग होता है किसी अन्य स्त्री से भी वह प्रेमाशक्त हो जा सकता है। इसे संतान अल्प होते हैं और दूसरे के पुत्रों पर प्रीति करने वाला होता है। उसे विद्या विभाग, कला और राजनीतिक कामों में प्रेम रहता है और किसी गुप्त मण्डली का सदस्य होता है।

पांचवां, १५वां, २५ वां, ३५ वां, ४५वां वर्ष, मास अथवा दिन जातक के जीवन में अनिष्ट होता है। प्रथम वर्ष में पीड़ा, ५ वें वर्ष में अग्निभय, द्वादश वर्ष में सर्प अथवा जल भय और अठाइसवें वर्ष में चोर द्वारा धन हानि होती

है। यदि चन्द्रमा शुभ-दृष्ट हो, अन्य कोई हानि कारक योग न हो, उपर्युक्त अनिष्ट वर्षों को जातक काट जाय तो जातक ९० और मतान्तर से ९९ वर्ष तक जी सकता है। ऐसे जातक की वृद्धि ३० वर्ष की आयु के बाद होती है और इसके जीवन में कभी हानि तथा कभी वृद्धि होती है।

तृतीया, अष्टमी और त्रयोदशी तिथि जातक के लिये अनिष्ट होता है। शनिवार शुभदायी होता है। वृष, मिथुन, कन्या, तुला और मकर राशि वाले मित्रता तथा मेष, कर्क, सिंह और वृश्चिक राशि वाले शत्रुता करते हैं। आश्विन मास, कृष्ण पक्ष, द्वितीया तिथि, गुरुवार, सन्ध्या समय एवं कृत्तिका नक्षत्र अनिष्ट होते हैं।

(१२) मीन राशिगत चन्द्रमा हो तो जातक धनी, मान्य, नम्र स्वभाव, भोगी, प्रसन्नचित्त, मातृ-पितृ-देवार्चनृ-भक्ति-निरत, उदार, सुगन्धि द्रव्य का व्यवहार करने वाला, जितेन्द्रिय, गुणी, चतुर, निर्मल बुद्धि, शस्त्रविद्या-कुशल, शत्रु-विजय, खरा (ईमानदार), अत्यन्त निष्कपट, (भोला) धर्मानुरागी, विद्वान् , उत्तम वाचा-शक्ति वाला, लेखक और पद्य एवं सङ्गीत प्रिय होता है । वह सहज ही में निरुत्साह एवं उदास हो जाता है । कभी कभी मादक द्रव्य एवं दुष्टाचार की ओर उसका झुकाव हो जाता है। ऐसा जातक निर्बल, उत्तम रूपवान् और सुन्दर दृष्टि युक्त परन्तु देखने में अत्यन्त सुन्दर नहीं होता। किसी ऊंचे स्थान से गिरने का भय होता है तथा वह कफ से पीड़ित होता है । उसके चार विवाह सम्भव होते हैं। जातक स्त्री का वशीभूत और स्त्री से प्रीतियुक्त होता है। उसके सभी पुत्र अच्छे होते है। ऐसा जातक जल से उत्पन्न पदार्थ, पराये धन और गाड़े हुए धन का भोग करने वाला होता हैं।

९ वां, १०वां, १९ वां, २७वां, ५३वां वर्ष, मास और दिन अनिष्टकर होता है। ५ वें वर्ष में जलभय, ८ वें वर्ष में ज्वर पीड़ा, २२ वें वर्ष में महती पीड़ा और २४ वें वर्ष में पूर्व दिशा की यात्रा होती है।

यदि चन्द्रमा शुभदृष्ट और कुण्डली अन्य दोषों से रहित हो एवं उपर्युक्त अनिष्ट वर्षों को जातक काट ले तो वह ९० वर्ष तक जी सकता है।

पञ्चमी, दशमी एवं पूर्णिमा तिथि अनिष्टकारी होते हैं। मेष, कर्क, सिंह एवं धन राशि वाले मनुष्य मित्र होते हैं । वृष, मिथुन, कन्या एवं तुला राशि

वाले मनुष्य शत्रुता करते हैं। बुधवार अनिष्टकारी और बृहस्पतिवार शुभदायी होता है। किसी यात्रा के समय जातक की दृष्टि किसी वृद्ध मनुष्य पर पड़ना अशुभ होता है। आश्विन मास, कृष्ण पक्ष, द्वितीया तिथि, बृहस्पतिवार, कृत्तिका नक्षत्र एवं सायंकाल जातक के लिए अरिष्टकर होता है।

टिप्पणी :—प्रति राशि के फल के अन्त में जो मास, पक्ष, तिथि, वार, नक्षत्र एवं समय घातक लिखे गये हैं वे सब यवनाचार्य्य मतानुसार हैं। संस्कृत श्लोकों के अर्थ से यह प्रतीत होता है कि यवनाचार्य्य का अभिप्राय यह है कि जब अमुक पक्ष, अमुक तिथि, अमुक वार, अमुक नक्षत्र एवं अमुक समय ये सब ठीक ठीक किसी समय में उपस्थित हो जांय तो अमुक राशि वाले की मृत्यु होती है। परन्तु ऐसा योग कभी कभी मिलता है। धन राशि की मृत्यु के समय में जो योग पाया जाता है वह लेखक मतानुसार असम्भव प्रतीत होता है। आषाढ़ मास के कृष्ण पक्ष में पञ्चमी को हस्ता नक्षत्र का होना असम्भव सा प्रतीत होता है। ज्येष्ठ के पूर्णिमा के दिन ज्येष्ठा नक्षत्र का होना आवश्यक है। इस कारण आषाढ़ कृष्ण पञ्चमी को धनिष्ठा, या धनिष्ठा के पूर्व वा पर नक्षत्रों ही का होना सर्वथा सम्भव है। आषाढ़ के कृष्ण पक्ष मात्रमें ही हस्त का होना असम्भव है। अतएव एक भाव यही निकलता है कि ऊपर लिखे हुए मास और दिन इत्यादि जब सबके सब उपस्थित हों तो वह समय अनिष्टकर होगा अथवा भिन्न २ मास, पक्ष और तिथि इत्यादि भिन्न भिन्न राशि वालों के लिये अनिष्टकर होगा। आशा है विद्वद्गण इसपर विवेचना करेंगे।

मंगल।

का-२६१ (१) मेष राशिगत रहने से जातक मधुर-भाषी, साहसी, धनवान्, राजा से पूजित और भूमिप्राप्त करने वाला, सेनापति अथवा बनियां का काम करने वाला तथा कृषि एवं भ्रमण से धन की प्राप्ति करने वाला होता है।

(२) वृषराशि-गत रहने से जातक कामी, स्त्रियों के आधीन, परस्त्री-गामी, पर-गृह-निवासी, मित्रों से कुटिल, कपटी, कर्कश-स्वभाव, सुन्दर वेष धारण करने वाला, अपने घर और धन से थोड़ा सुख पाने वाला एवं पुत्र पक्ष से कष्ट पाने वाला होता है।

(३) मिथुन राशि-गत रहने से जातक कृपण, दीनता भरी हुई बचनों से यांचना करने वाला, तेजस्वी, पुत्रवान् , मित्र-रहित, कुटुम्बजनों से कलह करने, वाला, दूर का सफर करने वाला, लड़ाई में निपुण और बहुत कलाओं का जानने वाला होता है।

(४) कर्क राशि-गत रहने से जातक बुद्धिमान् , बहुत शत्रुओं के उपद्रव से शान्ति, पराये घर में निवास करने वाला अत्यन्त दीन, मति-हीन एवं प्रबल स्त्री से कलह करने वाला होता है। ऐसा जातक दुर्जन परन्तु बुद्धिमान् , धनवान् और नौका आदि द्वारा धन की प्राप्ति करने वाला होता है।

(५) सिंह राशिगत रहने से स्त्री-पुत्रादि से सुखी, साहसी, क्लेश सहने वाला, शत्रुओं पर विजय करने वाला, उद्यमी, निर्धन, अनीतियुक्त और बनमें भ्रमण करने वाला होता है। उसे सन्तान कम होते हैं।

(६) कन्या राशिगत रहने से जातक मित्रों का सत्कार करने वाला, बहुत मनुष्यों का साथी पूजा आदि करने और कराने में तत्पर, तेजस्वी, पुत्रवान्, तथा गाना एवं लड़ाई में निपुण होता है। पर जातक का बचन दीनता से भरा होता है।

(७) तुला राशिगत रहने से बहुत खर्चीले स्वभाव का, अन्नहीन मित्रों के साथ कुटिल, स्त्री के आधीन, स्त्री पक्ष से दुःखी कामी और बड़े जनों से प्रेम रहित होता है।

(८) वृश्चिक राशिगत रहने से जातक को विष अग्नि एवं शस्त्र से भय, राजा की सेवा करने वाला, सेनापति और राजा अथवा भ्रमण से धन प्राप्ति करने वाला तथा सेनापति अथवा वाणिज्य करने वाला होता है।

(९) धन राशिगत रहने से जातक सुखमय-जीवन-युक्त, शत्रु-विजयी, कीर्त्तिवान् , राजमन्त्री, श्रेष्ठ, स्त्रियों के सङ्ग भ्रमण करने वाला और रथ तथा वाहनादि से युक्त परन्तु व्रण रोग से दुःखी होता है।

(१०) मकर राशिगत रहने से जातक राजा अथवा राजा तुल्य, संग्राम में पराक्रमी, स्त्री-पुत्र से सुखी, स्वजनों के प्रतिकूल होने से पीड़ित एवं धनविभव-सम्पन्न होता है।

(११) कुम्भ राशिगत रहने से जातक दुर्जनों से सेवित, विनय रहित, स्वभाव का तीक्ष्ण, अपने स्वजनों से प्रतिकूल, मिथ्या-भाषी एवं बहु सन्तान होने के कारण दुःखी होता है।

(१२) मीन राशिगत रहने से जातक शत्रुओं पर विजयी, सुखी, राजा का मन्त्री एवं कीर्त्तिमान् होता है। परन्तु जातक व्यसन-युक्त, दुष्ट, दया रहित, नष्ट बुद्धि और दूर की यात्रा करने वाला होता है।

बुध।

धा-२६२ (१) मेष राशिगत रहने से जातक दुष्ट, चञ्चल, कलही, निर्दयी, जूआड़ी, ऋणी, नास्तिक, दम्भी, बहुत भोजन करने वाला और मिथ्यावादी होता है। ऐसा जातक जन्म के समय निर्धन होता है।

(२) वृष राशिगत रहने से जातक विद्वान् , दानी, गुणी, कला-कुशल धनोपार्जन करने वाला, गुरुभक्त, उपदेशक और भ्राता एवं पुत्रादि से सुख पाने वाला होता है।

(३) मिथुन राशिगत रहने से जातक, सुखी, प्रिय-भाषी परन्तु मिथ्या वादी और शास्त्र गीतनृत्य, लेखन तथा चित्र आदि कार्यों में निपुण एवं भोजन और निवास स्थान का सुख भोगने वाला होता है। उसे कभी कभी दो मातायें होती हैं।

(४) कर्क राशिगत रहने से जातक जलज वस्तुओं से धन कमाने वाला, अपने वन्धुओं का वैरी, चरित्र का कुत्सित, राजसेवी, प्रदेश-वासी, गाना इत्यादि में प्रेम रखने वाला और कामी होता है। ऐसा जातक दुःखों से निवृति पाता है।

(५) सिंह राशिगत रहने से जातक स्त्रि की आज्ञा में रहने वाला, उससे प्रीति रखने वाला, परन्तु स्त्री का अप्रिय, निर्धन, सुख रहित, सन्तान रहित, सदा घूमने वाला, वन्धु जनों से वैर रखने वाला, मिथ्या भाषी और शत्रुओं से पीड़ित होता है।

(६) कन्या राशिगत रहने से जातक मधुर भाषी, चतुर, लिखने

में प्रवीण, उन्नति-शील, दाता, अनेक उद्योगों का जानने वाला, निर्भय, सद्गुण से भूषित और सुन्दर स्त्री वाला होता है।

(७) तुला राशि गत रहने जातक विद्वान्, वक्ता, असत्यवादी, उपदेशक, स्त्री-पुत्र से सुखी, दान-शील, कारीगरी में प्रवीण और बहुत खर्चीला स्वभाव का होता है।

(८) वृश्चिक राशि गत रहने से जातक, जूआड़ी, ऋणी, आलसी पूजित, नास्तिक, मिथ्यावादी, जन्म के समय निर्धन, परिश्रमी और गृह-भूमि वाला होता है।

(९) धन राशि गत रहने से जातक कुल का पालन करने वाला राजा से पूजित, विद्वान्, उचित वाक्य बोलने वाला, दानी, कारीगरी प्रवीण एवं विभव युक्त होता है।

(१०) मकर राशि गत रहने से जातक शिल्पी, पराधीन, कामदेव-रहित, बुद्धि-हीन, शत्रु से पीड़ित, ऋणी और आज्ञाकारी होता है।

(११) कुम्भ राशि गत रहने से जातक शिल्पी, पराधीन, घरमे कलह करने वाला, धन और धर्म से रहित एवं शत्रुओं से दुःखी होता है।

(१२) मीन राशिगत रहने से जातक सेवक, पराये, धन की रक्षा करने वाला, चित्रकारी इत्यादि का जानने वाला, देवताओं में प्रेम रखने वाला और उत्तम स्त्री वाला होता है।

बृहस्पति।

का-२६३ (१) मेष राशिगत रहने से जातक उदार, विभव-युक्त, बुद्धिमान्, स्त्री एवं पुत्र से सुखी, तेजस्वी, क्षमावान् और प्रसिद्ध, सेनापति अधिकारी और बहु शत्रु वाला होता है।

(२) वृष राशिगत रहने से जातक धन, वाहन और गौरव से सम्पन्न, शत्रुओं पर पराक्रम दिखलाने वाला, गुरुजन और ईश्वर का प्रेमी तथा मित्र, वाहन एवं सन्तान से सुखी होता है।

(३) मिथुन राशिगत रहने से जातक मिष्ट भाषी, शीलवान्, हितैषी, सन्तान और मित्रों से युक्त, काव्य में रुचि रखनेवाला, मणियों का व्यवसाय अथवा कृषि से लाभ उठाने वाला होता है।

(४) कर्क राशिगत रहने से जातक पुत्र, स्त्री, धन और ऐश्वर्य्य से युक्त, सुखी, बुद्धिमान् , शास्त्र एवं कला में निपुण, हाथी और घोड़ों से विभूषित, धनी तथा मिष्ट-भाषी होता है ।

(५) सिंह राशिगत रहने से जातक पर्वत, कोट एवं वन का स्वामी, पराक्रमी, शरीर से पुष्ट, दानी, मधुर-भाषी, जनसमूह पर अधिकार रखने वाला, शत्रुओं का धन हरने वाला, स्त्री, पुत्र और ऐश्वर्य्य अदि से युक्त एवं विख्यात होता है ।

(६) कन्या राशिगत रहने से जातक बहुमित्र वाला, वस्त्र एवं सुगन्धादि से सुखी, धनी, दानी, पुत्रवान् और शत्रु विजयी होता है ।

(७) तुला राशिगत रहने से जातक देवता और गुरुजनों की सेवा करने वाला, धार्मिक क्रियाओं में तत्पर, दानी, चतुर तथा धन, सुख, मित्र एवं सन्तान से युक्त, दाता और साहसी होता है ।

(८) वृश्चिक राशिगत रहने से जातक स्त्री-पुत्रादि युक्त, महा धनवान् , तेजस्वी, उदार और प्रसिद्ध, परन्तु मिथ्यावादी तथा सर्वत्र से दुःखी होता है ।

(९) धन राशिगत रहने से जातक राजा अथवा राजा तुल्य, जमींदार, राज मन्त्री, सेनापति, बहु-विभव-युक्त, धन वाहनादि का सञ्चय करने वाला, दानी और बुद्धिमान् होता है ।

(१०) मकर राशिगत रहने से जातक नीच कर्म निरत, बुद्धिहीन, मन से दुःखित, भ्रमणशील, अपने मनोरथ साधन में कुशल और अन्य मनुष्यों के मनोरथ का नाश करने वाला होता है ।

(११) कुम्भ राशि गत रहने से जातक दाँत और उदर रोग से पीड़ित, सुख भोगने वाला, धन, पुत्र तथा स्त्री आदि से सुखी, मतान्तर से धन-हीन, रोगी, कृपण एवं पापी होता है और उसे कुभोजन प्राप्त होता है ।

(१२) मीन राशिगत रहने से जातक जमींदार, राज मन्त्री, सेना विभाग का प्रधान, धनवान् , राजा तुल्य और दानी परन्तु कामी होता है। ऐसा जातक प्रायः उत्तम स्थान में निवास करता है ।

शुक्र।

फा-२६४ (१) मेष राशिगत रहने से जातक पर-स्त्री प्रेम में धन व्यय करने वाला, कुल में कलङ्क लगाने वाला भ्रमण शील, शत्रुरहित, गृह और ग्रामादि का स्वामी, कविता-प्रेमी तथा शत्रु रहित होता है।

(२) वृष राशिगत रहने से जातक अपनी बुद्धि से धन प्राप्त करने वाला, राजाओं से पूज्य, अपने बन्धुओं में प्रधान, प्रसिद्ध और निर्भय होता है। खेती में उसकी रुचि होती है। स्त्री, सुगन्धिद्रव्य और मित्रादि से वह सुखी होता है।

(३) मिथुन राशिगत होने से विद्वान्, कला-निपुण, राजा का काम करने वाला, गान इत्यादि कलाओं का जानने वाला, मिष्ट-भाषी, मिष्टान्न-प्रिय धनवान् और बुद्धिमान् होता है।

(४) कर्क राशिगत रहने से जातक डरपोक गुणी, मिष्टभाषी, उत्तम कार्य्यों में चित्त लगाने वाला और प्रायः दो स्त्री वाला होता है।

(५) सिंह राशिगत रहने से जातक स्त्री के धन से धन, मान और सुख पाने वाला होता है। उसे थोड़े सन्तान होते हैं। स्वजन और वैरियों से सुख तथा सन्तोष प्राप्त करने वाला होता है।

(६) कन्या राशिगत रहने से जातक नीच, अविहित आचार करने वाला, थोड़ा बोलने वाला परन्तु तीर्थाटन करने वाला और धनी होता है।

(७) तुला राशिगत रहने से जातक राजा का प्रिय, बन्धुओं में प्रधान्, प्रसिद्ध, कवि, निर्भय और विचित्र वस्त्र, धन एवं पुष्पादि से युक्त होता है।

(८) वृश्चिक राशिगत रहने से जातक दुष्टा स्त्री एवं पर-स्त्री में निरत, उसके लिये व्यय करने वाला, कुल-कलंकी, व्यसन युक्त, कलह-कारी, जीव हिंसक, अल्प धनी और जन्म का रोगी होता है।

(९) धन राशिगत रहने से जातक गुणी, धनी, स्त्री-पुत्र से प्रसन्न, राज-मंत्री उत्तम शील स्वभाव वाला, काव्य-प्रिय और विरक्त होता है।

(१०) मकर राशिगत रहने से जातक सर्वप्रिय, स्त्री के अधीन रहने वाला, भोगी, पर स्त्री और वृद्धा स्त्री से भोग करने वाला, अपव्ययी, एकान्त निवासी एवं चिन्ता से दुर्बल-शरीर होता है।

(११) कुम्भ राशिगत रहने से जातक स्त्री के अधीन रहने वाला, निन्दित स्त्री अथवा कुमारी कन्या से प्रीति करने वाला, अच्छे कामों से विमुख और धन का नाश करने वाला होता है।

(१२) मीन राशिगत रहने से जातक विद्वान्, धनवान्, राजा से सम्मानित, धन प्राप्त करने वाला, सर्व-प्रिय, शीलवान्, शत्रुओं से धन प्राप्त करने वाला, और दान-शील होता है।

शनि।

श्लो. २६५ (१) मेष राशिगत रहने से जातक मूर्ख, कपटी, मित्र रहित, भ्रमण-शील सबसे विरोध करने वाला, शान्ति-रहित और निर्धन होने के कारण दुर्बल-शरीर होता है।

(२) वृष राशिगत रहने से जातक किञ्चित् धनी, अगम्य, स्त्रियों का प्रिय, स्त्री-सुख से रहित, बुद्धिहीन और पुत्र सुख से रहित होता है।

(३) मिथुन राशिगत रहने से जातक धन, पुत्र, बुद्धि, सुख, और लज्जा से विहीन एवं हास्य-विलास-प्रिय होता है। ऐसा जातक सर्वदा चलता फिरता रहता है और विदेश-वास करता है।

(४) कर्क राशिगत रहने से जातक माता और पुत्र के सुख से वञ्चित, निर्धन, मूर्ख, धन के विलास में व्यय करने वाला, शत्रुओं का विजय करने वाला तथा दुर्बल-शरीर होता है।

(५) सिंह राशिगत रहने से जातक अपकीर्ति का भाजन, लिखने में बड़ा प्रवीण, कलही, शील-रहित, नीति रहित, सुख हीन और स्त्री-पुत्रादिकों से दुःख पाने वाला होता है।

(६) कन्या राशिगत रहने से जातक लज्जा, सुख, धन और पुत्र इन सबोंसे विहीन अर्थात् अल्पसुखी, मित्रों से विरोध करने वाला तथा शरीर का निर्बल होता है।

(७) तुला राशिगत रहने से जातक जाति, ग्राम और शहर इत्यादि का नायक, धनी, कीर्त्तिमान्, अपने कुल में श्रेष्ठ, दानी परन्तु कामी एवं राजा से अपमानित होता है।

(८) वृश्चिक राशिगत रहने से जातक कठोरचित्त बन्धन और ताड़न युक्त, चन्चल, विष, अग्नि और शस्त्र से भय पाने वाला शत्रु एवं रोग से दुःखपाने वाला धन विनाश करने वाला तथा पुत्र सुख से रहित होता है।

(९) धन राशिगत रहने से पुत्र, कलत्र एवं वित्त से सुखी, राजाओं का विश्वास पात्र, नगर और ग्राम इत्यादिकों में प्रधान, सुन्दर पुत्र, स्त्री एवं धन से युक्त, विख्यात-कीर्ति, सुन्दर चाल-चलन एवं सन्तोष युक्त होता है। अन्तिम अवस्था में जातक सुखादि की प्राप्ति करता है।

(१०) मकर राशिगत रहने से जातक राजा का प्रिय, राजा के सदृश गौरवान्वित, नगर, सेना और ग्रामों में प्रधान, चिर काल तक धन, ऐश्वर्य्य तथा भोग-युक्त होता है। वह कस्तूरी इत्यादि सुगन्धित द्रव्यों से विभूषित रहता है और उस के नेत्र की ज्योति कुछ कम होती है।

(११) कुम्भ राशिगत रहने से जातक धनवान्, भोगी, उत्तम मित्र युक्त, व्यसनी, श्रेष्ठ कार्य्यों से विमुख, शत्रुओं से पीड़ित और ग्रामदि में प्रधान होता है। परधन पर उसका अधिकार होता है।

(१२) मीन राशिगत रहने से जातक राजा के ऐसा गुणी, राजा का विश्वास-पात्र, नगर और ग्राम आदि का प्रधान, सर्वजनों का उपकारी, व्यवहार में प्रवीण, शीलवान्, गुणी, गुण-ग्राही, तेजस्वी, अन्त अवस्था में सुखी तथा सुन्दर स्त्री एवं पुत्र आदि से सम्पन्न होता है।

ऊपर लिखे हुए फलों को विचारने के समय इस विषय पर ध्यान देना होगा कि यदि निर्दिष्ट राशि का स्वामी, बली होकर, बल युक्त राशि में बैठा हो तो ऐसे स्थान में उपर लिखे हुए फल सम्पूर्ण प्रकार से ठीक पाये जायेंगे। इसी प्रकार निद्दष्ट राशि के स्वामी का उच्च, नीच एवं अस्त आदि गुण-दोषानुसार फल का तारतम्य कल्पना करना होगा। यह भी स्मरण रहे कि राशिस्थ फल (उपर्युक्त फल) में ग्रहों के नाना भावों में रहने के कारण, अत्यन्त ही परिवर्त्तन हो जाता है। नवमांश में यदि ग्रह उच्चादि हो तो बुरे फलों का बहुत अंश में अभाव होता है।

प्रत्येक भाव के स्वामी का अन्य-भाव-गत रहने के कारण फल।

लग्नाधिपति यदि:—

धा-२६६ (१) लग्नगत हो तो जातक रोगहीन, बलवान्, दृढ़ काय, रूपवान्, अति प्रतिष्ठा युक्त, चञ्चल, राजकुल मन्त्री, सुखी, विलासी, धन-युक्त, सत्कम-परायण, कीर्त्तिमान्, विख्यात और कभी कभी दो भार्या वाला होता है।

(२) द्वितीय स्थानगत हो तो जातक धनी, धार्मिक, स्थूल-शरीर, स्थानाधिपति, समर्थ, सत्कर्म परायण, दीर्घायु, स्थूल-शरीर, कुटुम्बों से युक्त और बड़ा सुशील होता है। उस की स्त्रियाँ गुणवती होती हैं।

(३) तृतीय स्थानगत हो तो जातक बहु बान्धवों में श्रेष्ठ, मित्रों से युक्त, धर्मात्मा, दानी, पराक्रमी, बलवान्, सब प्रकार की सम्पत्ति से युक्त और कभी कभी दो भार्या वाला होता है। यदि लग्नेश बलहीन हो तो अपवित्रता प्रदान करता है। यदि शुभग्रह की दृष्टि हो तो मधुर-भाषो होता है।

(४) चतुर्थ स्थानगत हो तो जातक राजा का प्रिय, दीर्घजीवी, गुणी वहु मित्रों से युक्त, मातृ पितृ भक्त, सुखी, विलासी, हाथी घोड़े और भोजन से सुखी तथा उस का पिता वित्तवान् होता है।

(५) पञ्चम स्थानगत हो तो जातक पुत्रवान्, दानी, समर्थ, विख्यात, सुशील, सुकर्म-तत्पर, त्यागी, क्षमावान्, विनीत, सत्कर्म-परायण और दीर्घजीवी होता है। उसके पहले सन्तान की मृत्यु होती है। ऐसे जातक का स्वर अच्छा और गान-कला निरत रहता है।

(६) षष्ठ स्थान गत हो तो जातक नीरोग, भू-सम्पत्ति-विशिष्ट, सबल, कृपण, शत्रुहन्ता, धनी, भूमि का प्राप्त करने वाला, पुत्र, माता, मामा एवं पशु से सुखी और पराक्रमी होता है। अपने शरीर, मन एवं वाचा द्वारा शत्रु को उतपन्न करता है।

(७) सप्तम भाव गत रहने से जातक तेजस्वी, शीलवान्, सच्चरित्र,

विनयी और रूपवान् होता है। उसकी स्त्री शीलवती, रूपवती एवं तेजस्विनी होती है। तथा पति के जीते ही उस स्त्री की मृत्यु होती है।

(८) अष्टमगत हो तो जातक कृपण धनसञ्चयी और दीर्घायु होता है। यदि शुभ दृष्ट हो तो बुद्धिमान्, मान और बड़ाई पाने वाला तथा सौम्य-स्वभाव होता है।

(९) नवमगत हो तो जातक वाग्मी, तेजस्वी, सुखी, शीलवान्, पुण्यात्मा, यशस्वी, राजा से पूज्य, मनुष्यों में प्रतिष्ठित, धार्मिक और भाई तथा मित्रों से युक्त होता है।

(१०) दशम गत हो तो जातक विद्वान्, शीलवान्, राजा का मित्र, गुरु-जन अर्थात् माता आदि का आदर करने वाला और उनसे सुखी, राज्य-समृद्धि, विख्यात भोगी और सत्कर्म कर्त्ता होता है। उसे भाई भी होते हैं।

(११) एकादश गत हो तो जातक मित्र-विशिष्ट, पुत्रवान्, अर्थशास्त्रनिपुण, विख्यात, तेजस्वी, बलवान्, दीर्घजीवी, वाहनादि-सुखसम्पन्न, विवेकी एवं विचार-वान् होता है। परन्तु यदि लग्नेश बलहीन हो तो ऐसा फल नहीं होता है।

(१२) द्वादश गत हो तो जातक कटुभाषी, विरोधी और विदेश वासी होता है। सगोत्रियों से उसे अनबन रहा करता है और ऐसा जातक को जैसा लाभ होता है वैसा ही खर्च भी होता है। अर्थात् आवश्यक कार्यों में धन का अभाव नहीं होता है।

द्वितीयधिपति यदि:—

धा।२६७ (१) लग्न गत हो तो जातक कृपण, व्यवसायी, धनी एवं धनियों में विख्यात, उद्योगी, धनव्यय-विमुख, भोगी, सुखी, राजा से माननीय और सुकर्मी होता है। उसकी स्त्री के नेत्र सुन्दर होते हैं।

(२) द्वितीय स्थान गत हो तो जातक धनवान्, धार्मिक, बहुलाभशील, लोभी, दानी, कुटुम्बवान् और जितेन्द्रिय होता है।

(३) तृतीय स्थान गत हो तो जातक व्यवसायी, कलही और विनय हीन होता है। यदि द्वितीयेश सूर्य्य हो तो भाइयों से वैर करने वाला यदि मंगल हो तो

चोर की वृत्ति का करने वाला और यदि शनि होतो बन्धु हीन तथा इसी प्रकार यह भी कहा गया है कि यदि द्वितीयाधिपति पापग्रह होता हुआ तृतीय स्थान में हो तो जातक उद्‌योगी, विक्रमी, जयी और धनप्राप्ति से गर्वित होता है। यदि शुभ ग्रह हो तो उद्योगी कलह प्रिय, चोर एवं चञ्चल होता है।

(४) चतुर्थ स्थानगत रहने से जातक पितृ-द्रव्य का प्राप्ति करने वाला, अन्य पुरुषों के साथ उद्‌योग करने वाला, सत्यवादी, दयालु, तेजस्वी और दीर्घायु होता है। यदि पाप ग्रह हो तो दशा अन्तरदशा काल में माता को पीड़ा होती है। ध्यान रहे कि यदि शुभ ग्रह से दृष्ट हो तो उपर्युक्त फल होता है और पाप दृष्ट होतो दरिद्र तथा रोगी होता है।

(५) पञ्चम स्थान गत रहने से जातक सत् पुत्रवान्, कृपण, दुःखी, श्रेष्ठ कार्य्य करने से ख्याति, लाभ करने वाला, विलासी और सुखी होता है। शुभ ग्रह से युत वा दृष्ट हो तो उदार होता है। क्रूरग्रह से दृष्ट अथवा युक्त हो तो कृपण होता है। उस के सन्तान दुःखी और दुष्ट होते हैं।

(६) षष्ठ स्थान गत रहने से जातक धन संग्रह करने में निपुण, पृथ्वी का स्वामी, पर शत्रु द्वारा उस के धन की हानि होती है। रिपुहन्ता और कृतघ्न होता है। पाप ग्रह से दृष्ट वा युक्त हो अथवा द्वितीयेश पाप ग्रह हो तो जातक धन-हीन, शत्रुओं से पीड़ित और खल परन्तु शत्रुओं पर विजय करने वाला और विक्रमी होता है। वह कष्ट से जीवन निर्वाह करता है।

(७) सप्तम स्थान गत हो तो जातक की स्त्री धन संग्रह करनेवाली, श्रेष्ठ विलास-भोगवती और आनन्द दायिनी होती है। यदि द्वितीयेश पाप ग्रह हो तो स्त्री वन्ध्या होती है। द्वितीयेश के सप्तमस्थ होने से जातक रूपवान्, धनी परन्तु चिन्ता-युक्त और संग्रहणी रोग से पीड़ित होता है।

(८) अष्टम स्थान गत हो तो जातक कलही, आत्मघाती, विलासी, रूपवान् और धनवान् होता है। ऐसे जातक को भार्य्या-सुख की अल्पता, मित्र से सम्पत्ति लाभ और बड़े भाई का सौभाग्य नहीं होता है परन्तु भूमि प्राप्त करता है।

(९) नवम स्थान-गत हो तो जातक दाता, पुण्यकार्य्य-निरत,

प्रसिद्ध, भाग्यवान् और बली होता है। ये सब फल शुभ ग्रह से युक्त होने से होते हैं। पाप ग्रह से युक्त होने से दरिद्री और कृपण होता है। यदि द्वितीयेश शुभ ग्रह हो तो जातक सुख प्रिय और प्रसिद्ध धनी होता है। यदि पाप ग्रह हो तो भिक्षुकादि वृत्ति द्वारा जीवन निर्वाह करता है। द्वितीयेश के नवम गत होने से जातक बाल रोगी होता है।

(१०) दशम स्थान गत हो तो जातक राजा का मान्य, भ्रातृ-पितृ पालक, यशस्वी, सुरूपवान्, पण्डित, मानी, कामी, बहु-स्त्री युक्त और राजा के दिये हुए धनसे धनी होता है। यदि द्वितीयेश शुभ-ग्रह हो तो माता-पिता का पालन करने वाला और पाप ग्रह हो तो मातृ-पितृ-द्रोही होता है।

(११) एकादश स्थान गत हो तो जातक उद्यम-शील, व्यवहार में निपुण, लक्ष्मी वान्, विख्यात, राज-मन्त्री, यशस्वी, भोगी, सुखी और आश्रित-प्रतिपालक होता है।

(१२) द्वादश स्थान गत हो तो जातक परदेश में धन प्राप्त करने वाला, पापी, कपाली, म्लेच्छों की सङ्गति करने वाला, क्रूर और बली होता है। यदि द्वितीयेश शुभ ग्रह हो तो शुभ फल होता है और जातक संग्रामिक होता हैं।

तृतीयाधिपति यदि:—

धा-२६८ (१) लग्न गत हो और पाप ग्रह हो तो जातक लम्पट, वाग्मी, स्वजन-भेदी, सेवा-परायण, कुमित्रों से युक्त, मित्रों से कटुभाषी और क्रूर परन्तु पण्डित होता है। शुभ दृष्ट रहने से फल में अन्तर होता है और वह अपनी भुजा से धनोपार्जना करता है।

(२) द्वितीय स्थान गत हो तो जातक भिक्षुक, निर्धन, अल्पायु और बन्धु-विरोधी, परन्तु यदि शुभ ग्रह हो तो जातक बली एवं शक्ति शाली होता है।

(३) तृतीय स्थान गत हो तो जातक समान्य रूप से बली, सर्वप्रिय, गुरू-देव-भक्त, राजानुग्रहीत, शुभाचारी, नृप-मन्त्री, और राजा से धन प्राप्त करने वाला होता है।

(४) चतुर्थ स्थान गत हो तो जातक पिता एवं भाई को सुख देने वाला,

माता के साथ वैर करने वाला और पितृ-धनापहारी होता है। यदि पापग्रह हो तो पिता का धन भोगने वाला होता है।

(५) पञ्चम स्थान गत हो तो जातक अच्छे बान्धवों वाला, सुत-सहोदरादि द्वारा पालित, परोपकारी, विषय-भोगी, क्षमावान्, सुन्दर और दीर्घायु होता है।

(६) षष्ठ स्थान गत रहने से जातक बन्धु-विरोधी, नेत्र रोगी, रुग्ण, भूसम्पत्ति-शाली, रिपुओं से पीड़ित और क्रय-विक्रय करने वाला होता है। ऐसे जातक को मातृ परिवार का सुख नहीं होता है।

(७) सप्तम स्थान गत हो तो जातक की स्त्री रूपवती और सौभाग्य-वती होती है। यदि क्रूर-ग्रह हो तो जातक की स्त्री देवर के साथ रहने वाली होती है। उस जातक की मृत्यु राजा द्वारा होती है। बाल्यावस्था में वह कष्ट भोगता है।

(८) अष्टम स्थान गत हो तो जातक को मरा हुआ भाई उत्पन्न होता है और वह क्रोधी होता है। पाप ग्रह होने से आठ वर्ष तक नाना प्रकार की पीड़ाओं से दुःखी रहता है। यदि दैवात् बच जाय तो उसके बांह टूट जाते हैं। यदि शुभ ग्रह हो तो धनी, परन्तु रोगी होता है।

(९) नवम स्थान गत हो तो जातक बन्धु द्वारा परित्यक्त, जङ्गलादि में निवास करने वाला, पुत्रवान् और पराक्रमी होता है। यदि शुभ ग्रह हो तो जातक सहोदर-प्रिय और उसके भाई अच्छे होते हैं। ऐसे जातक का भाग्योदय स्त्री द्वारा होता है।

(१०) दशम स्थान गत हो तो जातक भोगी, मातृ-भक्त, राज-पूज्य, बन्धु और स्त्री गण का प्रिय, बहु भाग्यवान्, बलवान्, पवित्र, दृढ़ प्रतिज्ञ एवं मित्र युक्त होता है। उस की स्त्री क्रूर होती है।

(११) एकादश स्थानगत हो तो जातक राजा द्वारा लाभान्वित, बन्धु का उपकारी, राजा से माननीय, भोगी और अपनी भुजा से धनोपार्जन करने वाला परन्तु रोगी होता है।

(१२) द्वादश स्थानगत हो तो जातक मित्र-विरोधी, बन्धुवर्ग-कष्टदायी, बन्धु जनों से दूर बसने वाला, प्रवासी और खर्चीले स्वभाव का होता है। ऐसे जातक का पिता अच्छा नहीं होता है। यदि पाप ग्रह हो तो माता और राजा से भय होता है।

चतुर्थाधिपति यदि:—

क्र-२६१ (१) लग्नगत हो तो पिता-पुत्र में परस्पर स्नेह रहता है परन्तु पिता पक्ष से शत्रुता रहती है और जातक की ख्याति पिता के नाम से होती है। रोगहीन, भोगी, यशस्वी, विद्वान्, सभा में मूक और पित्रागत धन का त्यागने वाला होता है।

(२) द्वितीय स्थानगत हो तो जातक पिता का विरोधी-होता है। शुभ ग्रह होने से पितृपालक और विख्यात होता है। परन्तु पिता को पुत्रार्जित धन की प्राप्ति नहीं होती है।

यदि चतुर्थेश शुभ-ग्रह-युक्त हो तो पितृ-भक्त, धनवान् और विद्वान् होता है। परन्तु पापयुक्त होने से जातक कृपण और पितृ विरोधी होता है।

(३) तृतीय स्थानगत हो तो जातक मातृ-पितृ-हन्ता अथवा मातृ-पितृ-शत्रु-हन्ता परन्तु पितृ-बन्धु का प्रति-पालक होता है। उसका कुल विख्यात और उसे वाहन एवं चतुष्पद का सुख होता है। यदि शुभग्रह-युक्त हो तो जातक को बहुत से मित्र और भुजार्जित धन होता है।

(४) चतुर्थ स्थानगत हो तो जातक भूसम्पत्ति-विशिष्ट, मानी, धार्मिक, सुखी, विख्यात, पितृ-भक्त, पिता के लिये लाभदायी, भृत्यादिकों से सेवित अनेक वाहनादि से सुखी, चतुर, शीलवान् और स्त्री-प्रिय होता है।

(५) पञ्चम स्थानगत रहने से जातक, पिता के धन का भोगने वाला, स्वयं धार्मिक, सर्व-जन-प्रिय, राजा से विख्यात, सतपुत्रवान्, पुत्र-परिपालक और उसका पुत्र दीर्घायु होता है।

(६) षष्ठ स्थानगत हो तो जातक पितृ-सम्पत्ति-नाशक, पितृ-विरोधी पितृ दोष कारक और बहु शत्रु वाला होता है।

यदि शुभग्रह हो तो जातक का पुत्र धन सञ्चय करने वाला और यदि पापग्रह हो तो जातक को मामा से दुःख होता है।

(७) सप्तम स्थानगत हो तो जातक विद्वान्, पितृधन-त्यागी, सभा में मूक, आकृति में देवता के समान, धनवान् और स्त्री-प्रिय होता है। यदि चतुर्थेश पापग्रह हो तो ससुर, पतोहू को नहीं पालता है और यदि शुभग्रह हो तो उल्टा फल होता है और जातक कुलपति होता है। यदि शुभग्रह युक्त हो तो जातक कामातुर और यदि पापग्रह युक्त हो तो जातक दुष्ट और कठिन स्वभाव का होता है।

(८) अष्टम स्थानगत हो और चतुर्थेश पापग्रह हो तो जातक क्रूर, रोगी, दरिद्र, कुकर्मी अथवा मृत्यु-प्रिय होता है। उसे माता-पिता से अल्प-सुख होता है। यदि चतुर्थेश शुभग्रह युक्त हो तो वाहनादि का नाश होता है।

(९) नवम स्थानगत हो तो जातक भाग्यवान्, विद्वान्, पितृ-धर्म्म-परायण, पिता को प्रसन्न रखने वाला, मनुष्यों का स्वामी, तीर्थ-प्रिय, क्षमायुक्त और परदेश में सुखी रहता है।

(१०) दशम स्थानगत रहने से जातक राजा द्वारा सम्मानित, सुखी, हृष्ट-चित्त, क्षमावान् और माता-पिता से सुख पाने वाला होता है। यदि पाप ग्रह से युक्त हो तो विपरीत फल होता है। यदि चतुर्थेश पापग्रह हो तो जातक माता को त्याग देता है और अपने कन्या का प्यारा होता है। यदि चतुर्थेश शुभग्रह हो तो जातक दूसरे का सेवक होता है।

(११) एकादश स्थानगत हो तो जातक धनाढ्य, अपने बाहुबल से धन उपार्जन करने वाला, पिता का पालन करने वाला, परदेश गमन करने वाला, धनाढ्य, उदार, गुणवान् और दाता होता है। यदि चतुर्थेश पापग्रह हो तो जार पुत्र होता है।

(१२) द्वादश स्थानगत हो तो जातक परदेश-वासी, दुःखी और पितृ-सुख-हीन होता है। यदि चतुर्थेश पापग्रह हो तो जातक जारज और नपुंसक होता है। यदि पापग्रह के साथ हो तो पिता परदेश-वासी और शुभग्रह के साथ हो तो पिता सुखी होता है।

पञ्चमाधिपति यदि:—

का-२७० (१) लग्नगत हो तो जातक बुद्धिमान्, विख्यात, शास्त्रवेत्ता, कृपण, स्वार्थ-परायण, गीतवेत्ता, सुकर्म-प्रेमी और विद्या एवं मन्त्र प्रेमी होता है।

(२) द्वितीय स्थानगत हो तो जातक धनवान्, गीतादि का प्रेमी, उच्च पदस्थ, ख्यात, कुलेश से द्रव्य की प्राप्ति करने वाला, किन्तु कुटुम्ब-विरोधी, दुःखित चित्त, क्रोधी और कास-श्वास रोग होता है। यदि पञ्चमाधिपति पापग्रह हो तो जातक को धन हीन करता है। यदि पञ्चमेश शुभग्रह से युत हो तो जातक द्रव्याधीश, दीर्घजीवी एवं पुत्रवान् होता है।

(३) तृतीय स्थानगत हो तो जातक मिष्टभाषी, बन्धुओं में यशस्वी, मायावी और पराक्रमी होता है। जातक की पुत्री एवं उसके पुत्र, बन्धुओं का पालन करती है और जातक किसी को कुछ नहीं देता है। यदि शुभग्रह से युत हो तो शुभ कार्य्यमें सिद्धि प्राप्त करता है और सुखी, शान्त एवं नम्र होता है।

(४) चतुर्थ स्थानगत हो तो जातक सुबुद्धि, मन्त्री, पितृ-कर्म्म में रत, मातृ-भक्त, गुरु-भक्त, विद्वानों को धन देने वाला, लक्ष्मीवान् और सुबुद्धिमान् होता है।

(५) पञ्चम स्थानगत हो तो जातक बुद्धिमान्, मानी, वचन-कुशल, सुतयुक्त, ख्यात, बहु-धन-सम्पन्न, श्रेष्ठ और धार्मिक होता है। परन्तु उसका पुत्र दीर्घजीवी नहीं होता है।

(६) षष्ठ स्थानगत हो तो जातक शत्रु-युक्त, रुग्ण अथवा शत्रु भावापन्न, पुत्रवान्, मान-हीन, धन-हीन परन्तु शस्त्र-प्रिय, शत्रुओं से मिलने वाला, दोषयुक्त एवं दृढ़-कायक होता है। यदि पाप ग्रह से युक्त हो तो धन एवं पुत्र से रहित होता है। उसे कभी कभी दत्तक पुत्र भी होता है। यदि पञ्चमाधिपति पापग्रह हो तो जातक दुष्ट होता है।

(७) सप्तम स्थानगत हो तो जातक की स्त्री सुशीला, पुत्रवती, सुन्दरी, सौभाग्यवती, प्रियभाषी और गुरुजनों से प्रीति रखने वाली होती है। उसकी

कमर पतली होती है । जातक मायावी, पिशुन एवं महाकृपण होता है ।

(८) अष्टम स्थानगत हो तो जातक सन्तान-हीन, स्त्री से दुःखी, कटु-भाषी, धन-हीन, मूर्ख, चपल और शठ तथा उसके सन्तान एवं भाई अङ्ग-हीन होते हैं ।

(९) नवम स्थानगत हो तो जातक बुद्धिमान्, विद्वान्, गीतज्ञ, कवि, रसिक, राज-मान्य, रूपवान्, नाटक-रसिक, शास्त्रज्ञ, समाज का प्यारा, राजा से वाहनादि का प्राप्त करने वाला, ग्रन्थ का रचना करने वाला, कुल-दीपक और ख्यातिमान् अथवा उसका पुत्र राजा के समान होता है ।

(१०) दशम स्थानगत हो तो जातक सत्कर्म-रत, विख्यात, मातृ सुख युक्त, सुखी, राज-तुल्य, सन्तान-विशिष्ट, राजा का काम काज करने वाला, वनिता-प्रिय, ग्रन्थ का रचने वाला और अपने कुल का दीपक तथा उसे नाना प्रकार से लाभ होता है ।

(११) एकादश स्थानगत हो तो जातक शूर, विद्वान, धनवान्, पुत्र-वान्, ग्रन्थकर्त्ता, जनवल्लभ, भोगी, सत्कर्म-फल-भोगी, गीतज्ञ राजानुगृहीत, कलाओं का जानने वाला और बहु-मित्रवान् होता है।

(१२) यदि पञ्चमेश पापग्रह हो और द्वादश स्थानगत हो तो जातक सुत विहीन होता है । शुभग्रह होने से पुत्रवान् होता है । परन्तु सुत-सन्ताप से युक्त और परदेश गामी होता है । पञ्चमेश के द्वादश स्थान में रहने से ही जातक अधिक-व्ययी होता है ।

षष्ठाधिपति यदि:—

क्र-२७१ (१) लग्नगत हो तो जातक स्वस्थ, सबल, उत्तमशील, रिपु-हन्ता, बाचाल, कुटुम्बों को कष्ट देने वाला, भय-रहित, चौपाये वाहनों से सुखी, धनवान्, गुणवान् परन्तु पुत्र के लिये दुःखी होता है ।

(२) द्वितीय स्थानगत हो तो जातक दुष्ट, चतुर, सञ्चय-शील, उच्च-पदस्थ, विख्यात, बाचाल, रोगी, कठिनता से धन संग्रह करने में समर्थ, कृश-शरीर,

परदेश में सुखी और ऐक निष्ठक होता है। पुत्र द्वारा ऐसे जातक का धन अपहृत होता है।

(३) तृतीय स्थानगत हो तो जातक क्रोधी, धनी, भाइयों से त्यक्त, पिशुन, क्षमावान् , खलों के साथ रहने वाला और पित्रार्जित धन का व्यय करने वाला होता है। यदि षष्ठाधिपति पापग्रह हो तो जातक स्वजन को कष्ट देनेवाला, पितृ-धन-विलासी और ग्रामवासियों को कष्ट देने वाला होता है।

(४) चतुर्थ स्थानगत हो तो जातक को पिता-पुत्र में परस्पर कलह, उसका पिता रोगी, उस के पिता के धन की हानि अथवा तद् विषयक विषाद होता है। वह पिता के धन से धनी, मातृ-पीड़ित, स्थायी लक्ष्मिवान्, मनस्वी, क्रोधी और पिशुन होता है।

(५) पञ्चम स्थानगत हो तो जातक को पिता-पुत्र में विरोध, पुत्र-हानि अथवा राजनिग्रह आदि अशुभ फल होते हैं। यदि पापग्रह से युक्त हो तो पुत्र की मृत्यु होती है। यदि शुभग्रह से युत हो तो महाधनी, अपने कार्य्य में बड़ा चतुर, दयावान् और सुखी होता है। पर उसके मित्र चलायमान होते हैं।

(६) षष्ठ स्थानगत हो तो जातक रोगी, सुखी, कृपण एवं बुरे स्थान में निवास करने वाला होता है और आजन्म दुःखी नहीं होता है। अपने स्थान में निवास करने वाला होता है। ऐसे जातक को अपने ज्ञाति वर्ग से शत्रुता होती है और स्त्री अनुरक्त होता है।

(७) पापग्रह हो और सप्तम स्थानगत हो तो जातक की स्त्री, प्रचण्ड स्वभाव की, बड़ी विरोधिनी एवं तापकारी होती है। यदि शुभग्रह हो तो स्त्री बन्ध्या अथवा गर्भपात रोग युक्ता होतो है। यदि पापग्रह से युक्त हो तो जातक की स्त्री कामातुर एवं झगड़ालू होती है। यपि शुभग्रह से युक्त हो तो जातक को सन्तान-सुख होता है और जातक कीर्त्तिवान, धनी, गुणी एवं मानी होता है।

(८) अष्टम स्थानगत हो तो जातक रोगी, जित्र-हिंसक और पर-स्त्री-गामी होता है। यदि षष्ठेश मंगल हो तो स्त्री को सर्प से भय, बुध हो तो स्त्री को विष से भय, चन्द्रमा हो तो हठात् मृत्यु, सूर्य्य हो तो सिंहादि चतुष्पद जीव एवं राजा से भय, बृहस्पति हो तो शत्रु-पीड़ा अथवा दुष्ट-बुद्धि से भय, यदि शुक्र

हो तो नेत्र पीड़ा और शनि हो तो संग्रहणी रोग तथा वात दोष एवं स्त्री को क्लेश होता है।

(९) पापग्रह हो और नवम स्थान गत हो तो जातक लंगड़ा-लूला, विरुद्धवादी, याचक, और गुरु देवता आदि की अवज्ञा करने वाला, पुण्यहीन और धन, पुत्र एवं सुख से रहित तथा काष्ट एवं पाषाण आदि का विक्रय करने वाला होता है। वह व्यवहार में कभी हानि और कभी लाभ उठाता है

(१०) दशम स्थान गत हो तो जातक माता का विरोधी, धर्म-परायण, पुत्र-पालक माता का अप्रिय और उस से वैर करने वाला, चपल स्वभाव, खल, साहसी परदेश में सुखी, वक्ता एवं स्वकर्म-नैष्ठिक होता है। अष्टमेश के शुभग्रह होने से उक्त फलों में अपेक्षा कृत किञ्चित शुभ होता है। यदि षष्ठमेश शुभग्रह युक्त हो तो जातक का पुत्र पिता-पालक परन्तु जातक स्वयं पितृघाती और मनुष्यों का पालन करने वाला होता है।

(११) एकादश स्थानगत हो तो जातक धनवान्, गुणवान्, मानी, साहसी, और पुत्र रहित होता है। यदि पापग्रह हो तो शत्रु से मृत्यु-भय, शत्रु और चोर से हानि, चतुष्पदादि से लाभ तथा दुष्ट मनुष्यों से सम्मिलन होता है। शुभग्रह युत होने से शुभ फल होता है।

(१२) द्वादश स्थानगत हो तो जातक के चतुष्पद, द्रव्य एवं धन का नाश। जीव वह हिंसक, परस्त्रीगामी, रोगी और धन-धान्य के लिये उद्यमी और लक्ष्मी से मदान्ध होता है।

सप्तमाधिपति यदि:—

धा २७२ (१) लग्नगत हो तो जातक परस्त्री-गामी, भोगी, रूपवान्, स्त्री के लिये उत्कण्ठित, अर्थात् उत्सुक विचक्षण, धीर और वात रोग से पीड़ित होता है।

(२) द्वितीय स्थानगत हो तो जातक सुखहीन, दीर्घसूत्री, अनेक स्त्रियों से समागम रखने वाला, सन्तान रहित होता है। ऐसे जातक की स्त्री दुष्ट प्रकृति की, सुखहीन, बुद्धिमती और मद से पति-वचन को उल्लङ्घन

करने वाली होती है तथा जातक का धन उस स्त्री के हाथ में रहता है।

(३) तृतीय स्थानगत हो तो जातक पुत्र वत्सल, बन्धु वत्सल, दुःखी और आत्म-निर्भर-शक्ति-सम्पन्न होता है। इसकी स्त्री मृत-पुत्रा होती है। कभी कभी कन्या और देवार्चन द्वारा पुत्र भी जीवित रहता है। यदि पाप ग्रह हो तो जातक की स्त्री रूपवती परन्तु अपने देवर से रति करने वाली होती है।

(४) चतुर्थ स्थानगत हो तो जातक चञ्चल चित्त, अत्यन्त स्नेही, पितृ-वैर-साधक, धर्मात्मा और सत्यवादी परन्तु दन्त रोगी होता है। उसका पिता कठोर-भाषी परन्तु पुत्र, वधू अर्थात् पतोहु आदि का पालन करने वाला होता है

(५) पञ्चम स्थानगत हो तो जातक सौभाग्यवान्, पुत्रवान, साहसी, गुणी, धनी और मानी परन्तु दुष्ट-बुद्धि होता है। उसका पुत्र अपनी माता का पालन करने वाला होता है।

(६) षष्ठ स्थानगत हो तो जातक को स्त्री के साथ शत्रुता उसकी स्त्री रुग्ण अथवा क्रोधवती होती है। यदि पापग्रह हो तो जातक की मृत्यु और क्षय रोग का भय होता है।

(७) सप्तम स्थानगत हो तो जातक प्रीतिवत्सल, निर्मल-स्वभाव, प्रसन्न चित्त, कृपालु, तेजस्वी, स्वस्थ, शीलवान्, कीर्त्ति-युक्त, कठोर वचन रहित और दीर्घ जीवी परन्तु परस्त्रीगामी होता है। ऐसे जातक को वात रोग से भय होता है।

(८) अष्टम स्थानगत हो तो जातक वेश्यागामी, अपनी स्त्री से प्रेम रहित, दुसरी स्त्री में आसक्त, कलही, क्रोधी और उसकी स्त्री रोगिणी होती है।

(९) नवम स्थानगत हो तो जातक तेजस्वी, शीलवान् कलाओं का जानने वाला और उसकी स्त्री शीलवती तथा तेजस्विनी होती है। सप्तमेश यदि क्रूर ग्रह हो तो जातक के स्त्री खण्डरूपा अर्थात् विकृतरूप की और किसी मत से नपुंसक की सदृश होती है। यदि सप्तमेश पर लग्नेश की दृष्टि हो तो जातक तपोबल से सौभाग्यवान् और प्रबल तार्किक होता है।

(१०) दशम स्थानगत हो तो जातक राज विद्रोही, लम्पट, कठोर-भाषी और क्रूर प्रकृति होता है। यदि पापग्रह हो तो जातक का सश्वर महा-दुष्ट और जातक, सश्वर और अन्य दुष्टजनों का अनुचर तथा अपने बन्धुजन एवं

स्त्री के प्रति प्रेम-रहित होता है। मतान्तर से यह भी कहा गया है कि ऐसा जातक सत्यवादी, धर्मात्मा और दन्त रोगी होता है। परन्तु उस की स्त्री पतिव्रता नहीं होती।

(११) एकादश स्थानगत हो तो जातक की स्त्री रूपवती, शुभशील-युक्ता, भक्ता और प्रसव काल में विशेष प्रीति करने वाली होती है। कभी कभी ऐसी स्त्री की प्रसव काल में मृत्यु होती है। ऐसा भी लिखा है कि जातक की स्त्री मृत-वत्सा होती है। कन्या जीवित रहे परन्तु पुत्र देवाराधन द्वारा जीवित रहता है। जातक की स्त्री को अपने पिता की ओर से किसी प्रकार का संशय रहता है।

(१२) द्वादश स्थानगत हो तो जातक गृह, बन्धु हीन, अधिक व्यय से विकल और चोर से भय युक्त होता है। अथवा उसकी स्त्री चञ्चला, दुर्मुखी और अपव्ययी और कभी कभी घर से निकल भी जासकती है।

अष्टमाधिपति यदिः——

धा-२७३ (१) लग्नगत हो तो जातक बहुविघ्न युक्त, दीर्घ रोगी, चोर, शुभ लोचन-हीन, दुःखी, व्रग रोगी और कभी कभी दो स्त्रियों से युक्त होता है। वह राजानुग्रह से धन लाभ करता है।

(२) द्वितीय स्थानगत हो तो जातक पढ़ा लिखा होने पर भी प्रकृति का चोर होता है। यदि अष्टमेश शुभग्रह हो तो शुभ फल होता है। परन्तु अन्त में राज प्रकोप से कष्ट पाता है। यहां तक कि मृत्यु भी हो सकती है। यदि पापग्रह हो तो अल्पायु, धनप्राप्ति में असमर्थ, राजातुल्य होने पर भी शत्रुमान् और परस्वापहारी होता है।

(३) तृतीय स्थानगत हो तो जातक बन्धु-मित्र विरोधी, अङ्ग हीन, दुर्बल, चञ्चल अथवा सहोदर हीन एवं क्रूर भाषी होता है।

(४) चतुर्थ स्थानगत हो तो जातक पितृ धनापहारी अर्थात् पैतृक धन का नष्ट करने वाला होता है। अतएव पिता-पुत्र में मतभेद और उसका पिता रोगी रहता है।

(५) पञ्चम स्थानगत हो तो जातक को पुत्र होने पर भी वह नहीं बचता। यदि बच भी जाय तो वह पुत्र कपटी होता है। ऐसा जातक स्थिर-बुद्धि, चञ्चल और द्रव्य-विशिष्ट होता है। यदि शुभग्रह हो अथवा शुभ युक्त हो तो पुत्रादि की वृद्धि होती है और वे शीलवान् होते हैं।

(६) षष्ठ स्थानगत अष्टमेश यदि सूर्य्य हो तो जातक राज-विरोधी, चन्द्रमा हो तो रोगी, मङ्गल होतो क्रोधी, बुध हो तो सर्प से भय, बृहस्पति हो तो शरीर कष्ट, शुक्र हो तो नेत्र रोगी और शनि हो तो दुःखी एवं मुखरोगी होता है। अष्टम भाव में राहु, बुध के साथ हो तो कष्ट और यदि षष्ठस्थ चन्द्रमा शुभ ग्रह से दृष्ट हो तो कष्ट रहित होता है।

(७) सप्तम स्थानगत हो तो जातक गुदा रोगी और खराब स्त्री का प्यार करने वाला होता है। यदि पाप ग्रह हो तो जातक पापी, विरोधी और भार्य्या-द्वेषी होता है। द्वेष से उसकी मृत्यु भी हो जा सकती है। कभी कभी जातक का दो विवाह होता है। यदि मङ्गल के साथ हो तो जातक की अच्छी स्त्री द्वारा चित्त-शांति होती है।

(८) अष्टम स्थानगत हो तो जातक व्यवसायी, व्याधि-रहित, कपट-कला-कुशल और किसी कपटी कुल में जन्म लेकर विख्यात होता है। परन्तु इसकी स्त्री दुश्चरित्रा होती है।

(९) नवम स्थानगत हो तो जातक हिंसक, पापी, सङ्ग-हीन, बन्धु-हीन, स्नेह-शून्य, पूजनीय, व्यक्तियों का सम्मान करने में विमुख और मुख-रोगी होता है। ऐसे जातक के माता पिता की मृत्यु थोड़ी ही अवस्था में होती है।

(१०) दशम स्थानगत हो तो जातक राज-कर्मचारी, किन्तु दुष्ट, आलसी, क्रूर और बन्धु रहित होता है। ऐसे जातक की माता दीर्घायु नहीं होती है। अथवा ऐसा जातक अन्य किसी मनुष्य द्वारा जन्म पाता है। परन्तु ऐसे जातक को पुत्र सुख होता है।

(११) एकादश स्थानगत हो तो जातक बाल्यावस्था में दुःखी और तत्पश्चात् सुखी होता है। यदि शुभ ग्रह हो तो दीर्घायु, पापग्रह हो तो अल्पायु, एवं नीच-प्रिय होता है। ऐसे जातक का धन चलायमान होता है।

(१२) द्वादश गत होतो जातक चोर, क्रूर, नीच, आत्मज्ञान से हीन, विकृत-देह, स्वेच्छाचारी और कटु-भाषी परन्तु चतुर होता है। ऐसे जातक की मृत्यु जल, सर्प अथवा मृगांक अर्थात् मकरध्वज आदि रासायनिक चीजों के प्रयोग से होती है। मतान्तर से ऐसे जातक के मृतक शरीर को काकादि पक्षी भक्षण कर जाते हैं।

नवमाधिपति यदि:—

का-२७४ (१) लग्नगत हो तो जातक बुद्धिमान् , गुरुजन एवं देवताओं का भक्त, अल्प-भू-सम्पत्ति सम्पन्न, वीर, कृपण, परिमित भोजी, पवित्र और राजकर्मचारी होता है।

(२) द्वितीयस्थ होने से जातक विख्यात, शीलवान् , धनवान्, विद्वान्, सत्य-भाषी, पुण्यवान् , मानी, सत्पुत्रवान् , शान्ति, साधन में तत्पर और चतुष्पाद जीव का अधिकारी होता है। परन्तु जानवरों से चोट लगने के कारण वह अङ्ग से विकृत हो जा सकता है।

(३) तृतीय स्थानगत हो तो जातक अनेक पत्नी वाला, वन्धु एवं स्त्री-वत्सल, विदित कर्म करने वाला, धनवान् गुणवान्, और विद्वान् होता है।

(४) चतुर्थ स्थानगत हो तो जातक पितृ-भक्त, पितृ-कीर्ति द्वारा विख्यात, उत्तम-कार्य्य-रत, भूसम्पत्ति का अधिकारी, वन्धु वर्ग का उपकारी, देव-पूजा-परायण, तीर्थगामी, मन्त्री और सेना-आदि का काम करने वाला होता है।

(५) पञ्चम स्थानगत हो तो जातक रूपवान् , पुत्रवान् , कीर्तिमान् गुरु-जन एवं देव पूजा में रत, सुशील, बुद्धिमान् , भाग्यवान् और धीर होता है।

(६) षष्ठ स्थानगत हो तो जातक शत्रु के निकट नम्र, धर्म्महीन, क्रीड़ा से अशक्त-शरीर, निद्रालु और निन्दित कीर्ति वाला होता है।

(७) सप्तम स्थानगत हो जातक को स्त्री सत्यभाषिणी, रूपवती, मिष्ट-भाषिणी, सुशीला, पुण्यवती और श्री मती होती है। जातक बातचीत करने में चतुर होता है।

(८) अष्टम स्थानगत हो तो जातक जीव-हिंसक, गृह-वन्धु रहित, दुष्ट, क्रूर, पुण्य-वर्जित, सुसङ्ग-रहित, और पाप-ग्रह होने से जातक नपुंसक होता है।

(९) नवम स्थानगत हो तो जातक बान्धवों से प्रीति करने वाला, अतुल बली, दाता, देव-गुरु-भक्त, कलत्र-प्रेमासक्त, विवाद में अरुचि रखने वाला, स्वजन-प्रेमी, देखने में सुन्दर और धन-धान्य-युत होता है।

(१०) दशम स्थानगत हो तो जातक राज-कर्म-कर्त्ता और उस से धनी, धर्म द्वारा विख्यात, मातृ-सेवी, कर्म्म-परायण, सत्-धर्म शील, क्रोध-रहित, मन्त्री अथवा सेना का स्वामी, वाक्- चतुर अर्थात हाजिर-जवाब और समय पर सूझ वाला होता है।

(११) एकादश स्थानगत हो तो जातक धनवान् , राजानुगृहीत तथा धन प्राप्त करने वाला, धर्म-परायण, पुण्य-कर्म द्वारा विख्यात, दानी, स्नेहवान् और धीरवान् होता है।

(१२) द्वादश स्थानगत हो तो जातक सुन्दर विद्वान् और विदेश में मान प्राप्त करने वाला होता है। यदि पापग्रह हो तो मन्द बुद्धि और धूर्त्त-प्रकृति होता है।

दशमाधिपति यदि:—

धा-२७५ (१) लग्नगत हो तो जातक मातृ-वैरी, लोभी, पितृ-भक्त, बाल्यकाल ही में पितृहीन, सुखी, कविता कुशल और बाल्यकाल में रोगी, पश्चात् सुखी होता है। तथा उसके धन की प्रतिदिन वृद्धि होती है।

(२) द्वितीय स्थानगत हो तो जातक माता से पालित, माता का अनिष्टकारी, अल्प-सम्पत्ति-विशिष्ट, अल्प-कर्मी और लोभी होता है। यदि शुभग्रह हो अथवा शुभयुक्त हो तो सुखी, धनी, गुणान्वित और सत्कर्म-रत होता है। स्वयं और माता-पिता के लिये भी शुभ होता है।

(३) तृतीय स्थानगत हो तो जातक माता एवं स्वजनों से विरोध कर्त्ता, मातुल-प्रतिपालित, बड़े कार्य्य के करने में असमर्थ, सेवा-कर्म-निरत परन्तु मनस्वी, गुणी, वाग्मी और सद्धर्म-रत होता है।

(४) चतुर्थ स्थानगत हो तो जातक माता और पिता को सुखदायी, सब को आनन्द-दायक, राजा से अनुगृहीत, ज्ञानवान् और धर्म निरत होता है

(५) पञ्चम स्थानगत हो तो जातक विडम्बी, राजानुगृहीत, शुभ-कार्य्य-कर्त्ता, गीत-नाद-प्रिय, अल्पसुखी, भाग्यवान् और सत्यवादी होता है। ऐसे जातक के पुत्र को जातक की माता पालती है

(६) षष्ठ-स्थानगत हो तो जातक निजगुण द्वारा विख्यात्, राजानुगृहीत और पितृ-धन-प्राप्त-कर्त्ता होता है। यदि पापग्रह हो तो जातक को बाल्यावस्था में कष्ट होता है। तदनन्तर नीरोगी, विवादयुक्त, कामाशक्त, सुखी, धनी, सत्य-प्रिय और यदि दैव-वश शत्रुओं से बचजाय तो दीर्घ-जीवी होता है।

(७) सप्तम स्थानगत हो तो जातक की स्त्री पुत्रवती, सत्य भाषिणी रूपवती और सास की सेवा में निरत होती है।

(८) अष्टम स्थानगत हो तो जातक चोर, धूर्त्त, मिथ्यावादी, दुष्ट और मातृ-सन्ताप-कारी होता है। वह दीर्घजीवी नहीं होता है। शुभग्रह होने से फल अन्यथा होता है।

(९) नवम स्थानगत हो तो जातक सद्‌बन्धु-विशिष्ट, सच्चरित्र, शीलवान्, मित्रवान, पराक्रमी, धनी और उस की माता शीलवती, पुण्यात्मा, सत्यवादी एवं सुन्दरी होती है।

(१०) दशम स्थानगत हो तो जातक मातृ-सुख-प्रद, मातृ कुल को अधिक सुख देनेवाला, देवार्चन रत, धर्मात्मा, सत्यवादी, बुद्धिमान्, चतुर, बलिष्ठ और राजा से माननीय होता है। तथा उसे धन को प्राप्ति होती है।

(११) एकादश स्थानगत हो तो जातक सम्मानी, दीर्घायु, मातृ-सुख-विशिष्ट, विजयी और धन प्राप्त करने वाला, सन्तान-युक्त, भृत्यादि से सेवित तथा चातुर्य्य-गुण-सम्पन्न होता है। उस की माता सुखवती, मानी और जातक के पुत्र की रक्षा करने वाली होती है।

(१२) द्वादश स्थानगत हो तो जातक बलवान्, सत्कर्म-शील, राज-कर्म-रत, कुटिल-बुद्धि, खर्चीला स्वभाव का, मातृ-सुख रहित होता है। पापग्रह होने से जातक विदेशगामी होता है।

एकादशाधिपति यदि:—

क्रम-२७६ (१) लग्न गत हो तो जातक अल्पायु, कला-कुशल, वीर, दाता, स्वजन-प्रिय, सौभाग्यशाली, पुत्रवान् ,राजानुगृहीत, वाग्मी, विद्वान् और कविता-प्रिय होता है। जातक की उन्नति प्रति दिन होती है। उसकी मृत्यु तृष्णादोष के कारण होती है।

(२) यदि पापग्रह होकर द्वितीय स्थानगत हो तो जातक अल्पायु, दरिद्र, चोर, दुःखो, रोगी और अल्पभोजी होता है। उसका आमद खर्च बराबर रहता है। यदि शुभग्रह हो तो धनवान् और दीर्घजीवी होता है।

(३) यदि शुभग्रह होकर तृतीय स्थानगत हो तो जातक बन्धुआदि का पालन कर्त्ता, उन पर स्नेह रखने वाला, सद्‌बन्धु-विशिष्ट, रिपु-कुल-ध्वंस-कारी तीर्थाभिलाषी और सर्व-कार्य्य कुशल परन्तु शूल रोग से पीड़ित होता है। यदि पापग्रह हो तो बन्धु-वान्धव का शत्रुवत् ध्वंसकारी होता है।

(४) चतुर्थ स्थानगत हो तो जातक दीर्घायु, पितृ भक्त, समयोपयोगी-कर्म-कर्त्ता, धार्मिक, लाभवान् , सुभग, सुन्दर और पुत्रवान् होता है।

(५) पञ्चम स्थानगत हो तो जातक के पिता पुत्र में परस्पर स्नेह और तत्तुल्यगुणवान् और अल्पाहारी, किसी मत से अल्पजीवी तथा किसी मत से जातक तृष्णा-जीवी होता है। परन्तु क्रूर ग्रह होने से फल विपरीत होता है।

(६) षष्ठ स्थान गत हो तो जातक शत्रु-विशिष्ट, दीर्घ-रोगी, वैरी, चतुर और चतुरङ्गिणी सेना का संग्रह करने वाला होता है। उसकी मृत्यु प्रायः चोर से होती है। यदि पापग्रह हो तो जातक देश देशान्तर में भ्रमण करने वाला होता है। विदेश में उसे चोर से भय अथवा मृत्यु होती है।

(७) सप्तम स्थानगत हो तो जातक तेजस्वी, सुशील, दीर्घायु, धनी, पद-युक्त और एक स्त्री वाला होता है। क्रूर ग्रह होने से रोगी और शुभ ग्रह होने से शुभ-फल होता है।

(८) यदि पापग्रह होकर अष्टम स्थानगत हो तो जातक अल्पायु, दीर्घ-रोगी, जीवन्मृत और दुःखी होता है। परन्तु ऐसे जातक की स्त्री दीर्घजीवी

नहीं होती है और जातक उदार एवं गुणवान् होते हुए भी मूर्ख होता है। यदि शुभग्रह हो तो शुभ फल होता है।

(९) नवम स्थानगत हो तो जातक शास्त्रज्ञ, धर्म-प्रसिद्ध, गुरु-देव-भक्त, राज-पूज्य, धनिक, चतुर, सत्यवादी और अपने धर्म में आरूढ़ होता है। पाप ग्रह होने से जातक बान्धव से और व्रतादि नियम से हीन होता है।

(१०) दशम स्थानगत हो तो जातक मातृ-भक्त, सुकृत (धर्मात्मा, बुद्धिमान्, विद्वान्) पितृ-द्वेषी, दीर्घजीवी, धनवान्, राजा से पूज्य, चतुर, सत्यवादी, धनी, निज-धर्म-रत और माता के आज्ञा-पालन में तत्पर रहता है।

(११) एकादश स्थानगत हो तो जातक दीर्घायु, रूपवान्, सुकर्मी, सुशील, मनुष्य को आनन्द देने वाला, पुत्र-पौत्रादि-विशिष्ट, वाहन वस्त्रादियुक्त, मुग्ध (भोला) जनों से संसर्ग रखने वाला, बड़ा, वाग्मी, विद्वान् और कवि होता है।

(१२) द्वादश स्थानगत हो तो जातक निजोपार्जित भोगी, स्थिरप्रकृति, उत्पाती, मानी, जितेन्द्रिय, दुःखी, अल्पद्रव्ययुक्त और अन्य मनुष्यों को कष्ट पहुंचाने वाला होता है।

द्वादशाधिपति यदि:—

क्र-२७७ (१) लग्नगत हो तो जातक विदेश-गामी, मिष्टभाषी, सुन्दर, परिवार-रहित (अर्थात् उसको कोई सङ्ग देने वाले न हों) निन्दनीय, स्त्रीयुक्त, परन्तु नपुंसक होता है। विवादानुरक्त, कफ रोगी, दुर्बल और धन, विद्या हीन होता है।

(२) द्वितीय-स्थानगत हो तो जातक कृपण, योग्य-भाषी परन्तु चतुर, शत्रु-विजेता, देव-भक्त, धार्मिक और गुण सम्पन्न होता है। यदि द्वादशाधिपति, मंगल होकर द्वितीय भावगत हो तो राजा एवं अग्नि से धन नष्ट होने का भय होता है। जातक चतुष्पदों के साथ कुकर्मी होता है।

(३) तृतीय स्थानगत हो तो जातक धनी होने पर भी कृपण, अपने शरीर का पोषण करने वाला और बन्धुजनों से अनुरक्त होता है। उसको सहोदर

भाई कम होते हैं। परन्तु पापग्रह होने से बन्धु रहित होता है। सन्तान और स्त्री आदिसे उसे अनबन रहता है।

(४) चतुर्थ स्थानगत हो तो जातक कृपण, सुकर्मी, दुःखी, स्वस्थ और दृढ़ संकल्पी होता है। वह वाणिज्य एवं कृषि आदि से जीविका करता है। पुत्रके कारण ऐसे जातक की मृत्यु होती है।

(५) पञ्चम स्थानगत हो तो जातक पुत्रवान्, पितृभक्त, लक्ष्मी और विलास विशिष्ट, समर्थ-हीन और सत्पुत्रवान् होता है। यदि पापग्रह हो तो जातक सुत-वर्जित और यदि पुत्र हो तो दुष्ट होता है। किसी किसी स्थान में दत्तक पुत्र ग्रहण करना पड़ता है। उसको पुत्र शोक भी होता है।

(६) पापग्रह होकर षष्ठ स्थानगत हो तो जातक कृपण, निन्दित-प्रकृति का, नेत्र रोगी और अल्पायु होता है। यदि द्वादशाधिपति शुक्र हो तो जातक बुद्धिमान् परन्तु पुत्रहीन और अंधा होता है।

(७) सप्तम स्थानगत हो तो जातक वाचाल, दुष्टचरित्, निन्दित-प्रकृति, कपटी, दुराचारी और अपने घर का प्रधान होता है। यदि पापग्रह हो तो जातक की स्त्री की मृत्यु होती है। यदि शुभग्रह हो तो उसकी वेश्या की मृत्यु होगी। यवन जातक का मत है कि पापग्रह होने से वेश्या से धन प्राप्ति होती है। मतान्तर से यह भी पाया जाता है कि जातक दुर्बल, कफ रोग से पीड़ित,धन एवं विद्याहीन होता है।

(८) अष्टम स्थानगत हो तो जातक दरिद्र, कार्य्य-सिद्ध-हीन, वैर-बुद्धि-विशिष्ट और भ्रष्ट कपाली होता है। यदि शुभग्रह हो तो जातक धन संग्रह में कुशल, प्रिय भाषी, सर्वगुण सम्पन्न और धार्मिक होता है।

(९) नवम स्थानगत हो तो जातक तीर्थ-गमन से अपने खर्च को चलावे और स्थिर वृत्ति का हो एवं गौ-महिष्यादि धन युक्त होता है। यदि पापग्रह हो तो उस की धन-संपत्ति का निरर्थक व्यय होता है और संतान तथा स्त्री से अनबन रहता है।

(१०) दशम स्थानगत हो तो जातक परस्त्री-विमुख, पवित्र देह का धन-सञ्चयी और पुत्रवान् होता है। परन्तु उसकी माता कठोर भाषीणी होती है। वाणिज्य तथा कृषि आदि से समय समय पर उसकी जीविका होती है।

(११) एकादश स्थानगत हो तो जातक सुकुमार, दीर्घजीवी, अपने स्थान में श्रेष्ठ अर्थात् उच्च पदस्थ, दानी, सत्यभाषी और विख्यात होता है। संतान सुख से विहीन होने के कारण उसे दत्तक पुत्र की आवश्यकता होती है।

(१२) द्वादश स्थानगत हो तो जातक विभूतियुक्त, कृपण, बुद्धिमान्, सामाजिक, पशु-संग्रह-शील, भूसम्पति विशिष्ट, दीर्घजीवी, मतान्तर से पाप-कर्मा, मातृ-विरोधी, क्रोधी, संतान-दुःखी और परस्त्री-गामी होता है।

ग्रहों की भावस्थिति के अनुसार, राशिगतानुसार एवं ग्रहाधिपति के अनुसार उपर जो तीन प्रकार के फल लिखे गये हैं, उन भिन्नभिन्न फलों के तारतम्यानुसार यदि फल की बिवेचना की जाय तो साधारण प्रकार से जातक के गुण और अवगुणों का विशेष रूप से ज्ञान हो सकता है। परन्तु इसपर भी ग्रहों की दृष्टि द्वारा फल में किञ्चित मात्र न्युनाधिक परिवर्तन सम्भव है। पुस्तक की आकृति बड़ी होने के कारण ग्रहों की दृष्टि फल का विवरण इस पुस्तक में नहीं की जासकी। आशा है कि अन्य पुस्तकों से दृष्टि-फल पर भी प्रेमी पाठकगण विचार करेंगे।

कतिपय भावेशों के सम्बंध फल।

का-२७८ (१) लग्नेश और द्वितीयेश में सम्बंध रहने से जातक धनवान् , बुद्धिमान्, आचारनिपुण, उत्कृष्ट पुण्य करने वाला, भोगी और बलवान् होता है। (२) लग्नेश-तृतीयेशः—राज-पूज्य, उत्तम बन्धु-युक्त, कुल में प्रसिद्ध, सुख देने वाला, मातृ पक्ष से युक्त और अल्प शक्ति वाला होता है। (३) लग्नेश-चतुर्थेशः—क्षमाशील, पिता का आज्ञाकारी, राज-कार्य में निष्कपट, बुद्धिमान्, सज्जनों का गुरु और अपने पक्ष का पालक होता है, अर्थात् अपनी मति को प्रतिपादित करने में प्रस्तुत रहता है। (किसी किसी टीकाकार ने पक्ष शब्द का अर्थपरिवार (कुटुम्ब) से लिया है) देखो कु. ३९ महात्मा जी की। चतुर्थेश बृ. और लग्नेश बुध को अन्योन्य सम्बन्ध है। ये अपने मत को खूब ठिकाने से प्रतिपादित करते हैं। (४) लग्नेश-पंचमेशः—जातक मनस्वी, विद्वान् अपने कुल में विख्यात्, ज्ञानवान् और मानी होता है।

(५) लग्नेश-षष्ठेशः—रोग रहित, द्रोही, बलवान्, संग्रह करने वाला और धनवान् होता है। (६) लग्नेश-सप्तमेशः—पितृ सेवी, स्त्रियों में प्रेम करने वाला, साला की सेवा करने वाला होता है। (७) लग्नेश-अष्टमेशः—जुआरी, चोर, पराक्रमी और ठग होता है। इसकी मृत्यु राजा अथवा प्रजा से होती है। (८) लग्नेश-नवमेशः—विदेशी, धर्म-कार्य में आसक्त, देव-गुरु-भक्त और राजमान्य होता है।(९) लग्नेश-दशमेशः—राजा, विख्यात, रूपवान्, गुरुजनों की सेवा में रत और द्रव्यवान् परन्तु लोभी होता है। (१०) लग्नेश-एकादशेशः— सुकर्मी, दीर्घायु, जमींदार, धन-युक्त एवं विद्वान् होता है। (११) लग्नेश-द्वादशेशः—शत्रु-युक्त, बुद्धि-हीन, विद्या-हीन, कृपण, व्यर्थ द्रव्य नाश करने वाला और कार्य्यमें शीघ्र प्रवृत हो जाने वाला होता है। इसी प्रकार जातक की कुण्डली से उस के माता-पिता आदि का भी विचार किया जा सकता है।

(१२) (१) यदि लग्नेश को द्वितीयेश से सम्बन्ध हो तो लाभ होता है। (२) द्वितीयेश को तृतीयेश से सम्बन्ध हो तो राजा की नौकरी होती है (३) तृतीयेश को चतुर्थेश से सम्बन्ध हो तो चमू-चर अर्थात् सैना विभाग में कार्य करने वाला होता है। (४) चतुर्थेश को पञ्चमेश से सम्बन्ध हो तो अमात्य अर्थात् मंत्री का काय्य करने वाला होता है। (५) पञ्चमेश को षष्ठेश से सम्बन्ध हो तो दारुण कर्म करने वाला होता है। (६) षष्ठेश को सप्तमेश से सम्बन्ध हो तो राज्य योग होता है। (७) सप्तमेश को अष्टमेश से सम्बन्ध हो तो प्रियामृतिः अर्थात् उसकी स्त्री की मृत्यु होती है। (८) अष्टमेश को नवमेश से सम्बन्ध हो तो भाग्य-व्ययी अर्थात् खर्चीला स्वभाव का होता है। (९) नवमेश को दशमेश से सम्बन्ध हो तो राजयोग होता है। (१०) दशमेश को एकादशेश से सम्बन्ध हो तो भूमि में गड़ी हुई सम्पत्ति मिलती है। (११) एकादशेश को द्वादशेश से सम्बन्ध हो तो खर्चीला एवं ऋणी होता है। (१२) द्वादशेश को लग्नेश से सम्बन्ध हो तो वित्त की हानि होती है।

(१३) लग्नेश को अन्य भावों से सम्बन्ध द्वारा एवं एक भाव को अपने आगामी भाव से सम्बन्ध द्वारा क्या फल होता है। इसी का उल्लेख इस स्थान में किया गया, परन्तु ऐसे सम्बन्ध १४४ प्रकार के हो सकते हैं। पाठकगण ! अपनी बुद्धि पर बल देकर एवं साधारण नियमों पर ध्यान देकर अन्य अन्य सम्बन्धों के विषय में फल कहने में समर्थ हो सकते हैं। एक बात लिखना आवश्यक है कि फल कहने में सफलता जभी होगी जब कि हर बातों पर पूर्णतया दृष्टि डाली जायगी। उदाहरण कु. में वृ. और श. को अन्योन्य सम्बन्ध है। वृ. भी दो स्थानों का स्वामी है और शनि भी दो स्थानों का स्वामी है। इस कारण चार प्रकार का फल होगा। अर्थात् उदाहरण कुण्डली का लग्नेश वृ. है और द्वितीयेश शनि है, यह एक फल हुआ। पुनः शनि तृतीयेश भी है। इस कारण वृ. और शनि के सम्बन्ध का यह दूसरा फल होगा। पुनः वृ. चतुर्थेश भी है तो चतुर्थेश एवं द्वितीयेश के सम्बन्ध का फल यह तीसरा फल होगा। चौथा चतुर्थेश और तृतीयेश के सम्बन्ध का फल होगा। ऐसे ऐसे स्थानों में हर प्रकार के फलों को जबतक बिवेचना रूपी चलनी से न चाल लिया जाय तब तक फल ठीक नहीं मिलेगा। एक बात और स्मरण रखने की यह है कि केवल सम्बन्ध ही द्वारा ऊपर्युक्त फल हो ही जांयगे, यह ठीक नहीं। ग्रहों के बलाबल के अनुसार फल में न्यूनाधिक का अनुमान करना होगा। उपर्युक्त कई सम्बन्धों के अतिरिक्त अन्य भावों के सम्बन्ध के विचार में एक स्मरण रखने की बात यह है कि जिन जिन भावों में सम्बन्ध होता है उन उन भावों के कारकत्वानुसार फल होता है। द्वितीय स्थान से धन का और पञ्चम स्थान से पुत्र एवं बुद्धि का विचार होता है। इस कारण जब पञ्चमेश और द्वितीयेश को सम्बन्ध होगा तो अनुमान करना होगा कि पुत्र द्वारा धन की प्राप्ति सूचित होती है अथवा बुद्धि द्वारा धनागमन होगा। इसी प्रकार यदि सप्तमेश को द्वितीयेश वा भाग्येश से सम्बन्ध हो तो अनुमान करना होगा कि जाया द्वारा भाग्योन्नति अथवा धन प्राप्ति होगी। उपर में लिखा गया है कि लग्नेश और अष्टमेश में सम्बन्ध होने से जातक जुआड़ी इत्यादि होता है। परन्तु यदि द्वितीयेश पूर्ण बली हो तो ऐसा भी देखा गया है कि जातक को किसी को मृत्यु द्वारा धन की प्राप्ति होती है। अब इस स्थान में हो सकता है कि डकैती में किसी को मार कर धन प्राप्ति करले, अथवा किसी सम्बन्धी की मृत्यु से उसके धन का अधिकारी भो बन बैठे। यही सब ज्योतिष का रहस्य है।

प्राणपद फल।

धा-२७१ प्राणपद के विषय में लिखा जा चुका है कि यदि प्राणांश, लग्नांश से मिल जाय तो समझना होगा कि लग्न शुद्ध है। पराशर ने यह भी लिखा है कि लग्न की शुद्धि जन्मकालिक चन्द्रमा, गुलिक एवं प्राणपद के बलाबल के अनुसार देखना होता है। अर्थात् यदि चन्द्रमा बली हो तो चन्द्रमा के अनुसार लग्नशुद्धि देखना होगा। यदि गुलिक बली हो तो उसके अनुसार और यदि प्राणपद बली हो तो प्राणपद के अनुसार लग्न की शुद्धि देखी जाती है। अर्थात् इन तीन के बलाबलानुसार यदि लग्न त्रिकोण में हो तो मनुष्य का जन्म मानना चाहिये। यदि द्वितीय, षष्ठ एवं दशम स्थान में हो तो पशु का जन्म मानना होगा। यदि तृतीय, सप्तम अथवा एकादश में लग्न पड़ता हो तो पक्षी का जन्म जानना चाहिये। यदि चतुर्थ, अष्टम एवं द्वादश स्थान में लग्न पड़ता हो तो कीट अर्थात् सर्पादि का जन्म जानना चाहिए। पराशर का अभिप्राय यह मालूम होता है कि यदि प्राणपद, चन्द्रमा अथवा गुलिक से निर्बल हो तो प्राणपद से त्रिकोणादि (१, ५, ९, ७, ३, ११) के अतिरिक्त अन्य स्थानों में भी लग्न हो सकता है। यदि ऐसा अभिप्राय न होता तो बृहद् "पाराशर होरा शास्त्र" के पूर्व खण्ड के छटे अध्याय में प्राणपद के अन्य अन्य स्थानों में स्थिति का फल देना असङ्गत होता। जो फल पराशर ने प्राणपद के लग्न से द्वादश स्थान गत होने का दिया है वे फल प्रायः मनुष्यों ही के लिये लागू हो सकते हैं। पराशर के लिखे हुए फल यों हैः—

(१) यदि लग्न में प्राणपद पड़ता हो तो जातक गूंगा, उन्मत्त, शिथिलाङ्ग, हीनाङ्ग, दुःखी, कृश और रोगी होता है। (२) यदि प्राणपद लग्न से द्वितीय स्थान में पड़ता हो तो धन और अङ्ग से परिपूर्ण, अनेक नौकरों से सेवित, बहुजनों पर अधिकारी और अनेक प्रकार से सुखी होता है। (३) यदि प्राणपद लग्न से तृतीय स्थान में पड़ता हो तो जातक घमण्डी, हिंसक, क्रूर, निठुर, मलिन और गुरु-भक्ति रहित होता है। (४) यदि प्राणपद लग्न से चतुर्थ स्थान में पड़ता हो तो जातक सुखी, कान्ति युक्त अर्थात् सुन्दर, कुटुम्ब और मित्रादि का प्रिय, गुरु-भक्त, शीलवान् एवं सत्यवादी होता है। (५) यदि प्राणपद लग्न से पञ्चम स्थान में पड़ता हो तो जातक सुखी, धार्मिक, परोपकारी और कार्य्य-कुशल

होता है। (६) यदि प्राणपद से लग्न छठे स्थान में पड़ता हो तो जातक बन्धु और शत्रुओं के अधीन, मन्दाग्नि से पीड़ित, निर्दयी, खल, रोगी एवं अल्पजीवी होता है। (७) यदि प्राणपद से लग्न सप्तम स्थान में पड़ता हो तो जातक ईर्षा करने वाला, कामी, कठोर और बुद्धिहीन होता है। (८) यदि प्राणपद से लग्न अष्टम स्थान में पड़ता हो तो जातक रोग, सन्ताप, राजा, कुटुम्ब, नौकर और पुत्रादि से पीड़ित होता है। (९) यदि प्राणपद से लग्न नवम स्थानमें पड़ता हो तो जातक पुत्रवान्, धनवान् , भाग्यवान् , रूपवान्, चतुर और सुन्दर होता है। (१०) यदि प्राणपद से लग्न, दशम स्थान में पड़ता हो तो जातक बलवान्, बुद्धिमान्, दक्ष, देवार्चन-प्रेमी और राजा के कार्य्य करने में कुशल होता है। (११) यदि प्राणपद से लग्न एकादश स्थान में पड़ता हो तो जातक गौर-वर्ण, मान्नीय, विख्यात, गुणवान्, विद्वान्, भोगी और धनी होता है। (१२) यदि प्राणपद से लग्न द्वादश स्थान में पड़ता हो तो जातक हीनाङ्ग, दुष्ट, क्षुद्र, बन्धु और गुरुजनों से द्वेष करने वाला तथा नेत्र रोगी अथवा काना होता है।

गुलिक फल।

धा-२८० (१) यदि गुलिक लग्न में पड़ता हो तो जातक रोगी, कामी, चोर, क्रूर, विनय-रहित, वेद-शास्त्र होन, दुर्बल, नेत्र-रोगी, दुःखी, लम्पट, जड़मति और अल्पायु होता है। यदि लग्नगत गुलिक के साथ पापग्रह हो तो जातक शठ, दुराचारी, धोखेबाज और दुःखी होता है। (२) यदि गुलिक द्वितीय भाव में पड़ता हो तो जातक व्यसनी, दुःखी, क्षुद्र, भ्रमण-शील, कलही, धनरहित, परदेशवासी और कटुभाषी होता है। यदि गुलिक के साथ पापग्रह भी हो तो जातक निर्धन एवं विद्या-विहीन होता है। (३) यदि गुलिक तृतीयभाव में हो तो जातक शेखीबाज, सब से अलग रहने वाला, मादक द्रव्य सेवन करने वाला, अत्यन्त क्रोधी, शोक एवं भय से रहित, राजा से पूजित, सज्जनों का प्रिय, ग्रामादि का मालिक और धार्म्मिक होता है। उसे भाई अथवा बहन का सुख नहीं होता है तथा धनसंग्रह के लिये वह आकुल रहता है। (४) गुलिक यदि चतुर्थ स्थान में हो तो जातक विद्यारहित और गृह, धन सुख, पृथ्वी एवं वाहनादि से विहीन,

भ्रमण शील, रोगी, वात, पित्तादि विकार से पीड़ित तथा पापी होता है। (५) गुलिक यदि पञ्चम स्थान में हो तो जातक शीलरहित, अव्यवस्थित चित्त, क्षुद्र, स्त्रियों के अधीन, नपुंसक अथवा कम सन्तान वाला, अल्पायु और नास्तिक होता है। (६) यदि गुलिक छठे स्थान में हो तो जातक शत्रुओं का हनन करने वाला, प्रेतादि विद्या में प्रेम रखने वाला, शरीर से पुष्ट, शूर और तेजस्वी होता है। (७) यदि गुलिक सातवें स्थान में हो तो जातक झगड़ालू, सब जनों का विरोधी, कृतघ्न और मन्द- बुद्धि होता है। ऐसे-जातक की स्त्री सन्ताप देने वाली अथवा जारिणी होती है। कभी कभी जातक को कई भार्यायें होती हैं। (८) यदि गुलिक अष्टम स्थान में हो तो मुख, नेत्र-दोष के कारण जातक सर्वाङ्गसे कुरूप, गुण-वर्जित, क्रोधी और क्रूर होता है। (९) यदि गुलिक नवम स्थान में हो तो जातक कुकर्मी, (वह अपने माता पिता एवं गुरुजनों की हत्या करने में भी तत्पर हो जाता है) बहुतों को क्लेश देने वाला और बहुत झूठा होता है। (१०) यदि दशम स्थान में हो तो जातक कुल, धर्म एवं आचार से च्युत और अनेकानेक लज्जा रहित, कार्य्य करने के कारण आत्माभिमान एवं प्रतिष्ठा-रहित होता है। (११) यदि गुलिक एकादश स्थान में हो तो जातक सुखी, धनी,तेजस्वी, रूपवान, प्रजाध्यक्ष और बन्धु प्रिय होता है। परन्तु उसके अग्रज की मृत्यु होती है। ऐसे जातक की स्त्री अच्छी होती है। (१२) यदि गुलिक द्वादश स्थान में हो तो जातक का वेष, विषय रहित अर्थात् ओढ़ना पहरना साधु के ऐसा होता है। वह दीन वाक्य बोलने में बड़ा प्रवीण और उसी के कारण धनसंग्रह में प्रवीण होता है। (१३) यदि गुलिक के साथ सूर्य्य हो तो जातक पितृद्वेषी, चन्द्रमा के साथ हो तो माता को क्लेश देने वाला, मंगल के साथ हो तो जातक छोटा भाई से रहित, बुध के साथ हो तो उन्मत्त, बृहस्पति के साथ हो तो पाखण्डी एवं दुषक अर्थात् धार्मिक विचारों से च्युत, शुक्र के साथ हो तो जातक जननेन्द्रिय रोग से पीड़ित और नीच स्त्रियों का पति तथा शनि के साथ हो तो जातक सुख एवं विहार आदि में लीन और अल्पायु होता है। उसे कुष्ठव्याधि का भय रहता है। यदि राहु के साथ हो तो जातक को कारा-गार भय होता है अथवा किसी विष के प्रकोप से रोगी होता है। यदि केतु के साथ हो तो जातक आग लगाने वाला और बखेड़िया होता है।

यदि गुलिक विषघटिका में हो तो जातक राजा होने पर भी भिखारी हो जाता है।

भिन्न भिन्न नक्षत्रों में जन्म होने का फल।

धा-२८१ (१) अश्विनीः—नक्षत्र में जन्म होने से आभूषण में रुचि रखने वाला, सर्वप्रिय, रूपवान्, स्थूलकाय, बुद्धिमान्, चतुर, वित्तवान्, विनयी, सुखी, यशस्वी और दक्ष होता है। ऐसे जातक को हाथी, घोड़े और भेड़ी आदि पशुओं के विषय में कुछ विशेष ज्ञान होता है। उसके मन में स्थिरता होती है। परन्तु व्यवहार में खरा नहीं होता है। पुनः ऐसा जातक अधीर परन्तु करुणामय होता है। खुशामद द्वारा राजानुगृहीत अथवा किसी स्त्री से अनुगृहीत होता है। कन्या होने से शरीर-पुष्ट, अभिमानी, योग्य एवं रस्म-रिवाज के जानने वाली होती है।

(२) भरणीः—में जन्म होने से विकलाङ्ग, परदार-निरत्, क्रूर, कृतघ्न, अपने कर्त्तव्य में निश्चित, विजयी, सत्त्यवादी, निरोग, चतुर, सुखी, प्रारब्ध में विश्वास करने वाला और धनी होता है। ऐसा जातक भोजनादि पदार्थों का पूर्ण ज्ञान रखता है और परदेशवासी होता है। उसे रोग की प्रवलता नहीं होती है और कभी कभी अनिश्चित विचार का भी होता है। स्त्री होने से अति सुखी, रूपवती, हंसमुख और पितृ-सेवा-निरत होती है।

(३) कृत्तिकाः—में जन्म होने से बहुत भोजन करने वाला, पर-स्त्रीगामी, तेजस्वी, प्रसिद्ध, देखने में बड़े लोगों के सदृश, मूर्ख नहीं वरन् किसी विद्या का जानने वाला होता है। वह अनेक आशाओं का रखने वाला परन्तु किञ्चित् कृपण, क्रोधी, शत्रुओं से पीड़ित, ख्यातिमान् और स्त्रियों के सङ्ग बैठने में प्रीति रखने वाला होता है। उसकी मुखाकृति और गाल चौड़े होते हैं। कन्या होने से विख्यात, शक्तिशाली, किञ्चित् रूपवती एवं भोजन-प्रिय होती है।

(४) रोहिणीः—में जन्म होने से पवित्रता युक्त, सत्य एवं मिष्टभाषी, दृढ़ प्रतिज्ञ, स्वरूपवान्, दूसरों के रन्ध (दोष) को जानने वाला, कृश, बुद्धिमान्, परन्तु पर-स्त्रीगामी, कार्य्य चतुर, भोगी और धनी होता है। इसकी स्मरण शक्ति अच्छी और उसे कार्य्य में तत्परता होती है। कारीगरी एवं बुद्धिमत्ता में प्रेम

रखने वाला होता है। ऐसे जातक की आंखे बड़ी और ललाट चौड़ी होती हैं। स्त्री होने से दीर्घ जीविनी, पुत्रवती एवं समाज में माननीया होती है।

(५) मृगशिरा:—में जन्म होने से चञ्चल, चतुर, वक्ता, भीरु, उत्साही, धनवान्, भोगी, कोमल-चित्त (सौम्य), भ्रमणशील, कामातुर, रोगी, चपल, शरीर से पुष्ट, सुन्दर परन्तु नेत्र विकल (ऐंचाताना), साहसी और शान्त विचार का होता है। ऐसे जातक को धन, पुत्र एवं मित्रादि होते हैं। विद्वान होते हुए भी चित्त में चञ्चलता होती है। जातक कभी कभी स्वार्थी और अभिमानी भी होता है। कन्या होने से धनी, अल्पव्ययी और माता-पिता की प्यारी होती है।

(६) आर्द्रा:—में जन्म होने से मूर्ख, अभिमानी, अन्यलोगों के पदार्थों का नाश करने वाला, पर दुःखदायी, पापी, धनरहित, चंचल चित्त, अतिबली, क्षुद्र, क्रियाशील, हंसमुख, धार्मिक और सार्वजनिक, कार्यों में चित्त लगानेवाला होता है। कन्या होने से झगड़ालू, कुटिला, एवं शत्रु विशिष्टा होती है।

(७) पुनर्वसु:—में जन्म होने से जातक इन्द्रिय-विजयी, सुखी, सुशील, बुद्धिहीन, रोगी, बहुत जल पीनेवाला, सन्तोषी, कवि, ख्यातिमान्, धनवान्, कामी, धार्मिक, अपने कार्य्य में निरत, मातृ-पितृ-भक्त और परदेश वासी भी होता है। कन्या होने से ईश्वरप्रेमी, शत्रु-रहित, मित्र-सुख-सम्पन्न और दयावती होती है।

(८) पुष्य:—में जन्म होने से शान्ति-स्वभाव, रूपवान्, बड़ा चतुर, धनवान्, धार्मिक विचार का, ईश्वर एवं गुरुजनों में प्रीति करने वाला, बुद्धिमान्, बात करने में चतुर, राजा से अभिनन्दित, बड़ा परिवारवाला, अपने परिवार का मुखिया, सत्यप्रेमी और कार्य्यकुशल होता है। उस के शरीर का गठन दृढ़ और उसके चित्त में करुणा होती है। कन्या होने से धार्म्मिका एवं उपकारी होती है।

(९) अश्लेषा:—में जन्म होने से मूर्ख, खाद्याखाद्य का भोजन करने वाला, पापी, कृतघ्न, धूर्त, शठ, मूढ़, क्रोधी एवं दुराचारी, शत्रु-विजयी, परन्तु असत्यभाषी, अपरिणाम-दर्शी (बेधड़क कार्य्य करने वाला,) अविश्वासी और

पशु, फल एवं औषधादि का क्रय-विक्रय करने वाला होता है। कन्या होने से झगड़ालू एवं अनिश्चित विचार की होती है।

(१०) मघा:—में जन्म होने से धनी, भोगी, देवता और पितरों का भक्त, उद्यमी, बहुत दासों से युक्त, चपल, स्त्री में आसक्त, कामी परन्तु धार्म्मिक, अभिमानी, झगड़ालू, परन्तु साहसी, बातों का शीघ्र अनुमान करने वाला, बड़े बड़े कार्य्यों में हाथ डालने वाला और राजद्वार में किसी कार्य्य का करने वाला होता है। कन्या होने से उत्तम भोजन में प्रीति रखने वाली, उत्तम पदार्थों की चाहने वाली और ईश्वर एवं माता पिता का सेवा करने वाली होती है।

(११) पूर्वफाल्गुनी: —में जन्म होने से जातक प्रियभाषी, दानी, कान्तिमान्, भ्रमण-शील, चपल और कुकर्मी परन्तु त्यागी। ऐसा जातक शरीर, से दृढ़ और स्त्री के वशीभूत होता है। उसे शत्रु कम होते हैं। अपने आश्रितों पर अनुग्रह करने वाला और नृत्य गान आदि का जानने वाला, इसके चित्त की वृत्ति अच्छी होती है। राजद्वार से अनुग्रहीत होता है। उसकी वाचा शक्ति अच्छी होती है। कन्या होने से उदार नहीं होती है।

(१२) उत्तर फाल्गुनी:—में जन्म होने से जातक सर्वप्रिय, विद्या द्वारा धन उपार्जन करने वाला, भोगी, सुखी, एवं सुभग (सुन्दर), मानी, बुद्धिमान् परन्तु, शक्त, बड़ा, मधुरभाषी, सुसङ्ग-प्रिय और कलाकौशल की उन्नति में अभिरुचि रखने वाला तथा काव्य-प्रेमी भी होता है। उसे धन और पुत्र का सुख होता है। कन्या होने से धन संग्रह में चतुर परन्तु धार्म्मिक विचार उतनी अच्छी नहीं होती है।

(१३) हस्त:— में जन्म होने से उत्साही, ढीठ, निर्दयी, चोर, मद्यप, कामी परन्तु विद्वानों पर प्रेम रखने वाला, धनी और प्रभावशाली होता है। ऐसे जातक की आंखें सुन्दर होती हैं और नौकरी अथवा किसी महीन कारीगरी इत्यादि से लाभ उठाता है। कन्या होने से कार्य्य-प्रवीण परन्तु क्रोधवती होती है।

(१४) चित्रा:—में जन्म होने से जातक सुन्दर, वस्त्र और सुगन्धादि का धारण करने वाला, अपने मति को गुप्त रखने वाला (चतुर) शीलवान्, धनवान्

और प्रतिष्ठित परन्तु पर स्त्रीगामी होता है। ऐसे जातक के नेत्र एवं शरीर सुन्दर होते हैं और वह चित्रकारी का जानने वाला, किसी अद्‌भुत क्रिया का करने वाला और वस्त्र एवं बहुमूल्य पदार्थों का क्रय-विक्रय करने वाला होता है। लेखन-शक्ति, गणित विद्‌या अथवा औषधादि द्वारा धन की प्राप्ति होती है। ऐसे जातक को माता, ईश्वर तथा गुरुजनों में प्रेम होती है। कन्या होने से श्वेत वस्त्र में अति प्रीति रखने वाली और माता-पिता की सेवा करने वाली होती है। अन्य मनुष्य भी उस पर प्रेम रखते हैं।

(१५) स्वाती:—में जन्म होने से जातक जितेन्द्रिय, लज्जावान्, वाणिज्य-प्रेमी, दयालु, धार्म्मिक, प्रियभाषी, भोगी, धनी और ईश्वर एवं गुरु जनों में प्रीति करने वाला होता है। परन्तु उसकी बुद्धि मन्द होती है। ऐसे जातक को घर में रहना ही पसन्द आता है। वह किसी धातु में कुशलता प्राप्त करता है और पशु पालने में प्रेम रखता है। कन्या होने से सुखी एवं पराक्रमी होती है।

(१६) विशाखा:—में जन्म होने से पराये को सन्ताप देनेवाला, लोभी, बोलने में चतुर, घमण्डी, क्रोधी, शत्रुविजयी, स्त्री-वशीभूत और सुन्दर कान्ति वाला होता है। उनकी दांतें अच्छी होती हैं। ऐसे जातक को परदेशवास प्रिय होता है। वह क्रय विक्रय में चतुर होता है। जातक की ख्याति अच्छी होती है परन्तु वह झगड़ालू होता है। कन्या होने से धार्म्मिक विचार वाली, बुद्धिमती, लज्जावती और सत्य-प्रिया होती है।

(१७) अनुराधा:-में जन्म होनेसे धनवान्, बाल्यावस्था में परदेशवासी, भ्रमणशील, अति प्रिय-भाषी, सुखी, पूज्य, यशस्वी एवं शक्तिशाली होता है। ऐसा जातक राज द्वार में अनुगृहीत होता है। देखने में सुन्दर नहीं होता है, परन्तु दृढ़ कायिक और हास्य प्रिय होता है। ऐसे जातक को भूख को सहन नहीं होता है। कन्या होने से मद्यमांसप्रिया एवं भोगी होती है।

(१८) ज्येष्ठा:— में जन्म होने से जातक अति क्रोधी, परन्तु सन्तुष्ट, धर्म्म निरत, न्यायी। वह कभी पर स्त्री में आशक्त, बहु सन्तानवान्, झगड़ालू, षड़यन्त्र रचने में चतुर और विद्‌या एवं काव्य का प्रेमी तथा छिद्रान्वेषी

होता है। इस का मुख और नेत्र सुन्दर होते हैं। कन्या होने से शरीर से दुबली-पतली एवं झगड़ालू होती है।

(१६) मूलः—नक्षत्र में जन्म होने से अभिमानी, भोगी, सुखी, दृढ़-प्रतिज्ञ, अहिंसक, बोलने में चतुर, परन्तु कृतघ्न, धूर्त्त, वैमान और जलन्त, अनेक प्रकार की कारीगरी में प्रेम रखने वाला, औषधादि का विक्रय करने वाला और बाग वृक्षादि का प्रेमी होता है। कन्या होने से पापिनी अथवा दुष्टकर्म्म निरत होती है।

(२०) पूर्वाषाढ़ः—में जन्म होने से जातक अभिमानी, परन्तु अच्छे मित्रों से युक्त होता है। ऐसे जातक की स्त्री बड़ी आनन्द देनेवाली और ऐसा जातक का चरित्र सर्वदा सुन्दर होता है। वह सुखी, शान्त, बुद्धिमान् और सर्व-प्रिय परन्तु शत्रुओं के लिये बड़ा भयदायक होता है। परोपकार में उसका चित्त लगता है। सत्य में विश्वास रखता है और कार्य्य करने में चतुर होता है। ख्याति पाता है और भाग्यवान होता है। कन्या होने से धार्म्मिका, सुशीला, सत्यवादिनी एवं सुकर्म करने वाली होती है।

(२१) उत्तराषाढ़ः—में जन्म होने से जातक नम्र, धार्म्मिक, बहु मित्रयुक्त, कृतज्ञ, सर्वप्रिय, विनीत, मानी, शान्त प्रकृति वाला, सुखी, विद्वान्, धनी, बुद्धिमान्, सन्तानयुक्त, कार्य्य में सफलता प्राप्त करने वाला, परन्तु पढ़ा लिखा होने पर भी कुसंग-प्रिय और स्त्री-अनुयायी तथा शरीर से दुबला पतला होता है। उसकी जीविका सभ्य कार्य्य द्वारा होती है। कन्या होने से सुचरित्रतायुक्त, सर्वप्रिया, पुत्रवती एवं अभ्यागत-प्रेमी होती है।

(२२) श्रवणः—में जन्म होने से जातक शोभायुक्त, विद्वान, धनी, प्रसिद्ध, ईश्वर, गुरुजनों में प्रेम करने वाला, उच्चपदाधिकारी, धर्म्मिक, बहु-सन्तान-युक्त, और तीर्थप्रेमी होता है। ऐसे जातक की स्त्री उदार होती है। लेखन एवं वाचा शक्ति उसकी अच्छी होती है। इसका विचार अच्छा होता है और परोपकार में अभिरूची होती है। कन्या होने से सुशीला, अभि-नन्दित, आत्मबली एवं प्रेमी होती है।

(२३) धनिष्ठाः—में जन्म होने से जातक धनी, शूर, साहसी दानी, गीत-प्रिय, भोला भाला परन्तु लोभी, पुस्तकादि का प्रकाशक, बड़ा परिवार वाला, ख्यातिमान् और उदार होता है। स्त्रियों के सङ्ग में रहते हुए भी उनकी ओर उस का प्रेम कम रहता है। परन्तु ऐसा जातक कभी कभी झगड़ालू होता है। शरीर का लम्बा एवं कफ प्रकृति का होता है। कन्या होने से पुष्पों की प्रेमी एवं धन संग्रह करने में तत्पर होती है।

(२४) शतभिषाः—में जन्म होने से सत्यवादी, द्यूतादि-व्यसन युक्त, शत्रु विजयी, साहसी, शान्त, विना विचारे कार्य्य करने वाला, कालज्ञ अर्थात् ज्योतिष-शास्त्र का जानने वाला और बहुत बोलने वाला होता है। ऐसे जातक की वृत्ति कभी कभी मछली एवं मदिरा के क्रय-विक्रय द्वारा होती है। उस पर प्रभाव डालना कठिन होता है। कन्या होने से पापिनी, दूसरों को दुःख देने वाली परन्तु समय समय पर सुखदायी होती है और शरीर से बली होती है।

(२५) पूर्व-भाद्रपदः—में जन्म होने से मन से दुःखी, चतुर, धनवान् परन्तु कृपण, स्त्रियों के वशीभूत, बोलने में ढीठ, धूर्त्त, भीरु और निर्बल होता है। ऐसे जातककी मनोवृत्ति अच्छी होती है परन्तु कभी कभी उसके विरुद्ध भी वह कर बैठता है। कन्या होने से पापिनी होती है, परन्तु उसे ईश्वर का भय रहता है।

(२६) उत्तरभाद्रपदः—में जन्म होनेसे जातक उचित बोलनेवाला, सुखी, सन्तान-युक्त, शत्रु-विजयी, धार्मिक, वक्ता, सुशील, उदार, विद्वान् एवं धनी, कार्य्य करने में तत्पर, सुकर्म्म में अभियोग देने वाला और सुजनों से अभिनन्दित होता है परन्तु कभी कभी उसकी क्रोधाग्नि प्रचलित हो जाती है। ऐसे जातक के शरीर की गठन अच्छी होती है। कन्या होने से अति बुद्धिमती, सुशीला एवं धार्मिका होती है।

(२७) रेवतीः—में जन्म होने से जातक सर्वाङ्ग-पुष्ट, सर्व प्रिय, साहसी, पवित्र, धनी, कामातुर अथवा प्रेम-निमग्न, सुन्दर, चतुर, मन्त्रणा देने योग्य, पुत्र मित्र एवं परिवार से युत, चिरस्थायी, लक्ष्मीवान्, कुशाग्र-बुद्धि, विद्वान्, शुद्ध विचारवान् और सुन्दर होता है। उसके शरीर पर कोई एक चिन्ह होता है। कन्या होने से प्रतिष्ठित जनों की सेवा करने वाली एवं परोपकार-प्रिय होती है।

अध्याय २६

आर्ष ग्रन्थानुसार कतिपय योग।

योग।

धा-२८२ इस अध्याय में ऋषि मुनि कथित योगों का वर्णन किया जाता है। योगों के तीन विभाग किये गये हैं। पहिला राजयोग अर्थात् सुख योग, दूसरा दरिद्र अर्थात् दुःख योग और तीसरा शारीरिक कष्ट अर्थात् रोग योग।

यह सभी जानते हैं कि भिन्न भिन्न औषधियों को यदि प्रमाणित रूप से एकत्रित किया जाय तो वैसी दवा बहुतही गुणकारक होती है। एक भी बूटी के नहीं रहने से औषधि का नाम ही बदल जाता है। परन्तु उन कई जड़ी बुटियों में से एक भी जड़ी अगर सड़ी हो, अर्थात् उत्तम न हो तो औषधि के गुण में अन्तर पड़ जाता है। उसी प्रकार यदि एक से अधिक जड़ी बूटी निकम्मी हो तो औषधि के गुण में अधिकाधिक अन्तर पड़ जाता है। इसी प्रकार यदि सबको-सब जड़ी बूटियां निकम्मी हों तो औषधि प्रायः बिलकुल निष्फल नहीं तो, नाम मात्र ही का गुण उसमें रह जाता है। इसी रीति से योगों में जबतक पूर्णरूप से ग्रहों की स्थिति, योग के अनुसार न होगी तबतक योग लागू नहीं होगा और उसका फल भी नहीं होगा। यदि ग्रहों की स्थिति योगानुसार है परन्तु उन योग-कारी ग्रहों में से कोई पीड़ित ग्रह हो तो फल में न्यूनता होगी। एवं यदि सब के सब योग-कारी ग्रह पीड़ित वा निर्बल हों तो उस योग का फल लेश मात्र ही होगा। मानलें कि किसी योग का पूर्ण फल है कि जातक राजा होगा, परन्तु योग-कारी ग्रह दुर्बल हों तो राजा न होकर केवल एक जमीन्दार ही होगा उसी प्रकार एक ही योग से कोई तो ईंगलैन्ड का प्राइम मिनिष्टर अर्थात् बड़ा मिनिष्टर होगा, उसी योग से कोई भारतवर्ष के बड़े लाट का मिनिष्टर अर्थात् मन्त्री होगा, और कोई उसी योग से इस देश के राजा का मन्त्री होता है। ऐसा भी देखा जायगा कि कोई केवल किसी जमीन्दार ही का मंत्री होता है। इससे पाठक गण ऐसा न समझ लें कि इतना अन्तर होने से ज्योतिष शास्त्र असत्य है। विवेचना द्वारा, उत्तम

रीति से प्रतीत हो जायगा कि ग्रहों के बलाबल के अनुसार फल होता है। इस कारण योगों के केवल मिलने ही पर पुस्तक लिखित फल को कह देना उपयोगी न होगा। ग्रहों के बलाबल के तारतम्यानुसार फल कहना उचित होता है। हाँ! कितने योग ऐसे हैं जिन से रङ्क भी राजा हो जाय, परन्तु राजा सभी प्रकार के होते हैं। शास्त्र-कारों ने योगों के उत्तमोत्तम फल को ही लिखा है। ग्रहों की निर्बलता के अनुसार उस प्रकार के न्यून फल का अनुमान करना होगा। यहां पर कतिपय नियमों को लिखा जाता है, जिन पर ध्यान देते हुए फल कहना उचित होगा, जैसा कि औषधि की उपमा द्वारा बतलाया गया है।

नियम

१:—जिस रीति से ग्रहों की स्थिति प्रत्येक योग में लिखी गयी है वैसी ग्रह स्थिति है या नहीं? यदि प्रति-ग्रह की स्थिति वैसा ही है तो योग लागू है अन्यथा नहीं। परन्तु अनुभव से ऐसा देखा जाता है कि ग्रह निर्वाचित रूप में बैठा नहीं रहने पर भी दृष्टि बदले योग, वा योग बदले दृष्टि रहने से भी योग लागू पाया जाता है।

२:—प्रेत्यक योगकारी ग्रह को अलग अलग इस प्रकार देखना होगा कि ग्रह उच्च है अथवा नीच है। स्वगृही, मूलत्रिकोणस्थ, उच्च नवमांशस्थ, स्वगृही नवांशस्थ अथवा वर्गोत्तम नवांश का है। दिग्बली, कालबली, अस्त, राशि के अन्तिम नवमांश अथवा अंश, शुभदृष्ट अथवा अशुभदृष्ट, अशुभ वा शुभ स्थानों का स्वामी, निर्बल, सबल, सन्धि-गत, इत्यादि इत्यादि बातों पर ध्यान देना अनिवार्य्य हैं।

३:—जातक के कुल वंश एवं अवस्थादि पर एवं देश परिपाटी आदि पर भी ध्यान देना होगा।

राज अर्थात् भाग्ययोग एवं सुखयोग।

धा-२८३ द्वितीय प्रवाह में इस प्रकार के बहुत से योगों के विषय में लिखा जा चुका है। इस स्थान में उन योगों के अतिरिक्त और भी बहुत से

योगों को लिखा जाता है। योगों के शास्त्रोक्त नाम अक्षर क्रमानुसार (परन्तु कोष के ऐसा नहीं) दिये गये हैं।

(१) अधियोगः—बराहमिहीर के मतानुसार यदि जन्म-स्थित चं. अर्थात् चन्द्रलग्न से जब वृ., शुक्र एवं बुध, षष्ठ, सप्तम एवं अष्टम गत हों तो वैसे स्थान में अधियोग होता है। परन्तु अन्यान्य ऋषियों का यह भी कथन है कि जन्म-लग्न से यदि षष्ठ, सप्तम और अष्टम में बृ., शु. और बुध हों तो भी अधियोग होता है। किसी किसी ऋषि ने इसका नाम अध्यक्ष-योग भी कहा है। एक विद्वान् का कथन है कि "लग्न अधियोग" उसे कहते हैं जब लग्न से ६, ७, ८ स्थान में शुभग्रह बैंठे हो, वे न तो पाप से युक्त हों, न द्रष्ट हो और चतुर्थ स्थान में पाप ग्रह न हों। मतान्तर से यह भी उपलब्ध होता है कि चन्द्र लग्न एवं जन्मलग्न से छट्ठे सातवें, आठवें स्थान में यदि शुभग्रह हों तो अधियोग होता है। यदि पापग्रह बैठे हों तो पाप-अधियोग और यदि ऊपर लिखे हुए शुभग्रहों के साथ पापग्रह भी हो तो मिश्र-अधियोग होता है। इस कारण अधियोग ६ प्रकार के होंगे। अर्थात् लग्न से तीन प्रकार के और चन्द्रलग्न से तीन प्रकार के। एक बात जानने की यह है कि वृ., शनि और बुध ६, ७, ८ अष्टम स्थान में एक-एक हों अथवा दो ही किसी स्थान में हों अथवा एक ही किसी स्थान में हों तौ भी अधियोग होगा। तात्पर्य्य यह है कि उन्हीं तीनों स्थानों में से एक में, अथवा दो में, अथवा तीनों में, वृहस्पति, शुक्र और बुध का रहना किसी कर्म अथवा किसी संख्या से आवश्यक है। इस अधियोग का फल यह है कि ऐसा जातक शुभ-अधियोग के होने से ग्रहों के बलाबल के तारतम्यानुसार किसी राजसिंहासन का अधिकारी होता है अथवा जमीन्दार होता है। परन्तु सुख-अधिकार उसे अवश्य होता है और उसे सांसारिक सुख एवं शत्रुओं पर विजय होता है तथा वह नीरोग और दीर्घजीवी होता है। मिश्र-अधियोग होने से जातक मन्त्री, कार्य्याध्यक्ष, नायक एवं उच्च पदाधिकारी होता है। पाप-अधियोग होने से युद्ध विभाग का नायक एवं पदाधिकारी अथवा पुलिस विभाग का अधिकारी होता है। ऊपर जो "लग्न अधियोग" कहा गया है उसका फल यों कहा है कि वैसा जातक अनेक प्रकार के शास्त्रों का अर्थात् विज्ञानादि विषयक पुस्तकों का लेखक होता है। नाना प्रकार की विद्याओं का जानने वाला, सेना का नायक, निष्कपट, महात्मा एवं संसार में यश और गुण

से सुख पाने वाला होता है। ऊपर लिखा जा चुका है कि ग्रहों की भिन्न २ अवस्थादि के अनुसार पद की विवेचना करनी होगी। देखो कुं ५१ बाबू चण्डी प्रसाद मिश्र जी की। चन्द्रमा से षष्ठस्थ शुक्र है और अष्टमस्थ बुध तथा वृ. है अर्थात् पूर्ण रीति से शुभ अधियोग होता है। परन्तु चन्द्रमा से सप्तम र. है और षष्ठ केतु है। इस कारण, शुभ अधियोग न रहकर मिश्र-अधियोग हो गया। पुनः बृहस्पति नीच है परन्तु वृ. नवांश में उच्च है और वृ.नीच-भंगराज़-योग का दाता भी है, इस कारण उत्तम फल देने वाला हुआ। बुध और वृ. का साथ रहना बुद्धि और विद्या की प्रखरता प्रदान करता है। मिश्र-अधियोग, जातक को कार्य्याध्यक्ष, मन्त्री, नायक एवं उच्च पदाधिकारी बनाता है। यह केवल ओवरसियर थे, परन्तु प्रतीत होता है कि इसी योग ने इन्हीं के लिये, साधारण नियम विरुद्ध लोकल सेल्फ गवमेन्ट से एक ऐसा नियम बनवाया कि यह निश्चित रूप से डिस्ट्रिक्ट इंजिनियर के पद पर नियुक्त किये गये और अभी तक बड़ी कुशलता एवं क्षमता पूर्वक अपने कार्य्य कुशलता का यश लूट रहे हैं।

<u>(२) अवतार एवं अंशावतार योग :</u>—यदि लग्न, चर राशि-गत हो, वृ., शुक्र और शनि केन्द्र में हो, अथवा वृ. और शु. केन्द्र में हो तथा शनि उच्च हो तो ग्रहों की ऐसी स्थिति में अवतार-योग होता है। इस योग में एकबात जानने की यह है कि जब चर राशिगत लग्न होगा तो केन्द्रस्थित सभी राशियां चर ही होंगी। योग में लिखा है कि शनि केन्द्र में हो अथवा उच्च हो। शनि तुला में उच्च होता है जो चर राशि है। इस कारण शनि उच्च भी जब होगा तो केन्द्र ही में होगा। इस योग का फल यह है कि ऐसा जातक वेदांत आदि शास्त्रों का जानने वाला होता है। बहुत बड़ा अधिकारी, कलाओं का जानने वाला, स्वच्छ कीर्त्तिवाला, तीर्थ-भ्रमण-शील, समय इत्यादि का निर्माता अर्थात् युग-प्रवर्त्तक होता है। (Competent to shape the character of the age in which he lives) अपने मनोविकास पर अधिकार रखने वाला और अनेक विद्याओं का जानने वाला होता है। देखो कुं ७ आदिगुरु शङ्कर की। लग्न चर राशि का है। बृहस्पति, शनि एवं शुक्र सभी केन्द्र में हैं। बृहस्पति और शुक्र उच्च है तथा शु. अपने नवांश एवं सप्तांश में है। इस कारण यह योग पूर्ण रीति से लागू है। सभी जानते हैं कि अवतार योग के जितने फल लिखे गये हैं सब इन में लागू थे। 'देखो कुं ३७ महारानी मैंसूर की यह योग लागू है। लेखक उनके विषय में पूरा नहीं जानता पर बो. सूर्य्य नारायण राउ लिखते

हैं कि महाराजा के देहान्त के बाद इन्होंने ११ वर्ष तक राज उत्तम रीति से किया और उसके बाद अपने युवराज को अपनी गद्दी पर बिठला तीर्थ यात्रा करतीं और धार्मिक एवं वेदान्त की पुस्तकें पढ़ा करती थीं। वे कणाद के तत्त्वों को समझती थीं और किञ्चित अंग्रेजी भी जानती थीं। ध्यान देने की बात है कि एक ही योग दोनों कुं. में लागू है। परन्तु एक से दूसरे में बहुत अन्तर है। इसका कारण यह है कि महारानी की कुण्डली में बृ. नीच है। शुक्र परम शत्रु के घर में है। केवल एक शनि उच्च है। इन्हीं कारणों से इतना अन्तर हुआ। विचारने की बात यह है कि यदि महारानी की कुं. में श. मेष में होता अर्थात् नीच होता तौ भी योग लागू होता, परन्तु फल में और भी न्यूनता होती।

(३) अमल योग :— यदि जन्म समय में चं. से दशम स्थान में कोई शुभ ग्रह हो तो ऐसे जातक की कीर्त्ति पृथ्वी में कलङ्क-रहित होती है। ऐसे जातक की संपत्ति, आयु पर्य्यन्त नष्ट नहीं होती।

(४) अमारक योग :— यदि सप्तमेश नवम में और नवमेश सप्तम में हो, एवं सप्तमेश तथा नवमेश दोनों बली हों तो यह योग होता है। ऐसा योग वाला जातक आजानु-बाहु होता है आंखें इसकी बड़ी बड़ी होती हैं, धर्म-शास्त्र अर्थात् कानून का गम्भीर विद्वान् होता है। इस विद्या का प्रशंसनीय ज्ञाता होने के कारण वह राजा से सम्मानित होता है। उसकी स्त्री आदर्श पतिव्रता होती है। ऐसा जातक पवित्र जलों में स्नान करने वाला होता है और पचास वर्ष से ऊपर की अवस्था में असीम सुख लाभ करता है।

(५) अंगुल योग :— यदि पञ्चमेश का स्वामी जिस नवांश में हो उसका स्वामी बुध के साथ हो और उस नवांश का स्वामी उच्च हो तथा उसके साथ दशमेश भी हो तो अंगुल योग होता है। इस योग वाले जातक को जमींदारी अर्थात् भू-सम्पत्ति होती है। उसके अधीन अनेक चतुष्पद होते हैं। भूषण, वस्त्रादि का सुख होता है। चोर और डाकुओं की सम्पत्ति की प्राप्ति करने में समर्थ होता है। ऐसे जातक की आयु लगभग ६० वर्ष की होती है अर्थात् मध्यायु होता है।

(६) इन्द्रयोग :— जब पञ्चमेश एकादश स्थान में रहता है और एकादशेश पञ्चम स्थान में रहता है तथा पञ्चम स्थान में चं. बैठा रहता है तो

ऐसे योग को इन्द्र-योग कहते हैं। ऐसा योग वाला जातक राजाधिराज अथवा बड़ा राजपदाधिकारी, युद्ध-प्रिय, अत्यन्त प्रतापशाली और प्रसिद्धि पाने वाला होता है। इसकी आयु केवल छत्तीस वर्ष की होती है। मतान्तर से इन्द्र-योग एक और प्रकार से भी कहा गया है। अर्थात् जब चन्द्रमा से तृतीय स्थान में मंगल हो, मंगल से सप्तम स्थान में शनि हो, शनि से सप्तम स्थान में शुक्र हो, शुक्र से सप्तम स्थान में वृ. हो अर्थात् चं. से तृतीय स्थान में शुक्र एवं मंगल हो, चं. से नवम स्थान में शनि तथा वृहस्पति हों तो इन्द्रयोग होता है। इस इन्द्रयोग का फल यों लिखा है कि ऐसा जातक अत्यन्त ख्याति वाला, शील, गुण-संपन्न राजा अथवा राजा-तुल्य, अत्यन्त वाग्मी (व्याख्याता) अत्यन्त धनी, प्रतापी, सुन्दर और यशस्वी होता है।

(७) <u>कलानिधि योग :</u> वृहस्पति द्वितीय स्थान में अथवा पंचम स्थान में हो और उसपर बुध तथा शुक्र की दृष्टि हो, अथवा वैसे वृहस्पति, के साथ बुद्ध और शुक्र हो, अथवा वैसा वृहस्पति बुद्ध अथवा शु. या वृ. के गृह में हो तो कलानिधि योग होता है। ऐसे योग में जन्मा हुआ जातक बड़े बड़े राजाओं से सम्मानित, राजा वा राजनीतिज्ञ होता है । यह सर्व-गुण-सम्पन्न, स्वस्थ एवं शत्रु रहित होता है। घोड़े, हाथी, शंख इत्यादि से सुसज्जित सेना का अधिपति होता है। देखो कु. ५४ राय साहेब की प्रत्यक्ष में योग लागू है। परन्तु भाव कुण्डली में व. और शु. चतुर्थ भाव में पड़ जाते हैं। इनके विषय में इतना सत्य है कि यह हाकिम-हुक्काम एवं जनता से बहुत ही सन्मानित, गुण-सम्पन्न और स्वस्थ भी है। विद्वान् लोग इस पर विचार करें।

(८) <u>केशरी योग :</u>— जब चन्द्रमा और वृ. एक दूसरे से केन्द्रवर्त्ती होता है तो केशरी योग होता है। किसी आचार्य्य ने इसको गजकेशरी भी कहा है। किसी किसी का मत है कि जब चं. से वृ. सप्तमस्थ होता है तो उसे गज-केशरी योग कहते है। चं. एवं वृ. के साथ रहने पर भी यह योग होगा। परन्तु स्मरण रहे कि यदि वृ. अथवा चं. पाप ग्रह दृष्ट हो अथवा पाप ग्रह के साथ हो तो फल में न्यूनता होती है। ऐसा योग रखने वाला जातक अत्यन्त दयालु नम्र स्वभाव वाला, अत्यन्त उन्नतिशील, विघ्न-बाधाओं के समय में एवं कठिनाई-यों की मुकाबला करने में धैर्य्य और दृढ़ प्रतिज्ञा से काम लेने वाला होता है।

इसके कुटुम्बों की संख्या अधिक और वे प्रभाव शाली होते हैं। जातक का जीवन सुखमय होता है एवं वह विद्वान् भी होता हैं। बहुत से ग्राम, मण्डली एवं शहर आदि का अधिपति होता है। दानादि में उसे अच्छी अभिरुचि होती है और इस कारण स्मरणीय होता है। देखो कु. ३९ महात्मा जी की। चं. से वृ. केन्द्र में हैं। चन्द्रमा स्वगृही है, वृ. अपने अति-मित्र के क्षेत्र में है, परन्तु चं. के साथ राहु और वृ., मं. से दृष्ट है। ऊपर लिखे हुए सभी गुण उनमें पाये जाते हैं। यद्यपि वह जमींदार नहीं है परन्तु उनका अधिपतित्त्व भारत-मात्र पर कहा जा सकता है। देखो कु. ५०। चन्द्रमा से वृ. सप्तमस्थ है। चं. स्वगृही है। वृ. यद्यपि नीच है परन्तु वृ. में नीच-भङ्ग-राज-योग लगा है। वृ. और चन्द्रमा के साथ कोई पाप ग्रह नहीं है परन्तु चं. पर मंगल की पूर्ण दृष्टि है। इस कारण यद्यपि इस जातक के जीवन में ऊपर लिखे हुए फलों का पूर्ण प्रकाश होता है परन्तु किसी किसी समय में कुछ विघ्न भी हो जाती है।

देखो कु. ३७। इस कुण्डली में चन्द्रमा दशमस्थ है और वृ. चतुर्थस्थ है। वृ. वर्गोत्तम नवांश का है परन्तु चं. नीच नवांश का है। चं. पर शनि को पूर्ण दृष्टि है। राहु और केतु के साथ दोनों ग्रह बैठे हैं। उत्तम गजकेशरी योग है परन्तु किञ्चित् मात्र पाप से भी पीड़ित है। इस कारण यह जातक राजा नहीं होकर मिनिष्टर हुए। इसका एक विशेष कारण यह है कि इस जातक को उत्तम मुद्राधिकार योग भी लगा है। जिसका उल्लेख भी पहले हो चुका है। देखो उदाहरण कुण्डली। इस कुं. में चं. से वृ. केन्द्र में हैं, चं. नवांश में नीच है परन्तु चतुर्थस्थ होने से स्थानबली है। वृ. राहु से पीड़ित है और शनि से दृष्ट है। इस कारण केशरीयोग रहने पर भी यह जातक न राजा हुआ न मिनिष्टर। परन्तु अपने केन्द्र का बड़ा सुप्रतापी, प्रतिष्ठित, बहुत नम्र और अत्यन्त दयालु हुआ। उसने सुकृति के साथ अपनी भुजा से धन का भी उपार्जन खूब किया। देखो कु. ५२। यह कुण्डली भारतवर्ष के विख्यात गायक, मिष्टर मनहर वर्वे का है जो संगीत विद्या के बहुत ही उत्तम ज्ञाताओं में से हैं। देखो कु. ४० देशबन्धु चित्तरञ्जन दास की। इसी प्रकार कु. १९, १८, २०, २१, २२, २६, २८, ३०, ३१, ३३, ३४, ४९, ४७ में योग लागू है। पुनः मतान्तर से एक प्रकार का गजकेशरो-योग, इस प्रकार से भी लिखा है। यदि चं. पर शु., वृ. और

बु. की दृष्टि पड़ती हो और इन तीन ग्रहों में से कोई अस्त एवं नीच नहो तौ भी गजकेशरी-योग होता है।

(९) काहल योग :— बृ. और चतुर्थेश परस्पर केन्द्रवर्त्ती हों अर्थात् एक से दूसरा केन्द्र में हो और लग्नेश बली हो तो काहल योग होता है। यदि नवमेश और चतुर्थेश परस्पर केन्द्रवर्त्ती हों और लग्नेश बली हो तो द्वितीय प्रकार का काहल योग होता है। पुनः यदि चतुर्थेश स्वगृही अथवा उच्च हो और वैसा चतुर्थेश, दशमेश के साथ हो अथवा दशमेश से दृष्ट हो तो यह तृतीय प्रकार का काहल योग होता है। काहल योग वाला जातक छोटे ग्राम एवं मंडली का अधिपति होता है। बड़ा शूरवीर, योद्धा एवं पैदल अथवा अश्वारोही सेना का अधिपति होता है और अत्यन्त ही चित्त आकर्षित करने वाला तथा दृढ़ प्रतिज्ञ होता है। देखो कु. ३९ महात्माजी की। नवमेश शु. और चतुर्थेश बृ. आपस में केन्द्रवर्त्ती हैं। पुनः चतुर्थेश बृ. स्वगृही नवांश में है और बृ. दशमेश बु. से दृष्ट भी है। अब यदि उनकी जीवनी की ओर ध्यान दिया जाय तो ऊपर के फल भी रूपान्तर से अवश्य लागू हैं। एक बड़ी आत्म-समर्पण करने वाली सेना के यह एक बड़े शूर अधिष्ठाता अवश्य है। पर उनकी सेना आयुध-रहित एवं हिंसा-रहित है। आप को तो भारतमात्र का शिरोमुकुट कहना ही ठीक है और चित्ताकर्षण तो उनका सर्वस्वीकृत गुण है एवं प्रतिज्ञा में अटलता तो उनके जीवन का कर्णधार ही है।। देखो कु. ३७ सर गणेशदत्त जी की। चतुर्थेश श. और बृ. एक दूसरे से केन्द्र में हैं। नवमेश और चतुर्थेश भी आपस में केन्द्रवर्त्ती हैं और श. अपने नवमांश में है। सेनाओं का अधिपतित्व छोड़ कर और सब गुण उन में है। परन्तु इनके अनुयायी बहुत लोग हैं।

(१०) कर्म योग :— यदि पञ्चम, षष्ठ एवं सप्तम स्थान में शुभग्रह हों और उच्च हों, स्वगृही हों अथवा मित्र नवांशगत हों तो यह एक प्रकार का कूर्म्म-योग होता है। पुनः यदि प्रथम, तृतीय और एकादश स्थान में शुभग्रह हों और वे शुभग्रह उच्च हों अथवा स्वगृही हों अथवा मूल त्रिकोण के हों तो यह दूसरे प्रकार का कूर्म्म-योग होता है। ऐसा जातक मनुष्यों का नायक, संसार में ख्याति एवं प्रशंसनीय, राजातुल्य, सुखभोगी, दानशील, सुखी, उत्तम स्वभाव वाला एवं वचन से उपकार करने में अत्यन्त ही कुशल होता है।

(११) कुसुमयोगः—यदि शनि दशमस्थ हो और शुक्र केन्द्र में स्थिर राशिगत हो और त्रिकोण में निर्बल चं. हो तो ग्रहों की ऐसी स्थिति में कुसुम योग होता है। ऐसे कुसुम योग का फल यह है कि जातक राजा से सम्मानित, उच्चकुल को विभूषित करने वाला एवं बड़ा उदार, युद्धप्रिय और निर्दोष कीर्त्ति का होता है। मतान्तार से यदि वृ. लग्न में हो, चं. लग्न से सप्तमस्थ हो और चं. से अष्टमस्थ रवि हो, अर्थात् रवि, लग्न से द्वितीय स्थान में हो तो कुसुम योग होता है। ऐसे कुसुम योग का जातक कुटुम्बों का प्रतिपालक एवं बड़ा उच्च पदाधिकारी होता है।

(१२) कार्मुक-योगः—यदि दशमेश, लग्न के नवांश में हो और लग्नेश दशम स्थान के नवांश में हो और इन दोनों में से कोई वृ. के साथ हो अथवा वृ. से दृष्ट हो तो ऐसे स्थान में कार्मुक योग होता है। लग्न स्फुट एवं दशमस्फुट जिस नवांश में हो वही लग्न का और दशम का नवांश कहाजाता है। ऐसा योग का फल यह है कि जातक विद्वानों में विद्वान्, अपने धर्म एवं जाति का शिरोमणि, राजा से माननीय, अत्यन्त उदार और बहुत ही धीर एवं कुशाग्र बुद्धिवाला तथा मेधावी होता है। नौ वर्ष की अवस्था से ही उसकी सुख-वृद्धि होने लगती है।

(१३) कंदुक-योगः—यदि दशमेश नवम स्थान में और द्वितीयेश लग्न में हो तथा द्वितीय एवं दशमस्थान में शुभग्रह हो तो कंदुक योग होता है। ऐसा जातक अत्यन्त चतुर भाषी, शत्रुओं को पराजय करने वाला, दानशील, धनी, भोगी और सांसारिक कार्य्यों के सम्पन्न करने में बहुत ही चतुर होता है। इस के सुख का उदय पञ्चमवर्ष से होता है और वह लगभग १०० वर्ष तक सुखमय जीवन व्यतीत करता है।

(१४) क्रोधयोगः—यदि पञ्चमेश एवं राहु एकादशभाव के द्रेष्काण मे हों और उन पर मंगल की दृष्टि पड़ती हो तो क्रोध योग होता है। ऐसा जातक सुखी, उदार एवं दानशील होता है। पाप कर्म से धन की प्राप्ति करता है और बड़ा क्रोधी होता है परन्तु आनन्दित रहता है।

(१५) क्षेमयोगः—यदि लग्नेश, अष्टमेश, नवमेश और दशमेश स्वगृही हों तो क्षेमयोग होता है। ऐसा जातक दीर्घजीवी, सुखी, धनी, और अपने कुटुम्ब एवं कुल के लोगों का पालन करने वाला होता है।

(१६) कुल बर्धन योगः—यदि लग्न से चं. से, और र. से सभी शुभग्रह पञ्चमस्थ हों तो कुलबर्धन योग होता है। ऐसे योग में जन्म लेनेवाले का परिवार बहुत बड़ा होता है। अर्थात् पुत्र-पौत्रादि का सुख भोगने वाला, धन सम्पन्न सुखी एवं दीर्घ जीवी होता है।

(१७) कारिका योगः—यदि सभी ग्रह सप्तम अथवा दशम स्थान में बैठे हों अथवा सीभ ग्रह एकादश स्थान में बैठे तो कारिका योग होता है। ऐसे योग में उत्पन्न हुआ जातक नोच वंश में भी जन्म लेने पर राजा होता है और यदि राज कुल में जन्म ले तो उसका कहना ही क्या ?

(१८) खड्गयोगः—यदि द्वितीयेश नवमस्थ हो, नवमेश द्वितीयस्थ हो और लग्नेश केन्द्र वा त्रिकोणगत हेा तेा उसे खड्ग येाग कहते हैं। खड्ग येाग हेाने से जातक वेद शास्त्र, तन्त्र शास्त्र, ज्ञान शास्त्र, अर्थ शास्त्र और राज्य शासनादि के रहस्यों का जानने वाला होता है। वह रागद्वेष आदि से रहित रहता है। बड़ा ही तीक्ष्ण बुद्धि, दृढ़ संकल्प, साहसी, अत्यन्त उग्रविचार वाला और युद्ध विभाग का उत्तम पदाधिकारी होता है। ज्ञात होता है कि स्वनाम-धन्य चाणक्य इसी येाग में पैदा हुए होंगे।

(१९) गौरी योगः—यदि दशमेश का नवांशाधिपति दशमस्थ हेा, उच्च हेा और उस के साथ लग्नेश भी हेा तेा ऐसे येाग को गौरी योग कहते हैं। अभिप्राय यह है कि दशमेश का जेा ग्रह स्फुट हेा उससे देखना हेागा कि कौन नवांश हेाता है। उस नवांश के स्वामी को दशम में उच्च हेाना चाहिये। उसकाफल यह हेाता है कि बारह वर्ष के समय तक अर्थात ३६ वर्ष की अवस्था से ४८ वर्ष की अवस्था तक जातक दानशील, धार्म्मिक, कार्य्यों में प्रवृत्ति, यज्ञादि क्रिया का करने वाला, समस्त सुखों का भोगने वाला, विद्वान्, ब्राह्मणों से पूज्य और सुविख्यात हेाता है। तथा भूमिका अधिपति भी हेाता है।

(२०) गदायोग.—जब चन्द्रमा द्वितीय-स्थान में रहता है और उसके साथ वृ. तथा शु. भी रहता है अर्थात् द्वितीय स्थान में चं., वृ. और शु. तीनों ग्रह बैठे हों एवं उन पर नवमेश की दृष्टि हेा तो गदा योग हेाता है। ग्रन्थान्तर में गदा योग को दूसरी रीतिसे भी बतलाया है। कहते हैं कि यदि सभी ग्रह दो समीपस्थ केन्द्रों ही में बैठे हों तो गदा योग हेाता है। ऐसा जातक अनेक शास्त्रों

का पढ़ने वाला, प्रचण्ड रूप, वैर करने वाला, शत्रु जनों से रहित और स्त्री तथा आभूषणादि से सुख पाने वाला होता है।

(२१) गंगा प्रवाह योग:—यदि लग्न कर्क राशि हेा, अष्टम स्थान में वृ. और शु., सप्तम स्थान में र. और बुध, पञ्चम में चन्द्रमा तथा एकादश में शनि हेा तेा ऐसे येाग को गंगा प्रवाह येाग कहते हैं। ऐसे योग में जन्म हेाने का फल यह है कि जातक बहु-धनी, अनेक सन्तान युक्त, विद्या-विवाद रत, सुख आनन्द परिपूर्ण, नम्र, धार्मिक एवं सर्वप्रिय हेाता है। उसे हाथी, घोड़े वाहनादि का सुख हेाता है और उत्तम स्वास्थ्य भोगता हुआ दीर्घ जीवी हेाता है।

(२२) गज-योग :— यदि एकादश स्थान से नवम स्थान का स्वामी (अर्थात् लग्न से सप्तम स्थान का स्वामी) चं. के साथ होकर एकादश स्थान में बैठा हो और एकादशेश की उस पर दृष्टि पड़ती हो तो इस योग को गज-योग कहते हैं। ऐसे योग में उत्पन्न हुआ मनुष्य, आजन्म सुखी, धनी, धार्म्मिक एवं विलासी होता है। हाथी, घोड़े वाहनादि और पशुओं का उसे सुख होता है। इस योग का फल २० वर्ष की अवस्था से आरम्भ होकर २९ वर्ष की अवस्था तक प्रवल रहता है।

(२३) गन्धर्व-योग :— यदि दशमेश सप्तम स्थान से त्रिकोण में हो (अर्थात् लग्न से एकादशस्थ या तृतीयस्थ हो) और लग्नेश वृ. के साथ हो तथा बली सूर्य्य उच्च हो तो गन्धर्व-योग होता है। ऐसा योग वाला जातक बली, सुख भोगने वाला, प्रतापी और उत्तम वस्त्रादि से सुसज्जित रहता है। गान विद्या में कुशल होता है। उसकी आयु ६८ वर्ष की होती है। उदाहरण कु. में दशमेश एकादशस्थ है, और लग्नेश स्वयम वृ. है तथा र. उच्च नवांश का है। योग मध्यम रूप से लागू कहा जासकता है परन्तु सन्देह होता है।

(२४) गोल-योग :— यदि पूर्ण चन्द्रमा, वृ. और शु. के साथ होकर नवम स्थान में हो और लग्न का नवांश जो राशि हो, उस राशि में बुध बैठा हो तो गोल-योग होता है। इस योग वाला जातक, विद्वान्, नम्र, दीर्घजीवी एवं उत्तम भोजनादि का सुख पानेवाला होता है। वह ग्राम और मण्डली का रक्षक अथवा दण्डाधिकारी होता है। यह गोल-योग "शत योग-मञ्जरी" नामक पुस्तक में पाया जाता है।

(२५) गौ-योग :—यदि लग्नाधिपति उच्च हो और बृ. बली तथा मूल-त्रिकोण में रहता हुआ द्वितीयेश के साथ हो तो गौ-योग होता है । ऐसा जातक ५० वर्ष से अधिक जीता है और उसका जन्म किसी एक सुप्रतिष्ठित कुल में होता है । वह धनी, सुखी, बली, अधिकारी और चित्त आकर्षित करने वाला होता है ।

(२६) चापयोग :— यदि लग्नेश उच्च हो और चतुर्थेश दशमस्थ हो तथा दशमेश चतुर्थस्थ हो तो चाप योग होता है । ऐसा जातक अठारह वर्ष की अवस्था के बाद किसी राज्य में मन्त्री के पद पर नियुक्त होता है अथवा कोषाध्यक्ष का पद पाता है और वह बली होता है । मतान्तर से यह भी कहा जाता है कि शुक्र, कुम्भ राशिगत हो, मंगल मेष राशि गत हो और बु. स्वगृही हो तो भी चाप-योग होता है । ऐसे योग में जातक राजा होता है । देखो कु. २८ श्री नरसिंह भारती जी की । लग्नेश शु. उच्च है, दशमेश चं. चतुर्थ में है, और चतुर्थेश श. दशम में है । यह दश वर्ष की अवस्था में ही जगत्-गुरु की गद्दी पर बैठे थे । हो सकता है कि उस गद्दी के कोषाध्यक्ष १८ वर्ष के बाद ही से हुए हों ।

(२७) चक्र-योगः— यदि राहु दशमस्थ हो, दशमेश लग्न में हो और लग्नेश नवम स्थान में हो तो चक्र योग होता है । ऐसा जातक २० वर्ष की अवस्था के बाद, बहुत ग्राम और मण्डली का अधिपति होता है तथा सेना का मालिक होता है एवं जनता से पूजित होता है ।

(२८) चतुर्मुख-योगः—नवमेश जिस स्थान में बैठा हो उस स्थान से बृ. केन्द्र गत हो, एकादशेश जिस स्थान में बैठा हो उस स्थान से शुक्र केन्द्र-वर्त्ती हो और पुनः लग्नेश तथा दशमेश केन्द्र गत हो तो चतुर्मुख योग होता है । ऐसे योग में जातक ब्राह्मण एवं विद्वानों से पूजित होता है । वह अनेक प्रकार की विद्याओं का जानने वाला, विजयी और भोजन सुख सम्पन्न रहता हुआ भूमि आदि का दान देने वाला, एक सौ वर्ष जीता है ।

(२९) चन्द्रयोगः—यदि लग्न में कोई ग्रह उच्च हो उस पर मंगल की दृष्टि हो और पुनः यदि नवमेश तृतीयस्थ हो तो चन्द्र-योग होता है । ऐसे

योग का फल यह होता है कि जातक मन्त्री, सेनाधिपति, अश्वादि वाहनों का स्वामी, साहसी एवं बलिष्ट होता है। उसकी ६२ वर्ष की आयु होती है। स्मरण रहे कि ऐसा योग केवल ४ प्रकार का सम्भव है। ग्रह सात हैं और प्रति-योग में लग्नस्थ ग्रह का उच्च होना आवश्यक है अर्थात सूर्य्य, च., बृ. और शनि इन ४ ग्रहों के उच्च होने से यह ४ योग होंगे। मंगल के लग्न में उच्चस्थ होने से यह योग उपस्थित नहीं होगा। कारण, मंगल की दृष्टि लग्न पर रहना आवश्यक है। जब मं. उच्चस्थ होकर लग्न में बैठेगा तो मंगल की दृष्टि का अभाव होगा। इसी प्रकार बृ. उच्चस्थ हो तो कर्क लग्न होगा, कर्क लग्न होने से नवमेश, बृ. होगा फिर बृ. तृतीय स्थान में नहीं जासकता। इसी तरह यदि शुक्र उच्च होकर लग्न में बैठा हो तो नवमेश मंगल होगा और इस योग की पूर्त्ति के लिये मंगल का मीन से तृतीय स्थान अर्थात् वृष में रहना आवश्यक है। यदि मंगल तृतीयस्थ होगा तो मंगल की दृष्टि मीन लग्न पर नहीं पड़ेगी। इस कारण शुक्र के भी उच्चस्थ होने से इस योग का अभाव होगा।

(३०) <u>चामर-योगः</u>—यदि लग्नेश उच्च होकर केन्द्रवर्त्ती हो और उसपर बृ. की दृष्टि हो तो एक प्रकार का चामर योग होता है। पुनः यदि दो शुभग्रह लग्न, सप्तम, नवम, अथवा दशम भाव में हो तो यह दूसरे प्रकार का चामर योग होता है। एक दूसरे विद्वान् का कथन है कि वह शुभग्रह पाप युक्त वा दृष्ट न हो। यद्यपि ऐसा लेख नहीं मिलता। ऐसा योग रखने वाला जातक ज्ञानी, दार्शनिक शास्त्रज्ञ, विद्वान्, व्याख्याता अथवा राज कुलमें उत्पन्न होता है और ऐसा जातक ७० वर्ष तक जीवित रहता है। देखो कुं. १५ ट्रॅवेनकोर के राजा की। लग्नेश उच्च केन्द्र में है और बृ. से दृष्ट भी है। आप बड़े विद्वान्, राज-विद्रोह के काल में भी आपने राज्य को सुरक्षित रखा। देखो कुं. २६ भूत पूर्व महाराजाधीराज दरभंगा की। लग्न, सप्तम और नवम में तीन शुभग्रह बैठे हैं एक साथ नहीं, अलग-अलग ऊपर लिखे हुए लगभग सभी गुण इन में थे। इनकी मृत्यु ६९ वर्ष ९ मास की अवस्था में हुई थी। इस कुं. में तीन ग्रहों में से एक शु. पाप दृष्ट है, परन्तु दो ग्रह पापयुक्त नहीं हैं और न दृष्ट। देखो कुं. ४१ हसन इमाम साहेब की। इस कुं. में दो शुभग्रह लग्न में है और एक दशम में, परन्तु तीनों शुभग्रह श. से दृष्ट हैं। उपर लिखे हुए

कुछ गुण उनमें अवश्य थे, परन्तु इनको मृत्यु लगभग ६२ वर्ष की उम्र में हुई थी।

(३१) चित्रयोगः—यदि द्वितीयेश नवमस्थ हो, नवमेश एकादशस्थ हो और एकादशेश उच्च हो तो चित्र योग होता है। ऐसा योगवाला जातक बहुत तीक्ष्ण बुद्धि वाला, अनेक विद्याओं का जानने वाला एवं विज्ञान् में प्रवीण होता है। राज वंश में जन्म होने से अवश्य ही राजा होता है अन्यथा बड़ा उत्तम राज नैतिक, पदारुढ़ अथवा मन्त्री होता है। उसकी आयु ७० वर्ष की होती हैं।

(३२) चण्डिका-योगः—षष्ठेश का नवमांश प्रति और नवमेश अर्थात् जिस नवांशमें उसका स्वामी हो ये दोनों ग्रह यदि सूर्य्य के साथ एकत्रित हों और षष्ठेश की दृष्टि लग्न पर पड़ती हो और लग्न स्थिर राशि हो तो चण्डिका योग होता है। स्मरण रहे कि यह योग भी लागू होगा जब कि जन्म लग्न स्थिर राशि का हो। ऐसे योग में जन्म लेने वाला जातक युद्ध प्रिय, दान शील, धनी, सुविख्यात, प्रतिष्ठित और मन्त्री आदि होता है। तथा वह स्वस्थ्य एवं सुख भोगता हुआ १०० वर्ष तक होता है।

(३३) चन्द्रिका-योग :— नवमेश जिस स्थान में हो यदि उस स्थान का स्वामी लग्नस्थ हो और मङ्गल पञ्चम-भाव-गत हो तो चन्द्रिका-योग होता है। ऐसे जातक को कन्या अधिक होती है परन्तु सन्तान से दुःख पाता है। वह बड़ा अधिकार वाला होता है। वह विषम वर्षों में (१, ३, ५, ७ इत्यादि वर्षों में) सुखी रहता है।

(३४) चतुः सागर-योग :— यदि सभी पापग्रह और सभी शुभग्रह चारो केन्द्रों में बैठे हों तो चतुः सागर योग होता है। ऐसा योग राज्य एवं धन देने वाला होता है। इसी प्रकार यदि कर्क, मकर, तुला और मेष राशि ही में पाप एवं शुभ सभी ग्रह बैठे हों तो ऐसे चतुः सागर योग में जन्म लेने वाले जातक को अरिष्ट नहीं होता। ऐसा जातक पृथ्वीपति, बहु रत्न युक्त एवं हाथी, घोड़े आदि वाहनों से भूषित रहता है। पुनः यदि चारो केन्द्रों में केवल शुभ ग्रह ही हों तो जातक लक्ष्मीपति होता है और यदि केवल चारो केन्द्रों में केवल पाप ग्रह ही हों तो जातक पृथ्वीपति होता है।

(३५) <u>जय-योग</u> :— यदि षष्ठेश नीच और दशमेश परमोच्च हो तो जय-योग होता है। ऐसा जातक अपने शत्रुओं पर विजय पाता है। जिस स्थान में जाता है वहां विजयी होता है और सर्व कार्य्यों में उसे सफलता होती है तथा स्वास्थ्य और सुख भोगता हुआ दीर्घजीवी होता है। देखो कु. ६ पैगम्बर मोहम्मद साहेब की। दशमेश उच्च है और षष्ठेश नीच। फल भी वैसा ही है।

(३६) <u>त्रिलोचन योग</u> :— यदि र., चं. और मंगल एक दूसरे से त्रिकोणस्थ हो और इन तीनों ग्रहों के साथ शुभग्रह हों तो जातक अत्यन्त धनाढ्य, बहुत ही विद्वान् एवं बुद्धिमान्, शत्रुओं पर विजय पाने वाला और दीर्घजीवी होता है।

(३७) <u>देवेन्द्र-योग</u> :— यदि लग्न स्थिर राशि हो, लग्नेश एकादशस्थ और एकादशेश लग्नस्थ हो एवं द्वितीयेश दशमस्थ तथा दशमेश द्वितीयस्थ हो तो देवेन्द्र योग होता है। ऐसा जातक अत्यन्त सुन्दर, स्त्रियों का प्रिय, अनेक कोट किलाओं का अधिपति, सेनापति, बड़ा साहसी, सुविख्यात एवं अच्छे स्वभाव का होता है। और जातक ६० वर्ष तक जीता है।

(३८) <u>दण्ड-योग</u> :— यदि तृतीयेश उच्च हो, वृ. तृतीयस्थ हो और वृ. पर शु. की दृष्टि हो तो दण्ड-योग होता है। ऐसा जातक बहुत पृथ्वी का स्वामी होता है। वह धनी, पशुओं का मालिक और राज्याधिकारी अर्थात् शासक, प्रबन्ध कर्त्ता अथवा कई ग्रामादि का स्वामी होता है। यदि सभी ग्रह मिथुन, कर्क, कन्या धन और मीन राशि गत हों तो दूसरे प्रकार का (जातक संग्रह) दण्ड योग होता है। ऐसा जातक राजा के पद को प्राप्त करता है तथा पृथ्वी पति होता है। वह बड़ा पराक्रमी, तेजस्वी और पुण्यात्मा होता है।

(३९) <u>देव-योग</u> :–(इस योग के लिये जातक का दिन में जन्म होना चाहिये), रात्रि में जन्म होने से इस योग का अभाव होता है। यदि नवमेश और नवमेश जिस नवांश में हो उसका स्वामी, ये दोनों ग्रह लग्न के द्रेष्काण अधिपति के साथ हो तो देवयोग होता है। ऐसा जातक तीक्ष्ण बुद्धि, गौरव वाला, शारीरिक शक्ति वाला, अत्यन्त ख्याति वाला और ३२ वर्ष के उर्द्ध नाना प्रकार की सम्पत्ति वाला होता है।

(४०) <u>धर्म्मयोग</u>:—यदि वृ. और शु. द्वितीयेश के साथ होकर ९वें स्थान में हो तो धर्म्म योग होता है। ऐसा जातक धनी, बली, पराक्रमी, उदार, दानशील, सेनाधिपति और युद्धप्रिय होता है।

(४१) धूमयोगः—मंगल के नवांश का स्वामी जिस स्थान में हो, उस स्थान से बृहस्पति और शुक्र यदि त्रिकोण में हों और उच्च शनि दशमस्थान में हो तो धूमयोग होता है। यह योग केवल मकर लग्न में जन्म लेने वाले ही को लागू होगा। ऐसे योग का फल यह होता है कि जातक धनी, सुखी, साहसी, निरोग, बली और राजाओं से सम्मानित होता है। ९ वर्ष की अवस्था के बाद उसके शुभ फलों का उदय होता है।

(४२) ध्वज-योगः—यदि सब शुभग्रह लग्न में हों और सभी पापग्रह अष्टम स्थान में हो तो ध्वज-योग होता है। ऐसा जातक राजा होता है।

(४:) नाग-योगः—यदि दशमेश के नवांश का अधिपति दशम स्थान में बैठा हो और लग्नेश भी दशम में हो तो नागयोग होता है। ऐसा जातक १६ वर्ष के बाद विद्या प्राप्त करता है और राजानुग्रहीत, तथा नम्र एवं धनी होता है।

(४४) नाभि-योगः—यदि बृ. लग्न से नवम स्थान में हो, नवमेश बृ. से एकादशस्थ अर्थात् लग्न से सप्तमस्थ हो और उसके साथ बली चं. भी हो तो नाभियोग होता है। ऐसे योग में जातक २१ वर्ष की अवस्था से ऊर्द्ध में सुख, विद्या, धन और राजसन्मान की प्राप्ति करता है। तीन वर्ष में ही ५०० निष्क उसके कोष में जमा हो जाते हैं। प्राचीन समय में निष्क सोने के एक टुकड़े को कहते थे जो यज्ञादि क्रिया की दक्षिणा में दिये जाते थे। यद्यपि निष्क की तौल भिन्न भिन्न समय में भिन्न भिन्न थी परन्तु बहुमत से एक निष्क लगभग ७२ तोले का होता था। वर्तमान् स्वर्ण के भाव से ७२ तोले का मोल २००० दो हजार रु. होता है। पांच सौ निष्क का मूल्य आजकल लगभग १०००००० दशलाख होता है। ज्योतिष शास्त्र में प्रायः निष्क शब्द का प्रयोग किया गया है। लेखक का विचार है कि जब जब ज्योतिष में धन का प्रमाण दिया गया है उसका भाव यह नहीं है कि ठीक उतना ही द्रव्य सञ्चय हो। इस कारण, इस योग में १०००००० दशलाख कहने का केवल अभिप्राय यही है कि ऐसे जातक के कोषागार में अटूट धन का संग्रह होगा।

(४५) नल-योग :— नवमेश जिस नवांश में हो यदि उसका स्वामी उच्च हो और उसके साथ लग्नेश भी हो तो नल-योग होता है। ऐसा जातक सात

वर्ष की अवस्था के बाद राजा अथवा राजाधिकारी होता है। वह स्त्रीप्रिय और धार्म्मिक कार्य्यों का करने वाला होता है ।

(४६) नन्दा-योग :— दो दो राशियां में यदि दो दो ग्रह हों और तीन राशियों में यदि एक एक ग्रह हो तो नन्दा योग होता है । ऐसे योग का जातक अत्यन्त सुखी और बड़ी आयु का होता है ।

(४७) नलिका-योग :— यदि पञ्चमेश नवमस्थ हो और यदि एकादशेश चं. के साथ होकर द्वितीयस्थ हो तो नलिका-योग होता है। ऐसे योग का जातक राजाधिराजा होता है। अन्य राजाओं से प्रतिष्ठित होता है। वह बोलने में बड़ा स्मर्थ होता है और षोड़श प्रकार के दान देनेवाला तथा ५० वर्ष से ऊर्द्धजीवी होता है। इस स्थान पर कु. २६ भूतपूर्व महाराज-धिराज दरभङ्गा की देखने योग्य है। इन की कु. में पञ्चमेश नवमस्थ है और एकादशेश मं. भी चं. के साथ है, परन्तु द्वितीय स्थान (धन स्थान) में न रह कर पञ्चम स्थान (बुद्धि एवं ईश्वर प्रेम) में बैठा है। विद्वान् लोग इस पर विचार करें कि क्या यह नहीं कहा जा सकता कि अनुष्ठनादि द्वारा ही आपने अपने जीवन-विजय का इसी योग द्वारा डंका पीट दिया ?

(४८) नृप-योग :— लग्नेश के नवांश का स्वामी यदि चन्द्रस्थित राशि के स्वामी के साथ हो और उसपर दशमेश की दृष्टि हो तो नृप-योग होता है। ऐसे योग का जातक किसी प्रान्त का अध्यक्ष, अधिकारी अथवा मंत्री होता है और सेनापति भी होता है। उसकी यश कीर्त्ति बहुत होती है। तीन वर्ष की अवस्था के ऊर्द्ध से इन सब फलों का आरम्भ होने लगता है।

(४६) नागेन्द्र-योग :— यदि नवमेश लग्न से तृतीय स्थान में हो और उस पर वृ. की दृष्टि पड़ती हो तो नागेन्द्र-योग होता है। ऐसे जातक का शरीर सुन्दर और सुडौल होता है। विद्वान् एवं उत्तम प्रकृति का होता है तथा छठें वर्ष की अवस्था से उसके सुख की वृद्धि होने लगती है।

(५०) नासीर-योग :— यदि लग्नेश और वृ. चतुर्थ स्थान में हो और चं. सप्तमेश के साथ हो तथा लग्नेश पर शुभदृष्टि हो तो नासीर-योग होता है। ऐसा जातक सदाव्रत देने वाला, सुखी और बहुत ही धनी होता है तथा उसका शरीर स्थूल होता है। एवं ३३ वर्ष के ऊर्द्ध उसकी बड़ी ख्याति होती है।

(५१) पारिजात-योग :— लग्नेश जिस राशि में हो, उस राशि का स्वामी जिस नवांश में हो उस नवांसका स्वामी केन्द्र में हो, त्रिकोण में हो अथवा उच्च हो। इसी प्रकार लग्न का स्वामी जिस राशि में हो उस राशि का स्वामी केन्द्र में हो, त्रिकोण में हो अथवा उच्च हो तो इन दोनों प्रकारों से पारिजात योग होता है। ऐसे योग का फल यह है कि जातक अपने मध्य और अन्त जीवन में सुखी एवं राजाओं से पूजित होता है। दानादि कर्म का प्रेमी, उदार, युद्ध और दुष्कर कार्य्यों में उत्साहित तथा अपने कर्म में निरत (attentive to duty) दयालु एवं उसे हाथी, घोड़ों का सुख होता है। 'शतयोगमंजरी' नामक पुस्तक के अनुसार यदि पूव लिखित योग में उच्च न होकर वह ग्रह स्वगृही हो तो भी पारिजात योग लागू होता है। देखो कु. ११ माहाराज क्षत्र साल की। उक्त महाराज की नवमांश-कुण्डली में यह योग लागू है। पारिजात योग का फल भी उनके जीवनी में चरितार्थ होता है (देखो नागरी प्रचारिणी पत्रिका भाग १३, अङ्क १ पृष्ट ६७ से आगे) नवमांश कुण्डली का लग्नेश सूर्य्य कुम्भ-राशि में है, कुम्भ का स्वामी शनि तुला-राशि में है और तुला का स्वामी शुक्र उच्च है। इस कुण्डली में और भी बहुतेरे राज्य योग पाये जाते है कि जिनका विवरण समुचित स्थानों में किया गया है। पुनः देखो कुं. ३३ महाराजा मैसूर की। लग्नेश बु. मकर में है। मकर का स्वामी श. कुम्भ के नवांश में है। कुम्भ का स्वामी श. लग्न (केन्द्र) में है और पुनः लग्न का स्वामी बु. मकर-राशि में है। मकर का स्वामी श. कन्या राशि में है और कन्या का स्वामी बु. त्रिकोण में है। दोनों प्रकारों से पारिजात योग लागू होता है। इन्हीं कारणों से यद्यपि उनका जन्म एक साधारण वंश में हुआ था परन्तु ग्रहों ने अपने बल से हठात् एक बड़े राज्य का दत्तक-पुत्र बना कर अधिकारी बनाया।

देखो कु. २४ सर प्रभुनारायण सिंह जी की। लग्नेश सूर्य्य, वृश्चिक में है, वृश्चिक का स्वामी मं., धन के नवांश में है और धन का स्वामी बृ. केन्द्र में है। पुनः लग्न का स्वामी सूर्य, वृश्चिक में है। वृश्चिक का स्वामी मंगल सिंह में है और सिंह का स्वामी सूर्य्य केन्द्र में है। इन्हीं योगों के रहने से यद्यपि उक्त महाराजा का जन्म राजवंश के बाबुआनों में था, अर्थात् राजाधिकारी न थे, परन्तु ग्रहों ने इनको

दत्तक पुत्र बनाकर एक बड़े प्राचीन गौरवान्वित राजधानी के सिंहासन पर बैठा दिया । प्रिय पाठकगण विचार पूर्वक यदि उक्त उदाहरणों पर ध्यान दिया जायगा तो एक बात देखने की यह होगी कि ये सब के सब द्वितीय अवस्था से ही अपने जन्म-कुल-वंशादि से बहुत अधिक उच्च पदपर पहुंचते गये ।

देखो कु. २७ स्वर्गवासी महाराजा लक्ष्मेणश्वर सिंह बहादुर (दरभंङ्गा) की। लग्नेश शु. सिंह राशि म है, सिंह का स्वामी र. मेष के नवमांश में है, और मेष का स्वामी मं. लग्न से केन्द्र में है। पुनः लग्नेश शु., सिंह में है, सिंह का स्वामी र. कन्या में है और कन्या का स्वामी बु. त्रिकोण तथा उच्च भी है। इस प्रकार दोनों योग लागू होते हैं। इस योग का फल उक्त महाराजा की कु. में पूर्ण प्रकार से लागू था।

देखो कु. २६ स्वर्गीय महाराजाधिराज रामेश्वर सिंह बहादुर जी की। लग्नेश बुध धन राशि में है। इस का स्वामी वृ., वृष के नवांश में है और उसका स्वामी शुक्र त्रिकोण में है, पुनः लग्न का स्वामी बुध, धन राशि में है उसका स्वामी वृ. मिथुन में है और मिथुन का स्वामी बुध केन्द्र में है। इस कारण पारिजात-योग दोनों प्रकार से लागू है और फल भी उक्त महाराजा की जीवनी में अक्षराक्षर ठीक हुआ है । देखो कुं ७ आदिगुरु की। लग्नेश चं., वृष में है, वृष का स्वामी शु., वृष ही के नवमांश में है और उसका स्वामी शु. केन्द्र में है। यद्यपि यह राजा न थे परन्तु धार्मिक विभाग के परम पूज्य राजा हुये और समस्त राजाओं से पूजित थे, इस कारण योग के समस्त फल लागू है।

देखो कुं, २८ जगत गुरु नरसिंह भारती जी की। लग्नेश शु. मीन राशि में है, मीन का स्वामी वृ., तुला के नवमांश में है, और उसका स्वामी शु. उच्च है। इस कारण योग लागू है। यह महाराज कृष्णराज उदैयार ३ के दरबार के एक बुद्धिमान् पुरुष के पुत्र थे। पर इसयोग ने श्रृङ्गिरी के धार्म्मिक गद्दी पर दश वर्ष की अवस्थ में ही बैठाया।

देखो कुं. १३ कुमार देवनारायण सिंह की। लग्नेश वृ. सिंह में है सिंह का स्वमी र. मकर राशिगत और मकर ही के नवांश में भी है तथा मकर का स्वामो श. (दोनों प्रकार से) केन्द्र में है। इसी योग ने इस साधारण

कुल के बालक को लगभग ६० हजार की वार्षिक आमदनी का मालिक बनादिया। देखो कु १२ हैदर अली की। 'शत योग मञ्जरी' अनुसार एक प्रकार का पारिजात योग इस कु. में लागू है। लग्नेश शु. मकर में है, मकर का स्वामी वृश्चिक में है और वृश्चिक का स्वामी मंगल स्वगृही है। नवांशादि का बोध नहीं रहने के कारण अन्य प्रकार के योग का विचार नहीं किया गया।

(५२) पर्वतयोगः पर्वत योग दो प्रकार के कहे गये हैं। (१) पहला, यदि शुभ ग्रह लग्न से केन्द्र में हों, षष्ठ और अष्टम स्थान में भी शुभग्रह हों अथवा षष्ठ और अष्टम में कोई ग्रह न हो। दूसरे प्रकार से, जब लग्नेश और द्वादशेश एक दूसरे से केन्द्र में हो और मित्रग्रहों से दृष्ट हो तो पर्वत योग होता है। ऐसे योग में जन्मा हुआ जातक भाग्यशाली, विद्या में आनन्द पूर्वक लगा रहने वाला, दाता, यशस्वो पुर एवं ग्रामों का नायक होता है। परन्तु कामी और परस्त्री- क्रीड़ा-रत होता है।

(५३) पद्मयोगः- यदि लग्न से नवमेश और चं. से नवमेश शु. के साथ नवम स्थान में हों तो पद्म योग होता है। ऐसा योग वाला जातक सर्वदा आनन्द एवं सुख का भोगने वाला, शुभ कार्य्य निरत, और पन्द्रह अथवा २० वर्ष की अवस्था के बाद बड़े लोगों से अथवा राजा से अनुगृहीत होता है।

(५४) बुध योगः—यदि लग्न में बृहस्पति हो, बृहस्पति से केन्द्र में चन्द्रमा, चन्द्रम से द्वितीय स्थान में राहू और तृतीय स्थान में सूर्य्य तथा मंगल हो तो ऐसा जातक राजा तुल्य, श्री से युक्त, अत्यन्त, बली, बहुत ही ख्यातिमान् अर्थात, विख्यात् शास्त्र निपुण, क्रय-विक्रय चतुर, बुद्धिमान् और शत्रु-रहित होता है।

(५५) वसुमति-योगः–लग्न से अथवा चन्द्र लग्न से यदि शु.बृ.और बुध (परन्तु बुध के साथ कोई पापग्रह नहीं हो) उपचय में हो अर्थात् ३, ६, १०, ११ स्थान में हो तो वसुमती योग होता है। यह योग इन शुभग्रहों के लग्न से उपचय गत होने से भी होता है। एवं चन्द्र लग्न से भी यह योग होता है। परन्तु लग्न से उपचय गत होने से वसुमती योग उत्तम प्रकार का होता है। इस योग के रहने पर जातक करोड़पति होता है। परन्तु यदि दो ही शुभग्रह लग्न से उपचय में हो तौ भी बहुत धनाढ्य होता है। यदि एक ही शुभग्रह

लग्न से उपचय में बैठे हों तो जातक साधारण धनवाला होता है। चंद्र लग्न से यदि उक्त योग पाये जांये तो फल में न्यूनता होती है । उदाहरण कुं. में लग्न से एकादश स्थान में शुक्र, बुध बैठे हैं परन्तु उसके साथ सूर्य्य भी है, बुध के साथ सूर्य्य रहने से बुध का शुभत्त्व जाता रहा इस कारण लग्न से उपचय में केवल एक ही ग्रह स्वगृही शुक्र रह जाता है। देखों कुं. ४६ डाक्टर सुरेन्द्र मोहन गुप्ता की। इस कुं. में लग्न से दशम में बुध और शु. सूर्य्य के साथ है तथा एकादश में बृ. है उपचय में तीनों ग्रह हैं परन्तु बुध के साथ सूर्य्य के रहने से बुध पाप ग्रह हो गया। इस कारण डाक्टर साहब लाख ही की खबर ले रहे हैं। ज्योतिष प्रेमी ऐसा न समझ लें कि इस योग का नहीं रहना धनाभाव का सूचक है। देखो कुं. ५१ उपचय में बु. और बृ. है। चद्र लग्न से शु. भी उपचय में है। तभी तो यह हजारों रुपये मासिक पा रहे हैं।

(५६) विष्णु योग :— यदि नवमेश, दशमेश और नवमेश के नवांश का स्वामी, ये तीनों ग्रह द्वितीय स्थान में बैठे हों तो विष्णु योग होता है। ऐसा जातक विष्णु भक्त, राजानुगृहीत, सर्व-सुख-सम्पन्न, धैर्य्यवान्, विद्या विवाद में चतुर, हास्य प्रिय और वार्तालाप में चपल होता है। वह बहुत ही धनाढ्य तथा रोग रहित होकर सौ वर्ष तक जीता है ।

(५७) भेरीयोग :— भेरी योग दो प्रकार का होता है (१) लग्न में, लग्न से द्वादश में, लग्न से द्वितीय में और लग्न से सप्तम में अर्थात् इन चारो स्थानों में यदि कोई न कोई ग्रह बैठा हो तो भेरी योग होता है। (२) जब शु. और लग्नेश बृ. से केन्द्र में बैठे हों तथा नवमेश बली हो तो यह दूसरे प्रकार का भेरी योग होता है। भेरी योग में जन्म लेने वाला जातक बहुत बड़ा आदमी होता है। दीर्घायु, रोग एवं भय से रहित, धन, पृथ्वी, स्त्री-संतानादि सम्पन्न, अत्यन्त प्रसिद्ध, आचार विचार द्वारा अत्यन्त सुखी, धैर्य्यवान्, विज्ञानादि शास्त्रों का जानने वाला और सांसारिक बातों में प्रवीण होता है।

(५८) भास्कर योग :— यदि सूर्य्य से द्वितीय स्थान में बुध हो, पुनः यदि बुध से एकादश स्थान में चन्द्रमा हो और यदि चन्द्रमा से त्रिकोण में

बृहस्पति हो अर्थात् सूर्य्य से द्वादश में चन्द्रमा और सूर्य्य से द्वितीय में बुध तथा सूर्य्य से चतुर्थ अथवा अष्टम में बृहस्पति हो तो ऐसे योग को भास्कर योग कहते हैं। ऐसा योग वाला बालक अत्यन्त शूर, बलिष्ट, शास्त्रार्थ जानने वाला, विद्वान्, सुन्दर, गणित विद्या में निपुण, धीर, समर्थ और गान विद्या के स्वरों से युक्त होता है।

(५८) भद्रयोग :— दो प्रकार का होता है। एक पञ्च महापुरुष योगों के अन्तर्गत जो बुध ग्रह के उच्चादि होने पर निर्भर करता है जिसका उल्लेख उचित स्थान में किया गया है और दूसरा चं. और बृ. के द्वितीयस्थ होने पर द्वितीयेश के एकादशस्थ होने से तथा लग्नेश के शुभ युक्त होने से होता है। इस योग का फल यह है कि ऐसा जातक अत्यन्त बुद्धिमान्, दूसरों के मनोभाव को जानने वाला, अत्यन्त धनी, नाना प्रकार के कला कौशल का जानने वाला और मजदूर दलों का नायक होता है। तीसरे वर्ष की अवस्था से उसके सुख की वृद्धि होती है।

(६०) भूपयोग :— राहु के नवांश का स्वामी जिस स्थान में बैठा हो, उस स्थान से पञ्चम अथवा नवम स्थान का स्वामी स्वगृही हो और उस स्वगृही ग्रह पर मंगल की दृष्टि हो तो भूपयोग होता है। ऐसा जातक शत्रुओं का पराजय करता है, बड़ा नायक अथवा सेनापति होता है। वचन बोलने में वह अत्यन्त ही चतुर और हास्यप्रिय होता है। चौंतीस वर्ष की अवस्था से उसके प्रभाव एवं अधिकार में उन्नति होती है। देखो कुण्डली ६५. राहु, वृश्चिक के नवांश में है, जिसका स्वामी मं. है और मं. से नवम स्थान का स्वामी बृ., स्वगृही नहीं बल्कि उच्च मं. से दृष्ट नहीं पर मं. से युक्त है। अतएव योग लागू है। उक्त बाबू साहब अमाँवाँ-टिकारी राज के प्रधाननायक और बहुत ही शत्रु विजयी हुए। अत्यन्त ही चतुरभाषी थे और लगभग २४ वर्ष की अवस्था में आप टेकारी राज के मैनेजर हुए।

(६१) भव्ययोग :— चन्द्रमा दशमस्थ हो और चन्द्र नवांशेश उच्च हो तथा नवमेश एवं द्वितीयेश एक साथ हो तो भव्ययोग होता है। ऐसा जातक नाना प्रकार की विद्या एवं विज्ञान-शास्त्र का जानने वाला होता है, आदरणीय, प्रशंसनीय एवं अत्यन्त सुशील होता है। धनी होते हुए ऐसे जातक

के पास अनेक प्रकार की उत्तम-उत्तम चीजें एवं निराली और दुर्लभ पदार्थों का संग्रह रहता है।

(६२) भोगयोग :— बृहस्पति दशमस्थ हो और दशमेश नवमेश के द्रेष्काण-राशि गत हों तो भोगयोग होता है। ऐसा जातक राजा अथवा राजा-तुल्य होता है और नाना प्रकार के राज-सुख को भोगता है। बहुत से लोग ऐसे जातक से सुखी होते हैं। ऐसे जातक को स्त्रियां बहुत पसन्द करती हैं। ४४ वर्ष की अवस्था के बाद उसकी उन्नति में विकाश होता है।

(६३) मत्स्य योग :— यदि लग्न और उससे नवमस्थान में कोई पापग्रह हो तथा लग्न से पञ्चम स्थान में शुभग्रह और पापग्रह दोनों हों एवं लग्न से चतुर्थ वा अष्टम स्थान मे पापग्रह हो तो मत्स्ययोग होता है। ऐसा जातक ज्योतिष विद्या का जानने वाला, करुणा का समुद्र, धार्मिक अत्यन्त ही मेधावी, बली, यशस्वी, विद्वान् और सुन्दर होता है। इस योग में "लग्न धर्म गत पापे"— लिखा है। कोई विद्वान् इसका अर्थ करते हैं कि लग्न में पाप का रहना आवश्यक नहीं केवल नवम में। देखो उदाहरण कुं. लग्न एवं नवम में पापग्रह है, पञ्चम शुभ और पाप से दृष्ट है, इसी प्रकार चतुर्थ भी पापदृष्ट है। पञ्चम एवं चतुर्थ में पाप ग्रह बैठे नहीं है। उक्त जातक को इस योग का फल लागू है।

(६४) मरुद्योग :— यदि शुक्र से त्रिकोण में बृहस्पति हो, बृहस्पति से पञ्चमस्थ चन्द्रमा हो और चन्द्रमा से केन्द्र में सूर्य्य हो, तो मरुद् योग होता है। ऐसा जातक वाग्मी अर्थात् व्याख्याता, चौड़ी छाती, स्थूलोदर, शास्त्रज्ञ, वाणिज्य-कुशल, उन्नतिशील, राजा या राजा तुल्य होता है।

(६५) मूषलयोग : - यदि सभी ग्रह स्थिर राशि गत हो और चर तथा द्विस्वभाव राशिगत न हों तो यह एक प्रकार का मुषल योग होता है। इसका फल यह है कि जातक धनाढ्य, कार्य्य करने में तत्पर एवं मर्य्यादा प्रिय होता है। दूसरे प्रकार का मुषलयोग यों होता है, कि जब राहु दशमस्थ हो, दशमेश उच्च हो और दशमेशपर शनि की दृष्टि पड़ती हो। ऐसे योगका फल यों लिखा है कि जातक के नेत्र बड़े और आकर्षित करने वाला होता है।

वह सुन्दर और बली होता है अथवा दीवान एवं मन्त्री आदि के पदपर नियुक्त होता है। उसे व्यवसाय से धन को प्राप्ति होती है।

(६६) मदनयोगः—दशमेश, शुक्र के साथ लग्न में बैठा हो और एकादशेश एकादश स्थान में हो तो मदनयोग होता है। ऐसा जातक किसी राजा-महाराजा का मन्त्री, देखने में अत्यन्त सुन्दर और स्त्रियों के चित्त को आकर्षित करने वाला होता है। २० वर्ष की अवस्था में उसकी भाग्योन्नति होती है।

(६७) मालायोगः -यदि द्वितीय, नवम और एकादश स्थान का स्वामी स्वगृही हों तो मालायोग होता है। ऐसा जातक राज मंत्री, कोषाध्यक्ष अथवा नायक का पद पाता है। उस की ख्याति बहुत होती है और तैंतीस वर्ष की अवस्था के बाद से भाग्य का सितारा चमकता है।

(६८) मृग-योगः—अष्टमेश का नवांशपति यदि शुभ राशिगत हो, उस के साथ कोई शुभग्रह भी हो और नवमेश उच्च हो तो मृगयोग होता है। ऐसा जातक धनी, प्रतिष्ठित और कर्ण के समान दानशील तथा दुर्योधन के समान बली होता है।

(६) मृदङ्ग योग यदि कोई ग्रह उच्च हो, उस का नवांश पति केन्द्र वा त्रिकोण में हो, वह केन्द्र वा त्रिकोणगत ग्रह उच्च हो अथवा स्वगही होकर पूर्ण बलो हो और साथ ही साथ लग्नेश भी बली हो तो ऐसा योग वाला जातक चित्ताकर्षक, अतियशस्वो अथवा राजानुगृहीत होता है। ऐसे जातक का स्वास्थ्य अच्छा होता है।

(७०) मुकुट-योग: नवमेश जिस स्थान में बैठा हो उससे नवम स्थान में वृ. हो, वृ. से नवम कोई शुभग्रह हो और दशम स्थान में शनि बैठा हो तो मुकुट-योग होता है। ऐसा जातक बड़ा अधिकारी, किले और जङ्गलों का स्वामी, तथा किरातों का अधिपति होता है। शस्त्रादि विद्या में निपुण, शक्तिशाली परन्तु निर्दयी होता है और तृतोय वर्ष से उसकी उन्नति होती है।

(७१) युग्म-योगः—यदि चतुर्थेश नवम स्थान में हो,उसके साथ कोई शुभग्रह हो और उस पर बृहस्पति की दृष्टि पड़ती हो तो युग्म योग होता है।

ऐसा जातक राजाओं एवं बड़े लोगों से उपहार प्राप्त करता है और बड़े लोगों के सदृश आजन्म सुख-आनन्द का भोग करता है

(७२) रज्जु-योग:— यदि सभी ग्रह चर-राशिगत हों और कोई ग्रह स्थिर एवं द्विस्वभाव में न हो तो ऐसे योग को रज्जु-योग कहते हैं। इस योग का फल यह होता है कि जातक परदेशवासी एवं अन्यायकारी होता है। देखो मुषल योग संख्या ६९,। रज्जु योग एक प्रकार से और होता है। यदि पञ्चमेश पूर्ण चन्द्रमा के साथ होकर नवमेश के द्वादशांश की राशि में बैठा हो तो द्वितीय प्रकार का रज्जू योग होता है। इस का फल यों लिखा है कि ऐसे जातक के नेत्र बड़े और सुन्दर होते हैं। धनी, मानी, प्रतिष्ठित एवं ऐसे जातक की अत्यन्त ख्याति होती है। ऐसा जातक मध्यायु होता है और उसे बहुत सन्तान होते हैं।

(७३) राजपद योग :— यदि चन्द्रमा और लग्नेश वर्गोत्तम नवमांश के हों तथा उन पर चार या चार से अधिक ग्रहों की दृष्टि हो तो राजपद योग होता है। ऐसा जातक राजा अथवा राजतुल्य, मन्त्री अथवा प्रान्तीय शासक होता है। वह अत्यन्त धनी और दीर्घजीवी होता है।

(७४) रवियोग :— यदि रवि दशमस्थान में हो, दशमेश तृतीय स्थान में और वह शनि के साथ हो तो रवि-योग होता है। ऐसा जातक विज्ञान शास्त्र के मर्म को जानने वाला होता है। राजा एवं राज्याधिकारी, दानशील, उदार राजा, प्रतिष्ठित लोगों से सम्मानित, काम-निरत, अल्पाहारी, वक्षस्थल का ऊंचा, नेत्र सुन्दर, स्वस्थ्य और मेधावी होता है। ऐसे जातक की ख्याति पन्द्रह वर्ष के बाद होती है।

(७५) रसातल योग :— यदि द्वादश स्थान का स्वामी उच्च गत हो और शु. द्वादश स्थान में हों तथा शु. पर चतुर्थेश की दृष्टि पड़ती हो तो रसातल योग होता है। ऐसा जातक राजा वा राजा तुल्य होता है। वह बहुत धन संग्रह करता है और धन को पृथ्वी में गाड़ कर रखता है। सत्तर वर्ष के कुछ ऊर्द्ध उसकी आयु होती है।

(७६) लक्ष्मी योग :— यदि नवमेश केन्द्र में हो, मूलत्रिकोण हो अथवा परमोच्च हो और लग्नेश बली हो तो लक्ष्मी योग होता है। ऐसा जातक

बहुत देशों का नायक होता है। विद्या के लिये विख्यात, सर्वगुण विभूषित, कामदेव सदृश सुन्दर, राजा एवं बड़े लोगों से वन्दित, बहुत सी स्त्रियों वाला और बहु सन्तान वाला होता है।

(७७) विद्युत योग :— यदि एकादशेश उच्च हो और शुक्र के साथ होकर लग्नेश जिस स्थान में हो उसके केन्द्र में हो तो विद्युत योग होता है। ऐसा जातक सर्वदा दानादि क्रिया एवं सुख भोग में लिप्त रहता है। कोई बड़ा आदमी अथवा बड़ा पदाधिकारी होता हुआ बहुत सम्पत्ति वाला होता है। आठवें वर्ष के बाद से उसकी उन्नति होती है।

(७८) वृष्टि योग :— यदि रात्रि का जन्म हो, लग्न चर राशि गत हो, चन्द्रमा उच्च हो, और दशमेश का नवांशेश जिस किसी राशि में हो परन्तु पन्द्रह अंशपर हो तो ऐसा जातक व्यवसाय में बड़ा चतुर, धूर्त, एवं सफलीभूत होता है। वह धनी और दीर्घजीवी होता है, तथा उसके सुख एवं सौभाग्य का उदय पच्चीस वर्ष से ऊर्द्ध में होता है।

(७९) विभावसु योगः—यदि मं. दशमस्थ हो अथवा स्वगृही, उच्च सूर्य्य द्वितीय स्थान में हो और नवम स्थान में चं. तथा बृ. बैठा हो तो विभावसु योग होता है। ऐसे जातक की स्त्री अच्छी होती है। जातक अत्यन्त धनी और राजा से सम्मानित होता है तथा ऐसे जातक का जीवन सुखमय एवं आयु बहत्तर वर्ष की होती है।

(८०) शङ्ख-योगः—यह दोप्रकार का होता है। (१) जब पञ्चमेश और षष्ठेश एक दूसरे से केन्द्र में हों और लग्नेश बली हो तो शङ्ख योग होता है। (२) जब लग्नेश और दशमेश चर राशिगत हो, तथा नवमेश बली हो तब भी शङ्ख योग होता है। इस का फल यों लिखा है कि जातक भोग शील, दयालु, स्त्री, संतान, धन, पृथ्वी आदि से सम्पन्न, कार्य्य-निरत, शास्त्रादिकों का जानने वाला, चरित्रवान् और उत्तम कार्य्यों का करने वाला (साधु-क्रियावान्)होता है, तथा उसकी आयु एकासी वर्षकी होती है। देखो कुं. ३६ महात्मा जी की। लग्नेश और दशमेश दोनो ही बुध है और चरराशि में बैठा है, नवमेश शु. स्वगृही, मीन के सप्तांश और अपने नवमांश में है और तातकालिक

मित्र, शुभग्रह बृ. से दृष्ट भी है। इन सब साधारण कारणो से बली भी है। फल भी लग्न है। तभी तो महात्मा के साधन की शङ्ख-ध्वनि भूमंडलमात्र में गूंज उठो है। अब रही आयु की बात। ईश्वर करे कि महात्मा की आयु ८१ वर्ष की हो, किन्तु लेखक का विश्वास है और शास्त्रोक्त भी यही है कि, पूर्ण-आयु पर्यन्त वह जीता है जो १९३ धारा लिखित नियमों का शुद्ध रीति से पालन करता है। महात्माजी संयमी अवश्य हैं परन्तु कभी-कभी आप का असाधारण कठिन उपवास प्रकृति के अलौकिक नियमों से घोर विरोध रखता है। यह योग ईश्वर चन्द्र विद्यासागर की कुं १६. में भी लागू है। पञ्चमेश और षष्ठेश परस्पर केन्द्र में है और दशमेश बु. उच्चका दशम ही में बैठा है। इनकी मृत्यु ७१ वां वर्ष में हुई थी, जिससे भी आय-प्रमाण में अन्तर पड़ता है। पुनः कुण्डली ९ श्री वल्लभाचार्य्य जी की देखने से दशमेश र. चर राशि में हैं और लग्नेश मंगल भी-चर राशि में है और नवमेश चं. चतुर्थस्थ रहने के कारण एवं नवमांश में यदि वृष का हो तो बली कहा जा सकता है। परन्तु कृष्णदशमी में जन्म होने के कारण क्षीण हो चला है। फल तो इस कुण्डली में भी लागू है। परन्तु आयु इन की भी ८१ वर्ष का न होकर केवल ६२ ही वर्ष की हुई। इन सब के देखने से प्रतीत होता है कि ऐसा योग वाला जातक दीर्घायु अवश्य होता है परन्तु, ग्रह तारतम्यनुसार आयु में कुछ न्यूनता होती है।

(८५) श्रीनाथ-योगः—यदि सप्तमेश दशम स्थान में हो और दशमेश के साथ नवम स्थान का स्वामी भी बैठा हो तो श्रीनाथयोग होता है। इस योग में 'कामेश्वरे कर्मगते स्वतुङ्ग कर्माधिपे भाग्यपसंयुते च"। ऐसा लेख मिलता है। किसी का मत है कि सप्तमेश उच्च होना चाहिये और किसी का मत है कि दशमेश उच्च होना चाहिये। फल बहुत ही उतकृष्ट बतलाया गया है, इस से दशमेश का उच्च होना ही ठीक अर्थ होगा। केवल धन-लग्न में हो सप्तमेश, दशम स्थान में उच्च हो सकता है अन्यथा नहीं। ऐसा जातक इन्द्र-सदृश राजा होता है। वह धन, सुख, मर्य्यादा और ख्याति प्राप्त करता हुआ दीर्घजीवी होता है।

(८२) शारदा-योगः—(१) यदि दशमेश पञ्चमभाव में हो, बुध केन्द्र में हो, सूर्य्य स्वगृही हो और अति बलवान् हो (२) यदि चं. से बु.

त्रिकोण में हो और बुध से मंगल त्रिकोण में हो तो शारदा-योग होता है और यदि सभी ग्रहस्थिति पूर्ववत् हो परन्तु बु., बृ. एकादश स्थान में हो तो यह दूसरे प्रकार का शारदा-योग होता है। ऐसा जातक स्त्री, संतान, बन्धु-वर्गादि, अपना शरीर एवं अपने गुणों पर पूर्ण रीति से ध्यान रखता है। राजा से अनुगृहीत, गुरु, ब्राह्मण एवं ईश्वर-प्रेमी, विद्या-विनोद-निरत, धार्मिक, शीलवान्, बली, स्वधर्म-निरत और कर्त्तव्यारूढ़ होता है।

(८३) श्रीयोगः—यदि द्वितीयेश और नवमेश साथ होकर किसी केन्द्र में बैठे हों, उस स्थान (केन्द्र) का स्वामी भी उसी स्थान में हो, और उन पर बृ. की दृष्टि भी पड़ती हो तो श्रीयोग होता है। ऐसा जातक २२ वर्ष की अवस्था के बाद सुयोग्य मंत्री, राजा से प्रतिष्ठित, शत्रुओं पर विजय पाने वाला और अनेक देशों का अधिपति होता है।

(८४) शिव-योगः—यदि पञ्चमेश नवम स्थान में हो, नवमेश दशम स्थान में हो और दशमेश पञ्चम स्थान में हो तो शिव-योग होता है। ऐसा जातक बड़ा भूमादिपति, बहुत से संग्रामों में विजय प्राप्ति करने वाला, सेनापति, बहुत ही परिश्रमी, अत्यन्त ज्ञानवान्, धार्मिक जीवन व्यतीत करने वाला होता है।

(८५) शुभ-योगः—यदि नवमेश का नवमांशपति उच्च हो और द्वितीयेश नवमस्थान में हो तो शुभ-योग होता है। ऐसा जातक विद्वान्, सुशील, नम्र और अपने धर्म का अनुयायी होता है, तथा सत्तर वर्ष तक जीता है।

(८६) श्रीमद्‌योगः - यदि नवमेश और दशमेश एक दूसरे से केन्द्रगत हो और लग्नेश पर बृ. की दृष्टि हो तो श्रीमद्-योग होता है। ऐसा जातक धन सम्पन्न, सुखी, दानशील, मर्य्यादावान्, किसी कार्य्य के सम्पन्न करने में विलक्षण, चतुर और दीर्घजीवि होता है।

(८७) समुद्र-योगः—यदि, दो, चार, छ, आठ, दश और बारह स्थान ही में सभी ग्रह बैठे हों अर्थात् १, ३, ५, ७, ९, और ११ भाव गत कोई ग्रह न हो तो समुद्र-योग होता है। ऐसा जातक राजा अथवा राजा तुल्य होता है। धन, विद्या, प्रभाव ख्याति, भृत्यादि एवं संतान सुख वाला होता है।

(८८) साम्राज्य-योगः—यदि नवमेश का नवांशपति वृ. के साथ होकर द्वितोय स्थान में हो और वृ. द्वितीय स्थान का स्वामी हो, अथवा नवम स्थान का स्वामी हो तो साम्राज्य योग होता है। ऐसा जातक राजा अथवा शासन करने वाला होता है और राजाओं के ऐसा ठाट-बाट वाला होता है।

(८६) हरिहर ब्रह्म-योगः—यह योग तीन प्रकार का होता है। (१) द्वितीयेश जिस स्थान में बैठा हो उस स्थान से द्वितीय, अष्टम और द्वादश भावों में यदि शुभग्रह बैठे हों तो हरिहर-ब्रह्म-योग होता है।(२) सप्तमेश जिस स्थान में बैठा हो उस स्थान से चतुर्थ, नवम एवं अष्टम स्थान में यदि वृ.. चं. और बुध बैठा हो तो दूसरा हरिहर-ब्रह्म-योग होता है। (३) यदि लग्न से चौथा, दशवां और एकादश स्थान में सूर्य्य, शु. और मं. बैठा हो तो तीसरे प्रकार का हरिहर-ब्रह्म-योग होता है। ऐसे योग का फल यह है कि जातक सत्यवादी, सर्वसुख सम्पन्न, शीलवान्, उत्तम भाषण करने वाला, शत्रुओंपर विजय प्राप्त करने वाला, समस्त जीवों के उपकार में निमग्न रहने वाला, पुण्य-कर्म निरत, एवं समस्त वेदादि और धार्म्मिक विषयों को जानने वाला होता है।

सुनफा आदि योग।

धा-२९४ महर्षियों ने द्वादश राशियों तथा नवग्रहों की जन्म कालीन स्थिति के हेर फेर के अनुसार राशियों और नवग्रहों की जो भिन्न भिन्न आकृतियां बन जाती है उन आकृतियों का पृथक पृथक नाम रक्खा है और अपनी दिव्य दृष्टि से ऐसे अनेकानेक योगों का फल बतलाया है।

सुनफा।

(१) चन्द्रमा से यदि कोई ग्रह द्वितीयस्थ हो, परन्तु द्वादश स्थान ग्रह-शून्य हो तो उसे सुनफा योग कहते हैं। इसी प्रकार यदि चन्द्रमा से द्वादशस्थ कोई ग्रह हो परन्तु द्वितीय स्थान ग्रह-शून्य हो तो उसे अनफा योग कहते हैं। इसी प्रकार चन्द्रमा से द्वितीय स्थान और द्वादश स्थान दोनों ही में ग्रह बैठे हों तो उसे दुर्धरा योग कहते हैं। यदि चन्द्रमा से द्वितीय और द्वादश स्थान, दोनों ही

ग्रह शून्य हों तो उसे केन्द्रुम-योग कहते हैं। परन्तु स्मरण रहे कि सूर्य्य का इन स्थानों में रहना और न रहना दोनों बराबर माना जाता है। अर्थात् चन्द्रमा से द्वितीय एवं द्वादश भावों में जो ग्रहों का रहना बतलाया गया है उसमें सूर्य्य छोड़ कर ही अन्य ग्रहों के रहने से उक्त योग सम्भव है।

गर्ग ऋषि का कथन है कि चं. से अथवा जन्म लग्न से केन्द्र में एक भी ग्रह स्थित हो तो केन्द्रम योग का भंग होता है। अर्थात् केन्द्रुम योग रहते हुए भी उसके अनिष्ट फल नहीं होते । 'यवन' का कथन है कि यदि चन्द्रमा से चतुर्थ स्थान में सूर्य्यातिरिक्त कोई ग्रह हो तो सुनफा योग होता है । यदि दशम में सूर्य्यातिरिक्त, कोई ग्रह हो तो अनफा योग होता है। इसी प्रकार चन्द्रमा से चतुर्थ और दशम स्थान दोनों ही में सूर्य्यातिरिक्त कोई ग्रह हो तो दुर्धरा योग होता है। एवं चन्द्रमा से दशम और चतुर्थ में कोई भी ग्रह न हो तो केन्द्रुम योग होता है। परन्तु बहुमत से यह स्वीकृत नहीं है। 'देवशर्मा', यह भी कहते हैं कि यदि जन्म चन्द्रमा जिस नवमांश में हो उस राशि से द्वितीय राशि में यदि सूर्य्यातिरिक्त कोई ग्रह हो तो सुनफा, यदि उस राशि से द्वितीय, द्वादश इन दोनों राशियों में सूर्य्यातिरिक्त ग्रह हों तो दुर्धरा और कोई ग्रह न हो तो केन्द्रुम योग होता है। परन्तु यह भी बहुमत से स्वीकृत नहीं है।

जिस जातक को सुनफा योग होता है वह राजा अथवा स्वार्जित धन से राजातुल्य होता है और बुद्धि तथा धन के लिये उसकी ख्याति होती है। अनफा योग वाला जातक शीलवान् कीर्त्ति-ख्याति वाला, सांसारिक विषयों से सुखी, सन्तोषी, शरीर से पुष्ट और स्वस्थ्य होता है। दुर्धरा योग वाला जातक अनाश्रित आगम सुखों का यथेक्ष भोग करने वाला, धनी, त्यागी, भृत्यादि और वाहनादि से युक्त होता है। परन्तु केन्द्रम योग रहने से यदि राज कुल में जन्म हो तो भी दुःखी, नीच, मलिन, खल एवं सेवक की वृत्ति वाला होता है। इसी प्रकार यदि चन्द्रमा से द्वितीय स्थान में मंगल हो तो जातक दंभी, क्रोधी, धीर, पराक्रमी और धनी होता है। इसी प्रकार चन्द्रमा से द्वितीय स्थान में बुध हो तो वेदशास्त्र-ज्ञाता (ज्ञानवान् एवं दार्शनिक) ज्ञान-विद्या-ज्ञाता, कुशाग्र-बुद्धि, मिष्टभाषी एवं रूपवान् होता है। वृहस्पति हो तो ऐसा जातक श्रीमान् , नाना विद्याओं से भूषित, यशस्वी एवं राजानुगृहीत होता है। यदि

शुक्र हो तो जातक विक्रमी, बहुधनी, कृषि-भूमि सम्पन्न, चतुष्पद पशुओं से सेवित और राजातुल्य जीवन व्यतीत करने वाला होता है। इसी प्रकार शनि हो तो जातक ग्राम, पुर इत्यादि मनुष्यों से पूजित, धनी, सुखी और सर्व कार्य्य निपुण होता है। ये सब फल सुनफा योग के हुए।

अनफा।

(२) अनफायोग फल का विवरण इस प्रकार है। यदि चन्द्रमा से मंगल द्वादशस्थ हो तो जातक रणोत्सुक, क्रोधी, मानी और डाकुओं का सरदार होता है। परन्तु उसका रूप आकर्षक होता है। यदि बुध हो तो वह चित्रकारी, गान विद्या का व्याख्याता, विद्वान्, वक्ता, यशस्वी, सुन्दर और राजा से सम्मानित होता है। यदि वृहस्पति हो तो जातक अत्यन्त मेधावी, गम्भीर, गुणज्ञ, शुद्ध व्यावहारिक, धनी एवं मानी और राजा से सम्मानित होता है। यदि शुक्र हो तो जातक स्त्रियों के लिये चित्ताकर्षक होता है। अत्यन्त बुद्धिमान्, धन से सन्पन्न और बहुतेरे पशुओं का स्वामी भी होता है। शनि हो तो जातक आजानु-बाहु, गुणवान्, नेता, परवादियों का स्वामी होता है और ऐसे जातक की वाणी सर्व-ग्रहिणी होती हैं परन्तु इसका विवाह किसी एक दुष्टा स्त्री से होता है।

दुर्धरा।

(३) चन्द्रमा यदि मंगल और बुध के मध्य में हो तो जातक गुणवान्, परन्तु अत्यन्त शठ एवं असभ्य-वादी होता है। लोभी तथा वृद्ध स्त्रियों से आसक्त परन्तु मरण पर्य्यन्त धनी और अपने कुल में मुख्य होता है। चन्द्रमा यदि मंगल और बृ. के मध्य में हो तो जातक यशस्वी, अपनी भुजाओं से कठिन परिश्रम द्वारा धन अर्जन करने वाला एवं शत्रु रहित होता है, तथा जातक के चरित्र का प्रभाव उसके कुल पर विशेष रूप से पड़ता है। चन्द्रमा यदि मंगल और शुक्र के मध्य में हो तो जातक, आनन्दित, सुन्दर, व्यायामी, सत्कार्य्य प्रेमी और धनी होता है। परन्तु ऐसा जातक भयवश अपने आचरण से च्युत होता है। यदि चन्द्रमा, मंगल और शनि के मध्य में हो तो ऐसा जातक क्रोध चुगलखोर, नीच-स्त्री-निरत, शत्रुओं से घिरा हुआ परन्तु शत्रुओं से असन्तप्त

होता है। तथा ऐसा जातक उत्तम लोगों से प्रीति करने वाला एवं धनवान् भी होता है। यदि चन्द्रमा, बुध और बृहस्पति के मध्य में हो तो ऐसा जातक धर्मात्मा, शास्त्रादि का विद्वान्, व्याख्याता, विख्यात कवि एवं सज्जनों से घिरा रहता है। यदि चन्द्रमा बुध और शुक्र के मध्य हो तो ऐसा जातक नृत्य-गान आदि में रत, मधुर-भाषी, बुद्धिमान्, सुन्दर, शूर प्रकृति, सुखी और राजमंत्री होता है। यदि चन्द्रमा शुक्र और बृहस्पति के मध्य में हो तो ऐसा जातक राजा के समान सुखादि से युक्त, लक्ष्मीवान्, नीतिज्ञ, पराक्रमी, सुविख्यात, राज्य-कार्य्य-कर्त्ता और उत्तम बुद्धि वाला होता है। चन्द्रमा, यदि बृहस्पति और शनि के मध्य में हो तो ऐसा जातक पुत्रवान्, धनी, शान्त प्रकृति वाला, सुखी, विनयी, विज्ञानी, विद्वान् एवं गुणवान् होता है। चन्द्रमा, यदि शुक्र और शनि के मध्य में हो तो ऐसा जातक प्राचीन रस्म-रिवाज वाली, जाति का मुखिया, अत्यन्त धनी एवं राजाओं का प्रिय होता है। परन्तु बहुत गुण रहित और स्त्रियों का प्रभु (Lord) होता है।

यह स्मरण रखने की बात है कि ऊपर जितने फल लिखे गये हैं, इनका पूर्ण विकास तभी होता है कि जब योगकारी ग्रह गण उच्च, स्वगृही अथवा मित्र गृही हों, अन्यथा उन ग्रहों के बलाबल के तारतम्यानुसार फलों में भी न्यूनाधिकत्व होगा। "पराशर" आदि के कथनानुसार, यदि योगकारी ग्रहों की नवमांश राशि स्वगृह अथवा मित्र गृह की होती है तो फल भी पूर्ण होता है। इसी प्रकार उक्त योगों में यदि स्वयं चन्द्रमा के साथ राहु अथवा केतु हो, चं. से द्वादशस्थ राहु हो अथवा योगकारी ग्रह नीचस्थ हो अथवा अस्त हो तो फल बहुत ही मिश्रित होता है।

वेशि-आदि योग।

धा-२८५ चन्द्रमा के आगे पीछे की राशियों में ग्रहों की स्थिति के अनुसार अनफा तथा सुनफा योगादि के विषय में लिखा जा चुका है। अब इस स्थान में सूर्य्य-स्थित राशि से आगे पीछे ग्रहों की स्थिति के अनुसार जो योग होते हैं उनका उल्लेख किया जाता है।

यदि सूर्य्य के स्थान से द्वितीय स्थान में कोई ग्रह बैठा हो तो उसे वेशि-योग कहते हैं। यदि सूर्य्य स्थित राशि से द्वादश राशि में कोई ग्रह हो तो उसे वेसि योग कहते हैं। यदि सूर्य्य स्थित राशि से द्वितीय और द्वादश दोनों ही में ग्रह बैठे हों तो उभयचरी योग कहते हैं।

(१) वेशियोग वाला जातक यदि सूर्य्य से द्वितीयस्थ शुभग्रह हो तो सुशील, व्याख्यानदाता, धनी, निर्भय और शत्रुओं पर विजयी होता है। पुनः यदि सूर्य्य से द्वितीयस्थ कोई पापग्रह हो तो वैसे वेशि-योगवाला जातक दुष्टजनों से संगति करने वाला, पापात्मा, सुख और सम्पत्ति-विहीन होता है।

(२) यदि सूर्य्य से द्वादशस्थ कोई शुभग्रह हो तो वैसे वेसि योग वाला, जातक, बुद्धिमान्, दाता अर्थात् दानशील, विद्या में अभिरुची रखने वाला, सुखी, बलवान् और धनवान् होता है। पुनः यदि द्वादशस्थ पापग्रह हो, तो वैसा वेसि-योग वाला जातक मूर्ख, कामातुर, खून-खराबी में आनन्द मानने वाला और कुरूप होता है। तथा ऐसे जात को कभी कभी देश निकाला भी होता है।

(३) उभयचरी योग में यदि दोनों तरफ शुभग्रह हों तो जातक धन इत्यादि में राजा के समान सुखी एवं शील और दया के लिये अभिनन्दित होता है। परन्तु यदि पापग्रह हों तो जातक, रोगी, दरिद्र और दूसरों की सेवा करने वाला होता है। प्रायः सभी योगों में और उसी प्रकार इन योगों में भी यदि योग कर्त्ताग्रह उच्च, स्वगृही एवं मित्र गृही हो तो फल बहुत ही उग्र होता है।

शुभ-योगादि।

धा-२८६ (१) जब लग्न में शुभग्रह बैठे हों तो उसे शुभ-योग कहते हैं। ऐसा जातक वाचा-शक्ति सम्पन्न, सुन्दर, शीलवान् और गुणवान् होता है। (२) जब लग्न में पापग्रह रहता है तो अशुभ-योग कहा जाता है। ऐसा जातक कामी, पाप कर्म निरत और दूसरे का अन्न खाने वाला होता है। (३) लग्न के दोनों तरफ अर्थात् द्वितीय एवं द्वादश में शुभग्रह बैठे हों तो उसे शुभ-कर्तृ-योग कहते हैं। ऐसा जातक तेजस्वी, धनवान् एवं बलवान् होता है। (४)

यदि लग्न से द्वितीय और द्वादश में पापग्रह हों तो पाप-कर्तृ-योग होता है। ऐसा जातक मलिन, पापी और भिक्षाटन करने वाला होता है।

अधमादि-योग।

का-२८७ यदि सूर्य्य से चन्द्रमा केन्द्रमें हो तो जातक की धार्मिक शिक्षा, ज्ञान् , बुद्धि और धन नीच प्रकार का होता है। उसी प्रकार यदि सूर्य्य से चन्द्रमा पनफर अर्थात् २, ५, ८, और ११ स्थानगत हो तो ऊपर लिखे हुए गुणों में जातक साधारण प्रकार का होता है। पुनः यदि सूर्य्य से चं. आपोक्लिम अर्थात् ३, ६, ९, और १२ में हो तो जातक में उपर्युक्त गुणों की प्रखरता होती है। उदाहरण रूप से यदि उदाहरणकुण्डली पर दृष्टि डाली जाय तो सूर्य्य से चन्द्रमा षष्ठ अर्थात् आपोक्लिम में है। इस कारण जातक की धार्मिक शिक्षा, ज्ञान् , बुद्धि और धन में प्रखरता होनी चाहिये। यथार्थ में ऐसा ही है भी। यह भी लिखा है कि यदि चन्द्रमा अपने नवांश में हो वा मित्र-गृही हो अथवा उसपर बृहस्पति या शुक्र की दृष्टि पड़ती हो तो जातक धनी और सुखी होता है। कोई कहते हैं कि बृ. से दृष्ट रहने से धनी, और शु. से दृष्ट रहने से सुखी होता है। (जन्म दिन वा रात्रि का हो)। यह भी कहा है कि यदि चं. पर किसी ग्रह की दृष्टि नहीं पड़ती हो तो जातक एकांत-प्रिय होता है। यहां तक कि यदि ऐसे जातक का जीवन अत्यन्त उच्च भी हो तो भी वह एकान्त-वास-प्रिय होगा। ऐसे जातक के लिये धनोपार्जन में कठिनाइयां होती हैं और उसके सभी कार्य्यों में विघ्न बाधायें हुआ करती हैं। यदि चं. पर किसी ग्रह की दृष्टि न हो और दशम स्थान में भी कोई ग्रह न हो तो कठिनाइयां असह्य हो जाती हैं। वेद में लिखा है "चन्द्रमा मनसोजात" अर्थात् चन्द्रमा का मनपर बहुत अधिकार रहता है। इसी कारण, पापदृष्ट अथवा पाप युक्त चन्द्रमा मनो विकलता प्रदान करता है।

मालिकायोग।

का-२८८ जब सभी (सातो) ग्रह एक दूसरे के बाद सिलसिले-वार किसी सात भावों में हों तो उसे मालिकायोग कहते हैं। इस योग में जिस

किसी राशि से ग्रहों की स्थिति आरम्भ हो, उस राशि से प्रत्येक राशि में एक-एक ग्रह की स्थिति आवश्यक है। पर याद रहे कि बीच की कोई राशि, ग्रह शून्य न हो। जैसे, यदि मिथुन राशि में एक ग्रह हो तो कर्क राशि में भी कोई एक ग्रह रहना चाहिये। उसी प्रकार सिंह, कन्या, तुला, वृश्चिक और धन में भी एक-एक ग्रह हों तभी मालिका योग होता है। इस तरह लग्न एवं अन्य भावों से आरम्भानुसार बारह प्रकार के मालिका योग होते हैं।

(१) यदि लग्न से आरम्भ होकर सप्तम पर्यन्त एक-एक राशि में सभी ग्रह हों तो ऐसे मालिका-योग वाला जातक राजा या बहुत से हाथी और घोड़ों पर अधिकार रखने वाला होता है। (२) धन स्थान से आरम्भ होकर यदि अष्टम पर्यन्त सभी ग्रह हो तो उसे धन-मालिका-योग कहते हैं। ऐसा जातक बहुत ही धनी, राजा, पितृ-भक्त, घोर, उग्र और गुणवान् होता है। (३) यदि तृतीय स्थान से मालिका-योग आरम्भ हो तो उसे विक्रम मालिका-योग कहते हैं। ऐसे योग का जातक राजा, धनी और शूर परन्तु रोगी होता है। (४) यदि चतुर्थ स्थान से मालिका-योग आरम्भ हो तो सुख-मालिका-योग होता है। ऐसे योग का जातक राजा, बहुतेरे देशों का स्वामी, अत्यन्त दानशील और भोगी होता है। (५) यदि पञ्चम स्थान से मालिका योग आरम्भ हो तो उसे पुत्र-मालिका योग कहते हैं। ऐसे योग का जातक राजा, कीर्तिमान् और यज्ञादि करने वाला होता है। (६) यदि षष्ठ स्थान से मालिका योग का आरम्भ हो तो उसे शत्रु-मालिका योग कहते हैं। ऐसा जातक धन-रहित होता है, परन्तु समय पर कुछ धन और सुख की प्राप्ति होती है। (७) यदि सप्तम स्थान से मालिका-योग आरम्भ हो तो इसे कलत्र-मालिका योग कहते हैं। ऐसे योग का जातक राजा और अनेक स्त्रियों से सेवित होता है। (८) यदि अष्टम स्थानसे मालिका योग का आरम्भ हो तो उसे रन्ध्र-मालिका योग कहते हैं। ऐसा जातक मनुष्यों में विख्यात और दीर्घायु परन्तु निर्धन तथा स्त्रियों के अधीन रहनेवाला होता है। (९) यदि नवम स्थान से मालिका-योग आरम्भ हो तो उसे भाग्य-मालिका-योग कहते हैं। ऐसा जातक, तपस्वी, यशस्वी और गुणज्ञ होता है। (१०) यदि दशम स्थान से मालिका-योग आरम्भ हो तो उसे कर्म-मालिका योग कहते हैं।

ऐसा जातक धर्म-कर्म निरत और सज्जनों से पूजित होता है। (११) यदि एकादश स्थान से मालिका योग आरम्भ होता हो तो उसे लाभ-मालिका योग कहते हैं। ऐसा जातक वाराङ्गनाओं का स्वामी और समस्त क्रियाओं में दक्ष होता है। (१२) यदि द्वादश स्थान से मालिका योग आरम्भ हो तो उसे लाभ-मालिका योग कहते हैं। ऐसा जातक सर्वत्र पूज्य परन्तु खर्चीले स्वभाव का होता है।

पञ्चमहापुरुष योग।

श्लो-२८९ पञ्च महापुरुषः--योग पांच ग्रह अर्थात् मंगल, बुध, बृहस्पति, शुक्र और शनि में से कोई एक ग्रह उच्च, स्वगृही अथवा मूलत्रिकोण होकर लग्न से केन्द्र में बैठा रहने से पांच प्रकार का महापुरुष-योग होता है। और यदि वह पूर्ण बली हो तो फल अति उत्कृष्ट होता है।

(१) रूचक :—यदि उच्च, मूलत्रिकोण अथवा स्वक्षेत्र का मंगल लग्न से केन्द्र में बैठा हो तो रूचक योग होता है। ऐसे योग में जन्म लेने वाला जातक सुन्दर कोमल और कान्तियुक्त आकृति का होता है। उसके शरीर के अङ्ग सुडौल, भृकुटी सुन्दर, काले केश, ग्रीवा शङ्ख के समान, रक्त-श्याम वर्ण, कमर पतली और बड़ा बलवान् होता है। ऐसा जातक अत्यन्त साहसी, शूर वीर, शत्रुओं पर विजय पाने वाला, कीर्तिमान्, शीलवान् और धनवान् होता है। ऐसा जातक विद्या में अभिरुचि रखने वाला, मंत्रादि का प्रयोग करने वाला, देवताओं में प्रेम रखने वाला और गुरुजनों के प्रति नम्र होता है। यदि स्वयं राजा न हो तो राजा तुल्य अथवा उच्च पदाधिकारी होता है। साधारण रूपसे उसकी आयु ७० वर्ष की होती है। उसके शरीर में शस्त्र अथवा अग्नि से कोई चिन्ह पड़ जाता है और उसकी मृत्यु किसी देवस्थान में होती है। (२) भद्रः—यदि बुध उच्च, स्वक्षेत्र अथवा मूलत्रिकोण का लग्न से केन्द्र में हो तो भद्र योग होता है। ऐसे योग वाले जातक का सिर सिंह के समान, चाल हस्ती के समान, उरू और वक्षस्थल ऊंचे एवं पुष्ट, हाथ-पैर लम्बे और मोटे, सजीली कुक्षि और आकृति में लम्बा, तलहथी एवं तलवे सुन्दर गुलावी रङ्ग के कमल-पुष्प के ऐसे होते हैं। ऐसा जातक अत्यन्त मधुरभाषी, विद्वान्, बुद्धिमान्,

सत्कारी, धर्मात्मा, परोपकारी, स्वतन्त्र एवं रत्नों को तराजू से तौलने वाला होता है अर्थात् महाधनी तथा कीर्ति एवं यश का प्राप्ति करनेवाला होता है। साधारण रूप से इसकी आयु ८० वर्ष की होती है। (३) हंस—बृहस्पति उच्च, स्वक्षेत्र अथवा मूलत्रिकोण का यदि लग्न से केन्द्र में बैठा हो तो हंस योग होता है। ऐसे योग वाला जातक आकृति में खूब लम्बा, सुन्दर पांव, रक्त वर्ण की नखें और मधुवर्ण नेत्र वाला होता है। यह भी लिखा है कि ऐसा जातक ८६ अंगुल ऊंचा होता है। ऐसा जातक विद्या में निपुण, शास्त्रों का जानने वाला, सुखी, बड़े लोगों से आदरणीय, बहुगुण सम्पन्न, साधुप्रकृति, आचारवान् और मनमोहिनी कान्ति का होता है। ऐसे जातक की स्त्री सुन्दर होती है और जातक अतिकामी होता है। ऐसे जातक की जलाशय में विशेष प्रीति होती है। वह अनेकानेक स्थानों पर अधिकार रखता है। ऐसे जातक की मृत्यु किसी जङ्गल में होती है। कहा जाता है कि ऐसे जातक की आयु ८२ तथा ८६ वर्ष की होती है। ग्रन्थान्तर में लिखा है कि यदि हंश योगवाले का जन्मलग्न कर्क, मकर, कुम्भ अथवा मीन राशि गत हो तो उस योग की चिढली-पुच्छ होता है। अर्थात् फल बहुत ही उत्कृष्ट होती है। (४) मालव्यः—शुक्र उच्च, स्वक्षेत्र अथवा मूलत्रिकोण का यदि लग्न से केन्द्र में हो तो मालव्य योग होता है। ऐसे योग वाले जातक की चेष्टा और नेत्र स्त्रियों के सदृश सुन्दर, शरीर का मध्य-भाग किञ्चित् दुबला, अर्थात् पतली कमर, नाक ऊंची, बलवान्, गुणवान्, शास्त्रों के भाव का जानने वाला, तेजस्वी, धनी तथा स्त्री, पुत्र एवं वाहन आदि से सम्पन्न होता है। इसकी स्त्री हस्तिनी अर्थात् गुणवती होती है। ऐसा जातक राजा के तीन गुण अर्थात् उत्साह, शक्ति और मंत्रणा (Energy, Capacity & Council.) में निपुण होता है। वह बड़ा उदार परन्तु परस्त्री-गामी होता है। मतान्तर से ७० अथवा ७७ वर्ष की उसकी आयु होती है। ग्रन्थकारों ने तो यह भी लिखा है कि ऐसे जातक को मुख की लम्बाई १३ अङ्गुल होती है चौड़ाई कान से कान पर्य्यन्त १० अङ्गुल होती है। और जातक देश-देशान्तर का राजा होता है। (५) शशः—शनि उच्च, स्वक्षेत्र, अथवा, मूलत्रिकोण का यदि लग्न से केन्द्र में बैठा हो तो शश योग होता है। ऐसा जातक कद का मझोला, शरीर का थोड़ा बहुत दुबला, दांत बाहर की ओर निकली हुई और उसके नेत्र अति चञ्चल एवं देखने में क्रोधान्वित प्रतीत होते हैं। (शास्त्रकारों ने ऐसे नेत्रों को शूकर अर्थात् सूअर की नेत्रों से उपमा

दी है।) ऐसा जातक राजा, सचिव, सेनापति और जङ्गल-पहाड़ आदि पर अधिकार रखने वाला अथवा घूमनेवाला होता है। पराये धन का हरण करनेवाला, मातृ भक्त, धातु-वाद में चतुर, दूसरों के छिद्रों को जाननेवाला और जार क्रिया में निपुण होता है। जातक का रङ्ग श्यामवर्ण होता है। लिखा है कि ऐसा जातक सत्तर वर्ष जी कर राज्य करता है।

इन पांचो योगों में यदि भौमादि ग्रह के साथ सूर्य्य और चन्द्रमा भी हों तो जातक राजा नहीं होता केवल उन ग्रहों की दशा में उसे उत्तम उत्तम फल होते हैं। इन पांच योगों में से यदि किसी की कुण्डली में एक योग हो तो वह भाग्यशाली, दो योग हो तो राजा तुल्य, तीन हो तो राजा, चार हो तो राजाओं में प्रधान राजा और यदि पांचो योग हों तो चक्रवर्त्ती राजा होता है। परन्तु लेखक की समझ में यह बात नहीं आती कि उक्त पांचों ग्रह किस प्रकार से केन्द्र में रहते हुए उच्चादि हो सकते हैं।

आकृति योग।

धा-२९० ग्रहों की स्थिति से नाना प्रकार की आकृतियां बन जाने के कारण उसे आकृति-योग कहते हैं। आकृति-योग के २० भेद हैं अर्थात् २० प्रकार के आकृति-योग होते हैं।

(१) गदा-योगः— यदि सभी ग्रह दो समीपवर्त्ती केन्द्रों में ही हो तो गदा-योग होता है। (दूसरे प्रकार के गदा-योग का उल्लेख पूर्व में हो चुका है। देखो धारा २८३ (२०) जैसे लग्न और चतुर्थ में सभी ग्रह हों उसी प्रकार चतुर्थ और सप्तम में सभी हों इत्यादि इत्यादि। ऐसे योग में जातक सत्कर्मों में रुचि रखने वाला, यज्ञादि क्रिया को करने वाला, धन प्राप्ति में व्यस्त और अर्थ प्राप्ति में समर्थ होता है। परन्तु यवन मतानुसार इनके चार नाम हैं। गदा, शङ्ख, विभुक, और ध्वज। (२) शकट-योगः— यदि सभी ग्रह लग्न एवं सप्तम स्थान-गत हों तो उसे शकट-योग कहते हैं। ऐसे योग में जातक गाड़ी का हांकने वाला होता है। उसकी स्त्री बहुत ही खराब होती है और वह स्वयं रोगी होता है। (३) पक्षिन-योगः—जब सभी ग्रह चतुर्थ एवं दशम स्थान गत हों तो

पक्षिन-योग होता है। ऐसा जातक दूत-कार्य्य का करनेवाला, झगड़ालू और भ्रमणशील होता है। (४) वज्र योग: —यदि सभी शुभग्रह प्रथम और सप्तम स्थान में हों एवं सभी पापग्रह चतुर्थ तथा दशम स्थान में हों तो वज्र-योग होता है। ऐसा जातक अति शूर, अच्छे स्वभाव का और जीवन के आरम्भ तथा अन्त में सुखी होता है। (५) यव-योग: —वज्र-योग के विपरीत अर्थात् जब सभी पापग्रह लग्न एवं सप्तम स्थान में और सभी शुभग्रह चतुर्थ एवं दशम स्थान में हों तो यव-योग होता है। ऐसा योग वाला जातक बहुत ही साहसी और मध्य जीवन उसका सुखी होता है। (६) शृङ्गाटक-योग: —यदि सभी ग्रह लग्न, पंचम और नवम स्थान में हों तो शृङ्गाटक योग होता है। ऐसा जातक शेष जीवन में सुखी होता है। (७) हलयोग: —यदि सभी ग्रह नवम एवं पञ्चम स्थान में हों तो हल-योग होता है। ऐसा जातक कृषी कार्य्य में लीन रहता है। (८) कमल-योग.—यदि, १, ४, ७, और १० इन्हीं चारो स्थानों में सभी ग्रह बैठे हों तो कमल-योग होता है। ऐसा जातक विख्यात् , कीर्तिमान् , सुखी और गुणी होता है। (९) वापी-योग: —सभी ग्रह चारो पनफर में अथवा चारो आपोक्लिम में हों तो वापी-योग होता है। ऐसा जातक धन को पृथ्वी में गाड़ता है परन्तु किसी को देता नहीं। उस का सुख मध्यम प्रकार का होता है। परन्तु वह चिरकाल तक सुखी रहता है। ग्रन्थान्तर में यह भी लिखा है कि यदि सभी ग्रह आपोक्लिम अर्थात् ३, ६, और १२ में हो तो ऐसे योग को ईष्टपाला योग कहते हैं। इसका फल यों लिखा है कि ऐसा जातक किसी राज्य पर अधिकार प्राप्त करता है। दूसरों को आनन्द देने वाला, गुणज्ञ और धार्मिक होता है। (१०) यूप-योग: -यदि सभीग्रह लग्न, द्वितीय, तृतीय, चतुर्थ में बैठे हों तो यूप-योग होता है। ऐसा जातक यज्ञादि क्रिया का करने वाला और दानशील होता है। (११) शर-योग: —यदि सभी ग्रह चतुर्थ, पञ्चम, षष्ठ और सप्तम स्थान गत हों तो शर-योग होता है। ऐसा जातक अत्यन्त कठोर प्रकृति और कारागृह का अधिकारी होता है। (१२) शक्ति-योग: —यदि सभी ग्रह ७, ८, ९, और १० स्थान गत हो तो शक्ति-योग होता है। ऐसा जातक आलसी, नीच एवं सुख और धन से विहीन होता है। (१३) दण्ड-योग: —यदि सभी ग्रह दशम, एकादश,

द्वादश एवं लग्नगत हों तो दण्ड योग होता है। ऐसा जातक अत्यन्त नीच, नौकरी करने वाला और प्रिय-वर्ग से विहीन होता है (१४) नौ-योगः— यदि सभी ग्रह लग्न से सप्तम स्थान पर्यन्त हों और इस बीच का कोई स्थान ग्रह रहित न हो तो नौ-योग होता है। ऐसा जातक जल से जीविका निर्वाह करने वाला अर्थात नाव, जहाज इत्यादि पर नौकरी करने वाला, सारङ्ग. मल्लाह, जहाजी, कप्तान आदि का काम करने वाला होता है और ऐसा जातक दुष्ट, कृपण, मलिन, लोभी, खल एवं लालची होता है परन्तु ख्यातिमान् होता है। (१५) कूटयोगः—यदि चतुर्थ स्थान से दशम स्थान पर्य्यन्त सभी ग्रह हों तो कूट योग होता है। इन सब योगों में भी मध्य का कोई स्थान ग्रह शून्य नहीं होना चाहिये। ऐसा जातक पहाड़, जङ्गल इत्यादि में रहने वाला, शठ और क्रूर होता है। (१६) छत्र-योगः—यदि सभी ग्रह सप्तम स्थान से लग्न पर्यन्त हो तो छत्र-योग होता है। ऐसा जातक जीवन के आदि और अन्त में अत्यन्त सुखी होता है। उसकी सम्पत्ति असीम होती है। वह साहसी, दयावान्, राजा से अनुग्रहीत और दीर्घायु होता है। (१७) चाप-योगः— यदि सभी ग्रह दशम से चतुर्थ पर्यन्त हो तो उसे चाप योग कहते हैं। ऐसा जातक बड़े से बड़े सुरक्षित स्थान में भी चोरी करने वाला होता है और वह घृणित दृष्टि से देखा जाता है। (१८) अर्द्धचन्द्र-योगः— ऊपर लिखे हुए चार योग एक केन्द्र से द्वितीय केन्द्र पर्यन्त सातों ग्रहों की स्थिति के अनुसार थे। उनचारों योगों के अतिरिक्त अर्थात् केन्द्र से आरम्भ न होकर सातों ग्रहों की मालावत् स्थिति यदि द्वितीय, तृतीय, पञ्चम, षष्ठ, अष्टम, नवम, एकादश अथवा द्वादश स्थान से हो तो अर्द्ध-चन्द्र योग होता है। अर्थात् दो से आठ, तीन से नव, पांच से ग्यारह, छः से बारह, आठ से दो, नौ से तीन, ग्यारह से पांच, और बारह से छः इन सब स्थानों में यदि सातो ग्रह एक के बाद दूसरे बठे हों तो अर्द्ध-चन्द्र योग होता है। ऐसा जातक आनन्दमय जीवन व्यतीत करने वाला, अत्यन्त सुन्दर एवं कान्ति युक्त शरीर वाला, बलवान्, राजाओं से माननीय, स्वर्ग और रत्नादि के भूषणों से युक्त तथा सेनापति होता है। (१९) समुद्र-योगः—यदि सभी ग्रह द्वितीय स्थान से आरम्भ होकर एक एक स्थान छोड़कर बैठे हों, अर्थात् एक ग्रह (लग्न से) द्वितीय स्थान में हो, फिर-तिसरे में कोई न हो, चौथे में कोई ग्रह हों, पञ्चम में कोई ग्रह न हों, षष्ठ में

कोई ग्रह हो, सप्तम में कोई न हो, अष्टम में कोई एक ग्रह हो, नवम में कोई न हो, दशम में कोई ग्रह हो, एकादश में कोई न हो, द्वादश में कोई ग्रह हो और लग्न में कोई न हो तो समुद्र-योग होता है अर्थात् लग्न से फुट गृहों में कोई ग्रह न हो परन्तु जोड़ गृहों में कोई-न-कोई ग्रह हों तो समुद्र योग होता है। ऐसा योगवाला जातक बड़ा पराक्रमी, राजा, समुद्रों पर अधिकार रखने वाला, उत्तम शील स्वभाव वाला, धन-रत्नादि से पूरित, विद्वान् और सन्तानों से सुखी होता है। (२०) चक्र-योगः—यदि समुद्र-योग के विपरीत अर्थात् फुट गृहों में कोई-न-कोई ग्रह हो परन्तु जोड़ गृहों में कोई ग्रह न हो, अर्थात् १, ३, ५, ७, ९, ११ इन सब स्थानों में कोई न कोई ग्रह हों तो चक्र-योग होता है। ऐसे योग में जन्म लेनेवाला जातक बड़ा भारी प्रतापी राजा होता है। देखो कुं. २६ स्वर्गीय महाराजाधिराज सर रामेश्वरसिंह जी की। इस कुं. के लग्न में बृ., तृतीय में श., पञ्चम में मं., चं., सप्तम में बुध और नवम में शु. है। योग लागू होता, परन्तु अष्टमस्थ र. ने योग को नष्ट कर दिया। यदि भाव कुण्डली में सू. अष्टम स्थान से निकल जाय तो कहा जा सकता है कि योग लागू है। परन्तु लग्न स्फुट का ज्ञान नहीं रहने के कारण विशेष विवेचना नहीं किया जा सका। स्मरण रहे कि राहु, केतु का यहां विचार नहीं लिया जाता है।

समुद्र योग एवं चक्र योग में ग्रहों की स्थिति की विलक्षणता देखने योग्य होती है।

समुद्र योग चक्र योग

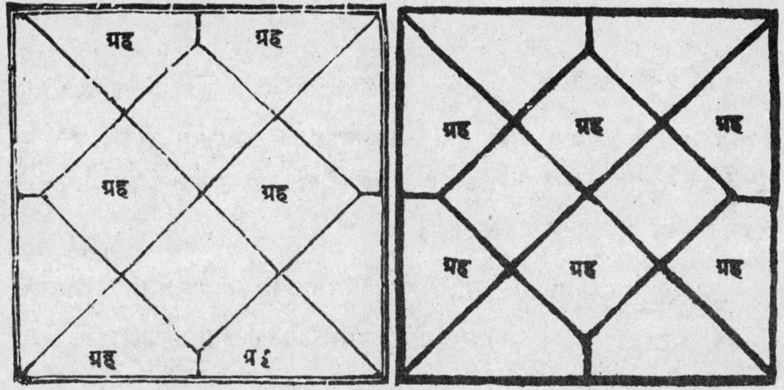

स्मरण रहे कि समुद्रयोग और चक्र योग में एक न एक स्थान में दो ग्रह अवश्य रहेंगे, इस कारग कि ग्रह सात और स्थान छः ही होते हैं। परन्तु यदि समुद्र योग में लग्न से कोई युग स्थान और चक्र योग में लग्न से कोई कुट स्थान, ग्रह रहित हो तो योग लागू नहीं होगा।

आश्रय योग।

धा-२९१ सत्याचार्य्य का कथन है कि चर, स्थिर, द्विस्वभावानुसार तीन प्रकार के आश्रय योग होते हैं। अर्थात् यदि सभी ग्रह चर राशि गत हों, (मेष, कर्क, तुला और मकर) तो रज्जु-योग होता है और यदि सभी ग्रह स्थिर राशिगत हों, (वृष, सिंह, वृश्चिक और कुम्भ) तो मूषल योग होता है। इसी प्रकार यदि सभी ग्रह द्विस्वभाव राशिगत (मिथुन, कन्या, धन और मीन) हों तो नल योग होता है।

(१) रज्जु योग में जन्म लेने वाला जातक विदेश-यात्रा में अत्यन्त सुख मानने वाला, देशान्तरों में भ्रमण करने वाला और ईर्षी होता है। (२) मूसल-योग में जन्म लेने वाला जातक धनी, मानी और नाना-प्रकार के कार्य्यों को करने में दक्ष होता है। (३) नलयोग में जन्म लेने वाला जातक चतुर, धीर एवं किसी अङ्ग से हीन होता है। अथवा कोई अङ्ग उसका दीर्घ आकृति का होता है, और धन संग्रह करने वाला होता है।

दलयोग।

धा- २९२ पराशर का कथन है कि चन्द्रमा को छोड़कर यदि तीनों शुभग्रह अर्थात् शुक्र, बुध और बृहस्पति केन्द्र-गत हों तो स्रक या माला-योग होता है। इसी प्रकार यदि तीनों पाप ग्रह सूर्य्य, मंगल और शनि केन्द्र गत हों तो सर्प-योग होता है।

(१) मालायोग :— माला योग वाला जातक नानाप्रकार का सुख भोगने वाला होता है। (२) सर्पयोग वाला जातक नाना प्रकार का दुःख भोगने वाला होता है।

संख्या योग।

का॰ २९३ संख्या योग में यदि सातो ग्रह सात स्थानों में हो तो वीणा योग होता है। यदि सातो ग्रह छः स्थानों में हों तो दाम योग, यदि पांच स्थानों में हो तो पाश योग, यदि चार स्थानों में हो तो केदार योग, यदि तीन स्थानों में हो तो शूल योग, यदि दो स्थानों में हो तो युग योग और यदि सातो ग्रह एक ही स्थान में हो तो गोल-योग होता है। परन्तु स्मरण रहे कि नौ-योग, कुट-योग, क्षेत्र-योग, चाप-योग और ऊर्द्धचन्द्र-योग में भी सातो ग्रह का सात स्थानों में रहना बतलाया गया है। इस कारण वीणा योग तभी होगा जब वे सब योग न होते हैं। जैसे एक ग्रह द्वितीय में हो और द्वितीय खाली हो, फिर एक ग्रह चतुर्थ में हो, एक ग्रह पञ्चम में हो, एक षष्ठ में हो एक सप्तम में हो, एक अष्टम में हो और एक नवम में हो तो वीणा योग होगा। अर्थात् नव-योग, कुट-योग, क्षेत्र-योग, चाप-योग और अर्द्धचन्द्र योगों में ग्रहों के मालावत् (सिलसिलेवार) होने से वीणा योग होगा। इसी प्रकार समुद्र-योग और चक्र-योग में छः ही स्थानों में सातो ग्रह का कुछ नियमानुसार रहना कहा गया है। यदि उन नियमों के विरुद्ध छः ही स्थानों में सातो ग्रह हों तो दाम योग होगा। इसी प्रकार केदार एवं शूल योग तभी लागू होगा जब पूर्व लिखित योगों का अभाव होगा।

(१) वीणा-योग:- इस योग में जन्म लेनेवाला जातक संगीत और नृत्य इत्यादि में प्रेम रखनेवाला तथा नाना प्रकार के कार्य्यों में निपुण होता है। (२) दाम-योग:—दाम-योग में जन्म लेने वाला जातक अत्यन्त सूक्ष्म-बुद्धि, विद्या एवं धन के कारण ख्याति वाला, परोपकारी, त्यागी तथा पृथ्वी का स्वामी होता है। (३) पाश-योग:—में जन्म लेने वाला जातक धनोपार्जन करने में बड़ा चतुर, शीलवान् होने का यश प्राप्त करने में कुशल, प्रशंसनीय, वाचा शक्तिवाला, भोगी और पुत्रवान् होता है। देखो उदाहरण कुण्डली इस में सातो ग्रह पांच ही स्थानों में है अर्थात् लग्न, चतुर्थ, सप्तम, नवम एवं एकादश स्थानों में सातो ग्रहों की स्थिति है। इस जातक में ऊपर लिखे हुए सभी गुण पाये जाते हैं। ऐसा योग और कई कुण्डलियों में है। (४) केदार

योग में जन्म लेने वाला जातक कृषि करने वाला, धनोपार्जन करने वाला, बन्धुवर्गों का उपकार करने वाला, परन्तु बातों को देर से समझने वाला होता है। (५) शूल-योग में जन्म लेने वाला जातक अत्यन्त क्रोधी, धन में अत्यन्त रुचि रखने वाला, परन्तु निर्धन और क्रूर होता है। उसके शरीर में लड़ाई के समय चोट पहुंचती है। (६) युग योग में जन्म लेने वाला पाखण्डी, मद्य-पान करने वाला, चपला और दूसरे किसी से मांग कर भोजन करने वाला होता है। (७) गोल-योग में जन्म लेने वाला जातक धन-रहित, आलसी, मूर्ख, इधर उधर भटकने वाला और अल्पायु होता है। स्मरण रहे कि गोलयोग बहुत ही कम होते हैं। कलियुग के आरम्भ समय में गणितज्ञों का विश्वास है कि सातो ग्रह आकाश में एक सूत्र में थे। अर्थात् एक राशिगत थे। यदि कलियुग का जन्म इसी गोल-योग में था तो फिर फल भी साक्षात् वैसा ही है। गत १९ जनवरी १९३४ के प्रलयकारी भूकम्प के दिन भी गोल-योग था पर छै ही ग्रह थे। यह गोल-योग संहिता के अनुसार कहा गया है। (Mundane Astrology).

अध्याय २७

राज-भङ्ग-योग।

क्र- २९४ इस स्थान में कतिपय योगों का वर्णन किया जाता है, जिनके होने से राजयोग रहते हुए भी उसका फल-नाश होता है। अथवा उत्तम फल में कमी होती है। (१) यदि सूर्य्य मेषराशिगत हो परन्तु तुला के नवांश में हो तो जातक दरिद्र होता है। (२) यदि सूर्य्य तुला में परम नीच हो तो राजवंश में भी जन्मा हुआ जातक परम अभागा और स्त्री-पुत्र तथा धन से विहीन होता है। (३) यदि शुक्र, कन्या में परम नीच हो अथवा वृ. मकर में परम नीच हो तो जातक भिक्षुक होता है। (४) यदि नीच वृ. लग्न में हो तो राजकुल में जन्मा जातक भी दुःख भोगता है। (५) यदि मं., श., र., वृ. लग्न में हो तो राज-भंग-योग होता है। (६) यदि चं. और मं. साथ होकर मेष राशिगत हो, उनपर सूर्य्य की दृष्टि हो पर किसी शुभ ग्रह की दृष्टि न

हो तो वह जातक भिक्षुक होता है। (७) यदि सूर्य्य-अपने नवांश में हो और चन्द्रमा पर पापग्रह की दृष्टि हो पर शुभग्रह की दृष्टि न हो तो ऐसा जातक राजकुल में जन्म लेने पर भी राजसिंहासन से च्युत होता है और दुःख भोगता है। देखो कुं. १४ राजा वीरराज कुर्ग की। इस कुं. में क्षीण चं. पर श. की पूर्ण दृष्टि है और किसी शुभ ग्रह से दृष्ट नहीं है। जन्म तिथि ठीक नहीं मालूम रहने के कारण सूर्य्य के नवांश का ठीक पता नहीं परन्तु हो सकता है कि र. सिंह के नवांश में हो। उनका जन्म लगभग २२ जुलाई १८०२ ईस्वी का प्रतीत होता है जो अष्टमी श्रावण पड़ता है। सूर्य्य से चं. चतुर्थ स्थान में रहने से अष्टमी तिथि होगी। र. कर्क राशि में लगभग १५, १६ जुलाई को जाता है। इस कारण २३ जुलाई को कर्क के ६ अंश पर र. का रहना ठीक प्रतीत होता है और तब र. सिंह के नवमांश में ही पड़ता है। इस कारण यह राज्यसिंहासन से च्युत हुए थे। (८) यदि लग्न और चन्द्रमा को कोई भी ग्रह न देखता हो तो राज-भंग-योग होता है। (९) यदि लग्न वर्गोत्तम में न हो और लग्न पर किसी भी ग्रह की दृष्टि न हो तो राज-भंग-योग होता है। (१०) यदि सभी ग्रह शत्रु गृही हों और वे वर्गोत्तम में भी हों तौ भी राज-भंग-योग होता है। इसी प्रकार अधिकांश ग्रहों के नीच गत होने से फल अनिष्ट होता है (११) यदि नवमेश द्वादश-गत, तृतीयस्थान में पापग्रह हो और द्वादशेश द्वितीयस्थ हो तो जातक निकृष्ट अन्न का भोजन करनेवाला, दूसरों के अधीन रहनेवाला अर्थात् गुलामी का तौक़ पहनने वाला तथा पर-स्त्री गामी होता है। (१२) यदि दशम स्थान में कोई ग्रह न हो और सभी ग्रह नीच हों अथवा शत्रु गृही हों अथवा नीच नमवांशादि के हों तो ऐसा जातक बुद्धि, विद्या और स्त्री-संतानादि से विहीन, चिड़चिड़ा तथा भिक्षुक होता है। (१३) यदि लग्नेश द्वादश भावगत हो और चन्द्रमा तथा मङ्गल साथ होकर दशम स्थान में फुट राशि में बैठे हों तो ऐसा जातक सुख तथा उन्नति विहीन हो विदेश वास करता है। (१४) यदि चन्द्रमा चर राशिगत होकर राशि के अन्त में हो अथवा स्थिर राशिगत होकर उसके आदि में हो, अथवा द्विस्वभाव राशिगत होकर उसके मध्य में हो और निर्बल हो तथा लग्न ग्रह-शून्य हो तो राजयोग का भङ्ग होता है। (१५) यदि चन्द्रमा दशम स्थान में और बृहस्पति सप्तम स्थान में तथा नवम स्थान में कोई पापग्रह हो तो ऐसा जातक कुलघ्न होता है अर्थात् अपने कुल की

हानि पहुंचाता है। (१६) यदि शुक्र, बुध और चन्द्रमा केन्द्रगत हों और राहु लग्न में हो तो ऐसा जातक नीच एवं अविहित कार्यों को करने वाला तथा धर्म विरोधी होता है। (१७) यदि शुक्र नीच हो अथवा शनि के नवांश में हो परन्तु षष्ठ, अष्टम अथवा द्वादश भावगत हो और उसपर शनि की दृष्टि पड़ती हो तथा चन्द्रमा सूर्य्य के साथ होकर सप्तम स्थान में हो तो ऐसा जातक अपनी माता के साथ सर्वदा किसी दूसरे की चाकरी करने वाला होता है (१८) यदि लग्न कुम्भ-राशिगत हो और वृ., र. के साथ हो अथवा तीन ग्रह नीच हों और कोई ग्रह उच्च न हो तथा ९, १० भावों में पापग्रह हो तो राज-योग-भङ्ग करता है। (१९) यदि लग्नेश, चन्द्रमा से पञ्चम अथवा द्वितीय स्थान में, सूर्य्य दशम और अष्टम स्थान में कोई पापग्रह हो तो ऐसा जातक किसी निकृष्ट जीविका से जीवन व्यतीत करता है। (२०) यदि शु., वृ. और श. नीच नवांश के हों अथवा शत्रु ग्रही हों तो ऐसा जातक स्त्री-संतानादि से हीन, दुःखी, भाग्यरहित एवं नीच वृत्ति का होता है (२१) जिस के लग्न में राहु बैठा हो, उस पर चन्द्रमा की दृष्टि पड़ती हो, तीसरे तथा छठे स्थान में सूर्य्य, मंगल और शनि बैठे हों एवं केन्द्र में कोई शुभग्रह न हो अथवा सभी शुभ ग्रह सप्तम स्थान में बैठा हो तो राज-योग का भङ्ग करता है। (२२) यदि चं. से षष्ठ अथवा अष्टम स्थान में वृ. हो, परन्तु वह वृ. लग्न से केन्द्र में न हो तो शकट योग होता है। परन्तु पराशर मतानुसार यदि सभी ग्रह लग्न अथवा सप्तम भावगत हों तो शकट-योग होता है। बराहमिहीर भी ऐसा ही कहते हैं। ऐसा जातक यदि राजवंशी भी हो तो भी दुःखी रहता है और राजा का अप्रिय होता है। देखो कुं. ४३ अरविन्द जी की। चं. से वृ. अष्टमस्थान में है और वृ. केन्द्र से बाहर हैं। इस कारण योग लागू है। यह सभी जानते हैं कि वृटिश सम्राट् के यह अप्रिय तो अवश्य हैं। लेखक इनके अन्य विषयों से परि-चित नहीं है। परन्तु इनका अन्यराज में निवास करने ही से बहुत सी बातों का अनुमान किया जा सकता है। देखो कुं. ४९ पण्डित जवाहिर लालजी की। इस कुं. में चं. से वृ. षष्ठस्थ है पर वृ. केन्द्र में नहीं है। पण्डित मोतीलाल जी के जैसे धनाढ्य एवं सुखी के पुत्र होते हुए भी आप को जेल यातना ही भोगनी पड़ रही है। यद्यपि यह सत्य है कि गीता के उपदेशानुसार आप सुख-दुःख में भेद नहीं मान रहे हैं। परन्तु सांसारिक दृष्टि से योग का फल लागू ही कहा

जायगा, यह तो प्रत्यक्ष है कि वृटिश सम्राट् इन से भी असन्तुष्ट ही हैं। देखो कुं. ५१। इस कुण्डली में भी योग यागू है परन्तु लेखक परिशिष्ट में लिख चुका है कि इनका सिंह लग्न अशुद्ध है। कर्क होने से वृ. केन्द्र में हो जायगा अतः योग लागू नहीं होगा।

ऐसे दो कुण्डली और भी परिशिष्ट में आये हैं परन्तु वे बालकों की कुण्डलियां हैं। इस कारण, उदाहरण में वे नहीं दिये गये।

रेका योग।

निम्नलिखित योगों को रेका-योग कहते हैं।

श्लो-२९५ (१) यदि लग्नेश बल रहित हो और उस पर अष्टमेश की दृष्टि हो तथा वृहस्पति अस्त हो तो रेका-योग होता है। (२) चतुर्थेश के नवांश का स्वामी यदि अस्त हों और उस पर द्वादशेश की दृष्टि हो तो रेका-योग होता है। (३) यदि चतुर्थेश पर षष्ठेश की दृष्टि पड़ती हो और नवमेश तथा अष्टमेश पञ्चम स्थान में हो एवं लग्नेश नीच-गत हो तो रेका-योग होता है। (४) यदि छट्ठे, आठवें और द्वादश भावों में शुभग्रह, केन्द्र और त्रिकोण में पाप ग्रह तथा एकादशेश निर्बल हो तो रेका-योग होता है। (५) यदि लग्नेश पापग्रह के साथ हो, शुक्र और वृहस्पति अस्त हो तथा चतुर्थेश भी किसी पापग्रह के साथ रह कर अस्त हो तो रेका-योग होता है। (६) यदि नवमेश अस्त और लग्नेश तथा द्वितीयेश नीच हो तो रेका-योग होता है। (७) यदि तीन ग्रह नीच अथवा अस्त हों और लग्नेश षष्ठ, अष्टम अथवा द्वादश भावगत हो अथवा लग्नेश बल-रहित हो तो रेका-योग होता है। (८) यदि पापग्रह लग्न, द्वितीय, तृतीय, चतुर्थ, पञ्चम, सप्तम, नवम, दशम और एकादश भावगत हों तथा उनपर नीच ग्रह, शत्रु ग्रह, अथवा पापग्रह की दृष्टि पड़ती हो तो रेका-योग होता है। यदि एक पापग्रह ऊपर लिखे हुए नौ भावों में से किसी में हो और उस पर नीच, शत्रु, पापग्रह की दृष्टि पड़ती हो तो जातक के जीवन के प्रथम ही अवस्था में रेका-योग फल का आक्रमण होता है। इसी प्रकार यदि दो पापग्रह उपर्युक्त नवभावों में से किसी भाव में हो ता मध्य जीवन में, और पुनः यदि तीन पापग्रह

उपर्युक्त नौ स्थानों में से किसी में हो तो जातक के शेष जीवन में रेका-योग के फल का अनुभव होता है ।

फल ।

शास्त्रकारों ने लिखा है कि रेका-योगवाला जातक विद्याविहीन, धनहीन, दरिद्र, कामी, क्रोधी, संतप्त-मन, सौभाग्यहीन, भिक्षुक, मलिन, झगड़ालू, स्त्री पुत्रादि से संतप्त, दुष्टात्मा, नखों का रोगी, कुमार्गी, दुर्भागी और बन्धुवर्गों को गाली देनेवाला होता है । प्रायः दीर्घजीवी नहीं होता और कामी तथा क्रोधी होता हुआ अङ्गहीन अथवा गूंगा, बहिरा, अन्धा अथवा मतिच्छिन्न होता है । ऐसे जातक के नेत्रों से मन का भाव तुरत ही प्रगट होता है ।

दरिद्र-योग ।

धा-२१६ ज्योतिष-शास्त्र में दरिद्र-योग की भी संख्या कम नहीं है । उनमें से कतिपय-योग इस स्थान में लिखे जाते हैं ।

(१) यदि अष्टम स्थान अथवा लग्न का स्वामी वृहस्पति हो और नवमेश का बल उस से कम हो, तथा एकादश स्थान का स्वामी केन्द्रगत न हो एवं अस्त और निर्बल हो तो दरिद्र-योग होता है । (२) यदि वृ. मंगल, शनि अथवा बुध नीच हो और अस्त भी हो तथा पञ्चम, षष्ठ, अष्टम, एकादश अथवा द्वादश भावगत हो तो दरिद्र-योग होता है । (३) यदि शनि नवम स्थान में हो और उस पर पापग्रह की दृष्टि पड़ती हो एवं सूर्य्य और बुध लग्न गत हो, तथा बुध नीच के नवांश में हो तो भी दरिद्र-योग होता है (४) यदि वृ., बु. शु., श. और मं, ८, ६, १२, ५ और १० वें स्थान में किसी क्रम से हों, और द्वादशेश नीच एवं अस्त होता हुआ भी लग्नेश से बली हो तो जातक दरिद्र होता है । (५) यदि शुक्र, वृहस्पति, चन्द्रमा और मङ्गल नीच राशिगत होते हुए लग्न पंचम, सप्तम, नवम, दशम और एकादश इन छः भावों में से किन्ही चार भावों में बैठे हों तो दरिद्र-योग होता है । इस योग में चारग्रहों का नीच होना लिखा है । प्रत्येक ग्रह की नीच राशि भिन्न भिन्न है। इस कारण ये चारो ग्रह किसी भिन्न भिन्न चार राशियों में पड़ेंगे जैसा कि

योग में भी लिखा है। विचारने की बात यह है कि यह योग केवल दो ही लग्न अर्थात् कन्या और मकर में लागू हो सकता है अन्यत्र नहीं। कन्या लग्न होने से लग्न में शुक्र नीच हो सकता है, और पञ्चम स्थान में वृहस्पति; मकर में नीच हो सकता है। नवम में चं. और एकादश में मं. भी नीच होगा। इसी प्रकार मकर लग्न होने से लग्न में वृ., पञ्चम में चं., सप्तम में मं. और नवम में शु. नीच होंगे। (६) यदि शुक्र लग्न में, वृहस्पति पञ्चम स्थान में, मङ्गल एकादश स्थान में और चन्द्रमा तृतीय स्थान में हों और ये सब ग्रह नीच राशिगत हों (जो कन्या लग्न होने से ही होगा) तो दरिद्र-योग होता है। (७) यदि लग्न चर राशिगत, लग्न का नवांश भी चरराशि, और लग्न पर शनि तथा नीच वृहस्पति की दृष्टि हो तो दरिद्र योग होता है। इस योग में कई आवश्यक बातें हैं। पहली बात यह है कि लग्न चर राशि हो और दूसरी यह कि वृहस्पति नीच हो अर्थात् वृहस्पति मकर राशि का हो। १२ राशियों में से मेष, कर्क, तुला और मकर चर राशि हैं। यदि लग्न मेष-राशिगत हो तो नीच वृहस्पति स्वभावतः दशमस्थ होगा और लग्न पर उसकी पूर्ण दृष्टि नहीं होगी। यदि लग्न तुला-राशि हो तो नीच वृहस्पति चतुर्थ स्थान में रहेगा और इस में भी वृ. की दृष्टि लग्न पर नहीं होगी। पुनः यदि लग्न मकर राशि हो तो वृहस्पति लग्न ही में होगा इस में भी लग्न पर (पूर्ण) दृष्टि वृहस्पति की न पड़ी, केवल कर्क लग्न होने से नीच वृहस्पति सप्तमस्थ होगा और लग्न पर पूर्ण दृष्टि होगी। इन कारणों से प्रतीत होता है कि यदि ऊपर लिखे हुए योग में वृहस्पति की पूर्ण दृष्टि ही आवश्यक होती तो ऋषि गण केवल इतना लिखते कि ऊपर लिखा हुआ योग कर्क-लग्न में लागू होगा। इस कारण यह निश्चय प्रतीत होता है कि ऊपर लिखे हुए योग में वृहस्पति और शनि की पूर्ण दृष्टि आवश्यक (इस योग के लिये) नहीं है। कतिपय विद्वानों का मत है कि राजा बहादुर अमांवां कुण्डली ५० का जन्म मेष लग्न के तीन अंश के भीतर ही है अर्थात् चर लग्न है और चर नवमांश भी है, अतः मेष लग्न मानने से नीच का वृहस्पति दशम स्थान में और शनि पञ्चम स्थान में पड़ता है। इस कारण शनिश्चर की द्विपाद दृष्टि और वृहस्पति की तीन पद दृष्टि लग्न पर पड़ती है। अर्थात् ऊपर लिखा हुआ दरिद्र-योग लागू होता है। परन्तु उन की वर्तमान अवस्था के अनुसार किसी प्रकार

यह योग लागू होना न चाहिए। इस कारण मेष लग्न को ही अशुद्ध मानना होगा। इस पुस्तक के अनेक स्थानों में अनेक प्रकार से मीन ही लग्न होना प्रतिपादित हुआ है। इस स्थान में भी उसी पक्ष की पुष्टि होती है। (८) यदि बृहस्पति षष्ठ अथवा द्वादश भावगत हो पर स्वगृही न हो तो दरिद्र योग होता है (९) यदि लग्न स्थिर राशि गत हो, और सभी पापग्रह केन्द्र एवं त्रिकोण में हों तथा शुभ ग्रह केन्द्र के अतिरिक्त अन्य किसी स्थान में हों तो भिक्षुक अथवा दरिद्र-योग होता है। (१०) यदि रात्रि का जन्म हो लग्न चरराशि गत हो, शुभग्रह केन्द्र और त्रिकोण गत हों परन्तु निर्बल हों और पापग्रह केन्द्र के अतिरिक्त किसी और स्थान में हो तो भिक्षुक वा दरिद्र-योग होता है। (११) यदि पापग्रह नीच हो तो जातक पाप कर्म निरत होता है। इसी प्रकार यदि शुभ-ग्रह नीच गत हो तो जातक अत्यन्त, गुप्त रूप से पाप करने वाला होता है। पुनः यदि बृहस्पति नीच होकर दशम स्थान में हो तो भी जातक गुप्त रूप से पाप करने वाला होता है। उच्चस्थ ग्रह नीच नवांश गत होने से बुराफल देता है। परन्तु नीचस्थ ग्रह उच्च नवांश में रहने से उत्तम फल देता है। (१२) शुभग्रह केन्द्र में हों पापग्रह धन भाव में हों तो जातक सर्वदा दरिद्र रहता है। एवं अपने कुल के लोगों को भयभीत रखता है। (१३) यदि सूर्य्य चन्द्रमा के नवांश में और चं. सूर्य्य के नवांश में हो परन्तु सूर्य्य चन्द्रमा एक राशि-गत हों तो दरिद्र-योग होता है। देखो धाः २१७ (१३३) (१४) लग्नारुढ़ स्थान से षष्ठ, अष्टम अथवा द्वादश स्थान पर यदि सप्तम स्थान की आरुढ़-राशि पड़े तो जातक दरिद्र-होता है। (१५) आत्मकारक अथवा लग्न से अष्टम स्थान के स्वामी की दृष्टि (जैमिनीय दृष्टि) यदि आत्मकारक पर और लग्न पर पड़ती हो तो जातक दरिद्र होता है। (१६) यदि चं. पाप नवमांश में हो और र. के साथ हो तथा किसी पापग्रह से दृष्ट हो तो जातक दरिद्र होता है (१७) यदि जन्म रात्रि का हो और क्षीन चं. से अष्टम भाव पाप-दृष्ट वा पाप-युत हो तो जातक दरिद्र होता है। (१८) यदि राहु वा केतु-ग्रस्त चं. पाप दृष्ट हो तो दरिद्र होता है। (१९) यदि लग्न वा चं. से चतुर्थ स्थान में पापग्रह बैठा हो तो जातक निर्धन होता है। (२०) यदि चन्द्र ग्रहण के समय का जन्म हो और वैसा चं. किसी ग्रहयुद्ध में हारा हुआ शुभग्रह से दृष्ट हो तो जातक दरिद्र होता है। (२१) यदि चं. तुला राशि का होता हुआ किसी शत्रु ग्रह के नवमांश में हो,

और किसी नीच वा शत्रु ग्रह से दृष्ट हो तो दरिद्र होता है (२२) यदि केन्द्र वा त्रिकोणवर्ती चं. शत्रु वा नीच वर्ग का हो, और चं. से वृ., बुध आठवें वा बारहवें स्थान में हो तो जातक दरिद्र होता है। (२३) यदि चं. चर राशि में हो, पाप नवमांश में और शत्रु से, दृष्ट भी हो तो एक प्रकार का दरिद्र योग अथवा यदि ऊपर वाले योग के रहते हुए चं. चर नवमांश में हो तो दूसरे प्रकार का दरिद्र योग होता है। परन्तु योग लागू तभी होगा, जब चं पर वृ.को दृष्टि न पड़ती हो। (२४) यदि श. और शु. नीच वा शत्रु नवमांश में हो और अन्योन्य दृष्ट हो अथवा साथ हो तो यदि राजकुल में भी जन्म हो तो वह जातक धन रहित होता है।

फल।

दरिद्र-योग में जन्म लेने वाला जातक अभागा, अपने परिवारों से दुःखित, कठिन स्थिति में पड़ा रहने वाला, भिक्षुक, अप्रिय-बादी, पेट्ट, व्यसनी, नीच वृत्ति द्वारा धनोपार्जन करने वाला, कटु भाषी, परस्त्री लोलुप वा नीच होता है तथा कभी कभी अङ्ग से विकल, अन्धा, गूंगा एवं मति-छिन्न होता है। कभी कभी वह कुष्ट रोग से पीड़ित भी होता है। ऐसा जातक कलह-प्रिय, कृतघ्न, उत्तम लोगों से घृणा करने वाला और दूसरों के कार्य्य में विघ्न बाधा डालने वाला होता है। ऐसे जातक की स्त्री अच्छी नहीं होती है। ऐसा न समझना होगा कि सभी दोष सब दरिद्र-योग वाले में पाय जायेंगे।

प्रेष्य-योग।

का-२९७ इस स्थान में थोड़े से उन योगों का उल्लेख किया जाता है जिन के रहने से जातक केवल दूसरे के अधीन रहकर स्वतन्त्रता रहित होकर केवल नौकरी ही नहीं करता, वरन् कलह-प्रिय, कटु भाषी, पापात्मा, मूर्ख, दुष्ट लोगों में प्रीति रखने वाला, क्रोधी, बदला लेने वाला, मिथ्यावादी, परस्त्री-गामी, पेट्ट और संसारके उत्तम लोगोंसे द्वेष करने वाला होता है। इसमें भी सब के सब दोष पाये जायं, ऐसा नहीं समझना होगा।

(१) यदि सूर्य्य दशम स्थान में, चं. सप्तम स्थान में, शनि चतुर्थ स्थान में, मङ्गल तृतीय स्थान में, बृहस्पति द्वितीय स्थान में और लग्न चर राशिगत हो तो ऐसा योग वाला जातक पराधीन एवं रात्रि के समय दूसरे की नौकरी करने

वाला होता है । (२) यदि शुक्र नवम स्थान में हो, चन्द्रमा सप्तम स्थान में हो, बृहस्पति, लग्नेश अथवा द्वितीयेश हो, मङ्गल, अष्टम स्थान में हो और लग्न स्थिर राशि हो तो ऐसे योग में जातक सर्वदा दूसरे की नौकरी करनेवाला होता है। (३) यदि रात्रि के समय का जन्म हो और लग्न चर राशि गत हो तथा लग्न का स्वामी संधि में हो एवं कोई पाप ग्रह केन्द्र में हो तो जातक दूसरे के अधीन भृत्य होता है । (४) यदि लग्न स्थिर राशि गत हो और जन्म दिन के समय का हो तथा श., चं., बृ. और शु. केन्द्र अथवा त्रिकोण में हो परन्तु सन्धि में हो तो जातक भृत्य-कार्य्य करने वाला होता है । (५) यदि बृ. ऐरावतांश का हो, पर सन्धि में हो, और चन्द्रमा उत्तम वर्ग का होकर केन्द्र से बाहर हो तथा शुक्र लग्न में हो परन्तु जातक का जन्म कृष्णपक्ष की रात्रि के समय का हो तो जातक पर-कर्मजीवी होता है । यदि कोई ग्रह दशवर्ग में मूलत्रिकोण, स्वक्षेत्र, उच्च, अथवा वर्गोत्तम का दो प्रकार से हो तो पारिजात, तीन प्रकार से हो तो उत्तमांश, चार प्रकार से हो तो गोपुरांश, पांच प्रकार से हो तो सिंहासनांश, छः प्रकार का हो तो पारावतांश, सात प्रकार से हो तो देवलोकांश, आठ प्रकार से हो तो भी देवलोकांश, और यदि नौ प्रकार का हो तो ऐरावतांश कहलाता है। इस पुस्तक में केवल षड़वर्ग चक्र दिया गया है। (६) यदि जन्म के समय में बृहस्पति चतुर्थ भाव की संधि में, मंगल षष्ठ भाव की संधि में और सूर्य्य दशम भाव की संधि में हो तो जातक भृत्य होता है । (७) यदि चन्द्रमा शुभ राशि-गत हो परन्तु पाप नवांश में हो और बृ. लग्नेश के साथ हो तो जातक पराये का काम करने वाला अर्थात् भृत्य होता है । (८) यदि बृहस्पति नीच राशि गत अर्थात् मकर का होकर षष्ठ, अष्टम अथवा द्वादश भाव में हो और यदि लग्न से चतुर्थ स्थान में चन्द्रमा हो तो ऐसा जातक सर्वदा दूसरे की हुकूमत में रहता है । (९) यदि लग्न शनि के द्रेष्काण का हो और उस पर केन्द्र गत चन्द्रमाकी दृष्टि पड़ती हो तो ऐसे जातक का जन्म यदि राजकुल में भी हो तो भी नीचकर्म द्वारा जीविका प्राप्त करता है । (१०) यदि नवमेश शनि, पञ्चम अथवा द्वितीय भाव में हो और उसपर पाप ग्रह की दृष्टि पड़ती हो अथवा वैसा शनि किसी पापग्रह के साथ होकर छठे भाव में हो तो ऐसा जातक आजन्म नीच वृत्ति करता है । (११) यदि शनि, चन्द्रमा से दशम स्थान में हो, अथवा लग्न से पञ्चम, नवम वा द्वितीय स्थान में हो और यदि अष्टम में पापग्रह हो तो ऐसे जातक की जीविका नीच वृत्ति से होती है। देखो

उदाहरण कुण्डली चन्द्रमा से शनि दशम अवश्य है परन्तु लग्न से अष्टम स्थान में कोई पाप ग्रह नहीं है। इस कारण योग लागू नहीं हुआ।

अध्याय २८

रोग अर्थात् शारीरिक क्लेश।

धा०-२९८ रहस्य-प्रवाह में लिखा जा चुका है कि ग्रह गण और राशियों के द्वारा कफ, पित्तादि दोष किस प्रकार उत्पन्न होते हैं और उन दोषों से रोगों का अनुमान किस प्रकार किया जा सकता है। अन्य भी कई प्रकार की बातें लिखी जा चुकी हैं (देखो धारा २१४, २१५, २१६)। अष्टम तरङ्ग में मृत्यु समय के रोगों का अनुमान-विधि विस्तार से लिखी जा चुकी है। इस स्थान में नाना प्रकार के योगों का उल्लेख किया जाता है। अर्थात् (१) मस्तिष्क रोग, (२) नेत्र रोग, (३) कर्ण रोग, (४) दन्त रोग, (५) नासिका रोग, (६) मूक योग, (७) गले के रोग, (८) वक्षस्थल के सभी रोग, (क्षय रोग, श्वांस काशादि रोग) (९) उदर रोग, (१०) जननेन्द्रिय एवं गुदा रोग, (११) कुष्ट रोग, (१२) चेचक, (१३) चर्म रोग, (१४) अङ्ग-वैकल्य रोग (१५) वायु पित्तादि जनित रोग, (१६) भूत प्रेतादि पीड़ा, (१७) जन्तुओं से भय, (१८) कारागार योग, (१९) नपुंसक-योग इत्यादि, जिससे मनुष्य पीड़ित हुआ करते हैं।

मस्तिष्क रोग।

धा०-२९९ (१) सूर्य्य (पाठान्तर से वृ.) लग्न में रहता है और मङ्गल (वा श.) सप्तमस्थ होता है तो जातक को उन्माद रोग होता है। (२) यदि शनि लग्न में और मङ्गल सप्तम अथवा त्रिकोण में हो तो जातक उन्माद बुद्धि होता है। यह वचन जातक परिजात का है और "प्रश्नमार्ग" में लिखा है :—

'लग्नस्थे धिषणे (वृ.) दिवाकरसुतो भौमोऽथवाद्युनगे।
मन्दे लग्नगते मदात्मजतपःसंस्थे महीनन्दने'।

अर्थात् यह योग कम से कम दो पुस्तकों में पाया जाता है। परन्तु कु. ३३, ४६, ५६ और ८६ में योग लागू होता हुआ भी फल नहीं मिलता। हो सकता है, कि भाव कुण्डली में ग्रह स्थिति में भेद होने से, वा शुभ ग्रह

रहने के कारण फल नहीं मिलता है। (३) जातक पारिजात के अनुसार यदि लग्न, धन के आरम्भ में हो, सूर्य्य और चन्द्रमा एक साथ होकर लग्न में हों अथवा एक साथ हो कर किसी एक त्रिकोण में हो तथा पुनः वृहस्पति तृतीय स्थान में हो अथवा केन्द्र में हो। तो जातक उन्माद-बुद्धि होता है। परन्तु "जातकादेश" में लिखा है कि यदि जन्म मकर, कुम्भ, मीन वा मेष लग्न का र. और चं. साथ होकर त्रिकोण में तथा वृ. तृतीय वा केन्द्र में हो तो उन्माद-बुद्धि होता है। (४) यदि चन्द्रमा और बुध केन्द्र में हो अथवा शुभ नवमांश के न हों तो जातक अत्यन्त भ्रमयुक्त अर्थात् सभी बातों में सन्देह करने वाला (चित्त का अत्यन्त संशयी) होता है। (५) यदि चन्द्रमा पाप ग्रह के साथ हो और राहु लग्न से पञ्चम, अष्टम अथवा द्वादश गत हो तो जातक को इस प्रकार का उन्माद होता है जिस में क्रोधांश विशेष रहता है। ऐसा जातक सर्वदा कलह-प्रिय होता है। इसमें भी पाठान्तर से "छते" के स्थान में "शुभे" है। (६) चन्द्रमा, सूर्य्य और मङ्गल लग्न में अथवा अष्टम में अथवा पापग्रह से दृष्ट हो तो जातक अनेक रोगों से व्यथित होता है। विशेषतः मृगी रोग से पीड़ित होता है। देखो धा. २१७ (४१) (७) हों चन्द्रमा और बुध केन्द्र में उस पर पापग्रह की दृष्टि हो और पञ्चम अथवा अष्टम भाव में पापग्रह हों तो ऐसे योग वाला जातक मृगी से पीड़ित होता है। (८) यदि चन्द्रमा शनि के साथ हो पर उस पर मंगल की दृष्टि हो तो जातक वावला, मूर्ख और कभी कभी जन्म का पागल होता है (९) यदि क्षीण चं. शनि के साथ द्वादश में हो तो मूर्च्छा होती है। (९) यदि बु., लग्नेश वा अष्टमेश के साथ हो, अथवा चं. लग्नेश वा षष्ठेश के साथ हो तो जातक पागल होता है। (११) यदि बु., लग्नेश के साथ होकर ६, ८ वा १२ स्थान गत हो तो जातक पागल होता है। (१२) यदि लग्न में पापग्रह हो और चं. छट्ठे वा अष्टम में हो तो मूर्च्छा होती है। (१३) यदि लग्न में चं. पापयुक्त हो और ६ वा ८ में पापग्रह हो तो मूर्च्छा होती है।

नेत्र-रोग।

(क) अन्धांश।

धा-३०० नेत्र विषयक विचार सूर्य्य, चन्द्रमा, मंगल, शनि और द्वितीय तथा द्वादश भाव आदि से होता है। द्वादश भाव, वाम नेत्र का और द्वितीय भाव, दाहिने नेत्र का कारक है। इसी प्रकार सूर्य्य दाहिने नेत्र और चन्द्रमा बांये नेत्र का कारक है।

आचार्य्यों का मत है कि सूर्य्य और चं. के लिये वृष राशि के छठे अंश से दशम अंश पर्य्यन्त अंध-अंश कहलाता है। अर्थात् सूर्य्य वा चन्द्रमा जन्म के समय में इन अंशों में से किसी अंश में यदि हो तो वैसा सूर्य्य वा चन्द्रमा 'अंध-अंश,-गत, कहा जाता है। इसी प्रकार मिथुन राशि का ९ अंश से १५ अंश पर्य्यन्त को अंध-अंश कहते हैं। कर्क और सिंह राशि के १८वें, २७वें और २८वें अंश को अंध-अंश कहते हैं। वृश्चिक राशि का पहला, १० वां, २७ वां और २८ वां अंश, मकर राशि के २६ अंश से २९ अंश-पर्य्यन्त और कुम्भ राशि के ८वां, १०वां, १८वां एवं १९वां अंश को अंध अंश कहते है। यह भी लिखा है कि क्षीग चं. (उपर्युक्त अंशों के अतिरिक्त) वृष राशि के २१वां, २२वां और २९वां अंश को अंध-अंश कहते हैं। पुनः कर्क राशि का १९वां और २० वां अंश, सिंह राशि का १०वां अंश से १६वां अंश पर्य्यन्त, कन्या का १९वां अंश से २१वां अंश पर्य्यन्त, धन का २०वां अंश से २३वां अंश पर्य्यन्त और मकर का १ला, २रा, ४था एवं ५वां अंश क्षीग चं. के लिये अंधांश कहलाता है। शीघ्र बोध के लिये इन्हीं सब बातों को चक्र द्वारा दिखलाया जाता है।

चक्र ५५

राशि	रवि ओर चन्द्रमा का अंध-अंश	क्षीण चं. का अंध-अंश
मेष	×	×
वृष	६,७,८,६,१०	२१,२२,२६
मिथुन	९,१०,११,१२,१३,१४,१५	×
कर्क	१८, २७, २८,	१६. २०
सिंह	१८, २७, २८,	१०,११,१२ १३,१४,१५.१६
कन्या	×	१६, २०, २१
तुला	×	×
वृश्चिक	१, १०, २७, २८	×
धन	×	२०, २१, २२, २३,
मकर	२६,२७,२८,२६,	१, २, ४, ५,
कुम्भ	८, १०, १८, १९	×

जब सूर्य्य अथवा चं. जन्म के समय अंध-अंश में, रहता है तो जातक के नेत्र रोग की सूचना होती है। दशम-स्थान के भोग्यांश से आरम्भ करके चतुर्थ भाव के भुक्तांश तक अर्थात् दशम लग्न से आगे और एकादश, द्वादश, लग्न, द्वितीय, तृतीय तथा चतुर्थ भाव के स्पष्ट पर्य्यन्त को चक्र-वामार्ध अर्थात् कुण्डली का वाम अङ्ग कहते हैं। इसी प्रकार चतुर्थ भाव के भुक्तांश से आरम्भ करके पञ्चम, षष्ठ, सप्तम, नवम, और दशम भाव के भोग्यांश पर्य्यन्त को दाहिना चक्रार्ध अर्थात् कुण्डली का दाहिना अंग होता है। (चक्र २ (क) पर ध्यान देने से दाहिना और बायां का रहस्य समझ में आ जायगा) इन्हीं दो विभागों में अंधांश का सूर्य्य अथवा चं. की स्थिति के अनुसार बायें वा दाहिने नेत्र के रोग का अनुमान करना होता है। ऊपर लिखा जाचुका है कि सूर्य्य दाहिने नेत्र का और चन्द्रमा बांये नेत्र का कारक है। यदि दोनों प्रकार से दाहिना हो तो दाहिने नेत्र में दोष बतलाना होगा। परन्तु दिन और रात्रि के जन्मानुसार वह विपरीत होता है। जैसे चक्रार्ध भी दाहिना हो और अंधांश में सूर्य्य दाहिने नेत्र का कारक हो तथा जन्म, दिन के समय का हो तो दाहिने ही नेत्र में दोष कहना होगा। परन्तु यदि ऊपर लिखे हुए योग में रात्रि का जन्म हो तो बायें नेत्र में दोष कहना होगा। पुनः इसी प्रकार यदि वाम चक्रार्ध हो और वाम नेत्र का कारक चन्द्रमा अंधांश में हो तथा जन्म दिन के समय का हो तो बांया ही नेत्र में दोष कहना होगा। पुनः इसी प्रकार यदि इसी योग में रात्रि का जन्म हो तो वाम-नेत्र में दोष कहना होगा। अर्थात् दिन और रात्रि के भेद से भी दाहिना और बांया में उलट फेर होता है। शास्त्रकारों ने तो केवल निम्नलिखित सात योग लिख दिये हैं। परन्तु इन सातो योगों पर पूर्णतया ध्यान देने से ऊपर लिखी हुई बातें झलक जाती हैं और यह बात समझ में आजाती है कि किस स्थान में क्या अनुमान करना होगा। शास्त्रकारों ने लिखा है कि (१) यदि जन्म, दिन के समय का हो और सूर्य्य अंधांश में चतुर्थ भाव के भुक्तांश से लेकर दशम-भाव के भोग्यांश पर्य्यन्त हो तथा पाप ग्रह से दृष्ट हो तो दाहिने नेत्र से जातक काना होता है। (२) चतुर्थ भाव के भुक्तांष से लेकर दशम भाव के भोग्यांश पर्य्यन्त यदि क्षीण चं. वा दग्ध चन्द्रमा (सूर्य्य और चन्द्रमा जब एक अंश में आता है तब चन्द्रमा दग्ध कहलाता है) अंध-अंश गत हो तो बांया नेत्र नष्ट हो

जाता है (३) यदि चतुर्थ भाव के भोग्यांश से दशम भाव के भुक्तांश पर्य्यन्त अर्थात् दशवें से चतुर्थ भाव तक यदि अंधांश गत चन्द्रमा हो और दिन का जन्म हो तो वाम नेत्र में केवल कोई दोष होता है (४) परन्तु यदि इसी योग में रात्रि का जन्म हो तो फल उल्टा होता है अर्थात् दाहिने नेत्र में रोग होता है (५) यदि सूर्य्य अंधांश गत होता हुआ चतुर्थ भाव के भुक्तांश से आरम्भ करके दशम भाव के भोग्यांश पर्य्यन्त हो तो दाहिना नेत्र नष्ट होत है (६) चतुर्थ भाव के भोग्यांश और दशम भाव के भुक्तांश के अन्तर्गत (दशम भाव से चतुर्थ भाव) यदि अंधांश का सूर्य्य हो और दिन का जन्म हो तो दाहिने नेत्र में केवल कोई दोष होता हैं (७) इसी प्रकार ऊपर वाले योग में यदि रात्रि का जन्म हो तो वाम नेत्र में रोग होता है। इन सात योगों के अतिरिक्त और भी कई फुटकर योगों का उल्लेख मिलता है जिनमें सूर्य्य वा चन्द्रमा का अंधांश में होना आवश्यक है। जैसे यदि छठे स्थान में चन्द्रमा शुभग्रह दृष्ट वा युत न हो अथवा षष्ठेश शुक्र लग्न में बैठा हो और कोई शुभग्रह वक्री होकर छट्ठे, आठवें, अथवा द्वादश स्थान में बैठा हो तो नेत्र रोग होता है। पुनः षष्ठेश चं. यदि शनि से दृष्ट हो तो श्लेष्मा विकार से, मंगल से दृष्ट हो तो उष्ण अर्थात गर्मी से और यदि शुक्र, वृहस्पति, वा बुध से दृष्ट हो तो शोकादि विकार से अंध होता है। पुनः यदि सूर्य्य और चं. तीसरे भाव अथवा केन्द्र-स्थित हो तो अंध-योग होता है। इसी प्रकार यदि चं. धन राशिगत अंधांश में हो और रात्रि का जन्म हो तो अंध योग होता है। परन्तु स्मरण रहे कि धन राशि में केवल क्षीण चं. को ही अंधांश होता है। यह भी लिखा है कि यदि चं. कर्क राशिगत हो और अंधांश में हो तो अंध योग होता है देखो। कुं. ६० बाबू गंगा प्रसाद जी की। कर्क-राशि-गत चं. अंधांश में है। देखो इसी धारा का नियम (४६)

(ख) अन्य-योग।

इस स्थान मे अन्य कई प्रकार के योगों का उल्लेख किया जाता है जिन से नाना प्रकार के नेत्र रोगों का अनुमान किया जासकता है। इन योगों में सूर्य्य वा चं. का अंधांश में होना कोई आवश्यक नहीं प्रतीत होता है। स्मरण रहे कि र., चं., शु. के श. मं. से पीड़ित रहने पर नेत्र विकार हुआ

करता है और इसी प्रकार द्वितीय, द्वादश, षष्ठ, अष्टम, नवम और पंचम स्थानों से नेत्र रोगों का अनुमान करना होता है।

(१) यदि दिन का जन्म हो, सूर्य्य धन से प्रथम अंश में हो और शनि से दृष्ट हो तो अंध-योग होता है। (२) क्षीण चं. धन राशि-गत हो और शनि से दृष्ट हो पर बृ. अथवा शु. से दृष्ट न हो तो अंध योग होता है। (३) सूर्य्य से दूसरे स्थान में चं. यदि क्रूर ग्रह के साथ हो तो अन्ध-योग होता है। (४) दशम स्थान में चं. पापदृष्ट हो पर शुभ-दृष्ट न हो तो अन्धा होता है। (५) चं. छट्ठे अथवा बारहवें स्थान में नीच राशिगत हो और पापदृष्ट हो तो अन्ध-योग होता है। (६) मंगल र. से अस्त होकर लग्न में बैठा हो तो अन्ध-योग होता है। (७) यदि चतुर्थ और पञ्चम स्थान में पापग्रह हो तथा चं. छट्ठे, आठवें अथवा बारहवें स्थानमें हो तो जातक अन्धा होता है। यदि इस योग में चं. पर शुभग्रह की दृष्टि न हो तो जातक अवश्य ही अन्धा होता है। परन्तु यदि चतुर्थ एवं पञ्चम स्थान में शुभग्रह भी हो तो जातक अन्धा नहीं होता है (८) यदि सूर्य्य लग्नेश के साथ हो और द्वितीयेश, छट्ठे, आठवें अथवा द्वादश स्थान में हो तो जातक जन्मान्ध होता है। (९) यदि लग्नेश, द्वितीयेश, पञ्चमेश, सप्तमेश, एवं नवमेश, ये सब ग्रह छट्ठे, आठवें, अथवा द्वादश में हों तो जातक जन्मान्ध होता है। (१०) यदि शुक्र लग्न में हो और उसके साथ पञ्चमेश तथा अष्टमेश भी हो तो ऐसे जातक की आंखें किसी बड़े मनुष्य द्वारा खराब हो जाती हैं। (११) यदि र., चं., मं. और शनि छट्ठे, आठवें बारहवें एवं दूसरे भाव में जिस किसी प्रकार से बैठे हों तो उन में से बली ग्रह के बात पित्तादि दोष के अनुसार जातक अन्धा हो जाता है। इसी प्रकार यदि ऊपर लिखे हुए ग्रहगण ३, ५, ९, और ११ स्थान में बैठे हों तो बलीग्रह के दोष से जातक अन्धा होता है (१२) यदि चं. छट्ठे, आठवें अथवा द्वादश भाव में हो और शनि तथा मंगल साथ होकर कहीं बैठा हो तो जातक अन्धा होता है। (१३) यदि चं., लग्न से छट्ठे स्थान में, सूर्य्य अष्टम स्थान में, शनि द्वादश स्थान में और मंगल द्वितीय स्थान में हो तो जातक अवश्य ही अन्धा होता है। इसी प्रकार यदि शुक्रस्थित राशि को लग्न मान कर चन्द्रादि ग्रहों की स्थिति वैसीही हो जैसी ऊपर लिखी गयी है तो जातक अवश्य अन्धा होता है। (१४) यदि राहु-ग्रस्त सूर्य्य, लग्न

में हो, और लग्न से नवें अथवा पांचवें स्थान में शनि तथा मङ्गल ये दोनों ग्रह पड़ते हों तो जातक अन्धा हो जाता है। (१५) यदि द्वितीय एवं द्वादश स्थान के स्वामी, शुक्र और लग्नेश के साथ होकर छट्ठे, आठवें वा द्वादश स्थान में बैठे हों तो जातक नेत्रहीन हो जाता है। (१६) यदि चं. किसी पापग्रह के साथ एवं शुक्र के साथ होकर धन भाव में बैठा हो तो जातक नेत्रहीन हो जाता है। (१७) लग्न से पञ्चम राशि के आरूढ़ स्थान में यदि राहु बैठा हो और राहु पर सूर्य्य की दृष्टि, (जैमिनीय दृष्टि के अनुसार) पड़ती हो तो नेत्रों का नाश होता है। (आरूढ़ स्थान किसे कहते है ? देखो धारा-९७ और जैमिनीय दृष्टि धारा २५)। (१८) यदि सूर्य्य और चं. तीसरे स्थान अथवा केन्द्र में हों और पुनः मंगल केन्द्र में हो अथवा पाप-राशि गत हो तथा उसपर पाप ग्रह की दृष्टि हो, एवं ६, ८, १२ स्थानों में शुभ ग्रह हों और दशम स्थान में सूर्य्य हो तो जातक अन्धा होता है। (१९) यदि शनि चौथे भाव में पाप-दृष्ट हो तो जातक अन्धा होता है। (२०) यदि चं. शत्रु राशि में हो और उस पर शुभ ग्रह की दृष्टि नहीं हो तो जातक का नेत्र नाश हो जाता है। (२१) यदि मंगल द्वितीय स्थान का स्वामी हो, अष्टम स्थान में सूर्य्य और चं. बैठे हों तथा शनि, षष्ठ अष्टम अथवा द्वादश स्थान में हो तो जातक अन्धा होता है। (२२) यदि शनि चं. और मं. छट्ठे, आठवें अथवा द्वादश स्थान में हो तो जातक नेत्र-विहीन होता है। (२३) यदि लग्न सिंह राशि हो, उसमें सूर्य्य और चं. बैठे हों तथा उनपर शनि और मं. की दृष्टि हो तो जातक जन्मान्ध होता है। परन्तु यदि शनि और मं. दोनों से दृष्ट न हो केवल एक ही से दृष्ट हो तो जातक जन्म के बाद अन्धा होता है। (२४) यदि शु., द्वितीयेश, द्वादशेश एवं लग्नेश साथ होकर ६, ८ अथवा १२ स्थान में बैठे हों तो जातक अन्धा होता है। (२५) यदि र., शुक्र और लग्नेश साथ होकर ६, ८ वा १२ में हों तो जातक अन्धा होता है। (२६) यदि चं. और शुक्र किसी पापग्रह के साथ होकर द्वितीय स्थान में हो तो जातक नेत्रहीन होता है। (२७) द्वितीय-स्थान का स्वामी पाप ग्रह के साथ हो, शनि और मङ्गल का योग हो, तथा गुलिक उनके साथ हो; अथवा द्वितीय स्थान में बहुत पाप-ग्रहों का योग हो और वे पाप ग्रह शनि से दृष्ट हों तो इन दो योगों में से किसी एक के रहने से जातक अन्धा होता है। देखो कुं. ६७ द्वितीय स्थान में रा., मं. एवं गुलिक तीन पाप ग्रह बैठे हैं और द्वादशस्थ शनि की उनपर पूर्ण दृष्टि है। यहां और भी विचारने योग

बात है कि द्वितीय स्थान का स्वामी सूर्य्य, बुध (पाप) के साथ बैठा है। मंगल और श. का योग तो नहीं है, परन्तु तृतीय सम्बन्ध है। गुलिक मङ्गल के साथ है। इन्हीं सब कारणों से केवल जन्म के कई मास बाद ही यह जातक नेत्र विहीन हो गया। (२८) यदि द्वितीय-स्थान के स्वामी का नवमांश-पति पापग्रह के साथ हो, पापग्रह के क्षेत्र में हो, द्वितीय स्थान का स्वामी सूर्य्य वा मङ्गल से दृष्ट हो अथवा शनि और गुलिक से दृष्ट हो तो जातक अन्धा होता है। (२९) द्वितीयेश और लग्नेश साथ होकर ६, ८, वा १२ स्थान में हो तो जातक नेत्र ज्योति-विहीन होता है। (लेखन शैली से प्रतीत होता है कि इस योग में जातक अन्धा नहीं होता है) देखो कुं. ७६ रघुनन्दन बाबू की द्वितीयेश और लग्नेश अलग-अलग अष्टम एवं छट्ठे स्थान में बैठा है। (३०) यदि सूर्य्य और चं. साथ होकर कर्क राशि-गत अथवा सिंह राशि गत हों और उनपर मंगल तथा शनि की दृष्टि हो तो जातक नेत्र-ज्योति विहीन होता है। परन्तु यदि शुभग्रह और पापग्रह की भी दृष्टि हो तो नेत्र ज्योति की कमी होती है और जातक के नेत्र से सर्वदा जल गिरता रहता है। देखो (१३) (२३) (३१) चन्द्रमा यदि मंगल के साथ होकर अष्टम स्थान में हो और दिन के समय का जन्म हो तो जातक काना होता है। (३२) यदि लग्न-स्थित चं. अथवा मंगल को बृ. अथवा शुक्र देखता हो तो जातक काना होता है। (३३) यदि सप्तम भाव में मङ्गल हो और उसकी दृष्टि सिंह-राशि-गत चं. पर पड़ती हो, तथा नवमेश, मेष, सिंह, वृश्चिक अथवा मकर राशि गत हो तो जातक काना होता है। (३४) यदि सप्तम भाव में मङ्गल बैठा हो और उसकी दृष्टि कर्क राशिस्थ सूर्य्य पर पड़ती हो तथा नवमेश मेष, सिंह, वृश्चिक अथवा मकर राशि गत हो तो जातक काना होता है। (३५) यह लिखा जा चुका है कि साधारणतः सूर्य्य दाहिने नेत्र और चं. बांये नेत्र का कारक है। यदि सूर्य्य और चं. साथ होकर अथवा इनमें से कोई द्वादश भाव में हो तो नेत्र के लिये अनिष्टकर होता है। दोनों के साथ रहने से जातक अवश्य काना होता है। परन्तु एक के रहने से यदि और किसी प्रकार का नेत्र रोग-योग हो तो जातक काना होता है। देखो कुं ६२ शिवचन्द्र प्र. की। सूर्य्य और चं. दोनों साथ हो कर द्वादश स्थान में बैठा है। यद्यपि बृ. की पूर्ण दृष्टि है परन्तु सूर्य्य के नीच और प्रतिपद का जन्म होने से जातक के नेत्र में ऐसी बीमारी हुई कि उसका दाहिना नेत्र खराब हो गया। देखो कुं ३५ राय बहादुर सूर्य्य प्रसाद जी की। ये

भी एक आंख से अत्यन्त रोगी हैं। (३६) यदि सिंह लग्न हो और उसमें सूर्य्य बैठा हो तथा शनि एवं मङ्गल से दृष्ट हो तो जातक दाहिने आंख का काना होता है। (३७) यदि सूर्य्य और शनि शुभ ग्रह से दृष्टि न हो तथा नवम स्थान गत हो तो जातक वामनेत्र से काना होता है। (३८) यदि सूर्य्य और चं. में से कोई एक ग्रह द्वादश में हो तथा दूसरा ग्रह, छट्ठे में हो तो ऐसा जातक (वाम नेत्र से) काना होता है इस विलक्षणता के साथ कि उसकी स्त्री भी कानी होती है। यदि यही योग द्वितीय एवं अष्टम स्थान में हो तो दाहिने नेत्र से काना होता है। (३९) यदि छट्ठे स्थान में पाप ग्रह हो तो वाम नेत्र की ज्योति नष्ट होती है। इसी प्रकार अष्टम स्थान में पाप ग्रह हो तो दाहिने नेत्र में ज्योति की कमी होती है। देखो कुं. ६१ बाबू अम्बिका प्र. की। अष्टम एवं छट्ठे दोनों में पाप ग्रह हैं। इनकी दोनों आंखें धीरेधीरे खराब हो रही है। देखो कुं. ५० राजा बहादुर अमांवाँकी। इनके छट्ठे अस्थान में सू. और श. (पिता-पुत्र) पाप ग्रह बैठे हैं, इस कारण इनके वाम नेत्र की ज्योति खराब हुई। (४०) यदि सूर्य्य लग्न में हो अथवा सप्तम स्थान में हो और वह शनि से दृष्ट वा युक्त होतो ऐसे जातक के दाहिने नेत्र की ज्योति कुछ ही समय बाद खराब हो जाती है। (४१) यदि सूर्य्य सप्तम स्थान अथवा लग्न में रा. और मं. के साथ बैठा हो तथा शनि से दृष्ट वा युक्त हो तो वाम नेत्र नष्ट होता है। (४२) यदि छट्ठे, आठवें एवं द्वादश भाव में पाप ग्रह हों और द्वादश में सूर्य्य अथवा चं. हों तो षष्ठ-गत पापग्रह, अपनी दशाअन्तरदशा में जातक के बांये नेत्र को खराब करता है। इसी प्रकार अष्टमस्थ पापग्रह अपनी दशाआन्तरदशा में दाहिने नेत्र को नष्ट करता है। (४३) यदि सिंह लग्न में चं. बैठा हो और शनि एवं मंगल से दृष्ट हो तो जातक बांये नेत्र से काना होता है। (४४) यदि षष्ठेश मंगल की राशि में हो और शुभग्रह से दृष्ट न हो कर पाप दृष्ट हो तो आंख में फूला होती है। देखो कुं. ६२ शिवचन्द्र जी की। षष्ठेश मं. वृश्चिक राशिका, लग्न में है और शुभग्रह से दृष्ट नहीं है परन्तु केतु की उस पर पूर्ण दृष्टि है; इस कारण इस बालक के नेत्र में रोग होने के बाद फूला हो गया है और ज्योति खराब हो गई है। (४५) यदि द्वितीयेश शु. और चं. के साथ होकर लग्न में बैठा हो तो जातक को रतौंधी (जिसको रात को नहीं सूझता है) होती है। परन्तु यदि द्वितीयेश उच्च हो अथवा द्वितीयेश के साथ शु. के अतिरिक्त और कोई ग्रह हो तो रतौंधी नहीं होती है। (४६)

यदि बलहीन सूर्य्य, वक्री ग्रह की राशि में हो, चन्द्रमा मं. से आक्रान्त, कर्क राशि में हो, अथवा धन राशि के अन्तिम नवमांश में हो तो जातक अन्धा होता है। इन योगों में यदि सूर्य्य की दृष्टि हो तो जातक को रतौंधी होती है। यदि शनि की दृष्टि हो तो जातक दिवान्ध होता है अर्थात् उसे दिनौन्धी होती है। देखो कुं. ७६ बाबू रघुनन्दन प्र० जी की। बृहस्पति वक्री है और सूर्य्य, धन राशि बृहस्पति के घर में है। कर्क-राशिस्थ चं. पर मं. की और सूर्य्य पर शनि की पूर्ण दृष्टि है; इस कारण इनकी नेत्र ज्योति खराब है और एक नेत्र के अन्धे हैं। देखो कुं. ७० बाबू गंगा प्र० जी की। कर्क राशिस्थ चं. पर मंगल की और चं. पर शनि की पूर्ण दृष्टि है। चं. कर्क के १८ वें अंश अर्थात् अंधांश में है। (४७) यदि शुक्र और मंगल सप्तमस्थान में हों और उस पर पापग्रह की दृष्टि हो तो जातक को रतौंधी होती है। (४८) यदि चं. लग्न से द्वादशस्थ हो तो वाम नेत्र में और सूर्य्य द्वादशस्थ हो तो दाहिने नेत्र में पीड़ा होती है। परन्तु शुभ-ग्रह से दृष्ट वा युत रहने से पीड़ा नहीं होती। देखो कुं. ७० गंगाप्रसाद जी की। चं. अंधांश में होता हुआ द्वादशस्थ है, शनि एवं मंगल से दृष्ट है और गुलिक के साथ है। इस कारण, इनकी आंखें एक दम खराब हो गई हैं। (४९) यदि मंगल द्वादशस्थान में हो तो वाम नेत्र में और शनि द्वादश स्थान में हों तो दाहिने नेत्र में पीड़ा होती है। देखो कुं. ४२ पण्डित रमावल्लभ मिश्रजी की। इनके बायें नेत्र में बहुत समय तक पीड़ा होती रही और अन्त में बांयें नेत्र को किञ्चित् दबाने लगे थे। देखो कुं. ३५ राय बहादुर सूर्य्य प्रसाद जी की। इन्हें भी नेत्र-दोष है। (५०) यदि द्वितीय-स्थान में कोई पापग्रह हो और द्वितीयेश पर शुभग्रह की दृष्टि हो तो निमीलिताक्ष होता है अर्थात् (चोंधा) आंखों को दबाता है। देखो कुं. ७६ बाबू रघुनन्दन प्रसाद जी की। सूर्य्य द्वितीयस्थ है (शु. भी साथ है) और द्वितीयेश बृ. पर शु. की पूर्ण दृष्टि है (द्वितीय स्थान पर शनि की दृष्टि है।) यह एक आंख खूब दबाते हैं। देखो कुं. ७७ बाबू गोपाल नारायण सिंह जी की। सूर्य्य द्वितीयस्थ है और द्वितीयेश बृ. पर शु. की पूर्ण दृष्टि है। इसी कारण यह एक आंख दबाते हैं। देखो नियम (४९)। (५१) यदि सिंह लग्न हो, उसमें सूर्य्य या चं. बैठा हो और उसपर शुभग्रह एवं पापग्रह दोनों की दृष्टि हो तो जातक चोंधा अर्थात् आंखों को दबाने वाला होता है। (५२) द्वितीयेश का नवांशपति किसी पापग्रह के साथ

हो और चतुर्थ स्थान में कोई दूसरा पापग्रह तो जातक को नेत्र रोग होता है। (५३) यदि द्वितीयेश, सूर्य्य, मंगल और केतु के साथ हो तथा उनपर शनि एवं गुलिक की दृष्टि हो तो ऐसे जातक को पित्त विकार, उष्णता, कमल रोग वा अन्य किसी प्रकार की शारीरिक व्यथा से अत्यन्त बुरे प्रकार का नेत्र रोग होता है (५४) यदि द्वितीयेश और नेत्र कारक ग्रह पापग्रह के साथ हो अथवा पाप से दृष्ट हो तो नेत्र ज्योति की कमी होती है। लिखा जा चुका है कि सूर्य्य को विद्वानों ने नेत्र-कारक कहा है परन्तु बहुतों ने चं. को भी नेत्र-कारक बतलाया है। देखो कुं. ६१ अम्बिका प्र. जी की। द्वितीयेश शु., शनि और र. के साथ है पर चं. पाप के साथ नहीं है। परन्तु अष्टमस्थ मंगल से दृष्ट है इस कारण इनके-नेत्र की ज्योति क्रमशः घटती जाती है और आंख (बायां) एकदम निकम्मी हो गई है। (५५) यदि र., शु. और लग्नेश अदृश्य चक्रार्ध (लग्नांश से सप्तमांश पर्य्यन्त) में हो तो जातक की नेत्र ज्योति अच्छी नहीं होती है। देखो कुं ३६ महात्माजी की। र., शु. और लग्नेश बु. सब अदृश्य चक्रार्ध में हैं। देखो कुं. ४८ बाबू श्रीकृष्ण सिंह जी की। लग्नेश बुध, और सूर्य्य एवं शु. अदृश्य चक्रार्ध में है। इस कारण यह बिना चश्मा के दूर के पदार्थ को नहीं देख सकते। देखो कुं. ६१ अम्बिका बाबू की। यह योग लागू है और इसके पूर्व का भी योग लागू है। देखो कुं. ७६ रघुनन्दन जी की। इस कुण्डली में भी यह योग लागू है। देखो कुं. ७७ बाबू गोपाल नारायण जी की। योग लागू है। (५६) मं., बृ., शु. अथवा बुध यदि चं. के साथ हों तो गर्मी के कारण, शोक से, काम विकार से अथवा शस्त्र से जातक को नेत्र रोग होता है। (५७) जन्म-समय में यदि कोई ग्रह वक्री हो और वह ग्रह जिस राशि का स्वामी हो, यदि उस राशि में छट्ठे स्थान का स्वामी बैठा हो तो जातक नेत्ररोगी होता है। (५८) यदि शनि और मंगल दोनों द्वितीय स्थान में हों तथा द्वितीयेश एवं मान्दि भी द्वितीय स्थान में हो तो नेत्र रोग होता है। (५९) यदि द्वितीय स्थान में कई पाप ग्रह हों और उनपर शनि की दृष्टि हो तो जातक नेत्र रोगी होता है। (६०) यदि सूर्य्य और चं. दोनों नवम स्थान में बैठे हों तो जातक धनी होता है। परन्तु नेत्र-रोगी होता है। (६१) सूर्य्य और च. यदि वक्री ग्रह-राशि में हों, छट्ठे अथवा द्वादश भाव में हो तो जातक वक्र-नेत्री होता है। देखो कुं. ६२ शिवचन्द्र जी की। सूर्य्य और चं. द्वादशस्थ हैं। बालक ऐंचा ताना

तो नहीं हैं परन्तु एक नेत्र खराब हो गया है। (६२) सूर्य्य जिस राशि में हो उसके आगे वाले राशि में यदि मंगल बैठा हो तो जातक की दृष्टि कान्ति-हीन होती है और यदि बुध हो तो आंख में कोई चिन्ह होता है। देखो कुं. ५०। सूर्य्य के बाद बु. (उच्च) है। चिन्ह तो नहीं पर रोग है। (६३) शुक्र लग्न अथवा अष्टम में हो और पाप दृष्ट हो तो आंखों से आंसू चलता रहता है। (६४) यदि द्वितीयेश पापग्रह हो और ६, ८ अथवा १२ में बैठा हो तो बिना किसी प्रत्यक्ष कारण के नेत्र में रोग होता है। (६५) यदि द्वितीयेश, सूर्य्य और मंगल के साथ हो अथवा सूर्य्य और मंगल से दृष्ट हो तो नेत्र का कोण लाल होता है। (६६) यदि सूर्य्य, पाप-युक्त पञ्चम, नवम, अथवा द्वादश में हो तो नेत्र विकार होता है। ऊपर वाले योग में यदि सूर्य्य के साथ शनि हो तो जातक नेत्र रोगी होता है। (६७) यदि नेत्र कारक (सर्वार्थ चिन्तामणि के अनुसार सूर्य्य नेत्र कारक होता है और अन्य विद्वानों ने चं. को भी नेत्र कारक कहा है।) ग्रह बली हो, द्वितीयस्थान में शुभ ग्रह बैठा हो, द्वितीयेश शुभग्रह के साथ हो अथवा लग्नेश नेत्र कारक के साथ हो, अथवा नेत्र कारक से दृष्ट हो तो जातक की आंखें अत्यन्त सुन्दर और बड़ी-बड़ी होती हैं। देखो कुं. ३२ स्वामी विवेकानन्द जी की। नेत्र कारक ग्रह, सूर्य्य लग्न में मूलत्रिकोण का है। द्वितीय स्थान में कोई शुभ ग्रह नहीं है। परन्तु द्वितीय स्थान बृ. से दृष्ट है। द्वितीयेश शनि, शुभ ग्रह चं. से और लग्नेश शनि, नेत्रकारक चं. से युत है इस कारण इनके बड़े बड़े और अत्यन्त सुन्दर नेत्र थे।

कर्ण-रोग।

धा-३०१ (१) यदि मान्दि के साथ मंगल तृतीय स्थान में बैठा हो तो जातक कर्ण रोगी होता है। (२) यदि तृतीय स्थान में कोई पाप ग्रह बैठा हो और उसपर किसी पापग्रह की दृष्टि भी पड़ती हो तो जातक कर्ण रोगी होता है। (३) यदि तृतीयेश क्रूर षष्ठांश का हो तो भी कर्ण रोग होता है। (४) यदि पापग्रह तृतीय, पञ्चम, नवम और एकादश भावों में किसी प्रकार से पड़ते हों, तथा उनपर शुभग्रह की दृष्टि न हो तो ग्रहगण अपने बलानुसार श्रवणशक्ति में न्यूनता पैदा करते हैं। (५) यदि द्वितीयेश और मङ्गल लग्नगत हों तो कर्ण-

पीड़ा होती है। (६) यदि शनि, मंगल और द्वितीयेश लग्न-गत हों अथवा द्वितीयेश और षष्ठेश लग्न-गत हों अथवा मंगल और गुलिक द्वादशस्थ हों तो जातक के कान में सर्वदा पीड़ा रहती है अथवा उसका कान कट जाता है। (७) यदि चन्द्रमा पर शनि की दृष्टि पड़ती हो पर लग्न पर सूर्य्य और शुक्र की दृष्टि न हो तो जातक का कान काटा जाता है। (८) यदि षष्ठेश शुक्र हो और वह लग्न-गत हो तथा उस पर चन्द्रमा एवं पापग्रह की दृष्टि हो तो जातक दाहिने कान से बधिर होता है। (९) यदि षष्ठेश और बुध चौथे स्थान में हों, उन पर शनि की चतुर्थ दृष्टि (तीन पाद दृष्टि) पड़ती हो अथवा षष्ठेश और बुध छठे स्थान में हों तथा उसपर शनि की दृष्टि पड़ती हो तो जातक बधिर होता है। (१०) यदि छठे स्थान का स्वामी बुध, ६, ८ अथवा १२ स्थान में हो और शनि से दृष्टि हो तो जातक बधिर होता है। (११) यदि षष्ठ स्थान का स्वामी बुध हो और बुध एवं षष्ठस्थान, शनि की सप्तम दृष्टि से दृष्ट हो तो जातक बधिर होता है। (१२) यदि मङ्गल के साथ पूर्ण चन्द्रमा छठे स्थान में हो तो भी बधिर होता है। (१३) यदि बुध छठे स्थान में, अथवा शुक्र दशम स्थान में हो और जातक का जन्म रात्रि के समय का हो तो ऐसा जातक बायें कान से बहुत ऊंचा सुनता है। (१४) क्षीण चं. के लग्न में रहने से जातक ऊंचा सुनता है। यदि चं., बु., बृ. और शु. साथ होकर किसी भाव में बैठे हों तो जातक बधिर होता है।

दन्त-रोग।

धा-३०२ (१) यदि चं. अथवा राहु द्वादश स्थान-गत हो अथवा किसी त्रिकोण में हो और सूर्य्य सप्तम अथवा अष्टम स्थान में हो तो जातक को दन्त-रोग और नेत्र-रोग होते हैं। पुनः उसी प्रकार ऊपर के योग वाले ग्रह सब यदि नीच नवमांश अथवा शत्रु नवमांश में हो तो भी दन्त-रोग होता है। (२) यदि पापग्रह, सप्तम भाव-गत हो और उसपर शुभग्रह की दृष्टि न हो तो जातक के दांत देखने में कुरूप होते हैं। (३) यदि द्वितीयेश, राहु के साथ षष्ठ, अष्टम अथवा द्वादश भाव-गत हो और राहु जिस राशि में हो उस स्थान का स्वामी द्वितीयेश के साथ हो तो द्वितीयेश की महादशा में तथा राहु जिस स्थान में बैठा

हो उस स्थान के स्वामी की दशा में जातक, दन्त-रोग से पीड़ित होता है। बुध की अन्तर-दशा में जातक की जिह्वा में भी कुछ रोग होता है। (४) यदि द्वितीयेश, षष्ठेश के साथ हो, अथवा द्वितीयेश जिस स्थान में बैठा हो उस स्थान का स्वामी अपने नवमांशेश के साथ हो तो इन ग्रहों की दशा अन्तरदशा में जातक के दांत उखाड़े जाते हैं। (५) यदि मेष, वृष अथवा वृश्चिक लग्न हो और उसपर पापग्रह की दृष्टि हो तो जातक के दांत सुन्दर नहीं होते।

नासिका-रोग।

धा-३०३ (१) यदि द्वादश स्थान में कोई एक पाप ग्रह, षष्ठ स्थान में चन्द्रमा हो, अष्टम स्थान में शनि और लग्नेश, पापग्रह के नवमांश में हों तो जातक को पीनस-रोग होता है। अर्थात् उसकी घ्राण शक्ति नष्ट हो जाती है। (२) यदि मंगल लग्न में हो और षष्ठ स्थान में शुक्र हो तो ऐसे जातक की नासिका किसी कारण से कट जाती है।

मूक-योग।

धा-३०४ (१) यदि द्वितीयेश बृहस्पति के साथ अष्टम स्थान में बैठा हो तो जातक गूंगा होता है। परन्तु इन दो ग्रहों में से यदि कोई उच्च अथवा स्वगृही हो तो जातक गूंगा नहीं होता। (२) यदि द्वितीयेश केन्द्र अथवा त्रिकोण में किसी शुभग्रह के साथ हो तो जातक वाग्मी अर्थात् व्याख्याता होता है। देखो कुं. ७ आदि गुरु की। द्वितीयेश र. दशम स्थान में शु. के साथ है। यह बड़े वाग्मी थे। देखो कुं. २३ योग लागू है। (३) इसी प्रकार यदि द्वितीयेश शुभग्रह हो पर केन्द्र अथवा त्रिकोण गत हो तो भी जातक वाग्मी होता है। देखो कुं. ६ वल्लभाचार्य्य की। द्वितीयेश बृ. त्रिकोण में है। देखो कु. ४१ हसन इमाम साहेब की। बड़े चतुरभाषी और वाग्मी थे। ऊपर वाला योग भी लागू है। उदाहरण कुं. में योग लागू है। जातक की वाचा शक्ति बहुत सराहनीय है। (४) यदि बुध चतुर्थ, अष्टम अथवा द्वादश भाव में हो, सूर्य्य चौथे भाव में हो और उसपर चन्द्रमा की दृष्टि हो तो जातक का स्वर स्पष्ट नहीं होता है। (५)

शुक्र पक्ष का चन्द्रमा यदि मंगल के साथ होकर लग्न में बैठा हो तो जातक का स्वर स्पष्ट नहीं होता है। (६) यदि जन्म समय में पापग्रह कर्क, वृश्चिक और मीन-राशि गत हो तथा चन्द्रमा पाप-दृष्ट हो तो जातक गूंगा होता है। (७) यदि चन्द्रमा पर शुभ ग्रह की दृष्टि हो तो जातक अधिक काल अर्थात् ९ वर्ष के अनन्तर बोलने में समर्थ होता है। (८) यदि जन्म समय में बुध, सूर्य्य के साथ अस्त होता हुआ, कर्क, वृश्चिक वा मीन राशि-गत हो तथा चं. से दृष्ट हो तो जातक की जिह्वा में दोष होता है। (९) यदि छठे स्थान का स्वामी बुध, ४, ८, वा १२ में हो और पाप दृष्ट हो तो जातक गूंगा होता है। (१०) यदि चन्द्रमा और मंगल लग्न गत हो तथा जन्म शुक्लपक्ष का हो तो जातक गूंगा होता है।(११) षष्ठेश बुध, लग्न गत और पाप दृष्ट हो तो जातक गूंगा होता है। (१२) यदि बुध, मकर अथवा कुम्भराशि में हो तो जातक की बोली अच्छी होती है।

कण्ठ-रोग।

धा-३०५ (१) यदि तृतीयेश, बुध के साथ हो तो जातक को गले (कंठ) की बीमारी होती है। (२) यदि कोई नीचग्रह शत्रु-गृही होकर सूर्य्य से अस्त हो तो ऐसे जातक को विष प्रयोग से अर्थात् विष भक्षण से कंठ की बीमारी होती है अथवा रोग ग्रस्त होने के कारण जातक का बहुत धन व्यय होता है। (३) यदि कोई पापग्रह मान्दि के साथ होकर अथवा किसी दूसरे पापग्रह के साथ होकर तृतीय भावगत हो तो जातक को कंठ-रोग होता है। (४) यदि चन्द्रमा चतुर्थ स्थान की नवमांश-राशि में होकर चतुर्थ स्थान ही में बैठा हो और उसके साथ कोई पापग्रह भी हो तो जातक को कंठ रोग होता है। (५) यदि लग्नेश र. के साथ होकर ६, ८ वा १२ स्थान में हो तो ताप-गण्ड-रोग होता है।

वक्षः स्थल-रोग।

धा-३०६ (१) यदि सूर्य्य और चं. परस्पर एक दूसरे के गृह में (अर्थात् कर्क में सूर्य्य और सिंह में चन्द्रमा) बैठे हों तो क्षय-रोग होता है। देखो कुण्डली ६२ बाबू सियाराम सिंह की। इस कुण्डली में सिंह में चं. और कर्क

में सूर्य्य है। इनको प्रथम, कुछ दिन तक ज्वर आता रहा। कुछ दिन बाद मुंह से रुधिर आने लगा। वैद्य और डाक्टरों ने पहले तो कालाजार तत्पश्चात् रक्तपित्त बतलाया पर अन्त में क्षय रोग पाया गया। लगभग तीन मास में उनकी मृत्यु हो गई। (२) यदि सूर्य्य चन्द्रमा के नवमांश में और चं. सूर्य्य के नवमांस में हो तो भी क्षय-रोग होता है। (३) यदि सूर्य्य और चं. साथ होकर दोनों ही कर्क राशिगत अथवा दोनों ही सिंह राशि-गत हों तो जातक अत्यन्त कृश शरीर और क्षय-रोगी होता है। (४) यदि चन्द्रमा कर्क का हो और र. सिंह का हो तो जातक रक्त-पित्त रोग से पीड़ित रहता है। देखो कुं. ५८ बाबू गुरुयोत सहाय की। इनके मुख से रुधिर बहुत काल तक आता रहा। डाक्टरों ने रक्तपित्त रोग निश्चित किया और इसी रोग से इनकी मृत्यु हुई। (५) यदि वृ. वा चं. जल-राशि-गत होकर अष्टम-स्थान में हो और उसपर पापग्रह की दृष्टि भी पड़ती हो तो जातक को क्षय रोग होता है। वृ. के अष्टम-गत होने से वैद्य और डाक्टर को रोग-निदान में अत्यन्त कठिनाई होती है। देखो कुं. ७२ बाबू गोपी कृष्ण जी की। इस कुण्डली में वृ. और चं. पूर्ण-जल-राशि (धा-१०४) मकरगत होकर षष्ठ स्थान में बैठे हैं और द्वितीयस्थ गुलिक से दृष्ट भी हैं। लगभग ढ़ाइ वर्ष पर्य्यन्त यह ज्वर और खांसी से पीड़ित रहे, कलकत्ते के बड़े-बड़े डाक्टर लोग बहुत समय तक रोग के निदान में असफल रहे, यहां तक कि क्षयरोग-विशेषज्ञ डाक्टर रोजर्स साहब ने स्पष्ट रूप से कहा था कि वह क्षय रोग से पीड़ित न थे। परन्तु मृत्यु के तीन सप्ताह पूर्व उक्त डाक्टर महोदय ने स्पष्ट शब्दों में अपने निदान की भूल स्वीकार की और कहा कि सच-मुच रोगी क्षय रोग से पीड़ित था। देखो कुं. ४२ रमाबल्लभ मिश्रजी की। वृह-स्पति जल राशि गत होकर अष्टम स्थान में है। गुलिक मकर राशि में है इस कारण गुलिक से वृ. दृष्ट है। यह पूर्व में बहुमूत्र से पीड़ित थे, परन्तु अन्त में क्षय रोग से मृत्यु हुई। इनके भी रोग निदान में कठिनाई थी। देखो नियम (१९)। देखो कुं. ८३ एक महिला की। इस कुण्डली में वृहस्पति जल राशि गत अष्टम स्थान में है। उसपर शनि और मंगल की पूर्ण दृष्टि है। यह जातिका कई वर्षों से रोग-ग्रस्त है। इनके भी रोग निदान में बहुत समय तक मतान्तर रहा। अनेकानेक वैद्य और डाक्टरों के इलाज में रही। आज कल इनके परिवार वाले इस जातिका की शारीरिक औषधि और पारलौकिक उत्तम गति के लिये इसे काशी वास करा रहे हैं। अब सभी डाक्टरों ने इन्हें क्षयी होना निश्चय कर लिया है।

(इस लेख के पश्चात् इस जातिका की मृत्यु ठीक अनुमानित समय पर काशी में हुई) (६) यदि चं., शनि और मंगल के बीच में हेा अर्थात् चन्द्रमा की एक ओर मंगल और दूसरी ओर शनि हेा और सूर्य्य मकर राशि गत हेा तेा जातक कास-श्वास, क्षय, प्लीहा, गुल्म, (विद्रधि) फेाड़ों से पीड़ित हेाता है। किसी का मत है कि इस येाग में चं. का लग्न में रहना आवश्यक है। (७) यदि चं. चतुर्थ स्थान में, श. और मंगल से घिरा हेा तथा सूर्य्य, मकर राशि गत हेा तेा जातक क्षय-रेाग से पीड़ित हेाता है। (८) यदि चन्द्रमा छट्ठे स्थान में शनि और मंगल से घिरा हेा तथा सूर्य्य, मकर राशि गत हेा तेा जातक फेफड़े की सूजन (ब्रोंकाइटीज) से पीड़ित हेाता है। (९) यदि चन्द्रमा अष्टम स्थान में शनि और मंगल से घिरा हेा तथा सूर्य्य मकर राशि गत हेा तेा जातक को गण्ड-माला रेाग अथवा एक विशेष प्रकार का क्षयरोग हेाता है। इसमें क्षय रेाग के कीड़े गले के किसी ग्रन्थि में आ बैठते हैं और व्रण का रूप धारण कर लेता है। (अंग्रेजी में इसको "स्क्रोफुला" कहते हैं) (१०) यदि चं. सूर्य्य के साथ हेाकर मकर राशि में बैठा हेा और शनि तथा मंगल से घिरा हेा तेा जातक दमा से पीड़ित होता है। (११) यदि चं. दो पापग्रहों से घिरा हो और शनि सप्तम स्थान में हो तो जातक दमा, क्षय, गुल्म अथवा प्लीहा से पीड़ित होता है। देखो कुं ५८ गुरुज्येाति बाबू की। इस कुण्डली में चन्द्रमा राहु से लगभग ३२ कला के आगे बढ़ा हुआ है और चन्द्रमा की आगामी राशि में सूर्य्य है। इस कारण चन्द्रमा को राहु एवं सूर्य्य से घिरा रहना कहा जायगा। शनि सप्तमस्थ है। इस योग के लागू रहने के कारण उक्त बाबू साहब पर, मृत्यु के समय इन सभी रोगों ने आक्रमण किया था। देखो कुं. ८५ शिवशङ्कर बाबू की। चन्द्रमा दो पाप ग्रहों से घिरा हुआ है। शनि सप्तमस्थ तो नहीं है। परन्तु सप्तम स्थान पर शनि की पूर्ण दृष्टि है। यह युवक बहुत समय तक डाक्टर टी. एन. बैनर्जी के इलाज में रहा। निदान में कभी क्षय और कभी दमा को अत्यन्त गड़बडी रही और अभी तक रोगी ही है। देखो कुं ४७ राजेन्द्र बाबू की। चन्द्रमा की एक ओर शनि है और दूसरी ओर, एक राशि के पूर्व केतु है (ऐसी स्थिति में घिरा रहना कहा जा सकता है कि नहीं ? इसका प्रमाण लेखक को नहीं मालूम है। परन्तु अनुमान से घिरा रहना कहा जा सकता है) और शनि सप्तमस्थ है। उक्त बाबू साहेब को समय-समय पर दमा अत्यन्त ही क्लेशित कर देता है। यद्यपि आप

ने इसका इलाज केवल भारतवर्ष में ही नहीं बल्कि विदेश में भी करवाया परन्तु अब तक रोग-विमुक्त न हुए। अनुमान किया जा सकता है कि यदि केतु, मेष में होता तो रोग अत्यन्त ही क्लेशकर एवं स्थायी होता परन्तु केतु के मीन में रहने के कारण उक्त बाबूसाहब सर्वदा क्लेशित नहीं रहते हैं। कभी कभी अच्छे भी रहते हैं। १९३३ के मध्य में रोग बहुत ही उग्र रूप धारण किये हुए था। (१२) राहु अथवा केतु अष्टम स्थान में गुलिक केन्द्र में और लग्नेश अष्टम गत हो तो क्षय रोग होता है। (१३) यदि मंगल और शनि छठे स्थान में हों तथा उस पर सूर्य्य एवं रा. की दृष्टि हो तो जातक को क्षय या दमा रोग होता है। (१४) यदि शनि और बृहस्पति सप्तमस्थ अथवा अष्टमस्थ हों तथा उनके साथ सूर्य्य भी हो तो क्षय रोग होता है। (१५) यदि बुध और मंगल दोनो छठे स्थान में हों और उन पर शुक्र तथा चं. की दृष्टि हो तो क्षय रोग होता है। इस योग में शुक्र की पूर्ण दृष्टि असम्भव है केवल पाद दृष्टि ही सम्भव है। (१६) यदि शनि छठे स्थान में गुलिक के साथ हो; सूर्य्य, मंगल और राहु से दृष्ट हो, परन्तु शुभग्रह से दृष्ट अथवा युक्त न हो तो जातक कास-श्वास, क्षय अथवा कफादि रोग से पीड़ित होता है। (१७) यदि मंगल और रा. दोनो चतुर्थ वा पञ्चम स्थान में हों तो क्षय रोग होता है। (१८) यदि मंगल और बुध छठे स्थान में हों, सूर्य्य और चं. से दृष्ट हों तथा मंगल और बुध शुभ नवमांश में न हों तो क्षय रोग होता है। (१९) यदि केतु षष्ठेश के साथ हो अथवा षष्ठेश पर दृष्टि डालता हो, इसी प्रकार यदि केतु सप्तमेश के साथ हो अथवा सप्तमेश पर दृष्टि डालता होतो क्षय रोग होता है। देखो कुं. ८३ एक महिला की। षष्ठेश शनि पर केतु की पूर्ण दृष्टि है। पुनः सप्तमेश शनि छठे स्थान में है, जो केतु से दृष्ट है। अर्थात् इस कुण्डली में शनि छठे एवं सातवें स्थानों का स्वामी है और केतु से दृष्ट है। इन योगों के अतिरिक्त नियम ५ भी लागू है। अर्थात् तीन प्रकार से क्षयी रोगी होना दृढ़ होता है। लिखा जाचुका है कि इन की मृत्यु क्षय रोग से हुई। देखो कुं. ४२ पण्डित रामवल्लभ मिश्र जी की। षष्ठेश शुक्र पर केतु की पूर्ण दृष्टि है। देखो नियम (५)। देखो कुं. ४५ पण्डित रामावतार शर्म्मा। षष्ठेश शुक्र पर और सप्तमेश मंगल पर केतु की पूर्ण दृष्टि है। अर्थात् दो प्रकार से क्षय रोग का होना सिद्ध होता है। देखो कुं. ६५ बाबू यमुना प्रसाद जी की। इस

कुण्डली में लेखक के जानते कोई योग सिवाय नियम २३ के पूर्ण रूप से लागू नहीं है। इस योग के अनुसार षष्ठेश बृ. दशमस्थ और केतु सप्तमस्थ है। इस कारण केवल द्विपाद दृष्टि है। पुनः सप्तमेश मंगल नीचगत दशम स्थान में है और केतु की उस पर द्विपाद दृष्टि है। बृ. यद्यपि उच्च है परन्तु उसके साथ अत्यन्त उष्ण ग्रह नचस्थ मंलग बैठाहुआ है बृ., और मंगल शनि से दृष्ट है। कल्पना किया जा सकता है कि इन्हीं सब कारणों से जातक बहुत समय तक अनेक प्रकार के रोगों से पीड़ित रहते हुए अन्त में क्षय रोग से मर गये। राजा बहादुर अमावां नरेश के यह प्रधान मैनेजर थे। उक्त राजा बहादुर ने अपनी स्वाभाविक उदारता और शील का परिचय देते हुए इन की इलाज में बड़ी सहानुभूति दिखलायी थी और जातक ने स्वयं भी नाना प्रकार से अनेक स्थानों में अपना इलाज करवाया। बृ. के उच्च होने के कारण कई एक अवस्थाओं में रोग विमुक्त के लक्षण भी प्रतीत हुए। परन्तु रोग का अन्तिम परिणाम (अर्थात् मृत्यु) बृहस्पति की महादशा और राहु की अन्तरदशा में हुआ। बाबू यमुना प्रसाद जी की प्रथम स्त्री की मृत्यु क्षय रोग से हुई थी। इनकी कुण्डली का सप्तम स्थान इनका जाया-स्थान हुआ। उससे सप्तमेश शुक्रपर केतु की पूर्ण दृष्टि है। अतएव इनकी स्त्री की मृत्यु क्षय रोग से हुई। देखो कुं. ७२ स्वर्गीय गोपीबाबू की। इसमें षष्ठेश मंगल, छट्ठे स्थान में केतु से दृष्ट है। इस योग से भी उनके क्षय रोग होने की सूचना मिलती है। देखो कुं. ८१ सुरेश्वर बाबू की स्त्री की। सप्तमेश बुध पर केतु की पूर्ण दृष्टि रहने के कारण उक्त महिला क्षयरोग से पीड़ित होकर संसार से चल बसी। देखो कु. ८२ राधेश्याम जी की। इनकी एक स्त्री क्षय-रोग से मरी। जाया स्थान इस कुं. में तुला होता है। उस को लग्न मानने से छट्ठे स्थानें का स्वामी बृहस्पति केतु से दृष्ट है। (२०) यदि छठा अथवा आठवां स्थान जल राशि का हो आर क्षीण चं. किसी पापग्रह के साथ उस छट्ठे अथवा आठवें स्थान में बैठा हो तो क्षय रोग होता है। (२१) यदि लग्न में सूर्य्य हो और उस पर मंगल की दृष्टि हो तो जातक दमा, क्षय, प्लीहा, गुल्म अथवा गुदा स्थान के किसी रोग से पीड़ित होता है (२२) यदि लग्नेश के साथ चं. छट्ठे स्थान में हो तो जातक क्षय अथवा शोथ (शरीर का सोत) रोग से पीड़ित होता है। (२३) यदि लग्नेश शुक्र के साथ ६, ८, १२ में भाव वें हो तो क्षय रोग

होता है। देखो कुं. ६'५ बाबू यमुना प्रसाद जी की । लग्नेश स्वयं शुक्र है। वह छठे स्थान में बैठा है और पापग्रह से घिरा हुआ है। (२४) यदि शनि अथवा बृ. षष्ठेश होकर चतुर्थ स्थान में बैठा हो और पापग्रह से दृष्ट हो तो जातक को हृदयकम्प (धड़के का) रोग होता है। (२५) यदि षष्ठेश सूर्य्य, पाप ग्रह के साथ चतुर्थ स्थान में हो तो जातक हृदय रोगी होता है। (२६) यदि मंगल, शनि और बृहस्पति चतुर्थ स्थान में हों तो जातक को हृदय रोग तथा व्रण होता है। (२७) यदि रा. चतुर्थ स्थान में हो, लग्नेश निर्बल हो और लग्नेश पर पापग्रह की दृष्टि पड़ती हो तो जातक हृदय-शूल रोग से पीड़ित होता है। (२८) यदि पञ्चमेश और सप्तमेश छट्ठे स्थान में हों तथा पञ्चम अथवा सप्तम स्थान में पापग्रह बैठा हो तो जातक उदर पीड़ा एवं हृदय रोग से पीड़ित होता है। (२९) यदि तृतीयेश, रा. अथवा केतु के साथ हो तो जातक को हृदय रोग के कारण मूर्च्छा होती है। देखो कुं. ३३ भूतपूर्व महाराजा मैसूर की। उनकी मृत्यु हृदय रोग से ही हुई थी। (३०) यदि पञ्चम और चतुर्थ स्थान में पापग्रह हो तथा पञ्चम स्थान पाप षष्ठांश में हो एवं शुभ ग्रह से दृष्ट अथवा युक्त न हो तो जातक हृदय रोगी होता है। (३१) यदि पञ्चमेश पर और पञ्चम स्थान पर भी पापग्रह की दृष्टि पड़ती हो तथा पञ्चम स्थान दो पापग्रहों से घिरा हो तो हृदय रोग; होता है। (३२) यदि पञ्चमेश द्वादश स्थान में हो अथवा पञ्चमेश द्वादशेश के साथ ६, ८ वा १२ स्थान में हो तो हृदय रोग होता है। (३३) पञ्चमेश का नवमांशपति, किसी पापग्रह से दृष्ट अथवा युक्त हो तो जातक को हृदय रोग होता है और वह कठोर-चित्त होता है। देखो कुं. ६४ हरिवंश बाबू की। पञ्चमेश बु., वृश्चिक अर्थात् मंगल के नवमांश में है और शनि के साथ है। यह लगभग डेढ़ वर्ष तक हृदय रोग से पीड़ित रहे और अन्त में उसी रोग से इनकी मृत्यु हुई। विचारने की बात है कि ये कठोर चित्त न थे परन्तु पल्ले दर्जे के ज़िद्दी थे।

उदर-रोग।

क्षा-३०७ (१) यदि अष्टमेश बलरहित हो, लग्न पर पापग्रह की दृष्टि हो और अष्टम स्थान में पापग्रह बैठा हो अथवा उस पर पापग्रह की दृष्टि

पड़ती हो तो जातक को ऐसा रोग होता है कि जिससे वह भोजन करने में असमर्थ हो जाता है। देखो कुं. ७३ बाबू कृष्ण बलदेव जी की। लग्न पर मंगल की और अष्टम स्थान पर शनि की दृष्टि है। अष्टमेश मोटा मोटी बल रहित प्रतीत होता है। यह मन्दाग्नि रोग से पीड़ित रहने के कारण कुछ काल पर्यन्त तौल कर स्वल्प भोजन किया करते थे। (२) यदि सूर्य्य, चं. और मंगल सभी छट्ठे स्थान में हों तो जातक वायु गोला एवं ज्वर सहित फोड़ा फुन्सी आदि से पीड़ित होता है। (३) यदि (१) क्षीण चं. पापग्रह के साथ होकर लग्न में बैठा हो और लग्न, मकर अथवा कुम्भ राशिगत हो, अथवा (२) क्षीण चं. पापग्रह के साथ होकर छट्ठे वा आठवें स्थान में बैठा हो तो जातक प्लीहा अथवा वायु जनित रोग से पीड़ित होता है। (४) यदि मंगल लग्न में हो और षष्ठेश निर्बल हो तो जातक गुल्म रोग, वायु-गोला, अजीर्ण, तथा मन्दाग्नि रोग से पीड़ित होता है। देखो कुं. ७३ बाबू कृष्णबलदेव जी की। मंगल से लग्न दृष्ट और षष्ठेश नीच का दुर्बल है। ये मन्दाग्नि से पीड़ित हैं। बृहस्पति शुभ है अतः रोग में प्रबलता नहीं है। (५) यदि राहु अथवा अन्य कोई पापग्रह लग्न में बैठा हो और शनि अष्टम स्थान में बैठा हो तो जातक उदर-रोग से पीड़ित होता है। देखो कुं. ६५ यमुना बाबू की। लग्न में राहु बैठा है और शनि अष्टमस्थ है। अतएव बहुत समय तक ये उदर रोग से पीड़ित रह कर अन्त में अन्य रोगों के ग्रास बन गये। (६) यदि चन्द्रमा पापग्रह के साथ छट्ठे स्थान में हो और उस पर किसी पापग्रह की दृष्टि हो तो जातक वातरोग अर्थात् वायु जनित रोग से पीड़ित होता है। (७) यदि मंगल किसी पापग्रह के साथ सप्तम स्थान में हो और मंगल पर किसी पापग्रह की दृष्टि भी पड़ती हो तो जातक रुधिर एवं पित्त-प्रकोप से पीड़ित होता है। यदि बुध सप्तम स्थान में हो और पूर्ववाले नियम की सभी बातें पायी जाती हों, तो वात-कफ जनित रोग से जातक पीड़ित होता है। इसी प्रकार ऊपर्युक्त अवस्था में यदि शुक्र सप्तमस्थ हो तो जातक अतिसार, पेचिश आदि रोगों से पीड़ित होता है। यदि शनि उसी अवस्था में सप्तमस्थ हो तो गुल्म रोग से पीड़ित होता है। (८) यदि बृहस्पति और द्वितीयेश निर्बल होकर द्वितीय स्थान में हो तो जातक वायु जनित रोगों से पीड़ित होता है। (९) यदि शनि सप्तमस्थ हो और बृ. लग्नस्थ हो तो जातक वायु जनित रोग से सर्वदा पीड़ित रहता है। (१०) यदि चं. पाप नवमांश गत होकर छट्ठे स्थान में हो, और

उस पर पापग्रह की दृष्टि हो तो जातक वायु विकार से पीड़ित होता है। (११) यदि सूर्य्य छट्ठे स्थान में हो, उस पर पापग्रह की दृष्टि हो और षष्ठेश किसी पापग्रह के साथ हो तो जातक पित्त-प्रकोप से पीड़ित रहता है। (१२) यदि लग्नेश नीच और शत्रु गृही, मंगल चतुर्थ स्थान में हो तथा शनि पापदृष्ट हो तो जातक वायु गोला रोग से पीड़ित होता है। (१३) यदि द्वादशेश षष्ठ गत और षष्ठेश द्वादश गत हो, अर्थात् षष्ठेश और द्वादशेश अन्योन्य भावगत हों तो जातक उदर-पीड़ा एवं मन्दाग्नि से पीड़ित होता है। (१४) यदि सूर्य्य अथवा चन्द्रमा छट्ठे स्थान के नवांश का स्वामी हो तो जातक अपच और मन्दाग्नि रोग से पीड़ित होता है। (१५) यदि बृहस्पति और चं. छट्ठे स्थान में हों तो इन ग्रहों की दशाअन्तरदशा में जातक को उदर-व्यथा एवं अन्य उदर-रोग होते हैं। (१६) यदि चं. षष्ठेश होकर केवल पापदृष्ट हो तो जातक प्लीहा रोग से पीड़ित होता है। (१७) यदि चं. सप्तमेश अथवा लग्नेश होकर पापदृष्ट हो तो प्लीहा रोग होता है। (१८) यदि लग्न का नवमांश पति और छट्ठे स्थान का नवमांश पति अर्थात् दोनों ही भावों के नवमांश पति चं. हो तो जातक चन्द्रमा, लग्नेश एवं षष्ठेश की दशाअन्तरदशा में अजीर्ण तथा मन्दाग्नि रोग से पीड़ित होता है। (१९) यदि शनि कर्क राशिगत और चं. मकर राशिगत हो तो जातक जलोदर रोग से पीड़ित होता है। (२०) यदि शनि मंगल के साथ छटठे स्थान में हो और सूर्य्य तथा रा. की उनपर दृष्टि पड़ती हो एवं लग्नेश निर्बल हो तो जातक दीर्घ रोगी होता है। (२१) यदि श. अथवा बृहस्पति षष्ठेश होकर चतुर्थ स्थान में हो तो कृष्ण-पित्त रोग से पीड़ित होता है।

जननेन्द्रिय एवं गुदा रोग।

का-३०८ (१) यदि षष्ठेश, बुध और रा. के साथ होकर लग्नगत हो तो जातक स्वयं अपनी जननेन्द्रिय को काट डालता है। (२) यदि षष्ठेश मंगल के साथ हो और शुभग्रह की दृष्टि उसपर न हो तो जननेन्द्रिय रोग होता है। (३) यदि चं. कर्क, वृश्चिक अथवा कुम्भ के नवांश में शनि के साथ हो तो जातक जननेन्द्रिय रोग, भगन्दर, बवासीर आदि रोग से पीड़ित होता है, (४) यदि चं. पापग्रह और अष्टमेश के साथ हो तथा अष्टमेश पर राहु की दृष्टि

पड़ती हो तो जातक को गुदा रोग होता है। (५) यदि अष्टम स्थान में तीन अथवा चार पाप ग्रह हों तो जातक गुदा रोग से पीड़ित होता है। परन्तु उसमें यदि एक भी शुभग्रह हो तो ऐसा रोग नहीं होता। (६) यदि चं. वृश्चिक अथवा कर्क राशि में हो वा कर्क अथवा वृश्चिक के नवमांश में हो और वह पापग्रह के साथ हो वा दृष्ट हो तो गुह्य * रोग होता है। किसी का मत है कि शनि से युक्त वा दृष्ट रहने से यह योग लागू होता है। देखो कुं. ७६ रघुनन्दन बाबू की। चन्द्रमा कर्क राशि गत है। मंगल और शनि दोनों से दृष्ट है। अतः आंत उतरने की बीमारी से अत्यन्त पीड़ित रहते हैं (७) यदि चन्द्रमा जल राशि गत हो और चन्द्र-स्थित राशि का स्वामी छठे स्थान में हो तथा उस पर जलराशि गत ग्रहों की दृष्टि पड़ती हो तो जातक को मूत्र-कृच्छ्र रोगा होता है। शुश्रुत के मतानुसार शर्करा अर्थात् मधुप्रमेह मूत्रकृच्छ्र का ही भेद है। (८) यदि चन्द्रमा जल राशि गत हो, चन्द्र स्थित राशि का स्वामी छठे भाव में हो और यदि जल राशि गत बुध की दृष्टि उस पर पड़ती हो तो मूत्रकृच्छ्र रोग होता है। (९) यदि चतुर्थ स्थान एवं सप्तम स्थान का स्वामी छठे, आठवें अथवा बारहवें स्थान में हो, अथवा चतुर्थ और सप्तम के स्वामी शत्रु राशि गत होकर पाप दृष्ट हों तो मूत्रस्थली-जनित रोग होते हैं † (१०) यदि तृतीयेश, बुध और मङ्गल के साथ

---

* गुह्यरोग से प्रमेह, बवासीर, मुत्रस्थली के रोग और आंत रोग इत्यादि इत्यदि प्रकार के रोगों का बोध होता है।

† मूत्रस्थली जनित रोग बारह प्रकार के होते हैं। (१) वात-कुंडली,-इसमें वायु कुपित होकर वस्तीदेश में कुण्डली के आकार में टिक जात है। जिससे पेशाब बंद हो जाता है। (२) वातष्ठीला,-इसमें वायु, मूत्र द्वारा या वस्तिदेश में गांठ अथवा गोले के आकार में होकर पेशाब रोकता है (३) वात-वस्ति, जो मूत्र के वेग के साथ ही वस्ति की वायु, वस्ति का मुख रोक देती है (४) मूत्रा तीत-इसमें बारबार पेशाब लगता और थोड़ा थोड़ा होता है। (५) मूत्र जठर, इसमें मूत्र का प्रवाह रुकने से अधोवायु कुपित होकर नाभि के नीचे पीड़ा उत्पन्न करती है। (६) मूत्रोत्संग, इसमें उतरा हुआ पेशाब वायु की अधिकता से मूत्रनाल या वस्ति में एक बार ही रुक जाता है और फिर बड़े वेग के साथ कभी कभी रक्त लिये हुए निकलता है। (७) मूत्रक्षय, इसमें खुशकी के कारण वायु-

लग्न में बैठा हो तो मूत्र कृच्छ्र रोग होता है । (११) यदि षष्ठेश अथवा सप्तमेश, द्वादशेश के साथ हो और शनि से दृष्ट हो तो मूत्र कृच्छ्र एवं प्रमेहादि रोग होता है । देखो कुं. ७१ वाल्मीकि बाबू की। षष्ठेश शनि द्वादशेश सूर्य्यकेसाथ होकर द्वादश स्थान में बैठा है । शनिकी दृष्टि हो नहींसकती, शनि स्वयं षष्ठेश है । अतः प्रतीत होता है कि यह कुछ दिनों तक मधु-प्रमेह रोग से पीड़ित रहने के कारण इनके पैर में व्रण हुआ इस के चीर फाड़ होने के बाद इन की मृत्यु हो गई । शनि और सूर्य्य द्वादशस्थ हैं । द्वादश स्थान से पैर का व्रण सूचित होता है । देखो कुं. १९ बङ्किम बाबू की । सप्तमेश चं. और द्वादशेश बृ. साथ ही अष्टम स्थान में बैठे हैं और उन पर शनि की पूर्ण दृष्टि है । अतः यह मधु प्रमेह रोग से पीड़ित थे । देखो धा २१५ (८) देखो कुं. ६५ यमुना बाबू की । इस कुं. में षष्ठेश बृ. और सप्तमेश मंगल दोनों ही दशम स्थान में बैठे हैं । द्वादशेश बुध के साथ बृ. और मं. नहीं हैं । परन्तु द्वादशेश बुध को बृ. और मंगल से अन्योन्य दृष्टि सम्बन्ध है तथा बृ. एवं मंगल पर शनि को पूर्ण दृष्टि है । इस कारण ये प्रमेह रोग से पीड़ित हुए देखो कुं. २२ श्री पं. शिव कुमार शास्त्री जी की । षष्ठेश सूर्य्य द्वादशेश शनि के होकर द्वादश स्थान में बैठा है । इस कारण प्रमेह रोग से पीड़ित होना बोध होता है । श्री रामयत्न ओझा जी ने 'फलित-विकास' पुस्तक के १३१वें पृष्ठ में शास्त्री जी की कुण्डलीदेते हुए केवल इतनी ही लिखा है कि 'अन्त' में

पित्त के योग से दाह होता है और मूत्र सूख सा जाता है । (८) मूत्रग्रंथि, इसमें वस्ति-मुख के भीतर पथरी की गांठ सी हो जाती है जिससे पेशाब करने में बहुत कष्ट होता है । (९) मूत्र, शुक्र-इसमें मूत्र के साथ अथवा आगे पीछे शुक्र भी निकलता है । (१०) उष्णवात-इसमें व्यायाम या अधिक परिश्रम करने, गरमी या धूप सहने से पित्त कुपित्त होकर वस्ति देश में वायु से आवृत हो जाता है । इसमें दाह होता है और मूत्र हलदी की तरह पीला तथा कभी कभी रक्त मिला आता है इसे "कड़क" कहते हैं (११) पित्तज मूत्रौकसाद, इसमें पेशाब कुछ जलन के साथ गाढ़ा गाढ़ा होकर निकलता है और सूखने पर गोरोचन के चूर्ण की तरह हो जाता है । (१२) कफज मूत्रौकसाद, इसमें सफेद और लुआबदार पेशाब कष्ट से निकलता है ।

इनको भी लकवे की बिमारी हो गई थी। यह सभी जानते हैं कि प्रमेह रोग वाले को अन्त में कभी कभी लकवा हो जाया करता है। हो सकता है कि उक्त शास्त्री जो प्रमेह रोग से पीड़ित हों जो उग्ररूप धारण कर अन्त में लकवा हो गया। लेखक को शास्त्री जी की कुण्डली में कोई विकलाङ्ग योग नहीं बोध होता। (१२) यदि तृतीयेश, बुध, मंगल और शनि के साथ लग्नगत हो तो पथरी रोग होता है। (१३) राहु यदि अष्टम स्थान में बैठा हो तो जातक गुदा, प्रमेह अण्डवृद्धि अथवा बवासीर रोग से पीड़ित होता है और उसे ३२वें वर्ष में जीवन की आशङ्का होती है। परन्तु शुभ ग्रह युत रहने से २५वें वर्ष में आशङ्का होती है। देखो कुं. ७ आदि गुरु शङ्कर की। राहु अष्टम स्थान में है और उसपर मङ्गल व्रणकारी ग्रह की पूर्ण दृष्टि है। अतः प्रतीत होता है कि इनकी मृत्यु भगन्दर रोग से ३२ वें वर्ष में हुई। देखो धारा १९५ (३० वर्ष एवं ३२ वर्ष) (१४) यदि राहु अष्टम नवमांश में हो और अष्टमेश अष्टम स्थान से त्रिकोण में हो तो जननेन्द्रिय रोग होता है।* (१५) यदि लग्नेश और द्वितीयेश, शुक्र के षड्वर्ग के हों तो जननेन्द्रिय रोग होता है। (१६) यदि शुक्र षष्ठ, अष्टम अथवा द्वादश स्थान गत हो अथवा षष्ठेश के साथ हो तो जननेन्द्रिय में पीड़ा होती है (१७) यदि षष्ठेश और लग्नेश, बुध तथा रा. के साथ हों तो जननेन्द्रिय रोग होता है। (१८) यदि शुक्र सप्तमस्थ होकर शनि एवं मंगल के साथ हो अथवा शनि, मंगल से दृष्ट हो तो जननेन्द्रिय रोग होता है (१९) यदि लग्नाधिपति छठे स्थान में हो और षष्ठेश, बुध के साथ हो तो जननेन्द्रिय रोग होता है। देखो कुं. ६५ यमुना बाबू को। लग्नाधिपति छठे स्थान में हैं (देखो नियम १६) और षष्ठेश बृ. को बुध से अन्योन्य दृष्टि सम्बन्ध है। (२०) यदि राहु, मंगल और शनि के साथ लग्नगत हो तो अण्डकोष-वृद्धि रोग होता है (२१) यदि राहु मंगल और शनि छट्ठे स्थान में हो तो अण्डकोषवृद्धि रोग होता है (२२) शनि, मंगल, और रा. के लग्नगत होने से अण्डकोषवृद्धि होती है। (२३) यदि राहु बृहस्पति के साथ लग्नगत हो तो अण्डकोष-वृद्धि होती है। (२४) मंगल और रा. के षष्ठगत होने से अण्डवृद्धि होती है। (२५) यदि लग्नेश अष्टमगत हो और अष्टम स्थान में राहु तथा मान्दि भी बैठा हो तो अण्डकोष की वृद्धि होती है। (२६) बृहस्पति, सूर्य्य और राहु के तृतीय स्थान में रहने से अण्डवृद्धि होती है। (२७) यदि रा. लग्न में और गुलिक त्रिकोण

---

*प्रमेहादि, मूत्रस्थली के रोगों को जननेन्द्रिय रोग का एक प्रकार कहा जा सकता है।

में हो तथा अष्टमस्थान में मंगल और शनि बैठा हो तो अण्डकोष वृद्धि होती है। (२८) यदि लग्नाधिपति, रा., केतु अथवा और किसी एक दूसरे पापग्रह के साथ अष्टम स्थान में हो तो अण्डवृद्धि होती है। (२९) यदि रा., मं., शनि और मान्दि लग्न के नवांशपति के साथ हो तो अण्ड-वृद्धि होती है। (३०) अष्टमेश के नवांशपति के साथ यदि राहु हो तो अण्ड-वृद्धि होती है। (३१) रा. और शनि यदि एक स्थान में हो तो अण्ड वृद्धि होती है। (३२) यदि शनि मंगल से युक्त होकर अष्टमस्थ हो तो वात प्रकोप से अण्डवृद्धि होती है। देखो कुं. ७५ गौरी बाबू की। अष्टम स्थानमें मं. कुम्भ राशिगत है और कुम्भ के स्वामी श. पर मं. की पूर्ण दृष्टि है। इस कारण यद्यपि श., मंगल के साथ अष्टम स्थान में नहीं है परन्तु अष्टमस्थ मं. को श. से साधर्म्म सम्बन्ध है। इनको सांजर (फालेरिया) रोग बहुत काल से पीड़ित कर रहा है। (३३) यदि शुक्र मंगल की राशि में हो और मं. भी साथ हो तो भूमि संसर्ग और वातकोप से अण्डवृद्धि होती है। (३४) यदि मंगल और चं., मेष अथवा वृष में हों तथा बृहस्पति एवं शनि से दृष्ट हों तो वीर्य्य युक्त दोष से अण्डवृद्धि होती है। (३५) यदि मंगल लग्न में हो तो नाभि, गुल्म और अन्ड में शोथ होता है। (३६) यदि लग्नेश, मंगल एवं बुध तीनों षष्ठ, अष्टम अथवा द्वादश राशिगत हों, अथवा किसी एक राशि में हों और छठे स्थान को देखता हो तो गुह्य तथा बवासीर आदि रोग होते हैं। (३७) यदि चन्द्रमा छठे अथवा अष्टम स्थान में हों और उसपर मंगल की दृष्टि पड़ती हो तथा शनि लग्न में हो तो बवासीर रोग होता है। (३८) यदि अष्टमेश क्रूर ग्रह होता हुआ सप्तमस्थान में बैठा हो और उस पर शुभग्रह की दृष्टि न हो तो जातक बवासीर रोग से पीड़ित होता है। देखो कुं. ८४ बाबू उमाशङ्कर की। अष्टमेश शनि सप्तमस्थ है और शुभग्रह से दृष्ट नहीं है, परन्तु शुक्र के साथ है। कहा जा सकता है कि इसी योग से उन्हें बवासीर रोग है, परन्तु विशेष उपद्रव नहीं है, क्योंकि शुभयुक्त है। (३९) यदि वृश्चिक का शनि सप्तम स्थानीय हो, मंगल नवमस्थ हो और जातक का जन्म दिन के समय में हो तो जातक अर्श रोगी होता है। (४०) यदि शनि बारहवें स्थान में हो और उसके साथ लग्नेश तथा मंगल हो अथवा लग्नेश एवं मङ्गल की दृष्टि शनि पर पड़ती हो तो जातक को बवासीर रोग होता है। (४१) यदि लग्न में शनि हो, सप्तम स्थान में मङ्गल वृश्चिक राशिगत हो और लग्न पर वृ. की दृष्टि न पड़ती हो तो अर्श रोग

होता है। (४२) यदि लग्न में शनि और सप्तम में मंगल हो तो बवासीर रोग होता है। (४३) यदि जन्म लग्न से बारहवें स्थान में शनि बैठा हो और पाप दृष्ट हो तो अर्श रोग होता है। (४४) यदि लग्नेश पर मंगल की दृष्टि हो तो बवासीर रोग होता है। (४५) यदि मंगल वृश्चिक राशि-गत हो और लग्न पर वृ. तथा शु. की दृष्टि न हो तो बवासीर रोग होता है। (४६) यदि सप्तम स्थान में शनि हो और दिन के समय का जन्म हो तो अर्शरोग होता है। देखो कुं. ७८ रामप्रसन्नो बाबू की। शनि सप्तमस्थ है और दिन का जन्म है। पुनः यदि मीन लग्न के अन्तिम नवमांश का जन्म माना जाय तो भाव कुण्डली में शनि सप्तम होगा और योग लागू होगा। (४७) यदि मंगल, वृश्चिक राशिगत होकर नवम स्थान में हो तो अर्श रोग होता है। (४८) यदि षष्ठ स्थान में केवल मंगल ही बैठा हो तो यह अर्श रोग का सूचक होता है। इसी प्रकार यदि लग्न में शनि उच्च न हो तो भगन्दर रोग का भय होता है। (४९) यदि बृहस्पति षष्ठेश और अष्टमेश के साथ सप्तम अथवा अष्टम स्थान में हो तो भगन्दर तथा बवासीर आदि रोग होते हैं। (५०) यदि लग्नाधिपति और मंगल, कन्या राशिगत हों, तथा बुध के साथ हों अथवा बुध की उन पर दृष्टि पड़ती हो तो भगन्दरादि रोग होते हैं। (५१) यदि मंगल और रा. सप्तम स्थान में हों तो जातक की स्त्री को मासिक धर्म में रुधिर प्रवाह विशेष होता है। (५२) यदि किसी स्त्री की कुण्डली में सप्तम भाव मंगल के नवांश का हो और सप्तम भाव पर (१) शनि की दृष्टि हो (२) अथवा सूर्य्य और बुध की दृष्टि हो तो इन में से किसी एक योग के रहने से उस स्त्री की योनि अथवा गर्भाशय में रोग होता है।

कुष्ठ-रोग।

धा-३०९ (१) यह सभी जानते हैं कि यह भयङ्कर रोग नाना प्रकार का होता है। लग्न से शरीर का और चन्द्रमा से रुधिर का विचार होता है। लग्न, चं. आदि के दूषित रहने से प्रायः रुधिर प्रकोप रोग होता है। (२) लिखा है कि यदि पापग्रह लग्नगत हों परन्तु उनमें से कोई स्वगृही न हों तो कुष्ठ-रोग का भय होता है। यदि शनि लग्न में हो तो नील कुष्ठ, सूर्य्य लग्न में हो तो रक्त कुष्ठ और मंगल हो तो श्वेत कुष्ठ होता है। परन्तु स्मरण रहे कि

केवल एक ग्रह के लग्नगत होने से कुष्ठ व्याधि नहीं होती। यदि अन्य प्रकार से भी वह लग्नस्थ पापग्रह पीड़ित एवं निर्बल हो तभी कुष्ठ-रोग सम्भव होता है। (३) यदि चं., शनि अथवा मंगल के साथ कर्क, मकर अथवा मीन के नवांश में शुभग्रह से दृष्ट अथवा युक्त न हो तो जातक को कुष्ठ-रोग होता है। (४) यदि चं., शनि और मंगल, कर्क; वृश्चिक अथवा मीन राशि में एक साथ बैठे हों तो रुधिर बिकार से कुष्ठ होता है। किसी का मत है कि मेष वा वृष राशिगत होने से भी वही फल होता है। किसी का कथन है कि यदि शुक्र, मंगल, चं. और शनि एक साथ मीन, वृश्चिक अथवा कर्क राशिगत हों तो जातक रक्तकुष्ठी और महापातकी होता है। (५) यदि चं. और सूर्य्य किसी पापग्रह के साथ कर्क, वृश्चिक अथवा मीन राशिगत हो तो श्वेत-कुष्ठ होता है। (६) यदि चं., मंगल, शनि, और शुक्र जल राशिगत हों एवं किसी प्रकार से पीड़ित हों तो जातक को लूता-कुष्ठ नामक रोग होता है। अर्थात ऐसे व्रणादि से जातक पीड़ित होता है जिससे मरणान्तक कष्ठ हो। देखो कुं. ६० गंगाबाबू की। चं. शुक्र और शनि जल राशि-गत हैं। मंगल अर्द्ध जलराशि में है। नियम ६ श्वेत कुष्ठ का होना बतलाता है। इनको प्रथम श्वेत कुष्ठ ही का रोग हुआ था क्रमशः इनके हाथ पैर इत्यादि और अङ्गों में भी कुष्ठ रोग का आक्रमण हुआ। यद्यपि वैद्य इसे गलित कुष्ठ नहीं कहते परन्तु साधारण दृष्टि से कुष्ठ ही है और अंगुलियों में दोष आजाने के कारण आप बड़े क्लेश में है। (७) यदि शुक्र अथवा वृहस्पति छठे स्थान में हो और उस पर पापग्रह की दृष्टि हो तो सोफ रोग (अर्थात् एक प्रकार का कुष्ठ होता है)। (८) यदि चर राशि में शुक्र और चं. किसी पापग्रह के साथ बैठे हों तो पाण्डु-कुष्ठ रोग होता है। (९) यदि षष्ठेश, राहु अथवा केतु के साथ लग्नगत, अथवा अष्टम स्थान में अथवा दशम में हो तो कुष्ठ रोग होता है। इस योग में छः प्रकार के योग होंगे। देखो कुं. ६३ बाबू प्रसिद्ध सिंह की। पुत्र की कुण्डली से पिता के विचार का यह उदाहरण है। नवम स्थान से पिता का विचार होता है। इस कारण इस कुण्डली में पिता का लग्न कन्या हुआ। कन्या से षष्ठेश शनि, केतु के साथ होकर पितृ लग्न से अष्टम स्थान में बैठा है। इस कारण इस जातक के पिता को कुष्ठ व्याधि रोग होनेका योग होता है। सचमुच में इन के पिता कुष्ठ व्याधि से पीड़ित थे। (१०) यदि मंगल और शनि; द्वादश स्थान अथवा द्वितीय स्थान में, चं.

लग्न में और सूर्य्य सप्तम स्थान में हो तो जातक को श्वेत कुष्ठ होता है। (११) यदि चन्द्रमा, बुध, राहु और सूर्य्य लग्नेश के साथ हो तथा उसके साथ मंगल अथवा शनि भी हो तो कुष्ठ रोग होता है। (१२) चं. और बृ. छट्ठे स्थान में हों तो एक प्रकार का कुष्ठ होता है। (१३) यदि षष्ठेश, अष्टमेश और लग्नेश छट्ठे स्थान में हों तथा उसके साथ मंगल अथवा शनि हो तो एक प्रकार का कुष्ठ रोग होता है। (१४) यदि चं. धन राशि के पञ्चम नवांश में अर्थात् सिंह के नवांश में अथवा किसी राशि के पञ्चम नवांश में हो पर वह पापग्रह का नवांश हो, अथवा चं. किसी राशि में हो परन्तु मीन, कर्क, मकर अथवा मेष के नवांश में हो, परन्तु यदि ऐसे चन्द्रमा पर मङ्गल अथवा शनि की दृष्टि हो अथवा ऐसे चं. के साथ शनि अथवा मङ्गल हो तो जातक को कुष्ठ रोग होता है। परन्तु यवनाचार्य्य का मत है यदि चं. पर शुभग्रह की भी दृष्टि पड़ती हो तो केवल चर्म रोग होता है। (१५) यदि चं. अथवा बुध, लग्न का स्वामी होकर राहु अथवा केतु के साथ बैठा हो और शनि से दृष्ट हो तो कुष्ठ रोग होता है। (१६) यदि वृश्चिक, वृष, कर्क अथवा मकर, पञ्चम अथवा नवम भाव की राशि हो और उसपर पापग्रह की दृष्टि हो, अथवा ऐसे पञ्चम वा नवम में पापग्रह बैठा हो तो कुष्ठ व्याधि होती है। देखो कुं. ६२ बाबू सियाराम जी की। इस कुण्डली से इन की सन्तान के रोग का अनुमान करने का उदाहरण दिया जाता है। पञ्चम भाव से संतान का विचार होता है। पंचम स्थान वृश्चिक राशि है। सन्तान भाव का यही लग्न हुआ। इस सन्तान-लग्न से नवम स्थान कर्क राशि है। उस में सूर्य्य पापग्रह बैठा है और रा. से दृष्ट भी है। इन के एक सन्तान को किञ्चत् श्वेत कुष्ठ है। (१७) यदि चं. के साथ राहु अथवा शनि हो, और चं. लग्न गत हो तथा लग्न का स्वामी चं. के साथ न हों तो जातक कोएक प्रकार का कुष्ठ रोग होता है (१८) यदि चन्द्रमा, बुध अथवा लग्नेश के साथ रा., सूर्य्य, मङ्गल अथवा शनि हो तो श्वेत कुष्ठ होता है। इस योग में तीन ग्रहों का चार ग्रहों से एकाएकी योग बतलाया गया है। इस कारण बारह योग होंगे। देखो कुं. ६० बाबू गंगाप्रसाद जी की। इस कुण्डली में बुध के साथ रा. अष्टम स्थान में है। पुनः बुध पर मंगल की पूर्ण दृष्टि है। इसी प्रकार च. के साथ शनि आदि नहीं है परन्तु

चं. पर शनि की पूर्ण दृष्टि है। अर्थात् चं. और बुध, राहु, शनि और मंगल से पीड़ित हैं। इस कारण इन्हें श्वेत कुष्ठ से पीड़ित होना पड़ा। देखो कुं. ६५ यमुना बाबू की। इन के भाई को कुष्ठ व्याधि थी। तृतीय स्थान से भाई का विचार होता है। अतः भ्रातृ-लग्न, धन हुआ। भ्रातृ-लग्न का स्वामी बृ. के साथ मंगल बैठा है और शनि से दृष्ट है। इस योग से इन के भाई के श्वेत कुष्ठ की सूचना होती है। देखो कुं. ६३ प्रसिद्ध सिंह की। इन के पिता का लग्न कन्या हुआ। लग्न का स्वामी बुध, सूर्य्य और मंगल के साथ है। तथा बुध शनि से दृष्ट भी है। इनके पिता को प्रथम श्वेत कुष्ठ हुआ तत्पश्चात् गलित कुष्ठ हुआ (१९) यदि मंगल अथवा बुध लग्न का स्वामी हो, और ऐसे लग्न के स्वामी के साथ चं. हो तथा उस पर शनि की दृष्टि हो, अथवा रा. की सप्तम दृष्टि हो तो कुष्ठ रोग होता है। देखो कुं. ६२ बाबू सियाराम जी की। सन्तानभाव का उदाहरण है। सन्तान लग्न वृश्चिक है। उसका स्वामी मंगल, चं. के साथ नहीं है, परन्तु चं. से तृतीय सम्बन्ध है और मंगल पर रा. की सप्तम दृष्टि है। देखो नियम (१६)। (२०) यदि षष्ठेश, राहु के साथ होकर सप्तम स्थान में हो और उसपर मंगल की दृष्टि हो तो किसी रोग से अङ्ग भङ्ग होता है और अन्त में कुष्ठ व्याधि होती है। (२१) यदि षष्ठेश, बृ. अथवा शुक्र हो और लग्नगत हो तथा वह पाप दृष्ट हो तो सोफ रोग होता है। देखो नियम (७)। (२२) यदि चं. मेष अथवा वृष राशिगत हो और उसके साथ शनि और मंगल बैठे हों तो जातक कुष्ठ रोगी होता है। (२३) यदि कर्क, वृश्चिक और मीन राशि में क्रूर ग्रह बैठे हों तो एक प्रकार का चकत्ता कुष्ठ रोग होता है। (२४) यदि लग्नेश, अष्टमगत और पापग्रह के साथ हो अथवा पापदृष्ट हो तो जातक श्वेत कुष्ठ, दाद, खुजली वा मन्दाग्नि से पीड़ित होता है। देखो कुं. ६५ बाबू यमुना प्रसाद जी की। इनका भ्रातृ-लग्न धन है। धनका स्वामी बृ. धन से अष्टमगत है और मंगल के साथ है तथा शनि से दृष्ट भी है। इस योग से भी इनके भाई का कुष्ठ रोग सूचित होता है। (२५) यदि (क) लग्नेश और बुध, रा. अथवा केतु के साथ हो तथा (ख) मंगल और चं., राहु अथवा केतु के साथ किसी भाव में बैठे हों तो इनमें से एक योग के रहने से ही श्वेत कुष्ठ होता है। (२६) यदि सूर्य्य, मंगल और शनि किसी भाव में साथ बैठे हो तो कुष्ठ रोग होता है। (२७) यदि चं., मंगल और शनि एक

साथ मेष वा वृष राशिगत हों तो श्वेत कुष्ठ होता है। (२८) यदि चं. लग्न में हो और द्वादश तथा द्वितीय में (दोनों में) पापग्रह हों तो श्वेत कुष्ठ होता है।

चेचक और व्रण।

धा-३१० (१) यदि मङ्गल, लग्न में हो और उस पर शनि तथा सूर्य्य की दृष्टि पड़ती हो तो जातक को चेचक होता है। मतान्तर से श. और चं. से भी दृष्ट होना पाया जाता है। (२) यदि सूर्य्य अथवा मंगल, लग्न, सप्तम, द्वितीय अथवा अष्टम में हो और वैसे सूर्य्य या मंगल पर, मंगल अथवा सूर्य्य की दृष्टि हो तो ऐसे योग में जातक को अग्नि से भय होता है अथवा कोदवा (एक प्रकार का चेचक) होता है। इस योग में यदि सूर्य्य, लग्न आदि में हो, जैसा कि ऊपर लिखा गया है तो उसपर मंगल की दृष्टि आवश्यक है, इसीप्रकार मंगल, लग्नादि स्थानों में हो तो उस पर सूर्य्य की दृष्टि आवश्यक है। (३) यदि शनि, अष्टम और मंगल सप्तम अथवा नवम स्थान में हो तो जातक को चेवक रोग होता है। (४) यदि षष्ठेश सप्तम स्थान में हो और उस पर मंगल की दृष्टि हो तो जातक को चेचक रोग होता है। (५) यदि लग्नेश और षष्ठेश साथ हो और उस के साथ मंगल भी हो तो ऐसे जातक को रोग से अथवा मारपोट से भय होता है।

चर्म-रोग।

धा-३११ (१) यदि शनि पूर्ण बली हो और मंगल के साथ तृतीय स्थान में बैठा हो तो जातक को कण्डु रोग अर्थात खुजली होती है। (२) स्निग्ध राशि (३, ४, ८, ७, ११ वा १२) में यदि चं सप्तम स्थान में और शनि किसी राशि मे हो परन्तु चतुर्थ नवांश में हो तथा ऐसे शनि की दृष्टि ऊपर लिखे हुए चं. पर हो तो जातक को दाद रोग होता है (३) यदि मंगल अथवा केतु, छट्ठे अथवा ८ वें स्थान में हो तो चर्म रोग होता है। (४) यदि मं. और शनि ६, १२ स्थान में हो तो व्रण होता है। देखो कुं. ६० बाबू कात्यायनी शङ्कर जी की। श. छट्ठे में और मं. द्वादश में है। अर्थात् श. और द्वादशस्थ मं. को

प्रथम सम्बन्ध है, चतुर्थ (योग) सम्बन्ध नहीं है। इनको बाल्यकाल में लगभग २६ कठिन कठिन व्रण हुए थे और सबके चोड़ फाड़ की आवश्यकता पड़ी थी, उनमें से एक घाव के अच्छा होने में बड़ी कठिनता हुई थी। (५) यदि मंगल षष्ठेश के साथ हो तो चर्म रोग होता है। (६) यदि बुध और राहु षष्ठेश एवं लग्नेश के साथ हो तो चर्म रोग होता है। देखो कुं. ३७ सर गणेशदत्त सिंह जी की। मं., षष्ठेश और लग्नेश होता हुआ बु. के साथ है और रा. से दृष्ट है। ये बहुत काल से एक्जिमा (Eczema) से पीड़ित हैं। (७) यदि षष्ठेश पापग्रह होकर लग्न, अष्टम अथवा दशम स्थान में बठा हो ता चर्मरोग होता है। (८) यदि षष्ठेश शत्रु गृही, नीच, वक्री अथवा अस्त हो, तो चर्म रोग होता है। देखो उदाहरण कुं. ९६ शु. अस्त है। जातक दाद और एक्जिमा (Eczema) से पीड़ित है। इसी प्रकार यदि षष्ठस्थ ग्रह, नीच, शत्रुगृही, वक्री अथवा अस्त हो तो भी चर्मरोग होता है। देखो कुं ५० राजा बहादुर अमांवां की। दोनों योग लागू हैं। षष्ठेश र. अपने परम शत्रु श. के साथ है। पुनः षष्ठस्थ श. शत्रु गृही है। ये बहुत काल से ठर्रा (Eczema) से पीड़ित है। (९) यदि षष्ठेश, पापग्रह के साथ हो और उसपर लग्नस्थ, अष्टमस्थ अथवा दशमस्थ पापग्रह की दृष्टि हो तो चर्म रोग होता है। देखो कुं. ३७ मिनिस्टर साहिब की। षष्ठेश स्वयं पाप और बुध के साथ है (बुध पाप हो गया) तथा दशमस्थ रा. से दृष्ट भी है। इसी कारण ये ठक़ोता (Eczema) से पीड़ित हैं। (१०) यदि शनि अष्टमस्थ और मंगल सप्तमस्थ हो तो जातक को पन्द्रह से तीस वर्ष की अवस्था में मुख पर फुन्सी आदि होते हैं। देखो कुं. ५० बाबू कात्यायनी शङ्कर जी की। श. अष्टमस्थ नहीं है परन्तु अष्टमस्थान को देखता है। पुनः मं. सप्तमस्थ नहीं है परन्तु सप्तम पर पूर्ण दृष्टि है। बोध होता है कि इसी कारण १९३३ ई. में इन के मुख पर एक बड़ा दुःखदायी व्रग हुआ था। देखो नियम (४)। (११) यदि लग्नेश, मंगल के साथ लग्नगत हो और उसके साथ पापग्रह हो अथवा पापग्रह की दृष्टि पड़ती हो तो पत्थर अथवा किसी शस्त्र के द्वारा शिर में व्रण इत्यादि होते हैं। (१२) यदि लग्नेश, शनि के साथ लग्न में बैठा हो और उस पर पापग्रह की दृष्टि हो अथवा लग्न में और भी कोई पापग्रह हो तो जातक के शिर में चोट लगने से अथवा अग्नि से व्रणादि होते हैं। (१३) यदि षष्ठेश, लग्न अथवा अष्टम स्थान में बैठा हो और उसके साथ

कोई पापग्रह भी हो अथवा शुभग्रह से दृष्ट न हो तो जातक को व्रणादि होते हैं। देखो कुं. ७ आदिगुरु की। षष्ठेश वृ., लग्नगत है परन्तु शनि पाप से दृष्ट है, पापयुक्त नहीं है और वृ. शुभ-दृष्ट भी नहीं है। अनुमान किया जा सकता है कि भगन्दर रोग इसी कारण से हुआ। वैद्यक शास्त्र में भगंदर को व्रण रोग का एक विशेष भेद बतलाया है। (१४) यदि षष्ठेश, रा. अथवा केतु के साथ लग्न में बैठा हो तो जातक के शरीर में व्रण होता है। (१६) यदि षष्ठेश किसी पापग्रह के साथ दशम स्थान में हो और उसपर शुभग्रह की दृष्टि न हो तो जातक के शरीर में व्रण होता है (१७) यदि लग्नेश और षष्ठेश मंगल के साथ हों तो जातक को स्फोटक रोग होता है अथवा युद्ध में भय होता है। (१८) यदि श., मं. और वृ. चतुर्थ स्थान में हो तो जातक अत्यन्त दुःखदायी व्रण से पीड़ित और हृदय रोगी होता है।

वात-पित्तादि जनित रोग।

धा-३१२ (१) यदि सूर्य्य, पापग्रह के साथ षष्ठ स्थान में हो और पापग्रह से दृष्ट भी हो तो जातक पित्त की अधिकता से पीड़ित होता है। (२) यदि सुर्य्य अष्टम भाव में हो और द्वितीय भाव में कोई पापग्रह हो तथा मंगल निर्बल हो तो जातक पित्ताधिक्य से पीड़ित होता है। (३) यदि लग्नेश और बुध षष्ठ स्थान में बैठे हों तो पित्त जनित असावधानी से जातक व्यथित होता है और नीच शनि उनके साथ हो तो वायु प्रकोप से पीड़ित होता है। तथा इसी प्रकार यदि सूर्य्य और बुध के साथ बृहस्पति बैठा हो तो जातक रोग रहित होता है। परन्तु ऊपर लिखे हुए सूर्य्य और बुध के साथ यदि शुक्र बैठा हो तो जातक की स्त्री को विपत्ति होती है। (४) यदि मंगल, बुध के साथ षष्ठ स्थान में पाप नवमांशगत हो और उन पर चन्द्रमा तथा शुक्र की दृष्टि पड़ती हो तो जातक श्लेष्मा जनित रोग से पीड़ित होता है। (५) यदि चन्द्रमा किसी पापग्रह के साथ अष्टम स्थान में हो और उस पर किसी पापग्रह की दृष्टि भी हो तो जातक वात रोग से पीड़ित रहता है। (६) यदि चन्द्रमा पापग्रह के साथ षष्ठ स्थान में पापग्रह से दृष्ट हो और यदि मंगल सप्तम स्थान में हो तो जातक रुधिर एवं पित्त विकार से पीड़ित होता है।

यदि उपर्युक्त येाग में सप्तमस्थ मंगल के बदले बुध, सप्तमस्थ हो तो जातक वायु-कफ जनित रोग से पीड़ित होता है। यदि शुक्र सप्तमस्थ हेा तेा अतिसार, शनि सप्तमस्थ हो तो गुल्म और राहु अथवा केतु सप्तमस्थ हो तो पिशाचादि दोष से पीड़ित होता है।

अङ्ग-वैकल्य।

*(गेठिया, लकवा, लगड़ा इत्यादि**)*

धा-३१३ (१) यदि बृहस्पति और शनि साथ हों, चन्द्रमा (अर्द्ध ज्योति का) दशमस्थ हों और मंगल सप्तमस्थ हो तो जातक को अङ्ग विकलता होती है (गेठिया, लकवा आदि, (२) यदि शनि सप्तमस्थ और मङ्गल राहु के साथ अथवा निर्बल हों तो जातक अङ्ग-वैकल्य होता है। (३) यदि चन्द्रमा दशमस्थ, मंगल सप्तमस्थ और सूर्य्य, शनि से द्वितीयस्थहो तो जातकअंग वैकल्य होताहैजातक पारिजात में र. के लग्न

---

* वैद्यक शास्त्र में कफ, पित्त और वायु के प्रकोप से अर्थात् (१) कफ-पित्त, (२) कफ-वायु, (३) पित्त-वायु, (४) कफ-पित्त, वायु, इन्हीं भेदाभेदों से रेागों की उत्पत्ति बतलायी गयी है। वायु, न्याय-दर्शन-शास्त्रानुसार पञ्चभूतों में है और इस का गुण स्पर्श कहा गया है। वायु तत्त्व और आकाश तत्त्व का स्वामी ज्योतिषशास्त्रानुसार बृहस्पति है। वैद्यक शास्त्र के अनुसार शरीर के अन्दर की वह वायु, जिस के कुपित्त होने से अनेक प्रकार के रेाग होते हैं उसे वात रेाग कहते हैं। शरीर में इसका स्थान पक्वाशय माना गया है। शरीर के सब धातुओं और मलादि का परिचालन इसी से होता है। इन्द्रियों के कार्य्यों का भी यही मूल है। अतः बोध होता है कि पक्षाघात (लकवा, फालिज) वात रोग के अन्तर्गत है, जो कुपित्त वायु, शरीर के अर्द्धाङ्ग में भर कर, उस की सिराओं अर्थात् स्नायुओं का शोषण करके सन्धि-बन्धन और मस्तिष्क को शिथिल कर देता है, जिससे उसके पार्श्व (नजदीक) के सब अङ्ग निश्चेष्ट अर्थात् शिथिल हो जाते हैं; उसे ज्योतिष शास्त्र में वात रोग अथवा विकलाङ्ग होना बतलाया है। ग्रहों के दोष के तारतम्यानुसार उन स्थानों में वात रोग के नाना भेदों से गेठिया, लकवा, अङ्ग-शिथिलता, लंगड़ापन, लूल्हापन इत्यादि इत्यादि रोगों का अनुमान करना पड़ता है।

से द्वितीय स्थान में रहने पर योग लागू होना बतलाया है (४) यदि पञ्चम भाव के द्रेष्कोण में मंगल बैठा हो, उस पर सूर्य्य, चन्द्रमा और शनि की दृष्टि पड़ती हो तो जातक के बाहु नहीं होते। (५) यदि नवम स्थान के द्रेष्काण में मङ्गल बैठा हो और सूर्य्य, शनि तथा चन्द्रमा की दृष्टि हो तो जातक पाद-विहीन होता है। (६) इसी प्रकार लग्न के द्रेष्काण में यदि मंगल बैठा हो और उपरि-लिखित तीनों ग्रहों से दृष्ट हो तो जातक मस्तक विहीन होता है। ऐसा भी लिखा है कि ऐसे योग में कभी कभी बालक मस्तक विहीन ही जन्म लेता है।(७) इसी प्रकार ऊपर लिखे हुए योगों में जनन के समय ही हस्त और पाद विहीन जातक पैदा होता है। (८) यदि राहु अथवा केतु लग्न गत हो और लग्नेश छठे, आठवें अथवा बारहों स्थान में हो तो लग्नेश की दशा में तथा लग्नेशस्थ राशि से षष्ठेश की अन्तर दशा में जातक किसी अङ्ग से विहीन हो जाता है (९) यदि शनि नवमस्थ और बृहस्पति तृतीयस्थ हो, अथवा शनि अष्टमस्थ और बृ. द्वादशस्थ हो तो ऐसे जातक का हाथ कट जाता है। (१०) यदि चन्द्रमा, सप्तमस्थ या अष्टमस्थ हो और उसके साथ बृ. अथवा मंगल बैठा हो तो जातक का हाथ कट जाता है। ऊपर वाले इस योग में किसी रोग विशेष से भी हाथ का बेकार हो जाना हो सकता है। यदि शुभ-ग्रहों की दृष्टि अथवा उच्च ग्रह हो तो यह दुर्भाग्य नहीं होता। (११) यदि दशम स्थान में राहु, शनि और बुध बैठे हों तो हाथ कट जाता है। (१२) यदि छठे वा आठवें स्थान में बुध और मंगल दोनों एक साथ बैठे हों तो जातक के हाथ और पैर चोर द्वारा नष्ट होते हैं। (१३) यदि शनि, सूर्य्य की राशि में, बृ., मंगल की राशि में और पापग्रह से युक्त हो तो जातक का हाथ काटा जाता है। (१४) यदि शत्रु-राशिगत शनि शुक्र के साथ हो और शत्रु-ग्रह से दृष्ट हो तो जातक का पैर काटा जाता है। देखो कुं. २३ बाबू श्यामाचरण जी की। पंचधामैत्री के अनुसार शनि शत्रु-गृही है और शुक्र उसके साथ बैठा है। यद्यपि शनि किसी ग्रह से दृष्ट नहीं है परन्तु उसके साथ परम-शत्रु सूर्य्य बैठा है। इनको दाहिने हाथ में अपने बन्दूक की गोली लग जाने के कारण डाक्टरों ने इनके उस हाथ को मोढ़ के समीप से ही काट दिया था। बायें हाथ से लिखने का आपने अत्युत्तम अभ्यास कर लिया है। विद्वान् लोग इसकी विवेचना करेंगे कि योग में पैर का कटना बतलाया है परन्तु इनका दाहिना हाथ काटा गया है। (१५) यदि

मंगल, शनि और राहु एक साथ छट्ठे भाव में बैठे हों तो जातक लंगड़ा होता है। (१६) यदि शनि, मंगल और सूर्य्य एक साथ छठे भाव में हो तो भी लंगड़ा होता है। (१७) यदि शनि षष्ठेश के साथ १२ वें स्थान में हो और पाप-दृष्ट हो तो जातक लंगड़ा होताहै। (१८) मेष, मीन, कर्क, मकर अथवा वृश्चिक इनमें से किसी राशि में पाप ग्रह के साथ यदि शनि और चं. नवमभाव में बैठा हो तो जातक खञ्ज अर्थात् लंगड़ा होता है। (१९) यदि अष्टमेश और नवमेश किसी पापग्रह से चतुर्थ स्थान में बैठा हो और पापदृष्ट हो तो जातक की जङ्घा में बैकल्यता होतो है। (२०) यदि सूर्य्य और शनि एक साथ लग्न में बैठे हों, और शुक्र तथा चं. से दृष्ट हों एवं सूर्य्य ग्रहण के समय का जन्म हो तो ऐसे जातक का लिङ्ग काटा जाता है और उसकी अपकीर्ति होती है। (२१) यदि लग्नस्थित शु. को शनि देखता हो तो जातक के कमर में बैकल्य होता है। (२२) यदि शुक्र चतुर्थ स्थान में हो और वृ., शनि, मंगल तथा बुध एक साथ किसी भाव में हो तो जातक के कमर, हाथ और पांव आदि में विकलता होती है। (२३) यदि सूर्य्य, चन्द्रमा और शनि छठे तथा आठवें भाव में हो तो हाथ में पीड़ा होती है (२४) यदि वृ., शनि के साथ हो, चं. दशम भाव में हो और मंगल सप्तम भाव में हो तो जातक विकलाङ्ग होता है। (२५) यदि सूर्य्य और चं. एक साथ केन्द्र में हों तो जातक विकलाङ्ग होता है। (२६) यदि मंगल, पञ्चम अथवा नवमस्थान में हो और पापग्रह से दृष्ट हो तो जातक विकलाङ्ग होता है। देखो कुं. २६ महाराजधिराज सर रामेश्वर सिंह जी की। मं. पंचमस्थ है और श. से दृष्ट है। आपको लकवे की बीमारी हुई थी। कहा जा सकता है कि मं., वृ. से भी दृष्ट है अतः इस रोग से आप बहुकाल तक पीड़ित नहीं रहे। देखो कुं. ६८ मुरली बाबू की। इनकी कुंडली, इनकी स्त्री के रोग के अनुमान का उदाहरण है। लग्न से सप्तम जाया स्थान है अर्थात् जाया-लग्न मिथुन है। इस जाया लग्न से पञ्चम स्थान में मङ्गल बैठा है और मंगल केतु से दृष्ट है अतः इनकी स्त्री लूंझ थीं। (२७) यदि सभी पापग्रह केन्द्र में हों तो जातक सर्वाङ्गविकल होता है। देखो कुं. ७० मुरली बाबू की स्त्री को। सभी पापग्रह अर्थात् सूर्य्य, शनि, राहु, मंगल, केतु, सब-के-सब केन्द्र में बैठे हैं। अतः यह महिला कई वर्षों तक सर्वाङ्ग विकल रहती हुई शय्या ही पर पड़ी रहती थी। (२८) यदि लग्नेश वृ. शनि से दृष्ट हो तो वात रोग होता है। देखो उदाहरण कुं. ९६। लग्नेश वृ., शनि से दृष्ट है। इस

कारण इस जातक के घुटनों में वात-जनित पीड़ा रहने के कारण बैठने उठने में क्लेश होता है। परन्तु एक बात देखने योग्य यह है कि लग्नेश वृ. की भी शनि पर दृष्टि है अर्थात् वृ. और शनि में अन्योन्य दृष्टि सम्बन्ध है। अतः शनि अधिक दोष-कारी न हो सका परन्तु रोग तो अवश्य है। (२९) यदि लग्नेश वृ. हो और वृ. को चार सम्बन्ध में से कोई सम्बन्ध श. से हो तो वात रोग होता है। देखो कुं. ४६ सुरेन्द्र बाबू डाक्टर को। लग्नेश वृ. (नीच का), रा. से पीड़ित (गुरु-चाण्डाल योग) होता हुआ एकादश स्थान में और मकर का स्वामी शनि मीन लग्न में है अर्थात् लग्न का स्वामी एकादश में और एकादश का स्वामी लग्न में है। इस प्रकार वृ. और शनि से बली सम्बन्ध होता है। अतः योग लागू है। ये वात-रोग से पीड़ित हैं। परन्तु वृ. के नीच और राहु के साथ रहने के कारण तथा शनि के केतु से दृष्ट रहने के कारण, वात रोग ने विकराल रूप धारण कर उक्त महाशय को तीन-चार वार पक्षाघात अर्थात् लकवा से पीड़ित किया। उदाहरण कुं. ६६ में भी, जैसा ऊपर लिखा गया है लगभग यही योग है परन्तु ग्रहों के दोषानुसार फल में बहुत अन्तर पड़ गया है। (३०) यदि (१) मंगल सप्तम में और वृ. लग्न में हो (२) अथवा वृ. सप्तम में और शनि तथा मंगल लग्न में हो (३) अथवा लग्नेश वृ., मंगल से दृष्ट हो (४) अथवा लग्नेश वृ. को मं. से कोई सम्बन्ध हो तो जातक वात-रोगी होता है। (३१) यदि वृ. लग्न में और शनि सप्तम में हो तो जातक वात रोगी होता है। (३२) यदि शु. और मङ्गल, लग्न से सप्तम स्थान में पापदृष्ट हो तो वात रोगी होता है। किसी का कथन है कि ऐसे योग में अण्ड-वृद्धि होती है। (३३) यदि लग्नेश, मंगल के साथ ६, ८ वा १२ स्थान में हो तो गेठिया होता है वा शस्त्र से घाव होता है। (३४) यदि लग्नेश, वृ. के साथ ६, ८ वा १२ भाव में बैठा हो तो गेठिया से पीड़ित होता है। (३५) शुक्र, बुध और मङ्गल के साथ रहने से अथवा सूर्य्य, च., बुध और शु. के साथ रहने से हीनआंग योग होता है। (३६) यदि षष्ठेश, केतु के सप्तम स्थानगत हो और मंगल से दृष्ट हो तो षष्ठेश की दशाअन्तर दशा में जातक अङ्गहीन हो जाता है। (३७) शुक्र और सूर्य्य एक साथ यदि पञ्चम, सप्तम अथवा नवम स्थान में बैठे हों तो जातक की स्त्री हीनाङ्गी होती है। देखो कुं. ६८ योग लागू है। इनकी स्त्री वात रोग से पीड़ित रहनेके कारण एकदम लूंझ अर्थात् शिथिलाङ्गी थीं (३८) यदि शनि सप्तमस्थहो

वो जातक की स्त्री वात रोग से पीड़ित होती है। देखो कुं ६८ मुरली बाबू की। शनि सप्तमस्थ और केतु से दृष्ट भी है। इन की स्त्री कठिन वात रोग से पीड़ित थी। देखो नियम ३७।

जन्तु-भय।

धा-३१४ (१) यदि राहु लग्न में और लग्नेशगत राशि बली हो तो सर्प से भय होता है। (२) यदि लग्नेश और षष्ठेश राहु अथवा केतु के साथ हो तो जातक को सर्प, चोर एवं अन्य हानिकारक जीवों से भय होता है। (३) यदि राहु लग्न में और लग्नेश तृतीयेश के साथ हो तो सर्प से भय होता है। (४) यदि राहु, शनि और सूर्य्य सप्तमस्थ हो तो ऐसे जातक को सांप काटता है। (५) यदि लग्न से सप्तम शनि और उसके साथ सूर्य्य तथा राहु हो तो ऐसे जातक को शय्या पर सोये हुए में सर्प काटता है। (६) यदि शनि पापग्रह के साथ द्वितीय स्थान में बैठा हो और उसपर पापग्रह की दृष्टि भी हो तो जातक को कुत्ते से भय होता है (७) यदि द्वितीयेश शनि के साथ हो अथवा शनि पर द्वितीयेश की दृष्टि पड़ती हो तो कुत्ते से भय होता है। (८) यदि अष्टम स्थान से त्रिकोण में शुक्र, श. अथवा चं. हो और उस स्थान में बुध और मंगल भी हो तो जातक को कुत्ता काटने का भय होता है। (९) यदि वृ. लग्न में, तृतीयेश के साथ हो तो जातक को चतुष्पाद जीवों से और विशेष कर गौओं से भय होता है। (१०) यदि धन अथवा मीन राशि में बुध और मकर अथवा कुंभ राशि में मंगल हो तो ऐसे जातक की मृत्यु जङ्गल में किसी हिंसक जन्तु अर्थात् व्याघ्रादि से होती है।

भूत प्रेतादि पीड़ा।

धा-३१५ (१) यदि राहु-ग्रस्त चन्द्रमा, लग्न में हो और लग्न से पञ्चम एवं नवम स्थान में शनि तथा मंगल बैठे हों तो जातक पिशाची

अर्थात् पिशाच को इष्टदेव मानता है। (२) यदि लग्न पर मंगल की दृष्टि हो और षष्ठेश लग्न में, सप्तम में अथवा दशम में बैठा हो तो जातक जादू-टोना से पीड़ित होता है। (३) यदि लग्नेश, मंगल के साथ लग्न अथवा और किसी केन्द्र में हो तथा षष्ठेश लग्न में हो तो जातक जादू-टोना से पीड़ित होता है। (४) यदि वृहस्पति लग्न, चतुर्थ अथवा दशम स्थान में हो और किसी केन्द्र में मान्दि बैठा हो तो जातक किसी देवतादि के साक्षात् होने से पीड़ित होता है। (५) यदि शनि सप्तमस्थानीय हो और कोई शुभग्रह चर राशि गत लग्न में हो तथा चन्द्रमा पापग्रह से दृष्ट हो तो जातक भूत, प्रेत, पिशाचादि के साक्षात्कार होने से पीड़ित होता है। (३) यदि शनि और राहु लग्न में हों तो जातक को पिशाच-बाधा होती है। (७) यदि चन्द्रमा राहु के साथ लग्नगत और शनि तथा मंगल त्रिकोणगत हो तो जातक प्रेतादि से पीड़ित होता है।

कारागार-योग।

का-३१६ (१) यदि एक-एक, दो-दो अथवा तीन-तीन ग्रह लग्न से द्वितीय और द्वादश स्थान में हों, अथवा तृतीय और एकादश स्थान में हों, या चतुर्थ और दशम स्थान में हों, अथवा पञ्चम और नवम स्थानगत हों, अथवा षष्ठ और द्वादश स्थान में हों, तो शृंखला बंध योग होता है। तात्पर्य्य यह है कि उपर्युक्त दो दो स्थानों में अर्थात् द्वितीय, द्वादश, किम्बा तृतीय, एकादश किम्बा चतुर्थ, दशम किंवा पञ्चम और नवम स्थानों में ग्रहों की संख्या बराबर अर्थात् यदि द्वितीय स्थान में एक ग्रह हो तो द्वादश में भी एक ही रहे, अथवा यदि द्वितीय में दो ग्रह हों तो द्वादश में भी दो ही होना चाहिए और द्वितीय में यदि तीन हों तो द्वादश में भी तीन ही होना चाहिए। इसी प्रकार ऊपर लिखेहुए दो-दो स्थानों में समान संख्या से ग्रहों का होना इस योग के लिए अनिवार्य्य है। यदि ये ग्रह पापग्रह हों तो जातक को बन्धनादि अथवा कारागृहादि भोगना पड़ता है। परन्तु शुभ और पाप मिश्रित हों, अर्थात् उन ग्रहों के साथ शुभग्रह भी बैठे हों अथवा उन पर शुभग्रह की दृष्टि हो अथवा उन स्थानों के स्वामियों के साथ शुभग्रह हों, अथवा उन स्वामियों पर शुभग्रह की दृष्टि हो तो बन्धनादि से छुटकारा बोध

कराता है। अर्थात् नाम मात्र का बन्धन होता है। यदि दोनों स्थानों में शुभग्रह ही हो तो केवल रोग के बन्धन में पड़कर जातक का साधारण स्वतन्त्रता नष्ट हो जाती है। अर्थात् कारागार में राजा के अधिकार द्वारा चलने फिरने भोजन और वस्त्रादि की स्वतन्त्रता छीन ली जाती है। इसी प्रकार जब कोई मनुष्य रोग ग्रस्त होता है तो वैद्य, डाक्टर आदि द्वारा रोगी की भोजन, वस्त्र एवं मिलनेजुलने की स्वतन्त्रता हरण करली जाती है। पापग्रहों के योग कारक होने से बन्धन और शुभग्रहों के योगकारी होने से रोग होता है। देखो कुं. ४९ पण्डित जवाहिरलाल नेहरु जी की। तृतीय में मंगल और एकादश में राहु, एक एक ग्रह बैठा है। परन्तु तृतीयेश और एकादशेश दोनों शुभग्रह एक साथ चतुर्थ स्थान अर्थात् केन्द्र में बैठे हैं। शुक्र स्वगृही है। इस कारण ये कई वार जेल गये परन्तु देशोन्नति के अभियोग में नाम मात्र का ही कारागार हुआ अर्थात् नजरबंद हुए; किसी दुष्कर्म के लिये नहीं। देखो कुं. ४८ बाबू श्री कृष्ण सिंह जी की। लग्न, कन्या के प्रथम अंश में होने के कारण मंगल द्वादश भाव में है और सूर्य्य द्वितीय भाव में, शुक्र लग्न भाव में और बुध तथा बृहस्पति तृतीय भाव में पड़ता है। परन्तु बुध और बृहस्पति शुभग्रह होते हुए सूर्य्य गत राशि में हैं, अर्थात् सूर्य्य के साथ हैं। अतः शृँखला बंध योग लागू है। परन्तु शुभग्रह से सम्बन्ध रखता है। अतः इनको भी किसी दुष्कर्म के लिये नहीं परन्तु देश सेवा के लिये कई बार कारागार अर्थात् नजरबन्द की यातना भोगनी ही पड़ी। देखो कुं. ७६ रघुवंश बाबू की। इस में भी शृँखला बंध योग लागू हैं। तृतीय स्थान में सूर्य्य और राहु दो ग्रह तथा एकादश स्थान में शनि और चं. बैठे हैं। शनि उच्च है परन्तु नवांश में नीच है। चन्द्रमा शनि से पीड़ित है। मानसिक व्यथा का देने वाला है, परन्तु चन्द्रमा क्षीण नहीं है। इन्हीं सब कारणों से ये खून के अभियोग में ताः १३-६-१९३० से १३-८-१९३० तक हाजत में रहे। परन्तु बोध होता है कि चं. शुभग्रह होने के कारण, इन को नाम मात्र ही जेल में रहने दिया। केवल कई मास तक ही ये हाजत में रहे। शनि की महादशा और चन्द्रमा की अन्तर दशा में यह घटना हुई थी। सोचने की बात है कि शनि, तृतीयेश है और शनि तथा चन्द्रमा दोनों ही शृँखला बंध कारक ग्रह है। शृँखला बंध कारक ग्रहों को बृहस्पति से जो

ज्ञानोत्पादन करने वाला ग्रह है, कोई सम्बन्ध नहीं है। इस कारण इनका बन्धन देश कार्य्य के लिये न हुआ। एकादशेश का स्वामी शुक्र, शुभ है। परन्तु मंगल के साथ रहने से पीड़ित है। मंगल, बृहस्पति से दृष्ट है, अनुमान किया जाता है कि इनकी रिहाई अनिवार्य्य हुई परन्तु कारागार निवास का कारण देश-प्रेम नहीं था। (२) विद्वानों का यह भी कथन है कि यदि उपर्युक्त स्थानों में अर्थात् द्वितीय, द्वादश, तृतीय और एकादश इत्यादि में पाप ग्रह स्थित हों, उन स्थानों को पापग्रह देखते हों अथवा उन स्थानों के स्वामियों के साथ पापग्रहों का सम्बन्ध हो, तब भी कारागार निवास योग होता है। बराहमिहिर का कथन है कि यदि पञ्चम और नवम में पापग्रह (बली) हों और शुभग्रह से दृष्ट अथवा युक्त न हों तो जातक की मृत्यु कारागार में होती है (३) शास्त्रकारों का मत है कि यदि शृँखला बंध योग लागू हो और मेष, वृष अथवा धन लग्न में जन्म हो तो रस्सी से बन्धन होता है। मिथुन, कन्या, तुला अथवा कुम्भ लग्न में जन्म हो तो बेड़ी आदी से बन्धन होता है और यदि कर्क, मकर अथवा मीन में जन्म लग्न हो तो किले के अन्दर अर्थात् जेलखाने में बन्धन होता है। वृश्चिक राशि में यदि लग्न हो तो भी किसी सुरक्षित स्थान में कैद रहना पड़ता है और कभी कभी केवल धनदण्ड अर्थात् जुर्माना आदि होकर ही रह जाता है। (४) यदि चतुर्थ स्थान में सूर्य्य अथवा मंगल और दशम स्थान में शनि हो तो जातक को राजदण्ड में शूली की सजा (इसका अभिप्राय शारीरिक-राजदण्ड से है) अथवा जेलदण्ड होता है। (५) यदि लग्नेश और षष्ठेश राहु अथवा केतु के साथ केन्द्र अथवा त्रिकोणगत हों तो जातक को बन्धन होता है। देखो कुं. २६ तिलक महाराज की। लग्नेश और षष्ठेश राहु के साथ नवम स्थान में हैं। (६) यदि लग्नेश और षष्ठेश केन्द्र अथवा त्रिकोण में हो तथा शनि भी साथ हो तो जातक को बन्धन होता है। देखो कुं. २६ तिलक जी को। पञ्चम योगानुसार भी बन्धन योग होता है, पुनः उसी लग्नेश और षष्ठेश के साथ शनि तो नहीं है परन्तु शनि की पूर्ण दृष्टि है अर्थात् एक प्रकार से शनि को सम्बन्ध होता है, अतएव इन्हें जेल यातना कई बार भोगनी ही पड़ी थी। यद्यपि इस बात का समर्थन् किसी पुस्तक द्वारा नहीं पाया जाता कि कारागार योग में जब कभी वृहस्पति का कुछ सम्बन्ध पाया जाता है तो प्राय: वैसे स्थान में जातक किसी

निन्दित कार्य्य के अभियोग में कारागार नहीं जाता। पर अनुभव से ऐसा प्रतीत होता है कि जब कभी वृहस्पति अथवा अन्य किसी निर्दोष शुभग्रह को कारागार योग से सम्बन्ध होता है तो प्रायः किसी शुभ कार्य्य के लिये ही कारागार योग अर्थात् नजर बन्द योग होता है। वृहस्पति केवल शुभ ग्रह ही नहीं है वरन् ज्ञान का कारक है ; अतएव वृ. के सम्बन्ध होने से प्रायः देखने में आता है कि देशोन्नति, अर्थात् असहयोगादि जैसे अभियोग में कारागार होता है जिसको जनता कृष्णागार (कृष्ण जन्ममन्दिर) मानती है। इस कुं. में भी षष्ठेश वृ. स्वगृही है और नवांश में भी स्वगृही है । अनुमान होता है कि इन्हीं कारणों से कई बार इन्हें देशके लिये जेल यातना सहनी पड़ी। पूर्व-लिखित उदाहरण बाबू श्री कृष्ण सिंह और पण्डित जवाहिर लाल नेहरू जी की कुण्डली में भी कारागार योग को वृहस्पति वा शुक्र से सम्बन्ध है जिसका उल्लेख नियम (१) में भी पाया जाता है। (७) यदि सूर्य्य, शुक्र और शनि एक साथ नवमस्थान में हों तो जातक किसी घृणित कार्य्य के कारण राजदण्ड पाता है। (८) यदि पापग्रह द्वितीय, द्वादश, पञ्चम और नवम स्थानों में हों तो बन्धन-योग होता है। शृंखला बंध योग का यह एक विस्तार रूप है । (९) यदि द्वितीय और पञ्चम में पापग्रह बैठे हों तौ भी बन्धन योग होता है; परन्तु यह बन्धन धन सम्बन्धी होता है। जैसा ऋणी को दिवानी अदालत से जेल दिया जाता है और फौजदारी-अदालत में जुर्माना के बदले जेल की सजा दी जाती है। अर्थात् ऐसे योग में जातक को कुछधन-प्रप्ति के अभियाग में बन्धन होता है। देखो कुं. ५९ शिवनन्दन बाबू सदराला की। इनके द्वितीय स्थान में केतु है और पञ्चम में मं. तथा शनि। योग लागू होता है , परन्तु केतु के साथ शु. स्वगृही है। मं. और शनि पर वृ. की पूर्ण दृष्टि है। अतः इन पर रुशवत का मुकद्दमा बड़े समारोह के साथ चलाया गया था। परन्तु वृ. और शु. ने इनको निरापराधो बनाकर निस्कलङ्क ठहराया। मोकदमे में द्रव्य बहुत खर्च हुआ।, (१०) यदि द्वादश और नवम में पापग्रह हों तौभी बन्धन योग होता है। इस योग में और ऊपर के दो योगों में ग्रहों को संख्या बराबर होने के नियम का कोई लेख नहीं मिलता। **देखो कु० ३८** श्रीयुत बाबू भगवानदास, बनारस की। द्वादश में शनि और नवम स्थानमें मंगल बैठा है। शनि पर मंगल को और मंगल पर शनि की पूर्ण दृष्टि है; अतः योग लागू है। परन्तु

स्वगृही बृ. की पूर्ण दृष्टि शनि पर है। अतः इन्होंने भी राजनीतिक क्षेत्र ही में अवतीर्ण होते हुऐ अपने कारागार योग को सच बनाया।(११)यदि जन्म लग्न सर्प द्रेष्काण, निगड़ द्रेष्काण अथवा आयुध द्रेष्काण का हो और द्रेष्काण पति पर पापग्रह की दृष्टि भी हो तो जातक को कारागार होता है। देखो चक्र संख्या (१३)। परन्तु बराहमिहिर का कथन है (जिनके कथनानुसार यह योग लिखा गया है) कि वृश्चिक का प्रथम और द्वितीय द्रेष्काण, कर्क का द्वितीय एवं तृतीय द्रेष्काण तथा मीन का तीसरा द्रेष्काण सर्प द्रेष्काण कहलाता है। एक विद्वान् का मत है कि सर्प द्रेष्काण के योग से जातक केवल कारागार में दिया जाता है अर्थात् उसकी स्वतन्त्रता छीन ली जाती है, और निगड़ द्रेष्काण योग से उसे बड़ी आदि बन्धन पड़ता है तथा आयुध द्रेष्काण दोष से उसकी शारीरिक कष्ट (अर्थात् बेंत वगैरह के मार की सजा) दी जाती है। (१२) बन्धनादि का विचार, द्वादश स्थान से भी किया जाता है। यदि द्वादश स्थान पाप राशि गत हो, पापग्रह से युक्त वा दृष्ट हो, द्वादश भाव का नवमांशपति पापग्रह हो और सूर्य्य, जो आत्म-सूचक है, निर्बल नीच नवांश का पापदृष्ट पापयुक्त हो, अर्थात् बहुत पीड़ित हो तो ऐसे योग में कारागार अवश्य होता है। देखो कुं.३९ महात्मा गान्धी जी की। परिशिष्ट में इनकी कुण्डली में लग्न के झगड़ा के विषय में लिखा गया है। यदि इनका लग्न तुला माना जाय जिसे बहुत लोग मानते हैं तो एक बात अवश्य देखने में आती है कि तुला लग्न मानने से शृँखला-बन्ध योग सूर्य्य के द्वादश स्थान में और शनि के द्वितीय स्थान में रहने से अवश्य लागू होता है। पर ऐसे योग वाले जातक को किसी निकृष्टकार्य्य के लिये जेल यातना भोगनी पड़ती है। परन्तु यह तो महात्मा जी की जीवन में लागू नहीं है। वह तो प्रायः सर्वदा देशोन्नति ऐसे सत्कर्म के कारण नजरबन्द ही रहे। दक्षिण अफ्रिका हो वा भारतवर्ष, जब कभी कारागार भेजे गये तो उनके विपक्षी लोग भी उनको उच्च ही दृष्टि से देखते थे। अतएव लेखक तुला लग्न नहीं मानता अब देखना यह है कि कन्या लग्न से कारागार योग अथवा 'कृष्णागार' योग लागू है या नहीं। इस नियमानुसार द्वादश स्थान पाप राशिगत है और पापग्रह शनि से द्वादशस्थान दृष्ट है। द्वादश नवांशपति सूर्य्य, पापग्रह है और आत्म सूचक सूर्य्य, पापग्रह केतु से दृष्ट और गुलिक से युक्त है। अर्थात् सूर्य्य भी पीड़ित है। अतएव योग पूर्ण रीति से लागू है। अर्थात् बन्धन योग होता

है। अब देखना यह है कि वृहस्पति को द्वादश भाव से कुछ सम्बन्ध है या नहीं ? देखा जाता है कि द्वादश स्थान पर वृ. को पूर्ण दृष्टि है। लेखक तो इन्हीं सब कारणों से विश्वास करता है कि कन्या लग्न ठीक है और इनका नजरबन्द रहना भी सिद्ध होता है। देखो कुं. ४३-अरविन्द जी की। द्वादश स्थान पाप-राशि-गत है उस पर मंगल, सूर्य्य और शनि तीनों पापग्रहों की पूर्ण दृष्टि है। पापग्रह बुध की भी दृष्टि है; परन्तु सूर्य्य पीड़ित नहीं हैं और द्वादश स्थान पर शुक्र की भी दृष्टि है। कहा जा सकता है कि इन्हीं सब कारणों से अलीपुर बम-केस में ये वेढब फंसे थे। परन्तु शुक्र की दृष्टि और सूर्य्य की प्रबलता से इनकी रिहाई हुई। (१३) यदि क्षीण चं. दशम स्थान में, मंगल नवम स्थान में, शनि लग्न में और सूर्य्य पञ्चम स्थान में बैठा हो तो जातक की मृत्यु कारागार में चोट के लगने से अथवा धूमाग्नि से होती है। (१४) इन योगों का फल, योग कारी ग्रहों की दशा अन्तरदशा और प्रत्यन्तरदशा में होता है। ज्योतिष का यह एक बड़ा रहस्य है, जो पूर्व कई स्थानों में लिखा जा चुका है कि किसी एक कुण्डली से उस व्यक्ति के माता, पिता, भाई इत्यादि का भी पूर्ण रीति से विचार किया जा सकता है। इस कारण यदि यह विचार करना हो कि किसी जातक के सन्तान को बन्धन योग है वा नहीं तो उस जातक के पञ्चम स्थान को लग्न मानकर उपर्युक्त योगों के रहने या न रहने के अनुसार फलाफल कहा जा सकता है।

नपुंसकत्व-योग।

धा-३१७ (१) पुरुष और स्त्री की सन्तानोत्पादन-शक्ति के अभाव को नपुंसकता अथवा नामर्दी कहते हैं। चन्द्रमा, मंगल, सूर्य्य और लग्न से गर्भाधान का विचार होता है। इन्हीं सब कारणों से शास्त्रकारों ने छः प्रकार का नपुंसक योग बतलाया है। (१) यदि सूर्य्य विषय और चन्द्रमा सम राशि में हो तथा इन दोनों में अन्योन्य दृष्टि हो। (२) यदि सूर्य्य का पुत्र, शनि सम और चन्द्रमा के पुत्र, बुध विषम राशि में हो तथा शनि एवं बुध की अन्योन्य दृष्टि हो। बादरायण का भी यही मत है परन्तु सर्वार्थ चिन्तामणि में (भूल से) उलटा लिखा है। (पूर्ण दृष्टि असम्भव है)।

(३) यदि सूर्य्य समराशि में हो और मंगल विषम में तथा इन दोनों में परस्पर दृष्टि हो। (४) यदि लग्न और चन्द्रमा दोनों विषम राशि में हों और इन दोनों पर सम राशिस्थ मंगल की दृष्टि हो (५) चन्द्रमा विषम और बुध सम राशि में हों तथा इन दोनों पर मंगल की दृष्टि हो (६) यदि शुक्र, चन्द्रमा और लग्न तीनों पुरुष राशि में हों तथा पुरुष नवांश में हों तो इन छः प्रकार के योगों में से किसी योग के रहने से जातक नपुंसक होता है। इन्हीं नियमों पर और अन्य नियमों पर अवलम्बित, इस स्थान में कतिपय नपुंसक योग जो ग्रन्थान्तरों में पाये जाते हैं, लिखा जाता है।

(२) यदि शुक्र से द्वादश भाव में श. बैठा हो तो जातक नामर्द के ऐसा होता है (नपुंसक नहीं) देखो कुं. २८ महाराजा लक्ष्मेश्वर सिंह जी की। श., शु. से द्वादश में है। यह योग सर्वदा ठीक नहीं पाया गया है। (३) यदि षष्ठेश, बुध और राहु के साथ हो और इन ग्रहों को लग्नेश से किसी प्रकार का सम्बन्ध हो [सम्बन्ध चार प्रकार के होते हैं, जिन का उल्लेख पहले हो चुका है) तो जातक नपुंसक होता है। (४) यदि मंगल अयुग्म (फुट) राशिगत हो (अर्थात् मेष, मिथुन इत्यादि) और उस पर सूर्य्य की दृष्टि हो, अथवा वैसे मंगल की दृष्टि युग्म राशिस्थ सूर्य्य पर पड़ती हो तो जातक नपुंसक होता है। (पूर्ण दृष्टि होना असम्भव है। पूर्ण दृष्टि केवल सप्तम में ही र. और चं. दोनों को है। एक दूसरे से सप्तमस्थ रहने पर एक सम और दुसरा विषम राशि में हो ही नहीं सकता है)। (५) यदि लग्न अयुग्म राशिगत हो, लग्न में चन्द्रमा बैठा हो और उस पर युग्म राशिस्थ मंगल की दृष्टि पड़ती हो तो जातक नपुंसक होता है। (६) यदि चन्द्रमा युग्म राशिस्थ हो, बुध अयुग्म राशिगत हो और दोनों पर मंगल की दृष्टि पड़ती हो (मंगल किसी भी राशिगत हो) तो जातक नपुंसक होता है। (७) यदि जन्म-लग्न, युग्म राशिगत हो चन्द्रमा अयुग्म राशिगत होता हुआ पुरुष नवांश में हो और उसपर मंगल की दृष्टि पड़ती हो तो जातक नपुंसक होता है। पुरुष नवांश की विवेचना दो प्रकार से की जा सकती है। विषम राशि को पुरुष राशि कहते हैं। दूसरा भाव यह भी हो सकता है कि जिस राशि का स्वामी पुरुष ग्रह हो, परन्तु पहला हो बहुमत होगा, (८) यदि लग्न, चन्द्रमा और शुक्र तीनों ही पुरुष नवमांश में हो तो जातक नपुंसक होता है। (देखो

नियम (१) का (६)। (९) यदि लग्न और चन्द्रमा विषम राशि में र. से दृष्ट हो तौभी नपुंसक होता है। (१०) यदि शनि और शुक्र दशम अथवा अष्टम स्थानमें शुभ दृष्टि रहित होकर बैठे हों अथवा नीच शनि, षष्ठ अथवा द्वादश स्थानों में हो तो जातक नपुंसक होता है। (११) यदि शु. जन्मकालीन वक्री ग्रह की राशि में हो तो वह स्त्री को सम्भोग द्वारा सन्तोष देने में असमर्थ होता है। (१२) यदि लग्नेश स्वगृही हो और सप्तमस्थ शुक्र को देखता हो तौ भी वैसाही फल होता है। (१३) यदि श. और चं. एक साथ, मं. से दशम अथवा चतुर्थ स्थान में हो तौ भी वैसाही फल होता है। (१४) यदि चं. तुला राशि में हो और उसपर मं., र. वा श. की दृष्टि हो तो किसी एक योग से जातक नपुंसक होता है। (१५) यदि सप्तमेश शुक्र के साथ षष्ठस्थान में बैठा हो तो जातक की स्त्री नपुंसक होती है, अथवा जातक अपनी स्त्री के प्रति नपुंसक होता है। (१६) यदि लग्न, मिथुन वा कन्या हो और उसमें षष्ठेश बैठा हो और वह बु. से दृष्ट वा युक्त हो तो स्त्री एवं पुरुष दोनों ही नपुंसक होते हैं। (१७) यदि लग्न, मिथुन वा कन्या हो और उसमें षष्ठेश, मं. और श. के साथ होकर बैठा हो तो केवल पुरुष (स्वामी) नपुंसक होता है, पर उसकी स्त्री नहीं।

अध्याय २९

अवस्था।

धा-३१८ ज्योतिष शास्त्र में अनेकानेक प्रकार की अवस्थाओं का लेख पाया जाता है। उनमें से कतिपय उपयोगी और लागू अवस्थाओं का इस पुस्तक में उल्लेख किया जाता है। किन्हीं किन्हीं स्थानों में अवस्था जानने की विधि में भी एक ऋषि से दूसरे ऋषि ने कुछ विभिन्नता की है। अवस्था द्वारा जो फल होता है उस का विकाश जातक के जीवन मात्र में होता है। परन्तु ग्रह की दशा अन्तर दशा काल में ग्रह की अवस्था-फल का विशेष विकाश होता है। किसी दो व्यक्ति का एकही समय एवं एकही लग्न में यदि जन्म हो तो दोनों के फलाफल में अन्तर का कारण अवस्था ही होता है।

प्रथम प्रकार को अवस्था।

अवस्था-विधि।

(१) महर्षि पराशर ने एक प्रकार की 'अवस्था' का फला-फल अपनी प्रसिद्ध "पुस्तक" वृहद् पाराशर होरा शास्त्र में लिखा है। इस अवस्था का लेख 'शैयनादि' द्वादश अवस्था के नाम से अन्य कई ग्रन्थों में भी पाया जाता है (१) अवस्था का नाम शयन। (२) उपवेश (३) नेत्रपाणि (४) प्रकाशन (५) गमनेच्छा (६) गमन (७) सभा (८) आगम (९) भोजन (१०) नृत्यलिप्सा (११) कौतुक (१२) निद्रा है। 'वृहद् पाराशर' में पांचवें एवं छठें का नाम 'गमनागमन' वो आठवें का 'आगम' लिखा है और यही 'भाव कुतूहल' में भी है। परन्तु 'होरारत्न' में 'गमनेच्छा च गमनं' और आठवें को 'आगम' लिखा है।

कौन ग्रह किस अवस्था में है उस के जानने की विधि यह है। जिस ग्रह की अवस्था निकालनी होती है वह ग्रह जन्म समय में किस नक्षत्र में था, इस को चक्र संख्या २ अथवा जन्म के समय के पचाङ्ग द्वारा निकालना होगा। जैसे उदाहरण कुण्डली में यदि मंगल की अवस्था जाननी हो तो पहले यह देखना होगा कि जन्म समय में मंगल किस नक्षत्र में था। उदाहरण कुण्डली के मंगल का स्पष्ट ४।११।२९ है अर्थात् मेष से ४०वां नवमांश, वा अश्विनी से ४०वां चरण, अर्थात् दसवां नक्षत्र, मघा में जन्म के समय मंगल था। इस नक्षत्र संख्या को ग्रह संख्या से गुणा करना होता है। (सूर्य्य की १, चन्द्रमा की २, मंगल की ३, बुध की ४, वृहस्पति की ५, शुक्र की ६, शनि की ७, राहु की ८, केतु की ९, ग्रह संख्या मानी जाती है)। इस कारण मंगल की संख्या ३ को नक्षत्र संख्या १० से गुणा करना होगा, और इस गुणनफल को उस ग्रह के अंश अर्थात् मंगल के अंश १२ (११ अंश १९ कला है अर्थात् बारहवां अंश) से गुणा करना होगा, और इन तीनों के गुणन फल में जातक के इष्ट दण्ड (उदाहरण कुण्डली का इष्ट दण्ड १०।५८ पला है इस कारण) ११ को जोड़ना होगा। पुनः उसमें जन्म-नक्षत्र की संख्या (उदाहरण कुण्डली में जन्म नक्षत्र उत्तरभाद्र है,

इस कारण) २६ जोड़ना होगा और पुनः उसमें जातक की लग्न संख्या(उदाहरण कु में धन लग्न है इस कारण) ९ जोड़ना होगा। ऊपर्युक्त गुणा और जोड़ के बाद फल आवेगा अर्थात् $(१० \times ३ \times १२) + ११ + २६ + ९ = ४०६$ को १२ से भाग देना होगा। भाग देकर जो शेष आवेगा वही अवस्था का अङ्क होगा। उदाहरण कुण्डली में ४०६ को १२ से भाग देने से १० शेष रहता है। इसलिये १०वीं अवस्था मंगल की हुई। अर्थात् मंगल की नृत्य-लिप्सा अवस्था हुई। इसी रीति से अवस्था निकाला जाता है। एक शेष रहने से शयना अवस्था, २ शेष रहने से उपवेशन ३ शेष रहने से नेत्रपाणि इत्यादि इत्यादि।

सुगमता से स्मरण रखने के लिये अवस्था निकालने के नियम को निम्नलिखित रीति से कहा जा सकता है (ग्रहनक्षत्र×ग्रहसंख्या×ग्रहअंश+इष्ट+जन्मनक्षत्र+लग्न)÷१२ जो शेष रहेगा वही अवस्था संख्या होगी। शेष शून्य होने पर १२ शेष माना जाता है और अंश में यदि किसी अंश के बाद कला भी हो तो उस अंश में एक जोड़ देना पड़ता है। जैसे उदाहरण कुण्डली में मंगल, सिंह राशि के ११ अंश २९ कला पर है। इसका मतलब यह होता है कि १२ वें अंश में मंगल है। इसलिये ऐसे स्थान में अंश-मान बारह होगा न कि ग्यारह ? पुनः यदि मंगल, सिंह के ११ अंश और शून्य कला बिकलादि पर होता तो अंश मान ग्यारह लिखा जाता। इसी प्रकार उदाहरण कुण्डली का इष्ट दण्ड १०।५८ पला है। इष्ट मान १० नहीं लेकर ११ लिया गया। इसी रीति से सब ग्रहों की शयनादि अवस्था निकाली जाती है। ग्रहों की अवस्थाओं को स्थिर करने के बाद एक विधि शास्त्रकारों ने और लिखा है। मुनियों का कथन है कि यदि कोई ग्रह "दृष्टि" में हो तो उस ग्रह का फल स्वल्प, यदि ग्रह 'चेष्टा' में हो तो बहुत और यदि 'विचेष्टा' का हो तो कुछ भी फल नहीं देता है। अब इस स्थान में यह लिखा जाता है कि ग्रह, 'दृष्टि'; "चेष्टा" और 'विचेष्टा" कब होता है।

(२) ऊपर लिखा जा चुका है कि १ शेष रहने से शयन और दो शेष रहने से उपवेशन इत्यादि अवस्थाएं होती हैं। अवस्था का जो शेष अङ्क आवे उस अङ्क को उसी अङ्क से गुणा कर के उस वर्ग फल में, 'स्वरांक' जोड़ना होता है। स्वरांक जोड़ने के बाद जो फल आवे उसको १२ से भाग देने के अनन्तर

जो शेष रहे उसमें जिस ग्रह की अवस्था निकाली गयी है उस ग्रह का "क्षेपकांक" जोड़ना पड़ता है और उस अन्तिम फल को तीन से भाग देने पर यदि शेष १ रहे तो ग्रह "दृष्टि", दो रहे तो "चेष्टा" तथा शून्य रहे तो वि चेष्टा कहलाता है। ऊपर "स्वरांक" और "क्षेपकांक" शब्दों के प्रयोग हुए हैं। उनका विवरण इस स्थान पर किया जाता है। यह सभी जानते हैं कि हर एक मनुष्य किसी न किसी नाम से प्रसिद्ध रहता है चाहे वह किसी जातिका हो। ऐसे नाम को साधारण भाषा में "पुकार" नाम कहते हैं। उर्दू में "मौसुमा" कहते हैं। "पुकार" नाम उसे कहते हैं जिस नाम से सोते हुए पुरुष को पुकारा जाय और वह व्यक्ति यह समझ कर कि पुकारने वाला उस व्याक्ति को सम्बोधित कर रहा है, जाग उठे। इस स्थान में यदि किसी व्यक्ति के मन में यह प्रश्न उठे कि पुकारनाम से ज्योतिष के गणित का क्योंकर कुछ सम्बन्ध हो सकता, तो इस बात पर यों विचारना होगा कि प्रति व्यक्ति को अपने नाम से कुछ ऐसा घनिष्ट सम्बन्ध, मनसा, वाचा, कर्मणा द्वारा हो जाता है कि यदि वह अपने नाम का किसी दूसरे व्यक्ति को देखता है तो ततक्षण उसके मन में उस दूसरे व्यक्ति के साथ क्षणिक प्रेम तो अवश्य उत्पन्न हो जाता है। उत्तरीय भारत में ऐसे व्यक्ति को मीता कहते हैं। "मीता" मित्रता का अपभ्रंश है। प्रति व्यक्ति को अपने नाम से कुछ घनिष्ट सम्बन्ध हो जाता है। अन्य लोगों को भी सुनते ही उसके स्वरूप, गुण और अवगुणादि का स्मरण हो जाता है। किसी नाम के साथ अपशब्द के प्रयोग करते ही उस व्यक्ति को, जिसका वह नाम है और उसके इष्ट मित्रों को अति कष्ट हो जाता है। सुतरां यह अवश्य ठीक है कि प्रति मनुष्य को अपने अपने नाम से एक घनिष्ट सम्बन्ध हो जाता है। प्रतीत होता है कि इन्हीं सब कारणों से ऋषियों ने मनुष्य के नाम के प्रथम अक्षर का बल, अङ्क में बतलाया है। जैसे यदि पहिला अक्षर 'अ' हो (मात्रा उसमें कुछ भी हो) उसका स्वरांक १ होगा। और यदि पहिला अक्षर 'इ' हो तो उसका स्वरांक २ होगा, 'उ' होने से ३, 'ए' होने से ४, 'ओ' होने से ५, 'क' होने से १, 'ख' होने से २, इत्यादि इत्यादि। इसका पूर्ण विवरण नीचे के चक्र में बतलाया जाता है। इसी को 'स्वरांक' कहते हैं।

स्वरांक चक्र ।

१.	२.	३.	४.	५.
अ.	इ.	उ.	ए.	ओ.
क.	ख.	ग.	घ.	च.
छ.	ज.	झ.	ट.	ठ.
ड.	ढ.	त.	थ.	द.
ध.	न.	प.	फ.	ब.
भ.	म.	य.	र.	ल.
व.	श.	ष.	स.	ह.

स्मरण रहे कि नाम का प्रथम अक्षर होना चाहिए, न की उपाधियों का बाबू, श्रीमान्, सैय्यद, मोहम्मद, मिस्टर, मिसेज इत्यादि उपाधि जो नाम के पूर्व लगाये जाते हैं, उसे छोड़ कर शुद्ध नाम का प्रथम अक्षर लेना होगा। जैसे उदाहरण कुण्डली का प्रथमाक्षर मात्रा व्यक्त करने बाद "द" है। इस कारण इस जातक का स्वरांक "पांच" हुआ। क्षेपकांक सूर्य्य का ५, च. का २, मंगल का २, बुध का ३, बृहस्पति का ५, शुक्र का ३, शनि का ३, राहु का ४ और केतु का ४ है। इसकी उत्पत्ति क्यों हुई अर्थात् अमुक ग्रह का अमुक क्षेपकांक क्यों माना गया इस का पता नहीं चलता है।

क्षेपकांक चक्र।

र.	च.	मं.	बु.	बृ.	शु.	श.	रा.	के.
५.	२.	२.	३.	५.	३.	३.	४.	४.

उदाहरण कुण्डली के मंगल की 'दृष्टि', 'चेष्टा' और 'विचेष्टा', का विचार इस प्रकार किया जायगा। अवस्था विचार में दस शेष रहा था। दस को दस से गुणा करने से, वर्गफल सौ हुआ (नाम का प्रथम अक्षर 'द' होने से) उसमें स्वरांक पांच जोड़ा और १२ से भाग दिया तो शेष ९ रहा। और उस ९ में मंगल के क्षेपकांक २ को जोड़ा तो ११ हुआ। ११ को तीन से भाग दिया तो शेष २ रहा। इस कारण दो शेष रहने से मंगल को 'चेष्टा' फल हुआ अर्थात् मंगल "नृत्यलिप्सा" अवस्था का होकर "चेष्टा" पद में

है । अर्थात् "नृत्यलिप्सा" अवस्था का जो फल है उसका विकाश "चेष्टा" होने के कारण पूर्ण रीति से होगा ।

सूर्य्य-अवस्था-फल ।

(३) प्रति ग्रह की शयनादि अवस्था के फल का विवरण नीचे लिखा जाता है । (१) शयन अवस्था में हो तो जातक मन्दाग्नि रोग अर्थात् क्षुधा की कमी और पाचनादि शक्ति में गड़बड़ी से बहुधा दुःखी होता है । पित्त की विशेषता होती है, गुदा में व्रण आदि रोग होते हैं । हृदय-शूल का रोग होता है और उसकी जङ्घा तथा पैर स्थूल होते हैं । (२) उपवेशन-अवस्था में हो तो ऐसा सूर्य्य जातक को दरिद्र बनाता है । ऐसा जातक पराये का भार ढोने वाला, कलह उपस्थित करने वाला, विद्या का जानने वाला, चित्त का कठोर और निर्दय होता है तथा उसकी सम्पत्ति नष्ट होती है । (३) नेत्र-पाणि अवस्था में हो तो जातक आनन्द-मय जीवन व्यतीत करता है और धनवान् , बलवान् , सुखी, राजा की कृपा से अभिमान-युक्त, विवेक शील तथा परोपकारी होता है । यदि ऐसा सूर्य्य अर्थात नेत्रपाणि अवस्था वाला सूर्य्य, नवम, पञ्चम अथवा दशम स्थान में हो तो शुभ फल होता है अर्थात् इन भावों के शुभ फल की पुष्टि होती है (४) प्रकाश अवस्था में हो तो जातक चित्त का उदार, धन-सम्पन्न, सभा में चतुराई से बात करने वाला, पुण्यवान् , बलवान् , और सुन्दर होता है । यदि सूर्य्य पञ्चम, सप्तम, दशम अथवा द्वादश स्थान में बैठा हो तो स्त्री तथा पुत्र की हानि होती है । (५) गमनेच्छावस्था में हो तो जातक निरुद्यमी, परदेश में रहने वाला, दुःखों का भोगने वाला, बुद्धि-हीन, गुस्सा से भरा हुआ और भय से आतुर रहता है तथा धनहीन भी होता है (६) गमन अवस्था में हो, तो जातक पर-स्त्री-गामी, निरन्तर सफर की इच्छा रखने वाला, कृपण, दुष्टता में निपुण, मलिन और जन समुदाय से अलग रहने वाला होता है । (७) सभा अवस्था में हो तो जातक परो-पकार में तत्पर, धन-रत्नादि से सम्पन्न, बहु गुणी, पृथ्वी और मकान आदि का मालिक, बलवान् , उत्तम वस्त्रादि से भूषित और कृपाशील होता है । उसे बहुत मित्र होते हैं और नित दिन उस के साथ प्रेम करते हैं । (८) आगमन अवस्था में रहे, तो जातक शत्रुओं से कम्पित, कुटिला-बुद्धि,

चञ्चल, धर्म कर्म से रहित, शरीर का दुबला, मदमस्त और आत्मश्लाघी (शेखीबाज) होता है। (९) भोजन अवस्था में रहे तो जातक पर-स्त्री गमन के कारण धन और बलका सर्व्वदा क्षय करता है और उसका खाना, पीना, व्यर्थ जाता है। गेठिया और वात आदि रोग से पीड़ित होता है अर्थात् शरीर के जोड़ों में वेदना होती है। शिर में रोग होता है, बुद्धि का कुमार्गी, अनिष्ट वार्ताओं में रुचि रखने वाला और असत्यवादी होता है। यदि सूर्य्य नवमस्थ हो तो उसके पुण्य-कार्य्य में अनेक बाधायें पड़ती हैं। (१०) नृत्यलिप्सा अवस्था में रहे तो जातक स्वयं विद्वान् और विद्वानों से घिरा रहता है। काव्य विद्या का जानने वाला, वाचाल, राजा से आदर पाने वाला और पृथ्वी में पूजित होता है। (११) कौतुक अवस्था में रहे, तो जातक सर्व्वदा आनन्द युक्त, ज्ञानवान् , यज्ञ करने वाला, राजद्वार में रहने वाला, उत्तम काव्य करने वाला और अपने शत्रुओं पर सदा प्रबल रहता है। यदि ऐसा सूर्य्य छठे स्थान में हो तो वैरियों पर अवश्य सर्व्वदा विजय पाता है। यदि ७ वा ५ भाव में हो तो स्त्री पुत्र की हानि और लिंग में रोग होता है। (१२) निद्रा अवस्था में रहे तो जातक का नेत्र लाल रङ्ग का होता है और नींद से चूर रहता है। ऐसा जातक विदेश में निवास करता है और इसकी स्त्री को क्षय रोग होता है और इसका धन बारम्बार नष्ट होता है।

चन्द्रमा-अवस्था-फल।

चन्द्रमा के विषय में एक नियम यह है कि शुक्ल पक्षका चन्द्रमा अर्थात् ज्योतिर्मय चन्द्रमा सर्व्वदा शुभ फल और कृष्ण पक्षका चन्द्रमा अर्थात् क्षीण चं. अशुभ फल देता है।

(१) शयन अवस्था में हो तो जातक मानी होता है तथा किसी व्यसनादि में स्वयं अपने धन का नाश करता है, परन्तु कामी होता है। ऐसे जातक के शरीर में शीत की प्रधानता रहती है। (२) उपवेशन अवस्था में हो तो जातक रोग से पीड़ित, स्वभाव का कठोर, परधन-हारी, परधनाशक्ता और धनहीन होता है। (३) नेत्र-पाणि अवस्था में हो तो जातक राजरोगी अर्थात् बड़े रोगों से पीड़ित, सर्व्वथा कुमार्ग में तत्पर, बड़ा धूर्त्त और वाचाल होता है। (४) प्रकाशन अवस्था में हो, तो जातक निर्मल-गुण-सम्पन्न, वाहन

अर्थात् हाथी, घोड़े आदि से सुशोभित, नवीन गृहों का स्वामी, भूषणादि से भूषित और तीर्थयात्रा परायण होता है। तथा स्त्री से सुखी रहता है। (५) कृष्ण पक्षका(अर्थात् क्षीण) गमनेच्छाअवस्था का हो, तो जातक सर्वथा नेत्ररोग से पीड़ित और क्रूर स्वभाव का होता है। यदि चन्द्रमा शुक्ल पक्षका हो तो जातक भयातुर होता है। (६) गमनावस्था में हो तो जातक मानी, दुःखी, असन्तोषी और बुद्धिहीन, गुप्तरीति से पाप करने में तत्पर रहता है तथा उसके पैरों में रोग होते हैं। (७) सभा अवस्था में यदि पूर्ण चन्द्रमा हो तो जातक मनुष्य मात्र में एकमात्र चतुर, बड़े-बड़े राजा-महाराजाओं का मान नीय, युवती स्त्रियों के साथ बिहार करने वाला, गुणग्राही और प्रेम-कला में कुशल होता है। (८) आगमनावस्था में हो तो जातक वाचाल और धार्मिक होता है। यदि चन्द्रमा कृष्णपक्ष का हो तो जातक रोगी, हठी और अति दुष्ट स्वभाव का होता है। ऐसे जातक को बहुधा दो स्त्रियां होती हैं। (९) पूर्ण कला का होकर भोजनावस्था में हो तो जातक माननीय और वाहनादि तथा मनुष्यों से सुख पाने वाला होता है। ऐसे जातक को स्त्री-सुख होता है और कन्याएं उत्पन्न होती हैं। यदि चन्द्रमा कृष्ण पक्षका हो तो अनिष्ट फल होता है। (१०) नृत्यलिप्सावस्था में बली चं. हो तो जातक गान-विद्या का जानने वाला, श्रृङ्गारादि नवरसों का ज्ञाता और बलवान् होता है। परन्तु कृष्णपक्ष का चन्द्रमा होने से पापनिरत होता है। (११) कौतुकावस्था में हो तो जातक राजा अथवा राजा के समान धनी, कामकला-कुशल और वाराङ्गनाओं के साथ रत, क्रीड़ा में चतुर होता है। (१२) यदि शुक्ल पक्षका चन्द्रमा निद्रावस्था में हो और उसके साथ बृहस्पति भी हो तो जातक बड़े महत्वपद को प्राप्त करता है। परन्तु यदि कृष्णपक्ष का चन्द्रमा निद्रावस्था में हो तो ऐसे जातक के संचित धन का विनाश होता है और वह सर्वदा अवगुणों का खान होता है और शोक तथा दरिद्रता से ग्रस्त रहता है।

मंगल-अवस्था-फल।

(१) यदि शयनावस्था में हो तो ऐसे जातक के शरीर में कण्डु (खुजली) दद्रू, (दिनाय) आदि रोग, सप्तम स्थान में हो तो जातक की स्त्री की हानि

और पञ्चम स्थान में हो तो पुत्र की हानि होतीहै । यदि षष्ठ स्थान में शत्रु ग्रहों से दृष्टि हो तो कामदेव-जन्य विकार की तत्परता से जातक का हाथ टुट जाता है। यदि ऐसा मंगल, शनि और राहु दोनों से युक्त हो तो जातक निरन्तर रोगी और शिरोवेदना से पीड़ित रहता है। (२) उपवेशन अवस्था में हो तो जातक धन-सम्पन्न होता है परन्तु झूठा, पाप-कर्मनिरत, स्वधर्म से हीन और सदा चतुर तथा वाचाल होता है। (३) नेत्रपाणि अवस्था का होकर लग्न में हो तो जातक सर्वदा दरिद्र रहता है। पर अन्य भावों में रहने से नगर-ग्रामादि का स्वामी होता है। लग्नस्थित मंगल का विशेष फल यह होता है कि ऐसे जातक को गृहस्थाश्रम के सुख का अभाव, कामदेव जन्य विकारकी तत्परता से अंग-भंग, सर्पभय, जलभय और अग्नि-भय होता है। जातक दांत की पीड़ा एवं व्रणादि से पीड़ित रहता है (४) प्रकाश अवस्था में हो तो जातक के गुणों का प्रकास होता है। ऐसा जातक परदेश-वासी होता है और राजद्वार में उसकी-मान मर्य्यादा बढ़ती रहती है। यदि ऐसा मङ्गलपञ्चम भाव में हो तो पुत्र का नाश होता है और यदि उसके साथ राहु भी हो तो ऐसे जातक का वृक्षादि से पतन होता है। यदि ऐसा मंगल सप्तम भाव में हो तो स्त्री की हानि होतो है। स्मरण रहे कि प्रकाश अवस्था का मंगल यदि पापयुक्त अथवा पाप ग्रहों से घिरा हो तो ऐसा जातक बहुत बड़ा कुकर्मी होता है। शास्त्रकारों ने कहा है कि ऐसा जातक के पाप की ध्वजा उड़ती है। (५) गमगनेच्छावस्था में हो तो जातक निरन्तर यात्रा-निरत अर्थात् सफर करने वाला होता है। ऐसे जातक की स्त्री कलह करने वाली होवी है और जातक व्रग, दाद तथा खुजली आदि चर्म रोग से पीड़ित रहता है एवं शत्रु द्वारा उसके धन की हानि होती है। (६) गमनावस्था में हो तो जातक अनेक-गुण-सम्पन्न, तीक्ष्ण खड्ग-धारी, हाथी आदि सवारियों से युक्त, मणियों की माला पहरने वाला, शत्रुओं का विजेता और आत्मीय जनों को सुखकारी होता है। (७) यदि उच्च मं. सभावस्था में हो तो जातक युद्ध-विद्या-विशारद, धर्मात्मा और धनी, पञ्चम अथवा नवम स्थान में हो तो मूर्ख, बारहवें स्थान में हो तो स्त्री-पुत्र-मित्रादि से रहित तथा इन स्थानों के अतिरिक्त यदि अन्य स्थान में हो तो राजसभा का पण्डित, दानी, मानी एवं बहु धनी होता है। (८) आगमन अवस्था में हो तो जातक धर्म-कर्म-रहित, कायर और कुसंगी होता

है। और ऐसे जातक के कान के समीप किसी शूल रोग से पीड़ा होती है। (९) भोजनावस्था में बली हो तो जातक मिष्टान्न-प्रिय, नीच-कर्म करने वाला और मान हीन-होता है। (१०) नृत्य-लिप्सा अवस्था में हो तो जातक को राजा से बहुत धन की प्राप्ति होती है, और उस के गृह विशाल, सुन्दर और धन-धान्यादि से पूर्ण रहते हैं। (११) कौतुक अवस्था में हो तो जातक कौतुक-प्रिय और मित्र-पुत्रादि से युक्त होता है। यदि मंगल उच्च हो तो जातक राजदरबार का पण्डित, बहुत गुणज्ञ और पण्डितों से सम्मानित होता है। (१२) निद्रावस्था में हो तो जातक क्रोधी, बुद्धि-हीन, धन-हीन, धर्म-हीन, रोगी और धूर्त होता है।

बुध-अवस्था-फल।

(१) शयनावस्था का बुध लग्न में हो तो जातक के नेत्र कज्जली के सदृश लाल होते हैं। वह लंगड़ा, भूख से सर्व्वदा आतुर रहता है। यदि ऐसा बुध अन्य कोई भाव-गत हो तो जातक लोभी और धूर्त्त होता है। (२) उपवेश अवस्था में हो तो जातक सर्व गुण-सम्पन्न होता है। यदि वैसा बुध उच्च अथवा मित्र राशि-गत हो तो जातक धन से सुखी और पाप युक्त वा दृष्ट हो तो दरिद्र होता है। (३) नेत्रपाणि अवस्था में हो तो जातक विद्या-विवेक-हीन, असन्तोषी और दम्भी होता है। तथा वह किसी की भलाई नहीं करता है। यदि वैसा बुध पञ्चम-भाव गत हो तो पुत्र और स्त्री के सुख से वञ्चित रहता है। परन्तु ऐसे जातक को कन्या का सुख होता है और वह किसी राज दरबार का पण्डित तथा श्रेष्ठ पदाधिकारी होता है। (४) प्रकाश अवस्था में हो तो जातक दयावान्, दाता, पुण्य-कार्य्य का करने वाला, विवेकी, उद्भट विद्वान् और दुष्टों के घमण्ड को तोड़ने वाला होता है। (५) और (६) बुध यदि गमनेच्छा अवस्था वा गमनावस्था में हो तो जातक सर्वदा चल फिर करने वाला, लक्ष्मी से पूर्ण गृह वाला और सब प्रकार से शोभा युक्त होता है। ऐसे जातक को राजा से विस्तृत भूमि मिलती है। (७) सभा अवस्था में हो तो जातक कुबेर के समान धनी, हाकिमी इत्यादि के पद पर नियुक्त अथवा मंत्री होता है। ऐसे जातक को पुण्य की वृद्धि उत्तरोत्तर होती है और विष्णु भगवान

एवं शङ्कर भगवान के चरणों का प्रेमी होता है। ऐसे जातक को साक्षात् सात्त्विकी मुक्ति होती है। परन्तु यदि ऐसा बुध सप्तम अथवा पञ्चम भाव गत हो तो कन्यायें बहुत और पुत्र थोड़े होते है। (८) आगम अवस्था में हो तो जातक को कार्य्य में सफलता नीच जनों की सेवा से होती है और ऐसे जातक को दो पुत्र तथा शुभ लक्षणों से भरी हुई एवं सम्मान (प्रतिष्ठा) देने वाली एक कन्या होती है। (९) भोजन अवस्था में होतो ऐसे जातक के धन की हानि विवाद और झगड़ा इत्यादि से होती है। स्त्री और धन केसुख से वञ्चित रहता है, राजा से भयभीत और चञ्चल बुद्धि वाला होता है। (१०) नृत्यलिप्सा अवस्था में हो तो जातक मानी, इज्जत वाला मित्र,पुत्र और वाहनदि से सुखो,धन सम्पन्न, प्रतापी और सभा में चतुर होता है। परन्तु यदि पाप-राशि-गत हो तो जातक व्यसनी और वाराङ्गनाओं से रति-क्रीड़ा करने वाला होता है। (११) कौतुक अवस्था में हो और लग्न में बैठा हो तो ऐसा जातक गान-विद्या में प्रशंसा योग्य होता है। यदि ऐसा बुध सप्तम अथवा अष्टम स्थान में हो तो वाराङ्गनाओं से प्रीति करने वाला और नवम स्थान में हो तो आगम पुण्य-कार्य्य में तत्पर रहता हुआ अन्त उसकी सद्गतिहोती है। (१२) निद्रावस्था में हेा तेा शारिरिक तथा मानसिक व्यथा से पीड़ित और निद्रासुख से भी वञ्चित तथा सन्तापमें निमग्न रहता है। भ्राताओं से उसे विकलता रहती है, उसके धन और मान का नाश होता है और अपने मनुष्यों से कलह तथा झगड़ा होता रहता है।

बृहस्पति-अवस्था-फल।

(१) शयानावस्था में हेातेा बलवान होने परभी जातक का स्वर अच्छा नहीं हेाता है जातक गौर वर्ण का होता है। उसकी ठुड्डी लम्बी हेाती है तथा निरन्तर उसे शत्रु भय रहता है। (२) उपवेशन अवस्था में हेा तेा जातक वाचाल, घमण्डी और राजा तथा शत्रु से सर्वदा सन्तप्त रहता है। ऐसे जातक के मुख, हाथ, जङ्घा तथा पैर में व्रणादि देाष हुआ करते हैं। (३) नेत्र-पाणि अवस्था में हेातेा जातक गौराङ्ग, परन्तु रेागी हेाता है। धन और शेाभा से रहित, अति-कामी तथा विजातियों से प्रेम करने वाला हेाता है एवं उसे नाच गान से अधिक प्रेम हेाता है। (४) प्रकाश अवस्था में हेा और यदि उच्च हो तेा जातक कुबेर के ऐसा धनाढ्य, श्री कृष्ण भगवान के ऐसा वन-उपवन में बिहार करने वाला, भक्ति

द्वारा ईश्वर को प्राप्त करनेवाला सर्वगुण-सम्पन्न, सुखी और तेजस्वी होता है। (५)गमनेच्छा अवस्था में हो तो जातक साहसी, मित्र-पुत्र आदि से सम्पन्न, धन से सुशोभित; वेदों का जानने वाला और पण्डित होता है। (६) गमनावस्था में हो तो ऐसे जातक को लक्ष्मी सर्वदा सुशोभित रखती हैं। उसकी स्त्री सुशीला होती है तथा उसके अधीन बहुत से मनुष्य रहते हैं। (७) सभा अवस्था में रहे तो जातक शास्त्रों तथा अनेक विद्याओं का जानने वाला और धनी होता है। ऐसे जातक को हाथी, घोड़े, रथ इत्यादिकों का पूर्ण सुख होता है। उसका घर मणि-माणिक्य इत्यादि से भरा रहता है। (८) आगमावस्था में हो तो जातक को हाथी, घोड़े, पालकी इत्यादि वाहन और सेवक, पुत्र, मित्र तथा स्त्री का सुख होता है। वह विद्वान्, राजा के तुल्य धनी, काव्य का प्रेमी, अति बुद्धिमान् और सर्व हितैषी होता है, (९) भोजनावस्था में हो तो जातक को भोजन में उत्तम पदार्थ मिलते हैं और घोड़ा, हाथी, रथ इत्यादि का सुख होता है। लक्ष्मी चिरकाल तक उसके घर में निवास करती है। यदि वैसा बृहस्पति लग्न में हो तो जातक धनुर्धर अर्थात् अस्त्र विद्या में प्रवीण परन्तु यदि वैसा बृहस्पति पञ्चम अथवा नवम भाव में हो तो जातक निर्धन, पुत्र रहित तथा पापी होता है। (१०) नृत्य-लिप्सा अवस्था में हो तो जातक राजा से सम्मानित, धर्मपरायण, धनवान्, तन्त्रशास्त्र अथवा तर्कशास्त्र और व्याकरणशास्त्र का जानने वाला अर्थात् पण्डित होता है। वह विद्वानों से घिरा रहता है। ऐसे जातक की ऊहापोह अर्थात् समयानुसार सूझ (हाजिर जवाबी) अच्छी होती है। (११) कौतुक अवस्था में हो तो जातक खेल तमाशा करने वाला, सर्वदा-धन सम्पन्न, कृपालु, सुखी, नीतिमान्, बलवान् और राजद्वार का पण्डित होता है। ऐसा जातक अपने कुल रूपी कमल का सूर्य्य होता है। अर्थात् जातक के कुल की ख्याति, उन्नति इत्यादि, जातक द्वारा होती है और उस के पुत्र नम्रस्वभाव के होते हैं। (१२) निद्रावस्था में हो तो जातक दरिद्रता से पीड़ित अपने कार्य्यों में मूर्खता दिखलाने वाला होता है। उसके गृह में पुण्य का अभाव होता है।

शुक्र-अवस्था-फल।

(१) शयनावस्था में हो तो जातक बलवान् होते हुए भी क्रोधी तथा

दन्त-रोगी होता है । ऐसा जातक धन-हीन, व्यसनी और वेश्याओं के साथ सङ्गति करने वाला होता है । (२) उपवेशनावस्था में हो तो जातक मणि-माणिक्य और स्वर्ण के भूषणों से सर्वदा अलङ्कृत रहता है । उसकी मानोन्नति होती है । वह शत्रुओं पर विजय पाता है और राजा से अनुगृहीत रहता है । (३) नेत्र-पाणि अवस्था में होकर लग्नगत हो अथवा सप्तम एवं दशम भावगत हो तो जातक दन्त-रोगी और नेत्र-रोगी होता है । उसे कामदेव की वृद्धि और धनका क्षय अवश्य होता है । पर यदि अन्य भावगत हो तो वह विशाल भवनाधिपति होता है । (४) प्रकाशावस्था में हो और यदि स्वगृही उच्च अथवा मित्र राशिगत हो तो जातक, काव्य-विद्या और शृङ्गारादि कलाओं में निपुण तथा गायन विद्या का ज्ञाता होता है । उसका ऐश्वर्य्य राज-तुल्य होता है और उन्मत्त हाथी की लीला एवं क्रीड़ा आदि में उसे बहुत प्रेम होता है । (५) गमनेच्छा अवस्था में हो तो जातक की माता की मृत्यु शीघ्र होती है और शत्रुओं के भय से ऐसा जातक कभी स्वपक्षीय लोगोंके पक्ष में रहता है और कभी शत्रु पक्ष में मिल जाता है (६) गमनावस्था में हो तो जातक बहुधनी, तीर्थ-यात्रा करने वाला और उद्यमशील होता है । परन्तु उसके पैरों में रोग भी होते हैं । (७) सभावस्था में हो तो जातक तेजस्वी, गुणी, शत्रु-विजयी, कुबेर-तुल्य धनी और हाथी, घोड़ा आदि सवारी पर गमन करने वाला तथा श्रेष्ठ मनुष्य होता है । वह राजसभा में अपने तेज और बल से बिना विशेष परिश्रम के मर्य्यादा प्राप्त करता है । (८) आगम अवस्था में हो तो जातक धनागम से वञ्चि अर्थात् दरिद्र होता है । शत्रुओं से हानि होती है । पुत्र तथा स्वजनों ा नाश होता है । स्त्री-सुखसे वञ्चित और रोग-भयातुर रहता है । (९) भोजन अवस्था में हो तो जातक सर्वदा भूख से आतुर, शत्रुओं के भय से दुःखी, रोग से पीड़ित और विद्वानों से मण्डित रहता है । अपनी स्त्री के प्रताप से धनवान् और उसे स्त्री सुख होता है । (१०) नृत्यलिप्सा अवस्था में हो तो जातक काव्य-विद्या का उत्तम ज्ञाता होता है । गान-विद्या में निपुण और मृदंग आदि बाजा के बजाने में योग्य होता है । ऐसे जातक की बुद्धि मनोहर होती है और सर्व्वदा धन की वृद्धि होती रहती है । (११) कौतुक अवस्था में हो तो इन्द्रवत् ऐश्वर्य्य-वान्, रमणीय, विद्या का जानने वाला और सभाओं में मर्य्यादा (प्रतिष्ठा) पाने वाला होता है । संसार में उसे

बड़प्पन मिलती है और लक्ष्मी सदा उसके गृह को सुशोभित करती रहती है। (१२) निद्रावस्था में हो तो जातक सदा सारी पृथ्वी में भ्रमण करने वाला, अतिवाचाल, चोर, सर्व्वदा अन्य लोगों का सेवक और पर-निन्दक होता है।

शनि-अवस्था-फल।

शनि जन्मकाल में जिस अवस्था का होकर जिस किसी भाव में स्थित हो उस अवस्था के नाम सदृश्य शुभाशुभ फल विशषतः देता है। (१) शयनावस्था में हो तो जातक भूख प्यास से सर्वदा व्याकुल, छोटी उम्र में रोगी और पीछे जाकर बड़ा भाग्यवान् होता है। (२) उपवेशन अवस्था में हो तो जातक बली और शत्रुओं से पीड़ित रहता है। उसके धनकी हानि होती है। राजा से बारम्बार दण्ड पाता है। दाद (दिनाय) आदि चर्म रोग से अवश्य ही दुःखी रहता है और बड़ा अभिमानी होता है। (३) नेत्र पाणि अवस्था में हो तो राजा ऐसे जातक पर प्रेम पूर्वक प्रसन्नता रखता है। अनेक कला कौशल का जानने वाला होता है। वाणी उसकी निर्मल होती है और दूसरे की सम्पत्ति से शोभित होता है। उसका घर सुन्दर और पराये धन से सम्पन्न रहता है। (४) प्रकाश अवस्था में हो तो जातक की कान्ति सुन्दर होती है। वह गुणवान्, सुबुद्धिमान्, विनोद-शील, दयावान् और ग्रामों का अधिपति तथा धनी होता है। ईश्वर के चरणों में उसकी भक्ति रहती है। (५) शनि यदि गमनेच्छावस्था में हो तो जातक महाधनी, पुण्य करने वाला, शत्रु विजयी, शत्रु से भूमि हरण करने में सफल और पुत्रोन्नति से आनन्दित रहता है तथा राजदरवार को चतुरों का शिरोमणि बनकर सुशोभित करता है। (६) गमना अवस्था में हो तो जातक पुत्र तथा स्त्री-सुख से हीन, पृथ्वी में पर्य्यटन करनेवाला और मानसिक दुःख के कारण एकान्त स्थान का वास करने वाला होता है। उसके पैरों में रोग होता है। (७) सभावस्था में हो तो जातक रत्नादि की मालाओं से सुशोभित, तेजस्वी और नीतिमान् होता है। (८) आगमावस्था में हो तो जातक की चाल अति मन्द होती है और किसी से याचना करने में असमर्थ तथा बारम्बार रोग से पीड़ित होता है। (९) भोजनावस्था में हो तो जातक को षट्रस भोजन प्राप्त होता है। वह मोह तथा

अज्ञान से संतप्त रहता है। उसके नेत्रों की ज्योति मन्द होती है। (१०) नृत्यलिप्सा अवस्था में हो तो जातक धैर्य्यवान्, रग-कुशल, राजदरबार में आदरणीय, धनी और धर्मात्मा भी होता है। (११) कौतुक अवस्था में हो तो ऐसा जातक काव्य शास्त्र का जाननेवाला अर्थात् काव्य-रस का प्रेमी, धनी और सुखी होता है। उसकी स्त्री रूपवती होती है। (१२) निद्रावस्था में हो तो जातक धनी, गुणी, पराक्रमी, प्रचण्ड, शत्रुविजयी और स्त्री-प्रसंग-विधि में कुशल होता है।

राहु-अवस्था-फल।

(१) शयनावस्था में हो तो जातक रोगी तथा दुःखी रहता है। पुनः यदि ऐसा राहु मेष, वृष, मिथुन, कन्या, तुला और वृश्चिक राशिगत हो तो जातक के पास धन एवं अन्न का समूह रहता है। यदि द्वितीय, एकादश अथवा द्वादश भाव में हो तो जातक निर्धन रहता हुआ संसार में भ्रमण करता है। ऐसा भी लिखा है कि रा. के उच्च, स्वगृही, मित्रगृही, स्वनवमांश, मित्रनवमांश, शुक्र वा मंगल के क्षेत्र में हो तो पूर्ण फल देता है। (२) उपवेशन अवस्था में हो तो जातक राजसभा में बैठने वाला और माननीय होता है। परन्तु उसे धन-सुख नहीं होता और दाद रोग से सन्तप्त रहता है। (३) नेत्र पाणि अवस्था में हो तो जातक के धनका क्षय होता है। वह नेत्र रोगी और उसे शत्रु, चोर तथा सर्पादि से भय होता है। (४) प्रकाश अवस्था में हो तो जातक को उत्तम यश तथा धन एवं सद्गुणों की वृद्धि होती है। विद्या तथा चतुराई के कारण राज-दरबार में उत्तम पद मिलता है। उसकी यशरूपी लता की बहुत ही वृद्धि होती है और परदेश में विशेष उन्नति होती है तथा जातक मेघ-सदृश रूपवान् होता है। (५) गमनेच्छा अवस्था में हो तो जातक विद्वान्, धनवान्, उदार, मनुष्यों में श्रेष्ठ और राज-पूज्य होता है। ऐसे जातक के (अपनी) सन्तान की संख्या अच्छी होती है। (६) गमन अवस्था में हो तो जातक क्रोधी, कृपण, कुटिल, बुद्धिहीन और धनरहित तथा कामासक्त भी होता है। (७) सभावस्था में हो तो जातक बहुगुण-सम्पन्न, धनी एवं विद्वान्, परन्तु कृपण होता है। (८) आगमावस्था में हो तो जातक शत्रु-भय से पीड़ित, बन्धु-बान्धवों से कलह

करने वाला और मूर्ख होता है । उसके धन की हानि होती है और उसका शरीर कृश होता है । (९) भोजनावस्था में हो तो जातक स्त्री-पुत्र के सुख से वर्जित, आलसी, मन्द-बुद्धि आर इतना दरिद्र होता है कि भोजन में भी सन्देह होता है । (१०) नृत्यलिप्सा अवस्था में हो तो जातक के धन और धर्म का क्षय होता है । शत्रुओं से भयभीत, कठिन रोगों से ग्रसित और नेत्र रोगी होता है । (११) कौतुकावस्था में हो तो जातक परधनहारी, पर-स्त्रीगामी और गृह-रहित होता है । (१२) निद्रावस्था में हो तो जातक धनी, गुणी, धैर्य्यवान् और स्त्री पुत्रादि से सुखी होता है । यदि ९ वा ७ भाव में रा. हो तो जातक किसी पुण्य क्षेत्र में निवास करता है ।

केतु-अवस्था—फल ।

(१) शयनावस्था में मेष, वृष, मिथुन अथवा कन्या राशिगत हो तो ऐसे जातक के धन की वृद्धि होती है । परन्तु अन्य राशिगत होने से रोग की वृद्धि होती है । (२) उपवेशन अवस्था में हो तो जातक को शत्रु, चोर, राजा तथा सर्प से भय होता है और उसे चर्म रोग अर्थात् दाद इत्यादि का भय होता है । (३) नेत्रपाणि अवस्था में हो तो जातक को दुष्ट जन्तु अर्थात् सर्पादि, शत्रु और राजा से भय होता है । जातक नेत्ररोगी और चञ्चल होता है । उसके धन नष्ट होते हैं । (४) प्रकाश अवस्था में हो तो जातक को विदेश में सुख प्राप्त होता है । राजा से मान प्राप्त करता है । यश तथा धनकी वृद्धि होती है । (५) गमनेच्छा अवस्था में हो तो जातक धनी, पुत्रवान् और विद्वान् होता है । तथा राजा से उसे मान प्राप्त होता है । (६) गमनावस्था में हो तो जातक कामी, दुष्ट, निर्धन, धर्म-कर्म रहित, क्रोधी और ठग होता है । (७) सभावस्था में हो तो जातक धूर्त, वाचाल, गर्वित, लोभी और कृपण होता है । (८) आगम अवस्था में हो तो जातक बन्धुवर्ग तथा शत्रुओं से विवाद करने वाला, रोगी और बड़ा भारी पापी होता है । (९) भोजनावस्था में हो तो जातक भूख से पीड़ित रोगी, दरिद्र तथा भ्रमणशील होता है । (१०) नृत्य-लिप्सा अवस्था में हो तो जातक के नेत्रों की दृष्टि स्थिर नहीं रहती है और वह सर्वदा रोगी तथा दुःखी होता है । धूर्त तथा अनर्थ कारियों में लिप्त रहता है, परन्तु किसी से हारता नहीं

है। (११) कौतुक अवस्था में हो तो जातक खेल तमाशे में लिप्त तथा नटिन स्त्रियों में आसक्त, दुष्टाचारी और दरिद्र होता है। तथा स्थान भ्रष्ट होकर पृथ्वी में मारा फिरता है। (१२) निद्रावस्था में हो तो जातक अन्न, धन से पूरित रहता हुआ गुणों की चर्चा में लीन रहकर सुख से दिन व्यतीत करता है।

निद्रावस्था का कुछ विशेष फल।

निद्रावस्था में यदि कोई पापग्रह सप्तम स्थान में हो तो जातक की स्त्री का नाश होता है। परन्तु यदि शुभग्रह की उसपर दृष्टि पड़ती हो अथवा शुभग्रह उसके साथ हो तो स्त्री कष्ट भोग कर जीवित रह जाती है। यदि कभी छठे अथवा सप्तम स्थान में कोई भी निद्रावस्था का ग्रह हो, परन्तु यदि वह शत्रु-ग्रह से दृष्ट हो तो ऐसे जातक की स्त्री उचित रक्षा होने पर भी नहीं जीती। ऊपर्युक्त योग होते हुए यदि शुभग्रह की दृष्टि हो अथवा शुभग्रह से युक्त हो तो वैसे जातक का एक स्त्री के मरने के बाद दूसरा विवाह होता है। यदि शुभग्रह और पापग्रह दोनों से दृष्ट अथवा युत हो तो जातक की स्त्री कष्ट से ही जीती है। पुनः यदि कोई निद्रावस्था का ग्रह पञ्चम भाव में उच्च अथवा स्वगृही होकर बैठा हो और वह पापग्रह से दृष्ट अथवा युक्त हो तो जातक के सन्तान का नाश होता है। यदि उस ग्रह पर शुभग्रह की भी दृष्टि हो तो ऐसे जातक के एक पुत्र की मृत्यु अवश्य होती है। पुनः एक साधारण नियम यह है कि पञ्चम स्थान में शुभग्रह रहने से प्रायः शुभफल होता है। पर यदि वह ग्रह शयनावस्था वा निद्राअवस्था में हो तो सन्तान के लिये अशुभ होता है। इसी प्रकार पापग्रह यदि शयन वा निद्राअवस्था में पुत्रभाव में बैठा हो तो सन्तान के लिये किसी अंश में अच्छा ही होता है। विचार से प्रतीत होता है कि पापग्रह उन अवस्थाओं में रहने के कारण निर्बल हो जाते हैं अतएव अनिष्ट करने में उन को निर्बलता हो जाती है। इस कारण अवस्था विचार अति आवश्यक है। यदि किसी जातक की कुण्डली में मंगल, शनि और राहु अष्टम स्थान में बैठा हो और इन तीन ग्रहों में से कोई भी निद्राअवस्था में हो तो शस्त्र द्वारा जातक की अपमृत्यु होती है। इसी प्रकार अष्टम स्थान में कोई शुभग्रह भी यदि निद्रावस्था में हो और उस पर किसी पापग्रह अथवा शत्रुग्रह की दृष्टि पड़ती हो तो ऐसे जातक की मृत्यु संग्राम में होती है। इसी प्रकार लिखा

है कि यदि कोई ग्रह पापयुक्त, अष्टम स्थान में निद्रावस्था का अथवा शयनावस्था का हो तो ऐसे जातक की मृत्यु शत्रु द्वारा होती है। पुनः यदि वह शुभग्रहों से दृष्टि वा युक्त हो अथवा स्वगृही ग्रह से युक्त हो तो ऐसा जातक भगवान के पद में निमग्न रहता हुआ सायुज्य पद को पाता है।

द्वितीय प्रकार का अवस्थानुसार-फल।

धा-३१९ अवस्था का विचार अनेक प्रकार का है। नीचे लिखी हुई अवस्था बहुतेरे ग्रन्थों में पायी जाती है। परन्तु दुःख से लिखना पड़ता है कि इसमें भी नाम में मतान्तर पाया जाता है। और किसी मत से इस के दश भेद है। पराशर, गुणाकर और सारावली में ९ प्रकार बतलाया है। "जातक पारिजात" "भाव कुतूहल" और दक्षिण भारत के कई विद्वानोंने १० हो बतलाया है। (१) दीप्त (२) स्वस्थ, (३) प्रमुदित, (४) शान्त, (५) शक्त, (६) प्रपीड़ित (७) दीन, (८) खल, (९) विकल, (१०) भीत।

(१) जब ग्रह उच्च होते हैं तब उनका नाम दीप्त होता है। किसी किसी के मत से मूलत्रिकोणस्थ ग्रह भी दीप्त कहलाता है। ऐसे दीप्त-ग्रह (की महादशा) में जातक राजा के जैसा धनवान्, यशस्वी, दानी, विद्या-विनोद सम्पन्न, शत्रुओं को पराजय करने वाला, बुद्धिमान् और शत्रु विजयी होता है। वाहन सुख और कन्या सन्तान की उत्पत्ति होती है तथा राजा, सम्बन्धी एव मित्र वर्गों से पुरस्कारित होता है। (२) स्वस्थ-ग्रह वह कहलाता है जो स्वगृही होता है। किसी मत से अति-मित्र-गृही। स्वस्थ ग्रह (की महादशा) में जातक आचार, धर्म, पुराणादि श्रवण, सर्व-सुख-सम्पन्न, शरीर-स्वस्थ्य और धन-लाभ का सुख पाता है। वह राजा से सम्मानित होता है और विद्या, यश तथा आनन्द प्राप्त करता है। उसे स्त्री तथा सन्तान का सुख होता है। वह उदार कीर्तिमान् एवं विनाशक होता है। (३) प्रमुदित (हृषित) उस ग्रह को कहते हैं जो मित्र-गृही होता है। प्रमुदित ग्रह (की महादशा) में राज-प्रीति, सुख और विभूतियों की वृद्धि होती है। अच्छे अच्छे वस्त्र और सुगन्धादि के लाभ होते हैं। सन्तान, सम्पत्ति, वाहन, भूषणादि तथा पृथ्वी का लाभ होता है। गीतनृत्य और पुराणादि श्रवण तथा उच्च पद सम्भव होता है। वह मित्र पुत्रादि

सुख-सम्पन्न और धार्मिक होता है। (४) शान्त अवस्था का वह ग्रह कहलाता है जो शुभ वर्ग तथा वर्गोत्तम का होता है। शान्त ग्रह (की महादशा) में आरोग्यता, आनन्द, सन्तान, भूसम्पत्ति, वाहन-विद्या-विनोद और वहु-द्रव्य आदि की प्राप्ति होती है। राजा से सम्मानित होता है अथवा सचिव होता है। अच्छी शिक्षायें मिलती हैं। कुटुम्बों को सहायता देता और सुखमय जीवन व्यतीत करता है। ऐसा जातक परोपकारी और धार्मिक होता है। (५) शक्तग्रह उसे कहते हैं जो वक्री हो 'गूणाकर' में 'रश्मिवितान भृच्चा' लिखा है, 'सारावली' में 'स्फुट किरणजालश्च' लिखा है। शक्त ग्रह (की महादशा) में पुरूषार्थ की उन्नति, सम्पत्ति और स्वजन सम्बन्धी आनन्द प्राप्त होता है। विद्या-विनय-तत्परता, धर्मानुष्ठान से सिद्धि और दानादि की चेष्टा होती है। जातक सजीला जवान्, सुन्दर, विख्यात और कीर्तिमान होता है। स्मरण रहे कि ऐसा शुभग्रह यदि वक्री होता है तो शुभ फल देता है, परन्तु पापग्रह के वक्री होने से विपरीत फल होते हैं। (६) प्रपीड़ित तथा पीड़ित (दुःखित) ग्रह वह कहलाता है जो शत्रु गृही, पाप राशिगत, ग्रहयुद्ध में हारा हुआ वा राशि के अंतिम नवांश में रहता है। पीड़ित ग्रह की महादशा में मित्रों से असन्तोष, कुटुम्बों से विवाद, परिवार में अशान्ति, फौजदारी मोकद्दमें से दुःख, राज दण्ड से निकाला, वा परदेश में मारा-फिरने वाला और चोर डाकुओं से भय होता है। अथवा किसी छोटे भाई को मृत्यु होती है। (७) दीन (भीत) ग्रह वह कहलाता है जो नीच, शत्रु ग्रह, वा पाप नवमांश का हो, दीन ग्रह (की महादशा) में चित्त की अशान्ति, पगलापन अर्थात् मन को भ्रान्ति, रोग, जाति कुल से पतन, बंधुजनो से विरोध, हीन वृति से जीविका, मलिनता, प्रवास और नाना प्रकार से शोक दुःखादि होते हैं (८) खल-ग्रह वह कहलाता है जो शत्रु वर्गी वा पाप वर्गी हो। खलग्रह की महादशा में माता पिता और स्त्री पुत्र से मनो-मालिन्य अथवा वियोग तथा अकस्मात् धन एवं पृथ्वी का नाश, जाति वर्गों से लाञ्छना, रोग, कारागार और नाना प्रकार के सन्ताप होते हैं। (९) विकल (लुप्त) ग्रह वह कहलाता है जो सूर्य्य से अस्त रहता है। विकल ग्रह की महादशा में चित्त भ्रान्ति, उन्माद, मातापिता से वियोग, पुत्र द्वारा हानि तथा स्त्री, सन्तान और मित्रादिकों की मान-हानी होती है। अथवा किसी मित्र की मृत्यु होती है। दुशमनों से पीड़ित और स्त्री-मरण-शोक से संतप्त रहता है। (१०) भीत-ग्रह अतिचार

होता है। (पञ्चाङ्ग के देख ने से बोध होगा कि कई कारणों से कभी-कभी ग्रह बहुत ही शीघ्र गामी हो जाता है, उसी को अतिचार कहते हैं।) भीत ग्रह की महादशा में राजा, अग्नि, चोर और शत्रु से भय होता है। नाना प्रकार के दुःख, मान हानि और रोग से जातक दुःखी रहता है।

तृतीय प्रकार का अवस्था।

इसमें छः प्रकार की अवस्थायें होतीं हैं।

धा-३२० (१) जब कोई ग्रह पंचमभाव में हो और उसके साथ राहु, केतु, सूर्य्य, शनि अथवा मंगल हो तो वह ग्रह लज्जितावस्था में होता है। (२) उच्चस्थ ग्रह वा मूलत्रिकोण के ग्रह को गर्वितावस्था होती है। (३) शत्रु-गृही, शनियुक्त, शत्रु ग्रहयुक्त अथवा शत्रुग्रहदृष्ट ग्रह क्षुधितावस्था में होता है। (४) यदि कोई ग्रह जलराशि-गत हो और उसपर शत्रुग्रह की दृष्टि भी हो, पर शुभ-ग्रह से दृष्ट न हो तो उस ग्रह की तृषितावस्था होती है। (५) यदि कोई मित्र-गृही हो, मित्रग्रह से युक्त भी हो अथवा वृहस्पति से युक्त हो अथवा मित्रग्रह से दृष्ट हो तो उसकी मुदितावस्था होती है। (६) अस्तग्रह जब पाप अथवा शत्रु-ग्रह से दृष्ट हो तो उसकी क्षोभितावस्था होती है।

जिस किसी भाव में क्षुधित अथवा क्षोभित ग्रह पड़ता है उस भाव के फलों को नष्ट करता है और उससे जातक दुःखी होता है। यदि उसके साथ मुदितावस्था का ग्रह भी हो तो मिश्रित फल होता है। पर यदि मुदितग्रह बलहीन हो तो हानि विशेष रूप से और यदि बलवान् हो तो उत्तम फल होता है। यदि दशमस्थान में लज्जित, तृषित, क्षुधित वा क्षोभित ग्रह बैठा हो तो जातक अनेक प्रकार का दुःख भोगता है। पंचमभाव में लज्जित ग्रह के रहने से जातक के सन्तान की मृत्यु होती है और एक हो सन्तान रह जाता है। इसी प्रकार यदि क्षोभित वा तृषित ग्रह सप्तम स्थान में बैठा हो तो जातक की स्त्री की मृत्यु होती है।

यह अवस्थाविचार 'अद्भुत सागर' नामक ग्रन्थ से उद्धृत किया गया है। इन अवस्थाओं के अलग-अलग फल का पता नहीं चलता। ऊपर लिखा गया है कि दशमस्थान में यदि लज्जित ग्रह हों तो जातक दुःख का भाजन होता है। लज्जितावस्था में पंचम भावगत ग्रह होता है। इसी कारण लज्जित का दशम स्थान में होना असम्भव है। प्रतीत होतो है कि मूल में छापे की भूल है। बचन यों है:—"कर्मस्थाने स्थिता यस्य लज्जितस्तृषितस्तथा। क्षुधितः क्षोभितो वाऽपि स नरो दुःख भाजनः॥"

चतुर्थ प्रकार का अवस्था।

इसमें २७ प्रकार की अवस्था होती है।

श्लो-३२१ (१) शुद्ध (२) वस्त्र-धारण, (३) पुण्ड्र-धारण, (४) जय, (५) शिव-पूजा, (६) अवसान, (७) विष्णु-पूजा, (८) विप्रपूजा, (९) नमस्कार, (१०) प्रदक्षिणा, (११) व्यासदेव, (१२) अतिथि-पूजा, (१३) भोजन (१४) विद्या-परिश्रम, (१५) क्रोध, (१६) ताम्बूल, (१७) नृपाल पस्यम्, (१८) गमन, (१९) जलपान, (२०) आलस्य, (२१) शयन, (२२) अमृत-पान, (२३) अलङ्कार, (२४) स्त्री आलापनम्, (२५) सम्भोग, (२६) निद्रा और (२७) रत्नपरीक्षा।

शास्त्रकारों का मत है कि सभी ग्रह इन सत्ताइस अवस्थाओं में से किसी न किसी एक अवस्था के होते हैं और प्रतिग्रह को अपनी अवस्था के अनुसार फल का दायित्व होता है। इस अवस्था के जानने की दो विधि हैं। (क) मेष से लग्न पर्य्यन्त, जो संख्या आवे उस संख्या को जिस ग्रह की अवस्था निकालना है, उसग्रह की राशि-स्थित संख्या से गुणा कर दे और जो गुणन फल आवे उसको सत्ताइस से भाग दे। जो शेष रहे उसको उस ग्रह की महादशा की संख्या से गुणा कर उसको फिर सत्ताइस से भाग दे। जो शेष रहे वही उस ग्रह की अवस्था होगी। यदि एक शेष रहे तो शुद्ध अवस्था, दो रहे तो वस्त्र-धारण अवस्था, इत्यादि-इत्यादि होगा। यदि २७ से भाग न हो सके

तो जो अङ्क था वही रह जायगा और यदि सत्ताइस से भाग देनेपर शून्य बच जाय तो शेष २७ मानना होगा। उदाहरण कुण्डली के मंगल की अवस्था यदि निकालना हो तो उसकी विधि यह होगी। लग्न धन राशि है। मेष से गिनने से धनकी संख्या ९ होती है। मंगल सिंह में है। मेष से मंगल तक गिनने से ५ होता है। अर्थात् यों मानिये कि धन नवम राशि और सिंह पञ्चम राशि है। अब ९ को ५ से गुणा किया तो फल ४५ आया। ४५ को २७ से भाग दिया तो शेष १८ रहा। १८ को मंगल की महादशा मान, अर्थात् ७ से गुणा किया तो फल १२६ आया। उसको पुनः २७ से भाग दिया तो शेष १८ बचा और अठाहरवां गमन अवस्था है, इसलिये मंगल गमन अवस्था का हुआ।

अवस्थाओं के फल।

यदि प्रथम अवस्था हो तो उन्नति, दूसरी अवस्था शुभ, तृतीय अवस्था में सब तरह से रक्षा, चतुर्थ अवस्था में आनन्द, पञ्चम में शत्रुओं पर विजय, षष्ठ में साधारण फल, सप्तम में विजय, अष्टम, में कार्य्य में तत्परता, नवम में आनन्दमय जीवन, दशम में कठिनाइयां, ग्यारह में अशुभ, बारहवें में अति-आनन्द, तेरहवें में कार्य्य में तत्परता, चौदह में उन्नति, पन्द्रहवें में दुःख, सोलहवें में प्रतिष्ठा तथा कीर्ति, सत्रहवें में सफलता, अठारहवें में शुभ और अशुभ मिश्रित फल, उन्नीसवें में आनन्द, बीसवें में भय, इक्कीसवें में दरिद्रता, बाइसवें में सन्तोष, तेइसवें में वस्त्र प्राप्ति, चौबीसवें मेंआनन्द, पचीसवें में मानसिक दुःख, छव्वीसवें में रोग और सत्ताइसवें में द्रव्य प्राप्ति होती है। उदाहरण कुण्डली का मं. १८ वें अवस्था में है। इस कारण मंगल की दशा में शुभ और अशुभ मिश्रित फल कहा जायगा। (ख) इसमें भी २७ अवस्था होते हैं और नाम भी वही हैं (किसी-किसी में भेद भी है)। परन्तु अवस्था जानने की विधि में एवं फल में अन्तर अवश्य है। इस अवस्था के निकालने की विधि यह है कि मेष से लग्न पर्य्यन्त गिन कर जो संख्या आवे, अर्थात् लग्न की राशि-संख्या जो हो, उसको जिस ग्रह की अवस्था निकालना हो वह ग्रह लग्न से जिस भाव में बैठा हो, उसमें जोड़ दे और

उसको दो से गुणा करके उस गुणन फल को उस ग्रह की जिसकी अवस्था निकालना हो उसके ग्रह-दशा-मान से गुणा कर उसको सत्ताइस से भाग देकर जो शेष आवे वही अवस्था होगी। उदाहरण कुण्डली में धन लग्न होने के कारण लग्न संख्या ९ हुई और मंगल जिसकी अवस्था जाननी है, वह नवमस्थ है। इस कारण उसकी संख्या भी ९ हुई। ९ को ९ में जोड़ने से १८ हुआ। १८ को २ से गुणा करने पर ३६ हुआ। मंगल की, जिस ग्रह की अवस्था जानना है उसकी महादशा का प्रमाण ७ वर्ष है। ३६ को ७ से गुणा करने से २५२ हुआ। सत्ताईस से भाग देने से शेष ९ रहता है। इस कारण मंगल की नवम अवस्था हुई।

इस अवस्था की प्रत्येक अवस्था का फल लिखा जाता है। इसके पूर्व जो अवस्था लिखी गयी है उसके फल में और इस अवस्था के फल में कहीं कहीं बहुत ही विभिन्नता है। इस कारण इसका फल इस स्थान में अलग ही लिखा जाता है।

अवस्था-फल।

प्रथम अवस्था में ग्रह के रहने पर जातक की उन्नति, परिवार-सुख, सुपुत्र-सुख, सत्कार और कार्य्य में सफलता होती है। दूसरी अवस्था में रहने से धन, मणि-माणिक, प्रभाव, वस्त्र और उत्तम भोजनादि की प्राप्ति होती है। तीसरी अवस्था में परदेश में उन्नति, ख्याति तथा सम्मान् प्राप्त होता है और जातक परिश्रमी होता है। चौथे में, पृथ्वी से लाभ एवं उत्तम वाहनादि का सुख होता है और जातक प्रतिष्ठा प्राप्त करता है। पाचवें में, राज-भय, धन का क्षय, तथा लाञ्छनाओ का भागी होता है और जातक को पृथ्वी से प्रेम होता है। छठे में, धन की वृद्धि और ख्याति होती है तथा उपद्रवियों के मध्य में प्रतिष्ठा प्राप्त करता है। सप्तम में विद्वान् परन्तु दुःखी और पित्त-विकारी होता है। अष्टम में पृथ्वी से लाभ और धन की प्राप्ति होती है। जातक के कुटुम्ब धनी होते हैं और शत्रुओं का क्षय होता है। नवम में उत्तम वाहनादि प्राप्ति होते हैं और जातक मधुर-भाषी परन्तु दिखावटी होता है। दशम में शूलादि

रोग से पीड़ा, पित्त जनित रोग का भय और फौजदारी के मोकद्दमों की परेशानी होती है। ग्यारहवें में जातक को पारिवारिक सुख तथा जीवन उन्नति-शील होता है। वह राजनैतिक अधिकार प्राप्त करता है। बारहवें में गड़े हुए धन को प्राप्ति और तन्त्र विद्या में प्रेम होता है अथवा वह जादू गिरी का जानने वाला तथा दम्भी भी होता है। तेरहवें में धर्म्म-विरोधी, वर्णाश्रम धर्म से च्युत, रोगी तथा धोखे-बाज होता है। चौदहवें में कुत्सित भोजन करने वाला और घृणित स्वभाव का होता है। पन्द्रहवें में मनुष्य से घृणा करने वाला आर दम्भी होता है। सोलहवें में विद्वान्, धनी और यशस्वी तथा उच्चपदाधिकारी भो होता है। सत्रहवें में धार्म्मिक प्रतिष्ठित सुशील और नियम-शोल होता है। अठारहवें में विद्वान्, धनी और उच्च श्रेणी का फौजी जीवन व्यतीत करने वाला होता है। उन्नीसवें में मधुरभाषी परन्तु आसक्ती और चित्त का धोखेबाज होता है। बीसवें में, शिक्षित परन्तु सुस्त प्रकृति का तथा चिन्ता शून्य अर्थात् बेपरवाह होता है। इक्कीसवें में, रोगी, परिवार पर कठोरता से व्यवहार करने वाला और कामी होता है। बाइसवें में असावधान, मित्रों का अपकार करने वाला, स्वजनों से घृणा करने वाला और अपने नाश का कारण होता है। तेइसवें में, स्वास्थ्य अच्छी होती है। सन्तान अच्छे होते है। स्त्री मिलतो है। भोजन उत्तम मिलता है और कुटुम्बों से मर्य्यादा पाता है। चौबीसवें में स्वभाव का सुशील, उन्नति शोल और कार्य्य में फलीभूत होता है। पच्चीसवें में मित्र और बन्धुओं से परित्यक्त और दुःखी होता है तथा कार्य्य में निष्फलता होती है। छब्बीसवें में मद्य-प्रिय, किसी पुराने रोग से ग्रसित, और राज कोप से पीड़ित होता है। सत्ताइसवें में शोक ग्रसित बदला लेने का इच्छुक, नीच कक्षा के स्त्रियों में रत, धूर्त्त और बुरे विचारों का होता है।

पांचवे प्रकार की अवस्था।

धा-३२२ इस अवस्था का गणित यों किया जाता है कि लग्नसंख्या

को ग्रह-स्थित-भाव-संख्यासे गुणा करके सत्ताइस से भाग दिया जाता है। (यदि सताईस से भाग न पड़ सके तो गुणनफल जो आवेगा उसी को लेना होगा। यदि शेष शून्य रहे तो सत्ताईस लेना होगा।) अब इस अङ्क को ग्रह-दशा से गुणा करना होगा और उस को अड़तालीस से भाग देने पर जो शेष रहे वही अवस्था की संख्या होगी। इस स्थान में यदि शून्य शेष रहे तो संख्या ४८ मानी जायगी। उदाहरण कुण्डली में धन लग्न होने से लग्न की संख्या ९ हुई। यदि मंगल की अवस्था जाननी हो तो मंगल के नवम स्थान में रहने के कारण मंगल की संख्या ९ हुई। ९ को ९ से गुणा करने से ८१ हुआ। ८१ को २७ से भाग देने से शेष शून्य रहा इस कारण शेष शून्य रहने से शेष २७ माना जायगा। मंगल का महादशा मान ७ वर्ष है। इस कारण २७ को ७ से गुण करने से गुणनफल १८९ हुआ। १८९ को ४८ से भाग देने से शेष। ४५ रहा अतः मंगल की ४५ वां अवस्था हुई और नीचे में प्रति अवस्था का जो फल दिया जाता है तदनुसार मंगल की महादशा में फल होगा।

फल।

(१) शेष रहने से जातक का धनोपार्जन अच्छा होता है और विद्याध्ययन में अभिरुचि होती है। (२) शेष रहने से बहुत ही बुरा फल होता है। स्त्री-सन्तानादि दुःखित रहते हैं। तथा जातक को राजदण्ड का भय रहता है (३) शेष रहने से, उस ग्रह के प्रथम और तृतीय तृतीयांश में साधारण फल होता है। परन्तु मध्य तृतीयांश में बहुत ही अशुभ फल होता है। (४) शेष रहने से शुभ फल होता है। गुरुजनों से भेंट मुलाकात होती है। परन्तु यदि वह ग्रह पाप हो और द्वादशस्थ हो तो जातक को बहु प्रकार से व्यय होता है। (५) शेष हो तो उसका फल बुरा होता है। जातक स्वयं और उसके परिवार के लोग दुःखी होते हैं। और जातक देशाटन करता है। (६) यदि शेष रहे तो उत्तम भोजन की प्राप्ति और सुखी जीवन होता है। (७) शेष रहे तो अशुभ फल होता है। जातक क्रोधातुर, असहिष्णु, चिन्तित और दुःखी रहता है। उसका व्यय अधिक होता है। वह ऋण ग्रस्त रहता है। (८) शेष रहने से शुभ फल होता है। नवीन वस्तुओं की प्राप्ति होती है और रुद्राक्ष की माला धारण करता है। (९) शेष रहने पर मन्त्र शास्त्र

में अभिरुचि रहती है। गणित, ज्योतिष तथा विज्ञान विद्या के सीखने का अवसर होता है। (१०) शेष रहे तो जातक सांसारिक दृष्टि से सुखी, परन्तु मानसिक व्यथा से दुःखित रहता है। (११) शेष रहने पर भी अशुभ फल होता हैं। ऐसा जातक रासायनिक विद्या तथा किमियागिरी के पीछे द्रव्य व्यय करता है। मानसिक रोग से दुःखित रहता है और धूर्त्त होता है। (१२) अतिशुभ फल होता है। (१३) बहुत बुराफल नहीं होता है, अध्ययन में रुचि होती है। (१४) शेष रहने पर, बहुत बुरा फल होता है। जीवन का मध्य भाग दुःखी होता है। (१५) बहुत बुरा फल होता है। अनेक प्रकार की कठिनाइयों का सामना करना पड़ता है। (१६) शेष रहने पर अति उत्तम फल होता हैं।(१७) अत्युत्तम फल होता है। (१८) बहुत बुरा फल नहीं होता है, परन्तु समय समय पर दुःखी अवश्य होता है। (१९) शेष होने से जातक रोगी और मित्रों से त्याज्य होता है। (२०) रोग से पीड़ित रहता है और मित्रों से त्याज्य होता है। (२१) फल बुरा होता है।आय से व्यय अधिक हो जाता है और ऋणी रहता है। (२२) कार्य्य में सफलता प्राप्त होती है और जीवन सुखी होता है। (२३) पश्चिम दिशा की यात्रा करता है और जीवन में उसे अच्छा धन प्राप्त होता है। (२४) शेष रहे तो ग्राम, गृह एवं सम्पत्ति का नाश होता है। (२५) किञ्चिन्मात्र शुभ, विशेषतः अशुभ ही फल होता है। (२६) शुभफल होता है और जातक उदार होता है। (२७) शुभ होता है। (२८) बहुत अशुभ, व्यय की मात्रा बहुत बढ़ जाती है। (२९) बहुत अशुभ, गुरुजनों के प्रति अश्रद्धा उत्पन्न होती है। (३०) शुभ (३१) अशुभ, नीच, काम-रत तथा जातक को कठिनाइयां झेलनी पड़ती है। (३२) अशुभ एवं रोगी। (३३) अति शुभ फल होता है। (३४) आरम्भ में बड़ा उत्तम, परन्तु शेष में व्यय की मात्रा बढ़ जाती है। (३५) फल बुरा होता है और जातक धोखेबाज होता है। (३६) उत्तम फल, व्यापार में उसकी रुचि होती है। जीवन के अन्तिम भाग में क्षति होती है। (३७) बहुत अशुभ फल होता है। कारागार निवास का योग होता है। (३८) बहुत अशुभ फल। मुकद्दमा बाजी, रोग और ऋण परिणाम होता है। (३९) बहुत अशुभ। (४०) आय कम, व्यय अधिक और कठिनाइयों को झेलना परिणाम होता है। (४१) अशुभफल, शारीरिक व्यथा और शत्रुओं से दुःख पाता है। (४२) राज-दण्ड से पीड़ित और बहुत अशुभ फल होता है। (४३)

कुशल पूर्वक तीर्थ यात्रा और उत्तम भोजन मिलता है। (४४) परदेश यात्रा एवं परदेश में व्यवहार उन्नति होती है। (४५) अति उत्तम फल होता है। विद्योन्नति एवं धार्मिक भावों का आगमन। (४६) अति उत्तम फल होता है। व्यवहार में उन्नति और अच्छो नौकरी आदि मिलती है। (४७) अशुभ फल होता है और जननेन्द्रि में रोग होता है। (४८) सुखमय जीवन व्यतीत करता है।

अध्याय ३०

महादशा-फल।

धा-३२३ प्रथम प्रवाह अध्याय ९ धारा ८२-८७ में लिखा जा चुका है कि प्रायः विशोत्तरी दशा का प्रयोग किया जाता है। अतः इस स्थान में विंशोत्तरी दशा के अनुसार ही फलाफल जानने कि विधि बतलाने का यत्न किया जाता है। स्मरण रहे कि फल कहने में सफलता तभी होगी जब दशाअन्तर दशानुसार फल निश्चय करें। सबसे प्रथम विंशोत्तरो महादशा का फल किस रूपसे निर्णय करना होता है, लिखा जाता है।

अध्याय ९ में लिखा जा चुका है कि विंशोत्तरी दशा के अनुसार किस प्रकार दशा अन्तरदशा का समय निकाला जाता है। इस स्थान में केवल ग्रहों की दशा अन्तरदशा के फलाफल जानने की विधि बतलायी जाती है।

ग्रहों के साधारण महादशा फल।

(१) उत्तमफलः-(१) बली ग्रह उत्तम फल देते हैं। (२) जो ग्रह उच्चाभिलाषी है। (अर्थात् अपनी उच्च राशि में शीघ्र जाने वाला है। जैसे बृहस्पति मिथुन में हो तो वह उच्चाभिलाषी कहलायगा। इस कारण कि कर्क में बृहस्पति उच्च होता है। इसी प्रकार चन्न्द्रमा मेष में उच्चाभिलाषी कहा जाता है—क्योंकि वृष में चन्द्रमा उच्च होता है, इत्यादि-इत्यादि) वह भी उत्तमफल देता है। (३) लग्न, दशम और एकादश स्थान स्थित ग्रह भी उत्तम फल देते हैं। (४) उच्चस्थ, स्वगृही, मूलत्रिकोणस्थ, वर्गोत्तम, मित्रगृही और शुभ वर्गी ग्रह भी उत्तम फल

देते हैं ।(५) जो ग्रह लग्न से उपचय गत (३,६,१०,११) होता है वह भी उत्तम फलदेताहै।(६) जिस ग्रहपर शुभग्रह की अथवा मित्रग्रह की दृष्टि पड़ती हो, वह ग्रह भी शुभफल देता है। (७) दो ग्रह आपस में मित्र और बली हों उन दोनों की परस्पर दशा अन्तरदशा में उन्नतकारी शुभफल होता है ।(८) वह ग्रह भी जिसके साथ कोई शुभग्रह बैठा हो शुभफल देता है। (९) यदि दशेश (जिस ग्रह की महादशा हो) लग्न अथवा लग्न के होरा का, लग्न के द्रेष्काण का, लग्न के सप्तांश का, लग्न के नवांश का, लग्न के द्वादशांस का अथवा लग्न के त्रिशांश का स्वामी हो तो भी फल शुभ होता है ।

अशुभ-फल :—(१) मान्दि जिस स्थान में हो उस के स्वामी की दशा अशुभ होती है। (२) जो ग्रह मान्दि के साथ बैठा हो उस ग्रह की दशा का भी फल अशुभ होता है। (३) जो ग्रह शत्रु गृही हो, नीच हो अथवा अस्त हो तो ऐसा ग्रह भी अशुभ फल देता है। (४) जो ग्रह भाव सन्धि में पड़ता है। अथवा जिस ग्रह के साथ पापग्रह बैठा हो तो वह भी अशुभ फल देता है। (५) जो ग्रह राशि सन्धि में रहता है वह भी अशुभ फल देता है और उसमें रोगादि तथा शोक का भय होता है। यदि वह ग्रह राशि के तीसवें अंश में हो तो मृत्युवत् कष्ट देता है। (६) जब दो ग्रहों में परस्पर शत्रुता रहतो है और वे निर्बल होते हैं तो उन दोनों की परस्पर दशाअन्तरदशा अशुभ होती है। (७) जो ग्रह किसी पापग्रह के साथ रहता है, उस ग्रह की दशा में शुभ फल की बहुत ही न्यूनता हो जाती है। पर यदि उस ग्रह के साथ शुभ और अशुभ दोनों ग्रह हो तो मिश्रित फल होता है। (८) यदि कोई ग्रह, किसी दूसरे शत्रुग्रह के साथ हो तो उस दशा के समय शत्रुओं की संख्या बढ़ती है और साधारणतः कार्य्य की सफलता नहीं होती है। (९) जो ग्रह नीच होता है, उसकी दशा में अथवा जो ग्रह नीचस्थ ग्रह के साथ रहता है उसकी दशा में भी शुभफल का अभाव होता है। (१०) यदि नीचस्थ ग्रह, राहु के साथ हो वो उस नीचस्थ ग्रह की दशा भी संभवतः हानिकारक होती है। अथवा यदि उस ग्रह के साथ उस स्थान का स्वामी हो, जो राहु स्थित राशि का स्वामी है, तो भी शुभ फल में न्यूनता होती है। (११) केन्द्र स्थित ग्रह की दशान्तर दशा में भी शोक और परदेश-यात्रा होती है।

मिश्रितः-(१) वह ग्रह जो लग्न और आरुढ़ लग्न (धा-७९) दोनों ही से

केन्द्र वा त्रिकोण में हो तो वह अपनी दशा में पूर्ण रीति से भाग्योन्नति प्रदान करता है। (२) वह ग्रह जो लग्न से ६, ८ वा १२ भाव में हो, परन्तु आरुढ़ लग्न से केन्द्र वा त्रिकोण में हो तो वह अपनी दशा में साधारण सुख और भाग्योन्नति प्रदान करता है। (३) वह ग्रह जो लग्न से केन्द्र वा त्रिकोण में हो परन्तु आरुढ़लग्न से ६,८ वा १२ भाव में हो तो वह किञ्चित मात्र भाग्योन्नति प्रदान करता है। (४) वह ग्रह जो लग्न और आरुढ़ लग्न दोनों से ही ६, ८ वा १२ भाव में बैठा हो तो वह ग्रह अपनी दशा में केवल अनिष्टकारी फल देता है।

अन्य प्रकार से महादशा-फल का विचार।

धा-३२४ (१) महादशा का प्रवेश जिस समय में होता हो उस समय की कुण्डली बनाना होता है। यदि वह ग्रह जिसकी दशा आरम्भ होती हो उस कुण्डली के लग्न में पड़ जाय तो उस ग्रह की दशाका फल उत्तम होता है। इसी प्रकार यदि वह ग्रह (अर्थात् जिसकी महादशा आरम्भ होती) है उस लग्न से उपचय (३,६,१०,११) में पड़ता हो तो भी शुभ फल होता है। यदि वह दशेश उस लग्न का, उस लग्न के होरा का, लग्न के द्रेष्काण का, लग्न के सप्तमांश का, लग्न के नवांश का, लग्न के द्वादशांश का अथवा लग्न के त्रिशांश का स्वामी हो तो भी उस ग्रह की दशा का फल उत्तम होता है। यदि उस लग्न में कोई मित्रगृही-ग्रह अथवा कोई शुभग्रह बैठा हो तो भी फल शुभ होता है। स्मरण रहे कि दशा प्रवेश का लग्न अंग्रेजी जन्म तिथि से बनाने में प्रायः भूल होने का भय होता है। (२) इसी प्रकार महादशा के प्रवेश के समय की कुण्डली में चन्द्रमा की स्थिति से भी विचार होता है। उस कुण्डली की जिस राशि में चं. बैठा हो, यदि वह राशि, दशानाथ का उच्चगृह हो तो फल उत्तम होता है। यदि वह चं. स्थित राशि, दशानाथ के मित्र का गृह हो तो भी फल उत्तम होता है। यदि दशानाथ से वह चन्द्र-स्थित राशि, उपचय (३,६,१०,११) में, त्रिकोण अथवा सप्तम में पड़ता हो (अर्थात् ३,५,६,७,९,१०,११ में) तो भी फल उत्तम होता है। परन्तु इन स्थानों के अतिरिक्त और किसी स्थान में होने से फल सन्तोष जनक नहीं होता अर्थात् अशुभ ही होता है। (३) जिस नक्षत्र में जातक का जन्म होता है,

उस को 'जन्मर्क्ष' और उस नक्षत्र से दशवां नक्षत्र को 'कर्मर्क्ष' कहते हैं। जन्म नक्षत्र से उन्नीसवां नक्षत्र को 'आधान' और इन जन्मर्क्ष, कर्मर्क्ष तथा आधान नक्षत्र से द्वितीय को 'सम्पत्' एवं चौथे नक्षत्र को 'क्षेम' कहते हैं। छट्ठे को 'साधक', आठवें को 'मैत्र' और नवमें नक्षत्र को 'परममैत्र' कहते हैं। यदि कोई जन्म कालीन ग्रह इन सब नक्षत्रों में बैठा हो अर्थात् सम्पत्, क्षेम, साधक मैत्र अथवा परममैत्र नाम नक्षत्र में बैठा हो तो उन सब ग्रहों की दशाअन्तरदशा में सम्पत्ति इत्यादि की वृद्धि होती है। यह स्मरण रखने की बात है कि वह ग्रह अन्य प्रकार से यदि अनिष्टकारी न हों, यदि अन्य प्रकार से अनिष्टकारी हो; तो मिश्रित फल होगा (४) यदि लग्न, चर राशि-गत हो तो लग्न से एकादश स्थान 'बाधा स्थान' कहलाता है। यदि लग्न-गत-राशि स्थिर हो तो लग्न से नवम स्थान 'बाधास्थाने कहलाता है। यदि लग्न, द्विस्वभाव राशि गत हो तो लग्न से सप्तम 'बाधा स्थान' कहलाता है। बाधा स्थान के स्वामी की महादशा अर्थात जब जातक का चर-लग्न में जन्म हो तो एकादशेश की महादशा, स्थिर लग्न का जन्म हो तो नवमेश की महादशा, द्विस्वभाव राशि का जन्म हो तो सप्तमेश की महादशा और बाधा स्थान-स्थित-ग्रह की महादशा में रोग, शोक, और दुःख इत्यादि अनिष्ट फल होते हैं तथा बाधा स्थान से केन्द्र में जो ग्रह बैठा हो उसकी महादशा में दुःख एवं विदेशाटन होता है। (५) यह एक साधारण नियम है कि ग्रह, अपनी महादशा अथवा अन्तरदशा में, जिस भाव में रहता है। उस भाव में रहने से और अन्य ग्रहों की दृष्टि से उस का जो शुभाशुभ फल होता है और व्यवसाय आदि के विषय में वह ग्रह जिस प्रकार का फल सूचित करता है, वही सब फल प्रदान करता है।

ग्रहों की स्थिति अनुसार स्वाभाविक महादशा फल।

सूर्य्य।

धा-३२५ (१) सूर्य्यः—सूर्य्य की महादशा में कभी कभी परदेश वास होता है और पृथ्वी, राजद्वार, ब्राह्मण, अग्नि, शस्त्र तथा औषधि से धन की प्राप्ति होती है। जातक की रुचि यन्त्र, मन्त्र में बढ़ती है और राजाओं से मित्रता होती है। भाई बन्धुओं से शत्रुता, स्त्री, पुत्र और पिता से वियोग अथवा चिन्ता युक्त, राजा, चोर, अग्नि तथा शत्रु से भय और दांत, नेत्र, तथा

उदर में पीड़ा, गोधन एवं नौकरों में कमी होती है। समान रूप से सूर्य्य की महादशा का ऐसा फल होता है। परन्तु सूर्य्य के उच्च, नीच आदि स्थान-स्थित होने के कारण एवं अन्यान्य ग्रहों से युत वा दृष्ट रहने से अवस्थाओं के अनुसार फल में बहुत ही परिवर्तन होता है। फल कहने के समय इन सब बातों पर पूर्णतया ध्यान देना आवश्यक है। अब ग्रहों के उच्चनीचादि, नवमांशादि के भेदाभेद से प्रतिग्रह के फल में किस-किस प्रकार की विभिन्नतायें होती हैं, लिखा जाता है।

विशेषफल।

(१) परम उच्च अर्थात् मेष के दश अंश पर रहने से उसकी दशा में धर्म्म-कर्म्म में प्रीति होती है और पिता का सञ्चय किया हुआ धन तथा भूमि का लाभ होता है। स्त्री पुत्रादिकों से सुख तथा साहस, यश, राज्य, मान, सुसङ्गति, भ्रमण शीलता और विजय प्राप्त होती है। (२) उच्च सूर्य्य होने से, उसकी दशा में धन, अन्न तथा पशुओं की वृद्धि होती है। बन्धुवर्गों से झगड़ा के कारण परदेश वास और भ्रमण होता है। राजा से धन प्राप्ति, वाराङ्गनाओं में रति-विलास और गीतादि में प्रेम होता है। घोड़े तथा रथादि का सुख भी प्राप्त होता है। (३) आरोही अर्थात् उच्चाभिलाषी सूर्य्य की दशा में आनन्द, इज्जत और दानशीलता होती है। स्त्री-पुत्रादिक, पृथ्वी, गौ, घोड़े, हस्ती और कृषि से सुख होता है।(४) अवरोही अर्थात् उच्च से नीच की ओर जब सूर्य्य जाता है तो उसकी दशा में शरीर में रोग, कष्ट, मित्रजनों से विरोध, चतुष्पद, गृह कृषि और द्रव्य की हानि होती है। राजा से कोप, चोर, अग्नि, झगड़े का भय तथा परदेश वास होता है। (५) परम नीच सूर्य्य की दशा में माता पिता की मृत्यु, स्त्री-पुत्र, पशु, पृथ्वी तथा गृह आदि में हानि होती है। परदेश वास होता है, भय और मृत्यु की आशङ्का होती है। (६) नीच सूर्य्य की दशा में राज-कोप से धन तथा मान की हानि होती है। स्त्री तथा पुत्र, मित्रादि से क्लेश होता है और अपने किसी स्वजन की मृत्यु होती है। (७) मूल त्रिकोण में जब सूर्य्य रहता है तो उसकी दशा में स्त्री-पुत्र, कुटुम्ब, पृथ्वी, राजा, धन, पशु और वाहनादि से सुख होते हैं तथा पद एवं मान की प्राप्ति होती है। (८) स्वगृही

रवि की दशा में विद्या की प्राप्ति, विद्योन्नति से यश और राजा के यहां मर्य्यादा प्राप्त होती है। पृथ्वी से उन्नति, कुटुम्बों से सुख और कृषि, द्रव्य तथा मान की वृद्धि होती है। (९) अति मित्र गृही जब सूर्य्य होता है तो उसकी दशा में बहु सुख, आनन्द, स्त्री-पुत्र और धन इत्यादि से सुख होता है। जातक को वस्त्र, भूषण तथा वाहनादि का भी सुख एवं कूप, तड़ागादि खुदवाने का सौभाग्य होता है। (१०) मित्र-गृही सूर्य्य होने से, उसकी दशा में जातक को अपनी जाति द्वारा सम्मान, पुत्र, मित्र तथा राज से सुख होता है। अपने बन्धु वर्गों से प्रेम बढ़ता है, पृथ्वी की प्राप्ति होती है और वस्त्र, भूषण तथा वाहन आदि का सुख होता है। (११) समगृही सूर्य्य होने से उसकी दशा में कृषि, पृथ्वी और पशु आदि से सुख प्राप्त होता है। कन्या सन्तान उत्पत्ति का सौभाग्य होता है और अपने जनों से समभाव (अर्थात् न झगड़ा न मित्रता;) परन्तु ऋण से दुःखी रहता है। (१२) शत्रुगृही सूर्य्य होने से उसकी दशा में सन्तान, स्त्री और धन की हानि होती है। स्त्री से झगड़ा सम्भव होता है और राजा, अग्नि, एवं चोर मोकदमेंबाजी से भय होता है। (१३) जब रवि अतिशत्रु गृही होता है तो उसकी दशा में स्त्री, पुत्र और सम्पत्ति की हानि होती है। पुत्र-मित्र तथा पशुओं से क्लेश और अपने जातिवर्ग से मतभेद होता है। (१४) उच्चनवांश में जब रवि रहता है तो उसकी दशा में जातक को साहस, झगड़े से धनकी वृद्धि और धनागम होता है। अनेक प्रकार से सुख प्राप्त होता है। स्त्री सम्भोग एवं स्त्री-धन द्वारा लाभ भी होता है। परन्तु पितृ-कुल के जनों में बार-बार क्षति होती है। (१५) यदि सूर्य्य नीचनवांश में हो तो उसकी दशा में परदेश यात्रा में स्त्री-पुत्र, धन तथा पृथ्वी की हानि होती है। ऐसी दशा में जातक मानसिक व्यथा से व्याकुल, ज्वर से पीड़ित और गुप्तेन्द्रियों की वेदना से दुःखी होता है। (१६) उच्चस्थ सूर्य्य यदि नीच नवमांश का हो तो उसकी दशा में स्त्री की मृत्यु, जातक के समीपी कुटुम्बियों को भय एवं मृत्यु और सन्तान को आपत्ति होती है। (१७) नीचस्थ सूर्य्य यदि उच्च नवमांश में हो तो उसकी दशा के आदि में महान् सुख और उच्च मान की प्राप्ति होती है। पर, दशा के अन्त में विपरीत फल होता है। (१८) पाप षष्ठांश में यदि सूर्य्य रहता है तो उसकी दशा में पिता और पितृ-पक्ष के लोगों को क्लेश और मृत्यु का भय होता है। राजा के कोप से जातक को भय,

दुःख तथा देश निकाला भी सम्भव होता है। जातक स्वभाव का चिड़-चिड़ा एवं शिर की वेदना से व्यथित होता है। (१९) पारवतांश इत्यादि में यदि सूर्य्य हो तो उसकी दशा में जातक को स्त्री, सन्तान, मित्र और कुटुम्ब का सुख, राजा से अनुग्रहीत, धन तथा मान प्राप्त होता है। (२०) सर्प पाश और द्रेष्काण का यदि सूर्य्य हो तो उसकी दशा में सर्प, विष, अग्नि और जलाशय आदि से जातक को भय तथा अनेकानेक प्रकार के शोक एवं दुःख का भाजन होता है। (२१) उच्च ग्रह के साथ यदि सूर्य्य बैठा हो तो उसकी दशा में जातक तीर्थादि-भ्रमण, विष्णु पूजा, पवित्र नदियों में स्नान और देव मन्दिरों के दर्शन का सुख तथा कूप, तड़ागादि एवं मकानों के बनवाने के सौभाग्य मिलते हैं। वह धार्मिक पुस्तकों का मनन और धार्मिक विषयों की प्राप्ति भी करता है। (२२) पापग्रह के साथ यदि सूर्य्य हो तो उसकी दशा में, कुत्सित अन्न का भोजन, जीर्ण वस्तुओं की प्राप्ति, निकृष्ट प्रकार की जीविका तथा अनिष्ट क्रियाओं के द्वारा दुःख का भाजन एवं अच्छे भोजन के अभाव के कारण शरीर दुर्बल होता है। (२३) शुभग्रह के साथ यदि सूर्य्य हो तो उसकी दशा में पृथ्वी से धनोपार्जन, वस्त्रादि का लाभ, मित्रों से आनन्द स्वजनों से प्रेम और विवाहादि उत्सव होता है। (२४) शुभ दृष्ट रवि अपनी महादशा में जातक को विद्या जनित ख्याति, पुत्र, स्त्री और अन्य स्त्री वर्गों से आनन्द तथा सुख देता है। उसके माता पिता को आनन्द और उसको राजद्वार में सम्मान प्राप्त होता है। (२५) अशुभ दृष्ट रवि की दशा में अनेक प्रकार के शोक, माता पिता को भय, स्त्री-पुत्र को दुःख, चोर अग्नि और राजदण्ड (जुर्माना) का भय होता है। (२६) स्थान बल, (धा-९२ (११)) यदि सूर्य्य को हो तो ऐसे सूर्य्य की दशा में जातक को कृषि से लाभ, पृथ्वी, गौ, वाहनादि, वस्त्रादि, राज, सम्मान, दूसरों से धनागम, मित्र और कुटुम्बों से समागम तथा उत्तम प्रकार का सुयश होता है। जातक की शारीरिक कान्ति की वृद्धि और तीर्थ तथा यज्ञ करने का योग होता है। (२७) स्थान बल से रहित रवि की दशा में धन की हानि, भ्रमण, कुटुम्बों से घृणा, शारीरिक निर्बलता और दुःख की प्राप्ति होती है। (२८) दिग्बली सूर्य्य की दशा में जातक को चारों ओर से (अर्थात् हर प्रकार से) धन का आगमन, यश और कीर्त्ति मिलती है। भूषण और पृथ्वी से सुखी होता है। पर सूर्य्य, यदि दिग्बल रहित हो तो उपर्युक्त शुभ फलों का अभाव होता है। (२९)

काल बल यदि सूर्य्य को हो तो उसकी दशा में राज-सम्मान, कृषि, भूमि से लाभ और द्रव्य की प्राप्ति होती है। कालबल रहित सूर्य्य की दशा में उपर्युक्त फलों का अभाव होता है। (३०) नैसर्गिक-बल यदि सूर्य्य को हो तो उसकी दशा में जातक को अनायास (अर्थात् बिना परिश्रम के) अनेकानेक प्रकार की सुख-सम्पत्ति, पृथ्वी, भूषणादि तथा वस्त्रादि की प्राप्ति होती है। परन्तु नैसर्गिक बल रहित सूर्य्य की दशा में उक्त फलों का अभाव होता है। (३१) चेष्टा-बल यदि सूर्य्य को हो तो उसकी दशा में जातक को भुजार्जित धन, आनन्द, ख्याति, राज सम्मान, स्त्री, पुत्र, भोजन, वाहनादि और कृषि का भी सुख होता है। पर चेष्टा बल रहित सूर्य्य की दशा में हानि होती है।

भिन्न-भिन्न भावगत-रवि ।

(३२) लग्न में यदि रवि हो तो उसकी दशा में नेत्र रोग, धन हानि और राज-कोप सम्भव होता है। (३३) द्वितीय स्थान में यदि रवि हो तो उसकी दशा में सन्तानोत्पत्ति के उपरान्त शोक और भय, कुटुम्ब से सन्ताप तथा झगड़ा इत्यादि, स्त्री और धन की हानि, राजा से भय, पुत्र, पृथ्वी तथा वाहनादि का नाश होता है। परन्तु यदि उसके साथ कोई शुभग्रह हो तो उपर्युक्त अनिष्ट फलों का अभाव होता है। (३४) तृतीयस्थ रवि की दशा में, राज-सम्मान, द्रव्य-प्राप्ति, आनन्द और पराक्रम में उन्नति होती है। (३५) चतुर्थ स्थान में यदि रवि हो तो उसकी दशा में स्त्री, सन्तान, मित्र, पृथ्वी, मकान और वाहनादि को तथा विष, अग्नि, चोर, एवं शस्त्र से जातक को भय होता है। (३६) पञ्चम तथा नवम में रवि के रहने से उसकी दशा में जातक का चित्त विक्षिप्त अथवा अव्यवस्थित तथा आनन्द रहित होता है। पिता की मृत्यु, राज से अप्रतिष्ठा, और धार्मिक कर्मों से विमुख होता है। (३७) षष्ठस्थ रवि रहने से उसकी दशा में धन की हानि और दुख होता है तथा गुल्म, क्षय, मूत्र कृच्छ्र और जननेन्द्रिय जनित रोग होते हैं। (३८) सप्तमस्थ रवि होने से उसकी दशा में स्त्री को रोग अथवा मृत्यु होती है। दूध, घृत इत्यादि भोजन के ललित पदार्थों का अभाव, और भोजन में अनेक असुविधायें प्रतीत होती हैं। (३९) अष्टमस्थ रवि रहने से परदेश गमन, शारीरिक अशुभ धा, ज्वर, नेत्र-रोग और

संग्रहणी का भय होता है। (४०) दशमस्थ रवि रहने से राज सम्मान, राज-अधिकार और राजा से प्रेम होता है। धन की प्राप्ति तथा कार्य्य में सफलता होती है। (४१) एकादशस्थ रवि रहने से धन की प्राप्ति, पद प्राप्ति, शारीरिक सुख और उत्तम कार्यों में अभिरुचि होती है। तथा स्त्री पुत्रादि, भूषण-वस्त्र एवं वाहनादि का सुख होता है। (४२) द्वादशस्थ रवि रहने से देशाटन, द्रव्य, पुत्र, माता-पिता, पृथ्वी आदि की क्षति, विष तथा झगड़े इत्यादि से भय, वाहनादि का विनाश एवं पैरों में रोग होता है।

भिन्न भिन्न राशिस्थ र. फल।

(४३) मेष राशिस्थ सूर्य्य को दशा में धर्म-कर्म में प्रीति, पिता से सञ्चित धन तथा भूमि का लाभ और स्त्री पुत्रादिकों से अनेक सुख होते हैं। यदि उच्चस्थ सूर्य्य, अष्टम भाव में हो तो रोग, और षष्ठ भावगत हो तो व्रग रोग होता है तथा माता पिता के लिये क्लेशकारी होता है। (४४) वृष राशिगत सूर्य्य की दशा में स्त्री, पुत्र और वाहनों को पड़ा, कृषि से क्षति, वहुधा हृदय रोग से पोड़ित तथा मुख एवं नेत्र में भो पीड़ा होतो है। (४५) मिथुनस्थ रवि की दशा में जातक मन्त्र विद्या तथा शास्त्र में अधिकार प्राप्त करता है। उत्तम काव्य में रुचि, पुराणादि श्रवण में प्रेम, कृषि-से लाभ और नाना प्रकार के सुख प्राप्त होते हैं। (४६) कर्क राशिगत सूर्य्य रहने से उसकी दशा में कीर्ति की वृद्धि और राजा का प्रेम पात्र होता है। परन्तु जातक स्त्री के अधीन रहता है। क्रोधाग्नि भड़कतो रहती है तथा उसके मित्रों की पीड़ा होती है। (४७) सिंह राशिगत सूर्य्य की दशा में खेती और जंगल इत्यादि नाना प्रकार से धन की प्राप्ति तथा उसकी कीर्ति बढ़ती है एवं जातक राजदरवार में सम्मान प्राप्त करता है। (४८) सूर्य्य कन्या राशिगत होने से उसकी दशा में जातक को कन्या-उत्पत्ति और मर्य्यादा की प्राप्ति होतो है। गुरुजन तथा देवताओं में जातक की प्रीति और पशुओं का लाभ होता है। (४९) तुला राशि-गत सूर्य्य होने से धन और स्थान की हानि, स्त्रो पुत्रादिकों को पीड़ा, चोर तथा अग्नि से भय, विदेश यात्रा एवं नोच कर्म में उसकी प्रवृत्ति होतो है। परन्तु सूर्य्य तुला के दश अंश से आगे बढ़ गया हो तो उसकी दशा में सुख से धन लाभ, दूसरों को ठगने में समर्थ, स्त्री के हेतु दुःखी और नीच जनों से मित्रता होती है।

इसी प्रकार यदि नीच का सूर्य्य षष्ठ भाव-गत हो तो उस की दशा में जातक को व्रण रोग और उसके माता पिता को क्लेश होता है। अष्टम में रहने से उद्वेग (९०) वृश्चिक राशि गत सूर्य्य हो तो उसकी दशा में जातक को माता पिता से मतभेद और खटपट तथा विष, अग्नि एवं शस्त्र से पीड़ा होती है। (९१) धन राशिगत यदि सूर्य्य हो तो जातक को सङ्गीत विद्या से प्रेम होता है। स्त्री, पुत्र और धनादि से सुखी तथा राजा एवं गुरुजनों से गौरव प्राप्त करता है। (९२) मकर राशिगत यदि रवि हो तो उसकी दशा में स्त्री, पुत्र और धन का अल्प सुख, रोग से शरीर पीड़ित तथा पराधीनता के कारण चिन्ता में निमग्न रहता है। (९३) कुम्भ राशिगत सूर्य्य रहने से उसकी दशा में जातक, स्त्री, पुत्र तथा धनके लिये चिन्तित और दीन मलिन रहता है। उसके शत्रुओं की वृद्धि तथा वह हृदय-रोग से पीड़ित रहता है। (९४) मीन राशि-गत सूर्य्य के रहन से उसकी दशा में स्त्री, धन तथा सुखकी वृद्धि होती है और जातक प्रतिष्ठा प्राप्त करता है। परन्तु वृथा देशाटन करता है और उसके पुत्रादिकों को ज्वर-पीड़ा होती है।

टिप्पणीः—सूर्य्य की दशा के आदि में माता-पिता को रोग, दुःख, मानसिक व्यथा और अधिक व्यय होता है। दशा के मध्य में पशुओं की हानि और मनुष्यों को पीड़ा तथा दशा के अन्त में विद्या जनित उन्नति और सुख होता है।

चन्द्र महादशा।

चन्द्रमा।

क्र-३२६ चन्द्रमा की महादशा में (साधारण रूप से) जातक को मन्त्र, वेद और ब्राह्मण आदि में रूचि, राजा की प्रसन्नता का भाजन तथा मन्त्री होता है। युवती स्त्रियां, धन, पृथ्वी, पुष्प, गन्ध और भूषणादि अर्थात् सुख के पदार्थों का लाभ होता है। अनेक प्रकार की कलाओं मे कुशल, कीर्तिमान, विख्यात, नम्र, परोपकारी, यशस्वी और इधर-उधर घूमने में प्रेम रखने वाला होता है। उसे कन्यायें उत्पन्न होती हैं। ऐसा जातक आलसी, निद्रा से व्याकुल और कृषि का प्रेमी होता है। उसे कफ और वात की अधिकता होती है। परन्तु

यदि चन्द्रमा निर्बल होता है तो अर्थ हानि, धात रोग से पीड़ा और सज्जनों से विरोध होता है। वह कलह तथा वाद-विवाद में निरन्तर रत रहता है और अच्छे कार्यों में उसका चित्त नहीं लगता है।

विशेष फल।

(१) परम उच्च गत-चन्द्रमा होने से उसकी दशा में वस्त्र, पुष्पादि महत्व, स्त्री और धन की प्राप्ति होती है तथा सन्तानोत्पत्ति से मनोविनोद होता है। (२) उच्च चन्द्रमा होने से सुत, स्त्री, धन, दुग्ध, वस्त्र और भूषण आदि की प्राप्ति, विदेश यात्रा तथा स्वजनों से विरोध होता है। (३) आरोही चन्द्रमा होने से उसकी दशा में स्त्री, पुत्र,वस्त्र और भोजन आदि का सुख, राज्य की प्राप्ति तथा देवार्चन में प्रवृत्ति होती है। (४) अवरोही चन्द्रमा होने से उसकी दशा में स्त्री, पुत्र, मित्र और वस्त्रादि के सुख में कमी होती है। मानसिक वेदना, स्वजनों से विरोध और चोर, अग्नि तथा राजा से भय होता है। जातक को कुआं, पोखरा इत्यादि में गिरने का भी भय होता है। (५) नीच चन्द्रमा हो तो उसकी दशा में जातक को विपत्ति तथा आकस्मिक घटना से जंगल में निवास करना पड़ता है। कारागार में बन्धनादि का दुःख होता है। राजा, अग्नि और चोर से भय, भोजन में सन्देह तथा स्त्री-पुत्र को क्लेश होता है। (६) मूलत्रिकोण में यदि चन्द्रमा हो तो राजा से प्रतिष्ठा, द्रव्य, धन, भूषण, वस्त्र तथा स्त्री-पुत्रादि का सुख मिलता है। माता से सुख और स्त्री प्रसंगादि में चित्त की वृत्ति होती है। बन्धुओं से विरोध करने के पश्चात् जातक स्वयं उनका नायक हो जाता है। (७) चन्द्रमा के स्वगृही होने से कृषि से धनकी प्राप्ति, राजा से सन्मान, कन्या की उत्पत्ति, बन्धु जनों से सुख और वेश्याओं से सङ्ग होता है। (८) अति मित्र गृही चन्द्रमा होने से विद्या और पुस्तकादि के प्रकाश द्वारा राजा से सम्मान तथा स्त्री, सन्तान, पृथ्वी, कुटुम्ब एवं मित्रादि से सुख और आनन्द प्राप्त होता है। (९) मित्रगृही चन्द्रमा होने से राजा से मित्रता, धनकी प्राप्ति, कार्य्य में सफलता, चाकरी, जलज-पदार्थों की प्राप्ति और चित्र-विचित्र वस्त्रादि का लाभ होता है। ऐसा जातक चतुर और मिष्ट भाषी होता है। (१०) समगृही चन्द्रमा होने से

उसकी दशा में स्वर्ण और पृथ्वी का लाभ, किञ्चित सुख, बान्धवादि को रोग और विदेश यात्रा होती है। (११) शत्रुगृही चन्द्रमा होने से उसकी दशा में भूषण और वस्त्रादि की कमी प्रवासी तथा नीच सेवी होता है एवं वन्धुवर्गादि से हीन हो, परदेश में दुःखितचित्त से विचारता रहता है। (१२) अति शत्रु गृही चन्द्रमा होने से उसकी दशा में झगड़े इत्यादि से धन का नाश, कुत्सित भोजन, मलिन वस्त्र, पृथ्वी, धन, स्त्री, पुत्र और वाहनादि का ताप होता है। (१३) नीच नवांश में चन्द्रमा रहने से उसकी दशा में नाना प्रकार से अर्थ की हानि, बुरा भोजन, बुरे मालिक की नौकरी, मानसिक वेदना, पैर और नेत्र में रोग तथा झगड़ा में पराजय होता है। (१४) उच्च नवांश में यदि चन्द्रमा हो तो उसकी दशा में देह की पुष्टि, अनेक प्रकार से धन प्राप्ति, राजा से सन्मान और सुखी होता है। (१५) निर्बल तथा क्षीण चं. रहने से उसकी दशा में अर्थ, पृथ्वी, सन्तान, स्त्री, मित्रादि से विहीन, सज्जनों से विरोध, ऋण, नीच वृत्ति तथा उन्मत्त होता है। (१६) पूर्ण चन्द्रमा की महादशा में जातक विद्या तथा पुस्तकादि के प्रकाशन द्वारा राजा तथा जनता से सम्मानित, स्त्री और पुत्रादि से बहुत सुखी एवं उत्तम कार्य्य करने की अभिरुचि होती है। (१७) उच्च ग्रह के साथ चन्द्रमा रहने से उसकी दशा में चित्त में आनन्द, स्त्री, पुत्र, नौकर और स्त्री प्रसंगादि का सुख होता है। (१८) शुभ ग्रह के साथ चन्द्रमा रहने से उसकी दशा में शुभ कार्य का सौभाग्य, गौ, पृथ्वी, स्वर्ण और भूषणादि की प्राप्ति तथा तीर्थादिकों में स्नान होता है। परन्तु जातक पर-स्त्री गमन भी करता है। (१९) पापग्रह के साथ यदि चन्द्रमा हो तो उसकी दशा में अग्नि, चोर और राजा से भय, स्त्री सन्तान तथा वन्धुजनों की हानि होती है। जातक को विदेश यात्रा करनी पड़तीहै और बुरे कामों में उसको प्रवृत्ति होती है। (२०) यदि शुभग्रह की दृष्टि चन्द्रमा पर हो तो उसकी दशा में जातक परोपकारी और कीर्त्तिमान् होता है। उसकी इच्छा की पूर्त्ति होती है। राजा से सम्मानित और जलज पदार्थों की प्राप्ति से जातक का चित्त आह्लादित होता है। (२१) पापग्रह की दृष्टि चन्द्रमा पर रहने से उसकी दशा में जातक कर्मों में असफल, कुत्सित अन्नों का भोजन करने वाला और क्रोधी तथा उसको माता अथवा मातृ पक्ष के किसी स्वजन की मृत्यु होती है। (२२) यदि अस्त चन्द्रमा अर्थात् अमावस्या

का चन्द्रमा हो तो ऐसी दशा में जातक को दुःख, स्वजनों से विरोध, भार्या और माता की मृत्यु, कृषि में क्षति और राजा, अग्नि एवं चोर से भय होता है। (२३) स्थानबल यदि चन्द्रमा को हो तो उसकी दशा में धन का सुख, कीर्त्ति, विद्या का आगमन, देवार्चन, राजा से धन, राज्य और भूमि प्राप्ति, स्त्री, भूषण, वस्त्रादि का सुख, कृषि से धनागमन, गौ, उत्तम दूध, उत्तम प्रकार के भोजन, घी, दही तथा सुगन्धित मालायें अर्थात् भोग के सभी पदार्थों के विक्रय से लाभ होता है। (२४) स्थानबल रहित चन्द्रमा की दशा में अन्य स्थान में वास, कृषि में हानि, अर्थ, गृहादि और बन्धुवर्गों का नाश होता है। (२५) दिग्बल यदि चं. को हो तो उसकी दशा में जातक दिगान्तर अर्थात् बहु स्थानों से चित्र विचित्र पदार्थों को पाता है। विद्या से उन्नति, राजा से मित्रता और अपने बन्धुवर्गों में पूजित होता है, तथा गज, वाजी एवं पृथ्वी इत्यादि प्राप्त करता है। (२६) काल बल यदि ं. को हो तो उसकी दशा में जातक घोड़े, रथ, गौ, महिषी और कृषि आदि का अधिकारी होता है। वह विद्वानों से घिरा रहता है और उसकी सवारी; हड्डी (हाथी दांत), बाल, चमड़े तथा वस्त्र आदि से भूषित किये हुए होते हैं। (२७) नैसर्गिक बल यदि चं. को हो तो उसकी दशा में जातक को निसर्ग, अर्थात् स्वाभाविक रूप से सुख होता है। बिना परिश्रम राजा से सम्मान, वाहन और भूमि आदि की प्राप्ति होती है। (२८) यदि चन्द्रमा दिग्बली हो तो उसकी दशा में जातक पर राजा महाराजाओं की कृपादृष्टि रहती है। उसके सुख और भाग्य की उन्नति तथा अभिलाषायें पूरी होती हैं, एवं वह परोपकारी होता है। वाहनादि सुख और बन्धुवर्ग से पुज्य होता है। (२९) क्रूर षष्ठांश में यदि चन्द्रमा हो तो उसकी दशा में जातक को नाना प्रकार के दुःख होते हैं। स्त्री पुत्रादि को क्लेश, राजा से भय, विद्या विवाद और कलह होता है। (३०) शुभ षष्ठांश में यदि चन्द्रमा हो तो उसकी दशा में विद्या की उन्नति, कीर्त्ति लाभ, सुख, विजय की प्राप्ति, अर्थ-लाभ, नौकर और सन्तानों की वृद्धि होती है। (३१) पारावतांश में यदि चन्द्रमा हो तो उसकी दशा में जातक को बड़ी कीर्त्ति, विद्योन्नति और सुख होता है। उसे देवार्चन में प्रवृत्ति रहती है तथा वह तीर्थ के जलों में स्नान करता है। (३२) पाप द्रेष्काण में यदि चं. हो तो उसकी महादशा में जातक

रोगी, पापी और गो-ब्राह्मणों को पीड़ा देने वाला होता है।

भिन्न-भिन्न-भावगत-चन्द्रमा।

(३३) द्वितीयस्थ चं. रहने से उसकी दशा में जातक को स्त्री, पुत्र और धन से सुख तथा धन का आगमन होता है। उत्तम भोजनादि मिलते हैं। रति-सुख की प्राप्ति होती है और तीर्थ के पवित्र जलों के स्नान का सौभाग्य होता है। (३४) तृतीयस्थानगत चं. की महादशा में जातक नाना प्रकार से वित्त का उपार्जन् करने वाला, अत्यन्त सुखी, मन से दृढ़ संकल्प वाला, भाइयों से सुख प्राप्ति करने वाला, कृषि में उन्नति करने वाला, अच्छा भोजन करने वाला और भूषणादि की प्राप्ति करने वाला होता है। (३५) चतुर्थ स्थानगत चं. की महादशा में माता की मृत्यु, पृथ्वी और वाहनादि से सुख, कृषि तथा नवीन गृह का लाभ एवं अपने नाम से कुछ पुस्तकादि प्रकाशित करने का सौभाग्य होता है। (३६) यदि षष्ठ स्थानगत चं. हो तो उसकी महादशा में जातक को दुःख, कलह तथा वियोग, चोर, अग्नि, जेल और राजा से भय, मूत्र-कृच्छ्र रोग से पीड़ा तथा धन का नाश होता है। (३७) सप्तमस्थ चं. की महादशा में स्त्री और सुपुत्रों से सुख तथा गलीचा आदि शय्या की पदार्थों की प्राप्ति होतो है। पर जातक प्रमेह और मूत्र-कृच्छ्र आदि रोग से रुग्ण रहता है। (३८) अष्टमस्थ चं. होने से उसकी दशा में जातक शरीर से दुबला होता है। उसे जल से भय और सबों से विरोध होता है। वह विदेश यात्रा करता है। उसे भोजन की असुविधा और उसकी माता अथवा मातृपक्ष के स्वजनों की मृत्यु होतो है। (३९) दशमस्थ चं. होने से उसकी दशा में जातक कीर्ति, विद्योन्नति, यज्ञादि कर्म, पृथ्वी, वस्त्र और वाहन आदि से सुख प्राप्त करता है (४०) एकादशस्थ चं. रहने से उसकी दशा में जातक को अनेक प्रकार के अर्थ, उत्तम भोजन और वस्त्रादि की प्राप्ति होती है। उसे कन्या होती है और वह चित्त से आह्लादित रहता है। (४१) द्वादशस्थ चं. होने से झगड़े के कारण अन्त में उपार्जित धन का नाश होता है। अपने स्थान से हटना पड़ता है। असह्य दुःख होता है।

भिन्न-भिन्न-राशिगत-चन्द्रमा।

(४२) मेष राशि में यदि चं. बैठा हो तो उसकी दशा में स्त्री-पुत्रादिकों

से सुखपाने वाला, विदेश के कार्य्य में प्रेम करने वाला, स्वभाव का क्रूर, खर्चीला, शिरो-रोग से पीड़ित, भ्राता और शत्रु से झगड़ने वाला होता है। (४३) वृष राशिगत चं. के रहने से कुल की अवस्था के अनुसार राज्य की प्राप्ति होती है। अर्थात् यदि जातक राजा का सन्तान हो तो अवश्य राजा और यदि साधारण कुल का हो तो विशेष सुख होता है। जातक को स्त्री, पुत्र, भूषण, गौ, घोड़ा और हाथी इनकी प्राप्ति होती है। तथा विजय मिलती है। यदि चं. मूलत्रिकोण में हो (वृष राशिगत चं. ४ अंश से ३० अंश तक मूलत्रिकोण में होता है) तो उसकी दशा में जातक विदेश यात्रा करता है। वह खेती और क्रय विक्रय से धन का लाभ तथा वात-कफ-जनित विकार से रुग्ण होता है एवं उसे स्वजनों से विरोध होता है। वृषराशि के पूर्वार्ध में चं. के साथ कोई पापग्रह हो तो माता की मृत्यु और यदि वृष के परार्ध में चन्द्रमा पापग्रह से युत हो तो पिता की मृत्यु होती है। परन्तु यदि पापग्रह के बदले शुभग्रह से युत अथवा दृष्ट हो तो (पूर्वार्ध स्थित चन्द्रमा के होने से) माता और परार्ध स्थित चं. होने से पिता को कष्ट होता है। (४४) मिथुन राशिगत चन्द्रमा होने से जातक ब्राह्मण और देवताओं का पूजक, धन का भोग करने वाला, देशान्तर भ्रमण शील, सुमति मान् तथा विभवशालो होता है। (४५) यदि कर्क राशिगत चं. बैठा हो तो धन और खेती की वृद्धि होती है। जातक कलाओं की रचना करने वाला, बन और पर्वत में रहने का इच्छुक तथा गुप्त रोग से पीड़ित होता है। (४६) सिंह राशि में चन्द्रमा होने से धन और उत्तम प्रतिष्ठा की प्राप्ति होती है। परन्तु शरीर में विकलता रहती है तथा जातक कामदेव से हीन होता है। (४७) कन्या राशिगत चन्द्रमा होने से विदेश यात्रा, स्त्री की प्राप्ति, शिल्प में बुद्धि की प्रवृत्ति और अल्प-धन की प्राप्ति होती है। (४८) तुला राशिगत चं. होने से मन चञ्चल, स्त्री जनों से विषाद, किसी मनुष्य से विवाद, धन की कमी, उत्साह का भङ्ग और नीच जनों की सङ्गति होती है। (४९) वृश्चिक राशिगत चं. होने से शरीर से रुग्ण, प्रतिष्ठा में अल्पता, मानसिक-चिन्ता की अधिकता और स्वजनों से वियोग होता है। यदि ऐसा चन्द्रमा अष्टम भाव में हो तो जातक रोगाक्रान्त होता है। यदि वैसे चन्द्रमा के साथ पापग्रह भी हो तो मृत्यु का भय अथवा जाति से च्युत होता है (५०) धन राशिगव चं. होने से क्रय-विक्रय लाभ, धर्म कार्य्य की अवनति,

मित्रों से अल्प सुख, पूर्वार्जित धन का विनाश और अन्यत्र स्थान में सुख सौभाग्य की उन्नति अवश्य होती है। ऐसी दशा में हस्ती और घोड़े आदि की वृद्धि भी होती है। (५१) मकर राशिगत चं. होने से पुत्रादिकों का सुख और धन को वृद्धि होती है। परन्तु वादी से शरीर में दुर्बल रहता है तथा इधर उधर सर्वदा आना जाना पड़ता है। (५२) कुम्भ राशिस्थ चन्द्रमा होने से जातक के वक्षस्थल में पीड़ा होती है। अनेक प्रकार से दुःखी, शरीर से दुबला, ऋणी और दूर देश की यात्रा करने वाला होता है। यदि ऐसा चन्द्रमा वर्गोत्तम में हो तो अपने से बड़े लोगों के साथ विरोध, स्त्री, पुत्र, धन और मित्रादिकों से वियोग तथा दाँत एवं मुख में पीड़ा होती है। (५३) मीन राशिस्थ चं. के होने से जातक को जल से उत्पन्न धन का लाभ, स्त्री-पुत्रादिकों से सुख, शत्रु का विनाश और बुद्धि की वृद्धि होती है। यदि वर्गोत्तम में का चन्द्रमा हो तो गज, अश्व और महिषी आदि चतुष्पादों का लाभ, पुत्रादिकों से सुख, शत्रु का विनाश, यशस्वी तथा बुद्धिमान् होता है।

(५४) तिरपन प्रकार से चन्द्रमा की महादशा का फल ऊपर लिखा जा चुका है। इनके अतिरिक्त अन्य प्रकार के और भी फल पहले लिखे जा चुका हैं। उनमें से कई प्रकारों के फल प्रत्येक कुण्डली में मिलेंगे। परन्तु अब विचारना यह है कि कौन फल का प्रभाव किस समय पड़ेगा। चन्द्रमा की महादशा का मान दश वर्ष का होता है। पहिला ३ वर्ष ४ मास में चन्द्रमा जिस भाव में हो उस भावगत रहने का जो फल होता है उसी फल का विकास होता है। मध्य वाले तीन वर्ष चार महीना में चन्द्रमा के अंश द्वारा फल एवं चं. जिस राशि में बैठा हो उसका फल तथा उस भाव के कारकता के अनुसार फल का उदय होता है। अन्तिम तीन वर्ष चार महीना में चन्द्रमा के अन्य ग्रहों के साथ रहने का फल और चन्द्रमा पर अन्य ग्रहों को दृष्टि का फल तथा चन्द्र स्थित भाव, जिस अङ्ग को प्रतिपादित करता हो उसके फल का उदय होता है।

मंगल-महादशा-फल।

श्लो-३२७ मंगल की महादशा में (साधारण प्रकार से) जातक राजा

से, शस्त्र से, बन्दूक और तोपादिक के बनाने से, समकालीन राजाओं के झगड़े से, औषधियों से, धूर्त्तता से, चतुराई से, अनेकानेक क्रूर क्रियाओं द्वारा, चतुष्पादों की वृद्धि से तथा अनेक उद्यमों से धन की प्राप्ति करता है। पित्त जनित रुधिर-प्रकोप तथा ज्वर से पीड़ित होता है। तथा उसे मूर्च्छा होती है। राजा से भय, घर में कलह, स्त्री पुत्र और सम्बन्धियों से वैमनस्य तथा इन कारणों से जातक को दुष्टान्न भोजन का दुर्भाग्य होता है।

पराशर मतानुसार यदि मंगल, केन्द्र अथवा त्रिकोण का स्वामी हो तो शुभ और ६, ८, १२, ३ तथा ११ का स्वामी हो तो अशुभ फल देता है। जब मंगल शुभफलप्रद होता है तो उस की दशा में पृथ्वी की प्राप्ति, धन का आगमन, मन की शान्ति और धैर्य्य इत्यादि प्रदान करता है। पापफलप्रद होने से राजा से भय, कलह, चोर, अग्नि, बन्धन तथा व्रण रोगादि से क्लेश होता है।

विशेष-फल।

(१) यदि मंगल परमोच्च रहे तो उसकी दशा में जातक को धन, पृथ्वी, राजा से मान, भ्रातृ सुख, कन्या जन्म, युद्ध और झगड़े में विजय प्राप्त होता है। (२) मंगल यदि उच्च हो तो राज्य प्राप्ति अथवा राजा से धन की प्राप्ति स्त्री, पुत्र, मित्र, बन्धु और वाहनादि से सुख होता है। तथा वह सुखमय परदेश में वास करता है। (३) आरोहिणी मंगल की दशा में राज-पूज्य, मन्त्री इत्यादि पद, धैर्य्य, आनन्द, गौ, घोड़े और हस्ती इत्यादि की प्राप्ति होती है तथा जीवन के शेष भाग में विशेष रूप से भाग्योन्नति होती है। (४) यदि मंगल अवरोही हो तो धन तथा पद की हानि, विदेश वास, स्वजनों से विरोध, राजा से भय और चोर एवं अग्नि आदि से कष्ट होता है। (५) यदि मंगल नीच हो तो जातक कुवृत्ति द्वारा स्वजनों की रक्षा करता है। भोजन में असुविधा, गौ, घोड़े और हाथी आदि की हानि बन्धुओं का नाश, तथा चोर, अग्नि एवं राजा से भय होता है। (६) मूलत्रिकोण में यदि मंगल हो तो जातक को स्त्री-पुत्र और भ्राता आदि का सुख, कृषि से लाभ, साहस कर्म से धन की प्राप्ति एवं युद्ध में यश और विजय पाता है। उत्तम-भोजन वस्त्र और भूषणादि की प्राप्ति,

तथा उत्तम धार्मिक-पुस्तकों के सुनने में अभिरुचि होती है। यदि ऐसा मंगल दशम स्थान में हो तो राज्य, शत्रुओं पर विजय, अच्छे वाहन और अलङ्कारादि की प्राप्ति होती है। (७) यदि मंगल स्वगृही हो तो धन, भूमि, अधिकार, सुख, वाहन, भाइयों को सुख और जातक के दो नाम होते हैं। (८) मंगल के अति-मित्र-गृही होने से राजद्वार, भूमि, द्रव्य, देशान्तर में ऐश्वर्य-लाभ, उत्तम-वस्त्र तथा भोजन आदि की प्राप्ति होती है। यज्ञादि-क्रिया एवं विवाह आदि उत्सव भी करता है। (९) मंगल के मित्र गृही होने से अपने शत्रुओं से मेल और सन्धि, पृथ्वी के लिये झगड़ा, चोर और अग्नि से भय, नशाबाज और जुआ-ड़ियों से झगड़ा, कृषि की हानि तथा कलियुग-जनित पाप एवं दुःख आदि का भाजन होता है। (१०) समगृही मंगल होने से उसकी दशा में जातक मका-नादि के मरम्मत अथवा बनाने में धन-व्यय करता है। स्त्री, पुत्र, भाई और नौकर आदि से शत्रुता तथा अग्नि एवं राजा से पीड़ा होती है। (११) शत्रु-गृही मंगल होने से शत्रुओं के साथ झगड़ने से पीड़ा, शोक, अग्नि, राजा, विष से दुःख, गुदास्थान, नेत्र और मूत्रस्थली में पीड़ा होती है। (१२) अति-शत्रु गृही मंगल होने से कलह, दुःख, स्वजनों से विरोध, राजा से भय, स्त्री, पुत्र, मित्र और कुटुम्ब रोगी तथा पृथ्वी एवं धन जनित शोक होता है। (१३) उच्च नवांश में मंगल रहने से मनोभिलाषासिद्धि तथा विजय द्वारा सुख होता है। राजा के यहां प्रधानता और कीर्ति भी होती है पर जातक प्रचण्ड रूप से दासी-गमन करता है। (१४) नीचराशि के नीच नवांश में मंगल के होने से शील रहित, मानसिक व्यथा, व्यग्रता और राज-दण्ड से धन की हानि होती है। जातक भोजन तथा स्त्री प्रसंग की चिन्ता में निमग्न रहता है। (१५) उच्च-गत मंगल यदि नवांश में नीच हो तो पुत्र और भाइयों की मृत्यु, राजा, अग्नि तथा विष से भय होता है। (१६) नीचस्थ मंगल यदि उच्च नवांश में हो तो कृषि और अन्य प्रकार की उन्नति, पृथ्वी की प्राप्ति, पुत्र, स्त्री, मित्र तथा धन का सुख होता है। (१७) शुभ षष्ठांश में यदि मंगल हो तो शुभ फल होता है। यज्ञ और विवाह आदि शुभ कार्य्य होते हैं तथा जातक उपकार-शील होता है। (१८) पाप षष्ठांश में तथा क्रूर षष्ठांश में यदि मंगल हो तो जातक को पीड़ा, कारागृह-निवास और सब प्रकार के विभव की क्षति होती है। पारावतांश

का यदि मंगल हो तो बहुत सुख, भूमि, धन, स्त्री, वाहन तथा भोजन की प्राप्ति होती है। (१९) क्रूर द्रेष्काण में यदि मंगल हो तो मनो-व्यथा, विष से भय, कारागार निवास, तथा जंजीर-बन्द-सजा इत्यादि का भय होता है। (२०) यदि किसी उच्च ग्रह के साथ मंगल हो तो स्त्री-पुत्र को पीड़ा और अल्परूप से भोजन-वस्त्र आदि का सुख होता है। वृत्ति और रोजगार (व्यवसाय) कठिन प्रकार की होती है, तथा राज-सेवा से युत होता है। (२१) पापग्रह के साथ यदि मंगल हो तो जातक नित्य पाप कर्म करता है। देवता, ब्राह्मण और कुटुम्ब आदि की ओर उसका वर्ताव अच्छा नहीं रहता। (२२) यदि मंगल के साथ शुभग्रह हो तो माता से किञ्चित् सुख होता है। जातक शरीर से रोगी तथा कृश होता है। झगड़े में विजय, परदेश वास, विद्या विवाद होता है। (२३) नीचग्रह के साथ यदि मंगल हो तो स्त्री-पुत्र की हानि, चोर और राजा से भय तथा मन में विकलता होती है। ऐसा जातक दूसरे का अन्न-भोजन करने वाला तथा दास होता है। (२४) यदि मंगल शुभग्रह-दृष्ट हो तो पृथ्वी और धन का नाश होता है। परन्तु मंगल के साथ यदि कोई उच्च ग्रह हो तो अत्यन्त उत्तम फल होता है। (२५) पापदृष्ट मंगल हो तो अत्यन्त दुःख और कष्ट होता है, तथा जातक राजा के कोप से अन्य देश में जाकर स्त्री एवं मित्रादिकों के वियोग का दुःख भोगता है। (२६) सुर्य्य के साथ मंगल हो तो जातक स्त्री-विरोध तथा राज से च्युत, शत्रु से पीड़ित होकर देश देशान्तर में बसता है। (२७) स्थान-बल यदि मंगल को हो तो स्त्री और धन का सुख, स्थान की प्राप्ति, सुख, कीर्त्ति तथा उद्योग की सिद्धि होती है। (२८) यदि मंगल स्थान बल रहित हो तो जातक पद से च्युत होता है और अपना जीवन नीच-वृत्ति से व्यतीत करता है। (२९) यदि मंगल को दिग्बल हो तो राजा से धन की प्राप्ति, रणक्षेत्र में प्रताप, गौ, पृथ्वी, कृषि, वस्त्र और वाहनादि की प्राप्ति, पराक्रम तथा साहस जनित यश एवं प्रताप की वृद्धि होती है। (३०) मंगल यदि काल-बली हो तो रेशमी अर्थात् उत्तम वस्त्र, मणि-मुक्ता, कृषि, गौ और हाथी इत्यादि का लाभ होता है अर्थात् बहुत सुख देने वाले उचित पदार्थों की प्राप्ति होती है। (३१) यदि मंगल को नैसर्गिक बल हो तो राजा की महती कृपा से भाग्य का पूर्ण उदय होता है और सन्तान, मित्र, बन्धुवर्गों, भूमि, वस्त्र, तथा

शारीरिक सुख आदि की प्राप्ति होती है। (३२) नैसर्गिक-बल-रहित मंगल की दशा में पित्त की अधिकता, नेत्र रोग, स्थान अर्थात् दर्जा तथा धन का नाश, बुरे अन्न का भोजन, पिता को भय और भाइयों के शरीर में पीड़ा होती है तथा जातक के नाखून खराब हो जाते हैं। (३३) यदि वक्री मंगल हो तो जातक पद से च्युत होता है और उसे बनवास का भय, चोर, अग्नि एवं सर्प से पीड़ा होती है। (३४) यदि मंगल को दृग्बल हो तो राजा के अनुग्रह से नाना प्रकार की उन्नति होती है। सन्तान, मित्र, बन्धु, गो, भूमि, भूषण, वस्त्र एवं शारीरिक सुख की प्राप्ति होती है।

भिन्न-भिन्न भावगत मंगल।

(३५) केन्द्र गत मंगल होने से चोर और विष का भय, कलह, शत्रुता, तथा देशान्तर-वास होता है। (३६) द्वितीयस्थ मंगल होने से जातक को अपने कुल में धन की वृद्धि, कृषि और विभव होता है। परन्तु राजा से दण्डित, मुख तथा नेत्र में रोग होता है। (३७) तृतीयस्थ मंगल होने से आनन्द, धैर्य्य, राजद्वार में सफलता, धन, सन्तान, स्त्री और भाई से सुख होता है। (३८) चतुर्थ स्थान गत मंगल होने से स्थान से च्युत, बन्धुओं से विरोध, चोर और अग्नि से भय, राज-कोप से पीड़ित तथा सघन जंगल इत्यादि में भ्रमण करने वाला वा दुर्दशा में पड़जाने वाला होता है। (३९) यदि पञ्चमस्थ मंगल हो तो पुत्र का मरण, नेत्ररोग, बुद्धि की भ्रान्ति और जड़ता होती है। यदि पञ्चमस्थ मंगल शत्रु गृह में हो तो भाइयों को दुःख और जातक को कठिन रोग का भय तथा नेत्र रोग होता है। पञ्चमस्थ मंगल कीर्त्ति और विवेक प्रदान करता है और इसकी दशा में कलह होती है। (४०) सप्तमस्थ मंगल होने से स्त्री की मृत्यु, गुदा रोग और मूत्र-कृच्छ्र रोग होता है। परन्तु यदि मंगल के साथ कोई उच्चग्रह हो अथवा चं. उच्च हो तो ऐसा फल नहीं होता। (४१) अष्टमस्थ मंगल की दशा में दुःख और महाभय होता है। जातक स्थान से च्युत होता है। विदेश की यात्रा करनी पड़ती है। अन्न में उसे अरुचि हो जाती है तथा बिस्फोटक रोग से भय होता है। (४२) नवमस्थ मंगल होने से उसकी दशा में

जातक को पद से च्युति वा उसमें परिवर्तन होता है। गुरुजनों को कष्ट और ईश्वर के प्रति प्रेम में विघ्न होता है। (४३) दशमस्थ मंगल हो तो उसकी दशा में कर्म-वैकल्य से दुःख, उद्योग में भङ्ग, कीर्त्ति की अवनति, स्त्री, पुत्र, धन, विद्या और मान इत्यादि की हानि होती है। (४४) एकादशस्थ मंगल होने से उसकी दशा में राजा से सम्मान, धन और सुख का लाभ होता है। लड़ाई में जय परोपकार में दत्तचित्त और कीर्त्तिमान् होता है। (४५) द्वादशस्थ मंगल होने से धन की हानि, नृप से भय, पुत्र, स्त्री और जमीन्दारी आदि में हानि तथा भाइयों को परदेश वास होता है।

भिन्न-भिन्न राशिगत मंगल।

(४६) मेष राशि में यदि मंगल हो तो अनेक मंगल कार्य्य होते हैं। सन्तान की उत्पत्ति का सुख और साहस प्राप्त होता है। परन्तु अग्नि तथा शत्रु से भय होता है। (४७) वृष राशि में यदि मंगल हो तो जातक को बड़ा आनन्द होता है। वह बड़ा वाचाल होता है। ईश्वरादि मे प्रीति बढ़ती है और आदर के साथ दूसरे का उपकार करता है। (४८) मिथुन राशि में यदि मंगल हो तो परदेश यात्रा, बहुत खर्च, मित्रों से विरोध, कलाओं में प्रवीणता, अनेक प्रकार की बातों का ज्ञान और वात-पित्त-रोग से पीड़ित होता है। (४९) कर्क राशि-गत यदि मंगल हो तो कीर्ति की ख्याति होती है। सम्पूर्ण गुणयुक्त, बली और चतुष्पदों से सुखी होता है। परन्तु गुप्त स्थान में अकस्मात व्याधि होती है पर मंगल यदि कर्क के नीच अंश में हो तो जातक को जगल के पदार्थों से तथा अग्नि की क्रिया द्वारा धन का लाभ होता है। परन्तु स्त्री-पुत्रादिकों से दूर रहने के कारण दुःखी और बलहीन होता है। (५०) सिंह राशि में यदि मंगल हो तो जातक बहुत मनुष्यों का नायक होता है। परन्तु स्त्री-पुत्र से वियोग और शस्त्र तथा अग्नि से बाधा होती है। (५१) कन्या राशिस्थ मंगल होने से मनुष्य आचार-विचार-शील होता है। यज्ञादि उत्तम कार्य्यों में उसकी प्रवृत्ति होती है एवं स्त्री-पुत्र भूमि और धन-धान्य से सुखी होता है: (५२) तुला-राशि-गत मं. होने से उसको दशा में जातक, धन और स्त्री से रहित, झगड़े से व्याकुल तथा शरीर से विकल होता है

एवं उसे चतुष्पदों का अभाव होता है। (५३) वृश्चिक राशि गत मंगल होने से जातक, धन का संग्रह करने वाला, कृषिवृत्ति और बड़ा वाचाल होता है। परन्तु वह बहुतों से द्वेषभाव रखता है। (५४) धन राशिगत मंगल होने से जातक के मनोरथ की सिद्धि राजा से होती है। ईश्वर से प्रेम होता है परन्तु कलह के कारण उदासीनता रहती है। (५५) मकर राशिगत मंगल होने से उसकी दशा में कुलानुसार धन की वृद्धि होती है। विवादादि में विजय प्राप्त करता है, स्वर्ण-रत्नादि तथा घोड़ों से सुखी रहता है। यदि मंगल उच्चांश से आगे बढ़ गया हो अर्थात् मकर के २८ अंश से आगे हो तो यत्न द्वारा कार्य्य की सिद्धि होती है। परिश्रम अधिक करना पड़ता है। असन्तोष रहता है और शस्त्र एवं व्याघ्रादि से भय होता है। (५६) कुम्भ राशिस्थ मंगल होने से जातक आचार-विचार-हीन, धनव्यय से व्यथित, पुत्रादिकों से चिंतित और उद्विग्न-चित्त होता है। (५७) मीन राशिस्थ मंगल होने से उसकी दशा में बहु-व्ययी, ऋणी, रोगी, पुत्रादिकों से चिन्तित और परदेश निवासी होता है। चर्म रोग अर्थात् दद्रु आदि से क्लेश पाता है। पुनः यदि वर्गोत्तम (मीन राशि में मीन हो के नवांश में हो) नवांश में हो तो उसकी दशा में लड़ाई में विजयी, गुण सम्पन्न, बलयुक्त और नाना प्रकार के वस्तुओं का लाभ करने वाला होता है।

मंगल की महादशा के प्रथम खण्ड में नाना प्रकार से धन और मान की हानि होती है। उसके द्वितीय खण्ड में राज भय होता है। अन्तिम खण्ड में भाई, सन्तान, स्त्री और धन इत्यादि की कमी, प्लीहा एवं मूत्रस्थली जनित रोग होता है। परन्तु स्मरण रहे कि यदि मंगल उच्च और शुभ फल देने वाला हो तो वैसे स्थान में ऐसा फल नहीं होता। पाठान्तर से यदि मं. गोचर में भी बुरा हो तो बुरा फल होता है, अन्यथा नहीं। मतान्तर ऐसा है कि मंगल की महादशा के प्रथम खण्ड में मान की हानि और धन का क्षय होता है। मध्य खण्ड में राजा, चोर और अग्नि इत्यादि से भय होता है। अन्तिम खण्ड में भी यही सब फल होते हैं।

राहु महादशा-फल।

धा-३२८ राहु की महादशा में साधारण रूप से सुख सम्पत्ति

और सांसारिक स्थिति का नाश, कलत्र-पुत्रादि के वियोग का दुःख तथा परदेश वास होता है। जातक रोगी होता है और झगड़े की ओर उसकी अभिरुचि होती है। परन्तु राहु जब उत्तम फल देने वाला होता है (अर्थात् उसकी उत्कृष्ट दशा में) तो लक्ष्मी की प्राप्ति, धर्म और अर्थ का आगमन तथा पुण्य का उदय होता है। राहु की दशा अठारह वर्ष को होती है जिसमें से षष्ठ और अष्टम वर्ष बहुत कष्ट-दायी होते हैं।

राहु, वृष राशि में उच्च, कर्क (कुम्भ) में मूलत्रिकोण और मेष में मित्रगृही होता है। देखो चक्र संख्या ९। राहु के उच्चादि विषय में कुछ मतान्तर भी है, जिसका उक्त चक्र से पता चल जायगा।

(१) उच्च राहु होने से उसकी दशा में धन, धान्य और सुख की प्राप्ति तथा राजा से मित्रता होती है। (२) नीच गत राहु की दशा में चोर, अग्नि, विष, राजा और फांसी इत्यादि से भय होता है। (३) पाप-क्षेत्र-गत राहु की महादशा में शरीर में कृशता, कुल के लोगों का नाश, राज-भय, चोरों से ठगे जाने का भय, प्रमेह, क्षय, कास-श्वास और मूत्रस्थली जनित रोगों का भय होता है। (४) उच्च ग्रह के साथ यदि राहु बैठा हो तो राज्य की प्राप्ति अर्थात् धन-लाभ, स्त्री-पुत्र से सुख और वस्त्र-भूषण तथा सुगन्धित पदार्थों का लाभ होता है। (५) नीच ग्रह के साथ यदि राहु बैठा हो तो जातक नीच वृत्ति से जीवन व्यतीत करता है। कुभोजन मिलता है और उसकी स्त्री तथा उसके पुत्र सज्जन नहीं होते हैं। (६) शुभ ग्रह की दृष्टि यदि राहु पर हो तो राजा से मान द्वारा धन की प्राप्ति और बन्धु जनों की मृत्यु होती है। (७) पापग्रह की दृष्टि यदि राहुपर हो तो जातक धर्म कर्म रहित और रोगी होता है। चोर, अग्नि तथा राजा से भय एवं जातक के उद्योग में उपद्रव होता है। अर्थात् नौकरी इत्यादि छूट जाती है।

भिन्न-भिन्न भावगत राहु।

(८) लग्न-गत राहु की दशा में बुद्धि विहीनता, विष, अग्नि और शस्त्र से भय, बन्धु वर्गों का विनाश, पराजय और दुःख होता है। (९) द्वितीयस्थ राहु की दशामें विशेष रूपसे राज्य और धन की हानि होती है। राजा से भय

होता है। नीच दर्जे की सेवा करनी पड़ती है। अच्छे भोजन का अभाव होता है और मन चिन्तित तथा क्रोधित रहता है। (१०) तृतीयस्थ राहु होने से सन्तान, स्त्री, द्रव्य और भाइयों से सुख कृषि की अधिकता, राजा से सम्मान तथा विदेश में आना-जाना होता है। (११) चतुर्थ-गत राहु होने से उसकी दशा में माता अथवा जातक की मृत्यु होती है। राजा से भय, पृथ्वी और धन की हानि, वाहनादि से पतन, कुटुम्बों से भय, स्त्री-पुत्र को रोग तथा उनका विनाश एवं मानसिक व्यथा होती है। (१२) पञ्चमस्थ राहु होने से बुद्धि-भ्रम अर्थात् उन्माद, भोजन-सुख से विहीन, झगड़ा और मोकद्दमे बाजी से दुःख, राजा से भय तथा सन्तान का नाश होता है। (१३) षष्ठस्थ राहु होने से राजा, अग्नि और चोर से भय, मित्रों का विनाश और नाना प्रकार के रोग (प्लीहा, क्षय, पित्त-प्रकोप, चर्म रोग आदि) से पीड़ित होता है, तथा मृत्यु का भी भय होता है। (१४) सप्तमस्थ राहु की दशा में स्त्री का नाश, विदेश यात्रा, कृषि और धन की हानि, नौकरों की कमी, सन्तान का विनाश तथा सर्प से भय होता है। (१५) अष्टमस्थ राहु होने से मृत्यु का भय, स्त्री-सन्तानादि का नाश, चोर, अग्नि और राजा से भय, अपने कुल के लोगों से क्षति, जङ्गल आदि में निवास तथा जंगली पशुओं से भय होता है। (१६) नवमस्थ राहु की दशा में पिता की मृत्यु, विदेश यात्रा, बन्धु वर्ग और गुरु आदि की मृत्यु, धन तथा सन्तान की हानि होती है एवं ऐसी दशा में समुद्र में स्नान का सौभाग्य होता है। (१७) दशमस्थ राहु की दशा में पुराणादि धार्म्मिक ग्रन्थों का पठन-पाठन और गंगा-स्नान का सौभाग्य होता है। पुनः यदि दशमस्थराशि शुभराशि हो तो उपर्युक्त ही फल होता है। परन्तु यदि पापराशि हो तो जातक को दुःख और परदेश वास होता है। यदि दशमस्थ राशि पाप राशि हो और उसके साथ पापग्रह भी बैठा हो तो जातक पर-स्त्री-गामी, ब्रह्म हत्या करने वाला तथा कलंकित होता है एवं उसके स्त्री-पुत्र को अग्नि से भय होता है। (१८) एकादशस्थ राहु की दशा में राजा से मान, धन, स्त्री, अन्न, गृह, भूमि और नाना प्रकार के सुख की प्राप्ति होती है। (१९) द्वादशस्थ राहु की दशा में देश-देशान्तर में भ्रमण, मनकी विकलता, स्त्री-पुत्र से वियोग, कृषि, पृथ्वी, अन्न और पशुओं की हानि होती है।

भिन्न-भिन्न राशिगत राहु।

(२०) मेष,वृष अथवा कर्क राशिगत राहु हो तो धनका आगमन्, विद्या की प्राप्ति, राजा से सम्मान, स्त्री-सुख, नौकरों की प्राप्ति और आत्मा की शान्ति होती है। (२१) कन्या, धन अथवा मीन राशिगत राहु की दशा में जातक की स्त्री-पुत्रादि का सुख, ग्रामाधिपत्य और पालकी इत्यादि वाहन का सुख मिलता है। परन्तु अन्त में उपर्युक्त सभी सुखों का नाश हो जाता है। (२२) पाप रशिगत रा. की दशा में दुबला, कुल को क्लेश, राजा, शत्रु और ठग से भय, खांसी, क्षय वा मूत्रकृच्छ्र रोग होता है।

राहु की दशा के प्रथम खण्ड में दुःख, मध्यम खण्ड में सुख और यश तथा अन्तिम खण्ड में माता, पिता, गुरु और स्थान का नाश अर्थात् रोजगार में विघ्न बाधा होता है।

बृहस्पति-महादशा-फल।

धा-३२१ बृहस्पति की महादशा में जातक को राजा के मंत्री से मनोवांछित फल की प्राप्ति होती है। देवार्चन-धर्म-युक्त, श्रेष्ठ कर्म करने वाला, वेदशास्त्रों का जानने वाला, यज्ञादि कर्मों में रुचि रखने वाला, भूमि और वस्त्र का लाभ करने वाला, अश्वादि वाहनों से सुखी, कुल श्रेष्ठ, विचार-शील, बुद्धिमान्, नम्र, धनी तथा उत्तम मनुष्यों की सङ्गति करने वाला होता है। ऐसे जातक को कभी कभी गले में दाहादि पीड़ा होती है। बृ. की महादशा में जातक ग्राम, शहर अथवा किसी प्रान्त का अधिपति अर्थात् उन पर अधिकार करने वाला, मेधावी, विनीत और चित्त आकर्षित करने वाला होता है। परन्तु नीच, शत्रु-गृही इत्यदि की दशा में दुष्ट फल होता है।

विशेष-फल।

(१) परम उच्च बृ. की दशा में धन समृद्धि, महान् सुख, कीर्त्ति, हाथी और घोड़ों का समूह, राज्याभिषेक तथा कुल पर आधिपत्य होता है। (२) उच्च गत बृ. की महादशा के अन्त में धन की प्राप्ति, राजा से मान,

विदेश यात्रा, कोई बड़ी नौकरी अथवा आधिपत्य होता है परन्तु दुःख से शरीरखिन्न होताहै। (३) आरोही बृ. की महादशा में धन और पृथ्वी की प्राप्ति, सङ्गीत प्रेम, राजा, स्त्री, तथा सन्तान से सुख एवं स्वकीय यश और प्रताप की प्राप्ति होती है। (४) अवरोही बृहस्पति की महादशा में कभी किंचित् सुख और अन्त में दुःख होता है। यश की हानि, आकर्षित करने वाला, स्वरूप, राज्य और राज सम्मान होता है परन्तु अन्त में इन सबों का अभाव होजाता है। (५) परमनीच बृहस्पति की दशा में जातक के गृह और द्वारादि भग्न हो जाते हैं। दूसरों से मतभेद रहता है, कृषी का नाश तथा दूसरों की नौकरी करनी पड़ती है। (६) मूलत्रिकोण के बृहस्पति की दशा में राज्य, पृथ्वी, सम्पत्ति, पुत्र, स्त्री और वाहनादि की प्राप्ति होती है। भुजार्जित बहुत धन मिलता है। धार्मिक, यज्ञादि कर्मों का करने वाला और मनुष्यों से पूजनीय होता है। (७) स्वगृही बृहस्पति की महादशा में राज्य, पृथ्वी, वस्त्र, उत्तम भोजनादि, गौ, हाथी, घोड़े और सुख की प्राप्ति होती है। काव्य-कुशलता, वेद शास्त्रादि में प्रवृति, पुण्य और पुण्य-कार्य्यों का उदय होता है।(८) अति शत्र गृही, बृ. की महादशा में शोक, दुःख, भूमि आदि विषयक झगड़े, स्त्री, पुत्र और धन की हानि, राजकोप तथा नेत्र पीड़ा होती है। (९) शत्रु गृही बृहस्पति की महादशा में धन, पृथ्वी (खेती), वस्त्रादि, राजसम्मान और आनन्द की प्राप्ति होती है। परन्तु स्त्री, पुत्र, भाई तथा नौकरों से जातक आर्त्त रहता है। (१०) अति-मित्रगृही बृहस्पति की महादशा में राजा से सम्मान होता है और सर्व्वदा उच्च पदाधिकारी होने के कारण संग्रामभूमि में प्रवेश के लिये तत्पर रहता है तथा दूरस्थ जगहों से अनेक प्रकार के पदार्थों की प्राप्ति होती है। (११) मित्रगृही बृहस्पति की महादशा में राजा से मित्रता, कीर्त्ति, अन्न, उत्तम भोजन और वस्त्रादि की प्राप्ति होती है तथा वह विद्या-विवाद में विजय पाता है। (१२) समगृही बृहस्पति की महादशा में राजा से साधारण प्राप्ति, धन, कृषि और द्रव्य का सुख होता है तथा जातक भूषण एवं विचित्र वस्त्रादि से अलंकृत रहता है। (१३) उच्च ग्रह के साथ बृ. रहने से उसकी दशा में जातक को मन्दिर, पोखरा, कूआं और अन्य प्रकार के लाभकारी गृहों (धर्मशाला, विद्यालय इत्यादि) के निर्म्माण करने का सौभाग्य होता है तथा राजा से पूज्य होता है। (१४)

नीच ग्रह के साथ वृ. के रहने से उसकी महादशा में नीच दर्जे की नौकरी, अपवाद, मनमें अशान्ति और स्त्री पुत्र आदि से मतभेद होता है। (१५) पापग्रह के साथ वृहस्पति के रहने से जातक के मन में बुरी बातें उठती हैं परन्तु बाहरी दिखावट शुभ होते हैं और इसकी दशा में स्त्री, पुत्र, भूमि तथा धन का आनन्द होता है। (१६) सूर्य्य के साथ वृहस्पति के रहने से उसकी दशा में जातक शील-रहित और परिवारिक-सुख-विहीन होता है। वह ज्वर प्रकोपादि से पीड़ित तथा उसका शरीर कृश होता है। उसके शरीर के ऊपरी भाग में रोग-प्रकोप होता है। (१७) शुभ ग्रह के साथ वृहस्पति के रहने से राजा के साथ सवारी में चलने फिरने का सौभाग्य, दान वा राजा के सम्मान से धन-प्राप्ति और यज्ञादि उत्तम कार्यों से विशेष लाभ होता है। (१८) शुभ-ग्रह-दृष्ट वृहस्पति की महादशा में राजा से धन की प्राप्ति, देवार्चन, गुरु-पूजन और तर्पणादि में रुचि तथा पुण्य नदियों में स्नान का सौभाग्य होता है। (१९) पापदृष्ट वृहस्पति की महादशा में आनन्द, किञ्चितमात्र धैर्य्य, समय समय पर यश, कुछ धन का लाभ और चोरों से हानि होती है। (२०) उच्च नवांश गत वृ. के रहने से इसकी दशा के अन्त में राज्य-तुल्य धन, सुख, रत्नादि और सभी प्रकार के सुखों की प्राप्ति होती है। (२१) नीच नवांश-गत वृहस्पति के रहने से उसकी दशा में राजा से भय, पद से च्युति, बन्धुवर्गों से विरोध, चोर, अग्नि और कुल के लोगों से भय तथा प्लीहा एवं चर्म-रोग होता है। (२२) स्थान बली वृ. की महादशा में भूमि, स्त्री, पुत्र, हाथी और घोड़े इत्यादि की वृद्धि होती है। (२३) दिग्बली की महादशा में जातक लोक-प्रसिद्ध होता है। (२४) कालबली वृ. की महादशा में जातक राजद्वार से धन और सम्मान पाता है। (२५) नैसर्गिकबली वृ. की महादशा में नाना प्रकार के सुख, विलास, महत्व, विद्या से आनन्द, स्त्री सम्भोग से सुख और भागीरथी ऐसी तीर्थों में स्नान का सौभाग्य पाता है। (२६) दृगबली वृ. की महादशा में राजा की कृपा-कटाक्ष से सर्व प्रकार से भाग्योन्नति होती है और देशान्तर-भ्रमण करता है। (२७) वक्री वृ. की महादशा में जातक को युद्ध में विजय, राजा से मित्रता, धन, स्त्री, पुत्र से सुख, अच्छे वस्त्र और सुबन्धु आदि की प्राप्ति होती है। (२८) शुभ षष्ठांश गत वृ. की दशा जातक के लिये अति शुभ है। उसे वाहन की प्राप्ति होती है। बन्धु जनों

से आदर पाता है। यज्ञ क्रिया और विवाहादि उत्सव से सुखी होता है। (२९) पाप षष्ठांश बृ. को महादशा में जातक को बहुत कष्ट और राज-कोप से मान मर्द्दन होता है। (३०) पारावतांश बृ. की महादशा में उत्तम भोजन, वस्त्र, भूषण और सुख आदि की प्राप्ति होती है। (३१) पाप द्रेष्काण गत बृ. की महादशा में कारागार-निवास, कठिन बन्धन और स्त्री से झगड़ा होता है। (३२) उच्च बृ. यदि नीच नवांश में हो तो जातक को बहुत धन की प्राप्ति होती है। परन्तु तुरत ही उसका नाश भी हो जाता है। स्त्री, पुत्र से दोष, शत्रु, चोर और राजा से भय होता है। (३३) नीच बृ. यदि उच्च नवांश में हो तो जातक का धन पुनः पुनः नाश होता है और जातक पुनः उसका उपार्जन करता है। उसको राजा से सुख, विद्या, बुद्धि तथा यश की उन्नति होती है; हो सकता है कि वह किसी देशका अधिपति हो जाय।

भिन्न भिन्न राशिगत बृहस्पति।

(३४) केन्द्रगत बृ की महादशा में जातक धन, राजा और स्त्री से सुख प्राप्त तथा मनुष्यों के भरण पोषण करने वाले का मुखिया होता है। (३५) त्रिकोण गत बृ. की महादशा में धन, अन्न, स्त्री, पुत्र, उत्तम भोजन, उत्तम वस्तु और वाहनादि का सुख होता है। (३६) लग्न में बृ. रहने से उसकी दशा में जातक को सुख, साफ सुथरे वस्त्र और भूषणादि प्राप्त होते हैं तथा जनता जातक को बड़े समारोह से जुलूस के साथ ले जाता है। (३७) द्वितीयस्थ बृ. की महादशा में राज-सम्मान और धन की प्राप्ति होती है। सभा सोसाइटी में उत्तम प्रकार से विद्या विवाद करता है। परोपकार-निरत, सुखी और विजयी होता है। एवं राजा से धन, भाई अथवा किसी स्त्री द्वारा भूमि की प्राप्ति होती है। जातक बुद्धिमान् और उपकारी होता है तथा अनेक प्रकार के वस्त्र एवं भूषणादि से भूषित रहता है। (३८) तृतीयस्थ बृ. होनेसे भाई से धन और राजाद्वार से सुख प्राप्ति करता है। (३९) चतुर्थस्थ बृ. की महादशा में राज द्वार से प्रेम और तीनों सवारी वाला होता है। यदि जातक को राज योग लगा हो तो राजा अथवा राजा के ऐसा अधिकार होता है। अगर स्वयं राजा न हो जाय। तीन प्रकार की सवारी (१) चतुष्पद (२) मनुष्य (३) निर्जीव। (४०) पञ्चमस्थ बृ. होने से मन्त्र विद्या की ओर जातक को रुचि

होती है। राजा से मान पाता है । पुत्र उत्पन्न होने का सौभाग्य, बहु सुखी और वेदपौराणादि के श्रवण में रुचि होती है। (४१) षष्ठस्थ वृ. होने से उसकी दशा के आदि में स्वास्थ्य और स्त्री पुत्रादि की प्राप्ति होती है। परन्तु अन्त में रोग, चोर और स्त्री से भय होता है। (४२) सप्तमस्थ वृ. की दशा में स्त्री पुत्रादि से सुख, विदेश भ्रमण और विजयी होता है। जातक ईश्वर भजन तथा पुण्य कार्य्यों में लीन रहता है। (४३) अष्टमस्थ वृ. होने से दशा के आरम्भ में सुख होता है। स्थान से च्युत होता है। विदेश यात्रा होती है और बन्धुजनों से वियोग होता है। परन्तु अन्त में स्त्री-पुत्र तथा राजा से सम्मानित होता है। (४४) दशमस्थ वृ. की दशा में जातक को राज्य और धन की प्राप्ति राज-योग रहने से राज्य, अथवा धन, स्त्री, पुत्र तथा शुभ कार्य्य की प्राप्ति होती है। जातक राजा के तुल्य सुख भोगता है और अधिकार-पूर्ण होता है। (४५) एकादशस्थ वृ. होने से उसकी दशा में जातक को धन वा राज्य की प्राप्ति, पुत्र उत्पन्न होता है, पर राजा तथा अपने बन्धुजनों में द्वेष उत्पन्न हो जाता है। बैङ्कटेश का मत, मैडरास की छपी हुई पुस्तक के अनुसार) है कि ऐसे बृहस्पति की महादशा में स्त्री-पुत्रादि और बन्धु वर्गों से विरोध होता है । परन्तु ग्रन्थान्तर, बम्बई में मुद्रित सर्वार्थ चिन्तामणि तथा तर्क से ऐसा फल असम्भव प्रतीत होता है। कारण कि एकादशस्थ वृ. की पूर्ण दृष्टि तृतीय स्थान, पञ्चम स्थान और सप्तम स्थान में पड़ती है। तृतीय स्थान से बन्धु वर्गों का विचार, पञ्चम से पुत्र का विचार और सप्तम स्थान से स्त्री का विचार होता है। अतएव वृ. की शुभ दृष्टि से शुभ फल की सूचना मिलती है न कि अशुभ फल की। (पाठकगण तथा विद्वत् समाज अपनी बुद्धि और तर्कानुसार इसपर विवेचना करें)। (४६) द्वादशस्थ वृ. होने से नाना प्रकार के क्लेश और विदेश यात्रा होती है परन्तु वाहन से सुख होता है।

भिन्न-भिन्न राशिगत-बृहस्पति।

(४७) मेष राशि गत वृ. रहने से उसकी दशा में विशेष धन का लाभ और बहुत लोगों का नायक होता है और स्त्री एवं पुत्र आदि के सुख से सम्पन्न रहता है। (४८) वृष राशि गत वृ. होने से उसकी दशा में जातक अत्यन्त

दुःखी, आनन्द रहित, धन हीन, और विदेश वासी होता है, परन्तु साहसी होता है। (४९) मिथुन राशि गत बृ. होने से उसकी दशा में जातक को शरीर को पवित्रता की ओर ध्यान रहता है। स्त्री से कलह, माता और कुटुम्ब जनों से विरोध तथा विष आदि से सन्ताप होता है। (५०) कर्क राशि गत बृ. की महादशा में कुल पर प्रधानता, नाम की ख्याति और बड़े लोगों से मित्रता होती है। विभव होता है। यदि बृ. कर्क में उच्च अंश को छोड़ कर अन्यत्र बैठा हो तो जातक माता पिता से दुःखी, व्यसनी तथा पूर्व सञ्चित द्रव्य के विनाश हो जाने की चिन्ता में निमग्न रहता है। (५१) सिंह राशिस्थ बृ. की महादशा में जातक धनवान् , दाता, राजा से प्रतिष्ठित और स्त्री, पुत्र तथा भ्रातृ-वर्गों से आनन्दित रहता है। (५२) कन्या राशिस्थ बृ. की महादशा में जातक राजद्वार में मान और प्रतिष्ठा पाने वाला, तथा स्त्री-पुत्रादिकों से सुखी होता है एवं शूद्रादि नीच जातियों से उसे कलह होता है। (५३) तुला राशिस्थ बृ. को महादशा में जातक अविवेकी, उत्साह रहित, स्त्री पुत्रों से शत्रुता करने वाला और अल्प भोजन करने वाला होता है। (५४) बृश्चिक राशिस्थ बृ. की महादशा में जातक कार्य्य करने में समर्थ, विद्वान् , बुद्धिमान् , विनीत और ऋण रहित होता है। ऐसे जातक को पुत्रोत्सव का सुख होता है। परन्तु जातक नियम विहीन अर्थात् अव्यवस्थित-चित्त होता है। (५५) धन राशिस्थ बृ. की महादशा में यदि १३ अंश तक का बृ. हो अर्थात् मूलत्रिकोण का हो तो जातक राजा, मण्डलाधीश अर्थात् जमीन्दार अथवा राज-मन्त्री और स्त्री के बचनों का पालन करने वाला होता है। यदि तेरह अंश से आगे बृ. हो तो जातक कृषि में मन लगाता है। चतुष्पादों से उसे सुख होता है और जातक की यज्ञादि उत्तम कार्य्यों में अभिरुचि होती है। (५६) मकरस्थ बृ. यदि नीच नवमांश में हो तो जातक को धन की क्षीणता और बन्धु जनों से वियोग होता है और जातक अन्य किसी मनुष्य का कार्य्य करने वाला होता है। उसके पेट वा गुप्त स्थान में रोग होता है। यदि मकरस्थ बृ. नीच नवमांश में न हो तो कृषि और मल्लाह आदि से धन तथा बृक्षादि से पतन का भय होता है एवं छल (से धन उपार्जन) के कारण पीड़ा भोगता है। (५७) कुम्भ-राशिस्थ बृ. होने से जातक सर्वदा स्त्री बिलास में रत, कलाओं का जानने वाला, धनी और बुद्धिमान् होता है तथा उसे विद्या जनित प्रसन्नता होती है। (५८) मीन

राशिस्थ वृ. होने से जातक पुत्र-स्त्री आदि से सुखी, राजद्वार से धन प्राप्त करने वाला, बुद्धिमान् तथा प्रतिष्ठित होता है।

गुरु की महादशा का फल-प्रथम (१/३) खण्ड में आनन्द और मर्य्यादा को प्राप्ति, मध्यम खण्ड में स्त्री पुत्रादि से सुख तथा अन्तिम खण्ड में दुःखादि का आगमन, कार्य्य की हानि एवं पीड़ा अवश्य होती है।

शनिमहादशा-फल।

धा-३३० शनि की महादशा में जातक को ऊंट, गदहा, बकरी, पक्षी, वृद्धा स्त्री, मोटा अन्न और किसी श्रेणी के ग्राम, शहर अथवा जाति के अधिकार द्वारा धन की प्राप्ति होती है अथवा किसी नीच जाति का आधिपत्य मिल जाता है। जातक बुद्धिमान्, दानी और कला-कुशल होता है। स्वर्ण, वस्त्रादि से सम्पन्न, हाथी, घोड़े आदि चतुष्पादों से शोभित, विनयी, देवता आदि में प्रेम रखने वाला और किसी प्राचीन स्थान को प्राप्ति से सुखी, देवालय आदि बनवाने वाला अपने कुल को उज्ज्वल करने वाला और कीर्त्तिमान होता है। परन्तु नीचादि दोष युक्त शनिश्चर की महादशा में आलस्य, निद्रा, कफ-वात-पित्त-जन्य रोग, ज्वर पीड़ा, स्त्री-सङ्ग से रोग की उत्पत्ति और चर्म-रोग अर्थात् दद्रु आदि रोग पीड़ा होती है। सामान्य रूप से शनिश्चर की दशा का फल ऐसा ही होता है। परन्तु स्थानादि भेद से फलों का विवरण नीचे लिखा जाता है।

विशेष फल।

(१) उच्च गत शनि की महादशा में जातक ग्राम, देश और सभा इत्यादि का आधिपत्य प्राप्त करता है। अनेक प्रकार से आनन्द मिलता है। परन्तु पिता की मृत्यु और बन्धुजनों से वैमनस्य होता है। (२) नीचस्थ शनि की दशा में देश परिवर्त्तन, दुःख, चिन्ता वाणिज्य और कृषि से धन की हानि तथा राजा से विरोध होता है। (३) आरोहिणी शनि की दशा में राजा से भाग्य का उदय, वाणिज्य से धन प्राप्ति, कृषि और भूमि का लाभ, घोड़े और गौ इत्यादि से सुख तथा स्त्री एवं पुत्र की प्राप्ति होती है। (४) अवरोही शनि की दशा में

भाग्य का क्षय, राजा से पीड़ा, स्त्री-पुत्र और धन का नाश, किसी की अधीनता एवं नेत्र और गुदा रोग होता है। (५) मूलत्रिकोण गत शनि की दशा में परदेश और जंगल आदि में वास, ग्राम तथा सभा का आधिपत्य, स्त्री, पुत्र और जनता से मतभेद एवं जातक के नाम (अर्थात् उपनाम या पदवी) प्राप्त होता है। (६) स्वगृही शनि की दशा में जातक के बल, पौरुष और कीर्त्ति की वृद्धि होती है तथा राजा से आश्रय मिलता है। भूमि और भूषणादि की प्राप्ति तथा अपने गुण के अनुसार सुख पाता है। (७) नीचस्थ शनि की महादशा में स्त्री-सन्तान और भाइयों का नाश, बहुत कष्ट, कृषि की हानि तथा नीचे दर्जे की नौकरी होती है। (८) अति-मित्र गृही शनि होने से सुख, राज-सम्मान, पशु, कृषि, वाणिज्य, धन, स्त्री और पुत्रादि की वृद्धि होती है। (९) मित्र-गृही शनि की महादशा में शिल्पादि विद्या का गुणी, ज्ञानी, बली और प्रतापी होता है। (१०) समगृही शनि की महादशा में जातक सामान्य बुद्धिका होता है। उसे स्त्री पुत्र से प्रेम, भाई और बन्धुजनों से वैमनस्य, शरीर में पीड़ा, क्षय तथा वात-पित्त-कोप जनित रोग होता है। (११) शत्रु-गृही शनि की महादशा में पृथ्वी की हानि, पद च्युति, कृषि का विनाश और दुर्बलता होती है। परन्तु उसे वेश्याओं से धन की प्राप्ति होती है। (१२) अति शत्रु गृही शनि की महादशा में स्थान च्युति, बन्धु वर्गों से विरोध, राजा और चोर से भय, नौकर तथा स्त्री पुत्र की ओर जातक की रुष्टता होती है। (१३) उच्च नवांश में शनि रहने से उसकी महादशा में जातक हर प्रकार का आनन्द और सुख पाता है, विदेश गामी तथा ग्राम, मण्डली, जिला अथवा सभा इत्यादि का अधिपति होता है। (१४) नीच नवांशस्थ शनि की महादशा में किसी नीच वृत्ति द्वारा जीवन निर्वाह करता है, परतन्त्र रहता है और स्त्री पुत्र तथा धन का नाश अथवा उनके द्वारा दुःख होता है। (१५) उच्च ग्रह के साथ यदि शनि हो तो थोड़ी सी जमीन्दारी एवं खेती और सुख की प्राप्ति होती है। (१६) नीच ग्रह के साथ यदि शनि हो तो उसकी महादशा में किसी छोटी वृत्ति से जीवन व्यतीत करता है। उसे प्रवास भय और विद्वानों से विरोध होता है। (१७) पापग्रह के साथ यदि शनि हो तो नीच स्त्री के साथ प्रसंग, छिपकर पाप कर्म, चोर आदि नीच मनुष्यों के साथ झगड़ा और कलह करने वाला होता है।

(१८) सूर्य्य के साथ यदि शनि हो तो उसकी दशा में स्वजनों से मतभेद, पर-स्त्री गमन, नौकर और सन्तान से असन्तोष तथा पाप-क्रिया करने में तत्परता होती है। (१९) शुभ ग्रह के साथ यदि शनि हो तो बुद्धि का उदय, राजा से भाग्योन्नति, परोपकार, धन का लाभ, खेती में उन्नति और काले अन्न की प्राप्ति होती है। (२०) पापग्रह की दृष्टि यदि शनि पर पड़ती हो तो उसकी महादशा में धन, स्त्री, सन्तान, भाई और नौकर की हानि, बुरे प्रकार का भोजन तथा लांछना होती है। (२१) शुभग्रह की दृष्टि यदि शनि पर पड़ती हो तो धन, स्त्री, पुत्र और नौकर की प्राप्ति होती है। परन्तु दशा के अन्त में वाणिज्य, कृषि, पृथ्वी तथा चतुष्पादों की हानि होती है। (२२) नीच का शनि उच्च के नवमांश में यदि हो तो उसकी महादशा के आदि में शत्रु, चोर और विदेशाटन से दुःख तथा अन्त में आनन्द प्राप्त होता है। (२३) उच्च का शनि यदि नीच नवांश में हो तो उसकी महादशा के आरम्भ में सुख और आनन्द प्राप्त होता है। परन्तु अन्त में दुःख और नाना प्रकार के सन्ताप होते हैं। (२४) स्थान-बली शनि की महादशा में स्त्री, सन्तान, धन और कीर्त्ति से सुख होता है। परन्तु अग्नि, चोर राजा तथा बन्धु जनों के नाश से भय एवं नेत्र, वाहु अथवा गुदा में रोग होता है। (२५) दिगबलो शनि की महादशा में सुख अर्थात् कीर्त्ति की ख्याति होती है। पृथ्वी की हानि और नौकर, स्त्री, पुत्र तथा भाई आदि से विरोध होता है। (२६) काल-बली शनि की महादशा में विष और औषधि से भय तथा धन, धान्य एवं कृषि की वृद्धि होती है। (२७) पाप-षष्ठांशगत शनि की महादशा में राजा और कारागार निवास का भय होता है तथा पद च्युति-होती है। (२८) शुभ षष्ठांश गत शनि की महादशा में बहुत सुख, सम्पत्ति और स्त्री-पुत्रादि का लाभ तथा बन्धु जनों से प्रतिष्ठा होती है। (२९) वैशिषिकांश शनि की महादशा में सुख, राजा से सम्मान और वस्त्र-भूषणादि की प्राप्ति होती है। (३०) क्रूर द्रेष्काणस्थ शनि की महादशा में बड़ा भय अर्थात् उद्वेग राजा, चोर, अग्नि और विष का भय होता है। (३१) वक्री शनि की महादशा में समस्त कार्य्य और उद्योगों की हानि तथा दुःख एवं भाइयों का विनाश होता है।

भिन्न-भिन्न भावगत शनि।

(३२) केन्द्रगत शनि की दशा में कलह और पीड़ा तथा पुत्र-मित्र, स्त्री, धन एवं बन्धु वर्गों का नाश होता है। (३३) लग्नगत शनि की दशा में शरीर में दुर्बलता, जननेन्द्रिय-जनित रोग, प्रवास, स्थान च्युति, राजा से भय, माता और मातृ पक्ष के लोगों की मृत्यु तथा शिर की बीमारी होती है। (३४) द्वितीयस्थ शनि की दशा में धन का नाश, राज-भय, कर्मचारियों से मतभेद, मन में अशान्ति और गुदा तथा नेत्र के रोग होते हैं। (३५) तृतीयस्थ शनि की महादशा में धन और चतुष्पाद की प्राप्ति, मन में उत्साह और सुख होता है। (३६) चतुर्थस्थ शनि की महादशा में मातृ वर्गों का नाश, घर के जलने का भय, पद-च्युति और राजा तथा चोर से भय होता है एवं जातक भ्रमणशील होता है। (३७) पञ्चमस्थ शनि की महादशा में सन्तान का नाश, चित्त में अशान्ति, राजा से भय, भाइयों का विनाश और कुटुम्ब तथा स्त्री से मतभेद होता है। (३८) षष्ठस्थान गत शनि की महादशा में शत्रु, रोग, विष और चोर से भय तथा गृह एवं क्षेत्र का नाश होता है। (३९) सप्तमस्थ शनि की महादशा में अति पीड़ा अर्थात् नाना प्रकार के रोग (मूत्र कृच्छ्र आदि) और स्त्री के कारण मृत्यु का भी भय होता है। (४०) अष्टमस्थ शनि की महादशा में पुत्र, अर्थ, स्त्री, गौ, महिषी और नौकर आदि की हानि होती है। (४१) नवमस्थ शनि की महादशा में गुरु और पिता की मृत्यु होती है। परदेश यात्रा करना पड़ता है और कुल के लोगों का नाश होता है। (४२) दशमस्थ शनि की महादशा में धार्म्मिक कर्मों की कमी, पद-च्युति, देशाटन, राज-कोप और कारागार होता है। (४३) एकादशस्थ शनि की महादशा में नाना प्रकार से सुख और सम्मान की प्राप्ति, स्त्री, सन्तान तथा नौकरों से सुख, कृषि से धन की प्राप्ति एवं आनन्द होता है। (४४) द्वादशस्थ शनि की महादशा में अग्नि, चोर और राजा से भय, अनेक प्रकार का दुःख, विदेश-वास तथा बन्धुओं का नाश होता है।

भिन्न-भिन्न राशिगत शनि।

(४५) मेष राशिगत शनि की दशा में अनेक दुःखों से पीड़ा, रुधिर

प्रकोप अर्थात् तज्जनित चर्म रोग आदि और ऊंचे से गिरने पर व्यथा होती है। (४६) वृष राशिगत शनि की दशा में बुद्धि का उदय, राजद्वार से सम्मान और संग्राम में यश होता है। (४७) मिथुन राशिगत शनि की दशा में परोपकारी, हास्यविलास वाला और चोरी, स्त्रीजन, कलह तथा मोकद्दमें-बाजी से धन का लाभ करने वाला होता है। (४८) कर्क राशिगत शनि की दशा में स्त्री, पुत्र और मित्रादिकों से मन चञ्चल, कान और नेत्र में व्यथा तथा शरीर से निर्बल होता है। (४९) सिंह राशिगत शनि की महादशा में जातक को अनेक वाधायें होती हैं। स्त्री, पुत्रादिकों से कलह और दास-दासी तथा चतुष्पादों को कष्ट होता है। (५०) कन्या राशिगत शनि होने से जल, वृक्ष, उच्च परदेश और अपने कर्म द्वारा धन तथा आनन्द प्राप्त होता है। (५१) तुला-राशिगत शनि की दशा में उत्तम लक्ष्मी की प्राप्ति, हाथी, घोड़ा, स्वर्ण और वस्त्रादिकों का लाभ एवं चित्त में दया का उदय होता है। (५२) वृश्चिक राशिगत शनि की महादशा में जातक साहस-कर्म करने वाला, वेकार भ्रमण करने वाला, कृपण स्वभाव वाला, झूठ बोलने वाला, नीच सङ्गति वाला और निर्दयी होता है। (५२) धन राशि-गत शनि की महादशा में राजा का मन्त्री, संग्राम में धैर्य्य-युक्त, चतुष्पदों का रखने वाला और स्त्री-पुत्रादिकों से सुखी होता है। (५३) मकर राशि-गत शनि की महादशा में धन की प्राप्ति बहुत परिश्रम से होती है। विश्वासघात से धन का क्षय और स्त्री-नपुंसकादि जनों की सेवा करता है। (५४) कुम्भ राशि-गत शनि की महादशा में अनेक सुख और प्रतिष्ठा होती है। कुल में प्रधानता, कृषि से लाभ तथा सन्तान-सुख होता है। (५५) मीन राशि-गत शनि की महादशा में जातक अनेक नगर और पुर का स्वामी तथा स्त्री एवं धन से सुखी परन्तु उत्साह हीन-होता है।

शनि की महादशा के प्रथम खण्ड में भाइयों की मृत्यु और दुःख होता है। मध्य खण्ड में विदेश यात्रा और अन्तिम खण्ड में पर गृह वास तथा परान्न भोजन का सौभाग्य होता है।

बुध-महादशा फल।

धा-३३१ बुध की महादशा में बड़े मनुष्य, मित्र और कुटुम्ब

द्वारा धन की प्राप्ति होती है। सुख तथा कीर्त्ति पाता है। दूत का काम करने का सौभाग्य होता है। स्वर्ण आदि के क्रय-विक्रय से धन की प्राप्ति होती है। अनेक उद्यमों से धनवान् , जनता का स्वामी और यज्ञादि करने वाला होता है। तथा कृषि कर्म में उसकी अभिरुचि होती है। वह कारीगरी में कुशल, विद्या और सङ्गीत का प्रेमी तथा स्थान का निर्म्माण करने वाला होता है। हास्य, क्रीड़ा और सुख से जीवन व्यतीत करने वाला, विनयी तथा पुत्रादिकों से सुख प्राप्त करने वाला होता है। परन्तु जातक को वात रोग का भय होता है।

यदि बुध अस्त, नीच अथवा ६, ८ या १२ में बैठा हो तो जातक-वात-पित्त-कफ-जन्य रोग से पीड़ित होता है और सञ्चित धन का नाश होता है। साधारण रूप से बुध अपनी महादशा में ऐसा फल देता है। परन्तु बुध के अन्यान्य भेदानुसार फल में परिवर्त्तन होता है, जिसका उल्लेख नीचे किया जाता है।

विशेष फल ।

(१) परम उच्च बुध की महादशा में धन की प्राप्ति, सुख और ख्याति होती है। मनुष्यों का स्वामित्व, ज्ञान और कीर्त्ति की उन्नति, तथा पुत्र, भूमि, धन एवं भोग की वृद्धि होती है। (२) उच्च बुध की महादशा में महत्त्व की वृद्धि, धन से सुखी, शरीर से पुष्ट, घोड़े, हाथी, सन्तान और धन धान्य से पूर्ण होता है। (३) उच्चाभिलाषी बुध की महादशा में यज्ञोत्सव, बैल और गाय का सुख, वाणिज्य में उन्नति, परोपकार, धन तथा पृथ्वी आदि की प्राप्ति एवं वाहन, वस्त्र और भोजनादि का सुख होता है। (४) नीचाभिलाषी बुध की महादशा में बहुत कष्ट और दुःख होता है। तथा वह परस्त्री-गामी एवं विज्ञान हीन होता है। उसे चोर, अग्नि, और राजा से भय होता है। (५) नीच राशि-गत बुध की महादशा में स्वजनों से विरोध, पदच्युति, कुटुम्बों की हानि, परदेश-यात्रा और वनवास का दुःख होता है। (६) मूलत्रिकोण बुध की महादशा में धन, सुख और कीर्ति की प्राप्ति होती है। धार्मिक पुस्तक तथा पुराणादि की ओर रुचि एवं सत्य की ढूँढ़ में जातक निमग्न रहता है। (७) स्वगृही बुध की महादशा में धन-धान्य सम्पत्ति, वाणिज्य, गौ, भूमि, स्त्री, सन्तान, सुन्दर भोजन, भूषण और वस्त्रादि की प्राप्ति होती है। (८) अति-मित्र गृही बुध की दशा

में राजा से प्रेम, स्त्री, पुत्र और धन से सुख तथा बन्धु जनों से सम्मान एवं आनन्द की प्राप्ति होती है। (९) मित्र गृही बुध की महादशा में धन और सुख की प्राप्ति होती है। जातक के नाम से पुस्तकों का प्रकाशन होता है और जातक के नाम की भी ख्याति होती है। (१०) अति-शत्रु गृही बुध की महादशा में शत्रु और राजा से भय, कुलहीन की सेवा से भोजन की प्राप्ति तथा स्त्री-पुत्रादि का नाश एवं जातक विद्या विहीन होता है। (११) शत्रु गृही बुध की महादशा में विपद और दुःख का आगमन, शुभ कर्मों का नाश, उत्सवादि में विघ्न, स्वजनों से विरोध और उद्योग में कमी होती है। (१२) समक्षेत्र गृही बुध की महादशा में अन्न, वसन और सन्तान का सुख होता है। भोजनादि में त्रुटि, उपवास, पद-च्युति, चित्त में अशान्ति तथा चर्मादि रोग से जातक व्यथित होता है। (१३) उच्च गृही बुध की महादशा में नाना प्रकार के सुख, वाणिज्य, कृषि, गौ, विद्या और भाग्योदय की प्राप्ति होती है। (१४) शुभ-ग्रह-युत बुध की दशा में अति सुख, कीर्ति द्वारा पुत्रादि का सुख और राज्य की प्राप्ति होती है। (१५) पापग्रह-युत बुध की महादशा में पाप कर्म की वृद्धि, धन, पृथ्वी, कृषि, गौ, दारा और पुत्रादि का नाश होता है। (१६) नीच-ग्रह-युत बुध की महादशा में नाना प्रकार के कष्ट, पद-च्युति, बन्धु और कार्य्यों का नाश तथा मन में व्यथा होती है। (१७) सूर्य्य के साथ बुध हो तो उसकी महादशा में नाना प्रकार की आपत्ति, मानसिक दुःख, अपने परिवार के लोग और राजा से वैमनस्य, निन्दा का बौछार तथा नेत्र रोग होता है। (१८) उच्च नवांश गत यदि बुध हो तो सन्तान और भूषणादि की प्राप्ति, मन में विलास तथा उत्साह, एवं धैर्य्य, स्त्री-प्रसंग और तीर्थादिकों में स्नान करने का सौभाग्य होता है। (१९) नीच नवांश-गत यदि बुध हो तो उस नीच वृत्ति से जीवन और अधीनता होती है। (२०) वक्री बुध की महादशा में स्त्री, सन्तान और धन की प्राप्ति, पुराणादि श्रवण तथा समुद्र में स्नान होता है। (२०) शुभ दृष्ट यदि बुध हो तो कीर्त्ति, विद्या की प्राप्ति से राजद्वार में सम्मान, यश और प्रताप की वृद्धि होती है। (२२) पाप दृष्ट यदि बुध हो तो अन्न की हानि, बन्धु जनों से वियोग अपने पद से च्युति, विदेश यात्रा, छोटी नौकरी और इसमें भी कलह होता है। (२३) स्थान-बल-युत बुध की महादशा में कीर्त्ति की वृद्धि, राज्याधिकार, धैर्य्य,

उत्साह और यज्ञादि शुभ कार्य्य का सौभाग्य होता है। (२४) स्थान-बल रहित बुध की महादशा में स्त्री और पुत्रादि को भय, स्थान से च्युति, विदेश-वास, दुःख तथा अनेक प्रकार के नोच कर्मों के करने का अवसर होता है। (२५) दिग्बली बुध को महादशा में सब दिशाओं से धर्म की प्राप्ति, आनन्द, अन्य देशस्थ राजाओं से प्रेम और सुगन्धादि पदार्थों की प्राप्ति होती है। (२६) कालबली बुध की महादशा में स्वास्थ्य की वृद्धि, शान्ति-मय-जीवन, राजा, स्त्री और पुत्रादि से सम्मान का सौभाग्य होता है। (२७) नैसर्गिक बली बुध की महादशा में बिना परिश्रम शुभ कार्य्यों की प्राप्ति, विद्या विवाद, स्वजनों से विरोध और माता अथवा मातृ पक्ष के लोगों की मृत्यु होती है। (२८) दृग्बली बुध की महादशा में जोव मात्र से प्रेम, रति विलास और राज्याधिकार की प्राप्ति होती है। (२९) पाप षष्ठांश बुध की महादशा में चोर, अग्नि और राजा से भय होता है। पर शुभग्रह की दृष्टि बुध पर न हो। (३०) मृद्वंशादि युत बुध होने से राज्य की प्राप्ति, असीम सुख, जीवों पर दया, खुशी, पुत्र और धन की प्राप्ति होती है। (३१) वैशेषाँशगत बुध की महादशा में राज-द्वार से महा-सम्मान, विद्वानों की सभा में सुख और मर्यादा होती है। (३२) पाप द्रेष्णाणगत यदि बुध हो तो उसकी महादशा में चोर, अग्नि और पदाधिका-रियों से भय, स्थान-च्युति तथा क्लेश होता है। (३३) उच्च नवमांश गत नीचस्थ बुध की महादशा के आदि में अशुभ परन्तु अन्त में शुभ फल होता है। (३४) नीच नवमांश गत उच्चस्थ बुध की महादशा में सुख, कीर्त्ति और धन की प्राप्ति होती है। परन्तु इन सबों का विनाश भी तुरत ही हो जाता है।

भिन्न-भिन्न भावगत बुध ।

(३५) केन्द्रगत बुध की महादशा में राजाओं से मित्रता, धन-धान्य, कलत्र और पुत्रादि का सुख, यज्ञादि कर्म से यश, उत्तम भोजन तथा वस्त्र भूषणादि की प्राप्ति होती है । (३६) लग्न गत बुध की महादशा में अधिकार कृषि, यश, राज-चिन्हों से (अर्थात् ढ़ोल और बाजा इत्यादि) शोभा, उत्तम वाहन संसार में प्रसिद्धि और तीर्थों में स्नान का सौभाग्य होता है (३७) द्वितीयस्थ बुध की महादशा में विद्या की प्राप्ति, कीर्त्ति की वृद्धि, राजा के तुल्य भाग्य

और राज द्वार में प्रधानता होती है। (३८) तृतीयस्थ बुध की महादशा में आलस्य, प्लीहा रोग, वमन, मन्दाग्नि और भाइयों की हानि परन्तु राजा से सम्मान होता है। (३८) चतुर्थ बुध की महादशा में मकान, सम्पत्ति सुख, रोजगार और नौकरी में हानि, मातृपक्ष के जनों की मृत्यु और स्थान परिवर्तन होता है। (४०) पञ्चमस्थ बुध की महादशा में बुद्धि में क्रूरता, नीच प्रकार की वृत्ति, धन सम्पत्ति की प्राप्ति में कठिनाई होती है। (४१) ६, ८ अथवा १२ स्थान में यदि बुध बैठा हो तो उसकी महादशा में वात-पित्त,श्लेष्मा जनित नाना प्रकार के रोग से पीड़ा, खुजली और पाण्डु रोग तथा राजा, अग्नि एवं चोर से भय होता है और शरीर दुबला पड़ जाता है। (४२) सप्तमस्थ बुध की महादशा में विद्या, स्त्री, पुत्र और उत्तम वस्त्रादि का सुख, राजा से प्रेम तथा द्वितीय नाम (अर्थात् उपनाम) की प्राप्ति होती है। (४३) नवमस्थ बुध होने से उसकी महादशा में स्त्री, पुत्र और धन की प्राप्ति तथा जय, होम, दान, यज्ञादि क्रिया एवं तीर्थादि स्नान का सौभाग्य होता है। (४४) दशमस्थ बुध की महादशा में सुख, राज दरबार में अधिकार, जातक के नाम से किसी गद्य या पद्य में पुस्तक का प्रकाशन, उपनाम (तखल्लुस) एवं दारा और पुत्रादि से सुख होता है। राज्य की प्राप्ति, मनुष्यों पर अधिकार, स्वजनों और ब्राह्मणादि का आदर करने वाला होता है। (४५) एकादशस्थ बुध के होने से शुभ क्रियाद्वारा, किसी के दे देने से और कृषि तथा वाणिज्य द्वारा धन की प्राप्ति होती है। (४६) द्वादशस्थ बुध की महादशा में राजा से भय शरीर के किसी अङ्ग का भङ्ग, स्त्री और कुटुम्बियों से मतभेद, प्रमाद तथा आकस्मिक घटना से मृत्यु का भय होता है।

भिन्न-भिन्न-राशिगत-बुध।

(४७) मेष राशिगत बुध की महादशा में जातक एक स्थान पर निवास नहीं करता है। चोर, मिथ्यावादी, शठ, असज्जन और दरिद्र होता है। (४८) वृष राशिगत बुध की महादशा में धन अधिक व्यय होता है। माता को कष्ट, स्त्री-पुत्र और मित्रादिकों की चिन्ता, चित्त की व्यग्रता तथा गले में रोग होता है। (४९) मिथुन राशिगत बुध की दशा में अनेक प्रकार की

बातों में बक-बक करने वाला, स्त्री-पुत्र और जातियों से सुखी तथा मातृ-सुख-विहीन होता है। (९०) कर्क राशिगत बुध की दशा में विदेश-वासी, अल्प-सुखी, मित्र विरोधी, काम-कला से धन प्राप्त करने वाला और अनेक प्रकार का व्यवसायी होता है। (९१) सिंह राशिगत बुध की दशा में स्थिर-विभव, धैर्य्य-युक्त, बुधि विहीन, मित्र, स्त्री और पुत्र के सुख से हीन होता है। (९२) कन्या राशिस्थ बुध की महादशा में धन-धान्य-युत और बड़ा विभव वाला होता है। लिखने और काव्य रचना में अनुरक्त, शत्रु विजयी तथा नीतिमान् होता है। यदि बुध मूल त्रिकोण का हो तो जातक विवेकी, गुणी और बुद्धिमान् होता है। कीर्ति में विख्यात, परदेश यात्रा करने वाला और अपने वाहु से धन उपार्जन करने वाला होता है। यदि बुध मूल त्रिकोण का न हो अर्थात् बीस अंश से आगे बढ़ गया हो (केवल स्वगृही हो) तो उसकी दशा में पशु सुख की हानि, बन्धु जनों से वैर, झगड़े से हानि और शरीर की विकलता होती है (९३) तुला राशिगत बुध की महादशा में व्याख्या करने की बुद्धि, कारीगरी, कार्य्य में निपुणता, व्यापार से धन-लाभ, पशुओं को पीड़ा और दृष्टिज्योति कम होती है। (९४) वृश्चिक राशि में यदि बुध हो तो उसकी महादशा में अल्प सुखी, धन का अधिक व्यय करने वाला, सज्जनों से वियुक्त और धर्म्म कर्म्म तथा आचार आदि अनुराग वाला होता है। (९५) धन राशि-गत यदि बुध हो तो उसकी महादशा में वहुजनों का मालिक और जनता से मित्रता करने वाला होता है। तथा उसके प्रायः दो नाम होते हैं। (९६) मकर राशिगत बुध की महादशा में बहुत भोजन करने वाला, कपटी, नीच, मित्रबाला, बुद्धि हीन और वहु ऋणी होता है। (९७) कुभ राशिस्थ बुध की महादशा में जातक धनहीन और तेज-हीन होता है। मित्रादिकों से कष्ट पाता है तथा अनेक व्यसन से युक्त होकर विदेश वास करता है। (९८) मीन राशिस्थ बुध की महादशा में जातक विवेक और सत्य से रहित, स्थानान्तर निवासी, शरीर से दुर्बल व्यवसाय-युक्त परन्तु अल्प लाभ उठाने वाला होता है।

बुध की महादशा के प्रथम खण्ड में धन और अन्न का लाभ, मध्य खण्ड में राज सम्मान, तथा राजा से धन की प्राप्ति एवं अन्तिम खण्ड में स्वजनों से मतभेद होता है।

केतु महादशा फल ।

धा-३३२ केतु की महादशा में सुख की बहुत ही कमी होती है। जातक दीन, निर्बुद्धि, विवेक-हीन और रोग-ग्रस्त होता है। दुःखमय जीवन व्यतीत करता है। शारीरिक कष्टकी वृद्धि, स्त्री पुत्र का विनाश, राजा से पीड़ित, विद्या तथा धन में आपत्ति, राजा, चोर, विष, जल, अग्नि, शस्त्र और मित्रों से भय, वाहनादि से पतन, परदेश वास, कलि-जनित पापों में अभिरुचि, कृषि का नाश और मन में सन्ताप होता है। उसकी स्त्री और सन्तान की मृत्यु होती है।

विशेषफल ।

(१) शुभ दृष्ट केतु की महादशा में सुख, राज्य से अर्थ की प्राप्ति, गृह में शान्ति का आविर्भाव, चित्त में दृढ़ता एवं राजा से अनुगृहीत होता है। (२) पाप-दृष्ट केतु की महादशा में पिता की मृत्यु, दुःख का भाजन और अतिसार, ज्वर, जननेन्द्रिय रोग एवं चर्म रोगों से पीड़ित होता है।

भिन्न-भिन्न-भावगत-फल ।

(३) केन्द्रवर्त्ती केतु की महादशा में निष्फलता, धन, सन्तान, स्त्री और राज्य का नाश तथा विपत्ति होती है। (४) लग्नस्थ केतु की महादशा में नाना प्रकार के भय और ज्वर, अतिसार, प्रमेह, जननेन्द्रिय रोग तथा चेचक आदि चर्म रोगों से पीड़ित होता है। (५) द्वितीयस्थ केतु की महादशा में धन का क्षय, वचन में कठोरता, मन में दुःख, कुत्सित अन्न की प्राप्ति एवं शिरो-व्यथा होती है। (६) तृतीयस्थ केतु की महादशा में बहुत सुख परन्तु भ्राताओं से मतभेद और मन में विकलता होती है। (७) चतुर्थस्थ केतु की महादशा में सुख की हानि, स्त्री-पुत्रादिकों को भय, परन्तु अन्न, पृथ्वी एवं गृह आदि की प्राप्ति होती है। (८) पञ्चमस्थ केतु की महादशा में सन्तान की हानि, भ्रान्ति-चित्त एवं राजा द्वारा धन की हानि होती है। (९) षष्ठस्थ केतु की महादशा में चोर और अग्नि से नाना प्रकार का भय और जातक ऋणग्रस्त होता है। (१०)

सप्तमस्थ केतु की दशा में भय, स्त्री-पुत्र का नाश और मूत्र-कृच्छ्र रोग से पीड़ा होती है। (११) अष्टमस्थ केतु की दशा में पिता की मृत्यु और श्वास, कास, संग्रहणी तथा क्षय इत्यादि रोग से पीड़ा होती है। (१२) नवमस्थ केतु की दशा में पिता और गुरु को विपत्ति, दुःख तथा शुभ-कर्मों का नाश होता है। (१३) दशमस्थ केतु की महादशा में मान-हानि, चित्त की विकलता, अपकीर्त्ति से पीड़ा होती है। (१४) एकादशस्थ केतु की महादशा में सुख, भ्रातृ वर्गों को आनन्द और यज्ञ-दानादि में प्रवृत्ति होती है। (१५) द्वादशस्थ केतु की महादशा में स्थान से च्युत, प्रवासी, राजा से पीड़ित और कष्ट भोगी होता है। तथा उसके नेत्र के नाश होने का भय होता है।

केतु की महादशा के प्रथम खण्ड में सुख की प्राप्ति, मध्य खण्ड में भय और अन्तिम खण्ड में भय, मृत्यु और चिन्ता होती है।

शुभ फल देने में केतु से राहु अच्छा होता है। परन्तु केतु मुक्ति के देने में प्रवलता रखता है। स्मरण रहे कि राहु और केतु तीन प्रकार से गुण और अवगुण को संग्रह करता है। अर्थात् जिस भाव अथवा राशि में रहता है उसके स्वामी के सदृश और जिस ग्रह के साथ रहता है उसके सदृश फल देता है। केतु के साथ यदि कोई शुभ ग्रह हो तो उसकी दशा सुख देने वाली होती है और यदि केतु पर शुभ ग्रह की दृष्टि हो तो केतु की दशा में बहुत धन की प्राप्ति होती है। परन्तु यदि केतु के साथ पापग्रह बैठा हो तो उसकी दशा में दुष्ट जनों से क्लेश एवं अपने किये हुए कर्म से धनका नाश होता है। मतान्तर से केतु की महादशा के आरम्भ में कुटुम्ब और गुरु जनों को रोग, मध्य में धनागम होता है और अन्त में सुख होता है।

शुक्र महादशा फल।

धा-३३३ शुक्र की महादशा में जातक को स्त्री, सन्तान, धन, समृद्धि और भूषण-वस्त्रादि से सुख, राज द्वार से सम्मान तथा काम-चेष्टा होती है। विद्या-लाभ, गान और नृत्यादि में मन लगाने वाला, शुभ स्वभाव तथा दानादि में अभिरुचि रखने वाला एवं क्रय-विक्रय में चतुर होता है। शुक्र की दशा में

वाहन, पुत्र-पौत्र और पूर्व-सञ्चित धन आदि से सुख होता है। परन्तु निर्बल शुक्र की दशा में घर में झगड़ा, वात-कफ-प्रकोप-जनित- रोगों से निर्बलता, चित्त-सन्ताप, नीच जनों से कभी वैर, कभी विरोध और मित्रादि की चिन्ता होती है। शुक्र की दशा का साधारण फल ऐसा ही है। शुक्र की अन्यान्य स्थिति के अनुसार फल का विवरण नीचे लिखा जाता है।

विशेष-फल।

(१) परम उच्च शुक्र की दशा में स्त्री-पुत्र और धन का सुख, उत्तम वस्त्र तथा भोजनादि की प्राप्ति, चित्त में विलासिता एवं जातक भोगी होता है। (२) उच्चस्थ शुक्र की महादशा में स्त्री-सङ्ग से धन का नाश, धर्म विरुद्ध कामों में रुचि, पिता को भय, दुःख का आगमन और शिरोव्यथा होती है। परन्तु राजा से सम्मान पाता है। (३) आरोहिणी शुक्र को दशा में वस्त्र, अलङ्कार, अन्न और सम्मान को प्राप्ति तथा माता का नाश होता है। वह पर-स्त्री-गामी होता है। (४) अवरोहिणी शुक्र को दशा में प्रचण्ड वेश्यागामी, स्त्री-पुत्र और सम्बन्धियों से मतभेद, हृदय-शूल तथा स्त्री प्रसंग जनित रोग होता है। (५) परम नीचस्थ शुक्र की दशा में रोग पीड़ा से सन्ताप कार्य्य में निष्फलता, चित्त में भीरुता और दार-पुत्रादि से आर्त्त-चित्त होता है। (६) मूलत्रिकोण गत शुक्र की दशा में किसी बड़े पद की प्राप्ति, क्रय-विक्रय द्वारा उन्नति, किसी स्त्री द्वारा धन की प्राप्ति, कीर्त्ति की ख्याति एवं विज्ञान की जानकारी होती है। (७) स्वगृही शुक्र की महादशा में परोपकारी और स्त्री, पुत्र, धन, मित्र एवं ऐश्वर्य्य से सुखी, गौरवशाली तथा सर्वदा सुख भोग करने वाला होता है। (८) मित्र राशि गत शुक्र की दशा में कलाओं का जानने वाला, परोपकारी और कुआं, तालाब, बगीचा इत्यादि का निर्माण करने वाला, दुष्ट जनों को दण्ड देने वाला, गुणी एवं आदर्श होता है। (९) अति-मित्र गृही शुक्र की दशा में राजा से सुखी और सम्मानित, राजसी आडम्बर युक्त तथा घोड़ा, हाथी, गौ इत्यादि से सुख होता है। उसके यहां भृत्यादिकों का समूह रहता है। (१०) समगृही शुक्र की महादशा में प्रमेह, गुल्म और नेत्र तथा गुदा मार्ग के रोग से पीड़ा, राजा, चोर और अग्नि का भय एवं थोड़ा सुख होता है। परन्तु अपने नाम से

कोई पुस्तकादि प्रकाश करता है। (११) शत्रु-गृही शुक्र की महादशा में स्त्री-पुत्र की मृत्यु, धनकी हानि और राजा से भय होता है। वह पाप कर्म में निरत रहता है और उसी में सुख अनुभव करता है। (१२) अति-शत्रु गृही शुक्र की महादशा में घर के झगड़े से शरीर में खिन्नता, पुत्र, स्त्री और धन इत्यादि की हानि तथा प्लीहा, ग्रहणी एवं नेत्र रोगादि से पीड़ा होती है। (१३) उच्चस्थ ग्रह के साथ शुक्र रहने से उसकी महादशा में राज्य को उन्नति, युद्ध विभाग को नायकता, और भूषण-वस्त्र, सुगन्धि द्रव्य, मनुष्य से ढोए जाने वाला वाहन तथा बाजा इत्यदि राजसी आडम्बर से भूषित होता है। (१४) नीचस्थ ग्रह युक्त शुक्र की महादशा में पाप-कर्म-निरत, अपवाद से कलङ्कित और दुःखी होता है। (१५) शुभ ग्रह युक्त शुक्र की महादशा में धन, पुत्र और मित्रादि से युक्त, राजा से पूजित, बहुत से हाथी-घोड़ों से सुसज्जित तथा वाहन एवं रत्नादि से भूषित होता है। (१६) पापग्रह युक्त शुक्र की महादशा में स्थान से च्युत, बन्धुजनों का विरोधी, आचार-विचार-हीन, कलह-प्रिय और कृषि, भूमि तथा स्त्री एवं सन्तानादि से रहित होता है। वह स्वधर्म विरुद्ध कार्य्य करता है। (१७) सूर्य्य के साथ शुक्र के रहने से उसकी महादशा में नाना प्रकार की आपत्ति होती है। रोग के उद्वेग से तप्त रहता है। जीर्ण एवं टूटे-फूटे मकानों में वास और स्त्री एवं भाइयों की मृत्यु होती है। (१८) बृहस्पति के नवांश में शुक्र हो तो उसकी महादशा में स्त्री-पुत्र एवं पृथ्वी का नाश, माता से वियोग और कार्यों में विघ्न होता है। वह धार्मिक बातों का उल्लङ्घन करने वाला तथा सन्तप्त-चित्त होता है। (१०) शुभ दृष्ट शुक्र की महादशा में धन एवं वस्त्रादि का लाभ करने वाला, राजा से सम्मानित, मनुष्यों पर अधिकार रखने वाला और कलत्र, पुत्र, मित्रादि से सुखी एवं कान्तिमान् होता है। (२०) पाप दृष्ट शुक्र की महादशा में जातक को सर्वदा दुःख, मान एवं अर्थ की हानि, पद च्युति, विदेश वास, कर्म-हीनता और स्त्रियों से झगड़ा होता है। (२१) स्थान-बली शुक्र की महादशा में नरेश से सम्मान, भूषणादि की प्राप्ति, सभाओं में विद्या-विवाद की रुचि और पदवी इत्यादि की प्राप्ति होती है। (२२) काल-बली शुक्र की महादशा में नाना प्रकार के यश, धन, वस्त्र, सन्तान, पदवी आदि की प्राप्ति तथा अपने नाम की कीर्त्ति होती है। (२३) दिग-बली शुक्र की महादशा में आनन्द और स्त्री, पुत्र, वस्त्र तथा धनादि से सुख एवं नाम

की ख्याति होती है। (२४) निसर्ग बली शुक्र के होने से बहुत आनन्द लाभ और गौ, पृथ्वी, धन, भाई तथा माता आदि सबों की वृद्धि होती है। (२५) दृग्-बली शुक्र की महादशा में यज्ञादि शुभ-कर्म करने का सौभाग्य, विद्या एवं वस्त्रादि से सुख और राजगद्दी होती है। परन्तु कलह एवं विरोध भी होता है। (२६) क्रूर षष्ठांश शुक्र की महादशा में विपत्ति और चोर, राजा एवं अग्नि से भय तथा खेती, पृथ्वी एवं पशु आदि का नाश होता है। (२७) शुभ षष्ठांश-गत शुक्र के होने से कूआँ तालाब और बगीचा इत्यादि का निर्माण करता है। ईश्वर पूजा में रुचि और बहुत सुख होता है। (२८) वैशेषिकांश का शुक्र होने से भाई, बहन एवं स्त्री द्वारा धन की प्राप्ति, राजा से सम्मान, वाहनादि की प्राप्ति और बहुत आनन्द होता है। (२९) पाप द्रेष्काण गत शुक्र की महादशा में बहुत दुःख, चोर से भय और बन्धन एवं कारागार-निवास का दुःख होता है। (३०) वक्री शुक्र की महादशा में राजा से अनेक प्रकार का सम्मान, राजसी आडम्बर (अर्थात् मृदंग, भेरी आदि बाजाओं से सुसज्जित) और नाना प्रकार के वस्त्र-भूषणादि की प्राप्ति होती है। (३१) उच्च नवमांश-गत नीच शुक्र की महादशा में कृषि, पृथ्वी, गौ और वाणिज्य से धन-धान्य की वृद्धि होती है। (३२) नीच नवांश-गत उच्च शुक्र की महादशा में राज्य, गृह और पद आदि का नाश तथा बड़ा कष्ट होता है।

भिन्न-भिन्न-भावगत-शुक्र।

(३३) केन्द्रगत शु. की महादशा में उत्तम प्रकार के वस्त्र, सुगन्धि द्रव्य, नवरत्न और भूषणादि की प्राप्ति होती है। सुन्दर, उपकारी, धनी, कृषि से लाभान्वित और पालकी आदि सवारी से युक्त होता है। (३४) लग्नस्थ शु. की महादशा में राजाओं से लाभ करने वाला और कृषि से मनुष्यों का उपकार करने वाला, तथा उत्साही होता है। (३५) द्वितीयस्थ शु. की महादशा में जातक धनी, उत्तम भोजन करने वाला, उत्तम वचन बोलने वाला, परोपकारी, राजा से सन्तान प्राप्त करने वाला और अन्नादि सुख से सम्पन्न होता है। (३६) तृतीयस्थ शुक्र की महादशा में उत्साही, साहसी और उत्तम वाहन, भूषणादि एवं भाइयों से बहुत लाभ

उठाने वाला होता है। (३७) चतुर्थस्थ शुक्र की महादशा में राज्य की प्राप्ति, महान् सुख का लाभ, वाहनादि का सुख, कृषि में उन्नति, चतुष्पद आदि में वृद्धि और अपनी क्रिया द्वारा प्रताप तथा कीर्त्ति की ख्याति होती है। (३८) पञ्चमस्थ शुक्र की महादशा में जातक सन्तानवान् कीर्ति से ख्यातिमान्, राज से सम्मान और उपकारी होता है। (३९) षष्ठस्थ शु. की दशा में अन्नादि का नाश और धन, पुत्र, कुटुम्ब एवं भाई की हानि, शत्रु से भय, कार्य्य-विनाश, रोग का आक्रमण और राजा, अग्नि तथा चोर इत्यादि से भय होता है (४०) सप्तमस्थ शु. की महादशा में स्त्री का नाश, परदेश गमन, प्रमेह और गुल्म आदि शारीरिक रोगों से पीड़ा तथा धन, सन्तान एवं बन्धु-जनों की हानि होती है। (४१) अष्टमस्थ शु. की महादशा में शस्त्र, अग्नि और चोर से घाव, कभी कभी सुख किञ्चित् धन की वृद्धि और राजा से कुछ यश की वृद्धि होती है। (४२) नमवस्थ शु. की महादशा में राजा से सम्मानित, पिता आदि गुरुजनों के सुख और यश की वृद्धि तथा यज्ञ कर्मादि में रुचि होती है। (४३) दशमस्थ शुक्र की महादशा में यज्ञादि कर्म करने का सौभाग्य, राजा से सम्पत्ति की प्राप्ति, चहूँ ओर से यश एवं प्रताप की प्राप्ति, शरीर कान्तिमयी और नवीन सम्पत्ति की प्राप्ति होती है। (४४) एकादशस्थ शु. की महादशा में राजा से सम्मान, पुत्र, धन, वस्त्र एवं सुगन्धि पदार्थ आदि की प्राप्ति, कृषि तथा बाणिज्य से सुख, दानशील एवं पुस्तक का बनाने वाला होता है। (४५) द्वादशस्थ शु. की महादशा में राजा से सम्मान, धन तथा अन्न की प्राप्ति, स्थान से च्युति, परदेश-वास, मातृवियोग और मन की विकलता होती है।

भिन्न-भिन्न-राशिगत-शुक्र।

(४६) मेष राशिस्थ शु. की महादशा में धन और सुख का नाश होता है। वह सदा भ्रमणकारी, व्यसनी, चित्तोद्वेगी और चञ्चल होता है। (४७) वृष राशिस्थ शु. की महादशा में कृषि करने वाला, सत्यवादी और दानी होता है। उसके सुख की वृद्धि और शास्त्रों की ओर विलक्षण रुचि होती है। उसे कन्या सन्तान होती है। (४८) मिथुन-राशि-गत शु. की महादशा में काव्य

कला का जानने वाला, हास्य-विलास प्रिय, कथा इत्यादि में रुचि रखने वाला, और परदेश यात्रा में उत्सुकचित्त होता है। (४९) कर्क राशिगत शु. की दशा में जातक अपने कार्य्य में दक्ष, उद्यमी और अपनी स्त्री के लिये उत्सुक एवं कृतज्ञ होता है। (५०) सिंह राशिस्थ शु. की दशा में स्त्रियों से धन प्राप्त करने वाला, पराये धन से जीवन व्यतीत करने वाला, पुत्र और चतुष्पद जीवों से किञ्चित सुखी तथा पुराने मकान में वास करने वाला होता है। स्त्री का नाश, भ्रातृ वियोग, स्वजनों से विरोध और कलह होता है। (५१) कन्या राशिस्थ शु. की महादशा में सुख का नाश, धन की कमी, मन में चञ्चलता, मनोरथ का नाश और अपने स्थान से चलायमान होता है। (५२) तुला राशि में शुक्र बैठा हो तो उसकी महादशा में जातक खेती करने वाला, धन-वाहनों से युत और अपनी जाति में मान एवं प्रतिष्ठा पाने वाला होता है। (५३) वृश्चिक राशिगत शुक्र की महादशा में परोपकार-निरत, प्रतापी एवं विदेश-वासी होता है। परन्तु ऋण-ग्रस्त और कलही होता है। (५४) धन राशिस्थ शुक्र की महादशा में राजद्वार से यथेष्ठ सम्मान एवं प्रतिष्ठा पानेवाला और शिल्प विद्या में निपुण होता है। परन्तु उसके शत्रुओं की वृद्धि होती है और वह दुःखी रहता है। (५५) मकर राशिस्थ शुक्र की दशा में शत्रुओं का विजय करने वाला, सहनशील, कुटुम्बजनों से चिन्तित और कफ तथा वात रोग से निर्बल होता है। (५६) कुम्भ राशिस्थ शुक्र की दशा में व्यसनों से व्याकुल, रोगी, श्रेष्ठ कर्मों से रहित और मिथ्यावादी होता है। (५७) मीन राशिस्थ शुक्र की दशा में राजा का प्रधान, धनी, कृषि से लाभ करने वाला और अनेक सुखों से युक्त होता है। (देखो संख्या २)।

ग्रहों के उच्च-नीचादि भेद, स्थानादि प्राप्ति, भावेश एवं अत्रस्थादि प्राप्ति द्वारा नाना प्रकार के फलों का विवरण लिखा गया है। फल कहने में नाना प्रकार के फलों पर दृष्टि डालते हुए सबके निचोड़ पर स्थिरता पूर्वक ध्यान देकर फल कहना होगा। जातक की उम्र, व्यवसाय, विद्या, धन, समाज इत्यादि विषयों पर ध्यान देकर फल कहना होता है। जैसे किसी जातक के यदि ६० या ७० वर्ष की अवस्था में किसी ग्रह की महादशा में पुत्र पैदा का सुख-योग पाया जाय अथवा किसी बालक के दस-बारह वर्ष

की अवस्था में वैसाही फल हो तो असम्भवसा प्रतीत होने के कारण त्याज्य होगा। इसी प्रकार यदि किसी अनपढ़ साधारण मनुष्य को किसी ग्रह के फल से पुस्तकादि का प्रकाशित करना मालूम पड़े तो फल कहने के समय अनुमान और बुद्धि से काम लेना होगा। तात्पर्य्य यह है कि फल कहने में बड़ी सावधानी एवं विचार से काम लेना होगा। मनुष्य अनेक और ग्रह नौ हो हैं। शास्त्रकारों ने ग्रहों के स्थानादि परिवर्त्तन द्वारा अनेकानेक फल बतलाये हैं। परन्तु पाठकों को बुद्धि और विचार से काम लेना आवश्यक है।

अध्याय ३१

ग्रहों के अन्तर-दशा-फल।

दशा-अन्तरदशा-फल-अनुमान।

का-३३४ दशा अन्तर-दशा का फल कहना इतना सुगम नहीं है जितना कि साधारणतः लोग इसको बनाये हुए हैं। अन्तर दशा के फल का अनुमान उसी प्रकार हो सकता है जैसे दो भिन्न भिन्न पदार्थों के मिलने से विज्ञान शास्त्रानुसार (प्रायः) कोई एक तीसरा पदार्थ बन जाता है। स्वच्छ दूध में खट्टा एवं कांजी के मिलाने से उसका रूपान्तर, दही बन जाता है। दूध को विलोने से अथवा मथन करने से मक्खन निकल आता है। मक्खन पर अग्नि का प्रयोग करने से घृत बन जाता है। जलपर किसी क्रिया को करने से वर्फ अर्थात् तरल से कठिन पदार्थ बन जाता है। स्वर्ण में सुहागा मिला कर अग्नि प्रयोग करने से कठिन से तरल पदार्थ हो जाता है। रसायनिक विद्या में सहस्त्रों ऐसे प्रमाण हैं जो प्रतीत दिलाता है कि भिन्न भिन्न गुण स्वभाव के पदार्थों को मिलाने से एक विचित्र परिवर्त्तन हो जाता है। परन्तु सुगमता से सर्वसाधारण मनुष्यां के समक्ष में आने के कारण इन्हीं कई उपमाओं को देकर यह दिखालाया जाता है कि भिन्न भिन्न पदार्थों को भिन्न भिन्न अवस्थाओं में योग करने से अनेकानेक विलक्षण परिणाम होते हैं। इसी प्रकार एक ग्रह की दशा में जब दूसरे किसी ग्रह की अन्तर दशा आती है तो उस समय इन दोनों ग्रहों के अनेकानेक विलक्षणताओं के अनुसार एवं उन दोनों ग्रहों की विचित्र विचित्र किरणों

के सम्मिलित होने से एक विलक्षण मिश्रित फल होता है। स्मरण रहे कि दशान्तर फल कहने में प्रधानता दशेश और अन्तर दशेश का होता है। इस कारण देखना यह होगा कि (१) दशेश किन किन भावों का स्वामी है। (२) दशेश किस भाव में बैठा है। (३) अन्तर-दशेश किस भाव में बैठा है (४) दशेश से अन्तर दशेश का क्या स्थान पड़ता है। (५) अन्तर दशेश की अवस्था आदि के अनुसार फल। (६) एक ग्रह को दूसरे ग्रह के साधारण सम्बन्धानुसार फल। (७) किसी विलक्षण सम्बन्ध के अनुसार फल। इनके अतिरिक्त उन सब बातों पर ध्यान देना, जिनका वर्णन आगे लिखा गया है, बहुत ही आवश्यक है। यह भी देखना होगा, कि ग्रह-गण अपना अपना फल देने में कब समर्थ होते हैं।

अन्तर-दशा विचार के समय निम्नलिखित ८ नियमों पर यदि सावधानता पूर्वक ध्यान दिया जायगा तो आशा होती है कि ज्योतिष प्रेमियों को फल कहने में बहुत ही सफलता होगी। परन्तु परिश्रम तो अवश्य करना ही होगा। बिना परिश्रम फल कहने का परिणाम यह हुआ कि इस प्राचीन गूढ़ तथा महत्त्व पूर्ण शास्त्र को "आये दिन" लोग ढकोसलेबाजी, धूर्त्तपना एवं ढोंग कहते हैं। विचार-पूर्वक यदि फल कहा जाय तो आशा की जा सकती है कि इस कलंक की टीका को ही केवल न मिटाया जायगा, वरन् यह विद्या बहुतेरों के लिये जिनको आवश्यकता है, पूर्ण रीति से अर्थकरी भी होगी।

नियम।

(१) दशेश अर्थात् जिस ग्रह की महादशा है वह किस भाव का स्वामी और उसकी अन्तरदशा में शुभ और अशुभ ग्रहों की अन्तरदशा का क्या फल होता है (धारा ३३५.)। (२) दशानाथ के भिन्न-भिन्न भावों में स्थिति के अनुसार है अन्तर दशा फल (धारा ३३६.)। (३) अन्तर दशेश किस भाव में बैठा है उनके अनुसार फल (धारा ३३७.)। (४) दशानाथ से अन्तर दशेश किस स्थान में है अर्थात् दशानाथ के साथ अन्तर दशेश है अथवा दशानाथ से अन्तर दशेश द्वितीय, तृतीय और चतुर्थ इत्यादि स्थानों में है। और इन स्थानों में रहने के कारण क्या फल होता है (धारा ३३८.)। (५) अन्तरदशेश की अवस्था आदि

का विचार एवं अन्तर दशेश की शुभ अशुभ दृष्टि आदि के भेद से फल का निर्णय। धारा (३३९)। (६) प्रति ग्रह की दशा में अन्यान्य ग्रहों की अन्तर दशा का स्वाभाविक फल। धारा (३४०)। (७) कतिपय फुटकर योग द्वारा दशाअन्तरदशा के फल। धारा (३४१)। (८) ग्रह गण किन-किन कारणों से कब-कब फल देने में समर्थ होते हैं। एवं वर्ष, ऋतु, मास, पक्ष, नक्षत्र, तिथि, कर्म, वार और योग आदि का फल किस-किस समय में विकास दिखलाता है। धारा (३४२)।

इन्हीं नियमों के अनुसार यदि ग्रहों के फलों की आयोजन की जाय और इन फलों के शुभ अथवा अशुभ-दायित्त्व के तारतम्यानुसार फल कहा जाय तो सफलता की पूर्ण आशा की जाती है।

प्रथम नियम।

अर्थात

भिन्न-भिन्न भावों के स्वामी अपनी-अपनी महादशा में अन्य ग्रहों की अन्तरदशा में क्या फल देते हैं।

धा-३३५ (१) साधारण नियम यह है कि ग्रह जिस भाव का स्वामी हो अथवा जिस गृह में बैठा हो अथवा जिस चीज का कारक हो, उन सब पर वह ग्रह अपनी दशा अन्तरदशा में शुभ अथवा अशुभ फल प्रदान करता है। जैसे पञ्चमेश की दशा में पुत्र सम्बन्धी अथवा भगवत् प्रेम सम्बन्धी कुछ-न-कुछ शुभ अथवा अशुभ फल अवश्य होता है। पञ्चमस्थ ग्रह भी पञ्चम भाव के फलों पर प्रभाव डालता है और इसी प्रकार ग्रह गण अपने-अपने कारकत्त्वानुसार (यथा वृहस्पति पुत्र का कारक होने के कारण पुत्र-सम्बन्धी विषयों पर) शुभाशुभ प्रभाव डालते हैं। (२) लग्नेश की दशा में जब शनि का अन्तर आता है तो धन की हानि होती है और कुटुम्ब-वर्गों से शत्रुता अथवा प्रेम का अभाव होता है। (३) द्वितीयेश की महादशा में मान-हानि, द्रव्य की हानि, पद से च्युति, कुटुम्ब और मित्रों से दुर्भाव तथा कभी कभी कारागार भी होता है। द्वितीयेश यदि पापग्रह हो अथवा पापग्रह कोई द्वितीयस्थ हो और द्वितीयेश के साथ कोई

पाप ग्रह बैठा हुआ हो तो द्वितीयेश की महादशा में जब शनि, मङ्गल, सूर्य्य तथा राहु की अन्तरदशा होती है तो जातक की धन सम्पत्ति की हानि होती है। पुनः यदि द्वितीयेश पापग्रह होता हुआ द्वितीयस्थ हो अर्थात द्वितीयेश स्वगृही हो, परन्तु पाप ग्रह हो तो ऐसे द्वितीयेश की दशा में राजा के कोप से जातक के धन और मान की हानि, तथा देश निकाला होता है। जातक को अपने इष्ट जनों से विरोध होता है। ऐसी महादशा में पाप ग्रह की अन्तरदशा आनेसे धन और पृथ्वी की हानि तथा सन्तान, भाई और बहन की मृत्यु होती है। परन्तु शुभ ग्रह की अन्तरदशा में अनिष्टकारी फल नहीं होता है। यदि द्वितीय स्थान में कोई शुभग्रह बैठा हो और द्वितीयेश भी शुभ ग्रह हो तो द्वितीयेश की महादशा में जातक की उन्नति होती है और सन्तान-सुख भी संभव होता है। यदि द्विती-येश पापग्रह हो तथा पापग्रह के साथ बैठा हो तो ऐसे द्वितीयेश की महादशा में जब पापग्रह की अन्तरदशा आती है तो शस्त्र, चोर और अग्नि से जातक को भय होता है तथा वह सब प्रकार के दुःख का भाजन होता है। द्वितीयेश यदि पापग्रह हो तो उसकी महादशा में जातक भूत-प्रेतादि से पीड़ित होता है और मानसिक व्यथा, चिन्ता तथा अप्रसन्नता से सदा व्याकुल रहता है। परन्तु शुभ ग्रह की दृष्टि रहने से ऐसा फल नहीं होता। (४) <u>तृतीयेश</u> की महादशा में यदि तृतीयेश के साथ शुभ ग्रह हो तो शुभ फल होता है। यदि तृतीयेश पाप-ग्रह हो तो वैसे तृतीयेश की महादशा में जब शनि, मंगल, सूर्य्य, राहु अथवा केतु का अन्तर आता है तो भाई बहनों की मृत्यु होती है और अन्यथा कम-से-कम उन लोगों से तथा अपने मित्र वर्गों से वैमनस्य तथा भेद-बुद्धि तो अवश्य ही होती है। यदि पाप तृतीयेश के साथ कोई दूसरा पाप ग्रह भी बैठा हो तो वैसे तृतीयेश की दशा में जब पापग्रह का अन्तर आता है तो शत्रुओं की वृद्धि और चोरादि द्वारा धन नष्ट होता है तथा शस्त्र द्वारा आघात भी होता है। अर्थात् प्रायः अनिष्ट ही फल होता है। तृतीयेश की महादशा में चाहे पाप हो चाहे शुभ, जब पापग्रह की अन्तरदशा आती है तो प्रायः उसका परिणाम भ्राता और कुटुम्बियों से झगड़ा ही होता है। (५) <u>चतुर्थेश</u> यदि पापग्रह हो तो उसकी महादशा में जब पापग्रह का अन्तर आता है तो बन्धुजनों से विरोध कृषि-गो-धनादि की हानि, सम्पत्ति की कमी और स्थान से च्युति तथा मर्य्यादा में कमी होती है। चतुर्थेश की महादशा में पापग्रह, अस्त-ग्रह अथवा नीच-ग्रह

की अन्तरदशा जब होती है तो जातक को हठात् अपने देश का त्याग करना पड़ता है और बन्धु जनों का विनाश होता है। (६) पञ्चमेश यदि शुभ ग्रह हो तो उसकी दशा में धन और सन्तान की वृद्धि, राजदरवार तथा बन्धु-बान्धवों से प्रेम इच्छानुसार प्राप्ति और अभीष्ट सिद्धि होती है। परन्तु पञ्चमेश की महादशा में जब पापग्रह की अन्तर-दशा आती है तो राजा से पीड़ा और पुत्रों पर आपत्ति और दुःख होता है। धन की हानि भी होती है। पञ्चमेश की महादशा में ईश्वर प्रेम का भी (यदि ऐसा योग हो) उदय होता है। स्मरण रहे कि त्रिकोणेश पापग्रह रहने पर भी शुभप्रद होता है। (७) षष्ठेश की महादशा में यदि पापग्रह की अन्तरदशा आती है तो राजा, अग्नि तथा रोग का भय और शोक होता है। पुनः यदि षष्ठेश पापग्रह हो तो वैसी षष्ठेश की महादशा में जब पापग्रह की अन्तरदशा आती है तो उपर्युक्त फलों के अतिरिक्त जातक को मुकद्दमेबाजी होती है। राजदण्ड होता है, तथा प्लीहा, गुल्म, कमला, प्रमेह, दमा एवं क्षय रोग का प्रकोप होता है और वह महादुःखकारी होता है। (८) सप्तमेश की महादशा में जब पापग्रह का अन्तर आता है और यदि विशेष रूपसे यदि वह पापग्रह नीच हो तो जातक की स्त्री का नाश होता है और जातक को इधर-उधर भटकना पड़ता है। सप्तमेश, पाप-बध की महादशा में उपर्युक्त फल के अतिरिक्त जातक को किसी न किसी स्त्री से झगड़ा होता है। वह राज-कोप का भाजन होता है तथा देशनिर्वासन संभव होता है। जातक के किसी अङ्ग अथवा गुदा मार्ग में रोग उत्पन्न होता है। (९) अष्टमेश की महादशा में जब पापग्रह का अन्तर आता है तो शत्रु से भय, द्रव्य का नाश, यश की हानि, स्थान से च्युति और जीवन में भय होता है तथा स्त्री, मित्र, कुटुम्ब और भ्राता आदि की हानि होती है। (१०) नवमेश की दशा में, जब पाप ग्रह का अन्तर आता है तो माता-पिता की मृत्यु, वन्धन, द्रव्य की हानि एवं अन्याय-युत बातें होती हैं। परन्तु नवमेश की दशा में धार्म्मिक विचारों का उदय, सत्कर्म की आयोजना और अनुष्ठानादि क्रिया भी (यदि अन्य प्रकार से ऐसे योग हों) होती है। इसी प्रकार यदि नवमेश पापग्रह हो और उसमें जब राहु, शनि, मंगल और सूर्य्य की दशा आती है तो जातक को परदेश भ्रमण से अनेक प्रकार के दुःख झेलने पड़ते हैं और भाई तथा बन्धुवर्गों से झगड़ा एवं क्षोभ होता है। (११) दशमेश की महादशा में, जब पापग्रह का अन्तर आता है तो मित्रों से वियोग, छुख और

द्रव्य की हानि, पद से च्युति और अपमान होता है और यदि दशमेश नीच हो तो पापग्रह की अन्तरदशा में प्रियजनों को रोग, सुख और यश की हानि, पद से च्युति और वित्त का क्षय होता है। परन्तु दशमेश की महा तथा अन्तरदशा में यज्ञादि कर्म करने का (यदि धर्म स्थान सुन्दर हो) उत्तम समय होता है। दशमेश यदि पापग्रह हो और उसमें जब पाप ग्रह की अन्तरदशा आती है तो जातक को कारागार निवास, कठिन रोग और नाना प्रकार के दुःखों को झेलना पड़ता है। स्मरण रहे कि दशमस्थ-ग्रह यदि उच्चादि शुभ वर्ग का हो तो वैसे ग्रह का फल अत्युत्तम होता है। (१२) एकादशेश की महादशा में जब शनि, मंगल, सूर्य्य और राहु का अन्तर आता है तो कृषि का नाश, नृप से भय, वित्त की कमी और जीवन दुःखित होता है। (१३) द्वादशेश की महादशा में जब शनि, सूर्य्य, अथवा मंगल की अन्तरदशा आती है तो स्त्री, सन्तान और कुटुम्बों से मतभेद होता है तथा द्रव्य, मान और बल एवं पुरुषार्थ को धक्का लगता है तथा राहु की अन्तरदशा में चोर और विषधर जन्तुओं से भय होता है।

द्वितीय नियम।

अर्थात्

दशानाथ के भिन्न-भिन्न भावों में रहने के अनुसार अन्तरदशा फल।

सूर्य्य

का-३३६ (१) लग्नस्थ सूर्य्य की महादशा में जब मं., चं., शनि अथवा राहु की अन्तरदशा होती है तो दुःख, राज-अधिकार और गृह तथा धन का नाश होता है। परन्तु जब ऊपर लिखे हुए अन्तर दशेश 'अगोचर' हों तो ऊपर लिखे हुए ग्रह दुःखदाई होते हैं और जब 'गोचर' हों तो ऊपर लिखे हुए विषयों में शुभ फल होता है, अर्थात् लग्नस्थ सूर्य्य की महादशा में जब 'गोचर' मंगल, चन्द्रमा, शनि अथवा रा. की अन्तर दशा आती है तो सुख, राज्य, अधिकार और गृह, धन तथा सुख की प्राप्ति होती है।

टिप्पणीः—'गोचर' शब्द ज्योतिष शास्त्र में भिन्न भिन्न दो अर्थों में प्रयोग किया जाता है। जन्म राशिस्थ चं. से जन्म के बाद ग्रह-गण अपनी अपनी गति के अनुसार जिन जिन भावों में जिस जिस समय पड़ते

हैं उसको गोचर कहते हैं। इस स्थान में गोचर शब्द का यह अर्थ नहीं है। गोचर से दूसरा अभिप्राय यह है कि जो ग्रह उच्च, स्वगृही, मूल त्रिकोण, मित्रगृही हो अस्त अथवा षष्ठ, अष्टम और द्वादश भावगत न हो तो वह ग्रह 'गोचर' कहलाता है। जब ग्रह अस्त हो, अथवा नीच हो, अथवा स्वगृही न हो, अथवा मूलत्रिकोण में न हो, अथवा षष्ठ, अष्टम और द्वादश-गत हो तो ऐसे ग्रह को अगोचर कहते हैं। इसी अर्थ में 'गोचर' 'अगोचर' शब्द का प्रयोग इस स्थान में किया गया है। लग्नस्थ सूर्य्य की महादशा में वृ., शुक्र, बुध एवं चन्द्रमा की अन्तर दशा जब आती है तो पृथ्वी, कृषि, चतुष्पद जन्तु और पुत्रादि से सुख होता है। (२) द्वीतीयस्थ सूर्य्य की महादशामें जब पापग्रह की अन्तर दशा आती है तो धन का क्षय, रूखी बातों का भाषण, मानसिक दुःख, बहुत भय एवं नेत्र रोग होता है। यदि शुभग्रह की अन्तर दशा आती है तो अत्यन्त सुख, विद्या की प्राप्ति, राजा से प्रेम और भूषण-वस्त्र तथा वाहनादि का सुख होता है। (३) तृतीयस्थ रवि की महादशा में, 'गोचर' ग्रह की अन्तर दशा आने से अत्यन्त सुख होता है। परन्तु 'अगोचर' ग्रह की अन्तर दशा में निकृष्ट फल होता है। यदि शुभग्रह की अन्तरदशा हो तो अत्यन्त सुख, धन, धैर्य्य, संग्राम में जय एवं सन्तान की उत्पत्ति होती है। (४) चतुर्थस्थ सूर्य्य की महादशा में, जब पापग्रह की अन्तर दशा आती है तो मानसिक दुःख, राजा, अग्नि और चोर से भय एवं माता की मृत्यु होती है। शुभग्रह की अन्तर दशा में, अत्यन्त सुख, राज्य, धन, वस्त्र, सुगन्धादि पदार्थ और स्त्री पुत्रादि का सुख होता है। (५) पंचमस्थ सूर्य्य की महादशा में जब शनि, मं., केतु अथवा राहु की अन्तरदशा आती हैं तो चोर, अग्नि एवं राजा से पीड़ा और सन्तान को क्लेश होता है। शुभ ग्रह की अन्तरदशा में आनन्द, राज्य, भूषण और वाहन की प्राप्ति एवं सन्तान सुख होता है। (६) षष्ठस्थ रवि की महादशा में जब पापग्रह की अन्तर दशा आती है तो राजा, अग्नि और चोर से भय एवं जातक ऋण ग्रस्त होता है। शुभग्रह की अन्तरदशा के आरम्भ में सुख तथा उत्तम फल होता है और अन्त में दुःख होता है। (७) सप्तमस्थ रवि की महादशा में शुक्र, वृ., चं. एवं बुध की जब अन्तर-दशा आती है तो मन में उत्साह भूषण, वस्त्र और वाहन इत्यादि की प्राप्ति एवं स्त्री लाभ होता है। पापग्रह की अन्तर दशा में ज्वर,

अतिसार, पित्त-प्रकोप,प्रमेह और मूत्र-कृच्छ्र इत्यादि रोग एवं शत्रुओं से भय होता है। (८) अष्टमस्थ रवि की महादशा में जब शुभग्रह की अन्तर दशा आती है तो भूषण और वस्त्रादि की प्राप्ति होती है। अधिक शुभ फल होता है परन्तु किञ्चित् दुःख भी होता है। पापग्रह की अन्तर दशा में नाना प्रकार से भय, पराधीनता, व्याधि, पीड़ा एवं मरण का भी भय होता है। (९) नवमस्थ रवि की महादशा में जब शुभग्रह की अन्तर दशा आती है तो दान में प्रवृत्ति, उत्सवादि सुख, यज्ञादि क्रिया का सम्भव और उत्तम कार्यों के करने का अवकाश मिलता है। पापग्रह की अन्तर दशा में दुःख की वृद्धि और गुरु तथा पिता अदि की मृत्यु होती है। (१०) दशमस्थ रवि की महादशा में जब पापग्रह की अन्तरदशा आती है तो चोर, अग्नि और राजा से भय तथा उत्तम कार्यों की हानि होती है। शुभग्रह की अन्तरदशा में धन, अर्थ की प्राप्ति एवं दृढ़ प्रकार की कीर्ति होती है। (११) एकादशस्थ रवि की महादशा में जब पापग्रह की अन्तरदशा आती है तो अन्तरदशा के आरम्भ में दुःख और शेष में सुख होता है। शुभग्रह की अन्तरदशा जब आती है तो राजा से अनुगृहीत, धन की प्राप्ति और स्त्री-पुत्र से सुख होता है। (१२) द्वादशस्थ रवि की महादशा में जब पापग्रह की अन्तरदशा आती है तो स्थान से च्युति (दर्जा टूटना) प्रवास और राजा के कोप से मान-हानि होती है। शुभग्रह की अन्तर-दशा जब आती है तो पृथ्वी, पशु, धन, धान्य, वस्त्र एवं मणि-माणिक्यादि की प्राप्ति होती है।

चन्द्रमा।

(१) लग्नस्थ चं. की महादशा में जब शु., बुध और बृ. की अन्तर दशा आती है तो राजा से प्रीति, भूषण, वाहन और वस्त्रादि की प्राप्ति एवं स्वास्थ्य अच्छा होता है। पापग्रह की अन्तरदशा जब आती है तो कृषि, गौ और भूमि इत्यादि का नाश एवं दुःख होता है। (२) द्वितीयस्थ चं. की महादशा में जब पापग्रह की अन्तर दशा आती है तो राजा से भय एवं स्त्री-पुत्र और बन्धुजनों से चिन्ता होती है। जब शुभग्रह की अन्तरदशा आती है तो मन में उत्साह और भोजन-वस्त्रादि का सुख होता है। (३) तृतीयस्थ चं. की महादशा में जब शुभग्रह की अन्तरदशा आती है तो राज-सम्मान और आनन्द होता है। पापग्रह की अन्तर दशा जब आती है तब धैर्य्य एवं भाइयों का विनाश होता है

और बिकलता होती है। (४) चतुर्थस्थ चं. की महादशा में जब शुभग्रह की अन्तरदशा आती है तब राजा से प्रीति द्वारा नाना प्रकार के सुख की प्राप्ति होती है। पापग्रह की अन्तरदशा जब आती है तब अग्नि, चोर और राजा से भय होता है एवं स्त्री, धन और गृह का नाश होता है। (५) पञ्चमस्थ चं. की महादशा में जब शुभग्रह की अन्तरदशा आती है तो स्त्री, सन्तान, द्रव्य एवं वस्त्रादि की प्राप्ति और बड़ा सुख होता है। पापग्रह की अन्तरदशा जब आती है तब मानसिक सन्ताप एवं बुद्धि चंचल होती है। (६) षष्ठस्थ चं. की महादशा में जब पापग्रह की अन्तरदशा आती है तो कृषि की हानि, प्रमेह, क्षय और पान्डु रोगादि से दुःख एवं ऋण-ग्रस्त होता है। शुभग्रह की अन्तर-दशा जब आती है, तो सबों से मित्रता होती है और भय रहित होता है। (७) सप्तमस्थ चं. की महादशा में जब शुभग्रह की अन्तरदशा आती है तब वाहन, भूषण, वस्त्र और स्त्री-पुत्रादि तथा धन का सुख होता है। जब पापग्रह की अन्तर दशा आती है, तो विदेश-यात्रा और पुत्र, एवं धन का नाश होता है। (८) अष्टमस्थ चं. की महादशा में जब पापग्रह की अन्तरदशा आती है तो स्त्री, सन्तानादि का मरण, झगड़े में पराजय एवं भोजन में दुःख होता है। शुभग्रह की अन्तरदशा जब आती है तब भूषण, वाहन और धैर्य्य आदि की प्राप्ति तथा महाकीर्त्ति होती है। (९) नवमस्थ चं. की महादशा में जब शुभ ग्रह की अन्तरदशा आती है तब पिता को सुख, विवाहादि उत्सव, धर्मादि क्रिया और धन एवं स्त्री का सुख होता है। पापग्रह की अन्तरदशा जब आती है तब सम्पत्ति एवं गृह का नाश, धर्म-च्युति और मन में दुःख होता है। (१०) दशमस्थ चं. की महादशा में जब शुभग्रह की अन्तर दशा आती है तब स्वधर्म-निरत, शास्त्रों में रुचि एवं दानादि-परायण होता है। जब पापग्रह की अन्तरदशा आती है तब अपकीर्ति अर्थात् अपयश, भय एवं स्वधर्म-च्युति होती है। (११) एकादशस्थ चं. की महादशा में जब शुभग्रह की अन्तरदशा आती है तब नाना प्रकार का सुख और वाहन एवं धन-धान्यादि की प्राप्ति होती है। पापग्रह की अन्तरदशा जब आती है तब नृप और चोरादि से पीड़ा, कृषि एवं अन्न की हानि, शरीर पीड़ा तथा नेत्र रोग होता है। (१२) द्वादशस्थ चं. की महादशा में जब पापग्रह की अन्तरदशा आती है तब नाना प्रकार

का कष्ट और सब लोगों से शत्रुता होती है और धन का नाश होता है। शुभग्रह जब आती है तब भूषण, वस्त्र और वाहन आदि का सुख तथा स्त्री, सन्तान एवं मित्रों की वृद्धि होती है।

मंगल।

(१) लग्नस्थ मंगल की महादशा में जब पापग्रह की अन्तरदशा आती है तब दुर्जनों से भय, बहुत कष्ट और क्षति होती है। व्रण एवं मन्दाग्नि आदि से पीड़ित होता है। शुभग्रह की जब अन्तरदशा आती है तब राजा से प्रीति और भाई, बन्धु, पृथ्वी तथा वाहनादि का सुख होता है। (२) द्वितीयस्थ मंगल की महादशा में जब शुभ ग्रह की अन्तरदशा आती है तब भाइयों को सुख, विद्या की प्राप्ति, मनमें उत्साह और वाहन तथा भूषणादि का सुख होता है। पापग्रह की अन्तरदशा जब आती है तब पूर्व-सञ्चित धन का नाश, राजा से भय और ज्वर एवं अग्नि से पीड़ा होती है। (३) तृतीयस्थ मंगल की महादशा में जब पापग्रह की अन्तरदशा आती है तो मनमें अशान्ति और भाई-बन्धुओं का नाश होता है। शुभग्रह को जब अन्तरदशा आती है तब भोजन, वस्त्र, भूषण और वाहन आदि का सुख तथा कृषि से लाभ होता है। (४) चतुर्थस्थ मंगल की महादशा में जब पापग्रह की अन्तर-दशा आती है तब पृथ्वी एवं गृह का नाश और राजा, चोर तथा अग्नि का भय और दुःख होता है। शुभग्रह की अन्तरदशा जब आती है तब पृथ्वी, वाहन, पशु, भूषण और वस्त्रादि का सुख होता है। (५) पञ्चमस्थ मंगल की महादशा में जब पापग्रह की अन्तरदशा आती है तबस्त्री, पुत्र, धन, धान्य, पशु एवं कृषि आदि की हानि होती है। जब शुभ ग्रह की अन्तरदशा आती है तो मन्त्र की उपासना एवं उसकी सिद्धि, सन्तान की प्राप्ति तथा राजा से सम्मान होता है। (६) षष्ठस्थ मंगल की महादशा में जब पापग्रह की अन्तरदशा आती है तो चोर, अग्नि एवं राजा से पीड़ा और चेचक, क्षय एवं जननेन्द्रिय आदि रोग होते हैं। शुभग्रह की अन्तर-दशा जब आती है तो पशुओं की हानि और मन में दुःख होता है। परन्तु अन्त में सुख की प्राप्ति और राजा से प्रेम होता है। (७) सप्तमस्थ मंगल की महादशा में जब पापग्रह की अन्तर-दशा आती है तब स्त्री और सन्तान आदि के नाश का दुःख एवं राज कोप से पीड़ा होती है। शुभग्रह की अन्तरदशा जब आती

है तब अत्यन्त सुख, भूषण और वाहन की प्राप्ति तथा राजा से अनुगृहीत होता है। (८) अष्टमस्थ मंगल की महादशा में जब पापग्रह की अन्तरदशा आती है तब शरीर में दुर्बलता और मृत्युवत् पोड़ा होती है। शुभ ग्रह की अन्तर-दशा जब आती है तब अनेक सुख की प्राप्ति, कृषि और गौ आदि की वृद्धि तथा राजानुगृहीत होता है। (९) नवमस्थ मंगल की महादशा में जब पापग्रह की अन्तरदशा आती है तब पिता एवं गुरु की मृत्यु, मन में अशान्ति और धर्म की हानि होती है। शुभग्रह की अन्तरदशा जब आती है तब सम्पत्ति, पशु आदि की वृद्धि, विवाह आदि उत्सव, यज्ञादि क्रिया और देवताओं के पूजन का सौभाग्य होता है। (१०) दशमस्थ मंगल की महादशा में जब पापग्रह की अन्तर दशा आती है तब विदेश यात्रा, कीर्त्ति की हानि और पराजय होता है। परन्तु कई विद्वानों की सम्मति है कि इसमें अशुभ फल नहीं होता। (११) एकादशस्थ मंगल की महादशा में जब पापग्रह की अन्तरदशा आती है तब नाना प्रकार से सुख सम्पत्ति की वृद्धि और भूषण एवं सुगन्धि पदार्थों की प्राप्ति होती है। शुभग्रह की जब अन्तर दशा आती है तब दानादि धर्म कार्य्य का सौभाग्य और बहुत सुख की प्राप्ति होती है। (१२) द्वादशस्थ मंगल की महादशा में जब पापग्रह की अन्तरदशा आती है तब अनेक प्रकार का दुःख और जेल भोगना पड़ता है। शुभग्रह की अन्तर दशा जब आती है तो अन्तरदशा के आदि में वाहन, भूषण और वस्त्रादि की प्राप्ति तथा अन्तरदशा के शेष में राजा से भय, पद-च्युति एवं मन में विकलता होती है।

राहु।

(१) लग्नस्थ राहु की महादशा में जब पापग्रह की अन्तरदशा आती है तब दुःख की बड़ी वृद्धि और नृप, चोर तथा अग्नि का भय होता है। शुभग्रह की अन्तरदशा जब आती है तब सुख की वृद्धि, पृथ्वी और मकान आदि की प्राप्ति तथा भूषण, वस्त्र एवं भोजनादि का सुख होता है। (२) द्वितीयस्थ राहु की महादशा में जब पापग्रह की अन्तरदशा आती है तब धन का नाश, चित्त में अशान्ति और स्त्री-सन्तानादि का नाश होता है। शुभग्रह की अन्तरदशा जब आती है तब क्रय-विक्रय से धन की प्राप्ति, भूषण और भोजन

आदि का सुख, नौकरी में हानि तथा रोग होता है। उसकी वाचा शक्ति अच्छी हो जाती है और वह छिप कर पाप करता है। (३) तृतीयस्थ एवं एकादशस्थ राहु की महादशा में जब पापग्रह की अन्तरदशा आती है तब राजा से प्रीति और सुख होता है। अन्त में चोर, अग्नि, राजा और ज्वर आदि से दुःख तथा कष्ट, बन्धु वर्गों से मतभेद और भ्रातृ वर्ग का नाश होता है। जातक मन से दुःखी भी रहता है। शुभग्रह को अन्तरदशा जब आती है तब नाना प्रकार से सुख होता है। (४) केन्द्र अर्थात् लग्न, चतुर्थ, सप्तम और दशम स्थित राहु की महादशा में जब पाप ग्रह की अन्तरदशा आती है तब गृह, अग्नि से दग्ध हो जाता है। स्त्री-पुत्रादि को भय होता है। स्थान से च्युत, मन से दुःखी और आचारादि क्रिया से विहीन होता है। राजा, चोर और अग्नि से पीड़ा होती है। अकस्मात् झगड़ा हो जाता है और नेत्र-रोगी होता है। शुभग्रह की अन्तरदशा जब आती है तब अन्तरदशा की आदि में थोड़ा सुख, थोड़ी कीर्त्ति और धर्म्म में थोड़ी रुचि होती है। परन्तु शेष में राजा के कोप से धन का क्षय, युद्ध में पराजय और नाना प्रकार का भय होता है तथा वह विद्या-विवाद में पड़ता है। (५) त्रिकोणस्थ राहु की दशा में जब पापग्रह की अन्तरदशा आती है तब जातक शरीर से बहुत ही दुबला पड़ जाता है, नाना कष्टों को भोगता है, पाप कर्म्मों में लिपट जाता है और अप-कीर्त्ति होती है। सुन्दर भोजन नहीं मिलता है, कृषि, भूमि एवं चतुष्पदादि की हानि, राजा से भय और उसके शरीर पर छिपकिली इत्यादि जीवों का पतन होता है। शुभग्रह की अन्तरदशा जब आती है तब अन्तरदशा की आदि में थोड़ा सुख, परदेश-वास, मन्त्र-विद्या की ओर अभिरुचि और स्त्री-सन्तानादि का दुःख होता है। शेष में अच्छी क्रियाओं की प्राप्ति एवं स्त्री, सन्तान और धन का सुख होता है। (६) षष्ठ, अष्टम तथा द्वादशस्थ राहु की महादशा में जब पापग्रह की अन्तरदशा आती है तब राजा, चोर, अग्नि और वृषादि पशुओं से भय, भोजन और वस्त्र का अभाव, पद-च्युति तथा कास, श्वास, क्षय एवं जननेन्द्रिय रोग में पीड़ा होती है। शुभग्रह की अन्तरदशा जब आती है, तब अन्तरदशा की आदि में थोड़ा सुख, थोड़ा धर्म और थोड़ी कीर्त्ति होती है। अन्तरदशा के शेष में राजा के कोप से धन का नाश, युद्ध में पराजय और धन पृथ्वी, सन्तान तथा कुटुम्बादि की हानि होती है।

वृहस्पति ।

(१) केन्द्रस्थित वृ. की महादशा में जब पापग्रह की अन्तरदशा आती है तब अन्तरदशा की आदि में राजा के कोप से धन का नाश, शरीर में दुःख, कृषि, भूमि और चतुष्पदादि का नाश, बन्धुवर्गों से विरोध और उत्साह-भङ्ग होता है, परन्तु अन्तरदशा के शेष में सुख और आनन्द की प्राप्ति होती है । शुभग्रह को अन्तरदशा जब आती है तब जमीन्दारी आदि की प्राप्ति, चित्त में उत्साह, वाहन, भूषण और वस्त्रादि का सुख, दान, होम और जप आदि धार्म्मिक क्रियाओं में प्रवृत्ति, राजा से सम्मान, स्वर्ण और उत्तम वस्तुओं की प्राप्ति तथा सब प्रकार से कल्याण होता है ।(२) द्वितीयस्थ वृ. की महादशा में जब पापग्रह की अन्तरदशा आती है तब दुःख की वृद्धि, राजा द्वारा धन का व्यय, बन्धुजनों से मतभेद, मन में उद्वेग, वाणी में कठोरता, निकृष्ट भोजन, दुष्ट कर्म में रुचि और नीच सेवा होती है । शुभग्रह की अन्तर दशा जब आती है तब आनन्द, धन, विद्या, विजय, राजा, स्त्री और सन्तानादि से सुख तथा शरीर में स्वस्थता, दानादि की चेष्टा, देश तथा प्रेम, एवं धन की वृद्धि होती है । (३) तृतीयस्थ वृ. की महादशा में जब शुभग्रह की अन्तरदशा आती है तब यश की वृद्धि और वस्त्र, वाहन, भूषण, स्वर्ण एवं मणि-मुक्ता आदि की प्राप्ति होती है, तथा किसी देश का मालिक वा मन्त्री होता है । पापग्रह की अन्तर दशा जब आती है तब नाना प्रकार का भय, आचार-हीनता, अपने कुलवालों का नाश और नाना प्रकार का दुःख तथा भ्रमण होता है । ये सब फल अन्तर दशा के आदि में होते हैं परन्तु अन्तरदशा के शेष में सुख और वाहन तथा भोजनादि की प्राप्ति होती है । (४) त्रिकोणस्थ अर्थात् पञ्चम और नवमस्थान-गत वृ. की महादशा में जब शुभग्रह की अन्तर दशा आती है तब बहु प्रकार का सुख, धर्मशाला और मन्दिर आदि का निर्माण, ईश्वर-पूजन, भाग्य की उन्नति, कीर्त्ति की वृद्धि, स्त्री, सन्तानादि का सुख, विद्या, यश और विजय से सुख एवं अनेक देशों से धन की प्राप्ति होती है । पापग्रह की अन्तर दशा जब आती है तब स्त्री, पुत्र और राजा से वैमनस्य, बन्धुजनों की मृत्यु, बुद्धि भ्रम-युक्त, कार्यों में विघ्न, पद-च्युति, चोरादि से देह-पीड़ा, कुलाचार से हीनता, परस्त्री गमन, चित्त में चञ्चलता, मानहानि एवं रत्नादि का नाश होता है । (५) ६, ८, १२ स्थान

गत बृ. की महादशा में जब पापग्रह की अन्तर-दशा आती है तब कुलाचार में हीनता, धन एवं सम्पत्ति का नाश, बन्धुजनों की मृत्यु, विदेश में राजा से भय, पृथ्वी के लिये झगड़ा, मन में अशान्ति और रोगों से भय होता है। शुभग्रह की अन्तरदशा जब आती है तब बहुत सुख, देश एवं ग्रामादि का प्रभुत्व, यश की वृद्धि, कुछ घोड़े, हाथी और वस्त्रादि का सुख, गन्धादि पदार्थों की प्राप्ति, भोजन सुख एवं शरीर में आरोग्यता होती है।

शनि।

(१) केन्द्रस्थ शनि की महादशा में जब पापग्रह की अन्तरदशा आती है तब परदेश में वास, स्वस्थान का त्याग, नृप, चोर और अग्नि से पीड़ा, स्त्री, सन्तान एवं बन्धुओं का मरण, अपने कर्मों से च्युति, दूसरे की सेवा, मन में दुःख तथा प्लीहा एवं शूलादि रोग से पीड़ा होती है। शुभग्रह की अन्तर-दशा जब आती है तब अन्तरदशा की आदि में अत्यन्त सुख, राज्याभिषेक अथवा राज-सम्मान और देश एवं ग्रामादि का स्वामित्व भी होता है। परन्तु अन्त में रोग से पीड़ा, अपवाद का भाजन, धन का नाश एवं बन्धुजनों की मृत्यु होती है। (२) द्वितीयस्थ शनि की महादशा में जब पापग्रह की अन्तरदशा आती है तब राजदण्ड, कारागार निवास, अनेक प्रकार की अशान्ति, चित्त-वैकल्य, राज्य की हानि, घोड़े, हाथियों की मृत्यु, वाहन आदि से पतन और ज्वर तथा अतिसार रोग से शरीर में पीड़ा होती है। शुभग्रह की अन्तरदशा जब आती है तब संकल्प में दृढ़ता, परोपकारिता, जूआ, खेल, तमाशा एवं गानादि में रुचि, भोजन, वस्त्र और भूषण आदि की प्राप्ति, उद्योग में सिद्धि तथा अधिकार एवं स्वर्ण आदि की प्राप्ति होती है। (३) तृतीयस्थ एवं एकादशस्थ शनि की महादशा में जब पापग्रह की अन्तरदशा आती है तब धन की प्राप्ति होती है। परन्तु भ्रातृ वर्ग अर्थात् भाई आदि का नाश, कलह से विकलता, विदेश यात्रा, दुःख, बुरे भोजन की प्राप्ति और पराधीनता होती है तथा जातक नीच स्त्रियों से प्रसङ्ग करता है। शुभग्रह की अन्तर दशा जब आती है तब शुभ फल होता है और राजा के प्रेम से सुख होता है। (४) त्रिकोणस्थ शनि की महादशा में जब पापग्रह की अन्तरदशा आती है तब नाना प्रकार के क्लेश, पिता, सन्तान, पृथ्वी, अन्न और धर्म्म-कर्म्म का नाश,

अपने बन्धुजनों से कलह, उद्योग भङ्ग और वायु-प्रकोप-जनित रोग, नेत्र रोग एवं बवासीर रोग से पीड़ा होती है। शुभग्रह की अन्तरदशा जब आती है तब बड़ा आनन्द, राज-सम्मान, कृषि से लाभ, धन-धान्य को वृद्धि, भूषणादि की प्राप्ति, नौकर, मित्र एवं सम्पत्ति की वृद्धि और धर्म में अभिरुचि होती है तथा स्त्री, सन्तान एवं कुटुम्ब जन आरोग्य रहते हैं। (९) ६, ८ अथवा १२ स्थान-गत शनि की महादशा में जब पापग्रह की अन्तरदशा आती है तब अनेक प्रकार का कष्ट, मानसिक चिन्ता, धन का क्षय, स्थान का नाश, बन्धु जनों की मृत्यु, नौकरी आदि में बखेड़ा, विष से भय, ज्वर और गुह्य-रोग से पीड़ा तथा राजा एवं अग्नि से भय होता है। शुभग्रह की अन्तरदशा जब आती है तब नाना प्रकार का सुख, देश, ग्रामादि का स्वामित्व, कान्ति की वृद्धि, शरीर में आरोग्यता और शत्रुओं का पराजय होता है।

बुध।

(१) केन्द्रस्थ बुध की महादशा में जब पापग्रह की अन्तरदशा आती है तब धर्म-कर्म में विघ्न, भारी दुःख, मन में चञ्चलता, उत्साह-भङ्ग, पृथ्वी, गो धन और वस्त्रादि का नाश, स्थान से च्युति, विद्या का नाश एवं महा द्वेष होता है। शुभग्रह की जब अन्तरदशा आतो है तब दान, धर्म्म एवं यज्ञादि क्रिया और विवाह आदि उत्सव का सौभाग्य होता है। ज्ञान की वृद्धि, राजा से मित्रता, कृषि, भूमि और गौ आदिकों की वृद्धि तथा वाहन, वस्त्र, भूषण और मणियों को प्राप्ति होती है। (२) द्वितीयस्थ बुध की महादशा में जब शुभग्रह की अन्तरदशा आती है तब धन की प्राप्ति, मित्रता की वृद्धि, ईश्वरादि-पूजन, धर्म और दानादि में बहुत प्रीति, विद्या की प्राप्ति, बन्धुजनों से प्रेम और नाना प्रकार का आनन्द होता है। पापग्रह की अन्तरदशा जब आती है तब बन्धुजनों से द्वेष, सभी लोगों से शत्रुता, कृषि, भूमि, गौ और आचार आदि का नाश, तथा बन्धन अर्थात् जेल यातना एवं राज-दण्ड होता है। (३) तृतीयस्थ बुध की महादशा में जब शुभग्रह की अन्तरदशा आती है तब शुभफल होता है। धैर्य्य, उत्साह, विदेश में धन का सञ्चय, विद्या की प्राप्ति और राजा से प्रीति होती है। पौष्टिक भोजन मिलता है। धार्म्मिक ग्रन्थ

अर्थात् पुराणादि-श्रवण का सौभाग्य और विवाहादि उत्सव होते हैं। पापग्रह की अन्तरदशा जब आती है तब राज-जनित पीड़ा से विकलता, भ्रातृ-वर्गों का नाश, चोर, अग्नि, और शत्रु से भय, नीच-स्त्री के गृह में वास, कृषि का नाश और घोड़ा तथा हाथियों को क्लेश होता है। (४) त्रिकोणस्थ बुध की महादशा में जब पापग्रह की अन्तरदशा आती है तब चित्त में अशान्ति धर्म, कर्म, स्त्री-पुत्र और धन का नाश, कृषि एवं व्यापार में हानि, बन्धुजनों को पीड़ा, पद से च्युति तथा बन्धुजनों से खेद एवं दोषारोपण होता है। शुभग्रह की अन्तरदशा जब आती है तब राजा से प्रेम, नाना प्रकार का सुख, दो नाम की प्राप्ति (अर्थात् उपनाम अथवा खेताब) और राजा से भूषण, वस्त्र और अधिकार की प्राप्ति, किसी पुस्तकादि का प्रकाशन और शरीर में आरोग्यता होती है। (५) ६, ८, १२ भावगत बुध की महादशा में जब किसी पापग्रह की अन्तरदशा आती है तब चोर और दुश्मन से भय, बन्धुजनों का मरण, नौकर, स्त्री और पुत्र का नाश, बन्धुवर्गों से विग्रह और ज्वर तथा अतिसार रोग से पीड़ा होती है। शुभग्रह की अन्तरदशा जब आती है तब अन्तर दशा की आदि में यश की वृद्धि, देवता आदि के पूजन में रुचि और शरीर में कान्ति तथा आरोग्यता होती है। परन्तु शेष में सुख का नाश, नृपसे भय, वचन में रूखापन एवं गौ तथा महिषादि को पीड़ा होती है।

केतु।

(१) केन्द्र गत केतु की महादशा में जब पापग्रह की अन्तरदशा आती है तो मान-भङ्ग, द्वेष, राजा, चोर और अग्नि से भय, स्त्री, सन्तान और भाइयों का नाश, कर्म एवं पद से च्युति, अकस्मात् झगड़ा तथा बार-बार भ्रमण होता है। शुभग्रह की अन्तरदशा जब आती है तब आदि में राजा, कुटुम्ब एवं मित्रों से प्रेम, शरीर से आरोग्यता और भूषण तथा वस्त्र आदि की प्राप्ति होती है। शेष में पद से च्युति (अर्थात नौकरी आदि से हट जाता है), मन में अशान्ति, अपने बन्धु जनों का नाश और काम-पीड़ा होती है। (२) द्वितीयस्थ केतु की महादशा में जब पापग्रह की अन्तरदशा आती है, तब नाना प्रकार का दुःख, भिक्षाटन से अन्न को प्राप्ति, मनमें अशान्ति, नाना प्रकार की आपत्तियां, बन्धुओं का नाश, धन का व्यय, स्त्री और पुत्र का नाश तथा राजा एवं चोर से

धन का क्षय होता है। शुभग्रह की अन्तर दशा जब आती है तब परोपकारी, विद्या-विवाद में जय और वस्त्र तथा भोजनादि की प्राप्ति, दशा की आदि में होती है। शेष में कार्य्य में असफलता, मन में उद्वेग, वचन में रूखापन और कुछ धन का व्यय होता है। (३) तृतीय अथवा एकादश गत केतु की महादशा में जब शुभग्रह को अन्तरदशा आतो है तब बड़ों से प्रीति, भूषण, वस्त्र एवं वाहन आदि की प्राप्ति, भूमि की वृद्धि और सुख, सुगन्धि पदार्थों का लाभ, किसी दूर-वर्त्ती स्थान से स्वर्णादि की प्राप्ति तथा बन्धु जनों से समादर होता है। पाप-ग्रह की जब अन्तरदशा आती है तब पाप कर्म निरत, सब कार्यों में विघ्न डालने वाला, बन्धु जनों का आश्रित, छोटी नौकरी और बुरे प्रकार का वस्त्र धारण करने वाला होता है। ये सब फल अन्तरदशा की आदि में होते हैं और शेष में सुख को प्राप्ति तथा स्त्री-पुत्रादि का सुख एवं धन का आगमन होता है। (४) त्रिकोणस्थ, केतु की महादशा में जब पाप-ग्रह को अन्तरदशा आती है तब मन में क्लेश, नाना प्रकार को आपत्तियां, पुत्र, मित्र एवं पितृ-वर्ग को मृत्यु, जमीन के लिये झगड़ा और नौकर एवं कुटुम्बादि से विरोध होता है। शुभग्रहकी अन्तरदशा जब आती है तब उसकी आदि में कृषि से लाभ, गौ और भूमि आदि की प्राप्ति, विद्या की उन्नति, बन्धु जनों से प्रेम और वस्त्र तथा भोजनादि का सुख होता है और शेष में अकस्मात् झगड़ा होता है तथा अपने स्थान से विचल जाता है। (५) ६, ८, १२ भाव गत केतु की महादशा में जब पाप-ग्रह की अन्तरदशा आती है तब अन्तरदशा की आदि में परदेश में मरण अथवा अपने पद से च्युति, चोर, अग्नि एवं राजा से भय, और प्रमेह, गुल्म एवं मूत्र-स्थली जनित रोग से पीड़ा होती है। परन्तु शेष में किञ्चित् मात्र सुख की वृद्धि होती है। शुभ ग्रह की अन्तरदशा जब आती है तब सुख की प्राप्ति, स्त्री-पुत्र की वृद्धि, धन-वस्त्र एवं स्वर्णादि की प्राप्ति, बन्धु-जनों से शत्रुता, शिर, गुदा एवं नेत्र में रोग, अपने पक्ष में लड़ने की शक्ति तथा उसके शरीर पर गिरगिट एवं छिपकिली इत्यादि जन्तुओं के गिरने का भय होता है।

शुक्र।

(१) केन्द्रगत शुक्र की महादशा में शुभग्रह की अन्तरदशा जब आती है तब राजा से सम्मान, राज्य की प्राप्ति अर्थात भू-सम्पत्ति, भूषण वस्त्र एवं वाहनादि का

सौभाग्य, पुत्र, एवं धन का आगमन, कीर्त्ति की ख्याति, चित्त में उत्साह, मन में धैर्य्य, भाग्य की वृद्धि और राज द्वार में अधिकार प्राप्त होता है। पापग्रह की अन्तर दशा जब आती है तब अन्तरदशा की आदि में धन का क्षय, भोजन-वस्त्र, कुत्सित और शुभकार्य्यों का विनाश होता है और शेष में शुभ अर्थात् सुख, परदेश से धन का आगमन तथा धन, भूमि और पशु आदि का लाभ होता है। (२) द्वितीयस्थ शु. की महादशा में जब शुभग्रह की अन्तरदशा आती है, तब प्रीति की वृद्धि, धन, पुत्र और स्त्री की प्राप्ति तथा जातक कुटुम्बों का रक्षण होता है। पापग्रह की अन्तरदशा जब आती है तब राजा से दण्ड, मन में दुःख, विद्या-विवाद, कृषि की हानि, धर्म्म-कर्म विमुखता, पद से च्युति और अग्नि, चोर तथा शत्रु से भय होता है। (३) तृतीयस्थ वा एकादशस्थ शु. की महादशा में जब पापग्रह की अन्तरदशा आती है तब दुःख से पीड़ा, धन-धान्य का विनाश, उद्योग में भङ्ग, चोर, अग्नि और राजा से पीड़ा, पृथ्वी के लिये बन्धुजनों से झगड़ा और अपने पद से च्युति तथा क्लेश होता है। शुभग्रह की अन्तरदशा जब आती है तब अत्यन्त सुख, राज्य सम्मान, मन में धैर्य्य, देश एवं ग्राम पर अधिकार, भूषण और वाहनादि की प्राप्ति, नौकर, पुत्र एवं स्त्री का सुख, कूआँ, बाग और तालाब आदि का निर्माण, धर्म संग्रह एवं द्वितीय नाम अर्थात् खिताब की प्राप्ति होती है। (४) त्रिकोणस्थ शु. की महादशा में जब शुभ ग्रह की अन्तरदशा आती है तब ईश्वर-प्रेम, शुभ क्रियाओं का उदय, यज्ञादि क्रिया की प्राप्ति, स्त्री और सन्तान की वृद्धि, भूषण, वाहन एवं मन वाञ्छित फल की प्राप्ति और शरीर कान्ति-युत तथा नीरोग होता है। पापग्रह की अन्तरदशा जब आती है तब मन में विकलता, स्वास्थ्य एवं मर्य्यादा की हानि, चोर, अग्नि और राजा से भय, वाणी में क्रूरता, मति भ्रम, बुरे स्त्रियों की सङ्गति होती है। बन्धु जनों से मतभेद, दुःखदायी स्वप्न और गिलहरी ऐसे जन्तुओं का शरीर पर पतन होता है। (५) ६, ८, १२ स्थान-गत शु. की महादशा में जब शुभग्रह की अन्तर-दशा आती है तब अन्तरदशा की आदि में राजा से सम्मान, धन की प्राप्ति और पुत्र, स्त्री, धन, वस्त्र, वाहन तथा भूषणादि से सुख होता है और शेष में मन में विकलता, बन्धु वर्गों से द्वेष और गुरु एवं अपने परिवार के लोगों का नाश होता है। शुभग्रह की अन्तरदशा जब आती है तब अन्तरदशा की आदि में आरोग्यता, सुख, पराये अन्न की प्राप्ति और वस्त्र एवं सुगन्धि पदार्थों का लाभ

होता है और शेष में नाना प्रकार के क्लेश, चोर एवं शत्रु से देह में पीड़ा तथा बन्धु जनों का नाश होता है।

तृतीय नियम।

अर्थात्

लग्न से अन्तर-दशेश के (कतिपय) स्थिति के अनुसार फल।

धा-३३७ (१) अन्तरदशेश यदि लग्न से छठे स्थान में हो तो उसकी अन्तरदशा में रोग की वृद्धि होती है। (२) अन्तरदशेश यदि सप्तम स्थानगत हो तो उसकी अन्तरदशा में स्त्री का विनाश, शरीर में रोग, निन्दित भोजन, सब से कलह, धन की हानि और नीच जनों का सङ्ग होता है। (३) अन्तरदशेश यदि अष्टम भाव में बैठा हो तो उस की अन्तरदशा में दुःख, धन का नाश और अनेक व्यसन होते हैं। (४) अन्तरदशेश यदि पञ्चम, नवम अथवा दशम भाव में हो तो उसकी अन्तर दशा में धन का विशेष लाभ, मान, प्रतिष्ठा और संपूर्ण सुख होते हैं तथा शारीरिक सुख भी होता है।

चतुर्थ नियम।

अर्थात्

दशानाथ से अन्तर दशेश का स्थानानुसार फल।

धा-३३८ (१) जब अन्तरदशेश महादशेश के साथ रहता है (उदाहरण कुण्डली में जैसे शुक्र की महादशा में सूर्य्य एवं बुध की अन्तर दशा) तो सन्तान, नौकर, धन, कृषि एवं स्त्रियों को हानि पहुँचती है। नौकरी में बखेड़ा लगता है, स्वजनों को दुःख होता है और एकाएक अपयश का भाजन होता है। (२) यदि महादशेश से अन्तरदशेश द्वितीयस्थ हो तो दुग्धादि उत्तम भोजन, उत्तम वस्त्र, सुगन्धि पदार्थों की प्राप्ति और स्वजनों की उन्नति होती है। जातक परोपकारी होता है। चित्त से आह्लादित और उसकी स्त्री, सन्तान एवं मित्रादि सुखी होते

हैं। (३) यदि महादशेश से अन्तरदशेश तृतीयस्थ हो तो राजा से धन की प्राप्ति, आनन्द, उत्तम वस्त्र, भूषण एवं सुगन्धि पदार्थों की प्राप्ति, उत्तम भोजन, अच्छा स्वास्थ्य और किसी से मित्रता होती है। (४) महादशेश से यदि अन्तर-दशेश चतुर्थस्थ हो तो स्त्री, सन्तान, धन, मकान, कुटुम्ब, वाहन, उत्तम भोजन, उत्तम भूषण और वस्त्रादि की प्राप्ति होती है। परन्तु स्मरण रहे कि यदि अन्तर दशेश पापग्रह हो तो फल विपरीत होता है। यदि अन्तरदशेश पापग्रह भी हो परन्तु उच्च स्वगृही और बली हो अथवा उत्तम नवांशादि हो तो फल उत्तम ही होता है। इसी प्रकार यदि अन्तरदशेश शुभ ही हो परन्तु उच्च, स्वगृही, बली अथवा नवांशादि का न हो तो फल उतना उत्तम नहीं होता है। (५) यदि महादशेश से अन्तरदशेश पञ्चमस्थ हो तो सन्तान की प्राप्ति होती है। परन्तु अन्तर-दशेश के पाप होने से सन्तानों की हानि होती है। (६) यदि महादशेश से अन्तरदशेश षष्ठ स्थान में हो और अन्तरदशेश पाप हो तो चोर से भय अथवा व्रणादि से पीड़ा एवं स्थान का परिवर्त्तन हो जाता है। इसी प्रकार यदि अन्तर-दशेश शुभ हो और उच्च, स्वगृही अथवा मूलत्रिकोण हो तो आनन्द की वृद्धि और सन्तान तथा मित्रादि की प्राप्ति होती है। (७) यदि महादशेश से अन्तर दशेश सप्तम स्थान में हो और अन्तरदशेश पाप हो तो स्त्री, सन्तान और कुटुम्ब की मृत्यु, मित्र एवं धन की हानि और स्थानीय राजा एवं अधिका-रियों से भय होता है। इसी प्रकार यदि अन्तरदशेश शुभ हो परन्तु शत्रु गृही अथवा नीच न हो तो उत्तम भोजन, वस्त्र एवं भूषणादि की प्राप्ति होती है। (८) यदि महादशेश से अन्तरदशेश अष्टम स्थान में हो, और पाप हो तो मृत्यु की शङ्का एवं भय, बुरा भोजन तथा राजा, चोर वा अग्नि से भय होता है। परन्तु यदि अन्तरदशेश शुभ हो तो अन्तरदशा के आरम्भ में आनन्द इत्यादि शुभ फल की प्राप्ति होती है और अन्तरदशा के अन्त में दुःख तथा अशान्ति होती है। (९) यदि महादशेश से अन्तरदशेश नवमस्थ और पाप हो तो पाप में रुचि और धर्म विरुद्ध कार्य्यों का करने वाला होता है। स्थान का परिवर्त्तन होता है और मानसिक रोग होते हैं। परन्तु यदि अन्तरदशेश शुभ हो तो पुरस्कार से धन का आगमन और विवाहोत्सव एवं धार्मिक यज्ञादिकों को करता है। (१०) यदि महादशेश से अन्तरदशेश दशमस्थान में हो और पाप हो तो नाना प्रकार का भय, मानहानि एवं

निकृष्ट कार्यों का करने वाला होता है। परन्तु यदि अन्तरदशेश शुभ हो तो सुख और पोखरा, कुआँ, मन्दिर तथा धर्मशाला इत्यादि के निर्माण करने का सौभाग्य होता है। (११) यदि महादशेश से अन्तरदशेश ग्यारहवें स्थान में हो और पाप हो तो धन, सन्तान एवं मित्रों की प्राप्ति होती है और किसी स्थान में स्थायी रूप से रहने का समय आता है। यदि अन्तरदशेश शुभ हो तो उत्तम प्रकार का सुख, बहु-धन-प्राप्ति और किसी राजा अथवा अधिकारी से अनुगृहीत होता है तथा स्त्री और सन्तानों के सुख की वृद्धि होती है। (१२) यदि महादशेश से अन्तरदशेश द्वादशस्थान में हो और पाप हो तो धन की हानि, राजा से भय, निकृष्ट स्थान में वास और किसी प्रकार का बन्धन होता है। परन्तु यदि अन्तरदशेश शुभ हो तो धन का सुख और वस्त्र, भूषण एवं वाहनादि की प्राप्ति होती हैं। साधारणतः अन्तरदशेश के द्वादश स्थान में रहने का फल पैर, कलेजा एवं नेत्ररोग और स्वजनों से मतभेद तथा झगड़ा होता है। (१३) यदि जन्म कुण्डली में एक ग्रह दूसरे ग्रह से सप्तमस्थ हो तो इन ग्रहों की परस्पर दशा अन्तरदशा में अर्थात् एक ग्रह की महादशा और दूसरे ग्रह की अन्तरदशा जब कभी आती है तब जातक स्वयं अथवा उसकी स्त्री किसी कठिन रोग से अस्वस्थ होती है और जातक को कुछ ऐसी क्षति होती है जिसकी पूर्त्ति पुनः असम्भव हो जाती है। (१४) यदि कोई ग्रह किसी एक दूसरे ग्रहसे षष्ठस्थ अथवा अष्टमस्थ हो (स्मरण रहे कि एक ग्रह दूसरे से षष्ठस्थ होने से वह पहला ग्रह दूसरे से अष्टमस्थ होगा। इसी प्रकार यदि एक ग्रह से दूसरा ग्रह अष्टमस्थ हो तो वह पहला ग्रह दूसरे ग्रह से षष्ठस्थ होगा) ऐसी परिस्थिति में इन दोनों की परस्पर दशाअन्तरदशा में जातक को झगड़ा, अपमान, लाञ्छना, देशत्याग और अनिष्ट होते हैं। देखो (८)। (१५) यदि महादशेश से अन्तरदशा वाला ग्रह द्वादशस्थान में हो अथवा अन्तरदशा वाले ग्रह से महादशा वाला ग्रह द्वितीयस्थ हो तो ऐसे ग्रह की महादशा में और उस द्वादशस्थ ग्रह की अन्तरदशा में मोकद्दमेबाजी, नाना प्रकार के अपव्यय अथवा व्यय और चित्त में अशान्ति होती है। (१६) दशानाथ अर्थात् जिस ग्रह की महादशा हो, उससे अन्तर दशा वाला ग्रह एकादशस्थ, चतुर्थस्थ, पञ्चमस्थ, नवमस्थ अथवा दशमस्थ हो तो शुभ फल होता है। देखो (११), (४), (५), (९), (१०)।

(१७) दशानाथ जिस स्थान में उच्च होता हो उस स्थान में यदि कोई ग्रह बैठा हो तो उसकी अन्तरदशा में भी शुभफल होता है। जैसे उदाहरण कुण्डली में शनि की महादशा में सूर्य्य अथवा शुक्र अथवा बुध की अन्तरदशा का फल अच्छा होगा। इस कारण कि शनि, (जिसकी महादशा का विचार करना होगा) वह तुला में उच्च होता है और उस तुला राशि में सूर्य्य, बुध और शुक्र बैठे हैं। अतः शनि की महादशा में सूर्य्य, बुध वा शु. अन्तर शुभदायी होगा। ऊपर के नियम में यह भी लिखा है कि यदि महादशेश से अन्तरदशेश एकादशस्थ हो (जैसे उदाहरण कुण्डली में शनि से सूर्य्य, बुध और शुक्र एकादशस्थ है) तो शुभ फल होगा। यदि दशेश और अन्तरदशेश में तात्कालिक शत्रुता रहे तो फल अनिष्ट होता है। पर यदि तात्कालिक मित्रता होती है तो अनिष्ट फलों का आधा घट जाता है (१८) यदि अन्तरदशेश पाप हो और महादशेश के साथ हो अथवा उससे द्वितीयस्थ हो अथवा तृतीयस्थ हो तो दुःख और अशान्ति होती है। पर यदि शुभ हो तो सुख की वृद्धि होती है।

पञ्चम नियम।

अर्थात्

अवस्था द्वारा फल।

धा-३३१ (१) ग्रहों की कई एक प्रकार से अवस्था जानने की विधि धारा ३१८—३२२ में लिखी जा चुकी है। उन्हीं सब नियमानुसार महादशेश एवं अन्तरदशेश का भी फल निकालना होगा और इस प्रकार से जो महादशेश एवं अन्तरदशेश का फल हो, इन दोनों फलों के सिद्धान्त (नतीजा) के अनुसार जो फल प्रतीत हो वही ग्रहण करना होगा। (२) अन्तरदशेश यदि अपने नवांश में हो तो बहुत आनन्द, स्थिर-सम्पत्ति और ख्याति होती है। जातक सर्व-प्रिय होता है और उसे राजा अथवा अधिकारी जनों से धन की प्राप्ति भी होती है। (३) यदि अन्तरदशेश पर किसी शुभग्रह की दृष्टि हो तो उत्तम शास्त्रभाषी, वहु ख्याति, जनों का नायक, बुद्धिमान् और धनी होता है। (४) यदि महादशेश और अन्तरदशेश दोनों पाप हों तो राजा से भय, धन की

हानि, स्त्री, सन्तान और बन्धु जनों को दुःख, नेत्ररोग, एवं पद से च्युति होती है। (५) यदि महादशेश और अन्तरदशेश दोनों शुभ हों तो पद, भूषण और वाहनादि की प्राप्ति होती है। (६) यदि महादशेश पापयुक्त और अन्तरदशेश शुभ हो तो अन्तरदशा के आरम्भ में सुख और आनन्द एवं अन्त में दुःख तथा भय होता है। (७) यदि महादशेश शुभ हो और अन्तरदशेश पाप हो तो अन्तरदशा की आदि में दुःख एवं क्लेश और अन्त में सुख तथा आनन्द होता है। (८) जब दो ग्रह आपस में मित्र रहते हैं और षडबली रहते हैं तो उन ग्रहों की दशाअन्तरदशा में शुभ फल होते हैं। परन्तु यदि उन दोनों ग्रहों में शत्रुता हो और निर्बल हो तो उनकी दशाअन्तरदशा में अनिष्ट फल होते हैं। (९) यदि शुभ ग्रह त्रिकोणस्थ, एकादशस्थ अथवा द्वितीयस्थ हो तो उनकी दशा अन्तरदशा में नाना प्रकार के सुख होते हैं। (१०) यदि महादशेश उच्च, स्वक्षेत्री, मित्र गृही अथवा लग्न से उपचय गत हो अथवा उस पर शुभग्रह की दृष्टि हो अथवा उसपर मित्र ग्रह की दृष्टि हो तो उस ग्रह की दशाअन्तरदशा सुखदायिनी होती है। (११) यदि किसी केन्द्र वा कोण में उत्तम शुभ ग्रह बैठा हो और तृतीय, षष्ठ एवं एकादश भाव में पाप ग्रह हों तो इन ग्रहों जो बली अथवा उच्च हो अथवा उपचय में हो उसकी दशाअन्तरदशा में बहुत उत्तम फल होते हैं।

षष्ठ नियम।

अर्थात्

भिन्न-भिन्न महादशा में अन्तरदशा फल।

सूर्य्य

धा-३४० र.,र.:—सूर्य्य की महादशा में जब सूर्य्य की अन्तरदशा आती है तो ब्राह्मण, क्षत्री अथवा युद्ध द्वारा धन की प्राप्ति होती है। परन्तु साथ ही साथ मन में अशान्ति एवं परदेश और जंगलादि में भ्रमण करता है। र., चं.:—सूर्य्य की महादशा में जब चन्द्रमा की अन्तरदशा आती है तब कुटुम्ब एवं मित्रों से धन की प्राप्ति होती है। मित्र और सज्जनों से प्रमाद रहता है।

भूषण-वस्त्रादि की प्राप्ति होती है। मान और सुख की वृद्धि, विरोधियों का नाश और विजय तथा पाण्डु रोगादि से पीड़ा होती है। यदि चं. पूर्ण हो तो विशेष लाभ होता है और क्षीण चं. की अन्तरदशा में पान्डु वा संग्रहणी रोग होता है। र., मं.:—सूर्य्य की महादशा में जब मङ्गल की अन्तरदशा आती है तब स्वर्ण, रत्न एवं वस्त्रों का लाभ, राजद्वार में प्रतिष्ठा, गृह में मङ्गल-कार्य्य, पित्त-जनित रोगादि का संञ्चार और अपने कुल के लोगों से विरोध होता है। रा.,रा.:—सूर्य्य की महादशा में जब राहु की अन्तरदशा आती है तब कुटुम्ब और शत्रुओं से पीड़ा, पद से च्युति और मन में दुःख होता है। र.,बृ.:—सूर्य्य की महादशा में जब बृहस्पति की अन्तरदशा आती है तब उत्तम वस्त्रों का धारण, धन-धान्य के सञ्चय की इच्छा, सत्कर्म में रुचि, देवता एवं ब्राह्मणों में भक्ति, अच्छे लोगों से समागम, पुत्र द्वारा धन की प्राप्ति और शत्रुओं का क्षय होता है। र.,श.:—सूर्य्य की महादशा में जब शनि की अन्तरदशा आती है तब सभी लोगों से शत्रुता, मित्रों से भी विरोध, राजा एवं चोर का भय, आलस्य की वृद्धि, नीच प्रकार की वृत्ति (अर्थात् रोजगार) और कण्डु रोग से पीड़ा होती है। र.,बु.:—सूर्य्य की महादशा में जब बुध की अन्तरदशा आती है तब वन्दिजनों से पीड़ा, मन में अशान्ति, उत्साह-भङ्ग, धन का अधिक व्यय, किञ्चित् मात्र सुख और रुधिर प्रकोप से दद्रु, खुजली तथा कभी कुष्ठ रोग से भी पीड़ा होती है। र.,के.:—सूर्य्य की महादशा में जब केतु की अन्तरदशा आती है तब मन में ताप, कुटुम्बादि से विग्रह, रिपु से भय, धन की हानि, पद से च्युति, कण्डु अथवा नेत्र रोग से पीड़ा और अकाल-मृत्यु का भय होता है। र.,शु.:—सूर्य्य की महादशा में जब शुक्र की अन्तरदशा आती है तब समुद्र से पैदा होने वाली चीजों की प्राप्ति, बुरे स्त्रियों की सङ्गति, विदेश-यात्रा, निष्फल वार्त्तालाप, घर में कलह, ज्वर का प्रवल आक्रमण, मस्तक तथा कान में पीड़ा और शूल रोग होता है।

चन्द्रमा।

चं., चं.:—चन्द्रमा की महादशा में जब चन्द्रमा की अन्तरदशा आती है तब विद्या एवं सगीत में प्रेम, उत्तम वस्त्रादि की प्राप्ति, उत्तम मनुष्यों की सङ्गति, शरीर में आरोग्यता, राजा का सचिव (अथवा फौजी नायक), अच्छी कीर्त्ति, परिवार सहित तीर्थ यात्रा, पृथ्वी, गौ और घोड़े की प्राप्ति, धन में वृद्धि तथा कभी-

कभी वात रोग का भी भय होता है। चं., मं.:–चन्द्रमा की महादशा में मङ्गल की अन्तरदशा आती है तब संचित धन का नाश, स्थान का त्याग, भाई एवं मित्र से क्लेश, माता और पिता के कुल में पीड़ा, अनेक रोगों की उत्पत्ति, रुधिर और पित्त का प्रकोप एवं अग्नि का भय होता है। चं., रा.:–चन्द्रमा की महादशा में जब राहु की अन्तरदशा आती है तब रोग एवं रिपु से पीड़ा, बन्धु वर्गों का नाश, धन का व्यय, किञ्चित् मात्र सुख और भोजन-विकार से ज्वर का आक्रमण होता है। चं., वृ.:–चन्द्रमा की महादशा में जब वृहस्पति की अन्तरदशा आती है तब धर्म्म की वृद्धि, धन-धान्य का लाभ, हस्ति और अश्वादि वाहनों की प्राप्ति, भूषण वस्त्र का सुख, भोग और आनन्द की वृद्धि, राजा से सत्कार, यत्न में सफलता तथा पुत्रोत्सव का सुख होता है। चं., श.:–चन्द्रमा की महादशा में जब शनि की अन्तरदशा आती है तब माता की पीड़ा से मन में दुःख, अग्नि और चोर से भय, अनेक व्यसनों में लिप्त, वचन में कठोरता, विरोधियों से वकवाद एवं अनेक प्रकार के रोग से स्त्री, सन्तान और भाई को पीड़ा होती है। चं., बु.:–चन्द्रमा की महादशा में जब बुध की अन्तरदशा आती है तब माता के वर्गों से धन की प्राप्ति, गौ, घोड़े, हाथी और पृथ्वी की प्राप्ति, विद्वानों का समागम, सम्पूर्ण ऐश्वर्य्य की वृद्धि तथा उदारता के कारण ख्याति अथवा खिताब प्राप्त होता है। चं., के.:–चन्द्रमा की महादशा में जब केतु की अन्तरदशा होती है तब स्त्री को रोग, कुटुम्बों का नाश, द्रव्य की हानि और पेट के रोग से पीड़ा होती है। चं., शु.:–चन्द्रमा की महादशा में जब शुक्र की अन्तदशा आती है तब स्त्री द्वारा धन की प्राप्ति, कृषि, पशु, जलज पदार्थ और वस्त्रादि से सुख तथा माता के रोग से पीड़ा (अर्थात् माता जिस रोग से पीड़ित हो वही रोग माता के द्वारा जातक को भी होता है)। चं., र.:–चन्द्रमा की महादशा में जब सूर्य्य की अन्तरदशा आती है तब राजा से गौरव एवं धन की प्राप्ति, राजा-तुल्य अधिकार की प्राप्ति, शत्रुओं का क्षय, सुख एवं उन्नति का लाभ तथा रोग से छुटकारा होता है।

मंगल।

मं., मं.:–मङ्गल की महादशा में जब मंगल की अन्तरदशा आती है तब सुहृदों से मतभेद, भाइयों से पीड़ा, राजा से भय, सब कार्य्यों का विनाश

शारीरिक उष्णता की वृद्धि, पित्त, और उष्ण जनित रोग तथा व्रणादि से पीड़ा होती है । मं., रा.:—मङ्गल की महादशा में जब राहु की अन्तरदशा आती है तब राजा, चोर, अग्नि, शस्त्र एवं शत्रु से भय, धन-धान्य का विनाश, गुरुजन एवं बन्धुओं की हानि, नाना प्रकार की आपत्ति और दुष्ट-कर्म की सिद्धि होती है । मं., बृ.:—मंगल की महादशा में जब बृहस्पति की अन्तरदशा आती है तो राजा एवं ब्राह्मणों से धन और पृथ्वी की प्राप्ति, आरोग्यता, तेज की वृद्धि, पुत्र, मित्र तथा वाहनों का सुख, श्रेष्ठ कर्म अर्थात् धर्म और तीर्थ में रुचि, सुख, और विजय की प्राप्ति, जनता से समादर तथा श्लेष्मा जनित रोग का भय होता है । मं., श.:—शनि की अन्तरदशा जब आती है (इस स्थान से महादशा का पुनः पुनः लिखना छोड़ दिया जाता है) स्त्री, पुत्र और स्वजनों की वाधा तथा मरणान्तक शरीर-कष्ट, शत्रु, चोर एवं राजा से भय, धन की हानि, रोग से पीड़ा एवं अपने स्थान पर लौट जाने की यात्रा होती है । मं., बु.:—बुध की अन्तरदशा जब आती है तो वैश्यों से धन की प्राप्ति, गृह, गौ एवं अन्न की वृद्धि, शत्रु, चोर और राजा से भय, मन में क्लेश, स्त्री-पुत्रादिकों से वियोग तथा किसी प्रकार के उत्सव का भी सुख होता है । मं., के:—केतु की अन्तरदशा जब आती है तो पेट के रोग से संताप, बन्धु एवं भाइयों से पीड़ा, दुष्ट जनों से शत्रुता और शस्त्र तथा अग्नि से अकस्मात् पीड़ा होता है । मं., शु:.—शुक्र की अन्तरदशा जब आती है तब बन्धु-वर्गों से धन की प्राप्ति, स्त्री को भूषण वस्त्र का सुख, स्त्री मात्र से घृणा तथापि स्त्रियों की गोष्ठि, धन का अधिक व्यय एवं विदेश में रहने से मन चञ्चल होता है । मं., र.:—सूर्य्य की अन्तरदशा जब आती है तब धन का लाभ, राज द्वार में सम्मान, और विजय, बन-पर्वतादि में निवास की इच्छा, पिता कुल के लोगों से वैर भाव, गुरु जनों से अपवाद और रोग एवं अपने स्वजनों से दुःख होता है । मं., चं.:—चन्द्रमा की अन्तरदशा जब आती है तब बड़े पद की प्राप्ति, भूषण, धन और रत्नादि का लाभ, मित्र से समागम, आलस्य एवं निरन्तर उत्सव में प्रेम तथा श्लेष्मा अर्थात् कफ रोग भी होता है ।

राहु ।

रा., रा.:—राहु की महादशा में जब राहु की अन्तरदशा आती है तब जाया

रोग और झगड़ा, बुद्धि का नाश, धन का क्षय, दूर-देशाटन, दुःख, विष, रोग और जहरीले सर्प से भय एवं दुष्ट जनों से व्यथा होतो है। रा., वृ.:--जब बृहस्पति की अन्तरदशा आती है तब रोग एवं शत्रु का नाश, राजा से प्रीति, धन की प्राप्ति, पुत्रोत्सव एवं उत्साह, ईश्वराराधन में रुचि एवं उत्तम शास्त्रों की ओर प्रीति होती है। रा.,श.:--जब शनि की अन्तरदशा आतो है तब बन्धु और मित्रादिकों को दुःख, दूर देश का निवास, पद से च्युति एवं पित्त जनित रोग से पीड़ा होवी है। रा.,बु.:—बुध की अन्तरदशा जब आतो है तब मित्र, बन्धु एवं कलत्रादिकों से मिलाप धन का आगमन और राजा से प्रीति होती है। रा., के.:--केतु की अन्तरदशा जब आती है तब धन एवं मान को हानि, सन्तान का नाश, पशुओं का मरण, नाना प्रकार के उपद्रवों का आक्रमण, चोर, अग्नि, शस्त्र एवं ज्वर से भय और विष तथा व्रण से दुःख एवं कलह होता है। रा., शु.:--शुक्र की अन्तर-दशा जब आती है तब विदेश में वाहन, छत्र, चमर, राज चिन्ह और नाना प्रकार की सम्पत्ति एवं स्त्रो की प्राप्ति होती है। परन्तु रोग, शत्रु एवं कुटुम्बों से विरोध का भय होता है। रा.,र.:—रवि की अन्तरदशा जब आती है तब दान-धर्मादि कर्म में रुचि, अनेक प्रकार के उपद्रवों का शमन, शत्रुओं से व्यथा, विष, अग्नि एवं शस्त्र का भय और छूआछूत वाली बीमारियों से पीड़ित होने का भय होता है। रा., चं.:—चन्द्रमा की अन्तरदशा जब आती है तब धन का आगमन, अन्न की प्राप्ति और उत्तम भोग का सौभाग्य होता है। किन्तु कुल-वंधू का नाश, कलह से दुःख एवं जल से भय होता है। रा., मं.:--मंगल की अन्तर-दशा जब आती है तब नाना प्रकार के उपद्रवों का आक्रमण होता है और समस्त कार्य्यों के सम्पन्न करने में जातक स्थकित पड़ जाता है तथा स्मरण शक्ति का ह्रास, राजा, चोर और शस्त्र से भय एवं पद से च्युति होती है।

वृहस्पति।

वृ.,वृ.:—वृ. की महादशा में जब वृहस्पति की अन्तरदशा आती है तब राजा का अनुग्रह, उत्साह, सब कार्य्यों में सफलता, विद्या एवं विज्ञान की प्राप्ति, मान तथा गुण का उदय और भाग्य एवं शारीरिक कान्ति की वृद्धि होती है। वृ., शः.-शनि की अन्तरदशा जब आतो है तब वेश्या-प्रसंग, मद्य-प्रेम, धन एवं यश का

नाश, शरीर की दुर्बलता, द्वेष युक्त बुद्धि, मन में दुःख, सन्तान द्वारा धन का अधिक व्यय और कार्य्यों का नाश होता है। बृ., बु.:--बुध की अन्तरदशा जब आती है तब वेश्या और व्यवसाय से धन की प्राप्ति, राजानुग्रह से सुख की वृद्धि, सत्कार्य्यों में अभिरुचि, देवताओं में भक्ति और वाहन, मन्दिर तथा स्त्री-पुत्रादि से सुख होता है। परन्तु विदेश-यात्रा, चित्त में चञ्चलता और शिर में पीड़ा अथवा उन्माद का भय होता है। बृ., के.:--केतु की अन्तरदशा जब आती है तब तीर्थ-, यात्रा, धन और भूषणादि की प्राप्ति, गुरुजन एवं राजा के लिये क्लेश, शस्त्र एवं व्रण से भय, नौकरों से मतभेद और चित्त में व्यथा होती है। बृ.,शु.:---शुक्र की अन्तरदशा जब आती है तब धन, वाहन, छत्र और चामरादि राज चिन्हों की प्राप्ति, स्त्री जनों से पीड़ा, जनता से द्वेष, मित्रों से वियोग, वायु तथा कण्डू जनित रोग और कलह एवं अनेक व्यसनों में मन की अभिरुचि होती है। मतान्तर से यह भी कहा जाता है कि शुक्र की अन्तरदशा में धर्मादि क्रिया में मन की प्रवृत्ति, उत्तम विद्या, वस्त्र एवं अन्न का संग्रह और विद्वानों की संगति का सुख होता है। बृ.,र.:--सूर्य्य की अन्तरदशा जब आती है तक पुत्र, धन और वस्तुओं की प्राप्ति, शत्रुओं पर विजय, उत्साह एवं सुख की वृद्धि, आरोग्यता, राजा से अधिकार एवं मान का लाभ, तथा किसी पदवी के मिलने का भी सौभाग्य प्राप्त होता है। बृ., चं.:--चन्द्रमा की अन्तरदशा जब आती है तब राजा के अनुग्रह से सुखों की वृद्धि, स्त्रीगण द्वारा ऐश्वर्य्य की प्राप्ति,, भूषण और उत्तम वस्त्रादि का सुख तथा राज चिन्ह, उत्तम विद्या का योग होता है। बृ.,मं.:--मङ्गल की अन्तरदशा जब आती है तब संग्राम में विजय, यश की प्राप्ति, प्रताप का उदय, परन्तु उत्साह-हीनता, ज्वर से पीड़ा, शिर और गुदा में रोग, शारीरिक बल का क्षय तथा शत्रुओं से भी भय होता है। बृ., रा.:--राहु अन्तरदशा जब आती है तब नाना प्रकार के क्लेश से भय, सब प्रकार के उपद्रवों का उदय, धन की अवनति और राजा तथा शत्रु से भय भी होता है।

शनि।

श.,श.:--शनि की अन्तरदशा जब आती है तब क्लेश, रोग से पीड़ा, दम्भ और ईर्षा के कारण नाना प्रकार का शोक एवं ताप तथा राजा और चोर से

धन-धान्य का नाश होता है। श.,बु.:--बुध की अन्तरदशा जब आती है तब धन, यश एवं सुख की वृद्धि, सत्कर्म और आचार के वरतने से लाभ, कृषि एवं वाणिज्य की प्राप्ति, स्त्री-पुत्रादि से सुख, राजदरवार में प्रतिष्ठा की प्राप्ति तथा विद्वानों से आनन्द मिलता है परन्तु उसे कफ का रोग होता है। श., के.:--केतु की अन्तरदशा जब आती है तो नीच एवं दुर्जन मनुष्यों से कलह और बुरे-बुरे स्वप्न एवं वात-पित्त जनित रोग से भय तथा स्त्री-पुत्र से विग्रह होता है। श.,शु.:— शुक्र की अन्तरदशा जब आती है तब स्त्री एवं धन की प्राप्ति, कृषि आदि से सुख, बन्धुजनों से स्नेह, जनता से प्रीति, पुत्र से सुख, ग्राम एवं देश की प्राप्ति, यश का प्रकाश और शत्रुओं का नाश होता है। श., र.:--सूर्य्य की अन्तरदशा जब आती है तब स्त्री-पुत्र और बन्धु का विनाश, शरीर को क्लेश, धन की हानि, शत्रुओं की उत्पत्ति, चोर एवं राजा से पीड़ा, मन को क्लेश और जठराग्नि एवं नेत्र का रोग होता है। श., चं.:--चन्द्रमा की अन्तरदशा जब आती है तब स्त्री का हरण अथवा स्त्री की मृत्यु, वन्धुवर्गों से मतभेद, निरन्तर कलह, सुख की हानि, और वात रोग से पीड़ा होती है, परन्तु धन का आगमन होता है। श., मं.:--मंगल की अन्तरदशा जब आती है तब शरीर में विकलता, कोई कठिन रोग, स्थान से च्युति, अपने स्थान पर लौट कर आना, नाना प्रकार का भय, स्त्री-पुत्रादि का वियोग, मित्र एवं भाइयों को पीड़ा और प्रतिष्ठा की हानि होती है।

बुध।

बु., बु.:--बुध की महादशा में जब बुध की अन्तरदशा आती है तब सुन्दर वस्त्र और गृह की प्राप्ति, बन्धु वर्ग एवं ब्राह्मणों से धन की प्राप्ति तथा सब कार्य्यों में अर्थ सिद्धि होती है। बु., के.:—केतु की अन्तरदशा जब आती है तब बन्धु जनों से पीड़ा, मन में ताप, सुख की हानि, दुश्मन से भय और कार्य्यों में विघ्न होता है। बु.,शु.:—शुक्र की अन्तरदशा जब आती है तब ईश्वर, गुरु, पण्डित एवं अतिथि आदि का आदर-सत्कार करता है। दान-धर्मादि की ओर प्रीति और धन, वस्त्र तथा भूषणादि का लाभ होता है। किसी आचार्य्य का कथन है कि अनेक परिश्रम द्वारा एवं शिर के रोग से जातक दुःखी

होता है। बु.,र.:—सूर्य्य की अन्तरदशा जब आती है तब हाथी, घोड़े और सवारी आदि वाहनों से सुख, मणि-माणिक, भुषण, वस्त्र एवं धन आदि की प्राप्ति, पुत्र जन्म का सुख, धर्म-कार्य में अभिरुचि और राजा से सम्मान होता है। परन्तु नेत्र रोग होता है और अपने स्थान से चंचल हो जाता है। बु., चं.:—चन्द्रमा की अन्तरदशा जब आती है तब रोग से पीड़ा, शत्रुओं से दुःख, समस्त कार्य्यों की हानि, वाहन एवं चतुष्पदों से हानि और भय, मृत सन्तान का जन्म, अनेक विवादों की उत्पत्ति और पित्त प्रकोप एवं खुजली आदि नाना रोगों से पीड़ा होती है। बु.,मं.:—मङ्गल की अन्तरदशा जब आती है. तब पुण्यादि कर्म एवं यशकी वृद्धि, राजा का अनुग्रह, गुदा एवं नेत्र अथवा वात रोग (परन्तु रोग से विमुक्त होना शीघ्र सम्भव होता है) का भय, धन का अधिक व्यय एवं स्त्री पुत्रादि की निष्ठुरता होती है बु., रा.:--राहु की अन्तरदशा जब आती है तब मित्र एवं बन्धुजनों से धन की प्राप्ति, विद्या एवं सुख लाभ का सौभाग्य, राजा का अनुग्रह, मस्तक, पेट और नेत्र रोग से पीड़ा, अग्नि, विष और जल से भय तथा कभी कभी मन की हानि एवं श्री नाश होता है। बु., बृ.:--बृहस्पति की अन्तरदशा जब आती है तब धन और सन्तान की वृद्धि, गुरु जन एवं बन्धुजनों से द्वेष, माता पिता से क्लेश, राजा का मन्त्रित्व और उत्तम कार्य्य में अनुराग परन्तु रोगादि का भय होता है। बु., श.:--शनि की अन्तरदशा जब आती है तब धन एवं सत्कर्म की वृद्धि, किसी साधारण या बड़े लोग से सुख की प्राप्ति और कृषि की हानि होती है। जातक कोमल-स्वभाव, प्रतापी एवं वात व्याधि से पीड़ित होता है।

केतु।

के., के.:—केतु की महादशा में जब केतु की अन्तरदशा आती है तब स्त्री-पुत्र के मरण का भय, धन एवं सुख का विनाश और शत्रुओं से भय होता है। के., शु.:—शुक्र की अन्तरदशा जब आती है तब स्त्री-पुत्र को रोग अथवा उनसे कलह मित्र एवं बन्धुजनों का नाश, ज्वर और अतिसार आदि की पोड़ा तथा कन्या का जन्म सम्भव होता है। के., र.:--सूर्य्य को अन्तरदशा जब आती है तब शारीरिक पीड़ा, ज्वर एवं कफ जनित रोग का आक्रमण, किसी श्रेष्ठ जन की मृत्यु, विदेशगमन, स्वजन से विरोध, खुशी में हानि और कार्य्यों में विघ्न होता है।

के., चं.--चन्द्रमा की अन्तरदशा जब आती है तब स्त्री, सन्तान एवं नौकरों में आलस्य का बाहुल्य, धन-धान्य का विनाश, पुत्रशोक और मनमें संताप होता है। के., मं.:--मङ्गल की अन्तरदशा जब आती है तब पुत्र, स्त्री, छोटे भाई एवं अपने कुल के लोगों से द्वेष-भाव, रोग, सर्प और राजा से पीड़ा तथा बन्धु का नाश होता है। के., रा.:—राहु की अन्तरदशा जब आती है तब राजा एवं चोर से भय, समस्त कार्य्यों का नाश और दुष्ट जनों से वकवाद एवं दुःख होता है। के.,बृ.:—बृहस्पति की अन्तरदशा जब आती है तब ईश्वर और गुरुजनों में प्रीति, राजा का अनुग्रह, उत्तम स्वास्थ्य तथा पुत्र एवं भूमि का लाभ होता है। के., श.:—शनि की अन्तरदशा जब आती है तब मन में ताप एवं भय, अपने बन्धुजनों से अनबन, स्वदेश का त्याग, दुश्मनों के विग्रह में अंग-भंग होने का भय और धन एवं पद से च्युति होती है। के.,बु.:—बुध की अन्तरदशा जब आती है तब बन्धु मित्रादिकों से समागम, स्त्री-पुत्र को धन का आगमन, विद्या से सुख और धन की प्राप्ति होती है।

शुक्र।

शु.,शु.:--शुक्र की महादशामें जब शुक्र की अन्तरदशा आती है तब स्त्री, धर्म, वस्त्र एवं शय्या की प्राप्ति, धर्म और धन का सुख, यश की वृद्धि तथा शत्रुओं का नाश होता है। शु., र.:—सूर्य्य की अन्तरदशा जब आती तब राजा से भय, बन्धुजनों से कलह, धन, कृषि और पशु आदि की हानि, शत्रु की वृद्धि तथा शिर, कपाल, नेत्र, छाती एवं पेट में रोग होता है। शु., चं.:—चन्द्रमा की अन्तरदशा जब आती है तब अग्निहोत्रादि उत्तम कर्म, देवतादि के पूजन में रुचि, संग्राम में विजय, हाथी अथवा स्त्री पक्ष से धन का लाभ, परन्तु शत्रुओं से पीड़ा, सुख की बहुत अल्पता, शिर और नख में पीड़ा, पित्त प्रकोप, संग्रहणी, गुल्म एवं स्त्री प्रसंगादि द्वारा रोग का आक्रमण तथा व्याघ्र आदि जीवों से भय होता है। शु., मं.:—मंगल की अन्तरदशा जब आती है तब स्त्री एवं पृथ्वी की प्राप्ति, धन का आगमन और उत्साह की वृद्धि, परन्तु पित्त रोग एवं व्रणादि से विकलता तथा उत्साह-भंग होता है। शु., रा.:—राहु की अन्तरदशा जब आती है तब बन्धु-जनों से द्वेष, मित्रों से क्षति, अग्नि का भय और किसी ऐसे काले पदार्थ की

प्राप्ति होती है जो लाभ-दायक होता है। शु., बृ.:—बृहस्पति की अन्तरदशा जब आती है तब धन, वस्त्र एवं भूषण की प्राप्ति, धर्माचार निरति से सुख, अनेक कार्य्यों की सिद्धि और अधिकार की प्राप्ति, परन्तु स्त्री तथा सन्तान को क्लेशकर रोग होना सम्भव होता है। शु.,श.:—शनि की अन्तरदशा जब आती है तब वृद्धा स्त्रियों के साथ सम्भोग, शत्रुओं का नाश, धन, भूमि और गृह की प्राप्ति मित्रों की उन्नति तथा ग्राम अथवा पुर का आधिपत्य होता है। शु., बु.:--बुध की अन्तरदशा जब आती है तब सन्तान एवं मित्रों के सुख और सम्मान की वृद्धि, राजा के अनुग्रह द्वारा पृथ्वी की प्राप्ति, वृक्ष, फल एवं चतुष्पदों से धन-लाभ तथा आरोग्यता होती है। शु., के.:--केतु की अन्तरदशा जब आती है तब झगड़ा, बन्धु की मृत्यु, शत्रु से पीड़ा, मन में अशान्ति और धन में कमी होती है।

सप्तम नियम।

अर्थात्

फुटकर विधि।

धा-३४१ (१) इस स्थान पर कुछ अन्यान्य रीतियों से दशाअन्तर-दशा के फल जानने की विधि लिखी जाती है। इस पुस्तक में प्रकरणानुसार लिखा जाचुका है कि किन किन ग्रहों की दशाअन्तरदशा में जातक के माता, पिता भ्राता, बहन, स्त्री, पुत्र तथा स्वयं जातक को सुख, दुःख, मृत्यु इत्यादि होती है। उन सब बातों को पुनः नहीं लिख कर धारा संख्या सुविधा के लिये लिख दिया जाता है। देखो धारा ११८ (४) (७); १२० (१) (३) (८) (९) (११); १२३ (१) (२); १२५ (८); १२६ (३); १२७ (७) (८) (९); १४४ (३) (४) (५) (६) (७) (९); १४८ (८) (९) (१०); १९४ (२) (३) (४) (६) (८) (१०) (१४); १९९ (१) (२); १६० (५); १९० (ख. ४); २०७ (समूचा); २०८ (३) (४); ३०० (क. ४२); ३०२ (३) (४); ३०७ (१५) (१८); ३१३ (८) (३६)।

(२) ऊपर लिखी हुई बातों के अतिरिक्त अन्य कई प्रकारों से दशाअन्तर

दशा के फल विचारने की विधि लिखी जाती है। यह लिखा जाचुका है कि ग्रह अपनी महादशा तथा अन्तरदशा में वही फल देता है जो उसको उस भाव से भावस्थित-सम्बन्ध, भाव-दर्शि-सम्बन्ध तथा भावाधिपति-सम्बन्ध से होता है। परन्तु विशेषता यह है कि भावस्थित-ग्रह उस भाव के फल को देने में सब से अधिक क्षमताशाली होता है और उस से कम भाव दर्शीग्रह फल-दायक होता है तथा भावाधिपति उससे भी कम फल देता है। अर्थात् दृष्टान्त रूप से यों कहा जा सकता है कि धन स्थानस्थित ग्रह धनदायित्व विषय में सब से अधिक क्षमताशाली होता है। उससे कुछ कम भावदर्शि-ग्रह फल देता है और धन भावाधिपति धन-भाव विषय में उससे भी कम फलदायक होता है। यह बात नहीं है कि केवल धन-भाव विषय में ही ऐसा होता है। समस्त भावों के सम्बंध में बूझना होगा कि भावस्थ ग्रह चाहे शुभ हो वा अनिष्ट हो, सबसे अधिक फल-दायक होता है। भावदर्शि ग्रह उससे कम और भावाधिपति ग्रह उससे न्यून फल प्रदान करता है। इस कारण, इन सब ग्रहों की दशाअन्तर दशा के विचार-काल में ऊपर लिखे हुए नियमानुसार फल के दायित्व का विचार करना होता है। (३) द्वितीयाधिपति, राहु युक्त हो और षष्ठ, अष्टम तथा द्वादश गत हो अथवा राहु जिसके क्षेत्र में हो उसी ग्रह से युक्त हो तो उन सबों की दशाअन्तरदशा में दन्त रोग होता है। (४) द्वितीयाधिपति क्रूर-ग्रह हो और चतुर्थस्थ हो तो दशाअन्तरदशा काल में माता को पीड़ा होती है। (५) तृतीय में शुभग्रह का योग वा दृष्टि रहने से उस ग्रह की दशाअन्तर में कन्द-मूलादि का सुख होता है।(६) भ्रातृ-भाव अर्थात तृतीयभाव से गणना करने पर केन्द्रस्थ और त्रिकोणस्थ पाप ग्रह अपनी दशाअन्तरदशा में भ्रातृ पीड़ा प्रदान करता है और उक्त स्थानस्थ शुभ ग्रह भ्रातृ-विषयक शुभ फल देता है। इसी प्रकार पुत्र-भाव अर्थात् पञ्चम भाव से गणना करने पर केन्द्रस्थ और त्रिकोणस्थ पापग्रह अपनी दशाअन्तर-दशा में पुत्र-पीड़ा प्रदान करता है। तथा यदि शुभग्रह हो तो पुत्र विषयक शुभ-फल देता है। इसी प्रकार अन्यान्य भावों का भी विचार होता है। (७) तृतीयस्थ ग्रह, तृतीयेश, नीचस्थ मंगल, शत्रु गृही मंगल, दुःस्थान (६, ८, १२) में होने से, उन सबों की दशाअन्तरदशा में भ्रातृ-विनाश तथा पराजय होता है। लग्नाधिपति और तृतीयाधिपति परस्पर शत्रु होने से, तृतीयस्थ ग्रह के दुर्बल होने से और मंगल के दुःस्थान गत (६, ८, १२) होने से

इन सब की परस्पर दशाअन्तरदशा में भ्रातृ-कलह, भ्रातृ नाश और धननाशादि अशुभ फल होते हैं तथा विपरीत दशा में शुभ फल होता है। (८) द्वितीय, तृतीय, नवम, एकादश और सप्तमाधिपति की दशाअन्तरदशा में भ्रातृ लाभ होता है। (९) बलवान् सूर्य्य और मंगल चतुर्थ स्थान में रहने से अपनी दशाअन्तरदशा में माता को पित्त रोग अथवा व्रणादि पीड़ा उत्पन्न करते हैं। अपने पड़ोस में अग्नि, भय भी होता है।(१०) द्वितीय, चतुर्थ तथा द्वादशपति, इनमें से जो पापयुक्त हो और शुभ-ग्रह की दृष्टि से वञ्चित हो तो उन सब की दशाअन्तरदशा में गृहादि का नाश और गृह-विच्छेद आदि कारणों से दुःख होता है।(११) यदि द्वितीयेश, चतुर्थेश तथा द्वादशेश शुभ-युक्त होकर केन्द्रवर्ती हो तो उन सबों की दशा-अन्तर-दशा में गृह-सुख होता है। (१२) (१) चतुर्थाधिपति, (२) चतुर्थाधिपति के साथ वाला ग्रह, (३) चन्द्रमा, (४) चन्द्रमा के साथ वाला ग्रह, (५) चतुर्थस्थ ग्रह (६) चतुर्थ दर्शी ग्रह इन सबों में जो ग्रह सबसे अनिष्टदायी होता है उसकी दशाअन्तरदशा में माता की मृत्यु होती है। (१३) लग्न, चतुर्थ तथा नवम में यदि चतुर्थाधिपति लग्नाधिपति के साथ बैठा हो तो उन सबों की दशाअन्तरदशा में वाहन-लाभ होता है। (१४) चतुर्थाधिपति, नवमाधिपति, एकादशाधिपति वा धनाधिपति यदि लग्न से सम्बन्ध रखते हुए बलवान् हो तो उसकी दशाअन्तरदशा में राज्य तथा धन लाभ होता है। (१५) बृहस्पति, चन्द्रमा तथा लग्न से पञ्चमाधिपति एवं नवमाधिपति की अन्तरदशा में अथवा लग्न से पञ्चमाधिपति तथा नवमाधिपति से सम्बन्ध रखने वाले ग्रह की दशाअन्तरदशा में जातक पुत्र-लाभ करता है। (१६) पञ्चमेश तथा बृहस्पति युक्त दुःस्थान पति की दशाअन्तरदशा में पुत्र-पीड़ा आदि अशुभ फल उत्पन्न होते हैं। (१७) लग्न से एकादश वा नवमस्थ शनि, मंगल अथवा राहु अपनी अपनी दशाअन्तरदशा में पितृ-मृत्यु-कारक होता है। (१८) पञ्चमस्थ मङ्गल, षष्ठस्थ बृहस्पति, चतुर्थस्थ शनि और सप्तमस्थ राहु मारक होते हैं। (१९) अष्टमेश अष्टमगत होने से और इसी प्रकार लग्नेश के लग्न में रहने से उसकी दशा में पीड़ा होती है। पीड़ा के अनन्तर शुभ-फल भी होता है। लग्न के दुर्बल होने से लग्नेश की दशा और अष्टमेश की अन्तरदशा में प्रथमतः कष्ट होता है। किन्तु पश्चात् शुभफल होता है। एवं लग्नाधिपति विशेष बल-वान् होने से अष्टमाधिपति की दशा में जातक की मृत्यु होती है। और अष्टमेश के बलवान् होने से लग्नाधिपति को ही मारक दशा होती है।

(२०) दशमेश से दशम-स्थान-स्थित पाप-ग्रह अपनी दशाअन्तरदशा में (कर्म-वैकल्य अर्थात्) किसी भी कार्य्य के करने में जातक को दिक्कत होती है। (२१) केन्द्राधिपति और त्रिकोणाधिपति की दशा में यदि किसी शुभग्रह की अन्तरदशा आवे तो वह शुभ-ग्रह, राज योग कारक ग्रहादि के साथ सम्बन्ध-विशिष्ट न होने पर भी राज्य कारक होता है (शुभग्रह शब्द का अर्थ इस स्थान में "मारकदशा विचार" विषय में कथित अर्थ है। अर्थात् केन्द्राधिपति शुभ-ग्रह पाप कहा जाता है और केन्द्र तथा त्रिकोणाधिपति ग्रह शुभ कहा जाता है। इत्यादि)।(२२) यदि कोई पापग्रह अर्थात् तृतीय, षष्ठ, अष्टम और एकादशाधिपति राज्य कारक ग्रह गण के साथ सम्बन्ध युक्त हो तो वह ग्रह भी राज्य-योग-युक्त ग्रह की दशा और अपनी अन्तरदशा में राज्य प्रदायक होता है। **उदाहरण कु.** में नवमाधिपति एवं दशमाधिपति साथ होने से राज-योग प्रद है, पर उनके साथ षष्ठेश शु. भी बैठा है। शुक्र की महादशा में जब शुक्र का अन्तर समाप्त हो रहा था तभी यह जातक मोखतारकारी आरम्भ किया, जिसमें उन्होंने खूब धन प्राप्त किया। (यदि एक ही ग्रह केन्द्र और त्रिकोणाधिपति हो तो वह ग्रह राज्य कारक होता है जैसा कि पूर्व लिखा जा चुका है और उसके साथ अन्य त्रिकोणाधिपति के साथ सम्बन्ध रहने से, राज्य योग का फल अधिक प्रबल होता है)। (२३) जिसके जन्म काल में कर्क राशिगत बृहस्पति लग्न में बैठा हो अथवा धन वा मीन, राशिगत होकर लग्न में अथवा तीसरे, दशवें, ग्यारहवें में बैठा हो तो ऐसा बृ. अपनी दशा में जातक के कुलानुमानानुसार राज्य-लाभ इत्यादि प्रकार का विशेष उत्कृष्ट फल देता है। (२४) जिस ग्रह की आरोहिणी दशा हो उसका फल उत्तम होता है और अवरोहिणी दशा का फल नेष्ट होता है। उच्च ग्रह अपने स्थान से सप्तम स्थान में नीच होता है और पुनः उस स्थान से बढ़ता-बढ़ता उससे सप्तम स्थान में उच्च हो जाता है। नीचस्थ ग्रह, जब उच्चाभिलाषी होता हुआ बढ़ता है तब वहग्रह आरोहिणी अवस्था में कहा जाता है और जब उच्च से नीच की ओर ग्रह जाता है तब अवरोहिणी अवस्था में वह ग्रह होता है। साधारण बुद्धि के अनुसार जो ग्रह उच्चाभिलाषी होता है उसके फल भी अच्छे और जो नीचाभिलाषी होता है उसके फल भी क्रमशः निकृष्ट होते जाते हैं। जैसे सूर्य्य, मेष के दश अंश में उच्च होते हैं और जब वृष के दश अंश में जाता है तब एक षष्ठांश ($\frac{1}{6}$) उसके फल में कमी हो जाती

है। उसी प्रकार जब मिथुन के दश अंश में जाता है तब फल में तृतीयांश (⅓) कमी होती है। इसी प्रकार घटता घटता जब तुला के दश अंश में जाता है तब समस्त शुभ-फल का नाश हो जाता है और सूर्य्य सर्वत्र अनिष्टकारी हो जाता है। पुनः इसी प्रकार जब वृश्चिक के दश अंश में जाता है तब एक (⅙) षष्ठांश अनिष्ट फल का नाश होता है। इसी प्रकार सूर्य्य बढ़ता हुआ जब मेष के दश अंश पर जाता है तब उसका सर्वत्र अनिष्ट फल नष्ट होकर परम शुभदायक हो जाता है। अर्थात् साधारण त्रैराशिक से ग्रह के फल का अनुमान करना होता है। इसी प्रकार से सब ग्रहों की आरोही और अवरोही फल का अनुमान करना होता है।

अष्टम नियम।

अर्थात्

फल विकाश समय।

का-३४२ ग्रहगण अपनी अपनी अवस्था और स्थिति इत्यदि के अनुसार जातक के जीवन मात्र में शुभ और अशुभ फल देते हैं। परन्तु ऋषियोंने यह अनुभव कर रक्खा है कि अमुक अमुक ग्रह अपनी अपनी महादशा में अमुक समय पर बुरा अथवा भला फल देने में समर्थ होते हैं। इन्हीं भेदाभेदों के अनुसार यह निश्चय करना होता है कि किस समय किस फल का विशेष रूप से उदय होगा।

(१) पापग्रह के प्रथम खण्ड में उन्हीं सब फलों का उदय होता है कि जो फल उस पापग्रह के उच्च एवं वर्गों के द्वारा होता है और मध्यम खण्ड में जिस भाव में वह पापग्रह रहता है एवं जिस भाव का वह स्वामी होता है, इन सब फलों का उदय होता है। इसी प्रकार उस पापग्रह पर दृष्टि के अनुसार जो फल होता है उस फल का उदय अन्तिम खण्ड में होता है। **उदाहरण कुण्डली** में सूर्य्य-पापग्रह का फल पहिले दो वर्ष में सूर्य्य के नीच रहने से एवं उच्च नवांश में रहने से जो फल होता है उन्हीं फलों का उदय होना कहा जायगा। मध्य खण्ड अर्थात् दूसरे वर्ष से चौथे वर्ष पर्य्यन्त सूर्य्य के एकादशस्थ होने का एवं सूर्य्य के नवमेश होने का जो फल

होता है उन्हीं फलों का उदय होता है और अन्तिम खण्ड में अर्थात् चौथे वर्ष से छट्ठे वर्ष तक सूर्य्य पर सप्तमस्थ वृ. की पूर्ण दृष्टि का जो फल होगा उसी का उदय होना कहा जायगा। (२) शुभग्रह की दशा में जिस भाव में वह ग्रह बैठा रहता है अथवा जिस भाव का स्वामी रहता है उन सब फलों का उदय प्रथम खण्ड में होता है। वर्गानुसार फलों का उदय मध्य खण्ड में और दृष्टि के अनुसार जो फल होता है उसका उदय अन्तिम खण्ड में होता है। (३) जो ग्रह शीर्षोदय राशि में रहता है उसके फल का उदय प्रथम ही में होता है। पृष्ठोदय राशि स्थित ग्रह का फल अन्त में होता है। एवं उभयोदय ग्रह का फल दशा मात्र में सर्व्वदा होता रहता है। (४) ज्योतिष के प्रायः सभी ग्रन्थों में अमुक अमुक सम्बत्सरों के जन्म का फल एवं अयन, ऋतु, मास, नक्षत्र, पक्ष, तिथि, कर्ण, मुहूर्त्त, आदियों में जन्म के फल दिये हुए पाये जाते हैं। उन फलों का विकास कब होता है इसको नीचे लिखता हूं। सम्बत्सर का फल सावन वर्ष-पति की दशा में होता है अयन, ऋतु का फल सूर्य्य की दशा में होता है। गण, नक्षत्र तथा पक्ष के फल चंद्रमा की दशा में होते हैं। तिथि और कर्ण के फल सूर्य्य की दशा और चंद्रमा की अन्तरदशा में होते हैं। वार-फल, वार-पति की दशा में होता है। योग-फल सूर्य्य अथवा चं. की दशा में उनमें से जो बली हो उसकी दशा में होता है। लग्न-फल लग्नेश की दशा में होता है और दृष्टि, भाव एवं राशि के फल इसी-क्रम से राशिशों को दशा में होते हैं। (५) सूर्य्यादि ग्रह अपनी अपनी दशा के आदि, अन्त और मध्य खण्ड में क्या क्या फल देते हैं इसका विवरण धारा ३२९—३३३ के अन्तिम भाग में किया जा चुका है। इन सब बातों पर ध्यान आकर्षित करना उचित है। उन सब बातों को पुनः इस स्थान में लिखना मानों पुस्तक की आकृति को बड़ा बनाना है।

परिश्रम पूर्वक दशाअन्तरदशा के फलों के निर्णय करने की विधि विस्तार रूप से बतलायी जा चुकी। यदि इतना नहीं तो थोड़ा बहुत अनेकानेक पुस्तकों में फल लिखे पाये जाते हैं परन्तु लक्ष्य यह है कि उत्साह-पूर्ण-पाठक-गणों को फल कहने की विधि बतलाई जाय। यदि पुनरुक्त दोष न हो तो पुनः यही कहना है कि जैसे कोई हाकिम साक्षियों के कथन अर्थात् बयान वा इजहार को (साङ्गोंपांग) विचार की दृष्टि से देखकर प्रत्येक साक्षियों के बयान

से चुनी चुनाई हुई बातों को ग्रहण करता हुआ किसी एक मत को प्रतिपादित करके फैसला लिखता है, उसी प्रकार ज्योतिष प्रेमियों को प्रत्येक ग्रह के नाना प्रकार के फलदायित्व पर विचारपूर्वक दृष्टि डालकर जो एक निचोड़ फल (मनमाना नहीं) प्रतीत हो वही फल कहना उचित होगा सब से उत्तम रीति इस विषय के अभ्यास की यह होगी कि सौ पचास कुण्डलियों के फल को विचारे। परन्तु स्मरण रहे कि ये सब भविष्यकाल के न हों। ये सब कुण्डलियाँ परिचित जनों की होनी चाहिये। और उन दशाओं का फल देखे जो दशा अन्तरदशा बीत चुका हो ऐसा करने से उस जातक की बीती हुई बातों के साथ अपने विचार-फल की तुलना से फलों का प्रतिपादन अच्छी रीति से हो सकेगा।

अध्याय ३२

गोचर प्रकरण।

गोचर किसे कहते हैं ?

धा-३४३ जन्म समय में चन्द्रमा किसी एक राशि में रहता है उसी राशि को चन्द्र-राशि कहते हैं। उसी राशि को चन्द्र-लग्न मान कर जन्म समय की कुण्डली को चन्द्र-कुन्डली कहते हैं। उदाहरण कु. के जातक का जन्म उत्तर भाद्र नक्षत्र के चतुर्थ चरण में है इसलिये उदाहरण कुण्डली का चं. मीन राशि में है। मीन राशि को लग्न मान कर उदाहरण कुण्डली का चन्द्र कुण्डली यह हुआ।

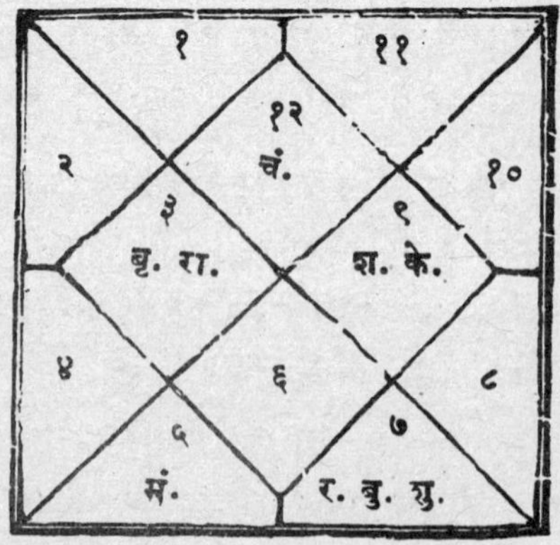

जन्म समय के बाद से सब ग्रह अपनी अपनी गति के अनुसार चलते रहते हैं। इसी कारण चन्द्र लग्न (उदाहरण कुण्डली में मीन लग्न) से सर्वदा किसी न किसी स्थान में पड़ते ही रहेंगे। जैसे उदाहरण कुण्डली में चन्द्र लग्न से बृहस्पति चतुर्थ स्थान

में है। परन्तु कुछ दिन के बाद (एक वर्ष) वृहस्पति अपनी चाल के अनुसार चन्द्रमा से पञ्चम स्थान में पड़ जायगा। एवं उससे एक वर्ष के बाद षष्ठस्थान में पड़ जायगा। उसी प्रकार सब ग्रह अपनी चाल के अनुसार चन्द्र लग्न से भिन्न भिन्न स्थानों में पड़ते रहते हैं इसी को ज्योतिष शास्त्र में गोचर कहते हैं। महर्षियों का कथन है कि जातक के चन्द्र लग्न का एक बड़ा प्रवल प्रभाव उसके जीवन में पड़ता है। इसी कारण जब उस लग्न से ग्रह गण अन्योन्य स्थानों में जाते हैं तब प्रतिग्रह का भिन्न भिन्न प्रभाव उस समय में जातक के जीवन पर पड़ता है। शनि, ढ़ाई वर्ष तक एक राशि में रहता है। इस कारण लगभग तीस वर्ष में शनि पुनः घूमता-घूमता उस स्थान में आता है, जहां कि जन्म के समय में था। वृ. एक राशि में लगभग एक वर्ष रहता है। इस कारण लगभग बारह वर्ष में चलता-चलता उस स्थान में आजाता है जहां वह जन्म समय में था। राहु एवं केतु लगभग डेढ़ वर्ष के एक राशि में रहता है, इस कारण लगभग अठारह वर्ष में जन्म के स्थान पर आजाता है। शेष ग्रह शीघ्रगामी होने के कारण एक वर्ष के भीतर ही अपनी आवृत्ति को समाप्त करते हैं और चन्द्रमा तो लगभग २७ ही दिन में।

यूरप और अमेरिका निवासी ज्योतिष शास्त्र के विद्वान् लोगों की गोचर ही की शैलीपर फल कहने की रीति है। जिसको वे डीरेकशन्स ऐन्डडारेकटिंग (Directions and Directing) कहते हैं। परन्तु उसमें कुछ विलक्षणता अवश्य है। उस रीति के उल्लेख का इस स्थान में न तो अवकाश ही है और न उपयोग ही।

भारतवर्ष के विद्वानों ने कहा है कि प्रत्येक ग्रह जब जन्म राशि में पहुंचता है अथवा जन्म राशि से द्वितीय, तृतीय, चतुर्थ, पञ्चम, षष्ठ, सप्तम, अष्टम, नवम, दशम, एकादश अथवा द्वादश में पहुंचता है तो जातक के जीवन में अपना अपना गुण और दोष का प्रभाव अपनी स्थिति के अनुसार उस समय में डालता है, इसी को गोचर फल कहते हैं।

गोचर-फल।

(१) सूर्य्य।

धा-३४४ (१) चन्द्र-लग्न में जब गोचर का सूर्य्य जाता है

तब उदर-रोग अथवा शरीर पीड़ा, मानसिक व्यथा, भोजन में अबेर-सबेर, सम्बन्धी, मित्र एवं सज्जनों से झगड़ा और यात्रा अर्थात् भ्रमण होता है। (२) चन्द्र-लग्न से द्वितीय स्थान में जब सूर्य्य जाता है तब दुर्जनों की सङ्गति नीच स्वभाव, मानसिक व्यथा, शिर एवं नेत्र में पीड़ा, कृषि एवं बाणिज्य की हानि और भय होता है। (३) चन्द्र-लग्न से जब तीसरे स्थान में गोचर का सूर्य्य जाता है तब रोग से मुक्ति, सुख, आनन्द, मित्रों से सम्मान, पुत्रों से सुख और अभिष्ट लाभ, शत्रुओं का पराजय एवं लक्ष्मी तथा मान की प्राप्ति होती है। (४) चतुर्थ स्थान में जब गोचर का सूर्य्य जाता है। तब मानसिक एवं शरीरिक व्यथा, घर-झगड़ा और सुख की हानि, कुत्सित भोजन, व्यसन एवं यात्रा में असुविधायें होती हैं। पृथ्वी के भोग में विघ्न होता है। (५) पञ्चम स्थान में गोचर का सूर्य्य जब जाता है तब असक्ति, मन की व्यग्रता, मित्रों से असुविधा, धन की हानि, दीनता, चित में अस्थिरता तथा शत्रु एवं रोग का भय होता है। (६) षष्ठ स्थान में गोचर-सूर्य्य जब जाता है तब आनन्द, कार्य्य की सिद्धि, स्वस्थता अन्न-वस्त्र की प्राप्ति, शत्रुओं का नाश, धन और मान की प्राप्ति एवं सुख होता है (७) सप्तम में सूर्य्य के जाने से कुटुम्ब एवं मित्रों से मत-भेद, स्त्री और सन्तान को रोग, कार्य्य में असफलता, उदर पीड़ा एवं यात्रा होती है। (८) अष्टम में सूर्य्य के जाने से अपने बुरे कामों का फल, शत्रुओं से झगड़ा तथा पीड़ा (खाँसी) और राज भय होता है। अपनी स्त्री भी नारुष्ट रहती है। उसे शत्रुओं से दुर्वचन भी सुनना पड़ता है (९) नवम में सूर्य्य के जाने से कान्ति का क्षय, मिथ्या-अपवाद, बिना कारण धन और पुण्य की हानि, आय की कमी, रोग तथा मानसिक अशान्ति होती है। (१०) दशमस्थान में सूर्य्य के रहने से धन, स्वास्थ्य, मित्र, कुटुम्ब, राजा एवं बड़े लोगों से समागम, आनन्द और अभिष्ट-सिद्धि होती है। (११) एकादश स्थान में सूर्य्य के जाने से लाभ, धन, उत्तम भोजन, नवीनपद, स्वास्थ्य, बड़ों का अनुग्रह और गृह में कोई आनन्दोत्सव का सुख होता है। (१२) द्वादश स्थान में रवि के जाने से जन्म भूमि का त्याग, कुटुम्बों से वियोग, कार्य्य एवं पद की हानि, अधिक व्यय और कठिनाइयां होती हैं।

(२) चन्द्रमा।

(१) चन्द्र-लग्न में जब गोचर का चन्द्रमा जाता है तब रोग मुक्ति, सुख और आनन्द, धन, सत्कार, उत्तम वस्त्र, भोजन और शय्या, स्त्री सम्भोग एवं उपहार की प्राप्ति होती है। (२) चन्द्र-लग्न से गोचर का चं. जब द्वितीय स्थान में जाता है तब मानसिक असन्तोष, रोग, नेत्र-रोग एवं चावल के अतिरिक्त अन्य पदार्थों का भोजन होता है। (३) तृतीयस्थान में चन्द्रमा जाने से, धन की प्राप्ति, वस्त्रादि का सुख, आरोग्यता, शत्रुओं का पराजय, चित में प्रसन्नता, धैर्य्य एवं इच्छित स्त्रियों का सङ्ग होता है। (४) चतुर्थ स्थान में चं. जाने से स्वजनों से झगड़ा, चित्त में चंचलता, कुक्षि-पीड़ा एवं कार्य्य में हानि, भोजन और निद्रा में असुविधायें तथा जल से भय होता है। (५) पञ्चम स्थान में चन्द्रमा जानेसे मार्ग में विघ्न, कार्य्य का नाश, मन में अशान्ति, आसक्ति, धन अथवा किसी प्रिय पदार्थ की हानि और वायु का प्रकोप वा गेठिया रोग होता है। (६) षष्ठ स्थान में चन्द्रमा जाने से लाभ, स्वथ्यता, धनागमन, यश, आनन्द, स्त्रियों से वार्तालाप, अपने ग्रह में निवास और शत्रुओं का पराजय एवं रोग का विनाश होता है। (७) सप्तम स्थान में चन्द्रमा जाने से धन, सुख, वाहन, ख्याति, स्वास्थ्य, शान्ति, भोजन, सुख एवं स्त्री द्वारा सुख होता है। (८) अष्टम स्थान में चन्द्रमा जाने से रोग, अपच, फिल्लियों में पीड़ा, झगड़ा, चिन्ता, सर्प-भय एवं खाद्य भोजन की प्राप्ति होती है। (९) नवम स्थान में चन्द्रमा जाने से राजा से भय, वस्त्रादि की हानि, पुत्रों से मतभेद, देश का त्याग, उदर रोग और व्यवसाय में हानि होती है। (१०) दशम स्थान में चन्द्रमा जाने से सुख, अभीष्ट सिद्धि, कार्य्य में सफलता एवं स्वस्थता होती है। (११) ग्यारहवें स्थान में चन्द्रमा जाने से, लाभ, सुख, कुटुम्बों से समागम, उत्तम भोजन और द्रव्य एवं अन्न की प्राप्ति होती है। (१२) द्वादश स्थान में चं. जाने से शोक, मानसिक एवं शारीरिक व्यथा, मान, कार्य्य और द्रव्य की हानि एवं कुटुम्बों की ओर से घृणा होती है। 'वाराही-संहिता' में "वृषमचरितन्दोषानन्ते करोति" लिखा है, अर्थात् मत्त-बैल की भांति सब दोषों को करता है।

टिप्पणीः—पांचवें, नवमें और दूसरे स्थान में चन्द्रमा का अशुभ फल

कहा गया है। परन्तु यह फल क्षीण चं. रहने से होता है। पूर्ण चं. होने से शुभफल होता है।

(३) मंगल।

(१) चन्द्र-लग्न में गोचर का मंगल जाता है तब ज्वर, व्रग, कुटुम्ब एवं स्त्री से मतभेद और दुर्जनों से कष्ट तथा भय होता है। (२) दूसरे स्थान में मंगल के जाने से बल की हानि, मानसिक अशान्ति, कार्य्यों में निष्फलता, वचन में कठोरता, दुर्जनों की संगति और राजा, चोर, अग्नि तथा पित्त-रोग से भय होता है। (३) तृतीय स्थान में जब मंगल जाता है तब धन, खाने के पदार्थ, ऊनी वस्त्र एवं आरोग्यता की प्राप्ति और शत्रुओं का पराजय होता है। (४) चौथे स्थान में जब मंगल जाता है तब शत्रु-वृद्धि, रुपये एवं वस्तुओं की कमी, स्वजनों से विरोध, अशुभ कार्य्य-निरत, मानसिक भय और ज्वर, रुधिर तथा उदर रोग होता है। (५) पञ्चम स्थान में जब मंगल जाता है तब धन का नाश, रोग, भोजन में अतिकाल, पाप कर्म में योग, द्वितीहीन, शत्रुओं से पीड़ा और सन्तान से दुःख होता है। (६) षष्ठ स्थान में जब मंगलजाता है तब धन, अन्न, वस्त्र और स्वर्ण अथवा ताम्र पात्र की प्राप्ति, ख्याति, लाभ, आनन्द तथा शत्रु-भय-रहित, शुभ विचार का उदय होता है। (७) सप्तम स्थान में मंगल जाने से जन का नाश, भोजन वस्त्रादि में कमी, कुटुम्बों से (स्त्री) असन्तोष, भाई और सन्तान के क्रोध से दुःख तथा नेत्र एवं उदर-रोग होता है। (८) अष्टम में जब मंगल जाता है तब शस्त्र-प्यारा, परदेश वास, कार्य्य की हानि, पद-च्युति और रोग एवं ऋण द्वारा मानहानि होती है। (९) नवम स्थान में जब मंगल जाता है तब अनादर, शरीर में पीड़ा, धातुक्षय से निर्बल, धन का अभाव, उष्णता और रोजगार के स्थान से हटना पड़ता है। (१०) दशम स्थान में जब मंगल जाता है तब रोग, दुःख, अपौष्टिक पदार्थों का भोजन, किसी कार्य्यवश विदेश यात्रा और रोजगार में विघ्न-वाधा होती है। पर 'बाराही-संघिता' के अनुसार, धन-प्राप्ति। (११) एकादश स्थान में जब मंगल जाता है तब जय, आरोग्यता, धन-वस्त्रादि की प्राप्ति, आनन्द और कार्य्य में सफलता होती है। (१२) द्वादश में जब मंगल जाता है तब धन का व्यय, परदेश वास, सन्तप्त, रोग, (नेत्ररोग) धन की हानि और कुटुम्बों से अनबन होती है।

(४) बुध ।

(१) चन्द्र-लग्न में जब बुध जाता है तब चुगलखोर, बन्धन तथा धन की हानि, कुटुम्बों से विरोध, झगड़ा, कुसमय का भोजन, स्वागत विहीन, एवं दुर्जनों की सङ्गति होती है। (२) चन्द्र लग्न के द्वितीय स्थान में जब बुध जाता है तब सर्व्वदा आनन्द, धन एवं रत्नादि की प्राप्ति और अच्छे लोगों की संगति होती है। (किसी मत से अनादर)। (३) तृतीय स्थान में बुध जाने से शत्रु से भय कुटुम्बों से झगड़ा एवं धन की हानि होती है। व. संहिता अनुसार, मित्र-प्राप्ति और दुश्चरित्र को भय से छोड़ता है। (४) चतुर्थ स्थान में मंगल जाने से धन की प्राप्ति एवं माता (कुटुम्ब) को सुख होता है। (५) पंचम स्थान में बुध जाने से पीड़ा, आकस्मिक झगड़ा, सन्तान वो स्त्री से वियोग अथवा अनबन, मृत्यु का भय एवं गर्मी के कारण शरीर के अवयवों में शिथिलता होती है। (६) छट्ठे में बुध जाने से धन, अन्न एवं वस्त्रादि की प्राप्ति और उत्तम पुस्तकादि को पढ़ने का सुख होता है। (७) सप्तम स्थान में बुध जाने से पीड़ा, सुख की हानि, द्रव्य की कमी, कुटुम्ब एवं मित्रों से झगड़ा, राजा से भय, निस्तेज शरीर और शरीर के अवयवों में शिथिलता होती है। (८) अष्टम स्थान में बुध जाने से धन का लाभ पुत्र से सुख, बुद्धि का विकाश, चित्त में अशान्ति, भोजन में अरुचि और मिथ्या वचन होता है। (९) नवम में बुध जाने से, खेद, अपवाद, समस्त कार्य्य में विघ्न-बाधा, दूसरों को पीड़ा, कुत्सित भोजन और पित्त से पीड़ा होती है। (१०) दशम में बुध जाने से किसी नये पद की प्राप्ति, वाक्य में चतुराई, शत्रुओं के पराजय से सुख, भोजन में असुविधा, मन में अशान्ति, अपवाद और दुर्वचन का भाजन होता है। (११) एकादश में बुध जाने से स्वस्थता, सुख, यश, धनागम एवं कुटुम्बों से मित्रता होती है। (१२) द्वादश में बुध के जाने से धन एवं सुख की हानि, चित्त में सन्ताप, भोजन में अरुचि, झगड़ा और कार्य्यों की हानि होती है।

(५) बृहस्पति ।

(१) चन्द्र-लग्न में जब बृहस्पति जाता है तब भय, मान-हानि, राजा से भय, रोजगार में झगड़ा, मानसिक व्यथा और पदार्थों की हानि होती है। (२)

द्वितीयस्थान में जब वृहस्पति जाता है तब धन और सुख की प्राप्ति, ख्याति, उन्नति, शत्रु हीन तथा दानादि में रुचि होती है। (४) तृतीय स्थान में जब वृहस्पति जाता है तब पीड़ा, विघ्न, कुटुम्बों से झगड़ा, रोजगार में झञ्झट, स्थान से च्युति एवं शरीर में पीड़ा होती है। (४) चतुर्थ स्थान में जब वृहस्पति जाता है तब मन में अशान्ति, धन एवं कान्ति की हानि, शत्रु की वृद्धि, कुटुम्बों से असुविधा और देश का त्याग होता है। (५) पञ्चम स्थान में जब वृ. जाता है तब सुख, उन्नति, धनागम, कार्य्य में सफलता, कुटुम्बों से आनन्द और पदकी प्राप्ति होती है। (६) षष्ठ स्थान में जब वृ. जाता है तब शोक, स्त्री, सन्तान और कुटुम्बों से झगड़ा तथा चोर, अग्नि एवं राजा से भय होता है। उसके गृह में सब प्रकार की उदासीनता आजाती है। (७) सप्तम स्थान में जब वृ. जाता है तब राजा से मान, उत्तम भोजन, कार्य्य में सफलता, आरोग्यता बुद्धि में चमत्कार, अनेक सुखों का भोग और विवाहादि उत्सव से सुख होता है। (८) अष्टम स्थान में वृ. जाने से बन्धन, शोक, रोग, चोर, अग्नि एवं राजा से भय, क्रोध की वृद्धि, वाक्य में कठोरता, कान्ति की हानि, पद-च्युति और शारीरिक कष्ट होता है। (९) नवम में वृ. जाने से धन की प्राप्ति, सुख, उत्तम भोजन, स्त्री-सहवास, पुत्र से सुख, मकान की प्राप्ति और विचार-शीलता होती है। (१०) दशम स्थान में वृ. जाने से दीनता, अन्न तथा धन की हानि, स्वजनों से अपवाद, निरुद्यमता और भ्रमण होता है। (११) एकादश स्थान में वृ. जाने से, धन एवं प्रतिष्ठा की वृद्धि, कान्ति, बल, आनन्द, शत्रुओं की हानि, समस्त कार्य्यों में सफलता होती है। (१२) द्वादश स्थान में वृ. के जाने से दरिद्रता का दुःख, विश्वासपात्रों से कलङ्क, निवास स्थान का त्याग, शुभ कार्य्य में धन का व्यय और मोकदमेबाजी होती है।

(६) शुक्र।

(१) चन्द्र-लग्न में जब गोचर का शु. जाता है तब सुख और धन की प्राप्ति और शत्रु का नाश होता है। परन्तु जातक दुराचारी होता है। (२) द्वितीय स्थान में शुक्र जब जाता है तब धन की बारम्बार प्राप्ति, स्त्री से सुख, मान की वृद्धि, शरीर में आरोग्यता, वस्त्रादि की प्राप्ति एवं सब प्रकार के

सुख होते है । (३) तृतीय स्थान में जब शुक्र जाता है तब व्यवसाय में हानि, धन की कमी, रोजगार में गड़बड़ी और शत्रुओं की वृद्धि होती है। मतान्तर से प्रसन्नता और पद को प्राप्ति भी होती है। (४) चतुर्थ स्थान में जब शुक्र जाता है तब धन की प्राप्ति, मनमानी बातों का करना, मित्र, कुटुम्ब एवं स्त्री का सुख और स्त्री-सहवास होता है। (५) पञ्चम स्थान में शुक्र जाने से पुत्र और कुटुम्ब से प्रीति, नौकरों की वृद्धि, लाभ, अन्न एवं धन की प्राप्ति और अच्छे भोजन का सौभाग्य होता है। (६) छट्ठे स्थान में शुक्र जाने से शत्रु की वृद्धि एवं उससे हानि, दायादिकों से झगड़ा और पुत्र तथा सन्तान से मनोव्यथा होती है। (७) सातवें स्थान में जब शु. जाता है तब शोक, बड़े परिश्रम से जीविका निर्वाह, जननेन्द्रिय रोग का भय और किसी से अपमानित होने का भय होता है। (८) अष्टम स्थान में जब शुक्र जाता है तब धन की प्राप्ति सुखकी वृद्धि और दुःखकी समाप्ति होती है। (९) नवम स्थान में जब शुक्र जाता है तब उत्तम वस्त्रादि का लाभ, इच्छित पदार्थों की प्राप्ति और स्वस्थता होती है। (१०) दशम स्थान में जब शुक्र जाता है तब पीड़ा, मानसिक व्यथा, धन की हानि, शत्रुओं से भय, निर्बलता एवं स्त्रियों से दुःख, होता है। (११) एकादश स्थान में जब शुक्र जाता है तब धन की वृद्धि, प्रताप, कार्य्य में सफलता, धन का आगमन एवं उत्तम भोजनादि की प्राप्ति होती है। (१२) द्वादश स्थान में जब शुक्र जाता है तब शस्त्र एवं चोर से भय, सब कार्य्यों में विघ्न-बाधा परन्तु मतान्तर से धन तथा वस्त्रादि का लाभ होता है।

(७) शनि।

(१) चन्द्र-लग्न में जब गोचर का शनि आता है तब बुद्धि-भ्रंश, शरीर निस्तेज, मानसिक औ शारीरिक पीड़ा, कुटुम्बों से झगड़ा एवं रोग होता है। (२) चन्द्र लग्न से द्वितीय स्थान में जब गोचर का शनि जाता है तब क्लेश, वेबात का झगड़ा, स्वजनों से वैर, धन की हानि और कार्य्य में असफलता होती है। (३) तृतीय स्थान में शनि के जाने से आरोग्यता, सुख, कार्य्यों में सफलता और पद, धन एवं नौकरों को प्राप्ति परन्तु दुराचरणशीलता होती है।

(४) चतुर्थ स्थान में जब शनि जाता है तब शत्रु की वृद्धि, रोग, स्थान का परिवर्त्तन, स्त्री और कुटुम्बों से वियोग और धन की कमी परन्तु अन्न की प्राप्ति होती है। (५) पञ्चम स्थान में शनि के जाने से अशान्ति, कार्य्य में असफलता, कुटुम्बों से मोकद्दमेबाजी, पुत्र से वियोग, धन एवं सुख की हानि और दुष्ट स्त्रियों का सङ्ग परन्तु मतान्तर से पुत्र से सुख होता है। (६) षष्ठ स्थान में शनि के जाने से धन, अन्न और सुख की वृद्धि, कुटुम्ब एवं स्त्रीगण से सुख, शत्रु पर विजय और मकान बनाने का सौभाग्य होता है। (७) सप्तम स्थान में शनि जाने से दोष, मानसिक व्यथा, धन की हानि और परदेश वास होता है। (८) अष्टम स्थान में शनि जाने से पीड़ा, द्रव्य की हानि, कार्य्य में निष्फलता, अव्यवस्थित-जीवन एवं रोग होता है। (९) नवम स्थान में शनि के जाने से दुःख, रोग, शत्रु की वृद्धि, कभी कभी धन की प्राप्ति और इसी प्रकार स्त्री तथा सन्तान से कभी सुख एवं कभी असुविधा होती है। (१०) दशम स्थान में शनि जाने से दुःख, मानसिक व्यथा, पापकर्म, नौकरी एवं रोजगार में विघ्न-बाधायें, निर्धनता और हृदय रोग से पीड़ा होती है। (११) एकादश मे जब शनि जाता है तब धन की प्राप्ति, रोग से मुक्ति, किसी उच्च अधिकार और स्त्री सन्तानादि से सुख होता है। (१२) द्वादश स्थान में जब शनि जाता है तब क्षति, झगड़ा, दरिद्रता, दूर-यात्रा, व्ययमें अधिकता एवं मानसिक व्यथा होती है।

(८) राहु तथा केतु।

(१) यथा राहुः तथा केतुः का मसला मशहूर है। राहु और केतु उसी ग्रह का गोचर-फल देता है जिस घर में राहु एवं केतु जन्म के समय में बैठा रहता है। जैसे उदाहरण कुण्डली में राहु मिथुन का है तब इस कारण बुध का फल देगा और केतु धन राशिगत है इस कारण वृ. का फल देगा। (१) चन्द्र लग्न में राहु अथवा केतु के रहने से हानि होती है। (२) निर्धनता, (३) धन लाभ, (४), वैर (५) शोक, (६) धन, (७) कलह, (८) पीड़ा (९) पापकर्म की वृद्धि, (१०) वैर (११) सुख और (१२) में धन हानि होती है।

गोचर शनि का विशेष नियम।

धा-३४५ (१) गोचर फल विचार में सब से विशेषता शनि की है। साधारण फल के अतिरिक्त गोचर-शनि के दो विभाग हैं। एक साढ़साती शनि और दूसरा कण्टक शनि। (२) साढ़साती शनि का अभिप्राय यह है कि चन्द्र लग्न से द्वादशस्थ गोचर का शनि, चन्द्र लग्न में गोचर का शनि और चन्द्र लग्न से द्वितीय गोचर का शनि अर्थात् इन तीनों स्थानों में ($२\frac{१}{२}\times३=७\frac{१}{२}$) गोचर शनि साढ़े सात ($७\frac{१}{२}$) वर्ष रहता है (वक्री इत्यादि होने से कभी कभी कुछ विशेष भी हो जाता है) इसीको साढ़ेसाती कहते हैं। यह बहुत ही अनिष्टकारी कहा जाता है।

ग्रन्थ कारों ने साढ़ेसाती फल को विशेष रूप से यों बतलाया है। जब चन्द्र लग्न से शनि द्वितीयस्थ रहता है अर्थात् पहला अढ़ाई वर्ष में जातक की व्यय की मात्रा अधिक ही बढ़ जाती है और अकस्मात् धन की हानि होती है। जातक कुछ समय तक शान्ति-पूर्वक एक स्थान में वास करने से असमर्थ होता है और स्वाथ्य भी अच्छी नहीं होती। जब शनि चन्द्र लग्न में रहता है (अर्थात् दूसरे अढ़ाई वर्ष में) तब शरीर की कान्ति एवं स्वास्थ्य में हानि, चित्त में अशान्ति, धन का व्यय अथवा धन की क्षति, कार्य्यों में विघ्न-वाधायें और कार्य्यों में असफलता के कारण धन-व्यय होता है। एवं अन्तिम ढ़ाई वर्ष जब चन्द्र लग्न से द्वितीय स्थान में गोचर का शनि जाता है तब बन्धु वर्गों से अनायास अर्थात् वेकार झगड़ा और जातक के परिवार के लोगों को रोग अथवा उनमें से किसी की मृत्यु होती है। साढ़साती, दीर्घ-जीवी मनुष्य के जीवन में दो तीन वार आती है (तोस वर्ष में एक आवृत्ति, साठ वर्ष में दो आवृत्ति और नव्वे वर्ष में तीन आवृत्ति, उसकी शक्ति की, पहली आवृत्ति अर्थात् पहला साढ़साती की आक्रमण बड़े वेग से जातक पर होता है और जातक को नाना प्रकार से व्यथित कर देता है। परन्तु द्वितीय साढ़साती का वेग बहुत ही धीमा हो जाता है। कभी कभी दुःख तो अवश्य होता है परन्तु यथार्थ में उतना हानिकर नहीं होता है। अन्तिम साढ़साती तो प्रायः मृत्यु ही को बुला लाती है

और जातक भाग्य ही वश इस साढ़साती को टपता है। अनुमान करने योग्य बात है कि तीस वर्ष से पूर्व जब जातक का शरीर कोमल होता है तब शनि अपनी क्रूरता से जातक की शारीरिक निर्बलता पर विजय करना चाहता है और मध्य साढ़साती का समय प्रायः उस समय में होता है जब कि जातक प्रौढ़ अवस्था में रहता है। इस कारण शनि भी दबा रहता है। अन्तिम प्रायः वृद्ध अवस्था में होता है, उस अवस्था में शरीर जर्जर तो रखता ही है और शनि उसे चबा ही जाने का यत्न करता है। (३) कण्टक-शनि, उसे कहते हैं कि जब गोचर शनि चन्द्र लग्न से चार सात और दश स्थान में जाता है। साधारण रूप से कण्टक शनि मानसिक दुःख की वृद्धि करता है। जीवन को अव्यवस्थित बनाता है और इस कारण नाना प्रकार के दुःखों का सामना करवाता है। जब गोचर का शनि चन्द्र लग्न से चतुर्थस्थ होता है तब जातक के निवास स्थान में अवश्य ही परिवर्तन होता है और उसका स्वास्थ्य भी बिगड़ जाता है। चन्द्र लग्न से जब गोचर का शनि सप्तम स्थान पर आता है तब जातक को परदेश वास होता है और यदि वह सप्तम स्थान चर राशि का हो तो यह फल अवश्य ही होता है। चन्द्र लग्न से यदि गोचर का शनि दशम स्थान में आता है तब जातक के व्यवसाय एवं नौकरी आदि में गड़बड़ी पड़ती है और कार्य्य में असफलता होती है। (४) गोचर के अनुसार वार्षिक फल अर्थात् लगभग १ वर्ष का फल शनि, वृ. और राहु के फल पर ही अवलम्बित होता है। प्रत्यक्ष कारण यही मालूम होता है कि ये तीन ग्रह शीघ्रगामी नहीं है। गोचर-के अनुसार मास का फल, सूर्य्य, मंगल एवं शुक्र से कहा जाता है। निम्नलिखित कतिपय बातों पर ध्यान आकर्षित किया जाता है। (क) यदि शनि का गोचर फल बुरा होता है तब अन्य शुभदायी फलों में हानि हो जाती है अर्थात् जब गोचर का शनि अशुभ फल देता है तब उस वर्ष में प्रायः सभी अशुभ फल होते है। (ख) जिस वर्ष शनि का अशुभ फल रहता है और वृ. का फल यदि शुभ हो तो भी उस वर्ष में विशेष अशुभ ही होता है। (ग) जिस वर्ष में शनि उत्तम फल और वृ. अशुभ फल देता हो तो उस वर्ष वा समय में प्रायः शुभ ही फल का उदय होता है। (घ) जिस वर्ष वा समय में शनि शुभ फल देता हो परन्तु वृ. और राहु दोनों अशुभ फल देते हों तो भी उस वर्ष वा समय में शुभ ही फल की प्रबलता होती है। (च) जिस वर्ष वा समय में शनि शुभ फल देता है परन्तु

बृ. और राहु दोनों अशुभ फल देते हों तो भी उस वर्ष वा समय में शुभ ही फल विशेष होता है। (च) जिस वर्ष वा समय में शनि, शुभफल देता हो और यदि बृ. और राहु भी शुभ फल देता हो तो सब प्रकार से शुभ ही शुभ होता है। (छ) यदि वर्ष का फल उत्तम हो और मास का फल निकृष्ट तो उस मास में उत्तम ही फल होता है। (ज) यदि वर्ष का फल निकृष्ट हो और मास का फल उत्तम तो उस मास में उत्तम फल नहीं के ऐसा होता है। (झ) यदि वर्ष का फल उत्तम हो और किसी मास का भी फल उत्तम हो तो उस मास में समस्त शुभ फलों का उदय होता है। इन्हीं कई नियमों पर ध्यान देकर गोचर के अनुसार वर्ष एवं मास का फल सफलता पूर्वक कहा जा सकता है।

गोचर-फल के कतिपय समय-नियम।

का-३४६ (१) जन्म नक्षत्र अर्थात जिस नक्षत्र के जिस चरण में जातक का जन्म हुआ हो वह नक्षत्र गोचर के समय में यदि रविवार के दिन पड़ता हो तो उस मास में घूम-फिर करने से जातक व्यस्त होता है। यदि जन्म नक्षत्र सोमवार के दिन पड़ता हो तो उस मास में अच्छा फल होता है एवं उत्तम भोजन की प्राप्ति होती है। जन्म नक्षत्र यदि मंगल के दिन पड़ता हो तो उस मास में जातक आलसी होता है एवं उसे अग्नि-भय होता है। यदि बुध के दिन पड़ता हो तो उस मास में जातक को विद्या-रुचि बढ़ती है परन्तु भय होता है। बृहस्पति को वस्त्रादि की प्राप्ति और सुख होता है। शुक्रवार में सुख एवं शनिवार दुःख और सन्ताप होता है*। (२) सूर्य्य और मंगल जब किसी राशि में प्रवेश करता है तब प्रवेश करने ही के समय में शुभाशुभ फल देता है। शुक्र और बृहस्पति राशि के मध्य में जाने के बाद फल देता है। शनि और

* प्रायः नक्षत्रों का भोग दो दिन तक हुआ करता है। अर्थात् कुछ एक दिन, कुछ दूसरे दिन। इस कारण अब प्रश्न यह उठता है कि जन्म नक्षत्र का पड़ना किस दिन कहा जायगा। अपने अनुमान एवं अनुभव से यह कहा जा सकता है कि जन्म नक्षत्र के जिस विभाग में जन्म हो वह विभाग गोचर में जिस दिन पड़ेगा उसी दिन का फल होगा।

चन्द्रमा जब राशि के अन्त में जाता है तब अपना फल देता है। बुध सर्वदा फल देता है। सूर्य्य एक राशि को छोड़ कर जब दूसरी राशि में जाता है तब उस समय के ५ दिन पूर्व ही से आगामी राशि के फल की सूचना देता है। इसी प्रकार मंगल आठ दिन, बुध सात दिन, शुक्र सात दिन, चन्द्रमा तीन घड़ी, राहु तीन मास, शनि ६ मास एवं वृहस्पति २ मास पहले ही से आगामी राशि गत फल की सूचना देते हैं। (४) गोचर के अनुसार वर्ष फल कहने की विधि यह है कि जन्म राशि में जिस दिन गोचर के सूर्य्य का प्रवेश होता है उस दिन से उस जन्म-राशि के २० अंश तक (जो प्रायः मोटामोटी २० दिन में जाता है) सूर्य्य की दशा होती है और उस २० अंश के अनन्तर ५० अंश तक जब सूर्य्य जाता है तब चन्द्रमा को दशा रहती है। उस स्थान से २८ अंश पर्य्यन्त मंगल की दशा उससे ५६ अंश पर्य्यन्त बुध की दशा उससे ३६ अंश पर्य्यन्त शनि को दशा, उससे ५८ अंश पर्य्यन्त वृहस्पति की दशा, उससे ४२ अंश पर्य्यन्त राहु की दशा और ७० अंश पर्य्यन्त शुक्र की दशा होती है। अर्थात् सूर्य्य ३६० अंश एक वर्ष में चल कर पुनः उस जातक की जन्म राशि में आ जायगा।

फल।

सूर्य्य की दशा में धन का नाश, चन्द्रमा की दशा में धन-धर्म की प्राप्ति, मंगल की दशा में रोग, मृत्यु एवं शस्त्रादि का भय, बुध की दशा में धन की प्राप्ति, शनि को दशा में आलस, वृ. की दशा में सम्पत्ति की प्राप्ति, राहु की दशा में बन्धन एवं शुक्र को दशा में अभीष्ट फल की प्राप्ति होती है। उदाहरण कुण्डली के सम्बत् १९९० (अर्थात् वर्तमान वर्ष) का उपर्युक्त रीति के अनुसार वर्ष-फल जानने की विधि उदाहरण रूप से लिखी जाती है।

उदाहरण कुण्डली का चन्द्रमा मीन राशि गत है। सम्बत् १९८८ के फाल्गुण शुक्ल षष्ठी रविवार तदनुसार १३ मार्च १९३२ को सूर्य्य ने मीन राशि में प्रवेश किया। इस कारण उस दिन से आरम्भ करके चैत्र कृष्ण द्वादशी, तद्-नुसार दूसरी अप्रील १९३२ तक जिस दिन सूर्य्य मीन के २० अंश तक आया, वह सूर्य्य की दशा हुई और उस दिन के बाद ५० अंश तक चन्द्रमा की दशा

दूसरी एप्रिल (अर्थात् वृष के दश अंश तक) चौबीस मई तक चन्द्रमा की दशा हुई। इन बातों को चक्र द्वारा स्पष्ट रूप से बतलाया जाता है।

दशा	सूर्य्य का राशि अंशादि	अंगरेजी तिथि
र.	मीन ०।० से मीन २० अंशतक	१३ मार्च से २ अप्रैल तक
चं	मीन २० से वृप १० तक	२ अप्रैल से २४ मई
मं.	वृष १० से मिथुन ८ तक	२४ मई से २२ जून
बु.	मिथुन ८ से सिंह ४ तक	२२ जून से २० अगस्त
श.	सिंह ४ से कर्क १० तक	२० अगस्त से २६ सितम्बर
वृ.	कर्क १० से वृश्चिक ८ तक	२६ सितम्बर से २४ नवेम्बर
रा.	वृश्चिक ८ से धन २० तक	२४ नवेम्बर से ४ जनवरी ३३
शु.	धन २० से कुम्भ ३० तक	४ जनवरी से १४ मार्च

प्रति वर्ष इस जातक का (वा मीन-राशि वालों का) वार्षिक गोचर फल संक्रन्ति के अनुसार यही होगा। केवल अंग्रेजी तिथि में १ या दो दिन की कमी वेशी होगी।

अरिष्ट-कारी गोचर फल।

धा-३४७ (१) जन्म कुण्डली में यदि राहु, धन अथवा मीन राशिगत हो तो जब गोचर का बृहस्पति राहु की स्थित-राशि में जाता है तब जातक को अरिष्ट सम्भव होता है। उस राशि से त्रिकोण में बृहस्पति के जाने से भी अरिष्ट सम्भव होता है। (२) जन्म कुण्डली में यदि राहु और बृहस्पति साथ हो तो जब राहु-स्थित-राशि से गोचर का शनि त्रिकोण में जाता है तब अरिष्ट होता है। (३) षष्ठ स्थान का स्वामी जिस राशि में अथवा जिस नक्षत्र में हो, उस राशि अथवा नक्षत्र से त्रिकोण में जब शनि जाता है तब मृत्यु का भय होता है। परन्तु यदि उस समय मृत्यु का योग अथवा मारकेश न पड़ता हो तब जातक के किसी स्वजन की मृत्यु होती है। उदाहरण रूप से उदाहरण-कुण्डली में देखने

से षष्ठेश शुक्र होता है और वह तुला राशि में है। तुला से त्रिकोण कुम्भ एवं मिथुन होता है। इसी प्रकार नक्षत्र से भी गणना होती है। अर्थात् उदाहरण कुण्डली का शुक्र स्वाती नक्षत्र का था और स्वाती से त्रिकोण शतभिषा और आर्द्रा होता है तब ऐसे स्थान में कहना होगा कि इस जातक को जब-जब (गोचर का) शनि, तुला, कुम्भ एवं आर्द्रा (मिथुन राशि) में जायगा और इसी प्रकार जब-जब गोचर का शनि स्वाती एवं शतभिषा में जायगा तब-तब मरण सम्भव होगा। परन्तु स्मरण रहे कि मनुष्य के जीवन में गोचर—शनि को कई वार इन सब राशियों और नक्षत्रों में जाना सम्भव हो सकता है। परन्तु मृत्यु सम्भव तभी होगा जब कि अन्य प्रकारों से भी उसी समय में मृत्यु सम्भव होता हो, अन्यथा क्लेश होगा। (४) यदि चन्द्रमा अथवा लग्न के तीसवें द्रेष्काण में गुरु हो तो उस द्रेष्काण के अधिपति से त्रिकोण में जब गोचर का शनि जाता है तब उस वर्ष में विवाद, परदेश यात्रा और मृत्यु-तुल्य शारीरिक पीड़ा होती है। (५) अष्टमेश जिस द्वादशांश में हो उसके त्रिकोण में जब गोचर का राहु जाता है तब उस समय के अभ्यन्तर अष्टमेश जिस राशि में बैठा हो उसके त्रिकोण में जब सूर्य्य जाता है तब उस मास में मृत्यु का भय होता है। उदाहरण कुण्डली के अष्टमेश चन्द्रमा का स्पष्ट ११।१६।१० है। अर्थात् मीन राशि के १६ अंश १० कला पर चन्द्रमा है। चक्र १५ के देखने से चन्द्रमा कन्या के द्वादशांश में होता है और कन्या से त्रिकोण, मकर एवं वृष राशि होती है। अतः जब गोचर का राहु मकर अथवा वृष राशि में जायगा तब जातक को अरिष्ट होगा। परन्तु राहु एक राशि में डेढ़ वर्ष रहता है। अब प्रश्न यह उठता है कि किस मास में मृत्यु सम्भव होगा। इसके जानने की विधि यह लिखी है कि उदाहरण कुण्डली का अष्टमेश मीन राशि में है। उससे त्रिकोण, कर्क और वृश्चिक राशि होता है। अतः जब सूर्य्य, कर्क अथवा वृश्चिक राशि गत होगा तब वही मास विशेष अरिष्ट सूचक होगा। सारांश यह होता है कि उदाहरण कुण्डली के मारकेशादि का समय ठीक कर लेने के अनन्तर यदि राहु मकर अथवा वृष राशिगत हो और उसी के अभ्यन्तर में जब सूर्य्य, कर्क अथवा वृश्चिक राशि गत भी हो तब वही मृत्यु का मास होगा। (६) षष्ठ, अष्टम एवं द्वादश भावों के स्पष्ट को जोड़ कर जो राशि, कलादि हो उस राशि, कलादि में अथवा उसके त्रिकोण में जब शनि जाता है तब वह समय अरिष्ट-सूचक होता है। (७) अष्टमेश-गत राशि के त्रिकोण में

जिस दिन गोचर का चन्द्रमा जाता है वह दिन अरिष्ट सूचक होता है। (८) द्वितीय प्रवाह में गोचर के अनुसार अरिष्ट ज्ञान, अरिष्ट-मास-ज्ञान एवं अरिष्ट-लग्न आदि बहुत सी बातें लिखी जा चुकी हैं। देखो धारा:---११८ (१) (२) (८) (९); १२१ (४) (५) (६) (७) (१०); १२३ (३); १२७ (१) (२) (३) (४) (५) (६) १४४ (१) (२) (५) (१०); १४८ (६) (७); १९४ (१) (५) (७) (९) (१५) (१६), २०८ (संपूर्ण); २०९ (१) (२); २१० (१) (२)।

गोचर ग्रह के रोग।

(९) गोचर में जब रवि अनिष्टकारी होता है तो रक्तपित्त विकार से शिर एवं मुख में पीड़ा होती है। चन्द्रमा से कफ और रक्त विकार से छाती एवं गले में रोग होता है। मंगल से पित्त, मज्जा, कफ एवं रक्त दोष से पीठ, शिर और उदर में पीड़ा होतो है। बुध से त्रिदोष विकार से पैरों एवं हाथों में पीड़ा होती है। बृहस्पति से वात-कफ-जनित पीड़ा और कमर एवं जंघा में रोग होता है। शुक्र से कफ दोष जनित कष्ट, अण्डकोष में होता है। शनि से वायु विकार द्वारा जानु और पट्ठी में पीड़ा होती है।

गोचर कुण्डलो बनाने को विधि।

धा-३४८ बहुत से ज्योतिष प्रेमो गोचर के चक्र बनाने की बिधि जानते ही होंगे परन्तु यहां सुगमता से किसी एक सम्बत् की गोचर कुण्डली बनाने की रीति बतलायी जाती है। इस रीति से एक सम्बत् का सभी चक्र संगृहीत करके सुगमता से एक वर्ष का गोचर अनुसार फल कहने में सुविधा होगी। वैसे लोग जिन को किसी न किसी व्यक्ति का गोचर फल कहने की आवश्यकता होती है, उन सज्जनों के लिये निम्नलिखित विधि से एक वार कुण्डली तैयार कर लेने पर जब कभी आवश्यकता होगी, बहुत सुविधा होगी।

जिस किसी सम्बत् का गोचर फल देखना हो उस साल के किसी अच्छे पञ्चाङ्ग को हस्तगत करना होगा और प्रतिपदा चैत्र शुक्ल का बिना लग्न निर्माणित किये हुए उस तिथि की ग्रह स्थिति की कुण्डली बनानी होगी। उसके पश्चात् जिस जिस तिथि में किसी एक ग्रह का सञ्चार होगा उस उस तिथि का भी ग्रह चक्र बनाना होगा। जब ये चक्र तैयार हो जायं तो जिस जातक का

गोचर फल देखना हो उस जातक के चन्द्र लग्न को लग्न मान कर प्रत्येक कुण्डली का फल उपर्युक्त नियमानुसार कहना होगा।

इस स्थान में सम्वत् १९८९ एवं शाके १८५४ के विश्व पञ्चाङ्ग से प्रथम चार गोचर कुण्डली, उदाहरण रूप से लिखी जाती है। परन्तु चन्द्रमा का स्थान छोड़ दिया जायगा, इस कारण कि चन्द्रमा बहुत ही शीघ्रगामी है। क्योंकि एक वर्ष में चन्द्रमा के परिवर्त्तन अनुसार केवल चं. की १६० कुण्डली हो जायगी।

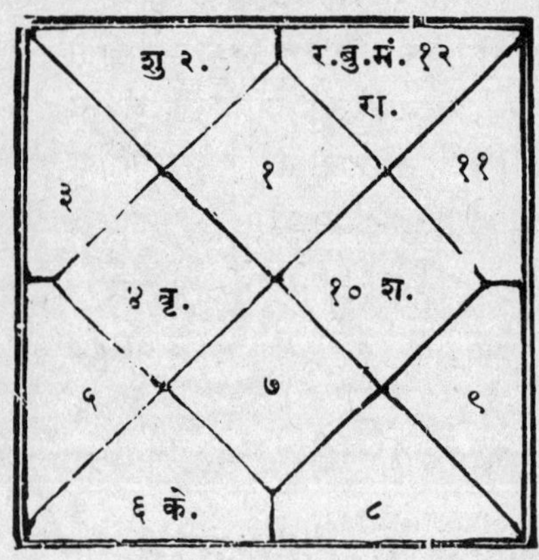

(१) चैत्र शुक्ल प्रतिपदा बुधवार---छठी एप्रील १९३२।

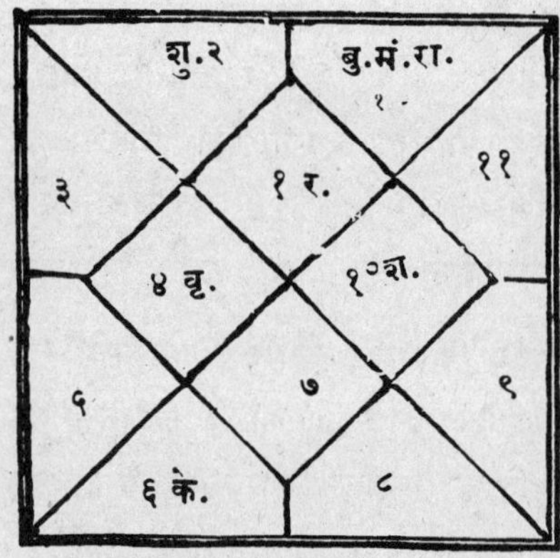

(२) चैत्र शुक्ल बुधवार को सूर्य्य, मेष में चला जाता है। १३ एप्रील १९३२ इसदिन ऊपर लिखित कुण्डली में सूर्य्य का स्थान बदल जायगा अर्थात मीन से मेष राशि में लिखा जायगा और सब ग्रहों की स्थिति वैसी ही रहेगी।

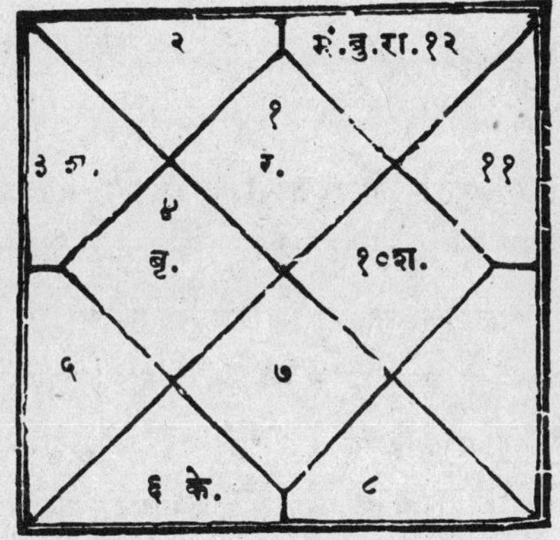

(३) वैशाख कृष्ण नवमी। २९ एप्रील १९३२, इस तिथि में शुक्र मिथुन राशि में चला गया है। इस कारण सब ग्रह कु. २ के अनुसार रहा केवल शु. मिथुन में लिखा जायगा।

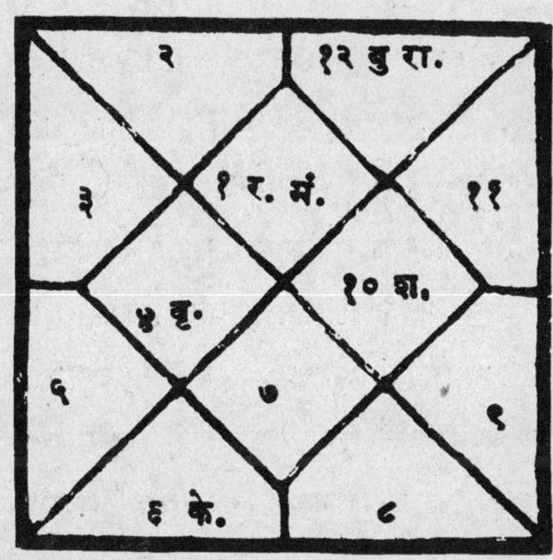

(४) वैशाख कृष्ण १४ बुधवार। ४ मई १९३२ इस तिथि को मंगल मीन से मेष में चला गया। अन्य ग्रह सब कुण्डली ३ के अनुसार रहेगा।

इसी प्रकार एक वर्ष की ग्रह स्थिति अनुसार कुण्डलियाँ बना कर रखछोड़ना उपयोगी होगा। इन सब कुण्डलियों के आधार पर जिस किसी जातक का गोचर फल देखना होगा उसके चन्द्र-लग्न को लग्न मान कर गोचर-फल पूर्व लिखित नियमानुसार जानने में सुविधा होगी।

अध्याय ३३

मुहूर्त्त

धा-३५१ पुस्तक आरम्भ करते समय मुहूर्त्त पर कुछ लिखने का विचार नहीं था, परन्तु अनेकानेक सज्जनों के अनुरोध और इसकी उपयोगिता पर ध्यान देने से इस बहुमूल्य विषय पर कुछ लिखना भी अनिवार्य समझा गया। ज्योतिष (फलित) के अनेक भागों में से एक मुहूर्त्त भी है। फलित ज्योतिष के अनुसार गणना करके निकाला हुआ कोई समय, जिस पर कोई शुभकाम (यात्रा विवाह आदि) किया जाय उस को मुहूर्त्त कहते हैं। पाश्चात्य सभ्यता के प्रचार-दोष से या भारतवर्ष के दुर्भाग्य वश आज कल के नवयुवक समाज का इन बातों पर विश्वास नहीं रहने के कारण इसकी ओर ध्यान ही नहीं है। उन लोगोंका प्रश्न यह होता है कि अन्य जाति के लोग तो मुहूर्त्त नहीं मानते और बिना कुछ विचारे जहां चाहते वहां चलेजाते हैं या जो चाहते कर बैठते हैं। अतः यदि उन लोगोंको अशुभ ही नहीं होता तो फिर उस ढकोसले से हमें फायदाही क्या ? प्रश्न बड़ा गम्भीर है। मेरी प्रार्थना है कि वे लोग यदि निष्पक्ष होकर देखेंगे तो एक उदाहरण से विश्वास हो जायगा कि मुहूर्त्त प्रकरण ठीक वैसाही है जैसा कि संक्रामक रोगों के विषय में डाक्टरों का विचार है। सभी वैद्यक विभाग का यही विश्वास है कि कतिपय रोग संक्रामक हैं अर्थात् छूआछूत से रोग हो जाती है (Contagious or infectious diseases)। परन्तु यह सबों के देखने में आया है कि प्लेग रोग-ग्रस्त रोगिणी अपने सन्तान को स्तन-पान कराती रही और स्वयं प्लेग रोग से मृत्यु की ग्रास बन गयी। परन्तु सन्तान का बाल भी टेढ़ा न हुआ। बहुतेरे हैजा, प्लेग, चेचक और क्षय इत्यादि रोगियों की बिना किसी परहेज के सेवा करते हैं। पर उन में से किसी को तो रोग हो जाता है और कोई स्वस्थ ही रह जाता है। फलतः डाक्टरों का यह विचार है कि जिस के शरीर में रोग के अवरोध की शक्ति रहती है वह तो रोगी नहीं होता परन्तु अन्य उसके भाजन बन जाते हैं। इसी प्रकार ऋषियोंने अति प्राचीन-काल में, (देखो वक्तव्य) दिव्यदृष्टि द्वारा यह निर्धारित किया था कि अमुक अमुक नक्षत्र, तिथि, वार और लग्न इत्यादि के रहने पर अमुक अमुक कार्यारम्भ

शुभ होता है। अर्थात् उन-उन तिथि, नक्षत्र और वार आदि में एक ऐसी अदृश्य शक्ति वायु मण्डल में रहती है जो उन कार्यों के लिये सहायक होती है। परन्तु इसका यह अभिप्राय नहीं कि यदि आप का भाग्य तथा कर्म अत्यन्त नीच है तो भी कार्य में सफलता होगी ही। जैसे रोग का कीटाणु व्यक्तिगत शक्ति से युद्ध करने में अपने अपने बल के तारतम्यानुसार जीतता वा हारता है (रोग-क्रान्त बनाता है वा निरोग छोड़ देता है) इसी प्रकार शुभ मुहूर्त्त का विद्युत् भरा वायु-मण्डल साधक के भाग्य से युक्तोपरान्त अपना प्रभाव डालता है। अतएव शुभ मुहूर्त्त के अनुसार कार्य-साधन में सहायता अवश्य मिलती है। जनता इसे भूल कर भी ढोंग न समझे। मुहूर्त्त का विचार बहुत ही गम्भीर एवं विस्तृत है। अतएव इस पुस्तक के व्यावहारिक खण्ड में जनता के लाभार्थ कतिपय आवश्यक नियमों के लिखने का साहस किया जाता है।

पञ्चाङ्गः—पञ्चाङ्ग देखने की विधि धारा ३९ पृष्ठ ६२, ६३ में कुछ दिये गये हैं। इस स्थान में चक्र संख्या १७ के आधार पर दृष्टान्त द्वारा पञ्चाङ्ग देखने की विधि बतलाई जाती है। जैसे चक्र १७ में यदि तृतीया शनिवार का प्रयोग किसी मुहूर्त्त के लिये करना हो तो देखते हैं कि उस दिन तृतीया के सामने महीन महीन अङ्कों में ० ४९ और उस के नीचे ५४।१७ लिखा है। इस का अभिप्राय यह है कि उस दिन तृतीया ० दण्ड ४९ पला तक था अर्थात् लगभग २० मिनट। उस के बाद चौथ ५४ दण्ड १७ पला तक था और उसके बाद पंचमी तिथि भी आरम्भ अर्थात् (०।४९+५४।१७=) ५५।६ के बाद हो चुकी थी। इस कारण चतुर्थी तिथि को क्षय तिथि कहते हैं। उसी दिन के पञ्चम कोष्ठ में ५।३६ लिखा पायाजाता है अर्थात उस दिन काशी का सूर्य्योदय मान ५ बज कर १६ मिनट (देखो कोष्ट २५) पर था। ऊपर लिखा जाचुका है कि तृतीया केवल ४९ पला अर्थात् २० मिनट तक था, इस कारण ५।१६+०।२०=५।३६ पञ्चम कोष्ठ में लिखा पाया जाता है। पुनः इस ५।३६ के नोचे २१।४३ लिखा पाया जाता है। २१।४३ से ऐसा न समझना होगा—कि २१ बज कर ४३ मिनट अर्थात् ९ बज कर ४३ मिनट रात्रितक चौथ रहा। बल्कि उस का अभिप्राय यह है कि शनिवार को ५ बज कर ३६ मिनट प्रातः के बाद २१ घन्टा ४३ मिमट (जो ५६ दण्ड १७ पला के बराबर है) तक चौथ रहा अर्थात् (२० मिनट+२१ घण्टा ४३ मिनट=)२२ घण्टा ३ मिनट तक चौथ रहा और शेषरात्रि में १ घण्टा ५७ मिनट अर्थात् लगभग ४ दण्ड ५४ पला पञ्चमी तिथि रही। शनि वार को

चौथ रहने से सिद्धि योग होता है। इस लिये इस यह सिद्धि योग का प्रयोग करना हो तो ४९ पला दिन उठने के बाद और ५५ दण्ड ६ पला के अभ्यन्तर ही प्रयोग करना चाहिये। पुनः शनिवार के दिन पञ्चमी मृत-योग होता है। अतएव उक्त शनिवार की शेष रात्रि में जिस समय पञ्चमी पड़ती है, कोई भी शुभ कार्य नहीं करना चाहिये। इसी प्रकार यदि पञ्चमी रविवार के विषय में विचार करना हो तो १७ चक्र में देखते हैं कि रविवार को पञ्चमो ४९ दण्ड ३ पला अर्थात् १२ बज कर ५३ मिनट रात्रि तक थो और ६, ७, ८ पंक्ति में पाते हैं कि पुष्य नक्षत्र ४४ दण्ड ५४पला अर्थात् २३ बजकर१४मिनट(११बजकर १४ मिनट रात्रि)तक था। रविवार का पुष्य सर्वार्थ सिद्धि-योग होता है परन्तु रविवार की षष्ठी मृत-योग होता है। पञ्चमी १२ बजकर ५३ मिनट तक है, पुष्य ११ बज कर १४ मिनट रात्रि तक है अर्थात् पुष्य षष्ठी होने के पूर्व ही समाप्त हो जाता है। इस कारण ११ बज कर १४ मिनट के भीतरही पुष्य, द्वारा सर्वार्थ सिद्धि योग का मुहूर्त्त मिलता है और षष्ठी दोष नहीं लगता। इसी प्रकार पञ्चाङ्ग को देख भाल कर महूर्त्त निश्चय करना होता है। स्मरण रहे कि अंग्रेजो तिथि (तारीख) १२ बजे रात से आरम्भ होती है, परन्तु भारतवर्ष में गणितज्ञों ने बड़े परिश्रम द्वारा वैज्ञानिक दृष्टि से तिथियों का आरम्भ एवं समाप्ति निर्धारित कर पञ्चाङ्ग द्वारा जनता के उपकारार्थ प्रकाशित किया है। मुहूर्त्त के विचार में बहुतेरे आवश्यक नियम हैं, पहले उन्हीं नियमों का अलग अलग उल्लेख किया जाता है।

मुहूर्त्त के कतिपय आवश्यक नियम।

(१) शुक्रः-ज्योतिष शास्त्रानुसार शुक्र सांसारिक सुख-सौन्दर्य्यादि का कारक है। अतएव सभी कार्यों में शुक्र-दोष पर ध्यान देना आवश्यक है। सभी पञ्चाङ्गों में शुक्रास्त एवं शुक्रोदय का समय दिया रहता है और यह भी दिया रहता है कि शुक्र किस दिशा (पूर्व या पश्चिम) में उदय होगा। प्रायः जनता इस बात को (देखकर) जानती भी है। लिखा है कि बाल, वृद्ध और अस्त शुक्र के समय में किसी भी चिरस्थायी कार्य का आरम्भ नहीं करना चाहिये। कई प्रकार की यात्रा के समय शुक्र का पीछे या वायें भाग में रहना शुभ और दाहिने तथा सम्मुख रहना अशुभ बतलाया है। जैसे शुक्र पूर्व में उदय होते हैं तो पूर्व और

उत्तर दिशा के जाने में शुक्र क्रमशः सन्मुख और दाहिने होंगे। उसी प्रकार पश्चिम और दक्षिण दिशा जाने वाले के लिये क्रमशः पीछे और बायें होंगे। इसी प्रकार शुक्र के पश्चिम उदय होने में भी विचार किया जाता है। कोई अत्यावश्यक कार्य हो, परन्तु यदि शुक्र नहीं बनता हो तो शुक्रान्ध में यात्रा कीजासकती है। रेवती, अश्विनी, भरणी और कृत्तिका के प्रथमचरण में जब तक चन्द्रमा रहता है तब तक शुक्र को अन्धा कहते हैं। अर्थात् उन नक्षत्रों में (शुक्र के नहीं बनने पर भी) द्विरागमाण, इत्यादि आवश्यक यात्रा को जा सकती है। अधिक मासः—दो अमावश्याओं के बीच में सूर्य्य की संक्रान्ति नहीं पड़ने से अधिक मास माना जाता है। जब दो अमावश्याओं के बीच अर्थात् एक चन्द्रमास में सूर्य्य की दो संक्रान्तियां हों तो वह क्षय मास माना जाता है। क्षयतिथिः—एक वार में तीन तिथि कुछ-कुछ पड़ती हो तो क्षय तिथि कहलाती है। वृद्धितिथिः—एक तिथि तीन वारों में कुछ कुछ पड़ती हो तो वृद्धितिथि कहलाती है। भद्राः—यह सभी पञ्चाङ्गों में दिया रहता है। यदि चन्द्रमा मेष, वृष, मिथुन वा वृश्चिक में उस समय हो तो भद्रा का वास स्वर्ग में; कन्या, तुला, धन वा मकर में हो तो पाताल-लोक में तथा कर्क, सिंह, कुम्भ वा मीन में हो तो मर्त्त्य-लोक में भद्रा का वास कहा जाता है। भद्रा का जहां वास रहता है उसका वहीं फल होता है। अर्थात् जब मर्त्त्य लोक में भद्रा रहता है तब यात्रा और विवाह आदि कोई शुभ काम करना मना है। वार-वेला-—चार याम अर्थात् चार पहर का दिन और चार पहर की रात होती है। एक पहर के आधे को अर्ध-प्रहर कहते हैं। रविवार का चौथा और पांचवां सोमवार का दूसरा और सातवां, मंगलवार का दूसरा और छठा, बुधवार का तीसरा और पाँचवां, वृहस्पतिवार का सातवां और आठवां, शुक्र वार का तीसरा और चौथा तथा शनिवार का पहला, छठां और आठवां अर्ध-प्रहर, वार–वेला कहा जाता है। सारांश यह है कि जन्म-नक्षत्र, जन्म-मास, जन्म-तिथि, भद्रा, पिता की मृत्यु की तिथि, क्षयतिथि, वृद्धितिथि, क्षयमास, अधिक मास, तेरह दिन का पक्ष, वारवेला-और शुक्रास्त में शुभ कार्यों का करना मना है। इसी प्रकार धनिष्ठा के अन्तिम दो चरण से रेवती तक अर्थात इन साढ़े चार नक्षत्रों में दक्षिण की यात्रा, घर की छावनी, चारपाई का बीनना, तृण और काष्ठ का संग्रह करना तथा प्रेत-दाह करना अशुभ कहा गया है। तिथि के नामः—१, ६ और ११ तिथि को नन्दा,

२, ७ और १२ को भद्रा, ३, ८ और १३ को जया, ४, ९ और १४ को रिक्ता और ५, १० और १५ को पूर्णा तिथि कहते हैं। शुक्रवार को नन्दा, बुधवार को भद्रा, मंगलवार को ज्या, शनिवार को रिक्ता और गुरुवार को पूर्णा हो तो सिद्धि-योग होता है। ऐसा शुभ योग अन्यदोषों का निवारण करता है। यदि (१) रविवार को पञ्चमी तिथि और हस्त नक्षत्र, (२) सोमवार को षष्ठी और मृगशिर नक्षत्र, (३) मंगलवार को सप्तमी तिथि और अश्विनी नक्षत्र, (४) बुधवार को अष्टमी और अनुराधा नक्षत्र, (५) गुरुवार को नवमी और पुष्य नक्षत्र, (६) शुक्रवार को दशमी और रेवती नक्षत्र तथा (७) शनिवार को एकादशी और रोहिणी नक्षत्र हो तो ऐसे योग को त्यागना लिखा है। रविवार को अश्विनी, तीनों उत्तरा, हस्त, मूल और पुष्यं; सोमवार को मृगशिरा, अनुराधा, पुष्य, रोहिणी और श्रवणा; मंगलवार को अश्विनो, कृत्तिका, उत्तरभाद्रपद और अश्लेषा; बुधवार को कृत्तिका, रोहिणी, मृगशिरा, अनुराधा और हस्त; बृहस्पतिवार को अश्विनी, अनुराधा, पुनर्वसु, पुष्य और रेवती; शुक्रवार को अश्विनी, अनुराधा, पुनर्वसु, श्रवणा और रेवती तथा शनिवार को रोहिणी, स्वाती वा श्रवणा हो तो सिद्धि योग होता है। परन्तु स्मरण रहे कि वार, नक्षत्र और योग से जो सिद्धि योग होता है वह किसी तिथि के योग से अनिष्टकर भी हो जाता है। जैसे रविवार को हस्त नक्षत्र होने से सिद्धि योग तो होता है परन्तु उसी दिन, उसी समय यदि पञ्चमी तिथि हो जाय तो अशुभ होता है। जैसाकि ऊपर लिखा जा चुका है। इस कारण जब सिद्धि योग मिले तो देख लेना होगा कि अनिष्टकारी तिथि उस समय तो नहीं पड़ता है। सिद्धि योग सभी कार्यों में उत्तम है परन्तु गृह-प्रवेश में मंगलवार को अश्विनी, यात्रा में शनिवार को रोहिणी शौर विवाह में गुरुवार को पुष्य वर्जित करना होता है।

चक्र ५६

तिथि, नक्षत्र के वार-योग द्वारा योग ।

	योग नाम	रविवार	चन्द्रवार	भौमवार	बुधवार	गुरुवार	शुक्रवार	शनिवार
१	दग्ध योग	१२ ती	११	५	३	६	८	९
२	मृत्यु योग	१।६।११	२।७।१२	१।६।११	३।८।१३	४।९।१४	२।७।१२	५।१०।१५
३	सिद्धि योग	×	×	३।८।१३	२।७।१२	५।१०।१५	१।६।११	४।९।१४
४	विषाख्य	४ ति.	६ ति.	७ ति.	२ ति.	८ ति.	९ ति.	७ ति.
५	हुताशन	१२ ति.	६. ति.	७ ति.	८ ति.	९ ति.	१० ति.	११ ति.
६	चराख्य	पू. षा.	आर्द्रा	विशा.	रोहिणी	पुष्य	मघा	मूल
७	उत्पात	वि.	पु.	ध.	रे.	रो.	पुष्य	उ.
८	मृत्यु योग	अ.	उ.	श.	अ.	मृ.	आश्ले	ह.
९	काल योग	ज्ये.	अ.	पु.	भ.	आर्द्रा	म.	चि.
१०	सिद्धि योग	मू.	श्र.	उ.	कृ.	पु.	पू.	स्वा.
११	यम दंष्ट्र	म. ध.	मू. वि.	कृ. भ.	पू. षा. पुन.	उ.षा., अ.	रो. अ.	श्र. श.
१२	यम घण्ट	म.	वि.	आ.	मू.	कृ.	रो.	ह.
१३	अमृत सिद्धि	हस्त	मृ. श्र.	अ.	अनु.	पुष्य.	रेवती	रोहिणी
१४	दग्ध योग	भर.	चित्रा	उ. षा.	ध.	उ. फा.	ज्ये.	रेवती

पचाङ्ग में क्रकच, दग्ध नक्षत्र, वज्र योग का भी लेख पाया जाता है। परन्तु उनका दोष केवल बंगाल और उत्तराखण्ड (खश देस) में ही मानना बतलाया है। जिसदिन मृत्यु क्रकचादि दुष्ट योग हो तथा सिद्धि-योग (अमृत सिद्धि योग) भी हो तो दुष्ट योगों के फल का नाशकर, कार्य-सिद्धि देती है। यदि लग्न (यात्रा-लग्न) शुद्ध हो तथा बलवान् हो तो समस्त अनिष्टकारी योगों का नाश होता है। वार और नक्षत्र योग से आनन्दादि योग होता है। शुभ कार्यों में इन योगों को देख लेना आवश्यक है।

चक्र ५७।

आनन्दादि योग।

	आनदादि	र.	चं.	मं.	बु.	बृ.	शु.	श.	फल.
१	आनंद	अ.	मृ.	आ.	ह.	अ.	उ.	श.	सिद्धि
२	काल	भ.	आ.	म.	चि.	ज्ये.	अ.	पु.	मृत्यु
३	धूम्र	कृ.	पु.	पू.	स्वा.	मू.	श्र.	उ.	असुख
४	धाता	रो.	ति.	उ.	वि.	पू.	ध.	रे.	सौभाग्य
५	सौम्य	मृ.	अ.	ह.	अ.	उ.	श.	अ.	बहुसुख
६	ध्वांक्ष	आ.	म.	चि.	ज्ये	अ.	पु	भ.	धनक्षय
७	ध्वज	पु.	पू.	स्वा.	मू.	श्र.	उ.	कृ	सौभाग्य
८	श्रीवत्स	ति*	उ.	वि.	पू.	ध.	रे.	रो.	सौख्यसंपत्ति
९	वज्र	अ.	ह.	अ.	उ.	श.	अ.	मृ.	क्षय
१०	मुद्गर	म.	चि.	ज्ये.	अ.	पू.	भ.	आ.	लक्ष्मीक्षय
११	छत्र	पू.	स्वा.	मू.	श्र.	उ.	कृ.	पु.	राजसम्मान
१२	मित्र	उ.	वि.	पू.	ध.	रे.	रो.	ति.	पुष्टि
१३	मोन	ह.	अ.	उ.	श.	अ.	मृ.	आ.	सौभाग्य
१४	पद्म	चि.	ज्ये.	अ.	पू.	भ.	आ.	म.	धानगम
१५	लुंबक	स्वा.	मू.	श्र.	उ.	कृ.	पु.	पू.	धनक्षय
१६	उत्पात	वि.	पू.	ध.	रे.	रो.	ति.	उ.	प्राणनाश
१७	मृत्यु	अ.	उ.	श.	अ.	मृ.	आ.	ह.	मृत्यु
१८	काण	ज्ये	अ.	पू.	भ.	आ.	म.	चि.	क्लेश
१९	सिद्धि	मू.	श्र.	उ.	कृ.	पु.	पु.	स्वा.	कार्यसिद्धि
२०	शुभ	पू.	ध.	र.	रो.	ति.	उ.	वि.	कल्याण
२१	अमृत	उ.	श.	अ.	मृ.	आ.	ह.	अ.	राजसन्मान
२२	मुशल	अ.	पू.	भ.	आ.	म.	चि.	ज्ये.	धनक्षय
२३	गदा	श्र.	उ.	कृ.	पु.	पू.	स्वा.	मू.	अक्षयविद्या
२४	मातंग	ध.	रे.	रो.	ति.	उ.	वि.	पू.	कुलवृद्धि
२५	राक्षस	श.	अ.	मृ.	आ.	ह.	अ.	उ.	महाकष्ट
२६	चर	पू.	म.	आ.	म.	चि.	ज्य.	अ.	कार्यसिद्धि
२७	स्थिर	उ.	कृ.	पु.	पू.	स्वा.	मू.	श्र.	गृहारंभ
२८	वर्द्धमान	रे.	रो.	ति.	उ.	वि.	पू.	ध.	विवाह

* ति = तिष्य = पुष्य।

ध्रुव और स्थिरः--तीनो उत्तरा रोहिणी और रविवार को कहते हैं। इस में स्थिर-कार्य करना अर्थात् बीज बोना, गृह बनाना, शान्ति करना, बगीचा लगाना और मृदु संज्ञक नक्षत्र में जो लिखा है, उन सब कार्यों का करना अच्छा है। चर और चलः--स्वाती, पुनर्वसु, श्रवणा, धनिष्ठा, शतभिषा और चन्द्र-वार को कहते हैं। इन नक्षत्रों में घोड़ा वगैरह पर चढ़ना, बगीचा में जाना और क्षिप्र नामक नक्षत्र में जो लिखा है उन सब कार्यों का करना अच्छा है। उग्र और क्रूरः--तीनों पूर्वा, भरणी, मघा और मङ्गलवार को कहते हैं। इनमें शठता, घात और अग्निकार्य, विष, शस्त्र और जो दारुण संज्ञक में लिखा है, उन सब कार्यों का करना अच्छा है। मिश्र और साधारणः--विशाखा, कृत्तिका और बुधवार को कहते हैं। इनमें अग्निकार्य करना, मिश्रकार्य, वृषोत्सर्ग और उग्र में जो लिखा है, उन सब कार्यों का करना अच्छा है। क्षिप्र और लघुः--हस्त, अश्विनी, पुष्य, अभिजित * और गुरुवारे को कहते हैं इसमें व्यवसाय करना, रतिज्ञान, भूषण निर्माण एवं धारण, चित्रण, कला और चरसंज्ञक में जो लिखा है, उन सब कार्यों को कारना अच्छा है। मृदु और मित्रः--मृगशिरा, रेवती, चित्रा, अनुराधा और शुक्रवार को कहते हैं। इस में गीत, कपड़ा, क्रीड़ा, मित्र-कार्य, भूषण और ध्रुव संज्ञक कार्य शुभ होते हैं। तीक्ष्ण और दारुणः--मूल, ज्येष्ठा, आर्द्रा, आश्लेषा और शनिवार को कहते हैं। इन में अभिचार, घात, भेद (झगड़ा), पशु-दमन और क्रूर नक्षत्र में जो कहा है वह भी करना उत्तम है। ताराः-- तारा का विचार आवश्यक है। जन्म नक्षत्र से × जिस नत्रक्ष में किसी कार्य का आरम्भ करना हो, गिनकर जो संख्या आवे वह यदि ९ से अधिक आती हो तो उस को ९ से भाग देने पर जो शेष बचे वह संख्या और यदि संख्या ९ से कम आती हो तो वही संख्या होगी। यदि १ बचे तो उसमें शारीरिक कष्ट, २ बचे तो धनोन्नति, ३ बचे तो क्षति और विपत्ति, ४ बचे तो कुशल और उन्नति, ५ बचे तो कार्य की हानि और विघ्न-बाधा, ६ बचे तो सफलता और कार्य-सिद्धि, ७ बचे तो मृत्यु अतएव सर्वथा अनिष्ट, ८ बचे तो मिलन और यदि ९ बचे तो परम मित्रता अर्थात् अत्यन्त शुभ होता है।

---

* उत्तराषाढ़ के अन्तिम १५ दण्ड और श्रवणा के प्रथम चार दण्ड को अभिजित कहते हैं। × वा पुकार-नाम से।

किनकिन कार्यों के लिये कौन कौन तिथि, नक्षत्रादि विहित हैं।

नित्य कार्य।

क्रा-३५१ वस्त्रादि धारणः-- ध्रुव नक्षत्र, रेवती, अश्विनी, हस्त, चित्रा, स्वाती, विशाखा, अनुराधा, धनिष्ठा, पुष्य और पुनर्वसु नक्षत्रों में मूंगा, सोना, हाथीदात की वस्तु और वस्त्र धारण करना शुभ है। शनि, सोमवार और मङ्गलवार एवं रिक्ता तिथि मना है। मङ्गलदिन, लाल वस्त्र, तीनों उत्तरा, रोहिणी, पुनर्वसु, और पुष्य में सधवा स्त्रो वस्त्रादि धारण न करे। सीलाई सिखना वृ., शु., च. बुधवार और अश्विनी, पुनर्वसु, धनिष्ठा, चित्रा और अनुराधा नक्षत्र अच्छा है पर १, ४, ९, १४, ३० तिथि नहीं। गहना बनवाना, (जेवर):-- चर, क्षिप्र और ध्रुव नक्षत्रों में साधारण गहना; ध्रुव, चर, मिश्र, क्षिप्र और मृदु नक्षत्रों में, रविवार और मंगलवार को, मेष, सिंह वा वृश्चिक लग्न में, जड़ाव गहना; चर, ध्रुव, मृदु वा क्षिप्र नक्षत्रों में शुभदिन तथा शुभ लग्न में मोती-जड़ित गहना बनाना शुभ है। कोष संग्रहः--खजाना जमा करने के लिये श्रवणा, आर्द्रा, पुष्य, मृगशिरा, अनुराधा, धनिष्ठा, शतभिषा, हस्त वा तीनों उत्तरा उत्तम है। ऋण देना लेनाः--स्वाती, पुनर्वसु, विशाखा, पुष्य, श्रवणा, धनिष्ठा शतभिषा, अश्विनी और मृदु नक्षत्र अच्छा है। लग्न चर हो पर जिस से पञ्चम नवम में शुभग्रह हो और आठवें में कोई ग्रह न हो, मंगलवार, संक्रान्ति, हस्त नक्षत्र, रविवार और वृद्ध योग इनमें ऋण नहीं लेना। ऋण लेने से वंश ऋणी हो जाता है और बुधवार को ऋण देना मना है। खरीदनाः-- रिक्ता वा पूर्णा तिथि न हो, वार कोई हो; रेवती, शतभिषा, अश्विनी, स्वाती, श्रवणा और चित्रा शुभ है। बेचनाः--रिक्ता तिथि न हो, तीनों पूर्वा, विशाखा, कृत्तिका, आश्लेषा और भरणी नक्षत्र अच्छा है। केन्द्र अथवा त्रिकोण में शुभग्रह हों; ३, ६, ११ में पापग्रह हों पर कुम्भ लग्न न हो तो अच्छा है। हाथी, घोड़ा क्रय-विक्रयः--क्षिप्र-नक्षत्र, रेवती, धनिष्ठा, मृगशिरा, स्वाती, शतभिषा, पुनर्वसु में, मंगलवार छोड़ कर बाकी दिनों में, ४, ९, १४ छोड़ कर बाकी तिथियों में घोड़ा का क्रय-विक्रय शुभ है। मृदु, क्षिप्र और चर संज्ञक नक्षत्रों में हाथी का

क्रय-बिक्रय करना अच्छा है। इसमें ४, ९, १४ तिथि और शनिवार त्याज्य है। शस्त्र बनानाः---तीक्ष्ण, उग्र, अश्विनी, मृगशिरा, विशाखा और कृत्तिका इसके लिये शुभ नक्षत्र हैं। चूड़ी पहरनाः—४, ९, १४, ३० तिथि और मं., चं., र. और शनिवार न हो तो शुभ है। रेवती, तीनो उत्तरा, रोहिणी, मृगशिरा, अश्विनी, हस्त, चित्रा, स्वाती, विशाखा, अनुराधा, धनिष्ठा, पुष्य और पुनर्वसु नक्षत्र शुभ है। खाट बनानाः---सूर्य्य के नक्षत्र से चन्द्र नक्षत्र गिन कर जो संख्या आवे उससे ७ नक्षत्र, और ११ नक्षत्र से २३ वें नक्षत्र तक शुभ होते हैं, शेष अशुभ। इसी प्रकार उस संख्या से ६ नक्षत्र, और १० से १८ नक्षत्र तक तथा २१ से २७ नक्षत्र तक चूल्हा बनाना शुभ है। झाड़ूः--- सूर्य्य नक्षत्र से चन्द्र नक्षत्र तक गिन कर जो फल आवे यदि वह ४, ९, १३, १४, १९, २२, २३, २४, २५, २६, २७ वां नक्षत्र हो तो उस नक्षत्र में नया झाड़ू खरीदना वा उसे काम में लाना अच्छा है।

रोग।

औषधि बनाना वा सेवन करनाः—लघु, मृदु, चर और मूल नक्षत्र में; शुक्र, चन्द्र, गुरु, बुध और रविवार को तथा द्विस्वभाव (३, ६, ९, १२) लग्न शुभ होता है। लग्न से द्वादश, सप्तम और अष्टम स्थान में ग्रह न हो और जन्म नक्षत्र न हो तो दवा खाने के लिये अच्छा होता है। व्रण को चीरना-फाड़नाः- मंगल, बृहस्पति और रविवार हो, स्वाती, अनुराधा, ज्येष्ठा, मृगशिरा, शतभिषा श्रवणा, हस्त, अश्विनी अभिजित तथा पुष्य नक्षत्र अच्छा है। आरोग्य स्नानः---शुक्र और सोमवार को छोड़ कर अन्य वारों में, और रेवती, पुनर्वसु, मघा, स्वाती, अश्लेषा और ध्रुव नक्षत्रों को छोड़ कर अन्य नक्षत्रों में, चर लग्न में स्नान शुभ है। लग्न से केन्द्र, त्रिकोण और ग्यारह में पापग्रह का रहना शुभ है।

खेती कृषि, (गृहस्थी)

ऋषियों का सिद्धान्त है कि वास्तु पुरुष सर्पाकार है। उसके सिर की ओर से दो भाग और पूछ की ओर से तीन भाग छोड़ कर जो स्थान हो उसी स्थान में हल चलाना उचित है। भाद्रपद (भादो) से तीन तीन महीनों में

वास्तु पुरुष का सिर पूर्वादि दिशा में रहता है। हल चलानाः---मूल, स्वाती, विशाखा, मघा, चर, ध्रुव, मृदु और क्षिप्र नक्षत्रों में; शनि, मंगल को छोड़ कर बाकी दिन में; पापग्रह बलहीन हों, चन्द्रमा बलवान् हो और लग्न में बृहस्पति हो तो हल चलाना शुभ है। परन्तु सिंह, कुम्भ, कर्क, मेष, मकर और तुला लग्न में शुभ नहीं है तथा रिक्ता और षष्ठी में भी उत्तम नहीं है। बीज बोनाः--मूल, मघा, स्वाती, धनिष्ठा, तीनोउत्तरा, रोहिणी, मृगशिरा, रेवती, चित्रा, अनुराधा, हस्त, अश्विनी, पुष्य और अभिजित नक्षत्र शुभ है। वार मे चन्द्रवार, बुधवार, गुरुवार और शुक्रवार शुभ है। तिथिका कोई विशेष विचार नहीं है। आर्द्रा के प्रथम चरण में जब सूर्य्य रहे (जिस दिन आर्द्रा में सूर्य्य का प्रवेश हो उस दिन से तीन दिन तक) तब बीज नहीं बोना। उस समय राहु जिस नक्षत्र में हो (पंचाङ्ग में लिखा पाया जाता है) उस नक्षत्र से आठ नक्षत्र अशुभ उसके बाद तीन शुभ उसके बाद १ अशुभ, ३ शुभ, १ अशुभ, ३ शुभ, १ अशुभ, ३ शुभ और अन्त के ४ अशुभ होते हैं। इस प्रकार से जो अशुभ नक्षत्र हों उनमें बीज बोना अशुभ है। उपर्युक्त विहित नक्षत्र भी हों और राहु-नक्षत्र से गणना द्वारा भी शुभ भी हो तो बीज बोना शुभ है। धान रोपनाः---र., चं., बु., वृ., शु. वार हों और वि., पू.भा., मू. रो., शत. वा उ.फा. नक्षत्र हो तो धान रोपना शुभ है। खेत काटना (कटनी):---४, ९, १४ तिथि नहो। र., चं., बु., वृ., शुक्रवार हो। मू., ज्ये., अश्ले., पू. भा., ह., कृ., ध., श्र., मृ., स्वा., म., तीनो उ., पू. षा., भ , वि., पुष्य नक्षत्र हो और काटने का समय का लग्न वृष, सिंह, वृश्चिक वा कुम्भ होना शुभ है। दौनी, मालिश (अन्न-मर्दन):---रिक्ता तिथि नहो। चं., बु., शु., वृ., दिन हो। पूर्वफाल्गुनी, उ. फा., श्र., म., ज्ये,. रो., मू., अनु., रे. नक्षत्र हो तब दौनी आरम्भ करना शुभ है। अन्न का ढ़ेर लगाना, रखना वा सैंतनाः--मिश्र, उग्र, आ., अश्ले, ज्ये. नक्षत्र न होना चाहिये। चं., बु., वृ., शु. वार हो और वृष, मिथुन, सिंह, कन्या, वृश्चिक, धन, मकर वा मीन लग्न हो तो ऐसे समय में अन्न का ढ़ेर लगाना, रखना वा सैंतना शुभ है। अन्न का सवाय, ड्योढ़ा लगाना तथा व्याज पर देनाः---चर, ध्रुव, पु., वि., वा ज्येष्ठा नक्षत्रों में अच्छा होता है। नवान्न खानाः---१, ६, ११ तिथि न हो। र., चं., बु., वृ., शुक्रवार हो। स्वा., पु., श्र., ध., श., ह., अश्वि., पु., मृ., रे., चि., अनु. नक्षत्र शुभ है। चैत्र और पौष महीना नहीं होना चाहिये। लग्न में

शुभग्रह होना अच्छा है। (विषघटिका का न होना अच्छा है। देखो धा-२१७ पृष्ठ ६३७) गाय, बैल इत्यादि खरीदना, बेचनाः---क्षिप्र, रे., वि., पु., ज्ये., श., धनिष्ठा नक्षत्र हो, रिक्ता वा पूर्णमासी न हो तो खरीदना वा बचना शुभ होता है। पशुपालनः---४, ८, ९, १४, ३० तिथि और मंगलवार न हो। श्र., चि., तीनों उ., रो. नक्षत्र न हो; लग्न २, ३, ४, ६, ७, ९ वा १२ हो, अष्टम में कोई ग्रह न हो तो पशु पालने का समय अति उत्तम होता है। लता, वृक्ष का लगानाः-- वि., मू., श., मृदु वा क्षिप्र नक्षत्र में वृक्षादि लगाना शुभ है। तिथि, वार का कोई निर्णय नहीं मिलता है।

रोजगार।

बड़ों से मिलनाः---ध्रुव, मृदु, क्षिप्र, श्रवण और धनिष्ठा नक्षत्र में, मंगल, शनिवार छोड़ कर अन्य वारों में और २, ३, ५, ७, १२ तिथियों में अफसर वा बड़े लोगों से मिलना अच्छा है। दूकान खोलना वा बाजार लगानाः---मिश्र, ध्रुव और क्षिप्र नक्षत्रों में; रिक्ता तिथि, मंगलवार और कुम्भ लग्न छोड़ कर शेष तिथि, वार और लग्न में दूकान खोलना वा बाजार लगाना अच्छा है। शुक्र और चन्द्रमा लग्न में हों, अष्टम और द्वादश स्थानों में पापग्रह न हों, द्वितीय, एकादश और दशम में शुभग्रह हो तो उत्तम होता है। नौकरीः---क्षिप्र और मैत्र नक्षत्रों में, बुध, शुक्र, रवि और बृहस्पतिवार में, तिथि कोई हों, लग्न से दशवें वा ग्यारहवें में सूर्य्य वा मंगल हों तो ऐसे समय में नौकरी करना अच्छा है, परन्तु मालिक से योनि-मैत्री, राशि-मैत्री, और वर्ग-मैत्री का शुभ होना अच्छा है।

संस्कार।

ऋतुमतीः---रजस्वला याने मासिक-धर्म-युक्ता स्त्री को कहते हैं। धर्म शास्त्र और आयुर्वेद के अनुसार रजोदर्शन के उपरान्त तीन दिन तक स्त्री को ब्रह्मचर्य पूर्वक रहना चाहिये। पति का मुख नहीं देखना चाहिये। चटाई इत्यादि (भूमि शय्या) पर सोना, हाथपर अथवा कटोरे वा दोने में खाना, आंसू न गिराना, नख न काटना, तेल उबटन और काजल न लगाना चाहिये। दिन को सोना, बहुत भारी शब्द का सुनना, हँसना और बहुत बोलना भी नहीं चाहिये। रजोदर्शन के

उपरान्त तीन दिन तक स्त्री अपवित्र रहती है। चौथे दिन स्नान कर सुन्दर वस्त्र और भूषण धारण कर पति का मुख और उसकी अनुपस्थिति में सूर्य का दर्शन करना चाहिये, तत्पश्चात् कुटुम्ब जन एवं घरकी वस्तुओं का स्पर्श कर सकती है। प्रथम ऋतुमती स्त्री का स्नानः-- हस्त, स्वा., अश्वि., मृ., अनु., ध., ज्ये. वा ध्रुव नक्षत्र में अथवा शुभ तिथि तथा शुभदिन में स्नान शुभ है। यदि मृ., रे., स्वा., ह., अश्वि. और रो. में स्नान करे तो शीघ्र गर्भ की स्थिति होती है। प्रसूतिका स्नानः--रे., मृ., ह., स्वा., अश्वि., अनु. और ध्रुव नक्षत्रों में, र., भौ., और बृ. वार को स्नान शुभ है। आ., पुन., पुष्य, श्र., म., भ., मू., वि., कृ., चि. नक्षत्र; बुध, शनिवार; अष्टमी, षष्ठी और रिक्तामें शुभ नहीं है। शेष वारादिक में मध्यम है। अन्न प्राशनः--लड़के का छट्ठे महीने से सम महीने में (जैसे ८, १०, १२इत्यादि) कन्या का पांचवें से विषम महीने (५, ७, ९, ११ इत्यादि) में, स्थिर, मृदु, लघु और चर नक्षत्र में अन्न प्राशन शुभ है। रिक्ता, नन्दा, अष्टमी, अमावश्या और द्वादशी तिथि; शनि, मंगल रविवार; जन्म लग्न, जन्म राशि अष्टम लग्न और उसका नवांश; मेष, वृश्चिक और मीन लग्नों को त्यागना होगा। केन्द्र, त्रिकोण में शुभग्रह हों, दसम स्थान शुद्ध हो; ३, ६, ११ में पापग्रह हों; लग्न, अष्टम और षष्ठ स्थानों को छोड़ कर शेष किसी स्थान में चन्द्रमा हो तो शुभ है। मतान्तर से अनुराधा, शतभिषा, स्वाती और जन्म-नक्षत्र को शुभ नहीं बतलाया है। कर्ण बेधः--लड़के का पहले दाहिना और लड़की का पहले बांया कान छिदवाना चाहिये। जन्म से १२वें वा १६वें दिन और छट्ठे, सातवें वा आठवें महीने में तथा विषम वर्ष में, बुध, गुरु, शुक्र और सोमवार को; श्र., ध., पुन., मृदु वा लघु संज्ञक नक्षत्र में कर्ण-बेध शुभ होता है। लग्न से अष्टम स्थान शुद्ध; १, ३, ४, ५, ७, ९, १०, ११ स्थानों में शुभग्रह हों, ३, ६, ११, में पापग्रह हों; लग्न में बृ. हो तो शुभ है। चैत्र, पौष, क्षय-तिथि, हरि-शयन, जन्म-मास, रिक्ता, समवर्ष और जन्म तारा को त्यागना होता है। चूड़ाकर्म (मुण्डन):--तीसरे, पांचवें विषम वर्षमें; बुध बृ., शुक्र वा चन्द्र वार में; मृ., चि. रे., स्वा., पुन., श्र., ध., शत., ह., अश्वि., और पुष्य नक्षत्रों में चूड़ाकरण शुभ है। अष्टमी, द्वादशी, प्रतिपदा, षष्ठी, अमावश्या, रिक्ता तिथि न हो, चैत्र मास छोड़ कर उत्तरायण विहित है। आठवां स्थान में कोई ग्रह न हो; १, ४, ५, ९, ७, १० में शुभग्रह हों; वृष, तुला, धन

वा मकर लग्न हो, जन्म लग्न वा जन्म राशि से अष्टम, लग्न न हो और लग्न में बृ. हो तो उत्तम होता है। चैत्र वा पौष मास (सौरमास) आषाढ़ शुक्ल एकादशी से कार्त्तिक शुक्ल एकादशी तक (हरिशयन) न हो। जेठे लड़के को ज्येष्ठ में चूड़ाकर्ण विहित नहीं है। यदि बालक पांच वर्ष से अधिक का हो तो उसकी गर्भवती माता भी चूड़ा-कर्म कर सकती है, परन्तु पांच वर्ष के बालक तक का चूड़ाकरण वह माता नहीं कर सकती जो पांच मास से अधिक की गर्भवती हो। अक्षरारम्भः-- जन्म से पांचवें वर्षमें गणेश, विष्णु, सरस्वती, लक्ष्मी और गुरु की पूजा के उपरान्त जब सूर्य्य उत्तरायण हो तब २, ३, ५, ६, १०, ११, १२, तिथि में; लघु. श्रवण, स्वा., रे., पुन., आर्द्रा वा चित्रा नक्षत्र में अक्षरारम्भ करना विहित है। लग्न, स्थिर वा द्विस्वभाव, शुभ लग्न वा शुभदिन विहित है। मतान्तर से कुम्भगत सूर्य्य में भी अक्षरारम्भ निषेध है। विद्यारम्भः—२, ३, ५, ६, १०, ११, १२ तिथि हो; र., गु., बु., शु. वार हो; मृ., आ., पुन., ह., चि., स्वा., श्र., ध., शत., अश्वि., मू., तीनों पूर्वा, पुष्य वा अश्लेषा नक्षत्र हो; लग्न से त्रिकोण और केन्द्र में शुभग्रह हो तो शुभ होता है। किसी का मत है कि तीनों उत्तरा, रो., रे. और अनुराधा भी शुभ है। अनध्याय तिथि में विद्यारम्भ निषेध है। उपनयन, यज्ञोंपवीत (जनेऊ):- ब्राह्मण का यज्ञोंपवीत गर्भ या जन्म से पांचवें वा आठवें, क्षत्रिय का छठे, ग्यारहवें और वैश्य का आठवें वा बारहवें वर्ष में होना चाहिये। इन वर्ष-प्रमाणों का दूना समय बीत जानेपर यज्ञोपवीत करना निन्दनीय है। यज्ञोपवीत मध्याह्न के पूर्व ही होना उचित है। (कम से कम आरम्भ भी होना चाहिये।) क्षिप्र, ध्रुव, चर, मृदु, अश्लेषा, मूल, तीनों पूर्वा वा आर्द्रा नक्षत्र हो, र., चं., बु., शु. या गुरुवार हो, २,३,५,१० ११ वा १२ तिथि हो। कृष्ण पक्ष की २,३ वा ५ तिथि हो, अषाढ़ शुक्ल १०, ज्येष्ठ शुक्ल २, पौष शुक्ल ११, माघ शुक्ल १२ और संक्रान्त के दिन न हों, लग्न से केन्द्र और त्रिकोण में शुभग्रह हो, ३, ६, ११ में पापग्रह हो, ६, ८, १२ में कोई ग्रह न हो तो शुभ कहा है। लग्न में बृहस्पति या लग्न का स्वामी बृहस्पति या लग्न के नवांशेश बृ. या लग्न पर बृ. की दृष्टि का होना बहुत ही शुभ कहा गया है। इस बृ. के योग से बालक बृहस्पति के समान विद्वान् होता है। शुक्र, बृहस्पति, चन्द्रमा और लग्नेश छठे और आठवें नेष्ट हैं। द्वादश में शुक्र और

चन्द्रमा नेष्ट हैं । लग्न, पञ्चम और अष्टम में पापग्रह अनिष्ट हैं। शुभग्रह, अष्टम, षष्ठ और द्वादश को छोड़ शेष स्थानों में शुभ होते हैं।

यात्रा ।

क्रम-३५२ यात्रा में नक्षत्र, तिथि, वार, योगिनी, लग्न एवं चन्द्रमा का विचार किया जाता है। उत्तम नक्षत्रः---अश्वि., मृ., पुन., पुष्य, ह., अनु., श्र., ध. और रेवती यात्रिक नक्षत्र हैं। इनमें से अनु., ह., पुष्य और अश्वि. दिग्द्वारिक संज्ञक हैं अर्थात् इन नक्षत्रों में सभी दिशाओं की यात्रा बिना चन्द्रमा के दक्षिणादि विचार के भी करना शुभ है। मध्यम नक्षत्रः---रो., तीनों उ., मू., शत., ज्ये., तीनों पु., (१६) ये नक्षत्र मध्य रूप से यात्रिक है। त्याज्य नक्षत्रः---भ. (७), कृ. (२१), अश्ले. (१४), म. (११), स्वा. (१४), वि. (१४), ज्ये. (कुल), चि. (१४), ये यात्रा में अशुभ है। परन्तु यदि यात्रा करना अति आवश्यक हो तो तीनो पूर्वा का १६ घटो और अन्य नक्षत्रों के आगे जो अंक दिया है, उतना उतना आदि का घटी त्यागना चाहिये। (परन्तु चित्रा का अंत की १४ घटी त्याज्य है। ज्येष्ठा को सर्वदा त्याज्य बतलाया है)। तिथिः---शुक्ल प्रतिपदा, अमावश्या, पूर्णिमा, रिक्ता, ६, ८, १२ तिथि निन्द्य हैं। दिक् शूलः---शनि, सोमवार और ज्येष्ठा पूर्व के लिये, गुरुवार और पूर्वभाद्र दक्षिण के लिये, रविवार, शुक्रवार और रोहिणी पश्चिम के लिये तथा मंगल, बुध और उत्तर फाल्गुनी उत्तर के लिये दिक्शूल है। बृहस्पति और सोमवार अग्निकोण, रवि, शुक्र, नैऋत्य, मंगल वायुव्य कोण तथा बुध और शनि ईशानकोण के लिये दिक्शूल होता है। योगिनीः---प्रतिपदा और नवमी का पूर्व; ३, ११ को अग्नि कोण, ५, १३ को दक्षिण; ४, १२ को नैऋत्य; ६, १४ को पश्चिम, ७, १५ को वायुव्य, २, १० को उत्तर और ८, ३० को ईशान कोण में रहती है। जिस ओर यात्रा करना हो उसके सम्मुख और बाम में योगिनी का रहना मनुष्य की यात्रा के लिये अशुभ है और उसका उल्टा शुभ है। परन्तु पशुयात्रा में बाम और पृष्ठ शुभ तथा सन्मुख और दाहिना अशुभ होता है। कालपाश के वारः---पूर्व शनि, अग्नि-कोण शुक्र, दक्षिण बृहस्पति, नैऋत्यकोण बुध, पश्चिम मंगल, वायुव्य सोमवार, उत्तर रवि और ईशान बुध। तिथिशूलः---

पूरव कृष्ण पक्ष की परिवा, दक्षिण ५, १३, पश्चिम ६, १४, उत्तर २, १०। चन्द्रमा की दिशाः---मेष, सिंह, धन का पूरव; वृष, कन्या और मकर का दक्षिण; मिथुन, तुला और कुम्भ का पश्चिम; तथा कर्क, वृश्चिक और मीन का चन्द्रमा उत्तर रहता है। चन्द्रमा दाहिना और सम्मुख शुभ है। यात्रा लग्नः—जिस दिशा की यात्रा किया जाय उस दिशा में सम्मुख लग्न में विजय, दाहिना और बाम मध्यम, पीछे हानि और नाश। लग्न का वास चन्द्रमा के सदृश है। जैसे मेष से पूरव, वृष दक्षिण इत्यादि। त्याज्य लग्नः--१, ६, ११ तिथि को, ५, ७, ८, १० लग्न; २, ७, १२ तिथि को ९, १२ लग्न; ३,८,१३ तिथि को ३, ६, लग्न;४,९,१४ तिथि को १,४ लग्न और ५,१०,१५ को ३,११ लग्न अर्थात् जिस तिथि में जो लग्न त्याज्य है उस लग्न में यात्रा मना है। जन्म-लग्न वा जिस राशि में जन्म-चन्द्र हो वह लग्न यात्रे का कदापि नहीं होना चाहिये। दोहदः--यात्रा के समय यदि अनिवार्य कार्यों से दिशा, वार वा तिथि-दोष पड़ता हो तो उसदोष के परिहार के लिये कतिपय पदार्थों का भोजन इत्यादि करने से उस दोष की निवृत्ति होती है, उसी को दोहद कहते हैं। विचारने की बात है कि महर्षियों ने जनता-रक्षा के लिये क्या-क्या लिख छोड़ा है। पर दुःख है कि आजकल नये रोशनी वाले इसका ठट्ठा उड़ाते हैं। दिशा दोहदः–पूर्व दिशा जाने में घी; दक्षिण जाने में भात में तिल; पश्चिम जाने में मछली और उत्तर जाने में दूध खाकर जाने से दिशा के दुष्ट दोषों का निवारण होता है। वार दोहदः---रविवार को शिखरण अर्थात दही में शक्कर और मेवा इत्यादि मिला कर, मतान्तर से घी; सोमवार को दूध; मंगल को गुड़, मतान्तर से काञ्जी; बुध को तिल वा काढ़ा हुआ दूध; बृहस्पतिवार को दही; शुक्रवार को दूध और शनिवार को भात में तिल मिला कर खाना वार-दोष निवारक है। तिथि दोहदः---प्रतिपदा को आक का पत्ता, २ को चावल का धोवन, ३ को घी, ४ को अमली, यवागु अर्थात जौ वा चावल का मांड़ (वैद्यक शास्त्र के अनुसार एक पथ), ५ को हविष्, ६ को स्वर्ण-धोअन, ७ को पूआ, ८ को खट्टा नींबू, ९ को जल, १० को गौमूत्र, ११ को यव, १२ को पायस (दूध का बना हुआ खीर), १३ गुड़, १४ रुधिर, १५ को मूंग दोष-निवारक है। (यदि किसी मनुष्य के लिये इसमें से कोई पदार्थ खाद्य न हो तो युक्ति बतलाती है कि उन पदार्थों का दर्शन मात्र ही शुभ होगा।) प्रस्थानः---अर्थात् यदि स्थान छोड़ने में किसी कारण से विलम्ब हो

और यात्रा का शुभ समय पहले ही होता हो तो वैसी अवस्था में प्रस्थान करना अर्थात् अपने किसी प्रिय-पदार्थ (यज्ञोपवीत, वस्त्रादि) को किसी अन्य पुरुष द्वारा यात्रा के समय में अपने घर से दूसरे घर वा दूसरे ग्राम में भेज देने की विधि है। उसी को प्रस्थान कहते हैं। पूर्व दिशा जाना हो तो उसका प्रस्थान सात दिन तक, दक्षिण का पांच दिन, पश्चिम का तीन दिन और उत्तर का दो दिन तक रहता है। यह भी लिखा है कि राजा का प्रस्थान दश दिन तक, साधारण जमींदार का सात दिन और सर्व साधारण मनुष्य का पांच दिन तक रहता है। यदि उपर्युक्त समय के भीतर यात्रा करने वाला न जासके तो पुनः दूसरा यात्रा करना होता है। यात्रा लक्षणः---चलते समय मनमें उत्साह यात्रा का सबसे उत्तम लक्षण है। ऐसे तो पूर्ण-घट इत्यादि और भी बहुत से शुभ लक्षण हैं। दो घड़िया यात्राः---यदि किसी आवश्यक कार्यवश कहीं जाना हो और यात्रा का अभाव होता हो अथवा एक ही दिन के लिये कहीं जाना और वहां से आना भी हो तो इसके लिये दोघड़िया यात्रा का अवलम्ब लेना शुभप्रद है। एक दिन चार प्रहर का होता है और चार घड़ी का एक प्रहर होता है। अतएव एक दिन का आठवां हिस्सा दो घड़ी का होता है। इस कारण दिन-मान वा रात्रि-मान को आठ से भाग देकर जो दण्ड, पलादि फल आवे उसी का एक-एक 'दो घड़िया' होगा। नीचे एक चक्र दिया जाता है जिसमें प्रति वार को रात्रि एवं दिन के प्रत्येक दोघड़िया का अशुभ वा शुभ लक्षण दिया गया है। शुभ दोघड़िया में शुभफल और अशुभ में अशुभफल होता है।

चक्र ५८। दो घड़ियां चक्र

सू. दि	सु रा.	चं दि.	चं रा.	मं दि.	मं रा.	बु. दि.	बु. रा.	बृ. दि.	बृ. रा.	शु दि.	शु. रा	श. रा.	श दि.
उद्वेग	चर	अमृत	काल	रोग	उद्वेग	लाभ	अमृत	शुभ	रोग	चर	लाभ	काल	शुभ
चर	लाभ	काल	शुभ	उद्वेग	चर	अमृत	काल	रोग	उद्वेग	लाभ	अमृत	शुभ	रोग
लाभ	अमृत	शुभ	रोग	चर	लाभ	काल	शुभ	उद्वेग	चर	अमृत	काल	रोग	उद्वेग
अमृत	काल	रोग	उद्वेग	लाभ	अमृत	शुभ	रोग	चर	लाभ	काल	शुभ	उद्वेग	चर
काल	शुभ	उद्वेग	चर	अमृत	काल	रोग	उद्वेग	लाभ	अमृत	शुभ	रोग	चर	लाभ
शुभ	रोग	चर	लाभ	काल	शुभ	उद्वेग	चर	अमृत	काल	रोग	उद्वेग	लाभ	अमृत
रोग	उद्वेग	लाभ	अमृत	शुभ	रोग	चर	लाभ	काल	शुभ	उद्वेग	चर	अमृत	काल
उद्वेग	चर	अमृत	काल	रोग	उद्वेग	लाभ	अमृत	शुभ	रोग	चर	लाभ	काल	शुभ

उदाहरणः--जैसे जिस दिन यात्रा करना हो उस दिन का दिन मान ३२ दण्ड ४० पला हैं तो उस को आठ से भाग करने से ४ दण्ड ५ पला हुआ और यदि वह दिन मंगलवार के दिन का समय हो (क्योंकि दिन मान लिया है) तो भोर से चार दण्ड पांच पला तक रोग ८ दण्ड १० पला तक उद्वेग, १२ दण्ड १५ पला तक चर और १६ दण्ड २० पला तक लाभ इत्यादि-इत्यादि। इसी प्रकार यदि रात्रि के समय में जाना हो तो उस दिन के रात्रिमान को आठ से भाग देकर उस वार की रात्रि-कोष्ट में पहला, दूसरा और तीसरा इत्यादि इत्यादि का फल देखना होगा। भरत जी इसी घड़िया के अनुसार चले थे। लिखा है "दो घड़ी साधि चले तत्त काला" (रामायण)। समय-बलः--ऊषा काल में पूरब, गोधूली में; पश्चिम, निशीथ (आधीरात) में; उत्तर और अभिजित (मध्याह्न) में दक्षिण नहीं जाना चाहिये। यात्रा में अधि योग आदिः- -बुध, वृ., शुक्र इन ग्रहों में से यदि एक भी केन्द्र वा त्रिकोण में हों तो कुशल पूर्वक घर लौट आवे, यदि दो हो तो कुशल और विजय होता है। तीन हों तो कल्याण, विजय और प्राप्ति होती है। जल यात्राः--यदि नाव और जहाज इत्यादि के द्वारा जल-यात्रा करना हो तो वैसे कार्य के लिये लग्न, चतुर्थ, सप्तम और दशम पर शुभग्रह की दृष्टि रहना, सप्तम, द्वादश और दशम में पापग्रह का नहीं रहना आवश्यक है। ऐसी ग्रह स्थिति में जल-यात्रा में भय नहीं होता है। जलचर-लग्न और जलचर-नवांश वा वर्गोत्तम नवांश (देखो चक्र १४ धा- ३५ का अन्त) में जल-यात्रा शुभ है। वधू प्रवेशः---विवाहोपरान्त एक वर्ष के भीतर कन्या को पति-गृह जाने में यात्रा के मुहूर्त की आवश्यकता नहीं होती। केवल पति के गृह में प्रवेश करने की ही मुहूर्त देखी जाती है। इसी कारण विवाह के बाद १ वर्ष के भीतर यदि पतिगृह जाय तो उसी को वधूप्रवेश कहते है। यदि वधूप्रवेश विवाह के साथ ही हो वा १६ दिन के भीतर होतो विवाह से २, ४, ५, ६, ७, ८, ९, १०, १२, १४ और १६ वें दिन में करना अच्छा है। इसके बाद महीने के भीतर विषम-दिन में और एक महीने के बाद और १ वर्ष के भीतर विषम महीने में बतलाया है। स्मरण रहे कि यदि सोलह दिन के बाद विदागी होती हो तो वृश्चिक, कुम्भ और मेष के संक्रान्त मास में और शुक्ल पक्ष में वा कृष्ण पञ्चमी के भीतर विदागी करना शुभ है। वधू प्रवेश मुहूर्त्तः---मृदु, ध्रुव, क्षिप्र, श्र., धनि., मू., म. और स्वाति नक्षत्र हो; रिक्ता तिथि, मंगलवार और किसी मत से बुधवार भी

शुभ नहीं है । एक वर्ष बाद वधू-प्रवेशः---ऐसी अवस्था में आचार्यों का मत है कि इसको वधू प्रवेश न कहकर द्विरागमन कहेंगे, कारण कि प्रथम यात्रा विवाह के एक वर्ष के अभ्यन्तर ही को कहते हैं। द्विरागमनः---इसमें शुक्र का विचार होता है। अर्थात् शुक्र दाहिने और सम्मुख न हों। यह विवाह से तीसरे वा पांचवे वर्ष में हो। इस मुहूर्त्त के विचार में एक मुहूर्त्त पिता के घर से जाने का और दूसरा पति-गृह में प्रवेश * का देखना चाहिये। यदि एक ही दिन में चल कर प्रवेश भी हो जाय तो प्रवेश ही का मुहूर्त्त मुख्य है। लघु, ध्रुव, चर, मृदु और मूल नक्षत्र हो; संक्रान्त मास, मेष, वृश्चिक वा कुम्भ का हो, वृष, मिथुन, कन्या, तुला वा मीन लग्न हो; यदि शुक्र नहीं बनता हो तो शुक्रान्ध में द्विरागमन हो सकता है। यदि पांच वर्ष के बाद द्विरागमन होता हो तो शुक्र का विचार नहीं होता। केवल मुहूर्त्त शुद्ध होना चाहिये। शुक्रापवादः---राज विद्रोह, नृपपीड़ा, उपद्रव, दुर्भिक्ष के कारण दूसरेस्थान जाने के लिये, ग्राम ही में जाने में, विवाह काल में (वधू प्रवेश), देव यात्रा और तीर्थ यात्रा में शुक्र का दोष नहीं लिया जाता। पुनः यदि कन्या पिता के घर ही में जवान हो जाय वा ऋतु-मती हो गई हो तो प्रतिशुक्र का दोष नहीं होता। यह भी लिखा है कि भृगु, अंगिरा, वत्स, वशिष्ठ, कश्यप, अत्रि एवं भारद्वाज गोत्र वाले को भी प्रतिशुक्र का दोष नहीं होता †।

---

* पति गृह प्रवेश मुहूर्त्त वही होता है, जो वधु प्रवेश का मुहूर्त्त लिखा गया है।

† एक वर्ष के भीतर वधूप्रवेश हो जाय तो उस के बाद के यात्रे में शुक्र के विचार न कर के राहु का विचार करना होता है। इसी प्रकार वधू-प्रवेश न हुआ हो केवल द्विरागमन हुआ हो तो उस के बाद का यात्रा में भी राहु का विचार करना होता है। अर्थात् जब कभी द्वितीय वार वधू पुरुष के गृह जाय तो द्विरागमन छोड़कर अन्य यात्रायों में राहु का विवार होता है। राहु वृश्चिक, धन और मकर के सूर्य्य में पूर्व, कुम्भ, मीन मेष के सूर्य में दक्षिण, वृष, मिथुन, कर्क के सूर्य में पश्चिम और सिंह, कन्या, तुला के सूर्य में उत्तर वास होता है। किसी देश में एक महीने में राहु का पूर्वादि दिशा में (चन्द्रवत) भ्रमण माना गया है। जैसे मेष, सिंह और धन में पूर्व इत्यादि। इस यात्रे में मास का विचार नहीं होता केवल उत्तम यात्रा होना चाहिये। राहु दाहिना और सम्मुख नेष्ट है।

लड़ाई (मोकद्दमा)।

धा-३५३ स्वा., भ., आश्ले., ध., रे., ह., अनु., पुन., तीनों उ., रो. नक्षत्र, विषम तिथि (१, ३, ५, ७, ९, ११, १३, १५) सू., च. श. और गुरुवार 'अकुल' संज्ञक हैं, इसमें मुद्दई की जय होती है। मू., श., आ., अभि. नक्षत्र; १०, ६, २ तिथि और बुधवार को 'कुलाकुल' कहते हैं। इसमें सन्धि वा दोनों का जय; तीनों पूर्वा, अश्वि., पु., म., मृ., श्र., कृ., वि., ज्ये., चित्रा नक्षत्र; ४, ८, १२, १४, ३० तिथि और शुक्र, मंगल वार को 'कुल' संज्ञक कहते हैं इसमें मुद्दालह की जीत होती है। ऊपर लिखे हुए नक्षत्र, तिथि और वार आदि को साधारण भाषा में "गण" कहते हैं। आचार्यों के चित्त में केवल इतना ही लिख कर शान्ति नहीं हुई। उन लोगों का विचार है कि जबतक 'याथी' और 'स्थायी' (मुद्दई, मुद्दालह) के नाम इत्यादि से यात्रा का सम्बन्ध न देख लिया जाय तब तक केवल उपर्युक्त, 'गण' विचार गोण-विचार होगा। साधारण बुद्धि से भी यही प्रतीत होती है कि केवल "कुल", "अकुल" अथवा "कुलाकुल" के ही विचार से मुकद्दमें की हार-जीत नहीं हो सकती, क्योंकि व्यक्तिगत गुण दोषों का इस विचार में कुछ भी सम्बन्ध नहीं है। अतएव आचार्यों ने कहा है कि मनुष्य के नामानुसार भी विचार करना अत्यावश्यक है। लिखा है कि प्रत्येक मनुष्य के लिये कुछ तिथि, वार और नक्षत्र शुभ वा अशुभ होते हैं। इस कारण मुकद्दमें का आरम्भ (अर्जी दावी या वयान-तहरीरी पर प्रथम हस्ताक्षर) ऐसे समय में किया जाय कि व्यक्तिगत शुभ तिथि आदि यदि "गण" विचार से भी अनुकूल पड़ते हों तो वह मुहूर्त्त अवश्य शुभ फल देगा।

पुकार-नाम के अनुसार, अनुकूल वा प्रतिकूल तिथ्यादि जानने की विधि यों है कि पुकार नाम (देखो धारा ३१८ (२), और स्वरांक चक्र पृष्ठ ८५४) के प्रथम अक्षर के अनुसार उस मनुष्य के शुभाशुभ तिथ्यादि का पता चलता है। नीचे एक चक्र दिया जाता है जिसको 'पञ्चस्वरा' चक्र कहते हैं।

चक्र ५९ पञ्चस्वरा चक्र।

विभाग	१	२	३	४	५
नाम का प्रथम अक्षर	अ क छ ड ध भ व	इ ख ज ढ न म श	उ ग झ त प य ष	ए घ ट थ फ र स	ओ च ठ द ब ल ह
तिथि	१ ६ ११	२ ७ १२	३ ८ १३	४ ९ १४	५ १० १५
वार	म. र.	बु. च.	बृ.	शु.	श.
नक्षत्र	रे.अश्वि. भ. कृ.रो.मृ.आ.	पुन. पुष्य. अश्ले. म. पूर्वा फा.	उ. फा. ह. चि. स्वा. वि	अनु. ज्ये. मू. पु षा. उ.षा.	श्र. ध. शत. पु.भा. उ.भा.

इस चक्र में अक्षरों को पांच विभागों में बांटा है। प्रथम विभाग में अ, क, छ इत्यादि। द्वितीय में इ, ख, ज इत्यादि। इसी प्रकार पंक्ति ३, ४, ५ में भी अक्षर सब लिखे हैं। प्रति पंक्ति के नीचे तिथि, वार, नक्षत्र भी लिखे हैं। इसके जानने की विधि यह है कि जिस मनुष्य के पुकार नाम के प्रथम अक्षर इस चक्र के जिस पंक्ति में पड़ता हो उस पंक्ति के नीचे जो तिथि, वार, नक्षत्र लिखे हैं वे तिथ्यादि उस व्यक्ति के लिये "बाल स्वर" होते हैं और उसके बाद वाले कोष्ठ में जो तिथ्यादि हैं वे उस व्यक्ति के "कुमार स्वर" उसके बाद वाले कोष्ट के तिथ्यादि "युवा", उसके बाद बाले कोष्ठ के तिथ्यादि "वृद्धस्वर" और उसके बाद वाले कोष्ठ के तिथ्यादि "मृत स्वर" के तिथ्यादि होते हैं। जिस प्रकार सांसारिक व्यवहार में युवावस्था में सब प्रकार की प्रबलता होती है उसी प्रकार हर व्यक्ति के लिये उपर्युक्त गणना विधि से जो तिथ्यादि युवावस्था के होंगे वे

उत्तम फल देने में अत्यन्त प्रवल होंगे। उनसे कम कुम रावस्था और उनसे भी कम बाल्यावस्था वाले शुभफल देते हैं। वृद्ध और मृत अपने नामानुसार ही फल देते हैं (अनिष्ट फल देते हैं।) एक उदाहरण द्वारा, चक्र देखने की विधि स्पष्ट हो जायगी। यदि बाबु राजकुमार शर्म्मा को मुकद्दमा दायर करना हो तो उसके विचार में बाबु वा शर्म्मा के अक्षरों को नहीं लेना होगा। केवल पुकार नाम का "र" ही लेना होगा। चक्र में देखने से "र" चतुर्थ कोष्ठ में मिलता है। उस कोष्ठ के नीचे ४, ९, १४ तिथि, शुक्रवार और अनुराधा, ज्येष्ठा, मूल, पूर्वाषाढ़ और उत्तराषाढ़ ये पांच नक्षत्र राजकुमार बाबू के 'बाल स्वर' हुए और उनके "कुमार स्वर" पञ्चम कोष्ठ के तिथ्यादि और "युवास्वर" प्रथम कोष्ठ के तिथ्यादि। इसी प्रकार "वृद्ध", द्वितीय कोष्ठ और मृत, तृतीय कोष्ठ के तिथ्यादि होंगे। याद रखने की बात है कि बाल, कुमार इत्यादि जानने के लिये जिस कोष्ठ में नाम का प्रथम अक्षर पड़ता है तो उसको लेना होगा। यदि पञ्चम कोष्ठ तक बाल और उसके बाद कुमार उसके बाद युवा इत्यादि पाँचो स्वर न पूर गये हों तब प्रथम कोष्ठ में जाना पड़ेगा जिस तरह उदाहरण में बतलाया गया है। याद रखने की एक बात यह है कि 'गण' विचार में प्रथम प्रबलता वार को होती है। तत् पश्चात् तिथि को और अन्तिम नक्षत्र को। परन्तु 'पञ्चस्वरा' को तिथि को मुख्य प्रवलता होती है। इन सब बातों पर ध्यान देते हुए देखना यह होगा कि (१) पञ्चस्वरा के अनुसार जो तिथि, वार, नक्षत्र 'युवास्वर' के मिलते हैं वे 'गण' के अनुसार, अनुकूल होते हैं या नहीं। (२) यदि अनुकूल नहीं होते हों तो देखना होगा कि 'कुमार स्वर', तिथ्यादि 'गण' के अनुकूल होते हैं कि नहीं। (३) यदि यह भी अनुकूल नहीं मिलें ओ 'बाल स्वर' के 'गण' के अनुकूल होते हैं कि नहीं। (४) उपर तीन प्रकार के विचारोपरान्त यदि 'गण' का वार (वारहो प्रवल होना चाहिये) पञ्चस्वरा के अनुकूल हो तो उसको प्रथम स्थान देना चाहिये। (५) पञ्चस्वरा की जो तिथि अनुकूल होती हो यदि वह युवास्वर की हो और 'गण' से प्रतिकूल न पड़ती हो तो वह सर्वोत्तम होगी। यदि ऐसा न हो तो कुमार स्वर को तिथि 'गण' के अनुकूल होने से उत्तम अथवा बाल-स्वर की तिथि अनुकूल होने से ऐसी तिथि साधारण रूप से ग्रहण की जा सकती है। (६) यदि उपर्युक्त चुने हुए अनुकूल वार, तिथि और नक्षत्र विपक्षी के पञ्चस्वरा द्वारा "मृत" वा "वृद्ध" हो और ये वार, तिथि और नक्षत्र विपक्षी के अनुकूल-गण के नहीं हो तो बहुत उत्तम होता है। (अर्थात् अपना अनुकूल और विपक्षी का प्रतिकूल वार, तिथि और नक्षत्र का होना अच्छा है।) (७) अपने अनुकूल नक्षत्र से तारा का भी अनुकूल होना आवश्यक है। (देखो पृष्ठ ९८९) (८) मुद्दई के लिये कार्यारम्भ का लग्न ऐसा हो कि लग्नाधिपति उत्तम स्थान में हो, षष्ठ एवं नवम स्थान शुद्ध एवं बली हों, शुभग्रह केन्द्र वा त्रिकोण में हो, पापग्रह ३, ६, ११ में हो तो अच्छा है। (९) मुद्दालह के लिये कार्यारम्भ-लग्न से चतुर्थ एवं दशम शुद्ध रहना उत्तम है।

उदाहरण।

बा. राजकुमार शर्मा. मुद्दई (जिनका मुहूर्त्त देखना है) बनाम सैयद मौलवी शमशुद्दीन हैदर मुद्दालेह

	मुद्दई और मुद्दालेह के अकुलादि विवरण	वार	तिथि	नक्षत्र	परिणाम
१	मुद्दई अनुकूल	र., चं.	१. ३. ९.७.	स्वा .भ.अश्ले.ध. रे.ह.	
	अकुल गण	श.बृ.	९.११.१३.१९.	अनु, पुन. ३ उत्तर. रो.	
२	मुद्दई का युवा-स्वर	र. मं.	१. ६. ११.	रे., अ.,भ., कृ. रो. भ.	
३	परिणाम	र.	१, ११.	रे., भ.	उत्तमोत्तम
४	मुद्दई का कुमार स्वर	श.	९, १०, १९.	श्र.ध., श. पू. भा. उ.भा.	
५	पंक्ति १ और ४ का परिणाम	श.	९, १९.	उ.भा.	उत्तम.
६	मुद्दई का बाल. स्वर	शु.	४, ९, १४	अनु, ज्ये., पू. षा.उ.षा.	
७	पंक्ति १ और ६ का परिणाम	×	९	उ. षा.	मध्यम.
८	मुद्दालेह का कुल गण जो त्याज्य है	मं, शु.	४. ९. १२. १४. ३०	चि.,वि.ज्ये. पु. षा. श्र. पूभा. अ. कृ.मृ, पुष्य.मु. पू. षा.	
९	अन्तिम परिणाम	र.श	१, ११. ९,१९ ९,	रे. भ, उ. भा. उ. षा.	पंक्ति ३,५, और ७ का परिणाम पंक्ति ८ से त्याज्य नहीं हुआ
१०	मुद्दालेह का मृत स्वर	म. र.	१. ६ ११	रे.अ.भ.कृ.रो. मृ. आ.	
११	". वृद्ध-स्वर.	श.	९. १०.१९	श्रृ. ध. श. पू.भा.उ.भा.	
१२	फल-स्वरुप	र.	१. ११.	रे. भ.	उत्तमोत्तम
		श.	९. १९.	उ. भा.	उत्तम.

पंक्ति ९ में वार, रवि और शनि मिला है। मुद्दालह का रवि मृतस्वर और शनि वृद्धस्वर है और तिथि में १, ११, ५, १५ और ९ मिला था कि जिस में १, ११, मृत और ५, १५, मुद्दालह का वृद्ध-स्वर होता है। इस कारण रविवार, शनिवार और १, ११, ५, १५ तिथि लेना होगा। पुनः पंक्ति ९ में रेवती अनुकूल है और वह मुद्दालह का मृतस्वर है, भरणी मुद्दई का अनुकूल और मुद्दालह का मृतस्वर है, उत्तर भाद्र मुद्दई का अनुकूल और मुद्दालह का वृद्धस्वर है। इस कारण पंक्ति ९ से रेवती, भरणी, उत्तरभाद्र मुद्दई के अनुकूल और मुद्दालह के प्रतिकूल होने के कारण ग्राह्य है। पंक्ति ९ में उत्तराषाढ़ भी मुद्दई के अनुकूल है। परन्तु मुद्दालह के प्रतिकूल नहीं रहने के कारण छोड़ ही देना अच्छा है। मानलिया जाय कि मुद्दई का जन्म नक्षत्र अश्विनी है तब रेवती नवमां तारा हुआ। इसी प्रकार भरणी द्वितीय और उत्तर भाद्र अष्टम तारा हुआ अर्थात् तीनों नक्षत्रों से तारा शुभ पड़ता है। यदि जन्म नक्षत्र न मालूम हो तो पुकार नाम के प्रथम अक्षर से ही तारा का विचार होगा। आशा की जाती है कि इस उदाहरण चक्र एवं पूर्व के लेख से मुकद्दमा के विषय में विचार करने में सुविधा होगी।

हवन।

धा-३५४ हवन विचारः---नक्षत्र २७ और ग्रह ९ होते हैं। प्रत्येक ग्रह का हिस्सा तीन तीन नक्षत्र पड़ता है। सूर्य जिस नक्षत्र में हो उस नक्षत्र से तीन नक्षत्र तक सूर्य का नक्षत्र होता है। उसके बाद वाले तीन नक्षत्र बुध के। क्रमशः इसी तरह तीन तीन नक्षत्र शुक्र, शनि, चन्द्रमा, मंगल, वृहस्पति, राहु और केतु के होते हैं। जैसे मान लें कि सूर्य्य आर्द्रा नक्षत्र में हो तो आर्द्रा, स्वाती, विशाखा यह तीन नक्षत्रों का स्वामी सूर्य होगा। अनुराधा, ज्येष्ठा और मूल का स्वामी बुध होगा। इसी प्रकार सभी तीन-तीन नक्षत्रों के ग्रह को जान लेना होगा। जौन-जौन नक्षत्र सूर्य्य, शनि, मंगल, राहु और केतु वाले नक्षत्र के पड़ेंगे उन नक्षत्रों में हवन करना निन्द्य है। अग्निवास—शुक्ल पक्ष के परिवा से तिथि आरम्भ करना होता है। अर्थात् शुक्ल परिवा १, द्वितीया २, पूर्णमासी १५, कृष्ण परिवा १६ और अमावश्य ३०। जिस दिन का अग्नि वास जानना

हो उस दिन की तिथि संख्या और रविवार का १, चन्द्रवार का २, मंगल का ३ इत्यादि इत्यादि। वार संख्या को तिथि संख्या में जोड़ देना होगा। इस योग फल में एक और जोड़ना होगा। इस अन्तिम योग फल को चार से भाग देने पर यदि तीन वा शून्य शेष हो तो उस तिथि को अग्नि पृथ्वी पर रहती है। उस दिन हवन करना श्रेष्ठ है। यदि एक शेष हो तो अग्नि स्वर्ग में और दो शेष हो तो पाताल में। इन में हवन करने से प्राण और धनका नाश होता है। मान लो कि गुरुवार (पञ्चमी कृष्ण) में अग्नि वास देखना हो तो कृष्ण पञ्चमी का २० और गुरु वार का ५ इस का जोड़ २५ हुआ। इस में एक और जोड़ने से २६ चार से भाग देने पर शेष २ बचता है। मालूम हुआ कि अग्नि का वास पाताल में है। अतएव उस दिन हवन करना निषिद्ध है।

विवाह।

धा-३५५ वर-कन्या के चुनाव के विषय में ज्योतिष-रहस्यप्रवाह के धारा १३९ पृष्ठ २९८ से ३०४ में बहुत सी बातें लिखी जाचुकी हैं। इस स्थान में कुण्डली-मिलाप (जिस को इस देश में राशि-वर्ग मिलाना कहते हैं) के विषय में कुछ लिखा जाता है। पूर्वजों ने दिव्य दृष्टि से विवाह के विषय में (जो एक धार्मिक सम्बंध है) बड़ी छान-बीन की है। एक कन्या किसी दूसरे वरके साथ सर्वदा के लिये गृहिणी बनने को जाती है। इन दोनों के शारीरिक एवं मानसिक विभिन्नताओं पर आजन्म के लिये उन लोगों का सुख-दुःख निर्भर करता है। इस शारीरिक एवं मानसिक गुण-दोषों को और इसके तारतम्यको जानने के लिये 'वर्ण', 'वश्य', 'योनि' 'गण' 'नाड़ी' 'तारा' 'ग्रहमैत्री' और भकूट का संकेत बतलाया है। वर्णः—मनुष्य के जन्म नक्षत्र के अनुसार महर्षियों ने इस बात के जानने की विधि बतलायी है कि कौन जीव जन्म से (वंशसे उत्पण्न नहीं) ब्राह्मण, क्षत्रीय, वैश्य और शूद्र है। यदि वर-कन्या का एक वर्ण हो या कन्या से वर उच्च वर्ण का हो तो उसे अच्छा माना है। (देखो चक्र ६०) वश्यः—साधारण भाषा में वश्य का अर्थ है कि एक व्यक्ति पर दूसरे का ऐसा प्रभाव पड़ता है कि दूसरा उसके साथ जोचाहे कर सके या उससे जोचाहे करा सके। ऋषियोंने राशि मात्र को रूप के अनुसार (देखो

चक्र २ (क) वा (११), पांच ५ विभाग में बांटा है। चतुष्पद, मानव, जलचर, बनचर और कीट को वश्य कहते हैं। वर-कन्या के इसी वश्य-विभाग के अनुसार उन का बल बतलाय है। जैसे दोनों चतुष्पद हों, दोनों मानव हों अर्थात् दोनों एक वश्य के हों तो दो बल आता है। मानव-चतुष्पद हो तो एक बल, इत्यादि, इत्यादि । (देखो चक्र ६०) योनिः--नक्षत्रों को चौदह योनियों में बांटा है । अश्व, गज, मेष, सर्प, श्वान, मर्जार मूषक, गौ, महिष, व्याघ्र, मृग, बानर, नकुल (नेवल) और सिंह। साधारण व्यवहार से देखने में आता है कि घोड़ा और महिष में, हरिण और हाथी में, बकरा और बानर में, नकुल और सर्प में, सिंह और कुत्ते में, मार्जार और मूषक में, व्याघ्र और गौ में वैर रहता है। अतएव महर्षियों का सिद्धान्त है कि एक योनी से अत्यन्त उत्तम और वैर योनी से अत्यन्त निकृष्ट और अन्य यानियों में साधारण फल होते हैं। (देखो चक्र ६०) गणः--यह सभी जानते है कि देवता, मनुष्य और राक्षस यही तीन गण माने गये हैं। यह भो प्रसिद्ध बात है कि अपने अपने गण में पूर्ण प्रीति होती हैं। देव—मनुष्य में समता, देव-राक्षस में वैर और मनुष्य-राक्षस में मृत्यु होती है। ऋषियों ने नक्षत्रों के भेद से इन तीन गणों को माना है और वर-कन्या के सम्बन्ध को इसी गण-भेद से शुभ और अशुभ बतलाया है। (देखो चक्र ६०) नाड़ीः—नाड़ी शब्द का प्रयोग योग शास्त्र एवं वैद्यक शास्त्र में प्रायः पाया जता है। इस शब्द का भाव यही है कि वह शारीरिक नली, नश इत्यादि जो रुधिर प्रवाह होते होते स्वच्छ हो जाता है और इसी प्रवाह के गमनानुसार वैद्यक शास्त्रों में स्वास्थ्य का अनुमान होता है अर्थात् नाड़ी से मनुष्य की शारीरिक अवस्था का पता चलता है। ऋषियों ने ज्योतिष-शास्त्र के लिये जन्म-नक्षत्र-भेदानुसार तीन नाड़ीयां मानी हैं। अश्विनी से आरम्भ करके आदि, मध्य, अन्त; अन्त, मध्य, आदि पुनः आदि, मध्य और अन्त। इसी क्रम से सताइसों नक्षत्र के नाड़ी होते हैं। (देखो चक्र. ६०) वर, कन्या का एक नाड़ी होने से विवाह शुभ नहीं माना है। विद्युत विज्ञान का मत है कि यदि दो शक्तियां एक एक प्रकार की हों तो एक दूसरे को आकर्षित नहीं करके बल्कि विरोध करती है (Like repalls like। अनुमान होता है कि कुछ ऐसे ही विचार से ऋषियों ने बतलाया है कि भिन्न भिन्न नाड़ी यदि वर-कन्या का हो तो फल शुभ होता है अन्यथा

अशुभ । तारा-वर-कन्या का किसी न किसी नक्षत्र में जन्म होता है । नक्षत्र, तारा समुदाय का नाम है । इस कारण वर के नक्षत्र से कन्या के नक्षत्र तक गिन जाय और उस को नौ से भाग दे । यदि शेष ३, ५, ७ हो तो शुभ होता है, अन्यथा अशुभ । यदि नौ से भाग न पड़ सके तो उसी संख्या से शुभ अशुभ का विचार होता है । इसी प्रकार कन्या के नक्षत्र से वर के नक्षत्र तक गिन-कर भी देखना होगा (देखो चक्र ६०) । भकूटः--वर-कन्या की जन्म राशियों की आपस की स्थिति के अनुसार माना गया है अर्थात् वर-कन्य का परस्पर छठां, आठवां, नवां, पांचवां या दूसरा, बारहवां हो तो शुभ नहीं होता । पर तृतीया-एकादश, चतुर्थ-दशम, सप्तम-सप्तम या एकही हो तो उत्तम माना है । (देखो चक्र ६०) । ग्रहमैत्रीः-- नैसर्कि मैत्री चक्र ६ (क) पृष्ठ ३८ के देखने से मालूम होगा कि ग्रहों में मित्रता आदि का भेद किस प्रकार होता है । वर-कन्या के राशीश की मित्रता आदि के अनुसार फल होता है । (देखो चक्र ६०) । गुण विचारः--कुशाग्रबुद्धि द्वारा ऋषिओंने यह देखा है कि साधारण बुद्धि वाले इस आठ प्रकार के फलाफल के तारतम्यको समझ न सकेंगे । अतएव प्रत्येक प्रकार से गुण (बल) की विधि बतलाया है । इस विधि से उत्तमोत्तम कुण्डली मिलाप होने पर अधिक से अधिक ३५ गुण आता है (जैसे वर का जन्म पुनर्वसु चतुर्थ चरण और कन्या पुष्य के कोई चरण की हो) इसी प्रकार कमसे कम, ३ गुण आता है । जैसे वर ज्येष्ठा का कोई चरण और कन्या आर्द्रा का कोई चरण का हो । इस कारण ऋषियों का सिद्धान्त है कि यदि गुण अठारह से ऊपर आवे तो ऐसे वर-कन्या के विवाह में साधारण रूप से कोई आपत्ति नहीं होती है । सुविधा के लिये इस स्थान पर गुण चक्र ६१ दिया जाता है । जिसके ऊपरी कोष्ठ में वर का जन्म नक्षत्र एवं स्थान-स्थान पर चरण भेद दिया गया है । वामपार्श्व में कन्या का । जब किसी का गुण निकालना हो तो वर के नक्षत्र एवं चरण के सीध में और कन्या के नक्षत्र और चरण के सीध के त्रिज्या में जो अंक मिलेगा वही उस वर-कन्या का गुण होगा । परिहारः--वर-कन्या का एक ही राशि हो पर नक्षत्र भिन्न भिन्न हो अथवा एकही नक्षत्र में जन्म हो पर राशि भिन्न-भिन्न हो अथवा नक्षत्र एक हो पर भिन्न-भिन्न चरण हो तो नाड़ी दोष और गण दोष नहीं

लिया जाता। इसी प्रकार भकूट दोष का परिहार होता है। जब वर और कन्या की राशियों का स्वामी एक ही हो (जैसे वर मेष राशि हो और कन्या वृश्चिक राशि हो, एक से दूसरा षष्ठ वा अष्टम होता है।) इसी प्रकार यदि वर वृष राशि हो और कन्या तुला हो (इसमें भी षष्ठ-अष्टम दोष लगता है) तो भकूट दोष नहीं होता। पुनः वर-कन्या के राशीश यदि आपस में मित्र हो तो भकूट दोष नहीं लगता है।

विवाह के पूर्व के मुहूर्त्त।

तिलकः—पुरोहित वा देशाचारानुसार कन्या का सहोदर भाई वर का वरण (बाग्दान) अथवा तिलक, गीत, मंगल, वस्त्र, भूषण, यज्ञोपवीत आदि के साथ शुभदिन और ध्रुव, कृ. और तीनों पूर्वा में करे तो शुभ है। इसी प्रकार जिस देश वा जाति में कन्या के वरण करने की परिपाटी हो तो उत्तराषाढ़, स्वा., श्र., तीनों पूर्वा, अनु., ध., कृ. तथा विवाहोक्त नक्षत्र में वस्त्र-भूषणादि सहित कन्या बरण करे। विवाह कार्य्यारम्भः—विवाह से ३, ६, ९ दिन पहले विवाह कार्यारम्भ नहीं करना चाहिये। विवाह के लिये, वस्त्रादि का रंगना इत्यादि विवाहोक्त नक्षत्र में ही करना उत्तम है।

विवाह मुहूर्त्त।

विवाह के विषय में इतना विस्तार विचार है कि इस पुस्तक में सभी बातों का लिखना उचित नहीं समझा जाता है। आजकल के सभी अच्छे पञ्चाङ्गों में विवाह तिथि आदि का पूरा विवरण दिया रहता है। आशा की जाती है उससे काम चलाया जा सकता है। साधारण बात यह है कि रोहिणी, मृगशिरा, मघा, स्वाती, अनुराधा, मूल, तीनों उत्तरा और रेवती विवाह के विहित नक्षत्र हैं पर जन्म नक्षत्र को त्यागना होता है। ४, ९, १४ और पूर्णिमा के अतिरिक्त अन्य तिथियां शुभ हैं पर जन्म तिथि न हो। सोमवार, बुध, बृहस्पति और शुक्रवार उत्तम है। विवाह-लग्न से शुक्र, बृहस्पति और बुध, केन्द्र वा त्रिकोण में हों पर सप्तम ग्रह-रहित हो। ध्यान रहे कि शुक्र षष्ठ स्थान में न हो और मंगल कदापि अष्टम न हो। ज्येष्ठ पुत्र, ज्येष्ठ कन्या और ज्येष्ठमास इन तीनों का रहना बहुत ही मना है। यदि दो ज्येष्ठ हो तो मध्यम कहा गया है।

वास्तु प्रकरण।

धा-३५६ गृह, देवालय और जलाशय इत्यादि के निर्माण को वास्तु-विद्या कहते हैं। इस विषय पर दैवज्ञों ने इतना विस्तार पूर्वक बतलाया है कि केवल इसी विषय पर हजार पृष्ठ की पुस्तक लिखी जाय तो भी कम ही होगा। सच्ची बात यह है कि इसको साइन्टफिक इनजीनियरिंग अर्थात् वैज्ञानिक रीति से गृहादि का बनाना कहा जाय तो अत्युक्ति नहीं होगी। इस पुस्तक में केवल बहुत ही थोड़ी सी बातें लिखी जाती हैं।

ग्राम चुनाव।

यदि कोई मनुष्य किसी अन्य ग्राम में वास करना चाहे अथवा अपने ही ग्राम में नया मकान बनाना चाहे तो प्रथम यह देखना होगा कि वह ग्राम उस व्यक्ति के लिये शुभ होगा या नहीं। इस बात के जानने के लिये दो विधि बतलायी जाती है। (१) जो मनुष्य घर बनाना चाहता है उसके पुकार नाम की राशि से ग्राम-राशि-संख्या २, ५, ९, १०, ११ हो तो वह ग्राम उसके लिये शुभ होता है। जैसे मकान बनाने वाला मीन राशि है और ग्राम कर्क राशि है तो मीन से कर्क ५ हुआ अतएव यह ग्राम उस व्यक्ति के लिये शुभ होगा। (२) काकणी द्वारा मकान अथवा व्यापार के लिये भी ग्राम का चुनाव किया जाता है। काकणी के समुदाय फल के लिये चक्र ६२ दिया जाता है जिसमें गणना की आवश्यकता न होगी। बल्कि केवल चक्र के देखने से ही शीघ्र पता चल जायगा कि कौन ग्राम किस गृहेश के लिये शुभ है। अवर्ग, कवर्ग, चवर्ग, टवर्ग, तवर्ग, पवर्ग, यवर्ग और शवर्ग आठ वर्ग होते हैं। इस चक्र में आठो वर्गानुसार ग्राम-नाम-अक्षर ८ कोष्ठ दिये गये हैं और गृहेश के नाम के आठो वर्ग के प्रथम अक्षर दिये गये हैं। तृतीय कोष्ठ में शुभ वा अशुभ लिख दिये गये हैं। देखने की विधि यह है कि यदि ग्राम का नाम "म" अक्षर पर है तो उसका फल पवर्ग कोष्ठ में मिलेगा। मान लिया जाय कि गृहेश का नाम का प्रथम अक्षर "ग" है तो वह "क" वर्गी हुआ। "प" के निचे "क" उसका फल शुभ है। अतएव सिद्ध हुआ कि "म" कार अक्षर वाले ग्राम में "क" कार अक्षर वाले गृहेश का मकान बनाना वा व्यवसाय करना शुभप्रद है।

चक्र ६२

काकणी चक्र।

ग्रामनाम अ. वर्ग	अ.	अ.	अ.	अ.	अ.	अ.	अ.	अ.
गृहेश नाम	अ.	क.	च.	ट.	त.	प.	य.	श.
शुभाशुभ	शुभ	अशु.	अशु.	शुभ	शुभ	शुभ	अशु.	शुभ.
ग्राम नाम क. वर्ग	क.	क.	क.	क.	क.	क.	क.	क.
गृहेश नाम	अ.	क.	च.	ट.	त.	प.	य.	श.
शुभाशुभ	शुभ	शुभ	अशु.	शुभ	अशु.	अशु.	अशु.	शुभ
ग्रामनाम च. वर्ग	च.	च.	च.	च.	च.	च.	च.	य.
गृहेश नाम	अ.	क.	च.	ट.	त.	प.	य.	श.
शुभाशुभ	शुभ	शुभ	शुभ	अशु.	अशु.	अशु.	शुभ	शुभ
ग्रामनाम ट. वर्ग	ट.	ट.	ट.	ट.	ट.	ट.	ट.	ट.
गृहेश नाम	अ.	क.	च.	ट.	त.	प.	य.	श.
शुभाशुभ	अशु.	अशु.	शुभ	शुभ	अशु.	अशु.	शुभ	शुभ
ग्रामनाम त. वर्ग	त.	त.	त.	त.	त.	त.	त.	त.
गृहेश नाम	अ.	क.	च.	ट.	त.	प.	य.	श.
शुभाशुभ	अशु.	शुभ	शुभ	शुभ	शुभ	शुभ.	अशु.	अशु.
ग्रामनाम प. वर्ग	प.	प.	प.	प.	प.	प.	प.	प.
गृहेश नाम	अ.	क.	च.	ट.	त.	प.	य.	श.
शुभाशुभ	अशु.	शुभ	शुभ	शुभ	अशु.	शुभ	अशु.	अशु.
ग्रामनाम य. वर्ग	य.	य.	य.	य.	य.	य.	य.	य.
गृहेशनाम	अ.	क.	च.	ट.	त.	प.	य.	श.
शुभाशुभ	शुभ.	शुभ	अशु.	अशु.	शुभ	शुभ	शुभ	अशु.
ग्राम नाम श. वर्ग	श.	श.	श.	श.	श.	श.	श.	श.
गृहेशनाम	अ.	क.	च.	ट.	त.	प.	य.	श.
शुभाशुभ	अशु.	अशु.	अशु.	अशु.	शुभ	शुभ	शुभ	शुभ

नाप।

गृहादि के निर्माण में नाप की आवश्यकता होती है। उसमें हस्त प्रमण

अंगुल प्रमाण एवं यव प्रमाण बतलाया है। केहुनि से अनामिका (अर्थात् छोटी अंगुली के बाद की अंगुली) तक के प्रमाण को हाथ कहते हैं। ८ यव = १ अंगुल, २४ अंगुल = १ हाथ। कभो-कभो वास्तुप्रकरण में दण्ड प्रमाण भी लिखा है। दाहिने पैर के अंगुठा से दाहिने कानके ऊपरी भाग तक के नाप की जो लकड़ी हो उसे दण्ड कहते हैं। वास्तुप्रकरण में गृहेश के हाथ से, उसकी (बड़ी) स्त्री के हाथ से, ज्येष्ठ पुत्र के हाथ से वा कार्यकर्त्ता (दीवान, मन्त्री मुखतार आम इत्यादि) के हाथ से गृह बनाने की विधि बतलायी गयी है।

पिण्ड विचार।

पृथ्वी की लम्बाई को चौड़ाई से गुणा करने से पिण्ड (क्षेत्र फल) होता है। इस पिण्ड में आठ से भाग देकर यदि एक शेष हो तो ध्वज, दो शेष हो तो धूम, तोन शेष हो तो सिंह, चार शेष हो तो कुत्ता, पाँच शेष हो तो गौ, छौ शेष हो तो गदहा, सात शेष हो तो हस्ती और आठ शेष हो अर्थात् शून्य हो तो काक आय जानना। इनमें विषम आय शुभ हैं अर्थात् ध्वज में कीर्त्ति, सिंह में जय, गौ में धन और गज में सुख होता है। इनके अतिरिक्त अन्य आय मनुष्य के लिये अशुभ होते हैं। ध्वज आय में सब दिशा में, सिंह आय में पूर्व, दक्षिण उत्तर, हस्ति आय में पूर्व पश्चिम एवं गौ आय में पश्चिम मुख का द्वार बनाना उत्तम है।

भूमि-विचार।

भूमि-विचार के विषय में दैवज्ञों ने बहुत कुछ लिखा है परन्तु अन्त में यही कहा है कि जिस भूमि के देखने से मन प्रसन्न हो जाय, अपने नक्षत्र से जिस नक्षत्र में गणना बने (गणना बनाने में वर कन्या की तरह गणना बनाया जाता है पर भेद इतना ही है कि इस गणना में नाड़ी का एक रहना अत्यन्त आवश्यक है।) गृहारम्भकरे।

गृहारम्भ मूहूर्त्त।

मासः--मिथुन, कन्या, धन और मीन की संक्रान्ति में गृहारम्भ अशुभ होता है। वृष, सिंह और तुला को संक्रान्ति में मध्यम; मेष, कर्क, वृश्चिक, मकर और कुम्भ की संक्रान्ति में अत्यन्त श्रेष्ठ है। चैत्र में मीन के हो संक्रान्ति

में निषेध है। पर मेष के संक्रान्ति में चैत्र शुभ है। वैशाख में वृष के संक्रान्ति में शुभ है। ज्येष्ठ में मिथुन की संक्रान्ति में निषेध है, वृष की संक्रान्ति विहित है। आषाढ़, मिथुन के संक्रान्त में निषेध और कर्क में विहित है। श्रावण में मिथुन का संक्रान्त निषिद्ध है पर कर्क वा सिंह के संक्रान्त में विहित है। भाद्रपद कन्या के संक्रान्त में निषेध है पर कर्क वा सिंह के संक्रान्त में विहित है। आश्विन में कन्या के संक्रान्त में निषेध और तुला के संक्रान्त में शुभ है। कार्त्तिक में कन्या के संक्रान्त में निषेध, तुला का संक्रान्त समान तथा वृश्चिक का संक्रान्त श्रेष्ठ है। मार्गशीर्ष (अगहन) में तुला और वृश्चिक का संक्रान्त श्रेष्ठ है। पौष में मकर और वृश्चिक के संक्रान्त में विहित है। माघ में धन का संक्रान्त निषेध पर मकर और कुम्भ का संक्रान्त शुभ (श्रेष्ठ) है। फाल्गुन और वैशाख में मीन का संक्रान्त तथा मार्गशीर्ष में धन का संक्रान्त निषिद्ध है। कुम्भ के संक्रान्त में फाल्गुन हो, सिंह वा कर्क के संक्रान्त में श्रावण हो, मकर के संक्रान्त में पौष हो तो पूर्व वा पश्चिम द्वार गृह बनावे। मेष वा वृष का संक्रान्त वैशाख में हो, तुला वा वृश्चिक का संक्रान्त मार्गशीर्ष में हो तो उत्तर वा दक्षिण मुख का गृह बनावे। वृषभ चक्र शुद्धिः--सूर्य जिस नक्षत्र में हो उस नक्षत्र से जिस नक्षत्र में गृहारम्भ करना हो उस नक्षत्र तक गिन जाय। यदि सातवां नक्षत्र तक वह नक्षत्र पड़ता हो तो अशुभ और यदि सातवां नक्षत्र के बाद अर्थात् ८ से १८ वां नक्षत्र हो तो शुभ और यदि उसकी बाद का १० नक्षत्र हो तो अशुभ है। इस लेख से २८ नक्षत्र होता है, कारण कि वृषभचक्र में अभिजित की भी गणना होती है। नक्षत्रः--तीनों उत्तरा, मृगशिरा, रोहिणी, पुष्य, अनुराधा, हस्त, चित्रा, स्वाती, धनिष्ठा, शतभिषा वारे वती नक्षत्र में गृहारम्भ शुभ है। तिथि और वार आदिः-- २, ३, ५, ६, ७, ११, १२, १३ ३० तिथियों में गृहारम्भ करना शुभ है। प्रतिपदा दरिद्र, चतुर्थी धनहारी, अष्टमी उच्चाटक, नवमी शस्त्रघात, अमावस्या राज भय और चतुर्दशी स्त्री नाश करती है। वार में मंगल और रविवार के अतिरिक्त वार शुभ हैं। लग्न से अष्टम और द्वादश में शुभग्रह न हों, ३, ६, ११ में पाप ग्रह हों, लग्न स्थिर वा द्विस्वभाव हो तो गृहारम्भ शुभ है। अपनी जन्म राशि और जन्म लग्न से आठवें लग्न में गृह न बनावे एवं गुरु और शुक्र के अस्त, बाल और वृद्ध रहने पर गृहारम्भ निषिद्ध है।

शिला-न्यास ।

शिला-न्यासः--अर्थात् नेव देना, इसी को गृहारम्भ कहते हैं। मासादि का विचार पञ्चाङ्ग शुद्धि एवं लग्न शुद्धि के विचारोपरान्त गृहारम्भ विधि के अनुसार नेव देकर मकान बनाना चाहिये। शिलान्यास और खात बनाना इन दोनों शब्दों में कुछ मतान्तर पाया जाता है। पण्डित राम यत्न ओझा जी का कथन है कि भू-परिक्षा के लिये खात बनाया जाता है। खात बनाने के लिये राहु मुख का विचार होता है। पर आजकल के अल्पज्ञ ज्योतिषी इसी स्थान (खात) पर शिलान्यास करते हैं।' बहुमत से अग्नि कोण में शिला-न्यास करना प्रतीत होता है। ऐसा भी बचन मिलता है कि पुराने घर में शिला-न्यास करना अच्छा नहीं।

गृह-अंग ।

यदि घर के भीतर अर्थात् आंगन में चारो दिशाओं में ओसारा देना हो तो उत्तम, पर यदि एक ही तरफ ओसारा बनाना चाहें तो दक्षिण तरफ, यदि दो तरफ बनाना हो तो दक्षिग, पश्चिम, यदि तीन तरफ बनाना हो तो दक्षिग, पश्चिम और उत्तर में ओसारा देना उचित है। चौपार घर में किन किन दिशाओं और किस किस कार्य के लिये कमरा होना शास्त्र विहित है, चक्र द्वारा बतलाया जाता है

अन्न	रत	खजाना	औषध	देवता
रोदन		उत्तर		मिश्रित वस्तु
भोजन	पश्चिम		पूर्व	स्नान
विद्या-भ्यास		दक्षिण		मथन
शस्त्र	पखाना	शयन	घृत	रसोई

गृह प्रवेश।

गुरु, शुक्र के अस्तादि दोष रहित उत्तरायण सूर्य में गृह प्रवेश शुभ है। माघ, फाल्गुन, वैशाख, ज्येष्ठ मास उत्तम है। कार्तिक, मार्गशीर्ष मध्यम, और किसी के मत से श्रावण भी मध्यम। रोहिणी, मृगशिरा में पूर्व दरवाजे वाला घर, उत्तर फाल्गुनी, चित्रा में दक्षिण द्वार वाले घर, अनुराधा और उत्तराषाढ़ में पश्चिम और उत्तरभाद्र रेवती में उत्तर द्वार वाले घर में प्रवेश करना शुभ है। अश्विनी, हस्त, पुष्य, स्वाती, मूल, श्रवणा, धनिष्ठा और शतभिषा मध्यम नक्षत्र और शेष ११ नक्षत्र सर्वदा त्याज्य हैं। वास्तु पूजाः– वास्तु पूजा तथा भूत बली मृदु, ध्रुव, क्षिप्र, चर और मूल में होना चाहिये। प्रवेश लग्न में चतुर्थ और अष्टम शुद्ध होना चाहिय। गृहेश के जन्म-लग्न और जन्म-राशि से प्रवेश-लग्न अष्टम न हो। उपचय में होना अच्छा है और लग्न स्थिर हो। प्रवेशकाल में पूर्णकलश इत्यादि एवं विद्वान् ब्राह्मणों का साथ रहना शुभप्रद है। अपवादः–जले हुए मकान के छावनी के पश्चात् अथवा पुराना गृह किसी कारण से फिर बनाया गया हो तो उस के प्रवेश के लिये मार्गशिर्ष, कार्त्तिक, श्रावण मास एवं शतभिषा, पुष्य, स्वाती और धनिष्ठा नक्षत्र (भी) शुभ हैं। आवश्यक होने पर पुरानेगृह प्रवेश में अस्तादिका विचार भी नहीं किया जाता है।

कूप निर्माण।

कूप-स्थानः-- कुआं घरके मध्यमें होने से अर्थ नाश, इशान में पुष्टी पूर्व में ऐश्वर्य, अग्नि कोण में पुत्रनाश, दक्षिण में स्त्री नाश, नैऋत में में गृहेश नाश, पश्चिम में धन, वायुव्य में शत्रु पोड़ा और उत्तर में सुख देता है। यदि मकान के बाहर कुआँ खुदवाना हो तो पुर्व, ईशान और उत्तर में विशेष शुभ है। कुपारम्भ तीनों उत्तरा, हस्त, अनुराधा, मघा, पुष्य, धनिष्ठा, शतभिषा और रोहिणी नक्षत्र, ३, ५, ७, १०, ८, ११ तिथि कुपारम्भ के लिये शुभ है। रविवार के कुपारम्भ करने से जल नहीं होता, सोमवार में पूर्ण जल, मंगल में बालू, बुध में बहुत जल, गुरुवार में मोठा जल, शुक्र वार में क्षार जल और शनिवार में

हानि होती है। जमौट देने के लिये राहु के नक्षत्र से तीन नक्षत्र शुभ, नौ नक्षत्र अशुभ उसके बाद नौ नक्षत्र शुभ और शेष सात नक्षत्र अभिजित समेत सामान्य हैं। जल विचार --सूर्य जिस नक्षत्र मे हो उस नक्षत्र से कुपारम्भ का नक्षत्र तीन नक्षत्र पर्यन्त हो तो स्वादिष्ट, उस के बाद के तीन नक्षत्र थोड़ा, उसके बाद तीन नक्षत्र स्वादु, तिस के बाद के तीन नक्षत्र निर्जल, फिर तीन नक्षत्र स्वादिष्ट, उसके बाद के तीन नक्षत्र दुग्ध के शहश्य, उसके बाद के तीन नक्षत्र अनेक प्रकार के जल, तिस के बाद के तीन नक्षत्र मोठा जल और अन्त के तीन नक्षत्र क्षार जल देता है। इसी प्रकार मंगल जिस नक्षत्र में हो उस नक्षत्र से कूपारम्भ का नक्षत्र तक गिन जाय। यदि वही नक्षत्र हो तो जल, उसके बाद का चार नक्षत्र हो तो अजल, उसके बाद का तीन नक्षत्र स्वादु जल, उसके बाद के तीन नक्षत्र थोड़ा जल, उसके बाद का चार नक्षत्र अमृत जल, बाद का तीन नक्षत्र शुद्ध जल, उसके बाद का तीन नक्षत्र शुष्क जल, उसके बाद का तीन नक्षत्र क्षार जल और अन्त का तीन नक्षत्र सुपूर्ण जल देता है।

अध्याय ३४

शान्ति।

क्षा-३५७ जप, दान, होम इत्यादि द्वारा किसी अनिष्ट-फल के निवारण करने को शान्ति कहते हैं। आधुनिक वैज्ञानिकों के विचार में शान्ति के सत्य होने का अंकुर पैदा हो रहा है। एकाग्र चित्त द्वारा एवं अटल विश्वास से प्रकृति के प्रतिकूल कार्य करना वे लोग भी मानने लगे हैं। उन लोगों का भी अब विश्वास हो रहा है कि अद्भुत घटनायें मनुष साधन द्वारा कर सकता है। इसी आधार पर मिस-मैरेज़्म इत्यादि का बड़े जोरों से प्रकाश हो रहा है। भारतवर्ष की तो यह केवल धारणा ही नहीं थी वरन् यह पैत्रिक सम्पत्ति थी। पर दुर्भाग्य वश और व्यवसायीयों के हाथ में पड़ कर इसकी उन्नती तो क्या बल्कि पूर्ण रिति से अवनति हो गई है। इसी कारण वर्त्तमान काल में इस ओर से विश्वास हट गया है। इतना कहा जासकता है कि दुःख के भँवर में पड़जाने पर हटात् इस ओर कुछ लोगों का ध्यान अभी तक आकर्षित

होता है । इसी कारण कहा जा सकता है कि प्रायः फल में सराहणीय सफलता नहीं होती है । प्राचीन काल में कर्म विभाग बटे हुए थे । सर्ब साधारण के लिये शान्ति के भेद एवं क्रियाओं के न जानने के कारण अन्य विश्वसनीय एवं सतकर्मी विद्वान् अनुष्ठानिक मनुष्यों के द्वारा शान्ति कराने की परिपाटी थी । अब न तो यजमानही को पूर्ण विश्वास रहता है और न अनुष्ठानीक विश्वसनीय होते हैं । अतएव उत्तम परिणाम का अभावही दीख पड़ता है । यजमान हो तो राजा दशरथ के ऐसा और अनुष्ठानिक हो तो वशिष्ट तथा श्रृंगि-ऋषि के ऐसा । बिहार प्रान्त के सभी एवं भारतवर्ष के बहुतेरे लोग खूब जानते हैं कि स्वर्गीय महाराजाधिराज रामेश्वर सिंह (दरभंगा) ने अपने अटल विश्वास एवं कठिन प्रतिज्ञक अनुष्ठानादि से कई असम्भव को सम्भव कर दिखलाया था । अस्तु !

शान्ति के विषय में भी अनेकानेक पुस्तकें पाये जाते हैं और उनका सारांश यही है कि भिन्न-भिन्न फल प्राप्ति के लिये भिन्न-भिन्न प्रकार की शान्ति की आवश्यकता है । इस पुस्तक में केवल साधारण दो चार बातें लिख कर पाठकों से क्षमा प्रार्थी बनाना चाहता हूं । सच्ची बात तो यह भी है कि लेखक इस विषय से विशेष भिज्ञ भी नहीं है । सुरार्च्चनेन दानेन साधूनां संगमेनच । शुश्रूषया हि विप्राणामपमृत्यु र्विनश्यति ॥

भिन्न-भिन्न ग्रहों की भिन्न-भिन्न प्रकार से शान्ति ।

सूर्यः—(१) माणिक, (२) गेहुं, (३) सवत्सा गौ (४) कषाय वस्त्र (५) गुड़ (६) स्वर्ण (७) तामा (८) लाल चन्दन (९)लाल फूल, ये सब दान के पदार्थ हैं । सूर्य के मंत्र का जप ७००० । चन्द्रमाः—(१) सुन्दर बांस के पात्र में (२) चावल (३) कर्पूर (४) मोती (५) श्वेतवस्त्र (६) गौ या बैल (७) चाँदी (८) काँसे के वर्त्तन में घी, दान की पदार्थ हैं । चन्द्रमा का जप संख्या ११००० है । मंगलः-(१) मूंगा (२) गेहूँ (३) मसूर (४) लाल रंग (गोला) बैल (५) गुड़ (६) सोना (७) लाल वस्त्र (८) लाल कनैल के फूल (९) तामा, ये सब दान के पदार्थ हैं । जप संख्या ११००० । बुधः-(१) नील वस्त्र (२) सोना या चाँदी (३) काँसे का वर्त्तन (४) मूंग (५) घी (६) पन्ना मणी (७) सब प्रकार का फूल (८) दासी (९) हाथी दाँत वा हाथी, ये सब दान के पदार्थ हैं । जप संख्या ४००० । वृहस्पतिः-(१) शक्कर (२) हल्दी (३)

घोड़ा (४) पीला अन्न (५) पीला वस्त्र (६) पुखराज मणि (७) लवण (विदेशी नहीं) (८) सोना, ये सब दान के पदार्थ हैं। जप संख्या १९०००। शुक्रः– (१) रंग-विरंग (छींट) कपड़ा (२) उजला घोड़ा (३) सवत्सा गौ (४) चाँदी (५) सोना (६) वासमती चावल (७) सुगंधित पदार्थ (८) मतान्तर से हीरा, ये सब दान के पदार्थ हैं। जप संख्या १६०००। शनिः–(१) उड़द (माष) (२) तेल (३) नीलम मणि (४) तील (५) कुल्थी (कुर्थी) (६) भैंस (७) लोहा (८) श्याम गौ (पाठान्तर से दक्षिणा) (९) श्याम (काला) वस्त्र, यह सब दान के पदार्थ हैं। जप २३०००। राहुः–(१) गोमेदक (एक हलका सूर्खी लिये हुये पीले रंग का रत्न) (२) घौड़ा (३) नील वस्त्र (४) कम्बल (५) तिल (६) तैल (७) लोहा (८) अभ्रख मैले रंग का (अबरक), ये सब दान के पदार्थ हैं। जप संख्या १८०००। केतुः–(१) वैदूर्य रत्न (लहसूनियां) (२) तिल (३) तेल (४) कम्बल (५) काला फूल (६) काला वस्त्र (७) कस्तूरी (८) क्षाग, ये सब दान के पदार्थ हैं। जप संख्या १७०००। नवरत्नः–हीरा, पन्ना, पोखराज, माणिक, नीलम, गौमेध, लहसुनियां, मोती और मूंगा ये नौरत्न हैं। यदि विभव साथ दे तो सर्व ग्रहों के शान्ति के लिये नवरत्न जड़ित अंगुठी, ताबीज वा बाजू धारण करना सर्व श्रेष्ठ है। अन्यथा जौन ग्रह हानी कारक हो उसी ग्रह का रत्न धारण करना उत्तम है। नीलम के धारण करने से कभी कभी अनिष्ठ भी हो जाता है। अतएव साधारण रूप से यह परिपाटी है कि यदि एकसप्ताह के अन्दर कोई अनिष्ठ फल दिखाई पड़े तो उसे बदल कर दूसरा धारण करे। इसी प्रकार परीक्षा के बाद ही नीलम धारण करना उत्तम है। नवमूलः–ऐसा भी लेख मिलता है कि जिसकी आर्थिक दशा नवरत्न धारण करने का न हो तो उसके लिये नवमूल धारण करना उतनाही उपयोगी होता है (१) सूर्य के लिये विल्वमूल (बेलका जड़) फूला फला न हो। (२) चन्द्रमा के लिये (उजला) खिरनी, खीरी (क्षीरिका) का जड़ (३) मंगल के लिये (नागजिह्वा) अनन्तमूल लता का जड़ (४) बुध के लिये (वृद्धदारु) विधारा का जड़ (५) वृहस्पति के लिये (भारंगी) बमनेठी वा वभनेठी का जड़ (६) शुक्र के लिये (सिंह पुच्छी, चित्रपर्णिका, मषवन) गूमा, मंजीठ का जड़ (७) शनि के लिये (विच्छुत, वेतसी) बेंत अर्थात् अमल बेंत का जड़ (८) राहु के लिये स्वेत मलया चन्दन का जड़ जो फला-फूला न हो। (९) केतु के लिये अश्वगंध का जड़ जो फला-फूला न हो। लिखा है कि इन नवों मूलों को पवित्रता पूर्वक

पूजा करके सोने वा चाँदी के ताबीज में रखकर स्त्री बांया बाहु पर और पुरुष दाहना बाहुपर धारण करे तो रोग, शोकादि का निवारण होता है और जीवन सुखमयी होती है। ग्रहों के दोषकारी प्रभाव के निवारणार्थ विधिः—सूर्य कष्टकर होने से सूर्य देवता का पूजा, रक्त चन्दन से रंगा हुआ वस्त्र एवं ताम्बे की अंगूठी धारण करना उपयोगो होता है। औषधी में स्वर्ण एवं ताम्बेका भस्म का व्यवहार करना लाभदायक होती है। चन्द्रमा के कष्टकर होने से चन्द्रमा की पूजा, स्वेत चन्दन से रंगा हुआ वस्त्र, चाँदो वा संख की अंगूठी धारण करना और औषधी में संख भस्म का प्रयोग करना शुभद है। मंगल के कष्टकर होने से मंगल का पुजा और रक्त वर्ण का वस्त्र और लाल मूंगा धारण करना और औषधी मे लाल मूंगेका भस्म शुभदायी है। बुध के अनिष्टकर होने से हरा वस्त्र एवं स्वर्ण की अंगूठो और औषधी में स्वर्ण भस्म का प्रयोग शुभद है। वृहस्पति के अनिष्टकर होने से वृहस्पति की पूजा, पीतवस्त्र, पुष्प राग (स्वेत रंग का पुखराज) और औषधी में मोती का भस्म उत्तम होता है। शुक्र के दुःखदायी होने से शुक्र की पूजा, पवित्र वस्त्र और हीरा का धारण करना, औषधी में हीरा, सोना और चाँदी का भस्म उपकारी है। शनि के दुष्ट प्रभाव में शनि की पूजा, हलका पीलापन भूरा रंगका वस्त्र और नीलम का धारण करना एवं सीसा (नाग) भस्म औषधी के लिये प्रयोग करना अच्छा है। राहु के दुखदायी होने से राहु का पूजा, नील वस्त्र और गोमेध रत्न का धारण करना और लौह-भस्म की औषधी रूप से प्रयोग करना शुभद है। केतु के क्लेशकर होने से केतु का पूजा, श्वेत वस्त्र एवं राजपट्ट (इस रत्न का रंग रूप हीरा के ऐसा परन्तु किञ्चित श्याम वरण का होता है) और औषधी में राजपट्ट का भस्म का प्रयोग करना अच्छा है। यदि भस्मों का प्रयोग न करना चाहे तो ग्रहों के शान्ति शौर उपर्युक्त लिखे हुए वस्त्र एवं रत्न का धारण से भी रक्षा होना कहा गया है।

नक्षत्र-शान्ति।

जिस नक्षत्र में रोग का प्रारम्भ हो उस नक्षत्र के देवता का पूजन एवं होम करने से रोग की शान्ति होती है। (१) अश्विनीः—अश्विनी में रोग होने

से नौ दिन तक भय रहता है । इसकी शान्ति के लिये दोनों अश्विनी-कुमार की पूजा एवं हवन । (२) भरणीः—प्रथम चरण में रोग होने से मृतवत् कष्ट; अन्य तीन चरणों में रोग होने से द्वितीय दिन से एकादश दिन पर्यन्त कष्ट; शान्ति के लिये यम देवता की पूजा और हवन । (३) कृत्तिकाः—नौ दिन का क्लेश, रोग मुक्त में विलम्ब, अग्नि देवता की पूजा और होम । (४) रोहिणिः—सात दिन तक पीड़ा, प्रजापति (ब्रह्मा) की पूजा ऐवं हवन । (५) मृगशिराः—एक मास तक पीड़ा, सोम देवता की पूजा एवं हवन । (६) आर्द्राः—रोग विमुक्त में भय वा एक मास तक पीड़ा, रुद्र देवता की पूजा एवं हवन । (७) पुनर्वसुः -सात दिन तक पीड़ा, अदिति (सूर्य्य-माता) की पूजा एवं हवन । (८) पुष्यः—सात दिन तक क्लेश, बृहस्पति की पूजा एवं हवन । (९) आश्लेषाः—एक मास तक पीड़ा, सर्प-देव की पूजा एवं हवन । (१०) मघाः—बीस दिन तक पीड़ा, इसके अभ्यन्तर के शनि वारों में अति क्लेश, पित्र देवता की पूजा एवं हवन । (११) पूर्वफाल्गुनीः—नौ दिन से दो महीना तक का क्लेश, अर्य्यमा देवता की पूजा एवं हवन । (१२) उत्तर फाल्गुनीः—सात दिन तक पीड़ा, भग (ग्यारह आदित्य में से एक) देवता की पूजा । (१३) हस्तः—१५ दिन तक पीड़ा, सविता देवता की पूजा एवं हवन । (१४) चित्राः—ग्यारह दिन तक पीड़ा, त्वष्ट देवता की पूजा एवं हवन । (१५) स्वातीः—एक मास तक पीड़ा, वायु देवता की पूजा एवं हवन । (१६) विशाखाः—पन्द्रह दिन तक पीड़ा, इन्द्र एवं अग्नि देव का पूजा एवं हवन । (१७) अनुराधाः—एक मास तक पीड़ा, मित्र (एकादश आदित्य में से एक) देव की पूजा एवं हवन । (११) ज्येष्ठाः—एक मास तक पीड़ा, इन्द्र देवता की पूजा एवं हवन । (१९) मूलाः—नौ दिन तक पीड़ा, निर्ऋति (यातुधान) देवता की पूजा एवं हवन । (२०) पूर्वाषाढ़ः—एक मास तक पीड़ा, जल देवता की पूजा एवं हवन । (२१) उत्तराषाढ़ः—एक मास तक पीड़ा, विश्वेदेव देवता की पूजा एवं हवन । (२२) श्रवणाः—ग्यारह दिन तक पीड़ा, विष्णु देवता की पूजा एवं हवन । (२३) धनिष्ठाः—एक मास तक पीड़ा, आठ-वसु देवता की पूजा एवं हवन । (२४) शतभिषाः—ग्यारह दिन तक पीड़ा, वरुण देवता की पूजा एवं हवन । (२५) पूर्वभाद्रः—एक मास तक पीड़ा,

अजएकपात् (ग्यारह रुद्रों में से एक) देवता की पूजा एवं हवन। (२६) उत्तरभाद्रः--सात दिन तक पीड़ा, अहिर्बुध्न्य (ग्यारह रुद्रों में से एक) देवता की पूजा एवं हवन। (२७) रेवतीः--एक मास तक पीड़ा, पूषा (बारह आदित्य में से एक) देवता की पूजा एवं हवन विधिवत करने से रोग का निवारण होना बतलाया है।

अनिष्ट दशा-अन्तरदशा की शान्ति।

महादशा

सूर्यः-- स्वर्ण के कमल का दान, चन्द्रमाः-- चाँदी के कमल,श्वेतधेनु एवं मृत्युञ्जय जप। मंगलः--ताम्बे के कमल का दान। राहुः---स्वर्ण पात्र दान। बृहस्पतिः-- स्वर्णदान। शनिः--लौह-पात्र दान। बुधः--स्वर्ण-पात्र दान। केतुः--चाँदी-पात्रदान। शुक्रः--चाँदी-पात्र दान करने से अनिष्ट-महादशा-फल का निवारण होता है।

अन्तरदशा-शान्ति।

सूर्य महादशा

में सूर्य का अन्तरदशा यदि अनिष्ट हो तो सूर्य प्रार्थना, रुद्राभिषेक, रक्त धेनुका दान; चन्द्र अन्तरदशा, दुर्गा पाठ, स्वेत धेनुदान; मंगल अन्तरदशा शुभ्रमण्य (विष्णु) जप; राहु, दुर्गापाठ, एवं क्षागदान; बृहस्पति, रुद्र जप शनि, मृत्युञ्जय जप बुध, विष्णु सहस्त्र नाम पाठ; केतु, सूर्योपासना; शुक्र, लक्ष्मि-सहस्त्र नाम पाठ।

चन्द्रमहादशा

में चन्द्रमा की अनिष्ट दशा होने से चाँदी के कमल एवं श्वेत धेनु का दान और मृत्युञ्जय जप; मंगल, शुभ्रमण्य (विष्णु) पूजा एवं सूर्य-प्रार्थना; राहु, मृत्युञ्जय जप और क्षाग दान; बृहस्पति, दुर्गापाठ, लक्ष्मी जप और शिव पूजा; शनि, विष्णु-सहस्त्र नाम पाठ महिषी एवं क्षागदान; बुध, लक्ष्मी नारायण का जप; केतु,

क्षागदान; शुक्र, लक्ष्मी पूजा, रुद्र पूजा और श्वेत गौ एवं महिषी का दान; सूर्य, दुर्गापाठ, दुर्गा का दान एवं गौदान से शान्ति होती है।

मंगलमहादशा

में मंगल का अन्तर में शुभ्रमण्य (विष्णु) जप; राहु, मृत्युञ्जय जप, कृष्ण गौ एवं महिषी दान; बृहस्पति, शिवसहस्त्रनाम का पाठ एवं स्वर्ण दान; शनि, मृत्युञ्जय जप; बुध, सूर्य प्रार्थना, विष्णुसहस्त्रनाम का पाठ एवं घोड़ा का दान; केतू, श्रीरुद्र का जप एवं क्षागदान शुक्र, दुर्गापाठ, दुर्गा का दान: सूर्य्य, स्वर्ण, पुष्प एवं गौदान: चन्द्रमा, दुर्गा पाठ एवं गौरी पूजा से शान्ति होती है।

राहू महादशा

में राहु की अनिष्ट अन्तर दशा होने से नाग दान: बृहस्पति, शत रुद्री का पाठ, स्वर्ण दान; शनि, दुर्गापाठ, अश्वथ (वटवृक्ष) की पूजा एवं मृत्युञ्जय जप: बुध, विष्णु सहस्त्रनाम का पाठ: श्रीविष्णु की मुर्त्ति का दान; केतू, नाग-पूजा एवं नागदान; शुक्र, दुर्गापाठ, लक्ष्मी की पूजा एवं धेनुदान; सूर्य, सूर्य प्रार्थना और स्वर्ण-पुष्प एवं तिलदान; चन्द्रमा, मृत्युञ्जय जप; मंगल शुभ्रमण्य पूजा एवं नागदान से शान्ति होती है।

बृहस्पति महादशा

में बृहस्पति की अन्तर दशा दुःखदायी होने से श्री रूद्र का जप, स्वर्ण प्रतिमा (शिव) का दान; शनि, मृत्युञ्जय जप एवं क्षागदान; बुध, गौदान; केतू, पार्थी पूजा, क्षाग एवं गौदान; शुक्र, लक्ष्मो नारायण की प्रतिमा एवं गौदान; सूर्य, सूर्य प्रार्थना एवं क्षागदान; चन्द्रमा, क्षागदान, मंगल स्वर्ण एवं क्षागदान; राहू, तिल द्वारा होम एवं चाँदी को महिष का दान शुभ होता है।

शनि महादशा

में शनि की अनिष्टकर अन्तरदशा होने से मृत्युञ्जय जप, तिल एवं कृष्ण गोदान; बुध, महिषोदान; केतु, मृत्युञ्जय जप, स्वर्ण एवं तिल दान; शुक्र, क्षागदान;

सूर्य, सूर्य प्रार्थना एवं स्वर्ण-पुष्प दान; चन्द्रमा, श्वेत गोदान; मंगल, महिषी-दान; राहु, शुभ्रमण्य जप एवं नागदान; बृहस्पति, त्र्यम्बक भगवान का जप एवं स्वर्ण मूर्त्ती का दान। इससे कल्याण होता है।

बुध की महादशा

में बुध की अन्तरदशा अनिष्ट होने से दुर्गा पाठ, विष्णु सहस्त्र नाम का पाठ, लक्ष्मी नारायण की प्रतिमा का दान; केतु, महिषीदान; शुक्र, दुर्गापाठ, लक्ष्मी-का जप एवं श्वेत गोदान; सूर्य्य, सूर्य प्रार्थना; चन्द्रमा, दुर्गापाठ और चाँदी की दुर्गा मूर्त्ती का दान; मंगल, मृत्युञ्जय जप एवं शुभ्रमण्य जप; राहु रुद्र सहस्त्रनाम एवं छाग दान; बृहस्पति, मृत्युञ्जय जप, स्वर्ण प्रतिमा (शिव) दान; शनि, महिषी दान से लाभ होता है।

केतू महादशा

में केतु की अनिष्टकर अन्तरदशा होने से मृत्युञ्जय जप एवं चाँदी की उमा-माहेश्वरी की प्रतिमा का दान; शुक्र, दुर्गा पूजा एवं दुर्गा पाठ; सूर्य, शिव सहस्त्र-नाम का पाठ, श्वेत वृषभ का दान; चन्द्रमा, दुर्गा पाठ, मृत्युञ्जय जप, चाँदी का घोड़े की मूर्त्ती का दान; मंगल, दुर्गापाठ, शुभ्रमण्य जप, तैल से भराहुआ पात्र का दान; राहु, महिषी एवं कुष्माण्ड (भूआ, पैठा, भतुआ) दान; बृहस्पति, रुद्र जप एवं तिल दान; शनि, मृत्युञ्जय जप और यममूर्त्ती की दान; बुध, छाग दान से हित होता है।

शुक्र का महादशा

में शुक्र की दुःखदायी अन्तरदशा होने से रुद्र जप, श्वेत गोदान; सूर्य, सूर्य्य प्रार्थना; चन्द्रमा, दुर्गापाठ, हिरण का दान; मंगल, शुभ्रमण्य पूजा; राहु, दुर्गापाठ एवं कुष्माण्ड दान; बृहस्पति, शिवसहस्त्रनाम का पाठ, स्वर्ण का शिव प्रतिमा-दान, एवं स्वर्ण के महिषी प्रतिमा का दान; शनि, मृत्युञ्जय जप, कृष्ण गो एवं महिषीदान; बुध, विष्णुसहस्त्रनाम का पाठ एवं तिल होम; केतु, मृत्युञ्जय जप, दुर्गा पाठ एवं छाग दान से अरिष्ट निवारण होता है।

सन्तान प्रतिबन्धक योग की शान्ति।

धारा १९१ में बहुतेरे ऐसे योग दिये गये हैं जो सन्तान के लिये

अनिष्ट हैं। इन के शान्ति के लिये पञ्चम स्थान में जो राशि हो उसकी संख्या तुल्य हरीवंश का पारायण किसी प्राचीन देव स्थान में वा तुलसी चौरा के समीप पुष्कर प्रादुर्भाव संपुटित प्राश्चित के उपरान्त स्त्री के साथ होकर अच्छे विद्वान् से सुनना बहुत ही लाभदायक होता है। सन्तान गोपाल का आराधन और संतान संजीवनी मंत्रका जप वा तारा भगवती की पूजा शुभप्रद है। सन्तान नाशक ग्रह और विशेष कर धा. १५१ नियम २० के अनुसार यदि सूर्य हो तो ऋषियोंने दिव्य दृष्टि से बतलाया है कि जातक पूर्व जन्म में श्री शंकर एवं गरुड़ के प्रति दुश्चरित द्वारा पित्र श्राप से पुत्र शोक का असह्य दुःख इस जीवन में भोगने का भागी होता है। इसी प्रकार यदि चन्द्रमा हो तो मातृ-द्रोह, किसी अन्य पूजनीय स्त्री वा भगवती देवी के कोपसे; यदि मंगल हो तो ग्राम देवता, कार्तिकेय या शत्रु के श्रापसे; यदि बुध हो तो बालबध वा किसी जीव के अण्डों को विनाश करने से विष्णु कोप से; यदि बृहस्पति हो तो कुल-पुरोहित वा फल-फूल लगेहुए वृक्ष काटने के दोष से; यदि शुक्र हो तो पुष्पित वृक्षों को काटने से, गोबधसे वा किसी साध्वी स्त्री के श्रापसे, यदि राहु पञ्चमस्थ हो वा पञ्चमेश के साथ होकर दोषकारी हो तो सर्प के श्राप, यदि केतू हो तो ब्राह्मण के श्राप से, यदि मान्दि हो तो पित्र श्राप से; यदि शुक्र, चन्द्रमा और मान्दि पञ्चमस्थ हो तो गोबध वा बधु के हनन से और यदि बृहस्पति वा केतु मान्दि के साथ होकर पञ्चमस्थ हो तो ब्रह्म हत्या से पुत्रप्रतिबंधक दोष होता है। अतएव दैवज्ञों का कथन है कि जिन–जिन देवता आदि के कोप, वृक्षादि के हनन द्वारा पुत्र-प्रतिबंधक योग होता हो उन उन देवता आदि के पूजा द्वारा शान्ति प्राप्त हो सकता है और जिस राशि में वह दोष कारी ग्रह बैठा हो उस राशि के जीवों का (जैसे मेष मे भेड़ा, वृष में वृषभ इत्यादि) सेवा सुश्रुषा हितकर होता है। समुदाय रूपसे श्री रामेश्वर का दर्शन, भगवत कीरतन सत-कथा, शंकर एवं विष्णु आराधना, दान, श्राद्ध वा नाग मूर्ति की स्थापना, संतान रक्षा के लिये हितकर बतलाया है। धा. १५१ नियम २१ में पुत्र प्रति-बंधक योग जानने की विधि बतलायी गयी है। (उस में भूल से 'फल दीपिका' के बदले कालप्रकाशी का छप गया है।) उस नियम का सारांश यह

है कि यदि जन्म किसी क्षिद्र तिथि (शुक्ल वा कृष्ण) में हो वा स्थिर कर्ण वा विष्टि कर्ण में हो वा अमावस्या में हो तो पुत्र प्रतिबंधक योग होता है। उस की शान्ति पुरुषशुक्त मंत्र के अनुसार श्रीकृष्ण भगवान की पूजा; यदि षष्ठी तिथि हो तो विष्णुभगवान को आराधना; यदि चतुर्थी हो तो नाग राज की पूजा; यदि नवमी हो तो रामायण का श्रवण वा पाठ: यदि अष्टमी हो तो श्रवण (व्रत करते हुए कथा श्रवण) व्रत: चतुर्दशी हो तो रुद्राध्याय द्वारा शिवपूजा; यदि द्वादशी हो तो वृहद् रूप से अन्न; दान या जेवनार, यदि अमावास्या हो तो पितृ पूजा (श्राद्ध) करने से पुत्र प्रतिबंधक दोष निवारण होता है। यह भी बतलाया है कि यदि कृष्ण दशमी के बाद अर्थात् कृष्ण पक्ष के एकादशो से अमावस्या पर्यन्त की तिथि हो तो ऊपर लिखे हुए विधि से तिथ्यानुसार शान्ति विशेष संलग्नता के साथ करे। कृष्ण पक्ष के समस्त तिथियों के विषय में यह लिखा है कि यदि परिवा से पञ्चमी तिथि तक की कोई तिथि हो तो नागराज का पूजा, यदि षष्ठि से दशमी तिथि तक की कोई तिथि हो तो स्कन्ध देव का पूजा, यदि एकादशी से अमावस्या तक की कोई तिथि हो तो हरि (विष्णु) भगवान की पूजा से सन्तान सुख होता है। साधारण रूप से पुत्रार्थी को उचित है कि धर्मकर्म निरत हो और यदि बुध, शुक्र वा चन्द्रमा प्रतिबंधक हो तो रुद्राभिषेक, यदि वृहस्पति हो तो औषधी एवं मन्त्र-यन्त्र का प्रयोग, यदि शनि राहु वा केतु हो तो कुल देवता तथा संतान गोपाल की आराधना से पुत्र सुख होता है।

ॐ पूर्ण मदः पूर्ण मिदं पूर्णात्पूर्ण मुदच्यते।
पूर्णस्य पूर्ण मादाय पूर्ण मेवा व शिष्यते ॥

ॐ शान्तिः! शान्तिः!! शान्तिः!!!

सम्बत् १६८६ शाका १८५४ माघ शुक्ल एकादशी चन्द्रवार
तदनुसार ६ फरवरी १६३३ इस्वी।

ॐ

परिशिष्ट

१०१ कुण्डलियां।

बहुत से विख्यात एवं कतिपय साधारण मनुष्यों की कुण्डलियों को परिश्रम पूर्वक संगृहीत कर और उनके शुद्धाशुद्ध पर यथा सम्भव विचार कर उन्हें इस परिशिष्ट में दिया है। इनमें से कोई भी कुण्डली अप्रमाणित नहीं हैं। इतना अवश्य है कि किसी किसी कुण्डली में लग्न एवं ग्रह-स्फुट कई कारणों से अंश तक तो अवश्य ही शुद्ध है परन्तु कई कारणों से कला में कुछ अन्तर हो सकता है। प्रत्येक कुण्डली के अन्त में जातक की प्रमाणित संक्षिप्त जीवनी दी गई है। जिसका मुख्य उद्देश्य यह है कि उनके जीवन की मुख्य-मुख्य घटनायें ज्योतिष शास्त्रानुसार प्रतिपादित की जा सकती हैं वा नहीं, इस बात को पाठक समझ सकें। इस पुस्तक में स्थान स्थान पर कुण्डलियों को उदाहरण रूप से दिखलाया गया है और उन्हीं सब धाराओं का सम्बन्ध (हवाला) प्रत्येक कुण्डली के अन्त में लिख दिया गया है। जिससे पाठक गण किसी की कुण्डली और उनकी जीवनी के जानने के बाद समूची पुस्तक न पढ़कर भी केवल इन्हीं हवालाओं द्वारा उस व्यक्ति के जीवन की घटनाओं का ज्योतिष द्वारा प्रतिपादित होना देख सकेंगे। परन्तु यह बात नहीं है कि इन जातकों की सभी बातें इस पुस्तक में विचार किये गये हैं। क्योंकि ऐसा करने से पुस्तक की आकृति एवं परिश्रम की सीमा बहुत ही बढ़ जाती। (पुस्तक लिखते समय केवल ९८ कुण्डलियां थीं, पर मुद्रित होते होते, ९ कुण्डलियां और दी गई हैं, जिनमें क, ख इत्यादि, जन्म काल के अनुसार दे दिये गये हैं।

कुण्डली १

महाराज हरिश्चन्द्र।

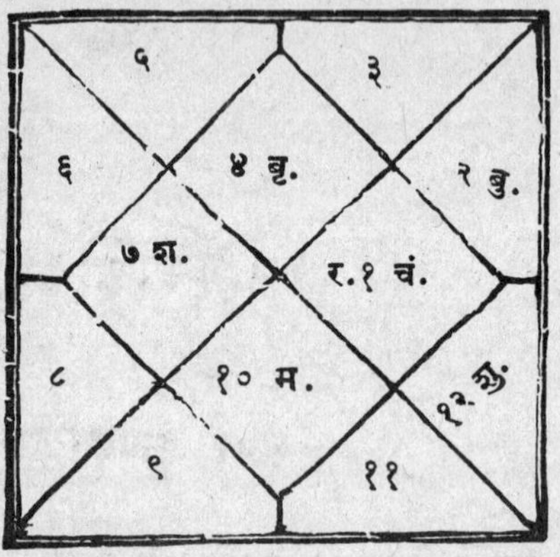

यह कुण्डली जगत विख्यात सत्यधर्म-परायण, अटल धर्म प्रतिक्ष, अद्वितीय दानी, कठिन कठिन परिक्षाओं में अविचल रूप से उतीर्ण होने वाले श्रीमहाराजा हरिश्चन्द्र जी की है। यह श्री रामचन्द्र जी के समय से अनेक काल पूर्व सत्ययुग के एक आदर्श और श्री अयोध्या नगर के राजा थे। श्री राम चन्द्र जी की कुण्डली से इनकी कुंडली में केवल चन्द्रमा की स्थिति में प्रत्यक्ष भेद है।

देखो धाः १९८ (१७)

कुण्डली २

लंकापति रावण।

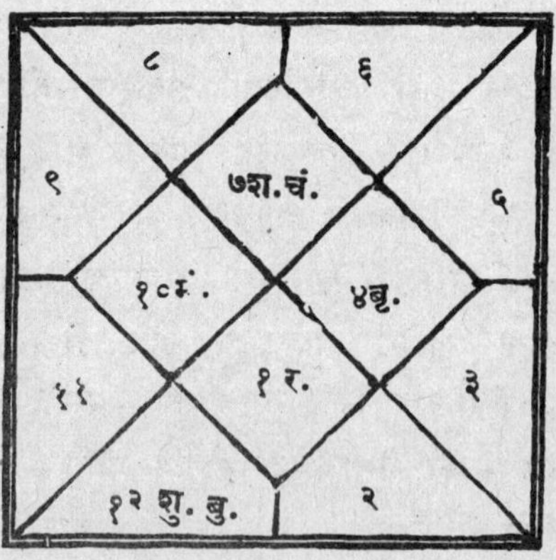

यह कुण्डली लङ्कापति रावण की है। जो दक्षिण भारत के एक महान विद्वान् बी. सुर्यनारायण राव के "रोआयल हारेस्कोप नामक पुस्तक से उद्धृत की गई है। उक्त विद्वान् का लेख है कि वर्त्तमान वर्ष से लंकापति का जन्म १२५६९०३१ का पूर्व होना कहा जाता है। इस कु. में

भो उत्तम राजयोग पाया जाता है और अपरमितायु-योग भी है।

देखो धाः ९८ (च)

कुण्डली ३

श्री रामचन्द्र।

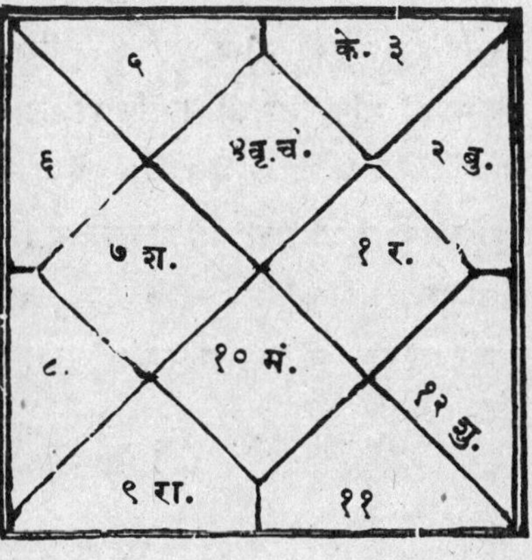

यह कुण्डली श्री १०८ जगदाधार, पतित पावन, रघुकुल शिरोमणि, सर्व पूजनीय राजा रामचन्द्र, (श्रीअयोध्या पति) की है। गणित से प्रतीत होता है कि इनका जन्म अंग्रेजी साल १९३३ (वर्तमान) के १२९९८०३३ वर्ष पूर्व हुआ था। इनका जन्म आदि कवि महर्षि श्री बाल्मीकि जी के कथनानुसार (ततो यज्ञे समाप्ते तु ऋतूनां षट् समत्ययुः ततश्च द्वादशे मासे चैत्रे नावमिके तिथौ ॥८॥ नक्षत्रेऽदिति दैवत्ये स्वोच्चा संस्थेषु पञ्चसु। ग्रहेषु कर्कटे लग्ने वाक्यता विन्दुना सह ॥९॥ बा. रामायण, बा. काण्ड अ० १८ श्लो० ८ तथा ९) अश्वमेध यज्ञ के समाप्त होने पर छः ऋतुएं अर्थात् एक वर्ष बीतने पर बारहवें चैत महीने में नवमी तिथि को जिस समय पुनर्वसु नक्षत्र था, पांच, (रवि, मंगल, शनि, बृहस्पति, शुक्र) ग्रह अपने उच्च स्थान में थे, एवं बृहस्पति चन्द्रमा के साथ होकर कर्क लग्न में बैठा था। उस समय कौशल्या ने अलौकिक लक्षणों से युक्त श्री रामचन्द्र ऐसे पुत्र को प्रसव किया। इस लेख से बुध की स्थिति का पता नहीं चलता। परन्तु आधुनिक विद्वानों ने सर्व्वसम्मति से बुध को एकादश में अर्थात वृष राशिगत, राहु को कन्या में और केतु को मीन में माना है। परन्तु दक्षिण भारत के विद्वज्जनों ने राहु को धन और केतु को मिथुन में माना है। ऊपर लिखे हुए पांच ग्रह परमोच्च माने गये हैं। पुराणों के अवलोकन से प्रतीत होता है कि सम्राट श्री रामचन्द्र ग्यारह हजार वर्ष तक राज्य करते

रहे। पांच ग्रहों का परमोच्च होना प्रत्यक्ष सम्राट योग है और अपर मितायु योग भी ठीक ठीक लगता है। मं. यद्पि उच्च है और उच्चस्थ वृहस्पति, स्वगृही चन्द्रमा से दृष्ट भी है तथापि कुज-दोष होने के कारण मंगल ने स्त्री वियोग एवं स्त्री प्रेम से विह्वल बना ही दिया जो सर्व विदित है। महर्षि बाल्मीकि ने जन्म पुनर्वसु का बतलाया है और चन्द्रमा को कर्क राशिगत भी बतलाया है। इस कारण पुनर्वसु के अन्तिम चरण ही का जन्म निश्चय होता है। पुनर्वसु में जन्म होने से वृहस्पति की जन्म-दशा होती है और पुनर्वसु के चतुर्थ चरण होने के कारण वृहस्पति का भोग्य-दशा लगभग चार वर्ष के होना सम्भव होता है। उसके बाद उन्नीस वर्ष शनि की दशा अर्थात् २३ वर्ष की अवस्था में शनि दशा की समाप्ति हो गई। पुराणों में कहा गया है कि २७ वर्ष की अवस्था में श्री रामचन्द्र जी वन गये थे और चौदह वर्ष वन में निवास कर अर्थात् ४१वें वर्ष में श्री अयोध्या जी लौटे थे। शनि के बाद बुध की दशा १७ वर्ष की होती है। अर्थात् (२३ + १७) ४० वर्ष तक बुध की दशा के कारण बनवास पूरा कर ४१ वें वर्ष में वे श्री अवध को लौटे थे।

देखो धाः ९८ (च); १२९ (९); १९७ (८).।

कुण्डली ४

श्री भरत जी।

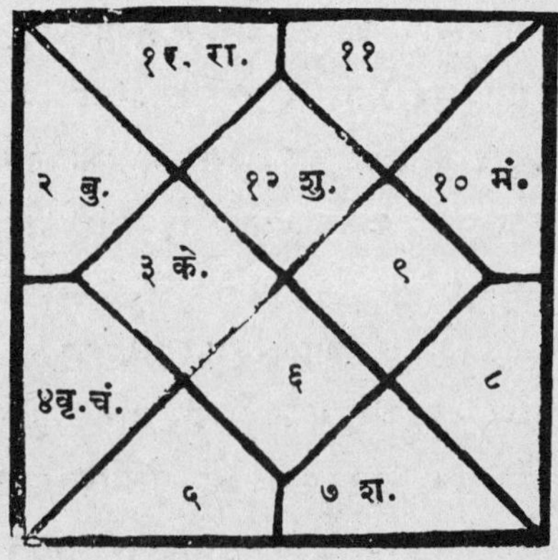

यह कुण्डली आदर्श भ्रातृ-प्रेमी, कैकेयी सुत श्री भगवान रामचन्द्र जी के सौतेले भाई भरतजी की है। पूज्य पाद महर्षि बाल्मीकि जी ने लिखा है कि श्री भरत जी का जन्म पुष्य नक्षत्र और मीन लग्न में हुआ था। इस से प्रतीत होता है कि भरतजी का जन्म उसीदिन

शेष रात्रिमें हुआ था। श्लोकः—पुष्ये जातस्तु भरतो मीन लग्ने प्रसन्नधी। (रा. बा. अ. १८-श्लोक १५)

देखो धा. १२५ (५); १९१ (५).

कुण्डली ५

श्री कृष्ण चन्द्र।

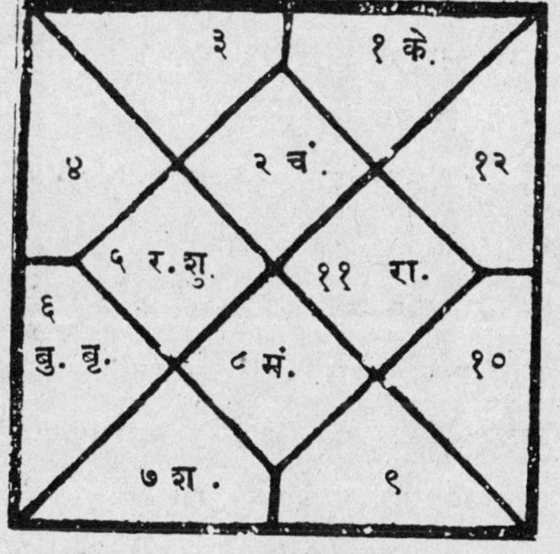

यह कुण्डली आनन्द-कन्द वृन्दावन-विहारी महाभारत करने वाले श्री १०८ कृष्ण भागवान की है। पुराण द्वारा पता चलता है कि इनका जन्म द्वापर युग के ८६३८७४ वर्ष एवं ४ रू स २२ दिन बीतने के उपरान्त, भाद्र कृष्ण अष्टमी तिथि रोहणी नक्षत्र में अर्द्ध रात्रि के समय हुआ था और जन्म के समय पूर्व क्षितिज में चन्द्रमा का उदय हो रहा था। भारतवर्ष के कोने २ में इन का गीता रूपी अमूल्य रत्न प्रकाशित है। उस पुस्तक के रहस्यमयी ज्ञान के आश्वादन के लिये अन्य देशीय विद्वान् लालायित हैं।

प्राचीन पुस्तकों के आधार पर कहा जाता है कि श्री कृष्ण भगवान १२५ वर्ष ७ महीना ९ दिन राज्य करने के उपरान्त चैत्र प्रतिपदा शुक्रवार को स्वर्गारोहण किया और उसी के बाद कलिका आरम्भ हुआ। कलियुग का आरम्भ लिखते हुए आर्य ज्योतिषियों ने बतलाया है कि उस समय सब ग्रह प्रायः एक सीध में आगये थे। बेली साहेब के गणनानुसार कलियुग का आरम्भ ईसा के जन्म से पहले ३१०२ वर्ष १८ फरवरी को २ बजकर २७ मिनट ३० सेकेण्ड पर हुआ था और यदि कृष्ण भगवान की कुण्डली के ग्रहों को १२५ वर्षादि की चाल दी जाय तो मोटा मोटी यही प्रतीत होता है कि उसी समय में सभी ग्रह एक सीध में आगये थे।

कुण्डली ६

पैगम्बर मोहम्मद साहेब।

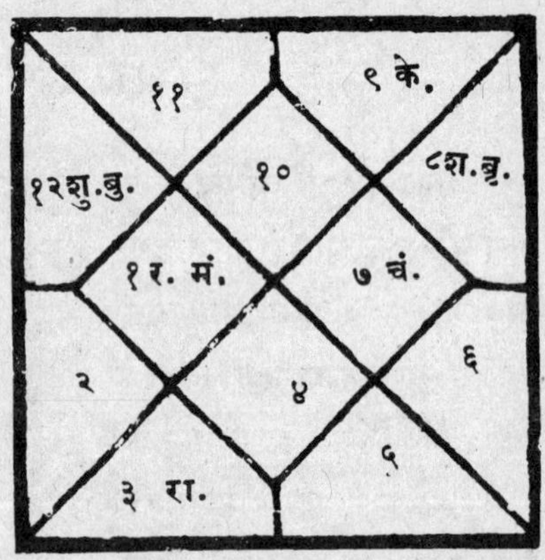

यह कुण्डली जगत् विख्यात इस्लाम-धर्म्म संस्थापक, मुसलमानों के आदि पैगम्बर मोहम्मद साहेब की है। इनकी जन्म ईस्वी साल ५७१ के २० वीं एप्रील, सोमवार की रात्रि में लगभग १½ बजे हुआ था। इन का जन्म स्वाती नक्षत्र के चतुर्थ चरण में था। इस कारण राहु-दशा ३ वर्ष ३ महीना भोग्य था। इस्लामी गणित के अनुसार इन्होंने ६३ वर्ष की अवस्था में शरीर त्याग किया था। परन्तु वी सूर्य्य नारायण राउ का मत है कि नोटिकल गणित के अनुसार इनकी मृत्यु ६१ वर्ष १ महीने १८ दिन पर हुई थी। क्योंकि उक्त विद्वान् के गणितानुसार इनकी मृत्यु ६३२ ई० के ८वीं मई को हुई थी। ज्योतिष गणनानुसार द्वितीयेश शनि के साथ वृहस्पति बैठा है। अतः वृहस्पति एवं शनि दोनों मारकेश होते हैं। केतु धन राशि अर्थात् वृहस्पति की राशि में है। इस कारण केतु वृ. का फल देता है। इन्हीं सब कारणों से केतु की महादशा में वृहस्पति का अन्तर अनिष्ट है। उपर लिखा जाचुका है कि राहु का भोग्य ३ वर्ष ३महीना था। उस के बाद गुरु की महादशा १६ वर्ष, शनि की १९ वर्ष एवं बुध की १७ वर्ष होती है। अर्थात् बुध की महादशा ५५ वर्ष ३ महीना में शेष हुई। तदनन्तर केतु की महादशा में केतु, शुक्र, रवि, चन्द्र, मंगल, राहु, वृहस्पति एवं शनि की अन्तरदशा का जोड़ ५ वर्ष ११ महीना ३दिन होता है। इस को ५५ वर्ष ३ महीना में जोड़ने से ६१ वर्ष २ महीना ३ दिन होता है। इनकी मृत्यु ६१ वर्ष १ महीना १८ दिन पर हुई थी। अर्थात् केतु की महा-

दशा में शनि की अन्तर-दशा समाप्त होते होते उक्त महान् पुरुष ने अपनी जीवन यात्रा समाप्त की।

देखो धा. १८९ (२); १९१ (५); २८३ (३९).

कुण्डली ७

आदि गुरु शङ्कराचार्य्य।

लग्न ३।१७ (श्रीराजेन्द्र घोषने लग्न ३।१९ माना है) परन्तु लेखक की मत से ३।१७ ठीक लग्न है। सूर्य्य ०।११।२८।७। चं. ११।०।४।९४, मं. ४।७।९८।३ बुध ०।१९।३९।१० वृहस्पति ३।३।३६।१२ शु. ०।९।०।२९ श. ६।८।७।१४ रा. १०।२९।३।४

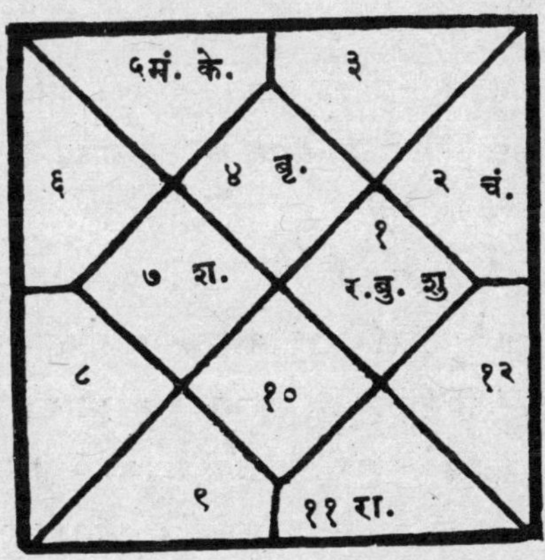

यह कुण्डली आचार्य्य प्रवर श्री १०८ आदि गुरु शङ्कराचार्य्यजी की है। इन की कुण्डली कई स्थानों में पायी जाती है। परन्तु श्री राजेन्द्रनाथ घोष लिखित 'आचार्य्य शङ्कर और रामानुज' नामक पुस्तक में बहुत छानबीन के उपरान्त, उक्त लेखक का मत है कि श्री आदि गुरु शङ्कराचार्य्य का जन्म शाका ६०८ संबत् ७४३ बैशाख शुक्ल तृतीया, कलियुग ३७८७ वर्ष अर्थात् ६८६ ई० में हुआ था और उक्त लेखक ने ज्योतिष के अनुसार आदि गुरु के गुणादि को प्रमाण बद्ध करने का यत्न किया है। इस कारण पाठकों के अवलोकनार्थ वही कुण्डलो इस स्थान में उद्धृत किया जाता है। उक्त पुस्तक में जिन योगों का अवलम्बन किया गया है, वे सब योगोंपर इस पुस्तक में (जिन २ स्थानों में उद्धृत किये गये हैं, इस बात की जानकारी के लिये कि यहसब योग उक्त पुस्तक अनुसार है) संकेत से तारा का चिन्ह * दिया गया है।

आदि गुरु शङ्कराचार्य्य को भारतवर्ष के सभी हिन्दू एवं अन्य जाति के बहुतेरे लोग जानते हैं। हिन्दुओं नें तो इन्हें शङ्कर अवतार माना है। 'शङ्कर

दिग्विजय' नामक प्राचीन पुस्तक के अनुसार शङ्कर स्वामी का जन्म मालावार-प्रान्त के काल्टो नामक ग्राम में हुआ था जो पूर्णा नदी तटस्थ था। शङ्कराचार्य्य के पितामह का नाम विद्याधर (विद्याधिराज) था। ये ब्राह्मण थे। इनके वंश में परम्परा से विद्या चली आतो थी। विद्याधर भी बड़े विद्वान्, सदाचारी और धर्म पारायण थे। अतः इनको प्राचीन काल के राजाओं ने आकाशलिङ्ग महादेव मन्दिर का प्रधानाध्यक्ष पद प्रदान किया था। ये परम शैव थे। इनके एक पुत्र शिवगुरु हुए। यह भी बड़े पण्डित एवं ज्ञानी थे। इन्हों ने अपने गुरुदेव के अनुरोध से ही विवाह किया था। परन्तु बहुत समय तक इनको कोई सन्तान न हुआ। इनकी स्त्री का नाम कामाक्षी देवी था। शिवगुरु एवं कामाक्षी देवी ने पुत्र प्राप्ति के लिये कठिन व्रत किये। एक दिन शिवगुरु ने स्वप्न देखा कि एक वृद्ध ब्राह्मण ने उनसे कहा कि तुम्हारी तपस्या सफल हुई। तुम्हें एक पुत्र अवश्य होगा। परन्तु प्रश्न यह है कि तुम अल्पायु-पण्डित पुत्र चाहते या दीर्घायु-मूर्ख एवं ज्ञान-हीन-पुत्र? शिवगुरु ने अल्पायु पुत्र परन्तु ज्ञानी और विद्वान् ही मांगा। वृद्ध ब्राह्मण (तथास्तु) कह कर अन्तर्ध्यान हो गये। निद्रा टूटते ही शिवगुरु ने अपनी धर्मपत्नी से स्वप्न की घटना को कह सुनाया और थोड़े ही समय के बाद अर्थात् शाका ६०८ वैशाख शुक्ल द्वितीया को इनके पुत्र के रूप मे श्री शङ्कर भगवान का इस संसार में प्रादुर्भाव हुआ। और इनका नाम शङ्कर रक्खा गया। बाल्य काल ही से इनकी असाधारण एवं अमानुसिक प्रतिभा इनके मुख मण्डल से प्रकाशित होता था। शङ्कर दिग्विजय में लिखा है कि आठ वर्ष को अवस्था में ही 'शङ्कर' कठिन दर्शन शास्त्रों को समझ कर उनकी व्युत्पत्ति करने लगे थे। इनकी मेधा-शक्ति असाधारण थी। उसी अवस्था में उनका उपनयन संस्कार करायागया। बाल्यकाल ही से ये वेदान्त मतावलम्बी प्रतीत होते थे और जीवन को जल के बुदबुदे के समान नष्ट होने वाला एवं क्षणभङ्गुर मानते तथा सन्यास धारण करने के लिये उत्कण्ठित रहते थे। आठवें वर्ष के आरम्भ ही में इनके पिता का देहान्त हुआ और पिता के वियोग ने तो शङ्कर को गृहस्थाश्रम से औरभी विरक्त कर दिया। माता के बड़े भक्त थे। एक ओर मातृ-प्रेम और दूसरी ओर ईश्वर-प्रेम में संसार का त्याग, एक कठिन समस्या उपस्थित थी। शङ्कर दिग्विजय में लिखा है कि एक दिन की घटना यह है कि शङ्कर अपने माता के साथ एक नदि पार हो रहे थे। नदि का जल क्षण ही में इतना बढने

लगा के माता पुत्र दोनों ही डूबने लगे। बालक शङ्कर ने अपने माता से विनय पूर्वक कहा कि यदि आप मुझे सन्यास ग्रहण करने की आज्ञा दें तो भगवान की कृपा से जल थाह हो जायगा। माता ने बड़े तर्क एवं पश्चात्ताप के साथ बालक शङ्कर के जल में डूबने के दुःख को असह्य मान कर दीक्षा ग्रहण की आज्ञा दी। कहा जाता है कि जल तुरत ही घटगया। किसी का मत है कि बालक शङ्कर मगर के मुख में पड़ गये थे और उसी समय माता से दीक्षा ग्रहण का वरदान मंगा था। लिखा है कि उक्त घटना के कुछ ही दिन बाद और किसी ने तो यह कहा है कि आठ वर्ष पूरने के दो दिन पूर्व ही शङ्कर ने सन्यास ग्रहण कर लिया। कुछ समय तक बालक शङ्कर ने विद्याध्ययन करलेने के उपरान्त दिग्विजय यात्रा कीया। अपनी विद्यातर्क एवं बाचाशक्ति के द्वारा समस्त भारतवर्ष में भ्रमण कर के अद्वैत मत को प्रतिपादित किया और समकालीन बौद्ध मत एवं कपालिक मत आदि का खण्डन कर जड़पात से उसे भारतवर्ष से निपात कर डाला। इनकी सारी जीवनी लिखने में तो एक अलग ही बृहत् पुस्तक की आवश्यकता है। इस पुस्तक के लिये केवल इतना ही लिखना आवश्यक है कि ये शङ्कर के एक अवतार थे। बाल्यकाल में आपने दीक्षा ग्रहण की। आप की मेधा शक्ति इतनी अच्छी थी कि अपने शिष्य को पद्मपाद का वेदान्त भाष्य जिसको अपने केवल एकवार ही सुना था, किसी प्रकार जल जाने पर अक्षराक्षर लिखवा दिया। आपने अत्यन्त गम्भीर एवं कठिन विषय की अनेकानेक पुस्तकें लिखीं जो अभी तक पंडित मण्डली के लिये अमूल्य भण्डार है। आप ईश्वर-प्रेम एवं वेदान्त की एक अतुलनीय मूर्त्ति थे। विद्या-विजय जो आपने किया वह सर्वदा के लिये आदर्श हो गया। शङ्कर दिग्विजय में लिखा है कि स्वयं वेदव्यास ने आप से काशी में आकर शास्त्रार्थ किया था और वे इनके शास्त्रार्थ से इतना प्रसन्न हुए कि उन्होंने इन की १६ वर्ष की आयु को दुगुणा अर्थात ३२ वर्ष आयु होने का वर प्रदान किया। यह भी लिखा है कि कामाक्षा में वहां के तान्त्रियों ने मन्त्र द्वारा इन्हें भगन्दर रोग से पीड़ित किया परन्तु योगबल से शङ्कर ने अपनी रक्षा की। भारतवर्ष में भ्रमण करते २ आप बद्रिकाश्रम गये। बद्रिकाश्रम से केदारनाथ का दर्शन किया। उस समय इनकी आयु समाप्त होती थी। वहीं इनको पुनः भगन्दर रोग ने पीड़ित किया और तब आप पञ्चभौतिक शरीर को त्याग कर सर्वदा

के लिये अपनी सच्ची ज्योति से शङ्कर में विलीन हो गये। इस पुस्तक द्वारा ज्योतिष-शास्त्रानुसार इनके जीवन की इन सब घटनाओं को प्रमाणित करने का प्रयत्न किया गया है।

देखो धा. ११८ (४); १२० (२) १२९ (२); १३१ (१); १३३ (३); १३४ (७) (९) (१२) (१३); १३९ (५)(६); १३६ (६); १३७(१); १५८(१७); १९० (ख ९) (ख १७); १९२(२)(५),१९४ (३० वर्ष)(३२ वर्ष ६); २०५ (३२), २१३ (२१), २१६ (१६); २८३ (५१) ३०४ (२); ३०८ (१३), ३११ (१३).

कुंडली ८

रामानुजाचार्य्य।

लग्न ३।७, सूर्य्य ०।०।४९। ३१, चं. १।२२।५१।२१, मंगल ११। २६।२०।०, बुध ११।२५।२६।०,(वक्री) बृहस्पति । २।२९।८।५६, शुक्र १०।१४।१।३, शनि ९।५।११।१०, रा. ०।२४।२२।३६।

इनका जन्म श्री राजेन्द्र नाथ घोष कृत "आचार्य्य शङ्कर और रामानुज" नामक पुस्तक के अनुसार शाका ९४० (९४१) संवत् १०७६ (सौर- वैशाख १) चैत्र शुक्ल पञ्चमी सोमवार इस्वी सन् १०१९ में हुआ था। भाव कुण्डली के अनुसार बृहस्पति लग्न में, श. सप्तमभाव में और शु. अष्टम भाव में पड़ता है। उसी प्रकार मंगल और बुध यद्यपि मीन में हैं, परन्तु भाव कुण्डली के अनुसार दशम भाव में, और र. तथा रा. दशम भाव में और चं. एकादश भाव में हैं। इनके जन्म के विषय में कुछ मतान्तर भी है। एक विद्वान् का मत है कि "कटपयादि" नियमानुसार इनके जन्म संवत् का नाम "धीर लब्धा" रक्खा

गया था अर्थात् 'ध' का ९, 'ल' का ३, पुनः 'ध' का ९। "अङ्कस्य वामोगति" नियम के अनुसार ९३९ शाका का होना कहा जाता है। परन्तु श्रीयुत राजेन्द्र नाथ ने बड़ी छानबीन के साथ इनका जन्म शकाब्द ९४१ ही ठीक माना है।

इनका जन्म मद्रास से १४ कोस नैर्ऋत्य कोण में एक पेरुम्बूदूर नाम के ग्राम में हुआ था। संस्कृत में इस ग्राम को महाभूतपुरी कहते थे। इस ग्राम में एक अति कर्मनिष्ठ ब्राह्मण 'केशवाचार्य्य' रहते थे। इनका विवाह एक उत्तम कुल की स्त्री कान्तिमती से हुआ था। बहुत समय तक सन्तान न होने के कारण उन्हों ने यज्ञ द्वारा भगवान की आराधना कर पुत्र प्राप्त करना चाहा। फलतः वृन्दारण्य में यज्ञ करना आरम्भ किया। इस वृन्दारण्य को आज कल टिप्पलीकेन कहते हैं। यज्ञ समाप्त होने पर केशवाचार्य्य ने श्री भगवान् को स्वप्न में देखा और यह वरदान पाया कि ईश्वर स्वयं उनके पुत्र होकर जन्म लेंगे। इस स्वप्न के उपरान्त वृन्दारण्य से वे लोग लौट कर मकान चले गये और उसी के उपरान्त श्री रामानुजाचार्य्यजी का जन्म हुआ। बाल्यकाल ही से ये अपूर्व लक्षण युक्त बालक थे। बहुत थोड़े ही समय में समस्त शास्त्रों का अध्ययन कर लिया। इनकी जीवनी में लिखा है कि आप की बुद्धि ऐसी तीव्र थी कि कठिन से कठिन पाठ को अध्यापक के एकबार बतलाने से ही समझ लेते थे। १६ वर्ष की अवस्था में इनका विवाह ताञ्जम्बा नामक कन्या के साथ हुआ परन्तु उसके बाद शीघ्र ही इनके पिता का देहान्त हो गया। (देखो धा-१२०(१९) छापे के भूल से उस स्थान पर छूट गया है) उसके थोड़े ही दिन के अनन्तर रामानुजाचार्य्य जी ने काञ्चीपुरी में मकान बनवाया और सपरिवार वहीं रहने लगे। काञ्चीपुरी में एक 'यादव-प्रकाश' नामक महा-विद्वान् अद्वैतवादी रहते थे। बालक रामानुजाचार्य्य ने भी उन्हीं से विद्या पढ़ना आरम्भ किया। इनकी जीवनी में लिखा है कि समय-समय पर बालक रामानुजाचार्य्य अपने गुरु के अद्वैत-मत का बड़े नम्र रूप से खण्डन भी कर दिया करते थे कि जिसका यादवप्रकाश के चित्त पर इनका आघात हुआ। यादवप्रकाश ने तीर्थ यात्रा के बहाने इनको मरवा डालने का यत्न किया। परन्तु ईश्वर कृपा से आप इस दुष्ट के षड्यन्त्र से निकल गये। श्री रामानुजाचार्य्य एक महाविद्वान् और वैष्णव-धर्म्म के एक विख्यात प्रचारक हुए। आप ने वैष्णव धर्म्म का प्रचार करते हुए अनेकानेक स्थानों में भ्रमण किया और अपने मत के प्रतिपादन करने में समर्थ हुए।

साक्षात् रामअनुज अर्थात् लक्ष्मण जी के अवतार समझे जाते थे। इसी कारण इनका नाम भी रामानुजाचार्य्य रक्खा गया था। आपने बहुत से कुमार्गीय को ईश्वर प्रेमी बनाया। आप के शिष्य भी बहुत थे और अन्त में यादव प्रकाश भी इन्हीं का शिष्य हो गया। आप की धारणा थी कि किसी भी ईश्वर-प्रेमी को बिना जाति भेदादि के विचार के श्रेष्ठ मानना चाहिए। आपकी स्त्री किञ्चित् झगड़ालू थी और श्रीरामानुजाचार्य्य को सब प्रकार आनन्दित न रख सकती थी। वह जाति भेदादि को खूब मानती थीं। श्री काञ्चीपूर्ण, शूद्र वंश के एक महान ईश्वर प्रेमी और अद्वितीय भक्त थे। रामानुजाचार्य्य की यह धारणा हुई कि ऐसे सिद्ध-भक्त का उच्छिष्ट खाकर जीवन सफल करूं। इस हेतु श्री काञ्चीपूर्ण जी को अपने घर निमन्त्रित किया और अपनी स्त्री से उत्तमोत्तम भोजन बनवा कर आप ही श्री काञ्ची पूर्ण जी को बुलाने गये। परन्तु श्री काञ्ची पूर्ण जो को अपना उच्छिष्ट किसी ब्राह्मण को खिलाना न भाया। इसी कारण वह एक किसी दूसरे मार्ग से श्री रामानुजाचार्य्य की स्त्री से आग्रह करके भोजन कर लिया और भोजन पात्रादि को स्वयं पवित्र करके भोजन के स्थान को भी गोमय से लीप कर चले आये। तञ्जमाम्बा शेष भोजन को किसी शूद्र को देकर स्नानादि के अनन्तर श्रीरामानुजाचार्य्य जी के लिये भोजन बनाने लगी। जब रामानुजाचार्य्य जी घर आये तो सभी बातों को जान कर उन्हें बड़ा दुःख हुआ और यह सुनकर कि उनकी स्त्री ने शेष सभी अन्न श्रीकाञ्चीपूर्ण के शूद्र होने के कारण शूद्रों को दे दिया, उनकी अपनी स्त्री से भी बड़ा दुःख हुआ। इसी प्रकार एकबार तंजमाम्बा ने श्री रामानुजाचार्य्या की गुरू पत्नी के साथ चूक से घड़ा टूट जाने के कारण केवल झगड़ ही नहीं गयी वरन उन्हें ऊंचा-नीचा भी सुना दिया। ऐसी २ कई घटनाओं के बाद आचार्य्य ने किसी बहाने अपनी स्त्री को नैहर भेज उनसे छुटकारा पाया और भगवान के मन्दिर में जाकर अपने को उनके चरणों में समर्पित कर दिया। मन्, कार्य और वचन को वश में रखने की अभिलाषा से काषाय वस्त्र ग्रहण कर त्रिदण्ड भी ग्रहण किया और श्रीकाञ्चीपूर्ण ने उसी समय उन्हें 'यति राज' कह सम्बोधित किया। उसके पश्चात् आप ने भारतवर्ष के भिन्न भिन्न स्थानों में जा-जा कर अनेकानेक सज्जनों एवं अधर्मियों को वैष्णव धर्म का अनुयायी बनाकर इस धर्म को पूर्ण रूप से प्रतिपादित

किया। ईश्वर से साक्षात्कार इन्हें हो गया था और कहा जाता है कि अनेकानेक स्थानों में अद्भुत घटनाओं से मनुष्यों को ईश्वर प्रेम में विश्वास दिलाते हुए आप ने बहुत काल व्यतीत किया। क्योंकि यति-राज ने अपने जीवन के शेष ६० वर्ष श्री रङ्गनाथ स्वामी के चरणों ही में बिताये थे अर्थात् मनुष्यों के कल्याण के लिये १२० वर्ष मृत्यंलोक में वास करके पृथ्वी को बैकुण्ठ के समान सुख की अधिकारिणी बनाकर और अपने शिष्यों को गुणवान कर महात्मा लक्ष्मणावतार उभय विभूति-पति श्रीमद्रामानुजाचार्य्य ने परमपद में लीन होने की इच्छा से चित्त वृत्तियों को अन्तर्मुखी करके मौनावलम्बन किया। परन्तु शिष्यगण आपके इस रहस्य को जान कर बड़े दुःखी होकर जब चित्त विदीर्ण करने वाला क्रन्दन करने लगे तो यतिराज की समाधि टूट गयी और भक्तों के अनुरोध से यति-राज ने तीन दिन के लिये अपने नश्वर शरीर को और भी रखना स्वीकार किया। शिष्यों को निपुण शिल्पियों द्वारा अपनी मूर्त्ति बनवाने की आज्ञा दी और तीसरे दिन उस मूर्त्तिको कावेरी जल में स्नान कराकर पीठ पर स्थापित कराया और ब्रह्मरन्ध्र को सूंघ कर उसमें अपनी शक्ति दी। शिष्यों को आदेश देकर १०५९ शाके के माघ शुक्ल दशमी शनिवार को मध्याह्न के समय परमपद के लिये प्रस्थित हुए। आपकी आयु के विषय में कुछ मतभेद है। श्रीराजेन्द्र जी अपने पुस्तक में लिखते हैं कि इनकी आयु ९० वर्ष १० महीना की थी। इतना मतभेद रहने के कारण लेखक ने इस विषय में विशेष परिश्रम करना निरर्थक समझा। श्री राजेन्द्र जी ने अपनी पुस्तक में इनकी और आदि गुरु शङ्कराचार्य्य जी के जीवन की बहुत सो घटनाओं को भिन्न-भिन्न भावाधिपति के भिन्न-भिन्न भावों में स्थिति द्वारा दिखलाने का बृहद् यत्न किया है।

देखो धाः १२० (२२); १३४ (९) (१२),१४३ (७) (२०), १९८ (१७), १८९ (२), १९१ (१) (५),

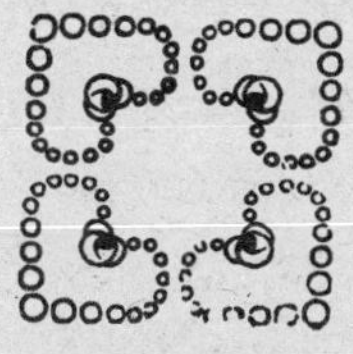

कुंडली १

श्री वल्लभाचार्य्य।

इनका जन्म २९ मार्च १४७८ ई० शाका १४०० संवत् १५३५ बैशाख कृष्ण एकादशी रविवार को ३७।४२ (४५) इष्ट दण्डादि पर हुआ था। जन्म पत्री श्रीबल्लभीय सर्वस्व नामक पुस्तक में है।

'स्वस्ति श्रीमन्नृपति विक्रमकार्के राज्याब्दे१५३५, शाके १४०० बैशाखे मासे कृष्ण पक्षे तिथौ १० रवि वासरे घ. १६, पला १४ परच. ११ तिथौ, धनिष्ठा नक्षत्रे द. ३८ प. ४६ शुभ योगे द. ३८ प. २ ववकर्णे श्री सूर्योदयात् इष्ट द. ३७ प. ४२ वृश्चिक लग्नोदये श्री लक्ष्मीभट्ट-पत्नी पुत्र रत्नमजि जनत्। सूर्य्य ०।२।२२।२१, लग्न ७।१०।१९।३१, दिनमान् ३०।३८, रात्रिमान २९।३२ । उपर की कुं. उसी पुस्तक के अनुसार है।

'हरिश्चन्द्र कला, अथवा गोलोक वासी भा. भू. भा. श्री हरिश्चन्द्र का जीवन सर्वस्व द्वितीय भाग' नामक पुस्तक में लिखा है कि 'श्री वल्लभ दिग्विजय में' वल्लभाचार्य्यजी का जन्म संवत् १५३५ शाका १४४० बैशाख मास (कृष्ण) रविवार मध्याह्न के समय का पाया जाता है। १४४० छापे का भूल प्रतीत होता है। १५३५ सवंत् १४०० शाके में होता है। मध्याह्न का जन्म भी भूल ही प्रतीत होता है। इस कारण कि कुण्डली में, जो 'जीवन सर्वस्व' पुस्तक में भी दी हुई है, लग्न वृश्चिक ही है और सूर्य्य छठे स्थान में है अर्थात सूर्य्यास्त के बाद का जन्म बोध कराता है। इसी पुस्तक में एक पद भी द्वारकेश जी कृत लिखा पाया जाता है जो नीचे इस स्थान पर उद्धृत किया गया है।

"राग सारंग"

तत्त्व गुनवान-भुव माघवासित तरणी प्रथम सौभग दिवस प्रकट लक्ष्मण सुवन।

धन्य चम्पारन्य मन्य त्रैलोक्य जन अन्य अवतार भुवि है न ऐसो भवन ॥१॥

लग्न वृश्चिक, कुंभ केतु, कवि इन्दु सुख, मीन बुध, उच्च रवि वैरि नाशे ॥

मन्द वृष, कर्क गुरु, भौमयुत सिंह में मतस योग ध्रुव यश प्रकाशे ॥२॥

रिछ धनिष्ठा प्रतिष्ठा अधिष्ठान स्थिर विरह बदनानलाकार हरि को ॥

यहै निश्चय द्वारकेश इन के शरण और को श्रीवल्लभाधीश सर को ॥३॥

इसपद से वही कुण्डली होती है जो ऊपर लिखी जा चुकी है परन्तु राहु तथा केतु में अन्तर है। गणित से मालूम होता है कि संवत् १५३५ बैशाख कृष्ण में राहु का सिंह में होना सम्भव है उपर लिखे हुए पद से भी यही सिद्ध होता है। उस में लिखा है 'सिंह में तमस के योग'

'श्री बल्लभीय सर्वस्व' नामक पुस्तक में लिखा है कि दक्षिण भारत के तैलङ्ग देश में आन्ध्र प्रान्त के आकवीड़ु जिलान्तर्गत खम्भम काकरविल्लि नामक ग्राम में भारद्वाज गोत्रीय यज्ञनारायण नामक एक सामयागो ब्राह्मण हुए। लिखा है कि वे वेद के अवतार ही माने जाते थे। ये बत्तीस सोम यज्ञ करके देवलोक पधारे। इनके पुत्र गंगाधर भट्ट शिवजी के अवतार माने जाते थे और इन्होंने २८ सोमयज्ञ कर अपनी जीवन यात्रा को सुफल किया। इन के पुत्र गणपति भट्ट बड़े प्रतापी विद्वान् हुए। इन्होंने काशी आदि स्थानों में शास्त्र में दिग्विजय पाया और ३० यज्ञ कर शरीर त्यागा। इनके पुत्र बल्लभ-भट्ट जो साक्षात सूर्य्य के अवतार माने जाते थे, ५ सौमयज्ञ कर परलोक सिधारे। इनके पुत्र लक्ष्मण भट्टजी बड़े विद्वान् साक्षात अक्षर-ब्रह्म शेष जी के अवतार हुए। लक्ष्मण भट्टजी के पूर्वजां ने ९५ सोमयज्ञ किये थे और इन्होंने ५ और सोमयज्ञ करके १०० सौ पुरादिया। अन्तिम सोमयज्ञ का आरम्भ चैत्र सुदी नवमो, सोमवार, पुष्य नक्षत्र, अभिजित योग में संवत् १५३२ में किया। फलतः यज्ञ की समाप्ति के समय कुण्ड से अलौकिक वाणी सुन पड़ी 'तुम्हारे कुल में पूर्ण पुरुषोत्तम का अवतार होगा'। उस समय दक्षिण भारत में यवनों के उपद्रव होने के कारण परिवार सहित बहुत द्रव्य लेकर सवालाख ब्राह्मणों को भोजन कराने के लिये काशी रवाना हुए। लिखा है कि

रास्ते में सिंहसार्थक तीर्थ मे बैशाख वदि एकादशी की अर्ध-रात्रि को उन्हें भगवान से साक्षात्कार हुआ। भगवान ने कहा कि काशी से लौटते समय चम्पारण में 'तुम्हारे यहां हमारा प्रागुद्‍य होगा' और एक अर्चणा, तुलसी की माला एवं एक कण्ठी प्रदान किया। सब चीजें उस बालक को देना और यह बीड़ा जन्म-घोंटी में पिला देना' जब भट्ट जी निद्रा से उठे, यह सब चीजें उन के पास पायी गयीं। अन्त में लक्ष्मण भट्टजी काशी आये और विधिपूर्वक सवा-लाख ब्राह्मणों को भोजन कराया। दिल्ली में मुसलमान राजा के उपद्रव के कारण भट्टजी पुनः सकुटुम्ब अपने देश की ओर चले। जब चम्पारण पहुंचे तो संवत १५३५ शाका १४०० बैशाख सुदि एकादशी रविवार को उनकी भार्य्या श्री इल्लमगारु को सात ही महीने में श्री १०८ वल्लभाचार्य्य जी का प्रसव हुआ। लिखा है कि माता ने केले के पत्ते में बालक को लपेट कर एक शमीवृक्ष के खोढ़रे में रख दिया और अपने नगर को पधारे। वहां जाने से देशोपद्रव की शान्ति प्रतीत होनेपर केवल एक रात्रि निवास कर फिर काशी की ओर लौट चले। उक्त शमीवृक्ष के समीप आने पर देखा कि उसी शमीवृक्ष के नीचे चालीस हाथ लम्बे चौड़े कुण्ड में बालक खेल रहा है। माता पिता ने सहर्ष बालक को उठाकर इश्वर की दी हुई कण्ठी, माला, अर्चणा धारण कराया और बीड़ा घोंटी की तरह पिलादिया। प्रिय पाठक गण! लेखक इस बात के लिये क्षमाप्रार्थी है कि उक्त पुस्तक की इन सब बातों को भी जिसे ज्योतिष से कुछ सम्बन्ध नहीं, लिखने का भार अपने ऊपर लिया।

इनकी जीवनी में इनके अनेकानेक गुण और अद्भुत लीलाओं का वर्णन है। इस पुस्तक के लिये इतना लिखना उपयोगी होगा कि श्री वल्लभाचार्य्य जी ने थोड़ी ही अवस्था में केवल चार मास गुरुद्वारा में विद्याध्ययन करके चारों वेद, छहों शास्त्र को समाप्त कर डाला और १५५४ संवत में अर्थात् १९ वर्ष की अवस्था में पहला दिग्विजय समाप्त किया। इन्हों ने अपने जीवन में तीन बार समस्त भारतवर्ष का भ्रमण करके दिग्विजय प्राप्त किया और वैष्णव धर्म का प्रचार एवं प्रतिपादन किया। इसी अभ्यन्तर में इन्हों ने निम्न-लिखित २४ ग्रन्थों की रचना की।

१-अणुभाष्य २-तत्त्वदीप (३) निबन्ध (४) रसमंडन (५) श्रीमद्भागवत पर सुबो-

टीका ६-सिद्धान्त मुक्तावली ७-पुष्टिप्रवाह ८-मर्यादा ९-पुरुषोत्तम सहस्त्रनाम १०-सिद्धान्त रहस्य ११-अन्तः करण प्रवोध १२-भुक्ति प्ररकण १३-नवरत्न १४-विवेकधैर्य्याश्रय १५-पत्रावलम्बन १६-कृष्णाश्रय १७-भक्ति १८-जलभेद सन्यास निर्णय १९-जैमिनी सुत्र भाष्य २०-वित्त प्रवोध २१- निरोध लक्षण २२-व्यास बिरोध लक्षण २३-परिवृढ़ाष्टक और २४-वैद्य वल्लभ, ऐसे २४ ग्रंथ इन्हों ने रचा।

भारत भूषण बाबू हरिश्चन्द्र लिखित 'अनेक प्रसिद्ध पुरुषों का जीवन चरित्र अर्थात् चरितावली, के अनुसार इन्होंने पृथ्वी परिक्रमा कर सारे भारत खण्ड में वैष्णव मत फैलाकर बासठ ६२ वर्ष की अवस्था में संबत् १५९७ की अषाढ़ सुदि को काशी जीमें पञ्चत्त्व को प्राप्त हुए।

देखो धा. १२९ (२); १३१ (१); १३२ (२); १३४ (१०)(१४); १९९(१) (४)(९); १७२ (४); १७९ (११); १८९(२); १९० (ख. ११); २१३ (२२); २८३ (८०); ३०४ (३).

कुंडली १०

चैतन्य महाप्रभु।

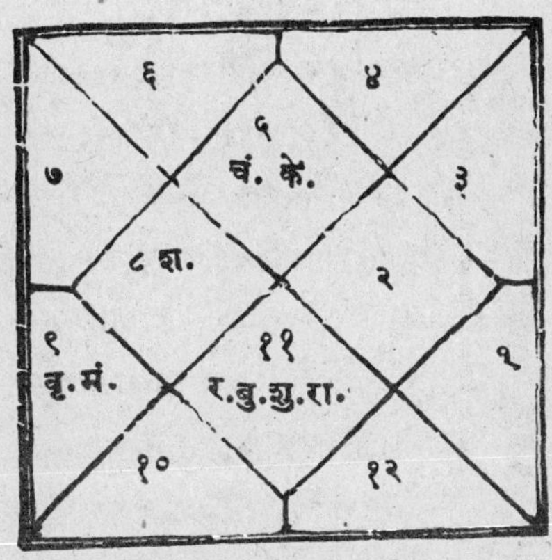

यह कुण्डली वैष्णव धर्म प्रचारक, बंग देश वासी श्री १०८ गौराङ्ग चैतन्य महाप्रभु की है। इनका जन्म नवद्वीप में इस्वी सन् १४८६ फरवरी मास अर्थात् १४०७ शकाब्दा कुम्भ के सौर मास में हुआ था। फाल्गुण पूर्णिमा को सन्ध्या समय जिस दिन चन्द्र ग्रहण था, इस महान पुरुष का इस संसार में श्री कृष्ण लीला एवं श्रीकृष्ण प्रेम का बंगाल ही में नहीं वरन् समस्त भारतवर्ष में

प्रचार के लिये आविर्भाव हुआ था। इन के ईश्वर प्रेम ने कोटानुकोट नर-नारियों को श्री कृष्ण प्रेम में निमग्न बना डाला। इन के जन्म समय सूर्य्य, शुक्र, बुध एवं राहु पूर्वभाद्र नक्षत्र में थे। वृहस्पति और मंगल पूर्वषाढ़ में, शनि ज्येष्ठा में और चन्द्रमा पुष्य नक्षत्र में था। इस कुण्डली में कतिपय विचित्र योग पाये जाते हैं। स्वगृही वृहस्पति ईश्वर प्रेम उत्पादन करने वाला ग्रह पञ्चम स्थान में है और धर्म स्थान का स्वामी ईश्वर अनुष्ठान कर्त्ता मङ्गल, वृहस्पति के साथ पञ्चमस्थ हैं। नवमेश मंगल चतुर्थेश भी है और वह पञ्चमेश के साथ पञ्चमस्थान में बैठा है अर्थात् वली राजयोग भी है। परन्तु सांसारिक आडम्बर का राजयोग नहीं होकर पञ्चमेश और नवमेश के एकत्र होने के कारण ये धर्मस्थापन के एक बड़े महानपुरुष हुए। इन की मृत्यु १५३३ ई. के आषाढ़ सप्तमी रविवार को जल में डूबने से हुईथी। (भक्ति-भाव के कारण कुछ मतान्तर भी है)

देखो धाः १९९ (६); १७९ (२) (९); १८९ (२); १९० (ख १४), १९१ (४); २१७ (२९).

कुंडली ११

महाराज छत्रसाल।

जन्म कुण्डली

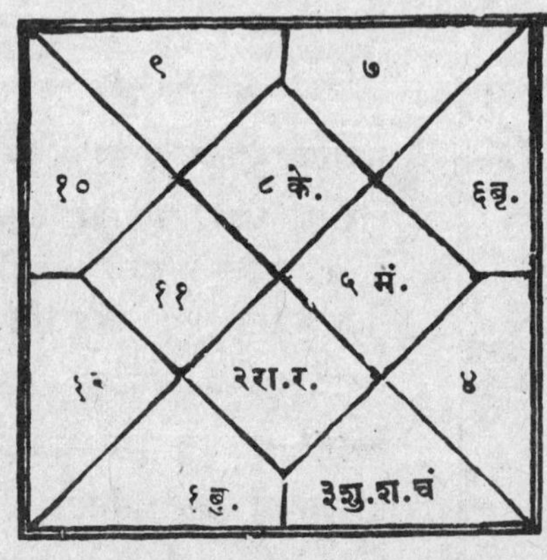

लग्न ७।५।३८।१५।३।११। रवि १।५।४०।५६ (५७।३४) चन्द्रमा २।९।२५।४(७४२।३९) भौम ४।१५।८।२१(१९।२६)बुध. ०।१३।५६।३० (८९।८) गुरु ५।१४।३।२५(३।४)शुक्र २।१९। ५५।२२ (५३।४८) शनि ५।० १।२२(७।२७)राहु ११।१८।७।३९ (३।११) केतु ७।१८।७।३९। (३।११)

महाराजा छत्रसाल का जन्म ज्येष्ठ शुक्ल तृतीया शुक्रवार संवत् १७०६ मृगशिरा नक्षत्र में हुआ था। इस्वी सन् १६४९ था।

नवाश कुण्डली

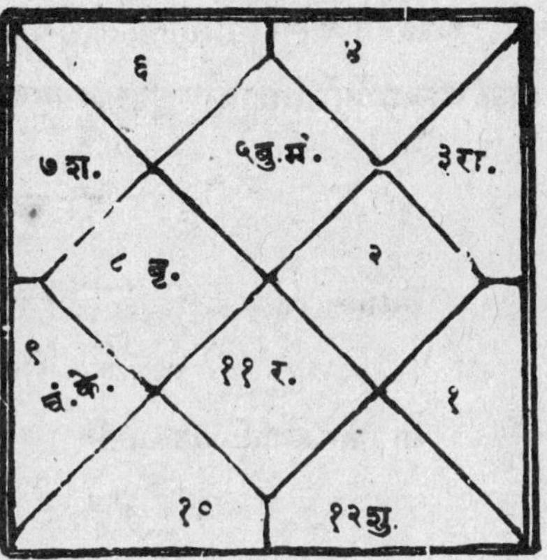

यह कुण्डली महाराजा छत्रसाल बुन्देल खण्ड के एक महाप्रतापी राजा की है। इनके पिता का नाम 'चम्पतराय' था। चम्पत राय ने मुगलों से अर्थात् औरङ्गजेब से बहुत बार लड़े थे। जिस समय शाहजहां के सरदार बाक़ी खां से युद्ध हुआ और बाक़ी खां हारकर वापिस गया। उसी समय बाक़ी खां ने अचानक चम्पत राय के ज्येष्ठ पुत्र सारवाहन को घेरकर मार डाला था। यद्यपि सारवाहन केवल चौदह वर्ष के थे परन्तु वीर होने के कारण वह बुन्दलों के बहुत प्रिय थे। कहा जाता है कि चम्पत राय की स्त्री ने स्वप्न देखा कि सारवाहन उनसे कह रहे हैं कि में पुनः तेरे गर्भ में आउंगा। थोड़े ही दिन उपरान्त चम्पतराय की स्त्री गर्भवती हुई। सभी को विश्वास हो गया था कि सारवाहन, रानी के गर्भ में आ गए। उस समय चम्पत राय रणक्षेत्र में थे और बुन्देल वीरों की रमणियां भी रणक्षेत्रही में अपने पति के साथ रहा करती थी। इसी तरह चम्पत राय की रानी ने भी गर्भावस्था का समय रणक्षेत्र ही में काटा। लड़ाइयों के कुछ दिन बाद मोर पहाड़ी के जंगल में जो कटेरा नामक ग्राम से तीन कोस है, रानी ने बुन्देलखण्ड के भावी विख्यात वीर छत्रसाल का प्रसव किया।

जन्म-कुण्डली के देखने से कोई प्रत्यक्ष ऐसा उत्तम योग नहीं मिलता है जिससे उनका उज्ज्वल भविष्य मालूम हो। चतुर्थेश शनि एवं सप्तमेश शुक्र अर्थात् दो केन्द्र के स्वामी त्रिकोणश चंन्द्रमा के साथ हैं परन्तु अष्टमस्थ होने से अत्यन्त निर्बल राज योग होता है। परन्तु नवमांश-कुण्डली में कई प्रकार के राजयोग पाये जाते हैं। इस स्थान में श्री गोरे लाल तिवारी बिलासपुर के लेखानुसार राजयोग जो नागरी प्रचारणी पत्रिका के भाग १३ अङ्क १ पृष्ठ ६८ में पाया जाता है, उद्धत किया जाता हैं।

धर्मापत्य पौधूनोन केन्द्र लग्नपयुतौ वहष्योराजः ज्ञारार्केःज्यर्क्षेषु घटेषु सखेराजाधिराजः॥ द्यु नोन केन्द्र कोणे छखेशे भूपजो भूपान्यजो मंत्री। निव-

सेतां व्यत्ययेन तावुभौ धर्म कर्मणोः। एकत्रान्यतरो वापि वशाद्धेयोग कारकौ॥ यदि केन्द्र त्रिकोणे वा विसेतां तमौ ग्रहौ। नाथेनान्यतरेणापि सम्बन्धाद्योग कारकौ। विलग्ननाथस्थितराशिनाथस्तद्राशिनाथो यदि तुङ्ग युक्तः। निशाकरात्केन्द्र गतोऽथवास्याद्योगो महाकाल सुसौख्ययुक्तः।

'भुषण' की कुछ कविताएँ

निकसत म्यान तें मयूखें प्रलै भानु कैसी,
फारैं लम-तोम से गयंदन के जाल को।
लागति लपति कंठ वैरनि के नागिनी सी,
रुद्रहिं रिझावै दै दै मुण्डन के मालको॥
लाल छितिपाल छत्रसाल महाबाहु बली,
कहां लौं बखान करौं तेरी करबाल को।
प्रतिभट कटक कटीले केते काटि काटि,
कालिका सी किलकि कलेऊ देति काल को॥१॥

भुज-भुजगेस की वैसंगिनी भुजंगिनी सी, खेदि खेदि खाती दीह दरून दलन के।
बखतर पाखरन बीच धंसि जाति, मोन पैरि पारजात परवाह ज्यों जलन के॥
रैयाराव चंपति के छत्रसाल महाराज, भूषन सकै करि बखानी कलन के।
पच्छी परछोने ऐसे परे परछीने बोर, तेरी बरछी ने बर छीने हैं खलन के॥२॥
रैया राव चंपति को चढ़ो छत्रसाल सिंह भूषण भनत गजराज जोम जमकै।
भादौं की घटांसी उड़ि गरदै गगनं घरैं, सेलैं समसेरैं फेर दामिनी सी दम कैं॥
खान उमरावन के जाल-राजा रावण के, सुनि सुनि उरलागैं घन कैसी धमकै।
बयर बगारन की अरि के अगारन की, नांघती पगारन नगारन के धमकैं॥३॥
हैबर हरट्ट साजि गैवर गरट्ट सबै, पैदरठ ठ फौज जुरी तुरकाने की।
भूषन भनत राय चंपति को छत्रसाल रोप्यो रन ख्याल ह्वै के ढाल हिंदुवाने को॥
कैयक हजार एकवार वैरि मारि डारे, रंजकदगनि मानो अगिनो रिसाने की।
सैद अफगन सेन-सागर सुतन लागी, कपिल, सराप लौं तराय तोपखाने की॥४॥
चाकचक चमकै अचाक-चक चहूं ओर, चाकसी फिरति धाक चंपति के लाल की।

भूषन भनत-पातसाही मारि जेर कीन्हीं, काहू उमराव ना करेरी करवाल की ॥
छनि छनि रीति विरदैत के बड़प्पन की, थप्पन उथप्पन की बानि क्षत्रसाल की ।
जंग जीति लेवा तेऊ ह्वैके दाम देवा भूप, सेवा लगे करन महेवा-महिपाल की ॥५॥

देखो धाः १९९ (४) (१४), २८३ (५१).

कुंडली १२

हैदर अली सुल्तान (मैसूर)

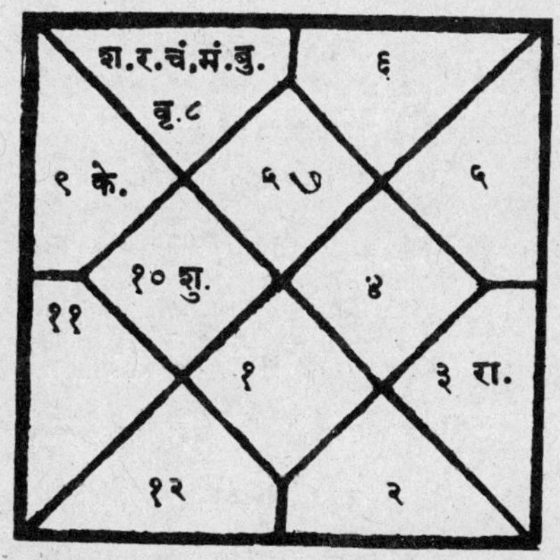

यह कुण्डली "रोआयल होरस्कोप" नामक ग्रन्थ में पाया जाता है। बी. सूर्य्यनारायण राव लिखते हैं कि हैदर अली का जन्म सरवरी नामक वर्ष में सौर अग्रहण मास कार्त्तिक अमावस्या ज्येष्ठा नक्षत्र में था। इन्होंने कोई शाका, संवत् या इस्वी नहीं दिया है परन्तु इतिहास में इनका जन्म १७२२ ई० में होना पाया जाता है। यह एक साधारण सिपाही के बालक थे। बाल्यकाल में "वेंकपैया" नामक एक ब्राह्मण के पशु का चरवाहा थे। मैसूर का हिन्दू राज्य जब शक्ति हीन हो गया तब हैदरअली ने थोड़े से सिपाहियों के साथ लूट-मार करना शुरु कर दिया। ऐसा देख कर मैसूर के राजा ने उसे अपनी सेना में नौकर रख लिया। तत्पश्चात् हैदरअली ने कईवार अंग्रेज से एवं बालाजीराव आदि से लड़ाई में विजय पाई और अपनी सेना को खूब बढ़ाया। सन् १७६६ ई० में मैसूर राजा के देहान्त होने के उपरान्त सेना की मदद से वह स्वयं गद्दी पर बैठ गया और अपने प्रभाव और राज्य को इतना बढ़ाया कि निजाम, मरहट्टे और अंग्रेज आदि सब के सब भयभीत हो गये। उसने दक्षिण भारत में बंगाल खाड़ी एवं अरब सागर के अन्तर्गत, पूरब-पश्चिम

और कृष्णा से रामेश्वर पर्य्यन्त, उत्तर-दक्षिण का एक अपना अखण्ड राज्य अस्थापित कर लिया। उसके फौज की संख्या लगभग एकलाख की थी। लगभग ३०० सौ सुरक्षित किले उसके राज्य में थे। टीपु सुल्तान इसीका बेटा था। हैदर अली की मृत्यु ७ दिसम्बर १७८२ ई. में हुई थी।

देखो धाः १२९ (४); १३३ (४); १९८ (१७); १९९ (१)(९); २८३ (९१).

कुंडली १३

टीपू सुल्तान।

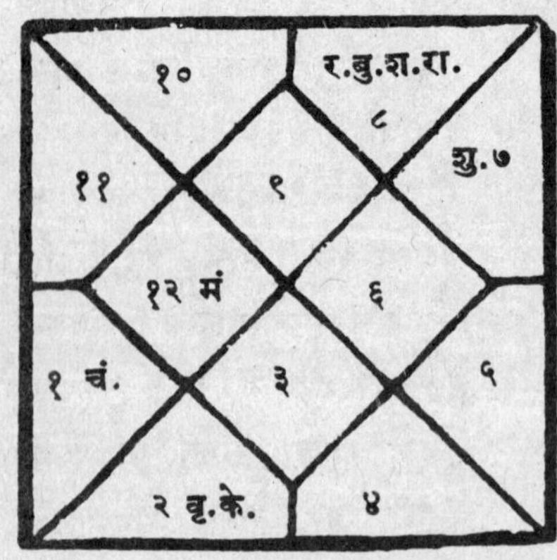

यह कुण्डली मैसूर के राजा टीपू सुलतान, सुल्तान हैदर अली के पुत्र, की है। इनका जन्म १७५२ ई० के चन्द्रमाश कार्त्तिक शुक्ल पक्ष भरणी नक्षत्र में हुआ था। बी. सूर्य्यनारायण राव का कथन है कि एक शिलालेख से इनका जन्म-स्थान दिवानहली रेलवे स्टेशन से २२ मील बंगलोर से उत्तर में होना प्रतीत होता है। यह एक बड़े मैसूर के अधिकारी राजा के पुत्र थे। परन्तु यह अंग्रेजों से युद्ध में पराजित होकर सन् १७९९ में मारे गये और इनका राज्य छिन्न-भिन्न हो गया। यद्यपि इस कुण्डली में सप्तमेश और दशमेश बुध (केन्द्रपति) नवमेश (त्रिकोण पति) के साथ होकर उत्तम राजयोग देता है, परन्तु सभी के द्वादशस्थ होने से राजवंशी होने के कारण राजा तो हुए परन्तु राज्य विध्वंश हो गया। इस कुण्डली में लग्नेश एवं चतुर्थेश षष्ठ स्थान अर्थात रिपु स्थान गत है। धन स्थान का स्वामी शनि सूर्य्य के साथ द्वादशस्थ है। इसी कारण इतिहास देखने से प्रतीत होता है कि द्वादश स्थान में भाग्य का स्वामी सूर्य्य, कर्म स्थान का स्वामी बुध और धन स्थान का स्वामी शनि, सबोंके एकत्रित होने से सन् १७९२ में लोर्ड कोर्नवालिस को इन्हें तीन करोड़ रूपया देना

पड़ा था। और उस समय उनको राहु की महादशा बीतती थो। राहु सूर्य्य, बुध, शनि, समुदाय फल देने वाला था जैसा कि पूर्व लिखा जा चुका है। भरणी के किस चरण में इनका जन्म था इसका पूर्ण विवरण नहीं रहने के कारण अन्तरदशा का निश्चय नहीं किआ जा सका। इनके धर्म स्थान का स्वामी सूर्य्य, शनि के साथ है और उसपर वृहस्पति शुभग्रह की पूर्ण दृष्टि है तथा शनि की धर्म-स्थान पर भी पूर्ण दृष्टि है। इस कारण अपने धर्म से विचलित न हुए परन्तु बड़े पाखण्डी और धार्म्मिक थे कि जो इतिहास से भो प्रतिपादित होता है।

देखो धाः २१७ (३९) (८२); २८३ (९१).

कुंडली १४

राजा वीरराज।

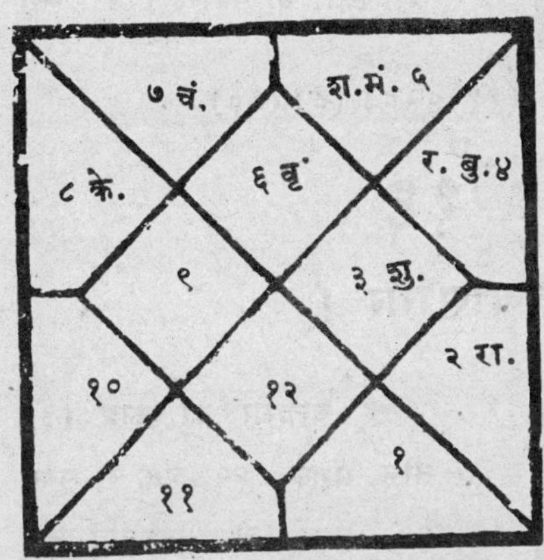

यह कुण्डली दक्षिण भारत "कुर्ग" के अन्तिम राजा वीरराज की है। इसका जन्म १८०२ ई. के श्रावण महीने में हुआ था। बी. सूर्य्यनारायण राव ने भी इनकी जन्म तिथि के विषय में कुछ नहीं लिखा है। इतिहास देखने से पता चलता है कि यह एक बड़ा ही अत्याचारी और दुष्ट राजा था। उसने अपने बहुत से कुटुम्बियों को मरवा डाला था और उसे कोई पुत्र न था। १८३४ ई० लौर्ड वेण्टिंग ने उसे युद्ध में पराजित किया और राज्य छीन लिया। वह १८५२ में विलायत चला गया और उसकी वहीं मृत्यु हुई। जन्म तिथि नही ज्ञात होने के कारण बहुत सी बातें इस कुण्डली के विषय में नही लिखा जा सका। परन्तु कुण्डली मात्र के अवलोकन से कालसर्प-योग पाया जाता है जो उनके राज्यच्युत होने का मुख्य कारण हुआ। पञ्चम स्थान भी बहुत ही निकृष्ट है और कई बातें इस पुस्तक में इस कुणडलो के विषयमें लिखी जा चुकी हैं।

देखो धाः १२५ (२); १५८ (१७); १५९ (११); २९४ (७).

कुंडली १५

महाराज राम वर्म्मा ।

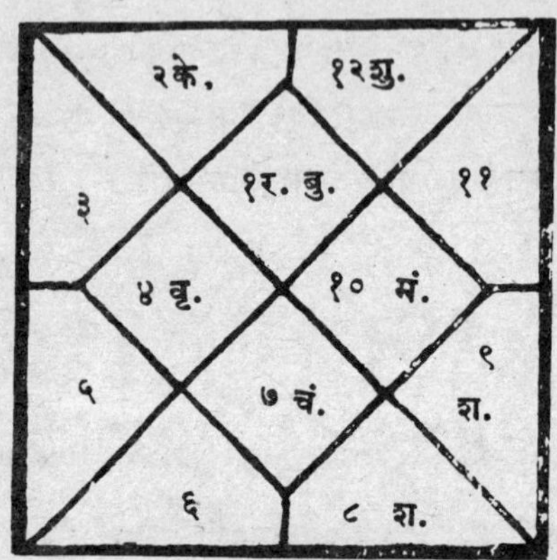

इनकी जन्म तिथि अप्रेल १८१२ ई. में चैत्र पूर्णिमा की थी। ट्रावनकोर ७ हजार वर्ग मील का एक राज्य था और लगभग डेढ़ करोड़ का वार्षिक भूमि-कर था। यह कुण्डली भी रोआयल होरस्कोप नामक ग्रन्थ से उद्धृत की गयी है।

देखो धाः १७७ (२) १७९ (५) (११); २८३ (८) (३०).

कुंडली १६

ईश्वरचन्द्र विद्यासागर ।

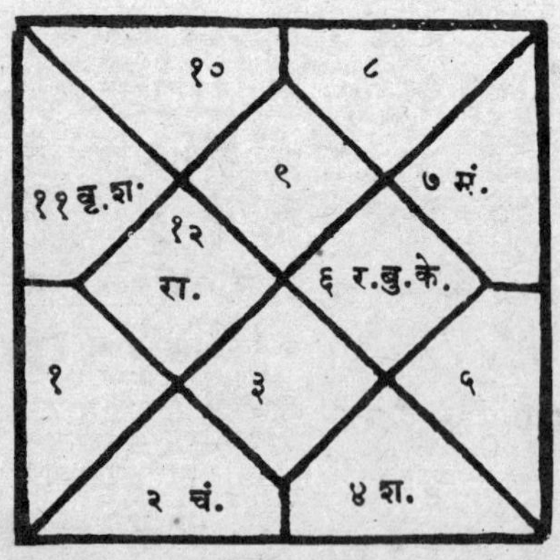

चन्द्रमा का नक्षत्र (३) तीन, मंगल १५, शुक्र ९, सूर्य्य १३, बुध १२, बृहस्पति २५ (वक्री), शनि २४, रा. १३, लग्न ८।५। जन्म २९ सितम्बर १८२० ई० तदनुसार संवत् १८७७ आश्विन कृष्ण द्वादशी मंगलवार शाका १७४२।५।११।१५।४१।४४ (वङ्गदेश में जन्म वर्ष इत्यादि लिखने की यही रीति है अर्थात शाका १७४२ के कन्या संक्रान्त के ११ अंश पर १५ दण्ड ४१ पला ४४ विकला इष्टदण्ड) में पूजनीय ईश्वर चन्द्र विद्यासागर का जन्म हुआ था। इनका जन्म बङ्ग प्रान्त के मिदनीपुर जिलान्तर्गत वीर-

सिंहपुर ग्राम में एक धार्म्मिक परन्तु दरिद्र ब्राह्मग के घर में हुआ था। इनकी बुद्धि एवं विद्याभिरुचि बहुत अच्छी थी। इन्होंने बहुत ही शीघ्र अर्थात तीन वर्ष में व्याकरण समाप्त किया और साहित्य के अध्ययन में ११ ग्यारहवर्ष ही की अवस्था में लग गये। यद्यपि इन्हें भोजनादि स्वयं बनाना पड़ता था, तौ भी ये बहुत ही शीघ्र एक उच्चकक्षा के पण्डित हो गये। इनकी स्मरण शक्ति भी अच्छी थी। विद्यार्थियों से इन्हें बड़ा प्रेम था और बड़े दानशील थे। विधवा विवाह को इन्होंने प्रतिपादित किया था और बहुत सादा जीवन व्यतीत कर भी कुलानुसार धनोपार्जन, अच्छा ही किया। ये अपनी माता के बड़े भक्त थे इन्होंने बङ्ग प्रान्त ही में नहीं बल्कि समस्त भारत में बड़ी ख्याति पायी। मृत्यु के लगभग दो वर्ष पूर्व से इनका स्वास्थ्य बिगड़ गया और अन्त में बुखार से २८ वीं जुलाई १८९१ ई० को दो बज के १८ मिनट पर इनकी मृत्यु हुई।

देखो धा १२९ (२, कु० १६ के बदले ३६ छप गया है) (४); १३२ (१) १५९ (१) (४); १८९ (२) २८३ (८०).

कुंडली १७

रामकृष्ण-परमहंस।

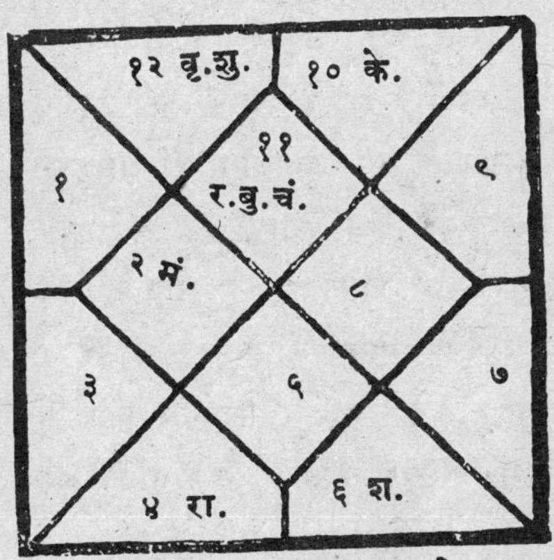

सूर्य्य का नक्षत्र = २४ = १०।९।१३
मंगल ,, ,, = ४ = १।२४।०
बुध ,, ,, = २४ = १०।७।०
बृहस्पति,, ,, = २६ = ११।१०।२०
शुक्र ,, ,, = २७ = ११।२९।१०
शनि ,, ,, = १२ = ५।७।२१
राहु ,, ,, = ७ = ३।२।०

इनका जन्म २० फरवरी १८३३ तदनुसार संवत १८८९ शाका १७५४। १०।९।०।१२ बुधवार के प्रातः समय शतभिषा नक्षत्र चान्द्री मास फाल्गुन शुक्लप्रतिपद का था। उस साल की हस्तलिपि पञ्चाङ्ग जो लेखक की लाइब्रेरीमें

है, इन सब बातों के शुद्ध करने में प्रयोग किया गया है। हुगली जिलान्तर्गत जहानाबाद से चार कोस पश्चिम 'कामार पुकुर' ग्राम में श्री१०८ रामकृष्ण जी का जन्म हुआ था। इन के पिता का नाम खुदी राम चटोपाध्याय था। यह ग्राम के एक प्रसिद्ध परन्तु अत्यन्त निर्धन मनुष्यों में से थे। एकवार खुदीराम चट्टोपाध्याय गया धाम आए हुए थे। उन्होंने स्वप्न में श्री गदाधर जी को देखा और स्वप्न ही में गदाधर जीने कहा 'मैं तुम्हारा पुत्र होके जन्मूंगा, इसी कारण बचपन में रामकृष्णजी का नाम इन के पिता ने 'गदाधर' रक्खा जिस के अपभ्रंश रुप में उन्हें गदाई २ कहा करते थे। विद्याध्यन की ओर उनकी रूचि किञ्चित भी न हुई। बंगाली सन् १२५९ में कलकत्ते के सुप्रसिद्ध एवं अत्यन्त दान शोला रानी राशमणि ने दक्षिणेश्वर नामक स्थान में एक काली बाड़ी बनवाई थी। वहीं रामकृष्ण जी के बड़े भाई पुजारी में नियुक्त थे। धीरे धीरे रामकृष्ण जो वहीं की पूजा का काम करने लगे। पूजा करते करते आप पर भगवती की कृपा हुई और कहा जाता है कि कुछ ही दिनों पर भगवती से इनको साक्षात्कार हुआ। फलतः यह एक प्रसिद्ध व्यक्ति हो गये। इनका विवाह जयरामवाड़ो नामक ग्राम के रामचन्द्र मुखोपाध्याय की पांच वर्ष की कन्या से हुआ। परन्तु रामकृष्ण जी को लोग पागल समझने लगे और इस कारण वह अपने पिता के घर ही रह गई। कुछ समय बीतने पर और तन्त्रोक्त साधन की सिद्धि के उपरान्त उन के पास तोता पुरी नामक एक सिद्ध पुरुष आए। उन से श्री रामकृष्ण ने योगाभ्यास की शिक्षापाई और सन्यास भी लिया। उन्हीं ने इनको परमहंस की उपाधि भी प्रदान की। केशब चन्द्र आदि उस समय के बड़े बड़े लोग श्री रामकृष्ण जी के दर्शनार्थ दक्षिणेश्वर में भीड़ लगाये रहते थे। आप एक बड़े सिद्ध पुरुष थे। भारतवर्ष के सुविख्यात विद्वान् स्वामी विवेकानन्द आप के एक योग्य शिष्यों में से हुए आप ही की कृपा से विवेकानन्द जी के चित्त को हिन्दू धर्म से शान्ति हुई। स्वामी विवेकानन्द जी ने रामकृष्ण परमहंस जी के देहान्त के उपरान्त रामकृष्ण-मिशन नामक संस्था भारतवर्ष में स्थापित कर दी। सन् १८८६ की १६ वीं अगस्त को ये सर्वदा के लिये समाधि में आ गये। कहीं-कहीं लिखा पाया जाता है कि उस अन्तिम समाधि के समय इनकी जिह्वा में एक व्रण हो गया था।

देखो धाः १९८ (१७) (१८); १८७ (७); १८९(२); १९२(२);२२९ (८); १२६ (१६),

कुंडली १८

पञ्चानन भट्टाचार्य्य जी ।

सूर्य्य १६ वां, चं १९वां, मंगल १०वां, बुध (१६) १७वां, वृहस्पति एवं शुक्र १९वां, शनि चौथा और रा. चौथे नक्षत्र में था। सूर्य्य ६।२०।३०, चन्द्रमा ८।६।०, मंगल ४।२।३०, बुध ७।१२।१२ वृहस्पति ८।२।६, शुक्र ८।३।२९, शनि १।९।० (वक्री), रा, १।२१।९८।

इनका जन्म समय ९वी नवम्वर १८३९ ई० की अर्द्ध रात्रि के बाद है इनकी कुण्डली 'जातक कौमुदी' नामक ग्रन्थ में पायी जाती है। परन्तु जन्म तिथि इत्यादि दी हुई नहीं है। उक्त पुस्तक में लिखा है कि सूर्य्य १६वां नक्षत्र (विशाखा) में था अर्थात् जन्म के समय तुलाराशि के २० अंश से ऊपर था। इण्डियन क्रोनोलोजी नामक पुस्तक एवं पञ्चाङ्ग के देखने से वोध होता है कि चौथी नमम्वर १८९३ई० को सूर्य्य तुला के २० अंश अथवा २० अंश के के ऊपर होता है। 'जातक कौमुदी' के अनुसार इन की कुण्डली में चन्द्रमा मेष राशि में लिखा पाया जाता है। जो पूणमासी के लगभग का जन्म बोध करत। है। इन्डियन क्रोनोलोजो एवं उस वर्ष का काशी पञ्चाङ्ग देखने से पता चलता है कि सूर्य्य तुला कि २० अंशपर अर्थात् विशाखा में चौथी नवम्वर १८९३ लगभग २९ दण्ड के उपरान्त प्रवेश करता था। चौथी नवम्बर १८९३ अग्रहन शुक्ल तृतीया अर्थात् अमावस्या के लगभग होता है। इस कारण चन्द्रमा का सूर्य्य से सप्तमस्थान में रहना अवश्य अशुद्ध है। इनकी कुण्डली में मं. की स्थिति दशवें नक्षइ में लिखा है और

पञ्चाङ्ग के देखने से कार्त्तिक कृष्ण अमावश्या अर्थात् पहली नवम्बर को मंगल मघा नक्षत्र में प्रवेश करते पाया जाता है। इसी कारण उनका जन्म पहली नवम्बर के बाद और सूर्य्य स्थिति के अनुसार चौथी नवम्बर के २९ दण्ड के उपरान्त सम्भव होता है। सूर्य्य के तृतीयस्थ होने से इनका जन्म अर्द्ध रात्रि के बाद का प्रतीत होता है। इस कारण इनका जन्म चौथी नवम्बर की रात्रि अर्थात् ५वीं नवम्बर के आरम्भ में ही होना सम्भव है। इस तिथि की ग्रह स्थिति, सिवाय बुध के जो सत्रहवें नक्षत्र में पड़ता है, इन की कुण्डली की ग्रहस्थिति के अनुकूल ही पड़ती है। चौथी नवम्बर की अर्द्ध रात्रि के बाद मूल नक्षत्र होता है इस कारण चन्द्रमा धन राशिगत होगा और मेष में चन्द्रमा हो ही नहीं सकता।

यह बङ्ग देशीय ब्राह्मण थे। वैद्यनाथ धाम में बहुत काल से थे। इनका धार्मिकविचार अत्यन्त सुन्दर और गम्भीर था। ये स्वयं योगाभ्यासी थे और योगाभ्यास के कठिन मार्ग को सुगम रीति से बतलाकर लाखों शिक्षित समाज के सज्जनों को उपदेश दिया करते थे। इन के बहुत शिष्य थे।

देखो धा. १८९ (२) १९१ (५) २८३ (८)

कुण्डली १९

राय बहादुर बङ्किमचन्द्र चटर्जी (C.I.E.)

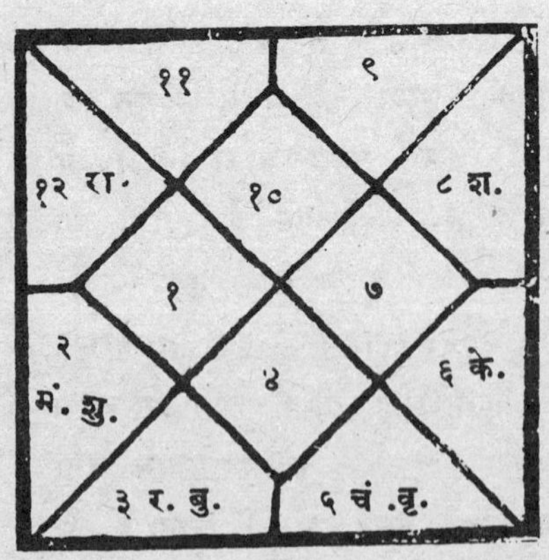

र., बु. ६ठे नक्षत्र में मंगल ४, शुक्र ३, बृहस्पति ११ चन्द्रमा दशवें नक्षत्र के दूसरे चरण के लगभग अन्त में, शनि १६, वें राहु २६वे नक्षत्र में। लग्न ९।१९

इन का जन्म समय २६ जून १८३८ संवत् १८९५ के ४ अषाढ़ शुक्ल शाके १७६०।२।१२।३९।।३१। था। हिन्दी प्रेस प्रयाग रामजी लाल शर्म्मा लिखित जो इन की जीवनी है उस में सन् १८३९ ई० २७वीं जून में इन का जन्म लिखा है। ग्रहों की स्थिति के अनुसार वह भूल मालूम होता

इन का जन्म २४ चौबीस परगणा जिलान्तर्गत कांटाल पाड़ा नामक ग्राम में हुआ था। ये कलकत्ता यूनीवर्सिटी की प्रथम श्रेणी के बी. ए. में से थे और इन्होंने बी. एल. भी पास किया था। बहुत वर्ष तक ये उच्च दर्जे के डिप्टी मैजिस्ट्रेट थे। इन्हें राय बहादुर एवं सी. आइ. ई. की उपाधि भी मिली थी। बंगला साहित्य को उच्च शिखर पर लाने का इन्हीं को गौरव प्राप्त हुआ था। ये उपन्यास के एक बड़े लेखक हुए। इन के सभी उपन्यास प्रायः शिक्षाप्रद थे और इन की कवितायें भी सुललित एवं उच्च कक्षा की होती थी। देश प्रेम एवं देशानुराग की भी प्रवाह इन के लेखों में पायी जाती है। 'बन्देमातरम' शिर्षक, वह पद जो वर्तमान समय में राष्ट्रीय ध्वनि बन गई है इन्हीं की बनायी हुई एक कविता है। रामजीलाल शर्म्मा ने इन की जीवनी में लिखा है 'बंकिम बाबू अपने उपन्यासों से देश भर में राष्ट्रीयता का मंत्र फूंकना चाहते थे और उन्हें इस काम में सफलता भी प्राप्त हुई है। उन्होंने कहा था कि एक दिन 'बन्देमातरम' की ध्वनी से सारा भारत गूंज उठेगा और आज हम ऐसा ही पाते भी हैं' इनके उपन्यासों का अनुबाद सभी भाषाओं में हुआ। विलायत के लोगोंने भी कई स्थानों में बड़ी प्रसंशा की इनका स्वास्थ्य बहुमूत्र रोग के कारण अच्छा नहीं रहता था और अन्त में इसी रोग के कारण इनके जननेन्द्रिय में दो एक फोड़े निकल आए। फलतः लभभग ५५ वर्ष की अवस्था अर्थात् १८९४ ई० में इस असार संसार से चल बसे।

देखो धा. १९९ (१)(२) २१९ (८) २१७ (१०८); (३०८) (११).

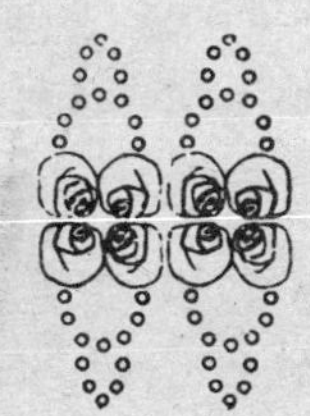

कुण्डली २०

श्रीयुतकेशवचन्द्र सेन।

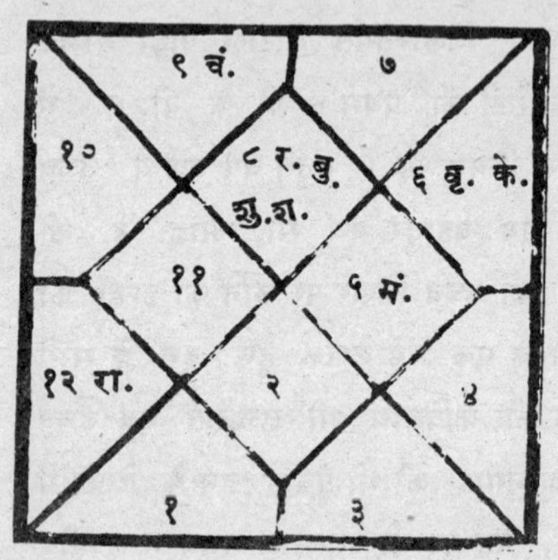

सूर्य्य बुध, शुक्र एवंशनि १७वें नक्षक्ष में चन्द्रमा १९वें नक्षत्र. मङ्गल ११वें नक्षत्र, वृ. एवं केतु १४ वां नक्षत्र में थे।

इन का जन्म १९ वीं नवम्बर १८३८ ई० तदनुसार संवत १८९५ अग्रहण शुक्ल द्वितीया सोमबार एवं शाका १७६०।७।४।५९।३५ को हुआ था (अर्थात् मंगलवार होने के थोड़ी देर पूर्व) इन की कुण्डली एक बङ्गाली मित्र से मुझे प्राप्त हुई है।

इन का जन्म हुगली के समीप गरोफा नामक ग्राम में एक बड़े उज्ज्वल एवं धनिक वैद्य वंश में हुआ था। जन्म ही से इनका संस्कार बड़ा ही अच्छा था और चरित्र के भी अच्छे थे। पढ़ने लिखने में अच्छे थे: परन्तु भाग्यवश एक स्कूल थे दूसरे स्कूल में नाम लिखाने के कारण परीक्षा में उत्तीर्ण न हो सके। इन की जीवनी में लिखा है कि परीक्षा-समय किसी अन्य बालक से सहायता लेने के कारण परीक्षा भवन से ये बाहर कर दिये गये थे। परिणाम यह हुआ कि इन्होंने पढ़ना ही छोड़ दिया और यूनीवर्सिटी की कोई परीक्षा पास न कर सके और यहीं पर इन के विद्याध्ययन काभी शेष हो गया। इन की जीवनी में बहुत सी बातें हैं परन्तु पुस्तक के लिये इतना लिखना आवश्यक है कि उनके समय में बंगाल के युवक अंग्रेजी शिक्षा के चकाचौंध में पड़कर बहुतेरे ईसाई मत की ओर झुक रहे थे। उसी समय महर्षि देवेन्द्र नाथ ठाकुर ने एक ब्रह्मसमाजसंस्था की स्थापना की थी। उसी संस्था ने इनके चित्त को पूर्ण रूप से आकर्षित किया और महर्षि देवेन्द्रनाथ ठाकुर से ये बहुतही अनुगृहीत हुए। यह सत्य है कि केशव चन्द्रसेन ने बहुतेरे

बालक एवं मनुष्यों को ईसाई होने से बचा लिया। अन्त में महर्षि देवेन्द्रनाथ ठाकुर जो ब्रह्मसमाज के जन्म दाता थे और बाबू केशव चन्द्र सेन से ब्रह्म समाज के मन्तव्यों में मतभेद हो गया। इनकी जीवनी में लिखा है कि देवेन्द्रनाथ के विचारों का निर्माण प्राचीन वैदिक शिक्षा के आधार पर हुआ था। ईसाई मत और ईसाई शिक्षा का उन पर कुछ भी प्रभाव नहीं पड़ा था। लेकिन केशव चन्द्रसेन पर ईसाई शिक्षा का बहुत कुछ प्रभाव पड़ता था। 'देवेन्द्रनाथ तो चाहते थे कि वे ब्रह्म समाज द्वारा उपनिषदों के समय के हिन्दू धर्म का पुनरुद्धार करें, लेकिन केशव चन्द्र सेन एक नवीन धर्म और नवीन समाज स्थापित करना चाहते थे.........................देवेन्द्रनाथजी हिन्दू धर्मानुसार विवाह को प्रथा के पूरे पक्षपाती थे लेकिन केशव चन्द्रसेन का विचार इस विषय में भिन्न था.........उन्होंने (केशव चन्द्रसेन) ब्राह्मणों के जनेउ उतरवा डाले थे..............इस कारण उन के अनुयायियों में उपवित-रहित ब्राह्मण और शूद्रलोग सभो आपस में खाते पीते.........ब्राह्मण की लड़की का शूद्र से, और शूद्र की लड़की का ब्रहाण से बिवाह करने में उन्हें कोई आपत्ति नहीं थी, इन सब मन्तव्यों के अनुकूल केशव चन्द्रसेन ने अपने ढ़ंग पर ब्रह्म समाज की स्थापना भारतवर्ष के अनेकानेक स्थानों में की और ईसाई पादरियों के लिये तो यह एक ब्रईसा बन गये। १८८३ ई० में इन्हें बहु-मूत्र रोग हुआ और १८८४ ई० की ८वीं जनवरी को सवेरे ९ नौ बज के ५३ मिनट पर ये इस कर्म भूमि से सदा के लिये चल बसे।

देखो धा. १२९ (२)(४); १३५ (७); २८३ (८).

कुण्डली २१

श्रीसोताराम शरण भगवान प्रसाद रूपकला।

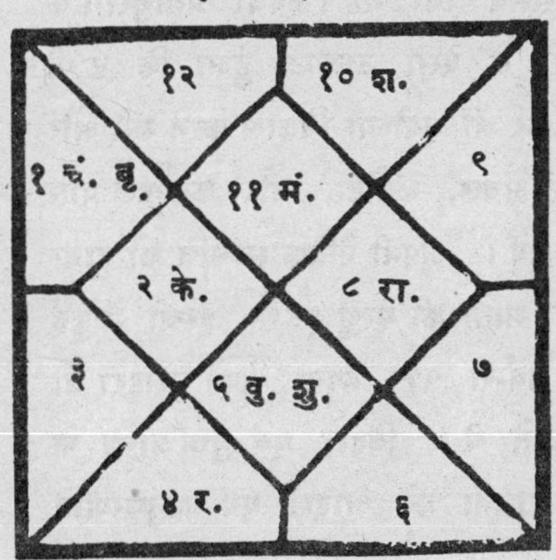

सूर्य्य ३।१२।३०, चन्द्रमा ०।२७।५९, मंगल १०।६।४८ (वक्री), बुध ४।१।०, बृ. ०।१६।१८, शुक्र ४।२।२४, शनि ९।२२।१२ (वक्री), सूर्य्य दशा भोग्य वर्षादि ५।४।१८

२४ जनवरी १९२९ में लेखक ने एक पत्र द्वारा श्री रूपकलाजी से उनकी कुण्डली मांगी। कुण्डली आने पर बहुत परिश्रम पूर्वक देखने के उपरान्त मालूम हुआ कि संवत् एवं ईस्वी साल में पांच वर्ष का भूल है। परन्तु जन्मतिथि इत्यादि एकदम ठीक थी। उन की छपी हुई जीवनी में भी देखने से वही भूल पाई गयी। सब प्रकार से जांच करने के ऊपरान्त ठीक यह पाया गया कि उन का जन्म २७ जुलाई १८४५ ई० तदनुसार संवत् १९०२ श्रावणकृष्ण नवमी कृत्तिका प्रथम चरण रविवार का था। इन की मृत्यु चौथी जनवरी १९३२ को हुई। यह छपरा जिलान्तर्गत मुबारकपूर ग्राम के रहने वाले थे। इनके पितामह किसी उच्चपद पर आलमगंज इलाहाबाद में रहते थे, वहीं इनका जन्म हुआ था। इन के पिता मुनशी तपस्वी राम एक बड़े धार्मिक पुरुष थे। उन्होंने कई धार्मिक पुस्तकें भी लिखी थी। बाल्यकाल ही से धर्म्म की ओर इनकी बड़ी चेष्टा रही। "सीताराम मनोहर जोड़ी, कबहुं चितै हैं हमरी ओरी" इस पद को ये सर्वदा पढ़ते रहते थे। ई० १८५९ में ये छपरा जिला स्कूल में विद्याध्ययन के लिये भरती हुए और मैट्रिक परीक्षोत्तीर्ण होने पर १४ अगस्त १८६३ में सबइन्सपेक्टर के पदपर नियुक्त हुए। १८९० इस्वी में स्त्री के देहान्त के अनन्तर आप की चित्त में पुनर्विवाह का उद्वेग जड़ न पकड़ा। ये बराबर धार्म्मिक विषयों पर चिन्तमन करते रहे और प्रति दिन धर्म्म की ओर इनकी अभिरति बढ़ती ही गई। इ० १८६९ में आप डिप्टीइन्सपेक्टर के पदपर मुंगेर गये और वहां १२ वर्ष तक रहे। लेखक ने बाल्यकाल ही में, जिस समय फारसी अध्ययन करता था, इनकी सौम्यमूर्त्ति का दर्शन बरबिगहा में गैद्रिंग परिक्षा (उस समय की एक परिक्षा विधि) के समय पाया था। ईश्वर प्रेमानुराग के कारण इनका चित्त, सांसारिक विषयों से ऐसा उच्चाट हुआ कि ४ थी नवम्बर १८९३ ई. को आप पेन्सन प्राप्त कर श्री अयोध्या निवास करने लगे और वहां श्री १०८ रामचरण दास जी से अंचल, लंगोटा, और कमण्डल प्राप्त किया और गृहस्थाश्रम से विरक्त हो गये। अपनी पैत्रिक सम्पत्ति को दान-पत्र द्वारा इश्वरार्पण कर दिया। इनकी माता की मृत्यु १८९५ इस्वी में हुई थी। ये परम पूजनीय माता को जीवन पर्यन्त ५१) रुपया अपने मुशहरा वा पेन्शन से भरण पोषण के लिये दिया करते थे। बिहार एवं युक्त प्रान्त के सभी लोग इन के इश्वर प्रम एवं अराधना को आदर्श एवं अनुकरणीय

मानते थे। आप भगवन के नाम की रटना रात्रिदिवा करते हुए ४ फरवरी १९३२ ई० में इस नश्वर शरीर को छोड़ सर्वदा के लिये साकेत धाम को पधारे। आपने अपने उपदेश, दानशोलता, नाम-रटन एवं ईश्वर प्रेम का अकथनीय प्रभाव सभी शिक्षित समाजों पर और विशेष रूप से कायस्थ-समाज पर ऐसा डाला कि घर-घर में उनका नाम यश, और लीला सदा स्मरणीय रहेगा। इनकी जोवनी में, अनेकानेक अद्भुत घटनाओं के उल्लेख पाये जाते हैं। जिस से कलियुग में भक्ति-मार्ग हो सुगम प्रतोत होता है। इनके गुणानुवाद को जितना भी लिखा जाय थोड़ा ही होगा।

देखो धा. १८९ (२); १९१ (३), २१३ (१८); २८३ (८).

कुण्डली २२

महामहोपाध्याय श्रीशिवकुमार शास्त्री (काशी)

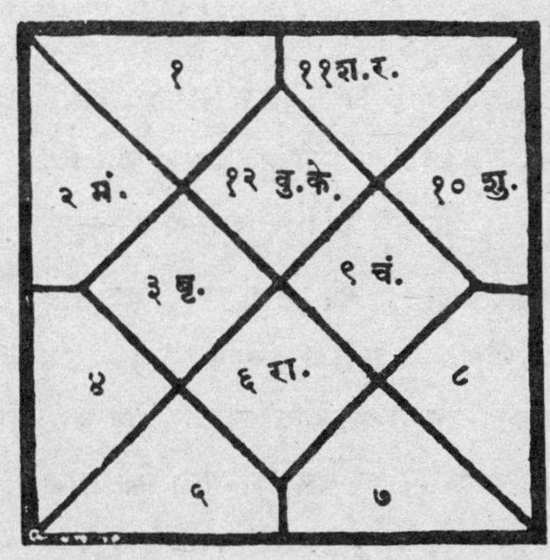

सूर्य्य १०।१८।१९, मंगल १।११।९४।, बुध ११।२।१६। बृहस्पति २।१७।१८। शुक्र ९। ११।३७, शनि १०।२१।४२।

इन का जन्म पहली मार्च १८४८ ई० तदनुसार संवत् १९०४ फाल्गुन कृष्ण एकादशी बुधवार ४।३० पला पर पूर्वाषाढ़ नक्षत्र के तृतीय चरण में था। 'फलित विकास' नामक पुस्तक में छापे की भूल से पूर्व फाल्गुणी लिखा पाया जाता है। ये काशी के एक अद्वितीय विद्वानों में से थे। सभी शास्त्र के ज्ञाता थे। सैकड़ों शास्त्रार्थ आपने किया। सनातन धर्म के पूर्ण स्तम्भ थे। राजा महाराजा, एवं विद्वान सभी से पूजित और सब लोग इनके विचार को व्यवस्था रूप से मानते थे। इनकी मृत्यु १९७४ अधिक भाद्र पद शुक्ल परिवा शनिवार

को ७ वजे सवेरे हुई थी और मृत्यु के समय पक्षाघात (लकवे) की बिमारी हो गई थी।

देखो धाः १२९ (२) (९); १३१ (१); १३१ (२); १५९ (९); १७९ (९): १९१ (९): २८३ (८); ३०८ (११),

कुण्डली २३

श्रीयुत बाबू श्यामाचरण डिप्टी मैजिस्ट्रेट।

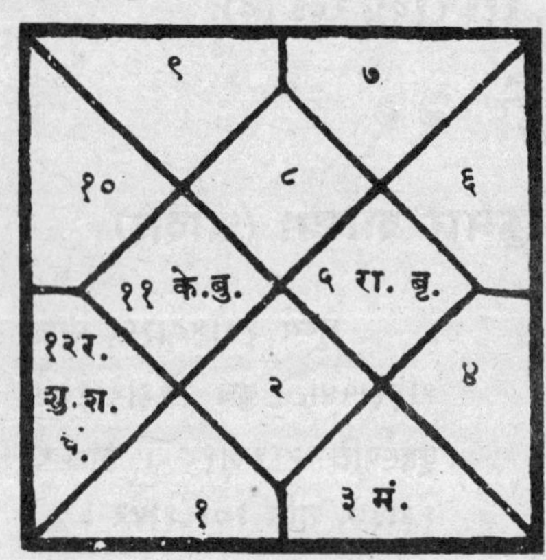

आप का जन्म १४ वीं मार्च १८५० तदनुसार संवत् १९०७ शाका १७७२ चैत्र शुक्ल प्रतिपदा का है। यह १८७३ ई० में डिपटी मैजिस्ट्रेट के पद पर नियुक्त किये गये थे। १८७८ ई० में अपने पिता के साथ किसी नौका पर भरे हुए बन्दूक के साथ शिकार के लिये जाते थे। बन्दूक का अग्रभाग इनकी दाहिनी वांह से अवलम्बित था। अकस्मात् बन्दूक छूट गया और इनकी दा. बांहु के उपरी भाग में गोली लग गयी। बहुत समय तक जब घाव अच्छा न हुआ तो वांह के उपरी भाग अर्थात् मोढ़े पर से वांह काट दिया गया। तत्पश्चात् आपने वांये हाथ से लिखने का ऐसा अभ्यास किया कि इजहार वगैरह बड़ी सफलता से लिख लेते थे। आप बड़े तेजस्वी, गम्भीर, विद्वान्, एवं विचार शील डिप्टीमैजिस्ट्रेट हुए। बहुत दिनों तक आप मुङ्गेर में थे और कुछ दिनों तक डिस्ट्रिक्ट मैजिस्ट्रेट के पद को मुङ्गेर में सुशोभित किया। इन्हें कई सुयोग्य सन्तान थे। परन्तु अभाग्य वश उनमें से बहुतों की मृत्यु हुई। आपका विवाह कलकत्ते के एक वड़े जमीन्दार की कन्या से हुआ था और ससुर की बहुत सी सम्पत्ति एवं कलकत्ते का मकान भी इनको मिला। लेखक के ये एक बड़े मित्रों में से हैं। १९२९ में इनसे कलकत्ते में लेखक को मुलाकात हुई थी अभी वर्तमान समय का समाचार ज्ञात नहीं।

देखो धाः १५५ (८); १५८ (१७); १५९ (१); १६५ (२); ३१३ (१४).

कुंडली २४

सर प्रभुनारायण सिंह जी बहादुर।

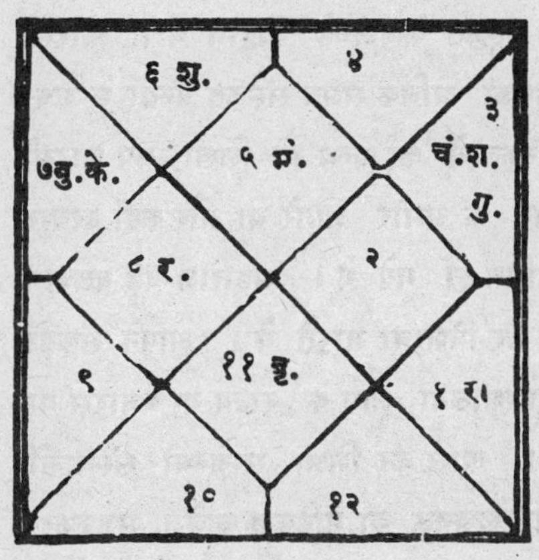

यह कुण्डली स्व० काशी-नरेश लेफ्टिनेन्ट कर्नल हिजहाइनेस महाराज सर प्रभुनारायण सिंह जी बहादुर जी-सी. एस, आइ; जी. सी. आइ. ई; एल. एल. डी. की है। इनको जन्म २६ नवम्बर १८५५ तदनुसार संवत् १९१२ शाका १७७७ अग्रहण कृष्ण तृतीया सोमबार को आर्द्रा नक्षत्र में ४३।२६ पला पर था। बी. सूर्य्यनारायण राव कार्त्तिक कृष्ण तृतीया लिखते हैं। कार्त्तिक कृष्ण तृतीया २८ अक्टूबर पड़ता है और संक्रान्त तुला का है। अग्रहन तृतीया होने से ग्रह स्थिति ठीक भी मिल जाती है। मं. को सूर्य्यनारायण राव ने कन्या में लिखा है। उस वर्ष काशी पञ्चाङ्ग एवं इन्डियन क्रोनोलोजी के अनुसार मं. सिंह के २८ अंश में होना मिलता है और सप्तमी शुक्रवार को कन्या में जाता है। इन्डियन क्रोनोलोजो अनुसार २७ नवम्बर के दिन में कन्या में जाता है। इनके पिता श्रीनारायण सिंह जी महाराजाधिराज ईश्वरी प्रसाद नारायण सिंह जी के कनिष्ट भ्राता थे। महाराज प्रभु नारायण सिंह जी के बाल्यकाल ही में इनके पिता का स्वर्गवास हो गया था। महाराजाधिराज श्री ईश्वरी प्र० नारायण सिंह जी ने श्री प्रभुनारायण सिंह जी को, जिस समय कि इनकी उम्र ९ वर्ष की थी, दत्तक पुत्र बना लिया था। ३० जून १८८९ में महाराजा प्रभुनारायण सिंह जी राजगद्दी पर बैठे। गद्दी पर बैठ कर महाराजा प्रभुनारायण सिंह जीने केवल सुशासन ही न किया बल्कि अपने पूर्वजों का खोया हुआ राज्य और स्वतन्त्र-अधिकार प्राप्त कर लिया। ४ अप्रैल १९११ में आप को स्वतन्त्र शासन की सनद मिली। इसलिये महाराज प्रभु-

नारायण सिंह जी काशी राज्य के उद्धारक और संस्थापक थे। काशी नरेश के इस भूमिहार ब्राह्मण राज वंश में कई राजा हुए परन्तु महाराज प्रभुनारायण सिंह जी ने वह कार्य किया कि काशी राज्य जब तक पृथ्वी पर रहेगा तबतक आप उसके संस्थापक रूप से स्मरण किये जायंगे।

महाराज प्रभुनारायण सिंहजी संस्कृत के अच्छे विद्वान थे। फारसी और अंग्रेजी के भी ज्ञाता थे। आपका अधिक समय संस्कृत ग्रन्थों के अवलोकन में बीतता था। श्रीमान ने संस्कृत में कई ग्रन्थ भी लिखे आप फारसी ऐसी अच्छी बोलते थे कि अफगानिस्तान के अमीर आगरे या और कहीं दरबार में आपकी शुद्ध फारसी सुन कर चकित हो गये थे। महाराज बड़े बलवान और भारी शिकारी थे। पैसा फेंक कर निशाना मारते थे। आपने सैकड़ों शेरों का शिकार किया। आपकी दानशीलता, आप के राज्य या बनारस या युक्त प्रान्त तक ही सीमित नहीं थी। खास कर शिक्षा सम्बन्धी संस्थाओं को आपने बड़ी-बड़ी रकमें दी। जिनमें लखनऊ का मेडिकल कालेज, मुजफ्फरपुर का भूमिहार ब्राह्मण कौलेज, कानपुर का टेकनोलोजिकल ईंस्टीच्यूट (शिल्प शिक्षालय) और बनारस का क्वीन्स कौलेज तथा हिन्दू विश्वविद्यालय विशेष उल्लेखनीय हैं। हिन्दू विश्वविद्यालय को तो धन के साथ साथ जमीन और मकान भी श्रीमान ने दिया। बनारस 'सरस्वती भवन' नामक पुस्तकालय को आप से मूल्यवान संस्कृत पुस्तकें भी प्राप्त हुई हैं। काशी का जनाना अस्पताल आपने ईश्वरी प्रसाद नारायण सिंह जी के नाम से बनवाया। आप को सरकार और हिन्दू विश्वविद्यालय से कई उपाधियां प्राप्त हुई थीं। आप पक्के सनातन धर्मी थे। आप ४२ वर्ष राज्य कर ७६ वर्ष की अवस्था में ४ अगस्त सन् १९३१ को परलोक सिधारे। अब आप के सुयोग्य पुत्र महाराजाधिराज काशीराज श्रीमान् आदित्यनारायण सिंह जी बनारस की राजगद्दी पर विराजमान हैं।

देखो वा. १३० (११); १२९ (५); १३३ (१); १९२ (२१); १९९ (४) (९) (१९); १८७ (४) (९); ९८९ (२); २१३ (१८); २८३ (९१).

कुण्डली २५

बी. सूर्य्य नारायण राव ।

जन्म कुण्डली

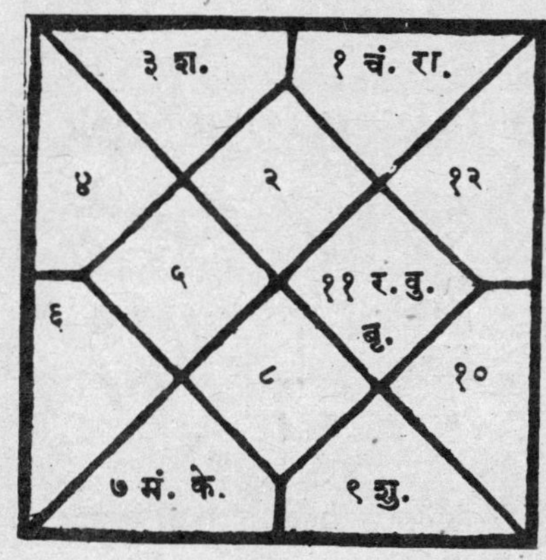

नवांश कुण्डली

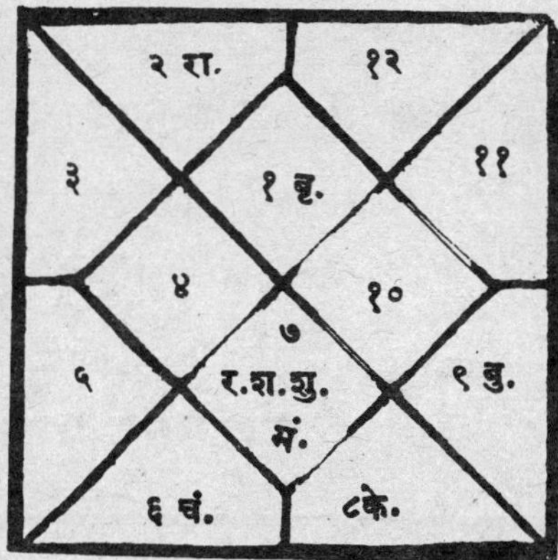

इनका जन्म १२ फरवरी १८५६ ई० शाका १७७७ रथ सप्तमी चान्द्री मास माघ दं. १४ पला ३० भौमवार का है। जन्म समय में भरणी नक्षत्र था। लेखक के अनुरोध पर उक्त महाशय ने अपनी कुण्डली भेज दी है। उनकी कई एक लिखी हुई अपनी पुस्तकों में भी उनकी कुण्डली पाई जाती है। ये कुछ समय तक वेलारी में वकालत करते थे आप ज्योतिष शास्त्र के एक महान विद्वान् हैं जैसाकि आप की पुस्तकों से भी पता चलता है। बोरवार, जर्मन महा युद्ध, महारानी विक्टोरिया, किङ्ग एडवर्ड, आर्कड्यूक अस्ट्रेलिया के विषय में आपने बहुत कुछ ज्योतिष गणनानुसार लिख छोड़ा था जो सभी बातें ठीक ठीक हुईं। आपने ज्योतिष शास्त्र को एक नवीन जीवन प्रदान किया है और भारतवर्ष के एवं उस के प्राचीन गौरव के बहुत ही प्रेमी हैं। आप का लेख बहुत ही महत्त्व पूर्ण एवं प्रभावशाली हुआ करता है। ज्योतिष की एक 'एस्ट्रोलोजिकल मैगजीन' नामक मासिक पत्र लगभग २५,३०, वर्ष से आप निकाल रहे हैं। आप ही की पुस्तकें एवं मैगजीन पढ़ने से लेखक को ज्योतिष में प्रगाढ़ प्रेम उत्पन्न हुआ था। आप लगभग ६७ उत्तमोत्तम पुस्तकों के लेखक एवं अनुवादक हैं। वर्तमान समय में

भी दो पुस्तकें और भी लिख रहे हैं। प्राचीन भारतीय ज्योतिष विद्या की किरण आपने अपने लेख द्वारा सात समुद्र पार तक पहुंचा दी है और वृद्ध होने पर भी उनके मस्तिष्क में अभी तक कोई थकावट नहीं पैदा हुई है और न लेखनी में दुर्बलता। सौभाग्य वश कई वर्ष हुए कि लेखक को उन के दर्शन का भी लाभ वैद्यनाथ धाम में हुआ था। उनकी वाचाशक्ति भी बहुत ही प्रभाव शालिनी है।

देखो धा. १२९ (२); १३० (२); १३३ (१); १३९ (५); १९९ (१७); १९९ (१).

कुंडली २६

लोकमान्य बालगंगाधर तिलक।

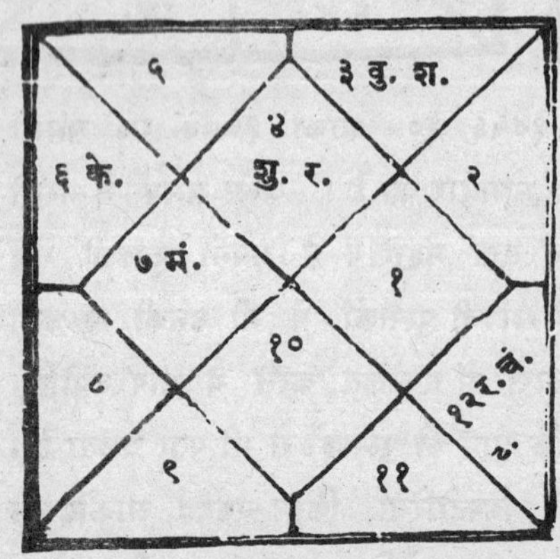

सूर्य्य ३।८।१९, चन्द्रमा ११।१६।३, मंगल ६।४।३४, बुध २।२४।२९, बृहस्पति ११।१७। ५२. परन्तु इन्डियन क्रोनोलोजी के अनुसार ११।१९।४८ होता है। शुक्र ३।१०।८, शनि २।१७।१८, राहु ११।२७।३९, लग्न ३।१९।२१। शनि दशा भोग्य वर्षादि ०।१०।९

इनका जन्म समय-२३ जुलाई १८५६ बुधवार तदनुसार शाके १७७८ आषाढ़ कृष्ण ६; २।९ पला था। इनकी कुण्डली श्रीमद्भागवत गीता रहस्य कर्म योग शास्त्र में छपी हुई पायी जाती है। इनका जन्म रत्नागिरी में हुआ था। इनके पिता का नाम रामचन्द्र गंगाधर तिलक था। बाल्यावस्था से ही तिलक महाराज की गणित शास्त्र में बहुत अभिरुची पायी जाती थी और पढ़ने लिखने में इनका संस्कार बहुत ही अच्छा था। परन्तु बड़े हठी थे। सन् १८७७ ई० में इन्होंने गणित शास्त्र में एम. ए. देना चाहा परन्तु

परीक्षा में उत्तीर्ण न हुए और १८७९ में एल. एल. बी. पास किया। विद्याविभाग से प्रेम और गवर्मेन्ट की नौकरी से विरोध इनको बाल अवस्था से ही था। इन के पिता की मृत्यु सन् १८७२ ई० में ही हो गई थी। सन् १८७३ ई० के बैशाख में इनका विवाह हुआ था। स्कूल एवं कौलेज इत्यादि की स्थापना करना तथा उस में अध्यापकादि का काम करना सर्वदा से इन को प्रिय था आप एक दक्षिण भारतीय शिक्षा प्रसारक समिति और 'केशरी' एवं 'मराठा' नामक साप्ताहिक पत्र के प्राणदाता भी ये ही थे। अत्युत्तम धार्मिक राजनैतिक तथा कानून सम्बन्धी लेख उन में बड़ी गम्भीरता एवं दृढ़ता पूर्वक लिखा करते थे। इस के बाद राजनैतिक लेख के कारण कोल्हापुर के मोकद्दमा में १८८२ ई० में इन्हें चार मास के लिये कारागार हुआ। पुनः शिवाजी स्मारक फण्ड का तिलक महाराज पर राजद्रोही होने का मामला चला और डेढ़ वर्ष की सजा हुई। परन्तु महारानी विक्टोरिया ने इन्हें छोड़ दिया। पुनः केशरी में कई लेख लिखने के कारण १९०८ में सरकार ने तिलक महाराज को राजद्रोही समझा और उस में इन्हें छः वर्ष के लिये देश से निकल जाने का दण्ड दिया। १९१४ में तिलक महाराज जेल भुकत कर चले आये। अपने जेल जीवन को इन्होंने धार्म्मिक तथा दार्शनिक पुस्तकों के अध्ययन एवं लिखने में ही बिताया। १८९३ ई० में 'ओरियन' नामक पुस्तक प्रकाशित हुई। इस पुस्तक से तिलक महाराज की गणित एवं ज्योतिष की विद्वत्ता का पूर्ण परिचय मिलता है। दूसरी पुस्तक आपने 'वेदों में आर्य्यों का आदि निवासस्थान' (Artic Home in the Vedas) लिखा। इस ग्रन्थ से तिलक महाराज की भूमिति, ज्योतिष, गणित, और जीवन शास्त्र आदि विषयों के अध्ययन का पता चलता है। इस पुस्तक के लिखने में आप को १० वर्ष परिश्रम करना पड़ा था। इस कारण कि आप को देश का कार्य्य भी करना पड़ता था। अन्त में आपने गीतारहस्य नामक पुस्तक लिखा जिस को सभी जानते हैं। १८९९ में आप यूनीवर्सिटी के फेलो हुए। तिलक महाराज न तो प्राचीनता के अन्धविश्वासी थे और न नवीनता के घोर उपासक। मामले का झंझट आप को सर्वदा रहा। १९१८ में जब आप इंगलैण्ड गये तो वहां ये बीमार पड़ गये थे और उन का स्वास्थ्य बहुत बिगड़ गया था। १९२० में ३१ जुलाई शनिवार (अषाढ़ बदी १ शाका १८४२) को

इस भारत केशरी का सिंहनाद सर्वदा के लिये बन्द हो गया । तमाम सन्नाटा छा गया और यह देश विना कर्णधार का हो गया । परन्तु कीर्त्ति, विचार एवं लेखनी द्वारा अपने जीवन को सर्वदा के लिये स्मरणीय वना रक्खा । आप की आर्थिक दशा सर्वदा अच्छी न रही । परन्तु भुजार्जित धन की प्राप्ति आप को सर्वदा होती रही । रामजीलालशर्म्मा ने लिखा है कि 'कुण्डली के अनुसार उन की सब बातें साधारण थी' पर लेखक मतानुसार यह ठीक नहीं जो नीचे दिये हुए धाराओं से पता चलेगा ।

देखो धा. १०४ (५); १०६ (२); १३० (२); १३३ (३); १३४ (८); १३६ (६); १४२ (४) (१९), १४४ (६), १५९ (१), १८९ (२), २०४ (१४), (२१), २०६ (१२) (१६), २०८ (४) (६), २८३ (८), ३०४ (२), ३१६(५)(६)

कुण्डली २७

महाराजा लक्ष्मेश्वर सिंह जी बहादुर G.C.E. दरभङ्गा

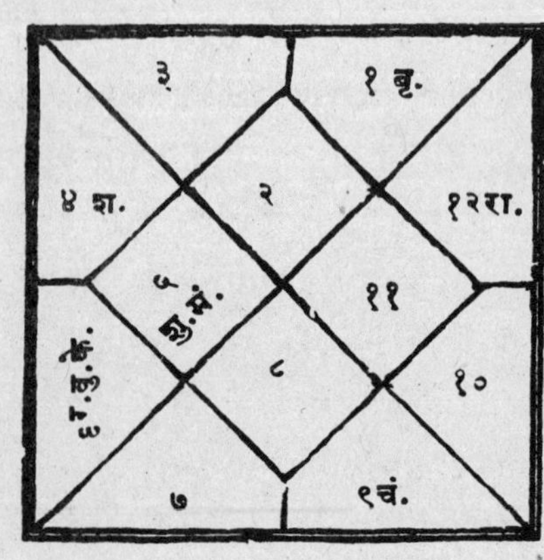

र. दशा अंशपर है और बक्री बुध काशी के पञ्चाङ्ग अनुसार वारहवां अंशपर, 'इन्डियन क्रोनोलोजी' अनुसार १८वें अंश पर था । इस कारण बुध अस्त है

इनका जन्म २५ दिसम्बर १८५७ शुक्रवार संवत् १८१४ शाका १७८९ आविन शुक्ल सप्तमी सूर्य्योदय के ७।२८ पर पला था । यह कुण्डली रोआयल होरस्कोप नामक पुस्तक में पाई जाती है और उस पुस्तक के लेख से (नाम नहीं दिया हुआ है) प्रतीत होता है कि मानो यह कुण्डली महाराजा

के कनिष्ट भ्राता महाराजाधिराज सर रमेश्वर सिंह बहादुर जी को है। सूर्य्य नारायण राव जी से पत्र व्यवहार करने के उपरान्त वह लिखते हैं कि उनके पुस्तक में भूल नहीं है। परन्तु अनेकानेक अन्वेषण द्वारा वी. सूर्य्य नारायण राव की भूल ही प्रतीत होती है।

दरभङ्गा राज को विहार प्रान्त के सभी लोग बल्कि भारतवर्ष के लोग पूर्णरीति से जानते हैं। यह एक प्राचीन राजधानी ब्राह्मण कुल के मुकुट शिरोमणि मैथिल ब्राह्मणों को है। इसकी गौरव पताका बहुत दिनों से उज्ज्वल कीर्त्ति के साथ फहरा रही है। श्रीमान् महाराजा लक्ष्मीश्वर सिंहजी का जन्म इसी राज्यकुल में हुआ। मासिक पत्रिका, लहेरिया सराय के एक लेख से यह प्रतीत होता है कि काश्मीर प्रान्त के एक महात्माने इस राजकुल में कइ कारणों से जन्म लिया था। जो हो, यह बात अवश्य है कि यह एक बड़े बुद्धिमान्, एवं सर्व हितैषी महाराज हुए। इनकी बाल्यावस्था ही में इनके पिता स्वर्ग पधारे। आपने अपनी दानशीलता का अनेकानेक परिचय दिया। बृटिशराज्याधिकारियों के समक्ष आप की बड़ी प्रतिष्ठा थी। आप की वाचाशक्ति भी अत्यन्त सराहनीय थी। आप की मृत्यु लगभग ४७ वर्ष की अवस्था में हुई थी। कहा जाता है कि शारीरिक दोष के कारण आपको सन्तान न हुआ। आपकी अकस्मात् मृत्यु के उपरान्त आप के कनिष्ट भ्राता महाराज बहादुर सर रमेश्वर सिंह बहादुर जी. सी. आई. ई. ने इस गद्दी को सुशोभित किया जिनकी कुण्डली आगे दी जायगी।

देखो धाः १२० (१४) (१६) (२२); १९१ (१) (४) (२२), १८९ (२); २८३ (५१); ३१७ (२).

कुण्डली २८

श्री १०८ शिवाभिनय सच्चिदानन्द नरसिंह भारतीय स्वामी जगत गुरु श्रृङ्गेरी

जन्म कुण्डली

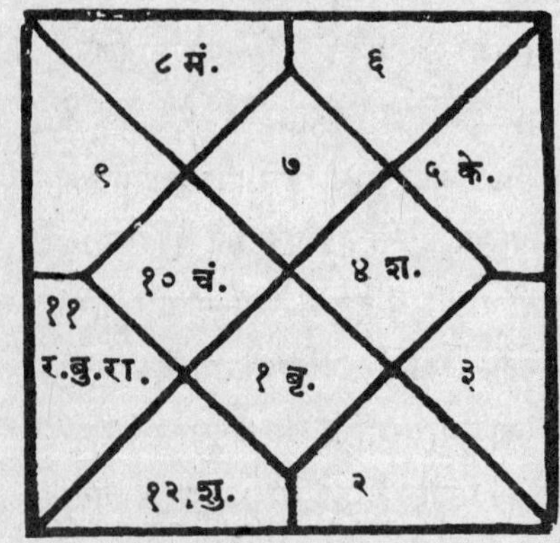

नवांश कुण्डली

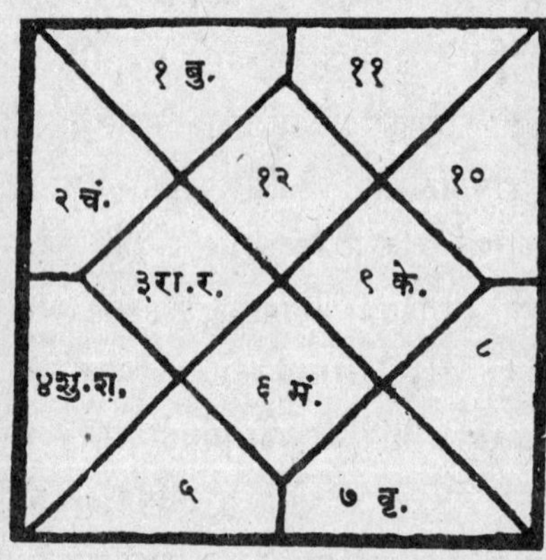

इनका जन्म ११वीं मार्च १८५८ ई० ९ बजे रात तदनुसार संवत १९१४ ११ वीं फाल्गुन (दक्षि०ी) गुरुवार श्रवणा के द्वितीय चरण में था। यह कुण्डली रोआयल होरस्कोप नामक ग्रन्थ से उद्धृत किया गया है। इनके पिता, कृष्ण राजउडय्यार ३ के राज्य में एक बड़े बुद्धिमान व्यक्ति थे। आदि गुरु शङ्करा-चार्य्य ने ४ मठों (अर्थात् बद्रीनारायण, जगन्नाथ, द्वारिका और शृङ्गेरी) की स्थापना की थी। उन्हीं में से श्रृङ्गेरी मठ के धार्मिक गद्दी पर १८६८ ई० में ये जगतगुरु के स्थान पर निर्वाचित किये गये। यह अपने समय के एक अद्वितीय विद्वान्, बड़े तपस्वी एवं उच्च कक्षा के योगी हुए। महाराजा मैसूर, ट्रावनकोर, कोचीन, इत्यादि बड़े बड़े मनुष्यों से ये सर्वदा पूजित रहे। आपने श्री शारदा एवं शङ्कर की स्थापना कलादि में २१ फरवरी १९१० ई० को, लगभग ४००००० चार लाख की व्यय से किया था कि जिसमें लगभग ३०००० तीस हजार विद्वान ब्राह्मण जन उपस्थित थे। उक्त जगतगुरु जनसमुदाय से बड़े प्रेम पूर्वक मिला करते और इनके दर्शन से सभी को आनन्द प्राप्त होता था। आपने ४४ वर्ष उक्त गद्दी को सुशोभित कर १९१२ ई० में पञ्च भौतिक शरीर को त्यागा।

देखो धाः १९८ (१७); १९० (७); १८८ (२); १८९ (२); १९२ (२); २८३ (८) (२६) (९१).

कुण्डली २१

महाराजाधिराज सर रमेश्वर सिंह जी. सी. आई.

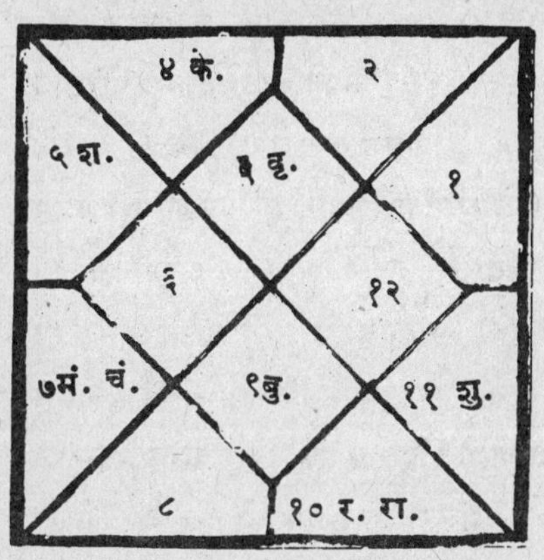

सूर्य्य ९।४।५०, मंगल ६।२८।४८, बुध ८।११।५४, बृहस्पति २।२९।५६ (वक्री), शुक्र १०।०।५०, शनि ४।५।५।(वक्री), राहु ९।२१।५५। इष्ट दण्ड ठीक नहीं मालूम रहने के कारण ग्रह-स्फुट का कला कुछ अशुद्ध हो सकता है और चन्द्र स्फुट इसी कारण निर्धारित नहीं किया गया।

इनका जन्म १६ जनवरी सोमवार १८६० ई० तदनुसार संवत् १९१६ शाका १७८१ माघ कृष्ण नवमी के सुर्य्यास्त के कुछ पूर्व हुआ था। यह कुण्डली श्रीमान बाबू कामेश्वर नारायण सिंह जी नरहन की कृपा से लेखक को प्राप्त हुई है। इष्ट दण्ड ठीक नहीं मालूम होने के कारण नहीं दिया जा सका। ये स्वर्गीय महाराजा लक्ष्मीश्वर सिंह के कनिष्ट भ्राता थे। अपने भाई की मृत्यु के उपरान्त आपने इस प्राचीन गद्दी को सुशोभित किया। अपने भ्राता के जीवन में (कहा जाता है कि) आपको लगभग ३ लाख की आमदनी मिली थी और अपनी बुद्धिमत्ता एवं कार्य्य कुशलता से अपनी आमदनी ५ लाख की बना डाली। आप एक आदर्श महाराजा थे। आप बड़े परिश्रमी एवं कुशाग्र बुद्धि थे। कार्य्य कुशलता मानो आप का स्वाभाविक गुण था। बड़े बड़े मैनेजर और निरीक्षक आदि के रहते हुए भी आप बड़ी कुशलता पूर्वक लगभग सभी कार्य्यों को स्वयं देख भाल करते और फलतः अपने राज्य की पूर्ण उन्नति की। आप को समय की पाबन्दी बहुत थी और इस कारण आप अपने विस्तृत राज्य के प्रत्येक कामों को देखते हुए लाट साहब के एग्जक्यूटिव कौंसिल की मेम्बरी,

का काम एवं पुलिस कमीशन का काम बड़े उत्तम प्रकार से कर सके थे। अटूट धन के स्वामी रहते हुए भी आप को पाश्चात्य सभ्यता ने जरा भी न छूआ था। आप सनातन धर्म के एक महास्तम्भ थे। इस प्रकार धन और धर्म्म दोनों ही के लिये भारतवर्ष में आप की बड़ी कीर्त्ति हुई। आप देशप्रेमो रहते हुए भी गवर्न्मेंन्ट को मोहित कर अपने समय में सर्वदा के लिये महाराजा-धिराज की पदवी प्राप्त कर ली। आप संस्कृत के बड़े विद्वान थे और बड़े ही भारी अनुष्ठानिक थे। आपने कठिन अनुष्ठान द्वारा अनेकानेक बातों को सम्भव कर दिखलाया। महाभारत ऐसी बड़ी पुस्तक को आपने १३ दिनमें पारायण समाप्त किया जिस कार्य्य के लिये अन्य कोई विद्वान खड़े न हो सके। यद्यपि आप कट्टर सनातनी थे परन्तु सभो सच्चे धर्मावलम्बियों पर उनकी पूरी श्रद्धा रहती थी। आपमें सहन शक्ति भी नितान्त दर्जे की थी। आप को दो सुयोग्य महारानियां थीं। बड़ी महारानी साहिबा के सभी सन्तान अल्पायु हुए और द्वितीय महारानो से दो पुत्र रत्न हुए, जिसमें चिरंजीवि बड़े पुत्र उस गद्दी को सुशोभित कर रहे हैं और चिरजीवी द्वितीय पुत्र बड़े सुयोग्य महाराज कुमार हैं। दोनों भाइयों के आदर्श-भ्रातृ-प्रेम एवं प्रजा-प्रेम को देख कर जनता मुग्ध है। १९२८ ई० को दिसम्बर में आप को पक्षाघात हो गया। परन्तु ईश्वर कृपा से कुछ अच्छे थे। आप को राज्य का कार्य्य देखना डाक्टरों ने मना किया था परन्तु आप ने परिश्रम पूर्वक अपने कर्त्तव्य का पालन करना जन्म का कर्णधार बना रक्खा था। इस कारण आपने पुनः अपने राज कार्य्य को कुछ देखभाल करना आरम्भ कर दिया। परिणाम यह हुआ कि आप कुछ उदर रोग से पीड़ित हुए और इस नश्वर शरीर को जून १९२९ में त्याग दिया। यह सर्व स्वीकृति बात है कि आप भगवती देवी के परम अराधक थे। इस कारण आपकी मृत्यु के समय में एक करुणा उत्पादन करने वाला रुदन सुन पड़ता था पर खोज ढूंढ़ पर पता नहीं चला कि वह अलौकिक रुदन कहां से आ रहा था।

देखो धाः १२० (१३) (१६): १४२ (२२); १५९ (१०) (१२); १६६ (१. इसमें भूल से २९ के बदले ३९ है) (७); १७१ (१); १८९ (२); १९१ (५); २८३ (३०) (४०) (५१); २९० (३०); ३१३ (२६).

कुंडली ३०

श्रीमान महामना पण्डित मदन मोहन मालवीय ।

सूर्य्य ८।१२।१, मंगल ६।२९।२०, बुध ८।०।४७, मतान्तर से ८।३।५८, बृहस्पति ५।४।४२, शुक्र ९।२८।२०, शनि ५।२।८, चन्द्र महादशा भोग वर्षादि ०।७।१९ हस्ता सर्वक्ष ५६।४८ गतर्क्ष ५३।१०

इनका जन्म प्रयाग में २५ दिसम्बर १८६१ बुधवार तदनुसार संवत १९१८ पौष कृष्ण, हस्ता नक्षत्र में ३०।१७ पला पर हुआ है और यह उच्च कुल मालव्य देशी ब्राह्मण हैं। यह कुण्डली 'फलदीपिका' नामक ग्रन्थ से उद्धृत की गई है। इनके विषय में विशेष लिखना मानो सूर्य्य को दीपक दिखलाना है। भारतवर्ष के सभी लोग क्या हिन्दू क्या मुसलमान क्रिस्तान क्या सभी इनकी प्रशंसा मुक्त कण्ठ से करते हैं। इनकी जीवनी में तीन बातें मुख्य हैं। प्रथम यह कि आजन्म आप सर्वदा विद्या प्रचार में बड़े दत्त-चित्त होकर लगे रहे और परिणाम रूप से काशी हिन्दूविश्वविद्यालय तो इनकी कीर्त्ति का स्तम्भ, भारतवासीय विद्यार्थियों के चरित्र एवं विद्याध्ययन का केन्द्र और शिक्षा प्रणाली का एक आदर्श-चित्र, चिर काल के लिये स्थापित हो गया। इनके जीवन की दूसरी बात यह है कि आप देशोन्नति एवं दीन दुखियों के दुःख हरने के लिये सर्वदा एकरस, एक प्रेम एवं एक भाव से लगे हुए हैं। यदि राजनैतिक क्षेत्र में किसी ने अपनी नौका को नाना प्रकार के झिकोरे में हिलने डोलने न दिया तो शायद वैसा एक मात्र जीव यही हैं। तीसरी बात इनके जीवन की यह है कि उच्च धार्म्मिक विचार के होते हुए और प्राचीन सभ्यता का गौरव रखते हुए आप के हृदय के नेत्रों में पाश्चात्य बातों का चकाचौंध कदापि ही लगा।

देखो धाः १५९ (१); १८८ (२); १८९ (२); १९१ (५); २८३ (८).

कुंडली ३१

भूतपूर्व श्रीमती महारानी साहिबा इन्दौर।

जन्म कुण्डली

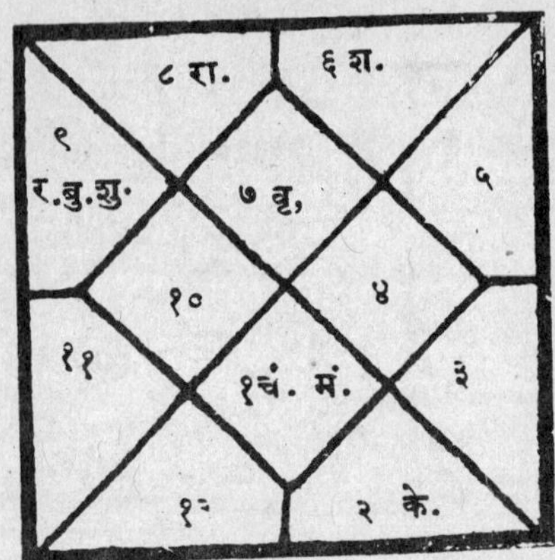

नवांश कुण्डली

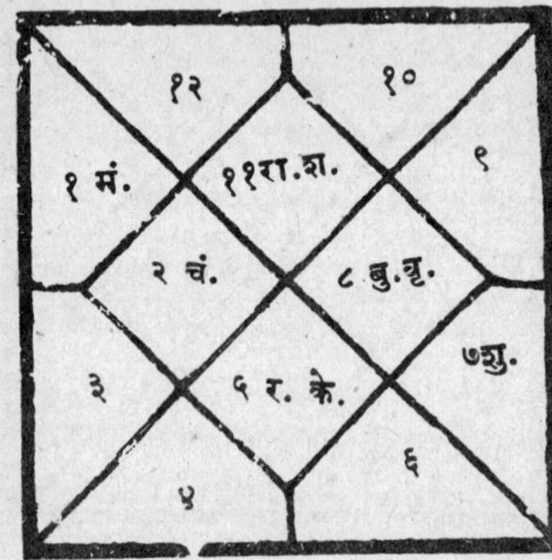

आपका जन्म २९ दिसम्बर १८६२ ई० पौष नवमी शुक्ल ४८।५१ पलापर हुआ था। आप इन्दौर महाराज की धर्मपत्नी थीं। किसी कारण से आपको अपने स्वामी से न पटा और लार्ड कर्जन साहेब ने श्रीमती महारानी साहिबा को ५ हजार रुपैए मासिक, खर्च के लिये दिलवा दिया। आपका दो तीन बार गर्भ पात हुआ और कोई सन्तान न थी

देखो धाः १५१ (१०); १५५ (१६); २८३ (८).

कुण्डली ३२

श्री १०८ स्वामी प्रव्रज्याचार्य विवेकानन्द।

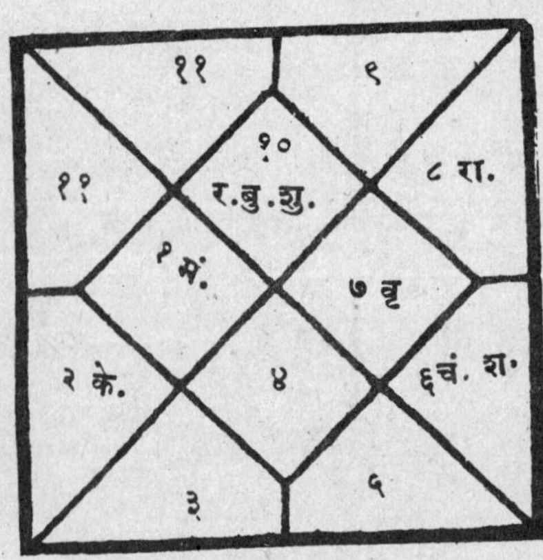

सूर्य्य ९।०।०।१५, मंगल ०।७।०, बुध ९।१२।४२, बृ. ६।३।२०, शुक्र ९।७।४०, श. ५।१५।० (वक्री), रा. ७।२४।२१, चन्द्रमा ५।२१। लेखक के एक मित्र ने किसी पुस्तक से उद्धृत करके इनकी जो कुण्डली भेजी है उसमें जन्म तिथि २९ पौष (सौरी) शाका १७८४ लिखा

हुआ है। यह सप्तमी माघ चान्द्रो कृष्ण संवत् १९१९ सोमवार तदनुसार १२ बारहवीं जनवरी १८६३ होता है। इनकी वृहद जीवनी में जो उनके शिष्यों ने तीन जिल्द में छपवायी है, लिखा है कि बारहवीं जनवरी १९६३ जिस दिन संक्रान्त उत्सव था संसार में इनका प्रादुर्भाव हुआ और "श्रीगणेश चन्द्र मुखोपाध्याय की जीवनी संग्रह" नामक पुस्तक में लिखा है कि १२६९ बंगला फसली अर्थात् २९ वां पूस (सौर) सोमवार को प्रातः समय जन्म हुआ था। इससे भी सिद्ध होता है। कि इनका जन्म बारहीं जनवरी १८६३ ई० के प्रातः समय का है। इनकी कुण्डली जो लेखक को मिली है उसमें जन्मसमय दिया हुआ नहीं है। परन्तु सूर्य्य मकर में दिया हुआ है। जीवनी-संग्रह में लिखा है कि इनका जन्म ६ बज कर ३३ मिनट ३३ सेकेण्ड अर्थात् सूर्य्योदय के ६ मिनट पूर्व हुआ। इस इष्टदण्ड को मानने से लग्न धनके २९ अंश पर (८।२९) होता है। परन्तु लेखक का विश्वास है कि उनका प्रादुर्भाव ठीक उसी समय हुआ था जिस समय सूर्य्य पूर्व क्षितिज में निकल रहा था अर्थात् उनका इष्ट दण्ड ठीक ६० दण्ड माना जाय और ऐसा होने से प्राणपद अनुसार भी मकर लग्न का शून्य अंश ठीक होता है। जन्म लग्न धन मानने से उनका गठनादि वैसा सुन्दर और भव्य मूर्त्ति जैसी उनकी थी नहीं होता। क्योंकि धन अग्नि तत्त्व है और अर्द्ध जल राशि है और लग्नपर किसी ग्रह की पूर्ण दृष्टि नहीं पड़ती। यद्यपि धन लग्न का स्वामी वृ. है परन्तु वह भी वायु तत्त्व एवं पाद जल राशि तुला में बैठा है। परन्तु मकर लग्न होने से मकर पृथ्वी तत्त्व और पूर्ण जल राशि है। उसमें शुक्र जल ग्रह और जल तत्त्व का एवं बुध जल ग्रह और पृथ्वी तत्त्व का बैठा है। केवल सूर्य्य शुष्क और अग्नि तत्त्व का ग्रह भी लग्न में है। लग्न का स्वामी शनि, पृथ्वी तत्त्व निर्जल राशि में है। इससे काया का दृढ़ होना और सराहनीय स्थूलता (सूर्य्य एवं शनि के कारण असाधारण स्थूलता न होना) होना बतलाता है। इसी प्रकार जायास्थान धन लग्न होने से मिथुन होता है। उसपर वृ. और शनि की पूर्ण दृष्टि होती है। परन्तु मकर होने से वृहस्पति की दृष्टि जाया स्थान पर नहीं पड़ती पर मंगल की पूर्ण दृष्टि पड़ती है और जाया स्थान का स्वामी पापग्रह शनि के साथ पड़ता है। इन सब और अन्य भी कई कारणों से इनका मकर लग्न होना ठीक मालूम होता है। रामजी लाल शर्म्मा ने जो इनकी छोटी सी जीवनी लिखो है, उसमें १९ वीं जन-

वरी १८६२ ई० की जन्म तिथि लिख दी गयी है। यह प्रत्यक्ष भूल है। इनका जन्म कलकत्ते के निकट शिमलया नामक ग्राम में हुआ था। यह श्रीविश्वनाथ दत्त नामक कलकत्ता हाइकोर्ट के अटर्नी के ज्येष्ठ पुत्र थे। बचपन में इनका नाम वीरेश्वर था जिसका अपभ्रंश, इन्हें बिले बिले कहा करते थे। आगे चल कर इनका नाम नरेन्द्र हुआ। २० बीस वर्ष की अवस्था में इन्हों ने एफ० ए० पास किया और बी. ए. को परीक्षा की तैयारी में थे कि इनके चित्त में धर्म सम्बन्धी विवेचना का अङ्कूर निकला। ब्राह्म'-धर्म एवं अन्य धर्मों के विषय में ढूंढ़ने पर इनके चित्त को शान्ति न हुई। इस कारण इनके सम्बन्धितों को इनके नास्तिक होने का भय हुआ जिस कारण इनके पिताने, इन्हें स्वामी रामकृष्ण परमहंस से भेंट करने को भेजा। स्वामीजी ने इनसे दो भजन सुनने के उपरान्त विश्वास कर लिया कि यह होनहार बालक है और कदापि नास्तिक नहीं हो सकता। नरेन्द्र बाबू को भी परमहंसजी की ओर बड़ी श्रद्धा हुई और नित्य उनके निकट जाते जाते उनकी धर्म पिपासा शान्त हो गई। इन्होंने बी. ए. पास कर लिया परन्तु उसी समय इनके पिता का देहान्त हो गया और परमहंसजी के आज्ञानुसार नरेन्द्रजी ने वेद, सांख्य और पुराण आदि धार्म्मिक ग्रन्थों का अध्ययन करना आरम्भ कर दिया। इनकी माता को इनके विरक्त होने का सन्देह हुआ इस कारण उन्होंने नरेन्द्रजी को विवाह की ज़ंजीर से जकड़ना चाहा। परन्तु इनको तो संसार में धार्म्मिक कर्म करना था, इन्होंने किसी की एक न मानी और परमहंसजी के आदेश और कृपा से इन्होंने सन्यास ले लिया। तभी से इनका नाम स्वामी विवेकानन्द हुआ। योग का उपदेश पाया। उसको, जिसको इसाई, बौद्ध और ब्राह्मण आदि किसी भी मतमें शान्ति नहीं मिली थी उसे आज अपने महान् हिन्दू धर्म में शान्ति मिली। सोलहवीं अगस्त सन् १८८६ ई० में परमहंस रामकृष्णजी का देहावसान हो गया। फिर तो यह एकदम पारमार्थिक विचारों ही में लग गये। हिमालय प्रदेश में जाकर दो वर्ष तक योग साधन किया और कुछ दिन आबू पहाड़पर जाकर रहे। उसी समय में खेतड़ी महाराज को इनका दर्शन मिला। लिखा है कि इनके आर्शिवाद से महाराज को एक पुत्र भी हुआ उसी पुत्र के उत्सव समय महाराज ने इन्हें निमन्त्रित किया और उत्सव के उपरान्त इनके अमेरिका जाने का सारा प्रबन्ध कर दिया। सन् १८९३ ई० अमेरिका के शिकागो नगर में एक धार्मिक सम्मेलन का अधिवेशन होने वाला

था। उस सभा में हिन्दू-धर्म को छोड़ कर संसार अन्य समस्त धर्मों के प्रतिनिधियों को निमन्त्रण था। स्वामीजी जापान आदि स्थानों में भ्रमण करते हुए शिकागो पहुंचे। गेरुआ वस्त्रधारी सन्यासी का दृश्य ही उस देश वासियों के समझ में न आता था। परन्तु कितनी शंका समाधानों के बाद उन लोगों में से कई विद्वानों ने इनका बड़ा स्वागत किया और इनके ठहरने आदि का प्रबन्ध भी कर दिया। अमेरिका के कई सज्जनों के अनुरोध पर येन केन प्रकारेण धर्म-सम्मेलन के सभापति महोदय ने स्वामीजी को सभा में उपस्थित होने का निमन्त्रण भेज दिया। ब्रह्म समाज की ओर से श्रीप्रताप चन्द्र मजूमदार जी निमन्त्रित थे। उन्होंने ब्राह्म-धर्म के सम्बन्ध में एक बड़ा लम्बा चौड़ा व्याख्यान दिया। उनके भाषण के उपरान्त स्वामीजी को अवसर मिला। सभा के उपस्थित सज्जन जो इनके वेश को देख कर हंस रहे थे, बस ! स्वामीजी की वक्तृता सुनते ही केवल मुग्ध ही न हुए वरन् इनको वक्तत्व शक्ति का लोहा भी मान गये। "क्या फिर गई गुलशन की हवा चश्म जदन में"। अर्थात् अब तो सभी महोदय इनकी वक्तृता को सुनने के लिये नित्यप्रति उत्सुक होने लगे और जनता बहु संख्या में दिन प्रति दिन बढ़ती ही जाने लगी। "हिन्दू धर्म" को आपने ऐसा प्रतिपादित किया कि किसी की कुछ न बन पड़ी और अन्तमें अखवारों नें तो स्वामीजी की प्रशंसा में पन्ने-के-पन्ने लिख डाले। यह भी लिखा कि "धर्मसम्मेलन में जितने व्याख्याता आये थे उनमें स्वामीजी के जोड़ के एक भी न थे"। स्वामीजी ने इंगलैण्ड आदि अन्य देशीय स्थानों में हिन्दू धर्म्म की विजय डङ्का वजाते हुए भारतवर्ष के कोने-कोने में भ्रमण किया और हिन्दू-धर्म को फिर से नया जीवन दे दिया। ये बालकों के समान सरल स्वभाव के थे। अपने देशके बड़े भक्त थे। प्राचीन-गौरव में प्रेम रखने वाले थे। भारतवर्ष को संसार के सब देशों का गुरु कहते थे। उनकी लिखी पुस्तकों में से ज्ञान योग, कर्मयोग और राजयोग अधिक प्रसिद्ध पुस्तकें हैं। स्वामी विवेकानन्द का विश्वास था कि हिन्दू जाति सामाजिक और राजनैतिक स्वाधीनता दोनों ही की इच्छुक थी। परन्तु वे लोग पारमार्थिक स्वाधीनता, मुक्ति को ही मुख्य मानते थे। हिन्दू लोग अपने धर्मपर आघात होना किसी प्रकार भी नहीं सह सकते। इसी कारण ये लोग इतने शताब्दियों तक तरह तरह के आक्रमणों को सहते हुए भी अभीतक जीवित हैं। भोजनादि सम्बन्ध में उनका विचार था कि हिन्दुओं

के यहां भोजन सम्बन्धी जितनी स्वच्छता है इतनी विदेसियों में देखने को भी नहीं है। वह यह भी कहते थे कि आहार शुद्ध होने से ही मन शुद्ध होता है। इनके प्राच्य और पाश्चात्य नामक निबन्ध से यह भी पता चलता है कि रामानुजाचार्य्य के भोजन सम्बन्धी बतलाए हुए तीन दोष के भी वे सहमत थे। सात्त्विक भोजन एवं जो भोजन सरलता से पच सके वे उसी को खाना उचित बतलाते थे। वे अवतार को भी मानते थे। उनका कथन था कि जो कार्य्य ईश्वर की ओर ले जाने वाला हो वही कर्त्तव्य है। निराभिमान एवं निःस्वार्थ भाव से कार्य्य करना हिन्दुओं का प्राचीन आदर्श है। चौथी जुलाई १९०२ ई० की ९ बजे रात्रि को भारत की धार्म्मिक-ध्वजा फहराने वाला उसकी गोद से सर्वदा के लिये निकल गया।

देखो धाः १२९ (३), १३० (१); १३४ (१) (९); १३९ (३) (६), १९९ (६), १८९ (२), १९० (ख. ७), १९१ (९), १९२ (२), ३०० (ख. ६७).

कुंडली ३३

श्री महाराजाधिराज चामराज उदैयार

जन्म कुण्डली नवांश कुण्डली

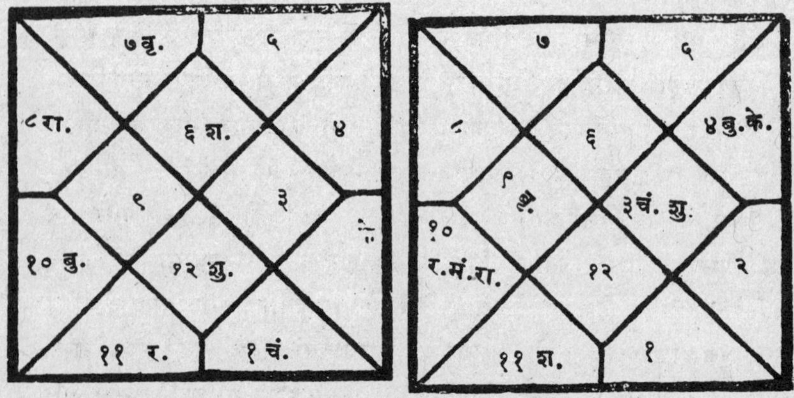

इनका जन्म २२ फरवरी १८६३ ई. सौर माघ के १२ अंश अर्थात् फाल्गुन शुक्ल पञ्चमी को ८ बज कर ३३ मिनट रात्रि का था। इनका जन्म एक साधारण कुल में हुआ था। इन के माता पिता ने तो यह स्वप्न में भी नहीं देखा

होगा कि इस बालक का भावी ऐसा उज्ज्वल था। मैसूर के महाराज कृष्णराज उदैयार ३ ने निःसन्तान होने के कारण बहुत से बालकों को गोद लेने के अभिप्राय से एकत्रित किया और एक कमरे में खिलौने, मिष्टान्न, फल इत्यादि रख छोड़ा। उस में अपना एक तलवार भी रख छोड़ा और सभी बालकों को आज्ञा दी कि तुम लोग अपनी रूचि अनुसार इस कमरे में जाकर जिसे जो चीज भावे उठा लो। उन बालकों ने मिष्टान्नादि पदार्थ अपनी २ रूचि के अनुसार उठाली परन्तु यह ५ वर्ष का छोटा सा बालक सीधे उस शाही तलवार के निकट चला गया और उसे पकड़ लिया। ठीक कहा गया है कि 'जैसी हो भवितव्यता वैसी उपजै बुद्धि'। बस उसी समय महाराजा ने समझ लिया कि यही लड़का होनेहार है और उसी को गोद लिया। कृष्णराज उदैयार ३, २७ मार्च १८६८ को स्वर्गवास कर गये। फलतः २३ सितम्बर १८६८ को वृटिश सम्राट की अनुमति से इन्हें राजगद्दी हुई। इनकी बाल्यावस्था में कमिशनर द्वारा राज-कार्य्य होता रहा। श्री महाराज चामराज उदैयार को २५ मार्च १८८१ में पूर्ण अधिकार मिल गया और १८९४ ई० तक राजकार्य्य करते रहे। यह कुण्डली रोआयल होरस्कोप से उद्धृत हुई है। सूर्य्यनारायणराव लिखते हैं कि जब इनका स्वास्थ्य बिगड़ गया तो इनको ज्योतिषियों ने कलकत्ते जाने से मना किया। इन्होंने न माना और वक्षःस्थल रोग से इनकी मृत्यु १८९४ ई० में हुई और एक पुत्र एवं स्त्री छोड़ गये।

देखो धा. १३९ (१५. भूल से १५ दो मरतबे छप गया है), १९२ (६) (१२), १५९ (१) (२), २८३ (८) (५१), २९९ (२), ३०६ (२९).

कुंडली ३४

सर आशुतोष मुखर्जी एम० ए०, पी० आर० एस०, डी० एल०, डी० एस०सी०, एफ० आर० ए० एस०, एफ० आर० एस० इ० और सी० एस०आइ०

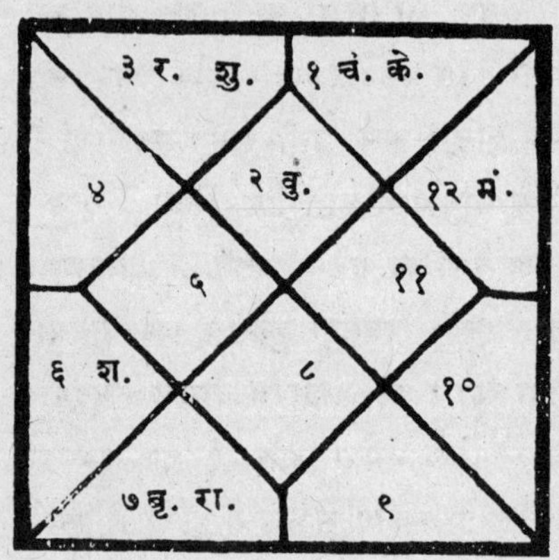

इनका जन्म २९ जून सन १८६४ ई० में हुआ था। इनके पिता डाक्टर गंगा प्रसाद मुखर्जी हुगली जिला के निवासी थे। इन्होंने १८७९ ई० में इन्ट्रेन्स पास किया और यूनीवरसीटी भर में द्वितीय हुए। १८८४ में इन्हों ने बी. ए. पास किया और यूनिवरसीटी में प्रथम पद पाया। १८८५ में एम. ए. की परीक्षा में ये सर्वप्रथम हुए। १८८८ में हाईकोर्ट में वकालत आरम्भ किया। १८८९ में शिक्षा विभाग सेन्डोकेट के सभासद और कलकत्ता यूनीवरसिटी के फेलो हुए। पुनः १८९९ और १९०१ में भी इस पद को पाया। लेजिस्लेटिभ कौंसिल में यूनीवरसिटी की ओर से मेम्बर निर्वाचित हुए और १९०३ में कलकत्ता कौरपोरेशन की ओर से लेजिस्लेटिव कौंसिल के मेम्बर हुए। १९०४ में कलकत्ता हाईकोर्ट के जज हुए। १९०६ से १९१४ पर्य्यन्त यूनीवरसिटी के वाइस-चान्सलर रहे। १९२० में चीफ जस्टिस का पद पाया। १९२१ में पुनः वाइस चान्सलर हुए। १९०७ में सी. एस. आई का पद मिला। १९११ में नाइट अर्थात सर का पद मिला। १९११ में जब साम्राट जौर्ज पञ्चम कलकत्ते आये थे तो इनको मिलने का सावकाश मिला था। बंगाल के गवर्नर लार्ड लिटन से मतभेद के कारण १९२४ में जजी एवं वाइस-चान्सलरशिप से इन्होंने इस्तीफा दे दिया और पुनः वकालत आरम्भ किया। एक बड़े मुकद्दमे में ये पटने आए और यहीं २५ मई १९२४ को इनका देहान्त हुआ। ये संस्कृत के बड़े अच्छे विद्वान थे और

इसी कारण इन्हें सरस्वती की उपाधि भी मिली थी । बी० ए० एवं एम.ए. में बंगला पढ़ाने का नियम इन्हों ने ही बनाया था। इन्हों ने अपने विधवा कन्या का पुनर्विवाह किया था और वह जब पुनः विधवा हो गई तो इसका शोक इन पर वज्रपात सा हुआ ।

देखो धा. १२९ (२), १३० (२), १३७ (१), १५८ (१८), १५९ (१) १६३ (६), १८९ (२), १८३ (८).

कुण्डली ३५

रायबहादुर सूर्य्या प्रसाद वकील (भागलपुर)

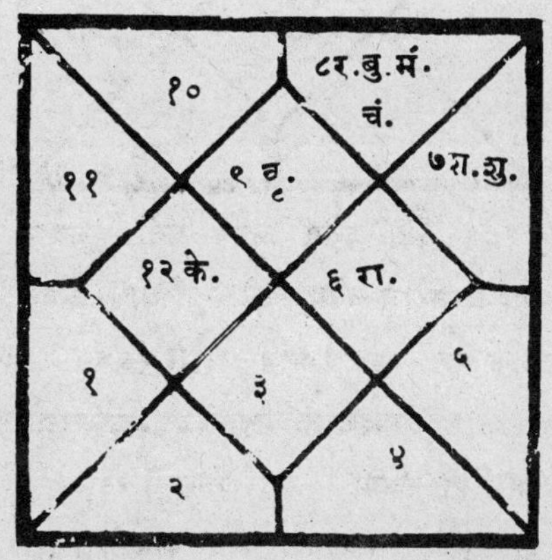

अनुराधा सर्वर्क्ष ६५।२४। गतर्क्ष ५०।२। शनि दशा भोग्य वर्षादि ४।५।१८। सूर्य्य ७।४।५७। चन्द्रमा ७।१३।३५। मंगल ७।२। ४२। बुध ७।२५।१४। वृहस्पति ८।९।५७। शुक्र ६।१४।५१। शनि ६।१४।५१। राहु ५।८।१२। लग्न ८।२४।५ ।

इनका जन्म १९ नवम्बर १८६५ ई. अनुराधा नक्षत्र के चतुर्थ चरण में ९।२ पला पर है। इनका जन्म स्थान छपरे जिले में है। इन्होंने भागलपुर में बहुत समय तक वकालत की। वकालत इनकी बहुत अच्छी चली और धन खूब प्राप्त किया, वकीलों में बहुत समय तक अग्रसर रहे। पिता के बड़े भक्त थे। लगभग ६, ७, वर्ष से ये वकालत छोड़ काशी वास कर रहे हैं। इन्हें राय बहादुर की खिताब भी मिली है।

देखो धा. १२९ (२), १५९ (७ट.) (११), १६३ (६), १८९ (२), १९० (ख.२) ३०० (ख. ३९. ४९).

———

कुंडली ३६

स्वर्गीय श्रीमती महारानी मैसुर

जन्म कुण्डली नवांश कुण्डली

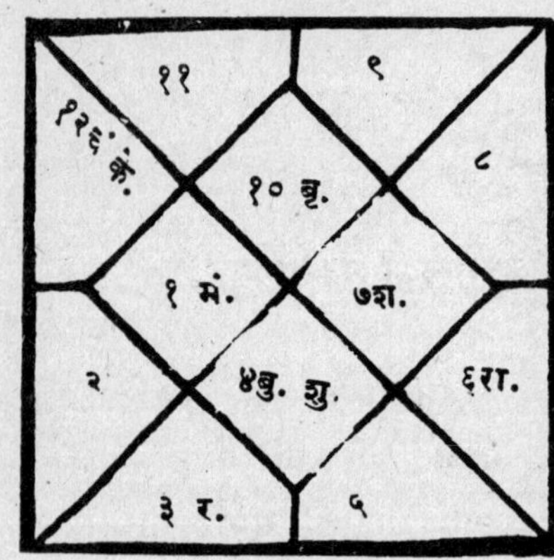

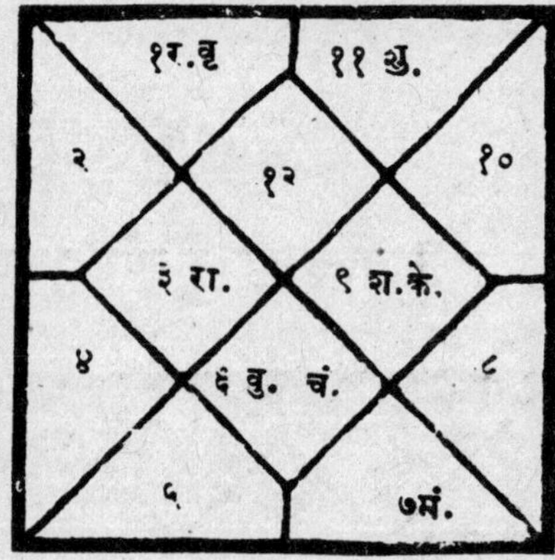

इनका जन्म ९ जुलाई सन १८६६ ई. ज्येष्ठ कृष्ण षष्ठी बुधवार सूर्य्योदय के चार दण्ड पर था। यह महाराजा चामराज उदैयार की स्त्री थीं। अपने पति (महाराजा बहादुर) के देहान्त के बाद सन १८९४ ई. से १९०५ ई. तक इनके हाथ में राज्य शासन रहा और तत्पश्चात महाराजा कृष्णराज उदैयार चतुर्थ ने स्वयं राजगद्दी को सुशोभित किया। यह कुण्डली रोआयल होरस्कोप से उद्धृत की गयी है। बी. सूर्य्य नारायण राव लिखते हैं कि महारानी साहिबा अपने पति के समय में विशेष प्रसन्न नहीं रहती थीं। महराजा की मृत्यु के उपरान्त लगभग ११ ग्यारह वर्षतक राज्य का प्रबन्ध उत्तम रीति से करती रहीं और पुत्र के गद्दी पर बैठने के उपरान्त आप धार्मिक जीवन व्यतीत करने लगीं। इन ने धार्म्मिक पुस्तकों का अध्ययन किया और वेदान्त के विषय में भी कुछ ज्ञान प्राप्त किया और कुछ अंग्रेजी भी जानती थीं।

देखो धा. १२९ (२) १३९ (१३) (१४); १५८ (१७); १५९ (१); १८९ (२); २८३ (२).

कुण्डली ३७

सर गणेशदत्त सिंह मिनिस्टर लोकल सेल्फ गवर्न्मेन्ट बिहार (पटना)।

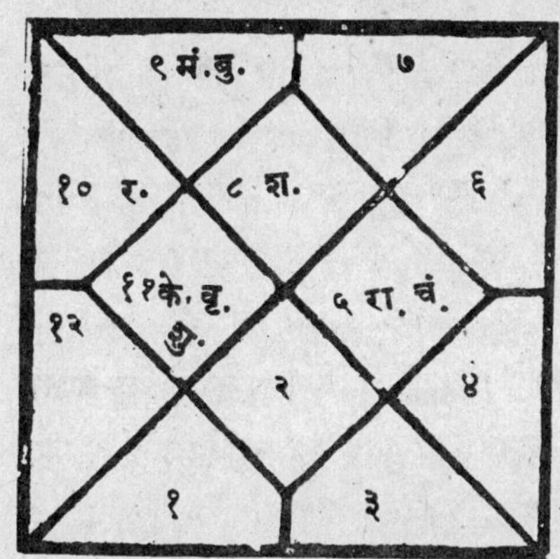

सूर्य्य ९।२।१० वर्गोत्तम, चन्द्रमा ४।२३।३४ मंगल ८।२७।० वर्गोत्तम, बृ. १०।१५।० स्वगृही नवांश, शुक्र १०।१।० स्वगृही नवांश, शनि ७।१०।६ उच्च नवांश, बुध ८।२८।० वर्गोत्तम, राहु ४।१७।० लग्न ७।१७।

इनका जन्म १३ जनवरी सन १८६८ ई० तदनुसार सम्वत् १९२४ माघ कृष्ण चतुर्थी ५३।७½ पला पर हुआ है। पूर्व फाल्गुनी नक्षत्र भजात ५७ भभोग्य ४३।४६ शुक्र दशा भोग्य वर्षादि ४।७।२१। इनका जन्म पटना जिलान्तर्गत छतियाना नामक ग्राम में भूमिहार कुल में हुआ है। इनके पूज्य पिता एक उज्ज्वल कुल के बड़े प्रतिष्ठित एवं ख्यातिमान पुरुष थे। सर गणेदत्तसिंह की रुचि अंग्रेजी विद्याध्ययन की ओर कुछ समय बीतने पर हुई। आपने प्रथम पटने में वकालत आरम्भ किया। तत्पश्चात कलकत्ता हाईकोर्ट कई वर्ष तक वकालत किया। जब पटने में हाईकोर्ट स्थापित हुआ तो आप कलकत्ते से चले आए। आपकी वकालत बहुत अच्छी थी। वकालत के समय में भी आपने सर्वदा सत्यता एवं धैर्य्य से काम लिया। पटने में थोड़े दिन वकालत करने के उपरान्त जब आप बिहार कौंसिल के सदस्य निर्वाचित हुए तो आपकी यह धारणा हुई की वकालत और कौंसिल दोनों काम ईमानदारी के साथ नहीं किया जा सकता। इस कारण देश-सेवा के विचार से आपने वकालत छोड़ दिया। सन १९२३ में आप मिनिष्टर के पद पर नियुक्त किये गये और तब से अभी तक मिनिस्टर के पद पर चले आते हैं। बाल्यकाल ही से इनकी चेष्ठा विद्यार्थियों को सहायता पहुंचाने की ओर बहुत रही। दुःखियों का दुःख दूर करना, विद्या-

र्थियों के साथ सहानुभूति करना, उचित पक्ष की पुष्टि करना इनके कई गुणों में मुख्य गुण हैं। यह एक बड़े दृढ़-संकल्प मनुष्य हैं। मिनिष्टर होने के पूर्व आपने एक प्रस्ताव कौंसिल में किया था कि मिनिष्टर का वेतन देश दुर्दशा के कारण १००० एक हजार मासिक से अधिक होना उचित नहीं। गवर्न्मेन्ट ने इस प्रस्ताव का बहुत विरोध किया इस कारण प्रस्ताव असफल हुआ। परन्तु जब ये मिनिष्टर हुए तो इनका यह दृढ़ संकल्प हुआ कि ४ चार हजार मासिक वेतन में से यह केवल एक ही हजार निज कार्य्य में व्यय करेंगे और शेष द्रव्य को किसी उपकार में लगावेंगे। इसी दृढ़ संकल्प के अनुसार आपने एक अनाथालय पटने में स्थापित किया है जिस में बहुत से अनाथ बालक एवं बालिकायें सुरक्षित हैं। गत वर्ष आपने उच्च कक्षाकी टेकनिकल शिक्षा के विद्यार्थियों को शिक्षा देने के लिये एक लाख रुपये युनिवर्सिटी को दिया है जिसके सूद से वह शिक्षा बराबर दी जा सकेगी। इस साल पुनः आपने दो लाख रु० यूनीवर्सिटी अथवा किसी बैंक के हाथ में देने का प्रवन्ध कर रहे हैं जिसके सूद से १०० रु० मासिक ६ भूमिहार होनहार एवं असहाय बालक को छात्रवृत्ति दी जायगी। उनका विचार है कि यह छात्रवृत्ति उनके पूज्यपाद स्वर्गीय परदादा, दादा, पिता, माता, स्त्री एवं वहिन के नाम से रहेगी और इसी प्रकार २०० रु० मासिक अनाथालय के भरण पोषण के देने को संकल्प किया है। अपनी ग्रामीण-संस्कृत पाठशाला में भी कुछ देंगे और चाइल्ड वेलफेयर के लिये एक मकान बीस हजार लागत का बनाया जायगा। पाटली पुत्र स्कूल पटना जिसके प्राणदाता यही है उसके मकान के लिये २० हजार रु० रख छोड़ा है अर्थात् आपने ३ लाख रु० परोपकार एवं परमार्थ के लिये दान दिये हैं। * इसके अतिरिक्त लगभग २० हजार रु० फुटकर रूप से कतिपय विद्यार्थियों को दे चुके हैं। आप का धार्म्मिक विचार भी बहुत ही उत्तम है। प्रतिदिन अपना कुछ समय उत्तम उत्तम ग्रन्थों के अध्ययन एवं भगवद् भजन में व्यतीत करते हैं। आपकी स्वर्गीय माता एक देव मूर्त्ति थीं। वह मृत्यु के पहले लगभग २० वर्ष तक ठाकुर सेवा के लिये ठाकुरबाड़ी ही में निवास करती थीं। माता की ओर सर गणेशदत्त की असीम प्रीति है। इनकी माता का देहान्त लगभग ८२ वर्ष की उम्र में १९३० में हुआ।

---

* प्रेस में जाने के पूर्व आपने कुल रुपये को पटना युनिवर्सिटी के हवाले कर सुरक्षित कर दिया।

देखो धाः ११७ (२) (८), १२० (१६), १२२ (९), १२९ (२), १३३ (२. कु. संख्या भूल है ३८ नहीं ३७), १५८ (२०) (२७), १५९ (१) (४) (८), १६० (१२), १७९ (८)(९)(१०), १८७ (१८), १८९ (२), १९१(४), २८३ (८) (९), ३११ (६) (९).

कुंडली ३८

श्रीमाननीय भगवान दास "बनारस"

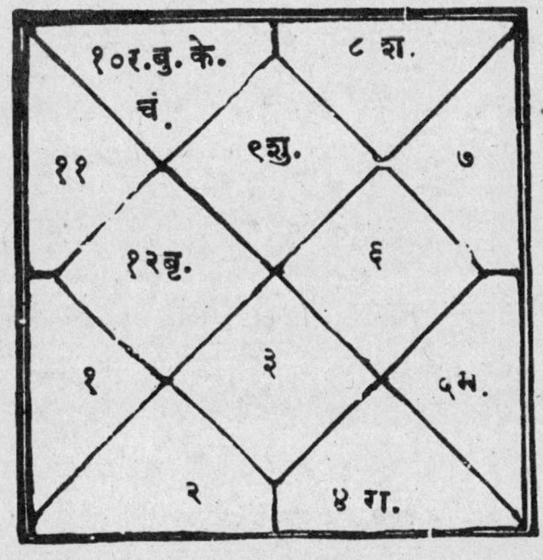

इनका जन्म १२ फरवरी १८६९ ई० तदनुसार संवत १९२५, शाका १७९० माघ कृष्ण अमावश्या मंगलवार ५८।२५ पलापर हुआ है।

आप अंगरेजी, हिन्दी, और संस्कृत के एक धुरंधर विद्वान् हैं। हिन्दी साहित्य सम्मेलन के सभापति भी हो चुके हैं। बनारस के एक माननीय रईसों में हैं। आप बड़े सरलचित्त और देशभक्त पुरुष हैं। नेताओं में आपकी गणना की जाती है। आप एकान्तवास के वड़े प्रेमी हैं। देश के लिये जेल भी भोगे हैं।

देखो धाः १३९ (३), १५८ (२१), १९२ (२), ३१६ (१०).

कुंडली ३९

श्रीमाननीय मोहन दास कर्म्मचन्द गान्धी।

लेखक ने जनवरी १९२९ में जब यह निश्चय किया कि एक ज्योतिष की पुस्तक लिखी जाय तो उसके साथ ही साथ भारतवर्ष के बड़े लोगों की कुण्डली

के संग्रह करने का भी प्रयत्न करने लगे। उसी प्रयत्न में कुण्डली के लिये एक पत्र साबरमती आश्रम महात्माजी के पास भी भेजो गयी और २५ जनवरी १९२९ को उनकी ओर से किसी महानुभाव ने (जिनका नाम नहीं पढ़ा जाता है।) उत्तर दिया जो यों है।

The Ashram
Sabarmati, 25. 1 29

Dear friend,

Gandhijee has your letter. He has neither the time nor the will to comply with your request. He does not possess any horoscope.

Your sincerely.
(illegible)

जिसका उल्था यह है "गान्धी जी को आपकी चिट्ठी मिली। उनको न समय है न उनकी इच्छा है कि आप की अभिलाषा की वह पूर्त्ति करें। उनके पास कोई जन्म-पत्र नहीं है।

(१) अप्रील १९२८ में लेखकने एक पुस्तक हाइवेज इन एस्ट्रोलोजी (High ways in astrology) मोल लिया जिसका लेखक "मल्यापुर" मद्रास प्रान्त के एक व्यक्ति "कुम्भ" हैं। जिसके पृष्ट ८३ में एक कुण्डली के विषय में इस प्रकार लिखा पाया गया। "कन्या लग्न के पञ्चम नवांश में जन्म और सूर्य्य की स्थिति लग्नके अंश के समीप है। शुक्र तुला में वृष के नवांश का बुध और मंगल के साथ तुला राशि में बठा है। शनि वृश्चिक राशि गत मकर के नवांश में है। चन्द्रमा मीन के नवांश में कर्क राशि में राहु के साथ है और बृहस्पति धन, स्वगृही नवांश में मेष राशि में बैठा है।"

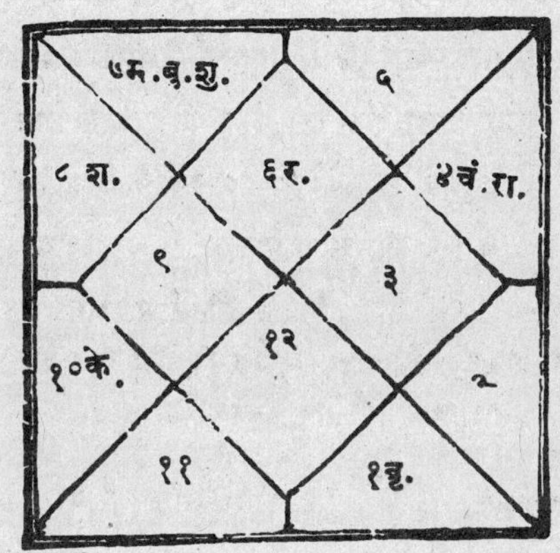

८४ पृष्ट में लिखा है कि "यह भारतवर्ष का एक मनुष्य है। संसारभर के जीवित मनुष्यों में से यह एक महान् व्यक्ति है। यह बड़ा साधु और कठिन परीक्षा-क्षेत्र में पड़ा है। इनका जीवन त्याग एवं दूसरों के लिये कष्ट सहन करने का है"। इसके पढ़ने के उपरान्त और जब महात्माजी का उपर्युक्त पत्र पाया तब लेखक ने महात्माजी की आत्म कथा से यह निश्चय करना चाहा कि उक्त कुण्डली महात्माजी की हो सकती है या नहीं। आत्मकथा के २० वें पृष्ट में लिखा पाया गया कि "आश्विन वदी द्वादशो संवत् १९२५ अर्थात् २ अक्टूबर १८६९ ई० को पोरबन्दर अथवा सुदामापुरी में मेरा जन्म हुआ" संवत १९२५ गुजराती संवत् मालूम होता है। हिन्दी संवत १९२६ होगा। इसी लेख के अनुसार जब उस संवत् के पञ्चाङ्ग (काशी पञ्चाङ्ग) की जिसकी दो प्रति लेखक के लाइब्रेरी में है ग्रहों की स्थिति देखी गयी तो ठीक पता चला कि वह कुण्डली महात्माजी की है। इष्ट दण्ड "कुम्भ" ने भी नहीं दिया है। परन्तु पञ्चाङ्ग से एवं इन्डियन क्रोनोलोजी के अनुसार ग्रहस्थिति ठीक पायी जाती है। पञ्चाङ्ग द्वारा शनि मकर के नवांश में होता है। परन्तु इन्डियन क्रोनोलोजी के अनुसार शनि स्पष्ट ७।१९।६ आता है और अश्लेषा, काशी के पञ्चाङ्ग के अनुसार ३।३० पला तक था। इस कारण कुम्भ का लिखना कि चन्द्रमा कर्क राशि गत मीन के नवांश में था ठीक होता है। परन्तु दुर्भाग्य वश अन्य चार स्थानों में भी लेखक को इनकी कुण्डली मिली है जो सब के सब इस कुण्डली से भिन्न होते हैं।

(२) (प्रथम) ७ वीं फरवरी १९३२ के प्रताप में एक लेख यों निकला है "३०० वर्ष पुराने तालपत्रपर महात्मागांधी की जीवन-कथाः—बम्बई में श्री निवासाचार्य्यजी शास्त्री नामक एक मद्रासी पण्डित के पास 'सत्य संहिता' नाम की एक पुस्तक है। उसमें लगभग ३०० ताड़पत्र के पृष्ट हैं। वह संस्कृत भाषा

में और नफी ग्रन्थम नामक तामिल लिपि में लिखी हुई है। ज्योतिष का विषय इसमें लिखा गया है। कृतिकार कोई सत्याचार्य है। राजा विक्रमादित्य के काल में इसका लिखा जाना अनुमान किया जाता है। इस ग्रन्थ को श्री कन्हैया-लालजी मुन्शी (बम्बई) ने भी देखा है और आज से २००, ३०० बर्ष पहले इसका काल निर्णय किया है। इस पुस्तक का कुछ खास अंश पाठकों के मनोरंजनार्थ यहां दिया जाता है:—बुध, शुक्र, मङ्गल, लग्न में, वृश्चिक आठवें में, शनि मेष (१) में, गुरु कन्या (६) में, सूर्य्य, सिंह (५) में, चन्द्र कर्क (४) में, राहु और तुला लग्न में उसका जन्म हुआ है"। इस लेखके अनुसार कुण्डली यों होता है।

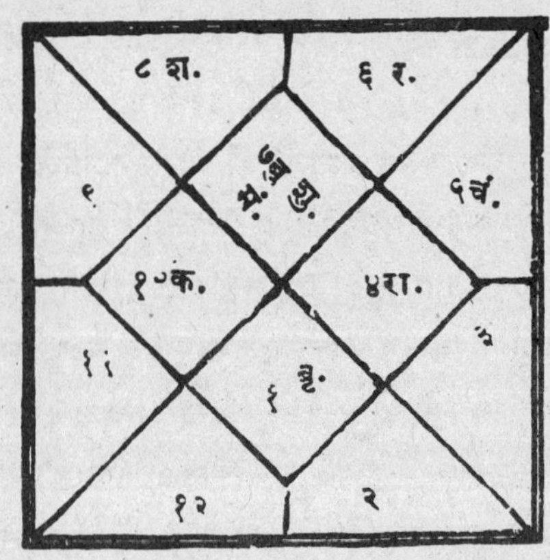

इस तालपत्र पर जो फल लिखा पाया जाता है उससे महात्माजी की गत जीवनी का मानो एक छोटा सा सच्चा उल्लेख हो हैं। परन्तु एक बात देखने की यह है कि उसमें लिखा है, "सुन्दर मुख और नेत्रवाला, सप्रमाण अङ्ग और देहवाला, यह कुछ श्याम शरीर वाला होगा" पाठकगण बिचार लेंगे कि यह कहां तक उनकी आकृति से मिलता है।

(३) (द्वितीय) बी. सूर्य्य नारायण राव ने एस्ट्रोलोजिकलमेगजीन भाग १९ जून के अङ्क में इनकी कुण्डली यों दिया है।

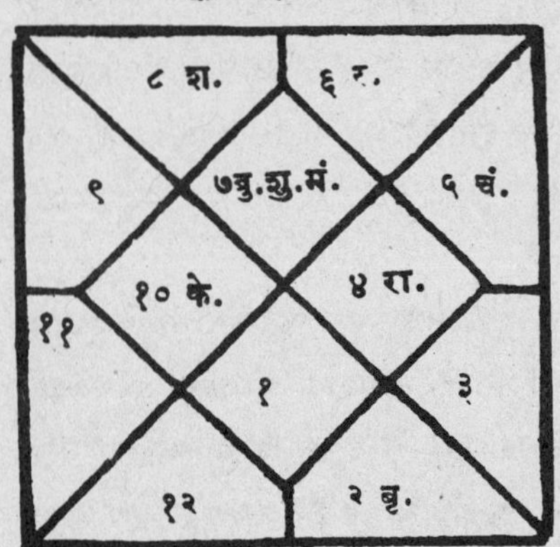

इन्होंने जन्म समय ७ बज के ४५ मिनट प्रातः का माना है। इस कुण्डली में बृहस्पति वृष में जो दिया है वह किसी प्रकार ठीक नहीं हो सकता है। बृ.वृष राशि में ११ अप्रैल १८७० में गया है।

(४) (तृतीय) 'फलित विकाश' में भी महात्माजी को कुण्डली दी हुई है।

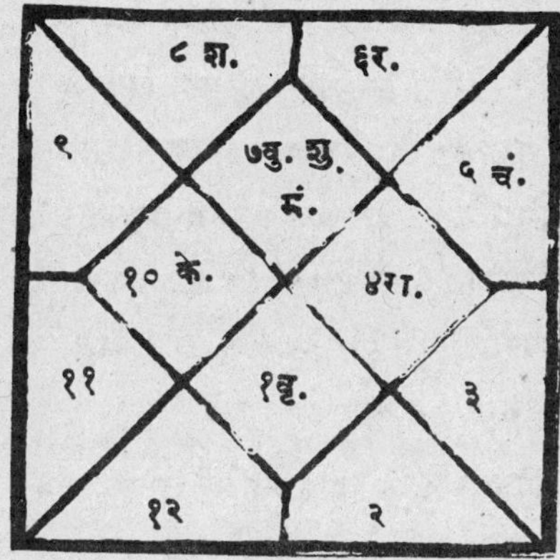

उस पुस्तक में इनका जन्म संवत १९२६ आश्विन कृष्ण त्रयोदशी रविवार पूर्व फाल्गुणी के प्रथम चरण, इष्ट दण्डादि ३।१५।४० लिखा है। इस कुण्डली में त्रयोदशी रविवार अवश्य अशुद्ध है। क्योंकि त्रयोदशी रविवार को यदि पूर्व फाल्गुणी का प्रथम चरण बीतता था तो द्वादशी शनि को मघा ही नक्षत्र सम्भव होता है।

(५) (चतुर्थ) 'दी सेलेस्चियल मेसेन्जर' जो बनारस से प्रकाशित होता है। उसके भाग ५ अङ्क ५, ६, के तेरहवें पृष्ट में महात्मा गान्धीजी की कुण्डली दी गयी है। उसमें लिखा है कि उनका जन्म २री अक्टूबर १८६९ आश्विन कृष्ण त्रयोदशी संवत् १९२६ रविवार ३।४० पला पूर्वफाल्गुणी के प्रथम चरण में हुआ है उनकी कुण्डली यों है।

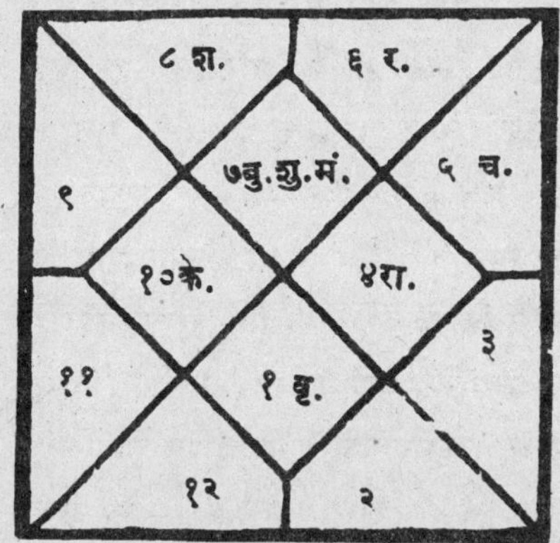

ऊपर लिखे हुए ५ प्रकार की कुण्डलियों पर ध्यान देने के उपरान्त पहली बात यह देखनी होगी कि महात्माजी का जन्म कौन तारीख का है। इसपर विशेष रूपसे ध्यान उनकी आत्मकथापर ही देना उचित है। अर्थात् २ री अक्टूबर १८६९, आश्विन कृष्ण द्वादशी संवत् १९२५ गुजराती, संवत १९२६ शनिवार ठीक प्रतीत होता है। सत्य संहिता में तो संवत एवं मास आदि दिया ही नहीं। अब शेष अन्तर किस बातों में है। यदि इस पर विचार किया तो मालूम होता है कि सिवाय "कुम्भ" के अन्य सभी लोग लग्न तुला मानते हैं। चं. सिवाय "कुम्भ" के सभी लोग सिंह मानते आये हैं अर्थात् पूर्व फाल्गुणी नक्षत्र

का प्रथम चरण। परन्तु कुम्भ ने अश्लेषा का चतुर्थ चरण माना है और सत्य संहिता ने नक्षत्र का नाम नहीं दिया है। हो सकता है कि चन्द्रमा मघा का हो, जन्म इष्ट सत्य संहिता ने नहीं दिया है और कुम्भ ने भी नहीं दिया है। परन्तु 'कुम्भ' के लेख से प्रतीत होता है कि सूर्य्योदय के तुरत बाद ही जन्म माना है। सूर्य्य स्पष्ट उस दिन का ५।१६।३० होता है। इस कारण कुम्भ के अनुसार कन्या के १६ अंश बाद ही जन्म होना सम्भव होता है। यदि इष्ट दण्ड ०।२ पला माना जाय तो प्राणपद शोधन के उपरान्त एवं पोरवन्दर के लग्न मान से लग्न कन्या के १६ अंशपर प्राणपद शोधन करते हुए ठीक होता है।

फलदोपिका में इष्ट दण्ड ३।१५।४० दिया है। उस इष्ट दण्डादि से लग्न ६।१७ होता है और प्राणपद द्वारा यह लग्न भी शुद्ध होता है। यह एक साधारण बात है कि इष्ट दण्डादि के हेर फेर से लग्न में भी हेर फेर अवश्य ही होगा। इस कुण्डली में एक के माने हुए इष्ट दण्ड से दूसरे के माने हुए इष्ट दण्ड में केवल पलादि का ही अन्तर नहीं है, वल्कि दण्डादि का भी अन्तर है। इस कारण इन की कुण्डली का लग्न स्थिर महात्मा जी के शारीरिक गठन एवं उन के शुभाशुभ लक्षणादि ही द्वारा निश्चय किया जासकता है। यह सत्य है "सत्य संहिता" का भाषण तो सिवाय शारीरिक गठनादि के अक्षराक्षर महात्मा-ही जी को बतलाता है। परन्तु सत्य संहिता की लेख शैली, भृगुसंहिता के सदृश है अर्थात् उस में यह दिया हुआ नहीं है कि किस ग्रह की स्थिति एवं ग्रहादि की स्थिति से वैसा फल होता है। इस कारण प्रमाणित नहीं प्रतीत होता है। विद्वान भले ही जानते होंगे परन्तु लेखक को ऐसा अनुभव नहीं है कि जीवन की सभी बातें इतनी स्पष्टता पूर्वक बतलायी जा सकती है। परन्तु मृत्यु का समय ठीक ठीक निर्णय किया हुआ नहीं है। इन सब कारणों से लेखक की रुचि 'सत्य संहिता' के अनुकूल नहीं होती है। यह बात देखने की है कि यदि लग्न तुला के १७ अंश पर माना जाय तो शु. बुध मंगल सभी लग्न भाव ही में पड़ेंगे और बृ. की पूर्ण दृष्टि होगी। इस प्रकार केवल मंगल ही शुष्क ग्रह होता है और शेष सब के सब स्थूलता प्रदान करते हैं। परन्तु यह महात्माजी के शरीर गठनादि के प्रतिकूल होता है। यह सच है कि तुला लग्न मानने से श्रृङ्खला-बद्ध योग लगता है। अर्थात् बन्धन योग होता है। परन्तु र. और शनि पर किसी शुभ ग्रह कि दृष्टि नहीं है। इस कारण साधारण अपराधो के सदृश बन्धन

योग होता है । परन्तु यह तो सर्वदा नजर बन्द हो रहे । अब रही चं. की बात । आश्विन कृष्ण त्रयोदशी का जन्म अवश्य भूल है । आश्विन कृष्ण द्वादशी को पोरबन्दर में अश्लेषा दूसरी अक्तूबर को २।५। पला तक था । यदि इसके बाद का जन्म हो तो मघा होगा और इसके पूर्व जन्म होने से अश्लेषा होगा । सत्य संहिता के प्रारम्भ में केतु का दशा लिखा है । इस कारण मघा होता है । फलदीपिका में शुक्र की दशा लिखा है । अर्थात् पूर्व फाल्गुनी माना है ।

सब बातों पर ध्यान देते हुए लेखक 'कुम्भ' ही के मत का अनुमोदन करने का साहस करता है । इस कारण उनका जन्म २री अक्टूबर १८६९ शनिवार तदनुसार संवत् गुजराती अनुसार १९२५ और हिन्दी अनुसार १९२६ कार्त्तिक कृष्ण द्वादशी दंडादि ०।२।१४ पर अश्लेषा के अन्तिम चरण में हुआ । लग्न ५।१६।३४, सूर्य्य ५।१६।३०। चन्द्रमा ३।२८।५५, मंगल ६।२६।१२, बुध ६।१०।६, बृहस्पति ०।२६।४१, (वक्रो),(कुम्भ ने भी धन का ही नवांश लिखा है) शुक्र ६।२४।१२, शनि ७।२०।२१ और एक प्रकार ७।१९।६ राहु ३।१२।० ।

जन्म कुण्डली

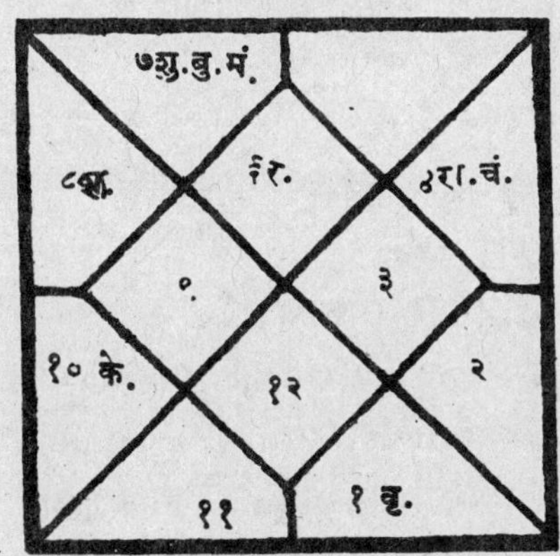

संसार भर में कोई ऐसा व्यक्ति नहीं जो इन्हें नहीं जानता है । इनकी सेवा, इनका त्याग, इनकी सत्यता, इनकी दृढ़ प्रतिज्ञा, इनकी करुणा, इनका अछूतों को ओर प्रेम एवं इनको आस्तिकता को सभी जानते हैं । इनके विषय में जो लिखा जाय वह थोड़ा ही होगा । फारसो की कहावत है कि "मिश्क आमस्त की खुद वबोयद, न कि इत्तार बगोयद" ।

देखो धा. १०४ (५); १०६ (२); १२१ (८); १३९ (५) (६) १४०(४) १४४ (६) (१३); १४६ (३) (४) (६) (११); १९८ (१७) (१८); १६६ (१); १८७ (३) (६) (७) (९) (१०) (११) (१३) (१५) (१७) (१९); १८९ (२); १९१ (३) (५) १९२ (१) २८३ (८) (९) (८०) ३०० (५५); ३१६ (१२).

कुंडली ५०

देशबन्धु चित्तरञ्जन दास

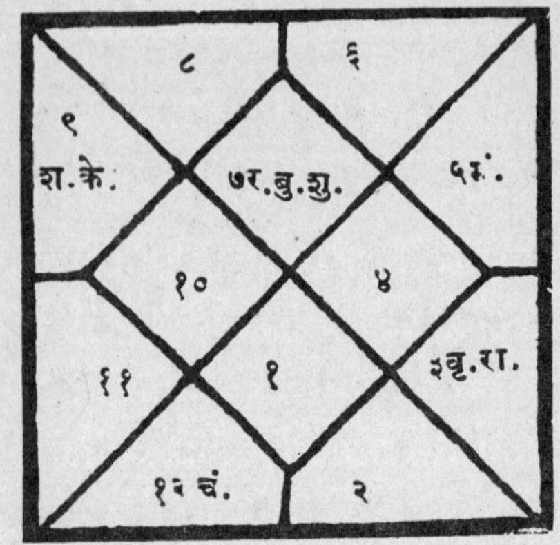

इनका जन्म ५वीं नवम्बर सन १८७० ई. तदनुसार कार्तिक शुक्ल द्वादशी शनिवार ६ बज के ४८ मिनट भोर का था। लग्न ६।२८।४३। इनकी देश-सेवा एवं त्याग और दान शीलता कौन नहीं जानता है। यह एक बड़े उच्च कोटि के कलकत्ता हाइकोर्ट के बैरिष्टर थे। आप ने खूब द्रव्य प्राप्त की। उदारता आप की ऐसी थी कि अपरिचित लोगों को भी मुंह मांगा दान दिया करते थे और अन्त में आपने तो अपना सर्वस्व कौंग्रेस को न्यौछावर कर दिया। जनता ने यदि उनको "देशबन्धु" की पदवी दी तो उचित से कम ही हुआ। आपने अपने नाम को ऊपर लिखे हुए गुणों के कारण अमर कर डाला।

देखो धा. १०४ (५), १८७ (१५), २८३ (८).

कुंडली ५१

सैयद हसन इमाम बैरिष्टर (पटना)

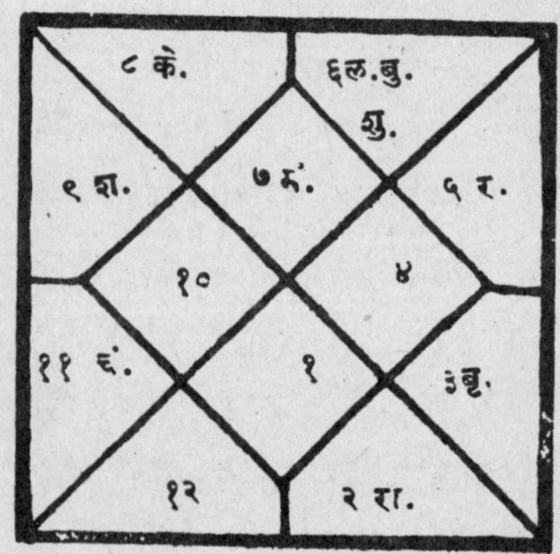

सूर्य्य ४।१५।० (वर्गोत्तम), मंगल ६।२०।१८, (स्वगृही) मेष के नवांश में, बुध ५।८।५२ के मीन नवांश में, परन्तु मूलत्रिकोण में, बृहस्पति २।२८।२० वर्गोत्तम नवांश, शुक्र ५।१४।४० इण्डियन क्रोनोलोजी के अनुसार ५।१८।६ स्वगृही नवांश, शनि ८।९।२६ मिथुन नवांश (वक्री), राहु

१।७।३, चन्द्रमा १०।१३।२१ वर्गोत्तम नवांश में, लग्न ९।२९।

इनका जन्म ३० अगस्त सन १८७१ ई. तदनुसार संवत् १९२८ शाका १७९३ प्रथम भादो पूर्णिमा बुधवार ८ दण्ड २२ पला पर है। लेखक के आप एक बड़े माननीय मित्रों में से थे। आपने पत्र द्वारा अपनी जन्म तिथि आदि की सूचना दी थी, आपने लिखा था कि आपका जन्म ९,१० के अभ्यन्तर है। सब बातों पर ध्यान देते हुए ९ बज कर ७ मिनट स्थिर होता है। इस कारण इष्ट ८।२२ हुआ। यह पटना हाईकोर्ट के एक प्रधान बैरिष्टर थे। आपने कुछ दिनों तक कलकत्ता हाईकोर्ट में जज के पद को भी सुशोभित किया था। आपने बैरिष्टरी द्वारा अटूट धन प्राप्त किया और अच्छी जमीन्दारी भी बना लिया। पटने में बहुत से सुसज्जित मकानों के आप स्वामी थे। पहली स्त्री के देहान्त के बाद आपने एक युरोपियन महिला से विवाह किया था। कृषि से आप को प्रेम था। देश सेवा के लिये भी आपकी रुचि बनी रहती थी।

देखो धा. १४३ (९), १९९ ध. (१) (७घ) (९) (१७) १६० (४)(११), १६१ (१) (८), १६३ (४) (६), १७९ (८), १८७ (१४), २८३ (३०), ३०४ (३).

कुण्डली ४२

पण्डित रमावल्लभ मिश्र।

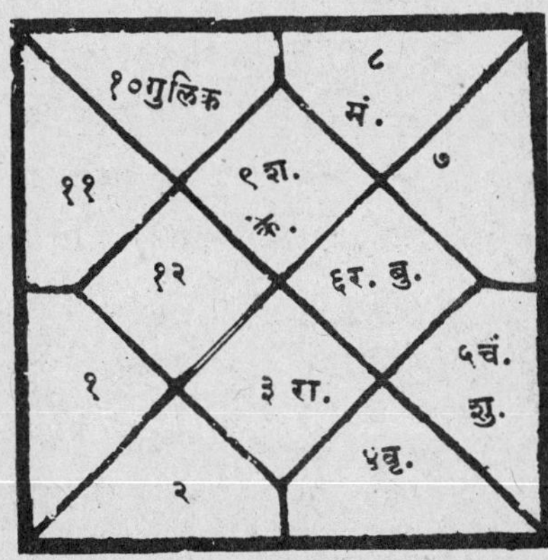

लग्न ८।९।४७। र.९।२४ ४४ स्वगृही नवांश में है। चन्द्रमा ४।६।२७ वृष, उच्च नवांश में। मंगल ७।१७।२९ धन के नवांश में। बुध ९।६।४।३२ वृष के नवांश में, बृहस्पति ३।६।३१ सिंह के नवांश में, शुक्र ४।२९।४१ धन के नवांश में, शनि ८।१०।२० कर्क के नवांश में, राहु २।२४।५४, गुलिक मकर राशि में।

इनका जन्म १० अक्टूबर १८७१ तदनुसार संवत १९२८, शाका १७९३ आश्विन कृष्ण एकादशी भौमवार दण्डादि १८।३५।३० पर था। आप का जन्म गया जिलान्तर्गत दधपा ग्राम के ब्राह्मण कुल में था। आप पहले बिहार सेट्लमेन्ट में सब-डिप्टी के पदपर नियुक्त हुए थे। परन्तु बुद्धि, विद्या एवं सहन-शीलता के कारण आपकी उन्नति दिन प्रतिदिन बहुत शीघ्र होती गयी। १९०६ में आप बोर्ड औफ रेभेन्यू के सेक्रेटरी हुए और दो तीन वर्ष इस कार्य्य को करते हुए बीरभूम के सूरी जिला में डिस्ट्रिक्ट मैजिस्ट्रेट (कलेक्टर) हुए। उसके बाद कुछ दिनों तक वीरभूमि, पुरी, और बालासोर के कलेक्टर (१९१४ तक) रहे। आपके पिता की मृत्यु के बाद आपकी स्वास्थ्य खराब हो गया। बहुमुत्र-रोग से पीड़ित होते हुए अन्त में इनकी मृत्यु पहली जुलाई १९१४ को क्षय रोग से मंसूरी में हुई। आप मृत्यु के समय में कुछ रुपया भी छोड़ गये थे। ये पण्डित राजवल्लभ मिश्र डिप्टी मैजिस्ट्रेट के ज्येष्ठ भ्राता थे।

देखो धाः ३०० (ख. ४९); ३०६ (५) (१९).

कुंडली ४३

श्रीयुत अरविन्द घोष।

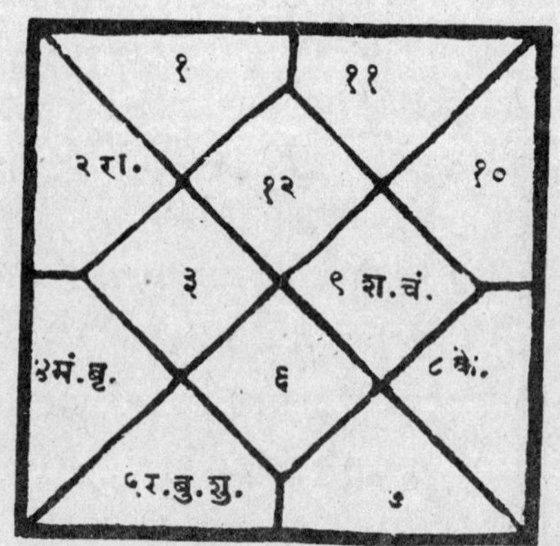

सूर्य्य ४।०।४० मेष के नवांश में, मंगल ३।६।१२ सिंह के नवांश में, बुध ४।२०।३५ वक्री तुला के नवांश में, बृ. ३।२०।५० तुला के नवांश में, शुक्र ४।९।६ कन्या के नवांश में शनि ८।२०।५०तुला, उच्च नवांश में, चन्द्रमा धन के सत्रह अंश से २० अंश के भीतर अर्थात पूर्वाषाढ़ के द्वितीय चरण में। जन्म समय ठीक नहीं रहने के कारण ग्रह-स्फुट की कला में किञ्चित भ्रम हो सकता है।

इनका जन्म १५ अगस्त १८७२ ई० शाका १७९४ श्रावण सौरी ३२, श्रावण चान्द्री शुक्ल एकादशी गुरुवार का है। पता चलता है कि इनका जन्म इंगलैण्ड (लन्दन) में हुआ है। इनकी कुण्डली एक मित्र ने मेरे पास भेजी थी। परन्तु ग्रह स्फुट नहीं दिया हुआ है। ग्रह स्फुट इन्डियन क्रोनोलोजी से यथा-विधि ठीक किया गया है। यह भारतवर्ष के एक सुयोग्य देश सेवक बीरेन्द्र-कुमार घोष के सुयोग्य पुत्र हैं और ओक्सफोर्ड के बी. ए. हैं। इन्डियन सिविल-सर्विस में ये परीक्षोत्तीर्ण न हुए। यह एक बड़े अद्वितीय विद्वान है। ये 'बन्दे-मातरम्' के सम्पादक भी थे। अलीपुर बम वाले मुकद्दमे में आप भी मुद्दालय थे। परन्तु इनकी रिहाइ हो गयी थी। आप धार्म्मिक विचार के आदमी हैं और बड़े-देश भक्त हैं। आप अभी एकान्त जीवन व्यतीत करते हुए योगाभ्यास में लगे हुए हैं।

देखो धाः १३७ (२. देखो योग); १९९ (१) (९); १८९ (२); १९० (१४); १९२ (२); २९४ (२२); ३१६ (१२).

कुण्डली ४४

स्वामी रामतीर्थ परमहंस।

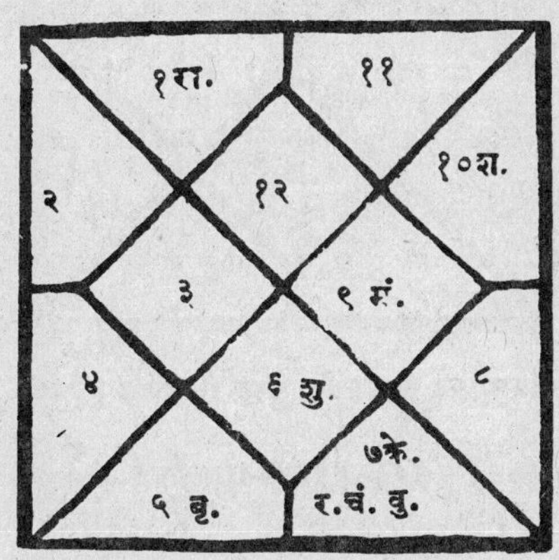

सूर्य्य ६।७।२, चन्द्रमा ६।१८।३८, मंगल ८।१५।३८, बुध ६।२४, बृ. ४।२९।३८, शुक्र ५।७।३०, शनि ९।२।८, राहु ०।२५।१९, लग्न ११।२१।४०, सर्वर्क्ष ६४।२९, गतर्क्ष ५७।५६। राहु महादशा–वर्षादि १।९।२९। उक्त ग्रन्थ में इन सब गणित का उल्लेख नहीं है।

इनका जन्म पंजाब प्रान्त के अन्तर्गत गुजरांवाला जिले मुरारीवाला गांव में एक गोस्वामी वंश में २२ अक्टूबर १८७३ ई० तदनुसार संवत् १९३० शाका १७९५ कार्त्तिक शुक्ल प्रतिपदा बुधवार, स्वाती नक्षत्र के चतुर्थ चरण में

२४।५२ पला पर हुआ था। इनकी कुण्डलो "श्रीरामतीर्थ पब्लिकेशन लीग ग्रन्थावली" के २१ वां भाग में मिली है । उसी पुस्तक में लिखा है कि इनके जन्म पर ज्योतिषी ने अनेक भविष्य वाणियां की थी जिसमें से निम्नलिखित दश फल वर्णन किये गये हैं। (१) अति विद्वान हो (२) २१ वा २२ वर्ष की आयु में परमार्थ का ख्याल बहुत अधिक हो (३) इष्ट अद्भुत हो जैसे ऊँकार (४) विदेश अवश्य जावें (५) राजदरबार में चमत्कार होकर रहे नहीं (६) शरीर रोगी रहे वल्कि किसी अङ्ग में दोष हो (७) अन्तिम आयु में विषय बासना नितान्त नष्ट (८) दो पुत्र अवश्य हों (९) आयु २८ से ३५ के भीतर हो अर्थात् अल्पायु हो (१०) यदि ब्राह्मण हो तो मृत्यु जल में और क्षत्रिय वंश में हो तो मृत्यु मकानपर से गिर कर हो"। इनकी जीवनी के पढ़ने से यह सब अक्षराक्षर ठीक पाया जाता है। उस पुस्तक में इष्ट दण्डादि २४।४८ पाया जाता है परन्तु प्राणपद शोधन द्वारा इष्ट दण्डादि २४।५२ होता है । उस पुस्तक में बृहस्पति का कन्या राशि-गत होना लिखा है। काशी के पञ्चाङ्ग में भी उनके जन्मदिन के कई दिन पूर्व ही बृ. का कन्या गत होना मिलता है। परन्तु इन्डियन क्रोनोलोजी के अनुसार (जिस के गणित में लेखक को विश्वास है) बृ. उनके जन्म दिन के बाद कन्या में प्रवेश किया है। उपर जो ग्रह-स्फुट लिखा गया है वह उस पुस्तक में नहीं है। जन्म के ९ ही मास के बाद इनकी माता संसार से चल बसी थीं। बाल्यावस्था में इनका नाम तीर्थ राम था आपने लगभग ९ वर्ष की अवस्था में पाठशाले की पांचवीं श्रेणी तक पढ़ कर परीक्षा में प्रथम श्रेणी का प्रमाण-पत्र प्राप्त किया और छात्रवृत्ति के साथ मौलवी साहिब से फारसी की गुलिस्तां बोस्तां भी पढ़ी। तत्पश्चात गुजरांवाला हाई स्कूल में भरती हुए और १४½ वर्ष की अवस्था में एन्ट्रेंस की परीक्षा के उच्चश्रेणी में उत्तीर्ण हुए। लाहौर यूनीवर्सिटी से १८९० ई. के एफ. ए. की परीक्षा में आप कौलेज में सर्व प्रथम रहे और छात्र वृत्ति भी मिली। और बी. ए. में पढ़ने लगे। पढ़ते समय आर्थिक कठिनाइयां बहुत थीं। एक वर्ष बी. ए. में फेल करने के ऊपरान्त दूसरे वर्ष बी. ए. की परीक्षा में उस यूनीवर्सिटी में सबसे प्रथम रहे। १९½ वर्ष की अवस्था में अर्थात् मई १८९३ ई- में गवर्मेन्ट कौलेज में एम. ए. की परीक्षा के लिये भरती हुए। एम. ए. की परीक्षा में उत्तीर्ण होने के उपरान्त आप ने गणित-शिक्षा देने के लिये १८९५ ई० में प्राइवेट

श्रेणियां खोली। परन्तु स्वास्थ्य अच्छा नहीं रहने के कारण इनको कुछ समय के लिये अपने गांव मुरारीवाला में जाना पड़ा। कुछ समय के लिये स्यालकोट 'अमेरिका मिसन हाइस्कूल' में सेकेण्डमास्टर एवं वोर्डिंग सुपरिनटेन्डेन्ट के पद पर नियुक्त हुए। कई मास के उपरान्त एप्रील १८९६ ई० में 'मिसन कौलेज' लाहौर में गणित के सिनियर प्राफेसर के पद पर आसीन हुए। इस समय तीर्थ रामजी के हृदय में कृष्ण-भक्ति का स्त्रोत बड़े वेग से उमड़ रहा था। आपने गीता का विधिवत् अनुशीलन किया। समय-समय पर अजमेर, सिमला, पेशावर आदि सनातन-धर्म-सभाओं में आप ईश्वर भक्ति की स्रोतस्विनी में श्रोताओं को मग्न कर दिया करते थे। इन दिनों श्री १०८ श्री जगद्गुरू श्री शङ्कराचार्य्य (आदि गुरू नहीं) लाहौर पधारे थे और जगद्गुरू के उपदेश से तीर्थरामजी गीता के साथ साथ उपनिषद्, ब्रह्मसूत्र और वेदान्त ग्रन्थों का निरन्तर अध्ययन करने लगे। आत्म विचार, आत्मचिन्तन एवं आत्मध्यान में निमग्न होने लगे। फलतः एकान्त निवास की तरङ्ग चित्त में उठने लगी। १८९७ के गर्मी को छुट्टी में एकान्त सेवन के विचार से तीर्थरामजी हरिद्वार और हृषीकेश होते हुए तपोवन पहुंच गये। जो कुछ पैसे उनके साथ थे साधु महात्माओं के हाथ में अर्पण कर दिया। अत्यन्त प्रयत्न करने पर भी जब उनको आत्मसाक्षात्कार न हुआ तो एक दिन व्याकुल होकर उन्होंने अपना शरीर गंगा की धारा में बहा दिया। गंगा चढ़ाई पर थी। कल कल धारा चल रही थी। वैसे तरङ्ग ने उनके शरीर को अपने भीतर छिपाते हुए अत्यन्त वेग से बहाकर एक पहाड़ी चट्टान पर लिटा दिया। पानी हट जाने पर तीर्थ रामजी उठे और एक पद कहा "मैं कुश्तगाने–इश्क में 'सरदार' ही रहा, सर भी जुदा किया, तो 'सरेदार' ही रहा"। इसके बाद जब तीर्थ रामजी लौट कर अपने पद पर गये तो उनके जीवन का ढङ्ग ही दूसरा हो गया। पैसा-कौड़ी, घर-द्वार, अपने-पराये का भाव लुप्त होने लगा और अपने वेतन को, छात्रों को समर्पण करते हुए कहा करते कि "भगवन ! जिसका जितनी जरूरत हो ले लो"। आप गणित विद्या के बड़े प्रेमी थे। गणित पढ़ाने के समय वेदान्त के सिद्धान्त सिद्ध करने लग जाते थे और समय-समय शम्स-तवरेज, मौलानारूम (फारसी के उच्च कोटि के ग्रंथ) उच्च कोटि के गम्भीर वक्तव्यों को सुनाकर सुफी धर्म (वेदान्त) की गम्भीर उक्तियों का मर्म खोलने लगते थे। पुनः गर्मी की छुट्टी में गोसांईजी ने अमरनाथ की यात्रा की। हरि-

द्वार पहुंचे और बद्रीनारायण का मार्ग पकड़ लिया। जब देव-प्रयाग पहुंचे तो अपने साथियों से अलग हो गये और गंगोत्री की ओर चल पड़े। टेहरी के आस पास एक निर्जन वगीचा में एकान्त अभ्यास के लिये जमगये। पैसे कौड़ी को गंगा में फेंक कर ईश्वर प्रेम में निमग्न हुए। कुछ ही दिनों बाद अपनी स्त्री को बिना कुछ कहे सुने राजा नल की तरह आप आधी रात को नङ्गे पैर नङ्गे शिर उत्तर काशी की ओर चल दिये। परिणाम यह हुआ कि उनकी स्त्री को ऐसी गहरी चोट लगी कि वह बीमार हो गयी। तीर्थरामजी पुनः लौटकर वहां आये और अपनी स्त्री को अपने पुत्र के साथ मुरारीवाला ग्राम लौट जाने की आज्ञा दी। सन् १९०१ ई० के आरम्भ में स्वामी विवेकानन्दजी के शरीर त्यागने के कुछ दिन पहिले आपने नापित को बुलाकर सर्वतो भद्र करवाया। गेरुए वस्त्र पहने और ऊँ-ऊँ का उच्चारण करते हुए श्रीगङ्गा में खड़े होकर यज्ञोपवीत उतार कर गंगाजी को सौंप दिया और श्री सूर्य्य भगवान् को साक्षी करके तीर्थ रामजी स्वामी रामतीर्थ होकर गंगा से बाहर निकले। सन्यास लेने के पश्चात् स्वामी जी वहां छः महीने तक रहे। जब मनुष्यों के गमनागमन से एकान्तन रहगया तो परमहंस जी चुपके से उस स्थान को छोड़ कर वमरोगी-गुफा में रहने लगे। तत्पश्चात् १९०१ ई० के अगस्त में यमुनोत्तरी. गंगोत्तरी, त्रियुगीनारायण, केदारनाथ, बद्रीनारायण की यात्रा के लिये चल दिये। समय-समय पर उनके बहुतेरे लेख गद्य एवं पद्य में निकलते थे। बद्रीनारायण दीप-मालिका के एक सप्ताह पहले पहुंच गये। बद्रीनारायण से लौटते समय १९०२ ई० में जब स्वामी रामतीर्थ टेहरी पर्वत पर पहुंचे तो संयोग से टेहरी महाराज से भेंट हो गयी। टेहरी महाराज कई कारणों से अज्ञेय वादी (Agnostic) प्रसिद्ध थे। स्वामीजी ने अपनी प्रखर विद्या एवं युक्तिशाली बुद्धि से टेहरी महाराज के समक्ष ईश्वर का अस्तित्व प्रत्यक्ष सिद्ध कर दिखलाया। महाराज पर इनका बहुत प्रभाव पड़ा और उनके संशय निवृत्त हो गये। टेहरी महाराज ने, शिकागो की तरह जापान में भी, संसार भर के धर्मों का एक धर्म्म-महा-सम्मेलन होने की खबर पाकर आपको जापान भेज दिया। स्वामीजी ने जापान, अमेरिका और मिश्र इत्यादि में भ्रमण करके अपने धर्म्म का पूरा प्रतिपादन किया और बड़े यश के भागी हुए। उन देशों के विद्वानों ने इनका बड़ा आदर एवं प्रशंसा किया। पुनः देश लौट कर एकान्त निवास की इच्छा से हरिद्वार इत्यादि स्थानों में फिरते

रहे। फिर बहुतेरे स्थानों में भ्रमण करते हुए वशिष्ठ आश्रम पहुंचे और अन्त में भृगु गंगा के किनारे अक्टूबर १९०६ में एक कुटिया बनाकर वहां जीवन भर रहने की प्रतिज्ञा कर ठहर गये। १७ अक्टूबर सन् १९०६ ई० तदनुसार कार्तिक कृष्ण १९, दीप-मालिका के मध्याह्न समय वे गंगा में स्नान करने गये और गंगा की वेगवती धारा में, आकंठ जल में स्नान करते समय, डुबकी लगते ही, पैर के नीचे का पत्थर खिसक जाने से एक भँवर में पड़कर, उनका निष्पाप, निष्कलंक, परिश्रमी, कर्त्तव्यपरायण, दर्शनीय, कमनीय, परमोपयोगी, कई मास से रोग ग्रसित रहने कारण कृश गौर वर्ण और दिव्यतेजोमय शरीर, उनकी परम प्यारी गंगा में सदा के लिये लीन हो गया।

अपने लेख की जिन अन्तिम पंक्तियों को लिख कर "राम बादशाह" गंगा स्नान करने गये थे वे यों हैं।

"ब्रह्मा विष्णु, शिव, इन्द्र, गंगा, भारत,

ऐ मौत ! वेशक उड़ादे इस एक जिस्म को:, मेरे और अजसाम ही मुझे कम नहीं। सिर्फ-चांद की किरणें चांदी की तारें पहन कर चैन से काट सकता हूं। पहाड़ी, नदी, नालों के वेष में गीत गाता फिरूंगा, बहरे-मव्वाज के लिबास में लहराता फिरूंगा। मैं ही बादे-खुश-खराम और नसीमे मस्ताना गाम हूं। मेरी यह सूरते-सैलानी हर वक्त रवानी में रहती है। इस रूपमें पहाड़ों से उत्तरा, मुरझाते पौधों को ताजा किया, गुलों को हँसाया, बुलबुल को रुलाया, दरवाजों को खट खटाया, सोते को जगया; किसी का आंसू पोछा, किसी का घूंघट उठाया, इसको छेड़ा, उसको छेड़ा, तुझको छेड़ा। वह गया ! वह गया !! न कुछ साथ रक्खा, न किसी के हाथ आया।"

देखो धा: ११५ (५); ११६ (१) (५); १२९ (४); १३३ (४); १३४ (७); १३५ (२)(६); १३७ (१); १५८ (१७); १७९ (११); १९० (ख. १. ६.); १९१ (५) (६); १९४ (३२ वर्ष ६); २१३ (१८); २१७ (२९).

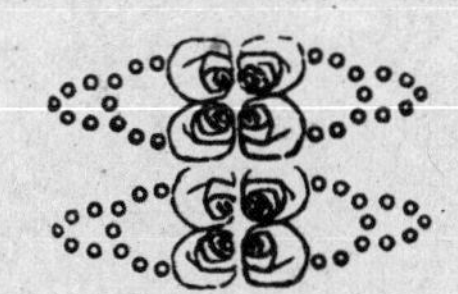

कुण्डली ४५

महामहोपाध्याय साहित्याचार्य पण्डित रामावतार शर्म्मा एम० ए० (पटना)

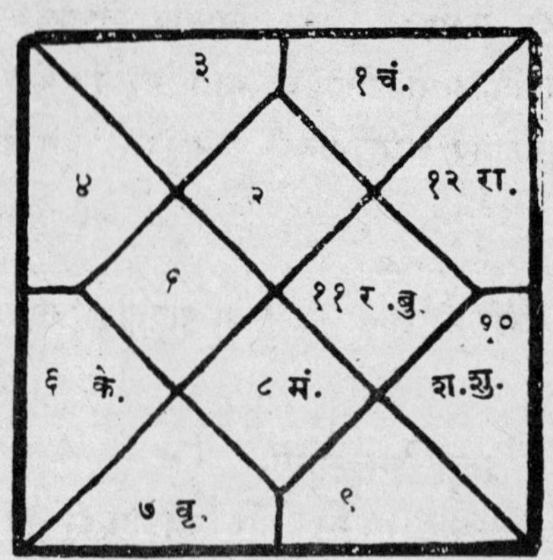

इनका जन्म ग्रहस्थिति के अनुसार ११वी मार्च १८७५ तदनुसार संवत् १९३१ फाल्गुण शुक्ल चतुर्थी का प्रतीत होता है। फलित विकास में यह कुण्डली पायी गयी, परन्तु उसमें वर्ष, माश इत्यादि कुछ भी दी हुई नहीं है और केतु की स्थिति में भी छापे की भूल प्रतीत होती है। उस दिन, लगभग मध्यानका ग्रहस्फुट र. १०।२९।४९, मं. ७।२६।१०, बुध १०।१४।९४ वक्री, बृ. ६।७।२४, शु. ९।१४।०, श. ९।२६। २४,

यह एक संस्कृत के अद्वितीय विद्वानों में से थे और आप का धार्मिक विचार विचित्र था। प्राचीन प्रथा एवं ढङ्ग के कट्टर विरोधी थे। लोकाचार इनके चित्त को नहीं भाता था। षड्दर्शन के अद्वितीय विद्वान् होते हुए भी इनकी धारणा थी कि उनके चित्त के अनुकूल सातवां दर्शन जो इन छहों से भिन्न हो, लिखा जा सकता है। वह किसीकी मानने को नहीं। नित्य का घराउ व्यवहार एवं जनता के साथ का वर्ताव भी एक विलक्षण ही था। यह पटना के कौलेज में संस्कृत के प्रोफेसर (अध्यापक) थे। इनकी मृत्यु क्षय रोग से १९८९ संवत् चैत्र कृष्ण नवमी बुधवार को तीन बजे दिन में हुई थी।

देखो धाः १९० (ख. ७). २८३ (८); ३०६ (१९).

कुंडली ४६

डाक्टर सुरेन्द्र मोहन गुप्ता (मुङ्गेर)

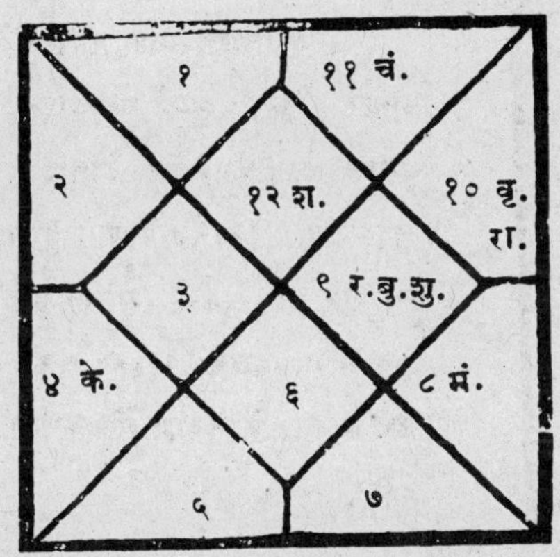

इनका जन्म २९ दिसम्बर सन् १८७८ रविवार, संवत १९३५ शाका १८०८ का है। उक्त डाक्टर साहब ने मुझे इष्ट दण्डका कोई ठीक पता नहीं दिया। इस कारण केवल कुण्डली दी जाती है।

यह मुङ्गेर के एक सुप्रसिद्ध डाक्टर हैं। इनकी चिकित्सा एवं निदान बहुत ही उत्तम है और बड़े सज्जन और सर्वप्रिय डाक्टर हैं। आपकी मर्य्यादा स्थानीय सिविल जर्जनों से भी विशेष है। आपने बहुत धन उपार्जन भी किया और संग्रह भी किया। आपको तीन वार "फालिज" अर्थात् लकवा की बिमारी हुई और अत्यन्त कष्ट के उपरान्त आपकी रक्षा हुई। (इनकी मृत्यु इस खण्ड को प्रेस में भेजने के पूर्व अगस्त १९३३ में पेट के अन्दर किसी व्रण से हुई।)

देखो धाः—१७८ (२४); १७९ (११); २८३ (५५); २९९ (२); ३१३ (२९).

कुंडली ४७

बिहार रत्न बाबू राजेन्द्र प्रसाद एम० ए०, एम० एल।

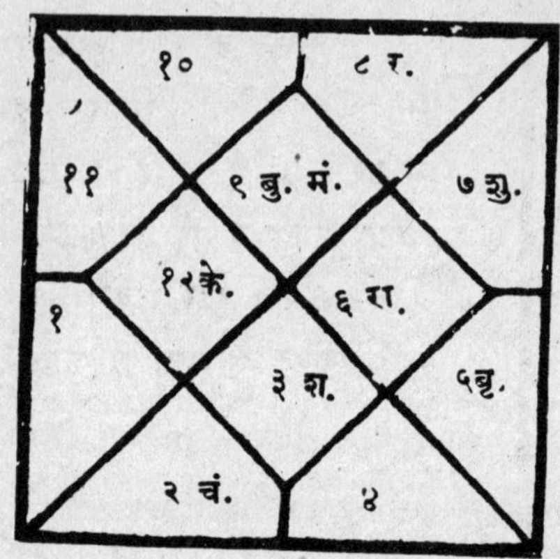

मृगशिरा सर्वर्क्ष ५५।४७, गतर्क्ष १।३२, सूर्य्य ७।१८।१८, मंगल ८।४।५४, बुध ८।५।३६, बृहस्पति ४।१२।२४ उच्च नवांश में, शुक्र ६।१२।४२ (मीन) उच्च नवांश में, शनि २।१।१० वक्री, उच्च तुला के नवांश में। लग्न ८।१६।

आपका जन्म बिहार प्रान्त में सारण जिलान्तर्गत सीवान थाने के जीरा-देई ग्राम में ३ दिसम्बर बुधवार १८८४ ई० तदनुसार संवत् १९४१ शाके १८०६ पौष कृष्ण प्रतिपदा दंडादि ५।१४ पर हुआ है।

छपरा जिले के एक प्रतिष्ठित कायस्थ कुल में आप का जन्म है। विद्या-ध्ययन के समय से आपने अपनी बुद्धि एवं विद्या-ग्रहण-शक्ति का पूर्ण परिचय दिया। छात्रावस्था ही से आप देश भक्त होने का परिचय देते आये हैं। पटना प्रान्त के लोग जिस समय बाढ़ आ जाने के कारण अत्यन्त क्लेशित थे, अन्य छात्रों के साथ होकर उन दीन दुःखियों को आपने बहुत सहायता पहुंचायी थी। कलकत्ता एवं पटना हाइकोर्ट में कई बर्षों तक अपने वकालत की और इने-गिने दिनोंही में आपका प्रभाव मोवक्किल एवं हाइकोर्ट के जजों पर बहुत ही उत्तम पड़ा। आपने रुपया भी खूब कमाया। परन्तु देश सेवा एवं देशोद्धार का अंकुर जो इनमें बाल्यावस्था ही से था धीरे२ उगकर पल्लवित हुआ और आपको हठात् सांसारिक एवं आर्थिक उन्नति को त्याग करा महात्माजी का पूर्ण अनुयायी बना दिया। अब तो ये भारतवर्ष के एक प्रसिद्ध नेताओं में से हैं। आप बड़े दृढ़-प्रतिज्ञ हैं। कई बार सत्याग्रह आन्दोलन में जेल यातना भोग चुके हैं और भोग रहे हैं। दम्मा रोग से आप बहुत दिनों से पीड़ित हैं! जनवरी १९३४

ई० के हृदय विदारक भुकम्प पीड़ित बिहार के लोगों को आपने जो सहायता पहुंचायी उससे आप सदा-स्मरणीय हो गये। श्रीगदाधर प्रसाद लिखित जीवनी में अग्रहण पूर्णिमा का जन्म प्रत्यक्ष भूल है।

देखो धाः १५९ (१२); १६३ (६); १८७ (१९); १९१ (५) २८३ (८), ३०६ (११),

कुण्डली ४७ (क)

बाबू अघोरनाथ बनर्जी (मुङ्गेर) जिला-जज।

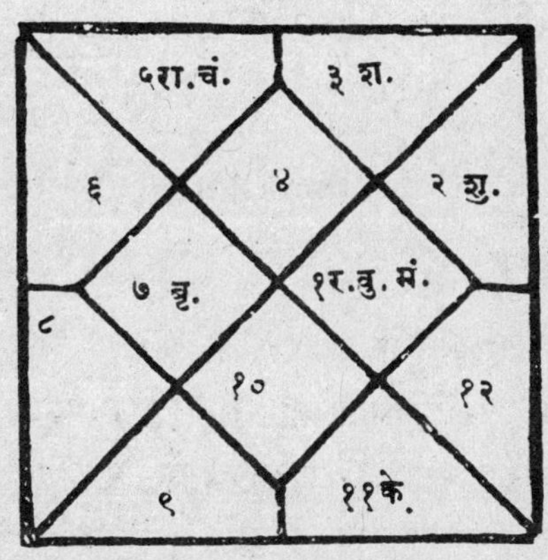

इनका जन्म २री मई १८८७ ई० सोमवार तदनुसार संवत् १९४४ शाके १८०९ वैशाख कृष्ण नवमी तदुपरान्त दशमी दंडादि १६।५३ पर हुआ है। वेलन बाजार मुङ्गेर के एक अति सज्जन वकील श्री बाबू उपेन्द्र नाथ वनर्जी के आप सुयोग्य पुत्र हैं। थोड़ेही दिनों की वकालत में आप का तर्क एवं युक्ति प्रशंसनीय थी और इन्हीं सब गुणों के कारण आप एकाएक जिला-जज के पदपर नियुक्त किये गये। लोग वहां भी आपकी प्रशंसा मुग्ध कण्ठ से कर रहे हैं। यह कुण्डली पुस्तक के लगभग तैयार हो जाने पर मिली इस कारण विशेष लिखा नहीं जासका। बू० नक्षत्र १, सूर्य्य और मंगल, २, शुक्र ५, शनि ७, चन्द्रमा १०, बृहस्पति १५, केतु २३।

देखो धाः १२९ (२), १५९ (१), १७९ (११),

कुण्डली ४८

बिहारकेसरी बाबू श्रीकृष्ण सिंह ऐम० ए०, बी० एल०।

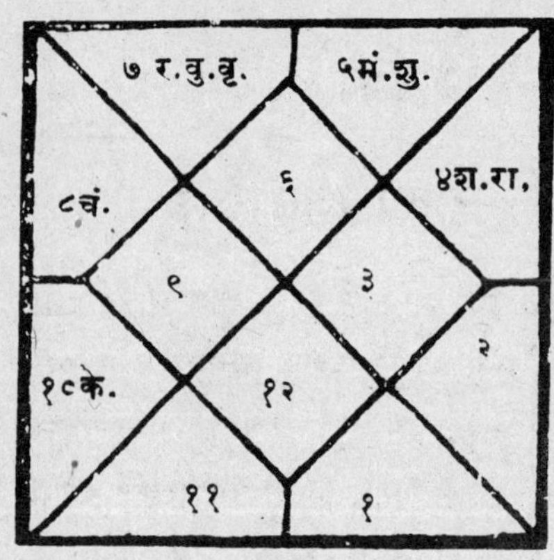

ज्येष्ठा गतर्क्ष ४५।१३, सर्वर्क्ष ५७।३२, लग्न ५।१, सूर्य्य ६।४'३१, मंगल ४।११, बुध ६।२९, बृहस्पति ६।१९।४०, शुक्र ४।२८।४०, शनि ३।१५।३५, राहु ३।२३।२।

इनका जन्म मुङ्गेर जिलान्तर्गत माउर ग्राम में, २१ अक्टूबर १८८७ ई० तदनुसार संवत १९४४ शाका १८०९ कार्तिक शुक्ल चौथ बृहस्पतिवार दंडादि ५३।४३।३० पर है। यह लेखक के चतुर्थ भ्राता हैं। विद्याध्ययन सर्वदा इनके बांये हाथ का खेल रहा !······ई० में आपने एम० ए० और ······ई० में आपने बी, एल, पास किया। यद्यपि इन्हों ने मुङ्गेर में······ई० में वकालत आरम्भ की, परन्तु ये वकालत पेशे को नीच दृष्टि से देखते आए और आप का वकालत आरम्भ करना केवल भ्रातृ-स्नेह तथा भय ही से था। बाल्य कालही से देश-दुर्दशा आपके चित्तको पूर्ण रूप से आकर्षित किये हुए था। यद्यपि उस थोड़े दिन के वकालत में जनसमुदाय एवं हाकिमों का चित्त आपने खूब आकर्षित कर लिया था और असाधारण रूप से रुपया कमाने लगे थे। परन्तु १९२१ के देश आन्दोलन ने अपने प्रज्वलित प्रकाश से इनको वकालत को ओर से ऐसा विमुख-चित्त किया कि यह वैसे धधकते हुए अग्नि में कूद पड़े और तबसे जेल को तो आपने 'कृष्णागार' अर्थात् अपना भवन ही बना रक्खा है। हिन्दू मुसलमान को समदृष्टि से देखना, बिना पक्षपात के देश कार्य्य करना, देशोन्नति के विषय को निर्भय रूप से प्रतिपादित करना यह आपने अपना मुख्य धर्म बना रक्खा है और देश सेवा करने के लिये आपने देश-देशान्तरके जितने महत्व पूर्ण

एवं उत्तमोत्तम राजनैतिक पुस्तकें हैं उनके अध्ययन में अभी तक विद्यार्थी-वत् परिश्रम करते हैं। जिस दिन उन्हें हजार पांच सौ पन्ने पढ़ने का सावकाश नहीं मिलता है उस दिन वह व्याकुल, व्यस्त एवं विकल रहते हैं। परन्तु स्मरण रहे कि इनकी धारणा शक्ति ऐसी है कि वह केवल पन्ना नही उलटते जाते वरन्, उसकी बातों को मनन एवं चिन्तन करते हुए प्रायः सर्वदा के लिये स्मरण रखते हैं। बाचा शक्ति उनकी बाल्य काल ही से अच्छी थी। अब तो उनका व्याख्यान जब कभी होता है तो जनता हजारों के हजार टूट-पड़ती है। ये अपने व्याख्यान में दृढ़ता पूर्वक एवं निर्भयत्ता के साथ प्रमाणों से पुष्टि करते हुए श्रोताओं को अपने आव-भाव से कभी रुला देते हैं, कभी हंसा देते हैं। विपक्षियों पर भी, माने वा न माने ये दूसरी बात है, प्रभाव अवश्य डालते हैं और निरुत्तर कर देते हैं। आपका स्वभाव बालक-वत्, आपका संकल्प हरिश्चन्द्र के ऐसा दृढ़ और पठन-पाठन एक उत्तम विद्यार्थी के ऐसा अभी तक है। इनका त्याग अतुलनीय है। सामाजिक विचार अनुकरणीय है। यद्यपि आपने प्राचीन प्रणाली के अनुसार सन्यास नहीं ग्रहण किया है परन्तु जैसे कमल जल से विलग रहता है उसी प्रकार आप गृहस्थाश्रम में रहते हुए भी उसके झंझट से विलग रहते हैं। कनिष्ट भ्राता होने के कारण लेखक ने इनके गुणों को रुक-रुक कर ही लिखा है।

देखो धाः १२९ (२), १३९ (२) (३) (६), १८७ (७) (८) (९) (१०) (१७), १९१ (५), ३०० (५९), ३१६ (१).

कुण्डली ४८ (क)

डाक्टर टी० एन० बनर्जी एम० आर० सी० पी०

प्रधान अध्यापक मेडिकल कौलेज पटना।

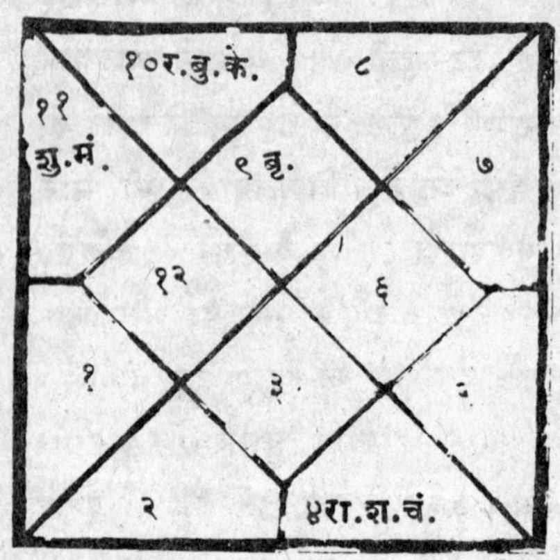

इनका जन्म १८ जनवरी सन् १८८९ ई० शुक्रवार तदनुसार संवत् १९४५ पौष कृष्ण पक्ष द्वितीया अश्लेषा नक्षत्र के चतुर्थ चरण में हुआ है। सर्वर्क्ष ६२।४६, गतर्क्ष ४८।२८, सूर्य्य स्पष्ट९।६। ५४, होरा लग्न स्पष्ट ७।१६।३९ दिन मान २६।४९ और लग्न स्पष्ट८।१२।२९ है। जन्म के समय चं. और श ९, बृ. १९, बु. २२, शुक्र २५, मंगल २४ और राहु ७वें नक्षत्र में था।

आपने बेलन बाजार (मुंगेर) के अतिशान्त, शीलयुक्त एवं गम्भीर श्री युत बाबु उपेन्द्रनाथबनर्जी वकील के पुत्र एवं श्री युत बाबू अघोर नाथ बनर्जी डिस्ट्रीक्ट जज के लघु भ्राता हैं। आप ई० में एम. आर सी. पी की उपाधि प्राप्त करके हिन्दुस्तान लौट आये। तब से पटना मेडिकल कौलेज को सुशोभित कर रहे हैं। आपकी चिकित्सा में निपुणता, रोगियों पर पूर्णध्यान, मित्रादि एवं परिचितों की ओर असीम दया एवं सर्ब साधारण रोगियेों की ओर परम सराहनीय करूणा मानी जीवन का मुख्य अङ्ग बन गया है। आपका धनोपार्जन एवं कीर्त्ति दिन दूनो और रात चौगुनी हो रही है।

देखो धाः १२९ (२), १९९ (१) (७) (१८), १७९ (८) (११),

कुण्डली ४९

आदर्शत्यागी एवं देशभक्त श्री पण्डित जवाहिरलाल नेहरू

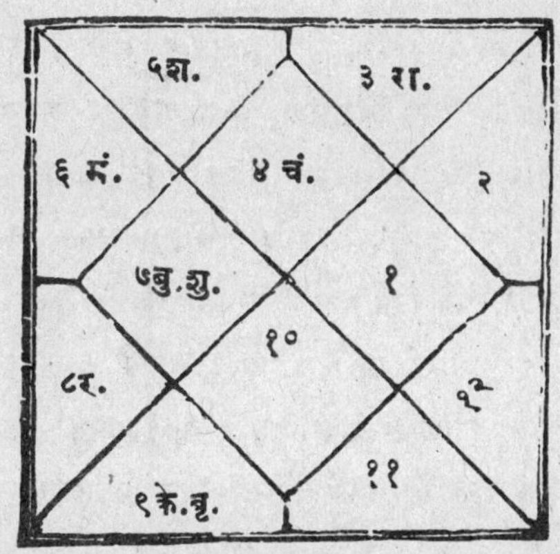

सूर्य्य ७।०।१८, चन्द्रमा ३।२०।०, मंगल ५।९।३६, बुध ६।१९।४०, (परन्तु उनके यहां से जो कुण्डली आयी है, उसमें बुध १८ अंश पर है) बृहस्पति ८।१४।४९, (उनके यहां को कुण्डली में ८।१६।१९), शुक्र ६।७ (उनके यहां की कुण्डली ६।८), शनि ४।१३।४०, राहु २।१६।१८ (उनके यहां की कुण्डली में २।१४।३०)

इनका जन्म १४वीं नवम्बर १८८९ गुरुवार, तदनुसार संवत् १९४६ मार्गशीर्ष कृष्ण षष्ठी, ४१ दण्ड ३८ पला ३० विकला पर अश्लेषा नक्षत्र के प्रथम चरण के अन्त में है।

लेखकने पूज्य पण्डित मोतीलाल नेहरूजी एवं पण्डित जवाहिरलालजी दोनों ही को पत्र द्वारा कुण्डली भेजने का आग्रह किया था। वृद्ध पण्डितजी से कुछ उत्तर न मिला परन्तु पण्डित जवाहिरलाल जी ने एक प्रति कुण्डली की भेजने की कृपा की उस कुण्डली में लग्नांश २३ दिया हुआ है। परन्तु इष्ट दण्ड से प्राणांश एवं लग्नांश में ऐक्यता नहीं होने के कारण, लेखक इष्ट दण्डादि ४१।४१।३० विकला शुद्ध इष्ट दण्ड मानता है। भारतवर्षीय एवं अन्य देश के सभी लोग इस बात को जानते हैं कि पण्डित जवाहिरलालजी प्रातःस्मरणीय मोतीलालजीके एकलौता पुत्र हैं। इनका जन्म प्रयाग में हुआ है। पण्डित मोतीलालजी अत्यन्त धनी एवं सुख भोगादि सम्पन्न थे। आपने अपने इकलौते पुत्र को भी बड़े लाड़ प्यार से पालन किया और सर्वदा यह लक्ष्मी देवी की गोद ही में आनन्द करते थे। किञ्चित मात्र भारतवर्ष में विद्याध्ययन के उपरान्त जब इनकी उम्र लगभग १९ की थी, ये विद्याध्ययन के लिये

विलायत गये और वहां धनिक लोगों के बालक जिस स्कूल वा कौलेज में पढ़ते हैं वहीं ये भी पढ़ने लगे। वहां मास्टर एवं प्राफेसर आदि इनकी सुन्दर बुद्धि एवं अध्ययनशीलता से सर्वदा चकित रहे और अन्त में केम्ब्रिज के अध्यापक ने आपकी असाधारण योग्यता के कारण बिना परीक्षा दिये ही एम. ए. आनर्स की डिग्री प्रदान कर दी। आप वहां से बैरिष्ट्री पास कर अपने पिता के साथ इलाहाबाद हाइकोर्ट में काम करने लगे। जब आप विलायत में थे तो उसी समय लाला लाजपतराय भारत वर्ष में गिरफ्तार हुए थे। उस समय भारतवर्ष में एक बड़ा आन्दोलन फैला हुआ था। इन्हीं सब दुःखद समाचारों ने पण्डितजी के हृदय में देश प्रेम का बीज वोया। भारतवर्ष वापस आने पर भी देश की परिस्थिति से उस बीज का सिञ्चन होता रहा और १९२१ के आन्दोलन में तो आप अपने सुख सौन्दर्य्य के हिंडोले से उतर केवल स्वयं ही नहीं वरन् अपने पूज्य पिताको भी स्वर्गीय (सांसारिक) सुख से हटा भारतवर्ष के समर क्षेत्र में अवतीर्ण हो गये। कहां वह पोशाक और कहां वह सुख अब तो पुनः कारागार ही में देशोपकारार्थ बस रहे हैं। देश भक्ति और त्याग को मानो अपना लिया है।

देखा धाः १२९ (३), १४४ (६), १४६ (३) (६), १५८ (२७), १५९ (७ घ) (११), १६० (१६), १६१ (९), १८७ (७) (१९), १९१ (९), १९३ (१), २९४ (२२), ३१६ (१).

कुंडली ५०

राजा बहादुर हरिहर प्रसाद नारायण सिंह ओ०.बी० ई०, एम० एल० सी० (विहार)

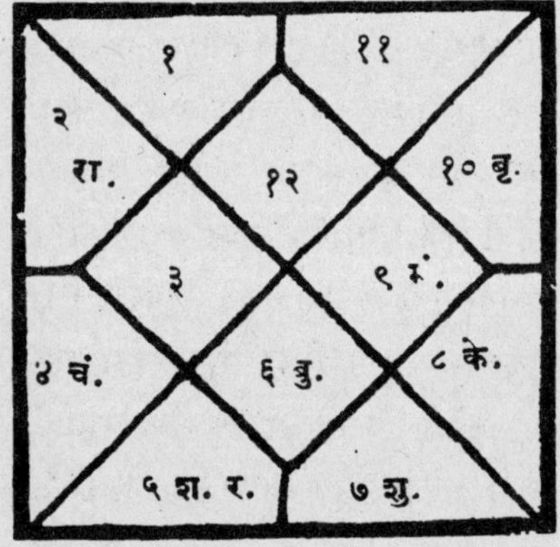

सूर्य ४।२५।११।१८, चन्द्रमा ३।१३।५७, मंगल ८।५।२, बुध ५।१८।४, बृहस्पति ९।२।१९ वक्री, शुक्र ६।११।१७, शनि ४।१८।४९, राहु १।२७।४, लग्न ११।२९, गुलिक ४।३।०, शनि दशा भोग्य वर्षादि ३।१०।१६

आपका जन्म संवत् १९४७ (अधिक) भादो कृष्ण पक्ष द्वादशी

तदनुसार १० सितम्बर १८९० ई० का है। दिन मान ३०।३५।२०। पुष्य नक्षत्र। इनके द्वार-पंडितोंने इष्टदंड ३५।११ पला माना था और इसबात का झगड़ा था कि जन्मलग्न मेष होगा अथवा मीन। एक महान् विद्वान् ने प्राणपद आदि साधन द्वारा इष्ट दण्ड ३५।१८।३० माना है और लग्न ०।२।१२ माना है। परन्तु लेखक मेष लग्न होने का सहमत नहीं है। इस पुस्तक में धाः १०० से आरम्भ करके धाः १०५ पर्य्यन्तमें लग्न शुद्धिकी विधि लिखो गयी है। प्रथम यह देखना है कि धारा १०४ के अनुसार उनके शरीर का गठन कौन लग्न बतलाता है। (१) धारा (१०४) (५) के प्रथम नियमानुसार, मेष लग्न होने से, लग्न अग्नि तत्त्व एवं पाद जल हुआ। (२) दूसरा नियम लागू नहीं है। (३) तीसरे नियमानुसार लग्नेश मङ्गल शुष्क ग्रह एवं अग्नि तत्त्व का है। (४) चौथा नियम लागू नहीं। (५) पञ्चम नियमानुसार लग्नपर शुक्र की दृष्टि होने से जलग्रह एवं जल तत्त्व होता है और शुक्र स्वगृही है। परन्तु शुक्र पूर्ण बली नहीं है। छट्ठा एवं सप्तम नियम लागू नहीं है। पुनः यदि मीन लग्न से बिचार किया जाय तो मीन जल अर्थात् पूर्ण जल राशि। दूसरा नियम लागू नहीं है। तृतीय नियमानुसार लग्नेश वृ. जलग्रह और मकर पूर्ण जल राशि एवं पृथ्वी तत्त्व में बैठा है। चतुर्थ नियम लागू नहीं है। पञ्चम नियमानुसार लग्न पर बुध जलग्रह एवं पृथ्वी तत्त्व से दृष्ट है और बुध मूलत्रिकोण का है और सब ग्रहों से बली है। षष्ट एवं सप्तम नियम लागू नहीं है। ऊपर लिखे हुए फलों को देखने से मेष लग्न होने से शरीर में विशेष शुष्कता और स्थूलता किञ्चित होती है। परन्तु मीन लग्न होने से शरीर में शुष्कता का एकदम अभाव और जल तत्त्व की एकदम विशेषता के कारण पूर्ण रूप की स्थूलता और किञ्चित दृढ़ता होनी चाहिये। पुनः धारा १०४ (४) पर ध्यान देने से नियम (ङ) के अनुसार मेष लग्न रहने पर मोटी हड्डी नहीं होती है परन्तु शरीर ठोस होता है और कोई नियम लागू नहीं होता। परन्तु मोन लग्न हाने से 'ख' के अनुसार शरीर का खूब स्थूल होना मालूम होता है। पुनः इसी प्रकार धारा १०५ के दशम नियमानुसार मेष लग्न मानने से लग्नेश मं. वृष के नवमांश में है और वृष का स्वामी शुक्र वायु एवं पाद जल राशि तुला में है। इससे यह नियम भी लागू नहीं है और लग्न शुभ राशि भी नहीं है। पुनः द्वादश नियमानुसार लग्नाधिपति मंगल शुष्क-ग्रह है एवं धनअग्नि तत्त्व और अर्द्ध जलराशि गत होने से दुर्बलता ही बतलाता है। परन्तु यदि मीन लग्न मान कर देखा जाय तो

धारा १०९ (१०) के अनुसार लग्नेश वृ. मेष के नवमांश में है और मेष का स्वामी मंगल, धन अर्थात् अग्नि तत्त्व अर्द्ध जल में है । इससे स्थूलता नहीं होती ! पुनः नियम ११ के शेषार्द्ध के अनुसार मीन लग्न जल राशि है और वह मूल त्रिकोणस्थ एवं सबसे बलि और शुभग्रह, बुध से दृष्ट है। इस कारण असाधारण स्थूलता प्रदान करता है । पुनः नियम १४ के अनुसार लग्नाधिपति वृ. पूर्ण जल एवं पृथ्वी तत्त्व मकर राशि में बैठा है, इसकारण यह भी स्थूलता एवं दृढ़ता प्रदान करताहै। सुतरां सभी बातों के विचारने पर यह निश्चय होता है कि शरीर-गठनादि मेष के अनुसार विशेष दुर्बल और लेशमात्र स्थूलता से होनी चाहिये, परन्तु मीन लग्न होने से शरीर दृढ़-एवं स्थूल होता है। ईश्वर कृपासे श्रीमान राजा-बहादुर बाल्य वस्था से ही दृढ़काय एवं सराहनीय स्थूलता का सौभाग्य रखते हैं। (२) मेष लग्न मानने से धारा १९९ (९) का प्रथम नीच-भङ्ग राज्य-योग लागू होता है। परन्तु धारा २३७ (६) के अनुसार रेका-योग भी (यद्यपि पूर्ण रूप से नहीं) लागू हो जाता है । मीन लग्न मानने से धाः१९९ (९) का द्वितीय नोच-भङ्ग-राज-योग पूर्ण रीति से लागू है। धाः १९९ (१२) के अनुसार मीन लग्न मानने से कोट्याधिपति योग भी होता है । इन सब कारणों से भी मीन लग्न ही ग्राह्य प्रतीत होता है। (३) अब प्रश्न यह रहा कि यदि ३९ दण्ड १८ पला ३० विकला इष्ट रहने से प्राणपद शोधन द्वारा लग्न मेंष आता है तो मीन लग्न के लिये क्या इष्ट दण्ड मानना होगा जिसमें विशेष अन्तर भी न हो और प्राणपद भी शुद्ध हो। यदि ३४।४७ इष्ट दण्ड माना जाय तो प्राणपद ७।२९ आता है और लग्न स्पष्ट ११।२९ होता है। अर्थात् प्राणांश एवं लग्नांश में ऐक्यता होतो है और प्राणसे लग्न पञ्चम भी होता है। द्वार पण्डितों ने इष्ट दण्डादि ३९।११ माना था जिससे यह इष्ट लगभग ९½ मिनट के पूर्व पड़ता है। (४) धारा १०२ (४) के कतिपय नियमों के अनुसार मीन लग्न ग्राह्य है। (९) और भी अनेक प्रकार से बिचार न करके केवल, इतना ही लिखना आवश्यक है कि गुलिक, मेष लग्न मानने से पञ्चम स्थान में पड़ता है और सूर्य्य एवं शनि, पिता-पुत्र भी पञ्चम स्थान में पड़ते हैं (यद्यपि भाव कुण्डली में, दोनों ही लग्न से, शनि एवं सूर्य्य षष्ट स्थान में हो चले जाते हैं) श्रीमान् राजाबहादुर शङ्कर, कृपा से सन्तान के लिये भी बहुत ही भाग्यशाली हैं। इस कारण लेखक ने मीन ही लग्न माना ।

आप का जन्म पटना जिलान्तर्गत अमांवां के समीप तेतरामा में हुआ है। आपके पिता एवं आपके चाचा एक प्राचीन भूमिहार वंश के बड़े विख्यात एवं धनाढ्य जमीदार थे। आपके जन्म के थोड़े ही दिन बाद इनके पिताका स्वर्गवास हुआ। परन्तु इनकी माता ने बहुत उत्तम एवं आदर्श रीतिसे इनका पालन पोषण किया। यद्यपि ये किसी स्कूल में न पढ़ाये गये परन्तु पढ़ने के उत्तम प्रबन्ध रहने के कारण आपने अंग्रेजी में अच्छी योग्यता प्राप्त करली है और संस्कृत भी जानते हैं। बचपन में, धारणा शक्ति इनको ऐसी थी कि किसी श्लोक को दो बार इनको सुना देने के उपरान्त आपको कण्ठस्थ हो जाता। अब तो आप डाक्टरी विभागकी इतनी बातें जानते हैं कि साधारण डाक्टर रोग-से निदान एवं चिकित्सा भी अच्छी कर सकते हैं। आपने अपनी बुद्धि एवं सौभाग्य के बल से अपनी पैतृक ५ लाखकी आमदनीको लगभग ३० लाखकी आमदनी कर ली है। और विहार प्रान्त के एक प्राचीन टिकारी राज्य एवं किला के अधिपति हो गये हैं। ईश्वर की कृपा से आपको पांच पुत्र एवं पांच कन्यायें हैं। ये अत्यन्त ही निराभिमानी, विलक्षण करुणामय हृदय एवं अत्यन्त ही कुशाग्र-बुद्धि राजा हैं। आपके एक नेत्र में ज्योति की कमी भी है।

देखो धाः १२० (१५) (१६) (२२); १२२ (१४); १३० (२); १४६ (५) (६); १५८ (१७) १५९ (८) (९) (१२) (१३); १६० (२९); १६३ (५): १७२ (२) (४); २१६ (१७): २८३ (८): २९६ (७); ३०० (३९) (६२), ३०८ (८).

कुंडली ५१

राय-बहादुर चण्डी प्रसाद मिश्र, डिस्ट्रिक्ट इञ्जीनियर, मुङ्गेर।

लग्न ४।२। पुनर्वसु नक्षत्र के तृतीय चरण के अन्त में, भभोग्य ६४।३७ भजात ४८।३८।३०

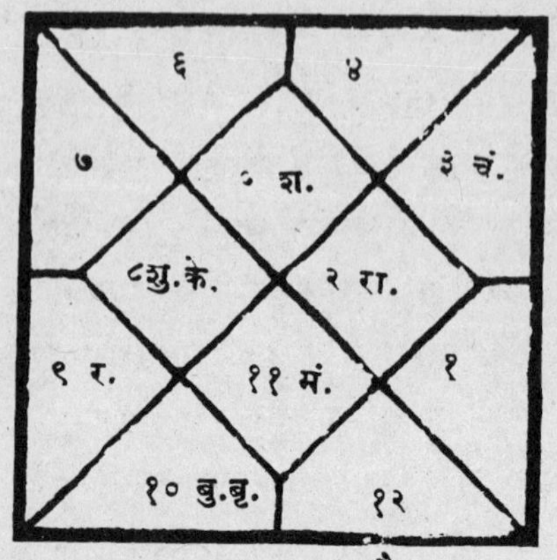

टिप्पणीः—लेखक को लग्न में सन्देह है (कर्क लग्न होना विशेष सम्भव है) परन्तु कोई विशेष समाचार नहीं ज्ञात होने के कारण कुण्डली जैसी मिली वैसीही लिखी गयी। आपका जन्म २७ दिसम्बर १८९० ई० तदनुसार संवत् १९४७ शाका १८१२ पुष कृष्ण, प्रतिपदा शनिवार ३९ दण्ड २४½ पला पर है।

आप उच्चकुल के शाकद्वीपी ब्राह्मण हैं। आपने यद्यपि केवल पटने की ओवरसियर परीक्षा पास की थी परन्तु विद्या एवं बुद्धि की प्रखरता द्वारा एवं भाग्यवान होने के कारण लोकल सेल्फ-गवर्न्मेंन्ट ने इनको एक नवीन नियमानुसार ईञ्जिनीयर के पदपर नियुक्त किया और इनके नियुक्त होने के ऊपरान्त वह नियम भी दैवात सर्वदा के लिये हटा दिया गया। आप अपने कार्य्य करने में बड़े कुशल और अपने अफसरों को आह्लादित रखने में बड़े चौकस, इमानदार एवं बड़े मिलनसार पुरुष हैं। सौभाग्यवश जितने अफसर इनके कार्य्य निरीक्षण में गये सबके सब मुग्ध कण्ठ से इनके कार्य्य कुशलता की सर्वदा उच्च कक्षा की प्रशंसा करते पाये जाते हैं।

देखो धाः १९९ (९); २८३ (५५). २९४ (२२).

कुंडली ५२

सङ्गीत सम्राट भनहर बर्वे।

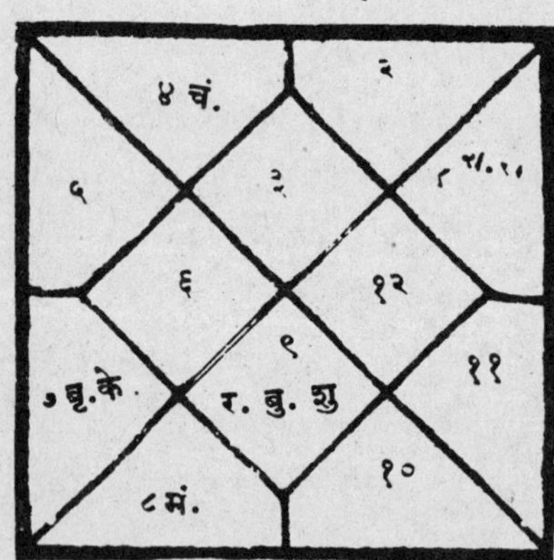

रवि ८।५, चन्द्रमा ३।२८।४० (लगभग), मंगल ७।७।७, बु ८।२५।२, बृ. ६।१६, शुक्र ८।१०।४८, शनि ०।७।३ वक्री, राहु ०।२८, जन्म स्थान ठीक नहीं जानने के कारण ग्रह स्फुट के कला आदि में कुछ अन्तर हो सकता है। इनका जन्म २० दिसम्बर १९१० तदनुसार शाका

१८३२, मार्गशीर्ष कृष्ण चतुर्थी (गुजराती) अर्थात चौथी पौष कृष्ण ३०।५ पला पर है। यह कुण्डली आपके पिता ने लेखक को मुङ्गेर में दिया था।

भारतवर्ष एवं अन्यदेश के लोग भी इस बात को जानते हैं कि बाल्यकालही से इन्हें सङ्गीत का प्रेम हुआ। अब तो यह कितनी तरह के वाजाओं को बजा सकते है लिखा नहीं जा सकता। भारतवर्ष के प्राचीन एवं आधुनिक और जापान, चैना, इंगलैण्ड, अमेरिका इत्यादि की जितनी वाजायें हैं यह सभी को बड़ी कुशलता पूर्वक बजा सकते हैं।

देखो धाः १३६ (११); १९८ (१७); २८३ (८).

कुण्डली ५३

लेखक के स्वर्गीय पिता बाबू हरिहर प्र० सिंह जी०।

जन्म कुण्डली

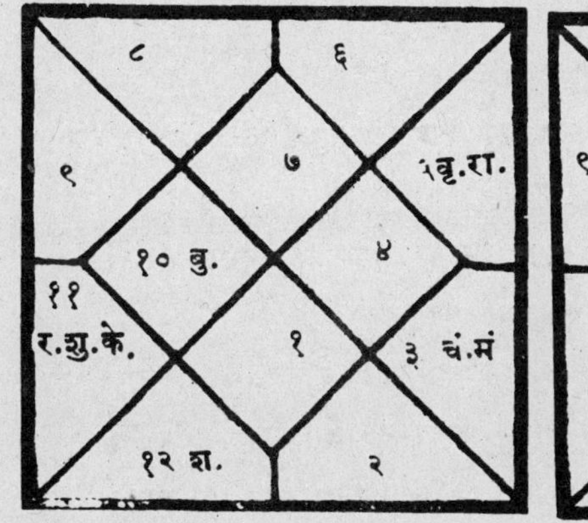

नवांश कुण्डली

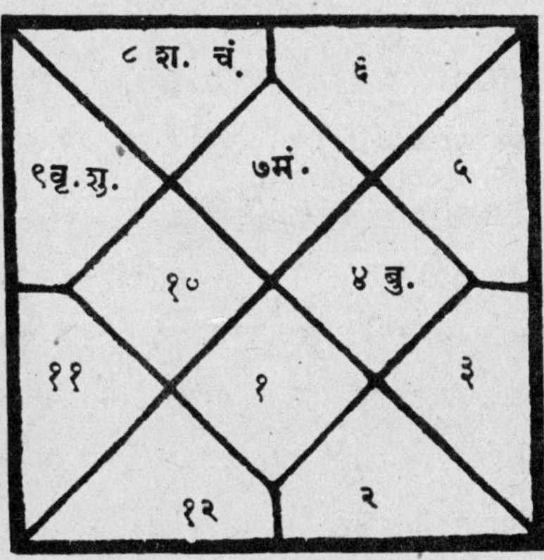

सूर्य्य १०।११।१५, चं. २।६।२६।४०, मंगल, २।१।३६, बुध ९।२१।१० वक्री, बृ. ४।२७।३० वक्री, शुक्र १०।८।१२, श. ११।१३।२५. लग्न ६।१ मंगल दशा भोग्य वर्षादि ०।१।१२ गतर्क्ष मृगशिरा ५५।२२ सर्वर्क्ष ५६।१८।

आपका जन्म २१ फरबरी १८५० तदनुसार फाल्गुन शुक्ल दशमी गुरुवार संवत् १८०६ शाका १७७१, ३३।२५ पला पर था।

बिहार के मुंगेर जिलान्तर्गत जमूइ सब डिविजन के अभ्यन्तर एक ग्राम माउर में

में प्राचीन भूमिहार ब्राह्मण वसते हैं। शाही वक्त से इन लोगों की जिमीन्दारी चली आती है। इसी वंश में आपका जन्म हुआ। यद्यपि आप एक छोटे जिमींदार थे। परन्तु उस प्रान्त में ही नहीं वल्कि उस जिले में आप सुप्रसिद्ध थे। प्रायः उस प्रान्त के लोग आपस के वैमनस्य को निपटारा करने के लिये आप ही के पास, आपको क्षमता एवं न्याय-प्रिय होने के कारण आया करते थे। आपको विद्याकी ओर बड़ा प्रेम था। स्वयं हिन्दी के अच्छे ज्ञाता थे और फारसी भी आप खूब जानते थे। अपने ग्राम में आपने एक पाठशालाभी खुलवाया था जो अभी तक चल रहा है। उस पाठशाले से बहुत से बालकों को विद्या पढ़ने में सहायता हुई। आपका धार्मिक बिचार अत्यन्त उत्तम था। मृत्यु के लगभग १८ वर्ष पूर्व से ही आप नित्य सवालाख शिव नाम का जप किया करते थे और लगभग दिनभर इसी काम में आप लगे रहे थे। महादेव के परम भक्त थे और शङ्कर पूजा भक्ति, प्रेम एवं श्रद्धा से नित्य मन्दिर में वैठ कर लगभग ड़ेढ़ दो घण्टे तक किया करते थे। आपकी मृत्यु २३ सितम्बर १९०७ ई० लभभग ९ बजे सन्ध्या को हुई थी। मृत्यु समय की कुछ बातें, यद्यपि उस प्रान्त के लोग तो सभी जानते ही हैं, इस पुस्तक में लिख देना आवश्यक है। लगभग ४ दिन मृत्यु के पूर्व श्री सत्यनारायण जी का पूजा हुआ। प्रसाद पाने के उपरान्त आपको ज्वर आया किसी को कोई चिन्ता न थी। मृत्यु के दिन प्रातः समय आप कुछ बल रहित प्रतीत हुए। अपने पुत्रों से काशी पहुंचाने का अनुरोध किया, कुछ प्रबन्ध भी किया जाने लगा, परन्तु मध्याह्न होते होते २ आपकी दशा, निर्बलता के कारण पलंग से हटाने के योग्य न रही और उनके ज्येष्ठ पुत्र ने उनसे यह कहा कि काशी ले जाने का प्रवन्ध तो हो रहा है परन्तु आप अत्यन्त निर्बल प्रतीत होते हैं। इतना सुनते ही आपने आंखें बन्द करलीं और शिव शिव नामको रटने लगे, जो उस दिन के पूर्व साधारण प्रकार से करते थे, धुनि बांध दी। नेत्र बन्द किये हुए अवस्था में आपने अपने पुत्रों से कहा कि मैं काशी पहुंच गया, पूजा की सामग्री अर्थात् एक हजार एक कमलका फूल, एक लाख बेलपत्र, सवामन दूध, सवामन घीव, सवामन दही, सवा मन मधु और सवामन सर्करा ठीक करो। उनके ज्येष्ठ पुत्र ने कुछ देर बाद उनसे पूछा कि क्या ये सब सामग्री आपको मिल गये? उसके उत्तर में आपने कहा कि मैं तो इन्हीं सब सामग्रियों से साक्षात शङ्कर की पूजा कर रहा हूं। तुम ऐसा क्यों पूछते हो? थोड़ो देर बाद जब उनके ज्येष्ठ पुत्रने

पूछा कि क्या पूजा समाप्त हुई तो आपने अश्रुपात करते हुए उत्तर दिया ठहरो मैं साक्षात शङ्कर के समीप खड़ा हूं। केवल पूछने ही पर वे सब बात बोले अन्यथा आंखे बन्द और शिव-शिव उच्च स्वर से बराबर करते ही रहते थे। जिस कमरे में आप लेटे हुए थे ग्राम भर की नरनारियां उन के अन्तिम दर्शन को उपस्थित थे। परन्तु किसी को रोने की आज्ञा न थी। उनके पुत्र लोग वेदध्वनि, महिम्नस्तोत्र आदि का पाठ कर रहे थे। अन्य उपस्थित लोग सब भी शिव शिव कह रहे थे लगभग चार बजे का समय था जब किसी ग्राम निवासी ने उनके ज्येष्ठ पुत्र के हाथ में जगदीश का महाप्रसाद दिया और उनके ज्येष्ठ पुत्र ने धीरे से, बिना कुछ कहे सुने, एक या दो दाना उनके मुख में दे दिया, जिसके दो तीन मिनट के बाद एक अचम्भे में आपने आंखें खोल दीं और बोल उठे कि अभी तो मैं काशी में था, जगदीश क्यों कर पहुंच गया। पौताने की ओर उनके एक चचेरे भाई बाबू लाल सिंह बैठे थे। उनसे पूछा कि "क्या बाबूलाल तुम भी जगदीश आये? अच्छा किया"। फिर आपने आंखें बन्द करलीं। (ऊपर लिखे हुए बालाल सिंह की भी मृत्यु कई एक दिनों के बाद ही हुई और उनका श्राद्ध भी एक ही साथ हुआ यद्यपि वे उस दिन निरोग्य थे और जवान भी थे) नेत्र बन्द करने उपरान्त पुनः आप शिव-शिव करते २ लगभग पांच बजे अन्तिम वार कुछ खिंचते हुए परन्तु मध्यम स्वर में शिव कहे और सर्वदा के लिये शिव में मिल गये माउर ग्राम से समीपवर्त्ती गंगा १६ मील की दूरी पर मोकामा (रेलवे स्टेशन E.I.R.) में है। इस कारण इन की अर्थी के साथ बड़े समारोह के साथ वस्ती के सैकड़ों बालवृद्ध हाथी घोड़े, पालकी इत्यादि के साथ गये और मोकामा में चन्दन एवं बिल्व काष्ट से ही शास्त्रोक्त अन्तिम संस्कार किया गया। इतना लिखना आवश्यक है कि यह शङ्कर अनुरागी लेखक के ही पिता थे। आप पांच पुत्र छोड़ कर संसार से चल बसे। इनके ज्येष्ठ पुत्र लेखक, द्वितीय पुत्र बाबू रामकृष्ण सिंह, तृतीय पुत्र बाबू राधाकृष्ण सिंह B. A. B. L., चतुर्थ पुत्र बाबू श्रीकृष्ण सिंह M. A. B.L. और कनिष्ठ पुत्र बाबू गोपी कृष्ण सिंह जो. B. A. के विद्यार्थी थे। उनके देहान्त के उपरान्त वर्त्तमान बर्ष में केवल लेखक और बाबू श्री कृष्ण सिंहजी ही जीवित हैं। पाठकगणों से सविनय निवेदन है कि इस थोड़े से लेख को इस पुस्तक में पितृ-भक्ति एवं धार्मिक गुणों के स्मरण रहने ही के लिये लिखा गया है। इसको क्षमा करेंगे।

देखो धाः—१८९ (२) १९२ (२).

कुंडली ५४

राय साहब बाबू रामधारी सिंह

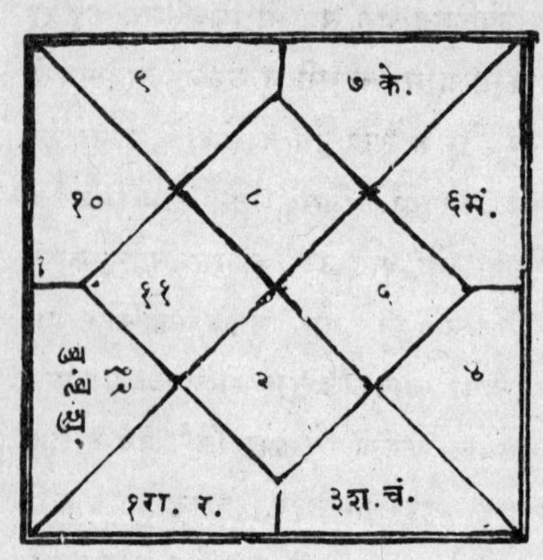

सूर्य्य ८।०।१२ मङ्गल ५।१५।१० वक्री, बुध ११।१७।४०, बृ. ११।१।८, शुक्र ११।३।४०, शनि २।५।६, लग्न ७।२२।१३ ।

आप का जन्म ११ अप्रैल शुक्रवार १८५६ ई० तदनुसार संवत् १९१३ शाका १७७८ चैत्र शुक्ल सप्तमी पुनर्वसु नक्षत्र ३७।५६ पला सूर्य्योदय के बाद हुआ है। बृ. दशा भोग्य वर्षादि १४।१।६ ।

मुङ्गेर जिला के बेगुसराय सबडिविजन के अन्तर्गत छितरोर ग्राम में आपका जन्म है। उस प्रान्त में 'चकवार' भूमिहार-ब्राह्मणों का एक केन्द्र है। बहुत प्राचीन काल से चकवार लोग अपने पराक्रम एवं ऐश्वर्य्य द्वारा अपनी कीर्त्ति-पताका फहराये हुए हैं। उसी वंश में आप का जन्म है। यद्यपि आप एक छोटे जमीन्दार हैं, परन्तु आप अपने कुल के दीपक हुए और उसकी कीर्त्ति एवं गुण की बहुत ख्याति की। आप एक बहुत ही बुद्धिमान पुरुष हैं। उस प्रान्त के लोग बड़ी मर्य्यादा-दृष्टि से इन्हें देखते हैं और गवर्मेन्ट-अधिकारी-जन भी इनका आदर करते हैं। आप को गवर्नमेन्ट की ओर से रायसाहिब की पदवी इन्हीं सब कारणों से मिली है। हिन्दी, फारसी, आप खूब जानते हैं अंग्रेजी का भी बोध है। विद्या प्रचार एवं विद्यार्थियों की सहायता में आपकी अभिरुचि खूब है। आपकी कुण्डली में नीच-भङ्ग-राज-योग भी लागू है। इनके पञ्चम स्थान पर पाठकों का ध्यान विशेष आकर्षित किया जाता है। इन्हें छः पुत्र एवं छः कन्यायों के पिता होने का सौभाग्य प्राप्त हुआ परन्तु ग्रहों की स्थिति से केवल दोही पुत्र अभी जीवित हैं। इनके चार विवाह हुए। चौथी स्त्री अभी तक जीवित हैं।

देखो धाः १४२ (१४) (१६) (१९) (२१) (२५) (२९); १४८ (१६); १५५ (२०), १९६ (८), २८३ (७).

कुंडली ५५

बाबू त्रिवेणी प्रसाद सिंह मंझौल (मुङ्गेर)

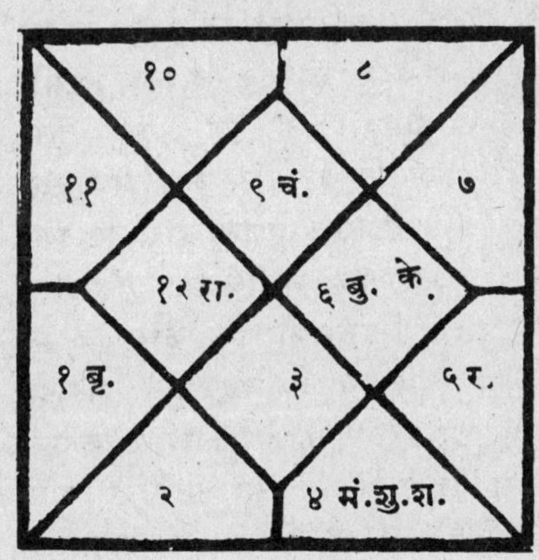

लग्न ८।२२।२१, सूर्य्य ४।१३।५१, मंगल ३।१५।१८, बुध ५।११।३१, बृहस्पति ०।२४।४८, शुक्र ३।३।१९, शनि ३।४।५९, राहु ५।८।३। यह सब गणित उक्त बाबू साहिब की कुण्डली से लिया गया है। इनका जन्म २९ अगस्त १८५७ ई० संवत् १९१४ शाका १७७९ भादो शुक्ल नवमी शनिवार इष्ट दण्डादि २४।७ पर था, भजात् २२।५ भभोग्य ६५।१५ केतु दशा भोग्य वर्षादि ४।८।१०।

इनकी मृत्यु सितम्बर १८९६ ई० अर्थात् ३ रो आश्विन संवत् १९५३ (१३०४ फसली) अतिसार संग्रहणी रोग से हुई थी। यह अपने समय में सांसारिक सुख भोग विलासादि खूब किये। परन्तु अब इनकी लगभग ४० हजार को आमदनी विनष्ट हो गई।

देखो धाः १२२ (२१) (२२) १६१ (५) २१७ (४६).

कुंडली ५६

बाबू गया प्रसाद सिंह माउर (मुङ्गेर)।

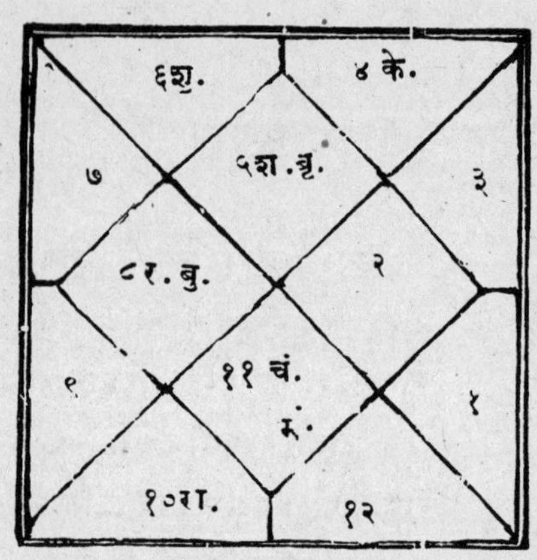

रवि ७।६।४०, चं. १०।९।५९ मं. १०।७।३३, बुध ७।१२।१०, बृ. ८।५।१९, शुक्र ५।१७।४६, शनि ४।१९।४२, राहु ९।५।३३। इनका जन्म २० नवम्वर १८६० ई० तदनुसार संवत् १९१७ शाका १७८२ कार्त्तिक शुक्ल अष्टमी, भौमवार का है। राहु दशा वर्षादि १३।६।२ और लग्न सिंह है। परन्तु प्राणपद द्वारा इष्ट दण्ड एवं लग्न की ठीक स्पष्ट शुद्धि ज्ञात नहीं हो सकी। इस कारण चं. के स्पष्ट में किञ्चित मात्र भेद हो सकता है। आप की प्रथम स्त्री अतिरुग्न रहा करती थीं, इस कारण उनके पूर्ण अनुमति से एवं उनके अनुरोध से आपने दूसरा विवाह किया। दूसरी स्त्री से सन्तान हैं और प्रथम स्त्री का, बाबू साहब के द्वितीय विवाह के कई वर्ष वाद देहान्त हुआ। आप जब तीन ही मास के थे तब इनको माता इनको त्याग कर स्वर्ग चली गईं।

देखो धाः ११६ (७) (१६) (२१); १४२ (१७) (२९) (३१), १४८ (१६), २९९ (२).

कुण्डली ५७

रायबहादुर द्वारिका नाथ सिंह।

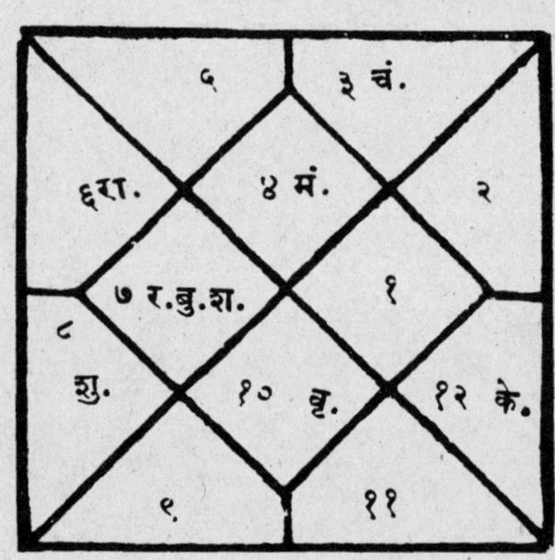

सूर्य्य ६।१२।५६, चन्द्रमा २।१५।५६, मङ्गल ३।०।२, बुध ६।२९।३० (आपके यहां से जो कुण्डली मिली है उसमें ७।२।५४ दिया हुआ है) बृहस्पति ९।२।१२ शुक्र ७।२५।४२, शनि ६।२१ राहु ५।१०।४१ लग्न ३।११।१९, राहु दशा भोग्य वर्षादि ५।६।१४। आपका जन्म २८ अक्टूबर

१८६६ तदनुसार सम्वत् १९२३ शाका १७८८ कार्तिक कृष्ण पञ्चमी रविवार ४२।५२ पला सूर्योदय के उपरान्त है (इष्ट दण्ड के पला में कुछ अशुद्धि प्रतीत होती है)।

गया जिलान्तर्गत मलहया ग्राम के एक धनाढ्य भूमिहार ब्राह्मण कुल में आप का जन्म है। अब तो आपलोग गया शहर ही में विशेष रूप से रहते हैं। आप को जमीन्दारी की आमदनी लगभग ५० हजार की है। आप को रायबहादुर की उपाधि है। इनका इकलौता पुत्र विवाहोपरान्त निःसन्तान मर गया अतः आपने कुमार देवनारायण सिंह, अपने साले के पुत्र को गोद लिया और उस बालक की कुण्डली इस पुस्तकमें दी गई है। आपका स्वभाव बड़ा ही सरल है। साधु सेवा में आप की तबियत लगती है और फलतः आप में कुछ एक ऐसी शक्ति है कि कभी कभी अदृश्य बातों को बहुत ठीक ठीक बताते हैं।

देखो धाः—१५२ (११) (२३) १५५ (१९), १९२ (१),

कुण्डली ५७(क)

बाबू बलदेव सहाय मोखतार।

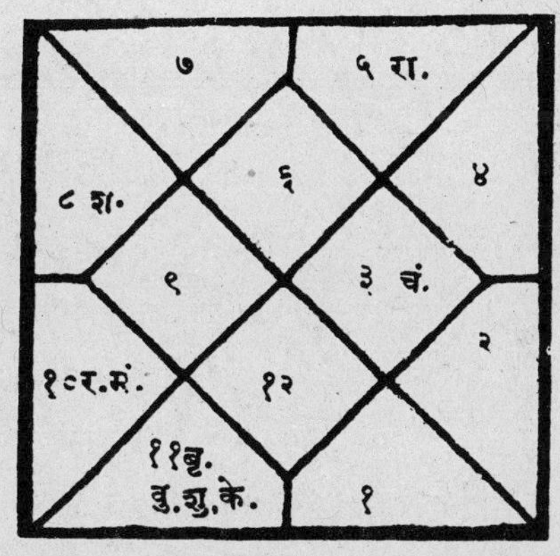

इनका जन्म ४थी फरवरी १८६८ तदनुसार संवत १९२४ शाका १७८९ माघ शुक्ल एकादशी मङ्गलवार, मुङ्गेर जिलान्तर्गत बालगुजर नामक ग्राम में है।

आप बहुत काल से मुंगेर में मोखतार हैं। गृहस्थी से आपने अच्छी उन्नति की है। परिवार-पोशक भी हैं। आप की चार विवाहें हुईं और स्त्री आप की एक के बाद दूसरी मरती गईं। कई सन्तानों की मृत्यु हुई, बल्कि दो मरतबे दो की मृत्यु एकही बार हैजे की बीमारी से होती गई।

देखो धाः—१४२ (४), १४८ (६), १७९ (१९).

कुंडली ५८

स्वर्गीय बाबू गुरुज्योति सहाय वकील (मुंगेर)

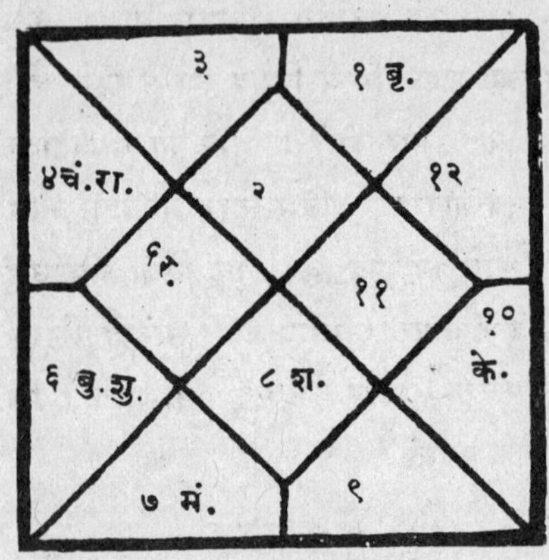

सूर्य्य ४।१८।४९, चन्द्रमा ३।१९।३९, मङ्गल ६।७।११, बुध ५।०।४९ बृहस्पति ०।२९।४६, शुक्र ५।२१।२१; श ७।१७।४६; रा. ३।१९।३, लग्न १।६।४२। इनका जन्म तीसरी सितम्बर१८६९ ई० तदनुसार सवत् १९२६ भादो कृष्ण द्वादशी शुक्रवार सूर्य्योदय के लगभग ९।४८ पला पर दरभङ्गा जिलान्तर्गत शेरपुर नामक ग्राम में हुआ था। आप मुंगेर में वकील थे। आप बहुत काल तकरक्त-पित्त रोग से पीड़ित रहे और ६ अगस्त १९१६ ई. में उसी रोगसे और अन्य रोगों से ग्रस्तहोकर आप की मृत्यु हुई। आप के दो विवाह हुए थे। पुत्र भी हैं।

देखो धाः—१४७ (१६), १६३ (६), ३०६ (४) (११).

कुंडली ५९

शिवनन्दन बाबू, सदराला एवं असिस्टेन्ट सेशन जज, (आरा)

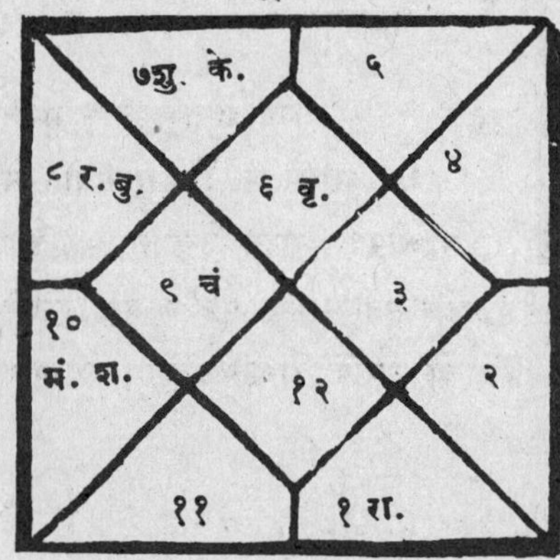

आपका जन्म २३ नवम्बर १८७३ तदनुसार सम्वत् १९३० शाका १७९५ मार्गशीर्ष शुक्ल तृतीया रबिवार को ४८।३० पला पर आरा जिला में हुआ है। पूर्वाषाढ़ सर्वर्क्ष ५८।४६ गतर्क्ष ५१।१७, शुक्र दशा भोग्य वर्षादि २।६।१७ आपकी कुण्डली जो मिली थी उसमें इष्ट दण्ड

४८।३६ था परन्तु प्राणपद शोधन उपरान्त ४८।३० शुद्ध प्रतीत होता है। आप बहुत दिनों तक सदराला के पदपर कई जिले में रहे। पूर्णियांमें आप असिस्टेन्ट सेशनजज थे। उसी समय आप पर रुशवत् लेने का अभियोग गवर्मेन्ट की ओर से लाया गया था और मुंगेर में १९३० ई० में आपका मुकदमा ली साहब कलेक्टर के इजलास में फैसला हुआ। (उस मुकदमें में सदराला साहिब की ओर से पी० सी० मानुक बैरिस्टर काम करते थे)। लेखक को सदराला साहिब की ओर से कुछ समय तक काम करने का अवसर मिला था। सदराला साहिब का इस मुकदमें में बहुत व्यय हुआ परन्तु इनकी रिहाई हुई और निरापराधी ठहरे।

देखो धाः—३१६ (९)

कुण्डली ६०

बाबू गंगा प्रसाद सिंह (मघड़ा, पटना)

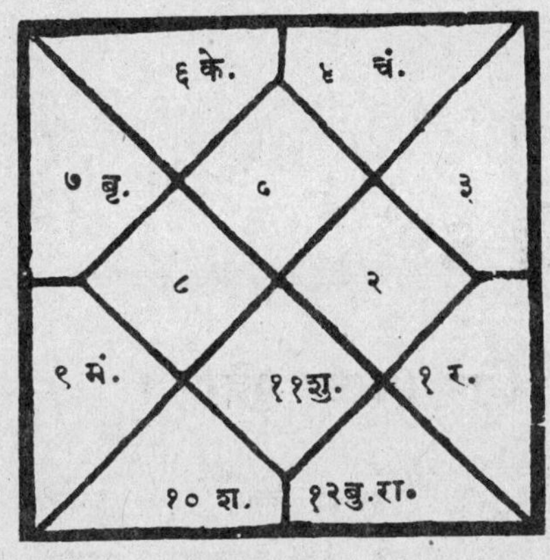

सूर्य्य ०।२, चन्द्रमा ३।१८, मङ्गल ८।९।४८, बुध ११।११।६. बृ, ६।४।२४ वक्री, शुक्र १०।२१।१८, शनि ९।२९। ४८। आपका जन्म १४ अप्रैल १८७९ ई० तदनुसार सम्वत् १९३२ शाका १७९७ चैत्र शुक्ल नवमी बुधवार २० दण्ड ३१।३० पर है। आश्लेषा नक्षत्र, भजात ३६।२३ भ भोग्य ५९।४२ लग्न ४।९।

मघड़ा के प्रसिद्ध भूमिहार ब्राह्मण कुल में आपका जन्म हुआ है। आपने कुछ दिन तक मुङ्गेर में वकालत की तत्पश्चात बिहार शरीफ में वकालत शुरु की। वहां इनकी वकालत बहुत ही अच्छी थी, परन्तु कई वर्ष हुए कि आपको श्वेत कुष्ट हुआ और तत्पश्चात् कुष्ट व्याधि से इनके हाथों और पैरों की अंगुलियां खराब हो गयीं और नेत्र की ज्योति भी नष्ट हो गयी।

देखो धाः ३०० (क. ७) (ख. ४७. ४८), ३०९ (६) (१८).

कुण्डली ६१

बाबू अम्बिका प्रसाद सिंह (माउर, मुङ्गेर)

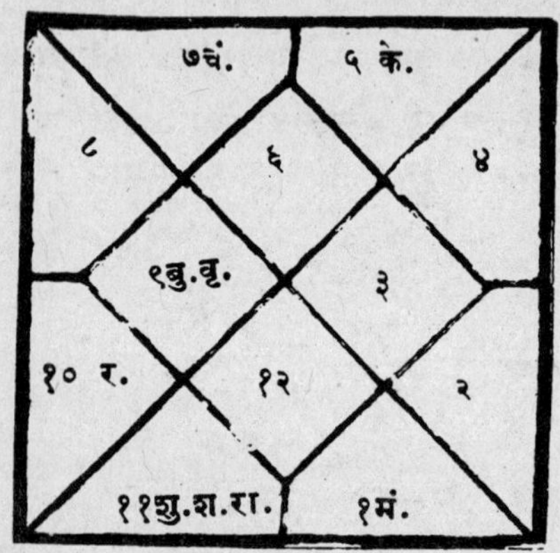

इनका जन्म २६ जनवरी १८७८ ई० सम्वत् १९३४ शाका १७८९ माघ कृष्ण अष्टमी शनिवार का है। सूर्य्य ९।१४।३२ मङ्गल ०।५।३६, बुध ८।२१।५४ बृहस्पति ८।२७।४०, शुक्र १०।१७।३३, शनि १०।२३।४९, राहु १०।३।४, ॰ ६।२४ इनकी एक आंख तो एकदम खराब हो गयी और दूसरी भी रोग ग्रसित है।

देखो धाः ३०० (ख. ३९. ५४, ५५)'

कुण्डली ६२

स्वर्गीय बाबू सियाराम सिंह (माउर मुङ्गेर)।

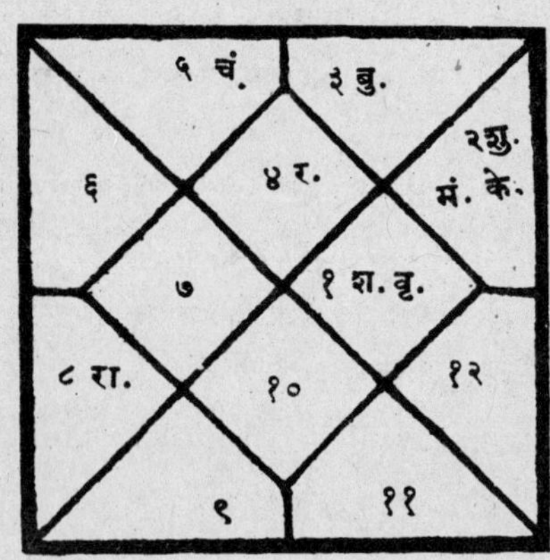

इनका जन्म ३० जुलाई १८८१ ई० तदनुसार सम्बत् १९३८ श्रावण शुक्ल चतुर्थी २।३७ पला पर शनिवार का था। र. दशा भोग्य वर्षादि ५।५।७। उत्तर फाल्गुणी के प्रथम चरण में इनका जन्म हुआ था। ग्रामीण पण्डित ने इनका जन्म-लग्न सिंह माना था। परन्तु इनका

लग्न ३।२८ था। ये लेखक के यहां मोहर्रिर का काम करते थे। इनको कई मास तक ज्वर होता रहा। तत्पश्चात् मुख से रक्त आना आरम्भ हुआ। डाक्टरों का निदान कभी तो रक्त-पित्त हुआ और कभी कालाज़ार का। अन्त में मुख द्वारा रक्त का प्रवाह इतना हुआ कि इनका देहान्त हो गया। इनकी एक कन्या को श्वेत कुष्ट है जिसका विचार पञ्चम भाव से उचित स्थान में दिखलाया गया है।

देखो धाः १६३ (६), ३०६ (१), ३०९ (१६) (१९).

कुण्डली ६३

बाबू प्रसिद्ध सिंह (माउर, मुङ्गेर)।

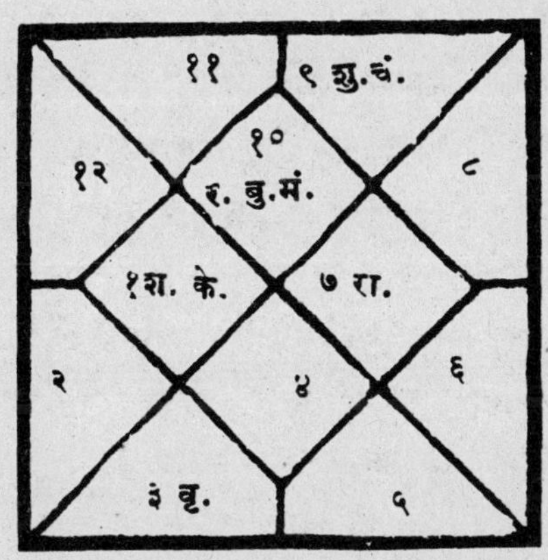

इनका जन्म ४थी फरबरी १८८३ ई० सम्वत् १९३९ शाका १८०४ माघ कृष्ण द्वादशी पूर्वाषाढ़ का द्वितीय चरण, के ५९ पला रात्रि शेष का है। यह भूतपूर्व बाबू दुर्गा सिंह के पुत्र हैं। उक्त बाबू दुर्गा सिंह कुष्ट व्याधि से बहुत पीड़ित थे और जातक जब प्रसव गृह में था, (देशाचार के अनुसार इस प्रान्त में प्रज्वलित अग्नि रक्खी जाती है)। दैवात इस बालक का एक पैर अग्नि में जा पड़ा और इनके पैर की चार अंगुलियां एकदम भस्म हो गयीं। उनकी स्त्री की मृत्यु किसी विषधर के काटने से हुई।

देखो धाः १४८ (१६), २१६ (१८), २१७ (९), ३०९ (९) (१८),

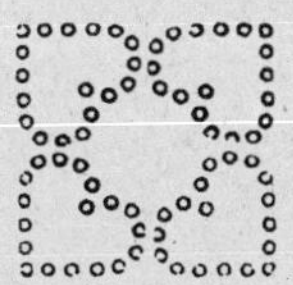

कुंडली ६४

"स्वर्गीय" बाबू हरबंश प्रसाद मोखतार उर्फ बचा बाबू (बेगूसराय, मुङ्गेर)।

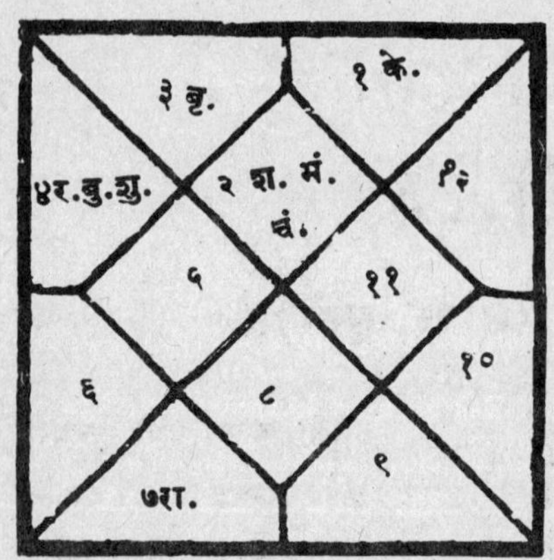

इनका जन्म २९ जुलाई १८३३ ई० सम्बत १९४० श्रावण कृष्ण दशमी का था। रोहिणी नक्षत्र, भजात् ४४।०।३० भभोग्य ५६।४८, इष्ट ४७।५६।३०, लग्न १।६। आप का जन्म वेगुसराय (मुङ्गेर) प्रान्त के एक ग्राम मौजे मंझौल में था। आपकी पैतृक सम्पत्ति बहुत कुछ नष्ट हो गई थी। परन्तु आप सर्वदा सुखी रहे। कुछ दिन आपने मुङ्गेर में मोखतार कारी की थी। अन्त में आपने बेगुसरायमें मोखतारकारी की। आपकी मोखतारी खूब चली, और कुछ पैतृक सम्पत्ति भी १३२६ फसली के उपरान्त लौट आयी जो इनके बाल्यवस्था में एकदम विनष्ट हो गई थी। पहली स्त्री की मृत्यु के उपरान्त आपका दूसरा विवाह भी हुआ था। आप लगभग १½ वर्ष, हौलदिल अर्थात् दिल-धड़कन की बीमारी से पीड़ित रहे अन्त में लगभग ५,६, महीने के पश्चात में इस रोग ने बिकराल रूप धारण किया और १९२८ ई० में १७ जुलाई लगभग ११ बजे रात को हृदय का स्पन्दन सर्वदा के लिये बन्द हो गया।

देखो भाः १४२ (११) (१२), १९९ (११), १६३ (६), १७९ (८), ३०६ (३३),

कुंडली ६५

स्वर्गीय बाबू यमुना प्रसाद मैनेजर (राज अमावां-टिकारी)

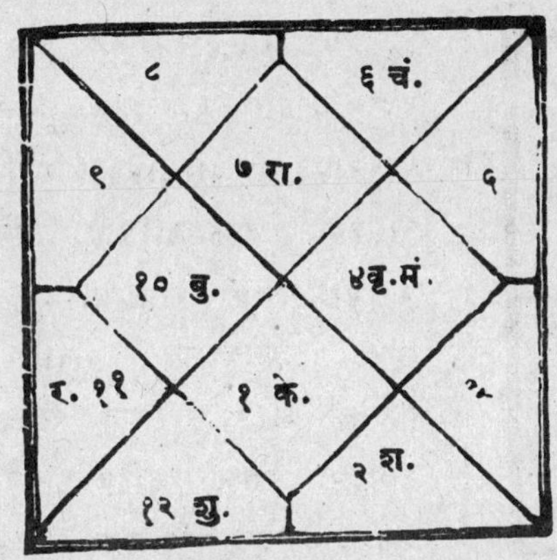

सूर्य्य १०।३।२०, मङ्गल ३।१८।३ वक्री, बुध ९।५।३४, बृहस्पति ३।२।२२ वक्री, शुक्र ११।९।६, नीच नवांश में। शनि १।१२।५। राहु ६।५।३५ हस्त सर्वक्ष ६२।४१, गतर्क्ष २१।८, लग्न ६।३, चन्द्रमा दशा वर्षादि ५।७।९। आपकी कुण्डली जन्म के कुछ वर्ष के बाद निर्माणित होने के कारण कन्या लग्न माना गया था पर लग्न हुआ है। आपका जन्म १४ वीं फरवरी १८८४ ई० तदनुसार सम्वत १९४० शाका १८०५ फाल्गुण कृष्ण तृतीया गुरुवार ३९ दण्ड पर मुङ्गेर जिला के कपासी ग्राम में था आप अमांवा राज में एक साधारण पदपर नियुक्त हुए। बड़े धीर, बीर, गम्भीर एवं बुद्धिमान होने के कारण धीरे-धीरे आप उच्च पदाधिकारी होते गये और प्रथम अमांवा राज्य के प्रधान, तदपश्चात टिकारी के मैनेजर हुए। आप बड़ी बुद्धिमानी एवं चतुराइ से बहुत समय तक राज्य-शासन करते रहे! आपने अपने धन एवं जमीनदारी आदि का भी खुब सञ्चय किया। लगभग १९२६ ई० में आप उदर रोग से पीड़ित हुए। और १९२९ के अक्टूबर में क्षय रोग का आक्रमण हुआ। जून १९२९ में मधुप्रमेह से ग्रसित हुए एवं अक्टूबर में भगन्दर रोग से दुःखित हुए। नाना प्रकार का औषधादि के प्रयोग करने पर भी अगस्त १९३१ में इन्हीं सब रोगों से, परमुख रोग क्षय से आप का देहान्त हुआ। आप की पहली स्त्री की मृत्यु क्षय रोग से हुई थी और तत्पश्चात आपने एक दूसरा विवाह किया था।

देखो धाः—१४२ (१०) (१४); १४८ (१६); १५८ (१७), १५९ (९), २०७ (१०) (१२), २२५ (८), २८३ (६०), ३०६ (१९) (१३), ३०७ (५) ३०८ (११) (१९), ३०९ (१८) (२४).

कुंडली ६६

बाबू भुवनेश्वरी प्र० सिंह (ग्राम, असूझा, छपरा)

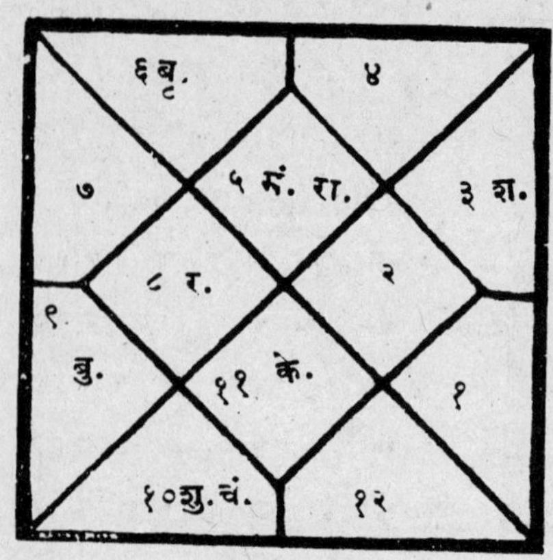

लग्न ४।२४, सूर्य्य ७।२६।२०, चन्द्रमा ९।१३।१७, मंगल ४।२२।४३, बुध ८।१३।४३, बृहस्पति ५।११।२६, शुक्र ९।१४।५, शनि २।१४।११, वक्री राहु ४।८८।५९ सूर्य्य दशावर्षादि ७।६।१९, गुलिक ७।१२, श्रवणा सर्वर्क्ष ६७।३४। गतर्क्ष १६।३७। आपका जन्म दशमी दिसम्बर १८८५ ई० बृ. वार तदनुसार शाका १८०७ सम्वत् १९४२ मार्गशीर्ष शुक्ल चतुर्थी ४२।४४ पलापर है। पहली स्त्री के देहान्त के बाद आपका दूसरा विवाह हुआ है। परन्तु अभी तक कोई सन्तानसुख नहीं हुआ है। आपकी चार पांच हजार की आमदनी विनष्ट हो गई।

देखो धाः—१४२ (१६); १५१ (१०); १५४ (१३); १७४ (६).

कुंडली ६७

सूरदास बलदेव सिंह 'माउर' (मुंगेर)।

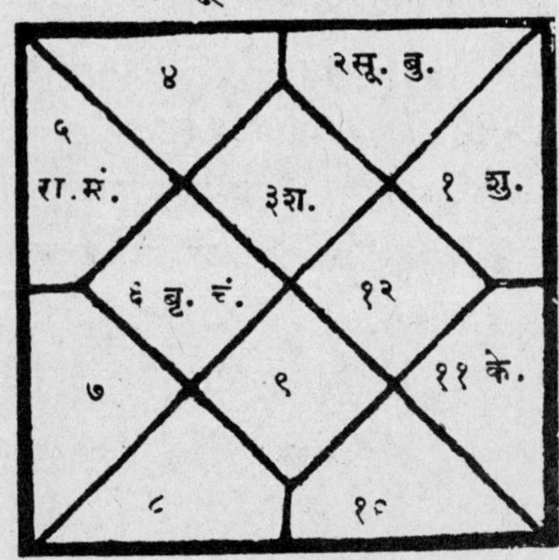

इनका जन्म दशमी जून १८८६ ई० तदनुसार संवत् १९४३ ज्येष्ठ शुक्ल नवमी गुरुवार ६।१७।३० दंडादि पर हुआ था, उत्तर फाल्गुणी सर्वर्क्ष ५६।२५, गतर्क्ष ३९।५७, लग्न ३।१।

जन्मके कई दिनके उपरान्त ही इनके दोनों नेत्र

खराब हो गई और यह बाल्य कालही में अन्धे हुए यद्यपि जन्मान्ध न थे। बाल्य काल में कुछ एक ऐसी घटना हुई जो यह सर्वदा लेखक के पिताके समीप बैठकर रामायण इत्यादि धार्म्मिक पुस्तकों का पाठ सुना करते थे। १५,१६ वर्ष की अवस्था होते २ स्मरण शक्ति अच्छी रहने के कारण (जो प्रायः अन्धे को हुआकरता है) तुलसी कृत रामायण पन्ने का पन्ना इन को कण्ठस्थ हो गया। एकाएक यह बाल्यकालही में तीर्थाटन के लिये निकल गये। इनकी अन्तिम चिठ्ठी लेखक के पिता के नाम से श्री रामेश्वर से आई थी। तत्पश्चात इनका कोई पता नहीं चला। यह अत्यन्त कठोर भाषी थे।

देखो धाः—३०० (ख. २७)

कुंडली ६८

बाबू मुड़लीधर वकोल (मुंगेर)

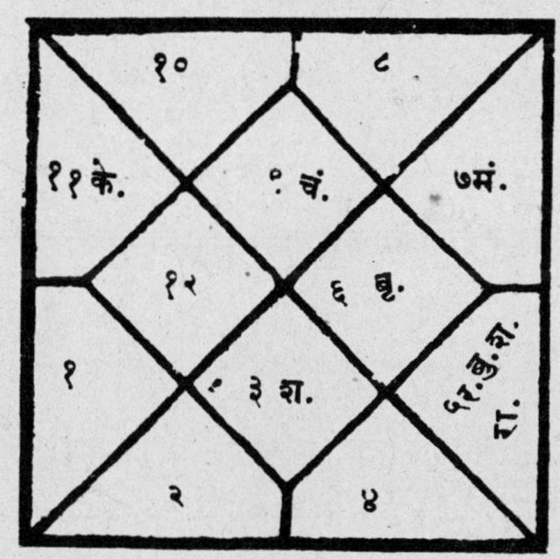

इनका जन्म ७वीं सितम्बर सन १८८६ ई० तदनुसार सम्बत १९४३ शाका १८०८ भादो शुक्ल दशमी, भौमवार १९।९ पला पर हुआ है। पूर्वाषाढ़ सर्वर्क्ष ६३।४१, गतर्क्ष २।१३ इनकी स्त्री कई वर्षों से वात रोग से ऐसी पीड़ित थीं कि चलने फिरने से असमर्थ थीं। इनकी स्त्री की मृत्यु १९३३ के अप्रैल में हो गई इनकी वकालत खूब चली हुई है।

देखो धाः—३१३ (२६) (३७) (३८).

कुंडली ६९

श्री स्वामी बिन्देश्वरानन्द।

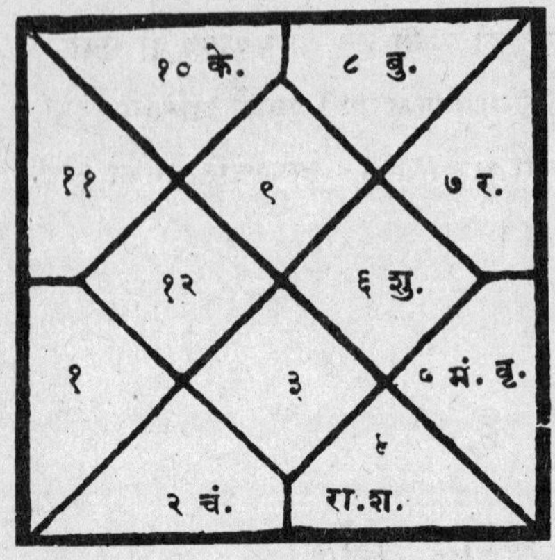

इनका जन्म २री नवम्बर १८८७ सम्वत् १९४४ शाका १८०९ मार्ग कृष्ण द्वितीया बुधवार १२।५५ पला पर है। कृत्तिका नक्षत्र सर्वर्क्ष ६५।२० गतर्क्ष ३७।३८। इनका जन्म मुंगेर जिलाके बेगुसराय प्रान्त बरौनी नामक ग्राम के सुप्रतिष्ठित भूमिहार ब्राह्मण वंश में है। यह स्वर्गीय बाबूसिंहेश्वरनाथ दत्तके तृतोय पुत्र हैं। इनका नाम पहले बिन्देश्वरनाथ दत्त उर्फ बनारसी बाबू था। कई वर्ष होता है कि इन्होंने दीक्षा ग्रहण कर सन्यास लिया है।

देखो धाः—१९० (५) (९)

कुण्डली ७०

एक महिला।

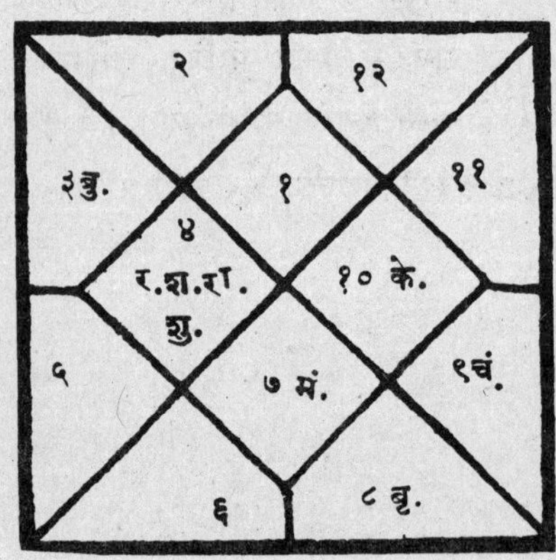

इनका जन्म २१ जुलाई १८८८ तदनुसार शाका १८१० त्रयोदशी अषाढ़ शनिवार का था। यह मुरली बाबू वकील मुंगेरकी धर्मं पत्नी थीं। इनकी मृत्यु एप्रील १९३३ में हुई है। जो कुण्डली प्राप्त हुई थी उसमें लग्न अशुद्ध था। शुद्ध कुण्डली इस स्थानमें दी जाती है। यह कई वर्षों तक असहय्य वात रोग से पीड़ित

रह कर बिस्तरे पर पड़ी रहती थीं । शुक्र दशा भोग्य वर्षादि १०।०।३ ।

देखो धा:—२०७ (८), ३०० (ख. ४६, ४८); ३१३ (२७)

कुण्डली ७१

राय बहादुर वाल्मीकि प्र० सिंह (मुङ्गेर) ।

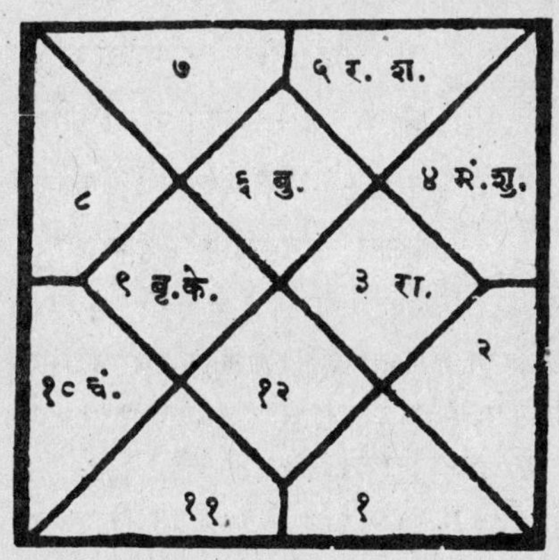

आपका जन्म ६ठी सितम्बर १८८९ तदनुसार संवत १९४६ शाका १८११ भादो शुक्ल द्वादशी शुक्रवार ३।५१ पला पर हुआ था । सूर्य्य ४।२१।२, मंगल ३।२७।२४, बुध ५।१३।३०, बृहस्पति ८।५।३४। शुक्र ३।१२।५४, शनि ४।६।१०, उत्तराषाढ़ तृतीया चरण । आप मुङ्गेरके एक अत्यन्त धनाढ्य एवं बड़े जिमीदार थे । आप अत्यन्त सज्जन स्वभाव के थे । मुङ्गेर भर में आपकी दयालुता, एवं बचन बद्धता की ख्याति अभी तक है । आपकी शारीरिक गठन बिचित्र थी । इनका शरीर बहुत स्थूल था । आप साधारण कुर्सी पर नहीं बैठ सकते थे । जैसा की फोटो से प्रतीत होगा । आप दो पुत्र श्री बाबू राजनीति प्रसाद और बाबू देवनीति प्रसाद को छोड़ कर कलकत्तेमें स्वर्ग पधारे । मृत्यु के कुछ दिन पूर्वही से आप बहुमूत्र रोग से पीड़ित थे । आप के पैर में एक व्रण होआया । कलकत्ते इलाज के लिये गये वहां डाक्टरों ने भावी वश व्रण को चीर डाला जिसके प्रकोप से कई दिनों के अन्तर ही में आप की मृत्यु हो गयी ।

देखो धाः—१०९ (१६), २१७ (३३), ३०८ (११).

कुंडली ७२

स्वर्गीय बाबू गोपी कृष्ण सिंह (माउर)

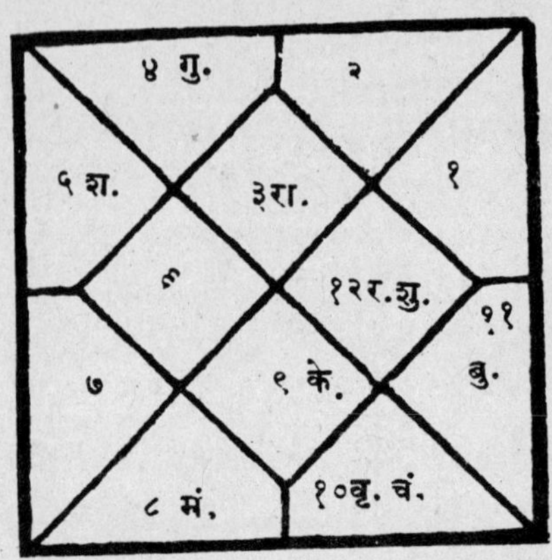

इनका जन्म १७ मार्च १८९० ई० तदनुसार १९४६ शाका १८११ चैत्र कृष्ण एकादशी सोमवार १३।४७।३० पला था। यह लेखक के सबसे कनिष्ट भ्राता थे। इनकी पहली स्त्रीकी मृत्यु प्लेग से हुई थी। इनका दूसरा विवाह भी हुआ था। जब ये B.A. में पढ़ते थे तभी इनको क्षय रोग हुआ। रोग निदान में बड़ी कठिनाई हुई। बहुत सुरक्षित एवं उत्तम औषधि प्रबन्ध रहने पर भी इनकी मृत्यु क्षय रोग से ५ अगस्त १९१७ में हुई। इनका कण्ठस्वर अत्यन्त ही उत्तम एवं चित्त आकर्षक था।

देखो धाः १३६ (१३), १४२ (४) (१२), १४८ (१६), २०३ (१४), २१७ (१२५), ३०६ (५) (१९),

कुंडली ७३

बाबू कृष्ण बलदेव प्र० सिंह (तेउस, मुङ्गेर)

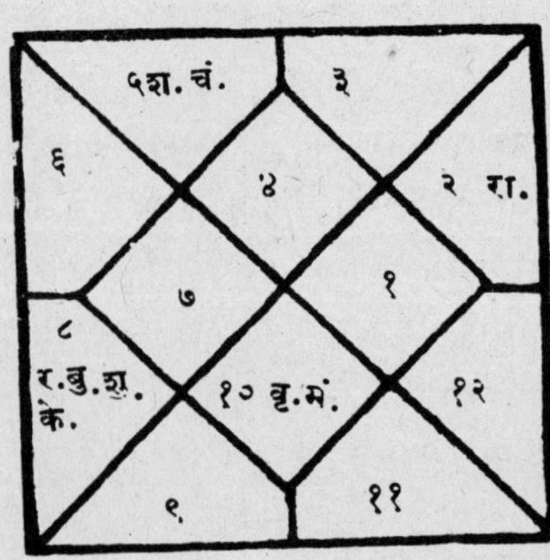

लग्न ३।२६, मघा सर्वर्क्ष ६६।३३, गतर्क्ष ५३।१८, सूर्य्य ७।१८।४०, चन्द्रमा ३।१०।४०, मंगल ९।२८।४५, बुध ७।२९।११ काशी पञ्चाङ्गानुसार बुध दिन ही के समय में धन राशि में प्रवेश करना पाया जाता है। बृहस्पति ९।१५।५४, शुक्र ७।१७।४६ वक्री, शनि ४।२६।१४

राहु १।२४।१८, केतु दशा वर्षादि १।४।२१, लग्न ३।२६। इनका जन्म तीसरी दिसम्बर सन् १८९० ई० तदनुसार संवत् १९४७ शाका १८१२ मार्ग शीर्ष कृष्ण सप्तमी बुधवार इष्ट दण्डादि ३९।४ का है। आपका एक प्रतिष्ठित एवं धनाढ्य कुल में जन्म है। आपका और आप के लघु भ्राता बाबूलालनारायण सिंघका विवाह चैनपुर (छपरा) में हुआ है। दोनों भाइयों में लगभग ८ हजार की आमदनी कुछ कर्जके साथ मिली है। ईश्वरकी कृपा से दोनों भाइयों को पुत्र (सन्तान) हैं। आप मन्दाग्नि रोग से कई वर्षो से पीड़ित हैं। प्रायः तौल कर एक छटाक अन्न का भोजन एक समय करते हैं। आप भव्य मूर्त्ति थे। परन्तु रोगवश कृष हो गये हैं। आपका धार्म्मिक बिचार अति उत्तम और सनातनी है। चं. के साथ शनि रहने के कारण आप सर्वदा किसी न किसी विषय के चिन्तमन में निमग्न रहते हैं। शनि और मंगल के अन्तर्गत इनके सभी ग्रह हैं।

देखो धाः १९९ (१) (१९), १६४ (६), १६९ (१), ३०७ (१) (४),

कुंडली ७४

बाबू लालनारायणसिंह (तेउस, मुङ्गेर)

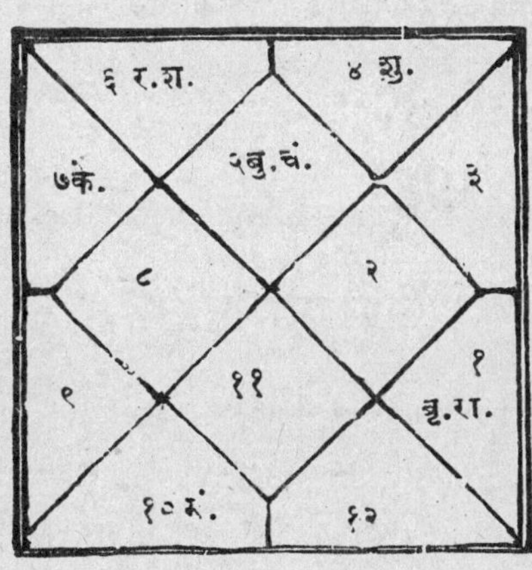

लग्न ४।६। सूर्य्य ५।३।३७ मं, ९।१३।३०, बुध ४।२२।४, बृहस्पति ०।१, शुक्र ३।१८।६, शनि ५।११।३८, राहु ०।१९।२९ इनका जन्म १८वीं सितम्बर १८९२ ई० तदनुसार संवत् १८४९ शाका १८१४ आश्विन कृष्ण त्रयोदशी रविवार ५५।१।३० पला पर है। मघा नक्षत्र सर्वर्क्ष ६१ गतर्क्ष ४४।१८।३० केतु महादशा वर्षादि १।८।१० का है

आप बाबू कृष्ण बलदेव प्र० के लघु भ्राता हैं। आप के शरीर की गठनादि दृढ़ एवं स्थूल है। आपकी शादी चैनपुर (छपरा) में है। मिताक्षरा धर्मानुसार आपका ससुराल से लगभग ४ हजार की आमदनी परन्तु ऋण के साथ मिली है। आप लोगों ने ऋण को चुका दिया है।

देखो धाः १६३ (६), १६४ (६), १६९ (१).

कुंडली ७५

बाबू गौरी शङ्कर सिंह (माउर, मुङ्गेर)

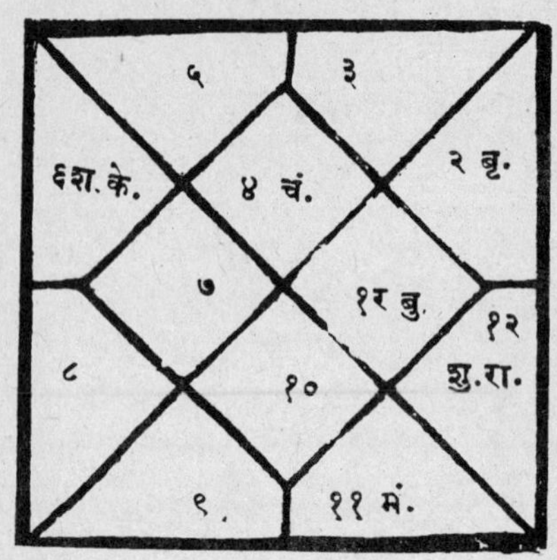

सूर्य्य ०।२९।१२, मंगल १०।७।३१, बुध ०।२१।३४, बृ. १।१४।३९, शुक्र ११।१३।२९, शनि ५।२९।६ वक्री, राहु ११।१७।४७, चन्द्रमा ३।२६।३४, लग्न ३।११ गुलिक १।२४। अश्लेषा सर्वर्क्ष ५६।१८ गतर्क्ष ४१।४४¾, बुध दशा वर्षादि ४।४।२३। इनका जन्म १२ मई १८९४ ई० तदनुसार संवत् १९५१ शाका १८१६ वैशाख शुक्ल अष्टमी शनिवार १२।३६ पला पर हुआ । यह लेखक के ज्येष्ठ पुत्र हैं। यह बहुत काल से साङ्गुर अर्थात् "फायलेरिया" रोग से पीड़ित हैं।

देखो धाः १२२ (९), १९८ (१७), ३०८ (३२),

कुंडली ७६

बाबू रघुनन्दन प्रसाद सिंह (बहरामा, मुङ्गेर)

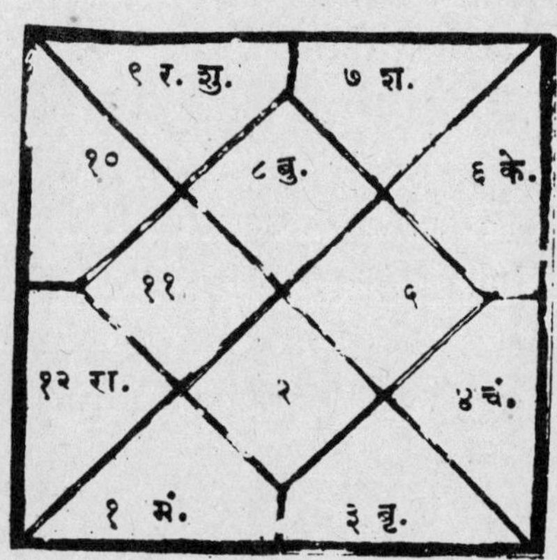

रबि ८।१।३९, मंगल ०।०।१० बुध ७।१६।१२, बृहस्पति, २।१०।४६ वक्री, शुक्र ८।४।२७, शनि ६।१२।३६, राहु ११।४।३० पुष्यसर्वर्क्ष ५९।५९, गतर्क्ष ४१।४८, शनि दशा वर्षादि ४।७।१९, इनका जन्म १९ दिसम्बर १८९४ तदनुसार संवत् १९५१ शाका १८१६ पौष कृष्ण

तृतीया शनिवार ५५।३४ पला पर है। बाल्य काल ही से इनका बाम नेत्र खराब है और हर्निया अर्थात् आंत की बीमारी से ये बहुत पीड़ित हैं और बवासीर से भी पीड़ित हैं।

देखो धाः १४९ (१८); ३०० (ख, २९, ४६. ५०. ५५), ३०८ (६);

कुंडली ७७

बाबू गोपाल नारायण सिंह (तेउस, मुङ्गेर)

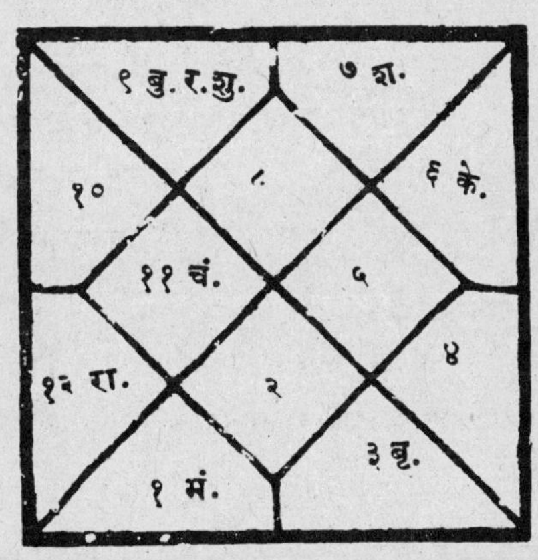

इनका जन्म पहली जनवरी १८९५ तदनुसार संवत १९५१ शाके १८१६ पौष शुक्ल पञ्चमी भौमवार ५६।४ का है। लग्न ७।६ पूर्व भाद्र सर्वर्क्ष ६५।१७ गतर्क्ष २३।१३ बृहस्पति दशा-वर्षादि १०।३।२२। आप बाबू कृष्ण बलदेवप्रसाद सिंह के तृतीय भ्राता हैं। आपको एक नेत्र दबाने की आदत बाल्य कालही से है एवं नेत्र रोगी भी हैं। आपको पहली स्त्री का देहान्त हो गया। बवासीर से दुःखी हैं।

देखो धाः—१४२ (२९); १४८ (१६); ३००(ख.५०. ५६).

कुंडली ७९

बाबू रामप्रसन्नो सिंह मोखतार (अभैपुर मुङ्गेर)

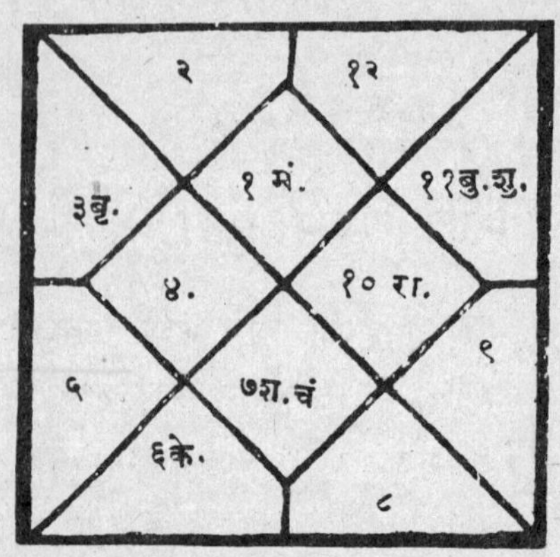

सूर्य्य ९।६।३७, चं ६। १९। ५१, मंगल ०।२८।३६, बुध १०।१४।२९, बृहस्पति २।७। ५९, शुक्र १०।२७।४०, शनि ६।१०।५४ राहु ११।४।३६, लग्न ०।७।११, दशमलग्न ८।२९।५६, स्वाती भजात ५९।३७।१७ भ भोग्य ५९।५० आप का जन्म १९ जनवरी १८९५ तदनुसार संवत १९५१ शाका १८१६ माघ कृष्ण नवमी शनिवार का है। आपसे जो कुण्डली प्राप्त हुई है उसमें इष्ट दण्डादि १२।०।१७है। लग्न मेष के ७ अंश पर है। लग्न की शुद्धि में सन्देह होने के कारण पत्र द्वारा आपने लिखा कि जन्म समय में जो कुण्डली लिखी गयी थी उसमें १२ बजे दिन से दो बजे दिन का जन्म लिखा था । इससे मेष वा वृष लग्न सम्भव होता है। परन्तु मेष लग्न होने से जायास्थान अत्यन्त पीड़ित और जाया को अर्श रोगी होना सम्भव होता है। पुनः शनि का धर्म स्थान पर रहने के कारण जातक को आधुनिक धर्म का अवलम्बन करने वाला अर्थात् आज़दाने ख्याल का होना सम्भव होता है। शारीरिक आकृति भी दृढ़, स्थूल, एवं भव्य होना किञ्चित मात्र भी सम्भव नहीं होता है। लेखक के नियमानुसार मीन लग्न के अन्तिम नवमांश में जन्म होना विशेष लागू प्रतीत होता है। परन्तु इष्ट दण्ड का कोइ बिशेष आधार नही मिलने के कारण जैसी कुण्डली प्राप्त हुई है वैसी ही इस स्थान में उद्धृत की गई है। जो कुण्डली उक्त महाशय के पास है वह किसी अच्छे विद्वान का बनाया प्रतीत होता है। नाना प्रकार के गणित दिए हुए है। अस्तु वही लिख दी गयी है।

आप पहले पुलिस विभाग के सब इन्सपेक्टर थे। कई कारण वश आपने इस्तीफा दिया और आज कल आप मुंगेर में मोखतारी करते हैं। आपकी

मोखतारी दिन प्रतिदिन लाभकारी होती जाती है। बवासीर से आप कभी २ बहुत पीड़ित हो जाते हैं।

देखो धाः—३०८ (४६)।

कुंडली ७९

बाबु रघुवंश प्रसाद सिंह (चिन्तामन चक, पटना)

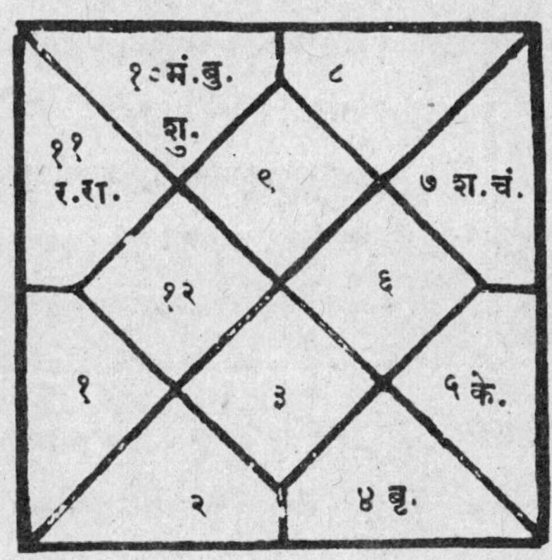

स्वाती गतर्क्ष ३७।४, सर्वर्क्ष ५६।३०, राहु दशा वर्षादि ६।२।१७, लग्न ८।१०।३२, सूर्य्य १०।२१।३१, चन्द्रमा ६।१५।२६, मंगल ९।८।९, बुध ९।२७।४७। बृ. ३।७।३८, शुक्र ९।२३।१७, शनि ६।२७।१५, राहु १०।१२।३५। आप का जन्म तीसरी मार्च १८९६ ई. संवत् १९५२ शाके १८७० चैत्र कृष्ण चौथ भौमवार ५०।३५ पला पर है। आप स्वर्गीय बाबू अटल बिहारी सिंह के पुत्र हैं। आप को अच्छी जमीन्दारी को आमदनी है। मुंगेर जिला के एक मौजे नरसिंघोली में खून हो जाने का मोकदमा आप पर चला था। परन्तु जजके इजलास से १३ अगस्त १९३० ई. में आप निरपराधी निश्चित हुए (सभी की रिहाई हुई)। १३ जून १९३० ई. से १३ अगस्त १९३० तक बराबर हाजत में रहना पड़ा। आप की खेती खूब होती है।

देखो धाः—१७९ (१९) ३१६ (१).

कुण्डली ७९(क)

बाबू केदार नाथ सिंह मैनेजर, (अमांवा टिकारी राज्य)

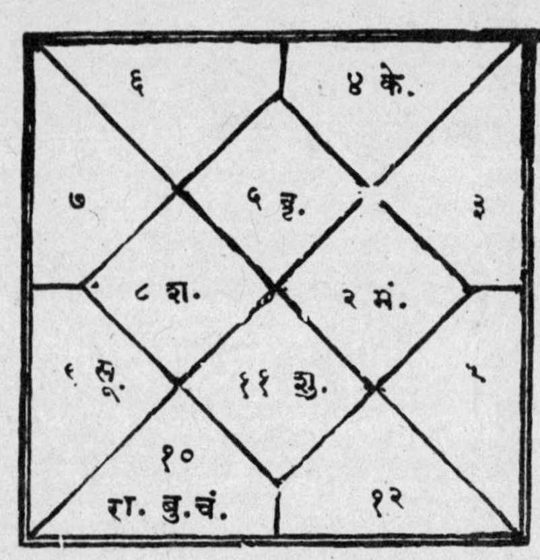

र. ८।२२।१३, चं. ९।९।२९, मं. १।९।३८, बु. ९।८।१२, बृ. ४।१८।५५, शु, १०।४।३२, श. ७।५।१०, राहु ९।२६।१२ सूर्य्य दशा भोग्य वर्षादि ०।१।९। इनका जन्म पटना जिलान्तर्गत मुरगाँवाँ ग्राम में ४ थी जनवरी १८९७ ई० तदनुसार सम्वत् १९५३ शाका, १८१८ पौष शुक्ल प्रतिपदा सोमबार उत्तराषाढ़ नक्षत्र ३°. दण्ड ४५ पला पर है। आप स्वर्गीय बाबू यमुना प्रसाद सिंह मैनेजर राज अमावां टिकारी के साथ राजका काम करते थे। उक्त मैनेजर साहब के मृत्यु के उपरान्त आपने बुद्धि, चतुराई एवं सहिष्णुता का ऐसा परिचय दिया कि आप कुछ समय से राज अमावां टिकारी के सहकारी मैनेजर के पदपर हैं। इस राज में कोई कुछ भी हो, परन्तु ग्रहों की स्थिति के कारण इन्हीं का बोल बाला है। यह कुण्डली पुस्तक छपने के समय मिली, इस कारण बहुत सी बातें नहीं लिखी जा सकीं।

देखों धाः—१५९ (२); १७९ (८).

कुण्डली ७९ (ख)

बाबू आसो सिंह (माउर मुंगेर)

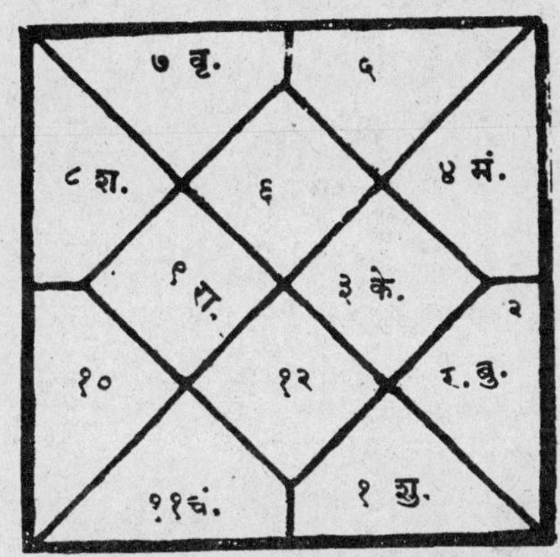

सम्वत् १९५६ शाका १८२१ जेष्ट कृष्ण अष्टमी गुरुवार लगभग २४ दन्ड दिन उठने पर पूर्वभाद्र के प्रथम चरण में हुआ था। लग्न कन्या है पर भूल से तुला लिखा पाया गया था।

यह कुण्डली लेखक के एकग्राम निवासी स्वर्गीय बाबू जानकीजी सिंह के पुत्र, बा. आसो सिंह की है। १९३४ के आरम्भ में लेखक ने देखा कि यह जवान आदमी एकाएक गिरगया और उसके मुंह से फेन निकलने लगा और बेहोश हो गया। उपस्थित मनुष्योंने जल सिंचना आदि द्वारा रक्षा किया। थोड़े देर में होश हो आया। पूछने पर मालूम हुआ कि इनको मिर्गी (अपस्मार) कुछ दिनों से सता रहा है, पर अब उसका आक्रमण बहुत शीघ्र हो रहा है। लेखक ने उनके घरवाले से उनकी कुण्डली मांग कर देखा तो ठीक अपस्मार रोग का योग पाया गया। लेखक ने उनके परिवार के लोगों से कह दिया कि इसी रोग से इनकी मृत्यु हो जाय तो आश्चर्य नहीं। प्रथम खण्ड के छपजाने के समय इस कुन्डली का व्योरा धाः २१७ में दिया गया। प्रथम खण्ड के प्रकाशित होजाने के थोड़ेही दिनके बाद (अगस्त ईः १९३४ को) एक दिन यह खेत देखने को बाहर गए, आने में देर होने के कारण इनके परिवार के लोग बाहर खोजने गये तो इनको एक खेत में मरा पाया और उस स्थान को देखने से मालूम हुआ कि अपस्मार के कारण गिरकर (छटपटा कर) इनका प्राण पखेरु उड़ गया और इनकी कुण्डली के ग्रहों ने अपने प्रभाव को सत्य कर दिखाया।

देखो धाः २१७ (४१).

कुण्डली ८०

बाबू रामेशवर प्रसाद सिंह (परसामा, मुङ्गेर)

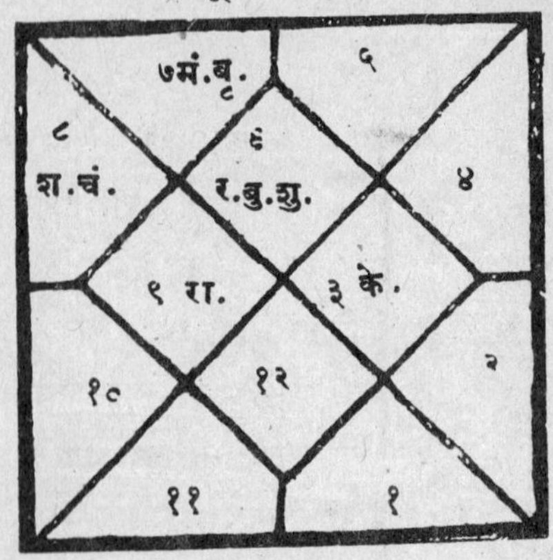

अनुराधा भ भोग्य ५९।५३, भजात ४५।५२, सूर्य्य ५।२।५०, मंगल ६।२०।१३, बुध ५।२७।३८, बृहस्पति ६।२०।१३, शुक्र ५।२९, शनि ७।२४।५०, राहु ८।२। इनका जन्म नौमी अक्टूबर १८९९ ई: तदनुसार संवत् १९५६ शाके १८२१ आश्विन शुक्ल पञ्चमी सोमबार ११९ पला पर है। आपको कुण्डली जो प्राप्त हुई थी उसमें बुध और शुक्र दोनों तुला में लिखा था। परन्तु इन्डियन क्रोनोलोजी एवं पञ्चाङ्ग द्वारा अशुद्ध होने के कारण कन्या ही में लिखा गया। आप स्वर्गीय बाबूभूषोसिंह जिर्मीदार के पुत्र हैं। आपके पिता का स्वर्गवास होने के उपरान्त काल-सर्प-योग रहने के कारण आपकी जमीन्दारो डमाडोल हो गई थो। परन्तु येन केन प्रकारेण सुरक्षित है। काल सर्प योग सवदा बाधा करता है। आप अत्यन्त सज्जन पुरुष हैं।

देखो धा: —१९९(११),१६३(६),

कुण्डली ८१

एक विवाहिता महिला

१०
८ बृ.के.
९
११
श.
७
१२
६
१
५
३ शु.
२
९.मं.रा. [?]
४ र.बु.

सूर्य्य ३।५।१३, चन्द्रमा १।३।५२, मंगल १।२३।२७, बुध ३।१२।३, बृहस्पति ७।९।४३, शुक्र २।११।११, शनि ८।५।४७, राहु १।१७।५८, लग्न ८।२६।२५। इनका जन्म २१ जुलाई १९०० ई: तदनुसार संवत् १९५७ श्रावण कृष्ण दशमी शनिवार दंडादि३२।१०।३० पर था। यह कुण्डली मुंगेर

जिलान्तर्गत शकरपुरा ग्राम के एक महिला की है। १९१७ के आरम्भ में इनकी मृत्यु क्षय रोग से हुई। जिस समय यह जातिका बीमार थी उसी समय जातिका के स्वामी ने लेखक को यह कुण्डली दी थी। पुस्तक लिखनेके समय पता चला है कि उक्त महिला के स्वामी का भी देहान्त हो गया।

देखो धाः–३०६ (१९).

कुंडली ८२

बाबू राधेश्याम सिंह 'तेउस' मुंगेर

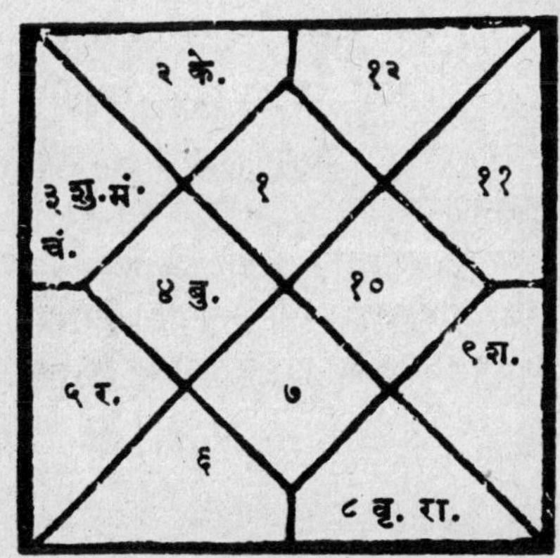

लग्न ०।१७, पुनर्वसु द्वितीय चरण, सूर्य्य ४।५।२५, मंगल-२।२१।२५, बुध ३।४।२५, बृहस्पति ७।९।१९ शुक्र २।२९ शनि ८।४।१ बक्री। इनका जन्म २१ अगस्त १९०० ई० तदनुसार सम्वत् १९५७ शाका १८२२ भादो कृष्ण द्वादशी मंगलवार ४१।६ पला पर है। यह बाबू कृष्णवलदेव प्र० सिंहजी के वर्तमान कनिष्ट भ्राता हैं। इनकी द्वितीय स्त्री की मृत्यु क्षय रोग से हुई थी। इनकी तृतीय स्त्री वर्तमान हैं। इनके अग्रज एवं पृष्टज भाई बहनों की मृत्यु हुई है।

देखो धाः–१२२ (९); १४२ (१४)(१६)(२९); १४८ (१६); १५५(१२); १६३ (६); ३०६ (१९).

कुण्डली ८३

एक स्वर्गीय महिला की कुण्डली

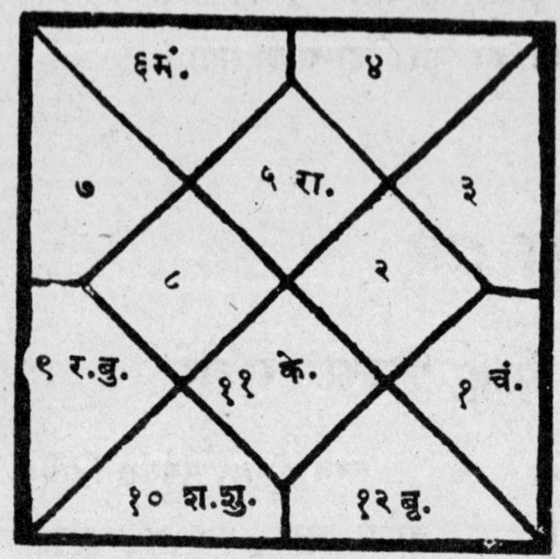

अश्विनी सर्वर्क्ष ६५।३९, गतर्क्ष १८।६ केतु महादशा वर्षादि ९।०।२५ सूर्य्य ८।२।४४, चन्द्रमा ०।३।२२, मंगल ५।२२।-१९, बुध ८।१८।२५, बृहस्पति ११।२७।५५, शनि ९।२२।४५, राहु ४।२२।४०, शुक्र ९।१३।३२ लग्न ४।८ । इनका जन्म १७ दिसम्बर १९०४ ई० तदनुसार संवत् १९६१ अग्रहन शुक्ल दशमी शनिवार ३७।३१ पर था। यह महिला कई वर्ष तक ज्वर से पीड़ित रही, रोग निदान कठिन था। अन्त में क्षय रोग बड़े २ डाक्टरों ने निश्चय किया। स्वच्छ जल वायु सेवन के लिये कई स्थानों में फिरीं।१९३२ के अक्टूबर को (जो ज्योतिष-शास्त्र के अनुसार अनुमान भी किया गया था) अभिमुक्त क्षेत्र काशी में क्षय रोग के प्रकोप से इनका देहान्त हुआ।

देखो धाः–३०६ (५) (१९).

कुंडली ८४

बाबु उमाशङ्कर सिंह मोखतार (मुंगेर)

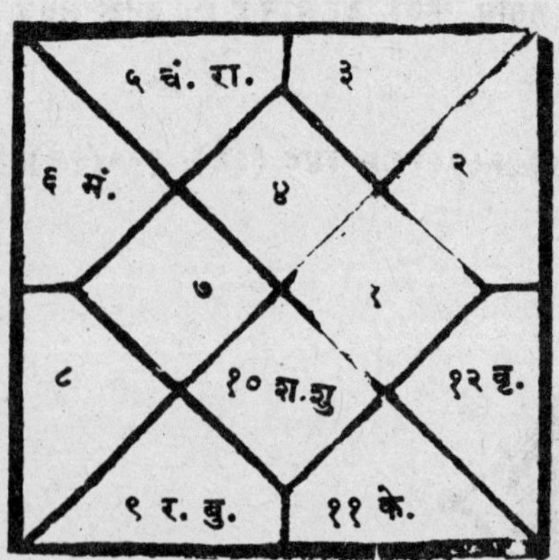

सूर्य्य ८।१३।१८, चन्द्रमा ४।५।२६, मंगल ५।२७।५४, बुध ८।१२।५६, (वक्री) इन्डियन क्रोनोलोजीके अनुसार ८।१९।२७ वक्री, बृ. ११।२८।१५, इन्डियन क्रोनोलोजी केअनुसार ११।२६।६, शुक्र ९।२४।०, शनि ९।२३।२४, राहु ४।२२।७, लग्न ३।२५।३० शुक्र महादशा वर्षादि १७।०।२९

इनका जन्म २७ दिसम्बर १९०४ ई० तदनुसार संवत् १९६१ शाके १८२६ पौष कृष्ण पञ्चमी, भौमबार २३।३६ पला पर है। यह कुण्डली लेखक के भतीजा अर्थात् बाबू रामकृष्ण सिंहजी के पुत्र की है। आप मुंगेर में मोखतार हैं आप बवासीर रोग से दुखी रहते हैं।

देखो धाः–३०८ (३८).

कुंडली ८४ (क)

बाबू माणिक धन बैनर्जी, बेलन बाजार मुंगेर

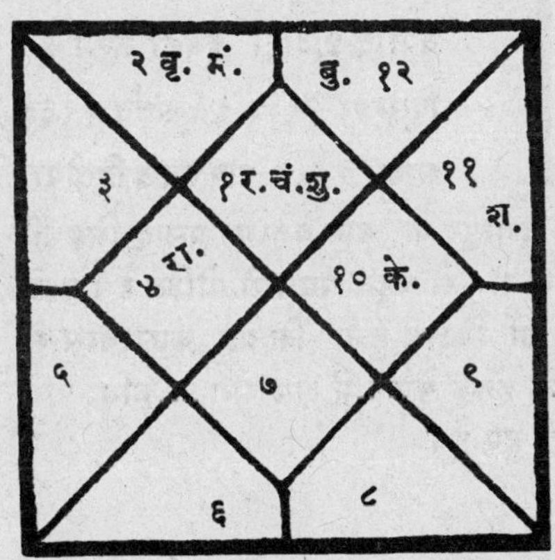

इनका जन्म सम्बत् १९६३ शाका १८२८ बैशाख शुक्र प्रतिपदा मंगलवार कलकत्ते कीघड़ी से लगभग ५ बजे (सूर्योदय के पूर्व) तदनुसार २४ (२५) अप्रैल १९०६ ई० हुगली ग्रामान्तर्गत में हुआ था! माणिक बाबू श्रीयुक्त नरसिंह बैनर्जी मोखतार (मुंगेर) के अनुज थे। नरसिंह बाबू ने मुझे लिखा है कि इनके लग्न में मीन और मेष का सन्देह था। कई प्रकार से शोधनोपरान्त मेष लग्न ही शुद्ध प्रतीत होता है। माणिक बाबू मुंगेर के एक छापेखाने में काम करते थे। १५ जनवरी १९३४ को २ बज कर १५ मिनट दिन को भारतवर्ष में जो भूकम्प हुआ था जिस में मुंगेर सदाके लिये मटियामेट हो गया, साधारण नियमानुसार ये उस समय छापेखाने में थे। भूकम्प होने पर बाहर न निकल सके, मकान गिर गया और उसी में वहीं इनकी मृत्यु हो गयी। काल-सर्प-योग भी लगा हुआ है।

देखो धाः – २१७ (८८)

कुंडली ८५

बाबू शिवशंकर सिंह दुर्गापुर (मुङ्गेर)

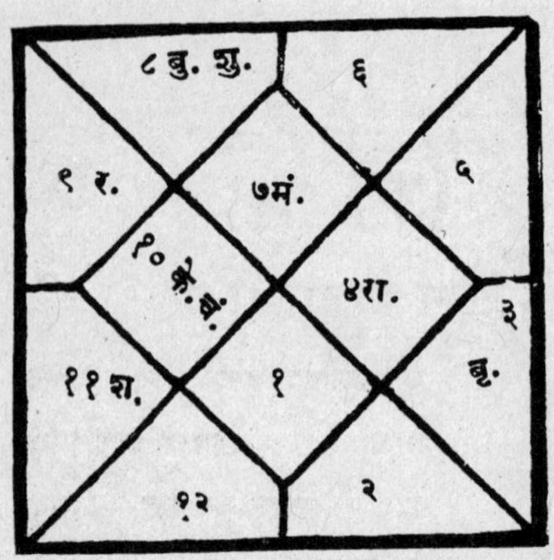

उत्तराषाढ़ गतर्क्ष १२।२९, सर्वर्क्ष ५६।२९, सूर्य्य ८।२।१६, मंगल ६।६।४०, बुध ७।१०।२८, बृहस्पति २।१५।३७, शुक्र ७।०। ४०, शनि १०।१५।३, केतु ९।१३। ५८, लग्न ६।५।३५, सूर्य्य दशा वर्षादि ४।८।६। इनका जन्म १७ दिसम्बर १९०६ ई संवत् १९६३ शाके १८२८ पौष शुक्ल द्वितीया, सोमवार ४९।१½ पला पर है। यह दुर्गापुर के बाबू बजरंग प्रसाद सिंह जी के पुत्र हैं। यह थाइसिस और कासश्वास रोग से बहुत समय से पीड़ित हैं। पहले डाक्टर टी. एन. बैनर्जी साहब (पटना) का निदान हुआ कि यह कासश्वास से पीड़ित हैं पर अन्त में यह निदान हुआ कि इनके फेफड़े में क्षय रोग के कृमि पाये जाते हैं। और अभी तक रोग विमुक्त नहीं हुए हैं।

देखो धाः—३०६ (११).

कुण्डली ८६

बाबू गिरिजाशंकर सिंह (माउर मुङ्गेर)

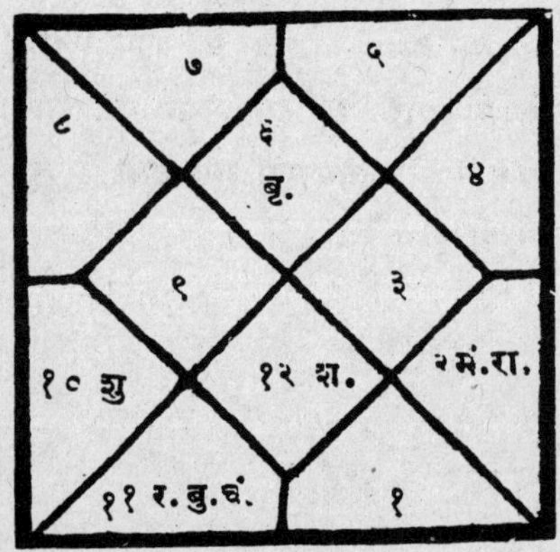

लग्न ५।२९, सूर्य्य १०।२५। ४२, मंगल १।२।४६, बुध १०।५। ३१, बृहस्पति ५।२५।३५, शुक्र ९।१३।५९, शनि ११।२३।२७, राहु १।१३।१३, चन्द्रमा १०।०।४६। २३, धनिष्ठा सर्वर्क्ष ५८।४९ गतर्क्ष ३२।४६।५० दिनमान २९। १७, मंगल दशा वर्षादि ३।१।४। २०, इनका जन्म ९ मार्च

ई० १९१० तदनुसार संवत् १९६६ शाके १८३१ फाल्गुन कृष्ण त्रयोदशी बुधवार ३४।१७ पला पर वैद्यनाथधाम में (जब इनकी माता, शिवरात्रि व्रत धारण की हुई थीं) हुई है। यह लेखक के द्वितीय पुत्र है। इनका विवाह हिरदन बीघा मुंगेर जिले के एक ग्राम मे हुआ है। इनकी स्त्री को पिता पक्ष की बहुमूल्य सम्पत्ति प्राप्त हुई है।

देखो धाः १९४ (११); १६४ (६); १६९ (२),

कुंडली ८७

बाबू ठाकुर प्रसाद सिंह (चैनपुर, छपरा)

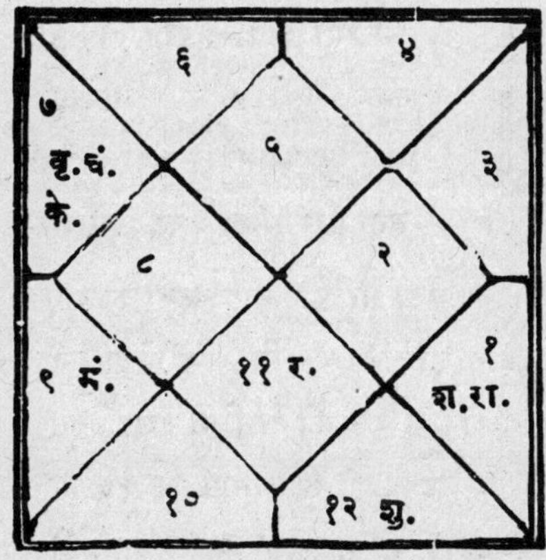

स्वाती सर्वर्क्ष ५५।१२, गतर्क्ष ५०।१५, राहु वर्षादि १।७ ९, लग्न ४।९, रवि १०।७।१, चन्द्रमा ६।१८।४८, मंगल ८।१९ ४, बुध २।१७।१७, बृहस्पति ६।२६।१९, शुक्र ११।०।३७, शनि ०।३।४७, राहु ०।२४।३६ । आपका जन्म १९ फरवरी १९११ ई० तदनुसार संवत् १९६७ शाके १८३२ फाल्गुन कृष्ण षष्ठी रविवार २७ दण्ड ३१ पला पर है (जो कुण्डली उक्त बाबू साहब से मिली थी उसमें शुक्र कुम्भ राशि में दिया हुआ था परन्तु श्रीसुधाकर द्विवेदीजी के पञ्चाङ्गानुसार रविवार को सूर्य्योदय के पूर्व ही शुक्र मीन में दिखलाया गया है)। छपरा जिलान्तर्गत चैनपुर ग्राम के प्रतिष्ठित कुल में आप का जन्म है। आप स्वर्गीय बाबू शम्भू प्रसाद सिंहजी के ज्येष्ठ पुत्र हैं। आप का विवाह मुंगेर जिला के लोहान ग्राम में हुआ है और इनकी पत्नी को बहु मूल्य पैतृक सम्पत्ति मिली है। आप जब लगभग अढ़ाइ वर्ष के थे तो आप के पिता का देहान्त हुआ था और उनके देहान्त के कई दिन बाद इनके कनिष्ठ भ्राता मदन बाबू (कु० संख्या ९१) का जन्म हुआ था।

देखो धाः—१२० (११); १६४ (६); १६९ (१).

कुण्डली ८८

श्री विश्वेश्वरानन्द जी।

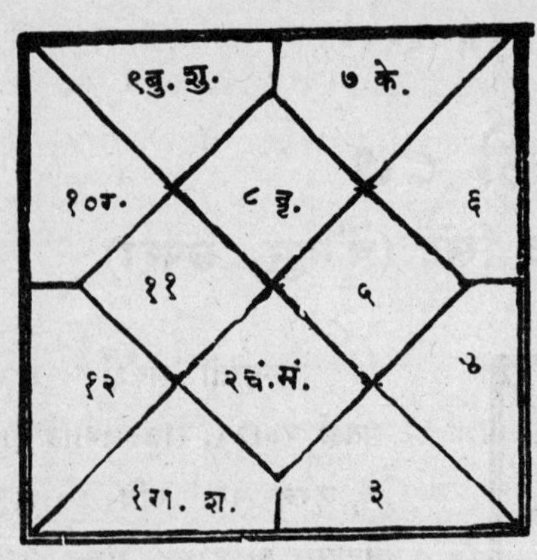

कृत्तिका सर्वर्क्ष १७।३०, गतर्क्ष ४४।५५२, सूर्य्यदशा वर्षादि १।३।२२, सूर्य्य ९।१५।१२, मंगल १।७।२, बुध ८।२२।२५, बृ. ७।१६।४८ शुक्र ८।५।३, शनि ०।२०।५५ चन्द्रमा १।७।५, राहु ०।४।५९ लग्न ७।१४ । आपका जन्म २८ जनवरी १९१२ ई० तदनुसार संवत् १९६८ शाका १८३३ माघ शुक्ल नवमी रविवार ४९।३० पला पर है। आप पटना जिलान्तर्गत सरमेरा गढ़ के कुलीन स्वर्गीय बाबू लालबिहारी सिंह के पोता एवं बाबू झूमक सिंह के अविवाहित पुत्र हैं। आप के कुल की आर्थिक दशा बहुत ही शोचनीय हो गई है। आपने गोकुलपुर के महन्थ जी से लगभग १६,१७ की अवस्था में, दीक्षा ली है। गोकुलपुर स्थल (पटना) की आर्थिक दशा बहुत ही अच्छी है और शिष्य होने के कारण आप स्थल के पदाधिकारी हैं।

देखो धाः—१५९ (१८), १८९ (२); १९० (ख. ९,) १९२ (१).

कुण्डली ८९

बाबू शिवशंकरसिंह (माउर, मुङ्गेर)

लग्न ९।२८ भरणी गतर्क्ष ५९।३३ सर्वर्क्ष ५९।२७, सूर्य्य १।२७।४२, मङ्गल ३।१६।३०, बुध १।२४।६, बृहस्पति ७।१९।४९ (वक्री) शुक्र १।२०।४९, शनि १।९।१,राहु ११।२७।४६, चं. ०।२९।३०शुक्रदशावर्षादि१।३।११। इनका जन्म १२वीं जून १९१२ संवत् १९६९ आषाढ़ (प्रथमा) कृष्ण द्वादशी बुधवार ४३।३० पला पर है। ये लेखक के भतीजा अर्थात् बाबू श्रीकृष्ण सिंह के ज्येष्ठ पुत्र हैं। इनका जन्म नानिहाल में हुआ था। वहां के लोग ठीक समय न कह कर इनका जन्म समय १०½ और ११½ बजे रात्रि का बतलाते हैं। इस कारण लग्न निश्चय करने में बड़ी कठिनाई हुई। अनेक प्रकार से बिचार के उपरान्त ४३।३० पला इष्ट माना गया। विद्या परीक्षा में इन्हें बड़ी कठिनाईयां हुई और इनको विबाह द्वारा धनागम सम्भव है।

देखो धाः—१३७ (१); १६४ (६) १६५ (१).

कुण्डली ९०

बाबू कात्यायनी शंकर सिंह (माउर, मुङ्गेर)

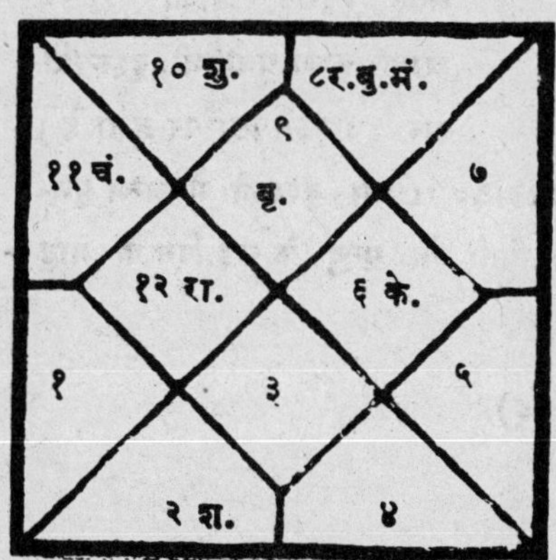

धनिष्ठा सर्वर्क्ष ६६।३२, गतर्क्ष ३९।४९, सूर्य्य७।२९।१, मंगल ७।१६।१४, बुध ७।१३।३८ (वक्री), बृहस्पति ८।४।०, शुक्र ९।९।३३, शनि १।७।१७, (वक्री) राहु ११।१८।१, चन्द्रमा १०।०।२९, लग्न ८।१९ मंगल महादशा वर्षादि २।६।२२। इनका जन्म १४ दिसम्बर १९१२ संवत् १९६९ शाका

१८३४ मार्ग शीर्ष शुक्ल षष्ठी शनिवार ३।४० पला पर है। इस बालक की कुण्डली में बहुत सी विलक्षणता है। परन्तु इस पुस्तक में भविष्य किसी स्थानमें नहीं लिखा गया है। इस कारण केवल इतनाही लिखा जाता है कि यह बालक बाल्यकाल ही से अत्यन्त भ्रमणशील है। बाल्यावस्था में इस बालक को लगभग २६।२७ व्रण (घाव) सर्वाङ्ग में होते गये और नित्य प्रति एक या दो घावों में डाक्टर नश्तर दिया करते थे और व्रण एक ही या दो दिन में चङ्गा हो जाता था। अन्त में १ व्रण दाहिने मोढ़े पर अत्यन्त क्लेशकारी हुआ परन्तु वह भी एकदम अच्छा हो गया।

देखो धाः—१३७ (३); १७२ (२); ३११ (४) (१०).

कुण्डली ११

बाबू मदन प्रसाद सिंह (चैनपुर, छपरा)

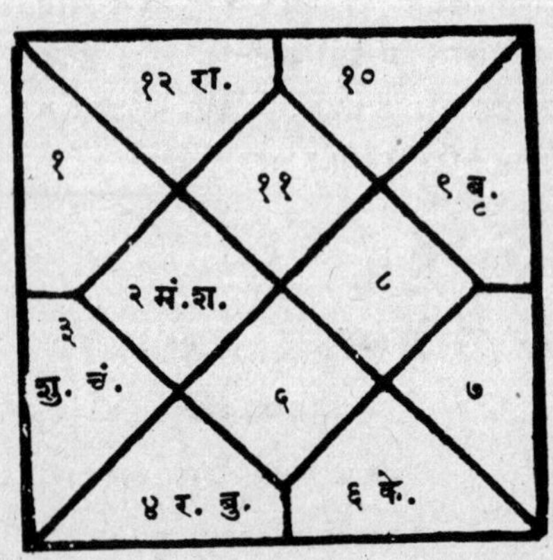

लग्न १०।१६।१९, सूर्य्य ३।१४।४९, चन्द्रमा २।११।४५, मङ्गल १।७।२७ बुध ३।१६।२९, (वक्री)बृहस्पति८।१६।१६, (वक्री) शुक्र २।१।२, शनि १।२३।२५। आपका जन्म ३१ जुलाई १९१३ संवत् १९७० शाका १८३५ श्रावण कृष्ण त्रयोदशी, बृहस्पतिवार ३७।१६ पला पर हुआ है। आर्द्रा सर्वर्क्ष ५८।४९।३०, गतर्क्ष ५७।४३।३० (प्राप्त कुण्डली में जन्म पुनर्वसु प्रथम चरण भूल था) इनका जन्म पिता के मृत्यु के कई दिन के बाद हुआ था।

देखो धाः—१२० (२३) (२४) (२८).

कुंडली ९२

बावू शिवचन्द्र प्र० बेलनबाजार मुङ्गेर

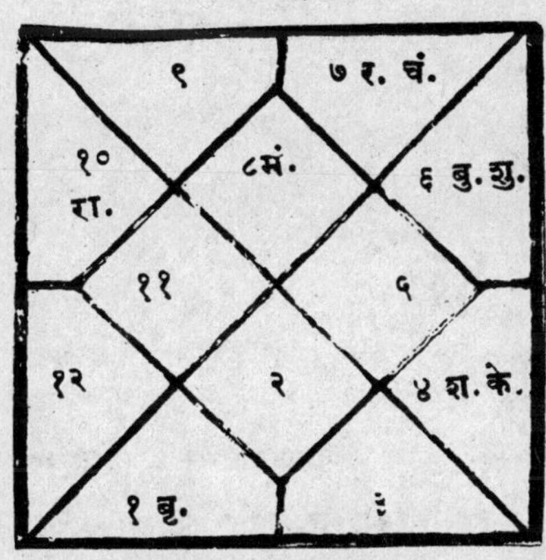

स्वाती सर्वर्क्ष ५९।५२ गतर्क्ष २५।२६, लग्न ७।११।४१ सर्य्य ६।१०।३२, मंगल ७।१०। १५, बुध ५।२५।५२, बृ, ०।७।४१, शुक्र ५।२० शनि ३।१०।१९,रा ९।३।१६। इनका जन्म १७ दिसम्बर १९१६ ई० तदनुसार संवत् १९७३ कार्त्तिक शुक्ल परिवा शुक्रवार दण्डादि ३।३७।३० पर है। यह बालक वावू बनवारी लाल बेलन बाजार, मुंगेर का पुत्र है। जन्म समय इसके नेत्र अच्छे थे पर ९,१० वर्ष की अवस्था में दाहिना नेत्र किसी रोग विशेष से खराब हो गया और अभी दूसरा नेत्र भी पीड़ित है।

देखो धा:–३०० (ख. ३९, ४४, ६१)

कुंडली ९३

कुमार देवनारायण सिंह

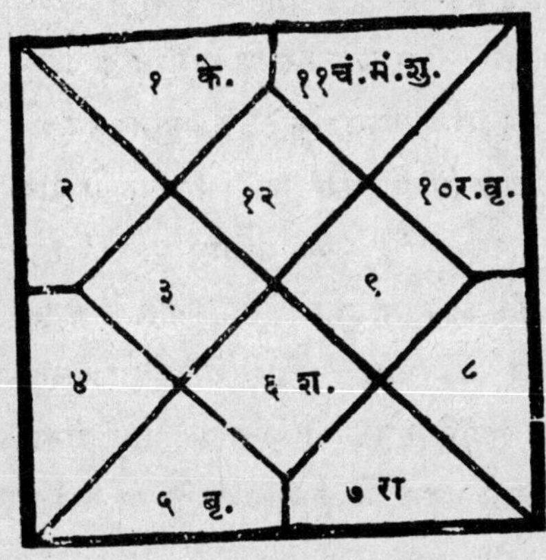

सूर्य्य ९।०।४५, चन्द्रमा १०।२६।१४, और मतान्तर से १८।२७।११, मंगल १०।१२।२३ बुध ९।४।९ बृहस्पति ४।२६।४५, शुक्र १०।१५।३५, शनि ५।०।४, राहु ५।९।३५, लग्न ११।१।२५, १४ जनवरी १९२१ तदनुसार संवत् १९७७ शाका १८४२ पौष शुक्ल पञ्चमो भृगुवार ८।३।

३० पला पर आपका जन्म हुआ है। राय बहादुर के यहां जो कुण्डली मिली थी उसमें लग्न स्पष्ट ११।१।२५ ही था। परन्तु इष्ट दण्डादि ८।८ था यह बालक बाबू प्रदीपनारायण सिंह जी के पुत्र हैं। इनको राय बहादुर द्वारिकानाथ (गया) ने १९२८ ई० संवत् १९८५ माघ श्रीपञ्चमी गुरुवार को गोदलिया है।

देखो धाः १४२ (२३); २८३ (५१).

कुंडली ९४

एक बालिका

इनका जन्म १ दिसम्बर १९२९ तदनुसार संवत् १९८६ शाका १८५१ अग्रहन कृष्ण अमावश्या तदुपरि प्रतिपदा ४३।२१ पलापर था। दिनमान २६।२३, रात्रिमान ३३।३७ इष्ट दण्डादि ४३।२१ से दिन मान २६।२३ घटाने के उपरान्त १६।५८ पला रात्रि भुक्त होने पर जन्म हुआ था। ३३।३७ पला रात्रि मान को यदि ८ से भाग दिया जाय (धारा ८०) तो ४।१२$\frac{1}{2}$ पला होता है। इसको ४से गुणा करने पर १६।४८$\frac{1}{2}$ दण्ड होता है। जन्म १६।५८ पला पर था। इस कारण रात्रि यामार्ध के पञ्चम भाग में जन्म हुआ। रविवार का जन्म है। इस कारणसे चक्र ३३के अनुसार यामार्ध मंगल का हुआ। अब देखना यह है कि दण्डाधिपति कौन था। १६।५८ से यदि १६।४८$\frac{1}{2}$ घटाया जाय तो ९$\frac{1}{2}$ पला शेष रहता है। एक यामार्ध ४।१२।$\frac{1}{2}$ पला का हुआ है। इसका चतुर्थांश दण्डाधिपति का मान हुआ। इस स्थान में केवल ९$\frac{1}{2}$ पला है। इस कारण मंगल के यामार्ध का प्रथम दण्डाधिपति होगा। चक्र ३३ (क) के अनुसार मंगल का प्रथम दण्डाधिपति मङ्गल ही होता है। इस कारण अब देखना है कि धा० ११४ के अनुसार लग्न मङ्गल से वेध होता है या नहीं।

यदि धाः ११४ के नियमानुसार देखा जाय तो सिंह लग्न को सिंह वृश्चिक और कुम्भ से बोध होता है और वृश्चिक में मंगल बैठा है। मङ्गल पापग्रह है। इस कारण पताका अरिष्ट लागू है और चन्द्रलग्न भी विद्ध होता है और पाप र. एवं बुध से भी विरुद्ध है। अङ्क कुम्भ का ३, वृश्चिक का ६, सिंह का ८ है पुनः इन सबों को एक दुसरे के साथ का जोड़ ९, ११, १४, और १७ होता है अर्थात् उपर्युक्त दिन मास वा वर्ष में अरिष्ट सम्भव होता है। इस बालिका की मृत्यु तीसरे वर्ष के तीन मास पूर्व अगस्त १९३२ में हुई। यह बालिका बाबू तेजेश्वर प्रसाद वकील मुंगेर की पौत्री एवं बाबू अखिलेश्वर प्रसाद वकील की कन्या थी। उक्त बाबू तेजेश्वरप्रसाद जी को गुप्त रीति से पूर्व ही कह दिया गया था कि यह बालिका जीने को नहीं।

देखो धाः—११४ और उसका अन्त।

कुण्डली ९५

एक बालक की कुण्डली

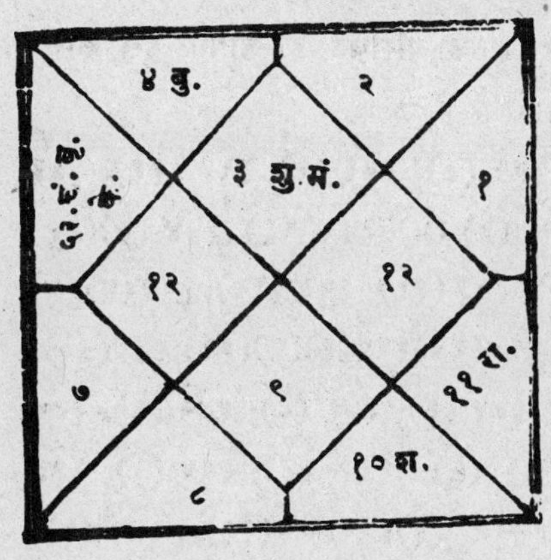

यह बालक तेउप (मुंगेर) के बाबूरामप्रसाद सिंह का पोता एवं स्वर्गीय बाबू माणिक प्रसाद सिंह का पुत्र है। इस बालक का जन्म ३० अगस्त १९३२ तदनुसार सम्वत् १९८९ शाका १८५४ भाद्रो कृष्ण चतुर्दशी बुधवार ४६।२४ पला पर हुआ है। लग्न २।१, मघा गतर्क्ष ३।९, सर्वर्क्ष ५९ २९ है।

बालकके जन्म होने के एक सप्ताह के अभ्यन्तर पिता की मृत्यु हो गई।

देखो धाः १२० (६) (११).

कुण्डली ९६

उदाहरण कुण्डली

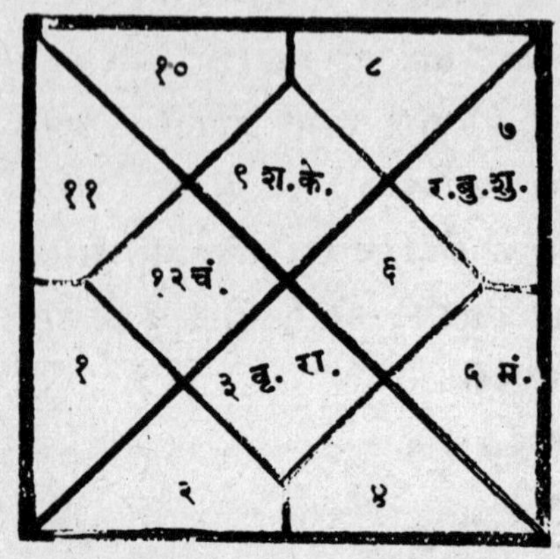

उत्तरभाद्र नक्षत्र सर्वर्क्ष ६३।५७, गतर्क्ष ६०।२२।३०, शनि दशा बर्षादि १।०।१३।२८। सूर्य्य ६।२०।३०, चन्द्रमा ११।१९.५५। १८, मंगल ४।११।३४, बुध ६।७। ५१, बृ. २।१।५६ (वक्री) शुक्र ६।११।४६, शनि ८।२।१३, राहु २।२२।५२, लग्न ८।१९।३९, इस जातक का जन्म ५वीं नवम्बर १८७० तदनुसार संवत् १९२७ शाका १७९२ कार्त्तिक शुक्ल द्वादशी तदुपरि त्रयोदशी शनिवार १०।५९।३० विकला पर है। कई अनिवार्य्य कारणों से इस जातक का नाम नहीं दिया गया। निम्न लिखित धाराओं के देखने से इस जातक के जीवन की मुख्य २ सब्बी बातों से पाठक परिचित हो जायंगे इस कारण इस स्थान पर और कुछ नहीं लिखा जाता है।

देखो धा. १२२ (१७) (१८); १२५ (३): १२६ (१): १२७ (११); १३३ (१); १३० (३); १३९ (८) (१६); १४ (३) (४); १४२(२६) १४४ (६)(११) (१३); १४६ (२)(३)(६)(७) १४७(१); १५१ (१९); १५३ (१२); १५४(४)(५) १५४ (४) (५) (८); १५६ (२)(२४); १५८(२४)१५९(१)(९)(१२); १६०(३०); १६३(४) १७० (५); १७३ (२) (७); १७४ (६); १७९ (८); १८५ (५); १८७ (१०) (१५): १८९ (२) १९० (२) (४) (५); १९१ (३); १९२ (३); २१३ (२२); २१४ (५) (६); २१६ (१७): २२४ (३); २४० (११); २४२ (२); २४४ (१) (३); २४५ (६) (७) (८) (१५) (१८); २७८ (१३): २८३ (८) (२३) (५५) (६३), २९३ (३), २९७ (११), २९९ (२), ३०४ (३), ३११ (८) ३१३ (२८), (२९), ३१८ (१).

ॐ शान्ताकारं शिखरसयनं सर्पहारं सुरेशं
विश्वाधारं स्फटिकसदृशं शुभ्रवर्णं शुभांगं।
गौरीकान्तं दहननयनं योगीभिर् ध्यान गम्यं
वन्दे शम्भुम् भवभयहरं सर्व्वलोकैकनाथं ॥

ॐ शान्तिः ! शान्तिः !! शान्तिः !!!

ज्योतिष रत्नाकर मांहि धारा सु[७]म[५]ग[३] चलें,
पूरित किये घ[४]डा[३] प्रमाण अध्या अमुल्य हैं ।१।
प्रवाह और तरङ्गों की बा[३]जा[८] क्रम से अहैं,
क[१]न[०]क[१] रूप कुण्डली तो यामें बहुमुल्य हैं ।२।
ज्योतिष-समुद्र मथि देवकी निकारयो रत्न,
पुस्तक रुप भेंटी इह, यद्यपि समुल्य हैं ।३।
शास्त्र-सिर-कलंक की टीका मिटावे हेतु,
वांधयो इह सेतु, कर मेहनत अतुल्य हैं ।४।

उपर के पद् से साधारण भाव के अतिरक्त कटपयादि नियम अनुसार यह अर्थ भी होता है कि इस ज्योतिष-रत्नाकर में (स = ७, म = ५, ग = ३, अङ्क की वामगति) ३५७ धारायें हैं, अध्याय (घ = ४, ड = ३) ३४ हैं. (बा = ३, जा = ८) प्रवाह ३ और तरङ्ग ८ हैं । और इस पुस्तक में (क = १, न = ०, क = १) १०१कुण्डलियां हैं ।

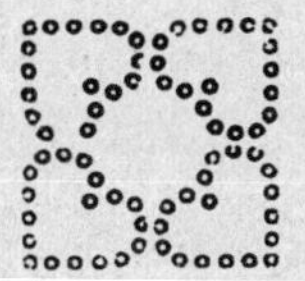

प्रथम भाग (१)

शुद्धि-पत्र

पृष्ठ	पंक्ति	अशुद्ध	शुद्ध
२	१३	हैं	है
२	१५	हैं	है
५	७	हैं	है
७	११	करनाउ	करना
७	११	चित	उचित
७	१२	worth in ness	worthiness
१२	२७	के	की
१३	१४	के	की
१३	१८	के	की
१३	२४	हैं	है
१४	१०	के	की
१५	चक्र २	श	शु
२१	चक्र ३ में ७	९८५४	१८५४
२१	चक्र ३ में १८	२३, ३१, ५६	२२, ३१, ५६
२२	चक्र ३ में १७	२३, ४, ४८	२३, ५, ४८
२२	३४	का	को
२४	३२	अधीन	आधीन
२५	१७	अरथात	अर्थात्
२७	१९	बृ	बु
३२	३	अथव	अथवा
३२	चक्र ६ में	मान	मीन
४०	१९	—	राशि परिचय के पहले अध्याय ४ होना चाहिये
४२	चक्र ११ में	—	तुला से लकीर कमर तक होनी चाहिये।

पृष्ठ	पंक्ति	अशुद्ध	शुद्ध
४५		द्वेष्काण	द्रेष्काण
४६		वष	वृप
४८	७	ोगा	होगा
५१	कर्क में	ब १२	बृ १२
५१	सिंह में	श २	भु २
५१	कन्या	ब ९	बृ ९
५३	१२	के	की
५३	चक्र १६ क	बृ ६	बृ १२
५३	चक्र १६ क	श १२	श १०
५६	२२	६, १०, ०	९, १०, ०
५६	२८	९, ७, ३०	९, १७, ३०
६०	८	के	की
६०	९	के	की
६०	१५	मिनट	दंड
६१	७	तीसरा तीसरा	तीस-तीस
६३	९ (अञ्जार)	२६, २४	२३, ४
६३	कानपुर	२६, ०	२६, ३०
६३	काल्पी	३६, ८	२६, ८
६४	दिलावरपुर	३८, ४२	दिलावर २८, ४२
६४	बरेली	१८, २२	२८, २२
६५	बिहार	२५, २५	२५, १५
६५	मुजफ्फरपुर	२६, ०	२६, ७
६८	२२	१९, ४५	१८, ४५
६८	१५	३७३	२७३
७१	९	१६७६	१६७४
७१	३०	४, १३, २	४, १३, ४
७२	१५	४, १५, २	४, १५, १
७२	१६	३, ३, ५	५, ३, ५
७२	२३	३, ३, ५	५, ३, ५
७३	३	२६ अंश	२६ अंश ६
७३	१४	४, ४५, ३	५, ४५, ३

पृष्ठ	पंक्ति	अशुद्ध	शुद्ध
७७	२३	५, ४०$\frac{१}{६}$	५, ४०$\frac{१}{३}$
७८	१३	१, ५, २०	१, ५, २०, ९
७९	१७ कुम्भमान	४, १३$\frac{१}{३}$	४, १३$\frac{२}{३}$
८१	२४	३, १५, ९, ७	३, १५, १९, ७
८१	२६	३, १५, ६, २७	३, १५, २६, ३७
८१	२६	३, १५, ९, ७	३, १५, १९, ७
८२	लग्नसारिणी चक्र २६ के सिंह में	५४	५५
८३	मीन	३, ३५, ०	२, ३५, ०
८६	चक्र २७ ख में		मं
८८	६	पणकर	पणफर
९३	२१	५५$\frac{१}{६}$	५५$\frac{१}{३}$
९४	३	उलझाने	उलझावे
९४	११	१, १४, २२	१, ४, २२
९४	१२	१, ३, ५४	१, ४, २२
९४	२६	५, २१	५, २१$\frac{५}{६}$
९४	२६	७-७$\frac{१}{}$	७, ७३$\frac{१}{३}$
९४	२९	पला	कला
९५	१८	दशमसारिणी	दशम लग्नसारिणी
९७	मीन में	६, १४, ०	३, १४, ०
९७	मीन	६, २६, २२	३, २६, २२
१००	१० (चक्र छोड़कर)	बढ़ा	बड़ा
१०४	१६	स्फुट	स्फुट
१०७	१४	बना हुआ	हो जायगा
१०७	१४	न हो	यदि पंचांग में प्रतिदिन का सूर्य स्पष्ट बना हुआ न हो तो उपर्युक्त
१०८	उदाहरण कुंडली १ की १२ में	हारा	होरा
	भाव कुंडली १२ में	हारा	होरा
	„ ३ में	—	२ बृ०

पृष्ठ	पंक्ति	अशुद्ध	शुद्ध
११३	५ चक्र ३१ (४ में) (दिन खंड का अधिपति)	बु	बृ
११४	१४	लन	लग्न
११५	१८	चैरम रुद्रदास्यम्	चरंरुद्रदास्यम्
११५	१८	खनिर्मान्दिनाड्य	खनिर्मान्दिनाड्यः
११५	१८	क्रमोंनर्क	क्रमोणर्क
११५	१९	अहर्मानं	अहर्मान
११५	२०	कटप यादि	कटपयादि
११५	२०	दाश्य	दास्यं
११९	चक्र ३२क के ४ में	ब	बु
१२४	६	सूचंमंरा	सूचमरा
१२५	२२	पूव	पूर्व
१२५	२३	अथात्	अर्थात्
१२७	२२	एकाई	इकाई
१२९	शनि महादशेश में राहु	३.४६	३४.६
१३०	१२	फी	की
१३०	२५	५ ंड	५४ दंड
१३२	१३ (शनि × शुक्र)	३, १, ३, २१	३, १, १३, २१
१३५	४	सूर्य्य	सूर्य
१३६	७	×	प्रकार के
१३६	३०	क्या	क्यों
१४०	१३	तोसरे	तीसरे
१४१	१६	गणित	गणित
१४२	१	दक्षिण	दक्षिण
१४३	५	में २० अंश	में बहुमत से २० अंश
१४३	१९	२० अंश तक	बहुमत से २० अंश तक
१४३	२३	वर	चर
१४४	१	धमरुढ़	धर्मारूढ़
१४४	२	१८$\frac{२}{३}$	१६$\frac{२}{३}$

पृष्ठ	पंक्ति	अशुद्ध	शुद्ध
१४४	२५	की	को
१४४	२६	की	को
१४४	२६	की	को
१४४	२७	की	को
१४४	२८	की	को
१४५	१	की	को
१४५	३	निामानुसार	नियमानुसार
१५९	२८	केतु	शनि
१६२	२५	१७९, ५३	१७९, ५४
१६२	२७	२०४, ५३	२०४, ५४
१७२	३	से	के
१७३	१८	तव	तत्व
१७४	१४	की	को
१७५	३०	प्रमोच्च	परमोच्च
१७६	३	तथो	तथा
१७७	१३	नवांश	नवांशेश
१७७	१४	लग्ननवांश	लग्न नवांशेश
१७७	२६	म	में
१७८	१९	मिथुना	मिथुन
१७९	१७	—	(तथा के बाद) उस राशि
१८२	त्रिभुज में	—	३
१८५	२२	पूर्णन्यन्द्रमा	पूर्णचन्द्र
१८५	२४	शुभ	×
१८६	१७	नरगों	तरंगों
१८७	१८	ज्योंतिष	ज्योतिष
१८९	४	ण्ड	गण्ड
१९०	२२	पि ा	पिता
१९०	२८	सांघातिका	सांघातिक
१९१	६	जन्य	जन्म
१९१	१६	अष्टिकारी	अनिष्टकारी
१९२	१५	शनि	शनि के

पृष्ठ	पंक्ति	अशुद्ध	शुद्ध
१९३	१०	तो	और
१९३	१४	हो	हो तो
१९४	२०	कर्क	कर्क वृश्चिक
१९५	२१	शशाराबली	शारावली
२०१	२८	दृष्ट	दृष्टि
२०२	१२	लग्नेश	लग्नेशलग्न
२०४	२२	त्रितीय	तृतीय
२०५	२५	इसम	इसमें
२०८	६	२, ३१	२, ३१ $\frac{१}{८}$
२०९	३	से	के
२०९	४	से	के
२०९	१९	परिणाम	परिमाण
२१०	६	शुक्रा	शुक्र
२११	९	सुख	सुखी
२१२	७	पापदृष्टि	पापदृष्ट
२१८	८	मक्षत्र	नक्षत्र
२१८	२३	मृत्य	मृत्यु
२२४	१३	बड़	बड़े
२२४	२२	तृतीययेश	तृतीयेश
२२६	६	म	में
२३६	३	जन्म	जन्मलग्न
२३७	८	दशामेश	दशमेश
२३८	२२	यति	यदि
२३९	२४	University	University
२३९	२८	Spirional	Spiritual
२४०	१९	रवि रवि	रवि
२४१	२६	४७	४७ (क)
२४१	२७	४८ (क)	४८
२४२	११	स्वगूही	स्वगृही
२४२	१८	कुमारि	कुमार
२४२	१९	लग्नेस्थ	लग्नस्थ

पृष्ठ	पंक्ति	अशुद्ध	शुद्ध
२४२	२४	दृष्टि	दृष्ट
२४५	७	१२०	१३०
२४७	१७	हैदयअली	हैदरअली
२४७	८	मंगल	×
२४७	१८	इतिहाँसकारों	इतिहासकारों
२४८	२९	अत	अतः
२४९	८	केन्द्रश	केन्द्रेश
२५०	२५	और	ओर
२५३	२६-२७	एकैक-एकैक	एकैक
२५३	२७	मकरांशशि	मकरराशि
२५४	२६	गृही	गृही
२५६	२४	११९	१३९
२६४	२४	बु	बृ
२६६	६	क	×
२७३	१६	दो	तो
२७८	१५	बिचरने	बिचारने
२८५	८	मं	में
२८६	८	गुमिणी	गर्भिणी
२९०	११	शुभदृष्टि	शुभदृष्ट
२९१	१३	—	रहने से जातक को दत्तक पुत्र लेना होता है परन्तु अनुभव से यह प्रतीत होता है कि
२९४	९	बै ा	बैठा
२९४	२४	म	में
२९९	२९	ऐकादशस्थ	एकादशस्थ
३०१	३	कारणै	कारण
३०९	६	रहन	रहने
३१०	२६	परिणिष्ट	परिशिष्ट
३११	९	लभ	लोभ
३१३	२०	हस्त्रपति	बृहस्पति

पृष्ठ	पंक्ति	अशुद्ध	शुद्ध
३२१	३०	समस्त भूपाल वन्धोंघ्रिः	समस्त भूपाल वन्द्यांघ्रिः
३२६	२३	अच्छ	अच्छे
३२९	११	ही	हो
३३३	१०	अश्य	अवश्य
३३३	२२	हता	होता
३३५	२०	स्वीकृत	स्वीकृत नियम
३३८	१७	पतृक	पैतृक
३४३	२७	देर	दूर
३४६	६	होती	होता
३५५	२७	उटाहरण	उदाहरण
३५६	२५	फसला	फैसला
३५७	१०	ततीय	तृतीय
३५९	५	वु	बृ
३७२	२	दशमश	दशमेश
३७३	३	विलाश	विशाल
३७४	१५	म	में
३७५	६	सूर्य्यं	सूर्यं
३७५	८	दृष्ट	दृष्टि
३७५	८	डालता	डालता
३७५	२१	धूर्मशास्त्रोक्त	धर्मशास्त्रोक्त
३७५	२३	सर्रं	सर्वं
३७६	१३	सन्दन्ध	सम्बन्ध
३८५	३०	कुंली	कुंडली
३९०	३	राहुलग्न	राहु
३९१	१३	ह	हैं
३९२	५	बेचारे	×
४०७	२४	१८०१	१८०९
४२२	२९	गोचर	गोचर का
४३३	चक्र में ४३ में ६ के सामने	ायु	वायु

पृष्ठ	पंक्ति	अशुद्ध	शुद्ध
४४२	२३	शग्न	लग्न
४५१	२१	मृत्यु	मृत्यु फाँसी से
४५४	२८	दृष्टि	दृष्ट
४५७	२८	द्रेष्टकाण	द्रेष्काण
४६३	—	—	चक्र ४७
४६७	बुध के ५ राशि में ग्रह में		मं.
४६८	शनि-राशि ७ में ७ पंक्ति में	शु	×
४७५	बृहस्पति मतान्तर में	९६	६९
४८९	२०	२३२	२३२ (१)
४८९	२२	होरारलन	होरारत्न
४९०	९	हास	ह्रास
४९१	२३	सौ	सौर
४९३	२९	उस	इस

द्वितीय भाग (२)

शुद्धि-पत्र

पृष्ठ	पंक्ति	अशुद्ध	शुद्ध	पृष्ठ	पंक्ति	अशुद्ध	शुद्ध
५२१	१५	उद्ध	ऊर्द्ध्व	५४०	८	लिखा जायगा	नहीं लिखा गया
५२२	२५	एव	एवं				
५३२	२०	को	के	५४३	२६	दक्ष	दक्ष,
५३३	१९	जाती है।	जाती है)।	५४३	२६	चतुर	चतुर,
५३३	२५	अध्याय ३१	अध्याय ३२	५५४	७	से का	से बचने का
५३४	१८	साथ	समय	५७२	१६	ह्लोने	होने
५३५	४	गोचर का	गोचर का ग्रह	५७५	९	प्रेमी	प्रेमी,
				५७८	१४	धना पहारी	धनापहारी
५३५	४	उपचय	अपचय	५७८	१८	शत्रगृही	शत्रुगृही
५३५	५	उपचय	अपचय	५८०	२३	सर्वप्रिय	सर्वप्रिय,
५३५	६	उपचय	अपचय	५८१	१०	लोभी	लोभी,
५३६	१३	मे	में	५८२	२६	विख्यात	विख्यात,
५३७	५	कोष्ट वृहस्पति	कोष्ठ में वृहस्पति	५८३	२०	परमार्थी	परमार्थी,
				५८५	३	गणितज्ञ	गणितज्ञ,
५३७	१५	जाने का गोचर शनि का	गोचर शनि जानेका	५८५	१६	द्वितीयस्थान	(२) द्वितीयस्थान
				५८६	१३	द्वितीयेश	तृतीयेश
५३७	२३	ग्रह-किसी	ग्रह, किसी	५८७	१२	अहङ्कारी	अहङ्कारी,
५३७	२८	मत भेद	मतभेद	५८७	१२	आडम्बरी,	आडम्बरी
५३८	१२	बधस्थान	बेधस्थान				
५३८	१८	चन्द्रमा	चन्द्रमा से	५८९	२३	अर्धशिक्षित	अर्धशिक्षित,
५३८	१८	तौ	तो	५९२	१	में	में स्त्री का नाश
५३९	१	जन्मकालीन ग्रह	ग्रह, जन्म कालीन	५९२	७	रोगी सम्भव तथा	रोगी, सम्भवतः

पृष्ठ	पंक्ति	अशुद्ध	शुद्ध	पृष्ठ	पंक्ति	अशुद्ध	शुद्ध
५९८	२६	धर्म्मभ्रष्ट	धर्म्मभ्रष्ट,	६७३	११	चद्र	चन्द्र
६०४	८	स्वभाव	स्वभाव,	६७९	२	लग्न	लागू
६०६	१४	मास	मसा	६७९	४	शास्त्राक्त	शास्त्रोक्त
६१५	२१	स्त्रि	स्त्री	६८२	२१	यथेक्ष	यथेष्ठ
६१९	२०	के	को	६९८	१२	शत्र ग्रही	शत्रुगृही
६२०	१६	ग्रामदि	ग्रामादि	७०२	३	ऊसी	उसी
६२२	१९	द्वितीयधिपति		७०२	३	पुश्टि	पुष्टि
			द्वितीयाधिपति	७०२	२४	ही और थीन	हो और
६२८	६	कुलेश	क्लेश				क्षीण
६३०	२५	जिव—	जीव—	७०५	२५	८६	९६
६३१	१८	जीव वह	वह जीव–	७०६	१४	हों चन्द्रमा और	
६३६	८	वाक्-चतुर	वाक्य-चतुर			बुध केन्द्र चन्द्रमा	
६४६	१४	रहित,	रहित			और बुध केन्द्र	
६४९	१७	बढ़ा,	बडा			में	
६५२	२१	प्रचलित	प्रज्वलित	७१०	३	से	के
६५६	२९	३७	३६	७११	८	६७	७९
६६२	१	लग्न से	लग्न से,	७१२	१४	(३१)	(३१)।
६६२	६	सीभ	सभी	७१४	९,१४	७०	६०
६६२	२३	भूमिका	भूमि का	७१७	१२	षष्ठास्थान	षष्ठस्थान
६६६	७	राजनैतिक	राजनैतिक-	७२३	२९	में भाव वें	वें भाव में
६६६	८	प्रति	पति	७२७	१४	छठ्ठ	छट्ठे
६६७	२२	चाहिये),	चाहिये,	७२८	१५	के	के साथ
६६७	२३	होता है।	होता है।)	७२८	२१	मूत्र, शुक्र,	मूत्र-शुक्र
६७१	७	म	में	७३०	१०	साधर्म्म	साहधर्म्य
६७१	२९	इस	एक	७३१	२	जन्मलग्न	जन्म-लग्न
६७२	२०	अर्थात, }	अर्थात्	७४१	२४	हीन आंग	हीनांग
		विख्यात् }	विख्यात,	७४२	६	अयवा	अथवा
६७२	२१	शत्र-रहित	शत्रु-रहित	७४५	२	एकादशेश	एकादशेष
६७२	२८	ले	से	७४७	१०	बडी	बेडी
६७२	२८	तौ	तो	७४७	११	बन्धनायदि	बन्धन आदि

पृष्ठ	पंक्ति	अशुद्ध	शुद्ध	पृष्ठ	पंक्ति	अशुद्ध	शुद्ध
७४८	२३	विषय	विषम	८७६	७	युक्तोपरान्त	युद्धोपरान्त
७५०	१७		अध्याय २९	८८०	१	इस यह	इस
७५२	४	अङ्ग	अङ्क	८८०	३	मृत-योग	मृत्यु-योग
७५२	११	दृष्ट×जन्मनक्षत्र×लग्न		८८०	१२	पुष्य,	पुष्य
			=इष्ट+जन्मनक्षत्र+लग्न	८८२	३	ज्या	जया
७५२	१६	ग्यारह ?	ग्यारह ।	८८४	१७	धानगम	धनागम
७५३	२१	ा	का	८८५	१	ध्रव	ध्रुव
७५३	७६	विशषतः	विशेषतः	८८४	१९	नत्रक्ष	नक्षत्र
७५४	१३	रा. के	रा.	८८६	८	सीलाई	सिलाई
७५७	२३	विनाशक	विनायक			सिखना	सीखना
७६२	५	का	की	८८९	३	बचना	बेचना
७७०	८	का	की	८९२	१०	अश्ले,	आ० अश्ले,
७७६	२२	चन्द्रमा	चन्द्रमा	८९५	८	घड़िया	दोघड़िया
७७९	१९	रहता है।	रहता है,	८९५	१०	में; पश्चिम	में पश्चिम
७८४	१३	पड़ा	पीड़ा	८९५	१०	में, उत्तर	में उत्तर
७८७	४	विचारता	विचरता	९०२	२४	वा	वर
७९०	१६	राशिगत	राशि में	९०३	२८	repalls	repels
७९१	१२	में का	का	९०७	२८	प्रमण	प्रमाण
७९४	६	शु. अन्तर	शु. का	९०९	२२	७,११	७,१०,११
			अन्तर	९११	१०	लग्न में	लग्न से
८४६	६	रा. रा.	र. रा.	९१४	६	तील	तिल
८४६	१६	दद्र	दद्रू	९३०	१४	(तथास्तु)	'तथास्तु'
८४८	१९	११८(४)	११७(४)	९३०	२३	क्षणभङ्गर	क्षणभङ्गुर
८४९	१९	१२०(१)	१२१(१)	९३०	२६	नदि	नदी
८५०	२३	२०८(३)	२०७(३)	९३१	७	मंगा	मांगा
८५४	२३	(क. ४२)	(ख. ४२)	९३१	१७	अपने	आपने
८५८	१२	इत्यदि	इत्यादि	९३३	२१	अद्वतबादी	अद्वैतवादी
८६९	११	द्वितीयस्थ	द्वादशस्थ	९३७	५	गुरु,भौमयुत	गुरुभौमयुत,
८७०	६	रखता	रहता	९३७	१३	आन्ध	आन्ध्र
८७२	२१	१९९०	१९८८	९४६	कुण्डली	८ श.	८ रा.

पृष्ठ	पंक्ति	अशुद्ध	शुद्ध	पृष्ठ	पंक्ति	अशुद्ध	शुद्ध
६५५	७	प्रार्ग	मार्ग	६८२	७	में, सूर्य्य	में सूर्य्य,
६६२	१३	दशा	दश	६८२	७	में, चन्द्र	में चन्द्र,
६६२	२०	आविन	आश्विन	६८२	७	में, राहु	में राहु,
६८२	६	में, शनि	में शनि	६८७	१३	१४३	१४२
६८२	७	में, गुरु	में गुरु,	६६२	२८	इका	इनका

परिशिष्ट १

श्रीगणेशाय नमः

ग्रन्थकार-परिचय

कमलापति किल्विषहरण, शिव दायक आनन्द ;
जयति रमा जय जय उमा, जय 'हरिहर'* सुखकन्द ।

जयति ब्रह्मविद कोउ प्रवर, गहन ज्ञान-अधिवास ;
जे जग जीवन-हित कियो, ज्योतिष प्रथम प्रकास ।

जय ज्योतिष-विज्ञान नित, दायक शुचि कल्याण ;
दृश्यादृश्य रहस्य को, प्रकटत एक समान ।

"ज्योतिष रत्नाकर" कलित, अति उन्नत, गंभीर ;
वन्दे मगध बृहस्पति, ग्रन्थकार मति धीर ।

पूर्व-प्रतीची-देश के, वन्दे पण्डितराज ;
जे ज्योतिष-विस्तार-हित, साजे नवयुग-साज ।

महाग्रन्थ-गरिमा गहन, पावै अमित प्रसार ;
ग्रन्थकार-परिचय न पै, जानै किमि संसार ।

निज सौरभ ते वेगि ही, कियो मीत तोहि फूल ;
तू पण्डित खोजै न क्यों, उन फूलन को मूल ?

फूल-मूल सम्बन्ध को, जानै सुभग सुजान ;
अतः सुलेखक को सुनो, विमल वंश-आख्यान ।

लगभग तीन अरु अर्द्धशत, बीते वर्ष ललाम;
विश्वविदित दिल्ली निकट, रह्यो शेरपुर ग्राम ।

कान्यकुब्ज ब्राह्मण तहाँ, **वासुदेव** गंभीर ;
पद्धति रह्यो "तिवारि" को, बलशाली रणधीर ।

ते वसुदेव तिवारि जी, सैनिक मनसबदार ;
रण रोपन आयो मगध, मंजुल देश बिहार ।

चमकी मगध विशाल में, दिल्ली की तलवार ;
मच्यो समर में त्राहि अति, भीषण हाहाकार ।

---

*लेखक के पूज्य स्वर्गीय पिता का भी नाम है ।

समरानन्तर बीरवर, **बरबीघा** के पास;
पूरब शहर बिहार ते, विरच्यो सुन्दर वास।
मूल ग्राम अनुरूप ही, दियो नाम तेहि **शेर**;
सो उजाड़ वसुदेव को, रह्यो अजौं मुख हेर।

पुनि निज भुजबल जोर तें, थापि दियो गढ़ सात;
गढ़ देलाव को आज हूँ, खँडहर एक दिखात।
वैभववान बेलाव को अजौं भग्न-अवशेष;
दै दै याद अतीत की, करुणा करत विशेष।

नामदार खाँ के समय, ते ब्राह्मण गुणवान;
कुछ कारण तें कीन्ह पुनि, तजि बेलाव प्रस्थान।
ता दिन **माउर**[1] आज को, रह्यो मुसल्मां ग्राम;
तिन ब्राह्मण और यवन में, ठन्यो तहाँ संग्राम।

कान्यकुब्ज रणधीर को, सहैं यवन किमि वार;
समय जीति भूसुर भये, माउर के सरदार।
अमित प्रतिष्ठा विभव तें, भयो इन्हें तहँ मेल;
सुख, सम्पति, सत्कर्म्म में, दियो हृदय को ठेल।

बीते वर्ष अनेक पुनि, उजड़े मुगल पठान;
भारत महरानी भई रानी इंगलिस्तान।
तेहि शासन में बदलि गै, सभी पुरातन रंग;
लार्ड कार्नवालिस लगे, करना दमामी ढंग।

श्री वसुदेव तिवारि को, छटी पुश्त की शान;
प्राणराय माऊर में, हुए पुरुप गुणवान।
जिन के बल वैभव अतुल, बड़ो नाम इकबाल;
ज्ञानी, दानी, औ यशी, सभी भाँति खुशहाल।

तिन ने वारह गाँव को, लिये दमामी राज;
सुख-सम्पति-सम्मान को, जोड़्यो साज-समाज।
उनकी चौथी पुश्त में, **जीवन सिंह** सुजान;
शीलवान ज्ञानी भये, अतिशय महिमावान।

तप, पावनता, सुयश, सुख, शुचि सन्तोप महान्;
सब गुण लै जन्मी उन्हें, एक तनय सन्तान।

१—ग्रन्थकार की जन्मभूमि एवं वास-स्थान

प्राच्य-प्रतीची शास्त्र को, मथि काढ़्यो नवनीत ;
जनता-सेवा हित रच्यो, पुस्तक परम पुनीत ।
हिन्दी, उर्दू, बंगध्वनि, और मराठी माहिं ;
सुलभ, सरल, ज्योतिप-विपय, ग्रन्थ कोउ अस नाहिं ।

अति सुदीर्घ श्रम झेलि के, प्रस्तुत कियो सुमाल ;
शिव समर्पि नायो पुनः, माँ हिन्दी ढिग भाल ।
कृष्ण अग्रहण सप्तमी, मध्य दिवस गुरुवार ;
पुण्य पुष्य नक्षत्र में, भयो ग्रन्थ तैयार ।

चन्द्र[1] बाद [9]ग्रह पुनः [6]रस, पुनः [0]शून्य इक देहु ;
या विधि रचना पूर्ति को, शुभ संवत् गुनि लेहु ।
दिशि दिशि ज्योतिप शास्त्र को, सरसै तेज अनूप ।
नव युग नित ढूंढ़ै नवल, ज्ञान स्वमति अनुरूप ॥
कल्पित कहि तजिहौ नहीं, यहि कौ चतुर समाज ।
रक्षित रखु निज सभ्यता, साजहु उन्नति-साज ॥

'दिनकर'

॥ ॐ शान्तिः शान्तिः शान्तिः ॥

परिशिष्ट २

भारत-गौरव

आये नहीं थे स्वप्न में भी जो किसी के ध्यान में ;
वे प्रश्न पहले हल हुए थे एक हिन्दुस्तान में।
वृत्तान्त पहले व्योम का प्रकटित हमीं ने था किया ;
वह क्रान्तिमंडल था हमीं से अन्य देशों ने लिया।
थे आर्य्यभट, आचार्य्य भास्कर-तुल्य ज्योतिर्विद यहाँ ;
अब भी हमारे "मान मन्दिर" वर्णनीय नहीं कहाँ ?
आकार देख प्रकार थे हम जान जाते आप ही ;
वे शास्त्र "सामुद्रिक" सरीखे थे बनाते आप ही।
विज्ञान से भी "फलित ज्योतिष" हो रहा अब सिद्ध है ;
यद्यपि अविज्ञों से हुआ वह निन्द्य और निषिद्ध है।

—मैथिलीशरण जी गुप्त।

यहाँ धर्म्मगुरु की समाधि है, तू ऐसे मत भूल ;
संस्कृति की प्राचीन लता का यहीं छिपा है मूल।
इतना रखना याद, यदपि वह डूब गया दिनमान ;
इस उजाड़ उपवन में भी थे खिले कनक के फूल।

—दिनकर।

सभ्यता के आदि देश, व्यास, वशिष्ठ, गर्ग और च्यवन जैसे मंत्रदर्शियों की जन्म-भूमि में मुझ जैसा अल्पज्ञ का ज्योतिषशास्त्र के उद्धार की ओर भारत-वासियों को आकृष्ट करने का प्रयास हास्यास्पद भले ही हो, पर मैं इससे हतोत्साह नहीं होऊँगा। आर्य-सभ्यता की गोद में ब्राह्मण बन कर आने पर मुझे संतोष है और स्वदेश की संस्कृति पर से भ्रम के आवरण को दूर करने के प्रयास में अगर मुझे कुछ भी सफलता मिली तो गेरा जन्म लेना कृतकृत्य हो जायगा। 'यहि महँ रघुपति नाम उदारा' के अनुसार मेरे ग्रन्थ में मेरी विद्वत्ता की नहीं बल्कि भारतीय सभ्यता के उत्कर्ष की शोभा है। "भागीरथी, हम दोष भरे, पै भरोस यही कि परोस तिहारो।"

भारतवर्ष के प्रियदर्शन अतीत की कथा ही एक महान् उत्कर्ष का इतिहास है। किन्तु, दुःख है कि जिस भाषा में भारत के गौरव की गाथाएँ ढेर की ढेर पड़ी हैं उसका (संस्कृत का) शनैः शनैः लोप हो रहा है। काल-क्रम से आज ऐसा दुर्भाग्यपूर्ण समय आ पहुँचा है कि हम संस्कृत का अध्ययन सम्यक् रूप से अन्य भाषाओं की सहायता के बिना नहीं कर सकते, अपने घर की चीजों को दूसरों के प्रदीप के सहारे के बिना नहीं पहचान सकते। यह दरिद्रता आँसू उपजाने-वाली है। भारतवर्ष उन विदेशी विद्वानों का अनन्त काल तक ऋणी रहेगा जिन्होंने भारत के प्राचीन ग्रन्थों के अनुवाद, मीमांसा और आलोचना लिख कर भारतीय विद्वानों में अपने देश की बातें जानने की एक पिपासा-सी उत्पन्न कर दी, परन्तु यह भी ध्यान देन की बात है कि जो लोग उन पर राग-द्वेष एवं भ्रमोत्पादकता का अभियोग लाते हैं वे भी अधिक अंशों में ठीक हैं। संस्कृत भाषा से अल्प परिचय प्राप्त कर तथा भारतीय संस्थाओं से थोड़ी-सी अभिज्ञता संग्रह कर एक विजयी अपनी विजित प्रजा का इतिहास लिखने के समय ऐसी गलतियाँ कर सकता है, और यह माननीय भी है। हैवेल (Havell) जैसे इने-गिने पक्षपात रहित विद्वानों को छोड़कर प्रायः सभी के हृदय में भारतीय सभ्यता को नीचे दिखाने की भावना काम करती रही और यही कारण है कि अंग्रेजों के हाथ से भारतीय सभ्यता की रूप-रेखा वस्तुतः चित्रित न हो सकी। फल यह हुआ कि नव्य भारत को अपने अतीत का शुद्ध, सौम्य एवं निर्मल चित्र अंग्रेजी दूरबीन के द्वारा देखने के कारण अत्यन्त बीभत्स तथा विकराल प्रतीत हुआ। यह सच है कि सम्प्रति यूरोप और भारतवर्ष दोनों ही महादेशों में कुछ ऐसे नवीन निर्माता मौजूद हैं जिन्होंने नई रोशनी रहते हुए भी भारतीय सभ्यता के अतीत-उत्कर्ष पर विश्वास प्रकट किया है। गुरुकुल कांगड़ी के आचार्य रामदेवजी ने तो मानों भारतीय सभ्यता के इतिहास को चार चाँद लगा दिये। उन्होंने यह सिद्ध कर दिखाया है कि "आज से एक अरब छियानवे करोड़ वर्ष पहले ब्राह्मण-काल में भारतीय सभ्यता की प्रायः सभी बातें आदर्श हो चुकी थी।" ब्राह्मण, क्षत्रिय, वैश्य और शूद्रों की सभा में राज्याभिषेक के नियमों के अनुसार जब तक एक 'अध्वर्यु' (ऋत्विक्) योग्य पुरुष के राजा वनाने की घोषणा न करे, और जब तक चतुर्वर्णों के प्रतिनिधि या सभा उसे अपना राजा स्वीकार न कर ले तब तक वह पुरुष राजा नहीं बन सकता था। राजा, चक्रवर्ती होने पर भी राज्य-नियमानुसार ही शासन कर सकता था। उसकी शासन-कर्तृ-शक्ति भी प्रतिबन्धित मानी जाती थी। उसकी सहायता करने के लिए भिन्न-भिन्न शाखा-सभाएँ होती थीं, जिनमें कोई शासन-विधान पर, कोई आध्यात्मिक उत्थान पर और कोई वैज्ञानिक

अनुसन्धान पर विचार करती थी। सुप्रबन्ध के कारण देश में ऐश्वर्य का बाहुल्य था। राजाओं और वैश्यों के पास रत्न, स्वर्ण, रजत, हाथी, घोड़े और रथ बहुत होते थे। परन्तु, ऐश्वर्य होने पर भी उनका आचरण निर्दोष था। उस समय का समाज चार वर्णों में विभक्त रहने के कारण अपनी प्रत्येक प्रकार की उन्नति नियमपूर्वक करता जाता था। अभियोगों के निर्णय के लिये उनके नियमबद्ध न्यायालय तथा न्यायकर्तृ-सभाएँ थीं। प्रबन्ध तथा न्याय-विभाग के कर्मचारियों को वे अलग-अलग रखते थे। शिक्षा की पद्धति समुन्नत और उदार थी। दरिद्र मनुष्य की सन्तान भी इच्छा रखने पर पर्याप्त विद्या प्राप्त कर सकती थी। ब्राह्मण-गुरु विद्या बेचना पाप समझते थे। अतः विद्या की प्राप्ति इस सभ्य-युग की तरह व्यय-साध्य न थी। ब्रह्मचारियों को भोजन देना गृहस्थ मात्र अपने धर्म का एक प्रधान अङ्ग समझते थे। गुरुकुलों और परिषदों में सब प्रकार की विद्याएँ पढ़ाई जाती थीं। उस समय के ब्राह्मण और संन्यासी सर्वदा लोभ रहित हुआ करते थे। लोभ करने से ब्राह्मण अपने पद से गिरा दिये जाते थे और तब उन्हें कोई दान न देता था। ब्राह्मण धन-संचय करना पाप समझते थे, क्योंकि धन में पाप के मूल का उन्हें ज्ञान था। अपना मानसिक और आध्यात्मिक विकास तथा समाज को पाप-मुक्त रखना ही उनका मुख्य उद्देश्य था।

संन्यासी महान तपस्वी और ज्ञानी होते थे। वे भिक्षा मात्र से ही अपना निर्वाह कर लेते थे। उनमें सत्यवादिता, सत्कार्यशीलता तथा परोपकार की भावनाओं का प्राचुर्य्य था। इसी कारण बड़े-बड़े सम्राट् भी इनके चरणों में अपना मस्तक नवाते थे और प्रजाएँ उन पर श्रद्धा रखती थीं। संन्यासियों का वर्ग समाज में सर्वोच्च माना जाता था। इन्हीं के दयापूर्ण तथा निष्पक्ष बर्ताव से वर्णाश्रम-धर्म ठीक-ठीक चलता था। जनता में भी सत्यप्रियता का भाव बहुत था। यदि महाराज श्रीरामचन्द्र के पूर्वज, महाराज हरिश्चन्द्र के जीवन-चरित पर ध्यान दिया जाय, तो मन की आँखों के सामने उस सत्य-व्रत की ऐसी एक प्रकाशमयी मूर्त्ति खड़ी हो जाती है, जिसका जोड़ संसार में अन्यत्र नहीं मिल सकता।

वाल्मीकीय रामायण के देखने से पता लगता है कि उस समय भारतीय सभ्यता की पताका गगन मण्डल को छू रही थी। केवल अयोध्या की सजावट और बनावट का खाका इतना अलौकिक है कि यह मान लेना पड़ता है कि वाल्मीकीय कालीन भारत बहुत ही सभ्य और सुसंस्कृत था। रामायण से एक शिक्षा यह भी मिलती है कि सत्य-भाव से अनुष्ठानादि किये जायँ तो वह दशरथ के पुत्रेष्टि अनुष्ठान की तरह ही सफल हो सकता है। किन्तु यजमान हो तो दशरथ-सा पवित्र और पुरोहित वशिष्ठ तथा शृंगी ऋषियों की तरह निर्लेप। वन-

गमन के अवसर पर राम का पिता के व्यवहार के प्रति असन्तुष्ट न होना यह बतलाता है कि समाज में उस समय कठिन आदर्श की रक्षा का भाव प्रचलित था। संसार के इतिहास में राम की धीरता का उदाहरण नहीं मिलता। ऐसे चरित्रों के विकास का गौरव अगर है तो केवल भारतवर्ष को। इसी प्रकार स्त्री-प्रेम, भ्रातृ-प्रेम और प्रजा-प्रेम के अनेक आदर्श भारत ने संसार में उपस्थित किये। यह भी एक ध्यान देने की बात है कि त्रेता में वायुयान भी बनने लग गये थे। लंका से अयोध्या तक वायुमार्ग से राम की यात्रा, इसका प्रमाण है। वाल्मीकीय में लिखा है कि :—

"अनुज्ञातं तु रामेण तद्विमानमनुत्तमम्।
हंसयुक्तं महानादमुत्पपात विहायसम्॥" युद्ध० १२३।१॥

यह कोरी कल्पना नहीं बल्कि वस्तुतः सत्य है। यदि किसी का यह कथन हो, जो सर्वथा अप्रमाणित होता है कि यह श्लोक आधुनिक है, तो स्मरण रहे कि गुब्बारा अर्थात् आतशबाजी की पिटारी की ओर फ्रांस देश के मांटगाल्यर नाम के दो भाइयों का ध्यान ई० सन् १७८२ में इस ओर आर्कषित हुआ। सन् १७८३ ई० में प्रोफेसर चार्ल्स ने एक कपड़े का गुब्बारा बनाया और उसमें हाइड्रोजन भर कर १५ मील तक चलाया। इसी के बाद लोगों को उस पर बैठकर उड़ने की इच्छा हुई और क्रमशः एरोप्लेन, जेंपलिन, अर्थात् हवाई जहाज बन गये। कोई मनुष्य जिसको मनुष्य होने का अभिमान होगा, नहीं कह सकता कि १७८२ ई० के बाद यह श्लोक वाल्मीकीय में ठूंस दिया गया। जिस देश के लोग समुद्र में पत्थर तैरा सकते थे तथा ऐसे शस्त्रों का निमाण कर सकते थे जो शत्रुओं को मारकर प्रहारक के पास लौट आवें, उनका आकाश में उड़ना असंभव मानना बिलकुल अनुचित है। वर्तमान सभ्यता के आविष्कारों में अभी ऐसी कई चीजों का अभाव है जिन्हें प्राचीन भारत के वैज्ञानिकों ने मनुष्य-समाज के लिये सुलभ कर दिया था।

द्वापर के अन्त तथा कलियुग के आरम्भ से पूर्व की बातों पर ध्यान दिया जाय तो पता लगता है कि महाभारत काल में (Transition from Dwapar to Kali) समाज पर कई दोषों का आक्रमण प्रारम्भ हो गया था। परन्तु, तौ भी राज्यशासन-व्यवस्था अत्यन्त समुन्नत तथा लोक-सत्ता का आदर करनेवाली थी। राजाओं का मान एवं उनकी बुद्धि लोक आराधन में ही केन्द्रीभूत थी। उस समय भी व्यवस्थापिका सभा (Legislative Assembly) वर्तमान थी जिसमें चारों वर्णों का प्रतिनिधित्व था। और इस बात का पूरा प्रबन्ध था कि सभा द्वारा निर्धारित विषयों को राजा जनता तक पहुँचा दे। प्रत्येक ग्राम में एक प्रधान रहता था, और फिर १०, २०, १०० और १००० ग्रामों पर एक-एक सुयोग्य शासक रहते

थे। शासकों का प्रधान कार्य निष्पक्ष रूप से शान्ति रक्षा और कर-संग्रह विषयक था। कर भी लिया जाता था पर, वह राजा की व्यक्तिगत आय न थी। राजा उसे अपने विलास और सुख के लिये नहीं, बल्कि, प्रजावर्ग की सामूहिक उन्नति के लिये ही व्यय करता था। राजा का मुख्य कर्तव्य था कि वह अनाथ, वृद्ध, निस्सहाय और विधवाओं की रक्षा तथा आजीविका का प्रबन्ध करे। महाभारत काल में राज्याभिषेक के अवसर पर प्रजा के ज्ञान-विकास एवं मनोरंजन के निमित्त प्रदर्शनियों का प्रबन्ध किया जाता था। महाभारत के सभा पर्व के अन्तर्गत युधिष्ठिर और नारद के सम्वाद से यह भली भाँति ज्ञात होता है कि उस समय की राज्यव्यवस्था अत्यन्त-समुन्नत तथा कल्याणमयी थी।

चिकित्सा दो प्रकारों से होती थी। एक तो मन की प्रबल इच्छा शक्ति के आधार पर जिसे आज 'मेस्मेरिक हील' कहते हैं, और दूसरी औषधियों से। लोग पशुपालन विधि और पशु-चिकित्सा में भी पूर्णरूप से दक्ष थे। सृष्टि की उत्पत्ति का सिद्धान्त प्रायः वही था जो आज-कल का नूतन विज्ञान सिद्ध कर रहा है। वृक्षों में जीव का होना वे लोग मानते थे। शिल्प एवं गृह-निर्माण-कला के अनुसार स्वच्छ एवं सुरक्षित कोट तथा गृह बनाने की प्रथा का खूब प्रचलन था। गृह-निर्माण की ऐसी भी कला थी जिससे जल को स्थलवत् तथा स्थल को जलवत् दिखलाया जा सके।

लोगों की नैतिकता का यह हाल था कि एक बार सप्तर्षिगण, राजा अश्वपति के दरबार में कार्यवशात् गये। राजा ने यथोचित शिष्टाचार के बाद उन्हें कुछ द्रव्य भेंट करना चाहा। उसके बहुत आग्रह करने पर भी ऋषि ने उसकी भेंट स्वीकार नहीं की। तब राजा ने कहा:—

न मे स्तेनो जनपदे न कदर्य्यो न मद्यपः।
नानाहिताग्निर्नाविद्वान् न स्वैरी स्वैरिणी कुतः? ॥

अर्थात् मेरे राज्य में न तो चोर हैं, न कृपण हैं, न कोई शराब पीनेवाला है; कोई ब्राह्मण ऐसा नहीं है जो अग्निहोत्रादि न करता हो, कोई परस्त्री-गामी भी नहीं है तो कुलटा कहाँ से? तात्पर्य यह कि भारत के निवासी अपनी नैतिक-वृत्तियों के विकास में संसार में उदाहरण नहीं रखते थे। सोचने की बात है कि जब इस नूतन-युग के विषाक्त वातावरण में रहते हुए भी हम लोगों के हृदय में वैदिक साहित्य के पाठों से पवित्रता का उदय हो जाता है तब उस समय की वात क्या, जब भारत के सरल-निवासियों में आर्षग्रन्थों के पाठ का प्रचलन था और देववाणी मनुष्यों की भाषा थी?

यह तो हुई प्राचीन काल की बातें। चन्द्रगुप्त के समय तक भी भारत की सभ्यता आदर्श ही रही थी। मेगास्थनीज़ के वर्णनों से पता चलता है कि मौर्य्यं-कालीन भारत में लोग सर्वदा सत्यवादी, धैर्यवान् और विश्वसनीय थे। दरवाजों में ताले जड़ने की प्रथा न थी। न्यायालय में विचार कराने के लिये जनता को बहुत कम जाना पड़ता था। लोगों में परस्पर बंधुत्व और प्रेम का व्यवहार था।

चन्द्रगुप्त के पहले तक भारत की शासन-पद्धति प्रजातंत्र के आधार पर विक-सित हो रही थी। यूरोप के विद्वानों ने इस महान् सत्य को आवृत करने का बड़ा प्रयास किया। पर, हाल में बिहार के प्रसिद्ध विद्वान् एवं एशिया के ऐतिहासिकों के स्तंभ, श्रीयुत काशी प्रसाद जायसवाल बार-एट-ला ने (Hindu Polity) महत्त्वपूर्ण पुस्तक लिखकर यह सिद्ध कर दिया है कि मौर्यों के उत्थान के पूर्व भारतवर्ष में प्रायः प्रजातंत्र के सिवा और किसी अन्य पद्धति का कम ही प्रचार था। यह बात ध्यान देने योग्य है। पश्चिमवाले अपनी ईजाद—डिमाक्रेसी की ढोल पीटते चलते हैं और यह गर्व करते हैं कि संसार में प्रजातंत्र का प्रचार सर्वप्रथम यूरोप ने ही किया है। किन्तु, भारतीय विद्वानों के प्रताप से आज सारा संसार मान रहा है कि सिकन्दर के भारत आक्रमण के समय सिंधु की तराई एवं हिमालय की तलहटी में केवल प्रजातंत्र की ही तूती बोलती थी।

अगर भिन्न-भिन्न विद्याओं को लीजिये तो भी मालूम होगा कि जब संसार पशुओं की खाल ओढ़ कर वृक्षों की छाया में जीवन विताता था उस समय भारत में उपनिषदों का निर्माण हो चुका था और यहाँ की जनता परिष्कृत रुचि के साथ उनके अध्ययन में आनन्द पाती थी। आधिभौतिक उपकरणों के भोग की तो बात ही क्या? आध्यात्मिक अनुभवों में हमने तभी 'सोऽहं' जैसी उच्च अनु-भूतियों का आनन्द उठाना आरम्भ कर दिया था। भिन्न-भिन्न विद्याओं के अध्ययन की बात आगे चलकर की जायगी, यहाँ केवल इतना ही लिखना है कि अध्यापक मैक्समूलर ने अपने एक व्याख्यान में एक बार कहा था कि यदि मुझ से कोई पूछे कि वह देश कौन और कहाँ है जहाँ मनुष्यों ने इतनी मानसिक उन्नति की है कि वह उत्तमोत्तम गुणों की वृद्धि कर सका हो तथा जहाँ मानव-सम्बन्धी बड़ी-बड़ी बातों पर, विचार किया गया हो एवं जहाँ उनके हल करनेवाले पैदा हुए हों तो मैं यही उत्तर दूंगा कि वह देश **भारतवर्ष** है।

इसी वक्तव्य में आगे चलकर पाठक छान्दोग्योपनिषद के अन्तर्गत आये हुए नारद के उत्तर का उद्धरण पढ़ेंगे जिससे उन्हें ज्ञात होगा कि अति प्राचीन काल में भारतवर्ष में प्रायः सभी विशिष्ट विद्याओं का प्रचार था और एक मनुष्य कई विद्याओं पर प्रभुत्व प्राप्त करता था।

उपर्युक्त उद्धरणों से पाठकों को संतोष होगा कि वैदिक काल में भारतवर्ष में अनेकों महत्त्वपूर्ण विद्याएँ प्रचलित थीं। प्रसंगानुसार यहाँ ध्यान दातव्य विषय यह है कि—

ज्योतिष का जन्मस्थान

भी भारतवर्ष ही है। जिस विद्या के द्वारा आकाश में स्थित ग्रह, नक्षत्र आदि की गति, परिमाण, दूरी आदि का निश्चय किया जाता है उसे ज्योतिष तथा जिस शास्त्र में उसका निरूपण, उपदेश, व्याख्या और वर्णन रहता है उसे ज्योतिष-शास्त्र कहते हैं। भारतवर्ष के प्राचीन विद्वानों ने ज्योतिष को साधारणतः दो भागों में विभक्त किया है। एक सिद्धान्त-ज्योतिष और दूसरा फलित-ज्योतिष (इन्हें ही अंग्रेजी में क्रमशः Astronomy तथा Astrology कहते हैं) जिस भाग के द्वारा स्पष्ट एवं अभ्रान्त रूप से गणना कर के ग्रह-नक्षत्रादि की गति तथा संस्थानादि के नियम, प्रकृति, एवं तज्जन्य फलाफलों का दृढ़ रूप से निश्चय किया जाता है, उसे गणित अथवा सिद्धान्त ज्योतिष (Astronomy) कहते हैं; जिस विभाग के द्वारा गगनस्थ ग्रह-नक्षत्रादि की गति देख कर पृथ्वी ने प्राणियों की भावी अवस्था और मंगलामंगल का निर्णय किया जाता है उसे फलित ज्योतिप (Astrology) कहते हैं। मैं पहले यह दिखलाना चाहता हूँ कि—

सिद्धान्त

अथवा गणित-ज्योतिष भारतवर्ष में ही उत्पन्न हुआ था।

प्राचीन भारत में, सभ्यता की आदि में ही, ज्योतिप की चर्चा (Reference) मिलती है। वेद आर्य्यों के आदि-ग्रन्थ हैं। वेद-मंत्रों के परमरहस्यपूर्ण अर्थों को समझाने के लिये प्राचीन ऋषियों ने कुछ ग्रन्थ लिखे हैं, जिन्हें सामूहिक रूप से 'ब्राह्मण' कहते हैं। ऋचाओं के पढ़ने के लिये शुद्ध उच्चारण और छन्दोज्ञान की आवश्यकता है। वेद-मंत्र समझने के लिये 'व्याकरण' और 'निरुक्त' की आवश्यकता है। तथा यज्ञार्थ वेदमंत्र का उपयोग करने के लिये 'ज्योतिप' एवं 'कल्प' की आवश्यकता है। वेद के अध्ययन में सहायता पहुँचाने के लिये इन छः विद्याओं का निर्माण हुआ और जब 'ब्राह्मण' लिखे गये तब इन सभी विपयों के नियम उन्हीं में सन्निविष्ट कर दिये गये। किन्तु परवर्ती विद्वानों ने व्यवहार की सुविधा के लिये उपर्युक्त प्रत्येक विषय के नियमों को संगृहीत कर उनके अलग-अलग नाम रख दिये। इन्हीं शास्त्रों को षडङ्गवेद कहते हैं। इन छओं में से प्रथम शिक्षा (वेदों की

नासिका), द्वितीय व्याकरण (मुख), तृतीय निरुक्त (कान), चतुर्थ ज्योतिष (नेत्र), पंचम कल्प (हाथ), तथा षष्ठ छन्द (पैर) के नाम से प्रसिद्ध हुए। ज्योतिष शास्त्र की प्राचीन महत्ता उसी बात से सिद्ध है कि ऋषियों ने इसे वेदान्त का नेत्र कहा है। और शरीर तथा जीवन में नेत्रों का स्थान कितना महत्त्वपूर्ण है यह अर्वाचीन वैज्ञानिकों की इस धारणा से निश्चित होता है कि मानव-मानस के प्रतिशत ९५ भावों का उदय और विकास नेत्रों के द्वारा, प्रतिशत दो कानों के द्वारा तथा प्रतिशत एक, एक, नाक, मुँह और हाथों के द्वारा होता है।

'साम-ब्राह्मण' के छान्दोग्य-भाग, प्रपाठक ७, खण्ड १ प्रवाक् २ के पढ़ने से जहाँ महर्षि सनत्कुमार और नारद का सम्वाद है, यह भी पता चलता है कि ब्राह्मण-ग्रन्थों के निर्माण से पूर्व इस देश में अनेक प्रकार की विद्याएँ पढ़ाई जाती थीं। सनत्कुमार से पूछे जाने पर नारद ने बतलाया कि "मैंने ऋग्वेद, यजुर्वेद, सामवेद तथा अथर्ववेद के सिवा निम्नलिखित विद्याएँ भी पढ़ी हैं"।

(१) 'इतिहास, पुराण' (History.)

(२) 'वेदानां वेदम्' अर्थात् वेदों के अर्थ बतानेवाली विद्याएँ यथा व्याकरण, निरुक्त आदि। (Grammar & Philology etc.)

(३) 'पित्र्यं', सेवा-शुश्रूषा से पितरों को प्रसन्न रखने की विद्या (Anthropology.)

(४) 'राशिम्' गणित (Mathematics.)

(५) 'दैवम्', उत्पात-विद्या, यथा भूकम्प, जलप्लावन विद्युत्-कोप, वायु-कोप— (Geology and Physical Geography.)

(६) 'निधिम्' खानों की विद्या (Minerology.)

(७) "वाको वाक्यम्," तर्कशास्त्र (Logic.)

(८) "एकायनम्", नीतिविद्या (Ethics.)

(९) "देवविद्याम्"। कहा नहीं जा सकता कि यहाँ देव शब्द का प्रयोग किस अर्थ में हुआ है। ब्राह्मण में आठ वसु, ग्यारह रुद्र, बारह आदित्य, विद्युत् और हवन-यज्ञ को तैंतीस देव माना गया है। यदि यहाँ इन्हीं देवों से अभिप्राय है तो इस "देव विद्या" में रसायन शिल्प, मैटर वा तत्त्व से भिन्न चेतन-जीव आदि सभी की व्याख्या होगी। अंग्रेजी में इन सभों को हम Physical Science के अन्दर ला सकते हैं।

(१०) "ब्रह्मविद्याम्", जिसमें ब्रह्म की व्याख्या हो।

(११) "भूतविद्याम्" अर्थात् प्राणियों की उत्पत्ति, प्रकार, और रचना आदि की विद्या (Zoology, Anatomy etc.)

(१२) "क्षत्रविद्याम्", धनुर्विद्या तथा राज शासन-विद्या (Military Science & the art of Government.)

(१३) "नक्षत्रविद्याम्", ज्योतिप (Astronomy.)

(१४) "सर्पदेवजनविद्याम्", जिसमें सर्पों के विप दूर करने तथा देवों को मनुष्यों से संबद्ध करने की विधियाँ हों। (Science treating of venomons reptiles etc.)

ध्यान देने की बात है कि जब तक किसी विद्या का ज्ञान अत्यन्त उन्नत नहीं हो जाता तब तक उसके पठन-पाठन की सरलता और सुगमता का उद्योग नहीं होता। अतः यह प्रत्यक्ष है कि ब्राह्मण-ग्रन्थों के समय से बहुत पूर्व ही नक्षत्र-विद्या अर्थात् ज्योतिप-शास्त्र अत्यन्त उन्नत हो चुका था। इसकी पुष्टि में कतिपय प्रमाण भी हैं। ऋक् एवं यजुर्वेद के आधार से यह पता चलता है कि वैदिक काल में ऋषियों को उत्तरायण आदि गति का अच्छा बोध था। यथा—

"प्रपद्येते श्रविष्ठादौ सूर्य्याचन्द्रमसावुदक् ।
सर्पार्धे दक्षिणार्क्रस्तु माघश्रावणयोः सदा ॥"६।२।७

अर्थात् सूर्य्य और चन्द्र के श्रविष्ठा नक्षत्र के आदि बिन्दु में आने पर उनकी उत्तरायण-गति का तथा सर्प—अश्लेपा—नक्षत्र के मध्य बिन्दु में आने पर उनकी दक्षिणायन गति का आरम्भ होता है। सूर्य्य क्रमानुकूल माघ एवं श्रावण मास में इन दो बिन्दुओं पर आते हैं। अर्थात् सूर्य्य का उत्तरायण और दक्षिणायन सर्वदा माघ और श्रावण में ही होता है।

धर्म्मवृद्धिरपां प्रस्थः क्षपाह्रास उदग्गतौ ।
दक्षिणे तौ विपर्यासः पण्मुहूर्त्त्ययनेन तु ।७।२।८

उत्तरायण से प्रति दिन, जल के एक प्रस्थ के बराबर दिन की वृद्धि और रात्रि का ह्रास होता है। (एक अयन में छः मुहूर्त मात्र।)

"भांशाः स्युरष्टकाः कार्याः पक्षा द्वादश चोद्गताः ।
एकादश गुणश्चेन्दोः शुक्लोऽर्ध्वं चैन्दवा यदि ॥"२,१०,१५

अर्थात् युग के प्रारम्भ से पक्ष-संख्या का निर्णय करे। द्वादशपक्ष में ८ नक्षत्रांश का उद्गम होता है। कृष्णपक्षान्त होने पर प्रतिपक्ष में चन्द्र के ११ नक्षत्रांश का उद्गम होता है। और चन्द्रपक्ष शुक्ल होने पर इसके साथ और भी अर्द्ध नक्षत्र

योग करना पड़ता है। इसी प्रकार ऋक् वेद, तैत्तरेय ब्राह्मण, तैत्तिरीय-संहिता, आदि पूर्वकालीन ग्रन्थों से पता चलता है कि भारतवासी अति प्राचीन काल से अयन-चलन लिखते आये हैं। ज्योतिर्विद्या-गोपथ (२, ४, १०) में सूर्य्य, पृथ्वी, दिन तथा रात्रि के विपय में लिखा है "पुरस्तात् अर्थात् सम्मुख रहने के कारण सूर्य्य उदय होता है (ऐसा मानते हैं) और उस उदयकाल के अन्त होने पर अपने को अस्त करता है। औग तब रात्रि होती है (ऐसा माना जाता है)।" परन्तु, वास्तविक बात यह है कि चूँकि पृथ्वी अपने व्यास पर घूमती है। इससे जब इसका आधा भाग सूर्य्य से हट जाता है—अर्थात् सूर्य्य ऊपर रह जाता है और वह भूभाग नीचे आ जाता है—तब "अधस्तात्" अर्थात् पृथ्वी के एक भाग के नीचे की ओर आ जाने से उस भाग पर सूर्य्य रात्रि कर देता है। और पृथ्वी की गति के कारण जब वही भाग पुनः सम्मुख आ जाता है तब "पुरस्तात्" पृथ्वी के उसी भाग के सम्मुख आने से, सूर्य्य उस भाग पर दिन कर देता है। वास्तव में वह सूर्य्य न कभी अस्त होता है और न उदय होता है और न वह कभी (निम्लोन्यति) चलता ही है।

इसी प्रकार तैत्तरेय ब्राह्मण (३, ४, ६) में सूर्य्य, पृथ्वी, दिन तथा रात्रि के विपय में लिखा है :—

"वह सूर्य्य न कभी अस्त होता है, न उदय होता है, (अह्नएव तदन्तमित्वा ....) दिन की समाप्ति पर जब सूर्य्य अपने को अस्त करता है, तब वह अस्त होता है, ऐसा मानते हैं। (परन्तु वास्तव में) अवस्तात् अर्थात् पृथ्वी के एक भाग के नीचे की ओर आ जाने से (पृथ्वी के अपने व्यास पर घूमने के कारण) वहाँ सूर्य्य रात्रि करता है; और पृथ्वी की गति के कारण जो भाग सूर्य्य के सम्मुख आता है उस भाग पर (पुरस्तात्) सूर्य्य दिन करता है। उस समय उस भाग के लोग समझते हैं कि प्रातः हुआ। रात्रि के समाप्त हो जाने के कारण फिर विपर्यय होता है। अवस्तात् अर्थात् नीचे रहने की दशा के पश्चात् (अर्थात् उसी भूभाग के नीचे से ऊपर या सूर्य्य के सम्मुख आ जाने से) उस भूभाग पर सूर्य्य दिन कर देता है। और जिस भू-भाग पर दिन था उसकी सम्मुखावस्था की समाप्ति पर रात्रि हो जाती है। परन्तु, सच पूछिये तो निश्चित बात यह है कि सूर्य्य कभी नहीं (निम्लोन्यति) चलता है। इसके सिवा तैत्तिरीय आरण्यक के प्रथम प्रपाठक में जहाँ प्लाक्षी तथा वैशम्पायन आदि ज्योतिषियों के मत अंकित हैं, वहाँ आरोग और भ्राजादि भिन्न-भिन्न सूर्य्य के विषय वर्णित हैं, जिससे सिद्ध होता है कि उस अति प्राचीन काल में भी भारतवासी ग्रहों और ताराओं के भेद भली भाँति जानते थे और वेदकालीन ऋषियों को ज्योतिष शास्त्र का अच्छा ज्ञान था।

संसार के आदि-कवि महर्षि वाल्मीकि ने तो राजा रघु तथा श्री रामचन्द्र जी और उनके भ्राताओं के जन्मकालीन ग्रहों की स्थिति तथा उनके उच्चादि होने की बातें, एवं लग्न की राशि आदि के विषय में लिखकर इस बात का पूर्ण प्रमाण दे दिया है कि रामायण के निर्माणकाल—त्रेता—में भी ज्योतिष शास्त्र की विपुल उन्नति हो गई थी। यदि महाभारत के प्रसंगों पर ध्यान दिया जाय तो भी पता लगता है कि ज्योतिष शास्त्र भारतवासियों की प्राचीनतम सम्पत्ति है। ज्योतिष सम्बन्धी बहुत-सी बातें भारतवासियों के दैनिक अनुष्ठानों का अंग बन गई थीं। महाभारत के समय में अत्यन्त साधारण प्रजा भी ज्योतिष की अनेक बातों से साधारणतया पूर्णरूप से परिचित थी। आदि पर्व में राजा द्रुपद अपनी पुत्री द्रौपदी को उपदेश देते हैं कि 'जो सम्बन्ध रोहिणी नक्षत्र का सोम से, भद्रा का श्रवण से, और अरुन्धती का वशिष्ठ से है वही घनिष्ठ सम्बन्ध तू अपने पतियों से जोड़े रहना।' इसी प्रकार महायुद्ध के समय घोर नक्षत्रों का वर्णन इस प्रकार किया गया है, "सूर्य्य का राहु से ग्रस्त होना, श्वेत ग्रह का चित्रा को अतिक्रमण करना, धूमकेतु का पुष्य नक्षत्र में उदय होना, अङ्गारक की महा-नक्षत्रों में वक्रगति, श्रवण नक्षत्र में बृहस्पति का भग नक्षत्र को अति-क्रमण करके राहु का ग्रास बनना, शुक्र का पूर्वप्रोष्ठपदा नक्षत्र में उदय होना, श्वेत ग्रह का धूमरहित अग्नि समान चमकना, ऐन्द्र नक्षत्र का ज्येष्ठा में आना, ध्रुव का प्रज्वलित वेग में बाईं ओर हट जाना, चित्रा और स्वाती में क्रूर ग्रह का होना, वक्र और अनुवक्र चाल से अग्निरूप में होकर श्रवण का ब्रह्म-राशि नक्षत्र-मंडल में लाल रूप धारण करना, बड़े सप्तर्षियों का प्रकाश नष्ट हो जाना, बृहस्पति और शनि का विशाखा नक्षत्र के पास आकर वर्ष भर तक उदित रहना, चतुर्दशी, पञ्चदशी और भूतपूर्वा षोडशी तिथियों में भी सूर्य्य और चन्द्र दोनों का ग्रहण होना, और उल्कापात, ये जनता के भयंकर विनाश और भीषण विपत्ति के सूचक हैं।"

महाभारत के पढ़ने से पता चलता है कि तत्कालीन विख्यात ज्योतिषी गर्ग ऋषि थे। गर्गजी को ग्रहों की सूक्ष्म स्थितियों एवं वक्री होने का स्पष्ट ज्ञान था। उन्हें यह ज्ञात था कि मुख्य ग्रह सात हैं। वह राहु के केवल छायाग्रह-रूप को भली-भाँति जानते थे। गर्गसंहिता के पढ़ने से यह निर्विवाद रूप से सिद्ध हो जाता है कि महाभारतकालीन ज्योतिष विषयक ज्ञान अत्यन्त उन्नत एवं प्रगाढ़ था।

सूर्य्य-सिद्धान्त का लेखक अपने ग्रन्थ के निर्माणकाल की बातें अपने ग्रन्थ के मध्यमाधिकार अध्याय के श्लोक २२ एवं २३ में इस प्रकार लिखता है कि:—"वर्तमान कल्प या सृष्टि के सन्धि-सहित छ मन्वन्तर बीत चुके हैं, वैवस्वत के २७ चतुर्थयुगी तथा २८ वें युग के सत्ययुग भी व्यतीत हो चुके हैं......"। इससे

प्रतीत होता है कि ग्रन्थ रचे जाने के समय सत्ययुग बीत चुका था; अतएव यदि त्रेता और द्वापर के मान में सम्बत १९९० (अंग्रेजी १९३३) तक के कलियुग का समय ५०३३ वर्ष (कल्यब्द) जोड़ दिया जाय तो 'सूर्य्य-सिद्धान्त' की रचना का समय निकल आवेगा। हिन्दू-सिद्धान्त के अनुसार १२९६००० (त्रेताकी आयु)+ ८६४००० (द्वापर की आयु)+५०३३ (१९९० सम्बत् तक कलि की आयु)= २१६५०३३, अर्थात् इक्कीस लाख पैंसठ हजार तैंतीस वर्ष आज से (सम्बत् १९९० या ई० सन् १९३३)से पूर्व इस ग्रन्थ की रचना हुई थी। गणित विषय का यह एक आर्ष ग्रन्थ है जिसमें सिद्धान्त ज्योतिष की प्रायः सभी बातें पाई जाती हैं। इन प्रमाणों के बाद अगर कोई पाश्चात्य विद्वान यह कह दे कि भारतीयों ने गणित की बातें अन्य देशों से सीखी हैं तो इसका क्या महत्व होगा? अनेकों पाश्चात्य विद्वानों ने संस्कृत-ग्रन्थों एवं संस्कृत-भाषा की जटिलताओं से ईपत् परिचय रखने के कारण अपने-अपने ग्रन्थों में कपोल-कल्पित अथवा लचड़ सिद्धान्त बना रखे हैं। ऐसे ही अप्रमाणित अनुमानों के प्रचारकों में वेन्टलि साहब एक थे, जिन्होंने भारतीय ज्योतिष-विज्ञान को आधुनिक सिद्ध करने की विफल चेष्टा की थी। किन्तु, अन्त में उन्होंने अपने ग्रन्थ-शेष में इतना स्वीकार किया है कि आज से प्रायः ३३०० वर्ष पूर्व भी हिन्दुओं ने चन्द्रमा के सप्तविंशति नक्षत्रों का निरूपण किया था।

अरबी भाषा में आज से कोई साढ़े छ सौ वर्ष पूर्व की लिखी हुई एक पुस्तक है जो 'आयन-उल-अम्बाफितलकालुलीअत्वा' नाम से प्रसिद्ध है। इसमें लिखा है कि भारतीय विद्वानों ने अरब के अन्तर्गत बगदाद की राजसभा में जाकर ज्योतिष, चिकित्सा आदि शास्त्रों की शिक्षा दी थी। कर्क नामक एक पण्डित ६९४ या ९५ शाके में वादशाह अलमंसूर के दरबार में गये थे। चिकित्सा, रसायन और ज्योतिष में इनकी अच्छी गति थी। इनके पास बहुत-सी आर्य्य पुस्तकें भी थीं, जिनमें से एक का नाम 'विहृत् सिन-हिन्द' लिखा गया है। यह वराहमिहिर कृत 'वृहत्-संहिता' हो सकता है।

इस स्थान में विद्वानों के महत्त्वपूर्ण (Authoritative) लेखों का कुछ उद्धरण देना आवश्यक है।

(१) प्रोफेसर बेवर और कोलब्रूक साहब ने सिद्ध कर दिखाया है कि चीन और अरब की ज्योतिष विद्या का विकास भारतवर्ष से ही हुआ है। उनका क्रान्तिमंडल हिन्दुओं का ही है। निस्सन्देह, उन्हीं से अरब वालों ने इसे लिया था।

(२) इस शास्त्र में (ज्योतिष में) हिन्दू- लोग संसार की सभी जातियों से बढ़कर हैं; मैंने अनेक भाषाओं के अंकों के नाम सीखे हैं; परन्तु मैंने किसी

जाति में भी हजार से आगे की संख्या के लिये कोई नाम नहीं पाया। परन्तु, हिन्दुओं में अठारह की संख्या तक के लिये नाम है और वे उसे परार्द्धक कहते हैं।

—एलबरूनी।

(३) दशमलव के सिद्धान्त के अनुसार अंकों के रखे जाने के लिये संसार हिन्दुओं का ऋणी है। इस सिद्धान्त के न होने से गणितशास्त्र का होना ही असंभव था। पहले पहल अरब वालों ने अंक लिखने की यह रीति हिन्दुओं से ही सीखी। उन्होंने इसका यूरोप में प्रचार किया। प्राचीन युनानी और रोमन लोग अंकों के लिखने की इस रीति को नहीं जानते थे। इसलिये वे अंकगणित में उन्नति नहीं कर सके।

—आर. सी. दत्त।

(४) बीजगणित और रेखागणित का आविष्कार और ज्योतिष के साथ उसका प्रथम प्रयोग हिन्दुओं के द्वारा ही हुआ।

—मानियर विलियम्स।

(५) संसार रेखागणित के लिये हिन्दुस्तान का ही ऋणी है, युनानी का नहीं।

—डाक्टर थीबो।

(६) हिन्दुस्तानियों ने रेखागणित के मूल सिद्धान्त निकाले और उसे युनानियों को सिखाया।

—आर. सी. दत्त।

(७) बेली नामक ज्योतिषी ने अपने समय से ४३८३ वर्ष पूर्व का एक भारतीय-सूर्य्य ग्रह-गणित को गणना द्वारा जाँचने पर कहा है कि आर्य्यों के गणना में एक मिनट की भी भूल नहीं है।

—थियोजोनी आफ दि हिन्दूज

अरब निवासी गणित विद्या को 'हिन्दसा' कहते हैं। प्रतीत होता है कि इन्हीं कारणों से प्रेरित होकर 'भारत भारती' के लेखक ने

'डरकर कठोर कलंक से, वा सत्य के आतंक से।
कहते अरब वाले अभीतक 'हिन्दसा' ही अंक से॥'

कहा है। एक बात और है। दो सभ्यताओं के सम्पर्क से नयी बातों का जन्म होता है अथवा पुरानी बातें ही नया रूप धारण करती हैं। भारतवर्ष के इतिहास में एक ऐसा भी अध्याय है जब भारतवासियों का मुख्यतः ग्रीक तथा साधारणतः पर्सियन और अरेबियन आदि विदेशियों से बहुत घनिष्ठ सम्पर्क हो गया था। संभव है, उस समय तत्कालीन विदेशी विद्याओं का भारत पर प्रभाव पड़ा हो किन्तु, यह ध्यान देने की बात है कि विदेशी विद्याओं का प्रभाव आमूल-परि-

वर्तन-कारी नहीं हुआ। भारत-वसुन्धरा में प्रायः सभी प्रमुख विद्याओं का जन्म बहुत पूर्व ही हो चुका था और वे अपनी-अपनी निर्दिष्ट दिशाओं की ओर बढ़ती चली जा रही थीं। ग्रीकों ने केवल अपने आदर्श से किसी प्रकार की हलचल पैदा कर दी। और इस पारस्परिक संघर्ष (Mutual contact) का प्रभाव हितकर ही हुआ हो सो बात नहीं है, बल्कि बहुत स्थलों पर ग्रीक सिद्धान्तों ने भारतीय सिद्धान्तों में मिल कर ऐसी खिचड़ी बना दी कि बातें कुछ की कुछ हो गई। फलित ज्योतिष के कई अंशों में इस प्रभाव के दुष्परिणाम स्पष्ट दृष्टिगोचर होते हैं। हिन्दू विश्वविद्यालय काशी के प्रोफेसर श्री रामयत्न ओझा-जी ने अपने 'फलितविकास' नामक ग्रन्थ में लिखा है कि 'वर्तमान दशम सारिणी-विधि, होराविधि करण एवं त्रिशांश, विधि इत्यादि प्राचीन ऋषिप्रणीत नहीं होने के कारण फल कहने में असुविधा होती है।' अस्तु।

उपर्युक्त विवरणों के आधार पर मैं यह मानना चाहता हूँ कि ज्योतिष का जन्म भारत की ही पवित्र-भूमि में हुआ था।

फलित ज्योतिष

(Astrology)

यह एक महान सत्य है कि जब तक मनुष्य को किसी कार्य्य विशेष की उपयोगिता में विश्वास नहीं होता तब तक वह उसकी ओर श्रमशील एवं दत्तचित्त भी नहीं होता। उसकी उपयोगिता, आध्यात्मिक, शारीरिक, सांसारिक चाहे जो कुछ भी हो पर कुछ होना जरूर चाहिए। अगर यह सत्य न होता तो वाष्प-शक्ति (Steam-power) का ज्ञान जेम्स वाट ही तक रह जाता, विद्युत् शक्ति (Electricity) की चमक डाक्टर विलियम लिबर्ट के हृदय में ही उदित होकर अस्त हो गई होती, और विभीषण के पुष्पक-विमान की कहानी जैसी कहानियों से प्रेरित होकर मान्ट गालियर वायु-यान की रचना की ओर न बढ़ता। प्रत्येक आविष्कार की उन्नति उपयोगिता की सीढ़ी पर होती है। सुतरां, ज्योतिष विद्या यदि केवल तिथियों की तालिका ही निर्धारित करने को रची गई होती तो भारतवर्ष के प्राचीन ऋषि संसार से दूर, हिंस्र पशुओं से व्याप्त, तपोवन के निर्जन कुञ्जों में, शारीरिक कष्टों को सहते हुए इसके अध्ययन एवं समुचित विकास के लिये प्रयत्नशील न हुए होते। स्मरण रहे, हमारे महर्षियों ने ऐसे व्यापारों का प्रचार नहीं किया जो आधिभौतिकता को अलौकिकता से समन्वित करने के साधन न रहे हों। महाभारत के शान्तिपर्व में स्पष्ट लिखा है कि गर्ग

ऋषि ने सरस्वती-तीर पर तपश्चर्य्या करके कालज्ञान अथवा ज्योतिष प्राप्त किया था। और भी कई ऋषियों के इसी विद्या के निमित्त तपस्या करने का प्रसंग मिलता है। किन्तु, बीसवीं सदी की आँखें किसी वस्तु की प्राचीनकालीन ख्याति एवं महत्ता को उसकी उपादेयता एवं सत्यता के प्रमाण में ग्रहण नहीं कर सकतीं, अतः कुछ आगे तक कहना होगा। मैं अपने तर्क को तीन भाग में बाँटने की कोशिश करूँगा। (१) वैदिक काल से लेकर महाभारत काल तक भारतवासियों का इसमें पूर्ण विश्वास था; (२) बहुत काल पूर्व अन्यदेशीय विद्वान् भी इसकी सत्ता में विश्वास करते थे और (३) हम अन्धविश्वास छोड़ कर भी उचित तर्क की कसौटी पर कसकर इसके सत्यासत्य का विचार कर सकते हैं।

(१) प्राचीनता

आर्य्य ग्रन्थों से प्रमाण उद्धृत करने के पूर्व मुझे यह कहना है कि यदि कोई मनुष्य, बीसवीं सदी के इतिहास को पढ़े तो मालूम होगा कि जनता रेल, तार, बिजली आदि से अद्भुत लाभ उठा रही है, पर इन वैज्ञानिक उपकरणों से परिचित होने के लिये उसे इतिहास नहीं बल्कि साइंस पढ़ना होगा। इसी प्रकार वेद, उपनिषद् रामायण, महाभारत आदि ग्रन्थों से प्रसंगानुसार केवल यह पता चलेगा कि फलित ज्योतिष का उन समयों में काफी विकास हो चला था और उसमें लोगों को श्रद्धा थी। परन्तु, ज्योतिष का पूर्ण विवरण ज्योतिष-शास्त्र के आर्ष ग्रन्थों में ही मिलेगा।

ऊपर लिखा जा चुका है कि ज्योतिष को वेद का अंग, बल्कि प्रधान अंग (नेत्र) माना है। गोभिल सूत्र में प्रोष्ठपद (भादो) को पूर्णिमा में उपकरण (यज्ञ में वेदपाठ या यज्ञीय पशु का संस्कार विशेष) करने का समय बतलाया है तथा श्रावणपूर्णिमा से शिक्षा का आरम्भ श्रेयस्कर कहा गया है। स्थल-स्थल पर वेदों ने यज्ञारम्भ और समाप्ति के शुभ अवसरों का भी निर्देश किया है। तात्पर्य यह कि भिन्न-भिन्न समय, भिन्न-भिन्न कार्य्यों की फल-प्राप्ति के लिये शुभ एवं कल्याणप्रद माना गया है। आदि कवि महर्षि वाल्मीकि ने श्रीरामचन्द्रादि के जन्मकालीन ग्रहों की स्थिति एवं लग्न के द्वारा फलित ज्योतिष की सत्ता को स्पष्ट रूप से प्रतिपादित किया है। इसी प्रकार महाभारत में भी अनेक प्रमाण मिलते हैं, बल्कि इतना अधिक कि उनका संकलन एवं उद्धरण असम्भव प्रतीत होता है। प्रसंगानुसार कुछ मुख्य बातों का ही उल्लेख किया जाता है।

महाभारत के अनुशासन पर्व के ६४ वें अध्याय में समस्त नक्षत्रों की सूची देकर बतलाया गया है कि भिन्न-भिन्न नक्षत्र पर दान देने से भिन्न-भिन्न प्रकार

का पुण्य होता है। महाभारत काल में प्रत्येक मुहूर्त्त का भिन्न नाम था और प्रत्येक मुहूर्त्त का सम्बन्ध भिन्न-भिन्न धार्मिक कार्य्य से शुभ वा अशुभ समझा जाता था। इसी प्रकार तिथि की अपेक्षा नक्षत्र का महत्व अधिक समझा जाता था। २७ नक्षत्रों के २७ भिन्न-भिन्न देवता माने गये थे जो अब भी माने जाते हैं। उन देवताओं के स्वभाव के अनुसार उस नक्षत्र से भावी गुण अथवा अवगुण का अनुमान किया जाता था। फलित ज्योतिष की दृष्टि से नक्षत्रों का उपयोग अधिकता से होता था। शुभ नक्षत्र में ही विवाह, युद्ध, एवं यात्रा करने की पद्धति थी। पंचमी, दशमी, एवं पूर्णिमा का पूर्ण नाम उस समय से है। ये तिथियाँ महाभारत काल में शुभ मानी जाती थीं।

अनुशासन पर्व के १०६ एवं १०९ अध्यायों में प्रत्येक महीने में उपवास करने का फल बताया गया है। महाभारत में स्पष्ट रूप से कहा गया है कि उत्तरायण पुण्यकारक और पवित्र है तथा दक्षिणायन पितरों तथा यम का है। उस समय यह माना जाता था कि उत्तरायण में शरीर छोड़ने से ब्रह्मवेत्ता लोग ब्रह्मपद को पाते हैं। और दक्षिणायन में अगर योगियों की मृत्यु हो तो चन्द्रलोक जाकर उन्हें लौट आना होगा। भगवद्‌गीता में, जो महाभारत का एक प्रमुख अंग है, ऐसी धारणा का स्पप्ट उल्लेख है। महाभारत में लिखा है कि बाणशय्या पर पड़े हुए भीष्म, शरीर छोड़ने के लिये, उत्तरायण की प्रतीक्षा कर रहे थे। युधिष्ठिर महाराज का जन्म जिस शुभ-नक्षत्र, घड़ी और समय में हुआ उसका वर्णन आदि-पर्व में यों आया है:—

ऐन्द्रे चन्द्रसमारोहे, मुहूर्तेऽभिजदष्टमे ।
दिवो मध्यगते सूर्य्ये, तिथौ पूर्णेति पूजिते ॥

"पंचमी (क्वार सुदी पंचमी) के दिन दोपहर को अष्टम अभिजित् मुहूर्त्त में सोमवार के दिन ज्येष्ठा नक्षत्र में युधिष्ठिर का जन्म हुआ।" ऐन्द्रे चन्द्रसमारोहे से तात्पर्य है कि जिस तरह इन्द्र सभी देवताओं का राजा है उसी तरह युधिष्ठिर सभी का राजा होगा। "तिथौ पूर्णेति पूजिते" से यह निष्कर्ष निकलता है कि उस समय भी पूर्णिमा तिथि शुभ तथा पूज्य समझी जाती थी।

महाभारत के समय में यह भी धारणा थी कि कुछ ग्रह, विशेषतः शनि और मंगल दुष्ट हैं। मंगल लाल रंग का और रक्तपात करने वाला समझा जाता था। केवल गुरु ही सर्वशुभ एवं सब प्राणियों की रक्षा करने वाला समझा जाता था। ग्रहों का कतिपय नक्षत्रों के साथ एकत्रित होना अशुभ माना जाता था। बुध और शनिश्चर का योग भयंकर माना जाता था। भीष्म पर्व के आरंभ में धृत-

राष्ट्र को भयंकर प्राण हानि कारक दुश्चिह्न बतलाये गये हैं। उद्योग-पर्व, अध्याय १४३ के अन्त में श्रीकृष्ण और कर्ण की मुलाकात के समय दुश्चिह्नों का वर्णन किया गया है। उसमें ग्रहों और नक्षत्रों के अशुभ योगों का विस्तारपूर्वक वर्णन है। युद्धकालीन घोर नक्षत्र-योगों का वर्णन पूर्व ही किया जा चुका है। श्रीकृष्ण ने जब कर्ण से भेंट की तब कर्ण ने इस प्रकार ग्रहस्थिति का वर्णन किया :— उग्र ग्रह शनैश्चर रोहिणी नक्षत्र में मंगल को पीड़ा दे रहा है। ज्येष्ठा नक्षत्र में मंगल वक्र होकर अनुराधा नामक नक्षत्र से मिलना चाहता है। महापात संज्ञक ग्रह चित्रा नक्षत्र को पीड़ा दे रहा है। चन्द्र के चिह्न बदल गये हैं और राहु सूर्य्य को ग्रसित करना चाहता है।

भीष्म-पर्व के आरंभ में व्यास ने कुछ अनिष्टकारी ग्रह-स्थिति का वर्णन किया है और उन्होंने यह भी कहा है कि "१४, १५ और १६ दिनों के पक्ष होते हुए मैंने सुने हैं; परन्तु, १३ दिनों का पक्ष इसी समय आया है। ऐसा कभी भी न सुना गया था। इससे भी अधिक विपरीत बात तो यह है कि एक ही मास में चन्द्रग्रहण और सूर्य्यग्रहण का योग है। वह भी त्रयोदशी के दिन*।" इस भाँति महाभारत के अन्दर इस प्रकार की अनेकों बातें हैं जिनसे सिद्ध होता है कि नाना प्रकार के उत्पात, (दुर्भिक्ष, आपत्तियाँ आदि) ग्रहों की चाल पर अवलम्बित माने जाते थे। इसी प्रकार व्यक्ति के सुख-दुःख जन्म-मरण आदि भी ग्रहों तथा नक्षत्रों की गति से संबद्ध माने जाते थे। फलित ज्योतिष के विषय में आर्ष ग्रन्थों में आये हुए इन प्रसंगों के उद्धरण के बाद ज्योतिष-शास्त्र के—

(२) भारतीय एवं अन्यदेशीय

वेत्ताओं एवं प्रणेताओं के नामों तथा कृतियों की चर्चा करने की चेष्टा की जाती है।

'सूर्य्यः पितामहो व्यासो वशिष्ठोऽत्रिपराशरः ;
कश्यपो नारदो गर्गो मरीचिर्मुनिरंगिराः ।
लोमशः पौलिशश्चैव च्यवनो यवनो मनुः ;
शौनकोऽष्टादशश्चैने ज्योतिःशास्त्र प्रवर्तकाः ।'

*१५ जनवरी १९३४ के प्रलय-कारी भूकम्प के सन्निकट पूर्व ही १५ दिन के अन्दर दो ग्रहण हुए थे और उसके बाद का शुद्ध वैशाख कृष्णपक्ष १३ दिन का था।

इस समय, जहाँ तक मुझे मालूम है इनमें से कई ऋषियों के प्रणीत ग्रन्थ नहीं मिलते। महर्षि वशिष्ठ श्रीरामचन्द्र के पुरोहित थे। उनके बेटा शक्ति और शक्ति के बेटा पराशर होरा शास्त्र के वेत्ता हुए। पराशर के पुत्र व्यास हुए जिन्होंने वेद को वर्तमान रूप में संगठित किया, महाभारत की रचना की, और अठारह पुराण बनाये। वेदव्यास जी के शिष्य जैमिनि हुए, जिन्होंने मीमांसा की रचना की और जिनका लिखा हुआ जैमिनीय सूत्र फलित ज्योतिष का एक अनुपम ग्रन्थ अभी तक उपलब्ध है। इस सूची के आधार पर इन ज्योतिर्वेत्ताओं का काल-निर्णय पाठक स्वयं कर लें। इन ऋषियों के बाद आर्य्यभट्ट (शक ३?८), ब्रह्मगुप्त, वराहमिहिर (शक १२२, मतान्तर से ४२१), मुञ्जल, भट्टोत्पल, श्वेतोत्पल, शतानन्द, भोजराज, कालिदास (शक ५२०), भास्कर, कल्याणचन्द्र, ब्रह्मगुप्त (५२०), आदि ज्योतिषशास्त्र के प्रधान-वेत्ता हुए। इनमें से कई फलित ज्योतिष के लेखक हैं।

प्राचीन काल में, भारत के बाहर भी प्रायः प्रत्येक देश में लोग फलित ज्योतिष की सत्ता में विश्वास करते थे। प्रत्येक दरबार में ज्योतिषियों का आदर होता था, राज्य पर आनेवाली विपत्तियों की घोषणा ज्योतिषी पूर्व ही कर देते थे। (Stars of fate) भाग्य के तारे, अंग्रेजी साहित्य की प्राचीन उक्ति है। इसी भाँति प्रायः सभी देशों के प्राचीन साहित्य में हमें मानव ज्ञान के कुछ ऐसे चमत्कार दीख पड़ते हैं जिन्हें हम अनुभव-शून्य-तर्कना से अलौकिक (Super Natural) कह कर टाल देते हैं। रममाल आदि की विद्याएँ आज चाहे भले ही हास्यास्पद एवं अतिरंजित हो गई हों, पर अत्यन्त प्राचीन काल में उनका विकास फलित ज्योतिष के ही सिद्धान्तों पर हुआ होगा। ये दूर की बातें जाने दीजिये। अर्वाचीन काल में भी केपलर और बेकन जैसे विद्वानों ने फलित ज्योतिष में अपने पूर्ण विश्वास की घोषणा करके यह सिद्ध कर दिया है कि पाश्चात्य देशों का तार्किक मस्तिष्क भी फलित ज्योतिष के रहस्यों से परिचय पाने पर अपनी दृढ़ता छोड़ सकता है। अभी भी भारत तथा विदेश के बहुत से पाश्चात्य बुद्धिवाले विद्वान् ज्योतिष के फलित अंश पर विश्वास रखते हैं। १९३४ के १५ जनवरी वाले भूकंप ने तो इस पर मुहर लगा दी। जब कि सारा संसार चुपचाप अपने काम में लगा चला जा रहा था तब भारत के पण्डितों ने भावी-विपत्ति की आशंका की बारंबार घोषणाएँ कीं। अंग्रेजी पत्रों में संवाद छपे, हिन्दी पत्रों ने घोषणाएँ छापीं। पर, लोगों ने ज्योतिषियों को पुराना बेवकूफ समझ उनकी बातों पर ध्यान न दिया। आखिर १५ जनवरी १९३४ को वह भविष्यवाणी सत्य निकली। भारतीय पंडितों की इस भविष्यवाणी का सत्य होना

यह बतलाता है कि जहाँ स्थूल विज्ञान भविष्य के भीतर नहीं देख सकता वहाँ फलित ज्योतिष उसके सूक्ष्मरूपों से भी परिचित हो सकता है[1]।

अब सोचने की बात है कि कठोर सत्य के प्रेमी, आडम्बर रहित, पाखण्ड से दूर रहनेवाले, लोक-कल्याण की आराधना करनेवाले प्राचीन ऋषियों ने इसमें इतना गंभीर विश्वास क्यों किया? क्या आप यह कहना चाहेंगे कि वे ऋषि अनुभव-शून्य तथा अपरीक्षित पदार्थों तथा सिद्धान्तों की सत्ता मान लेते थे? यदि हाँ, तो सचमुच आप अपने हृदय एवं उन तपोधन महात्माओं के साथ अन्याय कर रहे हैं, जिन्होंने संसार के लघु से लघु पातकों से बचने के लिये जंगलों की राह ली और जिन्होंने अखण्डनीय सत्य के अनुसंधान में शरीर और जीवन को भीषण कष्टों में बिताना पसन्द किया। अभी मेरे सामने दो दल हैं। एक दल है, इन मुनियों का जिन्होंने अत्यन्त तपस्या एवं संयम के साथ ज्योतिष शास्त्र की गहन गुफा में प्रवेश कर सारी जिन्दगी तक सत्य का अनुसंधान करके, यह घोषणा की है कि फलित ज्योतिष की सत्ता मान्य है और दूसरा दल आपका है जो ज्योतिष का नाम मात्र ही सुनकर, उस शास्त्र के महान् सिंधु से लाखों मील दूर बैठे हुए उसके अवगुण और उसकी अस्तित्वहीनता का बखान कर रहे हैं। और चार पेज 'जोकर' (Joker) पाँच पेज 'ट्रैवेल विथए डाँकी' (Travels with a donkey) अर्थात् इधर-उधर के किस्से कहानी आदि किताबों को पढ़कर ज्योतिष जैसे महान् एवं गंभीर विषय पर सम्मति देना दुस्साहस है। अगर इस कूचे से परिचित नहीं तो, किनारे बैठकर तमाशे देखिये। गालियाँ न दीजिये। मैं विनीत होकर कहूँगा कि यथेष्ट अध्ययन के बिना किसी शास्त्र की समीक्षा करना बुद्धिमानी नहीं है। अब थोड़े में उचित तर्क की कसौटी द्वारा यह दिखाने की चेष्टा करूँगा कि

(३) तारागण का प्रभाव

मनुष्य पर ही नहीं वरन् जड़ और चैतन्य सभी पदार्थों पर अवश्य ही पड़ता है। समुद्र के **ज्वार और भाटे** की लीला जनता के सामने एक प्रत्यक्ष सत्य है। प्राचीन काल से लेकर वर्तमान समय तक के प्रायः सभी वैज्ञानिकों का मत यही है कि ज्वार और भाटा का कारण चन्द्रमा का प्रभाव ही है। तरल पदार्थ पर चन्द्रमा का प्रभाव बहुत पड़ता है। अब तो प्रायः सभी डाक्टर और वैद्य इसकी सत्यता मानने लगे हैं। **फायलेरिया** (Fileria) बीमारी का तीव्र कोप

१. भूकम्प की बातें पीछे जोड़ी गई हैं।

एकादशी अमावस्या और पूर्णिमा को हुआ करता है। जीर्ण ज्वर के रोगियों को अब डाक्टर लोग अमावस्या एवं पूर्णिमा को प्रथम-पथ्य खिलाने में बहुत विरोध करते हैं। सभी डाक्टर का मत है कि फायलेरिया शरीर में रक्त के एक प्रकार के परिवर्तन का ही नाम है। एकादशी, अमावस्या तथा पूर्णिमा में इन रोग की वृद्धि से यह अनुमान होता है कि चन्द्रमा ही इसका मूल कारण है। ज्योतिप शास्त्र में चन्द्रमा को रुधिर का कारक होना बतलाया है। इससे यह सिद्ध होता है कि चन्द्रमा जिस तरह समुद्र के जल में उथल-पुथल मचा डालता है उसी तरह शरीर के रुधिर-प्रवाह में भी अपना प्रभाव डालकर दुर्बल मनुष्यों को रोगी बना डालता है।

इसी प्रकार यदि वनस्पतियों पर ध्यान दिया जाय तो उन पर सूर्य्य और चन्द्रमा का आश्चर्य्यपूर्ण प्रभाव देखकर वुद्धि चकित रह जाती है। पुष्प प्रातः-काल खिल जाते हैं और संध्या समय पुनः सम्पुटित हो जाते हैं। कुमुद के दो प्रकार हैं। एक रक्त, दूसरा श्वेत। श्वेत कुमुद का खिलना और सम्पुटित होना चन्द्रमा के क्रमशः उदय और अस्त पर अवलम्बित है। बहुत से पुष्प ऐसे हैं जो नियत समय पर अर्थात् घड़ी के अनुसार ही खिलते हैं। 'बुक औफ नौलेज' (Book of Knowledge) नामक पुस्तक के ४०१४ पृष्ट में लिखा है कि स्वीडन देश के मिस्टर लिनांस (Linnacus) ने, जो उद्भिद-विद्या के प्रकाण्ड पंडित थे, अपनी पुष्प-वाटिका में कुछ फलों की ऐसी पंक्ति बैठा ली थी कि फूलों का बारी-बारी से खिलना घड़ी का काम देता था। जैसे पंक्ति का पहिला फूल ठीक छ बजे खिलता था, दूसरा ठीक सात बजे और तीसरा आठ बजे। इसी क्रम से फूलों के खिलने तथा संपुटित होने से समय का अनुमान किया जा सकता था। सूर्य्यमुखी फूल, यदि वह मंझोले आकार का रहता है तो प्रायः सारा दिन सूर्य्य की ही ओर रहता है। इसी प्रकार अनेकों उद्भिद ऐसे हैं जिनके वीज कई ऋतुओं तक पृथ्वी में पड़े रहने पर भी नहीं उगते; परन्तु, ज्यों ही सूर्य्य किसी खास नक्षत्र में पड़ता है त्यों ही (सौर या चान्द्र मास के अनुसार) उन वीजों के अंकुर उग आते हैं।

अगर आप पशुओं की विशेपताओं पर ध्यान दें तो वहाँ भी तारागणों का प्रभाव स्पष्ट दृष्टिगत होगा। बिल्ली के नेत्र की पुतली चन्द्रमा की कला के अनुसार घटती बढ़ती है। कुत्तों की काम-शक्ति की जागृति आश्विन कार्त्तिक में ही हुआ करती है। बहुतेरे पशु-पक्षी, कुत्तों, विल्लियों, सियारों, कौओं आदि के मन एवं शरीर पर तारों का कुछ ऐसा अदृश्य प्रभाव पड़ता है कि वे अपनी नाना प्रकार की नई वोलियों से मनुष्यों को पूर्व ही सूचित कर देते हैं कि अमुक अमुक

घटनाएँ होने को हैं। अब तो पाश्चात्य वैज्ञानिकों का ध्यान भी इस बात की ओर आकृष्ट हुआ है। बर्लिन युनिवर्सिटी के प्रोफेसर मिस्टर कारल ल्यूक (Mr. Karl Lukelate professor of Advanced physics and Chemistry in the University of Berlin the Discoverer of Necrolite) ने भी इसमें अपना विश्वास दिखाया है। मैं समझता हूँ यदि संसार के पशु, पक्षी, उद्भिद आदि को, इसी दृष्टि से, अध्ययन किया जाय तो यह सिद्धान्त अटल हो जाय कि संसार के भिन्न-भिन्न पदार्थों पर ग्रह नक्षत्रों। का प्रभाव अवश्य पड़ता है। चूंकि सूर्य्य और चन्द्रमा अन्य ग्रहों से बड़े दीखते हैं। इस लिये इनका प्रभाव भी स्पष्ट दृष्टिगोचर होता है। किन्तु, अन्य सूक्ष्म ग्रहों के प्रभाव की विवेचना में मनुष्य असमर्थ हो जाता है। किन्तु 'इन्डक्टिव लाजिक' (Inductive Logic) के अनुसार सौ पचास मनुष्य को मरते देखकर अपनी मृत्यु को अवश्यम्भावी समझने वाला मनुष्य चन्द्रमा और सूर्य्य के प्रभाव से अन्य ग्रहों के प्रभाव का वास्तविक अनुमान कर ले तो क्या हानि है? बल्कि यह एक सत्य है जिसके खंडन की चेष्टा मंडन की सहायता करेगी। इसी न्याय के अनुसार ज्योतिषग्रन्थों में कहे गये फल अगर मानव-जीवन पर लागू हों तो यह कहना बिलकुल जायज है कि मनुष्य के भाग्य-चक्र की मुख्य घटनाएँ ग्रहों की गति के अनुसार ही परिचालित होती हैं।

मैं ज्योतिषशास्त्र का विद्वान् नहीं हूँ। केवल उसमें अटूट श्रद्धा रखने के कारण मुझसे उस पर किये गये आक्षेप सह्य नहीं होते। अतः मैंने कुछ प्रमाणित कुण्डलियों को एकत्रित कर यह दिखाने की चेष्टा की है कि उन जातकों के जीवन की प्रमुख घटनाएँ उनकी कुण्डलियों में पूर्व-वर्णित पाई जाती हैं। वे कुण्डलियाँ परिशिष्ट-भाग में संगृहीत हैं। उनके साथ इस पुस्तक के अनेक सिद्धान्तों का भी हवाला दिया गया है। मुझे आशा है कि अगर वे कुण्डलियाँ हवालों के साथ पढ़ी जायें तो जनसाधारण को भी यह विश्वास हो जायगा कि जन्मकालीन ग्रहों की स्थिति से, अल्प परिश्रम के द्वारा भी, मनुष्य के जीवन की भावी प्रमुख घटनाओं का स्पष्टाभास मिल सकता है और ज्योतिषशास्त्र भी सत्य प्रतीत हो सकेगा। पूर्व इसके कि मैं अपने देशवासियों से इस शास्त्र की उन्नति-आराधना के लिये अपील करूँ मैं यह अप्रिय सत्य कहना चाहता हूँ कि

ज्योतिषकी ओर जनता की दृष्टि निर्म्मम और कठोर

है। यह प्रमाण, मैं दो शाखा शास्त्रों—वैद्यक और ज्योतिष—की तुलना करके दिखाना चाहता हूँ। जनता वैद्यक में विश्वास करती है। यह उचित भी

है। यह वैद्यक और ज्योतिष दोनों शास्त्रों में तुलना कीजिये। एक वैद्य है। वह रोगी को अपनी आँखों से देखता है। पूर्वावस्था पूछता है। समीप बैठ कर नाड़ी देखता है। उसकी वर्तमान पीड़ा का समाचार पूछता है। मल जाँचता है, मूत्र जाँचता है। रक्त, थूक और नाखून तथा दाँत की परीक्षा करता है। इतने से भी सन्तोप नहीं होने पर एक्सरे (X'ray) से उसके शरीर की आन्तरिक परिस्थिति का चित्र उठा कर देखता है। फेफड़ा जाँचता है। रोगी की क्या शिकायत है यह भी उसी से पूछ लेता है। पासवालों से उसकी दशा के परिवर्तन के ममय, रोग के आक्रमण आदि की गति भी पूछ लेता है। अभिप्राय यह कि ऐमी कोई वात नहीं छूटती जो स्वास्थ्य से संबद्ध हो। और लोग खुशी-खुशी कहते जाते हैं। पर इतने पर भी बहुधा डाक्टर औषधि में ही नहीं वरन् निदान में भी ऐमी गलती कर बैठता है कि रोगी को परलोक-गमन छोड़कर दूसरा चारा नहीं और इस पर यह तो देखिये कि रोगी के परिवारवाले यही कह कर सन्तोप कर लेते हैं कि "भगवान की गति है। डाक्टर ने अपने भर उठा क्या रक्खा ?" लोग अपनी ही खोटी किस्मत को कोसते हैं, वैद्यों की विद्या, बुद्धि, वैद्यक की कमजोरी आदि पर भूल कर भी दृष्टि नहीं डालते। इसके विपरीत ज्योतिपियों का हाल देखिये और आप ही कहिये कि जनता उसपर कितनी अकृपालु है! उनके हाथ में कभी कभी कुण्डली या बहुधा जन्म की तिथि और समय मात्र ही दिया जाता है। पहली बात तो यह कि जन्म समय के ठीक होने में ही सन्देह। दो चार-पढ़े-लिखे घरों को छोड़ और साधारण ग्रामवासी (वा नगरनिवासी) समय का अन्दाज नहीं रखते। प्रसूति-गृह से खबर आते-आते भी कुछ देर हो ही जाती है। सस्ती घड़ियों का दोष अलग भ्रम उत्पन्न करता है। बालक पलने में है, पंडित जी को कुण्डली मिली। अभी बालक के विकास की रेखा भी दिखाई नहीं पड़ी है और प्रश्न किया जा रहा है कि बालक दीर्घजीवी, विद्वान्, धनी, मानी और अपत्यवान होगा या नहीं ? कभी-कभी तो ऐसा होता है कि बेचारे ज्योतिपी को उस जातक को देखने का सौभाग्य भी नहीं होता। इन परिस्थितियों में, ऐसी भ्रमपूर्ण कुण्डली के बल पर कही गई बातें असत्य निकली तो लोग विना रोक-टोक के ज्योतिषशास्त्र को ढोंग और पण्डित जी को ढोंगी कह देते।

लेकिन, सच पूछिये तो न वह शास्त्र ढोंग है और न वह पंडित ढोंगी। ज्योतिप उसी प्रकार सत्य है जैसे अन्य शास्त्र सत्य हैं। पर जैसे वैद्य गलती कर सकते हैं वैसे ही ज्योतिषी से भी गलती हो सकती है—विशेषतः उस दशा में जब कुण्डली ठीक न हो, समय आदि ठीक-ठीक न लिखे गये हों। यदि कुण्डली

ठीक भी है और ज्योतिषी विद्वान् भी है, तो भी मनुष्य के नाते वह गलती कर सकता है, क्योंकि ज्योतिषशास्त्र भी तो आखिर शास्त्र ही है। और जैसे वैद्यों को गलती करके प्राण लेने का अधिकार आप लोगों ने दे दिया है, वैसे ही संयोगवश गलती कर पाने पर ज्योतिषियों को भी क्षमा कर देना कोई अन्याय नहीं होगा; आखिर ज्योतिपियों की गलती से आपकी जान तो नहीं जाती।

इस बात पर आप इस प्रकार भी सोच सकते हैं। अदालतों में अक्सर ऐसा होता है कि दोनों पक्ष के गवाहों को जाँच कर हाकिम एक को जिता देता है; अपील का हाकिम कुछ और ही कर देता है और प्रिवी-कौंसिल एक तीसरी ही बात कर बैठती है। यही नहीं, बल्कि कभी-कभी एक अभूतपूर्व बात हो जाती है और अदालत ऐसा निर्णय कर देती है जिसका पहले कोई अनुमान ही न कर सकता था। ध्यान देने की बात है कि एक ही सुबूत के कागजात, एक ही गवाही और गवाह, कानून भी एक ही, फिर इस भिन्नता का कारण? अवश्य ही इसका कारण कानूनों की विभिन्न टीका और हाकिमों की अपनी व्यक्तिगत विचार-पद्धति है। ठीक इसी प्रकार ज्योतिषियों का ज्ञान भी ९ ग्रह, १२ राशि तथा उनके अन्य-अन्य भेद, जन्मकालीन ग्रह-स्थिति आदि के इजहारों पर अवलम्बित रहता है। यदि घरवालों ने जन्म का समय ठीक-ठीक बतलाया, और यदि ज्योतिपी ने तदनुसार ग्रह और राशियों के फलाफल के तारतम्य में बुद्धिमानी से काम लिया तो फल जरूर सच होंगे। अन्यथा बड़ी-बड़ी भूलें भी हो सकती हैं और वे क्षम्य हैं। विशालरूप से संगठित चिकित्सा-शास्त्र की गलतियों पर आप ध्यान नहीं देते; वैद्य की भूल आपके लिये भूल नहीं; कानून जैसे सुदृढ़ विषयों की गलतियाँ भी आपके लिये छोटी हैं, तो क्या ज्योतिप की ही गलती आपकी नजर में गड़ती है। आप ने इसके वैज्ञानिक अनुशीलन, संगठन और उद्धार की कोशिश कब की? आप की पूरी ज्योतिप-विद्या ही कहाँ है? आप उसकी खोज के लिये श्रमशील भी कब हुए? और अगर ऐसी हालत में भी ज्योतिषी गलती करें तो आप खिल्लियाँ उड़ाते हैं। यह सोचने तथा पश्चात्ताप करने की बात है। इसी प्रसंग में, मैं यह विचार करना चाहता हूँ कि कई युगों के प्रतिपादित विज्ञान—इस फलित-ज्योतिष का—

पतन क्यों

हुआ? इस प्रश्न का उत्तर सोचते हुए सबसे पहले मुझे यह सूझता है कि **संस्कृत विद्या** के प्रचार का अभाव इसका एक मुख्य कारण है। सभी पुरानी पुस्तकें सुललित छन्दों में लिखी गई हैं, जो प्रायः शब्द-विन्यास तथा अलंकार से

रिक्त नहीं हैं। इस समय प्रायः अधिकांश ज्योतिषी वैयाकरण नहीं हैं तथा वैयाकरणों में भी ज्योतिषी बनने की लालसा का अभाव है। ऐसे लोग बहुत थोड़े हैं जो सोना और सुगन्ध साथ रखते हों। टीकाकारों ने श्लोकों के शब्दार्थ ही कह कर छोड़ दिये, उनके प्रश्नों, रहस्यों तथा विशेषताओं पर विस्तारपूर्वक विचार नहीं किया। फिर आजकल के पल्लव-ग्राही पण्डित उनके गांभीर्य्य को कैसे काबू में ला सकते हैं।

दूसरी बात **फलित ज्योतिष की पढ़ाई** की कोई नियमित संस्था नहीं। लोग थोड़ा सा गणित पढ़ कर फलित विषय की दो चार पुस्तकें पढ़ कर ही फलाफल कहने का दुस्साहस कर बैठते हैं। कुछ विद्वानों का कहना है कि ज्योतिषशास्त्र के चार लाख सूत्र एवं श्लोक हैं। यदि यह ठीक है तो केवल दो चार फलित ग्रन्थों के पढ़ने के उपरान्त कोई फलाफल कहने के योग्य हो सकता है, इस पर सहसा विश्वास नहीं होता। ऐसा भी सुनने में आता है कि कुछ विद्वानों के घर में प्राचीन पुस्तकें हस्तलिपि में पड़ी हुई हैं। दुःख है कि वे न तो स्वयं इसे प्रकाश में लाते हैं और न दूसरों को लाभ उठाने देते हैं। इस प्रकार, वे ग्रन्थ मानव-ज्ञान की वृद्धि नहीं कर पाते।

कुण्डली बनाने वाले पण्डितों से मेरी शिकायत यह है कि वे **सत्य की अपेक्षा आडम्बर के पोषक** बन गये हैं। वे किसी साधारण-सी पुस्तक के आधार पर, जन्मकालीन ग्रह, राशि आदि की स्थिति तथा गणित के अंकों से एक अत्यन्त दीर्घ कुण्डली तैयार कर लेते हैं। यही नहीं बल्कि दीर्घता के लिये वे चित्रों का भी उपयोग करते हैं, परन्तु, सच पूछिये तो ऐसी कुण्डलियों में सार-वस्तु एवं महत्त्वपूर्ण बातों का प्रायः अभाव ही रहता है। गणित के अंकों की आवश्यकता अवश्य है परन्तु, यदि परिणामानुकूल उसका फल निकाला नहीं गया तो वह महत्त्वहीन हो जाता है। लग्न की शुद्धि पर तो केवल इने-गिने विद्वानों की ही दृष्टि जाती है। फलाफल कहने के लिये लग्न-शुद्धि नितान्त आवश्यक है, क्योंकि अगर मूल ठीक नहीं—अगर उसमें दोष है—तो वृक्ष फल नहीं देगा।

यद्यपि अभी तक कुण्डली बनाने की परिपाटी प्रचलित है, पर वह केवल रस्म अदा करने की चीज रह गई है। लोगों को शायद ही उसकी उपयोगिता में विश्वास रहता हो। यदि भारतीय विद्वान् इस ओर ध्यान न देंगे तो ज्योतिष का नाम ठग-विद्या हो कर रहेगा। कई मनचले लोग तो इसे इस नाम से पुकारने भी लग गये हैं।

ज्योतिषशास्त्र की अप्रतिष्ठा के कारणों में वह धूर्त मण्डल भी है जो अपने को भविष्यवक्ता कहता फिरता है। प्राचीन काल से भारतवर्ष में भूत और

भविष्य के हाल बताने की प्रथा सी चली आ रही है। प्राचीन ग्रन्थों में एक विद्या को पिशाच-विद्या कहा गया है। ये धूर्त्त, कुण्डलियाँ हाथ में लेकर जीवन की घटनाओं से मिलती-जुलती ऐसी बातें कह डालते हैं कि लोग उन्हें सच्चे भविष्य वक्ता कह कर उन पर रुपयों की वृष्टि कर देते हैं। लेकिन, जब भविष्य बातें सत्य नहीं निकलतीं तब सारा का सारा दोष ज्योतिषशास्त्र पर मढ़ा जाता है। इससे ज्योतिषशास्त्र की बड़ी अप्रतिष्ठा हो रही है।

भृगु-संहिता से भी कुछ कम भ्रम नहीं फैल रहा है। मेरा विश्वास है कि ऐसी पुस्तक न कभी थी और न है। बहुत दौड़-धूप करने के बाद मैंने इसे बिलकुल निस्सार पाया। वर्तमान भृगुसंहिता के अविश्वसनीय होने के मुझे कई दृष्टान्त मालूम हैं। एक का जिक्र नीचे किया जाता है जो माननीय श्रीमान् राजा बहादुर हरिहर प्रसाद नारायण सिंह जी अमावां तथा टिकारी नरेश के सामने की बात है।

लगभग २५ वर्ष हुए कि बनारस के कोई दैवज्ञ पंडित अपनी भृगुसंहिता की पोथी के साथ राजा साहब के दरबार में उपस्थित हुए। उस समय मैं कुछ कुछ ज्योतिष का अध्ययन कर रहा था, इसलिये राजा बहादुर ने उस पंडित जी से मिलने के लिये मुझे पत्र लिखा। उन्होंने मुझे अपनी कुण्डली के साथ बुलाया था। परन्तु कई कारणों से मैं न जा सका। हाँ, अपनी कुण्डली की जगह सी. आर. दास (बंगाल के नेता) की कुण्डली भेज दी[1] और यह लिख दिया कि यह कुण्डली मेरी है। राजाबहादुर ने उसी कुण्डली के आधार पर उस पंडित से फलाफल पूछ कर लिखवा कर रख दिया। संयोगवश उक्त पंडित जी के अमावां छोड़ने के एक दिन बाद ही मैं भी अमावां पहुँचा। राजाबहादुर मेरी स्थिति तथा जीवन-घटनाओं के प्रवाह से खूब परिचित रहने के कारण मुझे वे फलाफल सुनाने को उत्सुक थे। उन्होंने अपने द्वार पंडित को भृगुसंहिता द्वारा प्राप्त किये हुए फलों की तालिका मेरे सामने पढ़ने की आज्ञा दी। चूंकि जितनी भूत एवं वर्तमान बातें उसमें कहीं गई थीं वे सब मेरे जीवन-चरित से मिलती थीं, इसलिये राजाबहादुर मुझसे पूर्ण संतोष की आशा कर रहे थे। परन्तु जब मैंने यह कहा कि ये फल बिलकुल झूठे हैं, क्योंकि कुण्डली मेरी नहीं, बल्कि किसी और की है, तो वे चकित रह गये। उसी समय मैंने अपनी सच्ची कुण्डली दिखलायी। इसके उपरान्त सभी लोगों को उस दैवज्ञ की बातों पर सन्देह होने लगा। उस दैवज्ञ ने राजा साहब तथा और कई लोगों से खूब रुपये ऐंठे थे। मेरी जन्मकुण्डली

[1]उनका और मेरा जन्म एक ही दिन का है। लग्न में बहुत अन्तर है।

की बातों के उपरान्त भी कई हठी व्यक्ति, उस दैवज्ञ के समर्थक बने रहे। इस पर मैंने उस दैवज्ञ के द्वारा उद्घोषित कई बातों को अपनी नोट-बुक (Note Book) में लिख लिया (जो नोट मेरे पास है)। किन्तु, ज्यों-ज्यों समय बीतता गया त्यों-त्यों उनकी भविष्यवाणी झूठी होती गई और मुझे तो उनमें न तब विश्वास था और न अब है। उसमें नोट की हुई कुछ बातों का जिक्र नीचे किया जाता है।

एक महाशय का जन्म सम्वत् १९३६ आषाढ़ कृष्ण चतुर्थी रविवार को हुआ था। दैवज्ञ ने भविष्यवाणी की थी कि उनकी मृत्यु ६० वर्ष की आयु में सम्वत् १९९६ के ज्येष्ठ महीने की शुक्ल-पञ्चमी शुक्रवार को होगी। परन्तु, १९९६ के ज्येष्ठ की शुक्ल-पञ्चमी मंगल को पड़ती है। तिथि-भेद से भी शुक्रवार समझना असम्भव है। इसी प्रकार श्रीमान् राजाबहादुर के बहनोई, सांढ़ा निवासी स्वर्गीय बाबू गणेशप्रसाद सिंहजी के बारे में यह भविष्यवाणी की गई थी कि उनकी मृत्यु ६० वर्ष की अवस्था में होगी, परन्तु, उनका देहान्त दुर्भाग्यवश, अत्यन्त युवावस्था में ही हो गया। उसी दैवज्ञ ने श्रीमान् राजा साहब के मास्टर बाबू रामअधिकारी सिंह जी के विषय में भी यह कहा था कि उनकी मृत्यु सन् १९३३ ई० की रामनवमी के बाद दशमी तिथि को होगी। उक्त बाबू रामअधिकारी सिंहजी रामनवमी के कई दिन पूर्व अन्तिम बार मुझसे मिलने के लिये गया आये। मैंने उन्हें बहुत ढाढ़स दिया कि उस दैवज्ञ की सारी की सारी बातें झूठी होती आई हैं। अयोध्या से जीवित लौटने की आशा तो उन्हें जरूर हो गई पर, वे डरते-डरते ही अयोध्या गये। तीन सप्ताह के बाद वह वहाँ से जीवित लौट कर आये और आज तक भी जीवित ही हैं। इसी प्रकार, एक दूसरे सज्जन के विषय में जिनका जन्म सम्वत् १९३८ आश्विन शुक्ल षष्ठी गुरुवार का है, यह कहा गया था कि उनकी मृत्यु ५४ वर्ष की उम्र में सम्वत् १९९२ के श्रावण कृष्ण अष्टमी को होगी। किन्तु, १९९२ की श्रावण-शुक्ल-अष्टमी भौमवार पड़ती है। क्या भृगु ऐसी गलती करने के योग्य थे?

मेरा विचार है कि भृगु महाराज के नाम पर प्रचलित इस ठगी विद्या से मनुष्य को अवश्य बचना चाहिये। एक बार मद्रास प्रान्त के किसी ज्योतिषी ने पत्रों में यह विज्ञापित किया था कि वह एक रुपया फीस के बदले पाँच प्रश्नों के उत्तर लिख भेजेंगे। मैंने भी आजमाइश के लिये पाँच प्रश्न भेजे। उनके यहाँ से मेरा प्रश्न वाला लिफाफा ज्यों-का-त्यों मुहर किया हुआ लौट आया। उनमें से दो प्रश्न मेरे अनुज बाबू श्रीकृष्ण सिंह की एम. एल. परीक्षा तथा मेरे पुत्र बाबू गौरीशंकर की मैट्रिक परीक्षा के विषय के थे। मैंने अपने पत्र में इन लोगों

के नाम न दिये थे, पर, मद्रासी ज्योतिषी के उत्तर में इन दोनों के नाम भी दिये हुए थे और लिखा था कि आप के भाई श्रीकृष्ण सिंह तथा आप के पुत्र गौरीशंकर सिंह परीक्षोत्तीर्ण होंगे। यह सन् १९२१ ई० की बात है। परीक्षोत्तीर्ण होना दूर रहा मेरे अनुज श्रीकृष्ण सिंह राष्ट्रीय आन्दोलन में जेल चले गये और गौरीशंकर ने स्कूल छोड़ दिया। यह विषय विचारणीय है। नाम बता देना ज्योतिष-विद्या का काम नहीं, ऐसा मेरा विश्वास है। मैं इतनी प्रशंसा जरूर करूँगा कि उक्त ज्योतिषी जी के पास कुछ ऐसी विद्या है जिसके बल पर उन्होंने पत्र पढ़े विना मेरे प्रश्न ही नहीं, बल्कि मेरे अनुज और पुत्र के नाम भी जान लिये। किन्तु, यह भी सोचने की बात है कि ज्योतिष न जानने के कारण इनका भविष्य-कथन मिथ्या निकला। बड़े ही दुःख की बात है कि सम्प्रति भारतवर्ष में बहुतेरे लोग स्वार्थवश ज्योतिष विद्या को कलङ्कित कर रहे हैं।

इन कथनों के अनन्तर ज्योतिषशास्त्र के विद्वान् प्रेमियों तथा समाज के धनी-मानी सज्जनों से मेरी

अपील

है कि अपने इस प्राचीन गौरव की रक्षा और उद्धार की ओर अग्रसर होना आपका परम-कर्तव्य है।

विद्वानों से

मेरी विनीत प्रार्थना है कि आप ज्योतिषशास्त्र रूपी कामधेनु के उपकारों से पूर्णरूप से परिचित हैं। अत्यन्त प्राचीन काल से मानव-समाज का उपकार करने वाली वह कामधेनु आज ठग, कपटी, छली, धूर्त और व्यवसायी लोगों के अत्याचारों से पीड़ित, उनके कुटिल पाश में बद्ध छटपटा रही है। आर्य्यत्व के नाते वह आपकी सहायता के लिये पुकार रही है। आप दौड़िये, उसकी रक्षा, उसके उद्धार और उसके समुचित उत्थान के लिये श्रमशील बनिये। इस शास्त्र की उन्नति के लिये जो कुछ भी किया जाय, आप उसमें हाथ बटायें। उदासीन रहना ठीक नहीं। हाँ, एक बात, इस विद्या को गुप्त रखने की चेष्टा न की जाय। यह तो शास्त्र है, विज्ञान है। जनता के सामने इसका स्वरूप नग्न होना चाहिए। गोपनीय वस्तुएँ प्रायः बुराइयों से भर जाती हैं। आप इसे वह स्वरूप प्रदान करें जिससे अधिकाधिक संख्या में लोग इसके अध्ययन की ओर झुकें। मुझे पूर्ण विश्वास है कि मैं गुजरी हुई बात (For a lost cause)

के लिये नहीं चिल्ला रहा हूँ। अभी भी समय है। अगर, भारतीय विद्वानों की मंडली अभी से बद्धपरिकर होकर इस शास्त्र के उद्धार के लिये कोशिश शुरू कर दें तो बहुत कुछ हो जाने की आशा है।

जमाने से कहावत चली आ रही है कि लक्ष्मी और सरस्वती में वैर का भाव है, परन्तु, मेरा विश्वास है कि एक की सहायता के बिना दूसरी का सम्यक् विकास और उपयोग प्रायः असम्भव है। अतएव,

धनिकों से

मेरी प्रार्थना है कि सरस्वती के उद्धार में आप अपनी थैलियाँ भी अर्पण करें। भगवान् ने यह धरोहर आपको सत्कार्यों के लिये ही दी है। आप विवाह, श्राद्ध अथवा अन्य कार्य्यों में जितने रुपये फूंकते हैं, अगर उसका सहस्रांश भी इस ज्योतिषधेनु-उद्धार के निमित्त व्यय करने का उत्साह दिखलावें तो सरस्वती के वन्द पुत्रों का अनुष्ठान सुगमता से पूर्ण और सफल हो जाय। विद्योन्नति में धन का व्यय भारत का प्राचीन आदर्श रहा है। मनु भगवान् के वचनानुसार एक विद्यार्थी के अध्ययन में सहायता करने से इक्कीस पीढ़ी तक शुभ परिणाम होता है; तो आप स्वयं सोचें कि किसी खास शास्त्र की उन्नति में सहायता प्रदान करने का क्या फल होगा? यदि अनुसन्धान-कार्य्य में आपकी सहायता से यह सिद्ध हुआ कि ज्योतिषशास्त्र निस्तत्व नहीं है तो इस पुण्य के भागी आप ही होंगे। यदि दुर्भाग्यवश परिणाम इसके प्रतिकूल ही निकला तो भी जनता को इस महाभ्रम के जाल से बचाने का पुण्य आपको ही होगा।

यद्यपि इस शास्त्र के अनुसन्धान उन्नति तथा उद्धार की योग्यता भारतवर्ष के महान् विद्वानों को ही है, तथापि मैं अपनी अल्पबुद्धि के अनुसार

कुछ उपाय

(Suggestions) पेश करता हूँ। मेरी धृष्टता के लिये मुझे क्षमा की जाय। मेरा विचार है कि जब तक गणित-विभाग के मतभेदों का निश्चय न होगा तब तक फलित विभाग में सफलता पाना कठिन है। इस कारण तात्कालिक रूप से:—

(१) सर्वसम्मति से कोई एक ऐसा पंचांग बनाया जाय जिसमें प्रत्येक ग्रह का दैनिक स्फुट तथा देशान्तर-साधन की सुगम विधियाँ वर्णित रहें।

(२) विद्वन्मण्डली द्वारा 'अयनांश' के मतान्तर का पूरा विचार किया जाय जिसमें नौटिकल ऐलमनक (Nautical Almanak) से भी सहारा मिल सके।

(३) काशी जैसे किसी केन्द्रस्थान में एक विशाल पुस्तकालय खोला जाय जिसमें ज्योतिष की मुद्रित एवं हस्तलिखित सभी भाँति की पुस्तकों के संग्रह का आयोजन रहे।

(४) ज्योतिष विषय का कोई सुसज्जित मासिक पत्र निकाला जाय जिसमें बराबर मतमतान्तरों पर देश के विद्वान् विवेचना किया करें तथा जिसके द्वारा कठिन प्रश्नों का हल करना सुगम हो।

(५) नं० ३ में कहे गये पुस्तकालय के साथ एक शिक्षालय भी रहे, जिसमें मुख्यतः फलित ज्योतिष की ही शिक्षा दी जाय। सुविधानुसार इसकी शाखाएँ देश के भिन्न-भिन्न कोनों में भी फैलाई जायँ।

(६) वर्ष में एक बार ज्योतिष-सम्मेलन हुआ करे।

(७) ज्योतिष के अध्यापकों के अन्दर एक ऐसी मंडली भी हो, जो विलक्षण कुण्डलियों को एकत्रित किया करें। मनुष्य और पशु-पक्षी सभी की कुण्डलियाँ एकत्रित की जायँ। ज्योतिष-पत्र के द्वारा देश के विद्वानों का ध्यान इन कुण्डलियों की ओर आर्कषित किया जाय। पर्य्याप्त विवेचना के पश्चात् वर्ष के अन्त में ये कुण्डलियाँ पुस्तकाकार में प्रकाशित कर दी जायँ।

इसी प्रकार के आन्दोलन से ज्योतिष का उद्धार सम्भव है। आशा है भारतवर्ष के विद्वान् और विद्या-प्रेमी मेरे निवेदन पर ध्यान देंगे।

प्रस्तावना समाप्त करने के पूर्व मैं पाठकों की सेवा में यह निवेदन करना चाहता हूँ कि अल्पज्ञ होते हुए भी मैंने

यह पुस्तक क्यों लिखी ?

बात यों है। मैं एफ. ए. का छात्र था। कई बार यूनिवर्सिटी की परीक्षा में असफल होता रहा। मेरे पिता जी स्वभावतः बड़े ही धर्म-भीरु, पवित्र-हृदय, और शास्त्र-पुराण एवं परंपरा में विश्वास रखनेवाले थे। उनके जीवन का अधिकांश केवल शिवभक्ति में ही बीता। उन्हें मेरी असफलता कुछ खलती-सी प्रतीत होती होगी, क्योंकि परीक्षा के पूर्व वे प्रत्येक वर्ष पण्डितों को बुला कर मेरी परीक्षा का फल पूछा करते थे। मुझे भली भाँति याद है कि प्रत्येक साल पण्डित मेरे परीक्षोत्तीर्ण होने की ही भविष्य वाणी करते थे। और इसके प्रतिकूल मैं प्रत्येक

वर्ष असफल होता रहा। आखिर ज्योतिष-शास्त्र के तथ्यों से मेरी आस्था जाती रही और मैंने एक बार अपना विचार दिवंगत पितृचरण की सेवा में भी निवेदन किया। मेरी बातें सुन कर उन्हें दुःख हुआ परन्तु, उन्होंने मेरा प्रबोध करते हुए कहा—"यह तुम्हारी नितान्त भूल है। महर्षियों की वाणी में अविश्वास तुम्हें शोभा नहीं देता। ज्योतिष अवश्य सत्य है। हाँ, यह बात और है कि हमारे आधुनिक पण्डित गणना तथा विद्वत्ता में कोरे हों।।" इस उपदेश का मेरे चित्त पर बड़ा गम्भीर प्रभाव पड़ा। तब से मेरी धारणा सी हो गई कि जिस विषय को हम नहीं जानते उसकी निन्दा करना बुद्धिमानी नहीं है।

सन् १८९८ ई० में मैंने मुंगेर में मोखतारी आरम्भ की और उसके एक वर्ष बाद से ही यदा-कदा ज्योतिष की पुस्तकों का अवलोकन भी शुरू कर दिया। अल्प अभ्यास से ही मेरी लगन उस शास्त्र की ओर इस प्रकार लगी कि मैं कचहरी के कामों को भली भाँति निवाहते हुए भी अपने अध्ययन के लिये, किसी अंशमें, पर्याप्त समय निकाल लेने लगा। हाँ, मुझे इस बात का दुःख अवश्य रहा है कि मुझे किसी विद्वान् की सेवा में रह कर इस शास्त्र के अध्ययन का सुयोग तथा सौभाग्य न प्राप्त हो सका। कभी किसी से कुछ सीखने का प्रयत्न भी किया तो असन्तुष्ट ही होना पड़ा। किन्तु इस परिस्थिति का एक सुन्दर परिणाम यह हुआ कि केवल स्वाध्याय पर अवलम्बित रहने के कारण मैं प्रत्येक बात को यथेष्ट तर्क-वितर्क, खण्डन-मंडन और मनन-चिन्तन के बाद ही ग्रहण कर सका। इस प्रकार अध्ययन करते-करते मुझे यह विश्वास हो गया कि ज्योतिष शास्त्र केवल सत्य ही नहीं बल्कि परम सत्य, गंभीर और स्वादु है परन्तु, इसमें मत-मतान्तरों के घनचक्कर भी बहुत मिले।। मैं ज्योतिष का अध्ययन केवल जिज्ञासावश तत्त्व की खोज में करता रहा। इसे अर्थकरी बनाने की इच्छा न तो थी और न है।

जब मेरी अवस्था कुछ विशेष हुई तब मुझ में यह धारणा उत्पन्न हुई कि अगर मैं इसे जान कर ही रह गया तो परिश्रम व्यर्थ ही होगा। इस कारण सम्वत् १९८७ में मैंने निश्चय किया कि अध्ययन-काल में मैंने जो टिप्पणियाँ लिखीं और संग्रह की थीं उनको कुछ महापुरुषों की कुण्डलियों के साथ पुस्तकाकार में जनता को भेंट कर दूं।

हिन्दी-भाषा

मेरे लिखने का मुख्य कारण यही है कि साधारण पाठक भी इससे कुछ लाभ उठा सकें और विद्वान् इस विद्या को सुगम एवं स्पष्ट बनाने की चेष्टा करें।

मैं इस पुस्तक को परिपूर्ण घोषित करने की धृष्टता नहीं कर सकता। इसमें त्रुटियाँ हो सकती हैं और संभवतः बहुत। परन्तु, मेरा लक्ष्य भी यही है कि विद्वान् इसके सुधारने का यश लें। इस पुस्तक को प्रकाशित कर मैं कदापि अर्थ या कीर्त्ति की आशा नहीं करता। मैं तो केवल जनता के सामने अपने तुच्छ परिश्रम से, ज्योतिष जैसे जटिल शास्त्र का परिचय मात्र रख रहा हूँ। अगर विद्वान् इसी उद्देश्य से और पुस्तकें लिख कर इसे अधिक सुगम कर दें तो मैं अपने परिश्रम को सार्थक समझूंगा। अगर जनता ने इसे अपनाकर मुझे इसकी पुनरावृत्ति का सुअवसर प्रदान किया तो मेरी प्रबल इच्छा है कि मैं द्वितीय संस्करण में इस पुस्तक के सम्बन्ध में अन्य विद्वानों की सम्मतियों को समुचित आदर और उपयोग के साथ स्थान दे दूं।

इस पुस्तक के लिखने में मुझे किसी अन्य ज्योतिर्विदों की सहायता प्राप्त करने का सौभाग्य प्राप्त न हो सका इसका मुझे हार्दिक दुःख है। अतएव, मैं स्वयं समझता हूँ कि पाठक इसमें एकांगी दृष्टिकोण की कमजोरियाँ पावेंगे। आखिर मुझे अपनी ही विद्या-बुद्धि से काम लेना पड़ा।

एक बात और। चूंकि शास्त्र (Science) सर्वदा टेकनिकल होते हैं। इस लिये इस पुस्तक में भाषा के प्रवाह में सम्भव है कि त्रुटियाँ हो गई हों। आशा है, पाठक इसे अवश्यम्भावी (Inevitable) समझ कर मुझे क्षमा करेंगे।

धन्यवाद।

अन्ततो गत्वा मैं उन श्रद्धास्पद, माननीय महानुभावों का अत्यन्त आभारी हूँ और सम्मानपुरःसर उन्हें धन्यवाद देता हूँ, जिनकी लिखी पुस्तकों एवं लेखों से मुझे प्रस्तुत पुस्तक के सम्पादन में सहायता मिली है। ज्योतिष विषय तथा विषयान्तरों का सर्वोच्च सर्वसाधारण "मन्नूलाल पुस्तकालय" गया के सञ्चालकों का अतीव अनुगृहीत हूँ, जिनकी सहायता के बिना पुस्तक का प्रकाशन एकान्त असम्भव था। इसकी जनता-सेवा परम सराहनीय है, एवं मन्नूलाल जी का यह विशाल संग्रह देखकर चित्त को परमानन्द हुआ है। यह अपनी कोटिका एक ही पुस्तकालय है। हम मुंगेर जिलान्तर्गत सिमरिया ग्राम-निवासी श्रीरामधारी सिंह "दिनकर" बी. ए. (आनर्स) विशारद के विशेष रूप से आभारी हैं, जिन्होंने भूमिका भाग को एक बार देख लेने का कष्ट उठाया है। इसके सिवा आपने लेखक-परिचय लिखकर भी पुस्तक की शोभा वृद्धि की है। जमालपुर-निवासी प्रसिद्ध कवि श्रीजगदीश झा "विमल" जी का बड़ा कृतज्ञ हूँ, जिन्होंने पद्यमय मंगलाचरण

लिख कर पुस्तक को सुषमामय बना दिया है। चौधरी टोला, पटना वास्तव्य पंडित रेवतीरमण सिंह चौधरी, साहित्योपाध्याय, काव्यतीर्थ को भी धन्यवाद दिये बिना नहीं रह सकता, जिन्होंने वक्तव्य के भाषा संशोधन में समय समय पर उचित सहायता दी है। मुंगेर जिला अन्तर्गत डेल्हवा ग्राम निवासी श्री श्रुतिबंधु शर्माजी शास्त्री (पंजाब), वेदतीर्थ (कलकत्ता) को धन्यवाद है जिन्होंने पुस्तक के भाषा संशोधन का कष्ट उठाया है। विशेषतः ज्योतिर्गण मार्तंड, भारतभूषण, गणित एवं फलित ज्योतिष के आश्चर्यजनक अद्वितीय विद्वान्, बलवाड़ग्राम वास्तव्य (पट्टी तल्ला शालम, पो. जैतीं जिला अलमोड़ा) ज्योतिषाचार्य पंडित लक्ष्मीदत्त शर्माजी को सम्मानसहित सविनय हार्दिक धन्यवाद है एवं मैं आपका अत्यन्त आभारी हूँ, जिन्होंने कृपापूर्वक सांगोपांग प्रस्तुत पुस्तक के प्रथम-खंड को सावहित अध्ययन कर त्रुटियों के सुधारने की परम कृपा दरसायी है।

सुतरां अवसान में अपने इष्टदेव उस भक्तिसुलभ भगवान् शंकर को अनेकानेक धन्यवाद देता हूँ जिनकी असीम कृपा से यह विशाल ग्रंथ इस रूपको प्राप्त कर सका है; उन्हें सादर वन्दना करता हुआ अपने इस क्षुद्र-वक्तव्य का शेष करता हूँ। इति शुभ—

भवदीय आश्रव—

देवकीनन्दन
